Vom Gewerbe- und Industrie-Kommentar als Gesamtwerk in Einzelbänden brachte der erste Band aus der Feder des Reichsgerichtsrats Dr. h. c. Erich Brodmann das Gesetz, betr. die Gesellschaften mit beschränkter Haftung, der zweite Band das Scheckgesetz von Reichsgerichtsrat Richard Michaelis, der dritte Band das Warenzeichenrecht von Senatspräsident am Reichsgericht Dr. Alfred Hagens, der vierte Band das Aktienrecht von Reichsgerichtsrat Dr. h. c. Erich Brodmann und der fünfte Band das Patentrecht von Reichsgerichtsrat Dr. Eduard Pietzcker. Der hohe Schatz des Wissens und die große praktische Erfahrung, die in den Senaten des höchsten deutschen Gerichtshofes im Laufe der Jahrzehnte zu einem *Κτῆμα ἐς ἀεί* geworden sind, haben sich schon Geltung und Anerkennung in Buchform verschafft, so bei dem BGB.-Kommentar der Reichsgerichtsräte und bei dem Ebermayerschen Strafgesetz-Kommentar. An diese Werke knüpft der GIK. in Idee und Plan an; sein Inhalt geht mehr in die Einzelheiten des wirtschaftlichen Lebens hinein und will also ein Reichsgerichtsräte-Kommentar nicht nur über gewerbliches und industrielles Recht, sondern auch für das Gewerbe und die Industrie sein.

Die Kommentare der einzelnen in diesem Gesamtwerk erläuterten Gesetze erscheinen insoweit als selbständige Bücher, als sie in sich abgeschlossene Bände bilden und ohne Bezugnahme auf Nachbarbände brauchbar sind. Trotz des Erscheinens in selbständig käuflichen Einzelbänden bleibt aber das ganze Unternehmen ein Werk von enger Zusammengehörigkeit — nicht nur weil sein Verfasserkreis auf Herren vom Reichsgericht beschränkt ist, sondern auch weil die Themata der einzelnen Bände einander ergänzen werden.

Die neuen deutschen Gesetze über das Wechselrecht
mit Erläuterungshinweisen.
(Zweiter Nachtrag zum Wechselrecht von Reichsgerichtsrat R. Michaelis.)

Vorbemerkung.

Die im ersten Nachtrage zu diesem Buche abgedruckten deutschen Gesetzentwürfe zur Einführung des in Genf beschlossenen einheitlichen Wechselrechts in Deutschland, die damals dem Reichstage zur Beschlußfassung vorgelegt waren, sind infolge der veränderten verfassungsrechtlichen Verhältnisse nunmehr ohne dessen Mitwirkung erledigt worden, und zwar ist das in folgender Form geschehen:

1. Die drei Genfer Abkommen zur Vereinheitlichung des Wechselrechts sind, da es einer Zustimmung des Reichstags (Ratifikation) nach Art 4 des Ermächtigungsgesetzes vom 24. 3. 1933 nicht bedarf, nicht durch das unter A der Entwürfe (erster Nachtrag S. 1* ff.) vorgesehene Gesetz eingeführt, sondern lediglich durch eine Bekanntmachung des Reichsministers des Auswärtigen und der Justiz (Reichsgesetzblatt II 377) veröffentlicht worden mit dem Hinzufügen, daß der Tag, an dem die Abkommen für Deutschland in Kraft treten, durch das Reichsgesetzblatt bekannt gemacht werden wird; die Bekanntmachung ist unten zu A abgedruckt.

2. Durch die Reichsregierung sind auf Grund des Ermächtigungsgesetzes zur Durchführung der Abkommen zwei Gesetze, nämlich ein Wechselgesetz vom 21. 6. 1933 und ein Einführungsgesetz zum Wechselgesetze vom gleichen Tage beschlossen und im Reichsgesetzblatt (I S. 399 u. 409) verkündet worden. Diese Gesetze stimmen, abgesehen von der infolge ihrer anderweiten Entstehung abgeänderten Eingangsformel, mit den im ersten Nachtrage unter B (S. 11* ff.) und C (S. 28* ff.) abgedruckten Gesetzentwürfen inhaltlich überein. Nur sind in Art 1 Abs 1, Abs 2 und in Art 3 Abs 2 des Einführungsgesetzes an die Stelle der Worte: „Die Reichsregierung" die Worte „Der Reichsminister der Justiz" getreten. Demzufolge hat nunmehr der Reichsjustizminister zu bestimmen, an welchem Tage das Wechselgesetz in Kraft treten soll.

3. Das Wechselgesetz stellt in seinem ersten und zweiten Teile, entsprechend der von Deutschland in Art 1 des ersten Genfer Abkommens übernommenen zwischenstaatlichen Verpflichtung, eine Übersetzung des (in seinem französischen Texte als Anlage G 2 S. 517 dieses Buches abgedruckten) Genfer Einheitlichen Wechselgesetzes dar, welcher im dritten Teile Ergänzende Vorschriften über die im GEWG nicht geregelten Materien (Protest, Bereicherung, Abhanden gekommene Wechsel und Protesturkunden) hinzugefügt sind, während der vierte Teil unter der Überschrift: „Geltungsbereich der Gesetze" das zweite Genfer Abkommen über Bestimmungen auf dem Gebiete des internationalen Wechselprivatrechts (abgedruckt in diesem Buche in französischem Texte als Anlage G 5 S.542) in deutscher Übersetzung enthält. Der Inhalt der beiden ersten Teile des neuen Wechselgesetzes ist in diesem Buche im Rahmen des mit ihnen übereinstimmenden GEWG in den Anhängen II zu den einzelnen Unterabschnitten oder Artikeln der bisherigen DWO bereits wiedergegeben und erläutert.

4. Zur Erleichterung des weiteren Gebrauches dieses Buches wird im folgenden der Text des neuen Wechselgesetzes und des Einführungsgesetzes abgedruckt und bei den einzelnen Artikeln auf die Stellen verwiesen, an denen in diesem Buche die gleiche Materie:

a) auf der Grundlage des bisherigen Rechts (DWO);
b) auf der Grundlage des neuen Rechts (GEWG)

behandelt ist.

A. Bekanntmachung über die Abkommen zur Vereinheitlichung des Wechselrechts.

Vom 22. Juni 1933 (RGBl. II S. 377).

Am 7. Juni 1930 sind in Genf von bevollmächtigten Vertretern des Deutschen Reichs
1. **das Abkommen über das einheitliche Wechselgesetz nebst zwei Anlagen,**
2. **das Abkommen über Bestimmungen auf dem Gebiet des internationalen Wechselprivatrechts,**
3. **das Abkommen über das Verhältnis der Stempelgesetze zum Wechselrecht und**
4. **die zugehörigen Protokolle**

unterzeichnet worden. Die Abkommen und die Protokolle werden nachstehend veröffentlicht.

Der Tag, an dem die Abkommen für das Deutsche Reich in Kraft treten, wird im Reichsgesetzblatt bekanntgemacht werden.

Zur Ausführung der Abkommen ist das im Reichsgesetzblatt von 1933 Teil I S. 399 veröffentlichte Wechselgesetz ergangen.

Der Reichsminister des Auswärtigen.
Der Reichsminister der Justiz.

Die Abkommen sind in französischem Texte als Anlage G 4, 5, 6 S. 537 ff.; in der Übersetzung im ersten Nachtrage unter A I, II, III S. 2* ff. abgedruckt.

B. Wechselgesetz.

Vom 21. Juni 1933 (RGBl. I S. 399).

Die Reichsregierung hat zur Durchführung der Abkommen zur Vereinheitlichung des Wechselrechts (Reichsgesetzbl. 1933 II S. 377) das folgende Gesetz beschlossen, das hiermit verkündet wird:

Erster Teil.

Gezogener Wechsel.

Erster Abschnitt.

Ausstellung und Form des gezogenen Wechsels.

Artikel 1.

Der gezogene Wechsel enthält:
1. **die Bezeichnung als Wechsel im Texte der Urkunde, und zwar in der Sprache, in der sie ausgestellt ist;**
2. **die unbedingte Anweisung, eine bestimmte Geldsumme zu zahlen;**
3. **den Namen dessen, der zahlen soll (Bezogener);**
4. **die Angabe der Verfallzeit;**
5. **die Angabe des Zahlungsortes;**
6. **den Namen dessen, an den oder an dessen Order gezahlt werden soll;**
7. **die Angabe des Tages und des Ortes der Ausstellung;**
8. **die Unterschrift des Ausstellers.**

a) Vgl. Art 4 DWO nebst Anmerkungen 1—64 S. 49 ff.

b) Vgl. Anhang II zu Art 4 DWO Anm 15—32, S. 84 ff. Von dem Vorbehalte in Art 1 Annex II des Genfer Abkommens (Anm 15 a unter 1 β und Anm 19), der die Hinausschiebung des Inkrafttretens des Erfordernisses der Wechselklausel (Nr. 1) auf sechs Monate zuläßt, hat das deutsche Gesetz keinen Gebrauch gemacht, da das Erfordernis bereits in dem bisher in Deutschland geltenden Rechte (Art 4 Nr. 1 DWO) enthalten war.

Artikel 2.

Eine Urkunde, der einer der im vorstehenden Artikel bezeichneten Bestandteile fehlt, gilt nicht als gezogener Wechsel, vorbehaltlich der in den folgenden Absätzen bezeichneten Fälle.

Ein Wechsel ohne Angabe der Verfallzeit gilt als Sichtwechsel.

Mangels einer besonderen Angabe gilt der bei dem Namen des Bezogenen angegebene Ort als Zahlungsort und zugleich als Wohnort des Bezogenen.

Ein Wechsel ohne Angabe des Ausstellungsortes gilt als ausgestellt an dem Orte, der bei dem Namen des Ausstellers angegeben ist.

a) Vgl. Art 7 Satz 1 und 2 DWO und Anm 1—11 zu Art 7 S. 94 ff.

b) Vgl. Anhang II zu Art 7 DWO Anm 18 S. 101 und zu Art 4 Anm 15 unter 2 S. 84, Anm 30 S. 88.

Artikel 3.

Der Wechsel kann an die eigene Order des Ausstellers lauten.

Er kann auf den Aussteller selbst gezogen werden.

Er kann für Rechnung eines Dritten gezogen werden.

a) Vgl. Art 6 DWO nebst Anmerkungen S. 91 ff.

b) Vgl. Anhang II zu Art 6 DWO Anm 11, 12 S. 93 f.

Artikel 4.

Der Wechsel kann bei einem Dritten, am Wohnort des Bezogenen oder an einem anderen Orte, zahlbar gestellt werden.

a) Vgl. Art 24 DWO nebst Anmerkungen S. 174 ff.

b) Vgl. Anhang II zum Unterabschnitte (UA.) V DWO Anm 17 S. 184.

Artikel 5.

In einem Wechsel, der auf Sicht oder auf eine bestimmte Zeit nach Sicht lautet, kann der Aussteller bestimmen, daß die Wechselsumme zu verzinsen ist. Bei jedem anderen Wechsel gilt der Zinsvermerk als nicht geschrieben.

Der Zinsfuß ist im Wechsel anzugeben; fehlt diese Angabe, so gilt der Zinsvermerk als nicht geschrieben.

Die Zinsen laufen vom Tage der Ausstellung des Wechsels, sofern nicht ein anderer Tag bestimmt ist.

a) Vgl. Art 7 Satz 3 DWO und Anm 12, 13 zu Art 7 S. 94, 99 f.

b) Vgl. Anhang II zu Art 7 DWO Anm 19 S. 101.

Artikel 6.

Ist die Wechselsumme in Buchstaben und in Ziffern angegeben, so gilt bei Abweichungen die in Buchstaben angegebene Summe.

Ist die Wechselsumme mehrmals in Buchstaben oder mehrmals in Ziffern angegeben, so gilt bei Abweichungen die geringste Summe.

a) Vgl. Art 5 DWO nebst Anmerkungen S. 89 f.

b) Vgl. Anhang II zu Art 5 DWO Anm 7 S. 90.

Artikel 7.

Trägt ein Wechsel Unterschriften von Personen, die eine Wechselverbindlichkeit nicht eingehen können, gefälschte Unterschriften, Unterschriften erdichteter Personen oder Unterschriften, die aus irgendeinem anderen Grunde für die Personen, die unterschrieben haben oder mit deren Namen unterschrieben worden ist, keine Verbindlichkeit begründen, so hat dies auf die Gültigkeit der übrigen Unterschriften keinen Einfluß.

Vgl.:

1. hinsichtlich der Unterschriften wechselunfähiger Personen:

a) Art 3 DWO nebst Anmerkungen S. 36;

b) Anhang II zum Abschnitte 1 der DWO Anm 1, 2 S. 38;

2. hinsichtlich falscher, veränderter usw. Wechsel:

a) Artt 75, 76 DWO nebst Anmerkungen S. 335 ff.;

b) Anhang II zum Abschnitte 1 Anm 2 S. 38 und Anhang II zum UA XII DWO Anm 5 S. 343.

Artikel 8.

Wer auf einen Wechsel seine Unterschrift als Vertreter eines anderen setzt, ohne hierzu ermächtigt zu sein, haftet selbst wechselmäßig und hat, wenn er den Wechsel einlöst, dieselben Rechte, die der angeblich Vertretene haben würde. Das gleiche gilt von einem Vertreter, der seine Vertretungsbefugnis überschritten hat.

a) Vgl. Art 95 DWO nebst Anmerkungen S. 437;

b) Vgl. Anhang II zum UA XVIII DWO Anm 8, 9 S. 442.

Artikel 9.

Der Aussteller haftet für die Annahme und die Zahlung des Wechsels.

Er kann die Haftung für die Annahme ausschließen; jeder Vermerk, durch den er die Haftung für die Zahlung ausschließt, gilt als nicht geschrieben.

a) Vgl. Art 8 DWO nebst Anmerkungen S. 102 ff.;

b) Vgl. Anhang II zu Art 8 DWO Anm 19—21 S. 108.

Artikel 10.

Wenn ein Wechsel, der bei der Begebung unvollständig war, den getroffenen Vereinbarungen zuwider ausgefüllt worden ist, so kann die Nichteinhaltung dieser Vereinbarungen dem Inhaber nicht entgegengesetzt werden, es sei denn, daß er den Wechsel in bösem Glauben erworben hat oder ihm beim Erwerb eine grobe Fahrlässigkeit zur Last fällt.

a) Vgl. zu Art 7 DWO Anm 4—10 S. 95 ff.

b) Vgl. Anhang II zu Art 7 DWO Anm 18 S. 101 und Anhang II zu Art 4 Anm 15 unter 3 S. 84 und Anm 30 S. 88. Von dem Vorbehalte in Art 2 Annex II des Genfer Abkommens (Anm 15 a unter 2 S. 84) hat das deutsche Gesetz keinen Gebrauch gemacht.

Zweiter Abschnitt.

Indossament.

Artikel 11.

Jeder Wechsel kann durch Indossament übertragen werden, auch wenn er nicht ausdrücklich an Order lautet.

Hat der Aussteller in den Wechsel die Worte „nicht an Order“ oder einen gleichbedeutenden Vermerk aufgenommen, so kann der Wechsel nur in der Form und mit den Wirkungen einer gewöhnlichen Abtretung übertragen werden.

Das Indossament kann auch auf den Bezogenen, gleichviel ob er den Wechsel angenommen hat oder nicht, auf den Aussteller oder auf jeden anderen Wechselverpflichteten lauten. Diese Personen können den Wechsel weiter indossieren.

Vgl.:

1. zu Absatz 1 und 2:

a) Vorbem. zum UA III DWO, Art 9 und Anm 1—27, S. 109 ff.;

b) Anhang II z. UA III Anm 1 S. 145;

2. zu Absatz 3:

a) Art 10 Satz 2 DWO und Anm 7, 8 zu Art 10 S. 118, 121 f.;

b) Anhang II z. UA III Anm 1 S. 145.

Artikel 12.

Das Indossament muß unbedingt sein. Bedingungen, von denen es abhängig gemacht wird, gelten als nicht geschrieben.

Ein Teilindossament ist nichtig.

Ein Indossament an den Inhaber gilt als Blankoindossament.

Vgl.:

1. zu Absatz 1:

a) zu Art 9 DWO Anm 14 S. 114;

b) Anhang II z. UA III Anm 2 S. 145;

2. zu Absatz 2:

a) zu Art 9 DWO Anm 12, 13 S. 113 f.;

b) Anhang II z. UA III Anm 2 S. 145.

3. zu Absatz 3:

a) zu Art 12 DWO Anm 3 S. 125;

b) Anhang II z. UA III Anm 2 S. 145.

Artikel 13.

Das Indossament muß auf den Wechsel oder auf ein mit dem Wechsel verbundenes Blatt (Anhang) gesetzt werden. Es muß von dem Indossanten unterschrieben werden.

Das Indossament braucht den Indossatar nicht zu bezeichnen und kann selbst in der bloßen Unterschrift des Indossanten bestehen (Blankoindossament). In diesem letzteren Falle muß das Indossament, um gültig zu sein, auf die Rückseite des Wechsels oder auf den Anhang gesetzt werden.

Vgl.:

1. zu Absatz 1:

a) Art 11 DWO nebst Anmerkungen S. 122 ff.;

b) Anhang II z. UA III Anm 3 S. 145;

2. zu Absatz 2:

a) Art 12 DWO nebst Anmerkungen S. 124 ff.;

b) Anhang II z. UA III Anm 3 S. 145.

Artikel 14.

Das Indossament überträgt alle Rechte aus dem Wechsel.

Ist es ein Blankoindossament, so kann der Inhaber

1. **das Indossament mit seinem Namen oder mit dem Namen eines anderen ausfüllen;**
2. **den Wechsel durch ein Blankoindossament oder an eine bestimmte Person weiter indossieren;**
3. **den Wechsel weiterbegeben, ohne das Blankoindossament auszufüllen und ohne ihn zu indossieren.**

Vgl.:

a) zu **Absatz 1** Art 10 Satz 1 DWO und Anm 1—6 zu Art 10 S. 118 ff.; zu **Absatz 2** Art 13 DWO nebst Anmerkungen S. 126 f.

b) Anhang II z. UA III Anm 4 S. 146.

Artikel 15.

Der Indossant haftet mangels eines entgegenstehenden Vermerkes für die Annahme und die Zahlung.

Er kann untersagen, daß der Wechsel weiter indossiert wird; in diesem Falle haftet er denen nicht, an die der Wechsel weiter indossiert wird.

Vgl.:

a) zu **Absatz 1** Art 14 DWO nebst Anmerkungen S. 127 ff.; zu **Absatz 2** Art 15 DWO nebst Anmerkungen S. 129 f.;

b) Anhang II z. UA III Anm 5 S. 146.

Artikel 16.

Wer den Wechsel in Händen hat, gilt als rechtmäßiger Inhaber, sofern er sein Recht durch eine ununterbrochene Reihe von Indossamenten nachweist, und zwar auch dann, wenn das letzte ein Blankoindossament ist. Ausgestrichene Indossamente gelten hierbei als nicht geschrieben. Folgt auf ein Blankoindossament ein weiteres Indossament, so wird angenommen, daß der Aussteller dieses Indossaments den Wechsel durch das Blankoindossament erworben hat.

Ist der Wechsel einem früheren Inhaber irgendwie abhanden gekommen, so ist der neue Inhaber, der sein Recht nach den Vorschriften des vorstehenden Absatzes nachweist, zur Herausgabe des Wechsels nur verpflichtet, wenn er ihn in bösem Glauben erworben hat oder ihm beim Erwerb eine grobe Fahrlässigkeit zur Last fällt.

Vgl.:

1. zu Absatz 1:

a) Art 36 DWO nebst Anmerkungen S. 215 ff.;

b) Anhang II z. UA VII Nr. 2, Anm 1—3 S. 233 f.

2. zu Absatz 2:

a) Art 74 DWO nebst Anmerkungen S. 328 ff.;

b) Anhang II z. UA XI Anm 11 S. 335 (dort ist aber irrtümlich angegeben, daß die Entwürfe zu dem einheitlichen Wechselrechte keine Bestimmung über den Herausgabeanspruch enthalten).

Artikel 17.

Wer aus dem Wechsel in Anspruch genommen wird, kann dem Inhaber keine Einwendungen entgegensetzen, die sich auf seine unmittelbaren Beziehungen zu dem Aussteller oder zu einem früheren Inhaber gründen, es sei denn, daß der Inhaber bei dem Erwerbe des Wechsels bewußt zum Nachteil des Schuldners gehandelt hat.

a) Vgl. Art 82 DWO nebst Anmerkungen S. 361 ff.;

b) Vgl. Anhang II z. UA XIV Anm 21, 22, S. 389 f.

Artikel 18.

Enthält das Indossament den Vermerk „Wert zur Einziehung", „zum Inkasso", „in Prokura" oder einen anderen nur eine Bevollmächtigung ausdrückenden Vermerk, so kann der Inhaber alle Rechte aus dem Wechsel geltend machen; aber er kann ihn nur durch ein weiteres Vollmachtsindossament übertragen.

Die Wechselverpflichteten können in diesem Falle dem Inhaber nur solche Einwendungen entgegensetzen, die ihnen gegen den Indossanten zustehen.

Die in dem Vollmachtsindossament enthaltene Vollmacht erlischt weder mit dem Tode noch mit dem Eintritt der Handlungsunfähigkeit des Vollmachtgebers.

Artikel 19.

Enthält das Indossament den Vermerk „Wert zur Sicherheit", „Wert zum Pfande" oder einen anderen eine Verpfändung ausdrückenden Vermerk, so kann der Inhaber alle Rechte aus dem Wechsel geltend machen; ein von ihm ausgestelltes Indossament hat aber nur die Wirkung eines Vollmachtsindossaments.

Die Wechselverpflichteten können dem Inhaber keine Einwendungen entgegensetzen, die sich auf ihre unmittelbaren Beziehungen zu dem Indossanten gründen, es sei denn, daß der Inhaber bei dem Erwerbe des Wechsels bewußt zum Nachteil des Schuldners gehandelt hat.

Vgl. zu den Artikeln 18, 19:

a) Art 17 DWO nebst Anmerkungen S. 136 ff. und Vorbem 14 vor Art 4 S. 46;

b) Anhang II z. UA III Anm 6 S. 146.

Artikel 20.

Ein Indossament nach Verfall hat dieselben Wirkungen wie ein Indossament vor Verfall. Ist jedoch der Wechsel erst nach Erhebung des Protestes mangels Zahlung oder nach Ablauf der hierfür bestimmten Frist indossiert worden, so hat das Indossament nur die Wirkungen einer gewöhnlichen Abtretung.

Bis zum Beweis des Gegenteils wird vermutet, daß ein nicht datiertes Indossament vor Ablauf der für die Erhebung des Protestes bestimmten Frist auf den Wechsel gesetzt worden ist.

a) Vgl. Art 16 DWO nebst Anmerkungen, S. 130 ff.;

b) Vgl. Anhang II z. UA III Anm 8 S. 147.

Dritter Abschnitt.

Annahme.

Artikel 21.

Der Wechsel kann von dem Inhaber oder von jedem, der den Wechsel auch nur in Händen hat, bis zum Verfall dem Bezogenen an seinem Wohnort zur Annahme vorgelegt werden.

Artikel 22.

Der Aussteller kann in jedem Wechsel mit oder ohne Bestimmung einer Frist vorschreiben, daß der Wechsel zur Annahme vorgelegt werden muß.

Er kann im Wechsel die Vorlegung zur Annahme untersagen, wenn es sich nicht um einen Wechsel handelt, der bei einem Dritten oder an einem von dem Wohnort des Bezogenen verschiedenen Ort zahlbar ist oder der auf eine bestimmte Zeit nach Sicht lautet.

Er kann auch vorschreiben, daß der Wechsel nicht vor einem bestimmten Tage zur Annahme vorgelegt werden darf.

Jeder Indossant kann, wenn nicht der Aussteller die Vorlegung zur Annahme untersagt hat, mit oder ohne Bestimmung einer Frist vorschreiben, daß der Wechsel zur Annahme vorgelegt werden muß.

Artikel 23.

Wechsel, die auf eine bestimmte Zeit nach Sicht lauten, müssen binnen einem Jahre nach dem Tage der Ausstellung zur Annahme vorgelegt werden.

Der Aussteller kann eine kürzere oder eine längere Frist bestimmen.

Die Indossanten können die Vorlegungsfristen abkürzen.

Artikel 24.

Der Bezogene kann verlangen, daß ihm der Wechsel am Tage nach der ersten Vorlegung nochmals vorgelegt wird. Die Beteiligten können sich darauf, daß diesem Verlangen nicht entsprochen worden ist, nur berufen, wenn das Verlangen im Protest vermerkt ist.

Der Inhaber ist nicht verpflichtet, den zur Annahme vorgelegten Wechsel in der Hand des Bezogenen zu lassen.

Zu den Artikeln 21—24:

a) Vgl. DWO Artikel 18—20 nebst Anmerkungen S. 147 ff.;

b) Vgl. Anhang II z. UA IV Anm 9 ff. S. 159 ff.

Artikel 25.

Die Annahmeerklärung wird auf den Wechsel gesetzt. Sie wird durch das Wort „angenommen" oder ein gleichbedeutendes Wort ausgedrückt; sie ist vom Bezogenen

zu unterschreiben. Die bloße Unterschrift des Bezogenen auf der Vorderseite des Wechsels gilt als Annahme.

Lautet der Wechsel auf eine bestimmte Zeit nach Sicht oder ist er infolge eines besonderen Vermerks innerhalb einer bestimmten Frist zur Annahme vorzulegen, so muß die Annahmeerklärung den Tag bezeichnen, an dem sie erfolgt ist, sofern nicht der Inhaber die Angabe des Tages der Vorlegung verlangt. Ist kein Tag angegeben, so muß der Inhaber, um seine Rückgriffsrechte gegen die Indossanten und den Aussteller zu wahren, diese Unterlassung rechtzeitig durch einen Protest feststellen lassen.

Artikel 26.

Die Annahme muß unbedingt sein; der Bezogene kann sie aber auf einen Teil der Wechselsumme beschränken.

Wenn die Annahmeerklärung irgendeine andere Abweichung von den Bestimmungen des Wechsels enthält, so gilt die Annahme als verweigert. Der Annehmende haftet jedoch nach dem Inhalt seiner Annahmeerklärung.

Artikel 27.

Hat der Aussteller im Wechsel einen von dem Wohnort des Bezogenen verschiedenen Zahlungsort angegeben, ohne einen Dritten zu bezeichnen, bei dem die Zahlung geleistet werden soll, so kann der Bezogene bei der Annahmeerklärung einen Dritten bezeichnen. Mangels einer solchen Bezeichnung wird angenommen, daß sich der Annehmer verpflichtet hat, selbst am Zahlungsorte zu zahlen.

Ist der Wechsel beim Bezogenen selbst zahlbar, so kann dieser in der Annahmeerklärung eine am Zahlungsorte befindliche Stelle bezeichnen, wo die Zahlung geleistet werden soll.

Artikel 28.

Der Bezogene wird durch die Annahme verpflichtet, den Wechsel bei Verfall zu bezahlen.

Mangels Zahlung hat der Inhaber, auch wenn er der Aussteller ist, gegen den Annehmer einen unmittelbaren Anspruch aus dem Wechsel auf alles, was auf Grund der Artikel 48 und 49 gefordert werden kann.

Artikel 29.

Hat der Bezogene die auf den Wechsel gesetzte Annahmeerklärung vor der Rückgabe des Wechsels gestrichen, so gilt die Annahme als verweigert. Bis zum Beweis des Gegenteils wird vermutet, daß die Streichung vor der Rückgabe des Wechsels erfolgt ist.

Hat der Bezogene jedoch dem Inhaber oder einer Person, deren Unterschrift sich auf dem Wechsel befindet, die Annahme schriftlich mitgeteilt, so haftet er diesen nach dem Inhalt seiner Annahmeerklärung.

Zu den Artikeln 25—29:

a) Vgl. DWO Artikel 21—24 nebst Vorbemerkung z. UA V und Anmerkungen S. 161 ff.

b) Vgl. Anhang II z. UA V Anm 13 ff. S. 183 ff.

Vierter Abschnitt.

Wechselbürgschaft.

Artikel 30.

Die Zahlung der Wechselsumme kann ganz oder teilweise durch Wechselbürgschaft gesichert werden.

Diese Sicherheit kann von einem Dritten oder auch von einer Person geleistet werden, deren Unterschrift sich schon auf dem Wechsel befindet.

Artikel 31.

Die Bürgschaftserklärung wird auf den Wechsel oder auf einen Anhang gesetzt.

Sie wird durch die Worte „als Bürge“ oder einen gleichbedeutenden Vermerk ausgedrückt; sie ist von dem Wechselbürgen zu unterschreiben.

Die bloße Unterschrift auf der Vorderseite des Wechsels gilt als Bürgschaftserklärung, soweit es sich nicht um die Unterschrift des Bezogenen oder des Ausstellers handelt.

In der Erklärung ist anzugeben, für wen die Bürgschaft geleistet wird; mangels einer solchen Angabe gilt sie für den Aussteller.

Artikel 32.

Der Wechselbürge haftet in der gleichen Weise wie derjenige, für den er sich verbürgt hat.

Seine Verpflichtungserklärung ist auch gültig, wenn die Verbindlichkeit, für die er sich verbürgt hat, aus einem anderen Grund als wegen eines Formfehlers nichtig ist.

Der Wechselbürge, der den Wechsel bezahlt, erwirbt die Rechte aus dem Wechsel gegen denjenigen, für den er sich verbürgt hat, und gegen alle, die diesem wechselmäßig haften.

Zu den Artikeln 30—32:

a) Vgl. Art 81 Satz 1 Schlußhalbsatz DWO (Aval) und Anm 2—11 zu Art 81 S. 355 ff.

b) Vgl. Anhang II z. UA XIV Anm 16—20 S. 388 f. Von dem Vorbehalte in Art 4 Annex II des Genfer Abkommens (Anm 16 a. a. O. unter 4) hat das deutsche Gesetz keinen Gebrauch gemacht.

Fünfter Abschnitt.

Verfall.

Artikel 33.

Ein Wechsel kann gezogen werden

auf Sicht;

auf eine bestimmte Zeit nach Sicht;

auf eine bestimmte Zeit nach der Ausstellung;

auf einen bestimmten Tag.

Wechsel mit anderen oder mit mehreren aufeinanderfolgenden Verfallzeiten sind nichtig.

Artikel 34.

Der Sichtwechsel ist bei der Vorlegung fällig. Er muß binnen einem Jahre nach der Ausstellung zur Zahlung vorgelegt werden. Der Aussteller kann eine kürzere oder eine längere Frist bestimmen. Die Indossanten können die Vorlegungsfristen abkürzen.

Der Aussteller kann vorschreiben, daß der Sichtwechsel nicht vor einem bestimmten Tage zur Zahlung vorgelegt werden darf. In diesem Falle beginnt die Vorlegungsfrist mit diesem Tage.

Artikel 35.

Der Verfall eines Wechsels, der auf eine bestimmte Zeit nach Sicht lautet, richtet sich nach dem in der Annahmeerklärung angegebenen Tage oder nach dem Tage des Protestes.

Ist in der Annahmeerklärung ein Tag nicht angegeben und ein Protest nicht erhoben worden, so gilt dem Annehmer gegenüber der Wechsel als am letzten Tage der für die Vorlegung zur Annahme vorgesehenen Frist angenommen.

Artikel 36.

Ein Wechsel, der auf einen oder mehrere Monate nach der Ausstellung oder nach Sicht lautet, verfällt an dem entsprechenden Tage des Zahlungsmonats. Fehlt dieser Tag, so ist der Wechsel am letzten Tage des Monats fällig.

Lautet der Wechsel auf einen oder mehrere Monate und einen halben Monat nach der Ausstellung oder nach Sicht, so werden die ganzen Monate zuerst gezählt.

Ist als Verfallzeit der Anfang, die Mitte oder das Ende eines Monats angegeben, so ist darunter der erste, der fünfzehnte oder der letzte Tag des Monats zu verstehen.

Die Ausdrücke „acht Tage" oder „fünfzehn Tage" bedeuten nicht eine oder zwei Wochen, sondern volle acht oder fünfzehn Tage.

Der Ausdruck „halber Monat" bedeutet fünfzehn Tage.

Artikel 37.

Ist ein Wechsel an einem bestimmten Tag an einem Orte zahlbar, dessen Kalender von dem des Ausstellungsorts abweicht, so ist für den Verfalltag der Kalender des Zahlungsorts maßgebend.

Ist ein zwischen zwei Orten mit verschiedenem Kalender gezogener Wechsel eine bestimmte Zeit nach der Ausstellung zahlbar, so wird der Tag der Ausstellung in den nach dem Kalender des Zahlungsorts entsprechenden Tag umgerechnet und hiernach der Verfalltag ermittelt.

Auf die Berechnung der Fristen für die Vorlegung von Wechseln findet die Vorschrift des vorstehenden Absatzes entsprechende Anwendung.

Die Vorschriften dieses Artikels finden keine Anwendung, wenn sich aus einem Vermerk im Wechsel oder sonst aus dessen Inhalt ergibt, daß etwas anderes beabsichtigt war.

Zu den Artikeln 33—37:

a) Vgl. DWO Artikel 30—35 nebst Vorbemerkungen 1—3 z. UA VII und Anmerkungen S. 203 ff.

b) Vgl. Anhang II z. UA VII Nr. 1 Anm 7—18 S. 213 ff.

Sechster Abschnitt.

Zahlung.

Artikel 38.

Der Inhaber eines Wechsels, der an einem bestimmten Tage oder bestimmte Zeit nach der Ausstellung oder nach Sicht zahlbar ist, hat den Wechsel am Zahlungstag oder an einem der beiden folgenden Werktage zur Zahlung vorzulegen.

Die Einlieferung in eine Abrechnungsstelle steht der Vorlegung zur Zahlung gleich.

Der Reichsminister der Justiz bestimmt, welche Einrichtungen als Abrechnungsstellen anzusehen sind und unter welchen Voraussetzungen die Einlieferung erfolgen kann.

a) Vgl. zu Artikel 41 DWO Anm 2—5 S. 236 ff. (Präsentation des Wechsels zur Zahlung) und Artikel 44 nebst Anmerkungen S. 244 f.

b) Vgl. Anhang II z. UA VIII Anm 2 S. 269. Der Absatz 3 des Artikels ist auf Grund des Vorbehalts in Art 6 Annexe II des Genfer Abkommens von dem deutschen Gesetze hinzugefügt.

Artikel 39.

Der Bezogene kann vom Inhaber gegen Zahlung die Aushändigung des quittierten Wechsels verlangen.

Der Inhaber darf eine Teilzahlung nicht zurückweisen.

Im Falle der Teilzahlung kann der Bezogene verlangen, daß sie auf dem Wechsel vermerkt und ihm eine Quittung erteilt wird.

a) Vgl. DWO Artikel 38, 39 nebst Anmerkungen S. 224 ff.

b) Vgl. Anhang II z. UA VII 2 Anm 7—9 S. 235.

Artikel 40.

Der Inhaber des Wechsels ist nicht verpflichtet, die Zahlung vor Verfall anzunehmen.

Der Bezogene, der vor Verfall zahlt, handelt auf eigene Gefahr.

Wer bei Verfall zahlt, wird von seiner Verbindlichkeit befreit, wenn ihm nicht Arglist oder grobe Fahrlässigkeit zur Last fällt. Er ist verpflichtet, die Ordnungsmäßigkeit der Reihe der Indossamente, aber nicht die Unterschriften der Indossanten zu prüfen.

a) — —.

b) Vgl. Anhang II z. UA VII Nr. 2 Anm 2, 3 S. 233 f.

Artikel 41.

Lautet der Wechsel auf eine Währung, die am Zahlungsorte nicht gilt, so kann die Wechselsumme in der Landeswährung nach dem Werte gezahlt werden, den sie am Verfalltage besitzt. Wenn der Schuldner die Zahlung verzögert, so kann der Inhaber wählen, ob die Wechselsumme nach dem Kurs des Verfalltages oder nach dem Kurs des Zahlungstages in die Landeswährung umgerechnet werden soll.

Der Wert der fremden Währung bestimmt sich nach den Handelsgebräuchen des Zahlungsortes. Der Aussteller kann jedoch im Wechsel für die zu zahlende Summe einen Umrechnungskurs bestimmen.

Die Vorschriften der beiden ersten Absätze finden keine Anwendung, wenn der Aussteller die Zahlung in einer bestimmten Währung vorgeschrieben hat (Effektivvermerk).

Lautet der Wechsel auf eine Geldsorte, die im Lande der Ausstellung dieselbe Bezeichnung, aber einen anderen Wert hat als in dem der Zahlung, so wird vermutet, daß die Geldsorte des Zahlungsortes gemeint ist.

a) Vgl. DWO Art 37 nebst Anmerkungen S. 223.

b) Vgl. Anhang II z. UA VII Nr. 2 Anm 4—6 S. 234.

Artikel 42.

Wird der Wechsel nicht innerhalb der im Artikel 38 bestimmten Frist zur Zahlung vorgelegt, so kann der Schuldner die Wechselsumme bei der zuständigen Behörde auf Gefahr und Kosten des Inhabers hinterlegen.

a) Vgl. DWO Art 40 nebst Anmerkungen S. 228 ff.

b) Vgl. Anhang II z. UA VII Nr. 2 Anm 10 S. 235.

Siebenter Abschnitt.

Rückgriff mangels Annahme und mangels Zahlung.

Artikel 43.

Zur Überschrift vgl. Vorbemerkung zu Anhang II zum UA VIII DWO S. 268.

Der Inhaber kann gegen die Indossanten, den Aussteller und die anderen Wechselverpflichteten bei Verfall des Wechsels Rückgriff nehmen, wenn der Wechsel nicht bezahlt worden ist.

Das gleiche Recht steht dem Inhaber schon vor Verfall zu,

1. **wenn die Annahme ganz oder teilweise verweigert worden ist;**
2. **wenn über das Vermögen des Bezogenen, gleichviel ob er den Wechsel angenommen hat oder nicht, der Konkurs oder das gerichtliche Vergleichsverfahren (Ausgleichsverfahren) eröffnet worden ist oder wenn der Bezogene auch nur**

seine Zahlungen eingestellt hat oder wenn eine Zwangsvollstreckung in sein Vermögen fruchtlos verlaufen ist;

3. wenn über das Vermögen des Ausstellers eines Wechsels, dessen Vorlegung zur Annahme untersagt ist, der Konkurs oder das gerichtliche Vergleichsverfahren (Ausgleichsverfahren) eröffnet worden ist.

Zu Absatz 1:

a) Vgl. zu Art 41 DWO Anm 1 S. 236, sowie Art 8 nebst Anmerkungen S. 102 ff.; Art 14 nebst Anmerkungen S. 127 ff.

b) Vgl. Anhang II z. UA VIII DWO Anm 3 S. 270.

Zu Absatz 2:

a) Vgl. Art 8 DWO nebst Anmerkungen S. 102 ff.; Art 14 nebst Anmerkungen S. 127 ff.; Artt 25—29 nebst Anmerkungen S. 185 ff.

b) Vgl. Anhang II z. UA VIII DWO Vorbemerkung und Anm 1—3 S. 201 ff. Von dem Vorbehalte in Art 10 Annex II des Genfer Abkommens hat das deutsche Gesetz in der Weise Gebrauch gemacht, daß es in Art 43 Abs 2 u. 3 die Voraussetzungen (les situationes juridiques) näher bestimmt hat, unter denen vor Fälligkeit wegen Unsicherheit des Bezogenen oder Ausstellers Regreß genommen werden kann. Von dem Vorbehalte in Art 11 Annex II des Genfer Abkommens (Anm 1 unter b a. a. O.), welcher die Möglichkeit gewährt, den Garanten eines Wechsels, gegen welche ein Rekurs auf Zahlung vor Verfall ausgeübt wird, bis zur Fälligkeit des Wechsels Frist zu gewähren (vgl. Anm 2 a. a. O.), hat das deutsche Gesetz keinen Gebrauch gemacht.

Artikel 44.

Die Verweigerung der Annahme oder der Zahlung muß durch eine öffentliche Urkunde (Protest mangels Annahme oder mangels Zahlung) festgestellt werden.

Der Protest mangels Annahme muß innerhalb der Frist erhoben werden, die für die Vorlegung zur Annahme gilt. Ist im Falle des Artikels 24 Abs. 1 der Wechsel am letzten Tage der Frist zum ersten Male vorgelegt worden, so kann der Protest noch am folgenden Tage erhoben werden.

Der Protest mangels Zahlung muß bei einem Wechsel, der an einem bestimmten Tag oder bestimmte Zeit nach der Ausstellung oder nach Sicht zahlbar ist, an einem der beiden auf den Zahlungstag folgenden Werktage erhoben werden. Bei einem Sichtwechsel muß der Protest mangels Zahlung in den gleichen Fristen erhoben werden, wie sie im vorhergehenden Absatz für den Protest mangels Annahme vorgesehen sind.

Ist Protest mangels Annahme erhoben worden, so bedarf es weder der Vorlegung zur Zahlung noch des Protestes mangels Zahlung.

Hat der Bezogene, gleichviel ob er den Wechsel angenommen hat oder nicht, seine Zahlungen eingestellt, oder ist eine Zwangsvollstreckung in sein Vermögen fruchtlos verlaufen, so kann der Inhaber nur Rückgriff nehmen, nachdem der Wechsel dem Bezogenen zur Zahlung vorgelegt und Protest erhoben worden ist.

Ist über das Vermögen des Bezogenen, gleichviel ob er den Wechsel angenommen hat oder nicht, oder über das Vermögen des Ausstellers eines Wechsels, dessen Vorlegung zur Annahme untersagt ist, Konkurs oder das gerichtliche Vergleichsverfahren (Ausgleichsverfahren) eröffnet worden, so genügt es zur Ausübung des Rückgriffsrechts, daß der gerichtliche Beschluß über die Eröffnung des Konkurses oder des gerichtlichen Vergleichsverfahrens (Ausgleichsverfahrens) vorgelegt wird. Die Vorlegung der Bekanntmachung des gerichtlichen Beschlusses im Deutschen Reichsanzeiger oder in dem zur Veröffentlichung amtlicher Bekanntmachungen des Gerichts bestimmten Blatte ist der Vorlegung des gerichtlichen Beschlusses gleichzuachten.

a) Vgl. DWO Artt 20 und 41 nebst Anmerkungen, S. 154 ff., 235 ff.

b) Vgl. Anhang II zu UA VI Anm 4 ff. S. 202 f. und zu UA VIII Anm 4—8 S. 270 f. Im Absatz 6 hat das deutsche Gesetz auch hier von dem Vorbehalte in Art 10 Annex II des Genfer

Abkommens (vgl. zu Art 43 Abs 2 unter b) Gebrauch gemacht. Von den Vorbehalten in Art 8 (Protestersatz) und in Art 9 (Protesterhebung am Zahlungstage) in Annex II des Genfer Abkommens hat das deutsche Gesetz keinen Gebrauch gemacht.

Artikel 45.

Der Inhaber muß seinen unmittelbaren Vormann und den Aussteller von dem Unterbleiben der Annahme oder der Zahlung innerhalb der vier Werktage benachrichtigen, die auf den Tag der Protesterhebung oder, im Fall des Vermerks „ohne Kosten", auf den Tag der Vorlegung folgen. Jeder Indossant muß innerhalb zweier Werktage nach Empfang der Nachricht seinem unmittelbaren Vormanne von der Nachricht, die er erhalten hat, Kenntnis geben und ihm die Namen und Adressen derjenigen mitteilen, die vorher Nachricht gegeben haben, und so weiter in der Reihenfolge, bis zum Aussteller. Die Fristen laufen vom Empfang der vorhergehenden Nachricht.

Wird nach Maßgabe des vorhergehenden Absatzes einer Person, deren Unterschrift sich auf dem Wechsel befindet, Nachricht gegeben, so muß die gleiche Nachricht in derselben Frist ihrem Wechselbürgen gegeben werden.

Hat ein Indossant seine Adresse nicht oder in unleserlicher Form angegeben, so genügt es, daß sein unmittelbarer Vormann benachrichtigt wird.

Die Nachricht kann in jeder Form gegeben werden, auch durch die bloße Rücksendung des Wechsels.

Der zur Benachrichtigung Verpflichtete hat zu beweisen, daß er in der vorgeschriebenen Frist benachrichtigt hat. Die Frist gilt als eingehalten, wenn ein Schreiben, das die Benachrichtigung enthält, innerhalb der Frist zur Post gegeben worden ist.

Wer die rechtzeitige Benachrichtigung versäumt, verliert nicht den Rückgriff, er haftet für den etwa durch seine Nachlässigkeit entstandenen Schaden, jedoch nur bis zur Höhe der Wechselsumme.

a) Vgl. DWO Art 45—47 nebst Anmerkungen, S. 245 ff.

b) Vgl. Anhang II z. UA VIII Anm 9, 10 S. 271 f. Von dem Vorbehalte in Art. 12 Annexe II des Genfer Abkommens (Benachrichtigung durch den Protestbeamten) hat das deutsche Gesetz keinen Gebrauch gemacht.

Artikel 46.

Der Aussteller sowie jeder Indossant oder Wechselbürge kann durch den Vermerk „ohne Kosten", „ohne Protest" oder einen gleichbedeutenden auf den Wechsel gesetzten und unterzeichneten Vermerk den Inhaber von der Verpflichtung befreien, zum Zwecke der Ausübung des Rückgriffs Protest mangels Annahme oder mangels Zahlung erheben zu lassen.

Der Vermerk befreit den Inhaber nicht von der Verpflichtung, den Wechsel rechtzeitig vorzulegen und die erforderlichen Nachrichten zu geben. Der Beweis, daß die Frist nicht eingehalten worden ist, liegt demjenigen ob, der sich dem Inhaber gegenüber darauf beruft.

Ist der Vermerk vom Aussteller beigefügt, so wirkt er gegenüber allen Wechselverpflichteten; ist er von einem Indossanten oder einem Wechselbürgen beigefügt, so wirkt er nur diesen gegenüber. Läßt der Inhaber ungeachtet des vom Aussteller beigefügten Vermerks Protest erheben, so fallen ihm die Kosten zur Last. Ist der Vermerk von einem Indossanten oder einem Wechselbürgen beigefügt, so sind alle Wechselverpflichteten zum Ersatze der Kosten eines dennoch erhobenen Protestes verpflichtet.

a) Vgl. DWO Art 42 nebst Anmerkungen, S. 340 ff.

b) Vgl. Anhang II z. UA VIII Anm 11, 12 S. 272.

Artikel 47.

Alle, die einen Wechsel ausgestellt, angenommen, indossiert oder mit einer Bürgschaftserklärung versehen haben, haften dem Inhaber als Gesamtschuldner.

Der Inhaber kann jeden einzeln oder mehrere oder alle zusammen in Anspruch nehmen, ohne an die Reihenfolge gebunden zu sein, in der sie sich verpflichtet haben.

Das gleiche Recht steht jedem Wechselverpflichteten zu, der den Wechsel eingelöst hat.

Durch die Geltendmachung des Anspruchs gegen einen Wechselverpflichteten verliert der Inhaber nicht seine Rechte gegen die anderen Wechselverpflichteten, auch nicht gegen die Nachmänner desjenigen, der zuerst in Anspruch genommen worden ist.

a) Zu Abs 1 vgl. DWO Art 81 Satz 3 nebst Anm 13, 14 S. 358. Zu Abs 2—4 Art 49 nebst Anm S. 252 f.

b) Vgl. Anhang II zu UA VIII Anm 13 S. 273 und zu UA XIV Anm 14, 15 S. 388.

Artikel 48.

Der Inhaber kann im Wege des Rückgriffs verlangen:

1. die Wechselsumme, soweit der Wechsel nicht angenommen oder nicht eingelöst worden ist, mit den etwa bedungenen Zinsen;

2. Zinsen zu sechs vom Hundert seit dem Verfalltage;

3. die Kosten des Protestes und der Nachrichten sowie die anderen Auslagen;

4. eine Vergütung, die mangels besonderer Vereinbarung ein Drittel vom Hundert der Hauptsumme des Wechsels beträgt und diesen Satz keinesfalls überschreiten darf.

Wird der Rückgriff vor Verfall genommen, so werden von der Wechselsumme Zinsen abgezogen. Diese Zinsen werden auf Grund des öffentlich bekanntgemachten Diskontsatzes (Satz der Zentralnotenbank) berechnet, der am Tage des Rückgriffs am Wohnort des Inhabers gilt.

Artikel 49.

Wer den Wechsel eingelöst hat, kann von seinen Vormännern verlangen:

1. den vollen Betrag, den er gezahlt hat;

2. die Zinsen dieses Betrags zu sechs vom Hundert seit dem Tage der Einlösung;

3. seine Auslagen;

4. eine Vergütung, die nach den Vorschriften des Artikels 48 Abs. 1 Nr. 4 berechnet wird.

Zu den Artikeln 48, 49:

a) Vgl. DWO Art 50—52 nebst Anmerkungen, S. 253 ff.

b) Vgl. Anhang II zu UA VIII Anm 14—17 S. 273 f. Von dem Vorbehalte in Art 13 Annex II des Genfer Abkommens (anderweite Bestimmung des Zinssatzes) hat das deutsche Gesetz in Art 2 Abs 1 des Einführungsgesetzes (vgl. unten zu C) Gebrauch gemacht, indem dort bestimmt ist, daß für den Zinssatz beim Rückgriffe aus im Inlande ausgestellten und zahlbaren Wechseln es auch weiterhin bei den Vorschriften des Gesetzes über die Wechsel- und Scheckzinsen vom 3. 7. 1925 (abgedruckt als Anlage C 3 S. 483 dieses Buches; vgl. zu Art 50 DWO Anm 4 S. 254) verbleibt. Doch ist in Abs 2 daselbst vorgesehen, daß die Bestimmung des Abs 1, sowie das genannte Gesetz, soweit es sich auf Wechsel bezieht, außer Kraft treten zu einem Zeitpunkte, den der Reichsminister der Justiz bestimmt. — Von dem Vorbehalte in Art 14 Annex II hat das deutsche Gesetz durch Zubilligung einer Kommissionsgebühr in Artt 48 Abs 1 Nr. 4, 49 Nr. 4 Gebrauch gemacht.

Artikel 50.

Jeder Wechselverpflichtete, gegen den Rückgriff genommen wird oder genommen werden kann, ist berechtigt, zu verlangen, daß ihm gegen Entrichtung der Rückgriffssumme der Wechsel mit dem Protest und eine quittierte Rechnung ausgehändigt werden.

Jeder Indossant, der den Wechsel eingelöst hat, kann sein Indossament und die Indossamente seiner Nachmänner ausstreichen.

Artikel 51.

Bei dem Rückgriff nach einer Teilannahme kann derjenige, der den nicht angenommenen Teil der Wechselsumme entrichtet, verlangen, daß dies auf dem Wechsel vermerkt und ihm darüber Quittung erteilt wird. Der Inhaber muß ihm ferner eine beglaubigte Abschrift des Wechsels und den Protest aushändigen, um den weiteren Rückgriff zu ermöglichen.

Zu den Artikeln 50, 51:

a) Vgl. DWO Art 48 nebst Anmerkungen S. 250 ff.; Art 55 nebst Anmerkungen S. 260 f.

b) Vgl. Anhang II zu UA VIII Anm 18 f. S. 274 f.

Artikel 52.

Wer zum Rückgriff berechtigt ist, kann mangels eines entgegenstehenden Vermerkes den Rückgriff dadurch nehmen, daß er auf einen seiner Vormänner einen neuen Wechsel (Rückwechsel) zieht, der auf Sicht lautet und am Wohnort dieses Vormannes zahlbar ist.

Der Rückwechsel umfaßt, außer den in den Artikeln 48 und 49 angegebenen Beträgen, die Mäklergebühr und die Stempelsteuer für den Rückwechsel.

Wird der Rückwechsel vom Inhaber gezogen, so richtet sich die Höhe der Wechselsumme nach dem Kurse, den ein vom Zahlungsorte des ursprünglichen Wechsels auf den Wohnort des Vormannes gezogener Sichtwechsel hat. Wird der Rückwechsel von einem Indossanten gezogen, so richtet sich die Höhe der Wechselsumme nach dem Kurse, den ein vom Wohnorte des Ausstellers des Rückwechsels auf den Wohnort des Vormannes gezogener Sichtwechsel hat.

a) Vgl. DWO Art 53 nebst Anmerkungen S. 258 f.

b) Vgl. Anhang II zu UA VIII Anm 20 f. S. 275.

Artikel 53.

Mit der Versäumung der Fristen

für die Vorlegung eines Wechsels, der auf Sicht oder auf eine bestimmte Zeit nach Sicht lautet,

für die Erhebung des Protestes mangels Annahme oder mangels Zahlung,

für die Vorlegung zur Zahlung im Falle des Vermerkes „ohne Kosten“

verliert der Inhaber seine Rechte gegen die Indossanten, den Aussteller und alle anderen Wechselverpflichteten, mit Ausnahme des Annehmers.

Versäumt der Inhaber die vom Aussteller für die Vorlegung zur Annahme vorgeschriebene Frist, so verliert er das Recht, mangels Annahme und mangels Zahlung Rückgriff zu nehmen, sofern nicht der Wortlaut des Vermerkes ergibt, daß der Aussteller nur die Haftung für die Annahme hat ausschließen wollen.

Ist die Frist für die Vorlegung in einem Indossament enthalten, so kann sich nur der Indossant darauf berufen.

a) Vgl. zu Art 41 DWO Anm 12 S. 239 ff.: sowie Art 44 nebst Anmerkungen S. 244 f.

b) Vgl. Anhang II zu UA VIII Anm 22, 24 S. 275 f.

Artikel 54.

Steht der rechtzeitigen Vorlegung des Wechsels oder der rechtzeitigen Erhebung des Protestes ein unüberwindliches Hindernis entgegen (gesetzliche Vorschrift eines Staates oder ein anderer Fall höherer Gewalt), so werden die für diese Handlungen bestimmten Fristen verlängert.

Der Inhaber ist verpflichtet, seinen unmittelbaren Vormann von dem Falle der höheren Gewalt unverzüglich zu benachrichtigen und die Benachrichtigung unter

Beifügung des Tages und Ortes sowie seiner Unterschrift auf dem Wechsel oder einem Anhang zu vermerken; im übrigen finden die Vorschriften des Artikels 45 Anwendung.

Fällt die höhere Gewalt weg, so muß der Inhaber den Wechsel unverzüglich zur Annahme oder zur Zahlung vorlegen und gegebenenfalls Protest erheben lassen.

Dauert die höhere Gewalt länger als dreißig Tage nach Verfall, so kann Rückgriff genommen werden, ohne daß es der Vorlegung oder der Protesterhebung bedarf.

Bei Wechseln, die auf Sicht oder auf eine bestimmte Zeit nach Sicht lauten, läuft die dreißigtägige Frist von dem Tage, an dem der Inhaber seinen Vormann von dem Falle der höheren Gewalt benachrichtigt hat; diese Nachricht kann schon vor Ablauf der Vorlegungsfrist gegeben werden. Bei Wechseln, die auf bestimmte Zeit nach Sicht lauten, verlängert sich die dreißigtägige Frist um die im Wechsel angegebene Nachsichtfrist.

Tatsachen, die rein persönlich den Inhaber oder denjenigen betreffen, den er mit der Vorlegung des Wechsels oder mit der Protesterhebung beauftragt hat, gelten nicht als Fälle höherer Gewalt.

a) Vgl. zu Art 41 DWO Anm 12, 13 S. 239 f.

b) Vgl. Anhang II zu UA VIII Anm 23, 25—28 S. 276 f.

Achter Abschnitt.
Ehreneintritt.

1. Allgemeine Vorschriften.

Artikel 55.

Der Aussteller sowie jeder Indossant oder Wechselbürge kann eine Person angeben, die im Notfall annehmen oder zahlen soll.

Der Wechsel kann unter den nachstehend bezeichneten Voraussetzungen zu Ehren eines jeden Wechselverpflichteten, gegen den Rückgriff genommen werden kann, angenommen oder bezahlt werden.

Jeder Dritte, auch der Bezogene, sowie jeder aus dem Wechsel bereits Verpflichtete, mit Ausnahme des Annehmers, kann einen Wechsel zu Ehren annehmen oder bezahlen.

Wer zu Ehren annimmt oder zahlt, ist verpflichtet, den Wechselverpflichteten, für den er eintritt, innerhalb zweier Werktage hiervon zu benachrichtigen. Hält er die Frist nicht ein, so haftet er für den etwa durch seine Nachlässigkeit entstandenen Schaden, jedoch nur bis zur Höhe der Wechselsumme.

a) Vgl. zu Abs 1 Vorbem. vor UA IX und zu Art 56 DWO Anm 1—3, S. 278 f.; zu Abs 2—4 DWO Artt 57, 58 nebst Anmerkungen S. 282 ff.

b) Vgl. Anhang II z. UA IX Anm 2—6 S. 301.

2. Ehrenannahme.

Artikel 56.

Die Ehrenannahme ist in allen Fällen zulässig, in denen der Inhaber vor Verfall Rückgriff nehmen kann, es sei denn, daß es sich um einen Wechsel handelt, dessen Vorlegung zur Annahme untersagt ist.

Ist auf dem Wechsel eine Person angegeben, die im Notfall am Zahlungsort annehmen oder zahlen soll, so kann der Inhaber vor Verfall gegen denjenigen, der die Notadresse beigefügt hat, und gegen seine Nachmänner nur Rückgriff nehmen, wenn er den Wechsel der in der Notadresse bezeichneten Person vorgelegt hat und im Falle der Verweigerung der Ehrenannahme die Verweigerung durch einen Protest hat feststellen lassen.

In den anderen Fällen des Ehreneintritts kann der Inhaber die Ehrenannahme zurückweisen. Läßt er sie aber zu, so verliert er den Rückgriff vor Verfall gegen denjenigen, zu dessen Ehren die Annahme erklärt worden ist, und gegen dessen Nachmänner.

Artikel 57.

Die Ehrenannahme wird auf dem Wechsel vermerkt; sie ist von demjenigen, der zu Ehren annimmt, zu unterschreiben. In der Annahmeerklärung ist anzugeben, für wen die Ehrenannahme stattfindet; mangels einer solchen Angabe gilt sie für den Aussteller.

Artikel 58.

Wer zu Ehren annimmt, haftet dem Inhaber und den Nachmännern desjenigen, für den er eingetreten ist, in der gleichen Weise wie dieser selbst.

Trotz der Ehrenannahme können der Wechselverpflichtete, zu dessen Ehren der Wechsel angenommen worden ist, und seine Vormänner vom Inhaber gegen Erstattung des im Artikel 48 angegebenen Betrags die Aushändigung des Wechsels und gegebenenfalls des erhobenen Protestes sowie einer quittierten Rechnung verlangen.

Zu den Artikeln 56—58:

a) Vgl. die Artikel 56—61 DWO nebst Anmerkungen S. 278 ff.

b) Vgl. Anhang II z. UA IX Anm. 7—17 S. 302 f.

3. Ehrenzahlung.

Artikel 59.

Die Ehrenzahlung ist in allen Fällen zulässig, in denen der Inhaber bei Verfall oder vor Verfall Rückgriff nehmen kann.

Die Ehrenzahlung muß den vollen Betrag umfassen, den der Wechselverpflichtete, für den sie stattfindet, zahlen müßte.

Sie muß spätestens am Tage nach Ablauf der Frist für die Erhebung des Protestes mangels Zahlung stattfinden.

Artikel 60.

Ist der Wechsel von Personen zu Ehren angenommen, die ihren Wohnsitz am Zahlungsort haben, oder sind am Zahlungsort wohnende Personen angegeben, die im Notfall zahlen sollen, so muß der Inhaber spätestens am Tage nach Ablauf der Frist für die Erhebung des Protestes mangels Zahlung den Wechsel allen diesen Personen vorlegen und gegebenenfalls Protest wegen unterbliebener Ehrenzahlung erheben lassen.

Wird der Protest nicht rechtzeitig erhoben, so werden derjenige, der die Notadresse angegeben hat oder zu dessen Ehren der Wechsel angenommen worden ist, und die Nachmänner frei.

Artikel 61.

Weist der Inhaber die Ehrenzahlung zurück, so verliert er den Rückgriff gegen diejenigen, die frei geworden wären.

Artikel 62.

Über die Ehrenzahlung ist auf dem Wechsel eine Quittung auszustellen, die denjenigen bezeichnet, für den gezahlt wird. Fehlt die Bezeichnung, so gilt die Zahlung für den Aussteller.

Der Wechsel und der etwa erhobene Protest sind dem Ehrenzahler auszuhändigen.

Artikel 63.

Der Ehrenzahler erwirbt die Rechte aus dem Wechsel gegen den Wechselverpflichteten, für den er gezahlt hat, und gegen die Personen, die diesem aus dem Wechsel haften. Er kann jedoch den Wechsel nicht weiter indossieren.

Die Nachmänner des Wechselverpflichteten, für den gezahlt worden ist, werden frei.

Sind mehrere Ehrenzahlungen angeboten, so gebührt derjenigen der Vorzug, durch welche die meisten Wechselverpflichteten frei werden. Wer entgegen dieser Vorschrift in Kenntnis der Sachlage zu Ehren zahlt, verliert den Rückgriff gegen diejenigen, die sonst frei geworden wären.

Zu den Artikeln 59—63:

a) Vgl. DWO Artt 62—65 nebst Anmerkungen S. 288 ff.

b) Vgl. Anhang II z. UA IX Anm 18—29 S. 303 ff.

Neunter Abschnitt.

Ausfertigung mehrerer Stücke eines Wechsels; Wechselabschriften.

1. Ausfertigungen.

Artikel 64.

Der Wechsel kann in mehreren gleichen Ausfertigungen ausgestellt werden.

Diese Ausfertigungen müssen im Texte der Urkunde mit fortlaufenden Nummern versehen sein; andernfalls gilt jede Ausfertigung als besonderer Wechsel.

Jeder Inhaber eines Wechsels kann auf seine Kosten die Übergabe mehrerer Ausfertigungen verlangen, sofern nicht aus dem Wechsel zu ersehen ist, daß er in einer einzigen Ausfertigung ausgestellt worden ist. Zu diesem Zwecke hat sich der Inhaber an seinen unmittelbaren Vormann zu wenden, der wieder an seinen Vormann zurückgehen muß, und so weiter in der Reihenfolge bis zum Aussteller. Die Indossanten sind verpflichtet, ihre Indossamente auf den neuen Ausfertigungen zu wiederholen.

Artikel 65.

Wird eine Ausfertigung bezahlt, so erlöschen die Rechte aus allen Ausfertigungen, auch wenn diese nicht den Vermerk tragen, daß durch die Zahlung auf eine Ausfertigung die anderen ihre Gültigkeit verlieren. Jedoch bleibt der Bezogene aus jeder angenommenen Ausfertigung, die ihm nicht zurückgegeben worden ist, verpflichtet.

Hat ein Indossant die Ausfertigungen an verschiedene Personen übertragen, so haften er und seine Nachmänner aus allen Ausfertigungen, die ihre Unterschrift tragen und nicht herausgegeben worden sind.

Artikel 66.

Wer eine Ausfertigung zur Annahme versendet, hat auf den anderen Ausfertigungen den Namen dessen anzugeben, bei dem sich die versendete Ausfertigung befindet. Dieser ist verpflichtet, sie dem rechtmäßigen Inhaber einer anderen Ausfertigung auszuhändigen.

Wird die Aushändigung verweigert, so kann der Inhaber nur Rückgriff nehmen, nachdem er durch einen Protest hat feststellen lassen:

1. **daß ihm die zur Annahme versendete Ausfertigung auf sein Verlangen nicht ausgehändigt worden ist;**
2. **daß die Annahme oder die Zahlung auch nicht auf eine andere Ausfertigung zu erlangen war.**

Zu den Artikeln 64—66:

a) Vgl. DWO Artt 66—69 nebst Anmerkungen S. 306 ff.

b) Vgl. Anhang II z. UA X Anm 10—15 S. 319 f.

2. Abschriften.

Artikel 67.

Jeder Inhaber eines Wechsels ist befugt, Abschriften davon herzustellen.

Die Abschrift muß die Urschrift mit den Indossamenten und allen anderen darauf

befindlichen Vermerken genau wiedergeben. Es muß angegeben sein, wie weit die Abschrift reicht.

Die Abschrift kann auf dieselbe Weise und mit denselben Wirkungen indossiert und mit einer Bürgschaftserklärung versehen werden wie die Urschrift.

Artikel 68.

In der Abschrift ist der Verwahrer der Urschrift zu bezeichnen. Dieser ist verpflichtet, die Urschrift dem rechtmäßigen Inhaber der Abschrift auszuhändigen.

Wird die Aushändigung verweigert, so kann der Inhaber gegen die Indossanten der Abschrift und gegen diejenigen, die eine Bürgschaftserklärung auf die Abschrift gesetzt haben, nur Rückgriff nehmen, nachdem er durch einen Protest hat feststellen lassen, daß ihm die Urschrift auf sein Verlangen nicht ausgehändigt worden ist.

Enthält die Urschrift nach dem letzten, vor Anfertigung der Abschrift daraufgesetzten Indossament den Vermerk „von hier ab gelten Indossamente nur noch auf der Abschrift" oder einen gleichbedeutenden Vermerk, so ist ein später auf die Urschrift gesetztes Indossament nichtig.

Zu den Artikeln 67, 68:

a) Vgl. DWO Art 70—72 nebst Anmerkungen, S. 314 ff.

b) Vgl. Anhang II z. UA X Anm 16—19 S. 320 f.

Zehnter Abschnitt.

Änderungen.

Artikel 69.

Wird der Text eines Wechsels geändert, so haften diejenigen, die nach der Änderung ihre Unterschrift auf den Wechsel gesetzt haben, entsprechend dem geänderten Texte; wer früher unterschrieben hat, haftet nach dem ursprünglichen Texte.

a) Vgl. zu Art 75/76 DWO Anm 7—10 S. 337 ff.

b) Vgl. Anhang II z. UA XII Anm 5 S. 343, sowie Anhang II zu Abschnitt 1 DWO Anm 2 S. 38.

Elfter Abschnitt.

Verjährung.

Artikel 70.

Die wechselmäßigen Ansprüche gegen den Annehmer verjähren in drei Jahren vom Verfalltage.

Die Ansprüche des Inhabers gegen die Indossanten und gegen den Aussteller verjähren in einem Jahre vom Tage des rechtzeitig erhobenen Protestes oder im Falle des Vermerkes „ohne Kosten" vom Verfalltage.

Die Ansprüche eines Indossanten gegen andere Indossanten und gegen den Aussteller verjähren in sechs Monaten von dem Tage, an dem der Wechsel vom Indossanten eingelöst oder ihm gegenüber gerichtlich geltend gemacht worden ist.

Artikel 71.

Die Unterbrechung der Verjährung wirkt nur gegen den Wechselverpflichteten, in Ansehung dessen die Tatsache eingetreten ist, welche die Unterbrechung bewirkt.

Zu den Artikeln 70, 71:

a) Vgl. DWO Artt 77—79 nebst Vorbemerkungen und Anmerkungen S. 343 ff., sowie zu dem für Deutschland aufgehobenen Art 80 DWO S. 350 f.

b) Vgl. Anhang II z. UA XIII Anm 7—11 S. 353 f. Besondere Bestimmungen über die Gründe der Unterbrechung und Hemmung der Wechselverjährung, wie solche in Art 17 Annex II des Genfer Abkommens den Gesetzgebungen der Vertragsstaaten anheimgegeben sind, hat das deutsche Gesetz nicht getroffen. Es finden daher bis auf weiteres im übrigen die allgemeinen Grundsätze des deutschen Rechts auch auf die Hemmung und Unterbrechung der Verjährung von Wechselansprüchen Anwendung.

Zwölfter Abschnitt.
Allgemeine Vorschriften.
Artikel 72.

Verfällt der Wechsel an einem gesetzlichen Feiertage, so kann die Zahlung erst am nächsten Werktage verlangt werden. Auch alle anderen auf den Wechsel bezüglichen Handlungen, insbesondere die Vorlegung zur Annahme und die Protesterhebung, können nur an einem Werktage stattfinden.

Fällt der letzte Tag einer Frist, innerhalb deren eine dieser Handlungen vorgenommen werden muß, auf einen gesetzlichen Feiertag, so wird die Frist bis zum nächsten Werktage verlängert. Feiertage, die in den Lauf einer Frist fallen, werden bei der Berechnung der Frist mitgezählt.

a) Vgl. DWO Art 92 nebst Anmerkungen S. 429 ff.

b) Vgl. Anhang II z. UA XVI/XVII Anm 17, 18 S. 436. Von dem Vorbehalte in Art 18 Annex II des Genfer Abkommens hat das deutsche Gesetz keinen Gebrauch gemacht.

Artikel 73.

Bei der Berechnung der gesetzlichen oder im Wechsel bestimmten Fristen wird der Tag, von dem sie zu laufen beginnen, nicht mitgezählt.

a) Vgl. DWO Art 32 Abs 1 Nr. 1 Halbsatz 2 (für Fristwechsel) und dazu Anm 2 zu Art 32 S. 208.

b) Vgl. Anhang II z. UA VII Nr. 1 Anm 12 S. 214.

Artikel 74.

Weder gesetzliche noch richterliche Respekttage werden anerkannt.

a) Vgl. DWO Art 33 nebst Anmerkungen S. 209.

b) Vgl. Anhang II z. UA VII Nr. 1 Anm 16 S. 215. Von der Möglichkeit der Zulassung von Fristen für die Garanten eines Wechsels auf Grund des Vorbehalts in Art 11 Annex II des Genfer Abkommens (vgl. Anhang II z. UA VI Anm 1 unter b S. 202) hat das deutsche Gesetz keinen Gebrauch gemacht.

Zweiter Teil.
Eigener Wechsel.
Artikel 75.

Der eigene Wechsel enthält:

1. die Bezeichnung als Wechsel im Texte der Urkunde, und zwar in der Sprache, in der sie ausgestellt ist;
2. das unbedingte Versprechen, eine bestimmte Geldsumme zu zahlen;
3. die Angabe der Verfallzeit;
4. die Angabe des Zahlungsortes;
5. den Namen dessen, an den oder an dessen Order gezahlt werden soll;
6. die Angabe des Tages und des Ortes der Ausstellung;
7. die Unterschrift des Ausstellers.

Artikel 76.

Eine Urkunde, der einer der im vorstehenden Artikel bezeichneten Bestandteile fehlt, gilt nicht als eigener Wechsel, vorbehaltlich der in den folgenden Absätzen bezeichneten Fälle.

Ein eigener Wechsel ohne Angabe der Verfallzeit gilt als Sichtwechsel.

Mangels einer besonderen Angabe gilt der Ausstellungsort als Zahlungsort und zugleich als Wohnort des Ausstellers.

Ein eigener Wechsel ohne Angabe des Ausstellungsortes gilt als ausgestellt an dem Orte, der bei dem Namen des Ausstellers angegeben ist.

Artikel 77.

Für den eigenen Wechsel gelten, soweit sie nicht mit seinem Wesen in Widerspruch stehen, die für den gezogenen Wechsel gegebenen Vorschriften über

das Indossament (Artikel 11 bis 20),
den Verfall (Artikel 33 bis 37),
die Zahlung (Artikel 38 bis 42),
den Rückgriff mangels Zahlung (Artikel 43 bis 50, 52 bis 54),
die Ehrenzahlung (Artikel 55, 59 bis 63),
die Abschriften (Artikel 67 und 68),
die Änderungen (Artikel 69),
die Verjährung (Artikel 70 und 71),
die Feiertage, die Fristenberechnung und das Verbot der Respekttage (Artikel 72 bis 74).

Ferner gelten für den eigenen Wechsel die Vorschriften über gezogene Wechsel, die bei einem Dritten oder an einem von dem Wohnort des Bezogenen verschiedenen Ort zahlbar sind (Artikel 4 und 27), über den Zinsvermerk (Artikel 5), über die Abweichungen bei der Angabe der Wechselsumme (Artikel 6), über die Folgen einer ungültigen Unterschrift (Artikel 7) oder die Unterschrift einer Person, die ohne Vertretungsbefugnis handelt, oder ihre Vertretungsbefugnis überschreitet (Artikel 8), und über den Blankowechsel (Artikel 10).

Ebenso finden auf den eigenen Wechsel die Vorschriften über die Wechselbürgschaft Anwendung (Artikel 30 bis 32); im Falle des Artikels 31 Abs. 4 gilt die Wechselbürgschaft, wenn die Erklärung nicht angibt, für wen sie geleistet wird, für den Aussteller des eigenen Wechsels.

Artikel 78.

Der Aussteller eines eigenen Wechsels haftet in der gleichen Weise wie der Annehmer eines gezogenen Wechsels.

Eigene Wechsel, die auf eine bestimmte Zeit nach Sicht lauten, müssen dem Aussteller innerhalb der im Artikel 23 bezeichneten Fristen zur Sicht vorgelegt werden. Die Sicht ist von dem Aussteller auf dem Wechsel unter Angabe des Tages und Beifügung der Unterschrift zu bestätigen. Die Nachsichtfrist läuft vom Tage des Sichtvermerkes. Weigert sich der Aussteller, die Sicht unter Angabe des Tages zu bestätigen, so ist dies durch einen Protest festzustellen (Artikel 25); die Nachsichtfrist läuft dann vom Tage des Protestes.

Zu den Artikeln 75—78:

a) Vgl. DWO dritter Abschnitt Artikel 96—100 nebst Vorbemerkung und Anmerkungen S. 442 ff.

b) Vgl. Anhang II zum dritten Abschnitte der DWO Anm 1—4 S. 458 ff. Von dem Vorbehalte in Art 19 Annex II des Genfer Abkommens (S. 460) hat das deutsche Gesetz dadurch Gebrauch gemacht, daß es den in Art 75 ins Auge gefaßten und im französischen Texte als „Billet à ordre" bezeichneten Titel als „Eigener Wechsel" bezeichnet und demzufolge in Art 75 Nr. 1 die Benennung dieses Titels im Texte der Urkunde bei in deutscher Sprache ausgestellten eigenen Wechseln als „Wechsel" vorgeschrieben hat. Dadurch hat sich das in diesem Buche in Anm 3 a. a. O. (S. 459) erhobene Bedenken gegen die Benennung des Titels im Texte als Wechsel erhobene Bedenken erledigt. Im übrigen hat das deutsche Gesetz von den in dem Genfer Abkommen Annex II (Art 21) für das „Billet à ordre" vorgesehenen Vorbehalten zugunsten der Vertragsstaaten keinen Gebrauch gemacht.

Dritter Teil.
Ergänzende Vorschriften.
Erster Abschnitt.
Protest.
Artikel 79.

Jeder Protest muß durch einen Notar, einen Gerichtsbeamten oder einen Postbeamten aufgenommen werden.

Den Postbeamten stehen solche Personen gleich, denen von der Postverwaltung die Aufnahme von Protesten übertragen ist.

Vgl. DWO Art 87 Abs 1 Satz 1 und Abs 2 und dazu die Anmerkungen 1—5 und 7, S. 406 f. — Absatz 1 Satz 2 des Artikels 87 DWO (vgl. Anm 6 dazu) ist weggelassen.

Artikel 80.

In dem Protest ist aufzunehmen:

1. der Name dessen, für den protestiert wird, sowie der Name dessen, gegen den protestiert wird;
2. die Angabe, daß derjenige, gegen den protestiert wird, ohne Erfolg zur Vornahme der wechselrechtlichen Leistung aufgefordert worden oder nicht anzutreffen gewesen ist oder daß seine Geschäftsräume oder seine Wohnung sich nicht haben ermitteln lassen;
3. die Angabe des Ortes und des Tages, an dem die Aufforderung geschehen oder ohne Erfolg versucht worden ist.

Verlangt der Bezogene, dem ein Wechsel zur Annahme vorgelegt wird, die nochmalige Vorlegung am nächsten Tage, so ist dies im Proteste zu vermerken.

Der Protest ist von dem Protestbeamten zu unterschreiben und mit dem Amtssiegel oder dem Amtsstempel zu versehen.

Vgl. DWO Art 88 und die Anmerkungen dazu. In Abs 1 Nr. 1 ist die besondere Erwähnung der „Firma“ weggefallen. Nr. 4 des Abs 1 ist gleichfalls weggefallen. Absatz 2 ist neu hinzugefügt wegen Art 24 des neuen Wechselgesetzes, vgl. diesen Artikel.

Artikel 81.

Der Protest ist auf den Wechsel oder auf ein mit dem Wechsel zu verbindendes Blatt zu setzen.

Er soll unmittelbar hinter den letzten auf der Rückseite des Wechsels befindlichen Vermerk, in Ermangelung eines solchen unmittelbar an einen Rand der Rückseite gesetzt werden.

Wird der Protest auf ein Blatt gesetzt, das mit dem Wechsel verbunden wird, so soll die Verbindungsstelle mit dem Amtssiegel oder dem Amtsstempel versehen werden. Ist dies geschehen, so braucht der Unterschrift des Protestbeamten ein Siegel oder Stempel nicht beigefügt zu werden.

Wird der Protest unter Vorlegung mehrerer Ausfertigungen desselben Wechsels oder unter Vorlegung der Urschrift und einer Abschrift erhoben, so genügt die Beurkundung auf einer der Ausfertigungen oder auf der Urschrift. Auf den anderen Ausfertigungen oder auf der Abschrift ist zu vermerken, auf welche Ausfertigung der Protest gesetzt worden ist oder daß er sich auf der Urschrift befindet. Auf den Vermerk finden die Vorschriften des Abs. 2 und des Abs. 3 Satz 1 entsprechende Anwendung. Der Protestbeamte hat den Vermerk zu unterschreiben.

Artikel 82.

Der Protest, den der Inhaber einer Abschrift nach Artikel 68 Abs. 2 gegen den Verwahrer der Urschrift erheben läßt, ist auf die Abschrift oder auf ein damit zu verbindendes Blatt zu setzen.

Wird Protest erhoben, weil die Annahme auf einen Teil der Wechselsumme beschränkt worden ist, so ist eine Abschrift des Wechsels anzufertigen und der Protest auf diese Abschrift oder auf ein damit zu verbindendes Blatt zu setzen. Die Abschrift hat auch die auf dem Wechsel befindlichen Indossamente und anderen Vermerke zu enthalten.

Die Vorschriften des Artikel 81 Abs. 2 und Abs. 3 finden entsprechende Anwendung.

Zu den Artikeln 81, 82:

Artikel 81 entspricht den in Art 88 a DWO für den Protest mangels Zahlung enthaltenen Bestimmungen, die künftig auch auf Proteste wegen anderer wechselrechtlicher Leistungen (DWO Art 88 b) Anwendung finden, soweit nicht Art 82 besondere Bestimmungen über solche Proteste trifft.

Artikel 83.

Muß eine wechselrechtliche Leistung von mehreren Personen oder von derselben Person mehrfach verlangt werden, so ist über die mehrfache Aufforderung nur eine Protesturkunde erforderlich.

Artikel 84.

Der Wechsel kann an den Protestbeamten bezahlt werden. Die Befugnis des Protestbeamten zur Annahme der Zahlung kann nicht ausgeschlossen werden.

Die Artikel 83, 84 entsprechen den Artikeln 89, 89 a DWO. Vgl. die Anmerkungen zu diesen Artikeln.

Artikel 85.

Schreibfehler, Auslassungen und sonstige Mängel der Protesturkunde können bis zur Aushändigung der Urkunde an denjenigen, für den der Protest erhoben worden ist, von dem Protestbeamten berichtigt werden. Die Berichtigung ist als solche unter Beifügung der Unterschrift kenntlich zu machen.

Von dem Protest ist eine beglaubigte Abschrift zurückzubehalten. Über den Inhalt des Wechsels oder der Wechselabschrift ist ein Vermerk aufzunehmen. Der Vermerk hat zu enthalten:

1. **den Betrag des Wechsels;**
2. **die Verfallzeit;**
3. **den Ort und den Tag der Ausstellung;**
4. **den Namen des Ausstellers, den Namen dessen, an den oder an dessen Order gezahlt werden soll, und den Namen des Bezogenen;**
5. **falls eine vom Bezogenen oder bei eigenen Wechseln vom Aussteller verschiedene Person angegeben ist, durch welche die Zahlung bewirkt werden soll, den Namen dieser Person sowie die Namen der etwaigen Notadressen und derjenigen, die den Wechsel zu Ehren angenommen haben.**

Die Abschriften und Vermerke sind geordnet aufzubewahren.

Der Artikel entspricht dem Art 90 DWO (vgl. die Anmerkungen zu diesem Artikel) mit der Abweichung, daß in Absatz 2 Nr. 4 der Zahlungsempfänger nicht als „Remittent", sondern entsprechend Art 1 Nr. 4 des neuen Wechselgesetzes bezeichnet ist.

Artikel 86.

Proteste sollen in der Zeit von neun Uhr vormittags bis sechs Uhr abends erhoben werden, außerhalb dieser Zeit nur dann, wenn derjenige, gegen den protestiert wird, ausdrücklich einwilligt.

Vgl. Art 92 Abs 2 DWO und Anm 8—10 zu Art 92 S. 431.

Artikel 87.

Die Vorlegung zur Annahme oder Zahlung, die Protesterhebung, die Abforderung einer Ausfertigung sowie alle sonstigen bei einer bestimmten Person vorzunehmenden

Handlungen müssen in deren Geschäftsräumen oder, wenn sich solche nicht ermitteln lassen, in deren Wohnung vorgenommen werden. An einer anderen Stelle, insbesondere an der Börse, kann dies nur mit beiderseitigem Einverständnis geschehen.

Ist in dem Protest vermerkt, daß sich die Geschäftsräume oder die Wohnung nicht haben ermitteln lassen, so ist der Protest nicht deshalb unwirksam, weil die Ermittelung möglich war.

Die Verantwortlichkeit des Protestbeamten, der es unterläßt, geeignete Ermittlungen anzustellen, wird durch die Vorschrift des zweiten Absatzes nicht berührt. Ist eine Nachfrage bei der Polizeibehörde des Ortes ohne Erfolg geblieben, so ist der Protestbeamte zu weiteren Nachforschungen nicht verpflichtet.

Artikel 88.

Eine in den Geschäftsräumen oder in der Wohnung eines Beteiligten vorgenommene Handlung ist auch dann wirksam, wenn an Stelle des Ortes, in welchem die Geschäftsräume oder die Wohnung liegen, ein benachbarter Ort in dem Wechsel angegeben ist. Mit beiderseitigem Einverständnis können auch in anderen Fällen die bei einem Beteiligten vorzunehmenden Handlungen an einem Orte erfolgen, der dem im Wechsel angegebenen Orte benachbart ist.

Welche Orte im Sinne dieser Vorschriften als benachbarte anzusehen sind, bestimmt der Reichsminister der Justiz; die Bestimmung ist im Reichsgesetzblatt bekanntzumachen.

Zu den Artikeln 87, 88 vgl. die Artikel 91, 91 a DWO und die Anmerkungen zu diesen Artikeln. In Art 87 Abs 1 Satz 1 ist an Stelle der „Ermangelung" eines Geschäftslokals die „Nichtermittelung" eines solchen getreten. In Art 88 Abs 2 ist an Stelle des „Bundesrats" (Reichsrats) der Reichsminister der Justiz getreten. Vgl. ferner Art 4 EinfGes., wonach bis zum Erlasse der in Art 88 Abt. 2 vorgesehenen Verordnung die in der 3. VO über benachbarte Orte vom 7. 12. 1927 — Anlage A 5 zu diesem Buche S. 467 ff. — als benachbart bezeichneten Orte als benachbart zu gelten haben.

Zweiter Abschnitt.

Bereicherung.

Artikel 89.

Ist die wechselmäßige Verbindlichkeit des Ausstellers oder des Annehmers durch Verjährung oder dadurch erloschen, daß eine zur Erhaltung des Wechselrechts notwendige Handlung versäumt worden ist, so bleiben sie dem Inhaber des Wechsels so weit verpflichtet, als sie sich mit dessen Schaden bereichern würden. Der Anspruch auf Herausgabe der Bereicherung verjährt in drei Jahren nach dem Erlöschen der wechselmäßigen Verbindlichkeit.

Gegen die Indossanten, deren wechselmäßige Verbindlichkeit erloschen ist, findet ein solcher Anspruch nicht statt.

Der Art 89 entspricht dem Art 83 DWO, unter Weglassung des Wörtchens „nur" in Satz 1 Nachsatz, das zu einer Streitfrage Anlaß gegeben hatte (vgl. zu Art 83 DWO Anm 1) und Hinzufügung der besonderen Verjährungsfrist in Absatz 1 Satz 2. Vgl. die Anmerkungen zu Art 83 DWO S. 379 ff.

Dritter Abschnitt.

Abhanden gekommene Wechsel und Protesturkunden.

Artikel 90.

Ein abhanden gekommener oder vernichteter Wechsel kann im Wege des Aufgebotsverfahrens für kraftlos erklärt werden. Nach Einleitung des Verfahrens kann der Berechtigte von dem Annehmer des gezogenen oder dem Aussteller des eigenen Wechsels

bei der Fälligkeit Zahlung fordern, wenn er bis zur Kraftloserklärung Sicherheit leistet.

Eine abhanden gekommene oder vernichtete Protesturkunde kann durch ein Zeugnis über die Protesterhebung ersetzt werden, das von der die beglaubigte Abschrift der Urkunde verwahrenden Stelle zu erteilen ist. In dem Zeugnis muß der Inhalt des Protestes und des gemäß Artikel 85 Abs. 2 aufgenommenen Vermerkes angegeben sein.

Zu Absatz 1 vgl. Art 73 DWO. In Satz 1 ist die Bezeichnung des Eigentümers als des Antragsberechtigten weggefallen; vgl. zu Art 73 Anm 3 S. 323. Absatz 2 regelt den Ersatz einer abhanden gekommenen Protesturkunde; vgl. über die im bisherigen Rechte darüber bestehende Streitfrage zu Art 90 DWO Anm 5 S. 422.

Vierter Teil.

Geltungsbereich der Gesetze.

Artikel 91.

Die Fähigkeit einer Person, eine Wechselverbindlichkeit einzugehen, bestimmt sich nach dem Rechte des Landes, dem sie angehört. Erklärt dieses Recht das Recht eines anderen Landes für maßgebend, so ist das letztere Recht anzuwenden.

Wer nach dem im vorstehenden Absatz bezeichneten Rechte nicht wechselfähig ist, wird gleichwohl gültig verpflichtet, wenn die Unterschrift in dem Gebiet eines Landes abgegeben worden ist, nach dessen Recht er wechselfähig wäre. Diese Vorschrift findet keine Anwendung, wenn die Verbindlichkeit von einem Inländer im Ausland übernommen worden ist.

Artikel 92.

Die Form einer Wechselerklärung bestimmt sich nach dem Rechte des Landes, in dessen Gebiete die Erklärung unterschrieben worden ist.

Wenn jedoch eine Wechselerklärung, die nach den Vorschriften des vorstehenden Absatzes ungültig ist, dem Rechte des Landes entspricht, in dessen Gebiet eine spätere Wechselerklärung unterschrieben worden ist, so wird durch Mängel in der Form der ersten Wechselerklärung die Gültigkeit der späteren Wechselerklärung nicht berührt.

Eine Wechselerklärung, die ein Inländer im Ausland abgegeben hat, ist im Inland gegenüber anderen Inländern gültig, wenn die Erklärung den Formerfordernissen des inländischen Rechtes genügt.

Artikel 93.

Die Wirkungen der Verpflichtungserklärungen des Annehmers eines gezogenen Wechsels und des Ausstellers eines eigenen Wechsels bestimmen sich nach dem Rechte des Zahlungsortes.

Die Wirkungen der übrigen Wechselerklärungen bestimmen sich nach dem Rechte des Landes, in dessen Gebiete die Erklärungen unterschrieben worden sind.

Artikel 94.

Die Fristen für die Ausübung der Rückgriffsrechte werden für alle Wechselverpflichteten durch das Recht des Ortes bestimmt, an dem der Wechsel ausgestellt worden ist.

Artikel 95.

Das Recht des Ausstellungsortes bestimmt, ob der Inhaber eines gezogenen Wechsels die seiner Ausstellung zugrunde liegende Forderung erwirbt.

Artikel 96.

Das Recht des Zahlungsortes bestimmt, ob die Annahme eines gezogenen Wechsels

auf einen Teil der Summe beschränkt werden kann und ob der Inhaber verpflichtet oder nicht verpflichtet ist, eine Teilzahlung anzunehmen.

Dasselbe gilt für die Zahlung bei einem eigenen Wechsel.

Artikel 97.

Die Form des Protestes und die Fristen für die Protesterhebung sowie die Form der übrigen Handlungen, die zur Ausübung oder Erhaltung der Wechselrechte erforderlich sind, bestimmen sich nach dem Rechte des Landes, in dessen Gebiete der Protest zu erheben oder die Handlung vorzunehmen ist.

Artikel 98.

Das Recht des Zahlungsortes bestimmt die Maßnahmen, die bei Verlust oder Diebstahl eines Wechsels zu ergreifen sind.

Die Vorschriften der Artt 91—98 entsprechen denjenigen des zweiten Genfer Abkommens über das internationale Wechselprivatrecht (abgedruckt in französischem Texte als Anlage G 5 S. 542, in deutscher Übersetzung im ersten Nachtrage unter II S. 4*). In Art 91 Abs 2 Satz 2 ist von dem Vorbehalte in Art 2 Abs 3 des Abkommens Gebrauch gemacht. Desgleichen in Art 92 Abs 3 von dem Vorbehalte in Art 3 Abs 3 des Abkommens.

C. Einführungsgesetz zum Wechselgesetz.

Vom 21. Juni 1933 (RGBl. I S. 409).

Die Reichsregierung hat das folgende Gesetz beschlossen, das hiermit verkündet wird:

Artikel 1.

(1) Der Reichsminister der Justiz bestimmt den Zeitpunkt, mit dem das Wechselgesetz in Kraft tritt.

(2) Der Reichsminister der Justiz kann für das Inkrafttreten des Ersten bis Dritten Teiles des Wechselgesetzes einen anderen Zeitpunkt bestimmen als für das Inkrafttreten des Vierten Teiles. Er kann sowohl den Ersten bis Dritten Teil als auch den Vierten Teil als selbständiges Gesetz in Kraft treten lassen, den Vierten Teil unter der Überschrift „Gesetz über den Geltungsbereich der Wechselgesetze" mit eigener Artikelfolge.

(3) Die Vorschriften der Wechselordnung treten mit dem Inkrafttreten der entsprechenden Teile des Wechselgesetzes außer Kraft.

(4) Mit dem Inkrafttreten des Ersten bis Dritten Teiles des Wechselgesetzes treten ferner außer Kraft, soweit sie sich auf Wechsel beziehen,

die Vorschriften des § 1 des Gesetzes über die Ermächtigung des Bundesrats zu wirtschaftlichen Maßnahmen und über die Verlängerung der Fristen des Wechsel- und Scheckrechts im Falle kriegerischer Ereignisse vom 4. August 1914 (Reichsgesetzbl. S. 327) in der Fassung der Verordnung vom 20. Januar 1919 (Reichsgesetzbl. S. 91);

die Vorschriften des § 3 der Verordnung zum Schutze gegen die Folgen der Stilllegung von Bankbetrieben vom 19. April 1919 (Reichsgesetzbl. S. 397);

die Verordnung über Goldmark- und Goldmarknotenwechsel und -schecks vom 6. Februar 1924 (Reichsgesetzbl. I S. 50).

(5) Mit dem Inkrafttreten des Ersten bis Dritten Teiles des Wechselgesetzes treten auch die wechselrechtlichen Vorschriften der Landesgesetze außer Kraft.

(6) Für Wechsel, die vor dem Inkrafttreten des Ersten bis Dritten Teiles oder des Vierten Teiles des Wechselgesetzes ausgestellt sind, bleiben die entsprechenden Vorschriften des bisherigen Rechts maßgebend.

Zu Absatz 4 vgl.:

a) Gesetz über die Ermächtigung des Bundesrats zu wirtschaftlichen Maßnahmen, abgedruckt als Anlage B 2 S. 473 dieses Buches.

b) VO zum Schutze gegen die Folgen der Stillegung von Bankbetrieben vom 19. 4. 1919, abgedruckt als Anlage B 6 S. 474 dieses Buches.

c) VO über Goldmark- und Goldmarknotenwechsel vom 6. 2. 24., abgedruckt als Anlage C 1 S. 482 dieses Buches.

Artikel 2.

(1) Für den Zinssatz beim Rückgriff aus Wechseln, die im Inlande sowohl ausgestellt als auch zahlbar sind, verbleibt es auch nach dem Inkrafttreten des Wechselgesetzes bei den Vorschriften des Gesetzes über die Wechsel- und Scheckzinsen vom 3. Juli 1925 (Reichsgesetzbl. I S. 93).

(2) Der Reichsminister der Justiz bestimmt den Zeitpunkt, mit dem die Vorschriften des Abs. 1 und des Gesetzes über die Wechsel- und Scheckzinsen vom 3. Juli 1925 (Reichsgesetzbl. I S. 93), soweit es sich auf Wechsel bezieht, außer Kraft treten.

Vgl. zu den Artt 48, 49 des Wechselgesetzes.

Artikel 3.

(1) Soweit in Reichsgesetzen oder Landesgesetzen auf Vorschriften der Wechselordnung verwiesen ist, treten an deren Stelle die entsprechenden Vorschriften des Wechselgesetzes.

(2) Der Reichsminister der Justiz wird ermächtigt, nähere Vorschriften zu erlassen.

Artikel 4.

Bis zum Erlasse der im Artikel 88 Abs. 2 des Wechselgesetzes vorgesehenen Verordnung sind die in der Dritten Verordnung über benachbarte Orte im Wechsel- und Scheckverkehre vom 7. Dezember 1927 (Reichsgesetzbl. I S. 343) als benachbart bezeichneten Orte als benachbart im Sinne des Wechselgesetzes anzusehen.

Vgl. zu Art 88 des Wechselgesetzes.

Artikel 5.

Soweit sich das Gesetz über die Folgen der Verhinderung wechsel- und scheckrechtlicher Handlungen im Ausland vom 13. April 1914 (Reichsgesetzbl. S. 107) auf Wechsel bezieht, treten an seine Stelle mit dem Inkrafttreten des Ersten bis Dritten Teiles des Wechselgesetzes folgende Vorschriften:

> **Wird die rechtzeitige Vornahme einer Handlung, die im Ausland zur Ausübung oder Erhaltung der Rechte aus einem Wechsel vorzunehmen ist, durch eine dort erlassene Vorschrift verhindert, so kann der Reichsminister der Justiz bestimmen, daß die Rechte ungeachtet der Versäumung bestehen bleiben, sofern die Handlung unverzüglich nach Wegfall des Hindernisses nachgeholt wird. In gleicher Weise kann bestimmt werden, daß bei einer solchen Verhinderung nach einer bestimmten Frist Rückgriff genommen werden kann, ohne daß es der Vornahme der Handlung bedarf.**

Das Gesetz vom 13. 4. 1914 ist in diesem Buche abgedruckt als Anlage B 1 S. 473. An Stelle der dort vorgesehenen Kaiserlichen Verordnung tritt nach Art 5 nunmehr eine Bestimmung des Reichsministers der Justiz.

Artikel 6.

(1) Mit dem Inkrafttreten des Ersten bis Dritten Teiles des Wechselgesetzes treten im Wechselsteuergesetz vom 12. Juli 1930 (Reichsgesetzbl. I S. 219) folgende Änderungen ein:

1. Im § 7 werden die Worte „mangels Zahlung Protest erheben läßt" durch die Worte „mangels Annahme oder mangels Zahlung Protest erheben läßt" ersetzt.

2. Im § 11 Abs. 1 werden die Worte „mangels Zahlung Protest erheben läßt" durch die Worte „mangels Annahme oder mangels Zahlung Protest erheben läßt" ersetzt.

3. Im § 12 Abs. 3 werden die Worte „mangels Zahlung protestiert" durch die Worte „mangels Annahme oder mangels Zahlung protestiert" ersetzt.

(2) Der Reichsminister der Finanzen wird ermächtigt, den Wortlaut des Wechselsteuergesetzes an den Sprachgebrauch des Wechselgesetzes anzupassen und die sich aus der Anpassung ergebende Fassung des Wechselsteuergesetzes unter dem Datum des Tages der Bekanntmachung neu bekanntzumachen.

Vgl. das Wechselsteuergesetz in Anlage D zu diesem Buche S. 491 ff. Das deutsche WStGes enthält keine nach Art 1 Abs 1 des dritten Genfer Abkommens (abgedruckt als Anlage G 6 dieses Buches S. 543) der Abänderung unterliegende Vorschrift über die Abhängigkeit der Gültigkeit von Wechselverpflichtungen oder der Ausübung von Rechten aus solchen von der Beobachtung von Steuervorschriften, auch keine derartigen, in Absatz 2 daselbst zugelassenen Bestimmungen.

Gewerbe- und Industrie-Kommentar
(GJK.)
Unter besonderer Berücksichtigung der Rechtsprechung
des Reichsgerichts
herausgegeben von
Senatspräsidenten und Räten des Reichsgerichts
unter Führung des
Senatspräsidenten Dr. h. c. H. Koenige

Band VI.

Wechselrecht

Kommentar

auf der Grundlage der Deutschen Wechselordnung unter vergleichsweiser Heranziehung der hauptsächlichsten ausländischen Wechselgesetze und des künftigen einheitlichen Wechselrechts

von

Richard Michaelis
Reichsgerichtsrat i. R.

Berlin und Leipzig 1932
Walter de Gruyter & Co.
vormals G. J. Göschen'sche Verlagshandlung — J. Guttentag, Verlagsbuchhandlung — Georg Reimer — Karl J. Trübner — Veit & Comp.

Archiv-Nr. 22 04 32.

Druck von Walter de Gruyter & Co., Berlin W 10

Inhaltsverzeichnis.

Anlagen.

Wechselordnung

in der Fassung der Bekanntmachung des Reichskanzlers vom 3. Juni 1908 (RGBl. S. 327 ff.).

Erster Abschnitt. Von der Wechselfähigkeit.

Art 1. Wechselfähig ist jeder, welcher sich durch Verträge verpflichten kann.

Art 3. Finden sich auf einem Wechsel Unterschriften von Personen, welche eine Wechselverbindlichkeit überhaupt nicht oder nicht mit vollem Erfolg eingehen können, so hat dies auf die Verbindlichkeit der übrigen Wechselverpflichteten keinen Einfluß.

Zweiter Abschnitt. Von gezogenen Wechseln.

I. Erfordernisse eines gezogenen Wechsels.

Art 4. Die wesentlichen Erfordernisse eines gezogenen Wechsels sind:

1. die in den Wechsel selbst aufzunehmende Bezeichnung als Wechsel oder, wenn der Wechsel in einer fremden Sprache ausgestellt ist, ein jener Bezeichnung entsprechender Ausdruck in der fremden Sprache;
2. die Angabe der zu zahlenden Geldsumme;
3. der Name der Person oder die Firma, an welche oder an deren Order gezahlt werden soll (des Remittenten);
4. die Angabe der Zeit, zu welcher gezahlt werden soll; die Zahlungszeit kann für die gesamte Geldsumme nur eine und dieselbe sein und nur festgesetzt werden
   auf einen bestimmten Tag,
   auf Sicht (Vorzeigung, a vista usw.) oder auf eine bestimmte Zeit nach Sicht,
   auf eine bestimmte Zeit nach dem Tage der Ausstellung (nach dato),
   auf eine Messe oder einen Markt (Meß- oder Marktwechsel);
5. die Unterschrift des Ausstellers (Trassanten) mit seinem Namen oder seiner Firma;
6. die Angabe des Ortes, Monatstags und Jahres der Ausstellung;
7. der Name der Person oder die Firma, welche die Zahlung leisten soll (des Bezogenen oder Trassaten);
8. die Angabe des Ortes, wo die Zahlung geschehen soll; der bei dem Namen oder der Firma des Bezogenen angegebene Ort gilt für den Wechsel, insofern nicht ein eigener Zahlungsort angegeben ist, als Zahlungsort und zugleich als Wohnort des Bezogenen.

Art 5. Ist die zu zahlende Geldsumme (Artikel 4 Nr. 2) in Buchstaben und in Ziffern ausgedrückt, so gilt bei Abweichungen die in Buchstaben ausgedrückte Summe.

Ist die Summe mehrmals mit Buchstaben oder mehrmals mit Ziffern geschrieben, so gilt bei Abweichungen die geringere Summe.

Art 6. Der Aussteller kann sich selbst als Remittenten (Artikel 4 Nr. 3) bezeichnen (Wechsel an eigene Order).

Desgleichen kann der Aussteller sich selbst als Bezogenen (Artikel 4 Nr. 7) bezeichnen, sofern die Zahlung an einem anderen Orte als dem der Ausstellung geschehen soll (trassiert-eigene Wechsel).

Art 7. Aus einer Schrift, welcher eines der wesentlichen Erfordernisse eines Wechsels (Artikel 4) fehlt, entsteht keine wechselmäßige Verbindlichkeit. Auch haben die auf eine solche Schrift gesetzten Erklärungen (Indossament, Akzept, Aval) keine Wechselkraft. Das in einem Wechsel enthaltene Zinsversprechen gilt als nicht geschrieben.

II. Verpflichtungen des Ausstellers.

Art 8. Der Aussteller eines Wechsels haftet für dessen Annahme und Zahlung wechselmäßig.

III. Indossament.

Art 9. Der Remittent kann den Wechsel an einen anderen durch Indossament (Giro) übertragen.

Hat jedoch der Aussteller die Übertragung im Wechsel durch die Worte „nicht an Order" oder durch einen gleichbedeutenden Ausdruck untersagt, so hat das Indossament keine wechselrechtliche Wirkung.

Art 10. Durch das Indossament gehen alle Rechte aus dem Wechsel auf den Indossatar über, insbesondere auch die Befugnis, den Wechsel weiter zu indossieren. Auch an den Aussteller, Bezogenen, Akzeptanten oder einen früheren Indossanten kann der Wechsel gültig indossiert und von denselben weiter indossiert werden.

Art 11. Das Indossament muß auf den Wechsel, eine Kopie desselben oder ein mit dem Wechsel oder der Kopie verbundenes Blatt (Allonge) geschrieben werden.

Art 12. Ein Indossament ist gültig, wenn der Indossant auch nur seinen Namen oder seine Firma auf die Rückseite des Wechsels oder der Kopie oder auf die Allonge schreibt (Blankoindossament).

Art 13. Jeder Inhaber eines Wechsels ist befugt, die auf demselben befindlichen Blankoindossamente auszufüllen; er kann den Wechsel aber auch ohne diese Ausfüllung weiter indossieren.

Art 14. Der Indossant haftet jedem späteren Inhaber des Wechsels für dessen Annahme und Zahlung wechselmäßig. Hat er aber dem Indossamente die Bemerkung „ohne Gewährleistung", „ohne Obligo" oder einen gleichbedeutenden Vorbehalt hinzugefügt, so ist er von der Verbindlichkeit aus seinem Indossamente befreit.

Art 15. Ist in dem Indossamente die Weiterbegebung durch die Worte „nicht an Order" oder durch einen gleichbedeutenden Ausdruck verboten, so haben diejenigen, an welche der Wechsel aus der Hand des Indossatars gelangt, gegen den Indossanten keinen Regreß.

Art 16. Wenn ein Wechsel indossiert wird, nachdem die für die Protesterhebung mangels Zahlung bestimmte Frist abgelaufen ist, so erlangt der Indossatar die Rechte aus dem etwa vorhandenen Akzepte gegen den Bezogenen und Regreßrechte gegen diejenigen, welche den Wechsel nach Ablauf dieser Frist indossiert haben.

Ist aber der Wechsel vor dem Indossamente bereits mangels Zahlung protestiert worden, so hat der Indossatar nur die Rechte seines Indossanten gegen den Akzeptanten, den Aussteller und diejenigen, welche den Wechsel bis zur Protesterhebung indossiert haben. Auch ist in einem solchen Falle der Indossant nicht wechselmäßig verpflichtet.

Art 17. Ist dem Indossamente die Bemerkung „zur Einkassierung", „in Prokura" oder eine andere die Bevollmächtigung ausdrückende Formel beigefügt worden, so überträgt das Indossament das Eigentum an dem Wechsel nicht, ermächtigt aber den Indossatar zur Einziehung der Wechselforderung, Protesterhebung und Benachrichtigung des Vormanns seines Indossanten von der unterbliebenen Zahlung (Artikel 45), sowie zur Einklagung der nicht bezahlten und zur Erhebung der deponierten Wechselschuld. Ein solcher Indossatar ist auch berechtigt, diese Befugnis durch ein weiteres Prokura-Indossament einem anderen zu übertragen. Dagegen ist derselbe zur weiteren Begebung durch eigentliches Indossament selbst dann nicht befugt, wenn dem Prokura-Indossamente der Zusatz „oder Order" hinzugefügt ist.

IV. Präsentation zur Annahme.

Art 18. Der Inhaber eines Wechsels ist berechtigt, den Wechsel dem Bezogenen sofort zur Annahme zu präsentieren und in Ermangelung der Annahme Protest erheben zu lassen. Eine entgegenstehende Übereinkunft hat keine wechselrechtliche Wirkung. Nur bei Meß- oder Marktwechseln findet eine Ausnahme dahin statt, daß solche Wechsel erst in der an dem Meß- oder Marktorte gesetzlich bestimmten Präsentationszeit zur Annahme präsentiert und in Ermangelung derselben protestiert werden können. Der bloße Besitz des Wechsels ermächtigt zur Präsentation des Wechsels und zur Erhebung des Protestes mangels Annahme.

Art 19. Eine Verpflichtung des Inhabers, den Wechsel zur Annahme zu präsentieren, findet nur bei Wechseln statt, welche auf eine bestimmte Zeit nach Sicht lauten. Solche Wechsel müssen bei Verlust des wechselmäßigen Anspruchs gegen die Indossanten und den Aussteller nach Maßgabe der besonderen im Wechsel enthaltenen Bestimmung und in Ermangelung derselben binnen zwei Jahren nach der Ausstellung zur Annahme präsentiert werden. Hat ein Indossant auf einem Wechsel dieser Art seinem Indossament eine besondere Präsentationsfrist hinzugefügt, so erlischt seine wechselmäßige Verpflichtung, wenn der Wechsel nicht innerhalb dieser Frist zur Annahme präsentiert worden ist.

Art 20. Wenn die Annahme eines auf bestimmte Zeit nach Sicht gestellten Wechsels nicht zu erhalten ist oder der Bezogene die Datierung seines Akzepts verweigert, so muß der Inhaber bei Verlust des wechselmäßigen Anspruchs gegen die Indossanten und den Aussteller die rechtzeitige Präsentation des Wechsels durch einen innerhalb der Präsentationsfrist (Artikel 19) erhobenen Protest feststellen lassen.

Der Protesttag gilt in diesem Falle für den Tag der Präsentation.

Ist die Protesterhebung unterblieben, so wird gegen den Akzeptanten, welcher die Datierung seines Akzepts unterlassen hat, die Verfallzeit des Wechsels vom letzten Tage der Präsentationsfrist an gerechnet.

V. Annahme (Akzeptation).

Art 21. Die Annahme des Wechsels muß auf dem Wechsel schriftlich geschehen.

Jede auf den Wechsel geschriebene und von dem Bezogenen unterschriebene Erklärung gilt für eine unbeschränkte Annahme, sofern nicht in derselben ausdrücklich ausgesprochen ist, daß der Bezogene entweder überhaupt nicht oder nur unter gewissen Einschränkungen annehmen wolle.

Gleichergestalt gilt es für eine unbeschränkte Annahme, wenn der Bezogene ohne weiteren Beisatz seinen Namen oder seine Firma auf die Vorderseite des Wechsels schreibt.

Die einmal erfolgte Annahme kann nicht wieder zurückgenommen werden.

Art 22. Der Bezogene kann die Annahme auf einen Teil der im Wechsel verschriebenen Summe beschränken.

Werden dem Akzept andere Einschränkungen beigefügt, so wird der Wechsel einem solchen gleichgeachtet, dessen Annahme gänzlich verweigert worden ist, der Akzeptant haftet aber nach dem Inhalt seines Akzepts wechselmäßig.

Art 23. Der Bezogene wird durch die Annahme wechselmäßig verpflichtet, die von ihm akzeptierte Summe zur Verfallzeit zu zahlen.

Auch dem Aussteller haftet der Bezogene aus dem Akzepte wechselmäßig.

Dagegen steht dem Bezogenen kein Wechselrecht gegen den Aussteller zu.

Art 24. Ist in dem Wechsel ein vom Wohnorte des Bezogenen verschiedener Zahlungsort (Artikel 4 Nr. 8) angegeben (Domizilwechsel), so ist, insofern der Wechsel nicht schon ergibt, durch wen die Zahlung am Zahlungsort erfolgen soll, dies vom Bezogenen bei der Annahme auf dem Wechsel zu bemerken. Ist dies nicht geschehen, so wird angenommen, daß der Bezogene selbst die Zahlung am Zahlungsorte leisten wolle.

Der Aussteller eines Domizilwechsels kann in demselben die Präsentation zur Annahme vorschreiben. Die Nichtbeobachtung dieser Vorschrift hat den Verlust des Regresses gegen den Aussteller und die Indossanten zur Folge.

VI. Regreß auf Sicherstellung.

1. Wegen nicht erhaltener Annahme.

Art 25. Wenn die Annahme eines Wechsels überhaupt nicht oder unter Einschränkungen oder nur auf eine geringere Summe erfolgt ist, so sind die Indossanten und der Aussteller wechselmäßig verpflichtet, gegen Aushändigung des mangels Annahme aufgenommenen Protestes genügende Sicherheit dahin zu leisten, daß die Bezahlung der im Wechsel verschriebenen Summe oder des nicht angenommenen Betrags sowie die Erstattung der durch die Nichtannahme veranlaßten Kosten am Verfalltag erfolgen werde.

Jedoch sind diese Personen auch befugt, auf ihre Kosten die schuldige Summe bei Gericht oder bei einer anderen zur Annahme von Depositen ermächtigten Behörde oder Anstalt niederzulegen.

Art 26. Der Remittent sowie jeder Indossatar wird durch den Besitz des mangels Annahme aufgenommenen Protestes ermächtigt, von dem Aussteller und den übrigen Vormännern Sicherheit zu fordern und im Wege des Wechselprozesses darauf zu klagen.

Der Regreßnehmer ist hierbei an die Folgeordnung der Indossamente und die einmal getroffene Wahl nicht gebunden.

Der Beibringung des Wechsels und des Nachweises, daß der Regreßnehmer seinen Nachmännern selbst Sicherheit bestellt habe, bedarf es nicht.

Art 27. Die bestellte Sicherheit haftet nicht bloß dem Regreßnehmer, sondern auch allen übrigen Nachmännern des Bestellers, insofern sie gegen ihn den Regreß auf Sicherstellung nehmen. Dieselben sind weitere Sicherheit zu verlangen nur in dem Falle berechtigt, wenn sie gegen die Art oder Größe der bestellten Sicherheit Einwendungen zu begründen vermögen.

Art 28. Die bestellte Sicherheit muß zurückgegeben werden:

1. sobald die vollständige Annahme des Wechsels nachträglich erfolgt ist;
2. wenn gegen den Regreßpflichtigen, welcher sie bestellt hat, binnen Jahresfrist, vom Verfalltage des Wechsels an gerechnet, auf Zahlung aus dem Wechsel nicht geklagt worden ist;
3. wenn die Zahlung des Wechsels erfolgt oder die Wechselkraft desselben erloschen ist.

2. Wegen Unsicherheit des Akzeptanten.

Art 29. Ist ein Wechsel ganz oder teilweise angenommen worden, so kann in betreff der akzeptierten Summe Sicherheit nur gefordert werden:

1. wenn über das Vermögen des Akzeptanten der Konkurs eröffnet worden ist oder der Akzeptant auch nur seine Zahlungen eingestellt hat;
2. wenn nach Ausstellung des Wechsels eine Exekution in das Vermögen des Akzeptanten fruchtlos ausgefallen ist.

Wenn in diesen Fällen die Sicherheit von dem Akzeptanten nicht geleistet und dieserhalb Protest gegen denselben erhoben wird, auch von den auf dem Wechsel etwa benannten Notadressen die Annahme nach Ausweis des Protestes nicht zu erhalten ist, so kann der Inhaber des Wechsels und jeder Indossatar gegen Auslieferung des Protestes von seinen Vormännern Sicherstellung fordern (Artikel 25 bis 28). Der bloße Besitz des Wechsels vertritt die Stelle einer Vollmacht, in den Nr. 1 und 2 genannten Fällen von dem Akzeptanten Sicherheitsbestellung zu fordern und, wenn solche nicht zu erhalten ist, Protest erheben zu lassen. Der Wechselinhaber ist berechtigt, in den Nr. 1 und 2 genannten Fällen auch von dem Akzeptanten im Wege des Wechselprozesses Sicherheitsbestellung zu fordern.

VII. Erfüllung der Wechselverbindlichkeit.

1. Zahlungstag.

Art 30. Ist in dem Wechsel ein bestimmter Tag als Zahlungstag bezeichnet, so tritt die Verfallzeit an diesem Tage ein. Ist die Zahlungszeit auf die Mitte eines Monats gesetzt worden, so ist der Wechsel am fünfzehnten dieses Monats fällig. Ist die Zahlungszeit auf Anfang oder ist sie auf Ende eines Monats gesetzt worden, so ist darunter der erste oder letzte Tag des Monats zu verstehen.

Art 31. Ein auf Sicht gestellter Wechsel ist bei der Vorzeigung fällig. Ein solcher Wechsel muß bei Verlust des wechselmäßigen Anspruchs gegen die Indossanten und den Aussteller nach Maßgabe der besonderen im Wechsel enthaltenen Bestimmung und in Ermangelung derselben binnen zwei Jahren nach der Ausstellung zur Zahlung präsentiert werden. Hat ein Indossant auf einem Wechsel dieser Art seinem Indossament eine besondere Präsentationsfrist hinzugefügt, so erlischt seine wechselmäßige Verpflichtung, wenn der Wechsel nicht innerhalb dieser Frist präsentiert worden ist.

Art 32. Bei Wechseln, welche mit dem Ablauf einer bestimmten Frist nach Sicht oder nach Dato zahlbar sind, tritt die Verfallzeit ein:

1. wenn die Frist nach Tagen bestimmt ist, an dem letzten Tage der Frist; bei Berechnung der Frist wird der Tag, an welchem der nach Dato zahlbare Wechsel ausgestellt oder der nach Sicht zahlbare zur Annahme präsentiert ist, nicht mitgerechnet;
2. wenn die Frist nach Wochen, Monaten oder einem mehrere Monate umfassenden Zeitraume (Jahr, halbes Jahr, Vierteljahr) bestimmt ist, an demjenigen Tage der Zahlungswoche oder des Zahlungsmonats, der durch seine Benennung oder Zahl dem Tage der Ausstellung oder Präsentation entspricht; fehlt dieser Tag in dem Zahlungsmonate, so tritt die Verfallzeit am letzten Tage des Zahlungsmonats ein.

Der Ausdruck „halber Monat" wird einem Zeitraume von fünfzehn Tagen gleichgeachtet. Ist der Wechsel auf einen oder mehrere ganze Monate und einen halben Monat gestellt, so sind die fünfzehn Tage zuletzt zu zählen.

Art 33. Respekttage finden nicht statt.

Art 34. Ist in einem Lande, in welchem nach altem Stile gerechnet wird, ein im Inlande zahlbarer Wechsel nach Dato ausgestellt und dabei nicht bemerkt, daß der Wechsel nach neuem Stile datiert sei, oder ist derselbe nach beiden Stilen datiert, so wird der Verfalltag nach demjenigen Kalendertage des neuen Stiles berechnet, welcher dem nach altem Stile sich ergebenden Tage der Ausstellung entspricht.

Art 35. Meß- oder Marktwechsel werden zu der durch die Gesetze des Meß- oder Marktorts bestimmten Zahlungszeit und in Ermangelung einer solchen Festsetzung an dem Tage vor dem gesetzlichen Schlusse der Messe oder des Marktes fällig. Dauert die Messe oder der Markt nur einen Tag, so tritt die Verfallzeit des Wechsels an diesem Tage ein.

2. Zahlung.

Art 36. Der Inhaber eines indossierten Wechsels wird durch eine zusammenhängende, bis auf ihn hinuntergehende Reihe von Indossamenten als Eigentümer des Wechsels legitimiert. Das erste Indossament muß demnach mit dem Namen des Remittenten, jedes folgende Indossament mit dem Namen desjenigen unterzeichnet sein, welchen das unmittelbar vorhergehende Indossament als Indossatar benennt. Wenn auf ein Blanko-Indossament ein weiteres Indossament folgt, so wird angenommen, daß der Aussteller des letzteren den Wechsel durch das Blanko-Indossament erworben hat. Ausgestrichene

Indossamente werden bei Prüfung der Legitimation als nicht geschrieben angesehen. Die Echtheit der Indossamente zu prüfen, ist der Zahlende nicht verpflichtet.

Art 37. Lautet ein Wechsel auf eine Münzsorte, welche am Zahlungsorte keinen Umlauf hat, oder auf eine Rechnungswährung, so kann die Wechselsumme nach ihrem Werte zur Verfallzeit in der Landesmünze gezahlt werden, sofern nicht der Aussteller durch den Gebrauch des Wortes „effektiv" oder eines ähnlichen Zusatzes die Zahlung in der im Wechsel benannten Münzsorte ausdrücklich bestimmt hat.

Art 38. Der Inhaber des Wechsels darf eine ihm angebotene Teilzahlung selbst dann nicht zurückweisen, wenn die Annahme auf den ganzen Betrag der verschriebenen Summe erfolgt ist.

Art 39. Der Wechselschuldner ist nur gegen Aushändigung des quittierten Wechsels zu zahlen verpflichtet. Hat der Wechselschuldner eine Teilzahlung geleistet, so kann er nur verlangen, daß die Zahlung auf dem Wechsel abgeschrieben und ihm Quittung erteilt werde.

Art 40. Wird die Zahlung des Wechsels zur Verfallzeit nicht gefordert, so ist der Akzeptant nach Ablauf der für die Protesterhebung mangels Zahlung bestimmten Frist befugt, die Wechselsumme auf Gefahr und Kosten des Inhabers bei Gericht oder bei einer anderen zur Annahme von Depositen ermächtigten Behörde oder Anstalt niederzulegen. Der Vorladung des Inhabers bedarf es nicht.

VIII. Regreß mangels Zahlung.

Art 41. Zur Ausübung des bei nicht erlangter Zahlung statthaften Regresses gegen den Aussteller und die Indossanten ist erforderlich:

1. daß der Wechsel zur Zahlung präsentiert worden ist und
2. daß sowohl diese Präsentation als die Nichterlangung der Zahlung durch einen rechtzeitig darüber aufgenommenen Protest dargetan wird.

Die Erhebung des Protestes ist am Zahlungstage zulässig, sie muß aber spätestens am zweiten Werktage nach dem Zahlungstage geschehen.

Art 42. Die Aufforderung, keinen Protest erheben zu lassen („ohne Protest", „ohne Kosten" usw.) gilt als Erlaß des Protestes, nicht aber als Erlaß der Pflicht zur rechtzeitigen Präsentation. Der Wechselverpflichtete, von welchem jene Aufforderung ausgeht, muß die Beweislast übernehmen, wenn er die rechtzeitig geschehene Präsentation in Abrede stellt. Gegen die Pflicht zum Ersatze der Protestkosten schützt jene Aufforderung nicht.

Art 43. Domizilierte Wechsel sind dem Domiziliaten oder, wenn ein solcher nicht benannt ist, dem Bezogenen selbst an demjenigen Orte, wohin der Wechsel domiziliert ist, zur Zahlung zu präsentieren und, wenn die Zahlung unterbleibt, dort zu protestieren.

Ein Wechsel, dessen Zahlung am Wohnorte des Bezogenen durch eine andere Person erfolgen soll, ist dieser Person zur Zahlung zu präsentieren und, wenn die Zahlung unterbleibt, gegen sie zu protestieren.

Art 44. Zur Erhaltung des Wechselrechts gegen den Akzeptanten bedarf es weder der Präsentation am Zahlungstage noch der Erhebung eines Protestes.

Art 45. Der Inhaber eines mangels Zahlung protestierten Wechsels ist verpflichtet, seinen unmittelbaren Vormann innerhalb zweier Tage nach dem Tage der Protesterhebung von der Nichtzahlung des Wechsels schriftlich zu benachrichtigen, zu welchem Ende es genügt, wenn das Benachrichtigungsschreiben innerhalb dieser Frist zur Post gegeben ist. Jeder benachrichtigte Vormann muß binnen derselben, vom Tage des empfangenen Berichts zu berechnenden Frist seinen nächsten Vormann in gleicher Weise benachrichtigen. Der Inhaber oder Indossatar, welcher die Benachrichtigung unterläßt oder dieselbe nicht an den unmittelbaren Vormann ergehen läßt, wird hierdurch den sämtlichen oder den übersprungenen Vormännern zum Ersatze des aus der unterlassenen Benachrichtigung entstandenen Schadens verpflichtet. Auch verliert derselbe gegen diese Personen den Anspruch auf Zinsen und Kosten, so daß er nur die Wechselsumme zu fordern berechtigt ist.

Art 46. Kommt es auf den Nachweis der dem Vormanne rechtzeitig gegebenen schriftlichen Benachrichtigung an, so genügt zu diesem Zwecke der durch ein Postattest geführte Beweis, daß ein Brief von dem Beteiligten an den Adressaten an dem angegebenen Tage abgesandt ist, sofern nicht dargetan wird, daß der angekommene Brief einen anderen Inhalt gehabt hat. Auch der Tag des Empfanges der erhaltenen schriftlichen Benachrichtigung kann durch ein Postattest nachgewiesen werden.

Art 47. Hat ein Indossant den Wechsel ohne Hinzufügung einer Ortsbezeichnung weiter begeben, so ist der Vormann desselben von der unterbliebenen Zahlung zu benachrichtigen.

Art 48. Jeder Wechselschuldner hat das Recht, gegen Erstattung der Wechselsumme nebst Zinsen und Kosten die Auslieferung des quittierten Wechsels und des wegen Nichtzahlung erhobenen Protestes von dem Inhaber zu fordern.

Art 49. Der Inhaber eines mangels Zahlung protestierten Wechsels kann die Wechselklage gegen alle Wechselverpflichtete oder auch nur gegen einige oder einen derselben anstellen, ohne dadurch seinen Anspruch gegen die nicht in Anspruch genommenen Verpflichteten zu verlieren. Derselbe ist an die Reihenfolge der Indossamente nicht gebunden.

Art 50. Die Regreßansprüche des Inhabers, welcher den Wechsel mangels Zahlung hat protestieren lassen, beschränken sich auf:

1. die nicht bezahlte Wechselsumme nebst sechs[1]) Prozent jährlicher Zinsen vom Verfalltag ab;
2. die Protestkosten und anderen Auslagen;
3. eine Provision von ein Drittel Prozent.

Die vorstehenden Beträge müssen, wenn der Regreßpflichtige an einem anderen Orte als dem Zahlungsorte wohnt, zu demjenigen Kurse gezahlt werden, welchen ein vom Zahlungsort auf den Wohnort des Regreßpflichtigen gezogener Wechsel auf Sicht hat. Besteht am Zahlungsorte kein Kurs auf jenen Wohnort, so wird der Kurs nach demjenigen Platze genommen, welcher dem Wohnorte des Regreßpflichtigen am nächsten liegt. Der Kurs ist auf Verlangen des Regreßpflichtigen durch einen unter öffentlicher Autorität ausgestellten Kurszettel oder durch das Attest eines vereideten Mäklers oder in Ermangelung derselben durch ein Attest zweier Kaufleute zu bescheinigen.

Art 51. Der Indossant, welcher den Wechsel eingelöst oder als Rimesse erhalten hat, ist von einem früheren Indossanten oder von dem Aussteller zu fordern berechtigt:

1. die von ihm gezahlte oder durch Rimesse berechtigte Summe nebst sechs[1]) Prozent jährlicher Zinsen vom Tage der Zahlung;
2. die ihm erstandenen Kosten;
3. eine Provision von ein Drittel Prozent.

Die vorstehenden Beträge müssen, wenn der Regreßpflichtige an einem anderen Orte als der Regreßnehmer wohnt, zu demjenigen Kurse gezahlt werden, welchen ein vom Wohnorte des Regreßnehmers auf den Wohnort des Regreßpflichtigen gezogener Wechsel auf Sicht hat. Besteht im Wohnorte des Regreßnehmers kein Kurs auf den Wohnort des Regreßpflichtigen, so wird der Kurs nach demjenigen Platze genommen, welcher dem Wohnorte des Regreßpflichtigen am nächsten liegt. Wegen der Bescheinigung des Kurses kommt die Bestimmung des Artikel 50 zur Anwendung.

Art 52. Durch die Bestimmungen der Artikel 50 und 51 Nr. 1 und 3 wird bei einem Regreß auf einen ausländischen Ort die Berechnung höherer dort zulässiger Sätze nicht ausgeschlossen.

Art 53. Der Regreßnehmer kann über den Betrag seiner Forderung einen Rückwechsel auf den Regreßpflichtigen ziehen. Der Forderung treten in diesem Falle noch die

---

[1]) Nach Ges. v. 3. Juli 1925 (RGBl. I S. 93) beträgt der Zinssatz zwei vom Hundert über dem jeweiligen Reichsbankdiskontsatz, mindestens aber sechs vom Hundert. Vgl. zu Art. 50 Anm. 4 und die Anlage C 3.

Mäklergebühren für Negozierung des Rückwechsels sowie die etwaigen Stempelgebühren hinzu. Der Rückwechsel muß auf Sicht zahlbar und unmittelbar (a drittura) gestellt werden.

Art 54. Der Regreßpflichtige ist nur gegen Auslieferung des Wechsels, des Protestes und einer quittierten Retourrechnung Zahlung zu leisten verbunden.

Art 55. Jeder Indossant, der einen seiner Nachmänner befriedigt hat, kann sein eigenes und seiner Nachmänner Indossament ausstreichen.

IX. Intervention.

1. Ehrenannahme.

Art 56. Befindet sich auf einem mangels Annahme protestierten Wechsel eine auf den Zahlungsort lautende Notadresse, so muß, ehe Sicherstellung verlangt werden kann, die Annahme von der Notadresse gefordert werden. Unter mehreren Notadressen gebührt derjenigen der Vorzug, durch deren Zahlung die meisten Verpflichteten befreit werden.

Art 57. Die Ehrenannahme von seiten einer nicht auf dem Wechsel als Notadresse benannten Person braucht der Inhaber nicht zuzulassen.

Art 58. Der Ehrenakzeptant muß sich den Protest mangels Annahme gegen Erstattung der Kosten aushändigen und in einem Anhange zu demselben die Ehrenannahme bemerken lassen. Er muß den Honoraten unter Übersendung des Protestes von der geschehenen Intervention benachrichtigen und diese Benachrichtigung mit dem Protest innerhalb zweier Tage nach dem Tage der Protesterhebung zur Post geben. Unterläßt er dies, so haftet er für den durch die Unterlassung entstehenden Schaden.

Art 59. Wenn der Ehrenakzeptant unterlassen hat, in seinem Akzepte zu bemerken, zu wessen Ehren die Annahme geschieht, so wird der Aussteller als Honorat angesehen.

Art 60. Der Ehrenakzeptant wird den sämtlichen Nachmännern des Honoraten durch die Annahme wechselmäßig verpflichtet. Diese Verpflichtung erlischt, wenn dem Ehrenakzeptanten der Wechsel nicht spätestens am dritten Werktage nach dem Zahlungstage zur Zahlung vorgelegt wird.

Art 61. Wenn der Wechsel von einer Notadresse oder einem anderen Intervenienten zu Ehren angenommen wird, so haben der Inhaber und die Nachmänner des Honoraten keinen Regreß auf Sicherstellung. Derselbe kann aber von dem Honoraten und dessen Vormännern geltend gemacht werden.

2. Ehrenzahlung.

Art 62. Befinden sich auf dem von dem Bezogenen nicht eingelösten Wechsel oder der Kopie Notadressen oder ein Ehrenakzept, welche auf den Zahlungsort lauten, so muß der Inhaber den Wechsel spätestens am dritten Werktage nach dem Zahlungstage den sämtlichen Notadressen und dem Ehrenakzeptanten zur Zahlung vorlegen und den Erfolg im Proteste mangels Zahlung oder in einem Anhange zu demselben bemerken lassen. Unterläßt er dies, so verliert er den Regreß gegen den Adressaten oder Honoraten und deren Nachmänner. Weist der Inhaber die von einem anderen Intervenienten angebotene Ehrenzahlung zurück, so verliert er den Regreß gegen die Nachmänner des Honoraten.

Art 63. Dem Ehrenzahler muß der Wechsel und der Protest mangels Zahlung gegen Erstattung der Kosten ausgehändigt werden. Er tritt durch die Ehrenzahlung in die Rechte des Inhabers (Artikel 50 und 52) gegen den Honoraten, dessen Vormänner und den Akzeptanten.

Art 64. Unter mehreren, welche sich zur Ehrenzahlung erbieten, gebührt demjenigen der Vorzug, durch dessen Zahlung die meisten Wechselverpflichteten befreit werden. Ein Intervenient, welcher zahlt, obgleich aus dem Wechsel oder Protest ersichtlich ist, daß ein anderer, dem er hiernach nachstehen müßte, den Wechsel einzulösen bereit war, hat keinen Regreß gegen diejenigen Indossanten, welche durch Leistung der von dem anderen angebotenen Zahlung befreit worden wären.

Art 65. Der Ehrenakzeptant, welcher nicht zur Zahlungsleistung gelangt, weil der Bezogene oder ein anderer Intervenient bezahlt hat, ist berechtigt, von dem Zahlenden eine Provision von ein Drittel Prozent zu verlangen.

X. Vervielfältigung eines Wechsels.

1. Wechselduplikate.

Art 66. Der Aussteller eines gezogenen Wechsels ist verpflichtet, dem Remittenten auf Verlangen mehrere gleichlautende Exemplare des Wechsels zu überliefern. Dieselben müssen im Kontext als Prima, Sekunda, Tertia usw. bezeichnet sein, widrigenfalls jedes Exemplar als ein für sich bestehender Wechsel (Solawechsel) erachtet wird. Auch ein Indossatar kann ein Duplikat des Wechsels verlangen. Er muß sich dieserhalb an seinen unmittelbaren Vormann wenden, welcher wieder an seinen Vormann zurückgehen muß, bis die Anforderung an den Aussteller gelangt. Jeder Indossatar kann von seinem Vormanne verlangen, daß die früheren Indossamente auf dem Duplikate wiederholt werden.

Art 67. Ist von mehreren ausgefertigten Exemplaren das eine bezahlt, so verlieren dadurch die anderen ihre Kraft. Jedoch bleiben aus den übrigen Exemplaren verhaftet:

1. der Indossant, welcher mehrere Exemplare desselben Wechsels an verschiedene Personen indossiert hat, und alle späteren Indossanten, deren Unterschriften sich auf den bei der Zahlung nicht zurückgegebenen Exemplaren befinden, aus ihren Indossamenten;
2. der Akzeptant, welcher mehrere Exemplare desselben Wechsels akzeptiert hat, aus den Akzepten auf den bei der Zahlung nicht zurückgegebenen Exemplaren.

Art 68. Wer eines von mehreren Exemplaren eines Wechsels zur Annahme versandt hat, muß auf den übrigen Exemplaren bemerken, bei wem das von ihm zur Annahme versandte Exemplar anzutreffen ist. Das Unterlassen dieser Bemerkung entzieht jedoch dem Wechsel nicht die Wechselkraft. Der Verwahrer des zum Akzepte versandten Exemplars ist verpflichtet, dasselbe demjenigen auszuliefern, der sich als Indossatar (Artikel 36) oder auf andere Weise zur Empfangnahme legitimiert.

Art 69. Der Inhaber eines Duplikats, auf welchem angegeben ist, bei wem das zum Akzepte versandte Exemplar sich befindet, kann mangels Annahme desselben den Regreß auf Sicherstellung und mangels Zahlung den Regreß auf Zahlung nicht eher nehmen, als bis er durch Protest hat feststellen lassen:

1. daß das zum Akzepte versandte Exemplar ihm vom Verwahrer nicht verabfolgt worden ist und
2. daß auch auf das Duplikat die Annahme oder die Zahlung nicht zu erlangen gewesen.

2. Wechselkopien.

Art 70. Wechselkopien müssen eine Abschrift des Wechsels und der darauf befindlichen Indossamente und Vermerke enthalten und mit der Erklärung „bis hierher Abschrift (Kopie)" oder mit einer ähnlichen Bezeichnung versehen sein. In der Kopie ist zu bemerken, bei wem das zur Annahme versandte Original des Wechsels anzutreffen ist. Das Unterlassen dieses Vermerkes entzieht jedoch der indossierten Kopie nicht ihre wechselmäßige Kraft.

Art 71. Jedes auf einer Kopie befindliche Original-Indossament verpflichtet den Indossanten ebenso, als wenn es auf einem Originalwechsel stünde.

Art 72. Der Verwahrer des Originalwechsels ist verpflichtet, denselben dem Besitzer einer mit einem oder mehreren Original-Indossamenten versehenen Kopie auszuliefern, sofern sich derselbe als Indossatar oder auf andere Weise zur Empfangnahme legitimiert. Wird der Originalwechsel vom Verwahrer nicht ausgeliefert, so ist der Inhaber der Wechselkopie nur nach Aufnahme des im Artikel 69 Nr. 1 erwähnten Protestes Regreß auf Sicherstellung und nach Eintritt des in der Kopie angegebenen Verfalltags Regreß auf Zahlung gegen diejenigen Indossanten zu nehmen berechtigt, deren Original-Indossamente auf der Kopie befindlich sind.

XI. Abhanden gekommene Wechsel.

Art 73. Der Eigentümer eines abhanden gekommenen Wechsels kann die Amortisation des Wechsels bei dem Gerichte des Zahlungsorts beantragen. Nach Einleitung des Amortisationsverfahrens kann derselbe vom Akzeptanten Zahlung fordern, wenn er bis zur Amortisation des Wechsels Sicherheit bestellt. Ohne eine solche Sicherheitsstellung ist er nur die Deposition der aus dem Akzepte schuldigen Summe bei Gericht oder bei einer anderen zur Annahme von Depositen ermächtigten Behörde oder Anstalt zu fordern berechtigt.

Art 74. Der nach den Bestimmungen des Artikel 36 legitimierte Besitzer eines Wechsels kann nur dann zur Herausgabe desselben angehalten werden, wenn er den Wechsel in bösem Glauben erworben hat oder ihm bei der Erwerbung des Wechsels eine grobe Fahrlässigkeit zur Last fällt.

XII. Falsche Wechsel.

Art 75. Auch wenn die Unterschrift des Ausstellers eines Wechsels falsch oder verfälscht ist, behalten dennoch das echte Akzept und die echten Indossamente die wechselmäßige Wirkung.

Art 76. Aus einem mit einem falschen oder verfälschten Akzept oder Indossamente versehenen Wechsel bleiben sämtliche Indossanten und der Aussteller, deren Unterschriften echt sind, wechselmäßig verpflichtet.

XIII. Wechselverjährung.

Art 77. Der wechselmäßige Anspruch gegen den Akzeptanten verjährt in drei Jahren, vom Verfalltage des Wechsels an gerechnet.

Art 78. Die Regreßansprüche des Inhabers (Artikel 50) gegen den Aussteller und die übrigen Vormänner verjähren:

1. in drei Monaten, wenn der Wechsel in Europa, mit Ausnahme von Island und den Faröern, zahlbar war;
2. in sechs Monaten, wenn der Wechsel in den Küstenländern von Asien und Afrika längs des Mittelländischen und Schwarzen Meeres oder in den dazu gehörigen Inseln dieser Meere zahlbar war;
3. in achtzehn Monaten, wenn der Wechsel in einem anderen außereuropäischen Lande oder in Island oder den Faröern zahlbar war.

Die Verjährung beginnt gegen den Inhaber mit dem Tage des erhobenen Protestes.

Art 79. Die Rechtsansprüche des Indossanten (Artikel 51) gegen den Aussteller und die übrigen Vormänner verjähren:

1. in drei Monaten, wenn der Regreßnehmer in Europa, mit Ausnahme von Island und den Faröern, wohnt;
2. in sechs Monaten, wenn der Regreßnehmer in den Küstenländern von Asien und Afrika längs des Mittelländischen und Schwarzen Meeres oder in den dazu gehörigen Inseln dieser Meere wohnt;
3. in achtzehn Monaten, wenn der Regreßnehmer in einem anderen außereuropäischen Lande oder in Island oder den Faröern wohnt.

Gegen den Indossanten läuft die Frist, wenn er, ehe eine Wechselklage gegen ihn angestellt worden, gezahlt hat, vom Tage der Zahlung, in allen übrigen Fällen aber vom Tage der ihm geschehenen Behändigung der Klage oder Ladung.

XIV. Klagerecht des Wechselgläubigers.

Art 81. Die wechselmäßige Verpflichtung trifft den Aussteller, Akzeptanten und Indossanten des Wechsels sowie einen jeden, welcher den Wechsel, die Wechselkopie, das Akzept oder das Indossament mitunterzeichnet hat, selbst dann, wenn er sich dabei nur als Bürge (per aval) benannt hat. Die Verpflichtung dieser Personen erstreckt sich auf alles, was der Wechselinhaber wegen Nichterfüllung der Wechselverbindlichkeit zu fordern hat. Der Wechselinhaber kann sich wegen seiner ganzen Forderung an den einzelnen halten; es steht in seiner Wahl, welchen Wechselverpflichteten er zuerst in Anspruch nehmen will.

Art 82. Der Wechselschuldner kann sich nur solcher Einreden bedienen, welche aus dem Wechselrechte selbst hervorgehen oder ihm unmittelbar gegen den jedesmaligen Kläger zustehen.

Art 83. Ist die wechselmäßige Verbindlichkeit des Ausstellers oder des Akzeptanten durch Verjährung oder dadurch, daß die zur Erhaltung des Wechselrechts gesetzlich vorgeschriebenen Handlungen verabsäumt sind, erloschen, so bleiben dieselben dem Inhaber des Wechsels nur soweit, als sie sich mit dessen Schaden bereichern würden, verpflichtet. Gegen die Indossanten, deren wechselmäßige Verbindlichkeit erloschen ist, findet ein solcher Anspruch nicht statt.

XV. Ausländische Gesetzgebung.

Art 84. Die Fähigkeit eines Ausländers, wechselmäßige Verpflichtungen zu übernehmen, wird nach den Gesetzen des Staates beurteilt, welchem derselbe angehört. Jedoch wird ein nach den Gesetzen seines Vaterlandes nicht wechselfähiger Ausländer durch Übernahme von Wechselverbindlichkeiten im Inlande verpflichtet, insofern er nach den Gesetzen des Inlandes wechselfähig ist.

Art 85. Die wesentlichen Erfordernisse eines im Ausland ausgestellten Wechsels sowie jeder anderen im Ausland ausgestellten Wechselerklärung werden nach den Gesetzen des Ortes beurteilt, an welchem die Erklärung erfolgt ist. Entsprechen jedoch die im Auslande geschehenen Wechselerklärungen den Anforderungen des inländischen Gesetzes, so kann daraus, daß sie nach ausländischen Gesetzen mangelhaft sind, kein Einwand gegen die Rechtsverbindlichkeit der später im Inland auf den Wechsel gesetzten Erklärungen entnommen werden. Ebenso haben Wechselerklärungen, wodurch sich ein Inländer einem anderen Inländer im Auslande verpflichtet, Wechselkraft, wenn sie auch nur den Anforderungen der inländischen Gesetzgebung entsprechen.

Art 86. Über die Form der mit einem Wechsel an einem ausländischen Platze zur Ausübung oder Erhaltung des Wechselrechts vorzunehmenden Handlungen entscheidet das dort geltende Recht.

XVI. Protest.

Art 87. Jeder Protest muß durch einen Notar oder einen Gerichtsbeamten oder einen Postbeamten aufgenommen werden. Der Zuziehung von Zeugen oder eines Protokollführers bedarf es dabei nicht.

Den Postbeamten stehen solche Personen gleich, denen von der Postverwaltung die Aufnahme von Protesten übertragen ist.

Art 88. In den Protest ist aufzunehmen:

1. der Name oder die Firma der Personen, für welche und gegen welche der Protest erhoben wird;
2. die Angabe, daß die Person, gegen welche protestiert wird, ohne Erfolg zur Vornahme der wechselrechtlichen Leistung aufgefordert worden oder nicht anzutreffen gewesen ist oder daß ihr Geschäftslokal oder ihre Wohnung sich nicht hat ermitteln lassen;

3. die Angabe des Ortes sowie des Kalendertags, Monats und Jahres, an welchem die Aufforderung (Nr. 2) geschehen oder ohne Erfolg versucht worden ist;
4. im Falle einer Ehrenannahme oder einer Ehrenzahlung die Erwähnung, von wem, für wen und wie sie angeboten oder geleistet wird.

Der Protest ist von dem Protestbeamten zu unterzeichnen und mit dem Amtssiegel oder dem Amtsstempel zu versehen.

Art 88a. Der Protest mangels Zahlung ist auf den Wechsel oder auf ein mit dem Wechsel zu verbindendes Blatt zu setzen.

Der Protest soll unmittelbar hinter den letzten auf der Rückseite des Wechsels befindlichen Vermerk, in Ermangelung eines solchen unmittelbar an einen Rand der Rückseite gesetzt werden.

Wird der Protest auf ein Blatt gesetzt, das mit dem Wechsel verbunden wird, so soll die Verbindungsstelle mit dem Amtssiegel oder dem Amtsstempel versehen werden. Ist dies geschehen, so braucht der Unterschrift des Protestbeamten ein Siegel oder Stempel nicht beigefügt zu werden.

Wird der Protest unter Vorlegung mehrerer Exemplare desselben Wechsels oder unter Vorlegung des Originals und einer Kopie erhoben, so genügt die Beurkundung auf einem der Exemplare oder auf dem Originalwechsel. Auf den anderen Exemplaren oder auf der Kopie ist zu vermerken, daß sich der Protest mangels Zahlung auf dem ersten Exemplar oder auf dem Originalwechsel befindet. Auf den Vermerk finden die Vorschriften des Abs 2 und des Abs 3 Satz 1 entsprechende Anwendung. Der Protestbeamte hat den Vermerk zu unterzeichnen.

Art 88b. Bezieht sich der Protest auf eine andere wechselrechtliche Leistung als die Zahlung, so ist er auf eine Abschrift des Wechsels oder der Kopie oder auf ein mit der Abschrift zu verbindendes Blatt zu setzen. Die Abschrift hat auch die auf dem Wechsel oder der Kopie befindlichen Indossamente und anderen Vermerke zu enthalten. Die Vorschriften des Artikel 88a Abs 2, 3 finden entsprechende Anwendung.

Art 89. Muß eine wechselrechtliche Leistung von mehreren Personen verlangt werden, so ist über die mehrfache Aufforderung nur eine Protesturkunde erforderlich.

Art 89a. Die Wechselzahlung kann an den Protestbeamten erfolgen. Die Befugnis des Protestbeamten zur Annahme der Zahlung kann nicht ausgeschlossen werden.

Art 90. Schreibfehler, Auslassungen und sonstige Mängel der Protesturkunde können bis zur Aushändigung der Urkunde an die Person, für welche der Protest erhoben ist, von dem Protestbeamten berichtigt werden. Die Berichtigung ist als solche unter Beifügung der Unterschrift kenntlich zu machen.

Von dem Protest ist eine beglaubigte Abschrift zurückzubehalten. Über den Inhalt des Wechsels oder der Kopie ist ein Vermerk aufzunehmen. Der Vermerk hat zu enthalten:

1. den Betrag des Wechsels;
2. die Zahlungszeit;
3. den Ort, den Monatstag und das Jahr der Ausstellung;
4. die Namen des Ausstellers, des Remittenten und des Bezogenen;
5. falls eine vom Bezogenen verschiedene Person angegeben ist, durch welche die Zahlung erfolgen soll, den Namen dieser Person sowie die Namen der etwaigen Notadressen und Ehrenakzeptanten.

Die Abschriften und Vermerke sind geordnet aufzubewahren.

XVII. Ort und Zeit für die Präsentation und andere im Wechselverkehre vorkommende Handlungen.

Art 91. Die Präsentation zur Annahme oder Zahlung, die Protesterhebung, die Abforderung eines Wechselduplikats sowie alle sonstigen bei einer bestimmten Person vorzunehmenden Akte müssen in deren Geschäftslokal und in Ermangelung eines solchen in deren Wohnung vorgenommen werden. An einer anderen Stelle, z. B. an der Börse, kann dies nur mit beiderseitigem Einverständnisse geschehen.

Ist in dem Proteste vermerkt, daß sich das Geschäftslokal oder die Wohnung nicht hat ermitteln lassen, so ist der Protest nicht deshalb ungültig, weil die Ermittelung möglich war.

Die Verantwortlichkeit des Protestbeamten, der es unterläßt, geeignete Ermittelungen anzustellen, wird durch die Vorschrift des Abs 2 nicht berührt. Ist eine Nachfrage bei der Polizeibehörde des Ortes ohne Erfolg geblieben, so ist der Protestbeamte zu weiteren Nachforschungen nicht verpflichtet.

Art 91 a. Eine in dem Geschäftslokal oder in der Wohnung eines Beteiligten vorgenommene Handlung ist auch dann gültig, wenn an Stelle des Ortes, in welchem das Geschäftslokal oder die Wohnung liegt, ein benachbarter Ort in dem Wechsel angegeben ist. Mit beiderseitigem Einverständnisse können auch in anderen Fällen die bei einem Beteiligten vorzunehmenden Handlungen an einem Orte erfolgen, der dem im Wechsel angegebenen Orte benachbart ist.

Welche Orte im Sinne dieser Vorschriften als benachbarte anzusehen sind, bestimmt der Bundesrat; die Bestimmung ist im Reichsgesetzblatte bekanntzumachen.

Art 92. Verfällt der Wechsel an einem Sonntag oder allgemeinen Feiertage, so ist der nächste Werktag der Zahlungstag. Auch die Herausgabe eines Wechselduplikats, die Erklärung über die Annahme sowie jede andere Handlung können nur an einem Werktage gefordert werden. Fällt der Zeitpunkt, in welchem die Vornahme einer der vorstehenden Handlungen spätestens gefordert werden mußte, auf einen Sonntag oder allgemeinen Feiertag, so muß diese Handlung am nächsten Werktage gefordert werden. Dieselbe Bestimmung findet auch auf die Protesterhebung Anwendung.

Die Proteste sollen nur in der Zeit von 9 Uhr vormittags bis 6 Uhr abends erhoben werden. Außerhalb dieser Zeit soll die Protesterhebung nur erfolgen, wenn die Person, gegen welche protestiert wird, ausdrücklich einwilligt.

Art 93. Bestehen an einem Wechselplatz allgemeine Zahltage (Kassiertage), so braucht die Zahlung eines zwischen den Zahlungen fällig gewordenen Wechsels erst am nächsten Zahltage geleistet zu werden, sofern nicht der Wechsel auf Sicht lautet. Die im Artikel 41 für die Aufnahme des Protestes mangels Zahlung bestimmte Frist darf jedoch nicht überschritten werden.

XVIII. Mangelhafte Unterschriften.

Art 94. Wechselerklärungen, welche statt des Namens mit Kreuzen oder anderen Zeichen vollzogen sind, haben nur dann, wenn diese Zeichen gerichtlich oder notariell beglaubigt worden, Wechselkraft.

Art 95. Wer eine Wechselerklärung als Bevollmächtigter eines anderen unterzeichnet, ohne dazu Vollmacht zu haben, haftet persönlich in gleicher Weise, wie der angebliche Machtgeber gehaftet haben würde, wenn die Vollmacht erteilt gewesen wäre. Dasselbe gilt von Vormündern und anderen Vertretern, welche mit Überschreitung ihrer Befugnisse Wechselerklärungen ausstellen.

Dritter Abschnitt. Von eigenen Wechseln.

Art 96. Die wesentlichen Erfordernisse eines eigenen (trockenen) Wechsels sind:

1. die in den Wechsel selbst aufzunehmende Bezeichnung als Wechsel oder, wenn der Wechsel in einer fremden Sprache ausgestellt ist, ein jener Bezeichnung entsprechender Ausdruck in der fremden Sprache;
2. die Angabe der zu zahlenden Geldsumme;
3. der Name der Person oder die Firma, an welche oder an deren Order der Aussteller Zahlung leisten will;
4. die Bestimmung der Zeit, zu welcher gezahlt werden soll (Artikel 4 Nr. 4);

5. die Unterschrift des Ausstellers mit seinem Namen oder seiner Firma;
6. die Angabe des Ortes, Monatstags und Jahres der Ausstellung.

Art 97. Der Ort der Ausstellung gilt für den eigenen Wechsel, insofern nicht ein besonderer Zahlungsort angegeben ist, als Zahlungsort und zugleich als Wohnort des Ausstellers.

Art 98. Nachstehende, in diesem Gesetze für gezogene Wechsel gegebene Vorschriften gelten auch für eigene Wechsel:

1. die Artikel 5 und 7 über die Form des Wechsels;
2. die Artikel 9 bis 17 über das Indossament;
3. die Artikel 19 und 20 über die Präsentation der Wechsel auf eine Zeit nach Sicht mit der Maßgabe, daß die Präsentation dem Aussteller geschehen muß;
4. der Artikel 29 über den Sicherheitsregreß mit der Maßgabe, daß derselbe im Falle der Unsicherheit des Ausstellers stattfindet;
5. die Artikel 30 bis 40 über die Zahlung und die Befugnis zur Deposition des fälligen Wechselbetrags mit der Maßgabe, daß letztere durch den Aussteller geschehen kann;
6. die Artikel 41 und 42 sowie die Artikel 45 bis 55 über den Regreß mangels Zahlung gegen die Indossanten;
7. die Artikel 62 bis 65 über die Ehrenzahlung;
8. die Artikel 70 bis 72 über die Kopien;
9. die Artikel 73 bis 76 über abhanden gekommene und falsche Wechsel mit der Maßgabe, daß im Falle des Artikel 73 die Zahlung durch den Aussteller erfolgen muß;
10. die Artikel 78 bis 95 über die allgemeinen Grundsätze der Wechselverjährung, die Verjährung der Regreßansprüche gegen die Indossanten, das Klagerecht des Wechselgläubigers, die ausländischen Wechselgesetze, den Protest, den Ort und die Zeit für die Präsentation und andere im Wechselverkehre vorkommende Handlungen sowie über mangelhafte Unterschriften.

Art 99. Eigene domizilierte Wechsel sind dem Domiziliaten oder, wenn ein solcher nicht benannt ist, dem Aussteller selbst an demjenigen Orte, wohin der Wechsel domiziliert ist, zur Zahlung zu präsentieren und, wenn die Zahlung unterbleibt, dort zu protestieren.

Ein eigener Wechsel, dessen Zahlung am Wohnorte des Ausstellers durch eine andere Person erfolgen soll, ist dieser Person zur Zahlung zu präsentieren und, wenn die Zahlung unterbleibt, gegen sie zu protestieren.

Bei eigenen Wechseln bedarf es zur Erhaltung des Wechselrechts gegen den Aussteller weder der Präsentation am Zahlungstage noch der Erhebung eines Protestes.

Art 100. Der wechselmäßige Anspruch gegen den Aussteller eines eigenen Wechsels verjährt in drei Jahren, vom Verfalltage des Wechsels an gerechnet.

Einleitung.

I. Geschichtliche Entwicklung des Wechsels und des Wechselrechts[1]).

1. Ältere Zeit. Das Rechtsgebilde, welches im heutigen Rechtsverkehr unter dem Begriffe „Wechsel" verstanden wird, ist im frühen Mittelalter in Italien entstanden aus dem Bedürfnisse des Handelsverkehrs, den Transport von barem Gelde von einem Orte zu einem anderen, der mit erheblichen Schwierigkeiten, Kosten und Gefahren verbunden war, nach Möglichkeit zu vermeiden. Dieses Bedürfnis trat besonders hervor in dem seit dem 12. Jahrhundert aufblühenden Welthandel der italienischen Städte mit den übrigen Ländern Europas und dem Orient, der in noch viel höherem Maße, als der damalige Inlandsverkehr, Geldzahlungen nötig machte zwischen Orten, an denen voneinander verschiedene Währungen bestanden und Münzen in Umlauf waren. Es entstanden deshalb in den hauptsächlichsten Orten dieses Handelsverkehrs berufsmäßige Geldwechsler und Bankiers (Campsores), die sich in Gilden oder Innungen zusammenschlossen und deren Tätigkeit darin bestand, daß sie von Kaufleuten sowie von sonstigen Personen und Personengemeinschaften — Kreuzfahrern, Studierenden, kirchlichen Organen —, die Geld an einem ausländischen Orte zahlen oder zur Verfügung haben wollten, Einzahlungen (Depositen) entgegennahmen und darüber eine Urkunde ausstellten, in der sie den Empfang des Geldes bekannten und sich verpflichteten, einen entsprechenden Betrag, meist unter Abzug einer Provision für sich, in der an dem Bestimmungsorte geltenden Münzsorte an diesem Orte zu bestimmter Zeit zu zahlen oder durch ihre am Bestimmungsorte bestehende Niederlassung (Kommandite) oder auch durch einen anderen dort wohnenden Campsor zahlen zu lassen, und zwar an den Einzahlenden selbst oder eine von diesem als Abgesandter oder Bote (missus, nuncius) mit der Empfangnahme der Zahlung zu beauftragende Person. Diese Urkunde, die cambium genannt wurde, hatte sonach zunächst die Gestalt eines eigenen Wechsels im heutigen Sinne und enthielt bereits eine Art Orderklausel. Sie wurde in der älteren Zeit meist unter Mitwirkung einer öffentlichen Urkundsperson (notarius) errichtet, und zwar in der Form des aus dem Römischen Rechte überkommenen chirographum, eines abstrakten Summenversprechens, aus welchem eine besonders strenge Haftung in materieller und prozessualer Hinsicht (Exekutionsprozeß) stattfand. Außer dieser Urkunde aber pflegte der die Einzahlung entgegennehmende Campsor die Stelle, welche die Auszahlung vornehmen sollte, durch einen besonderen Brief zu benachrichtigen mit der Anweisung, in entsprechender Weise an den Empfänger des Wechsels (Remittenten) oder seinen Beauf-

---

[1]) Vgl. zu dem Folgenden aus dem Schrifttum namentlich: v. Martens, Versuch einer historischen Entwicklung des wahren Ursprungs des Wechselrechts (Göttingen 1797); Biener, Abhandlungen aus dem Gebiete der Rechtsgeschichte (Leipzig 1846) und Wechselrechtliche Abhandlungen (Leipzig 1859); Goldschmidt, Universalgeschichte des Handelsrechts Bd. I S. 403 ff.; Goldschmidt in ZfHR 6, 540 ff.; 33, 445 ff.; Schaube in ZfHR 43, 1 ff.; Gareis ebenda 21, 349 ff.; Brunner ebenda 22, 59 ff.; Partsch ebenda 70, 437; Endemann, Studien in der romanisch-kanonistischen Wirtschafts- und Rechtslehre Bd. I; Grünhut, Wechselrecht I 20 ff; v. Canstein, Wechselrecht S. 1 ff.; Lehmann, Wechselrecht S. 29 ff.; Schaps, Zur Geschichte des Indossaments, 1892.

tragten zu zahlen. In der späteren Entwicklung wurde dieser Brief (lettera di pagamento) mit dem Wechsel dem Remittenten übergeben, um von ihm an die Auszahlungsstelle übermittelt zu werden. Der Brief enthielt in der Regel gleichfalls die Erwähnung, daß der Aussteller die Valuta empfangen habe. In der Übergabe des Briefes erblickte deshalb der Verkehr im Laufe der Zeit ein Regreßversprechen des Ausstellers des Briefes, auf Grund dessen dieser dem Remittenten dafür haftbar wurde, daß die Auszahlung des Geldes in der bestimmten Weise erfolgte. Dadurch erwies sich die Ausstellung zweier Urkunden als unnötig und es wurde deshalb der ursprüngliche eigene Verpflichtungsschein weggelassen und nur die Anweisungsurkunde ausgestellt, welche von da ab unter dem Namen Tratte (gezogener Wechsel) die vorzugsweise übliche Erscheinungsform des Wechsels darstellte und an welche dessen weitere Verbreitung und Entwicklung anknüpfte. In der Tratte wurde in der Regel noch eine Person bezeichnet, an welche die Auszahlung des Wechsels auf Vorzeigung zu erfolgen hatte, der Präsentant. Die Tratte stellte sich hiernach als ein Wechsel mit vier Personen dar: dem Einzahler des Geldes (Remittent), dem Campsor, der das Geld empfangen hatte und die Anweisung ausstellte (von da ab Trassant genannt); demjenigen der das Geld auszuzahlen angewiesen wurde (Trassat) und dem Präsentanten. Die Benennung eines Präsentanten im Wechsel wurde lange Zeit hindurch als ein wesentliches Erfordernis des Wechsels angesehen und es wurde nur zugelassen, daß der Remittent selbst als Präsentant bezeichnet wurde. Ferner wurden im älteren Wechselverkehr, entsprechend seinem ursprünglichen Zwecke, Ortsverschiedenheit und Münzverschiedenheit für die Gültigkeit des Wechsels erfordert; der Platzwechsel wurde namentlich von den Juristen des kanonischen Rechts wegen der durch ihn erleichterten Umgehung des Zinsverbotes bekämpft. Auch bei dem Distanzwechsel wurde übrigens vielfach eine genaue Untersuchung darüber angestellt, ob er nicht etwa nur zum Scheine als solcher ausgestellt und ob der Unterschied zwischen dem eingezahlten Betrage und der auszuzahlenden Wechselsumme durch die Kosten und das Risiko des Geldtransports vom Ausstellungs- zum Bestimmungsorte gerechtfertigt sei. Doch erfanden die Campsores immer neue Kunstgriffe, um die wirklichen Zwecke der Wechselausstellung zu verdecken.

Auch den Bestrebungen, die Übertragung des Wechsels zu erleichtern, wurde im Anfange heftiger Widerstand entgegengesetzt. Der Präsentant wurde zunächst nur als solutionis causa adiectus anerkannt und es wurde ihm die Fähigkeit, den Wechsel in eigenem Namen einzuklagen, bestritten, bis die Theorie vom adiectus in rem suam sich durchsetzte, dem eine solche Berechtigung zuerkannt werden mußte. Die nachträgliche Übertragung des Anspruchs aus dem Wechsel durch eine nicht in diesem benannte Person dagegen konnte nur durch Bevollmächtigung oder Zession in besonderer Urkunde erfolgen, auch wenn der Wechsel (wie seit dem 17. Jahrhundert auch in der Tratte üblich wurde) bereits die Stellvertretungsklausel („Tibi vel procuratori“) oder die Orderklausel („an Herrn A. oder denjenigen den er beordern wird“, „Commiss“) enthielt. Um diese besonderen Urkunden zu ersparen, wurden vielfach in den Wechselbriefen selbst bereits mehrere Personen als Remittenten oder Präsentanten benannt. Auch schon früher wurden übrigens vereinzelt Wechsel ausgestellt und als gültig anerkannt, die unmittelbar oder wahlweise auf den Inhaber lauteten und deren Übertragung durch einfache Tradition erfolgen konnte. Als neue Übertragungsformen kamen sodann im Laufe des 17. Jahrhunderts zunächst in Süditalien die Girata, in Frankreich das Endossement auf, welche die Übertragung ohne besondere Urkunden durch Vermerke auf dem Wechsel selbst, und zwar bei der Girata am Fuße der Vorderseite, bei dem Endossement auf der Rückseite, ermöglichten. Sie lauteten dahin, daß der Bezogene angewiesen wurde, statt an den als Zahlungsempfänger im Wechsel bezeichneten Remittenten oder Präsentanten — oder im Falle mehrfacher Girierung statt an den vorhergehenden Giratar — an die im Vermerke bezeichnete Person, den nunmehrigen Giratar, zu zahlen. Sehr bestritten ist, aus welcher rechtsgeschichtlichen Quelle diese Übertragungsformen ihren Ursprung genommen haben. Sie werden von manchen (so Martens a. a. O. S. 69, 70; v. Canstein S. 26ff.) auf die Skontration zurückgeführt, d. i. das schon frühzeitig auf den Messen zur Ersparung von Barzahlungen gebräuchliche Ausgleichsverfahren zwischen Forderungen und Schulden aus den Meßwechseln, bei welchem die durch Kompensationen und Delegationen nicht auszugleichenden und deshalb durch Barzahlung zu erledigenden Beträge statt durch Ausstellung neuer Wechsel durch Übertragungsvermerke auf den bereits vorhandenen Wechseln erfolgt sein sollen. Andere (so Götz a. a. O. S. 24ff.; Kuntze S. 186ff.) sehen den Ursprung der Girata und des Endossement in dem gleichfalls bei den Messen üblichen „Giro=Aval" (vgl. darüber unten) oder in der Girozahlung (d. h. der bargeldlosen Zahlung durch Anweisung auf einen gemeinschaftlichen Kassenhalter). Noch andere, namentlich Schaps a. a. O. S. 73 ff. im Anschluß an Biener, vertreten die Ansicht, daß Übertragungen durch Vermerke am Fuße oder auf dem Rücken der Urkunde nicht nur bei Wechseln, sondern bei Handelspapieren überhaupt im Anschlusse an die Orderklausel ohne weiteres üblich waren und schließlich bei solchen Papieren auch, wenn sie nicht die Orderklausel enthielten, stattfanden und anerkannt wurden, und zwar mit der Wirkung einer Vollmacht zur Einziehung (Prokura=Indossament), oder einer Rechtsübertragung (Voll=Indossament), je nachdem der Vermerk das Bekenntnis des Valutaempfangs enthielt oder nicht.

Die neuen Übertragungsformen begegneten sowohl in ihren Ursprungsländern, wie in Deutschland, wohin sie in der ersten Hälfte des 17. Jahrhunderts unter dem Namen „Indossament" oder „Giro" ihren Weg fanden, anfangs heftigem Widerspruch. Namentlich wurde die mehrfache Übertragung des Wechsels in dieser Form angefochten und sogar, z. B. in Neapel durch die Pragmatica III de litteris cambii vom 8. 11. 1607 Nr. 14, gesetzlich verboten. Vor allem erregten sie um deswillen Anstoß, weil sie leicht zur Umgehung des kanonisch=rechtlichen Zinsverbots und zu wucherischen Manipulationen benutzt werden konnten und häufig benutzt wurden. Die wichtigsten Neuerungen, die durch diese Übertragungsformen herbeigeführt wurden, bestanden nämlich darin: einmal daß der Girant dem Giratar, und zwar später nicht nur seinem unmittelbaren Nachmanne, sondern jedem nachstehenden Giratar (Sprungregreß), nach Wechselrecht haftbar wurde; sodann aber darin, daß durch sie Einreden aus der Person eines Vormannes gegenüber dem Giratar ausgeschlossen wurden, was besonders starken Widerspruch erregte und erst allmählich anerkannt wurde. Diese Wirkung des Einredeausschlusses wurde namentlich in Frankreich nur bei einem mit der Orderklausel versehenen Wechsel anerkannt, während bei Wechseln ohne Orderklausel, bei denen das Endossement nur als Prokura=Indossament galt (vgl. oben), Einreden, die gegen den Endosseur begründet waren, dadurch nicht ausgeschlossen wurden. Auch in Deutschland hatte die Übertragbarkeit des Wechsels in der Form und mit den Wirkungen des Indossaments mit Schwierigkeiten zu kämpfen und sie wurde anfangs mehrfach durch lokale gesetzgeberische Eingriffe behindert; so wurde für Frankfurt durch Edikte vom 4. 4. 1620 und 9. 4. 1635 und für Nürnberg durch Dekret vom 16. 3. 1647 die Nichtigkeit und Strafbarkeit indossierter Wechsel ausgesprochen. Diese Verbote wurden jedoch durch anderweite Manipulationen, namentlich durch die Ausstellung besonderer Bürgschaftsscheine (Giro=Aval), umgangen. Schließlich setzte sich überall das Indossament mit seinen vollen Wirkungen durch. Erst infolge der dadurch erlangten Befreiung von allen Hemmnissen seiner Beweglichkeit wurde der Wechsel befähigt, die Funktion des Weltkreditpapiers zu erfüllen, als welches er in der neueren Zeit in allen für den Handelsverkehr in Betracht kommenden Kulturländern anerkannt ist.

2. **Die Entwicklung des Wechselrechts in neuerer Zeit.** Während im Mittelalter das Wechselrecht sich hauptsächlich als Gewohnheitsrecht auf Grund der im Verkehr unter den Campsores der ganzen damals bekannten Kulturwelt, namentlich auf den internationalen Messen, ausgebildeten Gebräuche entwickelt und dadurch einen in der Hauptsache einheitlichen Charakter angenommen hatte, bemächtigten sich seit dem 17. Jahrhundert die

Gesetzgebungen der einzelnen zu Staaten erwachsenen Territorien dieser Materie mit dem Erfolge, daß dadurch eine weitgehende sachliche Verschiedenheit der geltenden Wechselrechte herbeigeführt wurde, die sich nicht nur im zwischenstaatlichen Verkehr, sondern namentlich innerhalb Deutschlands infolge der Zersplitterung seiner Territorialgewalten und seines Rechts vielfach hemmend und störend geltend machte, zumal die Verkehrsbedürfnisse des Handels nicht überall die erforderliche Berücksichtigung durch die einzelstaatlichen Gesetzgeber fanden. Einige dieser Kodifikationen gelangten jedoch zu großem Ansehen auch über ihr eigentliches Geltungsgebiet hinaus. Eines der ersten umfangreicheren Wechselgesetze, das für die weitere Entwicklung bahnbrechend ward, ist die französische Ordonnance du Commerce vom März 1673; ferner waren von besonderer Bedeutung: die für Neapel erlassene Pragmatica vom 18. 4. 1635, die Rotterdamer Ordonnanzen vom 18. 4. 1635 und 9. 10. 1660; die Girobankordnung von Venedig vom 12. 6. 1663; die zahlreichen in Amsterdam vom 16. 7. 1601 bis 31. 1. 1764 ergangenen „Willküren"; die schwedischen Wechselordnungen vom 10. 3. 1671 und 21. 1. / 1. 2. 1748; die WO für Dänemark-Norwegen vom 21. 3. 1681; ferner in Deutschland die Wechselordnungen von: Leipzig (2. 10. 1682); Danzig (8. 3. 1701); Hamburg (1. 3. 1711); Braunschweig (1. 8. 1715); Frankfurt (26. 5. 1739); Elbing (27. 1. 1758); Augsburg (1. 12. 1778); Weimar (20. 4. 1819). Reichsgesetzlich wurden für Deutschland einzelne wechselrechtliche Bestimmungen erlassen in dem Reichstagsabschiede von 1654 § 107 betreffend den Exekutionsprozeß, einem kaiserl. Kommissionsdekret vom 8. 10. 1668 und dem Reichsschluß vom 17. 2. 1671 § 5 (betreffend den Ausschluß der exceptio non numeratae pecuniae und die mündlichen Akzepte), von denen der letztere aber nicht publiziert worden ist. Die seit dem Ende des 18. Jahrhunderts beginnenden großen Gesetzgebungswerke der europäischen Staaten enthielten zumeist auch eine Kodifikation des Wechselrechts: so in Preußen das Allgemeine Landrecht in Teil II Titel 8 §§ 713—1249; in Frankreich der Code de commerce in den Artikeln 110—189. In Deutschland, wo zuletzt nicht weniger als 56 verschiedene Wechselgesetze galten, machte sich das Bedürfnis nach einer einheitlichen Regelung des Wechselrechts besonders seit der im ersten Drittel des 19. Jahrhunderts erfolgten Gründung des Deutschen Zollvereins geltend. Infolge eines im Jahre 1846 gefaßten Beschlusses der 8. Generalversammlung der Zollvereinsstaaten trat am 20. 10. 1847 zu Leipzig eine aus Kaufleuten, Bankiers und Juristen zusammengesetzte Kommission für eine gemeinsame deutsche Wechselordnung zusammen, deren Beratungen ein von der preußischen Regierung vorgelegter Entwurf nebst Motiven zugrunde gelegt wurde. Diese Kommission arbeitete in 35 Sitzungen, die am 9. 12. 1847 beendet wurden, einen Entwurf einer allgemeinen deutschen Wechselordnung aus, der sodann im Laufe der Jahre 1848—50 in den einzelnen Staaten des damaligen deutschen Bundes, in Österreich mit einigen Modifikationen durch Patent vom 25. 1. 1850, und zwar für das gesamte damalige Kaisertum, einschließlich Ungarns, als Gesetz eingeführt wurde, nachdem er im Jahre 1848 durch den damaligen Reichsverweser auch als Reichsgesetz publiziert worden war. Im Jahr 1857 wurden von der zur Beratung eines allgemeinen deutschen Handelsgesetzbuchs eingesetzten Kommission die sogenannten „Nürnberger Novellen" ausgearbeitet, welche in einzelnen Punkten Abänderungen der ADWO enthielten und gleichfalls von sämtlichen Bundesstaaten eingeführt wurden. Nach Gründung des Norddeutschen Bundes wurde die ADWO nebst den Nürnberger Novellen durch Gesetz vom 5. 6. 1869 (BGBl 379) zum Bundesgesetz erklärt und nach Errichtung des Deutschen Reiches laut § 2 Ges. vom 16. 4. 1871 (RGBl 73) und (für Bayern) § 2 Nr. 8 Ges. vom 22. 4. 1871 Reichsgesetz; später auch in Elsaß-Lothringen durch Gesetz vom 19. 6. 1872 (GesBl f. Elf.-Lothr. 213) und in Helgoland durch VO vom 22. 3. 1891 (RGBl 21) eingeführt. Das Gesetz betreffend die Erleichterung des Wechselprotestes vom 30. 5. 1908 (RGBl 321 ff.) brachte für Deutschland eine Anzahl von Änderungen und Zusätzen, namentlich zu den Unterabschnitten XVI und XVIII, sowie zum dritten

Abschnitt (Art 99). Auf Grund des § 5 dieses Gesetzes wurde der Text der bisherigen ADWO mit den eingetretenen Änderungen unter dem Titel „Wechselordnung“ durch Bekanntmachung des Reichskanzlers vom 3. 6. 1908 (RGBl 327ff.) neu veröffentlicht. Bei Ausbruch des Weltkrieges und in dessen Verlaufe, sowie nach seiner Beendigung erging eine Anzahl von durch die Verhältnisse gebotenen wechselrechtlichen Gesetzesbestimmungen, die, soweit sie von fortdauernder Bedeutung sind, an den geeigneten Stellen dieses Buches angeführt und als Anlagen abgedruckt sind. Die steuerlichen Verhältnisse des Wechsels wurden nach dem Kriege in dem Wechselsteuergesetze vom 18. 6. 1923 geregelt, das, nachdem es durch Gesetz vom 28. 3. 1930 (RGBl I 107) einzelne Änderungen erfahren hatte, in der Fassung vom 12. 7. 1930 (RGBl I 219, abgedruckt als Anlage D) neu bekanntgemacht worden ist[1]).

Auch im Auslande ist im Laufe des 19. Jahrhunderts in allen handeltreibenden Kulturstaaten das Wechselrecht kodifiziert worden. Der französische Code de commerce erhielt mit seinem Inkrafttreten (1. 1. 1808) auch in Belgien, Luxemburg und den Ländern des Rheinbundes Gesetzeskraft. Er wurde im wesentlichen übernommen im Herzogtum Warschau (Russisch-Polen) durch Gesetze vom 24. 3. 1809 und 9. 6. 1810; in der Türkei (HGB von 1850 Artt 70—146); nach seinem Vorbilde wurde das Wechselrecht geregelt namentlich in den Niederlanden (Handelsgesetzbuch von 1838); Niederländisch-Indien (HGB von 1847); Spanien (älteres HGB von 1829, neueres vom 22. 8. 1885, Art. 443 ff., ein neues HGB ist in Vorbereitung); Serbien (HGB vom 26. 1. 1860); Ägypten (Code indigène für Eingeborene, Code mixte bei Beteiligung von Ausländern, beide vom 13. 11. 1883); ferner in Brasilien (WO vom 31. 12. 1908) und anderen Staaten des lateinischen Amerika. Durch eine Reihe neuerer Gesetze, namentlich vom 19. 3. 1817, 3. 5. 1862, 7. 6. 1894, 28. 3. 1904, 22. 12. 1906, 8. 2. 1922, 28. 8. 1924 und das Dekret vom 24. 3. 1848 ist das Wechselrecht des Code de commerce für Frankreich abgeändert worden. Auch in Belgien ist der französische Code de commerce hinsichtlich des Wechselrechts durch neuere Gesetze, namentlich das Gesetz vom 20. 5. 1872, ferner vom 19. 4. 1924 und 3. 7. 1928 in erheblichen Punkten geändert und ergänzt. Die Deutsche Wechselordnung wurde in Ungarn im Jahre 1860 außer Kraft gesetzt, jedoch durch Gesetzartikel 27 vom 5. 6. 1876 ein Wechselgesetz eingeführt, das ihr inhaltlich in der Hauptsache entspricht, wenn auch mit manchen Abänderungen und Hinzufügungen. Auf ihr beruhen ferner die Wechselrechte folgender Länder: der Schweiz (Obligationenrecht vom 14. 6. 1881 Artt 720—829, jetzt Bestandteil des Bundesgesetzes vom 30. 3. 1911; von Italien (HGB vom 2. 4. 1882, das an die Stelle des früheren Gesetzes vom 25. 6. 1865 getreten ist, Art 251—338); der skandinavischen Staaten, die ein gemeinsames Wechselgesetz vom 7. 5. 1880 eingeführt haben; von Rumänien (HGB vom 10./22. 5. 1887 in der Fassung vom 15. 6. 1906, Artt 270—357); von Portugal (HGB vom 23. 8. 1888 Titel VI Artt 278 bis 339); Bulgarien (HG vom 29. 5./10. 6. 1897 Artt 527—648); Japan (HGB vom 16. 6. 1899 Buch 4 §§ 434—529); des zaristischen Rußland, außer Polen (WO vom 27. 5. 1902). In Großbritannien ist die Kodifikation des Wechselrechts erfolgt durch die Bills of Exchange Act von 1882, die allmählich in den britischen Kolonien eingeführt wurde. In den Vereinigten Staaten von Amerika wurde durch die einzelnen Staaten der Union ein in der Hauptsache über-

[1]) Aus dem sehr reichhaltigen Schrifttume über das deutsche Wechselrecht sind als auch jetzt noch bemerkenswert hervorzuheben: a) Systematische Darstellungen: Thöl, Wechselrecht; H. O. Lehmann, Lehrbuch des deutschen Wechselrechts; v. Canstein, Lehrbuch des Wechselrechts; Grünhut in Bindings Handbuch, Wechselrecht; Cosack (Handelsrecht S. 211 ff.) b) Die Kommentare von Borchardt, Rehbein-Mansfeld, Staub (1. bis 4. Aufl.), Staub-Stranz (12. Aufl.), Bernstein, M. u. M. Stranz; c) Rechtsprechung: Zusätze bei Borchardt, sowie in den Sammlungen der Entscheidungen des Reichsoberhandelsgerichts, des obersten österreichischen Gerichtshofes (Czelochowski) und des Reichsgerichts in Zivilsachen.

einstimmendes Wechselgesetz, das Negotiable Instruments Law, das auf den Grundsätzen des britischen Wechselgesetzes beruhte, nach und nach eingeführt [1]).

3. In der neuesten Zeit, nach dem Weltkriege, sind in einer Reihe von Staaten, namentlich in denjenigen, welche durch die Ergebnisse des Weltkriegs umgeschaffen oder neu gegründet worden sind, neue Wechselgesetze erlassen worden [2]). Diese Staaten sind namentlich:

a) Die russische sozialistische föderative Sowjetrepublik, in der eine neue Wechselordnung, die an die Stelle der WO von 1902 trat, am 20. 3. 1922 (Ges. Samml. Nr. 25 Art. 285) erlassen wurde, die sehr knapp gefaßt ist und sich in der Hauptsache an das deutsche Recht anschließt. Zu ihrer Ergänzung und teilweiser Abänderung wurden in der russischen Sowjetrepublik seitdem noch mehrere Gesetze erlassen. Die übrigen Sowjetrepubliken haben gleichfalls neue Wechselgesetze erlassen. Sie sind aufgezählt bei Magnus, Tabelle Nr. 53 unter I 1.

b) Die Republik Polen, welche auf Grund des Ermächtigungsgesetzes vom 31. 7. 1924 durch VO des Staatspräsidenten vom 14. 11. 1924 ein neues Wechselgesetz erhalten hat, das mit 1. 1. 1925 in Kraft getreten ist, zugleich mit dem auf Grund der gleichen Ermächtigung durch Verordnung vom 14. 11. 1924 erlassenen Scheckgesetze. Es ist durch diese Gesetzgebung die bis dahin bestandene Verschiedenartigkeit des Wechselrechts in den einzelnen Landesteilen der Republik beseitigt, die sich daraus ergeben hatte, daß in den früher zu Rußland gehörigen Teilen teils (ehemaliges Großherzogtum Warschau) der französische Code de commerce, teils das russische Wechselgesetz von 1902 (vgl. oben), in den früher zu Deutschland gehörigen die ADWO, in den früher zu Österreich gehörigen diese mit den bei der Einführung im Jahr 1850 verordneten Modifikationen gegolten hatte.

c) In der Tschechoslowakei, wo bisher in den früher zu Österreich gehörigen Teilen die ADWO mit den bei der Einführung für Österreich im Jahre 1850 verordneten Modifikationen in der Fassung der Ministerialverordnung vom 2. 11. 1858, in den früher zu Ungarn gehörigen die ADWO in der Fassung des Gesetzes von 1876 galt, ist ein neues Wechselgesetz am 13. 12. 1927 ergangen und am 10. 4. 1928 in Kraft getreten (§ 110 des Gesetzes).

d) In Jugoslawien, wo in den früher serbischen Teilen das serbische Handelsgesetzbuch vom 26. 1. 1860 §§ 76—170, in den österreichischen Teilen die allgemeine DWO in der Fassung der Einführung von 1850, in den ungarischen Teilen die ADWO in der Fassung des Gesetzes von 1876, ferner das bosnische Wechselgesetz vom 12. 4. 1883, das

---

[1]) Die ausländischen Wechselgesetze sind in diesem Buche anhangsweise zu den einzelnen Abschnitten bzw. Artikeln der DWO (Anhänge I) dargestellt unter Zugrundelegung des in den nachstehenden Werken gebotenen Materials: 1. Die Handelsgesetze des Erdballs, begründet von Dr. Otto Borchardt, 3. Auflage 1906/1908; 2. Meyer, Felix, Das Weltwechselrecht, Bd. I: Die geltenden Wechselrechte in vergleichender Darstellung, 1909; 3. Magnus, Tabellen zum internationalen Recht, 4. Heft: Wechselrecht, 1930. Die einzelnen Paragraphen des amerikanischen Negotiable Instruments Law sind in diesem Buche, wie in den Handelsgesetzen des Erdballs (vgl. I 1 S. 29) und bei Meyer, Weltwechselrecht, nach der Bezifferung des im Staate New-York im Jahre 1897 eingeführten Gesetzes (Gesetze von New-York 1897 Kap. 612; 1898 Kap. 336) angeführt, während bei Magnus (a. a. O. Tab. 66) anscheinend das Gesetz eines anderen Staates der Union zugrundegelegt ist, da die Ziffern nicht die gleichen sind. Aus dem Schrifttume über die ausländischen Wechselrechte sind hervorzuheben: Späing, Französisches, belgisches und englisches Wechselrecht; Lyon-Caën et Renault, Traité de droit commercial; Vivante, Trattato di Diritto Commerciale vol. III cap. III La cambiale; Vidari, La cambiale; Chalmers, A digest of the Law of Bills of Exchange; Daniel, A treatise on the Law of Negotiable Instruments, tome 1, 2.

[2]) Aus dem Schrifttum über diese Gesetze vgl. namentlich: Laufke, Das Wechselrecht der Tschechoslowakei, Polens und Südslawiens, in der Z. für ausl. und intern. Privatrecht 4. Jahrgang (1930) S. 268 ff.; ferner Karmann, Das tschechoslowakische Wechselgesetz (Prag 1929); Rouček-Weiß, Das tsch.-slowakische Wechselrecht (Prager Archiv, Prag 1929); das Wechselrecht für die Republik Polen (Teschen 1925); Lachner, Das neue Wechsel- und Scheckrecht Jugoslaviens (Wien 1929); für Rußland Freund, Das Zivilrecht Sowjetrußlands S. 312—320; v. Normann, Das Vermögensrecht der Sowjetrepublik, S. 29 ff.

HGB für Montenegro vom 22. 1. 1910 §§ 68—162 gegolten hatten, wurde ein neues Wechselgesetz am 29. 11. 1928 erlassen.

e) In China, wo das Wechselrecht bis in die neuere Zeit ohne gesetzliche Regelung war und lediglich auf Tradition und Übung beruhte, ist am 30. 10. 1929 ein Gesetz über das Recht der Handelspapiere (effets de commerce) verkündet worden, das die Regelung des Wechsels enthält.

f) Die Türkei hat in ihrem Handelsgesetzbuche vom 29. 5. 1926, das am 4. 12. 1926 in Kraft getreten ist, das Recht des Wechsels geregelt, und zwar inhaltlich und auch fast wörtlich in genauem Anschlusse an die Haager Einheitliche Wechselordnung (vgl. zu III dieser Einleitung).

II. Übersicht über die geltenden Wechselrechte nach ihrem grundsätzlichen Inhalte.

Auf der Grundlage der unter I dargestellten geschichtlichen Entwicklung lassen sich nach ihrem grundsätzlichen Aufbau und Inhalte **drei Hauptgruppen** von Wechselgesetzgebungen unterscheiden, nämlich:

a) die **deutsch-rechtliche Gruppe,** zu der außer Deutschland und Österreich namentlich Ungarn, die Schweiz, Italien, Rumänien, Bulgarien, Rußland und einige lateinamerikanische Staaten gehören;

b) die französisch-rechtliche Gruppe, welcher Frankreich, Luxemburg, Monako, Griechenland angehören und zu der auf Grund ihres bis zum Jahre 1926 in Kraft gewesenen Rechts (vgl. oben) auch die Türkei zu rechnen war; zu der aber auch die Niederlande, Ägypten, Belgien, Spanien und die von diesem Lande beeinflußten lateinamerikanischen Staaten zu rechnen sind, welche zur wesentlichen Grundlage gleichfalls das französische Recht, freilich mit manchen erheblichen Abweichungen im einzelnen haben und die deshalb in manchen Darstellungen als eine besondere „Zwischengruppe" bezeichnet und behandelt werden;

c) die Gruppe des angelsächsischen Rechts bestehend aus Großbritannien mit seinen Dominions und Kolonien, sowie den Vereinigten Staaten von Amerika.

Das Recht der beiden Gruppen zu a und b wird häufig als kontinentales Wechselrecht zusammengefaßt und dem Rechte der Gruppe zu c, das als angelsächsisches Wechselrecht bezeichnet wird, gegenübergestellt.

Das grundlegende Unterscheidungsmerkmal zwischen diesen drei Gruppen wird in der Regel darin gefunden, daß die deutsche Wechselordnung und die ihr folgenden Rechte die Wechselobligation als eine streng abstrakte, von dem zugrunde liegenden Kausalgeschäfte grundsätzlich unabhängige Skripturobligation auffassen, der gegenüber nur die Unredlichkeit des Wechselerwerbs und die kausalgeschäftlichen Beziehungen des jedesmaligen Klägers zu dem jedesmaligen Beklagten einredeweise geltend gemacht werden können (Art 82 DWO), während das Recht des französischen Code de commerce und seiner Gruppe die Verbindung des Anspruchs aus dem Wechsel mit dem seiner Ausstellung oder seinem Erwerbe zugrunde liegenden Rechtsgeschäfte in manchen Beziehungen, namentlich durch die Lehre von der sogenannten „provision", aufrechterhält und das anglo-amerikanische Recht zwar, wie die deutsche Wechselordnung, von der Unabhängigkeit der Wechselverpflichtung von ihrer causa ausgeht, sie aber nicht mit voller Strenge durchführt, sondern aus Billigkeitsgründen, namentlich durch die Lehre von der consideration, mehrfach durchbricht. Freilich sind diese Unterschiede mehr konstruktiver als wirklich praktischer Natur, da im schließlichen Ergebnisse auch die deutsche Wechselordnung eine durchaus hinreichende Berücksichtigung des subjektiven Elements, insbesondere des guten Glaubens, ermöglicht. Trotzdem spielen sie, wie die nachfolgende Darstellung zeigen wird, als Hindernisse für die Schaffung eines einheitlichen Wechselrechts eine nur zu bedeutsame Rolle. Ein weiteres Kennzeichen der deutschen Wechselordnung bildet ihr in manchen Beziehungen weitgehender strenger Formalismus, der sie namentlich dazu geführt hat, eine größere Anzahl rein formaler Wechselerfordernisse (acht, vgl. Art 4 Nr. 1—8) aufzustellen in der Weise, daß das Fehlen eines jeden einzelnen von ihnen die Nichtigkeit der sämtlichen Verbindlichkeiten aus dem Wechsel zur Folge hat, und zu diesen Erfordernissen auch die sog. Wechselklausel, d. h. die wörtliche Bezeichnung der Urkunde als Wechsel, zu rechnen, während in den Wechselrechten der anderen Gruppen die Zahl der formalen Erfordernisse, deren Fehlen die unbedingte Nichtigkeit des Wechsels zur Folge hat, erheblich geringer ist und vor allem die Wechselklausel dazu nicht gehört; vielmehr in der französisch-rechtlichen Gruppe nur die Orderklausel, im anglo-amerikanischen Rechte aber weder die Wechsel- noch die Orderklausel erfordert wird; vgl. den Anhang I zu Art 4 Anm 2. Weitere erhebliche Unterschiede bestehen namentlich zwischen dem europäisch-kontinentalen und dem angelsächsischen Rechte in der Richtung, daß dieses den Inhaberwechsel zuläßt (vgl. zu Art 4 Anhang I Anm 4) und für Inlandswechsel einen Protest überhaupt nicht erfordert (vgl. Anhang I zum Unterabschnitt VIII Anm 4). Andererseits wird die Notifikation im angelsächsischen Rechte, und zwar in diesem Punkte übereinstimmend mit der französischen Rechtsgruppe, als Vorbedingung für die Regreßnahme erfordert, während die deutschrechtliche Gruppe an die Unterlassung rechtzeitiger Benachrichtigung des Vormannes nur Schadensersatzansprüche knüpft; vgl. zu Art 45 Anm 10 und Anhang I zum Unterabschn. VIII Anm 12). Die einzelnen Gruppen sind übrigens, wie das Vorstehende schon erkennen läßt, nicht streng voneinander geschieden derart, daß sich nicht in den zu einer Gruppe zu rechnenden Wechselrechten auch Bestimmungen finden, die einer anderen Gruppe entnommen sind; sie überschneiden sich vielmehr häufig, so daß manche Rechte auch als Zwischenstufen zwischen verschiedenen Gruppen (vgl. oben) angesehen werden können.

Die nach dem Weltkriege entstandenen Gesetze der russischen Sowjetrepublik, der Tschechoslowakei, sowie von Polen und Jugoslavien (vgl. oben zu I 3) können nach ihrer Einstellung zu den grundsätzlichen Fragen, namentlich zu der Abstraktheit der Wechselobligation und der grundsätzlichen Formenstrenge, noch dem Rechtskreise der deutschen Gruppe zugerechnet werden. Namentlich die beiden letztgenannten, wie auch das neue chinesische Gesetz sind aber bereits in erheblichem Maße von dem inzwischen entstandenen Haager Entwurfe einer Einheitlichen Wechselordnung (vgl. unten zu III) beeinflußt worden, dem sich das neue türkische Gesetz durchweg angeschlossen hat.

III. Künftiges einheitliches Wechselrecht[1]).

Der Gedanke einer Vereinheitlichung des Wechselrechts der handeltreibenden Kulturstaaten trat zuerst in der Mitte des 18. Jahrhunderts hervor und wurde sodann besonders im letzten Viertel des 19. Jahrhunderts mit großer Lebhaftigkeit von bedeutenden deutschen und ausländischen Kennern des Wechselrechts verfochten: in Deutschland namentlich von Borchardt, Goldschmidt, Riesser, in der Schweiz von Georg Cohn, in den Niederlanden von Asser. Auf Veranlassung verschiedener wissenschaftlicher Gesellschaften, die sich mit dem internationalen Rechte beschäftigten, kam es in dieser Zeit bereits zur Ausarbeitung teils von Grund- und Richtlinien, teils auch von vollständigen Entwürfen für ein internationales Wechselgesetz. So waren namentlich in den Jahren 1876 bis 1878 die sogenannten Bremer Regeln (27) entstanden, die dann später (1908) revidiert und durch die Budapester Regeln ersetzt wurden; ferner im Jahre 1882 der erste vollständige Entwurf des Mailänder Advokaten Norsa; sodann

[1]) Vgl. zu dem Folgenden aus dem Schrifttum namentlich: Cohn, Georg, Beiträge zur Lehre vom einheitlichen Wechselrecht; Cohn, Georg, Vorträge S. 106 ff. und in Z. f. vergl. Rechtsw. Bd. 4 S. 1 ff.; Goldschmidt in ZHR 28, 274; Pappenheim, Die Uniformierung des WRechts ebenda 509; Ajta, Per un codice cambiario internationale, 1908; Sacerdote, Archivio giuridico Bd. 13 S. 295; Meyer, Felix, Weltwechselrecht, Denkschrift 1907 S. 1 ff.; Meyer, Felix, Weltwechselrecht (1909) Bd. II S. 1 ff.

auf dem internationalen Handelskongresse zu Antwerpen 1885 der sog. Antwerpener Entwurf, der 1888 auf einem zweiten Kongresse in Brüssel von neuem beraten und wesentlich abgeändert wurde. Ein Jahr später wurden auf einem internationalen Kongresse gelegentlich der Weltausstellung in Paris 18 Leitsätze, die von Lyon-Caën und Cousté ausgearbeitet waren, angenommen. Der diesen Arbeiten zugrunde liegende Kodifikationsgedanke trat indessen in den nächsten Jahren zurück und wurde erst im ersten Jahrzehnt dieses Jahrhunderts wieder aufgenommen, und zwar wiederum durch die internationalen Kongresse der Handelskammern. Dem Mailänder Kongresse dieser Kammern von 1906 wurde eine im Auftrage der Ältesten der Kaufmannschaft von Berlin von dem Kammergerichtsrat Felix Meyer verfaßte Denkschrift vorgelegt, welche eingehend begründete Vorschläge für die Vereinheitlichung des Wechselrechts enthielt. Der Kongreß beschloß seine Mitglieder aufzufordern, bei ihren Regierungen zur Herbeiführung internationaler Verhandlungen zu dem erstrebten Zwecke vorstellig zu werden. Auch die wissenschaftlichen Gesellschaften, insbesondere die International Law Association in ihrer Konferenz zu Budapest im Jahre 1908, beschäftigten sich wieder mit dem Gegenstande; dort wurden die 26 Budapester Regeln, welche die Bremer Regeln abänderten, angenommen. Auf Veranlassung ihrer Parlamente traten sodann die deutsche und die italienische Regierung mit der niederländischen Regierung in Verbindung und diese erließ Einladungen zu einer Wechselrechtskonferenz im Haag. Zu ihrer Vorbereitung verfaßte Felix Meyer im Auftrage der Ältesten der Berliner Kaufmannschaft einen Entwurf eines einheitlichen Wechselgesetzes mit Begründung [1]). Den Beratungen der Konferenz lagen ein von der Niederländischen Regierung entworfenes und versandtes Questionnaire mit den darauf von den einzelnen Regierungen erteilten Antworten (Documents 1 ff.) zugrunde. Die Konferenz trat am 23. 6. 1910 zusammen und hielt ihre Schlußsitzung am 25. 7. 1910 ab [2]). Es waren auf ihr 31 europäische und außereuropäische Staaten durch Delegierte vertreten. Doch erklärten die Vertreter von Großbritannien und den Vereinigten Staaten von Amerika von vornherein (Actes 30, 36), daß wegen der erheblichen sachlichen Verschiedenheiten, die zwischen dem angelsächsischen Wechselrechte und den Wechselrechten der übrigen Länder beständen, und wegen der großen Schwierigkeiten, welche die Einführung eines neuen Wechselgesetzes in ihren Staaten machen würde — in den Vereinigten Staaten namentlich wegen der verfassungsmäßig dafür bestehenden Zuständigkeit der einzelnen Staaten der Union — ihre Staaten nicht in der Lage sein würden, die bei ihnen bestehende gesetzliche Regelung des Wechselrechts durch ein neues internationales Gesetz zu ersetzen; daß sie aber gleichwohl bereit seien, sich an den Arbeiten der Konferenz zu beteiligen und etwaige als nützlich erkannte Änderungen im einzelnen bei ihnen einzuführen. Bei der Einzelberatung der im Questionnaire gestellten Fragen in den Ausschüssen ergaben sich zahlreiche Differenzpunkte, von denen einer der hauptsächlichsten die Frage der Wechselklausel war. Auf Grund der von den Ausschüssen gefaßten Beschlüsse gelang es jedoch den Berichterstattern Lyon-Caën und Simons (für das Gesetz) und Renault (für das Abkommen) zwei Vorentwürfe (Avant-propos), den einen für ein einheitliches Wechselgesetz (Actes 75 ff.), den anderen für ein Abkommen über die Vereinheitlichung des Wechselrechts (Actes 121 ff.) nebst Begründung aufzustellen, die der Konferenz unterbreitet und von ihr angenommen wurden (vgl. die schließliche Fassung Actes 365 ff.), um der „Würdigung" (appréciation) der vertretenen Regierungen unterbreitet zu werden. Vorher hatten jedoch die Vertreter von Großbritannien und den Vereinigten Staaten ihre anfänglichen Erklärungen wiederholt und nochmals die Schwierigkeiten hervorgehoben, die der Einführung eines internationalen Wechselgesetzes in ihren Staaten entgegenstehen würden (Actes 68, 69). Die Konferenz sprach in ihrem

[1]) Veröffentlicht als Band II des Weltwechselrechts von Felix Meyer 1909.

[2]) Vgl. Conférence de la Haye pour l'unification du droit relatif à la lettre de change et le billet à ordre 1910. Ein Band Actes; ein Band Documents. La Haye, Imprimerie Nationale.

Schlußprotokoll (Actes 386) noch den Wunsch aus, daß die Niederländische Regierung nach Ablauf einer zur Prüfung der Vorentwürfe erforderlichen Frist eine neue Konferenz einberufen möge mit der Aufgabe, den endgültigen Text des Abkommens und des Gesetzes derart festzulegen, daß das Abkommen auf der Konferenz selbst der Unterzeichnung durch die Bevollmächtigten der Staaten unterbreitet werden könne, sowie den weiteren Wunsch, daß diese Konferenz auch den Auftrag erhalten möge, über die Vereinheitlichung des Scheckrechts zu beraten. Auch bei der Unterzeichnung dieses Schlußprotokolles wiederholten die Vertreter von Großbritannien und den Vereinigten Staaten die von ihnen gemachten Vorbehalte.

Die in Willfahrung der von der ersten Konferenz geäußerten Wünsche von der Niederländischen Regierung einberufene Konferenz trat als (zweite) Haager Konferenz zur Vereinheitlichung des Rechts auf dem Gebiete des Wechsels, des Orderbillets und des Schecks am 15. 6. 1912 zusammen und schloß ihre Sitzungen am 23. 7. 1912 ab[1]). Es waren auf ihr 37 europäische und außereuropäische Staaten durch Delegierte vertreten. Sie tagte wiederum unter dem Vorsitze des holländischen Juristen Asser. Den Beratungen wurden die von der ersten Konferenz aufgestellten Vorentwürfe zugrunde gelegt. Die von einer Reihe von Staaten eingegangenen Bemerkungen zu diesen Vorentwürfen (Documents I 29 ff.) lagen der Konferenz vor. In diesen Bemerkungen hatte die großbritannische Regierung unter Bezugnahme auf die bei der ersten Konferenz gemachten Vorbehalte und deren Begründung erklärt, daß sie zwar den Arbeiten der Konferenz besten Erfolg wünsche, aber an dem Abkommen über ein einheitliches Wechselgesetz nicht teilnehmen könne (Documents I 180). Eine Erklärung entsprechenden Inhalts gab der Vertreter der Vereinigten Staaten von Amerika auf der Konferenz selbst ab (Actes I 148). Die beiden Vorentwürfe wurden in den Plenarsitzungen der Konferenz sowie in den Ausschüssen beraten und dann auf Grund der von den Ausschüssen, als deren Berichterstatter wiederum Lyon-Caën, Simons und Renault tätig waren, gefaßten Beschlüsse mit einer Anzahl von Modifikationen angenommen. An Stelle der Bezeichnung: „Loi Uniforme“ wurde die Bezeichnung: „Règlement Uniforme“ gesetzt. Die so entstandenen Texte eines Abkommens über die Vereinheitlichung des auf den Wechsel und das Orderbillet sich beziehenden Rechts (Actes I 237 ff.) sowie einer Einheitlichen Ordnung des Wechsels und des Orderbillets (Actes I 244 ff.) wurden in der Schlußsitzung vom 23. 7. 1912 festgestellt, um der Unterzeichnung durch die Bevollmächtigten der Staaten unterbreitet zu werden. In dem Abkommen (Art 1) sollten sich die vertragschließenden Staaten verpflichten, die Einheitliche Wechselordnung (EWO) in ihren Gebieten einzuführen, und zwar ihrem gesamten Inhalte nach mit keinen anderen Abweichungen als den in den Artt 2—23 des Abkommens ausdrücklich vorgesehenen Vorbehalten. Das Abkommen sollte bis zum 31. 7. 1913 für die Unterzeichnung offen bleiben und nach diesem Termine „sobald als möglich“ ratifiziert werden (Art 25). Die Konferenz richtete zugleich an die Regierungen der auf ihr vertretenen Staaten die Bitte, die Frage zu prüfen, ob es möglich sein werde, eine gemeinsame Gerichtsbarkeit für das gemeinsame Wechselrecht zu errichten. Das Schlußprotokoll wurde von den Delegierten der teilnehmenden Staaten, mit Ausnahme von Großbritannien und den Vereinigten Staaten von Amerika, unterzeichnet. Innerhalb der gesetzten Frist erfolgte sodann die Unterzeichnung durch die Bevollmächtigten von 27 europäischen und 10 außereuropäischen Staaten. Auch zur Herbeiführung der Ratifikation waren in mehreren Staaten bereits Schritte eingeleitet. In Deutschland wurde das Abkommen und die EWO mit einer Denkschrift dem Reichstage am 23. 5. 1913 vorgelegt (XIII. Legislaturperiode I. Session Anlagen zu den stenographischen Berichten Bd. 302 Nr. 1002) und von ihm

[1]) Vgl. Deuxième Conférence de la Haye pour l'unification du droit en matière de lettre de change, de billet à ordre et de chèque. 2 Bände Actes (I, II); ein Band Documents. La Haye, Imprimerie Nationale.

in der Sitzung vom 25. 6. 1913 in erster und zweiter und in der Sitzung vom 28. 6. 1913 in dritter Lesung angenommen (StenBer. Bd. 290 S. 5777 ff., 5894). Zu einer Ratifikation kam es aber nicht mehr. — In Frankreich und in Italien machte sich einiger Widerspruch gegen die Ratifikation geltend, und zwar in jedem dieser Länder aus einem anderen Grunde: in Frankreich wegen des angeblich zu starken Bruches mit der bisherigen Tradition, sowie aus verfassungsrechtlichen Bedenken; in Italien wegen der zu zahlreich erscheinenden Vorbehalte für die einzelnen Staaten. In einigen latein-amerikanischen Staaten ist die Haager EWO als Landesgesetz eingeführt worden, nämlich in Guatemala durch Dekret vom 30. 5. 1913, in Nicaragua durch die Artikel 600—705 des Handelsgesetzbuchs vom 30. 10. 1916, in Venezuela durch die Artikel 415—493 des Handelsgesetzbuchs vom 29. 6. 1919, die eine Wiedergabe der Haager EWO enthalten, und in Paraguay durch Gesetz vom 23. 9. 1924 (Magnus Tabellen 25, 41, 65, 47). Brasilien hat das Haager Abkommen durch Dekret vom 27. 8. 1919 ratifiziert (Magnus Tabelle 8). Im übrigen bereitete aber allen Vereinheitlichungsbestrebungen der Ausbruch des Weltkrieges für eine Reihe von Jahren ein jähes Ende.

Die im Haag beschlossene EWO lehnt sich im System und in den grundlegenden Rechtsgedanken an die DWO an, trägt aber in vielen Einzelfragen den Auffassungen der anderen wechselrechtlichen Systeme Rechnung, namentlich im Sinne einer Abschwächung des Formalismus, sowie einer weitergehenden Rücksichtnahme auf Parteidispositionen und auf Billigkeitsgründe. Die Wechselklausel wurde als Wechselerfordernis zwar beibehalten, jedoch sollte durch das Abkommen (Art 2) jeder Staat die Befugnis erhalten, für die auf seinem Gebiete ausgestellten Wechsel an ihrer Stelle die Orderklausel als hinreichend zur Gültigkeit des Wechsels zuzulassen; vgl. den Anhang II zu Art 4, sowie über den sonstigen Inhalt der Haager EWO die Anhänge II zu den einzelnen Abschnitten bzw. Artikeln der DWO in diesem Buche.

Nach Beendigung des Weltkrieges[1]) nahm auf Anregung der Brüsseler Finanzkonferenz (1920) der Völkerbund die Fortführung der Vereinheitlichung des Wechselrechts in die Hand, indem er im Jahre 1923 durch sein Comité Economique zunächst Sachverständige mit der Erstattung von Gutachten darüber beauftragte: 1. in welchen Punkten es möglich sein würde eine Annäherung zwischen den bestehenden (kontinentalen) Gesetzen ins Auge zu fassen und sie an die Gesetzgebungen der angelsächsischen Länder anzunähern; 2. aus welchen Gründen die Regierungen, welche das Haager Abkommen von 1912 unterzeichnet haben, es im allgemeinen nicht ratifiziert haben. Als Sachverständige wurden der Holländer Jitta, der Franzose Lyon-Caën und der Engländer Chalmers von dem Comité berufen; erst auf Veranlassung Lyon-Caëns wurde ihnen ein Vertreter des deutschen Rechtskreises, der Österreicher Franz Klein, zugesellt. Die vier Sachverständigen erstatteten, jeder für sich, ausführlich begründete Gutachten und fanden sich auf der Grundlage dieser Gutachten zu gemeinsamen Schlußfolgerungen (Conclusions) zusammen, deren wesentlicher Inhalt dahin ging: 1. daß es zur Zeit nicht möglich sei, eine allgemeine Vereinheitlichung der Wechselgesetze herbeizuführen, da das angelsächsische Recht aus verfassungsrechtlichen und praktischen Gründen höherer Ordnung seinen eigenen Weg verfolge, wie aus den mehrfach wiederholten Erklärungen hervorgehe;

---

[1]) Vgl. zu dem Folgenden aus dem Schrifttum der Nachkriegszeit namentlich: die Berichte der Sachverständigen des Völkerbundes von 1923 Jitta, Chalmers, Klein, Lyon-Caën im Braunhefte des Comité Economique (C 487 M 203, 1923 II 9106 der Völkerbundsveröffentlichungen), Unification des Lois relatives à la lettre de Change et le billet à Ordre, Genf 1923. — Ferner: Strauß, Emil, Franz Klein und die Vereinheitlichung des Wechselrechts. — Wieland, Die gegenwärtigen Aussichten eines Weltwechselrechts in ZfHR 88, 156 und ZblfHR 1928, 283; Flotow in Z. f. ausl. u. intern. Privatrecht Jahrg. I (1927) 68; Frentzel ebenda 550; Mitteilungen des Intern. Instituts für die Vereinheitlichung des Privatrechts in Rom in Z. f. ausl. u. intern. Privatrecht Jahrg. III (1929) S. 402; Hupka, Das Haager Wechselrechtsabkommen und der Völkerbund, ebenda Jahrg. IV (1930) 205; Quassowski, Die Genfer Abkommen über die Vereinheitlichung des Wechselrechts, ebenda 770.

2. daß man sich daher mit einer Vereinheitlichung begnügen müsse, die die große Mehrheit der Staaten des sog. kontinentalen Typs in beiden Erdhälften umfasse; 3. daß die Haager Ordnung als Diskussionsbasis bei einer neuen Konferenz sehr geeignet sei, aber vielleicht mit der gebotenen Vorsicht revidiert werden könne; 4. daß man auf eine vollständige Unterdrückung der in dem Haager Abkommen von 1912 gemachten Vorbehalte anscheinend nicht rechnen könne; 5. daß nach Ansicht der Berichterstatter der Zusammentritt einer neuen vorbereitenden Kommission, der ursprünglich vorgesehen gewesen, nicht mehr nötig und es besser sei darauf zu verzichten; 6. daß, wenn man dieser Meinung folge, die Berichte der Sachverständigen als Ergebnis der von dem Völkerbund angestellten Enquête allen Staaten ohne Ausnahme mitgeteilt werden könnten mit der Ankündigung, daß der Völkerbund sich mit der niederländischen Regierung in Verbindung gesetzt habe zu dem Zwecke eine dritte Konferenz zu organisieren, die bestimmt sei, die Arbeit von 1912 wieder aufzunehmen; 7. daß sodann der Völkerbund sich mit der niederländischen Regierung über alles verständigen möge, was diese dritte Konferenz betreffe; daß alle Staaten berufen werden sollten, an ihr auf dem Fuße vollster Gleichheit teilzunehmen; daß der Zeitpunkt der Konferenz im Einverständnis zwischen dem Völkerbunde und der niederländischen Regierung festgesetzt werden möge unter Berücksichtigung der politischen Weltlage und daß als Ort der Konferenz die Berichterstatter den Haag empfehlen wegen der Konferenzen, die dort schon abgehalten seien, so daß man den Titel „Haager Abkommen" aufrechterhalten könne; 8. es sei höchst wünschenswert, daß die Vereinigten Staaten von Amerika, Großbritannien und die anderen autonomen Staaten des britischen Reichs, obwohl man auf ihren Beitritt nicht rechnen könne, an der Konferenz teilnehmen, wie Großbritannien und die Vereinigten Staaten in den Jahren 1910 und 1912; 9. die Konferenz möge den Wunsch aussprechen, daß die Staaten, die nicht in der Lage zu sein glauben, die durch die Vorbehalte beschränkte Ordnung bei sich in Kraft zu setzen, zum wenigsten zustimmen, soviel als möglich diese Ordnung in ihrer nationalen Gesetzgebung zu befolgen. Indessen das Comité Economique hatte es mit der Sache nicht eilig; es legte vielmehr die Schlußfolgerungen der Sachverständigen der 4. Völkerbundsversammlung (September 1920) mit einem Berichte vor, der wegen der bestehenden „tiefgehenden Meinungsverschiedenheiten" die Einberufung einer internationalen Konferenz als für einen nahen Zeitpunkt nicht in Aussicht stehend und deshalb Vorschläge dafür als zur Zeit verfrüht (prématurés) bezeichnete. Diesem Berichte schloß sich die Versammlung an. Im Jahre 1925 nahm der Brüsseler Kongreß der internationalen Handelskammern eine Resolution an, die den schon auf ihrem Kongreß in Rom (1923) ausgesprochenen Wunsch wiederholte, daß eine offizielle Konferenz auf der Basis des Haager Abkommens von 1912 das Studium der Vereinheitlichung der Wechselgesetzgebungen fortsetze und daß diese Konferenz unter den Auspizien des Völkerbundes zusammentrete. Daraufhin ersuchte das Com. Ec. zwei seiner Mitglieder, einen Bericht über den gegenwärtigen Stand des Problems zu erstatten, und beschloß sodann am 6. 3. 1926 (C 190 M 67 1926 II), die allmälige Annäherung der beiden Rechtssysteme dürfe nicht durch einen „übereilten Schritt" in der Richtung der Vereinheitlichung der kontinentalen Systeme gehindert werden, zumal da an der Notwendigkeit einer sofortigen Vereinheitlichung der kontinentalen Wechselrechte Zweifel beständen (!). Im Dezember 1926 berief sodann das Com. Ec. einen weiteren Ausschuß von Sachverständigen, der in der Hauptsache aus Finanzleuten bestand und der sich über die praktischen Schwierigkeiten aussprechen sollte, die sich für den internationalen Handel aus den Verschiedenheiten des Wechselrechts der einzelnen Staaten ergäben, sowie darüber, welche von diesen Unterschieden und in welcher Weise sie auf dem Wege eines internationalen Abkommens gelöst werden könnten und in welchem Maße es wünschenswert sei, das so verbesserte kontinentale und das angelsächsische System derart zu modifizieren, daß die Abweichungen zwischen den beiden Systemen auf ein möglichst geringes Maß zurückgeführt würden, ohne an den Grundprinzipien zu rühren. Auch dieser Ausschuß betonte in seinem Berichte die große Bedeutung einer möglichst

baldigen größeren Einheitlichkeit der Wechselgesetzgebungen, selbst wenn sie sich nur auf die Gesetzgebungen des sog. kontinentalen Systems erstrecken sollte, wodurch die Handelsbeziehungen unter den Völkern bedeutend erleichtert werden würden, und nahm dafür in erster Linie Bezug auf die Arbeiten der beiden Haager Konferenzen, mit dem Wunsche, daß das im Haag zustande gekommene Werk eine möglichst allgemeine praktische und schnelle Anwendung finden möge. Auf diesen Bericht hin berief das Comité Economique mit Zustimmung des Rates zunächst noch einen neuen Sachverständigen-Ausschuß, der diesmal in der Hauptsache aus Juristen bestand und die Texte ausarbeiten sollte, die zur Beseitigung der von den vorigen Sachverständigen hervorgehobenen Schwierigkeiten im internationalen Handelsverkehr wegen der Verschiedenheit der Wechselgesetzgebungen dienen könnten. Diese juristischen Sachverständigen arbeiteten im Jahre 1928 den Entwurf einer Wechselordnung aus, die den Text der Haager EWO mit einer Anzahl von Abänderungen und Zusätzen wiedergab, jedoch infolge der französischen Bedenken von den einzelnen Staaten nicht so, wie sie war, auf Grund eines verpflichtenden Abkommens eingeführt werden, sondern ihnen nur als Loi modèle dienen sollte. Nunmehr entschloß sich das Com. Ec. endlich, diesen Bericht den Regierungen der Staaten des Völkerbundes und der übrigen Staaten mitzuteilen zur Äußerung, ob er den Beratungen einer einzuberufenden Konferenz zugrunde gelegt werden solle. Nach Eingang der Antworten erließ der Generalsekretär des Völkerbundes im Sommer 1929 die Einladungen zu einer internationalen Konferenz, die in Genf am 17. 2. 1930 zusammentreten sollte, deren Zusammentritt aber später auf den 13. 5. 1930 verschoben wurde.

Die nach so vielen Hemmnissen und Verzögerungen zustande gekommene **dritte Wechselrechtskonferenz** tagte in Genf vom 13. 5. bis 7. 6. 1930, unter dem Vorsitze des holländischen Juristen Dr. Limburg[1]). Es waren auf ihr 32 europäische und außereuropäische Staaten durch Delegierte vertreten, darunter auch Großbritannien, während die Vereinigten Staaten von Amerika nur einen Beobachter entsandt hatten. Ihren Beratungen wurde der Entwurf der juristischen Sachverständigen von 1928 zugrunde gelegt. Überraschenderweise trat auf ihr ein starker Wille zutage zur Herbeiführung einer Einigung unter den Staaten des kontinentalen Systems auf der Grundlage der Haager Einheitlichen Wechselordnung von 1912, unter Fallenlassen des von den Sachverständigen des Völkerbundes von 1928 vorgeschlagenen Modellgesetzes (Loi modèle), gegen das namentlich im deutschen Schrifttum (vgl. Hupka a. a. O.) lebhafte Einwendungen erhoben worden waren und das in der Tat eine wirkliche Vereinheitlichung nicht gesichert haben würde, und unter Rückkehr zu dem durch die Haager Konferenzen befolgten und noch von den hervorragenden ersten Völkerbundssachverständigen von 1923 warm befürworteten System eines völkerrechtlich bindenden Abkommens mit der Verpflichtung der vertragschließenden Staaten zur Einführung des beschlossenen einheitlichen Wechselgesetzes. Dabei wurde insofern noch ein Fortschritt in der Vereinheitlichung gegenüber dem Haager Abkommen erzielt, als die Vorbehalte zugunsten der Einzelgesetzgebungen an Zahl und Bedeutung erheblich geringer sind als im Haager Abkommen. So ist namentlich der Vorbehalt, der den Einzelstaaten gestattet, statt der Wechselklausel die Orderklausel als Wechselerfordernis genügen zu lassen, weggefallen; vgl. den Anhang II zu Art 4 DWO in diesem Buche. Das Werk der Genfer Konferenz besteht aus drei Abkommen, und zwar: 1. über ein einheitliches Wechselgesetz; 2. über gewisse Grundsätze des internationalen Wechselprivatrechts; 3. über die Verstempelung von Wechseln. Diese Ab-

[1]) Der nachfolgenden Darstellung des Verlaufes der Genfer Konferenz ist der Bericht des deutschen Delegierten Quassowski (oben Fußnote zu Seite 25) zugrunde gelegt. Inzwischen ist auch der offizielle Bericht (Comptes rendus de la conference internationale pour l'unification du droit en matière de lettres de change, billets à ordre et chèques, tenue à Genève du 13. mai au 7. juin 1930, première session; Veröffentlichungen des Völkerbundes C 360 M 151 1930 II) erschienen und der weiteren Darstellung des Ergebnisses der Konferenz in diesem Buche zugrunde gelegt.

kommen wurden sofort von zweiundzwanzig Staaten unterzeichnet. Großbritannien unterzeichnete nur das dritte Abkommen. Bis zum 6. 11. 1930 lief eine Frist zu weiteren Zeichnungen; auch später können Staaten, die nicht unterzeichnet haben, beitreten. Die Abkommen unterliegen der Ratifizierung durch die gesetzgebenden Körperschaften der vertragschließenden Staaten. Die Ratifikationsurkunden sind vor dem 1. 9. 1932 beim Generalsekretär des Völkerbundes zu hinterlegen. Sie treten in Kraft neunzig Tage nachdem sie durch sieben Staaten, unter denen sich drei ständige Völkerbundsratsmitglieder befinden müssen, ratifiziert worden sind. Sie können zwei Jahre nach Inkrafttreten mit einer Frist von neunzig Tagen gekündigt werden; das erste Abkommen im Falle eines dringenden Bedürfnisses mit sofortiger Wirkung. Durch diese Kündigungsmöglichkeiten soll den Parlamenten der Einzelstaaten der Entschluß zur Ratifizierung erleichtert werden. Inhaltlich entspricht das Genfer Werk im wesentlichen der Haager EWO und dem Entwurfe der juristischen Sachverständigen von 1928; in einzelnen Punkten ist es von dem Entwurfe der letzten Völkerbundssachverständigen zu dem Haager Entwurfe zurückgekehrt; in anderen bringt es selbständige Neuerungen. Im einzelnen werden die Abänderungen, die es an der Haager EWO vorgenommen hat, im Anschlusse an diese in den Anhängen II zu den Abschnitten bzw. Artikeln der DWO in diesem Buche dargestellt.

Durch die Genfer Konferenz ist ein kräftiger Schritt vorwärts in der Richtung der Vereinheitlichung des Wechselrechts, wenn auch unter einstweiliger Beschränkung auf die Staaten des kontinentalen Systems, gemacht worden und man darf hoffen, daß er in absehbarer Zeit zu einer für den Weltverkehr nützlichen Verwirklichung des bedeutsamen Gedankens führen wird! Von einem Weltwechselrecht wird man freilich als von einem erreichten Ziele erst dann sprechen können, wenn es gelungen sein wird, auch die beiden großen angelsächsischen Staaten in die Vereinheitlichung einzubeziehen, was nach dem augenblicklichen Stande der Dinge noch in weiter Ferne zu liegen scheint.

Erster Abschnitt.

Von der Wechselfähigkeit.

Vorbemerkungen.

1. Aktive Wechselfähigkeit. Der erste Abschnitt der Wechselordnung (WO) enthält, wie die Überschrift sagt, die Vorschriften über die Wechselfähigkeit. Dieser Begriff umfaßt die aktive und die passive Wechselfähigkeit. Von der passiven Wechselfähigkeit, und lediglich von dieser, handeln die Artikel 1 und 3 der WO; vgl. darüber die Erläuterungen zu diesen Artikeln. Die Wechselfähigkeit im aktiven Sinne ist in der WO nicht geregelt. Es fällt darunter: a) die Fähigkeit, Subjekt von Wechselrechten zu sein (aktive Wechselrechtsfähigkeit) und b) die Fähigkeit, durch eigne Handlungen Wechselrechte zu erwerben (aktive Wechselgeschäftsfähigkeit). In beiden Richtungen kommen lediglich die Grundsätze des allgemeinen bürgerlichen Rechts zur Anwendung. Nach diesen gilt folgendes: **Anm. 1.**

a) Rechtsfähig, also auch wechselrechtsfähig, sind die natürlichen Personen (Menschen) und die juristischen Personen. Die Rechtsfähigkeit des Menschen beginnt mit der Vollendung der Geburt (§ 1 BGB) und endet mit dem leiblichen Tode; einen bürgerlichen Tod gibt es nicht. Sie kommt nach deutschem Rechte jedem Menschen in gleicher Weise zu, ohne Unterscheidung nach Alter, Geschlecht, Herkunft und Stand. Auch juristische Personen des öffentlichen und des Privatrechts (§§ 21 ff. BGB; vgl. RGRKomm. Vorbem. zu diesen Paragraphen) sind grundsätzlich voll rechts- und daher wechselrechtsfähig; doch sind nach Art 86 EGBGB Vorschriften der Landesgesetze, welche den Erwerb von Rechten, also auch Wechselrechten, durch juristische Personen beschränken oder von staatlicher Genehmigung abhängig machen, insoweit unberührt geblieben, als sie Gegenstände im Werte von mehr als 5000 Mark (jetzt nach der 2. VO zur Durchführung des Münzgesetzes vom 12. 12. 1924 mehr als 5000 RM) betreffen; insoweit können auch neue Vorschriften durch die Landesgesetzgebung erlassen werden. Auch die Gesellschaften des Handelsrechts, die nicht juristische Persönlichkeit haben (offene Handelsgesellschaft, Kommanditgesellschaft), können unter ihrer Firma Rechte, also auch Wechselrechte, erwerben (§§ 124, 161 HGB); Träger dieser Rechte sind aber die Teilhaber, und zwar als Gesamthandberechtigte. **Anm. 2.**

Entsprechend den Grundsätzen des internationalen Privatrechts bestimmt sich die Rechts-, also auch die aktive Wechselfähigkeit der **Ausländer** nach dem Rechte ihrer Staatsangehörigkeit; bei juristischen Personen nach dem Rechte des Staates, dem sie nach den Vorgängen bei ihrer Errichtung angehören (ihres Heimatstaates, vgl. RGRKomm. Vorbem. 4 vor §§ 21 ff. BGB). Danach werden z. B. österreichische Ordensgeistliche, die das Gelübde der Armut abgelegt haben (v. Canstein S. 106; Adler, Das österr. Wechselrecht S. 35), auch in Deutschland Wechselrechte nicht erwerben können. Nach der englischen Forfaiture Act von 1870 (§ 8) können Angehörige Großbritanniens, gegen welche Todes- oder Zuchthausstrafe wegen treasure oder felony (Verrat) verhängt worden ist, vermögensrechtliche Klagen während der Dauer der Strafverbüßung nicht erheben und sind während dieser Zeit vertragsunfähig; sie würden also auch von deutschen Gerichten während dieser Zeit als unfähig zum Erwerbe von Wechselrechten anzusehen sein. Außer Gebrauch scheint die Rechtsunfähigkeit der „Outlaws" gekommen zu sein, d. h. der wegen Nichterscheinens vor Gericht durch Proklamation für rechtsunfähig Erklärten. Vgl. Näheres bei Meyer Weltwechselrecht I S. 32. Die im Verlaufe des Weltkrieges in Großbritannien noch praktisch durchgeführte Rechtsunfähigkeit der Angehörigen feindlicher Staaten (enemies of the King) — vgl. Meyer, Weltwechselrecht I S. 32 — wird vor deutschen Gerichten nicht in Betracht kommen, da von ihnen britisches Recht hinsichtlich der Wechselfähigkeit nur insoweit anzuwenden ist, als es britische Staatsangehörige betrifft. Nach dem neuen Rechte der russischen Sowjetrepublik (Art 4 des Zivilgesetzbuchs von 1922) ist die Rechtsfähigkeit der physischen Personen eine gleiche ohne Unterschied der Rasse, der Nationalität, des Glaubensbekenntnisses und der Herkunft; die früher in Geltung gewesenen Einschränkungen (vgl. Meyer a. a. O. S. 32) sind dadurch fortgefallen; doch kann die Rechtsfähigkeit von Ausländern durch Regierungsverordnung aufgehoben werden (Art 8 EinfGes. neuer Fassung). — Die Anwendung des ausländischen Rechts hinsichtlich der **Anm. 3.**

Rechtsfähigkeit durch deutsche Gerichte findet aber eine Grenze an dem Art 30 EGBGB, der die Anwendung eines ausländischen Gesetzes für ausgeschlossen erklärt, wenn sie gegen die guten Sitten oder den Zweck eines deutschen Gesetzes verstoßen würde. Das trifft namentlich zu für die dem Rechtsbewußtsein der Kulturländer widersprechende Einrichtung der Sklaverei; daher muß ein ausländischer Sklave in Deutschland als rechtsfähig, also auch wechselrechtsfähig gelten.

Anm. 4. b) Die aktive Wechselgeschäftsfähigkeit, d. h. die rechtliche Fähigkeit, durch eigene Rechtshandlungen (Willenserklärungen) Wechselrechte zu erwerben, bestimmt sich nach den Vorschriften der §§ 104 ff. BGB; vgl. im RGRKomm die Erläuterungen zu diesen Paragraphen. Danach sind aktiv wie passiv wechselgeschäftsunfähig die in § 104 Nr. 1—3 genannten Personen (Kinder unter 7 Jahren, Geisteskranke im Sinne von § 104 Nr. 2, wegen Geisteskrankheit Entmündigte); sie können durch eigene Handlungen, insbesondere soweit ein Begebungsvertrag erforderlich ist (vgl. vor Art 4 Vorbem 2), auch nicht durch persönliche Entgegennahme der Begebung, Wechselrechte erlangen. Minderjährige über 7 Jahre dagegen können gemäß § 107 BGB ohne Einwilligung ihres gesetzlichen Vertreters Wechselgläubiger werden, weil sie dadurch lediglich einen rechtlichen Vorteil gegenüber den ihnen aus dem Wechsel Verpflichteten erlangen, unabhängig davon, daß sie selbst ihren Nachmännern gegenüber sich nicht verpflichten können. So kann ein solcher Minderjähriger auf Grund eines von ihm ohne Einwilligung seines gesetzlichen Vertreters an eigene Order ausgestellten Wechsels Rechte aus dem Wechsel gegen den Akzeptanten erwerben (LZ 1915, 922). Das muß namentlich aus der in Art 3 als Grundsatz ausgesprochenen Unabhängigkeit der einzelnen Wechselverpflichtungen gefolgert werden; vgl. zu Art 3 Anm 1.

Anm. 5. 2. Der **erste Abschnitt des Gesetzes** besteht jetzt nur noch aus den Artikeln 1 und 3, von denen ersterer die Bestimmung darüber, wer (passiv) wechselfähig ist, enthält, letzterer die Selbständigkeit von Unterschriften Wechselfähiger gegenüber Unterschriften Unfähiger auf dem gleichen Wechsel ausspricht. Der frühere Artikel 2 der WO ist durch die auf Grund der ihm in § 5 des Gesetzes vom 30. 5. 1908 erteilten Ermächtigung erlassene Bekanntmachung des Reichskanzlers vom 3. 6. 1908 (vgl. die Einleitung S. 19) durch Weglassung außer Geltung gesetzt. Er enthielt die Bestimmung, daß der Wechselschuldner für die Erfüllung der übernommenen Wechselverbindlichkeit mit seiner Person und seinem Vermögen hafte, und begründete damit die Zulässigkeit des Wechselarrests, der jedoch in den in Abs 2 bezeichneten Fällen (gegen die Erben eines Wechselschuldners, aus Wechselerklärungen von gesetzlichen Vertretern und gegen Frauen, die nicht Handel oder Gewerbe betrieben) ausgeschlossen war. Die Personen, gegen welche der Wechselarrest nicht zulässig war, wurden im Schrifttum des Wechselrechts als „wechselunfähig in diesem Sinne" (vgl. Thöl § 204 S. 820) oder als „beschränkt wechselfähig") bezeichnet; dadurch erklärte sich die Stellung der Vorschrift in dem Abschnitte von der Wechselfähigkeit. Der Wechselarrest war aber bereits durch das Gesetz vom 29. 5. 1868 (BGBl S. 237) über die Aufhebung der Schuldhaft als Mittel der Zwangsvollstreckung beseitigt worden. Seitdem beschränkte sich die Haftung, wie bei anderen Schuldverhältnissen, auf das Vermögen, ohne daß es eines besonderen Ausspruchs darüber noch bedurfte. In diesem Sinne ist die erfolgte Weglassung des Artikels 2 in der Bekanntmachung des Reichskanzlers zu verstehen.

Artikel 1.

Wechselfähig ist jeder, welcher sich durch Verträge verpflichten kann.

Anm. 1. 1. Der Artikel regelt die **passive Wechselfähigkeit.** Bestritten ist, ob das Gesetz darunter nur die passive Wechselrechtsfähigkeit, d. h. die Fähigkeit, Subjekt von wechselrechtlichen Verpflichtungen (Wechselschuldner) zu werden, oder auch die passive Wechselgeschäftsfähigkeit, d. h. die Fähigkeit, durch eigene Rechtshandlungen (Willenserklärungen) wechselrechtliche Verpflichtungen gegen sich zu begründen, versteht. Zuzugeben ist, daß der Wortlaut zu der Auffassung führen könnte, daß nur derjenige als wechselfähig bezeichnet werden sollte, der „sich durch Verträge verpflichten kann", d. h. der selbst durch eigne Handlung Vertragsverpflichtungen zu übernehmen befähigt ist. Daraus würde sich ergeben, daß die in § 104 BGB genannten Personen, ferner die juristischen Personen, die Handelsgesellschaften, die nicht geschäftsfähig sind, als „wechselunfähig" im Sinne des Artikel 1 zu gelten hätten. Doch wollte, wie die Entstehungsgeschichte zeigt (vgl. Leipziger Protokolle S. 8), das Gesetz gerade zum Ausdruck bringen, daß auch „Vereine und Aktiengesellschaften, die nach der Gesetzgebung eines deutschen Staates ohne Verleihung der Eigenschaft einer juristischen Person rechtlichen Bestand haben", wechselfähig seien, und wurde deshalb der in dem Preußischen Entwurfe (§ 1) enthaltene Ausdruck „Person" in „Jeder" abgeändert. Andererseits mußte eine besondere Bestimmung, daß jeder, der Subjekt von Vertragsverpflichtungen sein kann, auch Subjekt von Wechselverpflichtungen sein kann, erforderlich erscheinen, angesichts der vielfach in anderen Gesetzgebungen sich findenden Ausschließung gewisser Kategorien von Personen, die im übrigen Subjekte von Vertragsverpflichtungen sein können, z. B. Nicht-Kaufleuten, Ehefrauen, von der Fähigkeit, auch Subjekte von Wechselverpflichtungen zu sein. Es wird deshalb angenommen werden müssen, daß der Artikel 1 alle diejenigen für wechselfähig erklärt, die Subjekte von vertraglichen Verpflichtungen sein können, auch wenn sie wegen Geschäftsunfähigkeit es nicht durch eigne Handlungen werden können.

2. Der Artikel verweist sonach sowohl für die Fähigkeit, Wechselschuldner zu werden, wie für die Fähigkeit, es durch eigene Handlung zu werden, auf die über die Fähigkeit, **durch Verträge sich zu verpflichten** oder verpflichtet zu werden, bestehenden Bestimmungen des allgemeinen bürgerlichen Rechts. Das entspricht der Auffassung, auf welcher das Gesetz auch sonst nach richtiger Ansicht (vgl. vor Art 4 Vorbem 2) beruht, daß es zur Übernahme einer Wechselverpflichtung grundsätzlich eines Vertrages — des sogenannten Begebungsvertrages — bedarf. Die anzuwendenden Bestimmungen des allgemeinen bürgerlichen Rechts ergeben aber folgendes: **Anm. 2.**

a) Die Fähigkeit, Subjekt einer vertraglichen Verpflichtung zu sein, wohnt jedem bei, der Subjekt von Rechten und Pflichten überhaupt sein kann, sie ist also identisch mit der allgemeinen Rechtsfähigkeit (vgl. RGRKomm § 1 Anm 1) und es gilt daher für sie das oben (Vorbem 1 unter a) Gesagte. Danach ist, soweit deutsches Recht maßgebend ist, jede physische oder juristische Person auch vertrags- und somit wechselverpflichtungsfähig. Wechselverpflichtungsfähig sind hiernach insbesondere die Vereine, die durch Eintragung oder staatliche Verleihung Rechtsfähigkeit erlangt haben (§§ 21, 22 BGB); die genehmigten Stiftungen (§ 80 BGB); die juristischen Personen des öffentlichen Rechts (vgl. RGRKomm Vorbem 2 vor § 21 BGB); ferner die juristischen Personen des Handelsrechts (Aktiengesellschaft, Kommanditgesellschaft auf Aktien (§§ 210, 320 Abs 3 HGB), die Gesellschaften mit beschränkter Haftung (GmbHGes § 13) und die eingetragenen Genossenschaften (Genossenschaftsges § 17). Über den Kreis der juristischen Personen hinaus ist aber die Fähigkeit zur vertraglichen Eingehung von Verpflichtungen erweitert durch §§ 124, 161 Abs 2 HGB, wonach die offene Handelsgesellschaft und die Kommanditgesellschaft unter ihrer Firma Rechte und Verpflichtungen erwerben können, deren Träger allerdings in Wirklichkeit die Teilhaber dieser Gesellschaften in ihrer Zusammenfassung (in Gesamthand) sind. **Anm. 3.**

Nicht rechts- und daher auch nicht verpflichtungsfähig ist die Gesellschaft des bürgerlichen Rechts (§§ 705 ff. BGB); sie kann daher als solche auch wechselmäßig nicht verpflichtet werden. Das gilt auch für den nichtrechtsfähigen Verein, der sich von der Gesellschaft des bürgerlichen Rechts dadurch unterscheidet, daß er körperschaftlich organisiert ist, einen Gesamtnamen führt und satzungsgemäß vom Wechsel seiner Mitglieder unabhängig ist (vgl. RGRKomm zu § 54 Anm 1 und die dort angeführten Entscheidungen des RG). Er kann zwar unter seinem Namen verklagt werden und ein gegen ihn ergangenes Urteil genügt zur Zwangsvollstreckung in „sein" Vermögen; auch kann über „sein Vermögen" ein Konkursverfahren stattfinden (§§ 735 ZPO, 213 KO). Er ist aber nicht Träger dieses Vermögens, weder hinsichtlich der Aktiva noch der Passiva; das sind vielmehr die einzelnen Mitglieder. Er ist deshalb nicht vertrags- und demnach auch nicht wechselverpflichtungsfähig (RG in JW 1908 S. 544[2]; RGZ 112, 125). Eine andere Frage ist, ob durch eine unter dem Namen des nichtrechtsfähigen Vereins von seinen zur Geschäftsführung, auch zur Übernahme von Wechselverbindlichkeiten, nach der Satzung befugten Vorstandsmitgliedern eingegangene Wechselverbindlichkeit die einzelnen Mitglieder wechselmäßig verpflichtet werden können. Nach § 714 BGB, der gemäß § 54 Satz 1 auch auf nicht-rechtsfähige Vereine Anwendung findet, ist ein Gesellschafter, soweit ihm nach dem Gesellschaftsvertrage die Befugnis zur Geschäftsführung zusteht, im Zweifel auch ermächtigt, die anderen Gesellschafter Dritten gegenüber zu vertreten, sei es ohne oder mit Beschränkung auf das Gesellschaftsvermögen; vgl. darüber RGRKomm Anm 2 zu § 714. Zur Wirksamkeit einer Willenserklärung, die jemand innerhalb der ihm zustehenden Vertretungsmacht abgibt, für und gegen den Machtgeber ist nach § 164 BGB nicht erforderlich, daß sie ausdrücklich im Namen des Machtgebers abgegeben wird; es genügt vielmehr wenn die Umstände ergeben, daß sie in dessen Namen abgegeben werden soll. Das trifft aber zu, wenn der Vorstand eines nicht rechtsfähigen Vereins im Namen des Vereins eine Willenserklärung abgibt; die Umstände ergeben hier zweifelsfrei, daß sie im Namen der Mitglieder des Vereins abgegeben wird. Es erscheint demnach unbedenklich, anzunehmen, daß die Vereinsmitglieder durch eine solche Willenserklärung Dritten gegenüber, sei es mit oder ohne Beschränkung auf das Vereinsvermögen, verpflichtet werden. Die in § 54 Satz 2 bestimmte Haftung derjenigen, die im Namen des Vereins gehandelt haben, die allerdings in erster Linie wohl als Ersatz für die nicht eintretende Verpflichtung anderer Personen gedacht sein mag, tritt in solchen Fällen eben neben die Verpflichtung der sämtlichen Vereinsmitglieder. Fraglich kann nur sein ob das für Wechselverpflichtungserklärungen wegen ihrer formalen Natur nicht gilt. In RGZ 112, 124 ist die Verpflichtung der Vereinsmitglieder verneint worden mit der Begründung, daß zu den wesentlichen Erfordernissen eines gezogenen Wechsels nach Art 4 Nr. 7 Wechselordnung der Name der Person oder der Firma, welche die Zahlung leisten soll (des Bezogenen oder Trassaten), gehöre und daß für den Akzeptvermerk nach Artikel 21 daselbst die Zeichnung eben dieses Namens erforderlich, daß aber der Vereinsname weder ein Firmenname noch der Name einer Person, insbesondere nicht der Name der einzelnen Vereinsmitglieder sei. Staub-Stranz (zu Art 1 Anm 3) führen dagegen aus, daß durch die namens einer bürgerlichen Gesellschaft oder eines nicht rechtsfähigen Vereins von ihren berufenen Vertretern erfolgte Wechselzeichnung eine Wechselverpflichtung der einzelnen Mitglieder nach Maßgabe der Vorschriften über die Gesellschaft, beim nicht rechtsfähigen Verein gemäß § 54 auch gegen die Zeichner **Anm. 4.**

erzeugt werde. Freilich scheint (worauf schon in RG 112, 126 andeutungsweise hingewiesen ist) mit dieser Stelle die an anderer Stelle (zu Art 4 Anm 11 c) von ihnen gemachte Ausführung in Widerspruch zu stehen, die aus dem Grundgedanken des § 54 BGB herleitet, daß der Name eines nicht rechtsfähigen Vereins keine zulässige Bezeichnung eines Remittenten sei und daß ein solcher Wechsel zwar, wenn der Vereinsname als Name einer Person oder als Firma auch nur möglich, als Wechsel formell gültig sei, aber eine wechselmäßige Verpflichtung der Vereinsmitglieder nicht erzeugen könne. Die richtige Beantwortung der Frage ist nicht unzweifelhaft. Der Art 4 Nr. 7 kann m. E. zur Verneinung einer Verpflichtung der Mitglieder nicht führen, da er nur die formale Gültigkeit des Wechsels betrifft und dafür lediglich erfordert, daß die Bezeichnung als Name einer Person oder als Firma möglich sei (vgl. zu Art 4 Anm 44), was bei dem Namen eines nicht-rechtsfähigen Vereines, den er ja auch tragen könnte, wenn er rechtsfähig wäre, in der Regel der Fall sein wird. Im Übrigen aber ist es m. E. unbedenklich, bei nicht allzu formalistischer Auslegung als ausreichend für die zur Begründung einer Wechselverbindlichkeit der einzelnen Vereinsmitglieder erforderliche Schriftlichkeit ihrer Verpflichtungserklärung die Schrift (Unterschrift) der zu ihrer Vertretung als Gesellschafter berufenen Personen mit dem Namen anzusehen, unter welchem sie sich im Vereine zusammengeschlossen haben und den sie im Rechtsverkehr zu den Vereinszwecken tatsächlich regelmäßig gebrauchen. Daß der tatsächliche Gebrauch eines Namens im Rechtsverkehr zur Gültigkeit einer Wechselverbindlichkeit, die unter diesem Namen eingegangen wird, genügt, auch wenn ein Recht zum Gebrauche dieses Namens nicht besteht, z. B. bei dem Gebrauche eines Künstler- oder Schriftstellernamens oder einer von Minderkaufleuten geführten Firmenbezeichnung, wird in Anlehnung an die Auslegung des Begriffes „Namensunterschrift" in § 126 BGB (vgl. RGRKomm Anm 3; Staudinger IV 4 zu § 126) in der neueren Rechtslehre und Rechtsprechung überwiegend bejaht; vgl. Anm 3 zu Art 8. Daß (wie Staub-Stranz an der zweiten oben angeführten Stelle meinen) der Gesetzgeber den Gebrauch eines Kollektivnamens durch einen nicht rechtsfähigen Verein mißbillige, ist aus den Bestimmungen darüber nicht zu entnehmen. Keinesfalls aber kann es im Sinne des Gesetzgebers liegen, daß durch den Gebrauch eines solchen Kollektivnamens für die Vereinsmitglieder die Möglichkeit geschaffen werde, sich einer von ihren Vertretern zuständigerweise für sie übernommenen Verpflichtung zu entziehen. Die Strenge des Wechselrechts würde hier, wie auch sonst, am unrechten Orte angewendet zu Ergebnissen führen, die ihrem Sinne und Zwecke durchaus widersprechen.

Anm. 5. **b)** Die Fähigkeit, durch eigene Rechtshandlungen vertragsmäßig sich zu verpflichten, also Verträge, die Verpflichtungen begründen, selbständig abzuschließen (passive Vertragsgeschäftsfähigkeit) fehlt gewissen Personenkategorien gänzlich, während sie bei andern in der Weise beschränkt ist, daß sie nur mit Zustimmung ihrer gesetzlichen Vertreter Vertragsverpflichtungen eingehen können:

Anm. 6. α) Gänzlich vertragsgeschäftsunfähig sind die in § 104 BGB genannten Personen, nämlich die Kinder unter 7 Jahren, die Geisteskranken im Sinne der Nr. 2 daselbst und die wegen Geisteskrankheit Entmündigten. Die durch eine solche Person übernommenen Vertragsverpflichtungen sind nichtig, demnach auch die von ihnen eingegangenen wechselrechtlichen Verpflichtungen. Die Namensschrift einer solchen Person auf einem Wechsel begründet deshalb keine wechselmäßige Verbindlichkeit für sie. Die Nichtigkeit wird auch dadurch nicht vermieden, daß die Namensunterschrift von dem Geschäftsunfähigen mit Einwilligung seines gesetzlichen Vertreters abgegeben wird, und sie wird auch nicht geheilt durch eine etwa nachträglich erklärte Zustimmung (Genehmigung) des gesetzlichen Vertreters. Eine durch diesen etwa gleichzeitig oder nachträglich erfolgte Mitzeichnung kann nur als selbständige Verpflichtungserklärung des Vertreters für den Geschäftsunfähigen in Betracht kommen. Die Nichtigkeit kann jedem Wechselinhaber, auch dem gutgläubigen Erwerber, entgegengehalten werden; vgl. Näheres darüber in Anm 15ff zu Art 82. Sie ist wie jede Nichtigkeit von Amts wegen zu berücksichtigen, sofern die rechtliche Folgerung auf sie sich aus den von den Parteien dem Gerichte vorgetragenen Tatsachen, insbesondere den vorgelegten Urkunden, ergibt; vgl. RGRKomm zu § 125 Anm 1 Abs 2 S. 184; ebenso für das frühere Recht Bernstein S. 18 auf Grund der zwingenden Natur der Vorschriften über die Geschäftsfähigkeit (ROHG 23, 391). Nichtig ist auch nach § 105 BGB die Wechselerklärung einer an sich geschäftsfähigen Person, die von ihr im Zustande der Bewußtlosigkeit oder vorübergehender Störung der Geistestätigkeit abgegeben wird.

Anm. 7. Die gesetzlichen Vertreter geschäftsunfähiger Personen (Inhaber der elterlichen Gewalt, Vormund) bedürfen ihrerseits zur Eingehung einer wechselrechtlichen Verpflichtung für diese der Genehmigung des Vormundschaftsgerichts, die jedoch für den einzelnen Fall durch eine allgemein erteilte Ermächtigung ersetzt werden kann (§§ 1822 Nr. 9, 1825, 1643 BGB). Die Genehmigung kann nur dem gesetzlichen Vertreter (nicht dem andern Teile, also dem Wechselgläubiger, oder dem Geschäftsunfähigen) gegenüber erklärt werden, bedarf aber im übrigen keiner Form (§ 182 Abs 2 BGB) und braucht deshalb insbesondere nicht aus der Wechselurkunde hervorzugehen; vgl. unten zu γ. Die Wirksamkeit einer ohne Genehmigung des Vormundschaftsgerichts erfolgten Übernahme einer wechselrechtlichen Verpflichtung durch den gesetzlichen Vertreter hängt von der nachträglichen Erteilung oder Verweigerung dieser Genehmigung ab. Es tritt daher zunächst ein Schwebezustand ein, der so lange fortdauert, bis die erfolgte Erteilung oder Verweigerung von dem gesetzlichen Vertreter dem andern Teile mitgeteilt ist (§ 1829 Abs 1 Satz 2 BGB). Es liegt sonach in der Hand des gesetzlichen Vertreters, auch nach erteilter Genehmigung durch Unterlassen der Mitteilung davon an den anderen Teil das Wirksamwerden der Verpflichtung zu verhindern. Vgl. Näheres in dem RGRKomm zu § 1829.

β) Auch juristische Personen und Gesellschaften des Handelsrechts können wechselrechtliche Verpflichtungen nur durch ihre gesetzlichen Vertreter eingehen. Die Befugnis der Vertreter richtet sich nach der Satzung, dem Gesellschaftsvertrage bzw. dem Gesetz. Eine durch einen nicht befugten Vertreter eingegangene Verpflichtung ist nichtig; vgl. oben zu α. Nichtig ist auch eine Verpflichtung, die nur durch einen oder mehrere Vertreter eingegangen ist, wenn dieser oder diese nur in Gemeinschaft mit anderen (kollektiv) zur Vertretung befugt waren. Die Nichtbefugnis des Vertreters kann auch dem gutgläubigen Erwerber des Wechsels entgegengehalten werden. **Anm. 8.**

γ) Minderjährige über 7 Jahre sind in der Geschäftsfähigkeit in der Weise beschränkt, daß sie zur Übernahme von vertragsmäßigen Verpflichtungen der Einwilligung ihrer gesetzlichen Vertreter bedürfen (§ 107 BGB); sie können also den Wechsel selbständig zeichnen; die Einwilligung des gesetzlichen Vertreters bedarf keiner Form und braucht daher aus der Wechselurkunde nicht hervorzugehen, § 182 Abs 2 BGB; ebenso früher schon nach Preußischem und gemeinem Recht, vgl. ROHG 4 S. 279 ff.; a. M. Thöl, Wechselrecht § 23 A. 50—52; für den Fall, daß die Minderjährigkeit sich aus dem Wechsel ergibt, auch ROHG 2 S. 177. Die Einwilligung kann sowohl dem Minderjährigen wie dem andern Teile gegenüber erklärt werden (§ 182 Abs 1 BGB). Die Wirksamkeit einer ohne solche Einwilligung durch den Minderjährigen abgegebenen Wechselverpflichtungerklärung hängt von der nachträglichen Zustimmung (Genehmigung) des gesetzlichen Vertreters ab (§ 108 BGB). Das muß für die Akzepterklärung auch dann gelten, wenn man mit dem Reichsgerichte diese als einseitigen Skripturakt ansieht (vgl. darüber Vorbem 2 vor Art 4 Anm 7); denn nach Art 1 WO kommen für die Frage der Wechselfähigkeit lediglich die Bestimmungen über die vertragliche Verpflichtungsfähigkeit zur Anwendung; deshalb kann § 111 BGB für die Frage ob die Ergänzung der beschränkten Wechselfähigkeit des Minderjährigen durch nachträgliche Genehmigung seines Vertreters erfolgen kann, auch vom Standpunkt des RG aus bei der Akzepterklärung nicht zur Anwendung kommen. — Auch die Genehmigung bedarf keiner Form und kann daher auch stillschweigend, durch schlüssige Handlungen erklärt werden, und zwar sowohl dem Minderjährigen wie dem andern Teile gegenüber, jedoch dem Minderjährigen gegenüber mit den aus § 108 Abs 2 sich ergebenden Einschränkungen. Als eine für die Erteilung der Zustimmung (Einwilligung oder Genehmigung) schlüssige Handlung wird es anzusehen sein, wenn der gesetzliche Vertreter in Kenntnis oder in Erwartung der Wechselerklärung des Minderjährigen sich selbst an dem Wechsel beteiligt hat; z. B. wenn er selbst als Aussteller auf den Minderjährigen einen Wechsel gezogen und dieser ihn akzeptiert hat (entsprechend nach früherem Rechte für den Fall des Ehemannes ROHG 10, 384) oder wenn er einen von dem Minderjährigen ausgestellten Wechsel akzeptiert hat (ROHG 2, 178; 25, 36; für den Fall des Ehemannes 3, 51); oder wenn er die Wechselerklärung des Minderjährigen mitunterschrieben hat (für den Fall des Ehemannes nach früherem Rechte Rehbein Anm 17 zu Art 1; a. M. ObTrib. in Str. Arch. 10 S. 182). **Anm. 9.**

Es entsteht zunächst auch hier ein Schwebezustand, der aber nur bis zur Erteilung oder Verweigerung der Genehmigung fortdauert. Während dieses Schwebezustandes kann der Minderjährige seine Verpflichtungserklärung nicht widerrufen, und durch die Verweigerung der Genehmigung wird sie unwirksam, und zwar rückwirkend, so daß sie als von Anfang an unwirksam gilt; doch kann sie auch dann noch gemäß § 110 (vgl. unten Anm. 11) durch den Minderjährigen wirksam erfüllt werden; eine Nichtigkeit (vgl. oben zu α) liegt daher nicht vor. Auch der Minderjährige, der gemäß § 112 BGB von seinem gesetzlichen Vertreter mit Genehmigung des Vormundschaftsgerichts zum selbständigen Betriebe eines Erwerbsgeschäfts ermächtigt worden ist, bedarf zur Eingehung von Wechselverbindlichkeiten in jedem einzelnen Falle der Genehmigung des Vertreters, da es sich um ein Rechtsgeschäft handelt, zu welchem der Vertreter der Genehmigung des Vormundschaftsgerichts bedarf (§ 112 Abs 1 Satz 2; vgl. oben unter α), und zwar auch dann, wenn das Vormundschaftsgericht dem gesetzlichen Vertreter eine allgemeine Ermächtigung gemäß § 1825 erteilt hat (RGRKomm zu § 112 Anm 2). Zur Erteilung der Genehmigung bedarf aber in diesem Falle der gesetzliche Vertreter seinerseits nicht der besonderen Genehmigung des Vormundschaftsgerichts (a. M. anscheinend Lehmann in DJZ 1900 S. 169 und G. Cohn bei Holtzendorff 3 S. 156 ff.). **Anm. 10.**

Bestritten ist, ob § 110 BGB Anwendung findet, ob also eine Wechselverpflichtung des Minderjährigen, die ohne Zustimmung des gesetzlichen Vertreters eingegangen ist, als von Anfang an wirksam gilt, wenn der Minderjährige sie mit Mitteln erfüllt, die ihm zu diesem Zwecke oder zu freier Verfügung von dem Vertreter oder mit dessen Zustimmung von einem Dritten überlassen worden sind. Die Anwendbarkeit des § 110 wird von Lehmann a. a. O. und von Rehbein (WO 4. Aufl. Anm 3 b) verneint, dagegen von Mansfeld (8. Aufl. von Rehbein) und Staub-Stranz (Anm 10 zu Art 1) bejaht. Die bejahende Ansicht dürfte das Richtige treffen, da § 110 nicht, wie § 112, eine Ausnahme für solche Rechtsgeschäfte macht, zu denen der gesetzliche Vertreter **Anm. 11.**

der Genehmigung des Vormundschaftsgerichts bedarf; vielmehr die Heilung aller von dem Minderjährigen ohne Zustimmung des gesetzlichen Vertreters abgeschlossenen Verträge durch eine in der dort bezeichneten Art erfolgende Erfüllung vorschreibt.

Anm. 12. δ) Den Minderjährigen über 7 Jahre stehen die wegen Geistesschwäche, Verschwendung oder Trunksucht Entmündigten und die nach § 1906 (wegen beantragter Entmündigung) unter vorläufige Vormundschaft gestellten Personen gleich (§ 114 BGB).

Anm. 13. ε) Frauen, auch Ehefrauen, stehen hinsichtlich der vertraglichen Verpflichtungsfähigkeit nach BGB, und infolgedessen auch hinsichtlich der wechselrechtlichen Verpflichtungsfähigkeit, den männlichen Personen grundsätzlich gleich; weder das Geschlecht noch die Verheiratung begründen an sich einen Unterschied, soweit die persönliche Fähigkeit in Betracht kommt. Anders liegt es hinsichtlich der Frage, auf welches Vermögen sich die Verpflichtung erstreckt. In dieser Beziehung greifen die Vorschriften des ehelichen Güterrechts ein. Ihnen zufolge haftet im gesetzlichen Güterstande das eingebrachte Gut für eine Verbindlichkeit der Frau, die aus einem nach Eingehung der Ehe vorgenommenen Rechtsgeschäfte, hier also aus der Wechselzeichnung und Begebung, entsteht, nur dann wenn der Mann seine Zustimmung zu dem Rechtsgeschäfte erteilt hat oder wenn das Rechtsgeschäft ohne seine Zustimmung ihm gegenüber wirksam ist (§ 1412 BGB). Die letztere Voraussetzung ist, wenn der Mann der Frau die Einwilligung zum selbständigen Betriebe eines Erwerbsgeschäfts erteilt hat, gegeben hinsichtlich derjenigen Rechtsgeschäfte, die der Gewerbebetrieb mit sich bringt, also für Wechselverpflichtungen, sofern solche zum ordnungsmäßigen Betriebe des in Frage stehenden Gewerbes gehören (§ 1405). Entsprechendes gilt im Güterstande der allgemeinen Gütergemeinschaft und der Errungenschaftsgemeinschaft für die Haftung des Gesamtgutes (§§ 1460, 1452, 1530, 1532); im Güterstande der Errungenschaftsgemeinschaft und der Fahrnisgemeinschaft auch für das eingebrachte Gut (§§ 1525 Abs 2, 1549). Hinsichtlich der Form der Zustimmung finden die allgemeinen Vorschriften des BGB (§§ 182 ff.) Anwendung; sie bedarf danach auch in diesem Falle keiner Form, braucht also aus dem Wechsel nicht hervorzugehen und kann sowohl der Ehefrau wie dem andern Teile (dem Wechselgläubiger) gegenüber erklärt werden, und zwar auch durch schlüssige Handlungen, z. B. durch Aushändigung des von der Ehefrau indossierten Wechsels an den Indossatar (ROHG bei Borchardt Zus. 29c; weitere Fälle vgl. oben unter γ). — Eine Beschränkung der persönlichen Verpflichtungsfähigkeit der Ehefrau kann aber auch jetzt noch bestehen, wenn die Ehe vor dem 1. 1. 00 abgeschlossen und das eine solche Beschränkung enthaltende landesgesetzliche eheliche Güterrecht nicht durch landesgesetzliche Bestimmung gemäß Art 218 EGBGB in dasjenige des BGB übergeleitet ist, da nach Art 200 EGBGB für den Güterstand solcher Ehen die bisherigen Gesetze maßgebend geblieben sind und eine durch sie begründete Beschränkung der Geschäftsfähigkeit der Ehefrau infolge des Güterstandes oder der Ehe in Kraft bleibt, solange der bisherige Güterstand besteht. Für Preußen ist die Überleitung durch die Artt 44—67 Pr. AGBGB erfolgt.

Anm. 14. ζ) Ähnlich wie die Ehefrau ist auch der Gemeinschuldner, über dessen Vermögen das Konkursverfahren eröffnet ist, fähig, sich durch eigne Handlungen vertragsmäßig, also auch wechselmäßig, zu verpflichten, jedoch ohne daß er dadurch sein zur Konkursmasse gehöriges Vermögen (§ 1 KO) verbindlich machen kann (§ 7 KO; RGZ 29, 74). Für die nach Eröffnung des Verfahrens eingegangenen Wechselverpflichtungen des Gemeinschuldners haftet deshalb während der Dauer des Konkursverfahrens nur dasjenige Vermögen, das er nach Eröffnung des Verfahrens erworben hat. Nach Einstellung oder Aufhebung des Konkursverfahrens aber tritt auch für eine während dessen Dauer eingegangene Wechselverbindlichkeit die Haftung des gesamten Vermögens des Schuldners ein, soweit nicht etwa ein abgeschlossener Zwangsvergleich anderes bestimmt. — Auch wegen einer vor Eröffnung des Konkurses eingegangenen Wechselverbindlichkeit kann der Gemeinschuldner während der Dauer des Verfahrens von einem Konkursgläubiger, der nicht am Konkurse teilnimmt, belangt werden; doch ist die Zwangsvollstreckung aus dem ergehenden Urteile auch in das konkursfreie Vermögen des Gemeinschuldners ausgeschlossen (§ 14 KO) und ist deshalb auf Verlangen des Gemeinschuldners oder auch, sofern er nur Klagabweisung verlangt hat, von Amts wegen eine entsprechende Einschränkung in den Urteilssatz aufzunehmen (RGZ 29, 76). — Der Konkursverwalter seinerseits kann mit Wirksamkeit für das zur Konkursmasse gehörige Vermögen des Gemeinschuldners Wechselverbindlichkeiten eingehen, ohne daß die Gültigkeit einer solchen Verbindlichkeit von der Prüfung der Frage abhängig gemacht werden darf, ob ihre Eingehung für die Zwecke der Verwaltung nötig oder förderlich war (RGZ 29, 82; 63, 213).

Anm. 15. η) Personen, die an körperlichen oder geistigen Gebrechen leiden, sind, soweit nicht für letztere § 104 Nr. 2, 3 oder § 105 Abs 2 eingreift (vgl oben unter α), nach BGB dadurch in der Geschäftsfähigkeit nicht beschränkt und daher auch fähig, sich durch Verträge zu verpflichten, demnach aber auch wechselverpflichtungsfähig. Das gilt auch von Personen, die Geschriebenes nicht lesen können, sei es wegen eines körperlichen Gebrechens (Blinde), sei es wegen Mangels an Unterrichtung (Analphabeten); die für solche in § 2238 BGB bestimmte Einschränkung der Testamentserrichtung kann ihre Wechselverpflichtungsfähigkeit nicht beeinträchtigen. Daß hier die WO nicht eine Einschränkung gegenüber der allgemeinen Vertragsverpflichtungsfähigkeit bestimmt hat, ist angesichts der besonderen Gefahr, der solche Personen gerade bei Wechselverpflichtungserklärungen ausgesetzt sind, ein unleugbarer Mangel, der zu schweren Schädigungen der Betreffenden führen kann und sicherlich schon häufig geführt hat. — Auch Personen, die ihren Namen nicht schreiben können, können Wechselverpflichtungen eingehen; an Stelle der Namensschrift genügt ein gerichtlich oder notariell beglaubigtes „Kreuz oder anderes Zeichen" (Art 94 WO; vgl. die Erläuterungen dazu). Nur wo die Herstellung irgendwelcher Schriftzeichen durch den körperlichen Zustand der Person ausgeschlossen ist, fehlt die tatsächliche Möglichkeit einer wechselrechtlichen Verpflichtung. Daher wird jemand, dem die Hände fehlen, der aber mit den Füßen oder auf sonstige Weise das erforderliche „Zeichen" herstellen kann, sich auf diese Weise, unter Beglaubigung des Zeichens, wechselrechtlich verpflichten können. Daß es ein „Handzeichen" sei, wird von der WO nicht erfordert; doch muß es ein urkundliches Zeichen sein. Gerichtliche oder notarielle Beurkundung einer mündlichen Erklärung auf dem Wechsel ohne ein solches Zeichen genügt nicht.

c) **Zeitpunkt der Wechselfähigkeit.** Die erforderliche vertragliche Verpflichtungsfähigkeit muß nach dem BGB vorhanden sein zur Zeit des Abschlusses des Vertrages, für die Wechselverpflichtung sonach, soweit ein Vertrag für sie erforderlich ist (vgl. Vorbem 2 vor Art 4 Anm 3 ff.) zur Zeit des Abschlusses dieses Vertrags, des Begebungsvertrags. Die Gültigkeit der Verpflichtung wird daher nicht dadurch beeinträchtigt, daß zur Zeit des Skripturakts (der Niederschrift des Ausstellungsvermerks, des Indossaments, nach richtiger Ansicht auch der Akzeptation) der Schreiber nicht wechselfähig, z. B. nicht großjährig war, sofern nur zur Zeit der Begebung die Wechselfähigkeit eingetreten ist. Umgekehrt genügt die Wechselfähigkeit zur Zeit der Niederschrift nicht, wenn sie zur Zeit der Begebung nicht vorhanden war. Auch wenn die Verpflichtungserklärung auf einen im übrigen noch nicht ausgefüllten Wechsel gesetzt und so begeben worden ist (namentlich im Falle des Blankoakzepts, RGZ 11, 7; aber auch im Falle des Blankoavals usw.), genügt das Vorhandensein der Wechselfähigkeit, wie auch der Vertretungsbefugnis zur Zeit der Begebung; denn mit der Begebung des Blanketts hat der Begebende bereits alles getan, was zur Entstehung der Wechselverpflichtung für ihn oder den durch ihn Vertretenen erforderlich war, und es kann deshalb auf einen nachher eintretenden Wegfall der Wechselfähigkeit oder der Vertretungsbefugnis nicht mehr ankommen (RGZ 8, 57; 11, 8). Nicht maßgebend ist das Datum der Ausstellung des ausgefüllten Wechsels. Das Bestehen einer Vermutung dafür, daß das nicht datierte Akzept nach der Ausstellung (Ausfüllung) des Wechsels auf ihn gesetzt und begeben ist, dürfte im Hinblick auf die Häufigkeit der Hingabe von Blankoakzepten nicht gerechtfertigt sein; auf alle Fälle aber ist der Gegenbeweis, daß das Akzept vor der Ausfüllung des Wechsels begeben worden, zulässig (RGZ 11, 7). — War der Wechselzeichner zur Zeit der Begebung des Wechsels noch minderjährig, aber über 7 Jahre, und hat er ohne Genehmigung seines gesetzlichen Vertreters gehandelt, so kann seine Wechselverbindlichkeit auch dadurch wirksam werden, daß er nach erreichter Großjährigkeit sie genehmigt (§ 108 Abs 3 BGB). Hinsichtlich der Form dieser Genehmigung gilt das gleiche, wie für die Genehmigung des gesetzlichen Vertreters des Minderjährigen (oben unter b γ); sie kann z. B. auch in der Weise durch schlüssige Handlung erfolgen, daß der Minderjährige seiner zuvor abgegebenen Erklärung ein neues Datum beifügt (RG Warn. 1919 Nr. 21). Anm. 16.

d) **Beweislast.** Wird im Prozesse die Wirksamkeit einer durch Wechselzeichnung und Begebung äußerlich zustande gekommenen Wechselverpflichtungserklärung wegen Mangels der Wechselfähigkeit, insbesondere der passiven Wechselgeschäftsfähigkeit, bestritten, so fragt es sich, ob der aus der Wechselerklärung einen Anspruch erhebende Teil (das wird in der Regel, aber nicht immer der Kläger sein) das Vorhandensein der Wechselfähigkeit oder der Gegner den Mangel zu beweisen hat. Diese Frage ist für den Fall der allgemeinen Verpflichtungsfähigkeit, wie für den besonderen Fall der Wechselverpflichtungsfähigkeit bestritten. Gaupp-Stein ZPO (11. Auflage) zu § 282 Anm IV 4 b S. 699 leiten aus der Fassung der die Geschäftsfähigkeit regelnden Bestimmungen des BGB (§§ 184 ff.) her, daß den Mangel oder die Beschränkung der Geschäftsfähigkeit beweisen müsse wer sich darauf berufe; denn das BGB knüpfe nirgends eine Rechtswirkung an die Geschäftsfähigkeit, sondern nur Hinderungen der Rechtswirkungen an ihren Mangel, indem es nur bestimme, wer geschäftsunfähig und wer in der Geschäftsfähigkeit beschränkt, nicht wer geschäftsfähig sei, abgesehen von den Fällen, in denen die Geschäftsfähigkeit als Ausnahme von der regelmäßigen Beschränkung eintrete (§§ 112 ff.), wodurch die Regel bestätigt werde. Auch Staub-Stranz (Anm 24 zu Art 1) vertreten ganz allgemein die Auffassung, daß der den Anspruch erhebende Teil die Wechselfähigkeit nicht zu beweisen habe; denn derjenige, der eine Wechselverbindlichkeit eingehe, müsse sich gefallen lassen, daß er als wechselfähig betrachtet werde, bis er das Gegenteil beweise; eine Begründung, die freilich nicht überzeugend sein dürfte, da es sich gerade fragt, ob aus der Willenserklärung eines Geschäftsunfähigen für ihn nachteilige Rechtsfolgen hergeleitet werden können. Auch das ROHG hat übrigens ausgesprochen, daß das Geltendmachen der Wechselunfähigkeit Behauptung einer rechtshindernden Tatsache (Einrede), also die Wechselunfähigkeit von dem, der sie behauptet, zu beweisen sei (Entsch. 17, 102; 19, 319; 20, 99). Das RG hat unter Bezugnahme auf diese Rechtsprechung des ROHG in einem preußisch-landrechtlichen Falle (RGZ 23, 297) angenommen, daß gegenüber einer von ihm formell gültig übernom- Anm. 17.

menen Wechselverpflichtung der in Anspruch Genommene den Beweis zu führen habe, daß er noch in väterlicher Gewalt stehe, da unstreitig sei, daß er zur Zeit der Akzeptierung des Wechsels großjährig war; ebenso in JurWoch 05, 73[5]. Darüber, wer den Beweis der Großjährigkeit zu führen habe, hat sich das RG in diesen Fällen nicht ausgesprochen. Die herrschende Meinung wird von Grünhut (Handbuch I 313) mit der Begründung bekämpft, daß die Wechselfähigkeit zum Klaggrunde gehöre. Indessen das ist gerade die Frage, die streitig und zu beantworten ist. Was zum Klaggrunde gehört, d. h. welche Tatsachen vom Kläger behauptet werden müssen, um den Anspruch zunächst als begründet erscheinen zu lassen, richtet sich nach der Fassung und dem Sinne der Gesetzesnorm, auf die der Anspruch sich gründet. Das BGB behandelt aber, worauf Gaupp-Stein zutreffend hinweisen, für natürliche Personen nicht die Geschäftsfähigkeit als Anspruch begründende, sondern die Geschäftsunfähigkeit als Anspruch hemmende Tatsache und begründet hierdurch eine, offensichtlich im Interesse der Sicherheit des Rechtsverkehrs liegende Vermutung für das Bestehen der Geschäftsfähigkeit, die durch Gegenbeweis widerlegt werden kann und muß. Dabei wird die Tatsache des Lebensalters (§§ 104 Nr. 1, 106) nicht anders behandelt werden können wie die übrigen die Geschäftsfähigkeit ausschließenden oder beschränkenden Tatsachen, mit denen sie in gleicher Linie genannt ist; so auch RGRKomm zu § 104 Anm 6. Hat aber der aus einer Wechselverpflichtung in Anspruch Genommene bewiesen, daß er zur Zeit der Erklärung minderjährig war, so ist es Sache desjenigen, der den Anspruch erhebt, nachzuweisen, daß der gesetzliche Vertreter des Minderjährigen der Erklärung zugestimmt hat (RGZ 23, 296).

Anm. 18. Anders liegt die Frage der Beweislastregelung hinsichtlich der Rechtsfähigkeit anderer als natürlicher Personen, die auf Grund einer Wechselverpflichtungserklärung in Anspruch genommen werden; diese bedarf in jedem Falle eines besonderen Nachweises. Die Geschäftsfähigkeit fehlt solchen Personen immer. Auch die Vertretungsbefugnis desjenigen, der im Namen einer geschäftsunfähigen (natürlichen oder juristischen) Person eine Wechselverpflichtungserklärung abgegeben hat, hat derjenige nachzuweisen, der den Anspruch erhebt; vgl. ROHG 19, 318. Die Rechtsfähigkeit (im Gegensatze zur Geschäftsfähigkeit) einer natürlichen Person, die eine Wechselverpflichtungserklärung abgegeben hat, wird nach Lage der heutigen deutschen Gesetzgebung (vgl. oben unter a) schwerlich jemals streitig sein können.

Anm. 19. 3. Über die Frage, welches Recht hinsichtlich der passiven Wechselfähigkeit im Falle einer Kollision des örtlichen Herrschaftsbereiches mehrerer Gesetzgebungen zur Anwendung zu kommen hat (internationales Privatrecht), vgl. den Unterabschnitt XV, Artikel 84—86, und die Erläuterungen dazu.

Artikel 3.

Finden sich auf einem Wechsel Unterschriften von Personen, welche eine Wechselverbindlichkeit überhaupt nicht oder nicht mit vollem Erfolg eingehen können, so hat dies auf die Verbindlichkeit der übrigen Wechselverpflichteten keinen Einfluß.

Anm. 1. 1. Der Artikel bringt eine einzelne Folge des Grundsatzes zum Ausdruck, daß die in einem Wechsel äußerlich zusammengefaßten Verpflichtungserklärungen grundsätzlich **voneinander unabhängig sind.** Andere Folgerungen daraus werden in den Artikeln 75, 76 gezogen; vgl. die Erläuterungen zu diesen Artikeln. — Der Grundsatz bedeutet, daß die Wirksamkeit einer Wechselverpflichtung durch die materielle Unwirksamkeit irgendeiner anderen nicht beeinträchtigt wird. Dieser Grundsatz greift auch insofern Platz, als es sich um Wechselerklärungen handelt, deren Vorhandensein ein wesentliches Erfordernis des Wechsels (Art 4) bildet, wie die nach Art 4 Nr. 5 erforderliche Unterschrift des Ausstellers, oder zur Legitimation des Wechselinhabers gehört, wie die zusammenhängende Kette von Indossamenten (Art 36). Diese Erfordernisse sind rein formaler Natur und werden schon dadurch erfüllt, daß eine als ihre Erfüllung sich darstellende Tatsache in der äußeren Gestalt des Wechsels vorhanden ist; vgl. zu Art 4 Anm. 1a, zu Art 36 Anm 6. Ebensowenig, wie die Echtheit der Unterschrift einer Wechselerklärung (Art 75, 76), ist deshalb die Wechselfähigkeit des Erklärenden von Bedeutung für die Wirksamkeit einer anderen, in demselben Wechsel enthaltenen Wechselerklärung. Erforderlich ist nur, daß die Erklärung von einer dazu befähigten Person herrühren kann. Demnach werden durch einen von einer wechselunfähigen Person ausgestellten Wechsel der Akzeptant und die Indossanten verpflichtet; ferner wird durch ein von einer solchen Person auf dem Wechsel vollzogenes Indossament die Legitimation der nachfolgenden Indossatare als Wechselgläubiger hergestellt (ROHG 23, 356). Auch wenn mehrere Personen als Aussteller oder als Akzeptanten eine gemeinschaftliche Wechselerklärung abgegeben haben, wird die Verbindlichkeit der Erklärung des einen durch den Mangel der Wechselfähigkeit eines anderen von ihnen nicht berührt. Gleiches gilt von demjenigen, der als Avalist den Wechsel gezeichnet hat; die Gültigkeit seiner Verpflichtung ist nicht, wie bei der zivilrechtlichen Bürgschaft (§ 768 BGB), davon abhängig daß derjenige, für dessen Verbindlichkeit einstehen zu wollen er erklärt hat, sich wirksam verpflichtet hat; sie besteht daher auch wenn dieser wechselunfähig war. Vgl. zu Art 81 Anm 3.

Anm. 2. 2. Die Erwähnung der Personen, die eine Wechselverpflichtung **„nicht mit vollem Erfolg"** eingehen können, bezog sich nach der Ausdrucksweise der WO auf die „relativ wechselfähigen

Personen" (vgl. oben Vorbem 5 vor Art 1), d. h. auf diejenigen, die einer Personalhaft aus dem Wechsel (Wechselarrest) nicht unterworfen waren, und bedeutete, daß durch das Vorhandensein von Unterschriften solcher Personen die Personalhaft anderer, vollwechselfähiger Personen, deren Namensschrift auf dem Wechsel stand und deren Verpflichtung im übrigen wirksam eingetreten war, nicht ausgeschlossen wurde. Durch die Aufhebung des Wechselarrestes haben diese Worte ihre Bedeutung verloren.

Anhänge zum ersten Abschnitt.

I. Ausländische Wechselgesetzgebungen.

1. Einige ausländische Gesetzgebungen enthalten, wie die DWO in Art 1, eine ausdrückliche Bestimmung des Inhalts, daß derjenige passiv wechselfähig ist, der sich durch Verträge verpflichten kann. So die Schweiz (Art 720); Ungarn (§ 1); Bulgarien (Art 527); Großbritannien (Abschn 22^1, mit einer Einschränkung hinsichtlich der Korporationen, die ihrem Sonderrechte unterworfen bleiben, 22^2). Im übrigen kommen auch ohne ausdrückliche Bestimmung die Vorschriften des allgemeinen bürgerlichen und Handelsrechts über die Fähigkeit, Subjekt von Verpflichtungen zu werden, auch auf die Wechselverpflichtungsfähigkeit zur Anwendung. So namentlich im Gebiete des französischen Code civil Art 1123 dieses Gesetzbuches, wonach jede Person sich durch Vertrag verpflichten kann, die nicht durch das Gesetz für unfähig erklärt ist. In der Regel tritt danach die Wechselgeschäftsfähigkeit, wie die allgemeine Geschäftsfähigkeit, mit der Großjährigkeit ein, für die in den europäischen Staaten jetzt zumeist die Vollendung des 21. Lebensjahres der maßgebende Zeitpunkt ist, nur in Spanien (Art 320 C. civ.) noch die Vollendung des 23., in Ungarn (§ 1 VormGes.) des 24.; in China (BGB Kap. 2 Tit 1 Art 12) des 20. Lebensjahres; in Rußland tritt sie nach der neuen Gesetzgebung der Sowjetunion (BGB von 1922 § 7 Abs 2) mit dem vollendeten 18. Lebensjahre ein, und zwar für beide Geschlechter, wodurch die Bestimmung des früheren Familiengesetzbuchs von 1920 (§ 191), welche die Volljährigkeit weiblicher Personen schon mit 16 Jahren eintreten ließ, als aufgehoben anzusehen ist. Die Ehe bewirkt in manchen Staaten, insbesondere für die Frau, Eintritt der Großjährigkeit oder doch eines ihr angenäherten Standes der Handlungsfähigkeit (Emanzipation); so in der Schweiz (Art 13 BGB); im französischen Rechtsgebiete (Art 476 ff. Code civil); Italien (Art 310 Codice civile). Im Gebiete des französischen Code de commerce gilt aber ein emanzipierter Minderjähriger, der nicht zum Betriebe eines Handelsgewerbes ermächtigt ist, nicht als befähigt, eine Wechselverbindlichkeit einzugehen, auch nicht für ein Verwaltungsgeschäft, dessen Vornahme ihm im übrigen zusteht; das wird hergeleitet aus Art 114 Code de comm., der formell ausspricht, daß die von Minderjährigen, die nicht Kaufleute sind, unterschriebenen Wechselbriefe nichtig (nulles) sind (Lyon-Caën et Ren. Nr. 485; Thaller Nr. 1387 ff.); dagegen ist ein zum Betriebe des Handelsgeschäfts ermächtigter Minderjähriger für Geschäfte, die (was vermutet wird) sich auf seinen Handel beziehen, voll geschäfts- und demnach auch wechselverpflichtungsfähig (Lyon-Caën et Ren. und Thaller a. a. O.). In Italien erklärt das Gesetz (Art 3 Nr. 12 Codice di comm.) den Wechsel für ein Handelsgeschäft; deshalb werden emanzipierte Minderjährige in betreff der von ihnen eingegangenen wechselmäßigen Verpflichtungen für großjährig erachtet, wenn sie durch einen vom Gerichte bestätigten Beschluß des Vaters oder des Familien- oder Vormundschaftsrates zum Betriebe des Handels ermächtigt sind (Art 9 Cod. di comm.). Auch in Ungarn sind nicht volljährige Personen wechselfähig nur, wenn sie selbständig ein Gewerbe betreiben (§ 1 Abs 2 WGes); Frauen erlangen zwar durch Heirat Volljährigkeit (§ 2 Ges Art XXIII von 1874), aber ihre Wechselfähigkeit tritt erst mit Vollendung des 24. Lebensjahres ein (§ 1 Art 3 WGes). **Anm. 1.**

Für Frankreich ist die Vorschrift des Art 113 Code de comm., nach der weibliche Personen durch ihre Wechselunterschrift auf einem gezogenen Wechsel nicht wechselmäßig verpflichtet wurden, sondern nur wie aus einem einfachen Schuldschein (soweit die Voraussetzungen eines solchen oder eines billet à ordre vorlagen) hafteten, deren Weitergeltung bereits nach Aufhebung der Schuldhaft durch Gesetz vom 22. 2. 1867 bezweifelt worden war, durch das Gesetz vom 8. 2. 1922 aufgehoben. Doch bedürfen verheiratete, nicht handeltreibende Frauen zur Übernahme einer wechselrechtlichen Verbindlichkeit der Genehmigung ihres Ehemannes (Art 217 Code civil). Auch in Italien wird von der herrschenden Meinung auf Grund der Artt 134, 1743 Codice civile das gleiche angenommen. **Anm. 2.**

In Rußland ist die Bestimmung der WO von 1902 (§ 2 Satz 3), wonach verheiratete Frauen und von den Eltern nicht getrennt lebende Mädchen, auch wenn sie großjährig waren, ohne Zustimmung der Ehemänner bzw. Eltern keine Wechselverpflichtungen eingehen konnten, in der neuen WO von 1922 nicht mehr enthalten und sind diese Personen daher als voll geschäftsfähig (Art 7 BGB) auch zur Eingehung von Wechselverpflichtungen fähig. Gleiches gilt von der auf Grund der früheren WO (§ 2 Satz 2) bestandenen Wechselunfähigkeit der Geistlichen und gewisser Kategorien von Bauern (vgl. Meyer Wwrecht I S. 40). Auch in dem neuen Wechselgesetze von Jugoslawien sind die bisher in Serbien, sowie in Bosnien und der Herzegowina bestandenen ähnlichen Beschränkungen (vgl. Meyer a. a. O.) fortgefallen. **Anm. 3.**

Anm. 4. Im früheren gemeinen englischen Rechte, das auch jetzt noch, wiewohl abgeschwächt, in Schottland gilt, konnte die Frau ohne Einwilligung ihres Mannes überhaupt keine Verträge abschließen. Doch ist durch die Married Women Property Acts von 1882 und 1893 die Fähigkeit der Frau, ihr Vorbehaltsgut verbindlich zu machen, und damit insoweit auch ihre Wechselverpflichtungsfähigkeit, anerkannt. In der gleichen Richtung hat sich die Gesetzgebung in den meisten Einzelstaaten der Vereinigten Staaten von Amerika entwickelt.

Anm. 5. In Österreich waren bisher wechselunfähig die Ordenspersonen sowie die aktiven und pensionierten Offiziere und die Mannschaften des streitbaren Standes (kaiserl. VO vom 3. 7. 1852); diese Beschränkung ist aber hinsichtlich der Heeresangehörigen beseitigt durch das Gesetz vom 11. 2. 1919 (Magnus Tabelle 44 Sp. III[1]). In einer Anzahl von Gesetzgebungen ist gewissen Personen, so Wechselmaklern, Wechselagenten, richterlichen Beamten, die Vornahme von Handelsoperationen und damit auch die Eingehung von Wechselverbindlichkeiten verboten (vgl. den französischen Code de comm. Art 85 und andere), ohne daß jedoch die Rechtsgültigkeit einer diesem Verbote zuwider eingegangenen Verbindlichkeit dadurch berührt wird.

Anm. 6. 2. Im wesentlichen die gleiche Bestimmung, wie die DWO in Art 3, enthalten die übrigen zur deutschen Gruppe gehörigen Gesetze, namentlich der Schweiz (Artt 721, 800, 823), Ungarns (§§ 2, 81, 96), Italiens (Art 327), Rumäniens (Art 352), Skandinaviens (§ 88), Japans (Artt 437, 438). Eine entsprechende Vorschrift enthielt auch das frühere russische Wechselgesetz (§§ 32, 89); in dem neuen Wechselgesetze der Sowjetunion findet sie sich nicht mehr. — Der französische Code de comm. (Art 114) spricht aus, daß die von nicht Geschäfte treibenden Minderjährigen unterschriebenen Wechselbriefe in Ansehung ihrer nichtig sind und bringt damit die nur relative Ungültigkeit, die dem Grundsatze der Selbständigkeit der einzelnen Wechselverpflichtungen entspricht, zum Ausdruck. In anderen Staaten, so in Spanien, werden ohne ausdrückliche Bestimmung die gleichen Grundsätze für anwendbar erachtet. Auch in den Niederlanden ist, ungeachtet der für „falsche Indossamente" gegebenen Sondervorschrift des Art 157 (vgl. darüber den Anhang I zum Unterabschnitte XII in diesem Buche) der Grundsatz der Selbständigkeit der Wechselverpflichtungen im übrigen anerkannt und gilt namentlich auch für die Indossamente wechselunfähiger Personen.

II. Künftiges einheitliches Wechselrecht.

Anm. 1. 1. Die Haager EWO enthält selbst keinerlei Bestimmungen über die Fähigkeit, sich durch Wechsel zu verpflichten (Art 1 DWO), sondern überläßt die Regelung dieser Materie vollständig den einzelnen Vertragsstaaten und beschränkt sich auf Vorschriften, welche die Kollision — den Konflikt — zwischen den Gesetzen dieser Staaten, das sogenannte internationale Privatrecht, in den Fragen der passiven Wechselfähigkeit regeln. Das Genfer EWG steht auf dem gleichen Standpunkte. Vgl. darüber den Anhang II zum Unterabschnitte XV unter 1.

Anm. 2. 2. Die Haager EWO enthielt in Art 7 die nachfolgende, dem Art 3 DWO entsprechende Bestimmung:

„Art 7:

Wenn ein Wechselbrief die Zeichnung von Personen trägt, die unfähig sind, sich zu verpflichten, sind die Verpflichtungen der anderen Zeichner deswegen nicht weniger gültig."

Bei den Verhandlungen der Genfer Wechselrechtskonferenz wurde es für richtiger gehalten, dem in dieser Vorschrift nur für den speziellen Fall der Unwirksamkeit einzelner Wechselverpflichtungen wegen der Verpflichtungsunfähigkeit der Zeichner in Anwendung gebrachten Rechtsgrundsatze der Selbständigkeit der einzelnen Wechselverpflichtungen, der von allgemeinerer Tragweite sei und noch in anderen Vorschriften der EWO, namentlich in Art 68 für den Fall falscher Unterschriften (vgl. DWO Artt 75, 76), zur Anwendung komme, einen allgemeinen Ausdruck zu geben und die einzelnen Anwendungsfälle in einer gemeinsamen Vorschrift zusammenzufassen. Demgemäß wurde in dem Genfer Entwurfe der Art 7 wie folgt gefaßt:

„Art 7:

Wenn der Wechselbrief Zeichnungen von Personen trägt, die unfähig sind, sich durch Wechselbrief zu verpflichten, oder falsche Zeichnungen oder Zeichnungen von erdichteten Personen oder Zeichnungen, die aus irgend einem anderen Grunde die Personen, die den Wechselbrief gezeichnet haben oder mit deren Namen er gezeichnet ist, nicht verpflichten können, so sind die Verpflichtungen der anderen Zeichner daraus nicht weniger gültig."

Gleichzeitig wurde ausgesprochen, daß diese Fassung den Wegfall des Art 68 der Haager EWO nach sich ziehen müsse (Bericht der Redaktionskommission Nr. 30, Compte rendu S. 130).

Zweiter Abschnitt.

Von gezogenen Wechseln.

Vorbemerkungen.

1. Begriff und rechtliche Natur des Wechsels. Die deutsche Wechselordnung gibt keine ausdrückliche Begriffsbestimmung des Wechsels, sondern zählt nur gewisse äußere Erfordernisse auf, die vorhanden sein müssen, damit ein W in ihrem Sinne vorliege, und zwar tut sie das getrennt für die beiden von ihr anerkannten Formen des Wechsels, den gezogenen Wechsel (in Art 4) und den eigenen Wechsel (in Art 96). Der Begriff und die rechtliche Natur des Wechsels in ihrem Sinne können nicht aus diesen äußeren Erfordernissen allein, sondern nur aus dem gesamten Inhalte und Zusammenhange des Gesetzes heraus, unter Berücksichtigung der geschichtlichen Entwicklung des Wechsels und der zur Zeit der Entstehung der WO über ihn bestehenden Rechtsanschauungen sowie der Verkehrsbedürfnisse, denen er dienen sollte, gefunden und bestimmt werden. Die Anschauung späterer Rechts- und Verkehrsentwicklung, namentlich auch die im BGB zur Geltung gekommenen Rechtsgrundsätze, können nicht ohne weiteres in die Auffassung der WO hineingetragen werden; dazu würde es einer Gesetzesnovelle bedürfen. Danach wird man den Wechsel im Sinne der WO als eine Urkunde bestimmen (definieren) können, die sich selbst als Wechsel bezeichnet und in welcher in gesetzlich vorgeschriebener formeller Weise von ihrem materiellen Rechtsgrunde weitgehend losgelöste (abstrakte) Schuldverpflichtungserklärungen, die auf Leistung einer bestimmten Geldsumme gerichtet sind, derart beurkundet sind, daß die Urkunde selbständiger Träger dieser Verpflichtungen (Wertpapier) ist. Dabei kann die grundlegende Verpflichtungserklärung entweder in der Form einer, die Haftung des Erklärenden (Ausstellers) begründenden, an eine Person, regelmäßig einen Dritten (den Bezogenen) gerichteten Aufforderung, die Geldsumme zu zahlen (gezogener W., Tratte), oder in der Form des Versprechens, sie selbst zu zahlen (eigener oder trockener W), erfolgen, und zu ihr können weitere Verpflichtungserklärungen, bei der Tratte durch Annahme der Aufforderung von Seiten des Bezogenen (Akzept), bei beiden Wechselformen durch haftungbegründende Übertragung des wechselmäßigen Gläubigerrechts von seiten des ersten Gläubigers (Remittenten) auf einen anderen und von diesem auf weitere Gläubiger mittels der besonderen wertpapiermäßigen Übertragungsform des Indossaments hinzutreten. **Anm. 1.**

Der Wechsel fällt sonach unter die Kategorie der Wertpapiere, deren wesentlichste gemeinsame Merkmale darin bestehen, daß das in ihnen verbriefte Recht regelmäßig nur mit der Urkunde in der Hand ausgeübt werden kann und daß die Übertragung der Rechte aus ihnen unter Übereignung des Papiers stattzufinden hat. Und zwar gehört er in den Regelfällen zu der Unterklasse der sogenannten „technischen Orderpapiere", da er, sofern seine Übertragung nicht vom Aussteller durch die Worte: „nicht an Order" untersagt und er dadurch zum Rektapapier geworden ist, durch Indossament übertragen werden kann (Art 9 WO; vgl. die Erläuterungen zu diesem Artikel). Dagegen ist es ausgeschlossen, daß der Wechsel als Inhaberpapier geschaffen wird, wenn er auch durch Blankoindossament einem solchen in gewissem beschränktem Maße angenähert werden kann; vgl. Art 12 WO und die Erläuterungen zu diesem Artikel. **Anm. 2.**

2. Entstehungsgrund der Wechselverpflichtungen. Sehr bestritten ist der Entstehungsgrund der in dem Wechsel verbrieften Verpflichtungen. Seit Inkrafttreten der WO wird über diese Frage in Wissenschaft und Rechtsprechung ein bis heute noch nicht endgültig geklärter Streit geführt, und zwar durch Aufstellung und Begründung, beziehungsweise gegenseitige Bekämpfung einer großen Anzahl von **„Wechseltheorien"**, von deren Plattformen aus die Vorschriften der WO in verschiedenem Sinne ausgelegt und entgegengesetzte praktische Folgerungen gezogen werden. Das Zeitalter der rein konstruktiven Jurisprudenz hat auf diesem Gebiete wahre Orgien in Konstruktionsversuchen gefeiert, auf die von den hervorragendsten Gelehrten des Wechselrechts großer Scharfsinn und gründlichste Forschungsarbeit verwendet, um nicht zu sagen verschwendet worden ist. Es kann hier nicht auf alle aufgestellten Theorien eingegangen werden. Es muß genügen, die hauptsächlichsten von ihnen wiederzugeben und zu ihnen Stellung zu nehmen, soweit dies zur Entscheidung über die aus ihnen hergeleiteten praktischen Folgen erforderlich ist. **Anm. 3.**

Die dem Streite zugrunde liegende Frage ist im wesentlichen die, ob zur Entstehung der wechselrechtlichen Verpflichtungen — aller oder welcher von ihnen —, wie im gewöhnlichen bürgerlichen Rechte auf dem Gebiete der Schuldverhältnisse in aller Regel der Fall (vgl. § 305 BGB), ein Vertrag erforderlich ist oder ob sie durch eine einseitige, mittels der Schrift vollzogene Willenserklärung des sich Verpflichtenden — den sogenannten Skripturakt — zustande kommen. Auf ersterem Standpunkte steht die sogenannte Vertragstheorie, auf dem letzteren die sogenannte Kreationstheorie. Der Vertrag, den die Vertragstheorie erfordert, ist, wie es die rechtliche Natur des Wechsels als Wertpapier (vgl. oben zu 1) mit sich bringt, kein formloser Konsensualvertrag, in der Regel auch kein bloßer Literalvertrag, der lediglich durch Schreiben der Urkunde zustande kommt, sondern ein Vertrag, der sich in der Weise der Übertragung des **Anm. 4.**

Eigentums an beweglichen Sachen (§§ 929 ff. BGB) durch Geben und Nehmen des Papiers unter Einigung darüber, daß das Recht an dem Papier und damit zugleich das Recht aus dem Papier dem Nehmenden verschafft werden soll, vollzieht, der sogenannte **Begebungsvertrag**. Ein solcher Vertrag wird nach der Vertragstheorie bei der regelmäßigen Entstehung des Wechsels abgeschlossen zunächst zwischen dem Aussteller und dem ersten Nehmer (Remittenten), ferner bei der Akzeptation zwischen dem Akzeptanten und dem Wechselinhaber, der den Wechsel zum Akzepte vorgelegt hat, sodann bei dem Umlaufe des Wechsels jedesmal zwischen dem Indossanten und dem Indossatar. Er enthält aber zugleich ein Versprechen der Leistung an Dritte, nämlich außer an den unmittelbaren Vertragsgegner an alle diejenigen, die in zeitlicher Aufeinanderfolge (sukzessive) legitimierte Inhaber des Wechsels sein werden, ein Versprechen, aus dem die Dritten ein unmittelbares Gläubigerrecht gegen den Versprechenden erlangen sollen und jetzt auch nach den Vorschriften des BGB über Verträge zugunsten Dritter (§§ 328 ff.; vgl. im RGR Komm. die Erläuterungen zu diesen Paragraphen) erlangen können. Die Auffassung, daß es sich dabei um einen Vertrag mit den sämtlichen sukzessiven künftigen Wechselinhabern, also unbestimmten und unbestimmt vielen Personen, als Vertragsgegnern handle, die vereinzelt hervorgetreten ist, war nur als Notbehelf für solche Rechtsgebiete erforderlich und erklärlich, in denen nicht (wie übrigens für handelsrechtliche Verträge schon in Art 307 ADHGB) Verträge zugunsten Dritter als unmittelbar für diese wirksam anerkannt waren (vgl. Goldschmidt ZfHR Bd 28 S. 111).

Die Kreationstheorie dagegen erblickt in der Herstellung der den Verpflichtungswillen inhaltlich zum Ausdruck bringenden Schrift (des sogenannten Skripturakts) ein einseitiges Versprechen des Herstellers der Schrift, also eine Willenserklärung, die ohne empfangsbedürftig zu sein und ohne sich mit einer Erklärung des unmittelbaren Wechselnehmers zu einem Vertrage zusammenzuschließen, die Verpflichtung begründet.

Anm. 5. In der geschichtlichen Entwicklung der Lehre des Wechselrechts war, entsprechend dem romanistischen Charakter des in den Ländern, in denen sich der Wechsel vorzugsweise entwickelte (vgl. die Einleitung unter I 1), herrschenden Rechts und entsprechend der römisch-rechtlichen Auffassung von dem Grunde der Obligationen, zweifellos die Auffassung, daß auch die Wechselverpflichtungen auf einem Vertrage beruhen, die gegebene und lange Zeit hindurch allein herrschende. Das galt insbesondere von dem Einlösungsversprechen des Bezogenen, der schon ihrer von jeher gebräuchlichen Bezeichnung nach auf einen Vertrag hindeutenden Akzeptation, die ursprünglich auf mündliche Anfrage des Remittenten oder Präsentanten oder für diesen durch öffentlichen Aufruf auf der Wechselmesse erfolgte und demnächst im Meßwechselkonto, auch wohl daneben noch auf dem Wechsel, bei Nichtmeßwechseln nur auf diesem vermerkt, später nur schriftlich auf dem W selbst abgegeben und mit der Niederschrift als unwiderruflich angesehen wurde; vgl. Goldschmidt a. a. O. S. 85. Daß die Unwiderruflichkeit der Annahme auf einem gewollten Zusammentreffen der beiden Willenserklärungen, nämlich des Verlangens des Einlösungsversprechens und dessen Abgabe, also auf einem Vertrage beruhte, der freilich keine Begebung des Papiers erforderte, konnte bei dieser Entstehungsweise der Akzeptverbindlichkeit nicht zweifelhaft sein. Auf dieser Auffassung beruhte auch das Wechselrecht des Preußischen Allg. Landrechts, das deutlich auf dem Boden der Vertragsnatur der Wechselverpflichtungen stand (vgl. § 715 II 8 und dazu die Beantwortung des Monitums 5: „Eigentlich gehört die Abhandlung von Wechseln zur Lehre von den Kontrakten", sowie das von Bernstein WO zu Art 21 § 4 unter 1 a S. 129 und in JW 1920 S. 955 wiedergegebene Mémoire von Büsch), und zwar auch hinsichtlich der Akzeptation, für diese aber trotzdem den Grundsatz der Unwiderruflichkeit aufstellte, vgl. §§ 997, 998 II 8: „Die einmal geschehene Akzeptation kann der Bezogene nicht wieder zurücknehmen, noch auf dem Wechsel ausstreichen; auch wenn er das letztere getan hat, bleibt er trotzdem aus der Akzeptation verhaftet."

Anm. 6. In der Zeit, als die ersten Entwürfe zur ADWO erschienen waren (1839), trat nun Einert in seinem Werke: „Das Wechselrecht nach dem Bedürfnisse des Wechselgeschäfts im 19. Jahrhundert" der bisher herrschenden Auffassung entgegen und verfocht im Interesse einer unbeschränkten Umlaufsfähigkeit des Wechsels, den er als das „private Papiergeld der Kaufleute" bezeichnete, die von ihm aufgestellte Kreationstheorie. Auch nach dem Inkrafttreten der ADWO blieb aber bestritten, auf welcher theoretischen Grundlage dieses Gesetz die Verbindlichkeit der wechselrechtlichen Erklärungen aufgebaut habe. Die Vertragstheorie wurde namentlich von Thöl in seinem Entwurfe einer WO für Mecklenburg (1847) und nach Inkrafttreten der ADWO in seinem Wechselrechte (4. Aufl. 1878, §§ 55, 81, 92, 97) vertreten. Dagegen hat sich Kuntze (im Archiv für Wechselrecht VIII S. 398 ff. sowie in seinem Deutschen Wechselrecht 1862 S. 51, 52, 304 und in Endemanns Handbuch IV Abt 2 §§ 10, 14) der Einertschen Kreationstheorie angeschlossen und sie auch als den Rechtssätzen der ADWO zugrunde liegend darzulegen versucht. Auch Dernburg (Preuß. Privatrecht II §§ 12, 87, 89 und Bürg. Recht II § 249 I) vertritt die Kreationstheorie; ebenso Grünhut (Wechselrecht I S. 274). Andere Schriftsteller vertreten Lehren, die sich der einen oder der anderen der beiden gegenüberstehenden Theorien mit gewissen Abweichungen nähern. So Goldschmidt, nach Aufgabe der von ihm zunächst (ZfHR 3, 275) vertretenen „Pendenz- oder Präsentationstheorie", die von ihm sogenannte „Eigentumstheorie"

(a. a. O. 8, 330; 9, 62; 28, 63), welche die Forderung aus dem Wechsel nach sachenrechtlichen Grundsätzen durch vertragsmäßige Übereignung des Eigentums am Papier an den ersten Nehmer entstehen läßt, während das Wechselrecht aller späteren Wechselnehmer auf einem einseitigen Rechtsakte (der Kreation) beruhen soll. Speziell für das Akzept wurde die Kreationstheorie von Grawein, Die Perfektion des Akzepts (1876), verfochten und auch von Gareis (ZfHR 24, 313) als Ausnahmegrundsatz für dieses anerkannt, während Goldschmidt (a. a. O. 28, 84 ff.) auch für das Akzept den Vertrag als Grundlage festhielt. — Als eine Modifikation der Kreationstheorie stellt sich die von Stobbe (Handb. des deutschen Privatrechts III S. 106—109, 1878) vertretene sogenannte „Emissionstheorie" dar, welche die Verpflichtung durch irgendeine Entäußerung des Besitzes von seiten des Ausstellers, zu der eine Besitznahme desjenigen, der durch das Papier berechtigt werden soll, hinzukommt, also durch getrennte Akte ohne Begebungsvertrag entstehen läßt. Eine modifizierte Kreationstheorie hatte auch Staub in der 4. Auflage seines Kommentars zur WO (allg. Einl. §§ 9—17) vertreten; die Bearbeiter der späteren Auflagen, J. und M. Stranz, sind aber zur reinen Theorie des Begebungsvertrags zurückgekehrt, indem sie sogar dem redlichen Erwerber eines ohne Willen des Ausstellers in den Verkehr gekommenen Wechsels den Wechselanspruch gegen diesen versagen; vgl. 12. Aufl. allg. Einl. Anm 10. Ebenso Bernstein ADWO Vorbem 3 vor Art 4 S. 25. In neuerer Zeit hat Jacobi, Die Wertpapiere, in Ehrenbergs Handbuch IV 2 S. 125 ff. eine modifizierte Vertragstheorie aufgestellt, die er als „Rechtsscheintheorie" bezeichnet und deren Kern darin besteht, daß zwar grundsätzlich ein Vertrag zur Entstehung der Wechselverpflichtung erforderlich sei, daß aber zugunsten des gutgläubigen Erwerbers des Papiers der durch den Hersteller der in den Verkehr gelangten Skriptur veranlaßte Schein eines solchen Vertrages genügen müsse.

Anm. 7. In der Rechtsprechung der deutschen obersten Gerichte ist als regelmäßiger Entstehungsgrund der Wechselverpflichtung der Vertrag grundsätzlich festgehalten worden. So hat das ROHG (Entsch. Bd. 19 S. 31 ff.) ausgeführt, eine Wechselobligation komme durch die Unterschrift des Wechsels allein noch nicht zustande; wenn jemand einen W zwar fertig ausgestellt, aber in sein Pult gelegt und dem darin benannten Remittenten nicht ausgehändigt habe, so sei die Wechselurkunde ein Stück Papier ohne rechtliche Bedeutung geblieben und derjenige, der ohne oder gegen den Willen des Ausstellers den Gewahrsam der Wechselurkunde, sei es durch unerlaubte Handlung oder durch einen Zufall erlange, erwerbe dadurch keinen Wechselanspruch gegen den Aussteller; dabei ist (was von diesem Standpunkte aus nicht erforderlich gewesen wäre) auch der Gesichtspunkt herangezogen, daß die Geltendmachung eines solchen Anspruchs durch einen derartigen Erlanger des Papiers eine Arglist darstellen würde; es ist ferner dahingestellt gelassen, ob im Falle einer Weiterindossierung ein dritter Inhaber des Wechsels einen Anspruch hätte erlangen können. — Das Reichsgericht hat für den Wechselanspruch des Indossatars „einen durch Indossament betätigten, im Geben und Nehmen des Wechsels beruhenden gültigen Wechselvertrag" für erforderlich erklärt (RGZ 5, 83; 35, 75, 87, 367; 112, 202; JW 1927, 1681 und sonst); es hat ferner in einer älteren Entscheidung (RGZ 14, 22) sogar ganz allgemein den Grundsatz aufgestellt, daß die Existenz einer jeden Wechselverbindlichkeit durch den Abschluß eines Wechselvertrages bedingt sei und daß demnach die Einrede, ein solcher sei nicht abgeschlossen worden, aus dem Wechselrecht selbst hervorgehe (Art 82); freilich auch dort schon mit der aus den „Eigentümlichkeiten" des Wechselrechts hergeleiteten Einschränkung, daß, da der Wechselvertrag ein schriftlicher Formalvertrag sei, es nicht darauf ankomme, was bei dem Geben und Nehmen des Wechsels von den Vertragschließenden gewollt sei, sofern nur ein solches äußerlich stattgefunden habe. In späteren Entscheidungen hat das RG dann aber ausdrücklich abgelehnt, mit Staub-Stranz (vgl. oben) den Einwand des mangelnden Begebungsvertrags bei einem Vormanne gegenüber dem gutgläubigen Erwerber des Wechsels zuzulassen, da eine solche Zulassung in innerem Widerspruch zu Art 74 stehen würde, der den Herausgabeanspruch gegen einen solchen Wechselinhaber ausschließe, was nur bedeuten könne, daß ihm auch die Rechte als Gläubiger aus dem Papier zustehen sollen; RG 112, 202, vgl. auch 74, 185; 77, 140; 87, 367; 103, 89, ferner zu Art 74 Anm 12 und zu Art 82 Anm 27.

Ferner aber hat das RG die Vertragstheorie zugunsten der Kreationstheorie ausdrücklich aufgegeben für die Verpflichtung aus dem Akzepte; diese leitet es in seiner neueren Rechtsprechung lediglich aus dem Vollzuge des Skripturakts her, den es als einseitige Willenserklärung auffaßt; vgl. schon RGZ 24, 89; ferner 70, 210; 77, 140; bei Holdheim 1903 S. 281; im Recht 1903 Nr. 3039. Das RG beruft sich für diese Auffassung zunächst auf die Erscheinung des trassiert-eigenen Wechsels, bei dem wegen der Identität des Ausstellers und Bezogenen die Akzeptverbindlichkeit nicht aus einem Vertrage zwischen diesen Personen hergeleitet werden könne und der doch durch Art 6 Abs 2 in gewissen Fällen (als Distanzwechsel) ausdrücklich zugelassen, aber auch außerhalb dieser Fälle gültig sei, wenn die Identität zwischen Aussteller und Bezogenem aus dem Wechsel nicht erkannt werden könne. Das RG führt ferner zur Begründung seiner Ansicht aus, der im Wechsel ausgedrückte äußerliche Zahlungsauftrag müsse in Wirklichkeit nicht ein Mandat des Ausstellers an den Bezogenen, sondern könne Träger der verschiedenartigsten Rechtsverhältnisse sein und deshalb könne der juristische Charakter des Wechselzuges aus ihm nicht entnommen werden. Namentlich aber stützt das RG seine Auffassung auf Art 21 Abs 4 WO, wonach die einmal (durch Niederschrift des Akzeptvermerks auf dem Wechsel) geschehene Annahme nicht widerrufen werden könne. Auf Grund dieser Auffassung hat das RG wiederholt ausgesprochen, daß, ungeachtet eines bestehenden gesetzlichen Verbots des Kontrahierens eines Vertreters mit sich selbst (jetzt § 181 BGB), ein Wechsel, den ein Vertreter in eigenem Namen auf den Vertretenen ziehe, von ihm selbst im Namen des Vertretenen angenommen werden könne und umgekehrt, da ein Vertragsschluß mit sich selbst nicht in Frage stehe (RGZ 24, 90; I 150/96 bei Holdheim 1907 S. 121; RGZ 77, 141). Allerdings hat es hieraus bisher praktisch nur die Folgerung gezogen, daß aus einem solchen Akzepte der Akzeptant („mindestens") dem dritten Wechselinhaber gegenüber verpflichtet werde; dagegen ist nicht entschieden, daß auch im Verhältnisse zwischen dem Vertreter und dem Vertretenen eine Verbindlichkeit aus dem Akzepte entstehe. Auch hat das RG die Auffassung von der nicht-vertraglichen Rechtsnatur des Akzeptes beschränkt auf dasjenige Akzept, welches auf einen bereits fertiggestellten Wechsel gesetzt ist; für das Blanko-Akzept (vgl. zu Art 21 Anm 16) verlangt es auch zur Verpflichtung des Akzeptanten regelmäßig einen Begebungsvertrag (RG im Recht 13 Nr. 1051; bei Holdheim 1913, 196).

Anm. 8. Sucht man gegenüber solch verwirrender Fülle der Meinungen in einer für das Wechselrecht grundlegenden Frage einen selbständigen Standpunkt zu gewinnen, so wird zunächst dem Ausspruche Dernburgs (Bürg. Recht II 2 § 249 I) nicht beigepflichtet werden können, daß, nachdem sich das BGB in § 749 bei den Schuldverschreibungen auf den Inhaber für die (von Dernburg vertretene) Kreationstheorie entschieden habe, gleiches auch für den Wechsel angenommen werden müsse und es zwecklos sein würde, wenn die Gegner den Kampf noch fortsetzten. Zunächst wird dadurch, daß das BGB für ein von ihm geregeltes besonderes Rechtsinstitut einen bestimmten Rechtsgedanken angenommen hat, nichts dafür erwiesen, daß der gleiche Gedanke auch der Regelung zugrunde liege, die ein erheblich früher und unter anderen Verhältnissen und Rechtsanschauungen entstandenes Gesetz, wie die ADWO, einem von ihm geregelten Rechtsinstitute hat angedeihen lassen. Vielmehr darf die WO nur aus sich selbst ausgelegt werden, soweit sie nicht zu ihrer Ergänzung ausdrücklich oder stillschweigend auf andere Gesetze verweist. Sodann aber bestehen auch materiell zwischen dem Wechsel und den Inhaber-Schuldverschreibungen nach Wesen, Inhalt und Zweck ganz erhebliche Verschiedenheiten, die eine auch nur entsprechende Anwendung nicht ohne weiteres gestatten. Die Inhaberschuldverschreibungen werden regelmäßig in Massen von Exemplaren gleichen Inhalts ausgegeben und sind grundsätzlich zu zeitlich langem, unbeschränktem Umlaufe von Hand zu Hand bestimmt, während der Wechsel ein individuell gestaltetes Einzelpapier ist, das nur zu zeitlich beschränktem Umlauf bestimmt ist und jedenfalls bei seiner Entstehung (auf die es hier gerade ankommt) an die Beziehungen zwischen bestimmten einzelnen Personen anknüpfen muß, deshalb auch nicht auf den Inhaber gestellt werden darf. Auf einen Vertrag als Grundlage der Wechselverpflichtung weist aber auch die ganze geschichtliche Entwicklung des Wechselrechts und die Entstehung der ADWO, wie sie oben dargestellt ist, hin; ferner die Vorschrift des Art 1 (vgl. Anm 2 zu Art 1), welche die Fähigkeit, sich durch Verträge zu verpflichten, als Voraussetzung der Wechselfähigkeit aufstellt. Nicht zulässig dürfte es sein, aus gewissen Einzelbestimmungen des Gesetzes, die sich als Sondervorschriften darstellen und Abweichungen von der regelmäßigen Gestaltung des Wechsels bilden, wie die für gewisse Fälle erfolgte ausnahmsweise Zulassung trassiert-eigener Wechsel in Art 6 Abs 2, den Schluß ziehen zu wollen, daß ein Vertrag nicht die regelmäßige und normale Entstehungsgrundlage des Wechsels sei. Auch für die Akzeptverbindlichkeit ist m. E. aus der Vorschrift des Art 21 Abs 4 nicht zu folgern, daß sie ohne Vertrag, auf Grund eines einseitigen Kreaktionsaktes entstehe, was mit der geschichtlichen Entwicklung, der hergebrachten Bezeichnung und der regelmäßigen Gestaltung des Vorgangs bei dem Zustandekommen gerade dieser Wechselverbindlichkeit besonders in Widerspruch stehen würde, sondern nur daß der Vertrag, durch den sie zustande kommt, die Besonderheit hat, daß er kein Begebungsvertrag zu sein braucht, der durch Geben und Nehmen der Urkunde abgeschlossen wird; daß er vielmehr im Regelfalle durch die schriftliche Annahmeerklärung des Bezogenen auf den ihm durch Übersendung oder Präsentation des Wechsels gemachten Antrag zustande kommt, ohne daß es einer Erklärung der Annahme gegenüber dem Antragenden und eines Zuganges der Erklärung an diesen bedarf; eine Erscheinung, die auch im allgemeinen bürgerlichen Rechte durch § 151 BGB anerkannt ist und für den Wechsel unbedenklich als der Verkehrssitte entsprechend bezeichnet werden kann. Ist aber ausnahmsweise eine Annahmeerklärung abgegeben, bevor ein fertiger Wechsel ausgestellt war, so stellt diese ihrerseits den Antrag auf Abschluß des Wechselvertrags dar, der durch die Ausstellung des Wechsels angenommen wird, und erst mit dieser Ausstellung, durch die der Wechsel fertiggestellt wird, entsteht, wie ja auch in der reichsgerichtlichen Rechtsprechung anerkannt ist, die Verpflichtung aus dem Akzepte. Wenn in RGZ 24, 89, wo die Herleitung der Akzepthaftung aus einem Vertrage verneint wird, darauf hingewiesen ist, daß der äußerliche Zahlungsauftrag nicht notwendig ein Mandat des Ausstellers an den Bezogenen sein müsse, sondern auf den verschiedensten Rechtsverhältnissen beruhen könne, so scheint mir dabei eine Verwechslung zwischen dem der Wechselausstellung und -annahme zugrunde liegenden Kausalgeschäfte, dem pactum de cambiando, das für die rechtliche Natur des Wechsels ganz unerheblich ist, einerseits und dem abstrakten Wechselvertrage, pactum cambii, unterlaufen zu sein. Es handelt sich hier nicht um die Frage des materiellen Verpflichtungsgeschäfts, das der Wechselverpflichtung zugrunde liegt (vgl. darüber unten zu 3), sondern um die Frage, in welcher Weise das abstrakte Erfüllungsgeschäft, die Wechselverpflichtungserklärung, zustande kommt. Es erscheint deshalb durchaus befremdlich, daß das RG, das im übrigen einen Wechselvertrag für erforderlich erklärt, gerade die Verbindlichkeit aus dem Akzepte als durch einen einseitigen Willensakt begründet angesehen wissen will. — Dem Festhalten an dem Vertrage als Grundlage der Wechselerklärungen steht auch nicht entgegen, daß in einzelnen Fällen Rechte und Verpflichtungen aus Wechseln entstehen können, ohne daß ein wirklicher Vertrag vorliegt. Denn es greift hier der Grundsatz des Schutzes des guten Glaubens an einen äußerlich gegebenen Tatbestand im Rechtsverkehr ein, der auf verschiedenen Gebieten im bürgerlichen und Handelsrecht in mehr oder weniger weitgehender Weise anerkannt und bei Urkunden, die, wie der Wechsel, zum Verkehr bestimmt sind, unentbehrlich ist. Wer von einem als Remittent des Wechsels in diesem bezeichneten oder nach den Vorschriften des Art 36 als Indossatar legitimierten Wechselinhaber den Wechsel in gutem Glauben erwirbt, muß sich darauf verlassen können, daß dieser zur Verfügung über den Wechsel berechtigt ist. Dieser Grundsatz erfordert, daß der Mangel eines Wechselvertrags, insbesondere eines Begebungsvertrags, bei einem Vormanne demjenigen nicht entgegengehalten werden kann, der seinerseits den Wechsel von dem als Remittent in diesem bezeichneten oder nach den Vorschriften des Art 36 als Indossatar legitimierten Wechselinhaber gutgläubig durch einen solchen Vertrag erlangt hat. Er findet die etwa erforderliche positive Grundlage namentlich in Art 74 WO; vgl. Anm 12 zu diesem Art. Dadurch wird aber der Grundsatz, daß die regelmäßige Grundlage der Berechtigung aus einem Wechsel ein Vertrag ist, ebensowenig außer Kraft gesetzt, wie durch den gutgläubigen Eigentumserwerb bei beweglichen Sachen vom Nichteigentümer gemäß § 932 oder durch den Eigentumserwerb an Grundstücken auf Grund des öffentlichen Glaubens des Grundbuches (§ 892) der Satz, daß zum Erwerbe des Eigentums die Einigung zwischen dem Eigentümer und dem Erwerber, also ein Vertrag zwischen diesen Personen, grundsätzlich erforderlich ist. So muß auch derjenige, welcher durch Herstellung einer urkundlichen Wechselverpflichtungserklärung (als Aussteller, Akzeptant oder Indossant) die Möglichkeit geschaffen hat, daß diese in den Verkehr gelangt und dadurch Dritte in den Glauben versetzt werden, es sei ein Wechselvertrag geschlossen, sich so behandeln lassen als hätte er wirklich einen solchen Vertrag geschlossen. Geht aber aus dem Wechsel hervor, daß der Wechselvertrag zwischen Aussteller und Akzeptanten entgegen der Regelvorschrift des § 181 BGB geschlossen ist, so wird der dritte Erwerber sich auf guten Glauben nicht berufen können (vgl. oben Anm 7). Die hier vertretene Auffassung entspricht im wesentlichen der von Jacobi (a. a. O.) vertretenen „Rechtsscheintheorie"; wenn dieser es als ein unmögliches Beginnen bezeichnet, zu ihr vom Standpunkte der „Vertragstheorie" zu gelangen, so kann das nicht zugegeben werden. Keinesfalls wird durch sie die „Kreationstheorie" gerechtfertigt, die davon ausgeht, daß der Wille des Erklärenden darauf gerichtet sei, sich durch einen einseitigen Skripturakt zu verpflichten. Vgl. zu dieser Streitfrage auch die Ausführungen in meinem ScheckgesKomm zu § 8 Anm 3 S. 73.

Auch in den meisten ausländischen Wechselgesetzgebungen tritt, ohne daß man sich über **Anm. 9.** Wechseltheorien streitet, der Vertrag als Grundlage der Wechselverpflichtung, jedoch mit der Einschränkung, daß der gute Glaube des Dritterwerbers geschützt wird, deutlich hervor. So namentlich in der Gruppe des französischen Rechts, in welchem die von Pothier begründete Ansicht herrschend ist, daß der Wechselbrief nur die Ausführung des Wechselvertrags und überdies die Wechselverpflichtung von dem ihr zugrunde liegenden Kausalgeschäfte abhängig sei; zur Bindung der Parteien wird dort die Übergabe der Wechselurkunde erfordert; dem guten Glauben des Erwerbers wird Raum gewährt in der Weise, daß ihm der Wechselschuldner keine diesem gegen einen früheren Inhaber zustehenden Einreden, auch nicht die des mangelnden Wechselvertrags entgegensetzen kann. Vgl. Wieland, Der Wechsel und seine zivilrechtl. Grundlagen S. 126; Thaller S. 639 Nr. 1292 ff.; Meyer, Weltwechselrecht I S. 43. — Auch nach dem englischen und anglo-amerikanischen Rechte (BEA sect. 21^1; NIL 35) wird jede Wechselverpflichtung grundsätzlich erst mit der Aushändigung der Urkunde (delivery), also durch einen Begebungsvertrag, vollständig und unwiderruflich; doch besteht zugunsten des gutgläubigen entgeltlichen Erwerbers (holder in due course) eine unwiderlegliche Vermutung der gültigen Begebung durch den Akzeptanten und alle Vormänner (BEA sect. 21^2; NIL § 91). Auch bindet das Akzept ohne Übergabe, wenn der Bezogene die vollzogene Annahme dem Wechselberechtigten oder dem durch ihn Bezeichneten mitgeteilt hat (BEA 21^1); in den Vereinigten Staaten wird der Bezogene durch widerrechtliche Zurückbehaltung oder Zerstörung der Wechselurkunde gebunden, auch wenn er noch kein Akzept darauf gesetzt hat (NIL § 225); vgl. Näheres im Anhang I zu Unterabschn. V. — Die Russische Wechselordnung von 1902 (§§ 15, 16) bestimmte, daß der Wechsel, damit er in Beziehung zum ersten Erwerber (dem Remittenten) in Kraft trete, ihm vom Wechselaussteller ausgehändigt werden müsse, daß aber für eine solche Aushändigung die Vermutung spreche, wenn der Remittent sich im Besitz des Wechsels befinde; auch wird der gutgläubige Erwerber gegen den Einwand des mangelnden Begebungsvertrages bei einem seiner Vorgänger geschützt (§ 24). In der sowjetrussischen WO von 1922 ist ausgesprochen (§ 10), daß jedem Wechselinhaber alle aus dem Wechsel hervorgehenden Rechte unabhängig von dem Rechte des Vorgängers (also auch davon, ob der Vorgänger den Wechsel durch Begebungsvertrag erhalten hatte) zustehen, mit Ausschluß nur des Falles, daß der Wechsel dem Besitze des Vorgängers wider seinen Willen entzogen wurde und der Wechsel-Inhaber hiervon Kenntnis hatte oder bei der im Verkehr üblichen Sorgfalt hätte haben müssen; der gutgläubige Erwerber wird also auch jetzt gegen den Einwand des mangelnden Begebungsvertrages bei seinem Vorgänger geschützt. In dem zukünftigen einheitlichen Wechselrecht findet der Vertragsstandpunkt seinen Ausdruck durch Art 28 HEWO, 29 GEWG, wo, entsprechend dem englischen Rechte (vgl. oben), bestimmt ist, daß der Bezogene, der auf den Wechsel seinen Akzeptationsvermerk gesetzt hat, diesen mit der Wirkung, daß die Akzeptation als verweigert gilt, ausstreichen kann, solange er den Titel nicht aus der Hand gegeben oder einen Wechselbeteiligten von der geschehenen Akzeptation benachrichtigt hat. Vgl. Näheres im Anhang II zu Unterabschnitt V.

Anm. 10. **3. Rechtliche Natur der Wechselverpflichtungen. Beziehungen zum Kausalverhältnis.** Die in dem Wechsel verbrieften Verpflichtungen stellen sich als abstrakte Summenversprechen dar, entsprechend dem in § 780 BGB geregelten Schuldversprechen, das die Verpflichtung selbstständig begründen soll. Die Verpflichtung wird durch solche Versprechen von ihren wirtschaftlichen und rechtlichen Zusammenhängen, auch von ihrem unmittelbaren Bestimmungsgrunde, der causa, mehr oder weniger vollständig losgelöst. Dadurch wird bewirkt, daß der Gläubiger sich zur Begründung seines Anspruchs lediglich auf das Versprechen zu berufen braucht, ohne das zugrunde liegende Rechtsverhältnis (das Valutaverhältnis) aufdecken zu müssen. Das findet beim Wechsel seinen Ausdruck darin, daß der gemäß Art 36 legitimierte Inhaber ohne weiteres berechtigt ist, den Anspruch auf Zahlung der Wechselsumme oder den wechselrechtlichen Regreßanspruch geltend zu machen, und der ihm obliegenden Klagebegründungspflicht durch Vorlage des Wechsels und Bezugnahme auf ihn Genüge leistet; vgl. Näheres zu Art 36. Der dem Wechselversprechen zugrunde liegende Bestimmungsgrund kann von der verschiedensten Art sein; unter vielen anderen z. B. geschuldeter Kaufpreis, Darlehen, Verbürgung; auch bloße Gefälligkeit. Die Loslösung von dem Bestimmungsgrunde greift aber in verschiedenem Umfange Platz, je nachdem dem Versprechenden der unmittelbare Versprechensempfänger oder ein dritter Erwerber als anspruchserhebender Gläubiger (Kläger) gegenübersteht. Einem dritten Erwerber gegenüber ist die Berufung auf den Bestimmungsgrund — abgesehen von dem Falle der Kollusion, vgl. zu Art 82 Anm 48 — vollständig ausgeschlossen. Dem unmittelbaren Versprechensempfänger gegenüber dagegen — also im Verhältnisse zwischen Aussteller und erstem Nehmer (Remittenten), Indossant und seinem unmittelbaren Indossatar, auch Akzeptant und Aussteller — ist sie in der Weise zulässig, daß dem an sich begründeten Wechselanspruche aus dem zugrunde liegendem Rechtsverhältnisse Einwendungen entgegengesetzt werden können, die seiner Geltendmachung entgegenstehen (Art 82). Dazu ist aber erforderlich, daß der in Anspruch genommene Wechselschuldner seinerseits das zugrunde liegende Rechtsverhältnis aufdeckt und im Bestreitungsfalle nachweist und daß er ferner nachweist, daß aus diesem eine Schuld nicht entstanden oder die entstandene Schuld erloschen ist oder ihrer Geltendmachung ein rechtliches Hindernis entgegensteht. Deshalb ist nach der deutschen WO nicht (wie nach manchen fremden Rechten, vgl. unten Anm. 12), der Einwand, daß Valuta nicht bezahlt sei, ohne weiteres durchgreifend; vielmehr muß auch behauptet und im Bestreitungsfalle bewiesen werden, daß nach den zugrunde liegenden Vereinbarungen für den Wechsel Valuta bezahlt werden sollte. Vgl. Näheres über die hiernach in Betracht kommenden Einwendungen zu Art 82 Anm 37 ff.

Anm. 11. Das zugrunde liegende Rechtsverhältnis kommt ferner insofern in Betracht, als die durch die Wechselverpflichtungserklärung übernommene abstrakte Schuld sich als eine Leistung darstellt, die nach Konditionsgrundsätzen (§§ 812 ff. BGB) durch Klage, wie im Wege der Einrede, zurückgefordert werden kann, wenn der Empfänger des Wechselversprechens durch dessen Hingabe grundlos bereichert ist, weil die zugrunde liegende Forderung nicht bestand oder weggefallen ist. Außerdem hat die WO in Art 83 einen besonderen wechselrechtlichen Bereicherungsanspruch geschaffen, der die durch Verjährung oder durch Versäumung der zur Erhaltung des Wechselrechts gesetzlich vorgeschriebenen Handlungen (Präsentation, Protest usw.) zugunsten des Ausstellers und des Akzeptanten, nicht auch der Indossanten, ohne rechtfertigenden Grund eingetretene Vermögensverschiebung nach Maßgabe des zugrunde liegenden Rechtsverhältnisses ausgleichen soll; vgl. Näheres zu Art 83. — Andererseits wirkt die Wechselhingabe auch auf die ihr etwa zugrunde liegende bürgerliche rechtliche Forderung ein, und zwar in verschiedener Weise je nachdem der Wechsel — was im Zweifel zu vermuten ist — nur zahlungshalber oder aber — was besonders dargelegt werden muß — an Zahlungs Statt gegeben worden ist. In ersterem Falle wird die zugrunde liegende Forderung durch die Wechselhingabe nur insofern berührt, daß sie bis zum Verfalltage des Wechsels nicht geltend gemacht werden kann, nach eingetretener Fälligkeit und Nichtzahlung des Wechsels aber wieder in volle Wirksamkeit tritt, und zwar, soweit der Wechselanspruch noch besteht, wahlweise neben diesem. Im Falle der Hingabe an Zahlungs Statt dagegen ist die Forderung, zu deren Tilgung die Hingabe erfolgt ist, erloschen; wird der hingegebene gültige Wechsel nicht bezahlt, so findet weder eine Gewährleistung gemäß § 365 BGB — die nur im Falle des Nichtbestehens der an Zahlungs Statt hingegebenen Forderung gegeben ist — noch ein Bereicherungsanspruch statt; anders wenn der hingegebene Wechsel nicht gültig war.

Von den ausländischen Wechselgesetzgebungen hält die Gruppe des französischen Rechts — wie schon äußerlich in dem Erfordernisse der Valutaklausel (vgl. Anhang I zu Art 4 Anm 12b) zum Ausdrucke kommt — einen engen Zusammenhang zwischen der Wechselverpflichtung und ihrem Bestimmungsgrunde aufrecht, indem sie den Wechsel lediglich als ein Schuldbekenntnis über das Kausalverhältnis (reconnaissance de dette) ohne abstrakte Wirkung auffaßt und auf Grund von Art 1131 code civil auch die Gültigkeit einer Wechselobligation vom Vorhandensein einer wahren und erlaubten causa (cause réelle et licite) abhängig erklärt, wie denn dem französischen Rechte die Loslösung der Obligationen von ihrem Schuldgrunde überhaupt fremd ist und „titre abstrait" nur eine Urkunde ohne Angabe des Schuldgrundes (Art 1132 code civil) bedeutet. Gegenüber der Wechselklage wird deshalb im Verhältnisse unmittelbarer Wechselkontrahenten zueinander der Einwand der nicht gezahlten Valuta ohne weiteres zugelassen. Der gutgläubige dritte Erwerber wird aber gegen Einwendungen aus der Person eines Vormannes geschützt. Vgl. Wieland, Der Wechsel und seine zivilrechtlichen Grundlagen S. 126 und die dort angeführten Entscheidungen, namentlich das Urteil des franz. Kassationshofes vom 18. 3. 1850 bei Dalloz 50, 1, 166. — Das englische und anglo-amerikanische Recht stellt für den Wechsel, wie für alle formlosen Verträge (simple contracts im Gegensatze zu contracts under seal) das Erfordernis der „good consideration" auf, deren Vorhandensein jedoch beim Wechsel in der Regel präsumiert wird. Gegen diese Vermutung ist unter unmittelbaren Wechselparteien (immediate parties) der Einwand zulässig, daß die Valuta nicht geleistet sei. Dagegen erwirbt der gutgläubige Dritterwerber (holder in due course, holder for value) ein von der Valutaleistung früherer Wechselbeteiligter unabhängiges Recht; jedoch wird, sofern die Begebung des Wechsels durch Betrug oder Zwang herbeigeführt worden ist oder der Ausstellung des Wechsels ein vom Gesetze mißbilligtes Rechtsgeschäft zugrunde lag, der böse Glaube des Dritterwerbers präsumiert. BEA sect. 27^2; $30^{1,2}$; 38; Byles, Treatise on the law of Bills of Exch. 18 ed. S. 123 ff. Eine Partei, die den Wechsel aus Gefälligkeit gezeichnet hat (accommodation party) haftet dem holder for value auch wenn er gewußt hat, daß sie nur eine accommodation party ist (sect. 28). Auch der Einwand, daß vereinbart sei, der Wechsel dürfe nur unter einer bestimmten Bedingung oder zu bestimmten Zwecken gebraucht werden, also namentlich der Einwand des Depotwechsels (vgl. zu Art 82 Anm 31), ist ausdrücklich als unter unmittelbaren Wechselparteien zulässig erklärt (sect. 21^{2b}). In eigenartiger Weise verknüpfen ferner die Wechselrechte der französischen Gruppe (vgl. namentlich die Artt 115, 116, 117 Code de commerce) die Verpflichtungen des Ausstellers und der Indossanten mit dem Deckungsverhältnis zwischen dem Aussteller und dem Bezogenen, nämlich mit der Frage, ob der Aussteller für den W bei dem Bezogenen Deckung (Provision) beschafft hat. Vgl. darüber und über die weitere Frage, inwieweit diese Vorschriften auch im künftigen einheitlichen Wechselrechte noch Bedeutung werden beanspruchen können, zu Art. 8 Anm. 18, 21. **Anm. 12.**

4. Die dinglichen Rechte am Wechsel. Der Wechsel, der Träger der Forderung ist, ist zugleich als Papier eine körperliche, und zwar eine bewegliche Sache, an welcher nach den Vorschriften des Sachenrechts dingliche Rechte bestehen und übertragen werden können; vgl. ROHG 11, 362; PrOTr 35 S. 20 (Besitzschutz). Die Wechselurkunde kann daher auch Gegenstand eines Diebstahls, einer Unterschlagung usw. sein (RGSt. 5 S. 6; 3 S. 39, 349). Anderseits kann, soweit dingliche Rechte an Rechten zulässig sind, auch die in dem Papier verbriefte Wechselforderung Gegenstand solcher Rechte sein. Doch kommt von solchen Rechten, da die Wechselforderung kein Nutzungen gewährendes Recht ist, an dem ein Nießbrauch bestellt werden könnte (§ 1068 BGB), nur das Pfandrecht (§§ 1273—1296 BGB) und das kaufmännische Zurückbehaltungsrecht (§§ 369 ff. HGB) in Frage. Zwischen den dinglichen Rechten am Wechsel und den Rechten aus dem Wechsel bestehen jedoch in mehrfacher Richtung enge Beziehungen, durch welche die Anwendbarkeit der sachenrechtlichen Vorschriften zum Teile modifiziert wird, und die im folgenden darzustellen sind. **Anm. 12a.**

a) Das Eigentum am Wechsel. Gläubiger aus dem Wechsel kann nur derjenige sein, dem das Eigentum am Wechsel zusteht. Deshalb erfordert die Übertragung des Wechselrechts sowohl in der wechselrechtlichen Form des Indossaments, wie auf dem Wege der bürgerlichen Zession, zugleich die Übereignung der Wechselurkunde; vgl. zu Art 9 Anm 3. Das Recht aus dem Papier ist mit dem Recht an dem Papier untrennbar verbunden und teilt das rechtliche und tatsächliche Schicksal, namentlich auch die Ortsveränderung, sowie den Untergang des Papiers (ROHG Entsch 11, 250; RGZ 3, 329; 107, 47; Lehmann § 54; Langen, Kreationstheorie S. 83; Staub-Stranz Allg. Einl. Anm 11 S. 32). Von dem Gläubigerrecht ist aber zu unterscheiden die wechselrechtliche Legitimation als Eigentümer und damit als zur Ausübung des Wechselrechts Berechtigter; sie erfordert nach Art 36 nur die Inhaberschaft (den Besitz) des Wechsels sowie eine zusammenhängende, bis auf den Inhaber heruntergehende Kette von Indossamenten; vgl. Näheres zu Art 36. Durch sie wird aber der Inhaber keineswegs unwiderleglich als wirklicher Eigentümer und damit als Wechselgläubiger dargetan; vielmehr steht es dem Schuldner frei, einzuwenden und nachzuweisen, daß der legitimierte Inhaber den Wechsel ohne den zum Erwerbe des Wechsel- **Anm. 13.**

eigentums und des Gläubigerrechts erforderlichen Begebungsvertrag (vgl. oben Anm 4 ff.) erlangt habe. RGZ 4, 147; 5, 84; 53, 207; LeipzZ. 08, 58; JW. 09, 667). Jedoch kann nach Art 74 der gemäß Art 36 legitimierte Inhaber zur Herausgabe des Wechsels nur angehalten werden, wenn er ihn in bösem Glauben oder in grober Fahrlässigkeit erworben hat. Das Vorhandensein dieser Voraussetzungen und damit das Fehlen der materiellen Berechtigung des Inhabers als Gläubiger kann auch der Schuldner geltend machen (vgl. zu Art 36 Anm 18); er ist aber dafür beweispflichtig. Hat dagegen der Inhaber den Wechsel gutgläubig ohne grobe Fahrlässigkeit erworben, so ist er auch materiell Gläubiger geworden, und zwar auch, wenn der Wechsel dem bisherigen Eigentümer gestohlen oder sonst abhanden gekommen war; die einschränkende Vorschrift des § 935 BGB kann angesichts des Art 74 WO keine Anwendung finden; vgl. Näheres zu Art 74 Anm 4.

Anm. 14. **b) Pfandrechte und kaufmännisches Zurückbehaltungsrecht am Wechsel.** Zur Bestellung eines Pfandrechts an dem Wechsel, sofern er durch Indossament übertragen werden kann, genügt nach § 1292 BGB die Einigung des Wechselgläubigers (Pfandschuldners) und des Pfandgläubigers und die Übergabe des indossierten Wechsels. Es ist bestritten, ob es sich dabei um eine wahre Pfandbestellung oder um eine Abtretung des Wechselrechts zu Sicherungszwecken — eine fiduziarische Übereignung — handelt. Die erstere Ansicht wird im RGRKomm zu § 1292 Anm 1, ferner von Staudinger III 1115; Planck III 1318; Staub-Koenige HGB § 368 Anm 15; Warneyer BGBKomm § 1992 Anm 3; die letztere, die der in den Motiven (Band 3, 868) ausgesprochenen Auffassung entspricht, von Mansfeld (LeipzZ. 1913, 917 ff.; Dernburg BürgR Band 3 S. 951; Turnau-Förster I 1114, 1a vertreten, während in den Protokollen der 2. Kommission (Band 3 S. 527 ff.) die Frage unentschieden gelassen ist. Darüber, ob das in § 1292 erforderte Indossament äußerlich ein Vollindossament sein muß oder ein offenes Prokuraindossament gemäß Art 17 WO (vgl. Anm 14 zu diesem Art) sein kann, ist in § 1292 nichts gesagt; es dürfte daher auch ein offenes Prokuraindossament genügen (a. M. anscheinend RGRKomm zu § 1292 Anm 1), und zwar wird als ein solches auch ein Indossament anzusehen sein, welches zum Ausdrucke bringt, daß es zum Zwecke der Pfandbestellung erfolge, da hierdurch ein Vollindossament ausgeschlossen wird und die Pfandbestellung eine „Bevollmächtigung", nämlich zur Einziehung der Forderung für Rechnung des Indossanten, einschließt. In diesem Falle liegt zweifellos eine wirkliche Pfandbestellung vor. Ist dagegen das Indossament äußerlich ein Vollindossament, so wird dadurch nach außen hin dem Indossatar die rechtliche Stellung des Gläubigers übertragen und er nur im Innenverhältnis schuldrechtlich verpflichtet, nach der Befriedigung seiner Forderung den Wechsel durch Indossament an seinen Indossanten zurückzuübertragen. Dieses Verhältnis entspricht aber demjenigen, das auch bei körperlichen Sachen nicht durch bloße Verpfändung, sondern durch Sicherungsübereignung entsteht. Daß auch im Falle der Sicherungsübereignung der übereignete Gegenstand (hier also der Wechsel) wirtschaftlich zum Vermögen des Übereigners gehört und deshalb im Konkurse des Übereignungsempfängers einem Aussonderungsrechte des Übereigners unterliegt, ist in der Rechtsprechung allgemein anerkannt; vgl. Busch KonkO zu § 43 Anm 1 und die dort angeführten Entscheidungen. Da der Übereignungsempfänger hier die gleiche Stellung einnimmt, wie der Indossatar im Falle des verdeckten Inkasso-Indossaments, werden nach der Rechtsprechung des RG ihm auch Einwendungen aus der Person des Indossanten (Sicherungsübereigners) entgegengesetzt werden können. Vgl. Näheres zu Art 9 Anm 6. — Streit besteht aber ferner darüber, ob durch das Pfandindossament des § 1292 der Pfand- (Sicherungs-) Gläubiger auch gegenüber dem Pfand- (Sicherungs-) Schuldner, der den Wechsel indossiert hat, Wechselrechte erlangt. Die Frage wird in einem Urteile des Kammergerichts vom 2. 2. 1925 (JW S. 1523[3]) in Übereinstimmung mit der Praxis des Österr. Ob. Gerichtshofs (Peitler Sammlung Nr. 187) sowie mit Staub-Koenige (HGB § 368 Anm 15) verneint, von Bernstein (in der Anm zu dem kammergerichtlichen Urteile) dagegen bejaht. Das Kammergericht geht dabei von der Auffassung aus, daß das Pfandindossament nach § 1292 keine fiduziarische Übereignung des Wechsels, sondern eine wirkliche Pfandbestellung enthalte. Indessen auch wenn man diese Auffassung nicht billigt (vgl. oben), sondern annimmt, daß der Pfandindossatar nach § 1292 fiduziarischer Eigentümer und Wechselgläubiger wird, so kann ihm doch der Pfandindossant gemäß Art 82 WO den Einwand entgegensetzen, daß im Innenverhältnis unter ihnen eine wechselrechtliche Haftung nicht entstehen sollte, der Wechsel vielmehr nur in der Weise übereignet worden sei, daß der Pfandindossatar zur Einziehung der Wechselforderung dritten Wechselverpflichteten gegenüber und zur Befriedigung aus ihr für seine Forderung berechtigt sei; daß sonach das Indossament unter ihnen nur Transporteffekt, nicht Garantieeffekt haben solle. Ob dieser Einwand begründet oder anzunehmen ist, daß der Wechsel auch zum Zwecke der eigenen Wechselverpflichtung des Übereignenden gegenüber dem Übereignungsempfänger behufs weiterer Sicherung für seine Forderung indossiert worden sei, ist Tatfrage (so auch Staub-Koenige HGB a. a. O.). Der Annahme eines Pfandindossaments ohne wechselrechtliche Verpflichtung des Indossanten gegenüber dem Indossatar steht es entgegen, wenn dem Indossanten selbst auch kein Wechselrecht aus dem W zustand, z. B. wenn es sich um ein bloßes Gefälligkeitsakzept eines Dritten auf dem von dem Indossanten an eigene Order gezogenen Wechsel handelt (RGZ. 120, 210) oder um einen von dem Indossanten an eigene Order gezogenen, nicht akzeptierten Wechsel, der erst durch das Indossament einen Vermögenswert erhält. Wenn aber das RG in dem angeführten Urteile den Satz aufgestellt hat, daß „die Kreditform des Pfandindossaments, namentlich des verdeckten, so unzweckmäßig sei und so selten vorkomme, daß es besonders zwingender Gründe bedürfe, um sie als gewollt anzusehen", so scheint mir das nicht zutreffend zu sein. Eine Sicherungsbestellung durch Übereignung ist nicht nur bei körperlichen Sachen, sondern auch bei Wechseln zur Vermeidung der für die Bestellung eines Pfandrechts vorgeschriebenen Förmlichkeiten und Einschränkungen eine durchaus zweckmäßige und im Verkehr gebräuchliche Maßnahme. Nicht gebräuchlich ist allerdings in Deutschland bisher das offene Pfandindossament (vgl. oben), das im Auslande vorkommt und durch das künftige einheitliche Wechselrecht eingeführt werden soll; vgl. unten Anm 19a). — Ist der Wechsel bereits mit einem Blankoindossament versehen, so ist zur pfandähnlichen Sicherungsübereignung nach § 1292 die entsprechende Einigung und die Übergabe des Wechsels genügend; ein Indossament des Übereignenden (Pfandschuldners) also nicht erforderlich. Demgemäß kommt eine wechselrechtliche Haftung dieses in solchem Falle nicht in Frage.

Ein Pfandrecht am Wechsel kann aber auch ohne Indossierung in der allgemein für Pfandrechte an Rechten durch § 1274 BGB vorgeschriebenen Weise bestellt werden, nämlich in der bürgerlich-rechtlichen Übertragungsform für Forderungen, der Zession, zu der aber außer der auf Pfandbestellung gerichteten Willenseinigung (vgl. RGRKomm § 1274 Anm 1) noch die Übergabe des Wechsels erforderlich ist. Es bedarf daher auch in diesem Falle zur Wirksamkeit der Verpfändung einer Anzeige des Gläubigers (§ 1280 BGB). **Anm. 15.**

Sowohl in dem Falle des § 1292 wie in dem der Pfandbestellung nach allgemeinen Vorschriften ist der Pfand- (Sicherungs-) gläubiger gemäß § 1282 nach Eintritt der Fälligkeit seiner Forderung zur Einziehung, aber in der Regel nicht zu anderen Verfügungen, insbesondere nicht zum Verkauf des Wechsels berechtigt; handelt er dem zuwider, so ist, wenn der Wechsel (im Falle des § 1292) auf ihn durch Vollindossament indossiert oder mit Blankoindossament versehen war, der Verkauf zugunsten des gutgläubigen Erwerbers wirksam, er aber seinem Sicherungsübereigner zum Schadensersatz verpflichtet (so Mansfeld a. a. O.; anderer Meinung anscheinend RGRKomm a. a. O.). Dagegen dürfte der strafrechtliche Tatbestand der Unterschlagung (§ 246 StGB) nicht gegeben sein, da die Sache rechtlich nicht eine fremde für den Indossatar ist. — Hat aber der verpfändete oder zur Sicherung gegebene Wechsel einen Börsen- oder Marktpreis (was namentlich bei Auslandswechseln (Devisen) der Fall sein kann), so ist gemäß § 1295 BGB der Pfandgläubiger (Pfandindossatar) berechtigt, den Wechsel nach Eintritt der Fälligkeit seiner Forderung (§ 1228 Abs 2), verkaufen zu lassen, und zwar nach § 1221, also aus freier Hand durch einen zu solchen Verkäufen öffentlich ermächtigten Handelsmäkler oder durch eine zur öffentlichen Versteigerung befugte Person zum laufenden Preise. Öffentliche Versteigerung ist ausgeschlossen. Bestritten ist, ob in diesem Falle auch die §§ 1234 ff. anwendbar sind, insbesondere ob vorherige Androhung des Verkaufes und Ablauf der Wartefrist erforderlich ist. Die Frage dürfte wegen des Zusammenhanges dieser Vorschriften mit § 1221 zu bejahen sein; vgl. RGRKomm § 1295 Anm 1. — Durch einen in den Formen des § 1221 erfolgten Pfandverkauf des Wechsels erwirbt gemäß dem nach § 1273 Abs 2 entsprechend anwendbaren § 1244 der gutgläubige Käufer das Eigentum am und das Recht aus dem Wechsel, auch wenn dem Veräußerer ein Pfandrecht nicht zustand oder den Erfordernissen, von denen die Rechtmäßigkeit der Veräußerung abhing (§ 1228 Abs 2), nicht genügt war (RGZ 61, 333; 104, 300; Planck § 1273 Anm 20). Das gilt auch für Veräußerungen auf Grund eines Pfändungspfandrechts, vgl. unten Anm. 18 (RGZ a. a. O.). **Anm. 16.**

Auch **gesetzliche Pfandrechte**, so das des Kommissionärs (§ 397 HGB) können an Wechseln bestehen. Ist der Wechsel mit einem Blankoindossament versehen, so kann der Pfandgläubiger, wenn die Voraussetzungen für die Ausübung des Pfandrechts eingetreten sind (vgl. oben), die Wechselforderung einziehen, auch im Falle des § 1295 den Wechsel verkaufen; anderenfalls wird er gegen den Pfandschuldner einen schuldrechtlichen Anspruch haben, daß dieser den Wechsel auf ihn indossiere oder ihm zediere und ihm dadurch die Ausübung des Pfandrechts ermögliche. **Anm. 17.**

Ein **Pfändungspfandrecht** an (indossabeln) Wechseln entsteht gemäß § 891 ZPO dadurch, daß der Gerichtsvollzieher im Wege der Zwangsvollstreckung das Papier in Besitz nimmt. Die weitere Befriedigung des Gläubigers erfolgt in der gleichen Weise, wie bei Geldforderungen anderer Art, also im Wege der Überweisung der Forderung gemäß § 835 durch das dafür nach § 828 Abs 2 zuständige Vollstreckungsgericht oder auf Anordnung dieses Gerichts durch anderweite Verwertung (§ 844; RGZ 35, 374; 61, 332), insbesondere Versteigerung oder Verkauf aus freier Hand (RGZ 35, 75). **Anm. 18.**

Das einem Pfandrechte ähnlich gestaltete **kaufmännische Zurückbehaltungsrecht der §§ 369 ff. HGB** kann auch an Wertpapieren, also an Wechseln, begründet sein, sofern diese noch andere Verpflichtungserklärungen als die des Schuldners selbst enthalten und deshalb Vermögenswerte des Schuldners darstellen (Staub-Koenige HGB § 369 Anm 18 und 43). Die Befriedigung des Gläubigers erfolgt gemäß § 371 HGB nach den für das Pfandrecht geltenden Vorschriften des BGB (vgl. oben), also in der Regel nicht durch Verkauf. Durch diesen regelmäßigen Mangel des Verkaufsrechts wird das Zurückbehaltungsrecht zwar eingeschränkt, aber keineswegs aus- **Anm. 19.**

geschlossen (PrOTr 63 S. 82 ff.; ROHG 6, 198; 18, 21; Bernstein S. 27). Mit Unrecht nimmt aber Bernstein an, daß das RG für den Wechsel sich in gegenteiligem Sinne geäußert habe; die von ihm angeführten Entscheidungen (RGZ 3, 154; 10, 40; 20, 135) betreffen, wie bereits Staub-Stranz (allg. Einl. Anm 13) zutreffend hervorgehoben haben, solche Papiere, die nicht selbständige Träger einer Obligation sondern nur Beweisurkunden sind (Erneuerungsscheine, Sparkassenbücher, Hypothekendokumente) und verneinen für diese (insofern allerdings abweichend von den oben angeführten Entscheidungen des ROHG) das Bestehen eines kaufmännischen Zurückbehaltungsrechts.

Anm. 19a. In den ausländischen Wechselrechten wird das verdeckte Pfandindossament (vgl. oben Anm. 14) als Vollindossament, das offene, das mit den Worten: „pour garantie", „pro garanzia" usw. erfolgt, als Prokuraindossament (vgl. zu Art 17) behandelt. In der Haager EWO ist in Art 18 das offene Pfandindossament — das den Vermerk enthält „valeur en garantie", „valeur en gage" — als besondere Indossamentsform neben dem Prokuraindossament (Art 17) anerkannt, und zwar mit der Wirkung, daß der Pfandindossatar den Wechsel nur durch Prokuraindossament weiterindossieren kann, daß aber die Wechselverpflichteten, wie bei einem Vollindossamente, Einwendungen aus ihren persönlichen Beziehungen zu dem Pfandindossanten nicht geltend machen können. Ebenso das Genfer EWG (Art 19). Vgl. Näheres im Anhang II zu dem Unterabschnitte III.

Anm. 20. 5. Über die **prozessuale Geltendmachung** der Wechselrechte enthält die DWO keine Bestimmungen. Es gelten in dieser Beziehung die allgemeinen sowie die für die Ansprüche aus Wechseln gegebenen besonderen Vorschriften des GVG und der ZPO. Diese sind als Anlagen E 1, 2 dieses Buches abgedruckt.

Anm. 21. **a)** Nach den Bestimmungen des GVG (§ 101 Nr. 2) sind Ansprüche aus einem W im Sinne der WO Handelssachen im Sinne dieses Gesetzes und gehören als solche, falls für sie nach Maßgabe ihres Streitwertes die sachliche Zuständigkeit der Landgerichte begründet ist, vor die Kammern für Handelssachen. Voraussetzung dafür ist, daß der Kläger die Behauptung aufstellt, daß die Urkunde, auf die er seinen Anspruch gründet, ein W im Sinne der Wechselordnung, also entweder ein gezogener W mit den in Art 4 aufgestellten, oder ein eigener W mit den in Art 96 aufgestellten Erfordernissen sei. Diese Behauptung gehört zum Klagegrunde; erweist sie sich als unrichtig, so ist die Klage, soweit sie auf diesen Klagegrund gestützt wird, als unbegründet abzuweisen. Als Wechsel im Sinne der WO gelten auch im Auslande ausgestellte Urkunden, die den dort für Wechsel oder wechselähnliche Papiere (billets à ordre, promissory notes; vgl. den Anhang 1 zu Art 4) aufgestellten Erfordernissen entsprechen (Art 85, 98 Nr. 10 WO). Auf die Sprache, in der sie ausgestellt sind, kommt es nicht an; auch nicht darauf, ob der Anspruch gegen einen Kaufmann oder einen Nicht-Kaufmann erhoben wird; ebenso ist es für die Zuständigkeit der Kammern für Handelssachen unerheblich, ob der Anspruch im Wechselprozesse oder im ordentlichen Verfahren geltend gemacht wird (RGZ 64, 164). Auch der Anspruch gegen den unbefugten Vertreter (Art 95 WO) ist ein Anspruch aus einem Wechsel (RGZ a. a. O.). Zweifelhaft ist, ob auch der Bereicherungsanspruch des Art 83 als ein Anspruch aus dem W bezeichnet werden kann; vgl. darüber zu Art 83 Anm 1 a. In der Revisionsinstanz ist für Wechselsachen ausschließlich das Reichsgericht zuständig; die in § 8 Abs 1 EGzGVG zugelassene Zuweisung bürgerlicher Rechtsstreitigkeiten an ein oberstes Landesgericht findet laut Abs 2 daselbst auf sie keine Anwendung, da sie als Handelssachen bereits zur Zuständigkeit des Reichsoberhandelsgerichts gehört haben (§§ 12—15 BG vom 12. 6. 1869, BGBl 201). — Wechselsachen, d. h. Klagen, in welchen ein Anspruch aus einem W im Sinne der WO geltend gemacht wird, sind Feriensachen (§ 202 Nr. 5 GVG).

Anm. 22. **b)** Die ZPO enthält besondere Vorschriften über den Wechselprozeß (§§ 602—605), der sich als eine Unterart des Urkundenprozesses (§§ 592 ff.) darstellt. Ihre Anwendung setzt demnach voraus, daß der Anspruch im Urkundenprozesse geltend gemacht werden kann; sonach muß die für diesen erforderliche Voraussetzung vorliegen, daß die sämtlichen zur Begründung des Anspruchs erforderlichen Tatsachen durch Urkunden bewiesen werden können (§ 592). Die hauptsächlich in Betracht kommenden Urkunden sind der Wechsel und seine Nebenpapiere (Protest, Retourrechnungen); auch andere Urkunden, z. B. außerhalb des Wechsels erteilte Quittungen, können zur Begründung des Klageanspruchs Verwendung finden. Darüber, was zur Begründung einer Klage aus dem W gehört, vgl. oben Anm 10. Danach beschränkt sich der zur Begründung der Klage zu führende Beweis auf die Tatsachen der Entstehung der wechselrechtlichen Verpflichtung des Beklagten durch Akzept, Indossament, Aval, des Eintritts der Fälligkeit des Wechsels und, soweit es sich um eine Regreßverpflichtung handelt, der Wahrung der Regreßansprüche. Die Klage muß die Erklärung enthalten, daß im Wechselprozesse geklagt werde (§ 604). Die Urkunden müssen in Urschrift oder Abschrift der Klage oder einem vorbereitenden Schriftsatze beigefügt werden (§ 593 Abs 2). Als Beweismittel für die Echtheit der Wechselverpflichtungserklärung ist auch Eideszuschiebung zulässig (§ 595 Abs 2). Ebenso für die Präsentation des Wechsels, soweit es zur Erhaltung des wechselmäßigen Anspruchs der Protesterhebung nicht bedarf (§ 605 Abs 1), also bei Klagen gegen den Akzeptanten, jetzt auch wenn der Wechsel domiziliert ist (Art 44), und den Aussteller des eigenen Wechsels (Art 99 Abs 3), sowie im Falle des Protesterlasses (Art 42), in welchem jedoch die Beweislast dem Wechselverpflichteten obliegt, wenn er die rechtzeitig erfolgte Präsentation in Abrede stellt. Diese Vorschrift ist durch die Zivilprozeßnovelle von 1898 eingeführt worden, um dem Wechselinhaber den Beweis der Präsentation in solchen Fällen zu erleichtern, da es in der Praxis bestritten war, ob die zur Herbeiführung der Fälligkeit von Sicht- und Nach-Sicht-Wechseln erforderliche Präsentation durch die Klagezustellung ersetzt werden könne (RGZ 8, 66; vgl. zu Art 31 Anm 6); da ferner früher der Kläger, wenn er die Präsentation nicht durch Urkunden nachweisen konnte, vom Wechselprozesse Abstand nehmen mußte, um den Anspruch auf Verzugszinsen sowie, falls der Beklagte den Anspruch sofort anerkannte, auf Erstattung der Prozeßkosten rechtfertigen zu können. Erscheint der Beklagte nicht, so ist die von dem Kläger in der Klage behauptete und durch Eideszuschiebung unter Beweis gestellte Behauptung der Präsentation als zugestanden anzusehen und kann daher, falls die sonstigen Voraussetzungen vorliegen, Versäumnisurteil gegen ihn ergehen (ROLG 20, 330). — Ferner ist in § 605 Abs 2 ZPO bestimmt, daß zur Berücksichtigung einer Nebenforderung die Glaubhaftmachung genügt, die durch jedes Beweismittel mit Ausnahme der Eideszuschiebung, sofern es sofort erhoben werden kann, erfolgen kann, auch dadurch, daß der Kläger zur Versicherung an Eides Statt zugelassen wird (§ 294). Als Nebenforderung ist jetzt auf Grund des durch die Zivilprozeßnovelle von 1898 eingeführten § 4 Abs 2 ZPO bei Wechseln auch der Anspruch auf Zinsen, Kosten und Provision anzusehen, wodurch die frühere Rechtsprechung des RG, welche bei Klagen des Indossanten, der den Wechsel eingelöst hat, auf Grund des Art 51 die Eigenschaft dieser Ansprüche als Nebenforderungen verneinte (RG 32, 76), beseitigt ist.

Durch § 603 ZPO ist ferner ein besonderer Gerichtsstand des Zahlungsorts neben dem allgemeinen Gerichtsstande des Beklagten und ein gemeinschaftlicher Gerichtsstand für alle gemeinschaftlich verklagten Wechselverpflichteten in dem allgemeinen Gerichtsstande eines von ihnen geschaffen worden. Doch kann die Klage auch in einem der besonderen Gerichtsstände der ZPO erhoben werden, da die in § 605 bezeichneten Gerichtsstände nicht als ausschließliche erklärt sind; auch ist die Vereinbarung eines Gerichtsstandes für Wechselklagen zulässig. So JW 1895, 166[14]; ROLG 2, 106; Sydow-Busch § 603 Anm 2; teilweise a. M. ROLG 23, 196.

6. Inhaltsübersicht des zweiten Abschnitts. Der zweite Abschnitt der WO handelt in 18 Unterabschnitten von dem gezogenen Wechsel, als derjenigen Wechselform, die das Gesetz als den regelmäßigen und normalen Typ des Wechsels (vgl. oben zu 1) ansieht. Die Unterabschnitte (I—XVIII) sind nicht streng systematisch gegliedert; es werden darin in loser Verknüpfung die bei der Entstehung und dem Laufe des gezogenen Wechsels vorkommenden Rechtstatsachen in ihrer regelmäßigen zeitlichen Aufeinanderfolge abgehandelt, und zwar zunächst die Erfordernisse für die Entstehung des Wechsels (I, Art 4—7) und die mit dem Wechsel zugleich entstehende Verpflichtung des Ausstellers (II, Art 8), sodann seine Übertragung durch Indossament (III, Art 9—17), die Präsentation zur Annahme (IV, Art 18—20), die Annahme (V, Art 21—24), der Regreß auf Sicherstellung (VI, Art 25—29), die Erfüllung der Wechselverbindlichkeit (VII, Art 30—40), der Regreß Mangels Erfüllung (Zahlung; VIII, Art 41—55), die Intervention (IX, Art 56—65). Es folgen dann Vorschriften über Vervielfältigung des Wechsels (Wechselduplikate und Kopien; X, Art 66—72); abhanden gekommene Wechsel (XI, Art 73, 74); falsche Wechsel (XII, Art 75, 76); über Wechselverjährung (XIII, Art 77—79); über das Klagerecht des Gläubigers (XIV, Art 81—83); über die zur Anwendung kommenden Grundsätze des internationalen Privatrechts („Ausländische Gesetzgebung"; XV, Art 84—86); schließlich die Formalvorschriften über den Protest (XVI, Art 87—90) sowie über Ort und Zeit der Präsentation und der anderen im Wechselverkehr vorkommenden Handlungen (XVII, Art 91—93) und die Vorschriften über die Bedeutung „mangelhafter" Wechselunterschriften (XVIII, Art 94, 95).

I. Erfordernisse eines gezogenen Wechsels.

Artikel 4.

Die wesentlichen Erfordernisse eines gezogenen Wechsels sind:

1. **die in den Wechsel selbst aufzunehmende Bezeichnung als Wechsel oder, wenn der Wechsel in einer fremden Sprache ausgestellt ist, ein jener Bezeichnung entsprechender Ausdruck in der fremden Sprache;**
2. **die Angabe der zu zahlenden Geldsumme;**
3. **der Name der Person oder die Firma, an welche oder an deren Order gezahlt werden soll (des Remittenten);**
4. **die Angabe der Zeit, zu welcher gezahlt werden soll; die Zahlungszeit kann für die gesamte Geldsumme nur eine und dieselbe sein und nur festgesetzt werden**
   auf einen bestimmten Tag,
   auf Sicht (Vorzeigung, a vista usw.) oder auf eine bestimmte Zeit nach Sicht,

auf eine bestimmte Zeit nach dem Tage der Ausstellung (nach dato),
auf eine Messe oder einen Markt (Meß- oder Marktwechsel);

5. die Unterschrift des Ausstellers (Trassanten) mit seinem Namen oder seiner Firma;

6. die Angabe des Ortes, Monatstags und Jahres der Ausstellung;

7. der Name der Person oder die Firma, welche die Zahlung leisten soll (des Bezogenen oder Trassaten);

8. die Angabe des Ortes, wo die Zahlung geschehen soll; der bei dem Namen oder der Firma des Bezogenen angegebene Ort gilt für den Wechsel, insofern nicht ein eigener Zahlungsort angegeben ist, als Zahlungsort und zugleich als Wohnort des Bezogenen.

Anm. 1. I. 1. Der Artikel zählt die „**wesentlichen Erfordernisse**" eines gezogenen Wechsels auf. Wesentlich ist, was zum Wesen eines als Einheit gedachten Vorstellungsinhalts, eines Begriffs, gehört, so daß bei dessen Fehlen an einem Gegenstande der Erfahrung dieser Vorstellungsinhalt nicht gegeben ist, der Gegenstand also nicht unter den Begriff fällt. Handelt es sich um einen gesetzlichen Begriff (gesetzlich festgelegten Vorstellungsinhalt), so ist es Sache des Gesetzes zu bestimmen, was für diesen Begriff „wesentlich" ist. So sind in Art 4 die Erfordernisse aufgezählt, die für den Begriff des Wechsels wesentlich sind, derart, daß bei dem Fehlen eines von ihnen ein Wechsel im Sinne des Gesetzes nicht vorhanden ist. Das gleiche wird in anderen Gesetzen in der Weise ausgedrückt, daß gewisse Erfordernisse vorhanden sein „müssen", damit der gesetzliche Begriff erfüllt werde; so z. B. namentlich Scheckgesetz § 1: „Der Scheck muß enthalten; ZPO § 253: „Der Schriftsatz (der Klageschrift) muß enthalten". Fehlt sonach einer Urkunde, die einen Wechsel darstellen soll, eines der in Art 4 aufgezählten Erfordernisse, so kann die Urkunde nicht die Grundlage für ein Rechtsverhältnis bilden, das sich nach den Vorschriften der WO richtet, da diese überall Erklärungen auf einem Wechsel voraussetzen. Es sind daher insbesondere alle auf einer solchen Urkunde abgegebenen Wechselverpflichtungserklärungen als solche nichtig und es können aus ihr Wechselrechte nach Maßgabe der WO nicht entstehen. Der Mangel eines solchen Erfordernisses trifft somit nicht, wie ein einer einzelnen Wechselverpflichtungserklärung anhaftender Mangel — z. B. der Mangel der Wechselfähigkeit des Erklärenden, Art 3 (vgl. die Erläuterungen dazu), oder die Fälschung der Unterschrift des Akzepts oder eines Indossaments (Art 76, vgl. die Erläuterungen dazu) — lediglich die einzelne in Frage stehende Wechselverpflichtungserklärung, während die anderen unberührt bleiben; sondern er nimmt der ganzen Urkunde die Eigenschaft als Wechsel und macht dadurch auch diejenigen Wechselerklärungen, die durch ihn nicht unmittelbar betroffen werden, als solche unwirksam. So bewirkt z. B. das Fehlen der Unterschrift des Ausstellers (Nr. 5), daß das Akzept auch dem Remittenten und den Indossataren gegenüber und daß die Indossamente den nachfolgenden Indossataren gegenüber keine Wechselverpflichtung erzeugen. Vgl. Näheres zu Art 7 Anm. 1.

Anm. 1a. Andererseits ist zu beachten, daß die in Art 4 aufgestellten Erfordernisse rein formaler Natur sind und nur dem äußern Ansehen nach erfüllt zu sein brauchen, damit ein Wechsel im Sinne der WO vorliege; daß sonach dazu keine innere Wahrheit von ihnen verlangt werden darf, z. B. nicht die Echtheit der Unterschrift des Ausstellers (Nr. 5) oder die Richtigkeit des angegebenen Ausstellungsdatums (Nr. 6); ebensowenig daß der Aussteller oder der Bezogene (Nr. 7) eine wirklich existierende Person sei. Vgl. Näheres bei den einzelnen Erfordernissen. Die Rechtslehre und teilweise auch die Rechtsprechung weisen hie und da die Neigung auf, darüber hinauszugehen und eine materielle Wahrheit des formell wesentlichen Wechselinhalts zu verlangen, im angeblichen Interesse der Sicherheit des Wechselverkehrs. In Wirklichkeit wird aber diese Sicherheit gerade gefährdet, wenn man Nichtigkeiten in den Wechsel hineinträgt auf Grund materieller Mängel, deren Vorhandensein sich aus der äußeren Gestalt des Wechsels nicht ergibt und daher von dem dritten Erwerber nicht erkannt werden kann. Die Formstrenge des Wechsels findet ihre Rechtfertigung gerade und nur darin, daß gewisse äußerliche, leicht erkennbare Kriterien vorhanden sein müssen, damit er als Träger abstrakter Schuldverpflichtungen von Hand zu Hand gehen kann, ohne daß die materielle Wahrheit des Urkundeninhalts geprüft zu werden braucht. In diesem Sinne müssen daher die Formvorschriften des Art 4 verstanden und soweit nötig ausgelegt werden. Vgl. auch Michaelis, ScheckgesetzKomm zu § 1 Anm 1. Auch die grundsätzlichen Ausführungen des RG (Feriensenat) in RGZ 105, 146, welche eine strenge Beobachtung der wesentlichen Wechselerfordernisse im Interesse der Sicherheit des Rechtsverkehrs verlangen, beziehen sich, wie der Zusammenhang ergibt, nur auf die Wahrung der vorgeschriebenen äußeren Form. Der Sicherheit des Verkehrs würde aber andrerseits auch nicht gedient sein, wenn man weitere Erfordernisse als diejenigen, die die WO zur Wahrung der Form verlangt und in Art 4 unter acht Ziffern, ersichtlich in der Absicht, weitere Nichtigkeiten aus Formgründen auszuschließen, aufzählt, in das Gesetz hineintragen und die materielle Gültigkeit der Wechselverpflichtungen von ihnen abhängig machen wollte, wozu gleichfalls hie und da Neigung besteht, z. B. hinsichtlich der Übereinstimmung zwischen der Adresse und dem Akzepte, vgl. zu Art 21 Anm 5.

2. Eine andere Frage ist, ob eine Urkunde, die wegen Fehlens wesentlicher Erfordernisse kein Wechsel ist, eine wirksame **Verpflichtungsurkunde anderer Art** darstellen kann. In Betracht kommt dabei an Stelle des gezogenen Wechsels namentlich die Anweisung des bürgerlichen Rechts (§§ 783 ff. BGB) oder des Handelsrechts (§ 363 Abs 1 Satz 1 HGB); an Stelle des eigenen Wechsels der abstrakte (gegebenenfalls kaufmännische) Verpflichtungsschein (§§ 780 BGB, 363 Abs 1 Satz 2 HGB). Es ist nicht zu verkennen, daß eine als gezogener oder eigener Wechsel gewollte Urkunde alle Erfordernisse einer solchen Anweisung bzw. eines solchen Verpflichtungsscheins enthalten kann und in der Regel enthalten wird. Aber nach dem Willen der Parteien sollte eine spezielle Unterart der Gattung „Anweisung" oder „Verpflichtungsschein" geschaffen werden, nämlich diejenige, welche einen Wechsel darstellt und deshalb den rechtlichen Grundsätzen des Wechselrechts, unter Ausschluß der allgemeinen Rechtssätze über Anweisungen oder Verpflichtungsscheine, soweit sie jenen entgegenstehen, folgen sollte, entsprechend dem Grundsatze daß die lex specialis die lex generalis ausschließt. Das gilt namentlich von den speziellen Vorschriften des Wechselrechts über die Erhaltung der Rechte aus dem Wechsel, über die Verjährung usw. Es kann deshalb, wie in RGZ 48, 230 zutreffend ausgeführt ist, keine Rede davon sein, daß etwa eine als Wechsel gewollte und gültig zustande gekommene Urkunde nach Erlöschen der wechselmäßigen Verpflichtungen noch als angenommene Anweisung gemäß § 784 BGB oder als Verpflichtungsschein geltend gemacht werden könnte. Aber auch eine als Wechsel gewollte Urkunde, der ein wesentliches Wechselerfordernis fehlt und die deshalb als Wechsel von vornherein unwirksam ist, kann nicht ohne weiteres als gewöhnliche Anweisung oder als Verpflichtungsschein aufrechterhalten werden. Das ist nur dann möglich, wenn die Voraussetzungen der Konversion (§ 140 BGB) vorliegen. Daß das „in der Regel" der Fall sein wird (wie Staub-Stranz 12. Aufl. Anm. 70 zu Art 4 im Gegensatze zu früheren Auflagen annehmen) kann nicht ohne weiteres zugegeben werden. Das Reichsgericht (erster Zivilsenat) hat in RGZ 8, 41 unter Bezugnahme auf ROHG 9, 170 (vgl. auch 18, 188) — die allerdings von verjährten oder präjudizierten Wechseln handelten, während für den Fall des Mangels wesentlicher Erfordernisse das ROHG (6, 130) gegenteilig entschieden hat — ausgesprochen, die Annahme, daß eine bei der Errichtung als Wechsel gewollte Urkunde im Falle des Mangels von Wechsel-Essentialien als sonstige abstrakte Skripturobligation verwertbar sei, unterliege erheblichen Bedenken. Der gleiche Senat hat aber in RGZ 48, 229 ff. es für unbedenklich erklärt, eine Urkunde, bei deren Herstellung der Wille der Parteien zunächst auf Schaffung eines Wechsels gegangen ist, wenn wegen Nichtbeobachtung der in dem maßgebenden deutschen Rechte vorgeschriebenen Formen ein gültiger Wechsel nicht zur Entstehung gekommen ist, aber die Erfordernisse eines kaufmännischen Verpflichtungsscheines erfüllt sind, als solchen aufrechtzuerhalten. Der Senat geht dabei von derjenigen Auffassung des § 140 BGB aus, derzufolge es für die Konversion nicht erforderlich ist, daß der Wille der Parteien bei Vornahme des nichtigen Rechtsgeschäfts, zum wenigsten eventuell, auch auf das in diesem enthaltene andere Rechtsgeschäft gerichtet sein muß; er meint vielmehr, „über die Aufrechterhaltung müsse der auf den ökonomischen Erfolg gerichtete Wille der Parteien entscheiden". Diesen Willen nimmt das Urteil in dem damals entschiedenen Fall als vorhanden an, weil der dort unterstellte Zweck, den Berechtigten in den Stand zu setzen, die bei dem in Hamburg wohnenden Aussteller der Urkunde eingezahlte Summe selbst oder durch einen Dritten an dem angegebenen Zahlungsorte (New-York) bei einer dortigen Bank wiedererheben zu können, durch die Aushändigung eines kaufmännischen Verpflichtungsscheins als eines indossabeln Orderpapieres in wesentlich derselben Weise erreicht werde, wie durch die Aushändigung eines (domizilierten) eigenen Wechsels, auch wenn die Verpflichtungen des Beklagten (Ausstellers) in einigen weniger in den Vordergrund tretenden Beziehungen, wie z. B. hinsichtlich der Verjährung, der Notwendigkeit eines Protestes, sich abweichend gestalteten. Es erscheint fraglich, ob hier nicht allzu einseitiges Gewicht gelegt ist auf die Erreichung des ökonomischen Zwecks für den Berechtigten, unter ungenügender Würdigung des Umstandes, daß der Aussteller durch einen der kurzen Wechselverjährung nicht unterliegenden und Vorlegung sowie Protesterhebung innerhalb bestimmter kurzer Fristen nicht erfordernden Verpflichtungsschein nicht nur rechtlich, sondern vor allem ökonomisch nicht unerheblich schwerer belastet wurde wie durch einen Wechsel, indem er auf unbestimmte Zeit hinaus den erforderlichen Betrag an dem ausländischen Zahlungsorte bei der dortigen Bank zur Verfügung des Berechtigten halten mußte, und daß es deshalb sehr zweifelhaft erscheint, ob er sich, wenn er an die Möglichkeit der Nichtigkeit des Wechsels als solchen gedacht hätte, für diesen Fall zur Ausstellung eines solchen (in seinem anscheinend bankmäßigen Geschäftsbetriebe nicht üblichen) Verpflichtungsscheins hätte bereit finden lassen. Die bedingte Feststellung, daß die Parteien das „andere" Rechtsgeschäft abzuschließen bereit gewesen wären, wenn sie an die mögliche Nichtigkeit des abgeschlossenen gedacht hätten, wird aber doch für eine Konversion nach § 140 mindestens zu erfordern sein, wenn auch ein tatsächlicher auf das andere Rechtsgeschäft gerichteter Eventualwille nicht erfordert werden kann. Daß die Frage so gestellt werden muß, wird auch in einer ganzen Reihe von reichsgerichtlichen Entscheidungen hervorgehoben: RGZ 103, 388; 104, 124; 110, 335, 392; 121, 85. Unabhängig davon ist jedoch die Frage, ob nicht Ansprüche aus dem der Hingabe des gewollten Wechsels zugrunde liegenden Kausalgeschäfte (dem pactum de cambiando) oder Bereicherungsansprüche geltend gemacht werden Anm. 2

können. Vgl. über die Frage der Konversion formungültiger Wechsel Bernstein in JW 1926, 496, der solche Wechsel in der Regel als Anweisung bzw. Verpflichtungsschein des bürgerlichen oder Handelsrechts aufrechterhalten zu können glaubt (dagegen Philipp JW 1927, 2973); ferner über die Konversion nicht zusammenhängender Indossamente zu Art 10 Anm 2a und von Akzepten eines Nicht-Bezogenen zu Art 21 Anm 6. Vgl. ferner über die Konversion formungültiger Schecke meinen ScheckgesKomm zu § 1 Anm 38.

Anm. 3. **II.** Die WO stellt in Art 4 acht Erfordernisse als wesentlich für den Wechsel auf, während das Scheckgesetz (§ 1) deren nur vier, und diese in vereinfachter Gestalt, aufgenommen hat, um den hervorgetretenen Bedenken, daß durch eine gesetzliche Regelung des Scheckrechts dem Verkehr zu starke Fesseln auferlegt werden könnten, gerecht zu werden; vgl. Näheres in meinem Scheckges.-Komm zu § 1 Anm 1.

Anm. 4. **a)** Die acht Erfordernisse sind in Art 4 nur einzeln aufgezählt, aber nicht in inhaltlichen Zusammenhang gebracht. Es sind deshalb Zweifel entstanden, ob der gezogene Wechsel überhaupt einen „**Kontext**", d. h. eine in einen grammatischen Satz zusammengefaßte Gedanken- oder Willensäußerung enthalten muß. Das ist namentlich von Staub in der 4. Auflage verneint (anders Staub-Stranz Anm 53 zu Art 4). Doch ergibt sich die Bejahung unzweifelhaft aus dem Inhalt der vom Gesetz aufgezählten Erfordernisse. Danach muß eine „zu zahlende" Geldsumme (Nr. 2), sowie „die Person, an welche gezahlt werden soll" (Nr. 3), ferner die Zeit, zu welcher gezahlt werden soll (Nr. 4), die Person, welche die Zahlung leisten soll (Nr. 7) und der Ort, wo die Zahlung geschehen soll (Nr. 8), in dem Wechsel angegeben sein. Es handelt sich danach um eine Willenserklärung des Ausstellers des Inhalts, daß etwas geschehen, nämlich eine Zahlung geleistet werden soll, und zwar durch eine im Wechsel benannte Person (den Bezogenen) an eine gleichfalls im Wechsel benannte Person (den Remittenten) oder deren Order zu einer im Wechsel bestimmten Zeit an einem im Wechsel bestimmten Orte. Inhaltlich stellt sich diese Willenserklärung als ein Zahlungsauftrag, und zwar als eine Anweisung im Sinne des § 783 BGB dar. Dieser Inhalt bedarf sachgemäß zu seinem Ausdrucke eines grammatisch zusammenhängenden Satzes (Kontextes), und zwar in imperativischer Form. Das ist für den Scheck in § 1 Nr. 2 Scheckgesetz zum Ausdrucke gebracht durch die Bestimmung, daß der Scheck „die an den Bezogenen gerichtete Anweisung des Ausstellers, . . . eine . . . Geldsumme zu zahlen", enthalten muß. Gleiches muß auch für den Wechsel gelten. Übrigens ist ein Kontext in Art 66 WO vorausgesetzt, indem dort bestimmt ist, daß die mehreren Wechselexemplare „im Kontext" als Prima, Sekunda usw. bezeichnet werden müssen. Auch die Anordnung in Art 4 Nr. 1 (vgl. unten), wonach die Bezeichnung als Wechsel „in den Wechsel selbst" aufzunehmen ist, weist darauf hin; vgl. unten zu Nr. 1 Anm 9.

Anm. 5. Über die Fassung des Kontextes ist im übrigen nichts Näheres bestimmt. Es ist deshalb insbesondere (wie übrigens auch beim Scheck, vgl. meinen ScheckgesKomm § 1 Anm 3), nicht erforderlich, daß der Ausdruck „Anweisung" in dem Kontexte vorkommt. Es genügt eine das „Sollen" zu erkennen gebende, also imperativische Form. Die gewöhnliche Formel ist die, daß im Kontexte gesagt ist: „Zahlen Sie" und außerhalb des Kontextes in Form einer Adresse („An . . .") derjenige genannt ist, an den die Aufforderung gerichtet ist. Doch genügt auch die Form: „A soll zahlen"; „A wolle zahlen"; auch „A zahle" in Verbindung mit einer Adresse, so daß erkennbar ist, daß das Verbum im Imperativ gebraucht ist, nicht etwa als erste Person des Singulars unter Weglassung des Pronomens „ich". Auch die höfliche Formel: „Bitte zu zahlen" genügt; nicht dagegen eine Formel, durch welche das Zahlen ausdrücklich in das Belieben des Bezogenen gestellt wird, z. B. „Zahlen Sie, wenn es Ihnen beliebt" oder auch „wenn es Ihnen gefällig ist" (so wenigstens bei Wechseln in deutscher Sprache, während das „s'il vous plait (s. v. p.)" der Franzosen sprachüblich nicht mehr als eine Höflichkeitsformel bedeuten dürfte. Eine erkennbar bloß sprachliche oder orthographische Ungenauigkeit ist, wie überhaupt (ROHG 8, 88; 24, 275), so auch bei der für den gezogenen Wechsel erforderlichen Anweisung unschädlich. So „Zahle Sie" statt „Zahlen Sie" (ROHG 17, 230). Das ROHG hat aber in dieser Entscheidung in einem Formulare, das laut Vordruck für eigne Wechsel bestimmt und in welchem handschriftlich die für einen gezogenen Wechsel erforderliche Anweisung („Zahlen Sie") beigefügt, daneben aber der auf einen eigenen Wechsel hindeutende Wortlaut des Formulars („leiste ich Zahlung") stehen geblieben war, einen gültigen gezogenen Wechsel gefunden, indem es durch Auslegung feststellte, daß das Stehenlassen auf einem Versehen beruht habe. Das dürfte wohl über die bei der Frage, ob ein formell gültiger Wechsel vorliegt, der Auslegung gezogenen Grenzen (vgl. unten zu IV) hinausgehen, da für die Durchschnitts-Auffassung begründete Zweifel entstehen konnten, welche Wechselform gewollt war. Auch wird ein Wechsel, der lautet „zahle ich" nicht um deswillen allein, weil er eine Adresse trägt („An Herrn . . ."), als gezogener Wechsel ausgelegt werden können, da zweifelhaft sein kann, ob die Adresse den Bezogenen angeben soll oder nicht etwa den Remittenten bezeichnet, dem der Wechsel übermittelt werden sollte; darüber, ob unter Umständen ein solcher Wechsel als eigner Wechsel aufrechterhalten werden kann, vgl. zu Art 96 Anm 1.

Anm. 6. **b)** Daß **urkundliche, und zwar schriftliche, Form** für den Wechsel erforderlich ist, ergibt sich aus dem Erfordernisse einer Unterschrift des Ausstellers (Nr. 5); ein mündlicher Zahlungsauftrag wird dadurch ausgeschlossen. Doch braucht das Material der Urkunde nicht Papier zu sein, der Wechsel kann auch auf Pergament, Holz usw., z. B. auf einem Zigarrenkistendeckel (österr.-

Gerichtshalle Band 17 Beil Nr. 13) geschrieben sein. Auch ein bestimmter Stoff für Herstellung der Schrift (Tinte) ist nicht vorgeschrieben; deshalb kann auch ein mit Bleistift geschriebener Zettel einen gültigen Wechsel darstellen. Doch werden Bleistiftzusätze auf einem im übrigen mit Tinte hergestellten Wechsel im Zweifel nicht als Abänderungen des so hergestellten Wechselinhalts, sondern nur als unverbindliche Notizen gelten können (RG in JW 05, 404[33]; LG Breslau in Neumanns Jahrbuch Bd 10, 1140 zu Art 36). Die Schrift des Wechsels kann auch auf mechanischem Wege hergestellt sein, und zwar ganz oder teilweise für alle oder einzelne wesentliche Bestandteile mit Ausnahme der Unterschrift des Ausstellers (Nr. 5). Diese sowie etwaige weitere Wechselverpflichtungserklärungen (Akzept, Indossamente) müssen dagegen handschriftlich vollzogen werden.

c) Nicht vorgeschrieben ist der Gebrauch einer bestimmten **Sprache.** Der Wechsel kann deshalb in der deutschen oder einer beliebigen fremden lebenden oder toten Sprache ausgestellt werden. Es muß sich aber um die Worte und Schriftzeichen eines von einer Kulturnation als sprachliches Verständigungsmittel geschaffenen und anerkannten geschlossenen Sprachganzen handeln. Esperanto dürfte daher nicht zulässig sein (so Staub 4. Aufl, a. M. Staub-Stranz Anm 54 unter 3, Bernstein S. 29); denn diese Worte und Schriftzeichen dienen nur einzelnen Kreisen einer oder mehrerer Nationen als Verständigungsmittel, stellen daher keine Sprache im kulturellen Sinne des Wortes dar. Dagegen müssen hebräische Sprache und Schriftzeichen als genügend angesehen werden, da sie das Ausdrucksmittel einer ganzen, wenn auch als solche nicht mehr existierenden, nationalen Kulturgemeinschaft gebildet haben, ebenso wie griechische und lateinische. So OTr bei Borchardt Zus 913. Doch ist die Zulässigkeit von Wechseln in hebräischer Sprache oder hebräischen Schriftzeichen für Österreich verneint worden auf Grund der Dekrete vom 10. 12. 1842 und 19. 2. 1846, die durch das Staatsgrundgesetz vom 21. 12. 1867 nicht als aufgehoben angesehen wurden (OG Wien bei Cz. Nr. 140 und 197; v. Canstein 186; Bernstein S. 29 Anm 3; a. M. Blaschke WR § 26). Ob unter dem jetzt geltenden österreichischen Staatsgrundgesetze diese Beschränkung noch aufrechterhalten werden kann, dürfte zu bezweifeln sein. — Zulässig ist auch, daß die einzelnen Teile des Wechsels in verschiedenen Sprachen abgefaßt, z. B. in einem vorgedruckten französischen Formular das Ausstellungsdatum, die Wechselsumme usw. in deutschen oder englischen Worten eingefügt werden. Über die Sprache, in der die Bezeichnung als Wechsel (Nr. 1) abgefaßt sein muß, vgl. unten Anm 10. Bei Wechseln, die im Auslande ausgestellt worden sind, bestimmt sich gemäß den in Art 85 WO zum Ausdruck gekommenen Grundsätzen des internationalen Privatrechts (vgl. Näheres zu Art 85) nach dem Rechte des Ausstellungsortes, ob eine bestimmte Sprache und welche für die Gültigkeit des Wechsels erforderlich ist. — Daraus, daß ein Wechselverpflichteter die Sprache, in der der Wechsel abgefaßt ist, nicht verstanden hat, kann er unter Umständen gegenüber seinem unmittelbaren Vertragsgegner eine Einwendung (Anfechtung der Wechselverpflichtung wegen Irrtums über den Inhalt der Erklärung gemäß § 119 BGB). herleiten; vgl. zu Art 82 Anm 19. **Anm. 7.**

III. Die einzelnen in Art 4 aufgestellten Erfordernisse sind die folgenden:

Nr. 1. Die in den Wechsel selbst aufzunehmende Bezeichnung als Wechsel oder, wenn der Wechsel in einer fremden Sprache ausgestellt ist, ein jener Bezeichnung entsprechender Ausdruck in der fremden Sprache. **Anm. 8.**

Die Nr. 1 enthält das Erfordernis der **Wechselklausel** (entsprechend der Scheckklausel in § 1 Nr. 1 SchGes; vgl. meinen Komm Anm 1 b zu § 1). Erforderlich ist Bezeichnung als Wechsel, d. h. die Urkunde muß sich als Wechsel ausdrücklich zu erkennen geben und zu diesem Zwecke das Wort „Wechsel" gebrauchen. Es soll dadurch außer Zweifel gestellt werden, daß die Absicht des Ausstellers auf Schaffung einer Urkunde von der spezifischen Natur und mit den besonderen Wirkungen des Wechsels gerichtet war; auch soll Sicherheit geschaffen werden dafür, daß jeder, der den Wechsel nach seiner Herstellung empfängt oder zeichnet, diese Bedeutung der Urkunde erkennen kann. Doch ist die Wirksamkeit einer Wechselverpflichtungserklärung nicht davon abhängig, daß zur Zeit, als sie abgegeben wurde, bereits eine fertiggestellte, mit der Bezeichnung als Wechsel versehene Urkunde vorhanden war, wie ja die Reihenfolge der einzelnen Wechselerklärungen überhaupt unerheblich ist; vgl. zu Art 7 Anm 4). — Als Wechsel ist die Urkunde auch bezeichnet wenn das Wort „Wechsel" in einer Zusammensetzung darin vorkommt, z. B. „Wechselbrief", „Wechselurkunde", „Solawechsel", „Wechselversprechen"; auch „Wechselanweisung", was in ROHG 18, 207 verneint wurde mit der Begründung, daß dabei zweifelhaft bleibe, ob eine Anweisung oder ein Wechsel gemeint sei. Dieses Bedenken scheint nicht gerechtfertigt, da der Ausdruck grammatisch und dem Sinne nach deutlich zu erkennen gibt, daß diejenige besondere Art der Anweisung geschaffen werden sollte, die einen Wechsel darstellt. Vgl. wegen des entsprechenden Ausdrucks „Scheckanweisung" meinen ScheckgesKomm § 1 Anm 1 b. Dagegen genügen nicht Ausdrücke, die das Wort Wechsel nicht enthalten, z. B. „Papier", „Brief", „Anweisung", „Zahlungsauftrag"; auch nicht solche, welche die gleiche Bedeutung haben und daher für den, der diese Bedeutung kennt, den Ausdruck „Wechsel" ersetzen, z. B. „Tratte". Dieser letztere Ausdruck war in dem Pr. Entwurf zur WO der Bezeichnung „Wechsel" gleichgestellt, diese Gleichstellung wurde aber gestrichen. Wenn dies auch (wie ein Mitglied der Wechselkonferenz, Brauer, in Siebenhaars Archiv für Wechselrecht 5 S. 365 bezeugt hat) aus dem Grunde geschehen sein mag, weil angenommen wurde, daß der Ausdruck zu damaliger Zeit „weniger bekannt und bezeichnend sei", so kann doch nicht (wie Bernstein S. 30 meint) um deswillen weil er im heutigen Sprachgebrauche „allgemein" (d. h. doch wohl nur von den mit Wechselsachen einigermaßen vertrauten Personen) als Ausdruck für den Wechsel aufgefaßt wird, darin jetzt die Bezeichnung als Wechsel gefunden werden, um so weniger als auch die gewöhnliche kaufmännische Anweisung gelegentlich als Tratte bezeichnet wird. Wie hier Lehmann WR S. 340; Thöl S. 146; Grünhut Hdbch I 337; Staub-Stranz Art 4 Anm 1; Rehbein Anm 2.

Anm. 9. Die Bezeichnung als Wechsel ist **„in den Wechsel selbst"** aufzunehmen. Dieser nicht ganz klare Ausdruck hat Veranlassung zu dem Streit gegeben, ob es genügt, wenn die Bezeichnung irgendwo auf der Urkunde, z. B. als Überschrift, sich findet oder ob sie in den „Kontext" (vgl. über diesen oben Anm 4) aufgenommen werden muß. Angesichts der besonderen Hervorhebung des Gesetzes, daß die Bezeichnung in den Wechsel selbst aufzunehmen ist, die sich bei den übrigen Erfordernissen, die gleichfalls in der Urkunde enthalten sein müssen, nicht findet, ist klar, daß hier ein Mehr verlangt wird und erscheint daher die letztere Auffassung als die dem Sinne des Gesetzes allein entsprechende. Andernfalls hätte es ja genügt, wenn das Gesetz „die Bezeichnung als Wechsel" vorgeschrieben hätte, da selbstverständlich war, daß die Bezeichnung irgendwo auf der Urkunde erfolgen muß. Übrigens war in dem Pr. Entwurf der WO an dieser Stelle ebenso wie in Art 66 die Aufnahme „in den Kontext" erfordert; daß die von der Wechselkonferenz vorgenommene Änderung des Wortlauts keine sachliche Änderung bedeutete, ist in RGZ 48, 225 aus ihrer Entstehungsgeschichte überzeugend dargelegt. Diejenigen freilich, die einen Kontext überhaupt nicht für erforderlich halten (vgl. oben a. a. O.), können auch die Aufnahme in einen solchen nicht verlangen. Das Scheckgesetz hat dem Streite dadurch vorgebeugt, daß es in § 1 Nr. 1 die Aufnahme der Bezeichnung als Scheck „in den Text" verlangt; vgl. meinen Komm Anm 2.

Anm. 10. Die übliche Form der Wechselklausel ist die, daß der Bezogene angewiesen wird, „gegen diesen Wechsel" zu zahlen. Sie entspricht am meisten der Natur des Wechsels als Wertpapier, bei dem die Zahlung regelmäßig nur gegen Aushändigung des Papiers verlangt werden kann; vgl. Art 39 WO und die Erläuterungen dazu. Doch ist eine solche Bezugnahme auf die rechtliche Verknüpfung zwischen Zahlung und Aushändigung des Wechsels nicht wesentliches Erfordernis; genügen würde auch die Fassung: „Durch diesen Wechsel weise ich Sie an" oder: „ersuche ich Sie zu zahlen" oder ähnliches. — Hinsichtlich der Sprache, in der die Bezeichnung als Wechsel abgefaßt sein muß, enthält die Nr. 1 eine wesentliche Einschränkung der sonst für den Wechsel geltenden unbeschränkten Sprachfreiheit (vgl. oben Anm 7). Es ist nämlich erforderlich, die Bezeichnung als Wechsel oder, wenn der Wechsel in einer fremden Sprache ausgestellt ist, ein jener Bezeichnung entsprechender Ausdruck in der fremden Sprache. Nach dieser Fassung der Bestimmung ist es nicht unzweifelhaft, ob bei Wechseln, die nicht in deutscher Sprache abgefaßt sind, der deutsche Ausdruck „Wechsel" genügt; verneinend Staub-Stranz Anm 2; entsprechend für den Scheck Lessing II 2 d; Cohn, Zur Rev. des schweizerischen Scheckrechts 23; bejahend Breit in Holdh. Monatsschr. 17, 34 und ZfHR. 65, 304; mein ScheckgesKomm § 1 Anm 1 b. Im Sinne möglichster Aufrechterhaltung des Wechsels möchte ich auch für den Wechsel bei der bejahenden Ansicht verbleiben, die sich dadurch sprachlich rechtfertigen dürfte, daß das Gesetz zur Wahl stellt: Entweder — ohne Einschränkung auf in deutscher Sprache ausgestellte Wechsel — die Bezeichnung als Wechsel oder — bei Wechseln in fremder Sprache — einen dieser Sprache entsprechenden Ausdruck, so daß die Bezeichnung als Wechsel in beiden Fällen als gestattet gelten kann. Sachlich dürfte kein Zweifel bestehen, daß auch bei Wechseln in fremder Sprache, die in Deutschland ausgestellt sind, durch den Gebrauch des deutschen Wortes Wechsel zur Genüge klargestellt wird, daß ein Wechsel im Sinne der deutschen WO geschaffen werden soll, wodurch die der Bestimmung zugrunde liegende Absicht des Gesetzes erreicht ist. Auch würde anderen Falles die Möglichkeit ausgeschlossen sein, einen W in einer Sprache auszustellen, die keinen eigenen Ausdruck für den Begriff des Wechsels hat. Vgl. über die Regelung dieser Frage im künftigen einheitlichen Wechselrecht den Anhang II zu diesem Artikel Anm 18. Dagegen ist eine Bezeichnung in einer anderen fremden Sprache als in derjenigen, in der der Wechsel im übrigen ausgestellt ist, also z. B. die französische Bezeichnung in einem englisch ausgestellten Wechsel, ungenügend. Zweifel können entstehen, wenn der Wechsel zum Teil in einer, zum Teil in einer anderen Sprache ausgestellt ist (vgl. oben Anm 7); in diesem Falle dürfte die Bezeichnung in einer der gebrauchten Sprachen als genügend angesehen werden können. — Eine dem deutschen Worte Wechsel entsprechende Bezeichnung ist im französischen die Bezeichnung lettre de change, auch mandat acceptable (OLG Köln in Zeitschr.f.HR 38, 561); dagegen nicht mandat non acceptable oder nur „mandat" (Grünhut Hdbch I S. 338 Anm 7). Für die englische Sprache ist das entsprechende Wort: „Bill of exchange"; für die italienische „lettera di cambio" oder „cambiale"; für die holländische „wisselbrief"; ungarisch: „valto"; dänisch und schwedisch: „vexel"; spanisch und portugiesisch: „letra de cambio". Nicht erforderlich ist, daß auch die Wechselart bezeichnet ist; daher wird auch für den gezogenen W ein Ausdruck genügen, der in der fremden Sprache ein wechselähnliches Zahlungsversprechen bezeichnet („billet à ordre" usw.); vgl. zu Art 96 Anm 4. Orthographische Unrichtigkeiten auch in der Bezeichnung als

Wechsel schaden der Gültigkeit des Wechsels nicht, solange erkennbar bleibt, daß das Wort „Wechsel" oder das entsprechende Wort in der fremden Sprache gemeint ist; vgl. oben Anm 5. — Wie alle formellen Erfordernisse bezieht sich auch das der Wechselklausel nur auf im Inlande ausgestellte Wechsel; bei im Auslande ausgestellten entscheidet in der Regel das Recht des Ortes der Ausstellung (Art 85; vgl. die Anmerkungen dazu).

Nr. 2. Die Angabe der zu zahlenden Geldsumme. **Anm. 10a.**

a) Gegenstand der Zahlung, die erfolgen soll, kann hiernach nur Geld sein. Es muß deshalb der hier in Betracht kommende Begriff des Geldes bestimmt werden. Geld im engeren Rechtssinne (Währungsgeld) ist nur das, was staatlich als Wertungsmaßstab und gesetzliches Zahlungsmittel mit „Zwangskurs" (Verpflichtung zur Annahme bei geschuldeten Zahlungen unter normalen Geldverhältnissen zum Nennwert) anerkannt ist. Solches Geld waren seit Kriegsbeginn, nachdem die Reichsgoldmünzen aus dem Verkehr verschwunden waren, die auf Mark lautenden Reichsbanknoten und die Reichskassenscheine (Ges. v. 4. 8. 1914). Seit dem Münzgesetz v. 30.8.1924 und dem Bankges vom gleichen Tage sind gesetzliches Zahlungsmittel nur noch die neu auszuprägenden, auf Reichsmark lautenden Reichsgoldmünzen, die aber bisher noch nicht in den Verkehr gelangt sind, und die auf Reichsmark lautenden Reichsbanknoten, neben denen die alten auf Mark (Papiermark) lautenden bis zum Ablaufe von drei Monaten nach ihrem am 5.3.1925 erfolgten Aufrufe im Verhältnis von einer Billion Papiermark gleich einer Reichsmark noch als gesetzliches Zahlungsmittel zugelassen waren. Der Ausdruck „Geld" wird aber im Verkehr wie in der Rechtssprache, insbesondere im BGB (§§ 244, 245 und sonst) noch in einem weiteren Sinne gebraucht, in welchem er diejenigen vertretbaren Sachen umfaßt, welche der wirtschaftliche Verkehr als allgemeines Zahlungsmittel gelten läßt, ohne daß eine gesetzliche Verpflichtung zur Annahme bei Zahlungen besteht, deren Leistung daher bei Geldschulden, falls sie vom Gläubiger angenommen wird, nicht als Hingabe eines anderen als des geschuldeten Gegenstandes an Zahlungs Statt, sondern als Zahlung angesehen wird, das sogenannte usuelle Verkehrsgeld. In diesem Sinne ist der Ausdruck auch hier gebraucht. Der Wechsel kann daher auch auf Zahlung in inländischen Silber- oder Nickelmünzen lauten, ferner auf Zahlung in auf Reichsmark lautenden Rentenbankscheinen oder Noten der Privatbanken (diese innerhalb des Landes, dem die Notenbank angehört).

Der Wechsel kann ferner auch auf ausländisches Währungsgeld lauten, allerdings wohl nur auf das Geld solcher Währungen, die im Inlande am Zahlungsort oder an dem für diesen maßgebenden Börsenplatze einen Kurs (Börsenkurs) haben, auf Grund dessen durch Umrechnung die Summe in Reichswährung, in der zu zahlen nach § 244 Abs 2 BGB — entsprechend Art 37 WO — dem Schuldner freisteht, bestimmt werden kann. Vgl. über das Erfordernis der Bestimmbarkeit unten zu c. Statthaft sind aber auch Wechsel, die auf effektive Zahlung in ausländischer Währung gerichtet sind, da auch diese nach obigem Geld (usuelles Verkehrsgeld) ist. Während der Inflationszeit sind Wechsel auf solche ausländische Währungen, die als wertbeständig galten (Dollar, Pfund Sterling, Schweizer Franken), besonders üblich geworden. Bei solchen Wechseln ist die Geldsumme auch genügend bestimmbar, wenn sie auf Zahlung in der ausländischen Währung oder eines ihrem Werte (Kurse) entsprechenden Betrages in Reichswährung lauten, z. B. „1000 Franken oder Wert in Reichsmark" oder „1000 Gulden oder Kurswert in deutscher Münze"; denn damit wird nur die gesetzliche Umrechnungsbefugnis des Schuldners (§ 244 Abs 2) ausdrücklich hervorgehoben; ROHG 1, 279; 2, 118; bei Borchardt Zus 457 ff. Als nicht statthaft wird aber von manchen (Grünhut Hdbch. I S. 343 Note 18; Staub-Stranz Art 4 Anm 6; auch mein ScheckgesKomm § 1 Anm 11) die Angabe angesehen, daß der Kurswert einer bestimmten Summe ausländischer Währung am Zahlungstage (und Zahlungsorte!) gezahlt werden soll: „Zahlen Sie die Summe, welche dem Kurswert von 1000 Franken am Zahlungstage entspricht." Doch dürfte das wohl zu formalistisch gedacht sein, da, wie Grünhut a. a. O. selbst anerkennt, eine solche Formulierung sachlich durchaus den gleichen Inhalt hat wie die Angabe, daß die ausländische Summe oder deren Wert in inländischem Gelde gezahlt werden soll. Für die Gültigkeit eines Wechsels über eine Frankensumme „zahlbar in Deutschland Sichtkurs Brüssel" OLG Darmstadt in Hess Rechtspr 14, 118 und bei Sörgel 1913, 975. Unstatthaft dürften Wechsel sein, in denen bei Angabe der Geldsumme ein festes Verhältnis zwischen der ausländischen und der deutschen Währung ausgedrückt wird, z. B. „Zahlen Sie 250 Franken gleich 200 Reichsmark", da dieses Verhältnis sich ändern kann und auch in normalen Zeiten sich tatsächlich täglich nach dem Börsenkurse ändert und daher zweifelhaft bleibt, welche Summe zu zahlen ist; a. M. Grünhut Hdbch I S. 343; Bernstein S. 31 und für normale Zeiten auch mein ScheckgesKomm § 1 Anm 12 Abs 2.

Während der Geltungsdauer der Valutaspekulations-Vo. vom 8. 9. 23 war nach Ansicht des Reichsgerichts ein auf ausländische Währung gestellter Wechsel als Ausbedingung einer Zahlung in ausländischen Zahlungsmitteln und daher Verstoß gegen § 2 gemäß § 8 der VO nichtig, auch wenn das zugrunde liegende Rechtsgeschäft nicht unter die VO fiel und ungeachtet des Art 37 WO, da dieser die Zahlung in ausländischer Währung lediglich in das Belieben des Schuldners stellt und daher der Gläubiger nur Zahlung in der ausländischen Währung hätte verlangen können (RGZ 113, 255). Diese Auslegung der VO erscheint nicht unbedenklich, da **Anm. 11.**

unter „Ausbedingung" einer Zahlung in ausländischen Zahlungsmitteln doch richtiger wohl nur eine Vereinbarung zu verstehen ist, die dem Gläubiger das Recht auf Zahlung in solchen Zahlungsmitteln gewährt, derart, daß er nicht verpflichtet ist, inländische als Zahlung anzunehmen. Vgl. auch zu Art 37 Anm 1. Statthaft ist ferner, den Wechsel auf eine bestimmte Geldsorte zu stellen, so auf Reichsbanknoten und namentlich auf Gold; doch sind auf Grund der Bekanntmachung vom 28. 9. 1914 (RGBl S. 417) vor dem 31. 7. 1914 vereinbarte Goldklauseln (Goldmünzklauseln) unverbindlich; wegen der nach dem 31. 7. 1914 vereinbarten vgl. zu Art 37 Anm 2.

Anm. 12. Nicht statthaft sind Wechsel mit Goldwertklauseln, da sie nicht auf Zahlung einer ohne weiteres bestimmbaren Geldsumme gerichtet sind; ebenso die in der Inflationszeit vorgekommenen Wechsel auf Zahlung von Geldsummen, deren Höhe sich nach dem am Zahlungstage bestehenden Werte eines anderen, als relativ wertbeständig angesehenen Gutes — Kohle, Roggen, Kali usw. — richten sollte.

Anm. 13. Auch auf eine Rechnungswährung — d. h. eine Währung, in welcher keine Geldstücke ausgeprägt oder Geldscheine ausgefertigt werden, sondern nach der nur im Verkehr gerechnet wird — kann der W lauten, wie Art 37 WO voraussetzt. Doch ist eine tatsächliche, und zwar noch bei Ausstellung des W bestehende Übung lokaler oder allgemeiner Art erforderlich. Als solche Rechnungswährung kam in den Hansastädten früher und kommt wohl auch jetzt noch die Hamburger Mark Banko in Betracht. Seit der Inflationszeit ist die Rechnung nach Goldmark üblich geworden. Das Kammergericht (JW 1925, 642[11]) hat die Zulässigkeit der Ausstellung von Wechseln in Goldmark schon vor der VO vom 6. 2. 1924 über Goldmark- und Goldmarknoten-Wechsel und -Schecke (RGBl I 50) — Anlage C 1 — bejaht; a. M. Dorenberg ebenda. Das RG hat in einem die Gültigkeit eines vor Inkrafttreten dieser VO auf Goldmark gestellten Schecks bejahenden Urteile (RGZ 111, 281) erwogen, daß während der Inflationszeit ein Scheck, der auf Goldmark ausgestellt wurde, das Erfordernis der „bestimmten Geldsumme" erfüllt habe, weil damals einerseits die alte deutsche Mark im Verkehr nicht mehr als ebenbürtiges Zahlungsmittel anerkannt worden, anderseits mit der Goldmark in dem feststehenden Sinne ihrer Gleichsetzung mit $^{10}/_{42}$ des nordamerikanischen Dollars, gerechnet worden und nur auf diesen, nicht auf Feingold die Goldmark im Verkehr bezogen worden sei. Das wird auch für den W bis zum Inkrafttreten der genannten VO zu gelten haben. Durch diese, die hiernach mehr deklaratorischen Charakter besaß, als daß sie neues Recht schuf, ist die Ausstellung von Goldmark-Wechseln und -Schecken ausdrücklich zugelassen und zugleich der Begriff der Goldmark dahin festgelegt worden, daß als solche der Wert von $^{10}/_{42}$ des nordamerikanischen Dollars zu gelten hat, solange nicht die Reichsregierung, wozu sie ermächtigt ist, eine andere Einheit festsetzt (§ 1). Ferner ist bestimmt (§ 2), daß Zahlungen von Goldmarkwechseln usw. in Reichswährung zu erfolgen haben, daß aber der Aussteller durch einen entsprechenden Zusatz die Zahlung in Rentenmark anordnen kann und daß für die Umrechnung in Reichs- oder Rentenmark die Zeit der Zahlung maßgebend ist. In einer auf Grund des § 6 der VO erlassenen Durchführungsverordnung vom 17.4.1924 (RGBl. I 414) — Anlage C 2 — hat die Reichsregierung bestimmt, daß die Umrechnung der Zahlungen in Reichswährung zu erfolgen hat nach dem Mittelkurse des dem Tage der Zahlung vorhergehenden Börsentags für Auszahlung New-York oder, falls der Mittelkurs des dem Präsentationstage vorhergehenden Börsentags ein höherer war, nach diesem Tage, also insofern abweichend von § 244 Abs 2 (vgl. oben Anm 10 a). Über die Akzeptierung von Goldmarkwechseln (§ 3 der VO) vergleiche zu Art 22 Anm 5 a. Nach der VO (§ 4) können W und Schecke auch auf Goldmarknoten der Reichsbank oder einer Privatnotenbank lauten, obwohl diese nicht wie die Reichsmarkbanknoten dieser Banken Geld sind.

Anm. 14. Im Unterschiede von der Goldmark war die Rentenmark ein wirkliches Zahlungsmittel, das zwar keinen Zwangskurs hatte, aber usuelles Verkehrsgeld war und zur Zeit noch ist; daher waren und sind Wechsel auf Rentenmark zweifellos zulässig. Wechsel, die nach dem Inkrafttreten des Münzges. v. 30. 8. 1924 ausgestellt sind und auf „Mark" lauten, werden im Zweifel (d. h. soweit nicht etwa aus dem Billionenbetrage sich etwas anderes ergibt) als auf Reichsmark ausgestellt auszulegen sein, entsprechend dem immer noch bestehenden Sprachgebrauche. Ein kurz vor diesem Zeitpunkte (am 29. 7. 1924) ausgestellter W über „35 000 Mark" ist vom KG als nicht auf Papiermark, sondern auf Goldmark lautend gedeutet worden und das RG (RGZ 112, 85) hat diese Entscheidung gebilligt, zweifellos mit Recht, da die Auslegung, daß er auf Papiermark gelautet habe, wegen des sich ergebenden, wirtschaftlich ein Nichts bedeutenden Betrages nach Treu und Glauben und nach der Verkehrssitte ausgeschlossen war; a. M. St.-Stranz zu Art 4 Anm 5 a Abs 4.

Anm. 15. Sehr zweifelhaft ist die Frage, ob Forderungen aus Papiermarkwechseln, die durch die Inflation entwertet worden (was in der Zeit raschen Fortschreitens der Geldentwertung auch bei kurzer Umlaufsfrist des Wechsels häufig vorkam), der **Aufwertung** zugänglich sind. Das RG hat in RGZ 110, 40 und seitdem wiederholt (II 600/1924, Urt. v. 10. 7. 1925; II 196/25 Urt. v. 8. 12. 1925; 20. 5. 1926 IV 697/25; DJZ 1926, 1104) ausgesprochen, daß die Aufwertung von abstrakten Schuldverbindlichkeiten, insbesondere aus Wechseln, grundsätzlich unzulässig sei, da das Wesen solcher Verbindlichkeiten keinen Raum lasse für die auf dem Grundsatze der

Billigkeit beruhende Aufwertung, indem die Frage, ob diese Voraussetzung gegeben sei, sich nur nach der Natur der einzelnen kausalen Forderung richten könne, das Kausalgeschäft aber bei der abstrakten Verbindlichkeit keine Rolle spielen solle, vielmehr über den Inhalt der Schuld allein die urkundliche Feststellung entscheide und niemals die Wechselforderung „sich über ihren in der Urkunde verbrieften Inhalt ausdehnen könne", vielmehr einen „unabänderlichen festen Wert darstelle, der bei Wechseln, die auf Mark lauten, der Papiermarkbetrag sei". Auch die wirtschaftliche Funktion des Wechsels als Umlaufsmittel stehe der Aufwertungsmöglichkeit entgegen; die für Gläubiger und Schuldner unbedingte Geltung des bestimmten Urkundeninhalts verbürge die Sicherheit des Wechselverkehrs; mit dem gleichen Rechte, mit dem man die Aufwertung eines Wechsels verlange, würde man auch die Aufwertung entwerteten Papiergeldes verlangen können. Schließlich scheitere die Möglichkeit der Aufwertung an den Bestimmungen der Art 50, 51 WO, die das gesamte Interesse des Gläubigers an der rechtzeitigen Einlösung des Wechsels festsetzten und unter Ausschluß weiteren Verzugsschadens die wechselmäßig allein zulässigen Ansprüche auf Zahlung fester Beträge bestimmten. Diesen Urteilen ist bisher die Mehrheit des Schrifttums und die Rechtsprechung gefolgt, so namentlich Bernstein in JW 1925, 50; Beutner ebenda 1380; Mügel AufwRecht 5. Aufl S. 305; Schlegelberger-Harmening zu § 33 AufwGes Anm 3; für den Scheck OLG Dresden vom 3. 12. 25 (AufwRechtspr 1926, 66). Den entgegengesetzten Standpunkt haben im Schrifttum vertreten namentlich Belsen DJZ 1924, 723; Staub-Stranz zu Art 50 WO Anm 9; Michaelis AufwRecht 2. Aufl S. 355. Die von mir gegen die Auffassung des RG erhobenen Bedenken sollen im nachstehenden hier wiederholt werden:

„Die Begründung scheint nicht in allen Punkten mit der sonstigen Auffassung des RG über die rechtliche Natur der Aufwertung im Einklang zu stehen. Nach dieser handelt es sich dabei nicht um eine Ausdehnung der Forderung über ihren in der Urkunde verbrieften Inhalt und den sich aus ihr ergebenden „festen Wert" hinaus, sondern um die Bestimmung dieses Inhalts gegenüber dem nicht mehr zutreffenden Ausdruck, den er in der ziffermäßigen Papiermarksumme gefunden hat. Auch die Rücksicht auf die Sicherheit des Verkehrs befremdet einigermaßen angesichts der Tatsache, daß die Aufwertung sogar bei Hypotheken gegenüber dem eingetragenen festen Nennbetrag zugelassen und nicht als Durchbrechung des öffentlichen Glaubens des Grundbuchs empfunden worden ist. Wer die Zahlung eines Papiermarkbetrages zu einer Zeit, als dieser noch eine wirkliche vermögensrechtliche Bedeutung hatte, wechselmäßig versprochen hat, kann nicht Schutz beanspruchen für seinen angeblichen guten Glauben in der Richtung, daß er dieses Versprechen unter allen Umständen einlösen könne mit einem gänzlich entwerteten, ein Nichts bedeutenden ziffernmäßig gleichen Nennbetrage. Es wird vielmehr Treu und Glauben entsprechen, bei der Bestimmung der zu zahlenden Summe darauf Rücksicht zu nehmen, welchen Einfluß die in der Zwischenzeit eingetretene Geldentwertung auf seine Vermögenslage im ganzen gehabt hat. Auch die Gleichstellung des Wechsels mit dem Papiergelde hinsichtlich der Aufwertung dürfte den sonstigen Anschauungen über die Unterschiede in der rechtlichen Natur dieser beiden Rechtsgebilde schwerlich entsprechen. Alles in allem ist vielleicht das letzte Wort in dieser Frage vom RG noch nicht gesprochen."

Es kann noch hinzugefügt werden, daß auch für die Grundschuld, die ein typisch abstraktes Recht auf Zahlung einer Geldsumme ist, die Aufwertung sogar von der Aufwertungsgesetzgebung von vornherein zugelassen worden ist. Auch scheint die absolute Verneinung des Einflusses des zugrunde liegenden Kausalgeschäfts auf die Wechselverpflichtung durch die wechselrechtlichen Grundsätze keineswegs erfordert zu werden, da diese doch nur eine relative Ablösung der Wechselforderung von ihrer causa bedingen und die Heranziehung des zugrunde liegenden Rechtsgeschäfts im Verhältnis der unmittelbaren Wechselparteien nicht ausschließen; vgl. zu Art 82.

Namentlich wenn der Akzeptant eines Wechsels, der die Wechselsumme auf Grund des Wechsels im Kreditwege unentwertet oder auf Grund eines gegenseitigen Rechtsgeschäfts den ihrem damaligen Werte entsprechenden Gegenwert erhalten und dafür den Wechsel akzeptiert hat, dem ursprünglichen Remittenten, der die Wechselsumme oder deren Wert hingegeben hat, oder einem Indossatar, der für den Erwerb des Wechsels noch erhebliche Werte gezahlt hat, gegenübersteht, so ist kein Grund ersichtlich, daß jener diese mit einem nunmehr ein Nichts bedeutenden Betrage sollte abspeisen können; einer Verweigerung der Aufwertung würde in solchem Falle die Replik der Verletzung von Treu und Glauben auf Grund des § 242 BGB entgegenstehen, ohne daß es nötig wäre (wie das RG in RGZ 110, 40 tut) den Gläubiger wegen seiner Ansprüche auf die Geltendmachung seiner ursprünglichen Forderung aus dem Kausalgeschäfte zu verweisen. Auch für die Aufwertung der Regreßansprüche des Inhabers, der den Wechsel eingelöst hat, dürften die Artt 50, 51 WO kein unüberwindliches Hindernis bereiten, da die „Wechselsumme" beziehungsweise die von dem Einlöser gezahlte oder durch Rimesse berichtigte Summe nicht mehr in dem gleichen Papiermarkbetrage ihren richtigen Ausdruck findet, wenn in der Zwischenzeit zwischen der Zahlung oder Einlösung und der Berichtigung des Regreßanspruchs die Mark eine andere geworden ist. Vgl. Näheres zu Artt 50, 51.

b) Auf eine Geldsumme muß der Wechsel lauten. Daher sind als Wechsel bezeichnete Anweisungen auf Waren (z. B. Getreide) keine Wechsel im Sinne der WO; ebensowenig Anwei- **Anm. 16.**

sungen auf Wertpapiere (andere Wechsel, Tratten, Schecke, Inhaberpapiere). Demgemäß hat das Reichsgericht in dem Urteile vom 12. 9. 1922 (RGZ 105, 143) ausgesprochen, daß ein Wechsel, der auf französische Franken lautet, aber den durch die Unterschrift des Ausstellers gedeckten Zusatz trägt: „Zahlbar in Bankscheck auf Paris“ ungültig ist. Dabei wird unter „Bankscheck“ ein von einer Bank ausgestellter, nicht ein auf eine Bank gezogener Scheck verstanden; aber auch wenn der Ausdruck im letzteren Sinne zu verstehen oder nur gesagt wäre: „Zahlbar in Schecken auf Paris“, müßte im Sinne des RG das gleiche gelten. Den Ausdruck: „Zahlbar“ faßt das Urteil, unter Hinweis auf seine Bedeutung in gesetzlichen Vorschriften, namentlich bei Bestimmung der Zahlungszeit und des Zahlungsortes (vgl. Artt 32, 53 WO, § 7 Scheckges), dahin auf, daß dadurch nicht nur dem Bezogenen freigestellt werde, in Schecken zu zahlen, sondern daß er dazu verpflichtet werde. Ob diese Auffassung das Richtige trifft, erscheint doch zweifelhaft. Das RG erwähnt selbst im weiteren Verlaufe der Urteilsgründe daß der Zusatz sichtlich den Zweck verfolge, daß wegen (richtiger wohl „trotz“) der Schwierigkeit für den Hamburger Wechselschuldner, in französischer Münze oder in anderen französischen Geldzeichen zu zahlen, dem franz. Remittenten oder seinen Nachmännern doch die Zahlung in Franken verschafft werde. War aber das der Zweck der Bestimmung, so ist nicht einzusehen, warum es dem Bezogenen verwehrt sein sollte, von der Zahlung in Schecken abzusehen und effektiv in Franken zu zahlen, falls er dazu imstande ist. Aber auch wenn man den Zusatz so auslegt, wird man dem Reichsgerichte zugeben müssen, daß er mit der Vorschrift der Nr. 2 des Art 4 in Widerspruch steht, da er dem Wechselschuldner freistellt, statt in Geld in Bankschecken zu zahlen, und daß ein solcher Zusatz nicht als nicht geschrieben gelten kann, sondern den Wechsel als solchen ungültig macht (a. M. mein ScheckgesKomm § 1 Anm 13). Für Gültigkeit eines Wechsels auf Zahlung in Tratten OLG Dresden bei Borchardt Zus 68.

Wechsel, die auf eine überhaupt nicht oder nicht mehr, weder in Natur im Umlaufe noch als Rechnungswährung in Übung befindliche Währung lauten, sind ungültig, da eine solche Währung weder gesetzliches noch usuelles Geld ist (nicht entgegenstehend Borchardt Zus 66).

Anm. 17. c) Die WO erfordert nicht, wie das Scheckgesetz in § 1 Nr. 2 (vgl. dazu meinen ScheckgesKomm A. 12 zu § 1) ausdrücklich die Angabe einer **bestimmten** Geldsumme. Aber schon der Begriff einer Summe läßt erkennen, daß der zu zahlende Betrag einheitlich zusammengefaßt und seiner ziffermäßigen Höhe nach ohne weiteres aus der Urkunde ersichtlich, daher zum mindesten nach objektiven Merkmalen bestimmbar sein muß. Dieses Erfordernis läßt nicht zu, daß die Zahlung einer größeren oder kleineren Summe zur Wahl des Bezogenen gestellt oder daß er angewiesen wird „bis zu einer Höchstsumme“ von so und so viel oder „so viel als der Aussteller ihm schuldet“ oder wie beim Scheck vorgeschrieben ist (§ 1 Nr. 2 SchGes, vgl. dazu meinen ScheckgesKomm Anm 4) aus dem Guthaben des Ausstellers zu zahlen.

Anm. 18. Es fragt sich aber, ob dem Erfordernisse der Angabe der zu zahlenden Geldsumme auch dann genügt ist, wenn eine solche Summe zwar im Wechsel angegeben, der Wechsel aber noch auf andere, neben ihr zu machende Geldleistungen — Zinsen, Provision, Vertragsstrafen — gerichtet ist. Diese Leistungen sind nicht in einer „Geldsumme“ ausgedrückt, können also selbst nicht Gegenstand eines Wechsels sein und eine wechselmäßige Verpflichtung nicht erzeugen. Aber nach dem Grundsatze: „Utile per inutile non vitiatur“ besteht kein Grund, wegen ihrer eine formale Ungültigkeit des ganzen Wechsels anzunehmen. So auch Bernstein WO zu Art 4 Zusatz I 1 b S. 50. Auf diesem Standpunkte steht auch ersichtlich die WO, da sie in der deutschen Fassung in Art 7 Abs 3 bestimmt, daß ein im Wechsel enthaltenes Zinsversprechen als nicht geschrieben gilt, also die Gültigkeit des Wechsels im übrigen voraussetzt. Auch aus der österreichischen Fassung des Art 7 ergibt sich übrigens, daß die WO das formale Erfordernis der Angabe der zu zahlenden Geldsumme als erfüllt ansieht, wenn neben dieser Geldsumme noch andere Leistungen im Wechsel angegeben sind; denn sie bestimmt zwar, daß aus einem Wechsel, der ein Zinsversprechen enthält, überhaupt keine wechselmäßige Verbindlichkeit entsteht, erblickt aber darin einen besonderen Nichtigkeitsgrund, den sie alternativ neben den formalen Nichtigkeitsgrund des Fehlens eines wesentlichen Erfordernisses im Sinne des Art 4 stellt. Vgl. Näheres zu Art 7 Anm 13. — Ebensowenig wie das Zinsversprechen nach der deutschen Fassung, macht die Vereinbarung einer Vertragsstrafe den Wechsel als solchen nichtig (ROHG 6, 364; Grünhut Handbuch I S. 477 A. 12); eine wechselmäßige Verpflichtung aber kann durch sie schon um deswillen nicht erzeugt werden, weil sie durch Nichterfüllung der Hauptverpflichtung bedingt ist. Auch die im Wechsel enthaltene Verpflichtung zu einer Pfandbestellung, die meist zugleich die dingliche Einigung darüber enthalten wird, macht den Wechsel als solchen nicht nichtig (ROHG 18, 306; Grünhut a. a. O. S. 478 Note 13). Die bürgerlich-rechtliche Wirkung solcher Nebenleistungsversprechen bestimmt sich lediglich nach dem bürgerlichen Rechte, soweit nicht hinsichtlich des Zinsversprechens Art 7 Satz 3 eingreift; vgl. zu Art 7 Anm 12. Für das österreichische Recht wird die Sondervorschrift des Art 7, derzufolge das Zinsversprechen den Wechsel als solchen nichtig macht, auf andere Nebenleistungen (Provision, Vertragsstrafen) nicht auszudehnen sein.

Anm. 19. d) Der Wechsel muß auf **Zahlung** der Geldsumme lauten, d. h. auf Barleistung. Ein Wechsel, der auf Verrechnung lauten, insbesondere (wie der in § 14 Scheckgesetz zugelassene Verrechnungsscheck) den Vermerk: „Nur zur Verrechnung" tragen würde, wäre kein Wechsel im Sinne der WO. Doch kann gegenüber einem auf Zahlung lautenden Wechsel der Wechselschuldner im Rahmen des Art 82 WO im Wege der Einwendung die Aufrechnung mit einer ihm gegen den Kläger zustehenden Forderung geltend machen und den Kläger durch solche Verrechnung statt durch Barzahlung befriedigen.

e) Eine bestimmte **Stelle im Wechsel** ist für die Angabe der zu zahlenden Geldsumme nicht, wie für die Wechselklausel (vgl. oben Anm 9) vorgeschrieben. Die Geldsumme kann deshalb auch über, neben oder unter dem Texte genannt und im Texte darauf Bezug genommen werden. Doch muß sie durch die Unterschrift des Ausstellers gedeckt sein (vgl. unten Anm 35). Sie kann mit Ziffern oder auch mit Buchstaben geschrieben sein; die Fälle mehrfacher voneinander abweichender Angaben sind in Art 5 WO (vgl. die Anmerkungen zu diesem Art) geregelt. Gewöhnlich befindet sie sich im Kontexte in Buchstaben und außerdem rechts oben im Wechsel in Ziffern; doch ist nach deutschem Rechte die Angabe in Ziffern genügend. Ist die auf dem Wechsel vorhanden gewesene Angabe der Geldsumme durch Radieren, Abreißen und ähnliches völlig beseitigt, so ist der Wechsel in Ermangelung eines wesentlichen Erfordernisses nach deutschem Rechte ungültig, gleichviel ob diese Veränderungen absichtlich oder ohne Absicht erfolgt sind. Anders in manchen ausländischen Wechselrechten; vgl. zu Art 7 Anhang I Anm. Das gilt nicht für bloße Veränderungen, sei es durch Durchstreichung derart, daß die ursprüngliche Wechselsumme noch lesbar bleibt, sei es unter Einsetzung einer neuen anderen Summe (RGZ 108, 79). Vgl. über die Wirkung solcher Veränderungen zu Artt 75/76 Anm 7 ff. **Anm. 20.**

Nr. 3. Der Name der Person oder die Firma, an welche oder an deren Order gezahlt werden soll (des Remittenten).

a) Anders wie für den Scheck (vgl. meinen ScheckgesKomm zu § 1 Anm 32) ist für den Wechsel wesentliches Erfordernis die Bezeichnung eines **Zahlungsempfängers,** der von der WO technisch Remittent genannt wird, entsprechend der historisch gegebenen Ausdrucksweise des Wechselverkehrs. Als „Remittent" wurde nämlich der erste Wechselnehmer bezeichnet, weil ihm die Verpflichtung oblag, den Wechsel zum Akzepte zu versenden (zu remittieren); vgl. die Einleitung S. 15. Über den Ausdruck: „Rimesse" vgl. zu Art 51 Anm 3. — Der Zahlungsempfänger muß bezeichnet werden durch Angabe des Namens einer Person oder durch Angabe einer Firma. Daher ist ausgeschlossen, daß als Zahlungsempfänger der Inhaber oder der Überbringer genannt wird. Inhaberwechsel sind also — im Gegensatze zu Inhaberschecken — als Wechsel ungültig (ROHG 1 S. 98). Das muß an sich auch von Wechseln mit alternativer Inhaberklausel — „Herrn N. oder Inhaber" — gelten. Doch ist bei der Beratung der WO auf der Leipziger Wechselrechtskonferenz (Thöl Prot. S. 12) unwidersprochen zum Ausdrucke gebracht, daß durch einen solchen Zusatz nur das der genannten Person zustehende Recht der Begebung ausgesprochen werde, mithin ein so ausgestellter Wechsel nicht unter den Begriff eines Wechsels au porteur falle. Auf Grund dieser Bemerkung wird von Bernstein (S. 31), Lehmann (S. 350) und Staub-Stranz (Anm 10 zu Art 4) ein „allgemeiner Sprachgebrauch" in diesem Sinne angenommen, der aber doch recht zweifelhaft sein dürfte. Zwar kann durch das von der WO gestattete Blankoindossament (vgl. Art 12 WO und die Erläuterungen dazu) der Wechsel nachträglich einem Inhaberpapier rechtlich weitgehend angenähert werden; aber die alternative Inhaberklausel ist sachlich keine Orderklausel, sondern stellt es in die Wahl des Bezogenen, an die genannte Person oder auch (ohne deren Order) an den Inhaber zu zahlen, was nicht zulässig ist. — Auch Wechsel, in denen überhaupt kein Zahlungsempfänger genannt ist, sind als Wechsel ungültig, doch braucht die Benennung nicht schon bei der Ausstellung oder ersten Begebung durch den Aussteller zu erfolgen; vielmehr kann der Wechsel, wie hinsichtlich seiner übrigen Bestandteile, so auch hinsichtlich der Remittentenbezeichnung, als Blankett hergestellt werden und zirkulieren und es genügt, wenn bei seiner Geltendmachung das Erfordernis durch Ausfüllung des Blanketts erfüllt ist, was jedenfalls dem Akzeptanten gegenüber noch nach Protestierung des Wechsels und im Prozesse geschehen kann (RGZ 108, 389). Vgl. Näheres zu Art 7 Anm 5. **Anm. 21.**

Einer ausdrücklichen Bestimmung im Wechsel, daß an die bezeichnete Person oder Firma oder an deren Order gezahlt werden soll (Orderklausel), bedarf es nicht, da der Wechsel gesetzliches (präsumtives) Orderpapier ist; vgl. Art 9 und die Erläuterungen dazu. — Der Ausdruck „an die Order des Herrn N." wird als gleichbedeutend angesehen mit der Bezeichnung des N. als Remittenten unter Hinzufügung der Orderklausel („Herrn N. oder seine Order"). — Gemäß Art 6 Abs 1 (vgl. Anm 2 zu Art 6) kann der Aussteller sich selbst als Remittenten bezeichnen; sonach den Wechsel „an eigene Order", oder „an meine Order", auch „an mich selbst zahlbar" stellen. Sprachliche Ungenauigkeiten, z. B. „an mich selbst" statt „an uns selbst" bei mehreren Ausstellern dürften den Wechsel nicht ungültig machen. Anders RGZ 66, 8, wo ein solcher Wechsel wegen der dadurch bewirkten Unsicherheit über den Remittenten für ungültig erklärt wird. Doch wird damit ein materielles Element in die rein formalen Wechselerfordernisse hineingetragen, was nicht zu billigen ist (vgl. oben Anm 1a). Auf einem anderen Blatte steht die Frage, in welcher Weise durch eine solche Remittentenangabe die mehreren Aussteller wechselberechtigt werden; vgl. darüber unten Anm 24. Ein Wechsel, der nur „an Order" gestellt ist, ohne Bezeichnung eines Remittenten, ist ungültig, kann aber, sofern nicht besondere Umstände ent- **Anm. 22.**

gegenstehen, im Wege der Auslegung als Wechsel an eigne Order aufrechterhalten werden, wenn er ein von dem Aussteller als erstem Indossanten unterschriebenes Indossament trägt. Abweichend RG I. Zivilsenat 10. 12. 1902 I 231/02, angeführt in RGZ 130, 84, wo die grundsätzliche Frage dahingestellt gelassen, aber für den dort vorliegenden Fall die Möglichkeit einer solchen Auslegung gleichfalls verneint wird. — Die alternative Bezeichnung mehrerer Personen oder Firmen als Remittenten („an Herrn A. oder an Herrn B.") erfüllt das Erfordernis nicht (Bernstein S. 33; a. M. Grünhut I S. 349 A. 14; Lehmann S. 349). Dagegen ist die Benennung mehrerer Personen nebeneinander („an Herrn A. und Herrn B.") für zulässig zu erachten (so Bernstein S. 33, anders RG in JW 1889 S. 111 Nr. 18); dabei ist die formale Gültigkeit des Wechsels auch hier von der Frage, in welcher Weise die mehreren Remittenten materiell wechselberechtigt werden, getrennt zu halten (vgl. über letztere Frage unten Anm 24).

Anm. 23. **b)** Es genügt, daß der in dem Wechsel genannte Name als derjenige einer physischen oder juristischen **Person**, d. h. eines rechtsfähigen Subjekts, beziehungsweise die **Firma** als der Name, unter dem ein Kaufmann im Handel seine Geschäfte betreibt und die Unterschrift abgibt (§ 17 HGB), vorkommen (gedacht werden) kann. Daß die Person als rechtsfähiges Subjekt wirklich existiere oder die Firma geführt werde, ist nicht erforderlich.

ROHGEntsch 23 S. 52 und ZfH 29 S. 195; RGZ 77, 191; 85, 195; 100, 169; Staub-Stranz Art 4 Anm 11 b; anders die ältere Rechtsprechung des RG: RGZ 14, 17. Vgl. auch oben Anm 1 a.

Die Bezeichnung kann deshalb auch erfolgen mit dem Namen eines nicht rechtsfähigen Vereins; denn dieser Name kann in aller Regel auch der eines rechtsfähigen Vereins sein. Darüber, ob der Name des nicht rechtsfähigen Vereins auch als Name (Kollektivname) der einzelnen in ihm zusammengeschlossenen Mitglieder angesehen werden und ob diese dadurch verpflichtet werden können, vgl. zu Art 1 Anm 4. Die Angabe des Namens braucht keineswegs eine so genaue zu sein, daß dadurch die bezeichnete Person von anderen unterschieden werden könnte, was ja durch den Namen allein überhaupt nicht möglich wäre. Daher ist nicht erforderlich Angabe eines Vor- und eines Familiennamens, ebensowenig Alter, Stand, Titel, Wohnort und Wohnung oder sonstige Unterscheidungsmerkmale. Es wird demnach ein Vorname (Rufname) ebensowohl genügen wie ein Familienname (a. M. Staub-Stranz Art 4 Anm 4 a; Bernstein S. 32; wie hier Lehmann S. 375 Anm 7), zumal da wohl jeder Vorname (Otto, Karl, Heinrich) auch als Familienname vorkommen kann. Genügend ist ferner eine Bezeichnung, die den Namen einer juristischen Person bilden kann, ohne daß die Bezeichnung ihres gesetzlichen Vertreters erforderlich wäre (RGZ 74, 70; 77, 192). Dagegen genügt nicht eine Bezeichnung, die ohne Namensnennung eine Person nach ihrem Berufe, Stande, Wohnorte usw. benennt, auch wenn dadurch die Person von jeder anderen unterschieden werden kann, z. B. „an den Herrn Landgerichtspräsidenten in Potsdam, an den Herrn Gymnasialdirektor in Halberstadt, an die Herren „les directeurs du club de la noblesse" (ROHG 20 S. 85); „an den Herrn Direktor der A-Bank in B"; „an meine Ehefrau"; „an meinen Sohn"; dagegen gültig: „an meine Ehefrau Anna"; „an meinen Sohn Hans".

Doch werden solche Wechsel aufrechterhalten werden können, in denen der Vorstand eines Vereins oder einer Behörde oder der gesetzliche oder auch der bevollmächtigte Vertreter einer mit ihrem Namen bezeichneten Person oder einer Firma in solcher Weise genannt ist, daß ersichtlich die durch ihn vertretene Person oder Firma als Remittent gemeint ist, z. B. „an Herrn A als Direktor der B-Bank". In RGZ 77, 193 (vgl. auch JW 1912, 830) ist ein Wechsel für ungültig erklärt, der die (Aussteller-)Bezeichnung trug „Verwaltung der Fideikommißherrschaft W.", mit der Begründung, daß dies nicht nur kein bürgerlicher Personenname, sondern auch nicht als Firma eines Kaufmanns oder einer Handelsgesellschaft denkbar sei. Es ist dabei wohl nicht in Erwägung gezogen worden, ob „Fideikommißherrschaft W" nicht der Name einer juristischen Person sein könne. In RGZ 85, 195 ist ein Wechsel mit der (Aussteller-)Bezeichnung „Fürstlich Lynarsches Rent- und Forstamt" wohl mit Recht für gültig erklärt, weil darin der Name Fürst Lynar, wenn auch nur in adjektivischer Form vorkomme; ebenso RGZ 119, 201 für die Bezeichnung des Bezogenen als „Fürstlich Sch.-L.sche Dampfmühle"; ferner „Verpflegungszentrale des staatlichen Instituts Spandau" (RGZ 100, 167), weil darin der Name Staat (der, wie ohne weiteres erkennbar, den Preußischen Staat bedeutete) enthalten sei. Anders OLG Köln in ZfH 38, 560 für die Bezeichnung „Fürstlich Hatzfeldsche Verwaltung". Auch ein Kollektivname, dessen sich Personen, die miteinander in einer Rechtsgemeinschaft (Gesellschaft des bürgerlichen Rechts, Erbengemeinschaft) stehen, im Rechtsverkehr für ihre gemeinschaftlichen Zwecke bedienen können, z. B. „die Wilhelm Meyerschen Erben"; „die Brüder D." (was übrigens auch eine Firma sein kann, vgl. ROHG 23, 51); „die Friedrich Schmelzerschen Erben" dürfte genügen; a. M. OTr in SeuffArch 15 Nr. 239. — Als Firma genügt eine Bezeichnung, die nach den bestehenden handelsgesetzlichen Bestimmungen in das Handelsregister eingetragen werden kann, und zwar nach den jetzt in Geltung befindlichen Vorschriften (§§ 18 ff. HGB) oder auch nur nach den früher in Geltung gewesenen, sofern diese für die damals bereits bestandenen Firmen in Geltung geblieben sind, wie nach Art 65 PrEG zum ADHGB, da es möglich ist, daß die heute in einem Wechsel genannte Firma damals bereits bestanden hat oder zur Fortführung der Firma berechtigte Rechtsnachfolgerin einer damals bestandenen Firma geworden ist, was zur Gültigkeit des Wechsels genügt. Aus diesem Grunde ist in RGZ 41, 21 die Bezeichnung „Messinggewerkschaft" für gültig erklärt worden, obwohl durch sie eine offene Handelsgesellschaft bezeichnet werden sollte; ebenso „Trinkhallengesellschaft Berlin" (StStranz Anm 11a). Gleiches hat EGHGB (Art 22) hinsichtlich der vor dem 1. 1. 1900 eingetragenen Firmen bestimmt. In RGZ 119, 201 ist aber auch die Bezeichnung „Fürstliche Dampfmühle in B." als allgemein üblich gewordene Abkürzung der nach 1. 1. 1900 eingetragenen Firma: „Fürstlich Sch.-L.sche Dampfmühle, in B.", wobei ausdrücklich hervorgehoben wird, daß der Senat damit von der früheren Rechtsprechung des RG (RGZ 14 S. 18; 63 S. 380; 71 S. 274; 77 S. 192; 100 S. 169) abweiche, welche schlechthin verlangt habe, daß die Firmenbezeichnung nach den gesetzlichen Vorschriften zulässig sei.

c) Verschieden von der Frage, ob eine zur Gültigkeit des Wechsels genügende Remittentenbezeichnung vorliegt, ist die Frage, ob die Bezeichnung derart ist, daß eine bestimmte Person oder Firma aus dem Wechsel die Wechselrechte als Remittent erwerben kann. Dazu ist erforderlich, daß durch die Bezeichnung die in Frage stehende Person als diejenige, die Remittent werden soll, kenntlich gemacht ist. Doch bedarf es auch dazu keineswegs einer ganz genauen und zutreffenden Angabe des Namens oder der Firma, durch die ja ein vollständiger Identitätsnachweis auch nicht geführt werden könnte. Vielmehr genügt eine ungenaue oder unbestimmte, ja sogar eine irrtümliche Bezeichnung, sofern nur, wenn auch durch Heranziehung außerhalb der Urkunde liegender Umstände, die Identität nachgewiesen werden kann, wobei allerdings, wie auch sonst bei der Auslegung der urkundlichen Form bedürftiger Rechtsgeschäfte, eine Grenze insofern zu ziehen ist, als die Unrichtigkeit nicht derart sein darf, daß die Urkunde überhaupt keinen Anhalt für die Ermittlung der Identität bietet. Vgl. RGZ 100, 170 und die dort angeführten Entscheidungen und Schriftsteller. — Führt eine Person den im Wechsel angegebenen Namen oder ein Kaufmann die angegebene Firma, so wird, namentlich wenn noch der Besitz des Wechsels hinzukommt, eine Vermutung dafür sprechen, daß sie als Remittent gemeint ist; doch wird der Gegenbeweis zulässig sein. Für diese Vermutung wird schon die rein tatsächliche Führung des Namens oder der Firma, ohne rechtliche Befugnis, z. B. eines Künstlernamens oder sonstigen Pseudonyms oder Führung einer Firma durch einen Minderkaufmann, genügen. Trägt ein von mehreren Personen oder Firmen als Ausstellern unterzeichneter Wechsel die Remittentenbezeichnung „Zahlen Sie an mich" oder „mir" (vgl. oben Anm 22), so wird durch Auslegung der Urkunde zu ermitteln sein, ob es sich nur um eine sprachliche Ungenauigkeit handelt oder ob nur einer der Aussteller und welcher Remittent werden sollte. In gleicher Weise wird durch Auslegung auch festzustellen sein, in welcher Art (ob als Gesamtgläubiger im Sinne des § 428 oder als gemeinschaftliche Gläubiger im Sinne des § 432 BGB) mehrere als Remittenten bezeichnete Personen wechselberechtigt sein sollen. Dagegen widerspricht eine Teilung der Forderung nach Kopfteilen der einheitlichen Natur der Wechselforderung (vgl. oben Anm 17 und zu Art 10 Anm 3) und wird deshalb in solchem Falle keiner der benannten Remittenten aus dem Wechsel Ansprüche herleiten können; der Wechsel aber deswegen nicht etwa als solcher ungültig sein; vgl. oben Anm 22. **Anm. 24.**

d) Eine **bestimmte Stelle des Wechsels,** an welcher die Angabe des Remittenten stehen müßte, ist durch die WO nicht vorgeschrieben. Es kann deshalb nicht zugegeben werden, daß diese Angabe im Text („Kontext"; vgl. oben Anm 4) stehen müßte, wie Staub-Stranz Anm 53 annehmen, wo übrigens diese Auffassung mit Unrecht als die herrschende bezeichnet ist. Es genügt vielmehr eine Stellung außerhalb des den Zahlungsauftrag enthaltenden „Soll"-(Imperativ)satzes, sofern nur zum Ausdruck gebracht ist, daß der Benannte derjenige ist, an den gezahlt werden soll, insbesondere nicht etwa der in Adressenform, also gleichfalls mit „an", benannte Bezogene. Danach würde es z. B. genügen, wenn unterhalb des Textes gesagt ist: „Zahlbar an Herrn A"; oder auch nur: „An Herrn A oder seine Order"; oder: „Zahlbar an meine Order" (vgl. Art 6 Anm 2). Doch muß die Angabe durch die Unterschrift des Ausstellers gedeckt sein. Dazu genügt aber eine Verbindung mit der Unterschrift des Ausstellers, wie etwa „Karl Teichert an die Order seines Bruders Fritz" (Bernstein S. 33). **Anm. 25.**

Nr. 4: Die Angabe der Zeit, zu welcher gezahlt werden soll.

a) Anders wie beim Scheck, der kraft Gesetzes bei Sicht zahlbar ist und auf keine andere Zahlungszeit gestellt werden kann, bei dem es deshalb einer Angabe der Zahlungszeit nicht bedarf (§ 7 SchGes; vgl. die Erläuterungen dazu in meinem ScheckgesKomm), kann die Zeit zu welcher gezahlt werden soll, im Wechsel mit Rücksicht auf die verschiedenartigen Kreditbedürfnisse, denen der Wechselverkehr dient, in verschiedener, durch das Gesetz zugelassener Weise bestimmt werden. Eine Angabe hierüber ist wesentliches Erfordernis des Wechsels; wo sie fehlt, ist daher kein Wechsel im Sinne der WO vorhanden (vgl. oben Anm 1). Die im Wechsel bestimmte Zeit, zu welcher gezahlt werden soll, ist maßgebend für die Verfallzeit des Wechsels, d. h. den Zeitpunkt, in welchem die Forderung auf Zahlung der Wechselsumme fällig wird und in der Regel Zahlung verlangt werden kann; sie wird deshalb in Art 4 Nr. 4 Halbsatz 2 und in der Überschrift zu den Artt 30 ff. als Zahlungszeit (Zahlungstag) bezeichnet. Ausnahmsweise tritt aber der Zeitpunkt, in welchem Zahlung verlangt werden kann (die Zahlungszeit oder der Zahlungs- **Anm. 26.**

tag in diesem Sinne) nicht schon mit dem im Wechsel bestimmten Verfalltage, sondern erst an einem späteren Tage ein, nämlich, wenn der Wechsel an einem Sonntage oder allgemeinen Feiertage verfällt, am nächsten Werktage (Art 92). In diesem Falle können die zur Erhaltung der Wechselrechte vorgeschriebenen Handlungen (Präsentation, Protest) erst an diesem Werktage vorgenommen werden (Art 92) und beginnen deshalb auch die Fristen für ihre Vornahme (Art 41 Abs 2) erst mit diesem Tage zu laufen. Dagegen beginnt die Wechselverjährung stets mit dem Verfalltage, auch wenn dieser ein Sonntag oder allgemeiner Feiertag ist (vgl. Anm 2 zu Art 92). — Durch nachträgliche Vereinbarung kann mit Wirkung zwischen den Parteien dieser Vereinbarung die Abrede getroffen werden, daß die Forderung aus dem Wechsel erst zu einer späteren als der für den Verfall des Wechsels darin angegebenen Zeit geltend gemacht werden soll (Stundungsvertrag, Prolongation); vgl. über die aus dieser Vereinbarung sich ergebenden Einwendungen zu Art 82 Anm 12, 32. Ob eine solche Vereinbarung, wenn sie auf dem Wechsel vermerkt ist, wechselmäßige Wirkung in der Weise hat, daß dadurch die Verfallzeit oder die Zahlungszeit des Wechsels in dem oben behandelten Sinne geändert, insbesondere der Beginn der Fristen für die Vornahme der Handlungen zur Erhaltung der Wechselrechte oder der Beginn der Wechselverjährung hinausgeschoben wird, ist bestritten. Die herrschende Meinung in der deutschen wechselrechtlichen Lehre und Rechtsprechung verneint diese Frage, indem sie sich hauptsächlich auf die Vorarbeiten zur WO (PrEntw von 1845 § 131; Mot. z. Entw. v. 1847 S. 74; Leipz. Prot. S. 228, bei Thöl S. 242) stützt; vgl. OTr. Stuttgart in SeuffArch 12 Nr. 295; ROHG 25 S. 26; Thöl WR 4. Aufl § 180 I 1 u. 5. A. M. die österreichische Praxis (österr. OGH bei Peitler 124, 321, 348; bei Czelechowski Nr. 166; in SeuffArch 50 Nr. 267) und Bernstein S. 38, der aber zugibt, daß eine Prolongation im Sinne einer Änderung der wechselrechtlichen Verfallzeit durch bloßen Vermerk auf dem alten Wechsel äußerst selten vorkommt. Dagegen kann eine Prolongation mit dieser Wirkung unter den die Vereinbarung treffenden Parteien bewirkt werden durch Geben und Nehmen eines neuen (zumeist eines eignen) Wechsels für die gleiche Schuld, in welchem eine andere, weiter hinausgeschobene Zahlungszeit angegeben ist (Prolongationswechsel). Von dieser Prolongation wird im Wechselverkehr sehr häufig Gebrauch gemacht. Vgl. Näheres darüber zu Art 82 Anm 32.

Anm. 27. b) Die Bestimmung der Zahlungszeit im Wechsel kann nach Art 4 Nr. 4 zunächst nur in der Weise erfolgen, daß sie für die gesamte Wechselsumme (vgl. oben Anm 17) eine und dieselbe ist. Dadurch sind **Ratenwechsel** ausgeschlossen. Ungültig als solche sind sonach Wechsel mit folgendem Inhalt: „Zahlen Sie tausend Reichsmark, davon 500 am 1. 7., 500 am 1. 10. 1928"; oder: „Zahlen Sie 500 RM in monatlichen Raten von je 100 RM vom 1. 1. 1929 ab". — Ein nachträglicher Vermerk auf dem Wechsel, daß Zahlung in Raten gestattet werde, enthält keine Abänderung der im Wechsel bestimmten Zahlungszeit (vgl. oben zu a); der Wechsel wird deshalb dadurch nicht zum Ratenwechsel und nicht ungültig (so Bernstein S. 33, auch der österr. OGH bei Czelechowski Nr. 248; a. M. bei Peitler Nr. 130).

c) Das Gesetz stellt sodann zur ausschließlichen Auswahl vier verschiedene Arten der Bezeichnung der Zahlungszeit, und zwar kann der Wechsel fällig gestellt werden:

Anm. 28. α) **Auf einen bestimmten Tag** (Tagwechsel): „Zahlen Sie am 1. 4. 1929 . . .". Dieses Erfordernis wird nicht erfüllt durch Angabe eines länger („Zahlen Sie im Monat April", „in der ersten Januarwoche") oder kürzer („Zahlen Sie am 1. 4. 1929 um 13 Uhr" oder „Vormittags") bemessenen Zeitraumes oder Zeitpunktes. Der Tag muß ein bestimmter, d. h. durch die Bezeichnung von allen anderen Tagen erkennbar unterschiedener, sein. Jede Art der Bezeichnung, welche dieses Erfordernis erfüllt, ist genügend. Es bedarf daher nicht der gewöhnlichen Angabe des Datums nach Tagesziffer im Monat, Monat und Jahr, sondern der Tag kann auch bestimmt werden durch Angabe eines Festes oder Ereignisses, das kalendermäßig oder nach sonstiger als allgemein bekannt geltender Bestimmung auf ihn fällt, oder eines für ihn gebräuchlichen Namens eines Kalenderheiligen oder dergl.; z. B. „an Johanni"; „zu Neujahr"; „an (Christi) Himmelfahrt"; „an Allerheiligen"; „am Reichsgründungstage"; „am Verfassungstage". Dagegen genügt nicht Angabe eines mehrtägigen Festes, z. B. „zu Ostern"; „zu Weihnachten"; wohl aber „am ersten Weihnachtstage"; „am zweiten Ostertage"; oder „am dritten Tage nach Weihnachten"; „am Tage nach Ostern", da hier klar ist, daß vom letzten Tage des betreffenden Festes zu rechnen ist. Ist der bezeichnete Tag ein Sonntag oder allgemeiner Feiertag, so verfällt der Wechsel an dem nächsten Werktage (Art 92). Die Angabe des Jahres kann, wenn sie fehlt, ergänzt werden aus dem Ausstellungsdatum (vgl. unten zu Nr. 6 Anm 40), und zwar in der Weise, daß dasjenige Jahr gemeint ist, in welchem der bezeichnete Tag zum ersten Male nach der Ausstellung des Wechsels wiederkehrt, z. B. bei einem am 1. 4. 1928 auf 1. 7. ausgestellten W der 1. 7. 1928, bei einem am 1. 10. 1928 auf 1. 4. ausgestellten der 1. 4. 1929. — Eine alternative Benennung mehrerer Tage ist unstatthaft; ebenso die Benennung eines Tages alternativ mit einer anderen Bestimmung der Zahlungszeit: „am 22. 4. 1928 oder nach Sicht", und zwar muß das auch gelten, wenn die andere Bestimmung sich als unzulässig darstellt: „am 22. 4. 1928 oder 30 Tage nach Kündigung (ROHG 2 S. 365; 4 S. 214/15; 23 S. 111;

vgl. unten). Nicht genügend ist nach der herrschenden Meinung die Angabe, daß bis zu einem bestimmten Tage gezahlt werden soll, sog. Fristwechsel (ROHG 11, 170; RG 10, 4, 80 in ZfH 29, 202; in SeuffArch 35 Nr. 317; KammGer in KGBl 98, 30); doch dürfte das zu formalistisch gedacht sein, da aus einer solchen Bestimmung deutlich ersichtlich ist, daß der genannte Tag derjenige sein soll, an dem die Verpflichtung zur Zahlung eintritt, und zwar nicht, wie Brauer ArchfWR Bd 6 S. 226, 227 meint, nur nach süddeutschem Sprachgebrauch, der als partikulärer bei der Auslegung des W nicht in Betracht kommen könnte (vgl. unten Anm 58). Für die Gültigkeit öst. OGH bei Cz. Nr. 254, 299, 539, 541, 725; AppGer Celle in SeuffArch 30 Nr. 268; OTr. Stuttgart und HAppGer München bei Gruchot 18 S. 259 Anm; Brauer a. a. O. Dagegen wird allgemein als gültig anerkannt die Bestimmung: „Zahlen Sie zum 1. 4. 1929, weil dieser Ausdruck gleichbedeutend sei mit „am" usw. (OTr. bei Borchardt Zus 94; Grünhut Hb I § 49). — Der Zahlungstag kann auch durch die Angabe: „Anfang", „Mitte" oder „Ende" eines Monats bezeichnet werden; Art 30 Satz 2, 3 setzt eine solche Bestimmung als gültig voraus und bestimmt, wie sie auszulegen ist. Gültig auch „Ende" (= 31.) Dezember 1928". — Nicht zulässig, weil der erforderlichen Bestimmtheit entbehrend, ist die Bestimmung eines Tages in der Weise, daß er durch ein anderes Ereignis bestimmt werden soll, dessen Eintritt zeitlich nicht feststeht, z. B. „30 Tage nach Kündigung" (Prot. L. S. 160, Thöl S. 171); „einen Tag nach Ankunft des Dampfers".

β) **„Auf Sicht (Sichtwechsel) oder auf eine bestimmte Zeit nach Sicht (Nach-Sicht-Wechsel).** **Anm. 29.** „Sicht" bedeutet die dem Wechselschuldner durch Vorzeigung ermöglichte Einsichtnahme des Wechsels. Die gleiche Bedeutung haben die im Gesetze beispielsweise hervorgehobenen Ausdrücke: „auf Vorzeigung, a vista". Zulässig sind als gleichbedeutende Ausdrücke für den Sichtwechsel: „auf Sicht", „bei Sicht", auch „nach Sicht" (d. h. alsbald nach Sicht), auch „Dato nach Sicht", was bedeutet, von heute an sobald der Wechsel vorgezeigt wird (ROHG 6 S. 239; a. M. OTr bei Striethorst 29 S. 231, weil darin eine unzulässige Verquickung zweier Zahlungszeitbestimmungen, am Ausstellungstage und nach Sicht, liege, eine Annahme, die wohl durch den Wortlaut nicht gerechtfertigt ist; näher liegt es, einen Fristwechsel in obigem Sinne (Anm 28) anzunehmen. — Der Ausdruck „a piacere" (d. h. nach Gefallen, nämlich des Gläubigers) ist nicht, wie Bernstein S. 36 meint, mit „auf Sicht" gleichbedeutend, da er nicht klar erkennen läßt, daß die Fälligkeit nur durch Vorzeigung des Wechsels herbeigeführt werden kann; er wird deshalb in Deutschland überwiegend für unzulässig erachtet (so schon die Leipz. Konf. Prot. L. S. 13, Thöl S. 14). In der österr. Fassung der WO dagegen ist dieser Ausdruck als zulässige Bezeichnung der Zahlungszeit neben den anderen beispielsweise genannt. Wollte man (was sprachlich eigentlich näher läge) den Ausdruck dahin deuten, daß der Schuldner nach seinem Gefallen (Belieben) zahlen solle, so würde der W sicherlich ungültig sein. Auch der Ausdruck: „auf Verlangen" dürfte aus dem gleichen Grunde wie a piacere, nicht statthaft sein. Ebensowenig die Stellung des W auf Kündigung oder auf eine bestimmte Zeit nach Kündigung, da Kündigung mit Vorlegung zur Sicht nicht gleichbedeutend ist (ROHG 2 S. 361; a. M. Thöl S. 610 § 153; Grünhut I S. 375).

Wegen eines alternativ auf einen bestimmten Tag oder auf Sicht bzw. eine bestimmte Zeit nach Sicht lautenden Wechsels vgl. oben Anm 28. Als ungültig ist auch ein W angesehen worden, der lautete: „Zahlen Sie acht Tage nach Sicht, spätestens am 15. 10. 1877", weil darin nicht mit Sicherheit die Beifügung einer Präsentationsfrist zu einem Sicht- oder Nachsichtwechsel (vgl. unten) gefunden werden könne (ROHG 23, 110). — Die Besonderheit der Sicht- und Nach-Sichtwechsel besteht darin, daß sie zur Zahlung, Nach-Sichtwechsel auch zur Annahme präsentiert werden müssen innerhalb einer im W bestimmten, in Ermangelung einer solchen Bestimmung durch das Gesetz vorgeschriebenen Präsentationsfrist, Artt 31, 32, 19; vgl. die Erläuterungen zu diesen Artt. Bei solchen Wechseln ist sonach die Bestimmung einer Präsentationsfrist zulässig, z. B. „bei Sicht innerhalb fünf Jahren" (RGZ 20, 183). Doch hat das RG a. a. O. wegen Unsicherheit der Zahlungszeitbestimmung einen (eigenen) W für ungültig erklärt, der die (wie es annahm) sich widersprechenden Vermerke trug: „Bei Sicht innerhalb fünf Jahren" und „Wir zahlen zur Verfallzeit ohne vorherige Präsentation". — Über die Berechnung der Nach-Sichtfristen bei Nach-Sicht-Wechseln vgl. Art 32 Abs 2 und Anm 4 zu Art 32.

γ) **Auf eine bestimmte Zeit nach dem Tage der Ausstellung (nach dato) — Dato-Wechsel —** **Anm. 30.** (nicht zu verwechseln mit dem W, der auf „dato nach Sicht" gestellt und ein Sichtwechsel ist; vgl. oben Anm 29). Die Bestimmung dieser Zeit kann nach Tagen, Wochen, Monaten erfolgen. Der Ausgangspunkt des Zeitraumes muß aber immer der Tag der Ausstellung sein; dieser ist als Beginn maßgebend, auch wenn er ein Sonntag oder allgemeiner Feiertag ist. Zur Bezeichnung dieses Ausgangspunktes sind geeignet die Ausdrücke: „nach dato"; „de dato"; „ab dato"; auch nur „dato" oder „von heute ab". Der Ausgangspunkt braucht aber nicht ausdrücklich bezeichnet zu sein; es genügt, daß nur der Endpunkt angegeben ist, z. B.: „Zahlen Sie nach drei Monaten" (ROHG 2, 148; 19, 329) oder auch „in drei Monaten" (was nicht etwa dahin auszulegen ist, daß der Gläubiger innerhalb drei Monaten nach Gefallen Zahlung verlangen könnte — vgl. oben Anm 29 —, sondern dahin, daß die Zahlung erst bei Ablauf des Zeitraumes verlangt werden kann; (ROHG 2, 148). — Über die Berechnung des Verfalltages bei Datowechseln bestimmt, wie für Nach-Sichtwechsel, Art 32, vgl. die Erläuterungen zu diesem

Artikel; ferner für einen besonderen Fall auch Art 34. Ein auf „morgen" oder „übermorgen" gestellter W wird auf Grund der nächstliegenden Auslegung des Parteiwillens nicht als Datowechsel, sondern als Tagwechsel (vgl. Anm 28) anzusehen sein und deshalb der Verfalltag nicht gemäß Art 32 vom Tage nach der Ausstellung, sondern vom Tage der Ausstellung zu berechnen, sonach ein am 15. 4. 1928 auf „morgen" ausgestellter W am 16., nicht erst am 17. 4. fällig sein. — Ungültig wäre (abgesehen von Nach-Sichtwechseln, vgl. Anm 29) die Stellung des Wechsels auf eine bestimmte Zeit nach einem anderen Ereignisse als der Ausstellung (z. B. Kündigung, Ankunft eines Dampfers), außer wenn es sich um zeitlich feststehende Ereignisse handelt, in welch letzterem Falle ein Tagwechsel (vgl. Anm 28) vorliegen würde.

Anm. 31. δ) **Auf eine Messe oder einen Markt (Meß- oder Marktwechsel).** Unter Messen und Märkten, sind nur die behördlich angeordneten oder gestatteten derartigen Veranstaltungen zu verstehen, sei es, daß sie (was die Regel ist) in regelmäßigen Perioden wiederkehren oder für einen Sonderfall einmalig veranstaltet werden. Die Gewerbeordnung (§§ 64—70) unterscheidet Messen, Jahrmärkte, Wochenmärkte und Spezialmärkte. Messen im eigentlichen Sinne sind die für den Großhandel bestimmten Märkte, bei denen Waren nach Proben (Mustern) gehandelt werden (die bedeutendste ist die Leipziger Mustermesse); doch werden auch andere Großmärkte für Waren vielfach als Messen bezeichnet. Die Zulassung von Meßwechseln wurde bei den Beratungen über die WO von einigen Seiten bekämpft (vgl. Leipz. Prot. S. 206, Thöl S. 219 ff.), teils grundsätzlich, namentlich wegen des damit verbundenen Ausschlusses der sofortigen Präsentation zur Annahme (vgl. zu Art 18 unter 2 Anm 2), teils weil man die Bestimmungen darüber den Gesetzen des Meß- oder Marktortes überlassen wollte; doch wurden die in diesen Richtungen gestellten Anträge schließlich zurückgezogen. Ihre Besonderheit besteht darin, daß der Verfalltag eines solchen Wechsels nicht in dem Wechsel selbst bestimmt ist, sondern sich nach den Vorschriften des Meß- oder Marktortes richtet (Art 35, vgl. die Erläuterungen zu diesem Artikel), sowie in der soeben erwähnten Aufschiebung der Akzepteinholung bis zur Messe (Art 18 Satz 3). In dem Wechsel darf aber, wenn er als Meß- oder Marktwechsel gültig sein soll, nicht ein bestimmter Tag der Messe oder des Marktes (z. B. der zweite oder der dritte oder auch der Schlußtag der Messe) genannt sein. Ein solcher W würde auch nicht als Tagwechsel aufrechterhalten werden können (vgl. oben Anm 28), da die Zeit für die Messe nicht unabänderlich kalendermäßig feststeht, sondern unter Umständen verlegt werden kann, wodurch sich der Verfalltag des Wechsels ändern würde (so Bernstein S. 37; StStranz Anm 26, a. M. Borchardt Zus 106 und die dort angeführten Entscheidungen). Doch wird die Benennung eines bestimmten Tages der Messe oder des Marktes für die Gültigkeit des Wechsels unschädlich sein, wenn der benannte Tag mit dem gesetzlichen Zahltage übereinstimmt, da der W auch ohne die Benennung an diesem Tage verfallen würde. — Weiteres Erfordernis für einen als solcher gültigen Meß- oder Marktwechsel ist, daß der Meß- oder Marktort auch der Zahlungsort des Wechsels ist (Prot. L. S. 235, bei Thöl S. 250). Das folgt (wie dort hervorgehoben ist) schon aus dem Begriffe (und Zwecke) des Meß- oder Marktwechsels (der dazu bestimmt ist, die auf der Messe oder dem Markte zu machenden Zahlungen zu erleichtern); aber auch aus Art 35, der für die Zahlungszeit auf die Gesetze des Meß- oder Marktortes verweist. Über den Zahlungsort vgl. unten zu Nr. 8 Anm 48 ff. Danach muß der W, wenn der Bezogene nicht am Meß- oder Marktorte wohnt oder der Meß- oder Marktort bei seinem Namen oder seiner Firma angegeben ist, am Meß- oder Marktorte domiziliert sein (Art 24; vgl. die Erläuterungen dazu).

Anm. 32. d) Ebensowenig wie für die Bezeichnung des Remittenten (vgl. oben Anm 25) ist für die Angabe der Zahlungszeit eine **bestimmte Stelle im W** vorgeschrieben, insbesondere nicht, wie für die Wechselklausel (Nr. 1, vgl. oben Anm 9) die Aufnahme in den „Kontext". Es ist deshalb unrichtig, wenn gelehrt wird, daß die Angabe der Zahlungszeit im Kontext des W stehen müsse (so Staub-Stranz A. 20 a, während der von ihnen für diese Auffassung angeführte Bernstein (S. 42) die Stellung im Kontext nur als allgemein üblich bezeichnet). Doch muß die Stellung eine solche sein, daß die Angabe zweifellos als Bestandteil der Wechselerklärung des Ausstellers sich darstellt; sie muß deshalb so beschaffen sein, daß sie durch die Unterschrift des Ausstellers (vgl. zu Nr. 5 Anm 35) gedeckt wird. Ein bloßer Vermerk am Rande des W, etwa: „per 15. 4. 1879", der der üblichen Stellung der Zeitbestimmung nicht entspricht und auch lediglich eine Notiz zur Kontrolle der Fälligkeit bedeuten kann, ist nicht genügend (ROHG 25 S. 237). Die Bestimmung einer Zahlungszeit durch den Akzeptanten bei der Akzeptierung des W (vgl. Art 22 und Anm 4 dazu) kann als solche die fehlende Angabe in dem W durch den Aussteller nicht ersetzen; sie kann jedoch, falls sie durch die Unterschrift des Ausstellers gedeckt ist, als eine dem Akzeptanten vom Aussteller gestattete Blankoausfüllung in Betracht kommen und die Gültigkeit des Wechsels herbeiführen (vgl. zu Art 7 Anm 6).

Anm. 33. **Nr. 5: Die Unterschrift des Ausstellers (Trassanten) mit seinem Namen oder seiner Firma.** Auch hier handelt es sich um ein bloßes Formalerfordernis (vgl. oben Anm 1 a). Zu seiner Erfüllung genügt ein durch Schreiben hergestellter äußerer Anschein einer Beurkundung dahin, daß der Schreiber den Inhalt des Wechsels (beim gezogenen W die Anweisung, zu zahlen; beim eigenen W die Verpflichtung, selbst zu zahlen) als eine von ihm ausgehende Erklärung gelten lassen wollte. Dazu gehört:

a) eine **Schrift**. Der Ausstellervermerk darf daher nicht, wie die unter Nr. 1—4 erforderten Angaben (vgl. oben Anm 6) mechanisch durch Druck, Stempel, Schreibmaschine oder dergl. hergestellt sein, auch nicht im Wege der Vervielfältigung einer einmalig durch Handschrift hergestellten Namenszeichnung (Faksimile; ROHG 14, 319); bei Wechseln ist nicht, wie bei in großen Massen zur Ausgabe gelangenden Wertpapieren (Obligationen, Aktien u. dergl., RGZ 14, 97) die faksimilierte oder sonst mechanische Herstellung der Unterschrift verkehrsüblich. Doch können, wie es im Verkehr üblich ist, Zusätze zur eigentlichen Namensschrift, z. B. die Angabe des Sachbestandteils einer aus Sachbezeichnung und Namen sich zusammensetzenden Firma oder Angabe der vertretenen Firma bei der Zeichnung des Geschäftsinhabers oder Prokuristen mit seinem Namen, mechanisch hergestellt werden. Also z. B. gültig: **Anm. 34.**

„Papier- und Pappenfabrik Sadowa (mechanisch)
Moritz Auerbach & Co. (handschriftlich)",

oder:

„per Prokura A. Schultze & Co. (mechanisch)
Karl Müller (handschriftlich)"

(OTr bei Striethorst 34, 215; ROHG 14, 317; RGZ 47, 165; 118, 169, für das Akzept; Recht 1910, 2406; 1912, 2795). Zeichnet dagegen der Geschäftsinhaber nur die Firma, so muß diese handschriftlich hergestellt sein. Die Schriftzeichen müssen diejenigen des Buchstabensystems einer Kultursprache sein (ROHG 22, 407; vgl. oben Anm 7); auch hebräische sind zulässig (über die Einschränkung für Österreich vgl. oben a. a. O.). — Auf größere oder geringere Deutlichkeit kommt es nicht an; nur müssen die Buchstaben einen Namen bedeuten können (vgl. unten Anm 35a). Auch läßt die WO in Art 94 statt der Namensschrift mit Buchstaben handschriftlich hergestellte Zeichen (Handzeichen, Kreuze) zu, sofern durch gerichtliche oder notarielle Beglaubigung festgestellt ist, daß sie eine Namensschrift ersetzen sollen; vgl. Näheres zu Art 94. — Die Ausfertigung einer zu notariellem oder gerichtlichem Protokoll abgegebenen Ausstellererklärung erfüllt das Erfordernis nicht (OTr 35 S. 135); wohl aber das Original einer so abgegebenen Erklärung, falls es von dem Erklärenden unterschrieben ist. Das bloße Anerkenntnis einer gefälschten Unterschrift soll nach OLG Dresden bei Seuffert 49 Nr. 186 nicht genügen; doch wird es als genügend angesehen werden können, wenn das Anerkenntnis selbst die Unterschrift des Ausstellers enthält und diese sich in entsprechender Stellung zu dem Wechseltexte (vgl. unten Anm 35) befindet.

b) eine **Unter**schrift; d. h. die Namenszeichnung des Ausstellers muß sich in einer derartigen Stellung zu dem Texte (Kontexte) des W befinden, daß dieser Text in seinem gesamten Inhalte durch sie als eine von dem Aussteller abgegebene Erklärung erscheint (gedeckt wird). Sie muß sich demnach räumlich am Ende des Textes befinden. Die Namensangabe mitten im Zusammenhange des Wechseltextes ist, auch wenn sie eigenhändig erfolgt (z. B.: „Ich, Karl Schulze, weise Sie an zu zahlen"), nicht genügend; sie stellt keine Unterschrift dar (so Staub-Stranz Anm 28; Bernstein S. 42; a. M. Thöl 4. Aufl S. 42; Brauer im ArchfWR 10 S. 4). Auch die Namensschrift quer über den Text oder an der Seite des Textes oder auf der Rückseite des Wechsels (sofern der Text sich nicht auf die Rückseite erstreckt) dürfte nicht genügen; a. M. OAG Lübeck bei Seuffert 11 Nr. 134 und AppGer Celle ebenda 26 Nr. 267. Die Rechtsprechung des ROHG hat anfänglich geschwankt, wandte sich aber in der späteren Zeit der Auffassung zu, daß die Ausstellerunterschrift unter den Text gehöre: ROHG 9, 422; 19, 89; 25, 238). Es muß für den W zum mindesten das gleiche gelten, was nach allgemeinem bürg. Rechte (§ 126 BGB) für die Unterschrift erfordert wird, nämlich, daß sie unterhalb des Textes stehe (RGZ 52, 280; 57, 67) und sich durch diese örtliche Stellung als eine den Inhalt der Urkunde deckende und sie vollendende Willenserklärung darstelle (RGZ 62, 175; JW 1911, 576[5]). — Wenn der W durch einen Bevollmächtigten unterzeichnet ist, so kann der Name des Vertretenen im Wechselkontexte angegeben sein, z. B. bei einer Tratte: „Als Bevollmächtigter des Herrn Hans Müller weise ich Sie an usw. Karl Schulze" (ROHG 20 S. 91). **Anm. 35.**

c) eine Unterschrift des Ausstellers **mit seinem Namen oder seiner Firma**. Es genügt auch hier, wie bei der Remittentenbezeichnung (Nr. 3), daß die Unterschrift den Namen einer physischen oder juristischen Person oder eine „Firma", d. h. den Namen, unter welchem ein Kaufmann sein Handelsgeschäft betreibt (§§ 17 ff. HGB), darstellen kann. Ob der Aussteller diesen Namen, sei es mit Recht oder mit Unrecht, tatsächlich führt oder ob überhaupt eine Person dieses Namens oder eine solche Firma, sei es eingetragen oder ohne Eintragung, existiert, ist für die Gültigkeit des Wechsels unerheblich. Vgl. Näheres oben Anm 23. Dagegen sind diese Umstände erheblich für die Frage, ob eine Person oder Firma und welche durch die Zeichnung des Wechsels als Aussteller verpflichtet worden ist; vgl. darüber zu Art 8 Anm 3. **Anm. 35a.**

d) Die Unterschrift **des Ausstellers**, d. h. einer Person oder Firma, welche sich dadurch als diejenige darstellt, die die Urkunde hergestellt hat, indem sie die in ihr enthaltene Willenserklärung sich zu eigen gemacht (abgegeben) hat. Diese Willenserklärung besteht bei der Tratte in der in Wechselform erteilten Anweisung an den Bezogenen, die Wechselsumme zu zahlen. Daher ist ein W ungültig, wenn der Unterschrift Zusätze beigefügt sind, die ihr eine andere Bedeutung als diejenige **Anm. 36.**

einer Ausstellerunterschrift geben, z. B. die Bedeutung, als Bürge für die Zahlung haften zu wollen („als Bürge", „per Aval", RGZ 10, 1; ROLG 16, 142). Dagegen berühren Zusätze, die mit der Ausstellereigenschaft des Unterschreibenden vereinbar sind, z. B. „als Selbstschuldner", „als Regreßverpflichteter", „Gut für . . .", die Gültigkeit des Wechsels nicht. Ob zu den Zusätzen der letzteren Art bei der Tratte auch der Zusatz „ohne Obligo", „ohne Gewähr" u. dergl. gehört, ist streitig; vgl. über diese Streitfrage Näheres zu Art 8 Anm 13. Wegen des eigenen Wechsels vgl. zu Art 96 Anm 8. — Die Unterschrift darf nicht durchstrichen oder in anderer Weise als nicht mehr gelten sollend gekennzeichnet sein (ROHG 3, 93; 18, 367; 19, 271). Wann sie beigefügt ist, ob vor oder nach Begebung oder Akzeptierung, ist für die Gültigkeit des Wechsels unerheblich; vgl. zu Art 7 unter 4. — Ein W kann auch mehrere Ausstellerunterschriften tragen (ROHG 2, 349; 18, 367; 19, 311; RG bei Bolze 7 Nr. 423). Ist von diesen ein Teil durchstrichen, so bleibt die Gültigkeit des Wechsels durch die stehengebliebenen erhalten (ROHG 18, 367). —

Anm. 37. e) Zulässig ist auch die Unterschrift durch einen Vertreter d. h. jemanden, der im Namen eines anderen handeln will (ob er dazu berechtigt ist, steht hier nicht in Frage; vgl. darüber zu Art 8 Anm 4), und zwar sowohl — ohne Kenntlichmachung des Vertretungsverhältnisses — mit dem Namen des Vertretenen (BGS in RGZ 74, 69), wie auch unter Angabe, daß er im Namen eines anderen und für wen er handelt, mit dem Namen des Vertreters. In letzterem Falle erfordert aber das RG (RGZ 77, 191), daß auch der Name des Vertretenen, durch den Vertreter geschrieben, in der Unterschrift enthalten sei, da der Vertretene der „Aussteller" ist. Eine anderweite Bezeichnung des Vertretenen, die weder einen Personennamen noch eine Firma enthält, z. B. „Verwaltung der Fideikommißherrschaft X.", soll danach nicht genügen. Doch genügt es jedenfalls, wenn der Name des Vertretenen irgendwie, wenn auch nur adjektivisch, in der Unterschrift enthalten ist, z. B. „Fürstlich Lynarsches Rentamt" (RGZ 85, 195, unter Aufgabe der älteren Entscheidung in RGZ 14, 17). Als Name des Staates in seiner vermögensrechtlichen Eigenschaft genügt jede Bezeichnung, die eine staatliche (fiskalische) Stelle darstellen kann, wenn in ihr der Ausdruck: „Staat" oder „Fiskus" enthalten ist, z. B. Verpflegungszentrale der staatlichen Institute Spandau; daß diese Stelle eine zur Vertretung des Fiskus berufene Behörde sei, ist für die Gültigkeit des Wechsels nicht erforderlich; ob der Fiskus dadurch verpflichtet wird, ist eine andere Frage (RGZ 100, 169). Vgl. auch oben Anm 23.

Anm. 38. **Nr. 6: Die Angabe des Ortes, Monatstages und Jahres der Ausstellung.**

a) Angabe des Ortes der Ausstellung (Ortsdatum).

α) Der Begriff „Ort" kommt in der WO an mehreren Stellen vor, nämlich in der hier in Frage stehenden Nr. 6 des Art 4 (Ort der Ausstellung); ferner in Nr. 8 des Art 4 (Ort, wo die Zahlung geschehen soll); in Art 24 (vom Wohnorte des Bezogenen verschiedener Zahlungsort); in Art 43 (Ort, wohin der Wechsel domiziliert ist); schließlich in der früheren Fassung des Art 91 Abs 1 Satz 2 (Ort, an dem die bei einer bestimmten Person vorzunehmenden Akte vorgenommen werden müssen) und in Art 91 Abs 3 (Polizeibehörde des Ortes). Es erscheint deshalb zweckmäßig, hier zusammenfassend zu erörtern, was im Sinne der WO unter „Ort" zu verstehen ist. „Ort" ist nach allgemeinem Sprachgebrauche die geographische Bezeichnung für einen räumlichen Punkt auf der Erdoberfläche, aber auch für einen räumlichen Bezirk, der nach den Anschauungen des Verkehrs eine wirtschaftliche oder politische lokale Einheit, eine „Ortschaft" in diesem Sinne bildet. Das ROHG und das RG haben wiederholt ausgesprochen, daß die WO unter „Ort" eine Ortschaft (den Handelsplatz, die Stadt, das Dorf) verstehe: ROHG 9, 262; 18, 148; 21, 358; RGZ 32, 113. Doch ist in der zuletzt genannten Entscheidung des RG diese Annahme dahin eingeschränkt, daß in Art 91 der damals geltenden Fassung der Ausdruck „Ort" in verschiedenem Sinne gebraucht sei, nämlich in Abs 1 Satz 2 im Sinne einer Örtlichkeit, d. h. einer Stelle (eines Raumes, Platzes) innerhalb einer Ortschaft, in Abs 3 Satz 2 dagegen im Sinne einer Ortschaft. Diese Abweichung kommt nicht mehr in Frage, nachdem durch die Protestnovelle in Art 91 Abs 1 Satz 2 das Wort „Ort" durch das Wort „Stelle" ersetzt worden ist; vgl. zu Art 91 Anm 1. Immerhin ergibt sich daraus, daß die WO nicht von vornherein und überall mit dem Ausdrucke „Ort" einen streng einheitlichen technischen Sinn verbinden wollte. Es wird deshalb keine Nötigung bestehen, den Ausdruck an allen Stellen, an denen er vorkommt, genau in dem gleichen Sinne aufzufassen. Es muß vielmehr zulässig und sachgemäß erscheinen, je nach dem Zusammenhange und der Bedeutung der einzelnen Vorschriften zu entscheiden, in welchem Sinne der Ausdruck zu verstehen ist.

Anm. 39. β) Der hier in Frage stehende „Ort der Ausstellung kommt beim gezogenen Wechsel (wegen des eigenen Wechsels vgl. zu Art 96 Anm 10) nicht, wie beim Scheck nach § 5 Satz 3 SchGes (vgl. meinen ScheckgesKomm zu § 1 Anm 24 und § 5 Anm 10), unter Umständen als hilfsweiser Zahlungsort in Betracht, sondern hat rechtliche Bedeutung hauptsächlich nur für die Bestimmung des Art 85, derzufolge die formellen Erfordernisse eines im Auslande ausgestellten Wechsels sich nach dem ausländischen Rechte richten, RGZ 74, 185; vgl. darüber zu Art 85 Anm 1 ff. Diese Bedeutung des Ausstellungsortes nötigt aber keineswegs dazu, etwa einen Wechsel für ungültig zu erklären, in welchem als Ausstellungsort ein bestimmter Punkt der Erdoberfläche außerhalb einer geschlossenen Siedlung genannt ist, z. B. der Gipfel des Feldbergs oder das Wirtshaus auf dem Brocken (so auch Bernstein S. 45) oder die Rudelsburg oder (im Auslande) das Hotel auf

Rigikulm. Auch die rein geographische Bezeichnung eines Punktes nach Länge und Breite muß, namentlich bei einem auf See ausgestellten Wechsel, als genügend erachtet werden; nicht dagegen wird die Bezeichnung: „An Bord des Schiffes A" genügen, da das fahrende Schiff den Ort ständig wechselt, ebensowenig jetzt: „An Bord des Zeppelin"; auch nicht „Im Eisenbahnzuge zwischen A und B" oder: „In Deutschland", „Im Lande Baden" und dergl. Andrerseits kann auch nicht verlangt werden, daß der Ausstellungsort mit dem Namen einer wirklich existierenden politischen Gemeinde benannt sein oder mit den Grenzen einer solchen übereinstimmen müsse, wie StStranz zu Art 4 Anm 37 annehmen. Es kann vielmehr jeder Platz oder räumliche Bezirk, der nach den Anschauungen des Verkehrs eine — sei es politische, sei es wirtschaftliche oder soziale — Einheit, wenn auch nur in einzelnen Beziehungen, bildet, als Ausstellungsort bezeichnet werden; RGZ 74, 185. Dazu, in solchem Falle den ganzen Gemeindebezirk, in welchem der benannte Platz oder Bezirk belegen ist, als Ausstellungsort anzusehen (so StStranz a. a. O.), besteht keine Veranlassung. Vielmehr kann ein derartiger Bezirk auch dann als Ausstellungsort benannt werden, wenn er zu mehreren politischen Gemeinden gehört. Die dadurch hervorgerufene Ungewißheit, ob der Wechsel als in der einen oder der anderen Gemeinde ausgestellt anzusehen, ist für den Wechsel unerheblich (RGZ a. a. O.); anderes freilich wird für den Zahlungsort zu gelten haben, vgl. unten zu Nr. 8 Anm 49. — Daß der Ausstellungsort in einer Weise bezeichnet ist, durch die er sich von allen anderen gleichnamigen Orten unterscheidet, ist ebensowenig wie für den Zahlungsort (vgl. unten zu Nr. 8 Anm 51) erforderlich. Über die Frage der Zulässigkeit mehrerer Ausstellungsorte vgl. unten Anm 41.

Wahrheit des Ausstellungsortes (d. h. daß der Wechsel wirklich an dem angegebenen Orte ausgestellt worden ist) kann nicht verlangt werden. Die Angabe des Ausstellungsortes wird in der Rechtslehre und Rechtsprechung nicht als Tatsachenangabe, sondern als dispositiver Akt (Willenserklärung) aufgefaßt des Inhalts, daß der angegebene Ort als Ausstellungsort gelten soll, eine Willenserklärung, die aus dem Wechsel ersichtlich ist und der sich daher alle Wechselnehmer unterwerfen; vgl. ROHG 6, 125; RGZ 32, 117 und die dort angeführten Schriftsteller. Das muß auch für die Angabe eines ausländischen Ausstellungsortes gelten; darüber ob sie, wenn der Wechsel wirklich im Inlande ausgestellt ist, dazu dienen kann, ihn der Anwendung des inländischen Rechts hinsichtlich seiner wesentlichen Erfordernisse zu entziehen, vgl. zu Art 85 Anm 2. Auch ist für die materiell-rechtliche Wirkung der Wechselerklärung des Ausstellers, namentlich was seine Wechselfähigkeit anbelangt, selbstverständlich lediglich der wirkliche Ort und die wirkliche Zeit ihrer Abgabe maßgebend. **Anm. 39a.**

b) Angabe des Monatstages und Jahres der Ausstellung. (Zeitdatum). **Anm. 40.**

Anders, wie das SchGes, das nur die Angabe des „Tages" der Ausstellung als Zeitdatum verlangt (§ 1 Nr. 4 SchGes; vgl. meinen ScheckgesKomm zu § 1 Anm 26), erfordert die WO, daß der Monatstag und das Jahr der Ausstellung angegeben sei. Daraus könnte bei formalistischer Auslegung geschlossen werden, daß der Tag, der als Ausstellungstag gelten soll, in keiner anderen Weise als durch Angabe des Monats, in den er fällt, und der Ordnungsziffer, die ihm in diesem Monate zukommt, sowie der Jahreszahl bezeichnet sein dürfe (so Staub 4. Aufl). Doch liegt es wohl nicht im Sinne des Gesetzes, eine Angabe auszuschließen, die den Ausstellungstag derart bezeichnet, daß dadurch unverkennbar auf einen bestimmten Monatstag in dem angegebenen Jahre hingewiesen wird, z. B. „Neujahr 1929", „Johanni 1930"; „erster Weihnachtstag 1931" (so auch StStranz Anm 39). Nicht aber genügt die Angabe von beweglichen Festen oder von Veranstaltungen, die nicht in jedem Jahre genau auf den gleichen Kalendertag fallen, z. B. „erster Ostertag"; „erster Tag der Leipziger Frühjahrsmesse"; auch nicht „Weihnachten", da dieses Fest zwei Tage umfaßt. — Die gesamte Zeitangabe kann in Ziffern ausgedrückt werden, auch unter Weglassung der selbstverständlichen Jahrhundertzahl (z. B. 24. 2. 23). — Angabe von Stunde und Minute erfordert das Gesetz nicht; eine so genaue Zeitangabe ist im Verkehr bei Rechtshandlungen nur in einzelnen Fällen aus besonderen Gründen üblich. — Ergänzung der Zeitangabe, z. B. hinsichtlich der fehlenden Jahreszahl, aus dem sonstigen Inhalte des Wechsels oder anderen Umständen, etwa dem Datum der Abstempelung der Wechselsteuermarke, ist nicht zulässig (so auch StStranz Anm 40 b). — Die Zeitangabe kann auch (und zwar auch bei im Inlande ausgestellten Wechseln) nach einem im Auslande oder in einer Religionsgesellschaft geltenden Kalender erfolgen, z. B. nach russischem (altem, julianischem) oder nach jüdischem Kalender. Auch Angabe in ausländischem und inländischem (altem und neuem) Stile ist zulässig, sofern verkehrsüblich erkennbar, was mit den beiden Zeitangaben gemeint, und das Stilverhältnis richtig angegeben ist, z. B. „1./14. 7. 1929". Die herrschende Meinung will aber auch, wenn das Stilverhältnis unrichtig angegeben ist, z. B. 1./15. 7. 1929, den Wechsel in der Weise aufrechterhalten, daß für den Ausstellungstag der Stil am Ausstellungsorte entscheidet (ROHG 15 S. 242; Lehmann § 97; StStranz zu Art 34 Anm 6), während Bernstein (S. 175) den Wechsel wegen mangelnder Bestimmtheit des Ausstellungstages für ungültig erachtet. Vgl. über diese Streitfrage zu Art 34 Anm 2, 3.

c) Der Wortlaut der Bestimmung (Angabe des Ortes usw.) deutet darauf hin, daß die WO ein einheitliches Orts- und Zeitdatum voraussetzt. Doch ist, wie StStranz Anm 40 zutreffend **Anm. 41.**

ausführen, der Wortlaut nicht unbedingt entscheidend für die Frage, ob nicht auch ein Wechsel, der mehrere verschiedene Orts- oder Zeitdaten enthält, unter Umständen gültig sein kann, insbesondere wenn er (was zulässig ist, vgl. oben zu Nr. 5, Anm 36) die Unterschriften mehrerer Aussteller trägt und die Verschiedenheit der Datierung sich auf die einzelnen Aussteller bezieht. Die Frage wird in der Rechtsprechung (ROHG 21, 179 und RG 11, 165 ff.) und überwiegend auch in der Rechtslehre verneint; a. M. für den Wechsel Rehbein 2. Aufl Anm 31 zu Art 4 und für den Scheck mein ScheckgesKomm zu § 1 Anm 24, 26, während Lehmann die früher (Wechselrecht § 101 S. 377) von ihm vertretene andere Meinung in JheringsJahrb 34, 406 aufgegeben hat. Der ausführlich begründeten Entscheidung des RG a. a. O. wird für den Wechsel beigepflichtet werden müssen, und zwar ohne daß ein Unterschied in der Richtung gemacht werden kann, ob nach der Gestaltung des Wechsels im übrigen (eigener Wechsel, Sichtwechsel, Nachdatowechsel) die Datierung von Einfluß auf die wechselrechtlichen Verpflichtungen (Zahlungsort, Verfalltag, Verjährung) ist (a. M. für den Fall der Einflußlosigkeit Bernstein S. 45). Die WO faßt die Wechselausstellungserklärung, welche die Grundlage aller Wechselverpflichtungserklärungen bildet, als eine einheitliche Willenserklärung auf, die zwar von mehreren Personen (Ausstellern, vgl. zu Nr. 5, Anm 36) ausgehen, auch (bei der Tratte) an mehrere Personen als Bezogene (vgl. zu Nr. 7, Anm 45) gerichtet sein kann, aber einen hinsichtlich aller wesentlichen Erfordernisse, also auch der Datierung, einheitlichen Inhalt haben muß. Da es sich ferner bei dem Orts- und auch bei dem Zeitdatum nicht um die Angabe von Tatsachen der Wirklichkeit, sondern um einen Willensakt handelt (vgl. oben Anm 39a), so besteht auch kein Grund, daß nicht mehrere Aussteller, die tatsächlich an mehreren verschiedenen Orten und zu verschiedenen Zeiten ihre Unterschrift als Aussteller auf den Wechsel setzen, einen einheitlichen Ort und eine einheitliche Zeit als Datum bestimmen und angeben könnten.

Anm. 42. d) Eine bestimmte Stellung der Orts- und Zeitangabe für die Ausstellung im Wechsel ist nicht vorgeschrieben. Sie braucht also nicht im Kontexte des Wechsels zu erfolgen. Doch muß sie, da sie einen Bestandteil der Erklärung des Ausstellers bildet und diese von dem Aussteller unterschrieben sein muß, so stehen, daß sie als durch die Unterschrift des Ausstellers gedeckt angesehen werden kann. Das wird angenommen werden können, wenn sie über oder in der gleichen Zeile mit der Unterschrift vor dieser sich findet. Dagegen wird der Wechsel wegen des Mangels einer Unterschrift des Ausstellers ungültig sein, wenn die Datierung sich unter oder hinter der Unterschrift oder auf der Rückseite des Wechsels vorfindet. Vgl. oben zu Nr. 5, Anm 35. Vgl. auch RGZ 52, 281, wo ausgeführt ist, daß auch für das eigenhändige Testament die Stellung der Datierung vor der Unterschrift gefordert werden müßte, wenn man in der Datierung eine Willenserklärung des Erblassers finden würde, was jedoch abgelehnt wird. Bei dem Wechsel wird aber die Datierung als Willenserklärung aufgefaßt, vgl. oben Anm 39a. Doch wird man eine Datierung unter oder hinter der Unterschrift dann wohl für genügend erachten können, wenn sich unverkennbar zeigt, daß sie von der Hand des Ausstellers in unmittelbarer Verbindung mit der Unterschrift geschrieben ist und deshalb als durch die Unterschrift „gedeckt" angesehen werden kann.

Anm. 43. **Nr. 7: Der Name der Person oder die Firma, welche die Zahlung leisten soll (des Bezogenen oder Trassaten).**

a) Weiteres wesentliches Erfordernis des Wechsels ist die Angabe der Person, welche die Zahlung leisten soll und die vom Gesetze, entsprechend der geschichtlich überkommenen Ausdrucksweise des Wechselrechts (vgl. die Einleitung S. 16) als „Bezogener" oder „Trassat" bezeichnet wird. Der Bezogene tritt dadurch, daß die Anweisung, die Zahlung zu leisten, an ihn gerichtet wird, noch nicht in ein wechselmäßiges oder bürgerlich-rechtliches Vertragsverpflichtungsverhältnis zu dem Aussteller oder den sonstigen Wechselbeteiligten; eine wechselmäßige Verpflichtung entsteht erst durch die Akzeptation (Art 21; vgl. die Erläuterungen dazu). Doch kann er dem Aussteller gegenüber durch einen zwischen ihnen bestehenden bürgerlich-rechtlichen Vertrag verpflichtet sein, die von diesem auf ihn gezogenen Wechsel zu akzeptieren und bei Verfall zu bezahlen; ein solches Verhältnis und die aus ihm entstehenden rechtlichen Folgen liegen aber außerhalb des Wechselrechts. Auch ist es nicht erforderlich, daß (wie beim Scheck nach § 1 Nr. 2 SchGes, vgl. meinen ScheckgesKomm zu § 1 Anm 4, durch die „Guthabenklausel") in dem Wechsel auf ein zwischen dem Aussteller und dem Bezogenen bestehendes derartiges Verhältnis Bezug genommen wird. Eine solche Bezugnahme (Deckungsklausel) ist aber nicht ausgeschlossen, vgl. unten Anm 59.

Anm. 44. **b)** Der Bezogene muß bezeichnet sein durch Angabe des Namens einer — physischen oder juristischen — Person oder durch Angabe einer Firma. Doch ist auch hier — wie bei der Angabe des Remittenten, vgl. oben zu Nr. 3, Anm 23) — nicht erforderlich, daß die als Bezogener bezeichnete Person oder Firma wirklich existiere; es genügt vielmehr, daß sie als solche existieren kann. Auch im übrigen gilt für das Erfordernis der Angabe des Namens oder der Firma des Bezogenen das gleiche, wie für das entsprechende Erfordernis bei der Angabe des Remittenten; es kann deshalb hier auf das oben zu Nr. 3 a. a. O. darüber Gesagte Bezug genommen werden. Gültig sind demnach auch Wechsel, in denen bewußt nicht existierende (fingierte) Personen oder Firmen als Bezogene bezeichnet werden, sogenannte Kellerwechsel (ROHG 18 S. 143 und in ZfHR 29 S. 206; vgl. Näheres über diese, bei denen übrigens auch der Aussteller und die Indossanten häufig fingierte Personen sind und das Akzept des fingierten Bezogenen fälschlich hergestellt wird, bei Grünhut Handbuch I S. 436). Ungültig ist ein Wechsel, in welchem der Bezogene weder durch einen Namen, der als Name einer physischen oder juristischen Person möglich ist, noch durch eine nach den — früheren oder jetzigen — handelsrechtlichen Bestimmungen als Firma mögliche Bezeichnung benannt ist. Aus diesem Grunde ist in RGZ 63, 380 ein Wechsel für ungültig erklärt worden, der auf die „Tiroler Kohlengesellschaft Koessen in Groß-Lichterfelde bei Berlin" gezogen war; freilich scheint dabei die immerhin denkbare Möglichkeit nicht berücksichtigt zu sein, daß eine solche Bezeichnung die Firma einer offenen Handelsgesellschaft nach § 19 HGB bilden kann, wenn man den Namen „Koessen" nicht als Ortsbezeichnung, sondern als den möglichen Personennamen eines Gesellschafters auffaßt. Über die Bezeichnung des Bezogenen mit dem Namen eines nicht-rechtsfähigen Vereins vgl. RGZ 112, 125 und dazu zu Art 1 Anm 4.

c) Während niemals bezweifelt worden ist, daß als Aussteller eines gezogenen Wechsels mehrere Personen auf dem Wechsel bezeichnet sein können (RGZ 46, 134; vgl. auch oben Anm 36), war es für die Bezeichnung „des" Bezogenen streitig, ob mehrere Personen oder Firmen als Bezogene bezeichnet werden können. Diese Frage war in der Rechtsprechung vom RG (I. ZivSen) in einer Nebenbemerkung schon in einem Urteile v. 1. 3. 1890 (RGZ 25, 62) und grundsätzlich in einem Urt. des II. ZivSen vom 3. 2. 1899 (RGZ 43, 87) verneint, ist aber auf einen vom I. ZivSen gegen das zuletzt erwähnte Urteil erhobenen Konflikt hin von den VerZiv-Senaten durch Beschluß vom 31. 5. 1900 (RGZ 46, 133) dahin entschieden worden, daß „ein gezogener Wechsel nicht schon um deswillen ungültig sei, weil er mehrere Personen nebeneinander als Bezogene bezeichne". Es sind dort unter ausführlicher Darlegung der Behandlung dieser Frage in der Geschichte des Wechselrechts und in den hauptsächlichsten ausländischen Wechselgesetzgebungen (vgl. Anhang I zu diesem Art) die gegen die Zulässigkeit der Wechselziehung auf mehrere Personen auch in der Rechtslehre von mancher Seite (Lehmann in JheringsJahrb 34, 404; Staub in der ersten Aufl Anm 43 zu Art 4; Dernburg PrPrivatrecht II § 259 Anm 11) erhobenen Bedenken eingehend erörtert und überzeugend widerlegt, namentlich auch das von der Gegenmeinung hervorgehobene Moment der Unsicherheit, das daraus entnommen wurde, daß aus einer solchen Wechselziehung nicht deutlich hervorgehe, ob die mehreren Bezogenen Jeder für die ganze Wechselsumme oder anteilig akzeptieren und zahlen sollten, indem ausgeführt wird, daß kein Grund vorliege, mit der Absicht einer anteilsmäßigen Haftung zu rechnen, wenn die Anweisung zur Zahlung ungeteilt an mehrere Bezogene gerichtet werde, da nicht angenommen werden könne, daß etwas wechselmäßig Unzulässiges gewollt sei. Daß die Unzulässigkeit der Benennung mehrerer Bezogener nicht aus dem Gebrauche der Einzahl („des Bezogenen") gefolgert werden könne, ist in dieser Entscheidung unter Bezugnahme auf die gleiche Fassung der Bestimmung über die Unterschrift des Ausstellers (vgl. oben zu 5) und auf andere Stellen der WO gleichfalls zutreffend hervorgehoben (auf S. 134). Ungültig würde allerdings ein Wechsel sein, wenn infolge der Benennung mehrerer Bezogener ihm ein anderes wesentliches Erfordernis fehlen würde, z. B. wenn kein besonderer Zahlungsort und bei den Namen der mehreren Bezogenen mehrere Orte angegeben wären, die als Zahlungsorte zu gelten hätten (Nr. 8, vgl. unten Anm 53) oder, wenn die Anweisung auf Zahlung je eines Teiles der Geldsumme durch die einzelnen Bezogenen lauten würde, wegen Mangels der zu zahlenden einheitlichen Geldsumme (RGZ 46, 141, vgl. oben zu Nr. 2 Anm 17). Die alternative Bezeichnung mehrerer Personen als Bezogene wird den Wechsel nur ungültig machen, wenn sie in die Wahl des Wechsel-Inhabers stellt, von welchem der Genannten er Zahlung verlangen will (RG 46, 139); nicht dagegen, wenn sie als sukzessive im Sinne einer Notadresse aufgefaßt werden kann („Herrn N. oder falls dieser nicht zahlt, Herrn O"); vgl. Näheres zu Art 56. Über die Folgen der Benennung mehrerer Bezogener für den Regreß mangels Annahme und mangels Zahlung (RGZ 46, 140) vgl. zu Art 25 Anm 5 und zu Art 41 Anm 3. **Anm. 45.**

d) Materiellrechtlich ist für den gezogenen Wechsel wegen seiner rechtlichen Gestaltung als Zahlungsauftrag (Anweisung) und Garantieversprechen (vgl. oben Anm 4) theoretisch die Beteiligung dreier verschiedener Personen: des Anweisenden (Ausstellers), des Angewiesenen (Bezogenen) und des Anweisungsempfängers (Remittenten) erforderlich, da es widersinnig oder doch rechtlich wirkungslos erscheint, wenn jemand sich selbst anweist, eine Zahlung zu leisten (Identität des Ausstellers und Bezogenen, trassiert eigener Wechsel), oder angewiesen wird, an sich selbst zu zahlen (Identität des Bezogenen und des Remittenten), vielleicht auch, wenn jemand einen anderen anweist, an ihn (den Anweisenden) eine Zahlung zu machen (Identität des Ausstellers und des Remittenten, Wechsel an eigene Order). Freilich wiegen solche konstruktiv-theoretischen Bedenken noch weniger schwer als auf anderen Gebieten bei einem Papier so besonderer Art wie der Wechsel, das von vornherein bestimmt ist, von einer Hand in die andere zu gehen, und bei dem deshalb die Lösung der etwa bestehenden Personenidentität von vornherein in Aussicht genommen und dadurch, daß er an Order gestellt ist, erleichtert wird. Deshalb sind, soweit es das praktische Bedürfnis des Wechselverkehrs **Anm. 46.**

erforderte, in der Geschichte des Wechselrechts derartige Wechsel ungeachtet solcher theoretischer Bedenken in der Verkehrsübung und von den Wechselrechtsordnungen vielfach zugelassen worden, so in Italien in früherer Zeit (vgl. Lehmann WR S. 47) Wechsel an die Order des Trassaten und auch in der englischen WO (sect. 5) Identität des Bezogenen und des Remittenten. Auf welchen Standpunkt sich die deutsche WO grundsätzlich gestellt hat, ist nicht unbestritten. Art 4, der die wesentlichen Erfordernisse des Wechsels erschöpfend regeln will, enthält nur die Vorschrift, daß der Remittent (Nr. 3), der Trassat (Nr. 5) und der Bezogene (Nr. 7) in dem Wechsel in bestimmter Weise bezeichnet sein müssen, ohne die Verschiedenheit dieser Personen voneinander ausdrücklich als wesentliches Erfordernis aufzustellen. Es könnte deshalb zweifelhaft erscheinen, ob dieses materiell-rechtliche Moment in die rein formalen Erfordernisse (vgl. oben Anm 1a) hineingetragen werden darf. Es ist in der Tat auch die Meinung vertreten worden (so von Lehmann WR S. 47; vgl. für den Scheck auch meinen ScheckgesKomm § 1 Anm 9), daß, soweit nicht ausdrückliche Vorschriften entgegenstehen, auch die aus dem Wechsel ersichtliche Identität dieser Personen oder eines Teiles von ihnen untereinander (insbesondere des Remittenten und des Trassaten) nicht hindern, daß ein formell gültiger Wechsel (Scheck) vorliege. Doch spricht dagegen, daß in Art 6 WO einzelne Fälle einer solchen Identität durch besondere Vorschrift als zulässig bezeichnet werden, nämlich die zwischen Aussteller und Remittenten (Wechsel an eigne Order) unbeschränkt (Abs 1) und diejenige zwischen Aussteller und Bezogenem (trassiert-eigener Wechsel, Abs 2) unter Beschränkung auf den Fall der distantia loci; vgl. Näheres zu Art 6. Es kann das wohl nicht gut anders verstanden werden, als daß die WO diese Fälle als Ausnahmen betrachtet wissen will und sonach grundsätzlich von dem Erfordernisse der Verschiedenheit der drei Personen als der regelmäßigen Voraussetzung für die Gültigkeit des Wechsels ausgeht. So viel muß auf alle Fälle aus der Vorschrift des Art 6 Abs 2 durch Schluß aus dem Gegenteil entnommen werden, daß trassiert-eigene Wechsel ohne Ortsverschiedenheit ungültig sind.

Anm. 46a. Folgerichtig hat das RG (in RGZ 19, 93) entschieden, daß ein Wechsel, aus welchem unzweifelhaft hervorgeht, daß der Bezogene und der Remittent dieselbe Person sind, ungültig ist. Doch darf nicht außer Acht gelassen werden, daß auch dieses Erfordernis, wie die übrigen in Art 4 aufgestellten, rein formaler Natur und daher erfüllt ist, wenn nur dem äußeren Ansehen nach die erforderliche Personenverschiedenheit vorhanden sein kann. Auch darüber, was dazu gehört, besteht jedoch Streit. Vgl. Näheres darüber zu Art 6 Anm 5 hinsichtlich der Frage ob ein trassiert-eigener Wechsel vorliegt. Für die hier in Frage stehende Identität zwischen Bezogenem und Remittenten hat das RG a. a. O. auf Grund der tatsächlichen Feststellungen des Ber.-Richters es gebilligt, daß ein Wechsel als ungültig erklärt wurde, in welchem eine Firma mit ganz gleichem, dazu noch, wie hervorgehoben wird, ungewöhnlichem Namen der Inhaber und gleichem Domizil als Bezogene und Remittentin bezeichnet war, und es hat dabei namentlich auf Art 20 ADHG (jetzt § 30 HGB) Bezug genommen, wonach an dem gleichen Orte nicht zwei gleichlautende Firmen existieren dürfen. Abgesehen von der (auch vom RG zugegebenen) nicht völligen Sicherheit des Schlusses von dem Verbote auf die tatsächliche Nicht-Existenz zweier solcher Firmen an dem gleichen Orte dürfte diese Art der Auslegung des Wechsels auch rechtsgrundsätzlich nicht unbedenklich sein, da sie eine Rechtskenntnis voraussetzt, die den Wechselnehmern, auch wenn sie Kaufleute sind, keineswegs allgemein zugemutet werden kann. — Ein trassiert-eigener Wechsel, der an die eigene Order des Ausstellers gestellt ist, wird ungeachtet der tatsächlichen Identität aller drei Personen (des Ausstellers, des Remittenten und des Bezogenen) auf Grund und unter Kombination der Vorschriften in Art 6 Abs 1 und 2 als gültig angesehen, wenn distantia loci vorliegt (ROHG 7, 194; Bernstein S. 56 § 3).

Anm. 47. e) Eine bestimmte Stelle auf dem Wechsel ist für die Benennung des Bezogenen nicht vorgeschrieben. Sie braucht insbesondere nicht in dem Kontexte des Wechsels (vgl. oben Anm 4) zu stehen; doch ist dies, wenn auch nicht üblich, doch zulässig z. B. „Zahlen Sie, Herr Müller" oder „Ich ersuche Herrn Müller, zu zahlen". Sie braucht aber auch nicht über oder vor der Unterschrift des Ausstellers (vgl. oben zu Nr. 5, Anm 35) zu stehen. Zwar gehört auch sie zu der Willenserklärung des Ausstellers; aber dadurch, daß im Kontexte üblicherweise der Bezogene angeredet wird („Zahlen Sie"), wird bereits auf seine Benennung hingewiesen; diese erscheint sonach durch die Unterschrift des Ausstellers gewissermaßen „gedeckt", auch wenn sie unter oder hinter der Unterschrift steht. Gewöhnlich befindet sie sich in Form einer Adresse („An Herrn Müller") links unten auf der Vorderseite des Wechsels, doch wird eine solche Adresse auch, wie es früher üblich war (vgl. die Einleitung S. 16) auf der Rückseite stehen können, ohne daß dadurch der Wechsel ungültig wird (a. M. Grünhut Handbuch I, § 55 S. 410; StStranz Anm 41). Dagegen darf sie nicht auf einem besonderen Blatte, auch nicht wenn dieses mit dem Wechsel verbunden ist (Allonge, vgl. zu Art 11), oder auf einen Briefumschlage stehen.

Anm. 48. **Nr. 8. Die Angabe des Ortes, wo die Zahlung geschehen soll.**

a) Der Zahlungsort hat für die materielle Gestaltung und für die Geltendmachung der aus dem Wechsel sich ergebenden Verpflichtungen zweifellos weit erheblichere Bedeutung als der Ausstellungsort (vgl. zu Nr. 6, Anm 39). Klarheit darüber, an welchem Orte die Wechselsumme gezahlt werden soll, ist namentlich erforderlich für die Vornahme der in Art 91 aufgezählten, zur Erlangung der Wechselzahlung und zur Erhaltung der Regreßrechte gegen den Aussteller und die Indossanten gebotenen Handlungen, bei Sicht- und Nach-Sichtwechseln auch für die Fälligkeit des Wechsels (Art 31) und für den Beginn der Verjährung (Art 77). Die zu diesen Zwecken erforderlichen Handlungen müssen sämtlich am Zahlungsorte vorgenommen werden; vgl. Näheres zu Art 91a Anm 1. Der Zahlungsort ist auch von Bedeutung für die Frage, ob der Wechsel als trassiert-eigener Wechsel gemäß Art 6 Abs 2 zulässig ist; vgl zu Art 6 Anm 6. Ist der Wechsel akzeptiert, so ist der in ihm angegebene Zahlungsort auch maßgebend als Erfüllungsort für die Verpflichtung des Akzeptanten. Er begründet ferner einen besonderen Gerichtsstand für die Wechselklage (§ 603 ZPO). An die Angabe des Zahlungsorts im Wechsel müssen angesichts der ihm hiernach innewohnenden Bedeutung andere, und zwar strengere Anforderungen gestellt werden, wie an die Angabe des Ausstellungsorts (vgl. oben zu Nr. 6 a. a. O.). Andererseits muß man sich aber auch hier, wie bei den Wechselformalien überhaupt (vgl. oben Anm 1a), davor hüten, das formale Erfordernis der Angabe des Zahlungsorts im Wechsel zu überspannen, da eine solche Überspannung nur dazu führen würde, in zahlreichen Fällen Wechselschuldnern die rechtliche Möglichkeit zu geben, sich durch Berufung auf die Ungültigkeit des Wechsels den übernommenen Verpflichtungen ohne sachlichen Grund, häufig in betrügerischer Absicht, zu entziehen, wodurch an Stelle der durch die Formalien erstrebten Sicherung eine Gefährdung des Wechselverkehrs eintreten würde. In dem Bestreben, diese Gesichtspunkte miteinander zu vereinigen, hat die Rechtslehre und Rechtsprechung zur Frage des Zahlungsorts es bisher an der erforderlichen Klarheit und Folgerichtigkeit in manchen Punkten fehlen lassen.

Was zunächst den Ortsbegriff anlangt (vgl. oben Anm 38), so wird anerkannt werden müssen, **Anm. 49.** daß in Art 4 Nr. 8 der Ausdruck „Ort" nur im Sinne einer Ortschaft verstanden werden kann. Darauf deutet in Art 4 Nr. 8 selbst der Umstand hin, daß der bei dem Namen oder der Firma des Bezogenen angegebene „Ort" hilfsweise als Zahlungsort und zugleich als Wohnort des Bezogenen gelten soll, in beiden Begriffen also der Ausdruck „Ort" in dem gleichen Sinne gebraucht sein muß. Ferner aber spricht dafür die Bedeutung des Zahlungsorts für die Vornahme der zur Erhaltung der Wechselrechte erforderlichen Handlungen, die, wie sich aus den darüber gegebenen Vorschriften, insbesondere aus Art 91 ergibt, an bestimmten „Stellen" innerhalb einer Ortschaft erfolgen müssen. Auch die Vorschriften über die Nachfrage bei der Polizeibehörde „des Ortes" (Art 91 Abs 3 Satz 2) und über den „benachbarten Ort" (Art 91a) setzen voraus, daß es sich nicht um einen einzelnen Punkt der Erdoberfläche, sondern um einen größeren oder kleineren Bezirk, der als eine rechtliche, wirtschaftliche oder soziale Einheit im Verkehr aufgefaßt wird, handelt. Deshalb werden Wechsel zwar „auf dem Gipfel des Feldbergs", „im Wirtshaus auf dem Brocken" usw. ausgestellt (vgl. oben zu Nr. 6 Anm 39), aber nicht an einem solchen „Orte" zahlbar gestellt werden können. A. M. Bernstein S. 46, 47, der annimmt, daß die Angabe einer Ortschaft als Zahlungsort zwar üblich, aber nicht notwendig sei. Dagegen dürfte es zu weit gehen, mit Staub-Stranz (Art 4 Anm 47) zu verlangen, daß die Angabe des Zahlungsorts im W die richtige Bezeichnung für eine wirklich existierende politische Gemeinde sein müsse. Der Begriff der Ortschaft ist mit dem der politischen Gemeinde nicht unbedingt identisch. Auch solche räumlich abgegrenzte Bezirke, die in sonstiger Beziehung nach den Anschauungen des Verkehrs eine örtliche Einheit bilden, können unbedenklich als Zahlungsort angegeben werden, so namentlich Stadtbezirke, Vororte usw. A. M. auch hier Staub-Stranz Anm 46; die dort angeführten Urteile entscheiden die Frage nicht. Es ist nicht einzusehen warum, namentlich bei großen Gemeinden, der Zahlungsort nicht auf räumliche Teile von ihnen, die einen mehr oder weniger selbständigen Charakter haben und innerhalb deren die erforderlichen Handlungen an den durch das Gesetz bestimmten Stellen vorgenommen werden können, beschränkt werden könnte. Das muß namentlich von Groß-Berlin gelten, das seit Inkrafttreten des preußischen Ges vom 27. 4. 1920 (GesSamml S. 123) mit allen bisher selbständigen Nachbargemeinden eine Einheitsgemeinde bildet. Diese verwaltungsrechtliche Änderung kann nicht zur Folge haben, daß nunmehr die bisher zulässige Angabe einer der bis dahin selbständigen Gemeinden, z. B. Schöneberg, Charlottenburg, als Zahlungsort nicht mehr zulässig erscheinen sollte. Schon das ROHG hat angenommen, daß die Angabe eines Stadtteils von Berlin (Neukölln an der Spree) als gültige Angabe eines Zahlungsorts angesehen werden könne, weil dieser Stadtteil im Verkehr mitunter als eine besondere Ortschaft betrachtet werde (Entsch 9, 263). Ebenso, wie dort bezeugt ist, die österreichischen Gerichte für die Angabe eines Stadtteils von Wien, der „Leopoldstadt". Durchaus willkürlich erscheint es, in solchem Falle als Zahlungsort ohne weiteres an Stelle des benannten Teils (Pankow) die ganze Einheitsgemeinde (Berlin) anzusehen, wodurch erforderlich werden würde, zur Vornahme der in Art 91 vorgeschriebenen Handlungen das Geschäftslokal oder die Wohnung in ganz Berlin aufzusuchen. Nur wenn etwa in dem bezeichneten Bezirke keine „Polizeibehörde" bestünde, würde für die Nachfrage des Protestbeamten gemäß Art 91 Abs 3 Satz 2 der größere Bezirk als Ersatz einzutreten haben. Durch das genannte preußische Gesetz sind übrigens die vielfach erörterten Zweifelsfragen (vgl. Staub-Stranz in den früheren Auflagen zu Art 4 Nr. 8) für Berlin erledigt, die sich ergaben, wenn bei der Bezeichnung des Bezogenen oder als Zahlungsort „Berlin", daneben aber eine Straße oder ein Platz angegeben war, die zu einer der selbständigen Gemeinden gehörten, aus denen sich damals Groß-Berlin zusammensetzte.

Anm. 50. Eine gewisse Modifikation der Vorschriften über den Zahlungsort ist ferner durch das am 1. 10. 1908 in Kraft getretene Ges vom 30. 5. 1908 betreffend die Erleichterung des Wechselprotestes (Anlage A 1) eingetreten (was Staub-Stranz zu Art 4 Anm 48 wohl ohne Grund verneinen). Nach dem durch dieses Gesetz neu eingeführten Art 91 a kann die Vorlegung des Wechsels zur Zahlung und die Feststellung der Nichtzahlung, insbesondere auch der Protest, rechtswirksam auch an einem Orte erfolgen, der mit dem im W angegebenen Orte nicht identisch, sondern nur auf Grund einer Bestimmung des Bundesrats (jetzt Reichsrats) als ihm benachbart anzusehen ist, sofern der Bezogene dort eine Wohnung oder ein Geschäftslokal besitzt, mit beiderseitigem Einverständnis auch ohne diese Voraussetzung. Damit sind für solche Fälle neben dem im W angegebenen auch dem „benachbarten Orte" wesentliche Funktionen eines Zahlungsorts übertragen. Richtig ist, daß durch den Art 91 a nicht schlechthin der im W angegebene und der benachbarte Ort als ein Ort im Sinne der WO erklärt werden, und daß deshalb die für den trassiert-eigenen W in Art 6 Abs 2 erforderliche distantia loci nach wie vor dadurch begründet wird, daß als Ausstellungsort der eine, als Zahlungsort der andere angegeben ist. Ebenso für den domizilierten W; vgl. zu Art 24 Anm 2.

Anm. 51. b) Als nicht erforderlich für die Gültigkeit des W wird von der herrschenden Meinung erachtet, daß der Zahlungsort in einer Weise angegeben ist, durch die er von anderen gleichnamigen Orten unterschieden werden kann, z. B. „Frankfurt a. Main", „Neustadt a. d. Hardt", oder, daß (wie Bernstein S. 47 will) wenigstens nach dem sonstigen Inhalt des Wechsels eine solche Unterscheidung möglich sein muß. Die für die Vornahme der Handlungen des Art 91 und für die sonstigen Zwecke der Angabe des Zahlungsorts erforderliche Bestimmtheit fehlt allerdings in solchen Fällen. Andererseits würde aber das Erfordernis einer solchen genauen Bezeichnung nicht durchführbar sein, da wohl bei den wenigsten Ortsnamen sich feststellen ließe, ob sie nicht irgendwo in der Welt noch einmal vorkommen. Die Rechtslehre und Rechtsprechung hat sich deshalb damit geholfen, daß sie als Zahlungsort und demgemäß als Ort, wo die erforderlichen Handlungen vorgenommen werden können, jeden Ort ansieht, auf welchen die im W enthaltene Bezeichnung zutrifft: ROHG 9 S. 192 („Stolberg"); Thöl § 48 S. 202; zustimmend auch Staub-Stranz Anm 47. Weiß freilich der Inhaber, welcher Ort gemeint ist, so wird sich die Vornahme der Handlungen durch ihn an einem anderen Orte als arglistig darstellen und wird daraus ihm gegenüber von dem in Anspruch genommenen Wechselverpflichteten ein Einwand gemäß Art 82 WO erhoben werden können. So ROHG a. a. O.; der dagegen von Thöl a. a. O. erhobene Einwand, der W könne nicht mehrere für die einzelnen Wechselinhaber verschiedene Zahlungsorte haben, dürfte nicht durchgreifen, da es sich nur um eine persönliche Arglisteinrede handelt. Andererseits wird man aber annehmen müssen, daß ein W ungültig sein würde, wenn (was allerdings schwerlich denkbar ist) festgestellt werden könnte, daß ein Ort des im W als Zahlungsort angegebenen Namens überhaupt nicht existiert, sofern nicht durch Angabe eines existierenden Ortes bei dem Namen des Bezogenen (vgl. unten Anm 55) Ersatz geschaffen ist. Nicht unbedenklich ist die Ausführung in RGZ 60, 428, wo das Reichsgericht, allerdings nur theoretisch, angenommen hat, man könne durch Auslegung des Willens der ursprünglichen Wechselparteien, unter Heranziehung von außerhalb der Urkunde liegenden Umständen, welche den Wechselnehmern „mutmaßlich bekannt sind oder von ihnen ohne Schwierigkeit in Erfahrung gebracht werden können", dazu gelangen anzunehmen, daß als Zahlungsort nicht der im W angegebene, der gar nicht existiere, sondern ein anderer gemeint sei. Das dürfte mit den sonst auch vom RG vertretenen Grundsätzen über die Auslegung der Wechselurkunde (vgl. unten Anm 58) schwerlich in Einklang zu bringen sein. Eine restlos befriedigende Lösung des Zahlungsortproblems wird sich schwerlich erreichen lassen. Besser als durch Aufstellung von Nichtigkeiten kann die Sicherheit des Wechselverkehrs dadurch geschützt werden, daß zum Verkehr ungeeignete W, insbesondere solche, die nicht hinreichend erkennen lassen, wo die zur Erhaltung des Wechselrechts erforderlichen Handlungen vorzunehmen sind, vom Verkehr selbst zurückgewiesen werden.

Anm. 52. Ungültig ist ein W mit der alleinstehenden Bezeichnung: „zahlbar aller Orten"; ist aber diese Bezeichnung einem bestimmten angegebenen Zahlungsorte beigefügt, so wird sie verkehrsüblich, namentlich bei eigenen Wechseln, lediglich als eine Unterwerfung des Ausstellers unter den Gerichtsstand des Aufenthaltsortes (überall da, wo der Schuldner anzutreffen sein wird) aufgefaßt (Prot. bei Thöl S. 179, L. S. 167; Thöl WR 4. Aufl. §§ 48 S. 202, 149 S. 808; ROHG 4 S. 261, 385; RG im Recht 08, 498 Beil 2); der W wird dadurch nicht ungültig (unrichtig für den Scheck mein ScheckgesKomm § 5 Anm 2b). Über die Bedeutung des Zahlungsorts für den Gerichtsstand vgl. im übrigen Vorbem vor Art 4 Anm 22.

Anm. 53. c) Mehrere Zahlungsorte kann der W nicht haben, weder kumulativ noch alternativ (ROHG 7, 191; 9, 194; 11, 301; 14, 120; RGZ 11, 172; 25, 61; Bernstein S. 47; Thöl 4. Aufl. Bd. 2 § 48 S. 202; a. M. Lehmann WR § 102 S. 380 und F. Meyer, Weltwechselrecht Bd 1 S. 133). Auch wenn mehrere Bezogene benannt sind (vgl. oben Anm 45), wird der W nur gültig sein, wenn als Zahlungsort oder bei den Namen der mehreren Bezogenen ein einheitlicher Ort genannt ist; vgl. auch Art 56, wo Notadressen nur dann als wirksam bezeichnet werden, wenn sie auf den Zahlungsort lauten, und dazu Anm 4. — Ist in dem W ein von dem (wechselmäßigen; vgl.

unten Anm 55) Wohnorte des Bezogenen verschiedener Zahlungsort angegeben, so liegt ein Domizilwechsel vor; vgl. über diesen Art 24 und die Erläuterungen dazu.

d) Eine bestimmte Stelle auf dem W ist auch für den Zahlungsort nicht vorgeschrieben. Die Angabe des Zahlungsorts schließt sich, soweit sie überhaupt erfolgt (vgl. Anm 55), gewöhnlich an die in Form der „Adresse" erscheinende Angabe des Namens oder der Firma des Bezogenen an; deshalb wird ebensowenig, wie für diese (vgl. oben Anm 47) erfordert werden können, daß sie durch die Unterschrift des Ausstellers „gedeckt" sei. Die gebräuchliche Form ist: „Zahlbar in . . . . .". Doch ist auch die Aufnahme in den Kontext zulässig: „Zahlen Sie in Hamburg an Karl Müller". Die umgekehrte Wortstellung „Zahlen Sie an Karl Müller in Hamburg" ist in ROHG Entsch 5, 380 für unzulässig erklärt worden, weil sie lediglich als Angabe des Wohnorts des Remittenten aufzufassen sei, während Lehmann (S. 381) sie dadurch aufrechterhalten will, daß er meint, sie lasse zweifelhaft, ob sie den Zahlungsort oder den Wohnort des Remittenten bedeuten solle, eine Begründung, gegen die Staub-Stranz (Anm 46) mit Recht den Einwand erheben, daß auch ein möglicher (begründeter) Zweifel, ob ein Zahlungsort angegeben sei, genügen müsse um anzunehmen, daß es daran fehle. Ein solcher Zweifel wird aber bei der in Frage stehenden Fassung nicht ausgeschlossen sein, da die Wortstellung die andere Auslegung zuläßt und die Angabe des Zahlungsortes in dieser Form ungewöhnlich ist. **Anm. 54.**

e) Das Gesetz hat aber Vorsorge getroffen, daß das Fehlen einer ausdrücklichen Angabe des Zahlungsortes nicht unter allen Umständen die Ungültigkeit des Wechsels zur Folge haben muß, indem es als **hilfsweisen Zahlungsort** den bei dem Namen oder der Firma des Bezogenen angegebenen Ort bestimmt, der zugleich als Wohnort des Bezogenen gelten soll. Für die an diesen „Ort" zu stellenden Anforderungen hat das gleiche zu gelten, wie für die Angabe des Zahlungsortes, vgl. oben Anm 48 ff. Im übrigen muß die Angabe sich „bei" dem Namen oder der Firma des Bezogenen befinden, also in unmittelbarer räumlicher Verbindung mit diesen stehen. Daß sie mit dem Namen oder der Firma auch sprachlich verbunden sein müßte, z. B. durch Wörtchen wie „in" oder „zu", durch die der angegebene Ort als Wohn- oder Aufenthaltsort des Bezogenen ausdrücklich gekennzeichnet werden würde, ist nicht erforderlich (ROHG 9, 421). Er gilt vielmehr auch ohne solche ausdrückliche Kennzeichnung durch die räumliche Verbindung für die sich aus dem Wechsel ergebenden Rechtsverhältnisse als Wohnort des Bezogenen (als sein „wechselmäßiges Domizil", ROHG 11, 187). Das bedeutet, daß, wenn außer dem bei dem Namen oder der Firma des Bezogenen benannten Orte im W noch ein besonderer Zahlungsort genannt ist, der von jenem verschieden ist, der W ein domizilierter W im Sinne des Art 24 ist, auch wenn der wirkliche Wohnort des Bezogenen mit dem in dem W benannten Zahlungsorte übereinstimmt (vgl. ROHG a. a. O.). Auf einen solchen W finden deshalb die besonderen Vorschriften der Artt 24, 43 (vgl. Näheres zu diesen Artikeln) Anwendung. Die praktisch wichtigste Folge, die darin bestand, daß nach der früheren Fassung des Art 43 bei einem solchen W zur Erhaltung des Wechselrechts auch dem Akzeptanten gegenüber Protestierung erforderlich war, ist durch die Protestnovelle gegenstandslos geworden, da jetzt auch bei domizilierten Wechseln eine Protestierung zur Erhaltung des Wechselrechts gegenüber dem Akzeptanten nicht mehr erforderlich ist; vgl. die Erläuterungen zu Artt 43, 44. Für den Bezogenen selbst erwachsen übrigens aus der Angabe eines Ortes bei seinem Namen oder seiner Firma noch keine Rechte oder Pflichten, da er erst durch die Akzeptation in den Wechselverband eintritt. Akzeptiert er aber den mit solcher Angabe versehenen W, so genehmigt er dessen Inhalt (vgl. zu Art 23 Anm 2, 3) und erwählt dadurch den angegebenen Ort als sein wechselmäßiges Domizil mit den hieraus sich ergebenden Rechtsfolgen (ROHG a. a. O.). **Anm. 55.**

Enthält der gezogene W weder die ausdrückliche Angabe eines Zahlungsortes, noch die Angabe eines Ortes bei dem Namen oder der Firma des Bezogenen, so ist er als Wechsel ungültig.

IV. 1. Von **weiteren Erfordernissen,** als den in Art 4 unter Nr. 1 bis 8 aufgestellten, ist die formale Gültigkeit des Wechsels als Wechsel und damit seine Fähigkeit, zur Aufnahme wechselrechtlicher Erklärungen zu dienen, nicht abhängig. Insbesondere ist kein Erfordernis für die Gültigkeit eines Wechsels nach deutschem Rechte, daß die Entrichtung der für ihn nach dem Wechselsteuergesetz (vgl. Anm 56 a) geschuldeten **Wechselsteuer** auf ihm durch ein Steuerzeichen (Wechselstempel) ersichtlich gemacht oder diese Steuer überhaupt entrichtet ist. Die Nichtentrichtung der Steuer ist auch ohne Bedeutung für die aus dem W sich ergebenden wechselmäßigen Verpflichtungen und für ihre Geltendmachung; anders in manchen ausländischen Wechselgesetzgebungen, vgl. den Anhang I zu Art 4 Anm 14, sowie für das künftige einheitliche Wechselrecht den Anhang II zu Art 4 Anm 33. **Anm. 56.**

2. Die **steuerlichen Verhältnisse** des Wechsels sind für Deutschland reichsgesetzlich geregelt durch das **Wechselsteuergesetz,** das jetzt in der Fassung der Bekanntmachung vom 12. 7. 1930 (RGBl I 219) gilt. Es ist als Anlage D zu diesem Buche abgedruckt. Danach unterliegen gezogene und eigene Wechsel einer Steuer nach den Vorschriften des Gesetzes, welche in eine Wechselhauptsteuer und eine Wechselnachsteuer zerfällt (§ 1). Als Wechsel im Sinne des Wechselsteuergesetzes gilt auch eine Schrift, **Anm. 56a.**

die (noch) nicht alle wesentlichen Erfordernisse des Wechsels (vgl. Art 4 Nr. 1 bis 8 WO) erfüllt, wenn sie an einen anderen mit der Ermächtigung übergeben wird, die fehlenden Erfordernisse zu ergänzen (§ 2), also der Blankowechsel, der mit Ausfüllungsrecht begeben wird; vgl. zu Art 7 Anm 4 ff. Die Erteilung des Ausfüllungsrechts wird vermutet, wenn die Schrift als W bezeichnet ist (§ 2 Satz 2). Von der Steuer befreit sind Auslandswechsel im Sinne des § 4 Abs 1 unter a und b.

Für die Entstehung der Hauptsteuerpflicht ist nach § 5 WStG der Zeitpunkt maßgebend, in welchem ein inländischer W vom Aussteller, ein Blankoakzept von dem Akzeptanten, ein ausländischer W von dem ersten inländischen Inhaber „aus den Händen gegeben wird". Darunter wird jede Handlung zu verstehen sein, durch die der Aussteller oder bei dem Blankoakzepte der Akzeptant bzw. bei Auslandswechseln der erste inländische Inhaber sich der Verfügungsgewalt über den W begibt, auch wenn keine Begebung im Rechtssinne stattfindet. Das wird mittels Schlusses aus dem Gegenteil bestätigt dadurch, daß nach Abs 2 des § 5 die Versendung oder Präsentation „lediglich zur Annahme" die Steuerpflicht noch nicht zur Entstehung bringt, wenn nicht der W schon mit einem inländischen Indossament versehen ist. Steuerschuldner ist nach § 6, wer den Wechsel zur Zeit der Entstehung der Steuerschuld (vgl. oben) aus den Händen gibt. Neben dem Steuerschuldner haften aber für die Steuerschuld nach § 7 sämtliche Personen, die am Umlaufe des Wechsels beteiligt sind. Im Satz 2 des § 7 ist aufgezählt, welche Personen als bei dem Umlaufe beteiligt gelten. Danach beschränkt sich die Haftung nicht auf diejenigen, welche eine wechselrechtliche Verpflichtungserklärung auf dem Wechsel abgeben (Indossanten, Namensschreiber), sondern trifft jeden, der den Wechsel für eigene oder fremde Rechnung erwirbt, veräußert, verpfändet oder als Sicherheit annimmt, zur Zahlung präsentiert, Zahlung darauf empfängt oder leistet (also auch den Bezogenen, der den Wechsel einlöst, ohne im Wechselverbande zu stehen) oder mangels Zahlung Protest erheben läßt. Nach dem Wortlaute könnte angenommen werden, daß auch der Protestbeamte, der ja den Wechsel, wenn auch für fremde Rechnung, präsentiert und Zahlung darauf empfängt, für die Steuerschuld hafte, doch erscheint es zweifelhaft, ob das dem Sinne des Gesetzes entspricht, da am Schlusse nicht derjenige, der den Protest erhebt, sondern nur derjenige, der ihn erheben läßt, als haftbar genannt wird. Außer dem Aussteller und dem ersten inländischen Inhaber sind aber auch die weiteren Inhaber, d. h. diejenigen, welche zur Ausübung der Rechte aus dem Wechsel legitimiert sind, nicht nur für die Steuerschuld haftbar, sondern auch selbst zur Versteuerung verpflichtet, also auch strafrechtlich verantwortlich, wenn die Schuld von dem Steuerschuldner nicht entrichtet ist, und zwar der nächste und, solange die Steuer nicht entrichtet ist, jeder auf ihn folgende Inhaber, jedoch nicht sofort beim Erwerbe, sondern erst, ehe er ihn auf der Vorder- oder Rückseite „unterzeichnet" (d. h. seinen Namen oder seine Firma daraufsetzt), veräußert, verpfändet, zur Zahlung präsentiert, Zahlung darauf empfängt oder leistet, eine Quittung darauf setzt, mangels Zahlung Protest erheben läßt oder den Wechsel „aus den Händen gibt" (vgl. oben); § 11 WStG. Die Versteuerungspflicht des Inhabers entsteht sonach nicht, wie die des Ausstellers, erst damit, daß er ihn aus den Händen gibt, sondern bereits durch die sonstigen in § 11 genannten Handlungen, die teilweise, wie die „Unterzeichnung", interner Natur sind.

Die Hauptsteuer beträgt nach § 8 WStG 0,10 RM für je 100 RM, also ein Zehntel vom Hundert (früher zwei Zehntel vom Hundert) der Wechselsumme; bei Blankowechseln, in denen die Wechselsumme noch nicht eingetragen ist, wird sie, vorbehaltlich der Nachbesteuerung (vgl. unten) von 10 000 RM berechnet; sie ermäßigt sich in den in § 9 des Gesetzes angeführten Fällen auf die Hälfte. Besondere Vorschriften sind für die Versteuerung von Wechselduplikaten und Wechselkopien getroffen (§§ 11 bis 14).

Die Wechselnachsteuer wird nach der neuen Fassung des Gesetzes (§ 16) nur noch erhoben, wenn in Fällen, in denen bei Fälligwerden der Hauptsteuer die Wechselsumme noch nicht eingetragen war (Blankowechsel, vgl. oben), nachträglich eine Geldsumme von mehr als 10 000 RM eingetragen wird. Die nach der früheren Fassung (§ 15 Bekanntm. vom 10. 8. 1923) für Sichtwechsel mit längerer als dreimonatiger Umlaufszeit zu erhebende Nachsteuer ist bereits durch das Gesetz vom 29. 6. 1929 (RGBl. I 124) in Wegfall gekommen.

Art der Entrichtung der Steuer. Nach den früheren Wechsel- (stempel-) Steuergesetzen stellte sich die Abgabe als eine Stempelabgabe dar, die entrichtet wurde durch Ausstellung des Wechsels oder der sonstigen Urkunde auf einem mit dem erforderlichen Stempel versehenen Vordrucke oder durch Verwendung der erforderlichen Stempelmarke auf der Urkunde (§ 14 G v. 15./21. 7. 1909). Nach dem jetzt geltenden Wechselsteuergesetze (§ 17) erläßt die Bestimmungen über die Art der Entrichtung der Steuer der Reichsfinanzminister und er kann die Verwendung von Steuerzeichen auf der Urkunde anordnen. Auf Grund der dementsprechend ergangenen Anordnung erfolgt die Versteuerung durch private Entwertung von Wechselstempelmarken, die bei den Postanstalten zu beziehen sind (AusfBestimmungen vom 19. 9. 1923 §§ 12 ff., RMinBl S. 957).

Die strafrechtlichen Normen für Zuwiderhandlungen gegen die Vorschriften des Wechselsteuergesetzes finden jetzt ihre allgemeine Grundlage in den §§ 355 ff. der RAbgO in Verbindung mit §§ 56, 57 der 3. StNVO vom 14. 2. 1924 (RGBl I 87); einzelne besondere Bestimmungen sind in den §§ 21 bis 23 WStG enthalten. Danach wird die Hinterziehung der WSteuer mit einer Geldstrafe bestraft, deren Höchstbetrag unbeschränkt ist; daneben kann auf Gefängnis bis zu zwei Jahren erkannt werden. Der Begriff der Hinterziehung ist durch § 359 RAbgO in der Fassung des § 56 Nr. 1a 3. StNVO dahin bestimmt, daß sich der Steuerhinterziehung schuldig macht, wer zum eigenen Vorteil oder zum Vorteil eines anderen nicht gerechtfertigte Steuervorteile erschleicht oder vorsätzlich bewirkt, daß Steuereinnahmen verkürzt werden (§ 359 RAbgO in der Fassung des § 56 Nr. 1a 3. StNVO). Nach § 21 WStG tritt die gleiche Strafe wie für Hinterziehung ein, wenn Kommissionäre, Makler oder sonstige Vermittler vorsätzlich Geschäfte über Wechsel abschließen, für welche die Wechselsteuer hinterzogen ist. Außerdem kommt die in § 367 RAbgO in der Fassung des § 56 Nr. 6 der 3. StNVO mit Geldstrafe bis zu 100 000 Goldmark (jetzt RM) bedrohte Steuergefährdung in Betracht, die darin besteht, daß jemand als Steuerpflichtiger oder als Vertreter oder bei Wahrnehmung der Angelegenheiten eines Steuerpflichtigen fahrlässig bewirkt, daß Steuereinnahmen verkürzt oder Steuervorteile zu Unrecht gewährt oder belassen werden. Ferner wird nach § 377 RAbgO in der Fassung des § 56 Nr. 10 der 3. StNVO mit einer Ordnungsstrafe bestraft, wer den im Interesse der Besteuerung, einschließlich der Vorbereitung, Sicherung und Nachprüfung der Besteuerung, erlassenen Vorschriften der Steuergesetze usw. durch andere, als die in den Steuergesetzen unter Strafe gestellten Handlungen oder Unterlassungen zuwiderhandelt. Die Verjährung der Strafverfolgung von Zuwiderhandlungen gegen das WStG beginnt mit dem Schlusse des Jahres, in dem der Wechsel fällig geworden ist (§ 22 WStG).

Wechsel, die nach dem Wechselsteuergesetze steuerpflichtig sind, unterliegen keiner landesrechtlichen Stempel- oder Urkundensteuer (§ 24 WStG). Deshalb darf auch für die Sicherstellung der Rechte aus Wechseln kein Landesstempel erhoben werden, sofern nicht dadurch Rechte gesichert werden, die über die wechselrechtliche Verpflichtung hinausgehen (RGZ 127, 123).

V. Reihenfolge der Herstellung der Wechselerfordernisse. Zeitpunkt für ihr Vorhandensein. **Anm. 57.** Nicht erforderlich für die Gültigkeit des Wechsels ist, daß die wesentlichen Erfordernisse des Art 4 bereits sämtlich vorhanden sind bei Vollziehung des Wechsels durch die Unterschrift des Ausstellers (Nr. 5). Der Wechsel kann vielmehr auch als Blankett ausgestellt und ebenso akzeptiert und indossiert werden. Vgl. über den Blankowechsel zu Art 7 Anm 4 ff. Die Reihenfolge, in der die einzelnen Wechselerfordernisse hergestellt werden, ist überhaupt unerheblich (RGZ 108, 390). Der Wechsel kann daher (und wird sehr häufig) auch akzeptiert und indossiert werden, bevor er die Unterschrift des Ausstellers trägt. Es genügt, daß er sich als ein mit allen Erfordernissen ausgestellter Wechsel darstellt in dem Zeitpunkte, wo ein Anspruch aus ihm (durch Präsentation zur Annahme oder Zahlung oder durch Klagerhebung) geltend gemacht werden soll. Vgl. Näheres zu Art 7 Anm 5. Sind andrerseits im Zeitpunkte der Geltendmachung wesentliche Erfordernisse, die früher vorhanden waren, infolge Ausstreichens, Abreißens, Radierens usw. oder auch infolge zufälliger oder fahrlässiger Verletzungen der Urkunde nicht mehr erkennbar und auch kein Ersatz für sie vorhanden, so liegt, auch wenn die Beseitigung durch einen Unbefugten geschehen ist, kein gültiger Wechsel mehr vor und kann ein wechselrechtlicher Anspruch aus ihm überhaupt nicht mehr erhoben werden (ROHG 3, 93; 12, 194, 432; 13, 253; 24, 264. A. M., d. h. für die Unschädlichkeit zufälliger oder unbefugter Beseitigungen wesentlicher Erfordernisse, v. Canstein § 12 S. 181/2; Meyer Wwrecht § 7 S. 66 und § 15 b S. 141. Hat dagegen nur eine Veränderung stattgefunden in der Weise, daß der vorliegende Wechsel noch alle wesentlichen Erfordernisse aufweist, wenn auch, wie ersichtlich, einer oder mehrere von ihnen ursprünglich anders gelautet haben, so fragt es sich, ob hierdurch der Wechsel seine Eigenschaft als gültiger Wechsel im Sinne der WO eingebüßt hat und deshalb auch nicht mehr verpflichtender Träger irgendwelcher Wechselerklärungen, seien sie vor oder nach der Änderung erfolgt, sein kann. Auch diese Frage ist in der Rechtsprechung, namentlich des ROHG, grundsätzlich bejaht worden, jedoch mit der Einschränkung, daß Änderungen, die ersichtlich nur eine Berichtigung von Schreibfehlern darstellen, namentlich wenn ersichtlich ist, daß diese bereits bei der Ausstellung des Wechsels erfolgt ist, oder sonstige Korrekturen, die in keiner Weise den Verdacht einer Fälschung erwecken können, z. B. handschriftliche Änderung einer in einem Formular vorgedruckten Jahreszahl, eine solche Wirkung nicht beizumessen sei. Vgl. ROHG 1, 29; 7, 219; 11, 267, 2, 34; 13, 155, 156; 20, 403. Der Ansicht des ROHG wird insofern beigepflichtet werden müssen, daß nicht vom Aussteller genehmigte Änderungen wesentlicher Erfordernisse, die es zweifelhaft lassen, welches die wirkliche Wechselerklärung des Ausstellers über diese Erfordernisse gewesen ist, dem Wechsel die Eigenschaft eines Wechsels im Sinne der WO nehmen müssen; a. M. Bernstein S. 65. Wenn freilich das ROHG in Bd 23 S. 341 einem Wechsel, in welchem die Wechselsumme von 3000 in 30 000 verändert war, die Eigenschaft als Wechsel auch für den geringeren Betrag von 3000, der doch in dem größeren steckt, versagt, so geht diese Entscheidung wohl über die nach Obigem sonst festgehaltene Grenze hinaus, da hier der Wille des Ausstellers, mindestens für den geringeren Betrag einen Wechsel zu schaffen, nicht zweifelhaft sein kann. — Eine von der Frage der formellen Gültigkeit als Wechsel durchaus verschiedene Frage ist, in welcher Weise aus einem abgeänderten Wechsel die einzelnen Wechselbeteiligten verpflichtet bleiben oder werden, insbesondere gegenüber welchen von ihnen der ursprüngliche oder der spätere Inhalt des Wechsels maßgebend ist; vgl. über diese Frage zu Art 75/76 Anm 7 ff. — Da die wesentlichen Erfordernisse des Wechsels erst zu der Zeit vorhanden sein müssen, zu welcher er geltend gemacht wird, so wird der Einwand eines Wechselverpflichteten, daß zur Zeit seiner Wechselerklärung der Wechsel unvollständig gewesen sei, d. h. eines wesentlichen Erfordernisses noch entbehrt habe, mit Recht für unerheblich erachtet; für Österreich ist das durch VO vom 6. 10. 1853 ausdrücklich bestimmt. Mit Unrecht will aber Meyer (Wwrecht § 15 b S. 142) daraus ein Argument gegen die herrschende Lehre von der Wirkung zufälliger oder unbefugter Beseitigungen entnehmen.

Anm. 58. **VI. Auslegung der Wechselurkunde.** Zur Entscheidung der Frage, ob die für die formale Gültigkeit eines Wechsels wesentlichen Erfordernisse vorliegen, bedarf die Wechselurkunde im Zweifelsfalle der **Auslegung** und ist ihr zugänglich. Doch macht der Zweck, den das Gesetz mit der Aufstellung formaler „wesentlicher Erfordernisse" verfolgt, nämlich daß für jeden Wechselnehmer erkennbar sein soll, ob ein Wechsel im Sinne der WO vorliegt, es erforderlich daß — abweichend von der Auslegung sonstiger urkundlicher Willenserklärungen — die Auslegung der Wechselurkunde nur solche Umstände in Betracht ziehen darf, die für im übrigen unbeteiligte Dritte aus der Urkunde selbst erkannt werden können und bei Anwendung der im Verkehr erforderlichen Sorgfalt erkannt werden müssen. Dabei kann nicht die individuelle geistige Persönlichkeit der voraussichtlichen Wechselnehmer, z. B. eines Landmannes oder andererseits eines Bankfachmanns oder Juristen, an die der Wechsel vermutlich im Einzelfalle gelangen kann, sondern nur eine durchschnittliche, in den im allgemeinen mit Wechseln befaßten Kreisen regelmäßig vorhandene Verständnisfähigkeit zugrunde gelegt werden. Deshalb sind Abkürzungen nicht zulässig, die nur im kaufmännischen Verkehr gebräuchlich und bekannt sind; denn der Wechselverkehr erstreckt sich in heutiger Zeit über den Kreis der Kaufleute hinaus (ROHG 17, 264; die Abkürzung „o. K." für den Protesterlaß ist dort bedenklicherweise als im Wechselverkehr allgemein gebräuchlich und daher zulässig erklärt). Ferner ist wegen der Bestimmung des Wechsels zu örtlich unbeschränktem Umlaufe die Berücksichtigung partikulärer, örtlicher oder beruflicher Sprachbesonderheiten ausgeschlossen (RG 10. 4. 80 in ZfHR 29, 264). Auch andere nicht unmittelbar aus der Urkunde ersichtliche tatsächliche Verhältnisse können nur berücksichtigt werden, wenn sie allgemein bekannt sind (vgl. RGZ 98, 104). Innerhalb dieses Rahmens aber darf nicht Buchstabeninterpretation stattfinden, sondern es ist nach der Regel des § 133 BGB (dessen Anwendung StStranz Anm 69 mit Unrecht ausschließen zu müssen glauben) der Wille des Beteiligten, wie er in der urkundlichen Wechselerklärung Ausdruck gefunden hat, zu ermitteln, wobei in erster Linie die Auffassung des Verkehrs und die typische Bedeutung der gebrauchten Ausdrücke im Verkehr als entscheidend in Betracht kommen müssen. Vgl. RG 60, 428 — (darüber, ob in dem dort entschiedenen Falle die Auslegung nicht über die nach den dargelegten Grundsätzen der Auslegung von Wechseln zu ziehenden Grenzen hinausgeht, vgl. oben Anm 51) —; ferner RGZ 15, 113; 85, 196; 98, 105; 119, 423; JW 1923, 49[10]; Mansfeld in LeipzZ 1914, 1091. Bleibt es danach noch zweifelhaft, ob ein wesentliches Wechselerfordernis erfüllt ist oder nicht, so ist der Wechsel ungültig (ROHG 21, 170). — Handelt es sich aber nicht um ein wesentliches Erfordernis des Wechsels, so ist die Heranziehung anderer nicht unmittelbar aus der Urkunde ersichtlicher Umstände zulässig innerhalb der für die Auslegung von Rechtsgeschäften, die einer Form, insbesondere der Schriftform, bedürfen, überhaupt geltenden Grenzen, denen zufolge die Form gewahrt ist, wenn nach Anwendung der allgemeinen Auslegungsregeln (§§ 133, 157) der erforderliche Willensinhalt in der Urkunde noch gefunden werden kann. Vgl. darüber Planck BGB 4. Aufl. zu § 125 Anm 4. So ist es zu verstehen, wenn in RGZ 15, 113 ausgeführt ist, daß die für den Domizilwechsel (Art 24) erforderliche Verschiedenheit des Zahlungsortes von dem im Wechsel angegebenen Wohnorte des Bezogenen sich unmittelbar aus der Wechselurkunde ergeben müsse und daß es nicht genüge, wenn Umstände festgestellt würden, die auf die Absicht einer Domizilierung schließen ließen; während in RGZ 98, 105 unter ausdrücklicher Bestätigung dieses Rechtsgrundsatzes im Anschlusse an ROHG 2, 230 ausgeführt wird, daß für einen Zahlstellenwechsel (Art 43 Abs 2 WO; vgl. zu Art 43 Anm 1, 7) das Erfordernis, daß die Wohnung des Bezogenen und die Stelle, an der gezahlt werden soll, in derselben Ortschaft liegen, nicht unmittelbar aus der Urkunde ersichtlich sein müsse. — Die allgemeinen Auslegungsgrundsätze sind auch anwendbar, wenn es sich darum handelt, ob aus dem Wechsel eine Person und welche, sowie in welcher Weise sie materiell berechtigt oder verpflichtet ist. So kann die ungenaue Bezeichnung des Remittenten (die den Wechsel als solchen nicht ungültig macht, vgl. oben Anm 23) mittels Auslegung dahin ergänzt werden, daß die im Besitze des Wechsels befindliche Person, auf welche die im Wechsel enthaltene Remittentenbezeichnung passen kann, als Remittent gemeint sei; ferner die ungenaue Bezeichnung des Bezogenen dahin, daß die Person, die den Wechsel akzeptiert hat, als Bezogener gemeint und daher durch ihr Akzept verpflichtet worden sei (vgl. zu Art 21 Anm 5): ROHG 3, 272; 9, 26; 18, 418; a. M. hinsichtlich einer im Wechsel nicht vollständig genannten Firma ROHG 12, 173.

Anm. 59. **VII. Weiterer Inhalt des Wechsels.** Die acht wesentlichen Erfordernisse, die Art 4 für den gezogenen Wechsel aufstellt, beziehen sich sämtlich auf den Grundwechsel, d. h. die in die Form des Zahlungsauftrags gekleidete Wechselerklärung des Ausstellers. Die weiteren Wechselerklärungen, die zu dem Grundwechsel hinzutreten können (Akzept, Indossamente, Ehrenannahmen, Avalerklärungen) sind keine wesentlichen Bestandteile des Wechsels und kommen daher für die Gültigkeit des Wechsels als solchen nicht in Betracht. Der Grundwechsel selbst aber kann neben seinen wesentlichen Erfordernissen noch weiteren Inhalt haben, der nicht geboten, aber zulässig ist. Zunächst die vom Gesetze ausdrücklich zugelassenen Klauseln, nämlich: die Rektaklausel (Art 9); den Domizilvermerk (Art 24) und den Zahlstellenvermerk (unechten Domizilvermerk, Art 43 Abs 2); die Protesterlaßklausel (Art 42); Notadressen (Art 56); die Bezeichnung als Prima, Sekunda usw. (Duplikatvermerk, Artt 66 ff.). Vgl. Näheres über die einzelnen Klauseln zu den angeführten Artikeln. Außer diesen Klauseln kann aber die Wechselerklärung des Ausstellers noch andere Zusätze enthalten, und zwar sowohl solche, welche die wechselrechtliche Verbindlichkeit berühren (einschränken oder ausdehnen), wie auch solche, die sich lediglich auf das der Wechselausstellung zugrunde liegende Rechtsverhältnis oder auf sonstige außerhalb des wechselrechtlichen Verhältnisses liegende rechtliche oder tatsächliche Verhältnisse beziehen. Klauseln der ersteren Art sind nur insoweit zulässig, als sie mit dem durch das Gesetz festgelegten rechtlichen Wesen der wechselmäßigen Verbindlichkeit, insbesondere seiner rechtlichen Unabhängigkeit von dem zugrunde liegenden Rechtsverhältnisse (Abstraktheit), nicht in Widerspruch stehen. Aus diesem Grunde sind unzulässig und haben die Ungültigkeit des Wechsels zur Folge solche Zusätze, welche die rechtliche Wirksamkeit der Wechselerklärung des Ausstellers abhängig machen von dem ihr zugrunde liegenden gemeinbürgerlichen Rechtsverhältnisse, sei es von demjenigen zwischen dem Aussteller und dem Remittenten (Valutaverhältnis) — dahin gehört z. B. die Klausel: „Zahlen Sie Herrn Meyer 1000 RM als Darlehen (von mir)" oder „als Kaufpreis (für ein mir geliefertes Pferd)" —, sei es von dem Verhältnisse zwischen dem Aussteller und dem Bezogenen (Deckungsverhältnis), z. B.: „Zahlen Sie Herrn Müller 10 000 RM aus meinem Guthaben bei Ihnen" (vgl. über die Guthabenklausel oben Anm 17) oder: „auf meinen Kredit bei Ihnen" oder „als Darlehen für mich" oder „laut dem (zwischen mir und Ihnen abgeschlossenen) Vertrage" (vgl. ROHG 21, 169). Dagegen ist statthaft eine bloße Erwähnung oder Bezugnahme auf das Valuta- oder Deckungsverhältnis, falls erkennbar ist, daß sie lediglich diese Bedeutung hat; namentlich gilt das von der üblichen Valutaklausel: „Wert erhalten"; „Wert in Waren"; „Wert auf Kredit"; und der üblichen Deckungsklausel: „und stellen es auf Rechnung laut (oder „ohne") Bericht". Ob das eine oder das andere — Abhängigmachen oder bloße Erwähnung — vorliegt, kann im Einzelfalle zweifelhaft sein. Bleibt es auf Grund der allein statthaften Auslegung aus der Urkunde selbst (vgl. Anm 58) zweifelhaft, ob nicht eine rechtliche Abhängigkeit gewollt sei, so muß nach den a. a. O. dargelegten Grundsätzen der Wechsel für ungültig erklärt werden. Deshalb erscheint es allerdings bedenklich, wenn das RG (bei Bolze 19 Nr. 383) einen Wechsel mit der Bestimmung: „Zahlen Sie an Herrn N. als Kaution für die Erfüllung unserer Verpflichtungen aus dem Vertrage vom 9. 12. 1895" für gültig erklärt hat (ähnlich OG Wien bei Czeloch. Nr. 785).

Die Bezeichnung des Wechsels im Kontexte oder außerhalb als „Depotwechsel" (Garantiewechsel, Kautionswechsel u. dergl.) ist unschädlich, da sie erkennen läßt, daß sie sich lediglich auf den außerhalb des Wechsels liegenden Zweck bezieht, zu dem der Wechsel gegeben ist, ohne daß dadurch die wechselrechtliche Verbindlichkeit aus ihm eingeschränkt werden soll (ROHG 13, 412). Gleiches gilt für auf den „Vertrag" Bezug nehmende Vermerke außerhalb des Kontextes und der Adresse, (z. B. auf der Rückseite: „Ich hafte nur laut Vertrag"), da nach dieser Fassung in Verbindung mit der Stellung kaum Zweifel darüber entstehen können und jedenfalls eine die Zweifel beseitigende Auslegung ergeben wird, daß ein solcher Vermerk keinen Einfluß auf die wechselrechtliche Verbindlichkeit an sich ausüben soll, sondern nur Einwendungen aus dem zugrunde liegenden Rechtsgeschäfte gegenüber dem unmittelbaren Wechselkontrahenten vorbehalten will, die nach Art 82 WO ohnedies zulässig sind (RG im Recht 1911, 3577; Bankarchiv 1911, 156; LeipzZtschr 5, 923). Anm. 60.

Unzulässig, weil unvereinbar mit dem vom Gesetze festgelegten Inhalte des im Wechsel enthaltenen Zahlungsauftrags, der nur schlechthin auf Zahlung einer Geldsumme gerichtet sein kann, ist die Hinzufügung einer (eigentlichen) Bedingung, von deren Eintritt oder Nichteintritt die Zahlung der Geldsumme abhängig gemacht wird (RGZ 9, 115; 119, 424). Eine Ausnahme von diesem Grundsatze besteht jedoch gemäß Art 66 ff. WO für Wechsel, die als Prima, Sekunda usw. bezeichnet werden, indem von diesen ein Exemplar die Kraft verliert, wenn das andere bezahlt ist (vgl. Näheres zu Art 67 Anm 1). Unschädlich ist die Hinzufügung gesetzlicher Bedingungen, d. h. solcher Umstände, von denen die Verpflichtung zur Zahlung schon auf Grund gesetzlicher Vorschriften abhängig ist, z. B. „Zahlen Sie, falls der Wechsel Ihnen bei Verfall präsentiert wird" oder „falls der Wechsel Ihnen von einem gehörig legitimierten Wechselinhaber vorgelegt wird". Unschädlich ist ferner bei einem Sichtwechsel die Hinzufügung der Bedingung, daß der Bezogene nur zahlen solle, wenn der Wechsel ihm innerhalb einer bestimmten Frist vorgelegt werde, weil hierin nur die in Art 31 WO (vgl. Anm 4 zu diesem Art) vorgesehene besondere Bestimmung einer Vorlegungsfrist zu finden ist, die auch in der Form eines an den Bezogenen gerichteten Gebotes erfolgen kann (RGZ 119, 425; ebenso schon ROHG 23, 111). Über die Bedeutung eines solchen Gebotes für die Fortdauer der Haftung des Akzeptanten vgl. zu Art 31 a. a. O. Anm. 61.

Dagegen sind unzulässig solche Bestimmungen, durch welche die gesetzlichen Vorschriften über die im Wechselverkehr vorzunehmenden Handlungen abgeändert werden, soweit nicht das Anm. 62.

Gesetz solche Abänderungen, z. B. den Protesterlaß (Art 42), gestattet; unzulässig sonach die Bestimmung, daß kein Protest erhoben werden dürfe, oder der Erlaß der rechtzeitigen Präsentation (Art 42, vgl. Anm 7, 3 dazu) oder daß der Protest nicht durch einen Postbeamten erfolgen dürfe oder daß die Protestfrist 5 Tage betragen solle usw. Auch der Verzicht auf die gesetzliche Wechselverjährung ist unwirksam, soll aber nach ROHG 6, 364 den Wechsel nicht ungültig machen, sondern nur als nicht geschrieben gelten. Diese Auffassung erscheint nicht unbedenklich. Zwar würde durch einen solchen Verzicht, wenn er wirksam wäre, die wechselmäßige Verpflichtung des Ausstellers nicht eingeschränkt, sondern erweitert werden; aber gerade deshalb können die Wechselnehmer, die sich auf die Gültigkeit des Verzichtes verlassen, durch eine solche Erklärung in dem Wechsel in die Irre geführt und geschädigt werden. Daß im Einzelfalle ein Wechselnehmer durch die formale Ungültigkeit des Wechsels noch in höherem Maße geschädigt werden kann, als wenn der Verzicht nur als nicht geschrieben gilt, kann an der grundsätzlichen Unzulässigkeit solcher Wechsel wohl nichts ändern.

Anm. 63. Anders liegt die Sache für Nebenverpflichtungen, die mit der Natur und dem gesetzlichen Inhalte der wechselmäßigen Verpflichtung nicht in Widerspruch stehen, z. B. die Übernahme der Haftung für nach Wechselrecht nicht erstattungsfähige Kosten (ROHG 6, 364); sie können zwar eine wechselmäßige Verbindlichkeit nicht begründen, machen aber den W nicht ungültig. Das ist besonders ausgesprochen in Art 7 Satz 3 für das in einem Wechsel enthaltene Zinsversprechen, indem dort vorgeschrieben ist, daß es als nicht geschrieben gilt; es muß aber auch für andere derartige Nebenverabredungen gelten (ROHG a. a. O.). Vgl. darüber, daß die bürgerlich-rechtliche Wirksamkeit eines Zinsversprechens durch die Vorschrift, daß es als nicht geschrieben zu gelten hat, in der Regel nicht ausgeschlossen wird, zu Art 7 Anm 12. Für andere Nebenverpflichtungen, für die eine solche Vorschrift nicht besteht, kann die Möglichkeit einer Wirksamkeit nach dem allgemeinen bürgerlichen Rechte nicht zweifelhaft sein. Das gilt insbesondere für die Verpfändungsklausel, d. h. die Bestellung eines Pfandrechts zur Sicherung der Wechselforderung, sowie für die Bestellung einer zivilrechtlichen Bürgschaft. Die Wirksamkeit der Bestellung solcher Sicherungsrechte im Wechsel bestimmt sich lediglich danach, ob sie den für die dingliche Bestellung solcher Sicherheiten oder doch für die Übernahme einer schuldrechtlichen Verpflichtung zu ihrer Bestellung bestehenden Vorschriften des bürgerlichen Rechts genügen. A. M. Grünhut Hdb I § 71 und Striethorst Archiv 25, 310, die annehmen, daß solche Nebenverpflichtungen als nicht geschrieben zu gelten haben und daher auch keine bürgerlich-rechtliche Wirkung haben können. Über die Übertragung solcher Nebenrechte durch Indossament vgl. zu Art 10 Anm 4.

Anm. 64. Zulässig ist die Bestimmung eines besonderen Gerichtsstandes im W für die aus ihm sich ergebenden Streitigkeiten (RG bei Holdheim 12, 125), wie sie namentlich mit den Worten: „zahlbar allerorten" (vgl. oben Anm 52) gebräuchlich ist. — Klauseln und Zusätze, welche die Wechselverpflichtung als solche nicht berühren, werden uneingeschränkt für zulässig, d. h. die Gültigkeit des Wechsels nicht beeinträchtigend, angesehen, und zwar sowohl solche rechtlicher Natur, wie auch rechtlich unerhebliche, wie Grüße, Mitteilungen usw., die in früheren Zeiten in den „Wechselbriefen" vielfach vorkamen; vgl. die Einleitung S. 15.

Anhänge zu Artikel 4.

I. Ausländische Wechselgesetzgebungen.

Anm. 1. **A.** Die Wechselgesetzgebungen wohl (soweit es sich feststellen läßt) sämtlicher Kulturstaaten stellen für den gezogenen wie für den eigenen W bestimmte Formerfordernisse auf, von deren Vorhandensein es abhängt, ob ein nach ihren Vorschriften zu behandelnder W vorliegt. Für den gezogenen W kommen als solche folgende Erfordernisse in Frage:

Anm. 2. 1. Die **Wechselklausel** (vgl. zu Art 4 DWO Anm 8 ff.) wird hauptsächlich nur erfordert in den Wechselgesetzgebungen der deutsch-rechtlichen Gruppe: Schweiz (Art 722 Nr. 1); Ungarn (§ 3 Nr. 1); Skandinavien (§ 1 Abs 2); Bulgarien (Art 529 Nr. 1); Italien (Art 251 Nr. 2); Rumänien (Art 270 Nr. 2); Rußland (WO von 1902 § 3 Nr. 2; WO von 1922 § 17 Nr. 2); auch die neuen Wechselgesetze für Polen (Art 1 Nr. 1), die Tschechoslowakei (§ 3 Nr. 1); Jugoslawien (§ 1 Nr. 1) haben sie beibehalten. Doch erkennt die Schweiz (Art 839) Zahlungsanweisungen ohne Wechselklausel, die ausdrücklich an Order gestellt sind und im übrigen den Wechselerfordernissen entsprechen, als wechselähnliche Papiere an, auf welche die Bestimmungen über gezogene Wechsel Anwendung finden, mit Ausnahme der Vorschriften über das Recht des Inhabers, den W zur Annahme zu präsentieren, über den Regreß auf Sicherstellung mangels Annahme und wegen Unsicherheit des Akzeptanten (841) und über die besondere Wechselexekution (842). Außerhalb der deutschrechtlichen Gruppe ist die Wechselklausel nicht bekannt; in Spanien (Art 531 Nr. 1) besteht für Zahlungsanweisungen, Gutscheine und Zahlungsversprechen, die an Order lauten, also für wechselähnliche Papiere, die Vorschrift, daß sie die besondere Bezeichnung als Anweisung (libranza), Gutschein (vale) bzw. Zahlungsversprechen (pagoré) tragen müssen, während für den Wechsel selbst, d. h. den gezogenen W, eine Bezeichnung als Wechsel nicht vorgeschrieben ist. Auch in Portugal (280) ist die Bezeichnung als W kein wesentliches Erfordernis, ersetzt aber, wenn sie vorhanden ist, die Orderklausel. — Von den Gesetzgebungen, welche die Wechselklausel erfordern, schreiben ihre Aufnahme in den Kontext (vgl. zu Art 4 Anm 9) vor: Ungarn (§ 3 Nr. 1), Bulgarien (Art 529 Nr. 1), Skandinavien (§ 1 Abs 2); Schweiz (Art 722 Nr. 1); Rumänien (Art 270 Nr. 2); sowie die neuen Wechselordnungen von Polen (Art 1 Nr. 1), Tschechoslowakei (§ 3 Nr. 1), Jugoslawien (§§ 1 Nr. 1, 103 Nr. 1). Italien (Art 251 Nr. 2) erfordert, daß die Bezeichnung als Wechsel im Kontext der Urkunde oder von dem Indossanten (Aussteller) mit seiner Unterschrift außerhalb des Kontextes zum Ausdrucke kommt. — Hinsichtlich der Sprache, in der die Bezeichnung als Wechsel erfolgen muß, haben die Schweiz, Ungarn, Skandinavien die deutsche Vorschrift; Italien läßt für in Italien ausgestellte Wechsel, auch wenn sie im übrigen in einer anderen Sprache abgefaßt sind, nur die italienische Bezeichnung (cambiale, lettera di cambio), für eigne Wechsel auch „paghero cambiario" (ich werde wechselmäßig zahlen) oder „vaglia cambiaria" (soll wechselmäßig gelten) zu. Die neue russische Wechselordnung von 1922 (§§ 2 b, 17) verlangt die Bezeichnung mit dem (russischen) Worte „Wechsel" oder einem gleichbedeutenden Ausdruck in der Sprache, in der die Verpflichtung selbst geschrieben ist. Japan läßt nur die japanischen Bezeichnungen, für den gezogenen W kavase tegata, für den eigenen yakosoku tegata, zu; schließt also gleichbedeutende Ausdrücke und fremdsprachliche Bezeichnungen aus. Nach der neuen polnischen (Art 1 Nr. 1; 99 Nr. 1) und jugoslawischen WO (§ 1 Nr. 1, 103 Nr. 1) muß die Wechselklausel in der gleichen Sprache abgefaßt sein, wie die Urkunde; nach dem neuen tschechoslowakischen Wechselgesetze (§ 3 Nr. 1) müssen die Anweisung und die Wechselklausel in einer Sprache abgefaßt sein.

2. Angabe der zu zahlenden Geldsumme (vgl. zu Art 4 Anm 10a ff.) wird wohl in allen Gesetzgebungen gefordert, namentlich in: Frankreich (C. de comm. Art 110 Abs 4); England (Abschnitt 3 (1), 9); Ver. Staaten (§§ 20 Nr. 2, 21); Italien (Art 251 Nr. 4); Schweiz (Art 722 Nr. 2) usw. Einige Gesetzgebungen verlangen Angabe der Wechselsumme in Buchstaben, und zwar die Schweiz a. a. O. in Buchstaben im Kontext. Ausschreibung der Geldsumme in Worten verlangt das russische Gesetz von 1922 (§ 2 unter c) für den eigenen, Angabe in Buchstaben (§ 17 Nr. 6) für den gezogenen Wechsel. Außerdem aber stellt das russische Gesetz als wesentliches Erfordernis für eigne und gezogene Wechsel auf, daß der Geldbetrag in Goldrubeln oder in einer Währung ausgedrückt ist, die innerhalb der Sowjetunion Umlauf hat, d. h. in gesetzlichem Sowjet-Währungsgelde (§§ 2 unter c, 17 Nr. 6). Dies Erfordernis gilt jedoch nicht für Wechsel, die im Auslande auf eine ausländische Währung mit Zahlungsort innerhalb der Sowjetföderation ausgestellt sind, und für solche, die innerhalb der Sowjetföderation mit Zahlungsort im Auslande ausgestellt sind (§ 3 Satz 2; vgl. über die Umrechnung bei der Zahlung solcher Wechsel den Anhang I zu Artt 36—40 Anm 2). Die übrigen Gesetzgebungen enthalten keine besonderen Bestimmungen über Form und Stellung der Geldsummenangabe, sowie über die Währung, in welcher sie zu erfolgen hat. Über Abweichungen mehrfacher Angaben voneinander vgl. zu Art 5 Anm 6. Der Wertwechsel (vgl. für Deutschland zu Art 4 Anm 10a, 12) ist ausdrücklich zugelassen in den angelsächsischen Wechselrechten, indem dort vorgeschrieben ist, daß die Bestimmtheit der Geldsumme nicht darunter leidet, daß sie nach dem im W selbst angegebenen oder aus ihm feststellbaren Kurse zu berechnen ist (BEA Abschnitt 9 (1) (d); NIL § 21 Nr. 4). Doch wird auch in anderen Ländern ohne ausdrückliche Bestimmung eine solche Klausel für zulässig erachtet, da sie an der Bestimmtheit der Geldsumme, die nur von einer Währung in die andere umzurechnen ist, nichts änderte. — Warenwechsel kommen nur noch ausnahmsweise in Italien (Art 333) vor, wo sie aus dem neapolitanischen Rechte übernommen sind, ordini in derrate (Anweisungen auf landwirtschaftliche Erzeugnisse, die unmittelbar für die menschliche Ernährung bestimmt sind, wie Getreide, Wein, Öl); auch in Rumänien (Art 358 ff.); als eigene W auch in Mexiko (Art 545). **Anm. 3.**

3. Angabe des Wechselnehmers (Remittenten). Die Gesetze der deutschen Gruppe verlangen, zumeist, wie die deutsche WO (vgl. zu Art 4 Anm 21 ff.) Bezeichnung des Remittenten mit seinem Namen oder seiner Firma: Schweiz Art 722 Nr. 3, Ungarn § 3 Nr. 3, Skandinavien § 1 Abs 4; Italien Art 251 Nr. 3; früher auch Rußland (§§ 3 Nr. 4, 86 Nr. 5 Ges v. 1902), während die jetzige WO (§ 17 Nr. 5) nur „Bezeichnung der Person, an die die Zahlung erfolgen soll" verlangt; ferner Japan Art 445 Nr. 4. Einige Gesetze erklären neben dem Familiennamen auch den Vornamen für erforderlich: Bulgarien Art 529 Nr. 3; Spanien Art 444 Nr. 3. Nach angelsächsischem Rechte genügt statt des Namens jede anderweite hinreichend deutliche Bezeichnung des Remittenten (BEA Abschn 7 I; NIL § 20). — Der Wechsel auf den Inhaber (vgl. zu Art 4 Anm 21) wird gestattet von Japan (Art 449), hier jedoch nur bei Wechseln von mindestens 30 Yen; ferner von Ägypten (Code mixte Art 110 Abs 5, indigène 105 Abs 4); sowie in den angelsächsischen Rechten (BEA Abschn 8 (3), 7 (3); NIL § 28 Nr. 1—5). In den übrigen Rechten ist er ausgeschlossen; so im Gebiete des französischen Rechts dadurch, daß als Erfordernis aufgestellt ist Ausstellung an Order eines Dritten oder des Ziehers selbst (Art 110 C. de comm.). — Die Blankotratte (d. h. der gezogene W mit offengelassenem Namen des Remittenten) soll nach Meyer I S. 116 „den Vorschriften der deutschen Gruppe durchaus widersprechen"; indessen dürfte diese Auffassung nicht ganz in Einklang stehen mit den zu Art 4 Anm 57 dargelegten Rechts- **Anm. 4.**

grundsätzen des deutschen Rechts, nach denen der W als Blankett mit Ausfüllungsrecht hergestellt werden und zirkulieren kann, ohne daß freilich bis zur Ausfüllung eine wechselrechtliche Verpflichtung aus ihm entsteht. — Die Benennung **mehrerer Wechselnehmer** (vgl. für Deutschland zu Art 4 Anm 22) ist ausdrücklich für zulässig erklärt in England (Abschnitt 7 (2), Ver. Staaten (NIL 27 Nr. 4 (5); ebenso in den neuen Wechselgesetzen von Polen (Art 3 Abs 1), Südslawien (§ 3 Abs 1), Tschechoslowakei (§ 5 Abs 1); gilt aber auch in den übrigen Staaten als statthaft (für Italien Vivante Nr. 1059). — Über den W an eigene Order und den trassiert eigenen W vgl. Anhang I zu Art 6 DWO Anm 9, 10.

Anm. 5. **4. Angabe der Zahlungszeit (Verfallzeit**; vgl. zu Art 4 unter III Nr. 4) wird in den älteren ausländischen Gesetzen, wie in der deutschen WO, als wesentliches Erfordernis zur Vermeidung der Ungültigkeit des Wechsels betrachtet. So in der deutschrechtlichen Gruppe: Schweiz Art 722 Nr. 4; Ungarn § 3 Nr. 4; Italien Art 251 Nr. 5, 252; Rußland früher § 86 Nr. 7, jetzt § 2e usw. Aber auch in Frankreich (Art 110 Abs 6; Griechenland Art 110 Abs 2; Ägypten Art 110 Abs 3 C. mixte, 105 Abs 2 C. ind. Ferner in Spanien (Art 444 Nr. 2); Brasilien (Art 354 Nr. 4); Mexiko (Art 451 Nr. 4). Die meisten neueren Gesetzgebungen erklären dagegen einen W, bei dem die Angabe der Verfallzeit fehlt, als **auf Sicht** zahlbar und ermöglichen dadurch dessen Aufrechterhaltung: so von der deutschrechtlichen Gruppe Bulgarien Art 259 Nr. 4; Portugal Art 282 § 2; Rumänien Art 271 Schlußabsatz; Skandinavien § 3 Abs 3, Japan Art 451; ferner Belgien Art 2, Argentinien Art 609 und andere latein-amerikanische Staaten; für den eigenen W auch Holland Art 208 und die ihm verwandten Rechte. Im englischen und angloamerikanischen Rechte ist diese freiere Auffassung gleichfalls anerkannt; der W ist, wenn er keine Angabe der Zahlungszeit enthält, auf Anfordern (on demand) zahlbar; Wechsel on demand stehen aber jetzt den Sichtwechseln (at sight oder on presentation) gleich (BEA Abschn 10 (1) (a); NIL § 26 Nr. 1), nachdem durch diese Gesetze der bis dahin bestehende Unterschied beseitigt worden ist, daß bei den on demand zahlbaren Wechseln keine „Gnadentage" zugelassen wurden.

Die Zahlungszeit kann nach den übereinstimmenden Vorschriften aller Wechselgesetze nicht in beliebiger Weise, sondern nur in einer der von dem Gesetze zugelassenen Arten bestimmt werden. **Tag-, Dato-, Sicht- und Nach-Sicht-Wechsel** (vgl. zu Art 4 DWO Anm 28—30) sind überall zugelassen; **Meßwechsel** (zu Art 4 Anm 31) außer in Deutschland auch in der Schweiz (Art 722 Nr. 4), Italien (252 Nr. 5); Rumänien (271 Nr. 5); Frankreich (129), Griechenland (129), Luxemburg (129), Ägypten (133 Abs 3 C. m., 127 Abs 5 C. ind.); Belgien (20), Spanien (451 Nr. 6), Polen (Art 32 Abs 1); Tschechoslowakei (§ 3 Nr. 4); Jugoslawien (§ 32 Abs 1). Das neue russische Gesetz (§ 4) scheint die Bestimmung der Zahlungszeit auf einen Markt oder eine Messe, die durch das frühere Gesetz (Artt 5 Nr. 5, 27) zugelassen war, auszuschließen. **Marktwechsel** werden auch in den Ländern, wo sie nicht besonders neben den Meßwechseln genannt sind, für zulässig erachtet. Auch im englischen und amerikanischen Rechte werden beide Arten ohne besondere Vorschrift für zulässig erachtet. Hinsichtlich des **Verfalltages** bei Meß- und Marktwechseln vgl. den Anhang I zu den Artt 30—35 Anm 6. — Im Gegensatze zu allen anderen Gesetzgebungen gestatten die englischen und angloamerikanischen Gesetze außer den sonst zugelassenen Verfallzeiten auch die Stellung des W auf einen **anderweit bestimmbaren Zeitpunkt**, insbesondere einen dies incertus quando, certus an, also auf den Eintritt eines bestimmten Ereignisses oder eine bestimmte Zeit nach diesem Eintritt, sofern der Eintritt gewiß und nur der Zeitpunkt des Eintritts ungewiß ist, z. B. „Zahlen Sie am Todestage des Herrn X" oder „einen Monat nach dem Tode des Herrn Y" (BEA Abschn 11 (2), NIL § 23 Nr. 3). — **Wechsel „a piacere"** werden außer in Österreich, wo sie als Sichtwechsel behandelt werden (vgl. zu Art 4 Anm 29), nirgends für zulässig erklärt und müssen deshalb in anderen Ländern aus den für Deutschland (oben a. a. O.) dargelegten Gründen als unzulässig erachtet werden (a. M. Meyer Wechselrecht I S. 127). Gleiches muß von **Kündigungswechseln** (vgl. zu Art 4 a. a. O.) gelten, die Meyer a. a. O. als Sichtwechsel dann aufrechterhalten zu können glaubt, wenn die Zahlung „offenbar" am **Tage der Vorzeigung** geschehen soll, was jedoch bei der Stellung auf Kündigung durch Auslegung aus der Urkunde schwerlich offenbar werden wird. — **Ratenwechsel** sind, wie nach der deutschen WO (vgl. zu Art 4 Anm 27), unzulässig in der Schweiz (Art 722 Nr. 4), Ungarn (§ 3 Nr. 4), Bulgarien (Art 529 Nr. 4), Skandinavien (§ 3), Italien (Art 252 Abs 1), Rumänien (Art 271 Abs 1), Rußland (Art 5 Abs 1; jetzt § 4 Abs 1), während die englischen und angloamerikanischen Gesetze die Bestimmung, daß die Wechselsumme in Raten gezahlt werden solle, ausdrücklich für statthaft erklären, unter Zulassung der kassatorischen Klausel (Verfall der ganzen Summe) bei nicht pünktlicher Zahlung einer Rate (BEA Abschn 9 (1) (b) und (c); NIL § 21 Nr. 2, 3. In den übrigen Wechselrechten, deren Gesetze über die Ratenwechsel keine Bestimmung enthalten, ist die Frage bestritten (so für Frankreich Lyon-Caën et Renault S. 66 Nr. 3 bejahend; Thaller Nr. 1353 S. 660 verneinend). „**Usowechsel**" sind solche, die mit Ablauf einer durch Handelsgebrauch oder durch Gesetz bestimmten Frist, die von der Präsentation oder dem Ausstellungstage ab berechnet wird, verfallen. Sie finden sich noch vor in Frankreich (Art 129) und einigen ihm folgenden Rechten, auch Belgien (Art 23). In diesen Ländern beträgt der Uso 30 Tage, von dem auf das Ausstellungsdatum folgenden Tage ab. Andere Länder (so Spanien Art 451 Nr. 4, 453) bemessen die Dauer des Uso nach der Entfernung zwischen Ausstellungs- und Zahlungsort. Über Respekttage (Gnadentage) vgl. zu Art 33.

5. Die Unterschrift des Ausstellers (vgl. zu Art 4 DWO Nr. 5, Anm 33 ff.) hat nach den Vorschriften der meisten Gesetze, wie nach der DWO, mit seinem Namen oder seiner Firma zu erfolgen. So die Schweiz Art 722 Nr. 5, Ungarn § 3 Nr. 5, Rumänien Art 270 Nr. 8, Skandinavien § 1 Abs 8, Japan Art 445 Abs 3, Spanien Art 444 Nr. 8, England BEA Abschn 3 (1), Ver. Staaten NIL § 20 (1) usw. In diesen Ländern genügt ein Name, der den Familiennamen einer Person bilden kann, was auch bei Namen, die in erster Linie als Vornamen gebraucht werden, in der Regel der Fall sein wird; vgl. zu Art 4 DWO Anm 35a. Ebenso in den Ländern, die, wie die französisch-rechtliche Gruppe und Rußland (neues Wechselgesetz § 2 Abs 1 unter f), keine Bestimmung darüber getroffen haben, in welcher Weise der Aussteller den W zu unterzeichnen hat. Wo dagegen ausdrücklich Angabe des Vor- und Zunamens gefordert wird (Bulgarien Art 529 Nr. 8, Italien Art 251 Nr. 7), muß die Unterschrift zwei Namen aufweisen, von denen einer ein Vor- der andere ein Zuname sein kann. **Anm. 6.**

Wie in Deutschland, wird auch in anderen Gesetzen der deutschrechtlichen Gruppe die Unterschrift des Ausstellers verlangt, also Schriftlichkeit und damit handschriftliche Anfertigung der Unterzeichnung, und dadurch jedenfalls eine Herstellung auf mechanischem Wege allein ausgeschlossen; so in der Schweiz (Art 722 Nr. 5), in Italien (Art 251 Nr. 7: „la sottoscrizione del traente o dell'emittente"); in Bulgarien (Art 529 Nr. 8, nach der Übersetzung in den „Handelsgesetzen des Erdballs"); in Rußland (neues Gesetz § 2 unter f). Auch in Japan ist bestimmt (Art 445 nach der Übersetzung in das HGdE), daß der Wechsel vom Aussteller unterschrieben sein muß; doch ist durch ein besonderes Gesetz vom 16. 2. 1900 Nr. 17 (so zitiert bei Magnus, Tab. 30 unter IV, während nach Meyer Wechselrecht S. 111 das Gesetz vom 24. 2. 1899 datiert ist) bestimmt, daß, entsprechend den Gewohnheiten des Landes die Unterschrift ersetzt werden kann durch Angabe des Namens und eigenhändige Beifügung des Siegels (Privatsiegels) des Ausstellers oder seines Fingerabdrucks; vgl. die Verhandlungen zur Schaffung eines einheitlichen Wechselrechts über diese Frage unten Anhang II Anm 30. Auch das neue chinesische Gesetz (Art 3) gestattet an Stelle der Unterschrift Stempel oder Handzeichen (Magnus Tabelle 11 unter IV A V). **Anm. 7.**

Im französischen und angelsächsischen Rechtsgebiete werden an Stelle des deutschen Ausdrucks „Unterschrift" Ausdrücke gebraucht, die nicht unmittelbar auf eine handschriftliche Herstellung hinweisen; nämlich „signataire", „signer" und die entsprechenden Ausdrücke in den anderen Sprachen (Art 110 Abs 2 franz. Code de comm.; BEA Abschnitt 3; in BEA Abschn 2 ist außerdem gesagt, daß „written" (geschrieben) „printed" (gedruckt), und „writing" (schreiben) „print" (drucken) einschließt). Wohl im Zusammenhang hiermit wird in diesen Rechtsgebieten die mechanische Herstellung der Unterzeichnung des Ausstellers, wie auch der sonstigen Wechselerklärungen, durch Siegel oder Stempel für zulässig angesehen. In BEA 91² ist für Korporationen die Unterzeichnung mittels Siegels ausdrücklich vorgeschrieben. **Anm. 7a.**

Über die Form der Zeichnung durch Bevollmächtigte gilt in Frankreich das gleiche, wie nach deutschem Rechte (vgl. zu Art 4 Anm 37). Auch nach englischem Rechte (BEA Abschn 91) kann der Stellvertreter den W für den Vertretenen mit dessen Namen zeichnen. Manche Wechselrechte verlangen dagegen, daß das Vollmachtsverhältnis in der Urkunde zum Ausdruck gebracht werde (Spanien Art 447); andere verlangen sogar den Vermerk, daß die Unterschrift auf Grund einer Spezialvollmacht erfolgt sei (Mexiko Art 465; Argentinien Art 608, und andere aus der latein-amerikanischen Gruppe). — Nach der neuen russischen WO (Anm 1 zu § 2) kann der eigene W, wenn ihn der Wechselgeber nicht persönlich unterzeichnen kann, auf sein Verlangen für ihn von einer anderen Person unterschrieben werden, was von der Notariatsbehörde oder dem Volksrichter zu bescheinigen ist. Bei dem gezogenen W (§ 17 Nr. 9) findet sich eine solche „Anmerkung" nicht; sie wird aber wohl auch bei ihm Anwendung zu finden haben, obwohl eine entsprechende Anwendung der (vorangestellten) Vorschriften über den eigenen auf den gezogenen W nicht allgemein angeordnet ist. — **Anm. 8.**

Die Ausstellung des Wechsels durch mehrere Aussteller (vgl. zu Art 4 Anm 36) wird in einigen Rechten (so in England Abschn 85 (1)) ausdrücklich für zulässig erklärt, wird aber auch ohnedies überall für zulässig gehalten. **Anm. 9.**

6. Das Ausstellungsdatum (vgl. zu Art 4 Nr. 6, Anm 38 ff.) wird als notwendiges Erfordernis, dessen Fehlen den W ungültig macht, und zwar als Orts- und kalendermäßiges Zeitdatum, vorgeschrieben von Bulgarien (Art 529 Nr. 6), Italien (Art 251 Nr. 1 in Verbindung mit Art 110 Abs. 2), Skandinavien § 1, Dänemark § 7, Rumänien Art 270 Nr. 1, der Schweiz Art 722, Ungarn § 3 Nr. 8, Japan Art 445 Nr. 6, Rußland (neue WO §§ 2 unter a, 17 Nr. 1). Nur „Datierung" verlangt Frankreich (Art 110 Abs 2) und die ihm folgenden Rechte. Doch wird in denjenigen Gebieten dieser Gruppe, in denen noch die Distanzklausel gilt (vgl. unten Anm 13), außer der Zeit- auch die Ortsangabe gefordert, während in den Ländern, in denen sie abgeschafft ist, also namentlich in Frankreich und Belgien, die Zeitangabe als ausreichend erachtet wird (Lyon-Caën et Renault S. 59 Nr. 76 und S. 62 Nr. 79). In Spanien und dem lateinischen Amerika wird Orts- und Zeitangabe verlangt. Weder Orts- noch Zeitangabe verlangen das englische und anglo- **Anm. 10.**

amerikanische Recht (BEA Abschn 3 (4), NIL § 25 (1) und (3)); ebenso Portugal (Artt 278, 282). Diese Gesetze geben Vorschriften darüber, wie beim Mangel eines Datums dieses, falls erforderlich, zu ergänzen ist. Nach BEA Abschn 12 und NIL § 32 ist der Inhaber befugt, bei undatiert begebenen Datowechseln das Datum der Begebung einzusetzen, das, wenn er in gutem Glauben gehandelt hat, auch gilt, sofern es unrichtig ist; auch im übrigen wird, wenn eine Angabe über die Zeit der Ausstellung fehlt, für Rechtsfolgen, die von der Datierung abhängen (z. B. Zinsenlauf im Falle eines gültigen Zinsversprechens im angelsächsischen Rechte, vgl. zu Art 7 Anm 14) nach diesen Gesetzen der Tag der Begebung als entscheidend erachtet (BEA Abschn 9 (3), NIL § 36 Nr. 2). Das portugiesische Gesetz (Art 282 § 1) bestimmt, daß im Streitfalle der Inhaber das Datum zu beweisen hat.

Anm. 10a. 7. Die **Angabe des Bezogenen** (vgl. zu Art 4 DWO Nr. 7, Anm 43 ff.) hat nach den meisten Rechten der deutschen, wie auch der französischen und der latein-amerikanischen Gruppe mit dem Namen oder der Firma zu erfolgen, vgl. darüber zu der gleichen Bestimmung hinsichtlich des Ausstellers oben Anm 6. Angabe des Vor- und Familiennamens verlangen ausdrücklich Bulgarien Art 529 Nr. 5, Spanien 444 Nr. 7, sowie einige latein-amerikanische Staaten. Von einigen Staaten (so Spanien) wird auch Angabe des Wohnorts des Bezogenen verlangt. Vgl. Näheres bei Meyer I, 113. Im englischen und anglo-amerikanischen Rechte (BEA 3^1, 6; NIL 20^5) genügt auch jede anderweite, hinreichend bestimmte Bezeichnung des Bezogenen. — Die Bezeichnung mehrerer Bezogenen wird in einigen Gesetzgebungen ausdrücklich für zulässig erklärt (so für England durch BEA Abschn 6 (2)), Ver. Staaten NIL § 212 und andere), aber in kumulativer Form bei gleichem Zahlungsorte überall für zulässig gehalten, während die alternative oder sukzessive Benennung mehrerer Bezogenen fast überall für ungültig erachtet wird, so ausdrücklich in BEA Abschn 6 (2)); NIL § 212. Näheres bei Meyer a. a. O.

Anm. 11. 8. Die **Angabe des Zahlungsortes** (vgl. zu Art 4 DWO Nr. 8 Anm 48 ff.) ist wie in der deutschen WO geregelt in Ungarn (§ 3 Nr. 7), Bulgarien (Art 531 Abs 2), Skandinavien (§ 4 Abs 2); mit gewissen Modifikationen auch in Italien (Art 253), Rumänien (272), Rußland (neues Gesetz § 17 Nr. 6: Angabe des Zahlungsortes oder des Wohnortes des Bezogenen), Japan (Art 445 Nr. 8, 452). In der französischen Gruppe (Code de comm. Art 110 Abs 6) wird die Angabe des Zahlungsortes für wesentlich erklärt, aber hilfsweise der angegebene Wohnort des Bezogenen als Zahlungsort angesehen; ob, wenn gar kein Ort angegeben ist, der nicht aus dem W ersichtliche Wohnort des Bezogenen als Zahlungsort herangezogen werden kann, ist bestritten; nach dem Wortlaute des Gesetzes wird ein solcher Wechsel überwiegend als ungültig angesehen. Anders bei dem billet à ordre; bei ihm ist (wie nach der DWO bei dem eigenen W) Angabe des Zahlungsortes nicht erforderlich; vgl. zum dritten Abschnitte der DWO Anhang I Anm 20. — Spanien (Art 444 Nr. 7) und die ihm folgenden latein-amerikanischen Staaten sehen, soweit nicht ein anderer Zahlungsort benannt ist, den im W benannten Wohnort des Bezogenen als Zahlungsort an; weichen aber in Einzelheiten voneinander ab. — Nicht wesentlich ist die Angabe eines Zahlungsortes im englischen und angloamerikanischen Rechte (BEA Abschn 3 (1), 45 (4); NIL §§ 20, 210, 133 Nr. 2), ferner in Belgien (Art 1 Abs 4, Art 2), Portugal (Art 278, 282 § 3) und einigen latein-amerikanischen Staaten; der Wohnort des Bezogenen gilt als Zahlungsort, auch wenn er im W nicht erwähnt ist. Vgl. Näheres bei Meyer S. 129 ff. — Über domizilierte Wechsel vgl. Anhang I zum Unterabschn V Anm 9. Die kumulative oder alternative Benennung mehrerer Zahlungsorte wird in der englischen und anglo-amerikanischen Rechtsprechung zugelassen mit der Maßgabe, daß als Zahlungsort auch der Ort gilt, wo der W angenommen ist. In Ungarn (§ 3 Nr. 7) ist von mehreren im W angegebenen Zahlungsorten der erste für maßgebend erklärt.

B. Weiterer Wechselinhalt.

Anm. 12. 1. Ein **Kontext**, d. h. ein zusammenhängender Gedankenausdruck in Satzform (vgl. zu Art 4 DWO Anm 4) wird für die im gezogenen W enthaltene Zahlungsanweisung ausdrücklich verlangt in Italien (Art 251 Nr. 2), und zwar muß sich aus dem Zusammenhange der Wille des Trassanten ergeben, (gegenüber dem Wechselnehmer) die Verpflichtung einzugehen, den Bezogenen zur Zahlung zu veranlassen — l'obbligazione di far pagare — (Vivante § 83 Nr. 1025). Ähnlich in Rumänien Art 270; Japan Art 445 Nr. 5 und einigen latein-amerikanischen Staaten. Ein solcher Kontext wird aber überall als Wechselerfordernis angesehen. —

Anm. 12a. Die **Unbedingtheit** des Zahlungsauftrags wird ausdrücklich als wesentlich hervorgehoben in Rußland (früher §§ 11, 87 Nr. 3, jetzt nur noch für den eignen W § 2 Abs 1 unter c); auch in Japan (Art 445 Nr. 5), Mexiko (466 Abs 2). Ferner aber auch im englischen und anglo-amerikanischen Rechte (BEA Abschn 3; NIL § 210). Diese Gesetze erklären aber zugleich, daß die „Bezeichnung" eines besonderen Fonds, aus dem gezahlt werden soll, oder eines speziellen mit dem Betrage zu belastenden Kntos oder des zur Ausstellung Anlaß gebenden Rechtsgeschäfts den Zahlungsauftrag nicht in unzulässiger Weise bedingt. Das ist wohl dahin zu verstehen, daß es sich dabei im Zweifel um einen bloßen Hinweis auf diese außerhalb der Wechselverpflichtung liegenden Verhältnisse handelt, nicht um eine sie einschränkende Bedingung. In diesem Sinne verstanden, steht die Bestimmung im Einklange mit der im deutschen Rechte für die Deckungsklausel und Valutaklausel bestehende Auffassung — vgl. oben zu Art 4 DWO Anm 59 —; a. M. anscheinend

Meyer I S. 133. Läge eine wirkliche Bedingung vor, so müßte der Wechsel wohl auch nach diesen Rechten als ungültig angesehen werden.

Andrerseits wurde die Valutaklausel früher sogar als notwendiges Erfordernis des Wechsels aufgestellt in Frankreich (Art 110 Abs 7 C. de comm. früherer Fassung) und in den Ländern der französisch-rechtlichen Gruppe, und zwar wurde Spezifizierung verlangt, ob der Wert in Waren, Geld, in Rechnung oder auf andere Weise gegeben sei (Lyon-Caën et Renault S. 70 Nr. 83). Für Frankreich ist jedoch dies Erfordernis der Valutaklausel aufgehoben durch das Gesetz vom 8. 2. 1922, wodurch sich die französisch-rechtliche Auffassung dem deutschen Rechte erheblich genähert hat. Ebenso in Griechenland durch das Gesetz vom 16. 7. 1910; in den Niederlanden durch das Gesetz vom 5. 6. 1925. Das Erfordernis besteht aber noch in den außerfranzösischen Rechtsgebieten, in denen die Änderung des französischen Code de comm. nicht erfolgt ist. Vgl. ferner über die Bedeutung der Deckung (provision) im französischen Rechtsgebiete den Anhang I zu Artikel 8 (Unterabschnitt II). In Spanien (Art 444 Nr. 5) und den ihm folgenden Rechtsgebieten des lateinischen Amerika besteht gleichfalls noch das Erfordernis der Valutaklausel; nur ist es in Spanien für Wechsel an eigene Order (für die es in der Tat keinen Sinn hat) beseitigt worden durch Gesetz vom 29. 7. 1903. — Die Angabe desjenigen, von dem der Wert gegeben worden (des Wertgebers), falls es nicht der Remittent ist, wurde in Frankreich auf Grund der Colbertschen Ordonnanz (Titel V Art 1) bis zum C. de comm. verlangt, von diesem Gesetze aber nicht übernommen. Dagegen ist dieses Erfordernis in Spanien durch das ältere HGB von 1829 (Art 426 Nr. 6) aufgestellt und von da in das neuere HGB (Art 444 Nr. 6) und in die Gesetzgebungen mehrerer latein-amerikanischer Staaten übergegangen. **Anm. 12b.**

Das Erfordernis der Ortsverschiedenheit (die sogenannte „Distanzklausel"), das in der geschichtlichen Entwicklung des Wechselrechts eine erhebliche Rolle gespielt hat (vgl. die Einleitung S. 16), war auch in der ursprünglichen Fassung des französischen Code de comm., Art 110, noch enthalten, welche lautete: „La lettre de change est tirée d'un lieu à un autre", und ist von da in die meisten übrigen Gesetze der französichen Gruppe übergegangen. In Frankreich selbst ist es durch das Gesetz vom 7. 6. 1894 beseitigt, besteht aber formell noch in denjenigen Ländern, in welchen der französische Code de comm. noch in seiner ursprünglichen Fassung gilt; es „vegetiert dort noch als Überbleibsel", wie Meyer Wwrecht S. 2 sich ausdrückt. So namentlich in Ägypten Code mixte und in Luxemburg (Magnus, Tabellen 2, 36). In den Ländern der deutschen Rechtsgruppe besteht das Erfordernis der Ortsverschiedenheit, wie im deutschen Rechte, noch für den trassiert-eigenen Wechsel; vgl. zu Art 6 DWO Anm 4 und Anhang I dazu Anm 10. **Anm. 13.**

2. Als weiteres Erfordernis für die Gültigkeit eines Wechsels oder doch für seine Geltendmachung wird von manchen ausländischen Gesetzgebungen (über das deutsche Recht vgl. zu Art 4 DWO Anm 56, 56a) die Kenntlichmachung, daß die für ihn geschuldete **Wechselsteuer** entrichtet worden, durch ein der Urkunde einverleibtes oder mit ihr äußerlich verbundenes Steuerzeichen — den Stempel — aufgestellt. So mußte in Rußland früher ein im Inlande ausgestellter Wechsel auf vorschriftsmäßiges Stempelpapier geschrieben werden, widrigenfalls er unwirksam war (§§ 3, 14, 86, 88 WO von 1902; vgl. auch das Stempelgesetz vom 10. 6. 1900). Die neue russische WOrdnung hat diese Vorschrift beseitigt. In Italien ist der im Inlande ausgestellte Wechsel nur gültig, wenn er auf das vom Staate verkaufte, mit Wasserzeichen in abgestuften Werten durchzogene Papier (carta graduale filogranata) oder auf verstempelte gedruckte oder lithographierte Formulare (moduli) der Banken oder Kaufleute, denen der Gebrauch von solchen auf Ansuchen gestattet worden, geschrieben ist (Gesetzesdekret über die Stempeltaxen vom 7. 1. 1918, Art 49), und zwar bildet das gänzliche oder teilweise Fehlen der vorgeschriebenen Verstempelung einen unheilbaren, von Amts wegen zu berücksichtigenden Mangel in der Weise, daß bei nicht hinreichendem Stempel der Wechsel auch für die durch den Stempel gedeckte geringere Summe nichtig ist (Vivante Nr. 1043). Diese von Vivante selbst als „rigida sanzione" bezeichnete Vorschrift wird von ihm durch die Erwägung gerechtfertigt, daß sie nicht nur dem Interesse des Fiskus, sondern auch der Verhinderung von Fälschungen und Betrügereien diene und daß die als Wechsel nichtige Urkunde als Beweisurkunde für eine bürgerlichrechtliche Verpflichtung dienen könne. — In Frankreich hatte nach dem Gesetze vom 5. 6. 1850 (Art 5) der Inhaber eines Wechselbriefes, der nicht vorschriftsmäßig verstempelt war, einen Anspruch im Falle der Nicht-Akzeptation nur gegen den Aussteller, im Falle der Akzeptation gegen den Akzeptanten und gegen den Aussteller, falls dieser nicht nachwies, daß zur Zeit des Verfalles Provision vorhanden war; der Inhaber eines billet à ordre nur gegen den Aussteller; alle entgegenstehenden Vereinbarungen waren nichtig. Es konnten also aus einem unverstempelten Wechsel oder billet à ordre keinerlei Ansprüche gegen die Indossanten erhoben werden. Diese Vorschriften sind jedoch durch das Gesetz vom 14. 4. 1926 dahin abgeändert, daß die Nichtversteuerung ohne Einfluß auf die Gültigkeit der wechselrechtlichen Erklärungen ist, daß aber Protestierung und Klage erst nach erfolgter Nachversteuerung und Zahlung der Stempelstrafe stattfinden können und daß dem Inhaber ein Anspruch auf Ersatz der dadurch verursachten Kosten gegen den Aussteller, den Akzeptanten und den Remittenten oder ersten inländischen Indossanten zusteht (Magnus, Tab. 22 XXII). Das englische Recht (BEA 97³) versagt ungestempelten Wechseln das Klagrecht; und zwar müssen nach der stamp act von 1891, Abschn. 14 (4), im Inlande ausgestellte Wechsel regelmäßig auf Stempelpapier aus- **Anm. 14.**

gestellt sein, während im Auslande ausgestellte mit beigefügten Stempelmarken (adhesive stamps) versehen sein können. — In den Ver. Staaten von Amerika hatten früher Wechsel, die nicht ordnungsmäßig (Gesetz vom 2. 3. 1901) verstempelt waren, keine Wechselkraft; der Wechselstempel ist aber seit 1924 aufgehoben (Magnus, Tab. 66 XXII). In Spanien macht der Mangel der Verstempelung den Wechsel unfähig, im Inlande gehandelt, akzeptiert oder bezahlt zu werden (Art 144 HGB; Gesetzesdekret vom 11. 5. 1926).

II. Künftiges einheitliches Wechselrecht.

A. Erfordernisse des Wechselbriefes.

a) Einheitliche Vorschriften:

Anm. 15. **1. Art 1 HEWO, 1 GEWG:**

„Der Wechselbrief (lettre de change) enthält:
1. die in den Text selbst des Titels eingerückte und in der für die Abfassung des Titels angewandten Sprache ausgedrückte Bezeichnung als Wechselbrief;
2. den reinen und einfachen Auftrag, eine bestimmte Summe zu zahlen;
3. den Namen desjenigen, der zahlen soll (Bezogener);
4. die Angabe der Fälligkeit;
5. die des Ortes, wo die Zahlung bewirkt werden soll;
6. den Namen desjenigen, an den oder an dessen Order die Zahlung geleistet werden soll;
7. die Angabe des Datums und des Ortes, wo der Brief geschaffen (créée) ist;
8. die Zeichnung (signature) desjenigen, der den Brief ausgibt (Zieher)."

2. Art 2 HEWO, 2 GEWG:

„Der Titel, in welchem eine der in dem vorhergehenden Artikel angeführten Angaben fehlt, gilt nicht als Wechselbrief, außer in den durch die nachstehenden Absätze bestimmten Fällen.

Der Wechselbrief, dessen Fälligkeit nicht angegeben ist, wird als auf Sicht zahlbar betrachtet.

Beim Fehlen einer besonderen Angabe wird der zur Seite des Namens des Bezogenen bezeichnete Ort als Ort der Zahlung und zu gleicher Zeit als Ort des Wohnsitzes des Bezogenen angesehen.

Der Wechselbrief, der nicht den Ort seiner Ausstellung (création) angibt, wird als an dem zur Seite des Namens des Ziehers bezeichneten Orte unterschrieben angesehen."

3. Art 10 GEWG:

„Wenn ein Wechselbrief, der bei der Ausgabe (émission) unvollständig war, den zustande gekommenen Vereinbarungen zuwider vervollständigt worden ist, so kann die Nichteinhaltung dieser Vereinbarungen dem Inhaber nicht entgegengehalten werden, es sei denn, daß er den Brief in bösem Glauben erworben hat, oder daß er bei dem Erwerbe einen schweren Fehler begangen hat".

b) Vorbehalte für die Vertragsstaaten:

Anm. 15a. 1. α) **Art 2 Haager Abkommen:**

„Unter Außerkraftsetzung des Art Nr. 17 der Wechselordnung kann jeder vertragschließende Staat vorschreiben, daß auf seinem Gebiete ausgestellte Wechselbriefe, die nicht die Bezeichnung als Wechselbrief enthalten, gültig sind, vorausgesetzt, daß sie die ausdrückliche Angabe enthalten, daß sie an Order sind."

β) An dessen Stelle **Art 1 der Annexe II zu dem Genfer Abkommen:**

„Jeder der Hohen vertragschließenden Teile kann vorschreiben, daß die Verpflichtung, in die auf seinem Gebiete geschaffenen Wechselbriefe die Benennung: „Wechselbrief" aufzunehmen, die durch Art 1 Nr. 1 des einheitlichen Gesetzes vorgesehen ist, erst sechs Monate nach dem Inkrafttreten dieses Abkommens angewendet werden soll."

2. Art 2 der Annexe II zum Genfer Abkommen:

„Jeder usw. behält sich die Befugnis vor, den Art 10 des Einheitlichen Gesetzes nicht in sein Landesgesetz aufzunehmen."

B. Erläuterungen zu obigen Vorschriften.

Anm. 16. 1. Wie die DWO (vgl. Vorbem 1 vor Art 4), sieht auch das künftige einheitliche Wechselgesetz keine Begriffsbestimmung des Wechsels vor, sondern will an ihrer Stelle eine Aufzählung dessen geben, was der Wechselbrief „enthält" (Art 1). In dem Vorentwurfe von 1910 war gesagt: „doit contenir" (muß enthalten); auf der zweiten Konferenz (Actes II S. 6) wurde aber hervorgehoben, daß nicht alle unter 1—8 aufgeführten Erfordernisse „essentiels" (wesentlich für die Existenz eines Wechsels) seien, vielmehr aus Art 2 sich ergebe, daß z. B. bei Fehlen einer Angabe der Fälligkeit der W nicht nichtig sei. Daraufhin wurde durch das Redaktionskomitee die jetzige Fassung bestimmt um auszudrücken, daß die in Art 1 verlangten Angaben nicht „essentielle", sondern nur „normale" Bestandteile des Wechselinhaltes seien (Actes I S. 78). Doch ergibt sich aus Art 2 Abs 1, daß grundsätzlich der in Art 1 aufgeführte Wechselinhalt wesentlich ist für die Frage, ob ein W vorhanden ist, und daß die Fälle, in denen auf Grund der folgenden Absätze des Art 2 ein W ungeachtet eines Mangels hinsichtlich des durch Art 1 angeordneten Inhalts gültig ist, als Ausnahmen zu gelten haben, wie übrigens auch in der deutschen WO in einzelnen Fällen vorhandene Mängel in bezug auf „wesentliche" Erfordernisse nicht zur Nichtigkeit des W führen, z. B. bei der zu zahlenden „Geldsumme" (Nr. 2) das mit ihr grundsätzlich nicht vereinbare Zinsversprechen (Art 7 Satz 3) oder das Fehlen einer Angabe des Zahlungsortes, für welchen als Ersatz der Ort, der bei dem Namen des Bezogenen benannt ist, eintritt (Art 4 Nr. 8).

2. Die einzelnen in Art 1 unter Nr. 1—8 aufgezählten Erfordernisse für den Inhalt eines Wechselbriefes sind in der Hauptsache die gleichen, welche in Art 4 der deutschen WO unter Nr. 1—8 als wesentliche Erfordernisse eines gezogenen Wechsels aufgezählt sind; nur ist die Reihenfolge einigermaßen abgeändert, wobei namentlich die Unterschrift des Ausstellers (DWO Nr. 5) sachgemäßer als letzte Nummer (8) erscheint. Für die einzelnen Erfordernisse ergibt ein Vergleich der Vorschriften der Entwürfe mit den entsprechenden der DWO folgendes: **Anm. 17.**

a) Zu Nr. 1 HEWO, GEWG (1 DWO), **Wechselklausel:** **Anm. 18.**

α) Die Entwürfe verlangen Bezeichnung als „lettre de change", ausgedrückt in der für die Abfassung des Titels angewandten Sprache, also für in deutscher Sprache ausgestellte Schuldurkunden mit dem entsprechenden deutschen Worte. Es fragt sich, ob hiernach die in der DWO vorgeschriebene und bisher allgemeine gebräuchliche Bezeichnung als „Wechsel" genügen wird. Dieser Ausdruck umfaßt nach dem Sprachgebrauche der DWO sowohl den gezogenen als den eigenen Wechsel und ist als Bezeichnung für letzteren in Art 96 Nr. 1 daselbst gleichfalls vorgeschrieben, so daß in der Bezeichnung als Wechsel nicht zum Ausdruck kommt, ob es sich um einen gezogenen oder um einen eigenen Wechsel handelt. Der Ausdruck „lettre de change" dagegen bedeutet in der französischen Rechtssprache und auch in der Ausdrucksweise der Entwürfe nur den gezogenen Wechsel, der im ersten Titel der Entwürfe geregelt ist, während der eigene Wechsel unter den Begriff des im zweiten Titel geregelten „billet à ordre" fällt. Es dürfte deshalb bedenklich sein, unter der Herrschaft des künftigen einheitlichen Wechselrechts der Wechselklausel noch die bisher im deutschen Wechselverkehr allgemein übliche Form „gegen diesen Wechsel" zu geben. Vielmehr wird erforderlich sein die Bezeichnung als „Wechselbrief" (die Bezeichnung als Brief entspricht der für den gezogenen Wechsel üblichen Form einer an den Bezogenen adressierten schriftlichen Mitteilung) oder auch als „gezogener Wechsel" oder auch als „Wechseltratte" „Trattenwechsel". Wie im bisherigen deutschen Recht, wird es auch künftig nicht unbedingt erforderlich sein, daß die Wechselklausel die Form hat: „Zahlen Sie gegen diesen Wechselbrief", sondern es wird auch genügen: „Zahlen Sie auf Grund" oder „nach Maßgabe" usw. Doch ist ausdrücklich bestimmt, daß die Bezeichnung als Wechselbrief in den Text selbst der Schuldurkunde (vgl. über das Erfordernis eines Textes unten zu Nr. 2 Anm 20) eingerückt sein muß; dadurch ist die über diesen Punkt im deutschen Rechte bestehende Streitfrage (vgl. zu Art 4 DWO Anm 9) erledigt. Da ferner die Bezeichnung in derjenigen Sprache erfolgen muß, in welcher der Wechsel ausgestellt ist, so wird bei Wechseln in einer fremden Sprache der deutsche Ausdruck nicht mehr genügen, und erledigt sich dadurch auch die in diesem Punkte für das deutsche Recht bestehende Streitfrage; vgl. zu Art 4 Anm 10. Die Ausstellung eines Wechsels in einer Sprache, welche keinen eigenen Ausdruck für den Begriff Wechsel hat, wird dadurch freilich ausgeschlossen sein.

β) Die Wechselklausel sollte jedoch nach dem Haager Entwurfe im künftigen einheitlichen Wechselrechte kein für alle daran teilnehmenden Staaten zwingendes Erfordernis des Wechselinhalts bilden. Schon bei den Vorarbeiten zur Vereinheitlichung des Wechselrechts wurde darüber gestritten, ob diese Klausel, die in den Staaten der deutschen Gruppe als erforderlich erachtet wurde, um denjenigen, der sich wechselmäßig verpflichten will, auf die besondere Bedeutung einer solchen Verpflichtung in materieller und prozessualer Hinsicht aufmerksam zu machen, nicht für diesen Zweck ersetzt werden könne durch die namentlich in den Staaten des französischen Rechtsgebietes übliche Orderklausel (vgl. den Anhang I zum Unterabschn III Anm 7), d. h. den ausdrücklichen Vermerk, daß es sich um ein an Order gestelltes Papier handle, das somit durch Indossament mit der Folge der selbständigen Berechtigung des Erwerbers nach Maßgabe des Papierinhalts übertragbar sei. Die Antwerpener und Brüsseler Kongresse hatten den Ersatz der Wechselklausel durch die Orderklausel für ohne weiteres allgemein statthaft erklärt. Diesem Vorschlage folgte — um die Übereinstimmung des Wechselrechts in den beteiligten Staaten möglichst aufrechtzuerhalten, — der Entwurf von F. Meyer (Wrecht II S. 62, 88). Die erste Haager Konferenz von 1910 hat aber — augenscheinlich weil sie begreiflicherweise die Wechselklausel für zweckdienlicher erachtete —, diese als normalen Bestandteil des Wechselinhalts in die EWO aufgenommen, aber in dem Abkommen den vertragschließenden Staaten die Befugnis vorbehalten, dem einheitlichen Wechselrechte in diesem Punkte zu „derogieren" und hinsichtlich der auf ihrem Gebiete ausgestellten Wechsel durch einzelstaatliche Bestimmung vorzuschreiben, daß, ohne die Gültigkeit des Wechsels als Wechsel in Frage zu stellen, die Wechselklausel **Anm. 19.**

ersetzt werden könne durch den ausdrücklichen Vermerk, daß er „an Order ist". Diese Vorschrift ist von der 2. Haager Konferenz einfach übernommen worden (Art 2 des Abkommens; Actes II S. 169). Sie würde bedeuten, daß ein Papier, das nach Maßgabe des in ihm angegebenen Ausstellungsortes sich als ausgestellt in dem Gebiete eines Staates darstellt, der von dem Vorbehalte Gebrauch gemacht hat, in allen Vertragsstaaten als lettre de change im Sinne des einheitlichen Wechselgesetzes angesehen werden müßte, auch wenn es nicht so bezeichnet ist, sofern es nur ausdrücklich kundgibt, daß es „an Order" ist. Es läßt sich nicht verkennen, daß durch den Vorbehalt eine recht wesentliche Durchbrechung der erstrebten Einheitlichkeit des Wechselrechts bewirkt worden wäre. Auch würde es dadurch erforderlich geworden sein, in jedem Falle, in welchem ein Wechsel mit bloßer Orderklausel vorliegt, zu prüfen, ob der als Ausstellungsort angegebene Ort in einem Staate liege, der von dem Vorbehalte Gebrauch gemacht hat. Diese Frage würde aber bei den geringen Anforderungen, die an die Angabe des Ausstellungsortes nur gestellt werden können (vgl. darüber zu Art 4 DWO Anm 38 ff.), nicht immer mit Sicherheit beantwortet werden können; ließe sie sich aber nicht bejahen, so müßte der Wechsel als ungültig angesehen werden. Auch würde die Frage auftauchen, ob ein Wechsel dadurch dem Erfordernisse der Wechselklausel entzogen werden kann, daß in ihm ein Ort im Vorbehaltsgebiet als Ausstellungsort angegeben wird, obwohl er in Wirklichkeit an einem Orte außerhalb dieses Gebietes ausgestellt ist; vgl. die ähnliche Frage zu Art 85 DWO Anm. 2. Es muß daher als ein wesentlicher Erfolg für das Ziel einer wirklichen Vereinheitlichung des Wechselrechts bezeichnet werden, daß es gelungen ist, bei den Beratungen der Genfer Konferenz gerade in diesem Punkte eine Abweichung von den Haager Beschlüssen zu erreichen in dem Sinne, daß der Vorbehalt in Art 2 des Haager Abkommens gestrichen wurde. Die Wechselklausel wird nunmehr, wenn die Genfer Beschlüsse ratifiziert werden, in Zukunft ein wesentliches Erfordernis des gezogenen Wechsels in allen Vertragsstaaten bilden. Übrig geblieben ist nur der lediglich die Übergangszeit betreffende Vorbehalt in Art 1 der Annexe II des Genfer Abkommens (vgl. oben Anm 15a unter 1 β).

Anm. 20. **b)** Zu Nr. 2 HEWO, GEWG (2 DWO):

α) Während die DWO (Art 4 Nr. 2) nur „die Angabe der zu zahlenden Geldsumme" als Erfordernis aufstellt und dadurch den Streit hervorgerufen hat, ob der Wechsel überhaupt einen zusammenhängenden Text (Kontext) enthalten müsse — vgl. darüber zu Art 4 Anm 4 —, verlangen die Entwürfe ausdrücklich einen Auftrag zu zahlen (mandat de payer), also eine zusammenhängende Willensäußerung dieses Inhalts. Damit ist aber keineswegs gesagt, daß das der Wechselziehung zugrunde liegende bürgerliche Rechtsverhältnis zwischen dem Aussteller (Zieher) und dem Bezogenen die rechtliche Natur eines Auftrags (Mandats) haben müsse; dieses Verhältnis (das Deckungsverhältnis) kann vielmehr auch künftig von der verschiedensten Art sein. Der Wechsel ist aber auch gültig, wenn überhaupt kein Rechtsverhältnis zwischen dem Zieher und dem Bezogenen besteht und ein solches auch nicht durch Annahme des „Zahlungsauftrags" zur Entstehung gelangt. Das Erfordernis ist vielmehr ein rein formales und wird erfüllt dadurch, daß der Aussteller dem Wechsel die äußere Form eines Zahlungsauftrags, d. h. einer einseitigen Willensäußerung, daß der andere zahlen solle, nach deutschem Rechtssprachgebrauche die Form der Anweisung gibt. Der Auftrag wird in der Regel in die grammatische Form des Imperativs („Zahlen Sie" . .) gekleidet; es genügt aber, wie nach deutschem Rechte, auch eine andere Satzform, z. B. „Ich ersuche Sie" oder „Ich weise Sie an, zu zahlen"; vgl. Näheres zu Art 4 DWO Anm 4. — Der Auftrag muß aber „rein und einfach (pur et simple)" sein. Damit ist ausgedrückt, daß er nicht noch auf andere Leistungen als die Zahlung der Geldsumme gerichtet sein darf, und ferner daß er „abstrakt", d. h. unabhängig von den zugrunde liegenden Rechtsverhältnissen sowohl zwischen dem Zieher und dem Bezogenen, wie zwischen jenem und dem Wechselnehmer sein muß. Auch dies entspricht im wesentlichen dem, was im deutschen Rechte aus der rechtlichen Natur des Wechsels gefolgert wird, vgl. zu Art 4 Anm 59; es wird deshalb das gleiche gelten wie dort. Andrerseits werden durch diese Bestimmung die Vorschriften beseitigt, welche in manchen Ländern, namentlich des französischen Rechtsgebietes, wenn auch nicht mehr in Frankreich selbst, auch jetzt noch für die Gültigkeit des Wechsels eine Bezugnahme auf die erhaltene Valuta erfordern und dadurch einen gewissen Zusammenhang zwischen der Wechselziehung und dem ihr zugrunde liegenden Rechtsverhältnis zwischen dem Aussteller und dem Remittenten herstellen; vgl. den Anhang I zu Art 4 Anm 12 b.

Anm. 21. β) Der Auftrag muß auf Zahlung einer Summe lauten. Der Begriff der „Summe" (somme) ist gleichbedeutend mit dem in Art 4 Nr 2 DWO verwendeten Begriffe der Geldsumme, da Quantitäten anderer vertretbarer Sachen auch in der französischen Sprache nicht als „somme" bezeichnet werden. Es wird deshalb darüber das zu Art 4 Anm 10 ff. Ausgeführte zu gelten haben. Auch die in Italien noch vorkommenden „ordini in derrate" (vgl. Anhang I zu Art 4 Anm 3) werden demnach als Wechselbriefe im Sinne der Entwürfe nicht gelten können. Die Entwürfe heben ferner besonders hervor, daß die Summe eine bestimmte („determinée") sein müsse. Wegen der Bezeichnung der Summe in Ziffern oder Buchstaben, sowie wegen mehrfacher Bezeichnungen vgl. den Anhang II zu Art 5 DWO Anm 7, wegen des Zinsversprechens den Anhang II zu Art 7 DWO Anm 20. Ratenwechsel, die schon durch das Erfordernis der einheitlichen Zahlungszeit (vgl. zu Art 4 DWO Anm 27) ausgeschlossen sein dürften, sind in Artt 32 Abs 2 HEWO, 33 Abs 2 GEWG noch ausdrücklich für nichtig erklärt (vgl. unten Anm 23).

c) Nr. 3 EWO, 3 GEWG (7 DWO): Der Name desjenigen, der zahlen soll (nach deutscher Ausdrucksweise des Bezogenen). Als „Name" wird auch die (in der DWO neben dem Namen besonders genannte) Firma des Bezogenen anzusehen sein, sofern sie die eines Kaufmanns sein kann, da ein solcher unter seiner Firma als seinem kaufmännischen Namen Geschäfte betreibt (§ 17 deutsches HGB). Im übrigen wird für das künftige Einheitsrecht hinsichtlich dieses Erfordernisses das gleiche zu gelten haben, wie nach der DWO; vgl. zu Art 4 Nr. 7 Anm 43 ff. Wegen der Identität zwischen dem Aussteller und dem Bezogenen (trassiert-eigener Wechsel) vgl. den Anhang II zu Art 6. **Anm. 22.**

d) Nr. 4 HEWO, 4 GEWG (4 DWO): Die Angabe der Fälligkeit, entsprechend in der DWO: „Die Angabe der Zeit, zu welcher gezahlt werden soll". Die Frage, in welcher Weise die Fälligkeit im Wechsel bestimmt werden kann — die in der DWO in Art 4 Nr. 4 zugleich mit der Aufstellung des Erfordernisses der Angabe einer Fälligkeitszeit geregelt ist, wird in den Entwürfen gesondert behandelt, und zwar in dem Abschnitte: „De l'échéance" (Kapitel V Artt 32—36 bzw. 33—37), in Verbindung mit der Frage, in welcher Weise die im Wechsel bestimmte Fälligkeit eintritt oder herbeigeführt werden kann. Die darauf sich beziehenden Vorschriften sind im Anhange II zum Unterabschnitt VII wiedergegeben und erläutert. Der Mangel der Fälligkeitsangabe im Wechsel soll jedoch nach den Entwürfen den Wechsel nicht nichtig machen; dieser soll vielmehr in solchem Falle als auf Sicht gestellt gelten (Art 2 Abs 2 der Entwürfe). Die Entwürfe weichen also in diesem Punkte von der DWO ab und folgen den neueren ausländischen Gesetzgebungen, die im Anhang I zu Art 4 Anm 5 genannt sind. Dagegen soll ein Wechsel nichtig sein, in welchem zwar eine Fälligkeitsangabe enthalten, aber die Fälligkeit in anderer als der in Art 32 Abs 1/33 Abs 1 zugelassenen Weise oder sukzessive (in Raten, vgl. oben Anm 21) bestimmt ist (Art 32 Abs 2/33 Abs 2). **Anm. 23.**

e) Nr. 5 HEWO, GEWG (8 DWO): Die Angabe des Ortes, wo die Zahlung bewirkt werden soll. Diese Vorschrift wird ergänzt durch Abs 3 des Art 2, wonach, falls kein besonderer Zahlungsort angegeben ist, der zur Seite des Namens des Bezogenen bezeichnete Ort als Zahlungsort und zugleich als Ort des Domizils des Bezogenen gilt. Mit dieser Ergänzung stimmt die Vorschrift mit Art 4 Nr. 8 DWO überein. Es wird deshalb insbesondere hinsichtlich des Ortsbegriffes, der Unterscheidung von anderen Orten, der Unzulässigkeit mehrerer Zahlungsorte, des Hilfs-Zahlungsortes usw. auch künftig das gleiche gelten, wie nach der DWO; vgl. Näheres zu Art 4 Anm 48 ff. Der Ausdruck „zur Seite" (à côté, neben) wird nicht wörtlich zu nehmen sein; es wird auch die Stellung über oder unter dem Namen des Bezogenen genügen, sofern nur eine derartige räumliche Verbindung besteht, daß die Beziehung der Ortsangabe zu dem Bezogenen erkennbar ist. Wegen des domizilierten Wechsels (Art 4 der Entwürfe) vgl. Anhang II zum Unterabschnitt V DWO Anm 4. **Anm. 24.**

f) Nr. 6 HEWO, GEWG (3 DWO): Der Name desjenigen, an den oder an dessen Order die Zahlung geschehen soll. Unter dem Namen wird auch hier die (in der DWO besonders genannte) Firma mit zu verstehen sein. Die Bezeichnung des Zahlungsempfängers als „Remittent" ist den Entwürfen fremd. Da der Wechselbrief auch nach den Entwürfen gesetzliches (präsumtives) Orderpapier ist (Art 10 HEWO, 11 GEWG; vgl. Anhang II zum Unterabschn III Anm 1), so wird es auch unter ihrer Herrschaft einer ausdrücklichen Orderklausel für die Gültigkeit des Wechsels nicht bedürfen. Auch im übrigen wird für die Benennung des Zahlungsempfängers das gleiche gelten, wie jetzt unter der DWO, vgl. zu Art 4 Anm 21 ff. **Anm. 25.**

g) Nr. 7 HEWO, GEWG (6 DWO): Die Angabe des Datums und des Ortes, wo der Wechselbrief geschaffen ist. Für die Angabe des Datums (Zeitdatums) ist nicht, wie in der DWO vorgeschrieben, daß sie durch den Monatstag und das Jahr der Ausstellung zu erfolgen hat; es wird deshalb auch jede anderweite Bezeichnung genügen, die einen bestimmten Tag als Ausstellungstag erkennen läßt, z. B. „An Neujahr 1930"; „am ersten Weihnachtsfeiertage 1930" (was unter der Herrschaft der DWO streitig ist, vgl. zu Art 4 Anm 40). Die Angabe des Ausstellungsortes bildet aber nicht (wie nach der deutschen WO) ein unbedingt wesentliches Erfordernis des Wechselbriefes; vielmehr tritt, wenn eine besondere Angabe darüber fehlt, gemäß Art 2 Abs 4 als hilfsweiser Ausstellungsort der zur Seite des Namens des Ziehers angegebene Ort ein. Es handelt sich dabei um eine unwiderlegbare Rechtsvermutung, die den Wechselbrief dahin auslegt, daß der Aussteller durch eine solche Ortsangabe den Ausstellungsort habe bestimmen wollen. Freilich ist eine solche Angabe nicht allgemein üblich und wird deshalb in vielen Fällen diese Hilfsstellung versagen. In diesen Fällen wird dann Nichtigkeit des Wechsels angenommen werden müssen. Das Erfordernis der Stellung „zur Seite" wird auch hier (vgl. oben Anm 24) nicht wörtlich zu nehmen sein; eine räumliche Nähe, auch oberhalb oder unterhalb des Ausstellernamens, die eine Beziehung zu diesem erkennen läßt, wird genügen. Doch muß die Angabe als vom Aussteller herrührend oder von ihm genehmigt erkennbar sein. **Anm. 26.**

h) Nr. 8 HEWO, GEWG (5 DWO): Die Zeichnung (signature) dessen, der den Brief ausgibt. Dieser wird von den Entwürfen als „tireur" bezeichnet und es dürfte sich empfehlen, die dem entsprechende, wenn auch bisher nicht übliche Bezeichnung „Zieher" in die **Anm. 27.**

deutsche Rechtssprache zu übernehmen, an Stelle des Ausdrucks „Aussteller", der auch für die Schaffung eines eigenen Wechsels oder einer sonstigen, ein eigenes Schuldversprechen enthaltenden Schuldurkunde gilt und deshalb das für den gezogenen Wechsel charakteristische Moment des Ziehens auf einen anderen nicht zum Ausdruck bringt. Der Ausdruck „Zeichnung" (signature) bringt nicht, wie der deutsche Ausdruck „Unterschrift", schon nach dem Wortsinne zum Ausd uck, daß sie unterhalb des Textes stehen muß. Indessen ist der Ausdruck „signature" der in der französischen Rechtssprache anerkannte Ausdruck für den Begriff der Vollziehung einer Urkunde durch die Namenszeichnung als Bestätigung, daß der Zeichner sie als seine Erklärung gelten lassen will, und es entspricht dieser Bedeutung, daß sie am Schlusse des Textes derart stehen muß, daß der Text durch sie gedeckt wird. Es wird deshalb in dieser Beziehung das gleiche gelten, wie nach der deutschen WO; vgl. oben zu Art 4 Anm 35). Darauf weist übrigens in den Entwürfen noch besonders der Umstand hin, daß dieses Erfordernis des Wechselinhalts als letztes in der Reihenfolge dessen, was der Wechselbrief nach Art 2 enthält, aufgezählt wird.

Anm. 28. In welcher Weise die Zeichnung zu erfolgen hat, ist in den Entwürfen nicht ausdrücklich gesagt; doch entspricht es dem Sinne des Ausdrucks „signature", daß es in der Form der Zeichnung des Namens oder der Firma zu geschehen hat. Darüber, ob die Herstellung der Namenszeichnung auf mechanischem Wege erfolgen könne, ist gleichfalls keine Bestimmung getroffen; es würde deshalb der Bejahung dieser Frage auf Grund der Bedeutung, die diesem Ausdrucke bisher schon in dem französischen und englischen Rechtsgebiete beigelegt wurde (vgl. den Anhang I Anm 7 a) an sich schon nichts entgegenstehen. Bei den Beratungen der Genfer Konferenz ist aber auf Anregung der japanischen Delegation, welche die Aufrechterhaltung der in ihrem Lande bestehenden Übung durch einen besonderen Vorbehalt gesichert zu sehen wünschte, ausdrücklich festgestellt worden, daß der Ausdruck „signature" im weitesten Sinne gebraucht sei, um jedes materielle Zeichen zu bezeichnen, welches nach dem Gebrauche des Landes dazu dient, auf Papieren oder Effekten die Persönlichkeit dessen, der es beifügt, zu identifizieren. Hinzugefügt wurde noch, daß diese Bemerkung sich nicht nur auf die Zeichnung des Ziehers, sondern auf alle Zeichnungen beziehe, die auf einen W gesetzt werden können. Vgl. die Verhandlungen der Genfer Konferenz zu Art 1 Nr. 8 und den Bericht des Redaktionskomitees Nr. 20, Compte rendu S. 175 und 128.

Anm. 29. Eine andere Frage ist, ob die (eigenhändige oder mechanische) Namenszeichnung durch Zeichen, welche den Namen nicht enthalten, entsprechend den Vorschriften des deutschen Rechs in Art 95 DWO, oder durch eine anderweite (auch mündliche) Willenserklärung ersetzt werden kann. Einen solchen Ersatz sehen die Entwürfe nicht vor; sie überlassen jedoch durch Art 3 des Haager Abkommens (Art 2 der Genfer Annexe II) den Vertragsstaaten, für die auf ihren Gebieten eingegangenen Wechselverbindlichkeiten einen solchen Ersatz zu schaffen, unter der Bedingung, daß der Wille desjenigen, der hätte zeichnen sollen, durch eine authentische Erklärung (eine öffentliche Urkunde) auf dem W festgestellt werde. Vgl. Näheres im Anhang II zu Unterabschnitt XVIII unter 1.

Anm. 30. 3. Der Artikel 2 HEWO, GEWG, der dem Art 7 DWO entspricht, bestimmt über die **Wirkungen des Mangels eines der in Art 1 aufgeführten Wechselerfordernisse.** Sie bestehen grundsätzlich darin, daß die Urkunde nicht als Wechselbrief gilt (Abs 1). Das bedeutet, daß (wie im deutschen Rechte, vgl. zu Art 7 Anm 1) die auf eine solche Urkunde gesetzten Verpflichtungserklärungen (Akzept, Indossament, Aval) keine Wechselkraft haben. Die Absätze 2 bis 4 enthalten die Ausnahmen von dieser Regel; vgl. über den Mangel der Fälligkeitsangabe (Abs 2) oben Anm 23, der Angabe des Zahlungsortes Anm 24, des Ausstellungsortes Anm 26. Keine Bestimmung war in der HEWO getroffen über den Zeitpunkt, zu welchem die sämtlichen Erfordernisse vorhanden sein müssen, und damit über den Blankowechsel (vgl. zu Art 7 DWO Anm 4 ff.); man wollte diese bedenklich erscheinende Materie „außerhalb des einheitlichen Wechselrechts lassen". Auf der Genfer Konferenz wurde es jedoch für erforderlich erachtet, diese Lücke auszufüllen. Das geschah durch den Art 10 des Genfer EWG (oben Anm 15 unter 3). Durch diese Vorschrift wird der zur Zeit der Emission unvollständige Wechselbrief, d. h. der Blankowechsel, als Grundlage wechselmäßiger Verpflichtungen nach erfolgter Ausfüllung stillschweigend anerkannt, indem bestimmt wird, daß auch eine den Vereinbarungen zuwiderlaufende Ausfüllung lediglich eine Einrede begründet, die dem gutgläubigen Erwerber nicht entgegengesetzt werden kann. Da jedoch von einigen Delegationeu es abgelehnt wurde, gesetzliche Vorschriften über den Blankowechsel zu treffen „wegen der Mißbräuche, zu welchen er Anlaß geben könnte", so wurde durch einen Vorbehalt (Annexe II Art 2; oben Anm 15a unter 2) jedem Staate die Befugnis erteilt, den Art 10 bei sich nicht einzuführen. (Bericht des Redaktionskomitees Nr. 33 bis 36, Compte rendu S. 131).

Anm. 31. 4. Über die **Bedeutung des Mangels der Verstempelung** für die Gültigkeit des Wechsels (vgl. zu Art 4 DWO Anm 56 und Anhang I Anm 14) war in dem Haager Abkommen folgende Bestimmung vorgesehen:

„Art 19

Die vertragschließenden Staaten können der Beobachtung von Vorschriften über den Stempel die Gültigkeit der in Wechselsachen übernommenen Verpflichtungen oder die Ausübung der Rechte, die aus ihnen fließen, nicht unterordnen.

Sie können jedoch die Ausübung dieser Rechte bis zur Entrichtung der Stempelgebühren, die sie vorgeschrieben haben, aufschieben (suspendre). Sie können gleichfalls entscheiden, daß die Eigenschaft und die Wirkungen einer unmittelbar vollstreckbaren Urkunde, die nach ihren Gesetzgebungen etwa dem Wechselbriefe beigelegt sind, der Bedingung untergeordnet werden, daß die Stempelgebühr nach der Schaffung der Urkunde vorschriftsmäßig entsprechend den Bestimmungen ihrer Gesetze entrichtet worden ist."

Auf der Genfer Konferenz wurde über diese Materie ein besonderes Abkommen geschlossen, dem auch Großbritannien beigetreten ist (Anlage G 6 zu diesem Buche), dessen sachlicher Inhalt mit dem Art 19 des Haager Abkommens in der Hauptsache übereinstimmt. Nur wurden (in Abs 2 des Art 1) unter den Gebühren, bis zu deren Berichtigung die Ausübung der Wechselrechte aufgeschoben werden kann, neben den eigentlichen Stempelgebühren auch die Geldstrafen aufgeführt. Ferner wurde (Abs 3 des Art 1) den Vertragsstaaten vorbehalten, die in dem Stempelabkommen übernommenen Verpflichtungen auf den Wechselbrief zu beschränken, sie also bei Regelung des Orderbillets nicht zu beobachten, da dies von den Delegationen einiger Staaten als unmöglich erklärt wurde. Außerdem wurde in dem Protokolle über die Unterzeichnung des Abkommens (Lit. D) für Großbritannien und die etwa beitretenden britischen Kolonien der sehr erhebliche Vorbehalt gemacht, daß die Bestimmungen des Abkommens nur auf solche Wechselbriefe zur Anwendung kommen sollen, die anderswo als im Vereinigten Königreiche zur Akzeptation präsentiert, akzeptiert oder zahlbar seien. Für Nordirland soll („um seine finanzielle Unabhängigkeit zu wahren") das Abkommen nur mit den Abänderungen gelten, die für nötig erachtet werden würden (Prot. Lit. D Nr. 3; C. r. S. 100). **Anm. 32.**

Artikel 5.

Ist die zu zahlende Geldsumme (Artikel 4 Nr. 2) in Buchstaben und in Ziffern ausgedrückt, so gilt bei Abweichungen die in Buchstaben ausgedrückte Summe.

Ist die Summe mehrmals mit Buchstaben oder mehrmals mit Ziffern geschrieben, so gilt bei Abweichungen die geringere Summe.

1. Nach Art 4 Nr. 2 WO (vgl. zu Art 4 Anm 10) ist die Angabe der zu zahlenden Geldsumme ein wesentliches Erfordernis des Wechsels. Mehrfache Angaben der Wechselsummen würden bei Abweichungen der einzelnen Angaben voneinander es zweifelhaft machen, welche davon die maßgebende sein soll, und es würde ohne eine gesetzliche Auslegungsregel die allein zulässige Auslegung aus der Urkunde selbst (vgl. zu Art 8 Anm 58) in den meisten Fällen nicht dazu führen, die bestehenden Zweifel zu beseitigen. Der W würde deshalb der Nichtigkeit verfallen. Um diese Folge nach Möglichkeit auszuschließen, ist in Art 5 eine gesetzliche Auslegungsregel, und zwar als unwiderlegbare Vermutung (praesumtio iuris et de iure) aufgestellt, derzufolge, wenn die zu zahlende Geldsumme in Buchstaben und in Ziffern ausgedrückt ist, bei Abweichungen die in Buchstaben ausgedrückte; wenn aber die Summe mehrmals in Buchstaben oder mehrmals in Ziffern ausgedrückt ist, die geringere Summe gilt. **Anm. 1.**

2. **Voraussetzung** für den Eintritt der Vermutung ist mehrfache Angabe der zu zahlenden Geldsumme und Abweichungen der einzelnen Angaben voneinander. Es kommen nur solche Angaben in Betracht, welche die Geldsumme bezeichnen, die zu zahlen der Bezogene angewiesen wird. Dazu ist nicht erforderlich, daß die Angaben unmittelbar in dem die Anweisung enthaltenden Kontext stehen, es muß aber dann in diesem auf sie Bezug genommen, außerdem müssen sie durch die Unterschrift des Ausstellers gedeckt sein, z. B.: „Zahlen Sie die obenstehende" oder „die untenstehende Summe"; vgl. zu Art 4 Anm 20. Bloße, außerhalb des Textes stehende Summenangaben, auf die im Texte nicht Bezug genommen ist, werden für die Frage, ob mehrfache Angabe der zu zahlenden Geldsumme vorliegt, nicht in Betracht kommen können; vielmehr wird in solchem Falle lediglich die Angabe des Kontextes maßgebend sein. Die Buchstabensumme gilt auch dann, wenn sie nur einmal, die Ziffernsumme aber mehrmals geschrieben ist. — Weitere Voraussetzung ist, daß die mehrfachen Angaben voneinander abweichen. Die hier in Frage stehenden Abweichungen betreffen aber nur die Höhe der Geldsumme; für andere Abweichungen, insbesondere in der Bezeichnung der Währung — z. B. „Zahlen Sie 100 Franken in Buchstaben einhundert Mark" — gelten sie nicht; diese machen vielmehr den Wechsel ungültig; auch eine Aufrechterhaltung für die geringere Summe (so Lehmann, Wechselrecht S. 344), wird hier nicht Platz greifen können. Ebenso bei mehrfachen abweichenden Angaben der Geldeinheit, z. B. würde ein W der lautet: „746 Mark. Zahlen Sie siebenhundertsechsundvierzig Pfennige" ungültig sein (ROHG 20, 161). Auch kann nicht etwa der ausgeschriebenen Währung oder Geldeinheit vor der abgekürzt ausgedrückten ein Vorzug eingeräumt werden; ungültig würde deshalb auch ein W sein, der lautet: „1000 RM Zahlen Sie obige Summe (1000 Franken)" oder „Zahlen Sie 100 £ (einhundert Reichsmark)." **Anm. 2.**

Anm. 3. **3. Inhalt der Vermutung. a) Absatz 1.** Ist die zu zahlende Summe einmal oder mehrmals in Ziffern und einmal oder mehrmals in Buchstaben ausgedrückt, so gilt die in Buchstaben ausgedrückte Summe, mag sie größer oder geringer sein als die in Ziffern geschriebene. Das tritt auch dann ein, wenn die Ziffernangabe im Texte, die Buchstabenangabe außerhalb des Textes steht, sofern auf letztere im Texte Bezug genommen ist, z. B.:

„Achttausend Mark. Zahlen Sie obenstehende Summe, 10 000 Mark";

aber auch:

„Zehntausend Mark. Zahlen Sie obenstehende Summe, 8000 Mark".

In beiden Fällen gilt die außerhalb des Textes stehende Buchstabensumme.

Anm. 4. **b) Absatz 2.** Ist die Summe mehrmals in Buchstaben oder mehrmals in Ziffern ausgedrückt, so hat die geringere Summe den Vorzug. Diese Folge tritt aber, wie der Wortlaut („oder") und der Zusammenhang zweifelsfrei erkennen lassen, nur ein, wenn entweder nur mehrere untereinander abweichende Buchstaben- oder nur mehrere untereinander abweichende Ziffernbezeichnungen vorliegen, z. B.:

„Eintausend Mark. Zahlen Sie obige Summe von achthundert Mark",

oder:

„1000 Mark. Zahlen Sie obige Summe von 800 Mark";

hier gilt in beiden Fällen die niedrigere Summe: 800 Mark. Anders, wenn Ziffern- und Buchstabenbezeichnungen voneinander abweichen; insbesondere mehrere Buchstaben- und eine oder mehrere Ziffernbezeichnungen oder umgekehrt, z. B.:

„1000 Mark. Zahlen Sie obige Summe von 800 Mk. — zwölfhundert Mark —";

Dieser Fall fällt vielmehr unter a); es gilt also die Buchstabensumme von 1200 Mark, obwohl sie die höhere ist.

Anm. 5. **4. Wirkungen der Vermutung.** Die sich auf Grund der Vermutung ergebende Summe ist die Wechselsumme. Ein Gegenbeweis dahin, daß (im Falle von Satz 1) die in Ziffern ausgedrückte oder (im Falle von Satz 2) die höhere Summe von dem Aussteller gemeint sei, ist unzulässig. Ein solcher Einwand könnte nur etwa als Einrede aus dem zugrunde liegenden Geschäfte im Verhältnisse zwischen dem Aussteller und einem nicht gutgläubigen Nehmer erhoben werden (vgl. zu Art 82 Anm 37).

Anm. 6. **Anhang I. Ausländische Wechselgesetzgebungen.** In denjenigen Ländern, wo die Angabe der Wechselsumme in Buchstaben als wesentlich erfordert wird (vgl. zu Art 4 Anhang I Anm 3) ist bei Abweichungen zwischen Buchstaben und Ziffern ohne weiteres die Angabe in Buchstaben maßgebend. Bei mehrfachen voneinander abweichenden Bezeichnungen in Buchstaben wird in diesen Ländern die geringere Summe als maßgebend erklärt. Von den übrigen Gesetzgebungen erklären einige nach dem Grundsatze: „In dubio pro reo" stets die geringere Summe als entscheidend, ohne Rücksicht darauf, ob sie in Buchstaben oder in Ziffern geschrieben ist; so Italien (Art 291 C. comm., entsprechend Art 1137 Cod. civile; vgl. Vivante S. 278 Nr. 1064), Skandinavien (§ 6), Rumänien (Art 313); Schweiz (Art 723); andere, namentlich die des lateinischen Amerika, die im Kontexte stehende und bei mehrfachen Angaben im Kontexte die geringere. Noch andere folgen der DWO, indem sie in erster Linie die Buchstabenbezeichnung und nur bei mehrfacher Bezeichnung in Buchstaben die geringere Summe für entscheidend erklären, so namentlich die der deutsch-rechtlichen Gruppe. In den angelsächsischen Rechten (BEA Abschn 9²; NIL § 36 Satz 1) wird bei Abweichungen zwischen Buchstaben- und Ziffernbezeichnung grundsätzlich die Buchstabenbezeichnung als entscheidend erklärt; nur wenn die Worte (Buchstaben) „zweideutig oder ungewiß" sind, kann nach NIL (§ 36 Satz 2) zur Feststellung des Betrags auf die Ziffern Bezug genommen werden. Bei Abweichungen mehrfacher Buchstaben- oder mehrfacher Zifferbezeichnungen voneinander wird der Wechsel als ungültig angesehen, sofern nicht die gewollte Summe dennoch verständlich („intelligible") ist; Byles S. 94, Späing S. 30 Anm 1a. Auch im französischen Rechte, das eine ausdrückliche Bestimmung nicht enthält, wird von Rechtsprechung und Rechtslehre die Buchstabenbezeichnung, namentlich wenn sie im Kontexte steht, als die maßgebende erachtet (Lyon-C. et Ren. S. 64 Anm 2). Vgl. Näheres bei Meyer Wwrecht I S. 104 f.

Anm. 7. **Anhang II. Künftiges einheitliches Wechselrecht.** Die HEWO und das GEWG bestimmen über die im Art 5 DWO behandelten Fragen in Art 6 Folgendes:

Art 6:

„Der Wechselbrief, dessen Betrag sowohl in vollen Buchstaben wie in Ziffern (chiffres) geschrieben ist, gilt, im Falle von Abweichung, für die in vollen Buchstaben geschriebene Summe.

Der Wechselbrief, dessen Betrag mehrmals geschrieben ist, sei es in vollen Buchstaben oder in Ziffern, gilt, im Falle von Abweichung, nur für die geringere Summe".

Das künftige einheitliche Wechselrecht stimmt sonach in diesem Punkte mit dem der DWO überein. Unter „chiffres" werden selbstverständlich nur die in dem sprachlichen System einer Kulturnation anerkannten Zahlzeichen (Ziffern), nicht beliebig vereinbarte Zeichen für Zahlen (Chiffer in diesem Sinne) zu verstehen sein.

Artikel 6.

Der Aussteller kann sich selbst als Remittenten (Artikel 4 Nr. 3) bezeichnen (Wechsel an eigene Order).

Desgleichen kann der Aussteller sich selbst als Bezogenen (Artikel 4 Nr. 7) bezeichnen, sofern die Zahlung an einem anderen Orte als dem der Ausstellung geschehen soll (trassiert-eigene Wechsel).

Art 6 ergänzt die in Art 4 enthaltenen Vorschriften über die wesentlichen Erfordernisse des Wechsels durch nähere Bestimmungen über die Beschaffenheit einzelner dieser Erfordernisse, nämlich der Bezeichnung des Remittenten (Art 4 Nr. 3) und der Bezeichnung des Bezogenen (Art 4 Nr. 7), und zwar in der Weise, daß er eine aus dem W ersichtliche **Personengleichheit** des Ausstellers mit einem dieser anderen Wechselbeteiligten in zwei ganz bestimmten einzelnen Fällen, teils ohne Einschränkung, teils mit einer gewissen Einschränkung für zulässig erklärt. Darüber, daß hieraus mittels Schluß aus dem Gegenteil zu entnehmen ist, daß in anderen Fällen eine solche Personengleichheit nicht zulässig ist, vgl. zu Art 4 Anm 46. Die in Art 6 geregelten Fälle betreffen: a) den Wechsel an eigene Order; b) den trassiert-eigenen Wechsel. **Anm. 1.**

a) **Der Wechsel an eigene Order** (Absatz 1) ist derjenige, in welchem der Aussteller sich selbst als Remittenten, d. h. als die Person, an die oder deren Order gezahlt werden soll (Art 4 Nr. 3), bezeichnet hat. Diese Form des gezogenen Wechsels ist im Wechselverkehr sehr häufig, ja sie kann wohl als die am meisten vorkommende Erscheinungsform der Wechseltratte bezeichnet werden. Sie wird namentlich verwendet als Ersatz für den im Geschäftsverkehr unbeliebten eigenen Wechsel, der nach verbreiteter Auffassung Zweifel an der Zahlungsfähigkeit des Ausstellers erregt. Deshalb zieht man es vor, daß der Aussteller, statt selbst eine Zahlung an den Wechselnehmer zu versprechen, einen Dritten, zu dem er in entsprechenden geschäftlichen Beziehungen steht, sei es, daß dieser ihm Geld schuldet oder ihm Kredit gewähren will, anweist, eine Zahlung an seine (des Ausstellers) Order zu machen, und dann den Wechsel an den Wechselnehmer indossiert, wodurch er die Haftung dafür, daß die Zahlung stattfindet, als Aussteller und Indossant übernimmt. Auch wird der Wechsel an eigene Order vielfach als einfachste Form benutzt, um von dem Bezogenen, der Schuldner des Ausstellers ist, ein wechselmäßiges Versprechen im Wege des Akzepts zu erlangen, bevor noch feststeht, ob und in welcher Weise der Aussteller den Wechsel weiterbegeben will. Ein Wechsel an eigene Order im Sinne des Art 6 liegt vor, wenn der Aussteller sich selbst als Remittenten bezeichnet hat, also mit der Formel: „Zahlen Sie an mich selbst"; eine ausdrückliche Orderklausel ist nicht erforderlich, da der Wechsel gesetzliches Orderpapier ist; vgl. zu Art 9 Anm 15. Doch genügt auch die Formel: „Zahlen Sie an meine Order" oder: „an eigene Order", die verkehrsüblich Zahlung an den Aussteller selbst einschließt; vgl. zu Art 4 Anm 22. Auch die Formel: „an meiner eigenen" ist in ROLG 18, 87 als hinreichend verständlich erklärt. **Anm. 2.**

Der Wechsel an eigene Order stellt sich als ein vollständiger gezogener Wechsel im Sinne der WO, der als solcher die Grundlage für verbindliche Wechselerklärungen bilden kann, dar, sobald er mit allen übrigen Erfordernissen ausgestattet ist, da das Erfordernis der Bezeichnung des Remittenten auf Grund der ausdrücklichen Bestimmung des Art 6 Abs 1 durch die Bezeichnung des Ausstellers selber als Remittenten erfüllt ist. Deshalb wird durch die Annahme eines solchen Wechsels der Akzeptant dem Aussteller sofort wechselmäßig verpflichtet, ohne daß noch Indossierung an einen Dritten erforderlich wäre. Dagegen entsteht eine wechselmäßige Verbindlichkeit des Ausstellers erst, wenn dieser in seiner Eigenschaft als Remittent den Wechsel an einen Dritten indossiert. Mit dieser Indossierung zugleich tritt aber auch seine Haftung als Aussteller in Kraft; und diese kann er durch den Zusatz „ohne Obligo" bei dem Indossamente nicht ausschließen (vgl. zu Art 8 Anm 13); RGZ 18, 113; a. M. Thöl S. 634 und die dort Angeführten. Ferner findet gegen ihn nach Präjudizierung des Wechsels die Bereicherungsklage des Art 83 statt, da er nicht nur Indossant, sondern zugleich Aussteller ist und als solcher haftet (RGZ a. a. O.). Doch haftet er auch als Aussteller nicht, wenn das anscheinend von ihm herrührende Indossament gefälscht oder von ihm in einem Zustande der Verpflichtungsunfähigkeit abgegeben worden ist (vgl. zu Art 1 DWO Anm 16), da er (anders wie bei Wechseln an fremde Order) vorher noch keine Wechselverpflichtungen übernommen hat; anders müßte freilich vom Standpunkte der Kreationstheorie — vgl. Vorbem 2 vor Art 4 — die Entscheidung wohl lauten. Auch wird ein Wechsel an eigene Order, der von dem Aussteller als Remittenten in blanco indossiert ist, nicht (wie Thöl S. 635 annimmt) als Inhaberwechsel ungültig sein (vgl. zu Art 4 Anm 21), da er schon als Wechsel an eigene Order ein vollständiger und gültiger Wechsel war, der als solcher durch Blankoindossament übertragen werden konnte (wie hier Bernstein S. 55 und die dort Angeführten, darunter RGStr. 8, 69). Darüber, ob ein bloß „an Order" gestellter Wechsel, der von dem Aussteller als erstem Indossanten indossiert ist, als Wechsel an eigene Order aufrechterhalten werden kann, vgl. zu Art 4 Anm 22. **Anm. 3.**

b) Der **trassiert-eigene Wechsel** (Absatz 2) ist derjenige, in welchem der Aussteller sich selbst als Bezogenen (Art. 4 Nr. 7) bezeichnet hat. Auch für diese, im Verkehr übliche Wechselform ist das Bestreben maßgebend, den eigenen Wechsel, in welchem nach Art des Schuldscheins Zahlung **Anm. 4.**

durch den Aussteller selbst versprochen wird, zu vermeiden und durch eine Tratte zu ersetzen, die hier von demjenigen, der zahlen soll und will, auf sich selbst gezogen und sodann von ihm als Aussteller an denjenigen, der Gläubiger werden soll, indossiert wird. Diese Form entspricht einem im Verkehr hervorgetretenen Bedürfnis namentlich dann, wenn die Zahlung einer Firma an einem anderen als dem Ausstellungsorte durch eine an dem anderen Orte befindliche Niederlassung dieser Firma erfolgen soll (Kommanditwechsel). Nur für diesen Fall, nämlich bei distantia loci ist die Gültigkeit eines trassiert-eigenen Wechsels in Art 6 Abs 2 anerkannt, und damit durch Schluß aus dem Gegenteil (vgl. Anm 1) als ausgeschlossen anzusehen, falls diese Voraussetzung nicht vorliegt. Ein trassiert-eigener Wechsel, bei welchem Ausstellungsort und Zahlungsort identisch sind, kann auch nicht etwa (wie Thöl WR S. 629 will) als eigener Wechsel (Art 96) aufrechterhalten werden. Denn er enthält, wenn er nicht akzeptiert ist, kein Zahlungsversprechen, das für den eigenen Wechsel wesentlich ist, sondern nur ein Haftungs-(Garantie-)versprechen des Ausstellers. Ist er aber akzeptiert, so fehlt es an der im Art 96 vorgeschriebenen Form, da das Versprechen Zahlung zu leisten, nicht von dem Aussteller als solchem, sondern von dem Bezogenen, den es beim eigenen Wechsel nicht gibt, in dieser Eigenschaft abgegeben worden ist, und die materielle Identität dieser beiden Personen die mangelnde Form nicht zu ersetzen vermag.

Anm. 5. Damit ein trassiert-eigener Wechsel vorliege, ist erforderlich, daß der Aussteller „sich selbst als Bezogenen bezeichnet" hat; fehlt diese Besonderheit, so ist der Wechsel als gewöhnlicher gezogener Wechsel auch ohne distantia loci gültig. Der Aussteller bezeichnet unzweideutig sich selbst als Bezogenen, wenn er den Wechsel mit der Adresse: „An mich selbst" versieht. Im übrigen ist aber bestritten, ob der Wechsel als trassiert-eigener nur anzusehen ist, wenn die Identität in dieser Weise durch die eigene Erklärung des Ausstellers „zur urkundlichen Evidenz" aus dem Wechsel hervorgeht (so Rehbein-Mansfeld zu Art 6 Anm 2; Breit bei Holdheim 18, 193 ff.), oder ob sie auch aus sonstigen Umständen, die aber nach den Grundsätzen der Wechselauslegung (vgl. den zu Art 4 Anm 58) aus der Wechselurkunde selbst erkennbar sein müssen, gefolgert werden kann. Das ROHG (Entsch. 18, 140) hat im Anschlusse an die Protokolle der Leipziger Konferenz (L. S. 160, Thöl S. 171) und an die ältere Rechtslehre (Thöl WR § 159 und andere) ausgesprochen, ein trassiert-eigener Wechsel sei nur vorhanden, wenn die Identität zwischen Aussteller und Bezogenem im Wechsel selbst von dem Aussteller erklärt worden sei, was nur dadurch geschehen könne, daß er den Wechsel ausdrücklich „auf sich selbst" ziehe. Diese mit dem Wortlaute des Gesetzes in Einklang stehende engere Auffassung erachtet das ROHG verständlicherweise (vgl. zu Art 4 Anm. 1 a) als „im Interesse der Sicherheit des Wechselverkehrs" geboten. Danach würde die tatsächliche Identität, auch wenn sie in irgendeiner Weise aus dem Wechsel herausgelesen werden könnte, nicht genügen, um dem Wechsel ohne distantia loci seine Gültigkeit zu entziehen. Keinesfalls aber genügt dazu (wie auch das RG in RGZ 19, 96 hervorhebt) die bloße Namensgleichheit des Ausstellers und des Trassaten. Es kann deshalb, ohne daß distantia loci besteht, Karl Schulze einen Wechsel auf Karl Schulze ziehen, ohne daß nachgeforscht werden dürfte, ob die damit gemeinten Personen tatsächlich die gleichen sind. A. M. Grünhut Handbuch 1 S. 413, der annimmt, daß durch die Namensgleichheit eine Vermutung der Identität sich ergebe, die jeder Wechselinhaber gegen sich gelten lassen müsse. Ferner kann ein Kaufmann unter seinem bürgerlichen Namen einen Wechsel auf seine Firma ziehen oder umgekehrt, auch wenn die Firma am Ausstellungsorte domiziliert ist. Aber auch ein von einer Firma auf eine gleichlautende Firma gezogener Wechsel stellt keinen trassiert-eigenen Wechsel dar, auch dann nicht, wenn die bezogene Firma an dem Ausstellungsorte domiziliert ist, ungeachtet des Art 30 HGB; vgl. über die Bedenken, welche der dieser Auffassung widersprechenden Auffassung des RG in RGZ 19, 96 entgegenstehen, zu Art 4 Anm 46 a.

Anm. 6. Über den Ausstellungsort vgl. zu Art 4 Anm 39; über den Zahlungsort zu Art 4 Anm 48 ff. Da für den trassiert-eigenen Wechsel Verschiedenheit dieser beiden „Orte" verlangt wird, ist die streitige Frage der Begrenzung des Ortsbegriffs hier von besonderer Bedeutung. Billigt man die darüber oben zu Art 4 Anm 49 vertretene Auffassung, so wird ein trassierter Wechsel, der aus einer der früher selbständigen Gemeinden, die jetzt die Einheitsgemeinde Groß-Berlin bilden, auf eine andere dieser Gemeinden gezogen ist, als gültig anerkannt werden können; dadurch dürfte sich die bei StStranz zu Art 6 Anm 2 gegebene formalistische Unterscheidung erübrigen, wonach der Wechsel gültig sein soll, wenn die Teilgemeinden als solche bezeichnet sind (z. B. Ausstellungsort: „Charlottenburg", Zahlungsort: „Schöneberg"), ungültig dagegen, wenn sie als Teile der Einheitsgemeinde Berlin bezeichnet sind (Berlin-Charlottenburg; Berlin-Schöneberg), obwohl doch der Umstand, daß sie zu einer Gemeinde gehören, als allgemein bekannt und daher auch ohne besondere Erwähnung als aus der Urkunde ersichtlich gelten muß, vgl. zu Art 4 Anm 58 über die Auslegung des Wechsels. Auch für andere Bezirke von selbständiger wirtschaftlicher Bedeutung, die Teile einer politischen Gemeinde bilden, wird das gleiche angenommen werden können. So auch Thöl WO § 159 S. 629.

Anm. 7. Das Erfordernis der distantia loci kann übrigens in allen Fällen dadurch mit Leichtigkeit erfüllt oder richtiger umgangen werden, daß an Stelle des wirklichen Ausstellungsortes, der mit dem Zahlungsorte identisch ist, ein anderer Ausstellungsort angegeben wird (vgl. zu Art 4 Anm 39 a). Auch darin zeigt sich wieder, daß durch eine Überspannung der Wechselformalien die Erfüllung der Absichten des Gesetzes nicht gesichert werden kann. Wie wenig übrigens die Beschränkung des trassiert-eigenen Wechsels auf den Fall der distantia loci den wirklichen Wünschen und Bedürfnissen des deutschen Wechselverkehrs entspricht, ergibt sich daraus, daß sie in dem künftigen Weltwechselrecht auf den eigenen Wunsch der deutschen Sachverständigen beseitigt worden ist; vgl. unten Anhang II Anm 12.

Ebenso wie der Wechsel an eigene Order (oben zu a Anm 3) ist auch der trassiert-eigene Wechsel, sofern er als solcher gültig ist, nicht etwa als eigener Wechsel des Ausstellers, sondern als gezogener Wechsel zu behandeln; die Form muß auch hier (vgl. oben a. a. O.) entscheiden. Es müssen deshalb alle Vorschriften über den gezogenen Wechsel auf ihn zur Anwendung kommen. Der Aussteller ist als solcher nicht als Hauptwechselschuldner, sondern nur als regreßpflichtig zu behandeln, und es bedarf, sofern er nicht in seiner Eigenschaft als Bezogener akzeptiert hat, des bei ihm selbst zu erhebenden Protestes, um das Wechselrecht gegen ihn zu erhalten (RG in LZ 1913, 211); auch die Verjährung ist die kurze der Art 78, 79. Ob (was StStranz Anm. 3 zu Art 6 annehmen, aber mit Recht als auffällig bezeichnen) auch die Notifikationspflicht des Art 45 mit den dort bestimmten Folgen gegenüber dem Aussteller eines trassiert-eigenen Wechsels besteht, erscheint zweifelhaft und dürfte eher zu verneinen sein, da die Erhebung des Protestes bei ihm die Mitteilung davon an ihn vollständig ersetzt und überflüssig macht. Hat der Aussteller als Bezogener akzeptiert, so tritt neben die Haftung als Aussteller noch die Verpflichtung zur Selbstzahlung der Wechselsumme als Akzeptant. **Anm. 8.**

Anhang I. Ausländische Wechselgesetzgebungen.

a) Der Wechsel an eigene Order wird in der deutsch-rechtlichen Gruppe und in derjenigen des anglo-amerikanischen Rechts (BEA Abschn. 5 (1); NIL § 27 Nr. 2) ohne Beschränkung zugelassen; nur in Rußland verlangte das frühere Gesetz (§ 87 Nr. 1) dafür die distantia loci, während die neue WO (§ 17 Nr. 5) keine derartige Einschränkung aufstellt. In Frankreich ist er durch Art 110 Code de comm. gleichfalls zugelassen. Doch nimmt die dortige Rechtsprechung und Rechtslehre, da sie den Wechsel als Verwirklichung des Wechselvertrags auffaßt (vgl. Vorbemerkungen vor Art 4 Anm 9) an, daß er erst in dem Zeitpunkte „perfekt" werde, in welchem er von dem Aussteller indossiert oder in welchem er akzeptiert wird (Thaller Nr. 1348). Für Portugal ist das in Art 285 ausdrücklich ausgesprochen. **Anm. 9.**

b) Der **trassiert-eigene Wechsel** (vgl. oben Anm 4) ist in den meisten Rechten der deutschen Gruppe, wie in Deutschland, auf Grund ausdrücklicher Bestimmung nur bei distantia loci zulässig: Schweiz Art 724; Bulgarien Art 530; Japan 447; früher auch Rußland (§ 87 Nr. 1 Ges. v. 1902; andere enthalten keine ausdrückliche Vorschrift über ihn (so auch die neue russische WO); solche Wechsel werden aber in diesen Gebieten vielfach als eigene Wechsel aufrechterhalten (so für Italien Vidari S. 77 Nr. 68); die dänische Verordnung (§ 2) verbietet sie. Im französisch-belgischen Rechtsgebiete wird der trassiert-eigene Wechsel von der herrschenden Meinung als ungültig behandelt, weil der erforderliche Gegenkontrahent für den Wechselvertrag fehle; nur Serbien (§ 80 Nr. 3, 7) folgte früher in diesem Punkte dem deutschen Rechte. Das neue jugoslawische (§ 3 Abs 1) und das polnische Wechselgesetz (Art 3 Abs 1) lassen den trassiert-eigenen Wechsel zu, auch wenn distantia loci nicht vorhanden ist, während das tschechoslowakische Gesetz (§ 5 Abs 2) dem deutschen Rechte folgt. Das gleiche tut Spanien (Art 446 Nr. 1, 2). In Argentinien (Art 604 Nr. 1) und anderen latein-amerikanischen Staaten ist das Trassieren auf das Handelshaus, dem der Aussteller angehört, oder die Gesellschaft, bei der er beteiligt ist, gestattet (sog. Kommanditwechsel; vgl. darüber für das deutsche Recht oben Anm 4). — Das englische und das anglo-amerikanische Recht (BEA 5^2, NIL § 214) überlassen es dem Inhaber, nach seiner Wahl den trassiert-eigenen Wechsel als gezogenen oder eigenen Wechsel zu behandeln, mit der Wirkung, daß er den Aussteller auch ohne Dishonorierungsanzeige in Anspruch nehmen kann. — Identität zwischen dem Remittenten und dem Bezogenen (vgl. für Deutschland oben zu Art 4 Anm 46) wird ausdrücklich gestattet im anglo-amerikanischen Rechte (BEA Abschn. 5 (1); NIL § 27 Nr. 3). **Anm. 10**

Anhang II: Künftiges einheitliches Wechselrecht.

a) **Art 3 HEWO, 3 GEWG:** **Anm. 11**

„Der Wechselbrief kann an die Order des Ziehers selbst lauten.
Er kann auf den Zieher selbst gezogen werden.
Er kann für Rechnung eines Dritten gezogen werden."

b) Dadurch sind sowohl Wechsel an eigene Order wie trassiert-eigene Wechsel unbeschränkt zugelassen. Der Fortfall der im deutschen Rechte geltenden Beschränkung des trassiert-eigenen Wechsels auf den Fall der distantia loci (vgl. oben Anm 4) ist, wie in der deutschen Denkschrift an den Reichstag (S. 64) besonders hervorgehoben wird, auf den eigenen Wunsch der deutschen Sachverständigen erfolgt, und zwar schon in dem Vorentwurfe der ersten Haager Konferenz von 1910. Die Denkschrift bemerkt hierzu, es bestehe in der Tat kein durchschlagender Grund, dem Aussteller zwar das Ziehen von Wechseln auf Filialen an anderen Orten, aber nicht auf Filialen am eigenen Orte zu gestatten. — Die in dem Vorentwurfe von 1910 (Art 3 Abs 2 S. 2) enthaltene **Anm. 12.**

Bestimmung, wonach der trassiert-eigene Wechsel nichtig sein sollte, wenn er an die Order des Ziehers gestellt sei (Kombination zwischen trassiert-eigenem Wechsel und Wechsel an eigene Order), wurde von dem Revisionskomitee der zweiten Konferenz gestrichen (Actes II S. 9; Bericht Actes I S. 78), und zwar mit der Begründung, daß solche Wechsel unter besonderen Umständen, die in der Praxis manchmal vorkämen, von Nutzen sein könnten. — Die auf Anregung der Vertreter der skandinavischen Staaten (Actes II S. 9) von dem Revisionskomitee in die Art 52 und 70 des Entwurfs aufgenommene Vorschrift, nach welcher der Aussteller eines trassiert-eigenen Wechsels hinsichtlich des Protestes und der Verjährung wie ein Akzeptant behandelt werden sollte, also sich dem Inhaber gegenüber auf die Versäumung der Protestfrist nicht solle berufen und ihm nur die dreijährige Verjährung entgegensetzen können (Actes I S. 79), wurde von dem Plenum der Konferenz gestrichen (Actes I S. 137). Die Bedeutung dieser Streichung könnte zu Zweifeln Anlaß geben. Bei der Beratung des Revisionskomitees (Actes II S. 70) war nämlich dem Antrage auf Aufnahme der Vorschrift in den Entwurf von französischer Seite (Lyon-Caën) entgegengehalten worden, sie folge schon aus allgemeinen Rechtsgrundsätzen und es würde daher eine entsprechende Bemerkung in dem Berichte genügen. Hierauf gestützt, könnte die Behauptung aufgestellt werden, daß der in der Vorschrift enthaltene Rechtssatz ungeachtet ihrer Streichung dennoch gelte. Aber bei der Beratung in der Plenarsitzung der Konferenz wurde, und zwar von den Berichterstattern (Simons, Fischel) selbst und ohne daß der französische Vertreter auf seine Auffassung zurückkam, die Streichung lediglich damit begründet, daß es nach den Gewohnheiten und Bedürfnissen des Wechselverkehrs weder rechtlich noch wirtschaftlich sich rechtfertigen lassen würde, den trassiert-eigenen Wechsel wie einen eigenen Wechsel (billet à ordre) und den Zieher wie dem Aussteller eines solchen zu behandeln. Es kann deshalb nicht zweifelhaft sein, daß die Streichung in diesem Sinne erfolgt ist. Wie aber das Gesetz nunmehr vorliegt, dürfte es für die französische Auffassung keinen Anhalt bieten.

Artikel 7.

Aus einer Schrift, welcher eines der wesentlichen Erfordernisse eines Wechsels (Artikel 4) fehlt, entsteht keine wechselmäßige Verbindlichkeit. Auch haben die auf eine solche Schrift gesetzten Erklärungen (Indossament, Akzept, Aval) keine Wechselkraft. Das in einem Wechsel enthaltene Zinsversprechen gilt als nicht geschrieben.

[Österreichische Fassung:

Aus einer Schrift, welcher eines der wesentlichen Erfordernisse eines Wechsels (Art 4) fehlt oder in welcher ein Zinsversprechen enthalten ist, entsteht keine wechselmäßige Verbindlichkeit. Auch haben die auf eine solche Schrift gesetzten Erklärungen (Indossament, Akzept, Aval) keine Wechselkraft.]

Anm. 1. 1. Artikel 7 bringt im Anschlusse an Art 4 zum näheren Ausdrucke, in welchem Sinne und mit welchen Wirkungen die in dem letzteren Artikel aufgestellten acht Erfordernisse des Wechsels „**wesentliche**" sind (vgl. zu Art 4 Anm 1). Ihr Zusammentreffen ist erforderlich, um das rechtliche Wesen „Wechsel" herzustellen; daher bewirkt das Fehlen eines von ihnen, daß ein Wechsel nicht vorliegt. Die Gattung „Urkunde" („Schrift") wird nur durch das Vorhandensein dieser sämtlichen Merkmale zur Spezies „Wechsel". Die daraus zu ziehenden Folgerungen werden in Art 7 Satz 1 und 2 nach zwei Richtungen bestimmt: Erstens: Aus einer Schrift, welcher eines der Erfordernisse fehlt, entsteht keine wechselmäßige Verbindlichkeit; und zweitens: Die auf eine solche Schrift gesetzten Erklärungen haben keine Wechselkraft. Wie die Gegenüberstellung der Schrift selbst in Satz 1 mit dem, was „auf" sie gesetzt wird, in Satz 2 ergibt und durch die in Satz 2 in Klammern beigefügte Aufzählung bestätigt wird, bezieht sich Satz 1 auf die in dem Grundwechsel (vgl. Vorbem 1 vor Art 4) enthaltene Wechselerklärung des Ausstellers; Satz 2 auf die hinzukommenden, sich an den Grundwechsel anschließenden und auf ihm sich vollziehenden weiteren Wechselerklärungen, als welche Indossament, Akzept, Aval genannt sind. Aus der ersteren soll „keine wechselmäßige Verbindlichkeit entstehen"; die letzteren sollen „keine Wechselkraft haben". Der Verschiedenheit dieser Ausdrucksweise dürfte ein sachlicher Unterschied nicht zugrunde liegen; bei der Ausstellererklärung ebenso, wie bei den hinzukommenden Erklärungen, handelt es sich darum, daß sie keine wechselmäßige Verbindlichkeit erzeugen, wenn dem Wechsel ein wesentliches Erfordernis fehlt. Von der formalen Gültigkeit des Grundwechsels ist aber die materielle Verpflichtungskraft sämtlicher Wechselerklärungen abhängig, während die materielle Unwirksamkeit der im Grundwechsel enthaltenen Ausstellererklärung (z. B. der Mangel der Verpflichtungsfähigkeit des Ausstellers oder die Unechtheit seiner Unterschrift) nur diese seine Erklärung berührt, die übrigen Wechselerklärungen aber unberührt läßt und diese auch untereinander unabhängig sind, vgl. Artt 75, 76. Dieser Unterschied rechtfertigt sich dadurch, daß das formungültige Instrument seinen

Mangel jedem offenbart, während materielle Mängel (falsche Unterschrift, Wechselunfähigkeit des Ausstellers) für dritte Wechselnehmer äußerlich nicht erkennbar sind.

2. „Schrift" im Sinne von Satz 1 ist, wie die Bezugnahme auf Art 4 erkennen läßt, die Wechselerklärung des Ausstellers, der **Grundwechsel.** Jedes einzelne der in Art 4 aufgezählten Erfordernisse muß in ihm enthalten sein. Deshalb kann keines durch anderweite, „auf" die Schrift gesetzte Erklärungen (Satz 2) ersetzt werden. Z. B. nicht die im Grundwechsel fehlende Angabe der Wechselsumme (Art 4 Nr. 2) durch Angabe der Summe, für welche die Annahme erfolgt, in der Annahmeerklärung des Bezogenen (vgl. zu Art. 22 Anm 2); ProtL S. 230 f. (Thöl 245); ROHG 6, 49. Ebensowenig kann eine im Grundwechsel fehlende Angabe der Zahlungszeit durch einen von der Unterschrift des Ausstellers nicht gedeckten, etwa zur Kontrolle von ihm oder einem Wechsel-Inhaber angebrachten Vermerk („per 15. 4. 1897") ersetzt werden (ROHG 25, 257); auch nicht die Angabe einer unmöglichen Zahlungszeit (z. B. 31. 2. 1897) durch den aus dem übrigen Inhalte des Wechsels etwa mittels Auslegung zu ermittelnden wirklich gemeinten Zahlungstag (31. 1. 1897; ROHG 1, 55). Ferner kann nicht als Ersatz der Aussteller-Unterschrift (Art 4 Nr. 5) eine Querschrift nach Art des Akzepts dienen (ROHG 9, 425); auch nicht eine an der gewöhnlichen Stelle der Ausstellerunterschrift stehende Namensunterschrift mit dem Zusatze „als Bürge", da sie keine Ausstellerunterschrift ist (RGZ 10 S. 3, vgl. zu Art 81 Anm 4). Auch durch Auslegung kann ein fehlendes Wechselerfordernis nicht ersetzt werden (ROHG 24 S. 276). Liegt dagegen ein Wechselerfordernis in der vorgeschriebenen Form mit an sich möglichem Inhalte vor, so kann, wenn dieser Inhalt undeutlich ausgedrückt ist oder seine Bedeutung zweifelhaft erscheint, eine solche Undeutlichkeit oder ein solcher Zweifel im Wege der Auslegung aus dem übrigen Inhalte der Urkunde (vgl. zu Art 4 Anm 58) behoben werden (ROHG 10, 22; 14, 172; 25, 238); wenn jedoch solche Auslegung noch Zweifel übrig läßt über den Sinn einer Angabe, die ein wesentliches Wechselerfordernis bildet, muß der ganze Wechsel der Nichtigkeit verfallen (ROHG 24, 276). **Anm. 2.**

3. Bei einem äußerlich als vollständig hergestellt sich darstellenden, ohne erkennbare Lücken ausgefüllten und so in Verkehr gebrachten Wechsel kann ein dennoch fehlendes wesentliches Erfordernis nicht durch nachträgliche Hinzufügung ergänzt und dadurch der nichtige Wechsel als solcher wirksam gemacht werden. Das muß auch von der Hinzufügung eines Ortes bei dem Namen des Bezogenen, der nach Art 4 Nr. 8 (vgl. Anm. 55 zu Art 4) die Angabe eines Zahlungsortes ersetzt, gelten; so ROHG 9, 264; RGZ 32, 70. Ob in solchem Falle — bei **mangelhaften Wechseln** im Gegensatze zu Wechselblanketten — dem Trassanten ein „Ausfüllungsrecht" (vgl. unten Anm 6) zusteht, ist in ROHG 9, 264 dahingestellt gelassen, da in dem dortigen Falle die „Ausfüllung" (richtiger Hinzufügung) durch den Remittenten erfolgt und kein Beweis geführt war, daß der Trassant das etwa ihm zustehende Ausfüllungsrecht auf den Remittenten übertragen oder die Ausfüllung durch diesen genehmigt hatte. In RGZ 32, 70 ist eine Hinzufügung der fehlenden Ortsbezeichnung behufs Beseitigung des vorhandenen Mangels durch einen Wechselnehmer nach der Begebung des Wechsels als unstatthaft bezeichnet, jedoch nur in dem Sinne, daß die Begebung eines sich als vollständig darstellenden Wechsels nicht, wie die eines Blankowechsels (vgl. unten Anm 6), eine Vermutung dafür begründe, daß der Empfänger und dessen Nachmänner zur Beseitigung des Mangels ermächtigt gewesen seien. Es wird deshalb der Beweis für erforderlich erklärt, daß dem Nehmer des W dieses Recht und gegebenenfalls auch die Befugnis, es auf seine Nachmänner zu übertragen, von sämtlichen Wechselbeteiligten, die zur Zeit der Beseitigung des Mangels als solche in Betracht kamen, erteilt worden sei. Wird dieser Beweis geführt, so stellt sich die nachträgliche Hinzufügung des fehlenden Wechselerfordernisses nicht als Fälschung, sondern als befugte Abänderung des Wechselinhalts dar, durch die nunmehr ein mangelfreier W hergestellt ist. Es genügt, daß die sämtlichen Wechselerfordernisse zu der Zeit vorliegen, zu welcher der W geltend gemacht wird. Andrerseits ist der W ungültig, wenn zu dieser Zeit ein Wechselerfordernis, das früher vorhanden war — etwa infolge von Durchstreichungen, Rasuren u. dergl. —, nicht mehr vorhanden ist. Vgl. Näheres zu Art 4 Anm 57. **Anm. 3.**

4. Verschieden von dem mangelhaften W (Anm 3) ist der erkennbar — durch Offenlassen von Zwischenräumen oder sonstigen Lücken im Texte oder in der Adresse oder Nichtausfüllung vorgedruckter Formularteile — sich als gewollt noch nicht vollständig darstellende Wechsel, der sog. **Blankowechsel** oder das Wechselblankett. Der Blankowechsel ist ein noch im Entstehen begriffener W, ein Wechselembryo, dem wesentliche Erfordernisse des Wechsels noch fehlen, der aber bereits die Namensschrift einer Person trägt und dem äußeren Anschein nach zur weiteren Entwicklung zu einem Wechsel geeignet und bestimmt ist. Da es unerheblich ist, in welcher Reihenfolge die einzelnen Wechselerfordernisse zur Entstehung gelangen (vgl. zu Art 4 Anm 57), so kann der Blankowechsel in verschiedenen Formen auftreten: als in blanco ausgestellter (d. h. mit einer Ausstellerunterschrift versehener) W oder als in blanco akzeptierter W (Blankoakzept); auch ein Indossament oder eine Avalerklärung kann auf einen noch nicht vollständig hergestellten W gesetzt werden. Der in blanco ausgestellte W kommt in der Regel als eigener W vor (vgl. RGZ 23, 110); seltener als Blankotratte, wie im Falle von RGZ 18, 136. Der Hauptfall ist der des Blankoakzepts; dieser wird daher der nachfolgenden Darstellung zugrunde gelegt werden; soweit für andere Formen des Blankowechsels Abweichungen in Betracht kommen, unter Hervorhebung dieser. Von Bedeutung ist auch die Unterscheidung zwischen dem reinen Wechsel- **Anm. 4.**

blankett, d. h. einer Urkunde, die lediglich die Namensschrift einer Person trägt, und einer im übrigen bereits ausgefüllten Urkunde, bei der nur einzelne Wechselerfordernisse noch offengelassen sind.

Anm. 5. **a)** Solange der Blankowechsel noch nicht vollständig ausgefüllt ist, erzeugt er keine wechselrechtlichen Rechte und Verpflichtungen. Es können daher auf Grund des Blankowechsels Befugnisse, die dem Wechselinhaber als solchem zustehen, nicht ausgeübt werden. Insbesondere kann ein solcher W nicht rechtswirksam zur Annahme (Art 18) oder als Sichtwechsel zur Herbeiführung der Fälligkeit vorgezeigt (Art 31) oder zur Zahlung präsentiert und protestiert werden (Art 41). Auch das Recht auf Sicherstellung wegen nicht erhaltener Annahme (Art 25) kann der Inhaber eines unausgefüllten Blankowechsels nicht ausüben (RGStr. 26, 257). Der Blankowechsel kann ferner, solange er nicht ausgefüllt ist, nicht zur Begründung einer Wechselklage dienen; doch kann die Ausfüllung noch im Prozesse, und zwar noch in der Berufungsinstanz, stattfinden, sofern die prozessualen Voraussetzungen für Zulassung einer Klageänderung (§§ 264, 527 Abs 2 ZPO) vorliegen und im Wechselprozesse die Beifügung der ausgefüllten Urkunde zu einem vorbereitenden Schriftsatze (§ 593 Abs 2 ZPO) erfolgt; RGZ 108, 389; JW 1925, 786). Das spezielle Wechselaufgebot des Art 73 WO kann bei Abhandenkommen eines unausgefüllten Wechselblanketts nicht stattfinden, da noch kein W vorgelegen hat; deshalb kann auch vom Akzeptanten die dort vorgesehene Zahlung gegen Sicherheitsleistung nach Einleitung des Aufgebotsverfahrens nicht verlangt werden (ROHG 25, 17; vgl. Näheres zu Art 73 Anm 3). Die Zulässigkeit des gewöhnlichen Aufgebotsverfahrens für Urkunden folgt zwar nicht aus den Vorschriften der ZPO (§§ 1003 ff.), da diese keineswegs für alle Urkunden ein Aufgebotsverfahren als zulässig erklären, sondern nur das Verfahren in solchen Fällen regeln, in denen ein Aufgebot gesetzlich zugelassen ist (vgl. Sydow-Busch zu § 1003 ZPO Anm 2). Doch wird in der deutschen wechselrechtlichen Praxis bei Verlust eines Blankoakzepts demjenigen, der es als Trassant auszufüllen berechtigt war, das Aufgebotsverfahren nicht versagt (ROHG 25, 17; schwankend die österreichische Praxis: für die Unzulässigkeit OLG Wien im Archiv 8 S. 178, ObGH im Archiv 18 S. 407 Nr. 97 und N. F. 3 S. 215; für die Zulässigkeit bei einem nur der Ausstellerunterschrift entbehrenden Wechselblankett OLG Wien im Archiv N. F. 6 S. 404; ObGH bei Czel. Nr. 64). Zur Erlangung der Wechselsumme durch Klage gegen den Akzeptanten kann indessen ein solches Aufgebot nicht führen, da für die Ausübung der Rechte das Ausschlußurteil die Urkunde nur in der Gestalt ersetzt, in welcher sie abhanden gekommen (§ 1018 ZPO), eine Ausfüllung des verlorenen Blanketts aber nicht möglich ist und die Ausstellung einer neuen Urkunde nicht (wie durch § 800 BGB für Schuldverschreibungen auf den Inhaber vorgeschrieben ist) verlangt werden kann (ROHG 25, 17). Auch dem Blankoakzeptanten wird in der Praxis das Recht zum Betreiben der Kraftloserklärung gewährt, um sich dagegen zu schützen, daß die sein Akzept tragende Urkunde von Unbefugten als W ausgefüllt und durch einen gutgläubigen Erwerber gegen ihn geltend gemacht werden kann (ROHG 25, 16). — Auch zur Glaubhaftmachung einer Forderung zum Zwecke der Erlangung eines Arrestes (§ 920 Abs 2 ZPO) kann ein Wechselblankett dienen.

Anm. 6. **b)** Wird ein Blankowechsel begeben, so greift nach Maßgabe der Gewohnheiten des Geschäftsverkehrs mit solchen Blanketten die Vermutung Platz, daß der Nehmer berechtigt sein soll, durch Hinzufügung der fehlenden Bestandteile entsprechend der der Begebung zugrunde liegenden Vereinbarung zwischen ihm und dem Hingeber des Blankowechsels einen vollständigen W herzustellen: **Ausfüllungsrecht** (RGZ 8, 59, 61; 14, 24; 32, 71; 33, 44; 65, 411; 108, 389). Diese Vermutung ist eine reine praesumtio facti, die durch Gegenbeweis widerlegt werden kann. Ist die Ausfüllung erfolgt, so wird vermutet, daß sie inhaltlich dem Begebungsvertrage entspricht; behauptet der Blanketthingeber das Gegenteil, so ist er dafür beweispflichtig (ROHG 6, 51; RGZ 108, 390). Doch erstreckt die Vermutung sich nicht auf solche Bestimmungen, die von dem üblichen, typischen Wechselinhalte abweichen und dem Wechsel einen besonderen, singulären Inhalt geben, wozu namentlich die Domizilierung des Wechsels, d. h. seine Zahlbarstellung an einem anderen Orte als dem wechselmäßigen Wohnorte des Bezogenen (vgl. zu Art 24 Anm 2), gerechnet wird; es bedarf daher der Darlegung besonderer Umstände für die Annahme, daß die Ausfüllungsermächtigung, sofern sie nicht ausdrücklich die Domizilierung gestattet hat, in diesem Sinne aufzufassen war, und der den Anspruch aus dem so ausgefüllten Wechsel geltend machende Wechselinhaber ist deshalb, jedenfalls sofern er erster Nehmer ist, beweispflichtig für die ausdrückliche oder stillschweigende Gestattung der Domizilierung. Vgl. ROHG 14, 385; 15, 432; RGZ 3, 62; 19, 137. Hat er dagegen den Wechsel erworben, nachdem der Domizilierungsvermerk bereits ausgefüllt war, so ist zum Beweise seiner Bösgläubigkeit (vgl. unten zu c Anm 10) der Nachweis erforderlich, daß er beim Erwerbe gewußt hat, daß der Blankohingeber die Domizilierung nicht gestattet hatte (RGZ 19, 136). Das gleiche wird aber (was das RG a. a. O. dahingestellt gelassen hat) auch gelten müssen, wenn der Wechselinhaber den als Blankett erworbenen Wechsel selbst ausgefüllt und dabei den Vermerk der Domizilierung hineingesetzt hat, nur mit dem Unterschiede, daß für das Vorhandensein des bösen Glaubens nicht der Zeitpunkt des Blanketterwerbs, sondern der der Ausfüllung maßgebend ist. Vgl. unten zu c a. a. O.

Anm. 7. Da durch die Begebung des Blankowechsels (nicht schon durch die Unterschrift eines Blankoakzepts, wie in ROHG 25 S. 16 angenommen wird; die Kreationstheorie trifft auch nach der neueren Rechtsprechung des RG nur für die Akzeptierung fertiger Wechsel zu, vgl. zu Art 21 Anm 16) bereits eine bindende Willenserklärung des Hingebers, wechselmäßig, wenn auch unter der Bedingung der Ausfüllung des Blanketts, sich zu verpflichten, abgegeben worden ist und der Hingeber somit bereits alles, was er zur Herbeiführung einer solchen Verpflichtung zu tun hatte, getan hat, so wird die Wirksamkeit des Blankowechsels durch eine nachträglich eintretende Wechselunfähigkeit des Hingebers (vgl. zu Art 1 Anm 16) oder durch das Aufhören der Vertretungsbefugnis für ihn nicht berührt: ROHG 25, 16; 21, 325; RGZ 11, 8; a. M. RGZ 2, 91 im Anschlusse an Thöl S. 158 Anm 8. Auch besteht das Ausfüllungsrecht nach dem Tode des Hingebers gegenüber seinen Rechtsnachfolgern fort (RGZ 33, 44), und zwar kann der in blanco akzeptierte Wechsel auf einen nach dem Tode des Hingebers fallenden Ausstellungstag ausgefüllt werden (RGZ 33, 44; OTr bei Striethorst 62, 267, entgegen seiner Entscheidung OTr 52, 235). Andrerseits erlischt das Ausfüllungsrecht auch nicht mit dem Tode des Empfängers, da es keine Vollmacht, sondern eine dem Ausfüllungsberechtigten in eigenem Interesse gewährte Befugnis und demgemäß ein zu seinem Vermögen gehörendes Recht darstellt (Bernstein zu Art 7 Nr. 4a S. 61 und die dort angeführten Entscheidungen; ferner RGZ 8, 59). Es kann deshalb auch vom Konkursverwalter im Konkurse des Ausfüllungsberechtigten ausgeübt werden (Bernstein a. a. O.; ROHG 17, 211). — Hat der Nehmer des Wechselblanketts bei der Ausfüllung abredewidrig gehandelt, so kann ihm eine Einwendung (Einrede der Arglist) als exceptio in personam gemäß Art 82 zweiter Fall (vgl. zu Art 82 Anm 25) entgegengehalten werden. Diese kann auch dahin gehen, daß der Empfänger einen späteren Verfalltag in den Wechsel gesetzt habe, als nach der Vereinbarung zulässig gewesen sei (RGZ 74, 353).

Die Vermutung geht weiter dahin, daß der Nehmer des Blanketts berechtigt sein soll, dieses ohne Ausfüllung weiter zu begeben und dadurch das ihm gewährte Ausfüllungsrecht auf den weiteren Blankettnehmer zu übertragen (RGZ 8, 57; 32, 71; 33, 44). Wenn Mansfeld (LZ 1909, 183) den Gesichtspunkt der Übertragung des Ausfüllungsrechts um deswillen ausschalten will, weil dieses kein „subjektives Recht" sei, sondern lediglich die rechtliche Möglichkeit bedeute, durch die Ausfüllung des Blanketts ein Recht gegenüber dem Blankoakzeptanten zur Entstehung zu bringen, so faßt er doch wohl den Begriff des subjektiven Rechts zu eng; die durch die Begebung des Blanketts entstandene Befugnis des Blankettnehmers zur Herstellung des Wechsels stellt sich als eine durch Rechtsgeschäft geschaffene und vom objektiven Recht anerkannte Willensmacht des Blankettnehmers im Verhältnisse zu dem Blankoakzeptanten dar, die den Begriff des subjektiven Rechts (vgl. RGRKomm Vorbem 1 vor § 241; Planck Einleitung S. LXI) durchaus erfüllt und deren Übertragbarkeit (§ 413 BGB) daher ebensowenig wie die Vererblichkeit (vgl. oben Anm 7) einem Bedenken unterliegen dürfte. Vgl. in diesem Sinne auch RGZ 8, 59. **Anm. 8.**

Aus der Vererblichkeit und der zu vermutenden Übertragbarkeit hat das RG gefolgert, daß der Vormund der Erben des Empfängers des Wechselblanketts befugt ist, dieses mit seiner Unterschrift als Aussteller eigenen Namens auszufüllen, ohne daß ihm von dem Blanketthingeber der Einwand dolosen Handelns entgegengesetzt werden kann (RGZ 8, 57). **Anm. 9.**

c) Sehr umstritten ist aber die Frage, ob und inwieweit **dem gutgläubigen Erwerber** eines noch vor vollständiger Herstellung begebenen, später ausgefüllten Wechsels, insbesondere eines Blankoakzepts, **Schutz** zu gewähren sei gegen Einwendungen des Blanketthingebers, welche dessen Verhältnis zu dem ersten Nehmer betreffen. Dabei kommt namentlich in Betracht die Einwendung, daß das Blankett in anderer Weise ausgefüllt sei, als es nach den zwischen dem Blanketthingeber und dem ersten Nehmer getroffenen Vereinbarungen geschehen sollte, insbesondere, daß eine andere Wechselsumme oder ein anderer Fälligkeitstag eingesetzt worden sei und dergleichen; ferner daß vereinbart gewesen sei, das Blankett solle überhaupt nicht ausgefüllt und weiterbegeben, sondern vernichtet werden (RGZ 87, 365). Übereinstimmung besteht zunächst darüber, daß derjenige, der das ursprüngliche Blankoakzept erworben hat, nachdem es durch Ausfüllung zu einem vollständigen Wechsel geworden war, uneingeschränkter Wechselgläubiger geworden ist und ihm also Einwendungen nur nach Maßgabe des Art 82 WO (vgl. die Erläuterungen zu diesem Artikel) entgegengesetzt werden können (ROHG 14, 386). Das ist für das österreichische Gebiet der ADWO ausdrücklich ausgesprochen in der Justizministerialverordnung vom 6. 10. 1853, RGBl Nr. 200), und auch in Deutschland allgemein anerkanntes Recht. Der Streit beschränkt sich auf die Frage nach der rechtlichen Stellung desjenigen, der ein Blankoakzept unausgefüllt erworben und es dann selbst gutgläubig, d. h. in der Meinung, daß die Ausfüllung dem Willen des Akzeptanten entspreche, ausgefüllt hat. In dieser Frage bestehen zwischen der deutschen und der österreichischen Rechtsprechung und Rechtslehre Meinungsverschiedenheiten in der Weise, daß jene mehr den Schutz des Erwerbers, diese mehr den Schutz des Blankoakzeptanten ins Auge faßte. Schon das ROHG (Entsch. 6, 47; 14, 386) wollte nur demjenigen Erwerber den Schutz versagen, der bei der Ausfüllung des Blanketts von den Einreden Kenntnis hatte. Das RG hat sich dieser Auffassung in ständiger Rechtsprechung angeschlossen. So hat es schon in RGZ 8, 58 ausgeführt, wenn auch die Verabredung nur dahin gehe, daß der Empfänger die Ausfüllung in der verabredeten Weise bewirkte, so entstehe doch die Wechselforderung für den durch Besitz und Inhalt der Wechselurkunde als Wechselgläubiger Legitimierten auch dann, wenn die Ausfüllung des Blanketts nicht durch den Empfänger oder nicht in der ver- **Anm. 10.**

abredeten Weise erfolgt sei. Vgl. auch RGZ 19, 137. Sodann aber hat es namentlich in RGZ 65, 409 grundsätzlich ausgesprochen, daß der Zeichner eines Blankoakzeptes dem gutgläubigen Erwerber des ausgefüllten oder eines unausgefüllten und sodann von dem Erwerber selbst gutgläubig ausgefüllten Wechsels nach Wechselrecht hafte, so daß diesem gegenüber nur Einreden nach Maßgabe des Art 82 WO erhoben werden können, und zwar soll das auch dann gelten, wenn das Blankett dem Akzeptanten wider seinen Willen abhanden gekommen sei (ROHG 25 S. 16) oder wenn er gar nicht beabsichtigt habe, eine Wechselerklärung abzugeben (RGZ 14, 22). Diese Auffassung begründet das RG mit der Erwägung, nach der Verkehrsauffassung erkläre derjenige, der ein Blankoakzept „aus den Händen gebe", daß er dem aus dem fertigen Wechsel legitimierten, gutgläubigen Erwerber wechselrechtlich haften wolle, und es sei unbillig, den Erwerber darunter leiden zu lassen, wenn etwa der erste Nehmer des Akzepts durch vertragswidrige Weiterbegebung das Vertrauen des Gebers getäuscht haben sollte; auch liege kein Grund vor, den aus dem Wechsel legitimierten Aussteller schlechter zu behandeln als den gemäß Art 36 legitimierten gutgläubigen Indossatar, der nach Art 74 WO zur Herausgabe des Wechsels nicht angehalten werden und die Rechte aus dem Wechsel gegenüber dem Schuldner ausüben könne. Diese Rechtsgrundsätze hat das RG in JW 1907, 543 (Urteil vom 3. 7. 1907) und in RGZ 68, 421 bestätigt und in der letztgenannten Entscheidung hinzugefügt, durch Zeichnung als Aussteller habe der gutgläubige dritte Erwerber den Wechsel bona fide hergestellt und es sei damit zu seinen Gunsten gemäß Art 23 Abs 2 WO die Haftung des Akzeptanten eingetreten; sein Gläubigerrecht beruhe dann nicht mehr auf der Übertragung (des Ausfüllungsrechts) durch seinen Vormann, sondern auf der Skripturobligation des Akzeptanten in Verbindung mit dem gutgläubigen Erwerbe, also auf der „eigentümlichen Wirkung der in der Ausfüllung des Blanketts liegenden Wechselkreation". Dieser letzte Teil der Begründung dürfte freilich nicht in Einklang stehen damit, daß das RG in späteren Entscheidungen (vgl. Urt v. 31. 1. 1913 bei Holdheim S. 191) die Kreationstheorie für Blankoakzepte nicht gelten läßt; vgl. zu Art 21 Anm 16. Das RG hat aber auch weiter (RGZ 87, 368) daran festgehalten, daß dem Dritterwerber eines Wechselblanketts, der seinerseits gutgläubig den Wechsel ausgefüllt und die Wechselrechte zur Entstehung gebracht hat, Einreden nur als persönliche nach Maßgabe des Art 82 WO entgegengehalten werden können, und zwar auch wenn er den Wechsel nicht nach Wechselrecht durch Indossament, sondern durch Tradition des Wechselblanketts erworben hat. Diese Grundsätze hat das RG auch in RGZ 129, 338 nochmals bestätigt. Doch hat es hierbei die Einschränkung gemacht, daß derjenige, der ein Wechselblankett in teilweise (z. B. hinsichtlich der Wechselsumme) ausgefülltem Zustande erworben und nach dem Erwerbe Kenntnis davon erhalten habe, daß es insoweit wider die Verabredung ausgefüllt sei, bei der weiteren Ausfüllung des Blanketts nach Erhalten dieser Kenntnis nicht mehr gutgläubig handle und ihm deshalb der Einwand der abredewidrigen Ausfüllung entgegengehalten werden könne. Vgl. über die gleiche Streitfrage in der italienischen Rechtslehre Anhang I Anm 14.

Der oberste österreichische Gerichtshof hat in mehreren älteren Entscheidungen (vgl. bei Peitler Nr. 332; Czelochowski Nr. 473, 500, 578; allg. österr. Gerichtszeitung 1905 S. 176) den Erwerber, auch nachdem er das Blankett ausgefüllt hat, lediglich als bürgerlich-rechtlichen Zessionar des Ausfüllungsrechts angesehen, dem, da er kein weitergehendes Recht erwerben könne als seinem Zedenten zugestanden habe, die gegen den ersten Nehmer begründeten Einwendungen entgegengehalten werden könnten. Ebenso Adler in ZfHR Bd 60 S. 112 ff. Anders wurde die Frage entschieden in einem Plenarbeschlusse des österr. obersten Gerichtshofes vom 24. 6. 1913 (Czel. Nr. 1005), der von Adler (Allg. Österr. GerZtg. 1914 S. 217) bekämpft wird. Die ältere Rechtsprechung des österr. OGH und Adler stützen sich dabei auf die schon erwähnte VO von 1853, in welcher bestimmt war, daß der Einwand, es sei von der noch unausgefüllten Urkunde durch unbefugte oder der getroffenen Abrede zuwiderlaufende Ausfüllung ein rechtswidriger Gebrauch gemacht worden, denjenigen entgegengehalten werden könne, welche an der nachträglichen Ausfüllung selbst teilgenommen haben, augenscheinlich in der Meinung, daß diese VO Bösgläubigkeit bei der Teilnahme an der Ausfüllung nicht erfordere, während der erwähnte Plenarbeschluß sich im wesentlichen der Begründung des deutschen Reichsgerichts anschließt, allerdings in einem Falle, in welchem es sich um einen im übrigen ausgefüllten Blankettwechsel handelte, dem allein noch die Unterschrift des Ausstellers fehlte, aber mit einer über diesen Fall hinausgehenden Begründung. — Mansfeld in LZ 1909, 177 geht gleichfalls davon aus, daß der Schutz des gutgläubigen Erwerbers eines Wechselblanketts nicht aus den besonderen Vorschriften der WO hergeleitet werden könne, sondern auf dem gemeinen Rechte aufgebaut werden müsse. Er erblickt in der Herstellung des Blankoakzepts eine Offerte zu einem Wechselvertrage, die jeder Empfänger des Blanketts als an sich gerichtet betrachten kann und auf Grund deren der Wechselbegebungsvertrag zwischen dem Blankoakzeptanten und dem gutgläubigen Erwerber des Blanketts zustande kommt. Doch dürfe dieser Vertrag nicht wegen jeden Willensmangels hinfällig gemacht werden können, weil damit „dem Empfänger nicht gedient wäre". Sei freilich die Namenszeichnung überhaupt nicht als Wechselakzept gemeint gewesen, so nimmt Mansfeld (im Gegensatze zu den oben angeführten Entscheidungen des RG) an, daß der Namenszeichner dadurch nicht verpflichtet werde. Im übrigen aber könne der Akzeptant den durch die Ausfüllung zustande gekommenen Vertrag dem gutgläubigen Ausfüller gegenüber nicht wegen Irrtums oder Betrugs anfechten mit der Begründung, daß er einen Begebungsvertrag nicht oder unter anderen Bedingungen, als der ausgefüllte Wechsel ergebe, habe schließen wollen. Das schrankenlose Anfechtungsrecht der §§ 119, 123 BGB bedürfe, da die Wechselerklärung einer unbestimmten Mehrzahl von Personen gegenüber abgegeben werde, im Interesse des Verkehrsbedürfnisses einer Korrektur. Auch die Tatsache, daß das Papier gestohlen oder verlorengegangen sei, brauche der gutgläubige Erwerber und Ausfüller sich nicht entgegenhalten zu lassen. Die Gutgläubigkeit werde auch nicht durch grobe Fahrlässigkeit (z. B. Nichteinziehung von Erkundigungen), sondern nur dadurch ausgeschlossen, daß dem Blanketterwerber Umstände bekannt waren, welche die Unterstellung eines mit dem Schein übereinstimmenden Sachverhalts verboten. Den vollen Schutz des guten Glaubens will jedoch Mansfeld schließlich nur demjenigen zubilligen, der ein bis auf die Unterschrift des Ausstellers fertiges Wechselakzept erwirbt und lediglich diese Unterschrift selbst hinzufügt. Bei Ausfüllung anderer noch fehlender Wechselerfordernisse, z. B. der Wechselsumme, handle der Erwerber des Wechselblanketts auf seine Gefahr.

Es erscheint mir fraglich, ob die im Vorstehenden dargelegten mehrfachen Versuche, den Schutz des guten Glaubens bei dem Erwerbe von Wechselblanketten einzuschränken, dem Verkehrsbedürfnisse, das zu der Zirkulation von solchen geführt hat, gerecht werden oder aus rechtlichen Gründen unumgänglich sind. Am weitesten in solchem Schutze geht ja das RG, wenn es ihn auch in dem Falle zubilligt, wo der anscheinende Blankoakzeptant eine Wechselverpflichtungserklärung überhaupt nicht hat abgeben wollen. Allerdings war in dem durch RGZ 14, 22 entschiedenen Falle die Namensschrift auf einem vorgedruckten Wechselformulare quer über den Text an der für Akzepterklärungen üblichen Stelle abgegeben worden. In solchem Falle erscheint es durchaus gerechtfertigt, daß der entstehende Verlust von demjenigen getragen wird, der durch eine derartige Abgabe seiner Namensschrift den Anschein einer wechselmäßigen Akzepterklärung hervorgerufen hat und nicht von demjenigen, der, durch diesen Anschein getäuscht, das Blankett in verkehrsüblicher Weise erworben hat. Das muß auch gelten, wenn die Namensschrift in solcher Weise von einer in Wechselsachen unerfahrenen Person abgegeben ist, nachdem die Wechselordnung die unbeschränkte Wechselfähigkeit eingeführt hat; vgl. zu Art 1 Anm 15. Anders würde die Entscheidung wohl zu lauten haben, wenn die Namensschrift zu irgendeinem Zwecke, etwa als Quittung oder als bloße Notiz, auf einem gewöhnlichen Papiere erfolgt ist, da die Ausstellung von Wechseln ohne Benutzung von Formularen im Verkehr nur selten vorkommt und der Anschein einer Wechselerklärung durch eine bloße Namensschrift auf solchem Papiere nicht mit Grund erweckt werden kann. Dagegen dürfte es zu weit gehen, den Schutz des guten Glaubens, wie Mansfeld will, auf den Erwerb von bis auf die Unterschrift des Ausstellers bereits fertigen Wechselakzepten einzuschränken, wodurch dem Verkehrsbedürfnis nicht Genüge geleistet wird, da gerade die Offenlassung sonstiger Wechselerfordernisse, wie der Wechselsumme, der Zahlungszeit usw., häufig dem Interesse der Wechselbeteiligten entspricht und es nur folgerichtig erscheint, daß der Hingeber eines solchen Blankoakzepts die damit verbundene Gefahr im Verhältnis zu dem gutgläubigen dritten Erwerber selbst trägt. Ihre rechtliche Begründung findet die Haftung des Blankoakzeptanten darin, daß dessen Erklärung so, wie sie abgegeben worden, an unbestimmte dritte Erwerber gerichtet war und von jedem von diesen nach Treu und Glauben und nach der Verkehrssitte dahin verstanden werden durfte, daß der Blankoakzeptant ihm in der Weise haften wollte, wie der Blankowechsel nach den Angaben desjenigen, von dem der Erwerber ihn bekommen hatte und auf die er vertrauen durfte, ausgefüllt werden sollte. Darauf, ob der innere Wille des Blankoakzeptanten dem entsprach, kann es schon nach allgemeinen Auslegungsregeln (vgl. RGRKomm zu § 133 Anm 1) und um so mehr nach den für Wechselerklärungen geltenden (vgl. zu Art 4 Anm 58) nicht ankommen.

5. Die Vorschriften der beiden ersten Sätze des Art 7 sind **zwingenden Rechts**; die danach fehlende Wechselkraft einer Wechselerklärung kann daher durch Verzicht auf ein mangelndes Formerfordernis nicht hergestellt werden und ist, soweit die Verpflichtung bestritten wird, im Wechselprozesse auch ohne dies (§ 597 Abs 2 ZPO), vom Gerichte von Amts wegen zu beachten. Inwieweit außerhalb des Wechselrechts durch eine auf einem nicht formgerechten Wechsel abgegebene Verpflichtungserklärung eine Verpflichtung eintritt (z. B. auf Herausgabe der Bereicherung oder Schadensersatz, ROHG 16 S. 148, 150), bestimmt sich, wie bei der Beratung des Entwurfs auf der Leipziger Konferenz ausdrücklich hervorgehoben wurde (vgl. Prot. L. S. 18 zu § 8, Thöl S. 30), lediglich nach dem gewöhnlichen bürgerlichen Rechte; vgl. über das Zinsversprechen unten Anm 12 und über die Frage der Konversion zu Art 4 Anm 2. **Anm. 11**

6. Der dritte Satz des Artikels bestimmt, daß ein im Wechsel enthaltenes **Zinsversprechen** „als nicht geschrieben gilt". Wie oben zu Art 4 Anm 63 dargelegt ist, ergibt sich aus dieser Bestimmung die Auffassung der WO, daß ein Wechsel, in welchem ein solches Zinsversprechen neben der Angabe der zu zahlenden Geldsumme enthalten ist, deswegen nicht der Gültigkeit als Wechsel im übrigen entbehrt. Das Zinsversprechen selbst kann, da es nicht in einer „Summe" ausgedrückt ist, schon wegen der Vorschrift des Art 4 Nr. 2 keine wechselmäßige Verbindlichkeit erzeugen. Die Vorschrift des Art 7 Abs 3 wäre also insoweit, als sie nur die wechselmäßige Verbindlichkeit des Zinsversprechens verneint, nicht unbedingt erforderlich gewesen; immerhin dient sie zur Be- **Anm. 12**

seitigung von Zweifeln, die sich in dieser Beziehung ergeben könnten. Es fragt sich aber, ob ihr darüber hinaus auch Bedeutung insofern zukommt, daß dem Zinsversprechen, das in einem Wechsel enthalten ist, auch die Wirksamkeit einer Verpflichtung nach gewöhnlichem bürgerlichem Rechte dadurch entzogen wird. Das wird von Bernstein a. a. O. ohne Einschränkung angenommen, obwohl er eine solche Vorschrift zutreffend als „regelwidrig" bezeichnet; nach den Materialien zur WO (Nürnberger Protokolle S. 13 V. Sitzung) scheint eine dahingehende Absicht auch bestanden zu haben. Auch Staub-Stranz (zu Art 4 Anm 64 und zu Art 7 Anm 6a) bezeichnen ein Zinsversprechen, das in einem Wechsel enthalten ist, als „nichtig" und sprechen ihm deshalb auch Wirksamkeit nach gewöhnlichem bürgerlichem Rechte ab. Allein zum Ausdruck gekommen und deshalb Gesetzesinhalt geworden ist doch nur, daß das Zinsversprechen als „nicht geschrieben" gilt; die Wirksamkeit nach gewöhnlichem bürgerlichen Rechte ist ihm dadurch nur insoweit entzogen, als dieses Recht (was nach den zur Zeit der Entstehung der WO geltenden Partikularrechten wohl vielfach der Fall war) für ein solches Versprechen die Schriftlichkeit als erforderlich vorschrieb. Da nach jetzigem bürgerlichem Rechte die Gültigkeit eines Zinsversprechens von der Schriftlichkeit in aller Regel nicht abhängt, wird auch die Gültigkeit eines in einem Wechsel enthaltenen Zinsversprechens dadurch nicht ausgeschlossen, daß es als „nicht geschrieben" gilt, soweit nicht etwa die Auslegungsregel des § 154 Abs 2 BGB zu anderer Entscheidung führt. Anders würde ferner zu entscheiden sein, wenn das Zinsversprechen einen Bestandteil einer Bürgschaft bildete, die nach BGB (§ 766) der schriftlichen Form bedarf.

Anm. 13. In der österreichischen Fassung des Art 7 Satz 1 ist dagegen neben dem Fehlen eines wesentlichen Erfordernisses auch das Enthaltensein eines Zinsversprechens in der Urkunde als Grund für die Nichtentstehung einer wechselmäßigen Verbindlichkeit aus der Urkunde überhaupt, also für ihre Nichtigkeit als Wechsel, bestimmt. Die österreichische Rechtsprechung (OGH bei Cz. Nr. 45, 47, 66, 100, 158, 253) hat aus dem Wortlaute dieser Bestimmung gefolgert, daß der Wechsel auch nichtig ist, wenn das Zinsversprechen von dem Akzeptanten oder einem Indossanten beigefügt worden ist. Das dürfte nicht zu billigen sein, da als „Schrift" im Sinne von Satz 1 der österreichischen Fassung nur der als Erklärung des Ausstellers sich darstellende Grundwechsel anzusehen ist, dessen Gültigkeit durch auf ihn gesetzte Erklärungen anderer Personen nicht beeinträchtigt wird; vgl. oben Anm 2. Solche Erklärungen haben zwar nach Satz 2, wenn sie auf einen richtigen Grundwechsel gesetzt sind, selbst keine Wechselkraft; entziehen aber nicht dem Grundwechsel, wenn dieser mit einem Nichtigkeitsgrunde nicht behaftet ist, seine Gültigkeit.

Anm. 14. **Anhang I. Ausländische Wechselgesetzgebungen.** Wie in Art 7 DWO, ist auch in den meisten ausländischen Wechselgesetzen ausdrücklich bestimmt, daß ein W, dem ein wesentliches Erfordernis fehlt, als solcher ungültig ist. So für die Schweiz (Art 725), Ungarn (§ 6), die skandinavischen Länder (§ 5), Großbritannien (BEA sect. 3 (2), Italien (Art 254), Bulgarien (Art 532), Rumänien (Art 273), Portugal (Art 365), Spanien (Art 450). Aber auch in denjenigen Ländern, deren Gesetze keine ausdrückliche Bestimmung in dieser Richtung enthalten, wird aus der formalen Natur des Wechsels die gleiche Folgerung hergeleitet; vgl. für Frankreich Lyon-Caën et Renault S. 380 Nr. 467; für Belgien Namur, Code de comm. Nr. 439. — Über die Wirkung der Streichung oder sonstigen Tilgung eines wesentlichen Erfordernisses ist in Ungarn (§ 6) und in Bulgarien (Art 532) bestimmt, daß eine absichtliche Durchstreichung dem Mangel eines wesentlichen Erfordernisses gleichsteht und daß eine erfolgte Durchstreichung bis zum Beweise des Gegenteils als absichtlich erfolgt anzusehen ist. Für Großbritannien und die Vereinigten Staaten ist bestimmt (BEA 63; NIL 204), daß die absichtliche Streichung einer Wechselerklärung durch den Inhaber oder seinen Vertreter die Wechselverbindlichkeit zum Erlöschen bringt, während die unabsichtliche oder unbefugte Streichung wirkungslos ist, daß aber derjenige, welcher eine wirkungslose Streichung behauptet, dafür die Beweislast hat.

Anm. 15. Über **Blankettwechsel** enthielt das frühere russische Wechselgesetz (§ 14) eine ausdrückliche Bestimmung, deren Inhalt mit der deutschen Rechtsauffassung übereinstimmt; die neue russische WO enthält eine solche Bestimmung nicht. In Italien ist die Zulässigkeit von Blankettwechseln anerkannt durch das Gesetz vom 31. 12. 1907, das ihre Verstempelung als Wechsel, die sechs Monate laufen, anordnet; sie wurden aber auch schon früher allgemein für zuverlässig erachtet (Vivante § 90 Nr. 1110 ff.). Doch wird auf Grund des Art 254 C. di comm., der dem Art 7 DWO entspricht, angenommen, daß derjenige, der eine zur Ausfüllung als W bestimmte Urkunde vor der Ausfüllung erworben hat, durch die Ausfüllung keine weitergehenden Rechte erwerben kann, als sie dem ersten Nehmer der Urkunde zustanden, und daß ihm deshalb Einwendungen aus der Person des ersten Nehmers, namentlich der Einwand der vertragswidrigen Ausfüllung, entgegengehalten werden können (Vivante Nr. 1114; vgl. über die Streitfrage im deutschen Rechte oben Anm 10).

Auch für das französische Recht wird die Zulässigkeit angenommen (Lyon-Caën et Renault S. 392 Nr. 1479). Auch im angloamerikanischen Rechte (BEA Abschn 20, NIL § 33) ist der Blankowechsel mit dem Ausfüllungsrechte des gutgläubigen Inhabers zugelassen; mit der Maßgabe, daß die Haftung erst mit der Ausfüllung eintritt. Die neuen Wechselgesetze Polens (Art 100 Abs 5), der Tschechoslowakei (Art 2 Abs 5) und Jugoslawiens (§§ 16 Abs 2, 105 Abs 2) bestimmen, daß eine Urkunde, der alle Erfordernisse eines Wechsels, abgesehen von der Unterschrift, fehlen, nicht als W angesehen werden kann. Ferner bestimmen sie, daß der Aussteller eines Wechselblanketts, der es mit der Ermächtigung zur Ausfüllung und mit Weisungen über die Ausfüllung aus der Hand gegeben hat, dem gutgläubigen Erwerber nach Maßgabe des gegen seine Weisungen ausgefüllten Blanketts haftet (Polen Art 2 Abs 5, Art 100 Abs 5; Tschechoslowakei §§ 6, 105 Nr. 1; Jugoslawien §§ 16 Abs 2, 105 Abs 2). Das tschechoslowakische Wechselgesetz (§§ 6, 105 Nr. 1) fügt noch hinzu, daß derjenige sich nicht auf den ausgefüllten W stützen kann, der an der widerrechtlichen Ausfüllung teilgenommen hat oder bei Erwerb des Wechsels wußte oder wissen mußte, daß der W widerrechtlich ausgefüllt war.

Daß **Wechselerklärungen auf formwidrigem Grundwechsel** keine wechselmäßige Verbindlichkeit erzeugen, ist außer in Deutschland und Österreich ausdrücklich bestimmt in der Schweiz (Art 725), Ungarn (§ 6), den skandinavischen Ländern (§ 5), Bulgarien (Art 532); eine gleiche Vorschrift enthielt die frühere russische WO (§ 14), während sie in der jetzigen fehlt. In den Ländern, in welchen eine ausdrückliche Vorschrift fehlt, ist die Frage streitig. So in Frankreich, vgl. Lyon-Caën et Renault S. 386 Nr. 472. In Italien werden an sich formgültige Indossamente, Avale und Akzepte auf einem formwidrigen Grundwechsel für rechtswirksam erachtet (Sorani I S. 92 § 85). Für Großbritannien ergibt sich aus sect. 3 BEA die Ungültigkeit von Wechselerklärungen auf einem formwidrigen Grundwechsel. **Anm. 16.**

Das **Zinsversprechen** gilt in den meisten Ländern der deutschen Gruppe, wie in Deutschland, als nicht geschrieben; so Schweiz (Art 725 Abs 2), Ungarn (§ 3 Nr. 2), Bulgarien (Art 532 Abs 3), Rumänien (Art 273), den skandinavischen Ländern (§ 7); früher auch in Rußland (Art 12, 87), während die neue russische WO eine solche Bestimmung nicht enthält. Im angelsächsischen Recht (BEA sect. 9 (1) (a); NIL § 21 Nr. 1) ist ausdrücklich ausgesprochen, daß die Bestimmtheit der Geldsumme nicht durch das Zinsversprechen leidet, dieses also wechselmäßig gültig ist. Gleiches wird zumeist in denjenigen Ländern angenommen, deren Gesetze eine ausdrückliche Bestimmung nicht enthalten; so für Frankreich von der herrschenden Meinung (Lyon-Caën et Renault S. 64 Nr. 80; a. M. Thaller Droit Commercial 3 éd. S. 660 Nr. 1354, der ihm nur bürgerlich-rechtliche Wirksamkeit beimißt. In dem neuen tschechoslowakischen Gesetze (§ 3 Nr. 2) ist, wie in Ungarn, das Versprechen von Zinsen und anderen Nebenleistungen für ungültig erklärt. Dagegen folgen die neuen Gesetze von Polen (Art 5) und Jugoslawien (§ 5) der Haager EWO (vgl. unten Anhang II Anm 20), indem sie bestimmen, daß in Sicht- und Nach-Sicht-Wechseln Zinsen stipuliert werden können, die im Zweifel vom Tage der Ausstellung laufen und daß, wenn der Zinsfuß nicht angegeben ist, er in Polen so hoch ist, wie der gesetzliche, in Jugoslawien 6 v. H., und daß in anderen Wechseln das Zinsversprechen als nicht geschrieben zu gelten hat. **Anm. 17.**

Anhang II. Künftiges einheitliches Wechselrecht. 1. Die in Satz 1 und 2 des Art 7 DWO behandelten Wirkungen des Mangels wesentlicher Wechselerfordernisse sind in dem Haager Entwurf einer EWO in Art 2 in Verbindung mit den Artikeln 2, 3 des Haager Abkommens geregelt. In dem Genfer Entwurf eines EWG ist diese Regelung durch die Artikel 1, 2, 10 in Verbindung mit den Artikeln 1 bis 3 der Annexe II (Reserven) erfolgt. Vgl. darüber Näheres im Anhang II zu Art 4 DWO Anm 15, 15a, 32. **Anm. 18.**

2. Über das **Zinsversprechen** im Wechsel (Art 7 Satz 3 DWO) ist in der Haager EWO folgendes bestimmt: **Anm. 19.**

Art 5:

„In einem Wechselbriefe, der bei Sicht oder in einer gewissen Frist von der Sicht ab zu zahlen ist, kann von dem Zieher bestimmt werden, daß die Summe Zinsen tragen soll. In jedem anderen Wechselbriefe wird diese Bestimmung als nicht geschrieben angesehen.

Der Zinsfuß soll in dem Briefe angegeben sein, in Ermangelung dieser Angabe, ist er zu fünf vom Hundert.

Die Zinsen laufen vom Datum des Wechselbriefes ab, wenn ein anderes Datum nicht angegeben ist."

In das Genfer EWG (Art 5) ist dieser Artikel mit der Änderung übernommen worden, daß der zweite Halbsatz des Absatzes 2 lautet:

... „in Ermangelung dieser Angabe wird die Klausel als nicht geschrieben erachtet."

Nach diesen Bestimmungen wird im künftigen einheitlichen Wechselrecht dem Zinsversprechen, insofern abweichend vom deutschen Rechte, ausnahmsweise wechselmäßige Wirkung beigelegt bei Sicht- und Nach-Sicht-Wechseln; bei allen übrigen Wechselbriefen gilt es, wie im deutschen Rechte, als nicht geschrieben und kann sonach wechselmäßige Wirkungen nicht erzeugen, während die bürgerlich-rechtliche Wirkung sich danach richten wird, ob nach dem bürgerlichen Rechte des einzelnen Staates ein Zinsversprechen der Schriftlichkeit bedarf. Vgl. oben Anm 12. Der gesetzgeberische Grund dieser Unterscheidung muß wohl darin gefunden werden, daß bei Wechseln mit bestimmtem Verfalltage die Zinsen von vornherein berechnet und in die Hauptwechselsumme aufgenommen werden können, während das bei Sicht- und Nach-Sicht-Wechseln nicht möglich ist. Voraussetzung für die Wirksamkeit des Zinsversprechens ist jedoch nach den Genfer Beschlüssen, daß in dem Wechselbriefe der Zinsfuß angegeben ist; andernfalls gilt es auch bei Sicht- und

Nach-Sicht-Wechseln als nicht geschrieben. Der Grund dieser Änderung gegenüber der Haager EWO lag darin, daß die Vertreter der verschiedenen Staaten sich über die Höhe des im Falle der Nichtangabe zugrunde zu legenden Zinsfußes nicht einigen konnten (Bericht des Red.-Komm. Nr. 28, C. r. S. 129).

II. Verpflichtungen des Ausstellers.

Artikel 8.

Der Aussteller eines Wechsels haftet für dessen Annahme und Zahlung wechselmäßig.

Anm. 1. 1. Während im Unterabschnitte I des zweiten Abschnittes in den Artikeln 4—7 die formellen Erfordernisse für die Gültigkeit des gezogenen Wechsels behandelt werden, behandeln die folgenden Unterabschnitte die aus dem W sich ergebenden materiellen Rechte und Verpflichtungen, und zwar zunächst Nr. II die **Verpflichtungen des Ausstellers.**

Anm. 2. 2. **Aussteller** ist bei dem im zweiten Abschnitte der WO behandelten gezogenen W diejenige Person, welche — wenn man von dem unregelmäßigen Falle des trassiert eigenen Wechsels (Art 6 Abs 2, vgl. Anm 4 zu Art 6) absieht, — eine andere Person, den Bezogenen, anweist, die Wechselsumme zu zahlen; bei dem eigenen Wechsel (dritter Abschnitt, Artt 96 ff.) diejenige Person, welche sich verpflichtet, die Wechselsumme zu zahlen. Durch den hier in Frage stehenden gezogenen W wird daher nicht eine unmittelbare oder prinzipielle Verpflichtung des Ausstellers zur Zahlung der Wechselsumme begründet; vielmehr soll in erster Linie ein anderer, der Bezogene, die Wechselsumme zahlen, sei es, nachdem er dazu eine wechselmäßige Verpflichtung durch Akzeptation übernommen hat, sei es ohne solche vorherige Verpflichtung. Die Verpflichtung des Ausstellers ist vom Gesetze als Haftung bezeichnet, d. h. der Aussteller wird durch den Wechselvertrag (vgl. unten Anm 5) verpflichtet, für Handlungen eines anderen, nämlich für die Annahme und die Zahlung der Wechselsumme durch den Bezogenen, einzustehen; es handelt sich sonach um einen Gewährleistungs- (Garantie-) Vertrag (RGZ 90, 416). Von der Bürgschaft unterscheidet sich ein solcher Vertrag dadurch, daß die Verpflichtung nicht von dem Bestehen einer Hauptschuld abhängig ist (RG a. a. O.). Dementsprechend ist die Verbindlichkeit des Ausstellers vom Gesetze als eine Regreßverbindlichkeit gestaltet, d. h. eine solche, die dann eintritt, wenn der Erfolg, für den die Gewähr übernommen ist, nicht erreicht worden ist, und zwar besteht eine Regreßpflicht des Ausstellers: 1. mangels Annahme des Wechsels durch den Bezogenen (Art 25 ff.); 2. wenn der Bezogene zwar angenommen hat, aber die Wechselsumme noch nicht fällig und es aus bestimmten Gründen unsicher erscheint, ob er sie bei Fälligkeit zahlen wird (Art 29); 3. wenn der Bezogene die Wechselsumme bei Fälligkeit nicht bezahlt hat (Art 41 ff.). In den beiden ersten Fällen findet Regreß auf Sicherstellung (Unterabschnitt VI Art 25 ff.), in dem letzten Falle Regreß mangels Zahlung (Unterabschnitt VIII Art 41 ff.) statt. Von der gewöhnlichen Anweisung des bürgerlichen, wie des Handelsrechts (§§ 783 ff. BGB, 363 HGB), unterscheidet sich sonach der gezogene W in seinen Wirkungen dadurch, daß durch die Anweisung als solche eine Regreßpflicht des Anweisenden (Ausstellers) nicht begründet wird, vielmehr nur eine Haftung auf Grund des zwischen dem Anweisenden und dem Anweisungsempfänger bestehenden kausalen Rechtsverhältnisses in Frage kommen kann, während die Haftung des Ausstellers eines gezogenen Wechsels durch die Ausstellung und Begebung an und für sich begründet wird. Für den Scheck ist durch § 15 des Scheckgesetzes die Haftung des Ausstellers eingeführt, nachdem er während längerer Zeit im geschäftlichen Verkehr sich ausgebildet hatte, ohne daß aus ihm ein scheckrechtlicher Rückgriff gegen den Aussteller stattfand, obwohl hierzu gerade beim Scheck, der nicht angenommen werden kann, ein besonderes Bedürfnis bestand und empfunden wurde; vgl. Näheres in meinem Komm zum Scheckgesetz § 15 Anm 1. Auch beim W bildet die Regreßpflicht des Ausstellers ein erhebliches Moment für die Sicherheit des Verkehrs, teils neben der Verpflichtung des Akzeptanten, teils ohne diese, da nicht alle Wechsel zur Annahme gelangen.

Anm. 3. 3. Voraussetzung der Haftung als Aussteller ist zunächst, daß der W von dem als solcher in Anspruch Genommenen unterschrieben ist. Während also zur Erfüllung des wesentlichen Formalerfordernisses des Art 4 Nr. 5 es hinreicht, daß die Unterschrift diejenige einer wechselfähigen Person sein kann (vgl. zu Art 4 Anm 35 a), ist für die materielle Verpflichtung einer bestimmten Person als Aussteller erforderlich, daß die Unterschrift von ihr herrührt, also echt ist. Die Erfordernisse der durch Gesetz bestimmten schriftlichen Form sind durch § 126 Abs 1 BGB geregelt. Danach muß die Unterzeichnung eigenhändig durch Namensunterschrift oder mittels gerichtlich oder notariell beglaubigten Handzeichens erfolgen. Der Name, mit dem unterzeichnet ist, muß ein Personenname oder eine Firma sein; daß der Unterzeichner berechtigt ist, den Namen zu führen, ist nicht erforderlich; daß er ihn tatsächlich führt, muß genügen, sonach auch die Unterzeichnung mit einem Pseudonym. Daß der Name über die Persönlichkeit „keinen Zweifel lasse" (so RGR Komm zu § 126 Anm 3), kann nicht verlangt werden; ein solches Verlangen wäre nicht durchführbar, da viele Personen den gleichen Namen tragen; es muß genügen, daß die Persönlichkeit des Unterzeichners festgestellt werden kann. Auch die Unterzeichnung mit dem „vollen Familiennamen" (so RGRKomm a. a. O.) ist nicht erforderlich; auch der Rufname genügt, wenn bewiesen werden kann, wer der Unterzeichner ist; so auch Planck zu Art 126 Anm 2 b, unter Hinweis auf die Gewohnheiten fürstlicher und geistlicher Personen, im übrigen aber unter grundsätzlich ungerechtfertigter Beschränkung auf den rein familiären Verkehr. Tatsächlich wird freilich ein nur mit dem Rufnamen unterzeichneter Wechsel für den Verkehr in einem weiteren Kreise ungeeignet sein. Über den, auch von der WO zugelassenen Ersatz der Namensunterschrift durch ein gerichtlich oder notariell beglaubigtes „Handzeichen" vgl. Art 94 und die Erläuterungen dazu.

Der Unterschrift durch den Aussteller selbst steht die Unterschrift durch einen **Bevollmächtigten oder gesetzlichen Vertreter,** der Vertretungsmacht besitzt (vgl. zu Art 95 Anm 2) gleich, und zwar kann dieser sowohl mit seinem Namen unter Angabe des Vertretungsverhältnisses, wie auch mit dem Namen des Vertretenen unterzeichnen (RGZ 74, 69; 81, 2). Nach RGZ 58, 387 soll die Unterzeichnung durch eine andere Person nicht genügen, wenn diese nicht mit der Vertretung dessen, der sich verpflichten will, in der Willenserklärung, sondern nur mit der mechanischen Dienstleistung des Schreibens beauftragt ist. Indessen diese juristisch zugespitzte Unterscheidung dürfte den Parteien fernliegen und ihnen in der Regel weder zum Bewußtsein gelangen noch ihrem, nach Auslegungsgrundsätzen zu ermittelnden erklärten Willen, der nach Treu und Glauben als auf Herstellung einer rechtswirksamen Wechselerklärung gerichtet angenommen werden muß, entsprechen (vgl. RGZ 81, 2), dagegen die Sicherheit des Wechselverkehrs in hohem Grade gefährden. **Anm. 4.**

Ob als weitere Voraussetzung für die Entstehung der Verbindlichkeit des Ausstellers aufzustellen ist, daß der Aussteller den W begeben hat, hängt von dem Standpunkte ab, den man in dem Theorienstreit über den Entstehungsgrund der Wechselverbindlichkeiten überhaupt einnimmt. Vgl. darüber Vorbem 2 vor Art 4. Nach dem dort eingenommenen grundsätzlichen Standpunkte, der im wesentlichen der Rechtsprechung des Reichsgerichts entspricht, ist auch für die Ausstellerverpflichtung grundsätzlich erforderlich, daß der Aussteller den W begeben hat; doch kann der Mangel eines Begebungsvertrages dem gutgläubigen Wechselinhaber nicht entgegengehalten werden. Wenn Staub-Stranz für ihre auch in der 12. Aufl. noch festgehaltene Meinung, daß der Aussteller auch dem legitimierten gutgläubigen Erwerber nur unter der Voraussetzung hafte, daß er den W begeben hat (in Anm 3 zu Art 8) als Beispiel anführen, daß, wenn der Aussteller den W niemandem ausgehändigt, sondern ihn verloren hat, der Finder kein Wechselrecht habe (ROHG 25, 67), so übersehen sie, daß der Finder durch den **Besitz** des W zwar formell legitimiert, aber nicht gutgläubiger Erwerber, also aus diesem Grunde überhaupt nicht materieller Wechselgläubiger ist; vgl. zu Art 36 Anm 18. **Anm. 5.**

Voraussetzung für die Verpflichtung des Ausstellers ist ferner, daß er wechselfähig im Sinne von Art 1 WO ist. Vgl. zu Art 1 Anm 2. Die Wechselfähigkeit muß vorhanden sein zu dem Zeitpunkte, an welchem die Verbindlichkeit als entstanden anzusehen ist; die Entscheidung dieser Frage aber hängt wiederum von der Einstellung ab, die man zu der Frage des Entstehungsgrundes der Wechselverbindlichkeit einnimmt. Vom Standpunkte der Kreationstheorie würde das Vorhandensein der Wechselfähigkeit zur Zeit der Herstellung der Ausstellerunterschrift genügen, auch wenn sie bei Begebung des Wechsels nicht mehr vorhanden war; andererseits aber würde auch ihr Vorhandensein zur Zeit der Begebung genügen, da hierin eine Genehmigung der früher im Zustande der Wechselunfähigkeit abgegebenen Unterschrift gefunden werden müßte. Erachtet man aber, in Übereinstimmung mit der hier vertretenen Ansicht, grundsätzlich einen Begebungsvertrag als erforderlich zur Entstehung der Wechselverpflichtungen, so ist das Vorhandensein der Wechselfähigkeit regelmäßig im Zeitpunkte der Begebung erforderlich und genügend (ROHG 3, 179). Vgl. zu Art 1 Anm 16. Ist aber ausnahmsweise ein Wechsel ohne Begebung durch den Aussteller in die Hände eines gutgläubigen Erwerbers gelangt und dieser dadurch Wechselgläubiger geworden (vgl. oben Anm 5), so kann für die Einrede der Wechselunfähigkeit ihm gegenüber nur der Zeitpunkt der Herstellung der Unterschrift maßgebend sein. Über den für die Frage der Wechselfähigkeit maßgebenden Zeitpunkt im Falle der Ausstellung eines Wechsels in blanco (Blankotratte) vgl. zu Art 7 Anm 7. **Anm. 6.**

4. Die Regreßverbindlichkeit des Ausstellers entsteht ihrem Grunde nach schon mit der Ausstellung und Begebung des Wechsels, nicht etwa dadurch, daß der Wechsel nicht angenommen oder bei Fälligkeit nicht bezahlt wird; sie ist durch diese Umstände nur kraft Gesetzes bedingt. Das ergibt sich aus Art 81 WO; vgl. Anm 12ff. dazu. Deshalb ist, wenn nach Ausstellung und Begebung des Wechsels, aber vor Fälligkeit, über das Vermögen des Ausstellers Konkurs eröffnet wird, der Wechselinhaber berechtigt, die Regreßforderung gemäß § 54 KO aufzurechnen gegen eine der Konkursmasse ihm gegenüber zustehende Forderung (ROHG 24, 1). Auch ist, wenn der Aussteller den Wechsel vor dem Verfalltage einlöst, darin keine nach § 32 KO anfechtbare unentgeltliche Verfügung zugunsten des Wechselinhabers zu finden (dieser von StStranz in Anm 4 zu Art 8 aufgestellte Satz ist zwar richtig, die zum Belege dafür angezogene Entscheidung in RGZ 50, 134 enthält ihn aber, trotz der irreführenden Überschrift, nicht, beruht vielmehr auf anderen Erwägungen). Ist über das Vermögen des Ausstellers und des Akzeptanten Konkurs eröffnet, so kann der Wechselinhaber in jedem Verfahren gemäß § 68 KO bis zu seiner vollen Befriedigung den ganzen Betrag geltend machen, da die Leistung des Akzeptanten und des Regreßpflichtigen, **Anm. 7.**

obwohl die Verpflichtung des letzteren bedingt ist und nicht immer auf den gleichen Betrag geht wie die des Akzeptanten, doch gemäß Art 81 WO eine und dieselbe ist (RGZ 11, 19).

Anm. 8. **5.** Die Haftung des Ausstellers ist eine **wechselmäßige.** Das bedeutet:

a) In materieller Beziehung, daß sie als abstrakte Skripturobligation auf Grund des in Wechselform abgegebenen schriftlichen Haftungsversprechens unabhängig ist von dem Rechtsverhältnis zwischen dem Aussteller und dem Wechselnehmer, das der Ausstellung des Wechsels zugrunde liegt. Zu ihrer Geltendmachung ist daher lediglich die Innehabung des Wechsels und die formelle Legitimation des Inhabers als Wechselgläubiger erforderlich; außerdem liegt dem Inhaber im Falle des Bestreitens der Nachweis ob, daß die Unterschrift des Ausstellers „echt" ist, d. h. von der als solcher in Anspruch genommenen Person herrührt; vgl. oben Anm 3. Auch die Wechselfähigkeit des Ausstellers ist zur Begründung seiner Haftung erforderlich; doch liegt infolge der für die Wechselfähigkeit bestehenden Vermutung der Nachweis, daß sie in dem maßgebenden Zeitpunkte (vgl. oben Anm 6) gefehlt hat, dem dieses behauptenden Aussteller ob; vgl. zu Art 1 Anm 17). Alle übrigen Einwände des in Anspruch genommenen Ausstellers gegen seine Haftung stellen sich als Einreden dar, die nur nach Maßgabe des Art 82 WO statthaft und von ihm zu beweisen sind. — Die wechselmäßige Haftung bedeutet ferner, daß die Inanspruchnahme des Ausstellers abhängig ist von der Vornahme der zur Erhaltung der Wechselrechte ihm gegenüber vorgeschriebenen Handlungen (Protest mangels Annahme bzw. mangels Zahlung, Artt 19, 41 ff.); sowie daß die Haftung auf die in der WO (Artt 50, 51) genannten Beträge und auf die kurzen wechselrechtlichen Verjährungsfristen (Artt 77 ff.) beschränkt ist.

Anm. 9. Aus der Wechselmäßigkeit der Haftung folgt ferner, daß **mehrere Aussteller** (über die Zulässigkeit vgl. zu Art 4 Anm 36) als Gesamtschuldner, jeder für das Ganze, in der Weise haften, wie dies in Art 81 Satz 3 für die Haftung mehrerer Wechselverpflichteter vorgeschrieben ist. Das gilt auch dann, wenn der erste Unterzeichner nicht gewußt hat, daß demnächst noch andere den Wechsel als Aussteller unterzeichnen werden (RG 17. 10. 06 I 39/1906; vgl. RGRKomm zu § 421 Anm 1 S. 632). Nach den Grundsätzen der deutschen WO (Artt 81, 49) begründet jede einzelne Wechselschrift, auch wenn es sich um mehrere Zeichner der gleichen Wechselerklärung (Ausstellererklärung, Akzept usw.) handelt, eine selbständige Wechselverpflichtung; jeder Zeichner steht dem Wechselgläubiger in der Weise gegenüber, als wenn er allein die Wechselerklärung abgegeben hätte. Hieraus hat das RG in RGZ 51, 23 gefolgert, daß die Wechselverpflichtung mehrerer Aussteller im Sinne des französischen Code civil (Art 1200, 1285 Abs 1) nicht als Korrealobligation aufzufassen sei und daß deshalb durch einen mit einem von ihnen abgeschlossenen Erlaßvertrag die Verpflichtung der übrigen nicht erlischt; a. M. Thöl, Wechselrecht § 179 III S. 723 (4. Aufl). Jetzt ist dafür der § 423 BGB maßgebend, der lediglich auf die Absicht der Vertragschließenden abstellt; vgl. auch RGZ 59, 319.

Das Verhältnis der mehreren Aussteller zueinander bestimmt sich, da die WO darüber keine Vorschriften enthält, lediglich nach den Vorschriften des allgemeinen bürgerlichen Rechts. Nach diesen wird durch die Wechselzeichnung Mehrerer nicht ohne weiteres ein Gemeinschaftsverhältnis zwischen den Wechselverpflichteten hergestellt und deshalb nicht ein echtes Gesamtschuldverhältnis begründet, das eine Ausgleichungspflicht gemäß § 426 BGB rechtfertigen könnte. Vgl. RGRKomm zu §§ 426 A. 1, 421 A. 1 Abs 1 unter b am Schlusse (S. 632); ferner RGZ 96, 138.

Anm. 10. **b)** In prozessualer Beziehung bedeutet die wechselmäßige Haftung des Ausstellers, daß der Regreßanspruch gegen ihn sich als ein Anspruch aus dem Wechsel darstellt und deshalb im Wechselprozesse nach Maßgabe der §§ 602 ff. ZPO geltend gemacht werden kann. Vgl. Vorbem 22 vor Art 4.

Anm. 11. **6. a) Wem** der Aussteller haftet, ist in Art 8 nicht ausdrücklich gesagt. Aus der Wechselmäßigkeit der Haftung ergibt sich aber, daß sie gegenüber dem als Wechselgläubiger legitimierten Wechselinhaber eintritt. Als solcher kommt der erste Nehmer (Remittent) sowie jeder gemäß Art 36 legitimierte Indossatar in Betracht. Dagegen steht dem Bezogenen, der den Wechsel auf Grund seines Akzepts oder ohne solches bei Fälligkeit bezahlt oder nachträglich eingelöst hat, ein wechselrechtlicher Anspruch gegen den Aussteller nicht zu (Art 23 Abs 3); er ist auf Geltendmachung eines etwaigen Ersatzanspruchs auf Grund und nach Maßgabe des zwischen ihnen bestehenden bürgerlichen Rechtsverhältnisses, das der Wechselziehung zugrunde lag (Kreditgewährung, Gefälligkeitsakzept usw.) beschränkt. — Dem Aussteller seinerseits, der den Wechsel eingelöst hat, steht ein wechselmäßiger Anspruch nur gegen den Akzeptanten zu (Art 23 Abs 2; vgl. zu Art 23 Anm 9 ff.), vorbehaltlich dessen Einreden aus dem der Wechselziehung und Akzeptierung zugrunde liegenden Rechtsverhältnisse (z. B. Gefälligkeitsakzept; vgl. Näheres zu Art 82 Anm 30). Gegen den Bezogenen, der nicht akzeptiert hat, kann er Ansprüche nur nach Maßgabe des der Wechselziehung auf diesen zugrunde liegenden Rechtsverhältnisses geltend machen.

Anm. 12. **b)** Den Gegenstand der Haftung bildet im Falle der Nichtannahme des Wechsels oder der Unsicherheit des Akzeptanten Sicherstellung nach Maßgabe der Artt 25—29; im Falle der Nichtzahlung des Wechsels durch den Akzeptanten, Bezogenen oder einen Ehrenzahler die Leistung der in den Artt 50, 51 vorgesehenen Beträge. Vgl. Näheres darüber in den Erläuterungen zu den genannten Artikeln. — Eine weitergehende, im bürgerlichen Rechte begründete Haftung des Ausstellers gegenüber dem Remittenten aus dem der Wechselbegebung an diesen zugrunde liegenden Rechtsverhältnisse bleibt unberührt.

7. Die wechselmäßige Haftung des Ausstellers ist durch Art 8 als absolut und ausnahmslos kraft Gesetzes eintretende Folge der Ausstellung eines Wechsels vorgeschrieben. Sie ist daher nicht abdingbar und kann insbesondere nicht, wie entsprechend gemäß Art 14 Satz 2 (vgl. Anm 7 zu Art 14) die Haftung des Indossanten, durch einen Vermerk des Ausstellers bei seiner Unterschrift **„Ohne Obligo", „Ohne Gewährleistung"** und dergl. — die sogenannte Angstklausel —, ausgeschlossen werden. Das ergibt ohne weiteres schon die Fassung des Gesetzes, da die WO, soweit sie solche absolut gefaßte Vorschriften gibt, im Zweifel nicht dispositives, sondern zwingendes Recht schafft; vgl. über die Auslegung der WO in dieser Richtung RGZ 37, 148. Es ergibt sich aber auch aus dem Gegensatze zu Art 14 Satz 2, wo für die Haftung aus dem Indossamente eine abweichende Parteidisposition ausdrücklich zugelassen ist, was sicherlich hier auch geschehen wäre, wenn es im Sinne des Gesetzes gelegen hätte, ersichtlich aber unterblieben ist wegen der grundlegenden Bedeutung, welche der Haftung des Wechselausstellers für die Gestaltung der wechselrechtlichen Verhältnisse zukommt. Könnte auch die Haftung des Ausstellers ausgeschlossen werden, so würde ein Umlauf von Papieren in Wechselform möglich sein, aus denen niemand haftet, was dem Ansehen des Rechtsinstituts nicht förderlich wäre. Wenn Bernstein (JW 1927 S. 2972) diese Argumentation zwar für den Scheck gelten lassen will (wo die entsprechenden Vorschriften für die Haftung des Ausstellers und des Indossanten in dem gleichen Paragraphen des Scheckgesetzes (§ 15), also in unmittelbarem räumlichen Zusammenhange, einander gegenüberstehen), nicht aber für den Wechsel, weil sie sich hier in verschiedenen Artikeln befinden, so kann ihm nicht zugegeben werden, daß dieser äußerlichen Verschiedenheit eine entscheidende Bedeutung beizumessen sei. Deshalb kann auch, jedenfalls de lege lata, nicht, wie er will, etwas anderes als Gesetzesinhalt aus der „Rechtslogik" gefolgert werden, die übrigens einen solchen Schluß keineswegs rechtfertigt. Denn den rechtlichen Grund für die Haftung des Ausstellers bildet nicht sein Haftungswille, sondern das an die formelle Tatsache der Wechselausstellung anknüpfende Gesetz. Deshalb kann die Haftung „logisch" sehr wohl gegen den Willen des Ausstellers, auch wenn er in der Wechselurkunde zum Ausdruck gebracht ist, eintreten. **Anm. 13.**

Andrerseits ist auch eine Unterzeichnung der Tratte, der ein solcher Zusatz beigefügt ist, eine Ausstellerunterschrift im Sinne des in Art 4 Nr. 5 aufgestellten formalen Wechselerfordernisses, da sie inhaltlich mit der darüber stehenden Willenserklärung (Anweisung zur Zahlung in Wechselform) nicht in Widerspruch steht, sondern nur eine gesetzliche Folge dieser Willenserklärung (die Regreßpflicht) betrifft; eine Ungültigkeit des Wechsels als solchen wegen Mangels eines wesentlichen Erfordernisses wird deshalb dadurch nicht herbeigeführt. Vgl. zu Art 4 Anm 36. Man muß vielmehr zu dem Schlusse gelangen, daß durch eine solche Wechselausstellung die gesetzliche Haftung des Ausstellers, ungeachtet seines wirkungslosen Protestes, eintritt. Vgl. die über die gleiche Frage beim Scheck in meinem Komm zum Scheckgesetz zu § 15 Anm 9 b in diesem Sinne gemachten Ausführungen, die von Bernstein a. a. O. als „unschlüssig" bezeichnet, aber nicht widerlegt werden. — In der Rechtslehre wie Rechtsprechung ist die Frage lebhaft umstritten, aber wenig geklärt. Für die Ungültigkeit eines mit solchem Zusatze ausgestellten gezogenen Wechsels haben sich ausgesprochen: Staub-Stranz zu Art 8 A. 1 und zu Art 4 Anm 67; früher auch Bernstein (WO S. 73); ferner Rehbein A. 2; Cohn bei Holtzendorff 7. Aufl III S. 162; Lehmann Lehrbuch S. 440. In RGZ 18 S. 114 ist die Frage der Ungültigkeit dahingestellt gelassen; in RGZ 37, 147 ist sie verneint und (in Übereinstimmung mit der von mir vertretenen Auffassung) ausgesprochen, daß die Haftung des Ausstellers jedem Dritten gegenüber durch den von ihm gemachten Vermerk nicht ausgeschlossen werde. Auch v. Canstein (Lehrbuch S. 172 Anm 33) will die Klausel als „nicht geschrieben" behandelt wissen, also ihrer ungeachtet die Haftung des Ausstellers bejahen. Dagegen wird die Zulässigkeit des Ausschlusses der Haftung vertreten von Wächter WRecht S. 156 f.; Bernstein Vorlesungen S. 57; Staub 4. Aufl Anm 67 zu Art 4. Die Praxis des Obertribunales war sehr schwankend: in mehreren Entscheidungen hat es die Möglichkeit des Ausschlusses der Haftung verneint (Striethorst 64, 28; SeuffArch 22 Nr. 167); in anderen (SeuffArch 18, 160; OTr 61, 183; Striethorst 68, 365) den Ausschluß für zulässig erklärt. Ist bei einem an eigene Order gestellten und von dem Aussteller indossierten Wechsel die Klausel seinem Indossamente beigefügt, so wird dadurch zwar die Haftung als Indossant, nicht aber diejenige als Aussteller ausgeschlossen (ROHG 91, 97; 21, 274; RGZ 18, 113). — Die wechselmäßige Verpflichtung des Ausstellers ungeachtet des Vermerks hindert übrigens nicht, daß er dem jedesmaligen Kläger, insbesondere dem ersten Nehmer, gegenüber gemäß Art 82 WO mit Erfolg den Einwand erhebt, daß diesem gegenüber nach dem zwischen ihnen bestehenden bürgerlich-rechtlichen Verhältnisse seine Haftung für die Annahme oder Zahlung des Wechsels ausgeschlossen sei. Zum Nachweise hierfür kann der von ihm seiner Ausstellerunterschrift beigefügte Zusatz dienlich sein. — Auf den eigenen Wechsel findet Art 8 keine Anwendung, wie sich aus Art 98 (vgl. die Erläuterungen dazu) ergibt. **Anm. 13a.**

8. Die Haftung des Ausstellers **erlischt** in der Regel — wie die aller übrigen Wechselverpflichteten, insbesondere auch der Indossanten, vgl. zu Art 14 Anm 6, — dadurch, daß **Anm. 14.**

der Akzeptant oder der Bezogene, der nicht akzeptiert hat, oder auch der Domiziliat, der als Vertreter des Bezogenen zu handeln berufen ist, den Wechsel bezahlt; denn das Haftungsversprechen des Regreßpflichtigen ist nur für den Fall gegeben, daß der Wechsel nicht bezahlt wird (ROHG 5, 126; 8, 387; 15, 22; 18, 168; RGZ 9, 64). Zu weit geht freilich die angeführte Entscheidung des ROHG in Bd 5 S. 126, wenn dort ausgeführt ist, es sei rechtlich undenkbar, daß der Bezogene, mag er akzeptiert haben oder nicht, die Zahlung leiste nicht in der Absicht, die Wechselschuld zu tilgen, sondern um sich selber oder anderen eine neue Wechselforderung zu verschaffen. Vielmehr ist es (wie in ROHG 18, 368 und RGZ 9, 64 ausgeführt ist) immer eine tatsächliche Frage, ob eine Zahlung erfolgt mit der Absicht, die objektive Wechselverbindlichkeit oder nur die eigene Verbindlichkeit des Zahlenden zu tilgen, oder, wenn eine solche Verbindlichkeit nicht besteht, zum Zwecke des Erwerbes (Kaufes) der Wechselforderung. Bei dem Akzeptanten als Hauptschuldner (und dem in der gleichen rechtlichen Stellung befindlichen Aussteller eines eigenen Wechsels, vgl. zu Art 96) wird freilich eine andere Absicht als die der Tilgung der objektiven Wechselverbindlichkeit, wozu er verpflichtet ist, nicht leicht anzunehmen sein. Auch bei dem Bezogenen, der nicht akzeptiert hat, und bei dem Domiziliaten streitet eine starke Vermutung dafür, daß die Zahlung in der Absicht der Erledigung des dem Bezogenen durch den Wechsel erteilten Zahlungsauftrags erfolgt sei, und es wird des Nachweises besonderer Umstände bedürfen, um sie zu widerlegen. Zahlt dagegen ein Regreßverpflichteter an den ihm gegenüber Regreßberechtigten, so kann eine solche Vermutung nicht Platz greifen; vielmehr bedarf es hier weiterer tatsächlicher Umstände für die Annahme, daß dadurch nicht nur seine eigene Regreßverpflichtung, sondern die ganze objektive Wechselverbindlichkeit getilgt werden soll (RGZ 9, 64). Auch ein auf dem Wechsel stehender allgemeiner Quittungsvermerk des Zahlungsempfängers („Bezahlt") beweist für sich allein noch nicht eine solche Absicht und bewirkt auch nicht (wie Thöl WRecht 4. Aufl § 183 S. 794 annimmt) durch Zerstörung der Wechselform mit Notwendigkeit die Aufhebung der gesamten Wechselverbindlichkeiten (RGZ 9, 64).

Anm. 15. Ist die Zahlung auf dem Wechsel nicht vermerkt, so begründet sie nur eine Einrede (exceptio doli) gegen denjenigen, der in Kenntnis der Zahlung den Wechsel auf sich hat girieren lassen und aus ihm einen Regreßanspruch gegen einen Vormann erhebt (ROHG 5, 128; 8, 387). Im Konkurse des Ausstellers (ebenso des Indossanten) und des Akzeptanten kann die Wechselforderung gleichzeitig bis zur vollen Befriedigung geltend gemacht werden, da die Regreßverbindlichkeit als solche zwar rechtlich von der des Akzeptanten verschieden, aber wirtschaftlich die gleiche ist (§ 68 KO; RGZ 11, 19; JW 1890, 411[9]). Durch einen Zwangsvergleich im Konkurse des Akzeptanten wird die Regreßverbindlichkeit des Ausstellers (Indossanten) nicht berührt (§ 193 KO; Bernstein S. 72 Fußnote 3 und S. 100 Fußnote 2).

Anhang I: Ausländische Wechselgesetzgebungen.

Anm. 16. 1. Die Wechselgesetzgebungen des Auslandes stehen wohl sämtlich, wie das deutsche Wechselrecht, grundsätzlich auf dem Standpunkte, daß der Aussteller für Annahme und Zahlung oder doch für die Zahlung des Wechsels wechselmäßig haftet. Dieser Grundsatz ist aber nur in einem Teile der Gesetzgebungen ausdrücklich ausgesprochen. So in den der deutschrechtlichen Gruppe angehörigen Gesetzgebungen der Schweiz (Art 726), Ungarns (§ 7), Rußlands (bisheriges Gesetz Art 99 Ziff. 1), während das neue Gesetz in gleichem Sinne die Haftung aller Personen anordnet, welche den Wechsel unterschrieben haben, wozu in erster Linie der Aussteller gehört (§ 2 unter 1); auch der skandinavischen Länder (§ 8). Ferner für die Gruppe des französischen Rechts im französischen Code de commerce, der im Art. 118 die mit der deutschen WO sachlich übereinstimmende Vorschrift enthält, daß der Zieher (Aussteller) und die Indossanten solidarisch für die Annahme und die Zahlung bei Fälligkeit haften („sont garants"). Ebenso die übrigen Gesetzgebungen der französischen Rechtsgruppe. Auch im englischen und anglo-amerikanischen Recht (BEA 55[Ia]; NIL 3) ist bestimmt, daß der Aussteller durch die Trassierung die Garantie für die Annahme und die Zahlung des Wechsels übernimmt. Ebenso die neuen Wechselgesetze von Polen (Art 9), Jugoslawien (Art 16 Abs 2), der Tschechoslowakei (§ 7). Für Italien bestimmt Art 310, daß der Zieher „ein im Regreßwege Verpflichteter ist"; auch sonst wird der Anspruch gegen ihn als „Regreßanspruch" bezeichnet (Art 261, 322; Vivante Nr. 1328). In Japan (Artt 435, 441) ist bestimmt, daß der Aussteller durch die Wechselzeichnung nach Maßgabe des Wechselinhalts haftet, daß die Haftung erst mit der Begebung eintritt, daß jedoch gegenüber dem gutgläubigen Erwerber der Aussteller auch ohne Begebungsvertrag verpflichtet ist.

Anm. 17. 2. Über die Abdingbarkeit der Haftung des Ausstellers (vgl. oben Anm 13) enthalten das englische und anglo-amerikanische Recht eine besondere Vorschrift, und zwar in der Richtung, daß der Aussteller die Haftung ausschließen kann; BEA s. 16: „Der Zieher eines Wechsels und jeder Indossant kann eine besondere Bestimmung in den Wechsel einfügen: 1. die seine eigene Haftbarkeit gegenüber dem Inhaber verneint oder beschränkt". Entsprechend NIL § 111.

In den Rechtsgebieten, in welchen eine solche Vorschrift fehlt, haben sich über die Abdingbarkeit der Ausstellerhaftung die gleichen Streitfragen ergeben, wie im deutschen Rechte. In Frankreich wird sie von den Gerichten und überwiegend auch in der Rechtslehre für wirksam erklärt, namentlich wenn der Aussteller Provision geleistet hat (Meyer Wwrecht S. 171; Lyon-Caën et Ren. Nr. 101). Auch für Italien wird ihre Wirksamkeit überwiegend vertreten (Meyer Wwrecht S. 171 Anm 5), mit eingehender Begründung aber abgelehnt von Vivante Nr. 1100, der einer Urkunde, die eine solche Klausel enthält, die Eigenschaft als Wechsel abspricht.

Die Abdingbarkeit der Verpflichtungen des Ausstellers ist überhaupt ausgeschlossen durch das neue Gesetz der Tschechoslowakei (§ 7), während nach dem polnischen (Art 9 Abs 2) und dem jugoslavischen Gesetze (§ 9 Abs 2) die Haftung für die Annahme, nicht aber für die Zahlung abgedungen werden kann.

3. Eine besondere Verpflichtung legen die französische und die ihr folgenden Wechselgesetzgebungen dem Aussteller auf im Zusammenhange mit ihrer Behandlung der **Deckungsfrage**, d. h. des der Ziehung des Wechsels zugrunde liegenden Rechtsverhältnisses zwischen dem Aussteller und dem Bezogenen, indem sie den Aussteller verpflichten, für die Deckung, d. h. dafür zu sorgen, daß bei Verfall des Wechsels ihm eine Forderung gegen den Bezogenen zustehe, aus der dieser den Wechselinhaber befriedigen kann (Code de comm. Artt 115, 116). Die Annahme des Wechsels setzt das Vorhandensein der Deckung voraus („suppose la provision"). Trotzdem muß aber der Aussteller (er allein, nicht auch die Indossanten, vgl. über deren Haftung den Anhang I zum Unterabschn. III Anm 10) im Bestreitungsfalle, gleichviel ob die Akzeptation erfolgt ist oder nicht, nachweisen, daß der Bezogene zur Verfallzeit Deckung hatte; andernfalls haftet er dem Inhaber für den Wechsel, auch wenn der Protest nach Ablauf der Protestfrist erhoben worden ist (Art 117). Führt er den Beweis, so haftet er nicht, falls der Protest nicht rechtzeitig erhoben wurde, es sei denn, daß er nachträglich die zur Bezahlung des Wechsels bestimmten Fonds — die Deckung — durch Verrechnung, Kompensation oder auf sonstige Weise erhalten hat, also sich mit dem Schaden des Inhabers bereichern würde (Artt 170, 171). Die Deckung braucht übrigens nicht in bar vorhanden zu sein, sie kann auch durch Waren oder sonstige Werte oder auch durch einen bewilligten Kredit begründet sein. **Anm. 18.**

An der Deckung hat aber ferner die französische Rechtsprechung dem Wechselinhaber ein ausschließliches (dingliches) Recht, das als Eigentum bezeichnet wird, zugesprochen, welches demgemäß gegenüber allen anderen Gläubigern des Ausstellers, auch im Konkurse über dessen Vermögen, wirksam ist. Die der Wechselziehung zugrunde liegende Forderung des Ausstellers an den Bezogenen wird nämlich nach französischer Auffassung durch die „convention de change", den Wechselvertrag, auf den ersten Wechselnehmer (Remittenten) und durch jedes Indossament auf den jedesmaligen Indossatar übertragen, und zwar ohne daß es der Signifikation (die sonst im französischen Rechte für die Vollendung der Forderungsabtretung erforderlich ist) bedarf, da diese durch die Begebung des Wechsels ersetzt wird. Vgl. Lyon-Caën et Renault IV Nr. 179, 180; Dalloz Répertoire XII Art Effets de commerce; RGZ 65, 359. Diese Lehre findet namentlich Anwendung auf die sog. „Traites documentaires", d. h. solche Tratten, in denen ein Pfandrecht bestellt ist an Waren, die sich an Bord eines Schiffes befinden und durch ein Konnossement oder eine Seeversicherungspolize vertreten werden; vgl. Lyon-Caën et Renault S. 93 Nr. 106; Thaller S. 696 Nr. 1459. — Die Bestimmungen des französischen Rechts über die Deckung finden sich dem Wortlaute nach auch in Luxemburg (Artt 115—117, 171); Griechenland (115—117, 171). Andere Länder der französischen Gruppe folgen der Auffassung des französischen Rechts über die Deckungsfrage nur teilweise. So Holland, wo die Artt 115, 116, 117 Schlußsatz des franz. C. de comm. in den Artt 106, 107, 108 entsprechend übernommen sind, nicht aber Satz 1 des Art 117 und Art 171, und wo nach Art 110, wenn der Wechsel rechtzeitig protestiert ist, der Inhaber keinen Anspruch auf die Deckung hat, diese vielmehr, sofern der Wechsel nicht akzeptiert worden ist, in die Konkursmasse des Ausstellers und, sofern er akzeptiert ist, dem Bezogenen (Akzeptanten) gehört, der den Inhaber zu befriedigen hat, während, wenn der Wechsel nicht rechtzeitig protestiert und nicht angenommen ist, der Inhaber von dem Aussteller die Abtretung der Rechte auf die am Verfalltage in den Händen des Bezogenen befindliche Deckung sowie die Verschaffung der zur Erhebung der Deckung erforderlichen Titel, ferner gegenüber dem Konkursverwalter des Ausstellers nach dessen Wahl entweder die gleiche Abtretung oder Zulassung als Konkursgläubiger verlangen kann. Die ägyptischen Gesetze (Code mixte Art 116—122, 179), Code indig. Artt. 111—116, 172) enthalten gleichfalls den Artt 115—117, 171 des franz. C. de comm. entsprechende Vorschriften, mit dem Unterschiede, daß der Nachweis der Deckung (Art. 117 Satz 2 C. de comm.) nicht nur für den Verfalltag, sondern bis zum Ablaufe der Protestfrist verlangt wird; in Übereinstimmung mit dem holländischen Gesetze verpflichten sie ferner im Falle der Versäumung der Protestfrist den Aussteller und seinen Konkursverwalter zur Beschaffung der zur Erhebung der Deckung bei dem Bezogenen erforderlichen Titel. Dagegen gehen sie hinsichtlich der Frage des Eigentums an der Deckung auseinander. Nach dem C. mixte (Art 120) erwirbt nämlich der Inhaber die Deckung nur, wenn eine spezielle Bestimmung (affectation spéciale) darüber getroffen ist (wie bei den Traites documentaires, s. oben) und der Bezogene von dieser Bestimmung Kenntnis erhalten hat, während andernfalls die Deckung in die Konkursmasse des Ausstellers fällt oder, falls der Bezogene vor Kenntnis des Konkurses akzeptiert hat, diesem verbleibt, der den Inhaber zu befriedigen hat. Nach dem C. indig. (114) dagegen gehört, wie im franz. Rechte, die Deckung, auch ohne besondere Bestimmung über sie, dem Inhaber, mag Annahme des Wechsels erfolgt sein oder nicht, und er schließt alle anderen Gläubiger, auch im Falle des Konkurses, aus. — Spanien (Artt 456 ff., 525) hat die Artt 115, 116, 117 Schlußsatz des franz. C. de comm. übernommen und seine Rechtsprechung steht auch hinsichtlich des Eigentums an der Deckung auf dem franz. Standpunkte; vgl. Huguet y Campana S. 124 ff. — In Belgien hatte sich die Rechtsprechung zunächst in einer der französischen Jurisprudenz entgegengesetzten Richtung entwickelt; durch Art 6 Ges v. 20. 5. 1872 ist aber die Auffassung der französischen Jurisprudenz über das ausschließliche Recht des Inhabers an der Deckung Gesetz geworden und in Art 62 sind auch die Vorschriften des Art 171 des franz. Gesetzbuchs aufgenommen. — Die Staaten des lateinischen Amerika haben die Frage der Deckung in ihren Gesetzgebungen eingehend geregelt, und zwar meist auf der Grundlage des französischen Rechts, aber mit verschiedenartigen Abweichungen im einzelnen; vgl. Näheres bei Meyer, Weltwechselrecht S. 157 ff.

Anhang II. Künftiges einheitliches Wechselrecht.

Anm. 19. **1. a)** Der Haager Entwurf einer EWO bestimmt in Art 9:

„Der Zieher haftet für die Annahme und die Zahlung. Er kann sich von der Garantie für die Annahme freizeichnen (exonérer); jede Klausel, durch welche er sich von der Garantie für die Zahlung freizeichnet, gilt als nicht geschrieben".

Diese Bestimmung entspricht dem deutschen Rechte in der hinsichtlich der Abdingbarkeit oben (Anm 13) vertretenen Auffassung mit der Abweichung, daß die Haftung für die Annahme abgedungen werden kann (nicht-akzeptable Tratten). Bernstein (JW 1927, 2972) meint, daß danach die Haftung des Ausstellers wegen Unsicherheit des Akzeptanten nicht ausgeschlossen werden könne; er übersieht dabei anscheinend, daß die EWO im Kapitel VII (Art 42 ff.) unter dem Regresse mangels Annahme auch den Regreß nach Annahme, aber bei Unsicherheit des Akzeptanten, versteht (Art 42 Abs 2 — même avant l'échéance — Nr. 2; vgl. Anhang II zum Unterabschn VI Anm 1.

Die Bestimmung ist übrigens, wie die Verhandlungen der zweiten Haager Konferenz (Actes II S. 14) ersehen lassen, nicht einstimmig, sondern gegen den Widerspruch des ungarischen Vertreters (de Nagy) zustandegekommen, der geltend machte, daß es Fälle geben könne, in denen die Freizeichnung des Ausstellers von der Haftung für die Zahlung des Wechsels gerechtfertigt sei, namentlich, wenn der W für Rechnung eines anderen gezogen sei oder wenn ein Warenexporteur einen von ihm auf einen ausländischen Platz gezogenen akzeptierten Warenwechsel ohne Garantie gegen eine Risikoprämie diskontieren wolle. Von französischer Seite wurde demgegenüber geltend gemacht, daß eine solche Diskontierung eines Akzepts ohne Garantie des Trassanten (forfait) zwar auch in Frankreich bei Banken vorkomme, aber ohne daß der Ausschluß der Garantie auf dem W kenntlich gemacht werde, und sonach ohne wechselrechtliche Wirkung. Großbritannien und die Vereinigten Staaten, in deren Rechtsgebiet der Ausschluß der Haftung des Ausstellers bisher zulässig und üblich ist (vgl. oben Anhang I Anm 17) enthielten sich der Abstimmung.

Anm. 20. **b)** Die Genfer Konferenz hat den Art 9 der Haager EWO als Art 9 des Genfer EWG gleichlautend übernommen, nachdem bei den Verhandlungen Anträge einerseits auf Zulassung des Ausschlusses der Ausstellerhaftung auch für die Zahlung, andrerseits auf Streichung der Zulassung des Ausschlusses der Haftung für die Annahme (also auf Nichtzulassung der nicht-akzeptabeln Tratten) abgelehnt worden waren (Bericht des Red.-Kom. Nr. 32, C. r. S. 130). —

Anm. 21. **2.** Über die Verpflichtung des Ausstellers Provision zu leisten, die in manchen geltenden Wechselgesetzen, namentlich im französischen Rechtsgebiete besteht (vgl. den Anhang I zu diesem Unterabschnitte Anm 18), haben sich die Entwürfe eines einheitlichen Wechselgesetzes nicht nur einer Regelung enthalten, sondern sie noch ausdrücklich aus dem Bereiche des einheitlichen Wechselrechts verwiesen, unter gleichzeitiger Ausdehnung dieser Verweisung in dem Genfer EWG auf alle Fragen, welche die Beziehung der Wechselverpflichtung zu dem ihr zugrunde liegenden Kausalgeschäfte betreffen. Die in Frage kommenden Vorschriften sind folgende:

Art 14 Haager Abkommen, 16 Annexe II zum Genfer Abkommen:

„Die Frage (la question de savoir), ob der Zieher verpflichtet ist, bei Verfall Provision zu liefern und ob der Inhaber spezielle Rechte auf diese Provision hat, bleibt außerhalb des einheitlichen Gesetzes."

(Abs 2 GEWG): „Gleiches gilt für jede andere Frage, welche die Beziehung betrifft, auf Grund deren der Wechselbrief ausgegeben ist."

Eine Begründung für die Hinzufügung des Abs 2 findet sich in dem Berichte des Redaktionskomitees (Nr. 174, C. r. S. 153) nicht. Aus den Verhandlungen der Konferenz (C. r. S. 302 ff.) ergibt sich aber, daß es sich dabei lediglich darum gehandelt hat, grundsätzlich auszusprechen, daß das einheitliche Wechselgesetz sich mit den rechtlichen Verhältnissen, welche der Wechselverpflichtung zugrunde liegen, nicht befasse. Das in Art 1 Nr. 2 der Entwürfe ausgesprochene Erfordernis der Unabhängigkeit der wechselrechtlichen Verpflichtung des Ausstellers von dem zugrunde liegenden Rechtsverhältnisse („pureté") wird dadurch bestätigt.

III. Indossament.

Vorbemerkung.

1. Das **Indossament** ist die im Handelsverkehr entwickelte rechtliche Form für die Übertragung von Rechten, die in Urkunden, welche Träger des Schuldverhältnisses sind (Wertpapieren), verbrieft sind, von dem bisherigen Berechtigten (Indossant) auf einen neuen Berechtigten (Indossatar) mittels eines auf die Urkunde gesetzten schriftlichen Vermerkes (Order). Diese Übertragungsform findet sich im heutigen Rechte außer beim W noch bei anderen zum Umlauf im Verkehr bestimmten Wertpapieren; so namentlich bei den handelsrechtlichen Orderpapieren, jedoch nur soweit sie ausdrücklich an Order lauten (§§ 363 ff. HGB); ferner bei den Namensaktien (§ 222 HGB), den Reichsbankanteilen, § 3 der Satzung der Reichsbank (RAnz v. 14. und 28. 10. 1924 in Verbindung mit § 5 Abs 4 Satz 2 des Bankgesetzes v. 30. 8. 1924, RGBl II 235) und dem auf einen bestimmten Zahlungsempfänger gestellten Scheck (§ 8 des Scheckgesetzes v. 11. 3. 1908; vgl. Näheres in meinem ScheckgesetzKomm zu § 8); und zwar sind die genannten Papiere mit Ausnahme der an erster Stelle genannten sog. gesetzliche Orderpapiere, d. h. sie können durch Indossament übertragen werden, falls nicht diese Übertragung in der Urkunde ausgeschlossen ist. Die geschichtliche Entwicklung des Indossaments hat sich jedoch vorzugsweise in Verbindung mit der Entstehung und Entwicklung des Wechsels und in engem Anschlusse an diesen vollzogen. Die Geschichte des Indossaments ist deshalb oben (Einleitung unter I 1) im Zusammenhange mit der geschichtlichen Entwicklung des Wechsels, von der sie nicht getrennt werden kann, dargestellt worden und es kann hier darauf Bezug genommen werden. — Im heutigen Wechselrechte hat das Indossament des Wechsels neben der ihm wesentlichen und bei den meisten anderen obengenannten Papieren — außer beim Scheck — alleinigen Wirkung des Überganges der Rechte aus dem Papier (Transportwirkung) in der Regel noch die weitere Wirkung, daß der Indossant seinen Nachmännern für die Einlösung des Wechsels wechselmäßig haftet (Regreß- oder Garantiewirkung). Seine rechtliche Natur ist in der Theorie des deutschen Wechselrechts Gegenstand tiefgründiger Erörterungen gewesen. Sie ist von manchen als Ausstellung einer neuen Tratte im Anschluß an den Grundwechsel aufgefaßt worden (so Thöl § 114 S. 428; dagegen ROHG 15, 169); von anderen als Wechselbürgschaft (Einert Wechselrecht S. 197) oder als Novation (Unger, Die rechtl. Natur der Inhaberpapiere S. 117); auch als Hingabe kaufmännischen Papiergeldes (Koch WRecht S. 133); ferner als Zession, jedoch unter Anerkennung gewisser Abweichungen von deren Schema (so Bernstein S. 74/75). Alle diese Theorien heben nur eine Seite der Natur des Rechtsaktes besonders hervor. Am richtigsten und natürlichsten dürfte es wohl sein, das Indossament als einen Vertrag besonderer Art aufzufassen, der sich aus Übertragung obligatorischer Rechte, Eigentumsübertragung und Garantieleistung zusammensetzt und durch positive Satzung mit besonderen, in den Bedürfnissen des Verkehrs begründeten Rechtswirkungen ausgestattet ist. Das ist vornehmlich der Standpunkt der französischen Rechtslehre, vgl. den Anhang I zu diesem Unterabschnitte Anm 1.

2. Die WO regelt in dem hier beginnenden Unterabschnitte III ihres zweiten Abschnittes (Artt 9—17) das Indossament zunächst für den gezogenen W (die Tratte); doch gelten gemäß Art 98 Nr. 2 die Vorschriften der Artt 9—17 auch für den eigenen W. Von den einzelnen Artikeln behandeln — in ziemlich unsystematischer Anordnung — Art 9 die Begriffsbestimmung, Art 10 die Transportwirkung, Artt 11—13 die Formen des Indossaments, während Artt 14—16 die Garantiewirkung regeln und Art 17 sich mit dem sog. „Prokuraindossament" beschäftigt, das keine Übertragung des Eigentums am W bedeutet und daher kein eigentliches Indossament ist.

Artikel 9.

Der Remittent kann den Wechsel an einen anderen durch Indossament (Giro) übertragen.

Hat jedoch der Aussteller die Übertragung im Wechsel durch die Worte „nicht an Order" oder durch einen gleichbedeutenden Ausdruck untersagt, so hat das Indossament keine wechselrechtliche Wirkung.

1. a) Die Ausdrücke **„Indossament"** und **„Giro"** werden im Abs 1 des Artikels durch die Hin- **Anm. 1.**
zufügung des letzteren in Klammern zu dem ersteren als gleichbedeutend gekennzeichnet, in Übereinstimmung mit dem Sprachgebrauch des neueren Handelsrechts; über ihren geschichtlichen Ursprung vgl. die Einleitung unter I 1. Der Begriff des Indossaments (Giros) wird mittelbar bestimmt durch Angabe der ihm wesentlichen Rechtswirkung, die mit ihm in erster Linie bezweckt und erreicht wird, nämlich, daß dadurch der Wechsel auf einen anderen übertragen werden kann.

b) Als derjenige, der den W durch Indossament übertragen kann, ist in Art 9 der **Remittent** **Anm. 2.**
genannt, d. h. derjenige der im Wechsel als die Person oder Firma bezeichnet ist, an welche oder an deren Order gezahlt werden soll (Art 4 Nr. 3; vgl. zu Art 4 Anm 21). Er ist bei dem Wechsel

an eigene Order (Art 6 Abs 1) identisch mit dem Aussteller (vgl. zu Art 6 Anm 2). Der Remittent ist aber nicht die einzige Person, die den W durch Indossament übertragen kann. Er ist nur der erste Indossant, von dem die Kette der Indossamente (Art 36) ausgehen muß. Nach ihm kommen als Indossanten auch die Indossatare in Betracht, die nach Art 10 Satz 1 berechtigt sind, den W weiterzuindossieren; vgl. zu Art 10 Anm 3. Da nach Art 4 Nr. 3 mehrere Personen in dem W als Remittenten bezeichnet sein können (vgl. zu Art 4 Anm 22), ergibt sich, daß auch die Indossierung von mehreren Personen ausgehen kann und in diesem Falle sogar muß. Gleiches gilt von der Weiterindossierung, sofern der W, was gleichfalls zulässig ist, an mehrere Personen in der Weise indossiert ist, daß sie Gesamtgläubiger werden sollen, also kein unzulässiges Teilindossament, vgl. unten Anm 12, vorliegt.

Anm. 3. **2. Begebungsvertrag.** Art 9 Abs 1 sagt, daß der W **durch** Indossament übertragen werden kann. Entsprechend lautet Art 10 Satz 1 dahin, daß durch das Indossament die Rechte aus dem W auf den Indossatar übergehen. Der Ausdruck „Indossament" ist aber an beiden Stellen nicht im Sinne des bloßen Skripturaktes — der Anfertigung des schriftlichen Indossierungsvermerks in der in Art 11 vorgeschriebenen Form —, sondern im Sinne der gesamten Rechtshandlung zu verstehen, die zum Zwecke der Übertragung vorgenommen wird; RGZ 5 S. 83/84. Welche Rechtshandlung zur Übertragung des W erforderlich, ist in der WO nicht gesagt und muß daher aus dem geltenden bürgerlichen Rechte entnommen werden. Da der W eine bewegliche Sache ist, so ist zu seiner „Übertragung", d. h. zur Übertragung des Eigentums an ihm, gemäß §§ 929 ff. BGB die dingliche Einigung, daß das Eigentum übergehen soll, und die Übergabe oder eine der dort zugelassenen Ersatzhandlungen für diese erforderlich. Der Unterschied vom BGB besteht nur darin, daß hier die dingliche Einigung nicht formlos erfolgen kann, sondern durch schriftliche Erklärung auf dem W in der in Art 11 vorgeschriebenen Form beurkundet werden muß. Die in dieser Weise zu beurkundende dingliche Einigung in Verbindung mit der Übergabe (dem „Geben und Nehmen") des Wechsels wird im Schrifttum und in der Rechtsprechung als Begebungsvertrag bezeichnet. Daß ein solcher grundsätzlich für die Entstehung von Wechselverpflichtungen erforderlich ist, wird von der überwiegenden Meinung anerkannt; vgl. Vorbem 2 zu Art 4. Er muß aber auch für die Übertragung des Wechsels und die damit verbundene Entstehung von Wechselrechten in der Person des Indossatars erfordert werden, um so mehr, als das Indossament nicht nur Rechte überträgt, sondern zugleich auch wechselrechtliche Verpflichtungen — die Regreßpflicht — erzeugt (vgl. Anm 5 zu Art 14). Das Erfordernis des Begebungsvertrags für das Indossament des Wechsels ist im Schrifttum besonders von Lehmann (Wechselrecht S. 486) und in neuerer Zeit von Staub-Stranz (WO 12. Aufl Art 9 Anm 3 im Gegensatze zu Staub 4. Aufl) und in der Rechtsprechung schon vom ROHG (Entsch 19, 49 und 328; 25, 66) vertreten worden. Aber auch das RG hat in mehreren Entscheidungen (RGZ 2, 90; 5, 82; 35, 75) für den Übergang der Rechte aus dem Wechsel durch Indossament einen Begebungsvertrag grundsätzlich für erforderlich erklärt und deshalb dem in Anspruch genommenen Wechselverpflichteten die Einrede zugebilligt, daß der klagende, durch Indossament, namentlich Blankoindossament, legitimierte Wechselgläubiger (Indossatar) den Wechsel von seinem Vormanne nicht durch einen Begebungsvertrag erlangt, sondern etwa gefunden oder gestohlen oder unterschlagen habe. Andrerseits wird in RGZ 5, 82 aus Art 36 WO gefolgert, daß einem Nachmanne die Einrede des unrechtmäßigen Besitzes seines Vormannes nicht entgegengehalten werden könne, was richtig sein, aber sich nicht sowohl aus Art 36, der nur eine widerlegbare Vermutung des materiellen Gläubigerrechts begründet (vgl. Anm 18 zu Art 36) ergeben dürfte, als vielmehr aus dem Grundsatze des Schutzes des gutgläubigen Erwerbs, der in den Artt 74 und 82 seinen Ausdruck gefunden hat. Vgl. darüber Vorbemerkung 2 vor Art 4 Anm 9 und zu Art 74.

Anm. 4. Dem Fehlen eines Begebungsvertrags steht es gleich, wenn dieser ungültig ist (RGZ 35, 76). Eine Ungültigkeit liegt in der Regel auch vor, wenn der Indossatar ohne besondere Erlaubnis als Vertreter des Indossanten an sich selbst indossiert hat (§ 181 BGB); auch auf Grund eines Blankoindossaments kann derjenige, der es als Vertreter des Indossanten (allein oder mit einem Mitvertreter) ausgestellt hat, nicht selbst als Indossatar auftreten (RG im Bankarchiv Jahrgang 21 S. 60). Dagegen wird der Begebungsvertrag durch die Ungültigkeit oder den Fortfall des ihm zugrunde liegenden kausalen Rechtsgeschäfts nicht berührt und es kann an die Stelle des fortgefallenen ohne nochmalige Begebung ein anderes Rechtsgeschäft gesetzt werden (RG in JW 1928, 1574). Gegenüber einem nach Art 36 legitimierten Indossatar hat derjenige, der den Mangel eines Begebungsvertrags behauptet, das Vorliegen dieses Mangels nachzuweisen, RG a. a. O.; vgl. zu Art 36 Anm 18.

Anm. 5. **3. Fiduziarische Indossamente.** Das Erfordernis eines Begebungsvertrages bedeutet aber keineswegs, daß das Indossament wechselrechtliche Wirkung nur haben kann, wenn auch im Innenverhältnis zwischen dem Indossanten und dem Indossatar der Wechsel wirtschaftlich in das Vermögen des Indossatars übergehen soll oder (wie es auch ausgedrückt wird) die Übertragung zum Vorteile oder zum alleinigen Vorteile des Indossatars erfolgt, in der Weise, daß dieser die Wechselsumme für sich zu behalten berechtigt ist. Vielmehr kann die Übertragung auch erfolgen auf der Grundlage eines fiduziarischen Rechtsverhältnisses derart, daß der Indossatar dem Indossanten gegenüber berechtigt oder verpflichtet ist, die Rechte aus dem Wechsel gegen die

Wechselverpflichteten in eigenem Namen geltend zu machen, aber im Innenverhältnis dabei für Rechnung des Indossanten handelt, dem er die Wechselsumme abliefern oder verrechnen muß. Vgl. RGZ 117, 69ff. und in JW 1928 S. 231; ebenso jetzt in der 12. Aufl auch StStranz zu Art 9 Anm 3, abweichend von den bisherigen Auflagen. Durch ein auf solcher Grundlage ohne Aufdeckung des zugrunde liegenden kausalen Rechtsverhältnisses erteiltes Indossament wird der Indossatar rechtlich wirklicher Eigentümer des Wechsels und Wechselgläubiger (RGZ 27, 129, während in RGZ 102, 331 die Eigentumsfrage für den Scheck dahingestellt gelassen ist). Die Erklärung des Willens, daß das Eigentum übergehen solle, wenn auch nur zu treuhänderischem Zwecke, findet in der Erteilung des Vollindossaments ihren hinreichenden Ausdruck; auf den nicht zum Ausdruck gelangten etwaigen inneren Willen des Indossanten kann es dabei nicht ankommen. Ein gespaltenes Eigentum — von dem Staub-Stranz noch in der 11. Aufl zu Art 17 Anm 8 sprechen und an dem sie auch in der 12. Aufl der Sache nach noch festzuhalten scheinen, da sie dort zwar a. a. O. nur von einem „Falle der Treuhandschaft" sprechen, aber in Anm 10 und 14 a ausführen, daß der Indossatar für die Geltendmachung der Wechselrechte als Eigentümer erscheine, während er es „in Wirklichkeit nicht sei" (um einen bloßen „Schein" kann es sich doch keinesfalls handeln; RGZ 11 S. 9) — ein solches gespaltenes Eigentum gibt es im geltenden Rechte nicht (RGZ 45, 82) und es kann auch durch Parteidisposition nicht geschaffen werden, da der im Gesetze festgelegte Inhalt der dinglichen Rechte der Parteidisposition entzogen ist. Eine fiduziarische Übertragung dinglicher und schuldrechtlicher Rechte mit der Wirkung wirklichen Übergangs im Rechtssinne ist auch sonst im Rechte anerkannt, insbesondere für die Inkassozession (RGZ 99, 142) und für die Sicherungsübereignung; auch der Kommissionär wird rechtlich Inhaber der Rechte, die er in eignem Namen für Rechnung des Kommittenten erwirbt (§§ 383, 392 HGB). Wie die Zession (RGZ 99, 143), so ist auch der Begebungsvertrag beim Indossamente ein dinglicher Vertrag, dessen rechtsübertragende Wirkung durch Parteivereinbarung nicht ausgeschaltet werden kann. Dem fiduziarischen Indossanten gegenüber kann freilich der Indossatar die Wechselrechte nur geltend machen unter Vorbehalt der jenem ihm gegenüber aus dem zugrunde liegenden Rechtsverhältnisse sich ergebenden Einreden, die die Einforderung der Wechselsumme von jenem als Arglist erscheinen lassen können (Art 82; ROHG 1, 95; 10, 323; OG Wien bei Cz. Nr. 596).

Das fiduziarische Indossament kommt vorzugsweise in drei verschiedenen Arten vor: **Anm. 6.**

a) Als Inkassoindossament, auch Inkassomandatsindossament oder verdecktes Prokuraindossament genannt, bei welchem ein das Vertretungsverhältnis nicht erkennen lassendes Indossament (Vollindossament) erteilt wird mit der Vereinbarung, daß der Indossatar den Wechselbetrag von den Wechselverpflichteten einziehen und dem Indossanten abliefern oder mit ihm verrechnen solle. Ein solches Indossament ist in der Praxis des Wechsel- und Scheckverkehrs und in der Rechtsprechung der Gerichte stets als gültiges Vollindossament anerkannt und behandelt worden (RGZ 36, 55). Daß die WO auf diesem Standpunkte steht, läßt sich mit Sicherheit durch Schluß aus dem Gegenteil daraus entnehmen, daß sie in Art 17 ausdrücklich bestimmt, daß das offene Prokuraindossament das Eigentum an dem Wechsel nicht überträgt. Vgl. zu Art 17 Anm 5. Streitig ist aber, ob daraus gefolgert werden muß, daß dem Indossatar keine Einwendungen aus der Person des Indossanten entgegengehalten werden können (Art 82 WO). Das ROHG hat diese Folgerung in ständiger Rechtsprechung gezogen: Entsch 5, 36; 6, 54; 10, 157; 11, 111). Staub-Stranz zu Art 17 Anm 8 wollen dagegen die Zulässigkeit von Einwendungen aus der Person des Indossanten schon aus dem Rechtscharakter des verdeckten Prokuraindossaments herleiten. Dem kann nicht beigepflichtet werden. Wird das verdeckte Prokura-(Inkasso-)Indossament als ein volles, die Rechte nach außen hin übertragendes Indossament anerkannt, so muß für dieses Indossament auch die Vorschrift über die Beschränkung der nicht aus dem Wechselrechte selbst hervorgehenden Einreden auf solche, die unmittelbar gegen den jedesmaligen Kläger zustehen (Art 82 WO), Platz greifen; das ist aber der in eigenem Namen klagende Indossatar. Das Reichsgericht ist jedoch, abweichend vom Reichsoberhandelsgericht, mit einer anderen Begründung dazu gelangt, die Einreden aus der Person des Indossanten in solchen Fällen zuzulassen, in denen der Inkassoindossatar ohne eigenes Interesse lediglich seine formale Stellung mißbrauchen würde, wenn er den Wechselschuldner an dem Vorbringen von Einreden hindern wollte, die, wenn das Indossament der Wahrheit gemäß sich offen als Prokuraindossament bekannt hätte, hätten geltend gemacht werden können. Das Reichsgericht gibt in solchen Fällen dem Wechselschuldner eine Arglisteinrede: RGZ 11 S. 9/10 und die dort angeführten Urteile; ferner RGZ 36, 55; 41, 115; bei WarnRspr 1917, 278; JW 1918, 42[9]; RGZ 96, 191. Dabei hat das Reichsgericht ausdrücklich hervorgehoben, daß die Einrede der Arglist nicht nur in dem Falle begründet sei, wenn das verdeckte Inkassogiro in der dem Kläger damals bereits bekannten Absicht ausgestellt sei, dem Wechselschuldner die ihm gegen den Indossanten zustehenden Einreden abzuschneiden, sondern auch wenn der Kläger erst später, auch wenn er erst im Laufe des Rechtsstreits von dem Bestehen der Einreden und der Absicht des Indossanten erfährt. Es wird sonach eine aus dem Verhalten des Klägers im Rechtsstreite hergeleitete Arglisteinrede (exceptio doli generalis), genauer eine Arglist-Duplik gegeben, da auf die vom Beklagten vorgebrachten Einreden der Kläger zunächst replizieren muß, daß sie ihm gegenüber nicht geltend gemacht werden könnten, worauf dann der Beklagte duplicando den Arglisteinwand erheben muß. Ob der Kläger weiß oder nicht weiß, daß die Einreden materiell begründet sind, ist unerheblich; die Arglist liegt darin, daß er den Beklagten hindern will, sie im Prozesse ihm gegenüber zum Austrag zu bringen. — Der Inkassoindossatar muß sich aber auch die Einreden aus seiner eigenen Person gefallen lassen, da er in eigenem Namen klagt. Er ist auch berechtigt, den Wechsel durch Vollindossament weiterzuübertragen. Wenn im Konkurse des Inkassoindossatars der Indossant ein Aussonderungsrecht an der Urkunde geltend machen kann, so beruht das nicht, wie StStranz a. a. O. Anm 14a annehmen, darauf, daß jener in Wahrheit nicht Eigentümer im Rechtssinne wäre, sondern auf der für fiduziarische Rechtsverhältnisse auch sonst vom Reichsgerichte vertretenen Auffassung, daß der fiduziarisch übereignete Gegenstand wirtschaftlich (nicht rechtlich) zum Vermögen des Treuhandgebers „gehört"; vgl. RGZ 45, 85; 79, 121; 84, 217. Gleiches gilt von dem (von StStranz a. a. O. gleichfalls für ihre Ansicht angeführten) Widerspruchsrechte des Treuhandgebers im Falle der Zwangsvollstreckung gegen den Fiduziar (RGZ 79, 122). — Die Rechtskraft eines gegen den fiduziarischen Indossatar ergangenen Urteils kann auch dem Indossanten, wenn er wieder in den legitimierten Besitz der Urkunde gelangt ist, entgegengehalten werden, zwar nicht mit der Einrede der rechtskräftig entschiedenen Sache, da er nicht Rechtsnachfolger des Indossatars ist, sondern eigene selbständige Rechte aus der Urkunde von neuem erworben hat, wohl aber gleichfalls vom Gesichtspunkte der Arglist (exceptio doli generalis, vgl. oben): RGZ 36, 54; 73, 309; 88, 293. Ein anderes gilt aber, wenn der Inkassoindossatar mit dem Wechselschuldner arglistig zusammengewirkt hat, um den Indossanten zu schädigen, insbesondere indem er einen Vergleich mit ihm abgeschlossen oder ein Versäumnisurteil gegen sich hat ergehen lassen; in solchem Falle bildet auch die Rechtskraft des ergangenen Urteils kein Hindernis, daß der Indossant die Forderung geltend macht, indem er auf Grund der §§ 826, 249 BGB Schadensersatz im Wege der Naturalherstellung beansprucht: RG 36, 54; 43, 42; 73, 309; 88, 293.

Anm. 7. Daß ein fiduziarisches Indossament nur vorläge, wenn es nicht lediglich im Interesse des Indossanten, sondern auch mindestens zugleich im Interesse des Indossatars erteilt ist (wie StStranz zu Art 17 Anm 16 annehmen), kann nicht zugegeben werden; ein Interesse beider Teile ist kein Erfordernis der fiduziarischen Rechtsgeschäfte. Auch das verdeckte Inkassoindossament ist daher ein fiduziarisches Indossament. Ebenso auch RGZ 117, 72. Wenn dort gesagt wird, dem Inkassoindossatar werde nach außen die Legitimation zur Geltendmachung „ihm fremder Rechte" erteilt, so betrifft das die wirtschaftliche Betrachtung (vgl. oben); rechtlich ist auch der Inkassoindossatar wirklicher Wechselgläubiger.

Anm. 8. Ist, wie in dem in RGZ 41, 114 entschiedenen Falle, der Wechsel zu einem Teile der Wechselsumme für eigene Rechnung des Indossatars, zu einem anderen Teile für Rechnung des Indossanten indossiert, so steht dem Wechselschuldner die Einrede der Arglist im obigen Sinne nur hinsichtlich desjenigen Teiles der Wechselsumme zu, die der Indossatar für Rechnung des Indossanten einklagt; ein unzulässiges Teilindossament (vgl. Anm 12) liegt in solchem Falle nicht vor (RGZ a. a. O.). Gegen diese Entscheidung sind Bedenken erhoben worden (Staub WO 4. Aufl § 6; vgl. auch StStranz zu Art 17 Anm 16), aber wohl mit Unrecht; das Indossament ist, wie oben ausgeführt, ein einheitliches Vollindossament für die ganze Wechselsumme; daß die Einrede (Duplik) der Arglist nur für einen Teil davon zutrifft, ändert an dem einheitlichen Rechtscharakter des Indossaments nichts.

Anm. 9. **b) Als Diskontierungs-Indossament.** Ein Vollindossament wird häufig auch erteilt mit der Vereinbarung, daß der Indossatar den Wechsel bei einer Bank eignen Namens zu Geld machen (diskontieren) und den Erlös an den Indossanten abliefern oder damit in andrer Weise zugunsten des Indossanten verfahren solle. Handelt es sich hierbei um ein Namensindossament (vgl. zu Art 11 Anm 6), so ist klar daß der Indossatar, um den Wechsel zu diskontieren, ihn eignen Namens weiterindossieren und sich dadurch als Wechselberechtigter und Wechselverpflichteter in das wechselrechtliche Verhältnis eingliedern soll; es liegt also dann unzweifelhaft ein Begebungsvertrag vor. Aber auch wenn ein Blankoindossament zu Diskontzwecken erteilt wird, geht häufig die Absicht dahin, daß der Blankoindossatar nicht nur als Bote den Wechsel der Bank überbringen, sondern auch sein Giro auf den Wechsel setzen und dadurch die Diskontierung ermöglichen oder erleichtern solle. Zudem wird von den Banken üblicherweise von jedem, der einen Wechsel bei ihnen zur Diskontierung vorlegt, verlangt, daß er sein eignes Giro auf den Wechsel setze. Es muß daher in allen solchen Fällen vermutet werden, daß nach der Parteiabsicht der Indossatar hierzu befugt sein soll. Sonach steht der Umstand, daß dem Indossament ein Diskontierungsauftrag zugrunde liegt, der Annahme daß ein Begebungsvertrag abgeschlossen ist, keinesfalls entgegen. Auch wird, wenn der Zweck der Geldbeschaffung sich erledigt oder die Diskontierung nicht gelingt, dadurch der abstrakte Begebungsvertrag nicht berührt, sondern nur ein persönlicher Anspruch des Indossanten aus dem zugrunde liegenden Diskontauftrage auf Rückgabe des Wechsels sowie eine persönliche Einrede gegen die Geltendmachung des Wechsels ihm gegenüber begründet. Vgl. RG II 328/27, 21. 2. 28 in JW 1928, 1574. Ebenso wird, wenn der Indossatar dem Diskontauftrage zuwiderhandelt, z. B. indem er den Wechsel, statt ihn diskontieren zu lassen, in eigenem Namen einklagt, dadurch nicht die Entstehung der Wechselrechte in seiner Person gegenüber den

Wechselverpflichteten gehindert, sondern nur für den Indossanten ihm gegenüber eine persönliche Einrede aus dem zugrunde liegenden Rechtsgeschäfte begründet. Vgl. über diese Fragen die schon oben angeführten Urteile des RG in RGZ 117, 69 und in JW 1928, 231, sowie jetzt auch Staub-Stranz 12. Aufl zu Art 9 Anm 3, wo, abweichend von den bisherigen Auflagen, angenommen wird, daß eine wirksame Begebung vorliegt, freilich auch hier noch mit der unrichtigen Einschränkung, daß der Empfänger nicht Eigentümer des Wechsels werde (vgl. oben Anm 5).

c) Einen weiteren Fall des fiduziarischen Indossaments bietet ferner **die in § 1292 BGB vorgesehene Verpfändung** von Wechseln und anderen indossablen Papieren im Wege der Einigung zwischen dem Gläubiger und dem Pfandgläubiger unter Übergabe des indossierten Papieres, sofern das Indossament sich als Vollindossament darstellt. Auch in diesem Falle erwirbt der Indossatar das volle Recht aus dem Papiere und das Eigentum daran; nur im Innenverhältnis ist er den durch den Pfandzweck gebotenen Beschränkungen unterworfen. Er ist deshalb rechtlich auch befähigt, das Papier durch Vollindossament weiter zu übertragen. Die einschränkenden Vorschriften der §§ 1282, 1228 Abs 2 in Verbindung mit § 1294 BGB haben nur für das Dürfen, nicht für das Können des Indossatars Bedeutung. Es handelt sich auch hier in Wirklichkeit nicht um Bestellung eines Pfandrechts an den Rechten, sondern um ihre fiduziarische Übereignung zum Zwecke der Pfandsicherung. So mit Recht Mansfeld in LZ 1913, 418 gegen die herrschende Meinung, die auch im RGRKomm zum BGB zu § 1292 Anm 1 vertreten wird. Schon in den Mot. zu § 1225 des Entwurfs zum BGB (3, 868) ist übrigens ausgeführt, daß in solchem Falle in Wirklichkeit eine Übertragung des Rechts vorliege, bei welcher der Erwerber nur obligatorisch gebunden sei, das ihm übertragene Recht für fremde Rechnung dem Pfandrechtszwecke entsprechend auszuüben. Wenn allerdings dort der Satz aufgestellt ist, daß bei indossablen Papieren jede Beschränkung des Gläubigerrechts des Indossatars ausgeschlossen und nur als obligatorische, das Recht selbst nicht treffende möglich sei, so ist dabei an das offene Prokuraindossament nicht gedacht, das zur Verpfändung von indossablen Papieren gleichfalls benutzt werden kann. — Gegenüber einem zu Pfandzwecken erfolgten Vollindossamente können Einwendungen des Wechselschuldners aus der Person des Indossanten vom Standpunkte der oben (Anm 6) dargelegten Rechtsprechung des Reichsgerichts gegenüber dem gutgläubigen Indossatar nicht zugelassen werden, da die Duplik der Arglist wegen des vorhandenen eigenen Interesses des Indossatars an der Einklagung der Forderung nicht durchgreift. So im Ergebnisse auch RG II 279/13 v. 5. 8. 1913 in LZ 1913, 933 mit der Begründung, es liege in solchem Falle kein Inkassomandat vor, weil der Kläger die Klagewechsel in eigenem Interesse zur Sicherung für seine Darlehensforderung empfangen habe und sie, wie das Berufungsgericht rechtsirrtumsfrei tatsächlich feststelle, für eigene Rechnung einklage. Die Verpfändung der Rechte aus einem Wechsel oder Orderscheck kann im übrigen auch auf dem normalen Wege des § 1274 BGB erfolgen, wie schon das Wort „genügt“ in § 1292 ergibt. Doch wird dazu nicht (wie Mansfeld a. a. O. S. 422 anzunehmen scheint) die Übergabe des überhaupt nicht von dem Verpfänder indossierten Papiers genügen, da mit einem solchen der Pfandgläubiger die Forderung nicht einziehen könnte; vielmehr wird erforderlich sein, daß das Papier mit einem offenen Prokuraindossamente versehen übergeben wird. Vgl. Weiteres Vorbem vor Art 4 Anm 14. **Anm. 10.**

d) Nicht zu verwechseln mit dem verdeckten Prokura- oder Inkassoindossament, das als fiduziarische Rechtsübertragung ernstlich gewollt wird, ist das **Scheinindossament**, das in dem beiderseitigen Einverständnis der Nichternstlichkeit gegeben und genommen wird (§ 117 BGB). Doch erzeugt auch ein solches Indossament Rechtswirkungen insofern, als in entsprechender Anwendung des § 405 BGB der Indossant dem gutgläubigen Drittinhaber der Urkunde gegenüber sich auf die Nichternstlichkeit nicht berufen kann. Geht der Zweck des Indossaments dahin, das Wertpapier den Gläubigern des Indossanten zu entziehen, so wird in der Regel Ernstlichkeit anzunehmen sein und den Gläubigern nur die Anfechtung wegen Verkürzung ihrer Rechte nach Maßgabe des Anfechtungsgesetzes oder der KO offenstehen (**RGZ** 81, 43; a. M. anscheinend StStranz zu Art 17 Anm 17). **Anm. 11.**

4. Teilindossamente. Durch Indossament kann „der Wechsel“ übertragen werden, d. h. das Eigentum am W und die damit verbundenen Rechte aus dem Wechsel. Die Übertragung eines reellen Teiles des Wechsels als körperlicher Sache ist selbstverständlich ausgeschlossen, weil dadurch ihre Substanz zerstört werden würde. Bestritten ist aber, ob durch Indossament Miteigentum und Mitberechtigung mehrerer Personen an dem W begründet werden kann in der Weise, daß jedem Miteigentümer das Recht auf einen Teil der Wechselsumme und eine diesem Teile entsprechende Quote des Miteigentums zusteht. Eine solche Beteiligung mehrerer Personen kann denkbar dadurch zustande kommen, daß entweder der Indossant nur einen Teil des Wechsels in diesem Sinne überträgt und zum andern Teile selbst Miteigentümer und Mitberechtigter bleibt (Teilindossament im engeren Sinne) oder daß er den W gleichzeitig oder nacheinander an verschiedene Personen, je zu einem Teile, überträgt. In der Rechtslehre und Rechtsprechung der älteren Zeit ist die Ansicht, daß Teilindossamente zulässig seien, mehrfach vertreten worden; so durch v. Canstein (S. 301); Lehmann (S. 492, jedoch unter Anerkennung ihrer praktischen Unbrauchbarkeit); PrOTr 43 S. 264 (271); OAppG Dresden (Annalen 22, 265); OG Wien (bei Links Nr. 2289). Die herrschende Meinung erklärt aber Teilindossamente **Anm. 12.**

für unzulässig. Das RG hat in einem Urteile vom 2. 4. 1884 (**RGZ** 11, 148) die Frage unter eingehender Anführung und Würdigung des einschlägigen Schrifttums und der Rechtsprechung, sowie der ausländischen Wechselgesetzgebungen erörtert und ist zur Verneinung der Zulässigkeit von Teilindossamenten in dem oben angegebenen Sinne nach der deutschen WO gelangt. Es gründet dieses Ergebnis auf die positiven Vorschriften der WO über die Notwendigkeit einer einheitlichen Geldsumme (Art 4 Nr. 2) und einer einheitlichen Zahlungszeit (Art 4 Nr. 4), welche letzteren namentlich bei Sichtwechseln und Nach-Sicht-Wechseln im Falle von Teilindossamenten durchbrochen werden könnten; ferner aber auch auf die besonderen Vorschriften über das Indossament in den Artt 9 und 10, wonach der W (also, wie es folgert, nur der ganze W) durch Indossament übertragen werden kann, und alle Rechte aus dem W auf den Indossatar übergehen. „Adminikulierend" zieht es die praktischen Unzuträglichkeiten in Betracht, welche aus den selbständig nebeneinanderstehenden Berechtigungen mehrerer Personen zur Einziehung verschiedener Teile der Wechselsumme sich ergeben würden, und die auf diese Unzuträglichkeiten zurückzuführende Ungebräuchlichkeit von Teilindossamenten im Wechselverkehr, sowie den Standpunkt ausländischer Wechselgesetzgebungen, welche zum Teil Teilindossamente ausdrücklich verbieten (vgl. darüber Anhang I Anm 15). In einem späteren Urteile (RGZ 41, 114), in welchem die Frage nicht zur unmittelbaren Entscheidung stand, hat es beiläufig nochmals ausgesprochen, daß die WO Teilindossamente „bezüglich der Wechselsumme" nicht zulasse. Seitdem ist eine Entscheidung des RG in dieser Frage, soweit festgestellt werden konnte, nicht ergangen und es läßt sich daraus wohl schließen, daß der Wechselverkehr sich der Auffassung des RG gefügt und von Teilindossamenten auch in dem geringen Umfange, in dem sie früher vorkamen, Abstand genommen hat. Der wohl begründeten Ansicht, des RG kann auch sachlich unbedenklich zugestimmt werden. Hervorgehoben muß werden, daß die Entscheidung des RG (wie aus der Begriffsbestimmung des Teilindossaments in RGZ 11, 149 hervorgeht) sich nicht etwa nur auf die Übertragung eines Teiles der Wechselsumme unter Zurückbehaltung eines anderen Teils durch den Indossanten, also auf die Begründung eines Miteigentums zwischen Indossant und Indossatar bezieht, sondern auch auf die Übertragung des ganzen Wechsels zu Miteigentum an mehrere Indossatare, eine Übertragung, für welche die gegen die Zulässigkeit von Teilindossamenten angeführten Rechtsgründe und praktischen Unzuträglichkeiten in der gleichen Weise zutreffen, wie für das Teilindossament im engeren Sinne, da auch in diesem Falle selbständige Berechtigungen auf einzelne Teile der Wechselsumme begründet werden würden. Andrerseits ist hervorzuheben, daß sich die Unzulässigkeit nicht auf solche Indossamente erstreckt, durch welche eine Gesamtberechtigung mehrerer Personen als einfacher Gesamtgläubiger (§ 428) oder als Gesamthandgläubiger (§ 432 BGB) begründet wird.

Anm. 13. Keine Teilindossamente sind ferner solche Indossamente, durch welche nach Tilgung eines Teiles der Wechselsumme die ganze verbliebene Restsumme auf einen Indossatar übertragen wird (RGZ 11, 148; OLG Rostock in ROLG 21, 394). Auch liegt kein Teilindossament, sondern ein einheitliches Vollindossament vor, wenn der Indossatar einen Teil der Wechselsumme für eigene Rechnung, einen anderen Teil auf Grund eines fiduziarischen Rechtsverhältnisses für Rechnung des Indossanten einziehen soll (RGZ 41, 114; vgl. oben Anm 8). Sind in dem W mehrere Remittenten benannt, was in der Weise zulässig ist, daß sie Gesamtgläubiger oder Gesamthandgläubiger für die ganze Wechselsumme werden (vgl. zu Art 4 Anm 24), so kann jeder von ihnen seine Gläubigerschaft durch Indossament übertragen; ein Teilindossament ist auch das nicht.

Anm. 14. **5. Bedingte Indossamente** sind unzulässig, da die Hinzufügung einer (eigentlichen) Bedingung dem rechtlichen Wesen einer Wechselerklärung überhaupt, also auch der Übertragung des Wechsels durch Indossament, widerspricht. Die Hinzufügung einer solchen Bedingung macht die in Frage stehende Wechselerklärung, hier das Indossament, ungültig. Vgl. für den Grundwechsel zu Art 4 Anm 59, RGZ 119, 424; für das Indossament StStranz zu Art 4 Anm 4; Bernstein S. 77. A. M. v. Canstein S. 178, der annimmt, daß eine solche Bedingung im Indossamente, wie auch im Akzepte (vgl. zu Art 22 Anm 4) als nicht geschrieben gelte, was auch im englisch-amerikanischen Rechte (vgl. Anhang I zu diesem Unterabschnitte Anm 16) angenommen wird. In dem Urteile des RG II 328/27, 21. 2. 28 (JW 1928, 1574) könnte allerdings der Wortlaut den Anschein erwecken, als sei die Zulässigkeit eines bedingten Indossaments angenommen worden, indem dort ausgeführt wird, der Diskontierungsauftrag könne „durch einen bedingten Begebungsvertrag" erteilt werden; es ist dort aber wohl eine dem Kausalgeschäfte hinzugefügte Bedingung gemeint. Unzulässig sind auch sonstige Einschränkungen der Indossamentswirkungen, außer denen, die vom Gesetze ausdrücklich zugelassen sind, nämlich der Beschränkung auf Vollmachtszwecke (Prokuraindossament, Art 17), dem Verbote der Weiterindossierung (Art 15) und dem Ausschlusse der Gewährleistung (Art 14). Unzulässig ist besonders, mit Rücksicht auf Art 10, der Vorbehalt einzelner Rechte, z. B. der Einklagung des Wechsels oder der Protesterhebung, für den Indossanten; vgl. zu Art 10 Anm 3. Durch solche eingeschränkte Indossamente kann die Legitimation des Inhabers nach Art 36 nicht hergestellt werden.

Anm. 15. **6. Das Verbot der Indossierung.** Durch die Vorschrift des Art 9 Abs 1 ist der W kraft Gesetzes Orderpapier; eine Urkunde, die sich als Wechsel darstellt, also insbesondere die Wechselklausel (Art 4 Nr. 1) enthält, bedarf daher, um durch Indossament übertragen werden zu können, nicht einer darauf gerichteten besonderen Willenserklärung, der sog. Orderklausel, wie sie für die in § 363 HGB genannten Urkunden (vgl. oben Vorbem 1) erfordert wird. Die Orderklausel ist trotzdem bei Wechseln allgemein üblich, ohne daß aber ihr Fehlen im Einzelfalle der Gültigkeit des Wechsels oder seiner Übertragbarkeit schädlich sein könnte. Andrerseits ist die Übertragbarkeit des Wechsels durch Abs 2 des Art 9 ausgeschlossen, wenn sie der Aussteller im Wechsel durch die Worte „nicht an Order" oder einen gleichbedeutenden Ausdruck untersagt hat (Rektaklausel oder negative Orderklausel).

a) Die Übertragbarkeit des Wechsels durch Indossament ist sonach dispositives Recht, nicht etwa bloße Auslegungsregel; ein aus anderen Umständen im Wege der Auslegung zu entnehmender Wille des Ausstellers, daß der W nicht durch Indossament solle übertragen werden können, kommt daher nicht in Betracht. Doch bedarf es nicht unbedingt des Gebrauchs der — allerdings allgemein üblichen — Worte: „nicht an Order"; andere gleichbedeutende Ausdrücke sind vom Gesetze zugelassen. Als solche werden zu gelten haben: „Zahlen Sie nur an Herrn N.", „Zahlen Sie an Herrn N., aber nicht auf seine Verfügung an eine andere Person" oder „nicht an seinen Indossatar". Dagegen ist die bloße Durchstreichung der Worte: „oder an seine Order" in einem vorgedruckten Formular wohl mit Recht nicht als ein dem positiven Indossierungsverbote gleichbedeutender Ausdruck angesehen (HAppG Nürnberg in Handelsger. Entscheidungen Bayerns S. 139 f.; AppGer Berlin im Archiv 1 S. 206; Bernstein zu Art 9 unter 3 a S. 79), zumal sie nicht einmal deutlich zum Ausdrucke bringt, ob dadurch die gesetzliche Regel ausgeschlossen oder nur die ausdrückliche Orderklausel als überflüssig gestrichen werden sollte. Auch die Bezeichnung als Depotwechsel oder Kautionswechsel genügt nicht, da die damit bezeichneten, außerhalb des Wechselrechts liegenden Zweckbestimmungen die Indossierung unter Umständen nicht ausschließen, keinenfalls einen sprachlich gleichbedeutenden Ausdruck für die Worte „nicht an Order" darstellen (OTr bei Striethorst 29, 327; ROHG 6, 439; 13, 413). **Anm. 16.**

b) In Art 9 Abs 2 ist nur das vom Aussteller ausgehende Indossierungsverbot geregelt. Über die von anderen Personen ausgehenden Verbote und deren Rechtswirkungen vgl., und zwar: über das des Akzeptanten Art 22 und Anm 4 dazu; über das eines Indossanten Art 15 und Anm 1 ff. dazu. **Anm. 17.**

c) Das Verbot muß „im Wechsel" erfolgen, d. h. in dem sich als Erklärung des Ausstellers darstellenden Grundwechsel, und so stehen, daß es durch dessen Unterschrift als gedeckt erscheint (HAppG Nürnberg in Handelsappellationsgerichtliche Entscheidungen Bayerns 1 S. 381; ROHG 2 S. 409; Bernstein S. 79; a. A. Staub 4 Aufl S. 40; wie hier StStranz zu Art 9 Anm 2). Ein Verbot des Ausstellers auf der Rückseite des Wechsels ist deshalb ungültig (ROHG 2 S. 409). **Anm. 18.**

d) Eine dem Verbote zuwider erfolgende Indossierung hat keine wechselrechtliche Wirkung. Das bedeutet, daß sie weder den Wechsel auf den Indossatar überträgt (Art 9 Abs 1), noch die wechselrechtliche Regreßverbindlichkeit des Indossanten (Art 14) gegenüber seinen Nachmännern begründen kann. Auf die Ungültigkeit kann sich jeder, der als Wechselverpflichteter von einem Indossatar in Anspruch genommen wird, berufen; also nicht nur der Aussteller, sondern auch der Akzeptant und jeder Indossant; eine Arglist kann darin, daß der Indossant, der dem Verbote zuwider gehandelt hat, sich auf die Formvorschrift beruft, nach bekannten Rechtsgrundsätzen nicht ohne weiteres gefunden werden. — Die Gültigkeit des Wechsels und die wechselrechtlichen Verpflichtungen, die nicht auf einer Indossierung beruhen, werden durch ein dem Verbote zuwider erfolgtes Indossament nicht berührt; der Aussteller, der Akzeptant und die Avalisten haften dem Remittenten, der wieder in den Besitz des Wechsels gelangt ist, als wenn ein Indossament nicht stattgefunden hätte; ebenso haftet der Akzeptant dem Aussteller. **Anm. 19.**

e) Durch das Indossierungsverbot wird das sog. Prokura-Indossament (Art 17) nicht ausgeschlossen, da es keine Übertragung des Wechsels oder der Wechselrechte bedeutet; vgl. zu Art 17 Anm 5. Ebensowenig eine Zession des Wechsels (vgl. unten Anm 21 f.). Dagegen dürfte auch ein nachprotestliches Indossament (Art 16 Abs 2) dem Verbote unterfallen, da der Indossatar dadurch eigne Wechselrechte, wenn auch nicht in vollem Umfange, erlangt; vgl. zu Art 16 Anm 11. A. M. Bernstein S. 78; StStranz Anm 7 zu Art 9; wie hier Grünhut Handbuch II § 82. **Anm. 20.**

6. Andere Übertragungsformen. Die Indossierung ist nicht die einzige Art, in welcher die Rechte aus dem Wechsel auf einen anderen Berechtigten übertragen werden können. Eine weitere Übertragungsform ist bei einem bereits in blanco indossierten Wechsel die einfache Übertragung des Eigentums an diesem durch dingliche Einigung und Übergabe oder Ersatz für diese gemäß §§ 929 ff BGB ohne schriftlichen Vermerk auf dem Wechsel, die sog. **Blankotradition**; vgl. über sie zu Art 13 Anm 4. Außerdem sind aber auch die Übertragungsarten des allgemeinen bürgerlichen Rechts für Forderungen und sonstige Rechte beim Wechsel nicht ausgeschlossen. Das gilt in erster Linie von der vertraglichen Abtretung **(Zession)** der Rechte. Ihre Zulässigkeit ist für den Wechsel (wie auch für den Scheck) in ständiger Rechtsprechung anerkannt worden, und zwar für den Wechsel schon vom ROHG (11, 250), sowie vom RG in RGZ 3, 329; 12, 132; 26, 100; 33, 147; für den Scheck in einem Urteile V 502/21 vom 4. 1. 22, vgl. meinen Kommentar zum SchGes S. 98. Daß sie bei der Übertragung von Wechsel- und Scheckrechten im Verkehr tatsächlich eine Rolle spielt, zeigen die ergangenen Urteile. Bei dem Wechsel (und Scheck) mit Indossierungs- **Anm. 21.**

verbot (oben Anm. 15 ff.) ist sie sogar die einzige Art, in der eine Übertragung der Wechsel (Scheck-) rechte möglich ist.

Anm. 22. Die Erfordernisse und Wirkungen einer solchen Zession bestimmen sich grundsätzlich nach dem allgemeinen bürgerlichen Rechte, also jetzt nach den §§ 398 ff. BGB. Danach bedarf es zur Abtretung von Forderungen keiner Form, insbesondere nicht eines schriftlichen Vertrages; demgemäß wird auch die Abtretung der in einem Wechsel verbrieften Forderungen, also der Forderungen gegen den Akzeptanten auf Zahlung der Wechselsumme und der Regreßforderungen gegen den Aussteller und die Indossanten, der Schriftform nicht bedürfen. Die Frage ist vom RG noch nicht ausdrücklich entschieden; in den in RGZ 26, 99 und 33, 144 abgedruckten Urteilen haben, wie der mitgeteilte Sachverhalt erkennen läßt, schriftliche Zessionen vorgelegen, während in dem Falle des Scheck-Urteils vom 4. 1. 22 nur mündliche Zessionen, die aber schriftlich angezeigt waren, vorgelegen zu haben scheinen. Die Entscheidung der Frage in obigem Sinne ist aber nicht zweifelhaft (vgl. Bernstein S. 80; StStranz zu Art 9 Anm 9 b.) In Frage kann nur kommen, ob etwa die Zession der in dem gezogenen Wechsel enthaltenen Anweisung an den Bezogenen, die Wechselsumme zu zahlen, die, solange der Wechsel noch nicht akzeptiert ist, keine Forderung gegen den Bezogenen, sondern nur eine Ermächtigung zur Zahlung an den legitimierten Wechselinhaber darstellt (vgl. RGRKomm Anm 1 zu § 792), wegen der Vorschrift des § 792 Abs 1 Satz 2 BGB der schriftlichen Form bedarf und ob daher der Bezogene ermächtigt ist, an den lediglich durch mündliche Zession legitimierten Wechselinhaber zu zahlen. Für den Scheck ist die Frage bestritten (vgl. Lessing SchGes zu § 8 Anm I 1 und meinen Kommentar zum SchGes zu § 8 Anm 54 S. 98/99). Die Frage könnte beim Wechsel nur allenfalls in einem Rechtsstreite zwischen dem Aussteller und dem Bezogenen wegen Anrechnung der von diesem geleisteten Zahlung auf der Grundlage des Deckungsverhältnisses praktisch werden. Sie würde dann wohl dahin zu entscheiden sein, daß sich der Bezogene auf eine Zahlung, die er an einen nur durch mündliche Zession legitimierten Wechselinhaber geleistet hätte, nicht berufen kann. — Daß die Abtretung aus dem Wechsel ersichtlich sein müßte, ist keinesfalls erforderlich; der dem Zessionar obliegende Beweis der Abtretung kann auch durch andere Beweismittel geführt werden (RGZ 12, 132. — Unter der Herrschaft der früheren bürgerlich-rechtlichen Gesetzgebungen hat das ROHG (4, 250; 11, 253) ausgesprochen, zur Perfektion der Zession bedürfe es der Übergabe der Wechselurkunde; das RG hat in RGZ 3, 329; 26, 100; 27, 377 sich dieser Auffassung angeschlossen und in RGZ 88, 292 an der Ansicht, daß eine wirksame Zession des Wechsels nur unter Übergabe des Papiers erfolgen könne, auch für das Recht des BGB festgehalten, weil Forderungen aus Wechseln nicht ohne den Besitz des Papiers geltend gemacht werden können. Doch soll und kann das nicht bedeuten, daß zur Gültigkeit des Abtretungsvertrags zwischen Zedent und Zessionar die Übergabe erforderlich sei, wofür ein Grund im Gesetze nicht zu finden wäre, sondern nur, daß die abgetretenen Rechte von dem Zessionar nicht ausgeübt werden können, weil er nicht in den Besitz des Wechsels gelangt ist. In diesem Sinne ist der Satz zu billigen. Der Zessionar, dem die Urkunde noch nicht ausgehändigt ist, kann aber auf Grund des schuldrechtlichen Abtretungsvertrags die Übergabe von dem Zedenten verlangen (RGZ 26, 100). Das RG hat aber in diesem Urteile unter Bezugnahme auf Vorschriften des PrAllgLandrechts auch ausgesprochen, daß der Zedent, der die Zession als erfolgt dem Wechselschuldner angezeigt hat, auch wenn er sich zur Zeit im Besitze des Wechsels befinde, nicht mehr ohne weiteres mit der Wechselklage gegen den Schuldner durchdringen könne, da aus seinem Besitze des Wechsels nicht gefolgert werden könne, daß eine Übergabe des Wechsels an den Zessionar nicht stattgefunden habe oder daß eine Rückzession erfolgt sei; auch habe der Wechselschuldner ein Interesse daran, wegen der erfolgten Anzeige die Zahlung zu verweigern, da er infolge ihrer nicht mehr an den Zedenten zahlen könne, ohne einem Anspruche des Zessionars wegen schuldhafter Vereitelung von dessen Anspruch gegen den Zedenten auf Aushändigung des Wechsels ausgesetzt zu sein. Dadurch werde, wie in dem zweiten in der gleichen Sache ergangenen Revisionsurteile (RGZ 27, 377) ausgeführt wird, zwar nicht die wechselrechtliche Legitimation des Zedenten beeinträchtigt, da er im Besitze des Wechsels sei, aber für den Beklagten eine Arglisteinrede begründet. Das wird auch für das geltende Recht mit Rücksicht auf § 409 BGB zutreffen. A. M. Bernstein S. 80.

Anm. 23. Die Wirkung der Zession besteht, im Unterschiede von der des Indossaments (vgl. zu Art 10 Anm 2) nicht in dem Übergange oder richtiger Erwerbe der sämtlichen Rechte, wie sie sich aus dem Wechsel ergeben, auf oder durch den Zessionar, ohne Rücksicht darauf, ob sie dem Zedenten zugestanden haben. Vielmehr erwirbt der Zessionar nur diejenigen Rechte, welche, und diese in dem Zustande, wie sein Zedent sie gehabt hat. Es können ihm grundsätzlich nach Maßgabe der §§ 404 ff. und mit den sich aus diesen Vorschriften ergebenden Beschränkungen, von welchen insbesondere der Ausschluß der Einrede des Scheins bei erfolgter Ausstellung einer Zessionsurkunde gemäß § 405 in Betracht kommt, die Einreden entgegengesetzt werden, die seinem Zedenten, dem legitimierten Wechselinhaber, entgegengesetzt werden könnten. Da der Zessionar nicht durch eine Kette von Indossamenten als Wechseleigentümer legitimiert wird, so kann er sich selbstverständlich für seine Person auf die Artt 36, 74 WO nicht berufen, vielmehr aus ihnen nur die Legitimation seines Zedenten herleiten, und die dadurch geschaffene Vermutung des Wechseleigentums des Zedenten wird widerlegt durch den Nachweis, daß zur Zeit der Zession nicht dieser, sondern ein

Dritter Eigentümer des Wechsels war (RGZ 33, 147). Doch kann demgegenüber nach dem heute geltenden Rechte (anders lag die Sache in dem vom RG a. a. O. entschiedenen Falle nach dem damals geltenden Pr. A. LR) der Zessionar, dem bei der Zession der Wechsel von dem legitimierten Wechselinhaber übergeben worden ist, sich auf den gutgläubigen Eigentumserwerb vom Nichteigentümer gemäß § 932 BGB berufen, sofern ihm nicht nachgewiesen wird, daß er nicht in gutem Glauben, d. h. in Kenntnis oder grobfahrlässiger Nichtkenntnis des Nichteigentums des Zedenten, gewesen ist. Ein Anspruch des früheren Eigentümers auf Herausgabe ist in diesem Falle ausgeschlossen, ohne daß es der Anwendung des Art 74 WO bedarf, der nur den wechselmäßig legitimierten gutgläubigen Erwerber schützt (RGZ a. a. O.).

Die Abtretung eines Teiles einer Wechselforderung hat der IV. ZivSenat des RG in einem Urteile vom 21. 4. 1921 IV 558/20 (LZ 1921 Sp. 495[7]) für zulässig erklärt unter der Voraussetzung, daß dem Erwerber der Teilforderung ein Mitbesitz an der Urkunde eingeräumt wird. Der Senat ist der Ansicht, daß die Gründe, die ein Teilindossament als unzulässig erscheinen lassen (vgl. oben Anm 12), für eine Teilzession nicht zutreffen. Dem wird zugestimmt werden können. Durch die Teilzession werden nicht, wie durch das Teilindossament geschehen würde, selbständige Wechselrechte des Zessionars auf einen Teil der Wechselsumme geschaffen, die unabhängig davon sind, ob und welche Rechte des Zedenten an dem ihm verbleibenden Teile der Wechselsumme bestehen; jener kann vielmehr nur die gleichen Rechte, wie dieser, und diese nur in Gemeinschaft mit ihm ausüben und es können ihm die gleichen Einreden entgegengesetzt werden wie dem Zedenten. Auch finden die besonderen Vorschriften der WO über Indossamente, aus denen die Unzulässigkeit der Teilindossamente in erster Linie hergeleitet wird (vgl. das oben Anm 12 angeführte Urteil des Reichsgerichts in RGZ 11, 148), auf die Teilzession keine Anwendung. A. M. StStranz zu Art 9 Anm 9 S. 91, die anscheinend die Möglichkeit der Einräumung des Mitbesitzes (§ 866 BGB) an dem Wechsel nicht in Betracht ziehen. **Anm 24.**

Die Übergabe eines an den Empfänger oder in blanco indossierten Wechsels enthält im Zweifel eine (Weiter-)Indossierung des Wechsels an den Empfänger, auch wenn daneben noch ihm die Rechte aus dem Wechsel abgetreten werden (RGZ 83, 101). Doch kann die Indossierung eines Wechsels mit Indossierungsverbot des Ausstellers (Rektawechsels; vgl. oben Anm 15 ff.) nur als Zession wirken und als solche gegebenenfalls aufrechterhalten werden (§ 140 BGB; vgl. dazu RGRKomm Anm 2 und RGZ 83, 101). Werden neben der Indossierung des Wechsels auch die zivilrechtlichen Ansprüche abgetreten, die dem Indossanten gegen seinen Vormann (früheren Indossanten oder Aussteller) oder gegen den Akzeptanten aus dem der Wechselbegebung oder Akzeptierung zugrunde liegenden Rechtsverhältnisse zustehen, so tritt dadurch der Indossatar in ein vertragliches bürgerlich-rechtliches Verhältnis zu diesen ein und die Einreden aus dem zugrunde liegenden Rechtsverhältnisse stellen sich als Einreden dar, die dem in Anspruch genommenen Wechselverpflichteten unmittelbar gegen den Indossatar zustehen und deshalb nach Art 82 ihm gegenüber geltend gemacht werden können (RGZ 83, 102; 68, 418). **Anm. 25.**

Sehr bestritten und zweifelhaft ist die Frage, ob derjenige, der eine Wechselforderung durch eine bürgerlich-rechtliche Übertragungsform, insbesondere durch Zession erworben hat, befugt und in der Lage ist, den Wechsel zu indossieren oder weiterzuindossieren. Unbedenklich ist anzunehmen, daß in der Regel und, soweit nicht etwas anderes vereinbart ist, entsprechend dem zu vermutenden Parteiwillen, im Verhältnisse zwischen dem Zedenten und dem Zessionar mit den anderen mit der Forderung verbundenen Rechten (§ 401 BGB) auch das Recht, den Wechsel zu indossieren oder weiter zu indossieren, durch die Zession auf den Zessionar übergehen wird. Damit ist jedoch die Frage noch keineswegs entschieden, ob der Zessionar dadurch ohne weiteres in die Lage versetzt wird, dieses Recht auch mit Wirkung Dritten, insbesondere den Wechselverpflichteten gegenüber, auszuüben, oder was dazu erforderlich ist, ihn in diese Lage zu versetzen. Für die Entscheidung dieser Frage können lediglich die Vorschriften über die wechselmäßige Legitimation (Art 36 WO) maßgebend sein. Sie erfordern aber ausdrücklich eine zusammenhängende, bis auf den Inhaber heruntergehende Kette von Indossamenten, von denen das erste mit dem Namen des Remittenten, jedes folgende mit dem Namen desjenigen unterzeichnet sein muß, welchen das unmittelbar vorhergehende als Indossatar benennt; nur, falls dieses ein Blankoindossament ist, gilt der Aussteller des nachfolgenden Indossaments als derjenige, der den Wechsel durch das Blankoindossament erworben hat und dadurch zur Weiterindossierung legitimiert ist. Vgl. zu Art 36 Anm 5 ff. Durch das Indossament eines Zessionars wird aber, sofern das Indossament, durch das der Zedent legitimiert wurde, auf seinen Namen lautete, die Kette unterbrochen — und zwar nicht nur „dem äußeren Anschein nach" (so StStranz zu Art 36 Nr. 14), sondern in Wirklichkeit, da der Zessionar eine andere Person ist als der Zedent —, ohne daß das Gesetz für diesen Fall eine Ausnahme zuließe. Trotzdem wird in der Rechtslehre von manchen Schriftstellern die Ansicht vertreten, daß der Zessionar zur Indossierung in eigenem Namen legitimiert sei, indem unterstellt wird, daß der Zessionar „in Ansehung der erforderlichen wechselrechtlichen Legitimation mit dem Zedenten nur eine Person ausmache" (so Bernstein zu Art 9 S. 81), wofür freilich im Gesetze keinerlei Anhalt zu finden ist. Bernstein erachtet jedoch die Legitimation durch das Indossament eines Zessionars nur dann als erbracht, wenn die Zession „wechselurkundlich **Anm. 26.**

auf dem Wechsel hervorgehoben" ist (zu Art 36 S. 179), während StStranz in den neueren Auflagen (12. Aufl zu Art 9 Anm 9), entgegen der von Staub (1. Aufl) und in früheren Auflagen auch von ihnen vertretenen Ansicht, den Zessionar auch dann für legitimiert erachten, wenn die Zession auf dem Wechsel nicht beurkundet ist. Sie berufen sich dafür auf ein Urteil des Reichsgerichts (RGZ 12, 132), das jedoch nicht einen Fall der Indossierung durch einen Zessionar oder sonstigen bürgerlich-rechtlichen Wechselerwerber betrifft, sondern einen Fall der Geltendmachung des wechselrechtlichen Anspruchs durch eine Aktiengesellschaft auf Grund eines auf ihre Zweigniederlassung lautenden Indossaments, so daß eine wirkliche Identität der vermögensrechtlichen Persönlichkeit vorlag. Auch ist dort nur der Satz ausgesprochen, daß auch einer anderen, als der in der Wechselurkunde bezeichneten Person, das Recht zur Geltendmachung der Wechselforderung zustehen, nicht aber gesagt, daß eine solche Person den Wechsel auch indossieren könne. Andrerseits hat in RGZ 43, 44 das RG unzweideutig und grundsätzlich (vgl. die Überschrift) ausgesprochen, daß der Zessionar zur Girierung des Wechsels nicht befugt ist. Eine besondere Begründung ist freilich diesem Ausspruche nicht beigefügt; sie erschien wohl entbehrlich, weil angenommen wurde, daß der Satz sich unmittelbar aus den Vorschriften des Art 36 über die wechselrechtliche Legitimation ergebe. Das dürfte auch zutreffen. Gegenüber der Absicht des Gesetzes, im Interesse der Sicherheit des Wechselverkehrs die von dem Wechselschuldner zu prüfende Legitimation des Inhabers an einen klarliegenden äußerlichen Tatbestand anzuknüpfen, können die von StStr angeführten angeblichen Wünsche des „Verkehrs" an sich schon nicht durchgreifen; es leuchtet aber auch nicht recht ein, daß der Verkehr so großen Wert legen sollte auf die Erleichterung der dem normalen Wechselumlaufe wenig entsprechenden und nicht häufig vorkommenden Übertragungsform der Zession. Wie hier auch Grünhut § 84 S. 108. Übrigens steht nichts entgegen, daß der Zessionar den Wechsel in der Weise indossiert, daß er den Namen des Zedenten als dessen Vertreter auf den Wechsel setzt, wozu er auf Grund seines Zessionsvertrags in der Regel als befugt angesehen werden kann, und dadurch die formelle Legitimation des Indossatars herstellt. Auch wird er in der Regel berechtigt sein, von dem Zedenten zu verlangen, daß dieser ihm durch Beifügung seines Indossaments die Weiterbegebung des Wechsels ermögliche (§ 433 Art 1 Satz 2 BGB; vgl. RGRKomm zu § 433 Anm 8 II S. 21 („Indossierung von Orderpapieren" beim Kaufe von Rechten).

Anm. 27. Entsprechendes wie für die Zession wird auch für einen auf Grund des bürgerlichen Rechts kraft Gesetzes (Surrogation) oder durch gerichtliche Überweisung (§§ 831, 835 ZPO) unter Lebenden erfolgenden Übergang des Gläubigerrechts auf eine andere Person zu gelten haben. Anders liegt die Sache für den Übergang im Wege der Gesamtrechtsnachfolge, namentlich durch Erbgang. Hier ist nicht nur ein berücksichtigenswertes Interesse an der Ermöglichung des weiteren Wechselumlaufs durch Indossierung vorhanden, sondern auch die rechtliche Einheit der vermögensrechtlichen Person des Erben mit der des Erblassers, die dadurch zum Ausdrucke kommt, daß der Erbe sich auf dem Wechsel als solcher bezeichnet. So auch Grünhut § 84 S. 110 Anm 4 und § 91 S. 154; Staub 1. Aufl zu Art 36 Anm 14; RG bei Gruchot 37, 129. Einer weiteren Beurkundung der Erbfolge auf dem Wechsel, insbesondere durch behördliche Bescheinigung, wird es nicht bedürfen, da für die Legitimation die wechselurkundliche Möglichkeit der Personenidentität genügt (vgl. zu Art 36 Anm 7). Im Falle des Bestreitens muß aber der Nachweis der Erbfolge im Rechtsstreite geführt werden.

Artikel 10.

Durch das Indossament gehen alle Rechte aus dem Wechsel auf den Indossatar über, insbesondere auch die Befugnis, den Wechsel weiter zu indossieren. Auch an den Aussteller, Bezogenen, Akzeptanten oder einen früheren Indossanten kann der Wechsel gültig indossiert und von denselben weiter indossiert werden.

Anm. 1. 1. Satz 1 des Artikels regelt die eine der beiden Hauptwirkungen des Indossaments, nämlich den **Transporteffekt,** indem er bestimmt, daß durch das Indossament alle Rechte aus dem Wechsel auf den Indossatar übergehen. Die andere Hauptwirkung — der Garantieeffekt — ist in Art 14 geregelt; vgl. die Erläuterungen dazu.

Anm. 2. **a)** Die Rechte aus dem Wechsel **gehen über.** Der Ausdruck: „gehen über" könnte zu dem Zweifel führen, ob der Indossatar auch solche Rechte erwirbt, die seinen Vormännern noch nicht zugestanden haben, vielmehr in ihm neu begründet werden (verstärkte Transportwirkung). Die Frage muß aber nach dem Wesen des Indossaments bejahend beantwortet werden. Es ist anerkannt, daß der römisch-rechtliche Satz: „Nemo plus iuris transferre potest quam ipse habet" für das Indossament nicht unbedingte Geltung hat; daß vielmehr, entsprechend der deutschrechtlichen Auffassung (vgl. §§ 405, 932, 1138 BGB) in der Person des Übertragnehmers auch Rechte entstehen können, die der Übertragende nicht gehabt hat. „Die Übergabe eines indossierten Orderpapiers bedeutet", wie das Reichsgericht in RGZ 83, 101 ausführt, „etwas anderes als eine Abtretung, indem sie die Entstehung eines neuen, selbständigen Rechts aus dem Orderpapier vermittelt". In der Person des Indossatars entstehen daher die Rechte so, wie sie sich abstrakt aus dem

Wechsel ergeben. Deshalb stehen die nicht aus dem Wechselrechte hervorgehenden Einreden, die gegenüber dem Indossanten begründet waren, gegenüber dem Indossatar nicht zu. Vgl. Art 82 WO und Anm 5 dazu. Wechselmäßige Verpflichtungserklärungen haben die Eigentümlichkeit, daß sie als nicht nur bestimmten Personen, sondern jedem gegenüber abgegeben zu gelten haben, der den Wechsel gültig erwirbt (RGZ 84, 124). In Verfolg dieses Rechtsgrundsatzes hat das Reichsgericht a. a. O. ausgesprochen, daß im Konkurse des Wechselverpflichteten eine Wechselforderung geltend gemacht werden kann, die bis zur Eröffnung des Konkursverfahrens in Händen eines Gläubigers war, dem gegenüber eine ihre Geltendmachung hindernde Einrede bestand, und die erst nach der Konkurseröffnung durch Indossament an einen Gläubiger übergegangen ist, dem gegenüber die Einrede nicht bestand; die Forderung gilt in diesem Falle im Sinne des § 3 KO als bereits zur Zeit der Konkurseröffnung begründet, obwohl ihr eine Einrede aus der Person des damaligen Gläubigers zu dieser Zeit entgegenstand.

Konversion des Indossaments. Wegen der Verschiedenartigkeit der rechtlichen Wirkungen des Indossaments von denen der Zession wurde bei den Beratungen der Leipziger Konferenz (Prot. L. S. 26, Thöl S. 28) hervorgehoben, daß Indossament und Zession „ihrem inneren Wesen nach voneinander verschiedene Dinge seien und eines derselben nicht wohl in das andere übergehen könne". Aus diesem Gesichtspunkte wurde der Satz des Preußischen Entwurfs in § 16, daß ein nach dem Verfalltag des Wechsels ausgestelltes Indossament nur die Wirkung einer Zession haben solle, bekämpft mit der Begründung, dieser Satz werde zu der irrigen Theorie Anlaß geben, „es sei der eigentliche Kern des Indossaments eine Zession und dieser Kern träte jedesmal da hervor, wo die besonderen wechselrechtlichen Verstärkungen und Zutaten, durch welche er verdeckt sei, hinwegfielen". Wegen dieser Bedenken wurde die Bezugnahme auf die Zession in § 16 des Entwurfs gestrichen und die jetzige Fassung des Art 16 beschlossen, der indessen in Absatz 2 das nachprotestliche Indossament der Sache nach mit durchaus zessionsähnlichen Wirkungen aufrechterhält; vgl. zu Art 16 Anm 1. Aber auch bei sonstigen Indossamenten, welche als solche ungültig sind, wird es sich fragen, ob sie nicht im Wege der Konversion (§ 140 BGB) mit den Wirkungen einer Zession aufrechterhalten werden können, da hierbei nach jetzigem Rechte nicht sowohl die Gleichheit der rechtlichen Struktur, als vielmehr die Ähnlichkeit der wirtschaftlichen Wirkungen der beiden Rechtsgeschäfte für die entscheidende Frage, ob die Parteien bei Kenntnis der Nichtigkeit des einen Geschäfts das andere gewollt haben würden, ins Auge zu fassen ist; vgl. RGRKomm zu § 140 Anm 1. Es wird aber in der Regel der zu vermutenden vernünftigen Parteiabsicht entsprechen, daß der Indossant und der Indossatar, wenn sie davon Kenntnis gehabt hätten, daß die dem Indossament entsprechende Begründung selbständiger Rechte des Indossatars unter wechselmäßiger Garantie des Indossanten durch das vorgenommene Rechtsgeschäft nicht erreicht werden konnte, wenigstens den geringeren Erfolg des zessionsmäßigen abgeleiteten Erwerbes der Rechte des Zedenten durch den Zessionar mit der dem bürgerlichen Rechte entsprechenden Gewährleistung des Zedenten für den Bestand der Forderung (§ 437 BGB) gewollt haben würden. **Anm. 2 a.**

b) **Alle** Rechte aus dem Wechsel gehen über. Diese Bestimmung ist zwingenden Rechts. Es können daher nicht durch Parteivereinbarung einzelne Rechte, z. B. das der Einklagung oder der Regreßanspruch gegen einen Vorindossanten oder den Aussteller, für den Indossanten vorbehalten werden. Besonders hervorgehoben ist als auf den Indossatar übergehend das Recht, **den Wechsel weiter zu indossieren,** ohne daß es einer darauf gerichteten Klausel (Orderklausel) in dem Indossament bedarf. Doch kann nach Art 15 der Übergang dieses Rechtes auf den Indossanten oder richtiger der Erwerb desselben durch ihn durch Parteivereinbarung und Vermerk in dem Indossamente ausgeschlossen werden; vgl. Näheres darüber zu Art 15. Aus der Bestimmung, daß alle Rechte übergehen, wird ferner in Verbindung mit anderen Erwägungen von der Rechtsprechung die Unzulässigkeit von Teilindossamenten, d. h. von solchen, die nur eine Übertragung einzelner Teile der Wechselsumme bewirken sollen, hergeleitet; vgl. darüber zu Art 9 Anm 12. — Nicht nur die obligatorischen, sondern auch die dinglichen Rechte „aus dem Wechsel", also die aus dem Eigentume an dem Wechsel fließenden Rechte des Eigentümers, z. B. das der Vindikation, gehen auf den Indossatar über. Da eine Spaltung des Eigentums — nach innen und nach außen — dem geltenden Rechte fremd ist, folgt daraus, daß auch nicht vereinbart werden kann, es solle „im Innenverhältnis" zwischen Indossant und Indossatar der Indossant Eigentümer bleiben, wie das von StStr (Art 10 Anm 2 und Art 17 Anm 5) für das verdeckte Inkassoindossament angenommen wird; vielmehr wird auch bei diesem der Indossatar wirklicher und alleiniger Eigentümer des Wechsels. Vgl. zu Art 9 Anm 5. **Anm. 3.**

c) Nur die Rechte **aus dem Wechsel** gehen auf den Indossatar über, d. h. die aus dem Wechsel als solchem sich ergebenden wechselrechtlichen Befugnisse. Nicht also solche Rechte, die dem Indossanten auf Grund eines bürgerlich-rechtlichen Verhältnisses hinsichtlich der Wechselforderung zustehen. Sonach nicht die Nebenrechte aus zivilrechtlicher Bürgschaft (wohl aber aus einem Aval, vgl. zu Art 81 Anm 4), nicht die Rechte aus Pfandbestellung, auf Vertragsstrafen für Nichtzahlung des Wechsels usw., auch wenn diese Rechte im Wechsel bestellt sind oder die Verpflichtung zu ihrer Bestellung im Wechsel übernommen ist. Der für die Zession geltende Grundsatz des § 401 BGB ist nach deutschrechtlicher Auffassung (abweichender Auffassung sind die meisten ausländischen **Anm. 4.**

Rechte, vgl. Anhang I zu diesem Unterabschnitte Anm 8) auf das Indossament, das nur zur Übertragung von Wechselrechten bestimmt und geeignet ist, nicht anwendbar. Doch können auf Grund besonderer Vereinbarung, die auch stillschweigend erfolgen kann, auch solche Rechte, mögen sie im Wechsel verbrieft sein oder nicht, neben dem Indossamente im Wege der Zession übertragen werden (RGZ 41, 173). Die Rechte aus der dem Wechsel zugrunde liegenden bürgerlich-rechtlichen Forderung gehen durch Indossament nicht über und auch eine stillschweigende Zession kann hinsichtlich ihrer in dem Indossamente allein nicht gefunden werden. Insbesondere geht daher auch ein etwa für den Indossanten begründetes Recht gegenüber dem Bezogenen, der nicht akzeptiert hat und deshalb nicht im Wechselverbande steht, auf Annahme des Wechsels oder auf die beim Bezogenen befindliche Deckung (vgl. zu Art 23 Anm 2) auf den Indossatar nicht über (ROHG 18, 191). Dagegen gehen Rechte und Rechtslagen, die zugunsten des Indossanten durch gerichtliche Entscheidungen über die Wechselforderung (Rechtskraft) oder durch Maßregeln zur Sicherung der Zwangsvollstreckung wegen der Wechselforderung (Arreste, einstweilige Verfügungen) oder durch Feststellung im Konkurse erwachsen sind — im Gegensatz zu solchen, die nur für die zugrunde liegende bürgerlich-rechtliche Forderung erwachsen sind —, als erworbene Bestandteile („Qualitäten", StStr zu Art 10 Anm 4, wenn man gegen die Bezeichnung als „Akzessorien" als mißverständlich Bedenken hat) mit der Wechselforderung auf den Indossatar über. Wegen des Bereicherungsanspruchs aus Art 83 vgl. zu Art 83 Anm 1a.

Anm. 5. d) Da die Rechte aus dem Wechsel durch das Indossament auf den Indossatar **übergehen,** müßte bei grammatischer und logischer Auslegung daraus gefolgert werden, daß sie dem Indossanten von da ab, jedenfalls bis auf weiteres, nicht mehr zustehen. Diese Folgerung ist auch in der älteren Rechtsprechung des ROHG (17, 336; 17, 407) gezogen worden. Seit einer Plenarentscheidung des ROHG (24, 1) herrscht aber in der Rechtsprechung, auch des Reichsgerichts, und zum Teil auch in der Rechtslehre die Auffassung vor, daß auch der Indossant Gläubiger bleibe und nur die Ausübung seines Rechts aufgeschoben (suspendiert; „suspensiv bedingt") sei bis zu dem Zeitpunkte, in welchem er den Wechsel im Regreßwege einlöse und dadurch das die Ausübung seines Rechts hindernde Mit-Gläubigerrecht eines Nachmannes fortfalle. So namentlich RGZ 4, 257 (nicht ohne Bedenken zu äußern); 21, 401; 34, 52; 77, 187; Recht 1912, 325; 1916, 1642; JW 1912, 84[31]; Lehmann S. 257 ff.; Goldschmidt in ZHR 28, 93; StStr zu Art 10 Anm 6. In RGZ 77, 190 ist diese Auffassung, unter Ablehnung des Gesichtspunktes der auflösenden Bedingung für das Recht des Indossatars, dahin formuliert: „das Rechtsverhältnis sei so zu denken, daß der Indossant wechselberechtigt bleibt und dem bisherigen Gläubiger ein neuer hinzugefügt wird; so lange das Recht der Nachmänner dauere, fehle nur die Möglichkeit der Geltendmachung des verbliebenen Rechts".

Gegen diese Auffassung haben sich namentlich Hellwig, Rechtskraft S. 299 und Jacobi in ZHR 72, 337 ff. gewendet. Sie erscheint, jedenfalls in dieser Ausprägung, abgesehen von dem Wortlaute des Gesetzes, auch mit den Grundsätzen der WO nicht wohl vereinbar, denen zufolge die Wechselgläubigerschaft untrennbar mit dem Eigentum an dem Papiere verbunden ist. Ein doppeltes Eigentum aber ist nach geltendem Rechte ebensowenig denkbar wie ein gespaltenes Eigentum (vgl. darüber beim Inkassoindossament zu Art 9 Anm 5); deshalb kann nur entweder der Indossatar oder der Indossant zu einer bestimmten Zeit Eigentümer des Wechsels und Wechselgläubiger sein. Andere fassen die Rechtslage so auf, daß der Indossatar alleiniger Gläubiger werde, unter der auflösenden Bedingung der Wiedereinlösung des Wechsels durch den Indossanten, mit welcher das Recht des Indossanten wieder in Kraft trete. So namentlich Grünhut Bd 1 S. 291; Dernburg II § 267; auch Bernstein S. 86, 87, der ausführt, daß das Wechselrecht des Indossatars auflösend, das des Indossanten (nicht nur seine Ausübung) aufschiebend bedingt sei, worin StStr a. a. O. mit Unrecht einen Widerspruch finden. Diese Auffassung erscheint als die weitaus natürlichere und mit dem Grundsatze, daß der Indossatar das Wechseleigentum und die Wechselgläubigerschaft erwirbt, allein vereinbar. Der Indossant ist in der Zwischenzeit nicht Wechselgläubiger, sondern hat die Gläubigereigenschaft einstweilen verloren und ihre Wiederentstehung ist an die aufschiebende Bedingung der Einlösung des Wechsels und des Wiedererwerbs des Eigentums an diesem geknüpft. Ob dies dazu führt anzunehmen, daß das (wiederaufgelebte) Regreßrecht des Indossanten, der den Wechsel eingelöst hat, erst als mit der Einlösung entstanden anzusehen sei, oder ob seine Entstehung auf den Tag der Indossierung zurückdatiert werden kann, hängt (wie Bernstein S. 87 unter β zutreffend ausführt) davon ab, welche Wirkung das geltende bürgerliche Recht dem Eintritte einer auflösenden (und entsprechend dem einer aufschiebenden) Bedingung beilegt. Nach gemeinem Rechte konnte deshalb die dingliche Rückwirkung des Wechselrücklaufs angenommen werden, während dies nach preußischem und sächsischem Rechte nicht möglich erschien. Das jetzt geltende BGB (§ 158) schließt die Rückwirkung sowohl der aufschiebenden wie der auflösenden Bedingung aus. Deshalb muß m. E. heute davon ausgegangen werden, daß der einlösende Indossant erst mit der Einlösung wieder das Gläubigerrecht erwirbt. Das würde wohl auch (und um so mehr) gelten müssen, wenn man die Bedingung mit Jacobi a. a. O. S. 359 als eine Rechtsbedingung ansehen wollte, da bei dieser von einer Rückwirkung noch weniger die Rede sein kann. Daraus folgt aber nicht, daß es ein neues, von dem ihm früher zugestandenen wesentlich verschiedenes Recht sei, sondern es ist das alte, das auf dem ihm von seinem Vormanne erteilten Indossamente, nicht etwa auf einer Nachfolge in das Recht eines Nachmannes beruht. Das wird besonders auch durch die Vorschrift des Art 55 WO klargestellt, derzufolge jeder Indossant, der einen seiner Nachmänner befriedigt hat, sein eigenes und seiner Nachmänner Indossament ausstreichen kann; vgl. zu Art 55 Anm 1. Deshalb können auch nach der hier vertretenen Auffassung dem Indossanten Einreden aus der Person späterer Indossatare nicht entgegengesetzt werden (ROHG 7, 80; RGZ 23, 51). Andrerseits kann der Indossant, der den Wechsel eingelöst hat, nicht Rechte geltend machen, die vor der Einlösung durch ihn für einen Nachmann in dessen Person entstanden sind, etwa durch rechtskräftiges Urteil, Konkursfeststellung und dergl. (RGZ 34, 52). Der hier vertretenen Auffassung steht auch nicht (wie namentlich Lehmann a. a. O. meint) entgegen, daß nach Artt 26, 29 WO im Falle der Nichtannahme des Wechsels oder der Unsicherheit des Akzeptanten auch der Indossant schon vor der Wiedereinlösung des Wechsels gewisse Rechte auf Sicherstellung ausüben kann; denn diese Rechte können ihm vom Gesetze sehr wohl mit Rücksicht auf die Möglichkeit des künftigen Wiedererwerbs seines Gläubigerrechts gewährt worden sein, auch wenn dieses zur Zeit nicht besteht. Ebensowenig steht dieser Auffassung entgegen, daß durch die nach der Indossierung, aber vor der Einlösung erfolgte Akzeptation des Wechsels für den Indossanten, falls er den Wechsel später einlöst, auch ein Recht gegen den Akzeptanten entsteht; darin liegt nur eine inzwischen eingetretene Erweiterung seines früheren Gläubigerrechts, die ihm zugute kommt. Auch ist es nach der hier vertretenen Auffassung unerheblich, ob der Indossant seinem Nachmanne gegenüber zur Einlösung verpflichtet war oder nicht, sei es weil er „ohne Obligo" indossiert hatte oder weil der Wechsel durch Nichterhebung des Protestes präjudiziert war, in letzterem Falle natürlich nur für den Anspruch gegen den Akzeptanten; ferner auch ob und was er für die Einlösung des Wechsels hat aufwenden müssen, insbesondere, ob er ihn unentgeltlich von seinem Nachmanne zurückerhalten, um so mehr, ob der Nachmann nachträglich auf das Entgelt verzichtet oder es erlassen hat. Aus dem Valutaverhältnis zwischen dem Indossanten und seinem Nachmanne bei Rückerwerb des Wechsels durch jenen kann der im Wege des Regresses in Anspruch genommene Vormann oder der Akzeptant keine Einwendungen herleiten. So gegen das gesamte dort angeführte Schrifttum, aber m. E. zutreffend RGZ 77, 188; im Ergebnisse auch Jacobi a. a. O. S. 188, der aber dazu auf Grund der Fiktion eines „Nachindossaments" des Nachmannes gelangt. Vgl. weiteres, insbesondere über die Legitimation des einlösenden Indossanten, zu Art 36 Anm 9. Über die gleiche Rechtsfrage beim Scheck vgl. meinen ScheckgesKomm zu § 8 Anm 11.

Zweifelhaft könnte vielleicht sein, ob bei Zugrundelegung der hier vertretenen Auffassung durch § 55 (früher 48) KO eine Aufrechnung des Regreßanspruchs mit einer Forderung des Gemeinschuldners an den Indossanten ausgeschlossen wird, wenn in der Zeit zwischen der Indossierung und der Wiedereinlösung des Wechsels über das Vermögen des Wechselschuldners Konkurs eröffnet worden ist. Bernstein a. a. O. verneint diese Frage für die Rechtsgebiete, in denen eine Rückbeziehung des Eintritts einer Bedingung nicht stattfindet. Indessen, es dürfte doch in Betracht kommen, daß nach § 54 Abs 1 KO die Aufrechnung nicht dadurch ausgeschlossen wird, daß eine der miteinander aufzurechnenden Forderungen zur Zeit der Konkurseröffnung noch aufschiebend bedingt war, und daß dieser Fall nach obigem hier vorliegt; vgl. auch RGZ 80, 414; JW 1896, 374[26]; Sydow-Busch KO Anm 5 zu § 54 und Anm 3 zu § 55; a. M. Jacobi a. a. O. S. 363. **Anm. 6.**

2. Satz 2 des Artikels bringt zum Ausdrucke, daß **auch an den Aussteller, Bezogenen, Akzeptanten oder einen früheren Indossanten** der Wechsel gültig indossiert und von ihnen weiter indossiert werden kann. **Anm. 7.**

a) Durch diese Bestimmung wird das nach bürgerlichem Rechte (vgl. Vorbem 2 vor § 241 BGB im Komm. v. RGRäten) durch Vereinigung von Forderung und Schuld in einer Person (**Konfusion**) regelmäßig eintretende endgültige Erlöschen des Schuldverhältnisses ausgeschlossen, wenn durch Indossament der Wechsel und damit die Eigenschaft als Wechselgläubiger an eine Person gelangt, die aus ihm wechselrechtlich verpflichtet ist, sei es als Hauptschuldner der Wechselforderung (Akzeptant), sei es als Regreßpflichtiger (Aussteller, früherer Indossant). Daß dies der Sinn ist, in welchem die Vorschrift ein Indossament an die dort Genannten für „gültig" erklärt, ergibt sich aus dem Zusatze, daß diese den Wechsel gültig weiterindossieren können, was voraussetzt, daß das wechselrechtliche Schuldverhältnis nach dem Indossamente an sie bestehen geblieben ist. Dieser Ausschluß der Konfusionswirkung beruht (wie Bernstein S. 88 m. E. zutreffend hervorhebt) nicht auf der besonderen Rechtsnatur des Indossaments, sondern auf der Bestimmung des Wechsels, im Verkehr von Hand zu Hand zu gehen, derzufolge, solange dieser bestimmungsgemäße Umlauf noch nicht vollendet ist, also bis zum Verfall, derjenige, der in die Stellung des Gläubigers eintritt, nicht als endgültiger, sondern nur als zeitweiliger Gläubiger erscheint, da der Wechsel noch dazu bestimmt ist, weiter zu zirkulieren, und dadurch wieder in die Hände von Personen gelangen kann, die nicht aus ihm verpflichtet sind. Ob daraus wegen der Gleichheit des Rechtsgrundes mit Bernstein a. a. O. gefolgert werden kann, daß die regelmäßigen Wirkungen der Konfusion auch ausgeschlossen sind, wenn die Wechselrechte nicht durch Indossament, sondern durch bürgerlich-rechtliche Zession (vgl. zu Art 9 Anm 21 ff.) an einen Wechselverpflichteten gelangen, ist bestritten (dagegen StStr Anm 7 zu Art 10) und erscheint in Ermangelung einer positiven Gesetzesvorschrift nicht unzweifelhaft. Doch dürften überwiegende Gründe für die Bejahung sprechen, da der Satz, daß durch Konfusion das Erlöschen des Schuldverhältnisses notwendig eintreten muß, auf einer rein begrifflichen Konstruktion beruht und im BGB keine Aufnahme gefunden hat, allerdings weil man ihn als selbstverständlich ansah (vgl. RGRKomm a. a. O.), was jedoch nur allenfalls für gewöhnliche bürgerlich-rechtliche Schuldverhältnisse, nicht aber, wie oben dargelegt, für die Wechselforderung zutrifft. — Neben den oben genannten Wechselverpflichteten ist im Gesetze auch der Bezogene genannt, der, sofern er nicht akzeptiert hat, nicht im Wechselverbande steht (vgl. zu Art 23 Anm 2) und bei dem deshalb auch ohne ausdrückliche Bestimmung ein Erlöschen des Schuldverhältnisses durch Konfusion infolge eines Indossaments an ihn nicht in Frage kommen könnte. Doch hebt das Gesetz die Gültigkeit eines Indossaments an den Bezogenen ausdrücklich hervor, wohl aus praktischen Gründen, weil Zweifel über die Bedeutung einer Übertragung des Gläubigerrechts an denjenigen, der zahlen soll, entstehen könnten (vgl. z. B. § 8 Abs 2 Schlußsatz des Scheckgesetzes, wonach das Indossament an den Bezogenen als Quittung gilt und dazu meinen Komm zu § 8 Anm 16 a S. 82). Auch an den Notadressaten, der ebensowenig wie der Bezogene im Wechselverbande steht (vgl. zu Art 56 Anm 2 a), kann der Wechsel mit voller Rechtswirkung indossiert werden (ROHG 10, 286). Gleiches gilt vom Domiziliaten (vgl. zu Art 24 Anm 8); ROHG 5, 126.

Anm. 8. **b)** Die Wirkung eines Indossaments an einen der genannten Wechselbeteiligten ist verschieden je nach ihrer Stellung im Wechselverbande. Der Bezogene wird durch das Indossament vollberechtigter Wechselgläubiger; er kann bei Verfall den Wechsel, falls er ihn nicht weiter indossiert hat, bei sich protestieren lassen und Regreß gegen die Indossanten und den Aussteller nehmen. Der frühere Indossant, an welchen der Wechsel durch Indossament (Rückindossament) zurückgelangt ist, kann den Wechselanspruch gegen den Akzeptanten geltend machen und Regreß gegen seine Vormänner und den Aussteller nehmen; nicht dagegen etwa gegen diejenigen, die auf Grund seines Indossaments Gläubiger geworden sind und den Wechsel weiter indossiert haben (die Zwischenindossanten), da er ihnen als Regreßpflichtiger haftet und sie deshalb seinem Anspruche mit der Einrede der Arglist (dolo facit qui petit quod statim redditurus est) begegnen können (ROHG 18, 413). Der Aussteller kann aus gleichem Grunde nicht gegen die Indossanten wechselmäßig vorgehen, da er ihnen als regreßpflichtig haftet; wohl aber kann er das Wechselrecht als Indossatar gegen den Akzeptanten geltend machen. Der Akzeptant als Hauptwechselschuldner endlich kann auf Grund eines ihm erteilten Indossamentes gegen andere Wechselverpflichtete nicht vorgehen, da er allen gegenüber Schuldner ist (ROHG 7, 290). Die einzige Wirkung der Indossierung an ihn besteht in der vom Gesetze besonders hervorgehobenen Befugnis, den Wechsel weiter zu indossieren und dadurch seinem Indossatar den Wechselanspruch gegen ihn aus seinem Akzepte sowie die Regreßansprüche gegen die bisherigen Indossanten zu verschaffen. Doch steht ihm auch diese Befugnis nur so lange zu, als der Wechsel noch zu weiterem Umlaufe bestimmt ist, nämlich bis zum Eintritt des Verfalls. Ist der bestimmungsgemäße Umlauf durch Eintritt der Verfallzeit abgeschlossen, so besteht kein Grund mehr, die regelmäßige Wirkung der Konfusion auszuschließen. Deshalb erlischt das gesamte Schuldverhältnis aus dem Wechsel in allen seinen subjektiven Richtungen, also mit Einschluß der Regreßverpflichtungen, wenn der Akzeptant sich nach Eintritt des Verfalls noch auf Grund eines vorher an ihn erfolgten Indossaments im Besitze des Wechsels befindet oder wenn der Wechsel nach Verfall an ihn indossiert wird. Dieser Rechtssatz ist in der gesamten wechselrechtlichen Lehre von jeher anerkannt: vgl. Thöl WR 4. Aufl § 86 Anm 7 S. 301 und § 191 zu 2; Bernstein S. 89; StStr zu Art 10 Anm 7 unter a; ROHG 25, 20; RGZ 65, 128. Auch die Abtretung der Wechselrechte an den Akzeptanten nach Verfall bewirkt Erlöschen des Wechselanspruchs durch Konfusion; dagegen hat die Abtretung eines einzelnen, durch rechtskräftiges Urteil zuerkannten Regreßanspruchs gegen den Aussteller oder einen Indossanten an den Akzeptanten nicht das Erlöschen des Wechselanspruchs gegen diesen zur Folge, begründet vielmehr gegenüber der auf die Abtretung gestützten Klage des Akzeptanten für den Aussteller oder Indossanten die Einrede, daß jener in seiner Eigenschaft als Akzeptant dasjenige sofort würde zurückerstatten müssen, was dieser an ihn zahlen müßte (exceptio doli); RGZ 65, 128.

Artikel 11.

Das Indossament muß auf den Wechsel, eine Kopie desselben oder ein mit dem Wechsel oder der Kopie verbundenes Blatt (Allonge) geschrieben werden.

Anm. 1. 1. Der Artikel regelt die **Form** des Indossaments. Seine Vorschriften werden ergänzt durch die Artt 12 und 13, welche speziell die Formen des Blankoindossaments behandeln.

2. Das Indossament muß **geschrieben** werden. Es bedarf also der urkundlichen, und zwar der schriftlichen Form. Hinsichtlich der Erfordernisse der Schriftlichkeit gelten die gleichen Rechtssätze, wie für den Grundwechsel; vgl. zu Art 4 Anm 6. Eine mündliche Übertragung der Wechselrechte hat nicht die besonderen Wirkungen des Indossaments, sondern kann nur, falls sie von der Übergabe des Wechsels begleitet ist, als bürgerlich-rechtliche Abtretung (Zession) in Betracht kommen; vgl. zu Art 9 Anm 22. **Anm. 2.**

3. Das Indossament muß **auf den Wechsel, eine Kopie von diesem oder eine Allonge** geschrieben werden. **Anm. 3.**

a) Eine **bestimmte Stelle** auf dem Wechsel ist für das Indossament nicht vorgeschrieben. Es kann daher — ungeachtet der sprachlichen Bedeutung seines Namens, die in seiner geschichtlichen Entwicklung (vgl. die Einleitung unter I 1) begründet ist und auf eine Stellung auf der Rückseite des Wechsels (in dorso) hinweist, — ebensowohl auf der Vorderseite, wie auf der Rückseite des Wechsels stehen; das gilt auch für das gewöhnliche Blankoindossament; nur für das einfachste Blankoindossament, das nur aus dem Namen oder der Firma des Indossanten besteht, ist durch Art 12 (vgl. die Erläuterungen dazu) die Stellung auf der Rückseite vorgeschrieben. Üblich ist aber auch für andere Indossamente der Platz auf der Rückseite. Werden mehrere Exemplare des Wechsels (Duplikate; Art 66 ff.) hergestellt, so genügt es, daß das Indossament auf eines dieser Exemplare geschrieben wird; doch kann der Indossatar von seinem Indossanten verlangen, daß die früheren Indossamente auf dem Duplikat, auf welchem das Indossament dieses Vormannes steht, wiederholt werden (Art 66 Schlußsatz; vgl. zu Art 66).

b) Das Indossament braucht nicht auf die Alleinurschrift oder ein Duplikat des Wechsels, kann vielmehr auch **auf eine Kopie** von diesem geschrieben werden. Vgl. über Wechselkopien Art 70 und über die Bedeutung eines auf einer Kopie stehenden Indossaments Art 71, sowie die Anmerkungen zu diesen Artt. Anders beim Scheck; vgl. § 8 Abs 2 Satz 2 SchGes, wo ein auf eine Abschrift des Schecks gesetztes Indossament für unwirksam erklärt wird, und dazu meinen ScheckgesKomm Anm 21 a zu § 8 S. 85. **Anm. 4.**

c) Das Indossament kann auch **auf ein mit dem Wechsel verbundenes Blatt**, das vom Gesetze als **„Allonge“** bezeichnet wird, gesetzt werden. Das Gesetz sagt nichts darüber, in welcher Weise die Verbindung hergestellt sein muß. Es wird deshalb zwar keine unlösliche, aber doch eine auf eine gewisse Dauer berechnete und nicht mit leichter Mühe, ohne Spuren zu hinterlassen, zu beseitigende Verbindung verlangt werden müssen, namentlich durch Klebstoff, auch Oblaten u. dergl.; eine Verbindung durch Klammern dürfte nicht genügen. Aus der Fassung („verbundenes Blatt“) könnte nach den Regeln der Grammatik gefolgert werden, daß das Blatt schon im Augenblicke der Niederschrift des Indossaments auf ihm mit dem Wechsel verbunden sein müßte; indessen wird es genügen, wenn die Verbindung in dem Zeitpunkte besteht, in welchem der Indossatar von dem Indossamente zum Zwecke seiner Legitimation (Art 36) Gebrauch machen will. Ist die Verbindung wieder aufgehoben, so kann der Indossatar, solange die Trennung besteht, das Indossament nicht zu seiner Legitimation benutzen; er kann die Verbindung aber jederzeit wiederherstellen, solange der Wechsel in seinen Händen ist. — Ein auf einem besonderen Blatte erteiltes Indossament ist als solches unwirksam, solange das Blatt nicht mit dem Wechsel verbunden wird; es kann nur als bürgerlich-rechtliche Zession (vgl. zu Art 9 Anm 21) im Wege der Konversion (§ 140 BGB) aufrechterhalten werden, falls die Voraussetzungen für eine solche gegeben sind. **Anm. 5.**

4. Das Gesetz sagt in Art 11 nicht ausdrücklich, daß das Indossament von dem Indossanten **unterschrieben** sein muß. Doch ergibt sich die Notwendigkeit der Unterschrift schon daraus, daß es sich um eine gesetzlich vorgeschriebene Schriftform handelt (§ 126 BGB). Sie wird zudem bestätigt durch Art 12, der als Mindesterfordernis für das einfachste Blanko-Indossament die Namensschrift des Indossanten erfordert, sowie durch Art 36, der für die Legitimationskette die Unterzeichnung jedes einzelnen Indossaments voraussetzt. Im übrigen wird für die Unterschrift des Indossanten das gleiche zu gelten haben, wie für die Unterschrift des Ausstellers (Art 4 Nr. 5; vgl. zu Art 4 Anm 33 ff.). Sie wird sonach handschriftlich erfolgen müssen (a. a. O. Anm 34) und derart, daß sie den Inhalt der Erklärung deckt (a. a. O. Anm 35); auch den Namen oder die Firma des Indossanten zu enthalten haben (Anm 35 a); auch durch einen Vertreter mit seinem eigenen Namen unter Angabe des Vertretungsverhältnisses, aber auch ohne dies mit dem Namen des Vertretenen vollzogen werden können (Anm 37 a. a. O.). **Anm. 5 a.**

5. Über den sonstigen für ein Indossament erforderlichen **Inhalt** gibt das Gesetz nur für das einfachste Blankoindossament auf der Rückseite in Art 12 eine Vorschrift; vgl. diesen Artikel und die Erläuterungen dazu. Durch Schluß aus dem Gegenteile ergibt sich für alle übrigen Fälle, also immer wenn das Indossament auf die Vorderseite oder auf eine Allonge gesetzt wird (vgl. oben Anm 3—5), daß die bloße Zeichnung des Namens oder der Firma des Indossanten nicht genügt, sondern daß es einer Erklärung des Übertragungswillens durch diesen bedarf. Ein bestimmter Wortlaut für diese Erklärung ist aber nicht vorgeschrieben; es genügt, wenn der Übertragungswille sich klar ergibt. Dieses Ergebnis kann auch bei grammatisch fehlerhafter Ausdrucksweise durch Auslegung, falls diese einen zweifelsfreien Sinn ergibt, gefunden werden (RGZ 61, 187). Das Indossament kann hiernach entweder mit ausdrücklichen Worten die Anweisung zur **Anm. 6.**

Zahlung an den Indossatar statt an den Indossanten enthalten („Zahlen Sie statt an mich an Herrn N. N."; „Zahlen Sie an Herrn N. N.") oder auch lediglich einen abgekürzten Ausdruck dafür, der in jenem Sinne zu ergänzen ist: „Für mich an Herrn N. N." oder auch nur „An Herrn N. N.", eine Fassung, die auf der Rückseite jedenfalls genügt, auf der Vorderseite aber wohl nur dann, wenn sie so steht, daß eine Verwechselung mit der Bezeichnung des Bezogenen ausgeschlossen ist. „An die Order des Herrn N. N." läßt wohl zur Genüge erkennen, daß auch N. N. selber, und zwar zunächst, Indossatar sein soll. Die Fassung: „Als Girant" und Unterschrift dürfte auch auf der Vorderseite genügen. Einer zeitlichen oder örtlichen Datierung bedarf das Indossament nicht; sie ist auch nicht üblich. Deshalb ist auch die Angabe eines unrichtigen oder unmöglichen Datums (29. 2. eines Nichtschaltjahres, 31. 4. usw.) unschädlich. Die Zeit des Indossaments kann aber erheblich werden, insbesondere für die Frage, ob ein Nachindossament vorliege (vgl. zu Art 16 Anm 6). Ist das Indossament datiert, so spricht eine Vermutung, die aber widerlegbar ist, für die Richtigkeit des Datums. Ist es undatiert, so wird derjenige, der behauptet, daß es zu einer bestimmten Zeit (z. B. nach eingetretener Präjudizierung) erteilt ist und der daraus Rechte herleiten will, den Beweis dafür zu führen haben. — Der Bezeichnung des Indossatars bedarf es nicht; vgl. zu Art 12 Anm 1. Ist aber das Indossament auf einen bestimmten Indossatar gestellt, so gilt für dessen Bezeichnung das gleiche wie für die des Remittenten; vgl. zu Art 4 Anm 21 ff. Daß Indossant und Indossatar als verschiedene Personen „erscheinen" müßten (so Bernstein S. 90; StStranz zu Art 9 Anm 2), kann nicht verlangt werden; auch bei Namensgleichheit besteht die Möglichkeit einer Personenverschiedenheit (vgl. zu Art 4 Anm 46 a); durch Personenidentität würde übrigens die Kette der Indossamente (Art 36) nicht unterbrochen werden. Zusätze, z. B. Valutaempfangsbekenntnis, sind unschädlich, sofern sie nicht den erforderlichen Indossierungswillen einschränken oder ausschließen; ist das der Fall, so machen sie das Indossament ungültig. Das muß insbesondere von der Hinzufügung einer Bedingung gelten (anders HEWO Art 11, GEWG 12 Abs 1; vgl. Anhang II zu diesem Unterabschnitte Anm 2. — Verschieden von der Frage, ob ein formal gültiges Indossament vorliegt, an das sich andere anschließen können, (RGZ 50, 26), ist die im Streitfalle zu entscheidende Frage, ob das Indossament genügt, um die Berechtigung einer bestimmten Person als Wechselgläubiger darzutun. Dazu wird in der Regel der Umstand, daß sie den in dem Indossamente angegebenen Namen führt, in Verbindung mit dem Besitze des Wechsels hinreichen; geringe Abweichungen in der Namensbezeichnung, namentlich in der Bezeichnung der Firma, welche die Identität nicht in Frage stellen, sind unschädlich (ROHG 18, 422). Wiederum eine andere Frage ist, ob durch ein vorliegendes Indossament die Garantieverpflichtung einer bestimmten Person begründet ist; vgl. darüber zu Art 14 Anm 3.

Artikel 12.

Ein Indossament ist gültig, wenn der Indossant auch nur seinen Namen oder seine Firma auf die Rückseite des Wechsels oder der Kopie oder auf die Allonge schreibt (Blanko-Indossament).

Anm. 1. 1. Durch Art 12 wird anerkannt, daß ein Wechsel, der gemäß Art 4 Nr. 3 (vgl. zu Art 4 Anm 21) auf einen bestimmten Zahlungsempfänger (Remittenten) lauten muß, durch Indossament auf eine nicht benannte Person übertragen werden kann; **Blankoindossament.**

Das im Wechselverkehr sehr gebräuchliche Blankoindossament erleichtert die Legitimation als Wechselgläubiger und erhöht die Umlaufsfähigkeit des Wechsels, der dadurch einem Inhaberpapiere angenähert wird. Es ermöglicht ferner die Weiterbegebung des Wechsels im Wege der Blankotradition (vgl. zu Art 13 Anm 4), ohne daß der Blankoindossatar dabei in die wechselrechtliche Haftung eintritt und ohne daß er diese Haftung durch ein Indossament „ohne Obligo" ausschließt, was zwar zulässig (vgl. zu Art 14 Satz 2), aber für den Kredit des Wechsels nachteilig ist.

Anm. 2. Aus der Fassung des Art 12 könnte allerdings noch ein engerer Begriff des Blankoindossaments herausgelesen werden, wenn man in grammatisch korrekter Auslegung das in Klammern gesetzte Wort „Blanko-Indossament" als begriffliche Zusammenfassung des Vorhergehenden ansieht. Bei dieser Auslegung würde ein Blankoindossament nur dasjenige sein, welches in der Weise erfolgt, daß der Indossant lediglich seinen Namen oder seine Firma, ohne jeden Zusatz, auf die Rückseite des Wechsels schreibt, und es würde ein Blankoindossament an anderer Stelle, namentlich auf der Vorderseite, überhaupt nicht zulässig sein. Es kann aber keinem Zweifel unterliegen, daß (worauf übrigens die Worte: „auch nur" hindeuten) ein zulässiges Blankoindossament auch vorliegt, wenn es nicht nur die Namensschrift des Indossanten enthält, sondern auch einen Vermerk, der den Übertragungswillen zum Ausdrucke bringt (vgl. zu Art 11 Anm 6), aber ohne Nennung des Indossatars, und wenn es in dieser Weise auf die Vorderseite des Wechsels gesetzt ist. Art 12 will nur die bloße Namensschrift des Indossanten als die einfachste, abgekürzte Form des Blankoindossaments für wirksam erklären, falls sie auf der Rückseite des Wechsels erfolgt, ohne andere Formen des Blankoindossaments auszuschließen (RGZ 46, 46). Doch muß das Blankoindossament auf der Vorderseite (wie das Namensindossament, vgl. zu Art 11 Anm 6) als Indossament besonders kenntlich gemacht werden, z. B. durch die Formel „Zahlen Sie für mich an ...", unter Weglassung des Namens des Indossatars.

Dagegen ist ein Indossament, das „an den Vorzeiger" oder „an den Inhaber" lautet, kein gültiges Blankoindossament, da es dem Inhaber nicht die Möglichkeit gewährt, den Wechsel an einen bestimmten Indossatar weiter zu indossieren, sondern den Wechsel endgültig zum Inhaberpapiere machen würde. Die Gültigkeit eines solchen Indossaments wird daher mit Recht verneint von Grünhut, Handbuch II 983; a. M. StStranz zu Art 12 Anm 2. Auch die Haager Konferenz (HEWO Art 11 Abs 3) hatte das Indossament „au porteur" für nichtig erklären wollen; dagegen hält das GEWG (Art 12 Abs 3) es als Blankoindossament aufrecht; vgl. Näheres im Anhang II zu diesem Unterabschnitt Anm 2. **Anm. 3.**

2. Die Namensschrift muß „von dem Indossanten" auf die Rückseite der Urkunde geschrieben sein. Genauer wäre es gewesen, zu sagen, daß sie von demjenigen geschrieben sein müsse, der zur Indossierung legitimiert ist, also von dem Remittenten oder einem Indossatar. Rührt die Namensschrift von einer solchen Person her und steht sie auf der Rückseite, so tritt die Vermutung ein, daß die Person das Papier habe indossieren wollen, also Indossant sei. Zur Widerlegung dieser Vermutung bedarf es des bestimmten Nachweises, der sich aus der Urkunde ergeben muß, daß sie nicht den Willen gehabt habe, den Wechsel zu indossieren. Dazu ist es nicht genügend, wenn der Namensschrift Zusätze beigefügt sind, die den Indossierungswillen nicht unbedingt ausschließen, wie z. B. der Zusatz: „Angenommen" (RGZ 46, 46), der zwar nur einen Verpflichtungswillen zum positiven Ausdrucke bringt, aber den Übertragungswillen nicht ausschließt. Daß über der Namensschrift auf der Rückseite ein leerer Raum für die Ausfüllung (vgl. die Erläuterungen zu Art 13) gelassen sein müßte, ist für die Annahme, daß ein Blankoindossament vorliege, nicht erforderlich (Bernstein S. 94; StStr Anm 2; RGZ 46, 50. — Eine Namensschrift, über welcher sich ein ausgestrichener Übertragungsvermerk befindet, kann als Blankoindossament nur angesehen werden, wenn bewiesen wird, daß die Durchstreichung von dem Indossanten selbst oder mit dessen Zustimmung vorgenommen ist (RGZ 41, 412). Doch unterliegt es, wie in RGZ 129, 165 hervorgehoben ist, der freien Beweiswürdigung des Gerichts (§ 419 ZPO), ob die Durchstreichung des Übertragungsvermerks den Willen zum Ausdruck bringt, daß die stehengebliebene Unterschrift als Blankogiro gelten solle. Ist der Namensschrift auf der Rückseite ein Quittungsvermerk beigefügt („Wert erhalten", „Inhalt empfangen"; „Pour acquit" oder dgl.), so wird dadurch die Annahme, daß es sich um ein Blankoindossament handle, nicht ausgeschlossen (RG vom 6. 3. 1914, II 717/13, LZ 1914, 862[7]; im Recht 14 Nr. 2570; OG Wien bei Czelechowsky Nr. 784). Die von StStr (zu Art 12 Anm 2) gegen diese Entscheidungen erhobenen Bedenken erscheinen nicht als durchgreifend; ein solcher Vermerk ist keineswegs nur gebräuchlich als Bestätigung der vom Hauptwechselschuldner geleisteten Zahlung, sondern ebensowohl als Bekenntnis des Valutaempfanges bei Übergang des Wechsels oder Schecks durch Valutazahlung von einem Gläubiger auf einen anderen, besonders wenn er einer auf der Rückseite befindlichen Namensschrift räumlich beigefügt ist; ein solches Empfangsbekenntnis ist auch dem ungenannten Erwerber der Urkunde gegenüber keineswegs „sinnlos", kann ihm vielmehr zur Widerlegung des Einwandes des mangelnden Begebungsvertrags dienlich sein. Der zu vermutende Indossierungswille wird jedenfalls durch einen solchen Vermerk nicht widerlegt. Auch Mansfeld (LZ 1914 Sp. 1089) erhebt gegen die Entscheidungen Bedenken und bezeichnet sie merkwürdigerweise als eine Verletzung des auch auf Wechselerklärungen anwendbaren „großen Auslegungsgrundsatzes des § 157 BGB". Aber gerade diesem Grundsatze, soweit er auf Wechselerklärungen überhaupt anwendbar ist (vgl. zu Art 4 Anm 58) und dem in gleicher Richtung gehenden des § 133 wird doch durch die Entscheidungen in vorbildlicher Weise Rechnung getragen, indem das Reichsgericht, ohne sich an den buchstäblichen Sinn des Ausdrucks, der eine Quittung ohne Übertragung ergeben würde, zu klammern, den Vermerk so auslegt, wie nach seiner Meinung Treu und Glauben mit Rücksicht auf die Verkehrssitte es erfordern. Die Behauptung Mansfelds, „nach allgemeiner Anschauung des Verkehrs hätten die Worte den Sinn einer Quittung über die Wechselschuld", steht beweislos da und scheint ihrerseits sich zu sehr an den Wortlaut zu klammern, ohne die sonstigen Umstände, namentlich die Stellung auf der Rückseite unter den übrigen Indossamenten, zu berücksichtigen, die eher auf ein Valutaempfangsbekenntnis hinweisen, zumal da, soweit ersichtlich, gar nicht behauptet war, daß der Bezogene (Akzeptant) die Wechselsumme bezahlt habe. Vgl. über die gleiche Frage beim Scheck meinen ScheckgesKomm zu § 8 Anm 23 am Schlusse. Sind der Namensschrift auf der Rückseite keine den Übertragungswillen ausschließenden Zusätze beigefügt, so kann der Einwand, daß sie nicht als Indossament gemeint sei, einem gutgläubigen Wechselerwerber nicht entgegengesetzt werden. **Anm. 4.**

3. Auch zu dem Blankoindossamente bedarf es grundsätzlich eines Begebungsvertrags (ROHG 19, 49; 25, 67; RGZ 5, 83; 35, 76). Der Mangel eines solchen in seiner Person kann auch dem durch den Besitz des mit Blankoindossament versehenen Wechsels legitimierten Inhaber entgegengesetzt werden, z. B. in der Richtung, daß er ihn gefunden oder sich rechtswidrig angeeignet habe. Der Mangel eines Begebungsvertrags in der Person eines Vormannes dagegen kann dem Inhaber nur entgegengesetzt werden, wenn nachgewiesen wird, daß er bei dem Erwerbe der Inhaberschaft von dem Mangel Kenntnis hatte. Vgl. Näheres zu Art 9 Anm 3. **Anm. 5.**

4. Das nur aus dem Namen oder der Firma und der Unterschrift des Indossanten bestehende (einfachste) Blankoindossament kann auch auf die **Rückseite einer Wechselkopie** (vgl. Anm 4 zu **Anm. 6.**

Art 11) oder **auf die Allonge** geschrieben werden. Nach diesem Wortlaute müßte angenommen werden, daß auch eine Namensschrift auf der Vorderseite der Allonge (vgl. über diese Anm 5 zu Art 11) als Indossament Gültigkeit habe, während eine Namensschrift auf der Vorderseite des Wechsels selbst oder einer Kopie kein gültiges Indossament ist. Doch liegt es nahe, darin nur ein Versehen im grammatischen Ausdruck zu finden, da eine bloße Namensschrift, die sich auf der Verlängerung der Vorderseite des Wechsels (Vorderseite der Allonge) befindet, als Indossament ebensowenig erkennbar ist, wie eine Namensschrift auf der Vorderseite, des Wechsels selbst; vgl. oben Anm 1.

Artikel 13.

Jeder Inhaber eines Wechsels ist befugt, die auf demselben befindlichen Blanko-Indossamente auszufüllen; er kann den Wechsel aber auch ohne diese Ausfüllung weiter indossieren.

Anm. 1. **1.** Die Wirkungen des Blankoindossaments sind die gleichen wie die des Namensindossaments. Vgl. darüber die Erläuterungen zu Art 10. Durch das Blankoindossament wird somit der Inhaber gemäß Art 36 WO als Eigentümer des Wechsels und Gläubiger aus demselben legitimiert, und zwar wird diese Legitimation auch durch sein eigenes, nicht durchstrichenes Blankoindossament geführt (RG bei Bolze Bd 3 Nr. 542; RG v. 11. 1. 1904, I 453/03; RG v. 14. 9. 06, I 399/06; RG v. 2. 5. 08, I 71/08 in LZ 1908, 703 und die dort angeführten weiteren Entscheidungen des RG); anderes gilt für ein Namensindossament (vgl. RGZ 1, 32; 27, 43; 32, 78). Die Rechte aus dem Wechsel erwirbt der Inhaber als selbständige, nicht von dem Indossanten herrührende Rechte, also ohne die gegen diesen begründeten Einreden. Er erwirbt insbesondere auch das Recht, den Wechsel weiter zu indossieren. Dieses Recht wird ihm durch Art 13 nicht neu verliehen. Es werden vielmehr nur ihm für die Ausübung desselben zwei Wege eröffnet, indem bestimmt wird, daß er

a) **befugt ist, die auf dem Wechsel befindlichen Blankoindossamente auszufüllen,** aber auch
b) **den Wechsel ohne diese Ausfüllung weiterindossieren kann.**

Anm. 2. Zu **a.** Die Ausfüllung kann bei dem letzten oder einem früheren Blankoindossamente geschehen, und zwar im ersteren Falle durch unmittelbare Einfügung des Namens des Blankoindossatars, im letzteren Falle auf die gleiche Weise unter Durchstreichung der nachfolgenden Blankoindossamente, aber auch durch Herstellung einer Kette in der Weise, daß jedem einzelnen Blankoindossamente der Name des zunächst folgenden Blankoindossanten als Indossatar und dem letzten der Name des ausfüllenden Blankoindossatars selbst eingefügt wird. Die Einfügung kann in einer der für das Namensindossament genügenden Formen geschehen, vgl. zu Art 11 Anm 2 ff.; auch Zusätze, die beim Namensindossament zulässig, aber nicht erforderlich sind, z. B. Zeit- und Ortsdatum, Valutaempfangsbekenntnis, können eingefügt werden. Auch die Gewährleistung ausschließende Bemerkungen: „ohne Obligo" (Art 14 Satz 2), sowie sonstige die Rechtslage des Blankoindossanten erleichternde Zusätze; nicht dagegen solche, die seine Rechtslage über die durch das Blankoindossament begründeten Verpflichtungen hinaus erschweren würden. Zu ersteren gehört die Prokuraklausel („zum Inkasso", vgl. Art 17), nach deren Einfügung der Blankoindossatar selbst nur als Prokuraindossatar und auch nur zur Weiterindossierung in dieser Weise befugt erscheint. Die Einfügung der Rektaklausel würde die Weiterbegebung durch den Blankoindossatar ausschließen. Zu den die Rechtslage des Blankoindossanten erschwerenden und deshalb unzulässigen Zusätzen muß die Erlassung des Protestes („ohne Kosten") gerechnet werden (ROHG 17, 267). Der Ausfüllung steht der Tod des Blankoindossanten und die Eröffnung des Konkurses über sein Vermögen nicht entgegen; vgl. StStr WO zu Art 13 Anm 3 und zu Art 7 Anm 13 a.

Anm. 3. Zu **b.** Der Blankoindossatar kann den Wechsel auch ohne Ausfüllung weiterindossieren. Das kann geschehen durch ein Namensindossament oder durch ein weiteres Blankoindossament, in letzterem Falle auch durch bloße Namensschrift auf der Rückseite; vgl. zu Art 12 Anm 1 ff.

Anm. 4. **2.** Außer den beiden ihm durch Art 13 gewiesenen Wegen kann aber der Blankoindossatar den Wechsel auch dadurch weiterbegeben, daß er ihn auf dem durch das Sachenrecht (§ 929 BGB) gegebenen Wege, nämlich durch Übergabe unter Einigung über den Übergang des Eigentums, zu Eigentum überträgt; **Blankotradition.** In diesem Falle bleibt der Blankoindossatar außerhalb des Wechselverbandes; sein Name erscheint nicht auf dem Papier; er haftet daher dem Erwerber des Wechsels und seinen Nachmännern nicht wechselmäßig. Ob und inwieweit er ihnen nach allgemeinem bürgerlichem Rechte für die Einlösung haftet, hängt von dem der Blankotradition zugrunde liegenden schuldrechtlichen Vertrage ab. Derjenige, welcher den Wechsel auf diese Weise erwirbt, erwirbt zugleich die Rechte aus der Urkunde in der gleichen Weise wie ein Indossatar, also unabhängig von dem Rechte des Tradenten und ohne daß ihm gegenüber Einreden aus dessen Person geltend gemacht werden könnten. So mit Recht StStr zu Art 13 Anm 4 (anscheinend auch RG 33, 145) gegen Bernstein Wechselordnung S. 79, der die Auffassung vertritt, daß durch die Blankotradition der Erwerber nur die Rechte des Blankoindossatars wie ein Zessionar erwerbe. Er übersieht dabei, daß der, dem ein mit Blankoindossament versehener Wechsel durch Tradition zu Eigentum übertragen wird, die Rechte aus der Urkunde durch das Blankoindossament des Vormannes seines Tradenten, also durch eine wechselrechtliche Erwerbsart, nach Wechselrecht erwirbt. Der mit dem Blankoindossamente versehene Wechsel kann auf diese Weise ohne weiteren Skripturakt wie eine Sache von Hand zu Hand gehen mit der Wirkung, daß jeder Erwerber des Eigentums an der Urkunde wechselrechtlich zur Geltendmachung der Rechte aus ihm legitimiert wird. Auch der Blankoindossatar selbst, welcher den Wechsel in blanco tradiert hat, kann auf diese Weise die Rechte aus der Urkunde wieder zurückerwerben. Nicht aber ohne weiteres Giro durch Einlösung nach Verfall, da er nicht im Wechselverbande steht und derjenige, der einen Wechsel nach Verfall durch Übergabe erwirbt, sich auf ein vor Verfall erteiltes Blankogiro zu seiner Legitimation nicht berufen kann: RGZ 2, 75 (Plenarentsch.); 33, 148; 48, 224; 74, 207.

Artikel 14.

Der Indossant haftet jedem späteren Inhaber des Wechsels für dessen Annahme und Zahlung wechselmäßig. Hat er aber dem Indossamente die Bemerkung „ohne Gewährleistung", „ohne Obligo" oder einen gleichbedeutenden Vorbehalt hinzugefügt, so ist er von der Verbindlichkeit aus seinem Indossamente befreit.

1. Art 14 regelt die zweite Hauptwirkung des Indossaments (vgl. Vorbem vor Art 9), nämlich den **Haftungs-(Garantie-)Effekt.** Sie geht dahin, daß der Indossant jedem späteren Inhaber des Wechsels für dessen Annahme und Zahlung wechselmäßig haftet. **Anm. 1.**

a) Wie die Transportwirkung (Art 10), so wird auch die Garantiewirkung durch jede Art des Vollindossaments erzeugt also auch durch das Blankoindossament, einschließlich seiner einfachsten Form, der Namensschrift auf der Rückseite (Art 12; vgl. die Anmerkungen dazu); auch durch das Inkassoindossament (verdeckte Prokuraindossament, vgl. zu Art 9 Anm 6); nicht aber durch das offene Prokuraindossament (Art 17; vgl. Anm 14 dazu). Doch kann der Inkassoindossant dem Inkassoindossatar (aber nicht seinen Nachmännern) gemäß Art 82 WO die Einreden aus dem zugrunde liegenden Rechtsverhältnisse (Inkassoauftrag) entgegensetzen. **Anm. 2.**

b) Voraussetzung für die Haftung des Indossanten ist das Vorliegen eines wechselrechtlich **nach Form und Inhalt gültigen Indossaments** desjenigen, der als solcher haftbar gemacht werden soll. Vgl. über Form und Inhalt des Indossaments die Artt 9—13 und die Erläuterungen zu diesen Artikeln. Streitig ist, ob, wie für die Legitimation des Indossatars als Wechselgläubiger gemäß Art 36, so auch für die wechselmäßige Haftung als Indossant eine bis auf ihn heruntergehende zusammenhängende Kette von Indossamenten erforderlich ist, d. h. ob derjenige, der aus seinem Indossamente in Anspruch genommen wird, einwenden kann, daß seine Haftung ausgeschlossen sei, weil sich in der Reihe der dem seinigen vorausgehenden Indossamente eine Lücke befindet. Die herrschende Meinung geht dahin, daß das Giro nach einer solchen Lücke keine wechselmäßige Haftung gegenüber den nachfolgenden Indossataren begründe: so ROHG 15, 168; Bernstein S. 99; Lehmann S. 532 Fußnote 19; StStr zu Art 14 Anm 1. Die entgegengesetzte Meinung ist namentlich vertreten worden vom OTr Stuttgart in Siebenhaars Archiv 9 S. 214 Nr. 59; OGH bei Peitler Nr. 203; Renaud Wechselrecht S. 293; Jolly in Sieb. Archiv 5, 67. Auch schon bei der Leipziger Konferenz (Protokolle L. S. 87, bei Thöl S. 94) wurde die Ansicht ausgesprochen, daß der Regreß bis zur Lücke hinauf wohl zweifellos statthaft sei. Die der herrschenden entgegengesetzte Ansicht scheint mir vorzuziehen zu sein. Wenn auch (wie ROHG a. a. O. hervorhebt) das Indossament vom Gesetze in erster Linie als Mittel zur Übertragung von Wechselrechten aufgefaßt wird, so wird doch dadurch nicht ausgeschlossen, daß durch ein in gültiger Form erfolgtes Indossament im Einzelfalle zwar keine Übertragung, aber eine Haftungswirkung eintritt. Für die Frage der Gültigkeit des Indossaments kommen aber allein die Vorschriften der Artt 9 ff. WO in Betracht. Nach diesen ist zur Indossierung befugt, wer als Remittent oder Indossatar durch Namensnennung als solcher auf dem Wechsel oder im Anschlusse an ein Blankoindossament auch durch die bloße Innehabung des Wechsels erscheint. Art 36 dagegen stellt keineswegs ein Erfordernis für die Gültigkeit des Indossaments auf, sondern macht nur die formelle Legitimation als Wechselgläubiger — die Aktivlegitimation — von dem Vorhandensein einer bis auf den Inhaber herabgehenden Kette von Indossamenten abhängig. Es würde m. E. ein nicht gerechtfertigter Formalismus sein und Treu und Glauben zuwiderlaufen, wenn derjenige, der in wechselmäßiger Form ein Indossament vollzogen und den Wechsel weiterbegeben hat und der dadurch den Willen, daraus nach Wechselrecht zu haften, zum Ausdrucke gebracht hat, sich darauf berufen könnte, daß in der Kette der ihm vorhergehenden Indossamente eine Lücke sei. Eine gesetzliche Bestimmung, die zu einem solchen Formalismus führen müßte, ist nicht ersichtlich. Ob man deswegen davon sprechen kann, das Indossament sei in gewissem Sinne eine „neue Tratte", kann dahingestellt bleiben. **Anm. 3.**

Noch weniger Grund besteht aber, die Haftung derjenigen Indossanten, die vor der Lücke indossiert haben, auszuschließen gegenüber den Indossataren, die durch ein vor der Lücke stehendes

Indossament legitimiert sind, wie anscheinend „von mehreren Seiten" bei der Leipziger Konferenz (Protokolle a. a. O.) befürwortet worden ist. Wird dagegen ein solcher Indossant von einem nach der Lücke folgenden Indossatar in Anspruch genommen, so kann er diesem selbstverständlich den Mangel seiner Legitimation gemäß Art 36 entgegenhalten.

Anm. 4. c) Weitere Voraussetzung für die Haftung des Indossanten ist das Vorhandensein der passiven Wechselfähigkeit im Zeitpunkte der Begebung des Wechsels; vgl. darüber, insbesondere wegen der Beweislast, zu Art 1 Anm 16, 17; bei Wechselgeschäftsunfähigen die Befugnis desjenigen, der als gesetzlicher Vertreter gehandelt hat; bei Indossamenten, die durch einen gewillkürten Vertreter erfolgt sind, die Vertretungsbefugnis (Vollmacht) des als solcher Handelnden.

Anm. 5. d) Der Inhalt der Verpflichtung des Indossanten ist die **wechselmäßige Haftung für Annahme und Zahlung** des Wechsels. Er deckt sich sonach mit dem Inhalt der Verpflichtung des Ausstellers (Art 8). Es kann deshalb auf die auf diese bezüglichen Darlegungen zu Art 8 Bezug genommen werden. Demgemäß hat auch die Verpflichtung des Indossanten die rechtliche Natur einer Haftung, d. h. eines Einstehens für einen gewissen Erfolg (Regreßverbindlichkeit), und zwar ist sie als solche gesetzlich bedingt durch den Eintritt des Ereignisses der Nicht-Annahme bzw. Nichtzahlung des Wechsels, aber ihrem Grunde nach schon mit der Indossierung und Begebung entstanden, woraus die zu Art 8 (Anm 7) dargelegten Folgerungen zu ziehen sind. Ferner ist die Haftung eine wechselmäßige und daraus folgt ihre abstrakte Natur, nämlich ihre Unabhängigkeit von dem der Indossierung zugrunde liegenden Rechtsverhältnisse zwischen dem Indossanten und seinem unmittelbaren Indossatar, das nur eine persönliche Einrede des Indossatars gegenüber jenem, wenn er selbst als Kläger auftritt, begründen kann (Art 82), sowie die Befugnis des Wechselgläubigers, mehrere Indossanten und sonstige Wechselverpflichteten nach Wahl einzeln oder gemeinschaftlich, jeden für das Ganze, in Anspruch zu nehmen (Art 81 Satz 3); andrerseits die Abhängigkeit der Inanspruchnahme des Indossanten von der Vornahme der zur Erhaltung der Wechselrechte vorgeschriebenen Handlungen (Protest mangels Annahme und Zahlung, Art 41 ff.); die Beschränkung der Haftung auf die in der WO (Artt 50, 51) genannten Beträge und auf die kurzen wechselrechtlichen Verjährungsfristen (Artt 77 ff.) usw.; endlich in prozessualer Beziehung die Zulässigkeit ihrer Geltendmachung im Wechselprozesse (§ 602 ZPO). Vgl. Näheres zu Art 8 Anm 8—10. — Das in der Indossierung enthaltene Versprechen, für die Annahme und Zahlung des Wechsels einzustehen, gilt als abgegeben zugunsten jedes künftigen Erwerbers des Wechsels, der daraus ein selbständiges Recht gegenüber dem Indossanten erwerben soll (vgl. hinsichtlich der Haftung des Ausstellers zu Art 8 Anm 11). Der Indossant haftet deshalb **„jedem späteren Inhaber des Wechsels"**, d. h. jedem, der auf Grund seines Indossaments nach ihm Eigentümer des Wechsels und Wechselgläubiger geworden ist, nicht dagegen den Vorindossanten oder dem Aussteller, auch wenn sie den Wechsel im Regreßwege zurückerworben haben. Die Haftung geht im Falle der Nicht-Annahme, sowie der Unsicherheit des Akzeptanten auf Sicherstellung gemäß Artt 25—29 (vgl. Näheres in den Erläuterungen zu diesen Artikeln); im Falle der Nichtzahlung des Wechsels durch den Akzeptanten oder den Bezogenen auf Leistung der in den Artt 50, 51 für die Regreßansprüche des Wechselinhabers vorgesehenen Beträge.

Anm. 6. e) Hinsichtlich des Erlöschens der Regreßpflicht des Indossanten, hinsichtlich ihrer gleichzeitigen Geltendmachung im Konkurse des Indossanten und des Akzeptanten sowie hinsichtlich der Wirkung des Zwangsvergleichs im Konkurse des Akzeptanten auf sie gelten durchweg die gleichen Rechtssätze wie für die Regreßpflicht des Ausstellers. Vgl. darüber zu Art 8 Anm 14 ff.

Anm. 7. **2.** Während sonach in allen übrigen Beziehungen die Haftung des Indossanten gleichen Grundsätzen unterliegt, wie die des Ausstellers, unterscheidet sie sich in einem erheblichen Punkte von ihr dadurch, daß sie **abdingbar** ist, was bei der Haftung des Ausstellers nach richtiger Ansicht (vgl. zu Art 8 Anm 13 f.) nicht der Fall ist. **Satz 2 des Art 14** bestimmt nämlich, daß der Indossant von seiner Verbindlichkeit befreit ist, wenn er dem Indossamente die Bemerkung: „ohne Gewährleistung", „ohne Obligo" oder einen gleichbedeutenden Vorbehalt hinzugefügt hat. Die Bestimmung des Satzes 1 erhält dadurch den Charakter einer dispositiven (abdingbaren) Vorschrift.

Anm. 8. a) Gleichbedeutend mit den im Gesetze namentlich angeführten Ausdrücken ist jede Hinzufügung, die sich als Vorbehalt in der Richtung darstellt, daß der Indossant dadurch zum Ausdrucke bringt, er wolle die in Satz 1 des Artikels vorgeschriebene Haftung für die Annahme und Zahlung des Wechsels nicht übernehmen. Dafür genügen jedenfalls Ausdrücke wie: „ohne Haftung", „ohne Garantie", „ohne Regreßpflicht"; „sine obligo", „ich hafte nicht", „unter Ausschluß der Haftung", „unter Ausschluß des Delcredere"; „ohne Präjudiz für mich"; „ohne Vertretung". — „Ohne Gewähr für den Akzeptanten" soll nicht genügen (Bernstein S. 100; StStranz Anm 4); doch dürfte dadurch, zum mindesten bei akzeptierten Wechseln, wohl genügend zum Ausdrucke gebracht sein, daß der Indossant die Haftung für die Zahlung des Wechsels durch den Akzeptanten (Art 23), wie auch für den Fall der Unsicherheit des Akzeptanten (Art 29) ablehnt. Abkürzungen genügen nur dann, wenn nach allgemeiner Verkehrsübung erkennbar ist, in welcher Weise sie zu ergänzen sind; nicht aber wenn das zweifelhaft erscheint. Danach dürfte als allgemein verkehrsüblich genügen: „o. Vertr." für „ohne Vertretung"; „SO" für „sine obligo".

— Girierung „zum Depot" oder „als Kautionswechsel" enthält keinen Ausschluß der Haftung, sondern bedeutet nur eine Bezugnahme auf das dem Indossamente zugrunde liegende materiellrechtliche (kausale) Rechtsverhältnis, das lediglich im Verhältnis zwischen dem Indossanten und seinem unmittelbaren Indossatar im Sinne der Begründung einer Einrede gemäß Art 82 Bedeutung hat.

b) Der Vorbehalt muß dem Indossamente hinzugefügt, d. h. in eine unmittelbare räumliche Verbindung mit ihm gebracht werden. Die Verbindung muß aber doch wohl derart sein, daß er sich als Teil der Erklärung des Indossanten darstellt, nämlich so steht, daß er durch dessen Unterschrift gedeckt wird; vgl. zu Art 11 Anm 5 a; a. M. PrOTr bei Striethorst 53 S. 271 und Bernstein S. 100, der mit Unrecht auf die Stellung der „Adresse" des Bezogenen im Wechsel verweist, vgl. darüber zu Art 4 Anm 47. Ein an anderer Stelle des Wechsels oder außerhalb der Wechselurkunde zum Ausdruck gebrachter Vorbehalt hat keine wechselrechtliche Bedeutung, kann aber unter Umständen eine persönlich wirkende Einrede (exceptio doli) aus Art 82 begründen. **Anm. 9.**

c) Auch Einschränkungen der wechselmäßigen Haftung sind als das mindere gegenüber der vollen Ausschließung zulässig. So namentlich die Beschränkung der Haftung auf einen Teil der Wechselsumme: „Ohne Garantie für mehr als 500 RM." „Ich hafte nicht über 100 RM hinaus" und dergl. — Einzelne Einschränkungen sind in der WO ausdrücklich zugelassen, so die Bestimmung einer (kürzeren) Präsentationsfrist für Nach-Sicht-Wechsel in Art 19 Satz 3 (vgl. Anm 2 zu Art 19) und für Sichtwechsel in Art 31 Satz 3 (vgl. Anm 9 zu Art 31). Aber auch die Beschränkung der Haftung auf eine kürzere als die in den Artt 78, 79 bestimmte Verjährungsfrist dürfte zulässig sein; vgl. Vorbem. vor Artt 77 ff. Anm 9. **Anm. 10.**

d) Der Indossant kann nur seine wechselrechtliche Haftung als solcher ausschließen. Ist er zugleich (bei dem Wechsel an eigene Order) der Aussteller, so wird seine Haftung als solcher nicht berührt. Vgl. zu Art 4 Anm 13 f. **Anm. 11.**

e) Nach § 395 HGB ist der Kommissionär, der den Ankauf eines Wechsels übernimmt, verpflichtet, den Wechsel, wenn er ihn indossiert, ohne Vorbehalt zu indossieren. Macht er aber trotzdem einen solchen Vorbehalt, so wird dadurch seine wechselmäßige Haftung gegenüber dem Kommittenten und den übrigen Nachmännern ausgeschlossen; er haftet nur aus dem zugrunde liegenden Kommissionsgeschäfte dem Kommittenten, insbesondere auf Schadensersatz. **Anm. 12.**

f) Über den Ausschluß der Haftung des Indossanten beim Scheck vgl. § 15 Abs 3 SchGes und meinen ScheckgesKomm zu § 15 Anm 9 b. **Anm. 13.**

Artikel 15.

Ist in dem Indossamente die Weiterbegebung durch die Worte „nicht an Order" oder durch einen gleichbedeutenden Ausdruck verboten, so haben diejenigen, an welche der Wechsel aus der Hand des Indossatars gelangt, gegen den Indossanten keinen Regreß.

1. Wie der Aussteller gemäß Art 9 Abs 2 (vgl. zu Art 9 Anm 15 ff.) die Indossierung, so kann der Indossant nach Art 15 die **Weiterbegebung des Wechsels verbieten (Rektaindossament).** Doch hat dieses Verbot, entsprechend der anderen Stellung des Indossanten zum Wechsel, nicht die gleichen Wirkungen wie das Verbot des Ausstellers. Der Wechsel wird dadurch nicht objektiv, sondern nur im Verhältnisse zu dem Indossanten, der das Verbot erlassen hat, zum Rektawechsel. Vgl. Näheres unten Anm 4. **Anm. 1.**

2. Das Verbot muß ausgedrückt sein **durch die Worte: „nicht an Order" oder einen gleichbedeutenden Ausdruck.** In dieser Beziehung greifen die gleichen Rechtssätze Platz wie für das Verbot des Ausstellers und kann deshalb auf die dieses betreffenden Erläuterungen (zu Art 9 Anm 16) Bezug genommen werden. **Anm. 2.**

3. Wie das Verbot des Ausstellers „in dem Wechsel" (Grundwechsel), so muß das des Indossanten **„in dem Indossamente"** erfolgen. Es muß sich sonach als ein Bestandteil der Willenserklärung des Indossanten darstellen, die den Inhalt des Indossaments bildet, und daher durch die Unterschrift des Indossanten, die für jede Art des Indossaments erforderlich ist (vgl. zu Art 11 Anm 5 a), gedeckt sein. In dieser Weise kann das Verbot jeder Art des Indossaments einverleibt werden, auch dem Blankoindossamente und dessen einfachster Form, der Namensschrift auf der Rückseite (Art 12). Es hat in diesem Falle die Bedeutung, daß es nach Ausfüllung des Blankoindossaments (vgl. Art 13 und Anm 2 dazu) nicht mehr weiterbegeben werden darf. Ein „Kontext" ist, wie für das Indossament, so auch für das Indossierungsverbot nicht erforderlich. Ein an anderer Stelle des Wechsels stehendes Verbot hat keine wechselrechtliche Wirkung. **Anm. 3.**

4. Die Wirkung des Verbots ist im Gesetze dahin gekennzeichnet, daß **diejenigen, an welche der Wechsel aus der Hand des Indossatars gelangt, gegen den Indossanten keinen Regreß haben.** **Anm. 4.**

a) „Aus der Hand" des Indossatars gelangt der Wechsel zunächst an dessen unmittelbaren Nachmann, dann aber auch an alle seine wechselmäßigen Nachmänner, die den Wechsel mittelbar durch die Weiterbegebung des Indossatars erwerben. Auch derjenige, der den Wechsel von einem

Blankoindossatar ohne Indossament durch Blankotradition erlangt hat (vgl. zu Art 13 Anm 4), wird durch das Verbot betroffen, da dieses ungeachtet seines Wortlauts: „Nicht an Order", wie das Gesetz ergibt, nicht nur die Weiterindossierung, sondern jede Weiterbegebung erfaßt. Nicht von der Wirkung des Verbots betroffen wird der Indossatar, an den es gerichtet ist, selbst; er wird dem Indossanten, der das Verbot erlassen hat, gegenüber voller Wechselgläubiger und kann gegen diesen Regreß nehmen, auch wenn er, dem Verbote zuwider, den Wechsel weiterbegeben und später im Regreßwege zurückerworben hat. Nur die durch die Weiterbegebung und den späteren Rückerwerb entstandenen Kosten und Provisionen (Artt 50, 51 WO) kann er von dem Indossanten nicht erstattet verlangen. Das Prokuraindossament (vgl. Art 17 und Anm 3 dazu) und die Übertragung des Wechsels durch Zession (vgl. zu Art 9 Anm 21 ff.) werden durch das Verbot nicht ausgeschlossen. Ob ein Indossament als Zession aufrechterhalten werden kann, ist Tatfrage (vgl. a. a. O.).

Anm. 5. b) Die durch das Verbot betroffenen Personen haben keinen Regreß gegen den Indossanten, der das Verbot erlassen hat. Sie erwerben also diesem gegenüber keine Wechselrechte. Dagegen sind sie anderen Indossanten, und zwar sowohl den Vormännern, wie den Nachmännern desjenigen, der das Verbot erlassen hat, wie auch dem Aussteller und dem Akzeptanten gegenüber, durch die dem Verbote zuwider erfolgte Weiterbegebung als Wechselgläubiger voll legitimiert; die nach Art 36 erforderliche Kette der Indossamente wird durch ein dem Verbote zuwider erfolgtes Indossament nicht unterbrochen; dieses zählt vielmehr wie jedes andere Indossament in der Reihenfolge mit. Sie sind andrerseits auch ihren Nachmännern aus ihrem Indossamente regreßpflichtig.

Anm. 6. 5. Beim Scheck ist ein Indossierungsverbot des Indossanten nicht zugelassen. Vgl. darüber meinen ScheckgesKomm zu § 8 Anm 3.

Artikel 16.

Wenn ein Wechsel indossiert wird, nachdem die für die Protesterhebung mangels Zahlung bestimmte Frist abgelaufen ist, so erlangt der Indossatar die Rechte aus dem etwa vorhandenen Akzepte gegen den Bezogenen und Regreßrechte gegen diejenigen, welche den Wechsel nach Ablauf dieser Frist indossiert haben.

Ist aber der Wechsel vor dem Indossamente bereits mangels Zahlung protestiert worden, so hat der Indossatar nur die Rechte seines Indossanten gegen den Akzeptanten, den Aussteller und diejenigen, welche den Wechsel bis zur Protesterhebung indossiert haben. Auch ist in einem solchen Falle der Indossant nicht wechselmäßig verpflichtet.

Anm. 1. 1. Mit dem Eintritte des Zeitpunktes, in welchem der Wechsel seinem eigentlichen Ziele, bezahlt zu werden, zugeführt werden soll — der Verfallzeit, vgl. Art 30 ff. und Erläuterungen —, endet seine einstweilige Bestimmung, als Kreditpapier im Umlaufe von Hand zu Hand zu gehen. Deshalb scheint grundsätzlich keine Veranlassung vorzuliegen, die zur Erleichterung und Förderung des Umlaufes des Wechsels bestimmte besondere Rechtseinrichtung des Indossaments mit ihrer verstärkten Transport- und ihrer Garantiewirkung in vollem Maße auch für die Übertragung des Wechsels nach Eintritt seiner Verfallzeit zuzulassen. Dieser Erwägung Raum gebend hatte der Preußische Entwurf der WO in § 16 die durchgreifende Bestimmung aufgenommen, daß ein nach dem Verfalltage des Wechsels ausgestelltes Indossament nur die Wirkung einer Zession haben solle. Bei den Beratungen der Leipziger Konferenz (Protokolle S. 26, bei Thöl 28) wurde jedoch, namentlich von den hamburgischen Vertretern, geltend gemacht, daß verfallene, aber noch nicht mangels Zahlung protestierte Wechsel häufig negoziiert würden und daß das Bedürfnis des Verkehrs erfordere, daß bei ihnen das Indossament auch ferner mit voller Wirkung zugelassen werde. Deshalb wollten sie die in Frage stehende Vorschrift des Entwurfs auf solche Indossamente beschränkt wissen, die nach Aufnahme des Protestes mangels Zahlung ausgestellt seien. Die Abgeordneten des Kaufmannsstandes bestätigten, daß bei protestierten Wechseln es selten vorkomme, daß sie noch indossiert würden, während es bei verfallenen, aber noch nicht protestierten Wechseln im kaufmännischen Verkehr häufig vorkomme. Es wurde ferner erwogen, daß bei nicht protestierten Wechseln, da das Indossament keine Datierung erfordere und in der Regel keine aufweise (vgl. zu Art 12 Anm 5 b), ein äußeres Kennzeichen dafür, ob es vor oder nach dem Verfalle ausgestellt sei, in den meisten Fällen fehle, während bei protestierten Wechseln sich das aus der in den Protest aufzunehmenden Abschrift des Wechsels (vgl. Art 88 Nr. 1 früherer Fassung und Anm 1 zu Art 88) ergebe. Beanstandet wurde ferner die Bezugnahme auf die Zession, da sie zu der irrigen Auffassung führen könnte, daß ein Indossament seinem Wesen nach eine Zession im Sinne des bürgerlichen Rechts enthalte und als solche hervortrete, sobald die besonderen Wirkungen des Indossaments fortfielen (vgl. darüber zu Art 10 Anm 2). Infolge dieser Erwägungen wurde von der Mehrheit grundsätzlich beschlossen, daß ein mangels Zahlung protestierter Wechsel mit der Wirkung giriert werden könne, daß der Giratar den Regreß ausüben, dabei aber nicht mehr Rechte in Anspruch nehmen dürfe, als sie seinem Indossanten zugestanden hätten; daß dagegen ein verfallener Wechsel, solange er nicht protestiert worden sei, mit voller wechselmäßiger Wirkung indossiert werden könne. Auf der Grundlage dieser Verhandlungen ist die schließliche Fassung des Art 16 WO entstanden. Dabei ist jedoch als maßgebender Zeitpunkt an Stelle des Verfalls des Wechsels der Ablauf der Protestfrist getreten.

Danach sind drei Stadien zu unterscheiden: **Anm. 2.**

a) Der Zeitraum zwischen dem Verfall des Wechsels und dem Ablaufe der Protestfrist. Dieser Zeitraum, innerhalb dessen Protest erhoben werden kann, beträgt nach Art 41 Abs 2 (vgl. Anm 8 ff. zu Art 41) unter Miteinrechnung des Verfalltages in der Regel drei Tage, wenn aber der Verfalltag oder der letzte Tag der Frist auf einen Sonn- oder Feiertag fällt, vier, unter Umständen auch fünf Tage; vgl. Näheres zu Art 41 Anm 11. Über diesen Zeitraum enthält der Artikel 16 keine ausdrückliche Vorschrift. Während dieses Zeitraumes ist daher der Wechsel noch in der gleichen Weise und mit den gleichen Wirkungen indossierbar, wie vor dem Verfall; es handelt sich noch nicht um ein Nachindossament. So Lehmann WR § 124 Anm 1 a und die dort Angeführten; auch StStr zu Art 16 Anm 3. Streitig ist, ob ein während des Laufes der Protestfrist erteiltes Indossament auch dann wie ein gewöhnliches Indossament wirksam ist, wenn es so spät erteilt ist, daß zur rechtzeitigen Protesterhebung keine Zeit mehr verblieb. Bejahend Bernstein zu Art 16 § 1 unter 2 S. 102 und die dort Angeführten; a. M. Protokolle der Leipziger Konferenz (L. S. 233, Thöl S. 248), wo die Gegenmeinung sogar als selbstverständlich bezeichnet ist. Jedenfalls werden durch ein solches Indossament die Wechselrechte gegen den Akzeptanten, zu deren Erhaltung ein Protest nicht erforderlich ist, wirksam begründet; gegen die Indossanten und den Aussteller dagegen kann es, wie das Nachindossament des präjudizierten Wechsels (Anm 3), im allgemeinen keine Regreßrechte erzeugen, da der Protest nicht mehr rechtzeitig erhoben werden kann. Nur gegen diejenigen, welche den Protest erlassen haben (vgl. zu Art 42 Anm 7), können solche Rechte noch entstehen. Außerdem wird aber dem letzten Indossanten, wenn er den Mangel des Protestes geltend machen will, eine exceptio doli entgegenstehen, da die späte Erteilung des Indossaments nach Treu und Glauben dahin ausgelegt werden muß, daß auf die Erhebung eines solchen Einwandes verzichtet wird. So im Ergebnisse auch Bernstein a. a. O.

b) Die Zeit nach dem Ablaufe der Protestfrist, falls der Wechsel innerhalb dieser Frist (RGZ 1, 294) nicht protestiert oder der erhobene Protest nicht rechtswirksam, der Wechsel also „präjudiziert" ist. Hiervon handelt Abs 1 des Artikels.

c) Die Zeit nach dem Ablaufe der Protestfrist, falls der Wechsel innerhalb dieser Frist rechtswirksam protestiert worden ist. Hiervon handelt Absatz 2 des Artikels.

2. Das Nachindossament des präjudizierten Wechsels (Absatz 1). Ein solches kann einen Regreßanspruch des Nachindossatars gegen den Aussteller und die Vorindossanten (d. h. diejenigen, die den Wechsel vor der Präjudizierung indossiert haben) der Regel nach nicht mehr begründen, da die Ausübung des Regresses gegen diese Personen gemäß Art 41 Nr. 2 (vgl. Anm 6 zu Art 41) erfordert, daß die erfolgte Präsentation und die Nichterlangung der Zahlung durch einen rechtzeitig darüber aufgenommenen Protest dargetan werde, und angesichts der eingetretenen Unmöglichkeit, dieses Erfordernis zu erfüllen, ihre Regreßpflicht erloschen ist. Auch der noch bestehende wechselrechtliche Bereicherungsanspruch gegen den Aussteller aus Art 83 kann nicht durch Nachindossament übertragen werden (vgl. zu Art 83 Anm 1 a). Nur gegen den Aussteller und die Indossanten, welche den Protest erlassen haben (vgl. Art 42 und Anm 7 dazu) könnten an sich auch durch das Indossament des nicht rechtzeitig protestierten Wechsels Regreßrechte entstehen. Das wird tatsächlich angenommen von Bernstein zu Art 16 S. 105. Doch steht dem die positive Bestimmung des Art 16 Abs 1 entgegen. Nach dieser erlangt der Nachindossatar wechselmäßige Rechte nach zwei Richtungen, und nur nach diesen Richtungen, nämlich: **Anm. 3.**

a) Falls der Wechsel von dem Bezogenen akzeptiert ist, die Rechte gegen den Akzeptanten (vgl. Art 23 und die Erläuterungen dazu);

b) Regreßrechte gegen die Nachindossanten, d. h. diejenigen, welche den Wechsel, bevor er an ihn gelangt ist, nach Ablauf der Protestfrist indossiert haben. Die Regreßpflicht dieser Personen ist von dem Ablaufe der Protestfrist, der eingetreten ist, bevor sie indossiert haben, unberührt geblieben. Auch nach dem Ablaufe der Protestfrist blieb der Wechsel befähigt, wechselrechtliche Erklärungen wirksam aufzunehmen, gewissermaßen als „neue Tratte" zu dienen.

In beiden Richtungen erzeugt ein solches Nachindossament die vollen Wirkungen eines Vollindossaments, also sowohl den verstärkten Transporteffekt (Art 10), wie den Garantieeffekt (Art 14). Der Nachindossatar erwirbt daher ein selbständiges Gläubigerrecht, das von dem Rechte seines Indossanten unabhängig ist und dem Einwendungen aus der Person seiner Vormänner (Vor- und Nachindossanten) nicht entgegengehalten werden können (ROHG 2, 63, 6, 99; 7, 317; 8, 168); auch nicht der Einwand der Rechtshängigkeit und Rechtskraft (ROHG 12, 154). Das Nachindossament kann auch ein Blankoindossament sein (ROHG 6, 99; RGZ 2, 79), sodaß der Wechsel auf Grund eines solchen auch nach Ablauf der Protestfrist durch Blankotradition (vgl. zu Art 13 Anm 4) von Hand zu Hand gehen kann. Die Legitimation als Gläubiger gemäß Art 36 wird für den Nachindossatar durch eine zusammenhängende, bis auf ihn heruntergehende **Anm. 4.**

Kette von Vor- und Nachindossamenten hergestellt. Zu dieser Legitimation kann auch ein als letztes Giro vor Ablauf der Protestfrist erteiltes Blankogiro benutzt werden (RGZ 33, 145; anders bei dem nachprotestlichen Indossament, vgl. unten Anm 9). Hat der Nachindossatar den Wechsel weiter durch Nachindossament übertragen und ihn alsdann von seinem Nachmanne im Regreßwege eingelöst, so tritt er, wie ein Indossatar vor Präjudizierung im gleichen Falle (vgl. zu Art 10 Anm 5) hinsichtlich der Rechte gegen den Akzeptanten und die Nachindossanten in seine frühere Stellung wieder ein, ohne daß es eines neuen Nachindossaments auf ihn bedarf.

Anm. 5. Die Rechte aus dem Wechsel gegen den Akzeptanten kann der durch den Wechsel legitimierte Nachindossatar bis zum Eintritte der Verjährung (Art 77) ohne weiteres ausüben, nur hinsichtlich des Umfanges (vgl. zu Art 23 Anm 4) mit der Einschränkung, daß Verzugszinsen bis zur nachträglichen Präsentation des Wechsels nicht gefordert werden können, da der Wechsel eine Holschuld und deshalb bis dahin kein Verzug eingetreten ist, und ferner, daß ein Anspruch auf Protestkosten und Provision unbegründet ist, wenn von einem Nachindossatar nachträglich Protest erhoben worden ist (vgl. oben Anm 3). Dagegen bedarf es, um den Regreß gegen die Nachindossanten ausüben zu können, gemäß Art 41 der Nachholung der bisher unterbliebenen Handlungen zur Erhaltung der Wechselrechte diesen gegenüber, nämlich der Präsentation zur Zahlung und des Protestes. Der im Wechsel angegebene oder ihm zu entnehmende Verfalltag ist aber vorüber und Art 16 Abs 1 enthält keine ausdrückliche Bestimmung über den Zeitpunkt oder die Frist, innerhalb deren die Präsentation und Protestierung des präjudizierten Wechsels zu erfolgen hat. Deshalb wird in der Praxis von der herrschenden Meinung angenommen, daß ein präjudizierter Wechsel für die Ausübung der Regreßrechte gegen die Nachindossanten wie ein Sichtwechsel zu behandeln und die auf diesen bezügliche Vorschrift des Art 31 auf ihn entsprechend anzuwenden ist. Demnach wird von ihr gefordert, daß der Wechsel innerhalb zweier Jahre nach dem ersten Nachindossament, das der Ausstellung einer Sichttratte gleichgeachtet wird, dem Bezogenen oder Akzeptanten zur Zahlung präsentiert und im Falle der Nichtzahlung innerhalb der durch diese Präsentation, die der Fälligmachung des Wechsels gleichsteht, in Lauf gesetzten Protestfrist des Art 41 Abs 2 Protest erhoben werde. So in der Rechtsprechung namentlich ROHG 6, 99; im Schrifttum Thöl S. 491; Grünhut II S. 178; Lehmann S. 497; Dernburg 1./2. Aufl § 266 S. 289; StStr zu Art 16 Anm 5. Diese Auffassung bezeichnet Bernstein (zu Art 16 § 4 unter 2 c S. 106) als „willkürlich" und vertritt seinerseits den Standpunkt, daß Präsentation und Protest bis zum Ablauf der gegen den Akzeptanten laufenden dreijährigen Verjährungsfrist zulässig seien. Andrerseits sieht v. Canstein (S. 295; vgl. auch in Buschs Archiv 37, 131 ff.) als Zahlungstag des nachindossierten präjudizierten Wechsels den Tag des jeweiligen Nachindossaments an (entsprechend einer Tratte: „Zahlen Sie heute") und verlangt deshalb Präsentation und Protest durch den Nachindossatar innerhalb zwei Werktagen nach dem ihm erteilten Nachindossament. Die herrschende Ansicht dürfte dem Sinne des Gesetzes am nächsten kommen. Es läßt sich nicht wohl annehmen, daß das Gesetz, das für nötig gefunden hat, die Präsentation eines Wechsels, der von Anfang an ohne bestimmten Verfalltag und deshalb bei Sicht zahlbar ist, binnen einer kürzeren Frist, als der für den Akzeptanten laufenden Verjährungsfrist, vorzuschreiben (vgl. darüber zu Art 31 Anm 4), für den bereits verfallen gewesenen Wechsel, der erst nachher zu einer Art Sichtwechsel geworden ist, eine längere Präsentationsfrist als für jenen zugebilligt haben würde, wenn es darüber eine ausdrückliche Vorschrift getroffen hätte. Auf der anderen Seite besteht kein ausreichender Grund für die Cansteinsche Annahme, daß ein Nachindossant regelmäßig die sofortige Präsentation des Wechsels wolle und dieser Wille zu erkennbarem Ausdrucke in dem Nachindossament komme. Doch kann in dem Nachindossament, wie in jedem Indossament, eine kürzere Präsentationsfrist durch ausdrückliche Bestimmung vorgeschrieben werden (Art 31 Satz 3, vgl. Anm 9 zu Art 31).

Anm. 6. Ob ein Indossament vor oder nach Ablauf der Protestfrist erteilt ist, ob also ein Nachindossament vorliegt, ist (worauf schon bei der Leipziger Konferenz als auf ein Argument gegen die Zulässigkeit der Nachindossierung präjudizierter Wechsel hingewiesen wurde; vgl. oben Anm 1) beim präjudizierten Wechsel in der Regel nicht erkennbar, da die Indossamente nicht datiert zu werden pflegen. Wer aus einem präjudizierten Wechsel Ansprüche erhebt, wird nachzuweisen haben, daß der in Anspruch genommene Indossant sein Indossament nach Ablauf der Protestfrist erteilt hat. Der Nachindossant, der sich auf den Ablauf der Präsentations- und Protestfrist für das Nachindossament beruft, wird nachzuweisen haben, daß bei der Präsentation mehr als zwei Jahre seit der Ausstellung des ersten Nachindossaments verstrichen waren (wie hier StStr zu Art 16 Anm 6, jedoch unter unzutreffender Bezugnahme auf Lehmann S. 498, der das Gegenteil lehrt).

Alles in allem stellt sich die weitgehende Ermöglichung des Umlaufes präjudizierter Wechsel ohne erschöpfende Regelung im einzelnen in Art 16 Abs 1 als eine nicht unbedenkliche Vorschrift dar.

Anm. 7. **3. Das Nachindossament des protestierten Wechsels (Absatz 2).** Durch den Protest mangels Zahlung ist die rechtliche Lage des Wechsels abschließend festgestellt; ein weiterer Umlauf unter Abänderung dieser Lage und Begründung neuer wechselmäßiger Rechte und Pflichten daher nicht mehr anzuerkennen; übrigens im kaufmännischen Verkehr auch kein Bedürfnis dafür vorhanden (vgl. oben Anm 1; RGZ 55, 325; JW 07, 745[5]). Zwar hat das Gesetz in § 16 Abs 2 auch nach Protesterhebung eine Übertragung des Wechsels unter Gebrauch der den Orderpapieren eigentümlichen Form des Indossaments nicht ausschließen wollen, aber es versagt einer solchen Übertragung die speziell wechselrechtlichen Wirkungen des Indossaments (vgl. zu Art 10 Anm 2), nämlich die Begründung selbständiger, von denen des Indossanten unabhängiger Wechselrechte für den Indossatar. Das nachprotestliche Indossament bewirkt vielmehr lediglich die Übertragung der dem Indossanten zustehenden, von diesem abgeleiteten Rechte auf den Indossatar, nach Art einer bürgerlichen Zession (RG a. a. O.), wenn auch die Bezugnahme auf diese in Art 16 des preußischen Entwurfes von der Leipziger Konferenz beseitigt worden ist (vgl. oben Anm 1). Demgemäß gilt für diese Übertragung ohne Einschränkung der Grundsatz: „Nemo plus iuris in alium transferre potest, quam ipse habet". Vgl. ROHG 2, 64; 23, 36; RGZ 14, 110; Grünhut II § 94 S. 168. Aus dieser grundsätzlichen Bedeutung des Nachprotestindossaments ergibt sich folgendes:

a) Die Übertragung kann in einer der für das Indossament überhaupt zugelassenen Formen, vgl. darüber zu Artt 11—13, erfolgen. Demnach genügt auf der Rück- oder Vorderseite des Wechsels die mit Unterschrift versehene Kundgebung des Übertragungswillens, mit oder ohne Benennung des Indossatars, also auch als Blankoindossament; auf der Rückseite auch die einfachste Form des Blankoindossaments, die Namensschrift des Indossanten. Das nachprotestliche Indossament kann auch ein Inkassoindossament (vgl. zu Art 9 Anm 6) oder ein offenes Prokuraindossament (vgl. zu Art 17) sein. Jeder Nachindossatar kann die auf dem Wechsel stehenden Blanko-Vor- und -Nachindossamente ausfüllen, aber auch den Wechsel unausgefüllt weiter nachindossieren. Er kann aber auch den mit einem Blankonachindossamente versehenen Wechsel ohne eignes Indossament durch Blankotradition weiterbegeben (ROHG 6, 99; RGZ 2, 79). Auch der protestierte Wechsel kann sonach wie ein Inhaberpapier von Hand zu Hand gehen, freilich nicht mit den gleichen Wirkungen; vgl. unten Anm 11. Über die Benutzung eines vorprotestlichen Blankoindossaments zu solchem Zwecke vgl. unten Anm 9. — Auch die Vorschriften über die Legitimation des Wechselinhabers (Art 36) finden auf die formelle Legitimation des nachprotestlichen Indossatars Anwendung. Es ist danach erforderlich und genügend eine bis auf ihn herabgehende zusammenhängende Kette von vor- und nachprotestlichen Indossamenten. Das erste Nachprotestindossament muß sich an das letzte Vorprotestindossament, auf Grund dessen der Inhaber den Protest hat erheben lassen, anschließen. Doch kann ein Vorindossant, der den Wechsel im Regreßwege eingelöst oder ohne Einlösung zurückerhalten hat (vgl. zu Art 10 Anm 5), und zwar nach der herrschenden Meinung ohne sein Indossament und die nachstehenden Indossamente auszustreichen, die Wechselrechte selbst ausüben oder auf Dritte übertragen. Ein solcher Wechselinhaber, der bereits vor dem Proteste im Wechselverbande gestanden hat, hat nach Rückerwerbung des Wechsels auf Grund des ihm früher von seinem Vormanne erteilten Indossaments, auch wenn dieses ein Blankoindossament war, die vollen Rechte eines Vorprotestindossatars, nicht etwa von dem Nachmanne, von dem er den Wechsel zurückerhalten hat, abgeleitete Rechte als Nachindossatar; es können ihm deshalb Einwendungen aus der Person des Nachmannes, insbesondere der Einwand der gegenüber diesem rechtskräftig entschiedenen Sache, nicht entgegengehalten werden. Vgl. ROHG 7, 78 5, 413. **Anm. 8.**

Sehr bestritten ist jedoch die Frage, ob auch eine Person, die vorher nicht im Wechselverbande gestanden, vielmehr den Wechsel erst nach der Protesterhebung neu erworben hat, zu ihrer Legitimation ein vorprotestliches Blankoindossament benutzen kann. Das ROHG hat in ständiger Rechtsprechung (Entsch 3, 214; 5, 413; 7, 81; 15, 314; 18, 5) diese Frage bejaht. Es hat seine Auffassung im wesentlichen auf die Erwägung gegründet, daß das Blankoindossament dadurch, daß es zur Legitimation des Wechselinhabers bei der Protesterhebung nach Art 36 gedient habe, nicht verbraucht sei, vielmehr auch dann noch die Fähigkeit besitze, zur weiteren Begebung des Wechsels benutzt zu werden, und von jedem Inhaber zu seiner Legitimation als Wechselgläubiger benutzt werden könne, ohne daß es einer Aufdeckung darüber, von wem der Inhaber den Wechsel tatsächlich erworben habe, bedürfe. Zugleich hat aber das ROHG in den oben angeführten Entscheidungen ausgesprochen, daß ein solcher Wechselinhaber, ungeachtet des vor dem Proteste ausgestellten Blankoindossaments, das er zu seiner Legitimation benutzt, nur als Nachindossatar erscheint und also nicht selbständige, sondern nur von dem vorprotestlichen Blankoindossanten abgeleitete Rechte geltend machen kann, da es für die Frage, ob ein Nachindossament vorliege, nicht auf den Zeitpunkt der Ausstellung, sondern auf denjengen der Benutzung des Blankoindossamentes ankomme. Auch das ältere wechselrechtliche Schrifttum stand überwiegend auf diesem Standpunkte; so Thöl S. 495 ff.; Renaud S. 184; v. Sicherer, Legitimation des Wechselinhabers durch ein dem Protest vorangegangenes Blankogiro S. 25 ff. und andere. Das RG ist bereits in einer Entscheidung der Ver. Zivilsenate vom 8. 7. 1880 (RGZ 2, 75) der Rechtsprechung des ROHG entgegengetreten und hat sich grundsätzlich mit ihr auseinandergesetzt. Es hat im Gegensatze zu ihr den Grundsatz aufgestellt, daß die Legitimation eines Wechselerwerbers nach Verfall und Protest nicht durch ein vor Verfall erteiltes Blankoindossament hergestellt werden könne. Diese Auffassung hat das RG zunächst — im Anschlusse an den damals zur Entscheidung stehenden Fall, in welchem sich mehrere Vorprotestindossamente, zum Teil Namens-, zum anderen Teile Blankoindossamente, auf dem Wechsel befanden — mit der Erwägung begründet, daß aus Wechsel und Protest **Anm. 9.**

nicht zu ersehen sei, welcher dieser Wechselverbundenen der wirkliche erste Urheber des Nachprotesterwerbes des Inhabers sei, und daß es der Aufdeckung dieses Vorganges bedürfe mit Rücksicht auf die Vorschrift des Art 16 Abs 2, derzufolge das nachprotestliche Indossament nur die Rechte des Indossanten auf den Indossatar überträgt und der Indossant selbst aus ihm nicht wechselmäßig verpflichtet wird. Die Person desjenigen, durch dessen Begebung des Wechsels der erste nachprotestliche Wechselerwerb stattgefunden hat, sei deshalb von entscheidender Bedeutung, da das durch diesen Erwerb begründete materielle Rechtsverhältnis für alle weiteren Übertragungen des Wechsels durch Indossament maßgebend sei. Wer der wirkliche erste Urheber des nachprotestlichen Wechselumlaufes sei, werde aber durch die Benutzung eines vorprotestlichen Blankoindossaments verhehlt; diese, für den legitimen Wechselverkehr überflüssige Benutzung würde nur als „Schlupfwinkel" für unlautere Machinationen dienen und zu Übervorteilungen der Wechselschuldner mißbraucht werden. Das RG erwägt aber ferner auch schon in dieser Entscheidung, daß das Gesetz keinen bestimmten Ausspruch enthalte, der zur Zulassung solcher Benutzung des vorprotestlichen Blankoindossamentes führen müßte; denn Art 16 spreche von Indossierung nach Ablauf der Protestfrist (Abs 1) bzw. nach Protestierung vor Ablauf (Abs 2); die bloße Übergabe des Wechsels unter Benutzung eines früher erteilten Blankoindossaments eines anderen (Blankotradition) werde aber vom Gesetze nicht als Indossierung bezeichnet und habe ja auch nicht die Wirkungen einer solchen, da der Blankotradent nicht in den Wechselverband eintrete. In späteren Entscheidungen (RGZ 33, 144; 48, 225; 74, 207; JW 09, 323[27]; 1910, 716[26]) hat der erste ZivSen des RG den in der Plenarentscheidung aufgestellten Grundsatz bestätigt und auch auf solche Fälle angewendet, in denen nur ein vorprotestliches Indossament auf dem Wechsel vorhanden war, und zwar, wie in der zuletzt genannten Entscheidung hervorgehoben wird, auf Grund der in der Plenarentscheidung über den Mangel des Bedürfnisses für den legitimen Wechselverkehr und die damit verbundenen Unzuträglichkeiten, sowie das Nichtvorhandensein einer die Zulassung fordernden Gesetzesvorschrift angestellten Erwägungen. Der in so sachgemäßer und einleuchtender Weise begründeten Rechtsprechung des Reichsgerichts wird unbedenklich zugestimmt werden können. Es muß daher für den Beginn des nachprotestlichen Umlaufes ein von einem Vorindossatar nach dem Proteste erteiltes Blankoindossament gefordert werden. So auch das neuere Schrifttum: Dernburg § 266 Anm 15; Lehmann in IheringsJahrb 34, 427 und WR § 124 Anm 2; Bernstein zu Art 16 § 2 S. 103; StStr zu Art 16 Anm 13; a. M. noch Rehbein 3. Aufl zu Art 9—17 Anm 24.

Anm. 10. **b)** Ob ein Vor- oder Nachprotestindossament vorliegt, ergab sich, auch wenn das Indossament nicht datiert war, bis zur Protestnovelle von 1908 aus der nach der damaligen Fassung der WO (Art 88 Nr. 1) in den Protest aufzunehmenden wörtlichen Abschrift des Wechsels und aller zur Zeit des Protestes darauf befindlichen Indossamente. Auch nachdem durch die Protestnovelle die Aufnahme einer Abschrift des Wechsels in den Protest beseitigt und an deren Stelle die Verbindung des Protestes mit dem Wechsel selbst getreten ist (Artt 88, 88 a), wird aus dem Wechsel in Verbindung mit dem auf ihn gesetzten Proteste in der Regel ohne weiteres zu ersehen sein, welche Indossamente bereits vor der Protesterhebung auf dem Wechsel gestanden haben und welche nachher auf ihn gesetzt worden sind, da der Protest nach Art 88 a Abs 2 „unmittelbar hinter den letzten auf der Rückseite befindlichen Vermerk, in Ermangelung eines solchen unmittelbar an einen Rand der Rückseite" gesetzt werden soll. Im Einzelfalle könnte danach nur etwa bei einem auf der Vorderseite stehenden Indossamente (vgl. zu Art 11 Anm 3) ein Zweifel entstehen, ob es vor oder nach dem Proteste auf den Wechsel gesetzt worden sei. In solchem Falle würde wohl demjenigen, der aus dem Indossament als einem vorprotestlichen selbständige Wechselrechte herleitet, die durch ein nachprotestliches Indossament nicht begründet sein würden (vgl. Anm 7), der Beweis obliegen, daß das Indossament vor dem Proteste auf den Wechsel gesetzt ist, besonders da es sich an einer immerhin ungewöhnlichen Stelle befindet. Andernfalls könnten durch nachträgliche Einschiebung von Indossamenten unlautere Zwecke mit Aussicht auf Erfolg verfolgt werden. A. M. anscheinend StStr zu Art 16 Anm 14 a.

Anm. 11. **c)** Die Wirkung des nachprotestlichen Indossaments ist vom Gesetz nach doppelter Richtung beschränkt:

α) Der Indossatar hat nur die Rechte seines Indossanten gegen den Akzeptanten, den Aussteller und diejenigen, welche den Wechsel bis zur Protesterhebung indossiert haben. Es gehen also die wechselmäßigen Rechte gegen alle vorprotestlichen Wechselschuldner, sowohl der Anspruch auf Erfüllung der Wechselverbindlichkeit gegen den Akzeptanten gemäß Art 23, wie die Regreßansprüche gegen den Aussteller gemäß Art 8 und gegen die Vormänner des Indossanten gemäß Artt 50, 51 auf den Nachindossatar über. Aber es sind nur die Rechte des Indossanten, also nur in dem Umfange und mit den Mängeln behaftet, mit denen sie dem Indossanten zustanden. „Sein Indossant" ist zunächst derjenige Nachindossant, von dem der Nachindossatar den Wechsel unmittelbar erhalten hat; aber diesem standen nur die gleichen Rechte zu, die seinem unmittelbaren Vorgänger als Nachindossatar zustanden, und diese Kette setzt sich fort bis zu demjenigen, der als erster Nachindossatar den Wechsel von einem Vorindossatar (Vorprotestindossatar) durch Indossament erhalten hat. Deshalb ist schließlich (wie das RG in der Plenarentscheidung RGZ 2, 75 zutreffend dargelegt hat, vgl. oben Anm 9) der letzte

Vorindossatar und erste Nachindossant derjenige, dessen Rechtslage für den gesamten nachprotestlichen Wechselumlauf in dem Sinne maßgebend ist, daß weitere Wechselrechte, als sie ihm zustanden, nicht mehr entstehen können. Es können sonach alle Einreden, die gegenüber dem letzten Vorprotestindossatar oder dem Remittenten, falls dieser letzter Wechselinhaber vor dem Proteste und erster Nachprotestindossant war, begründet waren — auch die exceptiones in personam, insbesondere die Einrede der rechtskräftig entschiedenen Sache —, ungeachtet des Art 82, auch gegenüber jedem Nachprotestindossatar geltend gemacht werden (ROHG 3, 218; 8, 169). Ebenso aber auch alle Einreden, die gegenüber einem der Zwischenindossatare bestanden haben (ROHG 8, 169; 23, 36; RGZ 14, 109 gegen Grünhut, Wechselbegebung nach Verfall S. 40, 59 und die dort angeführte Entscheidung des OGH Wien). Hat jedoch ein Nachindossant, der schon vor dem Proteste als Wechselbeteiligter (Indossatar oder Remittent) auf dem Wechsel stand, den Wechsel wieder zurückerlangt, so kann er unter Streichung der Nachindossamente (aber nicht, wie nach der herrschenden Meinung der Vorprotestindossant, ohne solche, ROHG 8, 167; vgl. zu Art 36 Anm 9) sein Wechselrecht als Vorprotestindossatar oder Remittent geltend machen, ohne daß ihm Einreden aus der Person der Zwischenindossanten entgegengehalten werden können (RGZ 23, 51; vgl. auch ROHG 7, 123; a. M. Hellwig Rechtskraft § 43 Anm 4; StStr Anm 7. Bestritten ist, ob auch Einreden aus der Person solcher Zwischenmänner, welche den Wechsel nach Protest auf Grund eines Blankoindossaments ohne eigenes Indossament durch Blankotradition weiterbegeben haben, also auf dem Wechsel nicht erscheinen, dem nachprotestlichen Wechselinhaber entgegengesetzt werden können. Lehmann (WR § 124 Anm 9) verneint dies, weil ein solcher Blankotradent nicht „Indossant" im Sinne des Art 16 Abs 2 sei. Es kann dahingestellt bleiben, ob (wie StStr Anm 11 annehmen) das Gesetz dabei nur an den regelmäßigen Fall gedacht und auch diejenigen Rechte hat treffen wollen, die von einem nachprotestlichen Blankotradenten abgeleitet werden (vgl. wegen des vorprotestlichen Blankotradenten die Begründung der reichsgerichtlichen Plenarentscheidung in RGZ 2, 75 zu Art 13 Anm 4, die sich gegen eine Unterstellung der Blankotradition unter den Begriff des Indossaments im Sinne des Art 16 richtet). Auf alle Fälle ist der nachprotestliche Blankotradent, wenn er nicht Indossant ist, nur befähigt, die ihm zustehenden Rechte zu übertragen, entsprechend dem allgemeinen bürgerlichen Rechte (vgl. oben), und können deshalb die Wechselrechte nur behaftet mit den Mängeln und Einreden, mit denen sie bei dem Blankotradenten behaftet waren, auf den Wechselinhaber als seinen unmittelbaren oder mittelbaren Rechtsnachfolger übergegangen sein. Wie hier ROHG 23, 36; im Ergebnisse auch Bernstein zu Art 16 § 4 S. 108 und StStr a. a. O.

β) **Der Indossant (Nachprotestindossant) ist nicht wechselmäßig verpflichtet.** Das Nachprotestindossament hat nicht die dem Vorverfallindossamente (vgl. zu Art 14 Anm 1 ff.) und in beschränkter Weise auch dem Nachindossamente des präjudizierten Wechsels (Art 16 Abs 1, vgl. oben zu 2 Anm 3, 4) innewohnende wechselmäßige Haftpflicht-(Garantie-)Wirkung. Es kann daher kein Nachindossatar gegen einen der Nachindossanten wechselmäßige Regreßansprüche gemäß Artt 50, 51 erheben. Ob und inwieweit eine Haftpflicht besteht, bestimmt sich lediglich nach dem zwischen dem Nachindossanten und seinem unmittelbaren Nachmanne bestehenden bürgerlichrechtlichen Rechtsverhältnisse. Danach haftet der Nachindossant, wenn dem Nachindossamente ein Kauf des Wechsels zugrunde liegt, aus § 437 BGB für den rechtlichen Bestand der Wechselforderung, aber, in Ermangelung besonderer Vereinbarung, nicht für ihre Zahlung. Hat der Aussteller eines Wechsels an eigene Order, an den der Wechsel nach Protest im Regreßwege zurückgelangt ist, ihn von neuem indossiert, so erlangt der nachprotestliche Indossatar auch gegen ihn in seiner Eigenschaft als Aussteller keine Wechselrechte; denn das nachprotestliche Indossament überträgt nach Art 16 Abs 2 nur diejenigen Rechte, welche dem Nachindossanten zustanden; der Aussteller hatte aber gegen sich selbst keine Wechselrechte und konnte also solche auch nicht auf den Nachindossatar übertragen (ROHG 21, 273). **Anm. 12.**

d) Der protestierte Wechsel kann aber nicht nur in der Form des Indossaments, sondern ebenso, wie der noch nicht verfallene, auch in der Form der bürgerlich-rechtlichen Zession übertragen werden (RG in JW 07, 745[16]). In dieser Beziehung wird das gleiche gelten, wie für die Zession des noch nicht verfallenen Wechsels; vgl. zu Art 9 Anm 21 ff. Ob in der bloßen Übergabe des protestierten Wechsels eine Zession zu finden, ist Tatfrage; das RG hat sie in dem angeführten Urteile in JW 07, 745[16], wo eine Aushändigung des Wechsels nach erhobenem Proteste ohne Vorbehalt an den Bürgen, der einen Nachmann befriedigt hatte, durch diesen erfolgt war, bejaht, ungeachtet der Tatsache, daß die Wechselgläubigerin (Reichsbank) die Ausstellung eines Nachindossaments abgelehnt hatte; dabei ist die Frage, ob auch ohne Zession der Übergang der Rechte schon auf Grund des § 774 BGB erfolgt wäre, dahingestellt gelassen. In RGZ 55, 324 ist andrerseits die Abweisung der Wechselklage desjenigen, dem ein protestierter Wechsel lediglich „zur Gutschrift" übergeben (zurückgegeben) worden war, um deswillen gebilligt worden, weil der Kläger wechselrechtlich (durch Nachindossament) nicht legitimiert und die Klage lediglich auf den Wechsel, nicht auf Zession gestützt worden sei. Auch die sonstigen Übergangsarten von Forderungen nach bürgerlichem Rechte (vgl. zu Art 9 a. a. O.) sind bei dem protestierten Wechsel ebenso, wie bei dem nicht verfallenen, möglich. **Anm. 13.**

4. Art 16 regelt nicht ausdrücklich den Fall, daß der Protest gemäß Art 42 erlassen worden ist. In diesem Falle bleibt der Regreß mangels Zahlung gegen denjenigen Aussteller oder Indossanten, der den Protest erlassen hat, erhalten, obwohl der Wechsel nicht innerhalb der Protestfrist protestiert worden ist, sofern nur, was vermutet wird, die Präsentation ordnungsmäßig erfolgt ist. Vgl. zu Art 42 Anm 7. Diesem gegenüber wird es also so angesehen, als sei der Protest erfolgt und es kommt der Absatz 2 des Art 16 ihm gegenüber zur Anwendung. Jeder Nachindossatar erwirbt sonach gegen ihn die Rechte „seines Indossanten", also von diesem abgeleitete Rechte in dem oben Anm 11 erörterten Sinne. A. M. Bernstein zu Art 16 § 4 A 1 b (S. 105), der annimmt, daß der Nachindossatar gegen den, der den Protest erlassen hat, selbständige Rechte wie ein Vorverfall-Indossatar erlange, da der Protesterlaß „für die Wirkung des Nachindossaments nirgends der Protesterhebung gleichgestellt sei". Das entspricht jedoch wohl nicht dem Sinne des Art 16, der hinsichtlich der Wirkung von Indossamenten, die nach Ablauf der Protestfrist erfolgt sind, ersichtlich unterscheiden will, ob innerhalb dieser Frist das zur Wahrung der Rechte aus dem Wechsel Erforderliche geschehen oder unterblieben ist; nur in diesem Sinne stellt er darauf ab, ob der Wechsel, wie regelmäßig zur allgemeinen Erhaltung der Wechselrechte erforderlich, innerhalb der Protestfrist protestiert worden ist oder nicht; dem Fall der erfolgten Protesterhebung muß es danach bei einer nicht am Wortlaute haftenden Auslegung gleichgestellt werden, wenn und soweit die Protesterhebung infolge Erlasses nicht erforderlich war. Wie hier OTr bei Seuffert 19 Nr. 60; Grünhut § 95 bei Anm 11 (S. 176); StStr Anm 14.

5. Über das Nachindossament beim Scheck vgl. meinen ScheckgesKomm zu § 8 Anm 15.

Artikel 17.

Ist dem Indossamente die Bemerkung „zur Einkassierung", „in Prokura" oder eine andere die Bevollmächtigung ausdrückende Formel beigefügt worden, so überträgt das Indossament das Eigentum an dem Wechsel nicht, ermächtigt aber den Indossatar zur Einziehung der Wechselforderung, Protesterhebung und Benachrichtigung des Vormanns seines Indossanten von der unterbliebenen Zahlung (Artikel 45) sowie zur Einklagung der nicht bezahlten und zur Erhebung der deponierten Wechselschuld. Ein solcher Indossatar ist auch berechtigt, diese Befugnis durch ein weiteres Prokuraindossament einem anderen zu übertragen. Dagegen ist derselbe zur weiteren Begebung durch eigentliches Indossament selbst dann nicht befugt, wenn dem Prokuraindossamente der Zusatz „oder Order" hinzugefügt ist.

Anm. 1. 1. Außer zur Übertragung der Rechte aus dem Wechsel läßt das Gesetz die Form des Indossaments auch zur Erteilung einer Vollmacht zur Geltendmachung der Wechselrechte im Namen des berechtigten Wechselinhabers zu (**Prokuraindossament**). Es ist eine erhebliche Erleichterung des Wechselverkehrs dadurch geschaffen, daß die Erteilung der Vollmacht in dieser vereinfachten Form auf dem Wechsel selbst erfolgen kann und das Zirkulieren besonderer Vollmachtsurkunden neben dem Wechsel unnötig gemacht, auch ein bestimmter, jedem erkennbarer Umfang der Vollmacht nach außen hin festgelegt ist. Daß in dem — offenen — Prokuraindossament (wie Bernstein zu Art 17 A 1, S. 109, annimmt) ein gewisses Mißtrauen zum Ausdruck käme und es um deswillen gern vermieden werde, läßt sich wohl nicht sagen; es wird vielmehr davon im Wechselverkehr häufig Gebrauch gemacht. Wenn sich daneben auch das verdeckte Prokuraindossament (Inkassoindossament, vgl. zu Art 9 Anm 6) vielfach eingebürgert hat, so liegt das wohl daran, daß dieses eine noch straffere Ausübung der Wechselrechte durch den Bevollmächtigten, namentlich eine erleichterte Weiterzirkulation des Wechsels (vgl. unten Anm 11 a), ermöglicht. Auch wird diese Form des Indossaments vielfach zu weitergehenden als bloßen Einkassierungszwecken, namentlich zur Verpfändung des Wechsels, verwendet; vgl. zu Art 9 Anm 10). — Das Gesetz betrachtet zutreffend das Prokuraindossament im Gegensatze zu dem die Wechselrechte übertragenden (Eigentums- oder Vollindossamente) als uneigentliches Indossament. Das kommt zum Ausdrucke in Satz 3 des Artikels, wo das Prokuraindossament dem „eigentlichen" Indossamente entgegengesetzt wird; vgl. unten Anm 11 a.

Anm. 2. 2. Die **Form** des Prokuraindossaments ist die des eigentlichen Indossaments mit einem das Vollmachtsverhältnis nach außen kenntlich machenden Zusatze.

Anm. 3. **a)** Das Prokuraindossament muß sonach auf den Wechsel, eine Kopie des Wechsels oder eine Allonge geschrieben werden und bedarf der Unterschrift des Prokuraindossanten (vgl. Art 11 und die Erläuterungen dazu). Es kann darin der Prokuraindossatar benannt, aber auch ohne dessen Nennung das Prokuraindossament als Blankoindossament ausgestellt sein und in diesem Falle von jedem Wechselinhaber ausgefüllt oder ohne Ausfüllung durch Prokuraindossament (nicht aber durch eigentliches Indossament, vgl. unten Anm 11 a), das wieder Blankoindossament sein kann, weiterbegeben werden (Art 13, vgl. die Erläuterungen dazu). Auf der Rückseite des Wechsels genügt dazu die Namensschrift des Indossanten (Art 12) mit dem das Indossament als Prokuraindossament kennzeichnenden Zusatze (unten zu b), also etwa: „Zur Einkassierung X. X.". Aber auch auf der Vorderseite wird diese Form genügen, da sie den Willen, die in Art 17 bezeichneten Befugnisse dem Wechselinhaber zu verleihen, bereits hinreichend zum Ausdruck bringt und dadurch die Bedeutung der Namensschrift von anderen Namensschriften unterscheidet. Gegenstandslos ist beim Prokuraindossament die „Angstklausel" (Art 14 Satz 2, vgl. zu Art 14 Anm 7 ff.), da der Prokuraindossatar und seine Nachmänner ohnehin keinen wechselrechtlichen Regreß gegen den Prokuraindossanten haben. — Das Prokuraindossament ist auch bei einem Wechsel, dessen Weiterbegebung durch eigentliches Indossament vom Aussteller ausgeschlossen ist (Rektawechsel, Art 9 Abs 2, vgl. Anm 15 ff. zu Art 9) zulässig, da es nicht „den Wechsel" (das Eigentum an und die Rechte aus ihm) überträgt. Dagegen würde ein vom Indossanten ausgehendes Verbot der Weiterbegebung im Sinne des Art 15 gegenstandslos sein, da der Prokuraindossatar auch ohne Verbot den Wechsel nur durch Prokuraindossament weiterbegeben kann und durch ein solches derjenige, an den der Wechsel aus seiner Hand gelangt, keinen wechselrechtlichen Regreß gegen den Prokuraindossanten erwirbt; vgl. zu Art 15 Anm 5. Über den Ausschluß der Befugnis zur Weiterbegebung durch Prokura-Indossament vgl. unten Anm 12. — Auch hinsichtlich der Legitimation des Wechselinhabers als Prokuraindossatar müssen die für das eigentliche Indossament geltenden Vorschriften (Art 36; vgl. die Erläuterungen dazu) entsprechende Anwendung finden; erforderlich ist danach eine von dem Remittenten oder einem legitimierten Voll-Indossatar ausgehende zusammenhängende und bis auf den Inhaber heruntergehende Kette von Prokuraindossamenten, wobei ausgestrichene derartige Indossamente nicht gezählt werden.

b) Der das Indossament als Prokuraindossament kennzeichnende Zusatz kann ausgedrückt sein durch die im Gesetze angeführten Worte: „Zur Einkassierung", „In Prokura"; aber auch durch **jede andere, die Bevollmächtigung ausdrückende Formel.** Also z. B.: „Für meine Rechnung"; „Zur Einziehung"; „In Vollmacht"; „Wert zum Inkasso". Dagegen würde die Klausel „Wert in Rechnung" nur ein inneres Verrechnungsverhältnis zum Ausdruck bringen, ohne den Charakter des Indossaments nach außen als eines eigentlichen Indossaments, nicht einer Bevollmächtigung, zu berühren. Auch ein die Bevollmächtigung ausdrückender vollständiger Satz, z. B. „Ich bevollmächtige hierdurch Herrn A, den Wechsel für mich einzuziehen (Unterschrift)" wird, wenn er auf dem Wechsel, einer Kopie oder Allonge steht, nicht als bürgerlich-rechtliche Vollmacht, sondern als Prokuraindossament mit dessen besonderen Wirkungen (vgl. unten Anm 5 ff.) anzusehen sein. Fehlt dem Indossamente der es als Prokuraindossament kennzeichnende Zusatz, so kann der Indossatar nur kraft eigenen Rechts als Wechselinhaber, aber nicht als Vertreter (Bevollmächtigter) des Indossanten auftreten, auch wenn unter ihnen vereinbart ist, daß er nur Vertreter sein sollte; daher können ihm Einreden aus seiner Person entgegengehalten werden (RGZ 27, 129; vgl. unten Anm 9). **Anm. 4.**

3. Die **Wirkungen** des Prokuraindossaments werden in Art 17 zunächst negativ dahin bestimmt, daß es das Eigentum an dem Wechsel nicht überträgt. Der Prokuraindossatar wird sonach weder Eigentümer des Wechsels noch, was davon untrennbar, Gläubiger der Wechselforderung. Der Prokuraindossant bleibt Eigentümer und „Inhaber" des Wechsels im Sinne der WO (vgl zu Art 36 Anm 1), sowie vollberechtigter Wechselgläubiger, dessen Rechte als solcher nicht an die Bedingung der Wiedereinlösung (vgl. zu Art 10 Anm 5) geknüpft sind. Das Prokuraindossament bewirkt lediglich eine Ermächtigung für den Prokuraindossatar, bestimmte, dem Prokuraindossanten zustehende wechselrechtliche Befugnisse in dessen Namen einerseits zu seinen Gunsten, andrerseits in für diesen verbindlicher Weise nach außen hin auszuüben, also eine Bevollmächtigung. Diese Befugnisse sind in Art 17 einzeln aufgeführt. Es sind die folgenden: **Anm. 5.**

a) Die Befugnis zur **Einziehung der Wechselforderung.** Darunter könnte im weiteren Wortsinne die Befugnis verstanden werden, alle außergerichtlichen und gerichtlichen Schritte zu tun, die zur Herbeiführung der Zahlung erforderlich und geeignet sind. Doch braucht das Gesetz den Ausdruck augenscheinlich in engerem Sinne, da es eine Anzahl sonst darunter fallender Befugnisse besonders (vgl. zu b—d) aufführt. Demnach werden unter Einziehung der Forderung nur diejenigen zur Herbeiführung der Zahlung erforderlichen und geeigneten Maßregeln zu verstehen sein, die nicht im folgenden einzeln aufgeführt sind. Dazu gehört namentlich das außergerichtliche Verlangen der Zahlung, das die Präsentation des Wechsels erfordert, die Empfangnahme der Zahlung, die Quittungsleistung und die Aushändigung des quittierten Wechsels. Der Wechselschuldner wird sonach durch Zahlung an den durch den Besitz des Wechsels und die Indossamentenkette legitimierten Prokuraindossatar befreit. Zur Einziehung der Wechselforderung gehört auch das Verlangen und die Annahme, sowie gegebenenfalls die gesetzlich vorgeschriebene Rückgabe der Sicherheitsleistung im Falle der Nichtannahme des Wechsels oder der Unsicherheit des Akzeptanten (Artt 26, 29). Wegen des wechselrechtlichen Bereicherungsanspruchs vgl. zu Art 83 Anm 3. **Anm. 6.**

b) Zur **Erhebung des Protestes,** und zwar sowohl mangels Annahme und wegen Unsicherheit des Akzeptanten (Artt 20, 25—29), wie mangels Zahlung (Artt 41 ff.). **Anm. 7.**

c) Zur **Benachrichtigung des Vormannes** seines, d. h. des Prokura-, Indossanten von der unterbliebenen Zahlung (Art 45). Der Prokuraindossant selbst kommt als zu benachrichtigender Vormann nicht in Betracht; ob ihm gegenüber eine Benachrichtigungspflicht des Prokurain- **Anm. 8.**

dossatars besteht, richtet sich nach dem zwischen ihnen bestehenden bürgerlich-rechtlichen Verhältnis, vgl. unten Anm 14.

Anm. 9. d) **Zur Einklagung der nicht bezahlten Wechselschuld.** Doch kann die Einklagung nur im Namen des Prokuraindossanten geschehen; dieser ist daher Prozeßpartei (Kläger) im Sinne der ZPO; Eide sind ihm zuzuschieben und von ihm zu leisten; als Zeuge kann er nicht vernommen werden usw. Er ist aber auch „Kläger" im Sinne des Art 82 WO; deshalb können der Klage alle Einreden aus seiner Person entgegengehalten werden, nicht aber Einreden (z. B. Aufrechnung mit Gegenforderungen) aus der Person des Prokuraindossatars (ROHG 6 S. 55; 22 S. 173; RGZ 27, 130). Einer Klage des Prokuraindossanten, zu der dieser an sich legitimiert bleibt, vgl. unten Anm 12a, steht, wenn der Prokuraindossatar bereits geklagt hat, die Einrede der Rechtshängigkeit entgegen (ROHG 7, 81) und umgekehrt; ebenso nach rechtskräftigem Urteile die Einrede der Rechtskraft. Einer Prozeßvollmacht bedarf der Prokuraindossatar zur Klagerhebung und zur Vornahme der für den Fortgang des Prozesses erforderlichen prozessualen Handlungen nicht, da sie unter den Begriff der „Einklagung" der Forderung fallen. Doch ist es zweifelhaft, ob dazu auch die in Art 81 ZPO aufgezählten „Prozeßhandlungen" gehören, welche die Einlassung auf eine Widerklage, sowie eine Beseitigung des Rechtsstreits durch Vergleich, Verzichtleistung auf den Streitgegenstand, Anerkennung eines vom Gegner geltend gemachten Anspruchs enthalten. Die Frage ist m. E. zu verneinen. Der Begriff der Einklagung kann nicht so weit ausgedehnt werden, zumal da nach den zur Zeit der Entstehung der WO geltenden Prozeßrechten vielfach besondere Spezialvollmachten für solche Prozeßhandlungen erforderlich waren. So auch Bernstein S. 111; StStr Anm 3.

Anm. 10. e) **Zur Erhebung der deponierten Wechselschuld,** die nach Art 41 WO hinterlegt werden kann, wenn die Zahlung des Wechsels zur Verfallzeit nicht gefordert wird; aber auch im Falle von Hinterlegungen, die auf Grund anderer gesetzlicher Bestimmungen, insbesondere wegen Ungewißheit über die Person des Gläubigers (§§ 372 BGB, 75 ZPO) oder auf Grund einer Vereinbarung erfolgt sind.

Der Prokuraindossatar ist aber laut Satz 2 des Artikels auch berechtigt:

Anm. 11. f) **diese Befugnis,** d. h. die ihm erteilte Ermächtigung zur Ausübung der dem wirklichen Wechselgläubiger zustehenden Rechte, **durch ein weiteres Prokuraindossament einem anderen zu übertragen (Satz 2 des Artikels).** Das weitere Prokuraindossament hat hiernach nicht wie das erste (vgl. unten Anm 12) die Bedeutung einer bloßen Ermächtigung, sondern einer Rechtsübertragung, durch die der übertragende Prokuraindossatar für die Ausübung der Befugnis ausscheidet und derjenige, dem er sie überträgt, an seine Stelle tritt. Ebenso StStr Anm 3 zu Art 17 S. 110; im Ergebnisse zutreffend auch das Urteil des Reichsgerichts in RGZ 32, 79; wegen der Begründung vgl. unten Anm 12a.

Anm. 11a. Dagegen steht dem Prokuraindossatar kraft ausdrücklicher Bestimmung in Satz 3 des Artikels nicht die Befugnis zur Weiterbegebung des Wechsels durch eigentliches Indossament zu, und zwar auch dann nicht, wenn dem Indossamente seines Prokuraindossanten der Zusatz „oder Order" beigefügt war. Ob ein Indossament des Prokuraindossatars, das nicht die Bemerkung „zur Einkassierung" trägt, als Prokuraindossament aufrechterhalten werden kann, ist nicht unzweifelhaft; doch dürften der Bejahung entscheidende Bedenken nicht entgegenstehen, da es sich an das vorhergehende Prokuraindossament anschließt und die in diesem enthaltene Bemerkung bei nicht formalistischer Auslegung auch auf jenes bezogen werden kann. So auch Lehmann S. 500; Grünhut § 97 Anm 16; StStr Anm 3 Abs 2 S. 110.

Anm. 12. 4. Die Aufzählung der dem Prokuraindossatar zustehenden Befugnisse ist einerseits erschöpfend, andrerseits zwingend. Weitere Befugnisse stehen ihm als solchem nicht zu und können ihm in der Form des Indossaments auch nicht eingeräumt werden; insbesondere nicht die Befugnis zum Abschlusse von Vergleichen oder zum Verzichte auf die Wechselforderung oder zu ihrer Abtretung in den Formen des bürgerlichen Rechts. Wegen der Weiterbegebung durch eigentliches Indossament s. oben Anm 11. Andrerseits können die ihm kraft Gesetzes zustehenden Befugnisse nach außen hin auch nicht durch einen Vermerk bei dem Indossamente eingeschränkt werden. Das muß namentlich von der Befugnis zur Weiterindossierung durch Prokuraindossament (Satz 2 des Artikels, vgl. oben Anm 11) gelten.

Anm. 12a. Neben dem Prokuraindossatar ist auch der Prokuraindossant, da er Eigentümer und vollberechtigter Wechselgläubiger geblieben ist (vgl. oben Anm 5), zur Ausübung der Wechselrechte befugt, falls er durch Wiedererlangung des Besitzes des Wechsels dazu in der Lage ist, und zwar ohne sein Prokuraindossament oder die weiteren Prokuraindossamente ausstreichen zu müssen. A. M. hinsichtlich der Protesterhebung RGZ 32 S. 79, wo grundsätzlich ausgeführt wird, daß das Prokuraindossament, so lange es besteht, den Prokuraindossatar zur ausschließlichen Geltendmachung der Rechte aus dem Wechsel legitimiere, was mit dem durch Art 17 bestimmten Wesen des Prokuraindossaments als einer bloßen Ermächtigung (vgl. oben) nicht in Einklang zu bringen sein dürfte. Auch aus dem praktischen Gesichtspunkte, daß andernfalls mehrere verschiedene Personen zur Protesterhebung legitimiert sein könnten, wird ein Bedenken nicht herzuleiten sein, da das auch durch Ausstellung einer gewöhnlichen Vollmacht eintreten kann und es übrigens kaum einen

Übelstand bedeutet, wenn mehrere Personen die zur Erhaltung der Wechselrechte erforderlichen Handlungen vornehmen können. Wie hier Bernstein S. 111/112; StStr Anm 3.

5. Die Befugnisse des Prokuraindossatars nach außen hin dauern so lange, als das Prokuraindossament besteht; sie **endigen** daher nicht durch außerhalb des Wechsels erfolgenden Widerruf des Prokuraindossanten, sondern nur durch Streichung des Indossaments. Doch kann gegenüber demjenigen, der sich in Kenntnis des Widerrufs mit dem Prokuraindossatar eingelassen hat, eine Einrede der Arglist für den Prokuraindossanten begründet sein. So Bernstein S. 111 gegen die dort Genannten; auch StStr Anm 3 Abs 4. Durch Konkurseröffnung über das Vermögen des Prokuraindossanten erlischt gemäß § 23 KO nur der bürgerlich-rechtliche Auftrag (§§ 662 ff. BGB) und unter den Voraussetzungen der §§ 170—173 BGB die auf Grund eines solchen Auftrags erteilte Vollmacht. Auf die wechselrechtliche Vollmacht des Prokuraindossatars, die sich aus Art 17 ergibt, kann der § 23 KO keine Anwendung finden, auch wenn ihr, was keineswegs immer der Fall (vgl. unten Anm 14), ein Auftragsverhältnis zugrunde liegt; a. M. StStr Anm 3 Abs 4; Grünhut § 97 S. 191. Ebensowenig erlischt das Prokuraindossament durch den Tod des Prokuraindossanten (so Bernstein S. 109; a. M. Grünhut a. a. O.). **Anm. 13.**

6. Das Prokuraindossament unterscheidet sich auch dadurch von dem eigentlichen Indossament, daß es nicht, wie dieses (Art 14 WO) eine wechselrechtliche Haftung des Prokuraindossanten gegenüber dem Prokuraindossatar begründet. Das **innere Verhältnis zwischen diesen** bestimmt sich vielmehr lediglich nach dem dem Prokuraindossamente zugrunde liegenden bürgerlich-rechtlichen Rechtsverhältnis, das ein bloßer Auftrag oder auch ein Dienstverhältnis oder ein Werkvertragsverhältnis zum Zweck der Einkassierung, aber auch, ungeachtet der bloßen Prokuraindossierung, eine materielle Übertragung der Wechselrechte zum eignen Vorteile des Prokuraindossatars (procuratio in rem suam) enthalten kann. Nach diesem Verhältnisse bestimmen sich auch die Pflichten des Prokuraindossatars gegenüber dem Prokuraindossanten im einzelnen, insbesondere ob er verpflichtet ist, Protest erheben zu lassen (ROHG 17, 413), und wie weit er für Versehen des Protestbeamten haftet (culpa in eligendo); ob er auch zur Einklagung der Wechselforderung verpflichtet ist; ferner ob er verpflichtet ist, den Wechsel dem Prokuraindossanten jederzeit zurückzugeben (Widerruf), ob er Ersatz seiner Unkosten verlangen kann usw. **Anm. 14.**

7. Über das verdeckte Prokuraindossament (Inkassomandatsindossament) vgl. zu Art 9 unter 3 a Anm 6.

8. Über das Prokuraindossament beim Scheck vgl. meinen ScheckgesKomm zu § 8 Anm 12.

Anhänge zum Unterabschnitt III (Artikel 9—17).

I. Ausländische Wechselgesetzgebungen.

1. Über die **geschichtliche Entwickelung** des Indossaments in den einzelnen Ländern vgl. die Einleitung unter I 1. Das Indossament ist als besondere wechselrechtliche Übertragungsform in den gegenwärtig geltenden Wechselgesetzgebungen überall anerkannt. Die der italienischen Sprache entlehnte Bezeichnung, welche die regelmäßige Stellung des Übertragungsvermerks auf der Rückseite des Wechsels (in dorso) sprachlich zum Ausdrucke bringt, und die davon abgeleiteten Ausdrücke (Indossant, Indossatar) sind von den meisten außeritalienischen Rechtsgebieten als Fremdworte teils buchstäblich, teils unter Beibehaltung des italienischen Stammwortes und entsprechender Umbildung übernommen worden. So im französischen Rechte (Artt 136ff.) Endossement, Endosseur, während der Ausdruck für den Indossatar umschrieben wird: „celui auquel la lettre est transmise par endossement". Andere Rechte übersetzen den Sinn der Ausdrücke in ihre Sprache; so werden in Griechenland, Japan usw. die entsprechenden Ausdrücke für „Hintenschreiben, Hinterschreiber" gebraucht. In Italien selbst ist gebräuchlicher der Ausdruck: „Giro" (Kreis), der auf den durch das Indossament bewirkten Umlauf des Wechsels hinweist, und die daraus abgeleiteten Ausdrücke (girare, girante, giratario), die auch außerhalb Italiens im Verkehr üblich sind. In Rußland wurde im früheren Gesetze (§ 18) das Indossament als eine „Aufschrift, die Giro genannt wird", bezeichnet; das neue Gesetz (§ 7) braucht die Ausdrücke: „Indossament", „Indossant". — Die rechtliche Natur des Indossaments wird in manchen Rechten, so in Italien (Vivante Nr. 1123), so aufgefaßt, daß es die Ausstellung einer neuen, an den Grundwechsel angeschlossenen Tratte bedeutet. Die französische Rechtslehre betrachtet die Indossierung als einen Vertrag besonderer Art, der sich aus Verkauf, Zession und Garantieleistung zusammensetzt (Lyon-Caën et Ren. Nr. 111). **Anm. 1.**

2. Form und Inhalt des Indossaments. **Anm. 2.**

a) Als **Platz** für die Niederschrift des Indossaments, das überall als der Schriftform bedürftig erachtet wird, ist, wie in Deutschland (Art 11), in der Schweiz (Art 729), Skandinavien (§ 11), Japan (Art 457) bestimmt, daß es auf den Wechsel, eine Kopie oder eine Allonge gesetzt werden muß; in Portugal (Art 300) auf Wechsel oder Allonge; in anderen Gesetzen der deutschen Gruppe (Italien Art 258, Rumänien 279) „auf den Wechsel"; doch erklären auch diese Länder Indossamente, wie Wechselerklärungen überhaupt, die auf Kopien stehen, für rechtswirksam (Italien Artt 282, 279; Rumänien 304, 301). — In der französischen Rechtsgruppe finden sich keine besonderen Bestimmungen über den Platz des Indossaments, doch werden die Regeln des deutschen Rechts für anwendbar erachtet (Lyon-Caën et Renault Nr. 117). In Belgien wird von der Rechtsprechung die Zulässigkeit des Indossaments auf einer Kopie in Frage gestellt (Namur Nr. 547, 548). In Spanien wird auch das Indossament in besonderer Urkunde durch die Rechtsprechung zugelassen (Huguet y Campaña Nr. 71). Nach englischem und anglo-amerikanischem Rechte (BEA 32 I, NIL 61) muß das Indossament auf den Wechsel oder auf eine Allonge geschrieben werden; Indossamente auf Kopien werden in Großbritannien für gültig erachtet bei Wechseln, die in einem Lande ausgestellt oder begeben sind, in dem Wechselkopien gültig sind, was den Grundsätzen des internationalen Privatrechts entsprechen dürfte. — Daß das Indossament auf der Rückseite des Wechsels stehen müsse, ist auch für das Namensindossament (wegen des Blankoindossaments vgl. unten) vorgeschrieben in Ungarn (§ 107), Bulgarien Art 537; Brasilien 361 Nr. 1. Auch in Rußland ist durch das neue Gesetz (§§ 7 Satz 1, 18) vorgeschrieben, daß das Indossament auf die Rückseite zu setzen ist, ohne daß die in dem früheren Gesetze (§ 19) enthaltene Ausnahme für das erste Giro aufrechterhalten ist. — Die neuen Gesetze Polens (Art 12) und Jugoslawiens (§ 12) lassen das Indossament auf Allonge und Kopie, sowie, wenn es sich nicht um das einfachste Blankoindossament (vgl. unten) handelt, auch auf der Vorderseite zu; das neue tschech.-slow. Gesetz (§ 10) verweist das Indossament auf die Rückseite des Wechsels, läßt es aber auf Allonge oder Kopie zu.

Anm. 3. b) Eine **Datierung** des Indossaments (vgl. für das deutsche Recht zu Art 11 Anm 6) wird auch in den meisten anderen Ländern der deutsch-rechtlichen Gruppe nicht gefordert, nur in Italien (Art 257) und Rumänien (Art 279 Abs 1) ist sie ausdrücklich vorgeschrieben, und zwar wird in diesen Ländern überwiegend angenommen, daß ein Indossament ohne Datierung ungültig sei (Vidari, La cambiale S. 116 Nr. 1; a. M. Sorani I S. 147 § 105). Vgl. über das Blankoindossament wegen der Datierung unten Anm 5. — Der französische Code de comm. erforderte in seiner ursprünglichen Fassung (Art 137), daß das Indossament datiert sei; für Frankreich ist dies jedoch durch das Gesetz vom 8. 2. 1922 geändert, indem dieses Gesetz bestimmt, daß das Indossament nur der Unterschrift des Indossanten als Form bedarf. In Belgien ist die Vorschrift der Datierung (Art 27 Ges. v. 20. 5. 1872) bestehen geblieben; doch wird überwiegend (Namur Nr. 550) angenommen, daß der Mangel der Datierung keinen materiellen Einfluß auf die Gültigkeit des Indossaments habe; das wird aus Art 29 Abs 3 des Gesetzes gefolgert, wo im Streitfalle dem Inhaber die Pflicht auferlegt ist, das Datum des Indossaments zu beweisen. Im übrigen wird in der Gruppe des französischen Rechts dem Indossamente ohne Datum die Wirkung einer Vollmacht zur Einziehung (Prokuraindossament) beigelegt auf Grund des Art 138 C. de comm. in ursprünglicher Fassung, wonach ein den Vorschriften des Art 137 nicht entsprechendes Indossament keine Übertragung bewirkt, sondern nur eine Vollmacht ist. Im Gebiete des englischen und anglo-amerikanischen Rechts wird keine Datierung gefordert. Auch in den Niederlanden (HGB v. 10. 4. 1838 in der Fassung des Ges. v. 15. 6. 1925) besteht kein Datierungszwang mehr. Vordatierung ist in Frankreich (Art 139 C. de comm.) bei Strafe der Fälschung (Art 147 C. pén.) verboten, doch wird anerkannt, daß dadurch die Gültigkeit der nachfolgenden Indossamente nicht berührt werde (Thaller Nr. 1374). In Spanien ist bestimmt (Art 364), daß die Vordatierung schadensersatzpflichtig macht, unbeschadet der etwaigen Strafe wegen Fälschung.

Anm. 4. c) **Unterschrift des Indossanten** — vgl. für das deutsche Recht zu Art 11 Anm 5a — wird wohl in allen Ländern teils ausdrücklich gefordert (so Italien Art 257, franz. C. de comm. Art 137; Spanien Art 462 Nr. 5; Rußland neues Gesetz § 7; England BEA Abschn. 32[1]; Ver. Staaten NIL § 61), teils gilt sie als selbstverständliches Erfordernis des Skripturaktes. In Spanien wird außerdem im Falle der Unterzeichnung durch einen Vertreter des Indossanten Angabe des Vollmachtsverhältnisses vor der Unterschrift verlangt. — Für das einfachste Blankoindossament (vgl. unten Anm 5) verlangen einige Gesetze (Italien, Rumänien a. a. O.) Unterschrift des Indossanten mit Vor- und Zunamen oder der Firma.

Anm. 5. d) Die Angabe des Namens des Indossatars wurde früher erfordert in der Gruppe des französischen Rechts auf Grund der ursprünglichen Fassung des Art 137 C. de comm. Durch die Änderung der Fassung im Gesetze vom 8. 2. 1922 (vgl. oben Anm 3) ist jedoch für Frankreich auch dieses Erfordernis fortgefallen und das einfachste Blankoindossament, das nur aus der Unterschrift des Indossanten besteht, als gültig anerkannt. Ebenso in der Türkei (HGB von 1926). In anderen Ländern der französischen Gruppe (so in Griechenland, Spanien) ist aber die frühere Fassung des Code de comm. bestehen geblieben. Doch gestatten Rechtslehre und Rechtsprechung in diesen Ländern die Ausfüllung des in blanco erfolgten Indossaments durch nachträgliche Einfügung des Namens des Indossatars von seiten des späteren Inhabers, der als vom Indossanten dazu ermächtigt angesehen wird; freilich nicht mehr nach dem Tode des Indossanten oder der Konkurseröffnung über sein Vermögen, wodurch der der Ermächtigung zugrunde liegende Auftrag beendigt wird, ohne daß aber daraus dem gutgläubigen Erwerber gegenüber ein Einwand hergeleitet werden kann. Der Inhaber kann sowohl seinen eigenen Namen, wie auch unmittelbar den Namen desjenigen, an den er den Wechsel weiterübertragen will, einsetzen, aber den Wechsel nicht ohne solche Ausfüllung weiterindossieren (vgl. Lyon-Caën et Ren. 150, Thaller Nr. 1481 ff. für das früher auch in Frankreich in Geltung gewesene Recht). — In den Ländern der deutschrechtlichen Gruppe ist, wie in Deutschland und mit den gleichen rechtlichen Wirkungen, das Blankoindossament zugelassen mit der Maßgabe, daß es, wenn es nur aus der Unterschrift des Indossanten besteht (einfachstes Blankoindossament, vgl. zu Art 12 DWO Anm 2), auch in den Ländern, wo Indossamente sonst auf der Vorderseite zulässig sind, (vgl. oben Anm 2), auf der Rückseite stehen muß; so für Italien Art 258 (vgl. Vivante Nr. 1128). Ebenso das neue polnische (Art 12 Abs 2), tschechoslowakische (§ 10 Abs 2), jugoslawische (§ 12 Abs 2) Wechselgesetz. Im englischen und angloamerikanischen Rechte (BEA 32[6], 34[1]; NIL 63) sind Blankoindossamente auch in der einfachsten Form auf Vorder- und Rückseite zulässig (Byles S. 172; David I 653, 693). Dort ist ferner bestimmt (BEA Abschn 8[3]; NIL Abschn 64), daß ein Wechsel, dessen letztes Indossament ein Blankoindossament ist, als ein an den Vorzeiger zahlbarer Wechsel gilt; danach muß das Indossament an den Vorzeiger (Inhaber) auch sonst als gestattet angesehen werden, um so mehr da auch der Wechsel selbst von vornherein auf den Inhaber gestellt werden kann; vgl. zu Art 4 Anhang I Anm 4. In Spanien hält die Rechtsprechung die Stellung des einfachsten Blankoindossaments auf der Rückseite für erforderlich (Huguet y Camp. S. 142 Nr. 8). In Brasilien ist das einfachste Blankoindossament durch das Gesetz vom 31. 12. 1908 Art 8 Abs 2 als gültig anerkannt.

e) Die **Valutaklausel** im Indossament wurde früher von den gleichen Gesetzgebungen gefordert, welche sie für den Grundwechsel als Erfordernis aufstellten; vgl. zu Art 4 Anhang I Anm 12. So namentlich für Frankreich in der früheren Fassung des Art 137 Code de comm.; sie ist dort jedoch mit anderen Erfordernissen (vgl. oben Anm 3, 5) beseitigt durch die im Gesetze vom 8. 2. 1922 erfolgte Abänderung dieses Artikels, der nunmehr lautet: „L'endossement n'a besoin en la forme que de la signature de l'endosseur." Ebenso durch die neuere niederländische Gesetzgebung (Ges v. 5. 6. 1925) und für Griechenland durch Ges v. 16. 7. 1910; für Brasilien durch Ges v. 31. 12. 1908. Dagegen besteht das Erfordernis noch in einigen anderen Ländern des französischen und des ihm verwandten Rechtsgebietes; so namentlich in Spanien (Art 462 Nr. 2) mit der Folge, daß im Falle seines Fehlens das Indossament nur als Vollmacht zur Einziehung gilt. Dort wird auch die Benennung des Wertgebers im Indossament, wie in dem Grundwechsel (vgl. zu Art 4 Anhang I Anm 12b) noch gefordert, sofern der Wertgeber nicht mit dem Indossatar identisch ist (Art 462 Nr. 3). **Anm. 6.**

f) Die **Orderklausel** — vgl. darüber für das deutsche Recht zu Art 10 Anm 3 — galt früher im Gebiete des französischen Rechts auf Grund der ursprünglichen Fassung des Art 137 Code de commerce allgemein als Erfordernis des Indossaments, sofern es als Vollindossament das Eigentum übertragen sollte. Zweifel waren nur in der Türkei entstanden infolge der ungenauen Übersetzung des Art 137 im Art 94 ihres früheren Gesetzbuchs. Das neue Gesetz hat diese Zweifel beseitigt, indem es sich an die HGWO angeschlossen hat (vgl. Anhang II Anm 1). Durch das französische Gesetz vom 8. 2. 1922 (vgl. oben Anm 6), das ausdrücklich bestimmt, daß das Indossament als Form nur die Unterschrift des Indossanten nötig hat, ist mit anderen Erfordernissen auch dieses beseitigt. In Brasilien, wo die Klausel nach Art 361 Nr. 2 des dortigen Gesetzes erforderlich war, ist sie schon durch das Ges v. 31. 12. 1908 beseitigt. Dagegen ist in anderen Ländern des französischen Rechtsgebietes das Erfordernis bestehen geblieben, insbesondere ist es auch in Griechenland und den Niederlanden durch die neuere Gesetzgebung nicht beseitigt worden. Vielmehr verlangt Griechenland in Art 137 nach wie vor, daß das Indossament den Namen desjenigen enthalten muß, an dessen Order es gestellt ist, widrigenfalls es gemäß Art 138 nur als Vollmacht gilt. In den Niederlanden (Art 134) ist bestimmt, daß das Indossament den Namen desjenigen enthält, an dessen Order die Zahlung zu leisten ist. Doch wird angenommen, daß die Orderklausel, wie für den Wechsel selbst (vgl. zu Art 4 Anhang I Anm 4), so auch für das Indossament kein Erfordernis der Gültigkeit, sondern nur der Weiterübertragung durch Indossament ist. Die negative Orderklausel, d. h. das Verbot des Indossanten, den Wechsel weiter zu indossieren (vgl. für das deutsche Recht Art 15), ist in den neuen Wechselgesetzen von Jugoslawien (§ 14 Abs 2) und der Tschechoslowakei (§ 13) mit der gleichen Rechtsfolge wie im deutschen Rechte zugelassen; nach dem polnischen Gesetze (Art 14 Abs 2) kann ein Nachmann des das Verbot verletzenden Indossatars gegen die verbietenden Indossanten nur in dem Umfange Regreß nehmen, in welchem der das Verbot verletzende Indossatar selbst es könnte. **Anm. 7.**

3. Wirkungen des Indossaments.

a) Übertragungswirkung; vgl. für das deutsche Recht zu Art 10 Anm 1ff. Daß alle Rechte aus dem Wechsel durch das Indossament auf den Indossatar übergehen, ist, wie im deutschen Gesetze, ausgesprochen in der Schweiz (Art 728), Ungarn (§ 9), Skandinavien (§ 10), Bulgarien (Art 536). In den Ländern der französischen Gruppe ist gesagt, daß das Eigentum an dem Wechsel durch das Indossament übertragen wird (Art 136 franz. Code de comm.). Da der Wechsel der Träger der Wechselrechte ist, folgt ohne weiteres, daß mit dem Eigentume auch diese Rechte übergehen. In einzelnen Ländern (so Italien Art 256, Rumänien 277) ist ausgesprochen, daß „das Eigentum und alle mit demselben verbundenen Rechte"; in Portugal (301), daß „alle den Wechsel sichernden dinglichen und persönlichen Garantien"; in Belgien „alle damit verbundenen hypothekarischen Garantien" übertragen werden. Für diese Gesetzgebungen muß daher angenommen werden, daß — entgegen der deutschrechtlichen Auffassung, vgl. zu Art 10 Anm 4 — auch die **Anm. 8.**

in dem Wechsel bestellten akzessorischen Sicherungsrechte (Pfandrechte, Bürgschaften) übergehen. Darüber hinaus wird aber von der Rechtsprechung und Rechtslehre der betreffenden Länder auch der Übergang derjenigen Sicherheiten angenommen, welche außerhalb des Wechsels für die Wechselforderung bestellt sind. So für Italien Vivante Nr. 957. Das gleiche wird auch für das französische Rechtsgebiet angenommen auf Grund des Art 1692 Code civil (Lyon-Caën et Ren. Nr. 129; Dalloz Répertoire unter „Privilèges et Hypothèques Nr. 1267). Nach der Auffassung des französischen Rechts erstreckt sich aber die Übertragungswirkung des Indossaments auch auf die Deckung (provision), d. h. die der Wechselziehung zugrunde liegende Forderung des Ausstellers gegen den Bezogenen; an ihr erwirbt, wie der Remittent, so auch jeder Indossatar durch die Begebung des Wechsels an ihn ein ausschließliches Recht, das auch gegenüber anderen Gläubigern des Ausstellers, insbesondere im Konkurse über dessen Vermögen, wirksam ist. Vgl. Näheres zu Art 8 Anhang I Anm 18. Über die Haftung des Indossanten für das Bestehen der Deckung vgl. unten Anm 9. Im englischen und angloamerikanischen Rechte (BEA sect. 31 I (3); NIL § 60) ist bestimmt, daß durch das Indossament und die Übergabe der Indossatar zum „holder“ (rechtmäßigen Besitzer) des Wechsels wird. Hinsichtlich des Überganges der Nebenrechte neigt man sich auch dort der französischen Auffassung zu (Daniel I S. 731 § 748, 842 § 834; Chalmers S. 269).

Anm. 9. **b) Garantiewirkung**; vgl. für das deutsche Recht Art 14 WO und die Erläuterungen dazu. Die gleiche Vorschrift ist enthalten in den meisten übrigen Gesetzen der deutschen Gruppe: Ungarn § 12, Schweiz Art 732, Bulgarien 541, Skandinavien § 14, Finnland § 13, Italien Art 256 Abs 2, Rumänien 277, sowie in den neuen Wechselgesetzen von Polen (Art 14 Abs 1), Jugoslavien (§ 14 Abs 1), Tschechoslowakei (§ 12 Abs 1). Die Gesetzgebungen der französischrechtlichen Gruppe bestimmen (franz. Code de comm. Art 118), daß der Aussteller und die Indossanten solidarisch Garanten sind für die Annahme und die Zahlung des Wechsels. So auch Rußland neues Gesetz § 9. Spanien (Art 467) bestimmt, daß der Indossant verpflichtet ist, mangels Annahme für den Wert des Wechsels und mangels Zahlung bei Fälligkeit für seinen „rembours“ nebst Protest- und Rikambiokosten einzustehen, falls die wechselmäßige Diligenz gewahrt ist. — Hinsichtlich der Haftung für die Deckung (provision) — vgl. zu Art 8 Anhang I Anm 18 — bestimmt Art 117 Abs 2 franz. Code de commerce, daß die geschehene Annahme zugunsten der Indossanten den Beweis der Deckung begründet. Diese Bestimmung hat (wie Meyer Weltwechselrecht § 18 S. 150 wohl mit Recht annimmt) nur noch historische Bedeutung, indem früher (unter dem Rechte der Ordonnanz von 1673) auch die Indossanten (wie der Trassant), um der Haftung aus einem verspäteten Regresse zu entgehen, auch wenn der Wechsel angenommen war, das Vorhandensein der Deckung darlegen mußten. Infolge der von Pothier gegen diese Rechtslage erhobenen Bedenken sollte durch die in Frage stehende Bestimmung des Code de comm. zum Ausdrucke gebracht werden, daß, wenn der Bezogene angenommen habe, die Indossanten diesen Beweis nicht zu führen brauchten, also aus einem verspäteten Regresse nicht hafteten. In den später angenommenen Vorschriften über die Rechte und Pflichten des Inhabers (Artt 168—171) wurde aber bestimmt, daß die Indossanten bei Verspätung des Regresses überhaupt, also auch wenn der Wechsel nicht angenommen worden war, in der Regel befreit sein sollten, sonach den Beweis der vorhandenen Deckung nicht zu führen brauchten (Art 170). Nur im Falle des Art 171 soll diese Befreiung nicht Platz greifen, nämlich demjenigen Indossanten gegenüber, der nachträglich die zur Bezahlung des Wechsels bestimmten Fonds — die Deckung — durch Verrechnung, Kompensation oder auf sonstige Weise erhalten hat. Dieser haftet, falls der dahingehende Beweis geführt wird, für den Wechsel, mag er angenommen sein oder nicht, ungeachtet der eingetretenen Fristversäumnis, da er sich sonst mit dem Schaden des Inhabers bereichern würde. Insofern hat der Art 171 einen guten Sinn und ist nicht, wie Meyer a. a. O. annimmt, unverständlich.

Anm. 10. Der Ausschluß der gesetzlichen Gewährleistungspflicht des Indossanten — vgl. für das deutsche Recht zu Art 14 Anm 7ff. — ist ausdrücklich zugelassen in den zur deutschen Gruppe gehörigen Wechselgesetzgebungen: Ungarn § 12 Abs 2, Schweiz Art 732, Bulgarien 541, Skandinavien § 14, Finnland 13, Italien Art 259 Abs 2, Rumänien 280 Abs 2, Rußland (früheres Gesetz Art 21, jetziges § 8); sowie in den neuen Wechselgesetzen von Polen (Art 14 Abs 1), Jugoslawien (§ 14 Abs 1), Tschechoslowakei (§ 12 Abs 2); ferner in Spanien (467 Abs 2). Nach dem russischen Gesetze muß der Vermerk lauten „Ohne Rückgriff auf mich“ und er soll trotz Durchstreichung seine Wirksamkeit behalten, wenn nicht eine besondere Erklärung des Indossanten über seine Tilgung beigefügt ist. — In den Gesetzen der französischen Gruppe ist die Ausschließungsklausel zwar nicht ausdrücklich erwähnt, sie ist aber in entsprechenden Ausdrucksformen („sans garantie“, „sans recours“, „à forfait“) auch in diesem Rechtsgebiete gebräuchlich und als wirksam zur Ausschließung der wechselrechtlichen Haftbarkeit anerkannt; doch bleibt der Indossant auf Grund des allgemeinen bürgerlichen Rechts (Art 1695 Code civil) für das Bestehen (vérité) der Forderung zur Zeit der Übertragung gewährleistungspflichtig (vgl. Lyon-Caën et Ren. Nr. 133). Für Brasilien war früher (Art 361) bestimmt, daß ein solcher Zusatz dem Indossamente den Charakter einer bürgerlichrechtlichen Zession verleihe; laut Art 44[4] des neuen Gesetzes gilt er als nicht geschrieben, ändert also nichts an der wechselmäßigen Haftung. — Im englischen und angloamerikanischen Rechte (BEA sect. 16 (I), NIL § 68) ist ausdrücklich bestimmt, daß ein Indossant seine Haftbarkeit ausschließen kann („qualifizierte Indossamente"), doch hat er trotzdem für den Bestand des Wechsels einzustehen. Der Wechselkommissionär (vgl. für das deutsche Recht zu Art 14 Anm 12) ist in Spanien (468) nur im Falle besonderer Vereinbarung für befugt erklärt, das Indossament an den Remittenten mit der Klausel „Ohne Obligo" zu versehen. Gleiches wird im französischen Rechtsgebiet angenomemn (Lyon-Caën et Ren. S. 120 Nr. 134).

4. **Besondere Arten des Indossaments.**

a) Über die **fiduziarischen Indossamente** — Inkassoindossament (verdecktes Prokuraindossament), Diskontierungsindossament, Vollindossament zur Verpfändung; vgl. für das deutsche Recht zu Art 9 Anm 5ff. — enthalten die ausländischen Gesetzgebungen besondere Vorschriften ebensowenig wie die deutsche. Sie werden überall als Vollindossamente mit allen wechselrechtlichen Wirkungen von solchen behandelt. Das innere Verhältnis zwischen Indossant und Indossatar hat keine wechselrechtliche Bedeutung, kann vielmehr nur gegebenenfalls im unmittelbaren Verhältnis zwischen ihnen im Wege der Arglisteinrede (vgl. zu Art 82 Anm 37ff.) zur Geltung gebracht werden. **Anm. 11.**

b) Das (offene) **Prokuraindossament** — vgl. für das deutsche Recht Art 17 und die Erläuterungen dazu — ist wie im deutschen Rechte geregelt in den Gesetzgebungen der deutschen Gruppe von: Ungarn § 15, Schweiz Art 735, und in den neuen Wechselgesetzen von Polen (Art 17 Abs 1), Jugoslawien (§ 17 Abs 1), Tschechoslowakei (§ 15 Abs 2); der Hauptsache nach auch von Finnland § 15, Skandinavien 16, Bulgarien Art 544, Italien 259, Rumänien 280, Japan 463, in diesen Ländern mit der Abweichung, daß die Bestimmung in Satz 3 des Art 17 DWO nicht aufgenommen ist und daher der Weiterindossierung des Prokuraindossatars durch Vollindossament kein Bedenken entgegenstehen wird, falls das Prokuraindossament „an Order" gestellt ist. Die skandinavischen Staaten und Bulgarien lassen — abweichend von Satz 2 des Art 17 DWO, vgl. zu Art 17 Anm 12 —, das Verbot der Weiterindossierung durch Prokuraindossament zu. Im französischen Rechte war früher durch Art 138 Code de comm. in der ursprünglichen Fassung bestimmt, daß jedes Indossament, das nicht den Bestimmungen des Art 137 (vgl. oben Anm 3, 5, 6) entsprach, ein Prokuraindossament (une procuration) sei. Im Zusammenhange mit der Änderung des Art 137 (vgl. oben a. a. O.) ist durch das Gesetz vom 8. 2. 1922 der Art 138 dahin geändert worden, daß das Indossament die Übertragung bewirke und daß ein Prokuraindossament nur vorliege, wenn es der deutlich ausgedrückte Wille der Vertragsparteien ist. Die ursprüngliche Fassung des Art 138 gilt aber noch in Griechenland. Auch andere Länder — so Spanien Art 463, Brasilien Art 361 seines Code in Verbindung mit dem Gesetze vom 31. 12. 1908 Art 8 § 1 — erklären ein Indossament beim Fehlen bestimmter Erfordernisse des Vollindossaments, nämlich des Datums oder der Valutaklausel (vgl. oben Anm 3, 5), als Prokuraindossament. Streitig ist in diesen Ländern, ob der Prokuraindossatar befugt ist, den Wechsel durch Vollindossament zu Eigentum weiter zu übertragen; nach der herrschenden Ansicht gilt er im Zweifel als dazu ermächtigt (vgl. für das frühere franz. Recht Lyon-Caën et Ren. Nr. 139). In den Niederlanden ist durch die neuere Gesetzgebung bestimmt, daß das an die Order eines Dritten gestellte Indossament zum Zwecke der Einziehung der Wechselsumme (also das Prokuraindossament) einen Auftrag des Indossanten an den Indossatar darstellt, der auch die Ermächtigung in sich schließt, das Eigentum an dem Wechsel durch Indossament weiter zu übertragen. Im übrigen werden die Rechte des Prokuraindossatars überall im wesentlichen so geregelt, wie in Deutschland; nur wird, wo das Gesetz keine Aufzählung der einzelnen Befugnisse gibt, eine Erweiterung oder Beschränkung derselben im Indossament (vgl. für das deutsche Recht zu Art 17 Anm 12) nicht ausgeschlossen sein. — Auch im englischen und angloamerikanischen Recht (BEA sect. 35(1) (2); NIL 66 Nr. 2, 3ff.) hat der Prokuraindossatar im wesentlichen die gleiche Stellung wie in Deutschland; nur ist die Weiterindossierung durch ihn auch mittels Prokuraindossament ausgeschlossen, wenn ihm die Befugnis dazu nicht im Indossamente selbst erteilt ist; in dieser Weise kann ihm aber auch die Befugnis zur Weiterbegebung durch eigentliches Indossament erteilt werden. **Anm. 12.**

Das **offene Pfandindossament** (vgl. für das deutsche Recht zu Art 9 Anm 10 und zu Art 17 Anm 1) ist in manchen ausländischen Staaten jetzt schon gebräuchlich und wird durch den Zusatz: „pour garantie", „pro garanzia" ausgedrückt; es wird als Prokuraindossament behandelt; vgl. Meyer Wwrecht S. 194 Anm 1. **Anm. 13.**

c) Das **Nachindossament,** vgl. für das deutsche Recht Art 16 WO und die Erläuterungen dazu. Einige ausländische Gesetzgebungen unterscheiden, wie das deutsche Recht, zwischen dem nachprotestlichen Indossamente und dem Indossamente nach Präjudizierung des Wechsels. So die Schweiz Art 734, und das neue Wechselgesetz der Tschechoslowakei (§ 14). Die Streitfrage, in welcher Weise die Verfallzeit eines nach Präjudizierung indossierten Wechsels zu bestimmen ist (vgl. darüber zu Art 16 DWO Anm 5), ist in der Schweiz (Art 734) dahin entschieden, daß der Wechsel, wenn er akzeptiert war, binnen der dreijährigen, vom Verfalltage ab gegen den Akzeptanten laufenden Verjährungsfrist, andernfalls innerhalb einer einjährigen Frist vom Datum des ersten Nachindossaments zur Zahlung präsentiert werden muß. Die übrigen Gesetze behandeln das Indossament nach Protestierung und dasjenige nach Präjudizierung des Wechsels grundsätzlich in gleicher Weise. Und zwar wird dem Nachindossatar in beiden Fällen **Anm. 14.**

durch einige Gesetzgebungen lediglich die Stellung eines Zessionars eingeräumt: so Italien Art 260, wo es auch streitig ist, ob der nachindossierte Wechsel noch als Exekutivtitel gelten kann, (verneinend Vivante S. 351 Nr. 1152; bejahend Sorani I S. 223 f.); ferner Rumänien (Art 281), Portugal (302), Brasilien (364 des Code und Art 8, 92 Ges. v. 31. 12. 1908); ferner die neuen Wechselgesetze von Polen (Art 19) und Jugoslawien (§ 19); ferner die englischen und angloamerikanischen Gesetze (BEA sect. 36 (2); NIL 91, 92). In diesem Sinne ist in den angelsächsischen Rechten (BEA sect. 29 (b); NIL 91 (2)) bestimmt, daß der Nachindossatar nicht „holder in due course" wird. In anderen Gesetzgebungen: Ungarn § 14, Bulgarien Art 543, Japan 462 ist, wie im deutschen Rechte im Falle des Indossaments des präjudizierten Wechsels, das Nachindossament in beiden Fällen als Übertragung der Wechselrechte mit Beschränkung auf die noch bestehenden anerkannt; doch ist in Ungarn und Bulgarien a. a. O. bestimmt, daß der Indossant (Nachindossant) nicht wechselmäßig haftet. In dem neuen russischen Gesetze (§ 13) ist bestimmt, daß ein Indossant, der das Indossament nach Protestierung vollzogen hat, der Regreßhaftung im Sinne des Gesetzes nicht unterliegt. Nach englischem und angloamerikanischem Rechte (BEA 36 (4); NIL 75) spricht eine Vermutung dafür, daß das Indossament vor Verfall erteilt worden ist; vgl. über die gleiche Frage für das deutsche Recht zu Art 16 Anm 10. Im amerikanischen Gesetze (NIL §§ 10 Abs 2, 26) ist die Frage der Verfallzeit dahin entschieden, daß ein nach Verfall (akzeptierter oder) indossierter Wechsel in bezug auf den (Akzeptanten oder) Indossanten als auf Anfordern (Sicht) zahlbar gilt und dementsprechend „in due time" zur Zahlung vorgelegt werden muß. In Belgien (Art 26) ist im Anschlusse an ein Urteil des höchsten Gerichtshofes bestimmt, daß das Indossament in jedem Falle, also auch das Nachindossament, das Eigentum an dem Wechsel überträgt; daß sich der Nachindossatar aber die Einreden entgegenhalten muß, welche dem Bezogenen zur Zeit des Verfalls gegen den damaligen Wechseleigentümer zustanden. In Spanien (neueres Gesetz Art 466) ist bestimmt, daß „verfallene und präjudizierte" Wechsel nicht giriert werden können; die herrschende Meinung legt dies dahin aus, daß das Verbot sich auch auf Wechsel beziehe, die verfallen, aber rechtzeitig protestiert und daher nicht präjudiziert sind, vgl. Huguet y Campaña S. 152. In der neueren Gesetzgebung der Niederlande ist bestimmt, daß das Eigentum von Wechseln, deren Verfallzeit verstrichen ist, nur durch Zession nach bürgerlichem Rechte übertragen werden kann; daß jedoch Indossamente auf solchen Wechseln als Zession gelen und die Kraft einer solchen haben. Eine Anzahl von Gesetzgebungen enthält überhaupt keine Vorschriften über Nachindossamente. Dazu gehören aus der deutschen Gruppe Skandinavien, Finnland, ferner Frankreich, Luxemburg, Türkei, Ägypten im Code ind. Der Nachindossatar wird in diesen Ländern durch die Jurisprudenz dem Vorindossatar grundsätzlich gleichgestellt und als Erwerber selbständiger Wechselrechte behandelt; der Wechsel wird als bei Sicht zahlbar angesehen (Lyon-Caën et Ren. Nr. 135 S. 121; Cohn in Z. f. vergl. Rechtsw. 4 S. 99). In Skandinavien wird angenommen, daß, wenn der Wechsel nach Ablauf der Protestfrist indossiert wird, der Nachindossatar sofort Zahlung vom Akzeptanten beanspruchen muß, sofern er sich nicht eine spätere Präsentation und Protestierung diesem gegenüber ausbedungen hat.

Anm. 15. d) **Teilindossamente** — vgl. für das deutsche Recht zu Art 9 unter 4 Anm 12 — sind in einzelnen Gesetzgebungen ausdrücklich untersagt. So in Rußland (früheres WGesetz Art 17, jetziges § 6); Brasilien Ges. v. 31. 12. 1908 Art 8 § 3; auch in der österr. Exekutionsordnung von 1896 (§§ 196, 304) ist ihre Unzulässigkeit ausgesprochen. Im englischen und angloamerik. Recht (BEA 32 (2); NIL 62) gilt ein Giro, das dem Indossatar nur einen Teil der Wechselsumme oder den Wechsel an mehrere Personen übertragen soll, nicht als wechselmäßige Begebung, sondern nur — gegebenenfalls — als Ermächtigung zur Erhebung der Teilsummen (Prokuraindossament, vgl. oben zu b). In den übrigen ausländischen Wechselgesetzgebungen herrscht die Auffassung, daß Teilindossamente unzulässig sind, vor; so für Frankreich Lyon-Caën et Ren. S. 109 Nr. 128; für Italien Vivante Nr. 1160 S. 358.

Anm. 16. e) **Bedingte Indossamente,** vgl. für das deutsche Recht zu Art 9 unter 5 Anm 14. Im englischen und anglo-amerik. Rechte (BEA 33, NIL 69) ist bestimmt, daß eine dem Indossament beigefügte Bedingung von dem Zahler nicht beachtet zu werden braucht; es ist also nur ein Recht des Wechselschuldners, auch ohne Erfüllung der Bedingung zu zahlen, begründet; der Indossatar, dem der Wechsel bedingt übertragen ist, kann Zahlung nur nach Erfüllung der Bedingung verlangen und ist zur Herauszahlung an den Indossanten verpflichtet, wenn er den Wechselbetrag ohne Erfüllung der Bedingung erhalten hat (vgl. den bei Meyer WWrecht S. 200 Fußnote 1 mitgeteilten Fall). In den übrigen wechselrechtlichen Gebieten wird ohne ausdrückliche Bestimmung, wie in Deutschland, angenommen, daß Indossamente keine (wirkliche) Bedingung vertragen.

Anm. 17. f) Das **Pfandindossament** — vgl. für das deutsche Recht zu Art 9 Anm 10 und zu Art 17 Anm 1 — ist, entsprechend dem Entwurf der Haager EWO (Art 17, vgl. Anhang II Anm 6), in den neuen Gesetzen von Polen (Art 18) und Jugoslawien (Art 18) ausdrücklich anerkannt.

II. Zukünftiges einheitliches Wechselrecht.

Die **Haager EWO** und das **Genfer EWG** sehen in Titel I Kap. II unter der Überschrift: „De l'endossement" in den Artikeln 10 bis 19 beziehungsweise 11 bis 20 folgende Bestimmungen vor:

1. Art 10 HEWO, 11 GEWG:

„Jeder Wechselbrief, auch der nicht ausdrücklich an Order gezogene, ist auf dem Wege des Indossaments übertragbar. Anm. 1.

Wenn der Zieher in den Wechselbrief die Worte „nicht an Order" oder einen gleichbedeutenden Ausdruck eingesetzt hat, ist der Titel übertragbar nur in den Formen und mit den Wirkungen einer gewöhnlichen Zession.

Das Indossament kann auch zum Vorteile des Bezogenen, mag er Akzeptant sein oder nicht, oder jedes anderen Verpflichteten betätigt werden. Diese Personen können den Wechselbrief von neuem indossieren."

Vgl. hierzu für das deutsche Recht Artt 9, 10 DWO und die Erläuterungen dazu, für die geltenden ausländischen Rechte den Anhang I, Anm 11. Der Entwurf stimmt mit dem deutschen Rechte in diesen Punkten überein.

Der Genfer Entwurf eines einheitlichen Wechselgesetzes hat diesen Artikel als Artikel 11 gleichlautend übernommen, nachdem ein Vorschlag, den Absatz 3 in dem Sinne zu ändern, daß, wenn das Indossament zum Vorteile des Bezogenen erfolgt ist, dieser den Wechselbrief nicht mehr indossieren könne, wofür theoretische, aus den Grundsätzen über Konfusion hergeleitete Gründe angeführt wurden, unter Hinweis auf das praktische Bedürfnis abgelehnt worden war (Ber. d. Red.-Kom. Nr. 38; Compte rendu S. 131).

2. Art 11 HEWO, 12 GEWG:

„Das Indossament muß rein und einfach sein. Jede Bedingung, von der es abhängig gemacht ist, wird als nicht geschrieben betrachtet. Anm. 2.

Das Teilindossament ist nichtig.

Gleichfalls nichtig ist das Indossament „auf den Inhaber" (porteur, Träger)".

Vgl. hierzu für das deutsche Recht: hinsichtlich des bedingten Indossaments (Absatz 1) zu Art 9 unter 5 Anm 14; hinsichtlich des Teilindossaments (Absatz 2) zu Art 9 unter 4 Anm 12; hinsichtlich des Indossamentes auf den Inhaber (Abs 3) zu Art 12 unter 1 Anm 3. Für die zurzeit geltenden ausländischen Rechte vgl. den Anhang I Anm 16, 15, 5.

Der Genfer Entwurf eines EWG hat in Art 12 die beiden ersten Absätze des Art 11 HEWO gleichlautend übernommen, an Stelle des Abs 3 aber folgende Bestimmung gesetzt: „Das Indossament an den Inhaber wird als Blanko-Indossament angesehen." Es ist damit das Indossament an den Inhaber als gültig anerkannt und einem Blanko-Indossamente gleichgestellt. Als Grund für die Änderung wurde angeführt, daß es erwünscht sei, möglichst weitgehend den Klauseln, die in den Wechselbrief aufgenommen sind, Wirksamkeit zu geben, und daß tatsächlich das Blankoindossament dem Wechsel gestatte, von da ab fast in der gleichen Weise zu zirkulieren als wenn er auf den Inhaber gezogen wäre. Auch wurde als Vorzug dieser Lösung die Annäherung an das englische Recht hervorgehoben. (Ber. d. Red.-Kom. Nr. 39, 40; Compte rendu S. 131, 132).

3 a. Art 12 HEWO:

„Das Indossament muß auf den Wechselbrief oder auf ein Blatt, das mit diesem verbunden ist (Allonge), geschrieben werden. Es muß von dem Indossanten gezeichnet werden. Anm. 3.

Das Indossament ist auch dann gültig, wenn der Begünstigte (bénéficiaire) darin nicht bezeichnet sein sollte oder wenn der Indossant sich darauf beschränkt haben sollte, seine Namenszeichnung (signature) auf den Rücken des Wechselbriefes oder einer Allonge zu setzen (Blanko-Indossament)."

Vgl. für das deutsche Recht: Art 12 DWO und die Erläuterungen dazu; für die geltenden ausländischen Rechte den Anhang I Anm 2, 3, 4, 5.

Der Juristenausschuß des Völkerbundes hatte eine Änderung in dem Sinne vorgeschlagen, daß jedes Indossament — also auch das Namens- und das gewöhnliche Blanko- (nicht nur das einfachste Blanko-)Indossament auf die Rückseite (au verso) des Wechsels oder eine Allonge geschrieben werden müsse. Der Genfer Entwurf ist zu den Haager Beschlüssen zurückgekehrt und hat das Indossament, sofern es nicht nur aus der Unterschrift des Indossanten besteht, auf der Vorderseite zugelassen, da es sich in diesem Falle von anderen Wechselerklärungen hinlänglich unterscheide (Bericht d. Red.Kom. Nr. 41; C. r. S. 132). Der Entwurf des Genfer EWG hat deshalb in Art 13 den Art 12 des Haager Entwurfs in folgender, dem Sinne nach übereinstimmender Fassung übernommen:

b. Art 13 GEWG:

(Absatz 1 wie Art 12 Abs 1 HEWO.)

(Absatz 2:) „Das Indossament kann auch der Bezeichnung) des Begünstigten entbehren (ne pas désigner le bénéficiaire) oder einfach in der Zeichnung des Indossanten bestehen (Blankoindossament). In diesem letzteren Falle muß das Indossament, um gültig zu sein, auf den Rücken des Wechselbriefes oder auf die Allonge geschrieben werden."

4. Art 13 HEWO, 14 GEWG:

Anm. 4. „Das Indossament überträgt alle Rechte, die aus dem Wechselbriefe hervorgehen (résultant de la lettre de change).

Wenn das Indossament ein Blankoindossament ist, kann der Inhaber:
1. das Blanko ausfüllen, sei es mit seinem Namen, sei es mit dem Namen einer anderen Person;
2. den Brief von neuem in blanco oder an eine andere Person indossieren;
3. den Brief einem Dritten übergeben, ohne das Blanko auszufüllen und ohne ihn zu indossieren."

Vgl. für das deutsche Recht die Artikel 10, 13 DWO und die Erläuterungen dazu; für die geltenden ausländischen Rechte den Anhang I Anm 9, 5.

5. Art 14 HEWO, 15 GEWG:

Anm. 5. „Der Indossant ist, vorbehaltlich gegenteiliger Klausel, haftbar für die Annahme und die Zahlung. Er kann ein neues Indossament verbieten; in diesem Falle ist er nicht zur Haftung gehalten gegenüber den Personen, an die der Brief weiter indossiert ist."

Vgl. für das deutsche Recht hinsichtlich der Garantiepflicht des Indossanten den sachlich übereinstimmenden Art 14 DWO und die Erläuterungen dazu; für die geltenden ausländischen Wechselrechte den Anhang I Anm 10, 11.

6. Art 17 HEWO, 18 GEWG:

Anm. 6. „Wenn das Indossament die Bemerkung enthält: „Wert zur Ablieferung" („valeur en recouvrement"), „zur Einkassierung" „in Vollmacht" oder irgendeine andere Bemerkung, die ein einfaches Mandat enthält, so kann der Inhaber alle Rechte, die aus dem Wechselbrief fließen, ausüben, aber er kann diesen nicht anders als unter dem Titel der Bevollmächtigung indossieren.

Die Verpflichteten können in diesem Falle gegen den Inhaber nur die Einwendungen erheben, die dem Indossanten entgegengesetzt werden könnten."

Vgl. über das Prokuraindossament für das deutsche Recht den sachlich übereinstimmenden Art 17 DWO und die Erläuterungen dazu; für die zur Zeit geltenden ausländischen Rechte den Anhang I Anm 13.

Die Genfer Konferenz hat im Artikel 18 des GEWG Absatz 1 und 2 den Art 17 HEWO gleichlautend übernommen und als Absatz 3 folgende Vorschrift hinzugefügt:

„Das in einem Prokuraindossament enthaltene Mandat wird nicht beendigt durch den Tod des Mandanten oder das Dazwischentreten seiner Unfähigkeit."

Die Hinzufügung erfolgte auf den Vorschlag des Juristenkomitees, welches diese von ihm als „Ausnahme von dem allgemeinen Rechte" bezeichnete Vorschrift für erforderlich hielt, um den Kredit und die Umlaufsfähigkeit des Wechsels zu erhöhen. Für das deutsche Recht ist die Frage auch bisher schon im gleichen Sinne beantwortet worden; vgl. zu Art 17 DWO Anm 13.

Bei den Verhandlungen der Genfer Konferenz wurde ferner noch die Frage erörtert, ob der Wechselbrief, nachdem er in Prokura indossiert worden, gültig im Wege des (eigentlichen) Indossaments übertragen werden könne (vgl. Art 17 Satz 3 DWO und zu Art 17 Anm 13a). Es wurde erwogen, daß ein solches Indossament nicht für nichtig angesehen werden könne; daß es aber andrerseits nur als Prokuraindossament angesehen werden könne. Diese Auslegung wurde für zutreffend erklärt, jedoch wurde es für unnötig erachtet, sie durch eine ausdrückliche Vorschrift in dem Gesetzestexte zu bestätigen (consacrer; Bericht d. Red.-Kom. Nr. 47, C. rend. S. 133).

7a. Art 18 HEWO:

Anm. 7. „Wenn ein Indossament die Bemerkung enthält: „Wert als Garantie", „Wert als Pfand" oder irgendeine andere Bemerkung, welche eine Verpfändung einschließt, so kann der Inhaber alle Rechte ausüben, die aus dem Wechselbriefe fließen, aber ein von ihm betätigtes Indossament gilt nur als Prokuraindossament.

Die Verpflichteten können gegen den Inhaber nur die Einwendungen erheben, die gegründet sind auf ihre persönlichen Beziehungen zu dem Indossanten, außer wenn das Indossament infolge einer betrügerischen Verständigung erfolgt ist."

Der Artikel betrifft das offene Pfandindossament, das einem Prokuraindossamente (Art 17 HEWO, 18 GEWG) gleich behandelt wird, während das verdeckte Pfandindossament (eine Art des fiduziarischen Indossaments) als Vollindossament sich darstellt. Vgl. darüber für das deutsche Recht zu Art 9 DWO Anm 10; für die geltenden ausländischen Wechselrechte den Anhang I Anm 12a.

Die Genfer Konferenz hat in Artikel 19 GEWG den Artikel 18 HEWO in der Hauptsache übernommen, unter Abänderung der Fassung des zweiten Halbsatzes von Absatz 2, so daß der Artikel jetzt wie folgt lautet:

b. Art 19 GEWG:

(Absatz 1 gleichlautend mit Art 18 Abs 1 HEWO.)

(Absatz 2:) „Die Verpflichteten können gegen den Inhaber nur die Einwendungen erheben, die auf ihre persönlichen Beziehungen zu dem Indossanten gegründet sind, außer wenn der Inhaber, als er den Brief erhielt, wissentlich zur Schädigung des Schuldners gehandelt hat."

Die Änderung wurde für erforderlich gehalten, um die Übereinstimmung mit Art 17 HEWO, 18 GEWG (vgl. oben) herzustellen. Die Vorschläge, die dahin gingen, dem Pfandindossatar (preneur pignoratif) die Befugnis zu verleihen, den Wechsel unbeschränkt durch ordentliches Indossament zu übertragen, um ihm die Realisation des Pfandes zu erleichtern, wurden abgelehnt aus Rücksicht auf den Schutz des Schuldners. Die Konferenz hielt es für richtig, jede diese Materie betreffende Vorschrift zu unterdrücken und dem inneren Rechte der verschiedenen Staaten die Befugnis, sie zu regeln, zu belassen. (Bericht d. Red.-Komm. Nr. 48—52, C. rend. S. 133).

In dem Haager Abkommen (Art 4) war ein Vorbehalt vorgesehen, der jedem Vertragsstaate gestattete, unter Außerkraftsetzung des Art 18 der EWO zu bestimmen, daß für ein auf seinem Gebiete betätigtes Indossament eine Bemerkung, welche eine Verpfändung einschließe, als nicht geschrieben gelten solle, und daß sie in diesem Falle auch von den anderen Staaten als nicht geschrieben angesehen werden solle. In das Genfer Abkommen ist dieser Vorbehalt nicht aufgenommen, das Pfandindossament also einheitlich zugelassen.

8 a. Art 19 HEWO:

„Das der Fälligkeit nachfolgende Indossament bringt die gleichen Wirkungen hervor, wie ein vorhergehendes. Jedoch bringt das dem Proteste mangels Zahlung nachfolgende oder nach Ablauf der Frist zu seiner Errichtung betätigte Indossament nur die Wirkungen einer gewöhnlichen Zession hervor". **Anm. 8.**

Vgl. über das Nachindossament für das deutsche Recht Art 16 DWO und die Erläuterungen dazu; für die geltenden ausländischen Rechte den Anhang I Anm 14.

Die Genfer Konferenz hat in Artikel 20 GEWG den Art 19 HEWO als Absatz 1 gleichlautend übernommen und dabei erklärt, sich die Auslegung dieser Vorschrift zu eigen zu machen, derzufolge, „wenn es sich um einen Sichtwechsel handle, der zur Zahlung präsentiert und nach erfolgter Zahlungsverweigerung nicht protestiert worden sei, die zur Erhebung des in Frage stehenden Protestes bestimmte Frist im Sinne des Art 20 (aux termes de l'article 20) nicht verstrichen sei" (Bericht d. Red.-Komm. Nr. 53, C. rend. S. 134). Vgl. über diese Frage für das deutsche Recht zu Art 16 DWO Anm 3.

Die Genfer Konferenz hat ferner dem Artikel 20 GEWG einen zweiten Absatz gegeben, welcher die Frage der Beweislast darüber, ob ein Vor- oder Nachindossament vorliegt (vgl. darüber für das deutsche Recht zu Art 16 DWO Anm 6, 10), durch Aufstellung einer durch Gegenbeweis zu entkräftenden Vermutung dafür, daß das Indossament vor Ablauf der Protestfrist erteilt sei, regelt, die sich „durch sich selbst rechtfertige". Die Aufnahme einer Vorschrift über die Art und Weise, wie der Gegenbeweis zu führen sei, hat sie abgelehnt mit Rücksicht darauf, daß in gewissen Ländern der Protest die Indossamente nicht vollständig wiedergebe; deshalb müsse jedes Land seine Gesetzgebung „den Besonderheiten des Protestes anpassen" (Ber. d. Red.-Kom. Nr. 54, 55; C. rendu S. 134). Der Artikel lautet demnach wie folgt:

b. Art 20 GEWG:

(Absatz 1 gleichlautend mit Art 19 HEWO, vgl. oben.)

(Absatz 2:) „Vorbehaltlich des Gegenbeweises wird das Indossament ohne Datum als vor dem Ablaufe der zur Errichtung des Protestes bestimmten Frist erteilt erachtet".

IV. Präsentation zur Annahme.

Vorbemerkung.

Ein solider Wechselverkehr erfordert, daß jeder Wechselinhaber schon vor der Fälligkeit des Wechsels in der Lage ist, durch Vorzeigung des Wechsels bei dem Bezogenen festzustellen, ob dieser gewillt ist, sich durch Annahme des Wechsels (Art 21) zur Zahlung bei Fälligkeit zu verpflichten, und daß er verneinendenfalls Sicherungsmaßregeln gegen seine Vormänner ergreifen kann. Ferner besteht bei solchen Wechseln, deren Fälligkeit erst mit Ablauf einer bestimmten Frist nach ihrer Vorzeigung bei dem Bezogenen eintritt (Nach-Sichtwechsel), auch ein Interesse des Ausstellers und des Indossanten daran, daß die Vorzeigung durch den Inhaber und damit die Dauer ihrer Regreßverpflichtung nicht auf unbegrenzte Zeit hinausgeschoben werden kann. Diesen zweifachen Interessen dient die Einrichtung der **Präsentation zur Annahme,** die in dem hier in Frage stehenden Unterabschnitt IV (Artt 18—20) geregelt ist, in Verbindung mit dem im Unterabschnitt VI (Artt 25—29) geregelten Regreß auf Sicherstellung. Und zwar ist, entsprechend der verschiedenen Interessenlage, die Regelung in der Weise erfolgt, daß dem Inhaber bei allen Wechseln ein Recht, den Wechsel zur Annahme zu präsentieren, gewährt ist (Art 18), daß dagegen nur bei Nach-Sicht-Wechseln ihm auch eine Verpflichtung dazu gegenüber seinen Vormännern vom Gesetze auferlegt ist (Artt 19, 20). Außerdem kann eine Pflicht des Inhabers, den Wechsel zur Annahme zu präsentieren, durch Parteidisposition, nämlich durch Anordnung des Ausstellers in der Tratte begründet werden bei Domizilwechseln (Art 24 Abs 2; vgl. darüber zu Art 24 Anm 9).

Artikel 18.

Der Inhaber eines Wechsels ist berechtigt, den Wechsel dem Bezogenen sofort zur Annahme zu präsentieren und in Ermangelung der Annahme Protest erheben zu lassen. Eine entgegenstehende Übereinkunft hat keine wechselrechtliche Wirkung. Nur bei Meß- oder Marktwechseln findet eine Ausnahme dahin statt, daß solche Wechsel erst in der an dem Meß- oder Marktorte gesetzlich bestimmten Präsentationszeit zur Annahme präsentiert und in Ermangelung derselben protestiert werden können. Der bloße Besitz des Wechsels ermächtigt zur Präsentation des Wechsels und zur Erhebung des Protestes mangels Annahme.

Anm. 1. 1. Unter dem **Inhaber** des Wechsels ist hier wie auch sonst in der WO (vgl. Artt 38, 81, 83 und an anderen Orten) der gemäß Art 36 als Eigentümer legitimierte Wechselinhaber zu verstehen. Er ist derjenige, dem das Recht der Präsentation zur Annahme zusteht (Satz 1 des Art). Der bloße **Besitzer** des Wechsels gilt jedoch als ermächtigt, den Wechsel als Vertreter des Berechtigten zu präsentieren und Protest zu erheben (Satz 4 des Artikels). Er bedarf also für diese Handlungen keiner besonderen Vollmacht von seiten des legitimierten Inhabers. Unter dem „bloßen Besitz" ist hier, wie durch das hinzugefügte Eigenschaftswort ersichtlich gemacht ist, im Gegensatze zur legitimierten Innehabung die tatsächliche körperliche Gewalt über den Wechsel, sei es als Eigenbesitzer oder als Besitzer für einen anderen oder auch (insoweit abweichend von § 855 BGB) als bloßer Besitzdiener, nicht aber der nur mittelbare Besitz verstanden. Es kann deshalb auch ein Geschäftsangestellter des Wechseleigentümers mit dem Wechsel in der Hand ihn zur Annahme präsentieren und Protest erheben lassen. Nach § 20 I 2 der Postordnung vom 30. 1. 1929 (Anlage A 3) übernimmt auch die Reichspost die Präsentation des Wechsels zur Annahme — Postaufträge zur Annahmeeinholung —, nicht aber die Erhebung von Protesten mangels Annahme (Bekanntmachung vom 5. 8. 1908, RGBl S. 482, Anlage A 2 Abs 2 Nr. 1), doch gibt sie im Falle der Verweigerung der Annahme den Wechsel an einen Gerichtsvollzieher, Notar usw, weiter (§ 20 XIII Postordnung).

Anm. 2. 2. Die Präsentation zur Annahme und die Erhebung des Protestes mangels Annahme kann **sofort**, d. h. gleich nach der Ausstellung und Begebung des Wechsels an den Remittenten, bei Wechseln an eigene Order gleich nach der Begebung an den ersten Indossatar, durch den Remittenten und sodann durch jeden Wechselinhaber unmittelbar nach dem Erwerbe des Wechselbesitzes geschehen und es kann sofortige Erklärung über die Annahme, ohne Einräumung einer Bedenkzeit, verlangt werden. Es ist dies der Grundsatz des prompten Akzeptes, der allerdings bei zu früher Ziehung des Wechsels leicht zu vorläufiger Akzeptverweigerung und dadurch zu Weiterungen führen kann. Eine Ausnahme ist nur gemacht für **Meß- und Marktwechsel** (Art 4 Nr. 4 WO; vgl. zu Art 4 Anm 31); bei ihnen darf die Präsentation zur Annahme **erst**, d. h. nicht früher als, **in der an dem Meß- oder Marktorte gesetzlich bestimmten Präsentationszeit** stattfinden, die in der Regel erst mit oder nach dem Beginne der Messe oder des Marktes eintreten wird. Diese Ausnahme wurde in der Leipziger Konferenz lebhaft bekämpft (Protokolle L. S. 36, 206 ff., Th. S. 39, 219 ff.), jedoch mit der Erwägung begründet, daß auf den Meßplatz häufig für dorthin abgesandte Waren vor ihrer Ankunft trassiert werde und daß die Annahme vor der Ankunft nicht wohl verlangt werden könne. Sie setzt voraus, daß für den betreffenden Meß- oder Marktort eine gesetzliche Vorschrift über die Präsentationszeit besteht; in Ermangelung einer solchen können auch Meß- und Marktwechsel „sofort", also vor Beginn der Messe oder des Marktes, zur Annahme präsentiert und protestiert werden. Es kommen nur gesetzliche Vorschriften in Betracht, die von der Reichs- oder (was wohl hier allein in Betracht kommt) Landesgesetzgebung oder auf Grund Delegation von einer anderen, auch einer lokalen, Behörde erlassen sind. Dagegen kommt ein bloßer Ortsgebrauch oder ein allgemeiner oder spezieller Handelsgebrauch nicht in Frage; a. M. Bernstein Anm 1 am Schlusse. Solche gesetzlichen Bestimmungen haben in einzelnen Ländern zum Teil schon vor Einführung der ADWO bestanden, teils sind sie anläßlich ihrer Einführung erlassen worden. Für die bedeutenderen Meß- und Marktorte sind es die folgenden, soweit nicht etwa durch lokale Anordnungen, die nicht festzustellen waren, Änderungen eingetreten sind:

Leipzig (Sächsisches EinfGes zur WO § 3): Beginn der Präsentationsfrist am Tage nach

Einläuten der Messe (das Einläuten ist jetzt wohl durch eine andere Art der Bekanntmachung des Messebeginnes ersetzt);

Frankfurt a. M. (Ges v. 13./26. 2. 1850 Art 1, FrankfGesS 10 S. 301f.): für Wechsel, die auf die erste Meßwoche lauten, Beginn der Frist am Mittwoch dieser Woche; für andere Meßwechsel an dem Mittwoch, mit welchem die zweite Meßwoche beginnt; da heute die Messe in Frankfurt a. M. wohl nicht länger als eine Woche dauert, dürfte jetzt der Mittwoch dieser Woche maßgebend sein;

Frankfurt a. d. O. und Magdeburg (Pr. Allg. Landrecht § 966 II 8): der dritte und vierte Tag der Zahlwoche (vgl. über diese zu Art 35 Anm 2); Elbing (Pr. Allg. Landrecht § 968 II 8): an einem der drei ersten Markttage

— ob diese Bestimmungen angesichts der in Bausch und Bogen erfolgten Aufhebung der §§ 713—1249 II 8 Pr. Allg. Landrecht durch § 1 WO v. 6. 1. 1849 und EinfGes v. 15. 2. 1850 noch als fortbestehend angesehen werden können, erscheint zweifelhaft; bejahend Bernstein S. 119 Fußnote 2 —;

Breslau (Meßorder v. 10. 12. 1840, GesSamml v. 1841 S. 15): in der Meß- oder Marktwoche bis Freitag mittags 12 Uhr;

für das Land Braunschweig (Einf.-Patent § 9): nicht vor dem Montag der ersten Meßwoche;

ehem. Kurhessen (WO v. 26. 10. 1859 Art 18²; Preuß. VO betr. Einf. d. ADWO v. 13. 5. 1867 § 3, GesS S. 738): erst mit Beginn der Messe oder des Marktes;

Naumburg (Meßorder v. 24. 3. 1831, GesS S. 7): vom ersten Freitag der eigentlichen Meßwoche mittags 1 Uhr bis zum Dienstag vor dem Zahltage mittags 12 Uhr, für später eingehende Wechsel 24 Stunden;

Österreich (Einf.-Pat. § 3): nicht vor Anfang des Marktes und, wenn er acht Tage oder länger dauert, nicht vor dessen zweiter Hälfte.

Diese Vorschriften haben nur insoweit noch Bedeutung, als an den betreffenden Orten noch „Messen oder Märkte" im Sinne der WO — vgl. zu Art 4 Anm 31 — abgehalten werden. Auch muß hervorgehoben werden, daß sie gegenüber der WO nur insofern noch Geltung beanspruchen können, als sie den frühesten Termin für die Präsentation zur Annahme festsetzen; der Endpunkt wird lediglich durch die WO selbst bestimmt; vgl. unten Anm 3. Daher kann die Vorschrift für Königsberg, wonach die Präsentations- und Protestfrist mit dem fünften Markttag abends 7 Uhr zu Ende geht (Ostpreuß. Provinzialrecht Zusatz 143) keine Geltung mehr beanspruchen.

3. Ein Endzeitpunkt für die Befugnis zur Präsentation des Wechsels zur Annahme ist in der WO nicht bestimmt und kann auch durch landesgesetzliche Vorschriften, insbesondere für Meß- und Marktwechsel (vgl. oben Anm 2) nicht bestimmt werden. Die Präsentation zur und die Protesterhebung mangels Annahme des Wechsels kann daher auch noch nach Verfall des Wechsels bis zum Erlöschen der Regreßpflicht mit Wirkung gegen den Aussteller und die Indossanten erfolgen. Zur Erlangung der Annahme ist der Inhaber aber auch nach Erlöschen der Regreßpflicht nicht gehindert, den Wechsel dem Bezogenen vorzulegen, und aus einer so erlangten Annahme entsteht, solange der Wechsel nicht verjährt ist (Art 77), die wechselrechtliche Verpflichtung des Akzeptanten; vgl. zu Art 21 Anm 13. **Anm. 3.**

4. Der Bezogene — vgl. zu Art 4 Anm 43ff. — ist derjenige, dem der Wechsel in Ausübung des Präsentationsrechts zur Annahme vorzuzeigen ist. Er ist diejenige Person, welche die Annahme erklären oder verweigern kann. Das gilt auch für domizilierte Wechsel (Art 43); der Domiziliat vertritt den Bezogenen nur für die Zahlung, nicht auch für die Annahme des Wechsels (ROHG 3, 295; RGZ 8, 68). Die Vorzeigung an den Bezogenen hat gemäß Art 91 WO in dessen Geschäftslokal oder in Ermangelung eines solchen in dessen Wohnung zu erfolgen, also an einem Orte, an welchem er ein Geschäftslokal oder eine Wohnung hat, der aber nicht mit dem Wohnorte im Sinne des BGB identisch zu sein braucht. Auch die Vorschrift des Art 91a über benachbarte Orte — vgl. die Erläuterungen zu diesem Artikel — kommt zur Anwendung. Doch kann durch Vermerk in dem Wechsel bestimmt werden, daß die Präsentation zur Annahme (wie die des Nachsichtwechsels zur Sicht, vgl. zu Art 19 Anm 5) an einem anderen Orte zu erfolgen hat (ROHG 3, 298; 10, 50; RGZ 5, 78). — Auch dem in Konkurs geratenen Bezogenen persönlich, nicht seinem Konkursverwalter, ist der Wechsel zur Annahme vorzuzeigen (vgl. Art 29 Abs 2 und zu Art 88 Anm 3; a. M. Breit, ZentrBl für Handelsrecht 1928, 292). Ob aber auch einem wechselunfähig gewordenen oder gar einem verstorbenen (!) Bezogenen der Wechsel zur Annahme vorgezeigt werden, richtiger: ein Versuch der Vorzeigung gegenüber einem solchen Trassaten gemacht und daraufhin, da eine Annahme durch ihn ausgeschlossen, gegen ihn mangels Annahme protestiert werden kann — wie Bernstein S. 118 und für die Vorzeigung zur Sicht StStr zu Art 20 Anm 4 annehmen —, erscheint denn doch zum mindesten recht zweifelhaft. Jedenfalls kann der Wechsel in solchem Falle neben dem Bezogenen auch seinem gesetzlichen Vertreter bzw. seinen Erben, die zur Annahme befugt sind, präsentiert werden. Befindet sich auf dem Wechsel eine Notadresse, so muß der Inhaber, wenn er Regreß mangels Annahme erheben will, den Wechsel vorher auch dem Notadressaten zur Annahme vorlegen und, falls dieser die Annahme verweigert, auch gegen ihn Protest erheben. Vgl. Art 56 und die Erl dazu. Gemäß Art 92 Satz 2 kann die Erklärung über die Annahme nur an einem Werktage **Anm. 4.**

gefordert werden. Präsentation zur Annahme an einem Sonntage oder gesetzlichen Feiertage ist danach ausgeschlossen. Hinsichtlich der Tageszeit gilt das gleiche, wie für die Präsentation zur Zahlung; vgl. zu Art 41 Anm 9.

Anm. 5. **5.** Zur Annahme vorzuzeigen ist der Wechsel, d. h. diejenige Urkunde, auf welcher die Annahmeerklärung gemäß Art 21 Abs 1 — vgl. Anm 3 zu Art 21 — schriftlich geschehen muß. Dies kann, wenn mehrere Exemplare des Wechsels — Duplikate, vgl. Art 66 und die Erläuterungen dazu — ausgestellt sind, ein beliebiges von diesen Exemplaren sein. Die Ausstellung mehrerer Exemplare erfolgt häufig gerade zu dem Zwecke, damit eines davon zum Akzepte versandt werden kann, während die anderen zirkulieren; vgl. Vorbem 1 vor Art 66. Dagegen kann eine Wechselkopie, da auf ihr die Annahme nicht geschehen kann (vgl. zu Art 21 Anm 3) auch nicht zur Annahme präsentiert werden; Wechselkopien sind nur zur Aufnahme von Indossamenten bestimmt, vgl. Artt 70—72 und die Erläuterungen dazu.

Anm. 6. **5a.** Eine besondere Beurkundung der Präsentation ist nicht vorgeschrieben. Es genügt, wenn in dem aufgenommenen Protest gemäß Art 88 Nr. 2 WO die Angabe enthalten ist, daß die Person, gegen welche protestiert wird, nämlich der Bezogene — vgl. oben Anm 4 — zur Vornahme der wechselrechtlichen Leistung — hier der Annahme — aufgefordert worden oder nicht anzutreffen gewesen ist oder daß ihr Geschäftslokal oder ihre Wohnung sich nicht hat ermitteln lassen. Vgl. zu Art 88 Anm 8.

Anm. 7. **6.** Der Inhalt des dem Wechselinhaber zustehenden Rechts besteht nicht nur in der Befugnis, den Wechsel zur Annahme vorzuzeigen, sondern auch weiter darin, **in Ermangelung der Annahme Protest erheben zu lassen.** Dies muß er tun, wenn er gegen den Aussteller und die Indossanten gemäß Art 25 Regreß auf Sicherstellung erheben will. Dieser Protest kann sofort nach verweigerter oder sonst nicht zu erlangender Annahme erhoben werden. Eine bestimmte Frist dafür ist nicht vorgeschrieben; er kann vielmehr so lange erfolgen, als die Präsentation zur Annahme möglich ist (vgl. oben Anm 3). Im übrigen gelten aber für seine Form und seinen Inhalt die allgemeinen Vorschriften über den Protest (Artt 87—90), sowie über den Ort und die Zeit für die im Wechselverkehr vorkommenden Handlungen (Artt 91—93); vgl. die Erläuterungen zu diesen Artikeln.

Anm. 8. **7. Eine entgegenstehende Übereinkunft hat keine wechselrechtliche Wirkung (Satz 2).** Das Vorzeigungs- und Protestierungsrecht des Inhabers ist sonach in der Weise, wie es vom Gesetze geordnet ist, zwingendes Recht. Es kann daher durch Vermerk auf dem Wechsel von seiten des Ausstellers oder eines Indossanten nicht ausgeschlossen oder — etwa hinsichtlich des Beginnes oder Endes der Präsentationszeit, vgl. Anm 2, 3 — eingeschränkt werden. Die in auswärtigen Gesetzgebungen — vgl. den Anhang I zu diesem Unterabschnite Anm 2b — mehrfach zugelassene und auch in den Entwürfen für ein einheitliches Wechselrecht (vgl. den Anhang II Anm 11) vorgesehene sogenannte „nichtakzeptable Tratte" ist im Rechtsgebiete der DWO ausgeschlossen, weil sie die Entwicklung eines unsoliden Wechselverkehrs durch Ziehen nicht gedeckter Wechsel (Wechselreiterei) begünstige. Doch kann mit bürgerlich-rechtlicher Wirkung unter den Parteien das Präsentationsrecht ausgeschlossen werden; in diesem Falle würde der Aussteller oder Indossant, der es ausgeschlossen hat, dem auf den Mangel der Annahme gestützten Regreßanspruch seines unmittelbaren Wechselnehmers auf Sicherstellung (Art 25) den Einwand der Arglist aus Art 82 WO (vgl. dazu Anm 37) entgegensetzen können. Andrerseits kann eine Verpflichtung zur Annahmepräsentation bei anderen als den in Art 19 bezeichneten Nach-Sichtwechseln durch Anordnung des Ausstellers oder eines Indossanten, wie sie in den Entwürfen für ein einheitliches Wechselrecht vorgesehen ist (vgl. den Anhang II zu diesem Unterabschnitte Anm 11), nach deutschem Rechte dem Inhaber nicht auferlegt werden.

Anm. 9. **8.** Ein Recht des Inhabers gegenüber dem Bezogenen auf Annahme des präsentierten Wechsels besteht nicht. Auch dem Aussteller steht kein wechselrechtlicher Anspruch darauf zu. Der Bezogene steht vor der Annahme noch in keinem Wechselverbande. Dagegen kann auf Grund des zwischen ihnen bestehenden bürgerlich-rechtlichen Verhältnisses ein Anspruch des Ausstellers begründet sein, daß der Bezogene den Wechsel annehme. So, wenn bei einem Lieferungsgeschäfte nach besonderer Verabredung oder nach bestehendem Handelsgebrauche in dem Geschäftszweige der Verkäufer berechtigt ist, über den Kaufpreis Wechsel auf den Käufer zu ziehen. Ein allgemeiner Handelsgebrauch dieses Inhalts ist jedoch nicht festzustellen; vgl. Staub-Koenige HGB Vorbem vor § 373 Anm 64f. Doch wird ein Handelsgebrauch in der Richtung angenommen, daß, wenn der Verkäufer rechtzeitig angezeigt hat, daß er den schuldigen Betrag an einem bestimmten Tage durch Tratte entnehmen werde und der Käufer auf dieses Avisschreiben geschwiegen, er dadurch das Ziehen der Tratte genehmigt hat; vgl. Staub-Koenige a. a. O. zu § 346 Anm 16. Ein Recht des Ausstellers auf Annahme des Wechsels besteht auch dann, wenn er bei dem Bezogenen ein entsprechendes Guthaben (Deckung) hat und dessen Abhebung durch Ziehen von Wechseln vereinbart ist, auch wenn das Guthaben lediglich durch eine Kreditbewilligung begründet ist; in solchen Fällen erfüllt der Wechsel scheckähnliche Funktionen; vgl. meinen ScheckGesKomm zu § 3 Anm 2a. Im Falle vorhandener Deckung geht jedoch ebensowenig, wie der Anspruch auf diese (vgl. zu Art 10 Anm 4), nach deutschem Rechte der Anspruch des Ausstellers auf Annahme durch den Bezogenen durch die Begebung des Wechsels auf den Remittenten oder Indossatar über. — Die Annahme des Wechsels soll aber häufig auch nur dazu dienen, dem Aussteller oder einem anderen Wechselzeichner (Remittent, Indossant) bis zur Fälligkeit durch Begebung des Wechsels Kredit zu verschaffen, mit der Verpflichtung, ihn bei Fälligkeit selbst einzulösen (Gefälligkeitsakzept); auch auf Grund einer solchen Vereinbarung kann ein Recht desjenigen, zu dessen Gunsten sie getroffen ist, auf Annahme des Wechsels bestehen. Welche rechtlichen Folgen die Nichterfüllung einer bestehenden Annahmeverpflichtung hat (Pflicht zur sofortigen Barzahlung, Protestkostenersatz, Schadensersatz), bestimmt sich lediglich nach bürgerlichem Rechte.

Artikel 19.

Eine Verpflichtung des Inhabers, den Wechsel zur Annahme zu präsentieren, findet nur bei Wechseln statt, welche auf eine bestimmte Zeit nach Sicht lauten. Solche Wechsel müssen bei Verlust des wechselmäßigen Anspruchs gegen die Indossanten und den Aussteller nach Maßgabe der besonderen im Wechsel enthaltenen Bestimmung und in Ermangelung derselben binnen zwei Jahren nach der Ausstellung zur Annahme präsentiert werden. Hat ein Indossant auf einem Wechsel dieser Art seinem Indossament eine besondere Präsentationsfrist hinzugefügt, so erlischt seine wechselmäßige Verpflichtung, wenn der Wechsel nicht innerhalb dieser Frist zur Annahme präsentiert worden ist.

1. Der Artikel enthält in Satz 1 zunächst die negative Vorschrift, daß bei anderen Wechseln als den sogenannten Nach-Sicht-Wechseln eine **Verpflichtung** des Inhabers gegenüber seinen Vormännern, den Wechsel zur Annahme dem Bezogenen zu präsentieren, nicht besteht. Es ist durch Art 18 jedem Wechselinhaber, so lange er den Wechsel in Händen hat, die Möglichkeit gegeben, selbst den Wechsel zur Annahme zu präsentieren und sich dadurch zu vergewissern, ob der Bezogene gewillt ist, sich zu seiner Zahlung bei Fälligkeit zu verpflichten, sowie verneinendenfalls die erforderlichen Sicherungsmaßregeln zu treffen; daher bedarf es einer Verpflichtung des späteren Inhabers, diese Handlungen für seine Vormänner vorzunehmen, nicht. Eine solche Verpflichtung kann dem Inhaber auch durch Anordnung des Ausstellers oder eines Indossanten nicht auferlegt werden; vgl. zu Art 18 Anm 8. **Anm. 1.**

Ausnahmsweise legt ihm aber Art 19 Satz 1 eine solche Verpflichtung auf bei den sogenannten **Nach-Sicht-Wechseln,** richtiger befristete Sichtwechsel genannt, vgl. über deren Begriff zu Art 32 Anm 1. Bei ihnen ist eine Präsentation vor derjenigen zur Zahlung aus einem anderen Gesichtspunkte erforderlich, nämlich zur Herbeiführung ihrer Fälligkeit, die erst in einem von der Sicht, d. h. von der dem Bezogenen durch Vorzeigung gewährten Einsichtnahme in den Wechsel ab zu berechnenden Zeitpunkte eintritt, so daß die Sicht die Voraussetzung für den Eintritt des Verfalltages bildet. Für diesen Zweck würde es allerdings genügen, daß der Wechsel dem Bezogenen nicht „zur Annahme", d. h. mit dem Verlangen, daß er die Annahmeerklärung abgebe (ihn akzeptiere), sondern nur zur Einsichtnahme (Sicht) vorgelegt würde. Doch wird eine Vorlegung lediglich zu diesem Zwecke im Wechselverkehr nicht häufig vorkommen, da, wenn der Inhaber den Nach-Sicht-Wechsel dem Bezogenen einmal vorlegen muß, er in der Regel zugleich auch die Annahme wird herbeiführen wollen. Immerhin ist es denkbar, daß ihm an der Annahme nichts gelegen ist oder auch, daß er weiß oder voraussieht, daß der Bezogene die Annahme verweigern würde, und daß er deshalb lediglich, um die Fälligkeit des Wechsels herbeizuführen und sich die Regreßnahme mangels Zahlung nach Verfall gegen seine Vormänner zu eröffnen, den Wechsel zur Sicht vorlegen will. Doch verlangt die WO, indem sie den regelmäßigen Verlauf zugrunde legt, ohne Differenzierung nach den der Vorlegung zugrunde liegenden Beweggründen, sobald es sich um einen Nach-Sicht-Wechsel handelt, ausdrücklich die Präsentation zur Annahme, d. h. der Vorzeigende muß an den Bezogenen mit dem Verlangen herantreten, daß dieser den Wechsel akzeptiere. Es kann deshalb der Meinung nicht zugestimmt werden, die um deswillen, weil das Gesetz sich zur Erreichung seines eigentlichen Zweckes (seiner ratio) mit der Vorzeigung zur Sicht hätte begnügen können, annimmt, daß eine nur zur Sicht erfolgende Vorzeigung der Vorschrift des Gesetzes genüge leiste. So namentlich Thöl § 40 unter 2 S. 177 Text und Fußnote 3; Lehmann § 96 S. 367; Dernburg § 256 bei Anm 9, 10; anscheinend auch ROHG 16, 346; ferner StStr zu Artt 19, 20 Anm 2, ohne aber die aus dieser Auffassung sich ergebende Konsequenz zu ziehen. Folgt man nämlich dieser Auffassung, so muß man dazu gelangen, daß durch Erlangung einer auf die Vorzeigung des Nach-Sicht-Wechsels zur Sicht erfolgten Bescheinigung des Bezogenen auf dem Wechsel, daß er den Wechsel gesehen habe, mit der Hinzufügung, daß er ihn nicht annehme — ohne solche Hinzufügung würde die Bescheinigung als Annahme gelten, vgl. zu Art 21 Anm 9 —, der Zweck der Präsentation erreicht sei und es deshalb einer Protesterhebung nicht bedürfe. Das würde aber weiter auch der ausdrücklichen Bestimmung des Art 20 widersprechen, der eine Protesterhebung verlangt, wenn ein Akzept, und zwar ein datiertes, nicht zu erlangen ist. Auch der von der hier bekämpften Meinung angeführte Hauptgrund, der dahin geht, daß nach Art 98 Nr. 3 die Artt 19, 20 auch für eigne Wechsel gelten, bei denen eine Vorzeigung zur Annahme **Anm. 1a.**

nicht in Frage kommen kann, erscheint nicht durchschlagend, da die dort angeordnete Anwendung selbstverständlich nur eine entsprechende sein kann und diese dazu führt, daß bei eigenen Wechseln eine Vorlegung zur Sicht genügen muß, da eine Annahme nicht in Frage kommt (vgl. zu Art 98 Anm 3 ff.), ohne daß daraus Rückschlüsse gezogen werden können auf Fälle, in denen die Artt 19, 20 unmittelbare Anwendung zu finden haben. Wie hier Grünhut § 50 S. 387. Auch steht die hier vertretene Meinung keineswegs dem entgegen, daß, wenn der Wechsel bereits angenommen worden bevor eine Vorlegung zur Sicht erfolgt war — was recht wohl möglich ist, besonders wenn die Akzeptation in blanco stattgefunden hat —, die datierte Bescheinigung über die nachträgliche Sichtnahme in Verbindung mit dem vorhergegangenen Akzepte die Stelle der „Datierung des Akzepts" im Sinne des Art 20 Abs 1 vertreten kann. Andrerseits beginnt mit der Präsentation zur Annahme die Frist für die Fälligkeit des Nach-Sichtwechsels zu laufen, auch wenn bei der Vorlegung der Inhaber nicht die Absicht gehabt hat, den Beginn dieser Frist herbeizuführen, da die Präsentation zur Annahme erfordert, daß dem Bezogenen die Einsichtnahme des Wechsels ermöglicht wird, also diese Präsentation die Präsentation zur Sicht objektiv einschließt.

Anm. 2. 2. Die Präsentation zur Annahme hat zu erfolgen in erster Linie **„nach Maßgabe der im Wechsel enthaltenen Bestimmung"** (Satz 2 erster Satzteil), d. h., wie der Zusammenhang ergibt, innerhalb der im Wechsel dafür bestimmten Frist. Die Bestimmung des Wechselinhalts (des Inhalts des Grundwechsels) erfolgt durch den Aussteller; nur durch diesen kann daher mit Wirkung für und gegen alle Wechselberechtigten und Wechselverpflichteten die Bestimmung der Präsentationsfrist erfolgen. Verschieden hiervon ist die Bestimmung der Frist durch einen Indossanten, die in Satz 3 zugelassen ist; sie erfolgt nicht im Wechsel (Grundwechsel), sondern auf dem Wechsel als Hinzufügung zu dem Indossamente des betreffenden Indossanten und hat Wirkung nur für den Zeitpunkt des Erlöschens seiner Regreßpflicht. Es kann also die Präsentationsfrist im Verhältnisse zu den einzelnen Regreßpflichtigen eine verschiedene sein und demnach auch der Regreßanspruch gegen den einen früher, gegen den anderen später erlöschen. — Die Frist kann durch den Aussteller beliebig kurz oder lang bestimmt werden, auch über die Dauer der gesetzlichen Präsentationsfrist hinaus; es kommt, namentlich bei der Gründung von Aktiengesellschaften, deren Kapital nicht sofort voll eingezahlt werden soll, vor, daß über die zu leistenden Einzahlungen Nach-Sicht-Wechsel ausgestellt werden, die viele Jahre laufende Fristen bestimmen; in den in ROHG 3, 291 und RGZ 5, 77 entschiedenen Fällen waren Fristen von 50 Jahren von der kurz vor der Ausstellung liegenden Gründung der Gesellschaften ab festgesetzt. Es ergibt sich hieraus auch, daß der Beginn der Frist vor oder nach der Ausstellung des Wechsels liegen kann. Bestritten ist, ob auch der Indossant eine längere als die gesetzliche Präsentationsfrist bestimmen kann; bejahend Thöl S. 175, Lehmann 360, Grünhut § 50, StStr Anm 3; verneinend Bernstein S. 121 mit der Begründung, daß die Garantiepflicht des Indossanten eine Erschwerung seiner gesetzlichen Haftpflicht nicht zulasse. Ihm ist zuzugeben, daß der Indossant selbst kein Interesse an der Verlängerung seiner Haftpflicht hat, die durch eine über die gesetzliche Frist hinausgehende Bestimmung der Präsentationsfrist entsteht. Doch ist sehr wohl denkbar, daß er auf Verlangen seines Indossatars bei der Begebung des Wechsels im Interesse der Nachmänner auf eine Verlängerung seiner gesetzlichen Garantiepflicht eingeht, was nicht als unzulässig angesehen werden kann, da das Gesetz nicht unterscheidet. — Daß es eine Frist (ein Zeitraum) sein muß, die bestimmt wird, nicht ein einzelner Zeitpunkt, ergibt sich daraus, daß der Wechsel auf eine bestimmte, von der Sicht ab zu berechnende Zeit gestellt sein muß; ein auf einen bestimmten Tag unter der Bedingung, daß vorher die Sicht erfolgt ist, ausgestellter Wechsel würde ein Datowechsel mit unbestimmter Verfallzeit und daher ungültig sein; vgl. zu Art 4 Anm 29. Doch kann die Bestimmung der Frist in der Weise erfolgen, daß nur ihr Endpunkt bezeichnet wird, z. B. „Zahlen Sie acht Tage nach Sicht. Der Wechsel ist spätestens am 15. 10. 1930 zur Annahme vorzuzeigen". In ROHG Entsch. 23 S. 110 ist hervorgehoben, daß die Fristbestimmung eine Anweisung an den Inhaber enthalte, den Wechsel innerhalb der Frist zur Annahme zu präsentieren, und es wird dort angenommen, daß eine an den Bezogenen gerichtete Anweisung des Inhalts, daß er nur zahlen solle, wenn der Wechsel innerhalb einer bestimmten Frist präsentiert werde, nur eine Bestimmung über die Verfallzeit enthalte. Vgl. Näheres über diese Frage zu Art 31 Anm 4. In der angeführten Entscheidung hat das RG den Wechsel, der lautete: „Zahlen Sie acht Tage nach Sicht, spätestens am 15. 10. 1877", mangels einer zulässigen Bestimmung der Verfallzeit für nichtig erklärt, weil die Zahlungsanweisung dahin verstanden werden könnte, daß als Zahlungstag der 15. 10. 1877 bestimmt werden sollte mit der Maßgabe, daß, wenn der Wechsel länger als 8 Tage vor diesem Termine vorgelegt würde, die Zahlung 8 Tage nach Sicht, also vor dem 15. 10. 1877, erfolgen solle, und bei dieser Auslegung die Verfallzeit in unzulässiger Weise alternativ bestimmt sein würde (vgl. darüber zu Art 4 Anm 28). Bei etwas freierer Auslegung hätte das Gericht wohl dazu gelangen können, daß es sich um einen auf 8 Tage nach Sicht gestellten Wechsel handelte, dessen Vorzeigung zur Annahme spätestens acht Tage vor dem 15. 10. 1877 erfolgen sollte; und daß der Wechsel deshalb als Nach-Sicht-Wechsel mit Präsentationsfristbestimmung gemäß den Artt 4 Nr. 4, 19 aufrechterhalten werden konnte.

Anm. 3. 3. Nur hilfsweise tritt die **vom Gesetze bestimmte Frist** für die Präsentation des Nach-Sicht-Wechsels zur Annahme ein (Satz 2 zweiter Satzteil). Sie beträgt zwei Jahre von der

Ausstellung ab. Sie kann nur ausgeschaltet werden durch positive Bestimmung einer anderen Frist, nicht durch bloßen Verzicht auf ihre Einhaltung, wodurch die Fälligkeit auf unbestimmte Zeit hinausgeschoben würde, was der Vorschrift des Art 4 Nr. 4 widerspräche (vgl. zu Art 4 Anm 29 Abs 2) sowie für den Sichtwechsel OLG Jena in DJZ 1918, 327 und zu Art 31 Anm 3). Als Ausstellungstag muß, wie für den ganzen Wechsel (vgl. zu Art 4 Anm 39 a, 41), so auch für die darin enthaltene Bestimmung der Präsentationsfrist der in dem Wechsel angegebene Tag gelten, da diese Angabe eine Disposition des Ausstellers enthält, durch die der angegebene Tag zum Ausstellungstag erklärt wird, auch wenn der Wechsel an einem anderen Tage ausgestellt ist.

3 a. Über die Berechnung der Präsentationsfrist bestimmt Art 32; vgl. die Erläuterungen dazu. **Anm. 4.**

4. Wegen des Ortes der Präsentation und der Person desjenigen, dem gegenüber sie zu erfolgen hat, des **„Präsentaten"**, gilt das zu Art 18 Anm 4 Gesagte. Hinsichtlich der Person des **Präsentanten** greift die in Art 18 Satz 3 aufgestellte gesetzliche Präsumtion einer Ermächtigung, zur Annahme zu präsentieren, auf Grund bloßen Besitzes des Wechsels (vgl. zu Art 18 Anm 1) Platz. Der so als ermächtigt Geltende erfüllt durch die Präsentation des Nach-Sicht-wechsels zur Annahme die dem legitimierten Inhaber obliegende Präsentationspflicht. **Anm. 5.**

5. Die Folgen der Unterlassung der rechtzeitigen Präsentation sind in Satz 2 des Artikels bestimmt durch die Worte: **„bei Verlust des wechselmäßigen Anspruchs gegen die Indossanten und den Aussteller"**. Die Unterlassung der Präsentation innerhalb der Frist hat sonach zur Folge, daß der Wechselinhaber, falls der Wechsel bei eintretendem Verfalle, der durch nachträgliche Präsentation zur Sicht noch herbeigeführt werden kann, nicht bezahlt wird, einen wechselmäßigen Regreß mangels Zahlung gemäß Artt 41 ff. weder gegen die Indossanten noch gegen den Aussteller ausüben kann, auch wenn er den Wechsel zur Zahlung präsentieren und mangels Zahlung protestieren läßt. Dagegen zieht die Unterlassung der rechtzeitigen Präsentation zur Annahme keinerlei Folgen nach sich gegenüber dem Akzeptanten, sei es, daß dieser den Wechsel akzeptiert hat, ohne daß er zur Annahme präsentiert wurde — z. B. in blanco vor der Ausstellung, vgl. oben Anm 1 a —, oder daß er ihn auf eine nach Ablauf der Präsentationsfrist erfolgte Präsentation hin akzeptiert hat. Er kann sich weder auf die Unterlassung noch auf die Verspätung der Annahme-Präsentation berufen, um seine Zahlungsverpflichtung abzulehnen. A. M. Lehmann § 96 S. 367 Anm 4 in Verbindung mit § 95 S. 361, der für den Nach-Sicht-Wechsel, wie für den unbefristeten Sichtwechsel, annimmt, daß durch die Nicht-Vorzeigung innerhalb der Präsentationsfrist auch der Wechselanspruch gegenüber dem Akzeptanten sowie dem Aussteller eines eigenen Wechsels erlösche. Vgl. darüber zu Art 31 Anm 4. Doch würde, solange keine Präsentation zur Annahme oder Sicht erfolgt, die Fälligkeit des Wechsels, da dieser auf eine bestimmte Zeit nach Sicht gestellt ist, nicht eintreten, also die Verpflichtung des Akzeptanten auf unbegrenzt lange Zeit hinaus erstreckt werden können. Diese Lücke wird durch Art 20 Abs 3 ausgefüllt, wenn man ihn, entsprechend der herrschenden Ansicht, in dem Sinne auffaßt, daß er auch den Fall unterbliebener Präsentation trifft. Vgl. zu Art 20 Anm 8. **Anm. 6.**

Nach mehreren Entscheidungen (ROHG 3, 300; 20, 174; 5, 315; RGZ 8, 69; Bolze 2, 801; zustimmend StStr Anm 8 zu Art 20) soll im Verhältnisse zu dem Akzeptanten eines gezogenen oder dem Aussteller eines eignen Nach-Sicht- oder Sichtwechsels die Präsentation und der Protest durch die (wenn auch verfrüht erfolgte) Klagezustellung oder doch durch die Kenntnisnahme von dem Wechsel im Laufe des Rechtsstreits durch den Beklagten ersetzt werden können, weil in diesem Verhältnisse nicht, wie im Verhältnisse zu den Regreßverpflichteten, die Präsentation die formelle und ausschließliche Bedingung für die Fälligkeit des Nach-Sicht-Wechsels oder Sichtwechsels sei, vielmehr nur als Kündigung in Betracht komme. Dagegen m. E. mit Recht Grünhut § 51 Fußnote 10 S. 196 und Bernstein zu Art 20 unter 2 S. 123. Die Fälligkeit eines Wechsels richtet sich lediglich nach den Bestimmungen der WO; diese erkennt, soweit eine Kündigung dazu erforderlich ist, eine solche nur in der Form der Präsentation des Wechsels an; ein in anderer Form sich ausdrückender Wille des Inhabers, die Fälligkeit herbeizuführen, kommt für sie nicht in Betracht; soweit sie die Fälligkeit ohne Präsentation eintreten läßt, handelt es sich nicht um Kündigung, sondern um Eintreten der Fälligkeit ohne darauf gerichtete Parteihandlung kraft Gesetzes. Vgl. zu Art 31 Anm 5. **Anm. 7.**

Der Unterlassung der rechtzeitigen Präsentation steht es gleich, wenn die Präsentation zwar rechtzeitig erfolgt, aber nicht nach Maßgabe des Art 20 durch einen Protest festgestellt ist. Der Protest ist hier nicht lediglich Beweismittel, sondern Solennitätsakt. Vgl. zu Art 20 Anm 6. — Verpflichtet zur Erfüllung der Präsentationspflicht ist derjenige, der zur Zeit des Ablaufes der Präsentationsfrist legitimierter Inhaber (Eigentümer) des Wechsels ist. Erfüllt er die Verpflichtung nicht, und wird sie auch nicht für ihn durch einen „bloßen Besitzer" erfüllt (vgl. zu Art 18 Anm 1), so sind dadurch seine eignen Regreßansprüche sowie die Regreßansprüche aller derjenigen, die nach ihm den Wechsel erlangen oder wiedererlangen, also auch der früheren Indossatare, die den Wechsel weitergegeben haben und ihn dann wieder einlösen, gegen einen Indossanten oder den Aussteller ausgeschlossen. Ob und inwieweit der Inhaber über seinen eignen Rechtsverlust hinaus einem Vormanne auf Schadensersatz wegen Nichterfüllung der Präsentationspflicht oder **Anm. 8.**

in sonstiger Weise haftet, bestimmt sich nach dem zwischen ihnen etwa bestehenden bürgerlich-rechtlichen Verhältnisse.

Anm. 9. **6.** Eine weitere Ausnahme von der Regel, daß eine Verpflichtung des Inhabers, den Wechsel zur Annahme zu präsentieren, nicht besteht (vgl. Anm 1), kann bei **Domizilwechseln** durch den Aussteller in der Weise geschaffen werden, daß er in der Tratte die Vorlegung zur Annahme vorschreibt. Diese Befugnis ist ihm durch Art 24 Abs 2 WO verliehen. Vgl. Näheres darüber zu Art 24 Anm 9.

Artikel 20.

Wenn die Annahme eines auf bestimmte Zeit nach Sicht gestellten Wechsels nicht zu erhalten ist oder der Bezogene die Datierung seines Akzepts verweigert, so muß der Inhaber bei Verlust des wechselmäßigen Anspruchs gegen die Indossanten und den Aussteller die rechtzeitige Präsentation des Wechsels durch einen innerhalb der Präsentationsfrist (Artikel 19) erhobenen Protest feststellen lassen.

Der Protesttag gilt in diesem Falle für den Tag der Präsentation.

Ist die Protesterhebung unterblieben, so wird gegen den Akzeptanten, welcher die Datierung seines Akzepts unterlassen hat, die Verfallzeit des Wechsels vom letzten Tage der Präsentationsfrist an gerechnet.

Anm. 1. **1.** Der Artikel legt dem Inhaber eines Nach-Sicht-Wechsels außer der Pflicht, ihn zur Annahme zu präsentieren, die in Art 19 geregelt ist, eine weitere Verpflichtung auf für den Fall, daß die Präsentation zur Annahme ohne Erfolg geblieben ist, nämlich die Verpflichtung, **Protest mangels Annahme** erheben zu lassen. Als erfolglos geblieben gilt die Präsentation in zwei Fällen:

Anm. 2. **a)** Wenn die Annahme des Nach-Sicht-Wechsels durch den Bezogenen **nicht zu erhalten war.** Das kann eintreten dadurch, daß der Bezogene, dem der Wechsel präsentiert wird, die Annahme ablehnt, oder dadurch, daß er bei der nach Maßgabe der Artt 91 ff. versuchten Präsentation im Geschäftslokale oder in der Wohnung nicht anzutreffen oder sein Geschäftslokal oder seine Wohnung nicht zu ermitteln gewesen ist, — vgl. Näheres zu den genannten Artikeln —; oder:

Anm. 3. **b)** wenn der Bezogene den Wechsel zwar angenommen, aber **die Datierung des Akzeptes verweigert hat.** Die Datierung des Akzeptes, die sonst nicht vorgeschrieben ist (vgl. zu Art 21 Anm 1,2), ist bei dem Nach-Sicht-Wechsel erforderlich, um den Tag der Sicht festzustellen, von welchem ab die Nach-Sicht-Frist für die Fälligkeit des Wechsels (vgl. zu Art 19 Anm 1 a) läuft. Diesem Zweck entsprechend wird ein Zeitdatum genügen, ein Ortsdatum nicht erforderlich sein.

Anm. 4. **2.** In diesen Fällen muß der Inhaber die rechtzeitige Präsentation des Wechsels zur Annahme **durch einen innerhalb der Präsentationsfrist (Art 19) erhobenen Protest feststellen lassen.**

a) Der Protest muß erhoben werden nach Maßgabe der in den Artt 91 ff. für den Ort und die Zeit der im Wechselverkehr vorkommenden Handlungen überhaupt gegebenen und der in den Artt 87 ff. für Proteste besonders gegebenen Vorschriften. Vgl. Näheres in den Erläuterungen zu den genannten Artikeln. Die wechselrechtliche Handlung, die in Frage steht, ist zunächst die Annahme des Wechsels und, wenn diese erfolgt ist, die Datierung des Akzeptes. In letzterem Falle muß sonach gemäß Art 88 Abs 1 Nr. 2 der Protest auch die Angabe enthalten, daß der Bezogene zur Datierung des Akzeptes aufgefordert worden ist. Die aus dem Wechsel ersichtliche Tatsache, daß das Akzept nicht datiert ist, genügt nicht zur Gültigkeit des erhobenen Protestes. Der Protest mangels Annahme ist nicht auf den Wechsel selbst (das Sola-Exemplar oder ein Duplikat), sondern auf eine Abschrift des Wechsels oder der Kopie oder ein mit der Abschrift zu verbindendes Blatt zu setzen (Art 88 b). Ein Protest mangels Annahme auf dem Wechsel selbst würde also ungültig sein. Vgl. Näheres zu Art 88 b Anm 3. Die Erhebung von Protesten mangels Annahme wird von der Postverwaltung nicht übernommen; vgl. zu Art 87 Anm 5.

Anm. 5. **b)** Der Protest muß innerhalb der Präsentationsfrist erhoben werden, d. h. der gemäß Art 19 (vgl. dazu Anm 2, 3) im Wechsel selbst bestimmten, hilfsweise der in diesem Artikel gesetzlich festgelegten Frist. Hat die Präsentation früher als am letzten Tage der Präsentationsfrist stattgefunden, so kann zwischen ihr und der Protesterhebung ein mehr oder weniger großer Zeitraum liegen; die erfolgte Präsentation braucht bei Erhebung des Protestes nicht wiederholt zu werden. Die von Staub in der 1.—3. Aufl vertretene Ansicht, daß in entsprechender Anwendung des Art 41 Abs 2 auch die Protesterhebung mangels Annahme spätestens am zweiten Werktage nach der Präsentation erfolgen müsse, ist im Gesetze nicht begründet und in den späteren Auflagen (vgl. StStr Anm 5) aufgegeben. Auf alle Fälle können die Regreßpflichtigen nicht einwenden, daß durch die frühere, nicht durch Protest festgestellte Präsentation bereits die Verfallzeit bestimmt und seitdem eingetreten und wegen Nichtprotestierung mangels Zahlung bei Verfall der Regreß erloschen sei (ROHG 6, 99; Grünhut § 51 bei Anm 5 S. 393). Die frühere Präsentation gilt vielmehr, solange sie nicht durch Protest festgestellt ist, als nicht erfolgt (vgl. unten zu c), und eine Fälligkeit konnte daher durch sie solange nicht herbeigeführt werden. Ist dagegen nach einer ohne

Erfolg gebliebenen Präsentation Protest mangels Annahme erhoben worden, so hat durch die Präsentation die Nach-Sicht-Frist für den Verfall des Wechsels zu laufen begonnen und ist mit ihrem Ablauf der Wechsel endgültig fällig geworden; der Protest mangels Zahlung muß daher gemäß Art 41 Abs 2 spätestens am zweiten Werktage nach dem durch diese Präsentation bestimmten Zahlungstage erhoben werden; eine Wiederholung der Präsentation kann weitere Hinausschiebung der Fälligkeit nicht zur Folge haben (ROHG 6, 101; Grünhut § 51 bei Anm 6 S. 394).

c) Die erfolgte Präsentation zur Annahme und deren Erfolglosigkeit muß durch einen Protest festgestellt werden. Jede andere Art der Feststellung (z. B. durch Sichtvermerk des Bezogenen ohne Annahme oder durch eine Bescheinigung außerhalb des Wechsels) ist ausgeschlossen. Der Protest ist sonach nicht lediglich Beweismittel für die Präsentation, sondern ein selbständig neben der Präsentation gebotener Solennitätsakt. Eine nicht durch Protest festgestellte Präsentation, die nicht zur datierten Annahme des Wechsels geführt hat, ist gegenüber den Indossanten und dem Aussteller rechtlich wirkungslos. Das wird besonders klargestellt durch **Absatz 2** des Artikels, der bestimmt, daß der **Protesttag für den Tag der Präsentation** zu gelten hat, die Präsentation also so lange nicht in der Welt ist, als nicht Protest erhoben ist. **Anm. 6.**

3. Die Folgen der Unterlassung der rechtzeitigen Protesterhebung sind in Abs 1 des Art 20 in der gleichen Weise bestimmt, wie in Art 19 die Folgen der Unterlassung der rechtzeitigen Präsentation, nämlich durch die Worte: „**bei Verlust des wechselmäßigen Anspruchs gegen die Indossanten und den Aussteller**". Vgl. darüber zu Art 19 Anm 6 ff. Verloren geht sonach sowohl der Regreßanspruch auf Sicherstellung wegen nicht erhaltener Annahme (Artt 25 ff.) und (im Falle nicht datierter Annahme) wegen Unsicherheit des Akzeptanten (Artt 29 ff.), wie der Regreßanspruch mangels Zahlung nach Maßgabe der Artt 41 ff. Ein Protest mangels Zahlung, der, da der Wechsel den Indossanten und dem Aussteller gegenüber ohne Präsentation zur und Protest mangels Annahme nicht verfällt, verfrüht und daher ungültig sein würde, kann den Protest mangels Annahme nicht ersetzen (ROHG 3, 300). Doch tritt ein materieller Rechtsverlust durch die Unterlassung auch hier nur gegenüber den Indossanten und dem Aussteller ein. Der wechselmäßige Anspruch gegen den Akzeptanten bleibt, auch wenn die Annahme ohne Datierung erfolgt und kein Protest erhoben ist, an sich bestehen und wird nur zeitlich durch die Vorschrift des Abs 3 (vgl unten zu 4) eingeschränkt. Vgl. zu Art 19 Anm 6. **Anm. 7.**

4. Gegenüber dem Akzeptanten eines Nach-Sicht-Wechsels, der die Datierung seines Akzepts unterlassen hat, würde an sich, wenn kein Protest erhoben ist, durch welchen das Datum der Sicht festgestellt werden kann, die Fälligkeit des Wechsels nicht eintreten. Dadurch würde seine Verpflichtung aus einem solchen Wechsel auf unbegrenzte Zeit erstreckt werden können, da eine Verjährung des gegen ihn gerichteten Anspruchs vor der Fälligkeit nicht beginnt (vgl. zu Art 77 Anm 2). Um dies zu verhüten, bestimmt **Abs 3**, daß gegen einen solchen Akzeptanten, wenn die Protesterhebung unterblieben ist, die **Verfallzeit vom letzten Tage der Präsentationsfrist an gerechnet wird.** Es beginnt sonach, ohne daß das Datum der Sicht oder überhaupt eine Sicht (aus der Akzeptation ergibt sich eine solche nicht, da sie auch ohne Sicht des Wechsels, insbesondere vor seiner Ausfüllung, erfolgt sein kann) festgestellt ist, mit dem Ablaufe der im Wechsel bestimmten oder andernfalls der gesetzlichen Präsentationsfrist (Art 19, vgl. Anm 2, 3 dazu) die Nach-Sicht-Frist des Wechsels zu laufen und, nachdem sie abgelaufen, ist der Wechsel fällig. Abs 3 hat nach dieser Auffassung Bedeutung über die in Art 20 Abs 1 geregelten Fälle der Nichterlangung des Akzepts und der Nichtdatierung des Akzepts (vgl. oben zu 1 a und b) hinaus auch für den Fall, daß eine Präsentation zur Annahme überhaupt nicht stattgefunden hat. Vgl. zu Art 19 Anm 6. So Thöl § 40 unter b 6 S. 180; Dernburg § 256 Anm 13 in Verbindung mit Anm 12; ROHG 11, 48; RGZ 8, 70. Von da ab kann sonach der Anspruch auf Zahlung gegen den Akzeptanten geltend gemacht werden; andrerseits beginnt von da ab auch die dreijährige Verjährungsfrist zu seinen Gunsten zu laufen. Merkwürdigerweise scheint der Ausdruck des Gesetzes von manchen (so ROHG 11, 49) so aufgefaßt worden zu sein, als sei der letzte Tag der Präsentationsfrist bereits der Verfalltag des Wechsels, wie wenn es sich um einen unbefristeten Sichtwechsel handelte, ohne daß noch die Nach-Sicht-Frist abzulaufen brauchte. Die dieser Ansicht entgegengesetzte Meinung scheint mir nicht nur (wie StStr Anm 9 annehmen) allein dem Geiste des Gesetzes zu entsprechen, sondern auch mit seinem Wortlaute allein vereinbar zu sein, der deutlich sagt, daß die Verfallzeit vom letzten Tage der Präsentationsfrist gerechnet wird, nicht aber daß sie mit Ablauf dieses Tages eintritt. So richtig ROHG 16, 347. **Anm. 8.**

Anhänge
zum Unterabschnitt IV (Artikel 18 bis 20).

I. Ausländische Wechselgesetzgebungen.

1. Die Vorschrift, daß der **bloße Besitz** des Wechsels zur Annahme-Präsentation ermächtigt (Art 18 Satz 4 DWO, vgl. Anm 1 zu Art 18), findet sich auch in den meisten anderen Ländern der deutsch-rechtlichen Gruppe, so in der Schweiz (Art 736), Ungarn (§ 17), Bulgarien (Art 545), Finnland (16), Skandinavien (17); auch in Rußland (früheres Gesetz § 91, jetziges § 19). Aber auch wo eine solche Vorschrift nicht besteht, wird in den kontinentalen Gruppen auf Grund Handels- **Anm. 1.**

brauchs angenommen, daß jeder Besitzer (détenteur) des Wechsels ihn zur Annahme präsentieren kann, ohne sich durch eine Indossamentenkette als berechtigter Wechselinhaber oder durch eine Vollmacht legitimieren zu müssen; so für Italien Vivante 1172; für Frankreich Lyon-Caën et Ren. S. 184 Nr. 196. In diesen Ländern besteht vielfach der Brauch, daß die Bankiers ohne Indossament oder Vollmacht die Wechsel für ihre Kunden zur Annahme vorlegen. In Belgien ist auch die Vorlegung zur Annahme durch die Post eingeführt (Ges. v. 30. 5. 1879).

Nach angelsächsischem Rechte (BEA 41 I a, NIL 132 Nr. 1) muß die Präsentation „durch oder für den Inhaber" erfolgen, woraus geschlossen werden könnte, daß jeder Besitzer des Wechsels ihn ohne besondere Vollmacht „für den Inhaber" präsentieren könne; so Späing S. 66 Anm 10. Doch wird in der englischen Rechtslehre überwiegend angenommen, daß es für die Vorlegung zur Annahme, sofern der Wechsel nicht auf den Inhaber gestellt oder in blanco indossiert ist, der Legitimation durch Indossament oder einer Vollmacht bedürfe; vgl. Meyer Wwrecht I S. 232 und die dort in Anm 1 angeführten englischen Schriftsteller. Für diese Ansicht spricht allerdings, daß in BEA 41 Ie eine Präsentation durch die Post als Wechselbesitzerin nicht ohne weiteres, sondern nur, wenn sie durch Vereinbarung oder Gebrauch gestattet ist, als genügend erklärt wird. Diese Voraussetzung trifft übrigens für Kaufleute in Großbritannien zu.

Anm. 2. Daß der Wechsel **sofort** zur Annahme vorgelegt werden kann (vgl. für Deutschland Art 18 und Anm 2 dazu), ist auch in den Ländern der deutschen Gruppe, deren Gesetze es nicht ausdrücklich aussprechen (vgl. für Italien Vivante Nr. 1165), anerkannt; ebenso ohne ausdrückliche Vorschrift im angelsächsischen Rechte; vgl. die bei Meyer Wwrecht I S. 238 Anm 1 angeführten Schriftsteller. Dagegen wird im französischen Rechtsgebiet, wo der Aussteller verpflichtet ist, für Deckung zu sorgen (Artt 115 ff. C. de comm., vgl. zu Art 8 Anhang I Anm 18), angenommen, daß der Inhaber mit der Vorlegung so lange warten muß, bis der Aussteller den Bezogenen benachrichtigt haben kann; streitig ist, ob dabei die Fristvorschriften des Art 165 Code de commerce entsprechende Anwendung finden können (Lyon-Caën et Ren. Nr. 196). — Daß Meß- und Marktwechsel nicht sofort, sondern nur in den örtlich bestimmten Präsentationszeiten zur Annahme vorgelegt werden dürfen, ist, wie in Deutschland (Art 18 Satz 3, vgl. zu Art 18 Anm 2), auch in Ungarn (§§ 18, 35) und der Schweiz (Art 736 Abs 2) bestimmt; in Rußland ist die Bestimmung des früheren Gesetzes (§ 92 Abs 2), wonach Marktwechsel nicht vor Eröffnung des Marktes vorgelegt werden konnten, weggefallen, da das neue Gesetz keine Marktwechsel kennt (vgl. oben zu Art 4 Anhang I Anm 4).

Anm. 2a. Für die Entscheidung über die Annahme gewähren manche Länder dem Bezogenen eine **Bedenkfrist** von 24 Stunden; so von den Gesetzen der deutschen Gruppe namentlich die Schweiz (Art 736), Skandinavien (§ 21), Italien (Art 265), Rumänien (287), Portugal (288 Abs 1); ferner die französisch-rechtliche Gruppe auf Grund des Art 125 C. de comm. Spanien (Art 478 Abs 1) und die ihm folgenden Gesetze verlangen Erklärung des Bezogenen noch am Tage der Vorlegung. Von den angelsächsischen Rechten bestimmt Großbritannien (BEA 42[1]), daß dem Bezogenen die „übliche Frist" (customary time) zu belassen ist, die in der Regel auch hier auf 24 Stunden bemessen wird, während in den Vereinigten Staaten (NIL 224) die 24stündige Frist unmittelbar festgelegt ist. Das neue polnische Gesetz (Art 23 Abs 2) und das jugoslawische (§ 23 Abs 2) bestimmen, daß der Bezogene die nochmalige Vorlegung am folgenden Tage verlangen kann.

Anm. 2b. Die **Nicht-Ausschließbarkeit** des Rechts, den Wechsel zur Annahme vorzulegen, ist nur in einigen Ländern der deutsch-rechtlichen Gruppe, wie in der DWO, ausgesprochen; so in der Schweiz (Art 736), Ungarn (§ 17), Bulgarien (Art 545), Skandinavien (§ 17). In den übrigen Ländern wird ein Verbot des Ausstellers, den Wechsel zur Annahme vorzulegen (die nicht-akzeptable Tratte), überall als wirksam angesehen mit dem Erfolge, daß der Inhaber, der dem Verbote zuwiderhandelt, aus der Verweigerung der Annahme keine Regreßansprüche herleiten kann; so für Italien Vivante Nr. 1166; für Frankreich Lyon-Caën et Ren. Nr. 192; Thaller 1403. Ein Endzeitpunkt für die Vorlegung zur Annahme (vgl. für das deutsche Recht zu Art 18 Anm 3) ist in einigen Gesetzgebungen insofern bestimmt, als die Vorlegung nur bis zur Fälligkeit erfolgen kann; so in Rußland (neues Gesetz § 19); Spanien (Art 476 Abs 2); Großbritannien (BEA Abschn. 41 I a); Ver. Staaten (NIL § 242).

Anm. 3. 2. Eine **Verpflichtung** des Inhabers, den Wechsel zur Annahme vorzulegen, findet kraft Gesetzes allgemein — d. h. für alle Arten von Wechseln — nur noch in einigen Gesetzen des lateinischen Amerika (namentlich in Argentinien, Art 654 ff.) im Anschlusse an das ältere brasilianische Gesetz (Art 373) statt, während sie in Brasilien selbst durch das neuere Gesetz (Art 9) fortgefallen ist. Außerdem bestimmt das neue russische WG (§ 20), daß der Aussteller im Wechsel — also in jedem gezogenen Wechsel — die Vorlegung zur Annahme innerhalb bestimmter Frist vorschreiben kann. Im übrigen besteht eine solche Verpflichtung nur noch bei bestimmten einzelnen Arten von Wechseln, und zwar (wie in Deutschland, Artt 19, 24) für befristete Sichtwechsel und für domizilierte Wechsel, sofern im letzteren Falle der Aussteller die Präsentation vorgeschrieben hat, in der Schweiz (Artt 737, 734 Ungarn (§§ 17, 24), Bulgarien (Artt 545, 533 Abs 2), Skandinavien (§§ 17, 18), in Skandinavien für „unbestimmt" domizilierte Wechsel (vgl. über solche zu Art 24 Anm 5), auch ohne besondere Vorschrift des Ausstellers. Ferner für befristete Sichtwechsel in Italien (Art 261), Rumänien (282), Finnland (§ 17), Portugal (Art 287), Japan

(466). In der französischen Gruppe wird die Verpflichtung des Inhabers, befristete Sichtwechsel zur Annahme oder Sichtbescheinigung vorzulegen, aus Art 160 C. de comm. hergeleitet. In Rumänien (Art 284 Abs 2) lautet die Vorschrift ausdrücklich dahin, daß die Vorlegung zur Annahme oder zur Bescheinigung der Sicht zu erfolgen habe; ebenso in Belgien (Art 21); auch in den anderen Ländern neigt die Rechtsprechung zu der Annahme, daß eine Vorlegung zur Bescheinigung der Sicht genüge (so für Italien Vivante Nr. 1171; für Frankreich Lyon-Caën et Ren. Nr. 194, 283; Thaller 1405); vgl. über diese Streitfrage im deutschen Rechte zu Art 19 Anm 1a. In dem neuen russischen Gesetze (§ 4 Abs 2) ist für befristete, wie für einfache Sichtwechsel die Vorlegung zur Zahlung innerhalb bestimmter Frist vorgeschrieben, die aber bei ersteren nur den Beginn des Laufes der Nach-Sicht-Frist zu bedeuten haben kann, wie auch aus Satz 2 hervorgeht, wo vorgeschrieben ist, daß Wechsel mit der Zahlungszeit auf Sicht (also unbefristete Sichtwechsel) am Tage der Vorlegung zu bezahlen sind. Für domizilierte Wechsel wird Vorlegung zur Annahme gefordert in Japan (Art 472 Abs 2), falls der Aussteller die Vorlegung vorgeschrieben hat. Die Befugnis des Ausstellers und der Indossanten, auch für andere Wechsel die Vorlegung zur Annahme vorzuschreiben und eine Frist dafür zu bestimmen, wird im Rechtsgebiete der französischen Gruppe anerkannt, jedoch überwiegend angenommen, daß durch Unterlassung der Vorlegung innerhalb der bestimmten Frist entgegen einer solchen Anordnung nicht der Verlust der wechselmäßigen Regreßansprüche, sondern nur unter Umständen eine Verpflichtung zum Schadensersatze nach Maßgabe des gemeinen bürgerlichen Rechts entstehe (Lyon-Caën et Ren. Nr. 193). Auch das neue russische Wechselgesetz bestimmt (§ 20), daß der „Wechselinhaber im Wechsel" (gemeint ist also wohl der Aussteller; ob auch die Indossanten, erscheint zweifelhaft) — sonach in jedem gezogenen Wechsel — die Vorlegung zur Annahme innerhalb bestimmter Frist vorschreiben kann. Das neue tschechoslowakische Gesetz hat in dem sonst mit Art 19 DWO gleichlautenden § 17 den Satz 1 weggelassen; ob daraus zu schließen ist, daß es die Anordnung der Vorlage zur Annahme auch bei anderen als befristeten Sichtwechseln und domizilierten Wechseln, für die sie in § 22 Abs 2 zugelassen wird, zulassen wollte, erscheint zweifelhaft und dürfte kaum mit Sicherheit bejaht werden können; vgl. darüber Laufke S. 294. Dagegen kann nach dem neuen polnischen (Art 21 Abs 1) und jugoslawischen (§ 21 Abs 1) Gesetze in jedem Wechsel von dem Aussteller und, sofern der Aussteller sie nicht ausgeschlossen hat, auch von jedem Indossanten die Vorlegung zur Annahme angeordnet und eine Frist dafür bestimmt werden, und zwar bei Verlust der Regreßrechte gegen alle Wechselverpflichteten, wenn die Anordnung vom Aussteller ausgeht; andernfalls gegen den anordnenden Indossanten (poln. Ges Art 52 Abs 2, 3; jugosl. Ges § 52 Abs 2, 3).

3. Für die **Dauer der Frist** zur Annahmepräsentation bei befristeten Sichtwechseln ist, wie in Deutschland (vgl. zu Art 19 Anm 2), in erster Linie maßgebend die Bestimmung durch den Aussteller oder einen Indossanten nach den Gesetzen der Schweiz (Art 737 Abs 2, 3), von Ungarn (§ 19 Abs 1, 2), Bulgarien (Art 546 Abs 1, 2), Skandinavien (§ 19 Abs 1, 2), Finnland (§ 17 Abs 1, 2). In Italien (Art 261 Abs 1, 2), Rumänien (282) darf die vom Aussteller oder einem Indossanten gesetzte Frist die gesetzliche nicht überschreiten (vgl. darüber für das deutsche Recht zu Art 19 Anm 2); abweichend vom deutschen Recht (vgl. Art 19 Satz 3 DWO) wird ferner durch Nichteinhaltung der von einem Indossanten getroffenen Fristbestimmung auch der Rückgriff gegen dessen Nachmänner ausgeschlossen. Auch Japan (Art 466) gestattet nur dem Aussteller eine Bestimmung der Vorlegungsfrist, und zwar nicht auf einen längeren Zeitraum als die gesetzliche Frist. In Portugal (Art 287) ist die Bestimmung der Frist durch Aussteller und Indossanten nicht eingeschränkt; hinsichtlich der Wirkung der Fristbestimmung des Indossanten gilt das gleiche wie in Italien (Art 301). — Im französischen Rechtsgebiete (Art 160 Code de comm.) und in Belgien (Art 51) gelten in erster Linie die durch das Gesetz bestimmten Fristen; sie können aber laut Abs 6 des Artikels abgeändert werden durch Vereinbarungen, die getroffen werden können zwischen dem Nehmer, dem Aussteller und „sogar" den Indossanten, also nicht durch einseitige Anordnungen; solche Vereinbarungen sollen übrigens keine wechselmäßigen, sondern nur gemeinbürgerlich-rechtliche Wirkungen erzeugen (Lyon-Caën et Ren. Nr. 193). In Spanien (Artt 470 Abs 2, 482) kann der Aussteller eine beliebige Frist für die Vorlegung festsetzen mit der Wirkung des Verlustes der Regreßrechte des Inhabers, abgesehen von dem Anspruch gegen den Aussteller, der keine Deckung beschafft hat (Art 525). Ebenso nach dem neuen brasilianischen Gesetz Art 9. Im englischen und anglo-amerikanischen Rechte können der Aussteller und die Indossanten beliebig lange Präsentationsfristen mit der Wirkung des Verlustes der Regreßrechte gegenüber demjenigen, der die Frist bestimmt hat, festsetzen (BEA sect. 16; NIL §§ 111, 116). **Anm. 4.**

Die gesetzliche Frist zur Annahmepräsentation bei Wechseln, für die eine Verpflichtung dazu besteht, ist, wie in Deutschland (vgl. für Nach-Sicht-Wechsel Art 19 DWO Satz 2) auf zwei Jahre von der Ausstellung ab bestimmt in Ungarn (§ 19); ebenso in dem neuen tschechoslowakischen Gesetze (§ 17); dagegen nur auf ein Jahr in der Schweiz (Art 737 Abs 2), Bulgarien (546), Italien (261), Rumänien (282), Japan (466); auf sechs Monate in Brasilien (Ges v. 12. 6. 1908) und in dem neuen polnischen Gesetze (Art 22). Die meisten übrigen Gesetzgebungen stufen die Fristen zonenweise unter Zugrundelegung der geographischen Lage des Ausstellungsorts zu dem Zahlungsorte des Wechsels und den zwischen ihnen bestehenden Verbindungsmöglichkeiten ab. So wird in Frankreich (Code de comm. Art 160 in der Fassung des Gesetzes vom 3. 5. 1862) die Vorlegung von Nach-Sicht-Wechseln zur Annahme (ebenso von Sichtwechseln zur Zahlung) verlangt innerhalb einer Frist von 3, 4, 6 Monaten bzw. einem Jahre, je nachdem die Wechsel gezogen sind: a) von dem Kontinente und den Inseln Europas und von Algerien auf die französischen Besitzungen in Europa und Algerien; b) von den (außereuropäischen) Küstenstaaten des Mittelländischen und Schwarzen Meeres auf die europäischen Besitzungen Frankreichs und entsprechend vom Kontinente und den Inseln Europas auf die französischen Niederlassungen des Mittelländischen und Schwarzen Meeres (außerhalb Europas); c) von afrikanischen Staaten diesseits des Kaps der Guten Hoffnung und von amerikanischen Staaten diesseits des Kaps Horn auf die europäischen Besitzungen Frankreichs, und entsprechend vom Kontinente und den Inseln Europas auf die französischen Besitzungen und Niederlassungen in den diesseits des Kaps der Guten Hoffnung bzw. Kap Horns gelegenen afrikanischen bzw. amerikanischen Staaten; d) aus irgendeinem anderen Teile der Welt auf die europäischen Besitzungen Frankreichs und entsprechend vom Kontinente und den Inseln Europas auf die französischen Besitzungen und Niederlassungen in irgendeinem anderen Teile der Welt. Diese Fristen finden nach dem (durch das Gesetz vom 3. 5. 1862 hinzugefügten) Abs 5 des Art 160 entsprechende Anwendung auf Wechsel, die vom französischen Gebiete auf das Ausland gezogen sind; die französische Gesetzgebung beansprucht sonach auch Geltung für die Präsentationsfristen bei Wechseln, die im Auslande zahlbar sind, und für welche nach den Grundsätzen des internationalen Privatrechts, soweit die Verpflichtung im Auslande wohnender Aussteller oder Indossanten in Frage steht, die Gesetze ihres Wohnorts anwendbar sein würden (Lyon-Caën et Ren. S. 561/562 Nr. 653); vgl. Näheres zu Art 86 DWO Anm 4. — In Luxemburg und Griechenland gelten noch die in der ursprünglichen Fassung des französischen Code de comm. normierten Fristen von sechs, acht Monaten, ein und zwei Jahren für die entsprechenden geographischen Zonen. In den Niederlanden gelten jetzt (HGB Art 151) Fristen von drei bzw. sechs Monaten, je nachdem der Wechsel innerhalb der Niederlande ausgestellt und zahlbar oder Ausstellungsort im Auslande, Zahlungsort im Inlande bzw. umgekehrt belegen sind. In Spanien (470) 40 Tage, drei, sechs Monate, ein Jahr. In dem neuen russischen Gesetze ist die gesetzliche Frist auf ein Jahr bestimmt (§ 4 Abs 2). Für den Fall eines Seekrieges ist in den meisten der die Fristen nach der Entfernung abstufenden Gesetze eine Verdoppelung vorgesehen (franz. Code de comm. Art 160 Abs 5 Satz 2). — Im englischen und amerikanischen Rechte besteht keine feste Präsentationsfrist. Der Inhaber soll den Wechsel zur Annahme präsentieren oder weiterbegeben innerhalb verständiger Zeit (reasonable time), bei deren Bemessung auf die Natur des Wechsels, die Handelsbräuche in ähnlichen Fällen und die konkrete Sachlage zu achten ist (BEA 40[3]; NIL 241[4]). —

Anm. 5. **4.** Darüber, daß im Falle der Nichtannahme des befristeten Sichtwechsels der Inhaber zur Erhaltung der Regreßrechte die Nichtannahme durch einen Protest mangels Annahme feststellen lassen muß — vgl. für das deutsche Recht Art 20 —, besteht in den kontinentalen Systemen grundsätzliche Übereinstimmung. Doch enthält das neue russische Gesetz (§ 27 Abs 1) darüber nur eine Sollvorschrift, ohne Sanktion. Dagegen erfordern das großbritannische und das angloamerikanische Recht (BEA 51[1, 2]; NIL 260) zur Erhaltung der Regreßrechte bei Inlandswechseln Protest weder mangels Annahme noch mangels Zahlung; nur die Intervention ist auch bei solchen Wechseln erst nach erhobenem Protest statthaft. Mehrere Dominions haben aber den Protest auch für Inlandswechsel beibehalten; so die kanadische BEA Abschn 51. Eine Anzahl von Gesetzgebungen schreibt für die Protesterhebung mangels Annahme bestimmte Fristen von der Präsentation ab vor; so Spanien (Artt 481, 504) am nächsten Werktage. Soweit solche Fristen nicht bestimmt sind, wird die Protesterhebung nach erfolgter Präsentation bis zum Verfall des Wechsels als zulässig erachtet; so für Frankreich Lyon-Caën et Ren. S. 207 Nr. 227 Fußnote 2, Thaller Nr. 1411 Abs 3. Das ist ausdrücklich bestimmt im neuen russischen Gesetze § 27 Abs 2. Dieses bestimmt auch (§ 27 Abs 3), daß, wenn Protest mangels Annahme erhoben ist, weder Vorlegung zur Zahlung noch Protest mangels Zahlung erforderlich ist. Vgl. für das deutsche Recht zu Art 20 Anm 5, 6.

Anm. 6. **5.** Daß der Inhaber eines Nach-Sicht-Wechsels auch verlangen muß, daß der Bezogene, wenn er den Wechsel akzeptiert, das Akzept datiere und daß er, falls die Datierung verweigert wird, bei Verlust der Regreßansprüche Protest mangels Datierung erheben muß, ergibt sich, wie im deutschen Rechte (Art 20) auch aus den übrigen Gesetzgebungen der deutschen Gruppe. Abweichend hiervon hat nach Art 122 Abs 2, 3 des französischen Code de commerce die Unterlassung der an sich vorgeschriebenen Datierung des Akzepts eines Nach-Sicht-Wechsels nur die Folge, daß der Wechsel fällig wird mit Ablauf der darin bestimmten Nach-Sicht-Frist, die aber von seinem Datum (dem Ausstellungstage) ab berechnet wird. Der Wechsel kann danach als schon vor der Akzeptierung fällig geworden anzusehen sein und in diesem Falle würde, da nicht bei dem Eintritt der Fälligkeit rechtzeitig Protest mangels Zahlung erhoben worden ist, der Regreßanspruch erloschen sein, eine Folgerung, die zweifellos eine Härte gegenüber dem Inhaber eines solchen Wechsels bedeutet, aber dem Gesetze gegenüber schwerlich abzulehnen sein wird; vgl. darüber Lyon-Caën et Ren. S. 343 Nr. 285; Meyer I S. 260. Die gleiche Vorschrift findet sich in den übrigen der französischen Gruppe angehörigen Gesetzgebungen. Doch ist in

Portugal (Art 288 Abs 2, 310) vorgesehen, daß, wenn danach die Nach=Sicht=Frist zur Zeit der Akzeptation schon verstrichen wäre, die Fälligkeit am Tage nach der Vorlegung (die durch Protest festzustellen ist) eintritt. Ebenso in Spanien (Art 477 Abs 2) mit dem Unterschiede, daß mangels Datierung des Akzepts die Nach=Sicht=Frist von dem Tage gerechnet wird, an dem der Wechsel bei rechtzeitigem Eintreffen der Post hätte vorgelegt werden können. — Nach der englischen und anglo=amerikanischen Gesetzgebung (BEA 12, NIL 32) hat, wenn die Datierung der Annahme verweigert wird, jeder Inhaber das Recht, das wahre Datum der Annahme beizufügen; doch ist diese Bestimmung in Kanada nicht eingeführt; nach der dort geltenden BEA (42) muß der Inhaber den Wechsel als dishonoriert behandeln, wenn der Bezogene nicht das wahre Datum dem Akzepte hinzufügt. Auch Brasilien gewährt in seinem neueren Gesetze (Art 9) dem Inhaber die Befugnis, die Zeit der Präsentation einzurücken, wenn der Bezogene die Datierung des Akzepts verweigert. Das neue polnische (Art 24 Abs 2) und jugoslawische (§ 24 Abs 2) Gesetz bestimmen, daß, falls der Wechsel nochmals zum Akzepte vorgelegt worden ist (vgl. oben. zu 1), der Präsentant die Datierung des Akzepts vom Tage der ersten Vorlegung verlangen kann.

6. Wie in Deutschland (vgl. zu Art 19 Anm 6 und zu Art 20 Anm 6) tritt als Folge der Nichterfüllung der dem Inhaber obliegenden Pflichten der Präsentation zur Annahme und Protesterhebung mangels Annahme oder Datierung des Akzepts auch in den übrigen Gesetzgebungen der deutschen Gruppe regelmäßig nur der Verlust der wechselmäßigen Regreßansprüche gegen den Aussteller und die Indossanten ein, während der Anspruch gegen den Akzeptanten unberührt bleibt. Eine dem Art 20 Abs 3 DWO entsprechende Bestimmung über die Berechnung der Verfallzeit des Nach=Sicht=Wechsels gegen den Akzeptanten im Falle unterbliebener Protesterhebung bei Nichtdatierung des Akzepts (vgl. zu Art 20 Anm 9) besteht in der Mehrzahl der Staaten dieser Gruppe; auch in dem neuen tschechoslowakischen Gesetze (§ 18 Abs 2), wo ausdrückliche Bestimmungen darüber fehlen, gelangt die Rechtsprechung und Rechtslehre zu dem gleichen Ergebnisse. In den Ländern, die im Falle der Nichtdatierung des Akzepts den Nach=Sicht=Wechsel in einen Datowechsel verwandeln (vgl. oben Anm 6), tritt die Fälligkeit selbstverständlich auch und gerade gegenüber dem Akzeptanten mit dem danach maßgebenden Zeitpunkte ein. In den anderen Ländern fehlt es an Vorschriften, welche, wie nach deutschem Rechte, im Falle der Nichtdatierung des Akzepts und Nichterhebung des Protestes gegenüber dem Akzeptanten die Berechnung der Verfallzeit vom Tage des Ablaufes der Präsentationsfrist rechtfertigen könnten. Es wird daher Sache des Inhabers, der den Wechsel gegenüber dem Akzeptanten geltend macht, sein, nachzuweisen, daß und an welchem Tage die Präsentation erfolgt und dadurch die Nach=Sicht=Frist in Lauf gesetzt worden ist; so auch Meyer Wwrecht I S. 261. **Anm. 7.**

7. Eine größere Zahl von ausländischen Gesetzgebungen legt dem Inhaber die weitere Pflicht auf, von der Nichtannahme des Wechsels auf Präsentation den Regreßverpflichteten Mitteilung zu machen **(Notanzeige, Notifikation wegen Nichtannahme).** In einigen dieser Gesetzgebungen ist die Notanzeige wegen Nichtannahme zwar vorgeschrieben, ihre Verabsäumung hat aber nicht den Verlust der Regreßrechte zur Folge; so in Skandinavien (§§ 20, 45), Portugal (Art 337), den Niederlanden (184), Brasilien (Art 30); es tritt also in diesen Ländern als Folge der Unterlassung nur eine Schadensersatzpflicht ein. In anderen Ländern dagegen ist die Notifikation der Nichtannahme Bedingung des Rückgriffes; so in England (BEA 48), Vereinigte Staaten (NIL 169), Japan (Artt 475, 476, 478 Abs 2). Im englischen und anglo=amerikanischen Rechte (BEA 50[1, 2]; NIL 183, 184) tritt der Regreßverlust nicht ein, wenn ohne Verschulden des Inhabers die Notifikation hat unterbleiben oder verzögert werden müssen oder sonstige besondere Umstände vorliegen, die eine Befreiung von der Notifikationspflicht begründen. Die Fristen und Formen für die Notifikation sind in den einzelnen Gesetzgebungen verschieden bestimmt; vgl. nähere Einzelheiten bei Meyer Wwrecht I S. 361ff. Das neue russische Gesetz (§ 28) schreibt die Notifikation innerhalb dreier Tage vor, ohne die Folgen der Unterlassung anzugeben. **Anm. 8.**

II. Zukünftiges einheitliches Wechselrecht.

A. Der Haager und der Genfer Entwurf für ein einheitliches Wechselrecht fassen die Vorschriften über die Präsentation zur Annahme mit den Vorschriften über die Annahme selbst zusammen im Kapitel III unter der Überschrift „Von der Akzeptation". Die Vorschriften über die Präsentation zur Annahme (Artt 18, 19 DWO) sind enthalten in den Artt 20—23 HEWO, bzw. 21—24 GEWG. **Anm. 9.**

1. Artikel 20 HEWO, 21 GEWG: **Anm. 10.**

„Der Wechselbrief kann bis zum Verfall zur Annahme des Bezogenen, im Orte seines Wohnsitzes, durch den Inhaber (porteur) oder selbst durch einen bloßen Besitzer (détenteur) präsentiert werden."

Vgl. dazu Art 18 DWO und die Erläuterungen zu diesem Artikel, sowie hinsichtlich der geltenden ausländischen Wechselrechte den Anhang I Anm 1, 2.

Anm. 11. **2 a. Artikel 21 HEWO:**

„In jedem Wechselbriefe kann der Zieher bestimmen, daß er zur Annahme vorgelegt werden muß, mit oder ohne Bestimmung einer Frist.

Er kann in dem Briefe die Präsentation zur Annahme untersagen, es sei denn, daß es sich um einen domizilierten oder auf eine bestimmte Frist von Sicht ab gezogenen Wechselbrief handelt.

Er kann auch bestimmen, daß die Präsentation zur Annahme nicht vor einem bestimmten Datum erfolgen kann.

Jeder Indossant kann bestimmen, daß der Brief zur Annahme präsentiert werden muß, mit oder ohne Bestimmung einer Frist, es sei denn, daß er durch den Zieher als nicht annehmbar erklärt worden ist."

Der Genfer Entwurf hat diesen Artikel als Art 22 übernommen, mit einer Änderung in der Fassung des Abs 2, wo man an Stelle des Ausdrucks „domizilierter Wechsel", den man vermeiden wollte, die vorgeschriebenen Einzelfälle, die darunter fallen, spezifiziert hat. Bei der Beratung wurde ferner erwogen, ob die nicht akzeptabeln Tratten (Abs 2 des Artikels) zuzulassen seien. Bedenken dagegen wurden hauptsächlich aus dem Gesichtspunkte erhoben, daß dadurch die Ziehung von Wechseln auf imaginäre Personen begünstigt werde. Die Konferenz entschied sich jedoch für die Zulassung, hauptsächlich aus der Erwägung, daß viele Bezogene, die zur Zahlung des Wechsels bei Verfall bereit sein würden, sich scheuten, im Voraus bereits die strenge wechselrechtliche Bindung aus einem Akzepte zu übernehmen (Ber. d. Red.-Kom. N. 57, 58; Compte rendu S. 134). Infolgedessen hat Art 22 des Genfer EWG folgenden Wortlaut erhalten:

b. Artikel 22 GEWG:

(Abs 1 gleichlautend mit Art 21 Abs 1 HEWO, vgl. oben).

(Abs 2): „Er kann in dem Briefe die Präsentation zur Annahme untersagen, es sei denn, daß es sich um einen Wechselbrief handelt, der bei einem Dritten oder in einer anderen Ortschaft, als derjenigen des Domizils des Bezogenen zahlbar ist, oder um einen auf eine bestimmte Frist von Sicht ab gezogenen Wechselbrief."

(Abs 3 und 4 gleichlautend mit Art 21 Abs 3, 4 HEWO).

Vgl. über die hier geregelten Fragen (Anordnung und Verbot der Annahmepräsentation) zu Art 18 DWO Vorbem und Anm 8, sowie zu Art 19 Anm 1; ferner für die geltenden ausländischen Wechselrechte den Anhang I Anm 2 b.

Anm. 12. **3 a. Artikel 22 HEWO:**

„Die Wechselbriefe auf eine bestimmte Frist von Sicht ab müssen zur Annahme innerhalb der sechs Monate von ihrem Datum ab präsentiert werden.

Der Zieher kann diese letztere Frist abkürzen oder eine längere Frist bestimmen.

Diese Fristen können durch die Indossanten abgekürzt werden."

Der Genfer Entwurf hat diesen Artikel als Art 23 mit der Änderung übernommen, daß an Stelle der in Abs 1 HEWO bestimmten Frist von sechs Monaten eine Frist von einem Jahre als gesetzliche Präsentationsfrist bestimmt ist. Dementsprechend lautet der Artikel in dem Genfer Entwurf:

b. Artikel 23 GEWG:

(Abs 1:) „Die Wechselbriefe auf eine bestimmte Frist von Sicht ab müssen zur Annahme in der Frist von einem Jahre von ihrem Datum ab präsentiert werden."

(Abs 2 und 3 gleichlautend mit Art 22 Abs 2 und 3 HEWO).

Vgl. zu den hier geregelten Fragen der Präsentation des Nach-Sicht-Wechsels zur Annahme für das deutsche Recht Art 19 DWO und die Erläuterungen dazu.

Anm. 13. **4 a. Artikel 23 HEWO:**

„Der Inhaber ist nicht verpflichtet, sich des zur Annahme präsentierten Wechselbriefs in die Hände des Bezogenen zu entäußern.

Der Bezogene kann verlangen, daß eine zweite Präsentation an dem auf die erste folgenden Tage geschieht. Die Beteiligten dürfen nicht einwenden, daß diesem Verlangen nicht stattgegeben worden sei, wenn dieses nicht in dem Proteste erwähnt worden ist."

Der Genfer Entwurf hat in Art 24 den Art 23 der Haager EWO sachlich übereinstimmend übernommen, jedoch zur Herbeiführung größerer Klarheit (Ber. d. Red.-Kom. Nr. 51, C. r. S. 135) die beiden Absätze umgestellt. Der Artikel des Genfer Entwurfs lautet demnach wie folgt:

b. Artikel 24 GEWG:

(Absatz 1 gleichlautend mit Art 23 Absatz 2 HEWO, vgl. oben).

(Absatz 2 gleichlautend mit Art 23 Absatz 1 HEWO, vgl. oben).

Die Entwürfe gewähren sonach, abweichend vom deutschen Rechte (vgl. zu Art 18 DWO Anm 2), aber in Übereinstimmung mit mehreren geltenden ausländischen Wechselgesetzgebungen (vgl. den Anhang I Anm 2 a) dem Bezogenen auf Verlangen eine Bedenkfrist von einem Tage in der Weise, daß, wenn ein solches Verlangen gestellt wird, nicht sofort Protest erhoben werden kann, sondern die Präsentation am nächsten Tage wiederholt werden muß, jedoch mit der Maßgabe, daß aus der Nichterfüllung dieses Verlangens, also aus der unter seiner Nichtbeachtung erfolgten sofortigen Protesterhebung, Einwendungen der Beteiligten (als solche werden die Regreßpflichtigen, Aussteller und Indossanten, in Betracht kommen) nicht erhoben werden können, wenn das Verlangen nicht im Proteste beurkundet worden ist (Abs 2 der Haager, Abs 1 der Genfer Fassung). Dem Bezogenen wird aber ein Recht auf Aushändigung des Wechsels versagt (Abs 1 der Haager, 2 der Genfer Fassung); der Inhaber kann also während der Bedenkfrist den Wechsel in Besitz behalten.

B. Besondere Vorschriften über die Notwendigkeit der Protesterhebung im Falle der Nichtannahme eines Nach-Sicht-Wechsels (Art 20 Abs 1 DWO) enthalten die Entwürfe zu einem einheitlichen Wechselrechte nicht. Wird die Annahme eines solchen Wechselbriefes verweigert, so muß die Verweigerung gemäß Art 43 HEWO (Art 44 GEWG) durch einen Protest mangels Annahme festgestellt werden und findet sodann der Rekurs vor Verfall gegen die Regreßpflichtigen gemäß Art 42 Halbsatz 2 Nr. 1 HEWO (43 Halbsatz 2 Nr. 1 GEWG) statt; im Falle der Versäumung der Protestfrist sind die Ansprüche gegen alle Wechselverpflichteten mit Ausnahme des Akzeptanten erloschen (Art 52 HEWO; 53 GEWG); vgl. Näheres in den Anhängen II zu den Unterabschnitten VI, VIII DWO. Über den Protest mangels Datierung des Akzepts eines Nach-Sicht-Wechsels (Art 20 Abs 1 DWO) ist in Art 24 Abs 2 HEWO (25 Abs 2 GEWG) Bestimmung getroffen; vgl. darüber den Anhang II zum Unterabschnitte V DWO Anm 14, 15. Über die Herbeiführung der Fälligkeit des Nach-Sicht-Wechsels (Art 20 Abs 2, 3 DWO) ist folgende Bestimmung in den Entwürfen vorgesehen: **Anm. 14.**

a. Artikel 34 HEWO:

„Der Verfall eines Wechselbriefes auf eine bestimmte Zeit von Sicht ab wird bestimmt entweder durch das Datum der Annahme oder durch das des Protestes.

In Ermangelung des Protestes wird hinsichtlich des Akzeptanten angenommen, daß die nicht datierte Akzeptation am letzten Tage der gesetzlichen oder vereinbarten Präsentationsfrist erteilt ist".

Der Genfer Entwurf hat den Art 34 der Haager EWO als Art 35 sachlich übereinstimmend, mit einer lediglich redaktionellen Änderung in den Schlußworten des Absatzes 2 übernommen. Danach lautet der Artikel:

b. Artikel 35 GEWG:

(Absatz 1 gleichlautend mit Art 34 Abs 1 HEWO, vgl. oben).

(Absatz 2:) „In Ermangelung des Protestes wird hinsichtlich des Akzeptanten angenommen, daß die nicht datierte Akzeptation am letzten Tage der für die Präsentation zur Annahme vorgesehenen Frist erteilt ist".

Danach beginnt die Nach-Sicht-Frist gegenüber den Regreßpflichtigen mit dem Tage der Annahme, im Falle der Nicht-Annahme mit dem Tage des Protestes mangels Annahme zu laufen, während gegenüber dem Akzeptanten, wenn die Annahme nicht datiert ist, der letzte Tag der Präsentationsfrist (Artt 22 HEWO, 23 GEWG; vgl. oben zu A 3) der Tag des Beginnes der Nach-Sicht-Frist ist. Vgl. über die Regelung dieser Fragen im deutschen Rechte zu Art 20 DWO Anm 5, 9 und in den geltenden ausländischen Rechten den Anhang I zu diesem Unterabschnitte Anm 5.

V. Annahme (Akzeptation).

Vorbemerkung.

1. Die **Annahme (Akzeptation)** des Wechsels ist die auf dem gezogenen Wechsel erfolgende Erklärung desjenigen, an den die Anweisung zu zahlen gerichtet ist, des Bezogenen (vgl. Art 4 Nr. 7 und Anm 43 zu Art 4), daß er der Anweisung nachkommen, also bei Verfall den Wechsel einlösen werde. Durch sie erst tritt der Bezogene in den Wechselverband ein, und zwar als wechselmäßiger Hauptverpflichteter (Art 23). Die Annahme ist aber kein wesentliches Erfordernis des Wechsels, wie es die in Art 4 Nr. 1—8 aufgezählten Bestandteile sind; der Wechsel ist vollständig und als solcher wirksam auch, bevor und wenn er überhaupt nicht angenommen wird. Auch aus dem nicht angenommenen Wechsel entstehen wechselrechtliche Verpflichtungen, die freilich nur den Charakter einer Haftung (Regreßverpflichtung, Artt 8, 14) für den Fall der Nichtannahme oder Nichtzahlung des Wechsels durch den Bezogenen tragen; sie treffen den Aussteller und die Indossanten und sind in den Artt 8, 14, 25—29, 41—55 geregelt. Die Annahme des Wechsels ist auch **Anm. 1.**

keineswegs bei allen Arten von gezogenen Wechseln als Regel üblich; viele Wechsel werden nicht zur Annahme vorgelegt und zirkulieren ohne diese bis zum Verfall; sie finden ihren Kredit lediglich in der Haftung der Regreßpflichtigen, deren Unterschriften sie tragen. Besonders bei (unbefristeten) Sichtwechseln, die sofort bei der Vorlegung zahlbar sind und jederzeit zur Zahlung vorgelegt werden können, erscheint eine vorherige Annahme überflüssig und findet in der Regel nicht statt.

Anm. 2. 2. Über den **Entstehungsgrund** der Verpflichtung aus dem Akzepte vgl. die Darlegungen in der Vorbemerkung 2 vor Art 4, wo die über den Entstehungsgrund der Wechselverpflichtungen überhaupt und der Akzeptverpflichtung im besonderen bestehenden Streitfragen im Zusammenhange erörtert sind.

Anm. 3. 3. Im Gegensatze zum Wechsel kann **der Scheck** nicht angenommen werden (§ 10 SchGes; vgl. meinen ScheckgesKomm zu § 10).

Anm. 4. 4. Der hier zu erläuternde Unterabschnitt V der WO behandelt in Art 21 die Formen und den Inhalt der Annahmeerklärung, in Art 22 die Bedeutung von Einschränkungen der Annahme, in Art 23 die Wirkungen der Annahme und gibt schließlich in Art 24 einige besondere Bestimmungen über die Präsentation zur Annahme und die Annahme bei dem Domizilwechsel.

Artikel 21.

Die Annahme des Wechsels muß auf dem Wechsel schriftlich geschehen.

Jede auf den Wechsel geschriebene und von dem Bezogenen unterschriebene Erklärung gilt für eine unbeschränkte Annahme, sofern nicht in derselben ausdrücklich ausgesprochen ist, daß der Bezogene entweder überhaupt nicht oder nur unter gewissen Einschränkungen annehmen wolle.

Gleichergestalt gilt es für eine unbeschränkte Annahme, wenn der Bezogene ohne weiteren Beisatz seinen Namen oder seine Firma auf die Vorderseite des Wechsels schreibt.

Die einmal erfolgte Annahme kann nicht wieder zurückgenommen werden.

Anm. 1. 1. Als notwendige **Form für die Annahme** schreibt Art 21 Abs 1 vor, daß sie auf dem Wechsel schriftlich geschehen muß.

a) Schriftlich muß die Annahme geschehen. Eine bloß mündlich gegebene Zusage des Bezogenen, den Wechsel bei Verfall einlösen zu wollen, schafft keine wechselmäßige Verbindlichkeit, auch nicht gegenüber demjenigen, dem sie erteilt worden ist, sondern kann nur nach Maßgabe des allgemeinen bürgerlichen Rechts auf der Grundlage eines Vertrags oder einer unerlaubten Handlung schuldrechtliche Verpflichtungen erzeugen (ROHG 21, 165). Eine selbständige (abstrakte) vertragsmäßige Verbindlichkeit kann aber auch nach bürgerlichem Rechte durch ein mündliches Zahlungsversprechen im allgemeinen nicht zur Entstehung gelangen; es bedarf dazu grundsätzlich der Schriftlichkeit (§ 780 BGB). Von dieser Regel bestehen jedoch erhebliche Ausnahmen; ein mündliches Versprechen genügt nämlich, wenn es auf Grund einer Abrechnung oder eines Vergleichs (§ 782 BGB), sowie, was bei Wechseln besonders häufig zutreffen wird, von einem Vollkaufmanne im Betriebe seines Handelsgewerbes erteilt ist (§§ 350, 351, 343 HGB). Die mündliche (auch fernmündliche) oder telegraphische Zusage, eine bestimmte nicht akzeptierte Tratte einlösen oder ein als gefälscht erkanntes Akzept trotzdem honorieren zu wollen wird unter Umständen, namentlich wenn sie ohne Bezugnahme auf ein zugrunde liegendes Rechtsgeschäft erfolgt, als gewollte Begründung einer selbständigen Verbindlichkeit anzusehen sein (dahingestellt in ROHG 18, 193, verneint für den dort entschiedenen Fall in ROHG 21, 167) und deshalb, wenn die obenerwähnten Voraussetzungen vorliegen, zur Begründung einer solchen aus § 780 BGB gegenüber demjenigen, dem sie erteilt ist, ausreichen. Ob dadurch ein selbständiges Recht auch für die späteren Wechselnehmer gegen den Bezogenen begründet wird (vgl. darüber auf der Grundlage der früheren Landesrechte ROHG 18, 193; 21, 166), hängt nach dem jetzt geltenden Rechte (§ 328 BGB) davon ab, ob aus den Umständen, insbesondere aus dem Zwecke des Vertrags, eine solche Absicht zu entnehmen ist; der Umstand, daß ein Wechsel seiner Natur auch zum Umlaufe bestimmt ist, wird für sich allein dazu nicht genügen.

Anm. 2. Was zu der von dem Gesetze erforderten Schriftlichkeit gehört, wird durch § 126 BGB bestimmt. Es bedarf danach der eigenhändigen Unterzeichnung der Annahmeerklärung durch ihren Aussteller mittels Namensunterschrift oder gerichtlich oder notariell beglaubigten Handzeichens. Hinsichtlich der formellen Erfordernisse der Namensunterschrift gilt das gleiche wie für die Namensschrift des Wechselausstellers; vgl. zu Art 4 Anm 35 a; doch entsteht eine wechselmäßige Verpflichtung des Akzeptanten, ebenso wie des Ausstellers des Wechsels (vgl. zu Art 8 Anm 3), selbstverständlich nur, wenn die Unterschrift echt ist, d. h. wenn sie von demjenigen herrührt, der aus ihr in Anspruch genommen wird (ROHG 21, 165). Dieser wird andrerseits nicht mit Erfolg einwenden können, daß der Name, mit dem er unterschrieben hat, nicht sein Name oder daß er zur Führung dieses Namens nicht befugt gewesen sei. An Stelle des persönlichen Namens genügt auch hier bei Kaufleuten die Firma, da diese der handelsrechtliche Name des Kaufmannes ist.

Die Namensunterschrift kann auch durch einen dazu ermächtigten gesetzlichen oder gewillkürten Vertreter, und zwar sowohl unter Kennzeichnung des Vertretungsverhältnisses, wie ohne diese Kennzeichnung mit dem Namen oder der Firma des Vertretenen geleistet werden. Die Vollmacht dazu bedarf nicht der für die Akzeptation vorgeschriebenen schriftlichen Form, kann also auch mündlich erteilt sein (§ 167 Abs 2 BGB). Hat ein Vertreter ohne Vertretungsmacht die Unterschrift geleistet, so wird sie wirksam durch Genehmigung des Vertretenen, die gleichfalls der schriftlichen Form nicht bedarf (§ 182 Abs 2 BGB). — Handelt es sich um eine in der durch Abs 3 des Artikels (vgl. unten Anm 8) zugelassenen Form erfolgte Annahme, so ist der Schriftlichkeit durch die bloße Namensschrift (statt der in § 126 BGB erforderten „Unterzeichnung" der Urkunde) genügt. In anderen Fällen muß sich die Namenszeichnung ihrer Stellung nach als „Unterzeichnung" darstellen, d. h. so stehen, daß sie den Text der Erklärung deckt; vgl. zu Art 4 Anm 35.

b) **Auf dem Wechsel** muß die Annahme erfolgen. Sie kann demnach auf das einzige oder erste Exemplar (Sola oder Prima), aber auch auf ein Duplikat (Sekunda, Tertia usw.; vgl. zu Art 66 Anm 7) gesetzt werden. Die Ausstellung mehrerer gleichlautender Exemplare, die der Aussteller des Wechsels auf Verlangen dem Remittenten zu überliefern verpflichtet ist, hat gerade den Zweck, daß eines davon zum Akzept versandt werden kann, während die übrigen zirkulieren. Anders, wie das Indossament (vgl. zu Art 11 Anm 4), darf aber das Akzept nicht auf eine Kopie des Wechsels gesetzt werden, es muß vielmehr auf dem Wechsel selbst stehen. Die Ansicht von Grünhut (II 212) und Meyer, Wwrecht S. 209, daß das von dem Bezogenen auf einer Kopie erteilte Akzept ihn wechselmäßig verpflichte, findet im Wortlaut des Gesetzes, der an anderen Stellen (Artt 11, 71, 88 a) zwischen Wechsel (Originalwechsel) und Kopien deutlich unterscheidet, keine Stütze; vielmehr ist daraus, daß das Gesetz ausdrücklich gestattet, das Indossament auf eine Kopie zu setzen (Art 11) und die verpflichtende Kraft von Indossamenten, die auf einer Kopie stehen, besonders hervorhebt (Art 71), ein sicherer Schluß aus dem Gegenteile dafür zu entnehmen, daß es dem Akzepte auf einer Kopie die wechselmäßige Verbindlichkeit versagen will. So zutreffend Lehmann (S. 448 Fußnote 16), der auch mit Recht die Ansicht zurückweist, daß das auf einer Kopie erteilte Akzept gegenüber den Indossataren der auf dieser Kopie stehenden Indossamente wechselmäßig verpflichte; denn auch eine Kopie mit Indossamenten ist nicht der Wechsel. Auch auf ein mit dem Wechsel verbundenes Blatt (Allonge) kann das Akzept nicht wirksam gesetzt werden, da auch dem der Sprachgebrauch des Gesetzes (Art 11) entgegensteht; a. M. auch in diesem Punkte Grünhut und Meyer a. a. O. Ebenso muß die Akzeptation in einer besonderen Urkunde (Brief) als wechselmäßige Verpflichtung durch das deutsche Recht als ausgeschlossen gelten. Inwieweit in diesen Fällen eine bürgerlich-rechtliche Verpflichtung, namentlich aus Anerkenntnis (§ 780 BGB) entsteht, ist eine andere Frage. **Anm. 3.**

Der gewöhnliche Platz für das Akzept ist quer über den Text auf der Vorderseite. Doch ist dieser Platz vom Gesetze nicht vorgeschrieben; das Akzept kann auch auf einem anderen Teile der Vorderseite des Wechsels und in gleicher Richtung mit dem Texte, über, unter oder neben ihm stehen; auch an der für die Adresse bestimmten Stelle, links unter dem Texte, neben, über oder unter ihr; ebenso rechts bei dem Namen des Ausstellers (RGZ 12, 120); ferner aber auch, wenn es nicht gemäß Abs 3 (vgl. Anm 8) eine bloße Namensschrift ist, auf der Rückseite. **Anm. 4.**

c) Die Annahme kann aber ferner **nur durch den Bezogenen** erfolgen. Das ist in Abs 1 nicht ausdrücklich gesagt, ergibt sich aber aus der Natur der Sache, da der Zahlungsauftrag nur an den Bezogenen gerichtet ist, sowie aus Abs 2 und 3, wo der Bezogene genannt ist. Derjenige, der den Wechsel akzeptiert, muß also mit dem Bezogenen identisch sein, es sei denn, daß es sich um die Ehrenannahme eines notleidenden Wechsels auf Grund einer Notadresse oder ohne solche (vgl. Artt 56 ff. und die Erläuterungen dazu) handelt. Abgesehen von diesem Falle kann sonach die Annahmeerklärung einer anderen Person als derjenigen, auf die der Wechsel gezogen ist, keine wechselmäßigen Verpflichtungen als Akzeptant begründen (ROHG 15, 347; 20, 262; 21, 418; RGZ 14, 18; 35, 43; auch Bernstein S. 124). Darüber, ob und welche anderweiten Verpflichtungen etwa eine solche Erklärung erzeugen kann, vgl. unten Anm 6. Bestritten ist aber, ob und in welcher Weise die Identität des Akzeptanten mit dem Bezogenen durch übereinstimmende Bezeichnung der Person in der Adresse einerseits und in dem Akzepte andrerseits zum Ausdrucke gekommen sein muß (Erfordernis der formellen Identität). Daß die Identität sich aus dem Wechsel ergeben müsse (wie StStr Anm 6 verlangen), kann nicht verlangt werden; denn auch die vollständige Gleichheit der Namens- oder (jedenfalls wenn die Firmen sich nicht an dem gleichen Orte befinden sollen) der Firma-Bezeichnung ist kein Beweis der Identität (RGZ 73, 281). Bernstein (zu Art 21, § 2 unter 1 a α S. 125) verlangt formelle Übereinstimmung von Adresse und Akzept als Voraussetzung der Rechtswirksamkeit des Akzeptes. Andrerseits steht Lehmann (S. 446) auf dem Standpunkte, der Akzeptant sei stets dann verpflichtet, wenn er mit seinem Namen unterzeichnet habe und seine Identität mit dem Bezogenen nachweisbar sei. Auch das RG (1. Ziv.-Sen.) hat in RGZ 73, 281 grundsätzlich ausgesprochen, die ganze Anschauung von der Notwendigkeit einer formellen Identität zwischen Bezogenen und Akzeptanten, die der „herrschenden Lehre" allerdings entspreche, könne nicht gebilligt werden, da ein solches Erfordernis vom Gesetze nicht aufgestellt und durch innere Gründe nicht gerechtfertigt sei. Es hat deshalb entschieden, daß im Akzepte die vom Namen verschiedene Firma eines Kaufmannes auch dann gebraucht werden **Anm. 5.**

dürfe, wenn in der Adresse der bürgerliche Name stehe, und umgekehrt, und es hat auch die Verschiedenheit der Ortsangabe nicht als Hindernis für die Gültigkeit des Akzepts angesehen. Ebenso II 76/13, 27. 5. 1913 bei Holdheim 22, 250; vgl. auch I 176/10, 2. 7. 1910 (JW 1910, 834[7]). Man wird sich dieser Auffassung unbedenklich anschließen können, da es sich bei der Identität zwischen Bezogenem und Akzeptanten in der Tat nicht um ein vom Gesetze aufgestelltes formelles Erfordernis der Wechselurkunde handelt, sondern lediglich um eine materielle Rechtsbedingung für die Wirksamkeit der Verpflichtung des Akzeptanten. Solche materiellen Rechtsbedingungen für die Verpflichtung eines Wechselbeteiligten, wie die Wechselfähigkeit, die Echtheit seiner Unterschrift, können aber aus der Urkunde für sich allein überhaupt nicht entnommen werden; sie müssen und können vielmehr, falls sie bestritten sind, nur unter Heranziehung außerhalb der Urkunde liegender Umstände bewiesen werden (RGZ 73, 282). Daß die Weigerung des Akzeptanten, die von ihm geleistete Unterschrift zu honorieren, unter Berufung darauf, daß sie formell mit der Adresse nicht übereinstimme, obwohl er materiell der Bezogene ist, mit Treu und Glauben nicht zu vereinbaren sein würde, ist wohl ohne weiteres klar. Dieser Gesichtspunkt würde freilich nach bekannten Rechtsgrundsätzen (vgl. RGRKomm zu § 125 BGB Anm 1) nicht entscheidend sein, wenn wirklich eine die Nichtigkeit begründende Formvorschrift des Gesetzes vorläge; an einer solchen fehlt es aber, wie gesagt. Das RG hat freilich in späteren Entscheidungen seine grundsätzliche Stellungnahme gegen die herrschende Meinung nicht mit gleicher Bestimmtheit aufrechterhalten; in RGZ 100, 228 unternimmt vielmehr der 5. ZivSen eine wenig einleuchtende Synthese jener Stellungnahme mit dieser Meinung. Bedenken gegen die grundsätzliche Stellungnahme des Reichsgerichts äußert auch Bernstein bei Grünhut 69, 45. Auch die herrschende Meinung führt übrigens ihren grundsätzlichen Standpunkt nicht folgerichtig durch, erklärt vielmehr in mehr kasuistisch begründeten und dem Einzelfalle Rechnung zu tragen versuchenden Entscheidungen Abweichungen „geringerer" Art zwischen der Adresse und dem Akzepte für unschädlich. So wird von der herrschenden Meinung gelehrt und entschieden, nicht nur daß abweichende Schreibweise der Vornamen (Charles = Karl; Fr. = Friedrich und dgl.), sondern auch, daß ganz verschiedene Vornamen in Adresse und Akzept die Verpflichtung des Akzeptanten nicht beeinträchtigen, wenn die Identität anderweit festgestellt werden kann (ROHG 3, 271; StStr a. a. O. unter Bezugnahme auf RGZ 21, 223, wo es sich jedoch um einen Fall gehandelt hat, in welchem in der Adresse und dem Akzept ein übereinstimmender Vorname angegeben war, der aber dem Bezogenen nicht zukam; vgl. über diesen Fall oben Anm 2). Auch abgekürzte Firmenbezeichnung an der einen, vollständige an der anderen Stelle, namentlich Weglassung der zur Firmenbezeichnung gehörigen Angabe der Gesellschaftsform (AG, GmbH) an einer der beiden Stellen, ist von der herrschenden Meinung meistens für unschädlich erklärt worden (ROHG 14 172; 20, 262; RG in JW 1902 636[19], gegen ROHG 12, 172); im Recht 1903 Nr. 1074; RGZ 100, 228, bei Unterstellung der herrschenden Meinung; StStr a. a. O. In RGZ 35, 38 ist ein Akzept für unwirksam erklärt, das auf einem mit der Adresse „P. u. Cie" gezogenen Wechsel erteilt und „P. & Comp. Engineers Limited" unterschrieben war; doch ergibt die Begründung, daß es sich um zwei verschiedene Firmen handelte, also die **materielle** Identität fehlte oder doch nicht bewiesen war. Die herrschende Meinung verneint aber die Gültigkeit des Akzepts auch, wenn die Adresse auf eine Firma lautet und der Bezogene, der Inhaber dieser Firma ist, mit seinem bürgerlichen Namen unterzeichnet hat, also lediglich wegen Fehlens der **formellen** Identität der Bezeichnung; ebenso wenn eine Firma eine Sach- und Personenbezeichnung enthält und die Adresse auf die Sach-, das Akzept auf die Personenbezeichnung lautet; anders wenn die Adresse die Sach- und Personenbezeichnung enthält, im Akzepte aber einer dieser Bestandteile weggelassen ist (StStr a. a. O.; das dort in bezug genommene Urteil RGZ 47, 165 betraf aber nicht die Frage der Identität zwischen Bezogenem und Akzeptanten, sondern die Gültigkeit einer abgekürzten Firmenbezeichnung bei der Wechselzeichnung an sich). — Die Abweichung: „Herr" und „Frau" (Adresse: „Herrn Em. Forst"; Akzept: „Frau Em. Forst") ist vom ROHG (21, 416) als Grund für die Nichtverpflichtung des Akzeptanten erachtet worden; dagegen StStr a. a. O. und die dort Angeführten; für den handelsrechtlichen Verkehr auch Bernstein a. a. O. S. 125; vom Standpunkte der herrschenden Meinung wohl mit Unrecht). Ein zu weitgehender Formalismus in der Frage der formellen Identität zwischen Bezogenem und Akzeptanten dürfte um so weniger angebracht sein, als doch eine starke tatsächliche Vermutung dafür spricht, daß eine Person, auf die der Wechsel nicht gezogen ist, ihn auch nicht akzeptiert haben wird (RGZ 73, 282; 100, 229).

Anm. 5a. Zwischen dem **Erblasser** und dem **Erben** besteht materielle Identität nur insoweit, als der Erbe die vermögensrechtliche Persönlichkeit des Erblassers fortsetzt; im übrigen sind es zwei verschiedene Rechtssubjekte. Der Erbe kann also einen auf den Erblasser gezogenen Wechsel nur in seiner Eigenschaft als Erbe annehmen und muß diese Absicht in der schriftlichen Akzepterklärung zum Ausdruck bringen; andernfalls fehlt nicht nur die formelle, sondern die materielle Identität. Gleiches gilt, wenn ein **Vertreter** einen auf den **Vertretenen** gezogenen Wechsel annimmt, sofern er nicht (was zulässig ist, vgl. oben Anm 2) das Akzept unmittelbar mit dem Namen der Vertretenen unterzeichnet. — Keine materielle Identität besteht ferner **zwischen einem Gesellschafter und der offenen Handelsgesellschaft**; deshalb ist das Akzept eines auf den Gesellschafter persönlich gezogenen Wechsel durch ihn in seiner Eigenschaft als Gesellschafter unter Angabe der Gesellschaftsfirma als Akzept der Gesellschaft ungültig (RGZ 70, 211).

d) Ist sonach das Akzept des Nicht-Bezogenen, sei es nur beim Mangel der wirklichen (materiellen) oder auch schon beim Mangel der formellen Identität, nicht imstande, die wechselrechtlichen Verpflichtungen als Akzeptant zu begründen, so fragt sich, ob und welche anderweiten Verpflichtungen etwa der immerhin zweifellos vorhandene und zum Ausdrucke gebrachte Verpflichtungswille erzeugen kann. Thöl (S. 292) will ein derartiges Akzept als Eigenwechsel aufrechterhalten, wenn es örtlich und zeitlich datiert ist; doch dürfte dadurch den in Art 96 aufgestellten Erfordernissen des eigenen Wechsels nicht Genüge geleistet sein; vgl. zu Art 96 Anm 1, 5. Bernstein (bei Gruchot 69, 44 und JW 1927, 1347) nimmt an, daß ein derartiges Akzept im Wege der Konversion nach § 140 BGB als selbständig verpflichtende Willenserklärung des bürgerlichen oder Handelsrechts (§§ 784, 780 BGB; 363 HGB) aufrechterhalten werden könne, und zwar in der Weise, daß sie dem Verpflichtungswillen des Akzeptanten gemäß als zugunsten des jeweils legitimierten Wechselinhabers abgegeben zu gelten habe; daß ferner der materielle Umfang der Haftung der gleiche sei, wie der Umfang der Haftung des Bezogenen, der akzeptiert hat; daß auch die wechselmäßige dreijährige Verjährungsfrist (Art 77 WO) einzutreten habe; daß aber andrerseits insofern Unterschiede sich ergäben, als die Verpflichtung nicht bereits mit der Abgabe der Unterschrift ohne Begebung entstehe (vgl. unten Anm 14), auch nicht jede auf die Vorderseite des Wechsels gesetzte Namensschrift als verpflichtende Erklärung gelten könne (vgl. unten Anm 8) und der Anspruch im Wechselprozesse nicht verfolgbar sei. Über die Konversion von Urkunden, die als Wechsel gewollt sind, aber wegen eines Formmangels keine wechselmäßigen Verpflichtungen erzeugen können, vgl. zu Art 4 Anm 2. Es kann zugegeben werden, daß einer derartigen Konversion des Akzeptes nicht die gleichen Bedenken entgegenstehen, wie der Konversion der Regreßverpflichtungen des Ausstellers in dem in RGZ 48, 223 entschiedenen Falle. Immerhin erscheint es auch hier nicht unbedenklich, ohne weiteres anzunehmen, daß der Akzeptant, der, wie zu unterstellen, auf Grund bestehender Geschäftsübung, einen Wechsel mit den ihm bekannten strengen, aber bestimmten und begrenzten Verpflichtungswirkungen hat annehmen wollen, sich bereit gefunden haben würde, eine im geschäftlichen Verkehr wenig übliche bürgerlichrechtliche Verpflichtungserklärung abzugeben, deren Wirkungen erst durch besondere Abmachungen im einzelnen, soweit das überhaupt zulässig, den für Wechsel geltenden Bestimmungen hätten angenähert werden müssen mit dem Erfolge, daß ein Zwitterding zwischen wechselmäßiger und bürgerlich-rechtlicher Verpflichtung, wie es Bernstein konstruiert, herausgekommen wäre. Es wird der Feststellung im einzelnen Falle bedürfen, ob das nach dem unter den Beteiligten bestehenden Rechtsverhältnisse und der mit der Annahme des Wechsels verfolgten Absicht angenommen werden kann. Gegen Bernstein auch Philipp in JW 1927, 2973. **Anm. 6.**

Von dem Akzepte des Nicht-Bezogenen zu unterscheiden ist die Mitunterzeichnung des Akzeptes des Bezogenen durch einen Nicht-Bezogenen, auf Grund deren dieser nicht als Akzeptant, aber als wechselmäßig Verpflichteter für die Schuld des Akzeptanten, als „Avalist", verpflichtet wird (Art 81, vgl. Anm 5 dazu). Über die Bedeutung des Vermerks: „Angenommen per aval" vgl. unten Anm 9. **Anm. 7.**

2. Inhalt der Akzepterklärung. Welchen Inhalt die Akzepterklärung haben muß, ist in **Abs 2 und 3** des Artikels bestimmt. Danach bedarf es einer ausdrücklichen Annahmeerklärung nicht; jede „Erklärung", in der nicht ausdrücklich ausgesprochen ist, daß der Bezogene entweder überhaupt nicht oder nur unter gewissen Einschränkungen annehmen wolle, gilt für eine unbeschränkte Annahme, wenn sie auf den Wechsel geschrieben (vgl. oben Anm 3) und von dem Bezogenen unterschrieben ist (Abs 2). Entsprechend der Form des einfachsten Blankoindossaments (vgl. zu Art 12 Anm 2) gilt aber auch die bloße Namensschrift — Zeichnung des Namens oder der Firma — des Bezogenen „ohne weiteren Beisatz" — also ohne irgendwelche Erklärung — als unbeschränkte Annahme, wenn sie auf die Vorderseite des Wechsels geschrieben ist, auf der das Akzept zu stehen pflegt, während sie nicht ausreicht, wenn sie auf der Rückseite steht, wo Akzepte gewöhnlich nicht stehen (Abs 3). Es sind dies sehr weitgehende, im Interesse der Sicherheit des Wechselverkehrs aufgestellte Fiktionen (praesumtiones iuris et de iure), die, wie nicht verkannt werden kann, für Personen, die mit der Bedeutung des Wechsels nicht vertraut und trotzdem nach Art 1 WO unbeschränkt wechselfähig sind, gewisse Gefahren mit sich bringen. Sie sind, wie die Protokolle (zu §§ 21, 24 des Entwurfs, L. S. 46, 53; Thöl S. 50, 55) ergeben, nach eingehender Erörterung unter Ablehnung noch weiter gehender Vorschläge, die sogar Erklärungen des Bezogenen mit dem bestimmten Ausdrucke der Absicht, nicht akzeptieren zu wollen, als Annahme gelten lassen wollten, von der Leipziger Konferenz beschlossen worden, allerdings nur mit 10 gegen 9 Stimmen. Nach dem Wortlaute des Gesetzes müssen auch solche „Erklärungen", die einen ganz anderen, nicht auf die Annahme des Wechsels sich beziehenden oder rechtlich überhaupt unerheblichen Inhalt haben, z. B. „Gruß", „Schönes Wetter", „Angekommen" (möglicherweise Schreibfehler statt „Angenommen") und dgl., sofern sie auf dem Wechsel stehen und unter ihnen die Namensschrift des Bezogenen steht, als Annahme gelten. So Thöl (S. 268 Anm 5); Lehmann S. 448 Anm 18; Grünhut II S. 210 Anm 9; a. M. Bernstein S. 127, der meint, daß eine zur Annahme des Wechsels in keinerlei Beziehung zu setzende Erklärung, z. B. „Ich bitte am nächsten Tage zum Abendessen mein Gast zu sein" (oder auch, was vielleicht näher liegt, „Ich nehme die Einladung zum Abendessen an") nicht die Wirkung der Annahme haben könne. Dabei zieht er wohl nicht ge- **Anm. 8.**

nügend in Betracht, daß das Gesetz einen ausdrücklichen Ausspruch des Inhalts, daß der Bezogene nicht oder nur beschränkt annehmen wolle, verlangt (vgl. unten Anm 9) und daß diese, vom Gesetze bewußt gestellte Anforderung nicht durch Auslegung von Erklärungen abgeschwächt werden darf, die eine solche ausdrückliche Ablehnung nicht enthalten. Das Gesetz legt in bewußter Absicht demjenigen, der wissentlich eine Erklärung mit seiner Namensunterschrift oder auf der Vorderseite auch nur seine Namensschrift auf eine Urkunde gesetzt hat, die sich als ein bereits vollendeter oder im Entstehen begriffener Wechsel (Blankowechsel, vgl. unten Anm 16) darstellte, die Haftung als Akzeptant auf, ohne Rücksicht darauf, ob er ernstlich den Willen gehabt hat, als solcher zu haften oder überhaupt eine Wechselerklärung abzugeben. Voraussetzung ist lediglich, daß die Erklärung auf eine Urkunde gesetzt worden ist, welche erkennbar ein Wechsel war oder ein solcher zu werden bestimmt war, z. B. ein Wechselformular (RGZ 14, 24). Es handelt sich um einen Fall der Haftung Dritten gegenüber auf Grund der Herstellung und Inverkehrsetzung (Begebung) eines den Anschein einer Willenserklärung erweckenden äußeren Tatbestandes; vgl. die Vorbemerkungen vor Art 4 unter 2 Anm 9. Die dagegen vom rechtspolitischen Gesichtspunkte etwa zu erhebenden Bedenken (vgl. StStr zu Art 7 Anm 10; Dernburg § 276 Anm 16) können gegenüber der lex lata nicht durchgreifen. — Auch der Zusatz: „Prolongiert auf den..." zu der Namensschrift des Bezogenen enthält keine ausdrückliche Ablehnung der Annahme, welche jede Verpflichtung ausschlösse, sondern muß als eingeschränkte Annahme nach Art 22 Abs 2 ausgelegt werden und begründet eine dementsprechende wechselmäßige Verpflichtung des Bezogenen (ROHG 24, 267; vgl. zu Art 22 Anm 4).

Doch gilt die bloße Namensschrift des Bezogenen als Annahme nur, wenn sie sich auf der Vorderseite des Wechsels findet (Abs 2), während, wie die Motive zum Preußischen Entwurf (S. 48, angeführt bei Lehmann S. 449 Anm 19) zutreffend hervorheben, „wenn der Name des Bezogenen (für sich allein, ohne „Erklärung") auf der Rückseite des Wechsels unter den Indossanten, z. B. unter mehreren Blankoindossamenten, vorkommt, dies nur als Giro zu betrachten ist", das ja auch von dem Bezogenen ausgehen kann; vgl. zu Art 10 Anm 7.

Anm. 9. Die Nichtannahme muß zwar **ausdrücklich** ausgesprochen werden; doch braucht sie nicht gerade mit den Worten: „Nicht angenommen", „Ich nehme nicht an" oder „Ich lehne die Annahme ab" ausgedrückt zu sein; auch andere Ausdrücke, die unzweideutig den positiven Willen, nicht anzunehmen, bekunden, sind zulässig, z. B. „Ich zahle nicht"; „Wechsel wird nicht eingelöst"; „Geht mich nichts an" u. dgl. Dagegen gelten Erklärungen, die zwar als Ablehnung der Annahme gedeutet werden können, aber Zweifel übrig lassen, als Annahme. Als Annahme gilt die Sichtbescheinigung („Gesehen") ohne den Zusatz: „aber nicht angenommen" auch bei dem zur Annahme präsentierten Nach-Sicht-Wechsel; vgl. zu Art 19 Anm 1a.

Der Vermerk „Angenommen per aval" ist in RGZ 50, 13 auf Grund der Umstände des damaligen Falles dahin ausgelegt worden, daß der Bezogene den Wechsel als Akzeptant unbeschränkt annehmen und durch den Zusatz „per aval" nur zum Ausdruck habe bringen wollen, daß er sein Akzept für eine fremde Schuld abgebe. Aber auch wo positive Anhaltspunkte für eine solche Auslegung nicht vorliegen, muß ein solcher Vermerk nach Art 21 Abs 2, 3 als unbeschränkte Annahme gelten, da eine ausdrückliche Erklärung, nicht oder nur mit Einschränkungen annehmen zu wollen, fehlt; vielmehr zum mindesten Zweifel über die Bedeutung der Erklärung übrig bleiben werden.

Anm. 10. Mit Unrecht erklärt Bernstein (S. 117) gegen die Präsumtionen der Absätze 2 und 3 den Gegenbeweis an sich nicht für ausgeschlossen; der Ausdruck „gilt" bedeutet, wie sonst auch (vgl. § 892 BGB und dazu RGRKomm Anm 5) eine unwiderlegliche Vermutung (Fiktion). Der von ihm angeführte Fall betrifft lediglich einen Irrtum oder eine arglistige Täuschung des Bezogenen über den Inhalt seiner Erklärung, wie er vom Gesetze aufgefaßt wird, und kann daher nur eine Anfechtbarkeit nach Maßgabe der §§ 119, 123 BGB begründen. Vgl. über die Anfechtbarkeit von Wechselerklärungen zu Art 82 Anm 19.

Anm. 11. 3. Einer örtlichen oder zeitlichen **Datierung** bedarf die Annahme des Wechsels nicht. Auch bei dem Nach-Sicht-Wechsel hat die Ablehnung der Datierung durch den Akzeptanten nicht die Ungültigkeit des Akzepts zur Folge, sondern nur die in Art 20 Abs 3 bestimmte Wirkung für die Bestimmung des Verfalltages des Wechsels gegenüber dem Akzeptanten; vgl. zu Art 20 Anm 9. Ist das Akzept datiert, so ist das Datum, vorbehaltlich des Gegenbeweises maßgebend, auch wenn es vor dem Ausstellungstage liegt, da ja der Wechsel schon vor der Ausstellung — in blanco — akzeptiert sein kann. Wird der Gegenbeweis geführt, so entscheidet über die materiellen Wirkungen des Akzepts der wirkliche Tag der Annahme; so z. B. über die Frage, ob die Forderung aus dem Akzepte eine Konkursforderung im Konkurse des Akzeptanten ist (OAppG Dresden bei Seuffert 33 Nr. 156). Fehlt das Datum, so ist für den Zeitpunkt der Annahme derjenige beweispflichtig, der aus ihm Rechtsfolgen herleitet; so der Schuldner, wenn er behauptet, zur Zeit des Akzepts nicht wechselgeschäftsfähig gewesen zu sein (ROHG 19, 319; 20, 100; vgl. zu Art 1 Anm 17); andrerseits aber der Gläubiger, wenn er behauptet, daß derjenige, der den Akzeptanten bei der Annahme vertreten hat, zu dieser Zeit Vertretungsmacht hatte und dies bestritten ist (ROHG 19, 318); ebenso bei dem Akzepte einer offenen Handelsgesellschaft der Gläubiger, der den ausgeschiedenen Gesellschafter verklagt und behauptet, daß dieser zur Zeit des Akzepts noch Gesellschafter gewesen sei (OLG Darmstadt bei Seuffert 37 Nr. 133). Eine Vermutung, daß die Annahme gleichzeitig mit der Ausstellung geschehen sei, besteht nicht, auch nicht, wenn Aussteller und Akzeptant Eheleute sind; vielmehr spricht die Fassung des Wechsels in Verbindung mit der Annahmeerklärung dafür, daß der Wechsel erst gezogen und nachher angenommen ist, was auch dem gewöhnlichen Gange der Dinge gemäß ist (ROHG 3, 52; 20, 100; 21, 152; RGZ 11, 7); doch wird es sich dabei mehr um Beweiswürdigung, als um eine zur Umkehrung der Beweislast führende Vermutung handeln. Ein unmögliches Datum (31. April) macht, da es überflüssig ist, das Akzept nicht wirkungslos.

Sofern der Ort des Akzepts in Betracht kommt (z. B. für die wesentlichen Erfordernisse ein etwaiger ausländischer Ort, Art 85), erscheint eine tatsächliche Vermutung dafür begründet, daß das Akzept an dem in der Adresse bei dem Namen des Bezogenen angegebenen Orte, der als der wechselrechtliche Wohnort des Bezogenen gilt (Art 4 Nr. 8), erteilt worden ist. **Anm. 12.**

Die Annahme kann zeitlich vor oder nach der Ausstellung des Wechsels, auch nach seiner Fälligkeit und Protestierung liegen; auch ein nach Eintritt der Verjährung erfolgtes Akzept braucht nicht ganz ohne rechtliche Wirkung zu sein; es kann als Verzicht auf die Verjährung in Betracht kommen, wenn der Akzeptant von ihrem Ablaufe Kenntnis hat (so Bernstein S. 126 und S. 288; a. M. Meyer Wwrecht § 37 S. 230; Staub-Stranz zu Art 21 Anm 7). Bestritten ist, zu welchem Zeitpunkte der Akzeptant den nach Verfall akzeptierten Wechsel zu zahlen verpflichtet ist. Meyer Wwrecht § 37 S. 230 meint, daß nicht sofortige Zahlung verlangt werden kann, sondern daß der Akzeptant sich noch „einen geringen Aufschub" verschaffen wolle und daß dieser Aufschub auch für den Inhaber von Wert sein könne; eine besondere Vorlegung zur Zahlung müsse daher für erforderlich erachtet werden. In der Tat wird der Sinn der Vereinbarung, die darin liegt, daß der Inhaber das nach Verfall vom Bezogenen angebotene Akzept an Stelle der geschuldeten Zahlung entgegennimmt, darin gefunden werden müssen, daß der Wechsel nunmehr auf Verlangen zahlbar, also ein Sichtwechsel sein soll (wie im anglo-amerikanischen Rechte ausdrücklich bestimmt ist, vgl. Anhang I zu diesem Unterabschnitte Anm 2). Durch eine solche Vereinbarung kann jedoch der Verfall im Verhältnis zu den Regreßpflichtigen nicht hinausgeschoben und muß daher zur Erhaltung der Wechselrechte ihnen gegenüber der Protest mangels Zahlung nach Maßgabe der im Wechsel angegebenen Verfallzeit rechtzeitig erhoben werden. **Anm. 13.**

4. Die Bedeutung des **Absatzes 4** des Artikels ist nicht ohne weiteres klar. Er bestimmt, daß **die einmal erfolgte Annahme nicht zurückgenommen werden kann.** Diese Vorschrift bildet für die Anhänger der Kreationstheorie bei der Entstehung der Wechselverpflichtungen überhaupt, aber auch für die neuere Auffassung des Reichsgerichts von dem Entstehungsgrunde der Wechselverbindlichkeit gerade und nur des Akzeptanten durch einen einseitigen Skripturakt eine der hauptsächlichsten Stützen. Vgl. darüber Vorbemerkung zum zweiten Abschnitte vor Art 4 unter 2. Dort ist bereits dargelegt, daß die Vorschrift keineswegs nötigt, den Entstehungsgrund gerade der Verpflichtung aus der Akzeptation, die schon durch ihre Bezeichnung auf einen Vertrag hinweist und in der geschichtlichen Entwicklung stets so aufgefaßt ist, im Gegensatze zu dem Entstehungsgrunde der sonstigen Verpflichtungen aus dem Wechsel, nicht in einem Vertrage, sondern in einem einseitigen Skripturakte zu erblicken. Daß das nicht der Sinn der Vorschrift ist, ergibt aber zu voller Überzeugung die Entstehungsgeschichte der Vorschrift selbst. Sie ist nämlich, wie a. a. O. schon hervorgehoben ist, dem Pr. Allg. Landrechte entnommen, das sie in §§ 997, 998 II 8 im wesentlichen mit dem gleichen Wortlaute enthielt, nur daß dort neben der Zurücknahme auch das Ausstreichen der Akzeptation durch den Bezogenen besonders erwähnt ist. Sie war aber in dem Entwurfe eines Allgemeinen Gesetzbuchs für die preußischen Staaten noch nicht enthalten, sondern verdankt ihre Einfügung in das Gesetz einem Monitum, das Prof. Büsch in Hamburg in seinem „Mémoire sur les abus qui se sont introduits en France dans les affaires de change" gegen den Entwurf erhoben hatte. In dieser Abhandlung verficht er die Unwiderruflichkeit des Akzepts mit der Darlegung, daß die Präsentation eines Wechsels zur Akzeptation die Anfrage enthalte, ob der andere (der Bezogene) dem ursprünglich zwischen dem Aussteller und dem „Geber des Wertes" (dem Remittenten) abgeschlossenen Vertrage beitreten wolle, also offenbar einen Vertragsantrag. Dann heißt es weiter: **Anm. 14.**

„Si je dis, si j'écris ‚J'accepte', que manque-t-il à la consommation du contrat? Il n'a été question que de ma signature, j'ai signé, et j'oserais dire après que non cette signature, mais la délivrance au porteur constate mon engagement de l'acceptation?"

Es handelt sich hiernach lediglich um die Frage, in welchem Augenblick und wodurch der Vertrag, der durch die im regelmäßigen Gange der Dinge erfolgende Präsentation des Wechsels dem Bezogenen angetragen wird und der auf seinen Beitritt zu dem ursprünglich zwischen Aussteller und Remittenten geschlossenen Wechselvertrage gerichtet ist, zustande gekommen ist, ob schon durch das Schreiben der Annahmeerklärung oder erst durch die Wiederaushändigung des Wechsels mit dieser Erklärung an den Inhaber, der ihn vorgezeigt hat. In diesem Sinne haben auch die Verfasser des Landrechts auf das Monitum Büsch hin die Vorschrift in das Gesetz aufgenommen, indem sie in den Motiven in Form von Frage und Antwort ausführen:

„Wenn der Bezogene einmal schriftlich akzeptiert hat, kann er seine Akzepte wiederum ausstreichen, so lange er dem Präsentanten den Wechsel nicht zurückgegeben hat? Dieses wird nicht zu verstatten sein, weil eine einmal geschehene Annahme einseitig nicht widerrufen werden kann."

Diese Frage hält sich aber durchaus im Rahmen des Vertragsrechts, wie ja auch das BGB in § 151 das Zustandekommen eines Vertrages vorsieht, ohne daß die Annahme dem Antragenden gegenüber erklärt zu werden braucht, wenn eine solche Erklärung nach der Verkehrssitte nicht zu erwarten ist oder der Antragende auf sie verzichtet hat. Ein einseitiger Willensakt als Verpflichtungsgrund kommt dabei überall nicht in Frage.

Anm. 15. Die Bedeutung der Vorschrift ist demnach die, daß der Bezogene die auf dem ihm zur Annahme ausgefüllt präsentierten Wechsel von ihm unterschriebene Annahmeerklärung nicht mehr wirksam „zurücknehmen" (widerrufen) kann, auch bevor er den Wechsel wieder dem Präsentanten ausgehändigt oder sonst aus den Händen gegeben hat. Der Wechselakzeptvertrag ist durch die Niederschrift zustande gekommen und der Akzeptant dadurch wechselmäßig jedem Wechselinhaber gegenüber verpflichtet. Unwirksam ist sonach nicht nur die mündliche oder schriftliche Widerrufserklärung, auch wenn letztere auf dem Wechsel selbst erfolgt, sondern auch die Beseitigung des Akzepts mittels Durchstreichung, Ausradierung, Übergießens mit Tinte u. dgl., sofern diese Handlungen einseitig vom Akzeptanten vorgenommen werden. Auch wenn dadurch das Akzept unlesbar geworden ist, bleibt der Akzeptant verpflichtet; doch kann die Durchführung des Anspruchs nicht im Wechselprozesse erfolgen, da der vom Kläger zu führende Beweis, daß das Akzept von dem Bezogenen auf den Wechsel gesetzt worden, nicht durch die Urkunde erbracht werden kann (OLG Hamburg bei Seuffert 48 Nr. 208). Einige wollen in diesem Falle nur eine Klage auf Wiederherstellung des Akzepts gegen den Akzeptanten auf Grund des bürgerlichen Rechts als Schadensersatzklage [§ 249 BGB] wegen positiver Vertragsverletzung oder unerlaubter Handlung zulassen (so Bernstein S. 130; ROHG 1, 274; vgl. auch Nürnb. Prot. XVI), weil Wechselverpflichtungen ihrem Wesen nach voraussetzten, daß sie in der Wechselurkunde zur Erscheinung kommen. Doch wird sich dieser Satz nur für die Entstehung, nicht aber ausnahmslos für die Tilgung solcher Verpflichtungen rechtfertigen lassen. Noch weitergehend will Thöl (S. 274ff.) aus einem durchstrichenen Akzept überhaupt keine wechselmäßige Verbindlichkeit bestehen lassen, auch wenn es noch lesbar ist, weil ein solches dem nicht durchstrichenen nicht gleichstehe und sich aus der Durchstreichung nicht ergebe, daß sie einseitig vom Bezogenen erfolgt sei. Es wird sich aber hierbei nur um eine Frage der Beweislast oder vielmehr der Beweiswürdigung handeln. Wird aus einem durchstrichenen, aber noch lesbaren Akzepte von demjenigen geklagt, der den Wechsel zum Akzept präsentiert und mit diesem zurückerhalten hat, ohne gegen die Durchstreichung Widerspruch zu erheben, so wird allerdings, wenn nicht besondere Umstände vorliegen, angenommen werden können, daß er der Zurücknahme des Akzepts zugestimmt habe. Diese Zustimmung kann aber nicht dem dritten Wechselerwerber entgegengehalten werden, da dieser durch den mit dem Schreiben des Akzepts zustande gekommenen Wechselvertrag ein selbständiges Recht aus dem Wechsel erworben hat (vgl. zu Art 10 Anm 2).

Anm. 16. Auf ein Akzept, das auf ein noch nicht als Wechsel ausgefülltes Papier gesetzt ist (**Blankowechsel**; vgl. zu Art 7 Anm 4ff.), bezieht sich die Vorschrift des Abs 4 nicht von vornherein. In diesem Falle erscheint der Akzeptant als derjenige, der den Antrag zum Abschlusse des Wechselvertrags stellt, und der Vertrag kommt erst durch die Ausstellung des Wechsels zustande. Nach Ausstellung des Wechsels greift aber die Vorschrift Platz; der Akzeptant kann alsdann die in blanco erfolgte Annahme nicht mehr zurücknehmen. Verschieden davon ist die Frage, ob auf Grund des Blankoakzepts eine Verpflichtung des Akzeptanten auch ohne Begebungsvertrag eintritt. Das RG hat seine Auffassung, daß die Verpflichtung aus einem Akzepte in der Regel einen Begebungsvertrag nicht erfordere, nicht auf das Blankoakzept ausgedehnt, verlangt vielmehr als regelmäßige Grundlage für eine Verpflichtung aus diesem einen Begebungsvertrag (RG II 31. 1. 1913 bei Holdheim Bd 22 (1913) S. 191; im Recht 13 Nr. 1050). Der Akzeptant kann deshalb die Einrede, daß das Blankoakzept ohne Begebung ihm abhanden gekommen sei (durch Diebstahl, Verlust o. dgl.), grundsätzlich der Klage des Wechselinhabers entgegenhalten. Doch ist damit nicht gesagt, daß er diesen Einwand auch einem gutgläubigen Erwerber des ausgefüllten Wechsels entgegenhalten könnte; diese Folgerung zu ziehen hat das RG auch bei den Wechselverpflichtungen, für deren Entstehung es regelmäßig einen Begebungsvertrag als erforderlich erachtet, mit Recht abgelehnt. Vgl. Vorbem vor Art 4 Anm 8 und zu Art 9 Anm 3.

Artikel 22.

Der Bezogene kann die Annahme auf einen Teil der im Wechsel verschriebenen Summe beschränken.

Werden dem Akzept andere Einschränkungen beigefügt, so wird der Wechsel einem solchen gleichgeachtet, dessen Annahme gänzlich verweigert worden ist, der Akzeptant haftet aber nach dem Inhalte seines Akzepts wechselmäßig.

Anm. 1. Der Artikel behandelt die Zulässigkeit und die Wirkungen von **Einschränkungen bei der An-**

nahme, und zwar regelt er sie verschieden, je nachdem es sich um Beschränkung der Annahme auf einen Teil der im Wechsel verschriebenen Summe handelt (Abs 1) oder um irgendwelche anderen Einschränkungen (Abs 2).

1. Die Annahme unter Beschränkung auf einen Teil der im Wechsel verschriebenen Summe (Absatz 1 des Artikels) wirkt hinsichtlich dieses Teiles als vollgültige Annahme. Der Akzeptant ist in Höhe dieser Teilsumme jedem Wechselinhaber nach Wechselrecht verpflichtet. Einige Schriftsteller und Gerichte (auch das RG, vgl. Vorbem vor Art 4 unter 2) haben hieraus ein Argument für die Auffassung entnehmen wollen, daß die Akzeptverpflichtung nicht auf vertragsmäßiger Grundlage beruhe, weil nach § 150 Abs 2 BGB die Annahme eines Vertragsantrags unter Einschränkungen als Ablehnung verbunden mit einem neuen Antrag gelte. Indessen diese generelle Bestimmung des BGB für Verträge im allgemeinen schließt nicht aus, daß für einzelne Arten von Verträgen, mit Rücksicht auf ihre Besonderheiten, durch Spezialgesetze, soweit diese gegenüber dem BGB Geltung beanspruchen können, abweichende Bestimmungen getroffen sind und aufrechterhalten bleiben oder in Zukunft getroffen werden. Ein unbedingt wesentlicher Grundsatz des Vertragsrechts ist damit nicht ausgesprochen und deshalb auch keine Veranlassung gegeben, überall da, wo sich Abweichungen finden, anzunehmen, daß es sich nicht um einen Vertrag handeln könne. Die Vorschrift ist vielmehr ersichtlich daraus zu erklären, daß die Zustimmung des Antragenden zu der Änderung ohne weiteres vermutet wird, weil er in der Regel ein Interesse daran haben wird, daß die Annahme des Wechsels wenigstens für die Teilsumme zustande komme. — Die Annahme gilt aber insoweit als erfolgt, nicht nur im Verhältnisse zwischen den übrigen Wechselbeteiligten (Aussteller, Remittent, Indossatar) einerseits und dem Akzeptanten anderseits, sondern auch im gegenseitigen Verhältnisse jener zu einander als Regreßverpflichteten. Es entstehen daher hinsichtlich der angenommenen Teilsumme unter ihnen keine Regreßansprüche auf Sicherstellung mangels Annahme (Artt 25ff.) und es bedarf zur Erhaltung der etwa mangels Zahlung entstehenden Regreßansprüche nicht des Protestes mangels Annahme, auch soweit ein solcher im Falle der Nichtannahme erforderlich wäre, wie bei Nach-Sicht-Wechseln (Art 20) und unter Umständen bei domizilierten Wechseln (Art 24 Abs 2). Hinsichtlich des Unterschiedes zwischen der Summe, auf die der Wechsel gezogen ist und der angenommenen Teilsumme treten dagegen die Folgen der Annahmeverweigerung nach Maßgabe der erwähnten Vorschriften ein. **Anm. 2.**

2a. Aber auch wenn der Bezogene die Annahme des Wechsels unter anderen Einschränkungen erklärt, **haftet er nach dem Inhalte seines Akzepts wechselmäßig (Halbsatz 2 des Absatzes 2).** Der Wechselvertrag kommt also unter den von ihm selbst seinem Akzepte beigefügten Einschränkungen ohne weiteres zustande. Auch hierin liegt eine Abweichung von § 150 Abs 2 BGB, und zwar zweifellos eine erheblichere als die in Abs 1 des Artikels behandelte (vgl. oben zu 1). Auch sie aber läßt sich ohne Zwang aus der Besonderheit des Wechselvertrags erklären, bei dem es sich nur um ein einseitiges Summenversprechen handelt und innerhalb der dadurch gegebenen Grenzen eine Zustimmung des Antragenden auch zu andern Abänderungen des Vertragsantrags, als der Herabsetzung der Wechselsumme, recht wohl vermutet werden kann, wenn er eine seinem Vertragsantrage entsprechende Annahme des Wechsels nicht erreichen kann. Auch diese Bestimmung gibt deshalb keinen hinreichenden Anlaß für die an sich nicht naheliegende Auffassung, daß es sich im Sinne der WO bei der Annahme des Wechsels überhaupt nicht um einen Vertragsabschluß handle. Ob man die Festhaltung des Akzeptanten an seiner gegebenen Zusage de lege ferenda billigt, kommt dabei noch nicht einmal in Frage. **Anm. 3.**

Zu beachten ist, daß es sich in Abs 2 des Artikels nicht um beliebige Abänderungen des Wechsels durch den Bezogenen handelt, sondern nur um Einschränkungen, also um eine in irgendeiner Beziehung für den Bezogenen günstigere Verpflichtung. Daß die Einschränkungen nur solche sein können, die einer wechselmäßigen Verpflichtung überhaupt zugefügt werden können, ist selbstverständlich, da eine wechselmäßig unzulässige Verpflichtung ebensowenig durch beschränkte, wie durch unbeschränkte Annahme übernommen werden kann. Worauf deshalb ein Wechsel nicht gezogen werden kann (vgl. darüber zu Art 4), dazu kann auch der Bezogene nicht durch beschränkte Annahme verpflichtet werden. Deshalb muß die Annahme unter Hinzufügung einer echten Bedingung — eines zukünftigen ungewissen Ereignisses — (vgl. zu Art 4 Anm 61) als eine den Bezogenen nicht wechselmäßig verpflichtende gänzliche Verweigerung der Annahme gelten. So zutreffend Dernburg S. 278; Grünhut II S. 220; Goldschmidt ZfHR 28 S. 95 Anm 60; StStr Anm 6; vgl. auch Stranz in JW 1928, 1576[21]. A. M. Thöl S. 295; Bernstein S. 131. Daher muß als nicht wechselmäßig verpflichtend gelten die Annahme mit dem Beifügen: „Ich zahle, wenn meine Tochter heiratet"; oder „wenn ich vom Trassanten Deckung erhalte". Nicht entgegenstehend RGZ 119, 422, wo es sich nicht um eine vom Akzeptanten, sondern vom Aussteller beigefügte Bedingung handelte, und zwar eine in die Form der Zahlungsbedingung gekleidete Bestimmung einer Frist für die Vorlegung des Sichtwechsels; vgl. zu Art 19 Anm 2. Wechselmäßig unzulässig (vgl. zu Art 4 Anm 16) und daher als nicht verpflichtend zu behandeln ist ferner das Versprechen des Akzeptanten, statt, wie bezogen, eine Geldsumme zu zahlen, Waren zu leisten oder in Schecken zahlen zu wollen. Auch das Versprechen, in Raten zu zahlen, ist, weil es eine unzulässige Bestimmung der Verfallzeit des Wechsels darstellt (vgl. zu Art 4 Anm 27), wechselmäßig nicht verpflichtend (so auch Thöl S. 295 A. 3). Gleiches **Anm. 4.**

muß gelten von der Hinzufügung, daß der Akzeptant innerhalb einer Frist oder nach Kündigung zahlen wolle, weil eine solche Bestimmung der Verfallzeit unzulässig ist (vgl. zu Art 4 Anm 28). Zulässig und daher eine Verpflichtung des Akzeptanten nach Maßgabe der Annahme begründend ist dagegen die Bestimmung eines anderen, und zwar späteren Verfalltages (vgl. zu Art 21 Anm 8 und über den Beginn der Verjährung gegen ihn in diesem Falle zu Art 77 Anm 3); auch die Hinzufügung: „Nicht an Order" — Rektaakzept —, die bewirkt, daß der Akzeptant den durch Indossamente aus der Zeit nach dem Akzepte legitimierten Indossataren nicht haftet, auch früheren Wechselberechtigten nicht für die durch spätere Weiterindossierungen entstandenen Kosten (ROHG 14, 61; Lehmann S. 449 A. 25). Doch ist die Auslegung, daß dadurch auch die Verpflichtung gegenüber Indossataren aus bereits vor dem Akzept (oder der Präsentation zum Akzept) erfolgten Indossamenten ausgeschlossen werde (so ROHG 14, 62; dagegen Bernstein S. 132), wohl nicht sinngemäß. — Die Hinzufügung, an einem anderen als dem im Wechsel angegebenen oder kraft Gesetzes (Art 4 Nr. 8) als solcher geltenden Zahlungsorte zahlen zu wollen, enthält, wenn sie bei dem Akzepte steht, eine wechselmäßig zulässige Einschränkung und daher eine eingeschränkte Annahme; der Wechsel wird aber dadurch nicht zu einem für Jedermann als solcher erkennbaren Domizilwechsel und deshalb finden die Vorschriften der Artt 24, 43 WO auf ihn keine Anwendung (ROHG 25, 123). Gleiches wird von der Angabe einer Zahlstelle bei dem Akzepte gelten müssen; sie enthält eine Einschränkung der Annahme (a. M. StStr Anm 9 Abs 3 zu Art 22; Lehmann S. 451), kann aber nicht eine Anwendung des Art 43 Abs 2 zur Folge haben. Über die Wirkungen eines vom Akzeptanten der Adresse beigefügten Domizil- oder Zahlstellenvermerks vgl. zu Art 24 Anm 4. War andrerseits der Wechsel vom Aussteller domiziliert oder als Zahlstellenwechsel ausgestellt, so kann ihn der Bezogene mit der Einschränkung annehmen, daß er nicht dort, sondern an seinem Wohn- oder einem anderen Orte bzw. in eigener Person oder durch einen anderen Zahlungsleister zahlen wolle; der Wechsel bleibt aber ein Domizil- bzw. Zahlstellenwechsel und muß deshalb zur Erhaltung der Regreßrechte dem darin benannten Domiziliaten bzw. Zahlungsleister präsentiert und diesem gegenüber der Protest erhoben werden.

Anm. 5. **b)** Die in Abs 2 des Artikels bezeichneten Einschränkungen des Akzeptes durch den Akzeptanten — also alle anderen außer der Einschränkung auf einen Teil der Wechselsumme — haben jedoch **im Verhältnis der übrigen Wechselbeteiligten unter sich,** also der Regreßbeteiligten und Regreßverpflichteten zueinander, nicht die Bedeutung einer eingeschränkten Wechselannahme, sondern die einer **gänzlichen Verweigerung der Annahme (Halbsatz 1 des Absatzes 2).** Es werden also dadurch die Regreßansprüche des Remittenten und der Indossatare gegen den Aussteller und die Indossanten mangels Annahme (Artt 25 ff.) in der gleichen Weise und in dem gleichen Umfange zur Entstehung gebracht, wie bei gänzlicher Verweigerung der Annahme, und es bedarf andrerseits zur Erhaltung der Regreßrechte mangels Annahme und mangels Zahlung (Artt 41 ff.) der Vornahme der bei Annahmeverweigerung dazu erforderlichen Handlungen innerhalb der vorgeschriebenen Fristen, insbesondere auch des Protestes mangels Annahme, soweit eine Präsentationspflicht zur Annahme vorgeschrieben ist, also bei dem Nach-Sicht-Wechsel (Art 19) kraft Gesetzes und bei dem domizilierten Wechsel (Art 24 Abs 2) kraft Vorschrift des Ausstellers. Ferner ist im Verhältnis der Regreßpflichtigen zu den Regreßberechtigten auch inhaltlich lediglich der Wechsel, wie er gezogen wurde, ohne Rücksicht auf die vom Akzeptanten gemachten Einschränkungen maßgebend, insbesondere hinsichtlich der Wechselsumme, der Zahlungszeit und der aus ihr sich ergebenden Fristen für die Vorlegung des Wechsels zur Zahlung und für den Protest mangels Zahlung (Art 41). Vgl. ROHG 21, 151, wo auch ausgeführt ist, daß für die Entscheidung dieser Frage auch bei im Auslande zahlbaren Wechseln das inländische Recht zur Anwendung zu kommen habe (vgl. Zus. zu Artt 84—86 Anm 2). Die Maßgeblichkeit des Wechsels, wie er gezogen ist, muß aber (was ROHG a. a. O. dahingestellt gelassen hat) auch denjenigen Vormännern gegenüber gelten, welche den Wechsel erst nach der mit solchen Einschränkungen erfolgten Annahme indossiert haben, da durch eine Annahmeverweigerung der Inhalt der ihnen obliegenden Regreßpflicht nicht eingeschränkt werden kann, auch in der Entgegennahme des Wechsels mit dem eingeschränkten Akzepte durch die Indossatare eine Zustimmung zu diesen Einschränkungen nicht zu finden ist.

Anm. 6. **3.** Hinzufügungen, welche **keine Einschränkung, sondern eine Erweiterung** der Verpflichtungen des Akzeptanten bedeuten — also namentlich die Annahme einer höheren Summe, als diejenige ist, auf welche der Wechsel ausgestellt worden, ferner wohl auch die Früherlegung des Verfalltages —, fallen weder unter Absatz 1 noch unter Absatz 2 des Artikels. Doch wird kein Bedenken bestehen, darin eine unbeschränkte Annahme des Wechsels, so wie er gezogen worden, im Sinne des Art 21 Abs 2 zu finden. So weit sie über den Inhalt des Wechsels hinausgehen, werden sie freilich eine wechselmäßige Verpflichtung so wenig begründen können, wie das Akzept des Nicht-Bezogenen (vgl. zu Art 21 Anm 5; a. M. für die Erhöhung der Wechselsumme Lehmann S. 452. Abänderungen anderer Art müssen als gänzliche Verweigerung der Annahme angesehen werden. Bleibt es jedoch zweifelhaft, ob eine bei dem Akzepte gemachte Hinzufügung sich als Einschränkung darstellt, so muß die Erklärung gemäß Art 21 Abs 2 als unbeschränkte Annahme gelten.

Artikel 23.

Der Bezogene wird durch die Annahme wechselmäßig verpflichtet, die von ihm akzeptierte Summe zur Verfallzeit zu zahlen.

Auch dem Aussteller haftet der Bezogene aus dem Akzepte wechselmäßig.

Dagegen steht dem Bezogenen kein Wechselrecht gegen den Aussteller zu.

Der Artikel regelt die materiellen Wirkungen der Annahme des Wechsels durch den Bezogenen, und zwar einerseits im Verhältnisse zu den eigentlichen (primären) Wechselgläubigern (Absatz 1); andrerseits im Verhältnisse zum Aussteller (Absatz 2, 3). **Anm. 1.**

1. Im Verhältnisse zu den eigentlichen Wechselgläubigern, nämlich dem Remittenten und den weiteren, gemäß Art 36 durch Indossamente als Eigentümer des Wechsels legitimierten Wechselinhabern, wird der Bezogene **durch die Annahme wechselmäßig verpflichtet, die von ihm akzeptierte Summe zur Verfallzeit zu zahlen (Absatz 1).** **Anm. 2.**

a) Es handelt sich hier, wie der Wortlaut des Gesetzes in bewußtem Unterschiede zu anderen Gesetzesstellen (Abs 2 des Artikels, Art 8, Art 14, abweichend Art 81, vgl. Anm 12 dazu) zum Ausdrucke bringt, um eine primäre Verpflichtung, nicht um eine bloße Haftung, d. h. ein Einstehen für die Erfüllung einer anderen Verpflichtung, sei es des Haftenden selbst oder eines anderen Schuldners (vgl. zu Art 8 Anm 2). Die Zahlung der Wechselsumme an einen der genannten Wechselgläubiger ist das Ziel, auf dessen Erreichung der Wechsel in erster Linie gerichtet ist. Der Akzeptant wird dadurch als der eigentliche oder Hauptschuldner der Wechselverbindlichkeit gekennzeichnet. Die Entstehung dieser Verbindlichkeit hat zur Voraussetzung die Annahme des Wechsels durch den Bezogenen; erfüllt sich diese Voraussetzung nicht, so entstehen aus dem Wechsel nur Haftungen, Regreßverbindlichkeiten, vgl. zu Art 8 a. a. O. Vor der Annahme besteht keine wechselmäßige Verpflichtung des Bezogenen; inwieweit er dem einzelnen Wechselbeteiligten, namentlich dem Aussteller, aber auch unter Umständen dem Remittenten oder einer auf dem Wechsel als Indossant erscheinenden Person gegenüber zur Annahme des Wechsels oder zur Zahlung der Wechselsumme bei Verfall verpflichtet ist, bestimmt sich danach, ob der Wechselziehung ein bürgerlichrechtliches Verhältnis zwischen ihm und dem betreffenden Wechselbeteiligten und welches zugrunde liegt. Die Verpflichtung aus der Annahme dagegen ist eine wechselmäßige und als solche unabhängig von dem ihrer Eingehung zugrunde liegenden Rechtsverhältnisse zwischen dem Aussteller oder einem sonstigen Wechselbeteiligten und lediglich den nach Art 82 WO zulässigen Einwendungen, die aus dem Wechselrechte selbst hervorgehen oder dem Akzeptanten unmittelbar gegen den jedesmaligen Kläger zustehen, unterworfen; vgl. Vorbem vor Art 4 unter 3 Anm 10 und zu Art 82 Anm 1. Über den Entstehungsgrund der Verpflichtung des Akzeptanten aus dem Akzepte vgl. Vorbem vor Art 4 unter 2 und zu Art 21 Anm 14.

Mit der Annahme entsteht die wechselmäßige Verbindlichkeit des Akzeptanten; von weiteren Voraussetzungen ist ihre Entstehung nicht abhängig. Sie ist jedoch bis zur Verfallzeit aufgeschoben (befristet). Mit dem Eintritte der Verfallzeit wird sie ohne weiteres, insbesondere ohne Präsentation des Wechsels, fällig. Sofern die Verfallzeit unmittelbar nach dem Kalender bestimmt ist, also bei dem auf einen bestimmten Tag oder auf einen von der Kündigung ab nach dem Kalender zu berechnenden Zeitpunkt gestellten Wechsel oder wenn, was dem gleichsteht (vgl. RGRKomm zu § 284 A. 4 a. E), die Fälligkeit sofort mit der Kündigung eintritt — also bei Nach-Sicht- und Sichtwechseln — würde nach dem im bürgerlichen Rechte geltenden Grundsatze: „Dies interpellat pro homine“ (§ 284 Abs 2 BGB) der Akzeptant auch ohne Mahnung, die in der Präsentation des Wechsels zur Zahlung liegt, in Verzug geraten. Diese Rechtsregel ist aber auf den Wechsel nicht anwendbar, weil er zur Zirkulation bestimmt ist und der Akzeptant deshalb nicht wissen kann, wer zur Zeit des Verfalls Inhaber des Wechsels und also derjenige ist, an den er zu zahlen hat; deshalb ist ihm, solange der Inhaber sich nicht meldet, die Unterlassung der Zahlung nicht zuzurechnen und kann so lange Verzug nicht eintreten (§ 285 BGB). Wird aber gegen ihn die Wechselklage erhoben, so wird dieser Mangel durch die Zustellung der Klage und des Wechsels beseitigt; eine ohne vorherige Präsentation erhobene Klage kann daher nicht als verfrüht abgewiesen werden; nur ein Anspruch auf Verzugszinsen ist erst von der Klagezustellung ab begründet, und die Prozeßkosten fallen gemäß § 93 ZPO dem Kläger zur Last, wenn der Beklagte den Klageanspruch sofort anerkennt. So die herrschende Meinung: Dernburg S. 294 unter III a bei Anm 9 und S. 295 unter III b bei Anm 12; StStr zu Art 40 Anm 1; für den Nach-Sicht-Wechsel ROHG 3, 300; 14, 31; 20, 174; RGZ 8, 69; für den Sichtwechsel ROHG 5, 315. Der herrschenden Meinung ist Bernstein (S. 135, 136) entgegengetreten mit der Begründung, daß die Wechselverpflichtung eine Holschuld sei. Das gilt indessen als Regel auch für andere Schulden (§ 269 BGB), ohne daß daraus zu folgern wäre, daß auf Verurteilung nicht geklagt werden könne, wenn die Abholung nicht vorher versucht worden ist. Ist durch Bestimmung im Wechsel oder sonstige Vereinbarung die Holschuld in eine Bringschuld verwandelt, z. B. wenn der Wechsel im Geschäftslokale des Wechselnehmers oder eines sonstigen bestimmten Wechselgläubigers zahlbar gestellt ist (ROHG 8, 165; RGZ 28, 104) oder wenn auf die Präsentation verzichtet ist (ROHG 19, 131), so treten auch die Verzugsfolgen schon mit der Fälligkeit des Wechsels ein; im letzteren Falle aller- **Anm. 3.**

dings nur, wenn der derzeitige Wechselinhaber dem Akzeptanten bekannt ist (Bernstein S. 138 bei Anm 2).

Anm. 4. **b)** Ihrem **Umfange** nach geht die Verpflichtung des Akzeptanten zunächst nur auf Zahlung der akzeptierten Summe, nämlich der Summe, auf die der Wechsel gezogen (die in ihm „verschrieben" ist), oder desjenigen Teiles von ihr, auf den der Bezogene die Annahme beschränkt hat (Art 22 Abs 1, vgl. Anm 2 zu Art 22). Ein Zinsversprechen im Wechsel gilt gemäß Art 7 Satz 3 als nicht geschrieben, daher können Zinsen aus der akzeptierten Summe bis zum Verfalltage nicht in Frage kommen. Vom Verfalltage ab aber oder, falls mangels Präsentation der Verzug erst zu einem späteren Zeitpunkte eintritt (vgl. oben Anm 3), von diesem ab werden nach den Vorschriften des bürgerlichen Rechts (§§ 288 BGB, 352 HGB) Verzugszinsen geschuldet; doch wird ein wechselrechtliches Gewohnheitsrecht angenommen, auf Grund dessen Verzugszinsen, auch wenn Regreßverpflichtungen nicht bestehen (vgl. unten Anm. 6), von dem Akzeptanten in gleicher Höhe zu zahlen sind, wie von einem Regreßverpflichteten (ROHG 1, 251; Nürnb. Prot. 51 Nr. 10; Bernstein S. 139 bα; Düringer-Hachenburg II 340; RG 12. 2. 1900 und RG 26. 5. 1900 in ROHG 1, 259; StStr zu Art 50 Anm 12), also seit dem Ges. v. 3. 7. 1925 nach Maßgabe dieses Gesetzes, vgl. zu Art 50 Anm 4.

Anm. 5. Bestritten ist, ob, wenn keine Regreßverpflichtungen bestehen, der Akzeptant auch die Kosten eines trotzdem aufgenommenen Protestes zu tragen hat. Die Frage wird in allen Fällen zu bejahen sein, in welchen der Protest nach Lage der Umstände sich ersichtlich nicht als eine „schlechthin nutzlose und überflüssige Maßregel" darstellt (ROHG 5, 104), also namentlich wenn ausländische Vorschriften, die zur Anwendung zu kommen haben, ihn als erforderlich oder nützlich erscheinen lassen. Aber auch in anderen Fällen ist angenommen worden, daß der Protest nicht überflüssig und nutzlos gewesen sei, weil er im Wechselverkehr durchaus geschäftsüblich und zum Nachweise des Verzugs im Wechselprozesse kaum zu entbehren sei (RGZ 41, 127 und die dort Angeführten). Daran dürfte, wie StStr zu Art 50 Anm 15 zutreffend hervorheben, auch dadurch nichts geändert sein, daß nach § 605 ZPO n. F. für den Beweis der Präsentation nunmehr Eideszuschiebung zulässig ist, da dieses in seinem Erfolge sehr unsichere Beweismittel den durch eine Protesturkunde zu führenden Beweis nicht ersetzen kann, worauf wohl auch die Vorschrift des Art 42 Schlußsatz beruht.

Anm. 6. **c)** Der Umfang der Verpflichtung des Akzeptanten gestaltet sich jedoch nach einer zu allgemeiner Anerkennung gelangten Meinung in besonderer Weise, wenn der Wechsel bei Verfall auf Präsentation nicht bezahlt und mangels Zahlung protestiert worden ist, so daß aus ihm Regreßverpflichtungen entstanden sind. Es wird nämlich angenommen, daß in diesem Falle Art 81 Satz 2 WO eingreift, der vorschreibt, daß die wechselmäßige Verpflichtung jedes einzelnen Wechselschuldners sich auf alles erstreckt, was der Wechselinhaber wegen Nichterfüllung der Wechselverbindlichkeit zu fordern hat. Daraus wird hergeleitet, einerseits daß der Wechselinhaber die sämtlichen Beträge, auf die sich nach den Artt 50, 51 sein Regreßanspruch gegen die Regreßpflichtigen erstreckt und zugleich beschränkt, auch von dem Akzeptanten verlangen kann, und daß andrerseits auch die Ansprüche gegen den Akzeptanten in der gleichen Weise beschränkt sind wie die Regreßansprüche, daß sonach der Inhaber weitere wechselmäßige Ansprüche über die in den Artt 50, 51 bezeichneten Beträge hinaus auch gegen den Akzeptanten nicht erheben kann. Vgl. Protokolle L. S. 93 (Thöl S. 100), wo das Einverständnis der Konferenz, „daß vom Akzeptanten alles gefordert werden dürfe, was der Indossant oder Aussteller einem Nehmer zu gewähren habe", hervorgehoben wird; ferner Thöl S. 284; ROHG 24, 5; Bernstein S. 138 unter 2 a; StStr zu Art 50 Anm 16. Dabei hat der Wechselinhaber gemäß Art 81 Satz 3 die Wahl, ob er wegen seiner ganzen Forderung den Akzeptanten zugleich mit allen oder einzelnen Regreßpflichtigen oder allein in Anspruch nehmen will; daß er tatsächlich Regreß nimmt, ist also nicht erforderlich zur Inanspruchnahme des Akzeptanten; nur die Berechtigung zur Regreßnahme darf nicht erloschen sein. Ob aus Art 81 Satz 2 (wie die herrschende Meinung annimmt) auch zu folgern ist, daß vom Akzeptanten wechselmäßig nicht mehr als von den Regreßpflichtigen verlangt werden kann, also insbesondere nicht weiterer Schadensersatz wegen Verzugs, als die in den Artt 50, 51 normierten Beträge, ist m. E. zweifelhaft; aus dem Wortlaute des Art 81 Satz 2 und aus der Bemerkung in den Protokollen ergibt es sich nicht; als „Beschränkungen" der Wechselansprüche sind die Vorschriften der Artt 50, 51 allerdings gegenüber den Regreßverpflichteten aufgestellt, wodurch ihnen gegenüber ausgeschlossen wird, daß etwa alles, was vom Akzeptanten verlangt werden kann, auch von ihnen verlangt werden könnte. Das gilt aber nicht umgekehrt. Es wird deshalb nicht für ausgeschlossen erachtet werden können, daß der Inhaber vom Akzeptanten wechselmäßig höhere als die gesetzlichen Verzugszinsen fordert, wenn er durch den Verzug nachweislich einen höheren Geldschaden erlitten hat, was allerdings jetzt unter der Geltung des Gesetzes vom 3. 7. 1925 in der Regel nicht mehr eintreten wird. So im Ergebnisse richtig, aber mit bedenklicher Begründung Steinfeld in JW 1925, 1609 gegen KG in DJZ 1924, 743; OLG München in JR Rechtspr. 1925, 1420 und das von Bernstein zustimmend besprochene Urteil des LG Bremerhaven JW 1925, 662. Die herrschende Meinung nimmt übrigens auch für den Fall, daß keine Regreßverpflichtungen bestehen, an, daß die wechselmäßigen Ansprüche gegen den Akzeptanten sich auf die in den Artt 50, 51 bezeichneten Beträge zu beschränken haben (StStr Anm 12 zu Art 50;

Bernstein S. 139, 140 zu b α β), in analoger Anwendung der Artt 50, 51, 81 Satz 2, zu der aber kein hinreichender Anlaß gegeben sein dürfte. Unberührt bleibt jedenfalls ein etwa aus dem zugrunde liegenden bürgerlichen Rechtsverhältnisse sich ergebender weiterer, nicht wechselmäßiger Schadensersatzanspruch, namentlich des Ausstellers, gegen den Akzeptanten wegen der Nichthonorierung des Wechsels.

d) Im einzelnen erstreckt sich danach die wechselmäßige Verpflichtung des Akzeptanten, falls auch Regreßverpflichtete vorhanden sind: **Anm. 7.**

α) gegenüber dem Inhaber, der den Wechsel hat protestieren lassen oder vom Protestzwange befreit war, gemäß Art 50:

$\alpha\alpha$) auf die nicht bezahlte Wechselsumme; im Falle eingeschränkter Annahme nach Art 21 jedoch (Art 81 Satz 2 kann hier selbstverständlich nicht eingreifen) nur auf die akzeptierte Summe;

$\beta\beta$) Zinsen daraus in der durch das Gesetz vom 1. 7. 1925 bestimmten Höhe vom Verfalltage ab, ohne Rücksicht darauf, ob der Akzeptant mit diesem Zeitpunkte in Verzug geraten ist (vgl. oben Anm 6);

$\gamma\gamma$) die Protestkosten, und zwar auch im Falle der Befreiung vom Proteste, falls dennoch Protest erhoben worden (Art 42 Schlußsatz); ferner die „anderen Auslagen" (vgl. insbesondere darüber ob auch „Prozeßkosten" zu den anderen Auslagen gehören, zu Art 50 Anm 6);

$\delta\delta$) eine Provision von $^1/_3$ Prozent aus der Wechsel-, im Falle beschränkter Annahme der akzeptierten Summe (vgl. zu $\alpha\alpha$);

β) gegenüber dem Inhaber, der den Wechsel eingelöst oder als Rimesse erhalten hat gemäß Art 51: **Anm. 8.**

$\alpha\alpha$) auf die von ihm gezahlte oder durch Rimesse berichtigte Summe, jedoch im Falle beschränkter Annahme nach Art 21 nur insoweit, als darin die akzeptierte Summe und die aus ihr zu zahlenden Zinsen- und Provisionsbeträge stecken (vgl. oben zu $\alpha\alpha$);

$\beta\beta$) die ihm entstandenen Kosten, gleichfalls mit der für den Fall beschränkter Annahme sich ergebenden Einschränkung;

$\gamma\gamma$) eine Provision von $^1/_3$ Prozent aus der danach ihm zustehenden Summe (vgl. zu Art 51 Anm 10).

2. Der Bezogene haftet aber **aus dem Akzepte auch dem Aussteller wechselmäßig (Absatz 2).** **Anm. 9.** Solange der Bezogene nicht akzeptiert hat, bestimmt sich lediglich nach gemeinbürgerlichem Rechte, ob ein Rechtsverhältnis und welches zwischen dem Aussteller und ihm besteht und ob demgemäß der Bezogene dadurch, daß der Aussteller einen Wechsel auf ihn zieht, diesem gegenüber verpflichtet werden kann, den Wechsel einzulösen. Vgl. zu Art 4 Anm 43. Der einseitige Zahlungsauftrag, der in der Tratte zum Ausdruck kommt, ist lediglich die äußere Form, die für den Wechsel geboten ist, und für das materielle Verhältnis zwischen Aussteller und Bezogenem nicht maßgebend. Dieses kann, wenn überhaupt ein Rechtsverhältnis der Trassierung zugrunde liegt, von der verschiedensten Art sein: es kann eine Forderung des Ausstellers gegen den Bezogenen zugrunde liegen (Trassierung auf Schuld) oder ein Darlehens- oder sonstiges Kreditversprechen oder auch ein Schenkungsversprechen; aber auch eine Vereinbarung, nach welcher der Bezogene den Wechsel annehmen soll, aber ohne die Verpflichtung dem Aussteller gegenüber, ihn bei Verfall einzulösen, vielmehr mit der Verpflichtung des Ausstellers, für die Einlösung oder Deckung Sorge zu tragen (Gefälligkeitsakzept). Vgl. ROHG 7, 293, 353; RGZ 24, 90, aber wegen der in der letztgenannten Entscheidung daraus gezogenen, m. E. unzutreffenden Folgerungen hinsichtlich des Entstehungsgrundes der Akzeptverbindlichkeit zu Art 21 Anm 14. Durch die Annahme des Wechsels aber wird eine wechselmäßige und daher von dem zugrunde liegenden Rechtsverhältnisse grundsätzlich unabhängige Verpflichtung des Akzeptanten begründet, deren Geltendmachung nur im Wege der Einrede nach Art 82 WO durch Zurückgehen auf das zugrunde liegende Rechtsverhältnis entgegengetreten werden kann und der gegenüber, die Beweislast für den Einwand, daß auf Grund dieses Verhältnisses der Akzeptant berechtigt sein würde, die Rückgabe des von ihm wechselmäßig Gezahlten von dem Aussteller zu verlangen (sog. Revalierungsanspruch, vgl. unten Anm 11), dem Akzeptanten obliegt (ROHG 7, 353).

Die wechselmäßige Verpflichtung des Akzeptanten gegenüber dem Aussteller als solchem geht **Anm. 10.** jedoch nicht (wie gegenüber den primären Wechselgläubigern, vgl. oben Anm 2, 3) unmittelbar auf Zahlung der Wechselsumme bei Verfall, sondern sie begründet nur eine Haftung, d. h. ein Einstehen dafür, daß die Zahlung an den zur Verfallzeit legitimierten Wechselgläubiger erfolgen werde. Anders, wenn der Wechsel an die eigene Order des Ausstellers gezogen ist (vgl. zu Art 6 Anm 3). In diesem Falle erwirbt der Aussteller in seiner Eigenschaft als Remittent ein direktes Recht auf Zahlung der Wechselsumme, falls er zur Zeit des Verfalls legitimierter Inhaber des Wechsels ist, sei es, daß er den Wechsel überhaupt nicht weiterbegeben oder vor Verfall durch Rückindossament auf ihn (vgl. zu Art 10 Anm 8) oder ohne solches unter Ausstreichung seines und der etwa nachfolgenden Indossamente (vgl. zu Art 36 Anm 9) zurückerworben hat; auch erwirbt er im Falle der Einlösung des Wechsels von einem Hintermanne kein neues Recht, sondern nur sein früheres Recht als Remittent, das auch nach der Weiterbegebung bedingt fortbestanden hat; vgl. zu Art 10 Anm 5. Ein solcher Fall des Wechsels an eigene Order lag dem Urteile in RGZ 21, 400 zugrunde; die Begründung dieser Entscheidung erscheint aber bedenklich, da sie dahin verstanden werden kann (und anscheinend von StStr Anm 2 zu Art 23 dahin verstanden worden ist), daß auch bei einem Wechsel an fremde Order durch die Einlösung nur ein bereits bestehendes Recht des Ausstellers als legitimierten Wechselgläubigers wieder in volle Kraft trete, was unrichtig wäre, da der Aussteller als solcher bis zur Einlösung des Wechsels durch ihn noch gar nicht legitimierte Wechselgläubiger und zur Indossierung befugt war. Dem Aussteller, der den mangels Zahlung protestierten Wechsel in Händen hat, steht die Vermutung zur Seite, daß er ihn durch Einlösung im Wege des Regresses von einem Hintermanne erlangt hat; den Beweis der Zahlung an diesen braucht er nicht zu führen (ROHG 14, 328; vgl. zu Art 51 Anm 3). Auch kann ihm der Einwand, daß er zur Einlösung nicht verpflichtet gewesen sei, weil der Regreßanspruch des Hintermannes erloschen war, nicht entgegengehalten werden; das würde eine Einrede aus dem Rechte eines Dritten bedeuten (RG in JW 1927, 354; vgl. zu Art 51 Anm 4).

Anm. 11. **3. Dagegen steht dem Bezogenen kein Wechselrecht gegen den Aussteller zu (Absatz 3).** Vgl. über das Verhältnis zwischen dem Bezogenen und dem Aussteller oben zu 2. Danach bestimmt sich lediglich nach gemeinbürgerlichem Rechte, ob der Bezogene, der den Wechsel, sei es, nachdem er ihn angenommen hatte oder ohne ihn angenommen zu haben, bezahlt hat, einen Anspruch auf Erstattung (sog. Revalierungsanspruch, von Bernstein in leicht mißzuverstehender Weise als „Deckungsanspruch" bezeichnet), gegen den Aussteller hat. Dieser Anspruch kann sich auf den in der Tratte liegenden Zahlungsauftrag und die daraus sich ergebende Pflicht des Auftraggebers zum Ersatze der Aufwendungen (§ 670 BGB) gründen, falls ein solcher Auftrag materiell der Wechselziehung zugrunde liegt, was der Akzeptant zu beweisen hat und durch die bloße Tatsache der Wechselziehung nicht beweisen kann, angesichts der verkehrsüblichen Mehrdeutigkeit dieses Vorganges. So die herrschende Meinung: ROHG 7, 353; 10, 287; RGZ 24, 90; RG in JW 1902, 545[12]; ZfHR 29, 239; Dernburg § 270; Bernstein S. 142; StStr Anm 5. Der entgegengesetzten Meinung sind namentlich Thöl S. 250; Lehmann S. 2ff. Doch kann der Zahlungsauftrag aus einem die Wechselziehung ankündigenden Briefe oder sonstiger Mitteilung entnommen werden. Ist der Bezogene ein Kaufmann, so kann er für die Ausführung des Auftrags auch ohne Verabredung außer den Auslagen Provision verlangen, sowie Zinsen der Auslagen vom Tage der Leistung (§ 354 HGB). Mehr als den Betrag seiner wirklichen Auslagen kann der Bezogene auf Grund des Auftragsverhältnisses nicht verlangen; also, falls er infolge Vergleichs mit dem Wechselinhaber nur einen Teil der Wechselsumme bezahlt hat, nur diesen (RGZ 4, 80). Eine „Risikoprämie" (StStr Anm 9) wird er nur auf Grund besonderer Vereinbarung zu fordern berechtigt sein. War das Akzept ein Gefälligkeitsakzept (vgl. oben zu 2), so erstreckt sich der Revalierungsanspruch auf den Schaden, der dem Bezogenen dadurch entstanden ist, daß der Trassant nicht rechtzeitig den Wechsel selbst eingelöst oder Deckung gesandt hat, also auch auf die dadurch entstandenen Protest- und Prozeßkosten. Das muß auch gelten, wenn zwar kein Gefälligkeitsakzept vorliegt, aber eine vorherige Deckungspflicht des Trassanten um deswillen begründet war, weil das bei Akzeptation des Wechsels als bestehend angenommene Schuldverhältnis des Bezogenen gegenüber dem Trassanten (Schuld aus Warenkauf) in Wirklichkeit nicht bestand (so zutreffend Bernstein S. 145; a. M. ROHG 21, 324 mit unzutreffender Begründung). In den Fällen der Deckungspflicht vor Verfall kann der Akzeptant, wenn der Aussteller sie nicht erfüllt hat, im Klagewege auch Herausgabe des akzeptierten Wechsels von dem Aussteller verlangen. Im Konkurse des Ausstellers kann nach den in der Plenar-Entsch. des RG vom 15. 2. 1886 (RGZ 14, 172 gegen RGZ 7, 80; vgl. auch RGZ 42, 37) dargelegten Rechtsgrundsätzen der Akzeptant, der einen Teil der Wechselsumme an den Wechselgläubiger bezahlt hat, bzw. dessen Konkursmasse, aus der ein solcher Teil bezahlt worden ist, für den Revalierungsanspruch nur insoweit Konkursdividende beanspruchen, als nicht der Wechselgläubiger für seine Restforderung aus der Konkursmasse des Ausstellers Dividende erhält; das soll auch dann gelten, wenn die Dividende im Konkurse des Ausstellers durch einen Zwangsvergleich festgesetzt ist. Andrerseits kann in Anwendung der gleichen Rechtsgrundsätze der Aussteller, der vereinbarungsgemäß dem Akzeptanten für den akzeptierten Wechsel vor Verfall Deckung eingesandt hat, falls der Akzeptant trotzdem den Wechsel nicht bezahlt hat, im Konkurse des Akzeptanten einen Anspruch auf Konkursdividende nur insoweit erheben, als nicht der Wechselgläubiger für seine Wechselforderung in dem Konkurse Dividende erhält (RGZ 32, 84).

Artikel 24.

Ist in dem Wechsel ein vom Wohnorte des Bezogenen verschiedener Zahlungsort (Artikel 4 Nr. 8) angegeben (Domizilwechsel), so ist, insofern der Wechsel nicht schon ergibt, durch wen die Zahlung am Zahlungsort erfolgen soll, dies vom Bezogenen bei der Annahme auf dem Wechsel zu bemerken. Ist dies nicht geschehen, so wird angenommen, daß der Bezogene selbst die Zahlung am Zahlungsorte leisten wolle.

Der Aussteller eines Domizilwechsels kann in demselben die Präsentation zur Annahme vorschreiben. Die Nichtbeobachtung dieser Vorschrift hat den Verlust des Regresses gegen den Aussteller und die Indossanten zur Folge.

1. Im Anschlusse an die Vorschriften der vorhergehenden Artikel über die Annahme bringt **Anm. 1.** dieser Artikel Vorschriften über gewisse Modalitäten, die sich für die Annahme bei einer Sonderart des Wechsels, dem **Domizilwechsel,** ergeben, und verbindet damit eine Bestimmung dieses Rechtsbegriffs. Die Begriffsbestimmung ist in dem einleitenden Nebensatze von Satz 1 des ersten Absatzes in Form eines Bedingungssatzes gegeben. Im übrigen enthält Absatz 1 eine Anweisung an den Bezogenen über die Bezeichnung des Domiziliaten bei der Annahme; Abs 2 Bestimmungen über die Präsentation des Domizilwechsels zur Annahme. Die Bestimmungen über die Präsentation des Domizilwechsels zur Zahlung und den Protest eines solchen mangels Zahlung sind in Art 43 enthalten; vgl. die Erläuterungen dazu.

2. Begriff und Erfordernisse des Domizilwechsels. Als Domizilwechsel bezeichnet das Ge- **Anm. 2.** setz einen gezogenen Wechsel, in welchem ein vom Wohnorte des Bezogenen verschiedener Zahlungsort (Art 4 Nr. 8) angegeben ist.

a) Über die Angabe des Zahlungsortes im Wechsel vgl. Art 4 Nr. 8 und zu Art 4 Anm 48 ff. Danach gilt als Zahlungsort und zugleich als (wechselrechtlicher) Wohnort des Bezogenen der bei dem Namen oder der Firma des Bezogenen angegebene Ort, sofern nicht ein eigener Zahlungsort angegeben ist. Ist ein eigener, und zwar ein von dem bei dem Namen oder der Firma des Bezogenen angegebenen verschiedener Ort als Zahlungsort angegeben, so liegt ein Domizilwechsel (auch domizilierter Wechsel genannt) vor. Kein Domizilwechsel liegt sonach vor, wenn ein mit dem bei dem Namen oder der Firma genannten Orte übereinstimmender Ort als Zahlungsort genannt ist, z. B. im Texte: „Zahlen Sie in Freiburg", in der Adresse: „An Herrn A. in Freiburg". In Betracht kommt nur eine Verschiedenheit des wechselrechtlichen Wohnortes, d. h. des bei dem Namen oder der Firma angegebenen Ortes, von dem Zahlungsorte; ob der Bezogene wirklich an dem angegebenen Orte wohnt, ist ohne Belang (ROHG 11, 187). Über den Ortsbegriff vgl. zu Art 4 Anm 49. Danach handelt es sich auch hier um eine Ortschaft. Doch wird die dort für die Vorschrift des Art 4 Nr. 8 im Interesse der Aufrechterhaltung des Wechsels vertretene Auffassung, daß als „Ort" (Ortschaft) auch einzelne wirtschaftlich oder verkehrsmäßig einigermaßen selbständige Ortsteile einer politischen Gemeinde gelten können, hier, wo ausdrücklich Verschiedenheit der Orte gefordert wird, nicht vertreten werden können. Ein Wechsel, in welchem bei dem Namen des Bezogenen „Charlottenburg" angegeben und der in einem anderen Teile der Einheitsgemeinde Groß-Berlin zahlbar gestellt ist, wird also kein (eigentlicher) Domizilwechsel, sondern nur unter Umständen ein Zahlstellenwechsel (vgl. unten Anm 13) sein. Durch die Vorschriften der Protestnovelle (vgl. Art 91 a und die Erläuterungen dazu) über „benachbarte Orte" wird die Ortsverschiedenheit der in Betracht kommenden Orte nicht berührt, da sie vom Reichsrate nicht als ein Ort, sondern nur als benachbarte Orte erklärt werden können. Über die Bestimmtheit der Ortsangabe hat an sich das zu Art 4 Anm 51 Gesagte zu gelten. Doch muß hier als erforderlich angesehen werden, daß die Verschiedenheit des Orts durch ihre Bezeichnung deutlich erkennbar gemacht ist, also z. B. Frankfurt a. M. — Frankfurt a. O. Bloße Vermutungen für eine Ortsverschiedenheit, die aus der sonstigen Fassung des Wechsels hergeleitet werden können, genügen nicht, z. B. nicht der Umstand, daß ein Wechsel „beim Aussteller" zahlbar gestellt ist und daß als Ausstellungsort ein anderer Ort, als bei dem Namen oder der Firma des Bezogenen, aber bei der Unterschrift des Ausstellers kein Ort angegeben ist, da der Ausstellungsort bei dem gezogenen Wechsel (anders beim eigenen Wechsel Art 97) nicht ohne weiteres als Wohnort des Ausstellers gelten kann (ROHG 3, 6; 25, 57). Ebensowenig genügt für einen Domizilwechsel, daß in dem Wechsel eine Person benannt ist, bei der er zahlbar sein soll und daß diese an einem von dem wechselmäßigen Wohnorte des Bezogenen verschiedenen Orte tatsächlich wohnt, ohne daß das aber in dem Wechsel zum Ausdrucke kommt (ROHG 5, 99). Ebensowenig liegt ein (eigentlicher) Domizilwechsel vor, wenn in dem Wechsel eine Person als Zahlungsleister (angeblicher Domiziliat) bezeichnet ist, die an dem gleichen Orte wohnt, wie der Bezogene, aber, wie sich aus dem Wechsel ergibt, in einer anderen Wohnung (ROHG 18, 148); doch wird nach der durch die Protestnovelle eingeführten Fassung des Art 43 Abs 2 nunmehr die als Zahlungsleister benannte Person insofern wie ein Domiziliat behandelt, als der Wechsel ihr zur Zahlung zu präsentieren und, wenn die Zahlung unterbleibt, ihr gegenüber zu protestieren ist. Vgl. Näheres unten Anm 13 und zu Art 43 Anm 7.

b) Die Angabe des eigenen Zahlungsortes muß **im Wechsel** erfolgen. Eine bestimmte Stelle **Anm. 3.** im Wechsel ist ebensowenig, wie für die Angabe des Zahlungsorts beim nicht-domizilierten Wechsel vorgeschrieben. Vgl. darüber zu Art 4 Anm 54. Es kann daher dem Erfordernisse in der gleichen Weise wie dort Genüge geleistet werden, nämlich sowohl durch eine Hinzufügung bei der Adresse: „An Herrn A. in Dresden, zahlbar bei B. in Leipzig", wie auch durch Einfügung in den Text: „Zahlen Sie in Leipzig bei B. an A. in Dresden." Auch durch einen Vermerk vor Beginn des Textes (Überschrift; RGZ 113, 336). Auch bei dem Remittenten, der als an einem anderen Orte, wie der Bezogene, wohnend bezeichnet ist, kann der Wechsel domiziliert werden, z. B. „Zahlen Sie an die Verlagsanstalt in Neu-Strelitz bei deren Kasse" (bei dem Namen des Bezogenen war ein anderer Ort angegeben): RGZ 15, 113. Doch muß deutlich erhellen, daß bei dem Remittenten gezahlt werden, nicht etwa nur der Wohnort des Remittenten angegeben werden soll; daher wird nicht genügen: „Zahlen Sie an Herrn A. in Dresden", wohl aber: „Zahlen Sie in Dresden an Herrn A."

Anm. 4. Daraus, daß der Domizilvermerk im Wechsel erfolgen muß, ergibt sich ferner, daß er regelmäßig vom Aussteller, als dessen Willenserklärung sich der Wechsel darstellt, ausgehen muß. Doch kann er mit Zustimmung des Ausstellers auch von einem anderen Wechselinhaber dem Texte oder der Adresse des Wechsels beigefügt werden und gilt dann als Teil der Willenserklärung des Ausstellers. Hat der Aussteller die Klausel „Domizil offen" oder einen ähnlichen Vermerk in den Wechsel gesetzt, so ist das nach Handelsbrauch dahin auszulegen, daß er dem späteren Wechselinhaber die Beifügung eines Domizilvermerks gestatten wollte (Gutachten der Handelskammer Berlin Bd 9 Nr. 10021; KG im Recht 07, 520). Ist aber die Hinzufügung erst nachträglich erfolgt, so kann sie keine Wirkung haben zum Nachteile derjenigen, welche den Wechsel unterschrieben oder erworben haben, bevor der Domizilvermerk auf ihn gesetzt war; vgl. zu Art 43 Anm 3. Hat ein anderer Wechselinhaber, als der Aussteller, wenn auch ohne Zustimmung des Ausstellers, einen Domizilvermerk auf den Wechsel gesetzt, so kann er seine Haftung nicht um deswillen ablehnen, weil der Wechsel an dem von ihm bestimmten Domizilorte präsentiert und protestiert worden ist (RGZ 32, 37). Über die Hinzufügung eines Zahlungsortes durch den Akzeptanten bei seinem Akzepte vgl. zu Art 43 Anm 3. — Für die Behauptung, daß der Domizilvermerk nachträglich beigefügt sei, ist derjenige beweispflichtig, der sich auf die Nachträglichkeit beruft, falls sie sich nicht schon aus der Art der Beifügung von selbst ergibt. Denn es muß als Wechselinhalt zunächst dasjenige zugrunde gelegt werden, was aus der Gestalt des Wechsels so, wie sie zur Zeit der Geltendmachung des Anspruchs sich darstellt, prima facie, ersichtlich ist (RGZ 113, 337 und die dort angeführten Entscheidungen des ROHG und RG). Steht aber die nachträgliche Beifügung fest, so muß derjenige, der sich auf den Domizilvermerk beruft, nachweisen, daß dieser zu einer Zeit auf den Wechsel gesetzt worden ist, als der Regreßnehmer den Wechsel noch nicht erworben hatte, oder daß dieser die Veränderung genehmigt hat.

Anm. 5. c) Die Benennung eines Domiziliaten d. h. einer Person, welche an dem vom wechselrechtlichen Wohnorte des Bezogenen verschiedenen Zahlungsorte den Wechsel bei Verfall zahlen soll, ist kein begriffliches Erfordernis für die Domizilierung des Wechsels (RGZ 113, 336). Der Wechsel ist, wenn sie fehlt, ein domizilierter Wechsel ohne Domiziliaten und seine Zahlung hat im Wechseldomizile durch den Bezogenen zu erfolgen; der Wechsel ist daher dort diesem zu präsentieren und erforderlichenfalls gegen ihn zu protestieren. Der Bezogene soll aber, falls sich nicht schon aus dem Wechsel ergibt, durch wen die Zahlung am Zahlungsorte erfolgen soll, dies bei der Annahme auf dem Wechsel bemerken (Abs 1 Satz 1); andernfalls wird angenommen, daß er selbst die Zahlung am Zahlungsorte leisten wolle (Abs 1 Satz 2). Es tritt also im letzteren Falle die gleiche Folge ein, wie bei dem nicht angenommenen Wechsel mit Domizilvermerk ohne Benennung eines Domiziliaten. Die Annahme mit diesem Vermerk ist keine beschränkte Annahme, gilt daher auch den Regreßverpflichteten gegenüber nicht als Annahmeverweigerung (Art 22 Abs 2). Die Benennung des Domiziliaten durch den Bezogenen braucht nicht im Wechsel, d. h. innerhalb der vom Aussteller ausgehenden Willenserklärung einschließlich der Adresse, sondern nur auf dem Wechsel, d. h. an einer beliebigen Stelle der Vorder- oder Rückseite, zu erfolgen; regelmäßig wird sie der Annahmeerklärung beigefügt werden. Wie diese (vgl. zu Art 21 Anm 3) kann sie auf einem Wechselduplikat, aber nicht auf einer Kopie erfolgen. Zeitlich muß sie (spätestens) bei der Annahme erfolgen; eine nach der Annahme erfolgende Benennung ist wirkungslos.

Anm. 6. Als Domiliziat kann nur eine zur Vornahme des Zahlungsgeschäfts befähigte Rechtspersönlichkeit, also eine natürliche oder juristische Person oder eine Gesellschaft des Handelsrechts benannt werden (ROHG 3, 299); doch genügt es, wenn eine zur Vertretung einer solchen befugte Stelle, insbesondere eine Kasse, bezeichnet wird. Als Domiziliat kann auch eine im Wechselverbande stehende Person, der Aussteller oder der Remittent, benannt sein; auch kann der Benannte später als Indossatar in den Wechselverband eintreten (ROHG 5, 307; 15, 36; RGZ 15, 114). Die Eigenschaft als Domiziliat wird auch dadurch nicht ausgeschlossen, daß der Benannte zur Zeit des Verfalls Wechselinhaber und als solcher selbst zur Empfangnahme der Zahlung berechtigt ist; die Zahlung kann in diesem Falle durch Verrechnung gegenüber dem Bezogenen mit der in Händen des Domiziliaten befindlichen Deckung oder nach Maßgabe des sonstigen zwischen ihnen bestehenden Verhältnisses bewirkt werden; die Präsentation zur Zahlung und der Protest mangels Zahlung ist von dem Wechselinhaber, der zugleich Domiziliat ist, gegenüber sich selbst zu bewirken (ROHG 8, 89; 9, 421; 11, 189; 14, 160; abweichend die österreichische Rechtsprechung, vgl. zu Art 43 Anm 5). Ist der Bezogene als Domiziliat benannt, so liegt in Wirklichkeit eine Domizilierung ohne Benennung eines besonderen Domiziliaten vor, die Zahlung ist sonach am Domizilorte durch den Bezogenen zu leisten. Die Benennung mehrerer Domiziliaten in alternativer Weise ist wegen Mangels der erforderlichen Bestimmtheit des Zahlungsleisters unzulässig (RGZ 25, 62); als zulässig dagegen wird die Benennung eines Hilfsdomiziliaten für den Fall der Nichtzahlung durch den Erstbenannten anzusehen sein, ohne daß jedoch die Rechtssätze über die Notadresse auf ihn Anwendung finden können; vgl. zu Art 56 Anm 5.

Anm. 7. Die Benennung des Domiziliaten muß erkennen lassen, daß die Zahlung durch diesen erfolgen soll. Doch wird, einer allgemeinen Übung entsprechend, der Ausdruck: „Zahlbar bei" als ausreichend angesehen, obwohl er wörtlich genommen nur eine örtliche Bestimmung der Zahlungsstelle enthält. So ROHG 5, 126; 9, 421; RGZ 28, 103. Das wird namentlich dann nicht zu beanstanden sein, wenn Firmen benannt sind, die sich berufsmäßig mit der Leistung von Zahlungen für fremde Rechnung befassen, insbesondere Banken, z. B. zahlbar bei der Deutschen Bank in Leipzig. Auch durch den Ausdruck „zahlbar an der Kasse der..." wird hinreichend klargestellt, daß an dieser Kasse durch die zu Zahlungen für die Kasse bestellte Person Zahlung geleistet werden, die Kasse, bzw. die durch sie vertretene Rechtspersönlichkeit also als Domiziliat bestellt werden soll (RGZ 1, 17). Die gegen diese letztere Entscheidung erhobenen Bedenken (StStr zu Art 24 Anm 10; dahingestellt in RGZ 28, 103) halte ich nicht für durchgreifend; sprachüblich bedeutet Zahlbarkeit „an einer Kasse", daß durch sie oder daß an sie gezahlt werden soll; da das letztere hier nicht in Frage kommt, ist die Auslegung in ersterer Richtung unbedenklich. Dagegen ist der Ausdruck: „Zahlbar auf dem Kontor des..." wohl mit Recht nicht als Benennung eines Domiziliaten angesehen worden (RGZ 28, 101). Auch der Zusatz eines Hotelnamens zur Straßenangabe („zahlbar in München, S.-Straße 13, Hotel R.") ist wohl zutreffend nicht als Benennung des Hotelbesitzers als Domiziliat aufgefaßt (RGZ 48, 141); ebensowenig die Zahlbarstellung bei der Redaktion einer Zeitung oder bei dem Sekretariat eines Gerichts als Benennung der Zeitung oder der Behörde als Domiziliat (ROHG 3, 299; 4, 57). Strenger ist die Praxis bei dem uneigentlichen Domizilwechsel, vgl. unten Anm 13.

d) Rechtliche Stellung des Domiziliaten. Der Domiziliat steht als solcher nicht im Wechselverbande. Er ist nicht wechselmäßig zur Leistung der Zahlung verpflichtet, weder gegenüber dem Wechselinhaber, noch gegenüber dem Bezogenen, auch wenn er von ihm Deckung erhalten hat. Er erwirbt durch die Zahlung auch kein Wechselrecht, insbesondere nicht einen Regreßanspruch gegen den Bezogenen (Akzeptanten). Die Wechselforderung erlischt vielmehr durch die Zahlung des Domiziliaten in der gleichen Weise, wie durch die Zahlung des Bezogenen. Ist der Domiziliat zugleich Wechselverpflichteter (Aussteller oder Indossant) und will er als solcher zahlen und sich den Regreß gegen andere Wechselverpflichtete vorbehalten, oder will er, ohne im Wechselverbande zu stehen, für den Bezogenen intervenieren oder aus anderem Grunde die Wechselforderung erwerben, so muß er diese Absicht spätestens bei der Zahlung kundgeben und zum mindesten durch Indossierung des Wechsels auf sich urkundlich machen; im Zweifel gilt die Wechselschuld als getilgt, namentlich wenn der Domiziliat ohne vorherige Protestierung bezahlt hat (ROHG 5, 127; 5, 313; 8, 389; 15, 36). Der etwaige Erstattungsanspruch des Domiziliaten gegen den Bezogenen bestimmt sich lediglich nach dem unter ihnen bestehenden gemeinbürgerrechtlichen Verhältnisse, das sehr verschiedener Art sein kann. **Anm. 8.**

3. Von den besonderen rechtlichen Folgen, welche durch die Domizilierung des Wechsels gegenüber dem nicht-domizilierten Wechsel sich ergeben, ist in **Abs 2** des Artikels diejenige geregelt, durch welche die Rechtssätze über die **Präsentation zur Annahme** betroffen werden. Während nämlich bei nichtdomizilierten Wechseln eine Verpflichtung, den Wechsel zur Annahme zu präsentieren, nur für Nach-Sicht-Wechsel, und zwar für diese kraft Gesetzes, besteht und für andere Wechsel auch durch Parteidisposition nicht begründet werden kann (vgl. Art 19 und die Erläuterungen dazu), kann bei domizilierten Wechseln die Präsentation zur Annahme durch den Aussteller im Wechsel vorgeschrieben werden, und zwar mit der Folge, daß die Nichtbeachtung dieser Vorschrift den Verlust der Regreßansprüche gegen Aussteller und Indossanten, sowohl derjenigen auf Sicherstellung (soweit solche ohne Präsentation zur Annahme in Frage kommen würden, vgl. Artt 25—28), wie auch derjenigen mangels Zahlung (Artt 41ff.) nach sich zieht. Es treten also im Falle der Unterlassung der Präsentation hier die gleichen Folgen ein, wie im gleichen Falle bei dem Nach-Sicht-Wechsel nach Art 19 Satz 2, vgl. zu Art 19 Anm 6. Als Zweck dieser, erst bei den Verhandlungen der Leipziger Konferenz vorgeschlagenen und nach wiederholten Beratungen und mit wechselnden Mehrheiten gefaßten Entschließungen angenommenen Vorschrift (vgl. die Protokolle zu § 25 des Entwurfes L. 51ff., 230; Thöl 55ff., 244) wurde angeführt, daß dem Aussteller die Möglichkeit gegeben werden solle, zur Verhütung von Windprotesten, namentlich wenn er (was die Regel sein werde) nicht sofort eine bestimmte Person als Domiziliat benennen könne oder wolle, dafür Vorsorge zu treffen, daß solche Wechsel vor dem Verfalle bereits dem Bezogenen zu Gesichte kommen, damit dieser sich entschließen könne, ob er gemäß Abs 1 Satz 1 einen Domiziliaten benennen oder selbst am Zahlungsorte zahlen wolle und in beiden Fällen die erforderlichen Vorbereitungen treffen könne. **Anm. 9.**

Daß der Aussteller eine Frist für die Präsentation bestimmen könne, ist in Art 24 nicht gesagt, die dies bestimmenden Worte in dem Entwurfe der Leipziger Fassungskommission zu § 24 („mit oder ohne Fristbestimmung") sind fortgeblieben. Daraus wird aber nicht zu schließen sein, daß das Gegenteil bestimmt werden sollte, vielmehr in entsprechender Anwendung des Art 19 Satz 2 die Fristbestimmung für zulässig erachtet werden können. So Bernstein zu Art 24 II 2 S. 153; StStr Anm 13. Hat aber der Aussteller keine Frist gesetzt, so kann die in Art 19 Satz 2 für diesen Fall bestimmte Frist von zwei Jahren nach der Ausstellung hier keine Anwendung finden, da sie mit der Besonderheit des Nach-Sicht-Wechsels, der keine von vornherein bestimmte Verfallzeit hat, zusammenhängt. Der Wechsel wird vielmehr, entsprechend dem Zwecke der Vorschrift, **Anm. 10.**

in diesem Falle bis zum Eintritte des Verfalltages zur Annahme vorgelegt werden müssen; die Vorlegung nach Verfall bis zum Ablaufe der Protestfrist (die StStr. Anm 13 zulassen wollen) würde diesem Zwecke nicht mehr entsprechen.

Anm. 11. Die Präsentation des domizilierten Wechsels zur Annahme hat nicht, wie die zur Zahlung im Wechseldomizile und an den etwa benannten Domiziliaten, sondern, wie beim gewöhnlichen Wechsel, am wechselmäßigen Wohnort des Bezogenen diesem gegenüber zu erfolgen. Daß im Falle der Nichtannahme zur Erhaltung der Regreßansprüche Protest erhoben werden müsse, ist nicht ausdrücklich bestimmt, aber in entsprechender Anwendung des Art 20 anzunehmen. Der Protest wird, falls eine Präsentationsfrist vom Aussteller bestimmt ist, entsprechend Art 20, innerhalb dieser Frist zu erheben sein, andernfalls solange, als die Präsentation erfolgen kann (vgl. oben Anm 10), erhoben werden können. Die Form des Protestes richtet sich nach Art 88b; vgl. die Erläuterungen zu diesem Art. Falls eine Präsentationsfrist bestimmt ist, wird innerhalb dieser Frist Protest auch dann erhoben werden müssen, wenn der Bezogene zwar annimmt, aber die Datierung des Akzepts verweigert, damit festgestellt werden kann, daß die Präsentation rechtzeitig erfolgt ist; vgl. zu Art 20 Anm 3.

Anm. 12. 4. Weitere besondere rechtliche Folgen der Domizilierung des Wechsels sind: a) daß die Präsentation zur Zahlung und die Protesterhebung mangels Zahlung im Wechseldomizile gegenüber dem benannten Domiziliaten oder, wenn ein solcher nicht benannt ist, dort gegenüber dem Bezogenen zu erfolgen hat; Art 43 Abs 1, vgl. zu Art 43 Anm 4, 6; b) daß für die Wechselklage gegen den Akzeptanten außer seinem allgemeinen Gerichtsstande auch der Gerichtsstand des besonderen Zahlungsortes nach § 603 ZPO gegeben ist; c) daß (sofern man die Annahme des Wechsels auf einen Vertrag zurückführt, vgl. darüber zu Art 21 Anm 14) an dem Zahlungsorte der Gerichtsstand des Erfüllungsortes nach § 29 ZPO für die Klage gegen den Akzeptanten aus dem Wechsel, auch wenn nicht im Wechselprozesse geklagt wird, gegeben ist; d) daß im Falle der Statutenkollision nach den Grundsätzen des internationalen Privatrechts hinsichtlich des anzuwendenden Rechts bei Streitigkeiten zwischen dem Wechselinhaber und dem Akzeptanten aus dem Wechsel, insbesondere für die Verjährung (Art 83 WO), das Recht des Zahlungsortes maßgebend ist (RGZ 2, 13; 6, 24; 107, 46). Daß auch für die dem Wechsel zugrunde liegende bürgerlich-rechtliche Verbindlichkeit der Zahlungsort des domizilierten Wechsels als Erfüllungsort zu gelten hätte, kann nicht anerkannt werden; der Akzeptant verspricht nur die Erfüllung der wechselmäßigen Verbindlichkeit an diesem Orte. So Bernstein zu Art 24 II 5 S. 153; a. M. für den Fall, daß der Akzeptant den Wechsel in Zahlung gibt, StStr. Anm 14.

Anm. 13. **5. Uneigentliche Domizilwechsel.** a) Keine eigentlichen Domizilwechsel sind nach der Begriffsbestimmung in Art 24 Abs 1 Satz 1 solche Wechsel, in denen angegeben ist, daß die Zahlung innerhalb der gleichen Ortschaft, die als wechselmäßiger Wohnort des Bezogenen zu gelten hat, an einer anderen Stelle, als im Geschäftslokale oder der Wohnung des Bezogenen, erfolgen soll. Es ist das der uneigentliche Domizil- oder sogenannte **Zahlstellenwechsel.** Eine solche Angabe bedeutet für sich allein nur, daß der Wechsel an der bezeichneten Stelle durch den Bezogenen bezahlt und daher dort ihm zur Zahlung vorgelegt und mangels Zahlung gegen ihn zu protestieren ist. Daß eine solche Bestimmung im Wechsel, also durch den Aussteller, wirksam ist, in der Weise, daß dadurch die Vorschriften über den Ort (die Stelle) für Vornahme wechselrechtlicher Handlungen gegenüber einer bestimmten Person, soweit sie entgegenstehen, insbesondere jetzt Artt 91ff., modifiziert werden, ist in der Rechtsprechung anerkannt; vgl. ROHG 17, 53; 25, 108; RGZ 14, 148. Vor Inkrafttreten der Protestnovelle von 1908 wurde aber von der herrschenden Meinung angenommen, daß auch ein Wechsel, in welchem angegeben ist, daß die Zahlung bei einer anderen Person, als dem Bezogenen, die innerhalb der gleichen Ortschaft wohne, erfolgen soll, lediglich als ein solcher Wechsel mit örtlich bestimmter Zahlstelle zu gelten habe, ohne daß dadurch die Person desjenigen, der Zahlung leisten solle, verändert werde; daß nämlich die Angabe dahin aufzufassen sei, daß der Bezogene selbst bei der benannten Person (in ihrem Geschäftslokale oder ihrer Wohnung) Zahlung leisten solle, und es wurde daraus die Folgerung gezogen, daß die Präsentierung des Wechsels zur Zahlung und die Protestierung mangels Zahlung zwar bei der benannten Person, aber gegenüber dem Bezogenen als Präsentaten und Protestaten stattzufinden habe. Vgl. ROHG 17, 55; 25, 108; RGZ 14, 148; 36, 98. Würde man an dieser Auslegung der in Frage stehenden Angabe im Wechsel festhalten, so würde an der daraus zu ziehenden Folgerung auch durch die von der Protestnovelle eingeführte neue Fassung des Art 43 Abs 2 nichts geändert sein, da auch diese Vorschrift erfordert, daß der Wechsel am Wohnorte des Bezogenen durch eine andere Person bezahlt werden soll. Der Auslegung ist indessen schon auf der Grundlage des früheren Rechts namentlich Bernstein (zu Art 24 Zusatz 3 S. 154) mit Recht entgegengetreten. Es besteht in der Tat kein Grund, den im Wechselverkehr gebräuchlichen Ausdruck: „Zahlbar bei" bei dem uneigentlichen Domizilwechsel anders aufzufassen, als er bei dem eigentlichen Domizilwechsel einhellig aufgefaßt wird (vgl. oben Anm 7). Kein Zweifel in dieser Hinsicht ist natürlich möglich, wenn die Angabe lautet: „Zahlbar durch ...".

Anm. 14. b) Die Vorschrift in Art 24 Abs 2 kann auf den uneigentlichen Domizilwechsel keine entsprechende Anwendung finden, eine Präsentation zur Annahme also bei ihm durch den Aussteller nicht vorgeschrieben werden, da eine derartige Anwendung einer solchen Formvorschrift mit der Folge von Rechtsverlusten über den ausdrücklich von ihr ergriffenen Fall hinaus auch bei rechtsähnlicher Zwecklage nicht angängig erscheint. — Einseitig durch den Akzeptanten kann ein Zahlstellenwechsel ebensowenig hergestellt werden, wie ein eigentlicher Domizilwechsel; in der Beifügung eines Zahlstellenvermerks durch ihn bei dem Akzepte würde vielmehr eine Einschränkung liegen, die gemäß Art 22 Abs 2 (vgl. Anm 5 zu Art 22) hinsichtlich der Regreßansprüche einer gänzlichen Annahmeverweigerung gleichstehen würde, während der Akzeptant allerdings nach Maßgabe seines Akzepts, also auf Zahlung bei der Zahlstelle haften würde. A. M. Meyer, Weltwechselrecht, S. 220; vgl. den Anhang I zu diesem Unterabschnitte Anm 6.

Anhänge
zum Unterabschnitte V, Artikel 21 bis 24.

I. Ausländische Wechselgesetzgebungen.

1. Form der Annahme und Inhalt der Annahmeerklärung (vgl. zu Art 21 Anm 1—13): **Anm. 1.** Die Vorschriften des Art 21 Abs 1 und 3 der DWO — Annahme auf dem Wechsel und abgekürztes Akzept auf der Vorderseite — finden sich in wesentlich gleichem Sinne in den übrigen Gesetzen der deutschen Gruppe vor; so in der Schweiz (Art 739), Ungarn (§ 21), Bulgarien (Art 549), Portugal (288), Japan (468), Skandinavien (§ 21 Abs 2), Finnland (§ 19), Italien (Art 262), Tschechoslowakei (§ 19). In Italien (Art 282) und Rumänien (Art 304) ist die Annahme auch auf einer Kopie zugelassen; vgl. Vivante Nr. 1253 und Anm 251 dazu. Die in Abs 2 des Art 21 DWO aufgestellte Vermutung, daß jede Erklärung des Bezogenen auf dem Wechsel, welche nicht ausdrücklich die Annahme ablehnt, eine (unbeschränkte) Annahme enthalte, fehlt in einigen dieser Gesetze; so in Bulgarien, Portugal, Japan, Skandinavien, Finnland, Italien. Dagegen werden Ausdrücke, die mit der Erklärung, anzunehmen, gleichbedeutend sind, überall als Annahme angesehen; vgl. für Italien („pagherò", „onorerò") Vivante 1175. Auch in Rumänien (Art 283), Belgien (Art 12) sind gleichbedeutende Ausdrücke und das abgekürzte Akzept zugelassen. Nur Spanien (Art 477) verlangt Annahme mit den Worten: „Ich (Wir) nehme(n) an", ohne Ersatz durch gleichbedeutende Ausdrücke oder ein abgekürztes Akzept zuzulassen, und Beifügung des Datums, das in den übrigen Gesetzgebungen dieser Gruppe nur bei befristeten Sichtwechseln erfordert wird, vgl. Anhang I zum Unterabschnitt IV Anm 6. In Rußland (neues Gesetz § 22) ist Annahme auf dem Wechsel mit dem Worte „Angenommen" oder einem gleichbedeutenden Ausdrucke und Unterschrift des Trassaten vorgeschrieben; auf der Vorderseite gilt auch die bloße Unterschrift als Annahme. Die neuen Gesetze von Polen (Art 24 Abs 1) und Jugoslawien (§ 24 Abs 1) verlangen, daß der Wille, anzunehmen, zum Ausdrucke gebracht werde, wenn das Akzept auf der Rückseite oder Allonge erscheint, während auf der Vorderseite die bloße Namensschrift des Trassaten genügt. Im Gebiete des französischen Rechts ist maßgebend Art 122 Code de comm., der seinem Wortlaute nach verlangt, daß die Akzeptation unterzeichnet werden müsse (doit être signée) und daß sie durch das Wort „accepté" ausgedrückt werde. Doch wird in der Rechtslehre und Rechtsprechung die bloße Namensschrift des Bezogenen als hinreichend angesehen; sie gilt als Blankoakzept mit der Ermächtigung zur Ausfüllung; auch werden gleichbedeutende Ausdrücke für „accepté" zugelassen (Thaller 1405). Auch läßt, da das Gesetz nicht ausdrücklich sagt, daß die Akzeptation auf dem Wechsel erfolgen müsse, die Rechtsprechung die Akzeptation in besonderem Akte (durch „lettre missive") mit der Wirkung wechselmäßiger Verpflichtung zu, ohne daß aber durch sie die Regreßnahme mangels Annahme ausgeschlossen würde (Thaller 1408; gegen diese Rechtsprechung Lyon-Caën et Ren. Nr. 213). Datierung ist auch in den Ländern dieser Gruppe nur für die Akzeptation befristeter Sichtwechsel vorgeschrieben; vgl. darüber a. a. O.

In den Ländern des angelsächsischen Rechts (BEA Abschn 17^2, NIL 270) wird schriftliche Erklärung erfordert; die bloße Namensschrift gilt als genügend. Nach dem großbritannischen Gesetze muß sich der Annahmevermerk auf dem Wechsel selbst befinden; dagegen bestimmt das amerikanische NIL (221, 222), daß der Wechselinhaber zwar die Annahme auf dem Wechsel selbst verlangen und im Falle der Verweigerung den Wechsel als dishonoriert behandeln kann, daß aber der Akzeptant durch eine auf besonderem Blatte erfolgende Annahmeerklärung gegenüber jedem verpflichtet wird, der dieses Schriftstück im Vertrauen auf die darin enthaltene Erklärung gegen Entgelt entgegengenommen hat. Das NIL (§ 225) macht ferner den Bezogenen auch ohne Annahmevermerk haftbar, wenn ihm der Wechsel zur Annahme übergeben war und er ihn zerstört hat oder nach Ablauf der Bedenkfrist (vgl. Anhang I zu Artt 18—20 Anm 2a) nicht ausliefert.

Über die Akzeptation nach Eintritt der Fälligkeit (vgl. zu Art 21 DWO Anm 13) enthalten nur einzelne ausländische Gesetze besondere Vorschriften. **Anm. 2.** So bestimmen die skandinavischen Gesetze (§ 28) und Finnland (§ 27), daß der noch im Besitze des Wechsels befindliche Inhaber ein Akzept, das der Bezogene nach erhobenem Proteste anbietet, nicht ablehnen darf, falls es unbeschränkt erteilt wird und der Akzeptant die Kosten des Protestes zahlt. Im englischen und anglo-amerikanischen Rechte (BEA 10^2; NIL 26) ist ausdrücklich ausgesprochen, daß ein Wechsel auch nach Verfall noch angenommen werden kann. In diesen Gesetzen ist auch die Frage, wann ein nach Verfall akzeptierter Wechsel zahlbar ist, dahin beantwortet, daß er einem auf Anfordern zu zahlenden Wechsel gleich zu achten ist (BEA 10²; NIL 26). Auch in den Ländern, die keine ausdrücklichen Vorschriften über die Annahme nach Verfall haben, wird deren Zulässigkeit und Wirksamkeit überall angenommen; streitig ist nur, ob sie auch nach eingetretener Verjährung erfolgen kann (Meyer, Weltwechselrecht I S.230; vgl. darüber für das deutsche Recht zu Art 21 DWO Anm 13).

Anm. 3. **2. Zurücknahme der Annahme** (Art 21 Abs 4 DWO; vgl. zu Art 21 Anm 14). Eine dem Art 21 Abs 4 gleiche Vorschrift enthalten die Gesetzgebungen von Ungarn (§ 21), Bulgarien (Art 550). Die Schweiz (Art 740 Abs 1) erklärt ausdrücklich den Akzeptanten aus einem durchstrichenen Akzept eines noch nicht ausgehändigten Wechsels für gebunden und versagt dem Bezogenen gegen jeden Dritten den Einwand, daß die Durchstreichung mit Genehmigung des Wechseleigentümers erfolgt sei. Andere Gesetze der deutschen Gruppe (Italien Art 265, Rumänien 287 Abs 2) gestatten den Widerruf bis zur Aushändigung des Wechsels an den Inhaber; Portugal (Art 288 § 3) während der gesetzlichen Überlegungsfrist von 24 Stunden. Nach dem neuen tschechoslowakischen Gesetze (§ 19 Abs 4) ist das einmal erteilte Akzept unwiderruflich. Das polnische Gesetz (Art 28) und das jugoslawische (§ 28) bestimmen dagegen, daß die Annahme keine Bedeutung hat, wenn die Durchstreichung oder Löschung des Akzepts vor der Rückgabe des Wechsels erfolgt, sofern nicht schon vor der Rückgabe an irgendeinen der im Wechsel Unterschriebenen oder an den Inhaber von der Annahme schriftlich Mitteilung gemacht ist. Keine ausdrücklichen Vorschriften über den Widerruf enthält der französische Code de comm.; in Frankreich wird die Zurücknahme bis zur Aushändigung von Rechtsprechung und Doktrin für zulässig erachtet, außer wenn der Bezogene dem Inhaber Mitteilung davon gemacht hat, daß er den Wechsel akzeptiert habe (Lyon-Caën et Ren. Nr. 215). Gleiches gilt in den meisten dem C. de comm. folgenden Ländern. Doch bestimmt die niederländische Gesetzgebung (Art 119), daß die einmal geschehene Akzeptation auch vor Zurückgabe des Wechsels nicht durchstrichen oder sonst getilgt werden kann. Belgien (Art 11 Abs 3) gestattet die Tilgung innerhalb der 24stündigen Überlegungsfrist, doch muß der Bezogene innerhalb dieser Frist dem Inhaber davon Kenntnis geben. Brasilien (Art 12 Ges. v. 31. 12. 1908) erklärt Beseitigung nach der Unterschrift für unwirksam. Im großbritannischen Rechte (BEA 21 Nr. 1) kann die Annahmeerklärung bis zur Übergabe (Rückgabe) des Wechsels zurückgenommen werden, solange nicht der Bezogene den Wechselberechtigten oder den von diesem Bezeichneten von der erfolgten Annahme benachrichtigt hat; für das angelsächsische Amerika wird das gleiche aus den allgemeinen Regeln in § 35 NIL und der Bestimmung des Begriffs: „acceptance" in § 2 NIL hergeleitet; so Daniel I 498 ff., Meyer, Wwrecht I 217.

Anm. 4. **3. Beschränkte und modifizierte Annahme** (Art 22 DWO, vgl. die Erläuterungen zu diesem Artikel):

a) Über das **Teilakzept** (Art 22 Abs 1 DWO) ist Gleiches wie in der DWO bestimmt in Ungarn (§ 22), der Schweiz (Art 741 Abs 1), Bulgarien (551), Skandinavien (§ 22), Rußland (früher Art 93, jetzt § 23), Italien (266), Rumänien (288 Abs 1), Portugal (288 § 1). Auch die Gesetze der französischen Gruppe enthalten entsprechende Vorschriften (Art 124 C. de comm.: „L'acceptation ... peut être restreinte quant à la somme acceptée"); ebenso Belgien (Art 15 Abs 1); Spanien (479). Die Bestimmung in Art 124 Abs 2 des franz. Code de commerce, daß im Falle eines Teilakzepts der Inhaber gehalten ist, den Wechselbrief für den nicht angenommenen Teil protestieren zu lassen, wird von der Rechtslehre sinngemäß dahin aufgefaßt, daß die Protestierung nur wegen des nicht angenommenen Teiles erfolgen kann, der Inhaber also nicht die Annahme als gänzlich verweigert ansehen darf (Lyon-Caën et Ren. Nr. 208 S. 193). Dagegen erklärt Brasilien in seinem neueren Gesetze (Art 11) jede Beschränkung, also auch das Teilakzept, als gänzliche Verweigerung der Annahme. Im englischen und anglo-amerikanischen Rechte (BEA 19 2b, NIL 229²) wird das Teilakzept wie jedes in anderer Richtung beschränkte (qualifizierte) Akzept (vgl. unten Anm 5) behandelt. Bei Teilakzepten eines Auslandswechsels macht das englische Gesetz (44²) dem Inhaber die Protesterhebung zur Pflicht, was im gleichen Sinne, wie die entsprechende Bestimmung des französischen Rechts (vgl. oben), zu verstehen ist.

Anm. 5. **b)** Über sonstige Einschränkungen des Akzepts enthalten die gleiche Bestimmung wie die DWO (Art 22 Abs 2, vgl. dazu Anm 3 ff.) die Gesetze von Ungarn (§ 22), der Schweiz (Art 741 Abs 2), Bulgarien (551), Rußland (früher 95, jetzt 23 Abs. 2), Italien (Art 266 Abs 2), Rumänien (288 Abs 2). Nur in Skandinavien (§ 22) wird die Einschränkung als nicht geschrieben, das Akzept also als unbeschränkt wirksam erklärt. Bedingte Akzepte werden in Italien (Vivante 1179) als ungeeignet zur Erzeugung einer wechselmäßigen Verpflichtung angesehen (entsprechend der für Deutschland in diesem Buche a. a. O. vertretenen Rechtsauffassung). Gleiches wird auch für die übrigen Länder, auch sofern sie besondere Vorschriften über bedingte Akzepte nicht enthalten, aus den a. a. O. dargelegten Rechtsgründen anzunehmen sein; a. M. anscheinend Meyer S. 224, der ausführt, daß ihnen in diesen Ländern die gleichen Wirkungen beizumessen seien wie den (übrigen) Einschränkungen. — In den Gesetzen der französischen Rechtsgruppe ist die Beifügung einer Bedingung bei dem Akzepte als unzulässig erklärt (franz. C. de comm. Art 124 Abs 1: „L'acceptation ne peut être conditionelle"); über andere Einschränkungen (abgesehen vom Teilakzepte, vgl. oben zu a) ist keine ausdrückliche Bestimmung getroffen. Doch wird auch in diesen Ländern angenommen, daß durch eine bedingte oder sonst eingeschränkte Akzeptation der Akzeptant nach Maßgabe seines Akzepts verpflichtet wird; bestritten ist nur, ob diese Verpflichtung eine wechselmäßige ist; doch wird überwiegend die Wechselmäßigkeit angenommen (Lyon-Caën et Ren. Nr. 207). Portugal (Art 288 Abs 1) erklärt eine bedingte Annahme für ungültig.

Das englische und das anglo-amerikanische Gesetz bestimmen (BEA 54¹, NIL 112), daß der Akzeptant den Wechselgläubigern gegenüber nach dem Inhalte seiner Erklärung haftet und daß seine wechselmäßige Verpflichtung mit dem Eintritte der Bedingung unbedingt wird; ferner daß, wenn die Akzeptation keine absolute (reine und einfache) ist, der Inhaber die Annahme als verweigert ansehen kann, und daß, wenn er sich mit der Annahme so, wie sie erfolgt ist, begnügt, das den Vormännern nicht schaden kann. Außerdem bestimmen diese Wechselgesetze (BEA 19 2c; NIL 228) noch, in Erledigung einer darüber früher bestandenen Streitfrage, daß die Angabe eines Zahlungsortes durch den Akzeptanten dem Akzept nur dann die Eigenschaft eines unbeschränkten (absoluten) nimmt, wenn die Zahlung nach Inhalt des Wechsels einzig an dem in diesem bestimmten Platze und sonst nirgends („there only and not elsewhere") erfolgen sollte; ferner, daß eine qualifizierte Annahme auch vorliegt, wenn von mehreren Bezogenen nur einer akzeptiert. Die neuen Wechselgesetze von Polen (Art 25), Jugoslawien (§ 25), Tschechoslowakei (§ 20) bestimmen, daß modifizierte Akzepte, vom Teilakzepte abgesehen, nicht angenommen zu werden brauchen und, wenn sie dennoch angenommen werden, trotzdem einer Verweigerung des Akzeptes gleichstehen und den Regreß mangels Annahme eröffnen. **Anm. 5a.**

4. Rechtswirkungen der Annahme (Art 23 WO). **Anm. 6.**

a) Darin, daß durch die Annahme der Akzeptant wechselmäßig als Hauptschuldner verpflichtet wird, stimmen die Wechselrechte aller Kulturländer überein. Hinsichtlich der Frage, welchen Personen gegenüber diese Verpflichtung besteht, insbesondere ob sie auch gegenüber dem Aussteller als wechselmäßige Platz greift, sofern dieser zur Zeit der Fälligkeit Inhaber des Wechsels ist, sei es, daß er diesen überhaupt nicht begeben oder durch Einlösung zurückerworben hat, bestehen Verschiedenheiten. Die Frage wird, wie im deutschen Rechte (Art 23 Abs 2), ausdrücklich bejaht in den Gesetzgebungen der deutsch-rechtlichen Gruppe: Ungarn (§ 23), Bulgarien (Art 552), Rußland (früheres Gesetz 96, jetzt § 24 Abs 2), Finnland (§ 24), Skandinavien (§ 23), Italien (Art 268), Rumänien 290. — Portugal (290), Japan (470) bestimmen nur, daß der Akzeptant verpflichtet ist, den Betrag des Wechsels „zu bezahlen". Die Gesetze der französisch-rechtlichen Gruppe bestimmen gleichfalls nur, daß, wer einen Wechsel akzeptiert, die Verbindlichkeit zur Zahlung des Betrags übernimmt. So der franz. Code de comm. Art 121: „Celui qui accepte une lettre de change contracte l'obligation d'en payer le montant". Doch besteht in allen Ländern dieser Gruppe Übereinstimmung, daß das Verhältnis zwischen dem Aussteller und dem Bezogenen, das bis zur Akzeptation meist als ein dem bürgerlich-rechtlichen Mandate ähnliches aufgefaßt wird, durch die Akzeptation eine neue Grundlage erhält und eine wechselrechtliche Verpflichtung darstellt („Même à l'egard du tireur le tiré n'est tenu en vertu de la lettre de change, que lorsqu'il a accepté celleci", Lyon-Caën et Ren. Nr. 216 S. 202). Ebenso Späing S. 88, 91; Huguet y Campana S. 177 Nr. 103. Auch nach der in der niederländischen Gesetzgebung (Art 140) herrschenden Auffassung bildet das Mandatverhältnis die Grundlage des Rechtsverhältnisses zwischen Akzeptant und Aussteller in der Weise, daß der Akzeptant kraft des zwischen dem Aussteller und ihm abgeschlossenen „Vollmachtsvertrages" zur Zahlung des Wechsels an den Inhaber verpflichtet wird. Dem Aussteller, der den Wechsel hat einlösen müssen, steht gegen den Akzeptanten ein Anspruch auf Erstattung der Deckung und Schadensersatz wegen Nichterfüllung des Auftrags zu (Art 148). Danach ist anscheinend das Verhältnis zwischen Aussteller und Akzeptant als ein bürgerlich-rechtliches gedacht. Die Frage der wechselmäßigen Verbindlichkeit des Akzeptanten gegenüber dem Aussteller ist deshalb in dem Gebiete des niederländischen Rechts sehr bestritten. Im englischen und anglo-amerikanischen Rechte ist nach der Auffassung des Common law der Akzeptant auch dem Aussteller gegenüber wechselmäßig verpflichtet. Die Wechselgesetze (BEA 54¹; NIL¹¹²) bestimmen nur, daß der Akzeptant verpflichtet ist, gemäß dem Inhalte seiner Annahmeerklärung Zahlung zu leisten. Ihre Vorschriften stehen daher der Auffassung des Common law nicht entgegen.

b) Über den Umfang der wechselmäßigen Verpflichtung des Akzeptanten (vgl. für das deutsche Recht zu Art 23 WO Anm 4 ff.) treffen Ungarn (§ 23) und Bulgarien (Art 552) die gleichen Vorschriften wie die DWO. Im übrigen enthalten nur einzelne ausländische Gesetzgebungen besondere Vorschriften. So ist in Italien (Artt 318, 319) bestimmt, daß der Anspruch des Inhabers sich auf die im Wechsel angegebene Summe, die Zinsen und die durch die Retourrechnung nachgewiesenen Unkosten erstreckt, und aus Artt 319, 311, 41, wird gefolgert daß der Akzeptant, ohne Rücksicht darauf, ob er durch Präsentation des Wechsels in Verzug gesetzt ist, Zinsen von der Fälligkeit an zu zahlen hat (Vivante Nr. 1257). Die gesetzlichen Wechselzinsen betragen in Italien laut Gesetz vom 22. 6. 1905 5%. In Rumänien (Artt 343, 344, 336, 337) bestehen die gleichen Vorschriften; der Zinsfuß richtet sich laut Gesetz vom 15. 5. 1925 nach dem jeweiligen Nationalbank- **Anm. 7.**

diskontsatz zuzüglich 4% in bürgerlichen, 6% in Handelssachen (Magnus Tabelle 52 XIII 4 c). Die skandinavischen Gesetze (§ 36) lassen die Zinsverpflichtung des Akzeptanten in Höhe von 6% erst vom Tage der Präsentation beginnen und verpflichten ihn, falls er den Wechsel auf Präsentation nicht eingelöst hat, zum Ersatz aller durch die Verzögerung entstandenen Unkosten. Portugal (335) bestimmt als Verpflichtung aller Wechselschuldner Zahlung des Kapitals, der Zinsen sowie der Protest- und anderer gesetzlicher Kosten; Zinsfuß 5% (Art 102 § 2 HGB). Japan trifft nur über den Umfang der Regreßpflichten von Aussteller und Indossanten Bestimmung; vgl. darüber Anhang I zum Unterabschnitt VIII Anm 15; für den Umfang der Verpflichtung des Akzeptanten werden diese Vorschriften entsprechende Anwendung finden können; Zinsfuß 6% (Art 276 HGB). Nach französischem Rechte (Artt 121, 140 C. de comm.) geht die Verpflichtung des Akzeptanten eines Wechsels darauf „d'en payer le montant"; er haftet aber ferner als solidarischer Garant (est tenu à la garantie solidaire) mit allen übrigen Unterzeichnern des Wechsels. Daraus ist zu folgern, daß seine Verpflichtung auch dem Umfange nach die gleiche ist, wie die Garantieverpflichtung des Ausstellers und der Indossanten, auf welche sich die in dem Abschnitte „Du rechange" (Vom Rückwechsel) stehenden Artt 181 bis 184 unmittelbar beziehen. Demgemäß schuldet der Akzeptant außer der Wechselsumme: a) Die Zinsen aus dieser, und zwar vom Tage des Protestes (Art 184 C. de comm.) oder der sonstigen Sommation, andernfalls vom Tage der Klagerhebung (Art 1153 C. civ.), der Zinsfuß beträgt laut Gesetz vom 18. 4. 1918 6%; b) die Kosten des Protestes und andere gesetzmäßige Auslagen (Bankkommission, Courtage, Stempel, Briefporti, Art 181); c) Zinsen dieser Kosten vom Tage der gerichtlichen Klage ab (Art 185). Zu weiterem Schadensersatze wegen Verzugs ist nach den Grundsätzen des franz. Rechts der Akzeptant weder wechselmäßig, noch bürgerlich-rechtlich verpflichtet (Art 1153 Code civil; Lyon-Caën et Ren. Nr. 374 S. 326). In den übrigen Ländern der französischen Rechtsgruppe gilt das gleiche; nur sind die Zinssätze verschieden. Spanien hat nur die Bestimmung des Art 121 franz. C. de comm. übernommen, wonach der Akzeptant verpflichtet ist, den Betrag des Wechsels zu zahlen, und bestimmt im übrigen selbständig (Art 516), was nach erhobenem Proteste zu zahlen ist. Nach englischem Rechte (BEA 57[1]) kann der Wechselinhaber vom Akzeptanten Zinsen seit dem Verfalltage, bei Wechseln auf Sicht vom Tage der Präsentation ab verlangen, sofern nicht im Wechsel frühere Zinsen versprochen sind (vgl. Anhang I zu Art 7 Anm 14); ferner die Kosten des etwa erhobenen Protestes. Im anglo-amerikanischen Rechte ist ausdrücklich nur bestimmt, daß der Akzeptant nach dem Inhalte seines Akzeptes verpflichtet ist (NIL 37, 90, 96); doch werden die gleichen Regeln, wie in England, als geltend angesehen. Zinshöhe verschieden in den einzelnen Staaten.

Anm. 8. 5. Ein ausdrücklicher Ausspruch, daß **dem Bezogenen kein Wechselrecht gegen den Aussteller zusteht** — vgl. Art 23 Abs 3 DWO und zu Art 23 unter 3 Anm 11 —, ist auch in den Gesetzgebungen von Ungarn (§ 23 Abs 2), der Schweiz (Art 742 Abs 3), Skandinavien (§ 23 Abs 3), Finnland (24), Bulgarien (552), Italien (268 Abs 3), Rumänien (290) getroffen. Aber auch in den übrigen Gesetzgebungen ist nirgends ein solcher Anspruch anerkannt. Ein Revalierungsanspruch wird vielmehr überall nur auf Grund und nach Maßgabe des allgemeinen bürgerlichen Rechts dem Bezogenen, der den Wechsel bezahlt hat, gewährt. Dabei werden, entsprechend der Form des gezogenen Wechsels, die Rechtssätze über das Verhältnis zwischen dem Bezogenen und dem Aussteller zumeist aus dem Mandatsvertrage abgeleitet. Das geschieht namentlich auch im französischen Recht (vgl. Lyon-Caën et Ren. Nr. 26 S. 21); doch greift hier die wechselrechtliche Bestimmung des Art 117 Code de comm. insofern ein, als sie eine gesetzliche Vermutung dafür schafft, daß der Bezogene, der den Wechsel akzeptiert hat, im Besitze der Deckung ist (L'acceptation suppose la provision), so daß der Akzeptant, um seinen Revalierungsanspruch zu begründen, den Beweis führen muß, daß er für die ihm durch die Zahlung des Wechsels erwachsenen Auslagen nicht gedeckt ist, während bei der gewöhnlichen actio mandati contraria die Beweislast dem Mandanten obliegt; vgl. Lyon-Caën et Ren. Nr. 169 bis S. 161. Für das englische und anglo-amerikanische Recht ergibt sich aus den Bestimmungen der Wechselgesetze (BEA 55[1a]; NIL 111) gleichfalls, daß den Aussteller keine wechselmäßige Verbindlichkeit gegenüber dem Akzeptanten trifft.

Anm. 9. 6. **Begriff und Annahme des domizilierten Wechsels**; vgl. DWO Art 24. Die gleiche Bestimmung enthalten von der deutschen Gruppe die Gesetze der Schweiz (Art 743), Ungarns (§ 24), Bulgariens (Art 553), Skandinaviens (§ 24), Finnlands (§ 22), Italiens (Art 264), Rumäniens (286), Portugals (289). Auch das neue tschechoslowakische Gesetz hat in § 22 eine dem Sinne nach dem Art 24 DWO entsprechende Vorschrift aufgenommen. Während das frühere russische Gesetz (§§ 8, 40) dem Aussteller die Befugnis erteilte, einen besonderen Zahlungsbeistand (Domiziliaten) zur Bewirkung der Zahlung aus dem Wechsel zu bezeichnen und bestimmte, daß diesem der Wechsel zur Zahlung vorzulegen sei, bestimmt das russische Gesetz von 1922 lediglich für den eignen Wechsel (§ 5), daß, wenn im Wechsel ein Zahlungsort nicht angegeben ist, als solcher der Ausstellungsort des Wechsels gelte, und für den gezogenen Wechsel (§ 17 Nr. 6), daß dieser die Angabe des Zahlungsortes oder des Wohnortes des Bezogenen enthalten müsse. Es läßt sonach zwar die Angabe eines von dem Wohnorte des Ausstellers bzw. des Bezogenen verschiedenen Zahlungsortes zu, bestimmt aber nichts darüber, wem der Wechsel an diesem Orte zur Zahlung vorzulegen ist. Doch erklärt das Gesetz vom 27. 9. 1926 Nr. 669 den Domizilvermerk für zulässig (Magnus Tab. 53 IV 2a Nr. 2).

Der französische Code de comm. (Art 111) definiert den Domizilwechsel als einen Wechsel, der auf eine Person gezogen und im Domizil eines Dritten zahlbar ist (tirée sur un individu et payable au domicile d'un tiers). Unter „Domizil" ist hier die örtliche Stelle verstanden, an welcher der Dritte eine Wohnung hat, ohne Rücksicht darauf, ob sie sich an dem gleichen oder an einem anderen Orte befindet, wie der Wohnsitz des Bezogenen. Ein begrifflicher Unterschied zwischen echtem und unechtem Domizilwechsel im Sinne des deutschen Rechtes wird sonach hier nicht gemacht. Auch wird angenommen, daß die Zahlung des domizilierten Wechsels, auch wenn ein Domiziliat (domiciliataire) benannt ist, nicht durch diesen, sondern nur bei ihm, d. h. in seinem „Domizile" zu erfolgen hat (Lyon-Caën et Ren. Nr. 97 S. 84). Die Stellung des Domiziliaten als Zahlungsleister ist sonach dem französischen Rechte fremd. Ist in dem Wechsel ein anderer Zahlungsort als der Wohnort des Bezogenen angegeben, liegt also ein echter Domizilwechsel im Sinne des deutschen Rechts vor, so hat „die Annahme" — d. h. der Bezogene in der Annahmeerklärung — das „Domizil" innerhalb des Zahlungsortes anzugeben, wo die Zahlung erfolgen oder die Diligenzakte vorgenommen werden sollen (Art 123). Diese Bestimmung setzt voraus, daß das Domizil am Zahlungsorte nicht schon vom Aussteller im Wechsel angegeben ist. In diesem Falle gilt nach der überwiegenden Ansicht (vgl. Meyer, Weltwechselrecht S. 218 A. 1 und die dort in diesem Sinne Angeführten; a. M. Namur Nr. 501), welche durch die gebietende Ausdrucksweise des Art 123 („l'acceptation indique") gerechtfertigt sein dürfte, die Akzeptation ohne Bestimmung des Domizils als unvollständig und deshalb als Verweigerung der Annahme, die zur Regreßnahme auf Sicherheit berechtigt. Das Domizil kann von dem Bezogenen nur innerhalb des Ortes angegeben werden, der in dem Wechsel als Zahlungsort bezeichnet ist (Lyon-Caën et Ren. Nr. 97 S. 85 bei Anm 2); die Abänderung des Zahlungsortes würde eine beschränkte Annahme darstellen. — Meyer (Weltwechselrecht I S. 220) vertritt die Ansicht, daß nirgends dem Bezogenen verwehrt sei, seinem Akzepte eine Örtlichkeit oder eine besondere Person an dem mit *seinem Wohnorte identischen* Zahlungsorte beizufügen, wo oder durch welche die Tilgung der Wechselschuld erfolgen soll, und daß ein solches Akzept stets sich als *ein unbeschränktes* darstelle. Daß das für Deutschland nicht zutrifft, ist bereits oben (zu Art 24 unter 5 Anm 14) hervorgehoben. Aber auch für das geltende Recht des Auslandes dürfte der Satz nicht allgemein zutreffen. In *Japan* ist allerdings durch Art 473 ausdrücklich dem Bezogenen das Recht gewährt, bei der Annahme vorzuschreiben, *an welchem Platze des Zahlungsortes* die Zahlung erfolgen solle. Auch die Entwürfe zu einem einheitlichen Wechselrechte enthalten eine Bestimmung dieses Inhalts (vgl. unten Anhang II Anm 17. **Anm. 10.**

Auch im *angelsächsischen Rechte* wird ein begrifflicher Unterschied zwischen echtem und unechtem Domizilwechsel im Sinne des deutschen Rechts nicht gemacht. Es ist dort besonders üblich, daß der Wechsel (wie der Scheck) bei demjenigen Bankhause zahlbar gemacht wird, das die Kasse des Bezogenen führt, mag dieses an dem Wohnorte des Bezogenen oder an einem anderen Orte seinen Sitz haben. Ein domizilierter Wechsel ist nach dortigen Begriffen ein solcher, der „anderswo" als in der „Residenz" (Wohnung) des Bezogenen zahlbar gestellt ist. Für einen solchen Wechsel besteht die Sonderbestimmung, daß er *zur Annahme* vorgelegt werden muß, auch wenn der Aussteller es nicht vorgeschrieben hat (BEA 39$_{2,4}$; NIL 143 Nr. 3). **Anm. 11.**

Die neuen Wechselgesetze von *Polen* (Artt 4, 26) und *Jugoslawien* (§§ 4, 26) haben die Vorschriften der Haager EWO (Art 4, 26) über den Domizilwechsel — vgl. unten Anhang II Anm 17 — übernommen. **Anm. 12.**

II. Künftiges einheitliches Wechselrecht.

Die Entwürfe eines einheitlichen Wechselrechts enthalten in Kapitel III des ersten Titels unter der Überschrift **„Von der Annahme"** in den Artt 24—28 (Haager EWO) bzw. 25—29 (Genfer EWG) die nachfolgenden Bestimmungen über die Annahme (entsprechend den Artt 21—24 DWO). Die Bestimmungen des Genfer Entwurfs, die nur in einigen wenigen, hauptsächlich die Fassung betreffenden Punkten Veränderungen gegenüber dem Haager Entwurfe aufweisen, sind an den einzelnen Stellen in Klammern beigefügt. **Anm. 13.**

1. Art 24 HEWO, 25 GEWG. **Anm. 14.**

„Die Annahme wird auf den Wechselbrief geschrieben. Sie wird ausgedrückt durch das Wort: „Accepté" oder durch jedes andere gleichbedeutende Wort; sie wird vom Bezogenen gezeichnet. Die einfache Zeichnung des Bezogenen, die auf die Vorderseite des Briefes gesetzt ist, gilt als Annahme.

Wenn der Brief nach (à) einer gewissen Frist von der Sicht ab zahlbar ist oder wenn er kraft einer besonderen Bestimmung innerhalb einer bestimmten Frist zur Annahme vorgelegt werden muß, so muß die Annahme von dem Tage, an dem sie erteilt ist, datiert werden, es sei denn, daß der Inhaber verlangt, daß sie vom Tage der Vorlegung datiert werde. In Ermangelung der Datierung läßt der Inhaber, um seine Regreßrechte gegen die Indossanten und den Aussteller zu erhalten, diese Unterlassung durch einen in nützlicher Frist erhobenen Protest feststellen."

Anm. 15. Vgl. zu Abs 1 den Art 21 DWO und die Erläuterungen dazu; sowie über die geltenden ausländischen Wechselrechte Anhang I Anm 1—4. Zu Abs 2 (Datierung der Annahme der Wechsel, die zur Annahme vorgelegt werden müssen) vgl. Art 20 Abs 2 DWO hinsichtlich der Datierung der Annahme des Nach-Sicht-Wechsels. Das Recht, die Datierung des Akzepts vom Tage der Präsentation, statt von dem des Akzepts zu verlangen, geben die Entwürfe dem Inhaber, damit dieser nicht durch die dem Bezogenen bewilligte 24stündige Bedenkzeit zwischen Präsentation und Akzept (Art 23 HEWO, vgl. Anhang II zum Unterabschnitte IV DWO Anm 13) in die Lage komme, einen Zinsverlust zu erleiden.

Anm. 16. **2. Art 25 HEWO, 26 GEWG:**

„Die Annahme ist rein und einfach, aber sie kann auf einen Teil der Summe beschränkt werden [GEWG: aber der Bezogene kann sie auf einen Teil der Summe beschränken].

Jede andere Veränderung, welche durch die Annahme an den Angaben des Wechselbriefes angebracht wird, steht einer Verweigerung der Annahme gleich. Jedoch ist der Annehmer nach dem Inhalte seiner Annahme verhaftet."

Vgl. Art 22 DWO und die Erläuterungen dazu, sowie hinsichtlich der geltenden ausländischen Wechselrechte oben Anhang I Anm 4ff. Die bei den Verhandlungen der Genfer Konferenz erörterte Frage, ob es sich nicht empfehle, im Interesse der Angleichung an das angelsächsische Recht die Bestimmung aufzunehmen, daß der Inhaber nicht verpflichtet sei, eine teilweise Annahme zuzulassen, wurde aus der Erwägung verneint, daß man vor allem auf die Interessen der Garanten Rücksicht nehmen müsse, die in dem Maße der teilweisen Annahme entlastet würden (Ber. d. Red.-Kom. Nr. 63; C. rendu S. 135).

Anm. 17. **3. Art 26 HEWO, 27 GEWG:**

„Wenn der Zieher in dem Wechselbriefe einen anderen Zahlungsort, als den des Domizils des Bezogenen angegeben hat, ohne den Domiziliaten [GEWG: einen Dritten, bei dem die Zahlung bewirkt werden soll], anzugeben, so gibt die Annahme die Person an, welche die Zahlung bewirken soll [GEWG: so kann der Bezogene ihn bei der Annahme angeben]. In Ermangelung dieser Angabe, wird angenommen, daß der Akzeptant sich verpflichtet hat, selbst am Zahlungsorte zu zahlen.

Wenn der Wechselbrief im Domizil des Bezogenen zahlbar ist, kann dieser in der Annahme eine Adresse des gleichen Orts angeben, wo die Zahlung bewirkt werden soll."

Vgl. über den Domizilwechsel (Abs 1) und über den Zahlstellenwechsel (Abs 2) den Art 24 DWO und die Erläuterungen dazu, sowie hinsichtlich der geltenden ausländischen Rechte oben Anhang I Anm 9ff. Aus der Bestimmung, namentlich aus Satz 2 des Artikels ergibt sich, daß in der Regel die Person, bei welcher die Zahlung bewirkt werden soll, auch als Zahlungsleister, durch den sie erfolgen soll, (Domiziliat im Sinne des deutschen Rechts) bestellt zu gelten hat, obwohl das GEWG in Abänderung der HEWO diesen Ausdruck vermieden hat.

Anm. 18. **4. Art 27 HEWO, 28 GEWG:**

„Durch die Annahme verpflichtet sich der Bezogene, den Wechselbrief bei Verfall zu bezahlen.

In Ermangelung der Zahlung hat der Inhaber, selbst wenn es der Zieher ist, gegen den Akzeptanten eine direkte Klage aus dem Wechselbriefe auf alles was kraft der Artt 47 und 48 [GEWG: 48 und 49] gefordert werden kann."

Vgl. Art 23 DWO und die Erläuterungen zu diesem Artikel, sowie hinsichtlich der geltenden ausländischen Rechte oben Anhang I Anm 6. Eine dem Abs 3 des Art 23 DWO entsprechende ausdrückliche Vorschrift, daß dem Akzeptanten kein Wechselrecht gegen den Aussteller zustehe, enthalten die Entwürfe nicht; sachlich folgt aber das gleiche daraus, daß es an einer positiven Bestimmung fehlt, die für ihn ein solches Recht begründen könnte.

Anm. 19. **5 a. Art 28 HEWO:**

„Wenn der Bezogene, der den Wechsel mit seiner Akzeptation versehen hat, diese gestrichen hat, bevor er sich des Titels entäußert hat, wird die Annahme als verweigert erachtet; jedoch haftet der Bezogene nach dem Inhalte seiner Annahme, wenn er sie gestrichen hat, nachdem er schriftlich dem Inhaber oder irgendeinem Wechselzeichner Kenntnis gegeben hat, daß er angenommen hatte."

In dem GEWG hat dieser Artikel als Art 29 nachstehende Fassung erhalten:

b) Art 29 GEWG:

„Wenn der Bezogene, der den Wechselbrief mit seiner Akzeptation versehen hat, diese vor der Rückerstattung des Briefes gestrichen hat, wird die Annahme als verweigert erachtet. Vorbehaltlich des Gegenbeweises wird angenommen, daß die Streichung vor der Rückerstattung des Titels erfolgt ist.

Wenn jedoch der Bezogene von seiner Annahme schriftlich dem Inhaber oder irgendeinem Wechselzeichner Kenntnis gegeben hat, ist er diesen nach dem Inhalte seiner Annahme verhaftet."

Vgl. über die Unwiderruflichkeit der Annahme Art 21 Abs 4 DWO und zu Art 21 Anm 14, sowie hinsichtlich der geltenden ausländischen Wechselrechte oben Anhang 1 Anm 3. Die vorgeschlagene Übernahme der Regelung des deutschen Rechts, derzufolge die einmal geschehene Annahme nicht mehr zurückgenommen werden kann, wurde nach langer Erörterung von der Genfer Konferenz abgelehnt, weil einmal kein Grund bestehe, wenn etwa der Bezogene seine Zeichnung aus Irrtum geleistet haben sollte, ihn für haftbar zu erklären, und weil andrerseits, wenn die Annahme trotz der Streichung als bestehend angesehen würde, der Inhaber keinen Regreß gegen die Garanten nehmen könnte, was seinem Interesse zuwiderlaufen würde, da angenommen werden müsse, daß der Bezogene, der seine Annahme gestrichen habe, den Wechsel bei Verfall nicht zahlen werde (Ber. d. Red.-Kom. Nr. 70; C. rendu S. 136). Doch wurde im Satz 2 des Abs 1 eine die Lage des Akzeptanten erleichternde Beweisvermutung hinzugefügt. Ferner sollte durch die Hinzufügung des Wortes: „diesen" (ceux-ci) in Abs 2 klargestellt werden, daß der Bezogene auf Grund der gestrichenen Annahme nur denjenigen Wechselzeichnern verhaftet sei, denen er von der Annahme schriftlich Kenntnis gegeben habe (Ber. d. Red.-Kom. Nr. 70—72; C. rendu S. 136). **Anm. 20.**

VI. Regreß auf Sicherstellung.

Vorbemerkungen.

1. An die im Unterabschnitt V (Artt 21—24) gegebenen Vorschriften über die Annahme schließen sich in der Legalordnung der WO die Vorschriften über den **Regreß auf Sicherstellung** (Unterabschnitt VI, Artt 25—29) an. Das dem Wechselinhaber in Art 18 WO verliehene Recht, den Wechsel zur Annahme zu präsentieren, um sich zu vergewissern, ob mit der Zahlung des Wechsels durch den Bezogenen bei Verfall gerechnet werden kann (vgl. darüber Vorbemerkung vor Art 18 und zu Art 18 Anm 1ff.), wird hier ergänzt dadurch, daß vom Gesetze den Wechselgläubigern gewisse Maßnahmen an die Hand gegeben werden, durch welche sie, falls die Präsentation des Wechsels nicht zur Annahme geführt hat oder die erfolgte Annahme wegen der persönlichen Verhältnisse des Akzeptanten keine wirkliche Gewährleistung der Zahlung bei Verfall bietet, sich die wirksame Durchführung ihrer Regreßansprüche wegen Nichtzahlung gegen ihre Vormänner, die eine wesentliche Grundlage des Wechselkredits bilden, schon vor Verfall des Wechsels sichern können. Die zu ergreifenden Maßnahmen bestehen darin, daß sie von ihren Vormännern, die ihnen für die Zahlung des Wechsels haftbar (regreßpflichtig) sind, in gewisser Weise **Sicherstellung** verlangen. Sie treten deshalb als Regreß auf Sicherstellung neben und vor den Regreß auf Zahlung, der erst nach Verfall des Wechsels ausgeübt werden kann (vgl. Unterabschnitt VIII, Art 41ff.). **Anm. 1.**

2. Bei den Beratungen der Leipziger Konferenz (Prot. L. S. 59, Thöl S. 63) wurde von einigen Seiten vorgeschlagen, nach dem Vorbilde des Pr. Allg. Landrechts und einiger ausländischer Wechselgesetzgebungen (vgl. den Anhang zu diesem Unterabschnitte unter I), statt des Regresses auf Sicherstellung in den Fällen der Nichtannahme oder Unsicherheit des Akzeptanten einen Regreß auf Zahlung vor Verfall zu gewähren. Doch trug man Bedenken, diesen Vorschlägen beizustimmen, weil der Inhaber vor Verfall des Wechsels nicht mehr verlangen könne als daß die Sicherheit, die er aus der Annahme des Wechsels zu haben erwarten konnte, durch eine andere genügende Sicherheit ersetzt werde. Es blieb deshalb bei dem Regresse auf Sicherstellung. Doch ist dieser, so wie er gestaltet worden, ein rechtlich ziemlich verwickeltes und praktisch wenig handliches Gebilde geworden, von dem deshalb im Wechselverkehr nicht häufig Gebrauch gemacht wird. **Anm. 2.**

3. Der erste Fall, der des Regresses auf Sicherstellung mangels Annahme, ist unter Nr. 1 dieses Unterabschnittes in den Artt 25—28; der zweite Fall, der des Regresses auf Sicherstellung wegen Unsicherheit des Akzeptanten, unter Nr. 2 in Art 29 geregelt. **Anm. 3.**

1. Wegen nicht erhaltener Annahme.

Vorbemerkung.

Der Regreß auf Sicherstellung wegen nicht erhaltener Annahme ist in den Artt 25—27 geregelt, und zwar bestimmt Art 25 die Voraussetzungen dieses Regresses und die Personen der Regreßverpflichteten, sowie den Inhalt der ihnen obliegenden Verpflichtungen, während Art 26 bestimmt, welche Personen aktiv als Regreßnehmer auftreten können und was sie zu diesem Zwecke zu tun haben, und Art 27 die Wirkungen des von einem Regreßnehmer genommenen Sicherheitsregresses auf die Regreßnahme anderer Regreßberechtigter regelt.

Artikel 25.

Wenn die Annahme eines Wechsels überhaupt nicht oder unter Einschränkungen oder nur auf eine geringere Summe erfolgt ist, so sind die Indossanten und der Aussteller wechselmäßig verpflichtet, gegen Aushändigung des mangels Annahme aufgenommenen Protestes genügende Sicherheit dahin zu leisten, daß die Bezahlung der im Wechsel verschriebenen Summe oder des nicht angenommenen Betrags sowie die Erstattung der durch die Nichtannahme veranlaßten Kosten am Verfalltag erfolgen werde.

Jedoch sind diese Personen auch befugt, auf ihre Kosten die schuldige Summe bei Gericht oder bei einer anderen zur Annahme von Depositen ermächtigten Behörde oder Anstalt niederzulegen.

[Österreichische Fassung:

Absatz 1: Wie oben.

Absatz 2: Die Art der Sicherstellung und der Ort, wo die zur Sicherstellung gegebene Sache verwahrt werden soll, hängt von der Übereinkunft der Parteien ab. Sind sie darüber nicht einig, so muß der sicherzustellende Betrag bar bei Gericht hinterlegt werden.

Absatz 3: Dem Wechselgläubiger gebührt auf die zur Sicherstellung erlegte Sache das Pfandrecht, wenn es ihm auch nicht ausdrücklich eingeräumt worden ist.]

Anm. 1. **1.** Voraussetzung für den Regreß auf Sicherstellung wegen nicht erhaltener Annahme ist, daß die Annahme überhaupt nicht oder unter Einschränkungen oder nur auf eine geringere Summe erfolgt ist. Daß die Annahme vorher, und zwar durch Präsentation des Wechsels zur Annahme, verlangt sein müsse, ist in dem diese Voraussetzung aufstellenden Bedingungssatze, der den Artikel einleitet, nicht gesagt, ergibt sich aber aus dem Zusammenhange, wie auch aus der Überschrift: „wegen **nicht erhaltener** Annahme" und daraus, daß, wie im Hauptsatze gesagt ist, die Verpflichtung zur Sicherheitsleistung nur eintritt **gegen Aushändigung des mangels Annahme aufgenommenen Protestes.** Die Voraussetzungen des Regresses sind sonach dahin zu bestimmen, daß: a) ein Wechsel im Sinne des Art 4 WO (vgl. zu Art 4 Anm 1) vorliegen muß; b) dieser Wechsel dem Bezogenen zur Annahme präsentiert sein muß (vgl. zu Art 18 Anm 5); c) eine Annahme (vgl. zu Art 21 und die Erläuterungen dazu) überhaupt nicht oder nach Art 22 (vgl. die Erläuterungen zu diesem Artikel) unter Beschränkung auf einen Teil der Wechselsumme oder unter Beifügung sonstiger Einschränkungen erfolgt ist (im Falle des Teilakzepts, das als teilweise Annahme gilt, Art 22 Abs 1, beschränkt sich der Regreß auf den nicht angenommenen Teil der Wechselsumme); d) daß die Nichtannahme beziehungsweise die eingeschränkte Annahme durch einen **Protest** (vgl. Art 18 Anm 7) festgestellt ist. Sofern eine Verpflichtung bestand, den Wechsel innerhalb einer bestimmten Frist zur Annahme zu präsentieren, also bei Nach-Sicht-Wechseln (Art 19, vgl. die Erläuterungen dazu), ist ferner Voraussetzung des Sicherungsregresses, daß die Präsentation innerhalb dieser Frist erfolgt ist, da deren Versäumung den Verlust „des wechselmäßigen Anspruchs gegen Indossanten und Aussteller", also auch des Anspruchs auf Sicherstellung, zur Folge hat (vgl. zu Art 19 Anm 6ff.). Auch muß in solchem Falle der Protest nach Maßgabe des Art 20 (vgl. die Erläuterungen zu diesem Artikel) innerhalb der Präsentationsfrist erhoben sein.

Anm. 2. Dagegen ist für andere Wechsel eine Frist zur Annahmepräsentation nicht vorgeschrieben; der Wechsel kann daher auch nach Verfall noch, solange er nicht bezahlt ist, zur Annahme präsentiert werden (vgl. zu Art 18 Anm 3). Es fragt sich aber, ob auch der Anspruch auf Sicherstellung nach Verfall des Wechsels noch geltend gemacht werden kann. Das RG hat (in RGZ 39, 122) die Frage, ob eine nach Verfall des Wechsels geleistete Sicherheit als eine Sicherung anzusehen sei, auf die der Gläubiger zu dieser Zeit Anspruch hatte und die deshalb nicht unter § 23 (jetzt 30) Abs 2 KonkOrdn. falle, verneint mit der Begründung, nach dem zur Zeit des Erlasses der WO bestehenden Rechtszustande habe der Gläubiger nach Verfall des Wechsels mit der Klage auf Zahlung den gleichen Erfolg erreichen können, wie mit der Klage auf Sicherstellung; erst durch den § 23 Ziff 2 der später erlassenen KonkOrdn. habe die Frage, ob der Anspruch auf Sicherstellung aus dem Wechsel auch für die Zeit nach dessen Fälligkeit fortbestehe, praktische Bedeutung erlangt; diesen Umstand habe aber der Gesetzgeber der WO noch nicht voraussehen können und deshalb sei anzunehmen, daß er den Sicherungsanspruch nur für die Zeit bis zum Verfalle des Wechsels habe geben wollen. Diese Art der Auslegung eines älteren Gesetzes erscheint im Lichte der in neuerer Zeit zur Anerkennung gelangten Auslegungsgrundsätze recht bedenklich, nach welchen, jedenfalls wenn es sich um Auslegung praeter legem handelt, doch wohl zu fragen ist, was der Gesetzgeber verordnet hätte, wenn er den später eingetretenen Rechtszustand hätte voraussehen können. Es dürfte deshalb wohl richtiger sein, anzunehmen, daß eine nach Verfall des Wechsels bestellte Sicherheit, zu welcher der Schuldner nach Art 26 oder 29 WO der Art und dem Maße nach verpflichtet war, nicht um deswillen nach § 30 Abs 2 KO angefochten werden kann, weil der Gläubiger sie nicht zu der Zeit zu beanspruchen gehabt habe. Aber auch im übrigen kann durch die Fälligkeit des Wechsels der Sicherungsanspruch nicht unter allen Umständen als gegenstandslos geworden angesehen werden, da der Gläubiger durch ihn unter Umständen rascher und sicherer zum Ziele gelangen kann, als durch die Klage auf Zahlung. Das muß namentlich gelten, wenn ein Regreßberechtigter zur Zeit des Verfalls nicht legitimierter Wechselinhaber ist und deshalb nicht auf Zahlung, wohl aber auf Sicherstellung klagen kann (vgl. zu Art 26 Anm 1). So Bernstein S. 157 § 4 Nr. 3; a. M. anscheinend StStr zu Art 26 Einleitung S. 138.

Der Regreßpflichtige ist nach Verfall des Wechsels jederzeit in der Lage, den Anspruch auf Sicherstellung durch Zahlung der Beträge, für die er haftbar ist, aus der Welt zu schaffen. Ob das auch vor Eintritt der Fälligkeit geschehen kann, ist bestritten; als selbstverständlich wurde die Bejahung von dem Referenten der Leipziger Kommission bezeichnet; es wurde jedoch eingewendet, daß dem Inhaber, welcher Sicherung verlange, nicht immer daran liegen werde, in diesem Augenblicke bereits die Zahlung des Wechselbetrags zu erlangen und daß er leide, „wenn durch die bewirkte Einlösung das Wechselgeschäft vor Verfall aufgehoben werde"; eine Bestimmung über diese Frage in den Entwurf aufzunehmen, wurde nicht für erforderlich erachtet (Leipz. Prot. L. S. 59, Thöl S. 63). Verneinend auch Bernstein S. 157 § 4 zu 3 mit der Begründung, daß die Fälligkeitsfestsetzung beide Teile binde. Es ist jedoch nicht gut einzusehen, welches Interesse der Wechselinhaber daran haben kann, die frühere Zahlung des bis zum Verfall unverzinslichen Wechselbetrags ohne Abzug eines Zwischenzinses als Ersatz für die von ihm verlangte Sicherstellung zurückzuweisen. **Anm. 3.**

Eine weitere Voraussetzung für den Sicherungsregreß mangels Annahme ist in Art 56 WO für den Fall aufgestellt, daß sich auf dem W eine auf den Zahlungsort lautende Notadresse befindet; in diesem Falle muß, ehe Sicherung verlangt werden kann, auch von der Notadresse die Annahme verlangt und ihr gegenüber Protest mangels Annahme erhoben worden sein. Doch ist hiervon nur der Regreß gegen denjenigen Wechselverpflichteten, der die Notadresse auf den Wechsel gesetzt hat, und gegen seine Nachmänner abhängig. Gleiches gilt, wenn eine — vom Wechselinhaber zugelassene Ehrenannahme durch eine auf dem Wechsel nicht als Notadresse bezeichnete Person stattgefunden hat, hinsichtlich desjenigen, zu dessen Gunsten sie erfolgt ist (des Honoraten) und seiner Nachmänner. Vgl. Näheres zu den Artt. 56, 61 WO. **Anm. 4.**

Lautet dagegen der Wechsel auf mehrere Bezogene, so wird der Regreß auf Sicherstellung schon ausgeübt werden können, wenn nur von einem oder einzelnen von ihnen die Annahme nicht erlangt werden konnte, da die wechselmäßige Verpflichtung der sämtlichen Bezogenen als Gesamtschuldner das normale Ziel der Wechselziehung und die Grundlage des durch den Wechsel geschaffenen Kredits bildet (RGZ 46, 140; ebenso Bernstein S. 155, § 2 Abs 3; StStr Anm 29). **Anm. 5.**

Ist bei einem Nach-Sicht-Wechsel die Annahme erfolgt, aber die Datierung des Acepts verweigert und deswegen Protest erhoben (Art 20, vgl. die Erläuterungen dazu), so findet ein Regreß auf Sicherstellung mangels Annahme nicht statt, da die Sicherheit des Wechsels dadurch nicht gefährdet ist (so auch Bernstein S. 155 § 2 Abs 1). **Anm. 6.**

2. Zur Sicherheitsleistung verpflichtet sind **die Indossanten und der Aussteller;** d. h. die Indossanten nur, soweit sie Vormänner des Regreßnehmers sind, eine Einschränkung des Wortlauts, die sich aus der Natur der Sache ergibt, da der Regreß auf Sicherstellung die Regreßpflicht mangels Zahlung voraussetzt; sie ist übrigens in Art 26 Abs 1 durch die Worte: „von dem Aussteller und den übrigen Vormännern" noch ausdrücklich ausgesprochen. Aus dem gleichen Grunde sind auch diejenigen Indossanten nicht zur Sicherstellung verpflichtet, welche die Verbindlichkeit aus dem Indossamente, sei es überhaupt oder nur die Verbindlichkeit zur Sicherheitsleistung, gemäß Art 14 Satz 2 rechtswirksam ausgeschlossen haben. Die Verpflichtung ist eine wechselmäßige; das bedeutet, daß sie als solche, ebenso wie die Regreßverpflichtung mangels Zahlung (vgl. vor Art 4 Vorbem 3), unabhängig von dem der Wechselziehung und Begebung zugrunde liegenden materiellrechtlichen Verhältnisse entsteht und besteht und daß ihrer Geltendmachung nur im Wege der nach Art 82 WO zulässigen Einwendungen mit Erfolg entgegengetreten werden kann. Zu den danach zulässigen Einwendungen gehört namentlich der Einwand, daß der die Sicherstellung begehrende Remittent oder Indossatar zugleich auch — als Aussteller oder früherer Indossant, vgl. Art 10 Abs 2 WO, — auf dem Wechsel stehe und deshalb als Vormann des in Anspruch genommenen Regreßpflichtigen diesem selbst zur Sicherstellung verpflichtet sei (exceptio doli). — Aus der Wechselmäßigkeit der Verpflichtung ergibt sich ferner, daß jeder zur Sicherstellung Verpflichtete zugleich mit anderen, wie auch allein, auf volle Sicherheitsleistung in Anspruch genommen werden kann. Die näheren Modalitäten sind, von der Aktivseite her, in Art 26 Abs 2 geregelt; vgl. zu Art 26 Anm 3. **Anm. 7.**

Die Verpflichtung ist zu erfüllen Zug um Zug gegen Aushändigung des mangels Annahme aufgenommenen Protestes. Dieser muß nach Art 88 b WO in der Fassung **Anm. 8.**

der Protestnovelle auf einer Abschrift des Wechsels oder der Kopie oder einem mit der Abschrift verbundenen Blatte stehen. Diese Wechselabschrift ist daher mit dem Proteste auszuhändigen. Vorherige Aushändigung des Protestes oder Anerbieten dazu ist zur Begründung der Klage auf Sicherstellung nicht erforderlich (§§ 273, 274 BGB).

Anm. 9. Ein Erlaß des Protestes kommt für den Regreß auf Sicherstellung nicht in Frage; Art 42 bezieht sich nur auf den Protest mangels Zahlung. Vgl. zu Art 42 Anm 9; ebenso Bernstein S. 155 § 3 Abs 2.

Anm. 10. **3.** Den Gegenstand des hier in Frage stehenden Regresses bildet die Leistung einer für den in Absatz 1 bezeichneten Zweck **genügenden Sicherheit.** In Betracht kommt dafür einmal der Umfang und sodann die Art der Sicherheit.

a) Der Umfang der zu leistenden Sicherheit, d. h. der Geldbetrag, für den sie haften und nach welchem deshalb ihre Höhe bemessen werden soll, wird durch ihren im Gesetze angegebenen Zweck bestimmt. Danach muß sie genügend sein, um die Bezahlung der im Wechsel verschriebenen Summe (Art 4 Nr. 2) — im Falle des Teilakzepts (Art 22 Abs 1) jedoch nur des nicht angenommenen Teilbetrags dieser Summe — sowie die Erstattung der durch die Nichtannahme verursachten Kosten, also der Kosten der Präsentation zur Annahme und des Protestes mangels Annahme, am Verfalltage zu sichern. Ist eine Annahme unter anderen Einschränkungen erfolgt, die im Verhältnisse zu den Regreßpflichtigen als gänzliche Verweigerung der Annahme zu gelten hat (Art 22 Abs 2, vgl. zu Art 22 Anm 5), so hat Sicherstellung für die ganze Wechselsumme zu erfolgen; a. M. Bernstein S. 157 § 2 Abs 2 unter Berufung auf das richterliche Ermessen, das jedoch zwar für die Art der Sicherstellung in Betracht kommt (vgl. unten zu b), nicht aber für die Frage, welche Ansprüche durch sie sicherzustellen sind, das übrigens wohl auch nicht zu anderem Ergebnisse führen könnte. Die weiteren Beträge, welche gemäß Artt 50, 51 als Regreßansprüche mangels Zahlung gefordert werden können, insbesondere die Zinsen aus der Wechselsumme seit dem Klagetage, die Kosten des Protestes mangels Zahlung, die „anderen Auslagen" und die Provisionen, bilden nicht den Gegenstand des Sicherungsregresses mangels Annahme und sind deshalb bei Bestimmung des Umfanges der zu leistenden Sicherheit nicht zu berücksichtigen. Ob ihretwegen auf Grund eines den wechselrechtlichen Beziehungen zwischen einzelnen Wechselbeteiligten zugrunde liegenden materiellrechtlichen Verhältnisses eine Sicherheitsleistungspflicht besteht, etwa nach §§ 257, 775 BGB, bestimmt sich nach dem allgemeinen bürgerlichen Rechte.

Anm. 11. **b)** Die Art der Sicherheitsleistung, d. h. die Rechtshandlung, durch welche sie zu bestellen ist, ist im Gesetze nicht bestimmt, abweichend von dem Preußischen Entwurfe, der Pfandbestellung, Bürgschaft oder Barhinterlegung vorgesehen hatte, während die Leipziger Konferenz beschloß, die Aufzählung, soweit sie Pfandbestellung und Bürgschaft vorsah, zu streichen und insoweit — also abgesehen von der unter allen Umständen genügenden Barhinterlegung — die Art der Sicherstellung dem richterlichen Ermessen zu überlassen (Prot. L. S. 60, Thöl S. 64), worauf dann die Fassungskommission den Text des Artikels so faßte, daß ohne Aufzählung der zulässigen einzelnen Arten der Sicherheitsleistung lediglich eine für den angegebenen Zweck „genügende" Sicherheitsleistung verlangt und den Schuldnern die Barhinterlegung freigestellt wird. Es ist infolgedessen streitig geworden, ob die Vorschriften des allgemeinen bürgerlichen Rechts über die Art, in welcher eine geschuldete Sicherheitsleistung zu erfolgen hat (jetzt §§ 232 ff. BGB) auf die Sicherheitsleistungen der Artt 26, 29 WO unmittelbare Anwendung zu finden haben. Die Frage wird bejaht vom KG (ROLG 9 III 156), Rehbein zu Art 25 Anm 5, Oertzen in ZfHR 75 S. 109, StStranz zu Art 25/26 Anm 6; verneint für das frühere Recht von Bernstein S. 156 § 3a, für das Recht des BGB von Dernburg S. 302 Anm 7. Es kommt dabei namentlich die in § 232 Abs 2 BGB nur hilfsweise zugelassene Stellung eines tauglichen Bürgen in Betracht. Es wird kein zwingender Grund bestehen, diese im wechselrechtlichen Verkehr (namentlich in der Form des Avals) gebräuchlichere und ihm angemessene Art der Sicherstellung nicht auch primär grundsätzlich zuzulassen, da die Vorschriften des BGB angesichts des Art 32 EGBGB kein formelles Hindernis bieten. Dem richterlichen Ermessen darüber, ob die Sicherheit ihrer Art nach genügend ist, wird somit keine formelle Schranke gesetzt sein. Anders in Österreich (vgl. oben die dortige Fassung der Absätze 2 und 3 des Artikels); dort gilt, falls sich die Parteien über die Art und den Ort der Sicherstellung nicht einigen, nur „Barerlegung" des sicherzustellenden Betrags als Erfüllung der Sicherungsverpflichtung. Ebenso in Ungarn; vgl. den Anhang I zu diesem Unterabschnitte Anm 1.

Anm. 12. **c)** Bestritten ist ferner, ob der Regreßnehmer in der Klage eine bestimmte Art der Sicherheitsleistung als diejenige, die er verlangt, zu bezeichnen berechtigt oder sogar verpflichtet ist. Die Frage wird zumeist bejaht, und zwar unter Bezugnahme auf § 253 Abs 2 Nr. 2 ZPO, wo die bestimmte Angabe des Gegenstandes des erhobenen Anspruchs verlangt wird, und obwohl die Schwierigkeit für den mit den Verhältnissen des oder der in Anspruch genommenen Sicherungspflichtigen nicht bekannten Regreßnehmer, eine bestimmte Art der Sicherheitsleistung, die diesen Verhältnissen entspricht, zu bezeichnen, nicht verkannt werden kann. So Dernburg S. 302 § 272 Anm 8; StStr Anm 7 zu Artt 25, 26; a. M. Oertzen in ZfHR 75 S. 112. Das RG hat aber wiederholt seinen Standpunkt, daß Urteile erlassen werden können, die lediglich auf Sicherheitsleistung oder genügende Sicherheitsleistung lauten, dadurch zu erkennen gegeben, daß es bei

Vorliegen solcher Urteile ausgeführt hat, der Gläubiger habe spätestens bei Einleitung der Zwangsvollstreckung anzugeben, welche Art der Sicherheitsleistung er durchführen wolle (RGZ 13, 339; 19, 207). Dieser Standpunkt steht auch im Einklange mit der grundsätzlichen Stellung, die das RG sonst gegenüber dem § 253 ZPO einnimmt, indem es bei Schadensersatzklagen einen Klagantrag für genügend erklärt, durch welchen die Verurteilung zu einer „angemessenen" oder „entsprechenden" Zahlung, deren Betrag durch Ermessen des Gerichts festgesetzt werden soll, für ausreichend erachtet (RGZ 10, 353; 12, 388; 21, 387). Eine Klage mit solchem Antrage wird daher, wenn der Beklagte nicht erscheint, nicht etwa wegen nicht bestimmten Klageantrages abgewiesen werden können. Kommt es aber zur kontradiktorischen Verhandlung, so wird es Aufgabe des Gerichts sein, im Wege des § 139 ZPO eine Klärung über die Art der Sicherstellung möglichst so weit herbeizuführen, daß es bereits im Urteile darüber nach seinem Ermessen Bestimmung treffen kann. Dagegen wird der Kläger in der Klage den Umfang der Sicherheitsleistung in dem oben zu a erörterten Sinne, d. h. diejenigen Beträge anzugeben haben, für welche die zu leistende Sicherheit haften soll. Die Höhe dieser Beträge (Wechselsumme und Kosten der Nichtannahme) wird sich ohne weiteres aus dem Wechsel bzw. der Wechselabschrift und dem Proteste mangels Annahme, die in den Händen des Klägers sein müssen (vgl. zu Art 26 Anm 1), ersehen lassen.

d) Absatz 2 des Artikels gibt den Regreßverpflichteten die Befugnis, ihre Verpflichtung dadurch zu erfüllen, daß sie die schuldige Summe — d. h. die Wechselsumme und die Kosten der Nichtannahme, vgl. oben Anm 10, — auf ihre Kosten bei Gericht oder bei einer anderen zur Annahme von Depositen ermächtigten Behörde oder Anstalt **niederlegen** (hinterlegen). Die Hinterlegung ist durch diese Fassung, die von der Fassungskommission herrührt (vgl. oben Anm 11), nicht, wie in dem Preußischen Entwurfe, als eine Art der Sicherheitsleistung neben anderen Arten bezeichnet, sondern als ein Mittel zum Ersatze der nach Abs 1 geschuldeten Sicherheitsleistung. Doch stellt sachlich auch sie eine Art der Sicherheitsleistung dar. Die lediglich redaktionelle Fassung steht deshalb nicht etwa entgegen, daß auch das Gericht die Barhinterlegung als die von ihm für angemessen erachtete Art der Sicherheitsleistung gemäß Abs 1 dem Regreßverpflichteten auferlegen kann. Die Hinterlegung nach Abs 2 stellt sich als eine dem Verpflichteten zustehende Befugnis, eine facultas alternativa, dar, von welcher der Schuldner so lange Gebrauch machen kann, als er nicht rechtskräftig zu einer bestimmten Art der Sicherheitsleistung verurteilt ist. Im übrigen entspricht die Bestimmung des Abs 2 der Vorschrift über die Hinterlegung der Wechselsumme durch den Akzeptanten im Falle der Nichteinforderung bei Verfall (Art 40); es kann deshalb hinsichtlich des Ortes und der Stelle der Hinterlegung und ihrer sonstigen Modalitäten hier auf die Erläuterungen zu Art 40 (Anm 6) verwiesen werden. **Anm. 13.**

e) Vollstreckung des auf Sicherheitsleistung lautenden Urteils. Lautet das Urteil lediglich auf genügende Sicherheitsleistung ohne Bestimmung ihrer Art (vgl. oben Anm 12), so wird der Gläubiger bei Einleitung der Zwangsvollstreckung zur Erwirkung dieser Handlung aus § 887 ZPO anzugeben haben, welche Art der Sicherheitsleistung er vornehmen lassen will. Lautet das Urteil alternativ auf eine oder eine andere Art der Sicherheitsleistung, ohne daß ausgesprochen ist, daß der Gläubiger die Wahl haben soll, so kann sich der Regreßpflichtige durch Sicherheitsleistung in einer anderen der zur Wahl gestellten Arten befreien, solange nicht der Gläubiger die Sicherheitsleistung in der einen Art beigetrieben (empfangen) hat: § 264 Abs 1 BGB, RGZ 27, 382. Lautet das Urteil darauf, daß der Schuldner bestimmte Gegenstände dem Gläubiger zum Faustpfande herauszugeben hat, so kann die Vollstreckung nach § 883 ZPO in der Weise erfolgen, daß der Gerichtsvollzieher die Gegenstände dem Schuldner wegnimmt (RGZ 58, 161). Die zur Bestellung einer Hypothek an einem im Urteile bezeichneten Grundstücke des Schuldners erforderliche Willenserklärung des Schuldners (§ 873 BGB) gilt als abgegeben, sobald das Urteil die Rechtskraft erlangt hat, und auf Grund der darin liegenden Eintragungsbewilligung (§ 19 GBO) kann alsdann die Eintragung in das Grundbuch ohne weiteres erfolgen. Lautet das Urteil nur auf Hypothekenbestellung ohne Angabe des Grundstücks, so wird der Gläubiger die Hypothek auf ein von ihm zu bezeichnendes Grundstück des Schuldners erst eintragen lassen können, nachdem er sich zur Bezeichnung des Grundstücks gemäß § 887 ZPO hat ermächtigen lassen. Einwendungen des Schuldners gegen die von dem Gläubiger im Wege der Zwangsvollstreckung betriebene Art der Sicherheitsleistung werden nach Maßgabe des § 766 ZPO geltend zu machen sein. — Oertzen (ZfHR 75, 110) sucht im Anschlusse an ein Urteil des OLG Dresden (ROLG 7 S. 327) darzulegen, daß es einer Ermächtigung des Gläubigers nach § 887 ZPO überhaupt nicht bedürfe, daß vielmehr der Gläubiger auf Grund der dem Schuldner obliegenden Pflicht, zum Zwecke der Sicherstellung des Gläubigers die Zwangsvollstreckung in sein Vermögen zu dulden, ohne weiteres beliebige Vermögensstücke des Schuldners nach §§ 803 ff. ZPO pfänden lassen könne. Dabei wird aber übersehen, daß die Verpflichtung zur Sicherstellung eines Geldbetrages der Verpflichtung zur Zahlung eines solchen hinsichtlich der Zwangsvollstreckung nicht gleichgestellt ist, vielmehr eine Willensentschließung des Schuldners darüber, in welcher Weise er die Sicherheit leisten will, erfordert, für die, sofern sie nicht schon im Urteile inhaltlich festgelegt ist, nur der Weg der Zwangsvollstreckung zur Erwirkung von Handlungen gegeben ist; vgl. RGZ 27, 384. Auch die in dem oberlandesgerichtlichen Urteile herangezogene Analogie der Vollziehung des Arrestes **Anm. 14.**

trifft nicht zu, da auch dabei, falls eine Handlung des Schuldners zum Zwecke der Vollziehung erwirkt werden soll, die Vorschriften über die Zwangsvollstreckung zur Erwirkung von Handlungen Anwendung zu finden haben (§ 928 ZPO).

Artikel 26.

Der Remittent sowie jeder Indossatar wird durch den Besitz des mangels Annahme aufgenommenen Protestes ermächtigt, von dem Aussteller und den übrigen Vormännern Sicherheit zu fordern und im Wege des Wechselprozesses darauf zu klagen.

Der Regreßnehmer ist hierbei an die Folgeordnung der Indossamente und die einmal getroffene Wahl nicht gebunden.

Der Beibringung des Wechsels und des Nachweises, daß der Regreßnehmer seinen Nachmännern selbst Sicherheit bestellt habe, bedarf es nicht.

Anm. 1. **1.** Art 26 regelt den Regreß auf Sicherstellung mangels Annahme von der Aktivseite her, indem er bestimmt, welche Personen zu seiner Geltendmachung befugt (aktiv legitimiert) sind. Er bezeichnet als solche **den Remittenten und jeden Indossatar,** also nicht nur den als derzeitiger Wechselgläubiger legitimierten Inhaber, wie für die Zahlung des Wechsels, Art 36, auch nicht nur den einfachen Inhaber, wie für die Präsentation zur Annahme, Art 18 Satz 1 (vgl. zu Art 18 Anm 1), sondern jeden, der als Remittent oder Indossatar auf dem Wechsel verzeichnet ist, ohne Rücksicht darauf, ob er zur Zeit im Besitze des Wechsels ist. Doch wird auch derjenige, der den in blanco indossierten Wechsel durch Blankotradition erlangt und das Blankoindossament nicht ausgefüllt hat und der sonach, ohne auf dem Wechsel verzeichnet zu stehen, das Gläubigerrecht aus dem Wechsel erworben hat (vgl. zu Art 13 Anm 4), zur Geltendmachung des Regresses als befugt zu erachten sein, allerdings nur, wenn und so lange er Inhaber des Wechsels ist. Daß der Inhaber als solcher zum Regreß auf Sicherstellung wegen Unsicherheit des Akzeptanten legitimiert ist, ist in Art 29 ausdrücklich gesagt; es besteht aber kein Grund anzunehmen, daß in dieser Beziehung zwischen dem Regreß mangels Annahme und dem Regreß wegen Unsicherheit eine Unterscheidung gemacht werden sollte. Vgl. zu Art 29 Anm 10. Im übrigen aber soll der Sicherungsanspruch auch demjenigen zustehen, der den Wechsel zur Zeit weiterbegeben hat, dessen Gläubigerschaft aber dadurch nicht endgültig erloschen, sondern nur durch Wiedereinlösung des Wechsels suspensiv bedingt ist; vgl. zu Art 10 Anm 5. Der Remittent und jeder Indossatar gilt daher, ohne im Besitze des Wechsels zu sein, als ermächtigt (vgl. zu Art 27 Anm 1) zur außergerichtlichen und gerichtlichen Geltendmachung des Regresses durch den Besitz des Protestes. Diesen wird er, wenn er nicht selbst den Wechsel hat protestieren lassen, in der Regel dadurch erworben haben, daß er bereits einem Nachmanne Sicherheit geleistet und von diesem gemäß Art 25 den Protest ausgehändigt erhalten hat. Doch ist diese Art des Erwerbes des Protestes keine Voraussetzung für die Aktivlegitimation zu dem Regresse, wie sich aus Abs 3 ergibt, der ausdrücklich bestimmt, daß es dazu weder der Beibringung des Wechsels noch des Nachweises der einem Vormanne geleisteten Sicherheit bedarf. Der Regreß kann sonach auch von einem Remittenten oder Indossatar geltend gemacht werden, der den Protest auf andere Weise als durch Sicherheitsleistung, etwa nur um den Regreß für Rechnung des Nachmannes geltend zu machen oder leihweise, erhalten hat. Auch der Remittent oder Indossatar, der den Wechsel ohne Obligo weiterbegeben hat, kann Sicherheitsleistung verlangen, da auch er nach der richtigen Auffassung (vgl. zu Art 10 Anm 5) durch die, wenn auch freiwillige Einlösung des Wechsels wieder in sein früheres Recht als Wechselgläubiger eintreten würde. So im Ergebnis zutreffend StStranz Anm 1 zu Art 25/26, a. M. Oertzen in ZfHR 35, 105. Bestritten ist, ob derjenige, der wissentlich einen mangels Annahme oder Zahlung protestierten Wechsel erworben hat, einen Regreß auf Sicherstellung geltend machen kann; Grünhut (II S. 375) erblickt darin einen Verzicht auf den Kautionsregreß gegenüber denjenigen Vormännern, die den Wechsel nach der Protestierung erworben haben; a. M. Bernstein S. 156 § 2 Abs 2, 158 § 1 Anm 1. Es wird sich nur um eine Einwendung gemäß Art 82 aus dem bürgerlich-rechtlichen Vertragsverhältnisse zwischen dem Erwerber des Wechsels und seinem unmittelbaren Vormann handeln können und die Frage, ob zwischen ihnen ein Verzicht vorliegt, nach den Tatumständen zu beantworten sein (vgl. auch Oertzen a. a. O. S. 106).

Anm. 2. **2.** Der Anspruch auf Sicherheitsleistung kann, ohne daß es der Beibringung des Wechsels bedarf, auch durch Klage **im Wechselprozesse** geltend gemacht werden (**Absatz 2**). Mit dieser Vorschrift steht § 602 ZPO im Einklange, da er den Wechselprozeß zuläßt bei Ansprüchen aus dem Wechsel, ohne zu erfordern, daß der Anspruch, wie beim gewöhnlichen Urkundenprozeß (§ 592), auf Zahlung gerichtet sein muß. Übrigens würde die Vorschrift der WO auch gegenüber einer etwa abweichenden Bestimmung der ZPO gemäß Art 32 EGBGB aufrechterhalten sein. In RGZ 8, 42 wird denn auch die Zulässigkeit des Wechselprozesses für eine Klage auf Sicherheitsleistung aus Artt 26, 29 stillschweigend vorausgesetzt. Auch die Vorschrift, daß es der Beibringung des

Wechsels (d. h. des Originalwechsels) nicht bedarf, steht im Einklange mit den prozessualen Vorschriften, da nach § 593 Abs 2 ZPO für den Urkunden- und Wechselprozeß nur die Beifügung einer Abschrift der Urkunde erforderlich ist, die gemäß Art 88 a WO mit dem Proteste, der auf ihr steht, in die Hände des Regreßnehmers gelangt sein muß. In materiell-rechtlicher Beziehung aber stellt sich die Vorschrift als Ausnahme dar von dem Grundsatze, daß Ansprüche aus dem Wechsel nur mit der Urkunde in der Hand geltend gemacht werden können; vgl. Vorbem. 1 vor Art 4 Anm 2.

3. Absatz 2 des Artikels bestimmt ferner, — entsprechend dem, was für den Regreß mangels Zahlung in Art 49 bestimmt ist —, daß der Regreßnehmer an die Folgeordnung der Indossamente nicht gebunden ist, also im Wege des **Sprungregresses** einen beliebigen Vormann als Indossanten in Anspruch nehmen kann; vgl. Näheres darüber zu Art 49 Anm 1, 3. Besonders hervorgehoben ist weiter noch in Abs 2, daß der Regreßnehmer an die einmal getroffene Wahl nicht gebunden ist. Das entspricht der Vorschrift des BGB über das Gesamtschuldverhältnis, derzufolge bis zur Bewirkung der ganzen Leistung sämtliche Schuldner verpflichtet bleiben (§ 421 Satz 2), sonach die Klage gegen den einen Schuldner den Gläubiger nicht an einer Inanspruchnahme der anderen hindert, auch die Einrede der Rechtshängigkeit bzw. der Rechtskraft einem Gesamtschuldner nicht um deswillen zusteht, weil ein Rechtsstreit gegen einen anderen Gesamtschuldner anhängig oder ihm gegenüber rechtskräftig entschieden ist. Vgl. RGR Komm zu § 421 Anm 2. Doch erlischt der Anspruch dadurch, daß von einem Regreßpflichtigen vorschriftsmäßige Sicherheit geleistet wird; es werden dadurch sämtliche Regreßpflichtige befreit; vgl. Art 27. Auch das entspricht den Grundsätzen des BGB über die Gesamtschuld (§ 421 BGB). **Anm. 3.**

Artikel 27.

Die bestellte Sicherheit haftet nicht bloß dem Regreßnehmer, sondern auch allen übrigen Nachmännern des Bestellers, insofern sie gegen ihn den Regreß auf Sicherstellung nehmen. Dieselben sind weitere Sicherheit zu verlangen nur in dem Falle berechtigt, wenn sie gegen die Art oder Größe der bestellten Sicherheit Einwendungen zu begründen vermögen.

1. Dadurch, daß nach Art 26 der Remittent und jeder Indossatar durch den Besitz des Protestes als „ermächtigt" gelten, den Regreß auf Sicherstellung zu erheben, ist bereits angedeutet, daß der Regreßnehmer dabei nicht nur eigenen Namens handelt, sondern zugleich kraft einer durch gesetzliche Vermutung ihm zustehenden Vertretungsmacht als Vertreter anderer Personen. Wer diese sind, kommt in **Art 27 Satz 1** zum Ausdruck durch die Bestimmung, daß die bestellte Sicherheit nicht nur dem Regreßnehmer, sondern auch **allen übrigen Nachmännern des Bestellers** haftet, sofern sie gegen ihn den Regreß auf Sicherstellung nehmen. Das kann allerdings nicht so verstanden werden, daß die Nachmänner ohne weiteres das für den ersten Regreßnehmer bestellte dingliche Recht (Pfandrecht, Hypothek) oder das Recht aus dem mit dem Bürgen abgeschlossenen Bürgschaftsvertrage oder das durch die Hinterlegung geschaffene Recht auf Auszahlung der hinterlegten Summe unmittelbar auch für sich als Berechtigte erwerben, wie StStranz zu Art 27 Anm 1 a anzunehmen scheinen, indem sie lehren, daß die übrigen Nachmänner „sich an die bestellte Sicherheit ohne weiteres halten können, ohne daß die Sicherheit für sie bestellt ist". Das würde mit den über den Erwerb solcher Rechte im allgemeinen bürgerlichen Rechte geltenden Grundsätzen in Widerspruch stehen. Vgl. dagegen auch Grünhut II S. 377/378; Oertzen in ZfHR 75 S. 106. Daß die Bestimmung nicht so gemeint ist, ergibt sich aus ihrer Entstehungsgeschichte. Sie war im Preußischen Entwurf einer WO nicht vorhanden und ist erst durch die Leipziger Konferenz geschaffen worden, und zwar um dem Gedanken Ausdruck zu geben, „daß die von einem Wechselverbundenen einmal bestellte Sicherheit allen Nachmännern dessen, der sie geleistet hat, überwiesen werden könne und deren Regreßansprüche erledige" (Prot. L. S. 60, Thöl S. 65). Andrerseits ist aber durch die Konferenz (Prot. L. S. 233, Thöl S. 249) auch ausgesprochen worden, daß die Bestimmung, die Sicherheit hafte auch den Nachmännern des Bestellers, „nicht besagen solle, daß sie nur mit Einwilligung der Nachmänner wieder aufgehoben werden könne". Der Fassungskommission wurde aufgegeben, eine Fassung vorzulegen, die das deutlicher zum Ausdruck bringe. Daraufhin sind von dieser die Worte: „sofern sie gegen ihn Regreß nehmen" in den ursprünglichen Text eingefügt worden. Durch diese Entstehungsgeschichte ist die Bedeutung dieser recht unklaren Worte, die zu den Meinungsverschiedenheiten in der Rechtslehre Anlaß gegeben haben, klargestellt. Sie sind dahin zu verstehen, daß der Nachmann, der die einem anderen Nachmanne von einem gemeinschaftlichen Vormanne bestellte Sicherheit auch für sich in Anspruch nehmen will, seinerseits gegen den Besteller Regreß erheben und sich die Sicherheit „überweisen" lassen muß und daß, solange dies nicht geschehen ist, ihm ein selbständiges Recht an ihr nicht zusteht, sie also ohne seine Einwilligung durch Vereinbarung zwischen den ersten Regreßnehmer und dem Besteller oder auch (soweit dies nach allgemeinen Grundsätzen zulässig) durch einseitige Aufgabe des ersten Regreßnehmers beseitigt werden kann. Darüber, was der weitere Nachmann zu tun hat, um an der von dem ersten Regreßnehmer bestellten Sicherheit **Anm. 1.**

teilzunehmen, bestehen in der Rechtslehre gleichfalls Meinungsverschiedenheiten. Dernburg (§ 272 S. 302) spricht davon, daß die Nachmänner das Recht auf die bestellte Sicherheit dadurch erlangen können, daß sie dieselbe „beanspruchen" und will (ohne daß dafür im Gesetze ein Anhalt zu finden ist), um einen wirksamen „Beitritt" der übrigen Nachmänner, den das Gesetz vorsehe, zu ermöglichen, keine Aushändigung der dem ersten Regreßnehmer bestellten Faustpfänder an diesen, sondern nur öffentliche Hinterlegung dieser Pfänder gestatten. Bernstein (S. 160) und v. Canstein (S. 363) scheinen anzunehmen, daß das Recht an der Sicherheit schon durch ihre bloße „Einforderung", die nach v. Canstein im Wege der Klage erfolgen soll, erworben werden könne. Zutreffend gelangt Oertzen a. a. O. zu dem Ergebnisse, daß, sofern nicht (soweit das zulässig) die Sicherheit von vornherein für den jeweiligen Wechselgläubiger bestellt ist, die übrigen Nachmänner nur durch selbständige Begründungsakte Sicherheitsrechte erwerben können. Danach werden sie, sofern nicht der Besteller freiwillig die dem ersten Regreßnehmer zur Sicherheit bestellten Rechte in den dafür vorgeschriebenen Formen des allgemeinen bürgerlichen Rechts auch für sie bestellt, darauf Klage zu erheben und ein Urteil zu erwirken haben, auf Grund dessen sie im Wege der Zwangsvollstreckung den Erwerb dieser Rechte durch sie herbeiführen können. Dabei müssen auf alle Fälle die in der Zwischenzeit durch einen Dritten an der Sicherheit erworbenen Rechte nach Maßgabe der Vorschriften über den Erwerb in gutem Glauben oder auf Grund des öffentlichen Glaubens des Grundbuchs unberührt bleiben. Freilich erscheint bei dieser Auffassung der Satz 1 des Artikels 27 ziemlich bedeutungslos.

Anm. 2. **2.** Wie schon auf der Leipziger Konferenz bei Schaffung des Art 27 hervorgehoben wurde (vgl. oben zu 1), liegt das Schwergewicht und die eigentliche Bedeutung in **Satz 3** des Artikels, der bestimmt, daß die übrigen Nachmänner zum Verlangen einer **weiteren Sicherheit** neben derjenigen, die dem ersten Regreßnehmer bestellt ist, nur berechtigt sind, falls sie gegen die Art oder Größe der bestellten Sicherheit „Einwendungen zu begründen", d. h. begründete Einwendungen zu erheben vermögen. Können sie das nicht, so sind sie nur in der Lage, in der oben (zu 1) dargelegten Weise zu bewirken, daß die bereits bestellte Sicherheit auch für ihre etwaigen Ansprüche wegen Nichtzahlung des Wechsels im Rahmen des Art 25 haftet und dieser Haftung nicht entzogen werden kann. Die Heranziehung anderer Vermögenswerte zu diesem Zwecke können sie dann nicht verlangen. Das Gesetz stellt eine Vermutung dafür auf, daß die einmal bestellte Sicherheit zur Sicherstellung im Rahmen des Art 25 genügt. Sache der übrigen Nachmänner ist es, diese Vermutung durch „begründete Einwendungen" zu widerlegen, also im Falle des Bestreitens auch den Beweis für diese Einwendungen zu führen. Die Einwendungen können sich gegen die Art der bestellten Sicherheit (vgl. über diesen Begriff zu Art 25 Anm 11) richten, etwa in der Weise, daß geltend gemacht wird, daß der bestellte Bürge unsicher oder die als Pfand bestellte Sache den Einwirkungen des Bestellers nicht entzogen sei, z. B. wegen Kollusion des Bestellers mit dem ersten Regreßnehmer; oder daß bei einer Hypothek die Grundbucheintragung, bei einer Bürgschaftserklärung die Schriftlichkeit fehle. Gegen die „Größe" (Höhe) der Sicherheit kann eingewendet werden, daß der als Sicherheit bestellte Vermögenswert nicht ausreiche, um die nach Art 25 sicherzustellenden Beträge (Wechselsumme und Kosten der Nichtannahme) zu decken. — Fraglich ist, ob zur Inanspruchnahme der bestellten und zum Verlangen einer weiteren Sicherheit die Nachmänner im Besitze des Protestes mangels Annahme sein müssen, wie Art 26 für den „Regreßnehmer" vorschreibt. Die Frage wird in der Rechtslehre überwiegend bejaht (Grünhut II S. 377 Anm 10; Bernstein S. 161); von v. Canstein (S. 363) ohne nähere Begründung verneint. Die Verneinung scheint mir mehr dem Sinne des Gesetzes zu entsprechen. Das Verlangen der übrigen Nachmänner ist in Art 27 nicht als ein durchaus selbständiges Vorgehen, sondern als ein Anschluß an das Vorgehen des ersten Regreßnehmers gedacht und geregelt. Dieser war durch den Besitz des von dem derzeitigen Wechselinhaber aufgenommenen Protestes mangels Annahme, durch den die Regreßrechte aller Nachmänner auf Sicherstellung gewahrt wurden, zu seinem Vorgehen ermächtigt (vgl. oben zu 1); auf Grund dieser Ermächtigung handelte er auch bei Aushändigung des Protestes an den Besteller der Sicherheit. Diese Aushändigung erfolgte daher auch mit Wirkung für die übrigen Nachmänner und es kann unter diesen Umständen nicht gefordert werden, daß sie noch im Besitze des Protestes sein müßten. Andernfalls würden sie nur etwa in Ausnahmefällen (vgl. Bernstein S. 161) in der Lage sein, die ihnen in Art 27 gewährten Rechte auszuüben, was nicht im Sinne des Gesetzes liegen kann. Andrerseits ist der Besteller der Sicherheit durch Art 27 vor weiteren Anforderungen hinlänglich geschützt. — Die Inanspruchnahme der bestellten und das Verlangen einer weiteren Sicherheit gegenüber dem Besteller können an sich gemäß Art 26 Abs 1 im Wechselprozesse erfolgen. Doch werden die Nachmänner im letzteren Falle nicht immer in der Lage sein, ihre Einwendungen gegen die Art oder die Größe der Sicherheit, die zur Begründung ihres Anspruchs gehören, durch Urkunden zu beweisen (§ 592 ZPO). Sie werden deshalb im ordentlichen Verfahren Klage erheben oder dazu übergehen müssen.

Artikel 28.

Die bestellte Sicherheit muß zurückgegeben werden:

1. sobald die vollständige Annahme des Wechsels nachträglich erfolgt ist;

2. wenn gegen den Regreßpflichtigen, welcher sie bestellt hat, binnen Jahresfrist, vom Verfalltage des Wechsels an gerechnet, auf Zahlung aus dem Wechsel nicht geklagt worden ist;

3. wenn die Zahlung des Wechsels erfolgt oder die Wechselkraft desselben erloschen ist.

Der Artikel bestimmt, in welchen Fällen die **Rückgabe** einer auf Grund der Artt 25—27 bestellten Sicherheit infolge nachträglich eingetretener Umstände erfolgen muß.

I. Es werden drei Fälle angeführt:

1. sobald die vollständige Annahme des Wechsels nachträglich erfolgt ist. Davon, daß im Falle teilweiser nachträglicher Annahme eine teilweise Rückgabe der geleisteten Sicherheit, nämlich insoweit als sie sich dadurch als übermäßig erweist, stattzufinden habe, sagt das Gesetz nichts und es wird auch eine ausdehnende Auslegung in diesem Sinne nicht statthaft sein, da nach der Fassung der Vorschrift anzunehmen ist, daß sie auf die Vollständigkeit der Wechselannahme im Gegensatze zu der in irgendeiner Weise eingeschränkten Annahme (Art 22) Wert legt und die einmal bestellte Sicherheit solange, als nicht die Annahme der ganzen Wechselsumme erfolgt ist, unvermindert aufrechterhalten will. Vgl. auch die unten sogleich anzuführende Stelle aus den Protokollen der Leipziger Konferenz. Ebenso Bernstein S. 162 § 1 Abs 3. — Auf eine bei der Leipziger Konferenz gestellte Anfrage, ob die „vollständige" Annahme im Sinne der hier in Frage stehenden Vorschrift auch die Kosten in sich begreife, welche durch den Protest mangels Annahme und den Antrag auf Sicherstellung veranlaßt seien, wurde erwidert, daß die vollständige Annahme, im Gegensatz zu der in § 24 (jetzt Art 22) vorgesehenen Annahme auf eine geringere Summe, die Annahme des Wechsels auf die volle in demselben verschriebene Summe bezeichne und daß es der Beurteilung nach allgemeinen Rechtsgrundsätzen überlassen bleiben müsse, inwiefern der Regreßpflichtige die Kosten des Regresses zu tragen habe. Damit war die gestellte Frage verneint und dem entspricht auch der Wortlaut des Gesetzes. Eine „vollständige" Annahme des Wechsels ist jede Erklärung, welche den Willen des Bezogenen, die Wechselsumme, wie sie im Wechsel gemäß Art 4 Nr. 2 angegeben ist, uneingeschränkt zu zahlen, zum Ausdruck bringt (Art 21 Abs 2); die Haftung des Akzeptanten für die Kosten tritt auf Grund einer solchen Erklärung kraft Gesetzes (Art 81 Satz 2) ein. Es kann sich deshalb nur darum handeln, ob der Regreßnehmer die Sicherheit auch nach erfolgter vollständiger Annahme solange zurückbehalten kann, als ihm die Kosten nicht von dem Regreßpflichtigen erstattet sind. Auch das scheint durch die gebietende Vorschrift der Nr. 1 des Art 28 ausgeschlossen zu sein, derzufolge die Rückgabe der Sicherheit erfolgen muß, sobald die vollständige Annahme nachträglich stattgefunden hat. Daß die Sicherheit nach Art 25 Abs 1 an sich auch für die Zahlung dieser Kosten am Verfalltage haftet, steht nicht entgegen, da mit der nachträglichen Annahme die Voraussetzung für die Sicherheitsleistung überhaupt und dadurch auch für die Fortdauer der Haftung der geleisteten Sicherheit für diese Kosten fortgefallen ist. Besteht aber keine Haftung der Sicherheit als solcher mehr, so kann auch ein Zurückbehaltungsrecht nach § 273 BGB gegenüber dem Anspruche auf Rückgabe nicht geltend gemacht werden, da der Anspruch auf Zahlung dieser Kosten durch den Regreßpflichtigen erst nach Verfall des Wechsels fällig wird. Die Rechtslehre steht anscheinend auf einem dieser Auffassung entgegengesetzten Standpunkte; vgl. Dernburg § 272 Fußnote 13; Bernstein S. 162 § 1 Nr. 1 Abs 1; StStranz zu Art 28 Anm 1. Doch scheint dabei die Frage, ob, wenn eine nachträgliche vollständige Annahme, d. h. eine Annahme für die ganze Wechselsumme, erfolgt ist, die bestellte Sicherheit zurückgegeben werden muß, die in Art 28 Nr. 1 allein behandelt ist, nicht genügend getrennt gehalten zu werden von der anderen Frage, ob der Inhaber verpflichtet ist, nach ganz oder teilweise verweigerter Annahme den Wechsel dem Bezogenen nochmals zur Annahme vorzulegen und die nachträgliche Annahme entgegenzunehmen. Für eine solche Verpflichtung bietet das Gesetz keinen Anhalt, auch nicht bei dem Nach-Sicht-Wechsel, bei dem eine Verpflichtung zur Vorlegung behufs Annahme besteht, während bei anderen Wechseln eine solche Verpflichtung überhaupt nicht stattfindet; vgl. zu Art 19 Anm 1. Der Inhaber hat es also in der Hand, die nochmalige Vorlegung des Wechsels an den Bezogenen zur Annahme davon abhängig zu machen, daß der Regreßpflichtige die bisher entstandenen Kosten bezahlt oder sich zu ihrer Bezahlung verpflichtet und dafür Sicherheit leistet. **Anm. 1.**

Der nachträglichen Annahme durch den Bezogenen steht die nachträgliche Annahme durch einen Notadressaten, der sie anfänglich verweigert hatte, oder durch einen Ehrenakzeptanten, falls der Inhaber einen solchen noch zugelassen hat (Art 57), hinsichtlich einer von dem Honoraten oder einem seiner Nachmänner bestellten Sicherheit gleich. **Anm. 2.**

2. wenn gegen den Regreßpflichtigen, welcher sie bestellt hat, binnen Jahresfrist vom Verfalltag des Wechsels an gerechnet, auf Zahlung aus dem Wechsel nicht geklagt worden ist. **Anm. 3.** Durch diese Bestimmung wird die Haftung der bestellten Sicherheit für die Regreßansprüche mangels Zahlung auf eine einjährige Frist vom Verfalltage ab eingeschränkt. Diese Frist kommt aber nur in Betracht, wenn die Ansprüche nicht bereits vorher präjudiziert oder verjährt sind; vgl. unten zu 3 Anm 6. Andrerseits können Regreßansprüche mangels Zahlung noch bestehen, während der Regreß auf Sicherstellung durch Ablauf des Jahres ausgeschlossen ist und die vorher bestellte Sicherheit zurückgefordert werden kann. Auf der Leipziger Konferenz war vorgeschlagen, die Dauer des Sicherungsanspruchs mit den Verjährungsfristen gleich zu bemessen; es wurde aber für richtiger gehalten, sie unabhängig von dieser derart festzusetzen, daß die als drückend empfundene Sicherstellungspflicht nicht während der ganzen, unter Umständen (namentlich bei außerhalb Europas zahlbaren Wechseln oder wenn der Regreßberechtigte außerhalb Europas wohnt) lange laufenden Verjährungsfrist andauern müsse (Prot. L. 191, Thöl 203).

Anm. 4. Der Lauf der Frist beginnt mit dem Verfalltage, nicht mit dem Zahlungstage (vgl. zu Art 4 Anm 26) oder, wie die Verjährung der Regreßansprüche des Inhabers (Art 78 Abs 2), mit dem Protesttage. Für ihre Berechnung werden jetzt die Vorschriften des BGB (§§ 187 bis 193) maßgebend sein. Innerhalb der Frist muß „geklagt" worden sein. Dafür werden jetzt die Vorschriften der ZPO über die Erhebung der Klage zur Anwendung zu kommen haben, denen zufolge diese durch Zustellung eines Schriftsatzes (§ 253) erfolgt, deren die Frist wahrende Wirkung im amtsgerichtlichen Verfahren bereits mit der Einreichung oder Anbringung der Klage eintritt (§ 496); im amtsgerichtlichen Verfahren aber auch durch den mündlichen Vertrag der Klage (§§ 500, 510c). Die Frist ist eine Ausschlußfrist, keine Verjährungsfrist; die für diese geltenden Hemmungs- und Unterbrechungsgründe (§§ 202ff. BGB), namentlich die Stundung, der Stillstand der Rechtspflege, die außergerichtliche Anerkennung, kommen deshalb für sie nicht in Betracht. A. M. Bernstein S. 162 § 1 Nr. 2 Abs 2, der die Vorschriften des früheren Art 80 WO über die Hemmung und Unterbrechung der Wechselverjährung, namentlich durch Anmeldung zum Konkurse, im Wege der Analogie anwenden will. Auch StStranz (Anm 2 zu Art 28) stellen die Anmeldung zum Konkurse der Klageerhebung gleich; desgleichen die Zustellung des Zahlungsbefehls. Letzteres dürfte dadurch gerechtfertigt sein, daß durch die Zustellung des Zahlungsbefehls die Wirkungen der Rechtshängigkeit in gleicher Weise wie durch eine Klage eintreten (§ 693 Abs 2 ZPO).

Anm. 5. **3. wenn die Zahlung des Wechsels erfolgt oder die Wechselkraft des Wechsels erloschen ist.** Unter „Zahlung" des Wechsels ist hier jede Leistung zu verstehen, durch welche entweder der Besteller der Sicherheit oder diejenigen, zu deren Gunsten die Bestellung erfolgt ist (Artt 26, 27), von ihren Regreßverpflichtungen mangels Zahlung befreit werden, also die Zahlung durch den Bezogenen oder durch einen Vormann der Genannten an den Wechselinhaber, während Zahlungen von Nachmännern ihre Regreßpflicht und damit auch die Sicherungspflicht bestehen lassen. Der Zahlung gleich steht die Aufrechnung (§ 389), sowie die befreiende Hinterlegung (§ 378 BGB).

Anm. 6. Die Wechselkraft des Wechsels ist erloschen, wenn aus ihm keine wechselrechtlichen Ansprüche mehr geltend gemacht werden können. Als solche können bei nicht angenommenen Wechseln, um die es sich hier handelt, nur die Regreßansprüche gegen den Aussteller und die Indossanten, sowie gegen etwaige Avalisten für diese in Frage kommen. Diese Ansprüche sind sämtlich und gegenüber allen Regreßverpflichteten erloschen, wenn die zu ihrer Erhaltung erforderlichen Handlungen — Präsentation zur Zahlung und Protest mangels Zahlung (Artt 41ff.) — innerhalb der dafür vorgeschriebenen Fristen verabsäumt sind, der Wechsel also präjudiziert ist. Die Wechselkraft des Wechsels ist aber ferner erloschen, wenn die Wechselverjährung (Artt 78, 79) gegen den Inhaber und sämtliche Indossanten eingetreten ist. Doch kann nach den Grundsätzen des bürgerlichen Rechts über den Bereicherungsanspruch (§§ 812ff., insbesondere § 812 Abs 1 Satz 2) die Rückgabe der Sicherheit schon verlangt werden, wenn die Ansprüche derjenigen, zu deren Gunsten sie bestellt ist, verjährt sind, da in solchem Falle der rechtliche Grund für die Sicherheitsleistung fortgefallen ist. Gleiches wird zu gelten haben, wenn die Ansprüche ihrer Nachmänner gegen sie verjährt sind. — Für den nach Präjudizierung oder Verjährung des Wechsels übrig bleibenden wechselrechtlichen Bereicherungsanspruch (Art 83) haftet die bestellte Sicherheit nicht. Auch wird die Ausübung eines Zurückbehaltungsrechts an ihr nach § 273 BGB ausgeschlossen sein, da sich aus dem durch die Sicherheitsleistung begründeten Schuldverhältnisse, wie es durch die WO geregelt ist, „ein anderes", nämlich die unbedingte Verpflichtung zur Herausgabe in dem Falle des Art 28 Nr. 3 ergibt; vgl. oben Anm 1.

Anm. 7. **II.** Die **„Rückgabe"** der Sicherheit hat zu erfolgen: wenn körperliche Sachen als Faustpfand übergeben worden sind, durch ihre körperliche Rückgabe; soweit Eigentum zur Sicherung übertragen war, durch dessen Rückübertragung; bei verbrauchbaren Sachen (Geld) durch Erstattung einer gleichen Menge aus der Gattung (eines gleichen Geldbetrages). Bei Rechten an Grundstücken (Hypothek, Grundschuld) wird die Rückgabe durch Verzicht auf das Recht gemäß § 1168 BGB zu erfolgen haben, durch welchen das Recht auf den Eigentümer übergeht, auch durch Aufhebung des Rechts (§ 1183) erfolgen können, falls der Eigentümer zustimmt. Sind Sachen, insbesondere Geld, bei Dritten, insbesondere bei einer Hinterlegungsstelle, zur Sicherheit hinterlegt, so wird die Rückgabe in der Einwilligung des Gläubigers zur Rückgabe (Rückerstattung) an den Besteller der Sicherheit zu bestehen haben, die in den für die Hinterlegungsstelle vorgeschriebenen Formen zu erteilen der Regreßnehmer verpflichtet sein wird. Ist ein Bürge bestellt, so wird die Rückgabe in einer dem Bürgen gegenüber abzugebenden Erklärung des Regreßnehmers zu bestehen haben, daß er den Bürgen aus der Bürgschaft entlasse, sowie in der Rückgabe des Bürgschaftsscheines; der Schriftlichkeit wird diese Erklärung nicht bedürfen, da auch bei der Eingehung des Bürgschaftsvertrags die Erklärung des Gläubigers dieser Form nicht bedarf (§ 766 BGB). — Der Anspruch auf die Rückgabe steht dem Besteller zu. Er richtet sich gegen diejenigen Regreßnehmer, denen Sicherheit entweder ursprünglich oder im Anschlusse an die einem ihrer Vormänner bestellte Sicherheit bestellt worden ist (Artt 26, 27). — Der Anspruch auf die Rückgabe ist zwar durch die Wechselordnung begründet, aber kein Anspruch aus dem Wechsel, deshalb im Wechselprozesse nicht verfolgbar.

2. Wegen Unsicherheit des Akzeptanten.

Artikel 29.

Ist ein Wechsel ganz oder teilweise angenommen worden, so kann in betreff der akzeptierten Summe Sicherheit nur gefordert werden:

1. wenn über das Vermögen des Akzeptanten der Konkurs [österreichische Fassung: Debitverfahren, Falliment] eröffnet worden ist oder der Akzeptant auch nur seine Zahlungen eingestellt hat;

2. wenn nach Ausstellung des Wechsels eine Exekution in das Vermögen des Akzeptanten fruchtlos ausgefallen ist.

Wenn in diesen Fällen die Sicherheit von dem Akzeptanten nicht geleistet und dieserhalb Protest gegen denselben erhoben wird, auch von den auf dem Wechsel etwa benannten Notadressen die Annahme nach Ausweis des Protestes nicht zu erhalten ist, so kann der Inhaber des Wechsels und jeder Indossatar gegen Auslieferung des Protestes von seinen Vormännern Sicherstellung fordern (Artikel 25 bis 28). Der bloße Besitz des Wechsels vertritt die Stelle einer Vollmacht, in den Nr. 1 und 2 genannten Fällen von dem Akzeptanten Sicherheitsbestellung zu fordern und, wenn solche nicht zu erhalten ist, Protest erheben zu lassen. Der Wechselinhaber ist berechtigt, in den Nr. 1 und 2 genannten Fällen auch von dem Akzeptanten im Wege des Wechselprozesses Sicherheitsbestellung zu fordern.

I. Auch wenn die Annahme des Wechsels durch den Bezogenen erfolgt ist, können in den persönlichen Verhältnissen des Akzeptanten begründete Umstände vorliegen, welche die Annahme nicht als hinreichende Gewähr dafür erscheinen lassen, daß die Zahlung des Wechsels durch ihn bei Verfall erfolgen werde. Auch für solche Fälle gibt die WO innerhalb bestimmter Grenzen den Personen, die an der Zahlung des Wechsels bei Verfall ein rechtliches Interesse haben können, die Befugnis, schon vor Verfall Sicherheit zu verlangen. Zur Leistung der Sicherheit verpflichtet ist in diesen Fällen in erster Linie der Akzeptant; doch bringt es die Natur der Sache mit sich, daß angesichts der die Voraussetzung des Anspruchs bildenden Verhältnisse des Akzeptanten der wirtschaftliche Wert des Anspruchs auf Sicherheitsleistung vorwiegend in der Verpflichtung der Vormänner liegt. Der Artikel zählt in Abs 1 unter 1 und 2 zunächst die Fälle auf, in denen Sicherheitsleistung wegen Unsicherheit des Akzeptanten überhaupt verlangt werden kann; in Abs 2 sind die in diesen Fällen gegebenen Ansprüche gegen die Vormänner einerseits und gegen den Akzeptanten andrerseits geregelt. **Anm. 1.**

II. Die Fälle, in denen wegen Unsicherheit des Akzeptanten Sicherheit verlangt werden kann, zählt das Gesetz in Abs 1 unter Nr. 1 und 2 in einer Weise auf, durch welche die Ausdehnung auf andere, wenn auch entsprechend gelagerte Fälle der Unsicherheit ausgeschlossen wird („kann nur verlangt werden"). Die in der österreichischen Rechtsprechung in einzelnen Entscheidungen hervortretende Neigung zu solcher Ausdehnung (OGH bei Peitler Nr. 17: „wenn die rechtzeitige Einlösung des Wechsels mit Grund bezweifelt wird"), ist deshalb mit dem Gesetze nicht zu vereinbaren. Es müssen vielmehr die folgenden Voraussetzungen gegeben sein: **Anm. 2.**

a) Über das Vermögen des Akzeptanten muß der Konkurs eröffnet sein oder er auch nur seine Zahlungen eingestellt haben; Nr. 1. Die in der ursprünglichen Fassung enthaltene Gleichstellung anderer ähnlicher Verfahrensarten: „Debitverfahren, Falliment" ist nach Einführung der einheitlichen deutschen Konkursordnung für Deutschland bedeutungslos geworden und deshalb in der Neufassung der WO nach der Protestnovelle weggelassen, während sie in Österreich noch Geltung hat. Für Deutschland kommt daher jetzt nur noch das reichsgesetzliche Konkursverfahren in Frage. Dieses muß eröffnet sein nach Maßgabe der §§ 102ff. KO. Eine Abweisung des Eröffnungsantrags wegen Mangels einer den Kosten des Verfahrens entsprechenden Masse steht der Eröffnung nicht gleich und beweist auch nicht ohne weiteres, daß Zahlungseinstellung (vgl. unten) vorliegt, da die Abweisung ohne Prüfung dieser Frage erfolgt sein kann. Ebensowenig steht der Eröffnung des Konkurses die Einleitung eines Vergleichsverfahrens zur Abwendung des Konkurses nach Maßgabe der Vergleichsordnung **Anm. 3.**

vom 5. 7. 1927 (RGBl I S. 139), die Zahlungsunfähigkeit, aber nicht Zahlungseinstellung voraussetzt, gleich.

Anm. 4. Der Konkurseröffnung ist aber gleichgestellt die **Zahlungseinstellung** des Akzeptanten. Der Begriff der Zahlungseinstellung ist in der Rechtsprechung und Rechtslehre der Konkursordnung (§ 102) und des Anfechtungsgesetzes entwickelt und festgelegt. Danach ist Zahlungseinstellung die erkennbar gewordene Tatsache der Nichterfüllung fälliger Geldschulden in der Allgemeinheit wegen eines nicht bloß vorübergehenden, sondern voraussichtlich dauernden Mangels an Zahlungsmitteln. Vgl. Busch-Krieg KO 15. Aufl zu § 102 Anm 4 und die dort angeführten und besprochenen Entscheidungen, namentlich des Reichsgerichts. Wenn Bernstein (S. 163 § 1 zu 2aα) meint, der Begriff decke sich in der WO nicht ganz mit dem gleichen Begriffe in der KO, indem diese als Konkursgrund die Zahlungseinstellung nur anerkenne, wenn sie in der Zahlungsunfähigkeit des Schuldners wurzele (was zutrifft), während die WO von der Zahlungsunfähigkeit als Grund der Zahlungseinstellung absehe und deshalb ein Sicherungsanspruch nach ihr auch dann bestehe, wenn der Schuldner aus bloßer Zahlungsunlust seine Zahlungen nicht mehr leiste, so scheint mir die WO zu einer solchen Unterscheidung keine Veranlassung zu geben; vielmehr spricht der Umstand, daß sie als Grund des Regresses die „Unsicherheit" des Akzeptanten bezeichnet, dafür, daß sie von der gleichen Bedeutung des Begriffes ausgeht, wie die KO. Gegen einen Akzeptanten, der zu zahlen fähig ist, aber nicht zahlen will, gibt es hinreichende Zwangsmittel, die einen Regreß auf Sicherstellung unnötig erscheinen lassen. Zur Zahlungseinstellung genügt unter Umständen schon die Nichtleistung einer einzigen fälligen Zahlung, namentlich eines Wechselakzepts, vgl. Busch-Krieg KO a. a. O. Anm 4b und die dort angeführten Entscheidungen, a. M. Bernstein a. a. O. Bloße Zahlungsschwierigkeiten genügen aber nicht.

Anm. 5. Darüber, zu welcher Zeit die Eröffnung des Konkursverfahrens oder die Zahlungseinstellung stattgefunden haben muß, sagt das Gesetz nichts; die Frage ist deshalb sehr bestritten. Die überwiegende Meinung geht dahin, daß nur eine Eröffnung, die nach Ausstellung des Wechsels stattgefunden habe, zu dem Verlangen der Sicherheitsleistung berechtige. Aus Nr. 2, wo dieser Zeitpunkt ausdrücklich als maßgebend erklärt ist (vgl. unten Anm 6), könnte für den hier geregelten Fall auf das Gegenteil geschlossen werden. Diese Auffassung wird u. a. vertreten von Lehmann S. 430 Fußnote 6a; Grünhut II § 120 S. 386; J u. M. Stranz Art 29 Anm 1 in den früheren Auflagen, während M. u. M. Stranz sie in der neuesten Auflage (Art 29 Anm 2) aufgegeben haben. Ein sachlicher Grund dafür, daß in Nr. 1 hinsichtlich der maßgebenden Zeit etwas anderes hätte bestimmt werden sollen, wie in Nr. 2, ist jedoch nicht erkennbar. In den ursprünglichen Entwürfen war allerdings die Fassung klarer, indem es dort hieß: „wenn über das Vermögen des Akzeptanten der Konkurs eröffnet wird". Doch steht auch die jetzige Fassung, die durch die Entwürfe von 1846/47 eingeführt ist, ohne daß die Absicht einer sachlichen Änderung hervorgetreten wäre (vgl. Bernstein S. 165 unter 2 b α), der Auffassung, daß nur nach der Ausstellung und (wie ergänzt werden muß) der Begebung eingetretene Umstände in Betracht kommen, sprachlich nicht entgegen. Diese Auffassung erscheint auch sachlich mehr gerechtfertigt. Der Grund des Regresses wegen Unsicherheit des Akzeptanten ist doch der, daß während des Umlaufes des Wechsels als Kreditpapier Änderungen eingetreten sind, welche die aus dem bei der Ausstellung in Aussicht genommenen Akzepte des Bezogenen zu entnehmende Erwartung, daß der Wechsel bei Verfall bezahlt werden wird, nicht mehr als gerechtfertigt erscheinen lassen. Deshalb können Umstände, die vorhanden waren, ehe der Wechsel in Umlauf gesetzt wurde, nicht in Betracht kommen. Ebenso Bernstein a. a. O.; Dernburg § 272 S. 301 Anm 2; StStranz 12. Aufl zu Art 29 Anm 2. Oertzen (ZfHR 75, 100) meint aber, daß nur eine nach dem Akzepte eintretende Änderung der Verhältnisse des Akzeptanten zur Sicherheitsleistung führen könne — die gleiche Ansicht findet sich schon bei Volkmar-Loewy S. 136 und Kommerzkolleg Danzig bei Löhr S. 124 —, weil nicht der durch die Wechselausstellung, sondern der durch die Akzepterteilung geschaffene Vermögenswert es sei, dessen nachträgliche ungünstige Veränderung durch den Regreß auf Sicherstellung ausgeglichen werden soll. Das ist jedoch nicht anzuerkennen. Schon mit der Inverkehrsetzung des Wechsels ist ein Papier geschaffen, dessen Kredit zum mindesten auch mit in der Erwartung der von vornherein in Aussicht genommenen Annahme durch den Bezogenen und der durch diese gebotenen Gewähr für die Bezahlung des Wechsels beruht; das kommt in der DWO besonders dadurch zum Ausdruck, daß jedem Wechselinhaber das unentziehbare Recht zugesprochen ist, den Wechsel vor Verfall zur Annahme zu präsentieren (Art 18; vgl. Anm 8 dazu). Treten aber nach der Inverkehrsetzung Änderungen in den Verhältnissen des Bezogenen ein, so ist die Annahme durch ihn nicht mehr geeignet, eine solche Gewähr zu bieten. Es wäre schließlich eine von der Bestimmung unter Nr. 2 abweichende Auslegung der Bestimmung unter Nr. 1 hinsichtlich des Zeitpunktes auch in dieser Richtung nicht wohl sachlich zu rechtfertigen. Doch muß, wenn die Unsicherheit vor der Annahme eingetreten ist, nachträglich noch die Annahme erfolgt sein, und zwar auch im Falle der Konkurseröffnung; das ergibt schon die Bezeichnung desjenigen, der unsicher geworden ist, als Akzeptant. Einen Regreß wegen Unsicherheit des Bezogenen, der nicht akzeptiert hat, wie er im französischen Rechte von manchen Schriftstellern als gegeben erachtet wird (vgl. den Anhang I zu diesem Unterabschnitte Anm 7), kennt die DWO nicht; es kommt in diesem Falle nur der Regreß mangels Annahme in Frage.

b) Oder es muß **nach der Ausstellung des Wechsels eine Exekution in das Vermögen des** **Anm. 6.**
Akzeptanten fruchtlos ausgefallen sein (Nr. 2). Hier ist der Beginn des Zeitraums, in welchen die zur Sicherheitsleistung Anlaß gebenden Umstände fallen müssen (vgl. oben Anm 5), deutlich angegeben: „nach der Ausstellung". Dadurch ist klargestellt, daß eine vor der Ausstellung zu irgendeiner Zeit einmal stattgefundene Exekution nicht in Betracht kommt, wohl aber eine Exekution, die vor der *Annahme* stattgefunden hat, während der Wechsel schon in Umlauf war. Unter „Exekution" ist im Sinne des heutigen Prozeßrechts die *Zwangsvollstreckung* wegen Geldforderungen (§§ 803ff. ZPO) zu verstehen; auch das *Verwaltungszwangsverfahren* zur Beitreibung von Steuern und sonstigen öffentlich-rechtlichen Forderungen wird darunter zu verstehen sein. Nicht darunter fällt die Vollziehung eines dinglichen Arrestes (§§ 916ff. ZPO). Auch ist nicht erforderlich, daß das *gesamte Vermögen* des Akzeptanten von seinen Gläubigern zur Zwangsvollstreckung gezogen worden, auch nicht, daß ein Offenbarungseidsverfahren durchgeführt worden ist; es genügt vielmehr, daß ein Gläubiger wegen einer Geldforderung eine einzelne Zwangsvollstreckungshandlung, namentlich eine Mobiliarpfändung, aber auch die Zwangsvollstreckung in ein Grundstück oder eine Forderungspfändung, betätigt und aus ihr überhaupt keine oder doch keine volle Befriedigung erhalten hat. Ein Schuldner, gegen welchen in dieser Weise vorgegangen werden mußte, um von ihm die Zahlung einer vollstreckbaren Geldforderung zu erlangen, gilt ohne weiteres als unsicherer Akzeptant, auch wenn ihm etwa andere Vermögenswerte zu Gebote standen, aus denen er den Gläubiger hätte befriedigen können. Ist durch Protokoll des Gerichtsvollziehers festgestellt, daß die Pfändung um deswillen unterblieben ist, weil pfändbare Gegenstände nicht vorgefunden wurden oder sich von der Verwertung der zu pfändenden Gegenstände ein Überschuß über die Kosten nicht erwarten ließ (§ 803 Abs 3 ZPO), so ist die Voraussetzung für die Sicherheitspflicht gegeben. Hat aber die Zwangsvollstreckung nur um deswillen nicht zur Befriedigung des Gläubigers geführt, weil dieser Vermögensgegenstände angegriffen hatte, die nicht zum Vermögen des Akzeptanten gehört haben, z. B. eine ihm nicht zustehende Forderung oder eine einem Dritten gehörige Sache, so liegt keine Exekution „*in sein Vermögen*" vor. Nicht in Betracht kommen Zwangsvollstreckungen wegen anderer als Geldforderungen, z. B. zur Erwirkung einer Handlung oder zur Herausgabe von Sachen.

Ist von *mehreren Akzeptanten einer* unsicher geworden, so wird der Regreß gleichfalls **Anm. 7.**
begründet sein, entsprechend dem, was im Falle der Nichtannahme durch einen von mehreren Bezogenen zu gelten hat; vgl. zu Art 25 Anm 5.

III. Der **Anspruch gegen die Vormänner** — der eigentliche „Regreß"-Anspruch — hat zur **Anm. 8.**
Voraussetzung, daß **die Sicherheit von dem Akzeptanten nicht geleistet und daß „dieserhalb" gegen ihn Protest erhoben worden ist (Absatz 2, Satz 1, 2).** Daß der Akzeptant zur Sicherheitsleistung *aufgefordert* sein muß, ist nicht ausdrücklich gesagt, ergibt sich aber aus der nach Art 88 Nr. 2 in den Protest aufzunehmenden Angabe darüber. Eine nochmalige Vorlegung (Präsentation) des Wechsels ist nicht vorgeschrieben. Durch den Protest muß die Erfolglosigkeit der Aufforderung zur Sicherheitsleistung festgestellt werden. Im übrigen kommen für den Inhalt und die Form des Protestes die Vorschriften der Artt 87, 88, 88 b, 89 zur Anwendung; vgl. die Erläuterungen zu diesen Artikeln. Daß ein weiterer Versuch, die Sicherheitsleistung von dem Akzeptanten durch Klage und Zwangsvollstreckung zu verlangen, vorher gemacht wird, ist kein Erfordernis für den Anspruch gegen die Vormänner.

Weitere Voraussetzung dieses Anspruchs ist aber, daß auch von den etwa auf dem Wechsel **Anm. 9.**
befindlichen **Notadressen Annahme nicht zu erhalten war.** Über den Begriff der Notadresse und die Voraussetzungen für ihre Beachtlichkeit vgl. Art 56 und die Erläuterungen dazu unter 1—4. Liegen diese Voraussetzungen vor, so muß, nachdem von dem unsicher gewordenen Akzeptanten ohne Erfolg Sicherheitsleistung verlangt und dies im Wege des Protestes festgestellt ist, nunmehr der Wechsel auch den Notadressaten noch zur Annahme vorgelegt und die Verweigerung der Annahme (Ehrenannahme) durch sie im Wege eines weiteren Protestes festgestellt werden, bevor von den Vormännern Sicherheit verlangt werden kann. Gemäß Art 89 kann der Protest gegen die Notadressaten mit dem vorher erhobenen Proteste gegen den Akzeptanten in einer Urkunde durch Nachtrag zu dem letzteren verbunden werden. Falls ein Notadressat angenommen hat und nachträglich im Sinne von Nr. 1 und 2 unsicher geworden ist, wird ein entsprechender Sicherheitsregreß gegeben sein.

Als berechtigt, Sicherheitsleistung von den Vormännern zu verlangen, sind bezeichnet „**der** **Anm. 10.**
Inhaber des Wechsels und jeder Indossatar" (Abs 2 Satz 1). Diese Ausdrucksweise und die ausdrückliche Bezugnahme auf die **Artikel 25—28** müssen dahin verstanden werden, daß, wie dort (vgl. zu Art 26 Anm 1), nicht nur der derzeitige legitimierte Inhaber des Wechsels, sondern auch jeder auf dem Wechsel stehende frühere Wechselinhaber, der den Wechsel weiterbegeben hat und der deshalb zur Zeit nicht im Besitze des Wechsels ist, zur Forderung der Sicherstellung berechtigt ist. Allerdings wird durch den Wortlaut der *Remittent*, falls er den Wechsel weiterbegeben hat, nicht getroffen; doch hat er rechtlich durchaus die gleiche Stellung, wie ein Indossatar, und wird deshalb, ohne an dem Ausdruck zu haften, zumal angesichts der schon erwähnten Bezugnahme, auch ihm *unbedenklich* die Berechtigung zugesprochen werden können. So zutreffend RGSt. 3, 195; Thöl S. 410 Fußnote 17; Bernstein S. 167 § 2 unter 1a;

a. M. StStranz Art 29 Anm 4. Im Preußischen Entwurf der WO (§ 29 Abs 2) stand statt „Indossatar" „Indossant", wodurch der Remittent ausdrücklich mit getroffen sein würde; die Änderung kann wohl durch ein redaktionelles Versehen erklärt werden. Den Genannten wird ferner nicht nur das Recht, die Sicherstellung zu fordern, sondern als selbstverständlicher Ausfluß dieses Rechts auch das Recht, sie einzuklagen, und zwar im Wechselprozesse, zustehen, obwohl das hier nicht, wie in dem in bezug genommenen Art 26 Abs 1, ausdrücklich gesagt ist.

Anm. 11. Die Sicherheitsleistung hat zu erfolgen **gegen Auslieferung des Protestes,** der nach den früheren Bestimmungen der WO (Art 88 alter Fassung) eine besondere Urkunde bildete, während er nach der Protestnovelle (Art 88 b) auf einer Kopie des Wechsels zu stehen hat. Daraus ergibt sich, daß der jedesmalige Regreßnehmer im Besitze des Protestes sein muß.

Anm. 12. In Satz 3 des Absatzes ist aber ferner bestimmt, daß der **bloße Besitz des Wechsels die Stelle einer Vollmacht** zum Verlangen der Sicherheitsleistung und zur Protesterhebung mangels solcher vertreten soll. Das bedeutet, daß auch eine nicht als Remittent oder Indossatar auf dem Wechsel stehende Person, wenn sie im Besitze des Wechsels ist, ohne Vorlage einer Vollmacht als Vertreter des legitimierten Inhabers oder eines Indossatars (auch des Remittenten, s. oben) die Sicherheitsleistung von dem Akzeptanten verlangen und, falls dem Verlangen nicht Folge geleistet wird, Protest erheben kann. Auf die Erhebung der Klage gegen die Vormänner erstreckt sich die vermutete Vertretungsmacht nicht.

Anm. 13. Der Anspruch richtet sich gegen die Vormänner des regreßnehmenden Inhabers oder Indossatars (Remittenten), also die Vorindossanten und den Aussteller. Soweit nicht Art 29 besondere Vorschriften enthält, finden die angezogenen Vorschriften der **Artt 25—28** Anwendung, die aber nur eine entsprechende sein kann. Das gilt insbesondere: a) hinsichtlich des Umfanges der zu leistenden Sicherheit — sie muß „genügend" sein zur Deckung der Wechselsumme, soweit sie akzeptiert ist, und der durch die Nichtleistung einer Sicherheit von seiten des Akzeptanten entstandenen Kosten — sowie hinsichtlich der Bestimmung der Art, in welcher die Sicherheit zu leisten ist, und der Vollstreckung eines auf Leistung lautenden Urteils, vgl. zu Art 25 Anm 10 ff.; b) hinsichtlich der Zulässigkeit des Wechselprozesses, des Sprungregresses und der Nichterforderlichkeit der Beibringung des Wechsels; vgl. Anm 2, 3 zu Art 26; c) hinsichtlich der Mithaftung der einem Nachmann bestellten Sicherheit für die Regreßansprüche der übrigen Nachmänner des Bestellers und hinsichtlich der Beschränkung dieser Nachmänner in dem Verlangen einer weiteren Sicherheit (vgl. zu Art 27); d) hinsichtlich der Verpflichtung zur Rückgabe (vgl. zu Art 28), mit der Maßgabe, daß zu Nr. 1 des Art 28 die Verpflichtung zur Rückgabe eintritt, sobald nachträglich genügende Sicherheit durch den Akzeptanten bestellt ist.

Anm. 14. **IV.** In der im Abs 1 des Artikels unter 1 und 2 aufgeführten Fällen kann aber das Verlangen der Sicherheitsbestellung auch **gegen den Akzeptanten,** der unsicher geworden ist, selbst gerichtet werden, und zwar kann, wenn er dem darauf gerichteten Verlangen nicht nachkommt, ohne daß es der Erhebung eines Protestes bedarf, gegen ihn im Wechselprozesse auf Sicherheitsleistung geklagt werden; **Absatz 2 Satz 3 des Artikels.** Diese Vorschrift ist erst durch die Nürnberger Novellen (Novelle 6) in die WO eingefügt worden.*) Über den geringen wirtschaftlichen Wert dieses Anspruchs vgl. oben Anm 1. Als Berechtigter ist hier — und zwar wohl in absichtlichem Unterschiede von dem, was in Satz 1, 2 für die Ansprüche gegen die Vormänner bestimmt ist (vgl. oben Anm 10), — nur der Wechselinhaber, also der derzeitige als Wechseleigentümer legitimierte Besitzer des Wechsels, bezeichnet; der Remittent und der Indossatar, die den Wechsel weiterbegeben haben, können daher, solange sie nicht den Wechsel wieder zurückerworben haben, den Anspruch nicht erheben. Der Anspruch geht gegen den Akzeptanten, der in der in Abs 1 Nr. 1, 2 bezeichneten Weise unsicher geworden ist; sofern die Voraussetzungen der Unsicherheit durch Urkunden bewiesen werden, was z. B. für die Eröffnung des Konkurses und für die stattgehabte Exekution der Fall sein wird, kann er im Wechselprozesse geltend gemacht werden; andernfalls muß der Wechselinhaber im ordentlichen Verfahren klagen oder dazu übergehen.

Anm. 15. Aus der Fassung der Vorschrift hat eine Plenarentscheidung des ROHG (Entsch. 24, 22) gefolgert, daß auch nach Eröffnung des Konkurses über das Vermögen des Akzeptanten die Sicherheit vom Akzeptanten selbst zu fordern und ihre Nichtleistung durch einen gegen ihn erhobenen Protest festzustellen sei. Es erscheint fraglich, ob dazu der Wortlaut der Bestimmung Anlaß gibt. Bernstein (S. 168 § 3) und StStranz (zu Art 29 Anm 15) sind der Meinung, daß der Anspruch im Falle des Konkurses des Akzeptanten überhaupt keine Konkursforderung sei. Das erscheint im Hinblick auf § 3 KO bedenklich, da der Anspruch durch die Konkurseröffnung entsteht und daher einem zur Zeit der Konkurseröffnung bestehenden Anspruche gleichsteht; vgl. Busch-Krieg KO 15 Aufl. zu § 3 Anm 3; RG bei Gruchot 50, 1121. Der Anspruch wird vielmehr gemäß §§ 12, 69 KO als eine auf Sicherstellung gerichtete Konkursforderung durch Anmeldung geltend gemacht werden können. Doch wird ihr neben der Forderung auf Zahlung

*) In Österreich ist der gleiche Satz in Form einer Auslegungsvorschrift durch VO vom 2. 11. 1858 (RGBl Nr. 198) hinzugefügt worden.

aus dem Akzepte, die unter Abzug des Zwischenzinses als fällig gilt (§ 65 KO), im Konkursverfahren keine besondere Bedeutung zukommen. Aber statt im Konkursverfahren kann auch gegen den Gemeinschuldner persönlich der Anspruch geltend gemacht werden, freilich nur in das Vermögen, das nicht zur Konkursmasse gehört. Jedoch kann eine Sicherstellung auch aus diesem Vermögen während des Konkurses nicht im Wege der Zwangsvollstreckung oder des Arrestes durchgeführt werden (§ 14 KO; a. M. Bernstein und StStranz a. a. O. auf der Grundlage ihrer Auffassung, daß es sich nicht um eine „Konkursforderung" handle). — Eine vor Eröffnung des Konkursverfahrens auf Grund des Art 29 erfolgte Sicherheitsbestellung ist nicht nach § 30 Abs. 2 KO anfechtbar, da der Gläubiger auf diese Sicherheit Anspruch hatte; nach RGZ 39, 122 soll das aber nur gelten, wenn der Wechsel zu dieser Zeit noch nicht fällig war; vgl. darüber zu Art 25 unter 1 Anm 2.

Ist von mehreren Akzeptanten nur einer oder sind nur einige unsicher geworden, so richtet sich der Anspruch auf Sicherheitsleistung nur gegen diese; so mit Recht Rehbein Anm 2; Bernstein S. 164; StStranz Anm 13; hinsichtlich der mehreren Aussteller eines eignen Wechsels OTr bei Borchardt Zus. 956; vgl. zu Art 98 Anm 6. **Anm. 15a.**

Anhänge zum Unterabschnitt VI, Artikel 25 bis 29.

I. Ausländische Wechselgesetzgebungen.

1. Regreß wegen nicht erhaltener Annahme (vgl. DWO Artt 25—28). Die Vorschriften der DWO darüber sind in der Hauptsache gleichlautend enthalten in den zur deutschen Wechselrechtsgruppe gehörigen Gesetzgebungen der Schweiz (Artt 744, 779 ff.), Ungarns (§§ 25 ff.), Bulgariens (Artt 554 ff.); die beiden letztgenannten haben jedoch sich der österreichischen Fassung des Art 25 (s. oben den Text des Art 25 und Anm 11 dazu) angeschlossen, indem sie für den Fall der Nichteinigung der Beteiligten über die Art der Sicherheitsbestellung und den Ort der Aufbewahrung der zur Sicherheit bestellten Sache Barhinterlegung bei Gericht vorschreiben. Zu Italien ist im Gesetze (Art 314) nur die Verpflichtung der Regreßpflichtigen zur Sicherstellung ausgesprochen; hinsichtlich der Einzelheiten sind durch Rechtslehre und Rechtsprechung die Rechtssätze der DWO angenommen, jedoch mit Ausnahme der Ausschlußfrist des Art 28 Nr 2; vgl. Vivante Nr. 1207 ff. Ebenso Rumänien (Artt 339, 292). Japan (Art 474) gibt nur dem Inhaber des Wechsels das Regreßrecht (vgl. zu Art 26 DWO Anm 1). Die skandinavischen Gesetze (§§ 25 ff.) geben dem Wechselinhaber den Regreß auf sofortige Zahlung unter Abzug von 5% Zwischenzins wahlweise neben dem Anspruche auf Sicherheitsleistung. Rußland (früheres Gesetz §§ 97, 100; jetziges § 26) gibt im Falle der Verweigerung des Akzepts durch den Bezogenen dem Wechselinhaber das Recht, ohne die Fälligkeit abzuwarten, seine Regreßforderung — auf Zahlung — gegen die Regreßpflichtigen geltend zu machen; die Bestimmung des früheren Gesetzes über Abzug von 6% Zwischenzins ist in dem neuen Gesetze nicht enthalten. Das neue tschechoslowakische Gesetz (§§ 23 ff.) schließt sich an die DWO an, während das polnische Gesetz (Art 42 Nr. 1) und das jugoslawische (§ 42 Nr. 1), dem Vorbilde der Entwürfe zu einem einheitlichen Wechselrechte (vgl. Anhang II Vorbem.) folgend, nur einen Regreß auf Zahlung kennen und diesen Regreß schon vor Verfall im Falle der Annahmeverweigerung dem Wechselinhaber gewähren, unter Gestattung des Abzugs eines Zwischenzinses nach Wahl des Inhabers in Höhe des am Wohnsitze des Inhabers üblichen oder des bei dem zentralen Noteninstitute (in Polen Notenbank, in Jugoslawien Nationalbank) geltenden Diskontsatzes (poln. Ges Art 47 Abs 2; jugoslawisches § 47 Abs 2). **Anm. 1.**

Der französische Code de commerce bestimmt (Art 120), daß auf die Notifikation des Protestes mangels Annahme hin die Indossanten und der Trassant untereinander (respectivement) verpflichtet sind, entweder Bürgschaft (caution) zu stellen, um die Zahlung des Wechsels bei Verfall zu sichern, oder dessen Einlösung samt den Kosten des Protestes und Rückwechsels (rechange) zu bewirken. Das Wahlrecht zwischen Sicherstellung und sofortiger Zahlung ist also hier dem Regreßpflichtigen verliehen. Bestritten ist, ob, abweichend von Art 2041 Code civil, die hilfsweise Bestellung eines Faustpfandes an Stelle der Bürgschaft ausgeschlossen ist; für die Ausschließung Lyon-Caën et Ren. S. 209 Nr. 230; Thaller Nr. 1412. Auch der Abzug eines Zwischenzinses wird von der überwiegenden Meinung im franz. Rechte nicht gestattet: Lyon-Caën et Ren. S. 209 Nr. 231; Thaller Nr. 1412. Die gleichen Vorschriften sind enthalten in den übrigen Gesetzgebungen der französischen Gruppe. Ferner im wesentlichen im Gesetze von Belgien (Artt 10, 19 und VO v. 12. 10. 1879 Artt 47, 61). — Spanien (Art 481 Abs 1) gibt dem Inhaber das Recht, Sicherheit oder Hinterlegung oder Zahlung zu verlangen, im zuletzt genannten Falle unter Abzug des Zwischenzinses; auf Grund dieser Fassung wird angenommen, daß dem Inhaber das Wahlrecht unter den genannten Möglichkeiten zustehe (Huguet y Camp. 179); die Sicherheitsbestellung kann auch durch Hypothek oder Faustpfand erfolgen (Art 513). In Brasilien ist durch das neuere Gesetz (Art 19), abweichend von den Bestimmungen des älteren Gesetzbuches, bestimmt, daß durch Verweigerung der Annahme die Wechselforderung fällig wird, woraus zu folgern ist, daß sofortige Zahlung ohne Abzug eines Zwischenzinses von den Regreßpflichtigen verlangt werden kann. **Anm. 2.**

Das englische und anglo-amerikanische Recht (BEA 43^2, NIL 151) geben dem Inhaber des Wechsels mangels Annahme den Anspruch auf sofortige Zahlung ohne Abzug eines Zwischen- **Anm. 3.**

zinses; Voraussetzung ist ordnungsgemäße Notanzeige an den Aussteller und die Indossanten innerhalb der vorgeschriebenen Fristen (vgl. unten Anm 4), Protesterhebung nur bei Auslandswechseln (vgl. Anhang I zu Unterabschnitt VIII). Vgl. über die Vorschläge, auch für die DWO den Regreß statt auf Sicherstellung auf sofortige Zahlung zu gestatten, die Vorbemerkung 2 vor diesem Unterabschnitt.

Anm. 4. Einige ausländische Gesetzgebungen schreiben im Falle nicht erhaltener Annahme eine Benachrichtigung der Vormänner durch den Inhaber (**Notifikation, Notanzeige**) vor, entsprechend der Notifikation im Falle der Nichtzahlung (vgl. Anhang I zum Unterabschnitt VIII Anm 11 ff.). Solche Vorschriften enthalten die Gesetze von Skandinavien (§§ 20, 45), Portugal (Art 337), der Niederlande (Art 184) und seiner Kolonien; diese jedoch nur (wie auch im Falle der Nichtzahlung) mit der Folge der Schadensersatzpflicht bei Unterlassung, wie im deutschen Rechte. Ebenso Brasilien in seinem neueren Gesetze (Art 30); Rußland (neues Gesetz § 28). Auch die neuen Wechselgesetze von Polen (Art 44) und Jugoslawien (§ 44) haben, entsprechend dem Vorgange der HEWO (vgl. Anhang II) die Notifikation von dem Unterbleiben der Annahme in gleicher Weise, wie mangels Zahlung, mit der Unterlassungsfolge nicht des Rückgriffsverlustes, sondern nur der Schadensersatzpflicht vorgeschrieben. Dagegen verlangen Japan (Artt 425 ff.) und namentlich die angelsächsischen Rechte (BEA 48; NIL § 89) die Notifizierung der Nichtannahme zur Erhaltung der Wechselansprüche gegen den Aussteller und die Indossanten. — Das französische Recht (Art 120 C. de comm.) schreibt Notifikation des Protestes mangels Annahme als Voraussetzung des Regresses auf Sicherstellung oder Zahlung vor Verfall (s. oben Anm 2) vor.

Anm. 5. **2. Regreß wegen Unsicherheit** (vgl. DWO Art 29). Ein solcher Regreß wird für den Fall, daß über das Vermögen des Akzeptanten der Konkurs oder ein nach der Gesetzgebung des Landes ihm gleichstehendes Verfahren (Falliment usw.) eröffnet ist, auch in den ausländischen Gesetzgebungen durchweg grundsätzlich anerkannt. Im wesentlichen die gleichen Vorschriften, wie die DWO, enthalten darüber die Gesetzgebungen der Schweiz (Art 748), Ungarns (§ 29), Skandinaviens (30), Finnlands (28), Italiens (Art 315), Rumäniens (340), Japans (476, 480); Bulgariens (538). Doch erklärt die Schweiz nicht den „Inhaber" und jeden Indossatar, sondern den „Wechselnehmer" (also auch den Remittenten) und jeden Indossatar als regreßberechtigt, entsprechend dem richtigen Sinne des Art 29 DWO (vgl. zu Art 29 Anm 10), während andere Gesetzgebungen diesen Sinn dadurch wiederzugeben gesucht haben, daß sie an Stelle der Worte: „jeder Indossatar" die Worte gesetzt haben „jeder Indossant", vgl. darüber zu Art 29 a. a. O. So Ungarn, Finnland, Skandinavien, Japan, Rumänien; auch in Italien, das den Wortlaut des Art 29 beibehalten hat, wird angenommen, daß jede im Besitze des Protestes (nicht des Wechsels) befindliche Person, die auf dem Wechsel als Remittent oder Indossatar steht, zur Erhebung des Regresses befugt ist; vgl. Vivante zu Nr. 1213 Anm 208. Andere Gesetzgebungen dagegen erklären nur den „Inhaber" des Wechsels für berechtigt zur Ausübung des Regresses. So im französischen Rechtsgebiete Art 163 Abs 2 C. de comm.: „Dans le cas de faillite de l'accepteur avant l'échéance le porteur peut faire protester et exercer son recours".

Anm. 6. Außer dem Konkurse und den ihm gleichgestellten Verfahrensarten gelten als Gründe für den Regreßanspruch noch: die Zahlungseinstellung des Akzeptanten in der Schweiz (Art 748 Nr. 2), Skandinavien (§ 30, aber nur bei einem Kaufmann), Italien (Art 315), Rumänien (340); seine Zahlungsunfähigkeit im angloamerikanischen Gesetze (NIL 266); im englischen Rechte sowohl Zahlungseinstellung wie Zahlungsunfähigkeit (BEA 51[5]); eine fruchtlose Exekution in sein Vermögen in der Schweiz (Art 748 Nr. 3), Ungarn (§ 29 Abs 2 Nr. 2), Bulgarien (Art 558 Abs 2 Nr. 3), Skandinavien (§ 30), Finnland (§ 28), Italien (Art 315), Rumänien (340); Übertragung seines Vermögens in Bulgarien (Art 558 Abs 2 Nr. 1). In Frankreich steht der Fallimentserklärung, die nur bei Kaufleuten stattfindet, gleich die Anordnung des gerichtlichen Liquidationsverfahrens auf Grund des Gesetzes vom 4. 3. 1889 (Lyon-C. et Ren. S. 214 Nr. 238 bis); dagegen gibt die bloß tatsächliche Zahlungseinstellung dort keinen Regreßanspruch.

Anm. 7. Der Regreßanspruch wegen Unsicherheit ist in Frankreich, wie der mangels Annahme (vgl. oben Anm 2) in erster Linie auf Sicherstellung gerichtet, von der sich der Regreßpflichtige durch sofortige Zahlung ohne Abzug eines Zwischenzinses befreien kann. Das ergibt sich aus dem oben (Anm 5) angeführten Art 163 Abs 2 in Verbindung mit Art 444 Abs 2 C. de comm. Auch für den Fall des Falliments des Bezogenen, wenn keine Annahme stattgefunden hat, wird in der französischen Rechtslehre von manchen Schriftstellern (Lyon-Caën et Ren. Nr. 238) ein Regreßanspruch als gegeben angesehen, sofern nicht die Tratte als nichtakzeptabel erklärt ist; für diesen Regreß wird eine Präsentation zur Annahme und ein Protest mangels Annahme anscheinend nicht als erforderlich erachtet, weil angenommen wird, daß die Fallimentserklärung der Verweigerung der Annahme gleichstehe, da eine „gültige Annahme" nach ihr nicht mehr stattfinden könne (Lyon-C. et Ren. a. a. O.). Im Falle des Falliments des Ausstellers (tireur) fand nach der ursprünglichen Fassung des Code de commerce der Regreß auch statt, wenn der Wechsel angenommen war; das ist durch die Neufassung der Vorschriften über die Fallimente in dem Gesetze von 1839 geändert; danach begründet jetzt nur im Falle der Nichtannahme des Wechsels durch den Bezogenen das

Falliment des Ausstellers einen selbständigen Regreßanspruch (Art 444 Abs 2, Lyon-Caën a. a. O.). Wie Frankreich, die übrigen Gesetzgebungen des französischen Rechtsgebietes. Andere Gesetzgebungen stehen auf dem Standpunkte, daß infolge des Konkurses des Bezogenen auch die Regreßansprüche aus dem Wechsel gegenüber den Regreßverpflichteten fällig werden und deshalb der Regreß auf sofortige Zahlung gerichtet werden kann, sei es, daß der Wechsel angenommen worden ist oder nicht; so Portugal (Art 312), Spanien (510).

In den neuen polnischen und jugoslawischen Gesetzen, die nur einen einheitlichen Regreß, der auf Zahlung gerichtet ist, kennen (vgl. oben Anm 1), ist die Regreßnahme vor Verfall zugelassen, wenn über das Vermögen des Bezogenen ein Vergleichsverfahren eingeleitet oder Konkurs eröffnet ist oder er die Zahlungen eingestellt hat oder wenn in sein Vermögen erfolglos Zwangsvollstreckung betrieben worden ist (poln. Ges. Art 42 Nr. 2; jugoslawisches Gesetz § 42 Nr. 2). Die erfolglose Zwangsvollstreckung ist nach dem polnischen Gesetze (a. a. O.) Regreßgrund nur, wenn sie nach Ausstellung des Wechsels stattgefunden hat, während sie nach dem jugoslawischen Gesetze (a. a. O.) auch vorher stattgefunden haben kann. Auch der Konkurs des Trassanten ist nach diesen Gesetzen Regreßgrund bei solchen Wechseln, die nicht zur Annahme vorgelegt werden dürfen (poln. Ges. Art 42 Nr. 3; jugoslawisches § 43 Nr. 3). **Anm. 8.**

Das angelsächsische Recht (BEA 41²; NIL 242) und die Niederlande (Art 155) geben den Regreß auf sofortige Zahlung nur im Falle des Konkurses des Bezogenen, der nicht akzeptiert hat. Einige von den Ländern, die in erster Linie den Inhaber für befugt erklären, auf Zahlung zu klagen, geben andrerseits dem Regreßpflichtigen das Recht, sich durch Sicherheitsleistung zu befreien, so daß diese zwar nicht in obligatione, aber in solutione erscheint; so Portugal, die Niederlande. **Anm. 9.**

Neben dem Regresse wegen Unsicherheit kennen manche Rechte noch den Protest auf bessere Sicherheit (protest for better security) im Falle der Bankerotts, der Insolvenz oder Zahlungseinstellung des Akzeptanten, der den Zweck verfolgt, eine Intervention zu ermöglichen, aber nicht die Grundlage für einen Regreßanspruch bildet. So England (BEA 51⁵); Ver. Staaten (NIL 266). Vgl. Byles S. 214; Meyer Wwrecht I 478. Ähnlich Spanien (Art 481 Abs 2) für den Fall, daß der Akzeptant vor oder nach der Annahme andere Akzepte hat zum Protest gehen lassen. **Anm. 10**

II. Künftiges einheitliches Wechselrecht.

Vorbemerkung.

Der Haager und der Genfer Entwurf zu einem einheitlichen Wechselrecht behandeln die sämtlichen aus dem Wechsel entspringenden Ansprüche, die sich gegen andere Wechselverpflichtete, als gegen den Hauptwechselschuldner, richten und deshalb als Garantie- (Regreß-) Ansprüche sich darstellen, gemeinschaftlich in Kapitel VII unter der Überschrift: **„Des recours faute d'acceptation et faute de paiement“** Man war sich klar darüber, daß durch diese Überschrift nicht der gesamte Inhalt des Kapitels getroffen werde, da es auch von dem Regresse wegen Unsicherheit handelt, zog aber eine kurz zusammenfassende Überschrift einer genaueren Inhaltsangabe vor (Bericht der Revisionskommission der Haager Konferenz Actes I S. 91). Die Entwürfe teilen die Regresse (recours) in zwei Gruppen je nach der Zeit, zu der sie genommen werden können, und zwar in Regresse bei Fälligkeit (à l'échéance) und vor Fälligkeit (avant l'échéance); Art 42/43. Beide Regresse unterscheiden sich nach ihren Voraussetzungen, sind aber auf den gleichen Gegenstand, Zahlung — nicht Sicherstellung — gerichtet und werden in den gleichen Formen ausgeübt. Im folgenden werden nur die besonderen Vorschriften wiedergegeben, welche sich auf die Regresse vor Verfall beziehen, nämlich den Regreß mangels Annahme und wegen Unsicherheit. Die allen Regressen gemeinschaftlichen Vorschriften sollen im Anschlusse an die Vorschriften der DWO über den Regreß mangels Zahlung (im Anhange zum Unterabschnitt VIII der DWO) wiedergegeben werden.

1. Artikel 42 HEWO, 43 GEWG: **Anm. 1.**

„Der Inhaber kann seine Regresse (recours) gegen den Indossanten, den Zieher und die anderen Verpflichteten ausüben:
bei Fälligkeit...
selbst vor Fälligkeit:
1. wenn die Annahme [GEWG: ganz oder teilweise] verweigert worden ist;
2. in den Fällen des Falliments des Bezogenen, sei er Akzeptant oder nicht, der Einstellung seiner Zahlungen, selbst wenn sie nicht durch ein Urteil festgestellt ist, oder einer fruchtlos gebliebenen Pfändung (saisie) seiner Güter;
3. in den Fällen des Falliments des Ziehers eines nichtakzeptabeln Wechselbriefes“.

Die Genfer Konferenz hat auf Wunsch der Delegationen mehrerer Staaten zu diesem Artikel zwei Vorbehalte (réserves) für die Einzelstaaten in die Annexe II zu dem Genfer Abkommen aufgenommen, nämlich:

a) Annexe II Art 10:

„Es bleibt der Gesetzgebung eines jeden der Hohen vertragschließenden Teile vorbehalten, auf genaue Weise die rechtlichen Lagen (les situations juridiques) zu bestimmen, die in dem Artikel 43 Nr. 2 und 3 und in dem Artikel 44 Absatz 5 und 6 des Einheitlichen Gesetzes ins Auge gefaßt sind".

b) Annexe II Art 11:

„Unter Außerkraftsetzung der Bestimmungen der Artikel 43 Nr. 2 und 3 und 74 des Einheitlichen Gesetzes behält sich jeder der H. v. Teile die Befugnis vor, in seiner Gesetzgebung für die Garanten eines Wechselbriefs die Möglichkeit zuzulassen, im Falle eines gegen sie ausgeübten Rekurses Fristen zu erlangen, welche in keinem Falle die Fälligkeit des Wechsels übersteigen dürfen."

Erläuterungen.

Anm. 2. a) Vgl. über die entsprechenden Vorschriften hinsichtlich der Regresse vor Verfall für das deutsche Recht die Artikel 25—29 DWO und die Erläuterungen dazu, sowie für die geltenden ausländischen Wechselrechte den Anhang I zu diesem Unterabschnitte. Die Entwürfe haben sich den Gesetzgebungen der Länder angeschlossen, welche im Falle der Nichtannahme des Wechsels und der Unsicherheit des Akzeptanten dem Inhaber, aber nur diesem, einen unmittelbaren Regreßanspruch auf sofortige Zahlung geben, ohne daß der in Anspruch genommene Regreßpflichtige sich durch Sicherheitsleistung befreien kann. Dadurch wird sicherlich die ganze Einrichtung des Wechselregresses, auch gegenüber dem deutschen Rechte (vgl. die Vorbemerkung 2 zu diesem Unterabschnitte) erheblich vereinfacht und für die Praxis handlicher gestaltet; andrerseits den Regreßverpflichteten eine nicht unwesentlich schwerere Last auferlegt werden. Von den französischen, italienischen und belgischen Sachverständigen des Comité économique des Völkerbundes sind deshalb „sehr ernstliche" Bedenken gegen den Wegfall des Wahlrechts der Regreßpflichtigen zwischen der Stellung von Sicherheit und der sofortigen Zahlung erhoben worden, da sie dieses Wahlrecht, das dem französischen Code de comm. entspricht — vgl. den Anhang I Anm 2 — als „gebräuchlich und billig" (pratique, courante et équitable) betrachteten. Einen noch schwereren Eingriff in das bisher geltende Recht bedeutet jedoch die Vorschrift für das deutsche Rechtsgebiet, in welchem bisher vor Verfall nur Regreß auf Sicherstellung genommen werden kann. Zur Milderung der dadurch für die betreffenden Länder entstehenden Schwierigkeiten, aber auf Kosten der erstrebten Rechtseinheit hat sich die Genfer Konferenz veranlaßt gesehen, den Vorbehalt in Annexe II Art 11 (vgl. oben zu b) aufzunehmen, der es den Vertragsstaaten freistellt, den Regreßpflichtigen für die Zahlung der Regreßbeträge vor Verfall Fristen zu gewähren, die sich aber nicht über den Zeitpunkt der Fälligkeit hinaus erstrecken dürfen. Die Vertragsstaaten werden dadurch in der Lage sein, die Gewährung der Fristen bis zur Fälligkeit von der Leistung von Sicherheiten abhängig zu machen und auf diese Weise den künftigen Rechtszustand dem bisherigen anzunähern. Der Vorbehalt in Art 10 von Annexe II (oben zu a), der ziemlich unbestimmt gefaßt ist, ist von der Genfer Konferenz gemacht worden in Berücksichtigung der Bedenken verschiedener Delegationen, daß die in den Entwürfen gebrauchten Formeln (faillite, cessation de paiements usw.) nicht genau in ihre Sprache übersetzt werden könnten oder nicht genau den entsprechenden Rechtslagen, die in ihrer nationalen Gesetzgebung vorgesehen seien, entsprächen. (Ber. d. Red.-Kom. Nr. 101; C. rendu S. 141). Die Vertragsstaaten werden hiernach in der Lage sein zu bestimmen, welche Rechtsbegriffe in ihrer Gesetzgebung einem Fallimente, der Konstatierung eines solchen, der Zahlungseinstellung usw. entsprechen.

Anm. 3. b) Den Regreß mangels Annahme geben die Entwürfe — Art 42/43 Halbsatz 2 Nr. 1 — „wenn die Annahme (ganz oder teilweise) verweigert worden ist. Die Hinzufügung der Worte „ganz oder teilweise" durch die Genfer Konferenz ist erfolgt, um die Vorschrift mit der in Art 25/26 (vgl. den Anhang II zum Unterabschnitt V Anm 16) ausgesprochenen Zulassung der teilweisen Akzeptation in Einklang zu bringen (Ber. d. Red.-Kom. Nr. 100, C. rendu S. 141). — Den Regreß wegen Unsicherheit — Art 42/43 Halbsatz 2 Nr. 2, 3 — geben die Entwürfe nicht nur im Falle des Falliments usw. des Akzeptanten, sondern auch des Bezogenen, der nicht akzeptiert hat; im Falle des Falliments usw. des Ziehers (Ausstellers) dagegen nur, wenn der Wechselbrief nicht akzeptabel ist; vgl. über die nicht akzeptablen Wechselbriefe den Anhang II zum Unterabschnitte IV DWO Anm 11.

Anm. 4. **2. Artikel 43 HEWO, 44 GEWG:**

„(Abs 1:) Die Verweigerung der Annahme .... muß durch einen authentischen Akt festgestellt werden (Protest mangels Annahme ....).

(Abs 2:) Der Protest mangels Annahme muß in den für die Präsentation zur Annahme bestimmten Fristen errichtet werden. Wenn in dem durch Art 23 Abs 2 [GEWG: Art 24 Abs 1] vorgesehenen Falle die erste Präsentation am letzten Tage der Frist stattgefunden hat, kann der Protest noch am nächstfolgenden Tage errichtet werden.

(Abs 3:) ...

(Abs 4:) Der Protest mangels Annahme befreit von der Präsentation zur Zahlung und von dem Proteste mangels Zahlung.

(Abs 5:) In den durch Art 42 Nr. 2 vorgesehenen Fällen [GEWG: Im Falle der Zahlungseinstellung des Bezogenen, mag er Akzeptant sein oder nicht, oder im Falle der erfolglos gebliebenen Beschlagnahme seiner Güter] kann der Inhaber seine Regresse nur ausüben nach Präsentation des Briefes an den Bezogenen zur Zahlung und nach Errichtung eines Protestes.

(Abs 6:) In den durch Art 42 Nr. 3 vorgesehenen Fällen [GEWG: Im Falle erklärten Falliments des Bezogenen, mag er Akzeptant sein oder nicht, sowie im Falle erklärten Falliments des Ziehers eines nichtakzeptablen Briefes] genügt die Vorlage des Urteils, welches das Falliment des Ziehers [GEWG: das Falliment] erklärt, um dem Inhaber zu gestatten, seine Regresse auszuüben."

Erläuterungen.

a) Vgl. über den Protest mangels Annahme und mangels Sicherheit für das deutsche Recht zu Art 25 DWO Anm 1 und zu Art 18 Anm 7; für die geltenden ausländischen Rechte Anhang I zu diesem Unterabschnitte Anm 2, 4, 7 und Anhang I zum Unterabschnitt V Anm 5. Abweichend vom deutschen Rechte soll nach den Entwürfen der Protest mangels Annahme von der Präsentation zur Zahlung und von dem Proteste mangels Zahlung befreien (Absatz 4), was sich daraus erklärt, daß bereits auf Grund der Nichtannahme Regreß auf Zahlung genommen werden kann (vgl. oben zu 1 Anm 2). **Anm. 5.**

b) Die Genfer Konferenz hat die Fassung der Absätze 5 und 6 in der aus Obigem ersichtlichen Weise geändert und dadurch zum Ausdrucke gebracht, daß auch im Falle erklärten Falliments des Bezogenen (wie im Falle erklärten Falliments des Ziehers) es einer Präsentation des Wechsels zur Zahlung und einer Protesterhebung mangels Zahlung zur Ausübung der Regresse nicht bedarf, sondern die Vorlage des das Falliment erklärenden Urteils genügt. Eine Aufforderung zur Zahlung an den in Falliment erklärten Bezogenen zu richten, erschien überflüssig, weil sie in der Regel keinen Erfolg haben könnte. Dagegen ist für die anderen Fälle der Unsicherheit von beiden Entwürfen die Präsentation des Wechsels zur und die Erhebung eines Protestes mangels Zahlung (statt, wie im deutschen Rechte, zur und mangels Sicherheitsleistung) als Erfordernis auch des Regresses vor Verfall vorgeschrieben, was sich gleichfalls daraus erklärt, daß dieser Regreß bereits auf Zahlung gerichtet ist. **Anm. 6.**

3. Gemeinschaftliche Vorschriften für alle Regresse geben die Entwürfe: über die Notifikationspflicht (Artt 44/45); den Protesterlaß (45/46), die solidarische Verpflichtung der Wechselschuldner und den Sprungregreß (Artt 46/47), den Umfang der Regreßverpflichtungen (47/48), das Einlösungsrecht (49/50; 50/51), die Befugnis zur Ziehung eines Rückwechsels (51/52), das Erlöschen der Regreßansprüche durch Fristversäumnis (52/53) und die Wirkungen der höheren Gewalt (53/54), sowie in den Vorbehalten der Artikel 8 und 9 der Annexe II. Vgl. darüber den Anhang II zum Unterabschnitte VIII der DWO. **Anm. 7.**

VII. Erfüllung der Wechselverbindlichkeit.

Vorbemerkungen.

1. Während die vorhergehenden Unterabschnitte die Entwicklung des Wechsels in seiner Entstehung und seinem Umlaufe als Kreditpapier regeln, behandelt der Unterabschnitt VII den Vorgang, durch welchen er mit dem durch ihn beurkundeten schuldrechtlichen Verhältnisse, wie jedes Schuldverhältnis (vgl. RGRKomm Vorbem vor § 241 BGB), als rechtliches Wesen untergeht, nämlich die Erfüllung. Diese ist in der Überschrift ungenau als „Erfüllung der Wechselverbindlichkeit" bezeichnet. Denn eine wechselmäßige Verbindlichkeit zur Erfüllung, nämlich zur Zahlung der Geldsumme, welche nach Inhalt des Wechsels gezahlt werden soll (Art 4 Nr. 2), besteht nur, wenn der Wechsel von dem Bezogenen akzeptiert worden ist. Andernfalls bestehen nur, solange der Wechsel nicht bezahlt ist, Regreßansprüche, von denen nicht in diesem Abschnitt, sondern an anderen Stellen der WO (Unterabschnitt VI, Regreß auf Sicherstellung; Unterabschnitt VIII, Regreß mangels Zahlung) gehandelt wird. Der Unterabschnitt VII handelt aber von der Zahlung auch, sofern sie durch den Bezogenen ohne vorherige Annahme des Wechsels geleistet werden soll und geleistet wird. Auch das ist eine „Erfüllung", zwar nicht einer Wechselverbindlichkeit, aber der im Wechsel enthaltenen Anweisung, zu zahlen, der eine allgemein-bürgerlich-rechtliche Verpflichtung zu zahlen entsprechen kann, aber nicht zu entsprechen braucht; vgl. zu Art 23 Anm 9. **Anm. 1.**

2. Unter 1 dieses Unterabschnitts (mit der gleichfalls (vgl. unten Anm 3) wenig genauen Überschrift: „Zahlungstag") wird bestimmt, wann die Verfallzeit eintritt (Artt 30—35); während unter Nr. 2 mit der Überschrift: „Zahlung" (Artt 36—40) die Art und Weise bestimmt ist, wie die Zahlung zu erfolgen hat, und zwar: a) hinsichtlich desjenigen, der berechtigt ist, sie zu fordern, **Anm. 2.**

(Aktivlegitimation Art 36); b) hinsichtlich ihres Gegenstandes (Währung, Art 32); c) hinsichtlich ihres Umfanges (Teilzahlung, Art 38); d) der als Zug- um Zugleistung gegen sie zu bewirkenden Aushändigung des quittierten Wechsels (Art 39); d) der Hinterlegungsbefugnis im Falle der Nichteinforderung zur Verfallzeit (Art 40).

1. Zahlungstag.

Anm. 3. **3.** Die unter dieser Überschrift stehenden Vorschriften der Artikel 30—35 schließen sich an das in Art 4 Nr. 4 aufgestellte und näher geregelte wesentliche Erfordernis des Wechsels, die Angabe der Zeit, zu welcher gezahlt werden soll, an. Sie betreffen demnach den Zeitpunkt, in welchem nach dem im Wechsel ausgedrückten Willen des Ausstellers der durch den Wechsel geschaffene Kredit sein Ende finden soll, und in diesem Sinne die Verfallzeit des Wechsels ohne Rücksicht darauf, ob eine wechselrechtliche Verpflichtung zur Zahlung besteht (vgl. oben Anm 1). Die Verfallzeit ist aber, auch wenn sie auf einen bestimmten Tag gestellt ist (Art 30), mit dem Zahlungstage nicht in allen Fällen identisch, kann vielmehr zeitlich von ihm verschieden sein, insbesondere wenn der Verfalltag ein Sonntag oder allgemeiner Feiertag ist (Art 92) oder wenn an einem Wechselplatze allgemeine Wechselzahltage (Kassiertage) bestehen (Art 93). Daß die hier in Frage stehenden Vorschriften die Verfallzeit, nicht den Zahlungstag, betreffen, ist in den einzelnen Artikeln deutlich gesagt. Die Überschrift ist deshalb ungenau.

Artikel 30.

Ist in dem Wechsel ein bestimmter Tag als Zahlungstag bezeichnet, so tritt die Verfallzeit an diesem Tage ein. Ist die Zahlungszeit auf die Mitte eines Monats gesetzt worden, so ist der Wechsel am fünfzehnten dieses Monats fällig. Ist die Zahlungszeit auf Anfang oder ist sie auf Ende eines Monats gesetzt worden, so ist darunter der erste oder letzte Tag des Monats zu verstehen.

Anm. 1. **1.** Art 30 behandelt den in Art 4 Nr. 4 an erster Stelle zugelassenen Fall, daß die „Zahlungszeit" des Wechsels **auf einen bestimmten Tag** festgesetzt ist; vgl. darüber zu Art 4 Anm 28. Satz 1 des Artikels hebt noch besonders hervor, daß in diesem Falle die „Verfallzeit" **an dem bestimmten Tage eintrete.** Dieser Satz ist nicht inhaltlos (StStranz Anm 1), sondern bedeutet, daß der Wechsel an dem bestimmten Tage ohne weiteres fällig wird, insbesondere ohne daß es dazu einer Präsentation bedarf. Diese ist nur für die Inverzugsetzung des Akzeptanten und für seine Befugnis zur Hinterlegung der Wechselsumme (vgl. zu Art 40 Anm 1), sowie zur Erhaltung der Regreßansprüche durch Protest (Art 41 Nr. 1) erforderlich. Die Verfallzeit tritt ein mit dem Beginne des Tages, an welchem inhaltlich des Wechsels die Zahlung stattfinden soll. Die Zahlung könnte also an diesem Tage oder dem etwa später eintretenden Zahlungstage (vgl. Anm 3) grundsätzlich zu jeder Stunde durch Präsentation verlangt oder ohne solche geleistet werden; nur die Erhebung des Protestes „soll" nach Art 92 Abs 2 nur in der Zeit von 9 Uhr Vormittags bis 6 Uhr Abends erfolgen, sofern nicht die Person, gegen die protestiert wird, ausdrücklich einwilligt, doch ohne, daß ein dieser Sollvorschrift zuwider erhobener Protest deswegen ungültig wäre; vgl. zu Art 92 Anm 11. Doch kann nach § 358 HGB „bei Handelsgeschäften" die Leistung nur während der gewöhnlichen Geschäftszeit bewirkt und gefordert werden, und wird diese Vorschrift auf die Wechselzahlung anzuwenden sein, wenn der Bezogene oder Akzeptant ein Kaufmann ist. Auch in anderen Fällen wird aber die Anwendung des § 242 BGB ergeben, daß eine Wechselzahlung zu ungehöriger Zeit, namentlich zu später Nacht- oder ganz früher Morgenstunde, nicht verlangt oder aufgedrängt werden kann.

Anm. 1a. Der Verfalltag ist namentlich von Bedeutung für den Beginn der Wechselverjährung gegen den Akzeptanten, die „von ihm an" gerechnet wird, Art 77; nach der in § 187 BGB aufgestellten Regel wird aber bei Berechnung der Verjährungsfrist der Verfalltag nicht mitgerechnet. Die Verjährung beginnt an dem hiernach maßgebenden Tage zu laufen, auch wenn der Wechsel nicht zur Zahlung präsentiert worden ist (vgl. oben). — Auf einen kürzeren Zeitraum als einen Tag, insbesondere auf eine bestimmte Stunde eines Tages, kann die Verfallzeit nicht festgesetzt werden.

Anm. 2. **2.** Der Verfalltag (vgl. zu 1) kann bezeichnet sein durch Angabe seiner Monatsziffer, des Monats und des Jahres; in diesem Falle tritt der Verfall an dem dieser Bezeichnung entsprechenden Kalendertage ein. Die Bezeichnung kann aber auch in anderer Weise erfolgen, wenn dadurch ein bestimmter Tag erkennbar gekennzeichnet ist; vgl. Näheres zu Art 4 a. a. O. Zweifelhaft könnte sein, ob diesem Erfordernis genügt wird durch die Angabe der „**Mitte**" eines Monats als Verfallzeit, da, insbesondere bei Monaten mit einer geraden Zahl von Tagen (28 oder 30), kein bestimmter Tag mathematisch als Mitte angesehen werden kann. Das Gesetz gibt deshalb für diesen Fall in **Satz 2** eine Auslegungsregel, und zwar in Gestalt einer gesetzlichen Vermutung, gegen die ein Gegenbeweis nicht zulässig ist; a. M. Bernstein Anm zu Art 30, Abs 2. Danach ist in solchem Falle der Wechsel fällig stets am fünfzehnten des Monats, auch bei Monaten mit 31 Tagen, obwohl bei solchen der 16. Tag den richtigen mathematischen Mittelpunkt bildet und bei freier Auslegung wohl auch als der dem Willen des Ausstellers entsprechende Tag erachtet werden müßte; vgl. für das französische Recht den Anhang 1 zu diesem Unterabschnitte. — Ein gleicher Zweifel könnte erhoben werden, wenn die Verfallzeit auf „**Anfang**" **oder** „**Ende**" eines Monats gesetzt ist, da hierunter im Sprachgebrauche häufig ein längerer als eintägiger Zeitraum verstanden wird. Diesen Zweifel schneidet **Satz 3** des Artikels ab durch die positive Vorschrift, daß darunter der erste beziehungsweise der letzte Tag des Monats zu verstehen ist, also gleichfalls eine gesetzliche Vermutung ohne Widerlegungsmöglichkeit; a. M. Bernstein a. a. O. — Die Angabe: „Anfang" oder „Ende" des Jahres wird in entsprechender Weise ausgelegt werden können; dagegen wird „Mitte des Jahres" keinen hinreichend bestimmten Tag bezeichnen; auch nicht Anfang, Mitte oder Ende einer Woche, da diese keinen allgemein anerkannten Anfangs- und Endtag hat.

Artikel 31.

Ein auf Sicht gestellter Wechsel ist bei der Vorzeigung fällig. Ein solcher Wechsel muß bei Verlust des wechselmäßigen Anspruchs gegen die Indossanten und den Aussteller nach Maßgabe der besonderen im Wechsel enthaltenen Bestimmung und in Ermangelung derselben binnen zwei Jahren nach der Ausstellung zur Zahlung präsentiert werden. Hat ein Indossant auf einem Wechsel dieser Art seinem Indossament eine besondere Präsentationsfrist hinzugefügt, so erlischt seine wechselmäßige Verpflichtung, wenn der Wechsel nicht innerhalb dieser Frist präsentiert worden ist.

1. Die Artikel 31, 32 bestimmen die Verfallzeit für die in Art 4 Nr. 4 an zweiter Stelle zugelassenen Fälle des **Sicht- (Art 31)** und des **Nach-Sicht-Wechsels (Art 32)**; vgl. zu Art 4 Anm 29. **Anm. 1.**

2. Nach Satz 1 des Art 31 ist ein auf Sicht gestellter Wechsel **bei der Vorzeigung fällig.** **Anm. 2.** Die Vorzeigung ist hier (anders wie im Falle des auf einen bestimmten Tag gestellten Wechsels, vgl. zu Art 30 Anm 1) Voraussetzung für die Fälligkeit des Wechsels; diese und ihre Folgen, insbesondere der Beginn der Verjährung (Art 77) treten nur ein, wenn der Wechsel zur Zahlung vorgezeigt wird. Andrerseits tritt die Fälligkeit sofort mit der Vorzeigung ein und es kann, wenn die Zahlung nicht sofort erfolgt, ohne weiteres Protest erhoben werden. Die Präsentation muß zur Zahlung, nicht, was auch bei einem Sichtwechsel vorkommt, zur Annahme oder zu sonstigen Zwecken erfolgt sein (ROHG 4, 345; Thöl § 39 S. 174; ROHG 14, 31).

3. Da der Eintritt der Fälligkeit und der Beginn der Wechselverjährung von der Vorzeigung **Anm. 3.** abhängig ist, so würde die Regreßpflicht der Indossanten und des Ausstellers zeitlich auf unbegrenzte Dauer erstreckt werden können dadurch, daß ein Sichtwechsel vom Inhaber nicht zur Zahlung vorgezeigt wird. In Art 31 Satz 2, 3 ist, um dieses Ergebnis zu vermeiden, die Regreßpflicht in der Weise begrenzt, daß ein solcher Wechsel innerhalb bestimmter Fristen zur Zahlung vorgezeigt werden muß, widrigenfalls die Regreßansprüche verloren gehen. Die Fristen für die Vorzeigung sind hier in der gleichen Weise geregelt, wie die Fristen für die Vorzeigung zur Annahme bei Nach-Sicht-Wechseln in Art 19; es kann deshalb auf die Erläuterungen zu diesem Artikel (Anm 2, 3) Bezug genommen werden. Danach ist in erster Linie die Bestimmung der Frist durch den Aussteller im Wechsel vorgesehen; nur hilfsweise tritt die gesetzliche Frist von zwei Jahren nach der Ausstellung ein; auch die Hinzufügung einer besonderen Präsentationsfrist durch einen Indossanten ist hier mit den gleichen Wirkungen wie dort vorgesehen.

4. Die **Wirkung der Nichtpräsentation des Sichtwechsels innerhalb der Präsentationsfrist,** **Anm. 4.** sei es, daß diese durch den Aussteller oder durch das Gesetz bestimmt ist, besteht aber auch hier nur darin, daß die Regreßansprüche gegen den Aussteller und die Indossanten verlorengehen. Die Verpflichtung des Akzeptanten — und ebenso des Ausstellers eines eigenen Sichtwechsels — wird dadurch nicht berührt (Artt 44, 99 WO; ROHG 3, 186; 5, 314; RGZ 3, 6; 28, 104; 119, 426). Dieser, wie er selbst zugibt, allseitig anerkannten Auffassung tritt nur Lehmann (§ 95 S. 361) entgegen, indem er mit eingehender Begründung darzulegen sucht, daß bei dem unbefristeten Sichtwechsel und auch bei dem Nach-Sicht-Wechsel (vgl. zu Art 19 Anm 6) durch Nichteinhaltung der Präsentationsfrist die wechselmäßigen Ansprüche auch gegen den Akzeptanten und den Aussteller eines eignen Wechsels (den er merkwürdigerweise unter dem „Aussteller" in Art 31 mitverstanden wissen will) erlöschen. Seine Begründung erscheint in keiner Weise überzeugend. Streitiger ist jedoch, welche Bedeutung es hat, wenn der Aussteller nicht durch eine unmittelbar an den Inhaber gerichtete Bestimmung angeordnet hat, daß dieser den Wechsel innerhalb der Frist zur Zahlung vorlegen solle, sondern wenn er sich dabei an den Bezogenen gewendet hat, etwa mit den Worten: „Zahlen Sie bei Sicht, spätestens am 15. 10. 1877" oder auch in Form einer der Zahlungsanweisung hinzugefügten Bedingung: „Zahlen Sie bei Sicht, wenn Ihnen der Wechsel innerhalb sechs Monaten vorgelegt wird". Das ROHG (Entsch 23, 110) hat in einem Falle der ersteren Art bei einem Nach-Sichtwechsel, wo die Rechtslage im übrigen die gleiche ist, angenommen, daß eine solche Bestimmung, da sie nicht eine von dem Wechselinhaber vorzunehmende Handlung, sondern die von dem Bezogenen zu leistende Zahlung betreffe, eine Bestimmung der Präsentationsfrist im Sinne der Artt 19, 31 überhaupt nicht zum Ausdrucke bringe. Das RG ist in einer zunächst in JW 1928, 637, jetzt auch RGZ 119, 422 abgedruckten Entscheidung, die einen Fall der letzteren Art betraf, davon ausgegangen, daß es sich dabei um eine in das Gewand einer der Zahlungsanweisung an den Bezogenen hinzugefügten Bedingung gekleidete Bestimmung der Präsentationsfrist, wie sie Art 31 vorsehe, handle und daß durch eine solche Bedingung der Wechsel nicht nichtig werde. Es hat aber weiter angenommen, daß infolge dieser Einkleidung durch Versäumung der Präsentationsfrist auch der wechselmäßige Anspruch gegen den Akzeptanten ausgeschlossen werde. Diese Ansicht begründet es mit der Ausführung daß ebensowohl, wie der Akzeptant bei der Annahme seine Haftung wirksam in solcher Weise einschränken könne (Art 22 Abs 2), diese Einschränkung schon in der Zahlungsanweisung enthalten sein könne und in diesem Falle eine ihr entsprechende Einschränkung des Akzepts eintrete, ohne daß es eines besonderen Vorbehalts in der Akzepterklärung bedürfe. Gegen diese Auffassung hat M. Stranz (JW 1928 1576[21]) eingewendet, sie hafte zu sehr am Wortlaute, der auf eine bedingte — oder (wie Stranz annimmt) befristete — Zahlungsanweisung hindeute, während in Wirklichkeit nur Bestimmung einer Präsentationsfrist gemeint sei. Bei Auslegung der Zahlungsanweisung, wie sie vorliegt, muß indessen derjenige Sinn entscheidend sein, in welchem der Bezogene, an den sie gerichtet war, sie auffassen konnte und durfte; das konnte aber im Sinne der deutlich ausgesprochenen bedingten Zahlungsanweisung geschehen. Auch ist es, wie das RG am Schlusse des Urteils zutreffend bemerkt, keineswegs ausgeschlossen, daß die Form der Adressierung an den Bezogenen, namentlich wenn es sich, wie in dem dortigen Falle, um ein nur zur Sicherung einer Forderung zu leistendes Akzept handelt, gerade zu dem Zwecke gewählt wird, um die Verpflichtung des Akzeptanten zeitlich entsprechend einzuschränken. Daß (wie Stranz ausführt) auch bei einem Wechsel, der auf Zahlung an einem bestimmten Tage gestellt ist, der Akzeptant annehmen könnte, er sei nur an diesem Tage zu zahlen verpflichtet, kann doch wohl nicht im Ernste behauptet werden; das würde in der Tat ein unzulässiges Haften am Wortlaute bedeuten. Ob (was Stranz bestreitet) auch der Hinweis des Reichsgerichts darauf, daß bei anderer Auffassung der Akzeptant aus dem Wechsel noch verpflichtet sein würde, obwohl ihm kein „Revalierungsanspruch" gegen den Aussteller mehr zustehe, zutrifft, kann dahingestellt bleiben; der Revalierungsanspruch ist ja kein wechselrechtlicher Regreßanspruch, sondern richtet sich nach dem zwischen Aussteller und Akzeptanten bestehenden bürgerlich-rechtlichen Verhältnisse, dieses aber kann und wird sogar in der Regel dazu führen, daß der Akzeptant nach Auftragsgrundsätzen, wenn er nach Ablauf der Frist hat zahlen müssen, den ihm dadurch entstandenen Aufwand von dem Aussteller ersetzt verlangen kann.

Anm. 5. **5.** Streitig ist ferner, wann und wodurch im Falle der Nichtpräsentation des Sichtwechsels während des Laufes der durch den Aussteller oder das Gesetz bestimmten Präsentationsfrist der Wechsel gegenüber dem Akzeptanten **fällig** wird. Nach der herrschenden Ansicht tritt die Fälligkeit in diesem Falle mit dem Ablaufe der Präsentationsfrist ein und beginnt von da ab die dreijährige Verjährung zugunsten des Akzeptanten (Art 77) zu laufen. So Dernburg § 256 Anm 12 mit der Begründung, das Gesetz habe in Art 31 seinem Gedanken einen „einseitigen" Ausdruck gegeben; es müsse dahin verstanden werden, daß mit dem Ablaufe der Präsentationsfrist der Sichtwechsel gegenüber den Vormännern präjudiziert sei, gegenüber dem Akzeptanten aber noch wie jeder andere Wechsel, dessen Verfalltag eingetreten sei, also innerhalb der Verjährungsfrist, geltend gemacht werden könne. Die Rechtsprechung des ROHG (4, 344; 11, 47; 14, 30; vgl. auch RGZ 3, 6) steht auf dem gleichen Standpunkte, in entsprechender Anwendung des Art 20 Abs 3 auf den nicht befristeten Sichtwechsel. A. M. Thöl (§ 39 S. 175 Anm 14) und Grünhut I § 48 S. 383), die annehmen, daß der Sichtwechsel unter allen Umständen erst durch die Vorzeigung zur Zahlung fällig werde und die Verjährung daher nicht zu laufen beginne, solange jene nicht erfolgt sei. Dadurch würde allerdings die Verpflichtung des Akzeptanten auf unabsehbare Dauer hinaus erstreckt werden können, entgegen dem praktischen Bedürfnisse und der aus Art 20 Abs 3 zu entnehmenden grundsätzlichen Einstellung des Gesetzes. Man wird deshalb der herrschenden Meinung zustimmen können. Ebenso Bernstein S. 172 § 3 unter 2b; StStranz Anm 5. Ist der Sichtwechsel nach Ablauf der Präsentationsfrist akzeptiert, so liegt ein Akzept nach Verfall (vgl. zu Art 21 Anm 13) vor. Verzugszinsen schuldet aber der Akzeptant erst von der Vorzeigung ab, da der Wechsel auch nach eingetretener Fälligkeit eine Holschuld bleibt (vgl. zu Art 40 Anm 1).

Anm. 6. Eine nach Ablauf der Präsentationsfrist erhobene **Klage** kann nicht als verfrüht abgewiesen werden, da der Verfalltag eingetreten ist. Bestritten aber ist, ob durch eine vor Ablauf der Präsentationsfrist erhobene Klage gegen den Akzeptanten ihm gegenüber die Vorzeigung ersetzt werden kann. Das ROHG hat (Entsch 3, 300) erwogen, daß die Klageerhebung den Willen in sich schließe, den etwa noch nicht eingetretenen Verfall des Wechsels herbeizuführen, und daß sie als Ersatz der Vorzeigung gelten könne, wenn im Prozesse die Richtigkeit und Echtheit des Wechsels anerkannt wird, da es in diesem Falle eines besonderen Vorlegungsaktes des Originals des Wechsels nicht bedürfe. In Entsch. 5, 315 ist es für genügend zum Ersatze der Vorlegung erachtet, wenn bei der gerichtlichen Verhandlung der Beklagte die Wechselforderung als nicht bestehend bestritten hat, ohne den Einwand zu erheben, daß die Klage wegen nicht erfolgter Vorzeigung des Wechsels verfrüht sei. In RGZ 8, 69 wird für einen eigenen Nach-Sicht-Wechsel die Klagezustellung als Ersatz der Präsentation zugelassen aus dem Gesichtspunkte, daß diese materiellrechtlich nur die Bedeutung einer Kündigung habe, die auch in der Klagezustellung liege, und daß formellrechtlich die Präsentation nicht die ausschließliche Bedingung zur Herbeiführung der Fälligkeit sei, diese vielmehr auch ohne Präsentation durch den Ablauf der Präsentationsfrist (Art 20 Abs 3) eintrete, falls die Annahme nicht datiert sei; daraus wird gefolgert, daß nichts im Wege stehe, auch der Klagezustellung die gleiche Wirkung zuzuschreiben. Dieser Grund würde nach dem oben (Anm 5) Erörterten auch für den gezogenen unbefristeten Sichtwechsel zutreffen. Indessen die Begründung erscheint doch, wie für den in dem Urteile entschiedenen Fall des Nach-Sicht-Wechsels — vgl. darüber zu Art 19 Anm 7 —, so auch für den Fall des unbefristeten Sichtwechsels höchst bedenklich, da eine Kündigung der Wechselforderung nur in der von der WO vorgesehenen Weise erfolgen kann und dem Ersatze der Vorzeigung durch den aus dem Wechsel ersichtlichen Ablauf der Präsentationsfrist die Klagezustellung nicht gleichgestellt werden kann. Im Sinne der herrschenden Meinung auch StStranz Art 31 Anm 1. Wird aber bei der Verhandlung im Rechtsstreite der Wechsel im Original zur Kenntnis des Beklagten oder seines Prozeßbevollmächtigten gebracht, so wird das in Verbindung mit der vorhergegangenen Klage der Vorzeigung des Wechsels zur Zahlung gleichstehen (a. M. auch zu diesem Punkte Bernstein zu Art 20 § 2 S. 123.)

Ein Verzicht auf die Vorzeigung, der von dem Akzeptanten bei der Annahme erklärt wird, würde den Sichtwechsel zu einer sofort fälligen Bringschuld machen und deshalb eine mit dem Inhalte der Zahlungsanweisung nicht vereinbare Erschwerung der Verpflichtung des Akzeptanten bedeuten, als solche aber wechselmäßig unwirksam sein, ohne die Gültigkeit des Akzepts zu beeinträchtigen (vgl. zu Art 22 Anm 6). Im Ergebnisse übereinstimmend, aber mit unrichtiger Begründung OLG Jena in DJZ 1918 Sp. 328. **Anm. 7.**

Die Präsentation kann im ordentlichen Prozesse gegenüber dem Akzeptanten behufs Feststellung der Fälligkeit durch jedes Beweismittel bewiesen werden; eines Protestes bedarf es ihm gegenüber zur Erhaltung des Wechselrechts nicht, seit der Protestnovelle (Art 99) auch nicht bei einem domizilierten eigenen Sichtwechsel; vgl. zu Art 99 Anm 5. Gegen den Akzeptanten kann deshalb jetzt gemäß § 605 ZPO in der Fassung der Novelle vom 3. 6. 1908 im Wechselprozesse der Beweis der erfolgten Präsentation nicht nur urkundlich, sondern auch durch Eideszuschiebung geführt werden. Dagegen bedarf es zur Erhaltung der Regreßansprüche gegenüber dem Aussteller und den Indossanten, falls die Präsentation zur Zahlung erfolglos geblieben ist, der Feststellung sowohl der Präsentation als der Nichterlangung der Zahlung durch einen rechtzeitig, also innerhalb zweier Werktage nach dem durch die Präsentation herbeigeführten Verfalltage des Wechsels, aufgenommenen Protest (Art 41). Hinsichtlich des Ortes und der Zeit der Präsentation gelten die Vorschriften der Artt 91—93. Danach genügt ein ordnungsmäßiger Versuch der Präsentation; dieser muß aber auch dem Akzeptanten bzw. dem Aussteller eines eigenen Sichtwechsels gegenüber durch einen Nachforschungsprotest (Art 91 Abs 2) festgestellt werden, in welchem vermerkt ist, daß sich das Geschäftslokal oder die Wohnung nicht hat ermitteln lassen (ROHG 5, 316). **Anm. 8.**

6. Die **von einem Indossanten seinem Indossamente beigefügte besondere Präsentationsfrist (Satz 3 des Artikels)** hat Bedeutung nur für die Regreßverpflichtung dieses Indossanten gegenüber seinen Nachmännern. Sie allein erlischt, wenn der Sichtwechsel nicht innerhalb der Frist dem Bezogenen zur Zahlung präsentiert wird. Ist die Frist eine längere, als die vom Aussteller bestimmte oder kraft Gesetzes eintretende, so wird darin ein Verzicht auf frühere Präsentation gefunden werden müssen, der zum mindesten eine exceptio doli begründen würde, wenn er trotzdem den Ablauf der kürzeren Frist geltend machen wollte. Wenn Bernstein (S. 173 unter 3a, zustimmend StStranz Anm 6) aus der Stellung des Indossanten als Wechselgaranten folgert, daß er keine längere Frist bestimmen könne, weil andernfalls seine Haftung eine schwerere sein würde als die des Hauptschuldners, so übersieht er anscheinend, daß der Anspruch gegen den Hauptschuldner durch den Ablauf der Präsentationsfrist nicht erlischt, mit diesem Zeitpunkte vielmehr erst die Verjährung gegen ihn beginnt; vgl. oben Anm 4. Dagegen wird die Bestimmung einer längeren Frist durch den Akzeptanten bei dem Akzepte eine Erschwerung seiner Verpflichtung gegenüber der im Wechsel enthaltenen Zahlungsanweisung darstellen und aus diesem Grunde ebensowenig wie ein Verzicht (vgl. oben Anm 7) wechselmäßig wirksam sein. Fügt der Akzeptant seinem Akzepte eine kürzere, als die vom Aussteller oder durch Gesetz bestimmte Frist bei, so liegt eine eingeschränkte Annahme vor, die den Regreßberechtigten gegenüber als Verweigerung der Annahme zu gelten hat und deshalb ihnen den Regreß auf Sicherstellung eröffnet, während der Akzeptant nach Maßgabe seines Akzeptes verpflichtet wird und demgemäß die Fälligkeit des Wechsels und damit der Lauf der Verjährung ihm gegenüber mit dem Ablaufe der von ihm bestimmten Frist eintritt (Art 22 Abs 2). **Anm. 9.**

Artikel 32.

Bei Wechseln, welche mit dem Ablauf einer bestimmten Frist nach Sicht oder nach Dato zahlbar sind, tritt die Verfallzeit ein:

1. wenn die Frist nach Tagen bestimmt ist, an dem letzten Tage der Frist; bei Berech-

nung der Frist wird der Tag, an welchem der nach Dato zahlbare Wechsel ausgestellt oder der nach Sicht zahlbare zur Annahme präsentiert ist, nicht mitgerechnet;

2. wenn die Frist nach Wochen, Monaten oder einem mehrere Monate umfassenden Zeitraume (Jahr, halbes Jahr, Vierteljahr) bestimmt ist, an demjenigen Tage der Zahlungswoche oder des Zahlungsmonats, der durch seine Benennung oder Zahl dem Tage der Ausstellung oder Präsentation entspricht; fehlt dieser Tag in dem Zahlungsmonate, so tritt die Verfallzeit am letzten Tage des Zahlungsmonats ein.

Der Ausdruck „halber Monat" wird einem Zeitraume von fünfzehn Tagen gleichgeachtet. Ist der Wechsel auf einen oder mehrere ganze Monate und einen halben Monat gestellt, so sind die fünfzehn Tage zuletzt zu zählen.

Anm. 1. **1.** Art 32 regelt den Eintritt der Verfallzeit (des Verfalltages, vgl. Vorbem 3 vor Art 30) für solche Wechsel, bei denen die Angabe der Zeit, zu welcher gezahlt werden soll, gemäß Art 4 Nr 4 auf eine bestimmte Zeit nach Sicht oder nach dem Tage der Ausstellung (nach Dato) gestellt ist, **Nach-Sicht-**, richtiger **befristete Sichtwechsel**, und **Nach-Dato-Wechsel;** vgl. zu Art 4 Anm 29, 30. Diese Wechsel haben das Gemeinsame, daß der Wechsel mit Ablauf bestimmter Fristen verfällt. Der Artikel bestimmt, in welcher Weise diese Fristen zu berechnen sind.

Anm. 2. **2.** Wenn die Frist **nach Tagen** bestimmt ist, so soll die Fälligkeit an dem letzten Tage der Frist eintreten (**Abs 1 Nr. 1**). Also nicht erst mit dem Ablaufe des letzten Tages der Frist, sondern schon während sie noch läuft, an ihrem letzten Tage wird der Wechsel fällig und es kann an diesem Tage in der Regel die Zahlung gefordert und Protest erhoben werden. Das ist eine bemerkenswerte Abweichung von den Fristberechnungsregeln des BGB, das in § 188 Abs. 1 bestimmt, daß eine nach Tagen bestimmte Frist mit dem Ablaufe des letzten Tages der Frist endet, so daß danach die Fälligkeit erst am Tage nach ihrem Ablaufe eintreten würde. — Andrerseits wird (wie nach § 187 BGB) bei Bestimmung des Anfangstages der Frist der Tag, in welchen das die Frist in Lauf setzende Ereignis — hier die Präsentation beim Nach-Sicht-, die Ausstellung beim Nach-Dato-Wechsel — fällt, in die Frist nicht eingerechnet. Ist der Wechsel also auf 20 Tage nach Sicht oder Dato gestellt und am 15. 4. präsentiert bzw. ausgestellt, so wird er am 5. 5. fällig. Für den Beginn der Frist ist es unerheblich, ob der dafür maßgebende Tag ein Sonntag bzw. allgemeiner Feiertag oder ein Werktag ist (wie nach BGB). Ist dagegen der Tag, an welchem nach der vorgeschriebenen Berechnung die Frist endigt, ein Sonn- oder allgemeiner Feiertag, so verfällt zwar der Wechsel an diesem Tage, aber die Zahlung kann erst am nächsten Werktage gefordert werden (Art 92; entsprechend § 193 BGB). Auch wo Kassiertage bestehen, kann die Zahlung nicht an dem sich ergebenden Verfalltage, wenn dieser kein Kassiertag ist, sondern erst an dem nächsten Kassiertage gefordert werden (Art 93).

Anm. 3. **3.** Unter **Nr. 2 des ersten Absatzes** des Artikels ist die Berechnung für eine nach Wochen, Monaten, Jahren oder Jahresteilen bestimmte Frist geregelt. Verfalltag ist danach derjenige Tag, der durch seine Benennung als Wochentag (z. B. Dienstag) oder durch seine Zahl als Monatstag (z. B. der 23., 25.) dem Tage der Präsentation bzw. Ausstellung entspricht. Also bei einem am 25. 2. auf einen Monat nach Dato ausgestellten Wechsel oder einem auf einen Monat nach Sicht gestellten, am 25. 2. präsentierten Wechsel tritt die Verfallzeit am 25. 3. ein; bei einem am 25. 2. 1930 auf ein Vierteljahr nach Dato ausgestellten oder einem auf ein Vierteljahr nach Sicht gestellten, an diesem Tage präsentierten Wechsel am 25. 5. desselben Jahres; bei einem am 25. 2. 1930 auf **ein** Jahr nach Dato ausgestellten Wechsel und bei einem an diesem Tage präsentierten, auf ein Jahr nach Sicht gestellten Wechsel am 25. 2. 1931. Fehlt der Tag in dem Zahlungsmonate, so tritt die Verfallzeit am letzten Tage des Monats ein, also bei einem am 31. 1. ausgestellten bzw. präsentierten Nach-Dato- oder Nach-Sicht-Wechsel am 28. 2. Diese Bestimmungen entsprechen dem BGB (§§ 188 Abs. 2, 3; 189 Abs. 1).

Anm. 4. **4.** Der Ausdruck **„halber Monat"** wird einem Zeitraum von 15 Tagen gleich gerechnet (**Abs 3 Satz 1**), auch wenn der Monat mehr oder weniger als 30 Tage enthält; also ein auf einen halben Monat nach Sicht gestellter, am 15. 1. präsentierter Wechsel verfällt am 30. 1.; ein am 15. 2. präsentierter aber erst am 2. 3.; und Entsprechendes gilt für den Nach-Dato-Wechsel. Entsprechend § 189 Abs 1 Schlußhalbsatz BGB. — Die Vorschrift des **Abs. 3 Satz 2** (entsprechend § 189 Abs. 2 BGB) bewirkt, daß z. B. ein am 15. 2. präsentierter, auf „$3^1/_2$ Monate nach Sicht" lautender Wechsel nicht etwa erst am 2. 6. verfällt, wie es bei Zuerstzählung des halben Monats nach Satz 1 der Fall sein würde, sondern schon am 30. 5.

Anm. 5. Wie Art 30 hinsichtlich der auf einen bestimmten Tag gestellten Wechsel, stellt Art 32 hinsichtlich der Nach-Sicht- und Nach-Dato-Wechsel für die in solchen enthaltenen Bestimmungen über die Verfallzeit **gesetzliche Auslegungsregeln (Vermutungen)** auf, gegen die ein Gegenbeweis mangels Vorbehalts im Gesetze nicht zulässig ist. Wenn in einem Wechsel neben der Fristbestimmung, die ihn als Nach-Sicht- oder Nach-Dato-Wechsel erscheinen läßt, und zwar als Ergebnis der Berechnung der Frist, ein mit der gesetzlichen Fristberechnung nicht übereinstimmender Tag als

Verfalltag angegeben ist — z. B. wenn ein am 15. 1. ausgestellter Wechsel lautet: „Zahlbar $1^1/_2$ Monate nach Dato, d. h. den 28. 2." —, so wird man durch zulässige Auslegung (vgl. zu Art 4 Anm 58) dahin gelangen können, daß ein Nach-Sicht- oder Nach-Dato-Wechsel gewollt war und die nur als Erläuterung beigefügte Angabe des Verfalltages auf einem Versehen beruht, der Wechsel also gültig ist und in dem angeführten Beispiele nicht am 28. 2., sondern erst am 2. 3. verfällt. Stehen dagegen die beiden Angaben unvermittelt nebeneinander, so wird es zweifelhaft bleiben, ob die eine oder die andere Art der Bestimmung der Zahlungszeit (Art 4 Nr. 4) gemeint war und deshalb der Wechsel ungültig sein. A. M. Bernstein S. 174 § 1. — Nach den für die Auslegung der Wechselurkunde geltenden Grundsätzen (vgl. a. a. O.) wird ferner eine Frist, die auf „8 Tage" bestimmt ist, nicht etwa, wie es einem verbreiteten, aber nicht allgemeinen Sprachgebrauche entspricht, als eine Frist von einer Woche gedeutet werden können; ebensowenig „4 Wochen" als ein Monat. So auch Bernstein S. 174 § 2. Eine Stundenfrist wird vom Gesetze nicht erwähnt, aber auch nicht (wie die Stellung des Wechsels unmittelbar auf eine bestimmte Stunde, vgl. zu Art 30 Anm 1 a) durch Art 4 Nr. 4 ausgeschlossen; ein auf „24 Stunden nach Sicht" gestellter Wechsel wird deshalb gültig sein und zu der entsprechenden Stunde des nächsten Tages fällig werden (ebenso Bernstein a. a. O.). Auch von einer nach anderen Teilen von Monaten, als einem halben Monate, z. B. einem viertel Monate, bestimmten Frist spricht das Gesetz nicht; nach Bernstein (S. 147 § 2 Nr. 3 Abs 3) soll ein Wechsel mit solcher Fristsetzung nichtig sein wegen Unbestimmtheit des Verfalltages. Das dürfte aber doch zu streng sein. Entsprechend dem, was für die Frist von einem halben Monat bestimmt ist, könnte man wohl die Frist von einem viertel Monat als auf $7^1/_2$ Tage, also 7 Tage zwölf Stunden, bestimmt und eine solche aus Tagen und Stunden zusammengesetzte Frist als gültige Verfallbestimmung ansehen.

Artikel 33.

Respekttage finden nicht statt.

Unter **„Respekttagen"** verstand man in der älteren wechselrechtlichen Literatur „solche Tage nach der Verfallzeit, bis zu deren Ablauf der Wechselinhaber mit dem Antrage auf Zahlung und der Erhebung des Protestes mangels Zahlung warten darf oder muß" (Thöl § 45 S. 190). Es wurden also darunter sowohl (und nach Thöl sogar in erster Linie und ursprünglich allein) die zugunsten des Inhabers, wie die zugunsten des Bezogenen oder Akzeptanten bestehenden derartigen Nachfristen verstanden. Solche Fristen bestanden in vielen partikulären, wie auch in ausländischen Wechselgesetzgebungen. Sie würden jedoch als mit einem ordnungsmäßigen Wechselverkehr nicht vereinbar und zudem nutzlos (wegen der Möglichkeit, sie durch Festsetzung einer früheren Verfallzeit ihrer Wirkung nach auszuschalten), vielfach bekämpft und schon vor der DWO abgeschafft. Die DWO erklärt in Art 33 ganz allgemein: „Respekttage finden nicht statt". Aus ihren sonstigen Bestimmungen ergibt sich aber, daß sie darunter nur die Respekttage versteht, die zugunsten des Wechselschuldners (Akzeptanten) oder Bezogenen etwa noch bestehen könnten. Denn über die zugunsten des Wechselinhabers in Frage kommenden derartigen Tage, d. h. die Fristen, die ihm nach Verfall zur Präsentation und zum Proteste gelassen sind, trifft die DWO an anderer Stelle (Art 41 Abs 2) selbst Bestimmung, und zwar in dem Sinne, daß die Präsentation und der Protest (soweit sie überhaupt zur Erhaltung der Wechselrechte erforderlich sind) noch am zweiten Werktage nach dem Verfalltage erfolgen können. So Thöl § 46 S. 194. Dagegen sind alle etwa zur Zeit des Inkrafttretens der DWO noch in Kraft gewesenen Vorschriften oder Gebräuche partikulärer oder lokaler Art, auf Grund deren der Wechselschuldner (Akzeptant) oder auch der Bezogene, der nicht akzeptiert hat — dieser zugunsten der Regreßverpflichteten —, die Hinausschiebung des Zahlungsverlangens oder des Protestes nach Eintritt der Fälligkeit noch verlangen könnte, aufgehoben und neue derartige Vorschriften oder Gebräuche können nicht mehr erlassen werden bzw. sich entwickeln, jedoch mit Ausnahme der in der WO selbst enthaltenen Bestimmungen über Sonn- und Feiertage (Art. 92) und Kassiertage (Art 93), die noch einen Rest der früheren Respekttage darstellen. Anm. 1.

Artikel 34.

Ist in einem Lande, in welchem nach altem Stile gerechnet wird, ein im Inlande zahlbarer Wechsel nach Dato ausgestellt und dabei nicht bemerkt, daß der Wechsel nach neuem Stile datiert sei, oder ist derselbe nach beiden Stilen datiert, so wird der Verfalltag nach demjenigen Kalendertage des neuen Stiles berechnet, welcher dem nach altem Stile sich ergebenden Tage der Ausstellung entspricht.

1. Der Artikel regelt in Ergänzung der Vorschriften des Art 32 über die Berechnung der Verfallzeit bei nach Sicht und nach Dato zahlbaren Wechseln den Eintritt der Verfallzeit für den besonderen Fall, daß ein Nach-Dato-Wechsel (vgl. zu Art 4 Anm 30) in einem Lande, in welchem nach altem Stile gerechnet wird, ausgestellt und im Inlande, wo der neue Stil gilt, zahlbar ist. Unter „altem Stile" versteht das Gesetz den durch Julius Cäsar für das Rö- Anm. 1.

mische Reich eingeführten sog. julianischen Kalender, der im Mittelalter in den christlichen Kulturstaaten allgemein gegolten hat und in einer Anzahl dieser Staaten, namentlich in denjenigen, in denen die griechisch-orthodoxe Kirche die herrschende war, wie Rußland, Griechenland, Südslawien, noch gilt; während es unter dem „neuen Stil" den auf Veranlassung des Papstes Gregor XIII zu Ende des 16. Jahrhunderts ausgearbeiteten, seitdem in den meisten Kulturländern eingeführten sog. „gregorianischen Kalender" versteht, dessen Zeitrechnung in der Gegenwart um 13 Tage derjenigen des julianischen Kalenders vorangeht, so daß der erste eines Monats alten Stils mit dem vierzehnten eines Monats neuen Stils zusammenfällt. Für andere Kalenderstile, die von dem im Inlande geltenden abweichen (etwa den mohammedanischen) trifft die WO keine Bestimmung. Doch wird eine entsprechende Anwendung der Vorschriften des Art 34, da sie, wie unten darzulegen, allgemeinen Rechtsgrundsätzen entsprechen, auf solche anderen Stile nicht ausgeschlossen sein.

Anm. 2. 2. Nach den aus dem mutmaßlichen Parteiwillen hergeleiteten Grundsätzen des internationalen Privatrechts, die auch in Art 85 WO teilweise Ausdruck gefunden haben (vgl. die Erläuterungen zu diesem Artikel), muß bei Wechseln für die Angabe des Ausstellungstages das am Ausstellungsorte geltende Recht, also, wenn der Wechsel in einem Lande alten Stiles ausgestellt ist, der alte Stil; für die Berechnung des Verfalltages dagegen das am Erfüllungsorte geltende Recht, also, wenn der Wechsel im Inlande zahlbar ist, der neue Stil als maßgebend angesehen werden. So ROHG 15, 243. Wenn in Art 361 HGB bei Handelsgeschäften für die „Zeitrechnung" im Zweifel lediglich der Erfüllungsort als vertragsmäßig gewollt erklärt wird, so ist dabei ersichtlich nur an die Erfüllungszeit für ein solches Geschäft, nicht an die Ausstellungszeit einer über ein solches Geschäft ausgestellten Urkunde, sofern diese als rechtserheblich in Betracht kommt, gedacht. Ist sonach ein in Leningrad ausgestellter, vom 1. 1. datierter Wechsel auf den 15. 3. im Inlande zahlbar gestellt, so ist er als am 14. 1. unseres Stils ausgestellt anzusehen und verfällt am 15. 3. unseres Stils. Einer besonderen Regelung bedurfte nur **der Fall des Nach-Dato-Wechsels,** weil dieser die Besonderheit aufweist, daß Ausstellungstag und Verfalltag derart in Beziehung stehen, daß dieser nach jenem zu berechnen ist. Für diesen Fall trifft daher Art 34 Bestimmung, und zwar, entsprechend dem, was aus dem mutmaßlichen Parteiwillen zu folgern ist, in der Weise, daß, in Ermangelung eines ausdrücklichen Vermerks, wonach der Ausstellungstag in neuem Stile angegeben ist, als Ausstellungstag derjenige Tag anzusehen ist, der sich nach altem Stile als solcher darstellt, und daß von ihm ausgehend, unter Umrechnung in den neuen Stil, der Verfalltag nach diesem zu berechnen ist. Ist sonach ein in Leningrad auf 15 Tage nach Dato ausgestellter Wechsel vom 1. 1. 1930 datiert, so gilt als Ausstellungstag der 1. 1. alten Stiles, der dem 14. 1. neuen Stiles entspricht, und von diesem Tage ab ist die Nach-Datofrist zu berechnen, so daß der Wechsel am 29. 1. fällig wird. Falsch wäre es, die Berechnung in der Weise vorzunehmen, daß zunächst der Verfalltag von dem im alten Stile angegebenen Ausstellungstage ab berechnet und alsdann in den neuen Stil umgerechnet wird, ein Verfahren, das unter Umständen zu einem abweichenden Ergebnisse führen könnte; wenn z. B. ein Wechsel in Leningrad am 28. 2. 1930 auf drei Monate a Dato ausgestellt ist, so würde diese Berechnung dazu führen, daß der Wechsel am 28. 5. alten Stiles, sonach am 10. 6. neuen Stils fällig würde, während nach der im Gesetze vorgeschriebenen Berechnungsweise die Fälligkeit des Wechsels, der am 13. 3. neuen Stils ausgestellt ist, am 13. 6. neuen Stils eintritt (Bernstein S. 175, § 2).

Anm. 3. 3. Die gleiche Berechnungsweise soll nach der in Art 34 aufgestellten zweiten Alternative stattfinden, wenn der Wechsel **nach beiden Stilen datiert ist,** also etwa: „Leningrad 1. 1. 1930 alten, 14. 1. 1930 neuen Stils" oder auch in Form eines Bruches: „Leningrad $\frac{1.\,1.\,1930,}{14.\,1.\,1930}$" was üblicherweise dieselbe Bedeutung hat (ROHG 6, 128; 15, 243). Diese Vorschrift besagt nur etwas Selbstverständliches für den Fall, daß die doppelte Datierung dem zeitlichen Unterschiede beider Stile entspricht, also auf den gleichen Tag hinweist, z. B. „1./14. 2. 1930"; in diesem Falle erscheint die Angabe in dem neuen Stile als etwas Überflüssiges, das daher für die Gültigkeit des Wechsels als solcher nicht von Bedeutung sein kann. Es fragt sich aber, wie die Lage ist, wenn die für jeden von beiden Stilen angegebenen Daten nicht auf den gleichen Tag hinweisen, z. B. „1./12. 2. 1930". In diesem Falle könnte die Gültigkeit des Wechsels bezweifelt werden aus dem Gesichtspunkte, daß die Angabe des Zahlungstages keine hinreichend bestimmte sei (vgl. zu Art 4 Anm 40). Das ROHG (Entsch 15, 243) hat ausgesprochen, daß eine Zeitangabe im Wechsel nach der maßgebenden Zeitrechnung, also für den Ausstellungstag der Stil des Ausstellungsortes, für den Verfalltag der Stil des Erfüllungsorts als die wesentlich in Betracht kommende gemeint sei und daß die andere dazu nur einen erläuternden Beisatz bilden sollte, also als überflüssig bedeutungslos sei, daß sonach eine Unbestimmtheit des Verfalltages, die den Wechsel ungültig machen würde, nicht vorliege. In gleichem Sinne hat das RG (RGZ 11, 169) ausgesprochen, daß Art 34, wenn die Bezeichnung nach dem neuen Stile der Bezeichnung nach dem alten nicht entspreche, nur die Angabe einer einzigen Ausstellungszeit als ersichtlich gewollt und diese Angabe als richtig und landesgesetzmäßig in der Angabe nach altem Stile ausgedrückt angesehen wissen wolle, die nicht entsprechende Zeitangabe nach neuem Stile aber als eine versehentliche, an sich irrelevante Umrechnung der Zeitangabe nach altem Stil in die nach neuem ansehe. Dieser Auffassung kann unbedenklich zugestimmt werden. A. M. Bernstein S. 175 § 3. — Anders liegt die Sache, wenn neben der Angabe der Verfallzeit in bestimmter Frist nach Dato noch ein bestimmter Kalendertag als Verfalltag angegeben ist, der bei Zugrundelegung des Ausstellungsdatums nach altem Stile der anzustellenden Berechnung nicht entspricht, z. B. „Leningrad 28. 2. 1930. Zahlen Sie drei Monate a dato, den 9. 6. 1930". Hier bleibt zweifelhaft, ob nicht in Wirklichkeit kein Nach-Dato-Wechsel, sondern ein unmittelbar auf einen bestimmten Tag gestellter Wechsel gemeint war (vgl. zu Art 32 Anm 5) und wird aus diesem Grunde der Wechsel ungültig sein. A. M. auch hier Bernstein S. 175 § 2.

Artikel 35.

Meß- oder Marktwechsel werden zu der durch die Gesetze des Meß- oder Marktorts bestimmten Zahlungszeit und in Ermangelung einer solchen Festsetzung an dem Tage vor dem gesetzlichen Schlusse der Messe oder des Marktes fällig. Dauert die Messe oder der Markt nur einen Tag, so tritt die Verfallzeit des Wechsels an diesem Tage ein.

1. Der Artikel regelt den Eintritt der Fälligkeit für solche Wechsel, bei denen gemäß Art 4 Nr. 4 letzter Wahlfall die Zahlungszeit auf eine Messe oder einen Markt festgesetzt ist **(Meß- oder Marktwechsel).** Vgl. über den Begriff und die Voraussetzungen derartiger Wechsel zu Art 4 Anm 31. **Anm. 1.**

2. Wie Art 18 (vgl. zu diesem Artikel Anm 2) hinsichtlich der Zeit, zu welcher solche Wechsel zur Annahme präsentiert werden können, so verweist Art 35 hinsichtlich ihrer Verfallzeit in erster Linie auf die **Gesetze des Meß- und Marktortes.** Es kann deshalb in dieser Beziehung auf das zu Art 18 a. a. O. Gesagte verwiesen werden. Insbesondere werden auch hier nur für den Meß- oder Marktort geltende gesetzliche Vorschriften, die kraft Delegation auch von einer örtlichen Behörde im Verordnungswege erlassen sein können, nicht aber bloße Gebräuche (Usancen) in Betracht kommen. Durch solche gesetzlichen Vorschriften ist die Fälligkeit der Meß- und Marktwechsel an folgenden Plätzen in der dabei angegebenen Weise geregelt: **Anm. 2.**

für Leipzig durch das SächsEinfGes zur WO vom 25. 4. 1849 §§ 5ff.: Zahltag in der Jubilate- und Michaelismesse der Donnerstag nach Ausläuten (wie für den Beginn der Messe — vgl. zu Art 18 a. a. O. —, ist wohl auch für das Ende der Messe nunmehr eine andere Form der Bekanntmachung getreten und diese für den Zahltag maßgebend); in der Neujahrsmesse der 12. 1.; die für Wechsel, bei denen mehrere Meßwochen in Betracht kommen, gegebenen Vorschriften dürften heute gegenstandslos sein, da die Messen nicht mehr mehrere Wochen hindurch andauern;

für Frankfurt a. M. (Ges v. 13./26. 2. 1850 Art 2, FrankfGesSamml 10 S. 301 f.) der Dienstag der im Wechsel benannten, heutzutage wohl der einzigen Meßwoche; für Frankfurt a. d. O. (Kabinettsorder vom 31. 3. 1832): der Dienstag der zweiten (jetzt wohl der einzigen Meßwoche);

für Magdeburg (PrAllgLandrecht § 866 Tit. 8 Teil II) spätestens am vierten Tag der Zahlwoche; für Elbing (PrAllgLandrecht § 864 Tit. 8 Teil II): am sechsten, siebenten und achten Tage, wenn ausgeläutet worden, spätestens bis 12 Uhr mittags; für Königsberg (Pr. AllgLandrecht § 863 II 8): nach Wahl des Schuldners der vierte oder fünfte Tag der Zahlwoche bis abends 7 Uhr; über die Frage, ob diese Bestimmungen des PrAllgLandrechts noch gelten, ist das Gleiche zu sagen, wie zu Art 18 a. a. O.; für Breslau (Kabinettsorder vom 10. 12. 1840, GesS. 1841 S. 15): am Freitag der Meß- und Marktwoche;

für das Land Braunschweig (EinfPatent v. 11. 1. 1849 § 4): der Mittwoch der (ersten) Meßwoche;

für das ehem. Kurhessen (Kurhess. WO v. 26. 10. 1859 Art 35; PrEinfVO zur DWO v. 13. 5. 1867, GesSamml S. 738, § 3): nach Ablauf der ersten Hälfte der Messe bzw. am letzten Markttage; bei nur eintägiger Dauer an diesem Tage;

für Naumburg (Kabinettsorder vom 24. 3. 1831, GesS S. 7): der Donnerstag der Zahlwoche; doch kann eine am Mittwoch dieser Woche angebotene Zahlung von dem Remittenten (Inhaber) nicht zurückgewiesen werden;

für Österreich (ÖstEinfPat v. 25. 1. 1850 § 4): bei Messen bis zu acht Tagen Dauer der Tag, bei Messen von längerer Dauer der dritte Tag vor Schluß des Marktes.

Diese Vorschriften kommen aber nur insoweit zur Anwendung, als an den betreffenden Orten noch gesetzlich geregelte Messen oder Märkte im Sinne der WO (vgl. zu Art 4 a. a. O.) abgehalten werden. Durch den Ausfall einer einzelnen Messe wird der Eintritt der Fälligkeit an dem Tage, der nach Maßgabe dieser Vorschriften als Zahltag zu gelten hat, nicht gehindert. Dagegen hat die Verlängerung einer Messe eine entsprechende Verschiebung des Zahltages zur Folge (Bernstein S. 37 § 4c).

3. Soweit gesetzliche Vorschriften über den Verfall der Meß- oder Marktwechsel für den betreffenden Meß- oder Marktort nicht bestehen, wird der Wechsel am Tage vor dem gesetzlichen Schlusse der Messe oder des Marktes, wenn aber die Messe oder der Markt nur einen Tag dauert, an diesem Tage fällig (Art 35 Satz 1, 2). Für Österreich ist in dem EinfGes zur WO **Anm. 3.**

(§ 4) die Sonderbestimmung getroffen, daß bei Messen, die länger als acht Tage währen, die Fälligkeit am dritten Tage vor dem Schlusse eintritt.

Anhänge zum Unterabschnitt VII Nr. 1, Artikel 30 bis 35.

I. Ausländische Wechselgesetzgebungen.

Anm. 1. 1. Die ausdrückliche Vorschrift, daß die Verfallzeit von Wechseln, in denen ein bestimmter Tag als Zahlungstag bezeichnet ist, an diesem Tage eintritt (Art 30 Satz 1 DWO; vgl. zu Art 30 Anm 1) fehlt in einigen Gesetzen der deutschen Gruppe, so in Italien (Art 283) und Rumänien (Art 305), wo sie wohl als selbstverständlich gilt. Über die Auslegung einer Festsetzung der Zahlungszeit auf Mitte, Anfang oder Ende eines Monats (Art 30 Satz 2, 3 DWO; vgl. zu Art 30 Anm 2) enthalten die Gesetze der deutschen Gruppe die gleiche Vorschrift wie die DWO; in Brasilien (Art 358 Abs 1) ist nur bestimmt, daß als Mitte des Monats immer der 15. angenommen werden soll. In dem neuen russischen Gesetze (§§ 4, 17) ist die der DWO entsprechende Vorschrift des früheren Gesetzes (§ 5 Satz 4) über die Auslegung der Ausdrücke „Anfang, Mitte und Ende eines Monats" weggefallen; es dürfte deshalb zweifelhaft sein, ob ein auf Mitte eines Monats gestellter eigener Wechsel der Vorschrift des § 4 Abs 1 unter a entspricht, wonach bei Tagwechseln die Angabe des Jahres, Monats und Tages erforderlich ist (vgl. Anhang I zu Art 4 DWO Anm 5).

Anm. 2. 2. Über die Fälligkeit der Sichtwechsel (Art 31 DWO) enthalten die übrigen Gesetzgebungen der deutschen Gruppe die gleiche Vorschrift wie die DWO. Auch der französische Code de comm. (Art 130) bestimmt, daß ein Sichtwechsel bei seiner Präsentation zahlbar ist. Art 160 franz. Code de comm. bestimmt, daß der Inhaber eines Sicht- oder Nach-Sicht-Wechsels innerhalb der dort bestimmten Fristen, die nach der örtlichen Lage des Ausstellungsortes im Verhältnis zum Zahlungsorte von drei Monaten bis zu einem Jahre abgestuft sind, die Zahlung oder die Annahme verlangen muß, bei Strafe des Verlustes seines Regresses gegen die Indossanten und auch gegen den Aussteller, falls dieser Provision geleistet hat (vgl. über die Verpflichtung des Ausstellers, für Provision (Deckung) Sorge zu tragen, im französischen Rechte Anhang I zu Art 8 Anm 18). Diese Vorschrift wird (nicht ganz im Einklange mit ihrem Wortlaute, der vielmehr für die im deutschen Rechte herrschende Auffassung, vgl. zu Art 31 DWO Anm 2, spricht) von der französischen Rechtslehre dahin aufgefaßt, daß der (unbefristete) Sichtwechsel nicht zur Annahme, sondern nur zur Zahlung vorgelegt werden kann (Thaller 1358; Lyon-Caën et Ren. Nr. 196). Doch wird die Vorlage zur Annahme keinesfalls genügen, um die in Art 160 vorgeschriebenen Fristen bei dem Sichtwechsel zu wahren. Einseitige Bestimmung der Vorlegungsfrist durch den Aussteller im Wechsel oder durch einen Indossanten (Art 31 Satz 2, 3 DWO) ist im französischen Rechte nicht zugelassen; vertragsmäßigen Festsetzungen der Präsentationsfrist, die zwischen dem Wechselnehmer, dem Aussteller und auch den Indossanten getroffen werden, stehen die gesetzlichen Fristen nicht im Wege (Art 160 Abs 5 Code de comm.); doch wird solchen Vereinbarungen in der Rechtsprechung und Rechtslehre keine wechselmäßige Kraft beigemessen; vgl. über die gleiche Frage bei befristeten Sichtwechseln Anhang I zu Art 18—20 Anm 4. Wie im französischen Rechtsgebiete, auch in Spanien (Artt 452, 470ff.) und Belgien (Artt 21, 31). In den angelsächsischen Rechten (BEA 10¹; NIL 26 Nr. 1) sind Sichtwechsel bei Vorzeigung zahlbar, und zwar hat die Vorzeigung innerhalb einer verständigen (reasonable) Zeit zu erfolgen; bestimmte Fristen bestehen nicht; vgl. über die gleiche Frage beim Nach-Sicht-Wechsel Anhang I zu Artt 18—20 a. a. O. Nach dem neuen russischen Gesetze (§ 4 Abs 2) muß der Sicht- wie der Nach-Sicht-Wechsel (vgl. über diesen a. a. O.) innerhalb eines Jahres vom Tage der Ausstellung ab zur Zahlung vorgelegt werden, wenn darin keine besonderen darauf bezüglichen Angaben enthalten sind; der Sichtwechsel ist am Tage der Vorlegung zu bezahlen. In den neuen polnischen (Art 2 Abs 2) und jugoslawischen Gesetzen (§ 2 Abs 2) ist die Vorlegungsfrist für Sichtwechsel, vorbehaltlich abändernder Parteibestimmungen, auf sechs Monate bestimmt, während das tschechoslowakische Gesetz (§ 29 Abs 2) auch in diesem Punkte dem deutschen Rechte folgt, indem es die gesetzliche Vorlegungsfrist auf zwei Jahre bemißt.

Anm. 3. 3. Über die Berechnung der Verfallfrist bei Nach-Sicht- und Nach-Dato-Wechseln (Art 32 DWO) gelten in den übrigen Wechselrechten der deutschen Gruppe im wesentlichen die gleichen Grundsätze, wie in Deutschland. Im französischen Rechtsgebiete wird aus Art 132 Code de commerce, der für Usowechsel (vgl. über diese Anhang I zu Art 4 Anm 5) bestimmt, daß die Frist für sie von dem nächsten Tage nach dem Datum des Wechsels zu laufen beginnt, allgemein hergeleitet, daß, wie in Deutschland, der Tag des Beginnes der Frist nicht eingerechnet wird (Lyon-Caën et Ren. Nr. 277ff.; Thaller Nr. 1362). Auch im angelsächsischen Rechte (BEA 14², NIL 146) ist gleiches bestimmt. Über die Berechnung von Fristen, die nach Wochen, Monaten oder Jahren bestimmt sind (DWO Art 32 Abs 2), gelten im angelsächsischen Rechte kraft Handelsbrauches die gleichen Grundsätze wie nach der DWO.

Anm. 4. 4. Respekttage (Art 33 DWO) finden nur noch im großbritannischen Rechte statt. In diesem (BEA 14) werden in der Regel drei Gnadentage bewilligt, in welche der Verfalltag nicht eingerechnet wird; im anglo-amerikanischen Rechte (NIL 145) sind die Respekttage aufgehoben. Im französischen Rechtsgebiete (Art 135 Code de comm.) sind alle Gnadenfristen bei Wechseln ausdrücklich für abgeschafft erklärt. Ungeachtet dieser kategorischen Vorschrift werden aber (wie Thaller Nr. 1513 bezeugt) die Gnadenfristen in der französischen Praxis angewendet, und zwar in der Weise, daß das Gericht den Inhaber bestimmt, einer Frist von 25 Tagen (Pariser Gebrauch) zuzustimmen, und der Bezogene sich verpflichtet, außer der Hauptsumme die Verzugszinsen zu zahlen, worauf das Gericht ein dieser Vereinbarung entsprechendes Urteil erläßt, ein Verfahren das, wie Thaller bemerkt, auch im Interesse des Wechselinhabers liegt, da andernfalls durch Versäumnisurteil und Opposition des Bezogenen ein mindestens gleicher Zeitverlust entstehen würde (was allerdings für den deutschen Wechselprozeß nicht zutreffen dürfte). Auch in den übrigen Gesetzgebungen gelten sie, soweit sie nicht ausdrücklich abgeschafft sind, als durch die Bestimmungen über den Verfall der Wechsel (vgl. oben zu 1—3) ausgeschlossen.

5. Über die Berechnung des Verfalltages bei Nach-Dato-Wechseln, die in einem Lande alten Stiles (Kalenders) ausgestellt und in einem Lande neuen Stiles zahlbar sind (Art 34 DWO), enthalten die Schweiz (Art 753) und Ungarn (§ 34) die gleiche Bestimmung wie die DWO. Entgegen dem deutschen Rechte ist in den skandinavischen Gesetzen (§ 34) und in Finnland (§ 33) für alle Wechsel bei Verschiedenheit des Stiles zwischen Ausstellungs- und Zahlungsort, soweit es sich um den Unterschied zwischen altem und neuem Stil (julianischem und gregorianischem Kalender) handelt, der Stil des Ausstellungsortes für maßgebend erklärt. Für Rußland enthielt das frühere Gesetz (§ 39) eine entsprechende Bestimmung für Verschiedenheiten zwischen dem Stile des Ausstellungs- und Zahlungsortes überhaupt; in dem neuen russischen Gesetze fehlt eine solche Bestimmung. **Anm. 5.**

6. Über die Verfallzeit bei Meß- und Marktwechseln (vgl. über diese in den ausländischen Gesetzgebungen zu Art 4 Anhang I Anm 5) gilt in der Schweiz (Art 734) die gleiche Bestimmung, wie in der DWO. Andere Länder (Italien Art 286; Rumänien Art 318; Frankreich Art 133; Niederlande Art 153; Griechenland Art 133) bestimmen als Verfalltag den Tag vor Schluß des Marktes oder der Messe, sofern die Veranstaltungen über einen Tag dauern, bei eintägigen diesen Tag; schließen aber, abweichend vom deutschen Rechte, das in erster Linie auf die örtlichen Verordnungen verweist (vgl. Art 35 DWO), örtliche Verordnungen aus. Spanien (Art 452 Nr. 5) und die ihm folgenden latein-amerikanischen Rechte bestimmen als Verfalltage den letzten Tag der Messe. Ebenso Portugal (Art 310). Für Österreich vgl. zu Art 35 Anm 3. In Ungarn (§ 35) ist die Fälligkeit, wenn der Markt nur einen Tag dauert, auf diesen Tag; wenn er mehr als einen, aber nicht mehr als acht Tage dauert, auf den letzten Tag seiner Dauer, bei längerer Dauer auf den achten Tag festgesetzt. In dem neuen tschechoslowakischen Gesetze (§ 31) auf den Tag des Marktes oder der Messe, wenn diese nur einen Tag dauern; auf den letzten Tag, wenn sie längstens eine Woche dauern; auf den dritten Tag vor dem Schlusse, wenn sie länger als eine Woche dauern. Im polnischen Gesetze (Art 35 Abs 6) auf den Vortag des Schlusses der Messe, ausgenommen wenn sie nur einen Tag dauert. **Anm. 6.**

II. Künftiges einheitliches Wechselrecht.

Der Haager und der Genfer Entwurf eines einheitlichen Wechselgesetzes regeln unter der Überschrift **„Von der Fälligkeit"** in Kapitel V sowohl die Frage, in welcher Weise die Verfallzeit eines Wechsels bestimmt werden kann, die in der DWO in Art 4 Nr. 4 in Gestalt eines wesentlichen Erfordernisses des Wechsels ihre Regelung gefunden hat, wie auch die weitere Frage, wann und in welcher Weise die im Wechsel bestimmte oder nicht bestimmte Fälligkeit eines Wechsels eintritt oder herbeigeführt werden kann und wie sie zu berechnen ist. Die auf beide Fragen sich beziehenden Vorschriften sind daher im folgenden wiederzugeben und zu erläutern. **Anm. 7.**

A. Über die Frage, in welcher Weise die **Verfallzeit eines Wechsels bestimmt werden kann** (Art 4 Nr. 4 DWO; vgl. zu Art 4 Anm 26ff.) ist folgendes bestimmt: **Anm. 8.**

1a. Art 32 HEWO:

„Ein Wechselbrief kann gezogen werden:
auf bestimmten Tag (jour fixe);
auf eine gewisse Frist nach Datum;
auf Sicht (à vue);
auf eine gewisse Frist nach Sicht.
Die Wechselbriefe, sei es mit anderen oder mit sukzessiven Fälligkeiten, sind nichtig."

b. Art 33 GEWG:

[Gleichlautend mit dem Unterschiede, daß die in Abs 1 bestimmten zulässigen Verfallangaben in anderer Reihenfolge aufgeführt sind, nämlich:]
„auf Sicht (à vue);
auf eine gewisse Frist nach Sicht;
auf eine gewisse Frist nach Datum;
auf bestimmten Tag (jour fixe)."

2. Art 6 Haager Abkommen:

„Unter Außerkraftsetzung (par dérogation) des Art 32 der Wechselordnung hat jeder vertragschließende Staat die Befugnis, Briefe zuzulassen, die auf einem Markte (en foire) auf seinem Territorium zahlbar sind, und das Datum ihrer Fälligkeit zu bestimmen.

Diese Briefe werden von den anderen Staaten als gültig anerkannt werden."

Die Annexe II zum Genfer Abkommen enthält diesen Vorbehalt nicht mehr.

Erläuterungen.

Anm. 9. **a)** Es sollen hiernach zulässig sein die im deutschen Rechte als Tagwechsel, Datowechsel, Sicht- und Nach-Sicht-Wechsel bezeichneten Wechselbriefe. Vgl. Näheres darüber zu Art 4 DWO Anm 26ff. Meß- und Marktwechsel sollten nach der Haager EWO zwar nicht allgemein zulässig sein, doch sollte ihre Zulassung jedem vertragschließenden Staate anheimgestellt werden mit der Maßgabe, daß im gesamten Bereiche des einheitlichen Wechselgesetzes Wechsel zahlbar gestellt werden könnten auf eine Messe oder einen Markt (beides ist wohl unter „foire" zu verstehen), die innerhalb eines Staates abgehalten werden, der von dem Vorbehalte Gebrauch gemacht habe. Die Genfer Konferenz hat jedoch auf Vorschlag des Expertenkomitees einen solchen Vorbehalt nicht aufgenommen. Meß- und Marktwechsel werden sonach im künftigen einheitlichen Wechselrechte nicht mehr zulässig sein.

Anm. 10. **b)** Die Angabe einer Verfallzeit soll jedoch nicht, wie in der DWO, als wesentliches Erfordernis des Wechsels aufgestellt werden. Ein Wechsel ohne Angabe einer Verfallzeit wird daher nicht nichtig, sondern nach dem Grundsatze: „Quod sine die debetur, statim debetur" sofort auf Präsentation, also à vue, on demand, zahlbar sein. Dagegen sollen Wechsel, die eine Verfallzeit angeben, aber sie in anderer Weise bestimmen, als das Gesetz für zulässig erklärt, und insbesondere solche mit „sukzessiven Fälligkeiten" (Ratenwechsel) nichtig sein (Artt 32/33 Abs 2).

Anm. 11. **B.** Die Frage, **wann die Verfallzeit des Wechsels eintritt,** ist wie folgt geregelt:

a) Eine dem Art 30 Satz 1 DWO entsprechende ausdrückliche Vorschrift enthalten die Entwürfe für ein einheitliches Wechselrecht nicht; es wird aber als selbstverständlich zu gelten haben, daß die Verfallzeit eines Wechsels, in dem ein bestimmter Tag als Zahlungstag bezeichnet ist, an diesem Tage eintritt. Über das infolge von Feiertagen eintretende Auseinanderfallen von Verfall- und Zahlungstag vgl. zu Art 92 DWO.

Anm. 12. **b)** Über die Verfallzeit von Wechseln, die auf Anfang, Mitte oder Ende eines Monats gestellt sind (Art 30 Satz 2, 3 DWO), und von Nach-Sicht- oder Nach-Dato-Wechseln (Art 32 DWO) sind in den Haager und Genfer Entwürfen übereinstimmend folgende Bestimmungen vorgesehen:

Art 35 HEWO, 36 GEWG:

„Der Verfall eines Wechselbriefes, der auf einen oder mehrere Monate vom Datum oder von der Sicht ab gezogen ist, tritt an dem entsprechenden Datum des Monats ein, in welchem die Zahlung erfolgen soll. Fehlt ein entsprechendes Datum, so tritt der Verfall an dem letzten Tage dieses Monats ein.

Wenn ein Wechselbrief auf einen oder mehrere Monate und einen halben vom Datum oder der Sicht ab gezogen ist, so rechnet man zuerst die ganzen Monate.

Wenn der Verfall auf den Beginn, die Mitte (halber Januar, halber Februar usw.) oder auf das Ende des Monats festgesetzt ist, so versteht man mit diesen Ausdrücken den ersten, den fünfzehnten oder den letzten Tag des Monats.

Die Ausdrücke „acht Tage" oder „fünfzehn Tage" werden nicht als eine oder zwei Wochen verstanden, sondern als eine Frist von acht oder fünfzehn wirklichen Tagen (jours effectifs).

Der Ausdruck „halber Monat" bedeutet eine Frist von fünfzehn Tagen".

Ferner unter den allgemeinen Vorschriften (Kapitel XII):

Art 73 Abs. 1 HEWO, 73 GEWG:

„Die gesetzlichen oder vertragsmäßigen Fristen schließen den Tag, der ihnen als Ausgangspunkt dient, nicht ein".

Entsprechend Art 32 Abs 1 Nr. 1 Halbsatz 2 DWO.

Anm. 13. **c)** Über die Fälligkeit der Sicht-Wechsel (Art 31 DWO) ist in der Haager EWO die folgende Bestimmung vorgesehen:

Art 33 HEWO:

„Der Wechselbrief auf Sicht ist zahlbar bei seiner Vorlegung. Er muß zur Zahlung in den gesetzlichen oder vereinbarten Fristen vorgelegt werden, die für die Vorlegung der nach einer gewissen Frist von der Sicht zahlbaren Wechselbriefe festgesetzt sind."

In dem Genfer EWG findet sich diese Vorschrift mit folgendem abgeändertem Inhalte:

Art 34 GEWG:

„Der Wechselbrief auf Sicht ist zahlbar bei seiner Vorlegung. Er muß zur Zahlung vorgelegt werden in der Frist eines Jahres von seinem Datum ab. Der Zieher kann diese Frist abkürzen oder eine längere bestimmen (stipuler). Diese Fristen können von den Indossanten abgekürzt werden.

Der Zieher kann vorschreiben, daß ein auf Sicht zahlbarer Wechselbrief nicht vor einem angegebenen Termine zur Zahlung vorgelegt werden darf. In diesem Falle läuft die Vorlegungsfrist von diesem Termine ab".

Erläuterungen.

a) Die von der Genfer Konferenz in Abs 1 getroffene Abänderung der HEWO besteht darin, daß an die Stelle der in dieser enthaltenen Bezugnahme auf die über die Vorlage zur Zahlung von Nach-Sicht-Wechseln bestimmten gesetzlichen oder vereinbarten Fristen (Artikel 22 HEWO, 23 GEWG; vgl. Anhang II zu den Artikeln 18—20 DWO Anm 12) eine besondere Bestimmung über diese Fristen für die (unbefristeten) Sichtwechsel getroffen ist, die aber sachlich mit jener übereinstimmt (Ber. d. Red.-Kom. Nr. 79, C. r. S. 137). **Anm. 14.**

b) In dem neu hinzugefügten Absatz 2 sind Vorschriften getroffen über die in einigen Ländern üblichen Sichtwechsel, die vom Aussteller erst nach einem bestimmten Tage oder nach dem Ablaufe einer bestimmten Frist von ihrem Ausstellungstage ab zahlbar gestellt sind. Es ist, um Zweifel, die sich sonst aus dem Stillschweigen des Gesetzes ergeben könnten, auszuschließen, ausdrücklich bestimmt, daß der Zieher befugt ist, die Vorlage von Wechseln auf Sicht vor dem so bestimmten Zeitpunkte zu verbieten und daß in diesem Falle die Präsentationsfrist erst mit diesem Zeitpunkte (statt mit dem Ausstellungstage) zu laufen beginnt. Bemerkt ist noch, daß, wie der Text ergebe, ein Indossant den Zeitpunkt, vor welchem die Vorlage zur Zahlung nicht erlaubt ist, weder vorverlegen noch hinausschieben kann, daß er aber, wie sonst auch (Absatz 1 Satz 4) die Präsentationsfrist (ihm gegenüber) abkürzen kann (Ber. d. Red.-Kom. Nr. 80, C. rendu S. 137). **Anm. 15.**

C. Über **Respekttage** (Art 33 DWO) bestimmen die Entwürfe übereinstimmend unter den „Allgemeinen Vorschriften" (Kapitel XII) was folgt: **Anm. 16.**

Art 73 Abs 2 HEWO, 74 GEWG:

„Kein Gnadentag, weder ein gesetzlicher noch ein richterlicher, wird zugelassen".

Entsprechend Art 33 DWO.

D. Über die Fälligkeit bei **Verschiedenheit des Stiles (Kalenders)** zwischen Ausstellungs- und Zahlungsort (Art 34 DWO) ist in den Entwürfen übereinstimmend Folgendes vorgesehen: **Anm. 17.**

Art 36 HEWO, 37 GEWG:

„Wenn ein Wechselbrief zahlbar ist an einem bestimmten Tage in einem Lande, wo der Kalender verschieden ist von dem des Ortes der Ausstellung, so wird das Datum des Verfalles als nach dem Kalender des Zahlungsortes bestimmt angesehen.

Wenn ein Wechselbrief, der zwischen zwei Plätzen gezogen ist, die verschiedene Kalender haben, in einer gewissen Frist vom Datum ab zahlbar ist, so wird der Tag der Ausstellung zurückgeführt auf den entsprechenden Tag des Kalenders des Zahlungsortes und der Verfall entsprechend bestimmt.

Die Fristen für die Vorlegung der Wechselbriefe werden in Übereinstimmung mit den Regeln des vorhergehenden Absatzes berechnet.

Diese Regeln sind nicht anwendbar, wenn eine Klausel des Wechselbriefes oder auch nur die einfachen Angaben (les simples énonciations) des Titels ersehen lassen, daß die Absicht bestand, abweichende Regeln anzunehmen (adopter)."

E. Da Meß- und Marktwechsel von der Haager EWO selbst nicht zugelassen werden (vgl. darüber oben Anm 8, 9), enthält sie auch keine Vorschriften über die Verfallzeit bei solchen Wechseln. Durch die Genfer Beschlüsse ist mit dem Vorbehalt für die Einzelstaaten, solche Wechsel zuzulassen, auch der Vorbehalt, im Falle der Zulassung über die Fälligkeit Bestimmungen zu treffen, fortgefallen. **Anm. 18.**

2. Zahlung.

Artikel 36.

Der Inhaber eines indossierten Wechsels wird durch eine zusammenhängende, bis auf ihn hinuntergehende Reihe von Indossamenten als Eigentümer des Wechsels legitimiert. Das erste Indossament muß demnach mit dem Namen des Remittenten, jedes folgende Indossament mit dem Namen desjenigen unterzeichnet sein, welchen das unmittelbar vorhergehende Indossament als Indossatar benennt. Wenn auf ein

Blanko-Indossament ein weiteres Indossament folgt, so wird angenommen, daß der Aussteller des letzteren den Wechsel durch das Blanko-Indossament erworben hat. Ausgestrichene Indossamente werden bei Prüfung der Legitimation als nicht geschrieben angesehen. Die Echtheit der Indossamente zu prüfen, ist der Zahlende nicht verpflichtet.

Anm. 1. **1.** Der erste der unter der Überschrift „Zahlung" zusammengefaßten Artikel 36—40 regelt die **Aktiv-Legitimation,** d. h. die formellen Voraussetzungen, die in der Person desjenigen, der die Zahlung fordert, erfüllt sein müssen, um ihn zu diesem Verlangen als berechtigt erscheinen zu lassen. Sie ist zu unterscheiden von der materiellen Berechtigung als Eigentümer des Wechsels und Wechselgläubiger, die nicht unbedingt mit ihr zusammenfällt; vgl. unten Anm 18. Erforderlich für die formelle Legitimation ist zunächst, daß der die Zahlung Fordernde Inhaber des Wechsels ist, da der Wechsel eine Skripturobligation ist und die Rechte aus einer solchen nur mit dem Papiere in der Hand ausgeübt werden können. Vgl. Vorbem 1 vor Art 4. Inhaber im Sinne des Art 36 ist deshalb derjenige, der die tatsächliche Gewalt über den Wechsel derart ausübt, daß er ihn bei dem Verlangen der Zahlung vorzeigen und gegen die Zahlung aushändigen kann. Im Sinne des gemeinen Rechts ist kein juristischer Besitz, sondern nur Detention erforderlich. Da die WO älter ist, als das BGB, können für ihre Auslegung die Auffassungen dieses Gesetzbuchs über den Besitz nicht unmittelbar maßgebend sein. Mittelbarer Besitz (§ 868 BGB) wird in der Regel nicht genügen; wohl aber dann, wenn der Inhaber den Wechsel einer anderen Person (Rechtsanwalt, Gerichtsvollzieher) gerade zu dem Zwecke übergeben hat, daß diese die Rechte daraus im Namen des „Inhabers" geltend mache, und wenn diese sie zu diesem Zwecke vorlegt.

Anm. 2. Die Inhaberschaft allein genügt aber in der Regel nicht zur Legitimation, da der Wechsel kein Inhaberpapier ist. Erforderlich ist vielmehr, daß der Inhaber weiter durch den Inhalt der Urkunde in bestimmter Weise legitimiert wird. Diese Legitimation ist verschieden, je nachdem der Wechsel nicht indossiert oder indossiert ist.

a) Ist der Wechsel nicht indossiert, so ist nur derjenige Inhaber aus ihm legitimiert, der in ihm als derjenige bezeichnet ist, an den die Zahlung erfolgen soll, der Remittent (Art 4 Nr. 3; vgl. zu Art 4 Anm 21ff.). Dieser kann mit dem Aussteller identisch sein (Wechsel an eigene Order, Art 6 Abs 1, vgl. zu Art 6 Anm 2). Nur der Remittent ist befugt, die Rechte aus einem nicht indossierten Wechsel geltend zu machen. Gleiches muß übrigens auch gelten, wenn der Wechsel „nicht an Order" gestellt (Art 9 Abs 2) und trotzdem indossiert ist.

Anm. 3. **b)** Ist der Wechsel ein Orderwechsel und indossiert, so wird der Inhaber legitimiert **durch eine zusammenhängende, bis auf ihn heruntergehende Reihe von Indossamenten (Satz 1).**

α) Indossament ist hier lediglich im Sinne des Skripturaktes gebraucht; das wirkliche Bestehen von Begebungsverträgen (vgl. zu Art 9 Anm 3) braucht zur Legitimation nicht dargetan zu werden.

β) Darüber, was unter einer zusammenhängenden, bis auf den Inhaber heruntergehenden Reihe von Indossamenten zu verstehen ist, geben die nachfolgenden Sätze bestimmte Regeln in Form einer Folgerung aus jenem Begriffe („demnach"). Es muß nämlich:

Anm. 4. αα) **Das erste Indossament mit dem Namen des Remittenten unterzeichnet sein (Satz 2 Halbsatz 1).** Schon diese Fassung ergibt, daß zur Legitimation nicht der Nachweis erforderlich ist, daß die Unterzeichnung tatsächlich von dem Remittenten herrühre, also echt sei; vgl. unten Anm 16. Ist ein Wechsel nicht an eigene Order, sondern auf einen Dritten als Remittenten gestellt, so muß sonach das „erste Indossament" den Namen dieses Dritten als Indossanten aufweisen. Diesem Erfordernisse soll nach der Auffassung des Reichsgerichts (RGZ 47, 126; a. M. Oberstes Gericht Wien in Siebenhaars Archiv Bd 17 S. 214 Nr. 45; dahingestellt in ROHG 21, 231) nicht genügt sein, wenn der auf einen dritten Remittenten gestellte Wechsel auf der Rückseite zunächst den als Blankogiro erscheinenden Namen des Ausstellers und dann erst das Indossament des Remittenten trägt; das Reichsgericht nimmt an, daß in solchem Falle eine lückenlose Kette von Indossamenten nicht vorliege, weil nicht das erste Indossament vom Remittenten herrühre. Ob das gleiche anzunehmen wäre, wenn der Name des Ausstellers nicht als Blankogiro erscheint, sondern als Unterschrift unter ein auf den Remittenten lautendes Indossament, ist in dem reichsgerichtlichen Urteile nicht entschieden, doch ergibt die Begründung, daß das RG auch für diesen Fall Legitimationsmangel annehmen würde, wie auch StStranz 12. Aufl zu Art 36 Anm 7 im Gegensatze zu Staub 4. Aufl tun. Diese Auffassung des RG scheint sich doch gar zu sehr an den Wortlaut des Gesetzes zu klammern; unter dem „ersten" Indossament kann wohl bei sinngemäßer Auslegung unbedenklich das erste, welches von einer zur Indossierung legitimierten Person herrührt, verstanden werden; der Aussteller ist aber bei einem auf einen Dritten gestellten Wechsel zur Indossierung überhaupt nicht legitimiert; sein Indossament erscheint deshalb als etwas überflüssiges und gänzlich wirkungsloses; es kann die Rechtswirkung der Übertragung des Wechselrechts überhaupt nicht haben; das erste wirkliche und wirksame Indossament ist das des Remittenten, das sonach unmittelbar an dessen Benennung als Zahlungsempfänger anknüpft. Auf alle Fälle kann ein solches überflüssiges und unwirksames Indossament von dem Wechselinhaber ausgestrichen und dadurch seine Legitimation zweifelsfrei hergestellt werden; vgl. Satz 4 des Artikels und unten Anm 11. Würde man die Vorschrift buchstäblich auslegen, so könnte auch der Remittent selbst aus einem Wechsel, der ein auf ihn lautendes Indossament des Ausstellers trägt, nicht klagen, da der Wechsel indossiert und das (erste) Indossament nicht ein Indossament des Remittenten wäre; eine Folgerung, die von StStranz selbst a. a. O. unter Bezugnahme auf KG in LZ 1914, 1139 abgelehnt wird. Aus den gleichen Gründen muß auch die Auffassung (ROHG 21, 231; KG in LZ 1914, 1058) abgelehnt werden, daß der Name des Akzeptanten, der sich in der Form eines Blankogiros über dem Indossament des Remittenten befinde, die Kette unterbreche; die Annahme des ROHG a. a. O., dadurch sei erwiesen, daß der Remittent den Wechsel gegen den Willen des Ausstellers und deshalb unberechtigt von dem Akzeptanten erworben habe, legt doch wohl dieser äußerlichen Unregelmäßigkeit eine sachliche Bedeutung bei, die ihr in der Regel nicht zukommen dürfte.

ββ) **Jedes folgende Indossament muß mit dem Namen desjenigen unterzeichnet sein, welchen das unmittelbar vorhergehende Indossament als Indossatar benennt (Satz 2 Halbsatz 2).** Hier ist vorausgesetzt, daß es sich bei den vorausgehenden Indossamenten um Namensindossamente handelt; nur in diesem Falle kann davon gesprochen werden, daß das folgende Indossament mit dem Namen des in dem vorhergehenden als Indossatar Benannten unterzeichnet sein müsse. Auf Fälle, in denen das vorhergehende Indossament ein Blankoindossament ist (vgl. Art 12), paßt der Satz überhaupt nicht; für diese Fälle gilt Satz 3 des Artikels, vgl. unten Anm 8. Schon hieraus ergibt sich, daß die Vorschrift nicht buchstäblich ausgelegt werden darf. Bei sinngemäßer Auslegung aber werden auch hier, wie im vorhergehenden Halbsatze (vgl. oben Anm 4) für die Frage, ob zwei Indossamente „unmittelbar" aufeinanderfolgen, solche etwa dazwischenstehenden, äußerlich als „Indossamente" erscheinenden Übertragungserklärungen oder bloße Namensschriften, die sich als von zur Indossierung gar nicht legitimierten Personen ausgehend darstellen, in Wirklichkeit aber gar keine rechtswirksamen Indossamente sein können, nicht mitzuzählen sein und auf alle Fälle unbedenklich durchstrichen werden dürfen. Die Kette ist also nicht unterbrochen, wenn eine ausweislich der vorhergehenden Indossamente zur Indossierung nicht legitimierte Person ein „Indossament", sei es auf den gleichen oder einen anderen Indossatar, hinter das Indossament des zur Indossierung legitimierten Remittenten oder Indossatars gesetzt hat. So wenigstens für den Fall, daß die in Betracht kommenden „Indossamente" auf den gleichen Indossatar lauten, StStranz zu Art 36 Anm 8 noch in der elften Auflage unter zutreffender Bezugnahme auf ROHGEntsch 18, 138; a. M. in der zwölften Auflage mit der Bemerkung, ROHG 18, 138 stehe nicht entgegen, wo jedoch gerade ein Fall vorlag, in dem zunächst der Remittent (A. Hertzberg) und sodann ein Nichtlegitimierter (E. v. F.) auf den gleichen Indossatar (M. Cohn) „indossiert" hatten und dieser auf Grund des Indossaments des Remittenten für legitimiert erachtet wurde, ungeachtet des Dazwischenstehens des angeblichen Indossaments des E. v. F. Auch bei Bernstein (S. 179 unter ββ) ist als Inhalt dieses Urteils ungenau lediglich angegeben, daß es unschädlich sei, wenn ein Indossant statt des einen Indossaments deren mehrere hintereinander auf den gleichen Indossatar abgebe. Vgl. auch RGZ 50, 26. **Anm. 5.**

Die Übereinstimmung der Namen braucht nur eine formelle zu sein; ob die Unterzeichner der in Betracht kommenden Indossamente wirklich die gleichen Personen waren oder auch nur beide den gleichen Namen zu führen berechtigt waren, ist für die Legitimation unerheblich. Soweit aber Einwendungen aus ihrer Person gemäß Art 82 (vgl. Anm 5 zu diesem Artikel) erhoben werden sollen, ist trotz formeller Namensgleichheit der Nachweis der Nichtidentität zulässig. Andererseits sind kleine Abweichungen der Namensschrift des Indossanten von der vorhergehenden Bezeichnung des Indossatars, welche die wesentliche Namensgleichheit nicht ausschließen, nicht geeignet, die Kette als unterbrochen ansehen zu müssen, z. B. wenn in dem einen Indossamente mehrere Vornamen, in dem anderen nur einer oder keiner angegeben ist oder wenn die Schreibweise des Vornamens oder Zunamens eine verschiedene ist. Es wird (ähnlich wie bei der Frage der Identität des Bezogenen und des Akzeptanten, vgl. zu Art 21 Anm 5 am Schlusse) die Vermutung begründet sein, daß derjenige, welcher in den Besitz des Wechsels mit dem Indossamente gelangt ist, auch bei abweichender Schreibweise seines Namens derjenige ist, welcher in dem Indossamente gemeint war. Doch wird die Stärke dieser Vermutung eine nach Lage des Einzelfalles zu beantwortende Tatfrage sein. So ist in ROHG 21, 231 bezweifelt, ob „Karl Gotthelf Friedrich Arnold" einerseits und „C. F. Arnold" andrerseits als gleiche Namen angesehen werden können. Der Ausspruch Borchardts (Zus 432), daß jede Abweichung den Zusammenhang der Indossamente aufhebe, findet in den von ihm dort angeführten Erkenntnissen keine ausreichende Stütze. Lehmann (S. 533) will nur Abweichungen des Vornamens, aber nicht des Familiennamens hinsichtlich der Schreibart zulassen, eine Unterscheidung, die im Gesetze nicht begründet sein dürfte; vgl. zu Art 4 Anm 23. Ist das eine der beiden Indossamente von einem Bevollmächtigten oder gesetzlichen Vertreter unter Angabe des Vertretungsverhältnisses mit seinem Namen unterzeichnet, so muß auch das andere in der gleichen Weise gezeichnet sein; andererseits kann das eine von dem Vertreter mit dem Namen des Vertretenen, das andere von diesem selbst mit seinem Namen gezeichnet sein; lediglich auf die Gleichheit des unterzeichneten Namens kommt es an. Hat an Stelle der in dem vorhergehenden Indossamente genannten Person eine andere mit ihrem Namen unterzeichnet unter der Angabe, daß sie Erbe der erstgenannten geworden sei, so ist der Zusammenhang nicht unterbrochen, da der Erbe die vermögens- **Anm. 6.**

rechtliche Person des Erblassers fortsetzt; einer amtlichen Bestätigung oder sonstigen Beurkundung der Erbfolge auf dem Wechsel (so Lehmann WR S. 583) bedarf es nicht, da für die Legitimation die aus dem Wechsel erkennbare Möglichkeit der Personenidentität genügt. Anders im Falle der bürgerlichen Rechtsnachfolge; sie begründet keine Personenidentität; deshalb wird durch sie der Zusammenhang der Indossamente unterbrochen. A. M. StStranz zu Art 36 Anm 14 (vgl. auch zu Art 9 Anm 9 c), die auch nicht einmal eine Beurkundung oder amtliche Bestätigung einer solchen Rechtsnachfolge auf dem Wechsel für erforderlich halten. Sie berufen sich dafür zu Unrecht auf RGZ 12, 132, wo nicht von der formellen Legitimation, sondern von der materiellen Berechtigung zur Geltendmachung der Wechselforderung im Rechtsstreite als Rechtsnachfolger eines wechselrechtlich Legitimierten die Rede ist. Für diese ist (falls sie bestritten wird) der Nachweis des Rechtsüberganges, der auf dem Wechsel nicht geführt zu sein braucht, erforderlich und genügend, und dieser Nachweis kann durch außerhalb der Wechselurkunde liegende (im Urkundenprozesse selbstverständlich nur durch die in dieser Prozeßart zulässigen) Beweismittel geführt werden. In RGZ 12, 132 handelte es sich übrigens gar nicht um eine Rechtsnachfolge, sondern um eine ungenaue Bezeichnung des Indossatars, indem statt der Aktiengesellschaft deren Zweigniederlassung, die mit ihr eine Rechtspersönlichkeit bildet, genannt war. Vgl. zu Art 9 Anm 26, 27. Der Zessionar des Indossatars wird jedoch in der Weise weiterindossieren können, daß er den Namen des Zedenten auf den Wechsel setzt, wozu er befugt sein wird, falls es ihm der Zedent ausdrücklich oder stillschweigend gestattet hat. — Durch dazwischen stehende Prokura-Indossamente wird der Zusammenhang der Vollindossamentenkette nicht unterbrochen; vgl. zu Art 17 Anm 11 a.

Anm. 7. γγ) Der Zusammenhang der Indossamentenreihe muß dadurch hergestellt sein, daß die Indossamente, soweit sie Namensindossamente sind, in der in Satz 2 bezeichneten Weise ineinandergreifen. In der Regel werden die Indossamente auch räumlich in der dadurch gegebenen Reihenfolge auf der Rückseite des Wechsels aufeinanderfolgen. Doch wird auch ein (was zulässig ist, vgl. zu Art 11 Anm 3) auf der Vorderseite des Wechsels stehendes Namensindossament herangezogen werden können, um eine Lücke zwischen den auf der Rückseite stehenden Indossamenten auszufüllen. Auch wird die Legitimation nicht beeinträchtigt werden dadurch, daß ein den Zusammenhang zwischen zwei Indossamenten herstellendes Indossament räumlich nicht zwischen ihnen steht, sondern beiden nachfolgt, z. B.:

I. „Von mir an die Order des Herrn B. gez. A."
II. „Von mir an die Order des Herrn D. gez. C."
III. „Von mir an die Order des Herrn C. gez. B."

Eine etwa den Indossamenten beigefügte Zeitdatierung (vgl. zu Art 11 Anm 6) ist nicht maßgebend für ihre Reihenfolge bei der Legitimation. Befindet sich in der Kette eine Lücke, so ist der letzte Indossatar vor der Lücke legitimiert; die nach der Lücke folgenden Indossamente sind bedeutungslos für die Legitimierung des Inhabers, hindern aber andrerseits nicht dessen Legitimierung durch das letzte vor der Lücke befindliche Indossament; vgl. oben Anm 5.

Anm. 8. δδ) **Folgt auf ein Blankoindossament ein weiteres Indossament, so wird angenommen, daß der Aussteller des letzteren den Wechsel durch das Blankoindossament erworben hat (Satz 3).** Befinden sich unter den Indossamenten Blankoindossamente (vgl. die Erläuterungen zu Art 12), so liegt keine Reihe von äußerlich ineinandergreifenden Indossamenten im Sinne von Satz 2 vor. Hier wird deshalb die durch ein solches Ineinandergreifen geschaffene formelle Legitimation dadurch ersetzt, daß das Gesetz eine Vermutung (praesumtio iuris et de iure) aufstellt des Inhalts, daß der Aussteller eines auf ein Blankoindossament folgenden Indossaments den Wechsel durch das Blankoindossament erworben habe, also zur Weiterindossierung legitimiert gewesen sei. Vgl. RGZ 104, 270. Auch hier handelt es sich nicht um den Nachweis eines wirklich abgeschlossenen Erwerbs-(Begebungs)vertrags (vgl. oben Anm 3), sondern um eine Fiktion eines solchen. Deshalb wird auch durch den Gegenbeweis, daß der Indossant den Wechsel nicht durch das Blankoindossament erworben habe, sondern auf andere, selbst unredliche Weise in seinen Besitz gelangt sei, seine Legitimation zur Weiterindossierung nicht in Frage gestellt, während dieser Gegenbeweis dann von Bedeutung ist, wenn er selbst aus dem Wechsel Ansprüche erhebt (Art 82, vgl. dazu Anm 27 und zu Art 9 Anm 3).

Bestritten ist, ob ein vor Protest ausgestelltes Blankoindossament dadurch, daß es zur Legitimation des protesterhebenden Wechselinhabers gedient hat, verbraucht ist, oder ob es auch nach jenem Proteste noch zur Legitimation eines anderen Inhabers als desjenigen, der den Protest erhoben hat, dienen kann. Entgegen der Rechtsprechung des ROHG, welches die Zulässigkeit des weiteren Gebrauchs bejahte (ROHG 18, 5 und die dort angeführten früheren Entscheidungen), hat das RG durch Plenarbeschluß (RGZ 2, 76) und in RGZ 50, 26 das Blankoindossament als durch die einmalige Benutzung verbraucht erklärt.

Anm. 9. εε) Die zusammenhängende Kette muß **bis auf den Inhaber heruntergehen,** darf aber nicht über ihn hinausgehen. Der Inhaber ist deshalb nicht legitimiert, wenn dem auf ihn lautenden oder ihn als Blankoindossatar ergebenden Indossamente ein von ihm selbst herrührendes Indossament folgt, ohne daß dieses und etwaige weitere ihm folgende Indossamente ausgestrichen sind; über den Fall, daß sie ausgestrichen sind, vgl. unten Anm 11. So ROHG 1,

241, 249; 18, 273; 22, 319; RGZ 1, 33; 12, 134; 27, 43; 69, 101; 114, 367. Die herrschende Meinung wendet jedoch diesen Grundsatz nur an auf die Legitimation desjenigen Inhabers, der den Wechsel in seinem Vorlaufe bis zur Fälligkeit, also vor Verfall, durch Indossament erworben hat. Dagegen erachtet sie denjenigen Inhaber, der den Wechsel nach Verfall im Regreßwege eingelöst hat, als berechtigt zur Geltendmachung der Wechselrechte schon durch den Nachweis der Einlösung (vgl. über diesen Nachweis zu Art 51 Anm 5), durch welche sein früheres Wechselrecht wieder aufgelebt sei, und nimmt deshalb an, daß es für ihn einer formellen Legitimation durch eine Indossamentenkette nach Art 36 nicht bedürfe, daß sonach seine Berechtigung zur Geltendmachung der Wechselrechte nicht dadurch beeinträchtigt werde, daß er sein Indossament und diejenigen seiner Nachmänner auf dem Wechsel nicht ausgestrichen habe. So ROHG 14, 152; 18, 274; 22, 319; KG in DJZ 09, 324; RG in JW 10, 834[79]; RGZ 12, 134; 41, 414; 114, 368). Die gegen diese Unterscheidung sprechenden Bedenken habe ich in meinem ScheckgesKomm zu § 17 Anm 31 dargelegt. Sie scheint mir eine Einschränkung der Vorschriften der WO über die Legitimation des Wechselinhabers zu bedeuten, die im Gesetze nicht begründet ist. Zwar steht Art 36 in dem Abschnitte: „Erfüllung der Wechselverbindlichkeit", dessen eigentliches Thema die Zahlung des Wechsels bei Verfall durch den Hauptschuldner bildet; aber die Systematik der WO ist keineswegs eine so strenge und folgerichtige, daß allein aus der örtlichen Stellung in diesem Abschnitte die Folgerung gezogen werden könnte, daß die Vorschrift lediglich auf den Wechsel in der Zeit vor Verfall Anwendung finden könnte, wie sich ja auch in anderen Abschnitten der WO vielfach Vorschriften finden, die über das durch die Überschrift angekündigte Hauptthema des Abschnittes hinausgehen, z. B. in dem Abschnitt „Regreß mangels Zahlung" die Vorschrift über die Erhaltung des Wechselrechts gegen den Akzeptanten (Art 44; vgl. zu diesem Art Anm 1). Das ist namentlich dann bedenklich, wenn der klare Wortlaut einer Vorschrift einen weitergehenden Sinn ergibt. Das ist aber in Art 36 der Fall, da er sich allgemein auf den Inhaber eines indossierten Wechsels bezieht, ohne anzudeuten, daß es einen Unterschied mache, ob ein Inhaber vor oder nach Verfall in Frage komme. Im übrigen scheinen mir die für die herrschende Meinung angeführten Gründe auf einer Verwechselung des materiellen Wechselrechts des Indossanten mit der zu seiner Ausübung erforderlichen formellen Legitimation zu beruhen; jenes ist durch die Einlösung des Wechsels wieder in Kraft getreten; diese aber erfordert die in Art 36 bestimmte Indossamentenkette ebensowohl nach wie vor Verfall des Wechsels. Vom Standpunkte der herrschenden Meinung würde zudem der Zweck des Art 55 nicht einleuchten; denn die darin dem einlösenden Indossanten ausdrücklich gestattete Ausstreichung der nachfolgenden Indossamente würde eine durchaus zwecklose und rechtlich unerhebliche Handlung sein. Die Frage ist übrigens dann nicht von erheblicher praktischer Bedeutung, wenn man mit RGZ 114, 365 (vgl. auch ROLG 28, 412), entgegen dem Urteile des Feriensenats des RG vom 22. 7. 1926, JW 1926, 2863, annimmt, daß in der nachträglichen Ausstreichung der Indossamente eine Klagänderung nicht zu finden sei, so daß sie in jeder Lage des Rechtsstreits noch erfolgen kann. Vgl. für die Annahme einer Klagänderung StStranz 12. Aufl zu Art 55 Anm 3, abweichend von den früheren Auflagen. Die Klagänderung wird jedoch unbedenklich verneint werden können, da durch die Durchstreichung nicht ein materielles Recht in der Person des Klägers neu geschaffen wird (dieses ist schon durch die Einlösung in seiner Person wiederaufgelebt), sondern nur eine Bedingung für seine Ausübung nachträglich hergestellt wird, worin ebensowenig, wie bei nachträglich eintretender Fälligkeit (RGZ 77, 143), eine Klagänderung gefunden werden muß; es könnte vielmehr nur in Frage kommen, ob der Kläger nicht in solchem Falle die Prozeßkosten zu tragen hat, falls der Beklagte nach der Durchstreichung den Anspruch sofort anerkennt, weil er an den formell nicht legitimierten Inhaber nicht zu zahlen brauchte und daher zur Klage keine Veranlassung gegeben hat (§ 93 ZPO). Das dürfte zu dem von StStranz a. a. O. betonten Schutze des Beklagten gegen Klagen nicht formell legitimierter Wechselinhaber hinreichen und eine allzu formalistische Entscheidung auf diese Weise vermieden werden.

Bestritten ist innerhalb der herrschenden Meinung, ob eine Durchstreichung der nachfolgenden Indossamente durch den Inhaber nach Verfall auch dann nicht erforderlich ist, wenn kein Protest erhoben und er sonach nur im Besitze des Wechsels, nicht aber auch eines Protestes ist. Überwiegend wird angenommen, daß in diesem Falle, wie im Vorlaufe des Wechsels, eine Legitimation durch Ausstreichung der Indossamente erforderlich ist (ROHG 14, 153; 18, 274 und die dort angeführten Entscheidungen; a. M. Bernstein zu Art 36 § 2b S. 185). StStranz (zu Art 55 Anm 3) halten eine Durchstreichung in solchem Falle nur für erforderlich, wenn der Inhaber nicht den Protest erlassen (Art 42) und also ohne eigene Regreßverpflichtung eingelöst hat; indessen das ist hier nicht entscheidend; es handelt sich vielmehr darum, ob der Besitz des Wechsels ohne Protest die Vermutung der Einlösung rechtfertigen kann. Ist die Einlösung des Wechsels nach Verfall, aber vor Ablauf der Protestfrist erfolgt, so wird darin von manchen ein stillschweigender Erlaß des Protestes (vgl. über einen solchen zu Art 42 Anm 2) erblickt und darauf die Annahme gegründet, daß die Einlösung „auf Grund einer Regreßpflicht" geschehen sei; so Bernstein JW 1927, 47[10]; StStranz Anm 3 Abs 1. Das dürfte ein Trugschluß sein, da der Erlaß in diesem Falle erst durch die Einlösung zustande kommt, die Einlösung also nicht in Erfüllung einer bestehenden Verpflichtung, sondern ohne solche in liberaler Absicht erfolgt ist. Anm. 10.

Anm. 11. γ) **Ausgestrichene Indossamente werden bei Prüfung der Legitimation als nicht geschrieben angesehen (Satz 4).** Dieser Satz wird von dem Gesetze ganz allgemein aufgestellt. Es ist danach nur der tatsächliche Zustand des wirklichen Durchstrichenseins zu der Zeit, zu welcher die Prüfung der Legitimation des Inhabers stattfindet, maßgebend. Zu welcher Zeit und durch wen die Durchstreichung erfolgt ist und ob der Durchstreichende dazu befugt war, insbesondere ob auf Grund des Art 55 (vgl. die Erläuterungen zu diesem Artikel), ist für die formelle Legitimation unerheblich. Diese Frage kommt nur in Betracht, wenn es sich darum handelt, ob der Inhaber materieller Wechselgläubiger geworden ist. So mit Recht Lehmann S. 534 Anm 25 gegen ROHG 21, 231, wo gesagt ist, der Inhaber könne nicht mittels Durchstreichung ihm entgegenstehender Giri seine Legitimation bewirken, ein Ausspruch, der auch in dem dort in bezug genommenen Urteile ROHG Entsch 14, 153 keine Stütze findet, da in dem durch dieses Urteil entschiedenen Falle eine Durchstreichung der der Legitimation entgegenstehenden Giros nicht stattgefunden hatte. Der Satz gilt ferner ebenso zuungunsten wie zugunsten des Inhabers. Er kann also sich auf ein durchstrichenes Indossament nicht berufen, um den Nachweis zu führen, daß eine Lücke in der Kette nicht vorhanden sei, auch wenn es noch lesbar ist und den Zusammenhang zwischen dem vorangehenden und dem folgenden Indossamente herstellen würde.

Anm. 12. Andererseits ist daraus, daß ein Indossament zur Zeit der Klageerhebung durchstrichen ist, nicht zu folgern, daß es auch schon zur Zeit der Protestierung durchstrichen und deshalb derjenige, der den Wechsel hat protestieren lassen, damals zur Erhebung des Protestes nicht legitimiert war. Diese Frage ist besonders streitig geworden, nachdem durch die Protestnovelle die frühere Vorschrift der WO, wonach der Protest eine vollständige Abschrift des Wechsels einschließlich der Indossamente enthalten mußte, weggefallen war; vgl. zu Art 88 Anm 2. Doch ist — namentlich mit Rücksicht darauf, daß bei anderer Auslegung die Protestnovelle statt einer Erleichterung eine Erschwerung des Wechselverkehrs gebracht haben würde und daß unbedenklich als Erfahrungssatz angenommen werden könne, daß der Protestbeamte die Legitimation seines Auftraggebers geprüft haben werde — im Schrifttum (Hallensleben in JW 1908 S. 668; Rausnitz in DJZ 1908 Sp. 1332; Stranz in DJZ 1908 Sp. 1383; 1909 Sp. 246) überwiegend die Ansicht vertreten worden, daß, wenn ein Protest eines Wechsels vorliegt, der zur Zeit der Klageerhebung infolge Durchstreichung von Indossamenten nicht mehr die Legitimation des Protesterhebers nachweist, bis zum Beweise des Gegenteils angenommen werden könne, daß die Durchstreichung nachträglich erfolgt und der Protest sonach ordnungsmäßig erhoben worden sei. Gegen diese Auffassung haben sich Bernstein (ZDNotV 1909 S. 46) und Gumbinner (DJZ 1908 Sp. 1397) erklärt. Das RG hat sich aber in RGZ 104, 270 wohl mit Recht der den Bedürfnissen des Verkehrs allein entsprechenden Auffassung, die auch das KG bereits vorher in mehreren Entscheidungen vertreten hatte, angeschlossen mit dem Bemerken, daß die dagegen erhobenen (mehr theoretischen) Bedenken unter solchen Umständen zurücktreten müßten. Eine freie Beweiswürdigung auf Grund des Urkundeninhalts ist auch im Urkundenprozesse nicht ausgeschlossen; sie führt aber prima facie zu dem Ergebnis, daß die Durchstreichung erst nach der Protesterhebung erfolgt ist. — Entsprechendes wird zu gelten haben, wenn Indossamente desjenigen, der den Protest hat erheben lassen, und seiner Nachmänner zur Zeit der Klageerhebung durchstrichen sind; man wird dann ohne weiteres annehmen können, daß sie schon zur Zeit der Protesterhebung durchstrichen waren und sonach die Legitimation des Protesterhebers nicht gehindert haben.

Anm. 13. „Ausgestrichen" ist ein Indossament, wenn durch Striche, die in üblicher Weise auf der Schrift angebracht worden sind, erkennbar gemacht ist, daß sie nicht mehr gelten soll. Nicht erforderlich ist, daß die Schrift dadurch unlesbar geworden ist; es wird sich vielmehr gerade empfehlen, die Durchstreichung so vorzunehmen, daß das Durchstrichene noch lesbar ist. Eine Einklammerung mit dem Vermerk: „Gestrichen" oder „Soll nicht gelten" u. dgl. wird als gleichbedeutend mit der Durchstreichung angesehen werden können. Bei der Leipziger Konferenz (Prot. L. S. 70, Thöl S. 76) wurde die Streichung der Vorschrift beantragt, weil Wechsel mit durchstrichenen Indossamenten keine volle Beweiskraft haben könnten; der Antrag wurde aber abgelehnt, weil die Möglichkeit der Durchstreichung einem Bedürfnisse des Handelsverkehrs entspreche. Durch wen die Streichung erfolgt ist und ob sie das Indossament des Streichenden selbst und die diesem nachfolgenden Indossamente, zu deren Streichung jeder Indossant im Rücklaufe nach Art 55 befugt ist, oder aber diesen vorgehende Indossamente betrifft, macht für ihre Außerachtlassung bei der Frage der Indossamentenkette keinen Unterschied.

Anm. 14. Darüber, ob Indossamente, die auf andere Weise als durch Ausstreichen, namentlich durch Überkleben oder Ausradieren, beseitigt sind, bei Prüfung des Zusammenhanges der Kette zu berücksichtigen sind, enthält Art 36 keine Bestimmung. Das Preußische Obertribunal hat in einem Erkenntnisse vom 12. 6. 1858 (bei Borchardt Zusatz 441a) ausgesprochen, die durch ein undurchstrichenes (Blanko-) Giro begründete Legitimation des Wechselinhabers werde dadurch, daß die noch auf der Rückseite des Wechsels nachfolgenden Indossamente mit Papier überklebt sind, nicht beeinträchtigt. Indessen ist schon in einem (bei Borchardt in einer Anmerkung zu dem Zusatze 441a angeführten) Erkenntnisse des Obertribunals vom 25. 6. 1866, in welchem dieses Gericht in einem besonders gelagerten Falle des Überklebens von Indossamenten zu einer Verneinung der Legitimation gelangt ist, hervorgehoben, daß aus Art 36 eine Gleichstellung der Durchstreichung und Überklebung nicht von selbst folge. Vielmehr wird ein Wechsel, welcher Veränderungen durch Überkleben, Radieren usw. auf der Rückseite aufweist, zur Herstellung der Legitimation des Inhabers nur dann geeignet sein, wenn festgestellt werden kann, daß dadurch nur solche Indossamente betroffen sind, zu deren Beseitigung derjenige, der die Veränderungen vorgenommen hat, befugt war.

Ist nicht ein ganzes Indossament, sondern nur die Benennung des Indossatars ausgestrichen, so kann ein solches Indossament nicht ohne weiteres als Blankoindossament zur Legitimation benutzt werden; es bedarf vielmehr zur Beseitigung des durch die Ausstreichung erregten Zweifels der Feststellung, daß sie durch den Indossanten oder mit seiner Zustimmung erfolgt ist, eine Feststellung, zu deren Ermöglichung unter Umständen der Übergang aus dem Wechselprozesse in das ordentliche Verfahren erforderlich sein wird (RGZ 41, 412). Anm. 15.

δ) Hinsichtlich des Rechts und der Pflicht des Zahlenden, die Legitimation desjenigen, der ihm den Wechsel zur Zahlung vorzeigt, zu prüfen, enthält der Art 36 nur im Schlußsatze die negative Bestimmung, daß der Zahlende **nicht verpflichtet ist, die Echtheit der Indossamente zu prüfen.** Eine positive Vorschrift darüber, ob und inwieweit und wem gegenüber ihm im übrigen eine Verpflichtung zur Prüfung obliegt oder ob er dazu berechtigt sei, fehlt. Die Frage ist aber hier im Zusammenhange zu erörtern. Eine Verpflichtung zur Legitimationsprüfung liegt sowohl dem Akzeptanten, der den Wechsel bezahlt, wie den Regreßverpflichteten, die ihn einlösen, gegenüber demjenigen ob, der aus dem Wechsel wirklich legitimiert ist. Unterläßt der Zahlende die Prüfung, so wird er durch die Zahlung an den nicht gehörig Legitimierten, der den Wechsel zur Zahlung vorgezeigt hat, nicht von seiner Verpflichtung gegenüber dem wirklich Berechtigten befreit. Inwieweit dem Bezogenen, der nicht akzeptiert hat, eine Legitimationsprüfungspflicht gegenüber dem Aussteller obliegt, bestimmt sich, da er diesem wechselrechtlich nicht haftet (Art 23 Abs 3), nach dem zwischen ihnen bestehenden bürgerlich-rechtlichen Verhältnisse. — Die wechselrechtliche Prüfungspflicht erstreckt sich nur auf das äußerliche Vorhandensein der zusammenhängenden, bis auf den Inhaber herabgehenden Reihe von Indossamenten; vgl. darüber oben Anm 3ff. Nicht verpflichtet ist zufolge der ausdrücklichen Vorschrift im Schlußsatze des Art 36 der Zahlende zur Prüfung der Echtheit der Indossamente, d. h. der Echtheit der Unterschrift oder Namensschrift desjenigen, der sie anscheinend ausgestellt hat. Diese Echtheit gehört nicht zur formellen Legitimation (vgl. oben Anm 4). Die Zahlung darf deshalb in der Regel an jeden erfolgen, der durch eine Kette von Indossamenten legitimiert ist, die mit einem Namen oder einer Firma unterzeichnet sind, welche eine Person oder eine Firma bezeichnen können (ROHG 2, 281; 10, 405). Wird aber der Wechsel durch einen Bevollmächtigten des legitimierten Indossatars präsentiert, so muß der Zahlende die Echtheit der Vollmacht prüfen. Anm. 16.

Außer der formellen Legitimation hat aber der Zahlende auch die Personengleichheit (Identität) des Inhabers oder seines Bevollmächtigten, der den Wechsel präsentiert, mit der durch die Indossamente bzw. die Vollmacht legitimierten Person zu prüfen; doch begründet der Besitz der Urkunde eine Vermutung für diese Personengleichheit und hat deshalb derjenige, der behauptet, daß der Zahlungsempfänger nicht legitimiert gewesen sei, den Beweis für diese Behauptung zu erbringen (ROHG 9, 26). Nicht durch Fahrlässigkeit veranlaßter guter Glaube trotz ordnungsmäßiger Prüfung muß genügen, zumal angesichts der aus dem Besitze des Wechsels herzuleitenden, wenn auch für sich allein die Prüfung nicht erübrigenden Vermutung; so Grünhut II § 107 Anm 10; für den Scheck auch mein ScheckG zu § 8 Anm 42; a. M. Lehmann S. 537 unter Berufung auf Borchardt Zus 445, wo jedoch nur verlangt wird, daß der Zahlende sich von der Identität „überzeuge"; auch StStranz Anm 17 zu Art 36. Dem Zahlenden unbeschränkt die „Gefahr" aufzubürden, dürfte zu weit gehen. Ist das letzte Indossament ein Blankoindossament, so fällt die Identitätsprüfung fort. Anm. 17.

Zur Prüfung der materiellen Berechtigung des Inhabers ist der Zahlende grundsätzlich nicht verpflichtet. Das ist gerade die Bedeutung der formellen Legitimation; der Schuldner wird regelmäßig befreit durch Zahlung an den so Legitimierten, auch wenn dieser nicht der materiell Berechtigte ist. Dagegen steht dem, der zahlen soll, ein Recht zu, auch die materielle Berechtigung des Inhabers zu prüfen und die gegen diese sich ergebenden Einwände, soweit sie gegenüber dem Inhaber zulässig sind (vgl. zu Art 82 WO), zu erheben. Dazu gehört auch der Einwand, daß das Indossament, durch welches der Wechsel anscheinend auf den Inhaber übertragen worden, unecht oder durch einen vollmachtlosen Vertreter ausgestellt oder daß der Inhaber den Wechsel sonst ohne einen Begebungsvertrag erhalten habe. Vgl. Mansfeld in LZ 1912 Sp. 577. Dazu gehört aber ferner auch der Einwand, daß der Inhaber den Wechsel in bösem Glauben oder grober Fahrlässigkeit von einem zu dessen Begebung nicht Berechtigten erworben habe und deshalb zu dessen Herausgabe an den wirklich Berechtigten gemäß Art 74 WO verpflichtet sei. Dieser Einwand steht auf alle Fälle dem wirklich Berechtigten zu, wenn er von dem formell legitimierten Inhaber im Regreßwege auf Einlösung des Wechsels in Anspruch genommen wird, zu dessen Herausgabe der Inhaber ihm gemäß Art 74 WO verpflichtet ist. Ob er auch von anderen aus der Urkunde Verpflichteten dem formell legitimierten Inhaber entgegengesetzt werden kann, erscheint nicht unzweifelhaft. Insofern hängt die Frage des Prüfungsrechts mit der Frage der Prüfungspflicht zusammen. Insoweit dem Verpflichteten eine Prüfungspflicht nicht obliegt, Anm. 18.

wird er durch die Leistung an den Inhaber befreit; insoweit hat er also kein rechtliches Interesse an der Verweigerung der Leistung und stellt sich deshalb der Einwand als eine Einrede aus dem Rechte eines Dritten dar, die nicht zugelassen werden könnte. Das RG (RGZ 53, 207; 55, 47; 57, 391; 74, 185; 103, 89; JW 1926, 1818) hat nun aber, indem es einen gewissen Parallelismus zwischen dem Grundsatze des Art 74 WO und der Frage der Legitimationsprüfung als gegeben ansieht, angenommen, daß das Prüfungsrecht des Wechselverpflichteten hinsichtlich der materiellen Legitimation des Inhabers unter Umständen auch zu einer Prüfungspflicht werde, dann nämlich, wenn der Wechselverpflichtete bei der Zahlung weiß oder bei nicht grobfahrlässigem Verhalten wissen muß (also aus grober Fahrlässigkeit nicht weiß), daß der Inhaber den Wechsel in bösem Glauben oder grober Fahrlässigkeit erworben hat; eine unter solchen Umständen geleistete Zahlung soll als in bösem Glauben oder grober Fahrlässigkeit geleistet gelten und der Zahlende deshalb gegen eine nochmalige Inanspruchnahme aus dem Wechsel durch den wirklich Berechtigten nicht geschützt sein. Dieser Auffassung ist Mansfeld, Wechsellegitimation und Wechselberechtigung (LZ 1912 Sp. 577ff.) entgegengetreten. Er meint, das RG habe die Anforderungen an den Schuldner stark überspannt; das Ergebnis, zu dem es gelangt sei, laufe auf eine Pflicht zur Untersuchung der Berechtigung hinaus (das wird übrigens vom RG selbst zugegeben); die Parallele mit Art 74 WO treffe nicht zu, da die Verhältnisse verschieden lägen, indem ein Dritter in seiner Entschließung, ob er bei dem Vorliegen verdächtiger Umstände einen Wechsel erwerben will, frei ist, während der Wechselverpflichtete, der die Zahlung ablehnt, es auf die Gefahr hin tut, die Verzugsfolgen tragen zu müssen, wenn ihm der Beweis des bösgläubigen oder grobfahrlässigen Erwerbs des Wechsels durch den Inhaber nicht gelingt. Insbesondere sei es angesichts der ausdrücklichen Vorschrift des Art 36 Satz 5 WO unzulässig, dem Verpflichteten auf diese Weise auch eine Prüfung der Echtheit der Indossamente unter irgendwelchen Umständen aufzuerlegen. Diese Bedenken sind nicht von der Hand zu weisen. Mansfeld gibt aber selbst zu, daß der Rechtssatz von der Befreiung des Schuldners durch Zahlung an den nicht berechtigten Legitimierten nicht schrankenlos durchgeführt werden könne, daß es vielmehr Umstände geben muß, unter denen es ein Verstoß gegen Treu und Glauben und eine „schuldhafte Verletzung des Berechtigten" bedeuten würde, wollte der Schuldner unter dem Deckmantel der Legitimation des Inhabers an diesen zahlen; eine Korrektur kann aber nach seiner Meinung nur durch Heranziehung des § 826 BGB geschaffen und, von dem Falle der Kollusion abgesehen, könne eine Befreiung des Schuldners nur dann nicht eintreten, wenn er imstande gewesen wäre, ohne erhebliche Schwierigkeiten gegenüber dem Inhaber dessen Nichtberechtigung nachzuweisen. Diese Einschränkung dürfte denn doch weiter gehen, als zum Schutze des Schuldners erforderlich ist. Der Schuldner, dem die Nichtberechtigung bekannt ist, der aber Grund hat, anzunehmen, daß er sie nicht werde nachweisen können, ist gemäß § 372 Satz 2 BGB in der Lage, den Schuldbetrag unter Ausschließung der Rücknahme zu hinterlegen und sich dadurch von seiner Verbindlichkeit zu befreien (§ 378), da er infolge einer nicht auf Fahrlässigkeit beruhenden Ungewißheit über die Person des Gläubigers seine Verbindlichkeit nicht mit Sicherheit erfüllen kann. Vgl. RGZ 53, 207; 55, 48. Wenn Mansfeld bestreitet, daß diese Voraussetzung vorliege, weil der Schuldner an den formell Legitimierten zahlen dürfe, so enthält dieser Entscheidungsgrund eine petitio principii, denn es steht ja gerade in Frage, ob er unter den vorliegenden Umständen an diesen zahlen darf. Hat aber der Schuldner infolge grober Fahrlässigkeit, also unter Außerachtlassung der gewöhnlichen Sorgfalt, keine Kenntnis von der Möglichkeit einer Nichtberechtigung des Inhabers, so besteht kein Grund, ihn gegen die Folgen eines solchen Verhaltens besonders zu schützen. Da er im Wechselverbande zu sämtlichen Wechselberechtigten steht, so trifft ihn diesen gegenüber nach Treu und Glauben die Pflicht zur Anwendung wenigstens der gewöhnlichen Sorgfalt. Es wird also nur darauf ankommen, im einzelnen Falle die Anforderungen an diese Sorgfalt nicht zu hoch zu spannen, wie denn auch das RG in den oben mitgeteilten Entscheidungen dahingestellt gelassen hat, ob eine grobe Fahrlässigkeit vorlag, so daß ihm der Vorwurf einer Überspannung nicht wohl gemacht werden kann. Da sonach der Schuldner, wenn er bei Kenntnis oder grobfahrlässiger Unkenntnis von dem Vorliegen der Voraussetzungen des Art 74 bei dem Inhaber an diesen zahlt, nicht befreit wird, so muß er auch berechtigt sein, dem Inhaber den Einwand des Vorliegens dieser Voraussetzungen entgegenzuhalten.

Anm. 18a. Hat ferner der durch den Wechsel formell Legitimierte dem Wechselverpflichteten angezeigt, daß er den Wechsel durch bürgerlich-rechtliche Zession auf einen anderen übertragen habe, so kann dieser, da er sich durch die Zahlung unter Umständen nach § 407 BGB dem Zessionar verantwortlich machen würde, die Zahlung an den formell legitimierten Inhaber auf Grund des Art 82 WO verweigern (RGZ 26, 99).

Anm. 19. 2. Die im Art 36 vorgeschriebene formelle Legitimation des Inhabers ist erforderlich nicht nur für die Empfangnahme der Zahlung, sondern auch für die Vornahme der zur Feststellung der Nichtzahlung und zur Erhaltung des Regreßrechts erforderlichen Handlungen, insbesondere für die Präsentation zur Zahlung und für die Erhebung des Protestes mangels Zahlung (RGZ 50, 23). Werden diese Handlungen durch einen nicht vorschriftsmäßig legitimierten Inhaber bzw. im Namen eines solchen durch einen von ihm beauftragten Protestbeamten vorgenommen, so sind sie ungültig (RGZ 1, 32; 27, 43; 32, 78). Der Besitz des Wechsels genügt für sich allein nicht als Legitimation zur Vornahme dieser Akte. Eben deshalb spricht eine Vermutung dafür, daß derjenige, in dessen Namen der Protest erhoben worden ist, zur Zeit der Protesterhebung legitimiert war, auch wenn zur Zeit der Klageerhebung ein Indossament, das zu seiner Legitimation erforderlich wäre, ausgestrichen ist, da anzunehmen ist, daß andernfalls der Protestbeamte den Protest in seinem Namen nicht erhoben haben würde (ROLG 21, 391; vgl. auch oben Anm 12. Nicht erforderlich ist außer der Inhaberschaft noch eine besondere Legitimation für die Präsentation zur Annahme und die Erhebung des Protestes mangels Annahme, sowie mangels Datierung des Akzepts; vgl. zu Art 18 Anm 1.

Artikel 37.

Lautet ein Wechsel auf eine Münzsorte, welche am Zahlungsorte keinen Umlauf hat, oder auf eine Rechnungswährung, so kann die Wechselsumme nach ihrem Werte zur Verfallzeit in der Landesmünze gezahlt werden, sofern nicht der Aussteller durch den Gebrauch des Wortes „effektiv" oder eines ähnlichen Zusatzes die Zahlung in der im Wechsel benannten Münzsorte ausdrücklich bestimmt hat.

1. Der Artikel regelt, im Anschlusse an das in Art 4 Nr. 2 aufgestellte wesentliche Wechselerfordernis der Angabe der zu zahlenden Geldsumme — vgl. darüber zu Art 4 Anm 10ff. — den Fall, daß die Angabe der Geldsumme **in einer Münzsorte erfolgt ist, welche am Zahlungsorte keinen Umlauf hat.** Was das Gesetz darunter versteht, ist nicht ganz klar. Unter einer Schuld, die auf eine bestimmte Münzsorte, richtiger Geldsorte (da auch Papiergeld und Banknoten in Frage kommen) lautet — Geldsortenschuld — versteht man in der Regel eine Schuld, die nicht lediglich in der Rechnungseinheit eines in- oder ausländischen Währungsgeldes (Mark, Dollar, Frank) ausgedrückt, sondern in einer dem Stoffe nach bestimmten Geldart (Gold, Silber, Papier, Reichsbanknoten, Dollarnoten) zahlbar gestellt ist, vgl. RGRKomm zum BGB § 245 Anm 1. Eine solche Schuld muß nach bürgerlichem Rechte (§ 245 BGB), sofern sie auf eine inländische Geldsorte lautet, in der bestimmten Geldsorte bezahlt werden, es sei denn, daß diese sich zur Zeit der Zahlung nicht mehr im Umlaufe befindet, und zwar überhaupt, nicht nur am Zahlungsorte, nicht mehr; nur unter dieser Voraussetzung steht dem Schuldner die Befugnis zu, in einer anderen Geldsorte des inländischen Währungsgeldes zu zahlen. Dagegen ist, wenn es sich um eine in ausländischer Währung ausgedrückte Schuld, sei es mit oder ohne Bezeichnung einer bestimmten Geldsorte, handelt, der Schuldner nach § 244 BGB ohne weiteres befugt, in inländischem Währungsgelde zu zahlen, sofern nicht ausdrücklich „effektive" Zahlung in der ausländischen Währung bedungen ist. Der Art 37 WO spricht aber nur von einer „Münzsorte", nicht (wie § 245 BGB) von einer bestimmten Münzsorte; er hat daher, wie auch sein weiterer Inhalt ergibt, nicht etwa nur den Fall einer eigentlichen Geldsortenschuld (vgl. oben) im Auge. Vielmehr bezieht er sich jedenfalls in erster Linie auf Wechsel, die in ausländischer Währung, wenn auch ohne Angabe einer bestimmten Geldsorte, ausgestellt und im Inlande zahlbar sind; darauf weist auch die Bestimmung hin, daß ein solcher Wechsel in der „Landesmünze" gezahlt werden kann. Solche „Münzsorten" haben am Zahlungsorte „keinen Umlauf" im Sinne einer rechtlichen Geltung zur Zirkulation als Währungsgeld; die auf sie gestellten Wechsel können daher, falls sie nicht auf „effektive" Zahlung in der ausländischen Währung gestellt sind, ohne weiteres in der Währung des inländischen Zahlungsortes gezahlt werden, wobei die Umrechnung nach dem „Werte" (d. h. dem Handelswerte, Kurse) der ausländischen Währung im Verhältnis zu dem inländischen Währungsgelde zu erfolgen hat; vorausgesetzt ist sonach, daß es sich um eine Währung handelt, die im Inlande im Handelsverkehr — als „Devise" — gehandelt wird und Kurs hat, so daß die erforderliche „Umrechnung nach dem Werte" stattfinden kann; vgl. RGRKomm zu § 244 Anm 3 und RGZ 106, 77/78. Darauf, ob tatsächlich an dem Zahlungsorte Stücke der in Frage stehenden ausländischen Währung „in Umlauf" sind (was an größeren Handelsplätzen für die wichtigeren Währungen der Fall sein wird), kann es nicht ankommen. Von der Regelung in § 244 BGB weicht aber der Art 37 insofern ab, als er ausdrücklich und unzweideutig für die Umrechnung die Verfallzeit des Wechsels für maßgebend erklärt, nicht wie § 244 nach der Deutung, die ihm die Ver. Zivilsenate des RG in RGZ 101, 312ff. gegeben haben (vgl. RGRKomm zu § 244 Anm 3), die Zeit der tatsächlichen Zahlung. Eigentliche Geldsortenwechsel inländischer Währung („Zahlen Sie 5000 RM in Gold" oder „in Reichsmarknoten") dagegen müssen, auch wenn sie nicht auf effektive Zahlung in der Geldsorte gestellt sind, in der bestimmten Geldsorte gezahlt werden, sofern es sich um eine an dem inländischen Zahlungsorte noch als Währungsgeld Kurs habende Geldsorte handelt; das bloße tatsächliche Fehlen der Geldsorte an dem Zahlungsorte kann hier nicht entscheidend sein, sofern die Geldsorte von einem anderen Bank- oder Börsenorte beschafft werden kann. Anm. 1.

Für den Fall, daß eine bestimmte einzelne Geldsorte überhaupt nicht mehr „Umlauf hat", sei es, daß sie tatsächlich aus dem Verkehr verschwunden oder außer Kurs gesetzt ist, trifft Art 37 WO keine Bestimmung; die hier vorgesehene Umrechnung nach dem Werte paßt für solche Wechsel nicht, da ein „Wert" (Handelswert, Kurs) der Geldsorte nicht wird festgestellt werden können. Anm. 2.

Es muß vielmehr in diesem Falle auf § 245 BGB zurückgegriffen werden, demzufolge die Zahlung so zu leisten ist, als wenn die Münzsorte nicht bestimmt wäre, also in beliebigem Währungsgelde des Zahlungsortes. Die dort bezeichnete Voraussetzung ist für Wechsel, die auf Zahlung in Reichsgoldmünzen lauten, im Jahre 1919 und später als erfüllt angesehen worden, da Reichsgoldmünzen nicht mehr umliefen (vgl. RGRKomm zu § 245 Anm 2). Das trifft auch jetzt noch zu, da Reichsgoldmünzen noch nicht wieder zum Umlaufe in den Verkehr gelangt sind. Solche Wechsel werden deshalb heute in einer beliebigen Geldsorte des Währungsgeldes bezahlt werden können. Der Art 37 hebt ferner hervor, daß auch Wechsel, die auf eine Rechnungswährung lauten (Mark Banko, Goldmark, vgl. zu Art 4 Anm 13), unter die Vorschrift fallen; auch hier wird eine solche Rechnungswährung erforderlich sein, welche noch in Gebrauch ist und deren Wert deshalb bestimmt werden kann.

Anm. 3. Ist während der Inflationsperiode der Wert der Mark in der Zeit zwischen dem Verfalltage eines in ausländischer Währung ausgestellten Wechsels und dem Tage, an welchem die Zahlung oder die Hinterlegung der Wechselsumme nach Art 40 WO erfolgt, derart gesunken, daß die Mark des letzteren Tages nicht mehr der Mark des ersteren wesensgleich ist, so soll nach RGZ 108, 337 zur Ermittelung des in der inländischen Währung zu zahlenden oder zu hinterlegenden Betrags eine doppelte Umrechnung stattfinden, in der Weise, daß zunächst der Betrag der Wechselsumme nach seinem Werte am Verfalltage in eine stabile Währung, etwa den nordamerikanischen Dollar, und sodann der sich ergebende Betrag dieser Währung nach seinem Werte zur Zeit der Zahlung oder Hinterlegung in Mark umgerechnet wird; eine Umrechnung der Wechselsumme unmittelbar in Mark sei ausgeschlossen, weil die Mark damals ihre Bedeutung als Wertmesser eingebüßt gehabt habe und nur noch Zahlungsmittel gewesen sei; eine Berücksichtigung der Umstände des Einzelfalles „durch sogenannte Aufwertung" könne aber nicht stattfinden. Vgl. dagegen Bernstein in JW 1915 S. 50. — StStranz zu Art 37 stimmen der Entscheidung zu mit der Maßgabe, daß für die Umrechnung der im Wechsel bestimmten Währung in Dollarwährung nicht der Kurs des Verfalltages, sondern der Präsentation, durch die der Wechselschuldner erst in Verzug gerate, zugrunde zu legen sei. Die Entscheidung entspricht in der Hauptsache den für die Fälle der sogenannten „uneigentlichen Aufwertung", insbesondere bei Ansprüchen auf Werterſatz, anerkannten Grundsätzen (vgl. RGRKomm zum BGB § 242 Anm 5 d $\gamma\beta\beta$ und zu § 244 Anm 3 Schlußsatz, S. 320). Die von StStranz befürwortete Maßgabe dürfte nicht begründet sein, da das Gesetz ausdrücklich den Verfalltag als entscheidend für die Umrechnung erklärt hat.

Anm. 4. **2. Ist ausdrücklich bestimmt,** daß ein auf ausländische Währung oder auf eine bestimmte Geldsorte der inländischen Währung lautender Wechsel in dieser Währung oder Geldsorte zu bezahlen ist (Halbsatz 2 des Artikels), so muß er darin bezahlt werden auch wenn sie an dem Zahlungsorte nicht oder nicht mehr umläuft, sofern sie von einem anderen Orte her ohne unverhältnismäßige („überobligationsmäßige") Schwierigkeiten beschafft werden kann. Andernfalls kommen die Grundsätze von der subjektiven Unmöglichkeit der Leistung (§ 275 BGB) zur Anwendung; danach wird der Schuldner von der Verpflichtung zur Zahlung in dieser Währung oder Geldsorte frei, wenn die Nicht-Beschaffbarkeit nach Eingehung der in Frage stehenden Wechselverbindlichkeit eingetreten ist, da er diesen Umstand nicht zu vertreten hat; dagegen bleibt er grundsätzlich verhaftet, wenn dieser Umstand bereits vorher eingetreten war; doch wird die Haftung der Regreßpflichtigen nach Artt 50, 51 auf die Zahlung eines dem in gesetzlicher Währung ausgedrückten Werte der nicht zu beschaffenden Geldsumme entsprechenden Betrages nebst den weiteren in Artt 50, 51 bezeichneten Beträgen beschränkt sein, sonstiger Schadensersatz also nicht gefordert werden können; vgl. zu Art 50 Anm 11.

Anm. 5. Die Zahlung des Wechsels in der im Wechsel benannten „Münzsorte" (d. h. ausländischen Währung oder inländischen Geldsorte, vgl. oben) wird ausdrücklich bestimmt **durch den Gebrauch des Wortes „effektiv" oder eines ähnlichen Zusatzes.** Als ähnliche Zusätze können gelten: „wirklich", „in Natur". Nicht genügend ist die bloße Angabe des Stoffes (der Geldsorte): „in Gold", „in Banknoten". In anderer Weise, als durch solche Zusätze kann die „ausdrückliche Bestimmung" hier nicht erfolgen (RG in JW 1923, 512[15]), während nach § 244 BGB jede Art der Bestimmung (Ausbedingung), die sich als ausdrückliche darstellt, genügt und als solche eine „in besonderem Maße unzweideutige Offenbarung des auf Effektiv-Zahlung gerichteten Willens" anerkannt ist, die ebenso durch Worte, wie durch Tatsachen von sich aufdrängender Schlüssigkeit erfolgen kann (RGZ 107, 110; 111, 317; vgl. auch Warn. 1924, 2).

Artikel 38.

Der Inhaber des Wechsels darf eine ihm angebotene Teilzahlung selbst dann nicht zurückweisen, wenn die Annahme auf den ganzen Betrag der verschriebenen Summe erfolgt ist.

Anm. 1. Die im bürgerlichen Rechte geltende Regel, daß der Schuldner zu Teilzahlungen nicht berechtigt ist (§ 266 BGB), ist von der WO durchbrochen durch Art 38, der den Satz aufstellt, **daß der Inhaber**

des Wechsels eine ihm angebotene Teilzahlung nicht zurückweisen darf. Die Abweichung erklärt sich durch Rücksichtnahme auf die Regreßverpflichteten, die Interesse daran haben, wenn die Zahlung des Ganzen nicht zu erlangen ist, wenigstens von einem Teile ihrer Haftungsverbindlichkeit befreit zu werden. Der Satz ist allgemein ausgesprochen; doch weist der Zweck der Vorschrift, auch abgesehen von der Stellung des Artikels in dem Unterabschnitte: „Erfüllung der Wechselverbindlichkeit" (vgl. darüber Vorbem 1 vor Art 30), darauf hin, daß es sich dabei nur um solche Zahlungen handelt, welche zur Erfüllung der eigentlichen Bestimmung des Wechsels, bei Verfall durch den Bezogenen, mag er übrigens akzeptiert haben oder nicht, bezahlt zu werden, erfolgen; nicht dagegen auf Zahlungen, die, nachdem er diese Bestimmung nicht erfüllt hat, durch Regreßverpflichtete zur Erfüllung ihrer Regreßverpflichtung erfolgen. Diese Auffassung wird bestätigt durch den Zusatz, daß die Zurückweisung der Zahlung **selbst dann** nicht erfolgen darf, wenn **die Annahme auf den ganzen Betrag der verschriebenen Summe** erfolgt, der Bezogene also durch die Akzeptation Schuldner des Ganzen geworden ist. Hat ein Teilakzept (Art 22 Abs 1) stattgefunden, so darf auch eine über den angenommenen Teil hinausgehende Zahlung eines weiteren Teiles der Wechselsumme nicht zurückgewiesen werden.

Die Verpflichtung zur Annahme tritt sonach ein, wenn eine Person, die zur Erfüllung der „Wechselverbindlichkeit" in dem erörterten Sinne verpflichtet oder berufen ist, eine Teilzahlung anbietet. Zu diesen Personen gehört in erster Linie der Bezogene, der nicht akzeptiert hat, und der Akzeptant. Es gehören aber ferner dazu der Domiziliat (Art 24); derjenige, der für den Akzeptanten Aval geleistet hat (vgl. darüber zu Art 81 Anm 9); sowie der Ehrenakzeptant (Art 60), ebenso Staub 4. Aufl, a. M. StStranz zu Art 38 Anm 1, weil der Ehrenakzeptant nicht „Hauptwechselschuldner" sei, vgl. zu Art 60 Anm 1. Er erfüllt aber mit der Zahlung nicht die Regreßverbindlichkeit desjenigen, zu dessen Gunsten er akzeptiert hat (des Honoraten), sondern die eigene wechselmäßige Verpflichtung, die er übernommen hat, um die Entstehung von Regreßansprüchen gegen den Honoraten und seine Nachmänner zu verhüten. Gleiches muß von dem Notadressaten, der nicht ehrenhalber akzeptiert hat (Art 62), gelten; zahlt er auf Vorzeigung des Wechsels nach Verfall diesen an Stelle des Bezogenen, so geschieht es, um die Entstehung von Regreßansprüchen gegen den Honoraten und seine Nachmänner zu verhüten. Der gesetzgeberische Grund, welcher dem Verbote der Zurückweisung von Teilzahlungen zugrunde liegt, trifft sonach auch für die Zahlungen des Ehrenakzeptanten und des Notadressaten zu. Dagegen besteht keine Verpflichtung des Inhabers zur Annahme von Teilzahlungen des Ausstellers und der Indossanten, wenn gegen diese Regreßansprüche aus Artt 50, 51 im Rücklaufe des Wechsels erhoben werden; auch nicht von Teilzahlungen desjenigen, der für einen Regreßpflichtigen Aval geleistet hat. **Anm. 2.**

Eine vor Verfall des Wechsels angebotene Teilzahlung braucht der Inhaber nicht anzunehmen; um so weniger, als er auch nicht einmal zur Annahme der Vollzahlung vor Verfall verpflichtet ist, da die Befristung des Wechsels auch zugunsten der Wechselgläubiger wirkt. Andrerseits besteht eine Verpflichtung zur Annahme von Teilzahlungen nicht mehr, nachdem der Wechsel nach Verfall vergeblich zur Zahlung präsentiert worden ist. Ein Anlaß, die Verpflichtung zur Annahme von Teilzahlungen auf die Dauer der Protestfrist zu beschränken (so Canstein S. 371, StStranz Art 38 Anm 2; dagegen Bernstein S. 188), dürfte nicht bestehen, da der Wechsel als Holschuld so lange, als er nicht präsentiert wird, auch nicht bezahlt zu werden braucht. Dagegen wird zur Ablehnung von Teilzahlungen nicht erforderlich sein, daß der Wechsel auch protestiert worden ist, da der Protest regelmäßig nur gegenüber den Regreßpflichtigen Bedeutung hat (Art 44). Ist aber Protest erhoben, so kann eine Teilzahlung durch den Akzeptanten oder Bezogenen ebenso wenig, wie eine Vollzahlung, noch wirksam angeboten werden; die Nichtzahlung des Wechsels ist dann festgelegt und der Wechsel im Rücklaufe befindlich. Soweit der Inhaber zur Annahme einer Teilzahlung bei Verlust seiner Regreßansprüche verpflichtet war, kann die Zahlung im Konkurse des Empfängers von den Konkursgläubigern nicht angefochten werden (§ 34 KO; vgl. RGZ 40, 40). **Anm. 3.**

Die **Wirkung** der unzulässigen Ablehnung einer Teilzahlung besteht darin: einmal kann der Inhaber aus dem zur Zahlung angebotenen Teilbetrage vom Akzeptanten Verzugszinsen und Erstattung der durch die Ablehnung entstandenen Kosten nicht fordern; zweitens verliert er hinsichtlich des angebotenen Teiles den Regreß gegen den Aussteller und die Indossanten, bei Angeboten durch den Ehrenakzeptanten oder den Notadressaten den Regreß gegen den Honoraten und dessen Nachmänner. Über die Wirkungen einer Teilhinterlegung vgl. zu Art 40 Anm 5. **Anm. 4.**

Artikel 39.

Der Wechselschuldner ist nur gegen Aushändigung des quittierten Wechsels zu zahlen verpflichtet. Hat der Wechselschuldner eine Teilzahlung geleistet, so kann er nur verlangen, daß die Zahlung auf dem Wechsel abgeschrieben und ihm Quittung [in Österreich: „auf einer Abschrift des Wechsels"] erteilt werde.

1. Der Artikel gibt dem zahlenden Wechselschuldner gewisse Gegenrechte, die sich als Einschränkungen seiner Zahlungspflicht darstellen. Sie gestalten sich verschieden, je nachdem eine **Anm. 1.**

Vollzahlung oder eine Teilzahlung geleistet wird. Auch hier handelt es sich nach dem Inhalte der Vorschrift, der eine die Wechselschuld als solche erledigende Zahlung voraussetzt, ebenso wie in Art 38 (vgl. Anm 1 dazu) nur um die Zahlung eines Hauptwechselschuldners: Akzeptanten des gezogenen bzw. Ausstellers des eigenen Wechsels, Ehrenakzeptanten (vgl. zu Art 60 Anm 1), Akzeptavalisten. Für die Zahlungen, die zur Erfüllung von Regreßverpflichtungen aus dem Wechsel geleistet werden, sind in Art 54 anderweite Vorschriften getroffen.

Anm. 2. 2. **Satz 1** des Artikels bestimmt, daß der Wechselschuldner **nur gegen Aushändigung des quittierten Wechsels** zu zahlen verpflichtet ist. Er bezieht sich (wie Satz 2 ersichtlich macht) nur auf die Vollzahlung, d. h. die Zahlung aller derjenigen Beträge, die der Wechselinhaber aus dem Wechsel überhaupt oder (nach vorher geleisteten Teilzahlungen) noch zu fordern hat. Vgl. über den Umfang der wechselmäßigen Verpflichtung des Akzeptanten, insbesondere über das Eingreifen des Art 81, die Erläuterungen zu Art 23 Anm 4 ff. Danach umfaßt die vom Hauptwechselschuldner zu leistende Zahlung, außer der Wechselsumme oder, falls er nur für einen Teil akzeptiert hat, diesem Teile der Wechselsumme und den Zinsen aus ihr vom Verfalltage auch alles dasjenige, was der Wechselinhaber, der den Wechsel hat protestieren lassen oder ihn im Regreßwege eingelöst hat, auf Grund der Artt 50, 51 von den ihm Regreßpflichtigen erstattet verlangen kann, namentlich die Protestkosten und sonstigen Auslagen, sowie die ihm zustehende Provision. Darüber, ob und unter welchen Voraussetzungen dazu auch etwaige Kosten eines Prozesses gehören, vgl. zu Art 50 Anm 6. Aber auch wenn nur teilweise Akzeptation (Art 21) stattgefunden hat, ist der Wechselinhaber zur Aushändigung des Wechsels nur verpflichtet, wenn ihm auch der nichtakzeptierte Teil der Wechselsumme mit den aus der teilweisen Nicht-Akzeptation entstandenen Nebenbeträgen, namentlich den Kosten des Protestes mangels Annahme usw., bezahlt wird. Andernfalls liegt im Sinne des Art 39 nur eine Teilzahlung vor, die nur die Rechte aus Satz 2 des Artikels begründet.

Anm. 3. **a)** Zu einer solchen Zahlung (Vollzahlung) ist der Wechselschuldner nur „gegen" Aushändigung des Wechsels verpflichtet. Die beiderseitigen Leistungen haben sonach Zug-um-Zug zu erfolgen. Doch handelt es sich nicht um ein bloßes Zurückbehaltungsrecht, wie ein solches im bürgerlichen Rechte bei Zug-um-Zug-Leistungen stattfindet (§§ 274, 322 BGB). Vielmehr ist die Verpflichtung des Schuldners kraft Gesetzes dadurch bedingt, daß ihm der Wechsel ausgehändigt wird. Der Gläubiger kann daher die Zahlung nur verlangen, wenn er ersichtlich zur Aushändigung des Wechsels bereit und in der Lage, also im Besitze des Wechsels ist. Der Schuldner gerät in Verzug nur, wenn das Verlangen in dieser Weise gestellt wird. Doch ist ein ausdrückliches Angebot der Aushändigung neben der Präsentation zur Zahlung nicht erforderlich; es ist vielmehr schon in dieser enthalten. Auch braucht der Wechsel bei der Präsentation noch nicht quittiert zu sein (a. M. Bernstein S. 190 zu 2 a); doch wird die Quittung häufig schon vorher in Erwartung der Zahlung auf den Wechsel gesetzt; sie beweist deshalb für sich allein noch nicht die Zahlung, solange der Wechsel in den Händen des Gläubigers geblieben ist. Wird das Verlangen im Klagewege gestellt, so muß der Kläger im Besitze des Wechsels sein, auch wenn er nicht im Wechselprozesse, sondern im ordentlichen Verfahren geklagt hat (ROHG 11, 71); im ordentlichen Verfahren genügt jedoch der Besitz zur Zeit des Urteils. Solange er nicht im Besitze des Wechsels ist, kann er nur unter den Voraussetzungen der §§ 256, 259 ZPO Feststellung bzw. künftige Leistung verlangen (RGZ 94, 228). Ein mittelbarer Besitz genügt nicht, da er die nach Art 39 erforderliche Aushändigung des Wechsels nicht ohne weiteres ermöglicht (RGZ a. a. O.). Eine während des Laufes des Prozesses auf Antrag der Staatsanwaltschaft erfolgte Sicherstellung des Wechsels in der Weise, daß er bei den Akten des Gerichts, zu denen er überreicht ist, verbleibt, aber dem Kläger bis auf weiteres nicht ausgehändigt werden soll, entzieht jedoch dem Kläger nicht den Besitz des Wechsels, den das Prozeßgericht für ihn ausübt, und steht daher der Fortsetzung des Prozesses und der Verurteilung des Beklagten zur Zahlung gegen Aushändigung nicht entgegen (ROHG 15, 299). Erscheint der Beklagte nicht, so wird die Verurteilung nur mit der — als Einschränkung des Klageantrags nötigenfalls von Amts wegen auszusprechenden — Maßgabe erfolgen können, daß die Zahlung nur gegen Aushändigung des Wechsels zu erfolgen habe. Ebenso wenn der Beklagte erscheint und einen entsprechenden Antrag stellt. Aber auch wenn er erscheint und nur allgemein den Antrag auf Abweisung der Klage stellt, wird im Urteile die Maßgabe beizufügen sein.

Anm. 4. Fraglich ist aber, wie sich die Vollstreckung eines Urteils gestaltet, welches keine solche Maßgabe im verfügenden Teile enthält. Nach der herrschenden Meinung (ROHG 11, 71; 21, 303; — vgl. auch 10, 153 —; RGZ 36, 105; 37, 5) kann auch die Vollstreckung eines solchen Urteils nur gegen Aushändigung des Wechsels erfolgen; denn es wird angenommen, daß jedes einen Wechselschuldner zur Wechselzahlung verurteilende Erkenntnis dahin zu interpretieren sei, daß es stillschweigend die Klausel „gegen Auslieferung des Wechsels" enthalte (RGZ 37, 5). Dieser — in den älteren reichsoberhandelsgerichtlichen Urteilen nur unter der Voraussetzung der damals bestehenden besonderen Wechselexekution ausgesprochene — Satz dürfte in solcher Allgemeinheit denn doch zu weit gehen. Zwar ist auch im jetzigen Prozeßrechte anerkannt, daß zur Auslegung des verfügenden Teiles eines Urteils auch die Entscheidungsgründe herangezogen werden können, jedoch nur unter der Voraussetzung, daß die Absicht des Gerichts, eine von dem Wortlaute des verfügenden Teils abweichende Entscheidung zu treffen, aus den Urteilsgründen klar und unzweideutig hervorgeht (RGZ 5, 390; vgl. für das heute geltende Prozeßrecht RGZ 74, 123; 97, 121). Ist aber im verfügenden Teile die Verurteilung zur Zahlung einer Geldsumme uneingeschränkt ausgesprochen, so folgt daraus, daß es sich, wie die Urteilsgründe ersehen lassen, um eine Wechselforderung gehandelt hat, keineswegs ohne weiteres, daß es die Absicht des Gerichts war, eine Verurteilung nur gegen Aushändigung des Wechsels auszusprechen. Denn die Nicht-Beifügung dieser Einschränkung kann recht wohl, sei es darauf, daß der Schuldner bereits anderweit in den Besitz des Wechsels gelangt ist oder auf die Aushändigung des Wechsels verzichtet hat, sei es (was gleichfalls im Bereiche der Möglichkeit liegt) auf einem Irrtum des Gerichts über die Tragweite des Art 39 beruhen, dem durch Einlegung eines Rechtsmittels entgegengetreten werden mußte. A. M. Bernstein S. 190, der eine Zwangsvollstreckung ohne Wechselbesitz auch dann nicht für zulässig erachtet, wenn der Schuldner die Urkunde bereits ausgehändigt erhalten hat und der sogar den in solchem Falle in ROHG 10, 155 zugelassenen Einwand der Arglist unter Berufung auf die formale Natur der Wechselforderung ablehnt, was doch wohl eine allzu formalistische Einstellung bedeutet.

Ist der Wechsel abhanden gekommen oder zugrunde gegangen, so kann seine Aushändigung ersetzt werden durch die Aushändiugung des Ausschlußurteils, das in dem durch Art 73 zugelassenen und auf Grund der Vorschriften der ZPO (§§ 946 ff.) durchgeführten Amortisations-(Aufgebots-)Verfahren ergangen ist. Auf Grund eines solchen Urteils kann derjenige, der es erwirkt hat, gemäß § 1018 ZPO die Rechte aus dem Wechsel geltend machen. Das ist auch bereits in Art 73 dadurch anerkannt, daß in Satz 2 dem Eigentümer des abhanden gekommenen Wechsels das Recht gewährt wird, schon während der Dauer des von ihm eingeleiteten Amortisationsverfahrens Zahlung vom Akzeptanten zu verlangen, wenn er Sicherheit leistet. Daraus folgt aber, daß durch die Aushändigung des erwirkten Ausschlußurteils an Stelle des für kraftlos erklärten Wechsels auch die Bedingung erfüllt werden kann, unter welcher der Akzeptant nach Art 39 Zahlung zu leisten hat. Fraglich bleibt nur, ob auch derjenige, der nicht selbst das Ausschlußurteil erwirkt, sondern es von einem Nachmann, dem er regreßpflichtig war, an Stelle des schon vorher abhanden gekommenen Wechsels gegen Zahlung der Regreßansprüche des Nachmannes ausgehändigt erhalten hat (Art 54), seinerseits die Wechselansprüche gegen den Akzeptanten erheben kann. Diese Frage hängt mit der Frage zusammen, ob auf Grund des Ausschlußurteils ein Regreß gegen die Vormänner nach Art 54 statthaft ist und soll mit dieser Frage zusammen bei Art 73 erörtert werden. Vgl. zu Art 73 Anm 15. **Anm. 5.**

b) Der Wechsel ist bei Vollzahlung „**quittiert**" auszuhändigen. Die Quittung ist also auf den Wechsel zu setzen, eine Quittung in besonderer Urkunde genügt bei Vollzahlung nicht. Auch wenn das letzte auf dem Wechsel befindliche Indossament ein Blankoindossament ist, kann der Wechselschuldner von dem Wechselinhaber, der durch dieses Indossament legitimiert ist, Quittung verlangen; das Blankoindossament als Quittung auszufüllen, ist er weder verpflichtet noch befugt (ROHG 17. 1. 1877 bei Borchardt Zus. 464[2]). Ist die Zahlung ohne Quittungsleistung erfolgt, so hat der Schuldner einen auf dem allgemeinen bürgerlichen Rechte (jetzt § 368 BGB, vgl. RGR Komm Anm 1) beruhenden schuldrechtlichen Anspruch auf nachträgliche Erteilung der Quittung (RGZ 28, 434; 48, 400). Die Quittung hat durch den legitimierten Wechselinhaber oder dessen zur Empfangnahme der Zahlung ermächtigten Vertreter, als welcher gemäß Art 89a auch der Protestbeamte gilt, zu erfolgen (vgl. zu Art 89a Anm 2); im Zwangsvollstreckungsverfahren auch durch den Gerichtsvollzieher (§§ 754, 757 ZPO), und zwar auch durch diesen in der vorgeschriebenen Form auf dem Wechsel (Bernstein S. 191 unter 2c). — Auf eine andere Gegenleistung, als die Aushändigung und Quittierung, insbesondere auf Indossierung des Wechsels auf ihn oder auf Zession an ihn hat der zahlende Hauptwechselschuldner keinen Anspruch. Die Wechselforderung erlischt vielmehr durch die Zahlung, wenn sie, wie hier vorausgesetzt (vgl. Anm 1), durch den Hauptwechselschuldner oder für ihn erfolgt. In einem Urteile des OAppG Rostock (Borchardt Zusatz 746[5]) ist angenommen, daß der für das Ganze in Anspruch genommene Mitaussteller eines eigenen Wechsels, der diesen durch Zahlung einlöse, zum Behufe seiner Regreßnahme gegen die übrigen Mitaussteller zwar nicht die Indossierung auf ihn, wohl aber die Zession an ihn verlangen könne. Doch findet ein solcher Anspruch in der WO keine Grundlage. Es kann nur ein Übergang der etwa zugrunde liegenden bürgerlich-rechtlichen Forderung des Wechselinhabers gegen einen anderen Mitaussteller (Mitakzeptanten) zugunsten des Zahlenden, der gegen diesen einen Ausgleichsanspruch hat, gemäß § 426 Abs 2 BGB in Frage kommen. **Anm. 6.**

c) Ob der zahlende Hauptwechselschuldner auch — wie der zahlende Regreßpflichtige nach Art 54 — einen Anspruch auf Aushändigung des Protestes hat, war bestritten. Verneinend ROHG 23, 412. Die Frage ist jetzt dadurch erledigt, daß nach Art 88a WO in der Fassung der Protestnovelle der Protest auf den Wechsel gesetzt wird, also mit diesem ausgehändigt werden muß. Ein Recht des zahlenden Hauptwechselschuldners auf Aushändigung einer quittierten Retourrechnung dürfte sich zwar nicht aus besonderen wechselrechtlichen Bestimmungen, wohl aber aus dem im allgemeinen bürgerlichen Rechte (§ 368 BGB) begründeten Rechte des Schuldners auf Quittung ergeben, da die Aushändigung des quittierten Wechsels selbst für den Beweis der Zahlung der Retourkosten nicht genügt. Von der Aushändigung einer solchen Retourrechnung **Anm. 7.**

wird aber der Schuldner keinesfalls die Zahlung der Hauptwechselsumme nebst Zinsen, sondern nur die Zahlung der Retourkosten abhängig machen können. Auch im übrigen kann der Schuldner ein ihm nach § 273 BGB oder auf Grund eines zugrunde liegenden zweiseitigen Vertrages nach § 320 BGB zustehendes Zurückbehaltungsrecht an der Wechselsumme ausüben, soweit die hierdurch begründeten Einreden gemäß Art 82 WO gegenüber dem die Zahlung verlangenden Wechselinhaber erhoben werden können. Unter den gleichen Voraussetzungen kann er gegen Befriedigung des Wechselinhabers auch die Rückgabe eines bestellten Pfandes verlangen (§ 1223 Abs 2 BGB).

Anm. 8. **d)** Hat der Schuldner gezahlt, ohne sich den Wechsel aushändigen zu lassen, oder ist ihm der Wechsel unquittiert ausgehändigt, so kann er die nachträgliche Aushändigung bzw. Quittung verlangen. Dieser schuldrechtliche Anspruch gründet sich auf die erfolgte Zahlung; des Nachweises, daß der Gläubiger im Besitze des Wechsels ist, bedarf es dazu nicht, da nicht eine Vindikation in Frage steht (RGZ 4, 58). Im Wege der Bereicherungsklage (§§ 812ff.) kann er die geleistete Zahlung zurückfordern, wenn sich herausstellt, daß derjenige, an den er gezahlt hat, zur Zeit der Zahlung nicht in der Lage war, den Wechsel auszuhändigen, und auch jetzt dazu nicht in der Lage ist.

Anm. 9. **e)** Der Zahlung stehen ihre Surrogate — angenommene Leistung an Erfüllungs Statt (§ 364 BGB), befreiende Hinterlegung (§ 372), Aufrechnung (§ 387), Erlaß (§ 397) gleich. Ist die Wechselforderung auf eine dieser Arten getilgt, so kann der Schuldner die Aushändigung des quittierten Wechsels in derselben Weise verlangen, als wenn er Zahlung geleistet hätte.

Anm. 10. **3. Satz 2** des Artikels regelt die Gegenrechte des Schuldners, der Teilzahlungen macht. Vgl. über die Verpflichtung zur Annahme von solchen Art 38 und die Erläuterungen zu diesem Artikel. Teilzahlung ist jede Zahlung, welche nicht den vollen, aus dem Wechsel wechselmäßig noch geschuldeten Betrag (vgl. oben Anm 2) erschöpft. In diesem Falle kann der zahlende Schuldner nicht Aushändigung des Wechsels verlangen, sondern nur: a) Abschreiben der Zahlung auf dem Wechsel; b) eine ihm zu erteilende Quittung. Es hat also eine doppelte Bestätigung der erfolgten Zahlung stattzufinden, einmal auf dem Wechsel selbst, der in den Händen des Gläubigers verbleibt (Abschreibung), und ferner in einer besonderen, dem zahlenden Schuldner auszuhändigenden Urkunde. Aus dem Wortlaute der Vorschrift wird von manchen gefolgert, daß der eine Teilzahlung machende Schuldner nicht berechtigt sei, die Abschreibung und Quittung Zug-um-Zug „gegen" die Teilzahlung zu verlangen, daß er vielmehr dieses Verlangen erst stellen könne, nachdem er die Zahlung geleistet hat; so Bernstein S. 192 § 2; StStranz Anm 9. Indessen dürfte dabei doch dem Wortlaute zu großes Gewicht beigelegt sein. Es ist kein Grund ersichtlich, aus welchem das Gesetz den auch im bürgerlichen Rechte (§ 368 BGB) geltenden Grundsatz, daß Quittungen Zug-um-Zug gegen die Leistung zu erteilen sind, wie bei Vollzahlung (Satz 1), nicht auch bei Teilzahlungen, soweit der Gläubiger zu deren Annahme verpflichtet ist, zur Geltung hätte bringen wollen, um so mehr als gerade bei Teilzahlungen der Schuldner infolge davon, daß der Wechsel in den Händen des Gläubigers verbleibt, gegen das Verlangen nochmaliger Zahlung, namentlich gegenüber gutgläubigen Erwerbern, solange die Zahlung auf dem Wechsel nicht abgeschrieben worden, nicht geschützt ist. Die frühere Bestimmung, daß die Quittung „auf einer Abschrift des Wechsels" zu erteilen sei, ist durch die Protestnovelle (§ 1 Nr. 1) — Anlage A 1 — für Deutschland beseitigt.

Artikel 40.

Wird die Zahlung des Wechsels zur Verfallzeit nicht gefordert, so ist der Akzeptant nach Ablauf der für die Protesterhebung mangels Zahlung bestimmten Frist befugt, die Wechselsumme auf Gefahr und Kosten des Inhabers bei Gericht oder bei einer anderen zur Annahme von Depositen ermächtigten Behörde oder Anstalt niederzulegen. Der Vorladung des Inhabers bedarf es nicht.

Anm. 1. 1. Mit dem Eintritte der im Wechsel gemäß Art 4 Nr. 4 bestimmten Zahlungszeit — vgl. darüber zu Art 4 Anm 26 — wird der Wechsel fällig, ohne daß es dazu — abgesehen von dem Sicht- und Nach-Sicht-Wechsel, bei dem die Verfallzeit durch die Vorzeigung bestimmt wird — einer Präsentation bedarf. Doch gerät, da der Wechsel eine Holschuld ist, die gefordert werden muß, der Hauptwechselschuldner erst durch Präsentation in Verzug. Vgl. über die Bedeutung der Präsentation zu Art 23 Anm 3 und zu Art 30 Anm 1. Wird die Zahlung nach Eintritt der Verfallzeit nicht in dieser Weise gefordert, so entstehen für den Wechselschuldner durch die Nichtzahlung zunächst keine Rechtsnachteile. Indessen muß er bis zum Ablaufe der Verjährungsfrist jederzeit gewärtig sein, daß ihm der Wechsel zur sofortigen Zahlung präsentiert wird, und er müßte die erforderlichen Zahlungsmittel andauernd in seiner Kasse bereithalten. Um ihn von dieser Belastung zu befreien, gestattet ihm **Art 40 die Hinterlegung der Wechselsumme,** ohne ausdrücklich die im allgemeinen bürgerlichen Rechte (§ 372 BGB) dafür bestehenden Voraussetzungen aufzustellen, daß entweder der Gläubiger im Verzuge der Annahme sein oder der Schuldner aus einem in der Person des Gläubigers liegenden Grunde oder infolge einer nicht auf Fahrlässigkeit beruhenden Ungewißheit über die Person des Gläubigers nicht in der Lage sein müsse, mit Sicherheit zu erfüllen. Sachlich trifft allerdings jedenfalls die dort an letzter Stelle wahlweise aufgestellte Voraussetzung zu, da der Wechsel dazu bestimmt ist, aus der Hand eines Gläubigers in die eines anderen zu gehen, und infolgedessen der Schuldner, wenn ihm der Wechsel nicht von einem bestimmten Inhaber vorgezeigt wird, nicht wissen kann, wer der derzeitige Gläubiger ist, an den er zu zahlen hat. Ob (wie StStranz Anm 3 zu Art 40 annehmen) auch die erste Wahlvoraussetzung des § 372, daß der Gläubiger sich im Verzuge der Annahme befindet, auf Grund des § 296 BGB ohne weiteres zutrifft, kann dahingestellt bleiben.

Die Hinterlegungsbefugnis des Wechselschuldners ist aber nicht auf den in Art 40 vorgesehenen Fall, daß Zahlung nicht gefordert wird, eingeschränkt, greift vielmehr auch Platz, wenn eine andere der im allgemeinen bürgerlichen Rechte aufgestellten Voraussetzungen gegeben ist, also namentlich, wenn der Wechsel zwar zur Zahlung präsentiert wird, aber der Schuldner nicht in der Lage ist, mit Sicherheit an den präsentierenden Gläubiger zu zahlen. Das kann der Fall sein sowohl weil begründete Zweifel bestehen, ob die nach Art 36 erforderliche formelle Legitimation vorhanden ist — so wenn die Kette der Indossamente Rasuren u. dgl. aufweist, die auf Fälschungen hindeuten —, ohne daß dem Schuldner zugemutet werden kann, diese Zweifel auf seine Gefahr selbst zu entscheiden; wie auch, wenn zwar die formelle Legitimation vorhanden ist, aber dem Schuldner Umstände bekannt geworden sind, die darauf hinweisen, daß der Präsentierende materiell nicht Gläubiger (Wechseleigentümer) geworden ist, sei es daß er den Wechsel ohne Begebungsvertrag erhalten — z. B. einen Wechsel mit letztem Blankoindossament gestohlen, unterschlagen oder gefunden hat — oder daß er ihn durch Begebungsvertrag, aber in bösem Glauben oder auch nur in grober Fahrlässigkeit von einem Nichteigentümer erworben hat (Art 74). Daß in solchen Fällen der Wechselschuldner nicht nur ein Recht, sondern unter Umständen gegenüber dem wirklichen Wechseleigentümer auch eine Pflicht zur Prüfung der materiellen Berechtigung des Wechselinhabers hat, ist durch die Rechtsprechung des Reichsgerichts, wenn auch nicht ohne Widerspruch, zur Anerkennung gelangt. Vgl. darüber zu Art 36 Anm 16. Da der Schuldner sonach in solchen Fällen sich nicht mit Sicherheit durch Zahlung an den Präsentanten befreien kann, so kann ihm auch die Befugnis zur Hinterlegung nicht grundsätzlich versagt werden (RGZ 53, 205). Ob solche Umstände vorgelegen haben, ist Sache der Beurteilung des Einzelfalles; entscheidend ist, ob der Wechselschuldner bei verständiger Überlegung sich sagen durfte daß, wenn er an den Präsentanten zahle, seine Zahlung als eine solche angesehen werden würde, bei der von ihm ohne grobe Fahrlässigkeit nicht angenommen worden sei, daß der Präsentant den Wechsel zum mindesten grob fahrlässig erworben habe (RGZ 55, 49). Nicht genügend ist es aber für die Hinterlegungsbefugnis, daß die Wechselforderung bei dem Wechselschuldner gegen einen Vormann des präsentierenden Wechselinhabers gerichtlich mit Beschlag belegt worden ist, sofern nichts der Annahme entgegensteht, daß der Inhaber den in Händen des Vormannes verbliebenen Wechsel gutgläubig oder ohne grobe Fahrlässigkeit erworben habe (ROHG 6, 230). **Anm. 2.**

2. Voraussetzung der Hinterlegungsbefugnis aus Art 40 ist nur, daß die Zahlung **zur Verfallzeit nicht gefordert wird.** Das Fordern der Zahlung kann nur in der Form der Präsentation des Wechsels zur Zahlung geschehen; durch ein ohne solche Präsentation, etwa durch mündliche oder schriftliche Mahnung, erfolgendes Verlangen nach Zahlung wird sonach die Hinterlegungsbefugnis nicht ausgeschlossen. Doch kann der Eigentümer eines abhanden gekommenen Wechsels nach Einleitung des Amortisationsverfahrens ohne Vorlage des Wechsels Zahlung verlangen, wenn er Sicherheit leistet (Art 73 Abs 1 Satz 2). Nach Kraftloserklärung ersetzt die Vorlage des Ausschlußurteils für das Zahlungsverlangen die Präsentation des Wechsels (§ 1018 ZPO; vgl. zu Art 73 Anm 13). **Anm. 3.**

Wann die „Verfallzeit" eintritt, bestimmt sich nach den Vorschriften der Artt 30—35; vgl. die Erläuterungen zu diesen Artikeln. Die Hinterlegungsbefugnis beginnt aber nicht sofort mit dem Eintritte der Verfallzeit, sondern erst nach Ablauf der für die Protesterhebung mangels Zahlung bestimmten Frist, also nach Ablauf des zweiten Werktages nach dem Zahlungstage, Art 41 Abs 2, vgl. zu Art 41 Anm 11. Diese Vorschrift ist auf Beschluß der Leipziger Konferenz (Prot. L. 235, Thöl 250), um Schikanen zu vermeiden, an die Stelle der Vorschrift des Entwurfs gesetzt worden, welche die Hinterlegungsbefugnis beginnen lassen wollte, falls nicht die Zahlung „am Zahlungstage" gefordert werde. Eine nach Verfall des Wechsels, aber vor Ablauf der Protestfrist erfolgte Hinterlegung soll nach OGH 21. 11. 1851 (Borchardt Zus 489) „nicht als Zahlung gelten". Das ist jedoch nur so zu verstehen, daß der Inhaber dadurch nicht gehindert wird, innerhalb der Protestfrist den Wechsel noch zu präsentieren und Zahlung zu verlangen sowie mangels Zahlung Protest zu erheben. So Lehmann S. 541 Anm 1; StStranz Anm 3 unter α. Geschieht das nicht, so wird vom Ablaufe der Protestfrist ab die vorzeitig, und zwar auch vor Verfall erfolgte Hinterlegung wirksam werden (konvaleszieren). **Anm. 4.**

3. Gegenstand der Hinterlegung ist die **Wechselsumme,** und zwar nur diese, da Nebenbeträge, insbesondere Zinsen, mangels erfolgter Präsentation des Wechsels nicht geschuldet werden. Hat der Bezogene nur einen Teil der Wechselsumme akzeptiert, so befreit er sich durch Hinterlegung dieses Teiles; im übrigen aber ist der Wechselschuldner zu Teilhinterlegungen nicht, wie zu Teilzahlungen (Art 38), berechtigt und wird durch solche auch nicht für den hinterlegten Teilbetrag befreit (RGZ 108, 340/341; a. M. Bernstein § 1b S. 194). Die Hinterlegung hat in der gleichen **Anm. 5.**

Währung und Münzsorte zu erfolgen, in welcher die Zahlung zu erfolgen hatte; vgl. die Erläuterungen zu Art 37. Die Hinterlegung braucht nicht unmittelbar nach Eintritt der Verfallzeit, sondern kann so lange erfolgen, als der Wechsel nicht zur Zahlung präsentiert worden ist (RGZ 108, 338). Über den in RGZ 108, 337 entschiedenen Fall, daß zwischen der Verfallzeit des Wechsels und dem Tage der Hinterlegung der Wechselsumme eines in ausländischer Währung ausgestellten Wechsels eine inflatorische Entwertung der inländischen Währung erfolgt ist und die in diesem Falle vorzunehmende, nötigenfalls doppelte, Umrechnung vgl. zu Art 37 Anm 4.

Anm. 6. 4. Über die **Art und Weise und das Verfahren** bei der Hinterlegung bestimmt Art 40, daß sie bei Gericht oder bei einer anderen zur Annahme von Depositen ermächtigten Behörde zu erfolgen hat. Das Nähere ist jetzt in den §§ 372ff. BGB, sowie in den auf Grund der Artt 144, 145 EGBGB erlassenen Vorschriften der Landesgesetze geregelt. Danach (§ 374) hat die Hinterlegung (sofern nicht die Landesgesetze über die örtliche Zuständigkeit der Hinterlegungsstellen etwas anderes vorschreiben) bei der Hinterlegungsstelle des Leistungsortes, d. i. bei dem Wechsel der nach Artt 4 Nr. 8, 24 sich bestimmende Zahlungsort (vgl. zu Art 4 Anm 48ff.), zu erfolgen; jedoch ist die Hinterlegung bei einer örtlich unzuständigen Stelle nicht unwirksam, sondern verpflichtet den Schuldner nur, den dem Wechselgläubiger dadurch etwa entstehenden Schaden, wie Übersendungskosten, Kursunterschiede u. dgl. zu tragen; bei Übersendung des Betrages an die Hinterlegungsstelle durch die Post wirkt die Hinterlegung auf die Zeit der Aufgabe zur Post zurück (§ 375). Als Hinterlegungsstellen sind für Preußen die Amtsgerichte bestimmt (Hinterlegungsordnung vom 21. 4. 1913, GesSammlung S. 225). Der Schuldner hat das Recht, die hinterlegte Summe zurückzunehmen, solange er nicht der Hinterlegungsstelle erklärt hat, daß er auf die Rücknahme verzichte oder der Gläubiger die Annahme erklärt hat oder ein rechtskräftiges Urteil über die Rechtmäßigkeit der Hinterlegung vorgelegt ist (§ 376).

Anm. 7. Im Schlußsatze des Artikels ist noch vorgeschrieben, daß es **der Vorladung des Inhabers nicht bedarf.** Diese Sondervorschrift müßte für den Wechsel auch zur Anwendung kommen, falls etwa in einer landesgesetzlichen Hinterlegungsordnung vorgeschrieben sein sollte, daß der Gläubiger zu dem Akte der Hinterlegung zu laden sei. Sie erklärt sich daraus, daß der Wechsel von Hand zu Hand geht und der Schuldner zumeist den derzeitigen Inhaber nicht kennen wird.

Anm. 8. In der österreichischen Fassung der ADWO sind im Satz 2 des Art 40 die Worte: „oder bei einer anderen zur Annahme von Depositen ermächtigten Behörde oder Anstalt" weggeblieben; die Hinterlegung ist deshalb dort nur wirksam, wenn sie bei Gericht erfolgt.

5. Die Wirkung der Hinterlegung ist in Art 40 dahin bestimmt, daß die Hinterlegung **auf Gefahr und Kosten des Inhabers** erfolgt. Damit ist gesagt, daß der Inhaber auch die Gefahr einer Währungsverschlechterung von der Hinterlegung ab trägt (RGZ 108, 340). Falls nach der Hinterlegungsordnung der Schuldner die Kosten der Hinterlegung gegenüber der Hinterlegungsstelle zu zahlen hat, ist der Wechselinhaber verpflichtet, sie ihm zu erstatten. Im übrigen ist die Wirkung verschieden, je nachdem und solange die Rücknahme noch oder nicht mehr erfolgen kann (vgl. oben Anm 6). Ist die Rücknahme ausgeschlossen, so ist die Wechselschuld endgültig in der gleichen Weise erloschen, wie sie durch die Zahlung des Hauptwechselschuldners erlischt (§ 378 BGB; vgl. zu Art 39 Anm 6). Solange die Rücknahme noch nicht ausgeschlossen ist, kann der Schuldner den Inhaber „auf die hinterlegte Summe verweisen", d. h. dem Leistungsanspruch gegenüber die Einrede erheben, daß er nicht zu zahlen brauche, weil und so lange er berechtigterweise hinterlegt habe (RGZ 59, 17; vgl. RGRKomm zu § 379 Anm 1). Mit der Rücknahme tritt seine Leistungspflicht wieder in Kraft.

Anhänge zum Unterabschnitt VII Nr. 2, Artikel 36 bis 40.

I. Ausländische Wechselgesetzgebungen.

Anm. 1. 1. Über die formelle Legitimation des Inhabers eines indossierten Wechsels durch eine zusammenhängende Kette von Indossamenten und über die Prüfung der Echtheit der Indossamente durch den Zahlenden (Art 36 DWO) enthalten die Gesetze der deutschen Gruppe im wesentlichen die gleichen Vorschriften wie die DWO. So die Schweiz Art 755, Ungarn § 36, Bulgarien Art 566, die skandinavischen Gesetze § 39, Finnland § 35, Italien Art 287, Rumänien Art 309, Japan Art 464. Für Rußland enthält das neue Gesetz keine dem Art 23 des früheren Gesetzes, der den Inhalt des Art 36 DWO wiedergab, entsprechende ausdrückliche Vorschrift. Auch in Portugal fehlen entsprechende Bestimmungen. Da im italienischen Recht die Datierung des Indossaments erforderlich ist (vgl. Anhang I zu Unterabschnitt III Anm 3), folgert die Rechtsprechung und Rechtslehre (Vivante Nr. 1263 und die daselbst in Fußnote 258 angeführten Urteile), daß die Daten der Indossamente sich in chronologischer Ordnung folgen müssen und daß die Reihenfolge irregulär ist, wenn ein Indossament ein früheres Datum hat als das vorhergehende, weil einer der Indossatare danach als Eigentümer des Titels erscheinen würde, während dieser noch im Eigentume des vorhergehenden Indossatars stehen würde. Doch wird keineswegs eine chronologische Reihenfolge der Indossamente in örtlicher Beziehung — hintereinander auf dem Rücken des Wechsels — erfordert; vielmehr können die außerhalb der Reihe, und zwar auch die auf der Vorderseite stehenden Indossamente zur Ausfüllung von Lücken herangezogen werden (Vivante a. a. O.). Gleiches wird in den übrigen Ländern zu gelten haben, die eine Datierung der Indossamente erfordern.

Der französische Code de commerce enthält keine ausdrückliche Vorschrift über die Legitimation des Inhabers durch eine ununterbrochen zusammenhängende Kette von Indossamenten; doch wird angenommen (Thaller Nr. 1508 zu c Nr. 4), daß eine solche vorhanden sein und daß der Zahlende ihr Vorhandensein prüfen muß. Im übrigen greift die Vorschrift des Art 145 Code de comm. Platz, die besagt, daß derjenige, der einen Wechselbrief bei seiner Fälligkeit und ohne daß Opposition vorliegt, bezahlt, als wirksam befreit angesehen (präsumiert) wird. Voraussetzung ist also, daß der Wechsel fällig und daß kein Einspruch gegen die Legitimation des Inhabers eingelegt ist. In diesem Falle ist der Zahlende nicht zur Prüfung der Echtheit der Indossamente, aber auch nicht zur Prüfung der Identität des formell legitimierten Inhabers verpflichtet (Thaller Nr. 1507 Schlußabsatz). Doch schützt Art 145 nur den Zahlenden gegen nochmalige Zahlung; nicht den gutgläubigen Erwerber eines Wechsels; vgl. über diesen Anhang I zum Unterabschn. XI DWO Anm 7. Über Zahlung vor Fälligkeit bestimmt Art 144 noch ausdrücklich, daß der Zahlende in diesem Falle für die Gültigkeit der Zahlung verantwortlich ist. Eine Opposition gegen die Zahlung kann nach Art 149 nur eingelegt werden im Falle des Verlustes des Wechsels oder des Falliments des Inhabers; sie bedarf nicht eines formellen Aktes durch Gerichtsvollzieher, ein einfacher Brief (lettre missive) genügt; Thaller Nr. 1507 b. Der Bezogene ist nicht verpflichtet oder berechtigt zu prüfen, ob die Opposition begründet ist, kann und muß vielmehr Zahlung verweigern, sobald eine solche vorliegt, bis zu ihrer Aufhebung (Thaller a. a. O.). Die gleiche Rechtslage besteht in den anderen Gesetzgebungen der französischen Rechtsgruppe. Bei falschen Wechseln, d. h. solchen, deren Falschheit oder Verfälschung in irgendeiner Beziehung feststeht, gibt das belgische Gesetz (Art 47 Abs 3) dem Akzeptanten, von welchem Zahlung verlangt wird, das Recht, von dem Inhaber die Angabe seines Vormannes und den Nachweis der Echtheit von dessen Unterschrift zu verlangen, um dadurch festzustellen, ob der Inhaber aus dem Wechsel, unabhängig von der vorhandenen Fälschung, materiell berechtigt ist (vgl. zu Artt 75, 76 DWO). In Spanien (Art 492) ist der Inhaber verpflichtet, demjenigen, von dem er Zahlung verlangt, die Identität seiner Person durch Urkunden oder Zeugen nachzuweisen; in Ermangelung dieses Nachweises kann der Zahlungsverpflichtete den Wechselbetrag auf Kosten und Gefahr des Inhabers bei einer dazu berechtigten Stelle hinterlegen. — In den angelsächsischen Rechten (BEA Abschn. 52^3, $59^{1,2}$; NIL § 132 Nr. 1, § 2) hat die Zahlung an den Inhaber (holder) zu erfolgen, sofern dieser sich nicht infolge der Fälschung oder sonstiger Ungültigkeit eines Indossaments in der ihn legitimierenden Kette als ein „unlawful" holder erweist (BEA Abschn. 24; NIL § 42). Die Zahlung an einen solchen holder befreit den Zahlungspflichtigen nicht, außer wenn er ein Bankier ist und im gewöhnlichen Geschäftsgange gutgläubig einen auf Anfordern (on demand) zahlbaren Wechsel bezahlt. Ob zur Legitimation des Inhabers die Ausstreichung der auf sein Indossament folgenden Indossamente erforderlich ist (vgl. darüber für das deutsche Recht zu Art 36 DWO Anm 9), ist im angelsächsischen Rechte bestritten. Das neue tschechoslowakische Gesetz enthält über die Legitimation des Wechselinhabers in § 32 eine dem Art 36 DWO inhaltlich entsprechende Vorschrift. Die neuen Gesetze von Polen (Art 15) und Jugoslawien (§ 15) haben sich auch in diesen Punkten der Haager EWO (vgl. Anhang II Anm 1) angeschlossen; ebenso in Art (§) 39 Abs 3 hinsichtlich der Frage der Prüfungspflicht des Wechselschuldners (vgl. Anhang II Anm 2). **Anm. 1 a.**

2. Über die Zahlung von Wechseln, die auf eine Währung („Münzsorte") lauten, die am Zahlungsorte keinen gesetzlichen Kurs hat, enthalten die meisten Gesetze der deutschen Gruppe eine dem Art 37 DWO entsprechende Bestimmung. So Ungarn § 37 Abs 2, Schweiz Art 756, die skandinavischen Gesetze § 35, Bulgarien Art 563, Italien Art 39, Rumänien Art 41. Abweichend ist in Portugal (Art 315) vorgeschrieben, daß die Zahlung, wenn nicht Effektivzahlung in der ausländischen Währung ausbedungen ist, in der Währung des Inlandes zu erfolgen hat, sonach unter Ausschluß des Wahlrechts des Zahlenden. In Rußland können nur solche Wechsel, die im Auslande ausgestellt sind und einen innerhalb der Sowjetföderation belegenen Zahlungsort haben, sowie solche, die innerhalb der Sowjetföderation mit Zahlungsort im Auslande ausgestellt sind, auf eine andere als die in der Sowjetföderation geltende Währung lauten (vgl. zu Art 4 Anhang I Anm 3). Bei Bezahlung solcher Wechsel wird, wenn sie innerhalb der Sowjetföderation zur Zahlung vorgelegt werden, der Wechselbetrag umgerechnet in die innerhalb der Sowjetföderation im Umlaufe befindliche Währung nach dem von der Staatsbank für den Tag der Zahlung festgesetzten Kurse (§ 3 Satz 2 Ges. von 1922). Im Inland ausgestellte und zahlbare Wechsel sind zu bezahlen in der innerhalb der Sowjetföderation in Umlauf befindlichen Währung; dabei werden Goldrubel, die nicht im Umlauf, aber gesetzliches Währungsgeld sind, in die im Umlauf befindliche Währung (Sowjetrubel) umgerechnet nach dem Kurse, der von der Staatsbank für den Zahlungsort festgelegt ist (§ 3 Satz 1). — Über die Art der Umrechnung in die Landeswährung und den dabei zugrunde zu legenden Kurs treffen einige Gesetzgebungen der deutschen Gruppe noch besondere Vorschriften: so die skandinavischen Gesetze § 35; Ungarn § 37 Abs 3; Portugal Art 315 Abs 1. Italien (Art 39) und Rumänien (Art 41) bestimmen, daß in erster Linie der etwa im Wechsel selbst angegebene Kurs maßgebend zu sein hat. — Für das Gebiet der französischen Rechtsgruppe ist Art 143 C. de comm. maßgebend, der bestimmt, **Anm. 2.**

daß ein Wechsel in der Münze, die er angibt, zu bezahlen ist. Aus diesem Wortlaute muß, da keine Ausnahme gemacht ist, gefolgert werden, daß Zahlung in der Landesmünze ausgeschlossen ist, wenn der Wechsel auf eine ausländische Münzsorte, obwohl nicht „effektiv", gestellt ist. So Thaller Nr. 1252; doch wird die Frage in der (bei Thaller a. a. O. angeführten) Rechtsprechung überwiegend zugunsten der Landeswährung beantwortet, wobei über den zugrunde zu legenden Umrechnungskurs verschiedene Auffassungen zutage treten. Belgien (Art 33) hat den Art 143 C. de comm. übernommen, läßt aber Zahlung in belgischem Gelde nach dem Kurse vom Verfalltage oder dem im Wechsel selbst angegebenen Kurse zu; der im Wechsel angegebene Kurs ist dabei in erster Linie maßgebend. Nach dem niederländischen Gesetze (Art 156 Abs 2) hat Zahlung mit inländischem Gelde zu erfolgen, falls die Münzsorte keinen „gesetzlichen" Kurs im Inlande hat, was bei ausländischen Münzsorten überall zutreffen wird. — Nach großbritannischem Rechte (BEA 72[4]) sind auf fremde Währung lautende, vom Auslande auf einen großbritannischen Zahlungsort gezogene Wechsel mangels anderer Bestimmung im Wechsel selbst in großbritannischer Währung zum Sichtwechselkurse am Zahlungsorte und Zahlungstage zu bezahlen. Entsprechendes gilt für Wechsel auf eine am Zahlungsorte nicht umlaufende Münzsorte. Im amerikanischen Rechte ist nach dem Law Merchant, das in Ermangelung einer Bestimmung des NIL zur Anwendung kommt, Zahlung der in fremder Währung angegebenen Summe in der Landesmünze dem Schuldner gestattet.

Das neue tschechoslowakische Gesetz (§ 33) bestimmt, daß die Zahlung in der im Wechsel bestimmten Münzsorte zu leisten ist; daß aber, wenn ein Wechsel auf eine Münzsorte lautet, die am Zahlungsorte nicht die gesetzliche Währung ist, und nicht effektive Zahlung bestimmt ist, die Zahlung in der Münzsorte erfolgen kann, die am Zahlungsorte „gangbar" ist, und zwar „nach den Durchschnittskursen von Geld und Ware, welche die im Wechsel bestimmte Münzsorte vor dem Zahlungstage zuletzt an der Prager Börse gehabt hat". Das polnische (Art 40) und das jugoslawische Gesetz (§ 40) enthalten auch zu diesem Punkte die gleiche Vorschrift, wie die HEWO; vgl. Anhang II Anm 4.

Anm. 3. 3. Teilzahlungen (Art. 38 DWO) werden auch in den übrigen Gesetzgebungen der deutschen Gruppe gestattet und der Inhaber für nicht befugt erklärt, sie zurückzuweisen. So in der Schweiz Art 757, Italien 292, Rumänien 314, Portugal 321, Ungarn § 38, den skandinavischen Gesetzen § 37, Tschechoslowakei § 34. Die entsprechende Vorschrift des früheren russischen Gesetzes (Artt 47, 102) ist in dem neuen Gesetze nur für gezogene Wechsel gegeben (§ 25 Satz 2); bei eigenen Wechseln wird sonach der Inhaber, entsprechend allgemeinen Rechtsgrundsätzen, Teilzahlungen zurückweisen können. — Für das französische Rechtsgebiet bestimmt Art 156 C. de comm., daß die geleisteten Teilzahlungen zur Entlastung des Ausstellers und der Indossanten dienen und daß der Inhaber für den Mehrbetrag Protest zu erheben gehalten ist. Aus dieser Bestimmung wird, unter Heranziehung der Analogie des Art 124, der die teilweise Akzeptation ausdrücklich gestattet und für diesen Fall gleichfalls nur Protesterhebung wegen des Mehrbetrags vorschreibt (vgl. darüber Anhang I zu Unterabschn. V Anm 4), in der Rechtslehre (Thaller 1510) gefolgert, daß der Inhaber Teilzahlungen nicht zurückweisen darf; doch ist die Frage bestritten (vgl. Thaller a. a. O. Fußnote 1). Andere Rechtslehrer (so Lyon-Caën et Ren. Nr. 305) halten auf Grund der erwähnten Analogie den Bezogenen nur dann für befugt, eine Teilzahlung zu machen, wenn er nur teilweise oder gar nicht angenommen hatte. Ausdrücklich ist der Inhaber zur Annahme von Teilzahlungen für verpflichtet erklärt in den Gesetzen der Niederlande (Art 168), Belgiens (Art 46 Abs 2), Brasiliens (neueres Gesetz Art 22 Abs 1); im Gegensatze dazu wird er für befugt erklärt, Teilzahlungen zurückzuweisen, in Spanien (Art 494). — Im angelsächsischen Rechte fehlt eine Bestimmung; es wird also dort der gemeinbürgerliche Rechtssatz, daß der Gläubiger Teilzahlungen nicht anzunehmen braucht, auch für den Wechselverkehr Platz greifen. Das polnische Gesetz (Art 38) und das jugoslawische (§ 38) bestimmen wie die HEWO (vgl. Anhang II Anm 7).

Anm. 4. 4. Über das Recht des zahlenden Wechselschuldners, Aushändigung des quittierten Wechsels, beziehungsweise bei Teilzahlungen Abschreibung auf dem Wechsel und Quittung zu verlangen (Art 39 DWO), enthalten die übrigen Gesetzgebungen der deutschrechtlichen Gruppe die gleiche Vorschrift wie die DWO. Einzelne von ihnen regeln noch näher die Einzelheiten dieses Anspruchs: so schreiben Portugal (Art 320 § 1), Finnland (§ 37) vor, daß, wenn mehrere Exemplare eines Wechsels ausgestellt sind, das Akzeptexemplar auszuhändigen bzw. zu quittieren ist; Japan (Art 423 Abs 2) gibt nähere Vorschriften über Form und Stellung der Quittung. Die Quittung bei Teilzahlungen hat nach einigen Gesetzgebungen der deutschen Gruppe (entsprechend dem früheren Wortlaute des Art 39, vgl. zu Art 39 Anm 10) auf einer Abschrift des Wechsels zu erfolgen; so noch die Schweiz (Art 758 Abs 2), Ungarn (§ 39 Abs 2), die skandinavischen Gesetze (§ 38), Bulgarien (Art 565 Abs 2), Japan (Art 484 Abs 2), Tschechoslowakei § 35 Abs 2. Nach dem neuen russischen Gesetze (§ 25) kann der Trassat, der den Wechselbetrag bezahlt hat, vom Wechselinhaber die Aushändigung des bezahlten Wechsels (also anscheinend keine Quittierung desselben), bei Teilzahlungen aber einen entsprechenden Vermerk auf dem Wechsel und die Erteilung einer Quittung fordern. Im Gebiete der französischen Rechtsgruppe finden sich ausdrückliche Vorschriften, und zwar im Sinne des Art 39 DWO, nur in dem niederländischen Gesetze (Art 167); im übrigen wird angenommen, daß der Zahlende die Aushändigung des Wechsels und eine Quittung des Inhabers verlangen kann; daß aber durch die Aushändigung des Wechsels allein schon gemäß Art 1282 Code civil eine Präsumtion der Zahlung geschaffen wird (Thaller Nr.1508 c und Anm 1; a. M. Cass. 18. 8. 1852, Dalloz 53, 1, 111). Im angelsächsischen Rechtsgebiete wird ohne ausdrückliche Bestimmungen ein Recht des Zahlenden auf Quittung anerkannt und Teilzahlungen werden üblicherweise auf dem Wechsel vermerkt (Chalmers S. 26, Daniel II § 1228). Das polnische Gesetz (Art 38 Abs 1) und das jugoslawische (§ 38) bestimmen wie die HEWO (vgl. Anhang II Anm 9).

5. Das Recht, den bei Fälligkeit nicht eingeforderten Wechselbetrag zu hinterlegen (Art 40 DWO), geben in der deutsch-rechtlichen Gruppe dem Akzeptanten auch die Schweiz (Art 759), Ungarn (§ 40), Italien (Art 297), Rumänien (Art 320), Japan (Art 485). In Ungarn und Italien kann, wie in Österreich (vgl. zu Art 40 Anm 8) die Hinterlegung nur bei Gericht erfolgen. In Rußland ist die in dem früheren Gesetze (§ 48) enthaltene, dem Art 40 DWO inhaltlich in der Hauptsache entsprechende Vorschrift in das neue Gesetz nicht aufgenommen; eine den Wechselschuldner befreiende Hinterlegung wird daher dort jetzt nur nach den allgemeinen Vorschriften des bürgerlichen Rechts erfolgen können, und zwar nach § 114 des neuen bürgerlichen Gesetzbuchs, der die Hinterlegung bei Gericht in den dort einzeln bezeichneten Fällen (Abwesenheit des Gläubigers, Weigerung der Annahme der Erfüllung oder sonstiger Annahmeverzug und Handlungsunfähigkeit ohne bereiten Vertreter) gestattet; die Tatsache der Nichteinforderung des Wechsels für sich allein wird hiernach die Deposition nicht mehr rechtfertigen können. In den übrigen Gesetzgebungen, die keine besondere Vorschrift über die Hinterlegungsbefugnis beim Wechsel enthalten, entscheiden gleichfalls die Grundsätze des allgemeinen bürgerlichen Rechts. Danach ist in der Regel eine vorherige Inverzugsetzung des Gläubigers durch Angebot der Wechselsumme erforderlich, ein Erfordernis, das allerdings schwer zu erfüllen ist, da der derzeitige Wechselgläubiger dem Schuldner meist nicht bekannt sein wird; vgl. Thaller Nr. 1514. Deshalb ist in Frankreich durch das Gesetz vom 16. Thermidor III jeder Schuldner eines Wechsels ermächtigt worden, wenn der Inhaber innerhalb dreier Tage nach dem Verfalle sich nicht gezeigt hat, den Wechselbetrag bei dem Enregistrements-Einnehmer, an dessen Stelle laut Ordonnanz vom 3. 7. 1816 die Trésorerie générale, als Repräsentantin der Caisse des consignations getreten ist, zu hinterlegen, gegen Aushändigung eines Hinterlegungsscheines, den er dem Wechselinhaber, sobald er sich meldet, im Austausch gegen den Wechsel aushändigen kann, und durch diese Hinterlegung sich von der Tragung der Gefahr für die Wechselsumme zu befreien (Thaller a. a. O.). In Spanien (Art 492 Abs 2) ist die Hinterlegung gestattet, wenn der Wechselinhaber, der Zahlung verlangt, den Beweis seiner Identität mit dem durch den Wechsel Legitimierten nicht zu führen vermag (vgl. über diesen Beweis oben Anm 1).

II. Künftiges einheitliches Wechselrecht.

1 a) Über die **formelle Legitimation des Inhabers** (Art 36 DWO) trifft die Haager EWO im Kapitel II, De l'endossement, folgende Bestimmungen: **Anm. 1.**

Art 15 HEWO:

„Der Besitzer (détenteur) eines Wechselbriefes wird als legitimer Inhaber angesehen, wenn er sein Recht durch eine ununterbrochene Reihe von Indossamenten darlegt, selbst wenn das letzte Indossament in blanco ist. Wenn einem Blanko-Indossament ein anderes Indossament folgt, so wird angenommen, daß der Unterzeichner des letzteren den Wechsel durch das Blankoindossament erworben hat. Die ausgestrichenen Indossamente werden als nicht erfolgt angesehen.

Wenn Jemand durch irgendein Ereignis aus dem Besitze eines Wechselbriefes gesetzt worden ist, so kann der Inhaber, der sein Recht in der in dem vorhergehenden Artikel angegebenen Weise darlegt, zur Herausgabe des Briefes nur angehalten werden, wenn er ihn in bösem Glauben erworben hat oder wenn er, indem er ihn erwarb, einen groben Fehler begangen hat".

Das Genfer EWG hat den Artikel als Art 16 gleichlautend übernommen, mit der einzigen lediglich äußerlichen Änderung, daß Satz 2 und 3 des ersten Absatzes umgestellt sind.

b) Über die **Zahlung vor Verfall und die Prüfungspflicht des Wechselschuldners** bei der Zahlung vor und nach Verfall bestimmen die Entwürfe übereinstimmend Folgendes: **Anm. 2.**

Art 39 HEWO, 40 GEWG:

„Der Inhaber eines Wechselbriefes kann nicht gezwungen werden, dessen Zahlung vor der Fälligkeit anzunehmen. Der Bezogene, der vor der Fälligkeit zahlt, tut es auf sein Risiko und seine Gefahr.

Wer bei Fälligkeit zahlt, wird gültig befreit, es sei denn, daß auf seiner Seite ein Betrug oder ein schwerer Fehler vorliegt. Er ist verpflichtet, die Ordnungsmäßigkeit der Folge der Indossamente zu prüfen (vérifier), aber nicht die Zeichnung der Indossanten".

Erläuterungen.

Anm. 3. 1. Die Vorschriften über die Legitimation durch eine Indossamentenkette entsprechen inhaltlich dem deutschen Rechte; vgl. die Erläuterungen zu Art 36 DWO, sowie hinsichtlich der geltenden ausländischen Wechselrechte den Anhang I Anm 1, 1a. Hinsichtlich der Zahlung vor Verfall und der Prüfungspflicht des Zahlenden bei Zahlung vor und nach Verfall (vgl. für das deutsche Recht zu Art 36 DWO Anm 16 ff.) schließen sich die Entwürfe im wesentlichen den im französischen Rechtsgebiete geltenden Grundsätzen an (vgl. Anhang I Anm 1 a). Über die im Absatz 2 des Artikels 15 (16) geregelte Herausgabepflicht des Wechselinhabers vgl. zu Art 74 DWO.

Anm. 4. 2. Über die **Zahlung von Wechseln, die auf eine am Zahlungsorte keinen Umlauf habende Münzsorte ausgestellt sind** (Art. 37 DWO) bestimmt die Haager EWO Folgendes:

Art 40 HEWO:

„Wenn ein Wechselbrief in einer Münze, die am Zahlungsorte keinen Kurs hat, zahlbar gestellt ist, so kann sein Betrag, nach seinem Werte an dem Tage, an welchem die Zahlung gefordert werden kann, in der Landesmünze bezahlt werden, es sei denn, daß der Zieher bestimmt hat, daß die Zahlung in der angegebenen Münze erfolgen muß (Klausel der Effektivzahlung in einer fremden Münze). Die Gebräuche des Zahlungsortes dienen dazu, den Wert der fremden Münze zu bestimmen. Jedoch kann der Zieher bestimmen, daß die zu zahlende Summe berechnet werden soll nach einem Kurse, der im Wechsel bestimmt ist oder von einem Indossanten zu bestimmen ist; in diesem Falle muß diese Summe in der Landesmünze bezahlt werden. Wenn der Betrag des Wechselbriefs in einer Münze angegeben ist, die in dem Lande der Ausstellung und in dem der Zahlung die gleiche Benennung, aber einen verschiedenen Wert hat, so wird vermutet, daß auf die Münze des Zahlungsortes Bezug genommen worden ist".

Das Genfer EWG hat diese Vorschrift mit etwas verändertem Inhalte als Art 41 wie folgt übernommen:

Art 41 GEWG:

„Wenn ein Wechselbrief in einer Münze, die am Zahlungsorte keinen Kurs hat, zahlbar gestellt ist, so kann sein Betrag nach seinem Werte an dem Tage der Fälligkeit in der Landesmünze bezahlt werden. Wenn der Schuldner im Verzuge ist, kann der Inhaber nach seiner Wahl verlangen, daß der Betrag des Wechselbriefes in der Landesmünze bezahlt werde nach dem Kurse, sei es des Verfalltages oder des Tages der Zahlung.

Die Gebräuche des Zahlungsortes dienen dazu, den Wert der fremden Münze zu bestimmen. Jedoch kann der Zieher bestimmen, daß die zu zahlende Summe berechnet werden soll nach einem in dem Wechselbriefe bestimmten Kurse.

Die hier angegebenen Regeln finden keine Anwendung auf den Fall, wo der Zieher bestimmt hat, daß die Zahlung in einer bestimmten Münze bewirkt werden muß (Klausel der Effektiv-Zahlung in einer fremden Münze)".

(Absatz 4 gleichlautend mit Satz 4 HEWO.)

Erläuterungen.

Anm. 5. Die sachliche Änderung besteht hauptsächlich darin, daß nach dem Genfer Entwurf im Falle des Verzugs des Schuldners das Wahlrecht, in welcher Münze (Währung) gezahlt werden soll, von dem Schuldner auf den Gläubiger übergeht, der in diesem Falle auch die Wahl hat, ob der Tag des Verfalles oder der Tag der Zahlung der Umrechnung zugrunde gelegt werden soll. Die Konferenz betrachtete diese Regelung als „das einzige Mittel um zu vermeiden, daß der in Verzug befindliche Schuldner begünstigt werde", indem er je nach der Änderung des Kurses seit dem Verfalltage sich für Zahlung in der einen oder anderen Währung entscheiden würde (Ber. d. Red.-Kom. Nr. 95—97. C. rendu S. 140). Im übrigen handelt es sich nur um Änderungen in der Fassung und Reihenfolge der einzelnen Sätze.

Anm. 6. Die Genfer Konferenz hat ferner die Möglichkeit des Eintritts besonderer Verhältnisse hinsichtlich der Währung eines Staates (Währungsentwertung, Inflation) berücksichtigt, indem sie in Art 7 der Annexe II folgenden Vorbehalt aufnahm:

Annexe II Art. 7:

„Jeder der H. v. Teile hat die Befugnis, wenn er es für nötig hält, in außerordentlichen Umständen, welche auf den Wechselkurs der Münze dieses Staates Bezug haben, die Wirkungen der in Artikel 41 vorgesehenen, auf die effektive Zahlung in einer fremden Münze bezüglichen Klausel in betreff der auf seinem Gebiete zahlbaren Wechselbriefe außer Kraft zu setzen. Die gleiche Regel kann zur Anwendung kommen auf das, was die Schaffung von Wechselbriefen in auswärtiger Münze auf dem nationalen Gebiete betrifft".

Die Konferenz wollte dadurch den Vertragsstaaten die Möglichkeit geben, gewissen wirtschaftlichen Lagen, die sich in gewissen Augenblicken des nationalen Lebens ergeben können, Rechnung zu tragen, ohne das Abkommen kündigen zu müssen (Ber. d. Red.-Kom. Nr. 164; C. rendu S. 151).

3. Über die **Pflicht zur Annahme von Teilzahlungen** (Art 38 DWO) bestimmen die Entwürfe übereinstimmend Folgendes: **Anm. 7.**

Art 38 Abs 2 HEWO, 39 Abs 2 GEWG:

„Der Inhaber kann eine teilweise Zahlung nicht zurückweisen".

Zu dieser Bestimmung war in dem Haager Abkommen folgender Vorbehalt für die Vertragsstaaten vorgesehen:

Art 8 Haager Abkommen:

„Unter Außerkraftsetzung des Art 38 Absatz 2 der Wechselordnung kann jeder vertragschließende Staat für die auf seinem Gebiete zahlbaren Titel den Inhaber ermächtigen, eine Teilzahlung zurückzuweisen.

Das auf diese Weise dem Inhaber bewilligte Recht muß von den anderen Staaten anerkannt werden".

Die Genfer Konferenz hat einen solchen Vorbehalt in die in Annexe II des Genfer Abkommens enthaltenen Vorbehalte nicht aufgenommen. Bei den Erörterungen über die Frage der Zulassung von Teilzahlungen wurde namentlich geltend gemacht, daß, nachdem man das Teilakzept zugelassen habe (vgl. den Anhang II zum Unterabschnitte V Anm 16), man schwerlich die Teilzahlung ausschließen könne und daß ihre Zulassung, wie die des Teilakzepts, sich besonders aus Rücksicht auf die möglichste Entlastung der Regreßpflichtigen empfehle (Ber. d. Red.-Kom. Nr. 87; C. rendu S. 138). **Anm. 8.**

4. Über das Recht des Zahlenden auf **Aushändigung des Wechsels beziehungsweise auf Quittungserteilung** (Art 39 DWO) ist in den Entwürfen übereinstimmend Folgendes vorgesehen: **Anm. 9.**

Art 38 Abs 1, 3 HEWO, 39 Abs 1, 3 GEWG:

(Abs 1): „Der Bezogene kann bei der Zahlung des Wechselbriefes verlangen, daß dieser, durch den Inhaber quittiert, ihm ausgehändigt werde".

. . . .

(Abs 3): „Im Falle einer Teilzahlung kann der Bezogene verlangen, daß Erwähnung dieser Zahlung auf dem Briefe getan werde und daß ihm Quittung darüber gegeben werde".

5. Über das **Hinterlegungsrecht des Wechselschuldners** im Falle der Nichteinforderung des Wechsels bei Verfall (Art 40 DWO) bestimmen die Entwürfe übereinstimmend Folgendes: **Anm. 10.**

Art 41 HEWO, 42 GEWG:

„In Ermangelung einer Vorlegung des Wechselbriefes in der durch Art 37 bestimmten Frist hat jeder Schuldner die Befugnis, dessen Betrag der zuständigen Behörde in Depot zu geben, auf Kosten, Risiko und Gefahr des Inhabers".

VIII. Regreß mangels Zahlung.

Vorbemerkung.

In dem Systeme der WO tritt mit diesem Unterabschnitte eine bemerkenswerte Zäsur ein. Während nämlich die bisherigen Unterabschnitte den gezogenen Wechsel von seiner Entstehung an über seinen Übergang auf andere Gläubiger (seine Zirkulation) bis zum Zeitpunkte seiner Fälligkeit, in welchem er seiner Bestimmung gemäß durch Zahlung seine Erledigung finden soll, also den regelmäßigen Gang des Wechsels, den sog. Vorlauf, behandeln, regelt der Unterabschnitt VIII (Artt 41—55) den Rücklauf, den der Wechsel als Träger der Wechselforderung zu nehmen hat, falls ihm die bestimmungsgemäße Erledigung durch Zahlung bei Fälligkeit versagt bleibt. Dieser Rücklauf besteht darin, daß an Stelle desjenigen, durch den die Zahlung bestimmungsgemäß erfolgen sollte — des Bezogenen oder Akzeptanten —, andere Personen, nämlich die Vormänner des letzten Wechselinhabers, welche für die Zahlung des Wechsels wechselmäßige Haftung übernommen haben, zur Erfüllung dieser Haftpflicht im Wege des Regresses herangezogen werden. Es sind dies der Aussteller, dessen wechselmäßige Haftung durch Art 8 begründet ist, und die Indossanten, die nach Art 14 jedem späteren Inhaber wechselmäßig haften. Und zwar sind in den Artikeln 41 und 42 die Voraussetzungen für diesen Regreß, in Art 43 für den besonderen Fall des Domizilwechsels, geregelt, während Art 44 mit dem Hauptthema und der Überschrift nur in negativem Zusammenhange steht, indem er feststellt, daß gegenüber dem Akzeptanten die Regreßvoraussetzungen nicht erfüllt zu werden brauchen. Sodann ist in den Artt 45—47 die Verpflichtung zur Benachrichtigung der Vormänner, die Notifikationspflicht, geregelt, die nicht Voraussetzung für den Regreß ist, deren Nichterfüllung aber den Umfang des Regreßanspruchs einschränkt und Schadensersatzpflichten auslöst. Ferner in Art 48 die Befugnis des Wechselverpflichteten, dem Regreß durch Erstattung der Wechselsumme nebst Akzessorien zuvorzukommen; in Art 49 die Reihenfolge und Häufung der gegen mehrere Wechselverpflichtete zu erhebenden Wechselklagen; in Artt 50—52 der Umfang der Regreßansprüche; in Art 53 eine Einzelheit über die Art und Weise der Regreßnahme (Rückwechsel); in Art 54 die dem zahlenden Regreßpflichtigen gebührenden Gegenleistungen; in Art 55 seine Befugnis zum Ausstreichen von Indossamenten.

Artikel 41.

Zur Ausübung des bei nicht erlangter Zahlung statthaften Regresses gegen den Aussteller und die Indossanten ist erforderlich:

1. daß der Wechsel zur Zahlung präsentiert worden ist und

2. daß sowohl diese Präsentation als die Nichterlangung der Zahlung durch einen rechtzeitig darüber aufgenommenen Protest dargetan wird.

Die Erhebung des Protestes ist am Zahlungstage zulässig, sie muß aber spätestens am zweiten Werktage nach dem Zahlungstage geschehen.

Anm. 1. **I. Bei nicht erlangter Zahlung** tritt die Haftpflicht des Ausstellers auf Grund des Art 8 und diejenige der Indossanten auf Grund des Art 14 (vgl. die Erläuterungen zu diesen Artikeln) ein. Es ist deshalb gegen sie in diesem Falle der Regreß statthaft, d. h. sie können dazu angehalten werden, an Stelle desjenigen, der nach dem Inhalte des Wechsels die Zahlung leisten sollte — des Bezogenen oder Akzeptanten —, Zahlung zu leisten. Die Voraussetzungen für die Ausübung dieses Regresses sind in **Art 41 Abs 1** geregelt, und zwar sind dort zwei Voraussetzungen nebeneinander aufgestellt, nämlich:

1. die vorherige Präsentation des Wechsels;
2. ein rechtzeitig aufgenommener Protest, durch den sowohl die Präsentation als die Nichterlangung der Zahlung dargetan wird.

Anm. 2. 1. Die **Präsentation (Vorlegung) des Wechsels zur Zahlung** erfordert, um wirksam zu sein, daß der Wechsel präsentiert worden ist:

a) falls er nicht indossiert ist, durch den darin bezeichneten Zahlungsempfänger (Remittenten); falls er aber indossiert worden ist, durch einen nach Art 36 WO (vgl. die Erläuterungen zu diesem Artikel) mittels einer zusammenhängenden, bis auf ihn herabgehenden Kette von Indossamenten legitimierten Inhaber. Dies gilt nach der herrschenden Meinung (vgl. zu Art 36 Anm 9) auch für einen Inhaber, der als Indossatar auf dem Wechsel figuriert, ihn aber durch Indossament weiterbegeben hat und wieder in den Besitz des Wechsels gelangt ist, ohne daß zur Zeit der Vorlegung sein eigenes und die nachfolgenden Indossamente ausgestrichen sind. Gleiches gilt für den Remittenten, der indossiert hat und wieder in den Besitz des Wechsels gelangt ist. Einem nicht in dieser Weise legitimierten Inhaber darf der Bezogene die Zahlung verweigern (RGZ 1, 32; 27, 43; 32, 78); die Vorlegung durch einen solchen kann daher den Regreß nicht begründen. — Die Vorlegung kann aber auch durch einen Bevollmächtigten des legitimierten Inhabers erfolgen. Als solcher hat auch ohne besondere Vollmacht der Protestbeamte (Notar, Gerichtsvollzieher, Postbeamte, vgl. Art 87) zu gelten, der durch den Besitz des Wechsels und sein Amt, kraft dessen er zur Beurkundung der Präsentation berufen ist, sich hinreichend ausweist. Doch steht nichts im Wege, daß die Präsentation, die der Protesterhebung zugrunde gelegt werden soll, durch den Inhaber selbst oder einen sonstigen Bevollmächtigten des Inhabers persönlich in Anwesenheit des Protestbeamten, der sie zu beurkunden hat, stattfindet. Daß die zur Präsentation gehörige Zahlungsaufforderung (vgl. unten zu c) durch den Protestbeamten selbst erfolgen müßte, ist nicht (wie Bernstein S. 201 annimmt) aus dem Wortlaute des Art 88 Abs 1 Nr. 2 (vgl. zu Art 88 Anm 6) zu entnehmen. Hat allerdings (was im Geschäftsverkehr wohl die Regel bildet) zunächst eine private Präsentation ohne Anwesenheit eines Protestbeamten stattgefunden (die auch schriftlich unter Einsendung des Wechsels erfolgen kann und häufig, namentlich unter Banken, auf diese Weise erfolgt), so muß sie, sofern Protest erhoben werden soll, in Anwesenheit des Protestbeamten oder durch ihn wiederholt werden, da er nur das beurkunden kann, was er selbst getan oder wahrgenommen hat. In dem Ausnahmefalle des Protesterlasses (Art 42) kann die Präsentation in lediglich privater Weise durch den Inhaber selbst oder einen beliebigen Bevollmächtigten erfolgen; über den Beweis der Präsentation in diesem Falle vgl. zu Art 42 Anm 4.

Anm. 3. **b)** Weiter ist erforderlich, daß der Wechsel derjenigen Person präsentiert wird, die nach seinem Inhalte die Zahlung leisten soll (Zahlungsleister). Das ist in der Regel der Bezogene, mag er akzeptiert haben oder nicht. Und zwar muß ihm der Wechsel zur Zahlung auch vorgelegt werden, wenn er ihm bereits zur Annahme vorgelegt war und er diese abgelehnt hat; die Präsentation zur Annahme (Art 18ff.) ersetzt nicht die Präsentation zur Zahlung. Bei Domizilwechseln hat die Präsentation in erster Linie an den im Wechsel benannten Domiziliaten zu erfolgen (Art 43). Außer dem Bezogenen ist der Wechsel auch einem auf ihm benannten Notadressaten oder Ehrenakzeptanten zur Zahlung vorzulegen (Art 62).

Über die Stelle, an der die Vorlegung zu erfolgen hat, vgl. Art 91 und 91a. An dieser Stelle hat die Vorlegung, wenn der Bezogene eine physische Person ist, in erster Linie an diese zu erfolgen, und zwar auch wenn sie nicht geschäftsfähig ist, es sei denn, daß ihr gesetzlicher Vertreter im Wechsel benannt ist; ebenso wenn sie in Konkurs geraten ist; auch wenn sie verstorben ist, hat ein Präsentationsversuch (vgl. unten Anm. 5) an der Stelle, die für sie bei Lebzeiten zutraf (Geschäftslokal, Sterbewohnung) zu erfolgen. Doch soll nach einem Urteile des ROHG (2, 218) im Falle des Todes auch die Vorlegung an die Erben (d. h. in den für diese persönlich zutreffenden Formen) genügen, während die Entscheidung in diesem Sinne in der Plenarentscheidung ROHG 24, 22 wohl mit Recht als fraglich bezeichnet wird. Dagegen ist für den Fall des Konkurses die Vorlegung an den Konkursverwalter in der genannten Plenarentscheidung, entgegen ROHG 22, 424 und sodann in ständiger Rechtsprechung (RGZ 58, 48) für nicht genügend erklärt. — Für juristische Personen, Handelsgesellschaften usw. hat die Vorlegung an ihre gesetzlichen Vertreter zu erfolgen, auch wenn sie im Wechsel nicht benannt sind. Sind mehrere Personen Gesamtvertreter des Bezogenen (so bei der Kollektivprokura), so genügt es nach der Rechtsprechung des RG (RGZ 24, 86; 53, 231), daß die Präsentation an einen der Gesamtvertreter erfolgt, entsprechend dem in § 171 Abs 3 ZPO und anderen gesetzlichen Vorschriften enthaltenen allgemeinen Rechtsgrundsatze, demzufolge Willenserklärungen einem von mehreren Kollektivvertretern gegenüber mit Wirkung für die vertretene Person abgegeben werden können und die Kenntnis einer Tatsache auf seiten eines Kollektivvertreters genügt, um Kenntnis der vertretenen Person anzunehmen. Die Vorlegung kann ferner stattfinden an eine Person, welche durch ausdrückliche oder stillschweigende Vollmacht von dem Bezogenen zur Entgegennahme derartiger Rechtsakte ermächtigt ist oder auch nur den äußeren Umständen nach von dem Präsentanten (Inhaber oder Protestbeamten) als ermächtigt angesehen werden kann. Ob der Präsentant eine solche Ermächtigung schon dann als vorhanden annehmen kann, wenn die angetroffene Person „an der Kasse sitzt" (so Lehmann 508 Anm 17a; StStranz zu Art 88 Anm 35) oder die Tätigkeit eines Kassierers ausübt, ist bestritten; in RGZ 3, 90 ist die Frage verneint, in RGZ 24, 87 dahingestellt gelassen (weil es sich um einen Fall handelte, in welchem der Kassierer gleichzeitig Vorstandsmitglied war); dahingestellt auch in RGZ 53, 228. Meines Erachtens ist aus der Tätigkeit als Kassierer nicht ohne weiteres die Befugnis zur selbständigen Entgegennahme von Wechselpräsentationen zu entnehmen; der Präsentant wird sich deshalb darüber zu vergewissern haben, ob nach dem bestehenden Geschäftsgebrauch der Kassierer dazu ermächtigt erscheint. — In eine nähere Prüfung der Identität derjenigen Person, die an der Stelle, wo die Präsentation stattzufinden hat, angetroffen wird und sich ihm gegenüber als der Bezogene oder sein Vertreter bezeichnet, braucht der Präsentant nicht einzutreten; es genügt, wenn er aus der Anwesenheit der Person an dieser Stelle, aus der Art ihrer Tätigkeit und aus ihren Angaben ohne Bedenken die Identität bzw. Vertretungsbefugnis als glaubhaft erachten konnte. Die Gültigkeit der Präsentation und des Protestes wird deshalb durch den Nachweis, daß die Person in Wirklichkeit nicht der Bezogene war bzw. keine Vertretungsbefugnis hatte, nur in Frage gestellt, wenn auch dargetan wird, daß der Präsentant Anlaß hatte, daran zu zweifeln. Wird eine Person angetroffen, die der Präsentant den Umständen nach als empfangsberechtigt für den Bezogenen ansehen konnte, so kann er ihr den Wechsel vorlegen, ohne nachzuforschen, ob etwa der Bezogene persönlich anwesend ist. Über die Beurkundung der die Vorlegung an die angetroffene Person rechtfertigenden Umstände im Protest vgl. zu Art 88 Anm 5. **Anm. 4.**

c) Was im übrigen zu einer ordnungsmäßigen Präsentation zur Zahlung erforderlich, ist im Gesetze nicht direkt gesagt; doch ergibt sich aus dem, was nach § 88 Nr. 2 der Protestbeamte in dem sich an die Präsentation anschließenden Proteste zu beurkunden hat, daß die Person, welcher der Wechsel präsentiert wird, zur Vornahme der wechselrechtlichen Leistung — hier der Zahlung — aufgefordert werden muß. Außerdem wird erforderlich sein, daß ihr der Wechsel soweit zugänglich gemacht wird, daß sie von ihm Einsicht zu nehmen in der Lage ist. Wird an der in Betracht kommenden Stelle weder der Bezogene noch eine zu seiner Vertretung befugt erscheinende Person angetroffen, so genügt ein bloßer Präsentationsversuch; das ist zwar in Art 41 Abs 1 Nr. 1 WO nicht, wie in § 16 Abs 1 Satz 1 Scheckgesetz (vgl. meinen ScheckgesKomm Anm 1 zu § 16) ausdrücklich gesagt; ergibt sich aber daraus, daß nach Art 88 Nr. 2 in diesem Falle nur zu beurkunden ist, daß sie nicht anzutreffen gewesen ist. Gleiches gilt für den Fall, daß ihr Geschäftslokal oder ihre Wohnung sich nicht hat ermitteln lassen. Vgl. über die in diesen Fällen im Proteste zu machenden Beurkundungen zu Art 88 Anm 8 und über den in diesen Richtungen zu führenden Nachweis für den Fall, daß kein Protest erhoben wird, zu Art 42 Anm 4. **Anm. 5.**

2. Weiteres Erfordernis für die Ausübung des Regresses ist, daß **Zahlung nicht erlangt ist** und daß sowohl die Präsentation (vgl. zu 1) als die Nichterlangung der Zahlung **durch einen rechtzeitig darüber aufgenommenen Protest** dargetan wird. Der Protest ist danach — anders wie für den Scheck nach § 16 Scheckges, wo als Beweismittel auch eine private Erklärung des Bezogenen und eine Bescheinigung der Abrechnungsstelle zugelassen sind, vgl. darüber meinen ScheckgesKomm zu § 16 — in den Regelfällen das allein zulässige Beweismittel für die genannten Tatsachen; er ist aber darüber hinaus ein für die Ausübung des Regresses erforderlicher Solennitätsakt insofern, als auf seine Errichtung, soweit er gesetzlich geboten ist, nicht verzichtet werden und **Anm. 6.**

der Beweis, daß er errichtet worden, auch nicht durch ein gerichtliches Geständnis (§ 288 ZPO) ersetzt werden kann, so daß sein Fehlen, wie auch seine etwaige Fehlerhaftigkeit, im Rechtsstreite, und zwar sowohl im Versäumnis- wie im kontradiktorischen Verfahren, vom Gerichte in jeder Lage des Verfahrens von Amts wegen zu berücksichtigen ist, sofern nicht der Anspruch anerkannt wird (ROHG 7, 183; 12, 113; 18, 272). Eine Ausnahme von dem Erfordernisse des Protestes bildet nur der Fall des Protesterlasses, der in Art 42 geregelt ist; vgl. die Erläuterungen zu diesem Artikel.

Anm. 7. Über die formellen Erfordernisse und den Inhalt des Protestes ist in den Artt 87—90 generell für alle Fälle, in denen ein solcher wegen Nichterlangung einer wechselrechtlichen Leistung erforderlich ist, Bestimmung getroffen und diese Vorschriften finden auch auf den Fall der Nichterlangung der Zahlung Anwendung. Vgl. Näheres in den Erläuterungen zu den genannten Artikeln.

Anm. 8. **II.** Über die **Frist, innerhalb welcher der Protest mangels Zahlung erhoben werden muß,** sind in **Absatz 2 des Art 41** besondere Vorschriften getroffen. Diese Vorschriften beziehen sich, obwohl es nicht ausdrücklich gesagt ist, auch auf die Präsentation des Wechsels zur Zahlung, da ja diese die Grundlage für den Protest bildet. Doch braucht die Protesterhebung sich nicht unmittelbar an die Präsentation anzuschließen; beide Akte können vielmehr innerhalb der Präsentations- und Protestfrist voneinander zeitlich getrennt erfolgen. Im einzelnen gilt folgendes:

Anm. 9. **1.** Die Präsentations- und Protestfrist beginnt mit dem Zahlungstage. Eine vor diesem Zeitpunkte erfolgte Präsentation zur Zahlung ist unwirksam. Der Beginn des Zahlungstages ist für den Anfang der Frist maßgebend; nach dem in § 187 Abs 2 Satz 1 BGB für die Berechnung von Fristen aufgestellten Grundsatze wird deshalb der Zahlungstag mitgerechnet; er ist der erste Tag der Frist. Anders beim Scheck (§ 11 Scheckges), wo bestimmt ist, daß er „binnen zehn Tagen nach der Ausstellung" zur Zahlung vorzulegen ist, so daß der Tag der Ausstellung nicht in die Frist eingerechnet wird; vgl. meinen ScheckgesKomm zu § 11 Anm 6. — Der Wechsel könnte also grundsätzlich von dem Beginne dieses Tages ab wirksam präsentiert und protestiert werden; die durch Art 92 Abs 2 neuer Fassung reichsgesetzlich geregelten Proteststunden haben nur instruktionelle Bedeutung; ihre Nichteinhaltung stellt — im Gegensatze zu der Bedeutung, welche den bis dahin maßgebenden landesgesetzlichen Proteststunden in der Rechtsprechung beigelegt wurde, vgl. darüber zu Art 92 Anm 9 — die Wirksamkeit der Präsentation und des Protestes nicht in Frage. Die Ansicht von Bernstein (DJZ 1908, 1090), es fehle an der gehörigen Einforderung der Wechselleistung überhaupt, wenn er außerhalb der Proteststunden präsentiert ist, kann, sofern sie de lege lata gemeint ist, nach der Fassung der Protestnovelle nicht gebilligt werden. Doch wird aus den Rechtssätzen des allgemeinen bürgerlichen Rechts (insbesondere § 242 BGB) von der Rechtslehre wohl mit Recht hergeleitet, daß eine Präsentation des Wechsels in den gewohnheitsgemäß der allgemeinen Nachtruhe gewidmeten Stunden nicht zulässig ist, so StStranz 12. Aufl zu Art 92 Anm 9 und die dort angeführten früheren Auflagen. Weitergehend wird man aber, sofern als Präsentat ein Kaufmann in Betracht kommt, für den die Einlösung des Wechsels gemäß § 343 HGB ein Handelsgeschäft ist, auf Grund des § 358 HGB annehmen müssen, daß die Leistung nur während der gewöhnlichen Geschäftsstunden gefordert werden kann, zumal da sie in erster Linie in dem Geschäftslokale zu fordern ist (vgl. Art 91), das außerhalb der Geschäftsstunden ordnungsmäßig geschlossen ist. Die Präsentation und der Protest zu den hiernach nicht gestatteten Stunden wird aber gültig sein, wenn der Präsentat sich ausdrücklich oder stillschweigend damit einverstanden erklärt hat; volenti non fit iniuria.

Anm. 10. Darüber, welcher Tag der Zahlungstag ist und daß dieser nicht unbedingt mit dem Verfalltage identisch ist, insbesondere wenn letzterer auf einen Sonn- oder allgemeinen Feiertag fällt, vgl. Vorbem. 3 vor Artt 30 ff. und Art. 92 und die Erläuterungen zu diesen Artikeln. Als Zahlungstag kommt nur derjenige Tag in Betracht, der sich auf Grund der vom Aussteller im Wechsel gemäß Art 4 Nr. 4 bestimmten Zahlungszeit als solcher ergibt. Ein etwa vom Akzeptanten durch beschränktes Akzept beigefügter Zahlungstag (vgl. darüber zu Art 22 Anm 4) kommt nur für dessen wechselmäßige Verpflichtung in Betracht, nicht für die Wahrung der Präsentations- und Protestpflicht gegenüber den Regreßpflichtigen (ROHG 21, 151). Ob das auch für diejenigen Regreßpflichtigen gilt, welche den Wechsel erst nach dem beschränkten Akzepte erworben haben, ist in der angeführten Entscheidung dahingestellt gelassen; wird aber unbedenklich zu bejahen sein, da nach Art 22 Abs 2 ein beschränkt akzeptierter Wechsel einem solchen gleichsteht, dessen Annahme gänzlich verweigert ist, und ein solches Akzept daher auch für die spätere Zirkulation des Wechsels den Regreßpflichtigen gegenüber als nicht vorhanden gilt.

Anm. 11. **2.** Die Fristen zur Präsentation und zum Proteste enden gleichzeitig am zweiten Werktage nach dem Zahlungstage. Der Zahlungstag wird also in die Frist nicht eingerechnet und die Frist endet an dem zweiten, auf den Zahlungstag folgenden Werktage. Werktage sind solche Tage, die nicht Sonntage oder allgemeine Feiertage (vgl. über diese zu Art 92 Anm 7) sind. Dazwischen liegende Sonn- und allgemeine Feiertage werden gleichfalls nicht in diese Frist eingerechnet, die sonach, abweichend von dem, was in Art 92 Abs 1 Satz 1 für die Berechnung der Zahlungszeit bestimmt ist, in jedem Falle zwei freie Werktage umfaßt. Ein am 23. 12. zahlbarer Wechsel braucht sonach, wenn dieser Tag ein Samstag war, erst am Donnerstag 28. 12. präsentiert und protestiert zu werden, da drei Sonn- und Feiertage dazwischen liegen. Ein an einem anderen Samstage zahlbarer Wechsel erst am nächsten Dienstag. So mit Recht Lehmann S. 517 Anm 39 gegen die entgegenstehende ältere Rechtsprechung; ebenso StStranz Anm 14. Anders auch in diesem Punkte das Scheckgesetz (§ 11 Abs 3), das wie Art 92 Abs 1 Satz 1 WO, für die Vorlegungsfrist beim Scheck die Sonn- und Feiertage nur berücksichtigt, wenn der letzte Tag der Frist ein solcher ist.

Mit dem Ablaufe der Frist, ohne daß bis dahin der Wechsel zur Zahlung vorgelegt und sofern erforderlich protestiert worden ist, tritt automatisch die Folge des Erlöschens der Regreßansprüche gegen den Aussteller und die Indossanten ein. Unerheblich ist daher, ob die Versäumung der Frist dem Inhaber als Verschulden anzurechnen ist. Auch eine Hemmung des Laufes der Frist konnte auf Grund der §§ 202, 203 BGB durch die dort bezeichneten Umstände (Stundung, Stillstand der Rechtspflege, auch Verhinderung durch höhere Gewalt) nicht eintreten, da diese Vorschriften nur Verjährungsfristen betreffen, während es sich hier um eine Ausschlußfrist handelt, auch die WO hatte für solche Fristen keine Hemmungsvorschriften. In Beziehung auf den Einfluß der höheren Gewalt sind jedoch durch neuere gesetzliche Vorschriften, die namentlich aus Anlaß des Weltkrieges erlassen wurden und zunächst für dessen Dauer bestimmt waren, erhebliche Änderungen eingetreten. Es wurde nämlich durch das Ges v. 4. 8. 1914 (abgedruckt als Anlage B 2) § 1 eine Hemmung der Fristen für die Vornahme von Handlungen, deren es zur Erhaltung des Wechselrechts bedarf, angeordnet für den Fall, daß in Veranlassung kriegerischer Ereignisse die rechtzeitige Vornahme solcher Handlungen durch höhere Gewalt verhindert werde, und zwar um so viel, als erforderlich sei, um nach Wegfall des Hindernisses die Handlung vorzunehmen, mindestens aber bis zum Ablauf von (nach der ursprünglichen Fassung) sechs Werktagen, nach der durch Bekanntmachung v. 29. 8. 1914 (Anlage B 4) eingetretenen Änderung zwei Wochen nach dem Wegfall des Hindernisses. Durch die VO v. 20. 1. 1919 (Anlage B 5) wurden die Worte „in Veranlassung kriegerischer Ereignisse" gestrichen, so daß seitdem (entsprechend § 203 Abs 2 BGB) eine Hemmung in allen Fällen eintritt, in denen die Vornahme der Handlung durch höhere Gewalt verhindert wird. Die Hemmung tritt zufolge authentischer Interpretation durch die Bekanntmachung v. 7. 8. 1914 (Anlage B 3) auch ein, wenn die Vornahme durch eine im Auslande erlassene gesetzliche Vorschrift (die übrigens wohl unbedenklich bereits unter den Begriff der „höheren Gewalt" fällt) verhindert wird. Diese Vorschriften sind dauerndes Recht geworden und es ist dadurch zugleich den Bestrebungen Rechnung getragen, die bei den Verhandlungen über die Vereinheitlichung des Wechselrechts auf der zweiten Haager Konferenz von 1912 in der Richtung einer Berücksichtigung der höheren Gewalt für den Ablauf der Fristen des Wechsel- und Scheckrechts hervorgetreten waren; vgl. darüber den Anhang II zu diesem Unterabschnitt Anm 23. **Anm. 12.**

Der Begriff der „höheren Gewalt" ist in diesen Gesetzen ebensowenig wie im BGB (§ 203) und in anderen Gesetzen, welche sich seiner bedienen, bestimmt. Über die in der Rechtslehre und Rechtsprechung entwickelte Auffassung dieses Begriffes vgl. RGR-Komm zu § 203 Anm 2. Danach steht das RG im wesentlichen auf dem Boden der sog. relativen Theorie, nach welcher im Einzelfalle zu prüfen ist, ob das für den eingetretenen Schaden, hier die Versäumung der Frist, ursächliche Ereignis ein solches war, das nach Lage der tatsächlichen Verhältnisse von dem Handelnden oder demjenigen, der handeln sollte, auch bei Anwendung eines besonders hohen, ja des höchsten ihm zuzumutenden Grades von Aufmerksamkeit nicht vorausgesehen oder, wenn vorauszusehen, mit allen ihm zu Gebote stehenden Mitteln, deren Anwendung ihm vernünftigerweise zugemutet werden durfte, nicht abgewendet werden konnte (RGZ 64, 405; 87, 55). Das entspricht im wesentlichen dem Erfordernisse, das die ZPO (§ 233) und die StPO (§ 44) für die Wiedereinsetzung in den vorigen Stand gegen die Versäumung einer Frist aufstellen, nämlich, daß sie „durch Naturereignisse oder andere unabwendbare Zufälle" herbeigeführt sein muß (RGZ 87, 55; 48, 411). Dabei muß es sich allerdings um ein „von außen wirkendes" Ereignis handeln; das bedeutet aber nur, daß es außerhalb des dem in Frage stehenden Betriebe eigentümlichen Gefahrenkreises gelegen sein muß (RGZ 95, 66; 104, 51). Dazu wird unter Umständen auch ein Ereignis gehören können, das den Inhaber oder die mit der Präsentation und dem Proteste des Wechsels beauftragte Person persönlich betroffen hat, z. B. plötzliche Erkrankung oder Tod (RG bei Warneyer 1912 Nr. 153), sofern nicht etwa nach ihren persönlichen Verhältnissen (Kränklichkeit, hohes Alter) ein solches Ereignis bei Anwendung eines hohen Grades von Aufmerksamkeit hätte vorausgesehen werden und dagegen Vorsorge getroffen werden können. Insofern werden die Bestimmungen des deutschen Rechts zu einem anderen Ergebnis führen, als die Haager EWO, die in Art 53 Abs 6 Tatsachen, die rein persönlich den Inhaber oder Beauftragten betreffen, von dem Begriffe der höheren Gewalt unter allen Umständen ausschließt; vgl. Anhang II Anm 23. Ist der Wechsel durch die Staatsanwaltschaft beschlagnahmt (RGZ 72, 185), so wird eine Verhinderung durch höhere Gewalt nur anzunehmen sein, wenn der Inhaber rechtzeitig die erforderlichen Schritte getan hat, um die Aushändigung des Wechsels, sei es an ihn selbst oder eine Vertrauensperson zum Zwecke der Vorlegung zu erreichen und diese Schritte erfolglos geblieben sind. Als ein der höheren Gewalt ähnlicher Fall ist durch die VO vom 19. 4. 1919 (abgedruckt als Anlage B 6) auch der Fall als Hemmungsgrund behandelt, daß infolge der Still- **Anm. 13.**

legung eines Bankbetriebes die rechtzeitige Vornahme einer zur Ausübung oder Erhaltung des Wechselrechts erforderlichen Handlung verhindert worden ist *).

Anm. 14. Eine Hemmung des Ablaufes der Vorlegungsfrist war ferner während des Weltkrieges durch mehrfach verlängerte Erstreckung der Fristen für Wechsel und Schecke, die in den vom Kriege unmittelbar betroffenen Gebieten des Inlandes zahlbar waren, angeordnet worden; zuletzt für Elsaß-Lothringen bis zum 1. 9. 1919. — Eine Hemmung des Laufes der Vorlegungsfrist ist ferner nachträglich rückwirkend eingetreten durch die Art 300, 301 des Versailler Friedensvertrages (abgedruckt als Anlage B 7), denen zufolge alle Verjährungs-, Ausschluß- oder Verfallsfristen zwischen Feinden während der Kriegsdauer gehemmt waren und im Verhältnis zwischen Feinden kein vor dem Kriege ausgestelltes Handelspapier wegen Versäumung der Erfüllung irgendeiner Formvorschrift für verfallen erklärt werden durfte, wenn die Versäumung während des Krieges erfolgt ist. Nach Abschluß des Krieges ist durch Gesetz vom 3. 4. 1920 (Anlage B 8) der Wiederbeginn des Laufes dieser Fristen mit dem 16. 8. 1920 angeordnet worden. Die Fristen sind aber dann durch jährlich regelmäßig wiederkehrende gesetzliche Bestimmungen (vgl. Anlage B 9) jeweils verlängert worden, zuletzt (Anl. B 10) bis zum 20. 11. 1930. Seitdem ist keine Verlängerung mehr erfolgt, so daß sie jetzt sämtlich abgelaufen sind.

Artikel 42.

Die Aufforderung, keinen Protest erheben zu lassen („ohne Protest", „ohne Kosten" usw.) gilt als Erlaß des Protestes, nicht aber als Erlaß der Pflicht zur rechtzeitigen Präsentation. Der Wechselverpflichtete, von welchem jene Aufforderung ausgeht, muß die Beweislast übernehmen, wenn er die rechtzeitig geschehene Präsentation in Abrede stellt. Gegen die Pflicht zum Ersatze der Protestkosten schützt jene Aufforderung nicht.

Anm. 1. **1.** Aus Art 42 ergibt sich, daß die Regel, wonach die Erhebung des Protestes ein wesentliches Erfordernis für die Ausübung des Regresses mangels Zahlung ist (vgl. zu Art 41 Anm 6), eine Ausnahme erleidet in dem Falle, daß ein Regreßverpflichteter **aufgefordert hat, keinen Protest zu erheben.** Das ist zwar in Art 42 nicht direkt gesagt, vielmehr nur daraus zu entnehmen, daß in Satz 1 daselbst eine gesetzliche Auslegungsregel für eine solche Aufforderung gegeben ist, und zwar in dem Sinne, daß sie als Erlaß des Protestes, nicht aber als Erlaß der Präsentation zu gelten hat. Damit ist zugleich gesagt, daß eine solche Aufforderung wechselrechtliche Wirkungen haben, d. h. jeden Wechselerwerber, der im Vertrauen auf sie die Erhebung des Protestes unterlassen oder den nicht-protestierten Wechsel eingelöst hat, vor dem Verluste seiner Regreßansprüche gegenüber dem Auffordernden schützen soll. Nur einen Protesterlaß in diesem Sinne behandelt der Art 42. Für einen solchen ist aber nach allgemeinen wechselrechtlichen Grundsätzen erforderlich, daß er aus dem Wechsel erkennbar ist, also auf dem Wechsel steht. Daß es sich dabei um eine einseitige, an eine unbestimmte Reihe von Personen gerichtete Kundgebung handelt, läßt schon der Ausdruck „Aufforderung" erkennen.

Anm. 2. Verschieden hiervon ist eine zwischen einem Wechselverpflichteten und einem individuell bestimmten einzelnen Gläubiger getroffene Vereinbarung des Inhalts, daß jener diesem gegenüber auf die Erhebung des Protestes verzichte und aus der Unterlassung dieser Erhebung keinen Einwand herleiten wolle. Eine solche Vereinbarung untersteht lediglich dem allgemeinen bürgerlichen Rechte und hat Wirkung nur unter den vertragschließenden Parteien. Sie kann deshalb auch außerhalb des Wechsels in besonderer Urkunde, auch mündlich und sogar durch stillschweigende Willenserklärung mittels konkludenter Handlungen, z. B. dadurch getroffen werden, daß ein Wechsel von dem Inhaber Jemandem, sei es an Zahlungs Statt oder aus sonstigem Rechtsgrunde, hingegeben wird, obwohl der Wechselempfänger es ablehnt, für die Erhebung eines Protestes im Falle der Nichtzahlung Gewähr zu übernehmen (ROHG 5, 102; 23, 218; StStranz zu Art 42 Anm 1, 4). Irreführend ist es aber, wenn in den genannten Entscheidungen und auch bei StStranz

*) In den in der neuesten deutschen Krise ergangenen Notverordnungen des Reichspräsidenten ist die Reichsregierung zunächst durch lex specialis für die in Schwierigkeiten geratene „Darmstädter und Nationalbank" und sodann auch für andere Kreditinstitute ermächtigt worden, „Bankfeiertage zu erklären" und zu bestimmen, welche Rechtswirkungen mit ihnen verbunden sind, und sie hat von dieser Ermächtigung in mehreren Durchführungsverordnungen Gebrauch gemacht, indem sie für eine Reihe von Tagen im Juli 1931 den ganzen oder teilweisen Schalterschluß von Banken und Sparkassen anordnete und Bestimmungen über die Erstreckung der Protestfristen für die in dieser Zeit verfallenden Wechsel gab. Die Notverordnungen und Durchführungsverordnungen sind, soweit sie in Betracht kommen, als Anlagen B 11—24 zu diesem Buche abgedruckt. Sie werden auf alle Fälle als Maßnahmen „höherer Gewalt" zu berücksichtigen sein. Wie weit der dadurch geschaffene faktische Zustand als rechtsgültig und auch für die Zukunft rechtswirksam anerkannt und bestätigt werden wird, muß späterer Würdigung und der Entscheidung der zuständigen Instanzen vorbehalten bleiben.

a. a. O. und bei Bernstein (S. 204 § 1 unter a und § 2) eine solche Vereinbarung als „Protesterlaß" bezeichnet und bei Erläuterung des Art 42 ausgesprochen wird, daß ein solcher (nämlich der in Art 42 vorgesehene Protesterlaß) auch außerhalb des Wechsels, nur freilich (wie nebenbei bemerkt wird) mit etwas anderen Wirkungen, als der auf dem Wechsel selbst erklärte, erfolgen könne. Ebenso unrichtig Bernstein in JW 1927, 47 zu Nr. 10. Es handelt sich vielmehr um zwei wohl zu unterscheidende Rechtsgebilde, von denen nur das eine in Art 42 geregelt ist. Die Regelung der Zulässigkeit und der Erfordernisse einer bürgerlich-rechtlichen Vereinbarung, durch welche ein Wechselbeteiligter einem anderen gegenüber auf die Erhebung des Protestes verzichtet, liegt durchaus außerhalb der Aufgabe und des Inhalts der WO; für diese kommt eine solche Vereinbarung nur insofern in Frage, als sie im Prozesse über den Wechselanspruch eine Einrede (Replik) im Sinne des Art 82, zweite Alternative, aus dem unmittelbaren Verhältnisse der Parteien zueinander begründen kann. Die „Rechte aus dem Wechsel" (Art 10) werden durch sie nicht berührt; deshalb können auch Indossatare desjenigen, zu dessen Gunsten sie getroffen ist, sich nicht auf sie berufen.

2. Der in Art 42 zugelassene Protesterlaß gilt nach ausdrücklicher Vorschrift nicht als **Erlaß der Pflicht zur rechtzeitigen Präsentation (Satz 1).** Diese ist von der WO (Art 41 Nr. 1) als wesentliches Erfordernis für die Ausübung des wechselrechtlichen Regresses mangels Zahlung aufgestellt und die formalen Vorschriften der WO sind, soweit nichts anderes bestimmt ist, zwingendes Recht. Um eine Parteidisposition, durch welche dieses Erfordernis im Einzelfalle ausgeschaltet wird, als zulässig erscheinen zu lassen, bedürfte es einer besonderen Bestimmung des Gesetzes, wie sie für den Protesterlaß gegeben ist, für den Erlaß der Präsentation aber fehlt, obwohl es nahe gelegen hätte, anläßlich der in Satz 1 des Art 42 gegebenen Auslegungsregel, welche den Präsentationserlaß negativ erwähnt, auch positiv auszusprechen, daß ein solcher zulässig sei. Ein im Wege der Analogie aus Art 42 zu ziehender Schluß auf die wechselrechtliche Zulässigkeit auch eines Erlasses der Präsentation erscheint bei dieser Sachlage ausgeschlossen. Mit Unrecht erklärt deshalb (wie Oertzen in ZHR 75, 123 zutreffend ausführt) die Rechtsprechung des ROHG (5, 103; 14, 416) und auch die herrschende Rechtslehre (Grünhut 405; Canstein 171; StStranz Anm 7 Abs 2) einen Erlaß der Präsentation für zulässig, ohne dabei ausdrücklich die Einschränkung zu machen, daß ein solcher Erlaß, im Wechsel und außerhalb desselben, nur im Sinne und mit den Wirkungen einer bürgerlich-rechtlichen Vereinbarung zwischen einzelnen Wechselparteien in Frage kommen kann; vgl. über die entsprechende Frage für den außerhalb des Wechsels erfolgenden Protesterlaß oben Anm 2. Die richtige Unterscheidung macht hier Bernstein S. 205 Zusatz am Schlusse von Art 42. **Anm. 3.**

Der Erlaß des Protestes übt aber, obwohl er nicht auch den Erlaß der Präsentation bedeutet, auch auf diese insofern eine besondere Wirkung aus, als er gegen denjenigen Wechselverpflichteten, von dem er ausgeht, eine **Vermutung, daß die Präsentation erfolgt sei,** schafft, die dieser durch Gegenbeweis zu entkräften hat **(Satz 2).** Also eine Umkehrung der an sich demjenigen, der den Regreß in Anspruch nimmt, obliegenden Beweislast für die Erfüllung seiner Voraussetzungen. Sie findet ihren rechtfertigenden Grund darin, daß der Regreßpflichtige durch die Aufforderung, keinen Protest zu erheben, die Veranlassung gegeben hat, daß das regelmäßige Beweismittel für die geschehene Präsentation, der Protest, nicht geschaffen worden ist, und daß es gegen Treu und Glauben wäre, wenn er diese durch ihn geschaffene Lage benutzen würde, um durch sein Bestreiten der Präsentation den Regreß zu vereiteln. **Anm. 4.**

3. Hinsichtlich der **Form,** in welcher der Protesterlaß zu erfolgen hat, sind in Art 42 keine näheren Bestimmungen getroffen. Darüber, daß er nur im Wechsel erfolgen kann, vgl. oben Anm 2. Als Ausdruck für ihn sind die Wortverbindungen: „ohne Protest", „ohne Kosten" nur beispielsweise („usw.") hervorgehoben; es genügen daher auch alle anderen, den Erlaßwillen zum Ausdruck bringenden, im Wechselverkehr gebräuchlichen Worte oder Abkürzungen von solchen; ob auch „O. K." (ROHG 19, 167), erscheint zweifelhaft. **Anm. 5.**

Auch die Stelle auf dem Wechsel, an welcher der Protesterlaß zu stehen hat, ist nicht bestimmt; er wird aber so stehen müssen, daß aus dem Wechsel erkennbar ist, von welchem Wechselverpflichteten er ausgeht; ein Beweis dieser Tatsache unter Heranziehung außerhalb des Wechsels liegender Umstände (StStranz Anm 3) dürfte mit den Grundsätzen des Wechselrechts nicht vereinbar sein; ebensowenig (wie in ROHG 17, 261 angenommen wird) der Gegenbeweis; alles das gilt natürlich nur, soweit es sich um den wechselrechtlichen Protesterlaß (vgl. oben Anm. 1) handelt. **Anm. 6.**

4. Die **Wirkung** des wechselrechtlichen Protesterlasses besteht darin, daß derjenige, von dem er ausgegangen ist, gegenüber allen Nachmännern im Falle der Nichtzahlung des Wechsels regreßpflichtig wird, ohne daß Protest mangels Zahlung erhoben werden muß. Doch wird durch den Protesterlaß das Recht jedes Nachmannes, Protest zu erheben, nicht ausgeschlossen, und zwar auch dann nicht, wenn weitere Regreßverpflichtete, als derjenige oder diejenigen, welche den Protest erlassen haben, nicht vorhanden und deshalb die Protesterhebung überhaupt unnötig war. Das wird klargestellt dadurch, daß nach **Satz 3** die Aufforderung, keinen Protest zu erheben, nicht gegen die Pflicht zum Ersatze der Protestkosten schützt, die gemäß Art 50 Abs. 1 Nr. 2 dem Regreßpflichtigen kraft Gesetzes obliegt, ohne daß zu prüfen wäre, ob nicht diese Kosten unnötig aufgewendet worden sind; vgl. zu Art 50 Anm 5. **Anm. 7.**

Anm. 8. Eine weitere Wirkung des Protesterlasses ist die oben unter 3 erörterte Umkehrung der Beweislast hinsichtlich der Präsentation. — Über die Wirkungen eines außerhalb des Wechsels vereinbarten Verzichts auf den Protest vgl. oben Anm 2. Über die Wirkungen des Protesterlasses auf die Notifikationspflicht vgl. zu Art 45 Anm 2. Auf andere Regreßpflichtige, als diejenigen, welche die Aufforderung erlassen haben, erstreckt sich die Wirkung des Protesterlasses nicht, auch wenn der Erlaß schon vom Aussteller im Grundwechsel erklärt ist.

Anm. 9. Es wird gelehrt, daß der in Art 42 allein behandelte Erlaß des Protestes mangels Zahlung zugleich einen Erlaß des Protestes mangels Annahme in den Fällen, in welchen ein solcher Protest vorgeschrieben ist, also bei befristeten Sicht-(Nach-Sicht-)Wechseln (Artt 19, 20), in sich schließe. So Grünhut II § 122 S. 400 Anm 2; Meyer Wwrecht I § 62 S. 312 Anm 2. Grünhut führt zur Begründung dieser Auffassung an, daß die Klausel „deutlich den Willen zum Ausdruck bringe, daß auch die Kosten dieses Protestes vermieden werden sollen". A. M. v. Canstein § 22 S. 325. Die weitgehende Auslegung dürfte bedenklich sein, da der Protest mangels Annahme bei Nach-Sicht-Wechseln nicht nur, wie der Protest mangels Zahlung, zur Erhaltung der Regreßansprüche dient, sondern auch die Frist für die Fälligkeit des Wechsels gegenüber dem Akzeptanten, der sein Akzept nicht datiert hat, in Gang setzt (Art 20 Abs 3).

Artikel 43.

Domizilierte Wechsel sind dem Domiziliaten oder, wenn ein solcher nicht benannt ist, dem Bezogenen selbst an demjenigen Orte, wohin der Wechsel domiziliert ist, zur Zahlung zu präsentieren und, wenn die Zahlung unterbleibt, dort zu protestieren.

Ein Wechsel, dessen Zahlung am Wohnorte des Bezogenen durch eine andere Person erfolgen soll, ist dieser Person zur Zahlung zu präsentieren und, wenn die Zahlung unterbleibt, gegen sie zu protestieren.

[In Österreich lautet der Artikel 43, entsprechend der früheren Fassung der ADWO:

„Domizilierte Wechsel sind dem Domiziliaten oder, wenn ein solcher nicht benannt ist, dem Bezogenen selbst an demjenigen Orte, wohin der Wechsel domiziliert ist, zur Zahlung zu präsentieren und, wenn die Zahlung unterbleibt, dort zu protestieren. Wird die rechtzeitige Protesterhebung beim Domiziliaten verabsäumt, so geht dadurch der wechselmäßige Anspruch nicht nur gegen den Aussteller und die Indossanten, sondern auch gegen den Akzeptanten verloren.]

Anm. 1. **I.** Der Artikel 43 handelte in seiner früheren Fassung, die noch jetzt in Österreich gilt, in seinen beiden Sätzen nur von dem eigentlichen Domizilwechsel, d. h. von demjenigen Wechsel, in welchem ein vom Wohnorte des Bezogenen verschiedener Zahlungsort, sei es mit oder ohne Benennung eines Domiziliaten an diesem Orte, angegeben ist (Art 24 Abs 1 Satz 1 erster Halbsatz). Vgl. über den hierdurch bestimmten Begriff und die Erfordernisse des (eigentlichen) Domizilwechsels Näheres zu Art 24 Anm 2. In der neuen Fassung, die der Artikel durch die Protestnovelle von 1908, § 1 Nr. 11, (Anlage A 1) für Deutschland erhalten hat, handelt er (nach Streichung des bisherigen zweiten Satzes) in Absatz 1 von dem eigentlichen Domizilwechsel und in Absatz 2 von dem uneigentlichen Domizilwechsel, dem sog. Zahlstellenwechsel, das ist ein Wechsel, dessen Zahlung am Wohnorte des Bezogenen durch eine andere Person erfolgen soll. Für diese beiden Arten von Wechseln trifft Art 43 Bestimmung darüber, welcher Person und an welchem Orte sie zur Erhaltung des Regresses mangels Zahlung gegen den Aussteller und die Indossanten (vgl. Artt 41, 42) zur Zahlung zu präsentieren und, wenn die Zahlung unterbleibt, gegen welche Person sie zu protestieren sind. Die in der früheren Fassung (Satz 2) enthaltene Vorschrift, derzufolge bei (eigentlichen) Domizilwechseln mit benanntem Domiziliaten die rechtzeitige Protesterhebung beim Domiziliaten zur Erhaltung des wechselmäßigen Anspruchs auch gegen den Akzeptanten erforderlich war, ist durch die Protestnovelle für Deutschland fortgefallen. Diese Vorschrift, die schon bei der Entstehung der Wechselordnung nicht ohne Widerspruch geblieben war, beruhte auf der äußerlichen Ähnlichkeit der Stellung des Akzeptanten eines Domizilwechsels mit einem Regreßschuldner (vgl. zu Art 44 Anm 1), obwohl in Wirklichkeit der Domiziliat nicht ein Dritter ist, für dessen Schuld der Akzeptant einzustehen hat, sondern lediglich Vertreter des Akzeptanten; vgl. Bernstein S. 207 § 2 b.

Anm. 2. **A. Der eigentliche (echte) Domizilwechsel (Absatz 1).** Dieser kann, wie sich aus dem Texte ergibt, ein Wechsel mit benanntem oder mit unbenanntem Domiziliaten sein; vgl. über die Benennung des Domiziliaten zu Art 24 Anm 5. Für beide Arten von Domizilwechseln trifft Art 43 Abs 1 Bestimmungen, und zwar sind diese Bestimmungen hinsichtlich des Ortes der Präsentation inhaltlich gleich, während sie hinsichtlich der Person, der zu präsentieren und gegen die zu protestieren ist, sich unterscheiden.

1. Domizilierte Wechsel mit benanntem wie mit unbenanntem Domiziliaten sind an demjenigen Orte zur Zahlung zu präsentieren und bei nicht erlangter Zahlung zu protestieren, wohin der Wechsel domiziliert ist (Absatz 1), d. h. an dem in dem Wechsel angegebenen, vom Wohnorte des Bezogenen verschiedenen Zahlungsorte; Art 24 Abs 1 Satz 1. Darüber, welcher Ort danach als Zahlungsort gilt und was zur Erfüllung des Erfordernisses der Ortsverschiedenheit gehört, vgl. zu Art 24 Anm 2. Nur eine an diesem Orte erfolgte Präsentation und Protestierung ist wirksam zur Erhaltung der Regreßansprüche gegen den Aussteller und die Indossanten gemäß Art 41. Eine an dem Wohnorte des Bezogenen, wenn auch ihm selbst gegenüber und mit seiner Zustimmung erfolgte derartige Handlung hindert das Erlöschen der Regreßansprüche nicht. Ist die Beifügung des Domizilvermerks nicht, wie die Regel es gebietet, durch den Aussteller, sondern durch nachträgliche Hinzufügung in der Adresse oder im Texte erfolgt, so hat diese Veränderung keine Wirkung zum Nachteile derjenigen, die den Wechsel vor der nachträglichen Hinzufügung als Aussteller oder Indossant unterzeichnet oder als Remittent oder Indossatar erworben haben, es sei denn, daß sie ihr zugestimmt oder sie selbst vorgenommen haben (ROHG 3, 53; 6, 24; 23, 211; RGZ 32, 37; JW 1906, 765[37]). Der Regreßanspruch wird daher gegenüber den in solcher Lage befindlichen Wechselverpflichteten nur gewahrt, wenn der Wechsel an dem Orte präsentiert und protestiert wird, der nach seinem früheren Inhalte, ohne Rücksicht auf den Domizilvermerk, als Zahlungsort in Betracht kam. Das gilt auch, wenn die Nachträglichkeit der Hinzufügung nicht erkennbar war und der Wechsel in solcher Gestalt in die Hände eines gutgläubigen Erwerbers gekommen ist, da eine solche unbefugte Veränderung eine Verfälschung des Wechsels darstellt und daher eine wirksame Verpflichtung nicht begründen kann (ROHG 3, 54; 23, 213; vgl. Artt 75, 76). Hat der Akzeptant seinem Akzepte einen Domizilvermerk beigefügt, so wird der Wechsel dadurch nicht zu einem Domizilwechsel; es liegt vielmehr ein beschränktes Akzept vor, so daß die Annahme als gänzlich verweigert anzusehen ist und der Akzeptant nach dem Inhalte des Akzeptes, also auf Zahlung an dem von ihm beigefügten Orte haftet (Art 21 Abs 2; ROHG 25, 122); zur Erhaltung der Regreßansprüche gegen den Aussteller und die Indossanten mangels Zahlung aber Präsentation und Protest an dem im Wechsel bezeichneten oder sich aus ihm ergebenden Zahlungsorte stattzufinden hat. — Über die Beweislast hinsichtlich der Nachträglichkeit der Hinzufügung vgl. zu Art 24 Anm 4. — Auf andere Wechselakte, insbesondere auf die Vorlegung zur Annahme beim Nach-Sicht-Wechsel (Artt 19, 20), erstreckt sich der Domizilvermerk nicht (ROHG 3, 295; RGZ 8, 69). **Anm. 3.**

2. Domizilierte Wechsel mit benanntem Domiziliaten sind an dem Domizilorte (vgl. unter 1) dem Domiziliaten vorzulegen und gegen ihn zu protestieren. Vgl. über die Erfordernisse der Benennung eines Domiziliaten die Erläuterungen zu Art 24 Anm 6 f. Die Bestimmung, daß der Wechsel an dem Domizilorte **bei** einer bestimmten Person zahlbar sei, wird, wie a. a. O. dargelegt ist, übungsgemäß als hinreichende Benennung einer Person, durch welche die Zahlung erfolgen soll, also eines Domiziliaten angesehen. Ist ein Domiziliat benannt, so genügt eine Vorlegung an den Bezogenen zur Erhaltung der Regreßansprüche nicht, auch nicht, wenn der Bezogene am Domizilorte anwesend ist und die Vorlegung dort mit seiner Zustimmung an ihn selbst erfolgt ist (RG bei Grünhut 25, 1087). Es bedarf deshalb auch keiner Nachforschung darüber, ob der Bezogene oder ein Bevollmächtigter von ihm an dem Orte und an der Stelle, an welcher dem Domiziliaten zu präsentieren ist, anwesend ist (ROHG 18, 328; RG bei Bolze 2 Nr. 809 f.; 6, 402). Ob die Benennung des Domiziliaten schon ursprünglich durch den Aussteller im Domizilvermerke oder erst durch den Bezogenen bei der Annahme des Wechsels erfolgt ist (Art 24 Abs 1 Satz 1), ist dafür unerheblich. **Anm. 4.**

Der Protest ist (und zwar zur Wahrung der Regreßansprüche gegen den Aussteller und die Indossanten auch jetzt noch, aber in Deutschland nicht mehr zur Wahrung des Wechselanspruchs gegen den Akzeptanten) bei dem benannten Domiziliaten auch in dem Falle zu erheben, wenn der Aussteller den Wechsel bei sich selbst domiziliert hat (so Bernstein S. 208 gegen ÖTr bei Strieth. 24, 301); desgleichen, wenn der Domiziliat bei Verfall Inhaber des Wechsels ist und also den Wechsel bei sich selbst protestieren lassen muß (Deklarationsprotest; ROHG 8, 89; 11, 189). Selbst dann, wenn der Wechsel an eigene Order des Ausstellers gestellt und bei dem Aussteller domiziliert war und zur Zeit des Verfalles sich noch in den Händen des Ausstellers befand, sonach ein Regreßpflichtiger überhaupt nicht in Betracht kam, wurde unter der Herrschaft der früheren Fassung des Art 43 ein Protest für erforderlich erklärt zur Erhaltung des Wechselanspruchs (des Ausstellers) gegen den Akzeptanten (ROHG 11, 189; 14, 160; 15, 208; ebenso Bernstein a. a. O. gegen ÖTr bei Strieth. 39, 20. Dieser Fall ist jetzt für Deutschland ausgeschieden, kommt aber für Österreich noch in Frage. — Auch wenn der Domiziliat in Konkurs geraten oder verstorben ist, wird nach den zu Art 41 Anm 4 erörterten Rechtssätzen Präsentation und Protest ihm gegenüber zu erfolgen haben; so Bernstein a. a. O. **Anm. 5.**

3. Domizilierte Wechsel, in denen ein Domiziliat nicht benannt ist, sind am Domizilorte dem Bezogenen selbst zur Zahlung vorzulegen und gegen ihn zu protestieren, entsprechend der in Art 24 Abs 1 Satz 2 aufgestellten Vermutung, daß in solchem Falle der Bezogene selbst die Zahlung am Zahlungsorte zu leisten habe. Die Stelle, an welcher in solchem Falle die Präsentation und der Protest gegenüber dem Bezogenen zu erfolgen hat, bestimmt sich nach Artt 91, **Anm. 6.**

91 a; im Falle der Nichtermittelung eines Geschäftslokals oder einer Wohnung an diesem Orte genügt ein Präsentationsversuch; vgl. zu Art 41 Anm 4.

Anm. 7. **B. Der Zahlstellenwechsel (Abs 2).** Hinsichtlich des Zahlstellenwechsels (vgl. über diesen Begriff oben Anm 1) waren in der früheren Fassung der WO keine besonderen Vorschriften getroffen. Es herrschte die Ansicht vor, daß es zulässig sei, daß der Aussteller im Wechsel eine am Wohnorte des Bezogenen befindliche Stelle oder Person (Zahlungsleister) bezeichne, an welcher, bzw. bei welcher die Zahlung gefordert werden solle. Der Wechsel konnte danach ein Zahlstellenwechsel mit benanntem oder mit unbenanntem Zahlungsleister sein. Für die Form, in welcher eine solche Bestimmung zu erfolgen hatte, wurden die gleichen Regeln für anwendbar erklärt, die für den Domizilwechsel galten (oben Anm 3 ff.). Die Bedeutung der Benennung eines Zahlungsleisters war jedoch bestritten. Die herrschende Meinung ging dahin, daß auch sie in wesentlich örtlichem Sinne aufzufassen sei, so daß lediglich im Geschäftslokale des Benannten von dem Bezogenen selber die Zahlung zu fordern und der Wechsel ihm zur Zahlung vorzulegen und gegen ihn zu protestieren sei (ROHG 17, 54; 25, 108; RGZ 14, 148; 36, 101), während andere die Präsentation und den Protest gegen den Bezogenen zwar für zulässig, aber auch gegen den Zahlungsleister für hinreichend erachteten und noch andere (so Bernstein zu Art 24 Zusatz 3 S. 154 und zu Art 43 Zusatz S. 210) die Vornahme dieser Wechselakte nur gegen den Zahlungsleister zulassen wollten. Der jetzige Absatz 2 des Art 43 entscheidet diese Streitfrage dahin, daß die Präsentation und der Protest gegenüber dem benannten Zahlungsleister zu erfolgen hat. Diese Handlungen werden daher in seinem Geschäftslokale bzw. seiner Wohnung vorzunehmen sein (Art 91) und es wird im Proteste festzustellen sein, ob er daselbst angetroffen worden ist oder ob sich sein Geschäftslokal oder seine Wohnung nicht hat ermitteln lassen (Art 88 Nr. 2); einer Nachforschung nach dem Bezogenen wird es nicht bedürfen.

Anm. 8. Die Benennung einer Person als Zahlungsleister genügt nach Art 43 Abs 2; der Bezeichnung einer örtlichen Zahlstelle (Straße und Hausnummer) bedarf es nicht. Über den Fall, daß im Wechsel nur eine örtliche Zahlstelle am Wohnorte des Bezogenen angegeben, aber kein Zahlungsleister benannt ist (Zahlstellenwechsel ohne benannten Zahlungsleister), trifft das Gesetz keine Bestimmung. In diesem Falle wird, wie bisher schon angenommen wurde, der Wechsel an der angegebenen Stelle dem Bezogenen zur Zahlung vorzulegen und gegebenenfalls festzustellen sein, daß dieser dort nicht angetroffen oder daß ein Geschäftslokal oder eine Wohnung von ihm an dieser Stelle nicht ermittelt worden ist; einer Ermittelung, ob er an einer anderen Stelle des Zahlungsortes ein Geschäftslokal oder eine Wohnung besitzt, wird es nicht bedürfen; vgl. zu Art 91 Anm 8; a. M. M. u. M. Stranz 13. Aufl. zu Art 43 A. 8.

Anm. 9. Darüber, was zur Benennung eines Zahlungsleisters gehört, insbesondere, ob dazu auch die Bestimmung, daß die Zahlung **bei** einer bestimmten Person am Wohnorte des Bezogenen erfolgen solle, genügt, vgl. zu Art 24 unter 5.

Anm. 10. **II.** In Österreich ist bei dem (eigentlichen) Domizilwechsel mit benanntem Domiziliaten nach Art 43 Satz 2 der jetzt noch dort geltenden Fassung der ADWO die Präsentation und der Protest gegenüber dem Domiziliaten auch zur Erhaltung des wechselrechtlichen Anspruchs gegen den Akzeptanten erforderlich; das beruht auf der Auffassung, daß bei solchen Wechseln die Zahlung in erster Linie durch den Domiziliaten zu erfolgen habe und die Stellung des Akzeptanten derjenigen eines Regreßschuldners ähnlich sei. Das gilt aber nicht für den domizilierten Wechsel mit unbenanntem Domiziliaten, da Art 43 Satz 2 alter Fassung („beim Domiziliaten") einen benannten Domiziliaten voraussetzt (ROHG 20, 414; RGZ 28, 102), und auch nicht für den Zahlstellenwechsel, der in der alten Fassung des Art 43 überhaupt nicht geregelt ist. Hinsichtlich der Bedeutung der Benennung eines Zahlungsleisters im Zahlstellenwechsel für die Person, der gegenüber zu präsentieren und zu protestieren ist, kommt für Österreich noch die oben Anm 7 für das früher auch in Deutschland geltende Recht erörterte Streitfrage in Betracht. Wegen der Erforderlichkeit des Protestes bei domizilierten Wechseln, wenn der Wechsel bei dem Aussteller domiziliert ist, vgl. oben Anm 5.

Artikel 44.

Zur Erhaltung des Wechselrechts gegen den Akzeptanten bedarf es [in Österreich: „mit Ausnahme des in Artikel 43 erwähnten Falles"] weder der Präsentation am Zahlungstage noch der Erhebung eines Protestes.

Anm. 1. 1. Der Akzeptant hat nicht, wie die übrigen Wechselschuldner, dafür einzustehen, daß der Wechsel bei Verfall (von einem Dritten) bezahlt wird, sondern er ist durch die Annahme der unmittelbare Schuldner (Hauptschuldner) des Wechsels geworden. Seine Verpflichtung ist keine Garantiepflicht, sondern eine bei Fälligkeit eintretende unbedingte Leistungspflicht. Zwar bedarf es, da der Wechsel in der Regel eine Holschuld ist (vgl. zu Art 40 Anm 1), um den Akzeptanten in Verzug zu setzen, auch wenn die Verfallzeit kalendermäßig bestimmt ist (§ 284 BGB), der Mahnung durch Präsentation des Wechsels zur Zahlung; ferner ist die Präsentation bei gewissen Arten von Wechseln, nämlich den Sicht- und Nach-Sicht-Wechseln erforderlich, um die Fälligkeit herbeizuführen (Artt 30, 31). Es besteht aber keine rechtliche oder wirtschaftliche Veranlassung, wegen dieser Erfordernisse den Wechselanspruch gegen den Akzeptanten davon abhängig zu machen, daß die Präsentation bei Verfall erfolge und die Nichtzahlung des Wechsels durch ihn bei der Präsentation innerhalb einer bestimmten kurzen Frist durch einen formellen Akt (Protest) beurkundet werde, wie es erforderlich ist, wenn daraufhin die Haftbarkeit Dritter in Anspruch genommen werden soll (Art 41). Es genügt vielmehr für diese Zwecke, daß die Präsentation, wenn sie stattgefunden hat, durch irgendein (im Urkundenprozeß durch ein in diesem zulässiges) Beweismittel erwiesen werden kann. Will der Präsentant sich den Beweis der Präsentation gegenüber dem Akzeptanten sichern, so steht es ihm übrigens frei, sie durch eine Urkundsperson vornehmen und die Nicht-Zahlung durch eine öffentliche Urkunde feststellen zu lassen, die jedoch kein Protest im Sinne der WO sein und namentlich die Kostenerstattungspflicht des Akzeptanten (vgl. unten zu 2) nicht begründen würde. Nur, wenn die Zahlung des Wechsels nicht bei dem Bezogenen oder Akzeptanten selbst, sondern an einem von seinem Wohnorte verschiedenen Orte bei einer anderen Person zu fordern war (domizilierter Wechsel mit benanntem Domiziliaten), hatte die ADWO in der früher auch in Deutschland geltenden Fassung des Art 43 das Erfordernis rechtzeitiger Präsentation und Protesterhebung auch zur Erhaltung des Wechselrechts gegen den Akzeptanten aufgestellt. Dieses Erfordernis ist jedoch für Deutschland durch die Protestnovelle von 1908 aufgegeben worden (vgl. zu Art 43 Anm 1). In Art 44 ist die dementsprechende Rechtslage durch die Vorschrift zum Ausdrucke gekommen, daß zur Erhaltung des Wechselrechts gegen den Akzeptanten es weder der Präsentation am Zahlungstage noch der Erhebung eines Protestes bedarf; die durch die frühere Fassung des Art 43 gebotene Einschränkung dieses Satzes für den Domizilwechsel durch die Worte: „mit Ausnahme des im Art 43 erwähnten Falles“ ist nunmehr für Deutschland weggefallen, so daß der Art 44 hier nur noch rein negative Bedeutung hat und das ausspricht, was durch Schluß aus dem Gegenteil schon aus Art 41 zu folgern sein würde.

2. Obwohl sonach die Erhebung eines Protestes im Verhältnis zu dem Akzeptanten nicht erforderlich ist, erstreckt sich, falls er den Wechsel bei Verfall auf Präsentation hin nicht bezahlt hat, seine wechselmäßige Verpflichtung auch auf die Erstattung der durch die Protesterhebung entstandenen Kosten, sofern nur die Vornahme dieses Aktes durch das Vorhandensein von Regreßpflichtigen gerechtfertigt war; vgl. darüber zu Art. 42 Anm. 7. Das folgt aus der Vorschrift des Art 81 Satz 2, derzufolge die Verpflichtung eines jeden Wechselverpflichteten sich auf alles erstreckt, was der Wechselinhaber wegen Nichterfüllung der Wechselverbindlichkeit zu fordern hat; vgl. zu Art 81 Anm 12. Danach schuldet der Akzeptant alle diejenigen Beträge, die nach den Artt 50, 51 der Inhaber, der den Wechsel hat protestieren lassen oder im Wege des Remboursregresses hat einlösen müssen, von seinen regreßpflichtigen Vormännern erstattet verlangen kann; dazu gehören sowohl die eigentlichen Protestkosten, wie die dem Inhaber oder Einlöser zustehende Provision; vgl. Näheres zu Artt 50, 51. **Anm. 2.**

3. Die in Art 44 aufgestellte gesetzliche Regel kann hinsichtlich des Erfordernisses der Präsentation dadurch außer Wirkung gesetzt werden, daß der Akzeptant bei der Annahme auf dem Wechsel erklärt, nur verpflichtet sein zu wollen, wenn ihm der Wechsel bei Verfall oder an einem bestimmten Tage oder innerhalb einer bestimmten Frist nach Verfall zur Zahlung vorgelegt wird. Ein solches Akzept stellt eine beschränkte Annahme dar, auf Grund deren der Akzeptant gemäß Art 22 Abs 2 nach dem Inhalte seines Akzeptes, also nicht darüber hinaus, wechselmäßig haftet (RGZ 119, 427). Das RG hat in der angeführten Entscheidung die gleiche Wirkung auch einem uneingeschränkten Akzepte eines Sichtwechsels zugesprochen, in welchem bereits eine Anweisung des Ausstellers enthalten war, nur im Falle der rechtzeitigen Vorlegung des Wechsels bis zu einem bestimmten Termin zu zahlen, mit der Erwägung, daß andernfalls der Akzeptant dem Wechselinhaber noch verpflichtet sein würde, ohne seinerseits gegen den Aussteller einen (nicht wechselmäßigen) Anspruch auf Erstattung zu besitzen. Vgl. über diese Entscheidung im übrigen zu Art 4 Anm 61. **Anm. 3.**

Artikel 45.

Der Inhaber eines mangels Zahlung protestierten Wechsels ist verpflichtet, seinen unmittelbaren Vormann innerhalb zweier Tage nach dem Tage der Protesterhebung von der Nichtzahlung des Wechsels schriftlich zu benachrichtigen, zu welchem Ende es genügt, wenn das Benachrichtigungsschreiben innerhalb dieser Frist zur Post gegeben ist. Jeder benachrichtigte Vormann muß binnen derselben, vom Tage des empfangenen Berichts zu berechnenden Frist seinen nächsten Vormann in gleicher Weise benachrichtigen. Der Inhaber oder Indossatar, welcher die Benachrichtigung unterläßt oder dieselbe nicht an den unmittelbaren Vormann ergehen läßt, wird hierdurch den sämtlichen oder den übersprungenen Vormännern zum Ersatze des aus der unterlassenen Benachrichtigung entstandenen Schadens verpflichtet. Auch verliert derselbe gegen diese Personen den Anspruch auf Zinsen und Kosten, so daß er nur die Wechselsumme zu fordern berechtigt ist.

Anm. 1. 1. Die **Artikel 45 bis 47** handeln von der **Notifikationspflicht.** Das ist die Verpflichtung derjenigen Wechselbeteiligten, denen regreßpflichtige Vormänner gegenüberstehen, also der Regreßberechtigten, die Vormänner von der Nichtzahlung des Wechsels zu benachrichtigen. Die Benachrichtigung wird auch Notanzeige genannt (Bernstein S. 211). Die Einrichtung beruht darauf, daß jeder Regreßpflichtige ein Interesse daran hat, möglichst frühzeitig von dem Ausbleiben der Zahlung Kenntnis zu erhalten, einerseits um sich auf die ihm drohende Inanspruchnahme im Wege des Regresses einzurichten (bzw. ihr durch Einlösung des Wechsels nach Art 48 zuvorzukommen), andrerseits um seinen eigenen Regreß vorzubereiten (Prot. L. S. 88 ff., Thöl S. 94ff.; RGZ 9, 29). Dieser Absicht des Gesetzes konnte aber ein Erfolg in der Praxis nicht beschieden sein, da die Benachrichtigung in den meisten Fällen daran scheitert, daß die Bezeichnung der Vormänner auf dem Wechsel eine ungenügende ist, insbesondere bei den Indossamenten die Ortsangabe fehlt (vgl. zu Art 47). Die Einrichtung hat deshalb im Wechselverkehr wenig Bedeutung erlangt. Das Gesetz hat übrigens die Erfüllung der Benachrichtigungspflicht nicht (wie die rechtzeitige Präsentation und den Protest, Art 41) zur Voraussetzung für die Ausübung des Regreßrechts in der Hauptsache gemacht, sondern ihrer Nichterfüllung nur die Wirkung einer Einschränkung des Regreßanspruchs in Nebenpunkten (Zinsen und Kosten) und die Auslösung von Schadensersatzansprüchen beigelegt. Die strengere Notifikationspflicht mit wesentlichen wechselrechtlichen Folgen, wie sie im Preußischen Landrecht galt, war in den Entwürfen zur ADWO vorgeschlagen, wurde aber von der Leipziger Konferenz abgelehnt; vgl. die ausführliche Darlegung der Entstehungsgeschichte der Vorschriften in RGZ 9, 22ff. — Von den drei Artikeln enthält Art 45 die grundlegenden Rechtssätze über die Voraussetzungen der Notifikationspflicht, die Art und Weise, in der die Notifikation sich zu vollziehen hat (Form und Inhalt), sowie die Folgen ihrer Unterlassung, während Art 46 die Frage der Beweisführung regelt und Art 47 die Übergehung von solchen Indossanten, deren Indossament keine Ortsangabe enthält, vorschreibt.

Anm. 2. 2. Voraussetzung der Entstehung der Notifikationspflicht ist, daß der Wechsel mangels Zahlung protestiert worden ist. Der Protest muß rechtzeitig und in gehöriger Form erhoben worden sein, so daß die Regreßansprüche erhalten geblieben sind. Es wird gelehrt, der Protesterlaß befreie nicht von der Notifikationspflicht; so Bernstein zu Art 45 § 1 S. 211 gegen Öst. OGH bei Peitler Nr. 343; StStranz Anm 3; M. u. M. Stranz Anm. 2 S. 134. Das ist angesichts des klaren Wortlautes des Gesetzes sicherlich unrichtig, wenn infolge des Protesterlasses durch den einzigen oder durch sämtliche Regreßverpflichtete ein Protest überhaupt nicht erhoben worden ist. Aber auch wenn nur einzelne Regreßpflichtige den Protest erlassen haben, wird es richtiger sein anzunehmen, daß sie aus der Unterlassung der Notifikation keine Rechte herleiten können unter Berufung auf einen Protest, der wegen anderer Regreßpflichtiger erhoben worden ist.

Anm. 3. 3. Die Notifikationspflicht liegt zunächst jedem Inhaber eines mangels Zahlung protestierten Wechsels ob, mag er selbst den Wechsel haben protestieren lassen oder ihn im Wege des Remboursregresses oder als Ehrenzahler (Artt 62 ff.) eingelöst haben, und zwar hat er seinen unmittelbaren Vormann zu benachrichtigen, vorbehaltlich des Art 47, also mit Ausschluß desjenigen, der seinem Indossamente keine Ortsbezeichnung beigefügt hat. Notifikationspflichtig ist ferner in der gleichen Weise jeder Vormann, der eine Benachrichtigung erhalten hat, auch wenn er auf eine solche im Hinblick auf die Vorschrift des Art 47 keinen Anspruch gehabt hat; Erlangung anderweiter Kenntnis von der Protestierung ohne Benachrichtigung begründet keine Benachrichtigungspflicht. Dagegen ist der Indossant ohne Obligo (vgl. unten zu 4), auch wenn er eine Benachrichtigung erhalten hat, nicht verpflichtet, sie weiterzugeben, da er nicht regreßpflichtig ist; so Bernstein zu Art 45 § 2 S. 211; a. M. StStranz Anm 1. Der offene Prokuraindossatar (vgl. zu Art 17 Anm 5), hat nicht etwa seinen Prokuraindossanten, dessen Wechselrechte er ja nur ausübt, sondern dessen nächsten Vorindossanten zu benachrichtigen; dessen Benachrichtigung kann auch von dem Prokuraindossanten ausgehen.

Anm. 4. 4. Die Notifikationspflicht besteht **gegenüber den Vormännern.** Dazu gehören nicht nur die Vorindossanten, sondern auch der Aussteller, da dieser als erster Regreßpflichtiger auf dem Wechsel steht und daher als „Vormann" sämtlicher Regreßberechtigter zu gelten hat (ROHG 2, 125; 18, 139). — Keine Benachrichtigungspflicht besteht gegenüber demjenigen, der ohne Obligo indossiert hat, da er nicht regreßpflichtig ist; so Bernstein a. a. O. (vgl. Anm. 3); a. M. Thöl S. 397 Anm 7. Hinsichtlich des Akzeptanten eines Domizilwechsels war die Frage unter der Herrschaft der früheren Fassung des Art 43 (vgl. zu Art 43 Anm 1) bestritten, da seine Stellung vielfach als ähnlich der Stellung eines Regreßpflichtigen angesehen wurde; in der Rechtsprechung (ROHG 14, 329; RGZ 1, 46) wurde die Benachrichtigungspflicht ihm gegenüber meist verneint, in der Rechtslehre aber vielfach bejaht, u. a. von Thöl S. 644 Anm 24. Für Österreich kommt die Streitfrage auch jetzt noch in Betracht. Die Notifikationspflicht besteht aber nach Art 47 in allen Fällen nur denjenigen Indossanten gegenüber, deren Indossament mit Ortsangabe versehen ist; vgl. Näheres zu Art 47.

Anm. 5. 5. **Form und Inhalt der Benachrichtigung.** Hinsichtlich der Form schreibt Art 45 Satz 1 Schriftlichkeit vor. Für die Erfüllung dieses Erfordernisses werden die Vorschriften des § 126 BGB entsprechend anzuwenden sein; vgl. RGRKomm zu § 126 Anm 1. Die danach erforderliche Benachrichtigungsurkunde wird daher von dem Benachrichtigenden eigenhändig durch Namensunterschrift oder mittels gerichtlich oder notariell beglaubigten Handzeichens unterzeichnet werden müssen. Telegraphische Übermittlung wird genügen, wenn die Urschrift des Telegrammes in solcher Weise hergestellt ist; Benachrichtigung durch Fernsprecher dagegen als fernmündliche nicht (vgl. zu Art 4 Anm 6). Mündliche Benachrichtigung genügt nicht, auch wenn der zu Benachrichtigende sie selbst entgegengenommen und von ihr Kenntnis genommen hat, ohne Widerspruch zu erheben; dem Einwande des Verzichts auf die Form oder der Arglist wird nach den strengen Grundsätzen des BGB (§ 125) die unverzichtbare Nichtigkeit des Rechtsgeschäfts (vgl. RGRKomm zu § 125 Anm 1) entgegenstehen.

Über den Inhalt enthält das Gesetz nur die Vorschrift, daß der Vormann von der Nichtzahlung des Wechsels zu benachrichtigen sei. Weitere Angaben, insbesondere darüber, daß und wann die Präsentation stattgefunden habe und Protest erhoben worden sei, werden danach für die Erfüllung der Benachrichtigungspflicht nicht erfordert werden können, obwohl der zu Benachrichtigende ein offensichtliches Interesse daran hätte, auch von diesen Umständen Kenntnis zu erhalten, um zu beurteilen, ob der Regreßanspruch gewahrt ist. Das ergibt sich auch aus der in RGZ 9, 27 ff. (vgl. oben Anm 1) ausführlich dargelegten Entstehungsgeschichte der Vorschriften über die Benachrichtigungspflicht, nach welcher für die ursprünglich in Aussicht genommene strengere Notifikationspflicht mit wechselrechtlichen Folgen der Unterlassung die Mitteilung einer Protestabschrift erforderlich sein sollte, dieses Erfordernis aber von der Leipziger Konferenz bei Ablehnung dieser strengeren Notifikationspflicht gestrichen wurde (RGZ 9, 29). **Anm. 6.**

6. Die **Frist**, innerhalb welcher die Benachrichtigung zu erfolgen hat, beträgt jeweils zwei Tage. Sie beginnt für den Inhaber des Wechsels, der ihn hat protestieren lassen, mit dem Tage nach der Protesterhebung, so daß also der Tag der Protesterhebung selbst in die Frist nicht eingerechnet wird; doch wird dadurch nicht ausgeschlossen, daß die Benachrichtigung bereits am Tage der Protesterhebung erfolgt (so zutreffend Bernstein § 6 S. 213). Für jeden benachrichtigten Vormann ist die zweitägige Frist „vom Tage des empfangenen Berichts" zu berechnen; auch hier wird ungeachtet des abweichenden Wortlauts („vom Tage des" statt „vom Tage nach dem") der Tag des angeführten Ereignisses (des Berichtsempfanges) in die Frist nicht einzurechnen sein, was der Vorschrift des § 187 BGB entspricht. Abweichend von Art 41 Abs 2 ist nicht gesagt, daß die Tage zwei Werktage sein müssen; es wird deshalb, wenn der erste von ihnen ein Sonn- oder Feiertag ist, dieser in die Frist einzurechnen sein. Dagegen wird, wenn der letzte der beiden Tage ein Sonn- oder Feiertag ist, die Auslegungsvorschrift des § 193 BGB Platz greifen, derzufolge die Frist zur Abgabe einer Willenserklärung in solchem Falle an dem nächstfolgenden Werktage endigt, obwohl einer der Fälle, für welche Art 92 WO eine entsprechende ausdrückliche Vorschrift trifft (vgl. zu diesem Art Anm 4), hier nicht vorliegt, da keine Handlung des anderen Teiles zu fordern ist; a. M. Grünhut § 123 S. 414 Anm 25. **Anm. 7.**

Für die Einhaltung der Frist ist grundsätzlich erforderlich, daß das die Benachrichtigung enthaltende Schriftstück dem zu Benachrichtigenden innerhalb der Frist zugeht. Vgl. über diesen Begriff RGRKomm zu § 130 BGB Anm 1 Abs 2. Es genügt danach, wenn die schriftliche Erklärung dem zu Benachrichtigenden in solcher Weise zugänglich gemacht worden ist, daß er nach den von ihm getroffenen allgemeinen Einrichtungen in Stand gesetzt worden ist, von ihr Kenntnis zu nehmen, z. B. durch Einwerfen in den an seiner Wohnung oder während der gewöhnlichen Geschäftsstunden in den an seinem Geschäftslokale angebrachten Briefkasten oder durch Übergabe an einen üblicherweise zur Empfangnahme von Briefen usw. als ermächtigt geltenden Familienangehörigen, Haus- oder Geschäftsangestellten. Die Vorschriften des Art 91 über die Stelle für die Vornahme wechselrechtlicher Akte sind hier nicht anwendbar, da es sich nicht um einen formellen Akt handelt. Durch ausdrückliche Bestimmung des Gesetzes ist ferner für den Fall, daß die Übermittelung durch die Post erfolgt, das Erfordernis des Zugehens ausgeschaltet und die Aufgabe zur Post innerhalb der Frist für genügend erklärt (Schlußsatzteil von Satz 1). Über den Beweis dieser Postaufgabe bestimmt Art 46; vgl. die Anm zu diesem Artikel. **Anm. 8.**

Wird die Frist nicht eingehalten, so treten die Folgen der Unterlassung (unten Anm 10) der Regel nach ohne weiteres ein, ohne daß ein Verschulden des Benachrichtigungspflichtigen erforderlich ist; eine nachträgliche Benachrichtigung macht diesen Eintritt nicht rückgängig. Doch wird nach den jetzt geltenden Vorschriften der Lauf der Benachrichtigungsfrist gehemmt, wenn und so lange der Benachrichtigungspflichtige an der Erfüllung dieser Pflicht durch „höhere Gewalt" verhindert ist. Vgl. über die in Betracht kommenden Vorschriften, sowie über den Begriff der höheren Gewalt zu Art 41 Anm 12 ff. **Anm. 9.**

7. Die vom Gesetze bestimmten **Folgen** der Nichterfüllung oder nicht gehörigen Erfüllung der Benachrichtigungspflicht liegen in zwei Richtungen: **Anm. 10.**

a) Die an erster Stelle **(Satz 3)** genannte Folge liegt außerhalb des Wechselrechts. Sie besteht in der Verpflichtung zum Ersatze des aus der unterlassenen Benachrichtigung (richtiger: aus der Unterlassung der Benachrichtigung), und zwar im Falle der gänzlichen Unterlassung sämtlichen Vormännern, im Falle der Überspringung eines einzelnen Vormannes diesem **entstandenen Schadens.** Ein solcher Schaden ist namentlich in der Richtung denkbar, daß bei rechtzeitigem Empfange der Benachrichtigung von dem Notleiden des Wechsels der Vormann Maßnahmen hätte treffen können, um von seinen Vormännern Deckung zu erhalten, insbesondere auf dem Wege der Einlösung des Wechsels gemäß Art 48 und der sofortigen Betreibung des Regresses gegen sie, während durch die infolge der Nichtbenachrichtigung eingetretene Verzögerung ihm die tatsächliche Möglichkeit solcher Deckung entzogen worden ist, namentlich dadurch, daß die Regreßpflichtigen in Vermögensverfall oder in Konkurs geraten sind. Denkbar ist auch, daß eine bestehende rechtliche Möglichkeit, Deckung zu erlangen, infolge der Nichtbenachrichtigung verloren gegangen, z. B. eine bestehende Bürgschaft oder ein Pfandrecht erloschen ist.

Anm. 11. Voraussetzung des Schadensersatzanspruchs ist lediglich die objektive Nichterfüllung oder nicht rechtzeitige oder sonst nicht gehörige Erfüllung der Benachrichtigungspflicht; die sonstigen, im bürgerlichen Rechte für Schadensersatzansprüche geforderten Voraussetzungen, namentlich das Erfordernis des schuldhaften (vorsätzlichen oder fahrlässigen) Verhaltens — § 276 BGB: „sofern nicht ein anderes bestimmt ist" — brauchen nicht vorzuliegen. Doch befreit die Verhinderung durch höhere Gewalt — da sie den Lauf der Benachrichtigungsfrist hemmt, vgl. oben Anm 9 — soweit sie reicht, auch von der Schadensersatzpflicht. Im Falle mitwirkenden Verschuldens des zu benachrichtigenden Vormannes (z. B. wenn derselbe von anderer Seite Kenntnis von dem Notleiden des Wechsels erhalten hatte und dadurch in der Lage gewesen wäre, die erforderlichen Maßnahmen zu treffen) wird der in § 254 BGB zum Ausdrucke gekommene allgemeine Rechtssatz (vgl. RGRKomm zu § 254 Anm 1c β) Platz greifen und dadurch der Schadensersatzanspruch zum Teil oder ganz wegfallen.

Anm. 12. Der Schaden kann geltend gemacht werden durch Einrede gemäß Art 82 WO gegenüber der Regreßklage des benachrichtigungspflichtigen Regreßberechtigten oder durch besondere Klage außerhalb des Wechselrechts, also im gewöhnlichen Verfahren. Die Entstehung und den Umfang des Schadens hat der den Schadensersatz verlangende Vormann zu beweisen; für die Beweiswürdigung gilt § 287 ZPO, wonach das Gericht darüber unter Würdigung aller Umstände nach freiem Ermessen zu entscheiden hat.

Anm. 13. **b)** Die weitere Folge liegt auf wechselrechtlichem Gebiete, indem sie den Regreßanspruch des benachrichtigungspflichtigen Regreßberechtigten gegen seine Vormänner überhaupt oder gegen diejenigen von ihnen, die übersprungen worden sind, zwar nicht in der Hauptsache, aber in Nebenforderungen einschränkt. Der Inhaber oder Indossatar verliert nämlich **den Anspruch auf Zinsen und Kosten (Satz 4 des Artikels).** Der hier gemeinte Anspruch ist der Regreßanspruch, der dem Inhaber, welcher den Wechsel mangels Zahlung hat protestieren lassen, sowie dem Indossanten, welcher den Wechsel eingelöst oder als Rimesse erhalten und dadurch Inhaber geworden ist, nach den Artt 50, 51 zusteht, soweit er auf Zinsen und Kosten gerichtet ist. Das ist der Fall hinsichtlich der nach Artt 50 Nr. 1 und 51 Nr. 1 zu beanspruchenden Zinsen aus der Wechselsumme bzw. aus der von dem Einlöser gezahlten oder durch Rimesse berichtigten Summe vgl. zu Artt 50 Anm. 3, 51 Anm 8); ferner hinsichtlich der nach Artt 50 Nr. 2, 51 Nr. 2 zu beanspruchenden Protestkosten und anderen Auslagen bzw. der dem Einlöser entstandenen Kosten; aber auch hinsichtlich der nach Artt 50 Nr. 3, 51 Nr. 3 zu beanspruchenden Provision. Ob die Provision unter den Begriff der Kosten falle, könnte zweifelhaft sein; doch wird dieser Zweifel beseitigt dadurch, daß Art 45 Satz 4 ausdrücklich als Folge des den Benachrichtigungspflichtigen treffenden Anspruchsverlustes aufstellt, daß er nur die Wechselsumme zu fordern berechtigt ist (RGZ 14, 107). Verloren geht aber nur der in den Artt 50, 51 geregelte Anspruch auf „Kosten"; sonstige Kostenerstattungsansprüche des Regreßberechtigten, welche durch die Regreßpflicht entstehen, werden durch die Unterlassung der Benachrichtigung nicht berührt, es sei denn, daß die Kosten ursächlich auf diese Unterlassung zurückzuführen sind und der Anspruch auf ihre Erstattung deshalb nach Satz 3 des Artikels (vgl. oben Anm. 10ff.) durch den Schadensersatzanspruch der Regreßverpflichteten ausgeglichen wird. Insbesondere fallen die Prozeßkosten eines über die Regreßpflicht geführten Rechtsstreits, sofern der Regreßpflichtige unterliegt, ihm, auch wenn er nicht benachrichtigt war, nach allgemeinen prozessualen Grundsätzen zur Last, es sei denn, daß er zur Klageerhebung keine Veranlassung gegeben und den Anspruch sofort anerkannt hat (§§ 91, 93 ZPO); so mit Recht Bernstein zu Art 45 § 8 unter 2 S. 213 gegen einzelne dort angeführte Entscheidungen. Auch der Anspruch auf Verzugszinsen, die der Regreßverpflichtete nach Eintritt des Verzugs, insbesondere von der Klageerhebung ab, aus der Wechselsumme schuldet, gehört nicht zu dem laut Art 45 Satz 4 dem Benachrichtigungspflichtigen durch Nichterfüllung der Benachrichtigungspflicht verlorengehenden Zinsanspruche; so auch hier mit Recht Bernstein a. a. O. gegen dort angeführte Entscheidungen.

Artikel 46.

Kommt es auf den Nachweis der dem Vormanne rechtzeitig gegebenen schriftlichen Benachrichtigung an, so genügt zu diesem Zwecke der durch ein Postattest geführte Beweis, daß ein Brief von dem Beteiligten an den Adressaten an dem angegebenen Tage abgesandt ist, sofern nicht dargetan wird, daß der angekommene Brief einen anderen Inhalt gehabt hat. Auch der Tag des Empfanges der erhaltenen schriftlichen Benachrichtigung kann durch ein Postattest nachgewiesen werden.

Auf den Nachweis der dem Vormanne rechtzeitig gegebenen schriftlichen Benachrichtigung (Art 45) kommt es an, wenn ein Regreßpflichtiger auf Grund der Behauptung, daß er nicht vorschriftsmäßig von dem Notleiden des Wechsels benachrichtigt worden sei, einen Schadensersatzanspruch gemäß Art 45 Satz 3 geltend macht oder gegenüber dem sich auch auf Zinsen und Kosten erstreckenden Regreßanspruche des Inhabers auf Grund des Art 45 Satz 4 Einwendungen erhebt. In beiden Fällen wird der Beweis der ordnungsmäßigen Benachrichtigung von dem benachrichtigungspflichtigen Regreßnehmer zu führen sein. Die Führung dieses Beweises wird ihm jedoch durch Art 46 weitgehend erleichtert. Danach genügt zum Beweise der rechtzeitig erfolgten schriftlichen Benachrichtigung (also sowohl für die Rechtzeitigkeit wie für die Einhaltung der Schriftform) ein Postattest darüber, daß ein Brief von dem „Beteiligten" — d. h. dem zur Benachrichtigung Verpflichteten — an den „Adressaten" — d. h. an den zu benachrichtigenden Vormann — an dem angegebenen Tage abgesendet worden ist. Wird ein Postattest mit diesem Inhalte vorgelegt, so ist der Beweis als geführt zu erachten, daß der an dem darin angegebenen Tage abgesandte Brief die Benachrichtigung des Adressaten von der Nichteinlösung des Wechsels enthielt; die freie Beweiswürdigung des Gerichts (§ 286 ZPO) ist in diesem Umfange ausgeschlossen zugunsten einer gesetzlichen Vermutung über den Inhalt (§ 292 ZPO); gemäß § 13 EG ZPO ist diese prozeßrechtliche Vorschrift unberührt geblieben. Doch ist zu beachten, daß die Postatteste über eingeschriebene Briefe den Namen des Absenders nicht anzugeben pflegen; wird also lediglich ein solches Attest vorgelegt, so ist insoweit die freie Beweiswürdigung nicht ausgeschlossen; der Besitz des Postscheines genügt dafür nicht unbedingt. Dagegen wird ein Postbuch, in welches die von einem bestimmten Gewerbetreibenden bei der Post eingelieferten eingeschriebenen Sendungen eingetragen zu werden pflegen, die Erfordernisse des Art 46 erfüllen. Im übrigen besteht auch keine Verpflichtung der Post zur Ausstellung eines diesen Erfordernissen genügenden Attestes. Der Beweis kann selbstverständlich auch auf jede andere Weise geführt werden; zur Ergänzung des Posteinlieferungsscheines wird namentlich das Briefkopierbuch dienen können. — Zulässig ist gegenüber dem durch das Postattest gemäß Art 46 geführten Beweis der Gegenbeweis, daß der angekommene Brief einen anderen Inhalt gehabt habe. Ob dieser Gegenbeweis durch Vorlage eines Briefes mit anderem Inhalte, der als der von dem Benachrichtigungspflichtigen abgesandte bezeichnet wird, geführt ist, unterliegt wiederum der freien Beweiswürdigung. — Auf den Tag des Empfanges der schriftlichen Benachrichtigung (Satz 2) kommt es an für den von einem benachrichtigten Vormann gegenüber seinem Vormanne nach § 45 Satz 2 zu führenden Beweis, daß er diesen rechtzeitig benachrichtigt habe.

Artikel 47.

Hat ein Indossant den Wechsel ohne Hinzufügung einer Ortsbezeichnung weiter begeben, so ist der Vormann desselben von der unterbliebenen Zahlung zu benachrichtigen.

Der Art 47 schränkt die Vorschriften des Art 45 über die Benachrichtigungspflicht erheblich ein **Anm. 1.** und nimmt ihnen zu einem guten Teil ihre praktische Bedeutung; vgl. zu Art 45 Anm 1. Nach ihm entfällt die Benachrichtigungspflicht gegenüber allen denjenigen Indossanten, deren Indossament ohne Hinzufügung einer Ortsbezeichnung erfolgt ist. Das ist aber nach den bestehenden Handelsbräuchen die weitaus größte Mehrzahl der Indossamente, da diese weder zeitlich noch örtlich datiert zu sein brauchen und auch nicht datiert zu werden pflegen. Vgl. zu Art 11 Anm 6. Es wird deshalb zumeist der Fall so liegen, daß die sämtlichen Vorindossanten für die Benachrichtigung fortfallen. Anders liegt die Sache hinsichtlich des Ausstellers, der nach Art 45, mag er (beim Wechsel an eigene Order) indossiert haben oder nicht, als regreßpflichtiger Vormann anzusehen ist; vgl. zu Art 45 Anm 4. Die für ihn bestimmte Benachrichtigung ist zu richten an den im Wechsel angegebenen Ausstellungsort (Art 4 Nr. 6), sofern nicht ein von diesem verschiedener Wohnort des Ausstellers angegeben ist, der dann als der Ort, an den das Benachrichtigungsschreiben zu senden ist, zu gelten haben wird. Ist der Aussteller auch Indossant und hat er seinem Indossamente eine Ortsbezeichnung hinzugefügt, so wird die Benachrichtigung auch an diesen Ort gerichtet werden können. Mit Unrecht ist in ROHG 18, 140 eine Benachrichtigungspflicht gegenüber dem Aussteller um deswillen abgelehnt worden, weil sein Indossament keine Ortsbezeichnung trug und das Ausstellungsdatum nicht die Ortsbezeichnung ersetze. Denn Art 47 betrifft die Vormänner nur in ihrer Eigenschaft als Indossanten, nicht den Aussteller als Vormann. Wie hier, zutreffend Bernstein S. 215; a. M. StStranz Anm 1. Auch für den Vorindossanten wird übrigens, wenn das Indossament etwa neben der Bezeichnung des Ortes seiner Ausstellung noch den Wohnort des Indossanten angibt, z. B. „A. B. aus Altona", der Brief an diesen Ort zu richten sein.

Die Benachrichtigungspflicht entfällt nur, wenn dem Indossament überhaupt keine Orts- **Anm. 2.** bezeichnung beigefügt ist. Ist ein Ort bezeichnet, aber ohne Angabe einer näheren Adresse, so ist der Indossant zu benachrichtigen, auch wenn der Ort eine größere oder ganz große Stadt (Berlin) und deshalb anzunehmen ist, daß der Brief unbestellbar sein wird. Hat das Indossament eines

Vormannes keine Ortsbezeichnung, so ist der Regreßberechtigte verpflichtet, nicht diesen, sondern denjenigen nächsten Vormann, dessen Indossament eine Ortsbezeichnung trägt, zu benachrichtigen, auch wenn er den Wohnort und die Adresse des oder der Indossanten ohne Ortshinzufügung kennt (ROHG 8, 140, in diesem Punkte zutreffend); er hat nicht etwa die Wahl, ob er diesen oder einen entfernteren Indossanten mit Ortsbezeichnung benachrichtigen will, vielmehr ist er dem letzteren gegenüber benachrichtigungspflichtig. So zutreffend Bernstein S. 215 unter Darlegung der Entstehungsgeschichte der Vorschrift, bei der allerdings die Verleihung eines Wahlrechts erwogen wurde. Darüber, ob durch eine an einen Indossanten ohne Ortsbezeichnung gerichtete Benachrichtigung dieser seinem Vormanne gegenüber benachrichtigungspflichtig wird, vgl. zu Art 45 Anm 3.

Artikel 48.

Jeder Wechselschuldner hat das Recht, gegen Erstattung der Wechselsumme nebst Zinsen und Kosten die Auslieferung des quittierten Wechsels und des wegen Nichtzahlung erhobenen Protestes von dem Inhaber zu fordern.

Anm. 1. 1. Während die Artt 39 und 54 (vgl. die Erläuterungen zu diesen Artikeln) bestimmen, daß der Wechselschuldner (Akzeptant Art 39, Regreßschuldner Art 54), der als solcher in Anspruch genommen wird, im Austausch gegen die von ihm verlangte Zahlung die Aushändigung (Auslieferung) des Wechsels verlangen kann, regelt Art 48 das **Einlösungsrecht** des Wechselschuldners, d. h. seine Befugnis, ohne bereits als solcher in Anspruch genommen zu sein, aus eigener Initiative den Inhaber zu befriedigen und dadurch das Recht auf Auslieferung des Wechsels, also auf Übertragung des Eigentums an diesem, zu erlangen.

Anm. 2. 2. Das Einlösungsrecht steht nach dem Wortlaute des Gesetzes **jedem Wechselschuldner** zu. Hieraus wird zu folgern sein, daß es nicht nur von dem Regreßpflichtigen ausgeübt werden kann, der dadurch einem ihm drohenden Regresse zuvorkommen will, und etwa seinem Avalisten, sondern auch von dem Akzeptanten, der den Wechsel bei Verfall nicht bezahlt hat, ihn aber nachträglich bezahlen will. Die Stellung des Art 48 in dem Unterabschnitt: „Regreß mangels Zahlung" könnte zwar dahin gedeutet werden, daß das Einlösungsrecht hier nur dem Regreßpflichtigen gewährt werden sollte; doch erscheint angesichts des klaren Wortlautes „jedem Wechselschuldner" eine solche, lediglich auf die Systematik des Gesetzes sich stützende Auslegung wohl nicht gerechtfertigt. Die Wirkung wird aber verschieden sein, je nachdem ein Regreßpflichtiger oder sein Avalist für ihn oder der Akzeptant oder dessen Avalist das Einlösungsrecht ausübt; in beiden Fällen wird zwar das Eigentum an dem Wechsel durch die Aushändigung an den Zahlenden übergehen, aber im ersteren Falle wird er dadurch zugleich das Gläubigerrecht erwerben oder richtiger zurückerwerben, und zwar ohne daß es eines Indossaments auf ihn, worauf er keinen Anspruch hat, bedarf, da er ja sein eigenes und die diesem folgenden Indossamente, sofern man das für nötig erachtet (vgl. zu Art 36 Anm 9), ausstreichen kann; während im zweiten Falle die Wechselforderung durch die Zahlung erlöschen, das Eigentum am Wechsel also ohne die Forderung auf den Erwerber übergehen wird; so Bernstein zu Art 48 § 7 S. 217. Wechselbeteiligte, die nicht Wechselschuldner sind, haben das Einlösungsrecht nicht; also nicht der Indossant ohne Gewähr (Art 9 Abs 2); auch nicht der Bezogene, der nicht akzeptiert hat; ebensowenig der frühere Inhaber eines Wechsels mit Blankoindossament, der ihn ohne eigenes Indossament weitergegeben hat und dadurch in den Wechselverband nicht selbst eingetreten ist (vgl. zu Art 13 Anm 4); auch nicht der Domiziliat, der nur Zahlungsvertreter des Bezogenen ist.

Anm. 3. Ausgeübt kann das Einlösungsrecht erst werden, nachdem der Wechsel fällig geworden, da der Wechselgläubiger nach der Verkehrssitte (vgl. RGRKomm zu § 271 BGB Anm 3) eine vorzeitige Zahlung nicht anzunehmen braucht. Nicht unter allen Umständen erforderlich ist, daß der Wechsel protestiert worden ist (a. M. anscheinend StStranz zu Art 48 Einleitung); allerdings wird ein früherer Regreßpflichtiger, dessen Regreßpflicht durch die Nichterhebung des Protestes erloschen ist, das Einlösungsrecht nicht mehr ausüben können (vgl. oben), wohl aber ein Regreßpflichtiger, dessen Regreßpflicht wegen Protesterlasses bestehen geblieben, sowie der Akzeptant. Aus dem Wortlaute des Gesetzes, nach welchem auch „der wegen Nichtzahlung erhobene Protest" auszuhändigen ist (vgl. unten zu 2), kann nicht gefolgert werden, daß stets Protest erhoben sein muß. — Erbieten sich mehrere Wechselschuldner zur Einlösung, so wird in entsprechender Anwendung der in Art 64 für die Ehrenzahlung gegebenen Vorschrift demjenigen der Vorzug zu geben sein, durch dessen Zahlung die meisten Verpflichteten befreit werden, wie in einigen ausländischen Gesetzgebungen (vgl. den Anhang I zu diesem Unterabschnitte Anm 13) ausdrücklich bestimmt ist.

Anm. 4. Das Einlösungsrecht kann gegenüber jedem Inhaber des Wechsels ausgeübt werden, so lange der Wechsel noch in seinen Händen ist; also auch gegenüber demjenigen, der bereits zur Zeit der Fälligkeit Inhaber war, obwohl der Wortlaut („gegen Erstattung der Wechselsumme usw.") dafür sprechen könnte, daß nur ein Inhaber in Frage komme, der den Wechsel durch Zahlung der geschuldeten Beträge nach Verfall eingelöst hat. Inhaber ist aber nicht der bloße Detentor, der den Wechsel für einen anderen innehat, sondern derjenige, der auf Grund des Besitzes das Gläubigerrecht hat oder mindestens in Anspruch nimmt; so zutreffend Bernstein § 3 S. 216 in

Erweiterung der zu engen Ausdrucksweise in RGZ 18, 108, wo die wechselrechtliche Legitimation für erforderlich erklärt wird. Das Einlösungsrecht kann gegenüber dem Inhaber, der den Wechsel noch in Händen hat, auch dann noch ausgeübt werden, wenn dieser bereits einen anderen Wechselverpflichteten auf Zahlung des Wechsels verklagt und gegen diesen ein rechtskräftiges Urteil erwirkt hat; wegen der Prozeßkosten in diesem Falle vgl. zu 3.

3. Der Wechselschuldner, der das Einlösungsrecht ausüben will, hat dem Inhaber **die Wechselsumme nebst Zinsen und Kosten** zu erstatten. Die hier in Betracht kommenden Beträge sind diejenigen, auf welche sich nach den Artt 50, 51 die Regreßansprüche des Inhabers beschränken; vgl. die Erläuterungen zu den genannten Artikeln. Daß unter den Kosten auch die Provision einbegriffen ist, wird in RGZ 14, 107 zutreffend schon aus dem allgemeinen Rechtssatze gefolgert, daß ein Annahmeverzug des Gläubigers (vgl. unten) nur herbeigeführt werde durch Angebot alles dessen, was der Gläubiger zu zahlen hat, aber auch aus der Analogie zu Art 45 Satz 4, wo der gleiche Ausdruck dadurch erläutert ist, daß ihm die bloße Wechselsumme als dasjenige entgegengestellt wird, was nach Verlust der „Zinsen und Kosten" allein noch übrig bleibt; vgl. zu Art 45 Anm 13. Hat der Inhaber die ihm gegenüber dem Regreßpflichtigen, der das Einlösungsrecht ausüben will, obliegende Benachrichtigungspflicht nicht erfüllt und deshalb den Anspruch auf Zinsen und Kosten verloren (Art 45 Satz 4), so braucht nur die Wechselsumme gezahlt zu werden. Ist der Wechsel teilweise bezahlt, so bedarf es zur Einlösung nur der Zahlung des noch geschuldeten Restbetrages. Ein Angebot, das nicht die gesamten geschuldeten Beträge umfaßt (Teilangebot), genügt nicht. Doch hat das RG in RGZ 14, 109 auf der Grundlage des gemeinen Rechts angenommen, daß dieses Erfordernis „nicht mit der äußersten formalistischen Strenge" zu beurteilen sei und daß deshalb ein Angebot, in welchem ein ganz unbedeutender Betrag (drei Mark Zinsen) gefehlt habe, nicht als unzulänglich angesehen werden könne, sofern anzunehmen sei, daß der Anbietende auf Verlangen ohne weiteres bereit gewesen sein würde, auch diesen Betrag zu bezahlen. Nach dem jetzt geltenden Rechte wird aus § 242 BGB das gleiche Ergebnis herzuleiten sein; vgl. RG bei Warneyer 1909 Nr. 196 und RGRKomm zu § 294 Anm 1. **Anm. 5.**

Das Angebot der Zahlung der geschuldeten Beträge muß in der Regel ein tatsächliches sein, doch genügt ein bloß wörtliches Angebot, wenn der Inhaber vorher bereits erklärt hat, daß er die Zahlung nicht annehmen werde (§§ 294, 295 BGB). Das Angebot hat an dem Orte zu erfolgen, an dem die wechselrechtliche Verpflichtung des Anbietenden zu erfüllen ist (§§ 294, 269 BGB; RGZ 50, 210), demnach von seiten des Akzeptanten am Zahlungsorte des Wechsels, von seiten eines Regreßpflichtigen an seinem Wohnorte oder dem Orte seiner Handelsniederlassung (ROHG 23, 7; vgl. zu Art 50 Anm 9). Mit Unrecht wird gelehrt (StStranz Anm 9, M. und M. Stranz Anm 3 zu Art 48), daß die Erstattung auch durch ein Erfüllungssurrogat, insbesondere durch Aufrechnung gegen eine Forderung des die Einlösung anbietenden Wechselschuldners an den Inhaber, erfolgen könne; der Inhaber, der die Wahl hat, welchen Wechselverpflichteten er in Anspruch nehmen will (vgl. die Erläuterungen zu Art 49), kann nicht genötigt werden, von einem Wechselverpflichteten, den er nicht in Anspruch genommen hat, etwas anderes entgegenzunehmen als die den Gegenstand der Forderung bildende Barzahlung; so zutreffend RG in JW 1902, 364[22]. Der Inhaber, der die Herausgabe des Wechsels gegen Zahlung der geschuldeten Beträge verweigert, gerät aber auch in Schuldnerverzug (§§ 284ff. BGB) und hat deshalb den dem Wechselschuldner, der das Einlösungsrecht geltend gemacht hat, durch die Verweigerung entstehenden Schaden diesem zu ersetzen, insbesondere wenn dieser infolgedessen einem späteren anderen Wechselinhaber eine höhere Summe an Zinsen und Kosten (Provision) zahlen muß; so mit Recht Lehmann § 139 S. 564/565 und Anm 2. Es wird gelehrt, daß der Inhaber die Aushändigung des Wechsels von der Erstattung von Prozeßkosten nicht abhängig machen könne, da diese nicht zu den nach Artt 50, 51 dem Inhaber zustehenden Regreßbeträgen gehören (vgl. zu Art 50 Anm 6). So Bernstein § 1 S. 216; StStranz Anm 9. Das trifft für Prozeßkosten, die durch Verklagung anderer Wechselschuldner entstanden sind, wohl zu. Doch steht dieser Rechtssatz nicht im Wege, daß der Inhaber wegen eines ihm gegen denjenigen Wechselschuldner, der das Einlösungsverlangen stellt, zustehenden Anspruchs auf Ersatz etwa zwischen ihnen bereits entstandener Prozeßkosten gemäß § 273 BGB ein Zurückbehaltungsrecht an dem Wechsel ausüben kann. **Anm. 6.**

Die Aushändigung des Wechsels usw. hat Zug um Zug gegen Erstattung der geschuldeten Beträge stattzufinden. Anders wie in Art 39 (vgl. zu diesem Artikel Anm 3) handelt es sich aber hier nicht um eine von Amts wegen zu berücksichtigende Einschränkung des Anspruchs, sondern um ein nach § 273 BGB geltend zu machendes Zurückbehaltungsrecht. **Anm. 7.**

4. Den Gegenstand der Einlösung bildet nach dem Wortlaute des Artikels **die Auslieferung des quittierten Wechsels und des wegen Nichtzahlung erhobenen Protestes.** Hinsichtlich der Auslieferung des „quittierten Wechsels" entspricht dieser Wortlaut, sofern der Akzeptant den Wechsel einlöst (vgl. Anm 2), der Vorschrift des Art 39. Dagegen steht dieser Wortlaut, sofern die Einlösung durch einen Regreßpflichtigen erfolgt, nicht im Einklange mit Art 54, demzufolge ein zahlender Regreßpflichtiger Quittung auf dem Wechsel selbst nicht verlangen kann. Es kann nicht gut angenommen werden, daß das Gesetz dem einlösenden Regreßpflichtigen in dieser Beziehung eine andere Stellung anweisen wollte, als demjenigen, der zahlt, nach- **Anm. 8.**

dem er in Anspruch genommen worden ist, da in beiden Fällen durch seine Zahlung die Wechselforderung sofern noch weitere Wechselverpflichtete (Vormänner des Zahlenden oder der Akzeptant) in Frage kommen, nicht erlischt, sondern auf den Zahlenden übergeht. Die Vorschrift wird deshalb sinngemäß dahin zu verstehen sein, daß der einlösende Regreßpflichtige Aushändigung des Wechsels und einer quittierten Retourrechnung, als welche, wenn Retourkosten nicht entstanden sind, eine Quittung über die Zahlung der Wechselsumme und gegebenenfalls der Zinsen anzusehen sein wird, verlangen kann.

Anm. 9. Da der Protest wegen Nichtzahlung nach dem Rechte der Protestnovelle auf den Wechsel oder ein mit diesem zu verbindendes Blatt zu setzen ist (Art 88a), hat die Vorschrift, daß er mitauszuhändigen ist, nur noch die Bedeutung, daß dem Inhaber nicht etwa ein Abtrennungsrecht zusteht. Ist kein Protest erhoben (vgl. oben Anm 3), so besteht auch keine Pflicht zur Aushändigung eines solchen.

Artikel 49.

Der Inhaber eines mangels Zahlung protestierten Wechsels kann die Wechselklage gegen alle Wechselverpflichtete oder auch nur gegen einige oder einen derselben anstellen, ohne dadurch seinen Anspruch gegen die nicht in Anspruch genommenen Verpflichteten zu verlieren. Derselbe ist an die Reihenfolge der Indossamente nicht gebunden.

Anm. 1. **1.** Die Vorschrift des Art 49 stellt sich lediglich als eine Folge der gesamtschuldnerischen Verpflichtung aller Wechselverpflichteten dar, die in Art 81 grundsätzlich ausgesprochen und im einzelnen geregelt ist. Vgl. über die rechtliche Natur dieser Gesamtschuldverpflichtung und ihre Auswirkungen Näheres in den Erläuterungen zu Art 81. Auch der besondere Inhalt der Vorschrift des Art 49 ist in Art 81 bereits im wesentlichen ausgesprochen, indem dort in Satz 3 Halbsatz 2 bestimmt ist, daß es in der Wahl des Wechselinhabers steht, welchen Wechselverpflichteten er zuerst in Anspruch nehmen will. Dieser Grundsatz ist in Art 49 des näheren ausgeführt für den Fall, daß als Inhaber der Inhaber eines protestierten Wechsels in Betracht kommt, daß es sich also um den Rücklauf eines Wechsels handelt, bei welchem als Wechselverpflichtete Regreßpflichtige vorhanden sind, hinsichtlich deren die Regreßansprüche durch Protesterhebung gewahrt sind. Doch geht der Inhalt der Vorschrift (ebenso wie der des Art 48, vgl. zu Art 48 Anm 2) über den eigentlichen Regreß mangels Zahlung, der den Gegenstand dieses Unterabschnittes laut Überschrift bildet, dadurch hinaus, daß auch die Verpflichtung des Hauptschuldners (Akzeptanten) in ihren Beziehungen zu den Regreßberechtigten von ihr ergriffen wird. „Regreß" mangels Zahlung ist hiernach in weiterem Sinne als Geltendmachung des Wechselanspruchs nach Verfall und Protest des Wechsels zu verstehen. In diesem Sinne handelt der Artikel von dem sog. **Wahl- und Sprungregresse** und begründet dessen uneingeschränkte Zulässigkeit.

Anm. 2. **2.** Seinem Wortlaute nach setzt der Artikel, wie Art 45 (vgl. zu Art 45 Anm 2) voraus, daß der Wechsel, den der Inhaber innehat, ein protestierter Wechsel ist. Wie Art 45 faßt er den Fall nicht besonders ins Auge, daß eine Protestierung des Wechsels nicht stattgefunden hat und daß dennoch außer der Verpflichtung des Akzeptanten noch Regreßverpflichtungen vorhanden sind, zu deren Erhaltung es infolge Protesterlasses (Art 42) der Protesterhebung nicht bedurfte. Da sich aber, wie oben (Anm 1) dargelegt ist, die Vorschrift des Art 49 nur als eine nähere Ausführung des Art 81 darstellt, wird kein Bedenken entgegenstehen, die in ihr enthaltenen Rechtssätze auch in diesem Falle zur entsprechenden Anwendung zu bringen.

Anm. 3. **3.** Satz 1 des Artikels erläutert näher das in Art 81 dem Inhaber zugesprochene **Wahlrecht** bei Inanspruchnahme des Wechselverpflichteten für den Fall der gerichtlichen Inanspruchnahme, also der **Wechselklage.** Er gestattet die gemeinschaftliche Verklagung aller oder einiger Wechselverpflichteter, also die subjektive Klagenhäufung, die übrigens dem geltenden Prozeßrechte (§ 59 ZPO) entspricht, da dieses die gemeinschaftliche Verklagung mehrerer Personen als Streitgenossen zuläßt, wenn sie in Ansehung des Streitgegenstandes in einer Rechtsgemeinschaft stehen, was bei dem echten Gesamtschuldverhältnisse des § 421 BGB auch dann zutrifft, wenn die Verpflichtung der einzelnen Gesamtschuldner auf selbständigen, von einander unabhängigen Entstehungsgründen beruht; vgl. RGRKomm zu § 421 Anm 1 und die dort angeführten Reichsgerichtsentscheidungen. Er gestattet aber auch die Verklagung eines einzelnen Wechselschuldners. Der einzelne oder die mehreren Wechselschuldner, die verklagt sind, können sonach nicht den Einwand erheben, daß noch andere Wechselverpflichtete vorhanden seien (exceptio plurium), insbesondere als Regreßpflichtige nicht den Einwand der Vorausklagung des Akzeptanten; in prozessualer Beziehung kann auch nicht der Einwand der Rechtshängigkeit oder der Rechtskraft um deswillen erhoben werden, weil eine Klage gegen einen anderen Wechselverpflichteten anhängig oder gegen ihn ein rechtskräftiges Urteil über die Wechselforderung ergangen ist. Der Artikel gibt ferner dem Inhaber das Veränderungsrecht (ius variandi), indem er hinzufügt, daß der Inhaber durch die Verklagung nur einiger oder eines der Wechselverpflichteten seinen Anspruch gegen die nicht in Anspruch genommenen Verpflichteten nicht verliert, so daß er diese noch nachträglich in Anspruch nehmen kann, sei es unter Aufrechterhaltung oder unter Aufgabe der gegen andere früher angestellten Klage. Auch im Konkurse eines oder mehrerer Wechselverpflichteter kann der Wechselinhaber gemäß § 68 KO bis zu seiner vollen Befriedigung in jedem Verfahren den Gesamtbetrag der Wechselforderung geltend machen, und zwar gilt dies auch dann, wenn in dem einen Verfahren der Akzeptant, im anderen Regreßpflichtige als Schuldner in Betracht kommen, da die von jenem und von diesen geschuldete wechselrechtliche Leistung die gleiche ist (RGZ 11, 19). Mehrere gemeinschaftlich verklagte Wechselschuldner haften als Gesamtschuldner auch für die Prozeßkosten (§ 100 Abs 4 ZPO; RGZ 15, 381; 33, 88). Dagegen haftet ein Wechselverpflichteter nicht für die in einem Verfahren gegen einen anderen Wechselverpflichteten entstandenen Kosten, da diese nicht zu dem gehören, was der Wechselinhaber „wegen Nichterfüllung der Wechselverbindlichkeit" zu fordern hat (Art 81 Satz 2), die Verpflichtung zu ihrer Erstattung vielmehr auf besonderer prozeßrechtlicher Grundlage beruht (ROHG 24, 88; vgl. zu Art 50 Anm 6 und zu Art 81 Anm 12).

4. Absatz 2 des Artikels hebt noch besonders hervor, daß der Inhaber, der Regreßansprüche gegen Indossanten erhebt, **an die Reihenfolge der Indossamente nicht gebunden ist,** so daß er sprungweise vorgehen und Vormänner vor ihren Nachmännern in Anspruch nehmen kann. Es ist das der sog. Sprungregreß. **Anm. 4.**

5. Das Scheckgesetz enthält in § 18 Abs 1 eine dem Art 49 WO nachgebildete Vorschrift entsprechenden Inhalts, unter Einschränkung auf die bei dem Scheck allein in Frage stehenden Regreßansprüche des Inhabers. Vgl. Näheres in meinem ScheckgesKomm zu § 18 Anm 1—4. **Anm. 5.**

Artikel 50.

Die Regreßansprüche des Inhabers, welcher den Wechsel mangels Zahlung hat protestieren lassen, beschränken sich auf

1. die nicht bezahlte Wechselsumme nebst sechs Prozent jährlicher Zinsen vom Verfalltag ab;

2. die Protestkosten und anderen Auslagen;

3. eine Provision von ein Drittel Prozent.

Die vorstehenden Beträge müssen, wenn der Regreßpflichtige an einem anderen Orte als dem Zahlungsorte wohnt, zu demjenigen Kurse gezahlt werden, welchen ein vom Zahlungsort auf den Wohnort des Regreßpflichtigen gezogener Wechsel auf Sicht hat. Besteht am Zahlungsorte kein Kurs auf jenen Wohnort, so wird der Kurs nach demjenigen Platze genommen, welcher dem Wohnorte des Regreßpflichtigen am nächsten liegt. Der Kurs ist auf Verlangen des Regreßpflichtigen durch einen unter öffentlicher Autorität ausgestellten Kurszettel oder durch das Attest eines vereideten Mäklers oder in Ermangelung derselben durch ein Attest zweier Kaufleute zu bescheinigen.

I. Die Artt 50—53 regeln den **Umfang** der Regreßansprüche des Inhabers, und zwar Art 50 desjenigen Inhabers, der zur Zeit des Verfalls des Wechsels Inhaber war und ihn hat präsentieren, in der Regel auch protestieren lassen; Art 51 die Ansprüche desjenigen Inhabers, der als Indossant den Wechsel nach Verfall und (in der Regel) erhobenem Protest eingelöst oder als Rimesse erhalten hat; während Art 52 den Sonderfall des Regresses auf einen ausländischen Ort, Art 53 die Befugnis des Regreßnehmers zur Ziehung eines Rückwechsels auf den Regreßpflichtigen behandelt. **Anm. 1.**

II. Art 50 bestimmt den Umfang der Regreßansprüche des Inhabers, **der den Wechsel hat protestieren lassen.** Die Bestimmungen werden aber, mit den erforderlichen Abweichungen, entsprechende Anwendung auf denjenigen Inhaber finden müssen, der den Wechsel bei Verfall erfolglos zur Zahlung präsentiert, Protest aber nicht erhoben hat, weil sämtliche in Betracht kommende Regreßpflichtige auf Grund des Art 42 den Protest erlassen hatten. Die Regreßforderung eines solchen Inhabers setzt sich aus den nachstehenden Bestandteilen zusammen: **Anm. 2.**

1. (Nr. 1): a) der nicht bezahlten Wechselsumme, d. h. der gemäß Art 4 Nr. 2 im Wechsel angegebenen Geldsumme, die zu zahlen der Bezogene angewiesen war; vgl. zu Art 4 Anm 10a ff. Über die Frage der Aufwertung der Wechselsumme vgl. zu Art 4 Anm 15. Wie dort schon hervorgehoben, dürfte das von der herrschenden Ansicht aus den Artt 50, 51 entnommene Argument, daß die in diesen Artikeln angeordnete „Beschränkung" der Regreßansprüche auf die dort genannten Beträge einer Aufwertung entgegenstehe, nicht durchgreifen, da die Aufwertung keine Erhöhung der Wechselsumme, sondern nur ihren anderweiten Ausdruck entsprechend der eingetretenen Entwertung der Papiermark bedeutet. Ist der Wechsel teilweise bezahlt, so beschränkt sich die Regreßsumme auf den verbliebenen Restbetrag. **Anm. 2a.**

b) Zu der Wechselsumme hinzu treten **gesetzliche Zinsen vom Verfalltage,** also nicht erst von dem etwa davon verschiedenen Zahlungstage (vgl. zu Art 92 Anm 2), auch nicht erst vom Tage **Anm. 3.**

der Präsentation (vgl. zu Art 41 Anm 1 ff.). Daß es sich nicht um Verzugszinsen handelt, ergibt sich schon daraus, daß Verzug erst mit der Präsentation eintritt (vgl. a. a. O.). Die Frage hatte im gemeinen Rechte Bedeutung (vgl. ROHG 6, 157), da nach diesem mit der Eröffnung des Konkurses nur der Lauf der Verzugszinsen, nicht aber der Lauf der Vertrags- oder gesetzlichen Zinsen aufhörte, während nach heutigem deutschem Konkursrechte (§ 63 Nr. 1 KO; anders in Österreich, § 17 öst. KO) auch vertragsmäßige und gesetzmäßige Zinsen für die Zeit von der Eröffnung des Verfahrens ab im Konkurse nicht geltend gemacht werden können. Demgemäß kann auch der Wechselinhaber im Konkurse eines Regreßpflichtigen Zinsen nur für die Zeit bis zur Eröffnung des Verfahrens als Konkursforderung an der gleichen Stelle mit der Hauptforderung anmelden (§ 62 Nr. 3 KO).

Anm. 4. Die Höhe der Zinsen war in der WO auf 6% jährlich festgesetzt, ein Zinssatz, der über die im BGB (§ 288) und im HGB (§ 352) normierten gesetzlichen Zinsen hinausging. Die Beschränkung auf diesen Zinssatz erwies sich aber als eine schwere Benachteiligung der Wechselgläubiger in der Zeit der Inflation und den ersten Zeiten der wieder stabilisierten Währung, als Kreditgelder zu ungeheuerlich erhöhten Sätzen verzinst werden mußten und diese höheren Zinssätze auch als über den gesetzlichen Zinssatz hinausgehender Verzugsschaden bei Forderungen des bürgerlichen und Handelsrechts zugesprochen wurden, während das bei wechsel- und scheckrechtlichen Regreßforderungen durch die beschränkenden Bestimmungen der Artt 50—52 WO ausgeschlossen erschien, obwohl einzelne Gerichte (so KG in DJZ 1924, 743; OLG München in JurRundsch 1925 Rechtspr 14[20a]) sich daran nicht für gebunden hielten. Eine Abänderung ist erst erfolgt durch das Gesetz über die Wechsel- und Scheckzinsen v. 3. 7. 1925 (RGBl I 93, abgedruckt als Anlage C 3). Danach erfolgt nunmehr die gesetzliche Verzinsung der Wechselsumme zum Mindestsatze von 6%; darüber hinaus aber zu einem Satze, der 2% über dem jeweiligen Reichsbankdiskontsatze liegt, dessen Änderung jedesmal am zweiten Tage nach der Veröffentlichung durch die Reichsregierung im Reichsgesetzblatt für die Berechnung der Wechselzinsen in Kraft tritt.

Anm. 5. **2. (Nr. 2): den Protestkosten und anderen Auslagen.** Ist ein Protest erhoben, so sind die dadurch verursachten Kosten dem Inhaber auch dann zu erstatten, wenn infolge Protesterlasses die Erhebung des Protestes zur Erhaltung der Regreßansprüche gegenüber einzelnen oder sämtlichen Regreßpflichtigen nicht erforderlich war, und zwar auch von demjenigen Regreßpflichtigen, der den Protest erlassen hatte (Art 43 Satz 3; vgl. zu Art 42 Anm 7). Ist aber die Protesterhebung infolge des Protesterlasses überhaupt unterblieben (vgl. oben Anm 2), so hat der Inhaber selbstverständlich auch keinen Anspruch auf Protestkosten. — Bei den „anderen Auslagen" hat eine Prüfung auf ihre Notwendigkeit oder Zweckmäßigkeit stattzufinden, falls ihre Höhe bestritten wird. Es gehören dazu Portoauslagen, Auslagen für Stempel, Courtage, Auslagen für einen nach Art 53 etwa auf den Regreßpflichtigen gezogenen Rückwechsel, die Kosten der Benachrichtigung der Vormänner gemäß Art 45. Zu ihrer Berücksichtigung im Wechselprozesse genügt nach § 605 Abs 2 ZPO, daß sie glaubhaft gemacht sind; eines Beweisantritts durch Urkunden bedarf es für sie nicht.

Anm. 6. Das ROHG (Entsch 24 88) hat mit sachlicher Begründung sowie unter eingehender Darlegung der Entstehungsgeschichte ausgeführt, daß Prozeßkosten, d. h. Kosten, die dem Inhaber in einem Vorprozesse gegen andere Wechselverpflichtete (den Akzeptanten oder Regreßpflichtige) entstanden sind, nicht zu den „anderen Auslagen" gehören, daher nur erstattungspflichtig sind, sofern eine besondere zivilrechtliche Erstattungspflicht (Auftrag u. dgl.) begründet ist. Dem ist wohl zuzustimmen, da nach Art 49 es in die freie Wahl des Inhabers gestellt ist, welchen Wechselverpflichteten er zuerst verklagen will, und deshalb die Kosten von Vorprozessen keine notwendigen Auslagen sind. Die Prozeßkosten, welche in dem Prozesse gegen den in Anspruch genommenen Wechselverpflichteten selbst entstehen, fallen diesem nach Maßgabe der §§ 91 ff. ZPO zur Last, und zwar, wenn mehrere Wechselverpflichtete gemeinschaftlich verklagt worden sind, ihnen als Gesamtschuldnern (§ 100 Abs 4 ZPO). Wird im Laufe des Rechtsstreits der Wechsel von einem anderen Wechselverpflichteten in Ausübung seines Einlösungsrechts (Art 48) eingelöst, so hat sich der Rechtsstreit in der Hauptsache erledigt; die Prozeßkosten hat der Beklagte zu tragen, falls er in der Hauptsache unterlegen wäre (RGZ 101, 164). Ob der Kläger, der nicht mehr im Besitze des Wechsels ist, in solchem Falle die Entscheidung über die Prozeßkosten im Wechselprozesse herbeiführen kann, wird davon abhängen, ob die der Klage oder einem vorbereitenden Schriftsatze beigefügte Abschrift der Urkunde (§ 593 ZPO) unbestritten ist und daher zur Begründung des Klaganspruchs in der Hauptsache genügt haben würde; andernfalls wird der Kläger vom Wechselprozesse Abstand nehmen und in das ordentliche Verfahren übergehen müssen; in diesem Sinne auch StStranz zu Art 50 Anm 7.

Anm. 7. **3. (Nr. 3): einer Provision von ein Drittel Prozent.** Die Provision bildet das Entgelt für die Mühewaltung bei der Präsentation und in den Regelfällen Protestation des Wechsels sowie bei der Benachrichtigung der Vormänner. Sie wird auch geschuldet, wenn infolge Protesterlasses keine Protesterhebung stattgefunden hat (vgl. oben Anm 2). Der Hundertsatz wird von der Wechselsumme, bei nur teilweiser Nichtzahlung von dem nichtbezahlten Teile zu berechnen sein. Die Provision ist hier ausdrücklich genannt, weil in Nr. 2 nicht, wie in Artt 45 Satz 4 und 48, von „Kosten" im allgemeinen, worunter die Provision einbegriffen ist (vgl. zu Artt 45 Anm 13, 48 Anm 5), sondern nur von bestimmten einzelnen Arten von Kosten (Protestkosten und anderen Auslagen) die Rede ist, unter welche die Provision nicht gerechnet werden kann.

4. Dazu treten noch die Kosten des Rückwechsels, den nach Art 53 der Regreßnehmer auf den Regreßpflichtigen zu ziehen berechtigt ist, sofern ein solcher wirklich gezogen wird. Vgl. Näheres zu Art 53. **Anm. 8.**

III. Absatz 2 des Artikels 4 behandelt den Fall, daß der Regreßpflichtige an einem anderen Orte als dem Zahlungsorte wohnt. Der Zahlungsort ist der gemäß Art. 4 Nr. 8 (vgl. zu Art 4 Anm 48 ff.) im Wechsel angegebene Ort, an welchem die Zahlung durch den Bezogenen (Akzeptanten) geschehen soll, und zwar ist das, sofern ein anderer Ort nicht angegeben ist, der wechselmäßige Wohnort des Bezogenen. Dieser Ort ist aber nicht der Erfüllungsort für die Regreßverbindlichkeiten; für diese ist vielmehr Erfüllungsort der Wohnort des in Frage stehenden Regreßverpflichteten; vgl. zu Artt 84—86 Zusatz Anm 2. Die Regreßverpflichtung geht jedoch dahin, daß der Regreßverpflichtete für die Zahlung des Wechsels so, wie sie nach dem Wechsel erfolgen soll, also auch für die Zahlung am Zahlungsorte, einzustehen hat. Er kann demgemäß zwar an seinem Wohnorte leisten, muß aber so viel leisten, wie erforderlich ist, damit sich der Regreßberechtigte (Inhaber) die laut Art 50 geschuldeten Beträge am Zahlungsorte des Wechsels verschaffen kann (ROHG 24 S. 5). Zu diesem Zwecke bestimmt Abs 2, daß die geschuldeten Beträge zu demjenigen Kurse gezahlt werden müssen, welchen ein vom Zahlungsorte auf den Wohnort des Regreßpflichtigen gezogener Wechsel auf Sicht hat. Es wird sonach in diesem Falle fingiert, daß der Regreßnehmer, wozu ihm nach Art 53 das Recht zusteht, einen Rückwechsel auf den Regreßpflichtigen gezogen habe (fingierte Rücktratte). Die WO denkt dabei wohl in erster Linie an den Fall, daß an den beiden Orten verschiedene Währungen gelten, was ja zur Zeit ihrer Entstehung auch zwischen Orten innerhalb Deutschlands der Fall war, heute aber, da Deutschland ein einheitliches Währungsgebiet bildet, nur zwischen einem inländischen und einem ausländlischen (außerdeutschen) Orte in Frage kommt. Ein solcher Währungsunterschied kann ebensowohl dazu führen, daß der Regreßpflichtige einen geringeren, als dazu daß er einen höheren Betrag, wie den im Wechsel angegebenen, zu zahlen hat; deshalb ist es ungenau (wie Bernstein S. 221 unter Nr. 6 tut) ohne Unterscheidung von einem „Kurszuschlag" zu sprechen. Auch Grünhut (II S. 437 Anm 6) und Meyer (Wwrecht S. 484 bei Anm 2) sind der Meinung, daß ein Kursgewinn auf die fingierte Rücktratte dem Regreßnehmer zugute kommen soll; dazu bietet aber der Wortlaut des Gesetzes keinen Anhalt. Die weiter in Betracht kommende Bedeutung der Vorschrift besteht aber darin, daß der an seinem Wohnorte zahlende Regreßpflichtige einen zusätzlichen Betrag zu zahlen hat, durch den der Zinsverlust zwischen dem Tage, an welchem die Zahlung erfolgt, und dem Tage, an welchem der Regreßberechtigte an dem Zahlungsorte das Geld in Empfang nehmen kann, ausgeglichen wird (Diskontvergütung). Unter diesem Gesichtspunkte wird für den „Kurs" der fingierten Rücktratte auf Sicht auch die größere oder geringere Entfernung der beiden Orte in Betracht kommen, die freilich bei den heutigen Verbindungsmöglichkeiten nur, wenn es sich um ganz große Entfernungen, etwa über See, handelt, eine wesentliche Rolle spielen wird. **Anm. 9.**

Über die Art und Weise, in welcher der Kurs festzustellen ist, treffen die Sätze 2 und 3 des Absatzes nähere, ziemlich umständliche und wenig verkehrsmäßige Vorschriften. Im Wechselprozesse wird er durch Urkunden nachzuweisen sein (§§ 592, 602 ZPO; Bernstein S. 222). Übrigens besteht im deutschen Handelsverkehr vielfach die Übung, bestimmte feste Sätze, wie sie für größere Handelsplätze für Effekten und Kupons festgesetzt sind, der Berechnung des Kursunterschiedes zugrunde zu legen (Meyer Wwrecht S. 484 bei Anm 3). Bestritten ist, welcher Tag der Berechnung des Kurses zugrunde zu legen ist. Nach StStranz (Anm 10) und Dernburg (§ 274 unter II 1 S. 308) soll es der Tag des erhobenen Protestes sein, während Bernstein (§ 1 Nr. 6 S. 221) wohl richtiger den Verfalltag als maßgebend erachtet, weil der Regreßpflichtige für die Zahlung des Wechsels an diesem Tage einzustehen hat (RGZ 36, 129). **Anm. 10.**

IV. Art 50 (und ebenso Art 51) **beschränken** die Regreßansprüche der dort genannten Wechselinhaber auf die dort einzeln aufgeführten Beträge. Dadurch sind Ansprüche auf weitere Beträge, abgesehen von dem Sonderfalle des Art 52, als wechselmäßige Regreßansprüche lediglich auf der Grundlage der durch die Wechselausstellung oder Begebung geschaffenen Rechtsbeziehungen ausgeschlossen. Das gilt namentlich von Schadensersatzansprüchen, auch in Gestalt höherer Zinsen als der dort bestimmten wegen Verzugs des Akzeptanten mit der Zahlung oder des Regreßpflichtigen mit der Einlösung. Für den wechselrechtlichen Regreßanspruch kommt auch nicht in Betracht, ob etwa der Regreßnehmer den Wechsel von dem Regreßpflichtigen entgeltlich erworben (gekauft) und dafür eine höhere oder geringere Valuta, als den Nennwert der Wechselsumme, bezahlt hat; ein Antrag, dem Regreßnehmer die Wahl zwischen der Wechselsumme und der von ihm bezahlten Valuta zu gewähren, wurde von der Leipziger Konferenz (Prot. L. S. 108, Thöl S. 116) abgelehnt. Dadurch ist aber nicht ausgeschlossen, daß auf Grund des zugrunde liegenden bürgerlichen Rechtsverhältnisses, namentlich durch vertragsmäßige Übernahme einer Garantiepflicht neben der wechselrechtlichen, der Käufer des Wechsels einen Anspruch auf Gewährleistung oder weiteren Schadensersatz gegen den Verkäufer hat. **Anm. 11.**

V. Über den Umfang der Wechselansprüche gegen den Akzeptanten wegen Nichtzahlung des Wechsels bei Fälligkeit vgl. zu Art 81 Anm 12. **Anm. 12.**

Anm. 18. VI. Auf den Umfang der Regreßansprüche aus dem Scheck sind die Artt 50—52 WO für entsprechend anwendbar erklärt durch § 17 SchGes; vgl. meinen ScheckgesKomm zu § 17 Anm 16ff.

Artikel 51.

Der Indossant, welcher den Wechsel eingelöst oder als Rimesse erhalten hat, ist von einem früheren Indossanten oder von dem Aussteller zu fordern berechtigt:

1. die von ihm gezahlte oder durch Rimesse berichtigte Summe nebst sechs Prozent jährlicher Zinsen vom Tage der Zahlung;

2. die ihm erstandenen Kosten;

3. eine Provision von ein Drittel Prozent.

Die vorstehenden Beträge müssen, wenn der Regreßpflichtige an einem anderen Orte als der Regreßnehmer wohnt, zu demjenigen Kurse gezahlt werden, welchen ein vom Wohnorte des Regreßnehmers auf den Wohnort des Regreßpflichtigen gezogener Wechsel auf Sicht hat. Besteht im Wohnorte des Regreßnehmers kein Kurs auf den Wohnort des Regreßpflichtigen, so wird der Kurs nach demjenigen Platze genommen, welcher dem Wohnorte des Regreßpflichtigen am nächsten liegt. Wegen der Bescheinigung des Kurses kommt die Bestimmung des Artikel 50 zur Anwendung.

Anm. 1. 1. **Art 51** behandelt den Umfang der Regreßansprüche des **Indossanten, der den Wechsel eingelöst oder als Rimesse erhalten hat,** des sog. **Rembours**-(Einlösungs-)**Regresses.**

Anm. 2. 2. **Voraussetzung** für diesen Regreß ist sonach, außer der Innehabung des Wechsels, zunächst daß der Inhaber als Indossant auf dem Wechsel steht, zugleich aber daß er als Indossatar oder Remittent Regreßansprüche an einen Vormann hat. Der Aussteller hat entsprechende Ansprüche nur gegen den Akzeptanten; vgl. darüber zu Art 23 Anm 9.

Anm. 3. Weitere Voraussetzung ist, daß der Inhaber den Besitz des Wechsels erlangt hat durch Einlösung d. i. Befriedigung des bisherigen Inhabers von Hand zu Hand, oder durch Übersendung als Rimesse, d. h. zur Gutschrift oder Verrechnung auf ein zwischen ihm und dem bisherigen Inhaber bestehendes Konto. Anders wie im Falle der Ausübung des Einlösungsrechts aus Art 48 (vgl. zu diesem Art Anm 6), die sich gegen oder ohne den Willen des bisherigen Inhabers vollzieht, kann sonach hier die Einlösung nicht nur durch bare Zahlung, sondern auch durch Zahlungsersatz insbesondere durch Aufrechnung, erfolgt sein. Es kann aber auch nicht darauf ankommen, ob der Einlöser bei der Einlösung dem Nachmanne tatsächlich ein Entgelt bezahlt oder infolge Erlaß, Schenkung usw. den Wechsel unentgeltlich zurückerhalten hat; die Geltendmachung einer derartigen Tatsache durch den regreßpflichtigen Vormann wäre eine Einwendung aus dem Rechte eines Dritten, der nichtbegünstigte Vormann kann daraus keinen Vorteil ziehen. Erforderlich ist vielmehr nur, daß der frühere Inhaber durch Aushändigung des Wechsels mit quittierter Retourrechnung (vgl. Art 54) sich als befriedigt erklärt hat (Bernstein § 2, 1a und 2b S. 223; ROHG 3, 129; RGZ 77, 187).

Anm. 4. Mit Unrecht wurde ferner von der weitaus überwiegenden Meinung in der Rechtslehre (Lehmann S. 546 Anm 11; Grünhut II 428 Anm 1; Dernburg § 274 Anm 6; Bernstein S. 223) angenommen, daß nur derjenige Indossant den Rembours-Regreß ausüben könne, der den Wechsel auf Grund einer bestehenden Verpflichtung eingelöst habe, nicht dagegen derjenige, der ihn ohne solche Verpflichtung eingelöst habe, z. B. obwohl er „ohne Obligo" indossiert hatte oder obwohl seine Regreßpflicht durch Präjudizierung des Wechsels ihm gegenüber erloschen war, während eine Regreßpflicht von Vormännern (etwa infolge Protesterlasses), sowie die Verpflichtung des Akzeptanten noch bestand. Eine solche Einschränkung ist aus dem Gesetze nicht zu entnehmen, da dieses als Voraussetzung nur die Einlösung des Wechsels aufgestellt hat. Sie wurde namentlich hergeleitet aus der Auffassung, daß der Remboursregreß seiner rechtlichen Natur nach eine Entschädigungsforderung sei; so namentlich Lehmann S. 691. Diese Auffassung erscheint aber (wie in RGZ 77, 188 zutreffend ausgeführt ist) nicht vereinbar mit der seit der Plenarentscheidung des ROHG (Entsch 24, 1) feststehenden Auffassung, daß der Indossant durch Einlösung des Wechsels lediglich in sein früheres Wechselrecht wieder eintrete; vgl. darüber zu Art 10 Anm 5). Die Remboursforderung des Indossanten ist danach weder Schadensforderung noch Aufwendungsersatzanspruch (RG a. a. O.). Das RG hat deshalb in der angeführten Entscheidung auch denjenigen Indossanten, der den Wechsel ohne Verpflichtung eingelöst hat, als berechtigt zur Ausübung des Remboursregresses erklärt. Richtig ist, daß (wie StStranz zu Art 51 Anm 1 S. 199 hervorheben) der damals entschiedene Fall einen Anspruch des Indossanten gegen den Akzeptanten zum Gegenstande hatte und daß eine Provision damals anscheinend nicht beansprucht war. Aber die Begründung behandelt ausdrücklich die Frage des Remboursregresses in grundsätzlicher Weise und wendet die dafür gefundenen Rechtssätze lediglich gemäß Art 81 (vgl. zu diesem Art Anm 12) auf die Ansprüche gegen den Akzeptanten an. Auch erscheint es nicht folgerichtig (wie StStranz

a. a. O. tun) dem Indossanten, der ohne Verpflichtung eingelöst hat, die Ansprüche aus Art 51 zu versagen, ihm aber aus anderen (welchen?) Vorschriften wechselrechtliche Ansprüche zuzubilligen.

Den Beweis der Einlösung hat, da sie eine Klagevoraussetzung für den Rembourregreß bildet, an und für sich der Regreßnehmer zu führen; es wird jedoch fast übereinstimmend — a. M. nur Lehmann S. 546; Oertzen in ZfHR 75, 127 — und wohl mit Recht angenommen, daß durch den Besitz des Wechsels mit Protest und quittierter Retourrechnung (Art 54) dieser Beweis prima facie als geführt erscheint und es Sache des Beklagten ist, den Gegenbeweis in der Richtung zu führen, daß der Kläger den Wechsel nicht rechtmäßig durch Einlösung erworben, sondern auf andere Weise in seinen Besitz gebracht habe. So ROHG 3, 128; 14, 328; 16, 369; RGZ 41, 409; Bernstein § 2, 2 c S. 223; StStranz Anm 2. Für die Legitimation des Klägers kommt nach der herrschenden Meinung nicht die den Vorlauf des Wechsels betreffende Form des Art 36 in Anwendung; daher ist nach dieser Auffassung die Streichung des eigenen Indossamentes des Klägers und der ihm nachgefolgten Indossamente, die nach Art 55 ihm freisteht, nicht Erfordernis für seine Legitimation; es genügt vielmehr, daß seine Eigenschaft als früherer Wechselgläubiger aus der Kette der Indossamente hervorgeht, in Verbindung mit dem gegenwärtigen Wechselbesitze (Bernstein § 2, 1 b S. 223). Vgl. über die Bedenken gegen diese Auffassung zu Art 36 Anm 9. **Anm. 5.**

3. Der **Umfang** der Regreßansprüche des Indossanten, der den eigentlichen Gegenstand des Art 51 bildet, wird dort, entsprechend wie in Art 50 der Umfang der Regreßansprüche des protestierenden Inhabers, unter Nr. 1—3 in drei einzelnen Posten aufgezählt und auf diese Posten beschränkt. Es gilt darüber entsprechend das zu Art 50 Anm 2—8 Ausgeführte mit folgenden, aus der anderen Sachlage sich ergebenden Abweichungen: **Anm. 6.**

a) (Nr. 1): α) An die Stelle der nicht gezahlten Wechselsumme tritt hier die von dem regreßnehmenden Indossanten **„gezahlte oder durch Rimesse berichtigte Summe"**. Doch kommt es (wie aus dem oben Anm 3 Ausgeführten hervorgeht) nicht darauf an, ob und welche Summe der Indossant bei der Einlösung seinem Nachmanne wirklich gezahlt hat; es genügt, daß dieser sich durch Auslieferung des Wechsels und der quittierten Retourrechnung (Art 54) für die in diesen Urkunden genannten Summen als befriedigt erklärt hat. **Anm. 7.**

β) Die zur Hauptsumme hinzutretenden **Zinsen** (über deren Höhe vgl. zu Art 50 Anm 4) laufen nicht vom Tage des Verfalles des Wechsels, sondern vom Tage der Zahlung der Hauptsumme durch den Indossanten. **Anm. 8.**

b) (Nr. 2): Statt der in Art 50 enthaltenen Zweiteilung in Protestkosten und andere Auslagen sind hier die dem Indossanten „erstandenen Kosten" genannt. Sie werden sich zusammensetzen aus den von dem Indossanten bei Einlösung des Wechsels erstatteten, in der Person seiner Nachmänner, insbesondere des Inhabers, der den Wechsel hat protestieren lassen, einerseits und den dem Indossanten selbst andrerseits entstandenen Kosten. Bei den ersteren wird es, wie bei der Hauptsumme (oben Anm 7), nicht darauf ankommen, ob der Indossant sie bei der Einlösung wirklich bezahlt, sondern nur darauf, ob der Vorinhaber darüber quittiert hat. Die letzteren dagegen wird der Indossant nur insoweit verlangen können, als sie ihm wirklich entstanden sind und ihre Verausgabung notwendig oder zweckmäßig war. Wegen der Prozeßkosten vgl. zu Art 50 Anm 6. **Anm. 9.**

c) (Nr. 3): Die Provision von $^1/_3{}^0/_0$ wird hier grundsätzlich von dem Gesamtbetrage der unter 1 und 2 bezeichneten Posten berechnet werden können, da sie ein Entgelt bilden soll für die zu deren Verauslagung betätigte Mühewaltung und Geldaufwendung; so auch Bernstein § 3, 2 d S. 225, der aber zur Begründung unnötigerweise die bestrittene (vgl. oben Anm 4) rechtliche Natur des Rembourregresses als Schadensersatzanspruch heranzieht und im übrigen (wohl zutreffend) feststellt, daß die Berechnung der Provision von den Kosten „nicht üblich" sei. **Anm. 10.**

d) Absatz 2 enthält die dem Art 50 Abs 2 entsprechende Bestimmung über den zu vergütenden Unterschied des Wechselkurses mit der Abweichung, daß maßgebend der Kurs ist, welchen ein vom Wohnorte des Regreßnehmers auf den von diesem verschiedenen Wohnort des Regreßpflichtigen zu ziehender Sichtwechsel hat. Vgl. im übrigen zu Art 50 Anm 9, 10. **Anm. 11.**

e) Die deutsche WO befolgt sonach das sog. **Kumulationssystem**, welches, im Gegensatze zu anderen Gesetzgebungen, namentlich des französischen Rechtsgebietes (vgl. den Anhang I zu diesem Unterabschnitte), die Berechnung von Zinsen aus der gezahlten Summe, einschließlich der gezahlten Zinsen, sowie die mehrmalige Berechnung von Provisionen und Kursausgleichsbeträgen zuläßt und dadurch bei fortschreitendem Regresse eine Häufung der von den später in Anspruch genommenen Regreßpflichtigen zu zahlenden Beträge bewirkt, obwohl die Regreßpflichtigen infolge des Sprungregresses (Art 49) keinen Einfluß auf die Reihenfolge ihrer Inanspruchnahme haben. **Anm. 12.**

f) Wegen des Umfanges der Wechselansprüche des Indossanten, der eingelöst hat, gegen den Akzeptanten vgl. auch hier zu Art 81 Anm 1; wegen der Regreßansprüche des Einlösers aus dem Scheck zu Art 50 Anm 13. **Anm. 13.**

Artikel 52.

Durch die Bestimmungen der Artikel 50 und 51 Nr. 1 und 3 wird bei einem Regreß auf einen ausländischen Ort die Berechnung höherer dort zulässiger Sätze nicht ausgeschlossen.

Da Erfüllungsort für die Regreßverpflichtung der Wohnort des Regreßpflichtigen ist (vgl. Zusatz zu Art 84—86 Anm 2), soll nach Art 52, falls dieser Wohnort im Auslande liegt, das dort geltende ausländische Recht für den Umfang der Regreßforderungen aus Artt 50, 51 insofern maßgebend sein, als die Berechnung höherer Sätze, als der nach Artikel 50 und 51 Nr. 1 und 3 zulässigen, dann nicht ausgeschlossen ist, wenn nach dem ausländischen Rechte höhere Sätze zulässig sind. Diese Vorschrift beruht auf dem auch für die Berücksichtigung des Kursunterschiedes nach Artt 50 Abs 2, 51 Abs 2 maßgebenden Grundsatze, daß der Regreßpflichtige dasjenige zu zahlen hat, was erforderlich ist, damit sich der Regreßnehmer die geschuldeten Beträge am Erfüllungsorte der Regreßschuld verschaffen kann; vgl. zu Art 50 Anm 9. Die Vorschrift trifft, da als Hauptsumme eine höhere Summe, als die in Artt 50, 51 Abs 1 Nr. 1 angegebenen, wohl nicht in Frage kommt, die Zinsen aus diesen Summen, namentlich ihre Höhe (Nr. 1), und die Höhe der Provision (Nr. 3). Die unter Nr. 2 genannten Kosten und Auslagen dagegen dürfen nur in Anwendung des deutschen Rechts nach dem wirklich entstandenen Betrage berechnet werden (vgl. zu Artt 50 Anm 5, 51 Anm 9), auch wenn etwa im Auslande höhere Pauschalsätze dafür angesetzt werden dürfen. Ob der Satz in der Weise umgekehrt werden darf, daß, wenn an dem ausländischen Wohnorte des Regreßpflichtigen niedrigere Sätze gelten, der Regreßnehmer nur diese niedrigeren Sätze berechnen darf (so Bernstein zu Art 52 S. 226; StStranz Anm 1), erscheint zweifelhaft. Die Sätze der Artt 50, 51 sind dem Regreßnehmer zugleich als Höchst- und als Mindestsätze bewilligt; eine Ausnahme nach jeder dieser Richtungen bedarf einer besonderen gesetzlichen Bestimmung. Daß der Regreßnehmer im Auslande wohnt, berechtigt ihn nicht zur Berechnung der an seinem Wohnorte etwa geltenden höheren Sätze; so Bernstein a. a. O., StStranz Anm 2; a. M. einige ältere Schriftsteller (Volkmar und Löwy WO S. 192; Wächter Wechselrecht § 95; Rehbein WO zu §§ 41 ff. Anm 19) unter Berufung darauf, daß die Retourrechnung in solchem Falle im Auslande aufgestellt wird, woraus aber nicht gefolgert werden kann, daß die ausländischen Sätze maßgebend seien.

Artikel 53.

Der Regreßnehmer kann über den Betrag seiner Forderung einen Rückwechsel auf den Regreßpflichtigen ziehen. Der Forderung treten in diesem Falle noch die Mäklergebühren für Negozierung des Rückwechsels sowie die etwaigen Stempelgebühren hinzu. Der Rückwechsel muß auf Sicht zahlbar und unmittelbar (a drittura) gestellt werden.

Anm. 1. Der Art 53 gestattet dem Regreßnehmer, also sowohl dem Inhaber, der den Wechsel hat protestieren lassen (Art 50), wie dem Indossanten, der ihn eingelöst hat (Art 51), zum Zwecke der Einkassierung seiner Regreßforderung auf den Regreßpflichtigen, den er in Anspruch nehmen will, über den Betrag der Forderung einen Wechsel (**Rückwechsel**) zu ziehen. Daß der Wohnort des Regreßpflichtigen von dem Zahlungsorte des Wechsels beziehungsweise von dem Wohnorte des Regreßnehmers verschieden sei, ist nicht, wie für den fingierten Rückwechsel in Artt 50 Abs 2 und 51 Abs 2 (vgl. zu Artt 50 Anm 9, 51 Anm 11), erfordert. Der Regreßnehmer kann vielmehr auch auf einen an dem Zahlungsorte bzw. dem gleichen Wohnorte, wie er, wohnenden Regreßpflichtigen einen solchen Rückwechsel ziehen. Es können, wenn mehrere Regreßpflichtige vorhanden sind, mehrere Rückwechsel, jeder über den ganzen Betrag, zu gleicher Zeit auf diese gezogen werden; das folgt aus Artt 49, 81; durch Bezahlung eines von ihnen, gegen Rückgabe des Hauptwechsels (vgl. unten Anm. 2), werden in diesem Falle die übrigen gegenstandslos.

Anm. 2. Der Rückwechsel muß auf den Betrag der Forderung lauten, als Aussteller den Regreßnehmer und als Bezogenen den Regreßpflichtigen aufweisen, und zwar bei diesem zahlbar; er darf also nicht domiziliert sein; das bedeutet der Ausdruck „unmittelbar (a drittura")"; abweichend Grünhut II S. 438 Anm 8; Meyer Wwrecht I S. 499. Er muß ferner auf Sicht gestellt, also bei Vorzeigung fällig sein (Art 31). Er kann, falls er an eigene Order lautet, durch den Aussteller (Regreßnehmer), im übrigen durch den in ihm benannten Remittenten oder einen gemäß Art 36 legitimierten Indossatar dem Bezogenen (Regreßpflichtigen) zur Zahlung vorgezeigt und im Falle der Nichtzahlung protestiert werden. Die Zahlung des Rückwechsels kann aber nur verlangt werden von einem Vorzeiger, der bereit und imstande ist, den Hauptwechsel mit den Nebenurkunden auszuhändigen; das folgt aus Art 54, da die Zahlung des Rückwechsels zugleich die Zahlung des Hauptwechsels in sich schließt (Leipziger Prot. L. S. 112, Thöl S. 120).

Anm. 3. Entspricht der Rückwechsel den aufgestellten Erfordernissen, so treten den in den Artikeln 50, 51 zugelassenen Beträgen noch die **Mäklergebühren für die Negoziierung** des Rückwechsels, sowie die etwaigen **Stempelkosten** hinzu **(Satz 2 des Artikels)**. Diese hinzutretenden Beträge werden, soweit möglich, gleich in den Rückwechsel mit aufgenommen werden, andernfalls bei Vorzeigung des Rückwechsels neben diesem verlangt werden können.

Wird der Rückwechsel bei Vorzeigung nicht bezahlt, so muß der Regreßnehmer aus dem Hauptwechsel klagen; die durch die Verweigerung der Honorierung entstandenen Kosten, einschließlich der Kosten der etwaigen Protestierung des Rückwechsels, kann er in diesem Falle als Auslagen bzw. Kosten im Sinne der Artikel 50 Nr. 2, 51 Nr. 2 geltend machen (so mit Recht Bernstein S. 227; StStranz Anm 3 gegen Staub 4. Aufl). Daß er auch auf Annahme oder Zahlung des Rückwechsels klagen könnte (so Bernstein a. a. O.), kann nicht zugegeben werden, da eine wechselmäßige Verbindlichkeit dazu nicht besteht und für eine bürgerlich-rechtliche Verpflichtung die Grundlage gleichfalls fehlt. **Anm. 4.**

Von der Befugnis zur Ziehung eines Rückwechsels wird übrigens, wie in anderen Ländern (vgl. den Anhang I zu diesem Unterabschnitte), so auch in Deutschland in neuerer Zeit nur geringer Gebrauch gemacht. **Anm. 5.**

Artikel 54.

Der Regreßpflichtige ist nur gegen Auslieferung des Wechsels, des Protestes und einer quittierten Retourrechnung Zahlung zu leisten verbunden.

Wie Art 39 (vgl. die Erläuterungen zu diesem Artikel) hinsichtlich der Zahlung des Hauptwechselschuldners (Akzeptanten), so bestimmt **Art 54** hinsichtlich der Zahlung eines Regreßpflichtigen, welche Gegenleistungen der Zahlende im Austausch gegen die Zahlung verlangen kann. Abweichend von Art 39 Satz 2 sind hier aber keine Vorschriften über die bei Teilzahlungen zu verlangenden Gegenleistungen getroffen, was sich daraus erklärt, daß der Regreßpflichtige nicht, wie der Hauptwechselschuldner im Vorlaufe des Wechsels (Art 38, vgl. die Erläuterungen zu diesem Artikel), berechtigt ist, Teilzahlungen zu leisten. Es handelt sich hier vielmehr nur um die Einlösung des Wechsels (Artt 48, 51) als Ganzen, die nur durch Zahlung der gesamten, auf Grund der Artt 50, 51 geschuldeten Beträge erfolgen kann; vgl. zu Art 48 Anm 5. **Anm. 1.**

2. Die Gegenleistungen, von deren Gewährung der Regreßpflichtige die Zahlung abhängig machen kann, bestehen in der **Auslieferung der Wechselpapiere**, und zwar: **Anm. 2.**

a) Der Haupturkunde, nämlich **des Wechsels.** Abweichend von Art 39 kann nicht, wie dort bei der Vollzahlung (Satz 1), Auslieferung des quittierten Wechsels, also Quittung auf dem Wechsel selbst, verlangt werden, wie es der anders gearteten Bedeutung der Regreßzahlung entspricht, die nicht, wie die Zahlung des Hauptwechselschuldners, Tilgung der Wechselschuld als solcher und damit Erlöschen des Wechsels, sondern in der Regel nur den Übergang der Gläubigereigenschaft auf den zahlenden Regreßschuldner bewirkt (vgl. zu Art 81 Anm 16). — Der Wechsel muß grundsätzlich in solchem Zustande ausgeliefert werden, daß er zur Geltendmachung der Wechselrechte des zahlenden Regreßschuldners in der Gestalt, wie sie ihm bei der Begebung des Wechsels zustanden und durch die Einlösung wieder ins Leben treten sollen (vgl. zu Art 10 Anm 5), dienen kann (ROHG 11, 217; 18, 351; RGZ 9, 23). Er darf deshalb nicht seit der Begebung Veränderungen erlitten haben, welche seine Wechselkraft überhaupt ausschließen, insbesondere durch Wegfall eines wesentlichen Erfordernisses (Art 4 Nr 1—8), wie Durchstreichung oder sonstige Beseitigung der Angabe der Wechselsumme, der Zahlungszeit oder der Unterschrift des Ausstellers. Aber auch solche Veränderungen dürfen nicht eingetreten sein, durch welche nur die Geltendmachung der Wechselrechte des zahlenden Regreßpflichtigen gehindert oder erschwert wird (ROHG 18, 351); deshalb darf nicht ein Vorindossament ausgestrichen oder sonst beseitigt sein, in der Weise daß dadurch die zur Legitimation des Einlösers erforderliche Kette der Indossamente (Artikel 36) unterbrochen worden ist. Ein Akzept, das sich auf dem Wechsel befindet oder befunden hat, darf nicht durchstrichen oder sonst beseitigt sein. Zwar würde die Durchstreichung usw. die Wirksamkeit des Akzepts nicht zerstören, wenn sie durch den Akzeptanten selbst erfolgt ist; aber der Einlöser müßte den Beweis dieser Tatsache führen (vgl. zu Art 21 Anm 15) und das darf ihm nicht zugemutet werden (so zutreffend StStranz Anm 3). Aber nicht nur tatsächliche Veränderungen des Wechsels, sondern auch solche Änderungen, die nur seine rechtliche Wirksamkeit betreffen, berechtigen den Regreßpflichtigen zur Verweigerung der Zahlung. Das gilt insbesondere von dem Eintritte der Verjährung gegenüber dem Akzeptanten (RGZ 9, 23). Gleiches muß aber auch von der eingetretenen Verjährung der Regreßansprüche gegen sämtliche oder einzelne Vormänner des Regreßpflichtigen gelten. Ob den Regreßnehmer oder einen sonstigen Nachmann ein Verschulden an der eingetretenen tatsächlichen oder rechtlichen Veränderung trifft, ist unerheblich; der objektive Eintritt solcher Änderungen beseitigt den Regreßanspruch (ROHG 11, 217; RGZ 9, 24). Anders wie bei sonstigen Veränderungen wird eine bei dem Akzepte eingetretene tatsächliche oder rechtliche Änderung den Regreßpflichtigen auch dann zur Verweigerung der Zahlung berechtigen, wenn das Akzept auf den Wechsel gesetzt worden war, nachdem er ihn weiterbegeben hatte. Denn das durch die Einlösung wiederauflebende Wechselrecht erstreckt sich auch auf solche Akzepte, die in der Zeit zwischen der Weiterbegebung und der Einlösung auf den Wechsel gekommen sind (ROHG 11, 219). So zutreffend Bernstein § 1a S. 228; StStranz Anm 3; in RGZ 9, 23 ist die Frage dahingestellt gelassen.

Anm. 3. Sehr bestritten ist, ob, wenn der Wechsel **abhanden gekommen** ist, die Auslieferung an den zahlenden Regreßpflichtigen ersetzt werden kann durch Auslieferung des von dem Regreßberechtigten oder einem Nachmanne, dem er regreßpflichtig war, in dem durch Art 73 WO zugelassenen und gemäß §§ 946 ff., 1003 ff. ZPO durchgeführten Amortisations-(Aufgebots-)Verfahren erwirkten Ausschlußurteiles. Diese Frage hängt zusammen mit der Frage, ob auf Grund eines solchen Ausschlußurteils ein Regreß gegen die Vormänner statthaft ist und soll mit dieser letzteren Frage bei Art 73 erörtert werden. Vgl. zu Art 73 Anm 15.

Anm. 4. **b)** Auszuliefern ist ferner der **Protest,** sofern ein solcher erhoben worden ist. Da der Protest jetzt nach Maßgabe der Protestnovelle auf den Wechsel selbst oder ein mit ihm zu verbindendes Blatt zu setzen ist (Art 88 a), wird die Aushändigung des Wechsels auch zugleich die Aushändigung des Protestes in sich schließen. Ist kein Protest erhoben, so wird der Indossant, der infolge davon, daß er den Protest erlassen hat, noch regreßpflichtig ist, sich zur Verweigerung der Regreßzahlung nicht darauf berufen können, daß durch die Unterlassung der Protesterhebung ihm der Regreß gegen einen Vormann entzogen worden ist.

Anm. 5. c) Ferner ist auszuliefern **eine quittierte Retourrechnung.** Der Regreßnehmer hat sonach über die ihm durch den Rücklauf (das „Retourgehen") des Wechsels entstandenen Forderungen — es sind das die nach den Artt 50, 51 ihm zustehenden Beträge, einschließlich der Hauptsumme — eine Rechnung aufzustellen und diese quittiert dem zahlenden Regreßpflichtigen auszuhändigen. Außerdem werden aber bei dem Regresse des Indossanten, der den Wechsel eingelöst hat (Art 51), auch die Retourrechnungen der Nachmänner auszuliefern sein, die der Regreßnehmer selbst bei der Einlösung des Wechsels durch ihn hat bezahlen müssen, da sie als Belege der Retourrechnung des Regreßpflichtigen bei seiner eigenen weiteren Regreßnahme zu dienen haben. Zwar erwähnt die WO nicht, daß der Regreßpflichtige nur „gegen" Auslieferung auch dieser Rechnungen Zahlung zu leisten verbunden ist; aber es wird ihm ein bürgerlich-rechtliches Zurückbehaltungsrecht (§ 273) an der Wechselschuld zustehen, wenn ihm diese Rechnungen nicht ausgeliefert werden. Gleiches wird auch von sonstigen Urkunden, die das zwischen dem Regreßnehmer und dem Regreßpflichtigen etwa bestehende gemeinbürgerlich schuldrechtliche Verhältnis betreffen, das durch den Wechsel erledigt werden soll (Schuldurkunden, Vollstreckungstitel), zu gelten haben.

Anm. 6. 3. Das Verlangen der Auslieferung zu stellen ist **jeder Regreßpflichtige, der zahlt,** berechtigt. Diese Berechtigung ist nicht davon abhängig, daß er seinerseits Regreß gegen einen Vormann nehmen oder Ansprüche gegen einen Akzeptanten aus dem Wechsel erheben kann und dazu die Papiere nötig hat. Die Auslieferung der Papiere dient nicht nur diesem Zwecke, sondern auch dem Beweise der erfolgten Zahlung an sich. Es kann also auch der Aussteller eines nicht akzeptierten Wechsels seine Zahlung von der Auslieferung der Papiere abhängig machen; ebenso bei einem nicht akzeptierten Wechsel der noch Regreßpflichtige, dessen Regreßansprüche gegen seine Vormänner durch Nichterhebung des Protestes oder Verjährung erloschen sind. Doch wird in diesen Fällen auch die Auslieferung des Wechsels in tatsächlich oder rechtlich verändertem Zustande mit eingeschränkter oder auch gänzlicher erloschener Wirksamkeit (vgl. oben Anm 2) genügen, da die Aushändigung lediglich dem Beweise der Zahlung zu dienen hat.

Anm. 7. 4. Der Regreßpflichtige ist zur Zahlung nur verpflichtet **„gegen"** Auslieferung der Papiere. Zahlung und Auslieferung haben danach „Zug um Zug" zu erfolgen. Es handelt sich auch hier, wie in Art 39, nicht um ein bloßes Zurückbehaltungsrecht, sondern die Verpflichtung des Schuldners ist kraft Gesetzes dadurch bedingt, daß ihm der Wechsel ausgehändigt wird. Der Gläubiger kann daher die Zahlung nur verlangen, wenn er ersichtlich zur Aushändigung der Papiere bereit und in der Lage ist. Das Angebot der Aushändigung ist erforderlich, um den Regreßpflichtigen in Verzug zu setzen; es braucht aber nicht ausdrücklich zu erfolgen, sondern kann in der Vorlegung der Papiere zum Ausdruck kommen. Über die Berücksichtigung der Auslieferungsverpflichtung im Prozesse gilt das gleiche, wie nach Art 39; vgl. Näheres zu Art 39 Anm 3. Hat die Zahlung ohne Aushändigung der Papiere stattgefunden, so kann sie nicht ohne weiteres zurückverlangt, sondern zunächst nur die nachträgliche Aushändigung verlangt werden; ein Anspruch aus ungerechtfertigter Bereicherung (condictio indebiti, § 813 BGB) findet jedoch statt, wenn der Zahlungsempfänger nicht imstande ist, die Papiere nachträglich auszuliefern.

Artikel 55.

Jeder Indossant, der einen seiner Nachmänner befriedigt hat, kann sein eigenes und seiner Nachmänner Indossament ausstreichen.

Anm. 1. **1.** Art 55 spricht aus, daß **jeder Indossant, der einen seiner Nachmänner befriedigt,** also den Wechsel im Regreßwege eingelöst oder als Rimesse erhalten hat (vgl. zu Art 51 Anm 3), das Recht hat („kann" im Sinne eines rechtlichen Dürfens), **sein eigenes und seiner Nachmänner Indossament auszustreichen.** Die besondere Hervorhebung einer solchen Befugnis ist restlos erklärbar nur wenn der Gesetzgeber angenommen hat, daß durch die Ausübung der Befugnis ein rechtlicher Vorteil für denjenigen, dem sie erteilt wird, entsteht, daß also das Bestehen der Indossamente dem Indossanten bei der Ausübung seiner Regreßrechte aus dem Wechsel in irgendeiner Weise im Wege steht. Deshalb ist die Vorschrift nicht recht in Einklang zu bringen mit der herrschenden Meinung (vgl. zu Art 36 Anm 9), derzufolge der Inhaber eines Wechsels, der ihn nach Verfall im Regreßwege eingelöst hat, also eben der Indossant des Art 55, auch ohne Ausstreichung seines eigenen Indossaments und desjenigen seiner Nachmänner befugt sein soll, die Wechselrechte gegen den Akzeptanten und die Vormänner auszuüben, jedenfalls wenn er auch im Besitze des erhobenen Protestes ist. Die Erklärung, Art 55 habe nur den Sinn, festzustellen, daß der Indossant durch die Ausstreichung „seinen Rechten nichts vergebe" (StStranz Anm 2) ist nicht ausreichend, da durch die Ausstreichung seine Legitimation ja gerade hergestellt wird. Der Art 55 spricht deshalb entschieden dafür, daß auch im Rücklaufe des Wechsels, wie im Vorlaufe, der Inhaber der formellen Legitimation durch die in Art 36 erforderte Indossamentenkette, die bis auf ihn heruntergehen muß, aber nicht über ihn hinausreichen darf, bedarf. Im übrigen ist sedes materiae für die Frage der Legitimation des Inhabers eines indossierten Wechsels nicht Art 55, sondern Art 36. Vgl. daher Näheres zu Art 36 a. a. O.

2. Eine zeitliche Grenze für die Ausübung der Befugnis ist in Art 55 nicht gesetzt. Die Ausstreichung kann daher auch noch nach erhobenem Proteste und auch noch im Laufe des Rechtsstreits zur Herstellung der Legitimation des Klägers erfolgen. Über die Frage, ob darin eine Klageänderung liegt, vgl. zu Art 36 Anm 9. **Anm. 2.**

3. Über den Begriff **„Ausstreichen"** (Durchstreichen) vgl. zu Art 36 Anm 13. Einer Genehmigung der Ausstreichung, die kenntlich machen würde, von wem sie herrührt, oder einer Datierung, welche den Zeitpunkt zu dem sie erfolgt ist, ersichtlich machen würde, bedarf es danach nicht. Infolgedessen wird, wenn zur Zeit der Klageerhebung die Indossamente ausgestrichen sind, dadurch ein Zweifel erweckt, ob die Durchstreichung nicht bereits bei der auf Anstehen des Indossatars eines der ausgestrichenen Indossamente erfolgten Protesterhebung vorhanden war, in welchem Falle dieser zum Proteste nicht legitimiert gewesen und der Protest daher ungültig sein würde. Auch aus dem Proteste selber kann dieser Zweifel nicht mehr gelöst werden, nachdem infolge der Protestnovelle die in der früheren Fassung der Wechselordnung (Art 88 Nr. 1) vorgeschriebene wörtliche Abschrift des Wechsels in den Protest nicht mehr aufgenommen wird; vgl. zu Art 88 Anm 1. Vgl. über die daraus sich ergebende Streitfrage zu Art 36 Anm 12. **Anm. 3.**

Zu einer Beseitigung der in Art 55 bezeichneten Indossamente auf andere Weise als durch Ausstreichen (z. B. durch Überkleben, Radieren usw.) verleiht der Artikel dem Indossanten, der den Wechsel eingelöst hat, keine Befugnis. Über die Wirkung solcher Veränderungen vgl. zu Art 36 Anm 14. **Anm. 4.**

4. Auf den Scheck ist Art 55 WO durch § 17 SchGes für entsprechend anwendbar erklärt. Vgl. meinen ScheckgesKomm zu § 17 Anm 30—33. **Anm. 5.**

Anhänge
zum Unterabschnitt VIII (Regreß mangels Zahlung, Artt 41—55).

I. Ausländische Wechselgesetzgebungen.

A. Voraussetzungen des Regresses mangels Zahlung.

1. **Präsentation zur und Protest mangels Zahlung** innerhalb bestimmter Fristen nach Verfall (Art 41 DWO) werden in den Staaten des sog. kontinentalen Systems zur Erhaltung der Regreßansprüche in den Regelfällen durchweg gefordert. Die Fristen sind aber nicht überall gleich bestimmt. In der deutschrechtlichen Gruppe treffen im wesentlichen die gleichen Vorschriften wie Art 41 DWO die skandinavischen Gesetze (§ 41), Ungarn (§ 41), das neue tschechoslowakische Gesetz (§ 37). Andere Gesetzgebungen dieser Gruppe schreiben vor, daß die Protesterhebung nicht am Zahlungstage, sondern erst am ersten Werktage nach dem Zahlungstage erfolgen darf (so die Schweiz Art 762 Abs 2, Italien 296 Abs 2, Portugal 327), oder, daß sie an dem Tage nach dem Zahlungstage erfolgen muß (so Rumänien 319 Abs 2, Bulgarien 319 Abs 2). Im Gebiete des französischen Wechselrechts schreibt Art 162 Code de comm. vor, daß die Verweigerung der Zahlung durch einen Akt, den man Protest mangels Zahlung nennt, festgestellt werden muß und daß dieser am Tage nach dem Zahlungstage oder, wenn dieser ein gesetzlicher Feiertag ist, am nächsten Tage errichtet werden muß; besondere Vorschriften sind für den Fall getroffen, daß der Inhaber einen Scheck in Zahlung für den Wechsel anzunehmen sich bereit erklärt hat. Auch bei Sichtwechseln wird in Frankreich die Regel des Art 162 für anwendbar erklärt (Lyon-Caën Nr. 348), so daß sie nicht am Tage der ersten Vorlegung protestiert werden können, sondern am nächsten Tage nochmals vorgelegt werden müssen, während in der Schweiz trotz Art 762 Abs 2 (vgl. oben) bei solchen Wechseln die Protesterhebung am Vorlegungstage als zulässig erachtet wird (Meyer Weltwechselrecht I 320). **Anm. 1.**

Ein Ersatz des Protestes ist zunächst in Belgien durch das Gesetz vom 28. 3. 1870 geschaffen worden durch Zulassung einer mit Zustimmung des Wechselinhabers von dem Bezogenen auf dem Wechsel selbst oder in einer besonderen Urkunde auszustellenden datierten schriftlichen Erklärung, aus der sich seine Weigerung der Annahme oder Zahlung ergibt. Diese Erklärung muß spätestens am Vortage vor dem letzten Protesttage abgegeben und unter Beifügung des Wechsels binnen vier Tagen registriert werden. Diese Vorschrift ist von Luxemburg (Ges v. 6. 5. 1874 **Anm. 2.**

Art 1, 2) mit der Abweichung übernommen, daß die Registrierung spätestens am nächsten Werktage nach dem Datum der Erklärung erfolgen muß. Auch in Italien (Art 307) und Rumänien (Art 331) ist eine derartige privatschriftliche Erklärung als Ersatz des Protestes zugelassen, die innerhalb zweier Tage nach ihrer Datierung bzw. vierundzwanzig Stunden nach Ablauf der Protestfrist eingetragen werden bzw. ein amtliches Datum erhalten muß. Vivante (Nr. 1299) macht gegen diese „Toleranz" des Gesetzes Bedenken geltend.

Anm. 3. Das neue russische Wechselgesetz hat in § 12 für den eigenen Wechsel die bereits in dem früheren Gesetze (§§ 67ff.) im wesentlichen enthaltene Einrichtung getroffen, daß der Wechsel am Tage nach dem Zahlungstage der für die Errichtung des Protestes zuständigen Behörde (Notariat oder Volksgericht) vom Wechselinhaber vorzulegen und von dieser am gleichen Tage das Zahlungsverlangen „bei den aus dem Wechsel verpflichteten Personen" mündlich oder schriftlich vorzubringen ist, und daß, wenn bis um 3 Uhr des darauffolgenden Tages Zahlung nicht erfolgt ist, die Behörde am gleichen Tage den Wechsel im Wege der Eintragung in ein besonderes Register und eines Vermerks auf dem Wechsel zu protestieren hat. Während aber in dem früheren Gesetze (§ 111) diese Vorschriften als entsprechend anwendbar auf gezogene Wechsel erklärt waren, mit der Maßgabe, daß das Verlangen der Zahlung bei solchen dem oder den Bezogenen oder dem Domiziliaten gegenüber vorzubringen sei, fehlt eine solche Vorschrift in dem neuen Gesetze; doch wird, da besondere Vorschriften über die Protesterhebung mangels Zahlung in dem neuen Gesetze nicht gegeben sind, die entsprechende Anwendung auch im Sinne des neuen Gesetzes liegen. Ähnliche Einrichtungen wie in Rußland bestehen in Brasilien (vgl. Meyer Weltwechselrecht I S. 320).

Anm. 4. Im angelsächsischen Rechte ist zur Erhaltung der Regreßansprüche gegen den Aussteller und die Indossanten in der Regel ordnungsmäßige Präsentation am Verfalltage erforderlich (BEA 45; NIL 131). Dagegen ist Protesterhebung bei Inlandswechseln zwar gestattet und üblich, aber nicht erforderlich für die Erhaltung und Ausübung der Regreßrechte (BEA 51 I; NIL § 260). Der Protest wird bei solchen Wechseln ersetzt durch die Notifikation, die in diesen Rechtsgebieten Voraussetzung für die Erhaltung der Regreßrechte ist, vgl. darüber unten zu B. Doch ist ein Protest, der innerhalb sechs Monaten zu registrieren ist, in Schottland auch bei Inlandswechseln erforderlich für das summarische Verfahren und diese Bestimmung ist durch BEA 98 aufrechterhalten. Auch ist im angelsächsischen Rechte Intervention auch bei Inlandswechseln nur nach erhobenem Protest statthaft (Meyer Weltwechselrecht I § 60 S. 310; Daniel II § 1254 S. 1415 Anm 7). — Als Inlandswechsel gelten im englischen Rechte nach BEA sect. 4 solche, die „tatsächlich oder dem Aussehen nach innerhalb der britischen Inseln gezogen und zahlbar oder innerhalb der britischen Inseln auf eine auf diesen wohnende Person gezogen sind". Nach Daniel (§ 8 S. 8) soll gegenwärtig ein von Irland auf England gezogener Wechsel als Auslandswechsel gelten, was, wenn richtig, auf die veränderte irländische Verfassung zurückzuführen sein dürfte. Für die Vereinigten Staaten von Amerika bestimmt entsprechend das NIL (§ 213) als inländischen Wechsel denjenigen, der innerhalb eines Staates (Einzelstaates der Union; Daniel § 9 S. 8) tatsächlich oder dem Inhalte der Wechselerklärung nach zugleich gezogen und zahlbar ist. Jeder andere Wechsel ist ein ausländischer (foreign bill), doch kann er von dem Inhaber als Inlandswechsel behandelt, braucht also nicht protestiert zu werden, wenn das Gegenteil nicht aus dem Inhalt der Wechselerklärung erhellt (wozu die Ortsangabe nicht immer genügt, Daniel § 11 S. 13). Ein Auslandswechsel, der nach seinem Aussehen als solcher erscheint (appearing on his face to be so), muß, wenn er wegen Nichtzahlung dishonoriert wird, mangels Zahlung protestiert werden, sofern er nicht schon vorher durch Nichtannahme dishonoriert war und mangels Annahme protestiert worden ist (BEA 51 II; NIL 260); andernfalls sind der Aussteller und die Indossanten befreit; wenn der Wechsel nicht als Auslandswechsel erscheint, ist eine Protesterhebung im Falle der Dishonorierung unnötig (BEA 51 II; NIL § 260). Der Protest muß, soweit es erforderlich ist, am Tage der Dishonorierung erhoben werden, vorbehaltlich der zugelassenen Entschuldigungsgründe für eine Verzögerung. Wenn jedoch ein Wechsel wegen Dishonorierung vorschriftsmäßig notiert — d. h. von einem Notar die Dishonorierung auf dem Wechsel oder in seinem Register vermerkt ist —, kann der Protest später auf das Datum der Notiz zurückbezogen werden (BEA 51 IV, NIL § 263).

Anm. 5. Hinsichtlich der Frage, ob für den Eintritt des Rechtsverlustes wegen Versäumung der Protestfrist und der sonstigen zur Erhaltung von Wechselrechten vorgeschriebenen Fristen ein **Verschulden** desjenigen, der die Frist zu wahren hat, erforderlich ist, und der weiteren Frage, ob und welchen Einfluß eine Hinderung an Wahrung der Fristen durch **höhere Gewalt** auszuüben vermag, stehen die Wechselrechte der deutschrechtlichen Gruppe zumeist auf dem Standpunkte, der bis zum Beginn des Weltkrieges in Deutschland geltendes Recht war; vgl. zu Art 41 Anm 12. In der Schweiz (Art 813) ist sogar ausdrücklich bestimmt, daß durch Nichteinhaltung der zur Erhaltung von Wechselrechten vorgeschriebenen Fristen diese Rechte selbst dann erlöschen, wenn die Nichteinhaltung durch höhere Gewalt herbeigeführt wird. Entsprechendes war in dem früheren russischen Gesetze (Artt 33, 95) bestimmt, während das neue Gesetz eine solche Vorschrift nicht enthält. Nur in den skandinavischen Gesetzen (§ 92) und in Rumänien (Art 334) ist die Berücksichtigung der höheren Gewalt ausdrücklich angeordnet. In Italien wird sie, in Ermangelung einer sie gestattenden gesetzlichen Bestimmung, von der Rechtslehre überwiegend abgelehnt (Vivante Nr. 1317); die Rechtsprechung soll aber der Zulassung günstig sein (Meyer Weltwechselrecht I S. 92). Dagegen wird in der Rechtslehre und der Rechtsprechung der französischrechtlichen Gruppe, obwohl keine ausdrückliche gesetzliche Vorschrift besteht, die Berücksichtigung der höheren Gewalt grundsätzlich anerkannt, wenn auch die Gerichte bei Würdigung der Umstände, welche sie begründen sollen, einen strengen Maßstab anlegen; vgl. Lyon-Caën et Ren. Nr. 361. In Spanien (Art 483 Abs 2) ist ausdrücklich bestimmt, daß der Inhaber seinen Regreß nicht verliert, wenn ihm die Präsentation des Wechsels oder die Erhebung des Protestes infolge höherer Gewalt nicht möglich gewesen ist. Das angelsächsische Recht berücksichtigt nicht nur die höhere Gewalt, sondern läßt auch andere Entschuldigungsgründe für die Versäumung der Fristen zur Präsentation, zur Notifikation (vgl. unten Anm 12) und auch zum Proteste, soweit solcher erforderlich, gelten und verlangt überall nur „reasonable diligence“ (BEA 41², 39; NIL 245 Nr. 2). Für den Fall eines Krieges schreibt eine Reihe von Gesetzgebungen Verlängerung der Fristen vor: so die Länder des französischen Rechtsgebietes (Art 160 Abs 5 Satz 2 Code de comm.) Verdoppelung für überseeische Länder im Falle eines Seekrieges; ebenso Italien (Artt 261 Abs 3, 320 Abs 2, 321 Abs 2), Rumänien (Artt 281 Abs 2, 346 Abs 5). Im übrigen ist im Falle von Kriegen in den beteiligten Ländern durch besondere gesetzgeberische Maßregeln (Moratorien) geholfen worden. Über das künftige einheitliche Wechselrecht zu dieser Frage vgl. Anhang II Anm 22 ff.

Die neuen Wechselgesetze von Jugoslawien (§ 43) und Polen (Art 43) haben die Vorschriften der Haager EWO (Art 43) hinsichtlich des Protestes mangels Zahlung übernommen; desgleichen die Vorschriften über Berücksichtigung der höheren Gewalt (HEWO Art 53; Polen Art 53; Jugoslawien § 53), vgl. Anhang II Anm 4, 7, 8, 23.

2. Protesterlaß (DWO Art 42). Von der deutschen Wechselrechtsgruppe enthalten die gleiche Vorschrift die Gesetze der Schweiz (Art 763), von Ungarn (§ 42), Skandinavien (§ 42), Rumänien (Art 333, dieses jedoch ohne die Sätze 2 und 3); der Tschechoslowakei (neues Gesetz) § 38. Dagegen gilt in Italien (Art 309) eine Protesterlaßklausel als nicht geschrieben; sie wird dort als in Widerspruch zu den normalen Funktionen des Wechsels stehend angesehen (Vivante 1318 und Anm 332 auf Seite 385); ebenso in Portugal (Art 331). In Frankreich, wo keine besondere Vorschrift besteht, wird der Erlaß des Protestes von der Rechtslehre theoretisch als mit den Grundsätzen des Wechselrechts (Art 175 Code de comm.: „Nul acte ne peut le suppléer“) in Widerspruch stehend bekämpft, aber auf Grund einer feststehenden Praxis der Gerichte als zulässig allgemein anerkannt (Thaller Nr. 1541; Lyon-Caën et Ren. Nr. 100 bis, 376) und sogar, wenn er von dem Aussteller im Wechsel ausgesprochen ist, als verbindlich gegenüber allen Wechselnehmern behandelt. Dabei stützt sich die Praxis auf das französische Stempelgesetz vom 5. 6. 1850, das in nicht verstempelten Wechseln die Klausel: „sans frais“ für ungültig erklärt, mittels Schlusses auf das Gegenteil für verstempelte Wechsel; auch das Gesetz vom 5. 4. 1879, welches die Post zur Einziehung von Wechseln, die „sans frais“ zahlbar gestellt sind, ermächtigt, wird als Anzeichen für die Wirksamkeit einer solchen Klausel angeführt. Bestritten ist im französischen Rechtsgebiete, ob die Klausel von den Protestkosten befreit; bejahend Lyon-Caën Nr. 376 S. 328 und die dort angeführten Urteile; ebenso Thaller a. a. O. Die ausdehnende Auslegung der Klausel auf den Protest mangels Annahme wird abgelehnt in einem Urteile des Kassationshofes vom 6. 6. 1853 (Meyer Wwrecht I S. 314). In Belgien (Art 59) ist der Protesterlaß zugelassen, und zwar mit Wirkung für die Nachmänner; auch befreit er von den Protestkosten. — In Spanien und den ihm folgenden Ländern des lateinischen Amerika wird ohne Bestehen einer besonderen Vorschrift der Protesterlaß als nicht zulässig angesehen (Meyer Wwrecht S. 315). — Für das angelsächsische Recht ergibt sich die Zulässigkeit des Protesterlasses aus BEA 51⁹ bzw. NIL § 267, — die vorschreiben, daß die Pflicht zur Protestierung aus denselben Gründen fortfällt, wie die Notifikationspflicht, — in Verbindung mit BEA 50²ᵇ bzw. 180 NIL (Notifizierung nicht erforderlich bei ausdrücklichem oder stillschweigendem Verzicht). Im NIL (§ 181) ist ferner bestimmt, daß ein solcher Verzicht, wenn er in der Urkunde selbst erklärt ist, alle Parteien bindet; wenn er aber über die Unterschrift eines Indossanten geschrieben ist, nur diesen. In Rußland war in dem früheren Gesetze der Protesterlaß ausgeschlossen durch die gemäß § 87 auch auf gezogene Wechsel anwendbare Vorschrift des § 12, derzufolge in den Wechsel aufgenommene Vereinbarungen über die Befreiung des Wechselinhabers von der Beobachtung irgendeiner der in dem Gesetze gegebenen Vorschriften ungültig waren. Das neue Gesetz enthält keine Vorschrift über den Protesterlaß; es wird deswegen angenommen werden müssen, daß er ebenso wie früher unwirksam ist. Anm. 6.

Die neuen Wechselgesetze von Polen (Art 45) und Jugoslawien (§ 45) haben die Vorschriften der Haager EWO über den Protesterlaß (Art 45) übernommen. Vgl. Anhang II Anm 11 f.

3. Präsentation und Protest des domizilierten Wechsels (DWO Art 43). Vgl. über den Begriff und die Regelung des domizilierten Wechsels in den ausländischen Gesetzgebungen im übrigen den Anhang I zum Unterabschnitt V Anm 9. Anm. 7.

a) Eine dem Abs 1 des Art 43 (jetziger Fassung) DWO entsprechende Vorschrift über den Ort, an welchem und die Person, der gegenüber domizilierte Wechsel zu präsentieren und zu protestieren sind, enthalten von der deutschen Gruppe die Gesetze der Schweiz (Art 764), Ungarns (§ 43), Bulgariens (Art 572), Skandinaviens (§ 43), Japans (Art 490), der Tschechoslowakei (neues Anm. 8.

Gesetz § 39 Abs 1). In anderen Ländern dieser Gruppe fehlt eine besondere Vorschrift; doch wird überall angenommen, daß ein domizilierter Wechsel am Domizilorte, und zwar, wenn ein Domiziliat benannt ist, dort diesem, andernfalls dem Bezogenen selbst, zu präsentieren und entsprechend zu protestieren ist; jedoch vorbehaltlich der Unwirksamkeit des Domizilvermerks gegenüber solchen Regreßpflichtigen, die den Wechsel erworben haben, bevor er hinzugefügt war (Vivante Nr. 1094). Auch in Frankreich und den übrigen Ländern des kontinentalen Systems, wo eine Vorschrift fehlt, wird angenommen, daß Präsentation und Protest am Domizilorte stattzufinden haben, auch wenn ein Domiziliat nicht benannt ist (Lyon-Caën et Ren. Nr. 354). Dies ist ausdrücklich vorgeschrieben in den Gesetzen der Niederlande (Art 180) und ihrer Kolonien. — Im früheren russischen Gesetze war bestimmt (§§ 40, 102), daß, wenn im Wechsel ein Domiziliat bezeichnet sei, er diesem zur Zahlung vorzulegen sei; das neue russische Gesetz enthält eine solche Bestimmung nicht, wie es überhaupt den Domizilwechsel mit benanntem Domiziliaten (als Zahlungsleister) nicht kennt (vgl. Anhang I zum Unterabschnitt V a. a. O.); die Vorlegung wird deshalb im bezeichneten Domizile an den Bezogenen und der Protest ihm gegenüber zu erfolgen haben. — Im angelsächsischen Rechte ist bestimmt, daß die Präsentation zur Zahlung (und infolgedessen, soweit erforderlich, auch die Protesterhebung) am richtigen Platze erfolgt, wenn im Wechsel ein Platz für die Zahlung besonders angegeben ist und der Wechsel dort präsentiert wird (BEA 45 Nr. 4a; NIL § 133 Nr. 1).

Anm. 9. b) Die den **uneigentlichen Domizilwechsel (Zahlstellenwechsel)** betreffende Vorschrift des Abs 2 des Art 43 DWO neuer Fassung, die erst durch die Protestnovelle von 1908 für Deutschland eingeführt ist (vgl. zu Art 43 Anm 7), gilt ebensowenig, wie in Österreich, in den übrigen Ländern der deutschrechtlichen Gruppe, die vielmehr die frühere Fassung des Art 43 beibehalten haben, welche keine besonderen Vorschriften über den Zahlstellenwechsel enthielt. Auch in den übrigen ausländischen Gesetzgebungen finden sich keine besonderen Vorschriften über den Zahlstellenwechsel; vgl. den Anhang I zum Unterabschnitt V Anm 9.

Anm. 10. c) Die in Satz 2 des Artikels 43 DWO früherer Fassung enthaltene Vorschrift, welche die rechtzeitige Protesterhebung bei dem Domiziliaten auch **zur Erhaltung des Wechselrechts gegenüber dem Akzeptanten** für erforderlich erklärte und die für Deutschland durch die Protestnovelle von 1908 beseitigt wurde (vgl. zu Art 43 Anm 1 und 10), ist, wie in Österreich, auch in den übrigen Ländern der deutschen Gruppe, welche die frühere Fassung beibehalten haben, in Geltung geblieben. So in der Schweiz (Artt 764, 765), Ungarn (§§ 43, 44), Italien (Artt 316, 325), Skandinavien (§§ 43, 44), Rumänien (Artt 341, 350), Japan (486, 490). Danach bedarf es in diesen Ländern auch jetzt noch bei Domizilwechseln, jedenfalls bei solchen mit benanntem Domiziliaten, der rechtzeitigen Protesterhebung beim Domiziliaten nicht nur zur Erhaltung der Regreßansprüche gegen den Aussteller und die Indossanten, sondern auch zur Erhaltung der Wechselrechte gegen den Hauptschuldner, den Akzeptanten. Auch das neue tschechoslowakische Gesetz hat in § 39 Abs 2 die Vorschrift wieder aufgenommen. Das frühere russische Wechselgesetz (§§ 55, 103 Nr. 5) hatte für die Erhaltung der Wechselrechte gegen den Aussteller des eigenen Wechsels, beziehungsweise gegen den Akzeptanten des gezogenen Wechsels die Protesterhebung nicht gefordert; das jetzige Gesetz schreibt für den eigenen Wechsel in §§ 11—13 die Protesterhebung als notwendige Voraussetzung für die Haftung der Wechselverpflichteten, auch des Ausstellers, vor; für den gezogenen Wechsel, für den im allgemeinen, obwohl eine ausdrückliche Vorschrift fehlt, die vorangestellten Vorschriften über den eigenen Wechsel entsprechende Anwendung zu finden haben werden, wird wohl die entsprechende Anwendung der für den Aussteller des eigenen Wechsels gegebenen Vorschrift auf den Akzeptanten dazu führen müssen, daß auch zur Erhaltung der Wechselrechte gegen diesen Protest erforderlich ist, obwohl in § 24, wo die Verpflichtungen des Akzeptanten grundsätzlich bestimmt werden, davon nichts gesagt ist.

Die Gesetze der übrigen wechselrechtlichen Gruppen machen für den Domizilwechsel keine Ausnahme von dem Grundsatze, daß zur Erhaltung der Wechselrechte gegen den Akzeptanten Protesterhebung nicht erforderlich ist (vgl. über diesen Grundsatz unten zu 4).

Anm. 11. 4. **Gegenüber dem Akzeptanten** wird in den ausländischen Wechselgesetzgebungen, wie im deutschen Rechte (Art 44), Präsentation und Protesterhebung innerhalb bestimmter Fristen zur Erhaltung der Wechselrechte grundsätzlich nicht gefordert. Eine Ausnahme besteht für domizilierte Wechsel in denjenigen Staaten der deutschrechtlichen Gruppe, welche die frühere Fassung des Art 43 DWO beibehalten haben; vgl. oben Anm 10. Für das französische Rechtsgebiet ist in Artt 168—170 Code de comm. vorgeschrieben, daß nach Ablauf der für den Protest mangels Zahlung bestimmten Fristen der Inhaber seiner Ansprüche gegen die Indossanten und gegen den Aussteller, der Provision geleistet hat, verlustig ist; daraus ist mittels Schluß auf das Gegenteil zu folgern, daß ein solcher Rechtsverlust gegenüber dem Akzeptanten nicht eintritt und daß dieser nur die Verjährung des Wechsels aus Art 189 (vgl. Anhang I zum Unterabschn. XIII Anm 2) einwenden kann; Lyon-Caën et Ren. Nr. 218. Doch besteht in den Gesetzen der Niederlande (Art 118) und ihrer Kolonien die Sondervorschrift, daß bei domizilierten Wechseln der Akzeptant frei wird, wenn kein Protest erhoben ist, sofern er Geld zur Bezahlung des Wechsels (provision) im Domizil bereit gehalten hatte und der Domiziliat nach dem Verfalle des Wechsels in Konkurs gerät. — Im angelsächsischen Rechte (BEA 52 I; NIL § 130) ist bestimmt, daß Präsentation zur Zahlung nicht erforderlich ist zur Haftbarmachung des Hauptverpflichteten aus dem Wechsel (acceptor; the person primarily liable on the instrument); nur soll, wenn der Wechsel seinem Inhalte nach an einem bestimmten Platze zahlbar und der Akzeptant bei Verfall imstande und bereit ist, an diesem Platze zu zahlen, solche Bereitschaft einem Angebot der Zahlung gleichgeachtet werden (also sollen wohl Verzugsfolgen für ihn nicht eintreten).

B. Benachrichtigungs-(Notifikations-)pflicht (DWO Artt 45—47).

Von der deutschrechtlichen Gruppe enthalten in der Hauptsache die gleichen Vorschriften, wie die DWO, mit einzelnen Abweichungen: Ungarn §§ 45—47 (Zinsverlust bis zur Urteilszustellung), Italien (Art 317; vgl. Vivante Nr. 1330 ff.), Rumänien (Art 342), Skandinavien (§§ 45—47; Frist zwei Wochentage). Bulgarien (Art 574—576, Frist 3 Tage) und Portugal (Art 337) verlangen Benachrichtigung auch der Vormänner ohne Ortsangabe (Meyer Wwrecht I S. 370), die aber wohl schwer durchzuführen sein dürfte, während die Schweiz und Finnland dem Inhaber überhaupt keine Verpflichtung zur Benachrichtigung von Vormännern auferlegen. Andererseits stellt Japan (Art 487) die Benachrichtigung als Voraussetzung des Regresses auf. — In Rußland legte das frühere Gesetz (§§ 72, 111) dem Notar, der den Protest erhoben hatte, die Pflicht zur Benachrichtigung der Wechselverpflichteten auf; das neue Gesetz (§ 28) schreibt schriftliche Benachrichtigung des unmittelbaren Vormannes und des Wechselgebers binnen 3 Tagen nach dem Protesttage durch den Inhaber vor, ohne die Folgen der Unterlassung anzugeben. **Anm. 11a.**

Im französischen Rechte (Artt 165—170) ist die Notifikation an diejenigen Vormänner (Indossanten und Aussteller) vorgeschrieben, gegen welche der Inhaber oder der Indossant, der den Wechsel eingelöst hat, einzeln Regreß nehmen will; für die Notifikaion besteht keine besondere Frist; doch muß gegen die Regreßpflichtigen innerhalb bestimmter, nach den Entfernungen abgestufter Fristen Klage erhoben werden, andernfalls sind die Regreßansprüche gegen die Indossanten sowie gegen den Aussteller, der Provision geleistet hat, präjudiziert; vgl. Anhang I zu Unterabschn. XIII Anm 2. Außerdem haben nach Art 176 C. de comm. in der Fassung des Gesetzes vom 22. 12. 1906 die Notare und Gerichtsvollzieher dem Aussteller oder dem ersten Indossanten, wenn deren Namen und Domizil auf dem Wechsel angegeben ist, bei Strafe des Schadensersatzes binnen 48 Stunden nach der Einregistrierung des Protestes von den Gründen der Zahlungsverweigerung schriftlich Kenntnis zu geben. Die gleichen Vorschriften finden sich in den übrigen Gesetzen der französischrechtlichen Gruppe, mit Ausnahme der Niederlande (Art 184) und ihrer Kolonien, welche nur die einfache Notifikation vorschreiben, ohne Präjudiz für die Regreßansprüche. Spanien (Art 517) schreibt bei Verlust der Regreßansprüche Notifikation durch den Notar innerhalb der für Sicht- und Nach-Sicht-Wechsel bestehenden Präsentationsfristen vor. Belgien (Art 56 Abs 2) schreibt vor, daß die Mitteilung des Protestes in der Ladung (citation) enthalten sein muß, mittels deren die Klage, durch welche die Regreßansprüche gegen die Indossanten und den Aussteller, der Provision geleistet hat, geltend gemacht werden, erhoben wird. Außerdem hat Belgien in Art 59 Abs 2 für den Fall des Protesterlasses (vgl. oben Anm 6) eine besondere Benachrichtigung von der Nichtzahlung des Wechsels vorgeschrieben, die innerhalb zweier Wochen von dem Verfalltage ab an denjenigen Vormann zu erfolgen hat, den der Wechselinhaber im Regreßwege in Anspruch nehmen will und die jeder benachrichtigte Vormann binnen weiterer zwei Wochen an seinen Vormann weiterzugeben hat, und zwar, wie zwar bestritten ist, aber aus dem Wortlaute der Vorschrift („Le porteur est tenu d'informer ceux, contre lesquels il veut conserver son recours" usw.) hervorgeht, bei Verlust seiner Regreßansprüche (so auch Meyer Wwrecht I S. 374). **Anm. 11 b.**

Eine besondere Bedeutung hat die Notifikation sowohl mangels Annahme, wie mangels Zahlung im angelsächsischen Rechte, da sie dort bei Inlandswechseln den Protest ersetzt (vgl. oben Anm 4). Die Notifikation hat nach diesen Rechten der Regel nach in jedem Falle der Dishonorierung des Wechsels, sei es durch Nichtannahme oder durch Nichtzahlung zu erfolgen; und zwar ist dem Aussteller und jedem Indossanten Nachricht zu geben; jeder Indossant und der Aussteller, die solche Nachricht nicht erhalten haben, sind entlastet (BEA 48; NIL 160 ff.). Die Benachrichtigung kann schriftlich oder auch nur mündlich erfolgen (BEA 49[1]; NIL 167). Die Fristen sind verschieden bestimmt, je nachdem der Geber und der Empfänger an dem gleichen oder an verschiedenen Orten wohnen (BEA 49[12]; NIL 173 ff.). Auf die Notifizierung kann verzichtet werden; ist der Verzicht im Wechsel selbst erfolgt, so bindet er alle Wechselbeteiligten; ist er bei einem Indossamente erfolgt, nur den betreffenden Indossanten; Protestverzicht schließt den Verzicht auf Notifikation ein (BEA 50 II b; NIL 180 ff.). Befreiung von der Notifikationspflicht tritt ein, wenn trotz Anwendung vernunftgemäßer Sorgfalt die Benachrichtigung nicht erfolgen oder die zu benachrichtigende Partei nicht erreichen konnte; Verzögerung wird entschuldigt, wenn sie durch Umstände herbeigeführt ist, die außerhalb der Kontrolle des Inhabers liegen und ihm nicht als Verschulden anzurechnen sind; nach Hebung des Hindernisses muß die Benachrichtigung mit vernunftgemäßer Sorgfalt gegeben werden (BEA 50 I; NIL 184). In gewissen Fällen bedarf es der Notifizierung an den Trassanten, beziehungsweise Indossanten nicht (BEA 50 II c, d; NIL 185, 186). Ist die **Anm. 12.**

Nichtannahme gehörig notifiziert, so bedarf es keiner Notifizierung der Nichtzahlung, außer wenn der Wechsel inzwischen angenommen worden ist (BEA 48 Nr. 2; NIL 187).

Die neuen Wechselgesetze von Polen (Art 44) und Jugoslawien (§ 44) haben auch hinsichtlich der Benachrichtigungspflicht die Vorschriften der Haager EWO (Art 44) übernommen; vgl. Anhang II Anm. 9.

Anm. 13. C. Das **Einlösungsrecht** (DWO Art 48) ist in einigen Gesetzgebungen der deutschrechtlichen Gruppe, wie im deutschen Rechte, ausdrücklich anerkannt; so in der Schweiz (Art 766), Bulgarien (578), Skandinavien (§ 48), Ungarn (§ 48), Italien (Art 295), Tschechoslowakei (neues Ges. § 44). In Ungarn und der Tschechoslowakei ist ausdrücklich bestimmt, daß, wenn mehrere Wechselschuldner Zahlung anbieten, der Vorzug demjenigen gebührt, durch dessen Zahlung die meisten Verpflichteten befreit werden. Ferner in Spanien (Art 519 Abs 3) und anderen. In den übrigen Ländern kommen die Vorschriften des allgemeinen bürgerlichen Rechts zur Anwendung, die in der Regel jedem Mitverpflichteten das Recht zusprechen, die Schuld zu tilgen; so Art 1236 franz. Code civil; vgl. für das amerikanische Recht Daniel II § 1223. Die neuen Gesetze von Polen (Art 48 Abs 1) und Jugoslawien (§ 48 Abs 1) haben die Vorschrift der Haager EWO (Art 49; vgl. Anhang II Anm. 18) übernommen.

Anm. 14. D. Die **Gesamt- oder Einzelverklagung** der Regreßpflichtigen nach Wahl des Inhabers mit Sprungregreß und Wandlungsrecht (DWO Art 49) ist auch in den übrigen Gesetzen der deutschrechtlichen Gruppe für zulässig erklärt. Im französischen Rechtsgebiete bestimmt Art 164 C. de comm., daß der Inhaber seine Garantieklage sowohl individuell gegen den Zieher und jeden der Indossanten, wie auch gegen die Indossanten und den Zieher gemeinschaftlich (collectivement) anstellen kann; daraus wird die Zulässigkeit des Sprungregresses gefolgert (Thaller Nr. 1410 Abs 2). Diese Rechtssätze gelten auch in den übrigen Rechten dieses Rechtsgebietes mit Ausnahme der Niederlande (Art 184) und ihrer Kolonien, sowie Ägyptens (C. m. Art 171; C. ind. Art 164), wo der Inhaber an die Reihenfolge der Wechselverpflichtungen gebunden ist in der Weise, daß er durch Verklagung des Ausstellers oder eines vorstehenden Indossanten die Regreßklage gegen die nachstehenden Indossanten verliert. Ähnlich Spanien (Art 516) und einige Staaten des lateinischen Amerika, nach deren Gesetzen der Inhaber, wenn er gegen einen Indossanten geklagt hat, nur im Falle von dessen Insolvenz gegen einen anderen vorgehen darf und (wie die Rechtsprechung hinzufügt) mehrere nicht zusammen belangen kann. — Nach angelsächsischem Rechte erwirbt der Besitzer bei Dishonorierung des Wechsels durch Nichtannahme oder Nichtzahlung ein unmittelbares Recht gegen den Aussteller und die Indossanten und kann von jedem Wechselverpflichteten die ihm aus dem Wechsel geschuldeten Beträge verlangen; auch haften mehrere „jointly and severally" (BEA 43², 57¹; NIL 96, 144). Aus diesen Bestimmungen wird das Recht des Inhabers zu ihrer Einzel- oder Gesamtverklagung sowie zum Sprungregresse gefolgert (Meyer WwRecht I 463 und die dort Angeführten).

E. Umfang der Regreßansprüche (DWO Artt 50—52).

Anm. 15. **1. Des Inhabers, der den Wechsel hat präsentieren und gegebenenfalls protestieren lassen** (DWO Art 50). Die Gesetze der deutschrechtlichen Gruppe enthalten in der Hauptsache die gleichen Vorschriften wie die DWO, mit einzelnen Abweichungen (vgl. Näheres bei Meyer Wwrecht S. 484 ff.). Hervorzuheben ist, daß in manchen Gesetzen dieser Gruppe eine Provision nicht bewilligt wird, so in Italien (Artt 311, 319; Vivante Nr. 1339 und Anm 371 bis, S. 404), Japan (Artt 491, 492), Rumänien (Artt 344, 336, 337). Das neue russische Gesetz (§ 14) billigt dem Inhaber, der Protest erhoben hat, neben der nichtbezahlten Wechselsumme Zinsen zu, und zwar in Höhe von 6% bei Wechseln auf Goldrubel; in Höhe des Diskontsatzes der Staatsbank für den Protesttag bei Wechseln auf eine in der Sowjetunion im Umlauf befindliche Währung (vgl. Anhang I zu Art 4 Anm 3); ferner ein „Strafgeld" in Höhe der Hälfte der Zinsen (das wohl die Provision ersetzen soll) und die Protestkosten. — Der Ersatz des Kursunterschiedes unter Zugrundelegung eines fingierten Rückwechsels (DWO Art 50 Abs 2) wird in einigen Gesetzen der deutschen Gruppe nur dann zugebilligt, wenn der Wechsel aus fremdem Gelde in die Landesmünze umzurechnen ist; der durch die Ortsverschiedenheit bedingte Zeitverlust wird sonach nicht berücksichtigt. So Skandinavien (§ 50), Bulgarien (Art 580, 563); auch Rußland (neues Gesetz § 3) trifft nur Bestimmung über die Umrechnung in die Landesmünze. Das neue tschechoslowakische Gesetz (§ 46) regelt den Ausgleich der Kursdifferenz in der Weise, daß „nach dem Durchschnitte der Kurse von Geld und Ware" gezahlt werden muß, die am Tage der Protesterhebung ein vom Zahlungsorte auf den Wohnort des Regreßpflichtigen gezogener Wechsel auf Sicht haben würde.

Anm. 16. In Frankreich war der Umfang der dem Rückwechsel (vgl. unten Anm 20) beizufügenden Retourrechnung in den Artt 180, 181, 186 bestimmt. Diese Artikel sind durch Dekret vom 24. 3. 1848 „provisorisch" außer Kraft gesetzt und an deren Stelle ist in den abgeänderten Artt 178, 179 bestimmt worden, welche Beträge der Rückwechsel, dem ein detailliertes und vom Zieher unterzeichnetes Bordereau, das auf die Rückseite des Wechsels überschrieben wird, beizufügen ist, zu enthalten hat, nämlich: die Hauptsumme des protestierten Titels, die Kosten des Protestes und gegebenenfalls der Denunziation, die Verzugszinsen, den Wechselkursunterschied (rechange) und den Stempel für den Rückwechsel (damals ein Fixstempel von 30 Centimes, seit dem Gesetze vom 1. 6. 1850 der proportionelle Wechselstempel). Laut Artt 184, 185 werden die Zinsen der Hauptsumme vom Tage des Protestes, die Zinsen des Protestes, Kursverlustes und der sonstigen gerechtfertigten Kosten erst vom Tage der Klagerhebung berechnet; doch wird angenommen, daß diese letzteren Beträge auf Grund des Gesetzes vom 7. 4. 1900 nunmehr bereits vom Tage der Sommation, (die durch die Präsentation des Rückwechsels erfolgen kann) Zinsen tragen. Ob das Dekret vom 24. 3. 1848, das bisher noch nicht aufgehoben ist, noch gesetzliche Kraft besitzt, ist bestritten; es wird aber in der Praxis allgemein noch angewendet (Lyon-Caën 389 bis; Thaller 1552). Durch dieses Dekret ist auch der „rechange", d. h. der Rücklauf des Wechsels, der sich unter rechnerischer Zugrundelegung eines Rückwechsels (retraite) vollzieht, ohne daß jedoch ein solcher Rückwechsel wirklich ausgestellt zu werden braucht (retraite simulée), neu geregelt worden, und zwar in der Weise, daß bei Ortsverschiedenheit an Stelle des bis dahin nach Art 179 C. de comm. (wie nach deutschem Rechte) maßgebenden jeweiligen Unterschiedes des Wechselkurses zwischen den in Betracht kommenden Orten innerhalb des kontinentalen Frankreichs bestimmte ständige Sätze getreten sind ($^1/_4$% für Wechsel auf Departementshauptstädte, $^1/_2$% auf Arrondissementshauptorte, $^3/_4$% auf andere Plätze) und daß bei Wechseln innerhalb eines Departements ein Aufschlag für den rechange überhaupt nicht berechnet werden darf, während für Wechsel auf das Ausland und die französischen Besitzungen die Gebräuche des Handels maßgebend sind. Die anderen Gesetze des französischen Rechtsgebietes haben zumeist den Art 181 C. de comm. beibehalten, der sich außer hinsichtlich des rechange (vgl. oben) hauptsächlich dadurch von dem jetzt in Frankreich geltenden Rechte unterscheidet, daß außer den Kosten des Protestes und der Denunziation auch sonstige „frais légitimes", wie Bankkommission, Courtage, Briefporti, gefordert werden können und daß die Retourrechnung von einem agent de change beglaubigt werden muß.

Nach englischem Rechte (BEA 57) kann der Inhaber, und zwar ohne Rücksicht darauf, was er selbst für den Wechsel gezahlt hat (BEA 38 II), die Wechselsumme nebst 5% Zinsen — wenn aber höhere Zinsen im Wechsel selbst bedungen sind, auch diese — vom Verfalltage ab fordern; ferner die Kosten der Notierung und bei Auslandswechseln auch des Protestes; bei im Auslande dishonorierten Wechseln die „reexchange", d. h. eine Berechnung der Regreßsumme nach dem Kurse eines Sichtwechsels vom Orte der Dishonorierung auf den Wohnort des Regreßpflichtigen. — In den Ver. Staaten von Amerika kommt in Ermangelung einer Bestimmung des NIL das Law Merchant zur Anwendung, nach welchem der Inhaber die Wechselsumme nebst Zinsen und den notwendigen Kosten (Daniel § 1445) fordern kann, zuzüglich des Kursunterschiedes (reexchange). **Anm. 17.**

Die neuen Gesetze von Polen (Art 47) und Jugoslawien (§ 47) haben hinsichtlich des Umfanges des Regresses des Inhabers die Vorschriften der Haager EWO (Art 47, vgl. zu II dieses Anhanges Anm. 14) übernommen mit der Abweichung, daß Zinsen zu 6% (statt nur zu 5%) berechnet werden können; wenn aber bei im Auslande ausgestellten oder zahlbaren Wechseln für solche Zinsen dort ein geringerer Prozentsatz festgesetzt ist, zu 5%. **Anm. 18.**

2. Des Inhabers, der den Wechsel eingelöst hat (DWO Art. 51). Das Kumulierungssystem, das dem Art 51 zugrunde liegt, ist in der Hauptsache auch in den meisten anderen Ländern der deutschrechtlichen Gruppe in Geltung; nur hinsichtlich der Kursdifferenz läßt Bulgarien (Artt 581, 582) eine Häufung nicht zu, sofern nicht wirkliche Rückwechsel gezogen werden. Nach den skandinavischen Gesetzen (§§ 51, 52) ist die Provision des Rembourseregreßnehmers nicht von der gesamten Regreßsumme, sondern nur von der Wechselsumme zu berechnen; auch dürfen die Provisionen insgesamt nicht mehr als 2 v. H. ausmachen. Das neue russische Gesetz enthält nicht, wie das frühere (§ 53), eine besondere Bestimmung über den Umfang des Remboursregresses; eine Kumulierung, insbesondere der Provisionen, wird deshalb ausgeschlossen sein. — Im französischen Rechtsgebiete ist durch die Vorschrift des Art 182, wonach nicht mehrere Retourrechnungen über denselben Wechsel gemacht werden dürfen, sondern die eine Retourrechnung (des Inhabers, der den Wechsel hat protestieren lassen) jeweils von Indossant zu Indossant und endgültig von dem Zieher zu erstatten ist, die Kumulierung ausgeschlossen. Das ist hinsichtlich des rechange (vgl. oben Anm 16) in Art 183 noch besonders hervorgehoben durch die Bestimmung, daß die rechanges nicht kumuliert werden können und daß jeder Indossant und ebenso der Zieher nur einen rechange zu leisten hat. Auch in dem niederländischen Gesetze sind keine besonderen Vorschriften über den Remboursregreß gegeben. Nach dem englischen Gesetze (BEA 57 I) geht der Remboursregreß auf den Wechselbetrag nebst Zinsen vom Verfalltage, die Kosten für Notierung und bei Auslandswechseln für den Protest, Porti, gewohnheitsmäßige Kommission und Mäklergebühr (brokerage); die Berechnung bei Ortsverschiedenheit kann nach dem System der fingierten Rücktratte erfolgen und die Kursdifferenzen können, sofern nicht die Haftung auf die Wechselsumme beschränkt ist, kumuliert werden bis zum Aussteller. Im amerikanischen Rechte kann (in Ermangelung einer Bestimmung des NIL) nach dem Law Merchant Ersatz der vollen Regreßsumme nebst Zinsen, sowie aller durch die Nichthonorierung erwachsenen Kosten und der Kursdifferenzen (reexchanges) unter Kumulierung verlangt werden (Daniel Nr. 1448 ff.). **Anm. 19.**

Auch hinsichtlich des Remboursregresses haben die neuen Gesetze von Polen (Art 48) und Jugoslawien (§ 48) die Vorschriften der Haager EWO (Art 48, vgl. Anhang II Anm. 14a, 17) übernommen, mit der gleichen Abweichung wie bei dem Regresse des (protestierenden) Inhabers (vgl. oben Anm 18).

Anm. 20. F. Die Befugnis des Regreßnehmers, über den Betrag seiner Forderung einen **Rückwechsel** auf den Regreßpflichtigen zu ziehen (Art 53 DWO), ist in den anderen Gesetzen der deutschrechtlichen Gruppe im wesentlichen in gleicher Weise ausgesprochen; so in der Schweiz Art 771, Skandinavien § 53, Ungarn § 53, Italien 310, 311, Rumänien 335, 336. Der französische Code de commerce (Art 177) stellt sogar als Regel auf, daß der Rücklauf des Wechsels (rechange) sich durch einen Rückwechsel (retraite) vollziehe. Im angelsächsischen Rechte ist die Befugnis zur Ziehung des Rückwechsels ohne ausdrückliche gesetzliche Bestimmung durch Handelsgewohnheitsrecht anerkannt (Chalmers S. 196; Daniel § 1444). Doch wird von dieser Befugnis in neuerer Zeit in den meisten Ländern nur selten tatsächlich Gebrauch gemacht, vgl. für Frankreich Thaller Nr. 1552 bei Anm 3; Lyon-Caën et Ren. Nr. 383 bei Anm 4; für England und Amerika Daniel Nr. 1445 II S. 1628; in der Schweiz und Skandinavien sollen sie überhaupt nicht vorkommen (Meyer Wwrecht I S. 500). Die hauptsächliche Bedeutung der Vorschriften über den Rückwechsel besteht deshalb darin, daß sie der Berechnung des Umfanges der Regreßforderung mittels fingierter Rücktratte zugrunde zu legen sind; vgl. darüber zu Art 50 DWO Anm 9.

Anm. 21. G. Über die dem zahlenden Regreßpflichtigen von dem Regreßnehmer zu machenden **Gegenleistungen** (DWO Art 54) enthält ein Teil der Gesetze der deutschrechtlichen Gruppe ausdrückliche Vorschriften in dem gleichen Sinne wie die DWO; so Skandinavien § 54, Finnland § 45, Tschechoslowakei (neues Gesetz § 50); ferner Ungarn § 54, Bulgarien Art 584, die Schweiz Art 772, diese mit dem Zusatze, daß der Wechsel keine den weiteren Rückgriff des Regreßpflichtigen beeinträchtigenden Veränderungen erlitten haben darf. In anderen Ländern dieser Gruppe ist ausdrücklich nur vorgeschrieben, daß der Rücktratte (vgl. oben Anm 20) der Wechsel nebst Protest und Retourrechnung beizufügen ist, so in Italien (Art 311), Rumänien (336), Portugal (336); doch gelten auch in diesen Ländern hinsichtlich der Aushändigung die gleichen Grundsätze (vgl. für Italien Vivante Nr. 1343, 1344). Gleiches gilt in den Ländern des französischen Rechtsgebietes (Thaller Nr. 1504 Abs 3), wo gleichfalls nur die Beifügung der Retourrechnung zum Rückwechsel ausdrücklich vorgeschrieben ist (Art 180 C. de comm.). Im angelsächsischen Rechte (BEA 52 IV, NIL 134) ist bestimmt, daß der Wechselinhaber, der Zahlung fordert, dem Zahlungleistenden den Wechsel auszuhändigen hat. Angenommen wird, daß der Zahlende, auch der Aussteller und der Indossant, das Recht hat, eine Quittung auf dem Rücken des Wechsels zu verlangen (Daniel Nr. 1228, 1229). Die neuen Gesetze von Polen (Art 49 Abs 1) und Jugoslawien (§ 49 Abs 1) geben die Vorschrift der Haager EWO (Art 49 Abs 1; vgl. Anhang II Anm. 18) zu diesem Punkte wieder.

Anm. 22. H. Die Befugnis zur **Ausstreichung des eigenen und der diesem folgenden Indossamente** (DWO Art 55) gewähren dem Regreßpflichtigen, der einen seiner Nachmänner befriedigt hat, ausdrücklich die übrigen Gesetze der deutschrechtlichen Gruppe. Auch das neue tschechoslowakische Gesetz (§ 51). Dagegen enthält das neue russische Gesetz, abweichend von dem früheren (§ 52) keine ausdrückliche Ermächtigung zur Streichung, sondern nur die Bemerkung (Anm zu § 2), daß Indossamente, die in vollem Umfange ausgestrichen sind, ungültig sind. Im französischen Rechtsgebiete fehlt eine ausdrückliche Vorschrift; doch entspricht es dem Handelsbrauche, daß der Indossant, der den Wechsel mangels Zahlung einlöst, sein Indossament und die diesem nachfolgenden ausstreicht (Pardessus, zitiert bei Lyon-Caën et Ren. zu Nr. 127 Anm 1 S. 108). Das englische Recht (BEA 59 II) und das anglo-amerikanische Recht (NIL 78) gestatten dem Indossanten bzw. dem Inhaber, der den Wechsel bezahlt hat, nach Gutdünken sein eigenes und die nachfolgenden Indossamente auszustreichen. Zur Weiterindossierung erklärt das englische Gesetz diese Streichung für erforderlich.

Die neuen Gesetze von Polen (Art 49 Abs 2) und Jugoslawien (§ 49 Abs 2) bringen auch in diesem Punkte die Vorschrift der Haager EWO, Art 49 Abs 2; vgl. Anhang II Anm. 18.

II. Künftiges einheitliches Wechselrecht.

Vorbemerkung. Die Haager Einheitliche Wechselordnung und das Genfer Einheitliche Wechselgesetz regeln den Regreß mangels Annahme (DWO Artt 25—28), den Regreß wegen Unsicherheit des Akzeptanten (DWO Art 29) und den Regreß mangels Zahlung (DWO Artt 41—55) einheitlich in Kapitel VII unter der Überschrift „Des recours faute d'acceptation et faute de paiement" und unterscheiden dabei die Regresse, je nachdem sie vor oder nach Verfall genommen werden. Die besonderen Vorschriften über die Regresse vor Verfall sind bereits in dem Anhange II zum Unterabschnitt VI wiedergegeben und erläutert worden. Die den beiden Arten von Regressen gemeinschaftlichen und die besonderen Vorschriften für den Regreß nach Verfall werden nachstehend wiedergegeben und erläutert.

1. Präsentation und Protest.

(DWO Art 81.)

a) Art 37 EWO:

Anm. 1. „Der Inhaber muß den Wechselbrief zur Zahlung präsentieren entweder am Tage, wo er zahlbar ist, oder an einem der beiden Werktage, die folgen.

Die Präsentation bei einer Abrechnungsstelle steht einer Präsentation zur Zahlung gleich."

Dazu Art 7 des Haager Abkommens:

„Jeder vertragschließende Staat kann den Art 37 der Wechselordnung in dem Sinne ergänzen, daß für einen Wechselbrief, der auf seinem Gebiete zahlbar ist, der Inhaber verpflichtet sein soll, ihn an dem Verfalltage selbst zu präsentieren; die Nichterfüllung dieser Verpflichtung soll nur zu Schadensersatz Anlaß geben dürfen.

Die anderen Staaten sollen die Befugnis haben, die Bedingungen zu bestimmen, unter welchen sie eine solche Verpflichtung anerkennen wollen."

Die Genfer Konferenz hat im Absatz 1 des Art 37 HEWO eine Änderung vorgenommen, **Anm. 2.** die klarstellt, daß die Vorschrift sich nur auf Wechsel, die an einem bestimmten Tage oder mit einer gewissen Frist vom Datum oder von Sicht ab verfallen, bezieht, nicht aber auf (unbefristete) Sichtwechsel, deren Präsentation in Art 33 HEWO (34 GEWG; vgl. Anhang II zum Unterabschnitt VII Anm 9) geregelt ist. Infolgedessen lautet die Vorschrift in dem GEWG wie folgt:

Art 38 GEWG:

(Absatz 1): „Der Inhaber eines Wechselbriefes, welcher an einem bestimmten Tage oder nach (à) einer gewissen Frist von Datum oder Sicht zahlbar ist, muß den Wechselbrief entweder am Tage, an dem er zahlbar ist, oder an einem der beiden Werktage, die folgen, zur Zahlung präsentieren."

(Absatz 2 gleichlautend mit HEWO).

Den zu dieser Vorschrift in Art 7 HAbk. gemachten Vorbehalt hat die Genfer Konferenz als Art 5 der Reserven in Annexe II übernommen.

Die Genfer Konferenz hat ferner als Art 6 von Annexe II einen Vorbehalt hinzugefügt, der sich auf den Abs 2 des Art 37/38 bezieht. Dieser Vorbehalt hat folgenden Wortlaut:

Art 6 Annexe II GAbk:

„Es wird Sache eines jeden der Hohen vertragschließenden Teile sein, für die Anwendung des letzten Absatzes des Art 38 des Einheitlichen Gesetzes die Einrichtungen zu bestimmen, die nach dem nationalen Gesetze als Abrechnungsstellen (chambres de compensation) zu betrachten sind."

Erläuterungen zu a.

1. Eine besondere Frist für die Vorlegung (Präsentation) zur Zahlung ist in der DWO (Art 31) nur für Sichtwechsel vorgeschrieben, während im übrigen diese Frist mit der Protestfrist zusammenfällt (Art 41 DWO). Die Entwürfe für ein einheitliches Wechselrecht schreiben eine Präsentationsfrist für alle Wechsel vor (Art 37 HEWO, 38 GEWG). Diese Frist war nach der HEWO in der Regel die gleiche, wie die Frist für die Protesterhebung (vgl. Art 43 Abs 2 HEWO), während sie sich nach dem GEWG von dieser dadurch unterscheidet, daß die Präsentation schon am Zahlungstage, die Protesterhebung aber in den Ländern, die nicht von dem Vorbehalte in Art 9 der Annexe II Gebrauch machen (vgl. unten Anm. 8), erst am Tage nach dem Zahlungstage erfolgen kann. Nach beiden Entwürfen (Art 7 HAbk, 5 Annexe II GAbk) können aber die Vertragsstaaten auch vorschreiben, daß die Präsentation am Zahlungstage selbst zu erfolgen hat, jedoch ohne an die Nichtbeachtung dieser Vorschrift eine weitere Folge als eine Schadensersatzpflicht, insbesondere also nicht das Erlöschen der Regreßverbindlichkeiten, knüpfen zu dürfen.

2. Durch Art 37 Abs 2 HEWO, 38 Abs 2 GEWG wird der Präsentation des Wechsels zur Zahlung die Präsentation bei einer Abrechnungsstelle (chambre de compensation) gleichgestellt. Diese, in der DWO nicht, wohl aber in dem deutschen Scheckgesetz (§ 12; vgl. meinen ScheckgesKomm zu § 12 Anm 1ff.) enthaltene Gleichstellung ist von dem Revisionskomitee der zweiten Haager Konferenz (1912) dem Vorentwurfe von 1910 eingefügt und aus der Erwägung begründet worden (Actes 1912 I S. 89), daß in vielen Ländern (darunter auch Deutschland) die chambres de compensation (clearing-houses, Abrechnungsstellen) zahlreich bestehen und sich vervielfältigen und daß in diesen Anstalten die Abrechnungen auf die Wechselbriefe, wie auf die Schecke, Anwendung finden können. Daß der Bezogene in der Abrechnungsstelle, bei welcher der Wechsel eingereicht wird, vertreten sein müsse, ist nicht (wie im deutschen SchGes) bestimmt. Wie sich aus den Verhandlungen des Scheckkomitees der zweiten Haager Konferenz (Actes 1912 II 197) ergibt, sollte diese Frage für den Wechsel und den Scheck in gleicher Weise geregelt werden, und zwar ging man davon aus, daß es Aufgabe der Abrechnungsstellen selbst sei zu bestimmen, welche Wechsel und Schecke bei ihnen eingereicht werden können. Nur eine diesen Bestimmungen entsprechende Einreichung wird der Präsentation zur Zahlung bei dem Bezogenen gleichgestellt werden können.

Anm. 3. **b) Art 42 HEWO, 43 GEWG:**

„Der Inhaber kann seine Regresse (recours) gegen die Indossanten, den Zieher und die anderen Verpflichteten ausüben:
bei Fälligkeit, wenn die Zahlung nicht stattgefunden hat,
selbst vor Fälligkeit, ..."

Diese Vorschrift ist in beiden Entwürfen gleichlautend.

Anm. 4. **c) Art 43 HEWO, 44 GEWG:**

(Abs 1): „Die Verweigerung ... der Zahlung muß durch einen authentischen Akt festgestellt werden (Protest...mangels Zahlung)."

(Abs 2 HEWO): „Der Protest mangels Zahlung muß errichtet werden entweder an dem Tage, an welchem der Wechselbrief zahlbar ist, oder an einem der beiden Werktage, welche folgen."

(Abs 3 GEWG, an Stelle von Abs 2 HEWO): „Der Protest mangels Zahlung eines Wechselbriefes, der an bestimmtem Tage oder nach (à) einer gewissen Frist von Datum oder Sicht zahlbar ist, muß errichtet werden an einem der beiden Werktage, welche dem Tage, an dem der Wechselbrief zahlbar ist, folgen. Wenn es sich um einen bei Sicht zahlbaren Wechselbrief handelt, muß der Protest errichtet werden in den in dem vorhergehenden Absatze zur Errichtung des Protestes mangels Annahme bestimmten Fristen."

(Abs 4): „Der Protest mangels Annahme befreit von der Vorlegung zur Zahlung und von dem Proteste mangels Zahlung."

Zu diesen Vorschriften sind in den Entwürfen folgende Vorbehalte für die Vertragsstaaten vorgesehen:

Anm. 5. Zu Abs 1:

Art 9 des Haager Abkommens:

„Jeder vertragschließende Staat hat die Befugnis, zu bestimmen, daß mit Zustimmung des Inhabers die auf seinem Gebiete zu errichtenden Proteste ersetzt werden können durch eine datierte und auf den Wechselbrief selbst gesetzte, von dem Bezogenen gezeichnete und innerhalb der für die Proteste bestimmten Frist in ein öffentliches Register überschriebene Erklärung.

Eine solche Erklärung wird von den anderen Staaten anerkannt werden."

An dessen Stelle:

Art 8 Annexe II zum Genfer Abkommen:

„Jeder der Hohen vertragschließenden Teile hat die Befugnis, zu bestimmen, daß die auf seinem Gebiete zu errichtenden Proteste ersetzt werden können durch eine datierte und auf den Wechselbrief selbst geschriebene, von dem Bezogenen unterzeichnete Erklärung, außer in dem Falle wo der Zieher in dem Texte des Wechselbriefes einen Protest durch authentischen Akt verlangt.

Jeder der Hohen vertragschließenden Teile hat gleichfalls die Befugnis, vorzuschreiben, daß die besagte Erklärung auf ein öffentliches Register in der für die Proteste bestimmten Frist überschrieben werde.

In dem in den vorangehenden Absätzen vorgesehenen Falle wird angenommen, daß das Indossament ohne Datum früher als der Protest bewirkt worden ist."

Anm. 6. Zu Abs 2 HEWO, 3 GEWG:

Art 10 des Haager Abkommens:

„Unter Außerkraftsetzung des Art 43 Abs 2 der Einheitlichen Wechselordnung hat jeder vertragschließende Staat die Befugnis, vorzuschreiben, entweder, daß der Protest mangels Zahlung am ersten Werktage errichtet werden muß, der demjenigen folgt, an dem die Zahlung gefordert werden kann, oder daß er in den zwei Tagen, die folgen, errichtet werden muß."

An dessen Stelle:

Art 9 der Annexe II zum Genfer Abkommen:

„Unter Außerkraftsetzung des Art 44 Abs 3 des Einheitlichen Wechselgesetzes hat jeder der Hohen vertragschließenden Teile die Befugnis, vorzuschreiben, daß der Protest mangels Zahlung entweder am Tage, an welchem der Wechselbrief zahlbar ist, oder an einem der beiden Werktage, die folgen, errichtet werden muß."

Erläuterungen zu c.

Anm. 7. 1. Die Entwürfe (Art 43 HEWO, 44 GEWG Abs 1) stellen als regelmäßiges Erfordernis, für die Feststellung der Verweigerung der Annahme wie der Zahlung des Wechsels, wie die DWO.

die Errichtung eines authentischen Aktes, des Protestes auf. Einen Ersatz des Protestes durch anderweite Feststellungen (Privaterklärung, Notifikation), wie sie in einigen geltenden Gesetzgebungen zugelassen sind (vgl. den Anhang I Anm 2, 4), haben die beiden Entwürfe selbst nicht vorgesehen, jedoch ist den Vertragsstaaten durch Art 9 des Haager Abkommens und Art 8 der Annexe II zum Genfer Abkommen (vgl. oben) die Befugnis vorbehalten, eine Erklärung des Bezogenen in der dort bestimmten Form als Ersatz des Protestes zuzulassen. Die von der Haager EWO dafür erforderte Zustimmung des Inhabers ist in dem Genfer EWG nicht erfordert; dagegen ist dort vorgeschrieben, daß die Erleichterung nicht eintritt, wenn der Zieher m Wechsel die Errichtung eines authentischen Aktes fordert. In dem Haager Abkommen war ferner vorgesehen, daß die Vertragsstaaten, die von diesem Vorbehalte Gebrauch machten, die Überschreibung der Erklärung des Bezogenen in ein öffentliches Register innerhalb der Protestfrist vorschreiben müssen, während in der Genfer Annexe den Vertragsstaaten freigestellt ist, ob sie eine solche Überschreibung anordnen wollen.

2. Hinsichtlich der Protestfrist hatte sich die HEWO (Art 43 Abs 2) der DWO (Art 41 Abs 2) angeschlossen, aber durch das Haager Abkommen (Art 10) war den Vertragsstaaten anheimgegeben, entsprechend den in einzelnen geltenden Gesetzgebungen (vgl. den Anhang I Anm 1, 3) bestehenden Vorschriften, die Frist so zu regeln, daß der Protest am Zahlungstage selbst noch nicht erhoben werden kann. Das Genfer EWG (Art 44 Abs 3) hat umgekehrt das Verbot des Protestes am Zahlungstage als gesetzliche Regel aufgestellt, indem die Konferenz davon ausging, daß der Zahlungstag ganz dem Schuldner gehören müsse, um sich durch Zahlung zu befreien (Ber. d. Red.-Kom. Nr. 104; C. rendu S. 141); jedoch ist den Vertragsstaaten anheimgestellt (Annexe II Art 9, vgl. oben), die Erhebung des Protestes am Zahlungstage selbst zuzulassen. Auch ist in Art 44 Abs 3 zum Ausdrucke gebracht, daß diese Regelung sich nur auf die an einem bestimmten Tage oder mit Frist von Datum oder Sicht ab zahlbar gestellten Wechselbriefe bezieht, während für die unbefristeten Sichtwechsel die für die Errichtung des Protestes mangels Annahme bestimmten Fristen (vgl. Anhang II zum Unterabschnitt VI Anm 4) maßgebend sind. **Anm. 8.**

2. Notifikationspflicht (DWO Art 45):

a) Art 44 HEWO, 45 GEWG: **Anm. 9.**

„Der Inhaber muß Nachricht von dem Mangel der Annahme oder der Zahlung seinem Indossanten und dem Zieher innerhalb der vier Werktage geben, die dem Tage des Protestes oder dem der Vorlegung im Falle der Klausel „Zurück ohne Kosten“ folgen.

Jeder Indossant muß in der Frist von zwei Tagen [GWEG: „der zwei Werktage, die auf den Tag, an dem er die Nachricht erhalten hat, folgen] seinem Indossanten Kenntnis von der Nachricht, die er erhalten hat, geben, wobei er die Namen und die Adressen derjenigen anzugeben hat, die die vorhergehenden Nachrichten gegeben haben, und so weiter aufsteigend, bis zum Zieher. Die hier oben angegebene Frist läuft von dem Empfange der vorhergehenden Nachricht.

In dem Falle, wo ein Indossant seine Adresse nicht oder in unlesbarer Weise angegeben hat, genügt es, daß die Nachricht dem Indossanten, der ihm vorhergeht, gegeben wird.

Derjenige, welcher eine Nachricht zu geben hat, kann es in einer beliebigen Form tun, selbst durch einfache Übersendung des Wechselbriefs. Er muß beweisen, daß er es in der vorgeschriebenen Frist getan hat.

Diese Frist soll als eingehalten gelten, wenn ein die Nachricht gebender Brief (lettre missive) in der besagten Frist zur Post gegeben ist.

Derjenige, der nicht in der hier oben angegebenen Frist die Nachricht gibt, erleidet keinen Rechtsverlust, er ist gegebenenfalls für den durch seine Nachlässigkeit verursachten Schaden haftbar, ohne daß der Schadensersatz den Betrag des Wechsels übersteigen kann.“

b) Dazu Art 11 des Haager Abkommens:

„Jeder vertragschließende Staat hat die Befugnis, vorzuschreiben, daß die Nachricht von der Nichtzahlung, die durch Art 44 Abs 1 der Wechselordnung vorgesehen ist, durch den öffentlichen Beamten, der mit der Errichtung des Protestes beauftragt ist, gegeben werden kann.“

Ferner in gleichem Sinne, aber in etwas ausführlicherer Fassung

c) Art 12 der Annexe II zum Genfer Abkommen:

„Unter Außerkraftsetzung des Art 45 des Einheitlichen Wechselgesetzes hat jeder der Hohen vertragschließenden Teile die Befugnis, das System der durch den öffentlichen Beamten zu gebenden Nachricht aufrechtzuerhalten oder einzuführen, nämlich: daß bei Errichtung des Protestes mangels Annahme oder mangels Zahlung der Notar oder der Beamte, der nach dem nationalen Gesetze zur Errichtung des Protestes ermächtigt ist, gehalten ist, davon denjenigen von den in dem Wechselbriefe verpflichteten Personen schriftliche Nachricht zu geben, deren Adressen entweder auf dem Wechselbrief angegeben oder dem öffentlichen Beamten, der den Protest errichtet, bekannt sind oder von den Personen, die den Protest verlangt haben, angegeben werden. Die aus einer solchen Benachrichtigung entstehenden Kosten sind den Protestkosten hinzuzufügen."

Anm. 10. **Erläuterungen.**

Die Notifikationspflicht ist sonach im wesentlichen in der gleichen Weise geregelt, wie in der DWO, insbesondere in der Richtung, daß die Unterlassung der Notifikation nicht (wie im angelsächsischen Rechte, vgl. Anhang I Anm 12) den Verlust der Regreßansprüche zur Folge hat, sondern nur Schadensersatzansprüche auslöst. Diese sind aber hier ihrer Höhe nach durch den Betrag der Wechselsumme als Höchstbetrag beschränkt. Abweichend vom deutschen Rechte muß ferner der erste Inhaber nach Verfall (der protestierende Inhaber) außer seinem unmittelbaren Vormanne auch den Zieher benachrichtigen und ist ihm für die Benachrichtigungen eine etwas längere Frist (vier Tage statt zwei) gegeben. Der in den beiden Abkommen (Artt 11, 12) enthaltene Vorbehalt ist namentlich mit Rücksicht auf das im russischen Rechte früher herrschend gewesene und jetzt in den baltischen Staaten noch aufrechterhaltene System, und zwar auf Verlangen der lettischen Delegation, gemacht worden, das darin besteht, daß die Benachrichtigungspflicht dem öffentlichen Beamten obliegt (Ber. d. Red.-Kom. Nr. 170; C. rendu S. 152). Vgl. den Anhang I Anm 12.

3. Protesterlaß (DWO Art 42):

Anm. 11. **Art 45 HEWO, 46 GEWG:**

(Abs 1): „Der Zieher oder ein Indossant [GEWG: oder ein Avalist] kann durch die Klausel ‚Zurück ohne Kosten', ‚Ohne Protest' oder irgendeine andere gleichbedeutende Klausel [GEWG: „die in den Titel eingeschrieben und unterzeichnet ist"] den Inhaber davon entbinden, zur Ausübung seiner Regresse einen Protest mangels Annahme oder mangels Zahlung zu erheben."

(Abs 2): „Diese Klausel entbindet den Inhaber weder von der Vorlegung des Briefes in den vorgeschriebenen Fristen noch von den Benachrichtigungen, die einem vorhergehenden Indossanten und dem Zieher zu machen sind [GEWG: „die zu machen sind"]. Der Beweis der Nichteinhaltung der Fristen liegt dem ob, der sich darauf gegen den Inhaber beruft."

(Abs 3 HEWO): „Die von dem Zieher ausgehende Klausel wirkt gegenüber allen Zeichnern. Wenn trotz dieser Klausel der Inhaber den Protest errichten läßt, bleiben die Kosten ihm zur Last. Wenn die Klausel von einem Indossanten ausgeht, können die Kosten des Protestes, falls ein solcher errichtet ist, gegen alle Zeichner beigetrieben werden."

(Abs 3 GEWG): „Wenn die Klausel von dem Zieher eingeschrieben ist, bringt sie ihre Wirkungen in bezug auf alle Wechselzeichner hervor; wenn sie von einem Indossanten oder von einem Avalisten eingeschrieben ist, bringt sie ihre Wirkungen nur in bezug auf diese hervor. Wenn trotz der von dem Zieher eingeschriebenen Klausel der Inhaber den Protest errichten läßt, bleiben die Kosten ihm zur Last. Wenn die Klausel von einem Indossanten oder einem Avalisten ausgeht, können die Kosten des Protestes, falls ein solcher errichtet ist, gegen alle Wechselzeichner zurückerhoben werden."

Erläuterung.

Anm. 12. Die von beiden Entwürfen vorgesehenen Vorschriften weichen von der Regelung des Protesterlasses in der DWO (Art 42) in folgenden Punkten ab: a) der Protesterlaß macht, wenn er vom Aussteller ausgeht, die Erhebung des Protestes zur Erhaltung der Regreßansprüche nicht nur gegenüber diesem, sondern gegenüber allen Wechselverpflichteten unnötig; b) er befreit, wenn er vom Aussteller ausgeht, sowohl diesen, wie die übrigen Wechselverpflichteten, von der Tragung der Kosten eines etwa dennoch erhobenen Protestes.

Das GEWG hat gegenüber der HEWO Änderungen insofern vorgenommen, als es: a) auch den Avalisten ausdrücklich als befugt zum Protesterlaß anführt; b) ausdrücklich verlangt, daß der Protesterlaß im Wechsel selbst eingeschrieben und unterzeichnet ist (damit festgestellt werden könne, von wem er ausgeht; Ber. d. Red.-Kom. Nr. 111, C. rendu S. 142); c) ausdrücklich hervorhebt (in Absatz 3 Satz 1), daß der von einem Indossanten oder Avalisten erfolgte Protesterlaß nur gegenüber diesen wirkt (Abs 3 Satz 1).

4. Solidarität und Sprungregreß (DWO Artt 81, 49).

Art 46 HEWO, 47 GEWG: **Anm. 13.**

„Alle diejenigen, welche einen Wechselbrief gezogen, akzeptiert, indossiert oder avalisiert haben, sind zur solidarischen Garantie gegenüber dem Inhaber gehalten.

Der Inhaber hat das Recht, gegen alle diese Personen einzeln oder gemeinschaftlich zu klagen, ohne genötigt zu sein, die Ordnung, in der sie sich verpflichtet haben, zu beachten.

Das gleiche Recht steht jedem Zeichner eines Wechselbriefes zu, der diesen eingelöst hat. Die gegen einen der Verpflichteten eingeleitete Klage hindert nicht, gegen die anderen zu klagen, selbst nicht gegen die Nachmänner des zuerst Verfolgten."

Erläuterung.

Die Vorschrift entspricht vollständig dem in Art 81 DWO ausgesprochenen Grundsatze der solidarischen Verpflichtung aller Wechselverpflichteten und dem in Art 49 DWO dem Inhaber gewährten Klagerechte gegen alle oder einzelne Wechselverpflichtete mit Sprungregreß und Abänderungsrecht. Bei den Verhandlungen in Genf wurde als Auffassung der Konferenz festgestellt, daß mehrere Wechselverpflichtete, die eine gleiche Rangstellung (position du même degré) haben, z. B. mehrere Avalisten, die für die gleiche Person ihre Garantie gegeben haben, auch wenn sie nacheinander gezeichnet haben, gegeneinander keinen wechselrechtlichen Regreß ausüben können, sondern daß, vorbehaltlich besonderer Vereinbarung, ihre Beziehungen zueinander von den Bestimmungen des allgemeinen Rechts über die Solidarobligationen beherrscht werden (Ber. d. Red.-Komm. Nr. 112; C. r. S. 142). Diese Auffassung entspricht dem deutschen Rechte insofern, als es sich um Unterzeichner einer und derselben Wechselerklärung handelt, auch wenn die Unterzeichnung nicht gemeinsam oder gleichzeitig erfolgt ist; vgl. zu Art 81 DWO Anm 20.

5. Umfang der Regreßansprüche (DWO Artt 50—52).

a) Art 47 HEWO, 48 GEWG: **Anm. 14.**

(Abs 1): „Der Inhaber kann von dem, gegen den er seinen Regreß ausübt, verlangen:

1. den Betrag des nicht akzeptierten oder nicht bezahlten Wechsels mit den Zinsen, wenn solche vereinbart sind;

2. die Zinsen zum Satze von fünf [GEWG: sechs] vom Hundert von der Fälligkeit ab;

3. die Kosten des Protestes, diejenigen der [HEWO: „von dem Inhaber dem vorhergehenden Indossanten und dem Zieher"] gegebenen Nachrichten, sowie die anderen Kosten;

[HEWO: 4. eine Kommissionsgebühr, welche in Ermangelung einer Vereinbarung ein Sechstel vom Hundert der Hauptsumme des Wechselbriefs betragen soll und in keinem Falle diesen Satz übersteigen kann]".

(Abs 2 HEWO): „Wenn der Regreß vor Verfall ausgeübt wird, wird ein Diskont (escompte) auf den Betrag des Wechselbriefs abgezogen werden. Dieser Diskont soll berechnet werden nach Wahl des Inhabers nach dem offiziellen Diskontsatze (Banksatz) oder nach dem Marktsatze so, wie er am Datum des Rekurses am Orte des Wohnsitzes des Inhabers besteht."

(Abs 2 GEWG): „Wenn der Regreß vor Verfall ausgeübt wird, soll ein Diskont (escompte) auf den Betrag des Wechselbriefes abgezogen werden. Dieser Diskont soll berechnet werden nach dem offiziellen Diskontsatze (Satz der Bank), so wie er am Datum des Regresses am Orte des Domizils des Inhabers besteht."

b) Art 48 HEWO, 49 GEWG:

„Derjenige, der den Wechsel eingelöst hat, kann von den ihm Regreßpflichtigen (ses garants) verlangen: **Anm. 14a.**

1. die gesamte Summe, die er bezahlt hat;

2. die Zinsen von dieser Summe, berechnet zum Satze von fünf [GEWG: sechs] vom Hundert, von dem Tage ab, wo er sie verausgabt hat;

3. die Kosten, die er gemacht hat;

[HEWO: 4. eine Kommissionsgebühr auf die Hauptsumme des Wechselbriefes festgesetzt entsprechend dem Art 47 Nr. 4.] **Anm. 15.**

Zu diesen Artikeln sind in den Entwürfen folgende Vorbehalte vorgesehen:

1. a) Art 12 des Haager Abkommens:

„Jeder vertragschließende Staat hat die Befugnis vorzuschreiben, daß die Zinsen, von denen im Art 47 Abs 1, 2 und im Art 48 Abs 2 der Wechselordnung die Rede ist, sechs vom Hundert für diejenigen Wechselbriefe betragen sollen, die auf seinem Gebiete zugleich ausgestellt und zahlbar sind. Diese Bestimmung soll von den anderen Staaten anerkannt werden.

Der Satz der Zinsen, welche von einer gerichtlichen Klage ab laufen, wird von der Gesetzgebung des Staates, wo die Klage eingeleitet ist, frei bestimmt. Jedoch kann der Beklagte (défendeur) nur die Erstattung derjenigen Zinsen verlangen, die er bis zum Belaufe des gewöhnlichen Satzes von fünf oder sechs vom Hundert bezahlt hat."

b) Art 13 von Annexe II des Genfer Abkommens:

„Jeder der Hohen vertragschließenden Teile hat die Befugnis, hinsichtlich der Wechselbriefe, die in seinem Gebiete zugleich ausgestellt und zahlbar sind, vorzuschreiben, daß der Zinsfuß, von welchem in Art 48 Nr. 2 und in Art 49 Nr. 2 des Einheitlichen Gesetzes die Rede ist, ersetzt werden kann durch den gesetzlichen Zinsfuß, der in dem Gebiete dieses Hohen vertragschließenden Teiles in Kraft ist."

2. Art 14 von Annexe II des Genfer Abkommens:

„Unter Außerkraftsetzung des Art 48 des Einheitlichen Wechselgesetzes behält sich jeder der Hohen vertragschließenden Teile die Befugnis vor, in das nationale Gesetz eine Bestimmung aufzunehmen, die vorschreibt, daß der Inhaber von dem, gegen den er seinen Regreß ausübt, eine Kommissionsgebühr fordern kann, deren Betrag durch das nationale Gesetz bestimmt werden wird.

Das gleiche gilt, unter Außerkraftsetzung des Art 49 des Einheitlichen Gesetzes, hinsichtlich der Person, die, nachdem sie den Wechsel eingelöst hat, dessen Betrag von ihren Garanten verlangt."

Erläuterungen.

Anm. 16. Wie die DWO (Artt 50, 51), unterscheiden die Entwürfe hinsichtlich des Umfanges der Regreßansprüche den Regreß des Inhabers, der den Wechsel hat protestieren lassen (Art 47/48) und den Remboursregreß des Inhabers, der ihn eingelöst hat (Art 48/49). Daß die Regreßforderungen auf die einzeln angeführten Posten beschränkt sind, ist nicht ausdrücklich gesagt; doch wird die Aufzählung auch hier als eine erschöpfende anzusehen sein, so daß weitergehende Ansprüche lediglich auf der Grundlage der Wechselzeichnung nicht erhoben werden können, vorbehaltlich etwaiger besonderer aus dem zwischen den Parteien bestehenden bürgerlich-rechtlichen Verhältnisse (Bürgschaft, Auftrag) sich ergebender Verpflichtungen; vgl. zu Art 50 DWO Anm 11. Die einzelnen Beträge entsprechen in der Hauptsache den in der DWO aufgeführten Posten. Abweichend von dem jetzt in Deutschland geltenden Rechte (vgl. zu Art 50 Anm 4) ist statt des dort nach dem jeweiligen Reichsbankdiskontsatze sich bestimmenden wechselnden Zinsfußes ein für alle Fälle gleichbleibender Zinsfuß, und zwar in der HEWO von 5, in dem Genfer EWG von 6% vorgesehen; doch war durch Art 12 des Haager Abkommens den Vertragsstaaten vorbehalten, ihn auf 6% zu erhöhen, während das Genfer Abkommen (Art 13) ihnen die Festsetzung auf den innerhalb ihres Landes geltenden gesetzlichen Zinsfuß vorbehält. Für die Kommissionsgebühr (Provision) war in der HEWO die Hälfte des nach der DWO zulässigen Satzes ($^1/_6$ statt $^1/_3$ v. H.) vorgesehen, und zwar als Höchstsatz, vorbehaltlich Vereinbarung eines geringeren Satzes. Das GEWG (Art 49) hat die Kommissionsgebühr als einheitliches Recht überhaupt gestrichen und es ist nur den Vertragsstaaten vorbehalten, durch ihre nationalen Gesetze dem Wechselinhaber eine solche Gebühr zu bewilligen und ihre Höhe zu bestimmen (Art 14 Annexe II). Falls der Regreß auf Zahlung vor Verfall gerichtet ist (vgl. den Anhang II zum Unterabschnitt VI), wird Abzug eines Zwischenzinses (Diskonts) gestattet, der nach der HEWO (Art 47 Abs 2) nach Wahl des Inhabers entweder nach dem offiziellen Banksatze oder nach dem Satze des „Marktes" an seinem Wohnsitze berechnet werden sollte, während das GEWG (Art 48 Abs 2) nur die Berechnung nach dem offiziellen Banksatze zuläßt.

Anm. 17. Bei dem Remboursregresse wird das Kumulationsprinzip (vgl. zu Art 51 Anm 12 und Anhang I Anm 19) für die Kosten zugrunde gelegt (Art 48/49 Nr. 1). Ein Ausgleich der Kursdifferenz wegen Ortsverschiedenheit (fingierte Rücktratte) (Artt 50 Abs 2, 51 Abs. 2 DWO; vgl. zu Art 50 Anm 9) ist nicht vorgesehen; doch wird ein solcher Ausgleich bei Umrechnung von Wechseln, die auf ausländische Währung lauten, in die inländische nach den Grundsätzen des bürgerlichen Rechts stattzufinden haben.

Anm. 18. **6. Aushändigungs-, Einlösungs- und Ausstreichungsrecht des Regreßpflichtigen** (DWO Artt 48, 54, 55).

a) Art 49 HEWO, 50 GEWG:

„Jeder Verpflichtete, gegen den ein Regreß ausgeübt wird oder der einem Regresse ausgesetzt ist, kann gegen Zahlung (remboursement) die Aushändigung des Wechselbriefes mit dem Protest und einer quittierten Rechnung verlangen.

Jeder Indossant, der den Wechselbrief eingelöst hat, kann sein Indossament und diejenigen der nachfolgenden Indossanten ausstreichen (biffer)."

b) Art 50 HEWO, 51 GEWG:

„Im Falle der Ausübung eines Rekurses nach einer teilweisen Annahme kann derjenige, welcher die Summe, für welche der Wechsel nicht angenommen worden ist, bezahlt (rembourse), verlangen, daß diese Zahlung (remboursement) auf dem Briefe vermerkt werde und daß ihm darüber Quittung erteilt werde. Der Inhaber muß außerdem ihm eine als gleichlautend bescheinigte Kopie des Wechsels und den Protest aushändigen, um die Ausübung der weiteren Regresse zu gestatten."

Die Vorschriften der Artt 49/50 stimmen mit den entsprechenden Vorschriften der DWO **Anm. 19.** überein. Artt 50/51 behandeln den in der DWO nicht besonders geregelten Fall der Regreßzahlung auf einen teilweise angenommenen Wechsel, die zwar keine Teilzahlung ist, bei der aber, wie bei solchen, nach der Sachlage nicht die Aushändigung des Wechsels verlangt werden kann, sondern statt dessen Vermerk auf dem Wechsel und Quittung, außerdem aber auf Grund der besonderen Bestimmung in Satz 2 der Artt 50/51 die Erteilung einer beglaubigten Abschrift des Wechsels, die nach Art 66 HEWO / 67 GEWG (vgl. Anhang II zum Unterabschnitt X DWO Anm. 16 ff.) zur Ausübung der weiteren Regresse benutzt werden kann.

7. Rückwechsel (DWO Art 53).

Art 51 HEWO, 52 GEWG: **Anm. 20.**

„Jede Person, die das Recht hat, einen Rekurs auszuüben, kann, vorbehaltlich entgegenstehender Vereinbarung (stipulation), sich bezahlt machen (se rembourser) mittels eines neuen Wechselbriefes (Rücktratte), der nicht domiziliert und auf Sicht auf einen ihrer Garanten gezogen ist [GEWG: der auf Sicht auf einen ihrer Garanten gezogen und in dessen Domizil zahlbar ist].

Der Rückwechsel umfaßt, außer den in den Artikeln 47 und 48 (GEWG: 48 und 49) angegebenen Summen eine Mäklergebühr und die Stempelgebühr für den Rückwechsel.

Wenn der Rückwechsel von dem Inhaber gezogen wird, so wird sein Betrag festgestellt nach dem Kurse eines Sichtwechselbriefs, der von dem Orte, wo der ursprüngliche Brief zahlbar war, auf den Ort des Wohnsitzes des Garanten gezogen ist. Wenn der Rückwechsel von einem Indossanten gezogen wird, so wird sein Betrag festgestellt nach dem Kurse eines Wechselbriefs, der von dem Orte, wo der Zieher des Rückwechsels seinen Wohnsitz hat, auf den Ort des Wohnsitzes des Garanten gezogen wird".

Erläuterung.

Art 51 HEWO/52 GEWG entspricht dem Inhalte nach in der Hauptsache den Vorschriften **Anm. 21.** des Art 53 DWO über die Befugnis zum Ziehen eines Rückwechsels, sowie der Artt 50 Abs 2, 51 Abs 2 DWO über die Berechnung des Kursunterschiedes im Falle der Ortsverschiedenheit bei der fiktiven Rücktratte, eine Berechnung, die nach den Entwürfen nur stattfindet, wenn ein Rückwechsel wirklich gezogen wird; vgl. oben Anm 17. Bei den Genfer Verhandlungen wurde in Anregung gebracht, die Vorschrift über den Rückwechsel zu streichen, da es ungebräuchlich geworden sei, einen solchen zu ziehen (vgl. darüber zu Art 53 DWO Anm 5 und Anhang I zu diesem Unterabschnitte Anm 20); doch entschied sich die Konferenz für die Aufrechterhaltung der Vorschrift, weil einige Delegationen geltend machten, daß in ihren Ländern der Gebrauch noch bestehe (Ber. d. Red.-Kom. Nr. 119 C. rend. S. 143). Die von der Genfer Konferenz im Absatz 1 des Artikels getroffene Änderung ist ohne sachliche Bedeutung und bezweckt nur, den Ausdruck „domizilierter Wechsel" zu vermeiden, da dieser Ausdruck, wie auch an anderen Stellen bemerkt ist (Ber. d. Red.-Kom. Nr. 27, C. r. S. 129; vgl. Anm. 17 zum Anhang II des Unterabschnitts V DWO), nicht in allen Ländern genau dasselbe bedeute (Ber. d. Red.-Kom. Nr. 119; C. r. S. 143).

8. Folgen der Fristversäumung. Höhere Gewalt (DWO Artt 19, 20, 41, 42, 44).

a) Art 52 HEWO, 53 GEWG: **Anm. 22.**

„Nach dem Ablauf der Fristen, die festgesetzt sind:

für die Präsentation eines auf Sicht oder auf eine gewisse Frist nach Sicht gestellten Wechselbriefes;

für die Fertigstellung (confection) des Protestes mangels Annahme oder mangels Zahlung;

für die Präsentation zur Zahlung im Falle der Klausel „ohne Kosten", ist der Inhaber seiner Rechte gegen die Indossanten, gegen den Zieher und gegen die anderen Verpflichteten, mit Ausnahme des Akzeptanten, verlustig.

In Ermangelung einer Präsentation zur Annahme in der von dem Zieher bestimmten Frist ist der Inhaber seiner Regreßrechte verlustig, sowohl wegen Nichtzahlung wie wegen Nichtannahme, es sei denn, daß aus dem Wortlaute (des termes) der Bestimmung sich ergibt, daß der Zieher sich nur von der Garantie für die Annahme hat befreien wollen.

Wenn die Bestimmung einer Frist für die Annahme in einem Indossament enthalten ist, kann der Indossant allein sich darauf berufen".

Anm. 23. **b) Art 53 HEWO, 54 GEWG:**

„Wenn die Präsentation des Wechselbriefes oder die Errichtung des Protestes in den vorgeschriebenen Fristen durch ein unübersteigliches Hindernis verhindert ist (Fall höherer Gewalt) [GEWG: „gesetzliche Vorschrift irgendeines Staates oder anderer Fall höherer Gewalt"], so werden diese Fristen verlängert.

Der Inhaber ist gehalten, ohne Verzug seinem Indossanten von dem Falle höherer Gewalt Nachricht zu geben und diese Nachricht, von ihm datiert und unterzeichnet, auf dem Wechselbrief oder einem Anhängeblatte zu vermerken; im übrigen sind die Vorschriften des Art 44 [GEWG: 45] anwendbar.

Nach dem Aufhören der höheren Gewalt muß der Inhaber ohne Verzug den Brief zur Annahme oder zur Zahlung vorlegen und gegebenenfalls Protest errichten lassen.

Wenn die höhere Gewalt über 30 Tage von der Fälligkeit ab hinaus fortdauert, so können die Regresse ausgeübt werden, ohne daß die Präsentation oder die Errichtung des Protestes notwendig sind.

Für die Wechselbriefe auf Sicht oder eine bestimmte Frist nach Sicht läuft die Frist von dreißig Tagen von dem Datum, an welchem der Inhaber, wenn auch vor Ablauf der Präsentationsfristen, von der höheren Gewalt seinem Indossanten Nachricht gegeben hat. [GEWG Zusatz: „Für die Wechselbriefe auf eine gewisse Frist nach Sicht verlängert sich die Frist von dreißig Tagen um die in dem Wechselbriefe angegebene Sichtfrist."]

Nicht als Fälle von höherer Gewalt bildend werden die Tatsachen angesehen, die dem Inhaber oder demjenigen, den er mit der Präsentation des Briefes oder mit der Errichtung des Protestes beauftragt hat, rein persönlich sind".

Erläuterungen.

Anm. 24. 1. Art 52 HEWO/53 GEWG faßt die Folgen der Versäumung der sämtlichen Fristen für Handlungen, die zur Erhaltung von Wechselrechten vorgeschrieben sind, einheitlich zusammen. Es sind als solche genannt die Fristen: für die Präsentation zur Zahlung beziehungsweise Annahme bei Sicht- und Nach-Sicht-Wechseln (Artt 33/34, 22/23); für die Errichtung des Protestes mangels Annahme oder Zahlung (Art 43/44) und für die Präsentation zur Zahlung im Falle des Protesterlasses, in welchem sie den Protest ersetzt (Art 45/46). Nicht darunter fällt die Frist für die Notifikation (Art 44/45), deren Versäumung keinen Rechtsverlust bewirkt. Die Folgen sind, im wesentlichen entsprechend dem deutschen Recht, dahin geregelt, daß die Ansprüche gegen den Zieher und die „anderen Verpflichteten" erlöschen und nur die Ansprüche gegen den Akzeptanten erhalten bleiben. Demnach gehen auch die Ansprüche gegen die Avalisten der Regreßpflichtigen verloren. Dagegen werden die Ansprüche gegen den Avalisten des Akzeptanten erhalten bleiben, da Art 31/32 bestimmt, daß der Geber eines Avals in der gleichen Weise verhaftet ist, wie derjenige, für den er die Garantie übernommen hat. Die Folgen treten ein sowohl bei Versäumung einer gesetzlichen, wie bei Versäumung einer durch einen Regreßverpflichteten (Zieher oder Indossant) auf Grund der Artikel 21/22, 22/23 Abs 2, 3 oder 33/34 Abs 1 Satz 2, 3 gesetzten Frist. Doch kann die Versäumung einer von einem Indossanten gesetzten Frist (Artt 21/22 Abs 4, 22/23 Abs 3, 33/34 Abs 1 Satz 3) nur von diesem geltend gemacht werden (Absatz 4), während eine von dem Zieher gesetzte Frist zugunsten aller Regreßpflichtigen wirkt. Hat ferner der Zieher eine Frist zur Annahme-Präsentation gesetzt (Art 21/22 Abs 1), so geht durch die Versäumung dieser Frist auch der Regreß mangels Zahlung verloren, außer wenn der Text der Festsetzung erkennen läßt, daß er sich für diesen Fall nur von der Garantie für die Annahme hat befreien wollen (Art 52/53 Abs 3). Für die von einem Indossanten gesetzte Frist zur Annahmepräsentation (Art 21/22 Abs 4) ist gleiches nicht ausdrücklich bestimmt; doch ist daraus nicht etwa auf das Gegenteil zu schließen, vielmehr wird die gleiche Vermutung auch in diesem Falle Platz greifen.

Anm. 25. 2. In Art 53 HEWO/54 GEWG sind die Folgen der Versäumung der in dem vorhergehenden Artikel bezeichneten Fristen zur Präsentation von Wechseln und zur Erhebung von Protesten für den Fall geregelt, daß die Versäumung **durch höhere Gewalt** (force majeure) herbeigeführt ist. Vgl. über die frühere und jetzige Rechtslage zu diesem Punkte für das deutsche Wechselrecht zu Art 41 DWO Anm 16, für die geltenden ausländischen Wechselgesetze den Anhang I zu diesem Unterabschnitte Anm 5. Daß in dem einheitlichen Wechselrechte die Frage der höheren Gewalt geregelt werden müsse, wurde schon bei der Beratung des Vorprojekts auf der ersten Haager Konferenz von 1910 geltend gemacht und zu diesem Zwecke der Art 67 in das Vorprojekt aufgenommen. Bei der Konferenz von 1912 wurde von der deutschen Delegation eine abgeänderte Fassung vorgeschlagen, durch welche die „faits personnels" von den Fällen der höheren Gewalt grundsätzlich ausgeschlossen werden sollten. Gegen diesen grundsätzlichen Ausschluß erhob die französische Delegation Widerspruch mit der Begründung, daß den Gerichten die Würdigung der tatsächlichen Umstände des Einzelfalles erhalten bleiben müsse (Actes 1912 S. 71 ff., 79 ff.). Die deutsche Fassung wurde aber angenommen (Abs 6 des Artikels 53 HEWO) und die Vorschrift in diesem Sinne auch von der Genfer Konferenz gleichlautend aufrechterhalten (Abs 6 des Art 54 GEWG). Danach können Ereignisse, welche den Zieher oder die mit der Präsentation des Wechsels oder der Errichtung des Protestes beauftragte Person (den Protestbeamten) betreffen und sie an der rechtzeitigen Vornahme der vorgeschriebenen Wechselhandlung hindern, wie etwa plötzliche Erkrankung oder Tod einer dieser Personen, das Erlöschen der Rechte infolge der Versäumung nicht hindern. Es ist das ein Billigkeitserwägungen sehr wenig Rechnung tragender Standpunkt, der auch der Rechtsprechung des deutschen Reichsgerichts zu dem Begriffe der „höheren Gewalt" (vgl. zu Art 41 DWO a. a. O.) nicht entspricht und durch den Hinweis auf die Möglichkeit des Mißbrauchs einer weitergehenden Billigkeitsvorschrift nicht hinreichend gerechtfertigt sein dürfte.

Die Genfer Konferenz hat aber den Haager Entwurf in einem wesentlichen Punkte abgeändert durch die in Abs 1 erfolgte Hinzufügung, derzufolge die **gesetzliche Vorschrift irgendeines Staates** als unübersteigliches Hindernis und damit ohne weiteres als Fall der höheren Gewalt bezeichnet wird. Der Inhalt der Vorschrift wird nicht näher bezeichnet; es kann sich aber nur um Vorschriften handeln, durch welche die Vornahme der zur Ausübung von Regressen vorgeschriebenen Handlungen verboten und dadurch sowohl tatsächlich behindert wie auch rechtlich unwirksam gemacht wird. Damit ist ausgesprochen, daß solche Vorschriften (namentlich in Gestalt von „Moratorien"), die in einem Vertragsstaate erlassen sind, von den Gerichten jedes anderen Vertragsstaates als Fälle höherer Gewalt grundsätzlich anerkannt und beachtet werden müssen, während die Haager Konferenz nach dem Berichte ihrer Revisionskommission (Berichterstatter Lyon-Caën und Simons, S. 25) auf dem Standpunkte gestanden hatte, daß es Sache der tatsächlichen Würdigung der Gerichte sei, ob durch ein solches Verbot ein Fall höherer Gewalt geschaffen worden, daß aber die Gerichte rechtlich nicht verpflichtet seien, die in den Akten einer ausländischen Behörde enthaltenen Vorschriften als solche zu beachten und sich ihnen anzupassen (Bericht der Genfer Red.-Kom. Nr. 123; Compte rendu S. 144). Dieser Standpunkt des Genfer Entwurfs ist für Deutschland angesichts der in der gegenwärtigen Krise durch Notverordnungen erlassenen Vorschriften über Bankfeiertage usw. (vgl. zu Art 41 DWO Anm. 16 Fußnote) von aktuellem Interesse. Ebenso auch für das russische Recht, in welchem, wie bekundet wird, Moratorien von den verschiedensten Sowjetorganen erlassen werden, ungeachtet der Unionsbestimmung vom 14. 11. 1924, die das Recht der Moratoriumserklärung ausschließlich dem Arbeits- und Schutzrat zuweist (vgl. HdR Bd V unter „Russisches Recht" S. 197). **Anm. 26.**

Die Entwürfe schreiben zur Wahrung der Interessen der Regreßverpflichteten ferner vor, daß der Inhaber seinem Indossanten (d. h. seinem unmittelbaren Vormanne) von dem Eintritt eines Falles höherer Gewalt unverzüglich Nachricht zu geben und davon auf dem Wechsel selbst einen Vermerk zu machen hat, und daß auf diese Benachrichtigungspflicht im übrigen die Vorschriften über die Notifikationspflicht (Art 44/45) Anwendung finden, also im Falle ihrer Versäumung nicht Verlust des Regresses, wohl aber Schadensersatzpflicht eintritt (Artt 53/54 Abs 2). Ferner, daß nach Wegfall des Hindernisses die vorgeschriebene Handlung unverzüglich vorzunehmen ist (Abs 3). Es muß danach angenommen werden, daß in diesem Falle die Frist zur Vornahme der Handlung zu laufen beginnt, sobald der Inhaber in die Lage gekommen ist, sie vorzunehmen, also insbesondere nachdem er von dem Wegfall des Hindernisses Kenntnis erlangt hat oder bei genügender Aufmerksamkeit Kenntnis hätte erlangen können, und daß, wenn er diese Frist verstreichen läßt, der Regreß verloren ist. **Anm. 27.**

Die Entwürfe weisen aber der höheren Gewalt noch eine weitergehende Wirkung, und zwar zugunsten des Inhabers, zu, wenn das unübersteigliche Hindernis länger als 30 Tage nach dem Verfalle des Wechsels noch fortdauert. In diesem Falle fällt die Verpflichtung des Inhabers zur Präsentation und zum Proteste überhaupt fort und der Regreß kann ausgeübt werden, ohne daß diese Handlungen vorgenommen worden sind (Abs 4 des Art 53/54). Diese schon in der Haager EWO enthaltene Vorschrift wurde von der Genfer Konferenz aufrechterhalten entgegen dem Projekte der Experten, welches in Übereinstimmung mit der während des Weltkrieges angeblich allgemein geübten Praxis (vgl. für Deutschland zu Art 41 Anm 12) vorsah, daß alle Regresse aufgeschoben bleiben sollten, solange die Verhinderung an der Vornahme der für ihre Ausübung vorgeschriebenen Handlungen andauere (Bericht des Genfer Red.-Kom. Nr. 122; C. r. S. 144). **Anm. 28.**

IX. Intervention.

Vorbemerkung.

Während in dem vorhergehenden Unterabschnitt (VIII, vgl. die Vorbemerkung dazu) die regelmäßigen Folgen bestimmt sind, welche eintreten, wenn der Wechsel bei Verfall nicht bezahlt und dadurch notleidend wird, und zwar dahin, daß der Wechsel nunmehr von den aus ihm Verpflichteten im Rücklaufe eingelöst werden muß (Regreß mangels Zahlung), — behandelt der vorliegende Unterabschnitt die Schutzeinrichtungen, die eingebaut sind, um den Eintritt des Notleidens des Wechsels zu verhindern oder das Weitergreifen seiner Folgen zu hemmen. Diese Einrichtungen bestehen darin, daß die Möglichkeit eröffnet wird, daß ein Dritter, der bisher als Wechselverpflichteter nicht beteiligt ist oder es doch nicht zu sein braucht, zu dem genannten Zwecke in den Wechselverband eintritt und dadurch zwischen das eingetretene Notleiden und seine Folgen tritt (interveniert). Sie sind in diesem Sinne unter der Überschrift **„Intervention"** zusammengefaßt. Das Eintreten des Dritten geschieht, um die „Ehre" des Wechsels, die in seiner Kreditwürdigkeit besteht, zu retten oder wiederherzustellen; deshalb spricht man von einer Ehren-Intervention. Der Fall des Notleidens kann bereits auf dem Wechsel selbst vorgesehen und für seinen Eintritt Vorsorge getroffen sein durch Angabe des Dritten, der zu der Intervention berufen wird und dem der Wechsel zu diesem Zwecke vorgelegt werden soll (Notadresse); es kann aber auch das Eintreten des Dritten aus eigner Initiative stattfinden; danach unterscheidet man berufene und unberufene Intervention. Mit der Intervention braucht aber nicht gewartet zu werden, bis der Wechsel fällig geworden und von dem Bezogenen nicht bezahlt worden ist; sie kann vielmehr schon vor Fälligkeit erfolgen, wenn ein Notleiden in diesem Sinne dadurch in Aussicht steht, daß der Wechsel dem Bezogenen zur Annahme vorgelegt, aber von ihm die Annahme verweigert oder wenn der Bezogene, der den Wechsel angenommen hat, unsicher geworden ist, und zwar dient sie in diesen Fällen dazu, den Regreß auf Sicherstellung (Artt 25—29) durch Herbeiführung einer anderweiten Annahme unnötig zu machen. Je nach dem Stadium, in welchem demgemäß die Intervention erfolgt, stellt sie sich als Ehrenannahme (Artt 56—61) oder Ehrenzahlung (Artt 62—65) dar. Sowohl die Ehrenannahme wie die Ehrenzahlung wirkt nur zur Entlastung derjenigen Wechselverpflichteten, zu deren Gunsten sie ausdrücklich erfolgt oder als erfolgt anzusehen ist (der Honoraten) und ihrer Nachmänner, im Falle der unberufenen Ehrenzahlung nur zugunsten der Nachmänner des Honoraten (Art 62 Satz 3, vgl. dazu Anm 6).

1. Ehrenannahme.

Artikel 56.

Befindet sich auf einem mangels Annahme protestierten Wechsel eine auf den Zahlungsort lautende Notadresse, so muß, ehe Sicherstellung verlangt werden kann, die Annahme von der Notadresse gefordert werden. Unter mehreren Notadressen gebührt derjenigen der Vorzug, durch deren Zahlung die meisten Verpflichteten befreit werden.

Anm. 1. 1. Der Art 56 hat zur Voraussetzung, daß schon auf dem Wechsel selbst für den Fall der Nichtannahme durch den Bezogenen Vorsorge getroffen ist dadurch, daß eine **„Notadresse"** angegeben ist. Als „Adresse" wird im Wechselverkehr die Angabe der Person bezeichnet, die den (gezogenen) Wechsel bezahlen soll, des Bezogenen (vgl. zu Art 4 Anm 47); Notadresse ist daher die Angabe der Person, die im Falle der Not den Wechsel zahlen soll, die also dem Bezogenen für diesen Fall substituiert wird. Insofern wird daher der Notadressat in den Protokollen zur WO S. 116, 117, 118 und vom ROHG (Entsch 6, 164; 11, 301) zutreffend als „substituierter Trassat" bezeichnet. Die gegen diese Bezeichnung von Bernstein (zu Art 56 § 1 Nr. 1a S. 233) erhobenen Bedenken sind nicht durchschlagend. Der Notadressat soll nicht, wie ein Regreßpflichtiger, dafür einstehen, daß der Wechsel von dem Hauptschuldner bei Verfall bezahlt wird, sondern er soll selbst den Wechsel bei Verfall bezahlen, wenn auch nur bedingt für den Fall, daß der Hauptschuldner ihn nicht bezahlt. Der Zweck der Notadresse geht ja gerade dahin, daß der Eintritt des Regreßfalles vermieden wird. Daran ändert auch nichts, daß der Notadressat, wenn er akzeptiert hat, in manchen Beziehungen eine von dem primären Akzeptanten verschiedene Rechtsstellung einnimmt; vgl. darüber zu Art 60 Anm 1.

Anm. 2. 2. Die Notadresse kann von jedem Wechselbeteiligten auf den Wechsel gesetzt werden, der und soweit er ein rechtliches Interesse daran hat, daß es nicht zu einem Regresse kommt, also von jedem, der im Regreßwege in Anspruch genommen werden könnte. Das ist der Aussteller und jeder Indossant, sofern nicht ein Indossant seine Haftung durch die Klausel „Ohne Obligo" ausgeschlossen hat (Art 14) oder sein Indossament ein nach-protestliches ist, aus welchem eine wechselrechtliche Haftung für ihn nicht entsteht (Art 16 Absatz 2 Satz 2; dazu Anm 7). Der Akzeptant kann keine Notadresse bezeichnen, da er nicht Regreßpflichtiger, sondern primärer Wechselschuldner ist. Das muß auch von dem Akzeptanten eines domizilierten Wechsels mit benanntem Domiziliaten gelten, der ungeachtet dieser Benennung nicht Regreßpflichtiger, sondern Hauptschuldner ist (vgl. zu Art 43 Anm 1); so zutreffend Bernstein S. 233; StStranz Anm 4; RG in JW 1908, 114[15]; a. M. Rehbein zu Artt 56—61 Anm 3; Dernburg II § 275 S. 311. Ob der Notadressant ein Recht darauf hat, daß der von ihm bezeichnete Notadressat den Wechsel im Falle Notleidens zu seinen Gunsten annehme und bezahle, ist für die wechselrechtliche Wirksamkeit der Bezeichnung des Notadressaten ebenso unerheblich, wie bei der primären Ziehung eines Wechsels die Frage, ob der Bezogene dem Aussteller gegenüber verpflichtet ist, den Wechsel anzunehmen und zu bezahlen; vgl. zu Art 4 Anm 43. Die Entscheidung dieser Frage hängt lediglich davon ab, ob und welches bürgerlich-rechtliche Verhältnis in dieser Richtung zwischen dem Notadressanten und dem Notadressaten besteht. In der Regel wird die Bezeichnung des Notadressaten einen Antrag des Notadressanten zur Abschließung eines Auftragsvertrags bedeuten. Es kann aber auch ein bereits bestehendes Verpflichtungsverhältnis anderer Art zugrunde liegen. Über die Bezeichnung des Notadressanten selbst als Notadressaten vgl. unten Anm. 2a.

2 a. Als **Notadressat** (Notadresse) kann irgendein Name angegeben werden, der eine wechselfähige Person bezeichnen kann; ob die Person wirklich existiert, ist für die formale Gültigkeit der Notadresse ebensowenig entscheidend, wie für die Gültigkeit des Wechsels die wirkliche Existenz des Bezogenen; vgl. zu Art 4 Anm 44. Es kann aber auch eine bereits im Wechselverbande stehende Person als Notadresse angegeben werden: der Aussteller, ein Indossant (ROHG 10, 286; 20, 164; RGZ 36, 103); auch der Bezogene in dem Sinne, daß ihm angesonnen wird, falls er die Verpflichtung als primärer Akzeptant nicht übernehmen will, den Wechsel zugunsten und zu Ehren des Notadressaten anzunehmen und zu bezahlen (Prot. L. S. 113, Thöl 122; a. M. Dernburg II § 258 S. 267). Der Notadressant kann auch sich selbst als Notadressat bezeichnen (Notadresse zu eigenen Ehren); das bedeutete, daß er, falls der Bezogene nicht zahle, zu Ehren seines eigenen Giros annehmen und zahlen will, falls ihm der Wechsel nach den Vorschriften der Artt 56, 62 zur Annahme bzw. Zahlung vorgelegt wird (RGZ 36 S. 103, 104). Die Selbstbezeichnung als Notadressat verhindert, daß der Inhaber in Ausübung seines Wechselrechts (Art 49) zunächst andere Regreßpflichtige in Anspruch nehmen kann und erspart dadurch dem Regreßpflichtigen unter Umständen erhebliche Kosten und Zeitverlust. Darin liegt allerdings eine gewisse Einschränkung der Regreßrechte des Inhabers, die aber nicht unzulässig, sondern durch die gesetzliche Zulassung der Notadresse begründet ist; so mit Recht Bernstein S. 233 gegen Wächter an den dort angeführten Stellen. Ebenso ROHG 6, 162; 10, 286; 20, 164. **Anm. 3.**

3. Über den Inhalt der Notadresse enthält Art 56 nur die Bestimmung, daß sie, um beachtlich zu sein, **auf den Zahlungsort des Wechsels** lauten muß. Es ist das der in Art 4 Nr 8 WO als Wechselerfordernis bezeichnete Ort, wo die Zahlung geschehen soll, als welcher in Ermangelung der Angabe eines eigenen Ortes der bei dem Namen oder der Firma des Bezogenen angegebene Ort zu gelten hat. Über den Ortsbegriff und das, was zur Bezeichnung des Ortes erforderlich ist, vgl. zu Art 4 Anm 48; über die Frage der Ortsgleichheit bzw. Ortsverschiedenheit (domizilierte Wechsel) zu Art 24 Anm 2. Im Sinne des Art 56 wird eine Ortsgleichheit überall da angenommen werden müssen, wo verschiedene angegebene Örtlichkeiten Bestandteile der gleichen politischen Gemeinde sind, wie z. B. Charlottenburg und Schöneberg Teile von Groß-Berlin. Auch Hamburg und Altona gelten als einheitlicher Ort auf Grund von § 7 des Hamburger EinfGes. z. WO und § 10 der Preußischen VO betr. Einführung der WO in Schleswig-Holstein vom 13. 5. 1867, die durch § 3 Bundesgesetz vom 5. 6. 1869 (BGBl S. 370) und § 2 Reichsgesetz vom 16. 4. 1871 (RGBl S. 63) aufrecht erhalten sind. Dagegen wird durch eine auf Grund der Protestnovelle (Art 91 a WO) durch den Bundesrat erfolgende Bezeichnung mehrerer Orte als „benachbarte" eine Ortsgleichheit zwischen ihnen im Sinne des Art 56 nicht hergestellt; vgl. zu Art 91 a Anm 1. Ist der Wechsel domiziliert, so muß die Notadresse auf den Domizilort, der Zahlungsort ist (vgl. zu Art 24 Anm 2, 12), lauten. Nicht erforderlich ist, daß in der Notadresse ein Ort überhaupt angegeben ist; fehlt eine solche Angabe, so ist anzunehmen, daß der Notadressat am Zahlungsorte des Wechsels zahlen soll, auch wenn er etwa an einem anderen (in der Notadresse nicht angegebenen) Orte wohnt; die Notadresse „lautet" dann (wenn auch nicht ausdrücklich) auf den Zahlungsort (ROHG 11, 301; ebenso Bernstein S. 235 gegen die dort angeführten abweichenden Meinungen). Enthält aber die Notadresse die positive Angabe eines andern Ortes, als des Wechselzahlungsortes, so braucht sie von dem Inhaber nicht beachtet zu werden. **Anm. 4.**

Über die Art, in welcher die Bezeichnung der Notadresse ausgedrückt sein muß, enthält Art 56 keine Vorschrift. Es wird daher jeder Wortlaut genügen, in welchem zum Ausdrucke kommt, daß im Falle der Nichtzahlung des Wechsels durch den Bezogenen der Wechsel durch eine andere Person bezahlt werden soll. Die gebräuchliche Fassung ist „im Falle der Not bei" oder abgekürzt: „im Falle bei", „falls bei" (ROHG 11, 209); korrekter wäre allerdings „falls durch". Die Benennung eines Hilfsdomiziliaten (vgl. zu Art 24 Anm 6) ist keine Angabe einer Notadresse. Der Notadressat ist als substituierter Trassat (vgl. oben Anm. 1) in der gleichen Weise zu bezeichnen, wie der primäre Bezogene, also nach Art 4 Nr. 7 mit Namen oder Firma; eine anderweite Bezeichnung (z. B. nur nach dem Stande: „bei dem Portier des X-Hotels") ist als Notadresse nicht beachtlich. **Anm. 5.**

4. Über den **Platz** der Notadresse trifft Art 56 gleichfalls keine Bestimmung. Üblich und sach- **Anm. 6.**

gemäß ist, daß sie sich unmittelbar an die Adresse des Wechsels (die Angabe des Bezogenen) anschließt. In diesem Falle wird sie, falls nichts Gegenteiliges erhellt, als vom Aussteller herrührend und, wie die Adresse (vgl. zu Art 4 Anm 47), als durch dessen Unterschrift gedeckt angesehen werden können. Dagegen wird eine an anderer Stelle befindliche Notadresse ohne Unterschrift nicht (wie StStranz Anm 3 und die dort Angeführten im Anschlusse an ROHG 11, 305 annehmen) ohne weiteres als vom Aussteller herrührend präsumiert werden können; der vom ROHG a. a. O. herangezogene Art 59 WO ist nicht geeignet, eine solche Auffassung zu begründen, da er eine vom Ehrenakzeptanten unterschriebene Erklärung voraussetzt, bei der nur die Angabe des Honoraten fehlt. Ebenso Bernstein S. 235. Befindet sich die Notadresse bei einem Indossamente, so wird sie unter Umständen als von dem Indossanten herrührend und durch dessen Unterschrift gedeckt anzusehen sein. Auch eine (wie häufig) bloß mit Anfangsbuchstaben unterschriebene Notadresse wird unter Umständen hinreichend erkennen lassen, von wem sie herrührt. Dagegen wird eine Notadresse, die überhaupt keine Unterschrift trägt und nicht erkennen läßt, von wem sie herrührt, von dem Inhaber nicht beachtet zu werden brauchen; ein nachträglicher Beweis, daß sie von einem zur Beifügung einer Notadresse Berechtigten und von welchem sie herrührt (den anscheinend auch Bernstein S. 235 — vgl. auch zu Art 62 I § 3 S. 246 — im Anschlusse an die Leipziger Protokolle, L. S. 239, zulassen will), kann eine Verantwortlichkeit des Inhabers für ihre Nichtbeachtung nicht begründen.

Eine auf einer Kopie des Wechsels stehende Notadresse braucht bei der Vorlegung zur Annahme nicht beachtet zu werden, da Kopien nur zur Indossierung, aber nicht zur Annahme, daher auch nicht zur Vorlegung zum Zwecke der Ehrenannahme, bestimmt und geeignet sind. Deshalb ist in Art 56 nicht auch (wie in Art 62; vgl Anm dazu) eine auf „der Kopie" des Wechsels stehende Notadresse erwähnt. A. M. StStranz Anm 3 Schlußsatz, Bernstein zu Art 56 § 1 unter 2, wohl im Zusammenhange mit ihrer Auffassung, daß es sich bei der Ehrenannahme um Übernahme einer Regreßpflicht handle; vgl. zu Art 60 Anm 1. Diese Auffassung wird aber gerade auch mit durch die Nichterwähnung der Notadresse auf der Kopie in Art 56 widerlegt.

Anm. 7. **4 a.** Die **Zahl** der Notadressen, die auf einem Wechsel angegeben werden können, ist vom Gesetze nicht beschränkt. Mehrere Notadressen sind sowohl von seiten verschiedener Notadressanten unabhängig voneinander, wie auch von seiten des gleichen Notadressanten im Eventualverhältnisse (für den Fall, daß die in erster Linie angegebene nicht zum Ziele führt) zulässig und üblich. Vgl. über die Folgen der Angabe mehrerer Notadressen unten Anm 6.

Anm. 8. **5.** Die **Wirkungen** der Notadressierung eines Wechsels sind in Art 56 insoweit bestimmt, als sie den Regreß mangels Annahme (Artt 25 ff.) betreffen. Die Wirkungen auf den Regreß wegen Unsicherheit des Akzeptanten sind in Art 29 Abs 2 (vgl. zu Art 29 Anm 9), die Wirkungen, die sich auf den Regreß mangels Zahlung beziehen, in Art 62 (vgl. die Erläuterungen zu diesem Artikel) bestimmt. Auf den hier in Frage stehenden Regreß mangels Annahme wirkt das Vorhandensein einer Notadresse auf dem Wechsel in der Weise ein, daß, wenn der Wechsel dem Bezogenen zur Annahme vorgelegt war und mangels Annahme protestiert worden ist, der Inhaber nicht sofort Sicherstellung von dem Aussteller und den Indossanten verlangen kann, sondern vorher noch die Annahme von der Notadresse fordern muß. Dies muß geschehen durch Vorlage des Wechsels, und zwar (wie sich aus Art 58 ergibt) mit dem mangels Annahme erhobenen Proteste. Die Vorlage erfolgt, wie die an den Bezogenen, zur Annahme, was auch darauf hinweist, daß der Notadressat an die Stelle des Bezogenen treten soll; vgl. oben Anm 1.

Anm. 9. Darüber, was zu geschehen hat, wenn der Notadressat dem Verlangen der Annahme stattgibt und dadurch Ehrenakzeptant wird, ist in Art 58 Bestimmung getroffen. Dagegen trifft das Gesetz keine ausdrückliche Bestimmung darüber, was zu geschehen hat, wenn der Notadressat die Annahme verweigert. Nach dem Wortlaute des Art 56, der (im Gegensatze zu Art 62, vgl. zu diesem Art Anm 4) erfordert, daß der Wechsel, ehe er der Notadresse vorgelegt wird, bereits protestiert ist, muß angenommen werden, daß nunmehr noch ein zweiter Protest (sog. Kontraprotest) erhoben werden muß, durch welchen die Nichtannahme durch den Notadressaten festgestellt wird. Doch wird Art 89, der, wenn eine wechselrechtliche Leistung von mehreren Personen verlangt werden muß, über die mehrfache Aufforderung nur eine Protesturkunde für erforderlich erklärt, auch hier in der Weise zur Anwendung kommen können, daß (wie auch in Art 62 gestattet ist) die Verweigerung der Annahme durch den Notadressaten durch einen Nachtrag zu dem bereits fertiggestellten Proteste mangels Annahme durch den Bezogenen festgestellt wird. So auch Bernstein § 3 Nr. 2 S. 237. Daß eine Vorlegung nach Protestierung nicht erforderlich sei, wenn der Notadressat bereits bei einer früheren Vorlage erklärt hat, nicht intervenieren zu wollen (so Bernstein a. a. O.), kann nicht zugegeben werden, da der Notadressat an eine solche vorzeitige Erklärung nicht gebunden ist.

Anm. 10. Als Verweigerung gilt auch eine Ehrenannahme mit Einschränkungen, und zwar (anders wie nach Art 22 Abs 1) auch hinsichtlich der Summe, da der Inhaber eine auf einen Teil sich beschränkende Annahme nicht an Stelle der ihm für das Ganze zustehenden Sicherheitsbestellung anzunehmen braucht (so auch Bernstein zu Art 57 Zusatz 2 e, StStranz zu Art 56 Anm 7 a). Es sei denn, daß der Bezogene bereits teilweise angenommen hat und die Ehrenannahme des Notadressaten sich auf den Rest erstreckt (Leipziger Protokolle L. S. 126; Bernstein a. a. O.).

Bevor die Annahme von dem Notadressaten gefordert und ihre Verweigerung in der vorgeschriebenen Weise festgestellt ist, kann Sicherstellung nicht verlangt werden. In aktiver Beziehung gilt das von jedem Wechselinhaber, der den Wechsel mit der Notadresse von dem Adressanten oder einem seiner Nachmänner durch Indossament erworben hat. Dagegen sind der Adressant und dessen Vormänner, sofern diese wieder legitimierte Wechselinhaber werden, berechtigt, gegen ihre Vormänner den Regreß auf Sicherheitsbestellung ohne vorherige Vorlage des Wechsels zur Annahme an den Notadressaten auszuüben. Das folgt aus Art 61 Satz 2, der auch im Falle der Annahme des Wechsels durch den Notadressaten dem Honoraten und seinen Vormännern den Regreß auf Sicherstellung gestattet und dadurch die Vorlage zur Annahme an den Notadressaten durch sie als zwecklos erscheinen läßt. So auch Bernstein § 2 unter 1 b. In passiver Hinsicht ist bestritten, ob vor erfolgter Vorlegung des Wechsels zur Annahme an den Notadressaten die Ausübung des Sicherheitsregresses nicht nur gegen den Adressanten und seine Nachmänner, sondern auch gegen die Vormänner des Adressanten ausgeschlossen ist. Für die Bejahung, die dem uneingeschränkten Wortlaute der Vorschrift entspricht, gegen die herrschende Meinung (Lehmann S. 255; StStranz Anm 8) Bernstein § 2 unter 1 a S. 236 mit der Begründung, daß im Falle erfolgreicher Präsentation an den Notadressaten der Wechselinhaber ausreichenden Ersatz für die mangelnde Annahme durch den Bezogenen in der Annahme durch den Notadressaten gefunden haben würde. Diese Begründung dürfte jedoch nicht hinreichen, um den Vormännern zu gestatten, sich auf die Unterlassung einer Handlung zu berufen, zu welcher der Inhaber ihnen gegenüber nicht verpflichtet ist. **Anm. 11.**

Soweit die Protesterhebung mangels Annahme erlassen ist oder als erlassen zu gelten hat (vgl. zu Art 42 Anm 9), wird auch die Errichtung eines Protestes mangels Ehrenannahme durch den Notadressaten nicht erforderlich sein. **Anm. 12.**

6. Die Bedeutung der Vorschrift in **Satz 2** des Art 56 ist nicht ganz eindeutig. Sie wird von manchen in dem Sinne aufgefaßt, daß der Inhaber verpflichtet sei, unter mehreren Notadressen sich zunächst an diejenige um Annahme zu wenden, durch deren Zahlung die meisten Wechselverpflichteten befreit werden würden, also, wenn eine Notadresse des Ausstellers vorliegt, an diese; wenn nicht, an die des ersten Indossanten, der eine solche benannt hat und so weiter in der Reihenfolge der Indossamente. So Goldschmidt System 285; Grünhut II § 137 S. 527; Lehmann S. 527. Andere wollen unter Hinweis auf Art 64, wo davon die Rede ist, daß unter Mehreren, welche sich zur Ehrenzahlung erbieten, eine entsprechende Vorzugsbehandlung stattfinden soll, den Satz dahin verstehen, daß es dem Wechselinhaber freistehe, die Notadressen in beliebiger Reihenfolge anzugehen; daß aber ein Notadressat, der durch seine Annahme weniger Verpflichtete befreie, keine Regreßansprüche erheben könne gegen diejenigen Vormänner, die durch die Annahme eines vorgehenden Notadressaten befreit worden wären. So Thöl WRecht § 141 Anm 13, Dernburg § 275 S. 312 Anm 5; Bernstein § 1 c β S. 234 zu Art 56; StStranz Anm 10. Indessen besteht gegen diese Auslegung doch das Bedenken, daß in Art 56 durch Satz 1 dem Inhaber eine Verpflichtung zur Vorlegung auferlegt ist und daß deshalb auch die dabei nach Satz 2 einzuhaltende Reihenfolge wohl nur als eine dem Inhaber auferlegte Verpflichtung aufgefaßt werden kann, während Art 64 sich seinem ganzen Inhalte nach nicht an den Inhaber, sondern nur an den Intervenienten wendet; vgl. zu diesem Artikel Anm 2. Auch sachlich besteht kein rechtfertigender Grund, den Notadressaten dafür, daß er dem an ihn gestellten Ansuchen des Inhabers Folge geleistet hat, durch Einschränkung seines Regresses zu strafen, obwohl gar nicht feststeht, daß ein vorgehender Notadressat die Annahme erklärt haben und dadurch eine größere Anzahl von Wechselverpflichteten befreit haben würde. Die Auslegung, daß durch die Vorschrift der Inhaber verpflichtet werde, bei der Vorlage zur Ehrenannahme unter den Notadressaten eine bestimmte Reihenfolge einzuhalten, widrigenfalls er den Regreß auf Sicherstellung gegen diejenigen Regreßverpflichteten, die durch Annahme der in der Reihenfolge vorgehenden Notadresse weiter befreit worden wären, verliert, — so auch Meyer Wwrecht I, 990 S. 388 — erscheint deshalb natürlicher und sachgemäßer. **Anm. 13.**

Ist auf die Vorlage an einen Notadressaten eine Ehrenannahme erfolgt, so bedarf es der Vorlage an die übrigen Notadressen nicht mehr, da das Gesetz, wie sowohl die hier in Frage stehende Vorschrift über die „Vorzugsbehandlung", richtiger die einzuhaltende Reihenfolge der Notadressen, wie auch die Vorschriften über die Aushändigung des Protestes an den Ehrenakzeptanten (Art 58) und der ständige Gebrauch der Einzahl (vgl. z. B. Art 62 und dazu Anm 2) erkennen lassen, nur eine einmalige Ehrenannahme zulassen will, obwohl es an sich sehr wohl denkbar wäre, daß zugunsten verschiedener Honoraten mehrere Ehrenannahmen, jede mit der ihr entsprechenden Rechtswirkung, stattfänden. Auch dieser Umstand spricht dafür, daß die WO die Ehrenannahme nicht als Übernahme einer Regreßverpflichtung, die in beliebiger Zahl bestehen können, sondern als Übernahme der Hauptschuld ansieht. **Anm. 14.**

7. Art 56 und die folgenden Artikel (vgl. namentlich Art 58) regeln ausdrücklich nur den Fall, daß auf einem mangels Annahme protestierten Wechsel sich eine Notadresse befindet. Indessen ergibt sich aus Art 29 Abs 2, daß auch ein wegen Unsicherheit des Akzeptanten und Nichtleistung der Sicherheit durch diesen protestierter Wechsel den auf dem Wechsel etwa benannten Notadressen zur Annahme vorzulegen ist und erst, wenn von ihnen Annahme nicht zu erhalten **Anm. 15.**

ist, von den Vormännern Sicherstellung verlangt werden kann. Daraus folgt, daß auch in solchem Falle eine Ehrenannahme, sei es durch einen mittels Notadresse berufenen oder einen unberufenen Ehrenakzeptanten erfolgen kann. Die Vorschriften über die Ehrenannahme (Artt 56—61) werden deshalb auch auf den wegen Unsicherheit des Akzeptanten protestierten Wechsel entsprechende Anwendung zu finden haben. Vgl. auch zu Artt 58 und 61.

Artikel 57.

Die Ehrenannahme von seiten einer nicht auf dem Wechsel als Notadresse benannten Person braucht der Inhaber nicht zuzulassen.

Anm. 1. 1. Artikel 57 gibt dem Wechselinhaber die Befugnis, das Erbieten einer nicht auf dem Wechsel als Notadresse (vgl. Art 56) benannten Person zur Ehrenannahme des notleidenden Wechsels zurückzuweisen. Das bedeutet, daß er durch eine solche Zurückweisung den Regreß auf Sicherstellung auch gegen denjenigen Vormann, zu dessen Ehren der sich Erbietende den Wechsel annehmen wollte (den Honoraten) und gegen dessen Nachmänner nicht verliert. Der Gedanke des Gesetzes ist, daß dem Inhaber nicht an Stelle der ihm auf Grund des Wechsels zustehenden Sicherheitsleistung durch seine Vormänner eine auf dem Wechsel nicht vorgesehene Annahme durch einen Dritten, die unter Umständen keine wirkliche Sicherheit bedeutet, aufgedrängt werden kann. Anders liegt die Sache bei der Ehrenzahlung; diese muß der Inhaber von einem jeden Intervenienten annehmen, wenn er nicht den Regreß wenigstens gegen die Nachmänner des Honoraten verlieren will (Art 62 Satz 3; vgl. zu diesem Artikel Anm 6). Die Ehrenannahme durch einen Unberufenen kann zurückgewiesen werden, auch wenn er sich erbietet, Sicherheit zu leisten (Protokolle L. S. 125). Bestritten ist, ob auch die Ehrenannahme eines Notadressaten zurückgewiesen werden kann, wenn er nicht für den Notadressanten, sondern für einen Vormann von diesem annehmen will. Bejahend Bernstein zu Art 57 Zusatz 2d S. 238; verneinend Meyer Wwrecht § 92 S. 394; die Bejahung dürfte richtiger sein, da er nicht so eintreten will, wie er berufen ist.

Anm. 2. 2. Der Inhaber kann aber den unberufenen Anbieter zur Ehrenannahme auch zulassen. Über die Form, in welcher die Ehrenannahme alsdann zu erfolgen hat, vgl. zu Art 60 Anm 3. In diesem Falle entstehen die Wirkungen der Ehrenannahme in der gleichen Weise, als wenn sie von einer auf dem Wechsel als Notadressat bezeichneten Person erfolgt wäre; vgl. Artt 60, 61. Vorausgesetzt ist jedoch, daß der Ehrenakzeptant eine Person ist, die als Notadressat hätte benannt werden können; vgl. darüber zu Art 56 Anm 3. Demnach kann auch der Bezogene, der die primäre Annahme verweigert, mit Zustimmung des Inhabers als Ehrenakzeptant eintreten; nicht aber der Bezogene, der den Wechsel angenommen hat (der Akzeptant). Auch der Aussteller oder ein Indossant kann als Ehrenakzeptant zugelassen werden, mit den gleichen Wirkungen, als wenn er sich selbst als Notadressat bezeichnet hätte (vgl. a. a. O.), also zu Ehren seines eigenen Giros, aber auch zu Ehren eines anderen Wechselverpflichteten. Erbieten sich mehrere unberufene Personen zur Ehrenannahme, so ist der Inhaber nicht, wie im Falle mehrerer Notadressen (vgl. zu Art 56 Anm. 13) oder mehrerer Erbieter zur Ehrenzahlung (Art 64), in der Wahl, ob er alle oder welche von ihnen er zulassen will, durch die Erwägung, welche Ehrenannahme eine größere Zahl von Verpflichteten befreien würde, beschränkt, sondern ganz frei.

Anm. 3. 3. Bietet eine auf dem Wechsel als Notadressat bezeichnete Person die Ehrenannahme an, so kann diese von dem Inhaber unter den gleichen Voraussetzungen zurückgewiesen werden, unter denen er eine Notadresse nicht zu beachten braucht, also insbesondere, wenn das Erbieten nicht auf Annahme zur Zahlung am Zahlungsorte des Wechsels geht; vgl. zu Art 56 Anm 4. Aber auch wenn der Notadressat nicht zu Ehren seines Notadressanten, sondern eines anderen Wechselverpflichteten intervenieren will oder wenn er dem Ehrenakzepte eine Einschränkung, wenn auch nur hinsichtlich der Summe, hinzufügen will; vgl. zu Art 56 Anm 10. Keine Einschränkung ist es, wenn der Notadressat die (im Gesetze schon begründete) Bedingung macht, daß kein Protest mangels Annahme oder Sicherheitsleistung erhoben werde (Bernstein zu Art 57 Zusatz 2e S. 238).

Anm. 4. 4. Der Begriff der **Ehrenannahme** wird hier vom Gesetze nicht bestimmt, sondern, wie auch sonst, vorausgesetzt; vgl. darüber zu Art 60 Anm 1.

Artikel 58.

Der Ehrenakzeptant muß sich den Protest mangels Annahme gegen Erstattung der Kosten aushändigen und in einem Anhange zu demselben die Ehrenannahme bemerken lassen. Er muß den Honoraten unter Übersendung des Protestes von der geschehenen Intervention benachrichtigen und diese Benachrichtigung mit dem Protest innerhalb zweier Tage nach dem Tage der Protesterhebung zur Post geben. Unterläßt er dies, so haftet er für den durch die Unterlassung entstehenden Schaden.

Anm. 1. 1. Der Artikel 58 betrifft das Rechtsverhältnis zwischen dem Ehrenakzeptanten (vgl. über diesen Begriff zu Art 60 Anm 1) und demjenigen, zu dessen Ehren er akzeptiert hat (dem **Honoraten**).

Dieses Verhältnis ist in der Hauptsache nicht wechselrechtlicher, sondern gemeinbürgerlicher Natur und unterliegt den Regeln des allgemeinen bürgerlichen Rechts. Nach diesen kann sich, ähnlich dem, was für die primäre Annahme des Wechsels gilt (vgl. zu Art 23 Anm 9), auch die Ehrenannahme als Erfüllung einer bereits bestehenden Rechtspflicht darstellen, z. B. (ähnlich wie beim Scheck) eines Depositenvertrags, durch welchen der Ehrenakzeptant, namentlich ein Bankier oder eine Bank, sich verpflichtet hat, bei notleidenden Wechseln, aus denen der Honorat verpflichtet ist, für ihn zu intervenieren, oder auch einer besonderen, auf den einzelnen Wechsel sich beziehenden Interventionsvereinbarung, die entgeltlicher Art (gegen Provision) oder unentgeltlicher Art sein kann. Es kann aber auch das Rechtsverhältnis erst durch die Ehrenannahme begründet werden, sei es, daß der Ehrenakzeptant den ihm durch die Benennung als Notadressat von dem Notadressanten gemachten Antrag zum Abschlusse eines Dienst- oder Auftragsvertrags annimmt, oder daß er aus eigener Initiative das Geschäft des Honoraten besorgt und dadurch zu diesem in ein Verhältnis der Geschäftsführung ohne Auftrag (§ 677 BGB) tritt. Je nachdem, ob das eine oder das andere derartige Verhältnis zugrunde liegt, bestimmen sich die Pflichten und Rechte des Ehrenakzeptanten gegenüber dem Honoraten, insbesondere einerseits seine Sorgfaltspflicht und die aus ihrer Verletzung entstehende Schadensersatzpflicht, andrerseits sein Anspruch auf Vergütung für seine Mühewaltung, Auslagenersatz usw.

Ein wechselrechtliches Verhältnis entsteht durch die Ehrenakzeptation zwischen dem Ehrenakzeptanten und dem Honoraten im allgemeinen nicht, insbesondere haftet der Ehrenakzeptant dem Honoraten nicht wechselmäßig, wie der primäre Akzeptant dem Aussteller nach Art 23 Abs 2. Die WO stellt aber in Art 58 einige besondere Rechtssätze über Verpflichtungen des Ehrenakzeptanten gegenüber dem Honoraten auf, die unabhängig von dem zugrunde liegenden bürgerlichrechtlichen Verhältnisse Geltung haben. Diese Verpflichtungen sind folgende: **Anm. 2.**

a) (Satz 1): Der Ehrenakzeptant ist verpflichtet, sich von dem Inhaber **den Protest mangels Annahme aushändigen** und in einem Anhange dazu **die Ehrenannahme bemerken zu lassen.** Die Aushändigung hat den Zweck, dem Honoraten zu ermöglichen seinerseits gemäß Art 61 Satz 2 gegen seine Vormänner den Regreß mangels Annahme zu erheben, bei welchem er dem Regreßpflichtigen, der ihm Sicherheit leistet, den Protest aushändigen muß (Art 25). Nach dem jetzt geltenden Rechte (Art 88 b) befindet sich der Protest auf einer Abschrift des Wechsels oder der Kopie oder auf einem mit der Abschrift verbundenen Blatte; die Abschrift wird also mit dem Proteste auszuhändigen sein. Die Aushändigung soll der Ehrenakzeptant von dem Inhaber „gegen Erstattung der Kosten" verlangen können; es sind hier die Kosten des Protestes mangels Annahme gemeint; von der Erstattung anderer, dem Inhaber etwa bereits entstandener Kosten wird er die Aushändigung des Protestes nicht abhängig machen können. — Der Ehrenakzeptant ist ferner verpflichtet, die Ehrenannahme in einem Anhange zu dem Proteste bemerken zu lassen. Durch wen der Vermerk zu erfolgen hat, ist nicht gesagt; da es sich aber um einen nachträglich zu schaffenden Bestandteil des Protestes handelt, wird er nicht von dem Inhaber selbst, sondern von dem Protestbeamten zu machen und nach den Vorschriften über den Protest, also durch Unterzeichnung und Unterstempelung oder Untersiegelung (Art 88 Abs 2), zu beurkunden sein. Falls der Protest noch nicht abgeschlossen ist, hat gemäß Art 88 Abs 1 Nr. 4 die Erwähnung der Ehrenannahme im Protest selber zu erfolgen; eine solche Erwähnung ersetzt den Vermerk im Nachtrag. **Anm. 3.**

b) (Satz 2): Dem Ehrenakzeptanten liegt ferner die Pflicht ob, den Honoraten von der geschehenen Ehrenannahme **zu benachrichtigen,** und zwar unter Übersendung des Protestes. Diese Benachrichtigung muß innerhalb zwei Tagen nach dem Tage der Protesterhebung erfolgen; doch genügt es, wenn innerhalb der Frist das Benachrichtigungsschreiben zur Post gegeben wird. Die Vorschrift entspricht der in Art 45 gegebenen Vorschrift über die Notifikation von der Nichtzahlung eines Wechsels; für die Berechnung, die Hemmung der Frist, namentlich im Falle der höheren Gewalt, usw. wird das in den Erläuterungen zu diesem Artikel Anm 7 bis 9 Gesagte zu gelten haben. Die in Art 46 bestimmte Beweiserleichterung für den Nachweis der Rechtzeitigkeit der Benachrichtigung im Falle der Übermittelung durch die Post ist nicht ausdrücklich für anwendbar erklärt, wird aber auch hier zu entsprechender Anwendung kommen können. **Anm. 4.**

c) (Satz 3): Erfüllt der Ehrenakzeptant eine der ihm in den beiden ersten Sätzen des Artikels (vgl. oben zu a und b) auferlegten Pflichten nicht fristgemäß, so **haftet er für den durch die Unterlassung entstehenden Schaden.** Ein Schaden kann entstehen für den Honoraten und seine Vormänner in der Richtung, daß sie wegen der Nichtaushändigung des Protestes an den Honoraten den ihnen nach Art 61 Satz 2 zustehenden Regreß gegen ihre Vormänner nicht rechtzeitig ausüben können und infolgedessen die erforderliche Sicherstellung nicht erlangen. Ihnen haftet daher der Ehrenakzeptant für die Nichterfüllung der ihm obliegenden Pflichten. So mit Recht Grünhut in der Zeitschr. f. d. priv. u. öff. Recht Bd 20 S. 79. Dagegen kann den Nachmännern des Honoraten nicht wohl durch die Unterlassung der dem Ehrenakzeptanten obliegenden Handlungen ein Schaden entstehen, da sie, nachdem die Ehrenannahme erfolgt ist, keinen Regreß auf Sicherstellung haben (Art 61 Satz 1). Mit Unrecht nimmt daher Bernstein (§ 1 unter 2 S. 239) umgekehrt eine Haftung gegenüber den Nachmännern, nicht aber gegenüber den Vormännern an; ihm folgend StStranz Anm 3. **Anm. 5.**

Die Haftung ist durch die Wechselordnung an die Tatsache der Unterlassung allein geknüpft; **Anm. 6.**

sie ist deshalb unabhängig davon, ob den Ehrenakzeptanten ein nach dem bürgerlichen Rechte von ihm zu vertretendes Verschulden trifft; infolgedessen wird er auch durch den Nachweis des Nichtverschuldens, abgesehen von dem Falle der höheren Gewalt (vgl. oben Anm 4), nicht befreit werden (a. M. Bernstein a. a. O.). Ein Verschulden wird namentlich dann nicht vorliegen, wenn der Ehrenakzeptant erst nach Ablauf der in Satz 2 bestimmten Frist um die Ehrenannahme angegangen worden ist und erst dadurch Kenntnis von dem erhobenen Proteste erhalten hat. Bernstein (§ 1 unter 1 c) will hier in der Weise helfen, daß die Frist erst vom Tage der Intervention ab laufen soll. Das dürfte aber mit dem klaren Wortlaute des Gesetzes nicht zu vereinigen sein. Es wird vielmehr Sache desjenigen, der in solcher Weise verspätet um eine Ehrenannahme ersucht wird, sein, das Ansuchen abzulehnen. Andrerseits läßt es sich in Ermangelung einer gesetzlichen Vorschrift auch nicht rechtfertigen, den Inhaber, der nicht innerhalb der Frist um die Ehrenannahme nachsucht, wie Grünhut (a. a. O. S. 80) will, des Sicherungsregresses für verlustig zu erklären (so zutreffend Bernstein § 1 unter 1 c S. 239).

Anm. 7. Der Schadensersatzanspruch beruht zwar auf der WO, ist also ein wechselrechtlicher, aber kein Anspruch aus dem Wechsel und deshalb nach § 602 ZPO im Wechselprozesse nicht verfolgbar (so zutreffend Bernstein, StStranz a. a. O. gegen Staub 4. Aufl.).

Anm. 8. **2.** Wegen der Anwendbarkeit des Art 58 auf den wegen Unsicherheit des Akzeptanten protestierten Wechsel vgl. zu Art 56 Anm 15. In diesem Falle werden die Vorschriften des Art 58 über die Aushändigung und Übersendung des Protestes mangels Annahme entsprechend auf den Protest wegen Unsicherheit anzuwenden sein.

Artikel 59.

Wenn der Ehrenakzeptant unterlassen hat, in seinem Akzepte zu bemerken, zu wessen Ehren die Annahme geschieht, so wird der Aussteller als Honorat angesehen.

Anm. 1. **1.** Art 59 setzt als Regel voraus, daß der Ehrenakzeptant in seinem Akzepte bemerkt, zu wessen Ehren die Annahme geschieht, also die Person des Honoraten bezeichnet. Als Honorat kann jeder Regreßpflichtige bezeichnet werden, also der Aussteller und jeder Indossant, der nicht ohne Obligo indossiert hat, nicht der Bezogene, der nicht akzeptiert hat, da er nicht im Wechselverbande steht, und auch nicht der Akzeptant, der Hauptschuldner ist (a. M. Meyer Weltwechselrecht § 95 S. 401); es gelten darüber die gleichen Grundsätze wie dafür, wer Notadressant sein kann; vgl. zu Art 56 Anm 2.

Anm. 2. **2.** Hilfsweise stellt Art 59 eine Fiktion (praesumtio iuris et de iure) für den Fall auf, daß der Ehrenakzeptant **in seinem Akzepte unterlassen hat zu bemerken, zu wessen Ehren die Annahme geschah.** In diesem Falle wird zugunsten des auch sonst im Gesetze zutage tretenden Grundsatzes der Befreiung möglichst vieler Wechselverpflichteter (vgl. Artt 56 Satz 2, 64) der letzte Regreßpflichtige, nämlich **der Aussteller, als Honorat angesehen.** Ein Gegenbeweis gegen diese Vermutung ist nicht statthaft. Sie greift ohne weiteres Platz, wenn eine Bezeichnung des Honoraten in der Erklärung der Ehrenannahme auf dem Wechsel (vgl zu Art 60 Anm 3) fehlt. Eine Bezeichnung des Honoraten an anderer Stelle ist, auch wenn sie den Willen des Ehrenakzeptanten, zu Ehren eines anderen als des Ausstellers anzunehmen, zweifelsfrei erkennen läßt, unwirksam. Das gilt namentlich auch von einer Erklärung, die der Ehrenakzeptant gegenüber dem Protestbeamten abgegeben hat und die von diesem gemäß Art 88 Abs 1 Nr. 4 im Protest beurkundet worden ist. Auch der Umstand, daß die Notadresse, auf Grund welcher der Wechsel dem Ehrenakzeptanten zur Annahme vorgelegt worden ist, von einem anderen Wechselverpflichteten als dem Aussteller herrührt, schließt den Eintritt der Vermutung nicht aus. Die Ehrenannahme gilt aber dann insoweit, als Vormänner des Notadressanten durch sie vom Regresse befreit werden, als eine unberufene, die der Inhaber nach Art 57 insoweit nicht zuzulassen braucht, die aber auch hinsichtlich der Vormänner wirksam ist, wenn er sie ohne Widerspruch entgegennimmt.

Anm. 3. Liegt eine Ehrenannahme ohne Bezeichnung des Honoraten vor, so findet sonach ein Sicherungsregreß überhaupt nicht statt, da der als Honorat geltende Aussteller keinen Vormann hat, gegen den er Regreß nehmen könnte, und da seine Nachmänner nach Art 61 Satz 1 infolge der Ehrenannahme keinen Regreß auf Sicherstellung haben.

Artikel 60.

Der Ehrenakzeptant wird den sämtlichen Nachmännern des Honoraten durch die Annahme wechselmäßig verpflichtet. Diese Verpflichtung erlischt, wenn dem Ehrenakzeptanten der Wechsel nicht spätestens am dritten Werktage [Österreichische Fassung: „am zweiten Werktage"] nach dem Zahlungstage zur Zahlung vorgelegt wird.

Anm. 1. **1.** Der Art 60 bestimmt, welche Verpflichtungen durch die Ehrenannahme für den Ehrenakzeptanten entstehen. Der **Begriff und die Rechtsnatur** der Ehrenannahme, sowie die daraus folgende Rechtsstellung des Ehrenakzeptanten werden hier ebensowenig, wie sonst in der WO, ausdrücklich bestimmt. Sie müssen deshalb von der Rechtslehre und Rechtsprechung aus den vom

Gesetze über die Funktion und die Wirkungen des Rechtsinstituts getroffenen Bestimmungen entwickelt werden. Das Ergebnis ist freilich sehr bestritten. Es handelt sich insbesondere um die Frage, ob durch die Ehrenannahme der Ehrenakzeptant grundsätzlich in die Stellung des Wechselhauptschuldners tritt oder ob er durch sie nur eine Regreßpflicht übernimmt. Die erstere Auffassung ist besonders in älterer Zeit in der Rechtslehre vertreten worden, und zwar namentlich von Grünhut (II § 133) und von Staub (4. Aufl.). Auch das ROHG hat, im Anschlusse an die Protokolle der Leipziger Konferenz (L. S. 128, Thöl S. 137), wiederholt ausgesprochen (Entsch 6, 164; 11, 301), daß der Ehrenakzeptant ein „substituierter Trassat" sei und daß die Zahlung des Wechsels durch ihn nicht Erfüllung einer Regreßverpflichtung, sondern Zahlung der Hauptwechselschuld sei. Dagegen steht die in neuerer Zeit herrschend gewordene Meinung in der Rechtslehre auf dem Standpunkte, daß die Ehrenannahme eine Regreßübernahme sei; so namentlich Bernstein zu Art 60 § 1 unter 2; Dernburg II § 275; StStranz Anm. 1. Auch das Reichsgericht hat sich (ohne eigene nähere Begründung) dieser Ansicht angeschlossen (RG in DJZ 1909, 657; JW 1909, 114[11]). Mir erscheint die neuere Auffassung nicht als die dem Sinne des Gesetzes entsprechende. Zunächst spricht dagegen die Tatsache, daß die WO die Ausdrücke: „Annahme" und „Akzeptant", die von ihr durchweg als technische Ausdrücke in ganz bestimmter Bedeutung gebraucht werden, ohne irgendwelche Andeutung einer anderen Bedeutung zur Bezeichnung des Rechtsinstituts der Ehrenannahme und der Person des Ehrenakzeptanten verwendet; in Art 56 sogar ohne irgendeinen Zusatz davon spricht, daß der Wechsel der Notadresse „zur Annahme" vorzulegen ist. Das spricht von vornherein dafür, daß sie damit nicht etwas bezeichnen will, was von dem, das sonst diese Ausdrücke bedeuten, wesentlich verschieden ist. Aber es würde vielleicht auf diesen sprachlichen Umstand (wie Dernburg a. a. O., allerdings wohl mit Unrecht, Staub zum Vorwurfe macht) „viel zu großes Gewicht gelegt" werden, wenn man ihn für entscheidend ansehen wollte, ohne daß der Zweck und die sachliche Bedeutung dessen, was dadurch ausgedrückt werden soll, die Ausdrucksweise sachlich rechtfertigen. Das ist jedoch m. E. der Fall. Es kann nicht der Zweck des Rechtsinstituts der Intervention sein, daß lediglich ein weiterer Regreßpflichtiger den bereits auf dem Wechsel stehenden Regreßpflichtigen hinzutritt und daß durch einen solchen Hinzutritt, der dem Wechselgläubiger nur eine unter Umständen recht fragliche Erhöhung der Sicherheit gewährt, ihm der Regreßanspruch auf tatsächliche (effektive) Sicherstellung entzogen werden soll, der ihm wegen der Nichtannahme des Wechsels durch den primären Bezogenen oder wegen dessen Unsicherheit nach Annahme zusteht. Vielmehr liegt die Bedeutung des Rechtsinstituts gerade darin, daß der Wechsel, der infolge der Nichtannahme oder der Unsicherheit des Akzeptanten keinen oder nur einen wirtschaftlich unzulänglichen Hauptschuldner aufweist, einen solchen in der Person des Ehrenakzeptanten bekommt und dadurch die größere Kreditwürdigkeit erhält, die im Wechselverkehr mit Rücksicht auf die in Aussicht stehende normale Erfüllung der Wechselverbindlichkeit, ohne daß es eines Regresses bedarf, das Wechselakzept gegenüber dem nicht akzeptierten Wechsel genießt. Nur der Eintritt eines anderweiten Hauptschuldners kann dem Wechselgläubiger einen auf der gleichen Linie liegenden und daher grundsätzlich gleichwertigen Ersatz für die ausgebliebene primäre Annahme gewähren. Im Interesse des Kredites des Wechsels soll gerade verhindert werden, daß der Wechsel rückläufig wird und der Inhaber bei dem Regreßpflichtigen Sicherstellung suchen muß. Dieser Auffassung steht nicht entgegen, daß das Gesetz durch positive Vorschriften in einzelnen — wie zugegeben werden muß, nicht unwichtigen — Punkten die Wirkungen der Ehrenannahme abweichend von dem regelt, was für die primäre Annahme gilt. Diese Abweichungen erklären sich daraus, daß die Ehrenannahme nur ein subsidiäres Hilfsmittel bildet, das dem Wechsel in seinem normalen Verlaufe nicht wesentlich ist und nicht unbedingt im Verhältnisse aller Wechselberechtigten und Wechselverpflichteten zueinander eintreten muß, sondern nach der persönlichen Seite hin beschränkt werden kann. Soweit aber das Gesetz Abweichendes nicht bestimmt, werden seine Vorschriften über die Annahme und die Verpflichtungen des Akzeptanten auf die Ehrenannahme und den Ehrenakzeptanten entsprechende Anwendung zu finden haben. Vgl. über die aus dem Art 98 WO und seiner Entstehungsgeschichte zu entnehmende Bestätigung der hier vertretenen Auffassung die Erläuterung zu Art 98 Anm 13.

2. Die im Vorstehenden vertretene Auffassung wird bestätigt durch **Satz 1** des Art 60, der — in ersichtlichem Parallelismus zu der in Art 23 für den Akzeptanten gegebenen gleichlautenden Vorschrift — bestimmt, daß der Ehrenakzeptant den sämtlichen Nachmännern des Honoraten **wechselmäßig verpflichtet** wird, nicht etwa (wie in Art 41 hinsichtlich des Ausstellers und der Indossanten gesagt ist), daß bei nicht erlangter Zahlung ein Regreß gegen ihn stattfindet. Allerdings spricht das Gesetz in Art 81 von „wechselmäßigen Verpflichtungen" auch des Ausstellers und der Indossanten; es will jedoch an dieser Stelle lediglich die Gleichstellung aller derjenigen, die aus dem Wechsel wechselmäßig verhaftet sind, hinsichtlich des Umfanges ihrer Haftung und ihrer Verklagungsmöglichkeit, sowie ihrer solidarischen Haftung hervorheben, ohne die im übrigen bestehenden Unterschiede zwischen Hauptschuld und Regreßhaftung in's Auge zu fassen. Im übrigen gilt für die wechselmäßige Verpflichtung des Ehrenakzeptanten folgendes: **Anm. 2.**

a) Ihr Eintritt setzt voraus, daß das Ehrenakzept in gehöriger Form erfolgt. Soweit die WO über diese Form nichts Besonderes bestimmt, muß nach dem oben Dargelegten angenommen **Anm. 3.**

werden, daß darauf die Vorschriften über die Form des primären Akzepts entsprechende Anwendung zu finden haben. Die Ehrenannahme muß danach schriftlich geschehen (Art 21 Abs 1); vgl. über die Erfordernisse der Schriftlichkeit zu Art 21 Anm 2. Aus Art 62 wird gefolgert, daß die Ehrenannahme, abweichend von der primären Annahme, außer auf dem Wechsel selbst auch auf einer Kopie stehen könne; so Bernstein zu Art 60 § 2 unter 3 a S. 241; StStranz zu Art 59 Anm 1. Indessen diese Folgerung erscheint nicht zwingend; Art 62 setzt nur voraus, daß sich „auf dem Wechsel oder der Kopie Notadressen oder ein Ehrenakzept befinden", was nicht dahin verstanden zu werden braucht, daß sich auch auf der Kopie nicht nur Notadressen, sondern auch Ehrenakzepte befinden können. Andrerseits spricht gegen die Zulassung einer Ehrenannahme auf der Kopie Art 56, der die Vorlegung zur Annahme nur an solche Notadressen vorschreibt, die sich „auf dem Wechsel" befinden. Im übrigen erscheint, wenigstens von der hier vertretenen Auffassung der Ehrenannahme als Übernahme der Hauptschuld aus, ihre Zulassung auf der Kopie nicht folgerichtig, da die Kopie nur für die Aufnahme von Originalindossamenten, also Regreßübernahmen, bestimmt ist (vgl. zu Art 71 Anm 1). Auf alle Fälle wird man eine Ehrenannahme auf der Kopie nur zu Ehren von Indossanten zulassen können, deren Originalindossamente auf der Kopie stehen; so Brauer im Archiv f. Wechselrecht 5 S. 362; a. M. Bernstein a. a. O.

Anm. 4. Die Ehrenannahme kann, wie die primäre Annahme, nicht wieder zurückgenommen werden (Art 21 Abs 4; vgl. über die Bedeutung dieser Vorschrift zu Art 21 Anm 14). Sie muß ferner den Willen, als Ehrenakzeptant einzutreten, deutlich zum Ausdruck bringen. Die gewöhnliche Formel ist: „Angenommen zu Ehren"; es genügt aber auch: „Ich interveniere zu Ehren". Die Bezeichnung des Honoraten ist nicht erforderlich; bei ihrem Fehlen tritt die Vermutung des Art 59 ein. Die in Art 21 Abs 2 und 3 aufgestellte Vermutung, daß eine Annahmeerklärung vorliege, wird entsprechende Anwendung finden können für eine von einem Notadressaten auf den Wechsel geschriebene und unterschriebene Erklärung, aber nur falls diese mit der Notadresse in derartigem räumlichem Zusammenhang steht, daß ihre Zugehörigkeit zu dieser erkennbar ist. Im übrigen ist ein bestimmter Platz für die Ehrenannahme ebensowenig vorgeschrieben, wie für das primäre Akzept; üblich ist es, daß sie im Anschlusse an die Notadresse, falls solche vorhanden, oder an die Wechselschrift des Honoraten ihren Platz findet.

Anm. 5. **b)** Die Verpflichtung des Ehrenakzeptanten setzt ferner zu ihrer Entstehung voraus, daß eine wechselmäßige Verpflichtung des Honoraten besteht, sie tritt deshalb nicht ein, wenn der als Honorat bezeichnete Indossant ohne Obligo indossiert hat oder der Wechsel gegenüber demjenigen, der als Honorat bezeichnet ist oder zu gelten hat (Aussteller), zur Zeit der Ehrenannahme bereits präjudiziert oder verjährt war. Die darauf gegründeten Einwendungen können als Einreden, die aus dem Wechselrechte selbst hervorgehen (vgl. zu Art 82 Anm 3), von dem Ehrenakzeptanten jedem Wechselinhaber entgegengesetzt werden. Durch das Ehrenakzept entsteht aber eine selbständige wechselmäßige Verpflichtung des Ehrenakzeptanten; deshalb kann er Einwendungen aus der Person des Honoraten dem klagenden Inhaber nicht entgegensetzen; auch das nach der Ehrenannahme eingetretene Erlöschen der Wechselverbindlichkeit des Honoraten nicht, wenn es sich nicht um einen Erlöschungsgrund handelt, der die ganze Wechselschuld objektiv zum Erlöschen gebracht hat, wie z. B. die Zahlung des Wechsels durch den Bezogenen. So dem Sinne nach auch StStranz Anm 5; M. u. M. Stranz Anm 8, 10, obwohl darin sich eine Selbständigkeit der Verpflichtung des Ehrenakzeptanten kundgibt, die mit ihrer Auffassung als bloßen Einstehens für die Regreßpflicht des Honoraten (vgl. oben Anm 1) nicht wohl zu vereinbaren ist. Vgl. über das Erlöschen der Verpflichtung des Ehrenakzeptanten weiter noch unten Anm 3.

Anm. 6. **c)** Die wechselmäßige Verpflichtung tritt ein **gegenüber den sämtlichen Nachmännern des Honoraten.** Sie erstreckt sich auf dasjenige, was diese auf Grund der Artt 50, 51 von ihren Vormännern verlangen können und wofür nach Art 81 Satz 2 (vgl. zu Art 81 Anm 12) auch der primäre Akzeptant haftet, also auch auf die ihnen erwachsene Provision. Wird er im Sinne des Art 29 unsicher, so kann von ihm auch Sicherheitsleistung verlangt werden (so Lehmann S. 474; bedenklich StStranz Anm 3) und, wenn sie nicht geleistet wird, Regreß auf Sicherstellung auch gegen den Honoraten und seine Nachmänner genommen werden; deren Befreiung von diesem Regresse (Art 61) tritt in diesem Falle in gleicher Weise außer Kraft, als wenn die Ehrenannahme nicht erfolgt wäre.

Anm. 7. Zwischen dem Honoraten selbst und dem Ehrenakzeptanten entsteht also nicht, wie (wenn auch einseitig) zwischen dem Aussteller und dem Akzeptanten (Art 23 Abs 2), durch die Annahme ein wechselrechtliches Verhältnis; ihr Verhältnis ist, wie das des Notadressanten zu dem Notadressaten, ein rein bürgerlich-rechtliches, auf das die Grundsätze des allgemeinen bürgerlichen Rechts Anwendung finden. Nach diesen bestimmt sich insbesondere auch die Frage der Schadensersatzpflicht des Ehrenakzeptanten für den Fall, daß er den Wechsel bei Verfall auf Vorlegung nicht bezahlt. Erst durch die Ehrenzahlung entsteht ein wechselrechtliches Verhältnis unter ihnen, aber nur einseitig in der Weise, daß der Ehrenzahler in die Rechte des Inhabers eintritt (vgl. Art 63 und dazu Anm 5 ff.). Zu den Vormännern des Honoraten tritt der Ehrenakzeptant, entsprechend dem Zwecke der Intervention, überhaupt in kein rechtliches Verhältnis. Der Honorat und seine Vormänner behalten lediglich die gleichen Rechte, die sie ohne die Intervention haben würden.

3. a) Eine erhebliche Abweichung von den für die Verpflichtung des primären Akzeptanten **Anm. 8.** geltenden Grundsätzen bringt jedoch **Satz 2** des Artikels, indem er bestimmt, daß die Verpflichtung des Ehrenakzeptanten **erlischt, wenn ihm der Wechsel nicht spätestens am dritten Werktage nach dem Zahlungstage zur Zahlung vorgelegt wird,** während zur Erhaltung des Wechselrechts gegen jenen nach Art 44 weder Präsentation noch Protest erforderlich ist. Auch hier aber zeigt schon die Ausdrucksweise des Gesetzes deutlich, daß es die Verpflichtung des Ehrenakzeptanten nicht als eine Regreßhaftung auffaßt. Denn es spricht nicht davon, daß die Präsentation zur Ausübung eines Regresses gegen ihn erforderlich sei (Art 41), sondern daß seine Verpflichtung erlösche, und von einer Vorlegung an ihn zur Zahlung, wobei nur an den Hauptschuldner, nicht aber an einen Regreßpflichtigen gedacht sein kann, da die Vorlegung zur Zahlung niemals an einen Regreßpflichtigen erfolgt, sondern die Vorlegung an den Hauptschuldner die Voraussetzung des gegen den Regreßpflichtigen auszuübenden Regresses bildet. Deshalb bedarf es auch zur Erhaltung des Wechselrechts gegen den Ehrenakzeptanten nur der Vorlegung zur Zahlung, nicht aber (wie gegenüber einem Regreßpflichtigen) eines Protestes mangels Zahlung; die Vorlegung kann vielmehr ihm gegenüber auch auf irgendeine andere Weise — durch Eideszuschiebung und im ordentlichen Verfahren auch durch Zeugen — bewiesen werden. So auch StStranz Anm 4 Abs 2, wo aber auffallenderweise trotzdem die Ähnlichkeit der Vorschrift mit derjenigen des Art 41, die zur Ausübung des Regresses mangels Zahlung Präsentation (bei einem Dritten, dem Hauptschuldner!) und Protest erfordert, hervorgehoben und als Argument für die Rechtsstellung des Ehrenakzeptanten als Regreßpflichtigen verwertet wird. Daß im Gegensatz dazu in Art 62, dort entsprechend dem Art 41, zur Erhaltung des Regresses gegen den Aussteller und die Indossanten die Vorlegung zur Zahlung an den Ehrenakzeptanten und die Protesterhebung vorgeschrieben ist, beweist gerade die grundsätzliche Verschiedenheit der in Art 60 vorgeschriebenen Vorlegung von den zum Zwecke der Erhaltung eines Regresses erforderlichen Vorlegungen.

Daß der Wechsel dem Ehrenakzeptanten binnen kurzer Frist nach dem Zahlungstage zur Zah- **Anm. 9.** lung vorgelegt werden muß, findet seine natürliche Erklärung darin, daß seine Verpflichtung zur Zahlung nur eine subsidiäre ist und nur in Kraft tritt, wenn der primäre Trassat den Wechsel am Zahltage nicht bezahlt hat, was durch die Vorlegung des Wechsels, der sich noch in der Hand des Inhabers befindet, dargetan werden muß. Daß es nicht auch der Vorlegung eines gegen den primären Trassaten aufgenommenen Protestes mangels Zahlung bedarf, spricht gleichfalls dafür, daß es sich nicht um Ausübung eines Regresses handelt. Die Frist, die nach der ursprünglichen, in Österreich jetzt noch gültigen Fassung der WO zwei Tage betrug, ist durch die Protestnovelle von 1908 (Anlage A 1) § 1 IV für Deutschland auf drei Tage erweitert.

b) Ist dem Ehrenakzeptanten der Wechsel innerhalb der in § 60 Abs 2 vorgeschriebenen Frist **Anm. 10.** zur Zahlung vorgelegt, so ist dadurch **das Wechselrecht ihm gegenüber gewahrt.** Er ist nunmehr, wie der primäre Akzeptant, unbedingter Schuldner des Wechselbetrags geworden. Ein Erlöschen seiner Verpflichtung tritt weiterhin nur aus den gleichen Ursachen ein, wie das Erlöschen der Verpflichtung eines primären Akzeptanten. Insbesondere findet gegen ihn die dreijährige Wechselverjährung nach Art 77 WO statt. Zweifelhaft kann sein, ob sie auch gegen ihn vom Verfalltage des Wechsels läuft oder ob nicht vielmehr eine entsprechende Anwendung dazu führen muß, daß sie erst vom Tage der Vorlegung des Wechsels an ihn zur Zahlung zu laufen beginnt. Die letztere Lösung dürfte die sachgemäßere sein. Ohne hinreichende gesetzliche Unterlage wollen die Vertreter der Meinung, daß die Ehrenannahme Übernahme einer Regreßpflicht sei (vgl. oben Anm 1), die Regreßverjährung der Artt 78, 79 dem Ehrenakzeptanten gegenüber zur Anwendung bringen, obwohl in diesen Artikeln nur von der Verjährung des Regresses gegen den Aussteller und die übrigen Indossanten die Rede ist, was gleichfalls dafür spricht, daß die WO nur diese, nicht aber den Ehrenakzeptanten als regreßpflichtig auffaßt.

Nach Erlöschen des Wechselanspruchs gegen den Ehrenakzeptanten durch Nichtvorlage des Wech- **Anm. 11.** sels oder durch Verjährung bleibt gemäß Art 83 noch die wechselrechtliche Bereicherungsklage gegen ihn übrig. Auch das wird von den Vertretern der Auffassung, daß er nicht die rechtliche Stellung eines Akzeptanten, sondern die eines Regreßpflichtigen habe, geleugnet, obwohl Art 83 Satz 2 diesen Bereicherungsanspruch nur gegenüber den Indossanten ausschließt und dadurch zu erkennen gibt, daß der Ehrenakzeptant, da er nicht besonders genannt ist, unter dem in Satz 1 neben dem Aussteller genannten Akzeptanten, gegen den die Bereicherungsklage stattfindet, mitbegriffen sein muß.

Artikel 61.

Wenn der Wechsel von einer Notadresse oder einem anderen Intervenienten zu Ehren angenommen wird, so haben der Inhaber und die Nachmänner des Honoraten keinen Regreß auf Sicherstellung. Derselbe kann aber von dem Honoraten und dessen Vormännern geltend gemacht werden.

Während Art 60 die positive, d. h. rechtserzeugende Wirkung der Ehrenannahme, die Ent- **Anm. 1.** stehung der Wechselverbindlichkeit des Ehrenakzeptanten, bestimmt, regelt **Art 61** die damit verbundene negative, d. h. rechtsvernichtende Wirkung, nämlich den Untergang des durch die Nicht-Annahme des Bezogenen oder die Unsicherheit des Akzeptanten entstandenen Regreßanspruchs auf Sicherstellung, soweit er dem Inhaber und den Nachmännern des Honoraten erwachsen ist. Wie schon aus dem Wortlaute hervorgeht, betrifft die Vorschrift die beiden Arten des Regresses, die in Unterabschnitt VI unter der Überschrift: „Regreß auf Sicherstellung" behandelt sind. Es bedarf deshalb hier nicht einmal der entsprechenden Anwendung, die für die sonstigen Vorschriften über die Ehrenannahme auf den Regreß wegen Unsicherheit des Akzeptanten aus Art 29 zu folgern ist; vgl. zu Art 56 Anm 15. Ungeachtet dieser doppelt klaren Sachlage will Lehmann (S. 525) und wollte auch Staub (4. Aufl) die Vorschrift auf den Regreß wegen Unsicherheit des Akzeptanten nicht beziehen; richtig StStranz Anm 4.

Anm. 2. Der Verlust des Regresses tritt ein zuungunsten des Inhabers und der Nachmänner des Honoraten, richtiger: des Inhabers, der selbst Nachmann des Honoraten ist, und der übrigen Nachmänner des Honoraten; ein Inhaber, der Vormann des Honoraten wäre (was recht wohl vorkommen kann), würde unter Satz 2 fallen und also seinen Regreß nicht verlieren. Der Honorat selbst und seine Vormänner verlieren den Regreß nicht, sondern können ihn ungeachtet der Ehrenannahme geltend machen (**Satz 2**), da ihnen der Ehrenakzeptant nicht wechselmäßig verpflichtet und also für sie dadurch kein Ersatz für das mangelnde Akzept des Bezogenen bzw. die Unsicherheit des Akzeptanten geschaffen wird; vgl. Art 60 und zu diesem Artikel Anm 7).

Anm. 3. Verloren geht in passiver Richtung der Regreß gegen den Honoraten und seine Nachmänner, nicht aber gegen seine Vormänner, da zu ihren Gunsten die Ehrenannahme nicht erfolgt; der Wortlaut des Gesetzes, der allerdings für den Ausschluß der Regresse gegen alle Regreßpflichtigen spricht, bedarf hier einer Einschränkung aus dem Sinne und der Bedeutung der Intervention, da andernfalls die Frage, zu wessen Ehren die Intervention erfolge (vgl. Art 59), überhaupt nicht aufgeworfen zu werden brauchte. A. M. Bernstein unter 3 S. 245 unter Berufung auf die Protokolle L. S. 118, 119 und darauf, daß die Nachmänner durch die Ehrenannahme den wirtschaftlichen Ersatz für das mangelnde Akzept bzw. die mangelnde Sicherheit des Akzeptanten erreicht haben. Dieser Ersatz ist indessen wirtschaftlich durchaus nicht gleichwertig mit der effektiven Sicherstellung, die durch den Regreß erreicht wird, und die Vormänner haben deshalb kein Recht, sich auf ihn zu berufen. — Der Umstand, daß der Protest dem Ehrenakzeptanten auszuhändigen ist (Art 58), bildet keineswegs unter allen Umständen ein Hindernis für den Regreß gegen die Vormänner, da der Ehrenakzeptant ihn dem Honoraten zu übersenden hat, der daraufhin entweder selbst gegen seine Vormänner vorgehen oder ihn seinen Nachmännern zu diesem Zwecke überlassen kann. Wie hier, Lehmann S. 525 und StStranz Anm. 3 unter a.

Anm. 4. Der Ausschluß des Regresses in dem dargelegten Umfange nach der aktiven und passiven Seite wird nicht nur durch die auf der Grundlage einer Notadresse (Art 56) erfolgende berufene, sondern auch durch die unberufene Intervention bewirkt, falls diese letztere von dem Inhaber nicht zurückgewiesen wird (Art 57). Auf diese Weise verfügt allerdings der Inhaber zugleich über die Regreßansprüche der übrigen Nachmänner des Honoraten auf Sicherstellung und er wird ihnen deshalb schadensersatzpflichtig sein, wenn er vorsätzlicher- oder fahrlässigerweise die Intervention eines nicht berufenen Ehrenakzeptanten annimmt, der keine hinreichende Sicherheit bietet (§ 823 BGB).

2. Ehrenzahlung.

Artikel 62.

Befinden sich auf dem von dem Bezogenen nicht eingelösten Wechsel oder der Kopie Notadressen oder ein Ehrenakzept, welche auf den Zahlungsort lauten, so muß der Inhaber den Wechsel spätestens am dritten Werktage [Österreichische Fassung: „am zweiten Werktage"] nach dem Zahlungstage den sämtlichen Notadressen und dem Ehrenakzeptanten zur Zahlung vorlegen und den Erfolg im Proteste mangels Zahlung oder in einem Anhange zu demselben bemerken lassen. Unterläßt er dies, so verliert er den Regreß gegen den Adressanten oder Honoraten und deren Nachmänner. Weist der Inhaber die von einem anderen Intervenienten angebotene Ehrenzahlung zurück, so verliert er den Regreß gegen die Nachmänner des Honoraten.

Anm. 1. 1. Die **Artikel 62—65** behandeln die Intervention bei Notleiden des Wechsels im Stadium seiner Fälligkeit, nämlich in dem Falle, daß er vom Bezogenen bei Verfall nicht eingelöst worden ist. Für diesen Fall kann entweder ein bloßes Ersuchen um Intervention durch Angabe von Notadressen auf dem Wechsel oder einer Kopie vorliegen (Art 56) oder aber eine bereits erfolgte Intervention durch Ehrenannahme auf dem Wechsel (Art 60). Liegt das eine oder das andere vor, so ist nach Art 62 der Inhaber, um den Regreß mangels Zahlung gegen den Notadressanten bzw. den Honoraten und ihre Nachmänner sich zu wahren, verpflichtet, den Wechsel auch den Notadressaten bzw. dem Ehrenakzeptanten zur Zahlung vorzulegen. Für diese Vorlegung ist die gleiche Frist bestimmt, wie die in Art 60 Satz 2 zur Wahrung des Wechselrechts gegen den

Ehrenakzeptanten bestimmte Frist zur Vorlegung des Wechsels an diesen; sie muß gleichfalls spätestens am dritten Werktage nach dem Zahlungstage erfolgen. Die Frist, die nach der ursprünglichen, jetzt noch in Österreich gültigen Fassung der DWO zwei Tage betrug, ist, wie die des Art. 60 (vgl. zu Art 60 Anm 12) durch die Protestnovelle von 1908 (Anlage A 1) § 1 IV auf drei Tage erweitert worden. Befindet sich also ein Ehrenakzept auf dem Wechsel, so hat die Vorlegung an den Ehrenakzeptanten zur Zahlung innerhalb dieser Frist zu doppeltem Zwecke stattzufinden: erstens zur Erhaltung des Wechselrechts gegen ihn, und zweitens zur Erhaltung des Regresses gegen den Honoraten und dessen Nachmänner. Während es aber, falls der Ehrenakzeptant nicht zahlt, zu ersterem Zwecke einer förmlichen Beurkundung nicht bedarf (vgl. zu Art 60 Anm 11), muß zur Erhaltung der Regreßansprüche, die sich gegen Dritte richten, die Verweigerung der Zahlung in der öffentlichen Form des Protestes beurkundet werden (**Art 62 Satz 1**). Im einzelnen gilt darüber folgendes:

a) Die Notadressen und das Ehrenakzept sind nur beachtlich, wenn sie sich auf dem Wechsel oder auf der (nicht auf „einer") Kopie befinden. Gemeint ist hier die in Artt 70—72 geregelte, zur Aufnahme von Indossamenten bestimmte Kopie, auf der zu bemerken ist, bei wem das zur Annahme versandte Original des Wechsels zu treffen ist. Zur Beachtung einer auf solcher Kopie stehenden Notadresse (wegen des Ehrenakzepts vgl. zu Art 60 Anm 3) wird der Inhaber des Originalwechsels nur dann verpflichtet sein, wenn er sich auch im Besitze der Kopie befindet. Der Inhaber der Kopie wird, sofern er auf Grund dieser Kopie gemäß Art 72 Satz 2 Regreß auf Zahlung nehmen will, auch die auf der Kopie stehenden Notadressen um Zahlung anzugehen haben. Vgl. Näheres zu Art 72 Anm 2. Die Notadressen und das Ehrenakzept sind ferner nur beachtlich, wenn sie auf den Zahlungsort des Wechsels lauten, d. h. wenn sie keinen anderen Ort für die Ehrenzahlung angeben, als den Wechselzahlungsort; vgl. zu Art 56 Anm 4. Die Vorlegung muß an **sämtliche Notadressen** erfolgen, also auch an solche, denen der Wechsel bereits zur Annahme vorgelegt ist und welche die Annahme verweigert haben, entsprechend dem, was für die Vorlage zur Zahlung an den Bezogenen gilt; vgl. zu Art 56 a. a. O. Ferner an den Ehrenakzeptanten, der nur einer sein kann; vgl. zu Art 56 Anm 14. Doch ist, wenn durch einen Notadressaten oder durch den Ehrenakzeptanten Zahlung erfolgt ist, die Vorlegung an die übrigen nicht mehr erforderlich. Die Einhaltung einer bestimmten Reihenfolge ist hier nicht, wie bei der Vorlegung zur Annahme (Art 56 Satz 2; vgl. zu Art 56 Anm 13) vorgeschrieben; der Inhaber kann daher eine beliebige Notadresse oder auch den Ehrenakzeptanten zuerst angehen, auch wenn durch die Zahlung des Angegangenen weniger Wechselverpflichtete befreit werden; vgl. aber zu Art 64 Anm 2. **Anm. 2.**

b) „Den Erfolg" der Vorlegung muß der Inhaber **im Proteste mangels Zahlung oder in einem Anhange dazu vermerken lassen.** Gedacht ist hier nur an den Fall, daß der Erfolg ein negativer war, indem die Zahlung durch den Notadressaten oder Ehrenakzeptanten verweigert wurde; das geht aus Satz 2 hervor, welcher an die Unterlassung des Vermerks den Verlust der Regreßansprüche des Inhabers knüpft. Aber auch wenn die Zahlung erfolgt und der Wechsel nebst dem Proteste dem Ehrenzahler ausgehändigt wird (Art 63), wird ein Vermerk in dem Proteste oder einem Anhange zu diesem zu machen sein, in welchem die erfolgte Ehrenzahlung beurkundet wird, um dadurch dem Ehrenzahler seinen Regreß nach Art 63 Satz 2 zu ermöglichen. Dem entspricht es, daß in Art 88 Abs 1 Nr. 4 im Falle einer Ehrenzahlung die Aufnahme einer Erwähnung, von wem, für wen und wie sie geleistet ist, in den Protest vorgeschrieben ist. — Eine besondere Protesturkunde über den Erfolg oder Mißerfolg der Vorlegung zur Zahlung an den Notadressaten oder Ehrenakzeptanten erfordert das Gesetz nicht, sondern nur einen Vermerk, der einen Bestandteil des Protestes mangels Zahlung durch den primär Bezogenen oder einen Anhang zu diesem bildet, also in den gleichen Formen wie der Hauptprotest zu beurkunden und mit ihm zu verbinden ist. Dieser Vermerk wird in der Rechtsprechung und im Schrifttume in einigermaßen mißverständlicher Weise als **„Kontraprotest"**, auch als Ehrenprotest bezeichnet (Bernstein S. 248; StStranz zu Art 62 Anm 3, 4). **Anm. 3.**

Daraus, daß das Gesetz den Vermerk auch „im Proteste" zuläßt, ergibt sich ferner, daß es für die Vorlegung zur Zahlung an den Notadressaten oder Ehrenakzeptanten nicht die vorherige Fertigstellung des Protestes mangels Zahlung durch den primär Bezogenen erfordert; daß es vielmehr dem Gesetze durchaus entspricht, wenn (wie im Verkehr üblich ist) der Wechsel, falls der primär Bezogene nicht zahlt, zunächst ohne Protest den Notadressaten und dem Ehrenakzeptanten vorgelegt wird und erst, wenn auch diese die Zahlung verweigern, ein einheitlicher Protest gegen den primär Bezogenen und die hilfsweise in Anspruch Genommenen erhoben wird. In diesem Falle bedarf es also nicht einer nochmaligen Vorlegung des Wechsels mit dem fertiggestellten Protest; die einmal erfolgte Zahlungsverweigerung genügt. Anders liegt die Sache, wenn der Notadressat oder Ehrenakzeptant bei der Vorlegung des Wechsels ohne Protest nicht angetroffen worden ist oder eine Erklärung nicht abgegeben hat; in diesem Falle muß der Wechsel ihm mit dem fertiggestellten Proteste nochmals vorgelegt werden, da er ohne Aushändigung des Protestes zur Zahlung nicht verpflichtet ist (Art 63). Als Zahlungsverweigerung wird es auch nicht anzusehen sein, wenn der Notadressat oder Ehrenakzeptant, dem der Wechsel vor Fertigstellung des Protestes gegen den primär Bezogenen zur Zahlung vorgelegt wird, zwar nicht sofort **Anm. 4.**

zahlt, aber sich zur Zahlung bereit erklärt unter der ausdrücklichen oder stillschweigenden Bedingung, daß ihm der Wechsel mit dem Proteste zur Zahlung vorgelegt werde. In diesem Sinne muß es verstanden werden, wenn der Notadressat oder Ehrenakzeptant, wie vielfach üblich ist, auf die Vorlegung des Wechsels ohne Protest erklärt: „Ich interveniere" oder „Ich werde ehrenhalber zahlen". Eine solche Bereitwilligkeitserklärung ist zwar noch keine wirkliche Ehrenzahlung (RGZ 70, 118); auch noch kein tatsächliches Angebot der Zahlung, zu dessen Erwähnung im Proteste der Protestbeamte nach Art 88 Abs 1 Nr. 4 verpflichtet wäre (vgl. zu Art 88 Anm 11), obwohl ihre Erwähnung im Proteste üblich ist. Andrerseits enthält sie auch keine Zahlungsverweigerung, die den Inhaber von der Pflicht, seine Bereitschaft zur Aushändigung des Protestes im Falle der Zahlung darzutun, entbinden könnte. Liegt aber eine Zahlungsverweigerung nicht vor, so muß der zunächst ohne Protest vorgelegte Wechsel mit dem Proteste innerhalb der Frist nochmals dem Notadressaten oder Ehrenakzeptanten vorgelegt und gegebenenfalles in einem Anhange zu dem Proteste die nunmehrige Verweigerung der Ehrenzahlung vermerkt werden; andernfalls geht der Regreß gegen den Honoraten und seine Nachmänner verloren (ROHG 11, 304; 20, 114; RGZ 67, 297). Diese früher bestrittene Ansicht, wird, wie das RG a. a. O. bezeugt, jetzt allgemein geteilt; vgl. Grünhut II 481; Bernstein zu Art 62 S. 249; StStranz zu Art 62 Anm 4 unter 3 b. Das hier vorgeschriebene Verfahren soll (was recht formalistisch anmutet) auch dann stattfinden müssen, wenn der Aussteller sich selbst als Notadressat bezeichnet (vgl. zu Art 56 Anm. 2a) und bei Vorlegung des Wechsels an ihn zur Zahlung sich bereit erklärt hat, obwohl in diesem Fall ein Rückgriff gegen Vormänner nicht in Frage kommt (RG a. a. O.). Selbstverständlich kann der Inhaber aber auch in der Weise vorgehen, daß er nach Zahlungsweigerung des primär Bezogenen zunächst gegen diesen Protest errichten läßt, den Wechsel mit diesem Proteste alsdann den Notadressaten und dem Ehrenakzeptanten innerhalb der Frist vorlegt und, wenn von diesen nicht sofort Zahlung zu erlangen ist, die Zahlungsverweigerung in einem Nachtrag zu dem bereits errichteten Proteste beurkunden läßt.

Anm. 5. **2.** Wird die in Satz 1 des Artikels vorgeschriebene fristgemäße Vorlegung und Protesterhebung verabsäumt, so **verliert der Inhaber den Regreß gegen den Notadressanten oder Honoraten und deren Nachmänner; Satz 2.** Erhalten bleibt der Regreß gegen die Vormänner des Notadressanten oder Honoraten, sowie auch der Anspruch gegen den Akzeptanten, zu dessen Erhaltung es nach Art 44 der Präsentation und der Protesterhebung bei den Notadressaten oder dem Ehrenakzeptanten ebensowenig bedarf, wie bei ihm selbst, und zwar auch nicht bei dem domizilierten Wechsel schon nach der früheren Fassung der Artt 43, 44 (vgl. die Erläuterungen zu diesen Artikeln; ROHG 11, 305. Auch der wechselmäßige Anspruch gegen den Ehrenakzeptanten bleibt ohne Protesterhebung erhalten, wenn die Vorlegung zur Zahlung an ihn fristgemäß erfolgt ist; vgl. zu Art 60 Anm. 11.

Anm. 6. **3.** Eine **unberufene Ehrenzahlung,** d. h. eine solche, die von einer Person angeboten wird, welche weder Notadressat noch Ehrenakzeptant ist, darf der Inhaber nicht, wie eine unberufene Ehrenannahme (Art 57), zurückweisen, da er ja durch eine Ehrenzahlung Befriedigung erhält und ihre Zurückweisung für die Nachmänner desjenigen, zu dessen Ehren sie erfolgen soll, eine Schädigung durch Bestehenbleiben ihrer Regreßverpflichtung bedeuten würde. Deshalb bestimmt **Satz 3** des Artikels, daß der Inhaber, wenn er die angebotene Ehrenzahlung eines anderen (d. h. eines nicht durch Notadresse oder Ehrenakzept berufenen oder bereits gebundenen) Intervenienten zurückweist, den Regreß gegen die Nachmänner des Honoraten verliert. Anders, als bei der Fristversäumung nach Satz 2, geht ihm aber der Regreß gegen den Honoraten selbst nicht verloren. Diese Unterscheidung wird von Lehmann (S. 568) und StStranz (Anm 7) wohl mit Unrecht als nicht gerechtfertigt oder willkürlich bezeichnet; sie findet ihre Erklärung darin, daß der Honorat (anders wie seine Nachmänner) auch bei Annahme der Ehrenzahlung regreßpflichtig geblieben sein würde, da der Ehrenzahler in die Rechte des Inhabers gegen ihn eingetreten wäre; vgl. Art 63 Satz 2. Richtig Bernstein § 3 S. 250.

Artikel 63.

Dem Ehrenzahler muß der Wechsel und der Protest mangels Zahlung gegen Erstattung der Kosten ausgehändigt werden. Er tritt durch die Ehrenzahlung in die Rechte des Inhabers (Artikel 50 und 52) gegen den Honoraten, dessen Vormänner und den Akzeptanten.

Anm. 1. **1.** Die erheblichste Abweichung in der Stellung des berufenen oder unberufenen Intervenienten von der des primär Bezogenen bringt Art 63 durch die Vorschriften über **die rechtlichen Folgen der geleisteten Ehrenzahlung.** Während nämlich durch die Zahlung des primär Bezogenen, mag er akzeptiert haben oder nicht, die Wechselforderung als solche erlischt und daher der Zahlende keinerlei Wechselrechte gegen bisherige Wechselverpflichtete erwirbt (vgl. zu Artt 32 Anm 6, 81 Anm 15), entstehen durch die Ehrenzahlung in der Person des Ehrenzahlers Wechselrechte; er wird Regreßberechtigter. Diese positive Regelung ist wohl dadurch zu erklären, daß die WO die Intervention zugunsten notleidender Wechsel befördern will, indem sie den

Intervenienten nicht, wie den primär Bezogenen gegenüber dem Aussteller (vgl. zu Art 23 Anm 11), auf einen etwaigen bürgerlich-rechtlichen Erstattungsanspruch gegenüber dem Honoraten verweist, sondern ihm einen von dem Rechtsgrunde (der causa) der Intervention unabhängigen Wechselanspruch gegen die durch die Intervention begünstigten Wechselverpflichteten gewährt. Daraus ist aber keineswegs der Schluß gerechtfertigt, daß auch die wechselrechtliche Verpflichtung zur Ehrenzahlung, falls eine solche auf Grund einer Ehrenannahme bestanden hat, sich als eine Regreßverpflichtung darstelle; vgl. darüber zu Art 60 Anm 1. Die Rechtsfolge der Ehrenzahlung (der Eintritt des Ehrenzahlers in die Rechte des Inhabers) ist durch die Vorschrift in Satz 1 des Artikels vorbereitet, durch die Vorschrift in Satz 2 ausgesprochen.

2. Zur Vorbereitung und Ermöglichung der Ausübung der dem Ehrenzahler zustehenden Regreßrechte bestimmt **Satz 1,** daß ihm der Wechsel und der Protest mangels Zahlung gegen Erstattung der Kosten ausgehändigt werden muß. Entsprechend der anderen Interessenlage ist hier nicht, wie nach Art 58 dem Ehrenakzeptanten, dem Ehrenzahler gegenüber dem Honoraten die Pflicht auferlegt, sich die Urkunden von dem Inhaber aushändigen zu lassen, mit der Rechtsfolge des Schadensersatzes im Falle der Unterlassung; sondern es ist ihm ein Recht gegenüber dem Inhaber verliehen, die Aushändigung zu verlangen, da er ohne den Besitz dieser Urkunden seine Regreßansprüche nicht ausüben kann. Der Inhaber ist Zug um Zug gegen die Zahlung zur Aushändigung verpflichtet („muß"). Auszuliefern ist hier der Wechsel und der mangels Zahlung durch den primär Bezogenen erhobene Protest, der gemäß Art 88 Abs 1 Nr. 4 den Vermerk über die geleistete Ehrenzahlung zu enthalten hat. Der Wechsel muß in solchem Zustande ausgeliefert werden, daß auf Grund von ihm der Ehrenzahler die ihm zustehenden Regreßrechte ausüben kann; vgl. Näheres darüber zu Art 54 Anm 2. **Anm. 2.**

Eine Quittierung des Wechsels ist, ebenso wie in Art 54, nicht vorgeschrieben, da nicht, wie nach Art 39, die Wechselschuld als solche durch die Zahlung erlischt; als Ersatz wird aber der Inhaber verpflichtet sein, in entsprechender Anwendung des Art 54, dem Ehrenzahler eine quittierte Retourrechnung auszuhändigen. Ist infolge Protesterlasses (Art 42) ein Protest mangels Zahlung nicht erforderlich gewesen, so fällt die Aushändigung des Protestes fort; über die Ehrenzahlung wird in diesem Falle eine besondere Bescheinigung auszustellen sein, in der sie als solche erkennbar gemacht wird (vgl. unten Anm 6); einer öffentlichen Urkunde bedarf es dann nicht. **Anm. 2a.**

Die Aushändigung hat zu erfolgen **„gegen Erstattung der Kosten"**; doch bilden diese nicht, wie es danach scheinen könnte, den einzigen und nicht einmal den hauptsächlichsten Gegenstand der von dem Ehrenzahler zu machenden Zug-um-Zug-Leistung; vielmehr setzt die Aushändigungspflicht die Zahlung alles desjenigen voraus, was der Inhaber, der den Wechsel hat protestieren lassen oder nach Protest eingelöst hat, nach Artt 50 bis 52 zu fordern hat, und was auch der primäre Hauptschuldner, der Akzeptant, da er seine Zahlungsverpflichtung bei Vorlage des Wechsels nicht erfüllt hat, gemäß Art 81 Abs 2 WO zahlen müßte, also auch eine eigene Provision für den Inhaber; a. M. Öst. OGH bei Borchardt 630a; Lehmann S. 569. **Anm. 3.**

Verweigert der Inhaber ungeachtet eines hiernach ausreichenden Angebots die Aushändigung der Urkunden und unterbleibt aus diesem Grunde die Ehrenzahlung, so tritt die gleiche Wirkung ein, als wenn er die Zahlung von der Notadresse oder dem Ehrenakzeptanten nicht rechtzeitig verlangt oder von einem anderen Intervenienten zurückgewiesen hätte (vgl. zu Art 62 Anm 6); bei Borchardt 630b. Wird die Zahlung ohne Aushändigung der Urkunden geleistet, so kann ihre nachträgliche Aushändigung auf Grund der wechselrechtlichen Verpflichtung verlangt werden, aber nicht im Wechselprozesse, da es sich nicht um einen Anspruch aus dem Wechsel handelt. Unter Umständen kann auch nach Maßgabe der Bereicherungsvorschriften des bürgerlichen Rechts die Zurückzahlung verlangt werden, vgl. zu Art 54 Anm 7. — Das Recht auf Aushändigung der Urkunden steht jedem Ehrenzahler zu, dem durch Notadresse berufenen und dem Ehrenakzeptanten, wie auch einem anderen Intervenienten, vorausgesetzt daß seine Zahlung sich als Ehrenzahlung darstellt, vgl. darüber unten Anm 6. — Eine Verpflichtung zur Benachrichtigung des Honoraten ist im deutschen Rechte dem Ehrenzahler nicht, wie im Falle der Ehrenannahme dem Ehrenakzeptanten (Art 58 Satz 2), auferlegt. **Anm. 4.**

3. Die Wirkung der Ehrenzahlung ist, daß der Ehrenzahler durch sie **in die Rechte des Inhabers gegen den Honoraten, dessen Vormänner und den Akzeptanten eintritt (Satz 2).** **Anm. 5.**

a) Voraussetzung für den Eintritt dieser Wirkung ist, daß es sich um eine Ehrenzahlung handelt. Das ist eine Zahlung, die zu Ehren, d. h. zur Entlastung einer aus dem Wechsel regreßverpflichteten Person, erfolgt. Als solche stellt sie sich ohne weiteres dar, wenn der Wechsel dem Zahlenden auf Grund einer Notadresse oder seines Ehrenakzepts zur Zahlung vorgelegt worden ist; eine von einem anderen Dritten geleistete Zahlung nur dann, wenn sie von dem Zahlenden als solche bezeichnet ist, insbesondere wenn er erklärt hat, zu intervenieren. Der Bezeichnung des Honoraten bedarf es nicht; fehlt sie, so wird, wenn die Zahlung auf Grund einer Notadresse erfolgt, der Notadressant; andernfalls derjenige, zu dessen Ehren bereits das Ehrenakzept erfolgt war; hilfsweise, in entsprechender Anwendung des Art 59, der letzte Regreßverpflichtete, also der Aussteller, als Honorat anzusehen sein. Die Erklärung ist, wenn sie gegenüber dem Protestbeamten bei der Errichtung des Protestes mangels Zahlung oder bei einem Ehrenproteste (vgl. zu Art 62 Anm 3) abgegeben wird, gemäß Art 88 Abs 1 Nr. 4 in den Protest oder einen Anhang aufzunehmen; **Anm. 6.**

andernfalls muß der Zahlende, um die aus Art 36 Satz 2 sich ergebenden Rechte geltend machen zu können, wenn er nicht Notadressat oder Ehrenakzeptant ist, sich seine Eigenschaft als Intervenient von dem Inhaber auf dem Wechsel oder in der quittierten Retourrechnung (vgl. oben Anm 2a) bescheinigen lassen. Doch ist bestritten, daß die Legitimation außer durch den Protest zugelassen werden kann (verneinend Grünhut Z. f. Priv. u. öff. Recht 20 S. 40 ff.; bejahend Bernstein S. 253); andere Ausweise als durch die Wechselpapiere sind aber keinesfalls zulässig. — Auch der Bezogene, mag er akzeptiert haben oder nicht, sowie der Domiziliat können als Ehrenzahler auftreten; doch bedarf es, um sie als solche erscheinen zu lassen, einer ausdrücklichen Erklärung; andernfalls muß angenommen werden, daß sie in ihrer aus dem Wechsel sich ergebenden Eigenschaft gezahlt und dadurch die Wechselschuld als solche getilgt haben (ROHG 5, 127; 12, 49). Zahlt aber der Bezogene, mag er akzeptiert haben oder nicht, erkennbar als Ehrenzahler, so tritt er in die Rechte des Inhabers auch gegenüber dem Aussteller und erwirbt dadurch Wechselrechte auch diesem gegenüber, die ihm gemäß Art 23 Abs 3 nicht zustehen würden, wenn er als Akzeptant bezahlt haben würde.

Anm. 7. Voraussetzung für den Eintritt der in Satz 2 bestimmten Wirkung der Ehrenzahlung ist ferner, daß derjenige, zu dessen Ehren sie geleistet wird, Regreßverpflichteter ist oder doch zu der Zeit, als der Ehrenakzeptant durch die Ehrenannahme die Verpflichtung zur Ehrenzahlung übernahm, Regreßverpflichteter war; sie wirkt daher nicht als solche, wenn der Honorat überhaupt nicht, z. B. weil er ohne Obligo indossiert hat, regreßpflichtig war oder zu dem in Betracht kommenden Zeitpunkte seine Regreßpflicht erloschen ist. Vgl. zu Art 60 Anm 5. Eine Zahlung vor Verfall kann, auch wenn sie als Ehrenzahlung bezeichnet wird, die Wirkung einer solchen nicht haben, da diese eine bereits eingetretene Wechselnot voraussetzt. In einzelnen deutschen Ländern (Hamburg § 8; Lübeck Art 5; Schleswig-Holstein § 11) waren Einführungsbestimmungen in entgegengesetztem Sinne für Zahlungen des Ehrenakzeptanten vor Fälligkeit erlassen; dieselben werden aber, als mit der nunmehr als Reichsgesetz geltenden WO (vgl. die Einleitung S. 18) nicht vereinbar, Geltung nicht mehr beanspruchen können.

Anm. 8. b) Der Eintritt in die Rechte des Inhabers bedeutet ebensowenig, wie der in Art 8 bestimmte Übergang der Rechte aus dem Wechsel auf den Indossatar durch das Indossament (vgl. zu Art 8 Anm 2), daß der Ehrenzahler etwa lediglich, wie ein bürgerlich-rechtlicher Rechtsnachfolger des Inhabers, dessen Rechte erwirbt und demgemäß Einreden aus der Person des Inhabers ihm gegenüber unbeschränkt geltend gemacht werden könnten. Vielmehr erwirbt er selbständige Wechselrechte, denen gegenüber Einreden nur gemäß Art 82 WO geltend gemacht werden können. Doch ist der Einwand, daß die Regreßansprüche des Inhabers durch Präjudizierung des Wechsels mangels rechtzeitiger oder wegen nicht formgemäßer Protesterhebung erloschen gewesen seien, eine Einrede aus dem Wechselrechte selbst und kann deshalb auch dem Ehrenzahler entgegengesetzt werden (ROHG 24, 127). Zulässig ist auch die Einrede der Kollusion zwischen Inhaber und Ehrenzahler zum Zweck der Abschneidung der dem in Anspruch genommenen Regreßverpflichteten gegen den Inhaber zustehenden Einreden; vgl. zu Art 82 Anm 48.

Anm. 9. c) Aber auch hinsichtlich des **Umfanges** der Regreßforderung des Ehrenzahlers bietet die Ausdrucksweise des Gesetzes Anlaß zu Zweifeln. Sprachlich würde es am nächsten liegen, den „Eintritt in die Rechte des Inhabers" so zu verstehen, daß der Ehrenzahler Regreßansprüche in demjenigen Umfange erwirbt, in welchem sie dem bisherigen Inhaber zugestanden haben, sonach, wenn dieser den Wechsel hatte protestieren lassen, auf die in Art 50 bezeichneten Beträge, wenn er aber selbst bereits als Indossant den Wechsel im Regreßwege eingelöst hatte, auf die ihm nach Art 51 zustehenden Beträge; daß dagegen dem Ehrenzahler selbst erwachsene Kosten und namentlich eine eigene Provision für ihn von ihm im Regreßwege nicht gefordert werden könnten. Zu diesem Ergebnis kommt tatsächlich Lehmann (S. 569). Der Ehrenzahler würde bei dieser Auslegung für die Erstattung der ihm erwachsenden Kosten und die Vergütung für seine Mühewaltung lediglich auf einen ihm auf Grund des allgemeinen bürgerlichen Rechts etwa zustehenden Anspruch gegen den Honoraten aus Dienstvertrag, Auftrag, Geschäftsführung oder einem ähnlichen materiellen Rechtsgrunde angewiesen sein. Ein solches Ergebnis würde aber nicht nur von dem grundsätzlichen Standpunkte der WO, welche die Intervention für notleidende Wechsel ersichtlich nach Möglichkeit begünstigt (vgl. oben Anm 1), nicht recht erklärlich sein, sondern auch mit ausdrücklichen Vorschriften des Gesetzes nicht in Einklang stehen. Das gilt namentlich von der Vorschrift des Art 65, die dem Ehrenakzeptanten, der nicht zur Ehrenzahlung gelangt, einen Provisionsanspruch in der gleichen Höhe, wie dem einlösenden Regreßpflichtigen, gewährt. Diese Bestimmung ist nur verständlich, wenn man davon ausgeht, daß dem Ehrenakzeptanten, wenn er zur Ehrenzahlung gelangt wäre, ein gleicher Provisionsanspruch zugestanden haben würde, der ihm dadurch, daß ein anderer als Ehrenzahler eintritt, entgeht. Auch würde (wie StStranz Anm 8 zutreffend bemerken) die Provision des Art 65 von dem Ehrenzahler an den Ehrenakzeptanten, der nicht zur Ehrenzahlung gelangt ist, gezahlt werden müssen, ohne daß jener dafür im Wege des Regresses von dem Honoraten und den übrigen Wechselverpflichteten, die durch seine Intervention vom Regresse befreit werden, (den Nachmännern des Honoraten) wechselrechtlich Erstattung verlangen könnte, was nicht annehmbar erscheint. Die Vorschrift des Art 63 muß vielmehr den Sinn haben (der auch sprachlich durchaus vertretbar ist), daß der Ehrenzahler nicht in die

Rechte des bisherigen Inhabers, sondern in die Rechte „eines Inhabers" oder in die Rechte „als Inhaber" eintritt. Fraglich kann nur sein, ob der Ehrenzahler in die Rechte eines Inhabers, der den Wechsel hat protestieren lassen (Art 50), oder eines Indossanten, der durch Einlösung des Wechsels im Regreßwege Inhaber geworden ist (Art 51), eintritt. Diese Frage ist durch Art 63 dem äußeren Anscheine nach dadurch beantwortet worden, daß als Erläuterung zu dem Ausdrucke „Inhaber" in Klammern die Artikel 50, 52 angeführt sind, nicht aber der Artikel 51. Das Gesetz denkt hierbei ersichtlich nur an den regelmäßigen Fall, in welchem der Ehrenzahler den Wechsel, der vom Bezogenen oder Akzeptanten bei Verfall nicht bezahlt worden ist und dadurch Not leidet, bezahlt, solange er noch in den Händen des letzten Indossatars ist, der ihn hat protestieren lassen, und an diesen die in Art 50 aufgeführten Beträge zu zahlen hat. Wird dagegen der Wechsel von einem Ehrenzahler bezahlt, wenn er sich bereits in den Händen eines Indossanten befindet, der ihn im Regreßwege eingelöst hat, so muß der Ehrenzahler an diesen die in Art 51 aufgeführten Beträge zahlen und erscheint es deshalb durchaus unsachgemäß und unverständlich, daß er in die Stellung eines Inhabers im Sinne von Art 50 eintreten soll. Diejenigen, welche auch auf diesen Fall den Art 50 anzuwenden versuchen (so Bernstein zu Art 60 § 2 unter 1 b S. 253; StStranz Anm 8), müssen das künstlich in der Weise tun, daß sie dem Ehrenzahler Zinsen nur aus der Wechselsumme, nicht aus der von ihm bezahlten größeren Summe zubilligen (Art 50 Nr. 1) und daß sie unter den in Nr. 2 neben den Protestkosten aufgeführten „anderen Auslagen" auch die an frühere Einlöser bezahlten Provisionen mit einbegreifen. Richtiger und unbedenklich dürfte es sein, die offenbar vorhandene Lücke des Gesetzes sinnentsprechend auszufüllen und auf diesen Fall den Art 51 anzuwenden, in welchem die Beträge, die der Inhaber, der den Wechsel im Regreßwege eingelöst hat und die auch der Ehrenzahler zahlen muß, aufgeführt sind. Bernstein a. a. O. verweist selbst auf den Art 168 des Entwurfs von 1845, der den Sinn der Bestimmung deutlicher durch die Worte ausdrückte: „Er tritt durch die Ehrenzahlung in die Rechte des Eigentümers eines wegen verweigerter Zahlung protestierten Wechsels", und der inhaltlich keine Änderung habe erfahren sollen. Danach wird der Ehrenzahler, der den Wechsel an den letzten Indossatar, der den Wechsel hat protestieren lassen, bezahlt hat, im Wege des Regresses von dem Honoraten, dessen Vormännern und dem Akzeptanten die in Art 50 aufgeführten Beträge; der Ehrenzahler, der den Wechsel an einen Indossanten, der ihn im Regreßwege eingelöst hat, bezahlt, die in Art 51 aufgeführten Beträge fordern können; vorbehaltlich in beiden Fällen der Berechnung höherer Sätze bei Vorliegen der Voraussetzungen des in Art 63 gleichfalls angeführten Art 52. Ferner wird auf Grund der in Art 53 dem Regreßnehmer (also jedem Regreßnehmer) zugesprochenen Befugnis der Ehrenzahler berechtigt sein, seinen Regreß im Wege der Ziehung eines Rückwechsels auszuüben, und in diesem Falle die Kosten des Rückwechsels von dem Regreßpflichtigen erstattet verlangen können.

d) Der Ehrenzahler tritt in die Rechte des Inhabers **gegen den Honoraten, dessen Vormänner und den Akzeptanten.** Ist also der Inhaber, der die Ehrenzahlung erhält (nicht, wie in ROHG 6, 164 gesagt ist, der Honorat), der Aussteller, so erwirbt der Ehrenzahler keine Regreßansprüche, da solche dem Aussteller nicht zustehen, sondern nur die Rechte des Ausstellers gegen den Akzeptanten. In dem dort entschiedenen Falle war der Notadressat zugleich der Aussteller (vgl. zu Art 56 Anm 3) und hatte den Wechsel als Ehrenzahler zu eigenen Ehren von dem Inhaber eingelöst; deshalb waren die Rechte des Inhabers gegen ihn durch Konfusion erloschen und er nur in die Rechte des Inhabers gegen den Akzeptanten getreten, zugleich aber war dadurch sein Recht als Aussteller gegen den Akzeptanten wieder in Kraft getreten. Bei dieser Sachlage war ein früherer Indossatar ohne neues auf ihn lautendes Indossament des Ausstellers zur Wechselklage gegen den Akzeptanten nicht legitimiert. So im Ergebnis zutreffend ROHG a. a. O. — Löst andrerseits der Indossant, zu dessen Ehren die Ehrenzahlung erfolgt ist, auf den Regreß des Ehrenzahlers gegen ihn als Honoraten den Wechsel ein, so lebt nach der herrschenden Ansicht sein früheres Recht als Wechselgläubiger wieder auf, ohne daß es eines neuen Indossaments auf ihn oder der Durchstreichung seines und der nachfolgenden Indossamente bedarf; die Grundsätze des Art 55 (vgl. zu diesem Artikel Anm 1) sind auch auf diesen Fall entsprechend anwendbar, obwohl der Honorat nicht einen Nachmann, sondern seinen Ehrenzahler befriedigt hat (ROHG 12, 48; RGZ 12, 134). — In die Rechte des Inhabers gegen die Nachmänner des Honoraten tritt der Ehrenzahler erklärlicherweise nicht ein; sie sind vielmehr befreit, da andernfalls, wenn der Ehrenzahler sich an sie hielte, der Honorat ihren Regreßansprüchen ausgesetzt sein würde, was zu vermeiden gerade der Zweck der Ehrenzahlung war. Eine Einschränkung des Kreises derjenigen Wechselverpflichteten, gegen welche der Ehrenzahler nach Art 63 Regreßansprüche erwirbt, tritt ein im Falle des Art 64; vgl. die Erläuterungen zu diesem Artikel. **Anm. 10.**

e) Auf die **Verjährung** der Regreßansprüche des Ehrenzahlers wird nicht (wie Bernstein zu Art 78 § 1 S. 289 annimmt) Art 78, sondern (wie StStranz zu Art 78 Anm 1 zutreffend ausführen) der Art 79 entsprechend anzuwenden sein, da er der Sache nach nicht eine dem Inhaber, der den Wechsel hat protestieren lassen, sondern vielmehr eine dem Indossanten, der den Wechsel eingelöst hat, entsprechende Stellung einnimmt; es wird daher hinsichtlich der Dauer der Verjährungsfrist nicht auf den Zahlungsort des Wechsels, sondern auf den Wohnort des Ehrenzahlers ankommen; auch wird die Frist gegen ihn nicht vom Tage des erhobenen Protestes, sondern vom **Anm. 11.**

Tage der Ehrenzahlung oder, wenn er erst auf erhobene Klage gezahlt hat, vom Tage der Zustellung der Klage ab laufen; vgl. zu Art 79 Anm 3.

Artikel 64.

Unter mehreren, welche sich zur Ehrenzahlung erbieten, gebührt demjenigen der Vorzug, durch dessen Zahlung die meisten Wechselverpflichteten befreit werden. Ein Intervenient, welcher zahlt, obgleich aus dem Wechsel oder Protest ersichtlich ist, daß ein anderer, dem er hiernach nachstehen müßte, den Wechsel einzulösen bereit war, hat keinen Regreß gegen diejenigen Indossanten, welche durch Leistung der von dem anderen angebotenen Zahlung befreit worden wären.

Anm. 1. **1.** Art 64 regelt den Fall, daß sich mehrere **zur Ehrenzahlung erbieten.** In **Satz 1** ist der Grundsatz ausgesprochen, daß in solchem Falle demjenigen der Vorzug gebührt, durch dessen Zahlung die meisten Wechselverpflichteten befreit werden. Dieser Grundsatz entspricht dem Zwecke des Rechtsinstituts der Intervention, den Regreß mangels Annahme und Zahlung unnötig zu machen oder möglichst weitgehend einzuschränken; vgl. die Vorbemerkung zu diesem Unterabschnitt. Zu diesem Zwecke soll derjenige als Ehrenzahler vorzugsweise berücksichtigt werden, durch dessen Zahlung der Regreß entweder (wenn er für den Aussteller zahlt) gänzlich abgeschnitten wird oder aber (wenn er für einen Indossanten zahlt) der Wechsel seinen Rücklauf auf dem kürzesten Wege vollenden kann. Das Erbieten mehrerer zur Ehrenzahlung wird dabei vom Gesetze als eine Konkurrenz, ein Wettbewerb um einen „Vorzug", also um einen damit irgendwie verbundenen Vorteil behandelt. Es liegt am nächsten anzunehmen, daß das Gesetz diesen Vorteil in der Provision erblickt, die der Ehrenzahler beanspruchen kann (vgl. zu Art 63 Anm 9). Doch mag das Gesetz wohl den Vorteil im Auge gehabt haben, der für die Regreßpflichtigen, zu deren Ehren die Zahlung angeboten wird, aus ihr erwächst. Zur Verwirklichung des aufgestellten Grundsatzes hat aber das Gesetz nicht den Weg gewählt, daß es dem Inhaber die Verpflichtung auferlegte, die Vorschrift bei der Entgegennahme der Zahlung von dem einen oder anderen der mehreren, die sich erbieten, zu beobachten, und daß es an die Verletzung des Grundsatzes durch ihn eine Rechtsfolge zu seinem Nachteile knüpfte. Der Inhaber setzt sich deshalb keinem rechtlichen Nachteile aus, wenn er von einem anderen, als dem, welchem der Vorzug gebührt, die Zahlung entgegennimmt.

Anm. 2. **2.** Dagegen ist in **Satz 2** eine Rechtsfolge an die Verletzung des vorangestellten Grundsatzes geknüpft, die sich **gegen denjenigen richtet, der als Intervenient zahlt,** obwohl er zufolge der durch den Grundsatz aufgestellten Regel einem anderen nachstehen müßte, der ausweislich des Wechsels oder des Protestes zur Einlösung des Wechsels bereit war. Die Sanktion besteht darin, daß der Intervenient in solchem Falle keinen Regreß hat gegen diejenigen Indossanten, welche durch die Zahlung des anderen befreit worden wären.

Anm. 3. **a)** Die Sanktion richtet sich ihrem Wortlaute nach gegen jeden Intervenienten, also sowohl gegen den durch Notadresse berufenen, wie gegen den unberufenen Ehrenzahler. Zweifelhaft könnte sein, ob sie auch gegen den Ehrenakzeptanten angewendet werden kann, da dieser durch die Ehrenannahme zur Zahlung verpflichtet ist und vom Inhaber dazu angehalten werden kann, auch wenn die Voraussetzungen für seine vorzugsweise Berücksichtigung nicht vorliegen. Doch wird die Frage wohl bejaht werden müssen. Denn der Ehrenakzeptant hat durch die Ehrenannahme zugleich die für ihn erkennbar (vgl. unten Anm 4) bestehende Gefahr übernommen, daß er zahlen muß, obwohl ein anderer den Anspruch auf vorzugsweise Leistung der Zahlung hat, und daß er in diesem Falle keinen Regreß gegen diejenigen Indossanten ausüben kann, die durch die Zahlung des anderen befreit worden wären. Gerade auch mit für dieses Risiko wird er durch die ihm, falls er zur Zahlung gelangt, nach Art 63 (vgl. zu diesem Artikel Anm 9) und, falls er nicht zur Zahlung gelangt, nach Art 65, also auf alle Fälle zustehende Provision entschädigt.

Anm. 4. **b)** Der zahlende Intervenient braucht aber die Vorzugsberechtigung eines anderen nur zu beachten, wenn die Einlösungsbereitschaft des anderen aus dem Wechsel oder dem Protest ersichtlich ist. Aus dem Wechsel selbst wird sich eine solche Bereitschaft schwerlich ergeben, da sie erst in Frage kommt, wenn der Wechsel fällig ist und bezahlt werden soll. Dagegen hat nach Art 88 Abs 1 Nr. 4 der Protestbeamte in den Protest eine Erwähnung aufzunehmen, falls eine Ehrenannahme oder Ehrenzahlung angeboten worden ist; vgl. darüber zu Art 88 Anm 11. Üblich ist es, auch eine bloße wörtliche Erklärung der Bereitwilligkeit zur Zahlung in den Protest mangels Zahlung aufzunehmen; vgl. darüber zu Art 62 Anm 4. Eine solche bloß platonische Bereitwilligkeitserklärung („Ich interveniere", „Ich zahle zu Ehren" oder dgl.) braucht aber der Ehrenzahler, auch wenn sie im Protest mangels Zahlung, der ihm bei der Ehrenzahlung ausgehändigt wird (Art 63), beurkundet ist, nicht zu berücksichtigen. Vielmehr erfordert Art 64, daß der andere „zur Zahlung bereit war", also eine wirkliche Bereitschaft, die sich durch ein tatsächliches Erbieten zur Zahlung mit dem Gelde in der Hand kundgegeben hat. Daß ein solches Erbieten stattgefunden hat, muß aus dem Wechsel oder dem Proteste hervorgehen; ein nicht auf diese Weise beurkundetes Erbieten braucht der Zahlende nicht zu beachten, auch wenn er davon auf irgendeine andere Weise, z. B. durch Mitteilung des anderen, Kenntnis erhalten hat. Liegt aber ein derart beurkundetes Erbieten des anderen vor, so darf er, wenn er die vom Gesetze aufgestellte Sanktion vermeiden will, nicht zahlen, auch wenn der Inhaber das Angebot des anderen zurückgewiesen hat. War er Ehrenakzeptant, so bleibt ihm in solchem Falle nichts übrig, als sich von dem Inhaber verklagen und verurteilen zu lassen; auf eine Zahlung, die auf Grund einer Verurteilung erfolgt, wird dann die Sanktion des Gesetzes keine Anwendung finden können.

Artikel 65.

Der Ehrenakzeptant, welcher nicht zur Zahlungsleistung gelangt, weil der Bezogene oder ein anderer Intervenient bezahlt hat, ist berechtigt, von dem Zahlenden eine Provision von ein Drittel Prozent zu verlangen.

Vgl. über die Bedeutung des Art 65 zu Art 63 Anm 9. Dem Ehrenakzeptanten wird vom Gesetze, augenscheinlich um die Ehrenannahme zu befördern, eine Vergütung für die mit ihr verbundene Mühewaltung und wirtschaftliche Belastung auch für den Fall zugebilligt, **daß er nicht zur Ehrenzahlung gelangt,** sei es deshalb weil der Bezogene nachträglich Zahlung geleistet hat oder daß der Inhaber die Zahlung eines anderen Intervenienten entgegengenommen hat. Ob dieser andere nach dem Grundsatze des Art 64 zur Zahlung vorzugsweise vor dem Ehrenakzeptanten berechtigt war, ist für den Provisionsanspruch des letzteren unerheblich. **Anm. 1.**

Bestritten ist, ob eine Zahlung des Bezogenen auch dann zu einer Provision für den Ehrenakzeptanten Anlaß gibt, wenn er als Bezogener, nicht, was ihm freisteht (vgl. zu Art 63 Anm 7) als Intervenient gezahlt hat. Mit Unrecht wollen StStranz (Anm 2 zu Art 65) die Provision nur im letzteren Falle zubilligen. Der Bezogene hat dadurch, daß er den Wechsel bei Fälligkeit auf Vorlegung nicht bezahlt hat, ihn vielmehr in Protest hat gehen lassen, das Notleiden des Wechsels verursacht und zu der Ehrenannahme Veranlassung gegeben. Es besteht daher kein Anlaß, dem Ehrenakzeptanten die Provision, die ihm, im Falle er zur Ehrenzahlung gelangt wäre, zustehen würde, zu entziehen, weil der Bezogene sich nachträglich zur Zahlung entschlossen hat; auch kann dieser angesichts seines Verhaltens sich nicht darüber beschweren, daß sie wechselrechtlich ihm zur Last fällt. Auch der Wortlaut des Gesetzes steht nicht entgegen, da unter dem „anderen Intervenienten", der neben dem Bezogenen genannt ist, nicht etwa ein anderer Intervenient als der Bezogene zu verstehen ist (so daß der Bezogene nur als Intervenient gemeint wäre), sondern ein anderer Intervenient, als der Ehrenakzeptant, wie im Falle des Art 62 Satz 3. Der Umstand, daß die Vorschrift in dem Abschnitte über die Intervention steht, kann zu einer anderen Auffassung nicht führen, zumal da sie mit dieser Materie in engem Zusammenhange steht. Die hier vertretene Auffassung ist schon von Bernstein (§ 1 unter 3a S. 257) gegen Staub 4. Aufl vertreten worden, unter näherem Eingehen auf die Entstehungsgeschichte der Vorschrift. **Anm. 2.**

Der Anspruch des nicht zur Zahlung gelangenden Ehrenakzeptanten auf Provision richtet sich gegen denjenigen, der als Ehrenzahler gezahlt hat. Dieser kann die Erstattung des Betrages gemäß Art 63 Satz 2 (vgl. zu Art 63 Anm 9) von dem Honoraten, dessen Vormännern und dem Akzeptanten verlangen. Gelangt der Ehrenakzeptant aus einem anderen Grunde als wegen Zahlung des Wechsels durch den Bezogenen oder einen anderen Intervenienten im Sinne des Art 65 nicht zur Zahlung, z. B. weil der Honorat oder ein anderer Regreßpflichtiger zahlt oder weil die Regreßansprüche gegen den Honoraten und seine Nachmänner durch Verjährung (Artt 78, 79) erloschen sind, so hat er keinen Anspruch auf Provision. Das wird auch gelten müssen, wenn er nicht zur Zahlung gelangt, weil seine Verpflichtung aus der Ehrenannahme durch Nichtvorlage des Wechsels innerhalb der in Art 60 bestimmten Frist erloschen ist, und zwar in diesem Falle auch dann, wenn der Wechsel nach diesem Erlöschen durch den Bezogenen oder einen anderen Intervenienten im Sinne des Art 65 bezahlt wird, da unter solchen Umständen der Ehrenakzeptant nicht wegen dieser Zahlung, sondern wegen des Erlöschens seiner Verpflichtung nicht zur Zahlung gelangt. Es wird deshalb schließlich doch in der Willkür des Inhabers stehen, ihm durch Nichtvorlegung des Wechsels den Provisionsanspruch zu entziehen. **Anm. 3.**

Anhänge zum Unterabschnitte IX [Intervention], Artikel 56 bis 65.

I. Ausländische Wechselgesetzgebungen.

Einrichtungen zur Hilfeleistung **(Intervention)** für solche Wechsel, die mangels Annahme oder mangels Zahlung bei Fälligkeit durch den Bezogenen notleidend geworden (dishonoriert) sind, finden sich in fast allen ausländischen Gesetzgebungen. Nur für Rußland, wo in den früheren Gesetzen die Intervention in Abschn 5 (§§ 105 bis 110) ausführlich geregelt war, enthält das neue Gesetz keinerlei Bestimmungen über sie und wird daraus geschlossen werden müssen, daß sie un- **Anm. 1.**

zulässig ist. Im übrigen entsprechen die Vorschriften in den hauptsächlichsten Grundsätzen meist dem deutschen Rechte; auch soweit ausdrückliche Vorschriften nicht bestehen, werden meist die gleichen Grundsätze angewendet. Doch finden sich im einzelnen nicht unerhebliche Abweichungen.

1. Notadresse (Artt 56, 62 DWO).

Anm. 2. **a)** Hinsichtlich des Notadressanten (vgl. zu Art 56 DWO Anm 2ff.) bestimmt von der deutschrechtlichen Gruppe Japan (Artt 448, 458) ausdrücklich, daß die Notadressierung von dem Aussteller und von jedem Indossanten ausgehen kann. In Italien wird angenommen, daß außer diesen auch ein Avalist einen Notadressaten bezeichnen kann (Vivante Nr. 1193). In Frankreich ist anerkannt, daß eine Notadresse gemäß Art 173 nicht nur von dem Aussteller, sondern auch von einem Indossanten bezeichnet werden kann; streitig ist, ob mit den gleichen Wirkungen (Lyon-Caën et Ren. Nr. 98 S. 86; Nr. 354 S. 306); vgl. unten Anm 7. Gleiches ergibt sich für Belgien aus Art 2 Nr. 2 Ges v. 10. 7. 1877. In England (BEA 15) ist ausdrücklich bestimmt, daß der Aussteller eines Wechsels und jeder Indossant in denselben den Namen einer Person aufnehmen kann, an welche der Inhaber im Falle der Not (d. h. der Dishonorierung durch Nichtannahme oder Nichtzahlung) sich halten kann. Ebenso für das angelsächsische Amerika NIL 215. Der Bezogene wird allgemein als nicht berechtigt zur Bezeichnung eines Notadressaten angesehen (für Italien Vivante 1193, 1194).

Anm. 3. **b)** Der **Notadressat** wird in Italien als bisognatario, in Frankreich als recommandataire oder payeur au besoin, in den Gesetzen des englischen Sprachgebietes als referee in case of need bezeichnet. Daß auch bereits im Wechselverbande stehende Personen, jedoch mit Ausnahme des Akzeptanten, und auch der Bezogene, als Notadressat bezeichnet werden können (vgl. zu Art 56 DWO Anm 3), ist wohl überall anerkannt, ebenso die Selbstbenennung des Notadressanten als Notadressaten (vgl. für Italien Vivante 1195).

Anm. 4. **c)** Hinsichtlich des **Inhalts** der Notadresse (vgl. zu Art 56 DWO Anm 4ff.) wird meist angenommen, daß sie, um beachtlich zu sein, nicht auf einen anderen Ort als den Zahlungsort des Wechsels lauten dürfe (so für Italien Vivante Nr. 1191; in Japan ist es ausdrücklich bestimmt durch Art 448). In den skandinavischen Gesetzen (§ 56) ist die Verpflichtung der Vorlegung zur Annahme auf die Notadressen am Orte der Annahmepräsentation; in Portugal (Art 314 § 4) die Verpflichtung der Vorlegung zur Annahme und zur Zahlung auf solche am Wohnorte des Bezogenen beschränkt. Anders in Frankreich, wo aus Art 173 Code de comm., demzufolge die Proteste mangels Annahme und Zahlung „im Wohnsitze der Personen, die im Wechsel angegeben sind, um im Notfalle zu zahlen", zu erheben sind, sich ergibt, daß der Wohnsitz der Notadressaten maßgebend ist, auch wenn er von dem Zahlungsorte des Wechsels abweicht. Auch in England (BEA 15) ist für den Begriff und die Wirksamkeit der Notadresse nicht erforderlich, daß sie auf den Zahlungsort laute.

Anm. 5. **d)** Hinsichtlich **des Platzes** der Notadresse (vgl. zu Art 56 Anm 6) wird in Frankreich anerkannt, daß sie auch in einem acte séparé, also außerhalb des Wechsels, stehen könne, und bezeugt, daß dies häufig geschehe, damit der Bezogene nicht von dem ihm dadurch bekundeten Mangel an Vertrauen Kenntnis erhalte (Lyon-Caën Nr. 98 S. 86). Für Italien wird bezeugt, daß aus dem gleichen Grunde der Notadressant meistens seine Unterschrift nicht beifüge und daß dadurch die Wirksamkeit der Notadresse nicht beeinträchtigt werde (Vivante 1191).

Anm. 6. Daß die Notadresse auf einer Kopie stehen kann (vgl. zu Art 56 DWO Anm 6a) ist unbedenklich für Frankreich, da sie dort (vgl. oben) auch in einem besonderen Akte benannt werden kann; es wird aber auch angenommen für Belgien (Art 2 Abs 3 Ges v. 10. 7. 1877), Spanien (481 Abs 2) und für andere Staaten, deren Gesetze nur Notadressen „auf dem Wechsel" erwähnen. Ebenso für Italien und Rumänien, da in diesen Ländern auch das Akzept auf einer Kopie erfolgen kann, vgl. Anhang I zum Unterabschnitt V Anm 1.

Anm. 7. **e) Wirkungen der Notadressierung.** In den meisten Gesetzgebungen der deutschrechtlichen Gruppe ist, wie in der DWO (Art 56), bestimmt, daß der Inhaber verpflichtet ist, bevor er den Regreß auf Sicherstellung ausüben kann, den Notadressen den Wechsel zur Annahme zu präsentieren und im Falle der Verweigerung einer Ehrenannahme durch sie darüber den sog. Kontraprotest (vgl. zu Art 56 DWO Anm 9) aufnehmen zu lassen; so in der Schweiz (Art 776), Bulgarien (588), Japan (504), während in den skandinavischen Gesetzen (§ 59) und in Finnland (§ 49) ein solcher Protest nicht für notwendig erklärt wird. In Italien (Art 273) und Rumänien (295) findet sich keine ausdrückliche Bestimmung über einen Kontraprotest; die Verweigerung der Ehrenannahme durch die Notadresse ist aber auch in diesen Ländern durch einen Vermerk in dem Proteste mangels Annahme des primär Bezogenen festzustellen (Vivante Nr. 1199 S. 305). Über die Vorlegung an die Notadressen zur Zahlung vgl. unten Anm 16.

In Frankreich ist streitig, ob der Inhaber zur Vorlegung des Wechsels an die Notadressen auch verpflichtet ist, wenn ein ein Indossant sie bezeichnet hat oder nur wenn der Aussteller Notadressant ist; die Rechtsprechung (besonders der Kassationshof, Sirey 34, 1, 220) beschränkt die Verpflichtung auf den letzteren Fall, während die Rechtslehre aus der allgemeinen Fassung des Art 173 Code de comm. über den Ort der Protesterrichtung („au domicile des personnes indiquées par la lettre de change pour la payer au besoin") die Verpflichtung für beide Fälle herleitet. In dem belgischen Protestgesetze vom 10. 7. 1877 ist die Streitfrage im letzteren Sinne ent schieden. Im englischen Rechte (BEA 15 Satz 2) besteht keine Verpflichtung zur Vorlegung an die Notadressen mangels Annahme oder Zahlung; es steht vielmehr „in der beliebigen Wahl des Inhabers, sich an die Notadressen zu halten oder nicht". Ebenso das NIL 215.

f) Die **Zahl** der Notadressen auf einem Wechsel (vgl. zu Art 56 DWO Anm 7) ist auch in den ausländischen Gesetzgebungen wohl überall nicht beschränkt. Hinsichtlich der Reihenfolge, in der mehrere Notadressen anzugehen sind (vgl. zu Art 56 DWO Anm 13), ist in der deutschrechtlichen Gruppe die Frage, ob der Inhaber bei der Vorlegung zur Annahme eine bestimmte Reihenfolge einhalten muß, durch die Gesetze von Ungarn (§ 56 Abs 2), Bulgarien (Art 586 Abs 2), Finnland (§ 46) bejahend entschieden, dagegen durch das japanische (Art 502) und portugiesische Gesetz (Art 296 § 2) gerade entgegengesetzt im Sinne der freien Wahl des Inhabers. In Italien wird auf Grund des Art 272 Abs 2 angenommen, daß die Regel, derzufolge der Vorzug demjenigen gebührt, der die größte Zahl von Regreßpflichtigen befreit, ebensowohl von dem Inhaber bei Angehung mehrerer Notadressen, wie von den Notadressaten und Intervenienten selbst, die miteinander konkurrieren, zu beobachten ist (Vivante Nr. 1200 Art 3); ebenso für Rumänien auf Grund des Art 294 Abs 2. Im französischen Rechtsgebiete ist bestritten, ob die Regel des Art 159 Abs 4, derzufolge bei Konkurrenz für die Ehrenzahlung derjenige vorzuziehen ist, der die meisten Befreiungen bewirkt (vgl. unten Anm. 20) auch anzuwenden ist auf die Ehrenannahme und die Vorlegung an die Notadressaten zur Annahme; Lyon-Caën et Ren. Nr. 249 S. 220 sprechen sich gegen die entsprechende Anwendung aus, a. M. die dort in Fußnote 3 Angeführten. Belgien hat den Art 159 Code de comm. nicht übernommen. Im angelsächsischen Rechte ergibt sich daraus, daß eine Verpflichtung des Inhabers zur Vorlegung an die Notadressen überhaupt nicht besteht (vgl. oben Anm 7), von selbst, daß er auch in der Reihenfolge freie Hand hat. **Anm. 8.**

g) Das neue tschechoslowakische Gesetz enthält über die Notadressen in § 52 eine dem Art 56 DWO entsprechende Vorschrift; dabei ist aber durch eine Einschiebung in Satz 1 ausdrücklich hervorgehoben, daß die Vorschrift auch für einen mangels Bestellung einer Sicherheit durch den Akzeptanten protestierten Wechsel gilt. Rouček und Weiß, Das neue tschechoslowakische Wechselrecht, im Prager Archiv 1928 S. 88 verlangen auf Grund des in diesem Punkte mit der DWO übereinstimmenden Wortlautes („eine auf den Zahlungsort lautende Notadresse") wohl ohne Grund, daß der Zahlungsort bei der Notadresse ausdrücklich angegeben sein müsse; vgl. darüber zu Art 56 DWO Anm 4. — Die neuen Gesetze von Polen (Art 54) und Jugoslawien (§ 54) haben die Vorschriften der Haager EWO (Art 57) übernommen; vgl. über diese den Anhang II Anm 2 ff. **Anm. 9.**

2. Ehrenannahme (Artt 57—61 DWO). Sie wird in den Rechten des französischen Sprachgebietes als „acceptation par intervention", im italienischen Rechte als „accettazione per intervento", in den Rechten des englischen Sprachgebiets als „acceptance for honour or supra protest" bezeichnet.

a) Für berechtigt, als Ehrenakzeptant einzutreten, ohne durch Notadresse berufen zu sein (vgl. zu Art 57 DWO Anm 2), ist in Italien (Art 270 Abs 2), Rumänien (292), sowie in Frankreich (Art 126 C. de comm.) und den übrigen Gesetzen der französischrechtlichen Gruppe „jeder Dritte" erklärt. Unter dem Dritten wird eine Person verstanden, die nicht bereits auf Grund des Wechsels haftet; also auch der Bezogene, der nicht akzeptiert hat, nicht dagegen der Akzeptant, der Aussteller und die Indossanten (Lyon-C. Nr. 240 S. 215; Vivante Nr. 1196 S. 303). Auch im angelsächsischen Rechte können nur Personen, „die nicht bereits im Wechselverbande stehen", als Ehrenakzeptanten eintreten (BEA 65¹; NIL 280). **Anm. 10.**

b) Die Befugnis, eine unberufene Ehrenannahme zurückzuweisen (vgl. zu Art 57 DWO Anm 1), ist dem Inhaber auch in den übrigen Staaten der deutschen Rechtsgruppe, mit Ausnahme von Portugal, vgl. unten, gewährt; doch ist in den skandinavischen Gesetzen (§ 57), Finnland (§ 52), wie auch im früheren russischen Gesetze (Art 106) die Zurückweisung des Bezogenen, der nicht als solcher, sondern als Ehrenakzeptant eintreten will, nicht gestattet. Im angelsächsischen Rechte ist zu jeder unberufenen Ehrenannahme die „Zustimmung des Inhabers" erforderlich (BEA 65¹; NIL 280). Dagegen bestimmen die Gesetze des französischen Rechtsgebietes ausdrücklich, daß der Inhaber die Ehrenannahme auch von einer nicht auf dem Wechsel als Notadresse benannten Person zulassen muß (Code de comm. Art 126; Belgisches Ges. Artt 17, 19). In diesen Ländern gelten, wenn mehrere sich unberufen zur Ehrenannahme erbieten, die gleichen Grundsätze, wie bei der Konkurrenz mehrerer Notadressen (vgl. oben Anm 8), während da, wo die Zurückweisung gestattet ist, dem Inhaber auch freie Wahl zusteht, welche von mehreren angebotenen Ehrenannahmen er zulassen will. **Anm. 11.**

c) Voraussetzungen und Form der Ehrenannahme (vgl. zu Artt 57 und 58 DWO). Voraussetzung ist überall, daß der Wechsel durch Nichtannahme des primär Bezogenen notleidend geworden und dies durch Protest mangels Annahme festgestellt ist. Auch das angelsächsische Recht erfordert für den Zweck der Ehrenannahme (acceptance for honour or supra protest) den sonst bei Inlandswechseln nicht erforderlichen Protest mangels Annahme oder mangels Sicherheit des Akzeptanten; vgl. Meyer Wwrecht I S. 397 und die dort angeführten angelsächsischen Schriftsteller. Das Ehrenakzept auf einer Kopie ist in denjenigen Ländern zulässig, in denen auch das Akzept des primär Bezogenen auf einer Kopie stehen kann, so in Italien **Anm. 12.**

(vgl. den Anhang I zum Unterabschn V Anm 1). Nach den Gesetzen der skandinavischen Länder (§ 59) und Finnlands (§ 49), nach welchen ein sog. Kontraprotest als Regreßvoraussetzung nicht erforderlich ist (vgl. oben Anm 7), hat der Ehrenintervenient das Recht zu verlangen, daß seine Intervention durch einen Vermerk in dem Proteste mangels Annahme oder Zahlung des primär Bezogenen festgestellt werde. In Italien und Rumänien wird, obwohl eine ausdrückliche, dem Art 58 DWO entsprechende Vorschrift fehlt, angenommen, daß die Ehrenannahme in dem Proteste mangels Annahme des Bezogenen zu vermerken ist (Vivante Nr. 1199). Im Gebiete des französischen Wechselrechts (Artt 126, 127 franz. C. de comm.) ist bestimmt, daß die Intervention im Protestakte zu erwähnen und von dem Intervenienten zu unterschreiben ist und daß der Intervenient davon ohne Verzug demjenigen, für den er eingetreten ist, Mitteilung zu machen hat. Streitig ist auf Grund des Wortlauts des Art 126 Abs 2, ob die Unterschrift (entsprechend der Annahme durch den primär Bezogenen) auf dem Wechsel selbst erfolgen muß (so Lyon-C. Nr. 243 S. 217) oder auch in dem Proteste erfolgen kann (so Thaller Nr. 1413 Abs 2 S. 849). Die letztere Ansicht dürfte mit dem Grundsatze, daß wechselrechtliche Verpflichtungen nur durch Schrift auf dem Wechsel begründet werden können, nicht zu vereinbaren sein. Daß aber Unterschrift im Wechsel und im Proteste erforderlich sei (so Meyer Wwrecht S. 399), dürfte aus dem Wortlaute des Gesetzes nicht zu folgern sein. Für Belgien sind in Artt 17, 18 des Gesetzes vom 20. 5. 1872 dem französischen Gesetze entsprechende Bestimmungen getroffen, jedoch ohne Erwähnung der Unterschrift des Intervenienten, die aber auch ohne ausdrückliche Bestimmung als Erfordernis der wechselrechtlichen Verpflichtung notwendig sein wird. — Nach angelsächsischem Rechte, wo besondere Vorschriften über die Form der Ehrenannahme nicht bestehen, wird angenommen, daß sie vor einem öffentlichen Notar und Zeugen zu erfolgen hat und von dem Intervenienten zu unterschreiben ist (Daniel § 523 S. 615). Daß die Ehrenannahme auf dem Wechsel erfolgen muß, wird auch hier wohl vorausgesetzt. Mitteilung von der geschehenen Ehrenannahme an den Honoraten wird, wie im deutschen Rechte (Art 58 DWO), auch in den übrigen Gesetzgebungen der deutschrechtlichen Gruppe, zum Teil unter abweichender Festsetzung der Mitteilungsfrist, erfordert.

Anm. 12a. d) Hinsichtlich der Personen, **zu deren Gunsten die Intervention erfolgen kann,** der **Honoraten** — vgl. zu Art 59 DWO —, bestimmen die Gesetze der französischen Rechtsgruppe sowohl für die Ehrenannahme wie für die Ehrenzahlung im Anschlusse an die Artt 126 Abs 1 bzw. 158 Abs 1 C. de comm., daß sie erfolgen kann „für den Zieher oder für einen der Indossanten". Doch wird allgemein angenommen, daß die Fassung des Gesetzes zu eng ist und daß die Intervention zugunsten jedes Wechselschuldners, auch des Avalisten und des Akzeptanten erfolgen kann (Lyon-C. et Ren. Nr. 336 Fußnote 1 S. 292). Im angelsächsischen Rechte (BEA 65[1]; NIL 280) ist die Intervention für statthaft erklärt zu Ehren eines Wechselverpflichteten, also auch des Akzeptanten und des Avalisten, sowie zu Ehren desjenigen, für dessen Rechnung der Wechsel gezogen ist. Eine Vermutung, daß die Ehrenannahme, wenn in ihr kein Honorat bezeichnet ist, zu Ehren des Ausstellers stattgefunden hat (vgl. Art 59 DWO), ist auch in den übrigen Gesetzen der deutschrechtlichen Gruppe aufgestellt; jedoch ist in Ungarn (§ 59) und Bulgarien (Art 589) der Gegenbeweis, daß ein anderer als der Aussteller als Honorat gemeint sei, zugelassen. Im angelsächsischen Rechte stellt das Gesetz (BEA 65[4]; NIL 282) die gleiche Vermutung auf, wie Art 59 DWO. Im Gebiete der französischrechtlichen Gruppe, wo entsprechende Vorschriften fehlen, wird der Intervenient, der die Person des Honoraten nicht bezeichnet hat, als im Interesse aller Verpflichteten eingetreten angesehen (Lyon-C. Nr. 239 S. 215).

Anm. 13. e) **Wirkungen der Ehrenannahme.** α) Die Ehrenannahme bewirkt den Fortfall des Regresses mangels Annahme und wegen Unsicherheit des Akzeptanten in der gleichen Weise, wie nach der DWO — vgl. zu Art 61 —, in den übrigen Staaten der deutschrechtlichen Gruppe, außer Portugal (vgl. unten), und zwar in der Schweiz (Art 779), Ungarn (§ 60), Skandinavien (§§ 56, 61), Bulgarien (Art 591), Japan (506); in Italien (Art 271 Abs 3), Rumänien (293 Abs 3) mit der Maßgabe, daß durch eine unberufene Ehrenannahme der Verlust des Rückgriffs nur eintritt, wenn sich aus dem Proteste ergibt, daß der Inhaber ihr zugestimmt hat (Vivante Nr. 1205 S. 319); in Italien lebt ferner das Regreßrecht wieder auf, wenn der Ehrenakzeptant in Falliment oder Zahlungsunfähigkeit gerät (Art 315; Vivante a. a. O.). Die Frage, ob der Verlust auch des Regresses gegen die Vormänner des Honoraten eintritt (vgl. zu Art 61 Anm 3), wird von Vivante (a. a. O. Abs 2) bejaht mittels Schlusses auf das Gegenteil aus Art 271 (entsprechend dem Art 61 Satz 2 DWO), sowie wegen Art 273 (entsprechend dem Art 58 Satz 1 DWO). — Dagegen bleiben im Gebiete der französischen Rechtsgruppe (Art 128 franz. C. de comm.) dem Inhaber ungeachtet aller Ehrenannahmen (acceptations par intervention) alle seine Rechte gegen den Zieher und die Indossanten erhalten. Thaller (Nr. 1416) will diese Vorschrift auf die unberufene Ehrenannahme einschränken, da der Notadressat (recommandataire) kein Intervenient im Systeme des französischen Rechts sei, und nimmt deshalb an, daß durch die Annahme eines Notadressaten der Rekurs gegen die Regreßpflichtigen erlischt. Andrerseits wollen Lyon-C. et Ren. (Nr. 246 S. 218) ungeachtet des Art 128 gegen die Ausübung des Sicherheits-Regresses durch den Inhaber die Einrede zulassen, daß der Ehrenakzeptant eine zahlungsfähige Person sei und der Inhaber dadurch bereits die erforderliche Sicherheit habe. Von der deutschen Gruppe hat sich Portugal (Art 297) dem französischen Rechtsgedanken angeschlossen. Im angelsächsischen Rechte besteht keine ausdrückliche Vorschrift; es wird aber angenommen, daß der Inhaber, der eine Ehrenannahme entgegennimmt, den Sicherungsregreß gegen den Honoraten und dessen Nachmänner, nicht jedoch gegen die Vormänner verliere (Daniel I § 529 S. 621).

β) Wie nach Art 60 DWO — vgl. zu diesem Art Anm 12 — ist auch in den übrigen Gesetzen der deutschrechtlichen Gruppe die Fortdauer der wechselmäßigen Verpflichtung des Ehrenakzeptanten davon abhängig gemacht, daß ihm der Wechsel binnen bestimmter Frist zur Zahlung vorgelegt wird; doch beträgt diese Frist dort überall (wie im früheren deutschen Rechte) noch zwei Werktage nach dem Zahlungstage, mit Ausnahme von Bulgarien (Art 590 Abs 2), wo die Vorlegung, wie nach dem jetzt geltenden deutschen Rechte, bis zum Ablaufe des dritten Werktags nach dem Zahltage erfolgen kann. **Anm. 14.**

Für das französische Wechselrechtsgebiet ergibt sich aus Art 173 Abs 2 Code de comm. und den ihm entsprechenden Vorschriften der übrigen Gesetze dieser Gruppe, daß dem Ehrenakzeptanten gegenüber Protest mangels Zahlung innerhalb der Protestfrist erhoben werden muß, widrigenfalls seine Verpflichtung, wie die eines Indossanten, erlischt, da er nur als Übernehmer der Regreßverbindlichkeit des Honoraten angesehen wird (Lyon-C. Nr. 239, 245; Späing zu Art 62 DWO Anm 4 S. 187). Anders nach den Gesetzen der Niederlande (Art 147), wo die Verpflichtung des Ehrenannehmers sich nach den Vorschriften über die Wirkung des Akzepts des primär Bezogenen richtet unter der Voraussetzung, daß der Wechsel gegen diesen mangels Zahlung protestiert ist. — Nach angelsächsischem Rechte (BEA 66, 67; NIL 283, 284) verpflichtet sich der Ehrenakzeptant durch seine Annahme zur Zahlung des Wechsels, falls dieser nicht durch den Bezogenen bezahlt wird, vorausgesetzt, daß er gehörig zur Zahlung präsentiert und mangels Zahlung protestiert worden ist und daß der Ehrenakzeptant hiervon Nachricht erhält, und zwar haftet er dem Inhaber und allen Nachmännern des Honoraten; der Wechsel muß ihm jedoch am Tage nach der Fälligkeit präsentiert oder, wenn er an einem anderen Orte als dem der Protestierung wohnhaft ist, an diesem Tage behufs Präsentation an ihn abgesendet werden, sofern nicht Entschuldigungsgründe vorliegen. Auch bei Inlandswechseln ist im angelsächsischen Rechte (BEA 67[4]; NIL 289), falls der Wechsel zu Ehren akzeptiert worden ist oder eine Notadresse trägt, Protestierung mangels Zahlung durch den Ehrenakzeptanten bzw. die Notadresse zur Erhaltung der Regreßansprüche erforderlich.

γ) Das neue tschechoslowakische Wechselrecht hat sich in den §§ 53—57 durchweg den Vorschriften der DWO (Artt 57—61) über die Ehrenannahme angeschlossen. Dagegen haben die neuen Wechselrechte von Jugoslawien (§§ 55—57) und Polen (Artt 55—57) die Vorschriften der Haager EWO (Artt 55—57) übernommen; vgl. über diese Anhang II Anm 7 ff. **Anm. 15.**

3. Ehrenzahlung (Artt 62—65 DWO).

a) Über die Verpflichtung des Inhabers, den mangels Zahlung durch den Bezogenen notleidenden Wechsel den auf ihm befindlichen Notadressen und dem Ehrenakzeptanten vorzulegen, gelten die gleichen Vorschriften, wie nach Art 62 Satz 1, 2 DWO, auch in der Schweiz (Art 780), Ungarn (§§ 61 ff.), Skandinavien (62), Finnland (55), Japan (Artt 487, 508); doch ist in diesen Ländern die Vorlegung, wie im deutschen Rechte vor der Protestnovelle, innerhalb der (zweitägigen) Protestfrist vorgeschrieben, während in Bulgarien (Art 590) die nach dem jetzt geltenden deutschen Recht bestimmte dreitägige Frist vorgeschrieben ist; auch geht nach den skandinavischen Gesetzen (§ 62) und in Finnland (§ 55) durch die nicht rechtzeitige Vorlegung nur der Rückgriff gegen die Nachmänner des Adressanten oder Honoraten, nicht auch gegen diesen selbst verloren. — In Italien ergibt sich das Erfordernis der Vorlegung innerhalb der Protestfrist aus Artt 296, 304, 271 Abs 2; in Rumänien aus Artt 319, 327 Nr. 2, 293. Für das französische Rechtsgebiet ergibt sich die Notwendigkeit der Vorlegung innerhalb der Protestfrist aus Art 173 C. de comm., der vorschreibt, daß der Protest auch erhoben werden muß im Domizil der auf dem Wechsel angegebenen Notzahler und des Dritten, der durch Intervention akzeptiert hat. Im angelsächsischen Rechte (BEA 15; NIL 215) ist es „in die beliebige Wahl" des Inhabers gestellt, die Notadressen und auch den Ehrenakzeptanten behufs Zahlung anzugehen oder nicht. **Anm. 16.**

b) Beurkundung der erfolgten Ehrenzahlung im Proteste mangels Zahlung (sog. Interventionsprotest, Art 62 Satz 1 Halbsatz 2 DWO) wird auch in den übrigen Gesetzen der deutschen Rechtsgruppe verlangt, mit Ausnahme von Skandinavien (§ 62); auch hier kann aber der Ehrenzahler Quittung über die Zahlung mit Bezeichnung desjenigen, für den gezahlt ist, auf dem Wechsel oder im Proteste verlangen. Für das Gebiet des französischen Rechts ist vorgeschrieben (Art 158 Abs 2 C. de comm.), daß die Intervention und die Zahlung (Ehrenzahlung) im Protestakte oder im Anschluß an diesen Akt zu beurkunden sind. In Belgien (Art 8 Ges. v. 10. 7. 1877) kann die Beurkundung auch in einem Anhange zu der dort zugelassenen Privatdeklaration des Bezogenen (vgl. über diese den Anhang I zum Unterabschn. VIII Anm 2) erfolgen. Nach dem angelsächsischen Rechte (BEA 68[3]; NIL 301) muß die Ehrenzahlung, um als solche zu wirken, durch einen notariellen Interventionsakt beurkundet werden, welcher dem (in diesem Falle erforderlichen) Proteste mangels Zahlung angeschlossen werden oder einen Anhang zu diesem bilden kann, und auf eine Erklärung des Ehrenzahlers oder seines hierzu ermächtigten Vertreters ge- **Anm. 17.**

gründet ist, die dessen Absicht, den Wechsel zu Ehren (for honour) zu bezahlen, bekundet und angibt, zu wessen Ehren die Zahlung erfolgt. Einige Gesetzgebungen, so von der deutschrechtlichen Gruppe die Schweiz (Artt 776, 781), Bulgarien (Artt 588, 593) schreiben auch für die Ehrenzahlung, wie für die Ehrenannahme (vgl. oben Anm 12), die Anzeige an den Honoraten unter Übersendung des Protestes durch den Ehrenzahler vor; ebenso die Gesetze der Niederlande (Art 171) und ihrer Kolonien. Im angelsächsischen Rechte wird ohne ausdrückliche gesetzliche Vorschrift auf Grund des Handelsbrauches angenommen, daß der Ehrenzahler „verständige" Mitteilung von der Ehrenzahlung dem Honoraten zu machen hat, widrigenfalls er von diesem keinen Ersatz beanspruchen kann (Daniel I § 523 bei Anm 49 S. 610).

Anm. 18. c) Über die Folgen der Zurückweisung des Angebots einer Ehrenzahlung durch einen unberufenen Intervenienten (DWO Art 62 Satz 3) gilt das gleiche wie im deutschen Rechte in den übrigen Gesetzgebungen der deutschrechtlichen Gruppe (Schweiz Art 780 Abs 3, Bulgarien 593 Abs 3, Skandinavien § 62, auch in Italien Art 299), jedoch mit anscheinender Ausnahme von Ungarn (§ 62), wo dem Wortlaute nach nur die Zurückweisung einer „aus einem Ehrenakzepte durch wen immer" angebotenen, nicht also einer ohne vorheriges Ehrenakzept durch einen berufenen oder unberufenen Intervenienten angebotenen Zahlung mit der Folge des Regreßverlustes bedroht ist, ein Wortlaut, der freilich, wie die Motive nahelegen, auf einem Versehen der Fassung zu beruhen scheint; vgl. über diese Streitfrage Cohn in Z. f. vgl. Rechtsw. Bd 4 S. 184 und Meyer Wwrecht I S. 424 Fußn. 2. — Ferner geht nach den Gesetzen von Ungarn (a. a. O.) und Japan (Art 509) durch die Zurückweisung der Regreß auch gegen den Honoraten, nicht nur gegen dessen Nachmänner verloren. — Für das französische Rechtsgebiet ist maßgebend Art 158 C. de comm., demzufolge ein protestierter Wechsel von jedem Intervenienten für den Zieher oder einen Indossanten bezahlt werden kann, wodurch ein Recht auf Zurückweisung eines solchen Zahlungsangebots ausgeschlossen wird (Lyon-C. et Ren. Nr. 338 S. 293). Nach angelsächsischem Rechte (BEA 68[1], [7]; NIL 305) kann jeder intervenieren und einen mangels Zahlung protestierten Wechsel ehrenhalber bezahlen und soll der Wechselinhaber, welcher sich weigert, die Ehrenzahlung anzunehmen, sein Rückgriffsrecht gegen jeden Wechselverpflichteten verlieren, welcher durch eine solche Zahlung befreit worden wäre.

Anm. 19. d) Die **Wirkungen** der erfolgten Ehrenzahlung werden, wie in der DWO durch Art 63, auch in den übrigen Gesetzgebungen der deutschrechtlichen Gruppe dahin bestimmt, daß der Ehrenzahler ein Recht auf Aushändigung des Wechsels und des Protestes gegen Erstattung der Kosten hat und daß er durch die Ehrenzahlung in die Rechte des Inhabers gegen den Honoraten, dessen Vormänner und den Akzeptanten eintritt. So die Schweiz Art 781 Abs 2, Ungarn § 63, Bulgarien Art. 593 Abs 2, Skandinavien § 63, Finnland § 58, Japan Art 513, Italien Art 300 (vgl. Vivante Nr. 1294 S. 367), Rumänien 323. Für das Gebiet der französischen Wechselrechtsgruppe ist maßgebend Art 159 franz. Code de comm., der ausspricht, daß der Ehrenzahler in die Rechte des Inhabers subrogiert und in der gleichen Weise wie dieser zur Erfüllung der vorgeschriebenen Formalitäten gehalten ist; ferner daß, wenn die Ehrenzahlung für Rechnung des Ziehers erfolgt, alle Indossanten; wenn sie für Rechnung eines Indossanten erfolgt, die Nachmänner dieses Indossanten befreit werden. Auch wird dort angenommen, daß, wie im deutschen Rechte, dem Ehrenzahler der Wechsel und der Protest mangels Zahlung gegen Erstattung der Kosten auszuhändigen sind (Späing zu Art 63 DWO S. 190 und die dort in Anm 2 wiedergegebenen Entscheidungen). Im angelsächsischen Rechte (BEA 68[5, 6], NIL 304) ist bestimmt, daß, wenn ein Wechsel ehrenhalber bezahlt ist, alle Nachmänner des Honoraten befreit werden, jedoch der Ehrenzahler sowohl in die Rechte wie auch in die Pflichten des Inhabers gegenüber dem Honoraten und allen diesem haftbaren Wechselverpflichteten tritt; ferner daß der Ehrenzahler berechtigt ist, gegen Zahlung des Wechselbetrags und der aus Veranlassung der Dishonorierung entstandenen Notariatskosten die Aushändigung des Wechsels und des Protestes zu verlangen, und daß der Inhaber, der diesem Verlangen nicht Folge leistet, zu Schadensersatz verpflichtet ist.

Anm. 20. e) Über die Konkurrenz mehrerer, die sich zur Ehrenzahlung erbieten (Art 64 DWO), enthalten die übrigen Gesetze der deutschen Rechtsgruppe entsprechende Bestimmungen mit einzelnen Abweichungen. Insbesondere geht nach den Gesetzen Skandinaviens (64, 65) und Finnlands (56, 60) der Bezogene, der den Wechsel nachträglich einlösen will, allen anderen Zahlungserbietern vor; in Italien der Ehrenakzeptant, in zweiter Linie die Notadressen, alsdann erst der unberufene Intervenient, auch wenn er eine größere Zahl von Verpflichteten befreien würde (Artt 301, 304; vgl. Vivante Nr. 1290 S. 365; 1284 S. 360). Ebenso Rumänien (Artt 324, 322, 325). — Für das Rechtsgebiet der französischen Gruppe ist Art 159 Abs 4, 5 maßgebend; danach wird im Falle der Konkurrenz um Bezahlung eines Wechselbriefes derjenige vorgezogen, der die meisten Befreiungen bewirkt; wenn jedoch derjenige, auf den der Wechsel ursprünglich gezogen war und gegen den Protest mangels Annahme erhoben ist, sich zur Zahlung präsentiert, so soll er allen anderen vorgezogen werden. Die gleiche Vorschrift findet sich auch in Portugal (Art 323 § 1). Nach den niederländischen Gesetzen (Artt 173, 122, 123) werden nach dem Bezogenen zunächst die Notadressen berücksichtigt. Nach dem belgischen Gesetze vom 20. 5. 1872 Art 50 wird der Bezogene nur denjenigen vorgezogen, welche sich zur Intervention „für dieselbe

Person" erbieten, also nicht solchen, durch deren Zahlung für eine andere Person eine größere Zahl von Wechselverpflichteten befreit werden würde. Im angelsächsischen Rechte (BEA 68²; NIL 303) gilt uneingeschränkt die Regel, daß derjenige vorzuziehen ist, dessen Zahlung die meisten Verpflichteten befreit.

f) Eine **Provision** für den Ehrenakzeptanten, der nicht zur Ehrenzahlung gelangt — Art 65 DWO —, ist auch in Ungarn (§ 65) sowie in den skandinavischen Gesetzen (§§ 64, 65) und Finnland (§§ 56, 60) vorgesehen. Die übrigen Gesetzgebungen der deutschrechtlichen wie der sonstigen Wechselrechtsgruppen kennen eine solche Provision kraft Wechselrechts nicht. In Italien wird von der Rechtslehre (Vivante Nr. 1206 Abs 3) auf Grund des gemeinen Handelsrechts (Artt 360, 361 Cod. di comm.) anerkannt, daß der Ehrenakzeptant, auch wenn er nicht zur Ehrenzahlung gelangt, aus Mandat oder Geschäftsführung einen Anspruch auf Provision habe wegen der dem Honoraten ersparten Kautionsleistung und Bereithaltung von Geldmitteln. **Anm. 21.**

g) Das neue tschechoslowakische Wechselrecht hat in den §§ 58—61 die Vorschriften der Artt 62—65 DWO über die Ehrenzahlung inhaltlich übernommen, also auch (in Art 61) das Provisionsrecht des Art 65 DWO. Die neuen Wechselrechte von Polen (Artt 58—62) und Jugoslawien (§§ 58—62) haben die Vorschriften der Haager EWO (Artt 58—62) sich zu eigen gemacht; vgl. über diese Vorschriften den Anhang II Anm 22 ff. **Anm. 22.**

II. Zukünftiges einheitliches Wechselrecht.

Die **Haager Einheitliche Wechselordnung und das Genfer Einheitliche Wechselgesetz** behandeln die Hilfeleistung für notleidende Wechsel in Kapitel VIII unter der Überschrift: „De l'intervention", Artikel 54—62, beziehungsweise 55—63, und zwar sind in Artt 54/55 einige allgemeine Grundsätze über Notadressen und Intervention durch Ehrenannahme und Ehrenzahlung aufgestellt, während in den Artikeln 55—57 bzw. 56—58 die „acceptation par intervention" (Annahme im Wege der Intervention), in den Artikeln 58—62 bzw. 59—63 das „Paiement par intervention" (Zahlung im Wege der Intervention) im einzelnen geregelt sind. **Anm. 1.**

A. Allgemeine Bestimmungen.

Art 54 HEWO, 55 GEWG:

„(Abs 1): Der Zieher oder ein Indossant [GEWG: oder ein Avalist] kann eine Person bezeichnen, um im Notfalle (au besoin) zu akzeptieren oder zu zahlen. **Anm. 2.**

(Abs 2:) Der Wechselbrief kann, unter den hier nachstehend bestimmten Bedingungen, angenommen oder bezahlt werden durch eine Person, die für irgendeinen Zeichner [GEWG: für irgendeinen Schuldner, der dem Regresse ausgesetzt ist] eintritt (interveniert).

(Abs 3:) Der Eintretende (Intervenient) kann ein Dritter sein, selbst der Bezogene, oder eine schon auf Grund des Wechselbriefes verpflichtete Person, ausgenommen der Annehmer (Akzeptant).

(Abs 4 HEWO:) Der Eintretende ist gehalten, ohne Verzug Nachricht von seinem Eintritt demjenigen zu geben, für den er eingetreten ist.

(Abs 4 GEWG:) Der Eintretende ist gehalten, in einer Frist von zwei Werktagen Nachricht von seinem Eintritte demjenigen zn geben, für den er eingetreten ist. Im Falle der Nichtbeobachtung dieser Frist ist er gegebenenfalls verantwortlich für den durch seine Nachlässigkeit verursachten Schaden, ohne daß die Schadensersatz-Beträge den Betrag des Wechselbriefs übersteigen können."

Erläuterungen.

a) Die Entwürfe gewähren das Recht, eine Notadresse anzugeben, dem Zieher (Aussteller) und jedem Indossanten sowie (GEWG) auch dem Avalisten dieser Personen (Absatz 1 des Artikels). Vgl. darüber für das deutsche Recht zu Art 56 DWO Anm 2, für die geltenden ausländischen Wechselgesetze Anhang I Anm 2. **Anm. 3.**

b) Die Ehrenannahme, wie die Ehrenzahlung, sollten nach der HEWO für „irgendeinen Zeichner" als Honoraten erfolgen können, also auch für den Akzeptanten, obwohl dieser nach Absatz 1 keine Notadresse bezeichnen kann (Absatz 2). Das GEWG hat diese Vorschrift eingeschränkt auf diejenigen Schuldner, die einem Regresse ausgesetzt sind, wodurch der Akzeptant ausgeschlossen ist. **Anm. 4.**

c) In Absatz 3 ist bestimmt, wer intervenieren kann, nämlich sowohl eine bisher außerhalb des Wechselverbandes stehende Person, einschließlich des Bezogenen, der nicht akzeptiert hat, wie auch ein bereits aus dem Wechsel Verpflichteter, jedoch mit Ausnahme des Akzeptanten. Zugleich ist damit auch festgelegt, wer als Notadresse (Absatz 1) angegeben werden kann. Vgl. über diese Fragen für das deutsche Recht zu Artt 56 DWO Anm 3, 57 Anm 1, 62 Anm 3; für die geltenden ausländischen Rechte den Anhang I Anm 3, 10. **Anm. 5.**

d) Die Benachrichtigungspflicht (Abs 4), die dem Eintretenden obliegt, sollte nach der HEWO nur „ohne Verzug" zu erfüllen sein, während das GEWG eine bestimmte Frist — zwei **Anm. 6.**

Werktage, die von der Intervention ab zu rechnen sein werden —, für sie festsetzt und für den Fall ihrer Nichteinhaltung eine beschränkte wechselrechtliche Schadensersatzpflicht bestimmt.

B. Annahme im Wege der Intervention.

1. Art 55 HEWO, 56 GEWG:

Anm. 7. „(Abs 1:) Die Annahme im Wege der Intervention kann in allen Fällen stattfinden, wo dem Inhaber eines akzeptabeln Wechselbriefes Rückgriffe vor Verfall eröffnet sind.

(Abs 2 HEWO:) Der Inhaber kann die Annahme im Wege der Intervention zurückweisen, selbst dann wenn sie durch eine Person angeboten wird, die bezeichnet ist, um im Notfalle anzunehmen oder zu zahlen.

(Abs 3 HEWO:) Wenn er die Annahme zuläßt, so verliert er gegen seine Garanten die Rückgriffe, die ihm vor Verfall zustanden.

(Abs 2 GEWG:) Wenn auf dem Wechselbriefe eine Person bezeichnet worden ist, um ihn im Notfalle (au besoin) am Zahlungsorte zu akzeptieren oder zu bezahlen, so kann der Inhaber vor Fälligkeit seine Regreßrechte gegen denjenigen, der die Bezeichnung beigefügt hat, und gegen die nachfolgenden Zeichner nicht ausüben, wenn er nicht den Wechselbrief der bezeichneten Person vorgezeigt hat und, falls diese die Annahme verweigert hat, diese Weigerung durch einen Protest festgestellt worden ist.

(Abs 3 GEWG:) In den anderen Fällen von Intervention kann der Inhaber die Annahme im Wege der Intervention zurückweisen. Wenn er sie jedoch zuläßt, verliert er die Regresse, die ihm vor Verfall gegen denjenigen, für den die Annahme gegeben ist, und gegen die nachfolgenden Zeichner zustehen."

2. Art 56 HEWO, 57 GEWG:

Anm. 8. „Die Annahme im Wege der Intervention wird auf dem Wechselbriefe vermerkt (mentionnée); sie wird von dem Intervenienten gezeichnet. Sie gibt an, für wessen Rechnung sie stattfindet; in Ermangelung dieser Angabe gilt die Annahme als für den Zieher gegeben."

3. Art 57 HEWO, 58 GEWG:

Anm. 9. „Der Annehmer im Wege der Intervention ist gegenüber dem Inhaber und gegenüber den Indossanten, die demjenigen, für dessen Rechnung er eingetreten ist, nachfolgen, in derselben Weise wie dieser verpflichtet.

Ungeachtet der Annahme im Wege der Intervention können derjenige, für welchen sie erfolgt ist, und seine Garanten von dem Inhaber gegen Erstattung der in Art 47 angegebenen Summe die Aushändigung des Wechselbriefes und gegebenenfalls des Protestes [GEWG: und einer quittierten Rechnung] verlangen."

Erläuterungen.

Anm. 10. **a)** Statt der bisher im deutschen Rechte gebräuchlichen Ausdrücke „Ehrenannahme" und „Ehrenzahlung" und der entsprechenden Ausdrücke in den Gesetzgebungen des englischen Sprachgebietes (acceptance for honour; payement for honour) schließen sich die Entwürfe an den französischen und italienischen Sprachgebrauch an, indem sie von einer Annahme bzw. Zahlung „par intervention" (im Wege der Intervention) sprechen.

Anm. 11. **b)** Darüber, in welchen Fällen Rückgriff vor Fälligkeit („avant l'échéance) genommen werden kann und worauf dieser Rückgriff gerichtet ist, vgl. den Anhang II zum Unterabschnitt VI DWO Anm 1, 2.

Anm. 12. **c)** Abweichend von den meisten bisher geltenden Wechselrechten wollte die HEWO (Art 55 Abs 2) dem Inhaber das Recht gewähren, jedes Angebot einer Ehrenzahlung, auch von seiten einer als Notadresse bezeichneten Person, zurückzuweisen. Vgl. über diese Frage für das deutsche Recht Art 57 DWO; für die geltenden ausländischen Wechselrechte Anhang I Anm 11. Das von der ersten Haager Konferenz von 1910 ausgearbeitete Vorprojekt hatte in Art 32 hinsichtlich des Angebots der Annahme durch einen Notadressaten noch den entgegengesetzten Standpunkt eingenommen, der aber von dem Revisionskomitee der zweiten Konferenz aufgegeben wurde; vgl. Actes 1912 I S. 99. Das Genfer EWG ist in Art 56 Abs 2, 3 zu dem Standpunkte des Vorprojekts von 1910 zurückgekehrt, indem es, sofern eine Notadresse für die Annahme oder für die Zahlung an dem gleichen Zahlungsorte, wie der Wechsel, auf dem Wechsel angegeben ist, vor Ausübung des Regresses vor Verfall die Vorzeigung des Wechsels an diese Notadresse und im Verweigerungsfalle die Errichtung eines Protestes fordert, und nur in den anderen Fällen, nämlich wenn eine nicht durch Notadresse berufene Person durch Annahme intervenieren will oder wenn die als Notadresse angegebene Person an einem anderen Orte als dem Zahlungsorte des Wechsels wohnt, die Zurückweisung der Intervention gestattet (Ber. 3 Red.-Kom. Nr. 129, 130; C. r. S. 145).

d) Die Wirkung einer von dem Inhaber zugelassenen Annahme im Wege der Intervention besteht nach Art 55 Abs 3 zunächst darin, daß der Inhaber die ihm gemäß Art 42 HEWO bzw. 43 GEWG vor Fälligkeit zustehenden und auf vorzeitige Zahlung gerichteten Rückgriffe mangels Annahme und wegen Unsicherheit des Akzeptanten gegen seine Vormänner nicht mehr ausüben kann. Das entspricht dem deutschen Rechte (Art 61 DWO) und der Mehrzahl der geltenden ausländischen Rechte; nur im Gebiete der französischen Rechtsgruppe bleiben diese Regresse ungeachtet der Ehrenannahme erhalten; vgl. Anhang I Anm 13. **Anm. 13.**

e) Die Vorschrift des Art 56/57 Satz 1 über die Form der Annahme im Wege der Intervention schließt sich äußerlich an Art 126 Abs 2 des französischen Code de commerce (vgl. Anhang I Anm 12) an, weicht jedoch inhaltlich insofern ab, als der Vermerk der Annahme nicht im Protestakte, sondern auf dem Wechsel stattzufinden hat und also mit der Beurkundung zusammenfällt, wodurch die Streitfrage, ob die „Zeichnung" (Unterschrift) der Annahme auch im Protestakte erfolgen kann oder muß, sich erledigt. **Anm. 14.**

f) Die Vorschrift des Art 56/57 Satz 2 über die Angabe desjenigen, für dessen Rechnung die Intervention erfolgt (des Honoraten), und die im Falle der Unterlassung einer solchen Angabe eintretende gesetzliche Präsumtion entspricht dem deutschen Rechte (Art 59 DWO) und den meisten geltenden ausländischen Rechten (vgl. Anhang I Anm 12). **Anm. 15.**

g) Durch die Vorschrift des Art 57/58, Satz 1, derzufolge der Annehmer im Wege der Intervention in der gleichen Weise haftet wie derjenige, für dessen Rechnung er eingetreten ist, wird die in den bisher geltenden Rechten bestehende Streitfrage über die rechtliche Natur der Ehrenannahme und die aus ihr zu folgernden Verpflichtungswirkungen — vgl. darüber zu Art 60 DWO Anm 11 und Anhang I Anm 14 — in dem Sinne entschieden, daß die Annahme im Wege der Intervention wenn sie für Rechnung eines Regreßpflichtigen erfolgt (was nach dem Genfer EWG den alleinigen Fall einer solchen Annahme bildet, vgl. oben Anm 12), nicht die Natur einer Akzeptverpflichtung hat, sondern sich nur als Übernahme der Regreßverpflichtung desjenigen, für den sie erfolgt, darstellt, also hinsichtlich der Voraussetzungen für ihre Geltendmachung (Protest mangels Zahlung) und hinsichtlich ihres Erlöschens durch Verjährung usw. den gleichen Vorschriften unterliegt, wie diese. Dagegen würde durch eine Annahme für Rechnung des Akzeptanten, wie sie nach der HEWO zulässig gewesen sein würde, der Intervenient in gleicher Weise, wie der Akzeptant, verpflichtet worden sein, also ohne daß es ihm gegenüber einer Protesterhebung mangels Zahlung bedurft hätte und innerhalb der für den Anspruch gegen den Akzeptanten bestimmten Verjährungsfrist. **Anm. 16.**

h) Im Abs 2 des Art 57/58 ist demjenigen, für welchen die Interventionsannahme erfolgt ist, und seinen Garanten (Vormännern) das Recht gewahrt, das jedem Wechselverpflichteten, gegen den ein Rückgriff erhoben wird oder dem ein solcher droht, nach Art 49 HEWO bzw. 50 GEWG (vgl. Anhang II zum Unterabschnitt VIII DWO Anm 18) zustehende Einlösungsrecht auszuüben, ungeachtet der erfolgten Interventionsannahme, durch welche zwar der Rückgriff vor Fälligkeit, nicht aber der im Falle der Nichtzahlung bei Fälligkeit drohende Rückgriff gegen sie abgewendet ist. Dieses Einlösungsrecht können sie in der Weise ausüben, daß sie gegen Zahlung der dem Inhaber nach Art 47 HEWO (48 GEWG; vgl. den oben genannten Anhang Anm 14ff.) zustehenden Beträge von ihm die Aushändigung des Wechsels und des etwa erhobenen Protestes verlangen. Dadurch wird die im deutschen Rechte (Art 58 DWO) bestehende Verpflichtung des Ehrenakzeptanten, sich den Protest aushändigen zu lassen und ihn dem Honoraten zu übersenden, ausgeschlossen. **Anm. 17.**

C. Zahlung im Wege der Intervention.

1. Art 58 HEWO, 59 GEWG:

„(Abs 1:) Die Zahlung im Wege der Intervention kann in allen Fällen stattfinden, in denen, sei es bei Fälligkeit, sei es vor Fälligkeit, dem Inhaber Rekurse eröffnet sind. **Anm. 18.**

(Abs 2 GEWG:) Die Zahlung muß die ganze Summe umfassen, die derjenige, für welchen sie stattfindet, zu zahlen gehabt hätte.

(Abs 2 HEWO, 3 GEWG:) Sie muß spätestens am Tage nach dem letzten für die Fertigstellung des Protestes mangels Zahlung zugelassenen Tage erfolgen."

2. Art 59 HEWO, 60 GEWG:

„Wenn der Brief im Wege der Intervention angenommen ist oder wenn Personen bezeichnet sind, um im Notfalle zu zahlen, muß der Inhaber, am Zahlungsorte, [GEWG: Wenn der Wechselbrief von Intervenienten angenommen ist, die ihr Domizil am Zahlungsorte haben oder wenn Personen, die ihr Domizil an eben diesem Orte haben, bezeichnet sind, um im Notfalle zu zahlen, so muß der Inhaber] den Brief allen diesen Personen präsentieren und im gegebenen **Anm. 19.**

Falle einen Protest mangels Zahlung spätestens am Tage nach dem letzten für die Fertigstellung des Protestes zugelassenen Tage errichten lassen.

In Ermangelung eines Protestes in dieser Frist hören derjenige, der den Notzahler (le besoin) bezeichnet hat oder für dessen Rechnung der Brief angenommen ist und die späteren Indossanten auf, verpflichtet zu sein."

3. Art 60 HEWO, 61 GEWG:

Anm. 20. „(Abs 1 HEWO:) Die Zahlung im Wege der Intervention muß die ganze Summe umfassen, die derjenige zu berichtigen haben würde, für den sie stattfindet, mit Ausnahme der durch Art 47⁴ vorgesehenen Kommissionsgebühr.

(Abs 2 HEWO, 1 GEWG:) Der Inhaber, der diese Zahlung [GEWG: die Zahlung im Wege der Intervention] zurückweist, verliert seine Rückgriffe gegen diejenigen die befreit worden wären."

4. Art 61 HEWO, 62 GEWG:

Anm. 21. „Die Zahlung im Wege der Intervention muß festgestellt werden durch eine auf dem Wechselbriefe gegebene Quittung mit Angabe dessen, für den sie erfolgt ist. In Ermangelung dieser Angabe wird die Zahlung als für den Zieher erfolgt angesehen.

Der Wechselbrief und der Protest, wenn ein solcher errichtet ist, müssen dem Zahler im Wege der Intervention ausgehändigt werden."

5. Art 62 HEWO, 63 GEWG:

Anm. 22. „(Abs 1 HEWO:) Der Zahler im Wege der Intervention ist eingesetzt (est subrogé) in die Rechte des Inhabers gegen denjenigen, für welchen er bezahlt hat. Jedoch kann er den Wechselbrief nicht von neuem indossieren.

(Abs 1 GEWG:) Der Zahler im Wege der Intervention erwirbt die Rechte, die aus dem Wechsel hervorgehen, gegen denjenigen, für den er bezahlt hat, und gegen diejenigen, die gegenüber diesem letzteren kraft des Wechselbriefes verhaftet sind. Jedoch kann er den Wechselbrief nicht von neuem indossieren.

(Abs 2:) Die dem Wechselzeichner, für den die Zahlung stattgefunden hat, nachfolgenden Indossanten sind befreit.

(Abs 3:) Im Falle der Konkurrenz um die Zahlung im Wege der Intervention wird derjenige vorgezogen, der die meisten Befreiungen bewirkt. Wenn diese Regel nicht beobachtet wird, so verliert der Intervenient, der davon Kenntnis hat, [GEWG: Derjenige, der in Kenntnis der Sachlage entgegen dieser Regel interveniert, verliert] seine Rückgriffe gegen diejenigen, die befreit worden wären."

Erläuterungen.

Anm. 23. **a)** Daß die Interventionszahlung unter Umständen schon vor der Fälligkeit erfolgen kann (Art 58/59 Abs 1), ist eine Abweichung von den meisten geltenden Rechten, insbesondere dem deutschen (vgl. zu Art 62 DWO Anm 1), die sich daraus erklärt, daß auch die vor Fälligkeit stattfindenden Rückgriffe nicht auf Sicherheitsleistung, sondern auf Zahlung gerichtet sind; vgl. Anhang II zum Unterabschnitt VI DWO Anm 2.

Anm. 24. **b)** Das Genfer EWG hat eine Umstellung in der Weise vorgenommen, daß es den Abs 1 von Art 60 HEWO als Abs 2 in den Art 59 GEWG eingestellt hat; infolgedessen ist in Art 61 GEWG der Abs 1 von Art 60 HEWO weggeblieben und der Wortlaut von Abs 2 entsprechend geändert.

Anm. 25. **c)** Art 58 Abs 2 HEWO, 59 Abs 3 GEWG setzt als Endtermin für die Interventionszahlung den Tag nach dem letzten Tage der Frist für den Protest mangels Zahlung (vgl. über diese Frist Art 43/44 Abs 2, Anhang II zum Unterabschnitt VIII Anm 4, 8) fest; eine nach diesem Endtermin erfolgende Zahlung des Wechsels durch einen Dritten wird daher nicht mehr die Wirkungen der Interventionszahlung (vgl. Art 62/63) haben können, sondern ein Erlöschen der Wechselforderung bewirken.

Anm. 26. **d)** Art 59 HEWO, 60 GEWG regelt die Verpflichtung des Inhabers zur Vorlegung des Wechsels zur Zahlung an die am Zahlungsorte befindlichen Interventionsannehmer und Notadressaten sowie die Folgen der Nichterfüllung dieser Verpflichtung entsprechend dem Art 62 DWO. Wie der Bericht des Revisionskomitees der zweiten Haager Konferenz (Actes 1912 I S. 99) hervorhob, sollte bereits aus der Fassung des Haager Entwurfs mittels Schluß auf das Gegenteil zu entnehmen sein, daß die Vorlegung an den Interventionsannehmer und die Notadressen nicht erforderlich sei, wenn diese ihr Domizil außerhalb des Ortes haben, der nach den Angaben im Wechsel als Zahlungsort bestimmt ist. Die Genfer Konferenz hat „eine leichte Änderung der Form" vorgenommen, um dies Ergebnis klarer herauszuarbeiten (Ber. d. Red.-Kom. Nr. 134; C. rendu S. 146).

Anm. 27. **e)** Darüber, welche Beträge derjenige, für den die Interventionszahlung erfolgt, zu zahlen haben würde, und die demzufolge auch der Interventionszahler zu zahlen hat (Artt 60/61), vgl. die Artt 47, 48 HEWO (48, 49 GEWG) und die Anm 16ff. im Anhang II zum Unterabschnitt VIII

DWO. Abweichend vom deutschen Rechte (vgl. zu Art 63 DWO Anm 3) hatte die HEWO in Art 60 Abs 1 vorgesehen, daß der Inhaber von dem Interventionszahler nicht die Kommissionsgebühr verlangen könne, die ihm, wenn er den Rückgriff gegen einen Regreßpflichtigen nehmen müßte, nach Art 47 Nr. 4 oder 48 Nr. 4 HEWO zustehen würde. Das Genfer EWG hat in Art 59 Abs 2 (vgl. oben Anm 18) diese Bestimmung weggelassen, da es eine Kommissionsgebühr dem Wechselinhaber überhaupt nicht zubilligt.

f) Art 61 HEWO, 62 GEWG gewährt dem Interventionszahler ein Recht, auf dem Wechsel eine Empfangsbestätigung (acquit) über die Zahlung zu verlangen; vgl. über das deutsche Recht zu diesem Punkte zu Art 63 DWO Anm 2a. Diese Empfangsbestätigung soll auch ersichtlich machen, für wessen Rechnung die Interventionszahlung erfolgt ist; andernfalls tritt die gleiche gesetzliche Vermutung ein, wie im Falle der Interventionsannahme (Art 56 Satz 2; vgl. oben Anm 8). In Übereinstimmung mit dem deutschen Rechte (Art 63 Satz 1 DWO) gewähren die Entwürfe dem Interventionszahler ferner das Recht auf Aushändigung des Wechsels und des etwa erhobenen Protestes (Art 61 Abs 2). **Anm. 28.**

g) Art 62 HEWO, 63 GEWG regelt die Wirkungen der Interventionszahlung, und zwar in Abs 1 den Eintritt des Interventionszahlers in die Rechte des Inhabers. Die HEWO hatte als die Rechte, in die der Ehrenzahler eintritt, nur die Rechte gegen denjenigen, für den die Zahlung erfolgt ist, und dessen Garanten bezeichnet. Das GEWG hat durch die Fassungsänderung in Satz 1 des Abs 1 klarer zum Ausdrucke bringen wollen, daß der Ehrenzahler auch die Rechte des Inhabers gegen den Akzeptanten erwirbt (Ber. d. Red.-Kom. Nr. 137; C. rendu S. 147). In dieser Fassung entspricht die Regelung dem deutschen Rechte (Art 63 Satz 2 DWO), jedoch mit der Einschränkung, daß der Ehrenzahler den Wechsel nicht von neuem indossieren kann (Abs 1 Satz 2). Dem deutschen Rechte entspricht auch die in Abs 2 des Art 62/63 ausgesprochene Befreiung der dem Honoraten nachfolgenden Indossanten, vgl. zu Art 63 DWO Anm 10; sowie die Vorschrift in Abs 3 des Art 62/63 über den bei Konkurrenz mehrerer Zahlungsintervenienten demjenigen von ihnen, der durch seine Zahlung die meisten Befreiungen bewirkt, zu gebenden Vorzug und die Sanktion für die Nichtbefolgung dieser Regel (Abs 3 Satz 2); vgl. Art 64 DWO. **Anm. 29.**

X. Vervielfältigung eines Wechsels.

Vorbemerkungen.

1. Die Einrichtung der **Wechselvervielfältigung** ist in der geschichtlichen Entwicklung des Wechselrechts (vgl. die Einleitung unter I 1 S. 15 ff.) begründet. Schon im 14. Jahrhundert wurden Duplikate ausgestellt zu dem Zwecke, im Falle des Verlustes eines Wechselexemplars, der damals wegen der schwierigen und unsicheren Transportverhältnisse häufig vorkam, die Durchführung der Wechselforderung zu sichern. Die weitere Entwicklung der Rechtseinrichtung knüpfte sodann an das Aufkommen und die Ausbildung des Indossaments als Mittel zur Übertragung der Wechselforderung an. Um die Begebbarkeit des Wechsels durch dieses Mittel noch weiter zu erleichtern, wurde es üblich, zwei oder mehrere Exemplare auszustellen, von denen das eine dazu bestimmt war, dem Bezogenen zur Annahme vorgelegt und zu diesem Zwecke erforderlichenfalls an den mehr oder weniger entfernten Ort des Wohnsitzes des Bezogenen versendet zu werden, während das andere oder die mehreren anderen Exemplare zur gleichen Zeit zum Übergange der Wechselforderung von einer Hand in die andere durch Indossamente, also zur Zirkulation des Wechsels seiner Bestimmung gemäß dienen konnten. Diesen Zwecken dient die Vervielfältigung des Wechsels auch in der Gegenwart noch, hauptsächlich im Großhandel und im überseeischen Wechselverkehr. Die diesen Zwecken dienende Vervielfältigung des Wechsels kann in zweifach verschiedener Weise erfolgen: einmal in der weitergehende Wirkungen erzeugenden Form der Ausstellung von Wechselduplikaten und sodann in der mit beschränkteren Wirkungen ausgestatteten Form der Wechselkopien. Die erstere Form ist in den Artt 66—69, die letztere in den Artt 70—72 geregelt. **Anm. 1.**

2. Die Ausstellung von **Duplikaten**, d. h. mehreren, alle Wechselerfordernisse erfüllenden Originalexemplaren eines Wechsels, stellt sich rechtlich als Schaffung eines einheitlichen Wechsels dar, der nur eine einmalig zu erfüllende, wenn auch subjektiv eine Mehrheit von Schuldverhältnissen darstellende Gesamtschuld im Sinne des § 421 BGB begründet, über welche mehrere Urkunden ausgestellt sind, derart, daß jede von diesen Urkunden grundsätzlich den ganzen Wechsel als Träger der Forderung repräsentiert und daher die Übertragung eines Exemplars durch Indossament, sowie die Akzeptation und die Bezahlung eines solchen auf die Wechselforderung als Ganzes wirken, auch wenn sie sich nur in einem oder auf Grund eines der mehreren Exemplare vollziehen. Vgl. in diesem Sinne den braunschweigischen Entwurf zur WO S. 17 und die Motive dazu S. 76; ferner die Protokolle der Leipziger Wechselkonferenz Leipziger Ausgabe S. 134 (Thöl S. 143); Liebe ADWO S. 184; RGZ 9, 60. Auf der Grundlage der bestehenden Verkehrsübung und dieser Rechtsauffassung ist in Art 66 die Verpflichtung des Ausstellers eines gezogenen Wechsels zur Überlieferung mehrerer Exemplare ausgesprochen und geregelt, während Art 67 in Satz 1 den Grundsatz ausspricht, daß durch Bezahlung eines Exemplars die anderen ihre Kraft **Anm. 2.**

verlieren, und in Satz 2 unter Nr. 1 und 2 die zur Wahrung der Verkehrssicherheit gebotene Ausnahme von diesem Grundsatze aufstellt und der Art 69 Vorsorge trifft für die Fälle, in denen ein Exemplar des Wechsels in andere Hände gelangt ist als in diejenigen des durch ein anderes Exemplar legitimierten Wechselgläubigers.

Anm. 3. **3.** Gleichfalls im Zusammenhange mit der Begebbarkeit des Wechsels durch Indossament steht die Einrichtung der sog. **Wechselkopien**, d. h. solcher Vervielfältigungen des Wechsels, die zum Teile sich nur als Abschriften, zu einem anderen Teile aber selbst als Teile des Originalwechsels darstellen dadurch, daß sie Originalindossamente enthalten, und die in letzterer Eigenschaft wechselmäßige Rechte und Verpflichtungen in der gleichen Weise begründen können, als wenn sie auf dem Originalwechsel selbst stünden. Kopien, die lediglich Abschriften des Wechsels enthalten, kommen als Wechselkopien im Sinne des Gesetzes nicht in Betracht, sie haben keine rechtliche Bedeutung. Diese Art der Wechselvervielfältigung ist in den Artt 70—72 geregelt, und zwar in der Weise, daß in Art 70 die Erfordernisse der Wechselkopie im Sinne des Gesetzes bestimmt werden, in Art 71 die verpflichtende Kraft der auf einer solchen stehenden Originalindossamente ausgesprochen und in Art 72 (entsprechend den in Artt 68, 69 für Wechselduplikate gegebenen Vorschriften) für die Fälle Vorsorge getroffen wird, in denen der Originalwechsel in andere Hände gelangt ist, als in diejenigen des durch Indossamente auf der Kopie legitimierten Gläubigers.

1. Wechselduplikate.

Artikel 66.

Der Aussteller eines gezogenen Wechsels ist verpflichtet, dem Remittenten auf Verlangen mehrere gleichlautende Exemplare des Wechsels zu überliefern. Dieselben müssen im Kontext als Prima, Sekunda, Tertia usw. bezeichnet sein, widrigenfalls jedes Exemplar als ein für sich bestehender Wechsel (Solawechsel) erachtet wird. Auch ein Indossatar kann ein Duplikat des Wechsels verlangen. Er muß sich dieserhalb an seinen unmittelbaren Vormann wenden, welcher wieder an seinen Vormann zurückgehen muß, bis die Anforderung an den Aussteller gelangt. Jeder Indossatar kann von seinem Vormanne verlangen, daß die früheren Indossamente auf dem Duplikate wiederholt werden.

Anm. 1. **1.** Der Artikel spricht zunächst in **Satz 1** die Verpflichtung des **Ausstellers eines gezogenen Wechsels** aus, **dem Remittenten auf Verlangen mehrere gleichlautende Exemplare zu überliefern.** Auf den Aussteller eines eigenen Wechsels findet sonach diese Vorschrift keine Anwendung, RGZ 9, 116, vgl. zu Art 98 Anm 14. Berechtigt zu dem Verlangen ist gegenüber dem Aussteller der Remittent und nur dieser; das Recht auf Überlieferung mehrerer Exemplare ist kein Recht aus dem Wechsel und geht daher nicht ohne weiteres gemäß Art 10 auf jeden Indossatar über, sondern kann von solchen nur nach Maßgabe der in den Sätzen 3—5 des Artikels (vgl. unten Anm 8 ff.) enthaltenen Vorschriften geltend gemacht werden; auch kann das Verlangen nicht im Wege des Wechselprozesses gestellt werden. Wohl aber handelt es sich um eine wechselrechtliche Verbindlichkeit, die deshalb von dem zugrunde liegenden bürgerlichen Rechtsverhältnisse an sich unabhängig ist, derart, daß aus diesem nur eine Einrede der Arglist gemäß Art 82 hergeleitet werden kann, z. B. wenn durch Vereinbarung zwischen dem Aussteller und dem Remittenten die Verpflichtung zur Überlieferung mehrerer Exemplare ausgeschlossen ist. Doch ist in der Bezeichnung als „Solawechsel" für sich allein ein Ausschluß des Rechts auf mehrere Exemplare nicht zu finden. Das Verlangen kann von dem Remittenten nicht nur gleich bei der Ausstellung des Wechsels, sondern auch später bis nach erfolgter Tilgung der Wechselschuld gestellt werden, auch wenn der Regreß gegen den Aussteller mangels Zahlung bereits präjudiziert oder verjährt ist. Daß der Remittent noch legitimierter Wechselgläubiger (Inhaber) sei, ist nicht erforderlich; doch wird dem Aussteller nicht zugemutet werden können, weitere gleichlautende Exemplare auszustellen, wenn ihm nicht wenigstens der Wechsel zur Kenntnisnahme seines Wortlautes vorgelegt wird.

Anm. 2. Die Zahl der zu verlangenden Exemplare ist nicht beschränkt; doch wird ein schikanöser Mißbrauch des Rechts auf Grund des § 226 BGB zurückgewiesen werden können. Die mehreren Exemplare müssen gleichlautend sein; nicht gleichlautende kann der Remittent zurückweisen. Unerhebliche Abweichungen, d. h. solche, durch welche die Identität des Wechselinhalts nicht in Frage gestellt wird, können außer Betracht bleiben, z. B. wenn es in einem Exemplar heißt: „Zahlen Sie", in dem anderen „Bitte zu zahlen" oder „für" bzw. „gegen diesen Prima- usw. Wechsel" oder wenn bei der Bezeichnung des Zahlungsempfängers oder des Bezogenen in einem Exemplar der Zusatz „Herrn" steht, der in einem anderen fehlt. Bei Abweichungen dagegen, welche in irgendeinem erheblichen Punkte den Inhalt des Wechsels berühren, kann es nicht, wie StStranz Anm 2 unter a annehmen, darauf ankommen, ob sie auf einem Schreibfehler beruhen oder beruhen können oder ob sie sich als absichtliche darstellen; vielmehr kann nur entscheidend sein, ob danach tatsächlich ein Exemplar einen anderen Inhalt hat als das andere. Das gilt z. B. von Abweichungen hinsichtlich des Datums oder des Zahlungsortes oder der Wechselsumme; aber auch von Zusätzen bzw. Auslassungen, die nicht wesentliche Erfordernisse im Sinne des Art 4 betreffen, z. B. die Valutaklausel. Auch die Unterschrift des Ausstellers muß in jedem Exemplar in der gleichen Weise (mit Vor- und Zunamen oder nur mit Zunamen oder mit Firma) vollzogen sein.

Fraglich erscheint aber, ob, wenn — was bei nachträglicher Ausstellung eines weiteren Exemplars vorkommen kann — wegen inzwischen eingetretener Änderung der Umstände die Unterschrift des Ausstellers nicht mehr in der gleichen Weise hergestellt werden kann —, z. B. nicht mehr durch den Aussteller selbst, da dieser verstorben ist, oder nicht mehr durch den Bevollmächtigten (Prokuristen), da dessen Vollmacht oder Prokura erloschen ist —, in anderer Weise Ersatz geschaffen werden kann. Das wird zugelassen werden können, wenn dabei auf die Änderung der Umstände Bezug genommen wird, z. B. wenn die Unterschrift auf dem späteren Exemplar lautet: „B als Nachlaßverwalter des inzwischen verstorbenen A" oder „Per procura der Firma A & Cie wegen Erlöschens der Prokura des B der jetzige Prokurist C." Vgl. in diesem Sinne Bernstein zu Art 66 § 3 unter 3 S. 259 und § 4 unter 3 S. 261; ferner Meyer Wwrecht I § 121 S. 550. **Anm. 3.**

Nur der Inhalt des eigentlichen Wechsels, d. h. der Wechselerklärung des Ausstellers (des Grundwechsels), muß in den mehreren Exemplaren gleichlautend sein; die auf den Wechsel gesetzten weiteren Erklärungen — Akzept, Indossamente, Avalerklärungen, vom Bezogenen bei der Annahme beigefügte Benennung eines Domiziliaten (Art 24) usw. — können auf den einzelnen Exemplaren verschieden sein oder ganz fehlen. Auch findet der Gleichlaut der mehreren Exemplare seine Schranke an der im Satz 2 (vgl. unten Anm 5) vorgeschriebenen verschiedenen Bezeichnung jedes einzelnen Exemplars. **Anm. 4.**

An die Zahlung oder Erstattung der durch die Ausstellung mehrerer Exemplare entstehenden Kosten ist die Ausübung des Rechts von der DWO nicht (wie von manchen ausländischen Gesetzen, vgl. den Anhang I zu diesem Unterabschnitte) geknüpft; doch wird, sofern Kosten entstehen (Porti, Stempel usw.), eine Erstattungspflicht sich aus der Natur des Anspruchs herleiten lassen, da die Vervielfältigung im Interesse des Wechselnehmers erfolgt. Anders, wenn der Aussteller mehrere Exemplare ausstellt, ohne daß es der Wechselnehmer verlangt hat. **Anm. 4a.**

2. Weiteres Erfordernis der Duplikateigenschaft mehrerer Wechselexemplare im Verhältnis zueinander ist nach **Satz 2,** daß sie im **Kontexte als Prima, Sekunda, Tertia usw. bezeichnet sind.** Gleichbedeutende Ausdrücke sind hier nicht, wie in Art 4 Nr. 1 bei Wechseln in fremder Sprache hinsichtlich der Bezeichnung als Wechsel, ausdrücklich zugelassen. Doch werden Ausdrücke, die sich als Übersetzungen der lateinischen Ordnungszahlen darstellen, z. B. in deutscher Sprache: „erstes, zweites usw. Exemplar", oder in französischer „Première, deuxième etc. de change" unschädlich sein; ebenso der Gebrauch von Ziffern: „I a" „II a" usw. — Die Bezeichnung muß im Kontexte erfolgen; vgl. über den Begriff des Kontextes zu Art 4 Anm 4, 9; es genügt danach nicht eine für sich allein stehende Bezeichnung über oder unter dem Texte oder quer zu ihm an der Seite. An welcher Stelle des Kontextes die Bezeichnung zu erfolgen hat, ist vom Gesetze nicht vorgeschrieben; gewöhnlich erfolgt sie durch einen entsprechenden Zusatz zu der Bezeichnung als Wechsel (Art 4 Nr. 1), z. B.: „Zahlen Sie gegen diesen Prima-, bzw. Sekunda- usw. Wechsel"; doch kann die Bezeichnung auch durch besonderen Satz erfolgen, z. B.: „Dieses Exemplar ist die Prima, Sekunda usw." Wird das Verlangen der Ausstellung eines weiteren Exemplars nachträglich gestellt (vgl. oben Anm 1), so muß das bisher ausgestellte einzige Exemplar, wenn es noch nicht die Bezeichnung als Prima trägt, zur Einfügung dieser Bezeichnung in den Kontext, die nur durch den Aussteller erfolgen kann, zurückgereicht werden; es besteht deshalb vielfach die Übung, den Wechsel von vornherein als „Prima" zu bezeichnen, so daß diese Bezeichnung kein sicheres Kennzeichen dafür ist, daß mehrere Exemplare ausgestellt sind. **Anm. 5.**

Fehlt die erforderliche Bezeichnung, so gilt kraft einer gesetzlichen Vermutung (Fiktion) **jedes Exemplar als ein für sich bestehender Wechsel.** Es tritt deshalb nicht die Wirkung des Art 67 ein, daß durch die Zahlung eines Exemplars die anderen ihre Kraft verlieren. Vielmehr sind der Aussteller, der die mehreren Exemplare ausgestellt hat, sowie die Indossanten, welche ihr Indossament auf mehrere Exemplare gesetzt haben (vgl. Satz 4 des Artikels und unten Anm 10) dem Inhaber aus jedem Exemplar verpflichtet, ohne Rücksicht darauf, ob sie ein anderes bereits bezahlt haben. Es steht ihnen nur, falls der Inhaber eines von solchen oder mehrere derartige Wechselexemplare in bösem Glauben erworben hat, d. h. in Kenntnis davon, daß sie nur eine einmalige Wechselverpflichtung begründen sollten, diesem gegenüber eine Einrede der Arglist nach Maßgabe des Art 82 WO — vgl. zu diesem Artikel Anm 37 — zu. Die gleiche Vermutung muß übrigens auch eintreten, wenn die mehreren Wechselexemplare zwar als Prima usw. bezeichnet, aber in Wirklichkeit nicht nach Maßgabe von Satz 1 (vgl. oben Anm 2) gleichlautend sind. **Anm. 6.**

Die mehreren Exemplare sind untereinander gleichwertig; jedes von ihnen kann ebensowohl zur Annahmeeinholung, wie zur Indossierung verwendet werden; doch ist die Verwendung des als Prima bezeichneten zur Akzepteinholung üblich. Auch wird der Ausdruck „Duplikat" vielfach (so in **Satz 3 des Artikels**) in der Weise gebraucht, daß er nur die außer dem Erstexemplare (der Prima) ausgestellten Exemplare bezeichnet. Sachlich sind aber alle Duplikate Original-Wechsel. **Anm. 7.**

3. Außer dem Remittenten hat auch **jeder Indossatar das Recht, ein Duplikat des Wechsels** **Anm. 8.**

zu verlangen (Satz 3 des Artikels). Die Ausübung dieses Rechts ist in den folgenden Sätzen (4, 5) geregelt. Danach steht den Indossataren kein eigenes Recht gegen den Remittenten als solchen, sondern nur jedem ein Recht gegen seinen unmittelbaren Vormann zu, das inhaltlich darauf geht, daß dieser das Seinige tue, um die Ausstellung des Duplikats durch den Aussteller herbeizuführen, also nötigenfalls auch im Wege der Klage; die zur Beschaffung erforderlichen Aufwendungen, die keineswegs (wie StStranz Anm 13 dem Gesetze unterstellen) als in allen Fällen geringfügig angesehen werden können, werden, obwohl eine ausdrückliche gesetzliche Vorschrift in dieser Richtung fehlt, in entsprechender Anwendung der Vorschriften des bürgerlichen Rechts über den Auftrag (§§ 669, 670) von dem Indossatar, der die Beschaffung verlangt, vorzuschießen sein; vgl. oben Anm. 4a. Ist die Ausstellung von Duplikaten durch Vereinbarung zwischen dem Aussteller des Wechsels und dem Remittenten ausgeschlossen (vgl. oben Anm 1), so wird auch die Verpflichtung der Indossanten zur Beschaffung ausgeschlossen sein. Daß der Indossatar nur ein Duplikat verlangen könne (so Staub 4. Aufl und StStranz noch in der 12. Aufl Anm 8; anders daselbst in Anm 13), dürfte wohl aus der Fassung von Satz 3, wo allerdings im Gegensatze zu Satz 1 („mehrere gleichlautende Exemplare") die Einzahl gebraucht ist, nicht zu schließen sein, zumal für eine solche Unterscheidung ein sachlicher Grund nicht ersichtlich wäre.

Anm. 9. Da jeder Indossatar sich nur an seinen unmittelbaren Vormann wenden kann, der wieder an seinen Vormann zurückgehen muß, bis die Anforderung an den Aussteller gelangt, ist die ganze Prozedur recht umständlich und unter Umständen langwierig und wird deshalb von ihr wohl im praktischen Wechselverkehr, wenn der Wechsel bereits durch mehrere Hände gegangen ist, wenig Gebrauch gemacht. Vereinfacht kann sie dadurch werden, daß die Indossanten dem Indossatar, der ein Duplikat verlangt, ihre Ansprüche gegen ihre Vormänner abtreten, wozu jeder auf Verlangen seines unmittelbaren Indossatars verpflichtet sein wird.

Anm. 10. **4.** Außer der Beschaffung des Duplikats durch den Aussteller kann jeder Indossatar von seinem unmittelbaren Vormann auch verlangen, daß die früheren Indossamente auf dem Duplikate wiederholt werden (Satz 5), d. h. daß der Vormann seinen unmittelbaren Vormann in der gleichen Weise, wie zur Beschaffung des Duplikats (vgl. oben Anm 8), auch zur Beschaffung der Wiederholung des Indossaments der Vormänner auf dem Duplikate anhält und sein eigenes Indossament dort wiederholt.

Anm. 11. **5.** Die Ausstellung von Schecken in mehreren Exemplaren (Ausfertigungen) läßt das Scheckgesetz (§ 9) nur insoweit zu, als die Schecke auf einen bestimmten Zahlungsempfänger gestellt und im Auslande zahlbar sind, also nicht für Inhaberschecke und nicht für im Inlande zahlbare. Einen Anspruch auf Aushändigung mehrerer Ausfertigungen gewährt jedoch das Scheckgesetz dem Schecknehmer gegen den Aussteller nicht. Über die Bezeichnung der mehreren Ausfertigungen zum Zwecke der Erkennbarkeit ihrer Zugehörigkeit zu einem Scheck (als Prima, Sekunda usw.) und über die Wirkungen der Bezahlung einer Ausfertigung auf die anderen gibt das Scheckgesetz Vorschriften, die den Vorschriften der DWO über die gleichen Punkte für den Wechsel entsprechen. Vgl. Näheres in meinem ScheckgesKomm zu § 9.

Artikel 67.

Ist von mehreren ausgefertigten Exemplaren das eine bezahlt, so verlieren dadurch die anderen ihre Kraft. Jedoch bleiben aus den übrigen Exemplaren verhaftet:

1. **der Indossant, welcher mehrere Exemplare desselben Wechsels an verschiedene Personen indossiert hat, und alle späteren Indossanten, deren Unterschriften sich auf den bei der Zahlung nicht zurückgegebenen Exemplaren befinden, aus ihren Indossamenten;**
2. **der Akzeptant, welcher mehrere Exemplare desselben Wechsels akzeptiert hat aus den Akzepten auf den bei der Zahlung nicht zurückgegebenen Exemplaren.**

Anm. 1. **1.** Artikel 67 bestimmt in **Satz 1** die durch Ausstellung eines Wechsels in mehreren Exemplaren eintretende Hauptwirkung dahin, daß, **wenn das eine bezahlt ist, die anderen ihre Kraft verlieren.** Diese Regel weicht von den sonst geltenden Rechtsgrundsätzen insofern ab, als nach diesen solche Urkunden, welche die Träger der in ihnen verbrieften Forderung sind — Wertpapiere —, diese Forderung selbständig repräsentieren und daher durch Bezahlung der einen Urkunde die Kraft der anderen Urkunde nicht erlöschen kann. Sie steht auch mit den sonstigen wechselrechtlichen Grundsätzen insofern nicht im Einklange, als die in einem Wechsel verbriefte Zahlungsanweisung grundsätzlich unbedingt sein soll — vgl. zu Art 4 Anm 61 — und deshalb nicht davon abhängig gemacht werden darf, daß nicht schon ein anderes Wechselexemplar bezahlt worden ist (RGZ 9, 115). Sie kann deshalb auch nur insoweit Geltung beanspruchen, als sie durch positive Vorschrift vom Gesetze ausgesprochen ist, und sonach namentlich auf eigene Wechsel auch keine entsprechende Anwendung finden (RG a. a. O.). Sie ist auch rechtspolitisch nicht unbedenklich, da sie die Sicherheit des Wechselverkehrs abschwächt, indem nach Zahlung des einen Exemplars andere im Umlauf bleiben und in die Hände gutgläubiger, d. h. von der

Zahlung keine Kenntnis habender, Erwerber kommen können, die aus ihnen keine Rechte mehr geltend machen können. Das Gesetz erblickt anscheinend schon in dem Erwerbe eines Wechsels, der sich durch die in Art 66 vorgeschriebene Bezeichnung als Prima, Sekunda usw. als eines von mehreren Exemplaren darstellt, ohne Vergewisserung darüber, ob und wieviele andere Exemplare ausgestellt und ob eines von diesen bezahlt ist, eine Fahrlässigkeit. Das erscheint um so bedenklicher, als es vielfach üblich ist, Wechsel von vornherein als Prima-Wechsel zu bezeichnen, auch wenn die Ausstellung mehrerer Exemplare noch nicht erfolgt oder überhaupt nicht in Aussicht genommen ist (vgl. zu Art 66 Anm 5). Es können deshalb solche Wechsel eigentlich überhaupt nicht ohne weiteres mit voller Sicherheit erworben werden. Die in Satz 2 des Artikels aufgestellten beiden Ausnahmen (vgl. unten Anm 19, 20) sind wohl geeignet, diese Gefahren abzuschwächen, beseitigen sie aber keineswegs in durchgreifender Weise. Im übrigen ist noch folgendes hervorzuheben:

a) Voraussetzung für den Eintritt der Wirkung ist, daß die unbezahlten Exemplare mit dem bezahlten gleichlautend sind und die Bezeichnung als „Prima, Sekunda" usw. tragen; vgl. zu Art 66 Anm 5. **Anm. 2.**

b) Erfolgt die Bezahlung eines Exemplars durch den Hauptschuldner (Akzeptanten oder Avalisten für diesen), so verlieren die anderen ihre Kraft in vollem Umfange. Wird dagegen das Exemplar im Wege des Regresses durch einen Regreßpflichtigen eingelöst, so geht, wie aus dem eingelösten Exemplar selbst, so auch aus den übrigen Exemplaren, nur der Regreßanspruch gegen den Einlöser und seine Nachmänner unter; die Regreßansprüche gegen die Vormänner bleiben erhalten und können auch aus den unbezahlten Exemplaren geltend gemacht werden. **Anm. 3.**

c) Nicht ausdrücklich hervorgehoben ist in Art 67 die positive Wirkung der Ausstellung mehrerer gleichlautender Exemplare im Sinne des Art 67, die darin besteht, daß auf Grund eines jeden Exemplars der Inhaber die gesamten Wechselrechte in der gleichen Weise ausüben kann, als wenn dieses Exemplar das einzige wäre. Er kann deshalb jedes Exemplar (auch das nicht als Prima bezeichnete) dem Bezogenen zur Annahme und zur Zahlung vorlegen und in Ermangelung von Annahme oder Zahlung protestieren lassen; auch auf Grund jedes Exemplars den Regreß mangels Annahme oder Zahlung gegen die Regreßpflichtigen ausüben, deren Wechselzeichnung sich auf diesem Exemplar befindet, sofern die zu seiner Legitimation erforderliche Kette von Indossamenten (Art 36) dadurch hergestellt wird. Befinden sich die zu seiner Legitimation erforderlichen Indossamente auf verschiedenen Exemplaren, so muß er im Besitze von diesen sein. Eine Beschränkung der Ausübung des Regresses auf Grund einzelner Exemplare tritt ferner im Falle des Art 69 ein; vgl. die Erläuterungen zu diesem Artikel. Das Wechselrecht gegen den Akzeptanten kann nur auf Grund des akzeptierten Exemplars ausgeübt werden. **Anm. 4.**

Bestritten ist, ob der in Anspruch genommene Regreßschuldner (wegen des Akzeptanten vgl. unten Anm 7) die Zahlung von der Auslieferung sämtlicher Exemplare abhängig machen kann; bejahend Lehmann S. 560; v. Canstein S. 201; StStranz zu Art 66 Fußnote 1 zu Anm 7 d S. 224; verneinend Bernstein zu Art 67 § 1 unter 2 S. 263. Dieser führt wohl mit Recht aus, daß jedes Exemplar den ganzen Wechsel repräsentiert (vgl. Vorbem. 2 vor Art 66) und deshalb durch Rückgabe eines Exemplars dem Art 54 WO Genüge geleistet wird. Die von Lehmann, dem StStranz sich anschließen, alternativ konstruierte besondere Gefahr entweder für den auf eines von mehreren Exemplaren zahlenden Regreßschuldner oder für seinen Nachmann dürfte in Wirklichkeit kaum bestehen, da durch die Bezahlung eines Exemplars von seiten des Vormanns der Regreß gegen ihn und seine Nachmänner aus den anderen Exemplaren gemäß Art 67 Satz 1 erlischt (vgl. oben Anm 3), also auch der Nachmann nicht weiter zur Zahlung angehalten werden kann und demgemäß auch keines Regresses gegen den Vormann bedarf. **Anm. 5.**

2. In **Satz 2** bringt der Artikel **zwei Ausnahmen** von der in Satz 1 aufgestellten Regel, die zu den normalen Grundsätzen des Urkunden- und Wechselrechts zurückführen. Es sind dies die folgenden: **Anm. 6.**

a) Nr. 1: Der Fall, daß ein Inhaber mehrerer Exemplare desselben Wechsels (Remittent oder Indossatar) diese Exemplare nicht sämtlich an die gleiche Person, sondern **an verschiedene Personen indossiert.** Eine solche Handlungsweise stellt sich als zwar formalrechtlich zulässig, aber materiell rechtswidrig dar, da er dadurch den Wechsel, der nur einen einmaligen Wert darstellt und für dessen Erwerb er, wie anzunehmen, nur eine einmalige Valuta geleistet hat, zu seinem Vorteile mehrfach durch Geld- oder Kreditbeschaffung ausnutzt. Deshalb behandelt das Gesetz die mehreren Exemplare, auch wenn sie gleichlautend sind und die vorgeschriebene Bezeichnung als Prima usw. enthalten, von der Trennung ab hinsichtlich der Regreßpflicht aus den auf jedem von ihnen stehenden Indossamenten als besondere Wechsel, auf welche die in Satz 1 aufgestellte Regel insoweit keine Anwendung findet. Demgemäß haftet der Indossant, der die Trennung vorgenommen hat und dessen Indossament auf mehreren Exemplaren steht, mehrfach, und zwar so oft, als er an verschiedene Personen indossiert hat, und er kann, solange nicht alle so indossierten Exemplare bezahlt und zurückgegeben sind, aus jedem Exemplare in Anspruch genommen werden, ohne gegenüber einem gutgläubigen Erwerber einwenden zu können, daß ein anderes bereits bezahlt ist, während er seinerseits von seinen Vormännern, sobald ein Exemplar bezahlt ist, keinen Regreß aus einem der anderen Exemplare nehmen kann. Ebenso bleiben die ihm nachfolgenden Indossanten aus dem Exemplare, auf dem ihr Indossament steht, auch dann verpflichtet, wenn ein anderes Exemplar bezahlt worden ist, sofern nicht bei der Zahlung auch jenes zurückgegeben ist. Selbstverständlich trifft das (wie Bernstein zu Art 67 § 2 S. 263 und StStranz Anm 3 hervorzuheben für nötig finden) nicht zu, wenn überhaupt keine Haftung bestanden hat, weil ohne Obligo indossiert worden ist. Ob in diesem Fall den Indossanten, der die Trennung vorgenommen hat, eine außerhalb des Wechselrechts liegende Haftung, unter Umständen etwa wegen betrüglicher Schädigung, trifft, bestimmt sich nach gemeinbürgerlichem Rechte. Nur eine solche Haftung, aber nicht eine wechselrechtliche, kann in Frage kommen bei demjenigen, der mehrere Exemplare eines Wechsels durch Blankogiro erworben hat und dieses benutzt, um sie an verschiedene Personen durch Blankotradition weiterzugeben, ohne sein eigenes Indossament auf die mehreren Exemplare zu setzen.

Anm. 7. b) **Nr. 2:** Eine weitere Ausnahme von der Regel des Satzes 1 macht das Gesetz hinsichtlich der **Verpflichtung des Akzeptanten.** Diese wird niemals als einfach angesehen, wenn sie — ohne Einschränkung — auf mehreren Wechselexemplaren übernommen worden ist, sondern der Akzeptant wird durch die Akzeptschrift auf jedem Exemplar wechselmäßig besonders verpflichtet und bleibt daraus so lange verpflichtet, als nicht dieses Exemplar bezahlt und zurückgegeben ist. Gegenüber demjenigen, der aus einem der akzeptierten Exemplare klagt, steht dem Akzeptanten nur die persönliche Einrede aus Art 82 WO offen, daß nach den zwischen ihnen getroffenen Vereinbarungen er nur die Verpflichtung zu einer einmaligen Zahlung übernommen habe oder daß der Kläger bereits auf ein anderes akzeptiertes Exemplar Zahlung erhalten habe und deshalb durch die nochmalige Zahlung ungerechtfertigt bereichert werden würde. Im übrigen aber muß er so oft zahlen, als er Akzeptunterschriften gegeben hat, auch wenn die von ihm akzeptierten Exemplare gleichlautend waren und durch die in Satz 1 vorgeschriebene Bezeichnung als zu einem und demselben Wechsel gehörig gekennzeichnet wurden. Dem Akzeptanten gegenüber gilt sonach jedes von ihm akzeptierte Exemplar als besonderer Wechsel. Deshalb kann er auch nicht etwa (wie Lehmann S. 452 und 538 anzunehmen scheint) auf Grund des Art 39 WO gegen Zahlung eines Exemplars die Rückgabe der übrigen von ihm akzeptierten Exemplare verlangen. Doch kann er auf Grund des § 273 BGB die Zahlung zurückbehalten, falls ihm gegenüber demjenigen, der die Zahlung verlangt, ein gemeinbürgerlichrechtlicher Anspruch auf Herausgabe der übrigen akzeptierten Exemplare zusteht.

Anm. 8. Diese Regeln können jedoch keine Anwendung finden, wenn der Akzeptant bei der Akzeptierung eines Exemplars in der Akzepterklärung erklärt hat, dieses nur bezahlen zu wollen, wenn nicht bereits ein anderes bezahlt ist. In diesem Falle liegt ein beschränktes Akzept (Art 22 Abs 2) vor und der Akzeptant haftet nur nach dem Inhalte seiner Erklärung. Das ist in einigen ausländischen Gesetzgebungen ausdrücklich ausgesprochen; vgl. den Anhang I zu diesem Unterabschnitte Anm. 2.

Anm. 9. Der Fall, daß der Akzeptant nur eines der mehreren Exemplare akzeptiert, aber auf ein nicht-akzeptiertes Exemplar gezahlt und dieses zurückerhalten hat, während das akzeptierte Exemplar nicht zurückgegeben wurde, war in dem Entwurfe von 1846 vorgesehen in dem Sinne, daß auch in diesem Falle auf Grund des akzeptierten Exemplars nochmalige Zahlung gefordert werden könne, und auch die Motive zu dem Entwurfe von 1847 (S. 69) sprachen sich noch in diesem Sinne aus. Im Gesetze ist aber eine entsprechende Vorschrift fortgeblieben und es dürfte nicht angängig sein, auch kein rechtfertigender Grund vorliegen, um (wie Bernstein zu Art 67 § 2 S. 264 will) ohne ausdrückliche Bestimmung diesen Fall dem Falle der Akzeptierung mehrerer Exemplare gleichzustellen und die für den letzteren Fall gegebene Ausnahmevorschrift auf ihn entsprechend anzuwenden. Vielmehr wird in diesem Falle die Regel des Satzes 1 Platz greifen müssen, derzufolge auch der Akzeptant durch Bezahlung irgendeines Exemplars, auch wenn es nicht das akzeptierte ist, befreit wird. Dafür, daß das die Absicht des Gesetzgebers war, spricht außer der Weglassung der in dem früheren Entwurf vorgesehenen entgegengesetzten Bestimmung auch die Erörterung bei der Beratung in der Leipziger Wechselrechtskonferenz (Prot. Leipz. Ausgabe S. 134, 135, Thöl S. 144).

Anm. 10. Nach der in diesem Kommentar vertretenen Ansicht über die rechtliche Natur des Ehrenakzepts — vgl. zu Art 60 Anm 1 — muß die Vorschrift in Satz 2 Nr. 2 des Artikels auch auf den Ehrenakzeptanten Anwendung finden, während diejenigen, die das Ehrenakzept lediglich als Übernahme der Regreßverpflichtung des Honoraten ansehen (so Bernstein zu Art 67 § 2 unter 2 S. 265; StStranz Zusatz 2 zu Art 67) rechtslogischerweise zu der entgegengesetzten Ansicht gelangen und annehmen, daß derjenige, der mehrere Exemplare ehrenhalber akzeptiert hat, dadurch befreit wird, daß auf eines der Exemplare Zahlung geleistet wird.

Artikel 68.

Wer eines von mehreren Exemplaren eines Wechsels zur Annahme versandt hat, muß auf den übrigen Exemplaren bemerken, bei wem das von ihm zur Annahme versandte Exemplar anzutreffen ist. Das Unterlassen dieser Bemerkung entzieht

edoch dem Wechsel nicht die Wechselkraft. Der Verwahrer des zum Akzepte versandten Exemplars ist verpflichtet, dasselbe demjenigen auszuliefern, der sich als Indossatar (Artikel 36) oder auf andere Weise zur Empfangnahme legitimiert.

1. Die Einrichtung der Wechselvervielfältigung bringt es mit sich (vgl. die Vorbemerkungen zu diesem Unterabschnitte), daß die mehreren Exemplare eines Wechsels sich häufig in verschiedenen Händen befinden. Insbesondere entspricht es dem Gedanken und dem Zwecke der Einrichtung, daß der Inhaber des Wechsels, der die mehreren Exemplare in Händen hat, also der Remittent oder ein Indossatar, eines davon (in der Regel die Prima) zum Zweck der Annahme durch den Bezogenen an dessen Wohnort, sei es an den Bezogenen selbst oder an einen Dritten versendet und unterdessen die anderen Exemplare zur Weiterbegebung durch Indossament benutzt. In diesem Falle wird der Indossatar Gläubiger des einheitlichen Wechsels, über den die mehreren Exemplare ausgestellt sind. Mit Recht wird auch angenommen (so StStranz Anm 3 und die dort angeführte Schrift von **Kluckhohn**, Verfügungen zugunsten Dritter, S. 201 ff.), daß der Indossatar durch das Indossament nach sachenrechtlichen Grundsätzen (§§ 929 ff. BGB) bereits Eigentümer auch des zum Akzepte versandten Exemplars wird, da in dem Begebungsvertrage, der unter Übergabe eines Wechselexemplars abgeschlossen wird, auch ohne ausdrückliche Willenserklärung nach Treu und Glauben die Abtretung des Anspruchs auf Herausgabe auch der anderen Exemplare, die sich in der Hand eines Dritten befinden zum Zwecke des Erwerbs des Eigentums an diesen, ohne welche das Gläubigerrecht nicht übergehen kann (vgl. Vorbem 4a vor Art 4 und Anm 3 zu Art 9 sowie RGR Komm zu § 931 BGB), gefunden werden muß. So auch bereits die Leipziger Protokolle (L. S. 136; Thöl S. 145); dahingestellt in ROHG 11, 395; 21, 137. Gleiches muß aber von demjenigen gelten, der auf andere Weise als durch Indossament, namentlich durch bürgerlich-rechtliche Zession (vgl. zu Art 4 Anm 21) Wechselgläubiger geworden ist; auch er ist dadurch Eigentümer nicht nur der ihm übergebenen Exemplare, sondern auch des zum Akzepte versandten Exemplars geworden. Ein solcher Erwerber des Wechsels kann deshalb von demjenigen, an den ein Exemplar zur Herbeiführung der Akzeptation gesandt worden ist, schon nach sachenrechtlichen Grundsätzen (§ 985 BGB) mit der Eigentumsklage die Herausgabe des Exemplars verlangen. Der Art 68 trifft aber noch besondere Bestimmungen, welche dem Wechselerwerber die Erlangung des Besitzes an dem versandten Exemplar ermöglichen und erleichtern sollen. **Anm. 1.**

2. Zu diesem Zwecke bestimmt zunächst **Satz 1** des Artikels, daß derjenige, der ein Exemplar zum Akzepte versendet hat, auf den übrigen Exemplaren **bemerken muß, bei wem jenes anzutreffen ist.** Die Fassung als Muß-Vorschrift (im Gegensatze zu Art 66 Satz 1) könnte die Auffassung nahelegen, daß es sich um ein formales Erfordernis handele, von dessen Erfüllung die Wechselkraft der übrigen Exemplare und die Geltendmachung der Wechselrechte aus ihnen abhängig ist; vgl. Leipziger Protokolle S. 136 (Thöl 145). Daß das nicht der Sinn der Vorschrift ist, wird durch **Satz 2** des Artikels klargestellt. Danach haben die übrigen Exemplare, auch wenn auf ihnen der Vermerk fehlt, volle Wechselkraft als Duplikate und sie können ohne das versandte Exemplar zur Annahme und Zahlung präsentiert, auch akzeptiert und bezahlt, andernfalls in Ermangelung der Annahme oder Zahlung protestiert, auch können auf Grund von ihnen die entsprechenden Regresse ausgeübt werden; vgl. zu Art 67 Anm 4. Durch die Vorschrift wird aber eine schuldrechtliche Verpflichtung des Versenders zur Beifügung des Vermerks begründet. Wem gegenüber diese Verpflichtung besteht, ist im Gesetze nicht ausdrücklich gesagt; es liegt aber nahe anzunehmen und entspricht auch dem Zwecke der Vorschrift, daß jeder, der das Eigentum an einem der nicht versandten Exemplare erworben hat, berechtigt ist, auf diesem Exemplare die Beifügung des Vermerks zu verlangen, ohne daß dazu die wechselmäßige Legitimation durch eine Indossamentenkette gemäß Art 36 WO erforderlich ist; ROHG 20, 93, vgl. auch Satz 3 des Artikels und unten Anm 6. Dafür, daß nur derjenige, der den Wechsel unmittelbar von dem Versender erhält, zu dem Verlangen berechtigt sein soll (so StStranz Anm 1; a. M. M. und M. Stranz Anm 1), ist angesichts der uneingeschränkten Fassung der Vorschrift, die in ersichtlichem Gegensatze zu den Einschränkungen in Art 66 Satz 3, 4 steht, kein Anhaltspunkt gegeben. **Anm. 2.**

Der Anspruch ist ein wechselrechtlicher, d. h. von der Wechselordnung gegebener und deshalb eines besonderen bürgerlich-rechtlichen Rechtsgrundes nicht bedürftig; er ist aber kein Anspruch aus dem Wechsel und kann deshalb und auch wegen des Gegenstandes, auf den er gerichtet ist, nicht nach § 602 ZPO im Wechselprozesse geltend gemacht werden (vgl. für das ältere Prozeßrecht ROHG 20, 92). Der Vermerk wird die Angabe desjenigen, an den der Wechsel versendet worden ist, nach Namen, Wohnort und, soweit erforderlich, näherer Adresse zu enthalten haben; wenn dem Versender bekannt ist, daß der Wechsel inzwischen in andere Hände übergegangen ist, so wird er auch dies anzugeben haben. Eine besondere Form für den Vermerk ist im übrigen nicht vorgeschrieben; verkehrsüblich ist die Fassung: „Prima (oder auch Secunda usw.) bei ... (First with ...)"; einer Unterschrift wird es nicht bedürfen; doch wird erkennbar sein müssen, daß er von dem Versender herrührt, etwa dadurch, daß er zu dessen Indossament in räumliche Beziehung gesetzt wird. In ROHG 11, 391 ist übrigens ein vom Aussteller herrührender Vermerk „First with ..." als Vermerk im Sinne des Art 68 behandelt, aber nur auf Grund der Tatsache, daß **Anm. 2a.**

die Prima wirklich an die darin bezeichnete Person als Verwahrer gelangt war. Für den Fall, daß trotz des Vermerks der Indossatar das versendete Exemplar an der bezeichneten Stelle nicht erlangen kann, ist in Art 69 (vgl. zu diesem Artikel Anm 4, 5) Vorsorge getroffen.

Anm. 3. 3. Um dem Erwerber eines Wechsels, von welchem ein Exemplar zur Annahme versandt ist, die Erlangung dieses Exemplars noch weiter zu erleichtern, gewährt ihm **Satz 3** des Artikels einen direkten schuldrechtlichen Anspruch gegen den „Verwahrer" auf Auslieferung des an diesen gelangten Exemplars. Verwahrer ist derjenige, an welchen das eine Exemplar des Wechsels, in der Regel die Prima, von dem derzeitigen Wechselgläubiger übersandt worden ist, um die Akzeptierung herbeizuführen. Das kann sowohl ein Dritter sein, der beauftragt wird, das Exemplar dem Bezogenen zum Akzepte vorzulegen, wie auch der Bezogene selbst, dem sehr häufig das Exemplar anvertraut wird, um sein Akzept darauf zu setzen und es dann wieder zurückzusenden. In RGZ 9, 58 scheint allerdings, aber wohl mit Unrecht, angenommen zu sein, daß der Bezogene, der das ihm übersandte Exemplar akzeptiert und aus diesem Anlasse noch in Händen hat, nicht Verwahrer sei und deshalb Art 68 Satz 3 auf ihn keine „unmittelbare" Anwendung finden könne. Es ist vielmehr dort die Herausgabepflicht darauf gestützt worden, daß der Bezogene durch die Niederschrift des Akzepts auf dem ihm zu diesem Zwecke übersandten Exemplar (der Prima), obwohl dieses noch in seinen Händen war (vgl. zu Art 21 Anm 15), dem legitimierten Inhaber der Sekunda bereits wechselrechtlich verpflichtet und aus diesem Grunde auch verpflichtet war, die Prima an ihn herauszugeben.

Anm. 4. Der Anspruch besteht unabhängig davon, ob sich auf den dem Wechselerwerber übergebenen Exemplaren ein Vermerk nach Satz 1 (vgl. oben Anm 2) befindet oder nicht. Der Anspruch tritt neben den dem Erwerber schon nach sachenrechtlichen Grundsätzen zustehenden Herausgabeanspruch; vgl. oben Anm 1. Er ist ein selbständig für den Wechselerwerber entstandener Anspruch, der nicht etwa (wie in der älteren wechselrechtlichen Doktrin von manchen behauptet wurde, vgl. Fußnote 2 zu ROHG 11 S. 392) von dem Herausgabeanspruch des Versenders aus dem zwischen ihm und dem Verwahrer bestehenden Auftrags- und Verwahrungsverhältnisse abgeleitet ist, sondern unabhängig von diesem besteht (ROHG 11, 396). Aus diesem Nebeneinanderbestehen können sich Konflikte zwischen den dem Verwahrer gegenüber seinem Auftraggeber und gegenüber dem Wechselerwerber obliegenden Verpflichtungen ergeben. Solange nicht ein Wechselerwerber das Auslieferungsbegehren in ordnungsmäßiger Form (wozu jedoch gerichtliche Klageerhebung nicht erforderlich sein dürfte) und unter ausreichender Legitimation gestellt hat, wird der Verwahrer verpflichtet und berechtigt sein, eine Anordnung des Versenders über Rücksendung an ihn oder Weiterversendung zu befolgen. Zweifelhaft ist aber, von welchem Zeitpunkte ab er das nicht mehr darf. In ROHG 11, 391 ff. ist angenommen, daß er auch noch, nachdem das Auslieferungsverlangen des Wechselerwerbers an ihn gestellt ist, das in seinem Verwahr befindliche Akzeptationsexemplar an den Versender auf Grund eines vorher von diesem erhaltenen Rücksendungsauftrags zurücksenden darf, weil darin keine arglistige Besitzentäußerung gefunden werden könne; es ist also der Grundsatz der Priorität des Verlangens für maßgebend erklärt. Dem wird beigestimmt werden können.

Anm. 5. Die Auslieferungspflicht an den Wechselerwerber besteht ohne Rücksicht darauf, ob das zur Akzepteinlösung bestimmte Exemplar bereits akzeptiert, oder zum Akzepte vorgelegt, der Auftrag des Versenders also ausgeführt ist oder nicht; ein Antrag, sie im Falle der Nichtakzeptierung auszuschließen, wurde abgelehnt. (Leipz. Prot. S. 136, Thöl 145).

Anm. 6. Die zur Stellung des Verlangens der Auslieferung erforderliche Legitimation kann zufolge ausdrücklicher Bestimmung des Gesetzes nicht nur durch die nach Art 36 WO zur Geltendmachung der Rechte aus dem Wechsel erforderliche Indossamentenkette, sondern auch auf andere Weise (die Fassung des Entwurfs „auf andere unverdächtige Weise" wurde von der Leipziger Konferenz, Prot. S. 136, Thöl 145, in die jetzige Fassung umgeändert) geführt werden. Als solche andere Weise wird namentlich die Vorlage einer schriftlichen Zession von seiten eines wechselrechtlich legitimierten Inhabers in Frage kommen (vgl. oben Anm. 1 Abs 2). Auch dieser Anspruch ist, wie der aus Satz 1 (vgl. oben Anm 1), ein wechselrechtlicher, aber kein Anspruch aus dem Wechsel und kann deshalb sowie wegen seines Gegenstandes nicht im Wechselprozesse (§ 602 ZPO) geltend gemacht werden (ROHG 20, 92).

Artikel 69.

Der Inhaber eines Duplikats, auf welchem angegeben ist, bei wem das zum Akzepte versandte Exemplar sich befindet, kann mangels Annahme desselben den Regreß auf Sicherstellung und mangels Zahlung den Regreß auf Zahlung nicht eher nehmen, als bis er durch Protest hat feststellen lassen:

1. **daß das zum Akzepte versandte Exemplar ihm vom Verwahrer nicht verabfolgt worden ist und**
2. **daß auch auf das Duplikat die Annahme oder die Zahlung nicht zu erlangen gewesen.**

1. Art 69 trifft besondere Bestimmungen für den Fall, daß der in Art 68 vorgeschriebene **Anm. 1.**
Vermerk darüber, wo das zur Annahme versandte Exemplar anzutreffen ist, sich tatsächlich *auf einem der übrigen Exemplare befindet*. Dem Inhaber eines mit diesem Vermerke versehenen Exemplars ist es dadurch ermöglicht, sich zunächst an die in dem Vermerke als Verwahrer bezeichnete Person zu wenden und den Versuch zu machen, von ihr auf Grund des Art 68 Satz 3 die Auslieferung des zur Annahme an sie gesandten Exemplars zu erlangen. Ersichtlich in der Absicht, die aus der Vervielfältigung des Wechsels sich ergebenden Gefahren (vgl. namentlich zu Art 67 Anm 1) soweit, als es sich mit den durch diese Einrichtung verfolgten Zwecken vereinigen läßt, zu vermeiden, macht das Gesetz es dem Erwerber eines mit dem Vermerke versehenen Exemplars zur Pflicht, zunächst den dadurch gewiesenen Weg zu beschreiten, bevor er den Regreß mangels Annahme oder Zahlung, den er an sich auch ohne den Besitz des Akzeptexemplars auf Grund eines der übrigen Exemplare ohne weiteres ausüben könnte (vgl. zu Art 67 Anm 4), ausübt **(Nr. 1 des Artikels)**. Das Gesetz geht aber in der Einschränkung der Regreßausübung durch den Inhaber eines mit solchem Vermerke versehenen Exemplars noch weiter, indem es verlangt, daß er, falls der Versuch, von dem Verwahrer das Akzeptexemplar zu erlangen, erfolglos bleibt, den weiteren Versuch macht, von dem Bezogenen die Annahme bzw. Zahlung *auf Grund des Duplikates* (des in seinen Händen befindlichen Exemplars) zu erlangen **(Nr. 2 des Artikels)**. Im einzelnen gilt darüber folgendes:

a) Voraussetzung ist zunächst, daß der in Art 68 vorgeschriebene Vermerk sich *auf einem der* **Anm. 2.**
Exemplare befindet, die in die Hände des Wechselnehmers gelangt sind. Eine etwa auf andere Weise erlangte Kenntnis des Wechselnehmers davon, wo sich das versandte Exemplar befindet, kommt nicht in Betracht. Ob die als Verwahrer genannte Person das Exemplar wirklich in Verwahrung hat, ist unerheblich; der Inhaber muß sich an sie wenden und braucht sich nur an sie zu wenden, auch wenn er weiß, daß es sich nicht bei ihr befindet.

b) Liegt diese Voraussetzung vor, so muß der Inhaber eines mit dem Vermerk versehenen **Anm. 3.**
Exemplars, unter gehöriger Legitimation gemäß Art 68 Satz 3, an die in dem Vermerke als Verwahrer des zum Akzepte versandten Exemplars bezeichnete Person die *Aufforderung richten, ihm das Exemplar auszuliefern*. Eine bestimmte Form ist für diese Aufforderung nicht vorgeschrieben; sie kann mündlich oder schriftlich erfolgen; doch muß sie, wenn Protest erhoben werden soll, in solcher Form gestellt werden, daß der Protestbeamte gegebenenfalls gemäß Art 88 Abs 1 Nr. 2 ihre Erfolglosigkeit im Proteste feststellen kann; vgl. zu Art 88 Anm 4ff. Die Aufforderung kann auch schon vor der Fälligkeit des Wechsels erfolgen, wie ohne weiteres daraus erhellt, daß sie auch zur Vorbereitung des Protestes *mangels Annahme* dienen soll; vgl. unten Anm 5. Wird der Aufforderung entsprochen und das Exemplar ausgeliefert, so kann der Inhaber nunmehr ohne weiteres die Wechselrechte aus dem Wechsel ausüben, insbesondere unter den gewöhnlichen Voraussetzungen (Protest mangels Annahme oder Zahlung) Regreß nehmen. Zu einer dem Gesetze genügenden Ausfolgung ist aber erforderlich, daß ein Exemplar ausgeliefert wird, das sich mit den in den Händen des Inhabers befindlichen Exemplaren als zu einem einheitlichen Wechsel gehörig im Sinne des Art 66 darstellt, also mit diesen gleichlautend ist und die Bezeichnung als Prima oder auch eine andere Ordnungszahl trägt. Im übrigen aber kommt es darauf, ob das zum Akzept versandte Exemplar *bei dem Verwahrer Veränderungen erlitten* hat, namentlich ob ein bereits darauf befindlich gewesenes Akzept wieder ausgestrichen ist, nicht an; der Wechselnehmer trägt, auch wenn er bereits als Eigentümer des Exemplars zu gelten hat (vgl. darüber zu Art 68 Anm 1), nicht die Gefahr solcher Veränderungen, die vor der Auslieferung des Exemplars an ihn erfolgt sind (arg. § 446 BGB) und braucht daher bei Ausübung seines Regresses das versandt gewesene Exemplar auf Grund des Art 54 nur in dem Zustande zurückzugeben, in dem es ihm ausgeliefert worden ist; doch liegt ihm der Beweis ob, daß er das Exemplar bereits in diesem Zustande ausgeliefert erhalten hat (ROHG 21, 137ff.).

Bleibt dagegen die Aufforderung erfolglos, so muß der Wechselnehmer dies durch einen **Protest** **Anm. 4.**
mangels Ausfolgung feststellen lassen, der gegenüber dem Verwahrer als Protestaten in den durch Art 87ff. vorgeschriebenen Formen zu erheben ist (Nr. 1). Dieser Protest ist nach Art 88b *auf eine Abschrift des Wechsels* oder der Kopie oder auf ein mit der Abschrift zu verbindendes Blatt zu setzen. Eine bestimmte Frist ist für den Ausfolgungsprotest nicht vorgeschrieben; insbesondere kann für ihn nicht (wie StStranz Anm 2 Abs 4 anzunehmen scheinen) die für den Protest mangels Zahlung in Art 41 festgesetzte Frist von zwei Werktagen in entsprechender Anwendung in dem Sinne zur Anwendung kommen, daß der Protest innerhalb zwei Tagen nach der Aufforderung zur Ausfolgung erhoben werden müßte. Nach Ablauf der Frist für den Protest mangels Zahlung würde allerdings ein Ausfolgungsprotest bedeutungslos sein, da ein Regreß mangels Annahme oder Zahlung, zu dessen Vorbereitung er dienen soll, nicht mehr ausgeübt werden kann. Die Aufforderung selbst aber wird auch nach dem Ablaufe dieser Frist gestellt werden können, da der Inhaber der übrigen Exemplare ein Interesse daran haben kann, das möglicherweise akzeptierte Exemplar zu erlangen, um daraus seine Wechselrechte *gegen den Akzeptanten* geltend zu machen.

c) Im Falle der Erfolglosigkeit des an den Verwahrer gerichteten Auslieferungsverlangens **Anm. 5.**
muß aber der Inhaber eines mit dem Versendungsvermerk versehenen Exemplars, bevor er

den Regreß mangels Annahme oder Zahlung gegen seine Vormänner ausüben kann, noch den weiteren Versuch machen, von dem Bezogenen die Annahme bzw. Zahlung des Wechsels ohne das zur Annahme versandte Exemplar lediglich auf Grund eines der übrigen Exemplare zu erlangen und gegebenenfalls die Erfolglosigkeit auch dieses Versuches durch einen Protest mangels Annahme bzw. Zahlung feststellen lassen (Nr. 2). Auch dieser Protest hat in den gewöhnlichen, für die in Frage kommende Protestart vorgeschriebenen Formen und Fristen, insbesondere also der Protest mangels Zahlung innerhalb der in Art 41 Abs 2 vorgeschriebenen zweitägigen Frist nach dem Zahlungstage zu erfolgen. Der Protest mangels Annahme ist gemäß Art 88b, wie der Protest mangels Ausfolgung (vgl. oben zu b), auf eine Abschrift des Wechsels usw. zu setzen und kann daher mit diesem in einer Urkunde verbunden werden. Der Protest mangels Zahlung ist gemäß Art 88a auf eines der in den Händen des Inhabers befindlichen Exemplare des Wechsels selbst zu setzen, kann also nicht mehr, wie früher, mit dem Proteste mangels Ausfolgung (oben Anm 4) verbunden werden. Erst nach Erfüllung dieser Formalitäten kann der Inhaber sodann den Regreß mangels Annahme bzw. Zahlung auf Grund eines der in seinen Händen befindlichen Exemplare erheben, ohne das zum Akzepte versandte Exemplar vorlegen und gegen die Regreßzahlung gemäß Art 54 zurückgeben zu müssen.

2. Wechselkopien.

Artikel 70.

Wechselkopien müssen eine Abschrift des Wechsels und der darauf befindlichen Indossamente und Vermerke enthalten und mit der Erklärung „bis hierher Abschrift (Kopie)" oder mit einer ähnlichen Bezeichnung versehen sein. In der Kopie ist zu bemerken, bei wem das zur Annahme versandte Original des Wechsels anzutreffen ist. Das Unterlassen dieses Vermerkes entzieht jedoch der indossierten Kopie nicht ihre wechselmäßige Kraft.

Anm. 1. 1. Über den Begriff und die rechtliche Bedeutung der **Wechselkopien** im Sinne des Gesetzes vgl. Vorbem 3 zu diesem Unterabschnitt. Aus den Artt 70, 71 ergibt sich, aus welchen Bestandteilen eine solche Wechselkopie sich zusammensetzt. Und zwar behandelt **Art 70** den eigentlich kopialen Bestandteil, der in einer Abschrift eines anderen Schriftstücks, nämlich des Originalwechsels, besteht, einen solchen also voraussetzt. Die Abschrift muß den ganzen Originalwechsel und alles rechtlich Bedeutsame, was auf ihm steht, wiedergeben, so wie es zur Zeit ihrer Errichtung beschaffen ist, also die Wechselerklärung des Ausstellers **nebst den darauf befindlichen Indossamenten und Vermerken.** Als Vermerke werden außer den zu den Indossamenten gehörigen („ohne Obligo", „nicht an Order", „in Prokura") namentlich der Akzeptierungsvermerk (Art 21), der Domizilvermerk, soweit er nicht schon vom Aussteller selbst im Wechsel beigefügt ist (Art 24), ferner die Notadressen und das Ehrenakzept (Artt 56ff.), sowie auch der Avalvermerk (vgl. zu Art 81 Anm 5ff.) in Betracht kommen. Dieser Teil der Wechselkopie muß ausdrücklich als Kopie bezeichnet sein durch die Worte: **„Bis hierher Abschrift (Kopie) oder eine ähnliche Bezeichnung".** Aus dieser Gesetzesbestimmung erhellt ohne weiteres, daß die Bezeichnung, der sog. „Arretierungsvermerk", so stehen muß, daß er eine deutlich erkennbare Grenze zwischen dem abschriftlichen und dem originalen Teile bildet. Originalschriften, die sich danach als zu dem abschriftlichen Teile gehörig darstellen, können nur als Abschriften in Betracht kommen. Enthält das ganze Schriftstück die Bezeichnung als Kopie oder Abschrift ohne solche Trennung, z. B. in der Überschrift oder auch als Nachschrift, so liegt lediglich eine gewöhnliche, rechtlich bedeutungslose Kopie vor, auch wenn sich auf ihm auch Originalschriften befinden. So mit Recht Bernstein (§ 2 unter 2 S. 271) gegen v. Canstein (§ 14 Anm 21a) und andere, die einen „Gegenbeweis" zulassen wollen. Fehlt andrerseits dem Schriftstück die Bezeichnung als Kopie und auch der Trennungsvermerk, so stellt sich das Ganze als eine Originalurkunde dar, die, wenn sie die Erfordernisse des Art 4 WO aufweist, als Wechsel zu gelten hat und auf welcher daher jede echte (d. h. sich als Namensschrift einer bestimmten Person darstellende und von dieser herrührende) Schrift gemäß Art 75ff. WO die entsprechende Wechselverpflichtung (Akzept oder Indossamentverpflichtung) erzeugt. Ist ein Schriftstück in der vorgeschriebenen Form als Wechselkopie bezeichnet, liegt aber in Wirklichkeit kein ihr entsprechender Originalwechsel vor, so kann es in keinem Teile als Wechsel gelten und können daher auch die auf ihm sich findenden Originalschriften keine Wechselverbindlichkeiten erzeugen. Doch können einzelne Abweichungen der Kopie von dem Originale, auch solche, die an sich nicht rechtlich bedeutungslos sind, namentlich Auslassungen, die Wirksamkeit der Wechselkopie als solcher nicht aufheben, solange nicht dadurch ihre Zugehörigkeit zu einem bestimmten Originalwechsel in Frage gestellt ist; sie können nur auf die einzelnen Wechselverpflichtungen einen ihrer Bedeutung entsprechenden Einfluß ausüben.

Anm. 2. Einer Angabe, durch wen die Kopie hergestellt ist und ihrer Beglaubigung bedarf es nicht. Doch wird als Hersteller der erste Original-Indossant zu gelten haben, dessen Indossament sich an den Trennungsvermerk anschließt, und wird dieser daher seinen Nachmännern für die Richtigkeit der Abschrift verantwortlich sein.

2. Die Sätze 2 und 3 des Artikels schreiben für die Kopie einen ähnlichen **„Antreffungsvermerk"** vor, wie Art 68 Satz 1, 2 für das Duplikat. Es kann deshalb hier auf die Erläuterungen zu Art 68 Anm 2 Bezug genommen werden. Der Vermerk soll dem Erwerber der Kopie das Erlangen des Originalwechsels, auf welchen er nach Art 72 (vgl. zu diesem Artikel) einen Anspruch hat, ermöglichen bzw. erleichtern. Auch darüber, durch wen und zu welchem Zeitpunkte die Beifügung des Vermerks verlangt werden kann, gilt Entsprechendes wie zu Art 68; vgl. zu diesem Artikel Anm 1ff. Auch der Satz 3 des Artikels, der die Folgen des Fehlens des Antreffungsvermerks auf der Kopie dahin bestimmt, daß dadurch der indossierten Kopie die Wechselkraft nicht entzogen wird, entspricht inhaltlich dem Art 68 Satz 3. Vgl. über die Bedeutung dieser Vorschrift im übrigen zu Art 72 Anm 2. **Anm. 3.**

3. Das Scheckgesetz kennt Kopien des Schecks im Sinne der Wechselkopien, also zur Aufnahme scheckrechtlicher Originalerklärungen, insbesondere von Originalindossamenten, nicht. Vgl. Näheres in meinem ScheckgesKomm zu § 8 Anm 21a. **Anm. 4.**

Artikel 71.

Jedes auf einer Kopie befindliche Originalindossament verpflichtet den Indossanten ebenso, als wenn es auf einem Originalwechsel stünde.

1. Art 71 regelt den weiteren Bestandteil der Wechselkopie, der in Wirklichkeit nicht Kopie ist, sondern eine Originalurkunde darstellt; vgl. Vorbem 3 zu diesem Unterabschnitte. Es ist derjenige, der räumlich dem Trennungsvermerke „Bis hierher Kopie" (Art 70) nachfolgt. Er ist hauptsächlich zur Aufnahme von Indossamenten bestimmt, wodurch die Kopie dem Zwecke der Zirkulation des Wechsels dienstbar gemacht wird. Doch kann er auch zur Aufnahme von Quittungen über Teilzahlungen (Art 39), Aval- und sonstigen Mitverpflichtungserklärungen (Art 81), sowie von Notadressen (Art 62) im Original dienen; ob auch Ehrenakzepte in ihm Platz finden können, ist bestritten; vgl. zu Art 60 Anm 3. **Anm. 1.**

2. In diesem Teile der Wechselkopie befindliche **Originalindossamente**, d. h. solche die sich als Schrift (Namensschrift) einer bestimmten Person kennzeichnen und von dieser wirklich herrühren (echt sind), sowie den gesetzlichen Formerfordernissen eines Indossaments (Artt 9ff.) entsprechen, verpflichten nach Art 71 den Indossanten ebenso, als wenn sie auf einem Originalwechsel ständen. Dadurch stellt das Gesetz eine Rechtsvermutung (Fiktion) auf, die dahin geht, daß sofern die in dem ersten Teile der Wechselkopie befindliche Abschrift sich als die eines Wechsels darstellt, der alle wesentlichen Erfordernisse eines solchen (Art 4) aufweist, es so angesehen werden soll, als wenn die im zweiten Teile stehenden Originalindossamente auf einem gültigen Wechsel (Originalwechsel) ständen; auch das Vorhandensein eines solchen wird also vermutet. In dieser Richtung wird aber der Gegenbeweis durch Vorlage des Originalwechsels dahin zugelassen werden müssen, daß die Abschrift unrichtig und der Wechsel in Wirklichkeit wegen Fehlens eines wesentlichen Erfordernisses als Wechsel ungültig ist; wird dieser Beweis geführt, so stellen sich auch die auf der Kopie stehenden Indossamente als wechselrechtlich ungültig dar, da sie ja auch ungültig wären, wenn sie auf dem formell mangelhaften Originalwechsel selber ständen; vgl. Art 7 Satz 2. **Anm. 2.**

Über die Verpflichtungswirkung der Indossamente vgl. die Erläuterungen zu Artt 14 bis 16. Die aus ihr sich ergebenden wechselrechtlichen Regreßansprüche können gegen diejenigen Indossanten, deren Originalindossamente sich auf der Kopie befinden, auf Grund der Kopie ausgeübt werden, ohne daß es dazu der Vorlegung des Originalwechsels bedarf; das ergibt sich grundsätzlich aus Art 72 Satz 2, wonach der Inhaber der Kopie den Regreß mangels Annahme oder Zahlung auch ausüben kann, wenn er von dem Verwahrer des Originals dessen Auslieferung nicht erlangt, sofern er nur den der Regel nach erforderlichen Protest mangels Ausfolgung erhoben hat. Über die Frage, ob der Regreß auf Grund der Kopie allein auch ausgeübt werden kann, wenn diese keinen Antreffungsvermerk enthält und infolgedessen der Inhaber nicht in der Lage ist, einen Ausfolgungsprotest zn erheben, vgl. zu Art 72 Anm 2. **Anm. 3.**

3. Art 71 regelt ausdrücklich nur die verpflichtende Wirkung der auf einer Wechselkopie stehenden Originalindossamente. Die andere Seite der Indossamentwirkung, nämlich die Übertragung der Rechte aus dem Wechsel (Art 10), wird hier als selbstverständlich vorausgesetzt. In der Tat gehen auch die Rechte aus dem Wechsel durch Indossament auf einer Kopie in der gleichen Weise über, als wenn dieses auf dem Originalwechsel stünde. Fraglich könnte nur sein, wie es mit der nach Art 36 WO zu führenden Legitimation des Wechselinhabers durch eine bis auf ihn hinuntergehende Indossamentenkette steht. Doch muß auch für diese Frage aus Art 72 Satz 2 entnommen werden, daß der Inhaber der Kopie, der das Original von dem Verwahrer nicht erhalten kann und in den Regelfällen den Ausfolgungsprotest deswegen erhoben hat, zum Zwecke des Regresses gegen die Indossanten, deren Originalindossamente auf der Kopie stehen, seine Legitimation nur zu führen braucht durch Vorlage der Kopie, deren abschriftlicher Teil in Verbindung mit den auf ihr stehenden Originalindossamenten die erforderliche Kette ergibt, **Anm. 4.**

vorbehaltlich auch hier (vgl. oben Anm 2) des Gegenbeweises, daß die Abschrift mit dem Original nicht übereinstimmt und dieses eine Lücke in der Kette erkennen läßt. Auch gegenüber dem Akzeptanten, dem Aussteller und denjenigen Indossanten, deren Originalindossamente auf dem Originalwechsel stehen, kann der Inhaber der Kopie seine Legitimation ganz oder teilweise durch die auf der Kopie stehenden Originalindossamente führen.

Artikel 72.

Der Verwahrer des Originalwechsels ist verpflichtet, denselben dem Besitzer einer mit einem oder mehreren Originalindossamenten versehenen Kopie auszuliefern, sofern sich derselbe als Indossatar oder auf andere Weise zur Empfangnahme legitimiert. Wird der Originalwechsel vom Verwahrer nicht ausgeliefert, so ist der Inhaber der Wechselkopie nur nach Aufnahme des im Artikel 69 Nr. 1 erwähnten Protestes Regreß auf Sicherstellung und nach Eintritt des in der Kopie angegebenen Verfalltags Regreß auf Zahlung gegen diejenigen Indossanten zu nehmen berechtigt, deren Originalindossamente auf der Kopie befindlich sind.

Anm. 1. **1.** Durch das Indossament auf einer Kopie werden nicht nur die Rechte aus dem Wechsel übertragen (vgl. zu Art 71 Anm 3), sondern es geht dadurch auch das Eigentum an dem Wechsel, und zwar an den gesamten Urkunden, welche Träger des in ihnen verbrieften wechselrechtlichen Schuldverhältnisses sind, einschließlich des zum Akzepte versandten und deshalb dem Indossatar nicht mitübergebenen Originalwechsels, auf den Indossatar über. Auch im Falle des Erwerbs der Wechselrechte auf andere Weise als durch Indossament, namentlich durch bürgerlich-rechtliche Zession, wird der Originalwechsel, der zum Akzepte versandt ist, Eigentum des Zessionars, ohne daß es der körperlichen Übergabe bedarf. Es sind hier die gleichen rechtlichen Gesichtspunkte maßgebend, wie im Falle der Versendung eines von mehreren Exemplaren (Duplikaten) zum Akzepte; vgl. zu Art 68 Anm 1. Wie dort, so gibt auch hier die WO (Art 72 Satz 1) dem Wechselerwerber neben dem aus dem allgemeinen bürgerlichen Rechte sich ergebenden dinglichen Herausgabeanspruch, der übrigens früher auf Grund der geltenden Landesrechte nicht unbestritten war, einen **schuldrechtlichen Anspruch** gegen den Verwahrer des versandten Exemplars auf dessen Auslieferung. Voraussetzung ist hier der Besitz (Innehabung) einer mit Originalindossamenten versehenen Kopie und die Legitimation als Wechselgläubiger, die sowohl auf Grund wechselrechtlichen Erwerbs gemäß Art 36 durch die auf der Kopie stehenden Indossamente, wie „auf andere Weise", nämlich durch Vorlage einer bürgerlich-rechtlichen Zession, geführt werden kann. Im übrigen gilt auch hinsichtlich dieses Anspruchs das gleiche wie hinsichtlich des Anspruchs aus Art 68 Satz 3 und es kann daher hier auf die Erläuterungen in Anm 3 zu Art 68 Bezug genommen werden.

Anm. 2. **2.** Erlangt der Inhaber der Kopie von dem Verwahrer des Originals dessen Auslieferung, so ist er nunmehr in der Lage, auf Grund des Originals und der Kopie die sämtlichen Rechte aus dem Wechsel nach den darüber bestehenden Vorschriften unbeschränkt geltend zu machen. Entsprechend, wie Art 69 für den Fall mehrerer Wechselexemplare, trifft aber Art 72 Satz 2 auch Vorsorge für den Fall, daß der Besitzer der Kopie von dem Verwahrer des Originalwechsels **dessen Auslieferung nicht erlangen kann.** In diesem Falle soll der Besitzer der Kopie nur nach Aufnahme des in Art 69 Nr. 1 erwähnten Protestes auf Grund der in seinen Händen befindlichen Kopie, also ohne den Originalwechsel, Regreß mangels Annahme und mangels Zahlung gegen diejenigen Indossanten zu nehmen berechtigt sein, deren Originalindossamente sich auf der Kopie befinden. Diese Fassung der Vorschrift hat zu manchen Zweifeln Anlaß gegeben. Es wird jedenfalls durch sie grundsätzlich anerkannt, daß auch auf Grund einer Wechselkopie ohne Vorlage des Originalwechsels Regreß genommen werden kann. Verlangt wird nur, daß vorher der in Art 69 Nr. 1 erwähnte Protest, d. i. der Protest mangels Ausfolgung (vgl. zu Art 69 Anm 4) erhoben worden ist. Dieser Protest ist in Art 69 Nr. 1 nur erfordert für den Fall, daß das in den Händen des Inhabers befindliche Exemplar den Vermerk, bei wem das zum Akzept versandte Exemplar anzutreffen ist, den sog. Antreffungsvermerk, trägt; nur wenn ihm hierdurch die Auffindung dieses Exemplars erleichtert ist, soll er sich um dessen Beschaffung zunächst bemühen. Auch die Wechselkopie hat nach Art 70 Satz 2 einen solchen Antreffungsvermerk zu enthalten; in Art 72 Satz 2 ist aber das Erfordernis des Ausfolgungsprotestes nicht ausdrücklich nur für den Fall aufgestellt, daß sie tatsächlich einen solchen Vermerk aufweist. Hieraus schließt die wohl überwiegende Meinung der Rechtslehrer (Dernburg § 261 Anm 11 S. 275; Grünhut Wechselrecht II § 118 S. 369 und Anm 12; StStranz zu Art 72 Anm 2), daß, wenn die Kopie einen solchen Vermerk nicht trägt, der Inhaber auf Grund ihrer allein Regreß überhaupt nicht geltend machen könne, da er ja in Ermangelung eines Protestaten nicht in der Lage ist, den erforderlichen Protest mangels Ausfolgung zu erheben. Diese Auslegung, die sich allerdings auf den Wortlaut der Vorschrift berufen kann, scheint mir ihren Zusammenhang mit sonstigen Vorschriften und ihren sich daraus ergebenden Sinn allzusehr außer acht zu lassen. Sie steht namentlich in Widerspruch zu der Vorschrift des Art 70 Satz 3, die ausdrücklich bestimmt, daß das Unterlassen des Antreffungsvermerks der indossierten Kopie die Wechselkraft nicht entzieht. In Wirklichkeit würde gerade dem Fehlen dieses Vermerks entscheidende Bedeutung für die wechselrechtliche Funktion der Kopie beigelegt werden, wenn man annimmt, daß im Falle dieses Fehlens, da ein Ausfolgungsprotest nicht erhoben werden kann, die Kopie nicht als Grundlage des Regresses gegen die Indossanten, deren Originalindossamente sich auf ihr befinden, dienen könne. StStranz a. a. O. begründen die dort vertretene Auslegung der Vorschrift mit der Erwägung, daß, wer eine Kopie ohne den Vermerk erwerbe, unvorsichtig handle und deshalb die Folgen tragen müsse. Indessen ist gerade dieser Gesichtspunkt schwer vereinbar mit der ausdrücklichen Vorschrift des Art 70 Satz 3, die vielmehr den Wechselerwerber darauf hinweist, daß er eine Kopie, auf welcher der Vermerk fehlt, ohne Gefahr erwerben kann, falls er nur die Regreßrechte aus den auf ihr stehenden Originalindossamenten geltend machen will. Das Institut der Wechselkopie ist, wiewohl es nicht unbedenklich ist, doch von der WO als Verkehrsbedürfnis anerkannt und dementsprechend geregelt worden, und zwar in dem Sinne, daß hinsichtlich der auf ihr befindlichen Originalindossamente die Kopie dem Originale grundsätzlich gleichstehen soll (Art 71). Diese Bedeutung würde erheblich abgeschwächt werden, wenn nur mit dem Ausfolgungsvermerk versehene Kopien eine Regreßpflicht aus den auf ihnen befindlichen Originalindossamenten ohne Zurückgreifen auf den Originalwechsel begründen könnten. Es dürfte deshalb richtiger sein anzunehmen, daß in Art 72 Satz 2 ein Protest mangels Ausfolgung nur erfordert wird, wenn durch den Antreffungsvermerk auf der Kopie es dem Inhaber ermöglicht ist, das Verlangen der Auslieferung an eine bestimmte Person zu richten und seine Erfolglosigkeit durch einen solchen Protest feststellen zu lassen; daß dagegen, wenn ein solcher Vermerk fehlt, der Originalwechsel ohne weiteres als nicht erlangbar gilt und der Inhaber den Regreß aus den auf der Kopie befindlichen Originalindossamenten auf Grund der Kopie allein nehmen kann. So zutreffend Bernstein zu Art 72 § 2 S. 273; v. Canstein § 14 unter II S. 204 und Anm 27. Rehbein (Anm 2 zu Artt 70—72) will bei Fehlen des Vermerks den Regreß zulassen, wenn der Inhaber in der Lage ist, den Verwahrer des Originalwechsels auf andere Weise zu ermitteln und gegen ihn den Ausfolgungsprotest zu erheben; dagegen, von seinem Standpunkte wohl mit Recht, Dernburg a. a. O., weil wechselmäßig nicht festgestellt werden könne, ob der Protest gegen den richtigen Protestaten, den wirklichen Verwahrer, erhoben worden sei.

3. Abweichend von Art 69 Nr. 2 bedarf es zur Erhebung des Regresses auf Grund einer Kopie aus den auf dieser stehenden Originalindossamenten nicht auch der Feststellung durch Protest in der Richtung, daß auf die Kopie von dem Bezogenen Annahme oder Zahlung nicht zu erlangen gewesen ist; eine solche Feststellung wäre überflüssig, da Annahme und Zahlung von dem Bezogenen nur auf Grund des Originalwechsels verlangt werden können. Es erscheint allerdings als eine auffällige, aber wohl nicht zu umgehende Anomalie, daß auf diese Weise Regreßansprüche geltend gemacht werden können, ohne daß vorher die Leistung (Annahme oder Zahlung) von dem Hauptschuldner verlangt worden ist. **Anm. 3.**

Anhänge
zum Unterabschnitte X (Artikel 66 bis 72).

I. Ausländische Wechselgesetzgebungen.

A. Wechselduplikate (DWO Artt 66—69).

Die Einrichtung der Wechselvervielfältigung durch Ausstellung mehrerer Exemplare (Duplikate) hat sich im Wechselverkehr aller Handelsstaaten geschichtlich entwickelt (vgl. Vorbemerkung 1, 2 zu diesem Unterabschnitte) und ist infolgedessen überall auch durch die Gesetzgebung geregelt. **Anm. 1.**

1. Die Gesetzgebungen der deutschrechtlichen Gruppe enthalten darüber im wesentlichen die gleichen Bestimmungen wie die DWO. So die Schweiz Art 783, Ungarn §§ 70, 71, skandinavische Gesetze §§ 66—70, Italien Art 277, 278, Rumänien 299, 300, Portugal 286[1]. An einzelnen Abweichungen ist hervorzuheben: In Italien ist nicht vorgeschrieben, daß die Bezeichnungen als Prima usw. „im Kontexte" stehen müssen (vgl. Art 66 Satz 2 DWO und zu Art 66 Anm 5); ob eine Bezeichnung außerhalb des Kontextes genüge, ist deshalb dort bestritten, bejahend Vivante Nr. 1242 (S. 330). Die skandinavischen Gesetze gestatten dem Indossatar, sich mit dem Verlangen nach Duplikaten unmittelbar an den Aussteller zu wenden (vgl. DWO Art 66 Satz 3, 4 und zu Art 66 Anm 8 ff.). Die Frage, ob auch ein Indossant mehr als ein Duplikat verlangen kann (vgl. zu Art 66 Anm 8), kommt auf Grund der im Gesetzeswortlaute gebrauchten Einzahl außer in Deutschland auch in der Schweiz in Betracht; in den übrigen Ländern gibt der Gesetzeswortlaut dazu keinen Anlaß. In Skandinavien ist ausdrücklich bestimmt, daß die Kosten der Herstellung von Duplikaten von dem Wechselnehmer zu tragen sind (vgl. zu Art 66 DWO Anm 4a). Daß durch die Zahlung eines Exemplars die anderen ihre Kraft verlieren (DWO Art 67 Satz 1; vgl. zu Art 67 Anm 1), ist in Italien und Portugal nicht besonders ausgesprochen, wird aber auch in diesen Ländern aus der rechtlichen Natur der Duplikate hergeleitet; vgl. Vivante Nr. 1243 unter 3 („pagato uno, pagati tutti"). In Skandinavien (§§ 69, 70) **Anm. 2.**

und Japan (Art 521) fehlt die ausdrückliche Vorschrift, daß das Fehlen des Antreffungsvermerks dem Duplikat die Wechselkraft nicht entziehe (DWO Art 68 Satz 2; vgl. zu Art 68 Anm 2); das soll aber dort als selbstverständlich gelten (Meyer Wwrecht I S. 559). In Ungarn (§ 71 Abs 2) und Bulgarien (Art 602) ist hinsichtlich der mehrfachen Haftung des Akzeptanten aus dem Akzept mehrerer Exemplare (vgl. Art 67 Satz 2 Nr. 2 DWO und zu Art 67 Anm 20) besonders hervorgehoben, daß eine nochmalige Zahlung von ihm nicht verlangt werden kann, wenn er in dem Akzepte eines Exemplars erklärt hat, dieses nur bezahlen zu wollen, falls nicht ein anderes bereits bezahlt worden sei. Das jetzige Russische Gesetz (§ 29) gewährt, wie schon das frühere (§ 115), nur dem ersten Erwerber des Wechsels das Recht, die Ausstellung mehrerer Exemplare zu verlangen. Im übrigen entsprechen seine Vorschriften (§§ 29—31) inhaltlich in der Hauptsache denjenigen der DWO über Duplikate.

Anm. 3. 2. Im Gebiete der französisch-rechtlichen Gruppe ist durch Art 110 Code de comm., dem die meisten übrigen Wechselgesetze dieser Gruppe folgen, die Zulässigkeit der Ausstellung eines einheitlichen Wechsels in mehreren Exemplaren (Duplikaten) anerkannt, indem dort (Schlußabsatz) unter den Angaben, die der Wechsel zu enthalten hat, angeführt wird, daß, wenn der Wechselbrief (la lettre de change) als „Erste, Zweite, Dritte, Vierte" usw, ausgestellt ist („si elle est par première" usw.), er es auszudrücken hat. Nach Art 147 ist eine Zahlung, die auf eine „Zweite" usw. gemacht ist, gültig, wenn die Zweite usw. den Vermerk trägt, daß „diese Zahlung die Wirkung der anderen vernichtet". Diese nicht ganz klar gefaßte Vorschrift wird in der Praxis in der Weise gehandhabt, daß jedes Exemplar (auch die Prima) die sog. kassatorische Klausel: „Payez par cette première (deuxième usw.), les deuxième, troisième usw. (première, troisième usw.) ne l'étant" enthalten muß, wodurch zugleich die Anzahl der ausgestellten Exemplare angegeben wird, und daß nur, wenn dies der Fall ist, durch die Zahlung eines Exemplars die anderen als bezahlt gelten; vgl. Lyon-Caën Nr. 104; Thaller Nr. 1323. Ferner ist in Art 148 bestimmt, daß der Akzeptant, der auf eines von mehreren Exemplaren zahlt, ohne das Exemplar, auf dem er akzeptiert hat, zurückzuerhalten, durch die Zahlung gegenüber dem Dritterwerber des Wechsels (d. h. des akzeptierten Exemplars) nicht befreit wird. — Ein Anspruch auf Ausstellung eines weiteren Exemplars ist in Art 154 C. de comm. für den Fall gegeben, daß der Wechselbrief verlorengegangen ist (lettre égarée); er dient hier als Ersatz des Amortisationsverfahrens, das als solches im französischen Rechtsgebiete nicht ausgebildet ist, vgl. den Anhang I zu Unterabschnitt XI. Von einigen älteren französischen Rechtslehrern wird jedoch angenommen, daß der Aussteller auch sonst zur Auslieferung von Duplikaten verpflichtet ist, sofern ihm dadurch keine Kosten entstehen, und daß der Wechselnehmer, der ein solches Verlangen stellen will, dabei den in Art 154 für den Fall des Wechselverlustes vorgeschriebenen Weg gehen muß, indem er sich an seinen unmittelbaren Indossanten wendet, der verpflichtet ist, ihm „seinen Namen und seine Bemühungen zu leihen", um gegen seinen eigenen Indossanten vorzugehen, und so weiter aufsteigend von Indossant zu Indossant bis zum Zieher des Briefes; vgl. die bei Späing zu Art 66 S. 194 Anm 2 angeführten Alauzet, C. de comm., Nr. 1417; Nouguier, Des lettres de change, Nr. 205; anscheinend ebenso Meyer Wwrecht S. 551. Der Anspruch läßt sich jedoch ohne gesetzliche Grundlage schwerlich begründen und wird auch von den maßgebenden neueren französischen Schriftstellern (Lyon-Caën et Ren., Thaller) am entsprechenden Orte nicht erwähnt. Im belgischen Gesetze vom 20. 5. 1872 (Art 37) ist bestimmt, daß die „auf eine Sekunda, Tertia, Quarta usw." geleistete Wechselzahlung gültig ist; der Bedingungssatz des Art 147 franz. Code de comm. ist nicht aufgenommen; der kassatorischen Klausel bedarf es also nicht; es genügt, wie im deutschen Rechte, die Bezeichnung als Prima usw. Entsprechendes gilt in Brasilien (Art 16). Die Gesetze der Niederlande (Art 404) und ihrer Kolonien verpflichten, abgesehen von dem Falle des Verlustes, den Trassanten nur bei Ausstellung und Begebung des Wechsels zur Auslieferung von Duplikaten, und zwar bis zu drei Exemplaren.

Anm. 4. 3. Im angelsächsischen Rechte (BEA 71; NIL 310) ist bestimmt, daß, wenn ein Wechsel in einer Mehrzahl von Exemplaren (set of bills) gezogen wird, von denen jedes numeriert ist und eine Bezugnahme auf die anderen Stücke enthält, diese zusammen einen einzigen Wechsel bilden. Über den Fall der mehrfachen Akzeptierung sind Vorschriften getroffen, die denen der DWO inhaltlich entsprechen; ebenso über die Indossierung mehrerer Exemplare an verschiedene Personen; im übrigen gilt durch Zahlung oder sonstige Tilgung eines Exemplars der ganze Wechsel als getilgt. Ein Recht, mehrere Exemplare zu verlangen, ist dem Wechselnehmer nicht ausdrücklich zugesprochen; doch ist die Auslieferung von drei Exemplaren handelsüblich und kann daher auch wohl beansprucht werden (Story S. 566). Im Falle des Verlustes kann nach englischem Gesetze (BEA 69) der Verlierer Ausstellung eines anderen Exemplars verlangen, wenn er Sicherheit leistet; vgl. den Anhang I zum Unterabschnitt XI.

Anm. 5. 4. Das neue tschechoslowakische Gesetz gibt in den §§ 66—69 die Vorschriften der DWO über Wechselduplikate gleichlautend wieder. Die neuen Wechselrechte von Polen (Artt 63—65) und Jugoslawien (§§ 63—65) haben die entsprechenden Vorschriften der Haager EWO (Artt 63—65; vgl. den Anhang II zu diesem Unterabschnitte) übernommen.

B. Wechselkopien (DWO Artt 70—72).

Von den Gesetzen der deutschrechtlichen Gruppe enthalten die der Schweiz (Artt 787—789), Ungarns (§§ 74, 76), Skandinaviens (§§ 71, 72, 11) die gleichen Vorschriften wie die DWO. Abweichend ist in Italien (Artt 281, 282), Rumänien (303, 304) bestimmt, daß nicht nur das Indossament, sondern auch die Annahme auf einer Wechselkopie dieselbe Wirkung haben wie auf dem Originalwechsel. Es kann sonach die Kopie allein ohne den Originalwechsel dem Bezogenen zur Annahme oder zur Zahlung präsentiert und mangels Annahme oder Zahlung protestiert, auch auf Grund der Kopie Regreß mangels Annahme oder Zahlung gegen diejenigen Indossanten, deren Originalindossamente auf der Kopie stehen, ausgeübt werden; doch ist der Regreß, wie nach der DWO bei Duplikaten, falls die Kopie den Antreffungsvermerk trägt, erst zulässig, nachdem durch Proteste die Nichtausfolgung, sowie auch die Nichterlangung der Annahme bzw. Zahlung auf Grundlage der Kopie festgestellt ist. Auch gegen den Akzeptanten, der auf der Kopie akzeptiert hat, können die Wechselrechte auf Grund der Kopie ausgeübt werden. Die Kopie gilt als ein Wechsel, der von demjenigen ausgestellt ist, der auf ihr das erste Originalindossament gezeichnet hat (Vivante Nr. 1250—1254). Während das frühere russische Gesetz (§§ 120—124) über Kopien die gleichen Vorschriften traf, wie die DWO, enthält das neue Gesetz der Sowjetunion überhaupt keine Bestimmungen über Wechselkopien. **Anm. 6.**

Im Gebiete der französisch-rechtlichen Gruppe finden sich keine gesetzlichen Vorschriften über die Wechselkopien; sie sind aber auch dort üblich und es ist anerkannt, daß jeder Wechselnehmer, der das Original zur Annahme versendet hat und den Wechsel weiter begeben will, eine Abschrift des Wechsels mit den auf ihn befindlichen Indossamenten fertigen, diese als übereinstimmend mit dem Originale beglaubigen und abschließen und mit seinem Originalindossamente seinem Wechselnehmer übergeben kann, der sich ihrer bedienen kann, um sich das Original ausliefern zu lassen, auch sie weiter indossieren kann. Zur Erlangung einer Zahlung, also auch zur Ausübung des Regresses gegen die Indossanten, deren Originalindossamente sich auf der Kopie befinden, kann die Kopie ohne den Originalwechsel nicht verwendet werden. Vgl. Lyon-Caën et Ren. Nr. 105; Thaller Nr. 1321. **Anm. 7.**

Für das angelsächsische Recht erscheint es zweifelhaft, ob Wechselkopien mit rechtlichen Wirkungen und mit welchen zulässig sind. Gesetzlich sind nur Vorschriften für Wechsel getroffen, die in einem Lande ausgestellt sind, in welchem Wechselkopien zugelassen sind; bei solchen Wechseln soll ein auf eine Kopie geschriebenes Indossament als auf den Wechsel selbst geschrieben gelten (BEA 32[1]). Auch ist bestimmt, daß „der Protest", d. h. der Protest mangels Annahme oder Zahlung bei dem Bezogenen, auf Grund einer Kopie erhoben werden kann, wenn der Wechsel verloren oder zerstört ist oder dem Berechtigten vorenthalten wird (BEA 51[1]; NIL 268). Weitere rechtliche Wirkungen werden daher der Kopie, die in Großbritannien zwar nicht üblich ist, aber doch vorkommt, nicht beigemessen werden können. Insbesondere ist aus den angeführten Vorschriften nicht zu entnehmen, daß im Falle der Nichtauslieferung des Originals ein Protest for non delivery erhoben und der Regreß auf Grund der Kopie allein durchgeführt werden könnte, wie Meyer Wwrecht I S. 569 annimmt. **Anm. 8.**

Das neue tschechoslowakische Gesetz bringt in den §§ 70—72 die gleichen Vorschriften, wie die DWO über Wechselkopien. Die neuen Wechselgesetze von Polen (Artt 66, 67) und Jugoslawien (§§ 66, 67) haben die entsprechenden Vorschriften der Haager EWO (Art 66, 67; vgl. den Anhang II zu diesem Unterabschnitte) übernommen. **Anm. 9.**

II. Zukünftiges einheitliches Wechselrecht.

Die Haager EWO und das Genfer EWG regeln die Vervielfältigung des Wechsels im Kapitel IX mit der Überschrift: „De la pluralité d'exemplaires et des copies" in den Artikeln 63—67, beziehungsweise 64—68 wie folgt: **Anm. 10.**

A. Duplikate (Pluralité d'exemplaires).

1. Art 63 HEWO, 64 GEWG:

„Der Wechselbrief kann in mehreren gleichlautenden Exemplaren (exemplaires identiques) gezogen werden. **Anm. 11.**

Die Exemplare müssen in dem Texte des Titels selbst numeriert werden; widrigenfalls wird jedes von ihnen als besonderer Wechselbrief betrachtet.

Jeder Inhaber eines Briefes, der nicht angibt, daß er in einem einzigen Exemplare gezogen ist, kann auf seine Kosten die Auslieferung mehrerer Exemplare verlangen. Zu diesem Zwecke muß er sich an seinen unmittelbaren Indossanten wenden, der gehalten ist, ihm seine Bemühungen zu leihen, um gegen seinen eigenen Indossanten vorzugehen, und so weiter aufsteigend bis zum Zieher. Die Indossanten sind gehalten, ihre Indossamente auf den neuen Exemplaren zu wiederholen".

2. Art 64 HEWO, 65 GEWG:

„Die auf eines der Exemplare geleistete Zahlung wirkt befreiend, selbst **Anm. 12.**

dann, wenn nicht bestimmt ist, daß diese Zahlung die Wirkung der anderen Exemplare vernichtet. Jedoch bleibt der Bezogene verhaftet auf Grund jedes akzeptierten Exemplars, dessen Rückgabe er nicht erlangt hat.

Der Indossant, der die Exemplare an verschiedene Personen übertragen hat, sowie die nachfolgenden Indossanten sind verhaftet auf Grund aller Exemplare, die ihre Zeichnung tragen und nicht zurückgegeben sind."

3. Art 65 HEWO, GEWG:

Anm. 13. „Derjenige, der eines der Exemplare zur Annahme versandt hat, muß auf den anderen Exemplaren den Namen der Person angeben, in deren Händen sich dieses Exemplar befindet. Diese ist gehalten, es dem berechtigten Inhaber (porteur légitime) eines anderen Exemplars auszuhändigen.

Wenn sie sich dessen weigert, kann der Inhaber Rekurs nur ausüben, nachdem er durch einen Protest hat feststellen lassen:

1. daß das zur Annahme versandte Exemplar ihm auf sein Verlangen nicht ausgehändigt worden ist;

2. daß die Annahme oder die Zahlung auf ein anderes Exemplar nicht hat erlangt werden können."

Erläuterungen.

Anm. 14. **a)** Die Regelung schließt sich inhaltlich im wesentlichen an die Vorschriften der DWO (Artt 66—69) an. Eine Abweichung besteht insofern, als der Anspruch auf Aushändigung mehrerer Exemplare schon dann ausgeschlossen ist, wenn der Wechselbrief angibt, daß er in einem einzigen Exemplare gezogen ist, wozu genügen wird, daß er die Bezeichnung als „Sola-Wechsel" trägt (Art 63/64 Abs 3 Satz 1; vgl. zu Art 66 DWO Anm 1). Übereinstimmend mit dem deutschen Rechte, aber abweichend von den Gesetzen des französischen Rechtsgebietes (vgl. den Anhang I zu diesem Unterabschnitte Anm 3) wird nur die Numerierung im Texte selbst, aber nicht eine besondere kassatorische Klausel verlangt, um eine Zahlung auf eines der mehreren Exemplare als befreiend auch hinsichtlich der anderen erscheinen zu lassen (Art 64/65 Abs 1 Satz 1). Daß der Wechselnehmer die Kosten der Auslieferung mehrerer Exemplare zu tragen hat, ist ausdrücklich gesagt (Art 63/64 Abs 3 Satz 1; vgl. zu Art 66 DWO Anm 4a). Auffälligerweise ist der im deutschen Rechte vorgeschriebene umständliche Etappenweg für die Geltendmachung des Anspruchs beibehalten (Art 63/64 Abs 3 Satz 2; vgl. zu Art 66 DWO Anm 9). Hinsichtlich des Antreffungsvermerks (Art 65/66) ist die Vorschrift der DWO, daß durch dessen Fehlen die Wechselkraft dem Duplikat nicht entzogen werde (Art 68 Satz 2, vgl. zu Art 68 DWO Anm 2), fortgelassen. Doch wird daraus nicht zu folgern sein, daß Exemplare, bei denen dieser Vermerk fehlt, keine Wechselkraft haben. Vielmehr wird (wie im deutschen Rechte nach Art 69 DWO) der Inhaber eines Exemplars, das diesen Vermerk nicht trägt, seinen Regreß ausüben können, ohne vorher gemäß Art 65/66 die Ausfolgung des zum Akzepte versandten Exemplars von dem Verwahrer oder die Annahme oder Zahlung auf das in seinen Händen befindliche Exemplar von dem Bezogenen verlangen und im Falle der Nichterlangung entsprechenden Protest erheben zu müssen.

Anm. 15. **b)** Das Juristenkomitee des Völkerbundes hatte Abänderung des Haager Entwurfs in zwei Richtungen vorgeschlagen, nämlich daß

1. der Inhaber eines Wechselbriefs, der in einem einzigen Exemplar gezogen worden ist, auch wenn dieser Umstand darin nicht angegeben (er also nicht als Solawechsel bezeichnet ist), nicht das Recht haben solle, die Ausstellung weiterer Exemplare zu verlangen;

2. daß die mehreren Exemplare nicht nur numeriert sein, sondern auch in jedem die Anzahl der ausgestellten Exemplare angegeben sein müsse.

Die Genfer Konferenz hat diese Abänderungen abgelehnt und die Vorschriften des Haager Entwurfs unverändert als Artt 64—66 in die Genfer EWO aufgenommen. (Bericht d. Red.-Kom. Nr. 138, C. r. S. 147).

B. Kopien (Copies).

1. Art 66 HEWO, 67 GEWG:

Anm. 16. „Jeder Inhaber eines Wechselbriefes hat das Recht, Kopien davon zu machen.

Die Kopie muß das Original mit den Indossamenten und allen anderen Vermerken (mentions), die sich darauf befinden, genau wiedergeben. Sie muß angeben, wo sie aufhört (s'arrête).

Sie kann indossiert und avalisiert werden in der gleichen Weise und mit den gleichen Wirkungen wie das Original."

2. Art 67 HEWO, 68 GEWG:

Anm. 17. „Die Kopie muß den Gewahrsamsinhaber (détenteur) des Originaltitels angeben. Dieser ist gehalten, den besagten Titel dem rechtmäßigen Besitzer der Kopie auszuhändigen.

Wenn er sich dessen weigert, kann der Inhaber Rekurs gegen die Personen, welche die Kopie indossiert [GEWG: oder avalisiert] haben, nur ausüben, nachdem er durch einen Protest hat feststellen lassen, daß das Original ihm auf sein Verlangen nicht ausgeliefert worden ist.

(GEWG Abs 3): Wenn der Originaltitel nach dem letzten Indossament, das vor Anfertigung der Kopie erfolgt ist, die Klausel trägt: „Von hier ab ist das Indossament nur auf der Kopie gültig" oder irgendeine andere gleichbedeutende Formel, ist ein später auf dem Original gezeichnetes Indossament nichtig."

Erläuterungen.

a) Auch die Vorschriften über die Wechselkopien schließen sich inhaltlich an die Vorschriften der DWO an. Weggelassen ist auch hier die Vorschrift (Art 70 Satz 3 DWO), daß das Fehlen des Antreffungsvermerks der indossierten Kopie nicht ihre wechselmäßige Kraft entzieht. Auch hier wird indessen aus dieser Weglassung nicht zu folgern sein, daß Kopien ohne diesen Vermerk keine Wechselkraft besitzen. Vielmehr wird — entsprechend der für das deutsche Recht oben zu Art 72 Anm 2 vertretenen, allerdings bestrittenen Auffassung — anzunehmen sein, daß der Inhaber einer des Antreffungsvermerks entbehrenden Kopie den Regreß gegen die Indossanten der Kopie ausüben kann, ohne vorher durch Protest feststellen lassen zu müssen, daß das Original ihm auf sein Verlangen nicht ausgeliefert worden ist. **Anm. 18.**

b) Die Genfer Konferenz hat an dem Haager Entwurfe zwei Änderungen vorgenommen: **Anm. 19.**
1. Einschaltung der Worte „oder avalisiert" in Abs 2 des Art 67 (GEWG 68);
2. Hinzufügung des Absatzes 3 zu Art 67 (GEWG 68), um dem Inhaber der Kopie die Möglichkeit zu geben, weitere Indossamente auf dem Original zu verhindern, die seinen Interessen schädlich sein würden, da er von einem gutgläubigen Erwerber das Original nicht herausverlangen könnte (Ber. d. Red.-Kom. Nr. 141, 142; C. r. S. 148).

XI. Abhanden gekommene Wechsel.

Vorbemerkung.

Im Unterabschnitt XI (Artt 73, 74) behandelt die WO unter der Überschrift: „Abhanden gekommene Wechsel" zwei voneinander wesentlich verschiedene Tatbestände, die nur gemeinsam haben, daß es sich in beiden Fällen um ein „Abhandenkommen" des Wechsels in gewissem Sinne handelt, d. h. um ein Wegkommen des Papiers aus der Verfügungsgewalt des Wechselgläubigers und Papiereigentümers. In dem ersten Falle aber, den Art 73 betrifft, ist der Wechsel überhaupt abhanden gekommen, nämlich verschwunden, ohne daß dem Eigentümer bekannt ist, wo er sich befindet; in diesem Falle handelt es sich für ihn um Erlangung eines Ersatzes durch Kraftloserklärung des abhanden gekommenen Papieres im Wege des Aufgebotsverfahrens. Dagegen regelt Art 74 den Fall, wo dem Eigentümer bekannt ist, wohin das Papier gekommen ist und in wessen Händen es sich befindet; der gegebene Rechtsbehelf ist in diesem Falle der zu seiner Wiedererlangung führende Herausgabeanspruch. In beiden Fällen handelt es sich nicht um ein Abhandenkommen in dem engeren Sinne des bürgerlichen und Strafrechts, in welchem vorausgesetzt wird, daß eine Sache (Urkunde) gegen oder doch ohne den Willen des unmittelbaren Besitzers aus seinem Besitze gekommen ist (vgl. RGRKomm zu § 935 Anm 4; Planck BGB zu § 935 Anm 2), vielmehr kann das Abhandenkommen auch auf einer freiwilligen Aufgabe des unmittelbaren Besitzes beruhen.

Artikel 73.

Der Eigentümer eines abhanden gekommenen Wechsels kann die Amortisation des Wechsels bei dem Gerichte des Zahlungsorts beantragen. Nach Einleitung des Amortisationsverfahrens kann derselbe vom Akzeptanten Zahlung fordern, wenn er bis zur Amortisation des Wechsels Sicherheit bestellt. Ohne eine solche Sicherheitsstellung ist er nur die Deposition der aus dem Akzepte schuldigen Summe bei Gericht oder bei einer anderen zur Annahme von Depositen ermächtigten Behörde oder Anstalt zu fordern berechtigt.

[Österreichische Fassung:

Der Eigentümer eines abhanden gekommenen Wechsels kann die Amortisation desselben bei dem Gerichte des Zahlungsortes beantragen.

Das Gericht, bei welchem ein Gesuch um Amortisation eines Wechsels überreicht worden ist, hat hierüber ein Edikt mit der Aufforderung an den Inhaber des Wechsels, denselben dem Gerichte vorzulegen, zu erlassen, darin die Frist auf fünfundvierzig Tage zu bestimmen und den Anfang derselben, wenn der Wechsel noch nicht fällig ist, auf den ersten Tag nach der Verfallzeit des Wechsels festzusetzen. Nach Einleitung des Amortisationsverfahrens und nach der Verfallzeit des Wechsels kann der Eigentümer vom Akzeptanten Zahlung fordern, wenn er bis zur Amortisation des Wechsels Sicherheit bestellt. Ohne eine solche Sicherheitsbestellung ist er nur die Deposition der aus dem Akzepte schuldigen Summe bei Gericht zu fordern berechtigt.]

Anm. 1. I. Art 73 erklärt für abhanden gekommene Wechsel das **Amortisationsverfahren** — Aufgebotsverfahren zum Zwecke der Kraftloserklärung — für zulässig und schafft damit die Voraussetzung für die Anwendung der auf dieses Verfahren sich beziehenden Vorschriften der Zivilprozeßordnung, die zur Ergänzung herangezogen werden müssen. Die ZPO hat nämlich die Bestimmung der Fälle, in denen eine öffentliche Aufforderung zur Anmeldung von Rechten oder Ansprüchen mit der Androhung von Rechtsnachteilen im Falle der Unterlassung, ein Aufgebotsverfahren, stattzufinden hat, ausschließlich der materiellrechtlichen Gesetzgebung überlassen (§ 946 ZPO) und nur für den Fall, daß diese ein solches Aufgebot zuläßt, Vorschriften über den Gang des Verfahrens und dessen Wirkungen getroffen, und zwar in den §§ 947—958 allgemein für alle Aufgebotsfälle, in den §§ 1003—1018 im besonderen für das Aufgebot zum Zwecke der Kraftloserklärung von Urkunden. Die in Betracht kommenden Paragraphen sind als Anlage E 3 zu diesem Buche abgedruckt. Die WO hat aber auch selbst einige Punkte geregelt, und zwar betreffen diese das Erfordernis des Antrags, die Person des Antragsberechtigten und die örtliche Zuständigkeit der zur Durchführung des Verfahrens bestimmten gerichtlichen Stelle (Art 73 Satz 1); ferner die Modalitäten der Zahlungsverpflichtung aus dem abhanden gekommenen Wechsel während der Dauer des Verfahrens (Art 73 Satz 2, 3). Diese Vorschriften, wie auch die aus sonstigen Vorschriften der WO für die Kraftloserklärung von Wechseln etwa herzuleitenden Rechtsgrundsätze, sind durch die später erfolgte Einführung der ZPO nicht berührt worden, da sie, soweit sie sich als prozessualische Vorschriften darstellen, durch § 13 EGzZPO ausdrücklich aufrechterhalten sind; soweit sie aber materiellrechtlichen Inhalt haben, ihre Weitergeltung als selbstverständlich gelten muß. Darüber besteht in der prozeßrechtlichen Literatur Übereinstimmung, vgl. Wach Lehrbuch 1, 189ff.; Planck, Vorträge, 1, 14; Sydow-Busch zu § 13 EG Anm 1; Stein-Jonas zu § 13 EG unter I, II; ebenso anscheinend, wenn auch unklar gefaßt, RGZ 1, 446. Daß das auch die Absicht der Verfasser der ZPO war, ergeben die Motive (zu § 10 des Entwurfs, S. 483, Hahn S. 500), indem sie darauf hinweisen, daß reichsgesetzliche Normen, welche, in ein prozessuales Gewand gekleidet, materielles Recht enthalten, bestehen bleiben, wie auch immer das Verhältnis der ZPO zu den Reichsgesetzen festgestellt werde, woraus geschlossen werden muß, daß sie um so mehr materiellrechtliche Normen, die nicht in ein solches Gewand gekleidet waren, als fortbestehend ansehen. Der Grundsatz, daß das spätere Gesetz das frühere außer Kraft setzt, kann sonach auf das Verhältnis der ZPO zu älteren prozessualen wie materiellrechtlichen Reichsgesetzen keine Anwendung finden.

II. Einleitung und Fortgang des Aufgebotsverfahrens.

Anm. 2. 1. Voraussetzung für die Einleitung des Verfahrens ist nach Satz 1 des Art 73 WO, daß der Wechsel **abhanden gekommen ist.** Über den hier einschlagenden Begriff des Abhandenkommens vgl. die Vorbemerkung zu diesem Unterabschnitte. Das dazu erforderliche Verschwinden des Wechsels kann danach ebensowohl durch eine Besitzentziehung gegen oder ohne den Willen des Eigentümers (Diebstahl, Verlust), wie durch ein freiwilliges Aus-der-Hand-geben (Versenden, Anvertrauen) veranlaßt sein. Die WO erwähnt nicht, wie hinsichtlich der Aktien und der handelsrechtlichen Orderpapiere das HGB (§§ 228, 365 Abs 2) und hinsichtlich der Schecks das SchGes (§ 27), ausdrücklich den Fall der Vernichtung des Wechsels, d. h. der Zerstörung seiner Substanz, neben dem Abhandenkommen. Doch kann wohl unbedenklich angenommen werden, daß sie eine Vernichtung des Wechsels, die, sei es durch einen Unberechtigten, sei es versehentlich, etwa aus Irrtum über die rechtliche Bedeutung des Papiers, durch den Eigentümer selbst erfolgt ist, unter dem Begriff des Abhandenkommens mitbegreift; nicht dagegen eine Vernichtung, die der Eigentümer selbst mit dem Willen vorgenommen hat, das ihm aus dem Wechsel zustehende Recht aufzugeben. Als Abhandenkommen des Wechsels muß auch eine teilweise Zerstörung des Papiers, etwa durch Abreißen eines Teiles, gelten, wenn dadurch wesentliche Erfordernisse des Wechsels (vgl. Art 4 Nr. 1—8) ihm entzogen werden, so daß er nicht mehr einen Wechsel im Sinne der WO darstellt. Dagegen dürfte im übrigen die Vernichtung einzelner Teile, auch wenn sie für die Rechtsausübung des Eigentümers von Erheblichkeit sind, z. B. einzelner Indossamente, durch welche die zu seiner Legitimation erforderliche Kette durchbrochen wird, oder des Akzepts, nicht genügen, um das Aufgebot als zulässig erscheinen zu lassen; a. M. anscheinend Bernstein § 1 unter 1 Abs 2. Unerheblich ist, ob der Wechsel bereits fällig und ob er mangels rechtzeitiger Protesterhebung präjudiziert oder verjährt war (ROHG 6, 385). Daß auch nichtakzeptierte Wechsel aufgeboten werden können, wird von manchen bestritten, weil durch die Kraftloserklärung nur das Wechselrecht gegen den Akzeptanten, nicht gegen die Regreßverpflichteten wiederhergestellt werden könne (vgl. unten Anm 15); doch wird, wie Bernstein (§ 1 unter 2) wohl zutreffend ausführt, dabei übersehen, daß auch ein anderweites Interesse an der Kraftloserklärung als die Geltendmachung von Regreßansprüchen bestehen kann, z. B. die Erfüllung einer zivilrechtlichen Rückgabepflicht oder die Legitimation zur Erhebung der Wechselsumme, falls der Bezogene zahlungsbereit ist. Keinesfalls kann übrigens die Darlegung eines besonderen Interesses verlangt werden, wenn die abhanden gekommene Urkunde sich als Wechsel darstellt. Auch das Aufgebot von Wechselblanketten wird von der Praxis (ROHG 25, 16) und von der Rechtslehre (Lehmann S. 412, Dernburg II § 280 unter 4, StStranz Anm 1 Abs 2) zugelassen; der von Bernstein (§ 1 unter 2 S. 275) erhobene Einwand, daß das Gesetz einen Wechsel voraussetze und das Wechselblankett kein Wechsel sei, ist wohl allzu formalistischer Natur, da das Wechselblankett doch dazu bestimmt und geeignet ist, ein Wechsel zu werden, und es deshalb wohl im Sinne des Gesetzes liegt, auch diesem im Entstehen begriffenen Wechsel den Schutz gegen Abhandenkommen angedeihen zu lassen. Darüber, wer berechtigt ist, das Aufgebot eines Wechselblanketts zu beantragen, vgl. unten zu 2. Auch Wechselduplikate (Art 66) sowie Wechselkopien (Art 70), auf denen sich Originalindossamente befinden, unterliegen der Kraftloserklärung.

2. Zur Einleitung des Aufgebotsverfahrens bedarf es eines **Antrags**. Zur Stellung des Antrags berechtigt ist der Eigentümer des Wechsels (Art 73 Satz 1) und zwar derjenige, dem das Eigentum zur Zeit des Abhandenkommens des Wechsels zustand, und nur dieser. Hieran ist auch (a. M. anscheinend StStranz Anm 2; vgl. aber oben Anm 1) nichts geändert worden durch § 1004 ZPO, der bei Orderpapieren mit Blankoindossament den „bisherigen Inhaber", bei anderen Urkunden, also auch bei Orderpapieren ohne Blankoindossament, zu denen der Wechsel regelmäßig gehört, denjenigen, „der das Recht aus der Urkunde geltend machen kann", für antragsberechtigt erklärt. Mit dem Eigentum am Papier ist bei einem bereits im Verkehr befindlichen (begebenen) Wechsel die Eigenschaft als Wechselgläubiger regelmäßig verbunden. Anders bei einem Wechsel, der sich noch unbegeben und nicht akzeptiert in der Hand des Ausstellers befindet; hier ist der Aussteller nicht Wechselgläubiger (ein solcher existiert noch nicht), wohl aber Eigentümer des Papiers und als solcher zu dem Antrage auf Amortisation, wenn ihm der Wechsel in diesem Stadium abhanden gekommen ist, berechtigt. Bei dem Blankoakzept, das sich noch in Händen des Akzeptanten befindet, ist, wenn man seine Kraftloserklärung für zulässig hält (vgl. oben Anm 2), der Blankoakzeptant der zur Stellung des Antrags berechtigte Eigentümer (ROHG 25, 16). Kommt ein Blankoakzept bei demjenigen abhanden, dem es zum Zwecke der Ausfüllung durch ihn als Trassant übergeben ist, so ist dieser durch die Übergabe Eigentümer geworden und demgemäß zur Antragstellung berechtigt, da er ein Interesse an der Kraftloserklärung des Wechsels haben kann; er erwirbt aber aus der Einleitung und Durchführung des Amortisationsverfahrens keinen Anspruch auf Zahlung der Wechselsumme gegen den Akzeptanten, da er die Rechte aus dem Wechsel nur nach Maßgabe des Inhalts geltend machen kann, den der Wechsel zur Zeit des Abhandenkommens hatte (ROHG 25, 16). Anm. 3.

Der Indossatar des verdeckten Prokuraindossaments (Inkassoindossaments; vgl. zu Art 9 Anm 6) ist nicht Eigentümer des Wechsels, daher auch nicht zur Antragstellung kraft eigenen Rechts befugt; doch wird in der Erteilung eines solchen Indossaments eine Ermächtigung zur Stellung des Antrags gefunden werden können. Der offene Prokuraindossatar dagegen wird nicht ohne weiteres als bevollmächtigt auch zu dem Antrage auf Kraftloserklärung anzusehen sein; a. M. Bernstein § 2 unter 2. Wer den Wechsel mit einem abschließenden Blankogiro erworben hat, ist durch die Blankotradition Eigentümer geworden und als solcher antragsberechtigt. Als Eigentümer ist zu dem Antrage auch der Akzeptant berechtigt, der den Wechsel nach Tilgung der Wechselschuld zurückerhalten hat und dem er dann abhanden gekommen ist. Nicht Eigentümer und daher zu dem Antrage nicht berechtigt sind der Pfändungsgläubiger, dem die Forderung nur zur Einziehung, nicht an Zahlungs Statt überwiesen ist (§ 835 ZPO) und der Pfandgläubiger (§ 1294 BGB); das Einziehungsrecht ist durch die WO dem Eigentume nicht gleichgestellt; a. M. StStranz Anm 2; Bernstein § 2 unter 2.

3. Der Antrag ist **bei dem Gericht des Zahlungsortes** des Wechsels zu stellen (Art 73 Satz 1 WO). Anm. 4.
Welches der Zahlungsort des Wechsels ist, bestimmt sich nach Art 4 Nr. 8 WO; vgl. zu Art 4 Anm 48 ff. Auch in dieser Beziehung ist durch die ZPO (§ 1005) an sich nichts geändert (vgl. oben Anm 1); der dort vorgesehene Fall, daß die Urkunde einen Erfüllungsort nicht bezeichnet, kann beim Wechsel nur vorkommen, wenn es sich um die Kraftloserklärung eines Wechselblanketts (vgl. oben Anm 2) handelt; in diesem Falle werden die Vorschriften des § 1005 Abs 1 Satz 2 entsprechende Anwendung finden können und danach, wenn der Antrag von dem Blankoakzeptanten ausgeht, dieser als „Aussteller" der Urkunde (ein Wechselaussteller existiert noch nicht) anzusehen und die Zuständigkeit des Gerichts in dessen allgemeinem Gerichtsstande begründet sein, während, wenn derjenige, dem das Blankoakzept zum Zwecke der Trassierung übergeben ist, das Aufgebotsverfahren beantragt, sowie bei einem in blanco ausgestellten Wechsel der allgemeine Gerichtsstand des Trassanten maßgebend sein wird.

Sachlich zuständig sind nach § 23 Nr. 3 GVG die Amtsgerichte. Der Antrag ist schriftlich oder zu Protokoll des Urkundsbeamten der Geschäftsstelle zu stellen (§ 947 Abs 1 Satz 1). Zur Begründung des Antrags hat der Antragsteller eine Abschrift des Wechsels beizubringen oder den wesentlichen Inhalt der Urkunde und alles, was zu ihrer vollständigen Erkennbarkeit erforderlich Anm. 5.

ist, anzugeben (§ 1007 Nr. 1). Eine Glaubhaftmachung dieser Tatsachen ist nicht besonders vorgeschrieben; daher kann namentlich eine Beglaubigung der beigebrachten Abschrift des Wechsels oder eine Glaubhaftmachung ihrer Richtigkeit bzw. der Richtigkeit der Angaben über ihren Inhalt in anderer Weise, als durch die zu erbietende eidesstattliche Versicherung (Nr. 3) nicht verlangt werden. Der Antragsteller hat ferner den Verlust der Urkunde, sowie die Tatsachen, von denen seine Antragsberechtigung abhängig ist, also hier sein Eigentum an dem abhanden gekommenen Wechsel (vgl. oben Anm 3), glaubhaft zu machen (§ 1007 Nr. 2). Die Glaubhaftmachung kann durch jedes Beweismittel mit Ausnahme der Eideszuschiebung erfolgen; eine Beweisaufnahme, die nicht sofort erfolgen kann, ist ausgeschlossen (§ 294 ZPO). Erforderlich ist nur ein prima-facie-Beweis. Wird also glaubhaft gemacht, daß der Wechsel mit einem auf den Antragsteller laufenden Indossamente abschloß, so erscheint dieser bis auf weiteres als Eigentümer legitimiert, vorbehaltlich des von demjenigen, der das Recht des Antragstellers bestreitet, zu führenden Nachweises, daß der Antragsteller etwa nur verdeckter Prokuraindossatar oder sonst nicht materieller Wechselgläubiger und Eigentümer war. — Endlich hat der Antragsteller zum Zwecke der Glaubhaftmachung aller seiner Angaben sich noch ausdrücklich zur Versicherung ihrer Wahrheit an Eides Statt zu erbieten (§ 1007 Nr. 3). Eine solche Versicherung kann und wird unter Umständen für sich allein genügen und eine weitere Glaubhaftmachung unnötig erscheinen lassen.

Anm. 6. **4.** Auf den gestellten Antrag hat das Gericht **das Aufgebot zu erlassen, wenn der Antrag zulässig erscheint** (§ 947 Abs 2 Satz 1 ZPO). Zulässig erscheint er, wenn er die in § 1007 geforderten Angaben enthält und die Tatsachen, deren Glaubhaftmachung dort gefordert ist, glaubhaft gemacht sind. Zu diesem Zwecke hat das Gericht nötigenfalls vor Erlaß des Aufgebots eine Ergänzung des Antrags herbeizuführen und die erforderlichen Beweisaufnahmen, soweit sie sofort erfolgen können, zu betätigen; auch die angebotene Versicherung an Eides Statt entgegenzunehmen. Über den Inhalt des Aufgebots und seine öffentliche Bekanntmachung bestimmen die §§ 947 Abs 2 Satz 2, 948, 949, 1008, 1009 ZPO. Die Aufgebotsfrist, d. i. die Frist, die zwischen dem Tage, an welchem die Einrückung oder die erste Einrückung in den Deutschen Reichsanzeiger erfolgt ist, und dem Aufgebotstermine liegen muß (§ 950), muß bei Wechseln mindestens sechs Monate betragen (§ 1015 Satz 1). **Ist in dem Wechsel eine Verfallzeit angegeben, welche zur Zeit der ersten Einrückung noch nicht eingetreten ist, so ist der Aufgebotstermin so zu bestimmen, daß seit dem Verfalltage sechs Monate abgelaufen sind; doch darf er nicht über ein Jahr hinaus bestimmt werden; solange ein so naher Termin nicht bestimmt werden kann, ist das Aufgebot nicht zulässig, also nicht zu erlassen** (§§ 1014, 1015 Satz 2 ZPO); auf Sicht- oder Nach-Sicht-Wechsel bezieht sich diese Vorschrift nicht, da sie keine Angabe der Verfallzeit enthalten; bei ihnen wird daher der Aufgebotstermin auf sechs Monate nach der ersten Einrückung bestimmt werden können.

Anm. 7. **5.** Das Aufgebot enthält nach § 947 Abs 2 Ziff 2 die **Aufforderung, die Ansprüche und Rechte spätestens im Aufgebotstermin anzumelden;** doch ist nach § 951 auch eine Anmeldung, welche nach Schluß des Aufgebotstermines, jedoch vor Erlaß des Ausschlußurteils erfolgt, noch als rechtzeitig anzusehen. Erfolgt vor dem Aufgebotstermin eine Anmeldung durch den Inhaber der aufgebotenen Urkunde unter Vorlegung der Urkunde, so hat nach der durch die Novelle zur ZPO neu eingeführten Vorschrift des § 1016 das Aufgebotsgericht das Verfahren nicht sofort einzustellen, sondern zunächst den Antragsteller zu benachrichtigen und ihm die Einsicht der Urkunde innerhalb einer zu bestimmenden Frist zu gestatten. Auch hat es auf Antrag desjenigen, der sich als Inhaber der Urkunde gemeldet hat, einen Termin zur Vorlegung der Urkunde zu bestimmen. Durch die Vorlegung erledigt sich im übrigen das Aufgebotsverfahren, ohne daß es eines Aufgebotstermines bedarf. — Der andernfalls abzuhaltende Aufgebotstermin hat den Charakter einer mündlichen Verhandlung nach den Grundsätzen der §§ 136ff. ZPO; sie findet statt, auch wenn der Antragsteller nicht erschienen ist; doch wird das Ausschlußurteil nur auf einen von ihm im Aufgebotstermin oder (nach der Novelle) vorher schriftlich oder zum Protokoll des Urkundsbeamten der Geschäftsstelle oder auch nachher noch in einem neuen Termine gestellten Antrag erlassen (§§ 954, 955). § 952 Abs 3 bestimmt, daß vor Erlaß des Urteils noch eine nähere Ermittelung, insbesondere die Versicherung der Wahrheit einer Behauptung des Antragstellers durch ihn an Eides Statt angeordnet werden kann; das Gericht ist sonach an das Ergebnis der vor Erlaß des Aufgebots erfolgten Prüfung des Antrags nicht gebunden; es kann auch später noch zu seiner Kenntnis gelangende Tatsachen, welche das Aufgebot als unzulässig oder unbegründet erscheinen lassen, berücksichtigen. Es kann zu diesem Zwecke, auf Antrag des Antragstellers oder von Amts wegen, auch noch Ermittelungen durch Vernehmung von Auskunftspersonen, ohne förmliches Beweisverfahren, vornehmen. Erscheint nach alledem das Eigentum des Antragstellers an dem Wechsel und sein Abhandenkommen glaubhaft, so ist das Ausschlußurteil zu erlassen, falls keine Anmeldung erfolgt ist, durch die das von dem Antragsteller zur Begründung des Antrags behauptete Recht, nämlich sein Eigentum an dem Wechsel, bestritten wird. Ist dagegen eine solche Anmeldung erfolgt, so hat das Gericht nicht selbst über sie zu entscheiden, sondern hat — sofern nicht bei der Anmeldung die aufgebotene Urkunde vorgelegt wird und sich dadurch das Aufgebotsverfahren erledigt — „nach Beschaffenheit des Falles" entweder das Aufgebotsverfahren bis zur endgültigen Entscheidung über das angemeldete Recht, die in einem besonderen, auch hinsichtlich der Zuständigkeit den allgemeinen Vorschriften unterliegenden Rechtsstreite zu erfolgen hat (RGZ 67, 98), auszusetzen oder das Ausschlußurteil unter Vorbehalt des angemeldeten Rechts zu erlassen (§ 953).

Das Ausschlußurteil hat auf Kraftloserklärung des Wechsels zu lauten (§ 1017 Abs 1), gegebenenfalls mit dem Vorbehalt des § 953. Es ist seinem wesentlichen Inhalte nach durch den „Deutschen Reichsanzeiger" bekanntzumachen (§ 1017 Abs 2). Ein Rechtsmittel gegen das Ausschlußurteil findet nicht statt (§ 957 Abs 1); es kann aber wegen bestimmter im Verfahren vorgekommener Unregelmäßigkeiten, die in § 957 Abs 2 unter Ziffer 1—6 aufgeführt sind, mittels einer innerhalb der Notfrist eines Monats, die mit der Kenntnis des Klägers von dem Ausschlußurteile bzw. dem Anfechtungsgrunde beginnt (Näheres in § 958 Abs 1), zu erhebenden Anfechtungsklage angefochten werden; nach Ablauf von zehn Jahren, von der Verkündung des Ausschlußurteils ab gerechnet, ist diese Klage unstatthaft (§ 958 Abs 2). Gegen einen den Erlaß des Ausschlußurteils ablehnenden Beschluß und gegen Beschränkungen und Vorbehalte, die dem Ausschlußurteile beigefügt sind, findet sofortige Beschwerde statt (§ 952 Abs 4). **Anm. 8.**

6. Für Österreich ist im Abs 2 Satz 1 der dortigen Fassung des Art 73 (vgl. den Text oben) bestimmt worden, daß die in der Aufforderung zur Vorlegung der Urkunde vom Gerichte zu bestimmende Frist (Aufgebotsfrist) auf nur 45 Tage festzusetzen ist und vom ersten Tage nach Verfall des Wechsels ab läuft. **Anm. 9.**

III. Materiellrechtliche Wirkungen des Aufgebots und der Kraftloserklärung.

1. In den Sätzen 2 und 3 des Art 73 enthält die WO Vorschriften, die auf dem Gebiete des materiellen Wechselrechts liegen, über die Wirkungen, welche die Einleitung des Aufgebotsverfahrens auf die Ausübung der Wechselrechte aus dem abhanden gekommenen Wechsel auslöst. Sie bestimmt nämlich, daß der Eigentümer nach Einleitung des Verfahrens **von dem Akzeptanten Zahlung fordern kann,** wenn er bis zur Amortisation des Wechsels Sicherheit leistet, und daß er ohne solche Sicherheitsleistung **„nur" die Hinterlegung der aus dem Akzepte schuldigen Summe verlangen kann.** In Wirklichkeit enthalten beide Vorschriften eine Erweiterung der dem Wechselgläubiger normalerweise zustehenden Rechte, die der Regel nach nur mit dem Wechsel in der Hand ausgeübt werden können, indem sie eine, wenn auch beschränkte Ausübung der Rechte aus dem Wechsel ohne den Besitz des Wechsels gestatten. Diese Ausübung richtet sich nur gegen den Akzeptanten und seinen in gleicher Weise wie er verpflichteten Avalisten (vgl. zu Art 81 Anm 9); von den Regreßpflichtigen kann während der Dauer des Verfahrens Zahlung oder Hinterlegung nicht verlangt werden. Wenn in RGZ 49, 140 dem Indossatar, dem der Wechsel abhanden gekommen ist, die Möglichkeit einer „Klage auf Leistung gegen das zu erwartende Ausschlußurteil", gegen die Regreßpflichtigen zugesprochen wird, so ist hierbei davon ausgegangen, daß nach Erlaß des Ausschlußurteils gegen sie Regreßansprüche erhoben werden können; diese Frage ist aber sehr bestritten, vgl. unten Anm 15. Aber auch wenn man sie bejaht, so würde das prozessuale Bedenken entgegenstehen, daß die ZPO (§ 257) zwar eine Klage auf künftige Leistung aus einer an den Eintritt eines Kalendertages geknüpften Geldforderung zuläßt, nicht aber auf Leistung für den Fall des Eintritts eines ungewissen zukünftigen Ereignisses, als welcher der Erlaß des Ausschlußurteils sich darstellt. Es kann deshalb nur eine Feststellungsklage (§ 256 ZPO) in Frage kommen, gegen deren (vom RG a. a. O. dahingestellt gelassene) Zulässigkeit ein Bedenken nicht besteht, da das erforderliche Feststellungsinteresse durch die in der Tat vorhandene Gefahr der Verjährung (vgl. oben Anm 6) gegeben ist. Darüber, daß die Verjährung der Wechselrechte durch die Feststellungsklage unterbrochen wird, vgl. Vorbem 5 vor Artt 77ff. **Anm. 10.**

Unter der Einleitung des Amortisationsverfahrens wird nicht schon die Stellung des Antrags, sondern der Erlaß des Aufgebots zu verstehen sein. Die Höhe der von dem Kläger, der Zahlung verlangt, zu leistenden Sicherheit ist von dem Prozeßgerichte nach freiem Ermessen zu bestimmen; die Art und Weise der Sicherheit richtet sich jetzt nach den §§ 232ff. BGB. Die Hinterlegung, die ohne Sicherheitsleistung verlangt werden kann, hat die „aus dem Akzept schuldige Summe" zu umfassen; das ist zunächst die Wechselsumme oder bei beschränktem Akzepte die akzeptierte Summe; außerdem aber gehören dazu, falls der Wechsel bei Abhandenkommen bereits fällig und von dem Bezogenen nicht bezahlt war, die weiteren dem Inhaber vom Akzeptanten geschuldeten Beträge — vgl. zu Art 23 Anm 6 —, namentlich die Protestkosten und sonstigen Auslagen, auch die Provision; doch werden Zinsen nur bis zum Abhandenkommen berechnet werden können, da nach diesem Zeitpunkte der Inhaber nicht mehr in der Lage war, den Wechsel gegen Zahlung der Wechselschuld zurückzugeben (Art 39). v. Canstein (§ 14 Anm 34a und StStranz zu Art 73 Anm 9a) wollen im Anschluß an ein Urteil des österreichischen OGH bei Czelechowski Nr. 440 die Hinterlegungspflicht auf die Hauptsumme beschränken; dagegen zutreffend Bernstein zu Art 73 § 4 S. 278. **Anm. 11.**

In der österreichischen Fassung des Art 73 (vgl. den Text oben) sind in den Sätzen 2 und 3 des Abs 2 hinsichtlich der Zahlungsverpflichtung des Akzeptanten nach Einleitung des Amortisationsverfahrens die gleichen Vorschriften enthalten, wie in Satz 2 und 3 der deutschen Fassung.

Anm. 12. 2. Über die **materiellrechtlichen Wirkungen des durchgeführten Aufgebotsverfahrens**, das durch ein den Wechsel für kraftlos erklärendes Ausschlußurteil beendet ist, enthält die WO auffälligerweise überhaupt keine ausdrückliche Vorschrift. Dagegen findet sich in der ZPO (§ 1018) über die Wirkung des durchgeführten Aufgebotsverfahrens zur Kraftloserklärung von Urkunden überhaupt die Bestimmung, daß derjenige, welcher das Ausschlußurteil erwirkt hat, dem durch die Urkunde Verpflichteten gegenüber berechtigt ist, die Rechte aus der Urkunde geltend zu machen. Die daraus sich ergebende Rechtslage für den Wechsel ist in manchen Beziehungen zweifelhaft und sehr bestritten.

Anm. 13. a) Die Hauptwirkung, die durch die Kraftloserklärung bezweckt und erreicht wird, besteht darin, daß die Geltendmachung der Rechte aus dem Wechsel nicht mehr an die Innehabung des Wechsels geknüpft, dieser vielmehr dazu untauglich geworden ist, auch wenn er sich in der Hand eines gutgläubigen Erwerbers, der dadurch Eigentümer des Papiers geworden ist, befindet. Die Legitimation zur Ausübung der Wechselrechte wird nicht mehr gemäß Art 36 durch die fortlaufende, bis auf den Inhaber des Wechsels heruntergehende Kette der auf ihm befindlichen Indossamente hergestellt. Legitimiert ist vielmehr statt dessen derjenige, der das Ausschlußurteil erwirkt hat. Das gilt, soweit nicht in dem Ausschlußurteile gemäß § 953 ZPO (vgl. oben Anm 7) ein Recht vorbehalten ist. Wer sich im Aufgebotsverfahren nicht gemeldet hat, kann ein etwaiges „besseres Recht" gegenüber demjenigen, der das Ausschlußurteil erwirkt hat, nur nach den Grundsätzen des allgemeinen bürgerlichen Rechts im Wege der Schadensersatzklage aus unerlaubter Handlung oder eines Bereicherungsanspruchs geltend machen. Der Ausgleich des Schadens oder der Bereicherung wird dabei unter Umständen in der Weise verlangt werden können, daß derjenige, der das Ausschlußurteil erwirkt hat, seine Rechte daraus an den besser Berechtigten abtritt. In diesem Sinne ist es wohl gemeint, wenn Bernstein (zu Art 73 § 4 S. 276) und im Anschlusse an ihn StStranz (Anm 11 und Fußnote zu S. 239) davon sprechen, daß derjenige, der stärkere Rechte an dem Wechsel und auf den Wechsel hatte als der Aufbieter, sie nicht verliere, sondern daß sie sich in Rechte „an dem Ausschlußurteile oder auf dieses verwandeln".

Anm. 14. b) Durch das Ausschlußurteil wird aber lediglich die Legitimation desjenigen, der es erwirkt hat, als Eigentümer des abhanden gekommenen Wechsels und Wechselgläubiger hergestellt. Ein Beweis dafür, daß ein Wechsel mit dem von dem Antragsteller angegebenen Inhalte vorhanden gewesen ist und daß auf ihm eine von der in Anspruch genommenen Person herrührende, also echte, Wechselverpflichtungserklärung sich befand, wird durch das lediglich auf Grund der Behauptungen und Glaubhaftmachungen des Antragstellers ohne kontradiktorische Zuziehung der angeblichen Wechselverpflichteten ergangene Ausschlußurteil in keiner Weise erbracht. Dieser Beweis muß vielmehr von dem, der auf Grund des Ausschlußurteils Ansprüche aus dem abhanden gekommenen Wechsel erhebt, in anderer Weise geführt werden. Das wird auch in dem unten (Anm 15) noch näher zu erörternden Urteile des Reichsgerichts (RGZ 49, 132) ausdrücklich anerkannt, dem ein Fall zugrunde lag, in welchem die dafür in Betracht kommenden Tatsachen nicht bestritten waren. Werden sie aber bestritten, so wird die Beweisführung meistens schwierig wenn nicht unmöglich und der praktische Erfolg der Kraftloserklärung des Wechsels dadurch in vielen Fällen illusorisch sein.

Anm. 15. c) Besonders bestritten ist, ob derjenige, der das Ausschlußurteil erwirkt hat, die Rechte aus dem Wechsel gegen alle Wechselverpflichteten ausüben kann, also nicht nur das Hauptrecht gegen den Akzeptanten, von dem er schon während des Verfahrens nach Art 73 Satz 2, 3 Zahlung gegen Sicherheitsleistung oder Hinterlegung fordern kann (woraus mit Sicherheit zu entnehmen ist, daß er auch nach Durchführung des Verfahrens von ihm Zahlung, und zwar ohne Sicherheitsleistung, verlangen kann), sondern auch gegen die Regreßpflichtigen. Die Frage wird bejaht namentlich von Dernburg (II § 280 Anm 8), v. Canstein (§ 14), Grünhut (Handbuch II § 109 Anm 20), Cosack (§ 51 I 2), Hellwig (Rechtskraft 307 Anm 14), StStranz (zu Art 73 Anm 19) und auch vom Reichsgericht in RGZ 49, 132. Sie wird verneint von Thöl (§ 177), Rehbein (Anm 2 zu Artt 73 ff.), Lehmann (586), Bernstein (zu Art 73 § 4 B 2 a β S. 277). Ich habe für den Scheck, bei dem die Rechtslage nicht ganz die gleiche ist, in meinem ScheckgesKomm (zu § 19 Anm 6 und zu § 27 Anm 8) hinsichtlich anderer Regreßpflichtiger, als des Ausstellers, die verneinende Ansicht vertreten und gelange auch für den Wechsel zu dem gleichen Ergebnisse, und zwar für den akzeptierten Wechsel hinsichtlich aller Regreßpflichtiger, für den nicht akzeptierten mindestens hinsichtlich anderer Regreßpflichtiger, als des Ausstellers. Die bejahende Ansicht stützt sich hauptsächlich auf den Wortlaut des § 1018 ZPO, wonach der Erwirker des Ausschlußurteils „die Rechte" aus der Urkunde geltend machen kann. Indessen diese Folgerung aus dem Gebrauche des bestimmten Artikels ist schon rein grammatisch nicht zwingend; sachlich aber erscheint es höchst bedenklich, dem Prozeßgesetze zu unterstellen, daß es einen solchen durchgreifenden Grundsatz generell für alle Urkunden unterschiedslos ohne Rücksicht auf ihre sehr verschiedene materiellrechtliche Struktur habe aufstellen und ihm auch gegenüber speziellen Vorschriften des materiellen Rechts, die sich aus der Natur der einzelnen Urkunden ergeben, habe Geltung verschaffen wollen. Das kann um so weniger angenommen werden, wenn es sich wie hier, um das Verhältnis der ZPO zu Vorschriften eines Reichsgesetzes, seien diese prozessualer oder materiell-rechtlicher Natur, handelt. Vgl. über dieses Verhältnis oben Anm 1. Entscheidend kann deshalb nur sein, ob es mit den Vorschriften der WO in Einklang zu bringen ist, daß auch die Regreßansprüche aus dem Wechsel gegen die Regreßverpflichteten nach Kraftloserklärung des Wechsels auf Grund des Ausschlußurteils geltend gemacht werden können. Diese Frage wird freilich nicht mit Rehbein und Lehmann a. a. O. ohne weiteres durch den Hinweis auf den Wortlaut des Art 54 WO erledigt werden können, der bestimmt, daß der Regreßpflichtige nur gegen Aushändigung des Wechsels zu zahlen verpflichtet ist, da dieser Wortlaut nur den Regelfall im Auge hat und nicht ausschließt, daß auf Grund sonstiger Vorschriften in gewissen Fällen eine andere Urkunde an die Stelle des Wechsels tritt und ihn ersetzt. Von entscheidender Bedeutung aber ist, daß durch die Auslieferung des Ausschlußurteils dem zahlenden Regreßpflichtigen nicht dasjenige verschafft wird, worauf er Anspruch hat, nämlich daß ihm die Ausübung seines durch die Regreßzahlung wieder aufgelebten Wechselrechts gegen seine Vormänner in der gleichen Weise gewährleistet wird, als wenn ihm der Wechsel ausgeliefert würde. Denn der Regreßpflichtige erhält durch das Ausschlußurteil nicht das gleiche Beweismittel, das ihm der Wechsel gewähren würde; er müßte vielmehr den Beweis für den Inhalt des Wechsels und dafür, daß dieser eine bis auf ihn hinuntergehende Kette von Indossamenten getragen hat, auf andere Weise zu führen suchen; weiter aber im Falle des Bestreitens auch (was unter Umständen sehr schwierig sein wird) die Echtheit der auf dem abhanden gekommenen Wechsel befindlichen Wechselerklärung desjenigen, den er in Anspruch nehmen will, dartun. Vgl. oben Anm 14. Auch das RG verkennt in dem angeführten Urteile nicht, daß diese Übelstände mit der Zulassung des Regresses nach Abhandenkommen des Wechsels verbunden sind; es entnimmt aber daraus kein entscheidendes Bedenken; es meint, „für die Lösung der Aufgabe, welche Folgen das Ausschlußurteil haben solle, das einen verlorengegangenen Wechsel für kraftlos erkläre, bleibe nur die Wahl, entweder jeden Regreß abzuschneiden oder ihn zuzulassen selbst auf die Gefahr hin, daß der Regreßpflichtige, wenn er einen Vormann oder den Akzeptanten in Anspruch nehme, den Beweis, daß der in Rede stehende Wechsel den von ihm behaupteten Inhalt gehabt habe und von dem Gegner gezeichnet sei, nicht mehr durch Vorlegung des Wechsels führen könne, sondern anderweitig führen müsse; wenn aber das Gesetz sich dafür entschieden habe, die Geltendmachung der Rechte aus der verlorenen Urkunde auf Grund des Ausschlußurteils ohne weiteres zu gestatten, so könne daraus, daß diese Lösung, die der Billigkeit zweifellos am meisten entspreche, auch einige Unzuträglichkeiten mit sich führe, die Befugnis, ihre Anwendung doch einzuschränken, nicht entnommen werden". Diese Begründung scheint mir nicht nur der Bestimmung des § 1018 Abs 1 ZPO eine zu große maßgebende Bedeutung gegenüber der WO beizulegen, sondern auch die Unbilligkeit des Ergebnisses zu verkennen, zu dem die dort vertretene Auffassung führen muß. Denn der Regreßpflichtige wird häufig nicht in der Lage sein, den ihm obliegenden Beweis führen zu können. Das Ergebnis würde also sein, daß er an den letzten Inhaber des Wechsels, dem dieser, sei es mit oder ohne Verschulden, abhanden gekommen ist, der aber jedenfalls der nächste dazu ist, den durch das Abhandenkommen entstandenen Schaden zu tragen, zahlen muß, seinerseits aber eine Erstattung von seinen ihm regreßpflichtigen Vormännern oder dem Akzeptanten nicht erlangen kann, so daß der Schaden an ihm hängen bleibt. Unter solchen Umständen erscheinen auch die (in dem reichsgerichtlichen Urteile auf S. 136 gleichfalls erwähnten) Vorarbeiten zur WO nicht ohne Bedeutung, aus denen sich ergibt, daß die in dem ersten Entwurf, von 1836, vorgesehene Zulassung des Regresses nach Verlust des Wechsels in den späteren Entwürfen aufgegeben worden ist mit der Begründung, daß diese Bestimmungen „zu Weiterungen führen würden, welche sich mit dem Wechselverkehr nicht vereinigen lassen und in ihrer Anwendung unausbleiblich Verwirrungen und Übelstände verursachen müssen", und aus denen ferner zu ersehen ist, daß dieser Standpunkt noch in den Motiven zu der Vorlage von 1847, deren § 69 dem Art 73 WO entspricht, ausdrücklich aufrechterhalten worden ist durch die Bemerkung, „die Verfolgung von Regreßrechten gegen die Vormänner sei ohne Vorlegung des Wechsels nicht zulässig" (Prot S. LXXI). Danach liegt es durchaus nahe, die Bestimmung in Art 73 Satz 2 WO dahin auslegen, daß auch nach Kraftloserklärung des Wechsels ein Anspruch gegen einen anderen Verpflichteten als den Akzeptanten nicht erhoben werden kann. Demgegenüber kann auch die allgemeine Erwägung von StStranz a. a. O. nicht durchschlagen, daß der Zweck des Aufgebotsverfahrens die möglichste Aufrechterhaltung aller Rechte aus der Urkunde sei. Anders liegt die Sache nur bei dem nichtakzeptierten Wechsel hinsichtlich des Ausstellers, da diesem Regreßansprüche gegen einen Vormann nicht zustehen und seinem Interesse daher durch die Auslieferung des Ausschlußurteils und Quittungserteilung Genüge geleistet wird.

Auf alle Fälle kann ein Regreßanspruch gegen die Regreßverpflichteten nach Kraftloserklärung **Anm. 16.** des Wechsels nur in Frage kommen, wenn der Wechsel vor dem Abhandenkommen bereits mangels Zahlung protestiert war, da andernfalls die Regreßansprüche aus ihm erloschen sind. Da der Protest mangels Zahlung nach jetzigem Rechte (Art 88 a) auf den Wechsel oder ein mit ihm zu verbindendes Blatt gesetzt wird, so wird angenommen werden können, daß er mit dem Wechsel zu einer einheitlichen Urkunde verbunden ist und daher, wenn er in dieser Verbindung abhanden gekommen ist, von der Kraftloserklärung des Wechsels mit ergriffen wird. Diese Annahme wird um so mehr geboten sein, als ein selbständiges Aufgebot des Protestes vom Gesetze nicht vorgesehen ist und er auch nicht noch einmal ausgefertigt werden kann, da nicht (wie früher in manchen Ländern) das Original des Protestes bei den Akten des Protestbeamten verbleibt, sondern nur eine beglaubigte Abschrift zurückbehalten wird (Art 90 Abs 2 Satz 1).

Anm. 17. **IV.** Ob die Rechte aus einem abhanden gekommenen Wechsel auf Grund des Ausschlußurteils im **Urkunden-(Wechsel-)Prozesse** geltend gemacht werden können, ist bestritten; bejahend StStranz Anm 20; verneinend Bernstein zu Art 73 § 4, S. 277. Die Frage muß verneint werden, da zu den klagebegründenden Tatsachen (§ 592 ZPO) auch die Existenz und der Inhalt des Wechsels gehört, diese aber durch das Ausschlußurteil nicht bewiesen werden können (vgl. oben Anm. 14). In Österreich ist der wechselmäßige Zahlungsauftrag von der Vorlage des Wechsels abhängig gemacht (§ 557 Österr. ZPO), daher auf Grund eines Ausschlußurteils nicht statthaft.

Artikel 74.

Der nach den Bestimmungen des Artikel 36 legitimierte Besitzer eines Wechsels kann nur dann zur Herausgabe desselben angehalten werden, wenn er den Wechsel in bösem Glauben erworben hat oder ihm bei der Erwerbung des Wechsels eine grobe Fahrlässigkeit zur Last fällt.

Anm. 1. **1.** Artikel 74 betrifft die **sachenrechtlichen Verhältnisse** des Wechsels, regelt indessen diese keineswegs erschöpfend und vollständig, sondern greift nur einen einzelnen Punkt, den **Herausgabeanspruch gegenüber dem wechselrechtlich legitimierten Besitzer,** heraus. Die einheitliche Regelung dieses Punktes erschien der Leipziger Wechselrechtskonferenz — die Entwürfe der WO enthielten eine Vorschrift darüber noch nicht; vgl. zu ihrer Entstehungsgeschichte die Leipziger Protokolle S. 143, 228 ff. (Thöl S. 152, 242 ff.) — erforderlich für die Ermöglichung und Sicherung eines ungehemmten Wechselverkehrs gegenüber der vielgestaltigen Regelung, die in den Rechten der einzelnen deutschen Länder die Vindikation beweglicher Sachen gefunden hatte. Im übrigen hat aber die WO in die sachlichen Verhältnisse des Wechsels als einer beweglichen körperlichen Sache nicht eingegriffen, sondern deren Regelung der allgemeinen Privatrechtsordnung überlassen. Es finden daher auf sie nunmehr die Vorschriften des BGB Anwendung, mit der aus Art 74 sich ergebenden Maßgabe.

Anm. 2. **2. a)** Insbesondere enthält die WO keine eigenen Bestimmungen über den Begriff und den Erwerb des Eigentums an Wechseln. Zwar ist in Art 36 gesagt, daß der Inhaber eines Wechsels, der eine bis auf den Inhaber herabgehende zusammenhängende Reihe von Indossamenten aufweist, dadurch „als Eigentümer" des Wechsels legitimiert werde; das bedeutet aber keineswegs, daß er infolgedessen auch wirklich Eigentümer geworden wäre; vielmehr wird dadurch nur eine Vermutung geschaffen, auf Grund deren er bis zum Nachweise seiner Nichtberechtigung die Rechte aus dem Wechsel wie ein Eigentümer gegenüber dem Wechselverpflichteten ausüben kann; vgl. zu Art 36 Anm 1, 18. Auch dem nach Art 36 legitimierten Inhaber, der den Wechsel ohne grobe Fahrlässigkeit erworben hat, spricht Art 74 WO keineswegs ein Eigentum an der Wechselurkunde zu, sondern schließt nur den gegen einen Nichteigentümer nach bürgerlichem Rechte (jetzt § 985 BGB) dem Eigentümer zustehenden Herausgabeanspruch aus und setzt sonach gerade die Möglichkeit voraus, daß auch bei nicht grobfahrlässigem Erwerb legitimierte Inhaberschaft und Sacheigentum an der Wechselurkunde auseinanderfallen können. In RGZ 55, 49 ist allerdings gesagt, der formell legitimierte Eigentümer, der den Wechsel gutgläubig ohne grobe Fahrlässigkeit erworben hat, werde in Art 74 „als Eigentümer" anerkannt und geschützt. Ähnlich in RGZ 103, 89, während in RGZ 45, 265 zum „Eigentumserwerbe" vorausgesetzt wird, daß zu der formellrechtlichen Legitimation noch ein Begebungsvertrag hinzukommt. Doch ist jene Ausdrucksweise ungenau. Die WO hat es offenbar vermeiden wollen, in den Eigentumsbegriff der einzelstaatlichen Privatrechtsordnungen einzugreifen und hat sich deshalb damit begnügt, nur eine einzelne Funktion des Eigentums, den Herausgabeanspruch, bei nicht grobfahrlässigem Erwerbe des Wechsels auszuschließen. Einige sprechen von „wechselrechtlichem Eigentum" des Erwerbers, im Unterschiede vom sachenrechtlichen Eigentum; doch dürfte eine solche Eigentumsspaltung auch hier, wie sonst im Rechte des BGB, mit dessen Grundsätzen nicht zu vereinbaren sein. Die weitergehenden Befugnisse des Eigentümers, insbesondere das Recht, von jedem Dritten die Herausgabe des Wechsels zu verlangen, werden durch Art 74 WO nicht begründet; sie können nur auf das Sachenrecht des BGB (oben Anm 1) gegründet werden. Das ist insofern von Bedeutung, als der Schutz des guten Glaubens gegen andere Mängel des Erwerbsaktes, als den Mangel des Eigentums des Veräußerers, in Betracht kommt (vgl. unten Anm 3); diese können einem Herausgabeanspruch auch des in bezug auf sie gutgläubigen Erwerbers, der den Besitz des Wechsels wieder verloren hat, entgegengesetzt werden, da ihre Geltendmachung weder durch § 932 BGB noch durch Art 74 WO für diesen Fall ausgeschlossen ist.

Anm. 3. **b)** Soweit der Eigentumserwerb an Wechseln in Frage steht, sind sonach die Vorschriften des BGB über den Erwerb des Eigentums in erster Linie maßgebend. Ihnen zufolge wird — abgesehen von den originären Erwerbsarten, von denen nur etwa der Erwerb einer herrenlosen (derelinquierten) Urkunde durch Aneignung (§§ 958, 959) in Frage kommen kann — das Eigentum durch Übertragung (Tradition), §§ 929 ff., erworben. Dazu ist erforderlich die Einigung des Eigentümers und des Erwerbers, daß das Eigentum übergehen soll, sowie die Übergabe der Urkunde (§ 929 Satz 1) oder ein Ersatz dieser Übergabe durch traditio brevi manu (§ 929 Satz 2), constitutum possessorium (§ 930; in diesem Falle würde aber der Erwerber nicht „Inhaber" im Sinne der WO werden) oder durch Abtretung des Herausgabeanspruchs gegen den dritten Besitzer (§ 931). Aber auch vom Nichteigentümer wird durch Einigung zwischen diesem und dem Erwerber und Übergabe der Urkunde für letzteren Eigentum erworben, es sei denn, daß er bei dem Erwerbe nicht in gutem Glauben ist (§ 932). Nicht in gutem Glauben ist der Erwerber, wenn ihm bekannt oder infolge grober Fahrlässigkeit unbekannt ist, daß die Urkunde dem Veräußerer nicht gehört (§ 932 Abs 2). Der gute Glaube wird sonach nur geschützt, sofern er in der nicht grobfahrlässigen Unkenntnis von dem mangelnden Eigentum des Veräußeres besteht. Ist der Veräußerer ein Kaufmann, der im Betriebe seines Handelsgewerbes veräußert, so ist der Schutz des guten Glaubens durch § 366 HGB dahin erweitert, daß er gewährt wird, wenn der gute Glaube des Erwerbers die Befugnis des Veräußeres, für den Eigentümer über die Urkunde zu verfügen, betrifft. Dagegen wird durch andere Mängel des Erwerbsaktes, z. B. das Fehlen der Geschäftsfähigkeit des Veräußerers oder die Beschränkung seiner Geschäftsfähigkeit infolge Minderjährigkeit, ferner durch das Fehlen der Vertretungsbefugnis einer als gesetzlicher Vertreter oder Bevollmächtigter des Veräußerers aufgetretenen Person (abgesehen von dem Falle des § 366 HGB) der Erwerb des Eigentums gehindert, auch wenn der Erwerber sich hinsichtlich ihrer in gutem Glauben befunden hat. Vgl. RGRKomm zu § 932 BGB Anm 1. Mit dem dinglichen Eigentumsübertragungsvertrag wird beim Wechsel in der Regel auch ein Begebungsvertrag verbunden sein, durch welchen in Verbindung mit dem Indossamente die Rechte aus der Urkunde übertragen werden. Doch ist auch eine Eigentumsübertragung ohne Übertragung der Rechte aus der Urkunde denkbar und kommt im Verkehr nicht selten vor, z. B. bei Zahlung des Wechsels durch den Bezogenen (dieser erwirbt dann das Eigentum als Vertreter des Ausstellers für diesen) oder bei Einlösung durch den Aussteller oder einen Indossanten, der keinen Regreßanspruch gegen einen Vormann hat; aber auch wenn die Wechsel-Forderung erlassen oder die der Wechsel-Verpflichtung zugrunde liegende materielle Schuldverpflichtung als nicht bestehend anerkannt oder im Vergleichswege aufgehoben werden soll. Hat ein Eigentumsübergang nach den Vorschriften des Sachenrechts auf den Erwerber stattgefunden, so ist der dingliche Herausgabeanspruch gegen ihn ausgeschlossen, mag er nun nach Art 36 WO legitimierter Inhaber sein oder nicht. Doch kann er auf Grund schuldrechtlichen Verhältnisses dem bisherigen Eigentümer zur Rückübertragung des Eigentums verpflichtet sein und kann eine solche Verpflichtung gegenüber der von ihm auf Grund seines Eigentums am Wechsel und der vorhandenen Legitimation erhobenen Regreßklage als Einwendung, die dem Schuldner unmittelbar gegen den Inhaber zusteht, gemäß Art 82 geltend gemacht werden.

c) Ist ein Eigentumserwerb des Inhabers nach den Vorschriften des BGB oder des HGB nicht eingetreten, so würde nach §§ 985, 986 BGB der Eigentümer auch von dem nach Art 36 WO legitimierten Inhaber die **Herausgabe des Wechsels** verlangen und dieser sie nur verweigern können, wenn er jenem gegenüber auf Grund eines dinglichen oder obligatorischen Rechtstitels zum Besitze berechtigt wäre. Dieser Herausgabeanspruch wird durch Art 74 WO auf den Fall beschränkt, daß der Inhaber den Wechsel **„in bösem Glauben erworben hat oder ihm bei der Erwerbung grobe Fahrlässigkeit zur Last fällt"**. Im Schrifttum ist ein lebhaft geführter Streit entbrannt darüber, ob dieser von der Wechselordnung dem legitimierten Wechselinhaber durch Versagung des Herausgabeanspruchs gegen ihn gewährte Schutz des guten Glaubens weitergehe, als der ihm durch das allgemeine Recht nach sachenrechtlichen Grundsätzen durch Anerkennung seines Eigentums an der Urkunde (vgl. oben unter b) gewährte Schutz, insofern, als jener sich nicht auf die nicht grobfahrlässige Unkenntnis davon beschränke, daß der Veräußerer nicht Eigentümer war, oder im Falle der Veräußerung durch einen Kaufmann in seinem Handelsbetriebe davon, daß dieser keine Veräußerungsbefugnis für den Eigentümer hatte, sondern sich auch auf andere Mängel des Erwerbsaktes, insbesondere den Mangel der Veräußerungsbefugnis bei einem Nichtkaufmann, den Mangel der Vertretungsbefugnis und namentlich den Mangel der Geschäftsfähigkeit des Veräußerers beziehe. Von Staub-Koenige HGB zu § 365 Anm 9, StStranz zu Art 74 WO Anm 3 und anderen wird die Ansicht vertreten, daß der Schutz des guten Glaubens in Art 74 sich auf alle Mängel des Erwerbsaktes erstrecke. Dieser Auffassung sind namentlich Düringer-Hachenburg HGB zu § 365 Note II 3, Bd II S. 455 und Jacobi, Die Wertpapiere (in der ersten Auflage und erneut in Ehrenbergs Handbuch IV 1 § 23 S. 163 f.), entgegengetreten. Düringer-Hachenburg wollen den Umfang des von der Wechselordnung gewährten Schutzes mit dem allgemeinen sachenrechtlichen Schutze vollständig gleichstellen, während Jacobi zugibt, daß der Schutz der Wechselordnung nicht nur gegen den Mangel des Eigentums, sondern auch sonstiger Verfügungsmacht über den Wechsel, insbesondere der durch Boten oder Vertreter ausgeübten, gewährt werde, aber den Mangel der Geschäftsfähigkeit des Veräußerers für „nicht heilbar" erklärt. Daß das Reichsgericht bereits zu der Streitfrage Stellung genommen hätte, insbesondere in RGZ 45, 265 und 55, 49, kann StStranz nicht zugegeben werden, da die genannten Entscheidungen, soweit das Sachverhältnis wiedergegeben ist, sich auf Mängel im Eigentum des Veräußerers bezogen zu haben scheinen. Doch ist aus dem Wortlaute des Art 74

WO die von Düringer-Hachenburg und Jacobi gemachte Einschränkung nicht zu entnehmen, da er den Herausgabeanspruch gegenüber dem nach Art 36 legitimierten Besitzer uneingeschränkt versagt, sofern dieser nicht den Wechsel in bösem Glauben oder grober Fahrlässigkeit erworben hat, ohne einen Unterschied in der Richtung zu machen, auf welche Umstände sich der gute Glaube beim Erwerbe bezogen hat, während § 932 BGB nur den guten Glauben daran schützt, daß die Sache dem Veräußerer gehöre. Es muß deshalb allerdings angenommen werden, daß Art 74 weiter geht als § 932 und Schutz gegen alle Mängel des Erwerbsaktes des formell legitimierten Besitzers, insbesondere auch gegen den Mangel der Geschäftsfähigkeit des Veräußerers, gewährt. — Rechtshandlungen, die der Gemeinschuldner nach Eröffnung des Konkurses vorgenommen hat, erklärt Art 7 KO für den Konkursgläubigern gegenüber unwirksam und macht davon lediglich eine Ausnahme hinsichtlich des in §§ 892, 893 BGB gewährten Schutzes des guten Glaubens an die Richtigkeit des Grundbuchs. Im übrigen soll, wie die Begr. zur Novelle (S. 16) ausdrücklich als Absicht des Gesetzes hervorhebt, hinsichtlich solcher Rechtshandlungen des Gemeinschuldners ein Schutz des guten Glaubens nicht gewährt werden. Es muß danach wohl angenommen werden, daß auch derjenige, welcher einen Wechsel vom Gemeinschuldner erworben hat, sich gegenüber dem Herausgabeanspruche des Konkursverwalters auf den in Art 74 gewährten Schutz des guten Glaubens nicht berufen kann. So auch StStranz Anm 4. — Von den Vorschriften des Sachenrechts (§ 935 BGB) weicht Art 74 auch insofern ab, als der Schutz des guten Glaubens des Erwerbers sich auch auf dem Eigentümer abhanden gekommene Wechsel erstreckt; steht doch Art 74 gerade in dem Abschnitt „Abhanden gekommene Wechsel"; vgl. auch RGZ 53, 210. Darüber, daß ungeachtet dieser Stellung des Artikels seine Anwendung nicht auf abhanden gekommene Wechsel beschränkt ist, er vielmehr auch auf solche Wechsel Anwendung findet, die freiwillig begeben worden sind, vgl. unten Anm 10.

Anm. 5. **d)** Im einzelnen ergibt Art 74 WO hinsichtlich des Herausgabeanspruchs folgendes: α) Voraussetzung für seine Anwendung ist die Innehabung des Wechsels und das Vorhandensein der formellen Legitimation bei demjenigen, gegen den der Eigentümer den Herausgabeanspruch geltend macht. Darüber, wer formell legitimierter Inhaber ist, vgl. zu Art 36 Anm 1 ff. Bei einem nicht indossierten Wechsel ist es der Remittent. Wer den Wechsel auf nicht wechselmäßige Weise, z. B. durch Zession, erworben hat, kann für seine Person den Schutz des Art 74 nicht in Anspruch nehmen, wohl aber geltend machen, daß derjenige, von dem er ihn erhalten hat, legitimierter Wechselinhaber war (RGZ 33 147).

Anm. 6. β) Die Herausgabe kann nur verlangt werden, wenn der Inhaber den Wechsel in **bösem Glauben** erworben hat oder ihm bei dem Erwerbe eine **grobe Fahrlässigkeit** zur Last fällt. Diese Begriffe, welche in der Wechselordnung nicht näher bestimmt werden, müssen aus der jetzt geltenden Privatrechtsordnung entnommen werden. Das BGB gebraucht den Ausdruck „böser Glaube" nicht; er bedeutet aber nichts anderes als die Kenntnis eines bestimmten, den Rechtserwerb hindernden Umstandes, während grobe Fahrlässigkeit die auf besonders schwerer Außerachtlassung der gebotenen Sorgfalt beruhende Unkenntnis eines solchen Umstandes bedeutet. Vgl. § 929 BGB und RGRKomm zu § 460 Anm 2. Darüber, auf welche Umstände der gute Glaube sich beziehen muß, um durch Art 74 geschützt zu werden, vgl. oben Anm 4. Um den Herausgabeanspruch zu begründen, muß demnach Kenntnis oder Außerachtlassung bestehender erheblicher Bedenken gegen das Eigentum des Veräußerers oder hinsichtlich sonstiger Mängel seines Erwerbsaktes gegeben sein. Das Vorhandensein dieser Voraussetzungen muß von demjenigen bewiesen werden, der die Herausgabe verlangt (RGZ 4, 179). Der böse Glaube oder die grobe Fahrlässigkeit müssen beim Erwerbe des Wechsels vorhanden gewesen sein; ihr späterer Eintritt (mala fides superveniens) begründet den Herausgabeanspruch nicht. Hat der Inhaber den Wechsel unausgefüllt als Blankett erworben, so genügt es zur Begründung des Herausgabeanspruchs, wenn er nachher bei der Ausfüllung gewußt oder infolge grober Fahrlässigkeit nicht gewußt hat, daß die Art der Ausfüllung dem Willen des Blankozeichners nicht entsprach (ROHG 14, 386). Kenntnis oder grobfahrlässige Unkenntnis davon, daß in der Person eines früheren Veräußerers der Rechtsmangel bestanden hat, begründen den Herausgabeanspruch nur, sofern dazu auch Kenntnis oder grobfahrlässige Unkenntnis hinzukommt davon, daß der unmittelbare Veräußerer bei seinem Erwerbe von diesem Mangel in der Person des früheren Veräußerers sich in Kenntnis oder grobfahrlässiger Unkenntnis befand, weil andernfalls der Mangel schon durch den gutgläubigen Erwerb des unmittelbaren Veräußerers geheilt worden sein kann (so mit Recht Staub-Koenige HGB Anm 17 zu § 366; RG bei Bolze 11 Nr. 38).

Anm. 7. γ) Berechtigt zu dem Herausgabeverlangen ist der Eigentümer des Wechsels, § 985 BGB. Das kann der Veräußerer oder ein Dritter sein. Zum prima-facie-Beweise seines Eigentums genügt nicht die Legitimation durch die zur Zeit der Veräußerung bis auf ihn hinuntergehende Indossamentenkette, da er nicht mehr Inhaber ist. Er muß vielmehr den Beweis, daß er das Eigentum erworben habe, nach allgemeinen Grundsätzen führen, also beweisen, daß er den Wechsel von einem durch Indossament legitimierten Inhaber durch Übergabe unter Einigung darüber, daß das Eigentum übergehen solle, erhalten hat. Der zum Eigentumserwerb erforderliche gute Glaube an das Eigentum seines Veräußerers wird vermutet; Sache des auf Herausgabe Belangten ist es daher, nachzuweisen, daß der die Herausgabe Verlangende bei seinem Erwerbe nicht in gutem Glauben war (§§ 929, 932 BGB; RGRKomm zu § 932 Anm 3; RG in WarnRspr 1912, 167).

δ) Hat der nach Art 36 legitimierte Inhaber den Wechsel ohne bösen Glauben oder grobe Fahrlässigkeit erworben, so ist er, auch wenn er sachenrechtlich nicht Eigentümer geworden ist, zur Geltendmachung der Rechte aus der Urkunde gegenüber den aus ihr Verpflichteten nicht nur formell, sondern auch materiell legitimiert, „Wechseleigentümer", wenn man diese ungenaue Ausdrucksweise gelten lassen will, vgl. oben Anm 2. Fällt ihm dagegen böser Glaube oder grobe Fahrlässigkeit zur Last, so ist zwar, solange er die Urkunde nicht herausgegeben hat, formelle Legitimation zur Ausübung der Rechte vorhanden; aber jeder Wechselverpflichtete kann im Wege der Einrede gemäß Art 82 WO den Mangel der materiell-rechtlichen Legitimation geltend machen; RGZ 103, 89 und I 244/11, 29. 11. 11 (Recht 1912 Nr. 513). **Anm. 8.**

ε) Art 74 betrifft nur den dinglichen Herausgabeanspruch des Eigentümers. Die schuldrechtlichen Beziehungen zwischen dem Veräußerer und dem Erwerber regeln sich nach dem der Veräußerung zugrunde liegenden Rechtsverhältnisse. Aus diesem kann sich insbesondere bei Unverbindlichkeit des Kausalgeschäfts, zu dessen Erfüllung der Wechsel gegeben war, falls der dingliche Herausgabeanspruch wegen Gutgläubigkeit des Erwerbers ausgeschlossen ist, ein Anspruch aus ungerechtfertigter Bereicherung gemäß §§ 812 ff. BGB ergeben, der in erster Linie auf Herausgabe der Bereicherung in Natur gehen und dazu führen würde, daß der Erwerber den Wechsel, den er ohne Rechtsgrund hat, herausgeben muß. So mit Recht RGZ 45, 265; a. M. StStranz zu Art 74 Anm 13, die ohne genügenden Grund annehmen, daß der gutgläubige Erwerber unter allen Umständen im Besitze des Wechsels erhalten bleiben solle. Ist die Veräußerung durch einen Nichteigentümer unentgeltlich erfolgt, so kann auch ein Bereicherungsanspruch des wirklichen Eigentümers gegen den gutgläubigen Erwerber gemäß § 816 Abs 1 Satz 2 in Frage kommen, der gleichfalls auf Herausgabe des Wechsels in Natur gerichtet sein kann. **Anm. 9.**

ζ) Der Art 74 steht im Unterabschnitt XI, welcher die Überschrift trägt: „Abhanden gekommene Wechsel". Man hat daraus schließen wollen, daß auch Art 74 nur auf solche Wechsel zu beziehen sei, deren Besitz der Besitzer ohne eigene Entschließung verloren habe. Das RG (RGZ 103, 88) hat diese Auffassung mißbilligt. Es erwägt, daß Art 74 im Gegensatz zu Art 73, von dem Erfordernis des Abhandenkommens nichts enthalte, vielmehr ganz allgemein den Grundsatz aufstelle, daß der nach Art 36 formell legitimierte Wechselinhaber den Wechsel herausgeben müsse, wenn er beim Erwerb in bösem Glauben oder grob fahrlässig handelte, womit zugleich zum Ausdruck gebracht sei, daß andernfalls der Besitz des Wechsels in Verbindung mit der formellen Legitimation „das Wechseleigentum verschaffe" (vgl. über diesen Ausdruck oben Anm 2), ein Grundsatz, der im Wechselrechte unbeschränkte Geltung habe und nicht damit abgelehnt werden könne, daß es sich nicht um einen abhanden gekommenen, sondern um einen zufolge eines Willensmangels freiwillig begebenen Wechsel handle. Diesen Ausführungen ist um so unbedenklicher zuzustimmen, als Art 74 in erster Linie den nach bürgerlichem Rechte etwa gegebenen Herausgabeanspruch einschränken will („kann nur dann angehalten werden"), wozu gerade bei abhanden gekommenen Wechseln weniger Veranlassung bestand als bei freiwillig begebenen (vgl. § 935 BGB und oben). Hinzuzufügen ist noch, daß übrigens auch in Art 73, wie in der Überschrift zu diesem Unterabschnitte, der Ausdruck: „Abhanden gekommene Wechsel" nicht in dem Sinne des § 935 BGB auf einen unfreiwilligen Besitzverlust einzuschränken ist; vgl. die Vorbemerkung zu diesem Unterabschnitte und zu Art 73 Anm 2. **Anm. 10.**

η) Auf den Herausgabeanspruch finden auch die Grundsätze der ficta possessio (vgl. RGRKomm zu § 985 Anm 2) Anwendung; der Wechselinhaber, der den Wechsel bösgläubig oder in grober Fahrlässigkeit erworben hatte, haftet danach auf das volle Interesse, wenn er den Besitz in der Absicht aufgegeben hat, den Herausgabeanspruch des Eigentümers zu vereiteln. Maßgebend ist der Besitz zur Zeit der Klageerhebung; wird der Besitz während der Anhängigkeit des Rechtsstreits aufgegeben, so kann er zwar zur Herausgabe nicht mehr verurteilt werden (vgl. RGRKomm a. a. O.), doch ist er dem Eigentümer für den Schaden verantwortlich, der diesem dadurch entsteht, daß infolge der Aufgabe des Besitzes jener ihm den Wechsel nicht mehr herausgeben kann (§ 989 BGB). Im übrigen ist der bösgläubige oder fahrlässige Erwerber, der nicht mehr im Besitze ist, dem Eigentümer nach Bereicherungsgrundsätzen (§§ 812 ff. BGB) zur Herausgabe desjenigen verpflichtet, was er durch die Weitergabe des Wechsels erlangt hat. **Anm. 11.**

θ) Aus Art 74 hat das RG die Folgerung gezogen, daß dem Wechselschuldner, der von einem formell legitimierten Wechselinhaber in Anspruch genommen werde, eine Prüfungspflicht hinsichtlich der materiellen Berechtigung des Inhabers insofern obliege, als er nicht zahlen dürfe wenn er wisse oder aus grober Fahrlässigkeit nicht wisse, daß der Inhaber den Wechsel in bösem Glauben oder grober Fahrlässigkeit erworben habe und deshalb dem wirklich Berechtigten zur Herausgabe verpflichtet sei, vgl. zu Art 36 Anm 18; andrerseits aber auch, daß dem gutgläubigen Erwerber eines Wechsels die Einrede des mangelnden Begebungsvertrages bei einem Vormanne nicht entgegengehalten werden könne; vgl. die Vorbemerkungen vor Art 4 Anm 8 und Anm 27 zu Art 82. **Anm. 12.**

Anhänge
zum Unterabschnitt XI (Artikel 73, 74).

I. Ausländische Wechselgesetzgebungen.

1. Kraftloserklärung (DWO Art 73).

Anm. 1. a) Ein Aufgebotsverfahren zum Zwecke der Kraftloserklärung abhanden gekommener Wechsel findet, ähnlich wie in Deutschland, auch in den meisten anderen Ländern der deutsch-rechtlichen Wechselgruppe statt; so in der Schweiz (Artikel 791 ff.), Ungarn (§§ 77 ff.), Skandinavien (73 ff.), Italien (Artt 329 ff.), Rumänien (354 ff.), Japan (281 ff.), Brasilien (36 ff.). In einigen von diesen Ländern wird bei Einleitung des Aufgebotsverfahrens vom Gerichte auch ein Zahlungsverbot erlassen, so in Ungarn an den Akzeptanten, in der Schweiz auch an den Bezogenen. Die Aufgebotsfrist beträgt in Ungarn, wie in Österreich, 45 Tage; in der Schweiz mindestens drei Monate, höchstens ein Jahr, in Norwegen (Ges v. 6. 3. 1869) 3 Monate, in Schweden (EinfGes zum Wechselgesetz v. 7. 5. 1880) und Finnland (§§ 68, 69) „Jahr und Tag". Nach den skandinavischen Gesetzen (§ 74 Abs 1) kann der Antragsteller nach Einleitung des Aufgebots vom Aussteller gegen Sicherheitsleistung Ausstellung eines neuen Wechsels beanspruchen und auf Grund dieses Ersatzwechsels die Wechselrechte auf Annahme, Zahlung und Regreß geltend machen; ein Recht auf Hinterlegung steht dem Akzeptanten nicht zu. In Italien und Rumänien kann nach Einleitung des Amortisationsverfahrens (procedura del ammortamento) der Antragsteller Zahlung gegen Sicherheitsleistung oder Hinterlegung nicht nur von dem Akzeptanten, sondern auch von den Regreßpflichtigen fordern, und zwar auf Grund einer Kopie des Wechsels (Vivante Nr. 1324); er kann ferner (ähnlich wie im französischen Rechtsgebiete, vgl. unten Anm 2) an die Wechselverpflichteten die Aufforderung richten, nicht zu zahlen, mit der rechtlichen Folge, daß diese an den Inhaber des Wechsels nicht zahlen dürfen (Art 298 bzw. 321). Die Aufgebotsfrist beträgt bei im Inlande ausgestellten Wechseln 40 Tage, bei im Auslande ausgestellten 60 bzw. 120 Tage (Artt 330, 331 bzw. 355). Nach Ablauf der Frist, ohne daß der Wechsel vorgelegt wurde, hat auf Grund eines darüber ausgestellten Zeugnisses des Urkundsbeamten der Geschäftsstelle derjenige, welcher das Verfahren betreibt, alle aus der Kopie ersichtlichen Wechselverpflichteten zu einem Termin zu laden, in welchem gegebenenfalls die Kraftloserklärung zu erfolgen hat (Artt 347 ff.). Auch in Japan kann nach Einleitung des Verfahrens Zahlung gegen Sicherheitsleistung oder Hinterlegung auch von den Regreßpflichtigen gefordert werden. — In Portugal (Art 484) ist das Verfahren nicht auf Kraftloserklärung, sondern auf Wiederherstellung des abhanden gekommenen Wechsels gerichtet, und zwar im Wege einer gegen die sämtlichen Wechselverpflichteten zu richtenden Klage auf Ausstellung eines neuen Titels, widrigenfalls das ergehende Urteil als solcher zu dienen hat. Jedoch kann auf Grund des neuen Titels Zahlung nur gegen Sicherheitsleistung verlangt werden, die fünf Jahre nach der Bestellung frei wird, falls nicht innerhalb dieser Zeit eine Klage auf Rückgabe der geleisteten Zahlung gegen den Besteller erhoben oder eine solche Klage abgewiesen ist. — In Rußland hatte das frühere Gesetz (§§ 78—81, 125) an Stelle des Aufgebotsverfahrens, das wegen der geringen Verbreitung der Presse in Rußland als nicht praktisch angesehen wurde (Klibanski Vorbem vor § 78), ein vom Gericht zu erlassendes Zahlungsverbot (Zahlungssperre) vorgesehen, durch das dem Aussteller des eigenen bzw. dem Akzeptanten oder Bezogenen des gezogenen Wechsels für die Dauer eines Jahres verboten wurde, Zahlung aus dem Wechsel zu leisten; meldete sich während der Dauer der Sperre der Inhaber des Wechsels, so setzte das Gericht demjenigen, der den Verlust angemeldet hatte, eine Frist zur Klageerhebung, nach deren fruchtlosem Ablaufe die Zahlungssperre schon vor Ablauf des Jahres aufgehoben wurde; die Wechselverpflichteten waren nach Anordnung der Sperre befugt, die aus dem Wechsel schuldige Summe zu hinterlegen. Unabhängig von dem Antrage auf Sperre, also ohne einen solchen zu stellen, konnte der Verlierer aber auch beantragen, daß ihm zuerkannt werde, die Zahlung aus dem Wechsel zu empfangen, und das Gericht konnte ihm diese Befugnis zuerkennen gegen eine Sicherheitsleistung, die der Aufhebung unterlag, wenn innerhalb 5 Jahren von der Fälligkeit ab von einem Inhaber des Wechsels keine Forderung auf dessen Bezahlung erhoben wurde. Das neue russische Wechselgesetz enthält überhaupt keine Bestimmungen über ein Verfahren bei Abhandenkommen von Wechseln.

Anm. 2. b) Im Gebiete des französischen Wechselrechts besteht kein Aufgebotsverfahren zum Zwecke der Kraftloserklärung abhanden gekommener Wechsel. Der Verlierer kann zunächst, um die Zahlung an einen unberechtigten Inhaber vorläufig zu verhindern, gegen die Zahlung bei dem Bezogenen oder Akzeptanten Opposition einlegen (Art 149). Er kann ferner die Zahlung des Wechsels auf ein anderes Exemplar — eine Sekunda, Tertia, Quarta usw. — betreiben, jedoch, wenn das verloren gegangene Exemplar akzeptiert war, nur auf Grund einer Ordonnanz des Richters und gegen Kaution (Artt 150, 151 C. de comm.). Streitig ist, ob der Akzeptant, der auf eine solche Verfügung hin gegen Kaution zahlt, dadurch befreit wird oder nochmals zahlen muß, wenn der legitimierte Inhaber des akzeptierten Exemplars sich meldet; ob mit anderen Worten die Kaution zur Sicherung des Akzeptanten oder des Inhabers des akzeptierten Exemplars bestellt wird. Für die Befreiung aus praktischen Gründen Thaller 1523; dagegen nach Lage des Gesetzes, obwohl „mit Bedauern" Lyon-Caën et Ren. Nr. 324. Ist der Verlierer nicht im Besitze eines weiteren Exemplars, weil entweder nur eines ausgestellt war oder alle verloren gegangen sind, so kann er sich ein Duplikat auf dem Wege des Art 154 zu verschaffen suchen; vgl. über diesen Weg den Anhang I zum Unterabschnitt X Anm 3. Es ist bestritten, ob auf Grund eines auf diese Weise nachträglich erlangten Duplikats, wenn das verlorene Exemplar nicht akzeptiert war, Zahlung ohne richterliche Ordonnanz und ohne Kaution verlangt werden kann; verneinend Lyon-Caën et Ren. Nr. 328, unbestimmt Thaller Nr. 1525. Kann der Verlierer ein Duplikat nicht vorlegen, so kann er durch Ordonnanz des Richters den Anspruch auf Zahlung des verlorenen Wechsels erlangen, wenn er durch seine Bücher (bei Nichtkaufleuten werden auch andere Beweise zugelassen, Thaller Nr. 1524) sich über sein Eigentum an dem Wechsel ausweist und Kaution stellt (Art 152). Auch die Rechte gegen die Regreßpflichtigen kann der Eigentümer des abhanden gekommenen Wechsels sich bewahren im Wege einer Protestation (nicht erforderlich ist ein förmlicher Protest), die am Tage nach der Fälligkeit erhoben werden und dem Aussteller und den Indossanten in der für die Notifizierung von Protesten (vgl. Anhang I zu Unterabschnitt VIII Anm 11a) vorgeschriebenen Form notifiziert werden muß (Art 153). Die auf Grund der Artt 151, 152 geleisteten Sicherheiten werden nach drei Jahren frei, falls während dieser Zeit weder Ansprüche erhoben noch gerichtliche Maßnahmen erfolgt sind (Art 155).

Das belgische Gesetz vom 20. 5. 1872 (Artt 41—45) enthält die gleichen Vorschriften wie der französische C. de comm., mit den Abweichungen daß: a) der nach Art 152 des französischen Gesetzes zu führende Beweis auch von einem Verlierer, der Kaufmann ist, durch alle Beweismittel geführt werden kann (Art 42) und b) die Protestation gemäß Art 153 noch am zweiten Tage nach der Fälligkeit erfolgen kann. Die Vorschriften des französischen Gesetzes gelten in der Hauptsache auch in Luxemburg (Artt 149, 150), Griechenland (149, 155), Ägypten (C. ind. 148, 154, C. m. 155, 161). Nach dem Gesetze der Niederlande (Artt 163, 203) kann der Verlierer, wenn er sein Recht an dem verlorenen Wechsel beweist und einen Bürgen bestellt, sowohl vom Akzeptanten, wie auch, sofern die sonstigen Voraussetzungen des Regresses erfüllt sind, von dem Aussteller Zahlung verlangen; wenn der Wechsel nicht akzeptiert war, auch auf Grund eines zu beschaffenden Duplikates; auch kann er Opposition einlegen.

c) Nach dem englischen Gesetze (BEA 69) kann, wenn der Wechsel vor Verfall verloren gegangen ist, der Verlierer gegen Sicherheitsleistung Ausstellung eines Wechsels gleichen Inhalts von dem Aussteller verlangen; ferner (BEA 70) kann in Wechselsachen das Gericht anordnen, daß der Verlust der Urkunde das Verfahren nicht aufhalten soll, wenn eine genügend erscheinende Sicherheit geleistet wird. Das NIL enthält diese Vorschriften nicht. Im übrigen ist in beiden Gesetzen (BEA 51^{8}, NIL 268) bestimmt, daß, wenn der Wechsel verloren oder zerstört ist, der Protest auf Grund einer Abschrift oder auf Grund schriftlicher Aufzeichnungen über den wesentlichen Inhalt des Wechsels erhoben werden kann. Weitere gesetzliche Vorschriften über die Folgen des Abhandenkommens von Wechseln finden sich in den beiden angelsächsischen Rechten nicht. Auf Grund des Law Merchant wird jedoch angenommen, daß der Eigentümer, der eine negotiable Urkunde, also insbesondere einen Wechsel, verloren und die Haftpflicht der Parteien durch ordnungsmäßige Klage, Protest und Notifizierung, wo solche erforderlich, festgelegt hat („has fixed"), gegen diese Parteien Zahlung im Rechtswege erzwingen kann, wenn er Sicherheit leistet (Daniel II §§ 1475ff.). Bestritten ist, ob das auch gilt, wenn die Urkunde erst nach Verfall verloren gegangen ist (a. a. O. § 1477) und, namentlich in England, ob die Klage auch vor den ordentlichen Gerichten (courts of law) oder nur vor einem Billigkeitsgerichtshofe (court of equity) erhoben werden kann (a. a. O. § 1475). **Anm. 3.**

d) Das neue tschechoslowakische Wechselgesetz regelt in den §§ 73—75 die Amortisation „abhanden gekommener und vernichteter" Wechsel in der Hauptsache entsprechend den deutschen Gesetzen. Abweichend vom deutschen Recht, hat das Aufgebotsgericht zugleich mit der Aufforderung zur Vorlegung des Wechsels und zur Anmeldung der Ansprüche des Wechselinhabers, wofür eine Frist von 45 Tagen zu bestimmen ist, ein Zahlungsverbot an den Akzeptanten zu erlassen (§ 73 Abs 2); über den Lauf und die Berechnung der Frist ist in § 73 Abs 3 Bestimmung getroffen. Der § 74, der über die Zahlungspflicht des Akzeptanten während der Dauer des Verfahrens bestimmt, entspricht dem Art 73 Satz 2, 3 DWO. § 75 trifft Bestimmung über die Folgen die im Falle der Vorlegung oder Nichtvorlegung des Wechsels innerhalb der Frist eintreten; im ersteren Falle ist das Zahlungsverbot aufzuheben und der Gesuchsteller, der das Verfahren beantragt hat, auf den Rechtsweg zu verweisen; im letzteren Falle ist „auf neuerliches Ansuchen" der Wechsel für amortisiert zu erklären (Abs 1, 2). Ein Aufgebotstermin findet also nicht statt. Die Entscheidung hat den Charakter eines Beschlusses; über dessen Wirkung ist in Abs 3 des § 74 bestimmt, daß auf Grund desselben, nachdem er rechtskräftig geworden, die Bezahlung des Wechsels von dem Akzeptanten verlangt werden kann; eine Inanspruchnahme der Regreßpflichtigen ist also ausgeschlossen, was der von mir für das geltende deutsche Recht vertretenen Auffassung, der die Rechtsprechung des Reichsgerichts entgegensteht (vgl. zu Art 73 DWO unter Anm 15), entspricht und, wie dort schon hervorgehoben, mit der Billigkeit am meisten übereinstimmen dürfte. **Anm. 4.**

e) Die neuen Wechselrechte von Jugoslawien und Polen haben mit Rücksicht darauf, daß **Anm. 5.**

die ihnen sonst als Vorbild dienende Haager EWO und das Abkommen über diese die Regelung der Folgen des Wechselverlustes den einzelnen Vertragsstaaten auch für die Zukunft überlassen haben (vgl. den Anhang II zu diesem Unterabschnitte Anm 10), die Kraftloserklärung von Wechseln selbständig geregelt (§§ 90—93 des jugoslawischen, Artt 94—98 des polnischen Gesetzes), und zwar in der Hauptsache übereinstimmend und in Anlehnung an das deutsche Recht. Danach findet ein dem deutschen Rechte entsprechendes Aufgebotsverfahren, mit einer Aufgebotsfrist von 60 Tagen, aber ohne Aufgebotstermin statt; falls innerhalb der Frist sich niemand mit dem Wechsel meldet, ist die Entscheidung zu erlassen, daß der Wechsel für kraftlos erklärt wird; meldet sich innerhalb der Frist (Jugoslawien § 93) bzw. vor Erlaß der Entscheidung (Polen Art 94 Abs 6) der Inhaber mit dem Wechsel, so wird nach Vorlegung des Wechsels an den Antragsteller und Anhörung der Beteiligten das Verfahren eingestellt. Von der Einleitung, wie von dem Ausgange des Verfahrens sind die Beteiligten, nämlich alle nach den Angaben des Antragstellers im Wechsel genannten Personen (Wechselschuldner) zu benachrichtigen; Jugoslawien § 90 Abs 6, § 92 Satz 2, Polen Art 94 Abs 7. Während der Dauer des Verfahrens kann der Antragsteller von dem Akzeptanten nach dem jugoslawischen Gesetze (§ 91 Abs 2) Hinterlegung, nach dem polnischen Gesetze (Art 96) Hinterlegung oder Zahlung gegen Sicherstellung, und zwar (abweichend vom deutschen Rechte) nach Wahl des Schuldners verlangen. Zur Erhaltung des Rückgriffsrechts gegen den Aussteller eines nicht angenommenen Wechsels, der abhanden gekommen ist, hat nach dem jugoslawischen Gesetze (§ 91 Abs 1) der Antragsteller innerhalb der für die Erhebung des Protestes mangels Annahme oder (wenn der Aussteller die Vorlage des Wechsels zur Annahme verboten hat) mangels Zahlung festgesetzten Frist an dem dafür bestimmten Orte Protest (also förmlichen Protest, nicht die im französischen Rechte, vgl. oben Anm 2, erwähnte „Protestation") zu erheben, wobei statt des Wechsels dessen wesentlicher Inhalt „vorzulegen" ist. Ist das geschehen, so kann er während des Verfahrens auch von dem Aussteller Hinterlegung des Wechselbetrags verlangen (§ 91 Abs 2). Auf Grund des den Wechsel für kraftlos erklärenden „Erkenntnisses" kann der Antragsteller gegen den Akzeptanten und, falls die Rechte gegen den Aussteller durch den in § 91 Abs 2 dafür erforderten Protest gewahrt sind, auch gegen diesen die Rechte aus dem Wechsel „wie aus der nicht kraftlos erklärten Urschrift" geltend machen; jedoch ist demjenigen, von dem er Zahlung verlangt, noch der Nachweis vorbehalten, daß der Antragsteller das Kraftlosigkeitserkenntnis unrechtmäßig erlangt habe (§ 92 Abs 3). Gegen andere Regreßpflichtige können Ansprüche auf Grund des Kraftlosigkeitserkenntnisses nicht geltend gemacht werden. Auf Grund des Wechsels selbst können nach seiner Kraftloserklärung keinerlei Rechte mehr geltend gemacht werden (§ 92 Abs 2). — Nach dem polnischen Gesetze kann bereits im Laufe des Verfahrens der Regreß gegenüber dem Aussteller und den Indossanten geltend gemacht werden, wenn der Akzeptant und mangels Annahme der Bezogene trotz Aufforderung nicht hinterlegt oder gegen Sicherheitsleistung zahlt (Art 97); auf Grund der Entscheidung, die den Wechsel für kraftlos erklärt, können alle Rechte aus dem Wechsel, also auch die Ansprüche gegen die Regreßverpflichteten, geltend gemacht werden (Art 98).

2. Herausgabeanspruch (DWO Art 74).

Anm. 6. Eine besondere Vorschrift über die Vindikation des Wechsels durch den Eigentümer aus der Hand des formell legitimierten Besitzers, entsprechend dem Art 74, enthalten von den Gesetzen der deutsch-rechtlichen Gruppe die Schweiz (Art 790), Ungarn (§ 80), Skandinavien § 76, Italien Art 332, Rumänien 357, Japan 441. In dem Gesetze der Schweiz wird besonders hervorgehoben, daß als Gegenstand des Anspruchs an die Stelle des Wechsels der dem bösgläubigen oder grobfahrlässigen Erwerber durch seine Einkassierung oder Weiterbegebung zugeflossene Geldbetrag tritt.

Anm. 7. Nach französischem Rechte (Art 2279 C. civ.) gilt bei beweglichen Sachen der Besitz als Titel; eine Vindikation von solchen kann sonach regelmäßig nicht stattfinden; eine Ausnahme macht das Gesetz (Art 2280) nur für verlorene oder gestohlene Sachen; diese können während dreier Jahre, vom Tage des Verlustes oder Diebstahls an gerechnet, von demjenigen zurückgefordert werden, in dessen Händen sie sich befinden; doch kann der Besitzer die Erstattung des Preises verlangen, wenn er sie auf einer Messe, einem Markte oder von einem Kaufmanne, der mit dergleichen Sachen handelt, gekauft hat. Namur (Nr. 616) erklärt die Artt 2279, 2280 auch auf Wechsel anwendbar (vgl. Goldschmidt ZfHR 9, S. 80). Dagegen sind Lyon-Caën et Ren. (Nr. 321 bei Note 5) und Thaller (Nr. 1479 Abs 2) darüber einig, daß Art 2279 auf Orderpapiere, also auch auf Wechsel in ihrer regelmäßigen Form (noch weniger natürlich auf Wechsel, die nicht an Order gestellt sind, Rektawechsel) keine Anwendung finden kann; beide unter Bezugnahme auf ein Erkenntnis des Gerichtshofes von Paris vom 25. 11. 1886, Dalloz 1887, 1, 110. Während aber Thaller daraus den Schluß zieht, daß die Vindikation von Wechseln unbeschränkt auch gegen den gutgläubigen Erwerber zulässig sei, sind Lyon-Caën et Ren. der Meinung, daß, wie im deutschen Rechte, der Wechsel dem tatsächlichen Inhaber nur evinziert werden könne, wenn dieser in bösem Glauben sei oder bei dem Erwerbe einen groben Fehler begangen habe; das Prinzip, daß niemand mehr Rechte übertragen könne, als er selbst habe, könne bei Orderpapieren keine Anwendung finden.

Anm. 8. Im angelsächsischen Rechte (BEA 21²; NIL 35) wird, wenn sich der Wechsel in der Hand eines legitimierten Inhabers (holder in due course) befindet, auf Grund einer unwiderlegbaren

Vermutung angenommen, daß eine gültige Bezahlung des Wechsels von seiten aller Vormänner des Inhabers stattgefunden hat, und zwar mit der Wirkung, daß diese ihm haften. Als holder in due course gilt (BEA 29[1], NIL 91) derjenige, der den Wechsel vor Verfall und ohne Kenntnis von einer etwaigen Dishonorierung, sowie in gutem Glauben und gegen Entgelt („for value") genommen hat und zur Zeit der Begebung des Wechsels an ihn keine Kenntnis von einem Mangel in dem Rechte der übertragenden Person gehabt hat. Eine Herausgabe des Wechsels kann sonach nur von demjenigen Besitzer verlangt werden, der nicht holder in due course in diesem Sinne geworden ist. Jeder Inhaber gilt bis zum Beweise des Gegenteils als holder in due course (BEA 30; NIL 98). Grobe Fahrlässigkeit genügt nicht zur Begründung des Herausgabeanspruchs. Diese wechselrechtlichen Vorschriften stellen eine Ausnahme der von dem Grundsatze des angelsächsischen gemeinen Rechts, daß der Eigentümer seine Sache gegen jeden Besitzer, der den Besitz nicht von ihm selbst ableitet, verfolgen darf. Vgl. Goldschmidt in ZfHR 8, 293ff.

Das neue tschechoslowakische Wechselgesetz bringt in § 76 eine im übrigen dem Art 74 DWO gleichlautende Vorschrift mit der Maßgabe, daß neben dem „nach den Bestimmungen des § 32" (durch Indossamente) legitimierten Inhaber auch der Remittent ausdrücklich genannt ist. **Anm. 9.**

Die neuen Wechselrechte von Polen und Jugoslawien enthalten, wie die von ihnen zum Vorbilde genommene Haager EWO (vgl. Anhang II Anm 11), keine besonderen Vorschriften über den Anspruch auf Herausgabe eines Wechsels; es kommen daher dort die Vorschriften des allgemeinen bürgerlichen Rechts über den Eigentumsanspruch zur Anwendung.

II. Künftiges einheitliches Wechselrecht.

1. Kraftloserklärung (DWO Art 73).

Die Haager EWO und das Genfer EWG enthalten selbst keinerlei Vorschriften über die Folgen des Abhandenkommens von Wechseln. In Art 15 Abs 1 des Haager Abkommens über die Vereinheitlichung des Wechselrechts ist vielmehr jedem Vertragsstaate das Recht vorbehalten, für den Fall eines auf seinem Gebiete zahlbaren Wechselbriefes die Folgen des Verlustes dieses Briefes zu regeln, insbesondere hinsichtlich der Ausstellung (émission) eines neuen Briefes, des Rechts, die Zahlung zu erhalten oder ein Verfahren der Nichtigkeitserklärung (procédure d'annulation) eröffnen zu lassen. Die anderen Staaten sollen die Befugnis haben, die Bedingungen zu bestimmen, unter welchen sie die in Gemäßheit des Absatzes 1 erlassenen gerichtlichen Entscheidungen anerkennen wollen. In den durch das Genfer Abkommen (Annexe II) für die einzelnen Staaten vorbehaltenen „Reserven" ist ein besonderer Vorbehalt für diesen Fall nicht gemacht; es ist aber von der Redaktionskommission der Genfer Konferenz (Nr. 182) das Einverständnis darüber festgestellt worden, daß in betreff der Punkte, über welche das EWG keine zusammenfassende Regelung (réglementation d'ensemble) enthält, jede vertragschließende Partei die Freiheit behält, solche gesetzgeberischen Vorschriften, die sie für angemessen hält, zu erlassen; und als Beispiel sind, neben dem, was die Form des Protestes betrifft, die Maßnahmen genannt, die im Falle der Vernichtung, des Verlustes oder Diebstahls des Wechselbriefs zu ergreifen sind (Compte rendu S. 154). **Anm. 10.**

2. Herausgabeanspruch (DWO Art 74).

Über den Herausgabeanspruch gegen den formell legitimierten Besitzer des Wechsels treffen die Entwürfe zu einem einheitlichen Wechselrechte keine Bestimmungen. Es wird deshalb auch in Zukunft für diese Materie bei dem Rechte der einzelnen Staaten, und zwar in erster Linie bei dem in ihnen für Wechsel geltenden Sonderrechte, wo solches nicht besteht, bei den sachenrechtlichen Vorschriften ihres allgemeinen bürgerlichen Rechts verbleiben. **Anm. 11.**

XII. Falsche Wechsel.

Vorbemerkung.

Die Vorschriften des Unterabschnittes XII behandeln in den Artikeln 75 und 76 die **„falschen Wechsel"**, d. h. solche Wechsel, auf denen die Namensschriften einer oder mehrerer von den danach als Wechselverpflichtete erscheinenden Personen falsch oder verfälscht sind. Dabei geht das Gesetz davon, daß solche Namensschriften für diese Personen selbst keine Wechselverpflichtungen erzeugen können, als selbstverständlich aus und regelt deshalb nur die Folgen des Vorhandenseins derartiger Namensschriften für die Wechselverpflichtungen anderer Personen, deren Namensschriften auf dem Wechsel echt sind. Und zwar behandelt Art 75 die Folgen des Falschseins der Unterschrift des Ausstellers, während Art 76 die Folgen des Falschseins eines Akzeptes oder von Indossamenten behandelt. Inhaltlich stellen sich die Vorschriften dar als Folgerungen aus dem schon in Art 3 (vgl. zu diesem Art Anm 1) zum Ausdrucke gekommenen Grundsatze der Selbständigkeit jeder einzelnen Wechselverpflichtung und der Unabhängigkeit der wechselrechtlichen Wirkung der einen von der der anderen. Sie sind aber ferner auch zu erklären aus dem Grundsatze der WO, daß die in Art 4 aufgestellten wesentlichen Erfordernisse des Wechsels, insbesondere auch die Unterschrift des Ausstellers (Art 4 Nr. 8), lediglich formale Bedeutung haben und nur der äußeren Form nach erfüllt sein müssen (vgl. zu Art 4 Anm 1 a) und daß das gleiche auch für die in Art 36 vorgeschriebene Legitimation des Wechselinhabers durch eine zusammenhängende Kette von Indossamenten zu gelten hat (vgl. zu Art 36 Anm 6). Über die Folgen, welche dadurch eintreten, daß der sonstige Wechselinhalt verfälscht ist, treffen die Artikel 75, 76 DWO nicht, wie manche ausländische Wechselrechte (vgl. Anhang I zu diesem Unterabschnitte) ausdrückliche Vorschriften; die für diesen Fall eintretende Rechtslage ist aber unten in Anm 7 f. dargelegt.

Artikel 75.

Auch wenn die Unterschrift des Ausstellers eines Wechsels falsch oder verfälscht ist, behalten dennoch das echte Akzept und die echten Indossamente die wechselmäßige Wirkung.

Artikel 76.

Aus einem mit einem falschen oder verfälschten Akzept oder Indossamente versehenen Wechsel bleiben sämtliche Indossanten und der Aussteller, deren Unterschriften echt sind, wechselmäßig verpflichtet.

1. Falsche und verfälschte Namensschriften.

Anm. 1. a) Das Gesetz spricht in Art 75 von der Falschheit oder dem Verfälschtsein der **Unterschrift des Ausstellers** d. h. der nach Art 4 Nr. 8 erforderlichen Namensschrift des Ausstellers, die am Schlusse des Textes des Grundwechsels stehen muß und deren Stellung als Unterschrift somit ein wesentliches Erfordernis des vollständigen Wechsels, aus dem erst Wechselverpflichtungen entstehen (vgl. zu Art 4 Anm 33 ff.), bildet; in Art 76 von der Falschheit oder dem Verfälschtsein **des Akzepts oder von Indossamenten**, d. h. der Namensschriften in diesen Wechselerklärungen, die sowohl Unterschrift wie auch für sich alleinstehende Namensschrift (vgl. Art 21 Abs 3, Art 12) sein können. Falsch ist eine Namensschrift, wenn sie rechtswidrig von einer Person mit einem ihr nicht zukommenden Namen, der auf eine andere Person hinweist, gefertigt worden ist; verfälscht ist eine echte, d. h. von der Person, auf die der Name hinweist und die als seine Trägerin in Anspruch genommen wird, gefertigte Namensschrift, in der rechtswidrig nachträglich Änderungen vorgenommen sind, die sie nunmehr als Namensschrift einer anderen Person erscheinen lassen, z. B. durch Hinzufügung eines falschen Vornamens oder durch Hinzufügung von Worten wie „und Kompagnie", „Nachfolger", „Söhne" und dergl.; oder auch bei einer von einer Person lediglich mit ihrem eigenen Namen abgegebenen Namensschrift die Hinzufügung eines auf ein Vertretungsverhältnis für eine andere Person deutenden Zusatzes. Auch eine durch den ursprünglichen Namenszeichner selbst vorgenommene derartige Änderung kann, wenn er den Wechsel bereits aus der Hand gegeben hatte, rechtswidrig sein und deshalb eine Verfälschung darstellen. Keine Fälschung liegt vor, wenn ein anderer mit Zustimmung desjenigen, der diesen Namen führt, die Namensschrift gefertigt hat; der Zustimmende ist hier in der gleichen Weise verpflichtet, wie wenn er die Namensschrift eigenhändig geleistet hätte. Gleiches muß gelten, wenn der angebliche Zeichner eine ohne Auftrag für ihn mit seinem Namen durch einen anderen geleistete Namensschrift nachträglich genehmigt hat; vgl. zu Art 95 Anm 1.

Anm. 2. Streitig aber ist, ob eine solche nachträgliche Genehmigung nur wirksam ist, wenn der Namenszeichner im Interesse des Namensträgers als dessen Geschäftsführer ohne Auftrag gehandelt hat (§§ 677 ff. BGB), oder auch, wenn er in rechtswidriger Absicht zu eigenem Interesse gehandelt hat, also eine eigentliche Fälschung vorlag. Die herrschende Meinung verneint in letzterem Falle die Genehmigungsmöglichkeit; so ROHG 21, 165; RG bei Holdheim 1903, 126 und JW 1904, 497; Grünhut 1, 316; Bernstein S. 281; Meyer Wwrecht 1, 50; StStranz zu Art 76 Anm 6. Dieser Auffassung ist Mansfeld (LZ 1914, 801 ff.) entgegengetreten unter Bezugnahme auf den in der Plenarentscheidung RGZ 74, 69 (vgl. zu Art 8 Anm 4) anerkannten Rechtssatz, daß die Unterschrift eines Vertreters rechtswirksam auch mit dem Namen des Vertretenen, ohne Beifügung eines Vermerks über die Vertretung, erfolgen kann, woraus er schließt, daß auch der Fälscher in dieser Weise als Vertreter ohne Vertretungsmacht handle und sein Handeln für den Namensträger verbindlich werde, wenn dieser die Vertretung nachträglich genehmige (§ 177 BGB), wobei davon ausgegangen wird, daß es sich bei Eingehung einer wechselrechtlichen Verpflichtung nicht um ein einseitiges Rechtsgeschäft (§ 180 BGB), sondern um einen Vertragsabschluß handle, was das RG freilich hinsichtlich des Akzeptes in Befolgung der Kreationstheorie verneint hat, vgl. Vorbem vor Art 4 Anm 8. Durch diese Konstruktion würde der Grundsatz, daß etwas, was von vornherein nichtig ist, nicht geheilt werden kann, als Hindernis für die Wirksamkeit der Genehmigung ausgeschaltet werden. Indessen dieser Auffassung dürfte doch entgegenstehen, daß der Begriff der Vertretung ein Handeln in fremdem Namen, d. h. mit dem dem anderen Teile erkennbar gemachten Willen, für einen anderen zu handeln, erfordert; vgl. RGRKomm zu § 164 Anm 3; Planck BGB zu § 164 Anm 1 a, daß aber dieses Erfordernis bei einem

Handeln unter fremdem Namen, d. h. in der Weise, daß sich der Handelnde als Träger eines in Wirklichkeit ihm fremden Namens ausgibt, wie es der Fälscher tut, gerade fehlt und daß die Plenarentscheidung, auf welche Mansfeld sich beruft, nur die Frage betrifft, ob durch die in solcher Weise erfolgende Unterschrift die Schriftlichkeit, die in § 126 BGB erfordert wird, hergestellt werden kann, nicht aber die Voraussetzungen für das Handeln in fremdem Namen zum Gegenstande hat (RGZ 95, 188 ff.). Vgl. über die gleiche Streitfrage im englisch-amerikanischen Rechte den Anhang I zu diesem Unterabschnitte Anm 3 Abs 2. Läßt sich sonach die Annahme einer wechselrechtlichen Verpflichtung des Namensträgers, dessen Name in rechtswidriger Weise fälschlich gebraucht ist, durch nachträgliche Genehmigung nicht rechtfertigen, so kann doch daraus, daß der Namensträger die Unterschrift als die seinige anerkennt, unter Umständen eine zivilrechtliche Verbindlichkeit für ihn entstehen, sei es aus dem Gesichtspunkte des Garantieversprechens (RGZ 82, 339) oder der unerlaubten Handlung (§ 826 BGB), und diese Verbindlichkeit kann von dem Wechselgläubiger, dem gegenüber die Genehmigung erklärt ist, im Wege der Replik gegen eine aus der Fälschung entnommene Einwendung dessen, der die Genehmigung erteilt hat, geltend gemacht werden.

In welcher Weise der Fälscher haftet, bestimmt sich gleichfalls nach dem allgemeinen bürgerlichen Rechte (§ 826 BGB); eine wechselmäßige Haftung läßt sich für ihn nicht begründen; auch wohl nicht durch entsprechende Anwendung des Art 95 WO (vgl. Adler, Das österr. WRecht S. 43; anscheinend zustimmend Meyer Wwrecht I S. 50), da für die Begründung formalrechtlicher Wechselverpflichtungen die Anwendung der Analogie aus einer für einen ganz bestimmten Einzelfall gegebenen Vorschrift im Sinne der WO bedenklich ist. **Anm. 3.**

b) Der Rechtsgrundsatz der **Selbständigkeit der einzelnen Wechselverpflichtungen** (vgl. die Vorbemerkung) ist in Art 75 für den Fall der Unechtheit der Unterschrift des Ausstellers, durch die der Grundwechsel hergestellt wird, im Verhältnis zu echten Akzepten und Indossamenten; in Art 76 für den Fall der Unechtheit des Akzepts oder von Indossamenten im Verhältnis zu echten Indossamenten und zu einer echten Ausstellerunterschrift ausgesprochen. Daß die Unechtheit der Namensschrift eines Avalisten die wechselrechtliche Wirksamkeit anderer echter Wechselerklärungen nicht berühren kann, durfte das Gesetz als selbstverständlich ansehen. Es trifft aber auch darüber keine ausdrückliche Vorschrift, inwieweit eine echte Aval-Namensschrift durch die Unechtheit anderer Namensschriften berührt wird. Aus der selbständigen Natur der Avalverpflichtung (vgl. zu Art 81 Anm 1 ff.) ergibt sich aber, daß die echte Avalschrift auch verpflichtet, wenn die Wechselerklärung, für welche das Aval übernommen wird, unecht ist. **Anm. 4.**

c) Die **wechselrechtliche Verpflichtung aus den echten Namensschriften** tritt in der gleichen Weise ein, wie wenn auch die unechten echt wären. Der Inhaber des Wechsels kann sich deshalb gegenüber dem Akzeptanten, wie auch gegenüber den Indossanten, deren Namensschrift echt ist, zu seiner Legitimation auch auf die unechten Indossamente berufen, ohne daß der in Anspruch genommene Indossant einwenden könnte, daß ihm die Möglichkeit fehle, gegen die angeblichen Indossanten der unechten Indossamente Regreß zu nehmen, auch wenn ihm dadurch eine Regreßnahme überhaupt abgeschnitten ist. Auch bei Wechseln, die fingierte Namensschriften tragen (sog. Kellerwechseln), greift die wechselrechtliche Verpflichtung aus den echten Namensschriften Platz, was bei den Beratungen der Leipziger Konferenz (Prot. L. S. 141, Thöl 151), nicht ohne Widerspruch einer Minderheit, für unbedenklich erklärt wurde, eine Stellungnahme, die von Bernstein (S. 282) wohl mit Unrecht als „merkwürdig" bezeichnet wird, da sie durchaus in der Linie der durch die Artikel 75, 76 bezweckten Sicherung des Wechselverkehrs liegt. **Anm. 5.**

Ist das Akzept falsch, so kann der Wechsel dem Bezogenen zur wirklichen Annahme vorgelegt und, wenn diese nicht erfolgt, mangels Annahme Protest erhoben und Regreß auf Sicherstellung genommen werden. Ein Nach-Sicht-Wechsel, der ein falsches Akzept trägt, muß dessenungeachtet gemäß Art 19 innerhalb der vorgeschriebenen Frist dem Bezogenen zur wirklichen Annahme vorgelegt werden, bei Verlust der Regreßansprüche gegen die Indossanten und den Aussteller, der auch eintritt, wenn der Inhaber keine Kenntnis davon hatte, daß das Akzept nicht echt war. Aus einem Wechsel an eigene Order haftet der Aussteller, dessen Ausstellerunterschrift echt ist, als solcher dem gutgläubigen Inhaber auch dann, wenn sein Indossament gefälscht ist; so zutreffend Bernstein zu Art 76 gegen OTr bei Striethorst 57, 258; ebenso ein späteres Urteil des OTr (zitiert von Bernstein a. a. O. als bei Löhr 4, 121 ff.) und Meyer Wwrecht S. 48. **Anm. 6.**

2. Verfälschungen des sonstigen Wechselinhalts.

a) Darüber, welche Wirkungen **Veränderungen des sonstigen Wechselinhalts**, abgesehen von den Unterschriften, die nach erfolgter Herstellung des Wechsels rechtswidrig vorgenommen werden und daher Verfälschungen darstellen, auf die Wirksamkeit der Verpflichtungen der Wechselverpflichteten haben, enthält die WO keine besonderen Vorschriften. Aus allgemeinen Rechtsgrundsätzen und aus dem oben (Vorbem.) erörterten Grundsatze der Unabhängigkeit jeder einzelnen wechselrechtlichen Verpflichtung von den übrigen folgt, daß grundsätzlich die Verpflichtung jedes einzelnen Wechselverpflichteten begrenzt wird durch den Inhalt, den der Wechsel zu der Zeit hatte, als er seinen Namen als Aussteller, Indossant, Akzeptant oder Avalist darauf setzte. Eine Garantieübernahme dafür, daß der Wechsel unverfälscht in die Hände Dritter ge- **Anm. 7.**

lange, ist in Ermangelung positiver Vorschriften in der Ausstellung oder Indossierung einer solchen Urkunde, obwohl sie zum Verkehr bestimmt ist, nicht zu finden. Nachträglich ohne Zustimmung des Zeichners vorgenommene Veränderungen des Wechselinhalts, welche die Verpflichtungen aus dem Wechsel zum Nachteil des Verpflichteten erweitern oder abändern, begründen sonach Einwendungen, die die Gültigkeit der Erklärung auf dem Wechsel betreffen, und deshalb gemäß Art 82 WO gegenüber jedem, auch dem gutgläubigen Wechselinhaber, geltend gemacht werden können; die exceptio falsi ist eine exceptio in rem, RGZ 8, 42. In RGZ 126, 223 ist aber ausgesprochen, daß derjenige, der mit der Möglichkeit, daß der Wechsel verfälscht werden würde und daß Dritte, an die er gelange, dadurch zu Schaden kommen können, gerechnet und trotzdem den Wechsel mit seinem Namen (als Avalist des Akzeptanten, der später die Fälschungen beging) gezeichnet habe, sich von dem gutgläubigen Erwerber den Einwand des Handelns wider die guten Sitten (§ 826 BGB) entgegenhalten lassen müsse, wenn er sich auf die nachträgliche Verfälschung berufe; er müsse sich deshalb so behandeln lassen, als wenn er der (künftigen) Verfälschung zugestimmt hätte. Diese Entscheidung wird im Ergebnisse besonders aus dem Gesichtspunkte zu billigen sein, daß es sich in dem dortigen Falle um nachträgliche Einsetzung der noch nicht in Buchstaben ausgefüllten Wechselsumme gehandelt hat, also die Grundsätze von dem Blankettmmißbrauch (vgl. zu Art 82 Anm 25) Platz griffen. Keine Verfälschung ist nach diesen Grundsätzen die vertrags- oder sonst rechtswidrige Ausfüllung eines noch nicht in allen wesentlichen Teilen hergestellten und in solcher Gestalt begebenen Wechsels (Blanketts); aus ihr kann nur eine persönliche Einrede gegen den bösgläubigen Inhaber hergeleitet werden (RGZ 8, 43). Sobald aber aus dem Blankett der Wechsel hergestellt worden, ist jede Veränderung des fertigen Wechsels, durch welche die Verpflichtung der Unterzeichner berührt wird, eine Verfälschung, auch wenn sie von demjenigen vorgenommen wird, der zur Ausfüllung des Blanketts ermächtigt war (RGZ 8, 42; 53, 261; 70, 210). Keine Verfälschung ist die durch Art 55 WO dem Indossanten, der seine Nachmänner befriedigt hat, gestattete Durchstreichung seines eigenen und des Indossaments seiner Nachmänner. Im übrigen kann eine Verfälschung erfolgen sowohl mittels Durchstreichungen des vorhandenen Textes oder dessen Beseitigung durch Rasuren u. dgl., wie mittels Hinzufügung bis dahin nicht vorhandener Bestandteile unter Benutzung freigebliebener Zwischenräume; ein Rechtssatz, daß der Aussteller oder die sonstigen Unterzeichner des Wechsels verpflichtet wären, dafür Sorge zu tragen, daß leere Zwischenräume nicht verbleiben, und, falls sie das unterlassen, die Ausfüllung zu ihren Lasten gehe, ist nicht anzuerkennen (RGZ 8, 42). Stellt sich die auf eine dieser Arten veränderte Urkunde nicht mehr als ein formell gültiger Wechsel dar, weil ihr eines der in Art 4 WO aufgestellten wesentlichen Erfordernisse fehlt, so sind die bisher aus ihr entstandenen wechselrechtlichen Verbindlichkeiten, die in der Urkunde verkörpert waren, erloschen und neue können nicht mehr aus ihr entstehen. Stellt sich dagegen die veränderte Urkunde noch als ein formell gültiger Wechsel dar, so haften diejenigen, die nach der Veränderung ihren Namen daraufsetzen, nach Maßgabe des veränderten Inhaltes.

Anm. 8. Sehr streitig ist aber, wie es in diesem Falle mit der Fortdauer der vor der Veränderung begründeten Verbindlichkeiten nach Maßgabe des bisherigen Wechselinhaltes steht. Die Rechtsprechung des ROHG und in seiner überwiegenden Mehrheit das ältere Schrifttum stand auf dem Standpunkte, daß der Wechselverpflichtete, der vor irgendeiner Veränderung des Wechselinhaltes den Wechsel, sei es als Aussteller, Indossant oder Akzeptant, unterschrieben hatte, nachher überhaupt nicht mehr verpflichtet sei, weder nach dem früheren noch nach dem jetzigen Inhalte; denn der Wechsel, den er unterschrieben habe, bestehe nicht mehr, und eine Wechselverpflichtung, wie sie in dem neugestalteten Wechsel verbrieft werde, sei er nicht eingegangen; so ROHG 13, 155 für den Fall unbefugter Änderung des Ausstellungs- oder Fälligkeitsdatums, und zwar auch, wenn der Verfalltag hinausgeschoben, die Veränderung also zugunsten des Verpflichteten erfolgt ist. Den gleichen Standpunkt hat das ROHG auch eingenommen, wenn es sich um Veränderungen handelte, die in Hinzufügungen zu der in Worten oder Ziffern ausgedrückten Wechselsumme, unter Bestehenbleiben der Schriftzeichen der bisherigen Wechselsumme bestanden (ROHG 23, 340). Das ROHG führt in diesem Urteile aus, es mache keinen Unterschied, ob der Ausdruck „3000“ durchstrichen und mit 30 000 überschrieben oder ob unter „Konservierung“ der Ziffern und Buchstaben die Summe 3000 durch Dahinterschreiben einer Null in 30 000 verwandelt worden sei; in beiden Fällen sei „die Zahl und das Wort, also der Begriff 3000 aus der Obligation entfernt, zerstört“. Andererseits hat aber das ROHG (3, 51) das Bestehenbleiben der ursprünglichen Obligation angenommen in einem Falle, wo der Wechsel durch Beifügung einer Domizilierung seitens eines Unberechtigten geändert war; darin erblickt Lehmann WR S. 413 Anm 30 nicht mit Unrecht einen Mangel an Folgerichtigkeit. Auf dem Standpunkte des ROHG standen von dem älteren Schrifttum namentlich Wächter WR § 109 Anm 14, 19, 24; Grünhut WR I S. 430; Bernstein WO S. 67; Rehbein-Mansfeld zu Art 75/76 WO Anm 5 und auch in der neuesten Auflage noch StStranz zu Art 75/76 Anm 16, während Lehmann WR S. 413 Anm 31 und Dernburg II 2 § 276 Anm 12 für die Aufrechterhaltung der ursprünglichen Obligation in geeigneten Fällen eintraten. Das Reichsgericht hat zunächst (in RGZ 32, 36) den Satz aufgestellt, die Rücksicht auf die größtmögliche praktische Brauchbarkeit des Rechts und die Analogie der in den Artt 75, 76 WO enthaltenen Bestimmungen über falsche und verfälschte Wechselunterschriften müsse dahin führen und habe die herrschende Lehre dahin geführt, jeden einzelnen Unterzeichner einer Wechselerklärung nach Maßgabe desjenigen Inhaltes haften zu lassen, den der Wechsel zur Zeit der Abgabe seiner Unterschrift gehabt oder nachher zu seinem Nachteile mit seiner Zustimmung erhalten habe, und dieser allgemeine Grundsatz müsse (umsomehr) auch in dem Falle angewendet werden, wo die nachträgliche Veränderung des Wechsels nicht in der Abänderung eines wesentlichen Bestandteiles, sondern in der Hinzufügung des an sich beim Wechsel nicht wesentlichen Domizilvermerks bestanden habe. Eine Entscheidung darüber, ob und unter welchen Voraussetzungen die früheren Verpflichtungen im Falle einer solchen Veränderung aufrechterhalten bleiben, wenn sie ohne Zustimmung des vorher Verpflichteten erfolgt ist, enthält (wie in RGZ 54, 387 zutreffend hervorgehoben ist) dieses Urteil noch nicht. In dem Urt v. 8. 4. 1903 (RGZ 54, 386) hat aber dann der 1. ZS des RG diese Frage eingehend erörtert und ist dabei davon ausgegangen, daß in dem Begriffe der Verfälschung an sich nichts liege, was die Fortdauer der früheren Verpflichtungen hindere; das Entscheidende vielmehr nur in der Art zu finden sein werde, in welcher die Verfälschung ausgeführt sei und auf die Integrität des echten Wechselinhaltes eingewirkt habe; danach lasse sich auf die Frage der Fortdauer keine allgemeingültige Antwort geben, sondern diese müsse nach der Verschiedenheit der Fälle verschieden lauten. Da die Wechselverpflichtung nicht nur in ihrem Entstehen, sondern auch (abgesehen von dem Falle der Amortisation) in ihrer Fortdauer an die Verkörperung in dem Wechselpapiere geknüpft sei, so lasse sich nicht bestreiten, daß es Fälle von Verfälschungen des Wechselinhaltes geben könne, die mit der Zerstörung des ursprünglichen Inhaltes auch die diesem Inhalte entsprechende ursprüngliche Verpflichtung durchaus und endgültig aufheben, so z. B. wenn dieser Inhalt durch Radieren, Ab- und Ausschneiden beseitigt worden sei, so daß er vom Wechsel verschwunden sei und auch nicht mehr wiederhergestellt werden könne; deswegen würden regelmäßig mit dem Erlöschen der früheren Wechselverpflichtungen verbunden sein diejenigen Verfälschungen, welche in einer Änderung des Datums, des Zahlungsortes, eines Namens, wenn dieser wesentlich sei, und dergleichen bestehen (s. unten). Daneben kommen aber, wie das RG weiter ausführt, auch Fälle vor, wo die fälschende Veränderung den ursprünglichen Text nicht affiziere, sondern ihn dergestalt unberührt lasse, daß er neben der Veränderung in voller Integrität bestehen bleibe und nach Entfernung des fälschenden Zusatzes, sei es in Gedanken, sei es tatsächlich, auch in dieser seiner Integrität wieder erkennbar werde. Ein Grund, auch in solchen Fällen die ursprüngliche Verpflichtung infolge der Verfälschung erlöschen zu lassen, sei nicht vorhanden; weder allgemeine Rechtsgrundsätze noch die besondere Natur des formellen Wechselrechts verlangten diese Konsequenz; im Gegenteil müsse die „konservatorische Tendenz" der WO, die in den Artt 75, 76 ihren Ausdruck gefunden habe, dazu führen, in solchen Fällen die ursprüngliche Wechselverpflichtung aufrechtzuerhalten. Einen solchen Fall erachtete es in der damaligen Sache als gegeben, wo der Wechselsumme, die ursprünglich auf siebenhundertundfünfzig Mark (in Worten) gelautet hatte, lediglich die Worte „dreitausend" vorgesetzt worden, im übrigen der echte Text völlig intakt geblieben sei; dadurch sei nicht nur ihre äußere, sondern auch ihre innere Identität — ihr Zahlenwert — durchaus gewahrt geblieben. In dieser Beziehung habe (so meint das RG) der vom ROHG in Bd 23 S. 399 entschiedene Fall (s. oben) insofern nicht ganz gleich gelegen, als dort der echte Text — „3000" — wenigstens „in seinem Zahlenwerte" geändert, nämlich um ein Dezimale — in „30000" — verschoben worden sei. Das RG nimmt aber keinen Anstand, in der Entscheidung des ROHG auch für den damaligen Fall „eine nicht zu billigende Überspannung bloß formaler Betrachtungsweise" zu erblicken. Ob das gleiche auch von dem in ROHG 5, 373 referierten Falle der Verfälschung von „164 Fl" in „464 Fl" gelten könne, läßt das Urteil dahingestellt. In den Bahnen dieser freieren Auffassung hat sich seitdem die Rechtsprechung des RG über diese Frage, unbeirrt durch manchen Widerspruch, entwickelt. Namentlich hat in dem Urt. v. 16. 2. 1924 (RGZ 108, 79) der 5. ZS sich der grundsätzlichen Auffassung des 1. ZS angeschlossen und sie zur Anwendung gebracht in einem Falle, in welchem die ursprünglich mit „einer Million" in Buchstaben und in Worten angegebene Wechselsumme derart verändert war, daß die Zahl und die Worte mit roter Tinte je zweimal durchstrichen und über die Zahl 1000000 die Worte „nur noch gültig auf 972000", hinter die Worte „eine Million" die Worte „neunhundertzweiundsiebzigtausend" geschrieben waren. Er hat dabei unter Hinweis auf die aus Artt 75, 76 WO ersichtliche Tendenz, die rechtlichen Wirkungen von Fälschungen und Verfälschungen nach Möglichkeit auszuschließen, und auf Art 69 der auf der zweiten Haager Weltrechtskonferenz beschlossenen EinhWO, der als Niederschlag der Entwicklung des ausländischen Wechselrechts und Wechselverkehrs anzusehen sei — vgl. Anhang II zu diesem Unterabschnitte Anm 5 — ausgeführt, die im vorliegenden Falle dem Wechselinhalt eingefügten Zusätze „nur noch gültig auf 972000 Mark" könnten, wie keiner Ausführung bedürfe, im Sinne des Urt. in RGZ 54, 386 „weggedacht" werden. Auch sei gegen die Anwendung des dort vertretenen Grundsatzes auf die vorliegende Durchstreichung weder ein tatsächlicher noch ein rechtlicher Grund abzusehen; denn die Durchstreichung sei so erfolgt, daß der Betrag der ursprünglichen Wechselsumme in Zahlen und Buchstaben noch lesbar geblieben sei, und der Durchstreichung sei nicht „eine in formalem Sinne so sehr zerstörende Bedeutung beizumessen, daß Durchstrichenes überhaupt nicht mehr als vorhanden, vielmehr als vernichteter Teil des Wechselinhalts anzusehen wäre", eine Rechtsansicht, die allerdings in der Entsch ROHG 19, 270 ihren Ausdruck gefunden habe, aber in den Vorschriften der WO über Durchstreichungen keine Grundlage finde, wie aus Art 21 Abs 4, 36 Satz 4 und 55 nachgewiesen wird. Allerdings sei die Durchstreichung von Geschriebenem verkehrsgeläufig ein Tilgungsakt; sie bedeute regelmäßig einen Widerruf der geschriebenen Willenserklärung, aber das sei hier nicht das Entscheidende, die Frage sei vielmehr die, ob die durchstrichene Wechselsumme derart beseitigt sei, daß die Durchstreichung nicht im Sinne des oben Dargelegten „weggedacht" werden könne. Der Senat verkennt nicht, daß im Wechselrechte „eine formale Betrachtung in gewissem Umfange geboten sei", meint aber, es hieße diese überspannen, wollte man hier die gedankliche Wiederherstellbarkeit der ursprünglichen Wechselsumme verneinen und so den Wechsel schlechthin zu Fall bringen. Dieses Urteil ist von Bernstein (in JW 1924, 1153 zu 18) einer eingehenden Kritik unterzogen und als ein nicht zu billigender Verstoß gegen die im deutschen Wechselrecht entwickelte und im Interesse der Sicherheit des Wechselverkehrs festzuhaltende „Formenstrenge" bezeichnet worden. Bernstein geht indessen dabei von der falschen Voraussetzung aus, das RG habe einer „urkundlich getilgten, wenn auch lesbar gebliebenen" Wechselerklärung fortdauernde wechselmäßige Kraft und Bedeutung beigemessen. Ist die ursprüngliche Wechselerklärung lesbar geblieben, so ist eben, worauf es hier allein ankommt, ihre Verkörperung in der Urkunde nicht beseitigt, vielmehr bestehen geblieben. Die Schriftzeichen, welche diese Verkörperung darstellen, sind noch erkennbar vorhanden. Der aus der Durchstreichung erkennbare Wille, daß sie nicht mehr gelten sollten, kann, da diese Willenserklärung, wie hier vorausgesetzt wird, von einem Unbefugten ausgegangen ist, nicht maßgebend sein, um die ursprüngliche Verpflichtungserklärung „außer Geltung" zu setzen. Den vom RG angeführten Bestimmungen der deutschen und der zukünftigen Einheitlichen WO ist von ihm keineswegs entscheidende Bedeutung beigemessen; sie sind vielmehr nur unterstützend zur Darlegung der Entwicklungstendenz des gegenwärtigen und kommenden Wechselrechts herangezogen worden. Daß ein so weitgehender Formalismus, wie ihn Bernstein befürwortet, der Sicherheit des Wechselverkehrs diene, kann keineswegs anerkannt werden; diese Sicherheit dürfte vielmehr gerade dann gefährdet sein, wenn aus solchem Formalismus heraus dem Schuldner Gelegenheit gegeben wird, sich der zweifellos rechtswirksam eingegangenen Verbindlichkeit ohne einen materiellen Rechtsgrund gegen alle Billigkeit zu entziehen. Nicht ganz folgerichtig scheint mir übrigens, daß der 1. ZS in RGZ 54, 388 bemerkt, Verfälschungen, die in einer Änderung nicht der Wechselsumme, sondern des Datums, des Zahlungsortes oder eines wesentlichen Namens bestünden, würden regelmäßig mit dem Erlöschen der früheren Wechselverpflichtungen verbunden sein. Auch bei solchen Verfälschungen kann, wenn der ursprüngliche, wenn auch durchstrichene oder sonst als nicht gelten sollend bezeichnete Inhalt noch erkennbar vorhanden ist, die Annahme einer Fortdauer der ursprünglichen Wechselverpflichtung ohne Verstoß gegen das Erfordernis der fortdauernden Verkörperung in der Urkunde sich rechtfertigen lassen. Ob die Möglichkeit, sich die Veränderung „fortzudenken", dabei eine entscheidende Rolle spielt, mag dahingestellt bleiben. — Das RG hat auch nach der Bernsteinschen Kritik seine Auffassung festgehalten und weiter ausgebaut in dem Urt. des FS v. 12. 8. 1925 (RGZ 111, 280), das einen scheckrechtlichen Fall betrifft. In diesem Falle war zu unterstellen, daß die Schecksumme ursprünglich mit 7235 „GM", in Buchstaben „GMark" bezeichnet war, was unstreitig Goldmark bedeuten sollte, und daß ohne Zustimmung des Ausstellers das „G" beide Male durchstrichen, aber noch lesbar und daneben das Wortzeichen „Rtm" gesetzt war, was Rentenmark bedeuten sollte. Aus dieser Veränderung entnahm der mit der Regreßklage in Anspruch genommene Aussteller, daß er aus dem Scheck nicht mehr regreßpflichtig sei, weil die von ihm in Goldmark eingegangene Verbindlichkeit durch die Durchstreichung erloschen sei. Das RG hat unter Bezugnahme auf RGZ 54, 386 und 108, 78 die Annahme des Berufungsgerichts gebilligt, daß, da der ursprüngliche Wortlaut des Schecks noch lesbar sei, der Beklagte trotz der nachträglichen Verfälschung den Scheck mit dem Inhalte, den er selbst ihm gegeben habe, gegen sich gelten lassen müsse. Es bemerkt dabei, daß die kritische Bemerkung von Bernstein (s. oben), in der dieser seine vom RG in den erwähnten Entscheidungen zurückgewiesene Meinung verteidige, dem Senate keinen Anlaß biete, von der durch zwei Senate in voller Kenntnis des Streitstandes entwickelten Auffassung abzugehen. Es ist aus dieser Sache ersichtlich, zu welchen an Schikane grenzenden Einwendungen der von Bernstein verteidigte ungehemmte Formalismus führen kann. Die entsprechende Anwendbarkeit der für Verfälschungen des Inhalts der Urkunde beim Wechsel geltenden Grundsätze auf den gleichen Vorgang beim Scheck erklärt das RG zutreffend „bei der insoweit wesentlich gleichen Rechtslage" auf beiden Gebieten als nicht zu bezweifeln.

Noch weitergehend im Sinne der hier vertretenen Ansicht will Meyer Weltwechselrecht I S. 49 die Verpflichtung des Wechselzeichners „nach dem früheren unveränderten Inhalt" auch fortdauern lassen, wenn der ursprüngliche Text nicht mehr erkennbar ist. Das dürfte freilich mit der Natur der Wechselschuld als einer regelmäßig, abgesehen von dem besonderen Falle der Kraftloserklärung, an die Urkunde gebundenen Verpflichtung nicht vereinbart werden können, soll aber im Auslande (vgl. den Anhang I) von der Literatur überwiegend vertreten werden.

b) Beweislast. Steht die Echtheit der Unterschrift des Ausstellers fest, so hat nach § 480 Abs 2 ZPO der darüber stehende Text die Vermutung der Echtheit für sich. Ob diese Vermutung auch für die auf der Rückseite stehenden Indossamente unmittelbar einzutreten habe, ist in RGZ 47, 69 dahingestellt gelassen, aber angenommen, daß bei sinngemäßer Anwendung dieser Vorschrift die feststehende Echtheit einer Indossament-Namensunterschrift genüge, um den Indossanten für den Inhalt des Wechsels verantwortlich zu machen, da das Indossament auf den Inhalt der Hauptwechselerklärung verweise und diesen damit in sich aufnehme. Deshalb muß, sofern der Wechsel sich als unverdächtig darstellt, insbesondere keine Rasuren oder sonstige Mängel der in § 419 ZPO bezeichneten Art aufweist, der Aussteller oder Indossant, der behauptet, daß der Wechsel zur Zeit seiner Verpflichtungserklärung einen anderen Text aufgewiesen habe, den Beweis für diese Behauptung führen. Ergibt sich aber aus dem Aussehen des Wechsels, daß Veränderungen seines Textes vorgenommen sind, oder wird dies bewiesen, so muß derjenige, der auf Grund des jetzt vorliegenden Textes einen Anspruch geltend macht, nachweisen, daß die Veränderung erfolgt ist vor der Verpflichtungserklärung des in Anspruch genommenen Wechselverpflichteten oder daß sie von diesem genehmigt ist (RGZ 8, 42; 32, 38; 66, 201; RG in JW 1910, 759[28]). Entsprechendes muß auch für die Annahmeerklärung des Akzeptanten gelten. **Anm. 9.**

3. Für den Scheck bestimmt § 23 SchGes, entsprechend Artt 75, 76 WO, daß aus einem solchen, auf dem die Unterschrift des Ausstellers oder eines Indossanten gefälscht ist, diejenigen, deren Unterschriften echt sind, verpflichtet bleiben. Vgl. Näheres in meinem ScheckgesKomm, Erläuterungen zu § 23. **Anm. 10.**

Anhänge
zum Unterabschnitte XII (Artt 75, 76).

I. Ausländische Wechselgesetzgebungen.

1. Über die Folgen der Fälschung oder Verfälschung von Namensunterschriften auf Wechseln enthalten die meisten Gesetze der deutschen Wechselrechtsgruppe Vorschriften, die denen der DWO im wesentlichen entsprechen; so die Schweiz (Artt 801 f.), Ungarn (§§ 81 f.), Bulgarien (610 f.), Italien (Artt 327 f.), Rumänien (352 Abs 3, 323), Skandinavien § 88. In Ungarn (§ 82), Bulgarien (611) und der Schweiz (802) ist auch die Verfälschung des Wechselinhalts (vgl. zu Artt 75, 76 DWO Anm 7 ff.) geregelt, indem dort bestimmt ist, daß diejenigen, welche den Wechsel vor der Verfälschung übertragen haben, gemäß seinem ursprünglichen Inhalte haften, während die späteren Indossanten nach dem verfälschten Inhalte verpflichtet sind. Im Zweifel soll das Indossament als vor der Verfälschung erteilt gelten. — Dagegen soll in Italien nach Vivante (1104) bei Verfälschungen des wesentlichen Wechselinhalts der Wechsel für alle diejenigen, welche vor der Verfälschung ihre Namensschrift darauf gesetzt haben, alle Kraft verlieren, da ihre frühere Wechselverpflichtung nicht mehr existiere, indem sie zerstört sei, die neue aber für sie nicht vorhanden sei, indem sie nicht durch ihre Zeichnung gedeckt sei; hierfür beruft er sich auf deutsche Schriftsteller, insbesondere Staub und die deutsche Rechtsprechung, vgl. zu Artt 75, 76 DWO Anm 8. Das frühere russische Gesetz enthielt in den §§ 32, 99 Vorschriften, die den Artt 75, 76 DWO entsprechen; das neue russische Gesetz enthält nur (wie auch schon das frühere in § 13) in Anm 1 zu § 2 die Vorschrift, daß alle Verbesserungen im Wortlaut des Wechsels, welche seinen Inhalt ändern, vor der Unterschrift vom Wechselgeber hervorgehoben werden müssen und daß bei der Angabe des Betrages keinerlei Verbesserungen zulässig sind. Über die Folgen falscher oder verfälschter Namensschriften enthält das neue Gesetz keine ausdrückliche Vorschrift. **Anm. 1.**

2. Für Frankreich ist maßgebend der Art 112 franz. Code de comm. in der Fassung des Gesetzes vom 7. 6. 1894, in der er bestimmt, daß alle Wechselbriefe, welche eine Unterschiebung („supposition"), d. h. eine Angabe unwahrer Tatsachen im Namen oder den Eigenschaften (des Ausstellers oder des Bezogenen) enthalten, als einfache Versprechen gelten; in der früheren Fassung war auch für Suppositionen des Wohnorts, des Ausstellungsorts und des Zahlungsorts die gleiche Folge ausgesprochen, was mit dem später fortgefallenen Erfordernis der Ortsverschiedenheit (vgl. Anhang I zu Art 4 Anm 13) zusammenhing. Unter den Begriff der Supposition des Namens fällt, außer der Benennung erdichteter Personen, auch die Nachahmung der Namensschrift einer tatsächlich existierenden Person, also die Fälschung (Lyon-Caën et Ren. Nr. 474). Das Verbot der Supposition einer Eigenschaft soll Kreditbetrügereien durch Vorspiegelung nicht vorhandener Beziehungen zwischen den Personen des Wechsels, namentlich bei Gefälligkeitswechseln verhüten. Sonstige Bestimmungen über die Folgen falscher Namensschriften auf Wechseln enthält das französische Gesetz nicht. Die damit zusammenhängenden Fragen sind deshalb sehr bestritten. Thaller (Nr. 1477) nimmt an, daß durch ein Akzept auf einem von einem Fälscher ausgestellten Wechsel, der in die Hände eines gutgläubigen Erwerbers gelangt ist, der Akzeptant diesem gegenüber verpflichtet wird und daß, wenn er nicht zahlt, der Wechselinhaber gegen die Indossanten, deren Indossamente echt sind, Regreß nehmen kann, jedoch nur, wenn er den Wechsel rechtzeitig hat protestieren lassen, und zwar soll diese Einschränkung (anders wie sonst im französischen Rechte, vgl. Anhang I zum Unterabschn. VIII Anm 11) auch dann gelten, wenn keine **Anm. 2.**

Provision geleistet ist. Doch wird von anderen (zitiert bei Thaller 1478) angenommen, daß der Wechsel in Ermangelung eines Ausstellers nichtig ist und der Akzeptant, wenn er gezahlt hat, die Zahlung zurückverlangen kann. Dagegen erachten auch Lyon-Caën et Ren. (Nr. 201bis) den Akzeptanten für gebunden. Thaller (Nr. 1479) nimmt auch an, daß durch ein echtes Indossament, das auf ein falsches folgt, eine neue Tratte hergestellt wird, auf Grund deren der spätere Erwerber gegen seine Vormänner Regreß nehmen kann, während andere Schriftsteller des französischen Rechts annehmen, daß nur die dem falschen Indossamente voraufgehenden Indossamente Wechselverpflichtungen erzeugen. — In einem Teile der übrigen Länder der französisch-rechtlichen Gruppe ist der Art 112 franz. Code de comm. in seiner ursprünglichen Fassung in Geltung geblieben: so in Luxemburg, Griechenland, Türkei (Art 72). In den Gesetzen der Niederlande (Art 102) und ihrer Kolonien ist die Supposition von Eigenschaften nicht angeführt und ausdrücklich ausgesprochen, daß gegenüber gutgläubigen Erwerbern die Unterschiebung die Wirksamkeit des Wechsels nicht berührt; andrerseits ist dort aber auch bestimmt (Art 137), daß ein falsches Indossament kein Eigentum überträgt und ihm nachfolgende echte Indossamente nur Ansprüche gegen die Zeichner von ihm gleichfalls nachfolgenden, nicht von ihm vorhergehenden Indossamenten gewähren. In Belgien ist an Stelle des Art 112 franz. Code de comm., dessen Übernahme abgelehnt wurde, nur in Art 47 des Gesetzes vom 20. 5. 1872 bestimmt, daß der Bezogene, welcher einen falschen Wechsel bezahlt hat, von dem gutgläubigen Inhaber Erstattung nicht beanspruchen kann, und daß er, wenn er den Wechsel akzeptiert hat, verpflichtet ist, dem gutgläubigen Inhaber Zahlung zu leisten; daß er aber von dem Inhaber und jedem Indossanten die Angabe seines Vormannes und den Beweis der Echtheit von dessen Unterschrift verlangen kann, und daß der Inhaber, welcher die Fälschung entdeckt, das gleiche Recht hat. Auch sonst ist der Art 112 in den übrigen Ländern des französischen Rechtsgebietes teils überhaupt nicht, teils mit verschiedenartigen Abweichungen übernommen worden; vgl. Näheres bei Meyer Weltwechselrecht S. 56ff.

Anm. 3. 3. Im angelsächsischen Rechte (BEA 24, NIL 42) ist als Grundsatz ausgesprochen, daß, wenn eine Unterschrift auf einem Wechsel eine Fälschung (forgery) ist, sie, soweit nicht das Wechselgesetz etwas anderes bestimme, gänzlich wirkungslos ist und auf sie keine Rechte, auch nicht von einem gutgläubigen Inhaber, gegen irgendeinen Wechselverpflichteten, gegründet werden können, sofern nicht dieser von der Geltendmachung der Einrede der Fälschung ausgeschlossen ist. Im einzelnen ist in dieser Richtung bestimmt, daß der Akzeptant durch die Akzeptierung des Rechtes verlustig geht, die Existenz des Ausstellers und die Echtheit seiner Unterschrift und bei einem an die Order einer dritten Person zahlbaren Wechsel die Existenz des Remittenten zu bestreiten, nicht aber des Rechts zur Bestreitung der Echtheit von dessen Indossament (BEA 54, NIL 112) ferner, daß der Aussteller durch das Ziehen des Wechsels des Rechts, einem legitimierten Inhaber gegenüber die Existenz des Remittenten, und jeder Indossant durch die Indossierung des Rechts, die Echtheit der Unterschrift des Ausstellers und aller früheren Indossanten zu bestreiten, verlustig gehen (Art 55 Abs 1, 2). Im Ergebnisse kommt das darauf hinaus, daß auch im angelsächsischen Rechte die Wirksamkeit der echten Namensschriften durch das Vorhandensein unechter nicht berührt wird. Hinsichtlich von Veränderungen des Wechselinhalts oder des Inhalts des Akzepts bestimmt das angelsächsische Recht (BEA 64; NIL 205), daß, wenn die Änderung wesentlich ist, der Wechsel ungültig wird, ausgenommen gegenüber demjenigen, welcher die Änderung selbst ausgeführt, zu ihr Auftrag gegeben oder ihr zugestimmt hat, sowie gegenüber späteren Indossanten; daß jedoch, wenn die Änderung nicht offensichtlich ist, der legitimierte Inhaber sich des Wechsels bedienen kann, wie wenn derselbe nicht geändert worden wäre, und die Bezahlung nach dem ursprünglichen Wechselinhalte erzwingen kann; und daß als wesentlich jede Änderung des Datums, der Wechselsumme, der Zahlungszeit, des Zahlungsortes, sowie, wenn ein Wechsel „allgemein" akzeptiert worden ist, die Hinzufügung eines Zahlungsorts ohne Zustimmung des Akzeptanten zu gelten hat. Doch soll ein nach Datum zahlbarer, aber undatiert begebener Wechsel, dem ein falsches Datum beigefügt wird, dadurch nicht ungültig werden, sondern, wenn er in die Hände eines legitimierten Inhabers (holder in due course) gelangt, gültig und zahlbar sein, wie wenn das beigefügte Datum das richtige gewesen wäre; ebenso wenn das Akzept eines zu einer bestimmten Zeit nach Sicht zahlbaren Wechsels undatiert ist und ihm ein falsches Datum beigefügt wird (BEA 12). Auch soll ein Wechsel nicht darum allein ungültig sein, weil er vordatiert oder nachdatiert ist (BEA 13²). Eine besondere Vorschrift ist in BEA 60 zum Schutze des Bankiers gegeben, welcher einen auf ihn gezogenen, auf Sicht zahlbaren Orderwechsel in gutem Glauben und im gewöhnlichen Laufe des Geschäfts bezahlt; ihm soll nicht der Beweis der Echtheit des Indossaments des Remittenten oder eines späteren Indossanten obliegen und es soll angenommen werden, daß er den Wechsel ordnungsmäßig bezahlt hat, auch wenn (bewiesen wird, daß) das betreffende Indossament gefälscht gewesen ist. — Ist der Bezogene eine erdichtete Person, so kann der Inhaber den Wechsel nach seiner Wahl als gezogenen Wechsel oder als eigenen Wechsel (des Trassanten) behandeln (BEA 5²); ist der Remittent eine erdichtete oder nicht existierende Person, so kann der Wechsel als an den Inhaber zahlbar (vgl. über Inhaberwechsel im angelsächsischen Recht Anhang I zu Art 4 Anm 4) behandelt werden (BEA 7³).

Bestritten ist in der englischen und amerikanischen Rechtslehre und Rechtsprechung, ob eine

Namensschrift, die eine Fälschung (forgery) ist, durch Genehmigung („deliberate adoption", wohlüberlegte Annahme an Kindes Statt!) von seiten derjenigen Person, deren Namen gefälscht ist, wechselrechtliche Wirksamkeit erlangen kann. Sie wird von englischen wie amerikanischen Gerichten vielfach bejaht, sofern sie nur nicht eine unzulässige Vereinbarung zu dem Zwecke, den Fälscher der strafrechtlichen Verfolgung zu entziehen, enthalte (Daniel § 1352a). Andere verneinen die Frage in Fällen, in denen es sich um eine Genehmigung ohne Entgelt gehandelt hat, wegen Fehlens der „consideration". Vgl. über die gleiche Streitfrage für das deutsche Recht zu Artt 75, 76 DWO Anm 2.

4. Das neue tschechoslowakische Gesetz schließt sich an das ungarische Gesetz (vgl. oben Anm 1) an; es bestimmt in § 77, daß falsche Unterschriften auf dem Wechsel keinen Einfluß auf die wechselrechtliche Wirkung der echten Unterschriften haben; in § 78 daß, wenn der Wechsel (d. h. der Wechselinhalt) gefälscht wurde, die Indossanten, die vor der Fälschung indossiert haben, nach dem echten Inhalt des Wechsels verpflichtet sind, während jene, die den Wechsel nach der Fälschung indossiert haben, nach dem Inhalt des durch die Fälschung entstandenen Wechsels verpflichtet sind, und daß im Zweifel angenommen werden soll, daß die Indossamente aus der Zeit vor der Fälschung herrühren; in § 79, daß die Bestimmungen des vorstehenden Paragraphen auch von dem Aussteller, Akzeptanten und Bürgen gelten, d. h., daß auch diese nach demjenigen Inhalte verpflichtet werden, den der Wechsel zur Zeit ihrer Wechselerklärung hatte. — Die neuen Gesetze von Polen (Artt 68, 69) und Jugoslawien (§§ 68, 69) haben auch zu diesem Punkte die Vorschriften der Haager EWO (vgl. Anhang II) übernommen. **Anm. 4.**

II. Künftiges einheitliches Wechselrecht.

A. Die Haager EWO behandelte die falschen und veränderten Wechsel im Kapitel X mit der Überschrift: „Des faux et des altérations" (Von den Fälschungen und den Veränderungen) in den Artt 68, 69, welche in der Übersetzung wie folgt lauten: **Anm. 5.**

Art 68:

„Die Fälschung einer Zeichnung (signature), selbst derjenigen des Ziehers oder des Annehmers, tut in keiner Weise der Gültigkeit der anderen Zeichnungen Eintrag."

Art 69:

„Im Falle einer Veränderung des Textes eines Wechselbriefes sind die dieser Veränderung zeitlich nachfolgenden Zeichner nach dem Inhalte des veränderten Textes verpflichtet; die früheren Zeichner sind es nach dem Inhalte des ursprünglichen Textes."

B. Die Genfer Wechselkonferenz hat den Art 68 des Haager Entwurfs gestrichen und im Zusammenhange damit die Überschrift des Kapitels X dahin geändert, daß sie nur noch lautet: „Des altérations" (Von den Veränderungen). Sie hat diese Änderung mit der Erwägung begründet, daß der Grundsatz der Unabhängigkeit der Zeichnungen (Art 68 HEWO) in einer Weise, die diesem Grundsatze eine allgemeine Tragweite gebe, bereits in Art 7 ausgedrückt sei, der im übrigen besonders von dem Falle handle, wo eine Zeichnung falsch sei (Bericht der Redaktionskommission Nr. 143, Compte rendu S. 148). Vgl. den Art 7 in der ihm von der Genfer Konferenz gegebenen Fassung im Anhang II zu Art 3 DWO. Den Art 69 des Haager Entwurfs hat die Genfer Konferenz als Art 69 ihres Entwurfs gleichlautend übernommen. Er regelt die Wirkungen von Veränderungen des Wechselinhalts (vgl. zu Artt 75, 76 DWO Anm 7ff.) im wesentlichen in Übereinstimmung mit den in Deutschland und in den meisten ausländischen Staaten (vgl. Anhang I zu diesem Unterabschnitte) geltenden Rechten und entscheidet die im deutschen Rechte bestehende Streitfrage über die Fortdauer der Verpflichtung aus den vor der Änderung erfolgten Wechselzeichnungen in dem Sinne der diese Fortdauer uneingeschränkt bejahenden Meinung; vgl. zu Artt 75, 76 Anm 8).

XIII. Wechselverjährung.

Vorbemerkungen.

I. Rechtliche Natur der Wechselverjährung. Die WO hat in den **Artikeln 77—80** ihrer ursprünglichen Fassung unter der Überschrift: **„Wechselverjährung"** eine Anzahl von Vorschriften aufgestellt, durch welche für die Geltendmachung von Ansprüchen aus Wechseln bestimmte, von den Verjährungsvorschriften des allgemeinen bürgerlichen Rechts abweichende, und zwar sehr erheblich kürzere, Fristen bestimmt werden. Die Bestimmung solcher Fristen war geboten durch die besondere Natur der wechselrechtlichen Verpflichtungen, die infolge ihres Zweckes, dem geschäftlichen Verkehr, namentlich dem Handelsverkehr, zu dienen, eine rasche Abwicklung nach Verfall erfordern und auch infolge der rechtlichen Strenge, mit der die Schuldner durch sie gebunden sind, und der weitgehenden Abhängigkeit, in welcher die mehreren Schuldverpflichtungen aus einem Wechsel (ungeachtet ihrer rechtlichen Selbständigkeit im übrigen) hinsichtlich ihrer Erledigung durch Zahlung zueinander stehen, eine Hinausschiebung ihrer Geltendmachung auf eine größere Zahl von Jahren und **Anm. 1.**

die damit verbundene Unsicherheit nicht vertragen. Schon der Umstand, daß die WO sich auf einige wenige Vorschriften beschränkt, welche die Materie nicht erschöpfen und notwendig der Ergänzung durch andere bedürfen, läßt es ausgeschlossen erscheinen, daß die WO damit ein von den Grundsätzen des allgemeinen Rechts über die Verjährung abweichendes, in sich abgeschlossenes Rechtsinstitut schaffen wollte, das lediglich aus sich selbst heraus erklärt und angewendet werden könnte. Darauf, daß das nicht die Absicht und der Sinn des Gesetzes war, weist aber deutlich auch die Bezeichnung als Verjährung in der Überschrift und der Gebrauch des Zeitwortes „verjähren" in den einzelnen Artikeln hin, Ausdrücke, die in den zur Zeit der Entstehung der WO geltenden Landesrechten bereits eine ganz bestimmte technische Bedeutung hatten, insbesondere im Preußischen Rechte, das dem für die WO maßgebend gewordenen Entwurfe zugrunde liegt, unter der Bezeichnung „Verjährung wegen Nichtgebrauch", und die ein Rechtsinstitut bezeichnen, das allen subjektiven Rechten, sofern aus ihnen Ansprüche hervorgehen, gemeinsam und wesentlich verschieden ist von den gesetzlichen Befristungen gewisser einzelner Rechte oder ihrer Ausübung durch spezielle Vorschriften, wie z. B. der Geltendmachung von Mängeln beim Kauf oder der Ausübung des Anfechtungsrechts. Das muß um so mehr angenommen werden, als auch die WO selbst in mehreren Fällen Ausschlußfristen für die Ausübung einzelner Wechselrechte festsetzt, z. B. für die Präsentation von Sichtwechseln (Art 31 Satz 2), für die Protesterhebung mangels Zahlung (Art 41 Abs 2), und diese Fristen deutlich als solche bezeichnet, innerhalb deren die vorgeschriebene Rechtshandlung zur Wahrung des durch sie bedingten Rechtes erfolgen muß. Dieser Auffassung steht auch nicht entgegen, daß die WO in Art 83 von dem Erlöschen der wechselmäßigen Verbindlichkeit durch Verjährung spricht, da die dem BGB (§§ 194 ff.) zugrunde liegende Unterscheidung zwischen der schuldrechtlichen Verpflichtung und dem aus ihr hervorgehenden Anspruche in der damaligen Rechtswissenschaft noch nicht scharf herausgearbeitet war und es an der angeführten Stelle nur darauf ankam, eine in gleicher Weise durch Verjährung, wie durch den Ablauf einer Präklusivfrist eintretende Wirkung, nämlich die Einschränkung der Verpflichtung auf einen Bereicherungsanspruch, hervorzuheben; übrigens bei schuldrechtlichen Verpflichtungen das Erlöschen des Anspruchs mit dem der Verbindlichkeit im Wesentlichen zusammenfällt, und zudem auch in Art 83 kein völliges Erlöschen der Verbindlichkeit gemeint sein kann, da ja gerade durch diesen Artikel angeordnet wird, daß der Wechselschuldner auf die Bereicherung verpflichtet bleibt. Schon die ältere Rechtsprechung und Rechtslehre stand deshalb überwiegend auf dem Standpunkte, daß auf die Wechselverjährung die Regeln des allgemeinen bürgerlichen Rechts, damals der einzelnen Landesgesetze, jetzt des BGB, Anwendung zu finden haben, soweit nicht ihre Unanwendbarkeit sich, sei es aus den ausdrücklichen Vorschriften der WO, sei es aus der besonderen Natur und dem Zwecke der wechselrechtlichen Verpflichtungen ergibt. So besonders ROHG 22, 307; RGZ 27, 78 und die dort angeführten Entscheidungen; Rehbein Anm. 2; Bernstein Vorbem 1 unter 1 zu Art 77 S. 283; Staub schon in den früheren Auflagen; Grünhut II § 138 S. 541 und Anm 5; während v. Canstein (§ 26 S. 391 und Note 15) die Fristen als Präklusivfristen auffaßt, auf welche „nur" die Bestimmungen der WO, nicht die des allgemeinen Verjährungsrechts Anwendung finden könnten, für welche jedoch die Bezeichnung Verjährung unbedenklich beibehalten werden könne, wenn man nur daran festhalte, daß die Wechselverjährung ein „selbständiges Rechtsinstitut" sei; und Lehmann — im Anschlusse an Grawein, Verjährung und gesetzliche Befristung; vgl. dazu Strohal in Grünhuts Zeitschrift 9, 61 ff. — es für richtiger hält, von einer gesetzlichen Befristung zu reden, da „durchaus nicht alle gemeinrechtlichen Grundsätze über die Verjährung" hier Platz griffen, und in ROHG 19, 313 sogar gesagt wird, die zivilrechtliche Verjährung durch Nichtgebrauch und die Wechselverjährung seien in ihrer Grundlage und Wirkung durchaus verschieden.

Anm. 1a. Der hauptsächlichste Grund, der dazu geführt hat, die Wechselverjährung als ein besonderes Rechtsinstitut mit einem von der allgemeinen Anspruchsverjährung wesentlich verschiedenen Charakter aufzufassen, bestand in der in Art 80 der ursprünglichen Fassung der WO enthaltenen Vorschrift über die Unterbrechung der Wechselverjährung, durch welche namentlich die im BGB vorgesehene Unterbrechung durch Anerkennung (§ 208 BGB) ausgeschlossen wurde. Der Art 80 ist aber durch Art 8 Nr. 2 EGHGB vom 10. 5. 1897 (RGBl 437) für Deutschland aufgehoben worden, und zwar in der ausgesprochenen Absicht, die wechselrechtlichen Abweichungen hinsichtlich der Verjährung zu beseitigen (Denkschrift S. 311). Seitdem fehlt es, wie in RGZ 63, 370 bemerkt ist, an jedem Grunde, den Vorschriften des BGB über die Verjährung die Anwendung auf die Wechselverjährung zu versagen, jedenfalls, wie auch jetzt noch hinzugefügt werden muß, soweit sie nicht in unvereinbarem Widerspruch zu der rechtlichen Natur und den Zwecken der wechselrechtlichen Verbindlichkeit stehen, wie diese sich aus der Gesamtheit der Vorschriften der WO ergeben. Aber auch für Österreich, wo der Art 80 noch gilt, wird man im übrigen das gleiche sagen können.

Anm. 2. **II.** Sonach sind, da die WO in ihrer jetzt für Deutschland geltenden Fassung nur den Beginn und die Dauer der Verjährungsfristen regelt, alle übrigen die Wechselverjährung betreffenden Fragen nach Maßgabe der allgemeinen Verjährungsvorschriften des BGB (§§ 194 ff.) zu beantworten, mit dem oben (am Schlusse von Anm. 1a) gemachten Vorbehalte. Es kommen dabei namentlich die folgenden Fragen in Betracht:

1. Die **Hemmung der Verjährung.** Die Verjährung ist nach § 202 BGB gehemmt, solange die Leistung gestundet oder der Verpflichtete aus einem anderen Grunde vorübergehend zur Verweigerung der Leistung berechtigt ist. Die Hemmung wirkt in der Weise, daß der Zeitraum, während dessen sie besteht, in die Verjährungsfrist nicht eingerechnet wird und daß nach Beseitigung der Hemmung die vorher angefangene Verjährungsfrist weiter läuft (§ 205 BGB). In der älteren wechselrechtlichen Lehre und Rechtsprechung war bestritten, ob im Falle der Prolongation eines Wechsels die Verjährung während der Dauer dieser Stundung ruhe (gehemmt sei). Das wurde von der Doktrin und Rechtsprechung überwiegend verneint, namentlich mit Rücksicht auf die Vorarbeiten zur WO, in welchen wiederholt betont wird, daß eine Prolongation, durch welche die wechselrechtliche Verbindlichkeit verlängert werde, im Wechselrechte ebensowenig wie die Unterbrechung durch Anerkennung (vgl. darüber unten Anm 5) zugelassen werden könne. Vgl. ROHG 4, 375; 25 S. 26 und die beiden Fußnoten des Einsenders dazu auf S. 27. Indessen diese Auffassung hat hinsichtlich der Prolongation nicht, wie hinsichtlich der Anerkennung, einen Ausdruck im Gesetze selbst gefunden; Anträge, auch über die Wirkung der Prolongation eine Bestimmung in das Gesetz aufzunehmen, sind von der Leipziger Konferenz (Prot. L. S. 228; Thöl S. 242) abgelehnt worden. Es muß deshalb wohl angenommen werden, daß der Frage ihrer Wirkung auf die Dauer der Wechselverpflichtung nicht die gleiche Bedeutung beigemessen wurde, wie der gleichen Frage hinsichtlich der Anerkennung, was erklärlich erscheint, da sie nicht wie diese als Unterbrechung wirkt, nach welcher die gesamte Verjährungsfrist wieder von neuem ablaufen muß. Die Hemmung durch Prolongation wirkt auch nur im Verhältnis zwischen demjenigen Wechselgläubiger, der sie bewilligt oder ihr zugestimmt hat, und demjenigen Wechselverpflichteten, dem sie bewilligt worden ist (§ 425 BGB). Über die Bedeutung des Art 77 für die Frage des Laufes der Verjährungsfrist für den wechselmäßigen Anspruch gegen den Akzeptanten im Falle der Stundung und der Annahme mit Hinausschiebung des Zahlungstages vgl. zu Art 77 Anm 3. Keinesfalls wird man unter diesen Umständen sagen können, daß die jetzt in Betracht kommende Vorschrift des § 202 BGB über die Hemmung der Verjährung durch Stundung den Vorschriften der WO zuwider und deshalb unanwendbar sei. **Anm. 3.**

Gleiches gilt unbedenklich von dem weiteren Hemmungsgrunde, dem Stillstande der Rechtspflege innerhalb der letzten sechs Monate der Verjährungsfrist (§ 203 BGB). Aber auch die Hemmung der Verjährung zwischen Ehegatten während bestehender Ehe (§ 204 BGB) läßt, da sie lediglich das Verhältnis unter den Ehegatten betrifft, einen solchen Widerspruch nicht erkennen. Ebensowenig die hemmungsartige Vorschrift der §§ 206, 207 BGB über die Hinausschiebung des Ablaufes der Verjährungsfrist gegen geschäftsunfähige oder geschäftsbeschränkte Personen ohne gesetzlichen Vertreter und für Ansprüche eines Nachlasses und gegen einen solchen. A. M. zum Teil Dernburg § 277 unter III S. 325, der auch noch unter der Herrschaft des BGB die unter der Herrschaft der früheren Landesrechte von der Rechtsprechung und Rechtslehre (ROHG 3, 418; Grünhut II 543) vertretene Auffassung aufrechterhalten wissen will, daß die Wechselverjährung nur durch objektive Hindernisse (Stillstand der Rechtspflege), nicht aber durch die subjektiven Hindernisse, welche der gewöhnlichen Verjährung entgegenstehen, gehemmt werde. **Anm. 4.**

2. Die **Unterbrechung der Verjährung** (§§ 208—217 BGB). Hierüber enthielt die WO in Art 80 besondere Vorschriften, durch welche die Anwendung der Verjährungsvorschriften des allgemeinen Rechts insoweit ausgeschlossen wurde. Es waren danach keine anderen Unterbrechungsgründe als die Klagebehändigung und die ihr gleichgestellte Streitverkündung zugelassen, jede außerprozessuale Unterbrechung, namentlich durch Anerkennung, also ausgeschlossen. Durch die Aufhebung des Art 80 (vgl. oben Anm 1 a) sind auch hinsichtlich der Unterbrechung die Vorschriften des BGB für Deutschland maßgebend geworden. Das wird hinsichtlich des Unterbrechungsgrundes der Anerkennung (§ 208) bestritten von Dernburg (II § 277); vgl. auch RG im Recht 10 Nr. 1158. Es kann dahingestellt bleiben, ob, wie Dernburg unter Bezugnahme auf Grünhut (II 540 Anm 3) behauptet, die Unterbrechung der Verjährung durch Anerkennung, die allerdings eine erhebliche Verlängerung der Dauer der Wechselverbindlichkeiten zur Folge haben kann, nach der Auffassung der WO in ihrer früheren Fassung eine Störung der Ordnung des Wechselverkehrs mit sich führt. Auf alle Fälle hat der Gesetzgeber dadurch, daß er den Art 80 restlos aufhob, zum Ausdrucke gebracht, daß dieser Gesichtspunkt gegenüber den Vorschriften des BGB nicht mehr maßgebend sein solle. Die Unterbrechung der Verjährung einer Wechselverpflichtung wird deshalb nunmehr auch durch Anerkennung erfolgen können, die aber nur zu Lasten des anerkennenden Wechselschuldners und zugunsten des Wechselgläubigers, mit welchem der Anerkennungsvertrag abgeschlossen wird, wirken kann. Auch durch Erhebung einer Feststellungsklage (§ 256 ZPO) wird die Wechselverjährung nach jetzigem Rechte unterbrochen (§ 209 Abs. 1 BGB); desgleichen durch Streitverkündung und die sonstigen nach § 209 Abs 2 der Klagerhebung gleichstehenden Maßnahmen; ebenso durch die in § 693 Abs 2 ZPO angeordnete Rückbeziehung der Unterbrechung der Verjährung durch Zustellung eines Zahlungsbefehls im Mahnverfahren auf den Zeitpunkt der Einreichung oder Anbringung des Gesuchs um Erlassung des Zahlungsbefehls (RGZ 129, 343). **Anm. 5.**

Anm. 6. 3. Die **Wirkung der vollendeten Verjährung** ist in § 222 BGB dahin bestimmt, daß der Verpflichtete nunmehr berechtigt ist, die Leistung zu verweigern; daß aber das zur Befriedigung eines verjährten Anspruchs Geleistete nicht zurückgefordert werden kann, auch wenn die Leistung in Unkenntnis der Verjährung erfolgt ist.

a) Mit dieser Vorschrift steht der Art 83 WO (vgl. oben Vorbem Anm 1) nur hinsichtlich der Ausdrucksweise insofern in einem gewissen Widerspruche, als er ungenau von einem „Erlöschen" der Wechselverbindlichkeit spricht, obwohl er selbst ihre Fortdauer, wenn auch mit Einschränkung auf die Bereicherung, anordnet. Klargestellt wird aber durch den jetzt unbedenklich anwendbaren § 222 BGB, daß durch die Verjährung die Verbindlichkeit nicht ipso iure getilgt wird und daß sie deshalb im Rechtsstreite, auch im Wechselprozesse, nicht von Amts wegen zu berücksichtigen ist, sondern mittels der prozessualen Handlung **der Einrede,** durch welche der in Anspruch genommene Schuldner sein Recht auf Verweigerung der Leistung geltend macht, dem Gerichte unterbreitet werden muß; daß infolgedessen, wenn der Beklagte nicht erscheint, auch auf Grund eines Wechsels, der dem äußeren Anscheine nach (prima facie) als verjährt anzusprechen ist, ein Versäumnisurteil erlassen werden muß. Das wurde auch schon vor dem Inkrafttreten des BGB überwiegend angenommen (ROHG 2, 124; 3, 131; 6, 228), wird aber auch für das jetzt geltende Recht noch bestritten von Dernburg II § 277 und von Meyer Wwrecht I S. 518.

Hat der Beklagte im Rechtsstreite die Wirkungslosigkeit einer nicht formentsprechenden Zustellung nicht gerügt und ist diese dadurch wirksam geworden (§ 295 ZPO), so ist auch die Wechselverjährung durch diese Zustellung unterbrochen und kann er deshalb den Einwand der Verjährung insoweit nicht mehr mit Erfolg erheben (RGZ 113, 341).

Anm. 7. **b)** Die Einrede der Verjährung kann jedem Wechselgläubiger, auch dem gutgläubigen Inhaber, entgegengehalten werden, da sie im Sinne des Art 82 „aus dem Wechselrechte selbst" hervorgeht, nämlich den objektiven Bestand der Wechselobligation betrifft, vgl. zu Art 82 Anm 14. Der Einrede der Verjährung kann die Replik der Arglist entgegengesetzt werden, und zwar nicht nur dann, wenn der Schuldner den Eintritt der Verjährung durch rechtswidrige Handlungen, insbesondere Täuschung des Gläubigers, vorsätzlich herbeigeführt hat, sondern schon dann, wenn er sich durch das Vorschützen der Einrede gegen Treu und Glauben in Widerspruch setzt zu seinem früheren Verhalten, z. B. wenn er den Gläubiger, sei es auch unabsichtlich, dadurch, daß er gütliche Erledigung in Aussicht stellte, von der rechtzeitigen Erhebung der Klage abgehalten hat, sog. exceptio doli generalis; so (gegen RGZ 64, 223) die neuere Rechtsprechung des Reichsgerichts, vgl. RGZ 87, 283; 115, 137; auch RGRKomm zu § 222 Anm 3.

Anm. 8. **c)** Die Verjährung ergreift aber nicht den Wechsel als Ganzes, sondern nur die einzelne Wechselverpflichtung desjenigen Wechselschuldners, dem gegenüber ihre Voraussetzungen eingetreten sind. Deshalb kann sich der in Anspruch genommene Wechselschuldner nicht darauf berufen, daß einem anderen Wechselschuldner gegenüber, von dem der Kläger den Wechsel im Wege des Regresses eingelöst hat, die Verjährung zur Zeit der Einlösung bereits eingetreten war, der Kläger daher den Wechsel nicht hätte einzulösen brauchen. Denn durch die Einlösung erwirbt der Einlösende nicht das Recht desjenigen, von dem er den Wechsel einlöst, sondern tritt in sein eigenes früheres Wechselrecht wieder ein, das noch nicht verjährt und auch nicht auf den Ersatz der ihm durch die Einlösung tatsächlich erwachsenen notwendigen oder nützlichen Auslagen beschränkt ist; vgl. zu Art 51 Anm 4. Das ist für den Anspruch desjenigen, der den Wechsel eingelöst hat, gegen den Hauptschuldner (Akzeptanten) anerkannt (ROHG 7, 294; v. Canstein § 26 Anm 51 S. 403; StStranz zu Art 78 Anm 5), muß aber auch für den weiteren Regreßanspruch des Einlösenden gegen einen Vormann gelten; so mit Recht Bernstein Vorbem vor Art 77 § 4 unter 1 c S. 285; dagegen v. Canstein und StStranz a. a. O., anscheinend auch ROHG 5, 104, während ROHG 11, 347 (351; vgl. auch 2, 124) mit Unrecht von v. Canstein für seine Auffassung angeführt wird, da es sich in diesen Fällen um eine gegen den Kläger abgelaufene Verjährungsfrist gehandelt hat. Ist anderseits der Anspruch gegen den Akzeptanten verjährt, so kann ein Regreßanspruch nicht mit Erfolg durchgeführt werden, da der Regreßnehmer nicht in der Lage ist, dem Regreßpflichtigen den Wechsel gemäß Art 54 unversehrt, d. h. mit noch wirksamem Akzepte, auszuhändigen (RGZ 9, 22; übersehen in ROHG 7, 42); vgl. zu Art 54 Anm 2.

Anm. 8a. **d)** Auch § 224 BGB ist auf die Wechselverjährung anwendbar; es verjähren daher mit dem Hauptanspruch auch die von ihm abhängenden Nebenleistungen, insbesondere die Zinsen, obwohl für sie an und für sich eine längere Verjährungsfrist besteht. Eine Abweichung von den Grundsätzen des allgemeinen Verjährungsrechts über die Wirkung der Verjährung enthält Art 83 WO insofern, als er bestimmt, daß nach Vollendung der Verjährung noch ein Bereicherungsanspruch übrigbleibt, der im allgemeinen bürgerlichen Rechte ausgeschlossen ist; vgl. zu Art 83 Anm 4.

Anm. 9. 4. Auch hinsichtlich des **Verzichts** auf die Wechselverjährung gelten die Vorschriften des allgemeinen Verjährungsrechts. Danach (§ 225 BGB) kann die Verjährung durch Rechtsgeschäft weder ausgeschlossen noch erschwert, also auch auf eine noch nicht vollendete Verjährung nicht verzichtet, dagegen die Verjährungsfrist abgekürzt werden. Daß nach Vollendung der Verjährung auf sie verzichtet werden kann, ergibt sich schon daraus, daß durch sie nur ein Recht zur Leistungsverweigerung begründet wird (vgl. oben Anm 6). In einem vertragsmäßigen Anerkenntnis ist ein Verzicht auf die Verjährung zu finden, wenn es in Kenntnis der eingetretenen Verjährung abgegeben ist (ROHG 13, 93). Ist es in Unkenntnis der Verjährung abgegeben worden, so kann es zwar nach § 222 Abs 2 Satz 2 nicht zurückgefordert werden, vermag aber die durch die Verjährung erloschene Wechselverpflichtung nicht wieder ins Leben zu rufen, sondern erzeugt nur, sofern es in der vorgeschriebenen Schriftform abgegeben ist, unter Umständen eine bürgerlich-rechtliche Verpflichtung (§ 781 BGB).

5. Nach § 218 BGB verjährt ein **rechtskräftig festgestellter Anspruch** in dreißig Jahren, auch wenn er an sich einer kürzeren Verjährung unterliegt, und gilt das gleiche von einem in einer anderen vollstreckbaren Urkunde (Vergleich, Konkurstabelle) beurkundeten Anspruche. Diese Vorschrift hat unbedenklich auch auf wechselrechtliche Ansprüche Anwendung zu finden. Die Vorschriften der Artikel 77—79 WO stehen ihr nicht entgegen, da sie nur dem unmittelbar auf den Wechsel sich gründenden Anspruche, der noch nicht festgestellt ist, zur Vermeidung von Unsicherheit im Geschäftsverkehr bestimmte zeitliche Grenzen setzen wollen (vgl. Vorbem Anm 1); so auch ROHG 4, 374; Bernstein zu Art 76 § 2 unter 2 b; StStranz zu Art 77 Anm 4. **Anm. 10.**

6. Für den Scheck sind die Verjährungsfristen und der Beginn der Verjährung der Regreßansprüche durch § 20 SchGes geregelt; vgl. Näheres in meinem ScheckgesKomm Erläuterungen zu § 20. **Anm. 11.**

Artikel 77.

Der wechselmäßige Anspruch gegen den Akzeptanten verjährt in drei Jahren, vom Verfalltage des Wechsels an gerechnet.

1. Artikel 77 bestimmt die Verjährungsfrist und den Beginn der Verjährung **für den wechselmäßigen Anspruch gegen den Akzeptanten,** der in Art 23 Abs 1 in Verbindung mit Art 81 geregelt ist. Dem Akzeptanten steht nach der in diesem Buche vertretenen Auffassung über die rechtliche Natur des Ehrenakzepts (vgl. zu Art 60 Anm 1) der Ehrenakzeptant gleich; ebenso der Avalist des Akzeptanten (vgl. zu Art 81 Anm 9; so auch Meyer Wwrecht I S. 515); ferner derjenige, der auf Grund des Art 95 als Akzeptzeichner ohne Vertretungsmacht für den Bezogenen persönlich haftet. **Anm. 1.**

2. Die Verjährungsfrist beträgt **drei Jahre, die „vom Verfalltage des Wechsels an" zu rechnen sind.** Wegen dieser Ausdrucksweise des Gesetzes war bis zum Inkrafttreten des BGB streitig, ob der Verfalltag in die Frist einzurechnen sei; doch wurde die Frage damals schon vom ROHG (3, 415) verneinend entschieden. Da jetzt die Fristenberechnung des BGB maßgebend ist (vgl. Vorbem. Anm 1), kann die Verneinung nach § 187 Abs 1 nicht zweifelhaft sein, weil der Verfall des Wechsels ersichtlich das „Ereignis" ist, das für den Beginn der Frist maßgebend sein soll, und daher der Verfalltag der Tag, in den dieses Ereignis fällt. **Anm. 2.**

Maßgebend für den Beginn der Frist ist der Verfalltag, auch wenn er auf einen Sonn- oder Feiertag fällt und deshalb der Zahlungstag des Wechsels erst der nächstfolgende Werktag ist (Art 92); a. M. Meyer Wwrecht I S. 514. An welchem Tage der Wechsel verfällt, richtet sich nach den Vorschriften der Artt 30—35; vgl. die Erläuterungen zu diesen Artikeln. Der Verfalltag ist für die Verjährung des Anspruchs gegen den Akzeptanten maßgebend, auch wenn das Akzept erst später erfolgt ist (vgl. zu Art 21 Anm 13); doch muß in einer nach Ablauf der Verjährungsfrist erfolgten Akzeptierung ein Verzicht auf die Verjährung durch den Akzeptanten (vgl. Vorbem Anm 9) und in einem Akzept während des Laufes der Frist eine Anerkennung, durch welche der Lauf der Verjährung unterbrochen wird (vgl. Vorbem Anm 5), gefunden werden. Die Vorschrift besagt nicht, daß die gesamte Zeit, welche vom Verfalltage ab verfließt, ununterbrochen in die Verjährungszeit einzurechnen ist. Sie setzt vielmehr voraus, daß die sonstigen Erfordernisse der Verjährung vorliegen. Deshalb läuft die Frist nicht während der nach dem Verfalltage liegenden Zeit, während welcher die Verjährung unterbrochen oder gehemmt ist (vgl. Vorbem Anm 5, 3), auch nicht im Falle der Stundung, mag diese vor oder nach dem Verfalle des Wechsels bewilligt sein, obwohl der Verfalltag durch Stundung nicht abgeändert werden kann. Hat der Akzeptant mit der Beschränkung akzeptiert, daß er erst an einem nach dem Verfalltage des Wechsels liegenden Tage zahlen wolle, so haftet er nur nach Maßgabe seines Akzepts (Art 22 Abs 2 WO); bis dahin ist daher auch die Verjährung des Anspruchs gegen ihn gemäß § 202 BGB gehemmt, da er so lange zur Verweigerung der Leistung berechtigt ist. In der Bestimmung eines länger als 3 Jahre nach dem Verfalltage liegenden Zahlungstages durch den Akzeptanten eine Ablehnung der Verpflichtung aus dem Wechsel durch ihn sehen zu wollen (so Rehbein Anm 3), ist durchaus abwegig. **Anm. 3.**

3. Als **Gläubiger** kommen der Aussteller, der Remittent und die Indossatare in Betracht. Gegen alle diese läuft die Verjährungsfrist des Art 77 (im Gegensatze zu der der Artt 78, 79) von dem Verfalltage, auch gegen denjenigen Indossatar, der als Indossant den Wechsel von einem Nachmanne im Regreßwege eingelöst hat, ohne Rücksicht darauf, zu welchem Zeitpunkte er den Wechsel bezahlt hat oder die Wechselklage gegen ihn erhoben worden ist; der Indossant wird deshalb, um seinen Anspruch gegen den Akzeptanten nicht verjähren zu lassen, rechtzeitig von seinem Einlösungsrechte (Art 48) Gebrauch machen müssen; doch kann er, wenn durch den bevorstehenden Ablauf der Verjährungsfrist das erforderliche Interesse an der alsbaldigen Feststellung (§ 256 ZPO) gegeben ist, auch durch Erhebung einer Feststellungsklage die Verjährung unterbrechen (vgl. Vorbem Anm 5). **Anm. 4.**

Artikel 78.

Die Regreßansprüche des Inhabers (Artikel 50) gegen den Aussteller und die übrigen Vormänner verjähren:

1. **in drei Monaten, wenn der Wechsel in Europa, mit Ausnahme von Island und den Faröern, zahlbar war;**
2. **in sechs Monaten, wenn der Wechsel in den Küstenländern von Asien und Afrika längs des Mittelländischen und Schwarzen Meeres oder in den dazu gehörigen Inseln dieser Meere zahlbar war;**
3. **in achtzehn Monaten, wenn der Wechsel in einem anderen außereuropäischen Lande oder in Island oder den Faröern zahlbar war.**

Die Verjährung beginnt gegen den Inhaber mit dem Tage des erhobenen Protestes.

Anm. 1. 1. Artikel 78 bestimmt die Verjährungsfrist und den Beginn der Verjährung für die **Regreßansprüche des Inhabers im Sinne des Art 50,** also des letzten Indossatars, der den Wechsel hat protestieren lassen, während Art 79 die gleichen Fragen für die Regreßansprüche des Indossanten, der den Wechsel im Regreßwege eingelöst hat (Art 51), regelt. Streitig ist, ob die Ansprüche des Ehrenzahlers gegen den Honoraten und dessen Vormänner, sowie gegen den Akzeptanten (Art 63) unter den Art 78 oder unter den Art 79 fallen. StStranz (zu Art 78 Anm 1) stellen ganz allgemein die Behauptung auf, daß der Ehrenzahler unter den Art 79 falle, während Bernstein (zu Art 78 § 1 S. 289) ebenso allgemein nur die Verjährungsvorschrift des Art 78 auf ihn für anwendbar hält. Beides scheint mir in dieser Allgemeinheit nicht zuzutreffen. Wenn Bernstein seine Auffassung darauf gründet, daß durch Art 63 der Ehrenzahler dem Inhaber zur Zeit des Protestes „ganz allgemein gleichgestellt" sei, so ist bereits zu Art 63 Anm 9 dargelegt, daß der Anführung des Art 50 bei dem Worte „Inhaber" in Art 63 eine so weitreichende Bedeutung nicht beigemessen werden könne, daß vielmehr bei dieser Anführung das Gesetz offenbar nur an den regelmäßigen Fall denke, in welchem der Ehrenzahler an den Inhaber, der den Wechsel hat protestieren lassen, zahlt, nicht aber an den anderen, selteneren Fall, in welchem die Ehrenzahlung an einen Indossanten, der den Wechsel im Regreßwege eingelöst hat, erfolgt, und daß diese Gesetzeslücke sachgemäß dahin auszufüllen ist, daß auf den letzteren Fall hinsichtlich der Beträge, die der Ehrenzahler fordern kann, der Art 51 angewendet wird. Diese Unterscheidung muß m. E. auch für die Frage des Verjährungsbeginnes gemacht werden. Hat daher der Ehrenzahler an den letzten Indossatar gezahlt, der den Wechsel hat protestieren lassen, so wird die Verjährungsfrist und der Beginn der Verjährung sich nach Art 78 regeln; hat er an einen Indossanten gezahlt, der den Wechsel im Regreßwege eingelöst hat, nach Art 79. Auch im ersteren Falle den Ehrenzahler hinsichtlich der Verjährung nach Art 79 zu behandeln (wie StStranz tun), erscheint angesichts der Vorschrift des Art 63 nicht wohl angängig. Das von StStranz geäußerte Bedenken, daß auf diese Weise die Verjährung gegen den Ehrenzahler zu laufen beginne, bevor er in der Lage sei, gegen die ihm Erstattungspflichtigen vorzugehen, ist übrigens nicht von erheblicher praktischer Bedeutung, da der Ehrenzahler, falls er als Notadresse oder Ehrenakzeptant auf dem Wechsel steht, gemäß Art 62 spätestens am dritten Werktage nach dem Zahlungstage von dem Notleiden des Wechsels durch Vorlage an ihn zur Zahlung Kenntnis erhält und in der Lage ist, die Zahlung sofort zu leisten und dadurch den Wechsel in seinen Besitz zu bringen, der zum Vorgehen gegen die ihm Erstattungspflichtigen erforderlich ist, und da auch die Zahlung durch einen nicht auf dem Wechsel stehenden Ehrenzahler sich in dem hier vorausgesetzten Falle wohl meist kurz nach dem Protesttage vollziehen wird, andernfalls übrigens der Ehrenzahler es in der Hand hat, wegen der etwa zum Teil oder ganz bereits abgelaufenen Verjährungsfrist für seine Erstattungsansprüche von der Ehrenzahlung Abstand zu nehmen.

Anm. 2. 2. Die **Dauer der Verjährungsfrist** (Absatz 1 des Artikels) richtet sich im Falle des Art 78 nach der Lage des Ortes, **wo der Wechsel zahlbar war.** Es ist das der gemäß Art 4 Nr. 8 im Wechsel anzugebende Ort, in Ermangelung einer anderen Angabe der bei dem Namen oder der Firma des Bezogenen angegebene Ort. Nicht in Betracht kommt für sie der Erfüllungsort der einzelnen Regreßverpflichtung, die am Wohnsitze des Regreßverpflichteten zu erfüllen ist (vgl. zu Art 50 Anm. 9); anders im Falle des Art 79. Liegt der Zahlungsort des Wechsels, also der Erfüllungsort für den Hauptschuldner, im Auslande, so würde nach den in der deutschen Rechtsprechung herrschenden Grundsätzen des internationalen Privatrechts (vgl. RGRKomm Vorbemerkung vor § 104) an und für sich in Frage kommen, ob nicht in Ermangelung einer ausdrücklichen oder stillschweigenden Vereinbarung das Recht dieses Ortes als des Erfüllungsortes für die Hauptwechselverbindlichkeit auch hinsichtlich der Verjährung zur Anwendung zu kommen habe. Indessen der Art 78 zeigt deutlich, daß er auch auf diese Fälle angewendet sein will, da er ausdrücklich die Fristen auch für Orte bestimmt, die im Auslande liegen. Dadurch wird die Anwendung ausländischen Rechts auf diese Fälle ausgeschlossen sein. A. M. anscheinend StStranz Anm 2 zu Art 78, wo gesagt ist, der Art 78 finde nur Anwendung, wenn der Regreßpflichtige zur Zeit der Eingehung der Wechselverbindlichkeit einen deutschen Wohnsitz hatte. — Eine einheitliche Frist von drei Monaten ist festgesetzt für alle in Europa, sei es in Deutschland oder im europäischen Auslande, zahlbaren Wechsel, wobei Island und die Faröer nicht zu Europa gerechnet werden; für außereuropäische Zahlungsorte beträgt die Frist sechs bzw. achtzehn Monate, je nachdem sie den Küstenländern von Asien und Afrika längs des Mittelländischen und Schwarzen Meeres angehören oder einem außerhalb dieses Gebietes liegenden außereuropäischen Lande.

3. Die Verjährung **beginnt** (Abs 2 des Artikels) gegen den in Abs 1 genannten Inhaber (vgl. oben Anm 1) mit dem Protesttage, d. h. dem Tage, an welchem der Protest erhoben worden ist, an dessen Stelle, falls Protest wegen Protesterlasses nicht erhoben worden, der Tag des Ablaufes der Protestfrist maßgebend sein muß (ROHG 4, 376 und bei Borchardt Zus 712a). Die Ausdrucksweise des Gesetzes gab auch hier, wie im Falle des Art 77 für den Verfalltag (vgl. zu Art 77 Anm 2) zu Zweifeln Anlaß, ob der für den Beginn festgesetzte Tag in die Verjährungsfrist einzurechnen sei; vgl. RGZ 11, 45; 27, 80. Auf Grund des jetzt maßgebenden § 187 BGB ist diese Frage wohl auch hier zweifellos zu verneinen, da die Frist mit dem Protesttage, d. h. dem im Laufe des Tages eintretenden Ereignisse des Protestes, aber nicht mit dem Beginn des Protesttages beginnen soll; RGZ 113, 340. Hinsichtlich der Hemmung durch Stundung gilt das in Vorbem. Anm 3 vor diesem Unterabschnitte Gesagte; vgl. auch zu Art 77 Anm 3. Für den Beginn der Frist wird nur ein Werktag in Betracht kommen, da Proteste an Sonn- und Feiertagen nicht erhoben werden und auch die Protestfrist an solchen Tagen nicht abläuft; vgl. zu Art 92 Anm 2. Die Frist **endigt** nach § 188 Abs 2 BGB an demjenigen Tage des letzten Monats, der durch seine Zahl dem Tage entspricht, in den das Ereignis — die Protesterhebung bzw. der Ablauf der Protestfrist — fällt, also bei einem am 27. 7. protestierten, in Europa zahlbaren Wechsel am 27. 10., bei einem am 31. 1. protestierten Wechsel aber am 30. 4. (§ 188 Abs 3). Fällt dieser Tag auf einen Sonntag oder allgemeinen Feiertag, so endet die Frist, da es sich um Abgabe einer Willenserklärung zur Unterbrechung der Verjährung handelt, an dem nächstfolgenden Werktage (§ 193 BGB). **Anm. 3.**

4. Über die Wirkung der Verjährung, die gegenüber einem Regreßpflichtigen eingetreten ist, auf die wechselrechtliche Verpflichtung der anderen Regreßpflichtigen vgl. die Vorbemerkungen zu diesem Unterabschnitte Anm 7. **Anm. 4.**

Artikel 79.

Die Regreßansprüche des Indossanten (Artikel 51) gegen den Aussteller und die übrigen Vormänner verjähren:

1. **in drei Monaten, wenn der Regreßnehmer in Europa, mit Ausnahme von Island und den Faröern, wohnt;**
2. **in sechs Monaten, wenn der Regreßnehmer in den Küstenländern von Asien und Afrika längs des Mittelländischen und Schwarzen Meeres oder in den dazu gehörigen Inseln dieser Meere wohnt;**
3. **in achtzehn Monaten, wenn der Regreßnehmer in einem anderen außereuropäischen Lande oder in Island oder den Faröern wohnt.**

Gegen den Indossanten läuft die Frist, wenn er, ehe eine Wechselklage gegen ihn angestellt worden, gezahlt hat, vom Tage der Zahlung, in allen übrigen Fällen aber vom Tage der ihm geschehenen Behändigung der Klage oder Ladung.

1. Art 79 bestimmt die Verjährungsfrist und den Beginn der Verjährung für die **Regreßansprüche des Indossanten im Sinne des Art 51,** d. h. desjenigen Wechselinhabers, der den Wechsel im Regreßwege eingelöst hat. Wegen der Anwendbarkeit dieser Vorschrift auf die Erstattungsansprüche des Ehrenzahlers vgl. zu Art 78 Anm 1. **Anm. 1.**

2. Die **Dauer der Verjährungsfrist** (Abs 1 des Artikels) richtet sich in diesem Falle nach der Lage des Wohnorts des Regreßnehmers. Über den Fall, daß dieser Ort im Auslande liegt, gilt das zu Art 78 Anm 2 Gesagte. Die Staffelung der Fristdauer nach Maßgabe der Lage des in Betracht kommenden Ortes ist hier in gleicher Weise vorgesehen wie in Art 78; vgl. zu Art 78 Anm 2. **Anm. 2.**

3. Beginn der Verjährung (Abs 2 des Artikels). Maßgebend hierfür ist in erster Linie der **Tag der Zahlung,** d. h. der Tag, an welchem der Indossant den Wechsel an einen seiner Nachmänner zum Zwecke des Rückerwerbs bezahlt hat. Hat er ihn auf andere Weise zurückerworben, auch unentgeltlich, so ist der Tag dieses anderweiten Rückerwerbs maßgebend (ROHG 3, 129); insbesondere wenn er den Wechsel gemäß Art 51 als Rimesse zurückerhalten hat, der Tag des Einganges dieser Rimesse. Der späteste Zeitpunkt für den Beginn der Verjährung ist aber nach dem Wortlaute des Art 79 der Tag „der ihm geschehenen Behändigung der Klage oder Ladung". Die WO nimmt hier ersichtlich auf die zur Zeit ihrer Entstehung in Geltung gewesenen landesrechtlichen Prozeßgesetze Bezug, an deren Stelle, da sie nicht mehr gelten, die Vorschriften des jetzigen Prozeßrechts zur Ergänzung heranzuziehen sein werden, ohne daß es einer Änderung **Anm. 3.**

der Vorschrift der WO, die an sich als reichsgesetzliche durch die ZPO unberührt geblieben ist, bedurfte. Nach § 267 ZPO treten alle Wirkungen, welche durch die Vorschriften des bürgerlichen Rechts an die Anstellung, Mitteilung oder gerichtliche Anmeldung der Klage, sowie an die Ladung des Beklagten geknüpft werden, mit der Erhebung der Klage ein. Diese ist daher jetzt auch für den Beginn der Verjährungsfrist des Art 79 WO maßgebend. Sie erfolgt in der Regel durch Zustellung eines Schriftsatzes oder im amtsgerichtlichen Verfahren des die Klage enthaltenden Protokolles (§§ 253, 498 ZPO), kann aber im amtsgerichtlichen Verfahren auch durch mündlichen Vortrag bewirkt werden (§ 500 Abs 2); desgleichen im Falle der Klageerweiterung (268, 269) und der Widerklage (33, 278). Die Klage muß, um den Verjährungsbeginn aus Art 79 zu bewirken, auf Verurteilung zur Zahlung gerichtet und auf den Wechsel gegründet sein; eine Feststellungsklage genügt nicht; dagegen ist nicht erforderlich, daß die Klage im Wechselprozesse erhoben worden ist. Der Klageerhebung steht gleich die Zustellung eines Zahlungsbefehls im Mahnverfahren (§ 496 Abs 2 ZPO; RGZ 24, 197; Busch ZPO zu § 267 Anm 2).

Dagegen wird § 209 Abs 2 BGB, der aufzählt, was der Klageerhebung hinsichtlich der Unterbrechung der Verjährung gleichsteht, im Falle des Art 79 nicht ohne weiteres anzuwenden sein, da es sich nicht um Unterbrechung, sondern im Gegenteil um den Beginn einer Verjährung handelt, wofür teilweise andere Gesichtspunkte in Betracht kommen. Insbesondere wird die Anmeldung im Konkursverfahren (§ 209 Abs 2 Nr. 2) für sich allein nicht genügen, da sie nicht gegenüber dem Indossanten oder seinem Konkursverwalter, sondern gegenüber dem Gerichte erfolgt (a. M. StStranz Anm 4; wie hier Bernstein § 2 unter 1b S. 291); auch wohl nicht die Streitverkündung (§ 209 Nr. 4), die nach dem System der ZPO nicht (wie Bernstein a. a. O. wohl noch im Sinne früherer Prozeßrechte annimmt) eine „Beiladung" enthält; ebensowenig die Anbringung eines Güteantrags (§ 209 Abs 2 Nr. 1a); wohl aber die Aufrechnung im Prozesse (§ 209 Abs 2 Nr. 3), da durch sie die Forderung in der gleichen Weise wie durch Zahlung getilgt wird (§ 389 BGB); auch die Vornahme von Vollstreckungshandlungen gegen den Indossanten auf Grund eines etwa bereits vorliegenden vollstreckbaren Titels (§ 209 Abs 2 Nr. 5).

Anm. 4. Die in den §§ 207, 496 Abs 3 ZPO bestimmte Zurückbeziehung der Wirkung der Zustellung des maßgebenden Schriftstücks auf den Zeitpunkt der Einreichung des Gesuchs kann auf den Fall des Art 79 keine unmittelbare Anwendung finden, da es sich nicht um Wahrung einer Frist oder um Unterbrechung der Verjährung oder einer Frist, sondern um den Beginn der Verjährung handelt. Aber auch zu einer sinngemäßen Anwendung wird kein zureichender Grund vorliegen, da eine solche Zurückbeziehung dem Gedanken des Gesetzes, daß die Verjährung erst beginnen soll, wenn der Indossant in die Möglichkeit versetzt wird, von dem gegen ihn eingeleiteten Regresse Kenntnis zu nehmen („Behändigung der Klage oder Ladung") nicht entsprechen würde. So im Ergebnisse auch StStranz zu Art 79 Anm 4.

Anm. 5. Daß der Indossant bereits tatsächlich wieder in den Besitz des Wechsels gelangt ist (Einlösung), ist, wie sich aus den vorstehend erörterten Vorschriften des Art 79 ergibt, zum Beginn der Verjährung seiner Regreßansprüche nicht erforderlich. Die Verjährung kann sonach beginnen, ehe er in der Lage ist, wegen dieser Ansprüche eine Leistungsklage zu erheben; doch kann er sie, wenn sie zu laufen begonnen hat, durch Erhebung einer Feststellungsklage oder durch Streitverkündung unterbrechen (vgl. Vorbem vor diesem Unterabschnitte Anm 5).

Anm. 6. 4. Hinsichtlich der Wirkung der gegen einen Wechselinhaber, von dem der Indossant den Wechsel eingelöst hat, bei der Einlösung bereits eingetreten gewesenen Verjährung auf den Regreßanspruch des Einlösers gegen einen Vormann vgl. Vorbem zu diesem Unterabschnitte Anm 8. Der Grundsatz der Selbständigkeit der einzelnen Wechselverpflichtungen äußert sich auch darin, daß die Verjährung gegen jeden Wechselgläubiger gesondert beginnt und daß deshalb die Unterbrechung der Verjährung, die durch einen Wechselgläubiger gegenüber einem Regreßpflichtigen erfolgt ist, nicht den gemäß Art 79 eintretenden Beginn und Ablauf der Verjährung des Anspruchs eines anderen Wechselgläubigers (Indossanten), der den Wechsel von dem früheren Wechselgläubiger eingelöst hat, gegen den gleichen Regreßpflichtigen hindert (ROHG 22, 413; 5, 361).

[Artikel 80.

Die Verjährung (Artikel 77 bis 79) wird nur durch Behändigung der Klage unterbrochen, und nur in Beziehung auf denjenigen, gegen welchen die Klage gerichtet ist. Jedoch vertritt in dieser Hinsicht die von dem Verklagten geschehene Streitverkündigung die Stelle der Klage.]

Der Art 80 der WO war bereits durch Art 13 EGzZPO und § 3 Abs 3 EGzKO dahin abgeändert worden, daß als weitere Unterbrechungsgründe auch die in den §§ 207, 281, 500 Abs 2, 510 c Abs 2 ZPO jetziger Fassung bezeichneten prozessualen Handlungen, sowie die Anmeldung im Konkursverfahren (§ 13 KO früherer Fassung) zugelassen wurden. Durch Art 8 Nr. 2 EGzHGB vom 10. 5. 1897 (RGBl 437) ist der Art 80 WO aufgehoben und demgemäß für Deutschland mit dem 1. 1. 1900 außer Kraft getreten. Es gelten nunmehr auch für die Unterbrechung der Wechselverjährung in Deutschland die Vorschriften des allgemeinen Verjährungsrechts; vgl. Vorbem vor diesem Unterabschnitte Anm 1a.

In Österreich ist der Art 80 in Geltung geblieben, nur ist durch § 8 der österreichischen KO als Unterbrechungsgrund auch die Anmeldung zum Konkurse zugelassen. Im übrigen sind dort weitere als die in Art 80 zugelassenen Unterbrechungsgründe — Behändigung der Klage oder Ladung und Streitverkündung — ausgeschlossen, insbesondere auch die Anerkennung; vgl. Vorbem Anm 1a.

Anhänge
zum Unterabschnitt XIII (Artt 77—80).

I. Ausländische Wechselgesetzgebungen.

1. Von den Ländern der deutschrechtlichen Gruppe hat die Mehrzahl die Vorschriften der DWO grundsätzlich übernommen, jedoch mit zahlreichen Abweichungen im einzelnen (Ungarn §§ 84ff., Schweiz Artt 803—807, Bulgarien Artt 612—614, Japan Art 443, skandinavische Gesetze § 78). So beginnt in der Schweiz die Verjährung erst mit dem Ablaufe einer etwa bewilligten Stundung (Art 803 Abs 2); in Skandinavien beginnt sie gegen den Inhaber (letzten Indossatar) nicht erst mit dem Protest-, sondern schon mit dem Verfalltage. Portugal (Art 339) setzt den Beginn der Verjährung für alle Wechselansprüche auf den Verfalltag und die Frist auf fünf Jahre fest. Die Fristen für die Verjährung der Regreßansprüche betragen: in der Schweiz 1, 3 und 12 Monate; in Skandinavien 6 Monate und 1 Jahr. Hinsichtlich der Hemmung und der Unterbrechung gelten in den meisten Ländern dieser Gruppe die Vorschriften des allgemeinen Verjährungsrechts; besondere Vorschriften darüber für die Wechselverjährung finden sich in Ungarn (§ 89: Nichtbeginn der Verjährung während des Konkurses des Wechselschuldners; § 88: Nichtberücksichtigung von Amts wegen); Bulgarien (615: Unterbrechung nur durch Klage und Streitverkündung an den Vormann). Vgl. Näheres bei Meyer, Wwrecht S. 519 ff. Italien (Artt 320ff.) und Rumänien (Artt 346ff.) haben sich hinsichtlich des Erlöschens der Wechselansprüche durch Zeitablauf im wesentlichen dem französischen System angeschlossen; die Darstellung des in den genannten Ländern geltenden Rechts wird deshalb im Anschluß an die des französischen Rechts (unten zu 2) erfolgen. Auch in Rußland hatte das frühere Gesetz unter ausdrücklicher Ablehnung der in den auswärtigen Wechselgesetzgebungen enthaltenen Anwendung der Verjährungsgrundsätze die Wirkung des Zeitablaufs bei Wechselverpflichtungen grundsätzlich nach dem System der Präklusivfristen geregelt (§§ 73 bis 77, 112 bis 114 Gesetz von 1902 und die Motive bei § 73). In ausgesprochenem Gegensatze dazu hat das neue russische Gesetz (§§ 32, 33) die Ansprüche aus Wechseln grundsätzlich dem allgemeinen Verjährungsrechte (russisches BGB von 1922 §§ 44 bis 51) unterworfen und nur die Fristen besonders bestimmt, und zwar für die Klagen des Wechselinhabers (d. h. des Inhabers zur Zeit des Verfalles) gegen den Wechselgeber des eigenen und den Akzeptanten des gezogenen Wechsels auf drei Jahre vom Eintritt der Fälligkeit, gegen die Indossanten und den Trassanten auf neun Monate vom Tage der Protesterhebung; für die Klagen des Indossanten, der den Wechsel (im Wege des Regresses) bezahlt hat, gegen die vorhergehenden Indossanten auf sechs Monate vom Tage der Bezahlung, mit der Maßgabe, daß nach Ablauf von drei Jahren vom Tage der Fälligkeit die Erhebung von Klagen zwischen den Indossanten unzulässig ist. Aus den Bestimmungen des russischen BGB über die allgemeine Klagenverjährung ergibt sich ferner, daß das Gericht in allen Fällen, in denen es die Gründe für stichhaltig hält, aus denen die Frist für die Klageverjährung versäumt ist, diese Frist verlängern kann (§ 49); daß die Verjährung von Amts wegen zu berücksichtigen ist (Freund, Vorbem vor § 44); daß das nach eingetretener Verjährung Geleistete nicht zurückgefordert werden kann (naturalis obligatio, § 47) und daß die Klageverjährung auch durch Anerkennung unterbrochen wird (§ 50). **Anm. 1.**

2. Der **französische** Code de commerce kennt zwei verschiedene Arten der Einwirkung des Zeitablaufes auf die Wechselverbindlichkeiten, nämlich einmal für die Regreßverbindlichkeiten den Ablauf der (kürzeren) Ausschlußfristen, die für die Ausübung der Garantieklage gegen die Regreßpflichtigen festgesetzt sind (déchéance; Art 164 bis 172) und sodann für alle Wechselverbindlichkeiten die Verjährung (prescription; Art 189). Die déchéance tritt ein, wenn der Wechselinhaber, d. h. der Inhaber zur Zeit des Verfalls, der den Wechsel hat protestieren lassen, nicht innerhalb der bestimmten Ausschlußfristen, die vom Tage nach dem Protesttage ab laufen, dem Vormanne, den er als Einzelnen (individuell) verfolgen will, oder den Vormännern, gegen die er den Regreß zusammen (kollektiv) ausüben will, den Protest notifiziert und im Falle der Nichteinlösung sie vor Gericht geladen hat (cité en jugement; Artt 164 Abs 1, 165, 167). Die Fristen sind verschieden bemessen, nämlich für im kontinentalen französischen Inlande ausgestellte und zahlbare Wechsel je nachdem der in Anspruch genommene Indossant (cédant) in größerer oder geringerer Entfernung von dem Zahlorte des Wechsels domiziliert ist, und zwar beträgt die Frist bei Entfernungen bis zu 5 Myriameter 15 Tage und verlängert sich um je einen Tag für je $2^1/_2$ Myriameter der darüber hinausgehenden Entfernung (Art 165); während bei vom französischen kontinentalen Inlande auf das außerkontinentale **Anm. 2.**

Inland oder auf das Ausland gezogenen Wechseln die Fristen für Ansprüche gegen in Frankreich wohnende Regreßpflichtige je nach der Entfernung des Landes, in dem sie zahlbar sind, vom französischen Gebiete, von einem bis zu acht Monaten steigen und für überseeische Länder im Falle eines Seekrieges verdoppelt werden (Art 166). Diese Fristen laufen, wenn der Inhaber den Regreß gegen mehrere Indossanten und den Zieher kollektiv ausübt, in bezug auf jeden von diesen besonders (Art 167 Abs 1). Die gleichen Fristen laufen gegen jeden Indossanten, der weiteren Regreß gegen einen Vormann oder kollektiv gegen seine Vormänner ausüben will, von dem Tage nach seiner Vorladung vor Gericht (Art 167 Abs 2, 3). Ihr Ablauf hat den Verlust aller Regreßansprüche des Inhabers gegen die Indossanten und in gleicher Weise der Indossanten gegen ihre Vorindossanten (cédants), sowie gegen den Aussteller selbst zur Folge, wenn dieser beweist, daß zur Zeit des Verfalles des Wechsels Provision (vgl. Anhang I zu Art 8 DWO Anm 18) vorhanden war; der Inhaber behält in diesem Falle nur die Klage gegen den Bezogenen (auf Rückgabe der Provision), Art 170. Die déchéance tritt außer Kraft gegen den Zieher oder Indossanten, der nach Ablauf der Ausschlußfrist durch Verrechnung, Aufrechnung oder auf sonstige Weise die zur Zahlung des Wechsels bestimmten Beträge erhalten hat (Bereicherungsanspruch; Art 171). — Die Verjährung kommt nur in Frage, wenn eine déchéance nicht eingetreten ist. Die Verjährungsfrist beträgt für alle Wechselklagen fünf Jahre vom Tage des Protestes oder des letzten gerichtlichen Verfolgungsaktes, wenn nicht vorher Verurteilung erfolgt ist oder wenn die Schuld nicht durch besonderen Akt anerkannt ist; doch sind die als Schuldner in Anspruch Genommenen verpflichtet, eidlich zu bekräftigen, daß nichts mehr geschuldet wird (Art 189). Ist vorher eine rechtskräftige Verurteilung oder ein Anerkenntnis erfolgt, so greift die dreißigjährige Verjährung des allgemeinen Verjährungsrechts Platz.

Anm. 3. Grundsätzlich das gleiche System, wie das französische Recht, haben Italien (320ff. 919) und Rumänien (345ff., 941) in ihren Gesetzgebungen zum Ausdrucke gebracht. Die Ausschlußfristen bestimmen sich bei im Inlande zahlbaren Wechseln danach, ob der Wechselzahlort und der Wohnort des Wechselschuldners innerhalb des Bezirks des gleichen Appellationsgerichts liegen (15 Tage) oder innerhalb der Bezirke zweier aneinander grenzender Appellationsgerichte (20 Tage) oder ob dies nicht zutrifft (25 Tage). Sie verdoppeln sich bei Wechseln vom Festlande auf die italienischen Inseln oder umgekehrt, sowie im Falle eines Seekrieges. Bei im Auslande zahlbaren, in Italien ausgestellten Wechseln betragen die Fristen für den Rückgriff gegen die in Italien wohnenden Regreßpflichtigen 60, 120 und 240 Tage, je nach der Lage des Wechselzahlortes; sie verdoppeln sich im Falle eines Seekrieges bei Zahlorten, deren Verkehr mit Italien ganz oder teilweise überseeisch stattfindet (Art 321). Die Fristen beginnen für den Regreß des Inhabers zur Zeit des Verfalls mit dem Tage des Protestes oder der zugelassenen Privatdeklaration (vgl. Anhang I zu Unterabschnitt VIII Anm 2); für den Regreß der Indossanten mit dem Tage der gerichtlichen Vorladung oder einer etwaigen früheren Zahlung. Die Verjährungsfrist beträgt für alle Wechselansprüche fünf Jahre; sie beginnt mit dem Tage der Fälligkeit, bei Sicht- und Nach-Sicht-Wechseln, die nicht zur Annahme vorgelegt sind, mit dem letzten Tage der Sicht- oder Nach-Sicht-Frist. — Eine Unstimmigkeit besteht sowohl in Frankreich wie in Italien insofern, als nach dem Wortlaut der Gesetze auch die Dauer der Ausschlußfristen für den weiteren Regreß des Indossanten (Rembourregreß) sich nach dem Zahlorte des Wechsels bestimmen soll, wodurch, namentlich bei im Auslande zahlbaren Wechseln, absurde Folgen entstehen können, die besonders von Vivante (Nr. 1349) hervorgehoben werden, der deshalb dazu gelangt, das Gesetz gegen seinen Wortlaut dahin auszulegen, daß die Dauer der Fristen für den Rembourregreß sich nach der Lage des Wohnorts des Indossanten, der den Rückgriff nimmt, richtet, entsprechend dem Art 79 DWO. — Die meisten außerfranzösischen Länder des französischen Wechselrechtsgebiets haben die Vorschriften des französischen Code de commerce im wesentlichen übernommen, mit Abweichungen im einzelnen hinsichtlich der Dauer und des Beginnes der Ausschluß- und Verjährungsfristen; vgl. Näheres bei Meyer Weltwechselrecht I S. 533ff. Auch Belgien (Artt 56ff.) hat sich dem französischen System angeschlossen, dabei aber zur Ergänzung des französischen Art 167 Code de comm. bestimmt, daß die Frist für den Rembourregreßnehmer vom Tage nach der Ladung vor Gericht „oder nach der durch ihn geschehenen Einlösung des Wechsels" läuft. Auch in Belgien nimmt die Rechtslehre an, daß für den Rembourregreß hinsichtlich der Dauer der Ausschlußfristen nicht der Zahlungsort, sondern der Wohnort des Regreßnehmers maßgebend ist (Namur Nr. 677; Jitta S. 140ff.). Die Verjährung beginnt nicht mit dem Protesttage, sondern mit dem übernächsten Tage nach Fälligkeit, also mit dem Ablaufe der Protestfrist. Die Gesetze der Niederlande (Artt 206, 207) und ihrer Kolonien haben das französische System nicht übernommen, sondern in Anlehnung an die DWO die Wechselverjährung geregelt; ebenso Spanien, das aber für alle Wechselrechte, auch die Regreßansprüche, eine einheitliche dreijährige Verjährung vom Verfalltage ab bestimmt hat.

Anm. 4. **3. In den angelsächsischen Wechselrechten** besteht auch für Wechselansprüche lediglich die allgemeine Verjährungsfrist von sechs Jahren (Limitation act von 1623). Die Verjährungsbestimmungen (statute of limitation) ergreifen nicht die Schuld, sondern entziehen ihr nur die gerichtliche Hilfe (the remedy); die Verjährung muß deshalb besonders geltend gemacht werden (specially pleaded) und richtet sich ausschließlich nach dem Rechte des Landes, vor dessen Gerichte sie gebracht wird (Daniel II § 1214). Die Verjährungsfrist beginnt zu laufen (the statute of limitation begins to run) mit dem Tage, an dem das Klagerecht anfällt (the right of action accrues); daher für die Ansprüche gegen den Akzeptanten in der Regel vom Verfalltage, bei Akzept nach Verfall vom Akzepttage, bei Akzept unter Bestimmung eines Zahltags von diesem ab. Der Zahltag wird in die Frist nicht eingerechnet. Bei Sicht-Wechseln beginnt die Verjährung des Anspruchs gegen den Akzeptanten mit der Sicht, bei Nach-Sicht-Wechseln mit dem Tage oder Ereignisse nach Sicht, die im Wechsel benannt sind. Bei Wechseln auf Anfordern (on demand, vgl. Anhang I zu Art 4 Anm 5) dagegen wird angenommen, daß die Verjährung unmittelbar nach Ausstellung und Begebung des Wechsels beginnt, da bei solchen Wechseln Zahlung jederzeit ohne weiteres gefordert werden kann. Bei Wechseln auf eine bestimmte Zeit nach Anfordern oder nach Kündigung muß ein wirkliches Zahlungsverlangen oder eine Kündigung (notice) erfolgen, um die Fälligkeit herbeizuführen, von der ab dann die Verjährung beginnen kann (Daniel II Nr. 1215). Die Verjährung der Regreßansprüche des Inhabers zur Zeit des Verfalles, sowie der Indossanten, die ihn eingelöst haben, läuft von dem Empfange der Notanzeige (vgl. Anhang I zu Unterabschnitt VIII Anm 12); soweit solche nicht erforderlich, von der Dishonorierung des Wechsels ab. Die Verjährung beginnt nicht gegen Minderjährige, Ehefrauen, soweit nicht die Wechselforderung zu ihrem Sondergute gehört, Geisteskranke und Abwesende; ist der Wechselschuldner über See, so läuft die Frist erst 6 Jahre nach seiner Heimkehr ab. Durch schriftliches Anerkenntnis wird die Verjährung unterbrochen.

4. Das neue **tschechoslowakische Wechselgesetz** schließt sich hinsichtlich der Wechselverjährung (§§ 80—85) grundsätzlich an die DWO an. Ausdrücklich bestimmt ist (§ 80), daß die dreijährige Verjährungsfrist des Anspruchs gegen den Akzeptanten bei Wechseln auf Sicht, die nicht innerhalb der für solche Wechsel bestimmten Präsentationsfrist zur Zahlung präsentiert worden sind, vom Tage des Ablaufs dieser Präsentationsfrist an läuft. Die Fristen für die Regreßansprüche des Wechselinhabers und der Regreßschuldner, die den Wechsel eingelöst haben, betragen 3 bzw. 6 Monate, je nachdem der Wechsel in Europa oder außerhalb Europas zahlbar ist, bzw. (beim Remboursregresse) der Regreßnehmer in oder außerhalb Europas wohnt (§§ 81 Abs 1, 82 Abs 1). Der Beginn der Verjährung der Regreßansprüche ist gegen den Inhaber auf den ersten Tag nach erhobenem Proteste oder, wenn der Protest erlassen war, nach dem Verfalltage des Wechsels; gegen den Regreßschuldner, der den Wechsel eingelöst hat, wenn er bezahlt hat, bevor eine Klage gegen ihn angestellt wurde, auf den ersten Tag nach der Zahlung, in allen übrigen Fällen auf den ersten Tag nach der Behändigung der Klage bestimmt (§§ 81 Abs 2, 82 Abs 2). Als Unterbrechungsgründe der Wechselverjährung läßt das Gesetz nur die Einbringung der Klage, die Anmeldung der Wechselforderung im Konkurse und die Streitverkündung oder die Geltendmachung des wechselmäßigen Anspruchs durch den Beklagten im Prozesse (wohl durch Aufrechnung oder Widerklage) zu; außerdem bestimmt es (wie Art 71 der Haager EWO), daß die Unterbrechung nur gegen denjenigen wirkt, in dessen Person die Tatsache eingetreten ist, welche die Unterbrechung bewirkt (§ 83). Eine Hemmung der Verjährung soll nur durch „rechtskräftige Einleitung des Amortisationsverfahrens“ (d. h. wohl durch einen dieses Verfahren einleitenden Beschluß, der nicht mehr mit einem Rechtsmittel anfechtbar ist) bewirkt werden, jedoch ohne daß dadurch die Vorschriften der Konkurs- und Ausgleichsordnung, die eine Hemmung im Falle der Einleitung des betreffenden Verfahrens anordnen, berührt werden (§ 84). Schließlich enthält das Gesetz noch eine Entscheidung der Frage, ob und wann die Wechselverjährung von Amts wegen zu berücksichtigen ist, und zwar in dem Sinne, daß eine solche Berücksichtigung nur zu erfolgen hat, wenn es sich um Erlaß eines Wechselzahlungsauftrags handelt, nicht also wenn Klage im ordentlichen oder Wechselprozesse erhoben ist, so daß auch Versäumnisurteil ungeachtet anscheinender Verjährung zu erlassen ist (§ 85). **Anm. 5**

5. Die neuen Wechselgesetze von **Polen und Jugoslawien** schließen sich hinsichtlich der Dauer und des Beginnes der Verjährungsfristen, sowie hinsichtlich der subjektiven Wirkung der Unterbrechung (Polen Artt 70, 73; Jugoslawien §§ 78, 83) an die Artt 70, 71 des Haager Entwurfs einer EWO (vgl. den Anhang II zu diesem Unterabschnitte) an, enthalten aber außerdem noch selbständige Vorschriften über die Unterbrechung und Hemmung der Verjährung, sowie über ihren Wiederbeginn nach Unterbrechung (Polen Artt 71, 72, 74; Jugoslawien §§ 80—82, 84). **Anm. 6.**

II. Künftiges einheitliches Wechselrecht.

Die Haager EWO und das Genfer EWG behandeln den Einfluß des Zeitablaufs auf die Wechselverbindlichkeiten übereinstimmend in Kapitel XI (Artikel 70 und 71) unter der Überschrift: „Von der Verjährung“. Die Vorschriften lauten wie folgt: **Anm. 7.**

1. Art 70 HEWO, 70 GEWG: **Anm. 8.**

„Alle Klagen, die aus dem Wechselbriefe gegen den Annehmer hervorgehen (résultant), werden in drei Jahren verjährt, die von dem Datum der Fälligkeit zu berechnen sind.

Die Klagen des Inhabers gegen die Indossanten und gegen den Aussteller werden in einem Jahre von dem Datum des in nützlicher Frist errichteten Protestes oder im Falle der Klausel: „Zurück ohne Kosten“ von dem der Fälligkeit an verjährt.

Die Regreßklagen der Indossanten gegeneinander und gegen den Aussteller werden in sechs Monaten von dem Tage an, wo der Indossant den Brief eingelöst hat, oder von dem Tage, wo er selbst verklagt worden ist, verjährt.“

Anm. 9. **2. Art 71 HEWO, 71 GEWG:**

„Die Unterbrechung der Verjährung wirkt nur gegen denjenigen, in bezug auf den die unterbrechende Handlung geschehen ist.“

Anm. 10. **3. Haager Abkommen Art 16, Genfer Abkommen Annexe II Art 17:**

„Der Gesetzgebung jedes Staates steht es zu, die Gründe der Unterbrechung und der Hemmung der Verjährung der Klagen zu bestimmen, die aus einem Wechselbriefe hervorgehen, über den seine Gerichte zu erkennen haben. Die anderen Staaten haben die Befugnis, die Bedingungen zu bestimmen, unter welchen sie solche Gründe anerkennen wollen. Das gleiche gilt von der Wirkung einer Klage als Mittel, um die Verjährungsfrist, die in Art 70 Abs 3 der Wechselordnung vorgesehen ist, in Lauf zu setzen.“

Erläuterung.

Anm. 11. Bei den Verhandlungen der **Genfer Wechselrechtskonferenz** wurde vorgeschlagen, mit Rücksicht darauf, daß die Gründe der Unterbrechung und der Hemmung je nach den Gesetzgebungen verschieden sind, um in dieser Materie Gesetzeskonflikte zu vermeiden, die Verjährungsfristen durch Ausschlußfristen (délais de déchéance) zu ersetzen; aber da die Unterschiede zwischen der Verjährung und dem Ausschluß in den verschiedenen Gesetzgebungen nicht die gleichen sind, wurde eingewendet, daß die Folgen dieser Ersetzung nicht klar sein würden und daß die Frage eine vertiefstere Prüfung erfordere; die Konferenz entschied deshalb, sich an den Begriff der Verjährung zu halten (Bericht der Redaktionskommission Nr. 145, Compte rendu S. 148). In den demgemäß unverändert gebliebenen Vorschriften der Haager EWO ist das reine Verjährungssystem der DWO übernommen worden. Auch der in dem Haager Abkommen (Art 16) vorgesehene Vorbehalt ist als Art 17 der für zulässig erklärten Vorbehalte in das Genfer EWG (Annexe II zu dem Abkommen) unverändert übernommen. Bei den Genfer Verhandlungen hatte eine Delegation auf die fundamentale Wichtigkeit aufmerksam gemacht, in dieser Materie weniger veränderungsfähige (variables) Regeln aufzustellen, aber in Ermangelung hinreichender vorbereitender Studien glaubte die Konferenz, daß, obwohl das Problem verdiene im Auge behalten zu werden, um den Gegenstand von Studien einer anderen Konferenz zu bilden, es in diesem Augenblicke nicht gelöst werden könne (Bericht der Redaktionskommission Nr. 175, S. 153 des Compte rendu). Es verblieb sonach dabei, daß lediglich die in Art 71 vorgesehene Vorschrift aufgenommen wurde, durch welche ausgesprochen wird, daß die Verjährung ausschließlich gegen denjenigen Wechselschuldner unterbrochen wird, in bezug auf den der Unterbrechungsakt vorgenommen wird, also insbesondere nur gegen den verklagten Schuldner oder denjenigen Schuldner, der seine Verbindlichkeit anerkannt hat, was dem im deutschen Rechte vertretenen Grundsatze (vgl. Vorbem II vor diesem Unterabschnitte unter 3 c Anm 8) entspricht, und daß im übrigen den Einzelstaaten ausdrücklich die Befugnis vorbehalten ist, die Gründe für die Unterbrechung und Hemmung der Verjährung der Wechselklagen zu bestimmen (Art 16/17 der Vorbehalte, oben Anm 10). Dadurch wird aber nicht ausgeschlossen, daß auch in allen übrigen Punkten, welche die Verjährung betreffen, namentlich hinsichtlich ihrer Dauer und ihres Beginnes, die Vorschriften der Landesgesetze maßgebend bleiben, und zwar sowohl die des allgemeinen Rechts, wie die für Wechselklagen besonders gegebenen Vorschriften, solange nicht die in Aussicht genommene weitere Verständigung darüber erfolgt ist.

XIV. Klagerecht des Wechselgläubigers.

Vorbemerkung.

Der 14. Unterabschnitt der WO beschäftigt sich unter der wenig bezeichnenden und nicht erschöpfenden Überschrift: **„Klagerecht des Wechselgläubigers“** in den Artikeln 81—83 teils mit der materiell-rechtlichen Wirkung der Wechselverpflichtungen, teils mit ihrer gerichtlichen Geltendmachung. Und zwar behandelt Art 81 die Wirkungen, die sich aus der solidarischen Haftung der sämtlichen Wechselverpflichteten ergeben; Art 82 die Gestaltung der Verteidigung gegen die Klage des Wechselgläubigers (die gegen sie zulässigen „Einreden“); Art 83 den nach Erlöschen der Wechselverbindlichkeit im übrigen unter Umständen zurückbleibenden Bereicherungsanspruch.

Artikel 81.

Die wechselmäßige Verpflichtung trifft den Aussteller, Akzeptanten und Indossanten des Wechsels sowie einen jeden, welcher den Wechsel, die Wechselkopie, das Akzept oder das Indossament mitunterzeichnet hat, selbst dann, wenn er sich dabei nur als Bürge (per aval) benannt hat. Die Verpflichtung dieser Personen erstreckt sich auf alles, was der Wechselinhaber wegen Nichterfüllung der Wechselverbindlichkeit zu fordern hat. Der Wechselinhaber kann sich wegen seiner ganzen Forderung an den einzelnen halten; es steht in seiner Wahl, welchen Wechselverpflichteten er zuerst in Anspruch nehmen will.

1. Der Artikel hat den Fall im Auge, der bei einem gezogenen Wechsel die Regel bildet, daß nämlich mehrere Personen aus ihm verpflichtet sind. Er spricht in Satz 1 aus, welche Personen die wechselmäßige Verpflichtung trifft; in Satz 2 bestimmt er, worauf sie sich erstreckt; in Satz 3 regelt er die Verpflichtung der mehreren Wechselverpflichteten und ihre Inanspruchnahme auf der Grundlage der Solidarität. **Anm. 1.**

2. (Satz 1). Daß der Aussteller, der Akzeptant und die Indossanten eines Wechsels aus ihm wechselmäßig verpflichtet sind, ergibt sich bereits aus den vorhergehenden Vorschriften; vgl. Art 8 (Verpflichtung des Ausstellers); Art 23 (Verpflichtung des Akzeptanten); Art 14 (Haftung der Indossanten). Das Neue, das dieser Satz des Artikels bringt, besteht in der Bestimmung, daß auch die Mitunterzeichner des Wechsels oder der Wechselkopie, des Akzepts und des Indossaments wechselmäßig haften, d. h. diejenigen, die ihre Namensschrift auf den Wechsel gesetzt haben im Anschluß an die Namenszeichnung des Ausstellers, der den Wechsel unterzeichnet hat, des Akzeptanten oder eines Indossanten. Mitunterzeichnung in diesem Sinne liegt nicht vor, wenn ein Wechsel von mehreren Personen ausgestellt, akzeptiert oder durch ein Indossament übertragen ist; vgl. über die Zulässigkeit mehrerer Aussteller zu Art 4 Anm 36; mehrerer Bezogener (und in diesem Falle mehrerer Akzeptanten) zu Art 4 Anm 45; mehrerer Indossanten des gleichen Indossaments zu Art 9 Anm 2. Sie setzt vielmehr eine Zeichnung voraus, welche zum Ausdruck bringt, daß der Namenszeichner für den Akzeptanten, Aussteller oder einen bestimmten Indossanten eintreten und deren Verpflichtungen übernehmen will, ohne selbst als Akzeptant, Aussteller oder Indossant in das Wechselverhältnis einzutreten. Ein solches Eintreten wird in der internationalen Wechselsprache als **Aval**; der Eintretende als **Avalist** bezeichnet. **Anm. 2.**

a) Rechtliche Natur des Avals. Das Aval unterscheidet sich von der Bürgschaft des bürgerlichen Rechts (§§ 765 ff.) dadurch, daß es nicht wie diese streng akzessorisch, d. h. von dem jeweiligen Bestehen der Hauptverbindlichkeit abhängig ist (§ 767 BGB), sondern eine selbständige Verpflichtung begründet, die unabhängig davon ist, ob die Verpflichtung des Akzeptanten, Ausstellers oder Indossanten, für den es geleistet wird, in Wirklichkeit überhaupt oder in geringerer Höhe besteht (so Bernstein zu Art 81 unter 3 a S. 304; StStranz Anm 16 — die dort angeführten Entscheidungen des ROHG 14, 405 und 18, 369 betreffen aber keine Avalfälle, sondern Unterzeichnung des Wechsels durch mehrere Aussteller —; RGZ 40, 58). Der Avalist wird deshalb verpflichtet, auch wenn der Wechselschuldner, für den er das Aval geleistet hat, nicht verpflichtet ist, sei es wegen Geschäftsunfähigkeit oder weil seine Unterschrift gefälscht ist oder weil ihm persönliche Einreden aus Art 82 WO zustehen. Erforderlich ist nur, daß eine äußerlich ordnungsmäßige Akzept-, Aussteller- oder Indossanten-Zeichnung von dem Avalisten mitgezeichnet wird (RGZ a. a. O.). Keine Verpflichtung entsteht daher aus einem Aval für eine Person, die den Wechsel akzeptiert hat, ohne Bezogener zu sein (ROHG 18, 141); ebensowenig aus einem Aval für den Aussteller, wenn dem Wechsel die Unterschrift des Ausstellers fehlt (RGZ 10, 3), ein Fall übrigens, in welchem überhaupt keine Wechselverbindlichkeit entstehen kann, da ein wesentliches Wechselerfordernis (Art 4 Nr. 5) fehlt; der Avalist wird auch nicht verpflichtet, wenn das Aval für einen Indossanten geleistet ist, der ohne Obligo indossiert hat (Bernstein S. 304). Ungeachtet dieser Selbständigkeit wird das Aval vielfach als „Wechselbürgschaft" bezeichnet, mit Rücksicht darauf, daß es in der Regel zum Zwecke der Sicherheitsleistung für die Verpflichtung eines bestimmten Wechselschuldners erfolgt. **Anm. 3.**

Die in dem Aval liegende Garantieübernahme ist aber regelmäßig ausschließlich eine wechselmäßige; die Absicht des Eintretens für die Schuld eines anderen bildet lediglich das Motiv und den Zweck dafür; es entsteht deshalb nicht neben der Wechselverbindlichkeit eine zivilrechtliche Bürgschaft; vielmehr bedarf es besonderer, aus den Verhandlungen der Parteien sich klar ergebender Anhaltspunkte für die Annahme, daß die Parteien auch die Eingehung einer zivilrechtlichen Bürgschaft vereinbaren wollten. Das gilt, wie bei anderen zum Zwecke der Garantieübernahme eingegangenen Wechselverpflichtungen (Indossament: ROHG 2, 365; Mitausstellung eines Eigenwechsels: RGZ 4, 10; 8, 46), auch für die Übernahme einer Avalverpflichtung (RGZ 40, 60). Übrigens wird durch die Wechselzeichnung allein die für die bürgerlich-rechtliche Bürgschaft regelmäßig vorgeschriebene Form der schriftlichen Abgabe der Bürgschaftserklärung (§ 765 BGB) nicht als erfüllt erachtet werden können (RGZ 51, 113). Andrerseits wird, wenn die Er- **Anm. 4.**

klärung auf dem Wechsel in der Form des Avals abgegeben ist, die wechselmäßige Verpflichtung dadurch nicht ausgeschlossen, daß die Parteien lediglich die Eingehung einer zivilrechtlichen Bürgschaft beabsichtigt haben, auch wenn diese Absicht in Zusätzen wie „als Bürge" oder in Ausstellung einer besonderen Bürgschaftsurkunde auf dem Wechsel ihren Ausdruck gefunden hat (ROHG 12, 148; 18, 301; a. M. anscheinend RG 40, 60); vgl. auch unten zu b.

Anm. 5. **b)** Hinsichtlich der **Form und des Inhalts des Avals** bestimmt das Gesetz, daß jede „Mitunterzeichnung" des Wechsels, der Wechselkopie, des Akzepts oder eines Indossaments die wechselrechtliche Verpflichtung des Unterzeichners zur Folge hat. Unterzeichner des Wechsels ist der Aussteller; Mitunterzeichnung des Wechsels ist also eine Namensschrift, welche sich an diejenige des Ausstellers anschließt und, wie diese, am Schlusse des Wechseltextes steht. Doch kann auf Grund der ausdrücklichen Vorschrift des Gesetzes die Mitunterzeichnung nicht nur auf dem Originale des Wechsels (Sola-Exemplar oder Duplikat, vgl. Art 66), sondern auch auf einer Kopie des Wechsels erfolgen, also im Anschluß an die auf dieser befindliche Abschrift der Ausstellerunterschrift, da die Urschrift dieser Unterschrift als wesentlicher Bestandteil des Wechsels (Art 4 Nr. 5) sich nicht auf einer Kopie befinden kann. Die Mitunterzeichnung des Akzepts wird dagegen nur auf dem Exemplare des Wechsels erfolgen können, auf dem die Urschrift des Akzepts steht, also nicht auf einer Kopie, da die Unterzeichnung einer Abschrift des Akzepts nicht „Mitunterzeichnung des Akzepts" ist. Ebenso wird die Mitunterzeichnung eines Indossaments auf einer Kopie nur dann erfolgen können, wenn das Indossament in Urschrift auf der Kopie steht. A. M. für beide Fälle Bernstein zu Art 81 unter 2 b S. 303. Besteht das Akzept oder das Indossament nur aus einer Namensschrift (Art 21 Abs 3; Art 12), so genügt auch als Aval die bloße Namensschrift des Avalisten in räumlichem Anschlusse an die des Akzeptanten oder Indossanten.

Anm. 6. Die Unterzeichnung (Zeichnung) des Avals muß, um verpflichtend zu sein, wie die der übrigen Wechselverpflichteten (vgl. für den Aussteller Art 4 Nr. 5, für den Indossanten Art 12, für den Akzeptanten Art 21 Abs 3), mit dem Namen oder der Firma erfolgen (RGZ 68, 155). Daß die Mitunterzeichnung des Akzepts durch eine Person, die nicht Bezogener ist, nur als Avalierung wirksam sein kann, ist ohne Weiteres ersichtlich, da ein Nicht-Bezogener nicht akzeptieren kann; vgl. zu Art 21 Anm 5. Ebenso die Mitunterzeichnung eines Indossaments durch eine Person, die in dem vorhergehenden Vollindossamente nicht als Indossatar benannt ist. War dagegen das vorhergehende Indossament ein Blanko-Indossament, so bedarf die Mitzeichnung des Indossaments, um als Aval wirksam zu sein, eines Zusatzes, der klarstellt, daß der Zeichner nicht als Indossant, sondern nur als Avalist für den Indossanten verpflichtet sein will. Gleiches gilt in allen Fällen für das Aval bei der Ausstellerunterschrift; es muß zu erkennen geben, daß der Mitunterzeichner nicht als Mitaussteller unterzeichnet. Der Zusatz kann lauten: „als Avalist" oder „per aval" oder „als Wechselbürge"; aber auch der Zusatz: „als Bürge" begründet nach der ausdrücklichen Vorschrift des Gesetzes eine Wechselverpflichtung, nicht etwa nur eine bloß zivilrechtliche Bürgschaft, und zwar im Wege einer unwiderlegbaren Rechtsvermutung (Fiktion), also ohne Zulassung eines Gegenbeweises; vgl. oben zu a.

Anm. 7. Ein Aval, das aus der bloßen Namensschrift des Zeichners besteht, muß durch seine räumliche Stellung zu erkennen geben, an welche Wechselerklärung es sich anschließt; daher kann eine auf der Rückseite eines Wechsels, dessen Übertragung durch Indossament durch die Klausel: „Nicht an Order" ausgeschlossen ist (vgl. Art 9 Abs 2), befindliche Namensschrift nicht etwa als Aval der Ausstellerunterschrift aufrechterhalten werden (ROHG 19, 389; a. M. v. Canstein S. 320 Anm 48). Die Namensschrift des Bezogenen kann als Aval nur in Frage kommen, wenn dabei ausdrücklich ausgesprochen ist, daß der Bezogene nicht hat annehmen wollen; der Zusatz „per aval" genügt dazu nicht unter allen Umständen (RG 50, 13; vgl. zu Art 21 Anm 9).

Anm. 8. Zulässig ist aber auch, daß an Stelle der bloßen Mitunterzeichnung eine besondere, aus einem Kontext und einer Unterschrift bestehende Erklärung auf den Wechsel gesetzt wird, durch welche eine avalistische Wechselverpflichtung übernommen wird. Eine solche Erklärung kann an einer beliebigen Stelle des Wechsels stehen, sofern sie nur erkennen läßt, für welchen Wechselverpflichteten das Aval übernommen wird. Eine solche Erklärung bildet, wenn sie auf dem Wechsel steht, einen Teil des Wechsels, nicht etwa eine besondere, außerhalb des Wechselrechts stehende Urkunde, aus welcher nur eine zivilrechtliche Verpflichtung entstehen könnte (ROHG 12, 149; 18, 301). Nur wenn die Zusätze zu der Unterschrift oder der Inhalt der Erklärung derart beschaffen ist, daß damit die Übernahme einer Verpflichtung überhaupt oder doch einer wechselrechtlichen Verpflichtung unvereinbar ist, kann eine solche Verpflichtung nicht eintreten. So wenn es heißt: „als Zeuge" oder „als Beistand (Assistent)" (ROHG 12, 150) oder auch: „Mit meiner Genehmigung als Ehemann" oder „als Vater" (Bernstein zu 21 S. 304). Doch hat die auf solche Weise zum Ausdruck gebrachte Genehmigung des Ehemannes zur Folge, daß im gesetzlichen Güterstande das eingebrachte Gut (§ 1412) und im Stande der Gütergemeinschaft das Gesamtgut (§ 1460 BGB) für die wechselrechtliche Verbindlichkeit der Ehefrau haftet; vgl. für das frühere Recht ROHG 19, 206. Aber auch die ausdrückliche Erklärung, nur als gewöhnlicher Bürge, nicht als Wechselschuldner oder Wechselbürge haften zu wollen, wird zur Ausschließung der wechselrechtlichen Verpflichtung genügen, da sie doch wesentlich mehr enthält als das bloße „Sich-als-Bürge-Benennen", das im Gesetze als dazu nicht genügend erklärt ist und deutlich den Willen, nicht Wechselverpflichteter werden zu wollen, zum Ausdruck bringt (dahingestellt in ROHG 18, 303).

c) Über die **Wirkungen des Avals** gibt das Gesetz keine besonderen Vorschriften, unterwirft vielmehr den Avalisten in Satz 2 hinsichtlich des Umfanges seiner Verpflichtungen und in Satz 3 hinsichtlich seiner Inanspruchnahme in beliebiger Reihenfolge durch den Wechselgläubiger den gleichen Vorschriften, wie jeden anderen Wechselverpflichteten. Aus dem Wesen des Avals folgt jedoch, daß der Avalist nur unter den gleichen Voraussetzungen und in der gleichen Weise in Anspruch genommen werden kann, wie derjenige Wechselschuldner, für den das Aval übernommen worden ist. Handelt es sich um das Aval für das Akzept, so haftet der Akzeptavalist wie der Akzeptant, ohne daß es der Erhebung eines Protestes mangels Zahlung bedarf (Art 44) und innerhalb der dreijährigen Verjährungsfrist (Art 77). Er haftet ferner bei beschränktem Akzepte nur auf die Summe, auf die das Akzept lautet, und auch im übrigen nach dem Inhalte des Akzepts (Art 22 Abs 2, 3). Sicht- und Nach-Sicht-Wechsel werden auch dem Avalisten des Akzeptanten gegenüber fällig durch Vorzeigung an den Akzeptanten oder durch Ablauf der bestimmten Frist nach der Vorzeigung an diesen (Artt 31, 32); einer Vorzeigung an den Avalisten bedarf es dazu nicht. Der Avalist des Ausstellers oder eines Indossanten haftet nur als Regreßschuldner und unter der Voraussetzung, daß die zur Erhaltung der Regreßansprüche vorgeschriebenen Handlungen vorgenommen sind, also (abgesehen vom Falle des Protesterlasses) nur im Falle rechtzeitiger Protesterhebung gegen den Bezogenen oder Akzeptanten. Die Haftung des Avalisten, der für einen Regreßschuldner eingetreten ist, erstreckt sich auch auf den Regreß auf Sicherstellung mangels Annahme oder wegen Unsicherheit des Akzeptanten (Artt 25 ff.). Die Ansprüche gegen den Avalisten eines Regreßpflichtigen verjähren in derselben Frist, wie der Regreßanspruch gegen diesen, also nach Maßgabe der Artt 78, 79 in 3, 6 oder 18 Monaten von den dort bestimmten Zeitpunkten ab. **Anm. 9.**

Durch die Zahlung des Bezogenen oder Akzeptanten erlischt auch die Verpflichtung des Avalisten eines Regreßschuldners; wird der Wechsel durch einen Nachmann des Regreßschuldners, für den das Aval geleistet ist, bezahlt (eingelöst), so erwirbt dieser die Ansprüche des Indossanten auch gegen den Avalisten; erfolgt die Zahlung durch den Regreßschuldner, für den das Aval geleistet ist, oder durch einen seiner Vormänner, so haben diese keine Regreßansprüche gegen den Avalisten. Zahlt andrerseits der Avalist den Wechsel im Wege des Regresses, so erwirbt er eigene wechselrechtliche Regreßansprüche weder gegen denjenigen Wechselschuldner, für den er eingetreten ist, noch gegen dessen Vormänner, da er nicht Indossant (Art 51) ist. Sein Verhältnis zu demjenigen Wechselschuldner, für den er eingetreten ist, bestimmt sich lediglich nach bürgerlichem Rechte, wobei namentlich (sofern keine zivilrechtliche Bürgschaft zugrunde liegt) die Vorschriften über den Auftrag oder die Geschäftsführung (§§ 670, 683) und in Verbindung mit diesen die Vorschriften über die Ausgleichungspflicht unter Gesamtschuldnern (§ 426 BGB) in Betracht kommen. Nach diesen Vorschriften wird in der Regel dem Avalisten ein Ausgleichungsanspruch zustehen, und zwar auf Grund des Auftrags- oder Geschäftsführungsverhältnisses für den ganzen von ihm bezahlten Betrag; vgl. RGRKomm zu § 426 Anm 2 und die dort angeführten Entscheidungen. Wenn in der Rechtsprechung angenommen wird, daß unter mehreren Wechselverpflichteten eine Ausgleichungspflicht nach § 426 BGB in der Regel nicht entstehe (vgl. RGRKomm zu §§ 421 Anm 1 b, 426 Anm 2), so bezieht sich das nur auf diejenigen Wechselverpflichteten, deren Verhältnis zueinander durch die WO selbst besonders geregelt ist, nicht aber auf das Verhältnis unter mehreren Avalisten, da hierfür sich in der WO keine Vorschriften finden (RGZ 48, 157), und es trifft aus demselben Grunde auch auf das Verhältnis zwischen dem Avalisten und demjenigen, für den er eingetreten ist, nicht zu. Steht aber dem Avalisten ein Ausgleichungsanspruch gegen denjenigen, für den er eingetreten ist, zu, so gehen nach § 426 Abs 2 BGB dessen wechselmäßige Regreßansprüche gegen seine Vormänner kraft Gesetzes auf ihn über. Er wird sonach Wechselgläubiger nicht kraft eigenen Rechts durch einen wechselmäßigen Erwerb, sondern auf Grund eines im Zivilrechte begründeten Überganges der Wechselrechte auf ihn (vgl. zu Art 9 Anm 27), und es können ihm daher die in der Person desjenigen, für den er eingetreten ist, begründeten Einwendungen entgegengesetzt werden. Die gleiche Rechtsfolge tritt, wenn zwischen dem Avalisten und dem Wechselschuldner, für den er das Aval geleistet hat, ein zivilrechtliches Bürgschaftsverhältnis bestanden hat, auf Grund des § 774 BGB ein. **Anm. 10.**

Aus der Selbständigkeit der Avalverpflichtung folgt ferner, daß durch eine Stundung der Wechselschuld von Seiten des Wechselgläubigers gegenüber dem Wechselschuldner, für den das Aval geleistet ist, der Avalist nicht (wie unter Umständen auch nach jetzigem Rechte, § 777 BGB, der Bürge durch die Stundung gegenüber dem Hauptschuldner) befreit wird (ROHG 18, 304); andrerseits daß dadurch die Verjährung gegenüber dem Avalisten nicht gehemmt wird (ROHG 25, 26). Die Unterbrechung der Verjährung gegenüber dem Avalisten kann nur durch Handlungen bewirkt werden, die ihm gegenüber vorgenommen werden. **Anm. 11.**

3. In **Satz 2** bestimmt der Artikel über den **Umfang der Verpflichtungen der mehreren Wechselschuldner** für den Fall, daß die Wechselverbindlichkeit nicht erfüllt wird. Der Ausdruck ist nicht ganz genau, da das Gesetz nicht nur den Fall im Auge hat, wo der Wechsel akzeptiert **Anm. 12.**

und von dem Akzeptanten bei Fälligkeit nicht bezahlt wird, sondern auch den Fall, wo der Bezogene, der nicht akzeptiert hat, die Bezahlung verweigert und dadurch der Wechsel notleidend geworden ist, ohne daß man eigentlich von Nichterfüllung der Wechselverbindlichkeit sprechen kann, da eine wechselmäßige Hauptverbindlichkeit noch nicht besteht. In beiden Fällen erstreckt sich die wechselmäßige Verbindlichkeit sämtlicher Verpflichteter auf alles, was der Wechselinhaber aus diesem Grunde zu fordern hat. Was er zu fordern hat, ist verschieden, je nachdem er Inhaber zur Zeit des Verfalls gewesen oder es durch Einlösung nach Verfall geworden ist, und bestimmt sich je nachdem durch die Artikel 50 oder 51; vgl. die Erläuterungen zu diesen Artikeln. Während aber dort als diejenigen, von denen der Wechselinhaber die bezeichneten Beträge zu fordern hat, nur die Regreßpflichtigen (Indossanten und Aussteller, vgl. Art 51) ins Auge gefaßt sind, wird durch Art 81 Satz 2 klargestellt, daß auch der Akzeptant, der den Wechsel bei Verfall nicht bezahlt hat, außer für die Wechselsumme auch für die gesamten, durch den Regreß entstandenen Beträge an Zinsen, Provisionen und Kosten haftet. Angesichts der in Satz 3 des Artikels (vgl. unten zu 4) dem Wechselinhaber zugesprochenen Befugnis, nach seiner Wahl die einzelnen Wechselschuldner in beliebiger Reihenfolge in Anspruch zu nehmen, kann ferner kein Wechselschuldner einwenden, daß der Regreß hätte abgewendet oder abgekürzt werden können, wenn der Wechsel, nachdem er einmal Not gelitten, zunächst ihm oder einem anderen Regreßpflichtigen zur Zahlung vorgelegt worden wäre. Doch kann jeder Wechselschuldner durch Ausübung des in Art 48 vorgesehenen Einlösungsrechts den weiteren Regreß und dadurch die Entstehung weiterer Kosten abwenden.

Anm. 13. 4. In **Satz 3** des Artikels wird die **gesamt-schuldnerische (solidarische) Haftung** der sämtlichen Wechselverpflichteten durch zwei einzelne Bestimmungen zum Ausdruck gebracht, und zwar:

a) der Wechselgläubiger kann sich wegen seiner ganzen Forderung an den einzelnen halten. Es ist dies der eigentlich grundlegende Satz, durch welchen die Haftung zu einer gesamtschuldnerischen im Sinne des § 421 BGB wird (Verpflichtung eines jeden zur Bewirkung der ganzen Leistung, die der Gläubiger nur einmal zu fordern berechtigt ist). Vgl. über das Wesen und die rechtliche Natur des Gesamtschuldverhältnisses RGRKomm zu § 421 Anm 1a und b. Auch bei dem wechselrechtlichen Gesamtschuldverhältnis handelt es sich um mehrere, durch verschiedene Entstehungstatsachen (Wechselverpflichtungserklärungen) begründete Verpflichtungen, die auf eine einheitliche Leistung gerichtet sind. Jeder Wechselschuldner haftet aus seinem besonderen Skripturakt auf die ganze Wechselforderung, die der Gläubiger nur einmal verlangen kann. Ausgeschlossen ist hiernach die Einrede des in Anspruch genommenen Wechselverpflichteten, daß noch andere Wechselverpflichtete vorhanden seien, die mitverklagt werden müßten (exceptio plurium) und ebenso die Einrede, daß die Forderung auf die mehreren Wechselverpflichteten anteilmäßig verteilt werden müsse (exceptio divisionis). Auch der Einwand, daß der Wechselanspruch bereits gegenüber einem anderen Wechselverpflichteten anhängig sei, ist ausgeschlossen; ebenso der Einwand, daß ein anderer bereits rechtskräftig verurteilt sei. Werden mehrere Wechselverpflichtete zugleich verklagt, so ist die Streitgenossenschaft keine notwendige im Sinne des § 62 ZPO (RGZ 48, 215). Wird über das Vermögen eines oder mehrerer Wechselverpflichteter der Konkurs eröffnet, so kann der Gläubiger bis zu seiner vollen Befriedigung in jedem Verfahren den Betrag geltend machen, den er zur Zeit der Eröffnung des Verfahrens zu fordern hatte; § 68 KO findet Anwendung (RGZ 11, 19; RG in JW 1890, 411[9]).

Anm. 14. **b)** Es steht in der Wahl des Gläubigers, welchen Wechselverpflichteten er zuerst in Anspruch nehmen will. Auch dieser Rechtssatz steht in Übereinstimmung mit dem geltenden allgemeinen bürgerlichen Rechte, das in § 421 BGB ausspricht, daß der Gläubiger nach seinem Belieben von jedem der Schuldner die Leistung ganz oder zum Teil fordern kann und daß bis zur Bewirkung der ganzen Leistung sämtliche Schuldner verpflichtet bleiben. Der Rechtssatz ist übrigens für die Ausübung des Regresses bereits in Art 49 (Sprungregreß, vgl. die Erläuterungen zu diesem Artikel) ausgesprochen und wird hier nur auf alle Wechselverpflichteten, insbesondere auch den Hauptschuldner (Akzeptanten), ausgedehnt. Aus dem Rechtssatze folgt, daß ein Indossant, der in Anspruch genommen wird, nicht den Einwand erheben kann, nach der Reihenfolge der Indossamente müsse erst ein anderer, insbesondere ein vorstehender Indossant oder der Akzeptant, oder der Aussteller müsse vor ihm in Anspruch genommen werden. Der Gläubiger kann aber auch, wenn er bereits einen Wechselverpflichteten in Anspruch genommen hat, von der Klage gegen ihn Abstand nehmen und die Klage gegen einen anderen erheben (ius variandi); doch hat er in diesem Falle die durch Zurücknahme der Klage gegen den zuerst Verklagten entstandenen Kosten zu tragen (§ 267 ZPO). Er kann aber auch, ohne die Klage zurückzunehmen, einen oder mehrere weitere Wechselverpflichtete in den Prozeß hineinziehen oder gegen sie einen weiteren Prozeß anhängig machen.

Anm. 15. **c)** Weitere ausdrückliche Bestimmungen über die einzelnen Folgen der gesamtschuldnerischen Haftung der Wechselverpflichteten trifft die WO nicht; diese sind daher zu ihrer Ergänzung aus dem allgemeinen bürgerlichen Rechte (§§ 421 ff.) zu entnehmen, jedoch mit den Maßgaben, welche sich aus dem Wesen und der besonderen rechtlichen Gestaltung ergeben, die den Wechselverpflichtungen von der WO gegeben worden ist. Das gilt namentlich von der Frage der **objektiven oder subjektiven Wirkung** von Tatsachen, die in der Person einzelner Wechselverpflichteter eintreten, d. h. ihrer Wirkung auf die Verpflichtungen der übrigen Wechselschuldner. In erster Linie kommen dabei die Erfüllung, die bei der Wechselschuld als einer Geldschuld durch Zahlung erfolgt, und die ihr gleichstehenden Tatsachen (Leistung an Erfüllungs Statt, Hinterlegung und Aufrechnung) in Betracht, die nach § 422 BGB, wenn sie durch einen Gesamtschuldner bewirkt werden, auch für die übrigen Schuldner wirken. In dieser Beziehung ergibt sich jedoch aus der Gestaltung der wechselrechtlichen Verpflichtungen in der WO eine bedeutsame Abweichung: die Zahlung wirkt nur dann objektiv, d. h. sie bewirkt das Erlöschen der übrigen Verpflichtungen nur dann, wenn sie von dem Hauptschuldner (dem Akzeptanten) oder auch, falls der Wechsel nicht akzeptiert ist und daher keine Hauptschuld besteht, von dem wechselrechtlich nicht verpflichteten Bezogenen bewirkt wird. Dagegen kann eine Zahlung, die durch einen Regreßpflichtigen erfolgt, die Tilgung der Verpflichtungen der übrigen Wechselverpflichteten in der Regel nicht bewirken, da sie lediglich zur Erfüllung der eigenen Wechselpflicht des zahlenden Regreßpflichtigen und in der Absicht bewirkt wird, seinerseits die Wechselforderung gegen andere Wechselverpflichtete geltend zu machen (vgl. unten zu 5 Anm. 20).

Die Zahlung eines Regreßpflichtigen hat hiernach lediglich die Wirkung, daß der bezahlte Wechselgläubiger aufhört, Wechselgläubiger zu sein, und ein anderer an seine Stelle tritt. Ist aber das Wechselrecht des bezahlten Gläubigers auf diese Weise erloschen, so kann er es auch nicht mehr durch Zession an denjenigen, der ihn bezahlt hat, übertragen; das muß auch von dem Anspruch aus einem durch ihn erwirkten rechtskräftigen Urteil gelten; deshalb kann derjenige, der ihn bezahlt hat, sich auf ein solches Urteil nicht berufen, um die hinsichtlich seines eigenen Wechselanspruchs eingetretene Verjährung auszuschalten (RGZ 34, 51). Anders liegt die Sache, wenn bei der von einem Regreßpflichtigen gemachten Leistung zwischen ihm und dem Gläubiger ausdrücklich oder stillschweigend vereinbart worden ist, daß die Leistung nicht zur endgültigen Erfüllung der Regreßschuld gemacht werde, sondern nur als vorläufige Deckung dem Gläubiger dienen und daß dieser die Forderung, sei es kraft eigenen Rechts oder als Inkassomandatar des zahlenden Regreßpflichtigen von den übrigen Regreßpflichtigen einziehen solle, eine Vereinbarung für deren Zustandekommen eine gewisse Wahrscheinlichkeit namentlich dann vorhanden sein wird, wenn der Wechsel dem zahlenden Regreßpflichtigen nicht gemäß Art 54 WO ausgeliefert, sondern in Händen des Gläubigers, der die Leistung in Empfang genommen, verblieben ist (RGZ 11, 18; 23, 124; 48, 214; 120, 208). **Anm. 16.**

Andrerseits kann auch die Zahlung eines Regreßpflichtigen nach Lage der Umstände und entsprechend den Absichten der Beteiligten objektive Wirkung haben, und eine Vermutung in dieser Richtung wird namentlich dann begründet sein, wenn der Bezogene den Wechsel aus Gefälligkeit gegen den Aussteller, ohne diesem etwas zu schulden, akzeptiert hat und der Wechsel durch den Aussteller bezahlt wird, der bei dieser Sachlage keinerlei Regreßansprüche, wohl aber ein Interesse daran hat, durch seine Zahlung den Akzeptanten zu befreien (ROHG 16, 216; RGZ 120, 208ff.). Leistet in solchem Falle der Aussteller eine Teilzahlung, so verringert sich um den gezahlten Betrag die Wechselforderung des Gläubigers gegen den Akzeptanten und der Gläubiger kann deshalb im Konkurse des Akzeptanten die Forderung nicht in der früheren Höhe (§ 68 KO) anmelden und nur aus dem verringerten Betrage eine Konkursdividende erhalten (RGZ 120, 210). **Anm. 17.**

Ein zwischen dem Gläubiger und einem Gesamtschuldner vereinbarter **Erlaß** wirkt gemäß § 423 BGB auch für die übrigen Gesamtschuldner, wenn die Vertragschließenden das gesamte Schuldverhältnis aufheben wollten. Dafür, daß diese Absicht obgewaltet hat, wird bei dem Erlaß einer Wechselschuld eine tatsächliche Vermutung sprechen, wenn der Erlaß zwischen dem Gläubiger und dem Hauptschuldner (Akzeptanten) vereinbart wird, da andernfalls der Hauptschuldner, dem der Erlaß zugute kommen soll, dem Rückgriffe des von dem Gläubiger in Anspruch genommenen Regreßpflichtigen ausgesetzt sein würde, dieser übrigens auch einwenden könnte, daß der Wechselinhaber selbst an der Nichterfüllung der Wechselverbindlichkeit durch den Hauptschuldner die Schuld trage. Aus den gleichen Gründen muß auch im Falle der **Stundung (Prolongation)**, die ja als ein zeitlich beschränkter Erlaß angesehen werden kann, und zwar auch wenn sie nicht auf dem W. vermerkt ist, angenommen werden, daß auf sie, wenn sie mit dem Hauptschuldner vereinbart ist, sich auch der von dem Gläubiger, der sie bewilligt hat, in Anspruch genommene Regreßpflichtige berufen kann. So auf der Grundlage des gemeinen Rechts entschieden in RGZ 45, 70. Auch nach dem jetzt geltenden Rechte wird man zu dem gleichen Ergebnisse gelangen können, da § 425 BGB zwar die bloß subjektive Wirkung anderer als der in den §§ 422—424 bezeichneten Tatsachen als Regel vorschreibt, jedoch mit der Einschränkung, daß sich nicht etwas anderes aus dem Schuldverhältnisse ergeben darf, was hier angesichts der besonderen Natur der Wechselverpflichtungen und ihres Verhältnisses zueinander zutrifft; vgl. RGRKomm zu § 425 Anm 1. Die Frage ist jedoch bestritten. Sie ist vom ROHG (14, 165) auf der Grundlage des rheinischen Zivilrechts verneint. Auch von Grünhut (II § 104 S. 247) wird sie verneint, und zwar sowohl für den Fall, daß die Stundung vor Verfall des Wechsels, wie für den Fall, daß sie nach Verfall erfolgt ist, und ihm hat sich das RG in RGZ 61, 182 ff. angeschlossen, ohne sich mit der früheren (von dem gleichen I. ZivSenat erlassenen) Entscheidung auseinanderzusetzen, indem es (aber wohl ohne zureichende Gründe) bestreitet, daß durch die dem Akzeptanten bewilligte **Anm. 18.**

Stundung eine Beschwerung der Regreßpflichtigen eingetreten sei, da diese sich ohne Rücksicht auf sie an den Akzeptanten halten könnten. Wenn es dabei den Vertretern der anderen Meinung (Dernburg § 256 S. 263, Bernstein zu Art 4 unter 1 c S. 40, StStranz zu Art 82 Anm 31 b) die Behauptung unterstellt, im Falle der dem Akzeptanten vor Verfall bewilligten Stundung sei der bei Verfall erhobene Protest ungültig (vgl. darüber zu Art 82 Anm 32) und deshalb ein Regreß gegen die Regreßverpflichteten überhaupt nicht mehr möglich, so trifft das nicht zu. Übrigens will Bernstein a. a. O. nur bei Stundung vor Verfall den Regreßpflichtigen einen Einwand um deswillen gewähren, weil der Wechselinhaber die Nichtzahlung durch den Akzeptanten bei Verfall verschuldet habe, während Dernburg und StStranz (a. a. O.) wohl richtiger auch bei Stundung nach Verfall den Einwand zulassen. Dagegen hat eine dem Trassanten oder einem Indossanten gewährte Prolongation, auch wenn sie in der Absicht der Novation unter Rückgabe des ursprünglichen Wechsels an den Regreßverpflichteten und Ausstellung neuer Wechsel (Prolongationswechsel) durch diesen erfolgt, keine Bedeutung für die Verpflichtung des Akzeptanten (RGZ 107, 34). Vgl. im übrigen über die Frage der Novation zu Art 82 Anm 32.

Anm. 19. In § 424 BGB ist auch dem **Verzuge des Gläubigers** gegenüber einem Gesamtschuldner Wirkung für die übrigen Schuldner beigelegt. Daraus folgt, daß, wenn der Wechselgläubiger gegenüber einem Wechselverpflichteten durch Nichtannahme der angebotenen Zahlung in Verzug geraten ist (§§ 293ff. BGB), gemäß § 301 BGB die Pflicht zur Zahlung der auf Grund der Artt 50, 51 WO zu zahlenden Zinsen von den aus dem Wechsel geschuldeten Beträgen auch für die übrigen Wechselverpflichteten aufhört und daß auch diese, auch abgesehen von dem Falle des Art 40, durch Hinterlegung gemäß § 372 BGB sich von ihrer Schuld befreien können.

Anm. 19a. Dagegen wirken andere Tatsachen nach § 425 im Zweifel nur für und gegen denjenigen Gesamtschuldner, in dessen Person sie eintreten. Für die Wechselverpflichtungen wird von solchen Tatsachen namentlich die Verjährung hinsichtlich ihrer Hemmung und Unterbrechung in Frage kommen; vgl. über die Wechselverjährung und ihre Wirkungen die Artt 77ff. und die Erläuterungen dazu. Auch das rechtskräftige Urteil wirkt nur zwischen dem Wechselgläubiger und dem Wechselschuldner, zwischen denen es ergangen ist; es hindert also, wenn dadurch die Klage abgewiesen ist, den Gläubiger nicht, den Wechselanspruch gegen einen anderen Wechselschuldner geltend zu machen, ohne daß dieser aus dem Urteile die Einrede der rechtskräftig entschiedenen Sache herleiten kann. Ist andrerseits ein Wechselschuldner rechtskräftig verurteilt, so sind die anderen nicht gehindert gegenüber dem gegen sie gerichteten Anspruche des Gläubigers auch solche Einwendungen zu erheben, über die bereits in dem Urteile entschieden ist. Auch die kurzen wechselrechtlichen Verjährungsfristen (Artt 77—79; vgl. zu Art 76 Anm 10) laufen gegenüber den übrigen Wechselschuldnern weiter.

Anm. 20. 5. Keine Bestimmung trifft der vorliegende Artikel über das **Verhältnis der mehreren Wechselschuldner zu einander** und die Folgen der Befriedigung des Wechselgläubigers durch einen von ihnen in bezug auf sein Verhältnis zu den übrigen (§ 426 BGB). Dieses Verhältnis ist jedoch zum Teil durch andere Vorschriften der WO in einer von den Vorschriften des allgemeinen bürgerlichen Rechts abweichenden Weise geregelt; diese (§ 426 BGB) können daher insoweit keine Anwendung finden. Insbesondere ist die in § 426 Abs 1 vorgesehene Verpflichtung der Gesamtschuldner untereinander zu gleichen Anteilen und die daraus sich ergebende Ausgleichungspflicht im Falle der Zahlung der ganzen Gesamtschuld durch einen Gesamtschuldner durch die WO insoweit ausgeschlossen, als diese die Folgen der Zahlung der Gesamtschuld durch einen Wechselschuldner für sein Verhältnis zu anderen Wechselschuldnern selbständig regelt. Das ist aber der Fall hinsichtlich des Verhältnisses derjenigen Wechselschuldner zueinander, welche jeder eine andere, an einer anderen Stelle des Wechsels stehende Wechselerklärung gezeichnet haben; für das wechselrechtliche Verhältnis unter ihnen ist lediglich ihre Stellung auf dem Wechsel und ihre Eigenschaft als Aussteller, Akzeptant, vorstehender oder nachstehender Indossant maßgebend. Zahlt danach einer der Indossanten den Wechsel, so tritt er gegenüber dem Akzeptanten, dem Aussteller und dem Vorindossanten für den ganzen bezahlten Betrag als Wechselgläubiger ein, und zwar nicht in die Rechte des bezahlten Wechselgläubigers, sondern in seine eigenen, früher entstandenen, durch sein Indossament nur in der Ausübung gehemmten Wechselrechte (vgl. zu Art 10 Anm 5; RGZ 34, 51); dagegen hat er gegen seine Vormänner keine wechselmäßigen Ansprüche. Zahlt der Aussteller, so erwirbt er einen wechselmäßigen Anspruch nur gegen den Akzeptanten (Art 23 Abs 2). Der Akzeptant hat überhaupt, auch wenn er bezahlt hat, keine wechselmäßigen Ansprüche (Art 23 Abs 3). Der hiernach begründeten wechselmäßigen Haftung kann sich der Wechselschuldner nur dadurch entziehen, daß er im Wege der Einrede aus Art 82 (vgl. zu diesem Artikel Anm 37) einwendet, daß die Geltendmachung des Anspruchs durch den Kläger gegen ihn wegen eines unter ihnen bestehenden bürgerlich-rechtlichen Verhältnisses, das der Eingehung der Wechselverbindlichkeit durch sie beide in der gewählten Wechselform zugrunde lag, sich als arglistige darstellt (RGZ 48, 153). Das würde z. B. der Fall sein, wenn infolge einer unter ihnen getroffenen Vereinbarung sie die Wechselverpflichtung eingegangen sind, um demjenigen von ihnen, der jetzt den Wechselanspruch auf Grund der formellen Gestaltung gegen den anderen geltend macht, oder einem Dritten Kredit zu verschaffen, oder sich für ihn zu verbürgen, oder anderweit lediglich im Interesse des Klägers oder eines Dritten. Eine solche Vereinbarung liegt jedoch nicht schon dann vor, wenn lediglich sowohl der eine wie der andere, jeder für sich, wenn auch einer in Kenntnis von der Betätigung des anderen in der gleichen Richtung, die Wechselschuld in der Absicht, dem gleichen Dritten Kredit zu verschaffen, in der vorliegenden Form eingegangen sind, sofern dabei auch nicht etwa eine Bürgschaftsübernahme vereinbart ist, durch welche sie als Mitbürgen und deshalb gemäß §§ 769, 426 BGB als ausgleichspflichtig erscheinen (RGZ 48, 152).

Auch wenn der Wechselzeichnung der Zweck des Eintretens für eine fremde Schuld **Anm. 21.** zugrunde liegt (wechselmäßige Interzession), tritt dadurch der Wechselzeichner nicht ohne weiteres in das zwischen dem Gläubiger und demjenigen, für den er wechselmäßig eingetreten ist, bestehende materielle Schuldverhältnis als Gesamtschuldner ein; es besteht daher kein außerwechselrechtliches Gesamtschuldverhältnis unter ihnen und durch Zahlung der Wechselschuld geht nicht gemäß § 426 Abs 2 BGB die Forderung des Gläubigers mit den für sie bestellten Sicherheiten auf den Zahlenden über (RGZ 96, 136; 120, 207).

6. Anders liegt die Sache, wenn von mehreren Wechselschuldnern, welche miteinander die **Anm. 22.** gleiche Wechselerklärung gezeichnet haben — sei es als Mitaussteller, Mitakzeptanten oder Mitindossanten, oder auch der eine als Aussteller, Akzeptant oder Indossant, der andere als sein Avalist (vgl. oben Anm 10) —, einer die ganze Wechselforderung an den Gläubiger bezahlt. Für diesen Fall enthält die WO keine Vorschriften über das Verhältnis des zahlenden Wechselschuldners zu seinen Mitverpflichteten; es kommt daher lediglich das zwischen ihnen bestehende bürgerlichrechtliche Verhältnis, das der Eingehung der gemeinschaftlichen Wechselverpflichtung zugrunde lag, und insbesondere der Art 426 und die durch ihn vorgesehene Ausgleichspflicht zur Anwendung. Vgl. für das frühere Recht ROHG 1, 103; RG in JW 1902 S. 320 Nr. 43 und RGZ 8, 46; 51, 69; für das jetzige Recht RGZ 52, 222. Mehrere Aussteller, Indossanten oder Akzeptanten und ebenso mehrere Wechselbürgen (Avalisten) im Verhältnis zu einander, sowie der Aussteller, Akzeptant oder ein Indossant im Verhältnis zu ihren Avalisten sind daher, soweit sich nicht aus dem zugrunde liegenden Verhältnisse etwas anderes ergibt, nach § 426 BGB ausgleichspflichtig und auf denjenigen von ihnen, welcher den Wechsel ganz bezahlt, geht, soweit er ausgleichsberechtigt ist, die Wechselforderung gegen seine Mitverpflichteten mit den für sie bestellten Sicherheiten kraft Gesetzes über.

Artikel 82.

Der Wechselschuldner kann sich nur solcher Einreden bedienen, welche aus dem Wechselrechte selbst hervorgehen oder ihm unmittelbar gegen den jedesmaligen Kläger zustehen.

I. Art 82 hat zum Gegenstande die **Verteidigung des als Wechselschuldner in Anspruch Genommenen gegen die Klage des Wechselgläubigers, die Wechselklage.** Wechselklage ist **Anm. 1.** diejenige Klage, die sich auf einen Wechsel gründet und aus ihm eine wechselrechtliche Verpflichtung herleitet. Unerheblich ist dafür, ob sie im Wechselprozesse (§§ 602—605 ZPO) oder im ordentlichen Verfahren erhoben ist; auch im ordentlichen Verfahren muß, soweit der Wechsel urkundliche Verpflichtung (Skriptur) erfordert, diese durch den Wechsel urkundlich belegt werden (ROHG 20, 403). Den **Klagegrund** der Wechselklage bildet lediglich die Gesamtheit der Tatsachen, welche auf der Grundlage des geltenden Wechselrechts die abstrakte Verpflichtung aus der Wechselskriptur als in der Person des Beklagten gegenüber dem Kläger entstanden erscheinen lassen. Diese Tatsachen erschöpfen sich in dem Vorhandensein und dem klägerischen Besitze eines formell gültigen Wechsels (Art 4), der wechselmäßigen Legitimation des Klägers (Art 36), einer Namensschrift des Beklagten auf dem Wechsel als Aussteller, Akzeptant, Indossant oder Avalist (Artt 8, 23, 14, 81) und der Vornahme der als zur Ausübung der Wechselrechte erforderlich vorgeschriebenen Handlungen (Präsentation und Protest, Artt 41 ff.). Durch die Darlegung dieser Tatsachen genügt der Kläger seiner Klagebegründungspflicht. Die **Verteidigung gegen die Klage** kann, abgesehen von prozessualen Behelfen, auf materiell-rechtlichem Gebiete zunächst durch Leugnung der klagebegründenden Tatsachen, für die in diesem Falle der Kläger beweispflichtig ist, erfolgen. Sie kann aber ferner erfolgen durch das Vorbringen von Tatsachen, welche den Anspruch des Klägers als trotz des äußeren Anscheines nicht entstanden, z. B. bei Nichtigkeit der Wechselunterschrift des Beklagten wegen Geisteskrankheit oder Geschäftsunfähigkeit, oder, sei es als überhaupt erloschen, sei es als nicht mehr dem Kläger zustehend oder nicht mehr gegen den Beklagten begründet erscheinen lassen oder seine Geltendmachung gegen ihn auch nur zeitweise hindern (Zahlung, bereits erklärte Anfechtung oder Aufrechnung, Zession, Erlaß, Stundung, Verjährung). Die Verteidigung kann aber schließlich auch erfolgen durch die Ausübung von Gegenrechten, die dem Beklagten gegenüber dem an sich zur Zeit der Klagerhebung noch begründeten Anspruche des Klägers zustehen und ihn berechtigen, die Leistung überhaupt oder zurzeit zu verweigern (Anfechtung oder Aufrechnung im Prozesse, Zurückbehaltungsrecht, Beschränkung der Erbenhaftung). Zu dieser letztgenannten Art der Verteidigung gehören auf Grund der rechtlichen Gestaltung des Wechselanspruchs in der WO namentlich auch die Tatsachen, welche sich auf das der Wechselverpflichtung zugrunde liegende kausale Geschäft beziehen und, ohne den Wechselanspruch des Klägers dem Grunde nach zu berühren, nur insofern in Betracht kommen, als sie seine Geltendmachung durch den Kläger gegenüber dem Beklagten als arglistig erscheinen lassen (exceptio doli generalis). Die WO faßt die verschiedenen Arten der Verteidigung in wenig präziser Weise mit dem Ausdruck **„Einreden"** zusammen, welcher, aus der exceptio des Römischen Rechts, mit dessen Gerichtsverfassung er zusammenhing, hergenommen, einen im heutigen Rechte hinsichtlich seiner Bedeutung sehr bestrittenen Begriff bezeichnet und vom BGB lediglich für die zuletzt genannte Art der Verteidigung (Ausübung von Gegenrechten) gebraucht wird (Motive zum BGB I S. 359). Neuere Gesetze (§ 364 Abs 2 HGB in Abänderung des früheren Art 303 Abs 2 ADHGB, § 18 Abs 2 Scheckgesetz) haben denn auch in ihren dem Art 82 WO nachgebildeten Vorschriften an Stelle des Ausdrucks „Einreden" den Ausdruck: „Einwendungen" gebraucht.

Anm. 2. Die unbeschränkte Zulassung von Einwendungen gegen Ansprüche aus Wechseln gegenüber jedem Wechselgläubiger würde jedoch mit dem Wesen des Wechsels als einer zum Umlaufe bestimmten Urkunde, die dieser ihrer Bestimmung gemäß aus der Hand eines Gläubigers in die eines anderen gelangen soll, nicht im Einklange stehen und das Rechtsgebilde zu diesem Zweck untauglich machen. Deshalb hat die WO die Zulässigkeit von Einwendungen gegen die Wechselklage in einer diesem Zwecke entsprechenden Weise eingeschränkt, und zwar in dem Sinne, daß nur gewisse, von ihr bezeichnete Arten von Einwendungen der Wechselklage eines jeden Gläubigers entgegengesetzt werden können, während alle übrigen Einwendungen nur dann beachtlich sind, wenn sie dem Beklagten **unmittelbar gegen den jedesmaligen Kläger zustehen.** Die Einwendungen der erstgenannten Art werden dementsprechend in der Lehre des Wechselrechts als sachliche Einwendungen (exceptiones in rem), die der zweiten Art als persönliche Einwendungen (exceptiones in personam) bezeichnet.

Anm. 3. **1.** Als exceptiones in rem behandelt die WO, im Anschlusse an das Pr. Allg. Landrecht (§ 916 II 8), diejenigen, die **„aus dem Wechselrechte selbst"** (in Pr. Allg. Landrechte hieß es noch deutlicher „aus gegenwärtigem Wechselrechte") **hervorgehen.** Der Sinn dieser Ausdrucksweise ist Gegenstand lebhaften Streites in der Rechtslehre des Wechselrechts geworden. Von manchen Seiten (Ladenburg in ZfHR 7, S. 28 ff.; in Siebenhaars Archiv 14, 149 und bei Löhr, Zentralorgan Bd. 3 S. 468) wurde er dahin aufgefaßt, daß darunter nur solche Einwendungen zu verstehen seien, die sich aus dem Wechsel selbst (der Wechselurkunde) ergeben, also für jeden Erwerber des Wechsels ohne Weiteres erkennbar sind. Diese auf der Theorie von dem unbedingten öffentlichen Glauben der Wertpapiere (Brunner in Holtzendorffs Rechtslexikon Artikel „Wertpapiere" und in Endemanns Handbuch des HR Bd. 2 § 195) beruhende Auffassung ist jedoch mit Recht als weder mit dem Wortlaute noch mit dem Sinn und Zwecke der Vorschrift, die eine so weitgehende und den Wechselzeichner gefährdende Beschränkung der Verteidigung nicht rechtfertigen, vereinbar, abgelehnt (Lehmann WRecht S. 120; StStranz zu Art 82 Anm 1). Dem Richtigen näher kommt eine andere Auffassung, welche dahin geht, daß unter dem „Wechselrechte" die Gesamtheit der Vorschriften des objektiven Wechselrechts, im Gegensatze zu den Vorschriften des allgemeinen bürgerlichen Rechts, zu verstehen sei, ohne daß dabei jedoch lediglich die ausdrücklichen Vorschriften der Wechselordnung als Vorschriften des Wechselrechts angesehen werden dürfen, sondern in dem Sinne, daß die Gesamtheit der wechselrechtlichen Rechtssätze, mögen sie ausdrücklich in der WO ausgesprochen sein oder aus der von ihr geregelten rechtlichen Natur der wechselrechtlichen Verhältnisse ohne ausdrückliche Vorschrift zu entnehmen sein, die Grundlage der als exceptiones in rem zugelassenen Einwendungen bilden muß. So Thöl WRecht § 181; OAGLübeck bei Siebenhaar 3, 233. Die von StStranz a. a. O. gegen diese Auffassung erhobenen Bedenken erscheinen mir nicht durchschlagend. Ihre Ausführung, die dahin geht, daß in Wirklichkeit jeder gegenüber einem Wechselgläubiger erhobene Einwand, wenn er zugelassen werden soll, so beschaffen sein müsse, daß er „nach der Natur der Wechselobligation, nach Wechselrecht" zulässig ist und daß daher unter diesem Gesichtspunkte die aus dem Wechselrecht hervorgehenden und die dem jedesmaligen Kläger zustehenden Einreden nicht als Gegensätze einander gegenübergestellt werden dürfen, trifft m. E. nicht den Kern der Sache. Wenn es auch richtig ist, daß die Zulassung aller Einwendungen gegenüber einem wechselrechtlichen Anspruche sich auf eine Vorschrift des objektiven Wechselrechts stützen muß, so wird dadurch doch nicht ausgeschlossen, daß (wie es in Art 82 geschieht) eben dieses Wechselrecht einen Unterschied macht zwischen Einwendungen, die „aus ihm selbst hervorgehen", d. h. unmittelbar in den wechselrechtlichen Vorschriften und Rechtssätzen ihre Grundlage finden, und solchen, die auf Vorschriften des allgemeinen Rechts gestützt werden, und daß es Einwendungen der letzteren Art nur insoweit zuläßt, als sie sich gegen den jedesmaligen Kläger richten. Andrerseits scheint mir die von StStranz selbst vertretene Auslegung — die die Worte „aus dem Wechselrechte selbst" im Sinne des „objektiven Bestandes der Obligation" verstehen, also auf das Wechselrecht im subjektiven Sinne beziehen will, — keine wirkliche Lösung zu bieten, da die zu beantwortende Frage gerade dahin geht, welche Einwendungen als den objektiven Bestand der Obligation berührend und deshalb jedem Gläubiger entgegensetzbar von der WO angesehen werden. Vgl. gegen diese, auch von Staub selbst schon in den früheren Auflagen vertretene Auffassung auch Mansfeld im Recht 1913 S. 579.

Neuere Reichsgesetze, welche, wie die WO, die gegenüber von Klagen aus zum Umlaufe bestimmten Wertpapieren zulässigen Einwendungen zu bestimmen hatten, haben, um die durch die Fassung der WO entstandenen Streitfragen zu vermeiden, die zur ersten Kategorie gehörigen, nämlich jedem Wechselgläubiger entgegensetzbaren Einwendungen (exceptiones in rem) näher zu spezialisieren versucht, indem sie als solche diejenigen Einwendungen bezeichnen, die entweder die Gültigkeit der Erklärung des Schuldners in der Urkunde betreffen oder aus der Urkunde selbst hervorgehen; so für die handelsrechtlichen Orderpapiere § 364 Abs 2 HGB, für den Scheck § 18 Abs 2 des Scheckgesetzes; ähnlich für Inhaberpapiere § 796 BGB. Diesen Vorschriften wird von manchen Seiten (so Lehmann in DJZ 1900 S. 171; zustimmend StStranz a. a. O.) die Bedeutung einer authentischen Interpretation des Art 82 WO beigelegt. Indessen kommt darin, daß ein späterer Gesetzgeber in einem von ihm erlassenen selbständigen Gesetze eine Vorschrift gibt, welche einer nach seiner Auffassung sachlich das gleiche besagenden Vorschrift eines früheren Gesetzes einen deutlicheren Ausdruck geben soll, nicht ein maßgeblicher Wille des Gesetzgebers zum Ausdruck, daß nun die Vorschrift des früheren Gesetzes auch bei dessen Anwendung in gleichem Sinne zu gelten habe. Die Vorschrift der WO muß daher nach wie vor in der Weise ausgelegt werden, daß der ihr innewohnende Sinn aus ihr selbst, ohne Rücksicht auf die später erlassenen Gesetze und die Auffassung des späteren Gesetzgebers, ermittelt wird. Somit wird auch jetzt noch eine Einwendung nur dann als exceptio in rem zu behandeln sein und jedem Wechselinhaber entgegengesetzt werden können, wenn sie, unter Zugrundelegung der oben als richtig vertretenen Auslegung, aus dem Wechselrechte selbst hervorgeht, während alle übrigen Einwendungen nur als persönliche vom Beklagten dem jedesmaligen Kläger entgegengesetzt werden können. Übrigens ist auch der Sinn der entsprechenden Vorschriften in den neueren Gesetzen mindestens in gleichem Maße zweifelhaft und bestritten, wie der Sinn des Art 82 WO, insbesondere hinsichtlich der Frage der Behandlung von Willensmängeln; vgl. Näheres unten Anm 20.

2. Als **persönliche Einreden (exceptiones in personam)** behandelt die WO alle diejenigen Einwendungen, die nicht in dem oben (Anm 3) dargelegten Sinne aus dem Wechselrechte hervorgehen. Das äußert sich darin, daß solche Einwendungen, um der Wechselklage entgegengesetzt werden zu können, nach der Ausdrucksweise des Gesetzes dem Beklagten unmittelbar gegen den jedesmaligen Kläger „zustehen", d. h. in dem zwischen ihnen bestehenden Rechtsverhältnisse begründet sein müssen. **Anm. 4.**

a) Der „jedesmalige Kläger" ist bei der Wechselklage der formell legitimierte gegenwärtige Wechselinhaber. Ausgeschlossen sind sonach Einwendungen, die nicht aus dem Wechselrechte selbst hervorgehen, wenn sie aus dem Rechtsverhältnisse des Beklagten zu einem früheren Wechselinhaber hergeleitet werden, von welchem die Wechselrechte im Wege der wechselmäßigen Übertragungsform des Indossaments (Artt 9ff.) oder des Eintritts durch Einlösung im Rücklaufe (Art 51) auf den jetzigen Kläger übergegangen sind. Dagegen muß sich der Kläger diejenigen Einwendungen entgegensetzen lassen, die in dem Verhältnisse des Beklagten zu demjenigen früherer Wechselinhaber begründet sind, von denen sie der Kläger im Wege der Zession des bürgerlichen Rechts oder des (dieser hinsichtlich der Wirkungen gleichgestellten) nachprotestlichen Indossaments (vgl. Art 16 Abs 2) oder durch eine andere Übergangsform des bürgerlichen Rechts (Erbgang, Surrogation) erworben hat; ebenso derjenige Kläger, der durch ein offenes Prokura-Indossament (Art 17) zur Klage ermächtigt ist, die Einwendungen aus der Person des Prokura-Indossanten. Vgl. jedoch wegen der Einrede des Gefälligkeitswechsels unten Anm 30. Darüber, ob und unter welchen Voraussetzungen dem Inkassomandatsindossatar und den sonstigen fiduziarischen Indossataren Einwendungen aus der Person des fiduziarischen Indossanten entgegengesetzt werden können, vgl. zu Art 9 Anm 5 ff. und unten Anm 28. Ferner darüber, ob und unter welchen Umständen der Kläger sich solche Einwendungen aus der Person eines Vormannes entgegenhalten lassen muß, von deren Bestehen er bei dem Erwerbe des Wechsels Kenntnis hatte, unten Anm 48, 49. **Anm. 5.**

Bestritten ist, ob die Einwendungen aus der Person des Vormannes dem Kläger auch dann entgegengehalten werden können, wenn er außer dem Wechselrechte auch die der Wechselverpflichtung zugrunde liegende bürgerlich-rechtliche Forderung durch einen Übertragungsakt des bürgerlichen Rechts erworben hat. Das RG (1. Ziv.-Sen.) hat zunächst (in RGZ 68, 418) wohl unbedenklich diese Frage bejaht, wenn die indossierte Urkunde ein Blankoakzept war, das der Kläger erst ausgefüllt und dadurch zu einem Wechsel gemacht hat (vgl. zu Art 7 Anm 4, 5). Ist ein solches Blankett neben der Forderung, die ihm zugrunde lag, übertragen worden, so sind durch die Übertragung noch keine Wechselrechte, sondern nur die zedierte Forderung und die ihr entsprechende Ausfüllungsbefugnis auf den Indossatar übergegangen; dieser konnte daher das Ausfüllungsrecht nur in der Weise ausüben, wie es der zugrunde liegenden Forderung entsprach, durch die Ausfüllung also nur eine mit den gegen die Forderung bestehenden Einwendungen behaftete Wechselforderung erwerben. Das RG (2. Zivilsenat) hat aber (in RGZ 83, 97) weitergehend die Einwendungen aus der Person des Indossanten auch zugelassen, wenn ein bereits fertig gestellter Wechsel durch Indossament und außerdem auch die zugrunde liegende Forderung durch Zession übertragen worden ist. Das RG erwägt dabei, daß durch die Zession das zivile **Anm. 6.**

Rechtsverhältnis auf den Zessionar ausgedehnt worden sei und daß es deshalb bei den Einwendungen aus der zugrunde liegenden Forderung gegen die Klage des Indossatars sich um solche handle, die dem Beklagten im Sinne des Art 82 gegen den Kläger unmittelbar zuständen; es könne nicht im Belieben des Indossatars stehen, von seiner Eigenschaft als Zessionar abzusehen, vielmehr habe sein Wechselrecht durch den abgetretenen Grundanspruch „ein der willkürlichen Änderung entzogenes Gepräge" erhalten. Diese Entscheidung ist von Adler (in DJZ 1914, 620) und von StStranz (zu Art 82 Anm 4 Abs 3) mißbilligt worden. Sie dürfte indessen im Ergebnisse doch dem Wortlaute und dem Sinne des Art 82 gerecht werden, da der Indossatar und der Zessionar die gleichen Personen sind und deshalb die Einwendungen gegen die Forderung, die dem Zessionar entgegenstehen, sich zugleich als Einwendungen darstellen, die unmittelbar gegen den aus dem Wechsel klagenden Indossatar, wenn auch aus einem anderen Rechtsgrunde, dem Beklagten zustehen; auch ist zu berücksichtigen, daß der Kläger verpflichtet sein würde, den Betrag, den er auf Grund der Wechselklage erhielte, dem Beklagten zurückzuerstatten, da dieser mit einem auf das Nichtbestehen der zedierten Forderung, zu deren Erfüllung oder Sicherung der Wechsel gegeben war, gestützten Bereicherungsanspruche durchdringen würde; es muß daher der Satz: „Dolo facit, qui petit quod redditurus est", durchgreifen. Ein Unterschied in der Richtung, ob die Zession gleichzeitig mit dem Indossamente oder nachträglich erfolgt, ist in den Gründen der Entscheidung des 2. Ziv.-Senats nicht gemacht und auch aus ihrem Zusammenhange nicht zu entnehmen; andrerseits hat jedoch der 1. Ziv.-Senat in einer Entscheidung vom 22. 12. 1913 (Recht 1914 Nr. 704), ohne sich mit der früheren Entscheidung des 2. Ziv.-Senats auseinanderzusetzen, ausgesprochen, daß durch eine nachträgliche Abtretung der Ansprüche aus dem Grundgeschäfte zum Zwecke zusätzlicher Sicherung nicht die bis dahin einwandfreie Wechselforderung mit Einreden behaftet werden könne. Die für die Entscheidung des 2. Ziv.-Senats sprechenden Gründe dürften indessen auch für diesen Fall zutreffen.

Anm. 7. b) Es kann aber auch vorkommen, daß derjenige, welcher den wechselrechtlichen Anspruch geltend macht, sich nicht in der Parteirolle des Klägers, sondern in der des Beklagten befindet, z. B. wenn der Wechselanspruch zur Aufrechnung gegenüber einem mit der Klage geltend gemachten anderen Anspruche, der gleichfalls auf eine Geldsumme gerichtet ist, verwendet werden soll und dem Klageanspruche im Wege der Einrede entgegengesetzt wird. In diesem Falle gilt das, was Art 82 hinsichtlich der Zulässigkeit von Einwendungen gegenüber dem Kläger vorschreibt, entsprechend für die Einwendungen gegenüber dem Beklagten. § 18 Scheckges drückt sich genauer aus, indem er von Einwendungen spricht, die dem Schuldner „unmittelbar gegen den Inhaber" zustehen.

Anm. 8. 3. Es gibt aber auch Einwendungen, welche zwar aus dem Wechselrechte hervorgehen, aber nach ihrem Wesen und der ihnen von der WO gegebenen Gestalt nicht jedem Wechselinhaber entgegengesetzt werden können. Als solche Einwendungen stellen sich namentlich die Einrede des mangelnden Begebungsvertrags bei einem Vormanne (vgl. unten Anm 27) und die Einrede der Wechselverjährung (Anm 14) dar.

Anm. 9. **II. Die Einwendungen gegen die Wechselklage im Einzelnen.** Es ist nunmehr an der Hand der unter I. dargelegten rechtlichen Gesichtspunkte zu erörtern, welche von den einzelnen gegenüber einer Wechselklage an sich möglichen Einwendungen jedem Wechselgläubiger entgegengesetzt werden können (exceptiones in rem) und welche andrerseits dem jedesmaligen Kläger nur, soweit sie gegen ihn persönlich begründet sind, entgegengesetzt werden können (exceptiones in personam). Die von manchen Kommentaren (Bernstein, StStranz) befolgte Behandlung der einzelnen Einwendungen in alphabetischer Reihenfolge scheint mir den erforderlichen Zusammenhang der Darstellung allzusehr zu zerreißen. Die Einwendungen sind deshalb im Folgenden nach sachlichen Gesichtspunkten angeordnet. Zur besseren Übersicht ist nachstehend ein alphabetisches Verzeichnis beigegeben.

Alphabetische Übersicht der behandelten Einwendungen.

1. Als Einwendungen, die jedem Wechselinhaber entgegengehalten werden können, stellen sich zunächst diejenigen dar, die **aus dem Wechsel** (der Wechselurkunde) oder den zu ihm gehörigen Nebenurkunden (Protest, Retourrechnung) hervorgehen, d. h. bei denen der sie begründende Tatbestand aus dem Inhalte dieser Urkunden ersichtlich und dadurch für jeden Erwerber des Wechsels erkennbar ist. Sie gehen aus dem Wechselrechte selbst hervor, da nach wechselrechtlichen Grundsätzen der Inhalt des Wechsels die wesentliche Grundlage für die wechselrechtlichen Verpflichtungen und die Beziehungen zwischen den Wechselgläubigern und den Wechselschuldnern bildet. Das gilt in erster Linie für denjenigen Urkundeninhalt, der für das Vorhandensein eines formgültigen Wechsels (Art 4 Nr. 1—8) und für die Legitimation des Klägers (Art 36) erforderlich ist; aber auch für sonstige Tatsachen, deren Beurkundung in dem Wechsel und seinen Nebenurkunden auf Grund der Vorschriften der WO zu erfolgen hat. So für den Vermerk: „Ohne Obligo" beim Indossament (Art 14), für Beschränkungen der Annahme (Art 22); ferner für Mängel des Protestes, wie Nicht-Rechtzeitigkeit der Erhebung, Protestierung an einem unrichtigen Orte oder gegenüber einer nicht zuständigen Person (Artt 87 ff., 91 ff.). **Anm. 10.**

Nicht unzweifelhaft erscheint die Bedeutung einer auf dem Wechsel befindlichen **Quittung über eine geleistete Zahlung.** Nach Art 39 WO ist der Wechselschuldner nur gegen Aushändigung des quittierten Wechsels, bei Teilzahlungen gegen Abschreibung des bezahlten Betrags auf dem Wechsel zu zahlen verpflichtet. Diese Bestimmung bezieht sich jedoch nur auf die Zahlung derjenigen Person, die bestimmungsgemäß den Wechsel bezahlen soll, des Bezogenen oder Akzeptanten; bei Zahlungen von seiten Regreßpflichtiger (Art 54) ist eine Quittungsleistung oder Abschreibung auf dem Wechsel nicht vorgeschrieben. Auch ist die Ansicht von Thöl (WR 3. Aufl §§ 319, 320), derzufolge durch eine auf dem Wechsel befindliche generelle Quittung die Wechselform zerstört und sämtliche Rechte aus dem Wechsel vernichtet werden, von der Rechtsprechung und dem Schrifttum (RGZ 7, 67; 9, 64; Dernburg § 278; StStranz zu Art 82 Anm 50) mit Recht abgelehnt worden. Die Quittung kann vielmehr nur als Beweismittel für die Zahlung des Wechsels dienen (RGZ 9, 64). Als solches ist sie aber nur geeignet, wenn in ihr zum Ausdrucke gekommen ist, daß die Zahlung durch den Akzeptanten oder den Bezogenen, also in der Absicht, die Wechselschuld objektiv zum Erlöschen zu bringen, erfolgt ist, nicht durch einen Regreßpflichtigen, dessen Zahlung in der Regel nur zur Erfüllung der eigenen Regreßverbindlichkeit und in der Absicht erfolgt, seinerseits die Rechte aus dem Wechsel zu erwerben (RGZ 9, 64; vgl. auch zu Art 54 Anm 2). Ferner aber kommt für die Beweiswürdigung in Betracht, daß solche Quittungen üblicherweise bereits in Erwartung der Zahlung und bevor diese erfolgt ist, ausgestellt werden und daß, wenigstens bei Quittungen über Vollzahlung, der Umstand, daß der Wechsel nicht dem zahlenden Wechselschuldner ausgeliefert, sondern in Händen des Gläubigers verblieben ist, geeignet ist, Zweifel daran zu erregen, ob die Zahlung wirklich erfolgt ist. Es wird deshalb zum Mindesten der Gegenbeweis zugelassen werden müssen und dieser ohne Weiteres als geführt zu erachten sein, wenn aus dem Proteste sich ergibt, daß der Wechsel bei Vorzeigung von dem Bezogenen oder Akzeptanten nicht bezahlt worden ist (RGZ 7, 67). Zahlungen von Regreßpflichtigen begründen, auch wenn über sie auf dem Wechsel quittiert ist, nur eine persönliche Einwendung gegenüber einer nochmaligen Forderung desjenigen, der die Zahlung erhalten hat (Einrede der Arglist, vgl. unten Anm 37). **Anm. 11.**

Tatsachen, deren Beurkundung auf dem Wechsel oder den zu ihm gehörigen Urkunden durch die WO nicht vorgeschrieben ist, so namentlich der Einwand der Stundung (Prolongation), können nicht allein schon um deswillen jedem Wechselinhaber entgegengehalten werden, weil **Anm. 12.**

auf der Wechselurkunde darüber ein (von der WO nicht vorgeschriebener) Vermerk gemacht ist, aus dem der Erwerber des Wechsels die Tatsache ersehen kann. Solche Einwendungen gehen zwar aus der Wechselurkunde hervor, aber nicht aus dem Wechselrechte selbst. Sie begründen auch nicht ohne Weiteres eine Einrede der Arglist, da der Wechselinhaber nach wechselrechtlichen Grundsätzen nicht die Rechte seiner Vormänner mit den ihnen anhaftenden Beschränkungen, sondern eigene selbständige Wechselrechte geltend macht und ihm Einwendungen aus der Person der Vormänner nach der zu billigenden Rechtsprechung des Reichsgerichts nicht schon deshalb, weil er sie beim Erwerbe gekannt hat, sondern nur im Falle der Kollusion zum Zwecke der Abschneidung der Einwendungen entgegengehalten werden können; vgl. unten Anm 48. A. M., ersichtlich auf Grund ihrer abweichenden Auffassung der Arglisteinrede, hinsichtlich der Prolongation StStranz zu Art 82 Anm 2 b in Verbindung mit Anm 16. Anders liegt die Sache, wenn die Prolongation nicht durch einen bloßen Vermerk auf dem Wechsel, sondern durch eine Abänderung des Zahlungstages im Kontexte kenntlich gemacht ist und der Inhaber den Wechsel mit dieser Abänderung erworben hat (Bernstein zu Art 82 § 3 Nr. 47 Abs 2); hier gilt, wie für die Verpflichtungen des Schuldners (vgl. zu Artt 75, 76 Anm 7 ff.), so entsprechend auch für die Berechtigung des Gläubigers der wechselrechtliche Grundsatz, daß sie nur nach Maßgabe des Inhalts eintritt, den der Wechsel zur Zeit seines Erwerbes durch den Gläubiger gehabt hat. Auch Vermerke auf dem Wechsel, die sich auf das dem Wechselerwerbe zugrunde liegende Rechtsgeschäft zwischen einem Wechselgeber und einem Wechselnehmer beziehen, können nicht ohne Weiteres zur Folge haben, daß Einwendungen aus diesem Geschäfte jedem Wechselinhaber entgegengesetzt werden können; auch eine Einrede der Arglist des klagenden Wechselinhabers kann dadurch nur unter besonderen Umständen begründet werden; vgl. unten Anm 37. Darüber, inwieweit die aus dem Wechsel ersichtlichen Tatsachen vom Gerichte auch ohne Einwendung des Beklagten von Amts wegen zu berücksichtigen sind, vgl. Vorbem 21 vor Art 4.

Anm. 13. 2. Zu den Einwendungen, die aus dem Wechselrechte selbst hervorgehen, gehört ferner der Einwand des beklagten Akzeptanten, daß er **gemäß Art 40 WO die Wechselsumme hinterlegt habe.** Der Einwand kann daher jedem Wechselinhaber entgegengesetzt und der Inhaber auf die hinterlegte Summe verwiesen werden, die ja auf seine Gefahr und Kosten zu seiner Verfügung liegt. Vgl. die Erläuterungen zu Art 40. Eine Hinterlegung dagegen, die auf Grund des allgemeinen bürgerlichen Rechts (§§ 372 ff. BGB) erfolgt ist, wirkt nur in der gleichen Weise, wie eine Zahlung; vgl. darüber unten Anm 34.

Anm. 14. **2 a.** Aus dem Wechselrechte selbst hervor geht ferner der Einwand der **Wechselverjährung.** Er gründet sich unmittelbar auf die Vorschriften der Artikel 77—79 WO; vgl. die Erläuterungen zu diesen Artikeln. Doch ergibt sich aus diesen Vorschriften, daß die Verjährung nicht für alle Wechselinhaber zu gleicher Zeit eintritt, da sie gegen den Inhaber, der den Wechsel hat protestieren lassen, und gegen jeden Indossanten mit einem anderen Zeitpunkte zu laufen beginnt (Artt 78 Abs 2, 79 Abs 2) und da auch ihre Unterbrechung und Hemmung den einzelnen Wechselgläubigern gegenüber sich unterschiedlich gestalten kann; vgl. Vorbem vor Art 76 Anm 6. Der Verjährungseinwand kann deshalb nur demjenigen Wechselinhaber entgegengesetzt werden, dem gegenüber sich die Verjährung vollendet hat.

Anm. 15. 3. Zu den aus dem Wechselrechte hervorgehenden Einwendungen ist weiter unbedenklich die Einwendung der **Geschäftsunfähigkeit des Beklagten** bei der Eingehung der Wechselverbindlichkeit zu rechnen, da die WO in Art 1 die (passive) Wechselgeschäftsfähigkeit als Voraussetzung für die Gültigkeit von Wechselverbindlichkeiten aufgestellt hat. Vgl. die Erläuterungen zu Art 1. Daß sie dabei auf die nach allgemeinem bürgerlichem Rechte bestehende Fähigkeit, sich durch Verträge zu verpflichten, Bezug nimmt und die Vorschriften darüber für anwendbar erklärt (vgl. zu Art 1 Anm 2), ändert nichts daran, daß der Einwand der Geschäftsunfähigkeit aus ihr, also aus dem Wechselrechte, hervorgeht. Die Willenserklärung, um die es sich dabei handelt, ist jedoch lediglich die durch die Wechselzeichnung abgegebene abstrakte Wechselverpflichtungserklärung; Einwendungen, welche die Geschäftsfähigkeit bei dem Abschluß des der Wechselzeichnung zugrunde liegenden kausalen Rechtsgeschäfts betreffen, fallen nicht unter diese Gruppe, sondern können nur als persönliche Einwendungen gegenüber dem jedesmaligen Kläger geltend gemacht werden; vgl. unten Anm 37. Auch muß es sich um die eigene Wechselerklärung des Beklagten handeln; die Geschäftsunfähigkeit anderer Wechselverpflichteter ist gemäß Art 3 WO ohne Einfluß auf die Gültigkeit der Verpflichtung des mit der Wechselklage in Anspruch Genommenen.

Anm. 16. Der Einwand, daß zur Zeit der Abgabe der Wechselerklärung der Beklagte, der sie abgegeben hat, sich in einem die freie Willensbestimmung ausschließenden, nicht vorübergehenden Zustande krankhafter Störung der Geistestätigkeit befunden oder wegen Geisteskrankheit entmündigt gewesen sei (§ 104 Nr. 2, 3 BGB), kann sonach jedem Wechselinhaber gegenüber erhoben werden, und zwar gegenüber demjenigen, der die Erklärung entgegengenommen hat, auch dann, wenn dieser Zustand in keiner Weise in die äußere Erscheinung getreten ist (RG bei Gruchot 62, 118; vgl. RGRKomm zu § 105 Anm 1). Gleiches gilt von Wechselerklärungen, die im Zustande der Bewußtlosigkeit oder vorübergehender Störung der Geistestätigkeit abgegeben worden sind (§ 105 Abs 2).

Anm. 17. Ist die Erklärung von einer in der Geschäftsfähigkeit beschränkten Person, insbesondere einem Minderjährigen im Alter von über 7 Jahren abgegeben worden, so kann, da nach Art 1 WO die Fähigkeit, sich durch Verträge zu verpflichten maßgebend ist, geltend gemacht werden, daß sie ohne Einwilligung oder nachträgliche Genehmigung des gesetzlichen Vertreters abgegeben und deshalb unwirksam sei (§§ 107, 108 BGB); der Kläger wird alsdann zu beweisen haben, daß eine Einwilligung oder Genehmigung erfolgt sei. Die Einwilligung oder Genehmigung kann auch außerhalb des Wechsels erklärt werden, und zwar sowohl gegenüber dem Minderjährigen, wie gegenüber dem „anderen Teile" (§ 182 BGB); als solcher wird hier der jedesmalige Wechselinhaber anzusehen sein. Soweit die Wechselverpflichtung einen Begebungsvertrag erfordert (vgl. Vorbem 2 vor Art 4), muß die Geschäftsfähigkeit im Zeitpunkte dieses Vertrages vorhanden gewesen sein; das muß sonach für den Aussteller, den Indossanten und den Avalisten gelten, während für den Akzeptanten nach der durch die Rechtsprechung des Reichsgerichts zur Herrschaft gelangten Kreationstheorie der Zeitpunkt der Niederschrift des Akzepts maßgebend sein muß. Hat sonach ein Minderjähriger einen Wechsel ausgestellt oder indossiert, ihn aber erst nach erreichter Großjährigkeit begeben, so kann er aus seiner Geschäftsunfähigkeit zur Zeit der Ausstellung oder Indossierung keinen Einwand herleiten; aber auch wenn er ein zur Zeit seiner Minderjährigkeit auf den Wechsel gesetztes Akzept nach erreichter Großjährigkeit aus der Hand gibt, wird darin eine Genehmigung der vorher erfolgten Annahme zu erblicken sein, welche die Berufung auf die Geschäftsunfähigkeit ausschließt.

4. Der Einfluß **anderer Willensmängel** bei Eingehung der Wechselverbindlichkeit ist in der WO nicht geregelt. Es fragt sich deshalb, ob sie überhaupt und welche von ihnen zur Begründung von Einwendungen geeignet sind, die jedem Wechselinhaber entgegengesetzt werden können. **Anm. 18.**

a) In Frage kommen dabei namentlich die nach allgemeinem bürgerlichem Rechte die **Anfechtung** eines Rechtsgeschäfts begründenden Willensmängel: **Irrtum über den Inhalt der Erklärung** (§ 119), sowie **arglistige Täuschung oder widerrechtliche Drohung** (§ 123 BGB). Die Frage nach der Wirkung der auf diese Willensmängel gestützten Einwände gegenüber der Wechselklage ist im Schrifttum und in der Rechtsprechung sehr bestritten. Bernstein (zu Art 82 § 3 Nr. 11, 77, 32) erklärt diese Willensmängel nur dann als jedem Inhaber entgegensetzbar, wenn infolge ihrer dem Wechselzeichner das Bewußtsein, eine Wechselerklärung zu zeichnen oder zu begeben, überhaupt gefehlt hat; dagegen als nur zur Begründung persönlicher Einwendungen gegenüber dem jedesmaligen Kläger dienlich, wenn ein Wille zur Wechselzeichnung zwar vorhanden, aber durch sie hervorgerufen worden ist. Rehbein (Anm 5 zu Art 82) vertritt die Auffassung, daß solche Einreden, welche die Wechselobligation nach bürgerlichem Rechte anfechtbar machen, nur gegen die Person und den schlechtgläubigen Dritten wirken und will eine Ausnahme nur zulassen im Falle des Zwanges durch physische Gewalt, die den Willen ausgeschlossen hat. Auch Dernburg (1./2. Aufl § 276 III 1d S. 316) ist der Meinung, daß dem Beklagten die Berufung auf Irrtum, Betrug oder Zwang einem gutgläubigen Erwerber gegenüber im allgemeinen mit Recht versagt werde, und will sie nur im Falle eines entschuldbaren Irrtums des Wechselzeichners darüber, daß er einen Wechsel unterschreibe, und im Falle unüberwindlichen Zwanges zulassen, da in diesen Fällen der Wille einer Wechselverpflichtung völlig gefehlt habe. Das ROHG (Entsch 4, 392) ging ersichtlich davon aus, daß aus einer durch Erregung eines Irrtums herbeigeführten Wechselzeichnung der Wechselnehmer von dritten Wechselinhabern in Anspruch genommen werden könne, und ließ nur dahingestellt, ob er in diesem Falle von dem Wechselnehmer, der ihn in Irrtum versetzt habe, Befreiung von dem Anspruch des Dritten oder sonstige Schadloshaltung verlangen könne. Das RG (RGZ 14, 22) hat sogar eine durch Betrug herbeigeführte Namenszeichnung auf einem Wechselformular, die von dem Zeichner nicht als Wechselverpflichtung, überhaupt nicht als Verpflichtung, sondern als Quittung gewollt und gemeint war, als dem gutgläubigen Erwerber des ausgefüllten Formulars gegenüber verbindlich erklärt und dadurch die aus solchen Willensmängeln hergeleiteten Einwendungen durchweg deutlich als rein persönliche Einwendungen gekennzeichnet. Auch Staub hat in den früheren Auflagen eine entsprechende Auffassung vertreten. Dagegen gelangen StStranz (zu Art 82 Anm 9, 25, 19a) auf Grund ihrer Auslegung des Art 82 (vgl. oben unter I Anm 3) im Gegensatze zu Staub in den früheren Auflagen zu der Annahme, daß diese Willensmängel grundsätzlich eine exceptio in rem bewirken, die unter der Voraussetzung rechtzeitiger Anfechtung des Begebungsvertrages, die gegenüber dem Nehmer des Wechsels erfolgen müsse, jedem Wechselinhaber entgegengesetzt werden könne. **Anm. 19.**

Die von mir oben Anm 3 als richtig vertretene Auslegung des Art 82 muß dazu führen, daß die auf die hier besprochenen Willensmängel gegründeten Einwendungen der Wechselklage als persönliche nur entgegengesetzt werden können, wenn sie dem Beklagten unmittelbar gegen den Kläger zustehen. Denn sie gehen nicht aus dem Wechselrechte selbst hervor, sondern finden ihre Begründung lediglich in dem allgemeinen bürgerlichen Rechte. Daß an diesem Ergebnisse auch durch die in neueren Reichsgesetzen erfolgte anderweite Fassung der dem Art 82 entsprechenden Vorschrift nichts geändert worden ist, wurde oben schon hervorgehoben. Die Fassung dieser Gesetze, die als jedem Inhaber gegenüber wirksame Einwendungen auch diejenigen bezeichnen, welche die „Gültigkeit der Erklärung des Schuldners" in der Urkunde betreffen, legt allerdings die Annahme nahe, daß auch die Tatbestände des Irrtums, des Betrugs und der rechtswidrigen Drohung unter diese Kategorie fallen sollen, da sie zwar nicht von vornherein, aber im Falle **Anm. 20.**

rechtzeitiger Anfechtung die Verpflichtungserklärung des Schuldners als von Anfang an nichtig erscheinen lassen, also ihre Gültigkeit zerstören. So werden die Vorschriften auch überwiegend aufgefaßt; vgl. für den Scheck meinen ScheckgesKomm zu § 18 Anm 6; Simonson SchGes Anm 2 A; Lessing SchGes 2. Aufl (im Gegensatz zu der ersten) zu § 18 unter II 1 S. 237; für die handelsrechtlichen Orderpapiere Koenige HGB Handausgabe zu § 364 Anm 2a. Doch ist auch diese Auffassung nicht unbestritten; so wird für die Schuldverschreibungen auf den Inhaber die Frage nach der Wirkung dieser Einwendungen als exceptiones in rem verneint mit der allerdings wohl nicht zureichenden Erwägung, daß die Erklärung des Schuldners durch die Tatsachen, auf die sie sich gründen, nicht ohne weiteres, sondern erst dann ungültig wird, wenn sie von dem Erklärenden angefochten wird; vgl. RGRKomm zu § 796 BGB Anm 2. Für den Wechsel würde die Zulassung der hier in Frage stehenden Einwendungen gegenüber dritten gutgläubigen Wechselerwerbern, wie Mansfeld a. a. O. nicht mit Unrecht betont, eine bedenkliche Gefährdung des Vertrauens auf die Sicherheit der in dem Papier verbrieften Forderungen und eine Minderung seiner Tauglichkeit zu ungehemmtem Umlaufe von Hand zu Hand im geschäftlichen Verkehr zur Folge haben.

Anm. 21. **b)** Nicht zweifelhaft erscheint, daß die Einwände der **Simulation** (§ 117) und der **Nichternstlichkeit** (des Scherzes, § 118 BGB) lediglich als persönliche Einwendungen dem jedesmaligen Kläger entgegengesetzt werden können. Schon nach bürgerlichem Rechte (§ 405 BGB) kann der Einwand des Scheingeschäfts, wenn eine Urkunde über die Schuld ausgestellt ist und die Forderung unter Vorlegung der Urkunde abgetreten wird, dem neuen Gläubiger nicht entgegengehalten werden. Um so mehr muß das gleiche für den mit stärkeren Wirkungen, als die bürgerlich-rechtliche Zession, ausgestatteten wechselrechtlichen Übergang auf einen anderen Gläubiger durch Indossament gelten. Keinenfalls geht die Einwendung aus dem Wechselrechte selbst hervor. In dem preußischen Entwurfe zur WO (§ 93) war vielmehr, wenigstens für den Wechselprozeß, vorgesehen, daß die Einrede der Simulation niemals, also auch nicht gegenüber dem an der Simulation beteiligten unmittelbaren Wechselnehmer, zulässig sein solle, und zwar auch nicht, wenn sie sofort liquid gestellt werden könne; diese Vorschrift wurde durch die Leipziger Konferenz (Protokolle Leipzig S. 168, Thöl S. 180) gestrichen mit der Begründung, daß alle aus der Person des Inhabers herzuleitenden Einwendungen, also auch die der Simulation und Kompensation, zugelassen werden sollten. Dadurch ist der Einwand der Simulation deutlich als zwar zulässig, aber nur dem jedesmaligen Kläger gegenüber geltend zu machen gekennzeichnet (ROHG 6, 56ff.). Demjenigen Wechselnehmer, mit welchem bei der Begebung des Wechsels an ihn vereinbart ist, daß der Begebende auf Grund seiner Wechselerklärung nicht in Anspruch genommen werden solle, kann aus dieser Vereinbarung, auch wenn der Tatbestand des Betrugs nicht vorliegt, die Einrede der Nichternstlichkeit der Verpflichtungserklärung als exceptio doli generalis (vgl. unten Anm 37) entgegengehalten werden, wenn er den Wechsel trotzdem gegen den Wechselgeber einklagt (ROHG 4, 392).

Anm. 22. Die Einwendung der Simulation kommt aber auch in anderer Richtung in Frage, nämlich in dem Sinne, daß geltend gemacht wird, der Kläger sei in Wirklichkeit nicht Eigentümer des Wechsels geworden, da ihm der Wechsel nur zum Zwecke der Einkassierung übertragen worden sei (verdecktes Prokura- oder Inkassomandatsindossament, vgl. zu Art 9 Anm 6). Hier ist die Eigentumsübertragung nicht wirklich gewollt, sondern durch Ausstellung eines Eigentumsindossaments simuliert (a. M. ROHG 6, 57). Darüber, ob infolgedessen der Beklagte dem Kläger die Einwendungen aus der Person des Indossanten entgegensetzen kann, vgl. a. a. O.

Anm. 23. 5. Ein Willensmangel wird auch geltend gemacht durch den Einwand, daß durch die Wechselzeichnung der Wechselnehmer sich von dem Wechselzeichner einen **wucherischen Vermögensvorteil** habe gewähren lassen (§ 138 Abs 2 BGB). Dieser Einwand bezieht sich nicht oder doch nicht nur auf das zugrunde liegende kausale Rechtsgeschäft, sondern auf die abstrakte Wechselverpflichtungserklärung selbst und läßt, wenn er begründet ist, diese als von vornherein nichtig erscheinen (RGZ 57, 95; 75, 76; 93, 75). Von der Auffassung aus, daß Einwendungen, welche den objektiven Bestand der Wechselobligation betreffen, jedem Inhaber entgegengesetzt werden können, müßte dieser Einwand deshalb als exceptio in rem angesehen werden. Doch gelangen StStranz (Art 82 Anm 35) zu einer Verneinung dieser Frage, indem sie irrig (unter Bezugnahme auf reichsgerichtliche Entscheidungen, welche gegen die guten Sitten verstoßende Rechtsgeschäfte gemäß § 138 Abs 1, nicht aber wucherliche Rechtsgeschäfte behandeln) annehmen, daß die Wechselzeichnung als Erfüllungsgeschäft von der Nichtigkeit des Grundgeschäfts nicht ergriffen werde. Auch Bernstein (zu Art 82 § 3 Nr. 74) geht von der, jedenfalls nach jetzigem Rechte unrichtigen Auffassung aus daß der Einwand des Wuchers nur das zugrunde liegende Rechtsgeschäft betreffe. Von der in diesem Buche vertretenen Auslegung des Art 82 aus stellt sich der Einwand aber desungeachtet als ein bloß persönlicher dar, da er nicht aus dem Wechselrechte hervorgeht, sondern lediglich auf Vorschriften des allgemeinen bürgerlichen Rechts beruht. Anderes wird für den Scheck und die handelsrechtlichen Orderpapiere gelten müssen, da die Einwendung zweifellos die Gültigkeit der Erklärung des Schuldners betrifft; vgl. meinen ScheckgesKomm zu § 18 Anm 9. Die oben in Anm 20 hervorgehobenen Bedenken gegen eine jedem Inhaber gegenüber eintretende Wirkung der dort behandelten Einwendungen treffen auch auf den Einwand des Wuchers zu.

6. Der Einwand der **Fälschung** der Namensschrift des als Wechselschuldner in Anspruch ge- **Anm. 24.**
nommenen Beklagten geht aus dem Wechselrechte selbst hervor, da eine von dem Schuldner herrührende Skriptur (Namensschrift) nach wechselrechtlichen Grundsätzen die wesentliche Grundlage jeder Wechselverpflichtung bildet. Vgl. Artt 4 Nr. 5 (Unterschrift des Ausstellers), 11, 12 (Indossament ist auf den Wechsel usw. zu schreiben), 21 (Annahme schriftlich auf dem Wechsel), 81 (Mitunterzeichnung). Auch folgt aus den Artt 75, 76 (vgl. die Erläuterungen zu diesen Artikeln) mittels Schluß aus dem Gegenteil, daß die WO die Echtheit der Namensschrift desjenigen, der als Wechselschuldner in Anspruch genommen wird (als Aussteller, Akzeptant, Indossant), für die Gültigkeit seiner Wechselverpflichtung erfordert. Der Einwand der Fälschung, der eine Leugnung des Klagegrundes enthält (vgl. darüber oben Anm 1), kann deshalb als exceptio in rem jedem Wechselinhaber, auch dem gutgläubigen Erwerber, entgegengehalten werden. Dem Einwande der Fälschung gleich steht der Einwand, daß die Wechselzeichnung im Namen des Beklagten durch einen **Vertreter ohne Vertretungsmacht** erfolgt und daher für den Beklagten nicht verbindlich sei; auch sie kann als aus dem Wechselrechte, das eine für den Schuldner verbindliche Zeichnung voraussetzt, hervorgehend jedem Wechselinhaber entgegengesetzt werden; so für den Fall einer Wechselzeichnung durch eine zur Vertretung einer Sparkasse nicht befugte Person RGZ 122, 178. Gleiches gilt von dem Einwande der **Verfälschung des Wechselinhalts,** da es wechselrechtlicher Grundsatz ist, daß jeder Wechselschuldner nur nach dem Inhalte, den der Wechsel zur Zeit der Wechselzeichnung durch ihn hatte, verpflichtet ist, vgl. zu Artt 75, 76 Anm 7 ff.

Eine Ausnahme von diesem Grundsatze tritt ein bei der Zeichnung eines noch nicht ausge- **Anm. 25.**
füllten Blanketts; hier erklärt der Zeichner, dritten Erwerbern wechselrechtlich haften zu wollen nach dem Inhalte, der dem Wechsel durch Ausfüllung des Blanketts gegeben werden wird; vgl. zu Art 7 Anm 10. **Die Einwendung der vertragswidrigen Ausfüllung eines Blanketts** stellt sich deswegen nicht als eine Einwendung aus dem Wechselrechte selbst dar, sondern kann nur als persönliche Einwendung dem Blankettnehmer, mit welchem die Vereinbarung getroffen worden, oder (als exceptio doli, vgl. unten Anm 37) demjenigen, der den vertragswidrig ausgefüllten Wechsel in Kenntnis der Vertragswidrigkeit, also bösgläubig, erworben oder das Blankett nach Erwerb bösgläubig ausgefüllt hat (vgl. zu Art 7 Anm 10), entgegengehalten werden. Nicht als vertragswidrige Ausfüllung eines Blanketts, sondern als Verfälschung des Wechselinhalts muß aber die nachträgliche Hinzufügung oder Beseitigung eines Vermerks auf einem bereits fertiggestellten Wechsel angesehen werden, insbesondere die Hinzufügung eines Domizilvermerks oder die Streichung eines vorhandenen Domizilvermerks; für sie gilt die Regel der Verpflichtung eines jeden Wechselschuldners nach Maßgabe des zur Zeit seiner Zeichnung vorliegenden Wechselinhalts; sie kann deshalb jedem Wechselinhaber, auch dem gutgläubigen Dritterwerber, entgegengehalten werden (RGZ 53, 261).

Darüber, ob und unter welchen Umständen der Einwand der Fälschung durch die Replik der **Anm. 26.**
Genehmigung entkräftet werden kann, vgl. zu Artt 75, 76 Anm 1.

7. Der Einwand des mangelnden Begebungsvertrages gründet sich zwar auf das Wechsel- **Anm. 27.**
recht, da die WO einen Vertrag als Grundlage der Entstehung der Wechselverpflichtung in den Regelfällen voraussetzt; vgl. Vorbem 1 b vor Art 4. Er ist jedoch nur insoweit begründet, als er aus dem Wechselrechte „hervorgeht", d. h. als nicht die WO selbst den Grundsatz der Entstehung der Wechselverpflichtung durch Vertrag einschränkt. Das ist aber (wie a. a. O. dargelegt ist) in doppelter Richtung der Fall, nämlich: a) die Verpflichtung des Akzeptanten erfordert nach der in der Rechtsprechung zur Herrschaft gelangten Auffassung keine Begebung des Akzepts, sondern entsteht durch die Niederschrift an sich (vgl. a. a. O. und zu Art 21 Anm 14); b) dem gutgläubigen Erwerber, der den Wechsel von einem formell legitimierten Inhaber durch Begebungsvertrag erworben hat, kann der Einwand, daß einer seiner Vormänner den Wechsel ohne Begebungsvertrag erhalten habe, nicht entgegengehalten werden, vgl. Vorbem vor Art 4 Anm 8 und zu Art 74 Anm 12; a. M. StStranz zu Art 82 Anm 65 b.

8. Persönliche Einwendungen, die nur erhoben werden können, wenn sie dem Beklagten **Anm. 28.**
gegen den jedesmaligen Kläger zustehen, sind ferner diejenigen, die sich gegen die materielle Berechtigung des formell legitimierten Klägers aus dem Wechsel richten, indem sie behaupten, daß **das Indossament,** durch welches er den Wechsel erworben habe, **ein fiduziarisches sei,** das ihn zwar nach außen zur Ausübung der Rechte aus dem Wechsel ermächtige, dagegen im Innenverhältnisse zwischen ihm und seinem Indossanten diesen nach wie vor als den wirklich Wechselberechtigten erscheinen lasse.

Solche **fiduziarischen Indossamente** kommen in drei verschiedenen Gestalten vor, nämlich:

a) als Inkassomandatsindossamente (verdeckte Prokuraindossamente), bei welchen im Innenverhältnis der Indossatar den Wechsel für Rechnung des Indossanten von den Wechselschuldnern einziehen und nötigenfalls gegen sie einklagen soll;

b) als Diskontierungsindossamente, bei denen der Indossatar den Wechsel für Rechnung des Indossanten vor Verfall zu Geld machen soll;

c) als fiduziarische Sicherungsindossamente, bei welchen der Wechsel gemäß § 1292 BGB dem Indossatar zum Zwecke der Sicherung einer ihm zustehenden Forderung übereignet wird mit dem Rechte, sich nötigenfalls bei Eintritt bestimmter Voraussetzungen daraus für seine Forderung Befriedigung zu verschaffen.

Vgl. über diese drei Arten der fiduziarischen Indossamente Näheres zu Art 9 Anm 5 ff. Die Einwendungen, die sich auf die fiduziarische Eigenschaft des Indossaments gründen, verfolgen den Zweck, dem Indossatar Einreden aus der Person seines Indossanten entgegenhalten zu können. Darüber ob und unter welchen Voraussetzungen der Beklagte damit Erfolg haben kann, vgl. a. a. O.

Anm. 29. **9.** Weitere persönliche Einwendungen sind diejenigen, die sich auf eine zwischen dem Beklagten als Wechselgeber und dem Kläger als Wechselnehmer bei der Wechselhingabe oder nachträglich getroffene **Vereinbarung** stützen und behaupten, daß diese der Wechselklage, sei es überhaupt oder zur Zeit oder in sonstiger Weise, entgegenstehe, sogenannte **exceptiones pacti.** Ihre Zulässigkeit gegenüber der Wechselklage beruht darauf, daß, sofern sie begründet sind, der Kläger durch die Geltendmachung seines formalen Wechselrechts der getroffenen Vereinbarung zuwider Treu und Glauben verletzt und sonach arglistig handelt; sie stellen sich demnach als Fälle der exceptio doli generalis dar (ROHG 1, 74; 4, 392; 14, 225; a. M. M. u. M. Stranz zu Art 82 Anm 29). Im übrigen können die Vereinbarungen der verschiedensten Art sein. Die am häufigsten vorkommenden Fälle sind:

Anm. 30. **a) Die Einrede des Gefälligkeitswechsels.** Darunter wird in kaufmännischen Kreisen der häufig vorkommende Fall verstanden, daß einer dem anderen seine Wechselunterschrift gibt, ohne Rücksicht auf ein zwischen ihnen etwa bestehendes Schuldverhältnis und ohne ein wechselrechtliches Verhältnis zwischen ihnen begründen zu wollen, lediglich zu dem Zwecke, daß der andere (der Wechselnehmer) sich darauf Kredit verschaffen kann, und mit der ausdrücklichen oder stillschweigenden Vereinbarung, daß der Wechselnehmer durch rechtzeitige Übermittelung der Deckung oder Einlösung des Wechsels bei Verfall dafür Sorge zu tragen habe, daß der Wechselgeber nicht mit eignen Mitteln für die Bezahlung des Wechsels eintreten müsse (ROHG 14, 225; 18 379; 19, 251). Eine solche Vereinbarung kann sowohl bei der Hingabe einer Aussteller-Unterschrift, wie eines Indossaments oder eines Akzepts stattfinden. Sie bewirkt, daß die Geltendmachung der wechselrechtlichen Verpflichtung des Wechselgebers durch den Wechselnehmer arglistig erscheint und deshalb im Wege der Einwendung zurückgeschlagen werden kann (ROHG a. a. O.; RGZ 18, 379). Das gilt auch, wenn dem Kläger eine bürgerlich-rechtliche Forderung auf eine entsprechende Geldsumme gegen den Beklagten zusteht, für die aber die Wechselhingabe, wie sich aus der Vereinbarung ergibt, nicht erfolgt ist (RG im Recht 1908 Nr. 2244; JW 1912, 48[50]; LZ 5, 924). Der Gefälligkeits-Wechselnehmer darf auch gegen einen Wechselverpflichteten, der auf dem Wechsel als Nachmann des Wechselgebers erscheint, den Wechselanspruch nicht geltend machen, da dieser den Wechselgeber im Wege des Regresses in Anspruch nehmen könnte. Dritten Wechselinhabern gegenüber wird der Wechselgeber durch seine Unterschrift verpflichtet, auch wenn sie bei dem Erwerbe des Wechsels Kenntnis davon haben, daß die Wechselhingabe aus Gefälligkeit erfolgt ist; denn diesen gegenüber will ja der Wechselgeber gerade nach dem Inhalte der Vereinbarung eine Wechselverpflichtung übernehmen, um dem Wechselnehmer Kredit zu verschaffen (RGZ 117, 76). Das wird deshalb auch von denjenigen anerkannt, die auf dem Standpunkte stehen, daß persönliche Einwendungen jedem Wechselinhaber entgegengesetzt werden können, der bei dem Erwerbe des Wechsels von ihrem Bestehen Kenntnis gehabt hat; so von StStranz zu Art 82 Anm 22 in Verbindung mit Anm 16; vgl. unten Anm 48. Doch kann die Einwendung einem Wechselinhaber, der bei dem Erwerbe des Wechsels von ihrem Bestehen Kenntnis hatte oder nachträglich davon Kenntnis erhalten hat, dann entgegengehalten werden, wenn er kein eigenes Interesse an der Verfolgung des Wechselanspruchs gegen den Wechselgeber hat, sondern auf Grund seines formalen Wechselrechts lediglich im Interesse des Wechselnehmers handelt (RGZ 32, 128; vgl. für den Fall des Inkassomandatsindossaments bei gleicher Sachlage zu Art 9 Anm 5 und oben Anm 28). Fraglich ist, ob der Einwand der Gefälligkeitsunterschrift auch demjenigen Wechselinhaber entgegengesetzt werden kann, der den Wechsel von dem Wechselnehmer durch bürgerlich-rechtliche Zession erworben hat, was der Regel nach (vgl. oben Anm 5) statthaft sein würde. Bernstein (§ 3 Nr. 26 unter b S. 319) macht dagegen das Bedenken geltend, daß es im Sinne der Vereinbarung liege, daß der Wechselnehmer auch durch Zession des Wechsels mit der Unterschrift des Wechselgebers sich solle Kredit verschaffen können; zustimmend StStranz Anm 22 Abs 5. Es wird darauf ankommen, ob im Einzelfalle eine derartige Verwertung der Unterschrift im Sinne der Gefälligkeitsvereinbarung gelegen hat; ohne weiteres wird das nicht anzunehmen sein. Auf Grund der Vereinbarung hat der Gefälligkeitswechselgeber einen klagbaren Anspruch darauf, daß der Wechselnehmer Deckung einsende oder den Wechsel einlöse und, falls dieser das nicht tut, auf Schadloshaltung durch Erstattung der Beträge, die er hat aufwenden müssen; falls er ein Kaufmann ist, auch auf Provision (§ 354 HGB); ferner darauf, daß, nachdem die Gefälligkeitsunterschrift ihren Zweck der Kreditbeschaffung erfüllt hat und der Wechsel der Vereinbarung entsprechend von dem Wechselnehmer eingelöst worden ist, er dem Gefälligkeitszeichner ausgehändigt oder doch die Gefälligkeitsunterschrift auf ihm beseitigt werde (RGZ 18, 379).

b) Die Einrede des Depot- oder Kautionswechsels. Mit ihr wird geltend gemacht, daß zufolge einer bei der Hingabe des Wechsels zwischen dem Wechselgeber und dem Wechselnehmer getroffenen Vereinbarung der Wechsel als Depot oder als Kaution (Sicherheit) für eine Forderung, sei es des Wechselnehmers oder eines Dritten, dienen soll. Vgl. darüber, daß die Bezeichnung eines Wechsels als Depot- oder Kautionswechsel in der Wechselurkunde die Begebbarkeit des Wechsels Dritten gegenüber nicht ausschließt, zu Art 9 Anm 16. Die Rechtsprechung nimmt aber an, daß auch im unmittelbaren Verhältnis zwischen dem Wechselnehmer und dem Wechselgeber einer solchen Vereinbarung irgendwelche rechtliche Bedeutung nicht zukomme und insbesondere eine Einwendung gegen die Wechselklage auf sie allein nicht gestützt werden könne; durch sie werde nämlich, sofern nicht noch ganz spezielle entgegenstehende Abreden neben ihr vorliegen, nicht ausgeschlossen, daß der Wechselnehmer berechtigt sei, den Wechsel, und zwar auch schon vor Verfall, an einen Dritten zu begeben, und daß er nach Verfall den Wechsel gegen den Wechselgeber einklage, und zwar ohne beweisen zu müssen, daß die Forderung, zu deren Sicherung der Wechsel dienen solle, bereits fällig oder auch nur entstanden sei; vielmehr müsse der beklagte Wechselgeber in gleicher Weise, als wenn die Vereinbarung nicht getroffen wäre, im Wege der Einwendung gegen die Wechselklage geltend machen und nötigenfalls beweisen, nicht nur daß die Forderung zur Zeit nicht besteht, sondern auch daß aus dem zugrunde liegenden Schuldverhältnisse auch in Zukunft keine Forderungen entstehen werden. An dieser Rechtsprechung, die sich an eine Entscheidung des Pr. OTr (Borchardt Zusatz 219 a) anschloß, hat das ROHG ständig festgehalten (ROHG 6, 439; 8, 142; 13, 238 und 412; 16, 103; 17, 281; ebenso OLG Colmar im Recht 1908 Beilageband Sp 178 Nr. 1065); daß auch das RG sich dieser Rechtsprechung bereits angeschlossen hätte, ist aus den kurzen in LZ 1907, 138[1] und im Recht 1908 Beilageband Sp. 213 Nr. 1276 veröffentlichten Urteilsauszügen nicht erkennbar, sie scheinen eher von dem gegenteiligen Standpunkte auszugehen. Diese Rechtsprechung wird im wesentlichen mit der Erwägung begründet, daß der Besitz des Wechsels keine wirkliche Sicherheit für den Wechselnehmer bilden würde, wenn er genötigt wäre, im Falle des Bestreitens das Bestehen der Forderung zu beweisen, und daß deshalb der Sinn der Vereinbarung dahin aufgefaßt werden müsse, daß nach Verfall der Wechselnehmer in den Besitz einer Geldsumme gelangen solle, die nunmehr als Barkaution für die Forderung dienen könne. Die auf diese Erwägung gestützte Rechtsprechung erscheint aber, jedenfalls in ihrer uneingeschränkten Fassung, doch als recht anfechtbar und kann in manchen Einzelfällen zu bedenklichen Ergebnissen, die der Parteiabsicht nicht gerecht werden, führen. Es ist freilich zutreffend, daß der Umstand, daß der Wechsel (was ja die Regel bildet) zur Sicherung oder Befriedigung für eine Forderung gegeben ist, für sich allein nicht eine Änderung der durch die Wechselhingabe begründeten wechselrechtlichen Beziehungen der Parteien bewirken kann. Wenn aber der Wechsel besonders als Sicherungs-, Kautions- oder Depotwechsel bezeichnet oder sogar ausdrücklich gesagt ist, daß er „nur zur Sicherung" oder „nur zum Depot" gegeben werde, so muß einer solchen Bestimmung doch irgendwelche Bedeutung beigemessen werden, und zwar in dem Sinne, daß dadurch zum Schutze des Wechselgebers eine Abschwächung der formalen wechselrechtlichen Befugnisse des Wechselnehmers im Verhältnis zu ihm zum Ausdrucke gebracht werden soll. Eine Begebung des Wechsels, namentlich vor Verfall, widerspricht dann doch wohl der nach Treu und Glauben zu unterstellenden Parteiabsicht; ebenso aber auch die Einklagung des Wechsels nach dem im Wechsel angegebenen Verfalltage oder gar (wie in ROHG 17, 282 ausgesprochen ist) nach Sicht (die jederzeit durch Präsentation herbeigeführt werden könnte), solange und soweit nicht die zu sichernde Forderung entstanden und fällig ist. Ein solches Vorgehen des Wechselnehmers wird namentlich bei Kautionen von Angestellten und in ähnlichen Fällen mit Treu und Glauben nicht zu vereinbaren sein. Die Absicht, daß bei Verfall des Wechsels an die Stelle der durch diesen gebotenen Sicherheit eine Barsicherheit treten soll, liegt doch wohl den Parteien in solchen Fällen in der Regel ganz fern; die natürliche Auffassung ist, daß sich der Wechselnehmer mit der ihm durch den Besitz des Wechsels gebotenen Sicherheit, die immerhin nicht ganz bedeutungslos ist (so namentlich wenn der Wechsel noch andere Unterschriften als die des Wechselgebers enthält), begnügen will. Zum Mindesten wird der vom Beklagten zu führende Beweis, daß eine Forderung zur Zeit noch nicht entstanden oder noch nicht fällig ist, als hinreichend zur Zurückweisung der Klage aus einem solchen Wechsel erachtet werden müssen und ihm nicht noch ein weiterer Beweis hinsichtlich der Zukunft, der eine probatio diabolica bedeuten würde, auferlegt werden können. Ist ausdrücklich vereinbart, daß der Wechsel „nicht begeben werden dürfe" oder „im Depot verbleiben" solle, so macht sich der Wechselnehmer durch die trotzdem erfolgte Begebung dem Wechselgeber gegenüber schadensersatzpflichtig. Dem Indossatar des Wechselnehmers gegenüber kann der Wechselgeber unter Bezugnahme auf eine solche Vereinbarung die Einlösung nur verweigern, wenn die Voraussetzungen der Arglist-Einrede (vgl. unten Anm 37) vorliegen. Das KG (JW 1926 S. 607[5]) will sie ihm auch in diesem Falle versagen, wenn er dem Wechselnehmer gegenüber zur Einlösung verpflichtet ist, weil er dann durch die Begebung keinen Schaden erlitten habe; dagegen mit Recht Bernstein (am gleichen Orte) unter Hinweis darauf, daß der Wechselgeber an der Nichtbegebung des Wechsels sehr wohl ein anderweites Interesse haben kann, z. B. daß seine Wechselverpflichtung nicht bekannt werde. **Anm. 31.**

c) Der Einwand der Prolongation, d. h. einer sei es zwischen einem Wechselgeber und einem **Anm. 32.**

Wechselnehmer bei Hingabe des Wechsels, sei es später zwischen einem Wechselinhaber und einem Wechselverpflichteten getroffenen Vereinbarung, daß der Wechsel nicht bereits an dem darin angegebenen Verfalltage, sondern erst zu einem späteren Zeitpunkte von dem Wechselverpflichteten bezahlt zu werden brauche. Vgl. darüber, in welcher Weise eine solche Vereinbarung auch zugunsten anderer Wechselverpflichteter wirkt, zu Art 81 Anm 18; ferner darüber, ob sie, wenn sie auf dem Wechsel vermerkt ist, jedem Wechselinhaber entgegengehalten werden kann, oben Anm 12. Hier handelt es sich um den Fall einer Stundung, die nicht auf dem Wechsel vermerkt ist. Auf eine solche Vereinbarung kann grundsätzlich nur gegenüber demjenigen Kläger, der die Stundung bewilligt hat, eine Einwendung gegründet werden. Der im Wechsel angegebene Zahlungstag (Art 4 Nr. 4) wird durch eine solche Prolongation nicht geändert; deshalb kann und muß, auch wenn dem Akzeptanten Stundung bewilligt ist, die Präsentation und der Protest bei Verfall nach Maßgabe dieses Zahlungstages erfolgen. Zufolge einer durch eine Anzahl von Oberlandesgerichten festgestellten Verkehrssitte ist im Falle einer Vereinbarung, daß die gegebenen Wechsel jeweils bei Verfall prolongiert werden sollen, der Wechselgeber für verpflichtet zu erachten, dem Wechselnehmer rechtzeitig vor Verfall Prolongationswechsel anzubieten, so daß der Wechselnehmer in der Lage ist, bei Verfall die zuerst gegebenen Wechsel einzulösen. Das RG (RGZ 104, 331) hat diese Rechtsprechung gebilligt, und zwar auch für den Fall, daß die Wechsel nicht auf Schuld, sondern zum Zwecke der Kreditgewährung gegeben worden sind, jedenfalls wenn auch in letzterem Falle der Wechselnehmer nach dem Inhalte der Vereinbarung die zuerst gegebenen Wechsel bei Verfall einlösen sollte. Nach dem dieser Rechtsprechung zugrunde liegenden Gedanken wird das nicht rechtzeitige Anbieten von Prolongationswechseln der auf die Prolongationsabrede zu gründenden Einwendung dann nicht entgegenstehen, wenn vereinbart war, daß die früher gegebenen Wechsel nicht weiter begeben werden sollten (vgl. Anm 31). Daß durch die Prolongation eine Novation der Wechselschuld herbeigeführt werden sollte, ist nicht zu vermuten; der Beklagte wird deshalb in der Regel die gegen die früher gegebenen Wechsel dem Kläger gegenüber begründeten Einreden, insbesondere auch die Einrede des Gefälligkeitsakzepts, auch der Klage aus den Prolongationswechseln entgegensetzen können (ROHG 19, 252; RGZ 9, 65). Über die Wirkung der Prolongation auf den Lauf der Wechselverjährung vgl. Vorbem vor Unterabschn. XIII Anm 3.

Anm. 33. 10. Der **Einwand der Zahlung** geht, wenn über sie nicht auf dem Wechsel quittiert ist — vgl. über diesen Fall oben Anm 11 — nicht aus dem Wechselrechte hervor, stützt sich vielmehr lediglich auf das allgemeine bürgerliche Recht. Er kann deshalb nur gegenüber der Klage desjenigen Wechselgläubigers vorgebracht werden, an den die Zahlung erfolgt ist, stellt sich sonach als eine exceptio in personam dar, und zwar gilt das ebensowohl, wenn die Zahlung durch den Akzeptanten oder Bezogenen, also in der Absicht der objektiven Tilgung der Wechselschuld erfolgt ist, wie für Zahlungen durch einen Regreßpflichtigen, die in der Regel nur zur Tilgung seiner eigenen Regreßpflicht erfolgen und den Eintritt des Zahlenden als Wechselgläubiger zur Folge haben; vgl. zu Art 81 Anm 16. Die Wechselforderung besteht ungeachtet der Zahlung weiter, wenn die Wechselurkunde unzerstört und ohne Quittungsvermerk im Besitze des bezahlten Wechselgläubigers verbleibt; es erwächst nur eine Einrede der Arglist gegen diesen, wenn er sein formales Recht dazu mißbraucht, das bereits Empfangene noch einmal zu fordern (RGZ 11, 21; 61, 7). Diese Einrede versagt, wenn durch eine weitere Vereinbarung der Wechselforderung ein neuer Schuldgrund unterlegt worden ist (RGZ 61, 7), oder wenn bei Zahlung durch einen Regreßpflichtigen der Wechsel in den Händen des bisherigen Wechselgläubigers belassen worden ist, damit dieser für Rechnung des Regreßpflichtigen, der bezahlt hat, die Wechselforderung gegen den Akzeptanten oder einen anderen Wechselschuldner, der dem Zahlenden regreßpflichtig ist, geltend machen könne (RGZ 11, 21).

Anm. 34. 11. Gleiches, wie für den Einwand der Zahlung, gilt auch für Einwendungen, die auf einen **anderen bürgerlich-rechtlichen Tilgungsgrund** der Wechselforderung gestützt werden: Hingabe an Zahlungs Statt, Aufrechnung, Erlaß, Hinterlegung nach Maßgabe des bürgerlichen Rechts (über die Hinterlegung nach Art 40 WO vgl. oben Anm 13); vgl. zu Art 81 Anm 16. Im einzelnen ist über die auf solche Tilgungsgründe gestützten Einreden noch Folgendes zu bemerken:

Anm. 35. a) **Die Aufrechnung** mit einer dem Beklagten gegen den Kläger zustehenden Forderung ist gemäß § 393 BGB ausgeschlossen, wenn der Kläger eine Forderung auf Schadensersatz aus § 826 BGB wegen vorsätzlicher vertragswidriger Weiterbegebung des Wechsels (vgl. Anm 31) geltend macht (RGZ 56, 317). Die bloße Kenntnis von dem Bestehen einer Gegenforderung, wegen welcher noch keine Aufrechnung erklärt ist, bei dem Erwerbe des Wechsels wird zur Begründung einer Arglisteinrede gegen den Erwerber (vgl. Anm 37) auch von denjenigen nicht als hinreichend angesehen, die grundsätzlich den in Kenntnis der der Wechselforderung anhaftenden Einwendungen erfolgten Erwerb des Wechsels als hinreichend zur Begründung einer solchen Einrede ansehen, und zwar auch nicht, wenn der Erwerb des Wechsels in Kollusion mit dem bisherigen Wechselinhaber zur Abschneidung der Kompensationsmöglichkeit geschehen ist; so Bernstein unter Nr. 36 b S. 321; StStranz Anm 29 Abs 3; Grünhut II § 88 S. 140, während ROHG 13, 262 (ebenso Dernburg § 276 S. 323) für diesen Fall die Aufrechnungserklärung gegenüber dem

Erwerber zulassen wollen, was wohl zutrifft, da in solchem Verhalten ein Verstoß gegen die guten Sitten (§ 826) zu finden sein dürfte, der die Einrede der Arglist rechtfertigt.

b) Durch einen im Konkurse des Akzeptanten diesem im Wege des Zwangsvergleichs (§§ 173 ff. KO) bewilligten gänzlichen oder teilweisen **Erlaß der Wechselforderung** wird der Akzeptant insoweit auch gegenüber dem Trassanten befreit, und zwar sowohl von der Wechselschuld, wie von der dem Akzepte zugrunde liegenden bürgerlich-rechtlichen Verbindlichkeit (ROHG 9, 43; 24, 142). **Anm. 36.**

12. Die Einrede der Arglist. Es handelt sich hier, im Gegensatze zu den Einwendungen, mit denen ein arglistiges oder sonst den guten Sitten widersprechendes Verhalten des Klägers gegenüber dem Beklagten bei dem Abschlusse des Wechselvertrags behauptet wird (den exceptiones doli specialis, wie Betrug und arglistige Täuschung, widerrechtliche Drohung, auch Wucher, vgl. oben Anm 19) um die Einrede der allgemeinen oder richtiger gegenwärtigen, d. h. in dem Verhalten des Klägers zur Zeit der Geltendmachung des Anspruchs und durch eben diese Geltendmachung liegenden, Arglist (exceptio doli generalis sive praesentis). Mit ihr wird geltend gemacht, daß das vom Kläger gestellte und auf sein formal begründetes Recht aus dem Wechsel gestützte Leistungsverlangen gerichtliche Anerkennung nicht finden könne, weil es sich als Mißbrauch jenes Rechts darstelle, durch welchen in einer Treu und Glauben oder (außerhalb des Vertragsrechts) den guten Sitten widersprechenden Weise (§§ 242, 826 BGB) dem Schuldner Schaden zugefügt werden würde. Ein solcher Einwand ist, obwohl das BGB die exceptio doli generalis als allgemeinen Rechtsbehelf nicht ausdrücklich aufgenommen hat, auch im heute geltenden bürgerlichen Rechte von der Rechtslehre und Rechtsprechung anerkannt und dient dort dazu, als ergänzender Rechtsbehelf den das gesamte Recht beherrschenden Grundsatz von Treu und Glauben (§ 242) gegenüber den ihm widersprechenden Ergebnissen des formalen Rechts zur Geltung zu bringen, namentlich in Fällen, in denen der Gläubiger durch sein gegenwärtiges Verhalten, nämlich durch die Erhebung des Anspruchs im Prozesse, sich mit seinem früheren Verhalten, insbesondere dem nach Treu und Glauben zu bestimmenden Inhalte des abgeschlossenen Vertrages, in Widerspruch setzt, ohne daß (wie früher wohl angenommen wurde) bereits bei Abschluß des Vertrages ein arglistiges Verhalten betätigt sein müßte. Vgl. RGRKomm. zu §§ 124 A. 1, 157 A. 1, 242 A. 4, 826 A. 6 und die dort angeführten Entscheidungen, namentlich RGZ 58, 428; 71, 435; 107, 363. Insofern erfüllt die exceptio doli generalis tatsächlich auch heute noch ähnliche Funktionen, wie sie mittels ihrer der Prätor in Rom ausgeübt hat, um die Grundsätze der Billigkeit gegenüber dem starren ius civile zur Geltung zu bringen. Für das Wechselrecht erscheint eine solche Korrektur um so mehr erforderlich im Hinblick auf seine grundsätzlich formale Gestaltung in der WO, die aber die Berücksichtigung von Billigkeit und Treu und Glauben insoweit, als es mit den Zwecken dieser Gestaltung, insbesondere mit der Umlauffähigkeit des Wechsels, vereinbar ist, also eben im unmittelbaren Verhältnis zwischen Wechselgeber und Wechselnehmer, nicht ausschließt; vgl. oben Anm 1. Wenn StStranz (zu Art 82 Anm 14) und M. u. M. Stranz (Anm 99) die Ansicht vertreten, daß der Begriff der exceptio doli generalis in seiner „Verschwommenheit" im Wechselrechte keine selbständige Existenzberechtigung habe, weil die Tatbestände, auf die sie sich stütze, schon aus anderen Rechtsgründen Berücksichtigung finden könnten, so muß dem doch entgegengehalten werden, daß es, wenn eine solche Einrede nicht im Rechte begründet wäre, an einem durchgreifenden Rechtsgrunde fehlen würde, der die Berücksichtigung solcher Tatbestände gegenüber den formalen Vorschriften der WO rechtfertigen könnte. Das gilt namentlich von denjenigen Einwendungen, die sich nicht auf den unter den Parteien abgeschlossenen Wechselvertrag selbst und das aus ihm hervorgehende wechselrechtliche Verhältnis, sondern lediglich auf das der Wechselverpflichtung zugrunde liegende (kausale) Rechtsgeschäft beziehen. Angesichts der grundsätzlichen Unabhängigkeit der Wechselobligation von dem Kausalgeschäft (ihrer Abstraktheit, vgl. Vorbem zum zweiten Abschnitte Anm 9) würden die auf dieses sich beziehenden Tatsachen nur in sehr beschränkter Weise, allenfalls unter dem Gesichtspunkte der durch die Wechselhingabe erfolgten ungerechtfertigten Bereicherung zur Berücksichtigung gelangen können. Dieser Gesichtspunkt würde aber nicht ausreichen, um Mißbräuche des formalen Wechselrechts in dem durch die Rücksicht auf Treu und Glauben gebotenen Umfange auszuschließen. Unter dem Gesichtspunkte der allgemeinen Arglisteinrede dagegen können alle Tatsachen, welche die der Wechselhingabe zugrunde liegende Forderung aus dem kausalen Rechtsgeschäfte als nicht entstanden oder als erloschen oder als mit Einwendungen dauernd oder zur Zeit behaftet erscheinen lassen, auch der Geltendmachung des Wechselanspruchs entgegengehalten werden, soweit nicht etwa durch die Wechselhingabe auf sie verzichtet ist. Die Einrede der allgemeinen Arglist hat deshalb Raum auch da, wo ein Bereicherungsanspruch und deshalb eine Bereicherungseinrede aus §§ 812 ff. BGB (vgl. RGRKomm zu § 821 Anm 1) nicht gegeben ist; der Schuldner ist nicht auf diese Einrede beschränkt. So auch Planck 4. Aufl zu § 821 Anm 7. Auch im RGRKomm zu § 821 Anm 2 ist nicht (wie Planck a. a. O. anzunehmen scheint) etwas Abweichendes ausgesprochen, sondern nur hervorgehoben, daß die Arglisteinrede in dem einzigen Falle des § 813 Abs 2 zurücktreten müsse gegenüber der ausdrücklichen Vorschrift, daß die Rückforderung ausgeschlossen sei, wenn eine betagte Verbindlichkeit vorzeitig erfüllt werde, da eine solche Vorschrift durch eine Arglisteinrede nicht umgangen werden dürfe. Dem wird zuzustimmen sein, da die Vorschrift des § 813 Abs 2 materielles (nicht formales) Recht schafft **Anm. 37.**

und der aus ihr Berechtigte daher nicht arglistig handelt, wenn er, auf sie gestützt, das Erlangte behalten will. Doch wird als „Erfüllung" im Sinne des § 813 Abs 2 die Hingabe eines Wechsels nur angesehen werden können, wenn sie nicht (wie es die Regel ist) erfüllungshalber, sondern ausnahmsweise an Erfüllungs Statt erfolgt (vgl. RGRKomm zu § 813 A. 2).

Die für die Arglisteinrede in Betracht kommenden, das zugrunde liegende Geschäft betreffenden Tatsachen können im übrigen von der mannigfaltigsten Art sein. Im folgenden können nur die häufigsten und wichtigsten, das Grundgeschäft betreffenden Tatsachen erörtert werden, auf die Einwendungen gegen die Wechselklage gestützt werden können.

Anm. 38. **a)** An erster Stelle kommen die Einwendungen in Betracht, mittels deren die **Nichtigkeit des Grundgeschäfts wegen Verstoßes gegen ein gesetzliches Verbot** (§ 134) und **wegen Verstoßes gegen die guten Sitten** (§ 138 Abs 1 BGB) geltend gemacht wird. Eine solche Nichtigkeit des Grundgeschäfts (z. B. eines Bordellkaufs) hat keineswegs die Nichtigkeit der zur Erfüllung oder Sicherung der Forderung aus diesem Geschäfte eingegangenen wechselrechtlichen Verbindlichkeit zur Folge (vgl. RGRKomm zu § 138 Anm 1 und die dort angeführten Entscheidungen), sondern kann gegenüber der Wechselklage nur im Wege der Arglisteinrede geltend gemacht werden; anders wenn die Wechselhingabe die Gewährung eines Vermögensvorteils auf Grund eines wucherischen Rechtsgeschäfts (§ 138 Abs 2 BGB) enthält; vgl. oben Anm 23.

Anm. 39. **b)** Gleiches gilt für die Geltendmachung der Nichtigkeit des Grundgeschäfts **wegen Formmangels**, z. B. eines nicht notariell oder gerichtlich beurkundeten und auch durch Auflassung nicht geheilten Grundstückskaufvertrags (§ 313 BGB), über dessen Kaufpreis ein Wechsel gegeben ist; ferner eines nicht gerichtlich oder notariell beurkundeten Schenkungsversprechens (§ 518 BGB). Letzteres ist zwar bestritten, indem behauptet wird, daß durch die Wechselhingabe das Schenkungsversprechen erfüllt und daher der Mangel der Form gemäß § 518 Abs 2 geheilt sei, so StStranz zu Art 82 Anm 40. Indessen das kann nur in dem besonderen Falle als richtig anerkannt werden, wenn das Schenkungsversprechen lediglich auf Hingabe eines Wechsels, nicht auf Verschaffung einer Geldsumme gerichtet war, was allerdings namentlich in dem von StStranz angeführten Falle der Hingabe des Akzepts eines Dritten in der Absicht der Parteien gelegen haben kann. In den Regelfällen wird dagegen die Hingabe eines Wechsels nicht die Bewirkung der versprochenen Leistung, sondern nur einen Versuch der Leistung darstellen und daher den Formmangel nicht heilen können; erst wenn der Beschenkte durch Weitergabe des Wechsels und dadurch, daß dieser bei Verfall honoriert worden ist, endgültig in den Besitz der Valuta gelangt ist, kann die Schenkung als vollzogen gelten. So RG 71, 289 unter Bezugnahme auf die als überzeugend bezeichneten Ausführungen v. Tuhrs, Zur Lehre von den abstrakten Schuldverhältnissen S. 41—47, und unter Hinweis darauf, daß der Zweck der Vorschrift, übereilte Schenkungsversprechen zu verhüten, nicht erreicht werden würde, wenn die Übernahme einer wechselrechtlichen Verbindlichkeit zu Schenkungszwecken die vorgeschriebene Beurkundung ersetzen könnte. Wie hier auch Dernburg II § 206 unter III S. 123; Planck 4. Aufl (Siber) zu § 518 BGB Anm 2 gegen die früheren Auflagen. Vgl. auch unten Anm 42.

Anm. 40. Die in der älteren Rechtsprechung (vgl. die in RGZ 51, 113 Fußnote 1 angeführten Entscheidungen) vielfach vertretene Meinung, daß gegen die Wechselklage auch des ersten Wechselnehmers der Formmangel des zugrunde liegenden Geschäfts nicht geltend gemacht werden könne, ist von dem ROHG und dem Reichsgericht in ständiger Rechtsprechung mißbilligt worden, insbesondere in Fällen, wo es sich um den Mangel der nach Landesrecht erforderlichen gerichtlichen Form für Interzessionen von Ehefrauen handelte (ROHG 6, 203; 11, 217; 14, 145; RGZ 11 S. 2ff. und das dort S. 3 in Anm 1 angeführte Urteil). Doch hat das RG ausgesprochen, daß der Mangel der nach § 766 BGB für die Bürgschaft erforderlichen Schriftform zwar die Gültigkeit der bürgschaftlichen Haftung nach Zivilrecht ausschließe und in dieser Beziehung auch nicht durch die schriftliche Wechselzeichnung ersetzt werden könne, da in dieser nicht die schriftliche Erteilung der Bürgschaftserklärung enthalten sei; nicht dagegen die wechselrechtliche Haftung aus einem, sei es auf Grund formloser Bürgschaftsübernahme erfolgten oder nur eine Verbürgung in Wechselform bezweckenden, Wechselversprechen als solchem, weil insoweit die fehlende schriftliche Bürgschaftsform einen hinsichtlich ihrer vom Gesetzgeber erwarteten Wirkung (der Verhinderung übereilter Bürgschaftsübernahme) mindestens gleichwertigen Ersatz in der Schriftform des Wechsels finde (RGZ 51, 114; vgl. auch 61, 6; 94, 89; Dernburg II § 280 Anm 2a). Danach würde die Einwendung, daß dem Wechselversprechen eine zivilrechtliche Bürgschaft zugrunde liege, die der schriftlichen Form entbehre, der Wechselklage nicht mit Erfolg entgegengehalten werden können. Doch erscheint die Auffassung, daß die meist bloß in der Namensschrift bestehende Wechselzeichnung eine Übereilung in der gleichen Weise auszuschließen geeignet sei, wie die schriftliche Erteilung der Bürgschaftserklärung, nicht unbedenklich; aber auch wenn sie zuträfe, würde dieser Gesichtspunkt nicht die Tatsache aus der Welt schaffen, daß die Wechselerklärung ihren rechtlichen Grund (ihre causa) in einem wegen Formmangels nichtigen Bürgschaftsvertrage hat und deshalb zurückgefordert werden kann, und daß unter solchen Umständen ihre klagweise Geltendmachung als arglistig erscheint. Anders, wenn es sich um ein lediglich das Eintreten für die Wechselschuld eines anderen bezweckendes Wechselversprechen ohne vorherige zivilrechtliche Verbürgung handelt.

In der Geltendmachung des Formmangels des Grundgeschäfts gegenüber der Wechselklage durch den Wechselgeber kann nach allgemein anerkannten Grundsätzen (vgl. RGRKomm zu § 125 Anm 1) ein Verhalten wider Treu und Glauben nur bei Vorliegen ganz besonderer Umstände gefunden werden.

c) Ferner die Einwendungen, welche die **Anfechtbarkeit** des zugrunde liegenden Rechtsgeschäfts wegen Irrtums (§ 119), arglistiger Täuschung oder widerrechtlicher Drohung (§ 123 BGB) geltend machen. Ist die Anfechtung innerhalb der vorgeschriebenen Anfechtungsfrist erfolgt und begründet, so ist das Rechtsgeschäft als von vornherein nichtig anzusehen (§ 142 BGB). Doch verbleibt nach der neueren Rechtsprechung des Reichsgerichts, entgegen RGZ 63, 270, dem Anfechtungsberechtigten die Einrede der arglistigen Täuschung oder der Drohung (nicht auch des Irrtums) auch nach Ablauf der Anfechtungsfrist, mindestens als exceptio doli generalis (RGZ 79, 197; 84, 133); als solche kann sie daher, auch ohne daß Anfechtung erfolgt ist, der Wechselklage entgegengehalten werden. **Anm. 41.**

d) Die Einwendungen, welche sich darauf stützen, daß durch das zugrunde liegende Rechtsgeschäft nach gesetzlicher Vorschrift eine Verbindlichkeit nicht begründet worden sei, ohne daß jedoch das zu seiner Erfüllung Geleistete zurückgefordert werden könne, sogenannte **klaglose Geschäfte.** Darunter fallen nach den Vorschriften des BGB das Provisionsversprechen für Ehevermittelung (§ 656), Spiel und Wette (762), Lotterie- und Ausspielvertrag ohne staatliche Genehmigung (763), Differenzgeschäft (764); sowie die nicht verbotenen, aber wegen Beteiligung einer nicht zum Börsenterminhandel zugelassenen Person unverbindlichen Börsenterminhandelsgeschäfte (§§ 52 ff. des Börsengesetzes). Auch die aus einem Auftrag zu einem derartigen Geschäfte oder aus einer Vereinigung zu solchen Geschäften entstandene Forderung ist klaglos (RGZ 34, 266; 40, 256; 51, 159). Ferner ist in allen diesen Fällen bestimmt, daß die gleichen Vorschriften auch für Vereinbarungen gelten, durch die zum Zwecke der Erfüllung der Schuld aus einem solchen Geschäfte der eine Teil dem anderen gegenüber eine Verbindlichkeit eingeht, insbesondere für ein Schuldanerkenntnis (§§ 656 Abs 2, 762 Abs 2 BGB; 59 Börsenges.). Demgemäß kann der Beklagte der Wechselklage aus einer zum Zwecke der Erfüllung einer solchen Schuld erfolgten Wechselhingabe mit Erfolg eine Einrede aus dem zugrunde liegenden Geschäfte von dem Gesichtspunkte aus entgegensetzen, daß der Kläger arglistig handle, wenn er aus dem ohne rechtlichen Grund gegebenen Wechsel Zahlung verlange (RGZ 52, 39). Die Hingabe des Wechsels bedeutet nämlich, auch wenn sie nicht (wie in der Regel) zahlungshalber, sondern an Zahlungs Statt erfolgt ist, noch keine Erfüllung der klaglosen Schuld; erst die tatsächliche Leistung durch Einlösung des Wechsels, die keine Forderung des Gläubigers mehr bestehen läßt, ist Erfüllung im Sinne der angeführten Vorschriften (RGZ 47, 52; 51, 159; 71, 292; 77, 279; JW 1896 S. 421 Nr. 58, 59; 1904 S. 124 Nr. 31; DJZ 1903, 526). Das gilt sowohl für die Hingabe von solchen Wechseln, die lediglich von dem Schuldner des zugrunde liegenden Rechtsgeschäfts ausgestellt oder akzeptiert sind, wie von solchen, aus denen auch dritte Personen verpflichtet sind (Neukamp an der in Anm 43 angeführten Stelle). **Anm. 42.**

Bestritten ist, ob, wenn der Wechsel von dem Wechselnehmer weiterbegeben worden ist, die auf Klage des dritten Wechselinhabers erfolgende Einlösung des Wechsels durch den Schuldner, obwohl sie nicht freiwillig erfolgt, als eine Erfüllung anzusehen ist, durch welche die Rückforderung des gezahlten Betrags von dem Wechselnehmer, der durch die Weiterbegebung die Valuta erhalten hat, ausgeschlossen wird; für Bejahung Neukamp bei Rehm, Börsengesetz zu § 55 Anm 13; ROHG 7, 47; 10, 132; 17, 269; 20, 83; 21, 38; verneinend wohl richtiger RGZ 51, 357, jedoch in einer weiteren Entscheidung (DJZ 1903 Sp. 526) mit der kaum folgerichtigen Einschränkung, daß die Einlösung als freiwillige Erfüllung zu gelten habe, wenn der Schuldner erst nach der Zahlung das Verlangen der Rückgabe des Wechsels an den Wechselnehmer gestellt hat. Die Hergabe eines Wechsels zur Sicherheit für ein klagloses Börsenterminhandelsgeschäft ist keine Sicherheitsleistung im Sinne des § 54 des Börsengesetzes, da diese Vorschrift Sicherheitsleistung in Geld oder solchen Wertpapieren, die einen Kurswert haben (wozu der Wechsel nicht gehört), erfordert (Neukamp zu § 54 Anm 5); der Wechselnehmer ist daher nicht befugt, aus dem zur Sicherheit gegebenen Wechsel Befriedigung zu suchen, und der Wechselgeber kann auch in diesem Falle der Wechselklage den Einwand aus der Unwirksamkeit des Geschäfts entgegensetzen. Auch Börsentermingeschäfte in Anteilen von Bergwerks- oder Fabrikunternehmungen, die ohne die nach § 63 Abs 1 erforderliche Genehmigung des Reichsrats erfolgt sind, sowie solche, die gegen ein von dem Reichsrate gemäß § 63 Abs 2 erlassenes Verbot verstoßen, können durch Erfüllung in der Weise wirksam werden, daß das Geleistete nicht zurückgefordert werden kann (§ 64 Abs 2); dagegen ist ein nach § 65 verbotenes Börsentermingeschäft in Getreide und Erzeugnissen der Getreidemüllerei schlechthin unwirksam, jedoch mit der Maßgabe, daß der Anspruch auf Rückgabe des Geleisteten mit dem Ablaufe von zwei Jahren seit der Bewirkung der Leistung verjährt, es sei denn, daß vor Ablauf dieser Frist der zur Rückforderung Berechtigte dem Verpflichteten gegenüber erklärt hat, daß er die Herausgabe verlange (§ 66 Börsengesetz). Auch für diese Fälle gilt hinsichtlich des Begriffes der Erfüllung das oben Gesagte. **Anm. 43.**

e) Einwendungen aus dem zugrunde liegenden Rechtsgeschäfte können der Wechselklage **Anm. 44.**

ferner in dem Sinne entgegengehalten werden, daß durch dieses Rechtsgeschäft eine Schuldverbindlichkeit des Beklagten gegenüber dem Kläger überhaupt nicht begründet werden sollte und nicht begründet worden, sondern im Gegenteile der Kläger Schuldner des Beklagten geworden sei. In solchem Falle kann der Beklagte, obwohl er auf dem Wechsel als Vormann des Klägers in Erscheinung tritt, dem Kläger, der daraufhin die Wechselklage gegen ihn anstellt, den Einwand der Arglist entgegenhalten. So namentlich, wenn, wie es häufig geschieht, der auf dem Wechsel als Vormann des Klägers erscheinende Beklagte laut der zwischen ihnen bestehenden Vereinbarung für den Kläger, um ihm Kredit zu verschaffen, eingetreten ist oder ein sonstiges Auftrags- oder Dienstverhältnis oder auch eine Geschäftsführung ohne Auftrag der in dieser Weise erfolgten Wechselzeichnung zugrunde liegt, auf Grund deren der Kläger verpflichtet ist, dem Beklagten seine Aufwendungen zu ersetzen (§§ 670, 683, 774 BGB; vgl. RGRKomm zu § 774 Anm 1). Ebenso wenn zwischen ihnen vereinbart ist, daß sie beide als Mitbürgen für einen Dritten den Wechsel in solcher Weise zeichnen wollten (RGZ 48, 156); in diesem Falle kommt für den Ausgleich unter ihnen lediglich § 426 (vgl. auch § 774 Abs 2) BGB in Betracht; auch kann auf Grund einer solchen Vereinbarung nicht der eine den anderen auf die vorgängige Inanspruchnahme desjenigen, für den sie sich verbürgt haben, im Wege der Einrede der Vorausklagung verweisen (ROHG 11, 353). Auch der Fall des Gefälligkeitswechsels (oben Anm 30) gehört in gewissem Sinne unter diese Gruppe von Einwendungen.

Anm. 45. **f)** Nicht ohne weiteres durchgreifend ist die Einwendung, daß unter den Parteien ein **Kontokorrentverhältnis** (§ 355 HGB) — und zwar ein eigentliches oder echtes (durch ein unechtes derartiges Verhältnis kann die Einwendung niemals begründet werden) — bestehe und infolgedessen die Wechselforderung nicht selbständig eingeklagt werden könne. Wechselforderungen gehören, wenn nicht eine besondere, dahin gehende Abrede ausdrücklich getroffen oder aus den Umständen zu entnehmen ist, nicht in ein solches Kontokorrent, da sie nach ihrem Wesen auf Zahlung einer bestimmten Geldsumme bei Verfall gerichtet und in den durch die WO vorgeschriebenen Formen geltend zu machen sind. Auch durch die übliche tatsächliche Buchung der Wechselhingabe durch den Wechselnehmer in dem Kreditkonto des Wechselgebers wird ihre selbständige Geltendmachung nach Verfall im Klagewege nicht ausgeschlossen; eine solche Buchung erfolgt vielmehr nach Handelsgebrauch unter dem ausdrücklichen oder stillschweigenden Vorbehalte, daß bei Nichterfüllung der Wechselverbindlichkeit die Buchung storniert und die Wechselrechte ausgeübt werden können (ROHG 3, 145; 5, 337; 6, 253; 9, 245; 22, 337; RG bei Bolze 5 Nr. 458; LZ 1918, 1212[10]). In den Bedingungen der Banken findet sich in der Regel die Bestimmung, daß die Bank die Rechte aus den Wechseln außerhalb des Kontokorrents geltend machen kann; sie ist dann zur Einhaltung der wechselrechtlichen Formen verpflichtet und kann, wenn diese nicht eingehalten, insbesondere der erforderliche Protest nicht erhoben ist, dem Schuldner die Wechselforderung im Kontokorrent nicht zur Last bringen; sie kann sich aber auch ausbedingen, daß sie unter gewissen Umständen (unüberwindliche Hindernisse oder Unsicherheit der Wechselverpflichteten) von der wechselmäßigen Behandlung absehen und den Betrag der Wechsel ohne weiteres im Kontokorrent dem Schuldner belasten dürfe (Koenige, HGB, Handausgabe, zu § 355 unter 2 c S. 677; Warn. 1927 Nr. 137; LZ 1912, 751[5]). Ist ein Kontokorrentsaldo, der eine Wechselforderung enthielt, anerkannt, so kann diese nicht mehr selbständig eingeklagt werden (Staub HGB zu Art 355 Anm 27). Ob die regelmäßige Aufnahme von Wechselforderungen bestimmter Art durch die Wechselgläubigerin (Bank) in das zwischen den Parteien bestehende Kontokorrent ein Anerkenntnis von ihrer Seite in dem Sinne enthält, daß sie verpflichtet ist, Wechsel dieser Art in das Kontokorrent aufzunehmen und sie nicht selbständig einklagen darf, ist Tatfrage (ROHG 6, 254).

Anm. 46. **g)** Von sonstigen Einwendungen, die sich auf das zugrunde liegende Geschäft stützen, sind am häufigsten diejenigen, durch welche bei gegenseitigen Verträgen geltend gemacht wird, daß dieses vom Kläger nicht oder nicht gehörig erfüllt sei und deshalb der Beklagte berechtigt sei, die wechselmäßig versprochene Geldleistung bis zur Bewirkung der Gegenleistung zu verweigern (§ 320), sowie im Falle der Unmöglichkeit und des Verzugs auch die in den §§ 323—326 bestimmten Rechte auszuüben; ferner bei nichtgegenseitigen Rechtsverhältnissen ein Zurückbehaltungsrecht nach § 273 auszuüben. Ferner Einwendungen, durch die geltend gemacht wird, daß die Forderung aus dem zugrunde liegenden Geschäfte erloschen sei, sei es durch Zahlung, Hingabe an Zahlungs Statt, Aufrechnung, Erlaß oder sonstige Erlöschungsgründe.

Anm. 47. Solche Einwendungen sind als Arglist-Einreden gegen die Wechselklage des anderen Vertragschließenden unbeschränkt zulässig, jedoch mit der aus dieser ihrer Natur sich ergebenden Maßgabe, daß dem Beklagten die volle **Beweislast** für den Einrede-Tatbestand obliegt. So muß er, wenn er behauptet, den Gegenwert für den Wechsel, die sog. „Valuta", nicht erhalten zu haben, beweisen, daß die Gewährung eines Gegenwerts für den Wechsel und welches Gegenwertes (Darlehen, Warenlieferung) vereinbart und daß dieser nicht gewährt worden sei (ROHG 3, 313). Ist der Wechsel als Vorauszahlung oder Vorschuß auf einen Kaufpreis oder auf künftig voraussichtlich entstehende Provisionsforderungen gegeben worden, so muß der Beklagte diese causa der Wechselhingabe, sowie ferner beweisen, daß ein Kaufpreis nicht geschuldet wird, beziehungsweise daß Provisionen auch in Zukunft nicht oder nicht in Höhe der Wechselforderung entstehen werden. Der Umstand, daß es sich um den Beweis einer Negative handelt, der schwierig zu führen ist, schließt die Beweislast desjenigen, der sich auf die Negative beruft, grundsätzlich nicht aus; doch kann er verlangen, daß der Kläger ihm dabei durch Substantiierung der Tatsachen, in denen er die Positive findet, behilflich ist, damit der Beklagte diese widerlegen kann. Darüber hinaus hat das RG (in RGZ 5, 26) bei Hingabe eines Wechsels als Vorschuß für künftig entstehende Forderungen dem Kläger den Beweis auferlegt, daß und welche Forderungen entstanden seien, in der Annahme, daß dies dem präsumtiven Willen der Beteiligten entspreche, der bei Hingabe eines Wechsels als Vorauszahlung ebenso, wie bei baren Vorauszahlungen, dahin gehe, daß geleistet werde vorbehaltlich der Verrechnung durch Nachweis der bei Beendigung des Rechtsverhältnisses entstandenen Forderungen. Im übrigen aber hat es (in JW 08, 151[25]) den Grundsatz bestätigt, daß, wenn ein Wechsel mit der Vereinbarung gegeben sei, daß er nur bei Eintritt einer Bedingung geltend gemacht werden dürfe, der beklagte Wechselschuldner nachweisen müsse, daß die Bedingung nicht eingetreten sei, unter Anerkennung einer gewissen Darlegungspflicht des Wechselgläubigers. Auch für den grundsätzlich dem Schuldner obliegenden Beweis, daß durch die Hingabe des Wechsels nicht auf die Einwendungen verzichtet werden sollte (vgl. oben), wird dem Kläger eine Substantiierungspflicht obliegen, wenn er Tatsachen, die dieser Negative entgegenstehen, geltend machen will, damit der Schuldner in der Lage ist, sie zu widerlegen. In gleichem Sinne hat das RG (RGZ 124, 65) ausgesprochen, daß der Wechselschuldner nicht nur den Beweis zu führen habe, daß das Rechtsgeschäft, auf Grund dessen die Begebung des Wechsels stattgefunden hat, entweder nicht zustande gekommen ist oder die Verpflichtungen aus ihm, die der Wechselhingabe zugrunde lagen, erloschen sind; sondern daß gegenüber der Behauptung des durch den Wechsel legitimierten Klägers, daß an Stelle des ursprünglichen Kausalgeschäfts ein anderes getreten sei, dem Wechselschuldner auch der Beweis obliege, daß das nicht der Fall sei, also auch hier der Beweis einer Negative, aber mit der Maßgabe, daß dem Kläger „eine gewisse Darlegungspflicht" obliege.

h) Eine gegen den Kläger persönlich „zustehende" Einrede des Beklagten gegen die Wechselklage kann auch begründet sein durch Einwendungen, welche an sich dem Beklagten nur gegen einen Vormann des Klägers zustehen, zu denen aber der Kläger in ein Verhältnis getreten ist, das auch seine Wechselklage als arglistig erscheinen läßt. **Anm. 48.** Darüber freilich, unter welchen Voraussetzungen das zutrifft, herrscht in der Lehre und in der Rechtsprechung des Wechselrechts seit langem ein auch in der neuesten Zeit noch nicht völlig geklärter und ausgetragener Streit. Einige gehen davon aus, daß die WO nur den wirklich und in allen Beziehungen „gutgläubigen" Wechselerwerber gegen Mängel des von ihm erworbenen Wechselrechts schützen wolle, und gelangen von dieser Grundlage aus dazu, anzunehmen, daß sie Einwendungen, die gegen den Vormann bestanden haben, gegenüber jedem Wechselinhaber zulasse, der den Wechsel in Kenntnis des Bestehens der Einwendungen von dem Vormanne erworben habe. Dabei wird unter der Kenntnis von dem Bestehen der Einwendungen nicht von allen Vertretern dieser Auffassung das gleiche verstanden. So will Bernstein (zu Art 82 § 3 S. 314) die Einwendungen gegenüber dem Erwerber schon dann zulassen, wenn dieser die gegen den Vormann gegebenen Einredetatsachen ihrem Inhalte nach gekannt hat, während es gleichgültig sein soll, ob er ihre rechtliche Bedeutsamkeit erkannt habe oder nicht, während StStranz (Anm 16) erfordern, daß der Erwerber wisse, daß ein begründeter Einwand vorliegt; ebenso Jacobi (in Ehrenbergs Handbuch 4, 1 S. 258) mit der Maßgabe, daß der juristische Grund, aus dem die Tatsachen erheblich sind, unbekannt sein kann. Jacobi (a. a. O.) schränkt aber (in der 2. Aufl) seine ursprünglich vertretene Ansicht dahin ein, daß bloße Kenntnis vom Bestehen der Einwendungen nicht genüge, sondern daß der Erwerber auch wissen müsse, daß dem Schuldner durch den Verlust der Einreden ein Schaden entstehe. Weitergehend fordert Dernburg (II § 276 unter 2 g S. 323), daß der Erwerber sich zum Werkzeuge der Ausbeutung des Wechselschuldners hergibt, indem ihm bewußt ist, daß der Wechselschuldner durch die Abschneidung der Einwendungen geschädigt werden sollte. Diesen qualifizierten dolus in Gestalt eines Zusammenwirkens **(Kolludierens)** des Veräußerers mit dem Erwerber zum Zwecke der Abschneidung der Einreden erfordern auch in ständiger Rechtsprechung das ROHG und das Reichsgericht, und zwar nicht nur gegenüber Klagen aus Wechseln (ROHG 7, 251, 253; 8, 357; 10, 391; 13, 261, 262; 23, 338; RGZ 57, 391; Warn. 1921 Nr. 13; 1922 Nr. 42; RG im Bankarchiv 22, 42[2]), sondern auch aus anderen Papieren, welche Träger des darin verbrieften Rechts und zum Umlaufe bestimmt sind (so für Konnossemente der Seeschiffer RGZ 57, 65, für den Scheck RGZ 96, 191; vgl. auch meinen ScheckgesKomm zu § 18 Anm 12); sowie in Fällen, in denen eine nach außen vertretungsberechtigte Person (Gesellschafter, Prokurist) durch den Abschluß eines Rechtsgeschäfts mit einem Dritten die ihr gegenüber dem Vertretenen obliegenden Pflichten verletzt hat (RGZ 9, 148 und die dort angeführten Entscheidungen des ROHG; RGZ 57, 391). Dabei weicht das RG insofern von der Rechtsprechung des ROHG ab, als es die Einwendung der Arglist auch zuläßt, wenn der Kläger nicht schon beim Erwerbe des Wechsels, sondern erst im Laufe des Prozesses von den durch den Wechselschuldner in Anspruch genommenen Einwendungen erfährt und nunmehr die ihm zustehende formale Legitimation dazu mißbraucht, um lediglich zum Vorteil des Indossanten und zum Nachteile des Wechselschuldners die Geltendmachung der Einreden zu verhindern (RGZ 4, 100; 9, 9).

Anm. 49. Diese in der deutschen Rechtsprechung zur Herrschaft gelangte Auffassung ist nicht etwa, wie Jacobi (a. a. O. S. 258 und 244) annimmt, auf ein Festhalten an einer veralteten romanistischen Anschauung über die exceptio doli generalis zurückzuführen, sondern wird, wie namentlich in RGZ 57, 65 eingehend dargelegt ist, mit der gerade für das heutige Recht besonders gebotenen Berücksichtigung des Zwecks und der Bedeutung der in Betracht kommenden, für den Verkehr bestimmten Urkunden begründet, der man nicht gerecht werden würde, wenn man denjenigen, der eine solche Urkunde im Vertrauen auf ihren Inhalt gegen (entsprechende) Valuta erwirbt, schon um deswillen als arglistig oder unredlich behandeln wollte, weil er weiß, daß dem aus der Urkunde Verpflichteten gegenüber bestimmten anderen Personen Einwendungen zustehen, die ihm nicht entgegengesetzt werden können. Die entgegengesetzte Auffassung würde in der Tat dem Verkehr mit solchen Papieren die erforderliche Sicherheit entziehen und ihn verhängnisvoll beeinträchtigen, da sich schwerlich Abnehmer für sie finden würden, wenn sie befürchten müßten, daß der Schuldner durch die einfache Behauptung, sie hätten von ihm zustehenden Einwendungen Kenntnis gehabt, sie in einen Rechtsstreit hineinziehen und zur Abschwörung solcher Kenntnis nötigen könnte (Schiedseide dieses Inhalts sind von manchen unteren Gerichten für erheblich erklärt worden), eine Eidesleistung, die, namentlich in Fällen, wo sie nach der Sachlage immerhin gewisse Zweifel hegen konnten, ob nicht Einwendungen gegen die Urkunde dem Vormanne gegenüber beständen, ihnen erhebliche Gewissensbedenken und die Übernahme einer nicht unbedenklichen strafrechtlichen Verantwortung bereiten könnte. Es würde auch eine zu weitgehende Ausdehnung der sittlichen Anforderungen an den wirtschaftlichen Verkehr bedeuten, wenn man demjenigen, der in Verfolgung berechtigter wirtschaftlicher Interessen ein zum Umlauf bestimmtes Papier erwerben will, zumuten wollte, davon Abstand zu nehmen, weil dadurch die (aus der Rechtsnatur eines solchen Papiers sich ergebende) rechtliche Lage des Schuldners nachteilig beeinflußt werden würde. Daß der Erwerber darauf bedacht sein müßte, dem Schuldner die Einreden zu erhalten (so StStranz a. a. O.), enthält jedenfalls eine starke Überspannung dieser Anforderungen. Durch diese grundsätzliche Auffassung wird aber keineswegs dem Tatrichter die Möglichkeit genommen, nach freier Überzeugung im Einzelfalle zu entscheiden, ob nicht die Voraussetzungen der qualifizierten Arglist bei dem Kläger vorliegen, wozu genügt, daß er die Absicht des Veräußerers, durch die Begebung des Wechsels wirklich begründete Einwendungen des Schuldners abzuschneiden, durchschauen mußte und trotzdem seine Mitwirkung dazu geliehen hat. Daß der Endzweck des Erwerbers auf diese Abschneidung gerichtet sein müsse, wird keineswegs (wie Jacobi a. a. O. den Vertretern der herrschenden Meinung unterstellt) erfordert; daher wird diese auch nicht durch den Hinweis darauf ad absurdum geführt, daß der Erwerber so „bösartig" kaum sein dürfte, sondern in erster Linie verdienen wolle. Es wird jedenfalls zahlreiche Fälle geben, in denen die ganze Sachlage die erforderliche qualifizierte Arglist des Erwerbers erkennen läßt; so namentlich, wenn der Veräußerer den Wechsel gegen eine weit unter dem Nennwerte bleibende Valuta hergegeben hat; in solchen Fällen hat auch das RG die Zulassung der Einwendungen gegenüber dem Erwerber gebilligt, so RG 13. 2. 1913 im Recht 1913, Beilageband Nr. 1052, und 23. 6. 1914 in DJZ 1914, 1301. — Der in der deutschen Rechtsprechung herrschenden Auffassung entsprach vollständig die in der Haager EWO (Art 16) vorgesehene Lösung, die (wie Jacobi a. a. O. S. 244 anerkennt) eine Fortbildung des deutschen Rechtes darstellte und sogar „die Rechtsauffassung fast der gesamten Verkehrswelt hinsichtlich der schriftgemäßen Wertpapiere" zum Ausdruck brachte, und die er deshalb zur Auslegung der bestehenden Vorschriften des deutschen Rechts heranziehen wollte. Durch die abgeänderte Fassung, welche die Vorschrift bei den Verhandlungen der Genfer Konferenz erhalten hat, ist allerdings diese Bedeutung einigermaßen abgeschwächt worden. Vgl. den Anhang II zu diesem Unterabschnitte Anm 21 f.

Anm. 50. **13.** Die Regelung des Art 82 bezieht sich nicht auf die **prozessualen Einwendungen** gegen die Wechselklage, namentlich die Einreden der **Rechtshängigkeit** und der **Rechtskraft.** Unter welchen Voraussetzungen und in welcher Weise diese einer Wechselklage entgegengesetzt werden können, bestimmt sich, auf der Grundlage der materiellen Vorschriften der WO über die rechtliche Natur und die Geltendmachung von Ansprüchen aus dem Wechsel, nach den Vorschriften des Prozeßrechts, und zwar namentlich: a) hinsichtlich der Einrede der Rechtshängigkeit nach den §§ 263 Nr. 2, 267, 274 ZPO; b) hinsichtlich des Einwandes der Rechtskraft nach den §§ 322, 325 ZPO; c) wenn die Klage im Wechselprozesse erhoben ist, hinsichtlich beider Arten von Einwendungen nach den Vorschriften über den Urkunden- und Wechselprozeß (§§ 592 ff., namentlich 594, 597, 599, 600 ZPO). Im einzelnen ist darüber folgendes zu bemerken:

Anm. 51. **a)** Die Einrede der **Rechtshängigkeit** muß als prozeßhindernde, gleichzeitig mit anderen prozeßhindernden Einreden, vor der Verhandlung des Beklagten zur Hauptsache vorgebracht werden (§ 274 Abs 1, Abs 2 Nr. 4). Im Wechselprozesse darf auf Grund ihrer die Verhandlung zur Hauptsache nicht verweigert werden (§ 594). Eine die Einrede begründende „anderweite Anhängigmachung der Streitsache" (§ 263 Abs 2 Nr. 1) liegt nicht vor, wenn der Wechselgläubiger auf Grund des ihm laut Art 81 (vgl. zu diesem Artikel Anm 14) zustehenden freien Wahlrechts hinsichtlich der gleichzeitigen Inanspruchnahme mehrerer aus dem Wechsel Verpflichteter während der Dauer der Rechtshängigkeit des gegen einen von ihnen angestrengten Rechtsstreits noch gegen einen anderen Wechselverpflichteten Klage erhebt. Gegenüber der im Wechselprozesse erhobenen Leistungsklage kann sich der Beklagte nicht darauf berufen, daß er vor der Rechtshängigkeit dieser Klage eine Klage auf Feststellung des Nichtbestehens der Wechselforderung gegen den Kläger anhängig gemacht habe (RGZ 21, 392); jedenfalls dann nicht, wenn er für die Tatsachen, auf die sich die von ihm erhobene Feststellungsklage gründet, nicht mit im Wechselprozesse zulässigen Beweismitteln Beweis antreten und führen kann (RGZ 17, 327). In diesen auf die besonderen Bedürfnisse des Wechselprozesses sich beziehenden Urteilen ist die Frage, ob durch eine negative Feststellungsklage der Einwand der Rechtshängigkeit gegenüber einer im ordentlichen Verfahren erhobenen Leistungsklage überhaupt begründet werden kann, nicht entschieden, aber ihre Bejahung unterstellt. In späteren Entscheidungen des Reichsgerichts ist jedoch diese Frage grundsätzlich verneint worden (RGZ 40, 362, bei Gruchot 42, 1178; JW 98, 387[8]). Auch die Anhängigkeit einer Klage auf Herausgabe des Wechsels gegen den Wechselgläubiger begründet nicht den Einwand der Rechtshängigkeit gegenüber der Wechselklage, da die in den beiden Prozessen geltend gemachten Ansprüche nicht identisch sind (RG bei Gruchot 44, 1180). Ebensowenig aber begründet die Anhängigkeit der Wechselklage den Einwand der Rechtshängigkeit gegenüber einer später erhobenen negativen Feststellungsklage oder Klage auf Herausgabe des Wechsels; a. M. für den Fall, daß dieselben Tatsachen, auf welche die Pflicht zur Herausgabe des Wechsels gestützt wird, in dem vorher anhängig gewordenen Rechtsstreite über die Wechselklage als Einwendungen gegen diese vorgebracht sind, RG bei Gr. 28, 1136, auf Grund der Rechtsauffassung, daß die Einrede der Rechtshängigkeit soweit statthaft sein müsse, als die Wirkung der Rechtskraft gehe, eine Anschauung, die in späteren Urteilen des Rechtsgerichts zugunsten des Erfordernisses der Identität der erhobenen Ansprüche ausdrücklich aufgegeben worden ist (RGZ 54, 50 und sonst; vgl. Sydow-Busch ZPO zu § 263 Anm 3).

b) Der Einwand der **rechtskräftig entschiedenen Sache** kann der Wechselklage nicht entgegengehalten werden auf Grund eines in einem Rechtsstreite gegen einen anderen, aus dem gleichen Wechsel Verpflichteten ergangenen, die Klage abweisenden Urteils; vgl. zu Art 81 Anm 14. Ebensowenig aber kann dieser Einwand der Wechselklage eines Wechselgläubigers entgegengehalten werden auf Grund eines in einem Rechtsstreite gegen einen anderen Wechselgläubiger ergangenen, die Klage abweisenden Urteils, sofern nicht der nunmehrige Kläger den Wechsel von dem abgewiesenen Gläubiger im Wege der allgemein bürgerlich-rechtlichen Zession oder als nachprotestlicher Indossatar (Art 16 Abs 2) erlangt hat. Insbesondere ist der Indossant, der den Wechsel im Regreßwege von dem abgewiesenen Kläger, der sein Nachmann war, eingelöst hat, nicht Rechtsnachfolger dieses Nachmannes im Sinne des § 325 ZPO geworden, sondern hat sein eigenes früheres Gläubigerrecht, das nur geruht hatte, wieder als Vollrecht zurückerhalten (vgl. zu Art 10 Anm 5); ein in einem Rechtsstreite gegen den Nachmann ergangenes Urteil bewirkt deshalb keine Rechtskraft gegen den einlösenden Indossanten (ROHG 7, 78; RGZ 36, 55). Auch der Indossatar ist nicht Rechtsnachfolger des Indossanten im Sinne des § 325, sondern erwirbt die Wechselrechte unabhängig von dessen Person (RGZ 43, 41; a. M. Hellwig, Rechtskraft § 42 S. 92 wegen des Erfordernisses eines Begebungsvertrags); es kann ihm deshalb die Rechtskraft eines Urteils, das gegen den Indossanten ergangen ist, nicht entgegengehalten werden. Anders liegt die Sache, wenn derjenige, der in dem ersten Rechtsstreite als wechselrechtlich legitimierter Kläger aufgetreten ist, in Wirklichkeit nur Inkassomandatar (vgl. zu Art 9 Anm 6) des jetzigen Klägers war; in diesem Falle handelt der jetzige Kläger arglistig, wenn er sich gegenüber dem Ergebnisse des von seinem Inkassomandatar geführten Rechtsstreits darauf beruft, daß er in dem Vorprozesse nicht Partei war (RGZ 36, 55; 43, 42). Auch einem neuen Inkassomandatar des früheren Inkassomandanten kann der Einwand in diesem Fall entgegengehalten werden (RGZ 43, 42). Zu den gleichen Ergebnissen gelangt übrigens auch Hellwig a. a. O. von der Annahme aus, daß in § 325 ZPO der Begriff der Rechtsnachfolge auf den Indossatar erstreckt sei. Anm. 52.

Artikel 83.

Ist die wechselmäßige Verbindlichkeit des Ausstellers oder des Akzeptanten durch Verjährung oder dadurch, daß die zur Erhaltung des Wechselrechts gesetzlich vorgeschriebenen Handlungen verabsäumt sind, erloschen, so bleiben dieselben dem Inhaber des Wechsels nur soweit, als sie sich mit dessen Schaden bereichern würden, verpflichtet. Gegen die Indossanten, deren wechselmäßige Verbindlichkeit erloschen ist, findet ein solcher Anspruch nicht statt.

1. Der Artikel 83 schafft in der sogenannten „**Wechselbereicherungsklage**" ein eigenartiges und hinsichtlich seiner rechtlichen Natur, seiner Voraussetzungen und Wirkungen stark umstrittenes Rechtsgebilde. Er bestimmt seinem Wortlaute nach, welche Wechselverpflichtete nach Präjudizierung oder Verjährung eines Wechsels und unter welchen Voraussetzungen sowie in welchem Umfange diese „nur" noch verpflichtet bleiben. Das Wörtchen „nur" weist darauf hin, daß in erster Linie negativ bestimmt werden soll, daß weitere Verpflichtungen, als die in dem Artikel bezeichneten, sowohl hinsichtlich des Kreises der verpflichteten Personen, wie hin- Anm. 1.

sichtlich der Voraussetzungen und des Umfanges ihrer Verpflichtung nicht bestehen bleiben sollen. Dem entspricht die Entstehungsgeschichte der Vorschrift, welcher, wie in den Verhandlungen der Leipziger Konferenz (Prot. Thöl 203, 204; Leipzig 192; vgl. auch ROHG 10, 45) hervorgehoben wurde, der Gedanke zugrunde liegt, daß der unrichtigen Ansicht entgegengetreten werden solle, nach welcher die Folgen einer Präjudizierung oder Verjährung des Wechsels nur auf prozessualem Gebiete lägen, in der Weise, daß der Wechselinhaber der strengen Wechselprozedur verlustig gehe, im ordentlichen Verfahren dagegen der Anspruch des Inhabers zugelassen werde „ohne eine Untersuchung darüber, ob er der wechselrechtliche oder der aus den Verhältnissen, welche dem Wechsel zugrunde liegen, folgende" sei. Daraus ergibt sich, daß die Vorschrift in erster Linie alle weitergehenden wechselrechtlichen Ansprüche ausschließen und insoweit nur noch bürgerlich-rechtliche zulassen will. Schon hieraus ist aber der auch im Wortlaute deutlich zum Ausdrucke gekommene Sinn der Vorschrift in ihrer positiven Richtung zu entnehmen, daß die von ihr als „übrig bleibend" bezeichneten Verpflichtungen wechselrechtlicher Natur sind, daß es sich (wie in ROHG 10, 42 zutreffend formuliert ist) um ein „Residuum", ein Überbleibsel der früher weitergehenden wechselrechtlichen Verpflichtungen handelt, das als solches seine rechtliche Natur beibehält. Die Vorschrift stellt sich demnach als eine nicht nur nach ihrer Quelle, der WO, sondern auch nach ihrem Inhalte wechselrechtliche dar, indem sie bestimmt, welche wechselrechtlichen Verpflichtungen nach Präjudizierung oder Verjährung des Wechsels noch bestehen. Daraus folgt, daß für sie nur solche Verpflichtungen in Frage kommen, die bereits vor der Präjudizierung oder Verjährung, wenigstens dem Grunde nach, bestanden haben, und daß Ansprüche auf Grund der Vorschrift nur insoweit erhoben werden können, als solche, abgesehen von der Präjudizierung oder Verjährung, nach Maßgabe der Vorschriften des Wechselrechts begründet sein würden, und zwar mit den von ihr bestimmten Einschränkungen. Die Berechtigung desjenigen, der Ansprüche auf Grund der Vorschrift erhebt, und die Verpflichtung desjenigen, gegen den sie gerichtet werden, muß sich also in der gleichen Weise, als wenn der Wechsel nicht präjudiziert oder verjährt wäre, aus den Vorschriften der WO ergeben und bedarf andererseits keiner weiteren rechtlichen Grundlage als der von der WO geforderten, insbesondere keiner Herleitung aus dem allgemeinen bürgerlichen Rechte. Von diesem grundsätzlichen Ausgangspunkte aus müssen die einzelnen sich ergebenden Fragen betrachtet und beantwortet werden. Das ist auch der in der Rechtsprechung und im Schrifttum weit überwiegend vertretene Standpunkt; so ROHG 6, 383; 10, 44; RG bei Gruchot 26, 825; ferner Grünhut WR II § 141 S. 559; Bernstein zu Art 83 § 1 S. 338; v. Canstein S. 427; Rehbein Anm 1; Staub-Stranz Anm 1, abweichend Staub 4. Auflage, der den Anspruch als eine „Vereinigung von wechselrechtlichen und zivilrechtlichen Elementen" aufgefaßt wissen wollte, wozu StStranz a. a. O. zutreffend bemerken, daß zivilrechtliche Elemente bei ihm nicht mehr und nicht minder in Betracht kommen, wie bei den übrigen Vorschriften der WO, die allgemeine Rechtsbegriffe voraussetzen. Auch Pappenheim (ZfHR 44, 611) faßt den Anspruch irrig als einen zivilrechtlichen auf, der als „Residuum" nur in dem Sinne bezeichnet werden könne, daß zwischen dem früheren wechselrechtlichen und dem jetzigen zivilrechtlichen Anspruch ein „genetisches" (unbildlich ausgedrückt, ein ursächliches) Verhältnis bestehe. Zuzugeben ist, daß der Wortlaut der Vorschrift, der im Eingange von einem „Erloschensein" der wechselmäßigen Verpflichtungen spricht, bei streng logischer Auslegung dazu führen könnte, anzunehmen, daß das, was übrig geblieben ist, keine wechselmäßige Verbindlichkeit sei; doch kann diese vielleicht nicht ganz durchdachte Ausdrucksweise nicht entscheidend sein gegenüber den Gesichtspunkten, die dafür sprechen, daß bestimmt werden sollte, was von der wechselmäßigen Verbindlichkeit noch übrig bleibt, wenn sie durch Verjährung oder Präjudizierung im übrigen erloschen ist.

Anm. 1a. Geht man von dieser Auffassung aus, so wird man auch dazu gelangen müssen anzunehmen, daß der Bereicherungsanspruch ein Anspruch aus dem Wechsel ist, wenn er auch nicht lediglich auf den Wechsel gestützt werden kann, sondern noch andere, außerhalb des Wechsels liegende Tatumstände (Schaden des Klägers, Bereicherung des Beklagten) zur Voraussetzung hat. Er wird deshalb nach § 101 GVG zur Zuständigkeit der Kammern für Handelssachen gehören und grundsätzlich auch nach § 602 ZPO im Wechselprozesse geltend gemacht werden können; freilich wird er im Wechselprozesse schwerlich durchgeführt werden können, da eben diese weiteren Voraussetzungen in aller Regel mit den im Wechselprozesse zulässigen Beweismitteln nicht bewiesen werden können. Bejahend in beiden Beziehungen StStranz Anm 22, 23 gegen die herrschende Meinung (RG bei Gruchot 28, 1013; Dernburg § 279 II 2 S. 333; Bernstein Z. für Zivilprozeß 1927, 162).

Anm. 2. Der der Vorschrift des Art 83 zugrunde liegende **Rechtsgedanke** ist der, daß der durch die strengen und kurzen Ausschluß- und Verjährungsfristen der WO im Falle ihrer Versäumung eintretende formelle Rechtsverlust nicht zu einer durch materielle Rechtsgründe nicht zu rechtfertigenden Bereicherung eines Wechselbeteiligten mit dem Schaden eines anderen führen dürfe, und daß, um dies zu verhüten, die Rechtsfolgen der Fristversäumung insoweit eingeschränkt werden müssen. Der Vorschrift liegt deshalb der gleiche Rechtsgedanke zugrunde, wie den Vorschriften des allgemeinen bürgerlichen Rechts (§§ 812 ff. BGB) über ungerechtfertigte Bereicherung, welche gleichfalls gegenüber Rechtsfolgen, die durch formale Rechtsvorschriften eingetreten sind, den Rücksichten auf die materielle Billigkeit Raum verschaffen wollen; vgl. RGRKomm Vorbem 1 vor § 812. Doch ist der Bereicherungsanspruch der WO in erheblichen Punkten anders ausgestaltet, als der des bürgerlichen Rechts.

2. Erfordernis für die Geltendmachung des Wechselbereicherungsanspruchs ist sonach zunächst, daß der Kläger Inhaber eines, abgesehen von der Präjudizierung oder Verjährung, gültigen, d. h. den in Art 4 aufgestellten Wechselerfordernissen entsprechenden, Wechsels sowie, daß er gemäß Art 36 durch eine bis auf ihn herabgehende Kette von Indossamenten legitimiert ist (ROHG 6, 384; 10, 45). Ist der Wechsel abhanden gekommen oder vernichtet, so kann der Anspruch ebenso, wie der aus einem nicht präjudizierten oder verjährten Wechsel, nur nach Durchführung des in Art 73 vorgeschriebenen Amortisationsverfahrens auf Grund des Ausschlußurteils von demjenigen, der das Ausschlußurteil erwirkt hat (vgl. zu Art 73 Anm 12ff.), geltend gemacht werden (ROHG a. a. O.). Als Inhaber ist zur Geltendmachung des Anspruchs sowohl derjenige berechtigt, der bereits zur Zeit des Verfalls Inhaber war und als solcher es versäumt hat, den Wechsel protestieren zu lassen, oder, nachdem er protestiert worden, ihn hat verjähren lassen, wie derjenige, der den Wechsel nach Verfall im Regreßwege eingelöst hat. Doch wird derjenige, der den Wechsel eingelöst hat, nachdem er bereits präjudiziert oder verjährt war, den Anspruch aus Art 83 nicht geltend machen können, da der Schaden, der ihm entstanden ist (vgl. unten Anm 13), nicht ursächlich auf die Präjudizierung oder Verjährung zurückzuführen, sondern dadurch entstanden ist, daß er den Wechsel, ohne dazu noch verpflichtet zu sein, eingelöst hat (ROHG 8, 239; 12, 123; RG bei Gruchot 26, 825). Auch derjenige, der den Wechsel durch nachprotestliches Indossament (Art 16 Abs 1) erworben hat, ist, wenn er demnächst den Wechsel hat verjähren lassen, zur Geltendmachung des Bereicherungsanspruchs berechtigt. Ebenso derjenige, der den Wechsel, bevor er präjudiziert oder verjährt war, durch bürgerlich-rechtliche Zession erworben hat. Doch kann auch der Bereicherungsanspruch selbst, nachdem er entstanden, also nach Präjudizierung oder Verjährung des Wechsels, durch bürgerlich-rechtliche Zession übertragen werden. Die Absicht einer solchen Übertragung ist jedoch aus einer Girierung des bereits präjudizierten oder verjährten Wechsels nicht zu entnehmen; ein solches Indossament muß daher wirkungslos bleiben (ROHG 12, 123). Ist der Inhaber Prokuraindossatar oder Inkassomandats-(verdeckter Prokura-)Indossatar (vgl. zu Artt 17 Anm 6, 9 Anm 6), so wird er als befugt gelten können, den Wechselbereicherungsanspruch auf der Grundlage des seinem Indossanten andernfalls entstehenden Schadens geltend zu machen. **Anm. 3.**

3. Weiteres Erfordernis ist, daß die wechselmäßige Verbindlichkeit des Ausstellers oder des Akzeptanten durch **Verjährung** oder durch Versäumung der zur Erhaltung des Wechselrechts gesetzlich vorgeschriebenen Handlungen **(Präjudizierung)** erloschen ist. Unter der Verjährung ist die in Artt 77—79 geregelte Wechselverjährung zu verstehen, durch die der wechselmäßige Anspruch gegen den Akzeptanten in drei Jahren vom Verfalltage des Wechsels, gegen den Aussteller innerhalb der in Artt 78, 79 bestimmten kurzen Fristen erlischt. Die zur Erhaltung des Wechselrechts vorgeschriebenen Handlungen sind die Präsentation zur Zahlung und der Protest mangels Zahlung (Art 41), durch deren Versäumung nur der wechselmäßige Anspruch gegen den Aussteller (die Indossanten kommen hier nicht in Frage) erlischt, der Anspruch gegen den Akzeptanten nach dem jetzt in Deutschland geltenden Rechte auch nicht mehr, wenn es sich um einen domizilierten Wechsel handelt, wohl aber in diesem Falle in Österreich (vgl. zu Art 24). Die Verjährung bzw. Präjudizierung muß eingetreten sein gegenüber demjenigen, der den Bereicherungsanspruch geltend macht. Verjährt oder präjudiziert muß in der Regel sowohl der Anspruch gegen den Aussteller, wie derjenige gegen den Akzeptanten sein, da ein Schaden des Inhabers nicht entstanden ist, solange noch der eine oder der andere von ihnen aus dem Wechsel haftbar bleibt, es sei denn, daß dieser zahlungsunfähig ist; vgl. unten Anm 11. Das Erlöschen der Verbindlichkeit muß ursächlich auf die Verjährung oder Präjudizierung des Wechsels zurückzuführen sein; ist es aus anderen Gründen eingetreten, z. B. durch Erlaß der Wechselforderung von seiten eines formell legitimierten Inhabers, so kann der materiell Berechtigte, auch wenn er später wieder in den Besitz des Wechsels gelangt, gegen denjenigen, zu dessen Gunsten der Erlaß erfolgt ist (vgl. darüber zu Art 81 Anm 18), keinen Anspruch aus Art 83 erheben, obschon dieser mit seinem Schaden bereichert ist; es sei denn etwa, daß arglistige Kollusion (§ 826 BGB) stattgefunden hat. Gleiches gilt, wenn der ursächliche Zusammenhang unterbrochen ist, z. B. durch Erwerb eines bereits präjudizierten oder verjährten Wechsels (vgl. oben Anm 3). Ob dem Inhaber ein Verschulden an der Versäumung zur Last fällt oder nicht, ist unerheblich; auch grobe Fahrlässigkeit, z. B. wenn er rechtzeitig an die Wahrung der Fristen erinnert ist, würde dem Bereicherungsanspruche nicht entgegenstehen; nur arglistiges Kolludieren (§ 826 BGB) würde auch hier seine Geltendmachung ausschließen. **Anm. 4.**

4. Der Personenkreis derjenigen Wechselverpflichteten, **gegen die der Bereicherungsanspruch des Art 83 gerichtet werden kann,** ist beschränkter als der Personenkreis der für die Klage aus dem nicht präjudizierten oder verjährten Wechsel passiv Legitimierten. Art 83 bestimmt nämlich, daß nach Präjudizierung oder Verjährung des Wechsels nur der Aussteller und der Akzeptant verpflichtet bleiben. Gegenüber den Indossanten ist sonach der Bereicherungsanspruch des Art 83 ausgeschlossen. Diese Bestimmung, die im Preußischen Entwurfe, der der Beratung der WO zugrunde lag, nicht enthalten war, ist von der Leipziger Konferenz beschlossen und damit **Anm. 5.**

begründet worden, daß (wie näher dargelegt wird) von einer Bereicherung zum Schaden des Inhabers bei den Indossanten richtigerweise niemals gesprochen werden könne (Protokolle Thöl S. 204/205; Leipzig 192/193). Dagegen wird gegen den Avalisten des Ausstellers oder Akzeptanten, obwohl er in Art 83 nicht genannt ist, der Anspruch gleichfalls gerichtet werden können, da es sich um einen wechselrechtlichen Anspruch handelt (vgl. oben Anm 1) und der Avalist durch seine Mitunterschrift grundsätzlich in der gleichen Weise wechselmäßig verpflichtet wird, wie derjenige, für den er mitunterschrieben hat; vgl. zu Art 81 Anm 9. Ebenso gegen den Ehrenakzeptanten, falls man dessen wechselrechtliche Stellung als der eines Akzeptanten entsprechend ansieht; vgl. zu Art 60 Anm 1. A. M. in beiden Beziehungen Bernstein § 2 Nr. 4, StStranz Anm 16. Der Umstand, daß sie in Satz 1 des Artikels nicht ausdrücklich genannt sind, kann jedoch nicht allein entscheiden, da sie auch in Satz 2 nicht unter denjenigen genannt sind, gegen welche ein solcher Anspruch nicht stattfindet. Doch ist zur Inanspruchnahme des Avalisten wie des Ehrenakzeptanten erforderlich, daß sie für den Betrag, für welchen sie wechselmäßig eingetreten sind, Deckung erhalten haben, da sie andernfalls nicht bereichert sein würden; vgl. unten Anm 8.

Anm. 6. Der Beklagte kann der Klage, da sie eine Wechselklage ist, diejenigen Einwendungen entgegenhalten, die er nach Art 82 WO auch der Klage aus dem nicht präjudizierten oder verjährten Wechsel entgegensetzen könnte, jedoch mit Ausnahme der Einwendung, daß der Wechsel präjudiziert oder verjährt sei. Außerdem aber kann er auch seine Bereicherung und den Schaden des Klägers bestreiten und zu diesem Zwecke auf die der Wechselberechtigung des Klägers und seiner eigenen Wechselverpflichtung zugrunde liegenden bürgerlich-rechtlichen Verhältnisse Bezug nehmen. In diesem Falle muß der Kläger jene Voraussetzungen für seinen Anspruch (vgl. unten Anm 7 ff.) beweisen.

Anm. 7. 5. Weitere Voraussetzung ist aber, daß der Aussteller oder der Akzeptant, gegen die der Anspruch gerichtet wird, sich andernfalls (d. h. wenn sie den Wechsel nicht an den Inhaber zahlen müßten) **mit dem Schaden des Inhabers bereichern würden.** Es wird also die Bereicherung nicht (wie in § 812 BGB das „Erlangen") als etwas bezeichnet, das (durch die Präjudizierung oder Verjährung des Wechsels) bereits eingetreten ist und durch den Bereicherungsanspruch rückgängig gemacht werden soll, sondern als etwas, das eintreten würde, wenn der Anspruch nicht gegeben wäre, und dessen Eintreten durch diesen Anspruch verhindert werden soll. Der Anspruch ist also seinem Wesen nach gesetzlich bedingt. Der Kläger hat diesen Tatbestand nachzuweisen, also sowohl die bedingt eintretende Bereicherung des Beklagten, wie den für ihn (den Kläger) bedingt eintretenden Schaden.

Anm. 8. **a) Bereicherung** ist im Sinne des verkehrsüblichen Sprachgebrauches, wie auch der Rechtssprache, der Unterschied in dem Bestande des Vermögens einer Person nach dem Eintritte eines bestimmten Zeitpunktes oder Ereignisses im Vergleiche mit dem Bestande, der vorher vorhanden war, sofern dieser Unterschied eine positive Größe (ein Plus), also eine Vermehrung des Vermögens, darstellt. Unter „Vermögen" muß hier die Gesamtheit der aktiven und passiven Vermögenswerte verstanden werden. Eine Bereicherung liegt also auch in der Verminderung der auf dem Vermögen ruhenden Verpflichtungen (der Passiva), durch Ersparung von Leistungen für solche, jedoch nicht in der Ersparung einer Ausgabe, zu welcher (wie in den bei StStranz Anm 9 unter a angeführten Beispielen) eine rechtliche Verpflichtung nicht besteht. Hiernach würde, wenn man lediglich die Wirkung der Präjudizierung oder Verjährung des Wechsels ins Auge faßt, der Aussteller oder Akzeptant schon dadurch als bereichert zu gelten haben, daß er durch sie von der sein Vermögen belastenden rechtlichen Pflicht befreit wird, den Wechsel an den Inhaber zu zahlen, da sein Vermögen (der Saldo seiner Aktiven und Passiven) sich dadurch tatsächlich um den Betrag des Wechsels vergrößert hat. Daß das nicht der Sinn der Vorschrift ist, ergibt sich schon aus ihrer bedingten Fassung; vgl. Anm 7. Diese weist darauf hin, daß die durch die Präjudizierung oder Verjährung eingetretene Vermögensveränderung nicht für sich allein zu betrachten ist, sondern im Zusammenhang mit der ganzen, durch die Ausstellung oder Akzeptierung des Wechsels hervorgerufenen Bewegung in dem Vermögen des Ausstellers oder Akzeptanten und mit ihren materiellrechtlichen Ergebnissen. Diese Vermögensbewegung kann einen verschiedenen Verlauf genommen haben, je nach den kausalen Rechtsverhältnissen, die der Ausstellung oder Akzeptierung und den sich daran anschließenden Wechselbegebungen zugrunde lagen. Danach kommt bei dem regelmäßigen Verlaufe der wechselrechtlichen Transaktion in Betracht einerseits das der Ziehung des Wechsels durch den Trassanten und der Akzeptierung desselben durch den Bezogenen zugrunde liegende Rechtsverhältnis zwischen dem Trassanten und dem Bezogenen (das sog. Deckungsverhältnis); andrerseits das der Begebung des Wechsels durch den Aussteller zugrunde liegende Verhältnis zwischen ihm und dem Wechselnehmer (das sog. Valutaverhältnis); vgl. zu Art 4 Anm 59. Demgemäß sind die Voraussetzungen der Bereicherung verschieden für den Aussteller und für den Akzeptanten.

Anm. 9. α) Der Aussteller würde ohne den Bereicherungsanspruch des Inhabers im Endergebnis bereichert sein, wenn er einerseits durch die Verjährung oder Präjudizierung von seiner Regreßverpflichtung gegen den Inhaber befreit ist und andrerseits dem Bezogenen keine Deckung geleistet oder zu leisten, dagegen die Valuta des Wechsels bei der Begebung von seinem Wechselnehmer erhalten hat. Beides muß bei dem gezogenen Wechsel zusammentreffen. Hat der Trassant zwar keine Deckung geleistet, aber auch die vereinbarte Valuta von seinem Wechselnehmer nicht erhalten (z. B. weil er sie kreditiert hatte und der Wechselnehmer zahlungsunfähig geworden ist), so würde sein Vermögen nicht vermehrt sein, wenn er infolge Präjudizierung oder Verjährung den Wechsel an den Inhaber nicht bezahlen müßte; er würde vielmehr nur in der gleichen Vermögenslage sein, wie wenn er den Wechsel nicht ausgestellt hätte; den durch die Versäumung entstandenen Schaden kann der Inhaber in diesem Falle nicht auf ihn abwälzen (ROHG 23, 262). Würde man auch in diesem Falle den Bereicherungsanspruch zulassen, so würde dadurch im Ergebnisse der Regreßanspruch ungeachtet der eingetretenen Verjährung oder Präjudizierung fortdauern, was zwar der französischen Rechtsauffassung entsprechen würde, die eine Präjudizierung des Wechsels gegenüber dem Aussteller, der keine Provision geleistet hat, nicht eintreten läßt (vgl. den Anhang I zu diesem Unterabschnitt Anm 10), nicht aber den Grundsätzen des deutschen Wechselrechts, das ohne Rücksicht darauf, ob der Aussteller Provision geleistet hat oder nicht, zur Erhaltung des Wechselrechts ihm gegenüber die rechtzeitige Präsentation und Protestierung erfordert (Art 41); ROHG a. a. O.

Anders, wenn der Aussteller etwa den Wechsel ohne Vereinbarung einer Valuta weggegeben, z. B. verschenkt hätte; in diesem Falle würde die Hingabe des in dem Wechsel liegenden Vermögenswertes ohne Entgelt auf einer selbständigen, dem Willen und den Zwecken des Ausstellers entsprechenden Disposition beruhen, der Wechsel also als Vermögensstück des Ausstellers von ihm verwertet und er bereichert sein, wenn er den Wechsel infolge Verjährung oder Präjudizierung an den Inhaber nicht zu zahlen brauchte. Bei dem eigenen Wechsel besteht nur das Valutaverhältnis zwischen dem Wechselgeber und dem Wechselnehmer und würde daher die Bereicherung in dem Empfange des Gegenwerts (der Valuta) liegen, wenn der Aussteller diesen behalten dürfte (ROHG 22, 256). **Anm. 10.**

Die Deckung kann beim gezogenen Wechsel durch den Aussteller auf verschiedene Weise geleistet sein. Einmal durch Barübersendung des Deckungsbetrags an den Bezogenen vor oder nach der Ziehung des Wechsels. Ferner aber auch dadurch, daß bei dem Bezogenen ein Guthaben des Ausstellers besteht, auf welches nach Vereinbarung Wechsel gezogen werden können, eine Art und Weise der Deckung, die beim Scheck gesetzlich vorgeschrieben ist (vgl. § 1 Nr. 2 SchGes). Die Deckung aber kann auch geleistet sein dadurch, daß die Ziehung des Wechsels auf eine sonstige, dem Bezogenen gegenüber dem Aussteller obliegende Schuld, z. B. auf den Kaufpreis eines Lieferungsgeschäfts, erfolgt ist und der Bezogene den Wechsel daraufhin angenommen hat. Ist die Ziehung und Annahme des Wechsels in diesem Falle mit der Vereinbarung erfolgt, daß dadurch die zugrunde liegende Schuld getilgt sein sollte, also an Zahlungs Statt, so muß die Deckung ohne weiteres als geleistet gelten, und ist die Annahme einer Bereicherung des Ausstellers durch die Verjährung oder Präjudizierung ausgeschlossen, da er durch die Entgegennahme des Wechselakzepts an Zahlungs Statt die zugrunde liegende Forderung eingebüßt hat (ROHG 22, 256). Zweifelhaft ist, ob das gleiche auch anzunehmen ist, wenn einfach „auf Schuld" trassiert und deshalb die Annahme des Wechsels und die Entgegennahme des Akzepts als nur zahlungshalber erfolgt zu vermuten, die zugrunde liegende Forderung daher neben der Wechselforderung zunächst bestehen geblieben ist. Die Frage, die in der älteren Lehre und Rechtsprechung bestritten war, ist vom ROHG 22, 257 unentschieden gelassen. Von StStranz (zu Art 83 Anm 11, 12) wird sie bejaht mit der Begründung, daß auch in diesem Falle die zugrunde liegende Forderung als getilgt angesehen werden müsse, nachdem der Aussteller den angenommenen Wechsel weiter begeben und die Valuta dafür erhalten habe und nunmehr infolge der Verjährung oder Präjudizierung die empfangene Valuta behalten dürfe. Ebenso Grünhut II § 141 Anm 17 S. 566. Indessen die Sache liegt doch so, daß nach den als zwischen Aussteller und Bezogenem getroffen zu vermutenden Vereinbarungen die Tilgung der Forderung als erfolgt nur gelten sollte, wenn der Bezogene die seiner Annahme entsprechende Verpflichtung, den Wechsel bei Verfall zu bezahlen, erfüllt haben werde. Diese Verpflichtung hat aber der Bezogene und Akzeptant eben nicht erfüllt und deshalb ist auch die zugrunde liegende Forderung nicht erloschen. Dieser Erfolg ist auch nicht dadurch eingetreten, daß der Aussteller durch die Begebung des Wechsels die Valuta erhalten hat; denn diese Valuta hat er nicht als Zahlung auf seine zivilrechtliche Forderung gegen den Akzeptanten, sondern als Entgelt für die von ihm übernommene wechselrechtliche Regreßverpflichtung erhalten. Die später ohne eine Leistung des Akzeptanten eingetretene Verjährung oder Präjudizierung des Wechsels aber könnte nur allenfalls eine Arglisteinrede des Akzeptanten gegen die Klage aus der zugrunde liegenden Schuld rechtfertigen, wenn feststände, daß der Aussteller auch einem Bereicherungsanspruche des Wechselinhabers nicht mehr ausgesetzt wäre. Einem solchen Anspruch bleibt er aber ausgesetzt, da er durch den Empfang der Valuta und das Weiterbestehen seiner zivilrechtlichen Forderung gegen den Akzeptanten bereichert sein würde. Um mit diesem Bereicherungsanspruche durchzudringen, müßte freilich der Wechselinhaber weiter nachweisen, daß der Aussteller noch in der Lage ist, die Zivilforderung gegen den Bezogenen mit Erfolg geltend zu machen, daß also der Bezogene nicht etwa in der Zwischenzeit zahlungsunfähig geworden ist. War dagegen der Bezogene und Akzeptant schon zur Zeit der Akzeptierung des **Anm. 11.**

Wechsels zahlungsunfähig und deshalb die gegen ihn bestehende Forderung wertlos, so hat der Aussteller, auch wenn er diese Forderung durch die Entgegennahme des Wechsels an Zahlungs Statt aufgegeben hat, oder wenn man annimmt, daß er sie durch den Empfang der Valuta und die Verjährung oder Präjudizierung des Wechsels eingebüßt habe, keine sein Vermögen vermindernde Deckung geleistet, dagegen die Valuta empfangen und würde deshalb bereichert sein, wenn er dem Inhaber den Wechsel nicht bezahlen müßte; die Voraussetzung des Bereicherungsanspruchs dürfte daher gegeben sein. So auch Grünhut a. a. O.; a. M. StStranz Anm 12. Hat der Bezogene den Wechsel nicht akzeptiert und der Aussteller die Valuta durch Begebung des Wechsels ohne Akzept erhalten, so würde er, wenn er sie infolge der Verjährung oder Präjudizierung des Wechsels behalten könnte, dadurch ohne weiteres bereichert sein, da er eine Deckung aus seinem Vermögen nicht geleistet hat, vielmehr die ihm etwa gegen den Bezogenen zustehende Forderung unberührt geblieben ist; so auch StStranz Anm 12 a.

Anm. 12. β) Der Akzeptant würde, falls er infolge eingetretener Verjährung (Präjudizierung kommt bei ihm in Deutschland nicht mehr, wohl aber in Österreich noch in Frage, vgl. oben Anm 4) den Wechsel an den Inhaber nicht zu bezahlen braucht, bereichert sein, wenn er für die Akzeptierung einen Gegenwert erhalten hat, den er endgültig behalten dürfte. Ob er einen Gegenwert erhalten hat, bestimmt sich nach dem zwischen ihm und demjenigen, dem er das Akzept hingegeben hat (das ist bei dem regelmäßigen Verlaufe des Wechselgeschäfts der Aussteller), bestehenden materiellen Rechtsverhältnisse, das der Hingabe zugrunde liegt. Eine Bereicherung würde insbesondere vorliegen, wenn der Akzeptant durch die Annahme des Wechsels von einer ihm gegen den Wechselnehmer obliegenden Schuld befreit worden ist dadurch, daß das Akzept an Zahlungs Statt für diese gegeben worden ist, während, wenn die Hingabe des Akzepts nur zahlungshalber erfolgt ist, die zugrunde liegende Schuld also bestehen geblieben ist, eine Bereicherung des Akzeptanten ohne weiteres jedenfalls nicht eintritt, so daß der Aussteller, der das Akzept in der Hand behalten hat, nach Verjährung des wechselrechtlichen Anspruchs nicht etwa die Bereicherungsklage aus Art 83, sondern nur noch die Klage aus dem zugrunde liegenden Rechtsgeschäft gegen den Akzeptanten erheben kann. Hat der Aussteller aber den akzeptierten Wechsel gegen Valuta weiterbegeben, so ist nach der oben (Anm 11) vertretenen Auffassung auch dadurch eine Tilgung der zugrunde liegenden Schuld des Akzeptanten und damit eine Bereicherung des Akzeptanten nicht eingetreten; daher kann gegen ihn nach eingetretener Verjährung ein Wechselbereicherungsanspruch nicht erhoben werden. Hält man dagegen mit der herrschenden Ansicht die Klage des Ausstellers aus dem zugrunde liegenden Geschäft für erloschen, so würde der Akzeptant nach Eintritt der Verjährung bereichert sein und gegen ihn der Bereicherungsanspruch des Inhabers Platz greifen können. Anders würde die Sache liegen, wenn (was namentlich bei Blankoakzepten vorkommt) derjenige, dem das Akzept zahlungshalber hingegeben ist, auf dem Wechsel als Indossant erscheint; als solcher ist er, sobald Verjährung eingetreten, endgültig befriedigt, da ein Bereicherungsanspruch gegen ihn nicht erhoben werden kann; die Schuld des Akzeptanten gegen ihn ist deshalb getilgt, und infolgedessen würde der Akzeptant bereichert sein, wenn er infolge der Verjährung den Wechsel an den Inhaber nicht mehr zu zahlen brauchte. — Auch wenn das Akzept für eine neu begründete Schuld, etwa eine Darlehensverbindlichkeit, gegeben wird, ist der Akzeptant, solange die Schuld bestehen bleibt, nicht bereichert im Sinne des Art 83. Daß durch die Hingabe des Akzepts eine andere formale Wechselschuld getilgt wird, also namentlich im Falle der Prolongation durch Hingabe neuer Wechsel mit Novationsabsicht (vgl. zu Art 82 Anm 32), genügt nicht, um eine Bereicherung des Akzeptanten anzunehmen; nur wenn der alten Wechselschuld eine materiellrechtliche Verpflichtung zugrunde lag, ist er bereichert; so für den eigenen Wechsel ROHG 11, 59.

Anm. 13. **b)** Die andere Seite zu der Bereicherung, die dem Aussteller oder Akzeptanten bei Nichtexistenz des Bereicherungsanspruchs durch die Verjährung oder Präjudizierung des Wechsels entstehen würde, bildet der unter der gleichen Bedingung eintretende **Schaden des Wechselinhabers,** hier nur im Sinne von Vermögensschaden die ungünstige Veränderung (Verminderung) seines Vermögens, d. h. der Gesamtheit seiner Aktiva und Passiva. „Mit dem Schaden" des Inhabers muß die Bereicherung des Ausstellers oder Akzeptanten erfolgt sein, d. h. beide Ereignisse müssen auf die gleiche Ursache, nämlich auf die Verjährung oder Präjudizierung des Wechsels, zurückzuführen sein. Doch ist, wie bei der Bereicherung nicht lediglich der Wegfall der wechselrechtlichen Verpflichtung (vgl. oben Anm 8), so auch hier nicht lediglich der Verlust des formellen Wechselrechts ins Auge zu fassen; vielmehr kommt es nach dem dem Bereicherungsanspruche des Art 83 zugrunde liegenden Rechtsgedanken (vgl. oben Anm 2) auf das materiellrechtliche Ergebnis der gesamten Vermögensbewegung an, die für den Inhaber durch das Wechselgeschäft entstanden ist. Ein Schaden liegt daher nicht vor, wenn infolge der Verjährung oder Präjudizierung lediglich die formelle Vermögensvermehrung ausgeglichen wird, die für den Inhaber durch den Erwerb des Wechsels ohne materiellrechtliche Grundlage entstanden ist, was der Fall wäre, wenn er das Wechselrecht etwa auf Grund eines nichtigen oder von ihm nicht erfüllten Kausalgeschäfts (vgl. RG bei Gruchot 26, 827) oder als Aussteller, ohne dem Akzeptanten Deckung geleistet zu haben, erworben hätte. Dagegen kann es (entsprechend dem, was für die Bereicherung gilt, vgl. oben Anm 10) nicht darauf ankommen, ob das Kausalgeschäft, auf Grund dessen er den Wechsel erworben hat, ein entgeltliches oder unentgeltliches war. Auch durch unentgeltlichen Erwerb ist die Wechselforderung entsprechend den Parteiabsichten ordnungsmäßig in das Vermögen des Inhabers gelangt und dieses dadurch in seinem materiellrechtlichen Bestande vermehrt; durch den Verlust der Wechselforderung ohne Bereicherungsanspruch würde er deshalb einen materiellen Schaden erleiden. So mit Recht Bernstein § 2 unter 3 a; v. Canstein S. 434; Grünhut II § 141 Anm 5; RG 7. 6. 80 in ZfHR 31, 426; StStranz zu Art 83 Anm 5 (als „abstrakte Schadenstheorie" kann aber diese Auffassung wohl nicht bezeichnet werden); a. M. Dernburg II § 279 unter II 2 Anm 4; RG 24. 6. 81 ZfHR 31, 427.

Ein Schaden des Inhabers im Sinne des Art 83 ist auch nicht anzuerkennen, wenn und soweit **Anm. 14.** er noch in der Lage ist, den Wechselbetrag von einem anderen Wechselverpflichteten einzufordern; so wenn etwa der Wechsel gegenüber dem Aussteller und den Indossanten präjudiziert oder verjährt, aber gegenüber dem Akzeptanten nicht verjährt ist; ebenso wenn und soweit zur Zeit der Präjudizierung oder Verjährung dem Inhaber noch die der Wechselbegebung an ihn zugrunde liegende zivilrechtliche Klage, z. B. aus einem Darlehen, gegen den Beklagten oder einen Dritten zu Gebote stand, und zwar auch wenn diese Klage später gleichfalls verjährt ist, da im letzteren Falle der Schaden nicht auf die Verjährung oder Präjudizierung der Wechselklage, sondern auf die Verjährung der Zivilklage ursächlich zurückzuführen ist, die einen Bereicherungsanspruch nicht zurückläßt; so RGZ 44, 78 unter Aufgabe von RG 26. 9. 84 (ZfHR 31, 434 und bei Gruchot 29, 111).

Anhänge zum Unterabschnitte XIV (Artikel 81—83 DWO).

I. Ausländische Wechselgesetzgebungen.

1. Solidarische Haftung der Wechselverpflichteten. Aval (Art 81 DWO).

Vgl. hinsichtlich der Haftung mehrerer Regreßpflichtiger den Anhang I zum Unterab- **Anm. 1.** schnitt VIII Anm 14. Hinsichtlich der solidarischen Haftung sämtlicher Wechselverpflichteter enthalten von den Gesetzen der deutschrechtlichen Gruppe dem Art 81 DWO entsprechende Vorschriften die Gesetze der Schweiz (Artt 808, 809), Bulgariens (620), Italiens (318), Rumäniens (343), Portugals (338), Japans (492). Die Schweiz hebt in Art 809 besonders hervor, daß die Regreßansprüche eines Mitunterzeichners, welcher sich „als Bürge" bezeichnet hat, also des als solcher kundgegebenen Avalisten im Sinne des deutschen Rechts, gegen denjenigen, für welchen er sich verbürgt hat, sowie gegen etwaige Mitbürgen nach den Bestimmungen über Bürgschaft (Artt 505 ff., 497) zu beurteilen sind, wodurch insbesondere der in Art 505 bestimmte Übergang der Rechte des befriedigten Gläubigers, also der Wechselrechte gegen die übrigen Wechselverpflichteten, auf den Bürgen, der ihn befriedigt hat, herbeigeführt wird. Andere zu der deutschrechtlichen Gruppe gehörige Wechselgesetze haben die Wechselbürgschaft durch besondere Vorschriften näher geregelt. So übereinstimmend Ungarn (§§ 66—69) und Bulgarien (Artt 595—598). Sie bestimmen hinsichtlich der Form, daß sie auf den Wechsel, eine Abschrift oder eine Allonge gesetzt und in gleicher Weise, wie der Wechsel, durch den Aussteller unterschrieben werden muß, und daß, wenn nicht ausdrücklich bemerkt ist, für wen sie übernommen werde, anzunehmen ist, daß sie sich auf den Aussteller bezieht. Sachlich behandeln sie die Wechselbürgschaft als eine wesentlich akzessorische Verbindlichkeit, durch die der Bürge solidarisch verpflichtet wird, die aber von dem Bestehen der Hauptverbindlichkeit abhängig ist, nur abgesehen von dem Falle des Nichtbestehens der Hauptschuld wegen Geschäftsunfähigkeit des Hauptschuldners. Der Inhaber des Wechsels ist verpflichtet, die zur Erhaltung des Wechselrechts gegenüber dem Hauptschuldner vorgeschriebenen Handlungen auch gegenüber dem Bürgen zu betätigen. Durch die Einlösung des Wechsels erlangt der Bürge wechselmäßiges Klagrecht gegen denjenigen, für den er die Zahlung geleistet hat; gegen die übrigen Wechselverpflichteten nur insofern, als auch jenem im Falle der Zahlung durch ihn ein solches Recht gegen sie zugestanden haben würde. — Japan (Artt 497, 498) erklärt die Verpflichtung des Wechselbürgen von dem Bestande der Hauptverbindlichkeit unabhängig, läßt aber den Wechselbürgen, der erfüllt, in die Rechte des Hauptschuldners eintreten. In Italien ist das Aval durch die Artt 274 ff. C. comm. geregelt. Es wird bestimmt als eine Garantie in Wechselform, muß auf den Wechsel, ein Duplikat oder eine Kopie geschrieben und durch die Klausel „per avallo" oder einen gleichbedeutenden Ausdruck bezeichnet sein; eine Namensschrift ohne solche Bezeichnung gilt nicht als Aval (Vivante Nr. 1222). Der Avalist muß angeben, für wen er das Aval leistet; tut er das nicht, so gilt es als geleistet für denjenigen, durch dessen Zahlung die meisten Wechselverpflichteten befreit werden, also für den Akzeptanten und, wenn der Wechsel nicht akzeptiert ist, für den Aussteller. Der Avalist, der zahlt, tritt in die Rechte des Inhabers gegen denjenigen, für den das Aval geleistet ist, und die diesem vorgehenden Wechselverpflichteten ein (Art 276), nicht gegen die ihm nachstehenden. Auch das frühere russische Gesetz (§§ 57—59, 104) behandelte die Wechselbürgschaft als von dem Bestande der Hauptverbindlichkeit abhängige, also akzessorische Verpflichtung (s. namentlich § 59); das neue sowjetrussische Gesetz (§ 9) dagegen bestimmt die solidarische Haftung aller Personen, die den Wechsel unterschrieben haben, ohne die Wechselbürgschaft oder das Aval zu erwähnen.

Anm. 2. Der französische Code de commerce (Art 140) und mit ihm die übrigen Gesetze dieser Gruppe bestimmen, daß alle, die den Wechsel gezeichnet, akzeptiert oder indossiert haben, zur solidarischen Garantie gegenüber dem Inhaber verbunden sind, und behandeln in Artt 141, 142 das Aval besonders, indem bestimmt wird, daß die Zahlung eines Wechselbriefs, unabhängig von der Akzeptation und dem Indossament, durch ein Aval garantiert werden kann, daß diese Garantie durch einen Dritten auf dem Wechsel selbst oder durch besonderen Akt geleistet wird und daß der Avalgeber solidarisch mit den Ziehern und Indossanten haftbar und mit den gleichen Prozeßmitteln, wie diese, verfolgbar ist, jedoch vorbehaltlich der abweichenden Vereinbarungen der Parteien.

Anm. 3. Für das angelsächsische Recht besteht gleichfalls eine solidarische Haftung („jointly and severally") aller Wechselverpflichteter, welche ihre Gesamt- oder Einzel-Verklagung, und zwar grundsätzlich in beliebiger Reihenfolge (vgl. jedoch wegen der Bürgen unten) und mit Sprungregreß dem Inhaber gestattet (BEA 43^2, 47^2, 57^1; NIL 96, 111, 144). Die Wechselbürgschaft (Aval) als besonderes Rechtsinstitut kennt das angelsächsische Recht nicht. In dem englischen Gesetze (BEA 56) ist jedoch bestimmt, daß, wenn jemand einen Wechsel anders als in der Eigenschaft eines Ausstellers oder Akzeptanten zeichnet, er dadurch dem Wechselinhaber gegenüber die Verpflichtungen eines Indossanten übernimmt. Das amerikanische Gesetz (NIL 113) hat diese Vorschrift mit dem Zusatze übernommen, daß ein solcher Zeichner durch geeignete Worte seinen Willen, anders wie ein Indossant zu haften, ausdrücken könne. Das kann namentlich geschehen durch die Worte, daß er für die Zahlung des Wechsels garantiere, die den Willen, nur als Bürge zu haften, ausdrücken. Das gilt auch für das englische Recht, ohne ausdrückliche Vorschrift. Solche Garantieübernahmen bedürfen keiner besonderen Form und werden von den gleichen Regeln beherrscht, wie andere Garantieübernahmen (Bürgschaften); Daniel II § 1768. Insbesondere muß in der Regel vorher der Hauptschuldner (d. h. derjenige, für den die Garantie übernommen ist) ausgeklagt werden; die Garantie gilt im Zweifel als conditional (Daniel § 1769). Bestritten aber ist, ob eine solche Garantie in der gleichen Weise, wie der Wechsel, „negotiabel" ist, d. h. ob durch Indossierung des Wechsels auch die Garantieverpflichtung dem legitimierten Wechselinhaber (holder in due course) gegenüber begründet wird. Verneint wird die Negotiabilität, wenn die Garantie auf einem besonderen Papier außerhalb des Wechsels übernommen ist, ohne die Absicht, daß der Garantierende jedem Inhaber haften wolle, zum Ausdrucke zu bringen (Daniel § 1774). Für Garantien, die auf den Wechsel selbst geschrieben sind, wird überwiegend, wiewohl nicht unbestritten, angenommen, daß sie, wenn sie die Person, der der Garantierende verpflichtet sein will, nicht besonders bezeichnen, als jedem Inhaber geleistet zu gelten haben, auch ohne „negotiable words", d. h. ohne ausdrückliche Bestimmung, daß sie durch Indossament übertragen werden können, da sie an der Negotiabilität des Wechsels teilnehmen sollen (Daniel 1777, 1778).

Anm. 4. Das neue tschechoslowakische Wechselgesetz bestimmt in § 86, dem Sinne nach entsprechend dem Art 81 DWO, daß die (dort einzeln aufgeführten) Wechselverpflichteten, nämlich der Akzeptant, der Aussteller und der Indossant, sowie der Wechselbürge und der Ehrenakzeptant, dem Wechselinhaber wechselmäßig und zu ungeteilter Hand verpflichtet sind und daß sich die Verpflichtung dieser Personen auf alles erstreckt, was der Wechselinhaber wegen Nichterfüllung der Wechselverbindlichkeit fordern kann. Außerdem ist in den §§ 62—65 die Wechselbürgschaft (Aval) besonders geregelt, und zwar in wesentlichem Anschlusse an die Haager EWO (Artt 29—31; vgl. den Anhang II zu diesem Unterabschnitte Anm 16), jedoch mit Ausnahme der Vorschrift in Art 30 Satz 3 HEWO, wonach eine Namensschrift auf der Vorderseite des Wechsels, wenn sie nicht von dem Bezogenen oder einem Zieher herrührt, ohne weiteres als Aval gilt. Das **neue polnische** (Artt 29—31) und das neue jugoslawische (§§ 29—31) Wechselgesetz haben die Vorschriften der Haager EWO (Artt 29—31) über das Aval wortgetreu übernommen.

2. Einwendungen gegen die Wechselklage (Art 82 DWO).

Anm. 5. Eine dem Art 82 DWO entsprechende Bestimmung findet sich auch in einigen anderen Gesetzgebungen der deutschen Wechselrechtsgruppe. So in der Schweiz (Art 811), Bulgarien (Art 621), Ungarn (§ 92). In Italien (Art 324 C. comm.) sind als zulässig nur diejenigen Einwendungen bezeichnet, die die Form des Titels oder den Mangel der für die Ausübung der Klage notwendigen Bedingungen betreffen, sowie die demjenigen, der sie ausübt, persönlichen Einwendungen; von der Rechtslehre (Vivante Nr. 1367) wird hervorgehoben, daß diese Aufzählung unvollständig sei, da dem strengen Wortlaute nach unter die Einwendungen, welche die Form des Titels betreffen, nicht diejenigen fallen würden, welche sich auf die materielle Existenz der Wechselverbindlichkeit beziehen, wie die Falschheit der Namensschrift, die Geschäftsunfähigkeit, die mangelnde Vertretungsmacht, die als absolute Einwendungen gleichfalls zulässig sein müßten. — Das neue russische Wechselgesetz (§ 10) bestimmt, daß jedem Wechselinhaber alle aus dem Wechsel hervorgehenden Rechte unabhängig von dem Rechte des Vorgängers zustehen, nur mit Ausschluß des Falles, daß der Wechsel dem Besitze des Vormannes gegen seinen Willen entzogen wurde und der Wechselinhaber hiervon Kenntnis hatte oder bei der im kaufmännischen Verkehr üblichen Sorgfalt hätte haben müssen. Lediglich der Einwand des mangelnden Begebungsvertrags wird sonach aus der Person des Vormannes zugelassen, und zwar im Falle der Kenntnis oder fahrlässigen Unkenntnis des Inhabers von dem Mangel.

In den Gesetzgebungen der französischen Gruppe findet sich eine dem Art 82 DWO entsprechende allgemeine Vorschrift über die gegen die Wechselklage zulässigen Arten von Einwendungen nicht; doch wird aus der Natur der Wechselobligation und aus der Wirkung der Übertragung durch Indossament hergeleitet, daß außer den „dem Titel selbst innewohnenden" Mängeln der Wechselklage nur solche Einwendungen entgegengesetzt werden können, die sich auf das unmittelbare Rechtsverhältnis zwischen dem jedesmaligen Kläger und dem Beklagten gründen, nicht Einwendungen aus der Person früherer Wechselinhaber. So Lyon-C. et Ren. Nr. 130 ff.; Thaller Nr. 1468—1474; Cass. 18. 3. 1850, Sirey I 254. Die Streitfrage, ob die Einwendungen aus der Person des Vormannes jedem Wechselinhaber, der von ihnen bei dem Erwerbe des Wechsels Kenntnis hatte, oder nur demjenigen, der mit dem Vormanne zum Zwecke ihrer Abschneidung kolludiert hat, entgegengehalten werden können (vgl. für das deutsche Recht zu Art 82 Anm 48), besteht auch im französischen Rechte; sie wird von Lyon-C. Nr. 130 bis in letzterem Sinne beantwortet. **Anm. 6.**

Im angelsächsischem Rechte (BEA 38²; NIL 96) ist ausgesprochen, daß derjenige, der „legitimierter Inhaber" (holder in due course) des Wechsels ist, ihn frei von allen Mängeln in dem Rechte seiner Vormänner, wie auch von allen rein persönlichen Einreden, welche seinen Vormännern untereinander zustehen, besitzt. Holder in due course ist (BEA 29¹; NIL 91), wer den Wechsel in äußerlich vollständigem und regelrechtem Zustande vor Verfall und ohne Kenntnis von einer vorausgegangenen Dishonorierung, sowie in gutem Glauben und gegen Entgelt genommen und zur Zeit der Begebung des Wechsels an ihn keine Kenntnis von einem Mangel in dem Rechte der übertragenden Person gehabt hat. Doch hat ein Inhaber, ob gegen Entgelt oder nicht (also auch wenn er nicht selbst holder in due course im Sinne von BEA 29 Abs 1 ist), der seinen Rechtsanspruch auf den Wechsel von einem legitimierten Inhaber ableitet und nicht selbst an einem Betruge oder einer Ungesetzlichkeit mit Bezug auf den Wechsel beteiligt ist (also nicht kolludiert hat), alle Rechte dieses legitimierten Inhabers gegenüber dem Akzeptanten und allen Vormännern des legitimierten Inhabers (BEA 29²; NIL 97). Ferner ist in den beiden angelsächsischen Gesetzgebungen, dem Sinne nach übereinstimmend, bestimmt, daß der Aussteller, der Akzeptant und der Indossant gewisse Einwendungen, die sich auf die Existenz oder die Geschäftsfähigkeit anderer Wechselverpflichteter beziehen, gegenüber einem legitimierten Inhaber nicht geltend machen dürfen, indem angenommen wird, daß sie durch ihre Wechselzeichnung diese Tatsachen zugestanden, beziehungsweise dafür Gewähr übernommen haben; und Gleiches gilt für den Akzeptanten und die Indossanten hinsichtlich solcher Einwendungen, die sich auf die Echtheit der Unterschrift des Ausstellers beziehen; BEA 54, 58; NIL 110—112. **Anm. 7.**

Das neue tschechoslowakische Wechselgesetz enthält in § 87 eine dem Art 82 DWO wortgetreu nachgebildete Vorschrift über die gegen die Wechselklage zulässigen Einwendungen. Die neuen Wechselgesetze von Polen und Jugoslawien haben sich auch hinsichtlich der Zulässigkeit von Einwendungen an die Haager EWO angeschlossen; sie enthalten daher wie diese (in Art 16, vgl. den Anhang II zu diesem Unterabschnitte Anm 21) nur eine Vorschrift darüber, welche Einwendungen dem Inhaber nicht entgegengesetzt werden können (Art 16 poln. Ges.; § 16 jugoslaw. Ges.). **Anm. 8.**

3. Bereicherungsanspruch (Art 83 DWO).

Eine dem Art 83 entsprechende Vorschrift findet sich in den zur deutschen Gruppe gehörigen Wechselgesetzen von Ungarn (§ 90, jedoch mit dem Zusatze: „nur im ordentlichen Rechtswege verfolgbar", wodurch der Anspruch anscheinend auch materiell als ein nicht wechselmäßiger bezeichnet werden soll), Bulgarien (Art 619), Japan (444); ferner in der Schweiz (813), wo der Bereicherungsanspruch weiter auch gegen nicht im Wechselverbande stehende Personen gewährt wird, die dadurch, daß sie die Deckung für den Wechsel in Händen haben, bereichert sein würden, wenn sie sie nach Verjährung oder Präjudizierung des Wechsels behalten dürften, nämlich den Bezogenen, der nicht akzeptiert hat, den Domiziliaten und denjenigen, für dessen Rechnung der Wechsel gezogen ist (den Kommittenten). Ferner in Italien (Art 326) und Rumänien (351), die aber gegen den Akzeptanten die Bereicherungsklage nur geben, wenn der Wechsel domiziliert und deshalb nach ihren Vorschriften (wie früher auch nach deutschem Rechte, vgl. zu Artt 24, 44 DWO) durch Unterlassung des Protestes auch der Anspruch gegen den Akzeptanten präjudiziert ist. — Während das frühere russische Gesetz (§ 99 Nr. 2) einen Bereicherungsanspruch gegen den Aussteller eines nicht angenommenen und nicht protestierten Wechsels innerhalb eines Jahres von der Verfallzeit zuließ, soweit nicht der Aussteller nachwies, daß der Bezogene zur Zeit des Verfalles Deckung von ihm hatte, kennt das neue russische Sowjetgesetz einen besonderen wechselrechtlichen Bereicherungsanspruch überhaupt nicht. **Anm. 9.**

Im französischen Wechselrechtsgebiete hängt der Bereicherungsanspruch mit der Frage der Provision (Deckung, Art 117 C. de comm.; vgl. zu Art 8 DWO Anhang I Anm 18) zusammen. Art. 117 Abs 3 bestimmt nämlich, daß der Aussteller (nicht die Indossanten) auch nach **Anm. 10.**

Präjudizierung des Wechsels durch Versäumung der Protestfrist haftbar bleibt, wenn er nicht beweist, daß der Bezogene zur Zeit des Verfalles des Wechsels Provision hatte (es wird in diesem Falle eine Bereicherung des Ausstellers vermutet); ferner bestimmt Art 171, daß zugunsten des Inhabers die Wirkungen der Präjudizierung wegfallen gegenüber dem Aussteller und demjenigen Indossanten, der nach Ablauf der Ausschlußfristen für den Protest, die Notifikation oder die gerichtliche Klagerhebung die zur Zahlung des Wechsels bestimmten Gelder auf Rechnung, mittels Aufrechnung oder in sonstiger Weise erhalten hat, gleichfalls aus dem Gesichtspunkte, daß der Aussteller oder Indossant sich mit dem Schaden des Inhabers bereichern würden, wenn sie die erhaltene Deckung behalten könnten, ohne dem Inhaber die Wechselsumme zahlen zu müssen.

Anm. 11. Das angelsächsische Recht kennt keinen besonderen wechselrechtlichen Bereicherungsanspruch. Durch die Präjudizierung oder Verjährung erlischt der wechselrechtliche Anspruch als solcher vollständig. Ob und inwieweit noch Ansprüche, insbesondere Bereicherungsansprüche, übrig bleiben, bestimmt sich lediglich nach dem unter den Parteien bestehenden bürgerlichen Rechtsverhältnisse auf Grund der Vorschriften des allgemeinen bürgerlichen Rechts.

Anm. 12. Das neue tschechoslowakische Wechselgesetz hat in § 89 die Vorschriften des Art 83 DWO mit folgenden Abweichungen übernommen: a) In Satz 1 ist durch Hinzufügung der Worte: „nach bürgerlichem Rechte" hinter den Worten „dem Wechselinhaber" die (zu Art 83 Anm 1 behandelte) Streitfrage über die rechtliche Natur des übrigbleibenden Bereicherungsanspruchs im Sinne der ungarischen Fassung (vgl. oben Anm 9) entschieden; b) desgleichen in Abs 2 (DWO Satz 2) durch Änderung der Worte: „gegen die Indossanten" in die Worte: „gegen die übrigen Wechselschuldner" die zu Art 83 Anm 5 behandelte Streitfrage, ob der Anspruch auch gegen den Avalisten des Akzeptanten und des Ausstellers, sowie gegen den Ehrenakzeptanten stattfinde, in verneinendem Sinne; c) endlich ist durch Absatz 3 eine Verjährungsfrist von drei Jahren vom Tage des Erlöschens der wechselmäßigen Verbindlichkeit ab für den Bereicherungsanspruch bestimmt.

Anm. 13. Auch das neue polnische (Art 75) und das neue jugoslawische (§ 85) Wechselrecht haben den Bereicherungsanspruch des Art 83 DWO übernommen, unter Bestimmung einer Verjährungsfrist von drei Jahren vom Tage des Erlöschens der Wechselverpflichtung an. In dem jugoslawischen Gesetze (Abs 1 Satz 2) ist noch bestimmt, daß eine auf diese Verbindlichkeit begründete Forderung „auch auf Grund eines gerichtlichen Erkenntnisses über die Kraftloserklärung eines abhanden gekommenen Wechsels" geltend gemacht werden kann; vgl. darüber zu Art 83 DWO Anm 3.

II. Künftiges einheitliches Wechselrecht.

1. Solidarische Haftung der Wechselverpflichteten. Aval. (Art 81 DWO).

Anm. 14. a) Über die solidarische Haftung der Wechselverpflichteten bestimmen die Entwürfe übereinstimmend folgendes:

Art 46 HEWO, 47 GEWG:

„Alle diejenigen, welche einen Wechsel gezogen, akzeptiert, indossiert oder avaliert haben, sind zur solidarischen Garantie gegenüber dem Inhaber gehalten.

Der Inhaber hat das Recht, gegen alle diese Personen, einzeln oder gemeinsam zu klagen, ohne genötigt zu sein, die Reihenfolge, in der sie sich verpflichtet haben, zu beobachten.

Das gleiche Recht steht jedem Zeichner eines Wechselbriefes zu, der diesen eingelöst hat.

Die gegen einen der Verpflichteten eingeleitete Klage hindert nicht, gegen die anderen, selbst die gegenüber demjenigen, der zuerst verfolgt ist, späteren, zu klagen."

Erläuterung.

Anm. 15. Die Genfer Konferenz hat zu dieser Bestimmung die Meinung (avis) ausgesprochen, daß, wenn mehrere Verpflichtete eine Stellung gleichen Ranges (position du même degré) haben, wie im Falle der Konkurrenz mehrerer Avalisten, die ihre Garantie für eine und dieselbe Person gegeben haben, selbst wenn diese Verpflichteten nacheinander gezeichnet haben, sie nicht gegeneinander den aus dem Wechselbriefe sich ergebenden Regreß ausüben können, sondern daß, vorbehaltlich anderweiter Vereinbarung, ihre gegenseitigen Beziehungen in diesem Falle durch die Vorschriften des gemeinen Rechts über solidarische Verpflichtungen geregelt werden (Bericht des Redaktionskomites Nr. 112; Compte rendu S. 142). Diese Auffassung entspricht derjenigen des deutschen Rechts; vgl. zu Art 81 DWO Anm 22. Die Konferenz hat ferner zu diesem Artikel erwogen (considéré), daß im Falle teilweiser Annahme die Regresse für den nicht gedeckten Teil (le découvert) möglich sind, was gleichfalls dem deutschen Rechte (vgl. zu Art 22 DWO Anm 2) entspricht (Bericht des Red.-Kom. Nr. 113; C. r. S. 143).

Anm. 16. b) Über die **Wechselbürgschaft (Aval)** — vgl. zu Art 81 DWO Anm 2ff und für die geltenden ausländischen Wechselgesetze den Anhang I zu diesem Unterabschnitte Anm 1ff — enthalten die Entwürfe in Kapitel IV unter der Überschrift: „De l'aval" in den Artikeln 29—31, beziehungsweise 30—32 und in den dazu gehörigen Abkommen folgende Vorschriften:

1. Art 29 HEWO, 30 GEWG:

„Die Zahlung eines Wechselbriefes kann [GEWG: für den ganzen oder für einen Teil seines Betrages] durch ein Aval garantiert werden.

Diese Garantie wird durch einen Dritten oder selbst durch einen Zeichner des Wechselbriefes geleistet."

2. Art 30 HEWO, 31 GEWG:

„Das Aval wird auf dem Wechselbriefe oder auf einer Allonge gegeben.

Es wird ausgedrückt durch die Worte: „Gut für Aval" oder durch irgendeine andere gleichbedeutende Formel; es wird von dem Avalgeber gezeichnet.

Es wird als aus der bloßen Zeichnung des Avalgebers, die auf die Vorderseite des Wechsels gesetzt ist, sich ergebend angesehen, außer wenn es sich um die Zeichnung des Bezogenen oder um die des Ziehers handelt.

Das Aval soll angeben, für wessen Rechnung es gegeben ist. In Ermangelung dieser Angabe wird es als für den Zieher gegeben angesehen."

3. Art 31 HEWO, 32 GEWG:

„Der Avalgeber ist in der gleichen Weise verhaftet wie derjenige, für den er sich zum Garanten bestellt hat.

Seine Verpflichtung ist gültig auch dann, wenn die Verbindlichkeit, die er garantiert hat, aus irgendeinem anderen Grunde als wegen eines Mangels der Form nichtig sein sollte.

(Abs 3 HEWO:) Er hat, wenn er den Wechselbrief bezahlt, das Recht, gegen den, für den er garantiert hat, und gegen dessen Garanten Rekurs zu nehmen.

(Abs 3 GEWG:) Wenn er den Wechselbrief bezahlt, erwirbt der Avalist die Rechte, die sich aus dem Wechselbriefe ergeben, gegen den, für den er garantiert hat, und gegen alle, die gegenüber diesem letzteren kraft des Wechselbriefs verhaftet sind."

4. Art 5 Haager Abkommen, 4 Annexe II zum Genfer Abkommen:

„Unter Außerkraftsetzung des Art 30 Abs 1 der Wechselordnung [GEWG: Art 31 Abs 1 des Einheitlichen Gesetzes] hat jeder vertragschließende Staat die Befugnis, vorzuschreiben [GEWG: zuzulassen], daß ein Aval auf seinem Gebiete durch einen besonderen Akt gegeben werden kann, der den Ort angibt, wo er errichtet worden ist."

Erläuterungen.

a) Die Vorschriften entsprechen dem Inhalte nach im wesentlichen den hinsichtlich des Avals im deutschen Rechte entwickelten Grundsätzen und den Vorschriften derjenigen geltenden ausländischen Gesetze, welche das Aval als eine gegenüber der Wechselverpflichtung, für die es gegeben ist, relativ selbständige Garantieverpflichtung geregelt haben. **Anm. 17.**

b) Durch die von der Genfer Konferenz in Art 29/30 vorgenommene Einschiebung ist zum Ausdrucke gebracht, daß auch die Gültigkeit eines auf einen Teil der Wechselsumme beschränkten Avals anerkannt werde, entsprechend dem für das Teilakzept in Art 25/26 angenommenen Grundsatze. **Anm. 18.**

c) Durch den in Art 5/4 der Abkommen (Annexe) zu Art 30/31 geschaffenen Vorbehalt soll denjenigen Staaten, in denen ein Aval in besonderem Akte gebräuchlich ist, die Möglichkeit gegeben werden, diesen Gebrauch durch Bestimmungen ihrer Landesgesetze aufrechtzuerhalten. Die Konferenz hat dabei hervorgehoben, daß die anderen Staaten ein solches Aval anzuerkennen verpflichtet seien, wenn die Gesetzgebung des Ortes, wo es stattgefunden hat, es zulasse und dieser Ort in dem Akte angegeben sei. Sie hat es abgelehnt, eine solche Regel in das EWG aufzunehmen, weil das Aval durch besonderen Akt außerhalb der wechselrechtlichen Verpflichtung bleibe, in der Praxis mehrerer Staaten nicht zugelassen sei und keine genügenden Erfahrungen darüber vorlägen. Doch hat sie den Wunsch ausgesprochen, daß das Internationale Institut für die Vereinheitlichung des Privatrechts über die Frage der Garantien und Versicherungen in Wechselsachen vertiefte Studien anstellen möge (Bericht des Red.-Kom. Nr. 159, 160; C. rend. S. 150/151). **Anm. 19.**

d) Durch die Änderung des Abs 3 des Art 31/32 hat die Genfer Konferenz deutlicher zum Ausdrucke bringen wollen, daß der Avalist, der gezahlt hat, die Wechselrechte nicht nur gegen die Regreßpflichtigen (Garanten), sondern auch gegen den Akzeptanten erwirbt (Ber. d. Red.-Kom. Nr. 77; C. r. S. 137). **Anm. 20.**

2. Einwendungen gegen die Wechselklage (Art 82 DWO.) **Anm. 21.**

Darüber enthalten die Entwürfe, einigermaßen voneinander abweichend, nur die folgende Bestimmung:

Art 16 Haager EWO, 17 GEWG:

„Die Personen, die auf Grund des Wechselbriefes verklagt sind, können dem Inhaber die Einwendungen, die auf ihre persönlichen Beziehungen zu dem Aussteller oder zu dem früheren Inhaber begründet sind, nicht entgegensetzen, es sei denn:

(HEWO:) daß die Übertragung infolge eines betrügerischen Einverständnisses stattgefunden hat;

(GEWG:) daß der Inhaber bei dem Erwerbe des Briefes wissentlich zum Schaden des Schuldners gehandelt hat."

Erläuterung.

Anm. 22. Die Haager Konferenz wollte durch die von ihr vorgeschlagene Fassung die im deutschen Rechte erörterte Streitfrage (vgl. zu Art 82 DWO Anm 48) deutlich zugunsten der stärkeren Einschränkung der Einwendungen aus der Person eines Vormannes durch Aufstellung des Erfordernisses des betrügerischen Einverständnisses (Kollusion) entscheiden. Das Juristenkomitee des Völkerbundes fand diese Fassung zu eng und schlug an ihrer Stelle die Formel vor: „es sei denn, daß der Erwerber den Wechselbrief in bösem Glauben erworben hat". Diese Formel erschien der Genfer Konferenz zu weit. Nach längerer Debatte einigte man sich auf die vorstehende Kompromißformel, die indessen dem Verkehrsbedürfnisse nicht voll genügen wird, da sie denjenigen, der weiß, daß Einwendungen bestehen, die der Schuldner ihm gegenüber nicht geltend machen kann, nötigen wird, von dem Erwerbe Abstand zu nehmen, da ihm entgegengehalten werden kann, er habe von dem dem Schuldner durch die Übertragung entstehenden Schaden gewußt.

Anm. 23. **3. Bereicherungsanspruch (Art 83 DWO).**

Ein Wechselbereicherungsanspruch nach Verjährung oder Präjudizierung des Wechsels ist in dem künftigen einheitlichen Wechselrecht nicht vorgesehen. Aus Art 52 Haager EWO und 53 GEWG (vgl. Anhang II zum Unterabschnitte VIII Anm 22), der bestimmt, daß nach Ablauf der vorgeschriebenen Fristen für die Ausübung der Regresse der Inhaber seiner Rechte gegen die Indossanten, den Zieher und die anderen Verpflichteten, mit Ausnahme des Akzeptanten, verlustig ist, muß entnommen werden, daß nach Ablauf dieser Fristen Wechselrechte nicht übrig bleiben. Über die Frage des Übrigbleibens eines Bereicherungsanspruches nach Eintritt der Verjährung aber werden lediglich die Landesgesetze zu entscheiden haben; vgl. Anhang II zum Unterabschnitte XIII.

XV. Ausländische Gesetzgebung.

Vorbemerkung.

Der Unterabschnitt XV bringt nicht, wie man es nach der Überschrift erwarten könnte, eine auch nur einigermaßen vollständige und zusammenhängende Regelung des Problems, ob und in welchen Fällen in Wechselsachen ausländische Gesetze von den deutschen Gerichten zur Anwendung zu bringen sind — des Problems des sogenannten **internationalen Privatrechts** oder der **Statutenkollision** —, sondern (wie es bei dem Stande dieser Materie in Wissenschaft und Gesetzgebung namentlich zur Zeit des Erlasses der DWO nicht wohl anders möglich war) nur einige einzelne dieses Gebiet betreffende positive Vorschriften über Fragen, deren Regelung für die Anwendung der DWO besonders dringlich erschien. Zu ihrer Ergänzung müssen in erster Linie die gleichfalls sehr lückenhaften Kollisionsnormen des EGzBGB (Artt 7—31) herangezogen werden und weiter hilfsweise die in der Rechtswissenschaft und Rechtsprechung entwickelten Rechtssätze des internationalen Privatrechts. Demgemäß werden im folgenden zunächst im Anschlusse an die drei folgenden Artikel des Gesetzes die in diesen geregelten Einzelfragen erörtert werden. Es sind dies: a) die Frage, nach welchen Gesetzen sich die Wechselverpflichtungsfähigkeit eines Ausländers bestimmt (Art 84); b) die Frage, welche Gesetze für die wesentlichen formalen Erfordernisse einer im Auslande abgegebenen Wechselerklärung maßgebend sind (Art 85); c) welches Recht über die Formen der zur Ausübung oder Erhaltung des Wechselrechts im Auslande vorzunehmenden Handlungen entscheidet (Art 86). Sodann sollen als Zusatz zu diesem Unterabschnitte die hauptsächlichsten in der WO nicht behandelten Fragen, bei denen die Anwendung ausländischen Rechts in Wechselsachen in Betracht kommt, erörtert werden, wozu namentlich die Frage gehört, welches Gesetz im Falle der Kollision mehrerer Rechte für die materiellrechtlichen Wirkungen der Wechselerklärungen maßgebend ist.

Artikel 84.

Die Fähigkeit eines Ausländers, wechselmäßige Verpflichtungen zu übernehmen, wird nach den Gesetzen des Staates beurteilt, welchem derselbe angehört. Jedoch wird ein nach den Gesetzen seines Vaterlandes nicht wechselfähiger Ausländer durch

Übernahme von Wechselverbindlichkeiten im Inlande verpflichtet, insofern er nach den Gesetzen des Inlandes wechselfähig ist.

1. Art 84 regelt die Frage, welches Recht für die Beurteilung der **passiven Wechselfähigkeit (Wechselverpflichtungsfähigkeit) eines Ausländers** anzuwenden ist. Es handelt sich sowohl um die Fähigkeit, Subjekt wechselrechtlicher Verpflichtungen zu sein (passive Wechselrechtsfähigkeit), wie um die Fähigkeit, durch eigene rechtsgeschäftliche Handlungen solche Verpflichtungen zu übernehmen (Wechselgeschäftsfähigkeit); vgl. die Vorbemerkung vor Art 1 DWO. Über die Anwendung ausländischen Rechts hinsichtlich der aktiven Wechselrechts- und Wechselgeschäftsfähigkeit vgl. Vorbemerkung vor Art 1 unter a und b. — Die Vorschriften entsprechen inhaltlich dem, was in Art 7 Abs 1, 3 des EGzBGB über die Frage der Geschäftsfähigkeit von Ausländern verordnet ist; ihre formelle Geltung ist durch das BGB und dessen Einführungsgesetz nicht berührt, da die WO als Reichsgesetz eingeführt ist (Art 32 EGzBGB; vgl. die Einleitung S. 16). Anm. 1.

2. Der Begriff des **Ausländers** bestimmt sich nach dem heute in Deutschland geltenden Staatsrecht (ROHG 6, 358; 21, 336). Danach ist Ausländer derjenige, der nicht die Reichsangehörigkeit besitzt, was sich nach den Bestimmungen des Staatsangehörigkeitsgesetzes vom 22. 7. 1913 (RGBl 583) in Verbindung mit der Reichsverfassung (Art 110) richtet. Nach diesen Bestimmungen wird die Reichsangehörigkeit in der Regel mit der Staatsangehörigkeit in einem Bundesstaate (Lande) erworben und verloren, kann aber in besonderen Fällen auch ohne diese bestehen, während andrerseits jeder Angehörige eines deutschen Landes ohne weiteres Reichsangehöriger ist (§§ 1, 33—35 StAngGes). Verloren geht die Reichsangehörigkeit (§ 17) durch Entlassung, ferner durch Erwerb einer anderen Staatsangehörigkeit unter den in § 25 StAngGes bezeichneten Voraussetzungen, durch Verlustigerklärung (§§ 26—28), für ein uneheliches Kind durch Legitimation von seiten eines Ausländers (§ 17 Nr. 5), für eine Deutsche durch Eheschließung mit einem Ausländer (§ 17 Nr. 6); nicht mehr (wie nach dem StAngGes von 1870 § 21) unter Umständen durch bloßen Aufenthalt im Auslande. Auch derjenige, der keinem Staate angehört (Staatenloser), ist Ausländer; vgl. über die Anwendung des Art 84 auf einen solchen unten Anm 4. Eine juristische Person gehört dem Staate an, in welchem sie ihren Sitz hat; nach diesem Rechte richtet sich auch die Frage, ob eine Personen- oder Vermögensgemeinschaft (Handelsgesellschaft, Genossenschaft) wechselfähig ist. Anm. 2.

3. Ist eine Person nach dem zu 2 Erörterten als Ausländer anzusehen, so bestimmt sich ihre Wechselverpflichtungsfähigkeit grundsätzlich **nach dem Rechte des Staates, dem sie angehört** (Art 84 Satz 1). Maßgebend ist danach ihre Staatsangehörigkeit, wie es dem Art 7 EGzBGB und den in der neueren Wissenschaft des internationalen Privatrechts zur Geltung gelangten Grundsätzen entspricht, nicht, wie früher für die allgemeine Handlungsfähigkeit eines Menschen angenommen wurde (vgl. ROHG 23, 388) und noch jetzt in manchen ausländischen Staaten Rechtens ist (vgl. Anhang I), ihr Wohnsitz, die lex domicilii. Ein in Deutschland wohnender Ausländer, der nach dem Rechte seines Heimatstaates nicht wechselfähig ist, wird danach, wenn er im Auslande eine Wechselverpflichtung übernommen hat, auch einem Deutschen gegenüber, in Deutschland nicht als verpflichtet angesehen. Der Grundsatz kommt aber ebensowohl zuungunsten, wie zugunsten des Ausländers zur Anwendung. Er wird deshalb, falls er nach dem Rechte seines Heimatstaates wechselverpflichtungsfähig ist, durch eine im Auslande gegenüber einem Deutschen oder einem anderen Ausländer, auch einem Angehörigen seines eigenen Staates, eingegangene Wechselverpflichtung auch dann als verpflichtet angesehen, wenn er nach deutschem Rechte nicht verpflichtet sein würde, z. B. wenn nach dem in Betracht kommenden ausländischen Rechte die Wechselverpflichtungsfähigkeit früher als mit 21 Jahren eintritt. Darüber, welche Vorschriften über die Wechselverpflichtungsfähigkeit in den hauptsächlichsten ausländischen Staaten gelten, vgl. den Anhang I zu Art 1 DWO. Anm. 3.

Ob der Ausländer einem bestimmten Staate angehört, ist nach dem Staatsrechte dieses Staates zu entscheiden; gehört er danach mehreren Staaten an, so wird er als verpflichtet zu gelten haben, wenn er auch nur nach dem Rechte eines dieser Staaten wechselfähig ist. Bei einem Staatenlosen wird als hilfsweiser Anknüpfungspunkt das Recht seines Wohnsitzes anzuwenden sein, nicht (wie StStranz Anm 1 annehmen) das Recht des Ortes, an dem die Verbindlichkeit übernommen ist, da eine Anknüpfung an ein dauerndes Verhältnis der Person zu einem Orte bei der Wechselfähigkeit, wo es sich um eine dauernde Eigenschaft der Person handelt, den Grundsätzen des internationalen Privatrechts mehr entspricht, als die Anknüpfung an den zufälligen und wechselnden locus acti. Anm. 4.

Zu den Vorschriften über die Fähigkeit, wechselmäßige Verpflichtungen zu übernehmen, gehören auch diejenigen, auf Grund deren diese Fähigkeit durch gerichtliche Maßregeln ausgeschlossen und beschränkt werden kann. Ein im Auslande entmündigter Ausländer kann deshalb durch im Auslande übernommene Wechselverbindlichkeiten auch von deutschen Gerichten nicht als verpflichtet erachtet werden. Gleiches muß aber auch von der Beschränkung der Wechselverpflichtungsfähigkeit gelten, die nach ausländischen Gesetzen durch Verbeistandung wegen Trunksucht und Verschwendung herbeigeführt wird; so mit Recht StStranz zu Art 84 Anm 6 und die dort Angeführten gegen OAG Dresden bei Borchardt Zus. 23c. Anm. 5.

Anm. 6. 4. Der Grundsatz der Anwendung des Heimatrechtes des Ausländers erfährt aber eine Einschränkung, wenn die Wechselverpflichtung **im Inlande** (d. h. nach jetzigem Staatsrecht innerhalb des Deutschen Reiches) **übernommen ist (Satz 2 des Artikels).** In diesem Falle gilt auch ein nach den Gesetzen seines Heimatlandes nicht wechselverpflichtungsfähiger Ausländer als wechselverpflichtungsfähig und wird also, falls die sonstigen Voraussetzungen vorliegen, verpflichtet, **„insofern er nach den Gesetzen des Inlandes wechselfähig ist".** Diese Einschränkung entspricht dem Sinne nach gleichfalls dem, was in Art 7 Abs 3 EGzBGB für die allgemeine rechtsgeschäftliche Handlungsfähigkeit verordnet ist, wo aber der Gedanke einen weniger mißverständlichen Ausdruck gefunden hat, indem dort gesagt ist, der Ausländer gelte insofern als geschäftsfähig, „als er nach den deutschen Gesetzen geschäftsfähig sein würde". Daß die Vorschrift der WO in gleichem Sinne auszulegen ist, kann nach ihrer Entstehungsgeschichte und ihrem Zweck nicht zweifelhaft sein (so auch Lehmann WR § 39 S. 126 Anm 6). Die Einschränkung war in dem Preußischen Entwurf der WO nicht enthalten, und ein bei den Beratungen der Leipziger Konferenz gestellter Antrag, sie in das Gesetz einzufügen, wurde lebhaft bekämpft als eine nicht zu rechtfertigende Ausnahme von den allgemeinen Regeln. Sie wurde aber als zum Schutze der Inländer bei Wechselgeschäften mit ausländischen Besuchern inländischer Messen und Märkte erforderlich bezeichnet, da den Inländern die Prüfung der ausländischen Vorschriften über die Wechselfähigkeit nicht zugemutet werden könne, und mit knapper Mehrheit angenommen; vgl. Prot. Leipzig S. 145/146; Thöl S. 154/155. Sie gilt nach dieser Entstehungsgeschichte und nach ihrem Wortlaute (im Gegensatz zu der Regel in Satz 1, vgl. oben Anm 3) nur zugunsten derjenigen, denen gegenüber der Ausländer im Inlande eine Wechselverpflichtung übernimmt, mögen sie übrigens Inländer (Deutsche) oder Ausländer sein, und zwar zugunsten nicht nur des ursprünglichen Wechselnehmers, sondern aller Inhaber, da die Wechselerklärung als diesen allen gegenüber abgegeben gilt. Es kommt das dem Bestehen der Verpflichtung günstigere Gesetz zur Anwendung.

Anm. 7. Entscheidend ist der Ort, an dem die Verpflichtung übernommen worden ist. Welcher Ort das ist, wird in verschiedener Weise zu entscheiden sein, je nach dem Standpunkte, den man hinsichtlich der Frage des Entstehungsgrundes der Wechselverpflichtung einnimmt; vgl. darüber Vorbem. vor Art 4 Anm 3ff. Nimmt man mit der in Deutschland zur Herrschaft gelangten Ansicht an, daß in der Regel ein Begebungsvertrag dazu erforderlich ist, so muß die Wechselverbindlichkeit als an dem Orte übernommen gelten, an dem dieser Vertrag zustande gekommen ist dadurch, daß das Geben und Nehmen des Wechsels sich vollendet hat, also, wenn der Wechsel vom Auslande übersendet worden ist, der Ort, an dem er dem Wechselnehmer zugegangen ist. Das wird zu gelten haben, wenn es sich um die Wechselerklärung des Ausstellers oder eines Indossanten handelt. Anders wird die Frage zu entscheiden sein für die Verpflichtung des Akzeptanten, da diese nach der herrschenden Auffassung sich gemäß Art 21 Abs 3 WO schon mit der Niederschrift des Akzeptes vollendet, ohne daß es eines Begebungsvertrages bedarf. Daher wird, wenn das Akzept von dem Ausländer im Auslande auf den Wechsel gesetzt ist, die Vorschrift in Satz 2 keine Anwendung finden können, vielmehr das Recht seines Heimatstaates hinsichtlich seiner Wechselverpflichtungsfähigkeit anzuwenden sein. Der vom Gesetze beabsichtigte Schutz des Inländers wird daher in diesem Falle versagen. Außerdem wird der Beweis dafür, daß die Wechselverbindlichkeit im Inlande übernommen worden ist, dem Inhaber obliegen, der sich auf den Schutz des Satzes 2 beruft, da dieser eine Ausnahme von der in Satz 1 aufgestellten Regel bildet. Die Datierung von einem inländischen Orte wird dazu, vorbehaltlich des Gegenbeweises, in der Regel genügen. Für die Verpflichtung des Ausstellers wird daher der im Wechsel angegebene Ausstellungsort prima facie als Ort der Übernahme der Verbindlichkeit zu gelten haben. Nicht entscheidend ist, an welchem Orte die Wechselverbindlichkeit zu erfüllen ist; auch auf die im Inlande erfolgte Ausstellung oder Akzeptierung eines im Auslande zahlbar gestellten (domizilierten) Wechsels findet deshalb die Vorschrift des Satzes 2 Anwendung (RGZ 15, 11). Ebenso entscheidet hinsichtlich der Indossanten der Ort des Indossaments, nicht ihr Wohnsitz, an welchem ihre Verpflichtung zu erfüllen ist.

Anm. 8. 6. Darüber, welches Recht hinsichtlich der Wechselverpflichtungsfähigkeit eines Inländers, der im Auslande eine Wechselverpflichtung übernommen hat, anzuwenden ist, enthält Art 84 keine Vorschrift. Es kommt deshalb für diese Frage unmittelbar Art 7 Abs 1 EGzBGB zur Anwendung, der bestimmt, daß die Geschäftsfähigkeit einer Person nach den Gesetzen des Staates beurteilt wird, dem sie angehört. Aus ihr folgt, daß die Fähigkeit eines Deutschen, durch eigene Handlung eine Wechselverpflichtung zu übernehmen, von den deutschen Gerichten nach deutschem Rechte zu beurteilen ist, auch wenn die Verpflichtung im Auslande übernommen ist. Ein noch nicht 21 Jahre alter Deutscher, der persönlich ohne Einwilligung seines gesetzlichen Vertreters (§ 107 BGB) einen Wechsel im Auslande unterschrieben hat, ist demgemäß auch dann nicht wechselmäßig verpflichtet, wenn er nach den Vorschriften des in Frage kommenden Auslandes bereits voll geschäftsfähig und daher wechselverpflichtungsfähig sein würde. Art 7 Abs 1 spricht allerdings nur von der Geschäftsfähigkeit, ein Mangel des Rechts, Subjekt wechselrechtlicher Verbindlichkeiten zu sein (vgl. oben Anm 1), würde aber nach den in der Wissenschaft und Rechtsprechung ausgebildeten Grundsätzen des internationalen Privatrechts gleichfalls nach dem Gesetze der Staatsangehörigkeit, also nach deutschem Rechte, zu beurteilen sein; ein Deutscher würde daher, da nach deutschem Rechte solche Einschränkungen nicht bestehen, auch dann verpflichtet sein, wenn er etwa auf Grund einer nach dem Gesetze des betreffenden Auslandes noch bestehenden derartigen Bestimmung von der Eingehung wechselrechtlicher Verbindlichkeiten, z. B. als Nichtkaufmann oder als Frau, ausgeschlossen sein würde; vgl. den Anhang I zu Art 1.

Artikel 85.

Die wesentlichen Erfordernisse eines im Ausland ausgestellten Wechsels sowie jeder anderen im Ausland ausgestellten Wechselerklärung werden nach den Gesetzen des Ortes beurteilt, an welchem die Erklärung erfolgt ist. Entsprechen jedoch die im Auslande geschehenen Wechselerklärungen den Anforderungen des inländischen Gesetzes, so kann daraus, daß sie nach ausländischen Gesetzen mangelhaft sind, kein Einwand gegen die Rechtsverbindlichkeit der später im Inland auf den Wechsel gesetzten Erklärungen entnommen werden. Ebenso haben Wechselerklärungen, wodurch sich ein Inländer einem anderen Inländer im Auslande verpflichtet, Wechselkraft, wenn sie auch nur den Anforderungen der inländischen Gesetzgebung entsprechen.

Anm. 1. Art 85 regelt die Frage, welches Gesetz auf die Form der im Auslande ausgestellten Wechselerklärungen Anwendung zu finden hat, und knüpft hierbei in Satz 1 an den im internationalen Privatrechte für die Form der Rechtsgeschäfte vorherrschend anerkannten Satz an: „Locus regit actum". Er weicht damit von der Regelung dieser Frage in Art 11 EGzBGB ab, wo für die Form der Rechtsgeschäfte in erster Linie der „Sitz" des Rechtsverhältnisses für maßgebend erklärt wird, indem bestimmt ist, daß die Gesetze anzuwenden sind, die „für das den Gegenstand des Rechtsgeschäfts bildende Rechtsverhältnis maßgebend sind", und nur in zweiter Linie auch die Beobachtung der Gesetze des Ortes, an dem das Rechtsgeschäft vorgenommen ist, für genügend erklärt wird, so daß als gültig auch ein Rechtsgeschäft sich darstellt, welches den am Orte seiner Vornahme geltenden Formen nicht entspricht, sofern es nur die Formen gewahrt hat, die an dem allerdings vielfach schwer mit Sicherheit festzustellenden „Sitze" des Rechtsverhältnisses gelten. Im Gegensatze dazu erklärt Art 85 die Formen des locus acti für grundsätzlich erforderlich (Satz 1) und macht davon nur zwei Ausnahmen zugunsten einer beschränkten Anwendung des inländischen Gesetzes unter besonderen Voraussetzungen (Satz 2, 3). Darüber, daß diese Vorschriften der WO durch das Inkrafttreten des BGB und seines Einführungsgesetzes, soweit sie von diesen Gesetzen abweichen, nicht berührt worden sind, vgl. zu Art 84 Anm 1. Sie entsprechen auch besser der rechtlichen Natur des Wechsels und der Wechselerklärungen, die eine klare Entscheidung darüber erforderlich macht, nach welchem Rechte die in Betracht kommenden Fragen, namentlich soweit sie die Form betreffen, zu beantworten sind, während die Anknüpfung an den „Sitz" des Rechtsverhältnisses eine solche klare Entscheidung nicht ohne weiteres ergeben würde, da es bekanntlich außerordentlich bestritten ist, wo bei schuldrechtlichen Verhältnissen der Sitz des Rechtsverhältnisses zu suchen ist (vgl. RGRKomm Vorbem vor § 104 BGB), und da besonders bei abstrakten Schuldverhältnissen, die keine materiellen schuldrechtlichen Beziehungen der Parteien in sich aufgenommen haben, diese Frage oft zweifelhaft und schwierig zu entscheiden ist. Freilich ergeben auch die Vorschriften der WO eine solche klare Entscheidung nur in sehr beschränktem Umfange.

Anm. 2. Erforderlich für die Anwendung des Art 85 ist, daß der Wechsel oder die Wechselerklärung tatsächlich im Auslande ausgestellt ist. Die entgegengesetzte Meinung, die dahin geht, daß es nur darauf ankomme, ob als Ausstellungsort ein ausländischer Ort angegeben sei (so, jedoch ohne Begründung v. Canstein S. 99), wird von der Rechtslehre überwiegend mit Recht abgelehnt, da es sich in Art 85 um eine Ausnahme von den zwingenden Formvorschriften des inländischen Rechts handelt, die nicht durch Parteiwillkür weiter als im Gesetze vorgesehen ausgedehnt werden kann; so Bernstein zu Art 85 § 1 unter 1 S. 354; StStranz Anm 3; während Lehmann (Wechselrecht S. 127) für die Formerfordernisse der Wechselerklärung des Ausstellers den Ort des Begebungsvertrags entscheiden läßt. Vgl. auch für die entsprechende Bestimmung in § 26 SchGes meinen Scheckgesetzkommentar zu § 26 Anm 3. Wie dort bereits hervorgehoben ist, hat sich das RG über die Frage noch nicht eingehend und klar ausgesprochen. In RGZ 24, 116 ist nur gelegentlich einer Entscheidung über das auf die materielle Regreßpflicht des Trassanten anzuwendende Recht (vgl. darüber den Zusatz zu diesem Unterabschnitte Anm 2) vorübergehend auf die Artt 85, 86 Bezug genommen mit der Bemerkung, daß die Notwendigkeit der Angabe des Ausstellungsortes im Wechsel (Art 4 Nr. 6 DWO) sich schon daraus erkläre, daß die Ortsangabe den nächstliegenden und regelmäßig auch zutreffenden Anhaltspunkt für die Beurteilung der Formgültigkeit der im Auslande ausgestellten Wechsel ergebe, wobei ersichtlich unterstellt ist, daß diese Ortsangabe nicht unbedingt entscheidend ist; in RGZ 32, 118 ist für die Gültigkeit der Verpflichtung des Akzeptanten als hinreichend erklärt, daß er sein Akzept (im Inlande) auf einen Wechsel gesetzt habe, der sich als in Frankreich ausgestellt dargestellt und den Erfordernissen des französischen Rechts entsprochen habe; eine Entscheidung, die allerdings vorauszusetzen scheint, daß ein solcher Wechsel formell gültig ist, auch wenn man unterstellt, daß er tatsächlich nicht in Frankreich, sondern im Inlande ausgestellt ist, was auch Lehmann (S. 129), auf den in einer Fußnote des reichsgerichtlichen Urteils hingewiesen wird, annimmt; in RGZ 91, 127 ist gelegentlich einer Entscheidung über die Frage, was im Sinne der Bundesratsverordnung vom 10. 8. 1914 über die Fälligkeit im Auslande ausgestellter Wechsel unter einem im Auslande ausgestellten Wechsel zu verstehen sei — einer Entscheidung, die im übrigen mit dem besonderen Sinne und Zwecke dieser VO begründet wird —, auf die Auslegung Bezug genommen, die der Art 85 in der Rechtslehre gefunden habe, wonach im Sinne dieses Artikels nur ein tatsächlich im Auslande ausgestellter Wechsel in Betracht komme, und es wird unter Bezugnahme auf RGZ 32, 117ff. diese Auslegung als „durchaus nicht unzweifelhaft" bezeichnet. Eine grundsätzliche und entschiedene Stellungnahme des Reichsgerichts zu dieser häufig zu entscheidenden Streitfrage wäre sehr erwünscht.

Anm. 3. Der Beweis, daß die Wechselerklärung tatsächlich im Auslande ausgestellt ist, wird demjenigen obliegen, der geltend macht, daß ihre Formgültigkeit nach ausländischem Rechte zu beurteilen sei. Die für die den Grundwechsel bildende Wechselerklärung des Ausstellers vorgeschriebene Angabe des Ausstellungsortes, wie auch eine Ortsdatierung anderer Wechselerklärungen, wenn sie erfolgt ist, werden bis zum Beweise des Gegenteils (prima facie) genügen, wenn nicht besondere Umstände, die sich aus dem sonstigen Inhalte des Wechsels ergeben, sie als unglaubwürdig erscheinen lassen, z. B. wenn sich auf dem Wechsel ein vom gleichen oder einem der nächsten Tage datiertes, im Inlande ausgestelltes Indossament oder Akzept befindet und der ausländische Ort so entfernt liegt, daß der Wechsel in der Zwischenzeit nicht vom Auslande dorthin gelangt sein kann, so daß die eine oder die andere Angabe falsch sein muß. Solche Umstände werden bei der von Amts wegen vorzunehmenden Prüfung der wesentlichen Wechselerfordernisse und des anzuwendenden Rechts berücksichtigt werden müssen. Sind die Wechselerklärungen nicht mit Ortsangabe versehen, so wird, soweit keine Umstände dagegen sprechen, bis auf weiteres vermutet werden können, daß sie am Wohnsitz oder gewöhnlichen Aufenthaltsorte, bei Geschäftsleuten am Sitze des Geschäfts oder der Niederlassung des Erklärenden auf den Wechsel gesetzt sind; RGZ 9, 438; 23, 50.

Anm. 4. **2.** Satz 1 spricht die Regel des locus acti für die wesentlichen Erfordernisse eines im Ausland ausgestellten Wechsels und jeder anderen im Auslande ausgestellten Wechselerklärung aus. Abweichend von Art 84 Satz 2 (vgl. zu Art 84 Anm 7) kommt es für die Form nicht auf den Ort an, an welchem die wechselrechtliche Verpflichtung übernommen ist, sondern auf denjenigen, an welchem der Wechsel bzw. die andere wechselrechtliche Erklärung erfolgt, d. h. der zur Begründung der wechselrechtlichen Verpflichtung zunächst erforderliche, wenn auch für sich allein nicht genügende Skripturakt vollzogen ist, mag die Skriptur auch an einem anderen Orte dem Wechselnehmer ausgehändigt oder zugegangen und dadurch erst der Begebungsvertrag abgeschlossen sein. Das gilt demnach hier ebensowohl für den Aussteller, die Indossanten und Avalisten, wie für den Akzeptanten. Sonach ist ein im Auslande ausgestellter Wechsel und sind die auf einen Wechsel im Auslande gesetzten Wechselerklärungen (Akzept, Indossament, Aval) gültig, wenn sie den in dem in Betracht kommenden ausländischen Gesetze aufgestellten Formalerfordernissen entsprechen, aber den in der DWO aufgestellten Erfordernissen nicht in allen Punkten Genüge leisten; ungültig dagegen (vorbehaltlich der in Satz 3 gemachten Ausnahme, vgl. unten zu 4), wenn sie umgekehrt den deutschen Erfordernissen, nicht aber denen des ausländischen Gesetzes Genüge leisten. Darüber, welche Erfordernisse in den hauptsächlichsten für den Wechselverkehr in Betracht kommenden ausländischen Gesetzgebungen an die Form des Wechsels und der einzelnen Wechselerklärungen gestellt werden, vgl. für den Wechsel Anhang I zu Art 4, für das Akzept Anhang I zu Unterabschn V, für die Indossamente Anhang I zu Unterabschn III. Danach würde z. B. ein in Frankreich ausgestellter Wechsel, der die Wechselklausel nicht enthält (Art 4 Nr. 1 DWO; Art 110 französischer Code de commerce), in Deutschland als gültig anzusehen sein, dagegen nicht als gültiges Akzept eine von dem Bezogenen in Frankreich auf einen in Deutschland oder im Auslande ausgestellten Wechsel gesetzte und unterschriebene Erklärung, die das Wort: „Acceptè" nicht enthält (Art 21 Abs 2 DWO, 122 franz. Code de comm.).

Anm. 5. **3.** Die von der in Satz 1 aufgestellten Regel in **Satz 2** gemachte Ausnahme zugunsten der Anwendung des inländischen Rechts betrifft den Fall, daß eine im Auslande „geschehene" (= erfolgte, vgl. oben zu 2) Wechselerklärung nicht den Anforderungen des ausländischen, wohl aber denen des inländischen Gesetzes entspricht und daß auf den gleichen Wechsel, der diese Wechselerklärung enthält, später im Inlande weitere Wechselerklärungen gesetzt worden sind. In diesem Falle soll aus der durch das ausländische Recht begründeten Mangelhaftigkeit der früheren Wechselerklärung kein Einwand gegen die Rechtsgültigkeit der späteren Wechselerklärungen hergeleitet werden können, falls diese den inländischen Erfordernissen entsprechen. Diese Ausnahme bezieht sich zunächst und vorzugsweise auf den Fall, daß der im Auslande ausgestellte Wechsel selbst nicht den Erfordernissen des ausländischen Rechts entspricht, z. B. in einem Lande, in welchem die Valutaklausel noch erforderlich ist (vgl. Anhang I zu Art 4 Anm 12b), eine solche nicht enthält, woraus bei Anwendung des Art 7 Abs 2 DWO gefolgert werden müßte, daß auch die auf einen solchen Wechsel im Auslande oder Inlande gesetzten, an sich formgerechten Akzepte, Indossamente oder Avale ungültig sind. Diese Folgerung schließt Satz 2 des Art 85 aus, wenn der Wechsel den deutschen Erfordernissen entspricht und die späteren Wechselerklärungen im Inlande auf ihn gesetzt sind und gleichfalls den deutschen Erfordernissen entsprechen. Dagegen sind im Auslande auf einen solchen Wechsel gesetzte weitere Wechselerklärungen auch in Deutschland als ungültig anzusehen, wenn sie nach dem ausländischen Rechte infolge der Mangelhaftigkeit des Grundwechsels ungültig sind, sofern nicht der Ausnahmefall des Satzes 3 (vgl. unten Anm 7) vorliegt.

Die Ausnahme bezieht sich aber weiter auch auf den Fall, daß von der Gültigkeit einer einzelnen Wechselerklärung die Gültigkeit einer anderen Wechselerklärung abhängig ist. Das trifft namentlich zu für das Verhältnis eines früheren Indossaments zu einem späteren, da durch die Ungültigkeit des früheren die nach Art 36 zur Legitimation des Inhabers erforderliche zusammenhängende Kette unterbrochen und dieser deshalb nicht legitimiert zur Geltendmachung der Wechselrechte sein würde. Auch diese Folgerung wird durch Art 85 Satz 2 ausgeschlossen. Wenn also z. B. auf ein in Spanien ausgestelltes Blankoindossament, das nach dortigem Rechte ungültig ist (vgl. Anhang I zu Unterabschn. III Anm 5) ein in Deutschland ausgestelltes Namens- oder Blankoindossament folgt, so kann gegen die Legitimation des Inhabers aus diesem nicht der Einwand erhoben werden, daß das frühere Indossament nach spanischem Rechte ungültig sei. **Anm. 6.**

4. Die weitere, durch **Satz 3** zugelassene Ausnahme von der in Satz 1 aufgestellten Regel betrifft im Auslande ausgestellte Wechselverpflichtungserklärungen, bei denen auf beiden Seiten — als Verpflichteter wie als Gläubiger — Inländer (Deutsche, vgl. zu Art 84 Anm 2) beteiligt sind. Das Gesetz gibt insoweit dem zu vermutenden Parteiwillen Platz, daß Inländer, die miteinander, wenn auch im Auslande, einen Wechselvertrag abschließen, sich dem deutschen Rechte unterwerfen wollen. Die Vorschrift geht aber insofern über den Kreis der Regelfälle des Satzes 1 hinaus, als nicht nur die formellen Erfordernisse sich nach deutschem Rechte bestimmen, sondern die Erklärungen volle Wechselkraft haben, wenn sie nur den Anforderungen der inländischen Gesetzgebung entsprechen, so daß auch die materiellen Erfordernisse und Wirkungen der Wechselverpflichtung und Wechselberechtigung, wie die aktive und passive Wechsel-Rechts- und Geschäftsfähigkeit, die formelle und materielle Legitimation und die Klagerechte des Gläubigers, die materiellen Voraussetzungen und der Umfang der Regreßansprüche und die gegen die Wechselklage zulässigen Einwendungen, sich in gleicher Weise, als wenn die Wechselerklärung in Deutschland ausgestellt wäre, lediglich nach deutschem Rechte bestimmen. Die Wechselkraft der Wechselerklärung beschränkt sich auch nicht etwa auf das persönliche Verhältnis zwischen den beiden Inländern, welche den Wechselvertrag abgeschlossen haben, sondern kann von jedem Wechselinhaber, sei er Inländer oder Ausländer, geltend gemacht werden. **Anm. 7.**

5. Aus Artikel 85 ergibt sich, daß die WO nicht nur die im Inlande ausgestellten, den Erfordernissen des Art 4 Nr. 1—8 entsprechenden Wechsel, sondern auch die im Auslande ausgestellten, den Erfordernissen des ausländischen Rechts entsprechenden Wechsel als Wechsel in ihrem Sinne behandelt. Die Auslandswechsel sind deshalb auch im Sinne der ZPO (§ 602) als Wechsel im Sinne der WO anzusehen, und es kann aus ihnen im Wechselprozesse geklagt werden (RGZ 9, 437; a. M. die älteren Kommentare zur ZPO; wie hier Gaupp-Stein § 602 II 4 und Anm 14 und die sonstigen neueren Kommentare). **Anm. 8.**

6. Dem Art 85 WO ist der § 26 des Scheckgesetzes nachgebildet. Vgl. die Erläuterungen dazu in meinem ScheckgesKommentar. **Anm. 9.**

Artikel 86.

Über die Form der mit einem Wechsel an einem ausländischen Platze zur Ausübung oder Erhaltung des Wechselrechts vorzunehmenden Handlungen entscheidet das dort geltende Recht.

Wie in der Hauptsache Art 85, so regelt auch **Art 86** die Gesetzeskonflikte hinsichtlich der Form gewisser Rechtshandlungen durch Anwendung des Grundsatzes: „Locus regit actum". Es handelt sich aber hier nicht um die Form der zur Begründung oder Übertragung von Wechselrechten und Wechselverbindlichkeiten erforderlichen rechtsgeschäftlichen Willenserklärungen, sondern um die Form der **zur Ausübung oder Erhaltung der Wechselrechte vorzunehmenden** (d. h. vom Gesetze vorgeschriebenen) **Rechtshandlungen** von Parteien oder öffentlichen Urkundspersonen. Sind solche Handlungen **an einem ausländischen Platze** vorzunehmen, so soll über ihre Form das an diesem Platze geltende, also ausländische Recht entscheiden. **Anm. 1.**

a) Darüber, ob überhaupt und welche Handlungen zu den bezeichneten Zwecken erforderlich und ob sie an einem ausländischen Platze vorzunehmen sind, bestimmt Art 86 nicht. Darüber ist vielmehr in erster Linie nach inländischem Rechte und, sofern ein Gesetzeskonflikt in Frage kommt, nach den sonstigen Vorschriften und Grundsätzen des internationalen Privatrechts (vgl. den Zusatz zu diesem Unterabschnitte Anm 3) zu entscheiden. Zur Anwendung **Anm. 2.**

des Artikels 86 bedarf es daher zunächst der auf dieser Grundlage zu treffenden Feststellung, daß eine und welche derartige Handlung an einem ausländischen Platze vorzunehmen war.

Anm. 3. b) Als zur **Ausübung und Erhaltung** der Wechselrechte vorzunehmende Handlungen kommen nach deutschem Rechte namentlich in Frage die Präsentation zur Zahlung und der Protest mangels Zahlung, die nach Art 41 und bei Sichtwechseln nach Art 31 zur Ausübung der Regreßansprüche mangels Zahlung gegen Aussteller und Indossanten erforderlich sind mit der Folge, daß diese erlöschen, wenn die Handlungen nicht innerhalb der dort bestimmten Fristen vorgenommen sind; vgl. die Erläuterungen zu den genannten Artikeln. Bei Sichtwechseln ist die Präsentation zur Zahlung zwar nicht zur Erhaltung, aber zur Ausübung des Wechselrechts auch gegen den Akzeptanten erforderlich, da ein solcher Wechsel erst durch die Vorzeigung fällig wird (Art 31 Satz 1). Ferner ist bei Nach-Sichtwechseln zur Erhaltung der Regreßansprüche gegen den Aussteller und die Indossanten die Präsentation zur Annahme und der Protest mangels Annahme innerhalb der bestimmten Fristen (Artt 19, 20) erforderlich, sowie zur Ausübung des Wechselrechts gegen den Akzeptanten die Präsentation zur Annahme behufs Inlaufsetzuug der Frist (nicht die Protesterhebung).

Anm. 4. Der Ort, an dem die Handlungen vorzunehmen sind, ist, wenn es sich um die Präsentation zur oder den Protest mangels Zahlung handelt, der Zahlungsort des Wechsels, und zwar gilt als solcher, sofern nicht ein besonderer Zahlungsort angegeben ist, der bei dem Namen oder der Firma des Bezogenen angegebene Ort (Art 4 Nr. 8); bei domizilierten Wechseln der Domizilort (Art 24). Der Ort, an dem die Präsentation zur und der Protest mangels Annahme vorzunehmen sind, ist der Wohnort des Bezogenen, und zwar gilt als solcher gleichfalls der bei dem Namen oder der Firma des Bezogenen angegebene Ort (Art 4 Nr. 8); fehlt eine solche Angabe, so wird an dem Zahlungsorte auch die Präsentation zur und der Protest mangels Annahme zu erfolgen haben; im übrigen kommt aber ein von dem Wohnorte des Bezogenen verschiedener Zahlungsort, insbesondere bei domizilierten Wechseln, für die Annahme nicht in Betracht; doch kann ein besonderer Ort für die Präsentation zur Annahme im Wechsel festgesetzt werden; vgl. zu Art 18 Anm 4. — Die in den Artikeln 44—46 vorgeschriebene Benachrichtigung der Vormänner ist zwar nicht zur Erhaltung der Wechselrechte in der Hauptsache, wohl aber hinsichtlich der Nebenforderungen auf Zinsen und Kosten erforderlich (Art 45 Schlußsatz) und außerdem verpflichtet ihre Unterlassung zum Schadensersatz und begründet deshalb unter Umständen eine Einwendung gegen die Wechselklage, hindert also die Ausübung des Wechselrechts gegen den nicht benachrichtigten Vormann. Doch kann das nach Art 45 erforderliche Benachrichtigungsschreiben im Inlande oder im Auslande zur Post gegeben werden, und die Benachrichtigung gilt dadurch als bewirkt, auch wenn der Inhaber, der benachrichtigungspflichtig ist, im Auslande wohnt; es liegt deshalb keine Handlung vor, die im Auslande vorzunehmen ist, d. h. vorgenommen werden muß; sonach wird Art 86 keine Anwendung zu finden haben, vielmehr die Form der Benachrichtigung sich gemäß Art 11 EGzBGB nach den Gesetzen des Ortes bestimmen, der für die Verhältnisse des Wechsels maßgebend ist, jedenfalls aber die Beobachtung der Form des locus acti genügen.

Anm. 5. c) **Im Auslande** sind die Handlungen vorzunehmen, wenn der Ort, an dem sie vorzunehmen sind, ein ausländischer, d. h. nach dem jetzt geltenden deutschen Staatsrechte ein nicht zum Deutschen Reiche gehöriger Ort ist. Die frühere Streitfrage, ob die deutschen Schutzgebiete als Ausland zu gelten haben, hat sich durch den Verlust der Schutzgebiete erledigt. Das Saargebiet bildet staatsrechtlich einen Teil des Reichsgebietes, ist also nicht Ausland. Auf Handlungen, die innerhalb eines ausländischen Staatsgebiets in einem nach den Grundsätzen der Exterritorialität zum deutschen Reiche gehörigen Gebäude oder Raume (Botschaft oder Gesandtschaft des Reiches oder eines deutschen Landes) oder auf einem deutschen Kriegsschiffe zu geschehen haben, ist Art 86 nicht anwendbar. Andrerseits sind als Handlungen, die an einem ausländischen Platze zu geschehen haben, auch diejenigen anzusehen, die innerhalb des deutschen Reichsgebiets in einem exterritorialen Gebäude oder Raume zu erfolgen haben; die Form eines in dem Gebäude einer ausländischen Botschaft oder Gesandtschaft aufzunehmenden Protestes usw. bestimmt sich daher nach dem in Frage kommenden ausländischen Rechte.

Anm. 6. d) Die Vorschrift bezieht sich nach ihrer Gesetz gewordenen Fassung nur auf die **Form** der vorzunehmenden Handlungen. Die weitergehende Fassung des preußischen Entwurfs (§ 77): „Über die mit einem Wechsel an einem ausländischen Platze vorzunehmenden Handlungen" usw. wurde von der Leipziger Konferenz geändert, nachdem das Einverständnis festgestellt war, „daß der § 77 sich nur auf die Form beziehe" (Protokolle L. 146, Thöl 156). Aus dieser Entstehungsgeschichte kann wohl entnommen werden, daß der Begriff der Form nicht im engsten Sinne gemeint war. Als Gegensatz zur Form wird danach der Inhalt der Handlung anzusehen sein. Demgemäß wird nur zu verlangen sein, daß die im Auslande vorgenommene Handlung, ohne Rücksicht auf ihre Bezeichnung und die Formen, in denen sie sich vollzieht, inhaltlich im wesentlichen dem entspricht, was das deutsche Recht erfordert. So wird der „Protest" durch jede Handlung ersetzt werden können, welche die Präsentation des Wechsels und die Nicht-Zahlung bzw. Nichtannahme durch den Bezogenen urkundlich, insbesondere durch eine in dem ausländischen

Rechte zugelassene Privaterklärung des Bezogenen (vgl. Anhang I zu Unterabschn. VIII Anm 2) festgestellt.

Unbedenklich gehören zur Form auch die Bestimmungen des ausländischen Rechts über die Stelle, an welcher innerhalb des Ortes die Handlung vorzunehmen ist, und über die Tage, an denen sie erfolgen kann (Werktage, Feiertage) (ROHG 1, 293; 21, 153). Aber auch die Bestimmung des Ortes, an dem innerhalb des Auslandes die Handlung vorzunehmen ist, muß danach zur Form gerechnet werden, und ebenso die Bestimmung der Fristen für ihre Vornahme, obwohl im gewöhnlichen Sprachgebrauche die Formen neben den Fristen erwähnt zu werden pflegen. Ein in England aufgenommener Protest ist deshalb mit Recht für gültig erklärt worden, obwohl er erst am dritten Tage nach dem Verfalltage aufgenommen war; RGZ 9, 438. Vgl. in demselben Sinne ROHG 1, 288; RGZ 32, 116; Bernstein S. 358; StStranz Anm 1; Lehmann S. 132 Anm 26. Dagegen kann der mehrfach vertretenen Meinung, daß auch im Auslande bestehende Respekttage entgegen Art 33 DWO zu berücksichtigen seien (so ROHG 1, 290; 21, 153; Bernstein S. 358; auch StStranz Anm 1 im Gegensatze zu Staub 4. Aufl), nicht zugestimmt werden; es handelt sich, wie StStranz zu Art 33 selbst ausführen, dabei nicht um eine dem Gläubiger gesetzte Frist für die Präsentation oder die Protesterhebung, sondern um eine zugunsten des Schuldners gewährte Hinausschiebung der Fälligkeit über den Verfalltag hinaus. **Anm. 6a.**

Zusatz zu den Artikeln 84—86.

Materiellrechtliche Wirkungen der Wechselerklärungen *).

1. Abgesehen von den in den Artikeln 84—86 behandelten Einzelfragen ist die Frage der Gesetzeskollision bei Wechseln weder in der Wechselordnung selbst noch sonst im deutschen Rechte durch positive gesetzliche Vorschriften geregelt. Es ist deshalb, wie für sonstige schuldrechtliche, so auch für wechselrechtliche Verhältnisse in der Rechtslehre und Rechtsprechung des deutschen Rechts außerordentlich bestritten, an welche Tatbestandsumstände die Entscheidung über das anzuwendende Recht anzuknüpfen hat. Die Schwierigkeit liegt namentlich darin, daß im Wechsel eine größere Zahl wechselrechtlicher Beziehungen, denen ganz verschiedene materielle Rechtsverhältnisse zugrunde liegen, miteinander formell verknüpft sind. Es ist versucht worden, einen Anknüpfungspunkt zu finden, der es gestattet, auf alle diese in einem Wechsel vereinigten Rechtsbeziehungen das gleiche lokale Recht anzuwenden, was für die Einheitlichkeit der Beurteilung der aus dem Wechsel entspringenden Berechtigungen und Verpflichtungen und im Zusammenhange damit für die Umlauffähigkeit des Wechsels von großem Vorteile sein würde. Dieser Gedanke, der schon bei der Leipziger Konferenz hervortrat (RGZ 24, 114) und auch noch bei den Vorschlägen des Juristenkomitees zur Vorbereitung der Genfer Konferenz wieder angeregt wurde, ist jedoch als nicht durchführbar immer wieder aufgegeben und es hat sich in der deutschen wie ausländischen Rechtsprechung mehr und mehr die Erkenntnis durchgesetzt, daß die wesentlichen Verschiedenheiten der in dem Wechsel vereinigten rechtlichen Beziehungen nach ihren Voraussetzungen, den Bedingungen ihrer Geltendmachung und ihren materiellrechtlichen Wirkungen die durchgängige Anwendung eines einheitlichen Rechts, etwa des Rechts des Zahlungsortes oder des Ausstellungsortes, auf sie alle nicht gestatten. Es mußte daher für jede einzelne Wechselverpflichtung der ihr gemäße Anknüpfungspunkt gefunden werden. Als solcher wurde in der älteren Rechtsprechung, namentlich des ROHG, der Ort, an dem die in Frage stehende Wechsel-Skriptur ausgestellt, oder auch der Ort, an dem die ihr entsprechende Verbindlichkeit übernommen war, also die Anwendung des Grundsatzes „Locus regit actum" auch auf die materiellen Wirkungen der Wechselverpflichtung, angesehen. So ROHG 1, 288; 5, 101; 11, 217; 21, 150; auch noch RGZ 9, 438; ebenso für die Legitimation des Wechselgläubigers der Ort des Indossaments in RGZ 23, 50; RG in LeipzZ. 1913, 674. Allerdings war in diesen Fällen (wie in RGZ 24, 114 hervorgehoben ist) der Ausstellungsort der Skriptur und der Ort der Übernahme der Wechselverpflichtung mit dem Wohnsitze oder dem Erfüllungsorte durchweg identisch. In der Streitfrage, ob der wirkliche oder der bei der Ausstellung oder Übernahme der Wechselverpflichtung (fälschlich) angegebene Ausstellungs- bzw. Verpflichtungsort maßgebend sei, trat aber bereits der Gesichtspunkt der Maßgeblichkeit des Parteiwillens in die Erscheinung. Auch wird in anderen Urteilen aus der gleichen Zeit bereits auf den „Sitz" der Obligation oder des Rechtsverhältnisses (Savigny!) und im Zusammenhange damit auf die zu vermutende Unterwerfung der Parteien unter das Recht dieses Sitzes (die Parteiautonomie) Wert und dieser Umstand der Entscheidung des Gesetzeskonfliktes zugrunde gelegt; so RGZ 6, 24; 7, 21; auch OLG Hamburg 28. 5. 1925. **Anm. 1.**

Der Gesichtspunkt der Unterstellung unter ein bestimmtes Recht durch den Parteiwillen, der auf die Maßgeblichkeit des **Erfüllungsortes** hinführt, wird als grundsätzlich in erster Linie entscheidend hervorgehoben in RGZ 24, 112, wo ein von einem deutschen Kapitän auf einer Schiffsreise auf einer dänischen Insel auf einen in Deutschland wohnenden Bezogenen ausgestellter **Anm. 1a.**

*) Vgl. zu dem Folgenden Raiser, Die Wirkungen der Wechselerklärungen im internationalen Privatrecht (Beiträge zum ausländischen und internationalen Privatrecht, herausgegeben vom Institut für ausl. und intern. Privatrecht, Heft 4, 1931.

Wechsel für den Regreß gegen den Trassanten dem inländischen Rechte unterstellt und die absolute Geltung des Ausstellungsortes im Anschlusse an Wächter abgelehnt wird. Auch RGZ 44, 154 geht von der grundsätzlichen Maßgeblichkeit des Rechts aus, dem sich der Geber und der Nehmer des Papiers (hier eines Schecks) durch eine ausdrückliche oder stillschweigende Vereinbarung unterworfen haben, und nimmt an, daß, wo eine solche Vereinbarung nicht festgestellt werden kann, das aus der Begebung des Papiers entsprungene Rechtsverhältnis unter demjenigen Rechte steht, dem es „seiner Natur nach angehört". Ebenso wird in dem Urteile vom 25. 6. 1924 (JW 1925, 249) bestätigt, daß in der Rechtsprechung, namentlich des Reichsgerichts, überwiegend der Standpunkt vertreten werde, der das Recht des Erfüllungsortes für die in Frage stehende Verpflichtung maßgebend sein läßt, und daß für die Frage, welcher Ort als Erfüllungsort anzusehen ist, eine ausdrückliche oder den Umständen zu entnehmende Vereinbarung, für die es auf den „mutmaßlichen vernünftigen Willen" ankommt, maßgebend sei.

Anm. 2. 2. Für die Verpflichtung des Akzeptanten wird hiernach regelmäßig das Recht des Zahlungsorts des Wechsels, als welcher im Zweifel der bei seinem Namen als Bezogener im Wechsel angegebene Ort gilt (Art 4 Nr. 8), anzuwenden sein (RGZ 2, 13; 107, 46), da er an diesem Orte kraft Gesetzes zu erfüllen hat und es unter regelmäßigen Umständen als im Sinne des Parteiwillens liegend anzusehen ist, daß das Recht des Erfüllungsortes für ihre Beziehungen maßgebend sein soll. Für die Verpflichtung der übrigen Wechselschuldner wird im Zweifel der Wohnort des Regreßschuldners zur Zeit der Übernahme der Verbindlichkeit als Erfüllungsort und demnach als maßgebend für das anzuwendende Recht zu gelten haben (ROHG 19, 203), und zwar, wenn bei der Skriptur ein Ort als Wohnort angegeben ist, der angegebene Ort; so Lehmann S. 130, während StStranz Anm 8 und M. M. Stranz A. 6 gegen Grünhut (II § 142 unter 4 a) den „wahren" Wohnort für entscheidend ansehen, was dem Grundsatze der Maßgeblichkeit des Parteiwillens widersprechen dürfte. Für die Bestimmung der Verfallzeit einer Regreßschuld (aus einem Nach-Datowechsel) wird jedoch in RGZ 36, 137 das Recht des ausländischen Ortes, wo der Wechsel zahlbar ist, für maßgebend erachtet, unter Hinweis auf die „Relativität" der Regreßschuld, die bedeute, daß durch die Nichtzahlung des Wechsels von Seiten des Hauptschuldners zu der im Wechsel angegebenen Verfallzeit die Regreßverpflichtung „eröffnet" (fällig) wird.

Auch für die Frage, ob und welche Handlungen zur Ausübung und Erhaltung des Wechselrechts erforderlich sind (im Gegensatze zu ihrer Form, vgl. zu Art 86 Anm. 2, 6, 6a), wird nicht das Recht des Ortes, an dem die Handlung (z. B. der Protest gegenüber dem Bezogenen) vorzunehmen ist, sondern das Recht des Erfüllungsortes der durch die Handlung zu wahrenden Regreßverpflichtung als maßgebend angesehen, so daß z. B. der Regreßanspruch aus einem von einem in Brasilien wohnenden Trassanten auf einen in Deutschland wohnenden Bezogenen gezogenen Wechsel erloschen ist, wenn die nach brasilianischem Rechte (Art 377) erforderliche Notifizierung der Protesterhebung an den Aussteller unterblieben ist (ROHG 19, 203).

Anm. 3. Ist die Vornahme der Handlung an dem nach diesen Grundsätzen in Betracht kommenden ausländischen Orte durch eine Anordnung der dortigen Staatsgewalt (z. B. ein Moratorium in Kriegszeiten) unmöglich gemacht, so sollte nach der Rechtsprechung des ROHG (1, 294; 5, 101) der Regreß gegen die inländischen Regreßpflichtigen erloschen sein. Diese sehr unerwünschte Folge ist bereits durch das Gesetz vom 13. 4. 1914 (RGBl 107), das aus Anlaß der während des Balkankrieges ergangenen derartigen Maßnahmen der kriegführenden Staaten erlassen wurde, dadurch gemildert worden, daß bestimmt wurde, daß durch Kais. VO mit Zustimmung des Bundesrats in solchen Fällen die Verlängerung der Fristen bis zum Wegfall des Hindernisses und die Zulässigkeit der Ausübung des Regresses nach Ablauf einer bestimmten Zeit ohne Vornahme der Handlung angeordnet werden könne. Durch das bei Ausbruch des Weltkrieges erlassene Gesetz vom 4. 8. 1914 in Verbindung mit den Verordnungen vom 7. 8. 1914, 29. 8. 1914 und vom 20. 1. 1919 (vgl. die Anlagen B 2—5) ist dann bestimmt, daß nicht nur im Falle kriegerischer Ereignisse, sondern in allen Fällen der „Verhinderung durch höhere Gewalt" die Fristen für derartige Handlungen sich um so viel verlängern, als erforderlich ist, um nach Wegfall des Hindernisses die Handlung vorzunehmen, mindestens aber bis zum Ablaufe von zwei Wochen nach diesem Wegfalle. Vgl. zu Art 41 Anm 12 und hinsichtlich des künftigen einheitlichen Wechselrechts Anhang II zum Unterabschnitt VIII Anm 23, 25.

Anm. 4. Für die Wechselverjährung (Artt 76, 77), die nach deutschem Rechte kein prozessuales, sondern ein materielles Rechtsinstitut ist, wird gleichfalls das Recht des Ortes, an dem die Wechselverpflichtung ihren Sitz hat, also in der Regel das Recht des Wohnsitzes des Wechselschuldners als des Erfüllungsortes der Wechselverpflichtung als maßgebend angesehen (RGZ 2, 13; 7, 21). Ist nach diesem letzteren Rechte die Verjährung ein prozessuales Institut, so soll nach RGZ 7, 23 eine vom deutschen Gerichte zu berücksichtigende Verjährung überhaupt nicht eintreten können, da die ausländische prozessuale Bestimmung nach den Grundsätzen des internationalen Privatrechts von dem inländischen Richter nicht angewendet werden könne und die inländischen Verjährungsbestimmungen als materiell-rechtliche auf Ansprüche, die im Auslande ihren Sitz haben, keine Anwendung fänden, was ein recht bedenkliches Ergebnis ist. Es wird wohl richtiger sein, anzunehmen, daß das ausländische Recht, indem es die Verjährung für prozessual erklärt, auf das inländische Recht zurückverweist und daher die inländischen Normen über die Verjährung, obwohl sie nach inländischem Rechte als materiell-rechtlich gelten, anzuwenden sind; so auch M. u. M.Stranz zu Art 77 Anm 4.

3. Das österreichische Recht enthält in den §§ 35—37 ABGB für die Lösung der Gesetzeskonflikte auf dem Gebiete der schuldrechtlichen Verhältnisse Vorschriften, welche grundsätzlich, mit gewissen Vorbehalten und Ausnahmen im einzelnen, die lex loci actus zugrunde legen. Diese Grundsätze werden, soweit die WO nicht besondere Vorschriften gegeben hat, auch für wechselrechtliche Schuldverhältnisse für anwendbar erachtet. Demgemäß ist vom österreichischen obersten Gerichtshofe die Frage der Notwendigkeit und Rechtzeitigkeit des Protestes für die Haftung des in Prag wohnhaften Akzeptanten aus einem auf ihn in Prag gezogenen und dort akzeptierten Wechsel, der in London domiziliert war, nach österreichischem Rechte beurteilt worden, freilich mit der unklaren Begründung, daß der Akzeptant „bei dem Prager Handelsgerichte belangt worden sei", wodurch wohl nicht die lex fori anerkannt werden sollte (OGH 25. 2. 1875 bei Czelochowsky Nr. 77, zitiert bei Kaiser S. 23 Anm 4). Dem Ergebnisse nach entspricht dem Grundsatze der lex loci actus auch OGH 17. 1. 1894 (Zentralblatt 1894 Nr. 147, zitiert bei Kaiser S. 23 Anm 5), wo auf die Verjährung des Anspruchs gegen den in Österreich wohnenden Akzeptanten eines in Warschau ausgestellten, akzeptierten und zahlbaren Wechsels polnisches Recht angewendet wurde mit der Begründung, daß dies das Recht „des Ausstellungsortes, an dem das Wechselgeschäft abgeschlossen wurde", sei, die unklar läßt, ob unter dem „Wechselgeschäft" die Ausstellung oder die Annahme des Wechsels gemeint ist. Anm. 5.

Anhänge zum Unterabschnitt XV (Artikel 84—86).

I. Ausländische Wechselgesetzgebungen.

1. Wechselfähigkeit (Art 84 DWO).

Entsprechende Vorschriften, wie in Art 84, finden sich in der deutschen Wechselrechtsgruppe namentlich in den Gesetzen der Schweiz (Art 822, mit dem Zusatze, daß für die Wechselfähigkeit von Schweizern, seien sie im Inlande oder Auslande wohnhaft, die Bestimmungen des schweizerischen Gesetzes gelten; vgl. über die Wechselfähigkeit von Inländern zu Art 84 DWO Anm 8); ferner in den Gesetzen Ungarns (§ 95), Bulgariens (Art 627, mit Abweichung zugunsten des reinen Territorialitätsprinzips bei Verpflichtungen eines Ausländers im Inlande); Skandinaviens (84); auch das frühere russische Gesetz (§ 82) enthielt eine entsprechende Bestimmung, während das jetzige keine besonderen Bestimmungen über die Wechselfähigkeit enthält; doch entspricht es dem Geiste der russischen Sowjetgesetzgebung, daß Ausländer, soweit sie überhaupt rechts- und verpflichtungsfähig sind und nicht ihre Verhältnisse durch besondere Konventionen oder Konzessionen geregelt sind, auch bezüglich ihrer persönlichen Verhältnisse den Bestimmungen der Sowjetgesetze unterliegen (vgl. Freund zu Art 8 EVO BGB S. 109 f.); nach Magnus (Tab. 53 Sp. 20) soll für die Wechselfähigkeit in Rußland das Domizilprinzip gelten. Auch in denjenigen Ländern der deutsch-rechtlichen Gruppe, in denen keine dem Art 84 DWO entsprechende Vorschrift besteht, wird in Anwendung der allgemeinen Vorschriften über die Verpflichtungsfähigkeit zumeist das Gesetz der Staatsangehörigkeit zugrunde gelegt. Nur in Italien gilt nach der herrschenden Meinung auf Grund des Art 58 C. comm., 1104 Cod. civile das Recht des Entstehungsortes des Schuldverhältnisses als auch auf die Verpflichtungsfähigkeit anwendbar, soweit nicht (Art 9 EG zum Codice civile) die Parteien der gleichen Nation angehören. Anm. 1.

Im Gebiete des französischen Wechselrechts wird allgemein der Grundsatz des französischen Code civil (Art 3 Abs 3), demzufolge die Franzosen unter den inländischen Gesetzen, welche den Stand und die rechtlichen Fähigkeiten der Person betreffen, stehen, auch wenn sie sich im Auslande aufhalten, zwar in der Theorie als entsprechend anwendbar auf Ausländer, die sich in Frankreich aufhalten, anerkannt, in der Praxis aber von den französischen Gerichten zugunsten der Anwendung des inländischen Rechts vielfach außer acht gelassen, namentlich wenn ein Inländer dadurch Schaden erleiden würde, daß ein Ausländer, der nach französischem Rechte wechselverpflichtungsfähig sein würde, sich auf eine nach den Gesetzen seiner Heimat bestehende Unfähigkeit beruft (Lyon-C. Nr. 628 S. 542; Fälle bei Magnus unter Frankreich (22) Spalte XX Nr. 1). In den Niederlanden gilt nach Art 6 des Gesetzes vom 15. 5. 1829 das Gesetz des Landes, dessen Untertan der Betreffende ist. Auch in Rumänien kommt für Fragen des Personenrechts, und also in Ermangelung einer besonderen Vorschrift auch für die Wechselfähigkeit, nach Art 2 ZGB das Gesetz der Staatsangehörigkeit zur Anwendung. Ebenso in Spanien (Art 9 Cod. civ.; 15 C. comm.). In Brasilien gilt zwar für die allgemeine Geschäftsfähigkeit grundsätzlich das Staatsangehörigkeitsprinzip (EGBGB vom 1916/19); für die Wechselverpflichtungsfähigkeit gilt aber die besondere Bestimmung, daß ein nach brasilianischem Rechte geschäftsfähiger Ausländer durch eine von ihm (im Inlande) abgegebene wechselmäßige Erklärung verpflichtet wird, ohne Rücksicht darauf, ob er nach dem Rechte seines Heimatstaates wechselfähig ist (Art 42 § 1 WO). Im angelsächsischen Rechte, in welchem für die Verpflichtungsfähigkeit im allgemeinen das Recht des Wohnsitzes gilt, wird für die Wechselfähigkeit nicht dieses Recht, sondern das Recht des Anm. 2.

Verpflichtungsortes für maßgebend erachtet (Byles S. 311 Anm 1; Story, Conflict, §103; Daniel §§ 867 ff.; Näheres bei Magnus unter Großbritannien (Tab. 24, Sp. XX) und Ver. Staaten v. Am. (Tab. 66 Sp. XX).

Anm. 3. Das neue tschechoslowakische Wechselgesetz enthält in § 90 eine dem Art 84 DWO entsprechende Bestimmung. Das neue polnische (Art 80) und das neue jugoslawische Gesetz (§ 94) haben die Vorschrift des Art 74 der Haager EWO (vgl. Anhang II Anm 1) übernommen. Nach dem neuen chinesischen Gesetze (Bestimmungen für die Anwendung ausländischen Rechts Art 5) ist für die Wechselfähigkeit das Gesetz der Staatsangehörigkeit maßgebend.

2. Formelle Erfordernisse der Wechselerklärungen (Art 85 DWO).

Anm. 4. Über die formellen Erfordernisse der Wechselerklärungen entscheidet nach allen Gesetzgebungen grundsätzlich der Ort, an dem sie abgegeben sind (locus acti). Das ist teils, wie in der DWO, ausdrücklich ausgesprochen (so in Ungarn § 96, Schweiz Art 823, Skandinavien § 87), teils wird es auf Grund dahingehender Vorschriften über die allgemeine Verpflichtungsfähigkeit im bürgerlichen oder Handelsrecht angenommen (so in Italien auf Grund des Art 58 C. comm., Rumänien Art 2 Abs 3 BGB, Portugal Art 4 Nr. 3 HGB) oder auch ohne ausdrückliche Vorschrift (so im französischen Rechtsgebiete: Lyon-Caën et Ren. Nr. 630, 631), und zwar unter Zugrundelegung des Ortes, wo die Skriptur auf den Wechsel gesetzt ist (vgl. zu Art 85 DWO Anm 4. Die in Art 85 Satz 2 DWO enthaltene Einschränkung des Grundsatzes zugunsten der Gültigkeit von Wechselerklärungen, die im Inlande im Anschlusse an eine frühere Wechselerklärung abgegeben werden, die im Auslande erfolgt ist und den inländischen Gesetzen nicht entspricht, sofern die späteren Erklärungen den inländischen Gesetzen entsprechen, und ebenso die Ausnahme in Satz 3 des Art 85 DWO zugunsten der den inländischen Gesetzen entsprechenden, im Auslande abgegebenen Wechselerklärungen unter Inländern sind auch in den Gesetzen der Schweiz (Art 823 Abs 2, 3), Ungarns (§ 96 Abs 2, 3), Skandinaviens (§ 85) enthalten; in Italien gilt, wenn die Vertragsparteien gleicher Nationalität sind, ihr Heimatsrecht (Art 9 EinfGes z. Cod. civile). In Rußland enthält das neue Gesetz der Sowjetunion von 1922 nicht wie das frühere (§ 83) eine Vorschrift über das auf die Form der Wechselobligationen anzuwendende Recht; nach Magnus (Tab. 53 Sp. XX, ohne Quellenangabe) soll in Rußland dafür der Ort des Akzeptes, bei „Solawechseln" (gemeint sind wohl eigene Wechsel) des Ausstellungsortes gelten, wobei vielleicht nur an die Verpflichtung des Akzeptanten bzw. des Ausstellers des eigenen Wechsels gedacht ist.

Anm. 5. Für das englische Recht ist in BEA 72[1] bestimmt, daß die Gültigkeit eines Wechsels, der in einem Lande gezogen, in einem anderen begeben, akzeptiert oder zahlbar ist, bezüglich der formellen Erfordernisse sich nach den Gesetzen des Begebungsortes, und die Gültigkeit der späteren „Verträge", d. h. vertragsmäßigen Wechselerklärungen, als welche die Annahme, das Indossament, die Ehrenannahme beispielsweise aufgeführt sind (auch die Wechselbürgschaft wird dazu gehören), bezüglich der formellen Erfordernisse sich nach den Gesetzen bestimmen, wo der betreffende „Vertrag" geschlossen ist. Dort ist also ausdrücklich nicht der Skripturort, sondern der Begebungsort für maßgebend erklärt. Ausnahmen werden gemacht, die dahin gehen, daß die Nichtstempelung des Wechsels, die nach Maßgabe der Gesetze des Begebungsorts seine Ungültigkeit bewirken würde, für sich allein eine Ungültigkeit nicht bewirken soll, und daß ein außerhalb Englands begebener Wechsel, der den Formerfordernissen des inländischen Gesetzes entspricht, hinsichtlich der Erzwingung der Zahlung zwischen allen denjenigen als gültig behandelt werden soll, welche ihn innerhalb Englands begeben, besitzen oder überhaupt in den Wechselverband dieses Wechsels treten (dem Sinne nach im wesentlichen dem Art 85 Satz 2 DWO entsprechend). In den Vereinigten Staaten von Amerika gelten im wesentlichen entsprechende Vorschriften (NIL § 46).

Anm. 6. Das neue tschechoslowakische Gesetz enthält in § 91 die gleichen Bestimmungen wie Art 85 DWO. Das polnische (Artt 81, 83) und das jugoslawische Gesetz (§ 95) haben den Grundsatz der Haager EWO (Art 75), wonach die Form einer wechselrechtlichen Verpflichtung durch die Gesetze des Staates bestimmt wird, in welchem diese Verpflichtung unterschrieben ist (vgl. den Anhang II Anm 1), übernommen, jedoch mit Einschränkungen, die dem Art 85 Satz 2, 3 DWO dem Sinne nach entsprechen.

Anm. 7. 3. Form der zur Ausübung oder Erhaltung der Wechselrechte vorgeschriebenen Handlungen (Art 86 DWO).

Ausdrückliche Vorschriften im Sinne des Art 86 DWO enthalten die meisten Gesetze der deutsch-rechtlichen Gruppe: Schweiz Art 824, Bulgarien 629, Ungarn § 97, Skandinavien § 86, Italien Art 58, Portugal Art 4. Auch wo solche Vorschriften nicht bestehen, gilt aber für diese Handlungen das Prinzip: „locus regit actum"; vgl. für Frankreich und das französische Rechtsgebiet Lyon-Caën et Ren. Nr. 655, wo zu den Formen auch die Fristen gerechnet werden (vgl. für das deutsche Recht zu Art 86 Anm 6a). Für England ist in Abschn 72 Abs 3 BEA bestimmt, daß die Pflichten des Inhabers bezüglich der Präsentation zur Annahme oder Zahlung, sowie bezüglich der Notwendigkeit oder des Genügens eines Protestes oder einer Benachrichtigung von einer Dishonorierung oder bezüglich anderweitiger Vorgänge sich nach den Gesetzen des Ortes bestimmen, wo die betreffende Handlung stattfindet oder der Wechsel dishonoriert wird. Die

Vorschrift bezieht sich also sowohl auf die formellen Erfordernisse der bezeichneten Handlungen (Protest, Notifikation), wie auf die Frage, ob und welche Handlungen erforderlich sind oder genügen; nicht ganz klar ist angesichts der Schlußworte, ob sie besagen will, daß für die letztere Frage nicht der Ort der Vornahme der Handlung, sondern der Ort, wo der Wechsel dishonoriert wird, also der Erfüllungsort der Hauptverpflichtung maßgebend ist, was den sonst geltenden Grundsätzen mehr entsprechen würde, als die Maßgeblichkeit des locus acti auch für sie, der freilich in der Regel mit dem Orte, wo der Wechsel dishonoriert ist, zusammenfallen wird. Im angloamerikanischen Rechte gelten die gleichen Grundsätze (Daniel §§ 908ff.).

Das neue tschechoslowakische Gesetz bestimmt in § 93, daß über die „Erfordernisse" der im Auslande zur Ausübung oder Erhaltung des Wechselrechts vorzunehmenden Handlungen das dort geltende Recht entscheidet. Die Abweichung der Fassung von dem deutschen (ungarischen) Gesetze wird damit begründet, daß dadurch auch die Erfordernisse des Ortes und der Zeit einbegriffen werden sollten, so daß eine sachliche Abweichung von dem Art 86 DWO nicht vorliegen würde (Motive bei Rouček, Prager Archiv 1928 S. 124; vgl. zu Art 86 DWO Anm 6a). Die neuen Gesetze von Polen (Art 82) und Jugoslawien (§ 96) haben die entsprechende Vorschrift der Haager EWO (Art 76) — vgl. Anhang II Anm 1 — übernommen. **Anm. 8.**

4. Materiellrechtliche Wirkungen der Wechselerklärungen. **Anm. 9.**

Vgl. für Deutschland den Zusatz zu den Artt 84—86 DWO. Über sie bestehen positive Kollisionsnormen nur in wenigen ausländischen Gesetzgebungen und sowohl in den Ländern dieser Gesetzgebungen wie in denjenigen, wo solche Vorschriften nicht bestehen, ist die Materie außerordentlich bestritten und die Rechtsprechung höchst unsicher. Für Brasilien ist in Art 47 WO bestimmt, daß der Inhalt und die Wirkung einer wechselrechtlichen Verpflichtung sich nach dem Rechte des Ortes, wo sie auf den Wechsel gesetzt (gezeichnet) ist, richten. Für Italien ist durch Art 58 Codice commerciale in Verbindung mit Art 9 Abs 2 der dem Cod. civ. vorangestellten allgemeinen Vorschriften über die Gesetze das Gesetz des Ortes, wo die Obligationen „ausgegeben werden" (si emettono), als maßgebend auch für den Inhalt (la sostanza) und die Wirkungen der Wechselverpflichtungen bestimmt, und zwar nach herrschender Ansicht für diese mit zwingender Wirkung für die Parteien (vgl. Raiser S. 25 und das dort bei Fußnote 2 angeführte italienische Schrifttum); jedoch mit Ausnahme des Falles, daß die Kontrahenten Ausländer sind und der gleichen Nation angehören, in welchem die Gesetze ihres gemeinsamen Heimatrechts entscheiden. Auf Grund dieser Bestimmungen hat die Rechtsprechung die Haftung des Indossanten und die des Akzeptanten, sowie des Ausstellers eines eigenen Wechsels für jeden der lex loci seines Aktes unterstellt, und zwar für die letzteren auch, wenn der Wechsel einen anderen Zahlungsort hat als denjenigen, an dem er akzeptiert oder als eigener ausgestellt ist; vgl. die bei Raiser S. 25 Note 4, 5 angeführten Entscheidungen; in anderen Entscheidungen (ebenda S. 26 Note 1, 2) wird daneben auch darauf Wert gelegt, daß die Verpflichtung in Italien zu erfüllen war oder vollstreckt werden sollte.

Im französischen Rechtsgebiete, wo keine ausdrücklichen Vorschriften bestehen, wird in der neueren Rechtslehre und Rechtsprechung gleichfalls grundsätzlich das Gesetz des Ortes, wo die einzelne Verpflichtung übernommen worden ist, als maßgebend angesehen, während früher der Zahlungsort des Wechsels als einheitlicher Anknüpfungspunkt für alle Wechselverpflichtungen bevorzugt wurde (Lyon-Caën et Ren. Nr. 642). Darüber, welcher Ort als Ort der Übernahme zu gelten hat, vgl. oben Anm 4. Von einigen Schriftstellern wird bei gleicher Nationalität oder auch nur gleichem Domizil aller Vertragschließenden, wie im italienischen Recht (vgl. oben), an das gemeinsame Heimatgesetz bzw. Domizilgesetz angeknüpft (Lyon-Caën et Ren. 642 Note 2). Für die Frage der Übertragung der Provision (vgl. darüber Anhang I zu Unterabschn III Anm 9) wird jedoch das Recht des Landes, in dem der Titel geschaffen (also der Wechsel ausgestellt ist) als einheitlicher Anknüpfungspunkt für alle Wechselverpflichtungen angesehen (Lyon-Caën et Ren. 644). Auch wird, um zu verhüten, daß ein Indossant seinem Nachmanne weitergehend haftet, als er gegen seinen Vormann Regreß nehmen kann, von manchen der Grundsatz aufgestellt, daß die Wirkungen der späteren Wechselverpflichtungserklärungen nicht weitergehen können, als die Wirkungen, die aus der ursprünglichen Schaffung des Titels abzuleiten sind (Vorschlag des Institut de droit international); doch wird vorwiegend angenommen, daß dieser Grundsatz keine genügende Grundlage im geltenden Rechte habe (Lyon-Caën et Ren. 647). **Anm. 10.**

Für England bestimmt Abschn 72² BEA, daß sich die Auslegung, Indossierung, Annahme oder Ehrenannahme eines Wechsels, vorbehaltlich der anderweitigen Bestimmungen dieses Gesetzes, nach den Gesetzen des Ortes richtet, wo der betreffende Vertrag geschlossen wird (where such contract is made), nur mit der Einschränkung, daß, wenn ein Inlandswechsel im Ausland indossiert wird, die Auslegung des Indossaments nach den englischen Gesetzen erfolgen soll. Es ist sonach die lex loci actûs als lex contractus der einzelnen Wechselobligation als maßgebend anerkannt, entsprechend dem Grundsatz der Unabhängigkeit der Wechselobligationen voneinander. Diese gesetzliche Vorschrift steht allerdings, wie in England anerkannt wird, nicht völlig im Einklange mit der Entwicklung der englischen Rechtsprechung, die bis zum Erlaß des Wechselgesetzes die Hauptquelle des Wechselrechts war und im englischen Rechte überhaupt als besondere Rechtsquelle von großer Bedeutung ist. Vgl. die interessante Darstellung dieser Entwicklung **Anm. 11.**

bei Raiser a. a. O. S. 26ff. Danach hat sie ihren Ausgangspunkt genommen von dem durch Lord Mansfield als Richter in dem Rechtsstreite Robinson v. Bland aufgestellten Rechtssatze, daß Verträge, bei denen das zugrunde liegende Rechtsverhältnis „örtlich auf England Bezug habe", nach englischem Rechte zu beurteilen seien, weil die Absicht der Parteien nicht dahin gehen könne, das Gesetz des loci actus zugrunde zu legen, wenn sie den Vertrag mit besonderem Hinblick auf das Gesetz eines anderen Landes als Regel, die ihn beherrschen soll, abschließen. Es ist sonach entscheidender Wert auf den Parteiwillen gelegt, der die lex loci actus ausschließe. Später wurde im Anschluß an diesen und andere Rechtssprüche von Story in seinen Commentaries on the conflict of laws zwar grundsätzlich die lex loci actus als maßgebend für die Natur, die Verbindlichkeit und die Auslegung der Wechselverpflichtung hingestellt, doch nur unter der Voraussetzung, daß der Vertrag an dem gleichen Orte zu erfüllen ist, während, wenn der Ort des tatsächlichen Vertragsabschlusses und der, an dem die Erfüllung zu erfolgen hat, sich nicht decken, der Erfüllungsort maßgebend sein soll, was durch das Rechtssprichwort begründet wird, daß jeder so angesehen wird, als habe er „an dem Orte kontrahiert, an dem er zu erfüllen sich verpflichtet hat". Unter Wahrung des Grundsatzes der Unabhängigkeit der einzelnen Wechselobligationen folgerte Story daraus, daß Aussteller und Indossanten nach dem Rechte der Ausstellung bzw. Indossierung, als der lex loci actus, haften, da sie nicht an dem Zahlungsorte des Wechsels, sondern an dem Orte, an dem jeder von ihnen in den Vertrag eintritt, zu zahlen versprechen, während für den Akzeptanten und den Aussteller eines eigenen Wechsels das Recht des Zahlungsortes des Wechsels maßgebend sein soll. Spätere Entscheidungen haben an der Berücksichtigung des Erfüllungsortes festgehalten, ohne aber immer die Unterscheidung zwischen dem Zahlungsorte des Wechsels und dem Erfüllungsorte der einzelnen Verpflichtungen zu berücksichtigen. Ob unter der Herrschaft des BEA an der Berücksichtigung des Erfüllungsortes noch festgehalten werden kann, ist in der Rechtslehre bestritten; Entscheidungen über diese Fragen sind seitdem nicht bekannt geworden. Die Unabhängigkeit der Wechselverpflichtungen voneinander ist durch Art 72 Abs 5 BEA insofern eingeschränkt, als danach die Fälligkeit der Regreßverpflichtungen sich nach dem Rechte des Ortes der Hauptverpflichtung richtet, was übrigens auch in der deutschen Rechtsprechung angenommen wird (vgl. Zusatz zu Artt 84—86 DWO Anm 2). Über das Recht, das darüber entscheidet, ob und welche Handlungen zur Wahrung oder Ausübung der Wechselrechte erforderlich und genügend sind (Abschn 72 Abs 3 BEA), vgl. oben Anm 7 dieses Anhanges. — Die Verjährung wird in England als ein rein prozeßrechtliches Institut behandelt. Daher kommt auf sie ausschließlich inländisches Recht zur Anwendung.

Anm. 12. Im Rechte der Vereinigten Staaten von Amerika findet sich eine besonders große Fülle von Entscheidungen über Kollisionsfälle, welche die materiell-rechtlichen Wirkungen der Wechselverpflichtungen betreffen, was sich daraus erklärt, daß das gemeinsame Gesetz über die Negotiable Instruments in den einzelnen Staaten der Union erst nach und nach zur Einführung gelangt ist und bis dahin Konflikte zwischen den Gesetzen der einzelnen Staaten der Union besonders häufig vorkamen. Positive Vorschriften über diese Materie bestehen in den Vereinigten Staaten nicht. Die Rechtsprechung, die sie betrifft, wird von amerikanischen Schriftstellern selbst als „verwirrt", „miteinander unvereinbar", „in hoffnungsloser Verwirrung" bezeichnet und dieses Urteil von Raiser (a. a. O. S. 34ff.) auf Grund ihrer eingehenden Darstellung durch ihn im wesentlichen bestätigt. Im allgemeinen wird dabei an die von Lord Mansfield im Rechtsstreite Robinson v. Bland und später von Story (vgl. oben für England Anm 11) vertretenen Grundsätze angeknüpft, welche das Gesetz des locus actus mit dem des Erfüllungsortes unter Zuhilfenahme des Parteiwillens zu verknüpfen suchen. Auf diesen Grundlagen wird die lex loci actus als maßgebend angesehen, sofern nicht der Parteiwille auf einen Ort als Erfüllungsort hinweist, der in diesem Falle entscheidet. Für die Verpflichtungen des Ausstellers und der Indossanten wird in der Regel der Ort ihrer Wechselerklärung als der ihrem Willen entsprechende Erfüllungsort angesehen; als Erklärungsort gilt jedoch nicht der Ort der Ausstellung der Erklärung, sondern der Ort ihrer Begebung (delivery), die mit der Aufgabe zur Post als bewirkt gilt; doch wird eine Vermutung, daß die Begebung am Ausstellungsorte erfolgt ist, als begründet angesehen, gegen die vielfach zur Aufrechterhaltung der Erklärung ein Gegenbeweis nicht zugelassen wird, unter Berufung auf den Parteiwillen. Für die Verpflichtungen des Akzeptanten und des Ausstellers eines Eigenwechsels (promissory note) ist dagegen in der Regel der Zahlungsort des Wechsels Erfüllungsort und als solcher für das anzuwendende Recht maßgebend, auch wenn die die Verpflichtung begründende Handlung an einem anderen Ort stattgefunden hat. Abweichend vom englischen Recht (vgl. oben) wird die Frage der Notwendigkeit von Handlungen zur Erhaltung der Wechselrechte (Präsentation, Protest, Notifikation) nicht nach dem Zahlungsorte des Wechsels, sondern nach dem Orte jeder einzelnen Wechselobligation entschieden; doch wird die „sufficiency" der Notifikation (die Frage, ob sie genügt) vielfach zu ihrer Form gerechnet und deshalb nach der lex loci actus behandelt. Über die Grenzen, innerhalb deren der Parteiwille zu berücksichtigen ist, gehen die Meinungen weit auseinander.

II. Künftiges einheitliches Wechselrecht.

1. Die **Haager EWO** enthielt in Kapitel XIII unter der Überschrift „Des conflits de lois" drei Artikel (Artt 74—76) mit nachstehendem Inhalt: **Anm. 1.**

a) Art 74 HEWO:

„Die Fähigkeit einer Person, sich durch Wechselbrief zu verpflichten, wird durch ihr nationales Gesetz bestimmt. Wenn dieses nationale Gesetz das Gesetz eines anderen Staates für zuständig erklärt, wird dieses Gesetz angewendet.

Die Person, die nach dem in dem vorhergehenden Absatze bezeichneten Gesetze unfähig sein würde, ist nichtsdestoweniger gültig verhaftet, wenn sie sich auf dem Territorium eines Staates verpflichtet hat, nach dessen Gesetzgebung sie fähig gewesen wäre."

b) Art 75 HEWO:

„Die Form einer in Wechselbriefsachen übernommenen Verpflichtung wird durch die Gesetze des Staates geregelt, auf dessen Gebiete die Verpflichtung unterschrieben worden ist."

c) Art 76 HEWO:

„Die Form und die Fristen des Protestes sowie die Form der anderen Akte, die zur Ausübung oder zur Erhaltung der Rechte in Wechselbriefsachen notwendig sind, werden durch die Gesetze des Staates geregelt, auf dessen Gebiete der Protest errichtet oder der in Frage stehende Akt vorgenommen werden muß."

Das **Haager Abkommen** enthielt dazu folgende Vorbehalte für die Vertragsstaaten: **Anm. 2.**

d) Art 18 Haager Abkommen:

„Jeder vertragschließende Staat hat die Befugnis, die Gültigkeit der Verpflichtung nicht anzuerkennen, welche in Wechselbriefsachen von einem seiner Staatsangehörigen übernommen ist und auf dem Gebiete der anderen Vertragsstaaten nur in Anwendung des Art 74 Abs 2 der Wechselordnung für gültig gehalten werden würde."

e) Art 20 Haager Abkommen:

„Die vertragschließenden Staaten behalten sich die Befugnis vor, die durch das gegenwärtige Abkommen oder durch die Wechselordnung anerkannten Grundsätze des internationalen Privatrechts insoweit nicht anzuwenden, als es sich handelt:

1. um eine Verpflichtung, welche außerhalb der Gebiete der vertragschließenden Staaten übernommen ist;
2. um ein Gesetz, das nach diesen Grundsätzen anwendbar sein würde und das nicht das Gesetz eines der vertragschließenden Staaten ist."

Erläuterungen.

1. Die Vorschriften der Artt 74—76 HEWO entsprachen inhaltlich in der Hauptsache den Vorschriften der DWO über die Anwendung ausländischer Gesetze (Artt 84—86 DWO). Für die Wechselverpflichtungsfähigkeit war in Art 74, wie im deutschen Rechte (Art 84), grundsätzlich das Gesetz der Staatsangehörigkeit als maßgebend erklärt, unter ausdrücklicher Einbeziehung einer in diesem Gesetze etwa enthaltenen Weiterverweisung auf ein anderes Gesetz, also auch der Rückverweisung auf das inländische Gesetz; wie im deutschen Gesetze war es für im Inlande übernommene Verpflichtungen als genügend erklärt, daß der Ausländer, der sie übernommen hat, nach den Gesetzen des Inlandes wechselverpflichtungsfähig sein würde (Abs 2 des Art 74). Die Form der Wechselverpflichtungserklärungen war in Art 75, entsprechend Art 85 DWO, ausnahmslos der lex loci actus unterstellt, und zwar, wie im deutschen Gesetze, des Ortes der Schreibhandlung (Skriptur), nicht, wie im englischen Rechte, des Ortes der Begebung; es fehlten die in Art 85 Satz 2, 3 DWO zugelassenen Ausnahmen hinsichtlich der Gültigkeit späterer inländischer Wechselerklärungen ungeachtet der Ungültigkeit früherer ausländischer Wechselerklärungen auf dem gleichen Wechsel und hinsichtlich der Wechselerklärungen zwischen Inländern (vgl. zu Art 85 DWO Anm 5—8). Auch die zur Ausübung und Erhaltung der Wechselrechte vorgeschriebenen Handlungen sind, gleichfalls entsprechend dem deutschen Gesetze (Art 86), der lex loci actus unterstellt und zwar hinsichtlich ihrer Form, sowie (wie hier ausdrücklich hinzugefügt ist) auch hinsichtlich der Fristen, innerhalb deren sie vorgenommen werden müssen. Hinsichtlich der materiell-rechtlichen Voraussetzungen und Wirkungen der Wechselerklärungen und der Frage, ob und welche Wechselhandlungen notwendig sind, enthielt die Haager EWO keine Kollisionsnormen. **Anm. 3.**

2. Das **Expertenkomitee des Völkerbundes** schlug vor, die Bestimmungen über Gesetzeskonflikte aus der EWO herauszunehmen und sie durch ein besonderes Abkommen zu ersetzen, **Anm. 4.**

hauptsächlich in der Absicht, auch solchen Staaten, welche die EWO nicht annehmen würden, die Möglichkeit zu geben, sich wenigstens den Vorschriften auf dem Gebiete des internationalen Privatrechts anzuschließen. Die Experten arbeiteten zu diesem Zwecke den Entwurf eines solchen Abkommens aus, in welchem das internationale Privatrecht in erheblich weiterem Umfange geregelt ist, wie in der Haager EWO. Die **Genfer Konferenz** schloß sich diesem Vorgehen an und nahm den Entwurf einer aus 20 Artikeln bestehenden

> **„Convention destinée à régler certains conflits de lois en matière de lettres de change et de billets à ordre"**

an, welche die Materie noch in weiterem Umfange regelt, als es der Entwurf der Experten getan hatte. Die Convention ist im Compte rendu der Konferenz S. 64ff. veröffentlicht und als **Anlage G 5** zu diesem Buche abgedruckt. Aus dem Inhalte ist folgendes hervorzuheben:

Anm. 5. **a)** Die Bestimmungen über die Wechselfähigkeit (Art 2), über die Form der wechselrechtlichen Verpflichtungen (Art 3) und über die Formen und Fristen der Wechselhandlungen (Art 8) entsprechen im wesentlichen den in den Artt 74—76 enthaltenen Vorschriften der Haager EWO. Doch finden sich im einzelnen folgende Abänderungen bzw. Ergänzungen:

Anm. 6. α) Hinsichtlich der Wechselfähigkeit wurde der in Art 18 des Haager Abkommens zu Art 74 Haager EWO enthaltene Vorbehalt für die Vertragsstaaten als Abs 3 von Art 2 in das Genfer Abkommen aufgenommen, inhaltlich dessen keiner von ihnen die Gültigkeit einer durch einen seiner Staatsangehörigen übernommenen Verbindlichkeit anzuerkennen braucht, die lediglich auf Grund der Vorschrift des Abs 2 des Artikels (entsprechend dem Abs 2 des Art 74 des Haager Abkommens, vgl. oben zu 1) in dem Gebiet der anderen Staaten für gültig gehalten wird. Die Annahme dieses Vorbehalts erfolgte gegen eine sehr starke Opposition, die der Ansicht war, daß er der Zirkulation des Wechsels „jede Sicherheit nehmen und als Ermutigung zu Handlungen bösen Glaubens dienen" würde. Dieser Opposition wurde entgegengehalten, daß die Vertragsstaaten ja von dem Vorbehalte nur gegenüber ihren eigenen Staatsangehörigen Gebrauch machen könnten und daß der Vorbehalt nur in dem Gebiete des Staates Wirkung äußere, der von ihm Gebrauch mache (Bericht Nr. 191, 192, Compte rendu S. 155). Vgl. über die gleiche Frage im deutschen Recht zu Art 84 Anm 6.

Anm. 7. β) Hinsichtlich der Form der Wechselerklärungen wurde in Art 3 Abs 2 eine dem Art 85 Satz 2 DWO entsprechende Bestimmung hinzugefügt, welche die Gültigkeit späterer im Inlande auf einen Wechsel gesetzter Wechselerklärungen, die der Form der lex loci actus entsprechen, ungeachtet der Ungültigkeit früherer auf dem gleichen Wechsel befindlicher Wechselerklärungen, sicherstellt. Ferner wurde zu diesem Artikel in Abs 3 ein Vorbehalt eingefügt, der jedem Vertragsstaat gestattet vorzuschreiben, daß auf seinem Territorium die von einem seiner Staatsangehörigen im Auslande übernommenen Verpflichtungen, die den Formen seines nationalen Gesetzes entsprechen, im Verhältnis zu einem anderen seiner Staatsangehörigen gültig sein sollen (entsprechend dem Art 85 Satz 3 DWO).

Anm. 8. **b)** Das Abkommen enthält auch Vorschriften über die materiellrechtlichen Wirkungen der Wechselverpflichtungserklärungen. Und zwar ist für die Wirkungen der Wechselverpflichtungserklärung des Akzeptanten eines Wechselbriefes und des Ausstellers eines billet à ordre das Gesetz des Zahlungsortes des Titels für maßgebend erklärt; für die Wirkungen der Verpflichtungserklärungen der übrigen Wechselverpflichteten das Gesetz des Landes, auf dessen Territorium die „Zeichnungen gegeben worden sind" („der Skripturakt erfolgt ist"; Art 4). Doch werden die Fristen für die Ausübung der Regreßklage für alle Wechselzeichner gleichheitlich durch das Gesetz des Ortes der Schaffung des Titels (der Ausstellung des Wechsels) geregelt (Art 5). Dieses Gesetz bestimmt auch, ob der Inhaber eines Wechsels die Forderung, die den Anlaß zur Schaffung des Titels gegeben hat, die sog. Provision, miterwirbt (Art 6). Das gleiche Gesetz regelt die Fragen der Zulässigkeit eines Teilakzepts und die Verpflichtung des Inhabers zur Annahme von Teilzahlungen (Art 7). Ferner die im Falle des Diebstahls oder Verlustes zu treffenden Maßnahmen (Amortisationsverfahren, Art 9).

Anm. 9. **c)** Schließlich wurde noch der in Art 20 des Haager Abkommens enthaltene Vorbehalt (vgl. oben Anm 2), der die Vertragsstaaten ermächtigt, die Bestimmungen des Abkommens über das internationale Privatrecht nicht anzuwenden, wenn es sich um außerhalb des Gebietes eines der Vertragsstaaten übernommene Verpflichtungen oder um die Anwendung von Gesetzen handelt, die nicht in einem der Vertragsstaaten gelten, als Art 10 in das Genfer Abkommen aufgenommen. Es wird dadurch dem Umstande Rechnung getragen, daß im Verhältnis zu außerhalb des Abkommens stehenden Staaten keine Gegenseitigkeit für die Anwendung dieser Grundsätze verbürgt ist.

Anm. 10. **d)** Die übrigen Artikel (11—20) des Abkommens enthalten Übergangsvorschriften und Vorschriften über die Fristen zur Unterzeichnung und Ratifikation sowie zum Beitritt, über das Inkrafttreten, die Kündigung usw.

XVI. Protest.

Vorbemerkungen.

1. Der Abschnitt XVI der WO bringt in den Artikeln 87—90 die formalen Vorschriften über **Anm. 1.**
den **Protest,** und zwar bestimmt Art 87, welche Personen zur Aufnahme der Proteste berufen sind; Art 88 bestimmt über den Inhalt der Protesturkunden; Artt 88 a, b, 89 über ihre Form; Art 90 Abs 1 über ihre Berichtigung; Art 90 Abs 2 über die von den Protesturkunden zurückzubehaltenden Abschriften und die über den Inhalt des Wechsels aufzunehmenden Vermerke. Die Vorschriften darüber, in welchen Fällen Proteste aufzunehmen sind, über die Wirkungen der aufgenommenen Proteste und die Folgen ihrer Unterlassung sind aus den sonstigen Bestimmungen der WO zu entnehmen.

2. Eine **Begriffsbestimmung des Protestes** enthält die WO nicht. Sie muß daher aus der **Anm. 2.**
Gesamtheit ihrer Vorschriften über den Protest entnommen werden. Danach ist Protest die durch eine dazu berufene Urkundsperson in vorgeschriebener Form erfolgende Feststellung, daß eine gemäß den Vorschriften der WO erfolgte Aufforderung zu einer wechselrechtlichen Leistung oder Handlung ohne Erfolg geblieben, wodurch der normale Lauf des Wechsels gehemmt und die Erfüllung seines Zwecks (seine Honorierung) gefährdet, der Wechsel somit „dishonoriert" ist. Die Aufforderung erfolgt in der Regel, aber nicht bei allen Arten des Protestes, unter Präsentation des Wechsels. Der Zweck der Proteste ist, für die aus der Nichtvornahme der geforderten Leistung oder Handlung durch den Aufgeforderten Dritten gegenüber entstehenden Regreßansprüche die formelle Grundlage zu schaffen.

In der geschichtlichen Entwicklung des Wechsels wurde in älteren Zeiten die Weigerung des **Anm. 3.**
Bezogenen, den Wechsel zu honorieren, von dem Bezogenen selbst auf dem Rücken des Wechsels vermerkt; da diese Art der Feststellung aber den Bedürfnissen des Wechselverkehrs nicht genügte, kam schon frühzeitig die Errichtung von notariellen Urkunden über die erfolgte Präsentation in Anwendung. Hierbei wurde ursprünglich in der Weise verfahren, daß der Wechselinhaber selbst unter Zuziehung eines Notars und zweier Zeugen den Wechsel dem Bezogenen zur Zahlung präsentierte und der Notar darüber eine Urkunde aufnahm. Später wurde dem Notar auch die Vornahme der Präsentation selbst übertragen, ohne daß der Inhaber dabei tätig wurde. Seitdem entwickelte sich der Grundsatz, daß die Präsentation des Wechsels und deren Erfolglosigkeit ausschließlich durch eine notarielle oder gerichtliche Protesturkunde dargetan werden könne. Dieser Grundsatz wurde in den neueren Wechselgesetzgebungen anerkannt und liegt auch den Vorschriften der DWO zugrunde. Vgl. über die geschichtliche Entwicklung des Protestinstitutes ROHG 19, 148 ff. und die dort angeführten Verordnungen und Urkunden. Der Protest ist daher im jetzigen Rechte nicht mehr bloßes Beweismittel, sondern Voraussetzung für die Ausübung der Regreßansprüche; er kann in dieser Funktion durch andere Beweismittel nicht ersetzt oder ergänzt werden (ROHG a. a. O.; vgl. zu Art 41 Anm 6 und zu Art 88 Anm 14).

3. Je nach der Verschiedenheit der im Wechselumlaufe zu machenden Leistungen und Hand- **Anm. 4.**
lungen, zu denen aufzufordern ist, gibt es **verschiedene Arten** von Protesten, nämlich

a) den Protest wegen vergeblicher Präsentation des Wechsels zur Annahme, Protest mangels Annahme, Artt 18 ff., 24 Abs 2, 56, 58, 69 Nr. 2;

b) den Protest mangels Sicherheitsleistung durch den unsicher gewordenen Akzeptanten (Art 29);

c) den Protest mangels Datierung des Akzepts bei Nach-Sicht-Wechseln (Art 20);

d) den Protest mangels Auslieferung des Akzeptexemplars an den Inhaber des Duplikats oder des Originalwechsels an den Inhaber einer Kopie (Artt 69 Nr. 1, 72);

e) den Protest mangels Zahlung (Artt 41 ff., 60, 62, 69 Nr. 2). Dies ist die wichtigste und häufigste Art der Proteste;

f) den sog. Kontraprotest im Falle der Intervention, der aber in Wirklichkeit keine selbständige Art des Protestes darstellt; vgl. zu Art 62 Anm 3.

4. Der weitgetriebene Formalismus, der wegen der damit verbundenen Nichtigkeiten die Sicher- **Anm. 5.**
heit des Wechselverkehrs mehr gefährdete, als beförderte, sowie die Kostspieligkeit der Protestaufnahme, namentlich durch die früher hauptsächlich damit beauftragten Notare, hatten, wie in anderen Ländern (vgl. den Anhang I zu diesem Unterabschnitte), so auch in Deutschland schon seit längerer Zeit Klagen der beteiligten Verkehrskreise hervorgerufen und schließlich zu einer lebhaften Bewegung für die Erleichterung oder sogar die gänzliche Abschaffung des Protestes geführt, die im Schrifttum zum Ausdruck kam. Vgl. besonders Makower bei Goldschmidt 41, 361; Leist, Der Wechselprotest und seine Reform, 1899; W. Bernstein, Die Revision der Wechselordnung, 1900; ferner J. Stranz, Ein Protest gegen den Wechselprotest (in der Festgabe für Koch, 1903); Bernstein, Zeitschrift des deutschen Notarvereins IV 298 ff. und 309 ff. und Veröffentlichungen des Berliner Anwaltvereins 1907 Heft 22; Dritter deutscher Notarstag (ebendort S. 515 ff.); G. Cohn, Der Kampf um den Wechselprotest, im BankA 1905 Nr. 8 ff. Diese Bewegung führte zur Ausarbeitung und Veröffentlichung eines vorläufigen Entwurfs zu einem Erleichterungsgesetze durch das Reichsjustizamt im Jahre 1906 (vgl. über diesen Entwurf J. Stranz in DJZ 1906 Sp. 985) und zur Vorlegung eines Gesetzentwurfs an den Reichstag im November 1907 (Reichs-

tagsdrucksachen 1906/08 Nr. 471) sowie schließlich zum Erlaß des Protesterleichterungsgesetzes v. 30. 5. 1908 (RGBl S. 321) — abgedruckt als Anlage A 1 zu diesem Buche —, das am 1. 10. 1908 in Kraft trat. Dieses Gesetz brachte nicht die von manchen Seiten geforderte Abschaffung des Protestes, die in der Begründung als eine Gefährdung für die Sicherheit des Wechselverkehrs, insbesondere für die glatte und schnelle Durchführung des Regresses, abgelehnt wurde, während StStranz (Einleitung zu Art 87 unter c) zutreffender gerade in den durch die Formalien des Protestes begründeten häufigen Nichtigkeiten eine solche Gefährdung erblicken. Auch eine durchgreifende Reform hat das Gesetz nicht gebracht, sondern sich mit einer Erweiterung des Kreises der Protestbeamten durch Zulassung des Postprotestes (in Art 87) und mit einigen kleineren Formerleichterungen begnügt.

Anm. 6. **5.** In Österreich gelten die Vorschriften des Unterabschnittes XV noch in ihrer alten Fassung. Im Nachfolgenden sind bei der Wiedergabe des Textes die durch die Protestnovelle hinzugekommenen Sätze und Worte, die sonach in Österreich nicht gelten, durch gesperrten Druck hervorgehoben; soweit sonstige Abänderungen eingetreten sind, ist die frühere, jetzt noch in Österreich geltende Fassung besonders abgedruckt.

Artikel 87.

Jeder Protest muß durch einen Notar oder einen Gerichtsbeamten oder einen Postbeamten aufgenommen werden. Der Zuziehung von Zeugen oder eines Protokollführers bedarf es dabei nicht.

Den Postbeamten stehen solche Personen gleich, denen von der Postverwaltung die Aufnahme von Protesten übertragen ist.

Anm. 1. **1.** Die frühere Fassung des Artikels ist durch § 1 des Protesterleichterungsgesetzes vom 30. 5. 1908 (vgl. Vorbem 4) in der Weise geändert worden, daß die Worte: „oder einen Postbeamten" hinzugefügt wurden. Der Absatz 2 des Artikels ist durch das Gesetz vom 18. 12. 1926 (RGBl I 506) — abgedruckt als Anlage A 6 zu diesem Buche — hinzugefügt worden.

Anm. 2. **2.** Artikel 87 bestimmt, **welche Personenkategorien** mit öffentlichem Charakter Proteste gültig aufnehmen können. Zwar drückt das Gesetz das nur negativ aus, indem es vorschreibt, daß jeder Protest durch eine Person aufgenommen werden muß, die einer der dort genannten Kategorien: **Notare, Gerichtsbeamte, Postbeamte,** angehört. Dadurch ist zunächst eine ausschließliche sachliche Zuständigkeit dieser Personen begründet. Proteste, die von anderen Personen, etwa auf Grund landesgesetzlicher Bestimmungen aufgenommen wären, z. B. Proteste der Gemeindevorsteher, würden ungültig sein. Aber auch positiv muß es als im Sinne des Gesetzes liegend angesehen werden, daß durch die Vorschrift eine sachliche Zuständigkeit aller zu einer dieser Kategorien gehörigen Personen zur Aufnahme von Wechselprotesten begründet wird und daß die von einer solchen Person aufgenommenen Proteste wechselrechtlich gültig sind, auch wenn etwa durch landesgesetzliche Vorschriften oder Verwaltungsbestimmungen (Dienstanweisungen) innerhalb dieser Kategorien nur einzelne Untergruppen zur Aufnahme von Protesten bestimmt sind; vgl. unten Anm 4 a. Denn die Wechselordnung hat die formalen Erfordernisse für die Gültigkeit der Protesturkunden selbständig geordnet und verlangt zur Gültigkeit lediglich, daß der Protest von einem Notar usw. aufgenommen ist; in ihr nicht vorgesehene Nichtigkeitsgründe können aber durch landesgesetzliche Vorschriften nicht in sie hineingetragen werden. Die reichsgesetzlichen Vorschriften des Gesetzes über die Angelegenheiten der freiwilligen Gerichtsbarkeit für gerichtliche und notarielle Urkunden, Abschnitt 10, betreffen — abgesehen von der hier nicht in Betracht kommenden Beglaubigung von Urkunden — lediglich die gerichtliche und notarielle Beurkundung von Rechtsgeschäften; durch die Protestaufnahme wird aber kein Rechtsgeschäft beurkundet. Auch ist in § 200 Abs 2 FGG noch ausdrücklich ausgesprochen, daß, soweit (zulässigerweise) durch Landesgesetz allgemeine Vorschriften über die Errichtung gerichtlicher oder notarieller Urkunden erlassen werden, ein Verstoß gegen eine solche Vorschrift, unbeschadet der Vorschriften über die Folgen des Mangels der sachlichen Zuständigkeit, ohne Einfluß auf die Gültigkeit der Beurkundung ist. Aus den gleichen Gründen liegt auch keine Nichtigkeit des Protestes vor, wenn nach landesgesetzlichen Vorschriften der Notar, Gerichtsbeamte oder Postbeamte, der den Protest aufgenommen hat, wegen seiner persönlichen Beziehungen zu den Parteien oder zu der Sache an der amtlichen Tätigkeit behindert war oder wenn er außerhalb seiner örtlichen Zuständigkeit gehandelt hat. A. M. für den Fall der örtlichen Unzuständigkeit Bernstein § 2 Nr. 3 S. 367; StStranz Anm 2, obwohl diese aus dem Gesetze jedenfalls nicht mit Notwendigkeit folgende Auslegung geeignet ist, die für die Sicherheit des Wechselverkehrs aus der Nichtigkeit von Wechselprotesten sich ergebende Gefahr (vgl. Vorbem 4) in ganz besonderem Maße zu vergrößern, da dritte Erwerber zumeist nicht in der Lage sein werden, die örtliche Zuständigkeit des beurkundenden Protestbeamten nachzuprüfen.

Anm. 3. **3.** Mit diesen Maßgaben ist es Sache der Landesgesetze und landesrechtlichen Dienstvorschriften hinsichtlich der Notare und Gerichtsbeamten sowie der reichsrechtlichen Ordnung des Postwesens hinsichtlich der Postbeamten, zu bestimmen, welche von ihnen und in welchen sachlichen und örtlichen Grenzen sie Wechsel-Proteste aufnehmen dürfen. In der Hauptsache gilt darüber in den einzelnen Ländern bzw. bei der Reichspostverwaltung folgendes:

a) Das **Notariat** ist in den einzelnen Ländern nach verschiedenartigen Grundsätzen geordnet. **Anm. 4.** Doch besteht seine Grundlage wohl überall darin, daß die Notare als öffentliche Urkundspersonen, insbesondere zur Beurkundung von Rechtsgeschäften, vom Staate bestellt sind. In den meisten Ländern, so in Preußen, sind sie für ihre Tätigkeit auf den Bezug von Gebühren von den Parteien angewiesen; jedoch werden in Baden die Gebühren nicht durch sie unmittelbar von den Parteien, sondern durch den Staat erhoben, und die Notare erhalten davon festbestimmte Anteile. Zuständig sind in Preußen die Notare innerhalb des Oberlandesgerichtsbezirks, in welchem ihnen ihr Wohnsitz angewiesen ist; dem Wechsel-Inhaber steht daher zur Aufnahme von Protesten die Wahl zu unter den Notaren des Oberlandesgerichtsbezirks, in welchem der Protest aufzunehmen ist. Daß aber durch eine Überschreitung der örtlichen Zuständigkeit die Beurkundung nicht ungültig wird, ist für Preußen in Art 84 PrFGG durch Bezugnahme auf § 7 RFGG bestimmt. Eine gleiche Bestimmung findet sich in den meisten anderen Ländern, so für Sachsen in der AusfVO v. 24. 7. 99 § 43; nur für Baden ist das Gegenteil bestimmt, soweit es sich nicht um Proteste handelt, bei denen Gefahr im Verzuge ist (§ 56 BadRechtspolizeiG), doch wird diese Bestimmung nach Obigem (vgl. Anm 2) für Wechsel- und Scheckproteste keine Gültigkeit haben. Über die Ausschließungsgründe ordnet für Preußen Art 84 PrFGG die entsprechende Anwendung der §§ 6ff. RFGG an. Danach darf der Notar einen Protest nicht aufnehmen, wenn er selbst als Berechtigter oder Verpflichteter an dem Wechsel beteiligt ist oder zu einem der Beteiligten in dem Verhältnis eines Mitberechtigten oder Mitverpflichteten steht, z. B. ihm zivilrechtlich als Bürge oder aus sonstigem Rechtsgrunde haftet; ferner wenn seine Ehefrau, auch bei nicht mehr bestehender Ehe, oder eine Person, mit der er in gerader Linie oder im zweiten Grad der Seitenlinie verwandt oder verschwägert ist, an dem Wechsel als Berechtigter oder Verpflichteter beteiligt ist; endlich wenn er als rechtsgeschäftlicher Vertreter eines derart Beteiligten bestellt oder als gesetzlicher Vertreter aufzutreten berechtigt ist. Der Notar wird hiernach einen Protest nicht aufnehmen dürfen, wenn er Vorstandsmitglied, also Vertretungsberechtigter einer Aktiengesellschaft, GmbH oder Genossenschaft ist, die als Berechtigte oder Verpflichtete an dem Wechsel beteiligt ist; wohl aber, wenn er nur Aufsichtsratsmitglied oder einfaches Mitglied einer solchen mit juristischer Persönlichkeit ausgestatteten Vereinigung ist; so auch StStranz zu Art 87 Anm 3. Der Bezogene, der nicht akzeptiert hat, ist an dem Wechsel nicht als Berechtigter oder Verpflichteter beteiligt; die zu ihm etwa bestehenden Beziehungen werden deshalb für den Notar keinen Verhinderungsgrund abgeben. Daß auch durch die Nichtbeachtung eines Ausschließungsgrundes keine Nichtigkeit des Protestes entsteht, ist in Art 84 PrFGG durch die Bezugnahme auf § 7 RFGG klargestellt; vgl. auch oben Anm 2. — Der Notar handelt bei Aufnahme des Protestes nicht nur als Beamter, sondern auf Grund eines mit seinem Auftraggeber, dem Wechselinhaber, geschlossenen Dienstvertrags, der eine Geschäftsbesorgung zum Gegenstande hat (§ 675 BGB); er haftet daher jenem für Vorsatz und Fahrlässigkeit nach den Bestimmungen über die Haftung bei Verträgen (§§ 276ff. BGB). Demgemäß haftet der Notar nach § 278 auch für Verschulden seiner Angestellten, insbesondere seines Bureauvorstehers, dessen er sich bei Erfüllung seiner Verbindlichkeiten gegenüber seinem Auftraggeber bedient. Doch hat das RG in RGZ 49, 26 ausgesprochen, daß der Bureauvorsteher nicht ohne weiteres als ermächtigt gelten könne, Vertragsanträge, insbesondere Aufträge zur Protestierung von Wechseln, für den Notar anzunehmen, und daß dieser deshalb nicht haftet für eine schuldhafte Versäumnis des Bureauvorstehers bei der Vorlegung des entgegengenommenen Wechsels an ihn; vgl. dagegen Jacobsohn in DJZ 1903, 237. In der Tat dürfte dabei übersehen sein, daß der Bureauvorsteher doch wohl als zur Entgegennahme des Wechsels im Namen des Notars bestellt anzusehen ist, und daß in dieser Entgegennahme bereits der Abschluß eines Vertragsverhältnisses zwischen dem Einliefernden und dem Notar gefunden werden muß, das zwar noch nicht auf Ausführung der Protesterhebung, aber doch auf Verwahrung und erforderliche Fürsorge für den Wechsel, also im Falle der Ablehnung auf rechtzeitige Rückgabe gerichtet ist. — Was die Haftung des Staates für Verschulden der Notare betrifft, so ist diese für Preußen durch das Staatshaftungsgesetz v. 1. 8. 1909 § 1 Satz 3 ausgeschlossen, weil die Notare Beamte sind, die auf den Bezug von Gebühren angewiesen sind. Hieran ist auch durch Art 131 der RV von 1919 nichts geändert worden, da dieser Artikel, auch wenn er (was streitig ist) sofortiges unmittelbares Recht geschaffen hat, kein Hindernis bietet dafür, daß durch die in Abs 3 daselbst der „zuständigen Gesetzgebung" vorbehaltene nähere Regelung der in Abs 1 ausgesprochenen „grundsätzlichen" Verantwortlichkeit des Staates der besonderen Eigenart gewisser Beamtenklassen durch Ausschließung der Verantwortlichkeit des Staates Rechnung getragen wird; RG III 373/20, Urt v. 29. 4. 1921, RGZ 102, 166. Anders liegt die Sache in denjenigen Ländern, welche die Verantwortlichkeit des Staates für ihre Beamten noch nicht geregelt haben; diese würden, falls Art 131 RV unmittelbar geltendes Recht geschaffen hat, die Verantwortung auch für die auf Gebühren angewiesenen Beamten zu tragen haben. Die herrschende Meinung im Schrifttum (vgl. Anschütz RV zu Art 131) geht davon aus, daß Art 131 lediglich „Richtlinien für die zuständige Gesetzgebung", nicht aktuelles Recht geschaffen habe; dagegen hat das schon erwähnte Urt des RG v. 29. 4. 1921 (RGZ 102,

166) die letztere Auffassung vertreten. In einem Beschluß v. 20. 2. 1923 (RGZ 106, 34) hat aber derselbe Senat des RG hervorgehoben, daß gegen die in seinem früheren Urteile vertretene Auffassung, soweit sie die sofortige Anwendbarkeit des Art 131 Abs 1 Satz 1 betrifft, Bedenken erhoben worden sind, die zum Teil gewichtiger Art seien, und er hat die Entscheidung dieser Frage in dem damaligen Falle dahingestellt gelassen, weil es sich lediglich um die sofortige Anwendung des Abs 1 Satz 3 handelte, der die Ausschließung des Rechtsweges verbietet. Die Frage ist sonach noch nicht als endgültig entschieden anzusehen.

Anm. 4a. **b) Gerichtsbeamte.** Darunter fallen an sich sowohl Richter wie Gerichtsschreiber, Gerichtsvollzieher, Gerichtsboten, Gerichtsdiener. Doch sind durch die Gesetzgebungen der Länder auf Grund ihrer Beamtenorganisationsvorschriften nur einzelne Unterkategorien der Gerichtsbeamten zur Aufnahme der Proteste berufen, und zwar: von den Richtern wohl in allen Ländern diejenigen der freiwilligen Gerichtsbarkeit, also die Amtsrichter; außerdem in Preußen, Hessen, Oldenburg, Braunschweig, Thüringen, Anhalt, Waldeck die Gerichtsschreiber bei den Amtsgerichten und die Gerichtsvollzieher; nur die Gerichtsschreiber in Baden, Württemberg, Lippe-Detmold; nur die Gerichtsvollzieher in Bayern, Lübeck, Bremen, Hamburg; keine anderen Gerichtsbeamten als die Amtsrichter in Sachsen und Mecklenburg. Hinsichtlich der Behinderungsgründe kommen in Preußen auf Grund des Art 84 PrFGG in Verbindung mit § 6 RFGG die gleichen Rechtssätze zur Anwendung wie für die Notare, vgl. oben Anm 4, doch ist für die Gerichtsvollzieher der (sachlich übrigens im wesentlichen überstimmende) § 156 GVG durch § 76 AG für anwendbar erklärt. Die Gerichtsbeamten handeln, auch wenn sie auf Anstehen (im Auftrage) einer Partei tätig werden, wie bei der Aufnahme von Protesten, lediglich als Organe der Staatsgewalt, nicht auf Grund eines bürgerlich-rechtlichen Vertrags (Dienst- oder Geschäftsbesorgungsvertrags) mit der Partei. Sie haften deshalb für Verschulden, das sie bei Ausführung der ihnen von der Partei übertragenen Amtshandlung begehen, nicht nach Vertragsgrundsätzen, sondern nur aus unerlaubter Handlung, also gemäß § 839 BGB bei Fahrlässigkeit nur, falls der Beschädigte nicht auf andere Weise Ersatz erlangen kann. Hinsichtlich der Gerichtsvollzieher hat das RG auf Grund einer älteren Plenarentscheidung v. 10. 6. 1886, RGZ 16, 396, lange auf einem anderen Standpunkt gestanden; es hat diesen aber aufgegeben in dem Beschlusse der Vereinigten Zivilsenate v. 2. 6. 1913, RGZ 82, 85; ebenso RGZ 104, 285. Der Staat haftet in Preußen für Verschulden von Gerichtsbeamten bei Aufnahme von Protesten bereits auf Grund des oben Anm 4 genannten Staatshaftungsgesetzes von 1909, sofern es sich nicht um Beamte handelt, die für diese Tätigkeit eine besondere Gebühr von den Parteien beziehen (§ 1 Abs 5 des Ges), wie das bei den Gerichtsvollziehern der Fall ist, also für Amtsrichter und Gerichtsschreiber. Art 131 RV ordnet aber in Abs 1 die grundsätzliche Verantwortlichkeit des Staates an, unter Vorbehalt des Rückgriffs gegen den Beamten, und verbietet den Ausschluß des Rechtsweges; Abs 2 überläßt die nähere Regelung der zuständigen Gesetzgebung. Ob hierdurch bereits unmittelbar geltendes Recht geschaffen und die Verantwortlichkeit des Staates für solche Länder begründet ist, die noch kein Staatsverantwortlichkeitsgesetz haben, ist bestritten; auch wenn die Frage bejaht wird, ist dadurch die in Preußen für die Beamten, die für ihre Tätigkeit eine besondere Gebühr beziehen, gemachte Ausnahme nicht berührt worden; vgl. über diese Fragen oben Anm 4.

Anm. 5. **c) Postbeamte.** Auch hier fallen an sich alle Beamten dieser Kategorie unter das Gesetz, höhere und niedere. Nach der Dienstanweisung zur Postprotestordnung soll aber der Protest in der Regel durch Postunterbeamte erhoben werden; Postbeamte sind nur in Ausnahmefällen damit zu betrauen, Aushelfern und sonstigen im Betriebe der Postverwaltung beschäftigten Personen ohne Beamteneigenschaft durfte früher die Erhebung von Protesten nicht übertragen werden. Vgl. aber jetzt Anm 7. Die Erhebung der Proteste soll im allgemeinen durch die bestellenden Boten, und zwar auf den regelmäßigen Bestellgängen erfolgen. Ein Postbeamter oder Postunterbeamter darf den Protest nicht erheben: erstens wenn er selbst oder eine Person, deren gesetzlicher Vertreter er ist, an dem Wechsel beteiligt ist oder wenn er selbst zu einer am Wechsel beteiligten Person in dem Verhältnis eines Mitberechtigten oder Ersatzpflichtigen steht; zweitens wenn der Protest gegen seine Ehefrau zu richten ist, auch wenn die Ehe nicht mehr besteht; drittens wenn der Protest sich gegen seine Eltern, Großeltern, Kinder, Enkel, seinen Bruder, seine Schwester, seinen Schwager oder seine Schwägerin richtet, auch wenn die Ehe, durch welche die Schwägerschaft begründet ist, nicht mehr besteht. Über die Rechtsgültigkeit der diesen inneren Dienstvorschriften zuwider erhobenen Proteste vgl. oben Anm 2. — Durch § 3 des Protesterleichterungsgesetzes ist dem Reichskanzler die Befugnis erteilt, anzuordnen, daß die Postverwaltung für bestimmte Fälle, insbesondere mit Rücksicht auf die Art des Protestes oder die Höhe der Wechselsumme, die Protesterhebung nicht übernimmt. Auf Grund dieser Bestimmung erging die VO des RK v. 5. 8. 1908 (RGBl S. 482 abgedruckt als Anlage A 2), durch welche angeordnet wurde, daß vom 1. 10. 1908 ab die Postverwaltung die Erhebung von Wechsel- und Scheckprotesten mit den dort angegebenen Beschränkungen übernehme; danach blieb die Erhebung von Protesten mangels Zahlung für Wechsel und Schecke, die über mehr als 800 Mark lauteten, ausgeschlossen. Die Bestimmungen über die Erhebung von Wechsel- und Scheckprotesten durch die Postverwaltung sind zusammengefaßt in der Postordnung v. 30. 12. 1921 (RGBl S. 1609), und zwar in dem die „Postaufträge" behandelnden § 18 — abgedruckt in der durch mehrere abändernde Verordnungen ihm gegebenen Fassung als Anlage A 3 —. Danach ist die Höchstgrenze des Betrags der Wechsel und Schecke, über welche Postproteste erhoben werden, die während der Inflationsperiode wiederholt geändert war, nunmehr auf 1000 Reichsmark bestimmt (Nr. I Abs 2 der Bestimmungen). Ferner erhebt die Post keine Proteste für Wechsel und Schecke, die in fremder Sprache ausgestellt sind; für solche, die auf eine ausländische Münzsorte „effektiv" lauten; und für solche, die unter Vorlegung mehrerer Exemplare desselben Wechsels oder Schecks zu protestieren sind (ebenda). Für die Haftung der Postbeamten gelten die gleichen Rechtssätze wie für die Haftung der Gerichtsbeamten, vgl. oben Anm 4a. Die Postverwaltung — jetzt nach § 1 Abs 3 des Reichspostfinanzgesetzes v. 25. 3. 1924 (RGBl S. 287) das Sondervermögen des Unternehmens „Deutsche Reichspost" — haftet nach § 4 Abs 1 des Protesterleichterungsgesetzes (Anlage A 1) dem Auftraggeber für die ordnungsmäßige Ausführung des Protestauftrags nach den allgemeinen Vorschriften des bürgerlichen Rechts über die Haftung eines Schuldners für die Erfüllung seiner Verbindlichkeit, also nach den §§ 276—278 BGB auch für das Verschulden ihrer Angestellten bei Ausführung des Protestauftrags, jedoch nicht über den Betrag des wechselmäßigen Regreßanspruchs hinaus, also nicht für weiteren Schaden und entgangenen Gewinn; der Anspruch verjährt in 3 Jahren von dem Zeitpunkt ab, in welchem der Protestauftrag bei der Postanstalt eingeht, von der er auszuführen ist (§ 4 Abs 2). Bestritten ist, ob, wie die Begründung (S. 9) ausführt, diese Haftungsbestimmungen nur für die Ausführung des Protestgeschäfts im engeren Sinne, die durch die Bestimmungspostanstalt erfolgt, gelten, während für die Beförderung des Wechsels nach und von der Bestimmungsanstalt die allgemeinen Vorschriften über die Postbeförderung einzutreten haben. Vgl. gegen diese Auffassung StStranz zu Art 87 Anm 13. Die Beantwortung der Frage hängt davon ab, ob mit der „Einlieferung" des Postauftrags zur Protesterhebung (PostO § 18 VII, VIII) dieser Auftrag bereits als erteilt und von der Postverwaltung angenommen zu erachten ist; das dürfte aber zu verneinen sein, da die Prüfung der Ordnungsmäßigkeit erst bei der Bestimmungsanstalt erfolgt.

d) **Satz 2** des Art 87 stellt klar, daß es der **Zuziehung von Zeugen oder eines Protokollführers** bei Erhebung des Protestes nicht bedarf. Soweit also landesrechtliche Vorschriften für die Tätigkeit der Beamten bei Errichtung von Urkunden, die keine Rechtsgeschäfte beurkunden, wozu der Wechselprotest gehört, die Zuziehung von Zeugen oder eines Protokollführers, insbesondere bei richterlicher Beurkundung die Zuziehung eines Gerichtsschreibers verlangen sollten, würden diese Vorschriften auf den Wechselprotest keine Anwendung finden. **Anm. 6.**

e) Außer durch Postbeamte kann jetzt auf Grund des durch Gesetz vom 18. 12. 1926 dem Art hinzugefügten **Abs 2** die Erhebung von Protesten auch durch solche Personen erfolgen, **denen von der Postverwaltung die Aufnahme von Protesten übertragen ist.** Damit dürfte die oben Anm 5 erwähnte Vorschrift der Dienstanweisung, die das Heranziehen von Aushelfern usw. ohne Beamteneigenschaft untersagt, hinfällig geworden sein. **Anm. 7.**

Artikel 88.

In den Protest ist aufzunehmen:

1. **der Name oder die Firma der Personen, für welche und gegen welche der Protest erhoben wird;**
2. **die Angabe, daß die Person, gegen welche protestiert wird, ohne Erfolg zur Vornahme der wechselrechtlichen Leistung aufgefordert worden oder nicht anzutreffen gewesen ist oder daß ihr Geschäftslokal oder ihre Wohnung sich nicht hat ermitteln lassen;**
3. **die Angabe des Ortes sowie des Kalendertags, Monats und Jahres, an welchem die Aufforderung (Nr. 2) geschehen oder ohne Erfolg versucht worden ist;**
4. **im Falle einer Ehrenannahme oder einer Ehrenzahlung die Erwähnung, von wem, für wen und wie sie angeboten oder geleistet wird.**

Der Protest ist von dem Protestbeamten zu unterzeichnen und mit dem Amtssiegel oder dem Amtsstempel zu versehen.

[Österreichische Fassung:

Der Protest muß enthalten:

1. eine wörtliche Abschrift des Wechsels oder der Kopie und aller darauf befindlichen Indossamente und Bemerkungen;
2. den Namen oder die Firma der Personen, für welche und gegen welche der Protest erhoben wird;

3. das an die Person, gegen welche protestiert wird, gestellte Begehren, ihre Antwort oder die Bemerkung, daß sie keine gegeben habe oder nicht anzutreffen gewesen sei;
4. die Angabe des Ortes, sowie des Kalendertages, Monats und Jahres, an welchem die Aufforderung (Nr. 3) geschehen, oder ohne Erfolg versucht worden ist;
5. im Falle einer Ehrenannahme oder einer Ehrenzahlung die Erwähnung, von wem, für wen und wie sie angeboten und geleistet wird;
6. die Unterschrift des Notars oder des Gerichtsbeamten, welcher den Protest aufgenommen hat, mit Beifügung des Amtssiegels.]

Anm. 1. 1. **Die Artt 88 und 88a WO** regeln die formellen Erfordernisse des Wechselprotestes, und zwar Art 88 seinen notwendigen Inhalt, Art 88a die Form seiner Beurkundung. Diese Erfordernisse waren in dem Art 88 der WO alter Fassung zusammengefaßt. Das Protesterleichterungsgesetz hat eine wesentliche Änderung zunächst insofern gebracht, als die Ziffer 1 des alten Art 88 weggefallen ist, die vorschrieb, daß der Protest eine wörtliche Abschrift des Wechsels oder der Kopie und aller darauf befindlichen Indossamente und Bemerkungen enthalten müsse, eine Vorschrift, welche die Quelle vielfacher Zweifel und Streitigkeiten geworden war. Das Protesterleichterungsgesetz hat sie deshalb in der Weise ersetzt, daß nicht mehr, wie früher, der Protest als selbständige Urkunde aufzunehmen ist, die eine Abschrift des Wechsels enthält, sondern, daß der Protest auf den Wechsel bzw. auf eine Abschrift des Wechsels gesetzt oder mit dem Wechsel bzw. der Abschrift verbunden wird; vgl. Näheres zu Artt 88a Anm 1, 88b Anm 2. Weggefallen ist auch das bis dahin in Art 90 vorgeschriebene, von dem Protestbeamten zu führende Protestregister, in welches der Protest eingetragen wurde, wobei streitig war, ob diese Eintragung oder die dem Auftraggeber des Protestbeamten ausgehändigte Urkunde das Original darstellte, ein Streit, der für Preußen durch Art 62 PrFGG in letzterem Sinne entschieden war; vgl. StStranz zu Art 87 Anm 8. Außerdem ist auch die Ziff 3 des alten Art 88 weggefallen, in der vorgeschrieben war, daß die Antwort des Protestaten auf die Zahlungsaufforderung (vgl. unten Anm 7) in die Protesturkunde aufzunehmen sei. Ferner ist die Fassung in der Weise geändert, daß an die Stelle einer ausdrücklichen „Muß"vorschrift („der Protest muß enthalten") eine Gebotsnorm („In den Protest ist aufzunehmen") getreten ist. Es sollte dadurch klargestellt werden, daß — wie übrigens schon in der früheren Rechtsprechung anerkannt war, vgl. RGZ 68, 467 und die dort angeführten Entscheidungen — die aufgestellten Erfordernisse nicht in dem Grade zwingend sind, daß das Fehlen oder die Mangelhaftigkeit eines von ihnen die unbedingte Nichtigkeit des Protestes zur Folge habe, daß vielmehr in jedem einzelnen Falle zu prüfen ist, ob der Mangel so erheblich sei, daß er dem Zwecke und dem Wesen des Protestes Eintrag tue; eine strengere Auslegung und eine Überspannung des Formalprinzips sollte auch für die Zukunft verhütet werden (RG 100, 230). Doch ist, sofern er als Solennitätsakt zur Erhaltung der Regreßansprüche in Betracht kommt (vgl. zu Art 41 Anm 6), das Vorhandensein der Erfordernisse von Amts wegen zu prüfen und können wesentliche Mängel nicht durch Nachweise außerhalb der Urkunde ergänzt werden; auch eine Auslegung nicht zweifelsfreier Beurkundungen darf nur aus dem Inhalt der Urkunde selbst erfolgen (RG a. a. O.). Sofern der Protest dagegen nur als Beweismittel in Betracht kommt — z. B. gegenüber dem Akzeptanten zum Nachweise der erfolgten Präsentation wegen der Verzugsfolgen und der entstandenen Kosten —, unterliegt sein Inhalt der freien Beweiswürdigung des Gerichts und kann auch ein mangelhafter Protest genügen.

2. **Die einzelnen in Art 88 für den Inhalt des Protestes aufgestellten Erfordernisse sind:**

Anm. 2. a) **Der Name oder die Firma der Personen, für welche und gegen welche der Protest erhoben wird (Nr. 1).** Der Protest wird erhoben für den Wechselinhaber, den Auftraggeber des Protestbeamten, der in der Schriftsprache des Wechselrechts abgekürzt auch als der „**Protestant**" bezeichnet wird. Es werden durch den Protest zwar auch die Regreßrechte der übrigen Wechselverpflichteten gewahrt, und insofern wird der Protest auch für sie erhoben. Hier ist aber nur der „Protestant" gemeint. Durch eine unvollständige oder auch unrichtige Angabe des Namens des Protestanten, insbesondere die Angabe eines unrichtigen Vornamens, wird die Gültigkeit des Protestes nur dann in Frage gestellt, wenn die Unvollständigkeit oder Unrichtigkeit geeignet ist, bei dem Protestaten — d. h. demjenigen, gegen welchen der Protest erhoben wird (vgl. unten Anm 3) — Bedenken über die Legitimation desjenigen, der die Zahlung fordert, zu erwecken (RGZ 45, 123). Es genügt aber nicht, daß der Name des Protestanten in dem Proteste vorkommt, sondern es muß auch ersichtlich sein, daß der Protest in seinem Auftrage erhoben wird. Die Angabe hat den Zweck, die Feststellung darüber zu ermöglichen, ob der Wechsel durch eine dazu gemäß Art 36 WO legitimierte Person zur Zahlung vorgelegt worden ist. Ein auf Anstehen einer anderen Person erhobener Protest ist ungültig. Ungültig ist insbesondere auch ein Protest, der für einen Wechselinhaber erhoben ist, wenn dem auf ihn lautenden Indossament, das zu seiner Legitimation nach Art 36 WO dienen soll, noch sein eigenes Indossament und weitere Indossamente folgen und diese Indossamente im Augenblick der Protesterhebung nicht durchstrichen sind (RGZ 1, 32; 27, 43; 32, 78). Eine nachträgliche Durchstreichung der Indossamente kann den Protest nicht gültig machen, selbst wenn sie vor der Klagerhebung durch den dazu nach Art 55 WO berechtigten Indossanten, der seine Nachmänner befriedigt hat, geschehen ist. Diese wohl als formalistisch anzusprechende, aber nach den strengen Vorschriften des Wechselrechts über die Legitimation unvermeidliche Folgerung ist auch durch die Protestnovelle nicht beseitigt worden. Daraus ist, namentlich für die Durchführung des Urkundenprozesses, die Schwierigkeit entstanden, daß durch die Protesturkunde, die eine Abschrift des Wechsels nicht mehr enthält — vgl. oben Anm 1 —, nicht mehr unmittelbar die Legitimation desjenigen, für den der Wechsel protestiert worden ist, dargetan wird, da sie nicht erkennen läßt, ob die Durchstreichung schon zur Zeit der Protesterhebung vorlag. Es haben deshalb bald nach Inkrafttreten der Protestnovelle Gerichte den Erlaß von Versäumnisurteilen in solchen Fällen abgelehnt. Das Schrifttum war geteilter Meinung; vgl. einerseits für die Annahme mangelnder Legitimation Bernstein in DJZ 1908 Sp. 1090 und Gumbinner ebenda 1397; andererseits für Bejahung der Legitimation Schlotter ebenda 1270; Rausnitz 1332; J. Stranz 1383; Hallersleben (JW 1908, 668). Die gleiche Schwierigkeit hat sich in der Praxis ergeben, wenn das Indossament, das auf denjenigen, für den protestiert war, lautete und ihn legitimieren sollte, zur Zeit der Klagerhebung durchstrichen war, ohne daß die Protesturkunde ersehen ließ, daß die Durchstreichung im Augenblicke des Protestes noch nicht bestanden hatte; so lag der Fall in dem Urt des RG v. 5. 4. 1922, RGZ 104, 209. Vgl. darüber zu Art 36 Anm 12. Das RG hat in ständiger Rechtsprechung (zuerst in den Urt v. 21. und 25. 1. 1909, DJZ 1909 Sp. 324) sich über diese Schwierigkeiten dadurch hinweggeholfen, daß es — übrigens im Anschluß an die Begründung zur Protestnovelle S. 10, wo bereits auf die gleichen Gesichtspunkte hingewiesen ist — eine bis zum Beweise des Gegenteils eintretende Vermutung aufstellte dahin, daß der den Erfordernissen des neuen Gesetzes äußerlich genügende Protest, den der Inhaber eines rückläufigen Wechsels vorlege, im Auftrage eines legitimierten Inhabers erhoben worden sei. Es findet eine Stütze für diese Erwägung — abgesehen davon, daß mit den neuen Bestimmungen der Novelle nicht eine Erschwerung der Stellung des Wechselgläubigers, sondern eine Erleichterung bezweckt sei — auch darin, daß die Protesterhebung nur Beamten obliege, die vermöge ihrer Dienstpflicht bzw. des mit ihrem Auftraggeber abgeschlossenen Dienstvertrags verpflichtet seien, vor der Annahme des Auftrags zu prüfen, ob der Inhalt des Wechsels den Auftraggeber als zur Protesterhebung legitimierten Inhaber ausweise, so daß die Gefahr, daß der Protest im Auftrage eines Unberechtigten erhoben werde, überhaupt nicht groß sei. Das RG hat sich in dem obengenannten Urt v. 5. 4. 1922 ohne nähere eigene Begründung der überwiegenden Auffassung des Schrifttums und der Rechtsprechung des RG angeschlossen. Man wird diese Entscheidungen, die einen zu unerträglichen Unbilligkeiten führenden Formalismus vermeiden, im Ergebnisse durchaus billigen und auch für rechtlich vertretbar erachten können, da es auch im Urkundenprozesse Sache des Gerichts ist, im Wege freier Beweiswürdigung festzustellen, was durch den Inhalt der vorgelegten Urkunden als bewiesen anzusehen ist, vgl. RGZ 2, 417; 8, 45; 49, 374; 95, 72 und in JW 1894, 364.

Die Person, **gegen welche der Protest erhoben wird,** in schlechtem Latein auch der „**Protestat**" genannt, ist diejenige, welche zu der wechselrechtlichen Leistung oder Handlung vergebens aufgefordert worden ist. Das Gesetz braucht hier die Einzahl; es kommt aber sehr häufig bei einem Proteste eine Mehrheit von Personen als Protestaten in Betracht. Diese Personen sind bei den verschiedenen Arten des Protestes (vgl. Vorbem 3) verschiedene: bei dem Protest mangels Annahme der Bezogene, bei dem Protest mangels Sicherheitsleistung und mangels Datierung des Akzepts der Akzeptant; bei dem Protest mangels Auslieferung der Verwahrer des Akzeptexemplars bzw. des Originalwechsels; bei dem Protest mangels Zahlung, wenn der Wechsel nicht akzeptiert war, der Bezogene als solcher, wenn er akzeptiert war, der Bezogene als Akzeptant, ferner aber die Notadressaten und der Ehrenakzeptant. Auch der Protestat ist mit seinem Namen oder seiner Firma zu bezeichnen; eine andere Art der Bezeichnung, z. B. die Angabe, daß der Protest „gegen den Bezogenen" erhoben werde, ist jedoch unschädlich, wenn kein Zweifel darüber bestehen kann, daß die Protesthandlung sich gegen diejenige Person gerichtet hat, die im Wechsel als Bezogener benannt ist. Ist der Bezogene eine juristische Person, handelsrechtliche Gesellschaft oder Anstalt, so ist sie mit ihrem Kollektivnamen, nicht mit dem Namen der physischen Person, welche sie bei der Entgegennahme des Protestes vertreten hat, zu bezeichnen; über die Bezeichnung der letzteren vgl. unten zu b). Auch der Angabe des Vertretungsberechtigten (gesetzlicher Vertreter, Firmeninhaber) bedarf es nicht; ROHG 14, 160. **Anm. 3.**

b) Die Angabe, daß die Person, gegen welche protestiert werden soll, ohne Erfolg zur Vornahme der wechselrechtlichen Leistung aufgefordert worden oder nicht anzutreffen gewesen ist oder daß ihr Geschäftslokal oder ihre Wohnung sich nicht hat ermitteln lassen (Nr. 2). **Anm. 4.**

α) **Erster Alternativfall der Nr. 2: erfolglose Aufforderung.** StStranz zu Art 88 Anm 25 meinen, daß hier, im Gegensatz zu Nr. 1, unter dem Protestaten die physische Person zu verstehen sei, die der Inhaber oder der gesetzliche Vertreter dieses Inhabers sei; denn einen Wechsel vorlegen könne man nur einer physischen Person, eine Aufforderung nur an eine solche richten; der Unterschied ergebe sich auch daraus, daß Nr. 1 von dem Namen oder der Firma der Personen spricht, für und gegen welche der Protest erhoben, Nr. 2 dagegen von der Person, gegen welche protestiert wird. Diese beiden Ausdrücke dürften indessen sprachlich doch wohl das gleiche bedeuten. Im übrigen hat die Nr. 2 als „Person, gegen welche protestiert wird" sicherlich keine andere Person im Auge wie die Nr. 1 als „Person, gegen welche der Protest erhoben wird"; sie schließt sich vielmehr an Nr. 1 an und gibt an, was als dieser Person gegenüber geschehen festgestellt werden soll. Richtig ist, daß die Vorlegung und Aufforderung tatsächlich nur einer physischen Person gegenüber erfolgen kann; aber rechtlich gilt sie als der durch diese vertretenen Rechtspersönlichkeit gegenüber geschehen. Daß nicht die physische Person, die angetroffen und mit der verhandelt worden ist, unmittelbar gemeint sein kann, ergibt sich mit Sicherheit daraus, daß als zweiter und dritter Alternativfall vorgesehen ist, daß sie nicht anzutreffen war oder ihr Geschäftslokal oder ihre Wohnung sich nicht hat ermitteln lassen. Doch ergibt sich mittelbar aus Nr. 2, daß, falls eine physische Person, die zur Entgegennahme der Vorlegung und Aufforderung für den Bezogenen berechtigt war, angetroffen und mit ihr verhandelt worden, auch diese Person in dem Proteste kenntlich zu machen ist, da das zu der Darlegung des tatsächlichen Vorganges gehört.

Anm. 5. Physische Personen, an welche die Aufforderung zur Zahlung gerichtet werden kann, sind außer dem Protestaten selbst zunächst die gesetzlichen Vertreter des Protestaten, falls dieser nicht geschäftsfähig oder eine juristische Person, eine Handelsgesellschaft oder eine Anstalt ist. Sind mehrere Personen Gesamtvertreter des Protestaten (so bei der Kollektivprokura), so genügt es nach der Rechtsprechung des RG (RGZ 24, 86; 53, 231), daß die Aufforderung an einen der Gesamtvertreter gerichtet wird, entsprechend dem in § 171 Abs 3 ZPO und anderen gesetzlichen Vorschriften enthaltenen allgemeinen Rechtsgrundsatze, demzufolge Willenserklärungen einem von mehreren Kollektivvertretern gegenüber mit Wirkung für die vertretene Person abgegeben werden können und die Kenntnis einer Tatsache auf seiten eines Kollektivvertreters genügt, um Kenntnis der vertretenen Person anzunehmen. Die Aufforderung kann ferner gerichtet werden an eine Person, welche durch ausdrückliche oder stillschweigende Vollmacht von dem Protestaten zur Entgegennahme von Aufforderungen der in Frage stehenden Art ermächtigt ist oder auch nur den äußeren Umständen nach von dem Protestbeamten als ermächtigt angesehen werden kann. Ob der Protestbeamte eine Ermächtigung zur Entgegennahme von Zahlungsaufforderungen schon dann als vorhanden annehmen kann, wenn die angetroffene Person „an der Kasse sitzt" (so Lehmann 508 Anm 17 a; StStranz zu Art 88 Anm 35) oder die Tätigkeit eines Kassierers ausübt, ist bestritten; in RGZ 3, 90 ist die Frage verneint, in RGZ 24, 87 dahingestellt gelassen, weil es sich um einen Fall handelte, in welchem der Kassierer zugleich Vorstandsmitglied war; dahingestellt auch in RGZ 53, 228. Meines Erachtens geht aus der Tätigkeit als Kassierer nicht ohne weiteres die Befugnis zur selbständigen Entgegennahme von Zahlungsaufforderungen aus Wechseln hervor; der Protestbeamte wird deshalb pflichtgemäß sich darüber zu vergewissern haben, ob der Kassierer dazu ermächigt ist. — In eine nähere Prüfung der Identität derjenigen Person, die an der Stelle, wo die Aufforderung stattfinden kann, angetroffen wird und sich ihm gegenüber als der Protestat oder dessen Vertreter bezeichnet, oder der Vertretungsberechtigung dieser Person braucht der Protestbeamte nicht einzutreten; es genügt, wenn er aus der Anwesenheit der Person an dieser Stelle und aus der Art ihrer Tätigkeit und ihren Angaben die Identität oder die Vertretungsbefugnis für glaubhaft erachten konnte. Die Gültigkeit des Protestes wird deshalb durch den Nachweis, daß die Person in Wirklichkeit nicht der Protestat war oder keine Vertretungsbefugnis hatte, nur in Frage gestellt, wenn auch dargetan wird, daß der Protestbeamte keinen hinreichenden Anlaß hatte, das Gegenteil anzunehmen. Trifft der Protestbeamte eine Person an, die er den Umständen nach als berechtigt zur Empfangnahme der Aufforderung für den Protestaten ansehen konnte, so darf er an sie die Aufforderung richten, ohne nach der Anwesenheit des Protestaten selbst zu forschen. Die Umstände, welche ihn dazu veranlaßt haben, die Person als empfangsberechtigt anzusehen, sind in dem Proteste ersichtlich zu machen; a. M. anscheinend StStranz zu Art 88 Anm 38. Nicht genügend ist die Bezeichnung der angetroffenen Person als Familienmitglied (Schwiegersohn) ohne Feststellung etwaiger geschäftlicher Beziehungen zu dem Protestaten (RGZ 23, 121; 14, 148); ebensowenig die Bezeichnung als Geschäftsgehilfe (RG 3. 1. 1882 in ZHR 31, 455; RGZ 24, 87), als sonstiger Angestellter (Lehrling, Hausdiener) oder Dienstbote. Eine Bezeichnung desjenigen, mit dem der Protestbeamte verhandelt hat, mit Namen sollte nach den Materialien zur WO (Leipz Prot 148) nicht vorgeschrieben werden und wird deshalb nicht für notwendig erachtet (ROHG 14, 162; 18, 237); doch fragt es sich, ob nicht wenigstens eine derartige Bezeichnung erforderlich ist, daß die Persönlichkeit des Betreffenden festgestellt werden kann.

Anm. 6. Von wem die Aufforderung ergehen muß, ist im Gesetze nicht gesagt; sie kann also auch von dem Wechselinhaber selbst in Anwesenheit des Protestbeamten ausgesprochen werden; vgl. über die geschichtliche Entwickelung zu diesem Punkte oben Vorbem Anm 3. Nicht ausdrücklich ist im Gesetze vorgeschrieben eine Beurkundung im Proteste mangels Zahlung darüber, daß die Aufforderung unter Vorlegung des Wechsels erfolgt ist, obwohl der Protest gerade zum Nachweise der erfolgten Vorlegung (Präsentation) bestimmt ist (Art 41 Abs 1 Nr. 2). Ob es hiernach einer ausdrücklichen Beurkundung der Vorlegung bedarf, ist streitig. Verneinend Rehbein (Anm 7);

ebenso Bernstein (381), der annimmt, es spreche eine Vermutung dafür, daß der Wechsel vorgelegt sei. Auch Grünhut Handbuch II § 79 S. 62 nimmt an, daß die Vorlegung nicht beurkundet zu werden braucht. A. M. StStranz zu Art 88 Anm 1. Da die Beurkundung nicht formell vorgeschrieben ist, wird der Richter nicht gehindert sein, den an sich dem Wechselinhaber obliegenden Beweis der erfolgten Vorlegung aus dem Gesamtinhalt des Protestes kraft freier Beweiswürdigung zu entnehmen, namentlich wenn in dem Proteste (wie es in der Regel geschieht) angegeben ist, daß der Protestbeamte mit dem Wechsel in der Hand den Bezogenen zur Zahlung aufgefordert habe, vorbehaltlich des Gegenbeweises etwa dahin, daß der Bezogene Einsichtnahme des Wechsels verlangt habe und diese ihm nicht gewährt worden sei; vgl. über die Erfordernisse der Präsentation zu Art 41 Anm 2.

Die Antwort, welche die Person, an die der Protestbeamte die Aufforderung gerichtet hat, ihm erteilt hat, mußte nach der früheren Fassung des Art 88 Ziff 3 WO in den Protest aufgenommen oder bemerkt werden, daß sie keine gegeben habe. Diese Vorschrift hat das Protesterleichterungsgesetz beseitigt. Es bedarf also keiner Beurkundung mehr darüber, ob eine Antwort und welche erteilt worden ist. Das RG hatte schon unter der Herrschaft der früheren Fassung (in RGZ 53, 230) darauf hingewiesen, daß der Inhalt der Antwort völlig gleichgültig sei und daß es nur darauf ankomme, ob die geforderte Leistung gemacht worden ist oder nicht. Daß die Zahlung oder sonstige Leistung nicht gemacht worden, wird durch die von der Novelle eingeführte Fassung, derzufolge im Proteste zu beurkunden ist, daß die Aufforderung „ohne Erfolg“ geblieben sei, klargestellt. Dieses Erfordernis kann aber auch dadurch erfüllt werden, daß die Antwort selbst in den Protest aufgenommen wird und sich aus ihr ergibt, daß Zahlung nicht geleistet worden ist, z. B. wenn von dem Bezogenen oder für ihn erklärt worden ist, daß er keine Deckung habe. **Anm. 7.**

β) **Zweiter und dritter Alternativfall der Nr. 2.** Einer Aufforderung des Präsentaten bedarf es nicht, wenn die Person, gegen welche protestiert wird — vgl. oben Anm 4 ff. —, nicht persönlich und auch ein zur Entgegennahme berechtigter Vertreter an der Stelle, an welcher die Handlung nach Artt 91, 91 a WO zu erfolgen hat, **nicht anzutreffen gewesen ist oder ihr Geschäftslokal oder ihre Wohnung sich nicht hat ermitteln lassen.** In diesem Falle steht die versuchte Vorlegung der Vorlegung gleich, und der Protestbeamte kann den sog. „**Windprotest**“ erheben, in dem er die eine oder die andere dieser Alternativen als gegeben beurkundet. Voraussetzung dafür ist, daß der Protestbeamte versucht hat, sofern ihm das Geschäftslokal oder in Ermangelung eines solchen die Wohnung des Protestaten am Zahlungsorte bekannt ist, ihn dort anzutreffen; andernfalls das Geschäftslokal oder die Wohnung zu ermitteln. Im ersteren Falle wird er sich zu diesem Zwecke an die betreffende Stelle zu begeben haben; doch bedarf es einer ausdrücklichen Beurkundung darüber nicht; die Tatsache ergibt sich, vorbehaltlich des Gegenbeweises, aus der Beurkundung des Nichtantreffens. Im letzteren Falle braucht der Protestbeamte in dem Proteste nicht anzugeben, welche Nachforschungen er zum Zwecke der Ermittelung angestellt hat. Die bis zur Protestnovelle in Art 91 WO vorgeschriebene Angabe, daß die Nachfrage bei der Polizeibehörde des Ortes fruchtlos geblieben sei, ist weggefallen; an ihre Stelle ist die Vorschrift des jetzigen Art 91 Abs 2, 3 getreten; vgl. darüber zu Art 91 Anm 8. Doch genügt nicht die Feststellung, daß sich „unter der angegebenen Adresse“ ein Geschäftslokal nicht habe ermitteln lassen, weil aus ihr zu entnehmen ist, daß der Protestbeamte Ermittelungen, ob nicht an anderer Stelle innerhalb des Zahlungsortes ein Geschäftslokal vorhanden sei, überhaupt unterlassen hat (RGZ 126, 2). **Anm. 8.**

Das „Nichtantreffen“ braucht nicht wörtlich beurkundet zu werden; es genügt die Beurkundung, daß eine ersichtlich nicht zur Empfangnahme berechtigte Person — z. B. Lehrling, Dienstbote — allein angetroffen wurde oder daß dem Protestbeamten nicht geöffnet worden ist. Dem Nichtantreffen wird sinngemäß gleichzustellen sein, wenn dem Protestbeamten der Eintritt in das Geschäftslokal oder die Wohnung verweigert worden oder er durch äußere Gewalt (polizeiliche Absperrung, ansteckende Krankheit) an dem Betreten gehindert war. Die Aufnahme eines Protestes in einem nach völkerrechtlichen Grundsätzen exterritorialen Gebäude stellt, wenn sie durch einen Gerichtsbeamten erfolgt, einen Akt der Ausübung eines staatlichen Hoheitsrechts — der freiwilligen Gerichtsbarkeit — dar und ist deshalb unzulässig; es kann daher ein „Nichtantreffen“ angenommen und Windprotest erhoben werden, falls der Bezogene sein Geschäftslokal oder seine Wohnung in einem solchen Hause hat. Ob der gleiche Umstand auch der Aufnahme eines Protestes durch einen Notar entgegensteht, erklärt ein Urt des RG v. 6. 2. 1906 (DJZ 1906 Sp. 487) für zweifelhaft; doch wird unbedenklich auch in der Tätigkeit eines Notars bei Aufnahme von Wechsel- und Scheckprotesten die Ausübung eines staatlichen Hoheitsaktes der freiwilligen Gerichtsbarkeit zu finden sein, obwohl der Notar zugleich Geschäftsbesorger des Wechselinhabers ist (vgl. oben). Seitdem die Protestaufnahme durch Postbeamte zugelassen ist, wird auch für sie das gleiche gelten, da auch der von ihnen aufzunehmende Postprotest sich als eine öffentliche Urkunde darstellt; vgl. zu Art 87 Anm 4. **Anm. 9.**

c) Die Angabe des Ortes sowie des Kalendertages, Monats und Jahres, an welchem die Aufforderung (Nr. 2) geschehen oder ohne Erfolg versucht worden ist (Nr. 3). **Anm. 10.**

Die Vorschrift bezieht sich nicht (wie StStranz zu Art 88 Anm 43 ff. anzunehmen scheinen) auf die Datierung des Protestes (der Protesturkunde), sondern auf die Datierung der Aufforderung. Daß die „Aufnahme" des Protestes — d. h. die Errichtung der Protesturkunde — sich unmittelbar an die Aufforderung anschließe oder auch nur am gleichen Tage und am gleichen Orte wie diese erfolge, ist nicht vorgeschrieben; die Urkunde kann von dem Protestbeamten auch zu Hause in seiner Schreibstube usw. fertiggestellt werden. Doch wird im Schrifttum und in der Rechtsprechung angenommen, daß der Protest, sofern eine Protestfrist besteht, wie bei dem Proteste mangels Zahlung, innerhalb der Protestfrist nicht nur erhoben, sondern auch beurkundet sein muß (RGZ 7, 184; 8, 89; RGStr. 29, 373; Bernstein Art 88 § 2 Nr. 4 S. 383; StStranz Anm 10 zu Art 87). Die Protesturkunde wird daher ergeben müssen, daß sie innerhalb der Protestfrist errichtet ist und wird zu diesem Zwecke datiert sein müssen, obwohl das Gesetz die Datierung nicht ausdrücklich vorschreibt, die jedoch ohnedies schon zur ordnungsmäßiger Errichtung einer öffentlichen Urkunde gehört; vgl. unten zu e. Ergibt sich aus diesem Datum, daß die Vorlegungsfrist gewahrt ist, so wird gemäß den Grundsätzen der Protestnovelle über die Bedeutung von Protestmängeln (vgl. oben Anm 1) aus dem Mangel der Angabe des Datums der Zahlungsaufforderung eine Nichtigkeit des Protestes nicht herzuleiten sein.

Anm. 11. **d) Im Falle einer Ehrenannahme oder einer Ehrenzahlung die Erwähnung, von wem, für wen und wie sie angeboten oder geleistet wird (Nr. 4).** Diesen weiteren Inhalt hat der Protest nur zu enthalten, wenn bei der Präsentation des Wechsels zur Annahme oder Zahlung gegenüber dem Protestbeamten eine Intervention in der bezeichneten Art durch einen Dritten erfolgt. Vgl. über die Ehrenannahme die Artt 56 ff., über die Ehrenzahlung die Artt 62 ff. und die Erläuterungen dazu. Durch das Erbieten eines Dritten, die geforderte Leistung (Annahme oder Zahlung) im Wege der Intervention zu machen, oder dadurch, daß dieser die Leistung bewirkt, wird die Erhebung des Protestes mangels dieser Leistung durch den dazu Aufgeforderten nicht unnötig gemacht, da ja die Entstehung von Regreßansprüchen dadurch nicht ausgeschlossen wird (Artt 61, 63). Den Fall, daß die Ehrenannahme von einer auf dem Wechsel befindlichen Notadresse, der der Wechsel nach Art 56 zur Annahme vorzulegen ist, verweigert wird, betrifft der Vermerk der Nr. 4 nicht; in diesem Fall ist vielmehr der Protest mangels Annahme auch gegen den Notadressaten zu erheben; dieser gehört zu den nach Nr. 1—3 des Artikels zu der Leistung aufzufordernden Personen. Gleiches gilt für den Protest mangels Zahlung, falls sich auf dem Wechsel eine Notadresse oder ein Ehrenakzept, die auf den Zahlungsort lauten, befindet (Art 62); auch in diesem Falle gehört der Notadressat oder Ehrenakzeptant zu denjenigen Personen, gegen welche der Protest mangels Zahlung erhoben wird, wenn auch er die Zahlung verweigert. Erfolgt dagegen ein Erbieten oder eine Bewirkung der geforderten Leistung durch einen anderen als den Bezogenen, sei es daß er bereits als Notadresse oder Ehrenakzeptant auf dem Wechsel steht oder daß er ganz spontan interveniert, so wird der Protest nur gegen den Bezogenen erhoben, das Erbieten oder die Bewirkung der Leistung aber in diesem Proteste vermerkt. Die frühere Fassung: „angeboten und geleistet wird" ist durch die Protestnovelle geändert und dadurch klargestellt, daß der Vermerk auch zu erfolgen hat, wenn die Annahme oder Zahlung von dem Intervenienten zwar tatsächlich angeboten, aber nicht bewirkt wird, insbesondere wenn die Ehrenannahme nicht zugelassen (Art 57) oder die angebotene Ehrenzahlung zurückgewiesen worden ist (Art 62); über den Fall, wenn bei dem Proteste mangels Zahlung der Intervenient zwar erklärt hat daß er interveniere, aber die Zahlung nicht tatsächlich angeboten hat, vgl. zu Art 62 Anm 4. Erfolgt nach Aufnahme des Protestes mangels Annahme eine Ehrenannahme, so ist diese gemäß Art 58 Satz 1 in einem Anhange zu dem Proteste zu vermerken. Erfolgt nach Aufnahme des Protestes mangels Zahlung eine Ehrenzahlung, so wird diese gleichfalls in einem Anhange zu dem Proteste zu vermerken sein; auf alle Fälle wird aber der Ehrenzahler eine Quittung (quittierte Retourrechnung, vgl. zu Art 63 Anm 2a) verlangen können, durch welche seine Zahlung als Ehrenzahlung ausgewiesen wird; so Bernstein zu Art 63 § 2 S. 253; StStranz zu Art 63 Anm 6.

Anm. 12. **e) Der Protest ist von dem Protestbeamten zu unterzeichnen und mit dem Amtssiegel oder dem Amtsstempel zu versehen (Abs 2).**

Die Unterzeichnung der Protesturkunde durch den Protestbeamten ist vorgeschrieben. Fehlt sie, so liegt keine Beurkundung vor und ist der Protest nichtig. Doch kann der Mangel noch gemäß Art 90 Abs 1 berichtigt werden, aber bei dem Protest mangels Zahlung nur innerhalb der Protestfrist, StStranz zu Art 88 Anm 53, vgl. oben zu c. Die Unterzeichnung muß sich als Namensschrift des Protestbeamten darstellen; mechanische Herstellung genügt nicht. Sie muß als Unterschrift derart stehen, daß der Inhalt der Protesturkunde durch sie gedeckt wird. Außerdem ist vorgeschrieben, daß der Protest von dem Protestbeamten mit dem Amtssiegel oder dem Amtsstempel zu versehen ist (in der Fassung bis zur Protestnovelle war nur das Amtssiegel zugelassen). Daß diese Amtszeichen gerade mit der Unterschrift des Protestbeamten in örtlichem Zusammenhange stehen müßten, ist nicht gesagt und kann daher nicht verlangt werden; sie können auch an anderer Stelle auf den Wechsel gesetzt werden, obwohl Art 88 a Abs 3 Satz 2 vorauszusetzen scheint, daß sie regelmäßig „der Unterschrift des Protestbeamten beigefügt werden". Ein Mangel hinsichtlich der Unterschrift und des Amtszeichens des Protestbeamten wird übrigens, auch wenn er nicht rechtzeitig berichtigt ist (vgl. Art 90 Abs 1 WO), gemäß den Grundsätzen der Protestnovelle über die Bedeutung von Protestmängeln (vgl. oben Anm 1) die Nichtigkeit des Protestes nicht nach sich ziehen, wenn über die amtliche Eigenschaft des Protestbeamten kein Zweifel obwalten kann; a. M. StStranz zu Art 88 Anm 53. Eine Datierung der Protesturkunde — d. h. eine Angabe des Ortes und Tages ihrer Errichtung, die nach obigem mit dem Datum der Aufforderung (Nr. 3) nicht zusammenzufallen braucht — ist vom Gesetze nicht als Inhaltserfordernis des Protestes aufgestellt (vgl. oben zu c), ergibt sich aber ohne ausdrückliche Vorschrift als ordnungsmäßiges Erfordernis einer öffentlichen Urkunde, wie auch zum Beweise dafür, daß die Urkunde innerhalb der Protestfrist errichtet ist.

f) Kein gesetzliches Erfordernis des Wechselprotestes ist die (in der Praxis allgemein übliche und auch in den Formularen vielfach vorgesehene) **„Protestklausel"**, d. h. die Erklärung des Protestbeamten, daß er Protest erhebe oder erhoben habe, häufig mit dem Zusatze, „daß er seinem Auftraggeber alle Rechte wegen der Nichtzahlung vorbehalten habe". Diese Klausel ist überflüssig. Der Ausdruck: „Protest" bedeutet nicht eine Verwahrung, sondern nur eine formelle Tatsachenfeststellung (protestatio in diesem Sinne). Er hat deshalb keine etwa demjenigen, „gegen den protestiert wird", gegenüber abzugebende Erklärung des Protestbeamten über die Folgen der Nichtzahlung zu enthalten. Der Ausdruck „Protest" braucht in der Protesturkunde überhaupt nicht vorzukommen. Das ergibt sich aus Art 41 Abs 1 Nr. 2 WO, wo das Wesen des Protestes dahin bestimmt ist, daß er lediglich eine die Tatsache der Präsentation und der Nichterlangung der Zahlung feststellende Urkunde ist, durch welche diese Vorgänge dargetan werden. Das ist übrigens im Schrifttum und der Rechtsprechung des Wechselrechts von jeher anerkannt worden: Bernstein S. 385; RG bei Bolze 16 Nr. 291, 17 Nr. 307 und JW 1897, 87; Basch, Die Protestklausel, ein alter Zopf, in der DJZ 1907 Sp. 815; StStranz zu Art 88 Anm 54. Die Entwürfe der WO, zuletzt derjenige von 1845, schrieben die Klausel vor, sie wurde aber laut Kommissionsbericht von 1846, S. 108, wegen ihrer völligen Überflüssigkeit gestrichen. **Anm. 13.**

3. **Beweiskraft der Protesturkunde.** Der ordnungsmäßig errichtete Protest ist eine von einer mit öffentlichem Glauben versehenen Person innerhalb des ihr zugewiesenen Geschäftskreises in der vorgeschriebenen Form aufgenommene Urkunde, also eine öffentliche Urkunde im Sinne des § 415 ZPO. Sie wird jedoch nicht über eine vor der Urkundsperson abgegebene Erklärung errichtet (§ 415 a. a. O.), sondern über eine von dem Protestbeamten selbst vorgenommene Handlung und eine von ihm gemachte Wahrnehmung, nämlich über die Vorlegung des Wechsels, die Aufforderung zur Leistung und die Erfolglosigkeit dieser Aufforderung; die etwa darin beurkundete Erklärung des Protestaten auf die Aufforderung ist unwesentlich; vgl. oben Anm 7. Sie hat sonach einen anderen als den in § 415 vorgesehenen Inhalt, und ihre Beweiskraft richtet sich demgemäß nach § 418 Abs 1, 2 ZPO. Sie begründet daher vollen Beweis der darin bezeugten Tatsachen; doch ist der Beweis der Unrichtigkeit der bezeugten Tatsachen zulässig; die in § 418 Abs 2 vorbehaltene Ausschließung oder Einschränkung dieses Gegenbeweises durch die Landesgesetze kann für Urkunden, die, wie der Wechselprotest, auf Grund reichsgesetzlicher Vorschriften errichtet sind, nicht Platz greifen, vgl. Gaupp-Stein ZPO zu § 418 Erl III Abs 2. Der Gegenbeweis kann durch alle regelmäßig zulässigen Beweismittel geführt werden. Er ist auch gegen den redlichen Inhaber des protestierten Wechsels, der ihn im Vertrauen auf die Gültigkeit des Protestes eingelöst hat, zulässig. Vgl. über diese Fragen Bernstein S. 377; Goldschmidt System S. 275; Grünhut Hdb II S. 78; ROHG 14, 262; 19, 152; RGZ 2, 26; OLG Dresden in ZfHR 38 S. 564, 565; Kiel ebenda S. 571; StStranz zu Art 87 Anm 18. Darüber, in welcher Richtung der Gegenbeweis zu führen ist, entscheidet die Bedeutung der beurkundeten Tatsachen. Demgemäß kann zum Gegenbeweise verstellt werden, daß der Protestbeamte, der beurkundet hat, der Bezogene sei nicht anzutreffen gewesen (oben Anm 8), überhaupt nicht an Ort und Stelle war oder keine Nachfrage nach ihm gehalten hat; ferner, daß er eine Leistungsaufforderung (oben Anm 4ff.) nicht gestellt habe usw. Dagegen ist der Nachweis, daß die Person, an welche die Aufforderung gerichtet worden ist, nicht der Protestat oder ein zur Entgegennahme ermächtigter Vertreter war, nur erheblich in Verbindung mit dem weiteren Beweise, daß der Protestbeamte sie auch nicht dafür halten durfte (vgl. oben Anm 5). Als unerheblich erklärt ist durch Art 91 Abs 2 WO der Gegenbeweis in der Richtung, daß die Ermittelung des Geschäftslokals oder der Wohnung entgegen dem Vermerk in der Protesturkunde möglich gewesen sei; vgl Anm 8 zu Art 91. **Anm. 14.**

Artikel 88 a.

Der Protest mangels Zahlung ist auf den Wechsel oder auf ein mit dem Wechsel zu verbindendes Blatt zu setzen.

Der Protest soll unmittelbar hinter den letzten auf der Rückseite des Wechsels befindlichen Vermerk, in Ermangelung eines solchen unmittelbar an einen Rand der Rückseite gesetzt werden.

Wird der Protest auf ein Blatt gesetzt, das mit dem Wechsel verbunden wird, so soll die Verbindungsstelle mit dem Amtssiegel oder dem Amtsstempel versehen

werden. Ist dies geschehen, so braucht der Unterschrift des Protestbeamten ein Siegel oder Stempel nicht beigefügt zu werden.

Wird der Protest unter Vorlegung mehrerer Exemplare desselben Wechsels oder unter Vorlegung des Originals und einer Kopie erhoben, so genügt die Beurkundung auf einem der Exemplare oder auf dem Originalwechsel. Auf den anderen Exemplaren oder auf der Kopie ist zu vermerken, daß sich der Protest mangels Zahlung auf dem ersten Exemplar oder auf dem Originalwechsel befindet. Auf den Vermerk finden die Vorschriften des Abs 2 und des Abs 3 Satz 1 entsprechende Anwendung. Der Protestbeamte hat den Vermerk zu unterzeichnen.

Anm. 1. 1. Der durch die Protestnovelle in die WO neu eingeführte **Art 88a** bestimmt über die **Form der Protesturkunde bei dem Proteste mangels Zahlung.** Während nach der WO in ihrer früheren Fassung über den Protest eine selbständige Urkunde zu errichten war, die eine wörtliche Abschrift des Wechsels enthalten mußte, ist durch das Protesterleichterungsgesetz vom 30. 5. 1908 zur Vereinfachung der Protestbeurkundung vorgeschrieben, daß **der Protest mangels Zahlung auf den Wechsel oder auf ein mit dem Wechsel zu verbindendes Blatt zu setzen ist (Art 88a Abs 1).** Der Protest hat dadurch seinen Charakter als selbständige Urkunde verloren und ist zu einem Anhang des Wechsels geworden. Die Sicherheit dafür, daß der Protest sich auf den in Frage stehenden Wechsel bezieht, ist auf diese Weise in noch höherem Grade gewährleistet als früher durch die wörtliche Abschrift des Wechsels im Proteste. Es ist damit aber die Möglichkeit, die früher bestand, weggefallen, über mehrere Wechsel nur einen Protest aufzunehmen. Die Vorschrift ist, wie seit der Protestnovelle es auch die Vorschriften des Art 88 sind, nicht als Mußvorschrift, sondern als ein an den Protestbeamten gerichtetes Gebot gefaßt, das aber nicht etwa, wie die Vorschrift des Abs 2, eine Sollvorschrift ist. Für den Fall der Nichtbefolgung des Gebotes gelten deshalb die zu Art 88 Anm 1 dargelegten Grundsätze. Diese werden dazu führen, daß die Nichtbefolgung regelmäßig die Nichtigkeit des Protestes nach sich zieht, da die vorgeschriebene Verbindung von Wechsel und Protest zu einer Urkunde derart erheblich ist, daß eine Abweichung von ihr dem Wesen und Zweck des Protestes, wie er nach der Protestnovelle gestaltet ist, Eintrag tut, besonders da die Sicherung des Nachweises der Zusammengehörigkeit von Wechsel und Protest, die früher durch die Aufnahme einer wörtlichen Abschrift des Wechsels in den Protest erreicht werden sollte, weggefallen und durch die dem gleichen Sicherungszwecke dienende Verbindung der beiden Urkunden zu einer ersetzt worden ist. Wie hier, StStranz zu Art 88a Anm 1 und 4; a. M. OLG Kiel in ROLG 21, 394 und in SeuffA 65, 370. Ist die Verbindung nicht sofort bei der Errichtung der Protesturkunde erfolgt, so wird sie im Wege der Mängelberichtigung (Art 90) bis zur Aushändigung des Protestes an den Auftraggeber des Protestbeamten noch nachgeholt werden können; vgl. zu Art 88 Anm 10. Die auf den Wechsel gesetzte oder mit ihm verbundene Urkunde ist die von dem Protestbeamten gemäß Art 88 Abs 2 (vgl. zu Art 88 Anm 12) zu unterzeichnende Urschrift des Protestes; sie wird daher mit dem protestierten Wechsel dem Auftraggeber ausgehändigt; der Protestbeamte behält eine beglaubigte Abschrift des Protestes und einen Vermerk über den Inhalt des Wechsels zurück (Art 90 Abs 2). Durch diese Vorschriften ist das früher vorgeschriebene Protestregister, das der Protestbeamte zu führen hatte, ersetzt.

Anm. 2. Von den in Abs 1 zugelassenen beiden Alternativen — Setzen des Protestes auf den Wechsel selbst oder auf ein mit ihm zu verbindendes Blatt — wird in Abs 2 die erste, in Abs 3 die zweite näher geregelt, während Abs 4 den besonderen Fall behandelt, daß ein in mehreren Exemplaren vorgelegter Wechsel zu protestieren ist. Durch die alternative Fassung des Abs 1 wird übrigens nicht ausgeschlossen, daß der Protest zum Teil auf den Wechsel selbst und zum Teil auf ein mit ihm zu verbindendes Blatt gesetzt wird (die Begründung zur Protestnovelle S. 10 bezeichnet das als selbstverständlich); es wird das sogar der häufigste Fall sein, da der Platz auf der Rückseite des Wechsels — vgl. Abs 2 — wohl in den meisten Fällen nicht ausreichend sein wird.

Anm. 3. 2. Für den Fall, daß der Protest **auf den Wechsel selbst** gesetzt wird, bezeichnet Abs 2 im Wege einer Sollvorschrift näher den Platz, an welchen er auf dem Wechsel zu stehen kommen soll, nämlich **unmittelbar hinter den letzten, auf der Rückseite des Wechsels befindlichen Vermerk.** Die Vorschrift bezweckt nach der Begründung zur Protestnovelle (S. 10), nachträglich hinzugefügte Indossamente als solche ersichtlich zu machen, weil infolge des Wegfalls der Wechselabschrift im Protest der Zustand des Wechsels zur Zeit der Protesterhebung, der namentlich für die Legitimation des Protestanten von Bedeutung ist, nicht mehr festgestellt wird. Die Begründung hebt aber selbst hervor, daß diese Bestimmung keinen hinreichenden Schutz dagegen gewähre, daß dem Regreßnehmer der Einwand entgegengehalten wird, es sei mittels Durchstreichens eines Indossaments die Legitimation desjenigen, für den protestiert ist, nachträglich hergestellt worden. Vgl. über diesen Einwand zu Art 88 Anm 2. Auf alle Fälle soll danach der Protest nicht auf die Vorderseite, sondern auf die Rückseite zu stehen kommen, und zwar in unmittelbarem Anschluß an den letzten auf dieser befindlichen Vermerk, wobei allerdings vorausgesetzt wird, daß die Vermerke sich in einer gewissen Reihenfolge auf der Rückseite befinden. Der Ausdruck

„Vermerk“ umfaßt, außer den Voll- und Blankoindossamenten und den nach Art 12 als Indossamente gültigen Namensschriften auf der Rückseite sowie den Avalerklärungen, auch Quittungsvermerke, Stempelkassierungsvermerke u. dgl. Auch durchstrichene Indossamente sollen durch den Protest nicht berührt werden. Sind keine Vermerke vorhanden, so soll der Protest **unmittelbar an einen Rand der Rückseite** des Papiers gesetzt werden; es darf also kein leerer Raum zwischen dem Rande und dem Beginne des Protestes bleiben. An welchen der vier Ränder sich der Protest anschließt, ob an eine Lang- oder Breitseite, ist gleichgültig. Nachteilige Folgen für die Gültigkeit des Protestes hat die Nichtbeachtung dieser instruktionellen Vorschriften nicht; doch kann dadurch unter Umständen eine Schadensersatzhaftung des Protestbeamten oder des Staates begründet werden.

3. Der Fall, daß der Protest **auf ein Blatt gesetzt wird, das mit dem Wechsel verbunden wird** — Allonge, Anhangsblatt —, ist durch die Vorschrift in **Abs 3** dahin näher geregelt, daß die Verbindungsstelle mit dem Amtssiegel oder dem Amtsstempel versehen werden soll. Es handelt sich also auch hier um eine Sollvorschrift, deren Nichtbeachtung die Gültigkeit des Protestes nicht beeinträchtigt; wegen der Haftung des Protestbeamten gilt das zu 2 Gesagte. Ist der Vorschrift Genüge geleistet, so „braucht der Unterschrift des Protestbeamten ein Siegel oder Stempel nicht beigefügt zu werden“. Diese Fassung ist ungenau; denn in dem von der Vorschrift ins Auge gefaßten Art 88 Abs 2 WO ist nicht vorgeschrieben, daß das Amtssiegel oder der Amtsstempel der Unterschrift des Protestbeamten beizufügen, sondern nur, daß der Protest damit zu versehen ist, vgl. zu Art 88 Anm 12. Die Vorschrift ist deshalb dahin zu verstehen, daß in dem von ihr bezeichneten Falle eine weitere Anbringung eines Amtszeichens des Protestbeamten auf dem Proteste nicht erforderlich ist; dessen amtliche Eigenschaft wird durch die einmalige Verwendung dieser Amtszeichen hinreichend dargetan. — Die Art der Verbindung ist im Gesetze nicht vorgeschrieben; sie wird (wie beim Indossamente, vgl. zu Art 11 Anm 5) ordnungsmäßig durch Klebstoff, Oblaten oder andere für dauernde Verbindung geeignete und nicht jederzeit ohne Hinterlassung von Spuren zu beseitigende Verbindungsmittel (also nicht durch Klammern, Stecknadeln) zu geschehen haben. Durch etwaige Wiederaufhebung der Verbindung (Loslösung des Blattes) wird der Protest nicht ungültig werden, wenn die Möglichkeit der Wiederverbindung noch besteht; die Wiederverbindung wird aber zur ordnungsmäßigen Klagerhebung, insbesondere im Urkundenprozesse, erforderlich sein. Ist die Verbindung vorhanden, so wird derjenige, der behauptet, daß sie verspätet erfolgt und deshalb der Protest ungültig sei (vgl. oben Anm 1), den Beweis dafür zu führen haben. **Anm. 4.**

4. Abs 4 des Artikels regelt die Form des Protestes mangels Zahlung für den Fall, daß dieser **a) unter Vorlegung mehrerer Exemplare desselben Wechsels** oder **b) unter Vorlegung des Originals und einer (oder mehrerer) Kopien** erhoben wird. Der erste Alternativfall wird namentlich eintreten, wenn gemäß Art 66 mehrere Exemplare des Wechsels ausgestellt sind und auf einem Exemplar sich das Akzept, auf dem anderen die zur Legitimation des Protestanten erforderlichen Indossamente befinden; aber auch bei unakzeptierten Wechseln, wenn diese Indossamente nicht alle auf dem gleichen Exemplare sich befinden; ferner wenn ein Ehrenakzept sich auf einem anderen Exemplar befindet, wie das Akzept, und der Wechsel gemäß Art 62 dem Ehrenakzeptanten vorgelegt wird. In entsprechender Weise kann der zweite Alternativfall eintreten, wenn ein Teil der Indossamente sich auf dem Originale, ein anderer Teil auf der Kopie befindet oder das Akzept auf dem Originale, die Indossamente ganz oder teilweise auf einer Kopie. Für diese Fälle ist folgendes bestimmt: **Anm. 5.**

α) Es bedarf nicht einer besonderen Beurkundung des Protestes auf jedem der mehreren Exemplare bzw. auf dem Original und der Kopie. Vielmehr genügt es, daß die Beurkundung nach Maßgabe der Artt 88 und 89 auf einem der mehreren Exemplare bzw. auf dem Originalwechsel stattfindet (Satz 1 des Absatzes). Auf welches der mehreren Exemplare (Prima, Secunda usw.) die Protesturkunde gesetzt wird, ist unerheblich; wenn in Satz 2 des Absatzes im zweiten Halbsatze von dem „ersten“ Exemplare die Rede ist, so kann das nur als eine grammatikalische Hinweisung auf das zuerst, nämlich in Satz 1, genannte Exemplar, auf dem sich die Beurkundung des Protestes befindet, im Gegensatz zu den in Satz 2 genannten „anderen“ Exemplaren verstanden werden. Auf der neben dem Originalwechsel vorgelegten Kopie darf die Beurkundung nicht erfolgen. **Anm. 6.**

β) Hinzukommen muß aber ein auf den anderen Exemplaren, d. h. denjenigen, auf welchen sich die Protesturkunde nicht befindet, bzw. auf der Kopie von dem Protestbeamten zu machender **Vermerk** des Inhalts, daß sich der Protest „auf dem ersten Exemplar“ (vgl. oben Anm 6) bzw. auf dem Originalwechsel befindet (**Satz 2**). Sind außer demjenigen Exemplare, auf welchem der Vermerk gemacht wird, noch mehrere Exemplare vorhanden, so wird dasjenige von ihnen, auf dem sich die Protesturkunde befindet, näher bezeichnet werden müssen, z. B. „auf der Sekunda“. Hinsichtlich der Stelle der Wechselexemplare oder der Kopie, an welcher diese Vermerke anzubringen sind, ist in **Satz 3** auf die Vorschriften, die in Abs 2 und in Abs 3 Satz 1 für die Beurkundung des Protestes gegeben sind (vgl. oben Anm 3 und Anm 4), zu entsprechender Anwendung verwiesen. Es sind dies die Vorschriften, die eine spätere Feststellung darüber ermöglichen sollen, welche wechselrechtlichen Erklärungen und Vermerke sich zur Zeit des Protestes auf dem Wechsel (hier **Anm. 7.**

auf dem „anderen" Exemplare oder der Kopie, auf die der Vermerk gesetzt wird) befunden haben. Nicht für anwendbar erklärt ist der **Satz 2 des Abs 3,** da eine Beifügung von Siegel oder Stempel zu der Unterschrift des Protestbeamten, wie für die Protestbeurkundung durch Art 88 Abs 2, für den Vermerk des Art 88 Abs 4 überhaupt nicht vorgeschrieben ist. Vielmehr ist durch den **Schlußsatz des Abs 4** lediglich vorgeschrieben, daß der Protestbeamte den Vermerk **zu unterzeichnen hat.** Diese Vorschrift ist ihrer Fassung nach ein Gebot, dessen Nichtbefolgung unter Umständen (vgl. zu Art 88 Anm 1) die Ungültigkeit des Protestes nach sich zieht, während die in Satz 3 bezeichneten Vorschriften nur Sollvorschriften sind.

Artikel 88 b.

Bezieht sich der Protest auf eine andere wechselrechtliche Leistung als die Zahlung, so ist er auf eine Abschrift des Wechsels oder der Kopie oder auf ein mit der Abschrift zu verbindendes Blatt zu setzen. Die Abschrift hat auch die auf dem Wechsel oder der Kopie befindlichen Indossamente und anderen Vermerke zu enthalten. Die Vorschriften des Artikel 88a Abs 2, 3 finden entsprechende Anwendung.

Anm. 1. 1. **Art 88b,** der gleichfalls durch die Protestnovelle neu in die WO eingefügt ist, regelt die **Form der Protesturkunde für Proteste, die sich auf eine andere wechselrechtliche Leistung als die Zahlung beziehen.** Welche Proteste dafür in Betracht kommen, ist in der Vorbemerkung 3 vor Art 87 dargelegt; darauf kann hier Bezug genommen werden.

Anm. 2. 2. Die hier in Frage stehenden Arten von Protesten wurden nach der früheren Fassung der WO, wie die Proteste mangels Zahlung (vgl. zu Art 88a Anm 1), in der Weise errichtet, daß eine besondere Urkunde über sie aufgenommen wurde, welche eine wörtliche Abschrift des Wechsels enthalten mußte, einschließlich aller darauf befindlichen Indossamente und „Bemerkungen". Dieses Erfordernis machte das Protestverfahren besonders umständlich und führte auch häufig zu Protestnichtigkeiten wegen Mängeln der Wechselabschrift, obwohl bereits die frühere Rechtsprechung nicht jede Abweichung von dem Wortlaute des Wechsels als Nichtigkeitsgrund ansah, sondern nur wesentliche, d. h. solche, welche die Feststellung, um welchen Wechsel es sich bei dem Proteste gehandelt habe, zu beeinträchtigen geeignet waren; ob solche Mängel vorlagen wurde als reine Tatfrage nach Lage des Einzelfalles entschieden (Bernstein S. 378). So wurden als unwesentlich erachtet Schreibfehler und Abkürzungen, namentlich bei Namen, die als solche erkennbar waren; ferner die unrichtige Wiedergabe des Datums eines Indossaments, die Fortlassung der Worte: „a. c. (dieses Jahres)" bei Angabe des Verfalltages, die Weglassung ausgestrichener Indossamente, die unrichtige Wiedergabe von Firmenstempeln, Seitenzahlen aus Handlungsbüchern u. dgl., sofern nicht etwa ausnahmsweise im Einzelfalle derartige Merkmale für die Erkennbarkeit des Wechsels von Bedeutung waren, in welchem Falle Nichtigkeit angenommen wurde (ROHG 14, 164). Sogar die Weglassung eines wesentlichen Wechselerfordernisses (Art 4 Nr. 1—8) oder einer wichtigen Wechselerklärung, wie des Akzeptvermerks, wurde keineswegs in allen Fällen ohne weiteres als Nichtigkeitsgrund angesehen, sondern im Einzelfalle hinsichtlich ihrer Bedeutung für die Erkennbarkeit des Wechsels frei gewürdigt (ROHG a. a. O. und die dort angeführten Entscheidungen).

Anm. 3. 3. Die Protestnovelle hat es nicht für angängig erachtet, bei anderen Protesten, als den Protesten mangels Zahlung, den Protest auf den Wechsel selbst setzen zu lassen und dadurch die Erkennbarkeit des Wechsels, auf den sich der Protest bezieht, zu gewährleisten, ohne daß eine Abschrift des Wechsels erforderlich wird. Man ging davon aus, daß namentlich bei dem Proteste mangels Annahme zwar der Protest, aber nicht der Wechsel dem sicherheitleistenden Indossanten oder Aussteller auszuhändigen ist (Art 25) und daß auch bei den anderen Protesten die Vereinigung des Wechsels mit dem Proteste in einer Urkunde Schwierigkeiten bereiten könnte. In dem Art 88b ist deshalb für diese Proteste **das Erfordernis einer Wechselabschrift beibehalten** und eine Änderung nur insofern getroffen worden, als nicht mehr die Abschrift in den Protest aufgenommen wird, sondern zunächst eine Abschrift angefertigt und auf *diese oder ein mit ihr zu verbindendes Blatt* der Protest gesetzt wird **(Satz 1).** Die aus dem Erfordernisse der Abschrift sich ergebenden Schwierigkeiten sind also nicht beseitigt. Ihre Lösung wird nach wie vor in der Richtung gesucht werden müssen, in der sie von der früheren Rechtsprechung gefunden worden ist, indem frei gewürdigt wird, ob durch einen Mangel der Abschrift die Erkennbarkeit des Wechsels, auf den sich der mit ihr verbundene Protest bezieht, beeinträchtigt ist. Das ist dadurch einigermaßen erleichtert, daß Art 88b nicht, wie Art 88 alter Fassung, eine Muß-, sondern nur eine Gebotsvorschrift enthält („der Protest *ist* auf eine Abschrift des Wechsels zu setzen"), und daß ferner nicht mehr eine *wörtliche* Abschrift, sondern nur noch „*eine Abschrift*", also ein Schriftstück verlangt wird, das noch als eine (wenn auch mangelhafte) Abschrift des Wechsels sich darstellt. Wird der Protest auf Grund *einer Kopie* erhoben, so tritt an die Stelle der Abschrift des Wechsels eine *Abschrift der Kopie.* Über den *Inhalt* der Abschrift bestimmt **Satz 2** noch weiter, daß sie auch die auf dem Wechsel oder der Kopie befindlichen Indossamente (die ja nicht Bestandteile des Grundwechsels sind) und anderen „Vermerke" (statt des in der alten Fassung enthaltenen, ganz unbestimmten Ausdrucks: „Bemerkungen") zu enthalten habe. Der Begriff des Vermerks ist hier derselbe wie in Art 88a Abs 2; vgl. zu Art 88a Anm 3.

4. Auf die gemäß den Vorschriften der Sätze 1 und 2 gefertigte Abschrift des Wechsels oder der Kopie oder auf ein mit ihr zu verbindendes Blatt **ist sodann der Protest zu setzen (Satz 1)**. Die in dem Art 88a Abs 2 und 3 enthaltenen Sollvorschriften finden darauf entsprechende Anwendung (**Satz 3**). Vgl. über diese Vorschriften zu Art 88a Anm 3 und 4. Die entsprechende Anwendung ergibt folgendes: **Anm. 4.**

a) Der Protest soll, wenn er auf die Abschrift des Wechsels oder der Kopie selbst gesetzt wird, seinen Platz unmittelbar hinter dem letzten auf dieser Abschrift befindlichen Vermerk finden (Art 88a Abs. 2). Eine Vorder- und Rückseite (wie bei dem Originale des Wechsels) wird bei der Abschrift nicht zu unterscheiden sein.

b) Wenn der Protest auf ein mit der Abschrift zu verbindendes Blatt gesetzt wird, so soll die Verbindungsstelle mit dem Amtssiegel oder dem Amtsstempel versehen und braucht, wenn dieser Vorschrift Genüge geleistet ist, der Protest im übrigen nicht mit einem Amtszeichen versehen zu werden (Art 88a Abs 3).

Artikel 89.

Muß eine wechselrechtliche Leistung von mehreren Personen verlangt werden, so ist über die mehrfache Aufforderung nur eine Protesturkunde erforderlich.

Art 89 erklärt die Aufnahme nur einer Protesturkunde für genügend, **wenn eine wechselrechtliche Leistung von mehreren Personen verlangt werden muß.** Die Bestimmung, die in dem Preußischen Entwurfe nicht enthalten war und über deren Entstehung aus den Protokollen der Leipziger Konferenz nichts ersichtlich ist, hat anscheinend den Zweck, Zweifel, die in dieser Richtung früher wohl bestanden haben mögen, auszuräumen. Sie setzt ihrem Wortlaute nach voraus, daß es sich um eine Leistung gleicher Art (Annahme, Zahlung, Auslieferung) handelt und daß ein rechtlicher Zwang dazu besteht, die Aufforderung an mehrere Personen zu richten, um einen Rechtserfolg, nämlich die Möglichkeit der Ausübung oder die Erhaltung von Regreßansprüchen, dadurch zu erzielen. Solche Fälle sind in der WO ausdrücklich vorgesehen: in Art 56 hinsichtlich des Regresses auf Sicherstellung mangels Annahme, wenn sich Notadressen, die auf den Zahlungsort lauten, auf dem Wechsel befinden; ebenso in Art 62 hinsichtlich des Regresses mangels Zahlung, falls Notadressen oder ein Ehrenakzept vorliegen. In diesen Fällen ist übrigens die Verbindung der Beurkundung in einem einheitlichen Proteste nicht nur gestattet, sondern vorgeschrieben, indem bestimmt ist, daß die an den Notadressaten bzw. Ehrenakzeptanten zu richtenden Aufforderungen in den Hauptprotest gegen den Bezogenen oder einen Anhang zu diesem aufzunehmen sind. Ein anderer von Art 89 getroffener Fall liegt vor, wenn ein Wechsel von mehreren Bezogenen akzeptiert ist; hier muß die Aufforderung zur Zahlung an alle Akzeptanten gerichtet werden, um die Regreßansprüche gegen die Indossanten und den Aussteller ausüben zu können und zu erhalten; darüber kann nach Art 89 eine einheitliche Protesturkunde errichtet, es können aber auch mehrere gesonderte Proteste aufgenommen werden. **Anm. 1.**

Der Vorschrift ist jedoch kein ausschließender Charakter beizumessen, der für andere, von ihr nicht genannte Fälle einen Schluß auf das Gegenteil, nämlich auf die Notwendigkeit gesonderter Protesturkunden, rechtfertigen könnte. Vielmehr kann die Zulässigkeit einer einzigen Protesturkunde auch in anderen Fällen eines sachlichen oder persönlichen Zusammenhanges angenommen werden. So namentlich wenn mehrere verschiedene Leistungen aus demselben Wechsel von mehreren Personen gefordert werden, wie im Falle des Art 69 durch den Inhaber eines Duplikats von dem Verwahrer des zum Akzepte versandten Exemplars dessen Auslieferung und von dem Bezogenen die Annahme oder Zahlung auf das Duplikat. Aber auch wenn von einer und derselben Person eine wechselrechtliche Leistung aus mehreren Wechseln verlangt wird, ist von der Rechtsprechung des ROHG, der das RG gefolgt ist (vgl. ROHG 2, 217; RGZ 32, 215), die Zulässigkeit der Beurkundung in einem Proteste angenommen worden, obwohl mehrere selbständige Protesthandlungen vorliegen, so daß der Protestbeamte für jeden einzelnen Wechsel eine besondere Gebühr berechnen kann und auch eine mehrfache Stempelgebühr für den Protest zu erheben ist (RG a. a. O.). Die hiernach vermeidbaren sonstigen Mehrkosten, die in solchen Fällen durch Aufnahme getrennter Protesturkunden entstehen, wird der Gläubiger vom Schuldner nicht erstattet verlangen können (so Bernstein zu Art 89 § 3). **Anm. 2.**

Artikel 89 a.

Die Wechselzahlung kann an den Protestbeamten erfolgen. Die Befugnis des Protestbeamten zur Annahme der Zahlung kann nicht ausgeschlossen werden.

1. Bis zum Inkrafttreten der Protestnovelle war die Frage, ob der **Protestbeamte ohne besondere Vollmacht ermächtigt sei, falls vom Protestaten Zahlung angeboten werde, sie entgegenzunehmen,** lebhaft umstritten. Eine Reihe von Schriftstellern und Urteilen faßte die Aufgabe des Protestbeamten so auf, daß er lediglich berufen sei, zur Zahlung an den Berechtig- **Anm. 1.**

ten aufzufordern und die Erfolglosigkeit dieser Feststellung gegebenenfalls durch einen Protest festzustellen. Manche (so Cosack, Lehmann) meinten sogar, der Protestbeamte habe nur die Erfolglosigkeit einer früheren privaten Präsentation des Wechsels festzustellen. Uneinigkeit bestand infolgedessen darüber, ob der Protestbeamte im Falle des Zahlungsangebots dennoch zu protestieren oder von dem Proteste Abstand zu nehmen habe. Vgl. die eingehende Darstellung des Streitstandes bei Bernstein zu Art 41 § 1 S. 199. Um diesem Streite, der auch in anderen Ländern eine Rolle spielt (vgl. namentlich für das französische Recht den Anhang I Anm 4) für Deutschland ein Ende zu bereiten, ist durch die Protestnovelle der **Art 89 a** in die WO eingefügt worden.

Anm. 2. 2. **Satz 1** des Artikels bestimmt, daß **die Wechselzahlung an den Protestbeamten erfolgen kann.** Zu ergänzen ist: „mit rechtlicher Wirkung gegenüber dem Wechselinhaber". Es wird dadurch eine gesetzliche Vertretungsmacht des Protestbeamten zur Vornahme des Rechtsgeschäfts der Zahlung mit dem Protestaten geschaffen. Voraussetzung ist, daß der Protestbeamte durch den Besitz des Wechsels legitimiert ist. Ist er im Besitze des Wechsels, so wird dadurch auch eine unwiderlegliche Vermutung (praesumtio iuris et de iure) begründet, daß er den Wechsel von dem Wechselinhaber mit dem Auftrage der Protesterhebung erhalten hat. Die Zahlung würde also gültig sein, auch wenn er auf unrechtmäßige Weise den Besitz des Wechsels erlangt hat, sofern er nur zu den Personen gehört, die durch das Gesetz zur Aufnahme von Protesten berufen sind, oder der Protestat das auch nur ohne grobe Fahrlässigkeit annehmen durfte. Die Zuständigkeit im Einzelfalle braucht der Protestat nicht zu prüfen. Daß der Wechsel von dem Wechselgläubiger bereits quittiert sei, ist nicht erforderlich. Der Protestbeamte muß auf Grund seiner Ermächtigung zur Entgegennahme der Zahlung auch als ermächtigt gelten, den Wechsel selbst zu quittieren, da nach Art 39 der Wechselschuldner nur gegen Aushändigung des quittierten Wechsels Zahlung zu leisten verpflichtet ist (Begründung zur Protestnovelle S. 12).

Anm. 3. 3. **Satz 2** ergänzt die Vorschrift des Satzes 1 noch durch die Bestimmung, daß **die Befugnis des Protestbeamten zur Annahme der Zahlung nicht ausgeschlossen werden kann.** Das bezieht sich zunächst auf das Verhältnis zwischen dem Wechselgläubiger und demjenigen, gegen den protestiert wird. Der Wechselgläubiger kann also nicht durch eine an den Protestaten gerichtete Mitteilung, daß der Protestbeamte die Zahlung nicht entgegennehmen dürfe, verhindern, daß der Protestat rechtswirksam an ihn zahlt. Aber auch im Verhältnis zwischen dem Wechselgläubiger und dem Protestbeamten ist eine Vereinbarung solchen Inhalts unwirksam, zumal da es sich dabei nicht um einen privaten Dienstvertrag handelt, sondern, wenn überhaupt um einen Dienstvertrag (vgl. zu Art 87 Anm 4—6), um einen solchen, der durch öffentlich-rechtliche Verwaltungsvorschriften geregelt und daher den Parteidispositionen entzogen ist. Aber auch durch Verwaltungsvorschriften kann gemäß Satz 2 des Artikels die Befugnis des Protestbeamten zur Entgegennahme der Zahlung nicht ausgeschlossen werden. Soweit insbesondere die Postverwaltung die Protestierung von Wechseln übernimmt, haftet sie auch für die an den Protestbeamten geleistete Zahlung (vgl. Postordnung unter XV, Anlage A 3).

Anm. 3a. 3a. Der Protestbeamte ist kraft seines Amtes auch demjenigen, gegen den er protestieren will und zu dem er dadurch in amtliche Beziehungen tritt, gegenüber **verpflichtet**, eine ihm ordnungsmäßig angebotene **Zahlung anzunehmen** und ihm den Wechsel quittiert auszuhändigen. Die Annahmepflicht besteht auch für Teilzahlungen, die auf dem Wechsel abzuschreiben und über die eine besondere Quittung auszustellen ist (Artt 38, 39). Verweigert er die Annahme der Zahlung ohne Grund, so macht er sich dadurch gegenüber dem Wechselgläubiger und dem Protestaten schadenersatzpflichtig. Auch die Postverwaltung haftet für diesen Schaden auf Grund der Postordnung, derzufolge sie für die ordnungsmäßige Ausführung des Protestauftrags haftbar ist (Postordnung unter XV).

Anm. 4. 4. Die dem Protestbeamten durch Art 89a verliehene Befugnis erstreckt sich nur auf die Entgegennahme der **Zahlung,** nicht der Surrogate der Zahlung, insbesondere nicht einer Aufrechnungserklärung. Erklärt der Protestat, aufrechnen zu wollen, so muß der Protestbeamte die Aufforderung zur Zahlung als erfolglos betrachten und den Protest erheben. Ebenso wenn etwa der Protestat etwas anderes als die geschuldete Geldsumme, z. B. Geld anderer Währung als der geschuldeten (vgl. zu Art 37), an Zahlungs Statt geben will.

Anm. 5. 5. Darüber, ob der Protestbeamte, wenn die geforderte wechselrechtliche Handlung **auf eine andere Leistung als auf Zahlung** gerichtet ist, diese entgegennehmen kann, enthält Art 89a keine Vorschrift. Daß daraus nicht etwa ein Schluß auf das Gegenteil hergeleitet werden kann, ergibt sich aus der Entstehungsgeschichte und dem Zwecke der Vorschrift (vgl. oben zu 1). Die Frage selbst wird unbedenklich zu bejahen sein, da es der Natur der Sache entspricht, daß derjenige, der damit beauftragt ist, zu einer Leistung aufzufordern und die Nichtleistung festzustellen, auch die Befugnis hat, die Leistung entgegenzunehmen; so auch StStranz zu Art 89a Anm 9. Doch wird eine Einschränkung der hiernach zu vermutenden Vertretungsmacht in diesen Fällen nicht ausgeschlossen sein.

Anm. 6. 6. Für das **österreichische Recht** kommt die oben zu 1 erwähnte Streitfrage nach wie vor in Betracht. Die gegen die Befugnis des Protestbeamten erhobenen Bedenken sind m. E. nicht für durchschlageud zn erachten. Der Protestbeamte hat nicht die Erfolglosigkeit einer privaten

Präsentation festzustellen, sondern selbst die Zahlung zu begehren (Art 88 Nr. 3 der alten Fassung); dem entspricht es, daß er, wenn diesem Begehren Genüge geleistet wird, sie auch entgegennimmt. Die entgegengesetzte Auffassung führt zu unnötigen Weiterungen und Kosten, unter Umständen auch zu Fristversäumnissen und das Gesetz nötigt nicht zu ihr. Ebenso StStranz zu Art 89a Anm 2.

Artikel 90.

Schreibfehler, Auslassungen und sonstige Mängel der Protesturkunde können bis zur Aushändigung der Urkunde an die Person, für welche der Protest erhoben ist, von dem Protestbeamten berichtigt werden. Die Berichtigung ist als solche unter Beifügung der Unterschrift kenntlich zu machen.

Von dem Protest ist eine beglaubigte Abschrift zurückzubehalten. Über den Inhalt des Wechsels oder der Kopie ist ein Vermerk aufzunehmen. Der Vermerk hat zu enthalten:

1. den Betrag des Wechsels;
2. die Zahlungszeit;
3. den Ort, den Monatstag und das Jahr der Ausstellung;
4. die Namen des Ausstellers, des Remittenten und des Bezogenen;
5. falls eine vom Bezogenen verschiedene Person angegeben ist, durch welche die Zahlung erfolgen soll, den Namen dieser Person sowie die Namen der etwaigen Notadressen und Ehrenakzeptanten.

Die Abschriften und Vermerke sind geordnet aufzubewahren.

[Österreichische Fassung:

Die Notare und Gerichtsbeamten sind schuldig, die von ihnen aufgenommenen Proteste nach deren ganzen Inhalte Tag für Tag und nach Ordnung des Datums in ein besonderes Register einzutragen, das von Blatt zu Blatt mit fortlaufenden Zahlen versehen ist.]

1. Entstehungsgeschichte. Der frühere Art 90 WO schrieb vor, daß die Protestbeamten verpflichtet seien, die Proteste nach ihrem ganzen Inhalte Tag für Tag und nach Ordnung des Datums in ein besonderes Register einzutragen. Diese Vorschrift und damit das Protestregister ist durch die Protestnovelle beseitigt worden. Art 90 WO hat an Stelle dessen einen neuen Inhalt bekommen, und zwar betrifft nunmehr Abs 1 die Berichtigung der Protesturkunden, während die Abs 2 und 3 als Ersatz für das Protestregister und die gleichfalls weggefallene Abschrift des Wechsels im Proteste (vgl. zu Art 88 Anm 1) die Zurückbehaltung einer beglaubigten Abschrift des Protestes und eines Vermerks über den Inhalt des Wechsels vorschreiben. **Anm. 1.**

2. Berichtigung der Protesturkunde (Abs 1). Nach dem früheren, für den Wechsel geltenden Rechte waren Berichtigungen des Protestes mangels Zahlung, durch welche wesentlichen Mängeln der Protesturkunde hätte abgeholfen werden können, nach Ablauf der Protestfrist, innerhalb deren die Protesturkunde fertiggestellt werden mußte (vgl. zu Art 88 Anm 10), nicht mehr statthaft. Das war vom ROHG (7, 183) und auch vom RG (Bolze 9 Nr. 278; Gruchot 35, 195) mehrfach ausgesprochen. Die neue Vorschrift des Art 90 Abs 1 bezweckt, die Frist für die Möglichkeit einer solchen Berichtigung „aus praktischen Rücksichten" weiter auszudehnen, um namentlich auch für die von Postbeamten aufgenommenen Proteste es zu ermöglichen, daß sie einer wirksamen Kontrolle durch die vorgesetzten Beamten unterzogen werden (Begründung der Protestnovelle S. 13). Zu diesem Zwecke gestattet der Art 90 nunmehr die Berichtigung bis zur Aushändigung der Urkunde an den Auftraggeber des Protestbeamten. Allerdings bedeutet diese Vorschrift eine Erweiterung der Berichtigungsmöglichkeit nur für den an eine Protestfrist gebundenen Regreß mangels Zahlung; für diejenigen Proteste, die nicht an eine Protestfrist gebunden sind, bringt sie im Gegenteil eher eine Einschränkung, da ihre Berichtigung wohl bisher auch nach Aushändigung an den Auftraggeber des Protestbeamten noch zulässig war, wenigstens solange von ihr noch nicht einem dritten Beteiligten gegenüber Gebrauch gemacht war. Die von StStranz (Anm 2 Abs 2 zu Art 90) empfohlene allgemeine Einführung einer unbegrenzten Berichtigungsmöglichkeit für alle Proteste dürfte doch wohl mit den an die Glaubwürdigkeit und Beständigkeit einer öffentlichen Urkunde zu stellenden Anforderungen nicht zu vereinbaren sein. Vgl. in diesem Sinne auch RGZ 126, 7. Die jetzige Begrenzung geht wohl von der in der Regel zutreffenden Voraussetzung aus, daß bis zur Aushändigung an den Auftraggeber des Protestbeamten die Urkunde noch nicht Dritten in rechtsverbindlicher Weise zur Kenntnis gebracht worden sein wird. Da die Aushändigung sich formlos vollzieht, so würde an sich die Möglichkeit bestehen, **Anm. 2.**

daß, nachdem sie erfolgt ist, der Auftraggeber den Protest dem Protestbeamten zum Zwecke der Berichtigung zurückgibt und dieser die Berichtigung doch noch vornimmt, ohne daß ihre Verspätung erkennbar ist; doch würde der Protestbeamte sich durch ein solches Vorgehen zweifellos einer Verletzung seiner Amtspflicht schuldig machen und sich der Gefahr von Schadensersatzansprüchen aussetzen. Das RG hat in RGZ 126, 6 ausgesprochen, daß die „Aushändigung" im Sinne des Art 90 eine körperliche Übergabe nicht erfordere, sondern auch durch eine Vereinbarung vollzogen werden könne, auf Grund deren der Protestbeamte (Notar) die Urkunde als Bevollmächtigter des Protestanten, namentlich als Prozeßbevollmächtigter zum Zwecke der Klagerhebung, in seinem unmittelbaren Besitze behält (entsprechend der Eigentumsübertragung nach § 930 BGB), und daß eine solche Vereinbarung als spätestens mit der Klagerhebung zustande gekommen anzusehen sei. Diese Auffassung entspricht zwar nicht völlig dem, was unter „Aushändigung" gewöhnlich verstanden wird; sie wird aber als dem Sinne des Gesetzes entsprechend anzusehen sein, das wohl eine Berichtigung über die Beendigung des auf die Protesterhebung gerichteten Auftragsverhältnisses zwischen dem Protestanten und dem Protestbeamten hinaus nicht hat zulassen wollen.

Anm. 3. **3.** Das Gesetz hebt zwei einzelne Arten von Mängeln — Schreibfehler und Auslassungen — besonders hervor; doch geschieht dies nur beispielsweise, und es ist die Berichtigung aller Arten von Mängeln bis zu dem bestimmten zeitlichen Endpunkte gestattet. Nichtwesentliche, d. h. solche Mängel, durch welche die Wirksamkeit des Protestes nicht beeinträchtigt wird (vgl. zu Art 88 Anm 1), können zeitlich unbeschränkt berichtigt werden. In allen Fällen muß es sich aber lediglich um Mängel der Beurkundung handeln; Handlungen des Protestbeamten, die versäumt worden sind, z. B. die Vorlegung des Wechsels oder die Zahlungsaufforderung, können nur in der Weise nachgeholt werden, daß die Protesthandlung, soweit es noch möglich ist, von neuem vorgenommen wird. Danach können beispielsweise durch nachträgliche Berichtigung innerhalb der Berichtigungsfrist (oben Anm 2) geheilt werden: die Angabe von unrichtigen Namen der Personen, für und gegen welche protestiert worden ist (Art 88 Abs 1 Ziff 1); die unterlassene Beurkundung, daß die Aufforderung erfolglos war oder daß die Person, gegen welche protestiert worden ist, nicht anzutreffen oder ihr Geschäftslokal oder ihre Wohnung nicht zu ermitteln war (ebenda Ziff 2); die unterlassene Angabe des Datums der Aufforderung (ebenda Ziff 3); das Fehlen der Unterschrift des Protestbeamten oder des Amtssiegels und Amtsstempels (ebenda Abs 2); die fehlende Verbindung der Protesturkunde mit dem Wechsel (Art 88a). — Das RG hat in RGZ 126, 6 die Nachholung der Angabe, daß ein Geschäftslokal am Zahlungsorte sich nicht habe ermitteln lassen (in dem zu Art 88 Anm 8 erörterten Falle), für eine „weit über den Rahmen der Berichtigung hinausgehende neue Beurkundung" erklärt, die sich als ein „völlig neuer Protest" darstelle. Das dürfte dem Gedanken des Gesetzes und namentlich den Absichten der Protestnovelle (vgl. oben Anm 2) schwerlich entsprechen. Allerdings hat das RG seine Entscheidung nicht auf diese bedenklich formalistische Begründung allein gestützt (vgl. oben Anm 2).

Anm. 4. **Die Berichtigung ist als solche durch Beifügung der Unterschrift kenntlich zu machen (Satz 2).** Einer ausdrücklichen Bezeichnung als Berichtigung bedarf es sonach nicht, sondern nur der Kennzeichnung als nachträgliche Streichung oder Hinzufügung durch besondere Unterschrift. Nicht zulässig ist die bloße Durchstreichung oder Neueinfügung in den Text der Urkunde; zulässig dagegen ein Randsatz mit Genehmigungsvermerk. Solange die Urkunde noch nicht abgeschlossen ist, können Durchstreichungen, insbesondere von Vordrucken in den Formularen, erfolgen, ohne daß es der besonderen Unterschrift bedarf; solche Durchstreichungen sind keine Berichtigungen (Begr S. 13). Eine Datierung der Berichtigung ist nicht vorgeschrieben; doch gehört die Datierung zu der ordnungsmäßigen Errichtung einer öffentlichen Urkunde, als welche sich auch die Berichtigung darstellt. Außerdem wird derjenige, der sich auf die Berichtigung beruft, den Beweis ihrer Rechtzeitigkeit zu führen haben, der ohne Datierung nicht leicht wird geführt werden können; schon aus diesem Grunde wird der Protestbeamte die Berichtigung datieren müssen.

Anm. 5. 4. Die in **Abs 2 Satz 1** vorgeschriebene **Zurückbehaltung einer beglaubigten Abschrift des Protestes** bildet den Ersatz für das weggefallene Protestregister (vgl. oben Anm 1); dem entspricht es, daß die Abschriften geordnet aufzubewahren sind (Abs 3, vgl. unten Anm 8). Von der zurückbehaltenen beglaubigten Abschrift können wiederum beglaubigte Abschriften gefertigt werden; aber keine Ausfertigungen, da solche das Vorliegen einer Urschrift voraussetzen. StStranz (Anm 5 zu Art 90) ziehen daraus die Folgerung, daß bei Verlust des Originalprotestes, der dem Auftraggeber ausgehändigt ist, die Regreßansprüche gegen Aussteller und Indossanten verlorengehen, da eine Wiederbeibringung des Protestes durch Erteilung einer weiteren Ausfertigung nicht möglich und ein Aufgebotsverfahren für den Protest nicht eingeführt sei, während Rehbein (Anm 15) unter Bezugnahme auf Grünhut (II § 79 Anm 81), der Ansicht ist, daß die zurückbehaltene beglaubigte Abschrift im Falle des Verlustes der Urschrift dazu dienen könne, diese zu ersetzen. Diese letztere Ansicht verdient den Vorzug, da in den Verfahrensgesetzen keineswegs vorgeschrieben ist, daß öffentliche Urkunden, durch die ein Beweis geführt werden soll, ausnahmslos in Urschrift oder „Ausfertigung" vorgelegt werden müssen; vielmehr § 435 ZPO die Vorlegung in Urschrift oder einer beglaubigten Abschrift, welche hinsichtlich der Beglaubigung die Erfordernisse einer öffentlichen Urkunde an sich trägt, als die regelmäßige Art der Antretung des Beweises bestimmt. Das Prozeßgericht hat in solchem Falle nach freiem Ermessen zu entscheiden, ob und welche Beweiskraft in Ermangelung der Vorlegung des Originalprotestes der beglaubigten Abschrift beizumessen ist. Übrigens wird der Protest mangels Zahlung, da er sich nach den jetzt geltenden Vorschriften auf dem Wechsel selbst oder einem mit diesem zu verbindenden Blatte befindet (Art 88a), in der Regel mit dem W. abhanden kommen; vgl. über diesen Fall zu Art 73 Anm 16.

5. An Stelle der bis zur Protestnovelle vorgeschriebenen wörtlichen Abschrift des Wechsels (vgl. oben Anm 1) ist in Art 90 Abs 2, 3 jetziger Fassung die Aufnahme eines **Vermerks über den Inhalt des Wechsels oder der Kopie** vorgeschrieben. Der Vermerk ist von dem Protestbeamten aufzunehmen. Er stellt einen Auszug aus dem Inhalte des Wechsels dar mit den in Satz 3 bezeichneten Angaben, nämlich: **Anm. 6.**

1. Betrag des Wechsels, d. i. die bestimmte Geldsumme, auf die der Wechsel nach Art 4 Nr. 2 zu lauten hat;
2. Zahlungszeit nach Art 4 Nr. 4;
3. Ort, Monatstag und Jahr der Ausstellung, entsprechend Art 4 Nr. 6;
4. Name des Ausstellers, entsprechend der Unterschrift des Ausstellers gemäß Art 4 Nr. 5, des Remittenten (Art 4 Nr. 3) und des Bezogenen (Art 4 Nr. 7);
5. im Falle des domizilierten Wechsels mit benanntem Domiziliaten (Art 24) Name der Person, welche die Zahlung leisten soll (das ist der Domiziliat).

Eine Beglaubigung des Vermerks durch den Protestbeamten ist nicht vorgeschrieben, wird aber statthaft sein. Der Vermerk kann selbstverständlich die Vorlegung des Wechsels selbst im Rechtsstreite nicht ersetzen; er kann aber, falls dieser mit dem Proteste verlorengegangen ist, dazu dienen, die Grundlage für das Aufgebotsverfahren zu bilden, insbesondere die in § 1007 ZPO zur Begründung des Antrags erforderlichen Angaben zu ermöglichen und glaubhaft zu machen. **Anm. 7.**

6. Abs 3 schreibt vor, daß die Abschriften der Proteste und die Vermerke über den Inhalt der Wechsel — Abs 2 Satz 1, 2 — **geordnet aufzubewahren** sind. Darüber, in welcher Weise die geordnete Aufbewahrung zu erfolgen hat, bestimmen die Dienstvorschriften für die Protestbeamten, die von den Ländern zu erlassen sind; so für Preußen die JMVf v. 16. 9. 1908 (JMBl08, 339) zu A V § 2b und zu B (Anlage A 4). Daß die Ordnung nach der Zeitfolge erfolgen müßte (so StStranz zu Art 90 Anm 7), ist nicht unbedingt erforderlich, die Sammlung kann auch alphabetisch nach den Namen der Protestaten oder in sonstiger Art angelegt werden. **Anm. 8.**

Die Rechtswirksamkeit des Protestes hängt von der Zurückbehaltung einer beglaubigten Abschrift des Protestes oder der Aufnahme eines Vermerkes über den Inhalt des Wechsels sowie von ihrer vorschriftsmäßigen Aufbewahrung nicht ab. **Anm. 9.**

XVII. Ort und Zeit für die Präsentation und andere im Wechselverkehr vorkommende Handlungen.

Vorbemerkungen.

1. Der vorliegende Unterabschnitt beschäftigt sich, wie der vorhergehende, mit den **Formen der wechselrechtlichen Handlungen,** beschränkt sich aber dabei nicht, wie dieser, auf die formelle Haupthandlung, den Protest, sondern bezieht sich auf alle im Wechselverkehr vorkommenden Handlungen, ebensowohl der Parteien, wie behördlicher Organe. Die Überschrift ist insofern irreführend, als in diesem Abschnitte nicht etwa eine zusammenfassende Regelung der örtlichen und zeitlichen Beziehungen dieser Handlungen erfolgt, sondern nur einzelne ergänzende Vorschriften darüber gegeben werden. Insbesondere ist in Art 91 nicht der Ort (die Örtlichkeit) für die Vornahme der dort bezeichneten Handlungen bestimmt (dieser regelt sich nach anderen Vorschriften: „Zahlungsort, Erfüllungsort"), sondern nur die Stelle innerhalb der bestimmten Örtlichkeit, an der die Handlungen zu erfolgen haben, was in dem Texte des Art 91 erst durch die Protestnovelle zum Ausdruck gekommen ist (vgl. zu Art 91 Anm 1), während die Überschrift unverändert geblieben ist. Der neu hinzugekommene Art 91a enthält sodann eine Erstreckung dieser „Stelle" unter bestimmten besonderen Verhältnissen auf einen „benachbarten Ort". Auch die zeitlichen Beziehungen der wechselrechtlichen Handlungen sind in der Hauptsache durch andere Vorschriften (Zahlungstag, Verfalltag) geregelt; der vorliegende Abschnitt bringt nur einzelne ergänzende Vorschriften, und zwar in Art 92 über den Einfluß der Sonn- und Feiertage, in Art 93 über die Besonderheit der sog. „Kassiertage". **Anm. 1.**

2. In Österreich gelten auch die Vorschriften dieses Unterabschnitts noch in der alten Fassung. Die dadurch entstandenen Unterschiede vom deutschen Rechte sind im nachfolgenden, wie in dem vorhergehenden Unterabschnitte (vgl. Vorbem 5 zu Unterabschn XVI) besonders kenntlich gemacht. **Anm. 2.**

Artikel 91.

Die Präsentation zur Annahme oder Zahlung, die Protesterhebung, die Abforderung eines Wechselduplikats sowie alle sonstigen bei einer bestimmten Person vorzunehmen-

den Akte müssen in deren Geschäftslokal und in Ermangelung eines solchen in deren Wohnung vorgenommen werden. An einer anderen Stelle, z. B. an der Börse, kann dies nur mit beiderseitigem Einverständnisse geschehen.

Ist in dem Proteste vermerkt, daß sich das Geschäftslokal oder die Wohnung nicht hat ermitteln lassen, so ist der Protest nicht deshalb ungültig, weil die Ermittelung möglich war.

Die Verantwortlichkeit des Protestbeamten, der es unterläßt, geeignete Ermittelungen anzustellen, wird durch die Vorschrift des Abs 2 nicht berührt. Ist eine Nachfrage bei der Polizeibehörde des Ortes ohne Erfolg geblieben, so ist der Protestbeamte zu weiteren Nachforschungen nicht verpflichtet.

Anm. 1. 1. **Art 91** bestimmt darüber, **an welcher Stelle** innerhalb des für die einzelnen Handlungen vorgeschriebenen Ortes die bei einer bestimmten Person vorzunehmenden wechselrechtlichen Handlungen („Akte") vorzunehmen sind. Daß es sich in Art 91 nicht um den Ort handelt, ist durch die Protestnovelle in der Weise klargestellt, daß in Satz 2 von Abs 1 an Stelle der früheren Fassung „an einem anderen Orte" die Worte gesetzt sind: „an einer anderen Stelle". „Bei" einer bestimmten Person ist hier im Sinne von „gegenüber" gebraucht. Von den in Betracht kommenden Handlungen sind die hauptsächlichsten aufgeführt, unter Hinzufügung einer Generalklausel. Es handelt sich vorzugsweise um die Präsentation zur Annahme oder Zahlung, auch zur Sicht, bei dem Bezogenen, dem Domiziliaten, den Notadressaten und dem Ehrenakzeptanten (Artt 31, 32, 41, 42, 43, 56, 62) und um den Protest (Artt 25, 26, 29, 41), der in der Regel der Präsentation, falls sie erfolglos bleibt, folgt und den Beweis für sie bildet, daher an der gleichen Stelle zu erheben ist; außerdem ist noch die Abforderung eines Wechselduplikats von dem Verwahrer gemäß Art 69 Nr. 1 besonders aufgeführt. Auch die Zahlung ist eine Handlung, die gegenüber einer bestimmten Person, dem Empfangsberechtigten, vorzunehmen ist; die Stelle innerhalb des Zahlungsortes, an der das Zahlungsangebot zu erfolgen hat, wird sich deshalb gleichfalls nach Art 91 richten. Ebenso die Aufrechnungserklärung (§ 388 BGB), durch die eine Wechselschuld getilgt werden soll. Weiter kommen noch etwa in Frage das Verlangen von Duplikaten von dem Aussteller (Art 66), das (in Art 91 nicht besonders aufgeführte) Verlangen der Herausgabe des Originalwechsels von dessen Verwahrer durch den Inhaber einer Kopie (Art 72).

Anm. 2. 2. Die **Stelle, an der die in Frage stehenden Handlungen vorzunehmen sind,** ist nach Absatz 1 Satz 1 des Artikels in erster Linie das **Geschäftslokal** der Person, gegenüber der sie zu erfolgen haben; nur in Ermangelung eines Geschäftslokals können sie in ihrer Wohnung erfolgen (Abs 1 Satz 1). Doch ist, wie sich aus Abs 2 (vgl. unten Anm 8) ergibt, dazu nicht erforderlich, daß die Empfangsperson überhaupt kein Geschäftslokal hat, sondern es genügt, daß ein solches sich nicht hat ermitteln lassen. Diese Vorschriften sind Mußvorschriften; eine an danach nicht zuständiger Stelle vorgenommene Handlung ist daher rechtsunwirksam und diese Rechtsunwirksamkeit wird auch dadurch nicht beseitigt, daß der mit der Handlung bezweckte Erfolg erreicht ist, insbesondere daß der Bezogene von der Handlung Kenntnis erhalten hat. Nur mit beiderseitigem Einverständnisse kann die Handlung auch an einer anderen Stelle rechtswirksam vorgenommen werden (Abs 1 Satz 2). Die Vorschriften des Art 91 beziehen sich übrigens nur auf die eigentliche Handlung selbst, nicht auf deren Beurkundung. Die Vornahme der Beurkundung, insbesondere auch des Protestes, ist an eine bestimmte Stelle nicht gebunden; vgl. zu Art 88 Anm 10.

Anm. 3. **a) „Geschäftslokal"** ist die räumliche Stelle, die eine selbständig erwerbstätige Person kraft privaten Rechts zur Erledigung ihrer Geschäfte regelmäßig benutzt. Daß die Benutzung eine dauernde sei, ist nicht erforderlich; Benutzung während einer bestimmten vorübergehenden Periode, z. B. für die Dauer einer Messe, genügt. Die geschäftliche Tätigkeit kann im Verkehr mit dem Publikum bestehen (Verkaufsräume, Entgegennahme von Aufträgen) oder auch in Bureauarbeiten (Kontor, Schreibstube). Sie umfaßt sowohl die kaufmännische Tätigkeit, wie den Fabrik- und Handwerksbetrieb und die Tätigkeit des Rechtsanwalts, Notars, praktizierenden Arztes, nicht aber die Tätigkeit des nicht auf Gebühren angewiesenen Beamten, auch nicht die des Schriftstellers, Gelehrten usw. Ein bloßer Lagerraum ist kein Geschäftslokal, auch nicht ein persönliches Arbeitszimmer, in welchem Kunden regelmäßig nicht empfangen werden. Unter „Lokal" ist jedoch nicht nur ein einzelner Raum zu verstehen, sondern auch eine zusammenhängende Mehrheit von Räumen; sonach kann, wenn das Geschäftslokal aus Arbeitszimmer und Bureau besteht, die Handlung in jedem dieser Räume vorgenommen werden. Geschäftslokal kann auch ein Raum oder eine Mehrheit von Räumen sein, die zugleich als Wohnung dienen; anders der Begriff des „besonderen Geschäftslokals" in § 183 ZPO. Sind dagegen von einer Mehrheit von Räumen die einen nur zur Erledigung von Geschäften, die anderen nur zum Wohnen bestimmt, so kann die Handlung nur in jenen vorgenommen werden. Das Geschäftslokal einer offenen Handelsgesellschaft ist zugleich Geschäftslokal der dortselbst regelmäßig tätigen einzelnen Gesellschafter (RGZ 16, 349), nicht dagegen solcher Gesellschafter, die dort nicht regelmäßig beschäftigt sind (ROLG 29, 72). Dagegen ist das Geschäftslokal einer Firma nicht Geschäftslokal der daselbst tätigen Angestellten. Ein von mehreren selbständig erwerbstätigen Personen gemeinschaftlich benutzter Raum ist Geschäftslokal einer jeden von ihnen. Dagegen ist ein Raum, der von dem Erwerbstätigen nicht kraft privaten Rechts, sondern als Glied der Allgemeinheit oder einer Korporation benutzt wird, z. B. die Börse für den Börsenbesucher (vgl. Satz 2; anders für die dort angestellten Makler), kein Geschäftslokal.

Das Geschäftslokal ist mit Rücksicht darauf, daß der Erwerbstätige durch seine Einrichtung kundgegeben hat, er werde sich dort regelmäßig während der Geschäftsstunden oder eines Teiles derselben zur Erledigung von Geschäften aufhalten, als die für die Vornahme wechselrechtlicher Handlungen in erster Linie geeignete Stelle vom Gesetze angesehen worden (vgl. RGZ 16, 349). Während aber für Zustellungen gemäß § 183 ZPO das (besondere) Geschäftslokal wahlweise neben der Wohnung zugelassen ist, schließt die WO die Wohnung aus, sofern ein Geschäftslokal vorhanden ist; der Erwerbstätige hat also ein Recht darauf, daß die Handlung in seinem Geschäftslokale vorgenommen werde. Ist ein Geschäftslokal vorhanden, so können die Handlungen nur in diesem vorgenommen werden, auch wenn der Wechsel sich nicht auf geschäftliche, sondern auf private Angelegenheiten bezieht. Das Geschäftslokal muß zur Zeit der Vornahme der Handlung tatsächlich der Person, gegenüber welcher die Handlung vorzunehmen ist (der Empfangsperson), als solches zu dienen bestimmt, insbesondere von ihr nicht aufgegeben sein. Daß es im Wechsel als ihr Geschäftslokal bezeichnet ist, genügt nicht (ROHG 22, 401; 25, 413; RGZ 73, 253). Doch wird auch hier, wie bei der Frage der Legitimation des zur Entgegennahme der Vorlegung befugten Vertreters (vgl. zu Art 88 unter Anm 5), als ausreichend angesehen werden müssen, wenn der Protestbeamte den Umständen nach annehmen mußte oder durfte, daß der Raum noch das Geschäftslokal der Person sei; andernfalls würde man in einen für die Sicherheit des Rechtsverkehrs höchst bedenklichen Formalismus geraten. Daß in dem Geschäftslokal tatsächlich Geschäfte erledigt werden, ist nicht erforderlich; es genügt, wenn es als solches nach außen eingerichtet und nicht aufgegeben ist. Auch im Konkurse bleibt das Geschäftslokal des Gemeinschuldners bestehen, solange es sich als solches noch äußerlich darstellt; ebenso im Falle der Entmündigung (RGZ 2, S. 24, 26). Im Falle des Todes kann der Protest sowohl gegenüber den Erben oder deren Vertretern wie auch gegenüber dem Verstorbenen erhoben werden; im letzteren Falle wird vom RG angenommen, daß das letzte Geschäftslokal bzw. die letzte Wohnung (Sterbewohnung) in entsprechender Anwendung des Art 91 Abs 1 Satz 1 die richtige Stelle sei (RGZ 58, 48). Wird in dem Geschäftslokal weder die Empfangsperson noch ein zur Entgegennahme befugter Vertreter angetroffen, so ist die Vorlegung als vergeblich versucht (vgl. zu Art 88 Anm 8) anzusehen, ohne daß es eines Versuchs, sie anderswo, insbesondere in der Wohnung anzutreffen, bedarf (ROHG 11, 398). **Anm. 4.**

b) Ist an dem Orte, an welchem die Handlung vorzunehmen ist, ein Geschäftslokal nicht vorhanden oder nicht zu ermitteln, so kann die Handlung **in der Wohnung** vorgenommen werden. Wohnung ist derjenige Raum oder diejenige zusammenhängende Mehrheit von Räumen, in welchen die Person zur Zeit der Vornahme der Handlung tatsächlich wohnt, d. h. den Mittelpunkt für die Befriedigung ihrer Lebensbedürfnisse hat, wofür das Schlafen in den Räumen entscheidend ist; vgl. Gaupp-Stein ZPO zu § 180 Anm II. Dabei wird die Absicht einer Fortsetzung für einige Zeit vorausgesetzt; bloßes ein- oder mehrmaliges Übernachten, insbesondere in einem Gasthofe, genügt nicht; andererseits ist aber eine dauernde Benutzung kraft eigenen Rechts (Mietvertrag) nicht erforderlich; es genügt auch ein längere Zeit fortgesetzter besuchsweiser Aufenthalt (RGZ 34, 397). Auch für die Wohnung gilt hinsichtlich des tatsächlichen Vorhandenseins als solche das gleiche wie hinsichtlich des Geschäftslokals, vgl. oben Anm 4. **Anm. 5.**

c) Auch wenn die Person an dem Orte, an welchem die Handlung vorzunehmen ist, ein Geschäftslokal oder eine Wohnung hat, kann die Vornahme der Handlung an einer anderen Stelle dieses Ortes erfolgen **„in beiderseitigem Einverständnisse" (Absatz 1 Satz 2).** Darunter ist zu verstehen das Einverständnis zwischen demjenigen, welcher die Handlung persönlich oder durch einen Beauftragten vornimmt — dem legitimierten Wechselinhaber — und demjenigen, dem gegenüber sie vorgenommen wird. Das Einverständnis des ersteren wird ohne weiteres dadurch bekundet, daß er oder sein Beauftragter die Handlung an der „anderen Stelle" vornimmt. Es kann also nur das Einverständnis desjenigen, dem gegenüber die Handlung vorgenommen wird, in Frage kommen. Dieses Einverständnis kann ausdrücklich oder stillschweigend bekundet werden; die bloße Entgegennahme der Handlung ohne Widerspruch wird aber nur dann als Einverständnis anzusehen sein, wenn er sich bewußt war, daß er nicht verpflichtet sei, die Vornahme der Handlung an dieser Stelle entgegenzunehmen. Liegt ein solches Einverständnis vor, so ist die an der betreffenden Stelle vorgenommene Handlung allen Wechselbeteiligten, insbesondere den Regreßverpflichteten gegenüber wirksam insoweit, als die Vornahme an der richtigen Stelle in Frage steht. Bestritten ist jedoch, ob diese Wirkung nur dann eintritt, wenn das Einverständnis desjenigen, dem gegenüber die Handlung vorzunehmen ist, unmittelbar bei Vornahme der Handlung erklärt wird oder auch dann, wenn dieses Einverständnis bereits vorher erklärt und auf dem Wechsel zum Ausdruck gebracht ist, insbesondere für die Präsentation zur Zahlung durch die mit Willen oder Wissen des Bezogenen erfolgte Bezeichnung einer **Anm. 6.**

Zahlstelle an dem Zahlungsorte des Wechsels (sog. „unechte Domizilierung"). Das RG (3. ZS) hat in dem Urt vom 12. 7. 07 (RGZ 66, 295) die Auffassung vertreten, daß eine derartige Vereinbarung nicht unter Art 91 Abs 2 WO falle und deshalb zwar, wie in RGZ 32, 36 ausgeführt sei, für die späteren Erwerber des Wechsels verbindlich sei, nicht aber für diejenigen, welche den Wechsel vor Bezeichnung der Zahlstelle erworben hätten. In RGZ 85, 304 hat der 2. ZS dieser Auffassung sich angeschlossen. Dagegen hat der 1. ZS in dem Urteile vom 15. 12. 02 (JW 1903, 51) ein beiderseitiges Einverständnis im Sinne des Art 91 Abs 1 Satz 2 in einem Falle angenommen, wo dem Akzepte des Bezogenen eine Wohnungsangabe beigefügt war. Auch Bernstein (zu Art 91 WO § 2 Nr. 2) führt aus, es müsse zulässig sein, daß eine Proteststelle von vornherein im Wechsel vereinbart werde. Diese Auffassung dürfte die richtige sein. Die vom 3. ZS gegen sie erhobenen Bedenken erscheinen nicht durchschlagend. Es ist zum Zustandekommen des Einverständnisses keineswegs erforderlich, daß es von beiden Teilen gleichzeitig erklärt werde; die Bezeichnung der Zahlstelle durch den Bezogenen oder mit seiner Zustimmung im Wechsel enthält das Angebot einer entsprechenden Vereinbarung, und dieses wird von demjenigen, der als derzeitiger Wechselberechtigter die Handlung vorzunehmen hat, dadurch angenommen, daß er sie an der bezeichneten Stelle vornimmt. Auch aus der beispielsweisen Hervorhebung der Börse als der in Betracht kommenden Stelle und der Entstehungsgeschichte dieser Hervorhebung ist keineswegs mit dem 3. ZS zu folgern, daß die Vorschrift nur solche Fälle im Auge gehabt habe, bei denen der Wechseleigentümer und der Bezogene sich persönlich an der Börse oder einem sonstigen Orte treffen. Vielmehr wird, sofern ein im voraus im Wechsel erklärtes Einverständnis des Bezogenen vorliegt, die Handlung an der dadurch bezeichneten Stelle wirksam auch dann vorgenommen werden können, wenn der Bezogene oder ein zur Entgegennahme der Handlung befugter Vertreter dort nicht angetroffen wird. Andererseits ist die bloß einseitige Angabe einer Adresse des Bezogenen in dem Wechsel durch den Aussteller oder eine sonstige Person nicht genügend (RGZ 73, 253; 85, 304).

Anm. 7. Eine Beurkundung darüber, an welcher Stelle die Handlung vorgenommen wurde, ist zwar üblich; es bedarf aber ihrer nicht. Auch für die Protesturkunde ist durch Art 88 nicht vorgeschrieben, daß sie eine Angabe darüber enthalten muß. Es wird vielmehr vermutet, daß die Handlung an einer gesetzlich zugelassenen Stelle vorgenommen worden ist; insoweit gilt der Satz: „Legalia praesumuntur". Zur Entkräftung dieser Vermutung kann der Regel nach der Gegenbeweis dahin geführt werden, daß die Vornahme an einer gesetzlich nicht zugelassenen Stelle erfolgt ist. Das gilt jedoch, wenn die Empfangsperson bei der Vornahme der Handlung eine Erklärung abgegeben hat, nur insofern, als nicht in der Abgabe der Erklärung die Bekundung des Einverständnisses des Bezogenen gemäß Art 91 Abs 1 Satz 2 gefunden werden kann; vgl. oben Anm 6. Enthält die Protesturkunde aber eine solche Angabe und stellt sich danach die Handlung als an einer Stelle vorgenommen dar, an welcher sie nicht ohne weiteres vorgenommen werden durfte, so muß die Vornahme, sofern nicht ein wirksames Einverständnis vorliegt, als unwirksam gelten. Das gilt insbesondere, wenn in einem Falle, in welchem auf Grund der Bezeichnung des Bezogenen im Wechsel anzunehmen war, daß er ein Geschäftslokal besitze, beurkundet ist, daß die Protesthandlung in der Wohnung vorgenommen worden, ohne daß, wie in Art 88 Abs 1 vorgeschrieben, hinzugefügt ist, daß das Geschäftslokal nicht ermittelt werden konnte (ROHG 25, 30; RGZ 2 S. 59, 62; 85, 301). Eine Beweisführung außer durch die Protesturkunde, daß ein Geschäftslokal nicht vorhanden war oder nicht ermittelt werden konnte, soll in diesem Falle nicht statthaft sein, da es sich um eine wesentliche Voraussetzung für die Gültigkeit des Protestes handle, die, wenn darüber durch den Inhalt der Protesturkunde selbst Zweifel entstehen, nicht durch außerhalb der Urkunde liegende Beweismittel bewiesen werden könne (RGZ 85, 302). Das erscheint mir als eine reichlich formalistische Auslegung.

Anm. 8. 3. **(Absatz 2.)** Falls dagegen der Protest den Vermerk enthält, daß das Geschäftslokal oder die Wohnung nicht hat ermittelt werden können, so ist nach der durch die Protestnovelle abgeänderten Fassung des **Abs 2 der Protest nicht deshalb ungültig, weil die Ermittelung möglich war.** Ein Gegenbeweis in dieser Richtung ist sonach unerheblich. Durch diese Vorschrift ist die für die Rechtswirksamkeit der Protesthandlung maßgebende Feststellung darüber, ob die Ermittelung des Geschäftslokals oder der Wohnung möglich war, dem pflichtmäßigen Ermessen des Protestbeamten überlassen, der, namentlich wenn es sich um Postunterbeamte handelt, für die richtige Ausübung dieses Ermessens keineswegs stets die erforderlichen Eigenschaften besitzt, übrigens vorbehaltlich seiner persönlichen Verantwortlichkeit (Abs 3; vgl. unten Anm 9). Nach der früheren Fassung war erst dann als festgestellt anzunehmen, daß das Geschäftslokal oder die Wohnung nicht zu ermitteln gewesen, wenn auch eine dieserhalb bei der Polizeibehörde des Ortes geschehene Nachfrage des Protestbeamten, als welcher damals nur ein Notar oder ein Gerichtsbeamter in Frage stand, fruchtlos geblieben war, und es mußte dies im Protest vermerkt werden. Es wurde also die Feststellung einer ganz konkreten Tatsache verlangt, deren Unrichtigkeit nachgewiesen werden konnte. Nach der jetzigen Fassung ist der außerhalb des Geschäftslokals und der Wohnung erhobene Protest — Windprotest — gültig, auch wenn der Protestbeamte unter gröblichster Vernachlässigung seiner Pflichten nicht das geringste zur Ermittelung getan hat, sofern nur die Protesturkunde die vorgeschriebene Formel enthält (RGZ 73, 252).

Demgemäß hat das RG in dem ebengenannten Urteil, unter Abänderung der Stellungnahme, die es unter der Herrschaft des früheren Gesetzes zu dieser Frage betätigt hatte, ausgesprochen, daß nunmehr auch in dem Falle, wo in dem Wechsel eine Angabe über das Lokal — d. h. über das Geschäftslokal oder die Wohnung — enthalten ist, der „Windprotest" gültig ist, ohne daß der Protestbeamte an der im Wechsel angegebenen Stelle Nachfrage gehalten hat, sofern nur die Protesturkunde die vorgeschriebene Formel enthält. Aus der in dieser Form erfolgten Beurkundung muß der — soweit die Frage der Rechtswirksamkeit des Protestes in Betracht kommt, durch Gegenbeweis nicht zu entkräftende — Schluß gezogen werden, daß sich der Protestbeamte durch pflichtmäßige Erkundigung an Ort und Stelle von der Richtigkeit der von ihm bezeugten Tatsache überzeugt hat; einer Angabe, in welcher Weise das geschehen ist, bedarf es nach der Protestnovelle nicht mehr (so RGZ 74, 87). Doch muß festgestellt sein, daß sich an dem Zahlungsorte ein Geschäftslokal nicht hat ermitteln lassen (RGZ 126, 2; vgl. zu Art 88 Anm 8). Die Vorschrift greift (wie aus dem Wörtchen „oder" sich ergibt) auch Platz, wenn in dem Proteste nur vermerkt ist, daß das Geschäftslokal nicht zu ermitteln war und deshalb der Protest in der Wohnung des Bezogenen, ohne daß er daselbst angetroffen worden, erhoben worden ist (Abwesenheitsprotest). Zur Gültigkeit des „Windprotestes" ist dagegen die Feststellung erforderlich, daß weder das Geschäftslokal noch die Wohnung zu ermitteln gewesen ist.

4. (Abs 3:) Verantwortlichkeit des Protestbeamten. Durch die im Interesse der Erleichterung des Wechselprotestes neueingeführte Vorschrift des Abs 2 (vgl. oben Anm 8), welche die Gültigkeit des Protestes von der Nachprüfung der Feststellung des Protestbeamten über die Nichtermittelung des Geschäftslokals oder der Wohnung unabhängig macht, wird **die Verantwortlichkeit des Protestbeamten für die Unterlassung der Anstellung geeigneter Ermittelungen nicht berührt (Satz 1).** Es ist dadurch mittelbar ausgesprochen, daß dem Protestbeamten ungeachtet jener Vorschrift des Abs 2 die Pflicht obliegt, geeignete Ermittelungen zur Auffindung des Geschäftslokals und nötigenfalls der Wohnung des Bezogenen anzustellen. Weggefallen ist dagegen die Pflicht, die ihm nach der früheren Fassung des Art 91 oblag, diese Ermittelungen in allen Fällen durch Nachfrage bei der Polizei des Ortes zu betätigen. Die Art und Weise der Ermittelungen ist vielmehr seinem pflichtmäßigen Ermessen überlassen, für dessen Ausübung er verantwortlich ist. Doch ist der Nachfrage bei der Polizei insofern auch jetzt noch eine Vorzugsstellung eingeräumt, als der Protestbeamte, wenn er diesen Ermittelungsweg gewählt hat und **die Nachfrage erfolglos geblieben ist, zu weiteren Nachforschungen nicht verpflichtet ist (Satz 2).** Er braucht sonach weitere Nachforschungen nicht anzustellen, auch wenn etwa mit Rücksicht auf die bei der Polizei erhaltene Auskunft sachlich Anlaß gegeben sein sollte zu der Annahme, daß solche weiteren Nachforschungen zum Ziele führen könnten. Dagegen schließt die Vorschrift nicht aus, daß er unter Umständen doch verantwortlich gemacht werden kann, wenn er etwa von anderer Seite in glaubhafter Weise von dem Geschäftslokale oder der Wohnung Kenntnis erhalten und diese Mitteilung außer acht gelassen hat. Die Folge der Vorschrift wird allerdings sein, daß der Protestbeamte sich in der Regel mit der Anfrage bei der Polizei begnügt. Die „Verantwortlichkeit" für die Anstellung geeignter Ermittelungen besteht sowohl in disziplinarer Hinsicht gegenüber seiner vorgesetzten Behörde, wie auch als privatrechtliche Schadensersatzpflicht (vgl. Näheres darüber zu Art 87 Anm 4 ff.). Eine vertragsmäßige Schadensersatzpflicht gegenüber seinem Auftraggeber kommt hier zwar nicht wegen Verlustes der Regreßrechte in Frage, da der Protest gültig und damit die Regreßrechte gewahrt sind; wohl aber kann dem Auftraggeber eine tatsächliche Vermögenseinbuße dadurch entstehen, daß infolge der Unterlassung von Ermittelungen der Wechsel nicht zur Auszahlung durch den Bezogenen gelangt und der Regreß erfolglos bleibt. Dem Aussteller und den übrigen Wechselbeteiligten gegenüber kann eine außervertragliche Schadensersatzpflicht aus § 839 BGB in Frage kommen. Was die Beweislast angeht, so wird, wenn im Proteste nicht gesagt ist, welche Ermittelungen der Protestbeamte vorgenommen hat, dieser zunächst in dieser Richtung darlegungspflichtig sein; Sache desjenigen, der ihn verantwortlich machen will, wird es dann sein, nachzuweisen, daß durch andere geeignete Ermittelungen ein Erfolg erzielt worden wäre. Auch die Haftung des Staates und der Postverwaltung (vgl. darüber a. a. O.) besteht ungeachtet der Gültigkeit des Protestes insoweit, als der Protestbeamte verantwortlich bleibt. — Auch eine strafrechtliche Verantwortlichkeit des Protestbeamten aus § 348 StGB kommt in Frage, wenn er die rechtlich erhebliche Tatsache, daß das Geschäftslokal oder die Wohnung nicht zu ermitteln waren, vorsätzlich falsch beurkundet hat; dazu wird das Bewußtsein, daß er überhaupt keine Ermittelungen angestellt habe, unter Umständen hinreichen. Anm. 9.

Artikel 91 a.

Eine in dem Geschäftslokal oder in der Wohnung eines Beteiligten vorgenommene Handlung ist auch dann gültig, wenn an Stelle des Ortes, in welchem das Geschäftslokal oder die Wohnung liegt, ein benachbarter Ort in dem Wechsel angegeben ist. Mit beiderseitigem Einverständnisse können auch in anderen Fällen die bei einem

Beteiligten vorzunehmenden Handlungen an einem Orte erfolgen, der dem im Wechsel angegebenen Orte benachbart ist.

Welche Orte im Sinne dieser Vorschriften als benachbarte anzusehen sind, bestimmt der Bundesrat; die Bestimmung ist im Reichs-Gesetzblatte bekanntzumachen.

Anm. 1. **1. Entstehungsgeschichte.** Wechselrechtliche Handlungen müssen der Regel nach, um wirksam zu sein, an dem dafür durch das Gesetz bestimmten „Orte" vorgenommen werden. Insbesondere sind diejenigen Handlungen, welche sich auf die Zahlung des Wechsels beziehen, wie die Präsentation (Vorlegung) zur Zahlung und der Protest mangels Zahlung, an dem Zahlungsorte vorzunehmen. Wegen des Zahlungsortes vgl. Art 4 Nr. 8 und die Erläuterungen dazu. In der Praxis des Wechselverkehrs waren häufig Zweifel dadurch entstanden, daß in Wechseln bei dem Namen des Bezogenen der Name einer großen politischen Gemeinde (Stadt, z. B. Berlin) und daneben als Adresse eine Straße und Hausnummer angegeben war, die nicht zu der benannten politischen Gemeinde, sondern zu einem mit ihr in räumlichem und wirtschaftlichem Zusammenhange stehenden Vororte, der eine selbständige politische Gemeinde bildete, angegeben war, z. B. Berlin, Nollendorfstraße 20 (eine Straße und Hausnummer, die zu der damals selbständigen politischen Gemeinde Schöneberg gehörte). Nach einer in der Rechtslehre hervorgetretenen Auffassung wäre in solchem Falle Berlin als der im Wechsel gemäß Art 4 Nr 8 bezeichnete Zahlungsort anzusehen gewesen und hätte deshalb der Protest mangels Zahlung, falls der Bezogene in Berlin weder Geschäftslokal noch Wohnsitz hatte, nur dort als Windprotest, nicht aber in dem wirklichen Geschäftslokale oder der wirklichen Wohnung in Schöneberg, Nollendorfstraße 20 erhoben werden dürfen. Das RG war bereits in dem Urt vom 7. 12. 1893 (RGZ 32, 111) dieser Auffassung entgegengetreten und hatte ausgeführt, daß in solchem Falle nichts entgegenstehe, die Angabe in dem Wechsel dahin auszulegen, daß sie eine genügende Bezeichnung des Nachbarortes als Zahlungsort enthalte und daß deshalb der Protest in dem Nachbarorte (Schöneberg) richtig erhoben werde. Auf den gleichen Standpunkt hatte sich das RG in einem Urt vom 10. 5. 1905 (RGZ 60, 426) gestellt mit der Maßgabe, daß der protestierende Beamte in solchem Falle auch den Hauptort als Zahlungsort hätte behandeln und dort protestieren können. Um die entstandenen Zweifel zu beseitigen, erwog die Begründung zur Protestnovelle (S. 15) verschiedene Wege, darunter auch den, daß dem Bundesrate die Befugnis erteilt werden solle, benachbarte Orte als einen Ort im Sinne der WO zu erklären. Von dieser weitergehenden Maßnahme wurde jedoch wegen der Befürchtung, daß ihre Durchführung schwierig sein würde, Abstand genommen und in Art 91a lediglich bestimmt, daß in den zwei dort in Abs 1 Satz 1 und 2 bezeichneten Fällen wechselrechtliche Handlungen auch gültig sind, wenn sie nicht an dem in dem Wechsel bezeichneten Orte, sondern an einem Orte vorgenommen worden sind, der zufolge Bestimmung des Bundesrats als jenem Orte „benachbart" anzusehen ist.

Anm. 2. **2. (Abs 1 Satz 1.)** Der erste der beiden in Abs 1 bezeichneten Fälle liegt dann vor, wenn die Handlung in dem Geschäftslokal oder in der Wohnung eines Beteiligten vorgenommen ist, im Wechsel aber als Ort, an dem die Handlung vorzunehmen ist (Zahlungsort), nicht der Ort angegeben ist, in dem diese Räumlichkeiten belegen sind, sondern ein „benachbarter" Ort. Voraussetzung ist sonach lediglich, daß der Beteiligte an dem Orte, an dem die Handlung vorgenommen wird, ein Geschäftslokal oder eine Wohnung besitzt; daß das Geschäftslokal oder die Wohnung an diesem Orte in dem Wechsel angegeben sind (wie in den früher vom RG entschiedenen Fällen, vgl. oben unter 1) ist nicht vorausgesetzt. Der Protestbeamte kann deshalb, wenn ihm bekannt wird, daß der Beteiligte nicht an dem im Wechsel bezeichneten Orte, sondern an einem „benachbarten" Orte ein Geschäftslokal oder eine Wohnung hat, statt eines Windprotestes den Protest in dem Geschäftslokal oder der Wohnung erheben, z. B. in Altona, wenn in dem Wechsel bei dem Namen des Bezogenen „Hamburg", mit oder ohne nähere Adresse, angegeben ist. Eine Verpflichtung hierzu besteht jedoch nicht; der Protest ist auch gültig, wenn er auf Grund der Tatsache, daß in Hamburg ein Geschäftslokal oder eine Wohnung nicht zu ermitteln war, als Windprotest erhoben worden ist. Ist im Wechsel ein Ort ohne eine auf einen Nachbarort hinweisende nähere Adresse angegeben und besteht an dem ersten Orte ein Geschäftslokal oder eine Wohnung, so kann die Handlung auch an dem Nachbarorte vorgenommen werden, wenn dort gleichfalls Geschäftslokal oder Wohnung vorhanden ist. Unberührt bleibt der Grundsatz des Art 91 Abs 1 Satz 1, demzufolge der Protest in der Wohnung nur erhoben werden kann in Ermangelung eines Geschäftslokals; ein in der Wohnung im Nachbarorte erhobener Protest ist deshalb unwirksam, wenn der Beteiligte an dem Nachbarorte ein Geschäftslokal besitzt und dieses ermittelt werden konnte.

Anm. 3. Auch beim Zahlstellenwechsel (vgl. zu Art 24) ist Art 91 Abs 1 Satz 1 anwendbar, wenn als Zahlstelle ein dem Orte, an welchem ein Geschäftslokal oder eine Wohnung des Beteiligten vorhanden ist, „benachbarter" Ort bei dem Namen des Bezogenen in dem Wechsel angegeben oder als angegeben anzusehen ist (RGZ 98, 105). Eine Domizilierung liegt in solchem Falle nicht vor.

Anm. 4. **3. (Abs 1 Satz 2.)** Der zweite der beiden in Abs 1 bezeichneten Fälle liegt dann vor, wenn beiderseitiges Einverständnis darüber besteht, daß die Handlung statt an dem im Wechsel angegebenen Orte an einem „benachbarten" Orte erfolgt; in diesem Falle wird nicht vorausgesetzt, daß an dem benachbarten Orte ein Geschäftslokal oder eine Wohnung des Bezogenen besteht, und daß in einer dieser Räumlichkeiten die Handlung vorgenommen wird; sie kann vielmehr an dem benachbarten Orte auch außerhalb dieser Räumlichkeiten erfolgen. Die Bestimmung schließt sich ersichtlich an die in Art 91 Abs 1 Satz 2 enthaltene Bestimmung (vgl. darüber zu Art 91 Anm 6) an und enthält eine Erweiterung derselben dahin, daß mit beiderseitigem Einverständnisse die Handlung nicht nur an einer innerhalb des Zahlungsortes belegenen „anderen Stelle", sondern auch an einer anderen Stelle, d. h. außerhalb des Geschäftslokals oder der Wohnung, in dem benachbarten Orte erfolgen kann. Dieser Zusammenhang ergibt sich auch aus der Begründung der Protestnovelle (S. 14), wo als Beispiel für den durch diese Bestimmungen zu regelnden Fall angeführt wird, daß ein die Adresse „Herrn Adolf Müller in Altona" tragender Wechsel an der Börse in Hamburg protestiert werde, was vor der Protestnovelle auch mit beiderseitigem Einverständnisse nicht zulässig war, da auch damals schon in Art 91 Abs 1 Satz 2 unter dem „anderen Orte" nur eine andere Stelle innerhalb des gesetzlichen Ortes für die Vornahme zu verstehen war. Über das Erfordernis des „beiderseitigen Einverständnisses" vgl. zu Art 91 Anm 6. Entsprechend seinem in dem dort angeführten Urt zu Art 91 Abs 1 Satz 2 eingenommenen Standpunkte hat das RG in RGZ 98, 105 ausgesprochen, daß auch für die Anwendung des Art 91a Abs 1 Satz 2 ein Einverständnis erforderlich sei, das bei der Protesthandlung selbst, und zwar durch Einlassung des Protestaten auf diese, vorliege (soll wohl heißen: „erklärt worden sei"), während eine vorher erklärte Zustimmung des Bezogenen nicht in Betracht komme.

4. (Abs 2.) Ob Orte im Sinne der Vorschriften des Abs 1 als **einander benachbart** anzusehen **Anm. 5.** sind, ist nicht im Einzelfalle von den Gerichten auf Grund der Lage und der wirtschaftlichen Verhältnisse zu entscheiden, sondern wird durch Bestimmung des Bundesrats (jetzt des Reichsrats), die im RGBl bekanntzumachen ist, festgesetzt. Zur Ausführung dieser Vorschrift war zunächst die Bekanntmachung v. 9. 1. 1909 (RGBl 249) erlassen worden, die durch Bekanntmachung v. 20. 4. 1914 abgeändert worden ist. Sie ist aufgehoben und ersetzt durch die Zweite Verordnung über benachbarte Orte im Wechsel- und Scheckverkehr v. 23. 8. 1924 (RGBl I S. 687) und diese wiederum durch die Dritte VO v. 7. 12. 1927 (RGBl I 343), die als Anlage A 5 hier abgedruckt ist. Sie enthält ein Verzeichnis der benachbarten Orte. Darin ist Berlin mit seinen Vororten nicht mehr enthalten, weil durch das Preußische Gesetz über die Bildung einer neuen Stadtgemeinde Berlin v. 27. 4. 1920 (Preuß. GS S. 123) Berlin mit seinen Vororten zu einer einzigen politischen Gemeinde vereinigt worden ist, wodurch die früher gerade für diese Orte praktisch gewordenen Zweifelsfragen sich insoweit erledigt haben.

Für Orte, die nicht durch den Bundes-(Reichs-)Rat als benachbarte bezeichnet, aber es ihrer Lage und wirtschaftlichen Beziehung nach tatsächlich sind, kann unter Umständen die bis zum Inkrafttreten des Art 91a WO streitig gewesene Rechtsfrage (vgl. oben Anm 1) auch jetzt noch in Betracht kommen. Gegen die auf einer Auslegung der Bezeichnung des Zahlungsortes im Wechsel beruhende Stellungnahme des RG zu dieser Frage wird von StStranz WO (12. Aufl, zu Art 4 Anm 48) eingewendet, daß über die Auslegung des Wechsels weder die Willensmeinung des Ausstellers noch lokale Anschauungen entscheiden dürfen, der Wechsel vielmehr aus sich selbst auszulegen sei, wobei man sich auf den Standpunkt eines den konkreten Verhältnissen fernstehenden Dritten zu stellen habe. Diese Auslegungsgrundsätze sind wohl im wesentlichen richtig, aber auch vom RG nicht verkannt worden; denn es führt (in RGZ 60, 428) aus, auch bei der Auslegung von Wechseln sei nicht die Buchstabeninterpretation anzuwenden, sondern es sei der Wille der Beteiligten aus der Urkunde und denjenigen Umständen, welche den Wechselnehmern mutmaßlich bekannt sind oder von ihnen ohne Schwierigkeit in Erfahrung gebracht werden können, zu erforschen. Es stellt ferner nicht einen lokalen Gebrauch, sondern eine für große Städte im allgemeinen bestehende Übung einer Bezeichnung des Nachbarortes mit dem Namen des Hauptortes fest (RGZ 32, 114). Auch kommt in Betracht, daß es sich um eine Auslegung zugunsten der der Wechselziehung fernstehenden Wechselnehmer gegen den Aussteller oder denjenigen, der den Zahlungsort angegeben hat und sich deutlicher hätte ausdrücken müssen, handelt, eine Auslegung, durch die auch der Bezogene nicht benachteiligt wird, da der Protest in seinem wirklichen Geschäftslokale oder seiner wirklichen Wohnung erhoben wird. Unter diesen Umständen dürften der Auslegung keine rechtsgrundsätzlichen Bedenken entgegenstehen. Ob sie im Einzelfalle anwendbar ist, wird nach den jeweils vorliegenden Tatumständen zu entscheiden sein.

Artikel 92.

Verfällt der Wechsel an einem Sonntag oder allgemeinen Feiertage, so ist der nächste Werktag der Zahlungstag. Auch die Herausgabe eines Wechselduplikats, die Erklärung über die Annahme sowie jede andere Handlung können nur an einem Werktage gefordert werden. Fällt der Zeitpunkt, in welchem die Vornahme einer der vorstehenden Handlungen spätestens gefordert werden mußte, auf einen Sonntag

oder allgemeinen Feiertag, so muß diese Handlung am nächsten Werktage gefordert werden. Dieselbe Bestimmung findet auch auf die Protesterhebung Anwendung.

Die Proteste sollen nur in der Zeit von 9 Uhr vormittags bis 6 Uhr abends erhoben werden. Außerhalb dieser Zeit soll die Protesterhebung nur erfolgen, wenn die Person, gegen welche protestiert wird, ausdrücklich einwilligt.

Anm. 1. **1.** Der Artikel bestand bis zur Protestnovelle nur aus dem Abs 1, der den Einfluß der Sonn- und Feiertage auf die Bestimmung des Zahlungstages des Wechsels regelte. Durch die Protestnovelle ist ihm der Abs 2 hinzugefügt worden, der die Proteststunden, also gleichfalls eine zeitliche Beziehung des Wechsels, betrifft.

Anm. 2. **2. Abs 1 des Artikels** schaltet **die Sonntage und allgemeinen Feiertage** für das Verlangen wechselrechtlicher Handlungen (Leistungen) aus, und zwar in dreifacher Richtung:

a) Zahlungen können an solchen Tagen nicht verlangt werden. In dieser Richtung bestimmt **Satz 1** des Absatzes, daß, wenn der Wechsel an einem solchen Tage verfällt, der nächste Werktag der Zahlungstag ist. Aus dieser Fassung ergibt sich, daß das Gesetz für diesen Fall den Verfalltag — d. i. der im Wechsel vorgesehene Tag, an dem die Zahlung erfolgen soll (Art 4 Nr. 4) — von dem Zahlungstage — d. i. dem Tage, an welchem die Zahlung verlangt werden kann — unterscheidet. Demnach wird man annehmen müssen, daß die Wirkungen, welche das Gesetz an den Verfalltag knüpft, so namentlich der Beginn der Wechselverjährungsfrist gegen den Akzeptanten (Art 77), sowie der Frist des Art 28 Nr. 2 mit diesem Tage, auch wenn er ein Sonn- oder Feiertag ist, dagegen die Wirkungen, welche es an die Nichterfüllung der Zahlungspflicht knüpft — insbesondere Verzug, Zinsenlauf —, erst mit dem nächsten Werktage eintreten. Auch die Präsentation zur Zahlung enthält das Verlangen der Zahlung; sie kann deshalb an einem solchen Tage nicht wirksam vorgenommen werden, auch wenn der Wechsel schon vorher verfallen ist; auch die Feststellung der Nichtzahlung durch Erhebung eines Protestes ist an einem solchen Tage ausgeschlossen; dagegen kann die Beurkundung der Nichtzahlung (die Anfertigung der Protesturkunde) auch an einem solchen Tage erfolgen (vgl. zu Art 88 Anm 10).

Anm. 3. **b)** Auch **andere wechselrechtliche Handlungen** (Leistungen), als die Zahlung, können nur an einem Werktage gefordert werden **(Satz 2).** Besonders angeführt sind von solchen Handlungen die Erklärung über die Annahme, die durch Präsentation zur Annahme (Artt 18ff.) gefordert wird, und das Verlangen der „Herausgabe" eines Wechselduplikats (darunter ist wohl zunächst die in Art 66 geregelte Verpflichtung des Ausstellers und der Indossanten zur Aushändigung von Duplikaten zu verstehen). Aber auch das Verlangen der Herausgabe des zum Akzepte versandten Exemplars durch den Verwahrer an den Inhaber eines Duplikats (Artt 68, 69) und der Auslieferung des Originalwechsels an den Inhaber einer Kopie (Art 72) fällt darunter. Ob das Verlangen auf privatem Wege oder durch eine Amtsperson gestellt wird, ist unerheblich.

Anm. 4. **c)** Läuft für das Verlangen einer wechselrechtlichen Handlung **eine Frist** und würde das Ende der Frist auf einen solchen Tag fallen, so daß die Handlung spätestens an diesem Tage gefordert werden müßte, an dem sie nicht gefordert werden darf, so endet die Frist erst am nächsten Werktage und muß sonach die Handlung spätestens an diesem Tage gefordert werden **(Satz 3).** Das gilt (wie in **Satz 4** besonders hervorgehoben ist) auch für die formelle Feststellung des erfolglosen Verlangens einer solchen Handlung durch einen Protest, der sonach in solchem Falle an dem nächsten Werktage erhoben werden muß. Das ergibt sich übrigens für den Hauptfall, den Protest mangels Zahlung, bereits aus Art 41 Abs 2, wonach dieser spätestens am zweiten Werktage nach dem Zahlungstage erhoben werden muß, woraus zugleich zu entnehmen ist, daß bei Berechnung dieser Frist die in ihren Lauf fallenden Sonn- und Feiertage überhaupt nicht mitzuzählen sind; vgl. zu Art 41 Anm 11.

Anm. 5. Die Vorschrift entspricht inhaltlich dem § 193 BGB und dem mit diesem gleichlautenden § 11 Abs 3 des Scheckgesetzes. Auf Grund des § 193 BGB hat das RG angenommen, daß die Vorschrift auch zugunsten des Leistungsempfängers gelte, daß also eine Leistung an einem solchen Tage auch nicht angenommen zu werden brauche; RG in JurW 1907, 705[6]; vgl. RGRKomm zu § 193 Anm 1. Diese Auslegung dürfte angesichts der Fassung des Art 91, namentlich des Satzes 2, für die Wechselhandlungen bedenklich sein. Doch wird Treu und Glauben (§ 242 BGB) und die Handelssitte (§ 358 HGB) es verbieten, daß dem Gläubiger an solchen Tagen eine wechselrechtliche Leistung entgegen dem Geschäftsgebrauche aufgedrängt wird; vgl. hinsichtlich der Präsentationsstunden unten Anm 10.

Anm. 6. **d)** Voraussetzung ist, daß es sich um einen **Sonntag oder allgemeinen Feiertag** handelt. Die allgemeinen Feiertage müssen als solche staatlich und rechtsverbindlich für alle Volksteile anerkannt sein, und zwar ist maßgebend der Ort, an welchem die Handlung, die verlangt wird, vorzunehmen ist. Beides ist in § 193 BGB ausdrücklich gesagt, muß aber auch für Art 92 WO gelten. Feiertage einzelner Konfessionen oder Klassen kommen nicht in Betracht; es kann daher auch von einem israelitischen Wechselschuldner eine wechselrechtliche Handlung an einem israelitischen Feiertage verlangt werden ohne Rücksicht darauf, daß sie ihm durch sein religiöses Gesetz verboten ist (ROHG 2, 411).

Die staatliche Anerkennung gewisser Tage als allgemeine Feiertage ist bisher in der Hauptsache durch landesgesetzliche Anordnungen erfolgt (RGSt 24, 268; 31, 321). Eine reichsgesetzliche Anordnung hat in dem Ges v. 17. 4. 1919 (RGBl S. 393) stattgefunden, in welchem der 1. Mai des Jahres 1919 zum Feiertage erklärt und für künftige Jahre Bestimmung vorbehalten wurde, die jedoch seitdem bisher nicht erfolgt ist. Auch der Tag der Reichsverfassung (11. August) ist bis jetzt reichsgesetzlich nicht als Feiertag erklärt worden. In den einzelnen Ländern gelten folgende Tage als allgemeine Feiertage: **Anm. 7.**

In Preußen, Bayern, Sachsen und Baden: der Neujahrstag, der Karfreitag, der Ostermontag, der Pfingstmontag, die beiden Weihnachtstage.

Ferner in Preußen: der Buß- und Bettag (jetzt Mittwoch nach dem letzten Trinitatissonntage), der Himmelsfahrtstag; in der Rheinprovinz auch der Allerheiligentag (1. 11.).

In Bayern: die Buß- und Bettage, das Fronleichnamsfest (in überwiegend katholischen Landesteilen), Heilige drei Könige (6. 1.), Mariä Lichtmeß (2. 2.), Joseph (19. 3), Mariä Verkündigung (25. 3.), Johannistag (24. 6.), Peter und Paul (29. 6.), Mariä Himmelfahrt (15. 8.), Mariä Geburt (8. 9.), Allerheiligen (1. 11.), Mariä Empfängnis (8. 12.).

Im Freistaat Sachsen: die Buß- und Bettage (Mittwoch vor Okuli und Mittwoch vor dem letzten Sonntag nach Trinitatis), Drei Könige (6. 1.), Reformationstag (31. 10.).

In Baden: Fronleichnamsfest, Allerheiligen, Reichsverfassungstag.

Im Freistaate Sachsen sind durch ein Ges v. 10. 4. 1922 (GesBl S. 159) auch der 1. Mai und der 9. November zu allgemeinen Feiertagen erklärt worden.

3. Der **Abs 2** des Artikels regelt die **Proteststunden**, d. h. die Tageszeit, innerhalb welcher Proteste, und zwar Proteste jeglicher Art, nur aufgenommen werden sollen. **Anm. 8.**

a) Bis zur Protestnovelle enthielt die WO keine Vorschrift über die Proteststunden, diese waren aber zumeist durch landesgesetzliche Vorschriften geregelt, und zwar in der Weise, daß (wie die Rechtsprechung annahm) ein Verstoß gegen sie die Ungültigkeit des Protestes zur Folge hatte. Durch die Protestnovelle sind die Proteststunden nunmehr einheitlich geregelt, und zwar in der Weise, daß die Vorschriften darüber nur instruktioneller Natur sind (Begründung S. 16); die landesgesetzlichen Vorschriften sind damit außer Kraft getreten; auch kann seitdem landesgesetzlich Abweichendes nicht angeordnet werden. **Anm. 9.**

b) Die Vorschriften beziehen sich nur auf die dem Protestaten gegenüber vorzunehmende Protesthandlung, also die Vorlegung des Wechsels durch den Protestbeamten und die Aufforderung zur Vornahme der wechselrechtlichen Handlung; die Errichtung der Protesturkunde kann auch zu einer anderen Zeit erfolgen; vgl. zu Art 88 Anm 10. Auf eine Präsentation des Wechsels, an die sich kein Protest anschließt, sind sie an sich nicht anwendbar. Es werden aber die Vorschriften der §§ 242 BGB und 358 HGB entsprechend heranzuziehen sein, und diese ergeben, daß die Präsentation des Wechsels, da mit ihr eine Leistung gefordert wird, nach Treu und Glauben nur zu einer angemessenen Tageszeit, also nicht in den nach allgemeinem Gebrauche der Nachtruhe gewidmeten Stunden, und, wenn der Protestat ein Kaufmann ist, nur innerhalb der gewöhnlichen Geschäftszeit erfolgen kann. Zu weit geht Bernstein (DJZ 1908 Sp. 1090) mit der Behauptung, eine Vorlegung zu ungehöriger Zeit sei überhaupt keine gehörige Einforderung der Wechselforderung. **Anm. 10.**

c) Die Vorschriften sind „Soll"vorschriften, also nur instruktioneller Natur (vgl. oben Anm 9) und ihre Übertretung ist daher ohne Einfluß auf die Gültigkeit des Protestes. Der Protestbeamte kann wegen ihrer Übertretung von seiner vorgesetzten Behörde verantwortlich gemacht werden. Die Übertretung kann aber auch eine Schadensersatzverpflichtung des Protestbeamten begründen, falls durch die unzeitige Vornahme der Protesthandlung die Nichteinlösung des Wechsels herbeigeführt worden ist, und zwar sowohl eine vertragliche gegenüber dem Auftraggeber des Protestbeamten, wie eine außervertragliche gegenüber den sonstigen Wechselbeteiligten aus § 823 Abs 2 (Verletzung eines Schutzgesetzes) und § 839 BGB. Vgl. über die Haftung der Protestbeamten zu Art 87 Anm 4, 4a, 5. Auch eine Verantwortlichkeit des Staates oder der Postverwaltung kann durch eine Übertretung der Vorschriften begründet werden.

d) Einer Beurkundung darüber, daß die Proteststunden eingehalten worden sind, bedarf es nicht; ihre Einhaltung wird vermutet. Wer die Nichteinhaltung behauptet und daraus ein Recht herleiten will (vgl. zu c), hat sie zu beweisen.

e) Außerhalb der Proteststunden darf die Protesterhebung erfolgen, falls die Person, gegen welche protestiert wird, ausdrücklich einwilligt. Durch das Erfordernis der Ausdrücklichkeit ist eine stillschweigende, d. h. durch schlüssige, nicht unmittelbar auf die Erklärung des Einverständnisses gerichtete Handlungen (vgl. RGRKomm vor § 116 Anm 2) betätigte Einwilligung ausgeschlossen; andererseits braucht die Erklärung nicht mit bestimmten Worten („Ich willige ein"), sondern kann auch mit anderen, gleichbedeutenden Worten oder durch bloße Bejahung der gestellten Anfrage, aber auch ohne Worte durch Gebärde (Kopfnicken) erfolgen; die bloße Entgegennahme der Protesterhebung genügt dagegen nicht. Hat übrigens der Protestat auch nur stillschweigend in die Vornahme der Protesthandlung außerhalb der Proteststunden eingewilligt, so wird anzunehmen sein, daß die Nichteinlösung des Wechsels aus anderen Gründen erfolgt ist, und wird sich deshalb ein Schadensersatzanspruch gegen den Protestbeamten (oben zu c) nicht rechtfertigen lassen. Der Beweis der Einwilligung ist von dem in Anspruch genommenen Protestbeamten oder der verantwortlich gemachten Behörde zu führen.

Artikel 93.

Bestehen an einem Wechselplatz allgemeine Zahltage (Kassiertage), so braucht die Zahlung eines zwischen den Zahltagen fällig gewordenen Wechsels erst am nächsten Zahltage geleistet zu werden, sofern nicht der Wechsel auf Sicht lautet. Die im Artikel 41 für die Aufnahme des Protestes mangels Zahlung bestimmte Frist darf jedoch nicht überschritten werden.

Kassiertage bestanden zuletzt nur noch bis 1876 in Augsburg und Bremen, sind aber seitdem auch dort nicht mehr in Übung. Die Vorschrift des Art 93 hat deshalb, solange nicht irgendwo wieder Kassiertage eingeführt werden, keine praktische Bedeutung. Bei dem Umfange, den der Wechselverkehr in neuerer Zeit genommen hat, ist mit der Einführung solcher Tage, die einem Wechselverkehr geringeren Umfanges angemessen sind, kaum zu rechnen. Eine Erläuterung des Artikels erübrigt sich deshalb.

Anhänge zu den Unterabschnitten XVI und XVII (Artikel 87—93).

I. Ausländische Wechselgesetzgebungen.

1. Protestbeamte (Artt 87, 89a DWO).

Anm. 1. **a)** Zur Aufnahme von Protesten sind in den Ländern der deutschrechtlichen Gruppe zumeist die Notare und gewisse Arten von Richtern bestimmt; so in Ungarn (§ 987), Bulgarien (Art 623); in manchen Ländern neben den Notaren auch sonstige Beamte und Vertrauenspersonen; so in der Schweiz (Art 814) andere obrigkeitlich dazu ermächtigte Personen, die von den einzelnen Kantonen bestimmt werden; in Schweden (§ 81 WG und § 4 DurchfVO v. 7. 5. 1880/24. 9. 1886) in den Städten ein Magistratsmitglied, auf dem Lande die lokalen Behörden, jedoch unter Zuziehung eines einwandfreien und schreibenskundigen Zeugen; in Dänemark (§ 10 Ges v. 28. 5. 1880) und Norwegen (§ 10 Ges v. 28. 5. 1880) in Notfällen statt des Notars zwei klassische Zeugen, jedoch muß ein so erhobener Protest binnen zwei bzw. sieben Tagen dem ordentlichen Protestbeamten vorgelegt und ein Protokoll aufgenommen werden; in Rußland nach dem neuen Wechselgesetze der Sowjetunion (§ 12) die Notariatsbehörde und, wo eine solche nicht am Zahlungsorte vorhanden ist, das Volksgericht; in Italien (Art 303) die Notare und die Gerichtsvollzieher; in Rumänien (Art 326), wo es keine Notare gibt, die Vollstreckungsbeamten des Landgerichts und an Orten, an denen sich kein Landgericht befindet, die Bezirks-(Amts-)Richter; in Japan (Artt 514, 529) die Notare und Gerichtsvollzieher.

Anm. 2. In Frankreich waren laut Art 173 Code de comm. die Proteste durch zwei Notare oder durch einen Notar und zwei Zeugen oder durch einen Gerichtsvollzieher (huissier) und zwei Zeugen aufzunehmen; durch Dekret vom 23. 3. 1848 wurde aber bestimmt, daß die Proteste in Zukunft ohne Zuziehung von Zeugen aufgenommen werden sollen, und dieses Dekret wird, obwohl es durch außergewöhnliche Umstände (Revolution) veranlaßt war, als noch in Kraft befindlich angesehen (Lyon-Caën et Ren. Nr. 350); die Protesterhebung durch Notare ist übrigens selten und kommt fast nur auf dem Lande vor (Lyon-Caën et Ren. a. a. O.). In anderen Ländern des französischen Rechtsgebietes ist aber noch die ursprüngliche Fassung des Art 173 in Kraft, welche die Zuziehung von Zeugen fordert; so in Griechenland (Art 173). In Belgien sind durch Ges v. 10. 4. 1877 Art 1 die Gerichtsvollzieher; in Gemeinden ohne Gerichtsvollzieher oder bei Verhinderung dieser die von der Regierung bezeichneten Angestellten der Postverwaltung zur Aufnahme der Proteste bestimmt; die Protesterhebung durch Notare ist weggefallen. Die Post vermittelt in Frankreich und Belgien die Einziehung von Wechseln, indem sie nötigenfalls die Wechsel zur Protesterhebung an die Protestbeamten abgibt. Auch in Italien vermittelt die Post in dieser Weise die Einziehung und Protesterhebung (Ges v. 20. 6. 1889). In den Niederlanden sind zuständig die Notare, die Gerichtsschreiber bei den Amtsgerichten und die Gerichtsvollzieher unter Zuziehung von zwei Zeugen; doch ist die Protestaufnahme durch Notare oder Gerichtsschreiber nicht üblich (Magnus Tab. 42 XIII 1d). In Spanien sind nur die öffentlichen Notare zuständig (Art 504²).

Anm. 3. In Großbritannien (BEA 51⁷, 94) sollen die Proteste grundsätzlich von einem Notar aufgenommen werden; wenn aber an dem Platze der Dishonorierung des Wechsels die Dienste eines Notars nicht zu erlangen sind, kann jeder Haushaltungsvorstand oder angesessene Einwohner des Platzes in Gegenwart von zwei Zeugen eine Bescheinigung ausstellen, welche die Dishonorierung bestätigt, und soll diese Bescheinigung in jeder Hinsicht die Wirkung eines förmlichen Wechselprotestes haben, wenn das besonders dafür aufgestellte Formular (Anhang I zur BEA) mit den erforderlichen Änderungen benutzt ist. Im amerikanischen NIL (262) wird die Aufnahme einer solchen Bescheinigung zugelassen, auch wenn die Voraussetzung, daß die Dienste eines Notars nicht zu erlangen sind, nicht gegeben ist.

Das neue Gesetz der Tschechoslowakei (§ 94) bestimmt, daß Proteste durch einen öffentlichen Notar oder einen Gerichtsbeamten aufgenommen werden müssen und daß es der Zuziehung eines Zeugen oder eines Protokollführers dabei nicht bedarf. Nach dem neuen polnischen Gesetze (Art 84) nimmt den Protest ein Notar oder ein Gericht auf; nach dem neuen jugoslawischen Gesetz (§ 70) die öffentlichen Notare und die Bezirksgerichte, diese jedoch nur dann, wenn am Orte kein öffentlicher Notar vorhanden oder der vorhandene ausgeschlossen ist, ohne daß jedoch ein entgegen dieser Vorschrift aufgenommener Protest dadurch ungültig wird.

b) Hinsichtlich der Befugnis des Protestaten, **an den Protestbeamten zu zahlen,** und der Befugnis des Protestbeamten, die Zahlung in Empfang zu nehmen (Art 89 a DWO), besteht in den übrigen Ländern der deutschen Gruppe, welche eine dem Art 89 a DWO entsprechende Vorschrift nicht enthalten, die gleiche Streitfrage, wie bis zum Inkrafttreten der Protestnovelle in Deutschland; vgl. zu Art 89a DWO Anm 1, 6. Besonders in Italien geht die Meinung überwiegend dahin, daß der Protestat an den Protestbeamten gültig nur zahlen könne, wenn dieser mit einer besonderen Vollmacht zur Empfangnahme des Geldes versehen sei; deshalb wird ein Protest, der von einem Protestbeamten ohne solche Vollmacht erhoben worden ist, für ungültig erachtet, wenn der Protestat aus diesem Grunde die Zahlung verweigert hat (Vivante Nr. 1314, 1304). Doch wird der Protestbeamte als ermächtigt zur Empfangnahme der Zahlung angesehen, wenn ihm der Wechsel von dem Inhaber quittiert („quietanzata") übergeben worden ist (Vivante 1314). In Frankreich wird der Besitzer eines quittierten Wechsels als berechtigt zur Empfangnahme der Zahlung angesehen (Lyon-C. et Ren. Nr. 298); in diesem Falle also auch der Protestbeamte; doch ist den Gerichtsvollziehern verboten, die Einziehung des Wechselbetrags zu übernehmen (Lyon-C. et Ren. a. a. O. Nr. 298 bis). Im englischen und angloamerikanischen Wechselverkehr gelten die Notare ohne weiteres als zur Empfangnahme der Zahlung ermächtigt; doch werden, um jedes Bedenken auszuschließen, die Wechsel gewöhnlich vor der Übergabe an den Protestbeamten quittiert oder mit Blankoindossament versehen (Meyer Wwrecht S. 358). **Anm. 4.**

2. Form und Inhalt der Protesturkunde (Artt 88, 88a, 88b, 89 DWO).

a) In den meisten Ländern der deutschrechtlichen Gruppe bestehen, wie in Österreich, noch Vorschriften gleichen Inhalts, wie der Art 88 DWO sie in der Fassung, die bis zum Inkrafttreten der Protestnovelle galt, enthielt. So in der Schweiz Art 815, Ungarn § 99, Bulgarien Art 624, Italien 305, Rumänien 328, Skandinavien § 82. Nach diesen Vorschriften muß der Protest in einer besonderen Urkunde erhoben werden und eine Abschrift des Wechsels enthalten; ferner muß die Antwort des Protestaten oder die Bemerkung, daß er keine gegeben habe oder nicht anzutreffen gewesen sei, in die Protesturkunde aufgenommen werden. In Italien ist noch bestimmt, daß die Gründe für das Schweigen des Protestaten angegeben werden. Außer der Unterschrift des Protestbeamten, die überall teils ausdrücklich teils als selbstverständlich gefordert wird, wird die Beifügung des Amtssiegels (Art 88 Nr. 6 DWO alter Fassung) nur noch in Ungarn (§ 99 Nr. 6) verlangt. Wo Zeugen zugezogen werden müssen, wie in Schweden (vgl. oben zu 1), wird auch die Unterschrift der Zeugen gefordert. In Rußland erfolgt nach dem Wechselgesetze von 1922 § 12 in Verbindung mit der Notariatsordnung vom 4. 10. 1922 Art 807 die Protestierung durch die Notariatsbehörde oder das Volksgericht (vgl. oben zu 1) im Wege der Eintragung in ein besonderes Register und eines Vermerks auf dem Wechsel selbst, also ohne Abschrift des Wechsels. **Anm. 5.**

Die Gesetze des französischen Rechtsgebiets verlangen im Anschlusse an Art 174 des französischen Code de commerce als Inhalt des Protestes: die wörtliche Überschreibung des Wechselbriefes und der auf ihm befindlichen Akzepterklärung, Indossamente und „Empfehlungen" (recommandations), sowie die Aufforderung zur Bezahlung des Wechsels; ferner die Angabe der Gegenwart oder Abwesenheit desjenigen, der zahlen soll, der Gründe für die Weigerung, zu zahlen, und der Unfähigkeit oder der Weigerung zu unterzeichnen. In Belgien ist durch das Gesetz vom 10. 7. 1877 Art 3 bestimmt, daß der Protest als „Allonge" dem protestierten Wechsel anzuheften ist und daß der Protestbeamte am Orte der Protesterhebung, falls er jemand dort angetroffen hat, einen Bericht über den Vorgang zurückzulassen, andernfalls nur das Nicht-Antreffen in der Protesturkunde festzustellen hat; weitere Vorschriften (Art 4) sind Sollvorschriften; in Artt 5—8 ist sodann bestimmt, welchen Inhalt die Erklärung haben muß, die nach dem belgischen Rechte (vgl. Anhang I zum Unterabschnitt VIII Anm 2) den Protest ersetzen kann. **Anm. 6.**

In Großbritannien (BEA 51[7]) ist vorgeschrieben, daß ein förmlicher Protest eine Abschrift des Wechsels enthalten, von dem aufnehmenden Notar unterzeichnet sein und die Person, auf deren Verlangen der Wechsel protestiert wird, Ort und Datum des Protestes, den Grund zur Protesterhebung, das gestellte Verlangen und die etwa erteilte Antwort oder die Tatsache, daß der Bezogene oder Akzeptant nicht hat gefunden werden können, angeben muß. Über den Inhalt der dort zugelassenen Privaterklärung vgl. oben Anm 3. In den Vereinigten Staaten von Amerika (NIL 261) hat der Protestant die Wahl, ob er über den Protest eine besondere Urkunde aufnehmen oder einen Vermerk auf dem Wechsel machen lassen will; nur in ersterem Falle bedarf es einer Abschrift des Wechsels. Die Beifügung des Amtssiegels ist im NIL ausdrücklich vorgeschrieben; in Großbritannien gilt sie ohne ausdrückliche Vorschrift als notwendiges Erfordernis auf Grund allgemeiner Rechtssätze über die Urkundenformen. **Anm. 7.**

Anm. 8. Das neue tschechoslowakische Gesetz enthält in § 95 dem Art 88 DWO alter Fassung entsprechende Bestimmungen über den Inhalt des Protestes. Auch das neue jugoslawische Gesetz (§ 72) enthält darüber Vorschriften, die inhaltlich den früheren Bestimmungen der deutschen WO, namentlich hinsichtlich der Aufnahme einer besonderen Urkunde und der Abschrift des Wechsels, entsprechen. Dagegen gibt das neue polnische Gesetz in den Artikeln 85 und 87 Vorschriften, die inhaltlich den Artikeln 88, 88 a, 88 b DWO in der Fassung der Protestnovelle entsprechen, namentlich darin, daß der Protest auf den Wechsel selbst (und zwar auf die Rückseite) hinter alle auf diesem befindliche Erklärungen oder auf ein mit diesem verbundenes Blatt zu setzen und wie im letzteren Falle die Verbindung zu bewirken und zu bezeichnen ist.

Anm. 9. **b)** Die Aufnahme des Protestes wegen einer von mehreren Personen zu fordernden wechselrechtlichen Leistung in einer **Urkunde** (Art 89 DWO) wird überall, teils (so in den meisten Gesetzgebungen der deutschen Gruppe) auf Grund ausdrücklicher Vorschrift, teils ohne solche für zulässig erachtet; nur in einzelnen Staaten ist sie auf den Fall beschränkt, daß die Leistung von allen an dem nämlichen Orte gefordert wird, wie in Skandinavien (§ 83) und in Belgien (Art 11 Ges. v. 10. 7. 1877), wo die Verwendung eines besonderen Blattes des Protestheftes für jeden in einem anderen Domizil zu erhebenden Protest angeordnet wird. In den Ländern des französischen Rechtsgebietes wird die Verbindung sogar als notwendig erachtet auf Grund des Art 173 Code de comm., der im Schlußsatze vorschreibt, daß der Protest gegen die verschiedenen Personen, in deren Domizil er zu erfolgen hat, durch einen und denselben Akt („le tout par un seul et même acte") zu erheben ist. Auch in Italien (Art 304 Abs 1) und Rumänien (327 Abs 1) ist eine einheitliche Urkunde vorgeschrieben.

Anm. 10. **c)** Über die Zulässigkeit von **Berichtigungen** der Protesturkunde (Art 90 Abs 1 DWO) bestehen in anderen Ländern als Deutschland keine besonderen Vorschriften. Die Zulässigkeit regelt sich nach den in jedem Lande geltenden Rechtsgrundsätzen über die Zulässigkeit von Berichtigungen öffentlicher Urkunden überhaupt. — **Verstöße** gegen die Vorschriften über den Inhalt der Protesturkunde werden jetzt fast überall (wie im deutschen Rechte, vgl. zu Art 88 DWO Anm 1) als die Nichtigkeit des Protestes herbeiführend nur dann angesehen, wenn sie etwas Wesentliches betreffen (so für Frankreich auf Grund des Art 1030 Code de procédure civile Lyon-C. et Ren. Nr. 357; für Italien Vivante Nr. 1303; für das angelsächsische Recht Daniel II § 958). Nur in Spanien (Art 504 Abs 1) und einigen lateinisch-amerikanischen Staaten gilt jedes einzelne Erfordernis als unbedingt wesentlich und führt, wenn ihm nicht genügt ist, die Nichtigkeit herbei, während Brasilien die gleiche Bestimmung seines älteren Gesetzes in seinem neueren Wechselgesetze (Art 29) geändert hat.

Anm. 11. **d)** An Stelle der in Art 90 Abs 2, 3 DWO in seiner jetzigen Fassung vorgeschriebenen Zurückbehaltung einer beglaubigten Abschrift und Aufnahme eines Vermerks über den Inhalt des Wechsels besteht in den übrigen Ländern der deutschen Wechselrechtsgruppe noch die durch den früheren Art 90 DWO vorgeschriebene Eintragung des Protestes in ein **Protestregister** (Schweiz Art 817, Ungarn § 101, Bulgarien Art 626, Italien 306, Rumänien 330 Abs 2, Japan 517). In Rußland ist nach dem Wechselgesetze der Sowjetunion (§ 12) die Eintragung in das Register ein Bestandteil der Protesterhebung selbst, während in den übrigen genannten Ländern nur eine Verpflichtung des Protestbeamten ausgesprochen ist, deren Nichterfüllung die Gültigkeit des Protestes nicht berührt. Im französisch-rechtlichen Gebiete ist durch Art 176 franz. Code de comm. und die entsprechenden Vorschriften der anderen Länder den Notaren und Gerichtsvollziehern die Pflicht auferlegt, eine genaue Kopie der Proteste dem Protestaten zurückzulassen und die Proteste vollständig, Tag für Tag und in der Ordnung ihrer Daten in ein besonderes Register, das nach vorgeschriebenem Muster zu führen ist, einzutragen, und zwar bei Strafe der Absetzung, der Kosten und des Schadensersatzes gegenüber den Parteien; und außerdem noch die Pflicht, den Aussteller oder (beim billet à ordre) den ersten Indossanten, falls ihr Wohnort aus dem Wechsel ersichtlich ist, brieflich zu benachrichtigen. In Belgien (Art 3 Gesetz von 1877) ist statt des Protestregisters ein Stammheft (carnet à souche) vorgeschrieben, in das die Proteste einzutragen sind. Aus dem Protestregister können den Beteiligten Ausfertigungen erteilt werden (so ausdrücklich Ungarn § 101, Bulgarien Art 626). — In Großbritannien sind die Notare gehalten, die Proteste in ihr Notariatsbuch einzutragen, ein besonderes Wechselprotestregister ist nicht vorgeschrieben (Späing S. 266).

3. Örtliche Stellen und Zeiten für wechselrechtliche Handlungen (Artt 91—93 DWO).

Anm. 12. **a)** Über die Stelle innerhalb einer Ortschaft, an welcher die wechselrechtlichen Handlungen, durch die eine Leistung gefordert wird, vorzunehmen sind, enthalten einige der übrigen Gesetze der deutschrechtlichen Gruppe eine in der Hauptsache gleiche Vorschrift, wie Art 91 DWO in der alten Fassung (vgl. zu Art 91 Anm 2); so die Schweiz Art 818, Ungarn § 102, Bulgarien Art 630, Skandinavien § 89, Brasilien Art 374. Im französischen Rechtsgebiete ist durch Art 173 franz. C. de comm. vorgeschrieben, daß die Proteste im Domizil der Person, gegen welche protestiert wird, erhoben werden und daß im Falle falscher Angabe des Domizils ein Nachforschungsakt (acte de perquisition) vorherzugehen hat; ebenso Belgien (Art 2 Ges. v. 10. 7. 1877), mit der Maßgabe daß für den Fall der Angabe eines falschen Domizils die Feststellung erfordert wird, daß der Schuldner in der Gemeinde nicht hat gefunden werden können. Im englischen

Rechte ist unter den Vorschriften darüber, welches der richtige Ort für die Präsentation und den Protest des Wechsels ist (BEA 45^4, 51^6), auch bestimmt, daß der Wechsel in Ermangelung der Angabe eines Zahlungsortes oder einer Adresse in dem Geschäftslokale des Bezogenen oder Akzeptanten, falls dieses bekannt ist, und, wenn nicht, an dem gewöhnlichen Wohnsitze (d. h. dort wo er eine Wohnung hat), wenn dieser bekannt ist, präsentiert und protestiert werden kann; in allen anderen Fällen (d. h. wenn weder Geschäftslokal noch Wohnung bekannt sind) dort, wo er gefunden wird oder in dem letzten bekannten Geschäftslokale oder Wohnsitze (Wohnung). Die Sondervorschrift des Art 91 a DWO über die Vornahme wechselrechtlicher Handlungen an einem „benachbarten Orte" findet sich in keiner anderen Gesetzgebung.

b) Über den Einfluß der **Sonn- und Feiertage** (Art 92 Abs 1 DWO) findet sich die gleiche Vorschrift, wie in der DWO, in der Schweiz (Art 819), Ungarn (§ 103: „allgemeine Feiertage des Gregorianischen Kalenders"), Skandinavien (§ 91), Bulgarien (Art 631: „Feiertage"). In anderen Gesetzen der deutschrechtlichen Gruppe findet sich nur die Vorschrift des Satzes 1 Abs 1 der DWO, wonach der nächste Werktag der Zahlungstag ist; so Italien Art 288 Abs 2, Rumänien 310 Abs 2. Das Gesetz der Sowjetunion enthält keine Vorschriften über den Einfluß der Sonn- und Feiertage. In Frankreich hatte der Art 134 C. de comm. in seiner ursprünglichen Fassung bestimmt, daß, wenn ein Wechselbrief an einem gesetzlichen Feiertag verfalle, er am Tage vorher zahlbar sei. Diese den Schuldner stark belastende Bestimmung wurde durch Gesetz vom 28. 3. 1904 dahin geändert, daß der Wechsel in solchem Falle am ersten Werktage, der folgt, zahlbar ist. Eine noch weitergehende Rücksichtnahme auf die Schuldner wurde aber, namentlich wegen der Bankgeschäfte (vgl. Lyon-C. et Ren. 280 ter), durch spätere Gesetze eingeführt, die bestimmen, daß, wenn gesetzliche Feiertage auf einen Sonntag fallen, die Zahlung auch an dem darauffolgenden Montag nicht, sondern erst am Dienstag verlangt und Protest erhoben werden kann; ferner daß, wenn die Feiertage auf einen Freitag oder Dienstag fallen, das Zahlungsverlangen und die Protesterhebung auch am folgenden (Samstag) bzw. vorhergehenden Tage (Montag) nicht stattfinden kann; ferner noch, daß wenn der Feiertag des 1. 11. (Allerheiligen) auf einen Montag fällt, am darauffolgenden Dienstag Zahlung nicht verlangt werden und Protest nicht erhoben werden kann; daß deshalb die am Tage nach diesen Tagen erhobenen Proteste gegenüber dem Bezogenen und den „Dritten" (Regreßpflichtigen) voll wirksam sind (Gesetze vom 23. 12. 1904, 13. 7. 1905, 20. 12. 1906, 29. 10. 1909). Auf den Feiertag des 11. November (Waffenstillstandstag) findet aber die Vorschrift, daß wenn ein Feiertag auf einen Freitag oder Dienstag fällt, die Zahlung am darauffolgenden Samstag bzw. vorhergehenden Montag nicht verlangt werden kann, keine Anwendung, Art 3 Ges. vom 24. 10. 1922. — In den übrigen Ländern des französischen Rechtsgebietes ist der Art 134 franz. Code de commerce noch in seiner ursprünglichen Fassung in Kraft, so daß schon am Tage vor dem Feiertage die Zahlungen verlangt und die Proteste erhoben werden können; ebenso in Belgien (Ges. v. 20. 5. 1872 Art 25) und Spanien (Art 455 Abs 2). — Für England ist in BEA 14 bestimmt, daß, wenn der letzte „Respekttag" (vgl. Anhang I zu Artt. 30—35 Anm 4) auf einen Sonntag, Weihnachtstag, Karfreitag oder öffentlichen Buß- und Bettag fällt, der Wechsel an dem vorhergehenden Geschäftstage fällig und zahlbar ist, dagegen am folgenden Geschäftstage, wenn der letzte Respekttag ein Bankfeiertag oder wenn er ein Sonntag und der vorhergehende (zweite) Respekttag ein Bankfeiertag ist. Nach dem anglo-amerikanischen Rechte braucht der Schuldner, da Respekttage kaum mehr bestehen (vgl. Anhang I zu Art 30—35 Anm 4), wenn der Wechsel an einem Sonn- oder Feiertage verfällt, erst am nächsten Werktage zu zahlen (NIL 5 und 145). Auch die Vorlegung zur Annahme muß nach angelsächsischem Rechte (BEA 41^1; NIL 132 Nr. 2, 243) an einem Geschäftstage erfolgen. **Anm. 13.**

Welche Tage als allgemeine Feiertage gelten, ist erklärlicherweise in den einzelnen Staaten je nach ihrer konfessionellen, historischen und politischen Entwicklung sehr verschieden bestimmt. In Frankreich sind es zur Zeit der (1.) Weihnachtstag (Noël), der Himmelfahrtstag (Ascension), Mariä-Himmelfahrt (Assomption, 15. August), Allerheiligen (1. November), Neujahr, 14. Juli (Nationalfest), Ostermontag, Pfingstmontag, 11. November (Waffenstillstandstag). Vgl. weitere Einzelheiten bei Meyer, Weltwechselrecht I S. 80 ff. und bei Magnus, Tabellen. **Anm. 14.**

c) Über die **Proteststunden** (Art 92 Abs 2 DWO) finden sich nur in einigen ausländischen Gesetzgebungen besondere Vorschriften (Ungarn § 102 Abs 1, Bulgarien Art 630, Skandinavien § 89). Im übrigen wird überall aus den Grundsätzen von Treu und Glauben und den Handelsgewohnheiten hergeleitet, daß wechselrechtliche Handlungen nur während der üblichen Geschäftsstunden vorgenommen oder gefordert werden können, es sei denn, daß die Beteiligten mit einer Vornahme außerhalb dieser Stunden einverstanden sind. Im angelsächsischen Rechte (BEA 41^a, 45^3; NIL 242, 132 Nr. 2) ist vorgeschrieben, daß die Präsentation zur Annahme und zur Zahlung zu einer angemessenen Stunde („reasonable hour") zu erfolgen hat. **Anm. 15.**

d) **„Kassiertage"** (Art 93 DWO) bestehen ebenso wie in Deutschland auch in den auswärtigen Staaten nicht mehr.

II. Künftiges einheitliches Wechselrecht.

1. Über die Form der Proteste (Artt 87—90 DWO) enthalten die Haager EWO und das Genfer EWG keine Vorschriften. Nur über die für die Form des Protestes im Falle eines Gesetzes- **Anm. 16.**

konflikts entscheidende Kollisionsnorm ist in Art 76 HEWO und übereinstimmend in Art 8 des Genfer Abkommens über die Gesetzeskonflikte Bestimmung getroffen; vgl. den Anhang II zum Unterabschnitt XV Anm 1, 3, 5.

Anm. 17. 2. Hinsichtlich der örtlichen Stelle und der Zeiten für die Vornahme wechselrechtlicher Handlungen (Artt 91—93 DWO) finden sich in den Entwürfen nur Vorschriften über den zeitlichen Einfluß der Sonn- und Feiertage, welche folgenden Inhalt haben:

1. Art 72 HEWO, 73 GEWG:

„Die Zahlung eines Wechselbriefs, der an einem gesetzlichen Feiertage verfällt, kann erst an dem ersten Werktage, der folgt, verlangt werden. Ebenso können alle anderen auf den Wechselbrief sich beziehenden Akte, besonders die Präsentation zur Annahme und der Protest, nur an einem Werktage vorgenommen werden. Wenn einer von diesen Akten in einer bestimmten Frist vollzogen werden muß, deren letzter Tag ein gesetzlicher Feiertag ist, so wird diese Frist verlängert bis zum ersten Werktage, der ihrem Ablaufe folgt. Die dazwischen liegenden Feiertage werden in die Berechnung der Frist einbegriffen."

2. Artikel 17 Haager Abkommen, 18 Annexe II Genfer Abkommen:

„Jeder vertragschließende Staat [Genfer Abkommen: Jeder der H. vertragschließenden Teile] hat die Befugnis, vorzuschreiben, daß gewisse Werktage den gesetzlichen Feiertagen hinsichtlich dessen, was die Präsentation zur Annahme oder zur Zahlung und alle anderen auf den Wechselbrief sich beziehenden Akte betrifft, gleichgestellt werden."

Erläuterung.

Anm. 18. Die für das einheitliche Wechselrecht vorgesehene Vorschrift entspricht inhaltlich dem Art 92 Abs 1 DWO; vgl. zu Art 92 Anm 2 ff. Der Vorbehalt für die Vertragsstaaten in den Abkommen hat ersichtlich die Vorschriften des französischen Rechts über die den Feiertagen folgenden oder ihnen vorausgehenden Werktage (vgl. oben Anm 13) im Auge und soll die Aufrechthaltung dieser Vorschriften ermöglichen.

XVIII. Mangelhafte Unterschriften.

Unter dieser Überschrift sind in dem vorliegenden Unterabschnitte zwei Bestimmungen zusammengefaßt, wohl aus dem Gesichtspunkte, daß durch beide Wechselunterschriften für wirksam erklärt werden, die in gewissen Beziehungen mangelhaft sind, nämlich in dem ersten Falle (Art 94) hinsichtlich der Form der Unterschrift — Handzeichen statt Namensschrift —, in dem zweiten Falle (Art 95) hinsichtlich der materiellen Berechtigung des Unterzeichnenden zur Vertretung desjenigen, in dessen Namen er unterzeichnet hat. Ein weiterer Fall mangelhafter Unterschriften, nämlich ihre Falschheit oder Verfälschung, ist im Unterabschnitt XII unter der Überschrift: „Falsche Wechsel" (Artt 75, 76) behandelt.

Artikel 94.

Wechselerklärungen, welche statt des Namens mit Kreuzen oder anderen Zeichen vollzogen sind, haben nur dann, wenn diese Zeichen gerichtlich oder notariell beglaubigt worden, Wechselkraft.

Anm. 1. 1. Wesentliches Erfordernis jeder Wechselerklärung ist ihre Schriftlichkeit, und zwar regelmäßig in der Form der **Namensschrift** desjenigen, der die Erklärung abgibt, die entweder als Unterschrift unter einem Texte stehen muß (so die Namensschrift des Ausstellers unter dem Grundwechsel, Art 4 Nr. 5) oder auch als einfache Namensschrift ohne Text in die Erscheinung treten kann, so beim Indossamente (Artt 11, 12), bei der Annahme (Art 21), bei dem Aval (Art 81); vgl. die Erläuterungen zu diesen Artikeln. Durch **Artikel 94** wird jedoch noch eine andere Form der Schriftlichkeit der Wechselerklärungen zugelassen und mit voller Wirksamkeit ausgestattet, nämlich diejenige, bei welcher der Erklärende sich die Erklärung, statt durch Namenszeichnung, durch ein sonstiges schriftliches Zeichen zu eigen gemacht („vollzogen") hat, freilich nur unter der Voraussetzung, daß dieses Zeichen notariell oder gerichtlich beglaubigt ist. Die Vorschrift entspricht dem, was jetzt für die Erfüllung der durch Gesetz vorgeschriebenen Schriftform im allgemeinen bürgerlichen Rechte (§ 126 Abs 1 BGB) vorgeschrieben ist. Die Vorschrift bezieht sich, wie ihr Wortlaut ergibt, sowohl auf Unterschriften unter einem Text, wie auf einfache Skripturen ohne Text, die nur aus dem Zeichen bestehen.

Anm. 2. 2. Die gerichtliche oder notarielle Beglaubigung ist nur erforderlich, wenn die Schrift sich **nicht als Namensschrift** darstellt. Darüber was als Namensschrift zu gelten hat, vgl. zu Art 8 Anm 3. Danach genügt ein „Namenszug", d. h. eine Abkürzung des Namens durch bloße

Anfangsbuchstaben oder dergleichen, nicht (in ROHG 7. 9. 77, bei Borchardt Zus. 115, ist der Ausdruck im Sinne von „Namensschrift" gebraucht; anscheinend auch bei StStranz Anm 2, 3). Ein Namenszug in obigem Sinne kann nur als Zeichen in Betracht kommen, bedarf also der Beglaubigung. Nach ROHG a. a. O. soll die unleserliche Unterschrift unter einer Wechselerklärung nur dann als Handzeichen zu erachten sein und deshalb zu ihrer Rechtswirksamkeit der Beglaubigung bedürfen, wenn die Namenszeichnung nicht die Gestalt von aneinandergereihten Buchstaben hat und deshalb nicht einen „Namenszug" (eine Namensschrift) darstelle. Das dürfte bedenklich sein, da sich nicht feststellen läßt, ob der Erklärende mit einem Namen und mit welchem unterschrieben hat; daß er eine Namensschrift hat abgeben wollen (so StStranz Anm 3), kann für die Erfüllung der gesetzlichen Form nicht entscheidend sein. Daß ein solcher Wille nicht genügt, wenn nicht einmal einzelne Buchstaben als solche erkennbar sind, hat auch das ROHG (22, 406) angenommen. Allerdings wird im Interesse der Sicherheit des Wechselverkehrs der Tatrichter die Grenze der „Unleserlichkeit" möglichst eng ziehen müssen.

3. Das **Zeichen (Handzeichen)** kann (wie bei Schreibensunkundigen meist üblich) aus einem oder mehreren Kreuzen bestehen (Unterkreuzung), aber auch irgend ein anderes „Zeichen (Symbol eines Gedankenausdrucks) sein, ohne daß erforderlich ist, daß der damit ausgedrückte Gedanke für andere erkennbar wäre. Es können daher auch mathematische Figuren (Kreise, Vierecke) oder Zeichnungen von Personen oder Gegenständen verwendet werden. Wesentlich ist nur, daß das Zeichen von demjenigen, der die Wechselerklärung abgibt, selbsttätig mit der Hand („eigenhändig") hergestellt ist. Mechanische Herstellung durch Aufdruck, Stempel usw. genügt daher für das Zeichen ebensowenig wie für die Namensschrift. Doch ist die Herstellung unter Beihilfe eines anderen, etwa durch Führung der Hand (a. M. Bernstein S. 16 Anm 4 u. S. 397 unter c) oder durch Benutzung von Vorlagen, auch mittels Durchzeichnens, zulässig. Ob der Zeichnende schreibensunkundig oder aus einem sonstigen Grunde zur Zeichnung seiner Namensschrift nicht imstande war oder ob er die Zeichnung mittels beglaubigten Handzeichens ohne zwingende Gründe gewählt hat, ist für die Gültigkeit seiner Wechselerklärung unerheblich. **Anm. 3.**

4. Die Beglaubigung des Zeichens muß eine **gerichtliche oder notarielle** sein. Beglaubigung durch andere Behörden, insbesondere durch die Polizei, genügt nicht. Für die Beglaubigung sind im übrigen die Vorschriften des FGG (§§ 167 ff.) maßgebend. Danach sind zuständig „für die öffentliche Beglaubigung einer Unterschrift" außer den Notaren die Amtsgerichte; das Handzeichen wird im Sinne dieser Bestimmung als Unterschrift zu gelten haben, obwohl oder vielleicht weil es hier nicht, wie in § 183 Abs 3, besonders erwähnt ist, da nicht angenommen werden kann, daß das Gesetz nicht auch für die Beglaubigung von Handzeichen die sachliche Zuständigkeit regeln wollte. Die Beglaubigung darf nur erfolgen, wenn das Handzeichen in Gegenwart des Beglaubigungsbeamten durch denjenigen, der die Erklärung abgibt und über dessen Persönlichkeit der Beamte sich zu vergewissern hat, vollzogen oder anerkannt wird (§ 183 Abs 1, 3). Hat er es vor dem Beglaubigungsbeamten anerkannt, so ist der Gegenbeweis, daß es nicht von ihm herrühre, unerheblich und ausgeschlossen. Über die Form und den Inhalt der Beglaubigung ist in § 183 Abs 2, 3 bestimmt; danach geschieht die Beglaubigung durch einen unter das Handzeichen zu setzenden Vermerk, der die Bezeichnung desjenigen, der es vollzogen oder anerkannt hat, sowie den Ort und den Tag der „Ausstellung" (des Beglaubigungsvermerks) angeben, sowie mit Unterschrift und Siegel oder Stempel des Beglaubigungsbeamten versehen sein muß. Beglaubigungen, die diesen Anforderungen nicht entsprechen, sind ungültig und infolgedessen ist die mittels des Handzeichens abgegebene Wechselerklärung wirkungslos. Daß in dem Beglaubigungsvermerk auch der Ort und der Tag der Vollziehung oder Anerkennung des Handzeichens angegeben werde, ist nicht vorgeschrieben; soweit die Urkunde der Datierung bedarf, wird angenommen werden können, daß sie am Tage der Beglaubigung vollzogen oder anerkannt ist. Inhaltlich hat der Vermerk nur die Vollziehung oder Anerkennung des Zeichens durch den Erklärenden zu bekunden, nicht auch daß dieser das Zeichen anstelle seiner Namensschrift zum Zwecke der Abgabe der Wechselerklärung vollzogen habe. **Anm. 4.**

Artikel 95.

Wer eine Wechselerklärung als Bevollmächtigter eines anderen unterzeichnet, ohne dazu Vollmacht zu haben, haftet persönlich in gleicher Weise, wie der angebliche Machtgeber gehaftet haben würde, wenn die Vollmacht erteilt gewesen wäre. Dasselbe gilt von Vormündern und anderen Vertretern, welche mit Überschreitung ihrer Befugnisse Wechselerklärungen ausstellen.

1. **Artikel 95** regelt die wechselrechtlichen Wirkungen, die dadurch entstehen, daß eine Wechselerklärung **von einem Vertreter ohne Vertretungsmacht** unterzeichnet wird, und zwar in dem Sinne, daß dadurch eine persönliche Haftung des Vertreters kraft Wechselrechts eintritt. Darüber, ob und welche wechselrechtlichen Wirkungen dadurch für den Vertretenen eintreten, spricht sich das Gesetz nicht aus. Es kommen daher in dieser Beziehung die Grundsätze des allgemeinen bürgerlichen Rechts, die zur Ergänzung der WO heranzuziehen sind, zur **Anm. 1.**

Anwendung. Nach diesen Grundsätzen hängt, wenn es sich um den Abschluß eines Vertrags handelt, die Wirksamkeit des Vertrags für und gegen den Vertretenen von dessen Genehmigung ab (§ 177), während bei einseitigen Rechtsgeschäften eine Vertretung ohne Vertretungsmacht unzulässig ist (§ 180 BGB), also auch durch nachträgliche Genehmigung des Vertretenen Wirksamkeit für und gegen diesen nicht erlangen kann. Da die Wechselverpflichtungen, mit Ausnahme des Akzepts, nach der herrschenden Meinung einen Vertrag (Begebungsvertrag) als Entstehungsgrund voraussetzen (vgl. darüber Vorbem 2 vor Art 4 Anm 3 ff.), wird insoweit eine ohne Vertretungsmacht abgegebene Wechselerklärung genehmigungsfähig sein, während das Akzept, da es nach der herrschenden Meinung, insbesondere nach der Auffassung des Reichsgerichts (vgl. a. a. O. Anm 8), ohne Begebungsvertrag verbindlich ist, also ein einseitiges Rechtsgeschäft darstellt, wenn es ohne Vertretungsmacht in Vertretung eines anderen abgegeben wird, durch dessen Genehmigung nicht wirksam werden kann. Soweit hiernach Genehmigung in Betracht kommt, bedarf sie zu ihrer Gültigkeit nicht der für das Rechtsgeschäft bestimmten Form (§ 182 Abs 2), kann also auch mündlich sowohl gegenüber dem Vertreter, wie dem anderen Teile (als welcher der jeweilige Wechselinhaber anzusehen sein wird) erklärt werden.

Anm. 2. 2. Auch darüber, ob und in welcher Weise eine Wechselerklärung **auf Grund einer Vertretungsmacht** mit Wirkung für und gegen den Vertretenen abgegeben werden kann, ist weder in Art 95 noch sonst in der WO Bestimmung getroffen. Auch diese Frage regelt sich deshalb nach dem allgemeinen bürgerlichen Rechte (§§ 164 ff. BGB). Nach diesem wirkt eine innerhalb der Vertretungsmacht im Namen des Vertretenen abgegebene Erklärung unmittelbar für und gegen den Vertretenen (§ 164). Durch eine von einem Bevollmächtigten oder einem gesetzlichen Vertreter innerhalb ihrer Vertretungsmacht abgegebene Wechselerklärung (Ausstellererklärung, Indossament, Akzept, Aval) wird sonach der Vertretene unmittelbar wechselmäßig verpflichtet; hinsichtlich der Frage der unbeschränkten oder beschränkten Geschäftsfähigkeit, sowie der Kenntnis oder Nichtkenntnis gewisser Umstände — also namentlich für die Gutgläubigkeit beim Wechselerwerbe und für das Kolludieren zum Abschneiden von Einreden (vgl. zu Art 82 Anm 48) — kommt nur die Person des Vertreters in Betracht (§§ 165, 166); die Vollmacht bedarf nicht der für die Wechselerklärung vorgeschriebenen Schriftform (§ 167) usw. Über die Form, in welcher die Zeichnung von Wechselerklärungen durch einen Vertreter zu erfolgen hat, vgl. zu Art 8 Anm 4.

Anm. 3. Für die Eingehung von Wechselverbindlichkeiten bestehen im allgemeinen bürgerlichen Rechte gewisse **Einschränkungen der Vertretungsmacht**; so bedürfen der Vormund, der Vater und der Pfleger dazu der Genehmigung des Vormundschaftsgerichts (§§ 1822 Nr. 9, 1643, 1915 BGB); die Handlungsvollmacht ohne Erteilung der Prokura erstreckt sich auf Wechselerklärungen nur, wenn eine Befugnis dazu besonders erteilt ist (§ 54 HGB). Liquidatoren einer handelsrechtlichen Gesellschaft können wechselmäßige Verpflichtungen, wie sonstige Rechtsgeschäfte, nur zur Beendigung schwebender Geschäfte eingehen (§ 149 HGB). Diese Einschränkungen machen eine ihnen zuwider abgegebene Wechselerklärung gegenüber dem Vertretenen unwirksam und können daher grundsätzlich jedem Wechselinhaber entgegengehalten werden. Das gilt insbesondere auch für die Befugnisse der Liquidatoren und es hat daher der Wechselgläubiger, der den Anspruch gegen eine in Liquidation befindliche Gesellschaft auf eine von ihren Liquidatoren übernommene Wechselverbindlichkeit stützt, falls ein Einwand aus der Beschränkung ihrer Befugnisse in dieser Richtung erhoben wird, den Beweis, daß es sich um Abwickelung schwebender Geschäfte dabei gehandelt habe, zu führen; doch soll es nach ROHG 13, 226; 21, 308 genügen, wenn er beweist, er sei auf Grund eingezogener Erkundigungen zu der Annahme berechtigt gewesen, daß dieser Fall vorgelegen habe. Diese Entscheidung dürfte zwar wohl der Billigkeit, aber kaum der Folgerichtigkeit entsprechen. Auch die Bestimmungen der Städteordnungen — so der preußischen Städteordnung für die östlichen Provinzen —, denen zufolge Urkunden, in denen für eine Stadtgemeinde Verpflichtungen übernommen werden, in gewissen Formen errichtet werden müssen, stellen keine bloße Formvorschrift, sondern darüber hinaus Beschränkungen der Vertretungsmacht der städtischen Organe dar, sie sind deshalb auch neben dem BGB in Geltung geblieben und gelten auch für Erklärungen der städtischen Behörden im Wechselverkehr (RGZ 115, 311; JW 1927, 1251[8] und die Anmerkungen dazu ebenda S. 1471, 2214; RGZ 122, 177). Desgleichen sind die Wechselerklärungen, welche nicht von den satzungsgemäß dazu berufenen Vorstandsmitgliedern einer Sparkasse abgegeben sind, für diese nicht verpflichtend; auch eine ausdrückliche oder stillschweigende Vollmacht zu solchen Erklärungen kann nur in den von der Satzung bestimmten Grenzen erteilt werden (RGZ 116, 227; 122, 353).

Anm. 4. 3. Die besonderen Vorschriften, die Art 95 über die **persönliche Haftung des Vertreters ohne Vertretungsmacht** gibt, sind als Vorschriften eines Reichsgesetzes (vgl. die Einleitung S. 18) durch das Inkrafttreten des BGB und die in diesem enthaltenen Vorschriften über die gleiche Materie (§ 179) nicht berührt (EGzBGB Art 32). Sie gehen daher diesen vor, soweit sie etwa Abweichendes anordnen. Sie beziehen sich sowohl auf den Vertreter, der auf Grund einer angeblichen rechtsgeschäftlichen Vollmacht gehandelt hat („Bevollmächtigter", Satz 1), wie auf denjenigen, der ohne Befugnis als gesetzlicher Vertreter gehandelt hat („Vormund oder sonstiger Vertreter", Satz 3), und zwar treffen sie sowohl den Fall, daß eine Vollmacht bzw.

Befugnis überhaupt nicht bestanden hat, wie den Fall, daß sie in einer die Verpflichtung des Vertretenen ausschließenden Weise überschritten ist (a. M. Rehbein Anm 5); nach dem Wortlaute von Satz 3 würde sich die Vorschrift hinsichtlich des gesetzlichen Vertreters sogar nur auf den Fall der Überschreitung seiner Befugnisse beziehen; indessen muß als Sinn des Gesetzes um so mehr (a potiori) angenommen werden, daß die Haftung eintritt, wenn der Handelnde überhaupt nicht Vormund oder sonstiger Vertreter war, sich aber dafür ausgegeben hat. Daß den angeblichen Vertreter ein Verschulden treffe, daß er insbesondere gewußt oder fahrlässiger Weise nicht gewußt habe, daß ihm eine Vertretungsbefugnis nicht zustehe oder daß er sie überschreite, erfordert das Gesetz nicht; es handelt sich nicht um eine Verschuldungs- sondern um eine Gefährdungshaftung. In dieser Beziehung weicht Art 95 von § 179 BGB ab, der in Abs 2 in solchem Falle die Haftung auf das Vertrauensinteresse einschränkt.

Unerheblich ist für die Haftung des Vertreters, ob er mit seinem eigenen Namen unter Bekanntgabe des Vertretungsverhältnisses oder nur mit dem Namen des Vertretenen gezeichnet hat (vgl. zu Art 8 Anm 4); in beiden Fällen kann ein Handeln als Vertreter vorliegen, das Gesetz macht keinen Unterschied und es besteht kein hinreichender Grund, einen solchen in das Gesetz hineinzutragen und anzunehmen, daß die Verpflichtung des Vertreters in letzterem Falle keine wechselmäßige sein könne, weil sein Name nicht „aus dem Wechsel hervorgehe" (so Bernstein zu Art 95 S. 402/403; StStranz Anm 14, im Gegensatze zu Staub 4. Aufl; wie hier Lehmann § 89 A. 14; Dernburg § 252 A. 9). Die WO erfordert keineswegs, daß alle Umstände, die zur wechselmäßigen Verpflichtung erforderlich sind, unmittelbar aus dem Wechsel ersichtlich sein müssen, so z. B. auch nicht die Echtheit der Unterschrift. Die wechselmäßige Haftung des Vertreters wird dadurch hinreichend gerechtfertigt, daß er die Namensschrift, wiewohl nicht mit seinem Namen, geleistet hat. Anders liegt die Sache, wenn er nicht als Vertreter gehandelt, sondern sich als die Person, mit deren Namen er unterzeichnete, ausgegeben hat; in diesem Falle liegt eine Fälschung vor, die ihn nur nach allgemein-bürgerlichem Rechte aus unerlaubter Handlung haftbar macht. **Anm. 5.**

Die Haftung setzt voraus, daß der Vertretene nicht verpflichtet ist; sie tritt also außer Kraft, wenn dieser nachträglich die ohne Vertretungsmacht erfolgte Wechselerklärung mit für ihn rechtsverbindlicher Wirkung genehmigt (vgl. darüber, in welchen Fällen das möglich ist, oben Anm 1). Abweichend von § 179 BGB ist aber nicht die Verweigerung der Genehmigung als Voraussetzung für die Entstehung der Haftung des Vertreters aufgestellt; der Vertreter muß deshalb den Eintritt der Genehmigung beweisen, um seine Haftung auszuschließen. **Anm. 6.**

Der Vertreter ist **in gleicher Weise verpflichtet, wie der Vertretene verpflichtet sein würde, wenn die Vertretungsmacht bestanden haben würde.** Vorausgesetzt ist hiernach, daß bei Bestehen der Vertretungsmacht die Verpflichtung für den Vertretenen gültig gewesen sein würde; eine Haftung des Vertreters tritt daher nicht ein, wenn er als durch Rechtsgeschäft Bevollmächtigter gehandelt hat und der Vertretene wechselgeschäftsunfähig war und deswegen auch eine Vollmacht zur Eingehung einer Wechselverbindlichkeit nicht erteilen konnte; wohl aber, wenn er sich als gesetzlicher Vertreter des Geschäftsunfähigen ausgegeben hat. Die Haftung geht auf Erfüllung der wechselmäßigen Verbindlichkeit; sie ist abhängig davon, daß die zur Erhaltung der Wechselrechte gegen den unbefugt Vertretenen erforderlichen Handlungen, also, falls dieser als Indossant oder Aussteller auf dem Wechsel erscheint, die Präsentation und der Protest des Wechsels, rechtzeitig und in gehöriger Form erfolgt sind. Soweit solche Handlungen aber gegenüber einer bestimmten Person (z. B. dem Akzeptanten) vorzunehmen sind, hat die Vornahme gegenüber demjenigen zu erfolgen, der nach dem Inhalte des Wechsels als die in Frage stehende Person erscheint, nicht gegenüber ihrem unbefugten Vertreter. **Anm. 7.**

Der Vertreter kann gegen den Anspruch die gleichen **Einreden** erheben, die der Vertretene hätte erheben können; außerdem auch die Einreden, die ihm persönlich gegenüber dem Kläger zustehen (Art 82). Er wird also insbesondere den Einwand, daß der Wechselnehmer von dem Nichtbestehen oder der Überschreitung der Vertretungsmacht gewußt habe, als exceptio doli seinem unmittelbaren Wechselnehmer entgegenhalten können, nicht dagegen einem späteren gutgläubigen Wechselinhaber. Auch die Dauer des wechselmäßigen Anspruchs gegen den Vertreter ist die gleiche, wie sie gegen den Vertretenen sein würde; je nachdem dieser als Akzeptant oder Regreßpflichtiger erscheint, bestimmt sich deshalb die Verjährungsfrist auch gegen den Vertreter; doch wird die Verjährung nur durch Handlungen unterbrochen, die gegen den Vertreter persönlich gerichtet sind (RG in JW 1902, 366[23]). Ein Wahlrecht zwischen Erfüllung und Schadensersatz (wie in Art 179 BGB) ist dem Wechselgläubiger durch Art 95 nicht verliehen; doch wird dadurch ein im allgemeinen bürgerlichen Rechte begründeter Anspruch auf Schadensersatz aus unerlaubter Handlung, soweit er etwa über das Interesse an der Erfüllung hinausgeht, nicht ausgeschlossen. **Anm. 8.**

In § 179 BGB ist die **Beweislast** besonders geregelt in dem Sinne, daß der Vertreter, der behauptet, Vertretungsmacht gehabt zu haben, diese nachweisen muß, wenn er sich der persönlichen Haftung entziehen will. Eine solche Regelung findet sich in Art 95 WO nicht. Nach seiner Fassung bildet vielmehr die Tatsache des Mangels der Vertretungsmacht eine Voraussetzung für die Entstehung des Anspruchs gegen den Vertreter, die nach allgemeinen prozessualen Grundsätzen derjenige, der den Anspruch erhebt, nachzuweisen hat. Die von mehreren Schrift- **Anm. 9.**

stellern (Dernburg § 252 S. 250 A. 9; Grünhut I § 35; StStranz Anm 12) vertretene und hauptsächlich mit „praktischen Gründen" zu rechtfertigen versuchte Ansicht, die dem Vertreter den Beweis der Vertretungsmacht auferlegt, dürfte grundsätzlich nicht zu billigen sein. Doch wird es (wie auch sonst bei dem Beweise von Negativen anerkannt ist) seine Sache sein, darzulegen (zu „substantiieren"), auf welche positiven Tatsachen er seine Vertretungsbefugnis stützt, damit der Beweisführer in der Lage ist, diese zu widerlegen. Wie hier, Bernstein S. 404. Die entgegengesetzte Ansicht ist allerdings bereits auf der Leipziger Konferenz (Protokolle Thöl S. 165, Leipzig S. 154) zum Ausdruck gekommen, ohne daß jedoch die Redaktionskommission Anlaß genommen hätte, die ihr anheimgestellte Änderung der Fassung vorzunehmen.

Anhänge zum Unterabschnitt XVIII (Artikel 94, 95).

I. Ausländische Wechselgesetzgebungen.

Anm. 1. **1. Handzeichen als Unterschrift** (Art 94 DWO). Im Gegensatze zum deutschen Rechte erklärt die Schweiz (Art 820) Wechselerklärungen, die statt des Namens mit Kreuzen oder sonstigen Zeichen vollzogen sind, auch dann, wenn diese Zeichen amtlich oder notariell beglaubigt sind, als der Wechselkraft entbehrend. Auch nach dem ungarischen Gesetze (§ 104) haben Wechselerklärungen, die nur durch Handzeichen vollzogen sind, in der Regel keine Wechselkraft; nur für solche Personen, die wegen Gebrechlichkeit nicht schreiben können, also nicht für Schreibensunkundige, wird eine Ausnahme gemacht. In Italien ist auf Grund des Gesetzes vom 23. 1. 1887 (Art 16) die Vollziehung von Wechseln durch Handzeichen für ländliche Darlehen, die den Betrag von 1500 Lire nicht übersteigen, zugelassen. Für Rußland bestimmt das neue Gesetz der Sowjetunion in Anm 1 zu § 2, daß der Wechsel, wenn der Wechselgeber ihn wegen Schreibensunkunde, Krankheit, Blindheit usw. nicht unterschreiben kann, für ihn auf sein Verlangen von einer anderen Person unterschrieben werden kann, was von der Notariatsbehörde oder dem Volksrichter zu bescheinigen ist; Handzeichen sind dadurch ausgeschlossen. Auch im französischen Rechtsgebiete besteht keine dem Art 94 DWO entsprechende Vorschrift; infolgedessen wird überwiegend angenommen, daß, wenn der Aussteller nicht seinen Namen schreiben (signer) kann, der Wechsel nur in einem notariellen Akte ausgestellt werden könne. Auch Lyon-Caën et Ren. (Nr. 59) erkennen an, daß ein von einer Person, die nicht schreiben kann, über einen Wechsel gesetztes Kreuz ihrer Namenszeichnung nicht gleichsteht; sie fügen aber unter Bezugnahme auf ein Urteil von Bourges hinzu, man könne „mit allen Beweismitteln feststellen, daß derjenige, der das Kreuz beigefügt hat, Schuldner sei". Gemeint ist damit wohl nur, daß die Unterkreuzung im Sinne des französischen Prozeßrechts einen Anfang des Beweises dafür bedeute, daß die Person eine materielle Schuldverbindlichkeit gegenüber dem Nehmer des Wechsels habe, nicht aber, daß sie dadurch eine Wechselverbindlichkeit gültig habe übernehmen können (anders scheint Meyer Weltwechselrecht I S. 47 Anm 2 die Stelle bei Lyon-Caën aufzufassen). Im angelsächsischen Rechte werden auf Grund des Law Merchant Handzeichen auch ohne Beglaubigung für verpflichtend erachtet, sofern festgestellt werden kann, daß sie von der in Anspruch genommenen Person herrühren (Meyer Weltwechselrecht I S. 47; Späing S. 277 und die dort in Anm 3 angeführten Schriftsteller).

Anm. 2. Das neue tschechoslowakische Wechselgesetz bestimmt (in § 101), daß Wechselerklärungen, welche statt des Namens mit Kreuzen oder anderen Zeichen vollzogen sind, keine Wechselkraft haben und daß zur Verbindlichkeit der Wechselerklärungen von Blinden oder von Tauben, die nicht lesen, oder von Stummen, die nicht schreiben können, die Form eines Notariatsaktes erforderlich ist. Personen, die nicht ihren Namen schreiben können, sollen danach anscheinend überhaupt nicht zu Wechselerklärungen zugelassen werden, weil sie die Gefährlichkeit solcher Verpflichtungen nicht einsehen können (vgl. die Motive zu § 101). Dagegen ist im neuen polnischen Gesetze (Art 77) zugelassen, daß derjenige, welcher nicht zu schreiben versteht oder nicht schreiben kann, seine Unterschrift durch ein in der gesetzlich vorgeschriebenen Art beglaubigtes Handzeichen auf den Wechsel ersetzen kann und daß auch die Vollmacht zur Unterschrift eines Wechsels im Namen eines anderen, der nicht zu schreiben versteht, auf diese Art beglaubigt werden muß. Eine entsprechende Bestimmung enthält das jugoslawische Gesetz (§ 98); dort ist aber ferner noch bestimmt, daß Unterschriften in hebräischen Schriftzeichen als Handzeichen gelten, also der Beglaubigung bedürfen. In dem neuen chinesischen Gesetze (Art 3) ist bestimmt, daß Stempel oder Handzeichen an Stelle der Unterschrift genügen (Magnus Tab. II unter IV A V). Wie sich aus diesen Bestimmungen ergibt, gehen die legislatorischen Meinungen darüber, ob Schreibunkundigen die Abgabe von Wechselerklärungen erleichtert oder ermöglicht werden soll oder nicht, immer noch weit auseinander.

Anm. 3. **2. Haftung des Vertreters ohne Vertretungsmacht** (Art 95 DWO). Eine dem Art 95 DWO entsprechende Bestimmung findet sich in der deutschrechtlichen Gruppe in der Schweiz (Art 821), Ungarn (§ 105), Bulgarien (Art 634); das neue russische Gesetz enthält nicht, wie das frühere (Artt 31, 99), eine entsprechende Bestimmung. In den Staaten, die keine solche Bestimmung enthalten, regelt sich die Haftung eines solchen Vertreters nach dem allgemeinen bürgerlichen Rechte; es wird daher in der Regel nur bei einem schuldhaften Handeln ein Schadensersatzanspruch begründet sein, soweit nicht besondere strengere Vorschriften des allgemeinen bürgerlichen Rechts vorhanden sind. So für Italien Vivante Nr. 1039 ff.; doch sind dort auch Entscheidungen im entgegengesetzten Sinne ergangen (angeführt bei Vivante a. a. O. Anm 23). Ebenso im französischen Rechtsgebiete (Artt 1382, 1383, 1997 Code civil). Im englischen Rechte ist bestimmt (BEA 26), daß jemand, der einen Wechsel als Aussteller, Indossant oder Akzeptant unter deutlicher Angabe des Vertretungsverhältnisses unterzeichnet, nicht persönlich verpflichtet wird; eine persönliche Verpflichtung zur Erfüllung tritt sonach auch dann nicht ein, wenn die Angabe unrichtig war; doch haftet er auf Schadensersatz aus dem in der Angabe des Vertretungsverhältnisses liegenden Garantieversprechen und, wenn dieses in betrügerischer Absicht abgegeben ist, auch wegen „forgery"; vgl. die bei Späing S. 279 und 280 Anm 4, 5 angeführten englischen Schriftsteller. Im angloamerikanischen Rechte dagegen wird aus der Bestimmung (NIL 39), derzufolge derjenige, welcher als Vertreter eine Wechselerklärung gezeichnet hat, nicht haftet, falls er gehörig bevollmächtigt war, durch Schluß auf das Gegenteil gefolgert, daß, wenn er nicht bevollmächtigt war, eine persönliche Erfüllungshaftung eintritt (Meyer Weltwechselrecht I S. 69 und der in Anm 1 zu S. 70 angeführte englische Schriftsteller; auch Chitty, Bills of Exchange S. 34, angeführt bei Späing S. 280 Anm 5.

Das neue tschechoslowakische Gesetz erklärt in § 102 Wechselerklärungen mit der von einem anderen beigesetzten Unterschrift des Namens des Vertretenen für ungültig und verlangt, daß der Bevollmächtigte seinen Namen unterschreibe mit dem Zusatze, für wen er unterschrieben hat, sowie für die Vollmacht schriftliche Erteilung mit Unterschrift oder beglaubigtem Handzeichen des Vollmachtgebers; es bestimmt aber weiter (§ 103), entsprechend Art 95 DWO, daß der Vertreter ohne Vertretungsmacht selbst wechselmäßig verpflichtet ist. Das polnische und das jugoslawische Gesetz enthalten keine Bestimmungen über die Haftung des Vertreters ohne Vertretungsmacht. **Anm. 4.**

II. Künftiges einheitliches Weltwechselrecht.

1. Ersatz der Unterschriften durch Handzeichen usw. (Art 94 DWO). **Anm. 5.**

Der Haager und der Genfer Entwurf zu einem einheitlichen Wechselgesetze erfordern für Wechselerklärungen an mehreren Stellen die „signature" desjenigen, der die Wechselerklärung abgibt. So namentlich in Art 1 Nr. 8 die „signature" desjenigen, der den Wechsel ausstellt. Vgl. über die Bedeutung dieses Ausdrucks die Anhänge I Anm 7a und II Anm 30, 31 zu Art 4. Einen Ersatz der signature (Namenszeichnung) durch Zeichen, die den Namen nicht enthalten, läßt das künftige einheitliche Wechselrecht als solches nicht zu. Doch ist für die vertragschließenden Staaten ein Vorbehalt vorgesehen, der ihnen gestattet, für die auf ihrem Gebiet eingegangenen Wechselverbindlichkeiten einen solchen Ersatz einzuführen. Dieser Vorbehalt hat folgenden Inhalt:

Art 3 Haager Abkommen, Art 2 Annex II des Genfer Abkommens:

„Jeder vertragschließende Staat [Genfer Abkommen: Jeder der Hohen vertragschließenden Teile] hat für die auf seinem Gebiete in Wechselbriefsachen eingegangenen Verbindlichkeiten die Befugnis, zu bestimmen, in welcher Weise die Zeichnung (signature) selbst ersetzt werden kann, vorausgesetzt, daß eine auf den Wechselbrief geschriebene authentische Erklärung den Willen desjenigen, der hätte zeichnen sollen, feststellt."

Erläuterung. **Anm. 6.**

Nach dieser Bestimmung wird nicht, wie im deutschen Rechte (vgl. zu Art 94 DWO Anm 4) eine öffentliche Beglaubigung eines Handzeichens, die feststellt, von wem es herrührt, genügen; vielmehr wird öffentlich beurkundet werden müssen, daß eine dem Wechselinhalte entsprechende Willenserklärung von der in Frage kommenden Person vor dem Urkundsbeamten abgegeben worden ist. In Fällen, in denen die Wechselerklärung aus der bloßen Zeichnung bestehen kann (Blankoindossament, Akzept des Bezogenen), wird die öffentliche Beurkundung dahin lauten können, daß der Betreffende seinen Willen kundgegeben hat, eine die Zeichnung seines Namens auf dem Wechsel ersetzende Wechselerklärung abzugeben. Der Beifügung eines Handzeichens wird es nicht bedürfen. Bei den Beratungen der Genfer Konferenz wurde hervorgehoben (Bericht des RedKom Nr. 21, 157, C. r. S. 128, 150), daß es sich hier darum handle, zu wissen, in welcher Form „eine Person, die zu zeichnen physisch unfähig ist (Kranke, Verstümmelte, Schreibensunkundige)", sich durch Wechsel verpflichten könne. In dem Wortlaute der Vorschrift hat jedoch eine Beschränkung auf solche Personen keinen Ausdruck gefunden; es wird deshalb nichts im Wege stehen, daß die Vertragsstaaten nicht nur für diese Personen, sondern allgemein einen der Vorschrift entsprechenden Ersatz für die signature einführen.

Hervorzuheben ist noch, daß im Falle eines Gesetzeskonflikts für die Form der Wechselverpflichtungen das Gesetz des Staates maßgebend sein soll, auf dessen Gebiete sie unterschrieben worden sind (ont été souscrits, Art 75 HEWO; 3 Abs 1 Genfer Abkommen über die Gesetzeskonflikte; vgl. Anhang II zum Unterabschn XV Anm 1, 5). Wenn aber in einem Staate ein **Anm. 7.**

Ersatz für die Unterschrift oder Zeichnung durch öffentlich beurkundete Willenserklärung ohne Handzeichen zugelassen und die Beurkundung in diesem Staate erfolgt ist, so wird das Gesetz des Staates als lex loci actus sinngemäß als maßgebende Norm zu gelten haben.

Anm. 8. **2. Vertreter ohne Vertretungsmacht** (Art 95 DWO).

Die Haager EWO enthält über die Haftung der Vertreter, die ohne Vertretungsmacht für einen anderen eine Wechselerklärung abgegeben haben, folgende Vorschrift:

Artikel 8 HEWO:

„Jeder, der seine Zeichnung auf einen Wechselbrief setzt als sei er (comme) Vertreter einer Person, für welche er keine Macht zu handeln hatte, ist auf Grund des Briefes selbst verpflichtet. Gleiches gilt für den Vertreter, der seine Befugnisse (ses pouvoirs) überschritten hat."

Die Vorschrift entspricht inhaltlich dem Art 95 DWO.

Die Genfer Konferenz hat zum Satz 1 noch den Zusatz hinzugefügt:

„und hat, wenn er bezahlt hat, die gleichen Rechte, die der angeblich Vertretene gehabt haben würde."

Erläuterung.

Anm. 9. Es wurde erwogen (vgl. den Bericht des Redaktionskomitees Nr. 31, Compte rendu S. 130), daß es fraglich sein könne, ob derjenige, der einen Wechsel mit seinem Namen gezeichnet hat, unter der Angabe, daß er als Mandatar einer anderen Person handle, für die zu handeln er keine Rechtsmacht hatte, und der den Wechsel bezahlt hat, die wechselrechtlichen Regreßansprüche solle ausüben können, die der Vertretene haben würde, obwohl der Wechsel nicht auf den Namen des Vertreters laute. Die Konferenz glaubte aber, diesen Bedenken nicht Raum geben zu sollen, da es, sobald der Vertreter passiv die Stelle des Vertretenen einzunehmen hat, gerecht erscheine, daß er sie auch aktiv, nämlich im Hinblick auf die aus dem Wechsel sich ergebenden Rechte einnehme. Aus dem Wortlaute der Vorschrift des Art 8 ergibt sich, daß die Verpflichtung, und ebenso die Berechtigung nur eintritt, wenn der Vertreter mit seinem Namen unter Angabe des Vertretungsverhältnisses gezeichnet hat („comme représentant"), nicht dagegen, wenn er nur mit dem Namen des Vertretenen gezeichnet hat. — In dem Bericht des Genfer Redaktionskomitees ist ferner noch als Auffassung der Konferenz festgestellt, daß nach Satz 2 ein Vertreter, der seine Befugnisse überschritten hat, für das Ganze persönlich haftbar ist, also z. B. wenn die Überschreitung hinsichtlich der Höhe der Wechselsumme erfolgt sei, für die ganze Wechselsumme, nicht nur für den über seine Befugnisse hinausgehenden Teil. Diese Auffassung erscheint recht bedenklich und dürfte schwerlich Anerkennung finden, da für den innerhalb der Vertretungsmacht liegenden Teil doch der Vertretene haftbar ist.

Dritter Abschnitt.

Von eigenen Wechseln.

Vorbemerkungen.

Anm. 1. 1. Im dritten Hauptabschnitte (Artt 96—100) behandelt die WO die andere Form des Wechsels, den **eigenen** oder (was sie durch Einklammerung in Art 96 als gleichbedeutend bezeichnet) **trockenen Wechsel.** Er wird in kaufmännischen Verkehrskreisen auch als Solawechsel bezeichnet, eine Bezeichnung, die jedoch zu Verwechselungen mit dem nur in einem Exemplar ausgestellten gezogenen Wechsel (vgl. Art 66 Satz 2) Anlaß geben kann. Diese Wechselform ist in der geschichtlichen Entwicklung des Wechselverkehrs die ursprüngliche und ältere, vgl. die Einleitung unter 1; sie wurde aber im weiteren Verlaufe dieser Entwicklung in den meisten Ländern, namentlich auch in dem Lande der Entstehung des Wechsels, Italien, von der anderen Form, dem gezogenen Wechsel (Tratte) in den Hintergrund gedrängt und ist auch in Deutschland im allgemeinen Handelsverkehr weniger üblich. Die deutsche WO behandelt deshalb als die Regelform des Wechsels im Abschn 2 den gezogenen Wechsel ausführlich und schließt in Abschn 3 die Vorschriften über den eigenen Wechsel in der Weise an, daß zunächst in Artt 96, 97 die wesentlichen Erfordernisse dieser Wechselform, die zum Teil von denen des gezogenen Wechsels abweichen, aufgezählt, dann aber in Art 98 im übrigen die Regelung durch Bezugnahme auf diejenigen Vorschriften über den gezogenen Wechsel, die für entsprechend anwendbar erklärt werden, erfolgt und schließlich in den Artt 99, 100 noch über einige Einzelheiten (Präsentation domizilierter eigener Wechsel und Verjährung des eigenen Wechsels) Vorschriften getroffen werden, die von denen über den gezogenen Wechsel abweichen.

2. Hinsichtlich des **Begriffs und der rechtlichen Natur** des Wechsels und der unterscheidenden rechtlichen Merkmale der beiden Wechselformen kann auf die bei der Erörterung des gezogenen Wechsels (Vorbemerkung 1 zum zweiten Hauptabschnitte) gemachten Ausführungen Bezug genommen werden. Der eigene Wechsel stellt sich danach als ein Wechsel dar, bei welchem die grundlegende Wechselerklärung (der Grundwechsel) nicht in der Form einer die Garantiepflicht des Ausstellers begründenden Anweisung an einen Dritten, zu zahlen, sondern in der Form eines eigenen Zahlungsversprechens des Ausstellers selbst abgegeben und infolgedessen dieser ohne weiteres als Hauptschuldner wechselmäßig verpflichtet wird, während die an den Grundwechsel sich anschließenden weiteren Wechselerklärungen, die Indossamente, in der gleichen Weise wie beim gezogenen Wechsel außer ihrer Übertragungsfunktion eine Regreßverbindlichkeit der Indossanten begründen. Der Aussteller des eigenen Wechsels nimmt sonach nicht eine dem Aussteller, sondern eine dem Akzeptanten des gezogenen Wechsels rechtsähnliche Stellung ein. — Auch hinsichtlich des Entstehungsgrundes der Wechselverpflichtungen hat für den eigenen Wechsel im wesentlichen das gleiche zu gelten, wie für den gezogenen Wechsel; vgl. die Vorbem 2 zu dem zweiten Abschnitte. Danach ist als regelmäßiges Erfordernis für die Entstehung einer Wechselverpflichtung ein Vertrag — der Begebungsvertrag — für erforderlich zu erachten, mit der Einschränkung, daß der Mangel eines solchen bei einem Vormanne dem gutgläubigen Erwerber des Wechsels nicht entgegengehalten werden kann. **Anm. 2.**

Fraglich könnte erscheinen, ob die Theorie des Reichsgerichts, der zufolge die Verpflichtung aus dem Akzepte eine Ausnahme bilden soll, indem sie nicht auf einem Vertrage, sondern auf einer einseitigen Willenserklärung des Akzeptanten beruhe (vgl. Vorbem zum zweiten Abschnitt, Anm 8), auf den eigenen Wechsel Anwendung finden kann. Die vom RG entschiedenen Fälle dieser Art betreffen alle gezogene Wechsel. Auch wenn man der für diese vom RG vertretenen Auffassung beitritt (was ich nicht vermag, vgl. a. a. O.), wird man sie nicht auf den eigenen Wechsel ausdehnen dürfen. Das RG stützt sie ja vornehmlich auf den Art 21 Abs 4 WO, der vorschreibt, daß die einmal erfolgte Annahme nicht widerrufen werden kann. Dieser Artikel ist aber (wie die Vorschriften über die Annahme überhaupt) durch Art 98 nicht für anwendbar auf den eigenen Wechsel erklärt worden. Auch die Beweisgründe, welche das RG aus der Zulässigkeit des trassiert-eigenen Wechsels für seine Auffassung herleitet, treffen auf den eigenen Wechsel nicht zu, da bei diesem der Aussteller und derjenige, der die Zahlung leisten soll, stets eine und dieselbe Person sein müssen und daher ein Vertragsverhältnis gemäß § 181 BGB zwischen ihnen überhaupt nicht in Frage kommen kann. Vgl. über die Ungültigkeit eines eigenen Wechsels, bei dem der Aussteller und der Remittent erkennbar die gleiche Person sind, zu Art 96 Anm 2. Die grundsätzliche Vertragsnatur des eigenen Wechsels schließt aber ebensowenig, wie bei dem gezogenen Wechsel (vgl. a. a. O.) aus, daß dem gutgläubigen Erwerber der Mangel eines Begebungsvertrags nicht entgegengehalten werden kann, da der Aussteller durch die Schaffung eines zum Verkehr bestimmten Papieres den Anschein hervorgerufen hat, als habe er eine verpflichtende Wechselerklärung abgegeben, und der dadurch erweckte gute Glaube im Verkehr geschützt werden muß. **Anm. 3.**

Auch hinsichtlich der **Beziehungen der Wechselverbindlichkeiten** zu dem ihnen zugrunde liegenden **Rechtsverhältnisse,** nämlich ihrer grundsätzlichen Unabhängigkeit von diesem (Abstraktheit, vgl. Vorbemerkung 3 vor Art 4) gelten für den eigenen Wechsel entsprechend die gleichen Grundsätze wie für den gezogenen Wechsel. Ebenso für die dinglichen Rechte am Wechsel (das Eigentum daran und seine Vindikation, sowie die Pfandrechte; vgl. Vorbem. 4 vor Art 4). **Anm. 4.**

Artikel 96.

Die wesentlichen Erfordernisse eines eigenen (trockenen) Wechsels sind:

1. **die in den Wechsel selbst aufzunehmende Bezeichnung als Wechsel oder, wenn der Wechsel in einer fremden Sprache ausgestellt ist, ein jener Bezeichnung entsprechender Ausdruck in der fremden Sprache;**
2. **die Angabe der zu zahlenden Geldsumme;**
3. **der Name der Person oder die Firma, an welche oder an deren Order der Aussteller Zahlung leisten will;**
4. **die Bestimmung der Zeit, zu welcher gezahlt werden soll (Artikel 4 Nr. 4);**
5. **die Unterschrift des Ausstellers mit seinem Namen oder seiner Firma;**
6. **die Angabe des Ortes, Monatstags und Jahres der Ausstellung.**

I. Artikel 96 zählt in entsprechender Weise, wie Art 4 für den gezogenen Wechsel, für den eigenen Wechsel die zu seinem Wesen gehörigen — **„wesentlichen"** — **Erfordernisse** auf, ohne deren Vorhandensein der eigene Wechsel als solcher nicht besteht. Vgl. über die Bedeutung dieser Erfordernisse und die Folgen des Fehlens eines von ihnen für die Gültigkeit der sämtlichen auf dem angeblichen Wechsel verzeichneten Wechselerklärungen zu Art 4 Anm 1 f.; das dort Gesagte **Anm. 1.**

gilt auch für den eigenen Wechsel. Über die Streitfrage, ob der Wechsel auch eines **„Kontextes"**, d. h. einer grammatikalisch in einem Satze oder in mehreren Sätzen zusammengefaßten Gedankenäußerung, bedarf, vgl. für den gezogenen Wechsel zu Art 4 Anm 4 ff. Auch für den eigenen Wechsel wird eine solche Zusammenfassung erfordert werden müssen, da sie nach allgemeiner Übung in Sprache und Schrift zu einer ausdrücklichen, insbesondere zu einer formalisierten Willenserklärung, wie sie auch der eigene Wechsel darstellt, gehört; übrigens von der WO dadurch, daß diese die Aufnahme der Wechselklausel „in den Wechsel selbst" vorgeschrieben hat (vgl. unten Anm 4), ersichtlich vorausgesetzt wird. Der Kontext muß bei dem eigenen Wechsel das Zahlungsversprechen des Ausstellers (vgl. Vorbem Anm 2) zum Ausdruck bringen. Eine bestimmte Formel ist dafür nicht vorgeschrieben; es kann lauten: „Ich zahle" oder „Ich werde zahlen" oder „Ich verspreche" oder „Ich verpflichte mich zu zahlen"; auch in der dritten Person gefaßt sein „A. zahlt" oder „wird zahlen" usw. Bloße sprachliche oder orthographische Ungenauigkeiten sind auch hier unschädlich. Doch muß die Fassung für die Durchschnittsauffassung erkennen lassen, daß es sich um ein eigenes Zahlungsversprechen des Ausstellers handelt. Daher ist ein Wechsel ungültig, in welchem Zahlungsanweisung und eigenes Zahlungsversprechen nebeneinander in dem benutzten Formular stehen geblieben sind (ROHG 19, 16). Enthält aber der Wechsel ein zweifelsfreies eigenes Zahlungsversprechen, so wird dadurch, daß er auch eine Adresse aufweist, für sich allein ein berechtigter Zweifel nicht begründet werden, da die Adresse auch als Bezeichnung desjenigen, an den gezahlt werden soll, aufgefaßt werden kann; anders freilich wohl, wenn im Kontexte des Wechsels eine andere Person als Remittent genannt ist; doch würde auch in diesem Falle die überflüssige und ihrem Sinne nach nicht erklärbare Adresse das klare Zahlungsversprechen wohl nicht beeinträchtigen können.

Anm. 2. Ein eigener Wechsel, in welchem der Aussteller und der Remittent erkennbar die gleiche Person sind, ist ungültig, da niemand an sich selbst zu zahlen wirksam versprechen kann. Doch ist die bloße Namensgleichheit kein Ungültigkeitsgrund, da verschiedene Personen die gleichen Namen führen können, auch wenn sie als am gleichen Orte wohnhaft bezeichnet sind. Zweifelhaft kann sein, ob ein eigener Wechsel auch ungültig ist, wenn er an eigene Order lautet. Das ROHG (7, 194) hat auch einen solchen Wechsel für ungültig erklärt, hauptsächlich weil Art 6, der den trassiert-eigenen Wechsel zuläßt, durch Art 98 WO (vgl. unten) auf den eigenen Wechsel nicht für anwendbar erklärt sei und weil zudem die Zulassung von eigenen Wechseln an eigene Order durch die Möglichkeit des Blankogiros das gleiche Ergebnis erzielen würde, wie die Stellung des Wechsels auf den Inhaber, was die WO habe vermeiden wollen. Diese Gründe erscheinen nicht als voll beweiskräftig. Allerdings ist Art 6 in Art 98 nicht erwähnt; aber daraus folgt nur, daß der Aussteller nicht in einem fertiggestellten Wechsel sich selbst als Remittenten bezeichnen kann. Wird aber ein eigener Wechsel an eigene Order gestellt, so kann das, da ein Versprechen des Ausstellers, an sich selbst zu zahlen, sinnlos wäre, sinngemäß nur dahin verstanden werden, daß der Aussteller sich vorbehält, eine andere Person, an die er zahlen will, noch zu benennen, und zwar im Wege der Order (des Indossaments). Mit dieser Benennung wird dann der Wechsel erst fertiggestellt und enthält dann auch die nach Art 96 Nr. 3 erforderliche Bezeichnung der Person, an die gezahlt werden soll, des Remittenten; daß dieser im Kontexte des Wechsels oder sofort bei der Ausstellung bezeichnet werden müßte, ist dort nicht vorgeschrieben, wie ja auch sonst es für zulässig erachtet wird, daß die Wechselerfordernisse nach und nach auf den Wechsel gebracht werden (Blankowechsel). Auch das angeführte legislatorische Motiv der Verhinderung von Inhaberwechseln erscheint nicht als ausschlaggebend, zumal auch sonst Wechsel durch Blankogiro den Inhaberwechseln ähnlich werden können. Die gleiche Auffassung wird auch von Meyer Wwrecht I S. 611 gegen die herrschende Meinung vertreten.

Anm. 3. **II.** Die **Zahl** der wesentlichen Erfordernisse beträgt bei dem eigenen Wechsel nicht acht, sondern nur sechs. Weggefallen ist die in Art 4 Nr. 7 für den gezogenen Wechsel vorgeschriebene Angabe des Namens der Person oder der Firma, welche die Zahlung leisten soll (des Bezogenen), da diese Person hier der Aussteller selbst ist; ferner die in Art 4 Nr. 8 vorgeschriebene Angabe des Ortes, wo die Zahlung erfolgen soll, die beim eigenen Wechsel nicht wesentlich ist, sondern im Falle des Fehlens durch die in Art 97 aufgestellte Vermutung (vgl. die Erläuterungen zu Art 97) ersetzt wird.

Die übrig gebliebenen wesentlichen Erfordernisse sind die folgenden:

Anm. 4. **Nr. 1: Die Wechselklausel.** Vgl. über dieses Erfordernis die Erläuterungen über die gleichlautende Vorschrift für den gezogenen Wechsel zu Art 4 Anm 8 ff. Erforderlich ist nur die Bezeichnung als Wechsel, nicht eine Angabe darüber, ob es sich um einen gezogenen oder einen eigenen Wechsel handelt. Ein eigener Wechsel wird deshalb auch gültig sein, wenn er etwa als „Wechselbrief", nicht aber wenn er als „Tratte" bezeichnet ist, da diese Bezeichnung nach der a. a. O. erörterten Auffassung nicht deutlich die Wechseleigenschaft kundgibt. Ist der Wechsel in einer fremden Sprache innerhalb Deutschlands ausgestellt, so genügt eine Bezeichnung mit dem Ausdrucke, der dem in dieser Sprache für wechselähnliche Zahlungsversprechen üblichen Ausdrucke entspricht, obwohl er ein dem Worte „Wechsel" entsprechendes Wort nicht enthält; so im Französischen billet à ordre, im Englischen „promissory note"; nicht aber im Italienischen biglietto al ordine, da dieser Ausdruck nach Art 250 Cod. comm. dem deutschen Eigenwechsel nicht entspricht (Bernstein S. 30 Anm 2; vgl. den Anhang I zu diesem Abschnitte).

Nr. 2: Die Angabe der zu zahlenden Geldsumme; vgl. zu der gleichlautenden Bestimmung für den gezogenen Wechsel die Erläuterungen zu Art 4 unter III 2 Anm 10 ff. **Anm. 5.**

3. Der Name der Person oder die Firma, an welche oder an deren Order der Aussteller Zahlung leisten will, d. i. der **Remittent.** Vgl. zu der entsprechenden Vorschrift für den gezogenen Wechsel die Erläuterungen zu Art 4 Anm 21 ff.; ferner darüber, ob als Remittent die gleiche Person oder Firma bezeichnet werden kann, die den Wechsel ausgestellt hat, oben Anm 2. **Anm. 6.**

4. Die Bestimmung der Zeit, zu welcher gezahlt werden soll. Hier ist ausdrücklich auf die gleichlautende Vorschrift des Art 4 Nr. 4 Bezug genommen, in welcher nähere Bestimmungen über die zulässigen Zahlungszeitangaben für den gezogenen Wechsel gegeben sind; diese gelten demnach auch für den eigenen Wechsel. Vgl. die Erläuterungen zu Art 4 Anm 26 ff. **Anm. 7.**

5. Die Unterschrift des Ausstellers mit seinem Namen oder seiner Firma; vgl. zu der gleichlautenden Vorschrift für den gezogenen Wechsel die Erläuterungen zu Art 4 Anm 33 ff. Der Unterschrift dürfen keine Zusätze beigefügt sein, welche das für den eigenen Wechsel wesentliche Versprechen des Ausstellers, als wechselmäßiger Hauptschuldner Zahlung leisten zu wollen, entkräften, z. B. (insofern anders als beim gezogenen Wechsel) „als Regreßschuldner"; ebensowenig (was bei dem gezogenen Wechsel streitig ist) der Zusatz „ohne Gewähr" oder „ohne Obligo". **Anm. 8.**

Daß auch ein eigener Wechsel, ungeachtet des Gebrauches der Einzahl in Nr. 5 des Art 96, die Unterschrift mehrerer Aussteller tragen kann, ist niemals bestritten worden; vgl. die Entscheidung der Ver. Zivilsenate (RGZ 46, 133 ff.), in welcher die gleiche Frage hinsichtlich der Bezeichnung mehrerer Bezogener in dem gezogenen Wechsel erörtert ist, auf S. 141. Die Unterschrift mehrerer Aussteller ist auch nicht unvereinbar damit, daß im Kontexte bei dem Zahlungsversprechen die Einzahl („zahle ich") gebraucht ist; ebensowenig im umgekehrten Falle; es sind das bloße sprachliche Ungenauigkeiten, die keine ernstlichen Zweifel begründen können. **Anm. 9.**

6. Das **Orts- und Zeitdatum,** das in der gleichen Weise bezeichnet sein muß, wie bei dem gezogenen Wechsel auf Grund der gleichlautenden Vorschrift des Art 4 Nr. 6; vgl. die Erläuterungen zu Art 4 Anm 38 ff. Die Bedeutung der Angabe des Ausstellungsortes ist hier aber insofern eine andere, als bei dem gezogenen Wechsel (vgl. zu Art 4 a. a. O.), als der angegebene Ausstellungsort hilfsweise zugleich als Zahlungsort des Wechsels gilt (vgl. Art 97 und die Erläuterungen dazu) und deshalb in diesem Falle an diesem Orte die zur Erhaltung des Wechselrechts erforderlichen Handlungen vorzunehmen sind. Deshalb wird hinsichtlich des Ortsbegriffs hier nicht dasjenige maßgebend sein können, was a. a. O. Anm 39 für den gezogenen Wechsel ausgeführt ist; es werden vielmehr bei dem eigenen Wechsel an die Angabe des Ausstellungsortes die gleichen Anforderungen gestellt werden müssen, wie an die Benennung des Zahlungsortes bei dem gezogenen Wechsel; vgl. zu Art 4 Anm 48 ff. Doch ergibt sich aus dieser Bedeutung des Ausstellungsortes kein rechtliches Bedenken dagegen, daß seine Benennung auch bei dem eigenen Wechsel nicht als Tatsachenangabe, sondern als Willenserklärung aufgefaßt wird, so daß sie dem wirklichen Ausstellungsorte nicht zu entsprechen braucht (vgl. zu Art 4 Anm 39 a), da ja auch die Benennung des Zahlungsortes eine Willenserklärung enthält. Doch ist auch hier nicht zu übersehen, daß die materielle Verpflichtungswirkung der Wechselerklärung des Ausstellers, insbesondere was seine Wechselfähigkeit anbelangt, sich nach dem wirklichen Orte und der wirklichen Zeit ihrer Abgabe bestimmt. — Mehrere voneinander verschiedene Orts- oder Zeitdaten sind, wie bei dem gezogenen Wechsel (vgl. a. a. O. Anm. 41), so auch hier unzulässig, um so mehr wegen der Bedeutung des Ausstellungsortes für den Zahlungsort. **Anm. 10.**

III. Hinsichtlich der Möglichkeit einer Konversion, der Auslegung der Wechselurkunde, der Blankoausstellung (vgl. über diese beim eigenen Wechsel RGZ 23, 110; 74, 351), der zulässigen und unzulässigen Zusätze sowie der Bedeutung der Stempelvorschriften gilt für den eigenen Wechsel Entsprechendes wie für den gezogenen Wechsel. Vgl. daher über diese Fragen die Erläuterungen zu Art 4 Anm 2, 58, 57, 59 ff., 56. **Anm. 11.**

Artikel 97.

Der Ort der Ausstellung gilt für den eigenen Wechsel, insofern nicht ein besonderer Zahlungsort angegeben ist, als Zahlungsort und zugleich als Wohnort des Ausstellers.

1. Der **Artikel 97** ergänzt die Vorschriften des Art 96 über die Erfordernisse des eigenen Wechsels in negativer Richtung in der Weise, daß die Angabe eines **Zahlungsorts** kein für die Gültigkeit des Wechsels wesentliches Erfordernis bildet, wie es für den gezogenen Wechsel laut Art 4 Nr. 8 grundsätzlich der Fall ist, obwohl auch dort schon eine Hilfsvorschrift zur Aufrechterhaltung des Wechsels wenigstens für den Fall gegeben ist, daß bei dem Namen oder der Firma des Bezogenen ein Ort benannt ist; vgl. zu Art 4 Anm 55. Art 97 schließt dagegen weitergehend die Nichtigkeit des Wechsels wegen Mangels der Angabe eines Zahlungsortes für alle Fälle aus, indem er in Ermangelung der Angabe eines solchen den Ausstellungsort als Zahlungsort kraft Gesetzes bestimmt, dessen Angabe nach Art 96 Nr. 6 ein wesentliches Erfordernis des eigenen Wechsels bildet. Fehlt freilich auch diese Angabe, so ist der Wechsel schon um deswillen ungültig. **Anm. 1.**

Anm. 2. 2. Über die Bedeutung des **Zahlungsortes** und über die demgemäß an die Benennung eines solchen zu stellenden Anforderungen gilt für den eigenen Wechsel das gleiche wie für den gezogenen Wechsel; vgl. zu Art 4 Anm 48 ff. Ist in dem eigenen Wechsel ein besonderer Zahlungsort benannt, so haben an diesem Orte die zur Erhaltung der Wechselrechte, sowie bei Sicht- und Nach-Sicht-Wechseln zur Herbeiführung der Fälligkeit erforderlichen Handlungen stattzufinden. Der Zahlungsort muß aber als solcher ausdrücklich benannt sein; eine bloße Ortsangabe bei dem Namen oder der Firma des Ausstellers enthält eine Benennung als Zahlungsort nicht (ROHG 5, 381). Unzulässig ist auch bei dem eigenen Wechsel die Benennung mehrerer Zahlungsorte, selbst wenn mehrere Aussteller beteiligt sind (ROHG 21, 180). An welcher Stelle des Wechsels und in welcher Form die Benennung des Zahlungsortes zu erfolgen hat, ist im Gesetze nicht bestimmt; sie wird daher sowohl im Texte („zahle ich in Freiburg"), wie auch außerhalb des Textes als Überschrift oder als Beisatz zur Unterschrift oder quer über den Wechsel mit den Worten: „zahlbar in Freiburg" erfolgen können. Entspricht die Benennung des Zahlungsortes nicht den an eine solche zu stellenden Anforderungen, so soll nach Bernstein (zu Art 97 § 1 S. 406) der eigene Wechsel ungültig sein, weil sich aus der Benennung des Zahlungsortes ergebe, daß der Ausstellungsort als Zahlungsort nicht gewollt sei. Es mag dahingestellt bleiben, ob diese Auslegung der Willensrichtung eines in gutem Glauben handelnden Ausstellers entspricht; keinesfalls entspricht sie dem Sinne des Gesetzes, das zur Aufrechterhaltung des Wechsels im Interesse der Sicherheit des Wechselverkehrs den Ausstellungsort als hilfsweisen Zahlungsort bestimmen wollte, sei es daß überhaupt keine oder keine gehörige Benennung eines Zahlungsortes stattgefunden hat.

Anm. 3. 3. Ist kein besonderer Zahlungsort in dem eigenen Wechsel benannt, so gilt als Zahlungsort der **Ausstellungsort.** Vgl. über den Ausstellungsort bei dem eigenen Wechsel zu Art 96 Anm 10. Danach ist auch hier nicht der Ort der tatsächlichen Ausstellung, sondern der im Wechsel als Ausstellungsort angegebene Ort maßgebend. Dieser Ausstellungsort gilt aber nach ausdrücklicher Bestimmung des Gesetzes zugleich auch als Wohnort des Ausstellers; vgl. über die gleichlautende Bestimmung für den gezogenen Wechsel hinsichtlich des bei dem Namen oder der Firma des Bezogenen angegebenen Ortes zu Art 4 Anm 55. Der Ausstellungsort gilt danach in diesem Falle als das wechselrechtliche Domizil des Ausstellers; es wird angenommen, daß er an diesem Orte und nicht an seinem Wohnorte Zahlung leisten zu wollen erklärt hat. Das muß auch gelten, wenn in dem Wechsel der Wohnort des Ausstellers angegeben ist, da das Gesetz keinen Unterschied macht (RGZ 8, 70; a. M. Bernstein § 2 S. 407). Die hauptsächlichste praktische Bedeutung dieser Vorschrift bestand freilich darin, daß ohne sie ein Wechsel, in dem ein von dem wirklichen Wohnorte des Ausstellers verschiedener Ausstellungsort angegeben war, als domizilierter Wechsel im Sinne des Art 24 hätte angesehen werden müssen und deshalb nach Art 99 alter Fassung bis zur Protestnovelle es auch zur Erhaltung des Wechselrechts gegenüber dem Aussteller der Protesterhebung bedurft haben würde, während dies infolge der Vorschrift nicht nötig war, da der Wechsel an dem wechselmäßigen Wohnorte des Ausstellers zahlbar und deshalb kein „domizilierter" Wechsel war. Diese Bedeutung ist durch die Protestnovelle für Deutschland fortgefallen, da jetzt nach Art 99 es auch bei domizilierten eigenen Wechseln zur Erhaltung des Wechselrechts gegen den Aussteller keiner Protestierung bedarf. In Österreich besteht sie noch.

Artikel 98.

Nachstehende, in diesem Gesetze für gezogene Wechsel gegebene Vorschriften gelten auch für eigene Wechsel:

1. **die Artikel 5 und 7 über die Form des Wechsels;**
2. **die Artikel 9 bis 17 über das Indossament;**
3. **die Artikel 19 und 20 über die Präsentation der Wechsel auf eine Zeit nach Sicht mit der Maßgabe, daß die Präsentation dem Aussteller geschehen muß;**
4. **der Artikel 29 über den Sicherheitsregreß mit der Maßgabe, daß derselbe im Falle der Unsicherheit des Ausstellers stattfindet;**
5. **die Artikel 30 bis 40 über die Zahlung und die Befugnis zur Deposition des fälligen Wechselbetrags mit der Maßgabe, daß letztere durch den Aussteller geschehen kann;**
6. **die Artikel 41 und 42 sowie die Artikel 45 bis 55 über den Regreß mangels Zahlung gegen die Indossanten;**
7. **die Artikel 62 bis 65 über die Ehrenzahlung;**
8. **die Artikel 70 bis 72 über die Kopien;**
9. **die Artikel 73 bis 76 über abhanden gekommene und falsche Wechsel mit der Maßgabe, daß im Falle des Artikel 73 die Zahlung durch den Aussteller erfolgen muß;**

10. die Artikel 78 bis 95 über die allgemeinen Grundsätze der Wechselverjährung, die Verjährung der Regreßansprüche gegen die Indossanten, das Klagerecht des Wechselgläubigers, die ausländischen Wechselgesetze, den Protest, den Ort und die Zeit für die Präsentation und andere im Wechselverkehre vorkommende Handlungen sowie über mangelhafte Unterschriften.

1. Artikel 98 bestimmt, welche **Vorschriften des zweiten Abschnittes,** die zunächst für gezogene Wechsel gegeben worden sind, auch auf eigene Wechsel Anwendung zu finden haben. Ohne weiteres auch auf eigene Wechsel anwendbar sind die Vorschriften des ersten Abschnittes der WO, da sie allgemein für alle Wechsel gegeben sind. Es sind das die Vorschriften über die passive Wechselfähigkeit (Art 1) und über die Bedeutung der Unterschriften wechselunfähiger Personen auf dem Wechsel für die Rechtswirksamkeit der Verpflichtungen der übrigen Wechselverpflichteten (Art 3). Vgl. hierüber die Erläuterungen zu den Artikeln 1 und 3. **Anm. 1.**

2. Art 98 erklärt die unter Nr. 1 bis 10 aufgezählten Vorschriften nicht nur für entsprechend anwendbar, sondern schreibt ihnen unmittelbare Geltung auch für den eigenen Wechsel zu. Doch kann angesichts der rechtlichen Verschiedenheit des Gegenstandes, auf den sich die Vorschriften in dem einen und in dem anderen Falle beziehen, die Anwendung naturgemäß nicht eine mechanisch gleichförmige, sondern muß eine entsprechende sein. Das ist bei einzelnen der für anwendbar erklärten Vorschriften vom Gesetze dadurch anerkannt, daß es ihnen Geltung für den eigenen Wechsel nur mit gewissen „Maßgaben" zuschreibt. Aber auch darüber hinaus kann es sich lediglich um entsprechende Anwendung handeln. Insbesondere können die Vorschriften, die sich auf den Aussteller eines gezogenen Wechsels beziehen, nicht etwa auf den Aussteller eines eigenen Wechsels Anwendung finden, der eine ganz andere rechtliche Stellung einnimmt; aus dieser ergibt sich vielmehr in vielen Beziehungen die Anwendbarkeit von Vorschriften, die für den Akzeptanten des gezogenen Wechsels gegeben sind, auf den Aussteller des eigenen Wechsels. **Anm. 2.**

3. Die anwendbaren Vorschriften sind im einzelnen folgende: **Anm. 3.**

Nr. 1: Die Artikel 5 und 7 über die Form des Wechsels, nämlich über die zu zahlende Geldsumme bei mehrfachen, voneinander abweichenden Bezeichnungen in Buchstaben und in Ziffern (Art 5) und über die Unfähigkeit einer Schrift, der eines der wesentlichen Erfordernisse eines Wechsels fehlt, zur Erzeugung wechselmäßiger Verbindlichkeiten (Art 7). Die in Art 7 enthaltene Bezugnahme auf die in Art 4 aufgestellten Erfordernisse ist bei der Anwendung auf den eigenen Wechsel durch Bezugnahme auf die in Art 96 aufgestellten Erfordernisse zu ersetzen, obwohl eine dies aussprechende „Maßgabe" in Nr. 1 fehlt. Ein eigener Wechsel ist selbstverständlich nicht um deswillen als Wechsel ungültig, weil er keine Bezeichnung des Bezogenen (Art 4 Nr. 7) enthält; aber auch nicht um deswillen, weil er keine Angabe des Zahlungsorts (Art 4 Nr. 8) enthält; in letzterem Falle kommt vielmehr Art 97 (vgl. zu diesem Art Anm 1) zur Anwendung. Vgl. im übrigen die Erläuterungen zu den Artikeln 5 und 7.

Nr. 2: Die Artikel 9 bis 17 über das Indossament. Die in diesen Artikeln enthaltenen Vorschriften sowohl hinsichtlich der Form, wie hinsichtlich der Transport- und der Garantiefunktion des Indossaments finden auf den eigenen Wechsel restlos Anwendung. Insbesondere wird auch Art 10 Satz 2 auf den eigenen Wechsel in der Weise zur Anwendung zu kommen haben, daß die Indossierung desselben auf den Aussteller, der hier an der Stelle des Akzeptanten des gezogenen Wechsels steht, zulässig ist, obwohl dadurch die Personen des Hauptschuldners und des Gläubigers zeitweise zusammenfallen, was bei der ursprünglichen Ausstellung des eigenen Wechsels nicht zulässig ist; vgl. zu Art 96 Anm 2. Auch Art 16 wird nur entsprechende Anwendung finden können, und zwar in der Weise, daß der Indossatar durch ein Indossament nach Ablauf der Protestfrist, wenn Protest nicht erhoben ist, selbständige Wechselrechte auch gegen den Aussteller des eigenen Wechsels (gegen welchen, wie gegen den Akzeptanten des gezogenen Wechsels, Protesterhebung nicht erforderlich war) erlangt, so daß ihm Einwendungen aus der Person seines Indossanten gemäß Art 82 nicht entgegengesetzt werden können; daß er dagegen durch ein nachprotestliches Indossament auch gegen den Aussteller nur die Rechte seines Indossanten erlangt; vgl. ROHG 7, 316. Im übrigen kann auf die Erläuterungen zu dem Unterabschnitte III des zweiten Abschnitts „Indossament" Bezug genommen werden. **Anm. 4.**

Nr. 3: Die Artikel 19 und 20 über die Präsentation der Wechsel auf eine Zeit nach Sicht. **Anm. 5.** Daß diese Artikel auf den eigenen Wechsel nur entsprechende Anwendung finden können, ergibt sich schon aus der der Vorschrift beigefügten Maßgabe, „daß die Präsentation dem Aussteller geschehen muß". Die Anwendung muß aber eine entsprechende auch in der Richtung sein, daß nicht eine Präsentation zur „Annahme", die bei dem eigenen Wechsel keinen Sinn haben würde, sondern zur Sichtnahme stattzufinden hat, um den Beginn der Nach-Sicht-Frist und damit die Fälligkeit des Nach-Sicht-Wechsels herbeizuführen (vgl. zu Art 19 Anm 1a), und daß, wenn sie nicht innerhalb der in Art 19 bestimmten Frist präsentiert werden, die Regreßansprüche gegen die Indossanten, nicht aber der wechselmäßige Anspruch gegen den Aussteller des eigenen Wechsels, der als Hauptschuldner auch in dieser Beziehung dem Akzeptanten des gezogenen Wechsels gleichsteht, verlorengehen; daß jedoch gegen den Aussteller des eigenen, wie gegen den Akzeptanten des gezogenen Wechsels, falls die Präsentation zur Sicht nicht innerhalb der in Art 19 bestimmten Frist erfolgt ist, gemäß Art 20 Abs 3 mit dem letzten Tage dieser Frist die Nach-Sicht-Frist des Wechsels zu laufen beginnt und mit dem Ablauf auch dieser Frist die Verfallzeit des Wechsels eintritt, von da ab daher auch die dreijährige Verjährung (Art 100) zugunsten des Ausstellers zu laufen beginnt. Vgl. zu Art 19 Anm 5 ff. und zu Art 20 Anm 9; ferner ROHG 3, 186; 5,315; 11, 88; RGZ 8, 70. Vgl. auch über die Frage, ob die Präsentation zur Sicht gegenüber dem Aussteller eines eigenen Nach-Sicht-Wechsels durch die Klagezustellung ersetzt werden kann, zu Art 19 Anm 7. Über die Anwendbarkeit der Artikel 19, 20 auf den einfachen (nicht befristeten) eigenen Sicht-Wechsel (Art 31) vgl. unten Anm 8, 9.

Anm. 6. **Nr. 4: Die Vorschrift des Art 29 über den Sicherheitsregreß**, jedoch auch diese Vorschrift nur in entsprechender Anwendung, nämlich mit der Maßgabe, daß der Sicherheitsregreß im Falle der Unsicherheit des Ausstellers stattfindet. Damit fällt auch die Voraussetzung des Art 22, daß der Wechsel angenommen sein muß, die bei dem eigenen Wechsel nicht gegeben sein kann. Der Sicherheitsregreß kann vielmehr auf Grund des im Wechsel gegebenen Zahlungsversprechens des Ausstellers ohne weiteres genommen werden, wenn einer der beiden in Art 29 Abs 1 unter 1 und 2 genannten Fälle in seiner Person nach Ausstellung des Wechsels eintritt, nämlich a) Eröffnung des Konkurses über sein Vermögen oder auch nur Einstellung seiner Zahlungen; b) fruchtloser Ausfall einer Exekution in sein Vermögen. Erforderlich ist für die Ausübung des Regresses, daß von dem Aussteller Sicherheit nicht geleistet und deshalb gegen ihn Protest erhoben worden ist. Der Regreß richtet sich gegen die Vormänner des Wechselinhabers oder Indossatars. Der Wechselinhaber (nicht ein Indossatar, der nicht Wechselinhaber ist) kann aber auch gegen den Aussteller, und zwar, sofern er die erforderlichen Beweise durch Urkunden führen kann, im Wege des Wechselprozesses, gerichtlich vorgehen, um von ihm die Sicherheitsbestellung zu erlangen. Ist von mehreren Ausstellern nur einer oder sind nur einige von ihnen unsicher geworden, so kann gegen die sicher gebliebenen kein Anspruch auf Sicherheitsleistung erhoben werden (OTrib bei Borchardt Zus. 956); vgl. auch zu Art 29 Anm 15 a. Im übrigen kann auf die Erläuterungen zu Art 29 Bezug genommen werden.

Anm. 7. **Nr. 5: Die Artikel 30 bis 40 über die Zahlung und die Befugnis zur Deposition des fälligen Wechselbetrags.** Die angeführten Artikel sind diejenigen über die Erfüllung der Wechselverbindlichkeit aus dem gezogenen Wechsel durch den Hauptschuldner, den Akzeptanten; sie finden auf den eigenen Wechsel entsprechende Anwendung hinsichtlich der Erfüllung der Wechselverbindlichkeit durch den Aussteller, der hier der Hauptschuldner ist. Über die Anwendung der einzelnen unter Nr. 5 aufgezählten Artikel ist folgendes zu bemerken:

Anm. 8. **a)** Der laut Art 31 Satz 2, 3 bei nicht befristeten Sichtwechseln durch Nicht-Präsentierung zur Zahlung innerhalb der vorgeschriebenen Präsentationsfrist eintretende Verlust der wechselmäßigen Ansprüche trifft bei dem eigenen Sichtwechsel nur die Regreßansprüche gegen die Indossanten, nicht auch den Anspruch gegen den Aussteller, der auch in dieser Beziehung die rechtliche Stellung des Akzeptanten beim gezogenen Wechsel einnimmt (ROHG 3, 186). Doch wird auch für den eigenen nicht befristeten Sichtwechsel, wie für den gezogenen, obwohl für beide eine ausdrückliche Vorschrift, wie sie für den befristeten Sichtwechsel durch Art 20 Abs 3 gegeben ist (vgl. oben zu Nr. 3), fehlt, angenommen daß mit dem Ablaufe des letzten Tages der laut Art 31 bestimmten Präsentationsfrist gegenüber dem Aussteller (Akzeptanten) die Verfallzeit des Wechsels eintritt und deshalb mit diesem Zeitpunkte auch die Verjährung (Art 100) zu seinen Gunsten zu laufen beginnt: ROHG 11, 47; RGZ 3, 7.

Anm. 9. **b)** In Artikel 32 Absatz 1 Nr. 1 tritt an Stelle der dort erwähnten Präsentation des nach Sicht zahlbaren Wechsels zur Annahme bei dem eigenen Nach-Sicht-Wechsel die Präsentation zur Sichtnahme; vgl. oben Anm 5.

Anm. 10. **c)** Die laut Artikel 40 dem Akzeptanten eines gezogenen Wechsels zustehende Befugnis zur Hinterlegung der Wechselsumme nach Verfall des Wechsels und Ablauf der Protestfrist steht bei dem eigenen Wechsel dem Aussteller zu.

Im übrigen kann auf die Erläuterungen zu den Artikeln 30—40 verwiesen werden.

Anm. 11. **Nr. 6: Die Artikel 41, 42, 45—55 über den Regreß mangels Zahlung gegen die Indossanten;** nicht also soweit sie den Regreß gegen den Aussteller betreffen, gegen den vielmehr, wie Art 99 Abs 3 ausdrücklich bestimmt, Präsentation und Protest auch bei dem eigenen Wechsel zur Erhaltung des Wechselrechts nicht erforderlich sind. Art 43 ist nicht für anwendbar erklärt, weil über Präsentation und Protest bei eigenen domizilierten Wechseln in Art 99 Abs 1 und 2 besondere Vorschriften getroffen sind; Art 44 nicht, weil er für den eigenen Wechsel durch den schon erwähnten Absatz 3 des Art 99 ersetzt ist. Die in den Artikeln 45, 46 vorgeschriebene Benachrichtigung ist nicht an den Aussteller des eigenen Wechsels zu richten, da dieser nicht regreßpflichtiger Vormann, sondern Hauptschuldner ist. Im übrigen kann auf die Erläuterungen zu den für anwendbar erklärten Artikeln verwiesen werden.

Anm. 12. **Nr. 7: Die Artikel 62 bis 65 über die Ehrenzahlung.** In der Leipziger Konferenz (Prot. L. S. 161, Thöl S. 172) wurde Einverständnis festgestellt darüber, daß „die Grundsätze über die Ehrenzahlung, mindestens über die Zahlung zu Ehren eines Giro, auch bei eigenen Wechseln anwendbar sein müßten". Auf die Ehrenzahlung zu Ehren des Ausstellers eines eigenen Wechsels erstreckte sich sonach das festgestellte Einverständnis nicht. Die Anwendung der angezogenen Artikel ergibt aber, daß zu Ehren des Ausstellers eines eigenen Wechsels, da er Hauptschuldner ist, eine Ehrenzahlung ebensowenig statthaft ist, wie eine Intervention durch Ehrenannahme oder Ehrenzahlung zu Ehren des Akzeptanten eines gezogenen Wechsels; vgl. zur Art 59 Anm 1 und zu Art 63 Anm 7. Demgemäß hat auch Art 64 in dem Sinne Anwendung zu finden, daß, wenn sich mehrere zur Ehrenzahlung erbieten, demjenigen vor allen der Vorzug gebührt, der für den ersten Indossanten (Remittenten) zahlen will. Durch die Ehrenzahlung tritt der Ehrenzahler gemäß dem entsprechend anzuwendenden Art 63 Satz 2 auch in die Rechte des Inhabers gegen den Aussteller des eigenen Wechsels.

Nicht für anwendbar erklärt sind in Art 98 die Vorschriften der **Artt 56—61**, die sich auf die Notadressen und die Ehrenannahme beziehen, offenbar absichtlich, weil Notadressen eine Hauptadresse, nämlich eine Anweisung zur Zahlung, voraussetzen, die sich bei dem eigenen Wechsel nicht findet, und weil die Ehrenannahme nach der Auffassung der WO eine wirkliche Annahme bedeutet, die als solche gleichfalls eine Anweisung in Gestalt einer Hauptadresse voraussetzt; vgl. über diese freilich bestrittene Auffassung zu Art 56 Anm 1 und zu Art 60 Anm 1. Bernstein, der die entgegengesetzte Meinung vertritt, gibt zu (zu Art 98 S. 410), daß die hier vertretene Auffassung bei der Nichtaufnahme der Artt 56—61 unter die auf den eigenen Wechsel anwendbaren Vorschriften maßgebend war; will aber trotzdem ihre Vorschriften für den eigenen Wechsel angewendet wissen, weil diese Auffassung dem Wesen der Ehrenannahme nicht entspreche, vielmehr der Ehrenakzeptant die Regreßpflicht des Honoraten übernehme. Das wird aber von der hier vertretenen Auffassung gerade bestritten. Näher liegt es, in der Nichtaufnahme der Artt 56—61 in Art 98 eine Bestätigung der Auffassung zu finden, daß die Ehrenannahme eine wirkliche Annahme ist. Aber selbst wenn man auf dem entgegengesetzten Standpunkte steht, wird man Bedenken tragen müssen, die von dem Gesetzgeber auf den eigenen Wechsel nicht für anwendbar erklärten, rein positiven Vorschriften im Wege der „entsprechenden" Anwendung auf ein Rechtsinstitut zu erstrecken, für das sie nicht bestimmt sind. Das ist vom RG in der unten zu Nr. 8 noch näher zu erörternden Entscheidung (RGZ 8, 116), welche die Anwendbarkeit der Vorschriften über Duplikate betrifft, mit Recht für ausgeschlossen erklärt. Anm. 13.

Nr. 8: Die Artt 70—72 über die Kopien. Demgemäß können auch beim Eigenwechsel Originalindossamente mit verpflichtender Kraft auf eine Kopie des Wechsels gesetzt werden. Vgl. im übrigen die Erläuterungen zu den Artt 70—72. — Nicht für anwendbar erklärt sind dagegen die Vorschriften über Duplikate (Artt 66—69), obwohl die Zulassung von solchen mit dem rechtlichen Wesen des eigenen Wechsels nicht unvereinbar sein würde. Ein Bedürfnis dazu wurde augenscheinlich um deswillen nicht als vorhanden angenommen, weil der Hauptzweck, welchem die Ausstellung von Duplikaten bei dem gezogenen Wechsel dient, nämlich die Versendung eines Exemplars zum Akzepte, bei dem eigenen Wechsel fortfällt. Aus der Entstehungsgeschichte der Nr. 8 des Art 98 kommt in Betracht, daß die Vorschrift hinsichtlich der Kopien, die in dem PrEntw noch nicht enthalten war, in die WO aufgenommen wurde auf Grund eines Beschlusses der Leipziger Konferenz, der aussprach, daß der Gebrauch von Wechselkopien auch bei eigenen Wechseln anwendbar sein müsse und daher in § 89 (dem jetzigen Art 98) auf den § 66 (entsprechend dem jetzigen Art 70) Bezug zu nehmen sei. Das RG hat (in RGZ 9, 114) unter Bezugnahme auf diese Entstehungsgeschichte mit Recht ausgeführt, die WO habe das Institut des eigenen Wechsels im Abschn 3 ebenso umfassend regeln wollen, wie das des gezogenen Wechsels in Abschn 2, und es müsse deshalb daraus, daß in Art 98, welcher die Verweisungen auf diejenigen Sätze für gezogene Wechsel enthalte, welche auf eigene Wechsel anwendbar sein sollten, auf die Vorschriften über Duplikate nicht verwiesen sei, gefolgert werden, daß diese Sätze für eigene Wechsel nicht aufgestellt werden sollten. Es hat ferner dort dargelegt, daß ohne positivrechtliche Bestimmung ein etwaiger Wille des Ausstellers mehrerer Wechselexemplare, aus diesen nur einmal verpflichtet zu sein, nicht verwirklicht werden könne, weil eine solche Beschränkung mit der abstrakten Natur der auf die Leistung einer Summe Geldes schlechthin gerichteten Wechselerklärung nicht vereinbar sein würde. Auf Grund dieser Erwägungen hat das RG ausgesprochen (S. 117), daß ein eigener Wechsel nicht die rechtliche Bedeutung eines Duplikats haben könne und daß deshalb der auf Grund einer als Duplikat („Sekunda") bezeichneten, in der Form eines eigenen Wechsels ausgestellten Urkunde erhobene Protest keine rechtliche Bedeutung haben könne für eine andere gleichlautende und ebenfalls als Duplikat („Prima") bezeichnete Urkunde. Das RG beschränkt sich jedoch in ausgesprochener Absicht auf diesen negativen Satz, der für die Entscheidung des damals vorliegenden Falles ausreichte, und läßt dahingestellt, ob ein in im übrigen gleichlautenden derartigen Urkunden enthaltener Zusatz, der den Willen des Ausstellers, aus diesen Urkunden nur einmal haften zu wollen, erkennen läßt, den Urkunden die Bedeutung als Wechsel entziehe oder als nicht geschrieben gelte oder ob je nach dem verschiedenen Wortlaute der Zusätze verschieden zu entscheiden sei. Anm. 14.

Diese Fragen sind sehr bestritten. Eine Ansicht behandelt jedes der mehreren Exemplare als einen selbständigen Wechsel (so Lehmann § 106 Anm 32; Rehbein zu Artt 98—100 Anm 10); andere (v. Canstein § 14 Anm 5) erachten wenigstens den Aussteller mehrerer Exemplare eines Eigenwechsels als dem gutgläubigen Erwerber gegenüber mehrfach wechselmäßig verpflichtet; Anm. 15.

Dernburg (§ 261 Anm 3) ist der Ansicht, daß der Zusatz „Prima", „Sekunda" dem eigenen Wechsel die Wechselkraft entziehe. Bernstein (zu Art 98 S. 411) meint, daß die als Duplikate erkennbaren Wechsel nicht je als Solawechsel gelten, auch nicht dem Aussteller gegenüber, „abgesehen natürlich von den Fällen, in denen auch die mehreren Exemplare einer Tratte als Sonderwechsel behandelt werden". Dieser Fall liegt aber gerade bei dem Aussteller eines Eigenwechsels vor, da er in der Stellung eines Akzeptanten des gezogenen Wechsels sich befindet und aus einem mehrfachen Akzepte bei dem gezogenen Wechsel der Akzeptant mehrfach verpflichtet wird (Art 67 Nr. 2). Das Richtige wird deshalb sein, anzunehmen, daß der Aussteller mehrerer Exemplare eines Eigenwechsels, auch wenn sie als Prima, Sekunda usw. bezeichnet sind, wie derjenige, der mehrere Exemplare eines gezogenen Wechsels unbeschränkt angenommen hat (vgl. zu Art 67 Anm 20), aus jedem Exemplare besonders verpflichtet ist, sofern ihm nicht aus dem Verhältnisse gegenüber dem jedesmaligen Kläger, wenn dieser mehrfache Zahlung verlangt, der Einwand der Arglist (Art 82) zusteht. Aber auch die Indossanten, die auf mehreren derartigen Exemplaren indossiert haben, werden mehrfachem Regresse ausgesetzt sein, wenn die in die Hände gutgläubiger Inhaber gelangten Exemplare von dem Aussteller nicht bezahlt worden sind, da die Ausnahmebestimmungen über Duplikate ohne besondere Bestimmung auf den Eigenwechsel nicht angewendet werden können (a. M. Meyer, Weltwechselrecht I S. 612/613). Aus der Bezeichnung als Prima ist nicht (wie Grünhut II § 115 Anm 25 meint) für jeden Inhaber erkennbar, daß der Aussteller nur haften wolle, wenn ihm auch die Sekunda präsentiert werde, oder daß er überhaupt mehrere Exemplare ausgestellt habe und nur einmal haften wolle; ein gutgläubiger Erwerb wird deshalb durch sie nicht ausgeschlossen. Keinesfalls besteht ein Recht des Remittenten oder der Indossatare, entsprechend Art 66 die Auslieferung mehrerer Exemplare von dem Aussteller des eigenen Wechsels zu fordern.

Anm. 16. **Nr. 9: Die Artt 73—76 über abhanden gekommene und falsche Wechsel.** Vgl. die Erläuterungen zu diesen Artikeln. Für die Anwendung dieser Vorschriften auf den eigenen Wechsel ist folgendes hervorzuheben:

a) Gemäß Art 73 kann nach Einleitung des Amortisationsverfahrens der Eigentümer des abhanden gekommenen eigenen Wechsels gegen Sicherheitsleistung von dem Aussteller Zahlung, ohne Sicherheitsleistung aber nur Hinterlegung der Wechselsumme von ihm fordern.

Anm. 17. b) Gemäß Art 75 behalten die auf einer als eigener Wechsel sich darstellenden Urkunde befindlichen echten Indossamente ihre wechselmäßige Wirkung, auch wenn die Unterschrift des Ausstellers falsch oder verfälscht ist. In dieser Beziehung steht der Aussteller des eigenen Wechsels ausnahmsweise nicht dem Akzeptanten, sondern dem Aussteller des gezogenen Wechsels gleich, da es sich um die Herstellung des Grundwechsels handelt.

Anm. 18. **Nr. 10:** Unter dieser Nummer faßt der Artikel die Vorschriften der **Artt 78—95** (in der früheren Fassung war versehentlich auch der Art 96 angeführt; die Protestnovelle hat dieses Versehen berichtigt) zusammen und erklärt sie sämtlich für anwendbar auf den eigenen Wechsel. Zu einzelnen dieser Vorschriften ist folgendes zu bemerken:

Anm. 19. a) Von den Vorschriften über die **Wechselverjährung** (Artt 77—79) ist Art 77 nicht für anwendbar erklärt, da er die Verjährungsfrist gegen den Akzeptanten regelt und die Verjährungsfrist gegen den Aussteller des eigenen Wechsels, der an dessen Stelle steht, in Art 100 besonders geregelt ist. Die übrigen die Verjährung betreffenden Vorschriften sind nur hinsichtlich der allgemeinen Grundsätze der Wechselverjährung (vgl. über diese die Vorbemerkungen vor den Artt 77—80), sowie hinsichtlich der Regreßansprüche gegen die Indossanten für anwendbar erklärt, nicht auch hinsichtlich des Anspruchs gegen den Aussteller, über den Art 100 Bestimmung trifft. Soweit danach die Dauer der Verjährung sich nach dem Orte bestimmt, an welchem der Wechsel zahlbar war (Art 78), kommen für den Zahlungsort die Vorschriften des Art 97 (vgl. die Erläuterungen zu diesem Artikel) in Betracht.

Anm. 20. b) Aus den Vorschriften über das **Klagerecht des Wechselgläubigers (Artt 81—83)** ist folgendes hervorzuheben: Die wechselmäßige Verbindlichkeit erstreckt sich bei dem eigenen Wechsel auf den Aussteller, die Indossanten und die Mitunterzeichner der Wechselerklärungen (Avalisten); Art 81 Satz 1. Der Avalist des Ausstellers haftet in gleicher Weise wie dieser, also als Hauptschuldner, und ohne Präsentation und Protest, sowie während der gegen den Aussteller laufenden Verjährungsfrist; vgl. zu Art 81 Anm 9. Mehrere Mitaussteller haften als Gesamtschuldner und die Ausgleichungspflicht unter ihnen richtet sich jetzt nach § 426 BGB; infolgedessen geht insoweit, als ein Ausgleichungsanspruch besteht, was danach die Regel bildet, die Wechselforderung mit den für sie bestehenden Sicherheiten auf den zahlenden Mitaussteller kraft Gesetzes über und es bedarf daher nicht eines Anspruchs auf Abtretung gegenüber dem Wechselgläubiger (anders für das frühere Recht RGZ 8, 47); vgl. zu Art 81 Anm 10. Durch die Zahlung des Ausstellers als des Hauptschuldners erlischt die Wechselforderung; die Ansprüche gegen die Regreßverpflichteten gehen nicht auf ihn über; vgl. a. a. O. Gleiches ist bei einem gegenüber dem Aussteller erfolgenden Erlasse und bei einer ihm gegenüber erfolgenden Prolongation zu vermuten; vgl. a. a. O. Der Wechselbereicherungsanspruch (Art 83) geht auch gegen den Aussteller des eigenen Wechsels.

Im übrigen kann auf die Erläuterungen zu den in Nr. 10 aufgezählten Artikeln Bezug genommen werden.

Artikel 99.

Eigene domizilierte Wechsel sind dem Domiziliaten oder, wenn ein solcher nicht benannt ist, dem Aussteller selbst an demjenigen Orte, wohin der Wechsel domiziliert ist, zur Zahlung zu präsentieren und, wenn die Zahlung unterbleibt, dort zu protestieren.

Ein eigener Wechsel, dessen Zahlung am Wohnorte des Ausstellers durch eine andere Person erfolgen soll, ist dieser Person zur Zahlung zu präsentieren und, wenn die Zahlung unterbleibt, gegen sie zu protestieren.

Bei eigenen Wechseln bedarf es zur Erhaltung des Wechselrechts gegen den Aussteller weder der Präsentation am Zahlungstage noch der Erhebung eines Protestes.

[In Österreich lautet der Art 99 auf Grund der dort noch in Geltung befindlichen ursprünglichen Fassung wie folgt:

Eigene domizilierte Wechsel sind dem Domiziliaten oder, wenn ein solcher nicht benannt ist, dem Aussteller selbst an demjenigen Orte, wohin der Wechsel domiziliert ist, zur Zahlung zu präsentieren und, wenn die Zahlung unterbleibt, dort zu protestieren. Wird die rechtzeitige Protesterhebung beim Domiziliaten versäumt, so geht dadurch der wechselmäßige Anspruch gegen den Aussteller und die Indossanten verloren.

Außerdem bedarf es zur Erhaltung des Wechselrechts gegen den Aussteller weder der Präsentation am Zahlungstage, noch der Erhebung des Protestes.]

1. Art 99 trifft in Abs 1 und 2 für **eigene domizilierte** und in Abs 3 (nach der jetzigen Fassung für Deutschland) für **alle eigenen Wechsel,** die gleichen Vorschriften, die in den Artt 43 und 44 für gezogene Wechsel getroffen worden sind, und ist durch die Protestnovelle für Deutschland in entsprechender Weise, wie diese Artikel, geändert worden. Vgl. die Erläuterungen zu den Artt 43, 44. **Anm. 1.**

2. Der erste Absatz des Artikels betrifft den eigentlichen eigenen Domizilwechsel. Eine Begriffsbestimmung des eigenen Domizilwechsels bringt der Artikel nicht; er setzt ihn vielmehr, wie Art 43 den des gezogenen Domizilwechsels, voraus. Dieser Begriff muß deshalb durch entsprechende Anwendung des Art 24, wo er für den gezogenen Wechsel bestimmt ist (vgl. zu diesem Artikel Anm 2), gefunden werden, obwohl dieser Artikel nicht zu denjenigen gehört, deren Anwendung auf den eigenen Wechsel in Art 98 vorgeschrieben ist; denn es kann nicht ohne weiteres angenommen werden, daß die WO den gleichen Begriff an mehreren Stellen je in einem anderen Sinne anwendet. In welcher Weise die entsprechende Anwendung zu erfolgen hat, ist aber bestritten. Staub (4. Aufl zu Art 97 Anm 4) und Bernstein (zu Art 97 § 3 S. 408) nehmen an, daß ein domizilierter eigener Wechsel dann vorliegt, wenn ein vom wirklichen Wohnort des Ausstellers verschiedener Zahlungsort im Wechsel angegeben ist. Das entspricht in der Tat dem Art 24, der für die Ortsverschiedenheit den Wohnort des Bezogenen für maßgebend erklärt, da, wie bei dem gezogenen Wechsel der Bezogene, so bei dem eigenen Wechsel der Aussteller derjenige ist, der die Zahlung leisten soll bzw. will. Andere (Dernburg § 257 I 2 S. 264; Grünhut I § 59 Anm 15 S. 430 und § 56 Anm 14 S. 415; StStranz zu Art 99 Anm 1) sehen unter Bezugnahme auf Art 97 als domizilierten eigenen Wechsel denjenigen an, in welchem ein von dem Ausstellungsorte verschiedener Zahlungsort angegeben ist. Aber Art 97 bestimmt nur, was zu gelten hat, wenn ein besonderer Zahlungsort im Wechsel nicht angegeben ist, während es sich hier gerade um den Fall handelt, daß eine solche Angabe vorliegt. Ein domizilierter eigener Wechsel würde nach dieser Ansicht nicht vorliegen, wenn als Zahlungsort der Ausstellungsort angegeben ist. Es würde also in diesem Falle nach dem Rechtszustande schon vor der Protestnovelle zur Erhaltung des Wechselrechts gegen den Aussteller auch bei benanntem Domiziliaten Präsentation und Protest nicht erforderlich gewesen und jetzt in Österreich nicht erforderlich sein, was dem der Vorschrift des Art 99 Abs 1 in der älteren Fassung zugrunde liegenden Gedanken (vgl. zu Art 43 Anm 10) wohl nicht gerecht werden würde. **Anm. 2.**

Für die heutige Rechtslage in Deutschland ist die Frage in dieser Beziehung allerdings ohne praktische Bedeutung. Die der Domizilierung bei dem eigenen Wechsel jetzt noch innewohnende Bedeutung besteht nach Art 99 Abs 1 neuer Fassung hauptsächlich darin, daß die zur Erhaltung des Regresses mangels Zahlung gegen die Indossanten erforderlichen Handlungen, Präsentation zur und Protest mangels Zahlung, an dem im Wechsel angegebenen Zahlungsorte (dem Orte, wohin er domiziliert ist) zu erfolgen haben, auch dann, wenn dieser nicht der Wohnort des Ausstellers oder der Ausstellungsort ist, und zwar an diesem Orte, wenn ein Domiziliat benannt ist, an und gegen diesen; andernfalls an und gegen den Aussteller, auch wenn er an diesem Orte weder Geschäftslokal noch Wohnung hat, also gegebenenfalls im Wege des **Anm. 3.**

Windprotestes; vgl. zu Art 43 Anm 3ff. Diese Wirkungen müssen aber nach dem der Vorschrift zugrunde liegenden Gedanken in allen Fällen eintreten, in denen der Zahlungsort ein anderer ist als der Wohnort des Ausstellers; die Gleichheit des Ausstellungsortes mit dem Zahlungsorte ist dafür ohne Bedeutung. Die hier vertretene Auffassung wird übrigens bestätigt durch den **Abs 2** des Artikels, wo für den Zahlstellenwechsel im Gegensatze zu dem eigentlichen Domizilwechsel die Gleichheit des Zahlungsortes mit dem Wohnorte des Ausstellers (nicht mit dem Ausstellungsorte) als begriffliches Moment angeführt wird; vgl. unten Anm 4.

Anm. 4. 3. Der **Abs 2** des Artikels handelt in der jetzigen Fassung für Deutschland von dem uneigentlichen domizilierten eigenen Wechsel, dem sog. **Zahlstellenwechsel,** der als gezogener Wechsel in Art 43 Abs 2 jetziger Fassung behandelt ist. Es handelt sich bei ihm nicht um eine Verschiedenheit der für die Zahlungsleistung in Betracht kommenden Orte, sondern um eine Verschiedenheit der dafür in Betracht kommenden Personen, nämlich des zur Zahlung verpflichteten Ausstellers einerseits und des zur Bewirkung der Zahlung für ihn bestellten Zahlungsleisters andrerseits. Über die Erfordernisse der Benennung eines solchen Zahlungsleisters gilt das gleiche, wie für die Benennung des Zahlungsleisters bei dem gezogenen Wechsel; vgl. darüber zu Art 43 Anm 7ff. Danach wird auch hier die Bestimmung, daß der Wechsel bei einer bestimmten Person am Wohnorte des Ausstellers zahlbar sei, in der Regel genügen um anzunehmen, daß die Zahlung durch diese Person erfolgen solle. Ausdrücklich ist in Abs 2 als Voraussetzung für den Zahlstellenwechsel aufgestellt, daß die Zahlung am Wohnorte des Ausstellers zu erfolgen hat; soll sie an dem von diesem verschiedenen Ausstellungsorte erfolgen, so liegt ein eigentlicher domilizierter eigener Wechsel vor; vgl. oben Anm 2. Die Benennung des Zahlungsleisters kann nur durch den Aussteller im Wechsel erfolgen. Liegen diese Voraussetzungen vor, so ist der Wechsel dem Zahlungsleister zu präsentieren; Präsentation an den Aussteller und Protestierung gegen ihn sind zur Erhaltung des Regresses gegen die Indossanten nicht genügend, auch wenn sie in dem Geschäftslokal oder der Wohnung des Zahlungsleisters vorgenommen werden. Zulässig ist aber auch bei dem eigenen Wechsel, daß ohne Benennung eines Zahlungsleisters lediglich die Bestimmung einer örtlichen Zahlstelle am Wohnorte des Ausstellers im Wechsel erfolgt; in diesem Falle ist der Wechsel an dieser Stelle dem Aussteller zu präsentieren und dort gegen ihn zu protestieren.

Anm. 5. 4. Die wesentlichste Neuerung ist für den eigenen domizilierten Wechsel dadurch eingetreten, daß durch die Protestnovelle für Deutschland der Satz 2 des Art 99 in der bisherigen Fassung (vgl. oben den noch in Österreich geltenden Text) weggefallen und im Zusammenhange damit in Abs 3 (früher Abs 2) an Stelle der Worte: „Bei nicht domizilierten eigenen Wechseln" die Worte getreten sind: „Bei eigenen Wechseln". Die Änderungen entsprechen sachlich den in den Artt 43, 44 für den gezogenen Wechsel eingetretenen; vgl. zu Art 43 Anm 1 und zu Art 44 Anm 1. Es ist dadurch die für den eigenen domizilierten Wechsel bisher auch zur Erhaltung des Wechselrechts gegen den Aussteller erforderlich gewesene Präsentation und Protestierung als für diesen Zweck nicht mehr erforderlich erklärt. Das Wechselrecht gegen ihn bleibt bei allen eigenen, auch domizilierten Wechseln, ohne Vornahme dieser Handlungen erhalten; ihrer bedarf es nur zur Erhaltung der Regreßansprüche gegen die Indossanten. In Österreich besteht noch der frühere Rechtszustand. Nach diesem bedarf es bei domizilierten eigenen Wechseln mit benanntem Domiziliaten der Präsentation und Protesterhebung zur Erhaltung des Wechselrechts auch gegen den Aussteller (ROHG 3, 296; 5, 382; 13, 147), und zwar nach ROHG 13, 147 auch dann, wenn der Domiziliat selbst Wechselinhaber geworden ist; in diesem Falle soll er sich selbst präsentieren und gegen sich Protest erheben müssen; doch ist die österreichische Praxis geneigt, von dieser Formalität abzusehen, wenn der Wechsel nicht giriert ist und sich noch in der Hand des Remittenten, der zugleich Domiziliat ist, befindet; vgl. die bei Bernstein zu Art 99 § 1 unter 1 angeführten Entscheidungen. Ist kein Domiziliat benannt, so bedarf es auch in Österreich der Präsentation und des Protestes nur zur Erhaltung der Regreßansprüche gegen die Indossanten (ROHG 5, 382; 20, 416; RGZ 28, 102).

Anm. 6. 5. Zur Inverzugsetzung des Ausstellers und zur Herbeiführung des Laufes von Verzugszinsen zu Lasten des Ausstellers ist auch bei dem eigenen Wechsel die Präsentation erforderlich; durch Klagezustellung wird sie in dieser Hinsicht ersetzt. Vgl. zu Art 23 Anm 3. Für eigene Sicht- und Nach-Sicht-Wechsel ist die Präsentation erforderlich, um vor Ablauf der in den Artikeln 31, 19 bestimmten Präsentationsfrist beziehungsweise der mit ihrem Ablaufe beginnenden Nachfrist die Fälligkeit des Wechsels herbeizuführen; mit dem Ablaufe dieser Fristen aber tritt die Fälligkeit ohne Präsentation ein und läuft von da ab auch die Verjährungsfrist gegen den Aussteller; vgl. zu Art 98 Anm 5 und 8.

Artikel 100.

Der wechselmäßige Anspruch gegen den Aussteller eines eigenen Wechsels verjährt in drei Jahren, vom Verfalltage des Wechsels an gerechnet.

Der Schlußartikel der WO, Art 100, trifft Bestimmung über die **Verjährung** des Anspruchs aus dem eigenen Wechsel gegen den Aussteller, und zwar ist, entsprechend dem, was bei dem gezogenen Wechsel für die Verjährung gegen den Akzeptanten bestimmt ist (Art 77), die Verjährungsfrist auf drei Jahre, vom Verfalltage des Wechsels an gerechnet, bestimmt. Es kann daher auf das, was zur Erläuterung des Art 77 gesagt ist, hier verwiesen werden. Die Verjährung der Regreßansprüche gegen die Indossanten richtet sich nach den durch Art 98 Nr. 10 auf den eigenen Wechsel für anwendbar erklärten Artikeln 78 und 79; vgl. zu Art 98 Anm 19 und zu den Artikeln 78 und 79.

Anhänge zum dritten Abschnitte (Artt 96—100 DWO).

I. Ausländische Wechselgesetzgebungen.

1. Eine zweite Form des Wechsels im eigentlichen Sinne neben dem gezogenen Wechsel, die, wie dieser, durch die Bezeichnung als Wechsel von anderen Urkunden deutlich unterschieden wird, wie sie die DWO in dem **eigenen Wechsel** bietet, kennen außerhalb des unmittelbaren Geltungsbereichs der DWO (Deutschland und Österreich) auch die meisten übrigen der deutschen Wechselrechtsgruppe angehörigen Gesetzgebungen. So die Schweiz (Artt 825—829), Ungarn (§§ 110 ff.), Bulgarien (Artt 635 ff.), Skandinavien (§§ 95 ff.), Japan (Artt 508—517), Italien (Art 251), das unter der gemeinschaftlichen Bezeichnung „cambiale" die „lettera di cambio" (auch cambiale tratta genannt), durch welche sich der Aussteller verpflichtet, eine Person zur Zahlung zu veranlassen („far pagare"), einerseits und die „vaglia cambiale" (auch „pagherò cambiale" genannt), durch die er sich verpflichtet, selbst zu zahlen („pagare"), andrerseits zusammenfaßt und sie gemeinschaftlich behandelt, unter Kenntlichmachung derjenigen Bestimmungen, die sich nur auf die eine oder die andere der beiden Wechselarten beziehen; ebenso Rumänien (Artt 270 ff.); ferner Rußland, wo der eigene Wechsel von jeher in der Übung des Verkehrs überwiegt und das ihn deshalb auch in seinem neuen Gesetze als die Grundform behandelt, indem es diese Form der Begriffsbestimmung des Wechsels überhaupt zugrunde legt (§ 1) und im Anschlusse daran an erster Stelle (Teil 1) die Vorschriften über den eigenen Wechsel gibt (§§ 2—15), sodann im zweiten Teile (§§ 16—31) die Vorschriften über den gezogenen Wechsel. Die übrigen genannten Gesetzgebungen der deutschrechtlichen Gruppe dagegen behandeln, wie die DWO, den eigenen Wechsel als Nebenform im Anschluß an den gezogenen Wechsel, und zwar, wie diese in der Weise, daß sie zunächst die für den eigenen Wechsel wesentlichen Erfordernisse aufzählen, sodann angeben, welche für den gezogenen Wechsel gegebenen Vorschriften auf ihn anwendbar sind, und schließlich noch einzelne besondere Vorschriften für den eigenen Wechsel aufstellen. Auch die neuen Gesetze der Tschechoslowakei (§§ 104—106), von Polen (Artt 99—102) und Jugoslawien (§§ 103—106) behandeln den Wechsel als zweite Wechselform neben und im Anschlusse an den gezogenen Wechsel. Ebenso das neue chinesische Gesetz (Art 117). Portugal dagegen weicht von den übrigen Gesetzgebungen der deutschrechtlichen Gruppe insofern ab, als es nur den gezogenen Wechsel mit dem in der Landessprache den Begriff „Wechsel" bedeutenden Ausdrucke („letras") bezeichnet (Artt 278 ff.) und davon die „Zahlungsversprechen" (livranças") unterscheidet, auf die es alle Vorschriften über den Wechsel, soweit sie nicht der Natur des Zahlngsversprechens entgegenstehen, für anwendbar erklärt (Art 343), ähnlich wie es die Gesetzgebungen der anderen Gruppen (vgl. unten zu 2 und 3) tun. **Anm. 1.**

2. Der **eigene Wechsel** ist in den Gesetzgebungen der deutschrechtlichen Gruppe in den hauptsächlichsten Punkten in folgender Weise geregelt: **Anm. 2.**

a) Wesentliche Erfordernisse des eigenen Wechsels (Art 96 DWO). Die meisten Gesetzgebungen der deutschrechtlichen Gruppe stellen die gleichen Erfordernisse auf, wie die DWO in Art 96 unter den Nummern 1—6. So die Schweiz (Art 825 Nr. 1—6), Ungarn (§ 110 Nr. 1—6), Bulgarien (Art 635 Nr. 1—6), Japan (Art 529), Rußland (neues Gesetz § 2 unter a—f). Italien führt in Art 251 Abs 2 zunächst die für beide Wechselformen gemeinschaftlichen Erfordernisse auf, denen für den gezogenen Wechsel in Abs 3 dann noch weitere hinzutreten. In den skandinavischen Wechselgesetzen (§ 95) sind die Wechselerfordernisse für den eigenen Wechsel nicht einzeln aufgeführt, sondern fallen unter die mit gewissen Vorbehalten allgemein für anwendbar erklärten Vorschriften über den gezogenen Wechsel; vgl. zu b. Das neue tschechoslowakische Gesetz führt die einzelnen Erfordernisse des eigenen Wechsels in § 104 Nr. 1—7, ebenso das neue polnische Gesetz in Art 99 Nr. 1—7, das neue jugoslawische Gesetz in § 103 Nr. 1—7 auf. Inhaltlich entsprechen die aufgestellten Erfordernisse mit gewissen, durch die Natur der Sache gebotenen Abweichungen (insbesondere ist überall die Benennung einer Person, welche die Zahlung leisten soll, des Bezogenen, Art 4 Nr. 7 DWO, weggefallen, da diese Person bei dem eigenen Wechsel der Aussteller selbst ist) den in den betreffenden Gesetzgebungen für den gezogenen Wechsel aufgestellten Erfordernissen. Es kann deshalb auf die Darlegungen im Anhang I zu Art 4 unter A 1—8 mit folgenden Maßgaben Bezug genommen werden:

α) Die **Wechselklausel** (vgl. Anhang I zu Art 4 Anm 2) wird in der deutschen Wechselrechtsgruppe als das Merkmal, das den Wechsel überhaupt von anderen Urkunden unterscheidend kenntlich macht, auch für den eigenen Wechsel als für eine Unterart des Wechsels (vgl. oben) fast durchweg verlangt: Schweiz Art 825 Nr. 1, Ungarn § 110 Nr. 1; Italien Art 251 Abs 2 Nr. 2 mit dem **Anm. 3.**

Zusatze (Abs 4), daß der eigene Wechsel sich auch als „pagherò cambiario" („ich werde wechselmäßig zahlen") oder „vaglia cambiario" („soll wechselmäßig gelten") bezeichnen kann; Bulgarien Art 635 Nr. 1; Skandinavien auf Grund der Anwendbarerklärung der Vorschriften über den gezogenen Wechsel in § 95; Japan (Art 525 Nr. 1), wo die Wechselklausel die besondere Bezeichnung als eigener Wechsel („yakasoku tegata") enthalten muß, die Bezeichnung als Wechsel allein sonach nicht genügen wird. Auch Bulgarien a. a. O. verlangt die Bezeichnung als eigener Wechsel. In Italien ist streitig, ob Ausdrücke gebraucht werden dürfen, die zwar das Wort „Wechsel" in sich schließen, aber nicht genau den im Gesetze angeführten Ausdrücken (vgl. Anhang I zu Art 4 Anm 2) gleichlautend sind, wie „pagherò secondo il diritto di cambio"; „per questa sola di cambio"; die solche Ausdrücke zulassende gerichtliche Praxis wird von Vivante (Nr. 1051) bekämpft; a. M. Vidari VIII S. 6 Anm 2 I. Die Wechselklausel muß bei Wechseln, die in Italien ausgestellt sind, auch wenn sie in fremder Sprache abgefaßt sind, in italienischer Sprache abgefaßt sein (Vivante Nr. 1052; a. M. Vidari Nr. 6505). In Rumänien (Art 270 Abs 3 Nr. 2) ist für beide Arten von Wechseln die Bezeichnung als Wechsel (cambia) oder Tratte (polita) gefordert; danach wird es unschädlich sein, wenn ein eigener Wechsel irrtümlich als „Tratte" bezeichnet ist (vgl. für das deutsche Recht zu Art 96 DWO Anm 4); dagegen wird die Bezeichnung als Orderbillet („bilet la ordin") nicht genügen, obwohl nach Art 270 Abs 2 der Wechsel, welcher die Verpflichtung enthält, (selbst) zu zahlen, auch bilet la ordie genannt wird. Ueber die Stellung der Wechselklausel im eigenen Wechsel ist überall das gleiche bestimmt, wie für den gezogenen Wechsel; vgl. Anhang I zu Art 4 Anm 2. Nur Portugal weicht von den übrigen Gesetzgebungen der deutschen Gruppe insofern ab, als es eine Wechselklausel weder für den (gezogenen) Wechsel (Art 278) noch für das Zahlungsversprechen (Art 343, vgl. oben zu 1) erfordert.

Anm. 4. β) Bei dem Erfordernisse der **Angabe der zu zahlenden Geldsumme** (Art 96 Nr. 2 DWO; vgl. zu Art 4 Anhang I Anm 3 ff.) wird in Italien (Art 251) und Rumänien (Art 270) für den eigenen Wechsel die (ausdrückliche) Verpflichtung zur Zahlung dieser Summe (obbligazione di pagare) verlangt. Auch in dem neuen sowjetrussischen Gesetze (§ 2 unter c) ist als wesentliches Erfordernis aufgestellt, daß der eigene Wechsel „das durch keine Bedingungen noch Abreden eingeschränkte Versprechen des Wechselgebers, einen bestimmten Geldbetrag zu zahlen", enthalten muß, und zwar muß dieser Geldbetrag in Goldrubeln oder in einer Währung ausgedrückt sein, die innerhalb der Sowjetunion Umlauf hat, und in Worten ausgeschrieben sein. Aus diesen Bestimmungen ergibt sich zugleich die Notwendigkeit eines Kontextes, der aber auch in den anderen Rechten dieser Gruppe ohne ausdrückliche Vorschrift gefordert wird; vgl. Anhang I zu Art 4 DWO Anm 12. Auf andere als Geldzahlungen kann der eigene Wechsel nicht gestellt werden, insbesondere auch in Italien nicht, wie der gezogene (vgl. den Anhang I zu Art 4 Anm 3), auf „derrate".

Anm. 5. γ) Hinsichtlich des **Remittenten** (Art 96 Nr. 3 DWO) vgl. Anhang I zu Art 4 DWO Anm 4. Eigene Wechsel an eigene Order sind in einigen Gesetzgebungen der deutschen Gruppe ausdrücklich für unzulässig erklärt oder dadurch ausgeschlossen, daß die für gezogene Wechsel dieser Art gegebenen Bestimmungen, welche sie zulassen, von der Anwendung auf den eigenen Wechsel ausgeschlossen werden; so in Italien (Art 255 Abs 2), Rumänien (Art 274), Japan (Art 529); auch in den skandinavischen Gesetzen (§ 95). In Portugal ist die Zulassung von eigenen Wechseln (Zahlungsversprechen) an eigene Order bestritten; ihre Zulässigkeit wird von Meyer Wwrecht I S. 620 gegen die portugiesische Jurisprudenz bejaht, weil die darüber für den gezogenen Wechsel bestehende Vorschrift des Art 285 von der Anwendbarkeit auf die Zahlungsversprechen nicht ausgeschlossen sei. Ausgeschlossen sind nämlich durch Art 343 (vgl. unten zu b) nur diejenigen Vorschriften, die der Natur des Zahlungsversprechens entgegenstehen. Darüber, ob das bei den eigenen Wechseln an eigene Order zutrifft, vgl. zu Art 96 DWO Anm 2. Im russischen Wechselrechte galten auf Grund des alten Gesetzes eigene Wechsel an eigene Order für unzulässig (Klibansky zu § 3 Anm III); für das neue Gesetz wird wohl das gleiche anzunehmen sein, da es Herstellung aller Erfordernisse des Wechsels vor der Unterschrift verlangt (Anm 1 zu § 2 des Gesetzes) und dadurch eine nachträgliche Benennung eines Remittenten durch Order des Ausstellers im Sinne des deutschen Rechts (vgl. zu Art 96 DWO unter I) auszuschließen scheint. In dem neuen polnischen Wechselgesetze dagegen ist durch Art 100 Abs 5 die Möglichkeit der sukzessiven Entstehung eines eigenen Wechsels ausdrücklich anerkannt, indem dort bestimmt ist, daß, wer seine Unterschrift auf eine Urkunde gesetzt hat, die nicht alle Zeichen eines eigenen Wechsels enthält, wechselmäßig haftet, und zwar gegenüber einem Erwerber in gutem Glauben trotz rechtswidriger Ausfüllung. Damit dürfte auch die Zulässigkeit der nachträglichen Benennung des Remittenten durch einen an eigene Order gestellten eigenen Wechsel gegeben sein. Ähnlich das jugoslawische Gesetz § 105 Abs 2 in Verbindung mit § 16 Abs 2.

Trassiert-eigene Wechsel werden in manchen Ländern, in denen sie als gezogene Wechsel nicht zugelassen sind (vgl. Anhang I zu Art 6 DWO Anm 9, 10), als eigene Wechsel angesehen und aufrechterhalten; so in den skandinavischen Gesetzen (§ 2 Abs 2); nach Meyer Wwrecht I S. 118, 617 auch in Italien, Rumänien, Portugal usw.

Anm. 6. δ) Hinsichtlich des Erfordernisses der Angabe der **Zahlungszeit** (Art 96 Nr. 4 DWO; vgl. Anhang I zu Art 4 DWO Anm 5) weicht Japan von dem deutschen Rechte insofern ab, als dort auf Grund des auch auf eigene Wechsel anwendbaren Art 451 ein solcher Wechsel, wenn er keine Angabe der Zahlungszeit enthält, nicht ungültig ist, sondern als bei Sicht fällig gilt, während in Portugal die für den gezogenen Wechsel gegebene entsprechende Bestimmung (Art 282 Nr. 2) gemäß Art 340 Nr. 3 auf das Zahlungsversprechen nicht anwendbar ist. Dagegen bestimmen die neuen Gesetze von Polen (Art 100 Abs 2) und Jugoslawien (§ 104 Abs 2) im Anschlusse an die Haager EWO Art 78 Abs 2 (vgl. den Anhang II zu diesem Abschnitte Anm 1), daß eigene Wechsel ohne Angabe der Zahlungszeit als bei Sicht fällig zu gelten haben. Auch das neue chinesische Gesetz (Art 117, 21 Abs 2) enthält eine entsprechende Bestimmung.

ε) Für die **Unterschrift des Ausstellers** des eigenen Wechsels (Art 96 Nr. 5 DWO; vgl. Anhang I zu Art 4 DWO Anm 6) wird in Italien (Art 251 Abs 2 Nr. 2) Vor- und Zuname, in Rumänien (Art 225) im Anschlusse an das französische Recht (vgl. unten zu 2) auf einem nicht von dem Aussteller selbst geschriebenen Wechsel die eigenhändige Hinzufügung der Worte „gut und genehmigt" und des Betrages in Buchstaben zur Unterschrift verlangt, sofern der Aussteller nicht Kaufmann, Gewerbetreibender, Ackerbauer, Weinbauer, Diener oder Handwerker ist. Im übrigen ergeben sich keine erheblichen Abweichungen vom deutschen Rechte; vgl. zu Art 96 Anm 8. **Anm. 7.**

ζ) Hinsichtlich des **Ausstellungsdatums** (Art 96 Nr. 6 DWO; vgl. Anhang I zu Art 4 DWO Anm 10) ergeben sich in den älteren Gesetzen der deutschen Gruppe keine erheblichen Abweichungen vom deutschen Rechte für den eigenen Wechsel. Auch in Portugal ist die Angabe des Ausstellungsdatums gemäß Art 340 Nr. 5 bei dem Zahlungsversprechen wesentliches Erfordernis und sie kann nicht (wie bei dem gezogenen Wechsel nach § 282 Abs 1) dadurch ersetzt werden, daß der Wechselinhaber das Datum der Ausstellung beweist (Meyer Weltwechselrecht S. 620). **Anm. 8.**

η) Hinsichtlich des **Zahlungsortes** bei dem eigenen Wechsel, der von der DWO in Art 97 behandelt wird (vgl. die Erläuterungen zu diesem Artikel), bestimmen mehrere Gesetzgebungen der deutschen Gruppe in Übereinstimmung mit dem deutschen Gesetze, daß in Ermangelung der Angabe eines besonderen Zahlungsortes der Ausstellungsort als Zahlungsort zu gelten habe. So die Schweiz (Art 826), Italien (Art 253), Rumänien (Art 272), Japan (Art 526); auch das neue Gesetz der Tschechoslowakei (§ 104 Nr. 6); ebenso die neuen Gesetze von Polen (Art 100 Abs 3) und Jugoslawien (§ 104 Abs 3), im Anschlusse an die Haager EWO Art 78 Abs 3 (vgl. Anhang II zu diesem Abschnitte Anm 1). In diesen Gesetzen (mit Ausnahme von Japan) ist auch, wie im deutschen Gesetze, bestimmt, daß in solchem Falle der Ausstellungsort zugleich auch als Wohnort des Ausstellers zu gelten habe; vgl. über die damit zusammenhängende Frage der Domizilierung unten Anm 17. Andere Gesetze dieser Gruppe verweisen auch hinsichtlich des Zahlungsortes auf die entsprechende Anwendung der Vorschriften über den gezogenen Wechsel, die dazu führen muß, daß nicht der Ausstellungsort als hilfsweiser Zahlungsort heranzuziehen ist, sondern nur der etwa bei dem Namen des Ausstellers (der als derjenige, der zahlen will, eine entsprechende Stellung einnimmt wie bei dem gezogenen Wechsel derjenige, der zahlen soll, der Bezogene) angegebene Ort; wo eine solche Ortsangabe fehlt, wird in diesen Ländern auch der eigene Wechsel in Ermangelung der Angabe eines Zahlungsortes als ungültig angesehen werden müssen. So ist die Rechtslage namentlich in den skandinavischen Ländern (§ 95), während Portugal (in Art 340) die Angabe eines Zahlungsortes nicht als wesentliches Erfordernis für die Zahlungsversprechen aufstellt. — Auch in Rußland war in dem alten Gesetze (Art 7) der Ausstellungsort als hilfsweiser Zahlungsort bestimmt. Das neue Gesetz der Sowjetrepublik stellt in § 2 die Angabe eines Zahlungsortes überhaupt nicht als wesentliches Erfordernis des eigenen Wechsels auf; es werden dort deshalb jetzt, sofern nicht ein Zahlungsort angegeben ist, die allgemeinen Bestimmungen des bürgerlichen Rechts (BGB § 113 unter c) maßgebend sein und danach der Wohnort des Ausstellers als Erfüllungsort für ihn als Hauptwechselschuldner zu gelten haben. **Anm. 9.**

b) Die für den gezogenen Wechsel gegebenen Vorschriften, welche auf den eigenen Wechsel zur Anwendung kommen sollen, sind in einigen der zur deutschen Gruppe gehörigen Wechselgesetzgebungen, wie in der DWO (Art 98), einzeln aufgeführt. So in der Schweiz (Art 827 Nr. 1—12), Ungarn (§ 112 Nr. 1—11), Bulgarien (Artt 635—639), Japan (Art 529), Tschechoslowakei (neues Gesetz § 104 Nr. 1—12), Polen (neues Gesetz Art 101), Jugoslawien (neues Gesetz § 105). In anderen Gesetzgebungen dieser Gruppe ist generell die entsprechende Anwendung der Vorschriften über den gezogenen Wechsel auf den eigenen Wechsel mit gewissen Maßgaben und Ausnahmen angeordnet; so in den skandinavischen Gesetzen (§ 95) mit den Ausnahmen, die sich aus der Haftung des Ausstellers als Akzeptanten, aus dem Nichterfordernis des Akzepts und der Nichtanwendung des Kapitels betreffend Duplikate ergeben; in Portugal (Art 343) Anwendung aller derjenigen, sich auf den (gezogenen) Wechsel beziehenden Vorschriften auf die Zahlungsversprechen (livranças), welche der Natur des Zahlungsversprechens nicht entgegenstehen. In Rußland, das, wie oben Anm 1 erwähnt ist, den eigenen Wechsel als Grundform behandelt, sind die für diesen geltenden Bestimmungen an erster Stelle und selbständig getroffen. Inhaltlich entsprechen die für den eigenen Wechsel anzuwendenden Bestimmungen in den Gesetzgebungen der deutschen Gruppe in der Hauptsache dem deutschen Rechte, jedoch mit zahlreichen Abweichungen im einzelnen, von denen die wichtigsten die folgenden sind: **Anm. 10.**

α) In der Schweiz sind unter Nr. 8 auch die Vorschriften über die Ehrenannahme für anwendbar erklärt (vgl. darüber zu Art 98 DWO Anm 13) mit der Maßgabe, daß der Inhaber **Anm. 11.**

die Ehrenannahme eines Notadressaten nur im Falle der Unsicherheit des Ausstellers anzunehmen braucht und daß in Ermangelung einer Benennung des Honoraten bei der Ehrenakzeptation eines indossierten Eigenwechsels der erste Indossant als Honorat anzusehen ist, was sachlich dem Art 59 DWO entspricht, da durch die Annahme zu Ehren des ersten Indossanten (des Remittenten) dieser und seine Nachmänner, also die sämtlichen Regreßpflichtigen, von dem Regresse auf Sicherstellung befreit werden. Bei der Anordnung der Anwendung der Vorschriften über den Sicherungsregreß (Nr. 5), der, wie in Deutschland, im Falle der Unsicherheit des Ausstellers stattfindet, ist als weitere Maßgabe noch hinzugefügt, daß der Aussteller selbst nur in dem Falle fruchtloser Exekution in sein Vermögen auf Sicherstellung belangt werden kann. Die wechselrechtliche Bereicherungsklage findet bei indossierten eigenen Wechseln nicht nur wie in Deutschland, gegen den Aussteller, sondern auch gegen den ersten Indossanten (Remittenten), gegen beide aber nur im gewöhnlichen Prozesse statt (Nr. 12).

Anm. 12. β) In Japan ist zwar in Art 529 auch auf den die Vorschriften über Kopien enthaltenden Art 522 verwiesen, es ist aber trotzdem streitig, ob Kopien beim eigenen Wechsel zulässig sind; jedenfalls sind sie nicht in Übung (Magnus Tab. 30 zu IV 1 C).

Anm. 13. γ) In Ungarn (§ 112 Nr. 8) sind auch die für den gezogenen Wechsel gegebenen Vorschriften über die Wechselbürgschaft (§§ 66—69) für anwendbar erklärt mit der Maßgabe, daß diese im Zweifel als für den Aussteller übernommen gilt. Ebenso in Bulgarien (Art 635 Nr. 8).

Anm. 14. δ) In Italien (Art 277) und Rumänien (Art 299) ist das Recht, die Ausfertigung von Wechselduplikaten zu verlangen, auch dem Remittenten des eigenen Wechsels eingeräumt. Ehrenannahme des eigenen Wechsels ist nicht zugelassen (Italien Art 269, Rumänien Art 291). Die Wechselbürgschaft gilt in Ermangelung einer Angabe, für wen sie übernommen worden, als für den Aussteller übernommen (Italien Art 275 Abs 2, Rumänien Art 297 Abs 2 Satz 2).

Anm. 15. ε) In Portugal finden die für den gezogenen Wechsel gegebenen Vorschriften über Duplikate auch auf den eigenen Wechsel Anwendung, da sie nicht zu den von der Anwendung ausgeschlossenen Vorschriften (vgl. oben Anm 10) gehören. Dagegen sind in Japan die Vorschriften über Duplikate von der Anwendung ausgeschlossen (Art 529).

Anm. 16. ζ) In der Schweiz (Art 828), Bulgarien (Art 638), auch in Italien (Art 316) und Rumänien (Art 341) ist bei eigenen domizilierten Wechseln die Erhaltung des Regreßanspruchs auch gegen den Aussteller des eigenen Wechsels von der rechtzeitigen Präsentation und Protestierung gegen ihn abhängig gemacht, entsprechend dem Rechtszustande, der in dieser Beziehung in Deutschland bis zur Protestnovelle galt und in Österreich noch gilt (vgl. zu Art 99 DWO). Auch das neue tschechoslowakische Gesetze erklärt in § 106 Abs 2 noch die Protesterhebung mangels Zahlung bei domizilierten eigenen Wechseln mit benanntem Domiziliaten für erforderlich zur Erhaltung des Wechselanspruchs auch gegen den Aussteller. Dagegen ist in Ungarn die bis dahin in Geltung gewesene entsprechende Vorschrift (§ 113 Abs 2, 3) durch Gesetzesartikel VIII von 1925 (§ 53) dahin geändert worden, daß zur Erhaltung der Rechte gegen den Aussteller eines eigenen Wechsels, auch wenn dieser domiziliert ist, Präsentation und Protest nicht erforderlich sind (Magnus Tab. 63 XIII 2 d). Als domizilierte Wechsel müssen in denjenigen Ländern, in denen der Ausstellungsort nicht auch als hilfsweiser Wohnort des Ausstellers zu gelten hat, (vgl. oben Anm 9), auch diejenigen eigenen Wechsel angesehen werden, welche ohne Angabe eines besonderen Zahlungsortes an einem von dem im Wechsel angegebenen Wohnorte des Ausstellers verschiedenen Orte ausgestellt und daher an diesem zahlbar sind. — In dem neuen Wechselgesetze von Polen (Art 102) und von Jugoslawien (§ 106) ist, im Anschlusse an die Haager EWO Art. 80 Satz 1 (vgl. den Anhang II zu diesem Abschnitte Anm 1) bestimmt, daß der Aussteller eines eigenen Wechsels in der gleichen Weise (in Polen: „sowohl dem Umfange wie der Zeitdauer nach") haftet, wie der Akzeptant eines gezogenen Wechsels; einer Protesterhebung bedarf es danach in diesen Ländern zur Erhaltung des Wechselrechts gegen den Aussteller nicht, auch nicht bei dem domizilierten eigenen Wechsel.

Anm. 17. η) In Japan (Artt 527, 528) sind noch besondere Vorschriften getroffen über die Vorlegung von eigenen Nach-Sicht-Wechseln zur Sicht. Es ist nämlich dort bestimmt, daß eigene Nach-Sicht-Wechsel mangels Bestimmung einer kürzeren Frist durch den Aussteller diesem innerhalb eines Jahres nach der Ausstellung zur Sicht vorgelegt werden und, wenn er die Datierung der Sichtnahme verweigert, zur Erhaltung der Regreßansprüche gegen die Indossanten protestiert werden müssen, und daß gegenüber dem Aussteller, wenn die Sichtnahme nicht datiert und kein Protest („Ablehnungsurkunde") aufgenommen ist, der letzte Tag der Präsentationsfrist als Tag der Vorlegung zu gelten hat. Auch die neuen Gesetze von Polen (Art 102 Abs 2) und Jugoslawien (§ 106 Abs 2) treffen im Anschlusse an die Haager EWO Art 80 Satz 2, 3 (vgl. Anhang II Anm 1) Bestimmungen über die Vorlegung der eigenen Nach-Sicht-Wechsel zur Sicht, denen zufolge diese Vorlegung innerhalb der für die Vorlegung gezogener Nach-Sicht-Wechsel zur Annahme bestimmten Fristen zu erfolgen hat und die Nach-Sicht-Frist vom Tage der Sichtbescheinigung (im polnischen Rechte ungenau: „Vermerk der Annahme") zu laufen beginnt; im Falle der Verweigerung einer datierten Sichtbescheinigung aber solche Wechsel zu protestieren sind und die Nach-Sicht-Frist dann vom Tage des Protestes zu laufen beginnt. Vgl. über die entsprechenden Vorschriften für das deutsche Recht zu Art 98 DWO Anm 5.

2. a) Die Wechselgesetze **der nicht zu der deutschen Wechselrechtsgruppe gehörigen Länder** **Anm. 18.** bezeichnen mit einem dem deutschen Worte „Wechsel" entsprechenden Ausdrucke zumeist nur den gezogenen Wechsel („lettre de change", „bill of exchange" usw.) und geben neben ihm einem zum Umlaufe bestimmten und deshalb in der Regel an Order gestellten, einseitigen und abstrakten eigenen urkundlichen Schuldversprechen des Ausstellers („billet à ordre", „promissory note" usw.) Raum, auf welches sie die dazu geeigneten Vorschriften über den eigentlichen Wechsel für anwendbar erklären. So der französische code de commerce, der den Begriff des billet à ordre durch Angabe seiner wesentlichen Erfordernisse bestimmt (Art 188) und die darauf anwendbaren Vorschriften über die lettre de change aufzählt (Art 187). Ebenso das belgische Gesetz von 1872, Art 84. Ferner in den angelsächsischen Rechten (BEA 83; NIL 320), wo die negotiable promissory note im Gegensatze zu der als schriftliche Anweisung („order in writing") bezeichneten bill of exchange (BEA 3[1]; NIL 210) als ein unbedingtes schriftliches Versprechen bestimmt wird, das von einer Person einer anderen gemacht und von dem „Macher" (maker) unterzeichnet ist und das zur Zahlung einer bestimmten Summe in Geld, auf Verlangen oder zu einer bestimmten oder bestimmbaren zukünftigen Zeit, an Order oder an den Inhaber verpflichtet. In ähnlicher Weise wird in dem niederländischen Gesetze (Art 100) als Wechsel nur der gezogene Wechsel („wesselbrief") bezeichnet, im Gegensatze zu dem Orderbillet („orderbriefje" oder „promesse an order"), auf welches die dazu geeigneten Vorschriften über den Wechselbrief Anwendung zu finden haben (Artt 208, 209).

b) Über derartige Schuldversprechen ist in den wichtigsten Gesetzgebungen dieser Gruppen **Anm. 19.** in der Hauptsache folgendes bestimmt:

α) Im **französischen** Rechtsgebiete sind als wesentliche Erfordernisse des „billet à ordre" aufgestellt: die Datierung, die zu zahlende Summe, der Name desjenigen, an dessen Order es gestellt ist (also die Orderklausel erforderlich!); die Zeit, zu der die Zahlung erfolgen soll (Art 188 Code de comm.). Die bis dahin weiter noch erforderlich gewesene Valutaklausel ist durch Gesetz vom 8. 2. 1922 beseitigt. Angabe des Zahlungsorts ist nicht (wie bei dem Wechselbriefe) als wesentliches Erfordernis vorgeschrieben; fehlt sie, so ist nach den Bestimmungen des allgemeinen Rechts (Art 1247 Code civil) der Wohnort des Ausstellers Zahlungs- (Erfüllungs-) ort. Bestritten ist, ob ein billet à ordre, das nicht von einem Kaufmann unterschrieben ist, nach der Regel des Art 1326 Code civil bei der Unterschrift des Ausstellers die eigenhändige Hinzufügung der Worte: „Bon et approuvé" und der zu zahlenden Summe in Buchstaben enthalten muß. Die französische Rechtsprechung bejaht diese Frage, während sie im Schrifttum (Thaller Nr. 1315, 1535; Lyon-Caën et Ren. Nr. 508) zumeist verneint wird. Für die Bejahung auch Meyer Weltwechselrecht I S. 624, weil Art 1326 C. civ. durch die Bestimmungen des C. de comm. über das billet à ordre nicht ausgeschlossen sei. Diese Auffasung dürfte der gesetzlichen Natur des billet à ordre, das nicht als unbedingte Handelssache gilt (vgl. unten) und den Gewohnheiten und Bedürfnissen der nicht kaufmännischen französischen Bevölkerung mehr entsprechen, als die der französischen Rechtslehre. — Die auf das billet à ordre anwendbaren Vorschriften über den Wechselbrief sind in Art 187 aufgezählt; es sind die Vorschriften: über Fälligkeit, Indossament, Solidarität der Wechselschuldner, Wechselbürgschaft (Aval), Zahlung, Zahlung im Wege der Intervention, Protest, Pflichten und Rechte des Inhabers, Rückwechsel (rechange) und Zinsen. Vgl. über diese Vorschriften die Anhänge I zu den entsprechenden Abschnitten der DWO. Nicht für anwendbar erklärt sind sonach die Vorschriften über: Domizilierung (Art 111 Abs 1; doch werden billets à domicile als Orderbillets behandelt, ohne daß aber demjenigen, in dessen Domizil präsentiert werden soll, die Stellung eines eigentlichen Domiziliaten eingeräumt wird, Thaller Nr. 1236 S. 783); ferner die Vorschriften über Wechsel an eigene Order und für Rechnung eines Dritten (Art 111 Abs 2; eigene Wechsel an eigene Order werden demnach nicht statthaft sein); über die Folgen von „Suppositionen" (112); über die Nichtigkeit der von Minderjährigen unterschriebenen Wechselbriefe (114; die Wirksamkeit der von Minderjährigen ausgestellten Orderbillets richtet sich somit nach dem allgemeinen Rechte); über die Provision (Art 115); die Annahme (Artt 118 ff.); die Annahme im Wege der Intervention (126 ff.). Die Streitigkeiten über billets à ordre sind nicht, wie die über Wechselbriefe, ohne weiteres Handelssachen (Artt 632, 636, 637). Die Verjährung ist, wie für den Wechselbrief, auf fünf Jahre bestimmt, die vom Tage des Protestes (falls solcher erhoben ist) oder vom Tage der letzten Verfolgungshandlung ab laufen, sofern nicht Verurteilung oder Anerkennung in besonderem Akte erfolgt ist, und vorbehaltlich der Eideszuschiebung darüber, ob nichts mehr geschuldet wird; alles dies gilt jedoch nur von solchen Orderbillets, die von Kaufleuten, Händlern oder Bankiers oder auf Grund von Handelsgeschäften (faits de commerce) unterschrieben sind; andere Orderbillets unterliegen der gewöhnlichen Verjährung (Art 189). — Die übrigen Gesetzgebungen der französischen Rechtsgruppe enthalten die gleichen Bestimmungen wie der franz. C. de comm. In den Niederlanden (Artt 208, 209) werden eigene Wechsel ohne Angabe der Zahlungszeit als Sichtwechsel behandelt. In Belgien (Ges. v. 20. 5. 1872 Artt 83, 84) sind Orderbillets ohne weiteres als Handelssachen erklärt, die deshalb in allen Fällen der besonderen Verjährung unterliegen; wenn Angabe der Zahlungszeit fehlt, ist das Orderbillet bei Sicht zahlbar.

β) Für die **angelsächsischen** Wechselrechte ergeben sich die Erfordernisse der begebbaren (nego- **Anm. 20.**

tiable) „promissory note" aus ihrer Begriffsbestimmung (BEA 83; NIL 320); vgl. oben zu a, Anm 18. Zur Anwendung kommen in Großbritannien auf die promissory notes, unbeschadet der für sie getroffenen besonderen Bestimmungen, die auf Bills of exchange sich beziehenden Bestimmungen mit den erforderlichen Abänderungen; bei Anwendung dieser Bestimmungen soll der Aussteller der promissory note gleich dem Akzeptanten einer bill of exchange und der erste Indossant gleich dem Aussteller einer an eigene Order zahlbaren akzeptierten bill of exch. beurteilt werden (BEA 89[1, 2]). Ausgenommen sind von der Anwendung auf die prom. notes die Bestimmungen über die Präsentation zur Annahme, die Annahme, die Ehrenannahme und die Wechselduplikate (BEA 89[3]). Domizilierte prom. notes, deren Domizilierung im Kontexte der Note (nicht bloß in einen „Vermerk" außerhalb des Kontextes) erfolgt ist, müssen, um die Haftbarkeit des Ausstellers und der Indossanten zu begründen, an dem bezeichneten Platze zur Zahlung präsentiert werden; bei nicht domizilierten promissory notes ist Präsentation nur zur Begründung der Haftung der Indossanten, nicht des Ausstellers erforderlich; eines Protestes im Falle der Dishonorierung bedarf es in keinem Falle, auch nicht bei Auslandsschuldversprechen (foreign notes; BEA 87, 89[4]). Besonders ist noch bestimmt: daß die promissory note so lange unvollendet und unvollständig ist, bis die Übergabe an den Remittenten oder Inhaber erfolgt ist (BEA 84); ferner daß sie auch von mehreren Personen ausgestellt werden kann und diese je nach dem Wortlaute nur jointly oder jointly and severally verpflichtet sind (vgl. über diese Begriffe Anhang I zum Unterabschnitt XIV Anm 3) und daß letzteres angenommen wird, wenn die Note lautet: „Ich verspreche zu zahlen" und von mehreren Personen unterzeichnet ist (BEA 85). Ferner, daß auf Sicht gestellte indossierte prom. notes innerhalb angemessener Frist zur Zahlung zu präsentieren sind, widrigenfalls der Indossant von seiner Verbindlichkeit frei wird (BEA 86); schließlich daß der Aussteller durch die Ausstellung zur Zahlung verpflichtet wird und des Rechts verlustig geht, die Existenz des Remittenten und seine Fähigkeit zur Indossierung zu bezweifeln (BEA 88). Die Frist für die Verjährung des Anspruchs aus einer prom. note gegen den Aussteller beträgt sechs Jahre von der Entstehung des Klagerechts an gerechnet (Limitation act Abschn 3). Das amerikanische NIL enthält solche Einzelbestimmungen über die promissory notes nicht, sondern nur in Art 320 die Begriffsbestimmung (vgl. oben Anm 18) und die Vorschrift, daß eine promissory note an eigene Order als unvollständig gilt, solange sie nicht indossiert ist. Es werden aber auf die an Order gestellten promissory notes, sobald sie indossiert sind, die Vorschriften über bills of exchange zur entsprechenden Anwendung gebracht in der Weise, daß der Aussteller (maker) die rechtliche Stellung des Annehmers (acceptor) und der erste Indossant die rechtliche Stellung des Ausstellers bei der b. of exch. hat (Daniel I § 29 S. 39; II § 928 S. 1108).

II. Künftiges einheitliches Wechselrecht.

Anm. 1. A. a) Der **Haager Entwurf einer Einheitlichen Wechselordnung** enthält in Titel II unter der Überschrift „Du Billet à ordre" in den Artikeln 77—80 die folgenden, das **wechselähnliche eigene Schuldversprechen** (billet à ordre) betreffenden Vorschriften:

1. Art 77 HEWO:

„Das Orderbillet enthält:

1. Die in den Text selbst eingesetzte Benennung des Titels, die in der für die Abfassung dieses Titels angewendeten Sprache ausgedrückt ist;
2. das reine und einfache Versprechen, eine bestimmte Summe zu zahlen;
3. die Angabe der Fälligkeit;
4. die des Ortes, wo die Zahlung erfolgen soll;
5. den Namen desjenigen, an den oder an dessen Order die Zahlung geleistet werden soll;
6. die Angabe des Datums und des Ortes, wo das Billet unterschrieben worden ist;
7. die Zeichnung desjenigen, der den Titel ausgibt (Unterschreiber)."

2. Art 78 HEWO:

„Der Titel, in welchem eine der im vorhergehenden Artikel angeführten Angaben fehlt, gilt nicht als Orderbillet, außer in der von den folgenden Absätzen bestimmten Fällen.

Das Orderbillet, dessen Fälligkeit nicht angegeben ist, wird als bei Sicht zahlbar angesehen.

In Ermangelung einer besonderen Angabe wird der Ort der Erschaffung (création) als Zahlungsort und zugleich als Ort des Domizils des Unterschreibers angesehen.

Das Orderbillet, das nicht den Ort seiner Erschaffung angibt, wird als an dem Orte unterschrieben angesehen, der an der Seite des Namens des Unterschreibers bezeichnet ist."

3. Art 79 HEWO:

„Auf das Orderbillet sind anwendbar, soweit sie nicht mit der Natur dieses Titels unvereinbar sind, die auf den Wechselbrief sich beziehenden Bestimmungen, die betreffen:
das Indossament (Artt 10—19),
das Aval (Artt 29—31),
die Fälligkeit (Artt 32—36),
die Zahlung (Artt 37—41),
die Rekurse mangels Zahlung (Artt 42—49, 51—53),
die Zahlung im Wege der Intervention (Artt 54, 58—62),
die Kopien (Artt 66 und 67),
die Verfälschungen und Veränderungen (Artt 68 und 69),
die Verjährung (Artt 70 und 71),
die Feiertage, die Berechnung der Fristen und die Untersagung der Gnadentage (Artt 72 und 73),
die Gesetzeskonflikte (Artt 74—76).

Anwendbar sind auf das Orderbillet auch die Vorschriften, welche betreffen: die Domizilierung (Artt 4 und 26), die Vereinbarung von Zinsen (Art 5), die Verschiedenheiten von Angaben hinsichtlich der zu zahlenden Summe (Art 6), die Folgen der Zeichnung einer unfähigen Person (Art 7) oder einer Person, die ohne Vertretungsbefugnisse oder unter Überschreitung ihrer Vertretungsbefugnisse handelt (Art 8)".

4. Art 80 HEWO:

„Der Unterschreiber eines Orderbillets ist in derselben Weise verpflichtet, wie der Annehmer eines Wechselbriefes. Die innerhalb einer gewissen Frist nach Sicht zahlbaren Orderbillets müssen zum Sichtvermerk (au visa) des Unterschreibers innerhalb der in Art 22 bestimmten Fristen präsentiert werden. Die Weigerung des Unterschreibers, seinen datierten Sichtvermerk zu geben, wird durch einen Protest (Art 24) festgestellt, dessen Datum als Ausgangspunkt für die Sichtfrist gilt."

b) Das **Haager Abkommen** enthält über das Billet à ordre folgende Bestimmungen: **Anm. 2.**

1. Art 21 Haager Abkommen:

„Die Bestimmungen der Artt 2—13 und 15—20, die sich auf den Wechselbrief beziehen, finden in gleicher Weise Anwendung auf das Orderbillet."

2. Art 22 Haager Abkommen:

„Jeder vertragschließende Staat behält sich die Befugnis vor, die in Artikel 1 erwähnte Verpflichtung [zur Einführung der EWO in seinem Gebiete] allein auf die Bestimmungen über den Wechselbrief zu beschränken und die Bestimmungen über das Orderbillet, die im Titel II der Wechselordnung enthalten sind, in seinem Gebiete nicht einzuführen. In diesem Falle wird der Staat, der von diesem Vorbehalte Gebrauch macht, als vertragschließender Staat nur für das, was den Wechselbrief betrifft, betrachtet.

Jeder Staat behält sich in gleicher Weise die Befugnis vor, aus den das Orderbillet betreffenden Bestimmungen ein besonderes Reglement zu machen, welches gänzlich mit den Vorschriften des Titels II des Reglements [der EWO] übereinstimmen und die Regeln über den Wechselbrief, auf welche Bezug genommen ist, wiedergeben soll, lediglich mit denjenigen Abweichungen, die sich aus den Artikeln 77, 78, 79 und 80 der WO und aus dem Art 21 des gegenwärtigen Abkommens ergeben."

Erläuterungen.

Die Haager EWO hat sich demnach denjenigen Gesetzgebungen angeschlossen, welche neben dem gezogenen Wechsel nicht eine zweite, als Wechsel bezeichnete Wechselform (den eigenen Wechsel) anerkennen, sondern nur ein begebbares wechselähnliches Schuldversprechen, das billet à ordre; vgl. oben Anhang I Anm 1, 3. Als ein wesentliches Erfordernis für dieses ist (entsprechend der Wechselklausel für den Wechselbrief) die Benennung des Titels im Texte in der Sprache, in welcher der Titel abgefaßt ist, vorgeschrieben (Art 77 Nr. 1). Die Benennung muß danach sich als eine Übersetzung des in dem französischen Texte gebrauchten Ausdruckes: „billet à ordre" darstellen, wird also bei in deutscher Sprache ausgestellten Titeln „Orderbillet" oder „Orderschein" zu lauten haben; der Ausdruck „eigener Wechsel" oder „Wechsel" wird nicht mehr zulässig sein. Der für den Wechselbrief in Art 2 des Haager Abkommens gemachte Vorbehalt, der den Vertragsstaaten gestattet, die Wechselbriefe auch ohne Wechsel- **Anm. 3.**

klausel für gültig zu erklären, wenn sie ausdrücklich an Order gestellt sind (vgl. Anhang II zu Art 4 DWO Anm 15a, 19), soll jedoch auch auf das Orderbillet entsprechende Anwendung finden (Art 21 des Abkommens); ebenso die übrigen in dem Abkommen enthaltenen Vorbehalte. Außerdem ist aber ein weiterer genereller Vorbehalt gemacht (Art 22), der die Einführung der Bestimmungen der Haager EWO über das Orderbillet überhaupt in das Belieben der Vertragsstaaten stellt, so daß eine Einheitlichkeit auf diesem Gebiete keineswegs gesichert sein würde. Die Bestimmungen selbst entsprechen im wesentlichen dem, was in der DWO für den eigenen Wechsel gilt, mit Ausnahme der bereits in einigen geltenden Gesetzgebungen enthaltenen anderweiten Regelung hinsichtlich der Folgen des Mangels von Angaben über die Fälligkeit, den Zahlungsort und den Ausstellungsort (Art 78 Abs 2—4).

Anm. 4. 2. Der **Genfer Entwurf eines Einheitlichen Wechselgesetzes** hat die Artikel 78—80 der Haager EWO als Artikel 76—78 übernommen, im wesentlichen mit gleichem Inhalte. Nur ist in Art 77 an Stelle der in Art 79 Abs 1 der Haager EWO enthaltenen Anführung des Avals unter den auf das Orderbillet anwendbaren Bestimmungen ein Absatz 3 hinzugefügt, welcher lautet:

Art 79 Abs 3 GEWG:

„In gleicher Weise sind auf das Orderbillet anwendbar die auf das Aval bezüglichen Bestimmungen (Artt 30—32); in dem durch Art 32 letzter Absatz vorgesehenen Falle, wenn das Aval nicht angibt, für wessen Rechnung es gegeben ist, gilt es als gegeben für Rechnung des Unterschreibers des Orderbillets".

Dadurch ist die in manchen geltenden Wechselrechten bestehende Streitfrage entschieden, ob in solchem Falle bei dem billet à ordre das Aval als für Rechnung des Ausstellers oder des ersten Indossanten (Remittenten) gegeben zu gelten hat (Bericht des Redaktionskomitees Nr. 152; Compte rendu S. 149).

Die laut Artt 21, 22 des Haager Abkommens für das Orderbillet in Betracht kommenden Vorbehalte zugunsten der einzelnen Vertragsstaaten sind auch in das Genfer Abkommen (Annexe II Artt 20, 21) aufgenommen. Außerdem ist aber ein besonderer Vorbehalt noch geschaffen mit folgendem Inhalt:

Art 19 Annexe II zum Genfer Abkommen:

„Jeder der hohen vertragschließenden Teile kann die Benennung bestimmen, die in den nationalen Gesetzen für die im Art 75 des Einheitlichen Gesetzes ins Auge gefaßten Titel zur Anwendung zu bringen ist, oder diese Titel von jeder besonderen Benennung befreien, vorausgesetzt, daß sie die ausdrückliche Angabe enthalten, daß sie an Order sind".

Damit ist der für den Wechselbrief weggefallene Vorbehalt hinsichtlich der Wechselklausel (vgl. den Anhang II zu Art 4 DWO Anm 19) für die Bezeichnung des Orderbillets aufrechterhalten und den Vertragsstaaten die Möglichkeit gegeben, sofern sie überhaupt das einheitliche Recht über das Orderbillet bei sich einführen (vgl. oben Anm 3), das Erfordernis der besonderen Benennung entweder ganz auszuschließen oder den Ausdruck, mit welchem die Benennung zu erfolgen hat, selbst zu bestimmen, also für die deutsche Sprache die Benennung als „Wechsel" oder „eigener Wechsel" zuzulassen oder zu erfordern. Dieser Vorbehalt wurde durch die Erwägung begründet, daß die Benennung nicht in allen Ländern einheitlich und manchmal auch innerhalb eines Landes regional verschieden sei und daß diese Titel hauptsächlich zur Zirkulation innerhalb eines und desselben Landes bestimmt seien (Ber. d. Red.-Kom. Nr. 177; Compte rendu S. 153).

Anlagen.

A. Wechselprotest.

1. Gesetz, betreffend die Erleichterung des Wechselprotestes. Vom 30. Mai 1908 (RGBl S. 321).

§ 1. Die Allgemeine Deutsche Wechselordnung wird dahin geändert [1]: ....

§ 2. Der § 21 des Gesetzes, betreffend die Wechselstempelsteuer vom 10. 6. 1869 (Bundes-Gesetzblatt S. 193) wird dahin geändert [2]: ....

§ 3. Unter Zustimmung des Bundesrats kann der Reichskanzler anordnen, daß die Postverwaltung für bestimmte Fälle, insbesondere mit Rücksicht auf die Art des Protestes oder die Höhe der Wechselsumme, die Protesterhebung nicht übernimmt [3].

Die näheren Bestimmungen über die Benutzung der Postanstalten zur Aufnahme von Wechselprotesten erläßt der Reichskanzler [4]. Für den inneren Verkehr der Königreiche Bayern und Württemberg werden diese Bestimmungen von den zuständigen Behörden dieser Staaten erlassen.

§ 4. Die Postverwaltung haftet dem Auftraggeber für die ordnungsmäßige Ausführung des Protestauftrags nach den allgemeinen Vorschriften des bürgerlichen Rechtes über die Haftung eines Schuldners für die Erfüllung seiner Verbindlichkeit. Sie haftet nicht über den Betrag des wechselmäßigen Regreßanspruchs hinaus.

Der Anspruch gegen die Postverwaltung verjährt in drei Jahren. Die Verjährung beginnt mit dem Zeitpunkt, in welchem der Protestauftrag bei der Postanstalt eingeht, von welcher der Auftrag auszuführen ist.

§ 5. Der Reichskanzler wird ermächtigt, den Text der Allgemeinen Deutschen Wechselordnung, wie er sich aus den Änderungen ergibt, welche im § 1 dieses Gesetzes sowie in den Nürnberger Novellen (Bundes-Gesetzbl 1869 S. 402) und im Artikel 8 Nr. 2 des Einführungsgesetzes zum Handelsgesetzbuche (RGBl. 1897 S. 437) vorgesehen sind, unter der Überschrift „Wechselordnung" durch das Reichs-Gesetzblatt bekanntzumachen. Der Artikel 2 sowie im Artikel 29 Abs 1 Nr. 1 die Worte „(Debitverfahren, Falliment)" und in Nr. 2 die Worte „oder wider denselben wegen Erfüllung einer Zahlungsverbindlichkeit die Vollstreckung des Personalarrestes verfügt worden" sind wegzulassen.

Soweit in Reichsgesetzen oder Landesgesetzen auf Vorschriften der Wechselordnung verwiesen ist, treten die entsprechenden Vorschriften des vom Reichskanzler bekanntgemachten Textes an die Stelle.

§ 6. Dieses Gesetz tritt am 1. 10. 1908 in Kraft. Für die vorher ausgestellten Wechsel bleiben die bisherigen Vorschriften in Kraft, nach denen der wechselmäßige Anspruch gegen den Akzeptanten oder gegen den Aussteller des eigenen Wechsels verloren geht, wenn die rechtzeitige Protesterhebung beim Domiziliaten verabsäumt wird.

2. Bekanntmachung, betreffend die Erhebung von Wechsel- und Scheckprotesten durch Postbeamte. Vom 5. August 1908 (RGBl S. 482).

Mit dem Inkrafttreten des Gesetzes, betreffend die Erleichterung des Wechselprotestes, vom 30. 5. 1908 (Reichs-Gesetzbl. S. 321 ff.) und gemäß § 30 des Scheckgesetzes vom 11. 3. 1908 (RGBl. S. 71 ff.) sind auch die Postbeamten zur Aufnahme von Wechsel- und Scheckprotesten berufen.

---

[1]) Die durch das Protesterleichterungsgesetz eingeführten Änderungen der Wechselordnung sind bei den einzelnen Artikeln des Gesetzes im Texte berücksichtigt und durch gesperrten Druck hervorgehoben.

[2]) Die Abänderungen des Wechselstempelsteuergesetzes sind in der am 12. 7. 1930 bekanntgemachten Fassung dieses Gesetzes (Anlage D) berücksichtigt.

[3]) Die in Ausführung des § 3 Abs 1 ergangenen Anordnungen des Reichskanzlers sind enthalten in der Bek. v. 5. 8. 1908, hier abgedruckt als Anlage A 2.

[4]) Die in Ausführung des § 3 Abs 2 Satz 1 vom Reichskanzler erlassenen Bestimmungen sind jetzt enthalten in der Postordnung v. 30. 1. 1929, § 20, hier abgedruckt als Anhang A 3.

Auf Grund des § 3 des erstgenannten Gesetzes wird unter Zustimmung des Bundesrats angeordnet, daß vom 1. 10. 1908 ab die Postverwaltung die Erhebung von Wechsel- und Scheckprotesten mit folgenden Beschränkungen übernimmt:

1. Proteste, die sich auf eine andere wechselrechtliche Leistung als die Zahlung beziehen, werden nicht erhoben.
2. Die Erhebung von Protesten mangels Zahlung bleibt ausgeschlossen
   a) für Wechsel und Schecks, die über mehr als 800 [1]) Mark lauten,
   b) für Wechsel und Schecks, die in fremder Sprache ausgestellt sind,
   c) für Wechsel und Schecks, die auf eine ausländische Münzsorte lauten, sofern der Aussteller durch den Gebrauch des Wortes „effektiv" oder eines ähnlichen Zusatzes die Zahlung in der im Wechsel benannten Münzsorte ausdrücklich bestimmt hat,
   d) für Wechsel, die mit Notadresse oder Ehrenakzept versehen sind,
   e) für Wechsel, die unter Vorlegung mehrerer Exemplare desselben Wechsels oder unter Vorlegung des Originals und einer Kopie zu protestieren sind.

3. Auszug aus der Postordnung in der Fassung der Bekanntmachung vom 30. Januar 1929 (RGBl I S. 33).

§ 20. Postaufträge.

I. Die Post kann beauftragt werden,

1. Beträge bis 1 000 Reichsmark einschließlich einzuziehen (Postaufträge zur Geldeinziehung);
2. Wechsel zur Annahmeerklärung vorzuzeigen (Postaufträge zur Annahmeeinholung);
3. Wechsel zur Zahlung vorzuzeigen und, wenn die Zahlung unterbleibt, Protest mangels Zahlung nach den Vorschriften der Wechselordnung zu erheben (Postprotestaufträge).

Ausgeschlossen von der Protesterhebung durch die Post sind:

Wechsel über mehr als 1 000 Reichsmark,

Wechsel in fremder Sprache,

Wechsel, die auf eine ausländische Münzsorte lauten, wenn der Aussteller durch das Wort „effektiv" oder einen ähnlichen Zusatz die Zahlung in der benannten Münzsorte ausdrücklich bestimmt hat,

Wechsel mit Notanschrift (Notadresse) oder Ehrenannahme,

Wechsel, die unter Vorlegung mehrerer Stücke desselben Wechsels oder unter Vorlegung der Urschrift und einer Abschrift zu protestieren sind.

II. Es ist beizufügen:

1. dem Postauftrag zur Geldeinziehung das einzulösende Papier (quittierte Rechnung, quittierter Wechsel, Zinsschein usw.). Mehrere Papiere — bis zu 10 — dürfen beigefügt werden, wenn sie demselben Zahlungspflichtigen gleichzeitig zur Einlösung vorzuzeigen sind und die einzuziehende Gesamtsumme 1 000 Reichsmark nicht übersteigt;
2. dem Postauftrag zur Annahmeeinholung der zur Annahme vorzuzeigende Wechsel. Mehrere Wechsel dürfen beigefügt werden, wenn sie derselben Person gleichzeitig zur Annahmeerklärung vorzuzeigen sind;
3. dem Postprotestauftrag der quittierte Wechsel; mehrere Wechsel beizufügen, ist nicht gestattet.

III. Der Postauftrag ist auf besonderem Formblatt, der Postauftragskarte, zu erteilen. Es gibt Postauftragskarten

1. a) für Postaufträge zur Geldeinziehung mit anhängender Postanweisung,
   b) für Postaufträge zur Geldeinziehung mit anhängender Zahlkarte;
2. für Postaufträge zur Annahmeeinholung;
3. a) für Postprotestaufträge mit anhängender Postanweisung,
   b) für Postprotestaufträge mit anhängender Zahlkarte.

Nicht von der Post bezogene Formblätter müssen in Größe, Farbe und Papierstärke sowie im Aufdruck mit den amtlichen genau übereinstimmen.

IV. Der Auftraggeber hat auf der Vorderseite der Postauftragskarte anzugeben:

1. bei Postaufträgen zur Geldeinziehung Namen und Wohnort der Person, die zahlen soll, den einzuziehenden Betrag, die Zahl der Anlagen und den eigenen Namen und Wohnort. Er kann auch den Tag angeben, an dem der Betrag eingezogen werden soll. Dieser Tag ist dann für die Vorzeigung maßgebend. Beantragt der Auftraggeber die Überweisung auf das Postscheckkonto eines Dritten, so hat er am Fuße der Vorderseite der Postauftragskarte „Zahlkarte PSchA (Ort) .... Konto Nr. ...... N. .... in N. ...." und auf dem Abschnitt der Zahlkarte seinen Namen zu vermerken;
2. bei Postaufträgen zur Annahmeeinholung Namen und Wohnort der Person, die die Annahmeerklärung abgeben soll, den Betrag der vorzuzeigenden Wechsel und den eigenen

[1]) Durch die wiederholten Abänderungen der Postordnung ist die Summe von 1000 Reichsmark an Stelle derjenigen von 800 M. getreten (vgl. Anlage A 3).

Namen und Wohnort. Er kann auch den Fälligkeitstag des Wechsels und die Wechselnummer angeben;

3. bei Postprotestaufträgen Namen und Wohnort der Person, die zahlen soll, die Wechselsumme, den Tag, an dem nach dem Inhalt des Wechsels zu zahlen ist, bei Wechseln, die auf Sicht lauten, den Tag, an dem der Wechsel vorgezeigt werden soll, ferner den eigenen Namen und Wohnort. Stimmen die Angaben in der Postauftragskarte über die Wechselsumme und den Zahlungstag mit denen des Wechsels nicht überein, so ist der Wechsel maßgebend. Ist auf dem Wechsel eine Teilzahlung vermerkt, so ist in die Postauftragskarte nur der noch nicht bezahlte Rest einzutragen. Ist ein auf Sicht lautender Wechsel bereits vor Erteilung des Postauftrags zur Zahlung vorgezeigt worden, so hat der Auftraggeber auf der Rückseite der Postauftragskarte zu vermerken „Der Wechsel ist vorgezeigt worden am .... (Tag der Vorzeigung)".

Die Karten können ganz oder teilweise durch Druck, mit der Schreibmaschine usw. ausgefüllt werden. Der einzuziehende Betrag (Wechselsumme usw.) ist in Reichsmark anzugeben und die Marksumme in Buchstaben zu wiederholen.

Der Auftraggeber hat die der Postauftragskarte anhängende Postanweisung oder Zahlkarte auszufüllen; der einzuziehende Betrag ist nach Abzug der Postanweisungs- oder Zahlkartengebühr einzutragen. Der Auftraggeber ist dafür verantwortlich, daß auf der anhängenden Postanweisung oder Zahlkarte der Empfangsberechtigte richtig bezeichnet ist.

V. Der Auftraggeber kann bei Postaufträgen zur Geldeinziehung oder zur Annahmeeinholung auf der Rückseite der Karte bestimmen, daß sie nach der ersten vergeblichen Vorzeigung oder dem ersten vergeblichen Versuch an ihn zurück- oder an eine andere Person innerhalb des Reichspostgebiets weitergesandt werden. Diesem Zweck dienen die Vermerke „Sofort zurück" oder „Sofort an N. in N." unter genauer Bezeichnung eines andern Empfängers. Wünscht der Auftraggeber die Weitersendung an eine zur Aufnahme des Wechselprotestes befugte Person, so genügt der Vermerk „Sofort zum Protest" ohne Namensangabe.

VI. Die Postauftragskarte bleibt bei Einziehung des Betrags oder bei Annahme des Wechsels oder bei postseitiger Protestierung im Gewahrsam der Post; sie darf nur zu den nach IV und V zulässigen Angaben benutzt werden; Briefe dürfen nicht beigefügt werden.

VII. Der Postauftrag ist in einem verschlossenen Umschlag mit der Aufschrift „Postauftrag nach ...... (Name der Bestimmungspostanstalt)" einzuliefern. Als Bestimmungspostanstalt ist zu nennen

1. bei Postaufträgen zur Geldeinziehung und zur Annahmeeinholung die Postanstalt, die den Geldbetrag einziehen oder die Annahmeerklärung einholen soll;
2. bei Postprotestaufträgen die Postanstalt, zu deren Bezirk der im Wechsel angegebene Zahlungsort gehört, auch wenn die Person, die zahlen soll, nicht an dem im Wechsel angegebenen Zahlungsort wohnt, z. B. nach Ausstellung des Wechsels verzogen ist.

Soll der Postauftrag an einem bestimmten Tage vorgezeigt werden, so darf er nicht früher als 7 Tage vorher eingeliefert werden. Mehrere Postaufträge dürfen nicht zu einer Sendung vereinigt werden.

VIII. Die Einlieferung wird bescheinigt.

IX. Die Bestimmungspostanstalt läßt den Postauftrag dem Berechtigten vorzeigen, um den Geldbetrag gegen Aushändigung der quittierten Anlagen einzuziehen oder die schriftliche Annahmeerklärung des Berechtigten auf dem Wechsel zu erwirken. Als berechtigt, einen Postauftrag einzulösen, gelten die im § 40, I bis V bezeichneten Personen. Postaufträge zur Annahmeeinholung sind nur der in der Postauftragskarte genannten Person oder ihrem Bevollmächtigten vorzuzeigen. Wenn nicht bei der Post eine besondere Vollmacht für die Annahme von Wechseln niedergelegt ist, gilt jeder als bevollmächtigt, der berechtigt ist, für die in der Postauftragskarte bezeichnete Person Wertsendungen, deren Wertangabe 1 000 Reichsmark überschreitet, in Empfang zu nehmen (§ 40, VII).

Dem Antrag eines Wechselausstellers, einen von ihm übersandten Betrag zur Deckung eines für den Bezogenen vorliegenden Postprotestauftrags zu verwenden, kann unter der Bedingung entsprochen werden, daß der Wechsel dem Bezogenen auszuhändigen ist. Verlangt der Wechselaussteller, daß der Wechsel an ihn ausgehändigt werde, so ist einem solchen Verlangen nur dann zu entsprechen, wenn der Bezogene nach Verständigung vom Sachverhalt sein schriftliches Einverständnis damit auf der Rückseite der Postauftragskarte abgibt.

An Sonntagen und allgemeinen Feiertagen werden keine Postaufträge vorgezeigt.

X. Der eingezogene Betrag wird dem Auftraggeber nach Abzug der Postanweisungs- oder Zahlkartengebühr durch Postanweisung (§ 22) übermittelt oder auf das in der Zahlkarte angegebene Postscheckkonto überwiesen. Der angenommene Wechsel wird an den Auftraggeber ohne Verzug eingeschrieben zurückgesandt.

XI. Wird der Postauftrag nicht eingelöst, die Annahmeerklärung nicht erteilt, oder bleibt der Versuch, den Postauftrag vorzuzeigen, erfolglos, so wird folgendermaßen verfahren:

1. Ist bei Postaufträgen zur Geldeinziehung und zur Annahmeeinholung der Berechtigte, der zahlen oder die Annahmeerklärung abgeben soll, nicht zu ermitteln oder verweigert er

die Einlösung des Postauftrags oder die Abgabe der Annahmeerklärung, so wird der Postauftrag sofort gebührenfrei zurück- oder weitergesandt (V).

Auf Verlangen wird dem Berechtigten eine siebentägige Frist gewährt, die vom Tage nach der ersten Vorzeigung oder nach dem ersten Vorzeigeversuch an rechnet. Wird der Postauftrag bis zum letzten Tage der Frist nicht eingelöst oder die Annahmeerklärung nicht abgegeben, so wird der Auftrag an diesem Tage nochmals vorgezeigt und, wenn die Einlösung oder die Annahmeerklärung verweigert wird, sofort zurückgesandt. Bleibt die Vorzeigung oder der Versuch aus einem andern Grunde erfolglos, so wird der Postauftrag noch bis zum Schluß der Postschalterstunden bei der Postanstalt zur Einlösung oder Annahmeerklärung bereit gehalten.

Die Einlösungsfrist wird nicht gewährt, wenn auf der Postauftragskarte „Sofort zurück" oder „Sofort an N. in N." oder „Sofort zum Protest" vermerkt ist. Solche Postaufträge hält die Postanstalt am Tage der ersten vergeblichen Vorzeigung oder des ersten Versuchs noch bis zum Schluß der Postschalterstunden zur Einlösung oder Annahmeerklärung bereit, schickt sie dagegen sofort zurück oder weiter, wenn der auf der Postauftragskarte angegebene Tag (IV) bereits verstrichen ist. Mit der Aushändigung des Postauftrags und seiner Anlagen an den Gerichtsvollzieher, Notar usw. oder den zweiten Empfänger ist die Aufgabe der Post erfüllt. Die Protestkosten hat der Auftraggeber unmittelbar an den Erheber des Protestes zu entrichten.

Teilzahlungen werden bei Postaufträgen zur Geldeinziehung nicht angenommen.

Die Annahme eines Wechsels gilt als verweigert, wenn die Annahmeerklärung auf einen Teil der Wechselsumme beschränkt wird oder andere Einschränkungen enthält.

2. Postprotestaufträge werden, wenn die Wechselsumme nicht gezahlt wird oder der Vorzeigeversuch erfolglos bleibt bei der Postanstalt bis zum Schluß der Postschalterstunden des ersten Werktags nach dem Zahlungstag des Wechsels zur Einlösung bereit gehalten. Wird auch bis dahin nicht gezahlt, so wird der Wechsel mit dem Postauftrag am zweiten Werktag nach dem Zahlungstag nochmals zur Zahlung vorgezeigt. Bleibt die zweite Vorzeigung oder der Versuch erfolglos, so wird gegen die in der Postauftragskarte bezeichnete Person Protest nach den Vorschriften der Wechselordnung erhoben.

Schon nach der ersten Vorzeigung wird der Protest erhoben, wenn dabei die Zahlung ausdrücklich verweigert worden ist. Ebenfalls wird schon nach der ersten Vorzeigung oder nach dem ersten Versuch der Vorzeigung protestiert, wenn der Postprotestauftrag mit dem Vermerk „Ohne Protestfrist" versehen ist oder die Protestfrist mit dem Tage der Vorzeigung abläuft oder wenn die Person, die zahlen soll, am Zahlungsort des Wechsels weder einen Geschäftsraum (Geschäftslokal) noch eine Wohnung hat oder wenn es die Postanstalt aus einem andern Grunde für erforderlich hält.

Als Zahlungsverweigerung gilt in jedem Fall nur die Erklärung der Person, die zahlen soll, oder ihres Bevollmächtigten.

XII. Der protestierte Wechsel wird mit der Protesturkunde eingeschrieben an den Auftraggeber unter Einziehung der Gebühren (XVI) und der etwa entstandenen Stempelkosten zurückgesandt.

Zahlt eine vom Aussteller des Wechsels nicht bezeichnete Person innerhalb der Protestfrist als Ehrenzahler die Wechselsumme und die Protestkosten an den Postprotestbeamten, so wird ihr der Wechsel mit der Protesturkunde ausgehändigt.

XIII. Die Protesterhebung durch die Post unterbleibt,

1. wenn dem Postprotestauftrag Wechsel, die von der Protesterhebung durch die Post ausgeschlossen sind, oder mehrere Wechsel beigefügt sind;
2. wenn die für Postaufträge zur Geldeinziehung oder zur Annahmeeinholung vorgeschriebene Postauftragskarte benutzt ist.

Postaufträge auf unrichtiger Postauftragskarte sowie Postaufträge, denen

Wechsel in französischer Sprache,

Wechsel mit Notanschrift (Notadresse) oder Ehrenannahme,

unter Vorlegung mehrerer Stücke desselben Wechsels oder unter Vorlegung der Urschrift und einer Abschrift zu protestierende Wechsel

beigefügt sind, werden zunächst dem Berechtigten, bei Wechseln mit Notanschrift (Notadresse) oder Ehrenannahme nur dem Bezogenen vorgezeigt. Bleibt die Vorzeigung oder der Versuch der Vorzeigung vergeblich, so werden sie an einen Gerichtsvollzieher, Notar usw. weitergegeben. Alle übrigen Postaufträge der unter 1 bezeichneten Art sowie Postaufträge auf Postauftragskarten zur Geldeinziehung mit Wechseln im Betrag von mehr als 1000 Reichsmark, die den Vermerk „Sofort zum Protest" tragen, werden ohne Vorzeigung an einen Gerichtsvollzieher, Notar usw. weitergegeben.

Die Protesterhebung durch die Post kann unterbleiben, wenn der Auftrag erst am letzten Tage der Protestfrist bei der Postanstalt eingeht, die den Protest zu erheben hat.

XIV. Solange der Postauftrag noch nicht eingelöst, nicht angenommen, zurückgesandt oder weitergesandt ist oder solange noch nicht Protest erhoben worden ist, kann der Absender unter

Vorlegung eines Doppels der ausgefüllten Postauftragskarte und unter den sonstigen Bedingungen des § 35 den Postauftrag zurückziehen; bei Postaufträgen zur Geldeinziehung und zur Annahmeeinholung kann er auch die Angaben in der Postauftragskarte ändern lassen. Bei den Anlagen sind nachträgliche Änderungen nicht zulässig.

XV. Die Post haftet bei Postaufträgen zur Geldeinziehung und Annahmeeinholung für die Postauftragsendung wie für einen eingeschriebenen Brief und für den eingezogenen Betrag wie für die auf Postanweisungen eingezahlten Beträge. Sind die Anlagen eines Postauftrags ohne ordnungsmäßige Einziehung des Postauftragsbetrags ausgehändigt worden, so ersetzt die Post dem Absender, vorbehaltlich der Abtretung seines Anspruchs gegen den Empfänger der Anlagen, den unmittelbaren Schaden bis zum Betrag des Postauftrags. Eine weitergehende Gewähr, insbesondere für rechtzeitige Vorzeigung oder für rechtzeitige Rück- oder Weitersendung des Postauftrags leistet sie nicht; sie übernimmt auch keinerlei Verpflichtung zur Erfüllung der besonderen Vorschriften des Wechselrechts.

Bei Postprotestaufträgen haftet die Post für die ordnungsmäßige Ausführung eines vorschriftsmäßigen Protestauftrags (I bis IV) nach § 4 des Gesetzes, betreffend die Erleichterung des Wechselprotestes, vom 30. 5. 1908 (RGBl S. 321). Diese Haftung beginnt mit dem Eingang des Postauftrags bei der Postanstalt die den Protest zu erheben hat, und endet, sobald der protestierte Wechsel nebst Protesturkunde zur Beförderung an den Auftraggeber eingeliefert worden ist (XII). Bis zum Eingang des Postauftrags bei der Postanstalt, die den Protest zu erheben hat, haftet die Post wie für einen eingeschriebenen Brief. In demselben Umfang haftet sie für den Brief mit dem protestierten Wechsel und der Protesturkunde, sobald er von der Postanstalt zur Beförderung an den Auftraggeber eingeliefert worden ist. Wird die Wechselsumme gezahlt, so haftet die Post für den eingezogenen Betrag wie für die auf Postanweisungen eingezahlten Beträge.

Für die Beförderung von Postprotestaufträgen, die an einen Gerichtsvollzieher, Notar usw. weitergegeben werden, haftet die Post wie für einen eingeschriebenen Brief.

XVI. Für Postaufträge werden erhoben

1. die Gebühr für einen Einschreibbrief;
2. eine Vorzeigegebühr;
3. a) für die Übermittlung des eingezogenen Betrags die Postanweisungsgebühr nach der Anlage oder die Zahlkartengebühr nach der Postscheckordnung (Gebührenübersicht);
   b) für die Rücksendung des angenommenen Wechsels die Gebühr für einen freigemachten Einschreibbrief;
4. wenn die Wechselsumme nicht gezahlt worden ist
   a) eine Gebühr für die Erhebung des Postprotestes
   b) für die Rücksendung des protestierten Wechsels und der Protesturkunde die Gebühr für einen freigemachten Einschreibbrief.

Zur Zahlung der Gebühren zu 1, 2 und 4 sowie zur Erstattung der nach den Landesgesetzen etwa entstehenden Stempelkosten für die Protesturkunde ist der Auftraggeber verpflichtet.

Die Gebühren zu 1 und 2 sind vorauszuzahlen. Die Postanweisungs- und die Zahlkartengebühr (3 a) werden von dem eingezogenen Betrag abgezogen. Die Gebühren unter 3 b und unter 4 nebst den landesgesetzlichen Stempelkosten werden bei Übersendung des angenommenen oder des protestierten Wechsels erhoben.

XVII. Die Vorschriften dieses Paragraphen über Protestaufträge gelten sinngemäß auch für Schecke, die protestiert werden sollen.

4. Allgemeine Verfügung des Preußischen Justizministers vom 16. September 1908 betr. den Wechsel- und Scheckprotest (JMBl 1908 S. 339 ff.) (Auszug).

Aus Anlaß des Gesetzes, betreffend die Erleichterung des Wechselprotestes, vom 30. 5. 1908 (RGBl S. 321) und der Scheckgesetzes vom 11. 3. 1908 (RGBl S. 71) wird mit Wirkung vom 1. 10. 1908 ab folgendes bestimmt.

A. Die Allgemeinen Verfügungen vom 21. 12. 1899 (Justiz-Min-Bl S. 834) und vom 19. 1. 1906 (Justiz-Min-Bl S. 28), betreffend das Notariat, werden dahin abgeändert: . . . .

§ 2b. Wechsel- und Scheckprotest.

1. Die bei Aufnahme von Wechsel- und Scheckprotesten zurückbehaltenen beglaubigten Abschriften der Protesturkunden und die über den Inhalt des Wechsels, der Wechselkopie oder des Schecks aufgenommenen Vermerke sind mit den zugehörigen Kostenrechnungen nach der zeitlichen Reihenfolge geordnet in Sammelakten einzuheften. Die Protestabschriften sind innerhalb eines jeden Bandes der Sammelakten mit fortlaufenden Nummern zu versehen. Die Protestabschriften und die Vermerke sind tunlichst auf dasselbe Blatt zu setzen.

2. Jeder Anzeige wegen Zuwiderhandlung gegen die Stempelpflicht (§ 21 des Gesetzes über die Wechselstempelsteuer vom 10. 6. 1869) ist eine Abschrift des Wechsels oder des Schecks sowie aller darauf befindlichen Indossamente und Bemerkungen beizufügen.

B. Der § 44 der Geschäftsordnung für die Gerichtsschreibereien der Amtsgerichte vom 11. 10.

1906 (Justiz-Min-Bl S. 304) erhält die Inhaltsbezeichnung „Protestsammelakten) und folgende Fassung:

1. Die bei Aufnahme von Wechsel- und Scheckprotesten zurückbehaltenen beglaubigten Abschriften der Protesturkunden und die über den Inhalt des Wechsels, der Wechselkopie oder des Schecks aufgenommenen Vermerke sind mit den zugehörigen Kostenrechnungen nach der zeitlichen Reihenfolge geordnet in Sammelakten einzuheften. Die Protestabschriften sind innerhalb eines jeden Bandes der Sammelakten mit fortlaufenden Nummern zu versehen. Die Protestabschriften und die Vermerke sind tunlichst auf dasselbe Blatt zu setzen. Eine Eintragung der Wechsel- und Scheckproteste in das Beurkundungsregister findet nicht statt.

2. Jeder Anzeige wegen Zuwiderhandlung gegen die Stempelpflicht (§ 21 des Gesetzes über die Wechselstempelsteuer vom 10. 6. 1869) ist eine Abschrift des Wechsels oder des Schecks sowie aller darauf befindlichen Indossamente und Bemerkungen beizufügen.

. . . .

D. Die Geschäftsanweisung für die Gerichtsvollzieher vom 1. 12. 1899 (Justiz-Min-Bl S. 629), die Allgemeine Verfügung vom 20. 6. 1904 (Justiz-Min-Bl S. 155) sowie die Nr. 15 der Allgemeinen Verfügung vom 16. 1. 1906 (Justiz-Min-Bl S. 9) und die Nr I der Allgemeinen Verfügung vom 31. 3. 1908, betreffend den Scheckprotest und den Scheckprozeß (Justiz-Min-Bl S. 190) werden dahin abgeändert:

. . . .

V. Wechsel- und Scheckproteste.

1. Allgemeine Vorschriften.

§ 94. 1. Außer dem Amtsrichter, dem Notar, dem Gerichtsschreiber und dem Postbeamten ist auch der Gerichtsvollzieher zuständig, Wechsel- und Scheckproteste aufzunehmen (Ausf.-Ges. z. GVG. § 74; Scheckges § 30 Abs 2, § 16 Abs 2).

2. Die Wechsel- oder Scheckzahlung kann an den Gerichtsvollzieher erfolgen. Die Befugnis des Gerichtsvollziehers zur Annahme der Zahlung kann nicht ausgeschlossen werden (WO Art 89 a in der Fassung der Bekanntmachung vom 3. 6. 1908, RGBl S. 326; Scheckges § 30 Abs 2).

3. Der Protest liefert den urkundlichen und unter Umständen ausschließlich zulässigen Beweis für die in ihm bezeugten Tatsachen, welche für die Erhaltung oder die Geltendmachung des Rechtes aus dem Wechsel oder dem Scheck, insbesondere für den Rückgriff des Inhabers gegen seine Vormänner, erheblich sind. Der Gerichtsvollzieher hat daher bei der Aufnahme von Protesten mit besonderer Sorgfalt vorzugehen. Jeder formelle Verstoß wie jede Verzögerung bei der Aufnahme des Protestes können zu Rechtsnachteilen für den Auftraggeber führen und den Gerichtsvollzieher zum Schadensersatze verpflichten.

4. Der Auftrag zur Protesterhebung wird dem Gerichtsvollzieher von dem Berechtigten oder dessen Vertreter unmittelbar oder durch Vermittelung einer Postanstalt (§§ 18 und 18 a der Postordnung — Amtsblatt des Reichspostamts 1900 S. 143, 1908 S. 243 —) erteilt. Die Protesterhebung kann dem Gerichtsvollzieher auch durch das Amtsgericht übertragen werden, bei dem der Berechtigte die Erhebung des Protestes beantragt hat (Pr. FGG Art 38 Abs 1 Satz 1).

5. Die Proteste sollen nur in der Zeit von 9 Uhr vormittags bis 6 Uhr abends erhoben werden. Außerhalb dieser Zeit soll die Protesterhebung nur erfolgen, wenn die Person, gegen welche protestiert wird, ausdrücklich einwilligt (WO Art 92 Abs 2; Scheckges § 30 Abs 2).

6. Der Gerichtsvollzieher ist verpflichtet, von Amts wegen zu prüfen, ob zu den bei ihm vorkommenden Wechseln und Schecks der erforderliche Stempel ordnungsmäßig verwendet ist. Schecks sind von der Wechselstempelabgabe dann befreit, wenn sie den Vorschriften der §§ 1, 2, 7, 25, 26 des Scheckgesetzes entsprechen und nicht vor dem auf ihnen angegebenen Ausstellungstag in Umlauf gesetzt sind (Scheckges § 29 Abs 1 und 2).

7. Die zu seiner Kenntnis kommenden Zuwiderhandlungen gegen die Stempelpflicht hat der Gerichtsvollzieher der zuständigen Behörde anzuzeigen (§ 21 des Gesetzes über die Wechselstempelsteuer vom 10. 6. 1869); der Anzeige ist eine Abschrift des Wechsels oder des Schecks sowie aller darauf befindlichen Indossamente und Bemerkungen beizufügen.

8. Der Gerichtsvollzieher hat auf der von ihm zurückbehaltenden Abschrift des Protestes, auf jeder von ihm zu fertigenden Abschrift eines Wechsels und in jedem Protokolle, das er über die Erledigung eines Protestauftrags ohne Protesterhebung aufnimmt, zu vermerken, mit welchem Wechselstempel die protestierte Urkunde versehen, oder daß sie mit einem Wechselstempel nicht versehen ist (Wechselstempelsteuergesetz § 21 Satz 2 in der Fassung des Gesetzes vom 30. 5. 1908).

2. Wechselproteste.

§ 95. Der Gerichtsvollzieher hat die Wechselproteste unter Beachtung der Vorschriften der Artt 87 bis 93 der Wechselordnung und der für die einzelnen Landesteile bestehenden Sondervorschriften aufzunehmen.

4. Protestsammelakten.

§ 96 a. 1. Von jedem Wechsel- oder Scheckprotest ist eine beglaubigte, stempelfreie Abschrift zurückzubehalten (WO Art 90 Abs 2, Scheckges § 30 Abs 2).

2. Über den Inhalt des Wechsels, der Wechselkopie oder des Schecks ist ein Vermerk aufzunehmen. Der Vermerk hat zu enthalten:
a) den Betrag des Wechsels oder der Schecks,
b) die Zahlungszeit,
c) den Ort, den Monatstag und das Jahr der Ausstellung,
d) den Namen des Ausstellers, des Remittenten und des Bezogenen,
e) falls eine vom Bezogenen oder vom Aussteller des eigenen Wechsels verschiedene Person angegeben ist, durch welche die Zahlung erfolgen soll, den Namen dieser Person,
f) die Namen der etwaigen Notadressaten und Ehrenakzeptanten.

3. Der Vermerk über den Inhalt des Wechsels, der Wechselkopie oder des Schecks und die Protestabschrift sind tunlichst auf dasselbe Blatt zu setzen.

4. Die Protestabschriften und die Vermerke sind nach der zeitlichen Reihenfolge geordnet in Protestsammelakten einzuheften. Die Protestabschriften sind innerhalb eines jeden Bandes der Sammelakten mit fortlaufenden Nummern zu versehen. Enthält ein Band 200 Nummern, so ist ein neuer Band anzulegen.

Berlin, den 16. 9. 1908.

Der Justizminister.
Dr. Beseler.

5. Dritte Verordnung über benachbarte Orte im Wechsel- und Scheckverkehre. Vom 7. Dezember 1927 (RGBl I S. 343).

Auf Grund des Art 91a Abs 2 der WO (RGBl 1908 S. 327), des § 16 Abs 2 und des § 30 Abs 2 des Scheckges (RGBl 1908 S. 71) verordnet die Reichsregierung mit Zustimmung des Reichsrats:

Art I. Die in dem nachstehenden Verzeichnis unter einer Nummer aufgeführten Orte sind als benachbart im Sinne der Vorschriften des Art 91a Abs 1 der WO sowie des § 16 Abs 2 und des § 30 Abs 2 des Scheckges anzusehen.

Art II. Die Verordnung tritt am 1. 1. 1928 in Kraft. Gleichzeitig treten die Bekanntmachungen vom 25. 4. 1913 (RGBl S. 250), vom 20. 4. 1914 (RGBl. 108) und die zweite Verordnung über benachbarte Orte im Wechsel- und Scheckverkehre vom 23. 8. 1924 (RGBl I S. 687) außer Kraft.

Berlin, den 7. 12. 1927.

Der Reichsminister der Justiz
Hergt

Verzeichnis der benachbarten Orte.

Preußen.

Provinz Ostpreußen:

1. Elbing, Landgemeinde Lärchwalde.
2. Landgemeinde Freiwalde, Gutsbezirk Maldeuten.
3. Garnsee, Landgemeinde Garnseedorf.
4. Heiligenbeil, Landgemeinde Rosenberg.
5. Marienwerder (Stadt), Landgemeinden Kurzebrack, Groß-Krebs, Mareese, Marienau, Schäferei, Gutsbezirk Gorken.

Provinz Brandenburg:

6. Brandenburg, Landgemeinde Dom. Brandenburg, Gutsbezirk Burg Brandenburg.
7. Cottbus, Landgemeinden Ströbitz, Schmellwitz, Madlow.
8. Finsterwalde, Landgemeinden Nehesdorf, Massen.
9. Frankfurt a. d. Oder, Landgemeinde Tzschetzschnow.
10. Jüterbog, Landgemeinden Damm, Neumarkt.
11. Potsdam (Stadt), Nowawes, Landgemeinden Bornstedt (Mark), Neubabelsberg.
12. Sorau (Stadt), Landgemeinde Seifersdorf.
13. Spremberg, Landgemeinde Slamen.

Provinz Pommern:

14. Stettin, Landgemeinden Frauendorf, Krekow, Pommerensdorf, Scheune, Züllchow.

Provinz Niederschlesien:

15. Landgemeinden Altheide Bad und Neuheide (Kreis Glatz).

16. Landgemeinden Blumenau (Ober Tannhausen), Erlenbusch (Nieder Tannhausen), Tannhausen (Mittel Tannhausen), Gutsbezirk Tannhausen (sämtlich Kreis Waldenburg).
17. Breslau, Landgemeinden Brockau, Carlowitz, Klein Gandau, Goldschmieden, Grüneiche, Hartlieb, Klettendorf, Kosel, Krietern, Groß und Klein Mochbern, Oltaschin, Opperau, Oswitz, Pilsnitz, Rosenthal, Schmiedefeld, Schwoitsch, Groß und Klein Tschansch, Woischwitz, Gutsbezirke Bischofswalde, Goldschmieden, Pirscham, Schmiedefeld, Wilhelmsruh, Zedlitz, Zimpel.
18. Landgemeinden Donnerau, Neu Wüstegiersdorf, Wüstegiersdorf, Ober Wüstegiersdorf.
19. Landgemeinden Fellhammer, Niederhermsdorf (Kreis Waldenburg).
20. Freiburg i. Schlesien, Landgemeinden Polsnitz (Kreis Waldenburg), Zirlau (Kreis Schweidnitz).
21. Friedland (Kreis Waldenburg), Landgemeinde Schmidtsdorf.
22. Glogau, Landgemeinden Rauschwitz, Zarkau.
23. Landgemeinden Gnadenfrei, Nieder Peilau Schlössel, Ober Mittel Peilau, Ober Peilau II, Gutsbezirke Ober Mittel Peilau Gladeshof, Ober Mittel Peilau Schmolzhof, Ober Peilau Reichhardtshof, Peilau Oberhof, Peilau Seydlitzhof.
24. Landgemeinden Gompersdorf, Schreckendorf, Seitenberg, Gutsbezirk Seitenberg.
25. Grottkau, Landgemeinde Halbendorf (Kreis Grottkau).
26. Landgemeinden Herischdorf, Warmbrunn, Gutsbezirke Herischdorf, Bad Warmbrunn.
27. Hirschberg (Schlesien), Landgemeinden Hartau, Straupitz, Gutsbezirke Hartau, Straupitz.
28. Landeshut (Stadt), Landgemeinde Ober Leppersdorf.
29. Neusalz a. d. Oder, Landgemeinden Alttschau, Kusser.
30. Landgemeinden Niesky (Ober Lausitz), Neuhof, Neusärichen, Ödernitz.
31. Landgemeinden Peterswaldau (Kreis Reichenbach), Steinkunzendorf, Gutsbezirke Peterswaldau (Kreis Reichenbach), Steinkunzendorf.
32. Reichenbach, Landgemeinde und Gutsbezirk Neudorf (Kreis Reichenbach).
33. Sagan, Landgemeinden Eckersdorf, Machenau.
34. Schmiedeberg (Riesengebirge), Landgemeinden Arnsberg, Buschvorwerk, Hohenwiese, Forstgutsbezirk Arnsberg.
35. Schweidnitz, Landgemeinde Croischwitz (Kreis Schweidnitz).
36. Striegau, Landgemeinde Gräben (Kreis Striegau).
37. Waldenburg, Landgemeinden Ober Waldenburg, Dittersbach, Weißstein, Niedersalzbrunn, Obersalzbrunn, Neusalzbrunn (sämtlich Kreis Waldenburg).

Provinz Oberschlesien:

38. Bauerwitz, Landgemeinde Jernau, Gutsbezirk Bauerwitz.
39. Beuthen i. Oberschlesien, Landgemeinde und Gutsbezirk Roßberg.
40. Landgemeinden Gnadenfeld, Pawlowitzke.
41. Hindenburg, Landgemeinde Zaborze.
42. Oppeln, Landgemeinde Kgl. Neudorf.
43. Ratibor (Stadt), Landgemeinde Ostrog.

Provinz Sachsen:

44. Landgemeinden Althaldensleben, Neuhaldensleben.
45. Dürrenberg, Landgemeinden Keuschberg, Porbitz.
46. Elsterwerda, Landgemeinde Biehla.
47. Halberstadt, Landgemeinde Wehrstedt (Landkreis Halberstadt).
48. Halle a. d. Saale, Landgemeinden Böllberg, Büschdorf, Burg bei Reideburg, Diemitz, Kapellenende, Krondorf, Reideburg, Schönnewitz, Gutsbezirk Sagisdorf.
49. Herzberg (Elster), Landgemeinde Alt Herzberg.
50. Hettstedt (Südharz), Landgemeinden Burgörner, Oberwiederstedt.
51. Bad Liebenwerda, Landgemeinde Weinberge.
52. Gutsbezirk Lauchhammer, Landgemeinde Naundorf.
53. Magdeburg, Landgemeinden Barleben, Biederitz, Heyrothsberge, Olvenstedt, Groß Ottersleben.
54. Naumburg, Landgemeinde Altenburg.
55. Nordhausen, Landgemeinde Salza.
56. Prettin, Landgemeinden Hintersee, Lichtenburg, Gutsbezirke Lichtenburg Domäne, Lichtenburg Strafanstalt.
57. Querfurt, Landgemeinde Thaldorf.
58. Bad Salzelmen (Bez. Magdeburg), Schönebeck, Landgemeinde Frohse.
59. Staßfurt, Leopoldshall (Anhalt).
60. Landgemeinde Stützerbach (Preußen), Landgemeinde Stützerbach (Thüringen).
61. Landgemeinde Suderode (Landkreis Quedlinburg), Gernrode (Anhalt).
62. Wernigerode, Landgemeinde Nöschenrode, Gutsbezirk Schloß Wernigerode.

63. Wittenberg, Landgemeinden Kleinwittenberg, Piesteritz.
64. Landgemeinden Zeckritz, Zschackau.
65. Zeitz, Landgemeinden Aue, Ahlsdorf, Grana, Rasberg.

Provinz Schleswig-Holstein:

(Wegen Altona, Wandsbek, Landgemeinden Lockstedt, Schenefeld (Bz. Hamburg), Schiffbek (Bz. Hamburg), Sande (Kr. Stormarn) zu vgl. Nr. 231, 232)

66. Eckernförde, Landgemeinde Borby.
67. Flensburg, Landgemeinden Adelby, Harrislee, Kupfermühle, Wassersleben.
68. Kiel, Landgemeinden Dänischenhagen, Elmschenhagen, Heikendorf, Kronshagen, Laboe, Meimersdorf, Mönkeberg, Russee, Schilksee, Strande, Suchsdorf, Gutsbezirk Schrevenborn.
69. Neumünster, Landgemeinden Brachenfeld, Gadeland, Tungendorf, Wittorf.
70. Niebüll, Landgemeinde Deezbüll.
71. Rendsburg, Landgemeinden Büdelsdorf, Fockbek, Rickert, Borgstedt, Schacht-Audorf Osterrönfeld, Westerrönfeld.
72. Bad Segeberg, Landgemeinde Klein Niendorf.

Provinz Hannover:

(Wegen der Landgemeinden Aumund, Beckedorf (Kreis Blumenthal), Blumenthal, Farge, Grohn, St. Magnus, Burgdamm, Hemelingen, Lesum, Lilienthal zu vgl. Nr. 239, 238)

73. Celle, Landgemeinden Klein Hehlen, Westercelle.
74. Emden, Landgemeinde Wolthusen.
75. Göttingen, Landgemeinden Geismar, Grone, Rosdorf, Weende.
76. Landgemeinden Groß Nenndorf, Klein Nenndorf, Gutsbezirk Bad Nenndorf.
77. Hannover, Landgemeinden Brink, Langenforth, Langenhagen.
78. Hildesheim, Landgemeinde Himmelsthür.
79. Lüneburg, Landgemeinden Hagen (Landkreis Lüneburg), Lüne.
80. Landgemeinden Neustadt und Hachmühlen (beide Kreis Springe).
81. Osnabrück, Landgemeinden Haste (Landkreis Osnabrück), Lüstringen.
82. Osterode a. Harz, Landgemeinden Freiheit, Katzenstein, Lasfelde, Petershütte.
83. Bad Pyrmont, Landgemeinde Holzhausen.
84. Wesermünde, Bremische Stadt Bremerhaven.
85. Wilhelmshaven, Rüstringen (Oldenburg).

Provinz Westfalen:

86. Bielefeld, Landgemeinden Brackwede, Gadderbaum, Gellershagen, Schildesche, Sieker, Bauerschaft Schildesche.
87. Bünde, Landgemeinden Ennigloh, Spradow, Südlenchern, Hunnebrock.
88. Castrop-Rauxel, Landgemeinden Bodelschwingh, Börnig, Bövinghausen (Amt Lütgendortmund), Brünninghausen, Deininghausen, Ellinghausen, Holthausen, Mengede, Nette, Sodingen, Westerfilde.
89. Dorsten, Landgemeinde Hervest.
90. Dortmund, Hörde, Landgemeinden Aplerbeck, Berghofen (Kreis Hörde), Schüren (Kreis Hörde), Wellinghofen (Kreis Hörde).
91. Gelsenkirchen, Wattenscheid, Wanne-Eickel.
92. Gevelsberg, Haspe, Landgemeinde Milspe.
93. Hamm, Landgemeinde Mark.
94. Hattingen, Landgemeinden Welper, Winz.
95. Landgemeinden Langendreer, Werne (Landkreis Bochum).
96. Landgemeinden Lütgendortmund, Somborn.
97. Neheim, Landgemeinde Hüsten.
98. Paderborn, Landgemeinde Neuhaus.
99. Rheine, Rheine rechts der Ems, Rheine links der Ems.
100. Rietberg, Landgemeinde Neuenkirchen (Kreis Wiedenbrück).

Rheinprovinz:

(Wegen Bingerbrück zu vgl. Nr. 224)

101. Landgemeinden Aßlar, Klein Altenstädten.
102. Barmen, Elberfeld, Vohwinkel, Cronenberg (Rheinland).
103. Bendorf, Landgemeinden Engers, Mühlhofen, Sayn.
104. Bonn, Landgemeinde Beuel.
105. Cleve, Landgemeinden Kellen, Materborn.
106. Dülken, Landgemeinde Dülken.
107. Düren, Landgemeinde Gürzenich.

108. Duisburg, Mülheim (Ruhr), Hamborn, Homberg (Niederrhein), Landgemeinden Huckingen, Rheinhausen (Niederrhein), Walsum.
109. Ehrenbreitstein, Landgemeinde Pfaffendorf.
110. Emmerich, Landgemeinde Klein Netterden.
111. Eschweiler, Landgemeinden Dürwiß (Kreis Jülich), Hastenrath (Kreis Düren), Kinzweiler, Nothberg, Weisweiler.
112. Essen, Werden, Kettwig, Steele, Landgemeinden Karnap, Heisingen, Stoppenberg, Frillendorf, Schonnebeck, Katernberg, Kupferdreh, Kray, Überruhr.
113. Gräfrath, Höhscheid, Ohligs, Solingen, Wald.
114. Landgemeinden Heimbach, Weis.
115. Koblenz, Landgemeinde Metternich.
116. Köln, Rodenkirchen.
117. Krefeld, Uerdingen, Landgemeinden Fischeln, Hüls, St. Tönis, Traar, Willich.
118. Langenberg, Hardenberg-Neviges.
119. Linz, Landgemeinde Linzhausen.
120. Mörs, Landgemeinde Repelen-Baerl.
121. München-Gladbach, Odenkirchen, Rheydt.
122. Neunkirchen, Landgemeinde Niederneunkirchen.
123. Neuß, Landgemeinden Kaarst, Grimlinghausen, Büderich und Holzheim.
124. Oberhausen, Sterkrade.
125. Saarbrücken, Landgemeinden Brebach, Gersweiler.
126. Stolberg (Landkreis Aachen), Landgemeinden Büsbach, Eilendorf.
127. Trier, Landgemeinden Euren, Kürenz, Olewig.
128. Wetzlar, Landgemeinden Garbenheim, Hermannstein (Kreis Biedenkopf).

Provinz Hessen-Nassau:

(Wegen Hermannstein (Kreis Biedenkopf) zu vgl. Nr. 128)

129. Allendorf a. d. Werra (Stadt), Sooden.
130. Eltville a. Rh., Landgemeinden Erbach, Kiedrich, Neudorf, Niederwalluf, Oberwalluf, Rauenthal, Schlangenbad.
131. Felsberg, Landgemeinde Gensungen.
132. Frankfurt a. M., Höchst a. M., Offenbach a. M. (Hessen), Landgemeinden Fechenheim, Griesheim (Main), Hattersheim, Nied (Kreis Höchst), Schwanheim.
133. Geisenheim, Landgemeinden Johannisberg, Winkel.
134. Landgemeinden Grenzhausen, Höhr.
135. Landgemeinde Herrenbreitungen, Landgemeinde Breitungen (Werra).
136. Homburg v. d. Höhe, Landgemeinden Dornholzhausen, Gonzenheim, Kirdorf.
137. Kassel, Landgemeinden Harleshausen, Ihringhausen, Niederzwehren, Wolfsanger.
138. Lorch, Landgemeinde Lorchhausen.
139. Oberursel, Landgemeinde Bommersheim.
140. Rüdesheim, Landgemeinde Eibingen.
141. Landgemeinde Kleinschmalkalden (Preußen), Landgemeinde Kleinschmalkalden (Thüringen).
142. Wiesbaden, Amöneburg, Landgemeinden Bierstadt, Dotzheim, Erbenheim, Rambach.

Bayern.

143. Augsburg, Göggingen.
144. Deggendorf, Schaching.
145. Bad Dürkheim, Grethen.
146. Enkenbach, Alsenborn, Kaiserslautern.
147. Freyung, Bannholz (Gemeinde Ort), Ortmühle (Gemeinde Ort).
148. Garmisch, Partenkirchen.
149. Haidhäuser (Gemeinde Frauenberg), Haidmühle (Gemeinde Leopoldsreut).
150. Hersbruck, Altensittenbach.
151. Homburg, Erbach-Reiskirchen.
152. Kempten, Aich und Bucharts (Gemeinde St. Lorenz), Hegge (Gemeinde Waltenhofen), Kottern, Neudorf und Schelldorf (Gemeinde St. Mang).
153. Landshut, Achdorf, Berg ob Landshut.
154. Lohr, Sendelbach.
155. Ludwigshafen a. Rh., Mannheim (Baden), Oppau, Rheingönheim.
156. Marktbreit, Segnitz.
157. München, Freimann, Obermenzing, Pasing.
158. Neu Ulm, Ulm (Württemberg).
159. Nürnberg, Fürth, Stein.
160. Passau, Grubweg, Hacklberg.
161. Pfronten-Berg, Pfronten-Steinach.

162. Regen, Heilig Geist (Gemeinde Eggenried).
163. Regensburg, Dechbetten, Großprüfening.
164. Bad Reichenhall, Kirchberg (Gemeinde Karlstein).
165. Selb, Erkersreuth.
166. Traunstein, Wegscheid (Gemeinde Haslach).
167. Würzburg, Heidingsfeld, Zell a. M.

Sachsen.

168. Adorf, Jugelsburg.
169. Annaberg, Buchholz.
170. Aue, Auerhammer.
171. Auerbach, Rodewisch.
172. Bernstadt, Kunnersdorf auf dem Eigen.
173. Bertsdorf, mit Ortsteil Hänischmühle, Jonsdorf.
174. Borna (Bezirk Leipzig), Altstadt-Borna, Gnandorf.
175. Chemnitz, Erfenschlag, Glösa, Harthau, Niederhermersdorf, Oberhermersdorf, Reichenhain, Rottluff, Schönau, Siegmar.
176. Coßmannsdorf, Freital, Hainsberg.
177. Crimmitschau, Frankenhausen, Neukirchen (Pleiße), Schweinsburg.
178. Cunewalde, Obercunewalde.
179. Döbeln, Großbauchlitz.
180. Dresden, Dölzschen, Niedersedlitz, Radebeul, Zschachwitz, Zschieren.
181. Eibau, Neueibau, Walddorf.
182. Bad Elster, Mühlhausen.
183. Falkenstein, Ellefeld.
184. Flöha, Plaue-Bernsdorf.
185. Herrnhut, Niederstrahwalde, Oberstrahwalde, Berthelsdorf, Niederruppersdorf.
186. Hohenstein-Ernstthal, Gersdorf, Hermsdorf.
187. Kirchberg, Saupersdorf.
188. Klingenthal, Brunndöbra, Georgenthal, Obersachsenberg, Oberzwota, Untersachsenberg, Zwota.
189. Königstein, Hütten.
190. Bad Lausick, Heinersdorf, Reichersdorf.
191. Leipzig, Abtnaundorf, Böhlitz-Ehrenberg, Gaschwitz, Gautzsch, Großstädteln, Mölkau, Oetzsch-Markkleeberg, Stahmeln, Engelsdorf (Bezirk Leipzig), Holzhausen, Kleinmiltitz, Liebertwolkwitz.
192. Lengenfeld, Waldkirchen.
193. Lichtenstein-Callnberg, Rödlitz.
194. Limbach i. S., Kändler (Bezirk Chemnitz), Mittelfrohna, Oberfrohna, Pleißa, Röhrsdorf, Rußdorf b. Oberfrohna.
195. Lugau, Ortsteil Anbau der Gemeinde Niederwürschnitz.
196. Markneukirchen, Erlbach, Wohlhausen.
197. Mittweida, Altmittweida.
198. Mylau (Vgtld.), Netzschkau, Obermylau, Friesen, Rotschau, Unterheinsdorf.
199. Olsnitz i. Erzgeb., Hohndorf (Bez. Chemnitz).
200. Olsnitz i. V., Lauterbach, Untermarxgrün.
201. Olbernhau i. Erzgeb., Blumenau, Hallbach, Kleinneuschönberg, Kupferhammer-Grünthal, Niederneuschönberg, Oberneuschönberg, Rothenthal.
202. Ostritz, Altstadt bei Ostritz.
203. Pulsnitz, Dorf Pulsnitz (Meißner Seite).
204. Radebeul, Kötzschenbroda, Oberlößnitz.
205. Schneeberg, Neustädtel, Niederschlema, Oberschlema.
206. Schönheide (Erzgeb.), Schönheiderhammer, Neuheide (Erzgeb.).
207. Sebnitz, Hertigswalde.
208. Stollberg, Mitteldorf, Niederdorf.
209. Waldenburg, Altstadt Waldenburg, Altwaldenburg.
210. Werdau, Langenhessen, Leubnitz, Ruppertsgrün, Steinpleis, Langenbernsdorf.
211. Wilkau, Cainsdorf, Friedrichsgrün, Niederhaßlau, Vielau.
212. Zittau, Eckartsberg, Olbersdorf.
213. Zwickau, Bockwa, Cainsdorf, Oberhohndorf, Planitz, Pöhlau, Reinsdorf, Lichtentanne
214. Zwönitz, Niederzwönitz.

Württemberg.

(Wegen Ulm zu vgl. Nr. 158)

215. Hall, Steinbach und Hessental.
216. Heilbronn, Böckingen und Sontheim.

Baden.

(Wegen Mannheim zu vgl. Nr. 155)

217. Baden-Baden, Oos.
218. Lahr, Dinglingen.

Thüringen.

(Wegen Stützerbach zu vgl. Nr. 60)
(Wegen Breitungen (Werra) zu vgl. Nr. 135)
(Wegen Klein Schmalkalden zu vgl. Nr. 141)

219. Arnstadt, Ichtershausen, Rudisleben, Siegelbach.
220. Lauscha, Neuhaus a. Rennweg-Igelshieb.
221. Lichte, Wallendorf.
222. Sonneberg, Köppelsdorf, Oberlind.

Hessen.

(Wegen Offenbach a. M. zu vgl. Nr. 132)

223. Auerbach, Bensheim.
224. Bingen, Bingerbrück (Preußen), Büdesheim, Gaulsheim, Kempten.
225. Darmstadt, Arheilgen, Eberstadt, Griesheim (Kreis Darmstadt), Pfungstadt.
226. Erbach, Michelstadt.
227. Friedberg, Bad Nauheim.
228. Mainz, Bretzenheim, Weisenau.
229. Nieder und Ober Ingelheim.
230. Worms, Herrnsheim, Horchheim, Leiselheim.

Hamburg.

231. Stadtgebiet Hamburg, Altona (Preußen), Wandsbek (Preußen), hamburgische Landgemeinden Billwärder a. d. Bille, Moorfleth, preußische Landgemeinden Lockstedt (Bez. Hamburg), Schenefeld (Bez. Hamburg), Schiffbek.
232. Bergedorf, preußische Landgemeinde Sande (Kreis Stormarn).

Mecklenburg-Schwerin.

233. Brunshaupten, Arendsee.
234. Müritz, Graal.

Oldenburg.

(Wegen Rüstringen, Stockelsdorf, Fackenburg, Bad Schwartau zu vgl. Nr. 85, 240)

235. Idar, Oberstein.

Braunschweig.

236. Braunschweig, Gliesmarode, Lehndorf, Ölper, Melverode, Rüningen.
237. Bad Harzburg, Bündheim, Schlewecke.

Anhalt.

(Wegen Gernrode und Leopoldshall zu vgl. Nr. 61, 59)

Bremen

(Wegen Bremerhaven zu vgl. Nr. 84)

238. Stadt Bremen, Landgemeinden Arsten, Blockland, Borgfeld, Büren, Grambkermoor, Habenhausen, Huchting, Lankenau, Lehester Deich, Lesumbrock, Oberneuland-Rockwinkel, Osterholz, Seehausen, Strom, preußische Landgemeinden Burgdamm Hemelingen, Lesum, Lilienthal.
239. Vegesack, preußische Landgemeinden Aumund, Beckedorf (Kreis Blumenthal), Blumenthal, Farge, Grohn, St. Magnus.

Lübeck.

240. Stadt Lübeck, Stockelsdorf (Old.), Fackenburg (Old.)., Bad Schwartau (Old.), Dorfschaften Rensefeld, Cleve.

B. Fristen für die Vornahme wechselrechtlicher Handlungen[1]).

1. Gesetz über die Folgen der Verhinderung wechsel- und scheckrechtlicher Handlungen im Ausland[2]). Vom 13. April 1914 (RGBl S. 107).

Einziger Artikel. Wird die rechtzeitige Vornahme einer Handlung, die im Ausland zur Ausübung oder Erhaltung der Rechte aus einem Wechsel oder einem Scheck vorzunehmen ist, durch eine dort erlassene gesetzliche Vorschrift verhindert, so kann durch Kaiserliche Verordnung mit Zustimmung des Bundesrats bestimmt werden, daß die Rechte ungeachtet der Versäumung bestehen bleiben, sofern die Handlung unverzüglich nach Wegfall des Hindernisses nachgeholt wird. In gleicher Weise kann verordnet werden, daß bei einer solchen Verhinderung nach einer bestimmten Frist Rückgriff genommen werden kann, ohne daß es der Vornahme der Handlung bedarf.

2. Gesetz über die Ermächtigung des Bundesrats zu wirtschaftlichen Maßnahmen und über die Verlängerung der Fristen des Wechsel- und Scheckrechts im Falle kriegerischer Ereignisse. Vom 4. August 1914 (RGBl S. 327).

§ 1. Wird [in Veranlassung kriegerischer Ereignisse][3]) die rechtzeitige Vornahme einer Handlung, deren es zur Ausübung oder Erhaltung des Wechselrechts oder des Regreßrechts aus dem Scheck bedarf, durch höhere Gewalt verhindert, so verlängern sich die für die Vornahme der Handlung vorgeschriebenen Fristen um so viel als erforderlich ist, um nach Wegfall des Hindernisses die Handlung vorzunehmen, mindestens aber bis zum Ablauf von sechs Werktagen[4]) nach dem Wegfall des Hindernisses.

Als Verhinderung durch höhere Gewalt gilt es insbesondere[5]),

1. wenn der Ort, wo die Handlung vorgenommen werden muß, von dem Feinde besetzt ist; es sei denn, daß sie bei Anwendung der im Verkehr erforderlichen Sorgfalt trotzdem bewirkt werden kann;
2. wenn die zwecks Herbeiführung der Handlung zu benutzende Postverbindung derart unterbrochen ist, daß ein geregelter Postverkehr nicht mehr besteht.

§ 2. Unbeschadet der Vorschrift des § 1 können die dort bezeichneten Fristen im Falle kriegerischer Ereignisse durch Kaiserliche Verordnung mit Zustimmung des Bundesrats für das gesamte Reichsgebiet oder für Teile des Reichsgebiets um einen bestimmten Zeitraum verlängert werden.

Diese Vorschrift findet auf die Schutzgebiete mit der Maßgabe Anwendung, daß es der Zustimmung des Bundesrats nicht bedarf.

§ 3. Der Bundesrat wird ermächtigt, während der Zeit des Krieges diejenigen gesetzlichen Maßnahmen anzuordnen, welche sich zur Abhilfe wirtschaftlicher Schädigungen als notwendig erweisen.

Diese Maßnahmen sind dem Reichstag bei seinem nächsten Zusammentritt zur Kenntnis zu bringen und auf sein Verlangen aufzuheben.

3. Bekanntmachung, betreffend die Verlängerung der Fristen für wechsel- und scheckrechtliche Handlungen. Vom 7. August 1914 (RGBl S. 361).

Der Bundesrat hat auf Grund des § 3 des Gesetzes über die Ermächtigung des Bundesrats zu wirtschaftlichen Maßnahmen und über die Verlängerung der Fristen des Wechsel- und Scheckrechts im Falle kriegerischer Ereignisse vom 4. 8. 1914 (RGBl S. 327) beschlossen, daß die im § 1 Abs 1 des genannten Gesetzes getroffene Vorschrift auch dann für anwendbar zu erachten ist, wenn die rechtzeitige Vornahme einer Handlung, deren es zur Ausübung oder Erhaltung der Rechte aus einem Wechsel oder einem Scheck bedarf, durch eine im Ausland erlassene gesetzliche Vorschrift verhindert wird.

4. Bekanntmachung, betreffend weitere Verlängerung der Fristen des Wechsel- und Scheckrechts. Vom 29. August 1914 (RGBl S. 387).

Der Bundesrat hat auf Grund des § 3 des Gesetzes über die Ermächtigung des Bundesrats zu wirtschaftlichen Maßnahmen usw. vom 4. 8. 1914 (RGBl S. 327) folgende Verordnung erlassen:

---

[1]) Die während des Krieges erlassenen Vorschriften sind nur insoweit abgedruckt, als sie noch fortdauernde Bedeutung haben.

[2]) Das Gesetz ist erlassen aus Anlaß der während des Balkankrieges durch die Gesetzgebungen der kriegführenden Staaten entstandenen Verhinderung solcher Handlungen. Vgl. auch unter Nr. 3.

[3]) Die eingeklammerten Worte sind durch die unter Nr. 5 abgedruckte VO v. 20. 1. 1919 gestrichen worden. Dadurch ist nunmehr höhere Gewalt auch außerhalb von Kriegsereignissen als Hinderungsgrund anerkannt.

[4]) „Zwei Wochen"; vgl. § 1 VO v. 29. 9. 1914 (unten Nr. 4).

[5]) Vgl. auch VO v. 7. 8. 1914 (unten Nr. 3).

§ 1. An Stelle der im § 1 Abs 1 des Gesetzes über die Ermächtigung des Bundesrats zu wirtschaftlichen Maßnahmen usw. vom 4. 8. 1914 (RGBl S. 327) festgesetzten Frist von sechs Werktagen tritt eine Frist von zwei Wochen.

5. Verordnung über die Verlängerung der Fristen des Wechsel- und Scheckrechts. Vom 20. Januar 1919 (RGBl S. 91).

§ 1. Im § 1 Abs 1 des Gesetzes über die Ermächtigung des Bundesrats zu wirtschaftlichen Maßnahmen und über die Verlängerung der Fristen des Wechsel- und Scheckrechts im Falle kriegerischer Ereignisse vom 4. 8. 1914 (RGBl S. 327) werden die Worte „in Veranlassung kriegerischer Ereignisse" gestrichen.

§ 2. Diese Verordnung tritt mit dem Tage ihrer Verkündung in Kraft.

6. Auszug aus der Verordnung zum Schutze gegen die Folgen der Stillegung von Bankbetrieben. Vom 19. April 1919 (RGBl S. 397).

§ 3. Wird infolge der Stillegung eines Bankbetriebs die rechtzeitige Vornahme einer Handlung, deren es zur Ausübung oder Erhaltung des Wechselrechts oder des Regreßrechts aus dem Scheck bedarf, verhindert, so verlängern sich die für die Vornahme der Handlung vorgeschriebenen Fristen um soviel als erforderlich ist, um nach Wegfall des Hindernisses die Handlung vorzunehmen, mindestens aber bis zum Ablauf von zwei Wochen nach dem Wegfall des Hindernisses.

§ 4. Diese Verordnung tritt mit Wirkung vom 8. 4. 1919 in Kraft. Der Reichsminister der Justiz bestimmt den Zeitpunkt ihres Außerkrafttretens.

7. Auszug aus dem Friedensvertrag. Gesetz vom 16. Juli 1919 (RGBl S. 687).

Art 300. a) Auf dem Gebiete der Hohen vertragschließenden Teile sind im Verhältnis zwischen Feinden alle Verjährungs-, Ausschluß- und Verfallfristen für die Kriegsdauer gehemmt, gleichviel ob sie vor oder nach Kriegsausbruch zu laufen begonnen haben. Sie beginnen frühestens drei Monate nach Inkrafttreten des gegenwärtigen Vertrags wieder zu laufen. Diese Bestimmung findet auch Anwendung auf die Vorlegungsfristen für Zinsen- oder Dividendenabschnitte und die Vorlegungsfristen für Wertpapiere, die auf Grund erfolgter Auslosung oder aus irgendeinem anderen Grund auszahlbar sind.

g) Die in Abs a vorgesehene dreimonatige Frist beginnt für Handelspapiere mit dem Tage, an dem die Ausnahmevorschriften, die in den Gebieten der beteiligten Macht bezüglich der Handelspapiere erlassen worden sind, endgültig außer Kraft getreten sind.

Art 301. Im Verhältnis zwischen Feinden darf kein vor dem Kriege ausgestelltes Handelspapier lediglich wegen versäumter fristgerechter Vorlegung zwecks Annahme oder zwecks Zahlung, wegen versäumter Benachrichtigung der Aussteller oder Giranten von der Nichtannahme oder Nichtzahlung, wegen versäumten Protestes, wegen Versäumung der Erfüllung irgendeiner Formvorschrift für verfallen erklärt werden, wenn die Versäumung während des Krieges erfolgt ist.

Ist die Frist zur Vorlegung eines Handelspapiers zwecks Annahme oder zwecks Zahlung oder die Frist zur Benachrichtigung des Ausstellers oder der Giranten von der Nichtannahme oder der Nichtzahlung oder die Frist zur Erhebung des Protestes während des Kriegs abgelaufen und hat die vorlegungs-, protest- oder benachrichtigungspflichtige Partei während des Krieges die betreffende Handlung versäumt, so steht ihr für die nachträgliche Vorlegung, nachträgliche Benachrichtigung von Nichtannahme oder Nichtzahlung oder nachträgliche Protesterhebung mindestens eine Frist von drei Monaten nach Inkrafttreten des gegenwärtigen Vertrags zu.

8. Gesetz über den Wiederbeginn und den Ablauf von Fristen. Vom 3. April 1920 (RGBl S. 445).

Die verfassunggebende Deutsche Nationalversammlung hat das folgende Gesetz beschlossen, das mit Zustimmung des Reichsrats hiermit verkündet wird:

§ 1. Die im Art 300a und g des Friedensvertrags bezeichneten Verjährungs-, Ausschluß-, Vorlegungs- und Verfallfristen beginnen am 16. 8. 1920 wieder zu laufen.

Die im Art 301 des Friedensvertrags und im § 4 Abs 1, 2 der Bekanntmachung, betreffend Zahlungsverbot gegen England, vom 30. 9. 1914 (RGBl S. 421) bezeichneten Vorlegungs-, Protest- und Benachrichtigungsfristen enden mit dem Ablauf des 18. 8. 1920.

§ 2. Dieses Gesetz tritt mit dem Tage der Verkündung in Kraft.

9. Gesetz zur Ergänzung des Gesetzes über den Wiederbeginn und den Ablauf von Fristen vom 3. April 1920 (RGBl S. 445). Vom 12. August 1920 (RGBl S. 1571).

Der Reichstag hat das folgende Gesetz beschlossen, das mit Zustimmung des Reichsrats hiermit verkündet wird:

§ 1. Die im § 1 Abs 2 des Gesetzes über den Wiederbeginn und den Ablauf von Fristen vom 3. 4. 1920 (RGBl S. 445) bezeichneten Vorlegungs-, Protest- und Benachrichtigungsfristen werden bis zum 10. 11. 1920 verlängert. Die Reichsregierung wird ermächtigt, weitere Fristverlängerungen zu bestimmen, die auf einzelne Gruppen von Handelspapieren beschränkt werden können[1]).

§ 2. Dieses Gesetz tritt mit dem 18. 8. 1920 in Kraft.

10. Verordnung über den Ablauf von Vorlegungs-, Protest- und Benachrichtigungsfristen. Vom 24. Oktober 1929 (RGBl I S. 199).

Auf Grund des § 1 Satz 2 des Gesetzes vom 12. 8. 1920 (RGBl S. 1571) zur Ergänzung des Gesetzes über den Wiederbeginn und den Ablauf von Fristen vom 3. 4. 1920 (RGBl S. 445) wird bestimmt:

§ 1. Die im § 1 Abs 2 des Gesetzes über den Wiederbeginn und den Ablauf von Fristen vom 3. 4. 1920 (RGBl S. 445) bezeichneten Vorlegungs-, Protest- und Benachrichtigungsfristen werden weiter bis zum 10. 11. 1930 verlängert.

§ 2. Diese Verordnung tritt mit dem 10. 11. 1929 in Kraft.

11. Verordnung des Reichspräsidenten über die Darmstädter und Nationalbank. Vom 13. Juli 1931 (RGBl I S. 359).

Auf Grund des Art 48 Abs 2 der Reichsverfassung wird verordnet:

§ 1. Die Reichsregierung ist ermächtigt, in Ansehung der Darmstädter und Nationalbank, Kommanditgesellschaft auf Aktien, die durch die Geldkrise in ihrer Liquidität bedroht ist, Garantien zu übernehmen.

§ 2. Die Reichsregierung kann im Falle der Übernahme einer Garantie anordnen, daß Arreste, Zwangsvollstreckungen und einstweilige Verfügungen gegen das Vermögen der Bank nicht stattfinden und daß der Konkurs über das Vermögen der Bank nicht eröffnet wird. Die gleiche Anordnung kann die Reichsregierung für das Vermögen eines persönlich haftenden Gesellschafters der Bank treffen, wenn sie es im Interesse der Gläubiger der Bank für notwendig erachtet. Eine solche Anordnung bewirkt, daß der persönlich haftende Gesellschafter den gleichen Beschränkungen unterliegt, die in dieser Verordnung und ihren Durchführungsvorschriften für die Bank getroffen werden.

§ 3. Die Reichsregierung ist ermächtigt, Vorschriften über die Geschäftsführung und Vertretung der Bank, über die Erfüllung von Verbindlichkeiten der Bank, über die Dienstverhältnisse und vermögensrechtlichen Ansprüche der persönlich haftenden Gesellschafter, Angestellten und Aufsichtsratsmitglieder gegenüber der Bank sowie die zur Durchführung dieser Verordnung erforderlichen Rechtsverordnungen und Verwaltungsvorschriften zu erlassen; sie kann für Zuwiderhandlungen gegen die von ihr erlassenen Vorschriften Gefängnisstrafe bis zu drei Jahren und Geldstrafe oder eine dieser Strafen androhen.

§ 4. Maßnahmen, die gemäß dieser Verordnung oder der Durchführungsverordnungen getroffen werden, begründen keinen Anspruch auf Entschädigung.

12. Verordnung zur Durchführung der Verordnung des Reichspräsidenten über die Darmstädter und Nationalbank. Vom 13. Juli 1931 (RGBl I S. 359) (Auszug).

Art 6. Die Bank darf bis zum 31. 7. 1931 auf Verbindlichkeiten, die vor dem 13. 7. 1931 entstanden sind und für die das Reich nach Art 1 die Ausfallbürgschaft übernimmt, mit Ausnahme der Verbindlichkeiten aus eigenen Akzepten, Auszahlungen nur nach Weisung eines der Treuhänder leisten. Zuwiderhandlungen werden mit Gefängnis bis zu drei Jahren und Geldstrafe oder mit einer dieser Strafen bestraft.

Art 7. Ansprüche gegen die Bank aus Wechseln können bis zum 31. 7. 1931 nicht geltend gemacht werden. Die Fristen, innerhalb deren gegenüber der Bank Handlungen vorzunehmen sind, um das Wechselrecht auszuüben oder zu erhalten, verlängern sich bis zum 6. 8. 1931, soweit die Fristen bei Inkrafttreten der Verordnung laufen oder nach ihrem Inkrafttreten bis zum 31. 7. 1931 zu laufen beginnen. Satz 2 gilt entsprechend für die Ausübung oder Erhaltung des Regreßrechts gegen die Bank aus einem Scheck.

Art 8. 1. Arreste, Zwangsvollstreckungen und einstweilige Verfügungen gegen das Vermögen der Bank aus Verbindlichkeiten, die vor dem 13. 7. 1931 entstanden sind, finden bis zum 31. 7. 1931 nicht statt. Bis zu diesem Zeitpunkt darf der Konkurs über das Vermögen der Bank nicht eröffnet werden.

---

[1]) Auf Grund dieser Bestimmung sind die Fristen mehrmals verlängert worden, zuletzt durch die unten zu Nr. 10 abgedruckte Verordnung bis zum 10. 11. 1930. Eine weitere Verlängerung hat, soweit festgestellt werden konnte, nicht stattgefunden.

2. Das gleiche gilt für Maßnahmen der in Abs 1 genannten Art gegen das Vermögen der persönlich haftenden Gesellschafter der Bank.

13. Verordnung des Reichspräsidenten über Bankfeiertage. Vom 13. Juli 1931 (RGBl I S. 361).

Auf Grund des Art 48 Abs 2 der Reichsverfassung wird verordnet:

§ 1. Die Reichsregierung ist ermächtigt, Bankfeiertage zu erklären. Sie bestimmt, für welche öffentlichen und privaten Kreditinstitute und Einrichtungen die Bankfeiertage gelten und welche Rechtswirkungen mit ihnen verbunden sind.

§ 2. Diese Verordnung tritt mit Wirkung vom 13. 7. 1931 in Kraft.

14. Verordnung zur Durchführung der Verordnung des Reichspräsidenten über Bankfeiertage. Vom 13. Juli 1931 (RGBl I S. 361).

Auf Grund der Verordnung des Reichspräsidenten über Bankfeiertage vom 13. 7. 1931 (RGBl I S. 361) wird verordnet:

§ 1. 1. Die Staatsbanken der Länder, die öffentlich-rechtlichen Kreditanstalten, die Sparkassen, die Kommunalbanken, die Genossenschaftsbanken, die Banken und Bankgeschäfte, die Hypothekenbanken, Landschaften, Stadtschaften und andere öffentliche und private Realkreditinstitute und deren Banken bleiben in sämtlichen inländischen Niederlassungen mit ihren Geschäftseinrichtungen, Kassen- und Wechselstuben für den Verkehr mit ihrer Kundschaft, ihren Gläubigern und Schuldnern am Dienstag, den 14. 7. 1931, und Mittwoch, den 15. 7. 1931, geschlossen. Die Leistung und die Entgegennahme von Zahlungen und Überweisungen an das In- oder Ausland, auf welchem Wege auch immer, sind nicht zulässig. Dasselbe gilt für den Postscheckverkehr. Der Handel an den Wertpapierbörsen ist untersagt.

2. Für die Berechnung von Fristen und Terminen, für Willenserklärungen und Leistungen, die von einem Institut der in Abs 1 genannten Art oder ihm gegenüber zu bewirken sind, gelten der 14. und 15. 7. 1931 als staatlich anerkannte allgemeine Feiertage.

15. Zweite Verordnung zur Durchführung der Verordnung des Reichspräsidenten über Bankfeiertage vom 13. Juli 1931. Vom 14. Juli 1931 (RGBl I S. 363).

Auf Grund der Verordnung des Reichspräsidenten über Bankfeiertage vom 13. 7. 1931 (RGBl I S. 361) wird verordnet:

Art 1. Die auf Grund der Verordnung des Reichspräsidenten vom 13. 7. 1931 festgesetzten Bankfeiertage gelten als staatlich anerkannte allgemeine Feiertage im Sinne der Wechselordnung und des Scheckgesetzes.

Art 2. Sind in gerichtlichen, verwaltungsgerichtlichen und verwaltungsbehördlichen Verfahren für die Zahlung von Gebühren, Auslagen oder Vorschüssen oder für den Nachweis einer solchen Zahlung Fristen vorgesehen, an deren Ablauf sich Rechtsnachteile knüpfen, und fällt der letzte Tag der Frist auf einen Bankfeiertag, so endet die Frist nicht vor Ablauf einer Woche nach dem letzten Bankfeiertage.

Art 3. Diese Verordnung tritt mit Wirkung vom 14. 7. 1931 in Kraft.

16. Verordnung des Reichspräsidenten über die Wiederaufnahme des Zahlungsverkehrs nach Bankfeiertagen, den Verkehr mit Devisen und über Kursveröffentlichungen. Vom 15. Juli 1931 (RGBl I S. 365) (Auszug).
(Vgl. auch Anlage C 4.)

§ 1. Die Reichsregierung ist ermächtigt, die Wiederaufnahme des Zahlungsverkehrs nach Bankfeiertagen zu regeln. Sie kann Maßnahmen zum Schutze gegen die Folgen der Erklärung von Bankfeiertagen und der Regelung der Wiederaufnahme des Zahlungsverkehrs treffen.

16 a. Verordnung über die Wiederaufnahme des Zahlungsverkehrs nach den Bankfeiertagen. Vom 15. Juli 1931 (RGBl I S. 365).

Auf Grund der Verordnung des Reichspräsidenten vom 15. 7. 1931 (RGBl I S. 365) wird verordnet:

§ 1. 1. Nach Ablauf der für den 14. und 15. 7. 1931 erklärten Bankfeiertage ist ein Zahlungsverkehr nach den folgenden Bestimmungen aufzunehmen.

2. Die von den Bankfeiertagen betroffenen Institute, mit Ausnahme der Privatnotenbanken und der Deutschen Golddiskontbank, dürfen Barauszahlungen in der Zeit vom 16. bis einschließlich

18. 7. 1931 nur leisten, soweit der Empfänger die Zahlungsmittel nachweislich benötigt zur Zahlung von

a) Löhnen, Gehältern, Ruhegehältern, Versorgungsgebührnissen und ähnlichen Bezügen,
b) Arbeitslosen- und Krisenunterstützungen und Leistungen der öffentlichen und freien Wohlfahrtspflege (Fürsorge),
c) Leistungen an Versicherte der Sozialversicherung und wiederkehrende Leistungen an Versicherte aus anderen öffentlichen oder privaten Versicherungsverhältnissen,
d) Steuern und sonstigen öffentlichen Abgaben, soweit nicht bargeldlose Entrichtung möglich ist.

3. Die Vorschrift des Abs 2 gilt entsprechend für den Überweisungsverkehr. Überweisungen sind jedoch unbeschränkt zulässig

a) soweit sie erforderlich sind, um die im Abs 2 zugelassenen Barauszahlungen zu ermöglichen,
b) soweit sie sich innerhalb desselben Instituts vollziehen,
c) soweit dadurch Zahlungen zur Durchführung des Gesetzes über Arbeitsvermittlung und Arbeitslosenversicherung bewirkt werden,
d) soweit Leistungen an einen Versicherungsträger zur Erfüllung einer Beitragspflicht bewirkt werden.

4. Die Annahme von Einzahlungen unterliegt keinen Beschränkungen. Über Guthaben, die aus Bareinzahlungen in Reichsmark nach dem 15. 7. 1931 entstanden sind, kann frei verfügt werden.

§ 2. Insoweit die Institute nach der Vorschrift des § 1 Barauszahlungen und Überweisungen nicht vornehmen dürfen, gelten die Vorschriften des § 1 Abs 2 der Durchführungsverordnung vom 13. 7. 1931 (RGBl I S. 361) und des Art 2 der Zweiten Durchführungsverordnung vom 14. 7. 1931 (RGBl I S. 363) auch für den 16., 17. und 18. 7. 1931. Diese Tage gelten als staatlich anerkannte allgemeine Feiertage im Sinne der Wechselordnung und des Scheckgesetzes.

§ 3. Wird ein Schuldner durch die Erklärung von Bankfeiertagen oder die zur Regelung der Wiederaufnahme des Zahlungsverkehrs getroffenen Maßnahmen ohne sein Verschulden gehindert, eine Zahlungsverbindlichkeit zu erfüllen, so gelten die Rechtsfolgen, die wegen der Nichtzahlung oder der nicht rechtzeitigen Zahlung nach Gesetz oder Vertrag eingetreten sind oder eintreten, als nicht eingetreten. Die auf Gesetz oder Vertrag beruhende Pflicht zur Zahlung von Verzugszinsen wird hierdurch nicht berührt. Der Schuldner kann sich auf die Vorschrift des Satz 1 nicht berufen, wenn er es unterläßt, die Verbindlichkeit unverzüglich nach Beseitigung des Hindernisses zu erfüllen.

17 Zweite Verordnung über die Wiederaufnahme des Zahlungsverkehrs nach den Bankfeiertagen. Vom 15. Juli 1931 (RGBl I S. 369).

Auf Grund der Verordnung des Reichspräsidenten vom 15. 7. 1931 (RGBl I S. 365) wird verordnet:

§ 1. Die Reichsbank, die Privatnotenbanken und die Deutsche Golddiskontbank unterliegen hinsichtlich des Zahlungs- und Überweisungsverkehrs keinen Beschränkungen.

§ 2. Außer den im § 1 Abs 3 der Verordnung über die Wiederaufnahme des Zahlungsverkehrs nach den Bankfeiertagen vom 15. 7. 1931 für unbeschränkt zulässig erklärten Überweisungen sind Überweisungen zulässig zwischen den von den Bankfeiertagen betroffenen Geldinstituten, jedoch nur insgesamt bis zur Höhe der Hälfte des Guthabens des Auftraggebers und höchstens bis insgesamt 10000 Reichsmark und nur auf ein bereits bestehendes Konto eines Dritten bei einem von den Bankfeiertagen betroffenen Institut.

18. Dritte Verordnung über die Wiederaufnahme des Zahlungsverkehrs nach den Bankfeiertagen. Vom 18. Juli 1931 (RGBl. I S. 376) (Auszug).

Auf Grund der Verordnung des Reichspräsidenten vom 15. 7. 1931 (RGBl I S. 365) wird verordnet:

Art 1. In der Zeit vom 20. bis 23. 7. 1931 gelten für den Zahlungsverkehr der von den Bankfeiertagen betroffenen Institute folgende Bestimmungen:

§ 1. 1. Die Kreditinstitute dürfen an Kontoinhaber Barauszahlungen ohne besondere Zweckbestimmung nicht über 5 v. H. des am 19. 7. 1931 vorhandenen Guthabens, insgesamt aber höchstens 100 Reichsmark leisten. Bei Guthaben aus Sparkonten oder Sparbüchern (bei Banken, Sparkassen aller Art und Genossenschaften) beschränkt sich der Betrag auf höchstens 20 Reichsmark; die Auszahlung kann vom Nachweis eines Bedürfnisses abhängig gemacht werden.

2. Auf jeden Kreditbrief, der vor dem 14. 7. 1931 ausgestellt ist, dürfen bis zu 100 Mark ausgezahlt werden, wenn der Berechtigte sich außerhalb seines Wohnortes aufhält.

3. Unbeschränkt dürfen Barauszahlungen geleistet werden, soweit der Empfänger die Zahlungsmittel nachweislich benötigt zur Zahlung von

a) Löhnen, Gehältern, Ruhegehältern, Versorgungsgebührnissen und ähnlichen Bezügen,

b) Arbeitslosen- und Krisenunterstützungen und Leistungen der öffentlichen und freien Wohlfahrtspflege (Fürsorge),
c) Leistungen an Versicherte der Sozialversicherung und wiederkehrende Leistungen an Versicherte aus anderen öffentlichen oder privaten Versicherungsverhältnissen,
d) Steuern, Gebühren und sonstigen öffentlichen Abgaben, soweit nicht bargeldlose Entrichtung möglich ist,
e) Frachten, wenn der Empfänger die Benachrichtigung einer Verkehrsunternehmung über den Eingang von Gütern vorlegt,
f) Geldbeträgen an die Reichsmonopolverwaltung für Branntwein, soweit nicht bargeldlose Entrichtung möglich ist.

§ 2. 1. Die Annahme von Einzahlungen unterliegt keinen Beschränkungen.

2. Über Guthaben, die nach dem 15. 7. 1931 aus Bareinzahlungen in Reichsmark durch den Verkauf von ausländischen Zahlungsmitteln und Forderungen in ausländischer Währung (§ 1 der Verordnung vom 15. 7. 1931 — RGBl I S. 366) oder aus Überweisungen von Konten, die einer Beschränkung nicht unterliegen, entstanden sind, kann frei verfügt werden. Das gleiche gilt für die nach dem 25. 6. 1931 an die Kreditinstitute überwiesenen Löhne, Gehälter, Ruhegehälter, Versorgungsgebürnisse und ähnliche Bezüge.

§ 3. 1. Überweisungen sind zulässig:

1. unbeschränkt,
   a) soweit sie erforderlich sind, um die im § 1 Abs 3 zugelassenen Barauszahlungen zu ermöglichen,
   b) soweit sie sich innerhalb desselben Institutes vollziehen,
   c) soweit dadurch Zahlungen zur Durchführung des Gesetzes über Arbeitsvermittlung und Arbeitslosenversicherung bewirkt werden,
   d) soweit Leistungen an einen Versicherungsträger zur Erfüllung einer Beitragspflicht bewirkt werden,
   e) aus Guthaben, über die gemäß § 2 Abs 2 frei verfügt werden kann;
2. zwischen allen von den Bankfeiertagen betroffenen Kreditinstituten, insgesamt bis zur Höhe der Hälfte des jeweiligen Guthabens des Auftraggebers und höchstens bis insgesamt 2000 Reichsmark, und nur auf ein bereits bestehendes Konto eines Dritten bei einem von den Bankfeiertagen betroffenen Institut.

2. Von den Beschränkungen des Abs 1 Nr. 2 bleiben diejenigen Überweisungen unberührt, die auf den Vereinbarungen des Überweisungsverbandes beruhen, der unter Mitwirkung der Reichsbank zwischen einzelnen Kreditinstituten begründet worden ist.

3. Die in Abs 1 Nr. 2 und Abs 2 bezeichneten Überweisungen dürfen nur mit der Maßgabe ausgeführt werden, daß das neu entstehende Guthaben des Empfängers denselben Beschränkungen unterliegt, wie das bisherige Guthaben des Auftraggebers.

4. Im Falle des Abs 1 Nr. 2 und Abs 2 dürfen Überweisungen auf Postscheck- und Reichsbankgirokonten nicht vorgenommen werden.

§ 4. Insoweit die Kreditinstitute nach den Vorschriften der §§ 1 bis 3 Barauszahlungen und Überweisungen nicht vornehmen dürfen, gelten vorbehaltlich der Vorschrift des Art 2 die Vorschriften des § 1 Abs 2 der Durchführungsverordnung vom 13. 7. 1931 (RGBl I S. 361) und des Art 2 der II. Durchführungsverordnung vom 14. 7. 1931 (RGBl I S. 363) auch für die Zeit vom 20. bis 23. 7. 1931. Diese Tage gelten als staatlich anerkannte allgemeine Feiertage im Sinne des Scheckgesetzes.

Art 2. 1. Bei Wechseln, deren Fälligkeitstag in der Zeit vom Sonnabend, dem 11. bis Sonnabend, dem 18. 7. 1931 einschließlich liegt, kann die Erhebung des Protestes nicht am Montag, dem 20. und Dienstag, dem 21. 7. 1931, darf jedoch noch in der Zeit von Mittwoch, dem 22. 7. bis Freitag, dem 24. 7. 1931 einschließlich, geschehen. Bei Wechseln, deren Fälligkeitstag in der Zeit von Sonnabend, dem 19., bis Donnerstag, dem 23. 7. 1931, einschließlich liegt, kann die Erhebung des Protestes nicht vor dem dritten Werktage und darf noch am vierten und fünften Werktage nach dem Zahlungstage geschehen. Für die Kreditinstitute gelten hinsichtlich der Erfüllung ihrer eigenen Verbindlichkeiten aus der Annahme von Wechseln von Montag, dem 20. 7. 1931 ab keine Beschränkungen des Zahlungsverkehrs.

2. Die besonderen Vorschriften der Durchführungsverordnungen zur Verordnung des Reichspräsidenten über die Darmstädter und Nationalbank vom 13. und 15. 7. 1931 (RGBl I S. 359, 365) bleiben unberührt.

Art 3. **§ 1.** (Wie § 3 VO vom 15. 7. 1931 Nr. 16a).

Art 4. (Wie § 1 VO vom 15. 7. 1931 Nr. 17).

19. Dritte Verordnung zur Durchführung der Verordnung des Reichspräsidenten über die Darmstädter und Nationalbank. Vom 21. Juli 1931 (RGBl I S. 388).

Auf Grund der Verordnung des Reichspräsidenten vom 13. 7. 1931 (RGBl I S. 359) wird verordnet:

Art 1. Im Art 7 der Verordnung zur Durchführung der Verordnung des Reichspräsidenten über die Darmstädter und Nationalbank vom 13. 7. 1931 (RGBl I S. 359) in der Fassung der Verordnung vom 15. 7. 1931 (RGBl I S. 365) wird folgender Satz 4 angefügt:

Die Vorschriften in Satz 2 und 3 gelten ohne Rücksicht darauf, ob die Bank selbst aus dem Wechsel oder dem Scheck verpflichtet ist.

20. Vierte Verordnung über die Wiederaufnahme des Zahlungsverkehrs nach den Bankfeiertagen. Vom 21. Juli 1931 (RGBl I S. 388).

Auf Grund der Verordnung des Reichspräsidenten vom 15. 7. 1931 (RGBl I S. 365) wird für den Zahlungsverkehr der Institute, für welche die Dritte Verordnung über die Wiederaufnahme des Zahlungsverkehrs nach den Bankfeiertagen vom 18. 7. 1931 (RGBl I S. 367) gilt, verordnet:

Art 1. Beauftragt ein Kontoinhaber ein Institut, einen von ihm akzeptierten Wechsel ganz oder zum Teil einzulösen, so sind hierfür Barauszahlungen und Überweisungen zulässig, soweit für solche Einlösungen das Konto des Auftraggebers nicht mit mehr als dreitausend Reichsmark für einen Tag belastet wird.

Art 2. Wer in den Fällen des Art 1 § 1 Abs 3 oder § 3 Abs 1 Nr. 1a der Dritten Verordnung über die Wiederaufnahme des Zahlungsverkehrs nach den Bankfeiertagen vom 18. 7. 1931 (RGBl I S. 376) vorsätzlich unrichtige Angaben macht, um eine Barauszahlung oder eine Überweisung zu erwirken, wird mit Gefängnis bis zu drei Monaten und mit Geldstrafe oder mit einer dieser Strafen bestraft.

21. Fünfte Verordnung über die Wiederaufnahme des Bankverkehrs nach den Bankfeiertagen. Vom 23. Juli 1931 (RGBl I S. 393).

Auf Grund der Verordnung des Reichspräsidenten vom 15. 7. 1931 (RGBl I S. 365) wird verordnet:

Art 1. In der Zeit vom 24. bis 28. 7. 1931 gelten für den Zahlungsverkehr der von den Bankfeiertagen betroffenen Institute folgende Bestimmungen:

§ 1. 1. Die Kreditinstitute dürfen an Kontoinhaber Barauszahlungen ohne besondere Zweckbestimmung nicht über 10 v. H. des am 24. 7. 1931 vorhandenen Guthabens, insgesamt aber höchstens 200 Reichsmark leisten.

Bei Guthaben aus Sparkonten oder Sparbüchern (bei Banken, Sparkassen aller Art und Genossenschaften) beschränkt sich der Betrag auf höchstens 30 Reichsmark; die Auszahlung kann vom Nachweis eines Bedürfnisses abhängig gemacht werden.

2. Auf jeden Kreditbrief, der vor dem 14. 7. 1931 ausgestellt ist, dürfen bis zu 200 Reichsmark ausgezahlt werden, wenn der Berechtigte sich außerhalb seines Wohnorts aufhält.

3. Unbeschränkt dürfen Barauszahlungen geleistet werden, soweit der Empfänger die Zahlungsmittel nachweislich benötigt zur Zahlung von

a) Löhnen, Gehältern, Ruhegehältern, Versorgungsgebührnissen und ähnlichen Bezügen,
b) Arbeitslosen- und Krisenunterstützungen und Leistungen der öffentlichen und freien Wohlfahrtspflege (Fürsorge),
c) Leistungen an Versicherte der Sozialversicherung und wiederkehrenden Leistungen an Versicherte aus anderen öffentlichen oder privaten Versicherungsverhältnissen,
d) Steuern, Gebühren, Beiträgen zur Sozialversicherung und von sonstigen öffentlichen Abgaben, soweit nicht bargeldlose Entrichtung möglich ist,
e) Frachten, wenn der Empfänger die Benachrichtigung einer Verkehrsunternehmung über den Eingang von Gütern vorlegt,
f) Geldbeträgen an die Reichsmonopolverwaltung für Branntwein, soweit nicht bargeldlose Entrichtung möglich ist.

§ 2. 1. Die Annahme von Einzahlungen unterliegt keinen Beschränkungen.

2. Über Guthaben, die nach dem 15. 7. 1931 aus Bareinzahlungen in Reichsmark, durch den Verkauf von ausländischen Zahlungsmitteln und Forderungen in ausländischer Währung (§ 1 der Verordnung vom 15. 7. 1931 — RGBl I S. 366 —) oder aus Überweisungen von Konten, die einer Beschränkung nicht unterliegen, entstanden sind, kann frei verfügt werden. Das gleiche gilt für die nach dem 25. 6. 1931 an die Kreditinstitute überwiesenen Löhne, Gehälter, Ruhegehälter, Versorgungsgebührnisse und ähnliche Bezüge.

§ 3. 1. Überweisungen sind zulässig:

1. unbeschränkt,
a) soweit sie erforderlich sind, um die im § 1 Abs 3 zugelassenen Barauszahlungen zu ermöglichen,
b) soweit sie sich innerhalb desselben Instituts vollziehen,
c) soweit dadurch Zahlungen zur Durchführung der Reichsversicherungsordnung, des Angestelltenversicherungsgesetzes, des Reichsknappschaftsgesetzes und des Gesetzes über Arbeitsvermittlung und Arbeitslosenversicherung bewirkt werden,
d) soweit Leistungen an einen Versicherungsträger zur Erfüllung einer Beitragspflicht bewirkt erwden,

e) aus Guthaben, über die gemäß § 2 Abs 2 frei verfügt werden kann;
2. zwischen allen von den Bankfeiertagen betroffenen Kreditinstituten insgesamt bis zur Höhe der Hälfte des jeweiligen Guthabens des Auftraggebers und höchstens bis insgesamt 4000 Reichsmark und nur auf ein bereits bestehendes Konto eines Dritten bei einem von den Bankfeiertagen betroffenen Institut.

2. Von den Beschränkungen des Abs 1 Nr. 2 bleiben diejenigen Überweisungen unberührt, die auf den Vereinbarungen des Überweisungsverbandes E. V. Berlin beruhen.

3. Die im Abs 1 Nr. 2 und Abs 2 bezeichneten Überweisungen dürfen nur mit der Maßgabe ausgeführt werden, daß das neu entstehende Guthaben des Empfängers denselben Beschränkungen unterliegt wie das bisherige Guthaben des Auftraggebers.

4. Im Falle des Abs 1 Nr. 2 und Abs 2 dürfen Überweisungen auf Postscheck- und Reichsbankgirokonten nicht vorgenommen werden. Überweisungen von einem Institut an das andere durch Postscheck oder über Reichsbankgirokonto sind jedoch zulässig.

§ 4. Beauftragt ein Kontoinhaber ein Institut, einen von ihm akzeptierten Wechsel, der vor dem 22. 7. 1931 ausgestellt ist, ganz oder zum Teil einzulösen, so sind hierfür Barauszahlungen und Überweisungen zulässig, soweit für solche Einlösungen das Konto des Auftraggebers nicht mit mehr als 5000 Reichsmark für den Tag belastet wird.

§ 5. Wer in den Fällen des § 1 Abs 3, § 3 Abs 1 Nr. 1 a, § 4 vorsätzlich unrichtige Angaben macht, um eine Barauszahlung oder eine Überweisung zu erwirken, wird mit Gefängnis bis zu drei Monaten und mit Geldstrafe oder mit einer dieser Strafen bestraft.

§ 6. Insoweit die Kreditinstitute nach den Vorschriften der §§ 1—4 Barauszahlungen und Überweisungen nicht vornehmen dürfen, gelten vorbehaltlich der Vorschrift des Art 2 die Vorschriften des § 1 Abs 2 der Durchführungsverordnung vom 13. 7. 1931 (RGBl I S. 361) und des Art 2 der zweiten Durchführungsverordnung vom 14. 7. 1931 (RGBl I S. 363) auch für die Zeit vom 24.—28. 7. 1931. Die in der Zeit vom Donnerstag, dem 2. 7. 1931 bis zum Montag, dem 20. 7. 1931 einschließlich ausgestellten Schecks können noch bis zum Freitag, dem 31. 7. 1931 einschließlich vorgelegt werden.

Art 2. 1. Bei Wechseln, deren Fälligkeitstag in der Zeit vom Sonnabend, dem 11. bis Sonnabend, dem 18. 7. 1931 einschließlich liegt, darf in Verlängerung der bisher bestimmten Fristen die Erhebung des Protestes noch bis einschließlich Montag, dem 27. 7. 1931 geschehen. Bei Wechseln, deren Fälligkeitstag in der Zeit vom Sonntag, dem 19. bis Donnerstag, dem 23. 7. 1931 einschließlich liegt, kann die Erhebung des Protestes nicht vor dem dritten Werktag und darf noch am vierten, fünften und sechsten Werktag nach dem Zahlungstage geschehen. Bei Wechseln, deren Fälligkeitstag in der Zeit vom Freitag, dem 24. bis Dienstag, dem 28. 7. 1931 einschließlich liegt, kann die Erhebung des Protestes nicht vor dem dritten Werktag und darf noch am vierten und fünften Werktage nach dem Zahlungstage geschehen. Für die Kreditinstitute gelten hinsichtlich der Erfüllung ihrer eigenen Verbindlichkeiten aus der Annahme von Wechseln vom Montag, dem 20. 7. 1931 ab keine Beschränkungen des Zahlungsverkehrs.

2. Die besonderen Vorschriften der Durchführungsverordnungen zur Verordnung des Reichspräsidenten über die Darmstädter und Nationalbank vom 13., 15. und 21. 7. 1931 (RGBl I, S. 359, 365, 388) bleiben unberührt.

Art 3. Die Art 3—5 der dritten Verordnung über die Wiederaufnahme des Zahlungsverkehrs nach den Bankfeiertagen vom 18. 7. 1931 (RGBl I S. 376) bleiben unberührt; jedoch erhält Art 3 § 2 Schlußsatz folgende Fassung:

Als Bankfeiertage im Sinne dieser Vorschrift gelten auch die in dem Zeitraum vom 16. bis 28. 7. 1931 liegenden Werktage.

22. Sechste Verordnung über die Wiederaufnahme des Zahlungsverkehrs nach den Bankfeiertagen. Vom 28. Juli 1931 (RGBl I S. 405).

Auf Grund der Verordnung des Reichspräsidenten vom 15. 7. 1931 (RGBl I S. 365) wird verordnet:

Art 1. In der Zeit vom 29. 7. bis 1. 8. 1931 gelten für den Zahlungsverkehr der von den Bankfeiertagen betroffenen Institute folgende Bestimmungen:

§ 1. (1) Die Kreditinstitute dürfen an Kontoinhaber Barauszahlungen ohne besondere Zweckbestimmung nicht über zehn vom Hundert des am 29. 7. 1931 vorhandenen Guthabens, insgesamt aber höchstens dreihundert Reichsmark leisten. Bei Guthaben aus Sparkonten oder Sparbüchern (bei Banken, Sparkassen aller Art und Genossenschaften) beschränkt sich der Betrag auf höchstens dreißig Reichsmark; die Auszahlung kann vom Nachweis eines Bedürfnisses abhängig gemacht werden.

(2) Auf jeden Kreditbrief, der vor dem 14. 7. 1931 ausgestellt ist, dürfen bis zu dreihundert Reichsmark ausgezahlt werden, wenn der Berechtigte sich außerhalb seines Wohnortes aufhält.

(3) Unbeschränkt dürfen Barauszahlungen geleistet werden, soweit der Empfänger die Zahlungsmittel nachweislich benötigt zur Zahlung von

a—f [wie in der 5. Verordnung (Anlage B 21) Art 1 § 1 Nr. 3].

g) Mietzinsen für Wohnungen und gewerbliche Räume, sofern der Kontoinhaber nicht Einnahmen der unter a bezeichneten Art hat.

Unbeschränkt dürfen ferner Barauszahlungen geleistet werden, soweit der Empfänger die Zahlungsmittel nachweislich benötigt, um Zins-, Renten- und Gewinnanteilscheine einzulösen oder soweit der aus solchen Scheinen Berechtigte die Scheine einem Kreditinstitut zur Einlösung vorlegt.

§ 2. [wie Art 1 § 2 der 5. Verordnung (Anlage B 21)].

§ 3. 1. Überweisungen sind zulässig:

1. [wie in der 5. Verordnung Art 1 § 3 Nr. 1].

2. zwischen allen von den Bankfeiertagen betroffenen Kreditinstituten insgesamt bis zur Höhe der Hälfte des jeweiligen Guthabens des Auftraggebers und höchstens bis insgesamt 16 000 Reichsmark und nur auf ein bereits bestehendes Konto eines Dritten bei einem von den Bankfeiertagen betroffenen Institut.

2. 3. 4. wie in der 5. Verordnung Art 1 § 3.

§ 4. [wie Art 1 § 4 der 5. Verordnung].

§ 5. Wer in den Fällen des § 1 Abs 3, 4, § 3 Abs 1 Nr. 1 a, § 4 vorsätzlich unrichtige Angaben macht, um eine Barauszahlung oder eine Überweisung zu erwirken, wird mit Gefängnis bis zu drei Monaten und mit Geldstrafe oder mit einer dieser Strafen bestraft.

§ 6. Insoweit die Kreditinstitute nach den Vorschriften der §§ 1—4 Barauszahlungen und Überweisungen nicht vornehmen dürfen, gelten vorbehaltlich der Vorschrift des Art 2 die Vorschriften des § 1 Abs 2 der Durchführungsverordnung vom 13. 7. 1931 (RGBl I S. 361) und des Art 2 der Zweiten Durchführungsverordnung vom 14. 7. 1931 (RGBl I S. 363) auch für die Zeit vom 29. 7. bis 1. 8. 1931. Die in der Zeit vom Donnerstag, dem 2. 7. 1931 bis zum Montag, dem 20. 7. 1931 einschließlich ausgestellten Schecks können noch bis zum Freitag, dem 31. 7. 1931 einschließlich vorgelegt werden.

Art 2. (1) Bei Wechseln, deren Fälligkeitstag in der Zeit vom Sonntag, dem 19. bis Donnerstag, dem 23. 7. 1931 einschließlich liegt, kann die Erhebung des Protestes nicht vor dem dritten Werktag und darf noch am vierten, fünften und sechsten Werktag nach dem Zahlungstage geschehen. Bei Wechseln, deren Fälligkeitstag in der Zeit vom Freitag, dem 24. bis Dienstag, dem 28. 7. 1931 einschließlich liegt, kann die Erhebung des Protestes nicht vor dem dritten Werktag und darf noch am vierten und fünften Werktag nach dem Zahlungstage geschehen. Bei Wechseln, deren Fälligkeitstag in der Zeit vom Mittwoch, dem 29. 7. bis Sonnabend, dem 1. 8. 1931 einschließlich liegt, kann die Erhebung des Protestes nicht vor dem dritten Werktag und darf noch am vierten und fünften Werktag nach dem Zahlungstage geschehen. Für die Kreditinstitute gelten hinsichtlich der Erfüllung ihrer eigenen Verbindlichkeiten aus Wechseln vom Mittwoch, dem 29. 7. 1931 ab keine Beschränkungen des Zahlungsverkehrs.

(2) Die besonderen Vorschriften der Durchführungsverordnungen zur Verordnung des Reichspräsidenten über die Darmstädter und Nationalbank vom 13., 15. und 21. 7. 1931 (RGBl I S. 359, 365, 388) bleiben unberührt.

Art 3. Die Art 3—5 der Dritten Verordnung über die Wiederaufnahme des Zahlungsverkehrs nach den Bankfeiertagen vom 18. 7. 1931 (RGBl I S. 376) bleiben unberührt; jedoch treten folgende Änderungen ein:

1. Art 3 § 2 Schlußsatz erhält folgende Fassung:

Als Bankfeiertage im Sinne dieser Vorschrift gelten auch die in dem Zeitraum vom 16. 7. bis 1. 8. 1931 liegenden Werktage.

23. Fünfte Verordnung zur Durchführung der Verordnung des Reichspräsidenten über die Darmstädter und Nationalbank. Vom 31. Juli 1931 (RGBl. I S. 417).

Auf Grund der Verordnung des Reichspräsidenten vom 13. 7. 1931 (RGBl I S. 359) wird verordnet:

Art 1. In Art 6, 7 und 8 der Verordnung zur Durchführung der Verordnung des Reichspräsidenten über die Darmstädter und Nationalbank vom 13. 7. 1931 werden die Worte „31. Juli 1931" durch die Worte „4. August 1931", in Art 7 die Worte „6. August 1931" durch die Worte „10. August 1931" ersetzt.

24. Siebente Verordnung über die Wiederaufnahme des Zahlungsverkehrs nach den Bankfeiertagen. Vom 1. August 1931 (RGBl. I S. 419).

Auf Grund der Verordnung des Reichspräsidenten vom 15. 7. 1931 (RGBl I S. 365) wird verordnet:

Art 1. Am 3. und 4. 8. 1931 gelten — vorbehaltlich der Sonderregelung des Art 5 für Guthaben aus Sparkonten oder Sparbüchern — für den Zahlungsverkehr der von den Bankfeiertagen betroffenen Institute die Vorschriften des Art 1 der sechsten Verordnung über die Wiederaufnahme des Zahlungsverkehrs nach den Bankfeiertagen vom 28. 7. 1931 (RGBl I S. 405) entsprechend; jedoch treten folgende Änderungen ein:

1. Am 4. 8. 1931 sind Überweisungen auf Postscheck- und Reichsbankgirokonten nur unter denselben Voraussetzungen wie am 3. 8. 1931 zulässig; im übrigen sind am 4. 8. 1931 Überweisungen unbeschränkt zulässig.

2. Im § 6 Satz 1 werden die Worte „für die Zeit vom 29. Juli bis 1. August 1931" durch die Worte „für den 3. und 4. August 1931" ersetzt.

Art 2. (1) Bei Wechseln, die am 2., 3. oder 4. 8. 1931 fällig werden, kann die Erhebung des Protestes nicht vor dem dritten Werktag und darf noch am vierten Werktag nach dem Zahlungstag geschehen. Bei Wechseln, die am 5. oder 6. 8. 1931 fällig werden, kann die Erhebung des Protestes nicht vor dem zweiten Werktag und darf noch am dritten Werktag nach dem Zahlungstag geschehen.

(2) Die besonderen Vorschriften der Durchführungsverordnungen zur Verordnung des Reichspräsidenten über die Darmstädter und Nationalbank vom 13., 15., 21. und 31. 7. 1931 (RGBl I S. 359, 365, 388, 417) bleiben unberührt.

Art 3. Art 3 der sechsten Verordnung über die Wiederaufnahme des Zahlungsverkehrs nach den Bankfeiertagen vom 28. 7. 1931 (RGBl I S. 405) bleibt unberührt; jedoch werden in Nr. 1 die Worte „1. August 1931" durch die Worte „4. August 1931" ersetzt.

Art 4. Vom 5. 8. 1931 an unterliegt der Zahlungsverkehr der von den Bankfeiertagen betroffenen Institute keinen Beschränkungen mehr, soweit sich nichts anderes aus Art 5 ergibt.

Art 5. Für Guthaben aus Sparkonten oder Sparbüchern (bei Banken, Sparkassen aller Art und Genossenschaften) gelten in der Zeit vom 3. bis 8. 8. 1931 folgende Bestimmungen: ....

§ 3. Die Vorschriften des Art 1 § 2 der sechsten Verordnung über die Wiederaufnahme des Zahlungsverkehrs nach den Bankfeiertagen vom 28. 7. 1931 (RGBl I S. 405) bleiben unberührt.

§ 4. Beauftragt ein Kontoinhaber ein Institut, einen von ihm akzeptierten Wechsel, der vor dem 22. 7. 1931 ausgestellt ist, ganz oder zum Teil einzulösen, so sind hierfür Barauszahlungen und Überweisungen zulässig, soweit für solche Einlösungen das Konto des Auftraggebers nicht mit mehr als 8 000 Reichsmark für den Tag belastet wird.

§ 5. Wer in den Fällen der §§ 1—4 . . . [weiter wie in Art 1 § 5 der 5. Verordnung, Nr. 21].

§ 6. Insoweit die Kreditinstitute nach den Vorschriften der §§ 1—4 Barzahlungen und Überweisungen nicht vornehmen dürfen, gelten die Vorschriften des § 1 Abs 2 der Durchführungsverordnung vom 13. 7. 1931 (RGBl I S. 361) und des Art 2 der zweiten Durchführungsverordnung vom 14. 7. 1931 (RGBl I S. 363) auch für die Zeit vom 3.—8. 8. 1931.

C. Wechselwährung und Wechselzinsen.

1. Verordnung über Goldmark- und Goldmarknoten-Wechsel und -Schecks. Vom 6. Februar 1924 (RGBl I S. 50).

Auf Grund des Ermächtigungsgesetzes vom 8. 12. 1923 (RGBl I S. 1179) verordnet die Reichsregierung nach Anhörung der Ausschüsse des Reichstags und des Reichsrats:

I. Goldmark-Wechsel und -Schecks.

§ 1. Wechsel und Schecks können in der Weise ausgestellt werden, daß die zu zahlende Geldsumme in Goldmark ausgedrückt wird (Goldmark-Wechsel und -Schecks). Als Goldmark gilt der Wert von $^{10}/_{42}$ des nordamerikanischen Dollars. Die Reichsregierung ist ermächtigt, eine andere Einheit festzusetzen.

§ 2. Zahlungen aus Goldmark-Wechseln und -Schecks haben in Reichswährung zu erfolgen. Der Aussteller kann durch einen entsprechenden Zusatz Zahlung in Rentenmark bestimmen. Für die Umrechnung in Reichswährung oder Rentenmark ist die Zeit der Zahlung maßgebend.

§ 3. Lautet das Akzept eines Goldmark-Wechsels anders als auf Goldmark, so wird der Wechsel einem solchen gleichgeachtet, dessen Annahme gänzlich verweigert worden ist; der Akzeptant haftet nach dem Inhalt seines Akzepts wechselmäßig.

II. Goldmarknoten-Wechsel und -Schecks.

§ 4. Wechsel und Schecks können auch in der Weise ausgestellt werden, daß die zu zahlende Geldsumme in Goldmarknoten der Reichsbank oder in Goldmarknoten einer Privatnotenbank ausgedrückt wird.

Auf Wechsel, die auf Goldmarknoten der Reichsbank oder auf Goldmarknoten einer Privatnotenbank lauten, findet die Vorschrift des Art 37 der WO entsprechende Anwendung.

§ 5. Die Vorschrift des § 3 findet auf Goldmarknoten-Wechsel entsprechende Anwendung.

III. Schlußbestimmungen.

§ 6. Die Reichsregierung wird ermächtigt, mit Zustimmung des Reichsrats die zur Durchführung dieses Gesetzes erforderlichen Rechtsverordnungen und allgemeinen Verwaltungsvorschriften zu erlassen. Sie kann insbesondere Umrechnungsgrundsätze aufstellen, einen Mindestbetrag für Goldmark-Wechsel und -Schecks festsetzen und anordnen, daß über Guthaben aus Konten, die in der im § 1 bezeichneten Rechnungseinheit geführt werden (Goldkonten) durch Übertragung auf ein anderes Goldkonto nur in bestimmten Mindestbeträgen verfügt werden darf.

2. Verordnung zur Durchführung der Verordnung über Goldmark- und Goldmarknoten-Wechsel und Schecks. Vom 17. April 1924 (RGBl I S. 414).

Auf Grund des § 6 der Verordnung über Goldmark- und Goldmarknoten-Wechsel und -Schecks vom 6. 2. 1924 (RGBl I S. 50) verordnet die Reichsregierung mit Zustimmung des Reichsrats:

§ 1. Alle auf Zahlungen gerichteten Ansprüche aus Wechseln oder Schecks im Sinne der WO und des Scheckges sind, wenn es sich um einen Goldmark-Wechsel oder -Scheck handelt, Goldmarkansprüche.

§ 2. Die Umrechnung der Zahlungen in Reichswährung erfolgt nach dem Mittelkurse, der auf Grund der amtlichen Berliner Notierung des dem Tage der Zahlung vorhergehenden Börsentags für Auszahlung New-York errechnet wird, oder, falls der Mittelkurs des dem Präsentationstage vorhergehenden Börsentags ein höherer war, nach diesem Kurse.

3. Gesetz über die Wechsel- und Scheckzinsen. Vom 3. Juli 1925 (RGBl I S. 93).

Der Reichstag hat das folgende Gesetz beschlossen, das mit Zustimmung des Reichsrats hiermit verkündet wird:

§ 1. Der Zinssatz der nach Art 50, 51 der WO und § 17 des Scheckges zu entrichtenden Zinsen beträgt für die Zeit von dem Inkrafttreten dieses Gesetzes ab bis auf weiteres zwei vom Hundert über dem jeweiligen Reichsbankdiskontsatz, mindestens aber sechs vom Hundert.

Jede neue Festsetzung des Reichsbankdiskontsatzes tritt für dieses Gesetz am zweiten Tage nach der Veröffentlichung durch die Reichsregierung im Reichsgesetzblatt in Kraft.

§ 2. Dieses Gesetz tritt mit dem auf die Verkündung folgenden Tage in Kraft.

4. Verordnung des Reichspräsidenten über .... den Verkehr mit Devisen.... Vom 15. Juli 1931 (RGBl I S. 365) (Auszug).

(Vgl. auch Anlage B 16.)

. . . .

§ 2. Die Reichsregierung ist ermächtigt, Vorschriften

1. über den Verkehr mit ausländischen Zahlungsmitteln und Forderungen in ausländischer Währung in Anlehnung an die Devisenordnung vom 8. 11. 1924 (RGBl I S. 730)

. . . .

zu erlassen.

4 a. Bekanntmachung der Reichsbank.

Auf Grund des § 1 Satz 2 der Verordnung über den Verkehr mit ausländischen Zahlungsmitteln vom 15. 7. 1931 ermächtigen wir die Kreditinstitute, die bisher mit uns im Diskontverkehr standen, kommissionsweise für uns Devisengeschäfte zu betreiben. Die Kreditinstitute haben die eingehenden Zahlungsmittel unverzüglich zu den Geschäftsbedingungen der Reichsbank an die für sie zuständige Reichsbankanstalt abzuführen.

Berlin, den 16. Juli 1931.

Reichsbank-Direktorium.

5. Verordnung des Reichspräsidenten gegen die Kapital- und Steuerflucht. Vom 18. Juli 1931 (RGBl I S. 373) (Auszug).

Auf Grund des Art 48 Abs 2 der Reichsverfassung wird folgendes verordnet:

Erster Abschnitt. Anzeigepflicht.

Erster Titel: Anzeigepflicht gegenüber der Reichsbank.

§ 1. (1) Die im § 2 des Vermögensteuergesetzes vom 22. 5. 1931 (RGBl I S. 237) bezeichneten Personen, denen ausländische Zahlungsmittel gehören oder Forderungen in ausländischer Währung zustehen, sind verpflichtet, innerhalb einer von der Reichsregierung zu bestimmenden Frist die Zahlungsmittel und Forderungen der Reichsbank (§ 4) zu den allgemeinen Geschäftsbedingungen anzubieten und ihr auf Verlangen zu verkaufen und zu übertragen.

(2) Von der Verpflichtung nach Abs 1 ist befreit, wer innerhalb der Frist (Abs 1) der Reichsbank (§ 4) die ausländischen Zahlungsmittel oder Forderungen anzeigt und darlegt, daß er der angezeigten Werte zu Zwecken bedarf, die volkswirtschaftlich gerechtfertigt sind.

(3) In Fällen des Abs 2 prüft die Reichsbank (§ 4), ob die angegebenen Zwecke volkswirtschaftlich gerechtfertigt sind. Ist dies nicht der Fall, so kann die Reichsbank (§ 4) verlangen, daß die ausländischen Werte nach Abs 1 verkauft und übertragen werden.

(4) Für Personen, die unter die Vorschriften der Abs 1 bis 3 fallen und sich bei Beginn der Frist (Abs 1) im Ausland befinden, läuft die Frist frühestens eine Woche nach der Rückkehr in das Inland ab.

(5) Die Verpflichtungen nach den Abs 1 bis 4 erstrecken sich auf solche ausländischen Wertpapiere, die nach dem 12. 7. 1931 gegen ausländische Zahlungsmittel oder Forderungen in ausländischer Währung erworben worden sind.

§ 2. (1) In gleicher Weise wie ein Eigentümer hat die im § 1 bezeichneten Verpflichtungen zu erfüllen:

1. wer einen anzeigepflichtigen Gegenstand als ihm gehörig besitzt,
2. wer durch einen Treuhänder, durch eine Erwerbsgesellschaft, oder in sonstiger Weise die Verfügungsmacht über einen anzeigepflichtigen Gegenstand ausübt.

(2) Wer nach den Vorschriften der Reichsabgabenordnung, insbesondere nach den §§ 103 ff., die Pflichten eines Steuerpflichtigen zu erfüllen hat, ist verpflichtet, auch der Reichsbank (§ 4) gegenüber die im § 1 bezeichneten Verpflichtungen des Steuerpflichtigen zu erfüllen.

§ 3. (1) Zahlungsmittel im Sinne dieser Verordnung sind Geldsorten (Münzgeld, Papiergeld, Banknoten und dergleichen), Auszahlungen, Anweisungen, Schecks und Wechsel mit Ausnahme von Scheidemünzen.

(2) Forderungen in ausländischer Währung im Sinne dieser Verordnung sind Forderungen, bei denen der Gläubiger Anspruch auf Zahlung in effektiver ausländischer Währung hat. Als Forderungen in ausländischer Währung gelten nicht ausländische Wertpapiere und Forderungen, die mit einer längeren Frist als drei Monate kündbar sind.

§ 4. Die Verpflichtungen der Steuerpflichtigen nach §§ 1 bis 3 können auch erfüllt werden gegenüber Kreditinstituten, denen die Reichsbank gemäß § 1 der Verordnung über den Verkehr mit ausländischen Zahlungsmitteln vom 15. 7. 1931 (RGBl I S. 366) die Befugnis zum An- und Verkauf von ausländischen Zahlungsmitteln verliehen hat.

§ 5. (1) Wer den Vorschriften der §§ 1 bis 4 vorsätzlich oder fahrlässig zuwiderhandelt, wird mit Gefängnis bestraft. Bei vorsätzlicher Zuwiderhandlung kann in besonders schweren Fällen auf Zuchthaus bis zu zehn Jahren erkannt werden.

(2) Neben der Freiheitsstrafe kann auf Geldstrafe erkannt werden. Der Höchstbetrag der Geldstrafe ist unbeschränkt.

(3) Neben der Strafe ist auf Einziehung der Werte zu erkennen, hinsichtlich derer den Vorschriften der §§ 1 bis 4 vorsätzlich oder fahrlässig zuwidergehandelt worden ist. Für den Fall, daß die Einziehung nicht vollzogen werden kann, ist auf Zahlung des Betrags zu erkennen, der dem Werte der Gegenstände entspricht. Mit der Einziehung gehen die Gegenstände, auf deren Einziehung erkannt worden ist, auf das Reich über. Ersatzzahlungen (Satz 2) fließen dem Lande zu.

(4) Neben der Strafe kann angeordnet werden, daß die Bestrafung auf Kosten des Verurteilten öffentlich bekanntzumachen ist. Umfang und Art der Bekanntmachung werden in dem Urteil bestimmt. Die Bekanntmachung ist nicht mehr zulässig, wenn seit der Rechtskraft des Urteils sechs Monate verstrichen sind.

Zweiter Titel: Anzeigepflicht gegenüber den Steuerbehörden.

§ 7. (1) Durch die Verpflichtungen, die nach den §§ 1 bis 4 der Reichsbank (§ 4) gegenüber zu erfüllen sind, wird für Personen, die eine Vermögenserklärung abzugeben haben, die Verpflichtung nicht berührt, die ausländischen Zahlungsmittel und die Forderungen in ausländischer Währung dem Finanzamt anzuzeigen ...

6. Erste Verordnung zur Durchführung der Verordnung des Reichspräsidenten gegen die Kapital- und Steuerflucht. Vom 21. Juli 1931 (RGBl I S. 387).

Auf Grund der §§ 1 Abs 1, 11 der VO des Reichspräsidenten gegen die Kap. u. St.-Flucht vom 18. 7. 1931 (RGBl I S. 373) wird hiermit verordnet:

§ 1. (1) Natürliche Personen, die im Deutschen Reiche ihren Wohnsitz oder ihren gewöhnlichen Aufenthalt haben, ferner

a) Aktiengesellschaften, Kommanditgesellschaften auf Aktien, Kolonialgesellschaften, bergbautreibende rechtsfähige Vereinigungen und nichtrechtsfähige Berggewerkschaften, Gesellschaften mit beschränkter Haftung, Genossenschaften, Versicherungsvereine auf Gegenseitigkeit, Hypothekenbanken, Schiffsbeleihungsbanken,
b) rechtsfähige und nichtrechtsfähige Vereine, Anstalten, Stiftungen, andere Zweckvermögen und sonstige nicht unter a fallende Körperschaften des bürgerlichen Rechts,

c) offene Handelsgesellschaften, Kommanditgesellschaften und ähnliche Gesellschaften des Handelsrechts, bei denen die Gesellschafter als Unternehmer (Mitunternehmer) anzusehen sind,
d) Kreditanstalten des öffentlichen Rechts,

unter der Voraussetzung, daß der Sitz oder der Ort der Leitung im Inland liegt, haben die Verpflichtungen nach §§ 1, 2 der Verordnung gegen die Kapital- und Steuerflucht gegenüber der örtlich zuständigen Reichsbankanstalt oder einem Kreditinstitut, dem die Reichsbank gemäß § 1 der Verordnung über den Verkehr mit ausländischen Zahlungsmitteln vom 15. 7. 1931 (RGBl I S. 366) die Befugnis zum An- und Verkauf von ausländischen Zahlungsmitteln verliehen hat, in bezug auf ihre ausländischen Zahlungsmittel und Forderungen in ausländischer Währung, die ihnen am 22. 7. 1931 zustehen, bis zum 29. 7. 1931 zu erfüllen, sofern diese Zahlungsmittel und Forderungen am 22. 7. 1931 für einen Pflichtigen insgesamt den Gegenwert von 20 000 Reichsmark erreichen oder übersteigen.

(2) Für die im Abs 1 genannten Personen, deren ausländische Zahlungsmittel und Forderungen in ausländischer Währung den Gegenwert von 20 000 Reichsmark nicht erreichen, bleibt die Festsetzung des Ablieferungszeitraums durch weiteren Aufruf vorbehalten. Diese Personen werden von den Verpflichtungen nach §§ 1, 2 der Verordnung gegen die Kapital- und Steuerflucht frei, wenn sie ihre ausländischen Zahlungsmittel und Forderungen in ausländischer Währung an die Reichsbank veräußern, bevor der Aufruf erfolgt.

(3) Zu den ausländischen Zahlungsmitteln und Forderungen in ausländischer Währung im Sinne dieser Verordnung gehören auch solche ausländische Wertpapiere, die nach dem 12. 7. 1931 gegen ausländische Zahlungsmittel oder Forderungen in ausländischer Währung erworben worden sind.

(4) Die im Abs 1 unter a und c aufgeführten Gesellschaften haben die Verpflichtungen nach §§ 1, 2 der Verordnung gegen die Kapital- und Steuerflucht auch dann zu erfüllen, wenn sie wirtschaftlich betrachtet als Zweigniederlassung eines ausländischen Unternehmens anzusehen sind.

§ 2. Die Reichsbank und die Kreditinstitute, denen die Reichsbank gemäß § 1 der Verordnung über den Verkehr mit ausländischen Zahlungsmitteln vom 15. 7. 1931 die Befugnis zum An- und Verkauf von ausländischen Zahlungsmitteln verliehen hat, sollen über Annahme der Angebote (§ 1 Abs 1 der Verordnung gegen die Kapital- und Steuerflucht) unverzüglich, über die Verpflichtung zum Verkauf und zur Übertragung angezeigter Zahlungsmittel und Forderungen (§ 1 Abs 2, 3 der Verordnung gegen die Kapital- und Steuerflucht) innerhalb von zehn Tagen Entscheidung treffen.

§ 3. Für die Anzeigen gemäß § 1 Abs 2 der Verordnung gegen die Kapital- und Steuerflucht sind Formulare zu verwenden, die von der Reichsbank und den im § 2 bezeichneten Kreditinstituten kostenfrei abgegeben werden.

§ 4. Die im § 2 bezeichneten Kreditinstitute haben, soweit sie selbst Verpflichtungen nach §§ 1, 2 der Verordnung gegen die Kapital- und Steuerflucht haben, diese Verpflichtungen gegenüber der zuständigen Reichsbankanstalt zu erfüllen.

§ 5. Wertpapiere in ausländischer Währung, deren Aussteller seinen Wohnsitz, seinen Sitz oder den Ort der Leitung im Inlande hat, gelten nicht als ausländische Wertpapiere im Sinne des § 1 Abs 5 der Verordnung gegen die Kapital- und Steuerflucht.

§ 6. (1) Als Forderungen in ausländischer Währung im Sinne des § 3 Abs 2 Satz 1 der Verordnung gegen die Kapital- und Steuerflucht gelten nicht Forderungen in ausländischer Währung gegen Personen, die im Inland ihren Wohnsitz, ihren Sitz oder den Ort der Leitung haben.

(2) Zu den Forderungen, die mit einer längeren Frist als drei Monate kündbar sind und deshalb nach § 3 Abs 2 Satz 2 der Verordnung gegen die Kapital- und Steuerflucht dieser Verordnung nicht unterliegen, gehören solche Forderungen nicht, deren Fälligkeit zwischen dem 18. 7. und dem 18. 10. 1931 liegt.

7. Zweite Verordnung zur Durchführung der Verordnung des Reichspräsidenten gegen die Kapital- und Steuerflucht. Vom 25. Juli 1931 (RGBl I S. 396).

Auf Grund des § 11 der Verordnung des Reichspräsidenten gegen die Kapital- und Steuerflucht vom 18. 7. 1931 (RGBl I S. 373) wird hiermit verordnet:

§ 1. Die erste Verordnung zur Durchführung der Verordnung des Reichspräsidenten gegen die Kapital- und Steuerflucht vom 21. 7. 1931 (RGBl I S. 387) wird wie folgt geändert:

1. § 1 Abs 1 erhält folgenden Zusatz:

„Ehegatten, die nicht dauernd voneinander getrennt leben, ferner Eltern und minderjährige Kinder (§ 23 des Einkommensteuergesetzes), die in einer Haushaltung leben, gelten im Sinne dieser Bestimmung als ein Pflichtiger."

2. Hinter § 1 wird folgender § 1a eingefügt:

„**§ 1a.** Von den Verpflichtungen nach §§ 1, 2 der Verordnung gegen die Kapital- und Steuerflucht sind befreit:

1. Personen, soweit ihnen unter Wahrung der Gegenseitigkeit nach allgemeinen völkerrechtlichen Grundsätzen ein Anspruch auf Befreiung von den persönlichen Steuern zusteht;
2. konsularische Vertreter, die Berufsbeamte sind, und die ihnen zugewiesenen Beamten, sofern sie Angehörige des Entsendestaates sind, die deutsche Staatsangehörigkeit nicht besitzen und außerhalb ihres Amtes oder Dienstes im Inland keinen Beruf, kein Gewerbe und keine andere gewinnbringende Tätigkeit ausüben."
3. § 3 erhält folgenden Abs 2:

„(2) Die Formulare sind in doppelter Ausfertigung auszufüllen und einzureichen. Ein Stück ist dem Anzeigepflichtigen zurückzugeben. Die im § 2 bezeichneten Kreditinstitute haben das zweite Formular bis zum 20. 8. 1931 an die örtlich zuständige Reichsbankanstalt abzuliefern; dabei sind die Entscheidungen (§ 2) ersichtlich zu machen".

4. § 6 Abs 1 erhält folgende Fassung:

„(1) Als Forderungen in ausländischer Währung im Sinne des § 3 Abs 2 Satz 1 der Verordnung gegen die Kapital- und Steuerflucht gelten nicht Forderungen in ausländischer Währung gegen Personen, die im Inland ihren Wohnsitz, ihren Sitz oder den Ort der Leitung haben, mit Ausnahme von Ansprüchen aus Währungskonten bei inländischen Kreditinstituten."

8. Verordnung des Reichspräsidenten über die Devisenbewirtschaftung. Vom 1. August 1931 (RGBl I S. 421) (Auszug).

Auf Grund des Art 48 Abs 2 der Reichsverfassung wird verordnet:

§ 1. (1) Die Beschränkungen und Verbote dieser Verordnung gelten nicht für die Reichsbank und die Deutsche Golddiskontbank.

(2) Die Durchführung von Vereinbarungen, die von Gruppen ausländischer Gläubiger und inländischer Schuldner mit Zustimmung der Reichsbank über die Behandlung der zwischen den Mitgliedern dieser Gruppen bestehenden Verbindlichkeiten getroffen werden, wird von der Reichsbank oder von Stellen, die sie bestimmt, überwacht. Die Vorschriften dieser Verordnung gelten nur, soweit ihre Anwendung nicht der Erfüllung von Verbindlichkeiten aus solchen Vereinbarungen entgegensteht.

§ 2. (1) Ausländische Zahlungsmittel und Forderungen in ausländischer Währung dürfen gegen inländische Zahlungsmittel nur von der Reichsbank oder durch ihre Vermittlung erworben und nur an die Reichsbank oder durch ihre Vermittlung veräußert werden.

(2) Der Erwerb bedarf einer schriftlichen Genehmigung der Stelle für Devisenbewirtschaftung (§ 17). Die Genehmigung ist zu erteilen, soweit die ausländischen Zahlungsmittel oder Forderungen in ausländischer Währung bestimmt sind zur Zahlung von Zinsen und regelmäßigen Tilgungsbeträgen für langfristige Anleihen.

(3) Die Reichsbank kann anderen Kreditinstituten das Recht verleihen, ausländische Zahlungsmittel oder Forderungen in ausländischer Währung für Rechnung der Reichsbank oder für eigene Rechnung zu erwerben oder zu veräußern. Abs 2 gilt entsprechend, wenn von einem solchen Kreditinstitut oder durch Vermittlung eines solchen Kreditinstitutes erworben wird, es sei denn, daß der Erwerber ein Kreditinstitut nach Satz 1 ist und innerhalb des ihm von der Reichsbank verliehenen Rechtes handelt.

(4) Als Erwerb gilt auch der Erwerb im Wege der Zwangsvollstreckung.

§ 3. Über ausländische Zahlungsmittel oder Forderungen in ausländischer Währung, die anders als nach § 2 erworben worden sind, darf nur mit schriftlicher Genehmigung der Stelle für Devisenbewirtschaftung verfügt werden, es sei denn, daß die Werte an die Reichsbank oder ein Kreditinstitut nach § 2 Abs 3 veräußert werden.

§ 4. Ausländische Wertpapiere, die nicht an einer deutschen Börse zum Handel zugelassen sind, dürfen entgeltlich nur mit schriftlicher Genehmigung der Stelle für Devisenbewirtschaftung erworben werden. Über ausländische Wertpapiere, die nicht an einer deutschen Börse zum Handel zugelassen sind, darf nur mit schriftlicher Genehmigung der Stelle für Devisenbewirtschaftung verfügt werden, es sei denn, daß die Wertpapiere an die Reichsbank oder ein Kreditinstitut nach § 2 Abs 3 veräußert werden.

§ 5. Termingeschäfte über ausländische Zahlungsmittel oder Forderungen in ausländischer Währung oder über Edelmetall gegen inländische Zahlungsmittel sind verboten.

§ 6. Nur mit schriftlicher Genehmigung der Stelle für Devisenbewirtschaftung

1. dürfen Kredite, die auf Reichsmark oder Goldmark lauten, Personen eingeräumt werden, die im Ausland oder im Saargebiet ansässig sind;
2. dürfen Forderungen, die auf Reichsmark oder Goldmark lauten, auf Konten übertragen werden, die im Ausland oder im Saargebiet geführt werden oder an dort ansässige Personen abgetreten werden;
3. darf über Forderungen verfügt werden, die auf Reichsmark oder Goldmark lauten, vor dem Inkrafttreten dieser Verordnung entstanden sind und im Ausland oder im Saargebiet ansässigen Personen zustehen.

§ 7. Zahlungsmittel und Wertpapiere dürfen nur mit schriftlicher Genehmigung der Stelle für Devisenbewirtschaftung ins Ausland oder ins Saargebiet versandt oder überbracht werden.

§ 8. (1) Zahlungsmittel im Sinne dieser Verordnung sind Geldsorten (Münzgeld, Papiergeld, Banknoten und dergleichen), Auszahlungen, Anweisungen, Schecks und Wechsel.

(2) Forderungen in ausländischer Währung im Sinne dieser Verordnung sind Forderungen, bei denen der Gläubiger Anspruch auf Zahlung in effektiver ausländischer Währung hat. Als Forderungen in ausländischer Währung gelten nicht ausländische Wertpapiere sowie Forderungen in ausländischer Währung aus Versicherungsverträgen, die vor dem 15. 7. 1931 abgeschlossen worden sind.

(3) . . . . . .

(4) . . . . . .

§ 9. (1) Ausländische Zahlungsmittel und Forderungen in ausländischer Währung, für die eine amtliche Notierung an der Berliner Börse erfolgt, dürfen gegen inländische Zahlungsmittel zu keinem höheren als dem letztbekannten amtlich an der Berliner Börse notierten Briefkurs erworben oder abgegeben werden.

(2) Der Kurs für Auszahlungen ist auch für Geschäfte in Geldsorten maßgebend, wenn für die Geldsorten kein besonderer amtlicher Kurs notiert wird. Wird ein besonderer Kurs notiert, so gilt er nur für Geschäfte in Geldsorten.

§ 10. (1) Ausländische Zahlungsmittel und Forderungen in ausländischer Währung, für die eine amtliche Notierung an der Berliner Börse nicht vorliegt, dürfen gegen inländische Zahlungsmittel zu keinem höheren als dem letztbekannten, von einem Ausschuß der Berliner Bedingungsgemeinschaft für den Wertpapierverkehr als Briefkurs ermittelten und in der Presse veröffentlichten Preise erworben oder abgegeben werden.

(2) Ausländische Zahlungsmittel und Forderungen in ausländischer Währung, für die weder eine amtliche Notierung an der Berliner Börse erfolgt, noch gemäß Abs 1 Preise ermittelt und veröffentlicht werden, dürfen gegen inländische Zahlungsmittel zu keinem höheren als einem Preise erworben oder abgegeben werden, der auf der Grundlage einerseits eines letztbekannten ausländischen Briefkurses dieses Zahlungsmittels und andererseits des letztbekannten amtlich an der Berliner Börse notierten oder gemäß Abs 1 ermittelten Briefkurses der Währung des ausländischen Börsenplatzes errechnet ist.

§ 11. Die Beschränkungen des § 2 Abs 2 Satz 1, §§ 3, 4, 6, 7 gelten nicht, soweit die Zahlungsmittel, Forderungen, Wertpapiere oder Kredite im Einzelfalle dem Werte nach nicht den Betrag von dreitausend Reichsmark übersteigen. Gleichartige Tatbestände, die sich innerhalb eines Monats in Ansehung einer Person ergeben, die den Beschränkungen unterworfen ist, gelten dabei als ein Einzelfall.

§ 12. Geschäfte, die gegen eine der Vorschriften der §§ 3 bis 11 verstoßen, sind nichtig.

§ 13. Als inländische Kurse ausländischer Zahlungsmittel dürfen nur die amtlichen Notierungen der Berliner Börse oder ihnen gleichgestellte Preise (§ 10 Abs 1) veröffentlicht werden.

§ 14. (1) Der Reichswirtschaftsminister und die Stellen für Devisenbewirtschaftung können von jedermann Auskünfte verlangen, die sich auf Geschäfte oder Handlungen beziehen, die nach dieser Verordnung verboten oder Beschränkungen unterworfen sind. Dabei kann auch die Vorlage der Bücher und sonstiger Belege verlangt werden.

(2) Der Reichswirtschaftsminister kann anordnen, daß ihm oder den Stellen für Devisenbewirtschaftung gegenüber die Richtigkeit einer Auskunft nach Abs 1 eidesstattlich versichert wird.

(3) Die Verordnung über Auskunftspflicht vom 13. 7. 1923 (RGBl I S. 723) bleibt unberührt.

§ 15. (1) Die Reichsregierung kann anordnen, daß ausländische Zahlungsmittel, Forderungen in ausländischer Währung und nach dem 12. 7. 1931 erworbene, an einer deutschen Börse zum Handel nicht zugelassene ausländische Wertpapiere innerhalb einer von ihr zu bestimmenden Frist angemeldet oder der Reichsbank zu den allgemeinen Geschäftsbedingungen angeboten und auf Verlangen verkauft und übertragen werden. § 2 Abs 3 Satz 1 gilt entsprechend.

(2) Die Reichsregierung kann bei der Anordnung den Kreis der hiervon Betroffenen nach ihrem Ermessen bestimmen. Pflichten, die dem Eigentümer eines anzumeldenden oder anzubietenden Gegenstandes obliegen, sind in gleicher Weise von dem zu erfüllen, der den Gegenstand als ihm gehörig besitzt oder der durch einen Treuhänder, durch eine Erwerbsgesellschaft oder in sonstiger Weise die Verfügungsmacht über den Gegenstand ausübt. Wer nach den Vorschriften der Reichsabgabenordnung, besonders nach den §§ 103ff. die Pflichten eines Steuerpflichtigen zu erfüllen hat, ist auch verpflichtet, die Pflichten des Steuerpflichtigen zu erfüllen, die sich aus der Anordnung der Reichsregierung ergeben. Die Reichsregierung kann im übrigen die von der Anordnung betroffenen Werte nach Währungen, Mindestwert des Einzelbesitzes oder anderen ihr zweckmäßig erscheinenden Merkmalen kennzeichnen.

§ 16. Hat die Reichsregierung angeordnet, daß Werte der Reichsbank anzubieten seien (§ 15), so kann ein Pflichtiger, welcher der Werte zu volkswirtschaftlich gerechtfertigten Zwecken bedarf, unter schriftlicher Darlegung seiner Gründe die Entscheidung der Stelle der Devisenbewirtschaftung anrufen. Soweit die Stelle die Zwecke als volkswirtschaftlich gerechtfertigt anerkennt, entfällt die Pflicht zur Anbietung; andernfalls sind die Werte unverzüglich anzubieten.

§ 17. (1) Stellen für Devisenbewirtschaftung sind die Landesfinanzämter. Sie treffen ihre Maßnahmen und Entscheidungen nach Richtlinien, die der Reichswirtschaftsminister im Einvernehmen mit dem Reichsminister der Finanzen und dem Reichsminister für Ernährung und Landwirtschaft aufstellt. In diesen Richtlinien können Ausnahmen von den Vorschriften dieser Verordnung vorgesehen und kann den Stellen für Devisenbewirtschaftung das Recht verliehen werden, solche Ausnahmen zuzulassen.

(2) Zuständig ist jeweils die Stelle für Devisenbewirtschaftung, in deren Bezirk derjenige, der eine Entscheidung nachsucht, seinen Wohnsitz, gewöhnlichen Aufenthalt, Sitz oder Ort der Leitung hat. Ergibt sich hiernach nicht die Zuständigkeit einer Stelle, so ist das Landesfinanzamt Berlin zuständig.

§ 18. (1) Mit Gefängnis oder in besonders schweren Fällen mit Zuchthaus bis zu zehn Jahren sowie mit Geldstrafe bis zum Zehnfachen des Wertes der Zahlungsmittel, der Forderungen in ausländischer Währung, der Wertpapiere oder der Edelmetalle, auf die sich die strafbare Handlung bezieht, wird bestraft, wer vorsätzlich

1. dem § 2 zuwider ausländische Zahlungsmittel oder Forderungen in ausländischer Währung gegen inländische Zahlungsmittel erwirbt oder veräußert;
2. dem § 2 zuwider den Erwerb oder die Veräußerung von ausländischen Zahlungsmitteln oder Forderungen in ausländischer Währung gegen inländische Zahlungsmittel vermittelt;
3. einer der Vorschriften der §§ 3, 4, 6, 7 zuwiderhandelt;
4. ausländische Zahlungsmittel oder Forderungen in ausländischer Währung gegen inländische Zahlungsmittel zu einem höheren als dem nach den §§ 9, 10 zugelassenen Preise abgibt oder erwirbt oder einen solchen Erwerb vermittelt;
5. Termingeschäfte über ausländische Zahlungsmittel oder Forderungen in ausländischer Währung oder über Edelmetalle gegen inländische Zahlungsmittel abschließt oder vermittelt;
6. einer Anordnung, die von der Reichsregierung nach § 15 erlassen ist, nicht, nicht rechtzeitig oder nicht ordnungsmäßig nachkommt.

(2) Wird eine der Handlungen fahrlässig begangen, tritt nur die Geldstrafe ein. An Stelle einer Geldstrafe tritt bei Nichtbeitreibbarkeit Gefängnis.

(3) Mit der im Abs 1 bezeichneten Strafe wird ferner bestraft, wer vorsätzlich zu einer im Abs 1 mit Strafe bedrohten Handlung auffordert, anreizt oder sich erbietet.

(4) Neben der Strafe können die Werte, auf die sich die strafbare Handlung bezieht, zugunsten des Reichs eingezogen werden, auch wenn sie dem Täter oder einem Teilnehmer nicht gehören. Die Einziehung unterbleibt, wenn der von der Einziehung Betroffene nachweist, daß er von der Straftat weder Kenntnis hatte noch haben konnte, er von der Straftat auch keinen Vorteil gehabt hat. Erweist sich die Einziehung als nicht durchführbar, so kann das Gericht nachträglich durch Beschluß die Einziehung des Gegenstandes in Geld anordnen. Der Feststellung des Wertes ausländischer Zahlungsmittel und von Forderungen in ausländischer Währung ist der nach den Vorschriften dieser Verordnung errechnete mittlere Kurswert im Zeitpunkt der verbotenen Handlung zugrunde zu legen.

(5) Zur Sicherung der Geldstrafe oder der Einziehung kann das Vermögen des Angeschuldigten ganz oder teilweise beschlagnahmt werden.

§ 19. Mit Geldstrafe wird bestraft, wer vorsätzlich oder fahrlässig

1. Kurse ausländischer Zahlungsmittel veröffentlicht, die nach § 13 nicht veröffentlicht werden dürfen;
2. die vom Reichswirtschaftsminister oder einer Stelle für Devisenbewirtschaftung erforderten Auskünfte nicht, nicht in der bestimmten Frist, unvollständig oder unrichtig erstattet oder die Bücher oder sonstigen Belege nicht, nicht in der bestimmten Frist oder unvollständig vorlegt.

§ 20. In den Fällen der §§ 18 und 19 finden die Vorschriften der §§ 416, 417 der Reichsabgabenordnung entsprechende Anwendung.

§ 21. Ist bei Inkrafttreten dieser Verordnung eine Anzeige, die nach § 1 Abs 2 der Verordnung des Reichspräsidenten gegen die Kapital- und Steuerflucht vom 18. 7. 1931 (RGBl I S. 373) zu erstatten ist, noch nicht erstattet, so ist sie der zuständigen Stelle für Devisenbewirtschaftung zu erstatten. Diese Stelle entscheidet auch, ob ein angegebener Zweck volkswirtschaftlich gerechtfertigt ist, soweit bei Inkrafttreten dieser Verordnung diese Entscheidung weder getroffen noch vorbereitet ist.

§ 22. Die Reichsregierung ist ermächtigt, die zur Durchführung dieser Verordnung erforderlichen Rechtsverordnungen und allgemeinen Verwaltungsvorschriften zu erlassen. Sie kann, soweit sie es zur Erreichung der Zwecke dieser Verordnung für erforderlich hält, auch weitere Vorschriften über Beschränkungen und Verbote erlassen. Sie kann ferner anordnen, daß und in welchem Umfange bei Zuwiderhandlungen gegen die von ihr erlassenen Bestimmungen die in den §§ 18 bis 20 angedrohten Strafen und sonstigen Maßnahmen Anwendung finden.

§ 23 . . . .

9. Erste Verordnung zur Durchführung der Verordnung des Reichspräsidenten über die Devisenbewirtschaftung. Vom 12. August 1931 (RGBl I S. 437).

Auf Grund der §§ 17 Abs 1 Satz 3, 22 der Verordnung des Reichspräsidenten über die Devisenbewirtschaftung vom 1. 8. 1931 (RGBl I S. 421) wird verordnet:

§ 1. Über Forderungen, die auf Reichsmark oder Goldmark lauten und im Ausland oder im Saargebiet ansässigen Personen zustehen, darf ohne die im § 6 Nr. 3 der Verordnung über die Devisenbewirtschaftung vorgeschriebene schriftliche Genehmigung auch dann verfügt werden, wenn die Forderungen in der Zeit vom 16. 7. bis 3. 8. 1931 entstanden sind.

§ 2. (1) Über die Vorschriften des § 6 der Verordnung über die Devisenbewirtschaftung hinaus bedarf der schriftlichen Genehmigung der Stelle für Devisenbewirtschaftung auch eine im Inland ansässige Person, wenn sie Reichsmarkbeträge auf ein im Inland geführtes Konto einer im Ausland oder im Saargebiet ansässigen Person durch Bareinzahlungen, Überweisungen oder in sonstiger Weise gutschreiben lassen will.

(2) § 11 der Verordnung über die Devisenbewirtschaftung gilt entsprechend.

§ 3. (1) Die Vorschrift des § 7 der Verordnung über die Devisenbewirtschaftung gilt auch für Edelmetalle im Sinne des § 8 Abs 4 der Verordnung.

(2) Eine Anordnung der Reichsregierung nach § 15 der Verordnung über die Devisenbewirtschaftung kann sich auch auf Edelmetalle erstrecken.

§ 4. Die Nichtigkeit eines Geschäfts (§ 12 der Verordnung über die Devisenbewirtschaftung) kann nicht zum Nachteil von Personen geltend gemacht werden, die im Ausland ansässig sind oder die den die Nichtigkeit begründenden Sachverhalt beim Abschluß des Geschäfts nicht kannten.

§ 5. Bis auf weiteres entscheiden in den im § 21 Satz 2 der Verordnung über die Devisenbewirtschaftung genannten Fällen die Reichsbank oder die von ihr ermächtigten Kreditinstitute.

10. Zweite Verordnung zur Durchführung der Verordnung des Reichspräsidenten über die Devisenbewirtschaftung. Vom 20. August 1931 (D. Reichsanzeiger 25. 8. 1931).

Auf Grund der §§ 17 Abs 1 Satz 3, 22 der Verordnung des Reichspräsidenten über die Devisenbewirtschaftung vom 1. 8. 1931 (RGBl I S. 421) wird verordnet:

§ 1. In Abweichung von § 5 der Verordnung über die Devisenbewirtschaftung sind bis auf weiteres solche Termingeschäfte über ausländische Zahlungsmittel gegen inländische Zahlungsmittel zulässig, die mit schriftlicher Genehmigung der Stelle für Devisenbewirtschaftung entweder mit der Reichsbank oder mit einem der in § 2 Abs 3 der Verordnung über die Devisenbewirtschaftung bezeichneten Kreditinstitute im Rahmen der ihm von der Reichsbank erteilten Ermächtigung abgeschlossen werden.

§ 2. Geschäfte, die gegen die Vorschriften des § 1 dieser Verordnung oder des § 2 der Ersten Verordnung zur Durchführung der Verordnung über die Devisenbewirtschaftung vom 12. 8. 1931 (RGBl I S. 437) verstoßen, sind nichtig. § 4 der Ersten Durchführungsverordnung gilt entsprechend.

§ 3. Die in §§ 18 bis 20 der Verordnung über die Devisenbewirtschaftung angedrohten Strafen und sonstigen Maßnahmen finden auch Anwendung auf Zuwiderhandlungen gegen die Vorschriften des § 1 dieser Verordnung und des § 2 der Ersten Durchführungsverordnung.

11. Dritte Verordnung zur Durchführung der Verordnung des Reichspräsidenten über die Devisenbewirtschaftung. Vom 29. August 1931 (RGBl I S. 461).

Auf Grund der §§ 15, 22 der Verordnung des Reichspräsidenten über die Devisenbewirtschaftung vom 1. 8. 1931 (RGBl I S. 421) und des § 3 der Ersten Verordnung zur Durchführung der Verordnung des Reichspräsidenten über die Devisenbewirtschaftung vom 12. 8. 1931 (RGBl I S. 437) wird verordnet:

Art I. § 1. (1) [Abs. 1 Eingang und a—d wie in der ersten VO vom 21. 7. 1931, Anlage B 6] haben ihre ausländischen Zahlungsmittel, ihre Forderungen in ausländischer Währung, ihre nach dem 12. 7. 1931 erworbenen, an einer deutschen Börse zum Handel nicht zugelassenen ausländischen Wertpapiere und ihre Bestände an außer Kurs gesetzten Goldmünzen, an Feingold oder legiertem Gold (roh oder Halbfabrikate) der örtlich zuständigen Reichsbankanstalt oder einem Kreditinstitute, dem die Reichsbank die Befugnis zum An- und Verkauf von ausländischen Zahlungsmitteln verliehen hat, bis zum 5. 9. 1931 anzubieten und auf Verlangen zu verkaufen und zu übertragen, sofern diese Zahlungsmittel, Forderungen, Wertpapiere und Goldbestände am 29. 8. 1931 für einen Pflichtigen insgesamt den Gegenwert von eintausend Reichsmark übersteigen. Ehegatten, die nicht dauernd voneinander getrennt leben, ferner Eltern und minderjährige Kinder (§ 23 des Einkommensteuergesetzes), die in einer Haushaltung leben, gelten im Sinne dieser Bestimmung als ein Pflichtiger.

(2) Personen, die unter die Vorschriften des Abs 1 fallen und sich beim Inkrafttreten dieser Verordnung im Ausland befinden, haben die Verpflichtungen nach Abs 1 spätestens eine Woche nach Rückkehr in das Inland zu erfüllen.

(3) Für die im Abs 1 genannten Personen, deren ausländische Zahlungsmittel, Forderungen in ausländischer Währung, Wertpapiere und Goldbestände den in Abs 1 genannten Betrag nicht erreichen, bleibt die Festsetzung des Ablieferungszeitraums durch weiteren Aufruf vorbehalten.

(4) Die im Abs 1 unter a und c aufgeführten Gesellschaften haben die Verpflichtungen auch dann zu erfüllen, wenn sie wirtschaftlich betrachtet als Zweigniederlassung eines ausländischen Unternehmens anzusehen sind.

§ 2. (1) Von den Verpflichtungen nach § 1 Abs 1 sind befreit:

a) Personen, soweit ihnen unter Wahrung der Gegenseitigkeit nach allgemeinen völkerrechtlichen Grundsätzen ein Anspruch auf Befreiung von den persönlichen Steuern zusteht;

b) konsularische Vertreter, die Berufsbeamte sind, und die ihnen zugewiesenen Beamten, sofern sie Angehörige des Entsendestaates sind, die deutsche Staatsangehörigkeit nicht besitzen und außerhalb ihres Amtes oder Dienstes im Inland keinen Beruf, kein Gewerbe und keine andere gewinnbringende Tätigkeit ausüben.

(2) Ferner ist von den Verpflichtungen nach § 1 Abs 1 befreit, wer seinen Verpflichtungen nach der Ersten Verordnung zur Durchführung der Verordnung gegen die Kapital- und Steuerflucht vom 21. 7. 1931 (RGBl I S. 387) nachgekommen ist, es sei denn, daß es sich um die Pflicht zur Anbietung von Gold (§ 1 Abs 1) oder von solchen ausländischen Wertpapieren (§ 1 Abs 1) handelt, die anders als gegen ausländische Zahlungsmittel oder Forderungen in ausländischer Währung erworben worden sind.

§ 3. (1) Bis auf weiteres ist in den Fällen des § 16 der Verordnung über die Devisenbewirtschaftung statt einer Entscheidung der Stelle für Devisenbewirtschaftung eine Entscheidung der Reichsbank oder eines von ihr ermächtigten Kreditinstituts (§ 1 Abs 1) anzurufen.

(2) Die Reichsbank und die von ihr ermächtigten Kreditinstitute sollen über die Annahme der Angebote (§ 1 Abs 1) unverzüglich, soweit es sich um Anträge gemäß § 16 der Verordnung über die Devisenbewirtschaftung handelt, innerhalb von zehn Tagen Entscheidung treffen.

(3) Die Reichsbank kann die im § 1 Abs 1, 2 bestimmten Fristen für gewisse Gruppen von Pflichtigen oder von Werten verlängern.

§ 4. (1) Für die Anträge gemäß § 16 der Verordnung über die Devisenbewirtschaftung sind Vordrucke zu verwenden, die von der Reichsbank und den im § 1 Abs 1 bezeichneten Kreditinstituten kostenfrei abgegeben werden.

(2) Die Vordrucke sind in doppelter Ausfertigung auszufüllen und einzureichen. Ein Stück ist dem Anzeigepflichtigen zurückzugeben. Die Kreditinstitute haben die zweite Ausfertigung bis zum 26. 9. 1931 an die örtlich zuständige Reichsbankanstalt abzuliefern; dabei sind die Entscheidungen (§ 3) ersichtlich zu machen.

§ 5. Die in § 1 Abs 1 bezeichneten Kreditinstitute haben, soweit sie selbst Verpflichtungen nach § 1 dieser Verordnung haben, diese Verpflichtungen gegenüber der zuständigen Reichsbankanstalt zu erfüllen.

§ 6. Als Forderungen in ausländischer Währung im Sinne des § 1 dieser Verordnung gelten nicht:

a) Forderungen in ausländischer Währung gegen Personen, die im Inlande (mit Ausnahme des Saargebiets) ihren Wohnsitz, ihren Sitz oder den Ort der Leitung haben, mit Ausnahme von Ansprüchen aus Währungsstaaten bei inländischen (mit Ausnahme von samländischen) Kreditinstituten;

b) vor dem 13. 7. 1931 begründete Forderungen, die nach einer am 17. 7. 1931 geltenden gesetzlichen oder vertraglichen Bestimmung später als am 29. 11. 1931 fällig werden.

§ 7. Als ausländische Wertpapiere im Sinne des § 1 gelten nicht Wertpapiere in ausländischer Währung, deren Aussteller seinen Wohnsitz, seinen Sitz oder den Ort der Leitung im Inlande (mit Ausnahme des Saargebiets) hat.

§ 8. Die Reichsbank wird ermächtigt anzuordnen, daß bestimmte Arten der im § 1 Abs 1 bezeichneten Werte von dem Aufrufe nicht betroffen werden.

Art II. § 9. Die Reichsbank kann von der Vorschrift des § 2 Abs 1 der Verordnung über die Devisenbewirtschaftung Ausnahmen zulassen.

§ 10. Die im § 11 der Verordnung über die Devisenbewirtschaftung vorgesehene Freigrenze von 3000 Reichsmark wird bis auf weiteres auf 1000 Reichsmark herabgesetzt.

§ 11. Das im § 14 der Verordnung über die Devisenbewirtschaftung vorgesehene Recht, Auskünfte zu verlangen, steht auch der Reichsbank zu. Der Reichswirtschaftsminister kann auch anordnen, daß der Reichsbank gegenüber die Richtigkeit einer Auskunft eidesstattlich versichert wird.

Art III. § 12. Diese Verordnung tritt mit dem Tage ihrer Verkündung in Kraft.

12. Vierte Verordnung zur Durchführung der Verordnung des Reichspräsidenten über die Devisenbewirtschaftung. Vom 4. September 1931 (D. Reichsanzeiger Nr. 206 vom 4. September 1931 und RGBl I S. 477).

Auf Grund der §§ 15, 22 der Verordnung des Reichspräsidenten über die Devisenbewirtschaftung vom 1. 8. 1931 (RGBl I S. 421) und des § 3 der ersten Verordnung zur Durchführung der Verordnung des Reichspräsidenten über die Devisenbewirtschaftung vom 12. 8. 1931 (RGBl I S. 437) wird verordnet:

§ 1. In der dritten Durchführungsverordnung vom 29. 8. 1931 (RGBl I S. 461) werden im § 1 Abs 1 die Worte „5. September 1931" durch die Worte „19. September 1931", im § 4 Abs 2 die Worte: „26. September 1931" durch die Worte: „10. Oktober 1931" ersetzt.

§ 2. Im § 6 der dritten Durchführungsverordnung wird der Vorschrift zu b unter Ersetzung des Schlußpunktes durch ein Komma folgender Halbsatz angefügt: „es sei denn, daß es sich um Ansprüche aus Konten bei ausländischen oder saarländischen Kreditinstituten handelt".

13. Verordnung des Reichspräsidenten zur Sicherstellung der Durchführung des Stillhalteabkommens. Vom 9. September 1931 (RGBl I S. 489).

Auf Grund des Art 48 Abs 2 der Reichsverfassung wird verordnet:

§ 1. (1) Die Reichsregierung ist zu den Maßnahmen ermächtigt, die erforderlich sind, um die Durchführung des unter Mitwirkung der Reichsbank von inländischen Schuldnern und ausländischen Bankgläubigern getroffenen Stillhalteabkommens sicherzustellen. Die Reichsregierung kann hierbei auch Ausnahmen von der Verpflichtung zur Entrichtung der Wechselsteuer oder einer Landesstempelsteuer zulassen.

(2) Ansprüche auf Entschädigung entstehen aus den Maßnahmen der Reichsregierung nicht.

D. Wechselsteuer.

Wechselsteuergesetz in der Fassung der Bekanntmachung des Reichsministers der Finanzen. Vom 12. Juli 1930 (RGBl I S. 219).

I. Gegenstand der Besteuerung.

§ 1. (1) Gezogene und eigene Wechsel unterliegen einer Steuer nach den Vorschriften dieses Gesetzes (Wechselsteuer).

(2) Die Wechselsteuer umfaßt die Wechselhauptsteuer (§§ 5 bis 15) und die Wechselnachsteuer (§ 16).

§ 2. Als Wechsel im Sinne dieses Gesetzes ist auch eine Schrift anzusehen, die nicht alle wesentlichen Erfordernisse eines Wechsels enthält, wenn sie einem anderen mit der Ermächtigung übergeben wird, die fehlenden Erfordernisse zu ergänzen. Eine solche Ermächtigung wird vermutet, wenn die Schrift als Wechsel bezeichnet ist.

§ 3. (1) Die in diesem Gesetze für Wechsel gegebenen Vorschriften gelten entsprechend für

a) Verpflichtungsscheine über die Zahlung von Geld, die durch Indossament übertragen werden können,

b) Anweisungen über die Zahlung von Geld, die durch Indossament übertragen werden können oder auf den Inhaber lauten oder an jeden Inhaber bezahlt werden können.

(2) Es macht keinen Unterschied, ob die im Abs 1 bezeichneten Urkunden als Briefe oder in anderer Form ausgestellt werden.

§ 4. (1) Von der Wechselsteuer sind befreit

a) die vom Ausland auf das Ausland gezogenen und die im Ausland ausgestellten eigenen Wechsel, sofern die Wechsel nur im Ausland zahlbar sind;

b) die vom Inland auf das Ausland gezogenen, nur im Ausland, und zwar auf Sicht oder spätestens innerhalb zehn Tagen nach dem Tage der Ausstellung zahlbaren Wechsel, wenn sie vom Aussteller unmittelbar in das Ausland versandt werden;

c) Schecks, die den §§ 1, 2, 7, 25, 26 des Scheckgesetzes entsprechen;

d) die auf Sicht zahlbaren, die Barzahlung ersetzenden Platzanweisungen, die nicht Schecks sind.

(2) Die Befreiungen des Abs 1 zu c und d finden keine Anwendung auf Schecks und Platzanweisungen, die mit einer Annahmeerklärung versehen sind, sofern der Annahmeerklärung rechtliche Wirkung zukommt.

(3) Der Reichsminister der Finanzen bestimmt, in welchen Fällen Anweisungen, die an einem Nachbarort des Ausstellungsorts zahlbar sind, den Platzanweisungen gleichzuachten sind.

II. Wechselhauptsteuer.

1. Einzelwechsel.

§ 5. (1) Die Steuerschuld entsteht in dem Zeitpunkt, in dem ein inländischer Wechsel von dem Aussteller, ein Blankoakzept von dem Akzeptanten, ein ausländischer Wechsel von dem ersten inländischen Inhaber aus den Händen gegeben wird.

(2) Wird ein inländischer Wechsel vom Aussteller, ein ausländischer Wechsel vom ersten inländischen Inhaber lediglich zur Annahme versandt oder zur Annahme präsentiert, so entsteht

die Steuerschuld erst mit der Rückgabe oder anderweiten Aushändigung des Wechsels durch den Akzeptanten, es sei denn, daß der Wechsel bereits mit einem inländischen Indossament versehen ist.

§ 6. Steuerschuldner ist, wer den Wechsel im Zeitpunkt der Entstehung der Steuerschuld aus den Händen gibt.

§ 7. Neben dem Steuerschuldner haften für die Steuer sämtliche Personen, die am Umlauf des Wechsels im Inland beteiligt sind. Als beteiligt gelten: der Aussteller, jeder Unterzeichner oder Mitunterzeichner eines Akzepts, eines Indossaments oder einer anderen Wechselerklärung, und jeder, der für eigene oder fremde Rechnung den Wechsel erwirbt, veräußert, verpfändet oder als Sicherheit annimmt, zur Zahlung präsentiert, Zahlung darauf empfängt oder leistet oder mangels Zahlung Protest erheben läßt, ohne Unterschied, ob der Name oder die Firma auf den Wechsel gesetzt wird oder nicht.

§ 8. (1) Die Steuer beträgt 0,10 Reichsmark für je 100 Reichsmark der Wechselsumme; angefangene 100 Reichsmark werden für voll gerechnet. Ist in einer Schrift der im § 2 bezeichneten Art die zu zahlende Geldsumme nicht angegeben, so ist die Steuer nach einer Summe von 10 000 Reichsmark zu berechnen.

(2) Zur Berechnung der Steuer kann der Reichsminister der Finanzen für die in anderer als Reichswährung ausgedrückten Wechselsummen Mittelwerte festsetzen. Soweit dies nicht geschehen ist, wird die ausländische Währung nach dem laufenden Kurse für Auszahlungen (Mittelkurs) zur Zeit der Entstehung der Steuerschuld umgerechnet.

§ 9. (1) Die Steuer ermäßigt sich auf die Hälfte der im § 8 bezeichneten Beträge

1. bei Wechseln, die vom Inland auf das Ausland gezogen und im Ausland zahlbar sind,
2. bei Wechseln, die vom Ausland auf das Inland gezogen und im Inland zahlbar sind, sofern die Wechsel auf Reichsmark lauten.

(2) Die Steuer beträgt mindestens 10 Reichspfennig. Höhere Steuerbeträge sind auf volle 10 Reichspfennig nach oben abzurunden.

§ 10. Die Steuer wird mit Entstehung der Steuerschuld (§ 5) fällig.

§ 11. (1) Ist die Steuer vom Steuerschuldner nicht entrichtet, so ist der nächste und, solange die Steuer nicht entrichtet ist, jeder weitere inländische Inhaber des Wechsels verpflichtet, den Wechsel zu versteuern, ehe er ihn auf der Vorder- oder Rückseite unterzeichnet, ihn veräußert, verpfändet, zur Zahlung präsentiert, Zahlung darauf empfängt oder leistet, eine Quittung darauf setzt, mangels Zahlung Protest erheben läßt oder den Wechsel aus den Händen gibt.

(2) Ist das Bestehen einer Steuerschuld aus dem Wechsel selbst nicht zu ersehen, so besteht die im Abs 1 bezeichnete Verpflichtung nur dann, wenn die Umstände, die die Steuerschuld überhaupt oder in einem höheren Umfang begründen, dem späteren Inhaber bekannt oder infolge grober Fahrlässigkeit unbekannt sind.

2. Wechselduplikate und Wechselabschriften.

§ 12. (1) Wird derselbe Wechsel in mehreren im Text als Prima, Sekunda, Tertia usw. bezeichneten Stücken ausgestellt, so ist nur das zum Umlauf bestimmte Stück zu versteuern.

(2) Außerdem unterliegt der Steuer jedes Stück, das mit einer Wechselerklärung, ausgenommen Akzepte und Notadressen, versehen ist, die nicht in einem versteuerten Stück enthalten ist. Die Steuerschuld entsteht in dem Zeitpunkt, in dem das die steuerpflichtige Wechselerklärung enthaltende Stück von dem Aussteller der Wechselerklärung aus den Händen gegeben wird. Ist die Wechselerklärung im Ausland abgegeben, so entsteht die Steuerschuld in dem Zeitpunkt, in dem das Stück von dem ersten inländischen Inhaber aus den Händen gegeben wird.

(3) Soll ein unversteuertes Wechselduplikat ohne Auslieferung eines versteuerten Stücks desselben Wechsels bezahlt oder mangels Zahlung protestiert werden, so ist die Steuer zu entrichten, ehe die Zahlung oder Protestaufnahme stattfindet.

(4) Der Beweis, daß ein versteuertes Wechselduplikat vorhanden ist, oder daß die auf ein unversteuertes Stück gesetzte Wechselerklärung auf einem versteuerten Duplikat abgegeben ist, oder daß bei Bezahlung eines unversteuerten Duplikats auch ein versteuertes Stück ausgeliefert ist, liegt dem ob, der wegen unterlassener Versteuerung eines Wechsels in Anspruch genommen wird.

(5) Im übrigen finden die §§ 5 bis 11 Anwendung.

§ 13. Die im § 12 Abs 2 bis 5 für Duplikate gegebenen Vorschriften gelten auch für Wechselabschriften, die mit einem Original-Indossament oder mit einer anderen urschriftlichen Wechselerklärung versehen sind.

§ 14. Wird ein nicht zum Umlauf im Inland bestimmtes Stück eines in mehreren Stücken ausgestellten Wechsels zur Einholung des Akzeptes benutzt, so ist der Akzeptant nicht zur Versteuerung verpflichtet, wenn die Rückseite des akzeptierten Stücks vor der Rückgabe derart durchkreuzt wird, daß dadurch die weitere Benutzung zum Indossieren ausgeschlossen wird.

§ 15. Ein zur Annahme versandter Wechsel darf vom Verwahrer gegen Vorlegung eines nicht versteuerten Duplikats oder einer nicht versteuerten Abschrift desselben Wechsels nur dann unversteuert ausgeliefert werden, wenn das unversteuerte Duplikat oder die unversteuerte Abschrift auf der Rückseite derart durchkreuzt ist, daß dadurch die Benutzung zum Indossieren ausgeschlossen ist. Andernfalls haftet der Verwahrer, wenn er das mit dem Annahmevermerk versehene Stück unversteuert ausliefert, neben den im § 7 bezeichneten Personen für die Steuer; die Steuer zu dem mit dem Annahmevermerk versehenen Wechsel ist spätestens bei der Auslieferung zu entrichten.

III. Wechselnachsteuer.

§ 16. (1) Wird in den Fällen des § 8 Abs 1 Satz 2 in die Schrift nachträglich eine Geldsumme von mehr als 10 000 Reichsmark eingetragen, so ist eine Nachsteuer nach dem im § 8 bezeichneten Steuersatz zu entrichten. Die Nachsteuer wird von der eingetragenen Geldsumme berechnet. Auf die Nachsteuer wird die bereits gezahlte Steuer angerechnet.

(2) Die Nachsteuerschuld entsteht und wird fällig mit der Eintragung der Wechselsumme.

IV. Erhebung, Erstattung, Verjährung.

§ 17. Die Bestimmungen über die Art der Entrichtung der Wechselsteuer erläßt der Reichsminister der Finanzen. Er kann insbesondere die Verwendung von Steuerzeichen auf dem Wechsel anordnen.

§ 18. (1) Reichs-, Staats- und Gemeindebehörden und Beamte, wenn ihnen eine richterliche oder Polizeigewalt anvertraut ist, sowie Notare, Postbeamte und andere Beamte, die Wechselproteste aufnehmen, sind verpflichtet, die Besteuerung der bei ihnen vorkommenden Wechsel, Schecks und Anweisungen von Amts wegen zu prüfen.

(2) Auf der nach der Wechselordnung zurückzubehaltenden Abschrift des Protestes ist zu vermerken, welche Wechselsteuer zu der protestierten Urkunde entrichtet ist. Ist keine Steuer entrichtet, so ist dies zu vermerken.

§ 19. Beträge, die zu Unrecht als Wechselsteuer entrichtet sind, sind auf Antrag zu erstatten. Das gleiche gilt in den Fällen des § 8 Abs 1 Satz 2, wenn die nachträglich eingesetzte Geldsumme hinter dem dort vorgesehenen Betrag zurückbleibt.

§ 20. Die Verjährung des Anspruchs auf die Wechselsteuer beginnt mit dem Schluß des Jahres, in dem der Wechsel fällig wird.

V. Straf- und Schlußvorschriften.

§ 21. Wenn Kommissionäre, Makler oder sonstige Vermittler vorsätzlich Geschäfte über Wechsel für die die Wechselsteuer hinterzogen ist, abschließen oder vermitteln, so gilt die gleiche Strafe wie für Hinterziehung.

§ 22. Die Verjährung der Strafverfolgung von Zuwiderhandlungen gegen dieses Gesetz beginnt mit dem Schluß des Jahres, in dem der Wechsel fällig geworden ist.

§ 23. Der Nachprüfung zur Durchführung dieses Gesetzes unterliegen die im § 77 Abs 1 zu a bis c des Kapitalverkehrsteuergesetzes bezeichneten Gesellschaften, Personen, Behörden und Beamten. Die gemäß § 77 Abs 2 des Kapitalverkehrsteuergesetzes erlassenen Bestimmungen finden auf die Nachprüfung entsprechende Anwendung. Der Reichsminister der Finanzen ist ermächtigt, mit Zustimmung des Reichsrats weitere Bestimmungen über die Nachprüfung zu erlassen.

§ 24. (1) Urkunden, welche nach diesem Gesetze steuerpflichtig sind oder auf welche die in diesem Gesetze vorgesehenen Steuerbefreiungen Anwendung finden, sind in den einzelnen Ländern keiner Steuer unterworfen.

(2) Auch von den auf derartige Urkunden gesetzten Übertragungsvermerken, Quittungen und sonstigen auf die Leistungen aus diesen Papieren bezüglichen Vermerken dürfen landesgesetzliche Steuern nicht erhoben werden. Auf Proteste findet diese Vorschrift keine Anwendung.

§ 25. (1) Die Ausführungsbestimmungen zu diesem Gesetz erläßt der Reichsminister der Finanzen.

(2) Der Reichsminister der Finanzen erläßt insbesondere die Anordnungen wegen der Anfertigung und des Vertriebs der nach Maßgabe dieses Gesetzes zu verwendenden Steuerzeichen sowie die Bestimmungen über die Art ihrer Verwendung. Er stellt die Bedingungen fest, unter denen für verdorbene Steuerzeichen Erstattung zulässig ist.

§ 26. Für das Gebiet der Insel Helgoland wird der Zeitpunkt des Inkrafttretens durch Verordnung des Reichspräsidenten unter Zustimmung des Reichsrats festgesetzt.

E. Verfahrensvorschriften.

1. Sachliche Zuständigkeit.

a) GVG in der Fassung der Bekanntmachung vom 22. 3. 1924 (RGBl S. 299):

§ 72 (früher 71). Die Zivilkammern, einschließlich der Kammern für Handelssachen, sind die Berufungs- und Beschwerdegerichte in den vor den Amtsgerichten verhandelten bürgerlichen Rechtsstreitigkeiten.

§ 94 (früher 100 a). Ist bei einem Landgericht eine Kammer für Handelssachen gebildet, so tritt für Handelssachen diese Kammer an die Stelle der Zivilkammern nach Maßgabe der folgenden Vorschriften.

§ 95 (früher 101). Handelssachen im Sinne dieses Gesetzes sind die bürgerlichen Rechtsstreitigkeiten, in welchen durch die Klage ein Anspruch geltend gemacht wird:

1. gegen einen Kaufmann im Sinne des Handelsgesetzbuchs aus Geschäften, welche für beide Teile Handelsgeschäfte sind;
2. aus einem Wechsel im Sinne der WO oder aus einer der im § 363 des Handelsgesetzbuchs bezeichneten Urkunden;
3. auf Grund des Scheckgesetzes.

b) § 8 EG zum GVG: Durch die Gesetzgebung eines Bundesstaates, in welchem mehrere Oberlandesgerichte errichtet werden, kann die Verhandlung und Entscheidung der zur Zuständigkeit des Reichsgerichts gehörenden Revisionen in bürgerlichen Rechtsstreitigkeiten einem obersten Landesgerichte zugewiesen werden.

Diese Vorschrift findet jedoch auf bürgerliche Rechtsstreitigkeiten, welche zur Zuständigkeit des Reichsoberhandelsgerichts gehören oder durch besondere Reichsgesetze dem Reichsgerichte zugewiesen werden, keine Anwendung, es sei denn, daß für die Entscheidung im wesentlichen Rechtsnormen in Betracht kommen, die in Landesgesetzen enthalten sind.

c) § 4 ZPO. Für die Wertsberechnung ist der Zeitpunkt der Erhebung der Klage, in der Berufungs- und Revisionsinstanz der Zeitpunkt der Einlegung des Rechtsmittels, entscheidend; Früchte, Nutzungen, Zinsen und Kosten bleiben unberücksichtigt, wenn sie als Nebenforderungen geltend gemacht werden.

Bei Ansprüchen aus Wechseln im Sinne der Wechselordnung sind Zinsen, Kosten und Provision, welche außer der Wechselsumme gefordert werden, als Nebenforderungen anzusehen.

2. Urkunden- und Wechselprozeß (§§ 592—605 ZPO).

§ 592. Ein Anspruch, welcher die Zahlung einer bestimmten Geldsumme oder die Leistung einer bestimmten Quantität anderer vertretbarer Sachen oder Wertpapiere zum Gegenstande hat, kann im Urkundenprozeß geltend gemacht werden, wenn die sämtlichen zur Begründung des Anspruchs erforderlichen Tatsachen durch Urkunden bewiesen werden können. Als ein Anspruch, welcher die Zahlung einer Geldsumme zum Gegenstande hat, gilt auch der Anspruch aus einer Hypothek, einer Grundschuld oder einer Rentenschuld.

§ 593. Die Klage muß die Erklärung enthalten, daß im Urkundenprozeß geklagt werde.

Die Urkunden müssen in Urschrift oder in Abschrift der Klage oder einem vorbereitenden Schriftsatze beigefügt werden. Im letzteren Falle muß zwischen der Zustellung des Schriftsatzes und dem Termin zur mündlichen Verhandlung ein der Einlassungsfrist gleicher Zeitraum liegen.

§ 594. (Fortgefallen).

§ 595. Widerklagen sind nicht statthaft.

Als Beweismittel sind bezüglich der Echtheit oder Unechtheit einer Urkunde sowie bezüglich anderer als der im § 592 erwähnten Tatsachen nur Urkunden und Eideszuschiebung zulässig.

Die Antretung des Urkundenbeweises kann nur durch Vorlegung der Urkunden erfolgen.

Die Leistung eines Eides ist durch Beweisbeschluß anzuordnen.

§ 596. Der Kläger kann, ohne daß es der Einwilligung des Beklagten bedarf, bis zum Schlusse der mündlichen Verhandlung von dem Urkundenprozesse in der Weise abstehen, daß der Rechtsstreit im ordentlichen Verfahren anhängig bleibt.

§ 597. Insoweit der in der Klage geltend gemachte Anspruch an sich oder infolge einer Einrede des Beklagten als unbegründet sich darstellt, ist der Kläger mit dem Anspruch abzuweisen.

Ist der Urkundenprozeß unstatthaft, ist insbesondere ein dem Kläger obliegender Beweis nicht mit den im Urkundenprozeß zulässigen Beweismitteln angetreten oder mit solchen Beweismitteln nicht vollständig geführt, so wird die Klage als in der gewählten Prozeßart unstatthaft abgewiesen, selbst wenn in dem Termin zur mündlichen Verhandlung der Beklagte nicht erschienen ist oder der Klage nur auf Grund von Einwendungen widersprochen hat, welche rechtlich unbegründet oder im Urkundenprozeß unstatthaft sind.

§ 598. Einwendungen des Beklagten sind, wenn der dem Beklagten obliegende Beweis derselben nicht mit den im Urkundenprozeß zulässigen Beweismitteln angetreten oder mit solchen Beweismitteln nicht vollständig geführt ist, als im Urkundenprozeß unstatthaft zurückzuweisen.

§ 599. Dem Beklagten, welcher dem geltend gemachten Anspruch widersprochen hat, ist in allen Fällen, in denen er verurteilt wird, die Ausführung seiner Rechte vorzubehalten.

Enthält das Urteil keinen Vorbehalt, so kann die Ergänzung des Urteils nach Vorschrift des § 321 beantragt werden.

Das Urteil, welches unter Vorbehalt der Rechte ergeht, ist in betreff der Rechtsmittel und der Zwangsvollstreckung als Endurteil anzusehen.

§ 600. Wird dem Beklagten die Ausführung seiner Rechte vorbehalten, so bleibt der Rechtsstreit im ordentlichen Verfahren anhängig.

Soweit sich in diesem Verfahren ergibt, daß der Anspruch des Klägers unbegründet war, finden die Vorschriften des § 302 Abs 4 Satz 2—4 Anwendung.

Erscheint in diesem Verfahren eine Partei nicht, so finden die Vorschriften über das Versäumnisurteil entsprechende Anwendung.

§ 601. (Fortgefallen).

§ 602. Werden im Urkundenprozesse Ansprüche aus Wechseln im Sinne der Wechselordnung geltend gemacht (Wechselprozeß), so kommen die nachfolgenden besonderen Vorschriften zur Anwendung.

§ 603. Wechselklagen können sowohl bei dem Gerichte des Zahlungsorts als bei dem Gericht angestellt werden, bei welchem der Beklagte seinen allgemeinen Gerichtsstand hat.

Wenn mehrere Wechselverpflichtete gemeinschaftlich verklagt werden, so ist außer dem Gerichte des Zahlungsorts jedes Gericht zuständig, bei welchem einer der Beklagten seinen allgemeinen Gerichtsstand hat.

§ 604. Die Klage muß die Erklärung enthalten, daß im Wechselprozeß geklagt werde.

Die Einlassungsfrist beträgt mindestens vierundzwanzig Stunden, wenn die Klage an dem Orte, der Sitz des Prozeßgerichts ist, zugestellt wird; mindestens drei Tage, wenn die Klage an einem anderen Orte zugestellt wird, der im Bezirke des Prozeßgerichts oder, falls dieses ein Amtsgericht ist, im Bezirke des dem Amtsgericht übergeordneten Landgerichts liegt, oder von dem ein Teil zu diesem Bezirke gehört; mindestens eine Woche, wenn die Klage sonst im Inland zugestellt wird. Das gleiche gilt von der Ladungsfrist, soweit sie nicht nach den allgemeinen Bestimmungen kürzer als die im ersten Satze festgesetzte Einlassungsfrist ist.

In den höheren Instanzen beträgt die Einlassungs- und Ladungsfrist mindestens vierundzwanzig Stunden, wenn die Zustellung der Berufungs- oder Revisionsschrift oder der Ladung an dem Orte erfolgt, der Sitz des höheren Gerichts ist; mindestens drei Tage, wenn die Zustellung an einem anderen Orte erfolgt, der ganz oder zum Teil in dem Landgerichtsbezirke liegt, in welchem das höhere Gericht seinen Sitz hat; mindestens eine Woche, wenn die Zustellung sonst im Inland erfolgt.

§ 605. Soweit es zur Erhaltung des wechselmäßigen Anspruchs der rechtzeitigen Protesterhebung nicht bedarf, ist als Beweismittel bezüglich der Präsentation des Wechsels Eideszuschiebung zulässig.

Zur Berücksichtigung einer Nebenforderung genügt, daß sie glaubhaft gemacht ist.

3. Aufgebotsverfahren (§§ 946—959, 1003—1005, 1007—1009, 1015—1019, 1022 ZPO).

§ 946. Eine öffentliche gerichtliche Aufforderung zur Anmeldung von Ansprüchen oder Rechten findet mit der Wirkung, daß die Unterlassung der Anmeldung einen Rechtsnachteil zur Folge hat, nur in den durch das Gesetz bestimmten Fällen statt.

Für das Aufgebotsverfahren ist das durch das Gesetz bestimmte Gericht zuständig.

§ 947. Der Antrag kann schriftlich oder zum Protokoll der Geschäftsstelle gestellt werden. Die Entscheidung kann ohne vorgängige mündliche Verhandlung erfolgen.

Ist der Antrag zulässig, so hat das Gericht das Aufgebot zu erlassen. In dasselbe ist insbesondere aufzunehmen:

1. die Bezeichnung des Antragstellers;
2. die Aufforderung, die Ansprüche und Rechte spätestens im Aufgebotstermine anzumelden;
3. die Bezeichnung der Rechtsnachteile, welche eintreten, wenn die Anmeldung unterbleibt;
4. die Bestimmung eines Aufgebotstermins.

§ 948. Die öffentliche Bekanntmachung des Aufgebots erfolgt durch Anheftung an die Gerichtstafel und durch einmalige Einrückung in den Deutschen Reichsanzeiger, sofern nicht das Gesetz für den betreffenden Fall eine abweichende Anordnung getroffen hat.

Das Gericht kann anordnen, daß die Einrückung noch in andere Blätter und zu mehreren Malen erfolge.

§ 949. Auf die Gültigkeit der öffentlichen Bekanntmachung hat es keinen Einfluß, wenn das anzuheftende Schriftstück von dem Orte der Anheftung zu früh entfernt ist oder wenn im Falle wiederholter Bekanntmachung die vorgeschriebenen Zwischenfristen nicht eingehalten sind.

§ 950. Zwischen dem Tage, an welchem die Einrückung oder die erste Einrückung des Aufgebots in den Deutschen Reichsanzeiger erfolgt ist, und dem Aufgebotstermin muß, sofern das Gesetz nicht eine abweichende Anordnung enthält, ein Zeitraum (Aufgebotsfrist) von mindestens sechs Wochen liegen.

§ 951. Eine Anmeldung, welche nach dem Schlusse des Aufgebotstermins, jedoch vor Erlassung des Ausschlußurteils erfolgt, ist als eine rechtzeitige anzusehen.

§ 952. Das Ausschlußurteil ist in öffentlicher Sitzung auf Antrag zu erlassen.

Einem in der Sitzung gestellten Antrag wird ein Antrag gleichgeachtet, welcher vor dem Aufgebotstermin schriftlich gestellt oder zum Protokoll der Geschäftsstelle erklärt worden ist.

Vor Erlassung des Urteils kann eine nähere Ermittelung, insbesondere die Versicherung der Wahrheit einer Behauptung des Antragstellers an Eides Statt, angeordnet werden.

Gegen den Beschluß, durch welchen der Antrag auf Erlassung des Ausschlußurteils zurückgewiesen wird, sowie gegen Beschränkung und Vorbehalte, welche dem Ausschlußurteile beigefügt sind, findet sofortige Beschwerde statt.

§ 953. Erfolgt eine Anmeldung, durch welche das von dem Antragsteller zur Begründung des Antrags behauptete Recht bestritten wird, so ist nach Beschaffenheit des Falles entweder das Aufgebotsverfahren bis zur endgültigen Entscheidung über das angemeldete Recht auszusetzen oder in dem Ausschlußurteile das angemeldete Recht vorzubehalten.

§ 954. Wenn der Antragsteller weder in dem Aufgebotstermin erschienen ist noch vor dem Termin den Antrag auf Erlassung des Ausschlußurteils gestellt hat, so ist auf seinen Antrag ein neuer Termin zu bestimmen. Der Antrag ist nur binnen einer vom Tage des Aufgebotstermins laufenden Frist von sechs Monaten zulässig.

§ 955. Wird zur Erledigung des Aufgebotsverfahrens ein neuer Termin bestimmt, so ist eine öffentliche Bekanntmachung des Termins nicht erforderlich.

§ 956. Das Gericht kann die öffentliche Bekanntmachung des wesentlichen Inhalts des Ausschlußurteils durch einmalige Einrückung in den Deutschen Reichsanzeiger anordnen.

§ 957. Gegen das Ausschlußurteil findet ein Rechtsmittel nicht statt.

Das Ausschlußurteil kann bei dem Landgericht, in dessen Bezirke das Aufgebotsgericht seinen Sitz hat, mittels einer gegen den Antragsteller zu erhebenden Klage angefochten werden:

1. wenn ein Fall nicht vorlag, in welchem das Gesetz das Aufgebotsverfahren zuläßt;
2. wenn die öffentliche Bekanntmachung des Aufgebots oder eine in dem Gesetze vorgeschriebene Art der Bekanntmachung unterblieben ist;
3. wenn die vorgeschriebene Aufgebotsfrist nicht gewahrt ist;
4. wenn der erkennende Richter von der Ausübung des Richteramts kraft Gesetzes ausgeschlossen war;
5. wenn ein Anspruch oder ein Recht ungeachtet der erfolgten Anmeldung nicht dem Gesetze gemäß in dem Urteil berücksichtigt ist;
6. wenn die Voraussetzungen vorliegen, unter welchen die Restitutionsklage wegen einer strafbaren Handlung stattfindet.

§ 958. Die Anfechtungsklage ist binnen der Notfrist eines Monats zu erheben. Die Frist beginnt mit dem Tage, an welchem der Kläger Kenntnis von dem Ausschlußurteil erhalten hat, in dem Falle jedoch, wenn die Klage auf einem der im § 957 Nr. 4, 6 bezeichneten Anfechtungsgründe beruht und dieser Grund an jenem Tage noch nicht zur Kenntnis des Klägers gelangt war, erst mit dem Tage, an welchem der Anfechtungsgrund dem Kläger bekannt geworden ist.

Nach Ablauf von zehn Jahren, von dem Tage der Verkündung des Ausschlußurteils an gerechnet, ist die Klage unstatthaft.

§ 959. Das Gericht kann die Verbindung mehrerer Aufgebote anordnen, auch wenn die Voraussetzungen des § 147 nicht vorliegen.

§ 1003. Für das Aufgebotsverfahren zum Zwecke der Kraftloserklärung einer Urkunde gelten die nachfolgenden besonderen Bestimmungen.

§ 1004. Bei Papieren, welche auf den Inhaber lauten oder welche durch Indossament übertragen werden können und mit einem Blankoindossamente versehen sind, ist der bisherige Inhaber des abhanden gekommenen oder vernichteten Papiers berechtigt, das Aufgebotsverfahren zu beantragen.

Bei anderen Urkunden ist derjenige zu dem Antrag berechtigt, welcher das Recht aus der Urkunde geltend machen kann.

§ 1005. Für das Aufgebotsverfahren ist das Gericht des Orts zuständig, welchen die Urkunde als den Erfüllungsort bezeichnet. Enthält die Urkunde eine solche Bezeichnung nicht, so ist das Gericht zuständig, bei welchem der Aussteller seinen allgemeinen Gerichtsstand hat, und in Ermangelung eines solchen Gerichts dasjenige, bei welchem der Aussteller zur Zeit der Ausstellung seinen allgemeinen Gerichtsstand gehabt hat.

Ist die Urkunde über ein im Grundbuch eingetragenes Recht ausgestellt, so ist das Gericht der belegenen Sache ausschließlich zuständig.

§ 1007. Der Antragsteller hat zur Begründung des Antrags:

1. entweder eine Abschrift der Urkunde beizubringen, oder den wesentlichen Inhalt der Urkunde und alles anzugeben, was zur vollständigen Erkennbarkeit derselben erforderlich ist;
2. den Verlust der Urkunde sowie diejenigen Tatsachen glaubhaft zu machen, von welchen seine Berechtigung abhängt, das Aufgebotsverfahren zu beantragen;
3. sich zur Versicherung der Wahrheit seiner Angaben an Eides Statt zu erbieten.

§ 1008. In dem Aufgebot ist der Inhaber der Urkunde aufzufordern, spätestens im Aufgebotstermine seine Rechte bei dem Gericht anzumelden und die Urkunde vorzulegen. Als Rechtsnachteil ist anzudrohen, daß die Kraftloserklärung der Urkunde erfolgen werde.

§ 1009. Die öffentliche Bekanntmachung des Aufgebots erfolgt durch Anheftung an die

Gerichtstafel und in dem Lokale der Börse, wenn eine solche am Sitze des Aufgebotsgerichts besteht, sowie durch einmalige Einrückung in den Deutschen Reichsanzeiger.

Das Gericht kann anordnen, daß die Einrückung noch in andere Blätter und zu mehreren Malen erfolge.

Betrifft das Aufgebot ein auf den Inhaber lautendes Papier und ist in der Urkunde vermerkt oder in den Bestimmungen, unter denen die erforderliche staatliche Genehmigung erteilt worden ist, vorgeschrieben, daß die öffentliche Bekanntmachung durch bestimmte andere Blätter zu erfolgen habe, so muß die Bekanntmachung auch durch Einrückung in diese Blätter erfolgen. Das gleiche gilt bei Schuldverschreibungen, die von einem deutschen Lande oder früheren Bundesstaat ausgegeben sind, wenn die öffentliche Bekanntmachung durch bestimmte Blätter landesgesetzlich vorgeschrieben ist.

§ 1015. Die Aufgebotsfrist muß mindestens sechs Monate betragen. Der Aufgebotstermin darf nicht über ein Jahr hinaus bestimmt werden; solange ein so naher Termin nicht bestimmt werden kann, ist das Aufgebot nicht zulässig.

§ 1016. Meldet der Inhaber der Urkunde vor dem Aufgebotstermin seine Rechte unter Vorlegung der Urkunde an, so hat das Gericht den Antragsteller hiervon zu benachrichtigen und ihm die Einsicht der Urkunde innerhalb einer zu bestimmenden Frist zu gestatten. Auf Antrag des Inhabers der Urkunde ist zur Vorlegung derselben ein Termin zu bestimmen.

§ 1017. In dem Ausschlußurteil ist die Urkunde für kraftlos zu erklären.

Das Ausschlußurteil ist seinem wesentlichen Inhalt nach durch den Deutschen Reichsanzeiger bekanntzumachen. Die Vorschriften des § 1009 Abs 3 finden entsprechende Anwendung.

In gleicher Weise hat nach eingetretener Rechtskraft die Bekanntmachung des auf die Anfechtungsklage ergangenen Urteils, soweit dadurch die Kraftloserklärung aufgehoben wird, zu erfolgen.

§ 1018. Derjenige, welcher das Ausschlußurteil erwirkt hat, ist dem durch die Urkunde Verpflichteten gegenüber berechtigt, die Rechte aus der Urkunde geltend zu machen.

Wird das Ausschlußurteil infolge einer Anfechtungsklage aufgehoben, so bleiben die auf Grund des Urteils von dem Verpflichteten bewirkten Leistungen auch Dritten, insbesondere dem Anfechtungskläger, gegenüber wirksam, es sei denn, daß der Verpflichtete zur Zeit der Leistung die Aufhebung des Ausschlußurteils gekannt hat.

§ 1019. Bezweckt das Aufgebotsverfahren die Kraftloserklärung eines auf den Inhaber lautenden Papiers, so hat das Gericht auf Antrag an den Aussteller sowie an die in dem Papier und die von dem Antragsteller bezeichneten Zahlstellen das Verbot zu erlassen, an den Inhaber des Papiers eine Leistung zu bewirken, insbesondere neue Zins-, Renten- oder Gewinnanteilscheine oder einen Erneuerungsschein auszugeben (Zahlungssperre); mit dem Verbot ist die Benachrichtigung von der Einleitung des Aufgebotsverfahrens zu verbinden. Das Verbot ist in gleicher Weise wie das Aufgebot öffentlich bekanntzumachen.

Das an den Aussteller erlassene Verbot ist auch den Zahlstellen gegenüber wirksam, welche nicht in dem Papiere bezeichnet sind.

Die Einlösung der vor dem Verbot ausgegebenen Zins-, Renten- oder Gewinnanteilscheine wird von dem Verbote nicht betroffen.

§ 1022. Wird das in Verlust gekommene Papier dem Gerichte vorgelegt oder wird das Aufgebotsverfahren in anderer Weise ohne Erlassung eines Ausschlußurteils erledigt, so ist die Zahlungssperre von Amts wegen aufzuheben. Das gleiche gilt, wenn die Zahlungssperre vor der Einleitung des Aufgebotsverfahrens angeordnet worden ist und die Einleitung nicht binnen sechs Monaten nach der Beseitigung des ihr entgegenstehenden Hindernisses beantragt wird. Ist das Aufgebot oder die Zahlungssperre öffentlich bekanntgemacht worden, so ist die Erledigung des Verfahrens oder die Aufhebung der Zahlungssperre von Amts wegen durch den Deutschen Reichsanzeiger bekanntzumachen.

Im Falle der Vorlegung des Papiers ist die Zahlungssperre erst aufzuheben, nachdem dem Antragsteller die Einsicht nach Maßgabe des § 1016 gestattet worden ist.

Gegen den Beschluß, durch welchen die Zahlungssperre aufgehoben wird, findet sofortige Beschwerde statt.

F. Ausländische Wechselgesetze.

1. Das französische Wechselgesetz.

Code de commerce von 1807, mit den durch spätere Gesetze eingeführten Abänderungen.

Titre Huitième.

De la lettre de change, du billet à ordre et de la prescription.

Décrété le 11 septembre 1807, et promulgué le 21.

Section I

De la lettre de change.

§ 1er. — De la forme de la lettre de change.

Art. 110. (L. 7 juin 1894.) La lettre de change est tirée soit d'un lieu sur un autre, soit d'un lieu sur le même lieu.

(L. 8 février 1922.) Elle est datée et signée.

Elle énonce:

La somme à payer,

Le nom de celui qui doit payer,

L'époque et le lieu où le payement doit s'effectuer,

(Abrogé par L. 8 février 1922.) La valeur fournie en espèces, en marchandises, en compte, ou de toute autre manière.

Elle est à l'ordre d'un tiers, ou à l'ordre du tireur lui-même. Si elle est par première, deuxième, troisième, quatrième, etc., elle l'exprime.

Art. 111. Une lettre de change peut être tirée sur un individu, et payable au domicile d'un tiers.

Elle peut être tirée par ordre et pour le compte d'un tiers.

Art. 112. (L. 7 juin 1894.) Sont réputées simples promesses toutes lettres de change contenant supposition soit de nom, soit de qualité. —

Art. 113. (Abrogé par L. 8 février 1922.)

Art. 114. Les lettres de change souscrites par des mineurs non négociants sont nulles à leur égard, sauf les droits respectifs des parties, conformément à l'article 1312 du Code civil.,

§ 2. — De la provision.

Art. 115. (L. 19 mars 1817.) La provision doit être faite par le tireur, ou par celui pour le compte de qui la lettre de change sera tirée, sans que le tireur pour compte d'autrui cesse d'être personnellement obligé envers les endosseurs et le porteur seulement. —

Art. 116. Il y a provision, si, à l'échéance de la lettre à change, celui sur qui elle est fournie est redevable au tireur, ou à celui pour compte de qui elle est tirée, d'une somme au moins égale au montant de la lettre de change.

(L. 8 février 1922.) La propriété de la provision est transmise de droit aux porteurs successifs de la lettre de change.

Art. 117. L'acceptation suppose la provision.

Elle en établit la preuve à l'égard des endosseurs.

Soit qu'il y ait ou non acceptation, le tireur seul est tenu de prouver, en cas de dénégation, que ceux sur qui la lettre était tirée avaient provision à l'échéance: sinon il est tenu de la garantir, quoique le protêt ait été fait après les détails fixés. —

§ 3. — De l'acceptation.

Art. 118. Le tireur et les endosseurs d'une lettre de change sont garants solidaires de l'acceptation et du payement à l'échéance. —

Art. 119. Le refus d'acceptation est constaté par un acte que l'on nomme protêt faute d'acceptation. —

Art. 120. Sur la notification du protêt faute d'acceptation, les endosseurs et le tireur sont respectivement tenus de donner caution pour assurer le payement de la lettre de change à son échéance, ou d'en effectuer le remboursement avec les frais de protêt et de rechange.

La caution, soit du tireur, soit de l'endosseur, n'est solidaire qu'avec celui qu'elle a cautionné.

Art. 121. Celui qui accepte une lettre de change contracte l'obligation d'en payer le montant.

L'accepteur n'est pas restituable contre son acceptation, quand même le tireur aurait failli à son insu avant qu'il eût accepté.

Art. 122. L'acceptation d'une lettre de change doit être signée.

L'acceptation est exprimée par le mot accepté.

Elle est datée, si la lettre est à un ou plusieurs jours ou mois de vue.

Et dans ce dernier cas, le défaut de date de l'acceptation rend la lettre exigible au terme y exprimé, à compter de sa date. —

L'acceptation d'une lettre de change payable dans un autre lieu que celui de la résidence Art. 123.
de l'accepteur, indique le domicile où le payement doit être effectué ou les diligences faites.

L'acceptation ne peut être conditionnelle; mais elle peut être restreinte quant à la somme Art. 124.
acceptée.

Dans ce cas le porteur est tenu de faire protester la lettre de change pour le surplus.

Une lettre de change doit être acceptée à sa présentation, ou, au plus tard, dans les vingt- Art. 125.
quatre heures de la présentation. Après les vingt-quatre heures, si elle n'est pas rendue acceptée, celui qui l'a retenue est passible de dommages-intérêts envers le porteur.

§ 4. — De l'acceptation par intervention.

Lors du protêt faute d'acceptation, la lettre de change peut être acceptée par un tiers inter- Art. 126.
venant pour le tireur ou pour l'un des endosseurs.

L'intervention est mentionnée dans l'acte du protêt; elle est signée par l'intervenant. —

L'intervenant est tenu de notifier sans délai son intervention à celui pour qui il est intervenu. Art. 127.

Le porteur de la lettre de change conserve tous ses droits contre le tireur et les endosseurs, Art. 128.
à raison du défaut d'acceptation par celui sur qui la lettre était tirée, nonobstant toutes acceptations par intervention.

§ 5. — De l'échéance.

Une lettre de change peut être tirée à vue, ou à un ou plusieurs Art. 129.

jours
à un ou plusieurs mois } de vue,
à une ou plusieurs usances

à un ou plusieurs jours
à un ou plusieurs mois } de date,
à une ou plusieurs usances

à jour fixe ou à jour déterminé, en foire.

La lettre de change à vue est payable à sa présentation. Art. 130.

L'échéance d'une lettre de change Art. 131.

à un ou plusieurs jours
à un ou plusieurs mois } de vue
à une ou plusieurs usances

est fixée par la date de l'acceptation, ou par celle du protêt faute d'acceptation.

L'usance est de trente jours, qui courent du lendemain de la date de la lettre de change. Art. 132.

Les mois sont tels qu'ils sont fixés par le calendrier grégorien.

Une lettre de change payable en foire est échue la veille du jour fixé pour la clôture de la Art. 133.
foire si elle ne dure qu'un jour.

(L. 28 mars 1904.) Si l'échéance d'une lettre de change est à un jour férié légal, elle est Art. 134.
payable le premier jour ouvrable qui suit.

Il en est de même des billets à ordre et de tous autres effets de commerce.

Tous les délais de grâce, de faveur, d'usage ou d'habitude locale, pour le payement des Art. 135.
lettres de change, sont abrogés.

§ 6. — De l'endossement.

La propriété d'une lettre de change se transmet par la voie de l'endossement. Art. 136.

(L. 8 février 1922.) L'endossement n'a besoin, en la forme, que de la signature de l'endosseur. Art. 137.

(L. 8 février 1922.) L'endossement opère le transport; il n'est une procuration que si telle Art. 138.
a été la volonté clairement exprimée des parties contractantes.

Il est défendu d'antidater les ordres, à peine de faux. Art. 139.

§ 7. — De la solidarité.

Tous ceux qui ont signé, accepté ou endossé une lettre de change, sont tenus à la garantie Art. 140.
solidaire envers le porteur.

§ 8. — De l'aval.

Le payement d'une lettre de change, indépendamment de l'acceptation et de l'endossement, Art. 141.
peut être garanti par un aval.

Cette garantie est fournie, par un tiers, sur la lettre même ou par acte séparé. Art. 142.

Le donneur d'aval est tenu solidairement et par les mêmes voies que les tireurs et endosseurs, sauf les conventions différentes des parties.

§ 9. — Du payement.

Une lettre de change doit être payée dans la monnaie qu'elle indique. Art. 143.

Celui qui paye une lettre de change avant son échéance est responsable de la validité du Art. 144.
payement.

Art. 145. Celui qui paye une lettre de change à son échéance et sans opposition est présumé valablement libéré.

Art. 146. Le porteur d'une lettre de change ne peut être contraint d'en recevoir le payement avant l'échéance.

Art. 147. Le payement d'une lettre de change fait sur une seconde, troisième, quatrième, etc., est valable lorsque la seconde, troisième, quatrième, etc. porte que ce payement annule l'effet des autres.

Art. 148. Celui qui paye une lettre de change sur une seconde, troisième, quatrième, etc., sans retirer celle sur laquelle se trouve son acceptation, n'opère point sa libération à l'égard du tiers porteur de son acceptation.

Art. 149. Il n'est admis d'opposition au payement qu'en cas de perte de la lettre de change, ou de la faillite du porteur.

Art. 150. En cas de perte d'une lettre de change non acceptée, celui à qui elle appartient peut en poursuivre le payement sur une seconde, troisième, quatrième, etc.

Art. 151. Si la lettre de change perdue est revêtue de l'acceptation, le payement ne peut en être exigée sur une seconde, troisième, quatrième, etc., que par ordonnance du juge, et en donnant caution.

Art. 152. Si celui qui a perdu la lettre de change, qu'elle soit acceptée ou non, ne peut représenter la seconde, troisième, quatrième, etc., il peut demander le payement de la lettre de change perdue, et l'obtenir par l'ordonnance du juge, en justifiant de sa propriété par ses livres, et en donnant caution.

Art. 153. En cas de refus de payement, sur la demande formée en vertu des deux articles précédents, le propriétaire de la lettre de change perdue conserve tous ses droits par un acte de protestation.

Cet acte doit être fait le lendemain de l'échéance de la lettre de change perdue.

Il doit être notifié aux tireur et endosseurs, dans les formes et délais prescrits ci-après pour la notification du protêt.

Art. 154. Le propriétaire de la lettre de change égarée doit, pour s'en procurer la seconde, s'adresser à son endosseur immédiat, qui est tenu de lui prêter son nom et ses soins pour agir envers son propre endosseur; et ainsi en remontant d'endosseur en endosseur jusqu'au tireur de la lettre. Le propriétaire de la lettre de change égarée supportera les frais.

Art. 155. L'engagement de la caution, mentionné dans les articles 151 et 152, est éteint après trois ans, si, pendant ce temps, il n'y a eu ni demandes ni poursuites juridiques.

Art. 156. Les payements faits à compte sur le montant d'une lettre de change sont à la décharge des tireur et endosseurs.

Le porteur est tenu de faire protester la lettre de change pour le surplus.

Art. 157. Les juges ne peuvent accorder aucun délai pour le payement d'une lettre de change.

§ 10. — Du payement par intervention.

Art. 158. Une lettre de change protestée peut être payée par tout intervenant pour le tireur ou pour l'un des endosseurs. L'intervention et le payement seront constatés dans l'acte de protêt ou à la suite de l'acte.

Art. 159. Celui qui paye une lettre de change par intervention est subrogé aux droits du porteur, et tenu des mêmes devoirs pour les formalités à remplir.

Si le payement par intervention est fait pour le compte du tireur, tous les endosseurs sont libérés.

S'il est fait pour un endosseur, les endosseurs subséquents sont libérés.

S'il y a concurrence pour le payement d'une lettre de change par intervention, celui qui opère le plus de libérations est préféré.

Si celui sur qui la lettre était originairement tirée, et sur qui a été fait le protêt faute d'acceptation, se présente pour la payer, il sera préféré à tous les autres.

§ 11. — Des droits et devoirs du porteur.

Art. 160. (L. 3 mai 1862.) Le porteur d'une lettre de change tirée du continent et des îles de l'Europe ou de l'Algérie, et payable dans les possessions européennes de la France ou de l'Algérie, soit à vue, soit à un ou plusieurs jours, mois ou usances de vue, doit en exiger le payement ou l'acceptation dans les trois mois de sa date, sous peine de perdre son recours sur les endosseurs et même sur le tireur, si celui-ci a fait provision.

Le délai est de quatre mois pour les lettres de change tirées des Etats du littoral de la Mediterranée et du littoral de la mer Noire sur les possessions européennes de la France, et réciproquement du continent et des îles de l'Europe sur les établissements français de la Méditerranée et de la mer Noire.

Le délai est de six mois pour les lettres de change tirées des Etats d'Afrique en deça du cap de Bonne-Espérance et des Etats d'Amérique en deça du cap Horn, sur les possessions européennes de la France, et réciproquement du continent et des îles de l'Europe sur les possessions françaises ou établissements français dans les Etats d'Afrique en deça du cap de Bonne-Espérance, et dans les Etats d'Amérique en deça du cap Horn.

Le délai est d'un an pour les lettres de change tirées de toute autre partie du monde sur les possessions européennes de la France, et réciproquement du continent et des îles de l'Europe sur les possessions françaises et les établissements français dans toute autre partie du monde.

La même déchéance aura lieu contre le porteur d'une lettre de change à vue, à un ou plusieurs jours, mois ou usances de vue, tirée de la France, des possessions ou établissements français et payable dans les pays étrangers, qui n'en exigera pas le payement ou l'acceptation dans les délais ci-dessus prescrits pour chacune des distances respectives. Les délais ci-dessus seront doublés en temps de guerre maritime pour les pays d'outre-mer.

Les dispositions ci-dessus ne préjudicieront néanmoins pas aux stipulations contraires qui pourraient intervenir entre le preneur, le tireur et même les endosseurs.

Le porteur d'une lettre de change doit en exiger le payement le jour de son échéance. **Art. 161.**

(L. 28 août 1924.) Le refus de payement doit être constaté par un acte que l'on nomme protêt faute de payement. Ce protêt doit être dressé le lendemain de l'échéance, sauf dans le cas prévu ci-après ou le porteur a reçu un chèque en payement. **Art. 162.**

Si le lendemain de l'échéance est un jour férié légal, le protêt est dressé le jour suivant.

Lorsque le porteur consent à recevoir un chèque en payement, ce chèque doit indiquer le nombre et l'échéance des effets ainsi payés.

Si le chèque n'est pas payé, notification du protêt faute de payement dudit chèque est faite au domicile de payement de la lettre de change dans le délai prévu à l'article 5 de la loi du 14 juin 1865.

Le protêt faute de payement du chèque et la notification sont faits par un seul et même exploit.

Le tiré qui reçoit la notification doit, s'il ne paye pas la lettre de change ainsi que les frais du protêt faute du payement du chèque et les frais de notification, restituer la lettre de change à l'officier ministériel instrumentaire. Celui-ci dresse immédiatement le protêt faute de payement de la lettre de change.

Si le tiré ne restitue pas la lettre de change, un acte de protestation est aussitôt dressé. Le défaut de restitution y est constaté. Le tiers porteur est, en ce cas, dispensé de se conformer aux dispositions des articles 151 et 152 du présent code.

Le défaut de restitution de la lettre de change constitue un délit passible des peines prévues par l'article 408 du code pénal.

Le porteur n'est dispensé du protêt faute de payement, ni par le protêt faute d'acceptation, ni par la mort ou faillite de celui sur qui la lettre de change est tirée. **Art. 163.**

Dans le cas de faillite de l'accepteur avant l'échéance, le porteur peut faire protester, et exercer son recours.

Le porteur d'une lettre de change protestée faute de payement peut exercer son action en garantie, ou individuellement contre le tireur et chacun des endosseurs, ou collectivement contre les endosseurs et le tireur. **Art. 164.**

La même faculté existe pour chacun des endosseurs, à l'égard du tireur et des endosseurs qui le précèdent.

Si le porteur exerce le recours individuellement contre son cédant, il doit lui en faire notifier le protêt, et, à défaut de remboursement, le faire citer en jugement dans les quinze jours qui suivent la date du protêt, si celui-ci réside dans la distance de cinq myriamètres. **Art. 165.**

Ce délai, à l'égard du cédant domicilié à plus de cinq myriamètres de l'endroit où la lettre de change était payable, sera augmenté d'un jour par deux myriamètres excédant les cinq myriamètres.

(L. 3 mai 1862.) Les lettres de change tirées de France et payables hors du territoire continental de la France en Europe étant protestées, les tireurs et endosseurs résidant en France seront poursuivis dans les délais ci-après: **Art. 166.**

D'un mois pour celles qui étaient payables en Corse, en Algérie, dans les îles Britanniques, en Italie, dans le royaume des Pays-Bas et dans les Etats ou Confédérations limitrophes de la France;

De deux mois pour celles qui étaient payables dans les autres Etats, soit de l'Europe, soit du littoral de la Méditerranée et de celui de la mer Noire;

De cinq mois pour celles qui étaient payables hors d'Europe en deçà des détroits de Malacca et de la Sonde et en deçà du cap Horn;

De huit mois pour celles qui étaient payables au delà des détroits de Malacca et de la Sonde et au delà du Cap Horn. Ces délais seront observés dans les mêmes proportions pour le recours à exercer contre les tireurs et endosseurs résidant dans les possessions françaises hors de la France continentale.

Les délais ci-dessus seront doublés pour les pays d'outre-mer, en cas de guerre maritime.

Si le porteur exerce son recours collectivement contre les endosseurs et le tireur, il jouit, à l'égard de chacun d'eux, du délai déterminé par les articles précédents. **Art. 167.**

Chacun des endosseurs a le droit d'exercer le même recours, ou individuellement, ou collectivement, dans le même délai.

A leur égard, le délai court du lendemain de la date de la citation en justice.

Art. 168. Après l'expiration des délais ci-dessus,

Pour la présentation de la lettre de change à vue, ou à un ou plusieurs jours ou mois ou usances de vue,

Pour le protêt faute de payement,

Pour l'exercise de l'action en garantie,

Le porteur de la lettre de change est déchu de tous droits contre les endosseurs.

Art. 169. Les endosseurs sont également déchus de toute action en garantie contre leurs cédants, après les délais ci-dessus prescrits, chacun en ce qui le concerne.

Art. 170. La même déchéance a lieu contre le porteur et les endosseurs, à l'égard du tireur lui-même, si ce dernier justifie qu'il y avait provision à l'échéance de la lettre de change.

Le porteur, en ce cas, ne conserve d'action que contre celui sur qui la lettre était tirée.

Art. 171. Les effets de la déchéance prononcée par les trois articles précédents cessent en faveur du porteur, contre le tireur, ou contre celui des endosseurs qui, après l'expiration des délais fixés pour le protêt, la notification du protêt ou la citation en jugement, a reçu par compte, compensation ou autrement, les fonds destinés au payement de la lettre de change.

Art. 172. Indépendamment des formalités prescrites pour l'exercice de l'action en garantie, le porteur d'une lettre de change protestée faute de payement peut, en obtenant la permission du juge, saisir conservatoirement les effets mobiliers des tireur, accepteur et endosseurs.

§ 12. — Des protêts.

Art. 173. Les protêts faute d'acceptation ou de payement sont faits par deux notaires, ou par un notaire et deux témoins, ou par un huissier et deux témoins.

Le protêt doit être fait:

Au domicile de celui sur qui la lettre de change était payable, ou à son dernier domicile connu.

Au domicile des personnes indiquées par la lettre de change pour la payer au besoin.

Au domicile du tiers qui a accepté par intervention.

Le tout par un seul et même acte.

En cas de fausse indication de domicile, le protêt est précédé d'un acte de perquisition.

Art. 174. L'acte de protêt contient:

La transcription littérale de la lettre de change, de l'acceptation, des endossements, et des recommandations qui y sont indiquées.

La sommation de payer le montant de la lettre de change.

Il énonce:

La présence ou l'absence de celui qui doit payer,

Les motifs du refus de payer, et l'impuissance ou le refus de signer.

Art. 175. (L. 28 août 1924.) Nul acte de la part du porteur de la lettre de change ne peut suppléer à l'acte de protêt hors les cas prévus par les articles 150 et suivants et par l'article 162, avant-dernier alinéa, du présent code.

Art. 176. Les notaires et les huissiers sont tenus, à peine de destitution, dépens, dommages-intérêts envers les parties, de laisser copie exacte des protêts, et de les inscrire en entier, jour par jour et par ordre de dates, dans un régistre particulier, coté, parafé, et tenu dans les formes prescrites pour les répertoires.

(L. 22 décembre 1906.) Ils sont tenus, en outre, à peine de dommages-intérêts, lorsque l'effet indiquera les noms et domicile du tireur de la lettre de change ou du premier endosseur du billet à ordre, de prévenir ceux-ci dans les quarante-huit heures qui suivent l'enregistrement, par la poste et par lettre recommandée, des motifs du refus de payer. Cette lettre donnera lieu, au profit du notaire ou de l'huissier, à un honoraire de vingt-cinq centimes (0 fr. 25) en sus des frais d'affranchissement et de recommandation.

§ 13. — Du rechange.

Art. 177. Le rechange s'effectue par une retraite.

Art. 178. La retraite est une nouvelle lettre de change, au moyen de laquelle le porteur se rembourse sur le tireur, ou sur l'un des endosseurs, du principal de la lettre protestée, de ses frais, et du nouveau change qu'il paye.

Art. 179. Le rechange se règle, à l'égard du tireur, par le cours du change du lieu où la lettre de change était payable, sur le lieu d'où elle a été tirée.

Il se règle, à l'égard des endosseurs, par le cours du change du lieu où la lettre de change a été remise ou négociée par eux, sur le lieu où le remboursement s'effectue.

Art. 180. La retraite est accompagnée d'un compte de retour.

Art. 181. Le compte de retour comprend:

Le principal de la lettre de change protestée,

Les frais de protêt et autres frais légitimes, tels que commission de banque, courtage, timbre et ports de lettres.

Il énonce le nom de celui sur qui la retraite est faite, et le prix du change auquel elle est négociée.
Il est certifié par un agent de change.
Dans les lieux où il n'y a pas d'agent de change, il est certifié par deux commerçants.
Il est accompagné de la lettre de change protestée, du protêt, ou d'une expédition de l'acte de protêt.
Dans le cas où la retraite est faite sur l'un des endosseurs, elle est accompagnée, en outre, d'un certificat qui constate le cours du change du lieu où la lettre de change était payable, sur le lieu d'où elle a été tirée.
Il ne peut être fait plusieurs comptes de retour sur une même lettre de change. **Art. 182.**
Ce compte de retour est remboursé d'endosseur à endosseur respectivement, et définitivement par le tireur.
Les rechanges ne peuvent être cumulés. **Art. 183.**
Chaque endosseur n'en supporte qu'un seul, ainsi que le tireur.
L'intérêt du principal de la lettre de change protestée faute de payement est dû à compter du jour du protêt. **Art. 184.**
L'intérêt des frais de protêt, rechange et autres frais légitimes, n'est dû qu'à compter du jour de la demande en justice. **Art. 185.**
Il n'est point dû de rechange, si le compte de retour n'est pas accompagné des certificats d'agents de change ou de commerçants, prescrits par l'article 181. **Art. 186.**

Section II.

Du billet à ordre.

Toutes les dispositions relatives aux lettres de change, et concernant **Art. 187.**
L'échéance,
L'endossement,
La solidarité,
L'aval,
Le payement,
Le payement par intervention,
Le protêt,
Les devoirs et droits du porteur,
Le rechange ou les intérêts,
Sont applicables aux billets à ordre, sans préjudice des dispositions relatives aux cas prévus par les articles 636, 637 et 638.
Le billet à ordre est daté. **Art. 188.**
Il énonce:
La somme à payer,
Le nom de celui à l'ordre de qui il est souscrit,
L'époque à laquelle le payement doit s'effectuer,
(Abrogé par L. 8 février 1922: La valeur qui a été fournie en espèces, en marchandises, en compte, ou de toute autre manière).

Section III.

De la prescription.

Toutes actions relatives aux lettres de change, et à ceux des billets à ordre souscrits par des négociants, marchands ou banquiers, ou pour faits de commerce, se prescrivent par cinq ans, à compter du jour du protêt, ou de la dernière poursuite juridique, s'il n y a eu condamnation, ou si la dette n'a été reconnue par acte séparé. **Art. 189.**
Néanmoins les prétendus débiteurs seront tenus, s'ils en sont requis, d'affirmer, sous serment, qu'ils ne sont plus redevables; et leurs veuves, ou héritiers ou ayants cause, qu'ils estiment de bonne foi qu'il n'est plus rien dû.

2. Das englische Wechselgesetz.

Bills of Exchange Act 1882.

Part I.—Preliminary.

1. This act may be cited as the Bills of Exchange Act, 1882. **Short title.**
2. In this act unless the context otherwise requires: **Interpretation of terms.**
"Acceptance" means an acceptance completed by delivery or notification.
"Action" includes counter-claim an set off.
"Banker" includes a body of persons, whether incorporated or not, who carry on the business of banking.

"Bankrupt" includes any person whose estate is vested in a trustee or assignee under the law for the time being in force relating to bankruptcy.

"Bearer" means the person in possession of a bill or note which is payable to bearer.

"Bill" means bill of exchange, and "note" means promissory note.

"Delivery" means transfer of possession, actual or constructive, from one person to another.

"Holder" means the payee or indorsee of a bill or note who is in possession of it, or the bearer thereof.

"Indorsement" means an indorsement completed by delivery.

"Issue" means the first delivery of a bill or note, complete in form, to a person who takes it as a holder.

"Person" includes a body of persons, whether incorporated or not.

"Value" means valuable consideration.

"written" includes printed, and "writing" includes print.

Part II.—Bills of Exchange.

Form and Interpretation.

Bill of exchange defined.

3.—(1) A bill of exchange is an unconditional order in writing, addressed by one person to another, signed by the person giving it, requiring the person to whom it is addressed to pay on demand, or at a fixed or determinable future time, a sum certain in money to or to the order of a specified person, or to a bearer.

(2) An instrument which does not comply with these conditions, or which orders any act to be done in addition to the payment of money, is not a bill of exchange.

(3) An order to pay out of a particular fund is not unconditional within the meaning of this section; but an unqualified order to pay, coupled with an indication of a particular fund out of which the drawee is to reimburse himself or a particular account to be debited with the amount or a statement of the transaction which gives rise to the bill, is unconditional.

(4) A bill is not invalid by reason:

(a) That it is not dated;

(b) That it does not specify the value given, or that any value has been given therefore;

(c) That it does not specify the place where it is drawn or the place where it is payable.

Inland and foreign bills.

4.—(1) An inland bill is, or on the face of it purports to be (a) both drawn and payable within the British Islands or (b) drawn within the British Islands upon some person resident therein. Any other bill is a foreign bill. For the purposes of this act "British Islands" mean any part of the United Kingdom of Great Britain and Ireland, the islands of Man, Guernsey, Jersey, Alderney, and Sark, and the islands adjacent to any of them being part of the dominions of her majesty.

(2) Unless the contrary appear on the face of the bill the holder may treat it as an inland bill.

5.—(1) A bill may be drawn payable to, or to the order of, the drawer; or it may be drawn payable to, or to the order of, the drawee.

Effect where different parties to bill are the same person.

(2) Where in a bill drawer and drawee are the same person, or where the drawee is a fictitious person or a person not having capacity to contract, the holder may treat the instrument, at his option, either as a bill of exchange or as a promissory note.

Address to drawee.

6.—(1) The drawee must be named or otherwise indicated in a bill with reasonable certainty.

(2) A bill may be addressed to two or more drawees whether they are partners or not, but an order to two drawees in the alternative, or to two or more drawees in succession, is not a bill of exchange.

Certainty required as to payee.

7.—(1) Where a bill is not payable to bearer, the payee must be named or otherwise indicated therein with reasonable certainty.

(2) A bill may be made payable to two or more payees jointly, or it may be made payable in the alternative to one of two, or one or some of several payees. A bill may also be made payable to the holder of an office for the time being.

(3) Where the payee is a fictitious or non-existing person, the bill may be treated as payable to bearer.

What bills are negotiable.

8.—(1) When a bill contains words prohibiting transfer, or indicating an intention that it should not be transferable, it is valid as between the parties thereto, but is not negotiable.

(2) A negotiable bill may be payable either to order or to bearer.

(3) A bill is payable to bearer which is expressed to be so payable, or on which the only or last indorsement is an indorsement in blank.

(4) A bill is payable to order which is expressed to be so payable or which is expressed to be payable to a particular person, and does not contain words prohibiting transfer or indicating an intention that it should not be transferable.

(5) Where a bill, either originally or by indorsement, is expressed to be payable to the order of a specified person, and not to him or his order, it is nevertheless payable to him or his order at his option.

Sum payable.

9.—(1) The sum payable by a bill is a sum certain within the meaning of this act, although it is required to be paid:

(a) With interest.

(b) By stated instalments.

(c) By staded instalments, with a provision that upon default in payment of any instalment the whole shall become due.

(d) According to an indicated rate of exchange, or according to a rate of exchange to be ascertained as directed by the bill.

(2) Where the sum payable is expressed in words and also in figures, and there is a decrepancy between the two, the sum denoted by the words is the amount payable.

(3) Where a bill is expressed to be payable with interest, unless the instrument otherwise provides, interest runs from the date of the bill, and if the bill is undated from the issue thereof.

Bill payable on demand.

10.—(1) A bill is payable on demand:

(a) Which is expressed to be payable on demand, or at sight, or on presentation; or

(b) In which no time for payment is expressed.

(2) Where a bill is accepted or indorsed when it is overdue, it shall, as regards the acceptor who so accepts, or any indorser who so indorses it, be deemed a bill payable on demand.

Bill payable at a future time.

11.—A bill is payable at a determinable future time within the meaning of this act which is expressed to be payable:

(1) At a fixed period after date or sight.

(2) On or at a fixed period after the occurrence of a specified event which is certain to happen, though the time of happening may be uncertain.

An instrument expressed to be payable on a contingency is not a bill, and the happening of the event does not cure the defect.

Omission of date in bill payable after date.

12.—Where a bill expressed to be payable at a fixed period after date is issued undated, or where the acceptance of a bill payable at a fixed period after sight is undated, any holder may insert therein the true date of issue or acceptance, and the bill shall be payable accordingly.

Provided that (1) where the holder in good faith and by mistake inserts a wrong date, and (2) in every case where a wrong date is inserted, if the bill subsequently comes into the hands of a holder in due course, the bill shall not be avoided thereby but shall operate and be payable as if the date so inserted had been the true date.

Antedating and postdating.

13.—(1) Where a bill or an acceptance or any indorsement on a bill is dated, the date shall, unless the contrary be proved, be deemed to be the true date of the drawing, acceptance, or indorsement, as the case may be.

(2) A bill is not invalid by reason only that it is antedated or postdated, or that it bears date on a sunday.

14.—Where a bill is not payable on demand the day on which it falls due is determined as follows:

Computation of time of payment.

(1) Three days, called days of grace, are in every case where the bill itself does not otherwise provide, added to the time of payment as fixed by the bill, and the bill is due and payable on the last day of grace; provided that:

(a) when the last day of grace falls on Sunday, Christmas Day, Good Friday, or a day appointed by royal proclamation as a public fast or thanksgiving day, the bill is, except in the case hereafter provided for, due and payable on the preceding business day;

(b) when the last day of grace is a bank holiday (other than Christmas Day or Good Friday) under the Bank Holidays Act, 1871, and acts amending or extending it, or when the last day of grace is a Sunday and the second day of grace is a bank holiday, the bill is due and payable on the succeding business day.

(2) Where a bill is payable at a fixed period after date, after sight, or after the happening of a specified event, the time of payment is determined by excluding the day from which the time is to begin to run, and by including the day of payment.

(3) Where a bill is payable at a fixed period after sight, the time begins to run from the date of acceptance if the bill be accepted, and from the date of noting or protest if the bill be noted or protested for non-acceptance, or for non-delivery.

(4) The term "month" in a bill means calendar month.

Case of need.

15.—The drawer of a bill and any indorser may insert therein the name of a person to whom the holder may resort in case of need, that is to say, in case the bill is dishonoured by non-acceptance or non-payment. Such person is called the referee in case of need. It is in the option of the holder to resort to the referee in case of need or not as he may think fit.

Optional stipulations by drawer or indorser.

16.—The drawer of a bill, and any indorser, may insert therein an express stipulation:

(1) Negativing or limiting his own liability to the holder;

(2) Waiving as regards himself some or all of the holder's duties.

Definition and requisites of acceptance.

17.—(1) The acceptance of a bill is the signification by the drawee of his assent to the order of the drawer.

(2) An acceptance is invalid unless it complies with the following conditions, namely:

(a) It must be written on the bill and be signed by the drawee. The mere signature of the drawee without additional words is sufficient.

(b) It must not express that the drawee will perform his promise by any other means than the payment of money.

Time for acceptance.

18.—A bill may be accepted:

(1) Before it has been signed by the drawer, or while otherwise incomplete;

(2) When it is overdue, or after it has been dishonoured by a previous refusal to accept or by non-payment;

(3) When a bill payable after sight is dishonoured by non-acceptance, and the drawee subsequently accepts it, the holder, in the absence of any different agreement, is entitled to have the bill accepted as of the date of first presentment to the drawee for acceptance.

General and qualified acceptances.

19.—(1) An acceptance is either general or qualified.

(2) A general acceptance assents without qualification to the order of the drawer. A qualified acceptance in express terms varies the effect of the bill as drawn.

In particular an acceptance is qualified which is:

(a) Conditional, that is to say, which makes payment by the acceptor dependent on the fulfilment of a condition therin stated;

(b) Partial, that is to say, an acceptance to pay part only of the amount for which the bill is drawn;

(c) Local, that is to say, an acceptance to pay only at a particular specified place;

An acceptance to pay at a particular place is a general acceptance, unless it expressly states that the bill is to be paid there only, and not elsewhere;

(d) Qualified as to time;

(e) The acceptance of some one or more of the drawees, but not of all.

Inchoate instruments.

20.—(1) Where a simple signature on a blank stamped paper is delivered by the signer in order that it may be converted into a bill, it operates a sa primâ facie authority to fill it up as a complete bill for any amount the stamp will cover, using the signature for that of the drawer, or the acceptor, or an indorser; and, in like manner, when a bill is wanting in any material particular, the person in possession of it has a primâ facie authority to fill up the omission in any way he thinks fit.

(2) In order that any such instrument when completed may be enforceable against any person who became a party thereto prior to its completion, it must be filled up with in a reasonable time, and strictly in accordance with the authority given. Reasonable time for this purpose as a question of fact.

Provided that if any such instrument after completion is negotiated to a holder in due course it shall be valid and effectual for all purposes in his hands, and he may enforce it as if it had been filled up within a reasonable time, and strictly in accordance with the authority given.

Delivery.

21.—(1) Every contract on a bill, whether it be the drawer's, the acceptor's, or an indorser's, is incomplete and revocable, until delivery of the instrument in order to give effect thereto. Provided that where an acceptance is written on a bill, and the drawee gives notice to or according to the directions of the person entitled to the bill that he has accepted it, the acceptance then becomes complete and irrevocable.

(2) As between immediate parties, and as regards a remote party other than a holder in due course, the delivery —

(a) In order to be effectual must be made either by or under the authority of the party drawing, accepting, or indorsing, as the case may be.

(b) May be shown to have been conditional or for a special purpose only, and not for the purpose of transferring the property in the bill.

But if the bill be in the hands of a holder in due course a valid delivery of the bill by all parties prior to him so as to make them liable to him is conclusively presumed.

(3) Where a bill is no longer in the possession of a party who has signed it as drawer, acceptor, or indorser, a valid and unconditional delivery by him is presumed until the contrary is proved.

Capacity and authority of parties.

Capacity of parties.

22.—(1) Capacity to incur liability as a party to a bill is coextensive with capacity to contract. Provided that nothing in this section shall enable a corporation to make itself liable as drawer, acceptor, or indorser of a bill unless it is competent to it so to do under the law for the time being in force relating to corporations.

(2) Where a bill is drawn or indorsed by an infant, minor, or corporation having no capacity or power to incur liability on a bill, the drawing or indorsement entitles the holder to receive payment of the bill, and to enforce it against any other party thereto.

Signature essential to liability.

23.—No person is liable as drawer, indorser, or acceptor of a bill who has not signed it as such. Provided that

(1) Where a person signs a bill in a trade or assumed name, he is liable thereon as if he had signed it in his own name;

(2) The signature of the name of a firm is equivalent to the signature by the person so signing of the names of all persons liable as partners in that firm.

24.— Subject to the provisions of this act, where a signature on a bill is forged or placed thereon without the authority of the person whose signature it purports to be, the forged or unauthorized signature is wholly inoperative, and no right to retain the bill or to give a discharge therefore or to enforce payment thereof against any party thereto can be acquired through or under that signature, unless the party against whom it is sought to retain or enforce payment of the bill is precluded from setting up the forgery or want of authority. **Forged or unauthorized signature.**

Provided that nothing in this section shall effect the ratification of an unauthorized signature not amounting to a forgery.

25.— A signature by procuration operates as notice that the agent has but a limited authority to sign, and the principal is only bound by such signature if the agent in so signing was acting within the actual limits of his authority. **Procuration signatures.**

26.—(1) Where a person signs a bill as drawer, indorser, or acceptor and adds words to his signature, indicating that he signs for on behalf of a principal, or in a representative character, he is not personnally liable thereon; but the mere addition to his signature of words describing him as an agent, or as filling a representative character, does not exempt him from personal liability. **Person signing as agent or in representative capacity.**

(2) In determining whether a signature on a bill is that of the principal or that of the agent by whose hand it is written, the construction most favourable to the validity of the instrument shall be adopted.

The Consideration for a Bill.

27.—(1) Valuable consideration for a bill may be constituted by: **Value and holder for value.**

(a) Any consideration sufficient to support a simple contract;

(b) An antecedent debt or liability. Such a debt or liability is deemed valuable consideration whether the bill is payable on demand or at a future time.

(2) Where value has at any time been given for a bill, the holder is deemed to be a holder for value as regards the acceptor and all parties to the bill who became parties prior to such time.

(3) Where the holder of a bill has a lien on it, arising either from contract or by implication of law, he is deemed to be a holder for value to the extent of the sum for which he has a lien.

28.—(1) An accommodation party to a bill is a person who has signed a bill as drawer, acceptor, or indorser, without receiving value therefore, and for the purpose of lending his name to some other person. **Accommodation bill or party.**

(2) An accommodation party is liable on the bill to a holder for value; and it is immaterial whether, when each holder took the bill, he knew such party to be an accommodation party or not.

29.—(1) A holder in due course is a holder who has taken a bill, complete and regular on the face of it, under the following conditions; **Holder in due course**

namely:

(a) that he became the holder of it before it was overdue, and without notice that it had been previously dishonoured, if such was the fact;

(b) that he took the bill in good faith and for value, and that at the time the bill was negotiated to him he had no notice of any defect in the title of the person who negotiated it.

(2) In particular the title of a person who negotiates a bill is defective within the meaning of this act when he obtained the bill, or the acceptance thereof by fraud, duress, or force and fear, or other unlawful means, or for an illegal consideration, or when he negotiates it in breach of faith, or under such circumstances as amount to a fraud.

(3) A holder (whether for value or not) who derives his title to a bill through a holder in due course, and who is not himself a party to any fraud or illegality affecting it, has all the rights of that holder in due course as regards the acceptor and all parties to the bill prior to that holder.

30.—(1) Every party whose signature appears on a bill is primâ facie deemed to have become a party thereto for value. **Presumption of value and good faith.**

(2) Every holder of a bill is primâ facie deemed to be a holder in due course; but if in an action on a bill it is admitted or proved that the acceptance, issue, or subsequent negotiation of the bill is affected with fraud, duress, or force and fear, or illegality, the burden of proof is shifted, unless and until the holder proves that, subsequent to the alleged fraud or illegality, value has in good faith been given for the bill.

Negotiation of Bills.

31.—(1) A bill is negotiated when it is transferred from one person to another in such a manner as to constitute the transferee the holder of the bill. **Negotiation of bill.**

(2) A bill payable to bearer is negotiated by delivery.

(3) A bill payable to order is negotiated by the indorsement of the holder completed by delivery.

(4) Where the holder of a bill payable to his order transfers it for value without indorsing it, the transfer gives the transferee such title as the transferer had in the bill, and the transferee in addition acquires the right to have the indorsement of the transferer.

(5) Where any person is under obligation to indorse a bill in a representative capacity, he may indorse the bill in such terms as to negative personal liability.

Requisites of a valid indorsement

32.—An indorsement in order to operate as a negotiation must comply with the following conditions, namely:

(1) It must be written on the bill itself, and be signed by the indorser. The simple signature of the indorser on the bill without additional words, is sufficient.

An indorsement written on an allonge, or on a "copy" of a bill issued or negotiated in a country where "copies" are recognised, is deemed to be written on the bill itself.

(2) It must be an indorsement of the entire bill. A partial indorsement, that is to say, an indorsement which purports to transfer to the indorsee a part only of the amount payable, or which purports to transfer the bill to two or more indorsees severally, does not operate as a negotiation of the bill.

(3) Where a bill is payable to the order of two or more payees or indorsees who are not partners all must indorse, unless the one indorsing has authority to indorse for the others.

(4) Where in a bill payable to order, the payee or indorse is wrongly designated, or his name is mis-spelt, he may indorse the bill as therin described, adding, if he thinks fit, his proper signature.

(5) Where there are two or more indorsements on a bill, each indorsement is deemed to have been made in the order in which it appears on the bill, until the contrary is proved.

(6) An indorsement may be made in blank or special. It may also contain terms making it restrictive.

Conditional indorsement.

33.—Where a bill purports to be indorsed conditionally, the condition may be disregarded by the payer, and payment to the indorser is valid whether the condition has been fulfilled or not.

Indorsement in blank and special indorsement.

34.—(1) An indorsement in blank specifies no indorsee, and a bill so indorsed becomes payable to bearer.

(2) A special indorsement specifies the person to whom or to whose order the bill is to be payable.

(3) The provisions of this act relating to a payee apply with the necessary modifications to an indorsee under a special indorsement.

(4) When a bill has been indorsed in blank, any holder may convert the blank indorsement into a special indorsement by writing above the indorser's signature a direction to pay the bill to or to the order of himself or some other person.

Restrictive indorsement.

35.—(1) An indorsement is restrictive which prohibits the further negotiation of the bill or which expresses that it is a mere authority to deal with the bill as thereby directed and not a transfer of the ownership thereof, as for example, if a bill be indorsed "Pay D. only" or „Pay D. for the account of X.", or „Pay D. or order for collection".

(2) A restrictive indorsement gives the indorsee the right to receive payment of the bill and to sue any party thereto that his indorser could have sued, but gives him no power to transfer his rights as indorsee unless it expressly authorize him to do so.

(3) Where a restrictive indorsement authorizes further transfer, all subsequent indorsees take the bill with the same rights and subject to the same liabilities as the first indorsee under the restrictive indorsement.

Negotiation fo overdue or dishonoured bill.

36.—(1) Where a bill is negotiable in its origin, it continues to be negotiable until it has been (a) restrictively indorsed, or (b) discharged by payment or otherwise.

(2) Where an overdue bill is negotiated, it can only be negotiated subject to any defect of title affecting it at its maturity, and thenceforward no person who takes it can acquire or give a better title than that which the person from whom he took it had.

(3) A bill payable on demand is deemed to be overdue within the meaning and for the purposes of this section, when it appears on the face of it to have been in circulation for an unreasonable length of time. What is an unreasonable length of time for this purpose is a question of fact.

(4) Except where an indorsement bears date after the maturity of the bill, every negotiation is primâ facie deemed to have been effected before the bill was overdue.

(5) Where a bill which is not overdue has been dishonoured any person who takes it with notice of the dishonour takes it subject to any defect of title attaching thereto at the time of dishonour, but nothing in this subjection shall affect the rights of a holder in due course.

Negotiation of bill to party already liable thereon.

37.—Where a bill is negotiated back to the drawer, or to a prior indorser or to the acceptor, such party may, subject to the provisions of this act, re-issue and further negotiate the bill but he is not entitled to enforce payment of the bill against any intervening party to whom he was previously liable.

38.—The rights and powers of the holder of a bill are as follows: Rights of the holder.

(1) He may sue on the bill in his own name:

(2) Where he is a holder in due course, he holds the bill free from any defect of title of prior parties, as well as from mere personal defences available to prior parties among themselves, and may enforce payment against all parties liable on the bill.

(3) Where his title is defective (a) if he negotiates the bill to a holder in due course, that holder obtains a good and complete title to the bill, and (b) if he obtains payment of the bill the person who pays him in due course gets a valid discharge for the bill.

General duties of the holder.

39.—(1) Where a bill is payable after sight, presentment for acceptance, or where a bill is drawn payable elsewhere than at the residence or place of business of the drawee it must be presented for acceptance before it can be presented for payment. When presentment for acceptance is necessary.

(3) In no other case is presentment for acceptance necessary in order to render liable any party to the bill.

(4) Where the holder of a bill, drawn payable elsewhere than at the place of business or residence of the drawee, has not time, with the exercise of reasonable diligence, to present the bill for acceptance before presenting it for payment on the day that it falls due, the delay caused by presenting the bill for acceptance before presenting it for payment is excused, and does not discharge the drawer and indorsers.

40.—(1) Subject to the provisions of this act, when a bill payable after sight is negotiated, the holder must either present it for acceptance or negotiate it within a reasonable time. Time for presenting bill payable after sight.

(2) If he do not do so, the drawer and all indorsers prior to that holder are discharged.

(3) In determining what is a reasonable time within the meaning of this section, regard shall be had to the nature of the bill, the usage of trade with respect to similar bills, and the facts of the particular case.

41.—(1) A bill is duly presented for acceptance which is presented in accordance with the following rules: Rules as to presentment for acceptance, and excuses for nonpresentment.

(a) The presentment must be made by or on behalf of the holder to the drawee or to some person authorized to accept or refuse acceptance on his behalf at a reasonable hour on a business day and before the bill is overdue:

(b) Where a bill is addressed to two or more drawees, who are not partners, presentment must be made to them all, unless one has authority to accept for all, then presentment may be made to him only:

(c) Where the drawee is dead, presentment may be made to his personal representative:

(d) Where the drawee is bankrupt, presentment may be made to him or to his trustee:

(e) Where authorized by agreement or usage, a presentment through the post office is sufficient.

(2) Presentment in accordance with these rules is excused, and a bill may be treated as dishonoured by non-acceptance.

(a) Where the drawee is dead (or bankrupt) or is a fictitious person not having capacity to contract by bill:

(b) Where after the exercise of reasonable diligence, such presentment cannot be effected:

(c) Where although the presentment has been irregular, acceptance has been refused on some other ground.

(3) The fact that the holder has reason to believe that the bill, on presentment, will be dishonoured does not excuse presentment.

42.—When a bill is duly presented for acceptance and is not accepted within the customary time, the person presenting it must treat it as dishonoured by non-acceptance. If he do not, the holder shall lose his right of recourse against the drawer and indorsers. Non acceptance.

43.—(1) A bill is dishonoured by non-acceptance. Dishonour by non-acceptance and its consequences.

(a) When it is duly presented for acceptance, and such an acceptance as is prescribed by this act is refused or cannot be obtained; or

(b) When presentment for acceptance is excused and the bill is not accepted.

(2) Subject to the provisions of this act when a bill dishonoured by non-acceptance, an immediate right of recourse against the drawer and indorsers accrues to the holder, and no presentment for payment is necessary.

44.—(1) The holder of a bill may refuse to take a qualified acceptance, and if he does not obtain an unqualified acceptance may treat the bill as dishonoured by non-acceptance. Duties as to qualified acceptances.

(2) Where a qualified acceptance is taken, and the drawer or an indorser has not expressly or impliedly authorized the holder to take a qualified acceptance, or does not subsequently assent thereto, such drawer or indorser is discharged from his liability on the bill.

The provisions of this sub-section do not apply to a partial acceptance, whereof due notice has been given. Where a foreign bill has been accepted as to part, it must be protested as to the balance.

(3) When the drawer or indorser of a bill receives notice of a qualified acceptance, and does not within a reasonable time express his dissent to the holder he shall be deemed to have assented thereto.

Rules as to presentment for payment.

45.—Subject to the provisions of this act a bill must be duly presented for payment. If it be not so presented the drawer and indorsers shall be discharged.

A bill is duly presented for payment which is presented in accordance with the following rules:

(1) Where the bill is not payable on demand, presentment must be made on the day it falls due.

(2) Where the bill is payable on demand, then, subject to the provisions of this act, presentment must be made within a reasonable time after its issue in order to render the drawer liable, and within a reasonable time after its indorsement, in order to render the indorser liable.

In determining what is a reasonable time, regard shall be had to the nature of the bill, the usage of trade with regard to similar bills, and the facts of the particular case.

(3) Presentment must be made by the holder or by some person authorized to receive payment on his behalf at a reasonable hour on a business day, at the proper place as hereinafter defined, either to the person designated by the bill as payer, or to some person authorized to pay or refuse payment on his behalf if with the exercise of reasonable diligence such person can there be found.

(4) A bill is presented at the proper place:

(a) Where a place of payment is specified in the bill and the bill is there presented.

(b) Where no place of payment is specified, but the address of the drawee or accepter is given in the bill and the bill is there presented.

(c) Where no place of payment is specified and no address given, and the bill is presented at the drawee's or acceptor's place of business if known, and if not, at his ordinary residence, if known.

(d) In any other case, if presented to the drawee or acceptor whereever he can be found, or if presented at his last known place of business or residence.

(5) Where a bill is presented at the proper place, and after the exercise of reasonable diligence, no person authorized to pay or refuse payment can be found there, no further presentment to the drawee or accepter is required.

(6) Where a bill is drawn upon or accepted by two or more persons who are not partners, and no place of payment is specified, presentment must be made to them all.

(7) Where the drawee or acceptor of a bill is dead, and no place of payment is specified, presentment must be made to a personal representative, if such there be, and with the exercise of reasonable diligence he can be found.

(8) Where authorized by agreement or usage, a presentment through the post office is sufficient.

Excuses for delay or non-presentment for payment.

46.—(1) Delay in making presentment for payment is excused when the delay is caused by circumstances beyond the control of the holder, and not imputable to his default, misconduct or negligence. When the cause of delay ceases to operate, presentment must be made with reasonable diligence.

(2) Presentment for payment is dispensed with—

(a) Where after the exercise of reasonable diligence, presentment, as required by this act, cannot be effected. The fact that the holder has reason to believe that the bill will, on presentment, be dishonoured, does not dispense with the necessity for presentment.

(b) Where the drawee is a fictitious person.

(c) As regards the drawer, where the drawee or acceptor is not bound, as between and himself and the drawer, to accept or pay the bill, and the drawer has no reason to believe that the bill would be paid if presented.

(d) As regards an indorser, where the bill was accepted or made for the accommodation of that indorser, and he has no reason to expect that the bill would be paid if presented.

(e) By waiver of presentment, express or implied.

Dishonour by non-payment.

47.—(1) A bill is dishonoured by non-payment (a) when it is duly presented for payment and payment is refused or cannot be obtained, or (b) when presentment is excused and the bill is overdue and unpaid.

(2) Subject to the provisions of this act when a bill is dishonoured by non-payment, an immediate right of recourse against the drawer and indorsers accrues to the holder.

Notice of dishonour and effect of non-notice.

48.—Subject to the provisions of this act, when a bill has been dishonoured by non-acceptance or by non-payment, notice of dishonour must be given to the drawer and each indorser, and any drawer or indorser to whom such notice is not given is discharged: provided that —

(1) Where a bill is dishonoured by non-acceptance, and notice of dishonour is not given,

the rights of a holder in due course subsequent to the omission, shall not be prejudiced by the omission.

(2) Where a bill is dishonoured by non-acceptance, and due notice of dishonour is given, it shall not be necessary to give notice of a subsequent dishonour by non-payment unless the bill shall in the meantime have been accepted.

49.—Notice of dishonour, in order to be valid and effectual, must be given in accordance of the following rules: **Rules as to notice of dishonour.**

(1) The notice must be given by or on behalf of the holder, or by or on behalf of an indorser who, at the time of giving it, is himself liable on the bill.

(2) Notice of dishonour may be given by an agent, either in his own name or in the name of any party entitled to give notice whether that party be his principal or not.

(3) Where the notice is given by or on behalf of the holder, it enures for the benefit of all subsequent holders and all prior indorsers who have a right of recourse against the party to whom it is given.

(4) Where notice is given by or on behalf of an indorser entitled to give notice as hereinbefore provided, it enures for the benefit of the holder and all indorsers subsequent to the party to whom notice is given.

(5) The notice may be given in writing or by personal communication, and may be given in any terms which sufficiently identify the bill, and intimate that the bill has been dishonoured by non-acceptance or non-payment.

(6) The return of a dishonoured bill to the drawer or an indorser is, in point of form, deemed a sufficient notice of dishonour.

(7) A written notice need not be signed, and an insufficient written notice may be supplemented and validated by verbal communication. A misdescription of the bill shall not vitiate the notice unless the party to whom the notice is given is in fact misled thereby.

(8) Where notice of dishonour is required to be given to any person, it may be given either to the party himself, or to his agent in that behalf.

(9) Where the drawer or indorser is dead, and the party giving notice knows it, the notice must be given to a personal representative if such there be, and with the exercise of reasonable diligence he can be found.

(10) Where the drawer or indorser is bankrupt, notice may be given either to the party himself or to the trustee.

(11) Where there are two or more drawers or indorsers who are not partners, notice must be given to each of them, unless one of them has authority to receive such notice for the others.

(12) The notice may be given as soon as the bill is dishonoured and must be given within a reasonable time thereafter.

In the absence of special circumstances notice is not deemed to have been given within a reasonable time, unless —

(a) Where the person giving and the person to receive notice reside in the same place, the notice is given or sent off in time to reach the latter on the day after the dishonour of the bill.

(b) Where the person giving and the person to receive notice reside in different places, the notice is sent off on the day after the dishonour of the bill, if there be a post at a convenient hour on that day, and if there be no such post on that day then by the next post thereafter.

(13) Where a bill when dishonoured is in the hands of an agent, he may either himself give notice to the parties liable on the bill, or he may give notice to his principal. If he give notice to his principal, he must do so within the same time as if he were the holder, and the principal upon receipt of such notice has himself the same time for giving notice as if the agent had been an independent holder.

(14) Where a party to a bill receives due notice of dishonour, he has after the receipt of such notice the same period of time for giving notice to antecedent parties that the holder has after the dishonour.

(15) Where a notice of dishonour is duly addressed and posted, the sender is deemed to have given due notice of dishonour, notwithstanding any miscarriage by the post office.

50.—(1) Delay in giving notice of dishonour is excused where the delay is caused by circumstances beyond the control of the party giving notice and not imputable to his default, misconduct, or negligence. When the cause of delay ceases to operate the notice must be given with reasonable diligence. **Excuses for non-notice and delay.**

(2) Notice of dishonour is dispensed with —

(a) When, after the exercise of reasonable diligence, notice as required by this act cannot be given to or does not reach the drawer or indorser sought to be charged;

(b) By waiver express or implied. Notice of dishonour may be waived before the time of giving notice has arrived, or after the omission to give due notice;

(c) As regards the drawer in the following cases, namely, (1) where drawer and drawee are the same person, (2) where the drawee is a fictitious person or a person not having capacity to contract, (3) where the drawer is the person to whom the bill is presented for payment, (4) where the drawee or acceptor is as between himself and the drawer under no obligation to accept or pay the bill, (5) where the drawer has countermanded payment.

(d) As regards the indorser in the following cases, namely (1) where the drawee is a fictitious person or a person not having capacity to contract and the indorser was aware of the fact at the time he indorsed the bill, (2) where the indorser is the person to whom the bill is presented for payment, (3) where the bill was accepted or made for his accommodation.

Noting or protest of bill.

51.—(1) Where an inland bill has been dishonoured it may, if the holder think fit, be noted for non-acceptance or non-payment, as the case may be; but it shall not be necessary to note or protest any such bill in order to preserve the recourse against the drawer or indorser.

(2) Where a foreign bill, appearing on the face of it to be such, has been dishonoured by non acceptance, it must be duly protested for non-acceptance, and where such a bill, which has not been previously dishonoured by non-acceptance, is dishonoured by non-payment, it must be duly protested for non-payment. If it be not so protested the drawer and indorsers are discharged.

Where a bill does not appear on the face of it to be a foreign bill, protest thereof in case of dishonour is unnecessary.

(3) A bill which has been protested for non-acceptance may be subsequently protested for non-payment.

(4) Subject to the provisions of this act, when a bill is noted or protested, it must be noted on the day of its dishonour. When a bill has been duly noted, the protest may be subsequently extended as of the date of the noting.

(5) Where the acceptor of a bill becomes bankrupt or insolvent or suspends payment before it matures, the holder may cause the bill to be protested for better security against the drawer and indorsers.

(6) A bill must be protested at the place where it is dishonoured:

Provided that —

(a) When a bill is presented through the post office, and returned by post dishonoured, it may be protested at the place to which it is returned and on the day of its return if received during business hours and if not received during business hours, then not later than the next business day:

(b) When a bill drawn payable at the place of business or residence of some person other than the drawee, has been dishonoured by non-acceptance, it must be protested for non-payment at the place where it is expressed to be payable, and no further presentment for payment to, or demand on, the drawee is necessary.

(7) A protest must contain a copy of the bill, and must be signed by the notary making it, and must specify —

(a) The person at whose request the bill is protested:

(b) The place and date of protest, the cause of reason for protesting the bill, the demand made, the answer given, if any, or the fact that the drawee or accepter could not be found.

(8) Where a bill is lost or destroyed, or is wrongly detained from the person entitled to hold it, protest must be made on a copy or written particulars thereof.

(9) Protest is dispensed with by any circumstance which would dispense with notice of dishonour. Delay in noting or protesting is excused when the delay is caused by circumstances beyond the control of the holder, and not imputable to his default, misconduct, or negligence. When the cause of delay ceases to operate the bill must be noted or protested with reasonable diligence.

Duties of holder as regards drawee or acceptor.

52.—(1) When a bill is accepted generally presentment for payment is not necessary in order to render the acceptor liable.

(2) When by the terms of a qualified acceptance presentment for payment is required, the acceptor, in the absence of an express stipulation to that effect, is not discharged by the omission to present the bill for payment on the day that it matures.

(3) In order to render the acceptor of a bill liable it is not necessary to protest it, or that notice of dishonour should be given to him.

(4) Where the holder of a bill presents it for payment, he shall exhibit the bill to the person from whom he demands payment, and when a bill is paid the holder shall forthwith deliver it up to the party paying it.

Liabilities of parties.

Bill not assignment of funds in hands of drawee.

53.—(1) A bill, of itself, does not operate as an assignment of funds in the hands of the drawee available for the payment thereof, and the drawee of a bill who does not accept as required by this act is not liable on the instrument. This sub-section shall not extend to Scotland.

(2) In Scotland, where the drawee of a bill has in his hands funds available for the payment thereof, the bill operates as an assignment of the sum for which it is drawn in favour of the holder, from the time when the bill is presented to the drawee.

Liability of acceptor.

54.—The acceptor of a bill, by accepting it —

(1) Engages that he will pay it according to the tenor of his acceptance:

(2) Is precluded from denying to a holder in due course:

(a) The existence of the drawer, the genuineness of his signature, and his capacity and authority to draw the bill;

(b) In the case of a bill payable to drawer's order, the then capacity of the drawer to indorse, but not the genuineness or validity of his indorsement;

(c) In the case of a bill payable to the order of a third person, the existence of the payee and his then capacity to indorse, but not the genuineness or validity of his indorsement

Liability of drawer or indorser.

55.—(1) The drawer of a bill by drawing it —

(a) Engages that on due presentment it shall be accepted and paid according to its tenor, and that if it be dishonoured he will compensate the holder or any indorser who is compelled to pay it, provided that the requisite proceedings on dishonour be duly taken;

(b) Is precluded from denying to a holder in due course the existence of the payee and his then capacity to indorse.

(2) The indorser of a bill by indorsing it —

(a) Engages that on due presentment it shall be accepted and paid according to its tenor, and that if it be dishonoured he will compensate the holder or a subsequent indorser who is compelled to pay it, provided that the requisite proceedings on dishonour be duly taken:

(b) Is precluded from denying to a holder in due course the genuineness and regularity in all respects of the drawer's signature and all previous indorsements;

(c) Is precluded from denying to his immediate or a subsequent indorsee that the bill was at the time of his indorsement a valid and subsisting bill, and that he had then a good title thereto.

Stranger signing bill liable as indorser.

56.—Where a person signs a bill otherwise than as drawer or acceptor, he thereby incurs the liabilities of an indorser to a holder in due course.

Measure of damages against parties to dishonoured bill.

57.—Where a bill is dishonoured, the measure of damages, which shall be deemed to be liquidated damages, shall be as follows:

(1) The holder may recover from any party liable on the bill, and the drawer who has been compelled to pay the bill may recover from the acceptor, and an indorser who has been compelled to pay the bill may recover from the acceptor or from the drawer, or from a prior indorser —

(a) The amount of the bill:

(b) Interest thereon from the time of presentment for payment if the bill is payable on demand, and from the maturity of the bill in any other case:

(c) The expenses of noting, or, when protest is necessary, and the protest has been extended, the expenses of protest.

(2) In the case of a bill which has been dishonoured abroad, in lieu of the above damages, the holder may recover from the drawer or an indorser, and the drawer or an indorser who has been compelled to pay the bill may recover from any party liable to him, the amount of the re-exchange with interest thereon until the time of payment.

(3) Where by this act interest may be recovered as damages, such interest may, if justice require it, be withheld wholly or in part, and where a bill is expressed to be payable with interest at a given rate, interest as damages may or may not be given at the same rate as interest proper.

Transferor by delivery and transferee.

58.—(1) Where the holder of a bill payable to bearer negotiates it by delivery without indorsing it, he is called a "transferor by delivery".

(2) A transferor by delivery is not liable on the instrument.

(3) A transferor by delivery who negotiates a bill thereby warrants to his immediate transferee peing a holder for value that the bill is what it purports to be, that he has a right to transfer it, and that at the time of transfer he is not aware of any fact which renders it valueless.

Discharge of bill.

Payment in due course.

59.—(1) A bill is discharged by payment in due course by or on behalf of the drawee or acceptor.

"Payment in due course" means payment made at or after the maturity of the bill to the holder thereof in good faith and without notice that his title to the bill is defective.

(2) Subject to the provisions hereinafter contained, when a bill is paid by the drawer or an indorser it is not discharged; but

(a) where a bill payable to, or to the order of, a third party is paid by the drawer, the drawer may enforce payment thereof against the acceptor, but may not reissue the bill.

(b) Where a bill is paid by an indorser, or where a bill payable to drawer's order is paid by the drawer the party paying it is remitted to his former rights as regards the acceptor or antecedent parties and he may, if he thinks fit, strike out his own and subsequent indorsements and again negotiate the bill.

(3) Where an accommodation bill is paid in due course by the party accommodated the bill is discharged.

Banker paying demand draft whereon indorsement is forged.

60.—When a bill payable to order on demand is drawn on a banker and the banker on whom it is drawn, pays the bill in good faith and in the ordinary course of business, it is not incumbent on the banker to show that the indorsement of the payee or any subsequent indorsement was made by or under the authority of the person whose indorsement it purports to be, and the banker is deemed to have paid the bill in due course, although such indorsement has been forged or made without authority.

61.—When the acceptor of a bill is or becomes the holder of it at or after its maturity, in his own right, the bill is discharged.

Acceptor the holder at maturity.

62.—(1) When the holder of a bill at or after its maturity absolutely and unconditionally renounces his rights against the acceptor the bill is discharged.

The renunciation must be in writing, unless the bill is delivered up to the acceptor.

Express waiver.

(2) The liabilities of any party to a bill may in like manner be renounced by the holder before, at or after its maturity; but nothing in this section shall affect the rights of a holder in due course without notice of the renunciation.

Cancellation.

63.—(1) Where a bill is intentionally cancelled by the holder or his agent, and the cancellation is apparent thereon, the bill is discharged.

(2) In like manner any party liable on a bill may be discharged by the intentional cancellation of his signature by the holder or his agent. In such case any indorser who would have had a right of recourse against the party whose signature is cancelled, is also discharged.

(3) A cancellation made unintentionally, or under a mistake, or without the authority of the holder is inoperative; but where a bill or any signature thereon appears to have been cancelled the burden of proof lies on the party who alleges that the cancellation was made unintentionally, or under a mistake, or without authority.

Alteration of bill.

64.—(1) Where a bill or acceptance is materially altered without the assent of all parties liable on the bill, the bill is avoided except as against a party who has himself made, authorized or assented to the alteration, and subsequent indorsers.

Provided that,

Where a bill has been materially altered, but the alteration is not apparent, and the bill is in the hands of a holder in due course, such holder may avail himself of the bill as if it had not been altered, and may enforce payment of it according to its original tenor.

(2) In particular the following alterations are material, namely, any alteration of the date, the sum payable, the time of payment, the place of payment, and, where a bill has been accepted generally, the addition of a place of payment without the acceptor's assent.

Acceptance and Payment for Honour.

Acceptance for honour suprà protest.

65.—(1) Where a bill of exchange has been protested for dishonour by non-acceptance, or protested for better security, and is not overdue, any person, not being a party already liable thereon, may, with the consent of the holder, intervene and accept the bill suprà protest, for the honour of any party liable thereon, or for the honour of the person for whose account the bill is drawn.

(2) A bill may be accepted for honour for part only of the sum for which it is drawn.

(3) An acceptance for honour suprà protest in order to be valid must —

(a) Be written on the bill, and indicate that it is an acceptance for honour.

(b) Be signed by the acceptor for honour.

(4) Where an acceptance for honour does not expressly state for whose honour it is made, it is deemed to be an acceptance for the honour of the drawer.

(5) Where a bill payable after sight is accepted for honour, its maturity is calculated from the date of the noting for non-acceptance, and not from the date of the acceptance for honour.

Liability of acceptor for honour.

66.—(1) The acceptor for honour of a bill by accepting it engages that he will, on due presentment pay the bill according to the tenor of his acceptance, if it is not paid by the drawee, provided it has been duly presented for payment, and protested for non-payment, and that he receives notice of these facts.

(2) The acceptor for honour is liable to the holder and to all parties to the bill subsequent to the party for whose honour he has accepted.

Presentment to acceptor for honour.

67.—(1) Where a dishonoured bill has been accepted for honour suprà protest, or contains a reference in case of need, it must be protested for non-payment before it is presented for payment to the acceptor for honour, or referee in case of need.

(2) Where the address of the acceptor for honour is in the same place where the bill is protested for non-payment, the bill must be presented to him not later than the day following its maturity; and where the address of the acceptor for honour is in some place other than

the place where it was protested for non-payment, the bill must be forwarded not later than the day following its maturity for presentment to him.

(3) Delay in presentment or non-presentment is excused by any circumstance which would excuse delay in presentment for payment or non-presentment for payment.

(4) Where a bill of exchange is dishonoured by the acceptor for honour it must be protested for non-payment by him.

68.—(1) Where a bill has been protested for non-payment, any person may intervene and pay it suprà protest for the honour of any party liable thereon, or for the honour of the person for whose account the bill is drawn. Payment for honour suprà protest.

(2) Where two or more persons offer to pay a bill for the honour of different parties, the person whose payment will discharge most parties to the bill shall have the preference.

(3) Payment for honour suprà protest, in order to operate as such and not as a mere voluntary payment, must be attested by a notarial act of honour which may be appended to the protest or form an extension of it.

(4) The notarial act of honour must be founded on a declaration made by the payer for honour, or his agent in that behalf, declaring his intention to pay the bill for honour, and for whose honour he pays.

(5) Where a bill has been paid for honour, all parties subsequent to the party for whose honour it is paid are discharged; but the payer for honour is subrogated for, and succeeds to both the rights and duties of the holder as regards the party for whose honour he pays, and all parties liable to that party.

(6) The payer for honour on paying to the holder the amount of the bill and the notarial expenses incidental to its dishonour is entitled to receive both the bill itself and the protest. If the holder do not on demand deliver them up he shall be liable to the payer for honour in damages.

(7) Where the holder of a bill refuses to receive payment suprà protest he shall lose his right of recourse against any party who would have been discharged by such payment.

Lost Instruments.

69.—Where a bill has been lost before it is overdue, the person who was the holder of it may apply to the drawer to give him another bill of the same tenor, giving security to the drawer if required, to indemnify him against all persons whatever in case the bill alleged to have been lost shall be found again. Holder's right to duplicate of lost bill.

If the drawer on request as aforesaid refuses to give such duplicate bill, he may be compelled to do so.

70.—In any action or proceeding upon a bill, the court or a judge may order that the loss of the instrument shall not be set up, provided an indemnity be given to the satisfaction of the court or judge against the claims of any other person upon the instrument in question. Action on lost bill.

Bill in a set.

71.—(1) Where a bill is drawn in a set, each part of the set being numbered, and containing a reference to the other parts, the whole of the parts constitute one bill. Rules as to sets.

(2) Where the holder of a set indorses two or more parts to different persons, he is liable on every such part, and every indorser subsequent to him is liable on the part he has himself indorsed as if the said parts were separate bills.

(3) Where two or more parts of a set are negotiated to different holders in due course, the holder whose title first accrues is as between such holders deemed the true owner of the bill; but nothing in this subjection shall affect the rights of a person who in due course accepts or pays the part first presented to him.

(4) The acceptance may be written on any part, and it must be written on one part only. If the drawee accepts more than one part, and such accepted parts get into the hands of different holders in due course, he is liable on every such part as if it were a separate bill.

(5) When the acceptor of a bill drawn in a set pays it without requiring the part bearing his acceptance to be delivered up to him, and that part at maturity is outstanding in the hands of a holder in due course, he is liable to the holder thereof.

(6) Subject to the preceding rules, where any one part of a bill drawn in a set is discharged by payment or otherwise, the whole bill is discharged.

Conflict of laws.

72.—Where a bill drawn in one country is negotiated, accepted, or payable in another, the rights, duties and liabilities of the parties thereto are determined as follows: Rules where laws conflict.

(1) The validity of a bill as regards requisites in form is determined by the law of the place of issue, and the validity as regards requisites in form of the supervening contracts, such as acceptance, or indorsement, or acceptance suprà protest, is determined by the law of the place where such contract was made.

Provided that:

(a) Where a bill is issued out of the United Kingdom it is not invalid by reason only that it is not stamped according to the law of the place of issue;

(b) Where a bill issued out of the United Kingdom, conforms, as regards requisites in form, to the law of the United Kingdom, it may for the purpose of enforcing payment thereof, be treated as valid as between all persons who negotiate, hold or become parties to it in the United Kingdom.

(2) Subject to the provisions of this act, the interpretation of the drawing, indorsement, acceptance, or acceptance suprà protest of a bill, is determined by the law of the place where such contract is made.

Provided that where an inland bill is indorsed in a foreign country the indorsement shall as regards the payer be interpreted according to the law of the United Kingdom.

(3) The duties of the holder with respect to presentment for acceptance or payment and the necessity for or sufficiency of a protest or notice of dishonour, or otherwise, are determined by the law of the place where the act is done or the bill is dishonoured.

(4) Where a bill is drawn out of but payable in the United Kingdom, and the sum payable is not expressed in the currency of the United Kingdom, the amount shall, in the absence of some express stipulation, be calculated according to the rate of exchange for sight drafts at the place of payment on the day the bill is payable.

(5) Where a bill is drawn in one country and is payable in another, the due date thereof is determined according to the law of the place where it is payable.

Part IV.—Promissory Notes.

Promissory note defined. **83.**—(1) A promissory note is an unconditional promise in writing made by one person to another signed by the maker, engaging to pay, on demand or at a fixed or determinable future time, a sum certain in money, to, or to the order of, a specified person or to bearer.

(2) An instrument in the form of a note payable to maker's order is not a note within the meaning of this section unless and until it is indorsed by the maker.

(3) A note is not invalid by reason only that it contains also a pledge of collateral security with authority to sell or dispose thereof.

(4) A note which is, or on the face of it purports to be, both made and payable within the British Islands is an inland note.

Delivery necessary. **84.**—A promissory note is inchoate and incomplete until delivery thereof to the payee or bearer.

Joint and several notes. **85.**—(1) A promissory note may be made by two or more makers, and they may be liable thereon jointly, or jointly and severally according to its tenor.

(2) Where a note runs "I promise to pay" and is signed by two or more persons it is deemed to be their joint and several note.

Note payable on demand. **86.**—(1) Where a note payable on demand has been indorsed, it must be presented to payment within a reasonable time of the indorsement. If it be not presented the indorser is discharged.

(2) In determining what is a reasonable time, regard shall be had to the nature of the instrument, the usage of trade, and the facts of the particular case.

(3) Where a note payable on demand is negotiated, it is not deemed to be overdue, for the purpose of affecting the holder with defects of title of which he has no notice, by reason that it appears that a reasonable time for presenting it for payment has elapsed since its issue.

Presentment of note for payment. **87.**—(1) Where a promissory note is in the body of it made payable at a particular place, it must be presented for payment at that place in order to render the maker liable. In any other case, presentment for payment is not necessary in order to render the maker liable.

(2) Presentment for payment is necessary in order to render the indorser of a note liable.

(3) Where a note is in the body of it made payable at a particular place, presentment at that place is necessary in order to render an indorser liable; but when a place of payment is indicated by way of memorandum only, presentment at that place is sufficient to render the indorser liable, but a presentment to the maker elsewhere, if sufficient in other respects, shall also suffice.

Liability of maker. **88.**—The maker of a promissory note by making it —

(1) Engages that he will pay it according to its tenor;

(2) Is precluded from denying to a holder in due course the existence of the payee and his then capacity to indorse.

Application of part in notes. **89.**—(1) Subject to the provisions in this part and, except as by this section provided, the provisions of this act relating to bills of exchange apply, with the necessary modifications, to promissory notes.

(2) In applying those provisions the maker of a note shall be deemed to correspond with the acceptor of a bill, and the first indorser of a note shall be deemed to correspond with the drawer of an accepted bill payable to drawer's order.

(3) The following provisions as to bills do not apply to notes; namely, provisions relating to—

(a) Presentment for acceptance;
(b) Acceptance;
(c) Acceptance suprà protest;
(d) Bills in a set.
(4) Where a foreign note is dishonoured, protest thereof is unnecessary.

Part V.—Supplementary.

90.—A thing is deemed to be done in good faith, within the meaning of this act, where it is in fact done honestly, whether it is done negligently or not. Good faith.

91.—(1) Where, by this act any instrument or writing is required to be signed by any person, it is not necessary that he should sign it with his own hand, but it is sufficient if his signature is written thereon by some other person by or under his authority. Signature.

(2) In the case of a corporation, where, by this act, any instrument or writing is required to be signed, it is sufficient if the instrument or writing be sealed with the corporate seal. But nothing in this section shall be construed as requiring the bill or note of a corporation to be under seal.

92.—Where by this act the time limited for doing any act or thing is less than three days, in reckoning time, non-business days are excluded. Computation of time.

"Non-business days" for the purposes of this act mean —
(a) Sunday, Good Friday, Christmas Day.
(b) A bank holiday under the Bank Holidays Act, 1871, or acts amending it;
(c) A day appointed by Royal Proclamation as a public fast or thanksgiving day.
Any other day is a business day.

93.—For the purposes of this act, where a bill or note is required to be protested within a specified time, or before some further proceeding is taken, it is sufficient that the bill has been noted for protest before the expiration of the specified time or the taking of the proceeding; and the formal protest may be extended at any time thereafter as of the date of the noting. When noting equivalent to protest.

94.—Where a dishonoured bill or note is authorized or required to be protested, and the services of a notary cannot be obtained at the place where the bill is dishonoured, any householder or substantial resident of the place may, in the presence of two witnesses, give a certificate, signed by them, attesting the dishonour of the bill, and the certificate shall in all respects operate as if it were a formal protest of the bill. Protest when notary not accessible.

G. Künftiges einheitliches Wechselrecht.

1. Conférence de la Haye 1912, Règlement Uniforme sur la lettre de change et le billet à ordre.

Titre I.

De la Lettre de Change.

Chapitre I.

De la création et de la forme de la lettre de change.

Article 1.

La lettre de change contient:
1⁰. la dénomination de lettre de change insérée dans le texte même du titre et exprimée dans la langue employée pour la rédaction de ce titre;
2⁰. le mandat pur et simple de payer une somme déterminée;
3⁰. le nom de celui qui doit payer (tiré);
4⁰. l'indication de l'échéance;
5⁰. celle du lieu où le paiement doit s'effectuer;
6⁰. le nom de celui auquel ou à l'ordre duquel le paiement doit être fait;

2. Conférence de Genève 1930, Loi Uniforme concernant la lettre de change et le billet à ordre.

Titre I.

De la Lettre de Change.

Chapitre I.

De la création et de la forme de la lettre de change.

Article 1.

[Gleichlautend.]

7°. l'indication de la date et du lieu où la lettre est créée;
8°. la signature de celui qui émet la lettre (tireur).

Article 2.

(1) Le titre dans lequel une des énonciations indiquées à l'article précédent fait défaut, ne vaut pas comme lettre de change, sauf dans les cas déterminés par les alinéas suivants.

(2) La lettre de change dont l'échéance n'est pas indiquée, est considérée comme payable à vue.

(3) A défaut d'indication spéciale, le lieu désigné à côté du nom du tiré est réputé être le lieu de paiement et en même temps, le lieu du domicile du tiré.

(4) La lettre de change n'indiquant pas le lieu de sa création est considérée comme souscrite dans le lieu désigné à côté du nom du tireur.

Article 2.

[Gleichlautend.]

Article 3.

(1) La lettre de change peut être à l'ordre du tireur lui-même.

(2) Elle peut être tirée sur le tireur lui-même.

(3) Elle peut ètre tirée pour le compte d'un tiers.

Article 3.

[Gleichlautend.]

Article 4.

Une lettre de change peut être payable au domicile d'un tiers, soit dans le lieu du domicile du tiré, soit dans un autre lieu (lettre de change domiciliée).

Article 4.

Une lettre de change peut être payable au domicile d'un tiers, soit dans la localité où le tiré a son domicile soit dans une autre localité.

Article 5.

(1) Dans une lettre de change payable à vue ou à un certain délai de vue, il peut être stipulé par le tireur que la somme sera productive d'intérêts. Dans toute autre lettre de change cette stipulation est réputée non écrite.

(2) Le taux des intérêts doit être indiqué dans la lettre; à défaut de cette indication, il est de cinq pour cent.

(3) Les intérêts courent à partir de la date de la lettre de change, si une autre date n'est indiquée.

Article 5.

[Absatz 1: Gleichlautend.]

(2) Le taux des intérêts doit être indiqué dans la lettre; à défaut de cette indication, la clause est réputée non écrite.

[Absatz 3: Gleichlautend.]

Article 6.

(1) La lettre de change dont le montant est écrit à la fois en toutes lettres et en chiffres, vaut en cas de différence, pour la somme écrite en toutes lettres.

(2) La lettre de change dont le montant est écrit plusieurs fois, soit en toutes lettres, soit en chiffres, ne vaut, en cas de différence, que pour la moindre somme.

Article 6.

[Gleichlautend.]

Article 7.

Si une lettre de change porte la signature de personnes incapables de s'obliger, les

Article 7.

Si la lettre de change porte des signatures de personnes incapables de s'obliger par

obligations des autres signataires n'en sont pas moins valables.

lettre de change, des signatures fausses ou des signatures de personnes imaginaires, ou des signatures qui, pour toute autre raison, ne sauraient obliger les personnes qui ont signé la lettre de change ou du nom desquelles elle a été signée, les obligations des autres signataires n'en sont pas moins valables.

Article 8.

Quiconque appose sa signature sur une lettre de change, comme représentant d'une personne pour laquelle il n'avait pas le pouvoir d'agir, est obligé lui-même en vertu de la lettre. Il en est ainsi du représentant qui a dépassé ses pouvoirs.

Article 8.

Quiconque appose sa signature sur une lettre de change, comme représentant d'une personne pour laquelle il n'avait pas le pouvoir d'agir, est obligé lui-même en vertu de la lettre et, s'il a payé, a les mêmes droits qu'aurait eus le prétendu représenté. Il en est de même du représentant qui a dépassé ses pouvoirs.

Article 9.

(1) Le tireur est garant de l'acceptation et du paiement.

(2) Il peut s'exonérer de la garantie de l'acceptation; toute clause par laquelle il s'exonère de la garantie du paiement est réputée non écrite.

Article 9.

[Gleichlautend.]

Article 10.

Si une lettre de change, incomplète à l'émission, a été complétée contrairement aux accords intervenus, l'inobservation de ces accords ne peut pas être opposée au porteur, à moins qu'il n'ait acquis la lettre de change de mauvaise foi ou que, en l'acquérant, il n'ait commis une faute lourde.

Chapitre II.

De l'endossement.

Article 10.

(1) Toute lettre de change, même non expressément tirée à ordre, est transmissible par la voie de l'endossement.

(2) Lorsque le tireur a inséré dans la lettre de change les mots "non à ordre" ou une expression équivalente, le titre n'est transmissible que dans la forme et avec les effets d'une cession ordinaire.

(3) L'endossement peut être fait même au profit du tiré, accepteur ou non, du tireur ou de tout autre obligé. Ces personnes peuvent endosser la lettre à nouveau.

Chapitre II.

De l'endossement.

Article 11.

[Gleichlautend.]

Article 11.

(1) L'endossement doit être pur et simple. Toute condition à laquelle il est subordonné est réputéé non écrite.

(2) L'endossement partiel est nul.

(3) Est également nul l'endossement «au porteur».

Article 12.

[Absatz 1 und 2 gleichlautend.]

(3) L'endossement au porteur vaut comme endossement en blanc.

Article 12.

(1) L'endossement doit être écrit sur la lettre de change ou sur une feuille qui y est rattachée (allonge). Il doit être signé par l'endosseur.

Article 13.

[Absatz 1 gleichlautend.]

(2) L'endossement est valable alors même que le bénéficiaire n'y serait pas désigné ou que l'endosseur se serait borné à apposer sa signature au dos de la lettre de change ou d'une allonge (endossement en blanc).

Article 13.

(1) L'endossement transmet tous les droits résultant de la lettre de change.

(2) Si l'endossement est en blanc, le porteur peut:

1°. remplir le blanc, soit de son nom, soit du nom d'une autre personne;

2°. endosser la lettre de nouveau en blanc ou à une autre personne;

3°. remettre la lettre à un tiers, sans remplir le blanc et sans l'endosser.

Article 14.

(1) L'endosseur est, sauf clause contraire, garant de l'acceptation et du paiement.

(2) Il peut interdire un nouvel endossement; dans ce cas, il n'est pas tenu à la garantie envers les personnes auxquelles la lettre est ultérieurement endossée.

Article 15.

(1) Le détenteur d'une lettre de change est considéré comme porteur légitime s'il justifie de son droit par une suite ininterrompue d'endossements, même si le dernier endossement est en blanc. Quand un endossement en blanc est suivi d'un autre endossement, le signataire de celui-ci est réputé avoir acquis la lettre par l'endossement en blanc. Les endossements biffés sont réputés non avenus.

(2) Si une personne a été dépossédée d'une lettre de change par quelque événement que ce soit, le porteur, justifiant de son droit de la manière indiquée à l'alinéa précédent, n'est tenu de se dessaisir de la lettre que s'il l'a acquise de mauvaise foi ou si, en l'acquérant, il a commis une faute lourde.

Article 16.

Les personnes actionnées en vertu de la lettre de change ne peuvent pas opposer au porteur les exceptions fondées sur leurs rapports personnels avec le tireur ou avec les porteurs antérieurs, à moins que la transmission n'ait eu lieu à la suite d'une entente frauduleuse.

Article 17.

(1) Lorsque l'endossement contient la mention «valeur en recouvrement»—«pour encaissement»—«par procuration»—ou toute autre mention impliquant un simple mandat, le porteur peut exercer tous les droits dérivant de la lettre de change, mais il ne peut endosser celle-ci qu'à titre de procuration.

(2) L'endossement peut ne pas désigner le bénéficiaire ou consister simplement dans la signature de l'endosseur (endossement en blanc). Dans ce dernier cas, l'endossement, pour être valable, doit être inscrit au dos de la lettre de change ou sur l'allonge.

Article 14.

[Gleichlautend.]

Article 15.

[Gleichlautend.]

Article 16.

(1) Le détenteur d'une lettre de change est considéré comme porteur légitime, s'il justifie de son droit par une suite ininterrompue d'endossements, même si le dernier endossement est en blanc. Les endossements biffés sont à cet égard réputés non écrits. Quand un endossement en blanc est suivi d'un autre endossement, le signataire de celui-ci est réputé avoir acquis la lettre par l'endossement en blanc.

(2) Si une personne a été dépossédée d' une lettre de change par quelque événement que ce soit, le porteur, justifiant de son droit de la manière indiquée à l'alinéa precédant, n'est tenu de se dessaisir de la lettre que s'il l'a acquise de mauvaise foi ou si, en l'acquérant, il a commis une faute lourde.

Article 17.

Les personnes actionnées en vertu de la lettre de change ne peuvent pas opposer au porteur les exceptions fondées sur leur rapports personnels avec le tireur ou avec les porteurs antérieurs, a moins que le porteur, en acquérant la lettre, n'ait agi sciemment au détriment du débiteur.

Article 18.

[Absatz 1, 2 gleichlautend.]

(2) Les obligés ne peuvent dans ce cas invoquer contre le porteur que les exceptions qui seraient opposables à l'endosseur.

Article 18.

(1) Lorsqu'un endossement contient la mention «valeur en garantie»—«valeur en gage» ou toute autre mention impliquant un nantissement, le porteur peut exercer tous les droits dérivant de la lettre de change, mais un endossement fait par lui ne vaut que comme endossement à titre de procuration.

(2) Les obligés ne peuvent invoquer contre le porteur les exceptions fondées sur leurs rapports personnels avec l'endosseur, à moins que l'endossement n'ait eu lieu à la suite d'une entente frauduleuse.

Article 19.

L'endossement postérieur à l'échéance produit les mêmes effets qu'un endossement antérieur. Toutefois, l'endossement postérieur au protêt faute de paiement ou fait après l'expiration du délai fixé pour le dresser, ne produit que les effets d'une cession ordinaire.

Chapitre III.

De l'acceptation.

Article 20.

La lettre de change peut être, jusqu'à l'échéance, présentée à l'acceptation du tiré, au lieu de son domicile, par le porteur ou même par un simple détenteur.

Article 21.

(1) Dans toute lettre de change, le tireur peut stipuler qu'elle devra être présentée à l'acceptation, avec ou sans fixation de délai.

(2) Il peut interdire dans la lettre la présentation à l'acceptation, à moins qu'il ne s'agisse d'une lettre de change domiciliée ou tirée à un certain délai de vue.

(3) Il peut aussi stipuler que la présentation à l'acceptation ne pourra avoir lieu avant une certaine date.

(4) Tout endosseur peut stipuler que la lettre devra être présentée à l'acceptation, avec ou sans fixation de délai, à moins qu'elle n'ait été déclarée non acceptable par le tireur.

(3) Le mandat renfermé dans un endossement de procuration ne prend pas fin par le décès du mandant ou la survenance de son incapacité.

Article 19.

[Absatz 1 gleichlautend.]

(2) Les obligés ne peuvent invoquer contre le porteur les exceptions fondées sur leurs rapports personnels avec l'endosseur, à moins que le porteur, en recevant la lettre, n'ait agi sciemment au détriment du débiteur.

Article 20.

[Absatz 1 gleichlautend.]

(2) Sauf preuve contraire, l'endossement sans date est censé avoir été fait avant l'expiration du délai fixé pour dresser le protêt.

Chapitre III.

De l'acceptation.

Article 21.

[Gleichlautend.]

Article 22.

[Absatz 1 gleichlautend.]

(2) Il peut interdire dans la lettre la présentation à l'acceptation, à moins qu'il ne s'agisse d'une lettre de change payable chez un tiers ou d'une lettre payable dans une localité autre que celle du domicile du tiré ou d'une lettre tirée à un certain délai de vue.

(3) Il peut aussi stipuler que la présentation à l'acceptation ne pourra avoir lieu avant un terme indiqué.

[Absatz 4 gleichlautend.]

Article 22.

(1) Les lettres de change à un certain délai de vue doivent être présentées à l'acceptation dans les six mois de leur date.

(2) Le tireur peut abréger ce dernier délai ou en stipuler un plus long.

(3) Ces délais peuvent être abrégés par les endosseurs.

Article 23.

(1) Les lettres de change à un certain délai de vue doivent être présentées à l'acceptation dans le délai d'un an à partir de leur date.

[Absatz 2, 3 gleichlautend.]

Article 23.

(1) Le porteur n'est pas obligé de se dessaisir, entre les mains du tiré, de la lettre présentée à l'acceptation.

(2) Le tiré peut demander qu'une seconde présentation lui soit faite le lendemain de la première. Les intéressés ne sont admis à prétendre qu'il n'a pas été fait droit à cette demande que si celle-ci est mentionnée dans le protêt.

Article 24.

(1) Le tiré peut demander qu'une seconde présentation lui soit faite le lendemain de la première. Les intéressés ne sont admis à prétendre qu'il n'a pas été fait droit à cette demande que si celle-ci est mentionnée dans le protêt.

(2) Le porteur n'est pas obligé de se dessaisir, entre les mains du tiré, de la lettre présentée à l'acceptation.

Article 24.

(1) L'acceptation est écrite sur la lettre de change. Elle est exprimée par le mot »accepté« ou tout autre mot équivalent; elle est signée du tiré. La simple signature du tiré apposée au recto de la lettre vaut acceptation.

(2) Quand la lettre est payable à un certain délai de vue ou lorsqu'elle doit être présentée à l'acceptation dans un délai déterminé en vertu d'une stipulation spéciale, l'acceptation doit être datée du jour où elle a été donnée, à moins que le porteur n'exige qu'elle soit datée du jour de la présentation. A défaut de date, le porteur, pour conserver ses droits de recours contre les endosseurs et contre le tireur, fait constater cette omission par un protêt dressé en temps utile.

Article 25.

[Gleichlautend.]

Article 25.

(1) L'acceptation est pure et simple; mais elle peut être restreinte à une partie de la somme.

(2) Toute autre modification apportée par l'acceptation aux énonciations de la lettre de change équivaut à un refus d'acceptation. Toutefois l'accepteur est tenu dans les termes de son acceptation.

Article 26.

(1) L'acceptation est pure et simple, mais le tiré peut la restreindre à une partie de la somme.

[Absatz 2 gleichlautend.]

Article 26.

(1) Quand le tireur a indiqué dans la lettre de change un lieu de paiement autre que le domicile du tiré, sans désigner le domiciliataire, l'acceptation indique la personne qui doit effectuer le paiement. A défaut de cette indication, l'accepteur est réputé s'être obligé à payer lui-même au lieu du paiement.

(2) Si la lettre est payable au domicile du tiré, celui-ci peut, dans l'acceptation,

Article 27.

(1) Quand le tireur á indiqué dans la lettre de change un lieu de paiement autre que celui du domicile du tiré, sans désigner un tiers chez qui le paiement doit être effectué, le tiré peut l'indiquer lors de l'acceptation. A défaut de cette indication l'accepteur est réputé s'être obligé à payer lui-même au lieu du paiement.

[Absatz 2 gleichlautend.]

indiquer une adresse du même lieu où le paiement doit être effectué.

Article 27.

(1) Par l'acceptation, le tiré s'oblige à payer la lettre de change à l'échéance.

(2) A défaut de paiement, le porteur, même s'il est le tireur, a contre l'accepteur une action directe résultant de la lettre de change pour tout ce qui peut être exigé en vertu des articles 47 et 48.

Article 28.

Si le tiré, qui a revêtu la lettre de change de son acceptation, a biffé celle-ci avant de s'être dessaisi du titre, l'acceptation est censée refusée; toutefois, le tiré est tenu dans les termes de son acceptation, s'il l'a biffée après avoir fait connaître par écrit au porteur ou à un signataire quelconque qu'il avait accepté.

Chapitre IV.

De l'aval.

Article 29.

(1) Le paiement d'une lettre de change peut être garanti par un aval.

(2) Cette garantie est fournie par un tiers ou même par un signataire de la lettre.

Article 30.

(1) L'aval est donné sur la lettre de change ou sur une allonge.

(2) Il est exprimé par les mots «bon pour aval» ou par toute autre formule équivalente; il est signé par le donneur d'aval.

(3) Il est considéré comme résultant de la seule signature du donneur d'aval, apposée au recto de la lettre de change, sauf quand il s'agit de la signature du tiré ou de celle d'un tireur.

(4) L'aval doit indiquer pour le compte de qui il est donné. A défaut de cette indication, il est réputé donné pour le tireur.

Article 31.

(1) Le donneur d'aval est tenu de la même manière que celui dont il s'est porté garant.

(2) Son engagement est valable, alors même que l'obligation qu'il a garantie serait nulle pour toute cause autre qu'un vice de forme.

(3) Il a, quand il paie la lettre de change, le droit de recourir contre le garanti et contre les garants de celui-ci.

Article 28.

[Gleichlautend.]

Article 29.

(1) Si le tiré qui a revêtu la lettre de change de son acceptation a biffé celle-ci avant la restitution de la lettre, l'acceptation est censée refusée. Sauf preuve contraire, la radiation est reputée avoir été faite avant la restitution du titre.

(2) Toutefois, si le tiré a fait connaître son acceptation par écrit au porteur ou à un signataire quelconque, il est tenu envers ceux-ci dans les termes de son acceptation.

Chapitre IV.

De l'aval.

Article 30.

(1) Le paiement d'une lettre de change peut être garanti pour tout ou partie de son montant par un aval.

[Absatz 2 gleichlautend.

Article 31.

[Gleichlautend.]

Article 32.

[Absatz 1, 2 gleichlautend.]

(3) Quand il paie la lettre de change, le donneur d'aval acquiert les droits résultant de la lettre de change contre le garanti et contre ceux qui sont tenus envers ce dernier en vertu de la lettre de change.

Chapitre V.

De l'échéance.

Article 32.

(1) Une lettre de change peut être tirée:
à jour fixe;
à un certain délai de date;
à vue;
à un certain délai de vue.

(2) Les lettres de change, soit à d'autres échéances, soit à échéances successives, sont nulles.

Article 33.

La lettre de change à vue est payable à sa présentation. Elle doit être présentée au paiement dans les délais légaux ou conventionels fixés pour la présentation à l'acceptation des lettres payables à un certain délai de vue.

Article 34.

(1) L'échéance d'une lettre de change à un certain délai de vue est déterminée, soit par la date de l'acceptation, soit par celle du protêt.

(2) En l'absence de protêt, l'acceptation non datée est réputée, à l'égard de l'accepteur, avoir été donnée le dernier jour du délai de présentation, légal ou conventionnel.

Article 35.

(1) L'échéance d'une lettre de change tirée à un ou plusieurs mois de date ou de vue a lieu à la date correspondante du mois où le paiement doit être effectué. A défaut de date correspondante, l'échéance a lieu le dernier jour de ce mois.

(2) Quand une lettre de change est tirée à un ou à plusieurs mois et demi de date ou de vue, on compte d'abord les mois entiers.

(3) Si l'échéance est fixée au commencement, au milieu (mi-janvier, mi-février, etc.) ou à la fin du mois, on entend par ces termes le premier, le quinze ou le dernier jour du mois.

(4) Les expressions «huit jours» ou «quinze jours» s'entendent, non d'une ou deux semaines, mais d'un délai de huit ou de quinze jours effectifs.

(5) L'expression «demi mois» indique un délai de quinze jours.

Article 36.

(1) Quand une lettre de change est payable à jour fixe dans un lieu ou le calendrier est différent de celui du lieu de l'émission, la date de l'échéance est considérée comme fixée d'après le calendrier du lieu de paiement.

Chapitre V.

De l'échéance.

Article 33.

(1) Une lettre de change peut être tirée:
A vue;
A un certain délai de vue;
A un certain délai de date;
A jour fixe.

[Absatz 2 gleichlautend.]

Article 34.

(1) La lettre de change à vue est payable à sa présentation. Elle doit être présentée au paiement dans le délai d'un an à partir de sa date. Le tireur peut abréger ce délai ou en stipuler un plus long. Ces délais peuvent être abrégés par les endosseurs.

(2) Le tireur peut prescrire qu'une lettre de change payable à vue ne doit pas être présentée au paiement avant un terme indiqué. Dans ce cas, le délai de présentation part de ce terme.

Article 35.

[Absatz 1 gleichlautend.]

(2) En l'absence de protêt, l'acceptation non datée est réputée, à l'égard de l'accepteur, avoir été donnée le dernier jour du délai prévu pour la présentation à l'acceptation.

Article 36.

[Gleichlautend.]

Article 37.

[Gleichlautend.]

(2) Quand une lettre de change tirée entre deux places ayant des calendriers différents est payable à un certain délai de date, le jour de l'émission est ramené au jour correspondant du calendrier du lieu de paiement et l'échéance est fixée en conséquence.

(3) Les délais de présentation des lettres de change sont calculés conformément aux règles de l'alinéa précédent.

(4) Ces règles ne sont pas applicables si une clause de la lettre de change, ou même les simples énonciations du titre, indiquent que l'intention a été d'adopter des règles différentes.

Chapitre VI.

Du paiement.

Article 37.

(1) Le porteur doit présenter la lettre de change au paiement, soit le jour ou elle est payable, soit l'un des deux jours ouvrables qui suivent.

(2) La présentation à une chambre de compensation équivaut à une présentation au paiement.

Article 38.

(1) Le tiré peut exiger, en payant la lettre de change, qu'elle lui soit remise acquittée par le porteur.

(2) Le porteur ne peut refuser un paiement partiel.

(3) En cas de paiement partiel, le tiré peut exiger que mention de ce paiement soit faite sur la lettre et que quittance lui en soit donnée.

Article 39.

(1) Le porteur d'une lettre de change ne peut être contraint d'en recevoir le paiement avant l'échéance.

(2) Le tiré qui paie avant l'échéance le fait à ses risques et périls.

(3) Celui qui paye à l'échéance est valablement libéré, à moins qu'il n'y ait de sa part une fraude ou une faute lourde. Il est obligé de vérifier la régularité de la suite des endossements, mais non la signature des endosseurs.

Article 40.

(1) Lorsqu'une lettre de change est stipulée payable en une monnaie n'ayant pas cours au lieu du paiement, le montant peut en être payé d'après sa valeur au jour ou le paiement est exigible, dans la monnaie du pays, à moins que le tireur n'ait stipulé que le paiement devra être fait dans la monnaie indiquée (clause de paiement effectif en une monnaie étrangère). Les usages du lieu du paiement servent à déterminer la valeur de la monnaie étrangère. Toutefois,

Chapitre VI.

Du paiement.

Article 38.

(1) Le porteur d'une lettre de change payable à jour fixe ou à un certain délai de date ou de vue doit présenter la lettre de change au paiement, soit le jour où elle est payable, soit l'un des deux jours ouvrables qui suivent.

(2) La présentation d'une lettre de change à une chambre de compensation équivaut à une présentation au paiement.

Article 39.

[Gleichlautend.]

Article 40.

[Gleichlautend.]

Article 41.

(1) Lorsqu'une lettre de change est stipulée payable en une monnaie n'ayant pas cours au lieu du paiement, le montant peut en être payé dans la monnaie du pays d'après sa valeur au jour de l'échéance. Si le débiteur est en retard, le porteur peut à son choix demander que le montant de la lettre de change soit payé dans la monnaie du pays d'après le cours, soit du jour de l'échéance, soit du jour du paiement.

le tireur peut stipuler que la somme à payer sera calculée d'après un cours déterminé dans la lettre ou à déterminer par un endosseur; dans ce cas, cette somme doit être payée dans la monnaie du pays.

(2) Les usages du lieu du paiement servent à déterminer la valeur de la monnaie étrangère. Toutefois, le tireur peut stipuler que la somme à payer sera calculée d'après un cours déterminé dans la lettre.

(3) Les règles ci-énoncées ne s'appliquent pas au cas où le tireur a stipulé que le paiement doit être fait dans une certaine monnaie indiquée (clause de paiement effectif en une monnaie étrangère).

(2) Si le montant de la lettre de change est indiqué dans une monnaie ayant la même dénomination, mais une valeur différente, dans le pays d'émission et dans celui du paiement, on est présumé s'être référé à la monnaie du lieu du paiement.

[Absatz 4 gleichlautend mit Absatz 2 nebenstehend.]

Article 41.

A défaut de présentation de la lettre de change au paiement dans le délai fixé par l'article 37, tout débiteur a la faculté d'en remettre le montant en dépot à l'autorité compétente, aux frais, risques et périls du porteur.

Article 42.

A défaut de présentation de la lettre de change au paiement dans le délai fixé par l'article 38 [weiter mit Art. 41 nebenstehend gleichlautend].

Chapitre VII.

Des recours faute d'acceptation et faute de paiement.

Article 42.

Le porteur peut exercer ses recours contre les endosseurs, le tireur et les autres obligés:

à l'échéance,

si le paiement n'a pas eu lieu;

même avant l'échéance,

1⁰ s'il y a eu refus d'acceptation;

2⁰ dans les cas de faillite du tiré, accepteur ou non, de cessation de ses paiements même non constatée par un jugement, ou de saisie de ses biens demeurée infructueuse;

3⁰ dans les cas de faillite du tireur d'une lettre non-acceptable.

Chapitre VII.

Des recours faute d'acceptation et faute de paiement.

Article 43.

1°. s'il y a refus, total ou partiel, de l'acceptation;

[Im übrigen gleichlautend.]

Article 43.

(1) Le refus d'acceptation ou de paiement doit être constaté par un acte authentique (protêt faute d'acceptation ou faute de paiement).

(2) Le protêt faute de paiement doit être fait, soit le jour où la lettre de change est payable, soit l'un des deux jours ouvrables qui suivent.

(3) Le protêt faute d'acceptation doit être fait dans les délais fixés pour la présentation à l'acceptation. Si, dans le cas prévu par

Article 44.

[Absatz 1 gleichlautend.]

(2) Le protêt faute d'acceptation doit être fait dans les délais fixés pour la présentation à l'acceptation. Si, dans le cas prévu par l'article 24, premier alinéa, la première présentation a eu lieu le dernier jour du délai, le protêt peut encore être dressé le lendemain.

(3) Le protêt faute de paiement d'une lettre de change payable à jour fixe ou à un certain délai de date ou de vue doit être

l'article 23, alinéa 2, la première présentation a eu lieu le dernier jour du délai, le protêt peut encore être dressé le lendemain.

(4) Le protêt faute d'acceptation dispense de la présentation au paiement et du protêt faute de paiement.

(5) Dans les cas prévus par l'article 42,2°, le porteur ne peut exercer ses recours qu'après présentation de la lettre au tiré pour le paiement et après confection d'un protêt.

(6) Dans les cas prévus par l'article 42,3°, la production du jugement déclaratif de la faillite du tireur suffit pour permettre au porteur d'exercer ses recours.

fait l'un des deux jours ouvrables qui suivent le jour où la lettre de change est payable. S'il s'agit d'une lettre payable à vue, le protêt doit être dressé dans les conditions indiquées à l'alinéa précédent pour dresser le protêt faute d'acceptation.

[Absatz 4 gleichlautend mit Absatz 4 nebenstehend.]

(5) En cas de cessation de paiements du tiré, accepteur au non, ou en cas de saisie de ses biens demeurée infructueuse, le porteur ne peut exercer ses recours qu'après présentation de la lettre au tiré pour le paiement et après confection d'un protêt.

(6) En cas de faillite déclarée du tiré, accepteur ou non, ainsi qu'en cas de faillite déclarée du tireur d'une lettre non acceptable, la production du jugement déclaratif de la faillite suffit pour permettre au porteur d'excercer ses recours.

Article 44.

(1) Le porteur doit donner avis du défaut d'acceptation ou de paiement à son endosseur et au tireur, dans les quatre jours ouvrables qui suivent le jour du protêt ou celui de la présentation en cas de clause de retour sans frais.

(2) Chaque endosseur doit, dans le délai de deux jours, faire connaître à son endosseur l'avis qu'il a reçu, en indiquant les noms et les adresses de ceux qui ont donné les avis précédents, et ainsi de suite, en remontant jusq'au tireur. Le délai ci-dessus indiqué court de la réception de l'avis précédent.

(3) Dans le cas où un endosseur n'a pas indiqué son adresse ou l'a indiquée d'une façon illisible, il suffit que l'avis soit donné à l'endosseur qui le précède.

(4) Celui qui a un avis à donner peut le faire sous une forme quelconque, même par un simple renvoi de la lettre de change. Il doit prouver qu'il l'a fait dans le délai prescrit.

(5) Ce délai sera considéré comme observé, si une lettre missive donnant l'avis a été mise à la poste dans le dit délai.

(6) Celui qui ne donne pas l'avis dans le délai ci-dessus indiqué, n'encourt pas de déchéance; il est responsable, s'il y a lieu, du préjudice causé par sa négligence, sans que les dommages — intérêts puissent dépasser le montant de la lettre de change.

Article 45.

(1) Le porteur doit donner avis du défaut d'acceptation ou de paiement à son endosseur et au tireur, dans les quatre jours ouvrables qui suivent le jour du protêt ou celui de la présentation en cas de clause de retour sans frais. Chaque endosseur doit, dans les deux jours ouvrables qui suivent le jour où il a reçu l'avis, faire connaître à son endosseur l'avis qu'il a reçu, en indiquant les noms et les adresses de ceux qui ont donné les avis précédents, et ainsi de suite, en remontant jusq'au tireur. Les délais ci-dessus indiqués courent de la réception de l'avis précédent.

(2) Lorsqu'en conformité de l'alinéa précédent un avis est donné à un signataire de la lettre de change, le même avis doit être donné dans le même délai à son avaliseur.

(3) Dans le cas où un endosseur n'a pas indiqué son adresse ou l'a indiqué d'une façon illisible, il suffit que l'avis soit donné à l'endosseur qui le précède.

(4) Celui qui a un avis à donner peut le faire sous une forme quelconque, même par un simple renvoi de la lettre de change.

(5) Il doit prouver qu'il a donné l'avis dans le délai imparti. Ce délai sera considéré comme observé, si une lettre missive donnant l'avis a été mise à la poste dans le dit délai.

(6) [Absatz 6 gleichlautend mit Absatz 6 nebenstehend.]

Article 45.

(1) Le tireur ou un endosseur peut, par la clause de «retour sans frais», «sans

Article 46.

(1) Le tireur, un endosseur ou au avaliseur peut, par la clause «retour sans frais», «sans

protêt» ou toute autre clause équivalente, dispenser le porteur de faire dresser, pour exercer ses recours, un protêt faute d'acceptation ou faute de paiement.

(2) Cette clause ne dispense le porteur ni de la présentation de la lettre de change dans les délais prescrits ni des avis à donner à un endosseur précédent et au tireur. La preuve de l'inobservation des délais incombe à celui qui s'en prévaut contre le porteur.

(3) La clause émanant du tireur produit ses effets à l'égard de tous les signataires. Si, malgré cette clause, le porteur fait dresser le protêt, les frais en restent à sa charge. Quand la clause émane d'un endosseur, les frais du protêt, s'il en est dressé un, peuvent être recouvrés contre tous les signataires.

protêt» ou toute autre clause équivalente, inscrite sur le titre et signée, dispenser le porteur de faire dresser, pour exercer ses recours, un protêt faute d'acceptation ou faute de paiement.

(2) Cette clause ne dispense pas le porteur de la présentation de la lettre de change dans les délais prescrits ni des avis à donner. La preuve de l'inobservation des délais incombe à celui qui s'en prévaut contre le porteur.

(3) Si la clause est inscrite par le tireur, elle produit ses effets à l'égard de tous les signataires; si elle est inscrite par un endosseur ou par un avaliseur, elle produit ses effets seulement à l'égard de celui-ci. Si, malgré la clause inscrite par le tireur, le porteur fait dresser le protêt, les frais en restent à sa charge. Quand la clause émane d'un endosseur ou d'un avaliseur, les frais du protêt, s'il en est dressé un, peuvent être recouvrés contre tous les signataires.

Article 46.

(1) Tous ceux qui ont tiré, accepté, endossé ou avalisé une lettre de change sont tenus à la garantie solidaire envers le porteur.

(2) Le porteur a le droit d'agir contre toutes ces personnes, individuellement ou collectivement, sans être astreint à observer l'ordre dans lequel elles se sont obligées.

(3) Le même droit appartient à tout signataire d'une lettre de change qui a remboursé celle-ci.

(4) L'action intentée contre un des obligés n'empêche pas d'agir contre les autres, même postérieurs à celui qui a été d'abord poursuivi.

Article 47.

(1) Tous ceux qui ont tiré, accepté, endossé ou avalisé une lettre de change sont tenus solidairement envers le porteur.

[Absätze 2—4 gleichlautend.]

Article 47.

(1) Le porteur peut réclamer à celui contre lequel il exerce son recours:

1° Le montant de la lettre de change non acceptée ou non payée avec les intérêts, s'il en a été stipulé;

2° Les intérêts au taux de cinq pour cent à partir de l'échéance;

3° Les frais du protêt, ceux des avis donnés par le porteur à l'endosseur précédent et au tireur, ainsi que les autres frais;

4° un droit de commission qui, à défaut de convention, sera d'un sixième pour cent du principal de la lettre de change, et ne pourra en aucun cas dépasser ce taux.

(2) Si le recours est exercé avant l'échéance, déduction sera faite d'un escompte sur le montant de la lettre. Cet escompte sera calculé, au choix du porteur, d'après le taux de l'escompte officiel (taux de la Banque) ou d'après le taux du marché, tel qu'il existe à la date du recours au lieu du domicile du porteur.

Article 48.

(1) Le porteur peut réclamer à celui contre lequel il exerce son recours:

1°. [gleichlautend;]

2°. les intérêts au taux de six pour cent à partir de l'échéance;

3°. les frais du protêt, ceux des avis donnés, ainsi que les autres frais.

(2) Si le recours est exercé avant l'échéance, déduction sera faite d'un escompte officiel (taux de la Banque) tel qu'il existe à la date du recours au lieu du domicile du porteur.

Article 48.

Celui qui a remboursé la lettre de change peut réclamer à ses garants:

1° La somme intégrale qu'il a payée;
2° les intérêts de la dite somme, calculés au taux de cinq pour cent, à partir du jour où il l'a déboursée;
3° les frais qu'il a faits;
4° un droit de commission sur le principal de la lettre de change fixé conformément à l'article 47,4°.

Article 49.

Celui qui a remboursé la lettre de change peut réclamer à ses garants:

1° [gleichlautend];
2° les interêts de la dite somme, calculés au taux de six pour cent à partir du jour où il l'a deboursée;
3° [gleichlautend].

Article 49.

(1) Tout obligé contre lequel un recours est exercé ou qui est exposé à un recours peut exiger, contre remboursement, la remise de la lettre de change avec le protêt et un compte acquitté.

(2) Tout endosseur qui a remboursé la lettre de change peut biffer son endossement et ceux des endosseurs subséquents.

Article 50.

[Gleichlautend.]

Article 50.

En cas d'exercice d'un recours après une acceptation partielle, celui qui rembourse la somme pour laquelle la lettre n'a pas été acceptée peut exiger que ce remboursement soit mentionné sur la lettre et qu'il lui en soit donné quittance. Le porteur doit, en outre, lui remettre une copie certifiée conforme de la lettre et le protêt pour permettre l'exercice des recours ultérieurs.

Article 51.

[Gleichlautend.]

Article 51.

(1) Toute personne ayant le droit d'exercer un recours peut, sauf stipulation contraire, se rembourser au moyen d'une nouvelle lettre (retraite) non domiciliée et tirée à vue sur l'un de ses garants.

(2) La retraite comprend, outre les sommes indiquées dans les articles 47 et 48, un droit de courtage et le droit de timbre de la retraite.

(3) Si la retraite est tirée par le porteur, le montant en est fixé d'après le cours d'une lettre de change à vue, tirée du lieu où la lettre primitive était payable sur le lieu du domicile du garant. Si la retraite est tirée par un endosseur, le montant en est fixé d'après le cours d'une lettre à vue tirée du lieu où le tireur de la retraite a son domicile sur le lieu du domicile du garant.

Article 52.

(1) Toute personne ayant le droit d'exercer un recours peut, sauf stipulation contraire, se rembourser au moyen d'une nouvelle lettre (retraite) tirée à vue sur l'un de ses garants et payable au domicile de celui-ci.

(2) La retraite comprend, outre les sommes indiquées dans les articles 48 et 49, un droit de courtage et le droit de timbre de la retraite.

[Absatz 3 gleichlautend.]

Article 52.

(1) Après l'expiration des délais fixés:

pour la présentation d'une lettre de change à vue ou à un certain délai de vue,

pour la confection du protêt faute d'acceptation ou faute de paiement,

pour la présentation au paiement en cas de clause de retour sans frais,

le porteur est déchu de ses droits contre les endosseurs, contre le tireur et contre les autres obligés, à l'exception de l'accepteur.

Article 53.

[Gleichlautend.]

(2) A défaut de présentation à l'acceptation dans le délai stipulé par le tireur, le porteur est déchu de ses droits de recours, tant pour défaut de paiement que pour défaut d'acceptation, à moins qu'il ne résulte des termes de la stipulation que le tireur n'a entendu s'exonérer que de la garantie de l'acceptation.

Si la stipulation d'un délai pour la présentation est contenue dans un endossement, l'endosseur seul peut s'en prévaloir.

Article 53.

(1) Quand la présentation de la lettre de change ou la confection du protêt dans les délais prescrits est empêchée par un obstacle insurmontable (cas de force majeure), ces délais sont prolongés.

(2) Le porteur est tenu de donner, sans retard, avis du cas de force majeure à son endosseur et de mentionner cet avis, daté et signé de lui sur la lettre de change ou sur une allonge; pour le surplus, les dispositions de l'article 44 sont applicables.

(3) Après la cessation de la force majeure le porteur doit, sans retard, présenter la lettre à l'acceptation ou au paiement et, s'il y a lieu, faire dresser le protêt.

(4) Si la force majeure persiste au delà de trente jours à partir de l'échéance, les recours peuvent être exercés, sans que ni la présentation ni la confection d'un protêt ne soit nécessaire.

(5) Pour les lettres de change à vue ou à un certain délai de vue, le délai de trente jours court de la date à laquelle le porteur a, même avant l'expiration des délais de présentation, donné avis de la force majeure à son endosseur.

(6) Ne sont point considérés comme constituant des cas de force majeure les faits purement personnels au porteur ou à celui qu'il a chargé de la présentation de la lettre ou de la confection du protêt.

Chapitre VIII.

De l'intervention.

Article 54.

(1) Le tireur ou un endosseur peut indiquer une personne pour accepter ou payer au besoin.

(2) La lettre de change peut être, sous les conditions déterminées ci-après, acceptée ou payée par une personne intervenant pour un signataire quelconque.

(3) L'intervenant peut être un tiers, même le tiré, ou une personne déjà obligée en vertu de la lettre de change, sauf l'accepteur.

Article 54.

(1) Quand la présentation de la lettre de change ou la confection du protêt dans les délais prescrits est empêchée par un obstacle insurmontable (prescription légale d'un Etat quelconque ou autre cas de force majeure), ces délais sont prolongés.

(2) Le porteur est tenu de donner, sans retard, avis du cas de force majeure à son endosseur et de mentionner cet avis, daté et signé de lui, sur la lettre de change ou sur une allonge: pour le surplus, les dispositions de l'article 45 sont applicables.

[Absatz 3 gleichlautend.]

[Absatz 4 gleichlautend.]

(5) Pour les lettres de change à vue ou à un certain délai de vue, le délai de trente jours court de la date à la quelle le porteur a, même avant l'expiration des délais de présentation, donné avis de la force majeure à son endosseur; pour les lettres de change à un certain délai de vue, le délai de trente jours s'augmente du délai de vue indiqué dans la lettre de change.

[Absatz 6 gleichlautend.]

Chapitre VIII.

De l'intervention.

1. Dispositions générales.

Article 55.

(1) Le tireur, un endosseur ou un avaliseur peut indiquer une personne pour accepter ou payer au besoin.

(2) La lettre de change peut être, sous les conditions déterminées ci-après, acceptée ou payée par une personne intervenant pour un débiteur quelconque exposé au recours.

[Absatz 3 gleichlautend.]

(4) L'intervenant est tenu de donner, sans retard, avis de son intervention à celui pour qui il est intervenu.

(4) L'intervenant est tenu de donner, dans un délai de deux jours ouvrables, avis de son intervention à celui pour qui il est intervenu. En cas d'inobservation de ce délai, il est responsable, s'il y a lieu, du préjudice causé par sa négligence saus que les dommages-intérêts puissent dépasser le montant de la lettre de change.

I. Acceptation par intervention.

Article 55.

L'acceptation par intervention peut avoir lieu dans tous les cas où des recours sont ouverts avant l'échéance au porteur d'une lettre de change acceptable.

Le porteur peut refuser l'acceptation par intervention, alors même qu'elle est offerte par une personne désignée pour accepter ou payer au besoin.

S'il admet l'acceptation, il perd contre ses garants les recours qui lui appartiennent avant l'échéance.

2. Acceptation par intervention.

Article 56.

[Absatz 1 gleichlautend.]

(2) Lorsqu'il a été indiqué sur la lettre de change une personne pour l'accepter ou la payer au besoin au lieu du paiement, le porteur ne peut exercer avant l'échéance ses droits de recours contre celui qui a apposé l'indication et contre les signataires subséquents à moins qu'il n'ait présenté la lettre de change à la personne désignée et que, celle-ci ayant refusé l'acceptation, ce refus n'ait été constaté par un protêt.

(3) Dans les autres cas d'intervention, le porteur peut refuser l'acceptation par intervention. Toutefois s'il l'admet, il perd les recours qui lui appartiennent avant l'échéance contre celui pour qui l'acceptation a été donnée et contre les signataires subséquents.

Article 56.

L'acceptation par intervention est mentionnée sur la lettre de change; elle est signée par l'intervenant. Elle indique pour le compte de qui elle a lieu; à défaut de cette indication, l'acceptation est réputée donnée pour le tireur.

Article 57.

[Gleichlautend.]

Article 57.

(1) L'accepteur par intervention est obligé envers le porteur et envers les endosseurs postérieurs à celui, pour le compte duquel il est intervenu, de la même manière que celui-ci.

(2) Malgré l'acceptation par intervention celui pour lequel elle a été faite et ses garants peuvent exiger du porteur, contre remboursement de la somme indiquée à l'article 47, la remise de la lettre de change et du protêt, s'il y a lieu.

Article 58.

[Absatz 1 gleichlautend.]

(2) Malgré l'acceptation par intervention, celui pour lequel elle a été faite et ses garants peuvent exiger du porteur, contre remboursement de la somme indiquée à l'article 48, la remise de la lettre de change, du protêt et d'un compte acquitté, s'il y a lieu.

II. Paiement par intervention.

Article 58.

(1) Le paiement par intervention peut avoir lieu dans tous les cas où, soit à l'échéance, soit avant l'échéance, des recours sont ouverts au porteur.

(2) Il doit être fait au plus tard le lendemain du dernier jour admis pour la confection du protêt faute de paiement.

3. Paiement par intervention.

Article 59.

[Absatz 1 gleichlautend.]

(2) Le paiement doit comprendre toute la somme qu'aurait à acquitter celui pour lequel il a lieu.

(Absatz 3 gleichlautend mit Absatz 2 nebenstehend.)

Article 59.

(1) Si la lettre a été acceptée par intervention ou si des personnes ont été indiquées pour payer au besoin, le porteur doit, au lieu du paiement, présenter la lettre à toutes ces personnes et faire dresser, s'il y a lieu, un protêt faute de paiement au plus tard le lendemain du dernier jour admis pour la confection du protêt.

(2) A défaut de protêt dans ce délai, celui qui a désigné le besoin où pour le compte de qui la lettre a été acceptée et les endosseurs postérieurs cessent d'être obligés.

Article 60.

(1) Si la lettre de change a été acceptée par des intervenants ayant leur domicile au lieu du paiement, ou si des personnes ayant leur domicile dans ce même lieu ont été indiquées pour payer au besoin, le porteur doit présenter la lettre à toutes ces personnes et faire dresser, s'il y a lieu, un protêt faute de paiement au plus tard le lendemain du dernier jour admis pour la confection du protêt.

[Absatz 2 gleichlautend.]

Article 60.

(1) Le paiement par intervention doit comprendre toute la somme qu'aurait à acquitter celui pour lequel il a lieu, à l'exception du droit de commission prévu par l'article 47,4°.

(2) Le porteur qui refuse ce paiement perd ses recours contre ceux qui auraient été libérés.

Article 61.

Le porteur qui refuse le paiement par intervention perd ses recours contre ceux qui auraient été liberés.

Article 61.

(1) Le paiement par intervention doit être constaté par un acquit donné sur la lettre de change avec indication de celui pour qui il est fait. A défaut de cette indication, le paiement est considéré comme fait pour le tireur.

(2) La lettre de change et le protêt, s'il en a été dressé un, doivent être remis au payeur par intervention.

Article 62.

[Gleichlautend.]

Article 62.

(1) Le payeur par intervention est subrogé aux droits du porteur contre celui pour lequel il a payé et contre les garants de celui-ci. Toutefois, il ne peut endosser la lettre de change à nouveau.

(2) Les endosseurs postérieurs au signataire pour qui le paiement a eu lieu sont libérés.

(3) En cas de concurrence pour le paiement par intervention, celui qui opère le plus de libérations est préféré. Si cette règle n'est pas observée, l'intervenant qui en a connaissance perd ses recours contre ceux qui auraient été libérés.

Article 63.

(1) Le payeur par intervention acquiert les droits résultant de la lettre de change contre celui pour lequel il a payé et contre ceux qui sont tenus vis-à-vis de ce dernier en vertu de la lettre de change. Toutefois, il ne peut endosser la lettre de change à nouveau.

(2) Les endosseurs postérieurs au signataire pour qui le paiement a eu lieu sont librérés.

(3) En cas de concurrence pour le paiement par intervention, celui qui opère le plus de libération est préféré. Celui qui intervient, en connaissance de cause, contrairemeut à cette régle, perd ses recours contre ceux qui auraient été libérés.

Chapitre IX.

De la pluralité d'exemplaires et des copies.

I. Pluralité d'exemplaires.

Article 63.

(1) La lettre de change peut être tirée en plusieurs exemplaires identiques. Ces exemplaires doivent être numérotés dans le texte

Chapitre IX.

De la pluralité d'exemplaires et des copies.

I. Pluralité d'exemplaires.

Article 64.

[Gleichlautend.]

même du titre; faute de quoi, chacun d'eux est considéré comme une lettre de change distincte.

(2) Tout porteur d'une lettre n'indiquant pas qu'elle a été tirée en un exemplaire unique peut exiger à ses frais la délivrance de plusieurs exemplaires. A cet effet, il doit s'adresser à son endosseur immédiat qui est tenu de lui prêter ses soins pour agir contre son propre endosseur et ainsi de suite en remontant jusqu'au tireur. Les endosseurs sont tenus de reproduire leurs endossements sur les nouveaux exemplaires.

Article 64.

(1) Le paiement fait sur un des exemplaires est libératoire, alors même qu'il n'est pas stipulé que ce paiement annule l'effet des autres exemplaires. Toutefois, le tiré reste tenu à raison de chaque exemplaire accepté dont il n'a pas obtenu la restitution.

(2) L'endosseur qui a transféré les exemplaires à différentes personnes ainsi que les endosseurs subséquents sont tenus à raison de tous les exemplaires portant leur signature et qui n'ont pas été restitués.

Article 65.

[Gleichlautend.]

Article 65.

(1) Celui qui a envoyé un des exemplaires à l'acceptation doit indiquer sur les autres exemplaires le nom de la personne entre les mains de laquelle cet exemplaire se trouve. Celle-ci est tenue de le remettre au porteur légitime d'un autre exemplaire.

(2) Si elle s'y refuse, le porteur ne peut exercer de recours qu'après avoir fait constater par un protêt.

1° que l'exemplaire envoyé à l'acceptation ne lui a pas été remis sur sa demande.

2° que l'acceptation ou le paiement n'a pu être obtenu sur un autre exemplaire.

Article 66.

[Gleichlautend.]

II. Copies.

Article 66.

(1) Tout porteur d'une lettre de change a le droit d'en faire des copies. La copie doit reproduire exactement l'original avec les endossements et toutes les autres mentions qui y figurent. Elle doit indiquer où elle s'arrête.

(2) Elle peut être endossée et avalisée de la même manière et avec les mêmes effets que l'original.

II. Copies.

Article 67.

[Gleichlautend.]

Article 67.

(1) La copie doit désigner le détenteur du titre original. Celui-ci est tenu de remettre ledit titre au porteur légitime de la copie.

(2) S'il s'y refuse, le porteur ne peut exercer de recours contre les personnes qui ont endossé la copie qu'après avoir fait constater par un protêt que l'original ne lui a pas été remis sur sa demande.

Article 68.

[Absatz 1 gleichlautend.]

(2) S'il s'y refuse, le porteur ne peut exercer de recours contre les personnes qui ont endossé ou avalisé la copie qu'après avoir fait constater par un protêt que l'original ne lui a pas été remis sur sa demande.

Chapitre X.

Du faux et des altérations.

Article 68.

La falsification d'une signature, même de celle du tireur ou de l'accepteur, ne porte en rien atteinte à la validité des autres signatures.

Article 69.

En cas d'altération du texte d'une lettre de change, les signataires postérieurs à cette altération sont tenus dans les termes du texte altéré; les signataires antérieurs le sont dans les termes du texte originaire.

Chapitre XI.

De la prescription.

Article 70.

(1) Toutes actions résultant de la lettre de change contre l'accepteur, se prescrivent par trois ans à compter de la date de l'échéance.

(2) Les actions du porteur contre les endosseurs et contre le tireur se prescrivent par un an à partir de la date du protêt dressé en temps utile ou de celle de l'échéance en cas de clause de retour sans frais.

(3) Les actions en recours des endosseurs les uns contre les autres et contre le tireur se prescrivent par six mois à partir du jour où l'endosseur a remboursé la lettre ou du jour où il a été lui-même actionné.

Article 71.

L'interruption de la prescription n'a d'effet que contre celui à l'égard duquel l'acte interruptif a été fait.

Chapitre XII.

Dispositions générales.

Article 72.

(1) Le paiement d'une lettre de change dont l'échéance est à un jour férié legal ne peut être exigé que le premier jour ouvrable qui suit. De même tous autres actes relatifs à la lettre de change, notamment la présentation à l'acceptation et le protêt, ne peuvent être faits qu'un jour ouvrable.

(2) Lorsqu'un de ces actes doit être accompli dans un certain délai dont le dernier jour est un jour férié légal, ce délai est prorogé jusqu'au premier jour ouvrable qui en suit l'expiration. Les jours fériés intermédiaires sont compris dans la computation du délai.

Article 73.

(1) Les délais légaux ou conventionnels ne comprennent pas le jour qui leur sert de point de départ.

(2) Aucun jour de grâce, ni légal, ni judiciaire, n'est admis.

Chapitre X.

Des altérations.

Article 69.

[Gleichlautend.]

Chapitre XI.

De la prescription.

Article 70.

[Absätze 1 und 2 gleichlautend.]

(3) Les actions des endosseurs les uns contre les autres et contre le tireur se prescrivent par six mois à partir du jour où l'endosseur a remboursé la lettre ou du jour où il a été lui-même actionné.

Article 71.

[Gleichlautend.]

Chapitre XII.

Dispositions générales.

Article 72.

[Gleichlautend.]

Article 73.

[Gleichlautend mit Art 73 Abs. 1 nebenstehend.]

Chapitre XIII.

Des conflits de lois.

Article 74.

(1) La capacité d'une personne pour s'engager par lettre de change est déterminée par sa loi nationale. Si cette loi nationale déclare compétente la loi d'un autre Etat, cette dernière loi est appliquée.

(2) La personne qui serait incapable, d'après la loi indiquée par l'alinéa précédent, est, néanmoins, valablement tenue, si elle s'est obligée sur le territoire d'un Etat d'après la législation duquel elle aurait été capable.

Article 74.

[Gleichlautend mit Art 73 Abs. 2 nebenstehend.]

[Siehe das Genfer Abkommen über die Gesetzeskonflikte (Anlage G 5) Art 2.]

Article 75.

La forme d'un engagement pris en matière de lettre de change est réglée par les lois de l'Etat sur le territoire duquel cet engagement a été souscrit.

[Siehe das Genfer Abkommen über die Gesetzeskonflikte Art 3.]

Article 76.

La forme et les délais du protêt ainsi que la forme des autres actes nécessaires à l'exercice ou à la conservation des droits en matière de lettre de change, sont réglés par les lois de l'Etat sur le territoire duquel doit être dressé le protêt ou passé l'acte en question.

[Siehe das Genfer Abkommen über die Gesetzeskonflikte Art 8.]

Titre II.

Du Billet à Ordre.

Article 77.

Le billet à ordre contient:
1°. la dénomination du titre insérée dans le texte même et exprimée dans la langue employée pour la rédaction de ce titre;
2°. la promesse pure et simple de payer une somme déterminée.
3°. l'indication de l'échéance;
4°. celle du lieu où le paiement doit s'effectuer;
5°. le nom de celui auquel ou à l'ordre duquel le paiement doit être fait;
6°. l'indication de la date et du lieu où le billet est souscrit;
7°. la signature de celui qui émet le titre (souscripteur).

Titre II.

Du Billet à Ordre.

Article 75.

[Gleichlautend.]

Article 78.

(1) Le titre dans lequel une des énonciations indiquées à l'article précédent fait défaut, ne vaut pas comme billet à ordre, sauf dans les cas déterminés par les alinéas suivants.

Le billet à ordre dont l'échéance n'est pas indiquée est considéré comme payable à vue.

(2) A défaut d'indication spéciale, le lieu de création du titre est réputé être le

Article 76.

[Gleichlautend.]

lieu du paiement et, en même temps, le lieu du domicile du souscripteur.

(3) Le billet à ordre n'indiquant pas le lieu de sa création est considéré comme souscrit dans le lieu désigné à côté du nom du souscripteur.

Article 79.

(1) Sont applicables au billet à ordre, en tant qu'elles ne sont pas incompatibles avec la nature de ce titre, les dispositions relatives à la lettre de change et concernant:

l'endossement (articles 10—19),
l'aval (articles 29—31),
l'échéance (articles 32—36),
le paiement (articles 37—41),
les recours faute de paiement (articles 42—49, 51—53),
le paiement par intervention (articles 54, 58—62),
les copies (articles 66 et 67),
les falsifications et altérations (articles 68 et 69),
la prescription (articles 70 et 71),
les jours fériés, la computation des délais et l'interdiction des jours de grâce (articles 72 et 73),
les conflits de lois (articles 74—76).

(2) Sont aussi applicables au billet à ordre les dispositions concernant la domiciliation (articles 4 et 26), la stipulation d'intérêts (article 5), les différences d'énonciations relatives à la somme à payer (article 6), les conséquences de la signature d'une personne incapable (article 7), ou d'une personne qui agit sans pouvoirs ou en dépassant ses pouvoirs (article 8).

Article 77.

(1) Sont applicables au billet à ordre, en tant qu'elles ne sont pas incompatibles avec la nature de ce titre, les dispositions relatives à la lettre de change et concernant:

l'endossement (articles 11—20);
l'échéance (articles 33—37);
le paiement (articles 38—42);
les recours faute de paiement (articles No. 43—50, 52—54);
le paiement par intervention (articles 55, 59—63),
les copies (articles 67 et 68);
les altérations (article 69);
les prescription (articles 70, 71);
la jours fériés, la computation des délais et l'interdiction des jours de grâce (articles 72, 73 et 74).

(2) Sont aussi applicables au billet à ordre les dispositions concernant la lettre de change payable chez un tiers ou dans une localité autre que celle du domicile du tiré (articles 4 et 27), la stipulation d'intérêts (article 5), les différences d'énonciation relatives à la somme à payer (article 6), les conséquences de l'apposition d'une signature dans les conditions visées à l'article 7, celles de la signature d'une personne qui agit sans pouvoirs ou en dépassant ses pouvoirs (article 8) et la lettre de change en blanc (article 10).

(3) Sont également applicables au billet à ordre, les dispositions relatives à l'aval (articles 30 à 32); dans le cas prévu à l'article 31, dernier alinéa; si l'aval n'indique pas pour le compte de qui il a été donné, il est reputé l'avoir été pour le compte du souscripteur du billet à ordre.

Article 80.

(1) Le souscripteur d'un billet à ordre est obligé de la même manière que l'accepteur d'une lettre de change.

(2) Les billets à ordre payables à un certain délai de vue doivent être présentés au visa du souscripteur dans les délais fixés à l'article 22. Le délai de vue court de la date du visa signé du souscripteur sur le billet. Le refus du souscripteur de donner son visa daté est constaté par un protêt (article 24) dont la date sert de point de départ au délai de vue.

Article 78.

[Absatz 1 gleichlautend.]

(2) Les billets à ordre payables à un certain délai de vue doivent être présentés au visa du souscripteur dans les délais fixés à l'article 23. Le délai de vue court de la date du visa signé du souscripteur sur le billet. Le refus du souscripteur de donner son visa daté est constaté par un protêt (art. 25) dont la date sert de point de départ au délai de vue.

3. Convention de la Haye 1912 sur l'Unification du Droit relatif à la Lettre de Change et au Billet à Ordre.

Article 2.

Par dérogation à l'article premier, 1°, du Règlement, chaque Etat contractant peut prescrire que des lettres de change créées sur son territoire, qui ne contiennent pas la dénomination de lettre de change, sont valables, pourvu qu'elles contiennent l'indication expresse qu'elles sont à ordre.

Article 3.

Chaque Etat contractant a, pour les engagements pris en matière de lettre de change sur son territoire, la faculté de déterminer de quelle manière il peut être suppléé à la signature elle-même, pourvu qu'une déclaration authentique inscrite sur la lettre de change constate la volonté de celui qui aurait dû signer.

Article 5.

Par dérogation à l'article 30, alinéa 1, du Règlement, chaque Etat contractant a la faculté de prescrire qu'un aval pourra être donné sur son territoire par un acte séparé indiquant le lieu où il est intervenu.

Article 7.

Chaque Etat contractant peut compléter l'article 37 du Règlement en ce sens que, pour une lettre de change payable sur son territoire, le porteur sera obligé de la présenter le jour même de l'échéance; l'inobservation de cette obligation ne devra donner lieu qu'à des dommages-intérêts.

Les autres Etats auront la faculté de déterminer les conditions sous lesquelles ils reconnaîtront une telle obligation.

4. Convention de Genève 1930 portant Loi Uniforme sur les lettres de change et billets à ordre, Annexe II (Réserves).

Article 1.

Chacune des Hautes Parties contractantes peut prescrire que l'obligation d'insérer dans les lettres de change créées sur son territoire la dénomination de «lettre de change» prévue par l'article 1 No. 1 de la loi uniforme, ne s'appliquera que six mois après l'entrée en vigueur de la présente Convention.

Article 2.

Chacune des Hautes Parties contractantes a, pour les engagements pris en matière de lettre de change sur son territoire, la faculté de déterminer de quelle manière il peut être suppléé à la signature elle-même, pourvu qu'une déclaration authentique inscrite sur la lettre de change constate la volonté de celui qui aurait dû signer.

Article 3.

Chacune des Hautes Parties contractantes se réserve la faculté de ne pas insérer l'article 10 de la loi uniforme dans sa loi nationale.

Article 4.

Par dérogation à l'article 31, alinéa premier de la loi uniforme, chacune d. H. P. contractantes a la faculté d'admettre qu'un aval pourra être donné sur son territoire par un acte séparé indiquant le lieu où il est intervenu.

Article 5.

Ch. d. H. P. contractantes peut compléter l'article 38 de la loi uniforme en ce sens que, pour une lettre de change payable sur son territoire, le porteur sera obligé de la présenter le jour même de l'échéance; l'inobservation de cette obligation ne pourra donner lieu qu'à des dommages-intérêts.

Les autres Hautes Parties contractantes auront la faculté de déterminer les conditions sous lesquelles elles reconnaîtront une telle obligation.

Article 6.

Il appartiendra à chacune d. H. P. contractantes de déterminer, pour l'application du dernier alinéa de l'article 38 de la loi uniforme, les institutions qui, selon la loi nationale, sont à considérer comme chambres de compensation.

Article 7.

Ch. d. H. P. contractantes a la faculté de déroger si elle le juge nécessaire, en des circonstances exceptionnelles ayant trait au cours du change de la monnaie de cet Etat, aux effets de la clause prévue à l'article 41 et relative au paiement effectif en une

Article 9.

Chaque Etat contractant a la faculté de prescrire qu'avec l'assentiment du porteur, les protêts à dresser sur son territoire peuvent être remplacés par une déclaration datée et écrite sur la lettre de change elle-même, signée par le tiré et transcrite sur un régistre public dans le délai fixé pour les protêts.

Une telle déclaration sera reconnue par les autres Etats.

Article 10.

Par dérogation à l'article 43, alinéa 2, du Règlement, chaque Etat contractant a la faculté de prescrire, soit que le protêt, faute de paiement, doit être dressé le premier jour ouvrable qui suit celui où le paiement peut être exigé, soit qu'il doit être dressé dans les deux jours ouvrables qui suivent.

Article 11.

Chaque Etat contractant a la faculté de prescrire que l'avis du non-paiement, prévu par l'article 44, alinéa 1, du Règlement, pourra être donné par l'officier public chargé de dresser le protêt.

monnaie étrangère en ce qui concerne les lettres de change payables sur son territoire. La même règle peut être appliquée pour ce qui concerne la création des lettres de change en monnaies étrangères sur le territoire national.

Article 8.

Ch. d. H. P. contractantes a la faculté de prescrire que les protêts à dresser sur son territoire peuvent être remplacés par une déclaration datée et écrite sur la lettre de change elle-même, signée par le tiré, sauf dans le cas où le tireur exige dans le texte de la lettre de change un protêt par acte authentique.

Ch. d. H. P. contractantes a également la faculté de prescrire que la dite déclaration soit transcrite sur un régistre public dans le délai fixé pour les protêts.

Dans le cas prévu aux alinéas précédents l'endossement sans date est présumé avoir été fait antérieurement au protêt.

Article 9.

Par dérogation à l'article 44 alinéa 3 de la loi uniforme, ch. d. H. P. contractantes a la faculté de prescrire que le protêt faute de paiement doit être dressé soit le jour où la lettre de change est payable, soit l'un des deux jours ouvrables qui suivent.

Article 10.

Il est réservé à la législation de ch. d. H. P. contractantes de déterminer de façon précise les situations juridiques visées à l'article 43, numéros 2 et 3, et à l'article 44, alinéas 5 et 6 de la loi uniforme.

Article 11.

Par dérogation aux dispositions des articles 43, numéros 2 et 3, et 74 de la loi uniforme, ch. d. H. P. contractantes se réserve la faculté d'admettre dans sa législation la possibilité pour les garants d'une lettre de change d'obtenir, en cas de recours exercé contre eux, des délais, qui, en aucun cas, ne pourront dépasser l'échéance de la lettre de change.

Article 12.

Par dérogation à l'article 45 de la loi uniforme, ch. d. H. P. contractantes a la faculté de maintenir ou d'introduire le système d'avis à donner par l'officier public, savoir: qu'en effectuant le protêt faute d'acceptation ou faute de paiement, le notaire ou le fonctionnaire qui, d'après la loi nationale, est autorisé à dresser le protêt est tenu d'en donner avis par écrit à celles des personnes obligées dans la lettre de change dont les adresses sont, soit indiquées sur la lettre de change, soit connues par l'officier public dressant le protêt, soit indiquées par les personnes ayant exigé le protêt. Les dépenses résultant d'un tel avis sont à ajouter aux frais de protêt.

Article 12.

Chaque Etat contractant a la faculté de prescrire que les intérêts dont il est question à l'article 47, alinéa 1, 2°, et à l'article 48, 2, du Règlement, seront de six pour cent pour les lettres de change qui sont à la fois émises et payables sur son territoire. Cette disposition sera reconnue par les autres Etats.

Le taux de l'intérêt à courir à partir d'une action en justice est déterminé librement par la législation de l'Etat où l'action est intentée. Toutefois, le défendeur ne peut réclamer le remboursement des intérêts qu'il a payés que jusqu'à concurrence du taux ordinaire de cinq ou de six pour cent.

Article 13.

Ch. d. H. P. contractantes a la faculté de prescrire en ce qui concerne les lettres de change qui sont à la fois émises et payables sur son territoire, que le taux d'intérêt, dont il est question à l'article 48 numéro 2 de la loi uniforme, pourra être remplacé par le taux légal en vigueur dans le territoire de cette Haute Partie contractante.

Article 14.

Par dérogation à l'article 48 de la loi uniforme ch. d. H. P. contractantes se réserve la faculté d'insérer dans la loi nationale une disposition prescrivant que le porteur peut réclamer à celui contre lequel il exerce son recours, un droit de commission dont le montant sera déterminé par la loi nationale.

Il en est de même, par dérogation à l'article 49 de la loi uniforme, en ce qui concerne la personne qui, ayant remboursé la lettre de change, en réclame le montant à ses garants.

Article 13.

Chaque Etat contractant est libre de décider que, dans le cas de déchéance ou de prescription, il subsistera sur son territoire une action contre le tireur qui n'a pas fait provision ou contre un tireur ou un endosseur qui se seraient enrichis injustement. La même faculté existe, en cas de prescription, en ce qui concerne l'accepteur qui a reçu provision ou se serait enrichi injustement.

Article 15.

Ch. d. H. P. contractantes est libre de décider que, dans le cas de déchéance ou de prescription, il subsistera sur son territoire une action contre le tireur qui n'a pas fait provision ou contre un tireur ou un endosseur qui se serait enrichi injustement. La même faculté existe, en cas de prescription, en ce qui concerne l'accepteur qui a reçu provision ou se serait enrichi injustement.

Article 14.

La question de savoir si le tireur est obligé de fournir provision à l'échéance et si le porteur a des droits spéciaux sur cette provision reste en dehors du Règlement et de la présente Convention.

Article 16.

La question de savoir si le tireur est obligé de fournir provision à l'échéance et si le porteur a des droits spéciaux sur cette provision reste en dehors de la loi uniforme.

Il en est de même pour toute autre question concernant le rapport sur la base duquel a été émise la traite.

Article 16.

C'est à la législation de chaque Etat qu'il appartient de déterminer les causes d'interruption et de suspension de la prescription des actions résultant d'une lettre de change dont ses tribunaux ont à connaître.

Les autres Etats ont la faculté de déter-

Article 17.

C'est à la législation de ch. d. H. P. contractantes qu'il appartient de déterminer les causes d'interruption et de suspension de la prescription des actions résultant d'une lettre de change dont ses tribunaux ont à connaître.

Les autres H. P. contractantes ont la

miner les conditions auxquelles ils reconnaîtront de pareilles causes. Il en est de même de l'effet d'une action comme moyen de faire courir le délai de prescription prévu par l'article 70, alinéa 3, du Règlement.

Article 17.

Chaque Etat contractant a la faculté de prescrire que certains jours ouvrables seront assimilés aux jours fériés légaux en ce qui concerne la présentation à l'acceptation ou au paiement et tous autres actes relatifs à la lettre de change.

Article 21.

Les dispositions des articles 2 à 13 et 15 à 20, relatives à la lettre de change, s'appliquent également au billet à ordre.

Article 22.

Chaque Etat contractant se réserve la faculté de restreindre l'engagement mentionné dans l'article premier aux seules dispositions sur la lettre de change et de ne pas introduire sur son territoire les dispositions sur le billet à ordre contenues dans le titre II du Règlement. Dans ce cas, l'Etat qui a profité de cette réserve, ne sera considéré comme Etat contractant que pour ce qui concerne la lettre de change.

Chaque Etat se réserve également la faculté de faire des dispositions concernant le billet à ordre un Règlement spécial qui sera entièrement conforme aux stipulations du titre II du Règlement et qui reproduira les règles sur la lettre de change auxquelles il est renvoyé, sous les seules modifications résultant des articles 77, 78, 79 et 80 du Règlement et de l'article 21 de la présente Convention.

faculté de déterminer les conditions auxquelles elles reconnaîtront de pareilles causes. Il en est de même de l'effet d'une action comme moyen de faire courir le délai de prescription prévu par l'article 70, alinéa 3 de la loi uniforme.

Article 18.

Ch. d. H. P. contractantes a la faculté de prescrire que certains jours ouvrables seront assimilés aux jours fériés légaux en ce qui concerne la présentation à l'acceptation ou au paiement et tous autres actes relatifs à la lettre de change.

Article 19.

Ch. d. H. P. contractantes peut déterminer la denomination à adopter dans les lois nationales pour les titres visés à l'article 75 de la loi uniforme ou dispenser ces titres de toute dénomination spéciale pourvu qu'ils contiennent l'indication expresse qu'ils sont à ordre.

Article 20.

Les dispositions des articles 1 à 18 de la présente annexe, relatives à la lettre de change, s'appliquent également au billet à ordre.

Article 21.

Ch. d. H. P. contractantes se réserve la faculté de restreindre l'engagement mentionné dans l'article premier de la Convention aux seules dispositions sur la lettre de change et de ne pas introduire dans son territoire les dispositions sur le billet à ordre contenues dans le titre II de la loi uniforme. Dans ce cas, la Haute Partie contractante qui a profité de cette réserve ne sera considérée comme partie contractante que pour ce qui concerne la lettre de change.

Ch. d. H. P. contractantes se réserve également la faculté de faire des dispositions concernant le billet à ordre l'objet d'un règlement spécial qui sera entièrement conforme aux stipulations du titre II de la loi uniforme et qui reproduira les règles sur la lettre de change auxquelles il est renvoyé, sous les seules modifications résultant des articles 75, 76, 77 et 78 de la loi uniforme et des articles 19 et 20 de la présente annexe.

Article 22.

Ch. d. H. P. contractantes à la faculté d'édicter des dispositions exceptionnelles d'ordre général relatives à la prorogation des délais concernant les actes conservatoires des recours et à la prorogation des échéances.

Article 23.

Ch. d. H. P. contractantes s'engage à reconnaître les dispositions adoptées par toute Haute Partie contractante en vertu des articles 1 à 4, 6, 8 à 16 et 18 à 21 de la présente annexe.

Article 4.

Chaque Etat contractant a la faculté de prescrire, par dérogation à l'article 18 du Règlement, que pour un endossement fait sur son territoire, la mention impliquant un nantissement sera réputée non écrite.

Dans ce cas, la mention sera également considérée comme non écrite par les autres Etats.

Article 6.

Par dérogation à l'article 32 du Règlement, chaque Etat contractant a la faculté d'admettre des lettres payables en foire sur son territoire et de fixer la date de leur échéance.

Ces lettres seront reconnues valables par les autres Etats.

Article 8.

Par dérogation à l'article 38, alinéa 2, du Règlement, chaque Etat contractant peut, pour les titres payables sur son territoire, autoriser le porteur à refuser un paiement partiel.

Le droit ainsi accordé au porteur doit être reconnu par les autres Etats.

Article 15.

Chaque Etat contractant peut, pour le cas d'une lettre de change payable sur son territoire, régler les conséquences de la perte de cette lettre, notamment au point de vue de l'émission d'une nouvelle lettre, du droit d'obtenir le paiement ou de faire ouvrir une procédure d'annulation.

Les autres Etats ont la faculté de déterminer les conditions sous lesquelles ils reconnaîtront les décisions judiciaires rendues en conformité de l'aliéna précédent.

Article 18.

Chaque Etat contractant a la faculté de ne pas reconnaître la validité de l'engagement pris en matière de lettre de change par l'un de ses ressortissants et qui ne serait tenu pour valable dans le territoire des autres Etats contractants que par application de l'article 74, alinéa 2, du Règlement.

[Siehe das Genfer Abkommen über die Gesetzeskonflikte (Anlage G 5), Art 2 Abs 2, 3.]

Article 19.

Les Etats contractants ne peuvent subordonner à l'observation des dispositions sur le timbre la validité des engagements pris en matière de lettre de change ou l'exercice des droits qui en découlent.

Ils peuvent, toutefois, suspendre l'exercice de ces droits jusqu'à l'acquittement des droits de timbre qu'ils ont prescrits. Ils peuvent également décider que la qualité et les effets de titre immédiatement exécutoire qui, d'après leurs législations, seraient attribués à la lettre de change, seront subordonnés à la condition que le droit de timbre

[Siehe das Genfer Abkommen über den Wechselstempel (Anlage G 6).]

ait été, dès la création du titre, dûment acquitté conformément aux dispositions de leurs lois.

Article 20.

Les Etats contractants se réservent la faculté de ne pas appliquer les principes de droit international privé consacrés par la présente Convention ou par le Règlement en tant qu'il s'agit:

1°. d'un engagement pris hors des territoires des Etats contractants.

2°. d'une loi qui serait applicable d' après ces principes et qui ne serait pas celle d'un des Etats contractants.

[Siehe das Genfer Abkommen über die Gesetzeskonflikte (Anlage G 5) Artikel 10.]

5. Convention de Genève 1930, destinée à régler certains conflits de lois en matière de lettres de change et de billets à ordre.

Article 1.

Les Hautes Parties contractantes s'engagent, les unes vis-à-vis des autres, à appliquer pour la solution des conflits de lois ci-dessous énumérés, en matière de lettre de change et de billets à ordre, les règles indiquées dans les articles suivants.

Article 2.

La capacité d'une personne pour s'engager par lettre de change et billet à ordre est déterminée par sa loi nationale. Si cette loi nationale déclare compétente la loi d'un autre pays, cette dernière loi est appliquée.

La personne qui serait incapable, d'après la loi indiquée par l'alinéa précédent, est néanmoins valablement tenue, si la signature a été donnée sur le territoire d'un pays d'après la législation duquel la personne aurait été capable. [Siehe die Haager EWO (Anlage G 1) Art 74.]

Ch. d. H. P. contractantes a la faculté de ne pas reconnaître la validité de l'engagement pris en matière de lettre de change et de billet à ordre par l'un de ses ressortissants et qui ne serait tenu pour valable dans le territoire des autres H. P. contractantes que par application de l'alinéa précédent du présent article.

[Siehe das Haager Abkommen (Anlage G 3) Art 18.]

Article 3.

La forme des engagements pris en matière de lettre de change et de billet à ordre est réglée par la loi du pays sur le territoire duquel ces engagements ont été souscrits.

Cependant, si les engagements souscrits sur une lettre de change ou un billet à ordre ne sont pas valables d'après les dispositions de l'alinéa précédent, mais qu'ils soient conformes à la législation de l'Etat ou un engagement ultérieur a été souscrit, la circonstance que les premiers engagements sont irréguliers en la forme n'infirme pas la validité de l'engagement ultérieur.

Ch. d. H. P. contractantes a la faculté de prescrire que les engagements pris en matière de lettre de change et de billet à ordre à l'étranger par un de ses ressortissants seront valables à l'égard d'un autre de ses ressortissants sur son territoire, pourvu qu'ils aient été pris dans la forme prévue par la loi nationale.

[Siehe die Haager EWO (Anlage G 1) Art 75.]

Article 4.

Les effets des obligations de l'accepteur d'une lettre de change et du souscripteur d'un billet à ordre sont déterminés par la loi du lieu où ces titres sont payables.

Les effets que produisent les signatures des autres obligés par lettre de change ou billet à ordre sont déterminés par la loi du pays sur le territoire duquel les signatures ont été données.

Article 5.

Les délais de l'exercice de l'action en recours restent déterminés pour tous les signataires par la loi du lieu de la création du titre.

Article 6.

La loi du lieu de la création du titre détermine si le porteur d'une lettre de change acquiert la créance qui a donné lieu à l'émission du titre.

Article 7.

La loi du pays où la lettre de change est payable règle la question de savoir si l'acceptation peut être restreinte à une partie de la somme ou si le porteur est tenu ou non de recevoir un paiement partiel.

La même règle s'applique quant au paiement en matière de billet à ordre.

Article 8.

La forme et les délais du protêt, ainsi que la forme des autres actes nécessaires à l'exercice ou à la conservation des droits en matière de lettre de change et de billet à ordre sont réglés par les lois du pays sur le territoire duquel doit être dressé le protêt ou passé l'acte en question.

[Siehe die Haager EWO (Anlage G 1) Art 76.]

Article 9.

La loi du pays où la lettre de change ou le billet à ordre sont payables détermine les mesures à prendre en cas de perte ou de vol de la lettre de change ou du billet à ordre.

Article 10.

Ch. d. H. P. contractantes se réserve la faculté de ne pas appliquer les principes de droit international privé consacrés par la présente Convention en tant qu'il s'agit:

1°. D'un engagement pris hors du territoire d'une des H. P. contractantes;

2°. D'une loi qui serait applicable d'après ces principes et qui ne serait pas celle d'une des H. P. contractantes.

[Siehe das Haager Abkommen (Anlage G 3) Art 20.]

Article 11.

Dans le territoire de ch. d. H. P. contractantes, les dispositions de la présente Convention ne seront pas applicables aux lettres de change et aux billets à ordre déjà crées au moment de la mise en vigueur de la présente Convention.

6. Convention de Genève 1930 relative au droit de timbre en matière de lettre de change et de billets à ordre.

Dans le cas, où telle ne serait pas déjà leur législation, les Hautes Parties contractantes s'engagent à modifier leurs lois de telle sorte que la validité des engagements pris en matière de lettres de change et de billets à ordre ou l'exercice des droits qui en découlent, ne puissent être subordonnés à l'observation des dispositions sur le timbre.

Elles peuvent toutefois suspendre l'exercice de ces droits jusqu'à l'acquittement des droits de timbre qu'elles ont prescrits ainsi que des amendes encourues. Elles peuvent également décider que la qualité et les effets de titre immédiatement exécutoire qui, d'après leurs législations, seraient attribués à la lettre de change et au billet à ordre seront subordonnés à la condition que le droit de timbre ait été, dès la création du titre, dûment acquitté conformément aux dispositions de leurs lois.

Ch. d. H. P. contractantes se réserve la faculté de restreindre l'engagement mentionné à l'alinéa premier aux seules lettres de change.

[Siehe das Haager Abkommen (Anlage G 3) Art 19.]

Sachregister.

(Die fettgedruckten Ziffern verweisen auf die Artikel der Deutschen Wechselordnung; die kleineren oberhalb der Linie stehenden Ziffern auf die Anmerkungen. S. = Seite, auslWG = ausländische Wechselgesetze, keWR = künftiges einheitliches Wechselrecht, E. = Einleitung.)

A

G

H

J

Q

R

S

Nachtrag.

Kurz vor Fertigstellung des Druckes dieses Buches sind von der Reichsregierung nach Zustimmung des Reichsrats dem Reichstage zwei Vorlagen gemacht worden, welche zur Vorbereitung der Einführung des in Genf beschlossenen einheitlichen Wechselrechts dienen sollen. Es sind dies:

1. der Entwurf eines Gesetzes über die Abkommen zur Vereinheitlichung des Wechselrechts (Reichstagsdrucksachen V 1930 Nr. 1442);
2. der Entwurf eines Wechselgesetzes nebst Einführungsgesetz (Reichstagsdrucksachen V 1930 Nr. 1441).

Der Entwurf zu 1 enthält die Zustimmungserklärung (Ratifikation) zu den drei zur Vereinheitlichung des Wechselrechts auf der Genfer Konferenz von 1930 unterzeichneten Abkommen, sowie als Anlagen den Text dieser Abkommen in französischer und englischer Sprache und in deutscher Übersetzung. Vgl. über diese Abkommen die Einleitung zu diesem Buche unter III S. 27f. und die Anlagen G 4 (S. 537), G 5 (S. 542), G 6 (S. 543).

Der Entwurf zu 2 enthält den Erlaß einer Übersetzung des in Genf beschlossenen einheitlichen Wechselgesetzes als deutsches Reichsgesetz nebst einer Anzahl von ergänzenden Vorschriften, sowie den Erlaß eines Einführungsgesetzes dazu, wonach (Art. 1) die Reichsregierung den Zeitpunkt bestimmen soll, mit dem das Wechselgesetz in Kraft tritt. Das Genfer Einheitliche Wechselgesetz ist in diesem Buche als Anlage G 2 (S. 517ff.) im französischen Texte abgedruckt; sein Inhalt ist in den Anhängen II zu den einzelnen Unterabschnitten bzw. Artikeln der Deutschen Wechselordnung in deutscher Übersetzung wiedergegeben und erläutert.

Dem Entwurfe zu 1 ist eine Denkschrift, dem Entwurfe zu 2 eine Begründung beigegeben.

Nachstehend werden die Gesetzentwürfe abgedruckt.

A. Entwurf eines Gesetzes über die Abkommen zur Vereinheitlichung des Wechselrechts (Reichstagsdrucksachen V 1930 Nr. 1442).

Der Reichstag hat das folgende Gesetz beschlossen, das mit Zustimmung des Reichsrats hiermit verkündet wird:

Artikel 1.

(1) Den in Genf am 7. Juni 1930 unterzeichneten Abkommen zur Vereinheitlichung des Wechselrechts, nämlich

dem Abkommen über das Einheitliche Wechselgesetz,

dem Abkommen über Bestimmungen auf dem Gebiete des internationalen Wechselprivatrechts,

dem Abkommen über das Verhältnis der Stempelgesetze zum Wechselrecht

sowie den Protokollen zu diesen Abkommen wird zugestimmt.

(2) Die Abkommen und die Protokolle werden nachstehend veröffentlicht.

Artikel 2.

Der Tag, an dem

das Abkommen über das Einheitliche Wechselgesetz gemäß seinem Artikel VI das Abkommen über Bestimmungen auf dem Gebiete des internationalen Wechselprivatrechts gemäß seinem Artikel 15

das Abkommen über das Verhältnis der Stempelgesetze zum Wechselrecht gemäß seinem Artikel 5

in Kraft treten, ist im Reichsgesetzblatt bekanntzumachen.

Artikel 3.

Dieses Gesetz tritt mit dem auf die Verkündung folgenden Tage in Kraft.

I. (Übersetzung) Abkommen über das einheitliche Wechselgesetz.

Der Deutsche Reichspräsident, der Bundespräsident der Republik Österreich, Seine Majestät der König der Belgier, der Präsident der Republik der Vereinigten Staaten von Brasilien, der Präsident der Republik Columbien, Seine Majestät der König von Dänemark, der Präsident der Republik Polen für die Freie Stadt Danzig, der Präsident der Republik Ecuador, Seine Majestät der König von Spanien, der Präsident der Republik Finnland, der Präsident der Französischen Republik, der Präsident der Griechischen Republik, Seine Durchlaucht der Reichsverweser des Königreichs Ungarn, Seine Majestät der König von Italien, Seine Majestät der Kaiser von Japan, Ihre Königliche Hoheit die Großherzogin von Luxemburg, Seine Majestät der König von Norwegen, Ihre Majestät die Königin der Niederlande, der Präsident der Republik Peru, der Präsident der Republik Polen, der Präsident der Portugiesischen Republik, Seine Majestät der König von Schweden, der Schweizerische Bundesrat, der Präsident der Tschechoslowakischen Republik, der Präsident der Türkischen Republik, Seine Majestät der König von Jugoslawien,

Von dem Wunsche geleitet, den Schwierigkeiten zu begegnen, die aus der Verschiedenheit der Gesetzgebungen der einzelnen Länder erwachsen können, in denen Wechsel umlaufen, und um auf diese Weise die zwischenstaatlichen Handelsbeziehungen zu sichern und zu fördern, haben zu ihren Bevollmächtigten ernannt: [Folgen die Namen der Bevollmächtigten.]

Diese haben sich nach Mitteilung ihrer in guter und gehöriger Form befundenen Vollmachten über folgende Bestimmungen geeinigt:

Artikel I.

Die Hohen Vertragschließenden Teile verpflichten sich, in ihren Gebieten das Einheitliche Wechselgesetz, das die Anlage I dieses Abkommens bildet, in einem der Urtexte oder in ihren Landessprachen einzuführen.

Diese Verpflichtung kann von jedem Hohen Vertragschließenden Teil unter Vorbehalten eingegangen werden, die er gegebenenfalls im Zeitpunkt der Ratifikation oder des Beitritts anzuzeigen hat. Es dürfen nur solche Vorbehalte gemacht werden, die in Anlage II des Abkommens vorgesehen sind.

Von den im Artikel 8, 12 und 18 der Anlage II bezeichneten Vorbehalten kann indessen auch nach der Ratifikation oder nach dem Beitritt Gebrauch gemacht werden, sofern dem Generalsekretär des Völkerbunds hiervon Anzeige gemacht wird. Dieser wird den Wortlaut der Vorbehalte unverzüglich den Mitgliedern des Völkerbunds und den Nichtmitgliedstaaten mitteilen, für die das Abkommen ratifiziert oder der Beitritt erklärt worden ist. Diese Vorbehalte treten nicht vor dem neunzigsten Tage nach dem Eingang der erwähnten Anzeige bei dem Generalsekretär des Völkerbunds in Kraft.

Jeder der Hohen Vertragschließenden Teile kann auch nach der Ratifikation oder nach dem Beitritt im Falle der Dringlichkeit von den im Artikel 7 und 22 der Anlage II bezeichneten Vorbehalten Gebrauch machen. In diesen Fällen muß er dies unmittelbar und unverzüglich allen übrigen Vertragschließenden Teilen und dem Generalsekretär des Völkerbunds anzeigen. Diese Anzeige äußert ihre Wirkungen zwei Tage nach ihrem Eingang bei den Hohen Vertragschließenden Teilen.

Artikel II.

Das Einheitliche Wechselgesetz findet in den Gebieten der Hohen Vertragschließenden Teile keine Anwendung auf Wechsel, die im Zeitpunkt des Inkrafttretens dieses Abkommens schon ausgestellt waren.

Artikel III.

Das Abkommen, dessen französischer und englischer Wortlaut gleich maßgebend sind, trägt das Datum des heutigen Tages.

Nach diesem Tage kann es noch bis zum 6. September 1930 für jedes Mitglied des Völkerbunds und für jeden Nichtmitgliedstaat gezeichnet werden.

Artikel IV.

Dieses Abkommen soll ratifiziert werden.

Die Ratifikationsurkunden sind vor dem 1. September 1932 bei dem Generalsekretär des Völkerbunds zu hinterlegen; dieser wird ihren Eingang unverzüglich allen Mitgliedern des Völkerbunds und den Nichtmitgliedstaaten mitteilen, die Vertragsteile des Abkommens sind.

Artikel V.

Vom 6. September 1930 an kann jedes Mitglied des Völkerbunds und jeder Nichtmitgliedstaat dem Abkommen beitreten.

Dieser Beitritt wird durch eine Anzeige an den Generalsekretär des Völkerbunds vollzogen, die im Archiv des Sekretariats des Völkerbunds zu hinterlegen ist.

Der Generalsekretär des Völkerbunds wird die Hinterlegung unverzüglich allen Staaten mitteilen, die das Abkommen gezeichnet haben oder ihm beigetreten sind.

Artikel VI.

Dieses Abkommen tritt erst in Kraft, wenn es für sieben Mitglieder des Völkerbunds oder Nichtmitgliedstaaten ratifiziert oder für sie der Beitritt erklärt worden ist; unter den Völkerbundsmitgliedern müssen drei ständig im Völkerbundsrat vertreten sein.

Das Abkommen tritt am neunzigsten Tage nach dem Tage in Kraft, an dem der Generalsekretär des Völkerbunds die siebente nach dem ersten Absatz dieses Artikels maßgebende Ratifikationsurkunde oder Beitrittserklärung erhalten hat.

Der Generalsekretär des Völkerbunds wird, wenn er die im Artikel IV und V vorgesehenen Mitteilungen macht, ausdrücklich darauf hinweisen, daß die im ersten Absatz bezeichneten Ratifikationsurkunden oder Beitrittserklärungen vorliegen.

Artikel VII.

Jede Ratifikation oder jeder Beitritt, die nach dem Zeitpunkt erfolgen, in dem das Abkommen nach Artikel VI in Kraft tritt, wird am neunzigsten Tage nach dem Eingang der Ratifikationsurkunde oder Beitrittserklärung beim Genralsekretär des Völkerbunds wirksam.

Artikel VIII.

Außer im Falle der Dringlichkeit kann das Abkommen nicht vor Ablauf einer Frist von zwei Jahren seit dem Tage gekündigt werden, an dem es für das kündigende Mitglied des Völkerbunds oder den kündigenden Nichtmitgliedstaat in Kraft getreten ist; die Kündigung wird am neunzigsten Tage nach dem Eingang der Kündigungserklärung bei dem Generalsekretär des Völkerbunds wirksam.

Der Generalsekretär des Völkerbunds wird jede Kündigung unverzüglich allen anderen Hohen Vertragschließenden Teilen mitteilen.

Im Falle der Dringlichkeit erklärt der Hohe Vertragschließende Teil seine Kündigung unmittelbar und unverzüglich allen anderen Hohen Vertragschließenden Teilen. Die Kündigung wird zwei Tage nach dem Eingang der Erklärung bei den Hohen Vertragschließenden Teilen wirksam. Der Hohe Vertragschließende Teil, der unter diesen Umständen kündigt, hat von seiner Entschließung auch den Generalsekretär des Völkerbunds zu benachrichtigen.

Jede Kündigung ist nur in Ansehung des Hohen Vertragschließenden Teils wirksam, für den sie erklärt worden ist.

Artikel IX.

Jedes Mitglied des Völkerbunds und jeder Nichtmitgliedstaat, für die das Abkommen in Kraft ist, kann nach Ablauf von vier Jahren seit seinem Inkrafttreten einen Antrag auf Nachprüfung einzelner oder aller Vorschriften des Abkommens an den Generalsekretär des Völkerbunds richten.

Wenn ein solcher Antrag nach Mitteilung an die anderen Mitglieder des Völkerbunds und Nichtmitgliedstaaten, für die das Abkommen zu dieser Zeit in Kraft ist, innerhalb eines Jahres die Unterstützung von mindestens sechs Vertragstaaten findet, so wird der Völkerbundsrat darüber entscheiden, ob eine Konferenz zu diesem Zweck einberufen werden soll.

Artikel X.

Die Hohen Vertragschließenden Teile können bei der Zeichnung, der Ratifikation oder bei ihrem Beitritt erklären, daß sie durch die Annahme dieses Abkommens keine Verpflichtung für die Gesamtheit oder einen Teil ihrer Kolonien, Protektorate oder der unter ihrer Oberhoheit oder ihrem Mandat stehenden Gebiete zu übernehmen gewillt sind; in diesem Falle findet das Abkommen keine Anwendung auf die Gebiete, für welche diese Erklärung abgegeben worden ist.

Die Hohen Vertragschließenden Teile können in der Folge jederzeit dem Generalsekretär des Völkerbunds anzeigen, daß sie beabsichtigen, die Anwendbarkeit dieses Abkommens auf die Gesamtheit oder einen Teil der Gebiete auszudehnen, für welche die im vorhergehenden Absatz vorgesehene Erklärung abgegeben worden ist. In diesem Falle tritt das Abkommen für die in der Erklärung genannten Gebiete neunzig Tage nach Eingang der Anzeige bei dem Generalsekretär des Völkerbunds in Kraft.

Desgleichen können die Hohen Vertragschließenden Teile das Abkommen gemäß Artikel VIII für die Gesamtheit oder einen Teil ihrer Kolonien, Protektorate oder der ihrer Oberhoheit oder ihrem Mandate unterstehenden Gebiete kündigen.

Artikel XI.

Dieses Abkommen wird nach seinem Inkrafttreten vom Generalsekretär des Völkerbunds registriert werden. Sodann wird es in der Sammlung der Verträge des Völkerbunds sobald wie möglich veröffentlicht werden.

Zu Urkund dessen haben die obengenannten Bevollmächtigten dieses Abkommen gezeichnet.

Geschehen zu Genf, am siebenten Juni neunzehnhundertdreißig, in einer einzigen Ausfertigung, die im Archiv des Sekretariats des Völkerbunds hinterlegt wird; eine gleichlautende Abschrift wird allen Mitgliedern des Völkerbunds und allen auf der Konferenz vertretenen Nichtmitgliedstaaten übersandt werden. [Folgen die Unterschriften.]

II. (Übersetzung) Abkommen über Bestimmungen auf dem Gebiete des internationalen Wechselprivatrechts.

Der Deutsche Reichspräsident, der Bundespräsident der Republik Österreich, Seine Majestät der König der Belgier, der Präsident der Republik der Vereinigten Staaten von Brasilien, der Präsident der Republik Columbien, Seine Majestät der König von Dänemark, der Präsident der Republik Polen für die Freie Stadt Danzig, der Präsident der Republik Ecuador, Seine Majestät der König von Spanien, der Präsident der Republik Finnland, der Präsident der Französischen Republik, der Präsident der Griechischen Republik, Seine Durchlaucht der Reichsverweser des Königreichs Ungarn, Seine Majestät der König von Italien, Seine Majestät der Kaiser von Japan, Ihre Königliche Hoheit die Großherzogin von Luxemburg, Seine Majestät der König von Norwegen, Ihre Majestät die Königin der Niederlande, der Präsident der Republik Peru, der Präsident der Republik Polen, der Präsident der Portugiesischen Republik, Seine Majestät der König von Schweden, der Schweizerische Bundesrat, der Präsident der Tschechoslowakischen Republik, der Präsident der Türkischen Republik, Seine Majestät der König von Jugoslawien,

Von dem Wunsche geleitet, einige grundsätzliche Bestimmungen auf dem Gebiete des internationalen Wechselprivatrechts zu vereinbaren,

haben zu ihren Bevollmächtigten ernannt:

[Folgen die Namen der Bevollmächtigten.]

Diese haben sich nach Mitteilung ihrer in guter und gehöriger Form befundenen Vollmachten über folgende Artikel geeinigt:

Artikel 1.

Die Hohen Vertragschließenden Teile verpflichten sich gegenseitig, zur Lösung der in den folgenden Artikeln bezeichneten Fragen des internationalen Wechselprivatrechts die in diesen Artikeln enthaltenen Bestimmungen anzuwenden.

Artikel 2.

Die Fähigkeit einer Person, eine Wechselverbindlichkeit einzugehen, bestimmt sich nach dem Rechte des Landes, dem sie angehört. Erklärt dieses Recht das Recht eines anderen Landes für maßgebend, so ist das letztere Recht anzuwenden.

Wer nach dem im vorstehenden Absatz bezeichneten Recht nicht wechselfähig ist, wird gleichwohl gültig verpflichtet, wenn die Unterschrift in dem Gebiet eines Landes abgegeben worden ist, nach dessen Recht er wechselfähig wäre.

Jeder der Hohen Vertragschließenden Teile kann die von einem seiner Angehörigen eingegangene Wechselverpflichtung als nichtig behandeln, wenn sie im Gebiete der anderen Hohen Vertragschließenden Teile nur in Anwendung des vorstehenden Absatzes als gültig angesehen wird.

Artikel 3.

Die Form einer Wechselerklärung bestimmt sich nach dem Rechte des Landes, in dessen Gebiete die Erklärung unterschrieben worden ist.

Wenn jedoch eine Wechselerklärung, die nach den Vorschriften des vorstehenden Absatzes ungültig ist, dem Rechte des Landes entspricht, in dessen Gebiete eine spätere Wechselerklärung unterschrieben worden ist, so wird durch Mängel in der Form der ersten Wechselerklärung die Gültigkeit der späteren Wechselerklärung nicht berührt.

Jeder der Hohen Vertragschließenden Teile kann vorschreiben, daß eine Wechselerklärung, die einer seiner Staatsangehörigen im Ausland abgegeben hat, auf seinem Gebiete gegenüber anderen seiner Staatsangehörigen gültig ist, wenn die Erklärung den Formerfordernissen seines Rechtes genügt.

Artikel 4.

Die Wirkungen der Verpflichtungserklärungen des Annehmers eines gezogenen Wechsels und des Ausstellers eines eigenen Wechsels bestimmen sich nach dem Rechte des Zahlungsorts.

Die Wirkungen der übrigen Wechselerklärungen bestimmen sich nach dem Rechte des Landes, in dessen Gebiete die Erklärungen unterschrieben worden sind.

Artikel 5.

Die Fristen für die Ausübung der Rückgriffsrechte werden für alle Wechselverpflichteten durch das Recht des Ortes bestimmt, an dem der Wechsel ausgestellt worden ist.

Artikel 6.

Das Recht des Ausstellungsorts bestimmt, ob der Inhaber eines gezogenen Wechsels die seiner Ausstellung zugrunde liegende Forderung erwirbt.

Artikel 7.

Das Recht des Zahlungsorts bestimmt, ob die Annahme eines gezogenen Wechsels auf einen Teil der Summe beschränkt werden kann und ob der Inhaber verpflichtet oder nicht verpflichtet ist, eine Teilzahlung anzunehmen.

Dasselbe gilt für die Zahlung bei einem eigenen Wechsel.

Artikel 8.

Die Form des Protests und die Fristen für die Protesterhebung sowie die Form der übrigen Handlungen, die zur Ausübung oder Erhaltung der Wechselrechte erforderlich sind, bestimmen sich nach dem Rechte des Landes, in dessen Gebiete der Protest zu erheben oder die Handlung vorzunehmen ist.

Artikel 9.

Das Recht des Zahlungsorts bestimmt die Maßnahmen, die bei Verlust oder Diebstahl eines Wechsels zu ergreifen sind.

Artikel 10.

Jeder der Hohen Vertragschließenden Teile behält sich vor, die nach diesem Abkommen maßgebenden Bestimmungen des internationalen Privatrechts nicht zur Anwendung zu bringen, soweit es sich handelt:

1. um eine außerhalb des Gebiets der Hohen Vertragschließenden Teile eingegangene Wechselverpflichtung;
2. um ein nach diesen Bestimmungen anzuwendendes Recht, das nicht das Recht eines der Hohen Vertragschließenden Teile ist.

Artikel 11.

Die Bestimmungen dieses Abkommens finden in den Gebieten der Hohen Vertragschließenden Teile keine Anwendung auf Wechsel, die im Zeitpunkt des Inkrafttretens dieses Abkommens schon ausgestellt waren.

Artikel 12.

Das Abkommen, dessen französischer und englischer Wortlaut gleich maßgebend sind, trägt das Datum des heutigen Tages.

Nach diesem Tage kann es noch bis zum 6. September 1930 für jedes Mitglied des Völkerbundes und für jeden Nichtmitgliedstaat gezeichnet werden.

Artikel 13.

Dieses Abkommen soll ratifiziert werden.

Die Ratifikationsurkunden sind vor dem 1. September 1932 bei dem Generalsekretär des Völkerbunds zu hinterlegen; dieser wird ihren Eingang unverzüglich allen Mitgliedern des Völkerbunds und den Nichtmitgliedstaaten mitteilen, die Vertragsteile des Abkommens sind.

Artikel 14.

Vom 6. September 1930 an kann jedes Mitglied des Völkerbunds und jeder Nichtmitgliedstaat dem Abkommen beitreten.

Dieser Beitritt wird durch eine Anzeige an den Generalsekretär des Völkerbunds vollzogen, die im Archiv des Sekretariats des Völkerbunds zu hinterlegen ist.

Der Generalsekretär des Völkerbunds wird die Hinterlegung unverzüglich allen Staaten mitteilen, die das Abkommen gezeichnet haben oder ihm beigetreten sind.

Artikel 15.

Dieses Abkommen tritt erst in Kraft, wenn es für sieben Mitglieder des Völkerbunds oder Nichtmitgliedstaaten ratifiziert oder für sie der Beitritt erklärt worden ist; unter den Völkerbundsmitgliedern müssen drei ständig im Völkerbundsrat vertreten sein.

Das Abkommen tritt am neunzigsten Tage nach dem Tage in Kraft, an dem der Generalsekretär des Völkerbunds die siebente nach dem ersten Absatz dieses Artikels maßgebende Ratifikationsurkunde oder Beitrittserklärung erhalten hat.

Der Generalsekretär des Völkerbunds wird, wenn er die in den Artikeln 13 und 14 vorgesehenen Mitteilungen macht, ausdrücklich darauf hinweisen, daß die im ersten Absatz bezeichneten Ratifikationsurkunden oder Beitrittserklärungen vorliegen.

Artikel 16.

Jede Ratifikation oder jeder Beitritt, die nach dem Zeitpunkt erfolgen, in dem das Abkommen nach Artikel 15 in Kraft tritt, wird am neunzigsten Tage nach dem Eingang der Ratifikationsurkunde oder Beitrittserklärung beim Generalsekretär des Völkerbunds wirksam.

Artikel 17.

Das Abkommen kann nicht vor Ablauf einer Frist von zwei Jahren seit dem Tage gekündigt werden, an dem es für das kündigende Mitglied des Völkerbunds oder den kündigenden Nichtmitgliedstaat in Kraft getreten ist; die Kündigung wird am neunzigsten Tage nach dem Eingang der Kündigungserklärung bei dem Generalsekretär des Völkerbunds wirksam.

Der Generalsekretär des Völkerbunds wird jede Kündigung unverzüglich allen anderen Hohen Vertragschließenden Teilen mitteilen.

Jede Kündigung ist nur in Ansehung des Hohen Vertragschließenden Teils wirksam, für den sie erklärt worden ist.

Artikel 18.

Jedes Mitglied des Völkerbunds und jeder Nichtmitgliedstaat, für die das Abkommen in Kraft ist, kann nach Ablauf von vier Jahren seit seinem Inkrafttreten einen Antrag auf Nachprüfung einzelner oder aller Vorschriften des Abkommens an den Generalsekretär des Völkerbunds richten.

Wenn ein solcher Antrag nach Mitteilung an die anderen Mitglieder des Völkerbunds und Nichtmitgliedstaaten, für die das Abkommen zu dieser Zeit in Kraft ist, innerhalb eines Jahres die Unterstützung von mindestens sechs Vertragsstaaten findet, so wird der Völkerbundsrat darüber entscheiden, ob eine Konferenz zu diesem Zweck einberufen werden soll.

Artikel 19.

Die Hohen Vertragschließenden Teile können bei der Zeichnung, der Ratifikation oder bei ihrem Beitritt erklären, daß sie durch die Annahme dieses Abkommens keine Verpflichtung für die Gesamtheit oder einen Teil ihrer Kolonien, Protektorate oder der unter ihrer Oberhoheit oder ihrem Mandat stehenden Gebiete zu übernehmen gewillt sind; in diesem Falle findet das Abkommen keine Anwendung auf die Gebiete, für welche diese Erklärung abgegeben worden ist.

Die Hohen Vertragschließenden Teile können in der Folge dem Generalsekretär des Völkerbunds anzeigen, daß sie beabsichtigen, die Anwendbarkeit dieses Abkommens auf die Gesamtheit oder einen Teil der Gebiete auszudehnen, für welche die im vorhergehenden Absatz vorgesehene Erklärung abgegeben worden ist. In diesem Falle tritt das Abkommen für die in der Erklärung genannten Gebiete neunzig Tage nach Eingang der Anzeige bei dem Generalsekretär des Völkerbunds in Kraft.

Desgleichen können die Hohen Vertragschließenden Teile jederzeit erklären, daß sie beabsichtigen, die Anwendbarkeit dieses Abkommens für die Gesamtheit oder einen Teil ihrer Kolonien, Protektorate oder der ihrer Oberhoheit oder ihrem Mandat unterstehenden Gebiete auszuschließen; in diesem Falle tritt das Abkommen für die Gebiete, für welche diese Erklärung abgegeben worden ist, ein Jahr nach Eingang der Erklärung bei dem Generalsekretär des Völkerbunds außer Kraft.

Artikel 20.

Dieses Abkommen wird nach seinem Inkrafttreten vom Generalsekretär des Völkerbunds registriert werden. Sodann wird es in der Sammlung der Verträge des Völkerbunds sobald wie möglich veröffentlicht werden.

Zu Urkund dessen haben die obengenannten Bevollmächtigten dieses Abkommen gezeichnet.

Geschehen zu Genf, am siebenten Juni neunzehnhundertdreißig, in einer einzigen Ausfertigung, die im Archiv des Sekretariats des Völkerbunds hinterlegt wird; eine gleichlautende Abschrift wird allen Mitgliedern des Völkerbunds und allen auf der Konferenz vertretenen Nichtmitgliedstaaten übersandt werden. [Folgen die Unterschriften.]

Protokoll zum Abkommen.

Bei der Unterzeichnung des Abkommens vom heutigen Tage über Bestimmungen auf dem Gebiete des internationalen Wechselprivatrechts haben die gehörig bevollmächtigten Unterzeichneten folgende Bestimmungen vereinbart:

A

Die Mitglieder des Völkerbunds und die Nichtmitgliedstaaten, denen die Hinterlegung ihrer Ratifikationsurkunden über das bezeichnete Abkommen vor dem 1. September 1932 nicht möglich sein sollte, verpflichten sich, innerhalb der auf diesen Tag folgenden fünfzehn Tage dem Generalsekretär des Völkerbunds eine Mitteilung darüber zu machen, in welcher Lage sie sich hinsichtlich der Ratifikation befinden.

B

Wenn am 1. November 1932 die Voraussetzungen nicht erfüllt sind, unter denen auf Grund des Artikel 15, Abs. 1, das Abkommen in Kraft tritt, so wird der Generalsekretär des Völkerbunds die Mitglieder des Völkerbunds und die Nichtmitgliedstaaten, die das Abkommen gezeichnet haben oder ihm beigetreten sind, zu einer Zusammenkunft einberufen.

In dieser Zusammenkunft wird zu prüfen sein, wie die Lage ist und welche Maßnahmen gegebenenfalls zur Abhilfe getroffen werden können.

C

Die Hohen Vertragschließenden Teile werden einander die gesetzlichen Vorschriften, die sie für ihre Gebiete zur Durchführung des Abkommens erlassen haben, nach deren Inkrafttreten mitteilen.

Zu Urkund dessen haben die Bevollmächtigten dieses Protokoll gezeichnet.

Geschehen zu Genf, am siebenten Juni neunzehnhundertdreißig, in einer einzigen Ausfertigung, die im Archiv des Sekretariats des Völkerbunds hinterlegt wird; eine gleichlautende Abschrift wird allen Mitgliedern des Völkerbunds und allen auf der Konferenz vertretenen Nichtmitgliedstaaten übersandt werden. (Folgen die Unterschriften.)

III. (Übersetzung) **Abkommen über das Verhältnis der Stempelgesetze zum Wechselrecht.**

Der Deutsche Reichspräsident, der Bundespräsident der Republik Österreich, Seine Majestät der König der Belgier, der Präsident der Republik der Vereinigten Staaten von Brasilien, Seine Majestät der König von Großbritannien, Irland und der britischen überseeischen Lande, Kaiser von Indien, der Präsident der Republik Columbien, Seine Majestät der König von Dänemark, der Präsident der Republik Polen für die Freie Stadt Danzig, der Präsident der Republik Ecuador, Seine Majestät der König von Spanien, der Präsident der Republik Finnland, der Präsident der Französischen Republik, Seine Durchlaucht der Reichsverweser des Königreichs Ungarn, Seine Majestät der König von Italien, Seine Majestät der Kaiser von Japan, Ihre Königliche Hoheit die Großherzogin von Luxemburg, Seine Majestät der König von Norwegen, Ihre Majestät die Königin der Niederlande, der Präsident der Republik Peru, der Präsident der Republik Polen, der Präsident der Portugiesischen Republik, Seine Majestät der König von Schweden, der Schweizerische Bundesrat, der Präsident der Tschechoslowakischen Republik, der Präsident der Türkischen Republik, Seine Majestät der König von Jugoslawien,

Von dem Wunsche geleitet, einige Fragen zu regeln, die sich auf das Verhältnis der Stempelgesetze zum Wechselrechte beziehen,

haben zu ihren Bevollmächtigten ernannt:

[Folgen die Namen der Bevollmächtigten.]

Diese haben sich nach Mitteilung ihrer in guter und gehöriger Form befundenen Vollmachten über folgende Artikel geeinigt:

Artikel 1.

Die Hohen Vertragschließenden Teile verpflichten sich, ihre Gesetze, falls diese nicht bereits eine solche Bestimmung enthalten, dahin abzuändern, daß die Gültigkeit von Wechselverpflichtungen oder die Geltendmachung der sich aus Wechseln ergebenden Ansprüche nicht von der Beobachtung einer Stempelvorschrift abhängig gemacht werden.

Doch können sie das Recht zur Geltendmachung dieser Ansprüche bis zur Zahlung der vorgeschriebenen Stempelbeträge oder verwirkter Geldstrafen aufschieben. Ebenso können sie vorschreiben, daß die Eigenschaft und die Wirkungen einer unmittelbar vollstreckbaren Urkunde, die nach ihrer Gesetzgebung dem Wechsel etwa zukommen, davon abhängig sind, daß der Stempelbetrag gemäß den Vorschriften ihrer Gesetze schon bei der Ausstellung der Urkunde gehörig entrichtet worden ist.

Jeder der Hohen Vertragschließenden Teile behält sich vor, die im ersten Absatz erwähnte Verpflichtung auf gezogene Wechsel zu beschränken.

Artikel 2.

Das Abkommen, dessen französischer und englischer Wortlaut gleich maßgebend sind, trägt das Datum des heutigen Tages.

Nach diesem Tage kann es noch bis zum 6. September 1930 für jedes Mitglied des Völkerbunds und für jeden Nichtmitgliedstaat gezeichnet werden.

Artikel 3.

Dieses Abkommen soll ratifiziert werden.

Die Ratifikationsurkunden sind vor dem 1. September 1932 bei dem Generalsekretär des Völkerbunds zu hinterlegen; dieser wird ihren Eingang unverzüglich allen Mitgliedern des Völkerbunds und den Nichtmitgliedstaaten mitteilen, die Vertragsteile des Abkommens sind.

Artikel 4.

Vom 6. September 1930 an kann jedes Mitglied des Völkerbunds und jeder Nichtmitgliedstaat dem Abkommen beitreten.

Dieser Beitritt wird durch eine Anzeige an den Generalsekretär des Völkerbunds vollzogen, die im Archiv des Sekretariats des Völkerbunds zu hinterlegen ist.

Der Generalsekretär des Völkerbunds wird die Hinterlegung unverzüglich allen Staaten mitteilen, die das Abkommen gezeichnet haben oder ihm beigetreten sind.

Artikel 5.

Dieses Abkommen tritt erst in Kraft, wenn es für sieben Mitglieder des Völkerbunds oder Nichtmitgliedstaaten ratifiziert oder für sie der Beitritt erklärt worden ist; unter den Völkerbundsmitgliedern müssen drei ständig im Völkerbundsrat vertreten sein.

Das Abkommen tritt am neunzigsten Tage nach dem Tage in Kraft, an dem der Generalsekretär des Völkerbunds die siebente nach dem ersten Absatz dieses Artikels maßgebende Ratifikationsurkunde oder Beitrittserklärung erhalten hat.

Der Generalsekretär des Völkerbunds wird, wenn er die in Artikel 3 und 4 vorgesehenen Mitteilungen macht, ausdrücklich darauf hinweisen, daß die im ersten Absatz bezeichneten Ratifikationsurkunden oder Beitrittserklärungen vorliegen.

Artikel 6.

Jede Ratifikation oder jeder Beitritt, die nach dem Zeitpunkt erfolgen, in dem das Abkommen nach Artikel 5 in Kraft tritt, wird am neunzigsten Tage nach dem Eingang der Ratifikationsurkunde oder Beitrittserklärung beim Generalsekretär des Völkerbunds wirksam.

Artikel 7.

Das Abkommen kann nicht vor Ablauf einer Frist von zwei Jahren seit dem Tage gekündigt werden, an dem es für das kündigende Mitglied des Völkerbunds oder den kündigenden Nichtmitgliedstaat in Kraft getreten ist; die Kündigung wird am neunzigsten Tage nach dem Eingang der Kündigungserklärung bei dem Generalsekretär des Völkerbunds wirksam.

Der Generalsekretär des Völkerbunds wird jede Kündigung unverzüglich allen anderen Hohen Vertragschließenden Teilen mitteilen.

Jede Kündigung ist nur in Ansehung des Hohen Vertragschließenden Teils wirksam, für den sie erklärt worden ist.

Artikel 8.

Jedes Mitglied des Völkerbunds und jeder Nichtmitgliedstaat, für die das Abkommen in Kraft ist, kann nach Ablauf von vier Jahren seit seinem Inkrafttreten einen Antrag auf Nachprüfung einzelner oder aller Vorschriften des Abkommens an den Generalsekretär des Völkerbunds richten.

Wenn ein solcher Antrag nach Mitteilung an die anderen Mitglieder des Völkerbunds und Nichtmitgliedstaaten, für die das Abkommen zu dieser Zeit in Kraft ist, innerhalb eines Jahres die Unterstützung von mindestens sechs Vertragsstaaten findet, so wird der Völkerbundsrat darüber entscheiden, ob eine Konferenz zu diesem Zwecke einberufen werden soll.

Artikel 9.

Die Hohen Vertragschließenden Teile können bei der Zeichnung, der Ratifikation oder bei ihrem Beitritt erklären, daß sie durch die Annahme dieses Abkommens keine Verpflichtung für die Gesamtheit oder einen Teil ihrer Kolonien, Protektorate oder der unter ihrer Oberhoheit oder ihrem Mandat stehenden Gebiete zu übernehmen gewillt sind; in diesem Falle findet das Abkommen keine Anwendung auf die Gebiete, für welche diese Erklärung abgegeben worden ist.

Die Hohen Vertragschließenden Teile können in der Folge dem Generalsekretär des Völkerbunds anzeigen, daß sie beabsichtigen, die Anwendbarkeit dieses Abkommens auf die Gesamtheit oder einen Teil der Gebiete auszudehnen, für welche die im vorhergehenden Absatz vorgesehene Erklärung abgegeben worden ist. In diesem Falle tritt das Abkommen für die in der Erklärung genannten Gebiete neunzig Tage nach Eingang der Anzeige bei dem Generalsekretär des Völkerbunds in Kraft.

Desgleichen können die Hohen Vertragschließenden Teile jederzeit erklären, daß sie beabsichtigen, die Anwendbarkeit dieses Abkommens für die Gesamtheit oder einen Teil ihrer Kolonien, Protektorate oder der ihrer Oberhoheit oder ihrem Mandat unterstehenden Gebiete auszuschließen; in diesem Falle tritt das Abkommen für die Gebiete, für welche die Erklärung abgegeben worden ist, ein Jahr nach Eingang der Erklärung bei dem Generalsekretär des Völkerbunds in Kraft.

Artikel 10.

Dieses Abkommen wird nach seinem Inkrafttreten vom Generalsekretär des Völkerbunds registriert werden. Sodann wird es in der Sammlung der Verträge des Völkerbunds sobald wie möglich veröffentlicht werden.

Zu Urkund dessen haben die obengenannten Bevollmächtigten dieses Abkommen gezeichnet.

Geschehen zu Genf, am siebenten Juni neunzehnhundertdreißig, in einer einzigen Ausfertigung, die im Archiv des Sekretariats des Völkerbunds hinterlegt wird; eine gleichlautende Abschrift wird allen Mitgliedern des Völkerbunds und allen auf der Konferenz vertretenen Nichtmitgliedstaaten übersandt werden. [Folgen die Unterschriften.]

Protokoll zum Abkommen.

Bei der Unterzeichnung des Abkommens vom heutigen Tage über das Verhältnis der Stempelgesetze zum Wechselrechte haben die gehörig bevollmächtigten Unterzeichneten folgende Bestimmungen vereinbart:

A

Die Mitglieder des Völkerbunds und die Nichtmitgliedstaaten, denen die Hinterlegung ihrer Ratifikationsurkunden über das bezeichnete Abkommen vor dem 1. September 1932 nicht möglich sein sollte, verpflichten sich, innerhalb der auf diesen Tag folgenden fünfzehn Tage dem Generalsekretär des Völkerbunds eine Mitteilung darüber zu machen, in welcher Lage sie sich hinsichtlich der Ratifikation befinden.

B

Wenn am 1. November 1932 die Voraussetzungen nicht erfüllt sind, unter denen auf Grund des Artikels 5, Abs. 1, das Abkommen in Kraft tritt, so wird der Generalsekretär des Völkerbunds die Mitglieder des Völkerbunds und die Nichtmitgliedstaaten, die das Abkommen gezeichnet haben oder ihm beigetreten sind, zu einer Zusammenkunft einberufen.

In dieser Zusammenkunft wird zu prüfen sein, wie die Lage ist und welche Maßnahmen gegebenenfalls zur Abhilfe getroffen werden können.

C

Die Hohen Vertragschließenden Teile werden einander die gesetzlichen Vorschriften, die sie für ihre Gebiete zur Durchführung des Abkommens erlassen haben, nach deren Inkrafttreten mitteilen.

D

1. Es wird vereinbart, daß für das Vereinigte Königreich von Großbritannien und Nordirland die Bestimmungen dieses Abkommens nur auf die außerhalb des Vereinigten König-

reichs zur Annahme vorgelegten, angenommenen oder zahlbaren gezogenen Wechsel Anwendung finden.

2. Die gleiche Einschränkung gilt für die Kolonien, Protektorate und unter der Oberhoheit oder unter dem Mandat seiner Britannischen Majestät stehenden Gebiete, auf die dieses Abkommen nach Artikel 9 anwendbar wird, unter der Voraussetzung, daß eine Anzeige dieser Einschränkung vor dem Tage, an dem das Abkommen für das betreffende Gebiet in Kraft tritt, an den Generalsekretär des Völkerbundes gerichtet wird.

3. Desgleichen wird vereinbart, daß die Bestimmungen dieses Abkommens auf Nordirland nur mit den etwa für notwendig erachteten Änderungen Anwendung finden.

4. Die Regierung jedes Mitglieds des Völkerbunds oder jedes Nichtmitgliedstaats, die gemäß Artikel 4 dem Abkommen unter den im Abs. 1 vorgesehenen Einschränkungen beitreten will, kann dies dem Generalsekretär des Völkerbunds anzeigen. Dieser wird die Anzeige allen Mitgliedern des Völkerbunds und den Nichtmitgliedstaaten, für die das Abkommen gezeichnet oder der Beitritt erklärt worden ist, mit der Anfrage mitteilen, ob sie Einwendungen zu erheben haben. Wenn sechs Monate nach dieser Mitteilung keine Einwendung erhoben worden ist, so wird das Einverständnis damit angenommen, daß der Staat unter diesen Einschränkungen an dem Abkommen teilnimmt.

Zu Urkund dessen haben die Bevollmächtigten dieses Protokoll unterzeichnet.

Geschehen zu Genf, am siebenten Juni neunzehnhundertdreißig, in einer einzigen Ausfertigung, die im Archiv des Sekretariats des Völkerbunds hinterlegt wird; eine gleichlautende Abschrift wird allen Mitgliedern des Völkerbunds und allen auf der Konferenz vertretenen Nichtmitgliedstaaten übersandt werden. [Folgen die Unterschriften.]

B. Entwurf eines Wechselgesetzes (Reichstagsdrucksachen V 1930 Nr. 1441).

Der Reichstag hat das folgende Gesetz beschlossen, das mit Zustimmung des Reichsrats hiermit verkündet wird:

Erster Teil.

Gezogener Wechsel.

Erster Abschnitt.

Ausstellung und Form des gezogenen Wechsels.

Artikel 1.

Der gezogene Wechsel enthält:

1. die Bezeichnung als Wechsel im Texte der Urkunde, und zwar in der Sprache, in der sie ausgestellt ist;
2. die unbedingte Anweisung, eine bestimmte Geldsumme zu zahlen;
3. den Namen dessen, der zahlen soll (Bezogener);
4. die Angabe der Verfallzeit;
5. die Angabe des Zahlungsorts;
6. den Namen dessen, an den oder an dessen Order gezahlt werden soll;
7. die Angabe des Tages und des Ortes der Ausstellung;
8. die Unterschrift des Ausstellers.

Artikel 2.

Eine Urkunde, der einer der im vorstehenden Artikel bezeichneten Bestandteile fehlt, gilt nicht als gezogener Wechsel, vorbehaltlich der in den folgenden Absätzen bezeichneten Fälle.

Ein Wechsel ohne Angabe der Verfallzeit gilt als Sichtwechsel.

Mangels einer besonderen Angabe gilt der bei dem Namen des Bezogenen angegebene Ort als Zahlungsort und zugleich als Wohnort des Bezogenen.

Ein Wechsel ohne Angabe des Ausstellungsorts gilt als ausgestellt an dem Orte, der bei dem Namen des Ausstellers angegeben ist.

Artikel 3.

Der Wechsel kann an die eigene Order des Ausstellers lauten.

Er kann auf den Aussteller selbst gezogen werden.

Er kann für Rechnung eines Dritten gezogen werden.

Artikel 4.

Der Wechsel kann bei einem Dritten, am Wohnort des Bezogenen oder an einem anderen Orte, zahlbar gestellt werden.

Artikel 5.

In einem Wechsel, der auf Sicht oder auf eine bestimmte Zeit nach Sicht lautet, kann der Aussteller bestimmen, daß die Wechselsumme zu verzinsen ist. Bei jedem anderen Wechsel gilt der Zinsvermerk als nicht geschrieben.

Der Zinsfuß ist im Wechsel anzugeben; fehlt diese Angabe, so gilt der Zinsvermerk als nicht geschrieben.

Die Zinsen laufen vom Tage der Ausstellung des Wechsels, sofern nicht ein anderer Tag bestimmt ist.

Artikel 6.

Ist die Wechselsumme in Buchstaben und in Ziffern angegeben, so gilt bei Abweichungen die in Buchstaben angegebene Summe.

Ist die Wechselsumme mehrmals in Buchstaben oder mehrmals in Ziffern angegeben, so gilt bei Abweichungen die geringste Summe.

Artikel 7.

Trägt ein Wechsel Unterschriften von Personen, die eine Wechselverbindlichkeit nicht eingehen können, gefälschte Unterschriften, Unterschriften erdichteter Personen oder Unterschriften, die aus irgendeinem anderen Grunde für die Personen, die unterschrieben haben oder mit deren Namen unterschrieben worden ist, keine Verbindlichkeit begründen, so hat dies auf die Gültigkeit der übrigen Unterschriften keinen Einfluß.

Artikel 8.

Wer auf einen Wechsel seine Unterschrift als Vertreter eines anderen setzt, ohne hierzu ermächtigt zu sein, haftet selbst wechselmäßig und hat, wenn er den Wechsel einlöst, dieselben Rechte, die der angeblich Vertretene haben würde. Das gleiche gilt von einem Vertreter, der seine Vertretungsbefugnis überschritten hat.

Artikel 9.

Der Aussteller haftet für die Annahme und die Zahlung des Wechsels.

Er kann die Haftung für die Annahme ausschließen; jeder Vermerk, durch den er die Haftung für die Zahlung ausschließt, gilt als nicht geschrieben.

Artikel 10.

Wenn ein Wechsel, der bei der Begebung unvollständig war, den getroffenen Vereinbarungen zuwider ausgefüllt worden ist, so kann die Nichteinhaltung dieser Vereinbarungen dem Inhaber nicht entgegengesetzt werden, es sei denn, daß er den Wechsel in bösem Glauben erworben hat oder ihm beim Erwerb eine grobe Fahrlässigkeit zur Last fällt.

Zweiter Abschnitt.

Indossament.

Artikel 11.

Jeder Wechsel kann durch Indossament übertragen werden, auch wenn er nicht ausdrücklich an Order lautet.

Hat der Aussteller in den Wechsel die Worte: „nicht an Order“ oder einen gleichbedeutenden Vermerk aufgenommen, so kann der Wechsel nur in der Form und mit den Wirkungen einer gewöhnlichen Abtretung übertragen werden.

Das Indossament kann auch auf den Bezogenen, gleichviel ob er den Wechsel angenommen hat oder nicht, auf den Aussteller oder auf jeden anderen Wechselverpflichteten lauten. Diese Personen können den Wechsel weiter indossieren.

Artikel 12.

Das Indossament muß unbedingt sein. Bedingungen, von denen es abhängig gemacht wird, gelten als nicht geschrieben.

Ein Teilindossament ist nichtig.

Ein Indossament an den Inhaber gilt als Blankoindossament.

Artikel 13.

Das Indossament muß auf den Wechsel oder auf ein mit dem Wechsel verbundenes Blatt (Anhang) gesetzt werden. Es muß von dem Indossanten unterschrieben werden.

Das Indossament braucht den Indossatar nicht zu bezeichnen und kann selbst in der bloßen Unterschrift des Indossanten bestehen (Blankoindossament). In diesem letzteren Falle muß das Indossament, um gültig zu sein, auf die Rückseite des Wechsels oder auf den Anhang gesetzt werden.

Artikel 14.

Das Indossament überträgt alle Rechte aus dem Wechsel.

Ist es ein Blankoindossament, so kann der Inhaber

1. das Indossament mit seinem Namen oder mit dem Namen eines anderen ausfüllen;
2. den Wechsel durch ein Blankoindossament oder an eine bestimmte Person weiter indossieren;
3. den Wechsel weiterbegeben, ohne das Blankoindossament auszufüllen und ohne ihn zu indossieren.

Artikel 15.

Der Indossant haftet mangels eines entgegenstehenden Vermerkes für die Annahme und die Zahlung.

Er kann untersagen, daß der Wechsel weiter indossiert wird; in diesem Falle haftet er denen nicht, an die der Wechsel weiter indossiert wird.

Artikel 16.

Wer den Wechsel in Händen hat, gilt als rechtmäßiger Inhaber, sofern er sein Recht durch eine ununterbrochene Reihe von Indossamenten nachweist, und zwar auch dann, wenn das letzte ein Blankoindossament ist. Ausgestrichene Indossamente gelten hierbei als nicht geschrieben. Folgt auf ein Blankoindossament ein weiteres Indossament, so wird angenommen, daß der Aussteller dieses Indossaments den Wechsel durch das Blankoindossament erworben hat.

Ist der Wechsel einem früheren Inhaber irgendwie abhanden gekommen, so ist der neue Inhaber, der sein Recht nach den Vorschriften des vorstehenden Absatzes nachweist, zur Herausgabe des Wechsels nur verpflichtet, wenn er ihn in bösem Glauben erworben hat oder ihm beim Erwerb eine grobe Fahrlässigkeit zur Last fällt.

Artikel 17.

Wer aus dem Wechsel in Anspruch genommen wird, kann dem Inhaber keine Einwendungen entgegensetzen, die sich auf seine unmittelbaren Beziehungen zu dem Aussteller oder zu einem früheren Inhaber gründen, es sei denn, daß der Inhaber bei dem Erwerb des Wechsels bewußt zum Nachteil des Schuldners gehandelt hat.

Artikel 18.

Enthält das Indossament den Vermerk „Wert zur Einziehung", „zum Inkasso", „in Prokura" oder einen anderen nur eine Bevollmächtigung ausdrückenden Vermerk, so kann der Inhaber alle Rechte aus dem Wechsel geltend machen, aber er kann ihn nur durch ein weiteres Vollmachtsindossament übertragen.

Die Wechselverpflichteten können in diesem Falle dem Inhaber nur solche Einwendungen entgegensetzen, die ihnen gegen den Indossanten zustehen.

Die in dem Vollmachtsindossament enthaltene Vollmacht erlischt weder mit dem Tode noch mit dem Eintritt der Handlungsunfähigkeit des Vollmachtgebers.

Artikel 19.

Enthält das Indossament den Vermerk „Wert zur Sicherheit", „Wert zum Pfande" oder einen anderen eine Verpfändung ausdrückenden Vermerk, so kann der Inhaber alle Rechte aus dem Wechsel geltend machen; ein von ihm ausgestelltes Indossament hat aber nur die Wirkung eines Vollmachtsindossaments.

Die Wechselverpflichteten können dem Inhaber keine Einwendungen entgegensetzen, die sich auf ihre unmittelbaren Beziehungen zu dem Indossanten gründen, es sei denn, daß der Inhaber bei dem Erwerbe des Wechsels bewußt zum Nachteil des Schuldners gehandelt hat.

Artikel 20.

Das Indossament nach Verfall hat dieselben Wirkungen wie ein Indossament vor Verfall. Ist jedoch der Wechsel erst nach Erhebung des Protestes mangels Zahlung oder nach Ablauf der hierfür bestimmten Frist indossiert worden, so hat das Indossament nur die Wirkungen einer gewöhnlichen Abtretung.

Bis zum Beweis des Gegenteils wird vermutet, daß ein nicht datiertes Indossament vor Ablauf der für die Erhebung des Protestes bestimmten Frist auf den Wechsel gesetzt worden ist.

Dritter Abschnitt.

Annahme.

Artikel 21.

Der Wechsel kann von dem Inhaber oder von jedem, der den Wechsel auch nur in Händen hat, bis zum Verfall dem Bezogenen an seinem Wohnort zur Annahme vorgelegt werden.

Artikel 22.

Der Aussteller kann in jedem Wechsel mit oder ohne Bestimmung einer Frist vorschreiben, daß der Wechsel zur Annahme vorgelegt werden muß.

Er kann im Wechsel die Vorlegung zur Annahme untersagen, wenn es sich nicht um einen Wechsel handelt, der bei einem Dritten oder an einem von dem Wohnort des Bezogenen verschiedenen Ort zahlbar ist oder der auf eine bestimmte Zeit nach Sicht lautet.

Er kann auch vorschreiben, daß der Wechsel nicht vor einem bestimmten Tage zur Annahme vorgelegt werden darf.

Jeder Indossant kann, wenn nicht der Aussteller die Vorlegung zur Annahme untersagt hat, mit oder ohne Bestimmung einer Frist vorschreiben, daß der Wechsel zur Annahme vorgelegt werden muß.

Artikel 23.

Wechsel, die auf eine bestimmte Zeit nach Sicht lauten, müssen binnen einem Jahre nach dem Tage der Ausstellung zur Annahme vorgelegt werden.

Der Aussteller kann eine kürzere oder eine längere Frist bestimmen.

Die Indossanten können die Vorlegungsfristen abkürzen.

Artikel 24.

Der Bezogene kann verlangen, daß ihm der Wechsel am Tage nach der ersten Vorlegung nochmals vorgelegt wird. Die Beteiligten können sich darauf, daß diesem Verlangen nicht entsprochen worden ist, nur berufen, wenn das Verlangen im Protest vermerkt ist.

Der Inhaber ist nicht verpflichtet, den zur Annahme vorgelegten Wechsel in der Hand des Bezogenen zu lassen.

Artikel 25.

Die Annahmeerklärung wird auf den Wechsel gesetzt. Sie wird durch das Wort „angenommen" oder ein gleichbedeutendes Wort ausgedrückt; sie ist vom Bezogenen zu unterschreiben. Die bloße Unterschrift des Bezogenen auf der Vorderseite des Wechsels gilt als Annahme.

Lautet der Wechsel auf eine bestimmte Zeit nach Sicht oder ist er infolge eines besonderen Vermerkes innerhalb einer bestimmten Frist zur Annahme vorzulegen, so muß die Annahmeerklärung den Tag bezeichnen, an dem sie erfolgt ist, sofern nicht der Inhaber die Angabe des Tages der Vorlegung verlangt. Ist kein Tag angegeben, so muß der Inhaber, um seine Rückgriffsrechte gegen die Indossanten und den Aussteller zu wahren, diese Unterlassung rechtzeitig durch einen Protest feststellen lassen.

Artikel 26.

Die Annahme muß unbedingt sein; der Bezogene kann sie aber auf einen Teil der Wechselsumme beschränken.

Wenn die Annahmeerklärung irgendeine andere Abweichung von den Bestimmungen des Wechsels enthält, so gilt die Annahme als verweigert. Der Annehmende haftet jedoch nach dem Inhalt seiner Annahmeerklärung.

Artikel 27.

Hat der Aussteller im Wechsel einen von dem Wohnort des Bezogenen verschiedenen Zahlungsort angegeben, ohne einen Dritten zu bezeichnen, bei dem die Zahlung geleistet werden soll, so kann der Bezogene bei der Annahmeerklärung einen Dritten bezeichnen. Mangels einer solchen Bezeichnung wird angenommen, daß sich der Annehmer verpflichtet hat, selbst am Zahlungsorte zu zahlen.

Ist der Wechsel beim Bezogenen selbst zahlbar, so kann dieser in der Annahmeerklärung eine am Zahlungsorte befindliche Stelle bezeichnen, wo die Zahlung geleistet werden soll.

Artikel 28.

Der Bezogene wird durch die Annahme verpflichtet, den Wechsel bei Verfall zu bezahlen.

Mangels Zahlung hat der Inhaber, auch wenn er der Aussteller ist, gegen den Annehmer einen unmittelbaren Anspruch aus dem Wechsel auf alles, was auf Grund der Artikel 48 und 49 gefordert werden kann.

Artikel 29.

Hat der Bezogene die auf den Wechsel gesetzte Annahmeerklärung vor der Rückgabe des Wechsels gestrichen, so gilt die Annahme als verweigert. Bis zum Beweise des Gegenteils wird vermutet, daß die Streichung vor der Rückgabe des Wechsels erfolgt ist.

Hat der Bezogene jedoch dem Inhaber oder einer Person, deren Unterschrift sich auf dem Wechsel befindet, die Annahme schriftlich mitgeteilt, so haftet er diesen nach dem Inhalt seiner Annahmeerklärung.

Vierter Abschnitt.

Wechselbürgschaft.

Artikel 30.

Die Zahlung der Wechselsumme kann ganz oder teilweise durch Wechselbürgschaft gesichert werden.

Diese Sicherheit kann von einem Dritten oder auch von einer Person geleistet werden, deren Unterschrift sich schon auf dem Wechsel befindet.

Artikel 31.

Die Bürgschaftserklärung wird auf den Wechsel oder auf einen Anhang gesetzt.

Sie wird durch die Worte „als Bürge“ oder einen gleichbedeutenden Vermerk ausgedrückt; sie ist von dem Wechselbürgen zu unterschreiben.

Die bloße Unterschrift auf der Vorderseite des Wechsels gilt als Bürgschaftserklärung, soweit es sich nicht um die Unterschrift des Bezogenen oder des Ausstellers handelt.

In der Erklärung ist anzugeben, für wen die Bürgschaft geleistet wird; mangels einer solchen Angabe gilt sie für den Aussteller.

Artikel 32.

Der Wechselbürge haftet in der gleichen Weise wie derjenige, für den er sich verbürgt hat.

Seine Verpflichtungserklärung ist auch gültig, wenn die Verbindlichkeit, für die er sich verbürgt hat, aus einem anderen Grunde als wegen eines Formfehlers nichtig ist.

Der Wechselbürge, der den Wechsel bezahlt, erwirbt die Rechte aus dem Wechsel gegen denjenigen, für den er sich verbürgt hat, und gegen alle, die diesem wechselmäßig haften.

Fünfter Abschnitt.

Verfall.

Artikel 33.

Ein Wechsel kann gezogen werden
auf Sicht;
auf eine bestimmte Zeit nach Sicht;
auf eine bestimmte Zeit nach der Ausstellung;
auf einen bestimmten Tag.

Wechsel mit anderen oder mit mehreren aufeinanderfolgenden Verfallzeiten sind nichtig.

Artikel 34.

Der Sichtwechsel ist bei der Vorlegung fällig. Er muß binnen einem Jahre nach der Ausstellung zur Zahlung vorgelegt werden. Der Aussteller kann eine kürzere oder eine längere Frist bestimmen. Die Indossanten können die Vorlegungsfristen abkürzen.

Der Aussteller kann vorschreiben, daß der Sichtwechsel nicht vor einem bestimmten Tage zur Zahlung vorgelegt werden darf. In diesem Falle beginnt die Vorlegungsfrist mit diesem Tage.

Artikel 35.

Der Verfall eines Wechsels, der auf eine bestimmte Zeit nach Sicht lautet, richtet sich nach dem in der Annahmeerklärung angegebenen Tage oder nach dem Tage des Protestes.

Ist in der Annahmeerklärung ein Tag nicht angegeben und ein Protest nicht erhoben worden, so gilt dem Annehmer gegenüber der Wechsel als am letzten Tage der für die Vorlegung zur Annahme vorgesehenen Frist angenommen.

Artikel 36.

Ein Wechsel, der auf einen oder mehrere Monate nach der Ausstellung oder nach Sicht lautet, verfällt an dem entsprechenden Tage des Zahlungsmonats. Fehlt dieser Tag, so ist der Wechsel am letzten Tage des Monats fällig.

Lautet der Wechsel auf einen oder mehrere Monate und einen halben Monat nach der Ausstellung oder nach Sicht, so werden die ganzen Monate zuerst gezählt.

Ist als Verfallzeit der Anfang, die Mitte oder das Ende eines Monats angegeben, so ist darunter der erste, der fünfzehnte oder der letzte Tag des Monats zu verstehen.

Die Ausdrücke „acht Tage" oder „fünfzehn Tage" bedeuten nicht eine oder zwei Wochen, sondern volle acht oder fünfzehn Tage.

Der Ausdruck „halber Monat" bedeutet fünfzehn Tage.

Artikel 37.

Ist ein Wechsel an einem bestimmten Tage an einem Ort zahlbar, dessen Kalender von dem des Ausstellungsorts abweicht, so ist für den Verfalltag der Kalender des Zahlungsorts maßgebend.

Ist ein zwischen zwei Orten mit verschiedenem Kalender gezogener Wechsel eine bestimmte Zeit nach der Ausstellung zahlbar, so wird der Tag der Ausstellung in den nach dem Kalender des Zahlungsorts entsprechenden Tag umgerechnet und hiernach der Verfalltag ermittelt.

Auf die Berechnung der Fristen für die Vorlegung von Wechseln findet die Vorschrift des vorstehenden Absatzes entsprechende Anwendung.

Die Vorschriften dieses Artikels finden keine Anwendung, wenn sich aus einem Vermerk im Wechsel oder sonst aus dessen Inhalt ergibt, daß etwas anderes beabsichtigt war.

Sechster Abschnitt.

Zahlung.

Artikel 38.

Der Inhaber eines Wechsels, der an einem bestimmten Tage oder bestimmte Zeit nach der Ausstellung oder nach Sicht zahlbar ist, hat den Wechsel am Zahlungstag oder an einem der beiden folgenden Werktage zur Zahlung vorzulegen.

Die Einlieferung in eine Abrechnungsstelle steht der Vorlegung zur Zahlung gleich.

Die Reichsregierung bestimmt mit Zustimmung des Reichsrats, welche Einrichtungen als Abrechnungsstellen anzusehen sind und unter welchen Voraussetzungen die Einlieferung erfolgen kann.

Artikel 39.

Der Bezogene kann vom Inhaber gegen Zahlung die Aushändigung des quittierten Wechsels verlangen.

Der Inhaber darf eine Teilzahlung nicht zurückweisen.

Im Falle der Teilzahlung kann der Bezogene verlangen, daß sie auf dem Wechsel vermerkt und ihm eine Quittung erteilt wird.

Artikel 40.

Der Inhaber des Wechsels ist nicht verpflichtet, die Zahlung vor Verfall anzunehmen.

Der Bezogene, der vor Verfall zahlt, handelt auf eigene Gefahr.

Wer bei Verfall zahlt, wird von seiner Verbindlichkeit befreit, wenn ihm nicht Arglist oder grobe Fahrlässigkeit zur Last fällt. Er ist verpflichtet, die Ordnungsmäßigkeit der Reihe der Indossamente, aber nicht die Unterschriften der Indossanten zu prüfen.

Artikel 41.

Lautet der Wechsel auf eine Währung, die am Zahlungsorte nicht gilt, so kann die Wechselsumme in der Landeswährung nach dem Werte gezahlt werden, den sie am Verfalltag besitzt. Wenn der Schuldner die Zahlung verzögert, so kann der Inhaber wählen, ob die Wechselsumme nach dem Kurse des Verfalltags oder nach dem Kurse des Zahlungstags in die Landeswährung umgerechnet werden soll.

Der Wert der fremden Währung bestimmt sich nach den Handelsgebräuchen des Zahlungsorts. Der Aussteller kann jedoch im Wechsel für die zu zahlende Summe einen Umrechnungskurs bestimmen.

Die Vorschriften der beiden ersten Absätze finden keine Anwendung, wenn der Aussteller die Zahlung in einer bestimmten Währung vorgeschrieben hat (Effektivvermerk).

Lautet der Wechsel auf eine Geldsorte, die im Lande der Ausstellung dieselbe Bezeichnung, aber einen anderen Wert hat als in dem der Zahlung, so wird vermutet, daß die Geldsorte des Zahlungsorts gemeint ist.

Artikel 42.

Wird der Wechsel nicht innerhalb der im Artikel 38 bestimmten Frist zur Zahlung vorgelegt, so kann der Schuldner die Wechselsumme bei der zuständigen Behörde auf Gefahr und Kosten des Inhabers hinterlegen.

Siebenter Abschnitt.

Rückgriff mangels Annahme und mangels Zahlung.

Artikel 43.

Der Inhaber kann gegen die Indossanten, den Aussteller und die anderen Wechselverpflichteten bei Verfall des Wechsels Rückgriff nehmen, wenn der Wechsel nicht bezahlt worden ist.

Das gleiche Recht steht dem Inhaber schon vor Verfall zu,

1. wenn die Annahme ganz oder teilweise verweigert worden ist;
2. wenn über das Vermögen des Bezogenen, gleichviel ob er den Wechsel angenommen hat oder nicht, der Konkurs oder das gerichtliche Vergleichsverfahren (Ausgleichsverfahren) eröffnet worden ist oder wenn der Bezogene auch nur seine Zahlungen

eingestellt hat oder wenn eine Zwangsvollstreckung in sein Vermögen fruchtlos verlaufen ist;

3. wenn über das Vermögen des Ausstellers eines Wechsels, dessen Vorlegung zur Annahme untersagt ist, der Konkurs oder das gerichtliche Vergleichsverfahren (Ausgleichsverfahren) eröffnet worden ist.

Artikel 44.

Die Verweigerung der Annahme oder der Zahlung muß durch eine öffentliche Urkunde (Protest mangels Annahme oder mangels Zahlung) festgestellt werden.

Der Protest mangels Annahme muß innerhalb der Frist erhoben werden, die für die Vorlegung zur Annahme gilt. Ist im Falle des Artikels 24 Abs. 1 der Wechsel am letzten Tage der Frist zum ersten Male vorgelegt worden, so kann der Protest noch am folgenden Tage erhoben werden.

Der Protest mangels Zahlung muß bei einem Wechsel, der an einem bestimmten Tage oder bestimmte Zeit nach der Ausstellung oder nach Sicht zahlbar ist, an einem der beiden auf den Zahlungstag folgenden Werktage erhoben werden. Bei einem Sichtwechsel muß der Protest mangels Zahlung in den gleichen Fristen erhoben werden, wie sie im vorhergehenden Absatz für den Protest mangels Annahme vorgesehen sind.

Ist Protest mangels Annahme erhoben worden, so bedarf es weder der Vorlegung zur Zahlung noch des Protestes mangels Zahlung.

Hat der Bezogene, gleichviel ob er den Wechsel angenommen hat oder nicht, seine Zahlungen eingestellt, oder ist eine Zwangsvollstreckung in sein Vermögen fruchtlos verlaufen, so kann der Inhaber nur Rückgriff nehmen, nachdem der Wechsel dem Bezogenen zur Zahlung vorgelegt und Protest erhoben worden ist.

Ist über das Vermögen des Bezogenen, gleichviel ob er den Wechsel angenommen hat oder nicht, oder über das Vermögen des Ausstellers eines Wechsels, dessen Vorlegung zur Annahme untersagt ist, Konkurs oder das gerichtliche Vergleichsverfahren (Ausgleichsverfahren) eröffnet worden, so genügt es zur Ausübung des Rückgriffsrechts, daß der gerichtliche Beschluß über die Eröffnung des Konkurses oder des gerichtlichen Vergleichsverfahrens (Ausgleichsverfahrens) vorgelegt wird. Die Vorlegung der Bekanntmachung des gerichtlichen Beschlusses im Deutschen Reichsanzeiger oder in dem zur Veröffentlichung amtlicher Bekanntmachungen des Gerichts bestimmten Blatte ist der Vorlegung des gerichtlichen Beschlusses gleichzuachten.

Artikel 45.

Der Inhaber muß seinen unmittelbaren Vormann und den Aussteller von dem Unterbleiben der Annahme oder der Zahlung innerhalb der vier Werktage benachrichtigen, die auf den Tag der Protesterhebung oder, im Falle des Vermerkes „ohne Kosten", auf den Tag der Vorlegung folgen. Jeder Indossant muß innerhalb zweier Werktage nach Empfang der Nachricht seinem unmittelbaren Vormann von der Nachricht, die er erhalten hat, Kenntnis geben und ihm die Namen und Adressen derjenigen mitteilen, die vorher Nachricht gegeben haben, und so weiter in der Reihenfolge, bis zum Aussteller. Die Fristen laufen vom Empfang der vorhergehenden Nachricht.

Wird nach Maßgabe des vorhergehenden Absatzes einer Person, deren Unterschrift sich auf dem Wechsel befindet, Nachricht gegeben, so muß die gleiche Nachricht in derselben Frist ihrem Wechselbürgen gegeben werden.

Hat ein Indossant seine Adresse nicht oder in unleserlicher Form angegeben, so genügt es, daß sein unmittelbarer Vormann benachrichtigt wird.

Die Nachricht kann in jeder Form gegeben werden, auch durch die bloße Rücksendung des Wechsels.

Der zur Benachrichtigung Verpflichtete hat zu beweisen, daß er in der vorgeschriebenen Frist benachrichtigt hat. Die Frist gilt als eingehalten, wenn ein Schreiben, das die Benachrichtigung enthält, innerhalb der Frist zur Post gegeben worden ist.

Wer die rechtzeitige Benachrichtigung versäumt, verliert nicht den Rückgriff; er haftet für den etwa durch seine Nachlässigkeit entstandenen Schaden, jedoch nur bis zur Höhe der Wechselsumme.

Artikel 46.

Der Aussteller sowie jeder Indossant oder Wechselbürge kann durch den Vermerk „ohne Kosten“, „ohne Protest“ oder einen gleichbedeutenden auf den Wechsel gesetzten und unterzeichneten Vermerk den Inhaber von der Verpflichtung befreien, zum Zwecke der Ausübung des Rückgriffs Protest mangels Annahme oder mangels Zahlung erheben zu lassen.

Der Vermerk befreit den Inhaber nicht von der Verpflichtung, den Wechsel rechtzeitig vorzulegen und die erforderlichen Nachrichten zu geben. Der Beweis, daß die Frist nicht eingehalten worden ist, liegt demjenigen ob, der sich dem Inhaber gegenüber darauf beruft.

Ist der Vermerk vom Aussteller beigefügt, so wirkt er gegenüber allen Wechselverpflichteten; ist er von einem Indossanten oder einem Wechselbürgen beigefügt, so wirkt er nur diesen gegenüber. Läßt der Inhaber ungeachtet des vom Aussteller beigefügten Vermerkes Protest erheben, so fallen ihm die Kosten zur Last. Ist der Vermerk von einem Indossanten oder einem Wechselbürgen beigefügt, so sind alle Wechselverpflichteten zum Ersatze der Kosten eines dennoch erhobenen Protestes verpflichtet.

Artikel 47.

Alle, die einen Wechsel ausgestellt, angenommen, indossiert oder mit einer Bürgschaftserklärung versehen haben, haften dem Inhaber als Gesamtschuldner.

Der Inhaber kann jeden einzeln oder mehrere oder alle zusammen in Anspruch nehmen, ohne an die Reihenfolge gebunden zu sein, in der sie sich verpflichtet haben.

Das gleiche Recht steht jedem Wechselverpflichteten zu, der den Wechsel eingelöst hat.

Durch die Geltendmachung des Anspruchs gegen einen Wechselverpflichteten verliert der Inhaber nicht seine Rechte gegen die anderen Wechselverpflichteten, auch nicht gegen die Nachmänner desjenigen, der zuerst in Anspruch genommen worden ist.

Artikel 48.

Der Inhaber kann im Wege des Rückgriffs verlangen:

1. die Wechselsumme, soweit der Wechsel nicht angenommen oder nicht eingelöst worden ist, mit den etwa bedungenen Zinsen;
2. Zinsen zu sechs vom Hundert seit dem Verfalltage;
3. die Kosten des Protestes und der Nachrichten sowie die andern Auslagen;
4. eine Vergütung, die mangels besonderer Vereinbarung ein Drittel vom Hundert der Hauptsumme des Wechsels beträgt und diesen Satz keinesfalls überschreiten darf.

Wird der Rückgriff vor Verfall genommen, so werden von der Wechselsumme Zinsen abgezogen. Diese Zinsen werden auf Grund des öffentlich bekanntgemachten Diskontsatzes (Satz der Zentralnotenbank) berechnet, der am Tage des Rückgriffs am Wohnort des Inhabers gilt.

Artikel 49.

Wer den Wechsel eingelöst hat, kann von seinen Vormännern verlangen:

1. den vollen Betrag, den er gezahlt hat;
2. die Zinsen dieses Betrags zu sechs vom Hundert seit dem Tage der Einlösung;
3. seine Auslagen;
4. eine Vergütung, die nach den Vorschriften des Artikels 48 Abs. 1 Nr. 4 berechnet wird.

Artikel 50.

Jeder Wechselverpflichtete, gegen den Rückgriff genommen wird oder genommen werden kann, ist berechtigt, zu verlangen, daß ihm gegen Entrichtung der Rückgriffssumme der Wechsel mit dem Protest und eine quittierte Rechnung ausgehändigt werden.

Jeder Indossant, der den Wechsel eingelöst hat, kann sein Indossament und die Indossamente seiner Nachmänner ausstreichen.

Artikel 51.

Bei dem Rückgriff nach einer Teilannahme kann derjenige, der den nicht angenommenen Teil der Wechselsumme entrichtet, verlangen, daß dies auf dem Wechsel vermerkt und ihm darüber Quittung erteilt wird. Der Inhaber muß ihm ferner eine beglaubigte Abschrift des Wechsels und den Protest aushändigen, um den weiteren Rückgriff zu ermöglichen.

Artikel 52.

Wer zum Rückgriff berechtigt ist, kann mangels eines entgegenstehenden Vermerkes den Rückgriff dadurch nehmen, daß er auf einen seiner Vormänner einen neuen Wechsel (Rückwechsel) zieht, der auf Sicht lautet und am Wohnort dieses Vormannes zahlbar ist.

Der Rückwechsel umfaßt, außer den in den Artikeln 48 und 49 angegebenen Beträgen, die Mäklergebühr und die Stempelsteuer für den Rückwechsel.

Wird der Rückwechsel vom Inhaber gezogen, so richtet sich die Höhe der Wechselsumme nach dem Kurse, den ein vom Zahlungsorte des ursprünglichen Wechsels auf den Wohnort des Vormannes gezogener Sichtwechsel hat. Wird der Rückwechsel von einem Indossanten gezogen, so richtet sich die Höhe der Wechselsumme nach dem Kurse, den ein vom Wohnort des Ausstellers des Rückwechsels auf den Wohnort des Vormannes gezogener Sichtwechsel hat.

Artikel 53.

Mit der Versäumung der Fristen

für die Vorlegung eines Wechsels, der auf Sicht oder auf eine bestimmte Zeit nach Sicht lautet,

für die Erhebung des Protestes mangels Annahme oder mangels Zahlung,

für die Vorlegung zur Zahlung im Falle des Vermerkes „ohne Kosten"

verliert der Inhaber seine Rechte gegen die Indossanten, den Aussteller und alle anderen Wechselverpflichteten, mit Ausnahme des Annehmers.

Versäumt der Inhaber die vom Aussteller für die Vorlegung zur Annahme vorgeschriebene Frist, so verliert er das Recht, mangels Annahme und mangels Zahlung Rückgriff zu nehmen, sofern nicht der Wortlaut des Vermerkes ergibt, daß der Aussteller nur die Haftung für die Annahme hat ausschließen wollen.

Ist die Frist für die Vorlegung in einem Indossament enthalten, so kann sich nur der Indossant darauf berufen.

Artikel 54.

Steht der rechtzeitigen Vorlegung des Wechsels oder der rechtzeitigen Erhebung des Protestes ein unüberwindliches Hindernis entgegen (gesetzliche Vorschrift eines Staates oder ein anderer Fall höherer Gewalt), so werden die für diese Handlungen bestimmten Fristen verlängert.

Der Inhaber ist verpflichtet, seinen unmittelbaren Vormann von dem Falle der höheren Gewalt unverzüglich zu benachrichtigen und die Benachrichtigung unter Beifügung des Tages und Ortes sowie seiner Unterschrift auf dem Wechsel oder einem Anhang zu vermerken; im übrigen finden die Vorschriften des Artikels 45 Anwendung.

Fällt die höhere Gewalt weg, so muß der Inhaber den Wechsel unverzüglich zur Annahme oder zur Zahlung vorlegen und gegebenenfalls Protest erheben lassen.

Dauert die höhere Gewalt länger als dreißig Tage nach Verfall, so kann Rückgriff genommen werden, ohne daß es der Vorlegung oder der Protesterhebung bedarf.

Bei Wechseln, die auf Sicht oder auf eine bestimmte Zeit nach Sicht lauten, läuft die dreißigtägige Frist von dem Tage, an dem der Inhaber seinen Vormann von dem Falle der höheren Gewalt benachrichtigt hat; diese Nachricht kann schon vor Ablauf der Vorlegungsfrist gegeben werden. Bei Wechseln, die auf bestimmte Zeit nach Sicht lauten, verlängert sich die dreißigtägige Frist um die im Wechsel angegebene Nachsichtfrist.

Tatsachen, die rein persönlich den Inhaber oder denjenigen betreffen, den er mit der Vorlegung des Wechsels oder mit der Protesterhebung beauftragt hat, gelten nicht als Fälle höherer Gewalt.

Achter Abschnitt.

Ehreneintritt.

1. Allgemeine Vorschriften.

Artikel 55.

Der Aussteller sowie jeder Indossant oder Wechselbürge kann eine Person angeben, die im Notfall annehmen oder zahlen soll.

Der Wechsel kann unter den nachstehend bezeichneten Voraussetzungen zu Ehren eines jeden Wechselverpflichteten, gegen den Rückgriff genommen werden kann, angenommen oder bezahlt werden.

Jeder Dritte, auch der Bezogene, sowie jeder aus dem Wechsel bereits Verpflichtete, mit Ausnahme des Annehmers, kann einen Wechsel zu Ehren annehmen oder bezahlen.

Wer zu Ehren annimmt oder zahlt, ist verpflichtet, den Wechselverpflichteten, für den er eintritt, innerhalb zweier Werktage hiervon zu benachrichtigen. Hält er die Frist nicht ein, so haftet er für den etwa durch seine Nachlässigkeit entstandenen Schaden, jedoch nur bis zur Höhe der Wechselsumme.

2. Ehrenannahme.

Artikel 56.

Die Ehrenannahme ist in allen Fällen zulässig, in denen der Inhaber vor Verfall Rückgriff nehmen kann, es sei denn, daß es sich um einen Wechsel handelt, dessen Vorlegung zur Annahme untersagt ist.

Ist auf dem Wechsel eine Person angegeben, die im Notfall am Zahlungsort annehmen oder zahlen soll, so kann der Inhaber vor Verfall gegen denjenigen, der die Notadresse beigefügt hat, und gegen seine Nachmänner nur Rückgriff nehmen, wenn er den Wechsel der in der Notadresse bezeichneten Person vorgelegt hat und im Falle der Verweigerung der Ehrenannahme die Verweigerung durch einen Protest hat feststellen lassen.

In den anderen Fällen des Ehreneintritts kann der Inhaber die Ehrenannahme zurückweisen. Läßt er sie aber zu, so verliert er den Rückgriff vor Verfall gegen denjenigen, zu dessen Ehren die Annahme erklärt worden ist, und gegen dessen Nachmänner.

Artikel 57.

Die Ehrenannahme wird auf dem Wechsel vermerkt; sie ist von demjenigen, der zu Ehren annimmt, zu unterschreiben. In der Annahmeerklärung ist anzugeben, für wen die Ehrenannahme stattfindet; mangels einer solchen Angabe gilt sie für den Aussteller.

Artikel 58.

Wer zu Ehren annimmt, haftet dem Inhaber und den Nachmännern desjenigen, für den er eingetreten ist, in der gleichen Weise wie dieser selbst.

Trotz der Ehrenannahme können der Wechselverpflichtete, zu dessen Ehren der Wechsel angenommen worden ist, und seine Vormänner vom Inhaber gegen Erstattung des im Artikel 48 angegebenen Betrags die Aushändigung des Wechsels und gegebenenfalls des erhobenen Protestes sowie einer quittierten Rechnung verlangen.

3. Ehrenzahlung.

Artikel 59.

Die Ehrenzahlung ist in allen Fällen zulässig, in denen der Inhaber bei Verfall oder vor Verfall Rückgriff nehmen kann.

Die Ehrenzahlung muß den vollen Betrag umfassen, den der Wechselverpflichtete, für den sie stattfindet, zahlen müßte.

Sie muß spätestens am Tage nach Ablauf der Frist für die Erhebung des Protestes mangels Zahlung stattfinden.

Artikel 60.

Ist der Wechsel von Personen zu Ehren angenommen, die ihren Wohnsitz am Zahlungsorte haben, oder sind am Zahlungsorte wohnende Personen angegeben, die im Notfall zahlen sollen, so muß der Inhaber spätestens am Tage nach Ablauf der Frist für die Erhebung des Protestes mangels Zahlung den Wechsel allen diesen Personen vorlegen und gegebenenfalls Protest wegen unterbliebener Ehrenzahlung erheben lassen.

Wird der Protest nicht rechtzeitig erhoben, so werden derjenige, der die Notadresse angegeben hat oder zu dessen Ehren der Wechsel angenommen worden ist, und die Nachmänner frei.

Artikel 61.

Weist der Inhaber die Ehrenzahlung zurück, so verliert er den Rückgriff gegen diejenigen, die frei geworden wären.

Artikel 62.

Über die Ehrenzahlung ist auf dem Wechsel eine Quittung auszustellen, die denjenigen bezeichnet, für den gezahlt wird. Fehlt die Bezeichnung, so gilt die Zahlung für den Aussteller.

Der Wechsel und der etwa erhobene Protest sind dem Ehrenzahler auszuhändigen.

Artikel 63.

Der Ehrenzahler erwirbt die Rechte aus dem Wechsel gegen den Wechselverpflichteten, für den er gezahlt hat, und gegen die Personen, die diesem aus dem Wechsel haften. Er kann jedoch den Wechsel nicht weiter indossieren.

Die Nachmänner des Wechselverpflichteten, für den gezahlt worden ist, werden frei.

Sind mehrere Ehrenzahlungen angeboten, so gebührt derjenigen der Vorzug, durch welche die meisten Wechselverpflichteten frei werden. Wer entgegen dieser Vorschrift in Kenntnis der Sachlage zu Ehren zahlt, verliert den Rückgriff gegen diejenigen, die sonst frei geworden wären.

Neunter Abschnitt.

Ausfertigung mehrerer Stücke eines Wechsels; Wechselabschriften.

1. Ausfertigungen.

Artikel 64.

Der Wechsel kann in mehreren gleichen Ausfertigungen ausgestellt werden.

Diese Ausfertigungen müssen im Texte der Urkunde mit fortlaufenden Nummern versehen sein; andernfalls gilt jede Ausfertigung als besonderer Wechsel.

Jeder Inhaber eines Wechsels kann auf seine Kosten die Übergabe mehrerer Ausfertigungen verlangen, sofern nicht aus dem Wechsel zu ersehen ist, daß er in einer einzigen Ausfertigung ausgestellt worden ist. Zu diesem Zwecke hat sich der Inhaber an seinen unmittelbaren Vormann zu wenden, der wieder an seinen Vormann zurückgehen muß, und so weiter in der Reihenfolge bis zum Aussteller. Die Indossanten sind verpflichtet, ihre Indossamente auf den neuen Ausfertigungen zu wiederholen.

Artikel 65.

Wird eine Ausfertigung bezahlt, so erlöschen die Rechte aus allen Ausfertigungen, auch wenn diese nicht den Vermerk tragen, daß durch die Zahlung auf eine Ausfertigung die anderen ihre Gültigkeit verlieren. Jedoch bleibt der Bezogene aus jeder angenommenen Ausfertigung, die ihm nicht zurückgegeben worden ist, verpflichtet.

Hat ein Indossant die Ausfertigungen an verschiedene Personen übertragen, so haften er und seine Nachmänner aus allen Ausfertigungen, die ihre Unterschrift tragen und nicht herausgegeben worden sind.

Artikel 66.

Wer eine Ausfertigung zur Annahme versendet, hat auf den anderen Ausfertigungen den Namen dessen anzugeben, bei dem sich die versendete Ausfertigung befindet. Dieser ist verpflichtet, sie dem rechtmäßigen Inhaber einer anderen Ausfertigung auszuhändigen.

Wird die Aushändigung verweigert, so kann der Inhaber nur Rückgriff nehmen, nachdem er durch einen Protest hat feststellen lassen:

1. daß ihm die zur Annahme versendete Ausfertigung auf sein Verlangen nicht ausgehändigt worden ist;
2. daß die Annahme oder die Zahlung auch nicht auf eine andere Ausfertigung zu erlangen war.

2. Abschriften.

Artikel 67.

Jeder Inhaber eines Wechsels ist befugt, Abschriften davon herzustellen.

Die Abschrift muß die Urschrift mit den Indossamenten und allen anderen darauf befindlichen Vermerken genau wiedergeben. Es muß angegeben sein, wie weit die Abschrift reicht.

Die Abschrift kann auf dieselbe Weise und mit denselben Wirkungen indossiert und mit einer Bürgschaftserklärung versehen werden wie die Urschrift.

Artikel 68.

In der Abschrift ist der Verwahrer der Urschrift zu bezeichnen. Dieser ist verpflichtet, die Urschrift dem rechtmäßigen Inhaber der Abschrift auszuhändigen.

Wird die Aushändigung verweigert, so kann der Inhaber gegen die Indossanten der Abschrift und gegen diejenigen, die eine Bürgschaftserklärung auf die Abschrift gesetzt haben, nur Rückgriff nehmen, nachdem er durch einen Protest hat feststellen lassen, daß ihm die Urschrift auf sein Verlangen nicht ausgehändigt worden ist.

Enthält die Urschrift nach dem letzten, vor Anfertigung der Abschrift daraufgesetzten Indossament den Vermerk „von hier ab gelten Indossamente nur noch auf der Abschrift" oder einen gleichbedeutenden Vermerk, so ist ein später auf die Urschrift gesetztes Indossament nichtig.

Zehnter Abschnitt.

Änderungen.

Artikel 69.

Wird der Text eines Wechsels geändert, so haften diejenigen, die nach der Änderung ihre Unterschrift auf den Wechsel gesetzt haben, entsprechend dem geänderten Texte; wer früher unterschrieben hat, haftet nach dem ursprünglichen Texte.

Elfter Abschnitt.

Verjährung.

Artikel 70.

Die wechselmäßigen Ansprüche gegen den Annehmer verjähren in drei Jahren vom Verfalltage.

Die Ansprüche des Inhabers gegen die Indossanten und gegen den Aussteller verjähren in einem Jahre vom Tage des rechtzeitig erhobenen Protestes oder im Falle des Vermerkes „ohne Kosten" vom Verfalltage.

Die Ansprüche eines Indossanten gegen andere Indossanten und gegen den Aussteller verjähren in sechs Monaten von dem Tage, an dem der Wechsel vom Indossanten eingelöst oder ihm gegenüber gerichtlich geltend gemacht worden ist.

Artikel 71.

Die Unterbrechung der Verjährung wirkt nur gegen den Wechselverpflichteten, in Ansehung dessen die Tatsache eingetreten ist, welche die Unterbrechung bewirkt.

Zwölfter Abschnitt.

Allgemeine Vorschriften.

Artikel 72.

Verfällt der Wechsel an einem gesetzlichen Feiertage, so kann die Zahlung erst am nächsten Werktage verlangt werden. Auch alle anderen auf den Wechsel bezüglichen Handlungen, insbesondere die Vorlegung zur Annahme und die Protesterhebung, können nur an einem Werktage stattfinden.

Fällt der letzte Tag einer Frist, innerhalb deren eine dieser Handlungen vorgenommen werden muß, auf einen gesetzlichen Feiertag, so wird die Frist bis zum nächsten Werktage verlängert. Feiertage, die in den Lauf einer Frist fallen, werden bei der Berechnung der Frist mitgezählt.

Artikel 73.

Bei der Berechnung der gesetzlichen oder im Wechsel bestimmten Fristen wird der Tag, von dem sie zu laufen beginnen, nicht mitgezählt.

Artikel 74.

Weder gesetzliche noch richterliche Respekttage werden anerkannt.

Zweiter Teil.

Eigener Wechsel.

Artikel 75.

Der eigene Wechsel enthält:

1. die Bezeichnung als Wechsel im Texte der Urkunde, und zwar in der Sprache, in der sie ausgestellt ist;
2. das unbedingte Versprechen, eine bestimmte Geldsumme zu zahlen;
3. die Angabe der Verfallzeit;
4. die Angabe des Zahlungsorts;
5. den Namen dessen, an den oder an dessen Order gezahlt werden soll;
6. die Angabe des Tages und des Ortes der Ausstellung;
7. die Unterschrift des Ausstellers.

Artikel 76.

Eine Urkunde, der einer der im vorstehenden Artikel bezeichneten Bestandteile fehlt, gilt nicht als eigener Wechsel, vorbehaltlich der in den folgenden Absätzen bezeichneten Fälle.

Ein eigener Wechsel ohne Angabe der Verfallzeit gilt als Sichtwechsel.

Mangels einer besonderen Angabe gilt der Ausstellungsort als Zahlungsort und zugleich als Wohnort des Ausstellers.

Ein eigener Wechsel ohne Angabe des Ausstellungsorts gilt als ausgestellt an dem Orte, der bei dem Namen des Ausstellers angegeben ist.

Artikel 77.

Für den eigenen Wechsel gelten, soweit sie nicht mit seinem Wesen in Widerspruch stehen, die für den gezogenen Wechsel gegebenen Vorschriften über

das Indossament (Artikel 11 bis 20),
den Verfall (Artikel 33 bis 37),
die Zahlung (Artikel 38 bis 42),
den Rückgriff mangels Zahlung (Artikel 43 bis 50, 52 bis 54),
die Ehrenzahlung (Artikel 55, 59 bis 63),
die Abschriften (Artikel 67 und 68),
die Änderungen (Artikel 69),
die Verjährung (Artikel 70 und 71),
die Feiertage, die Fristenberechnung und das Verbot der Respekttage (Artikel 72 bis 74).

Ferner gelten für den eigenen Wechsel die Vorschriften über gezogene Wechsel, die bei einem Dritten oder an einem von dem Wohnort des Bezogenen verschiedenen Ort zahlbar sind (Artikel 4 und 27), über den Zinsvermerk (Artikel 5), über die Abweichungen bei der Angabe der Wechselsumme (Artikel 6), über die Folgen einer ungültigen Unterschrift (Artikel 7) oder die Unterschrift einer Person, die ohne Vertretungsbefugnis handelt oder ihre Vertretungsbefugnis überschreitet (Artikel 8), und über den Blankowechsel (Artikel 10).

Ebenso finden auf den eigenen Wechsel die Vorschriften über die Wechselbürgschaft Anwendung (Artikel 30 bis 32); im Falle des Artikels 31 Abs. 4 gilt die Wechselbürgschaft, wenn die Erklärung nicht angibt, für wen sie geleistet wird, für den Aussteller des eigenen Wechsels.

Artikel 78.

Der Aussteller eines eigenen Wechsels haftet in der gleichen Weise wie der Annehmer eines gezogenen Wechsels.

Eigene Wechsel, die auf eine bestimmte Zeit nach Sicht lauten, müssen dem Aussteller innerhalb der im Artikel 23 bezeichneten Fristen zur Sicht vorgelegt werden. Die Sicht ist von dem Aussteller auf dem Wechsel unter Angabe des Tages und Beifügung der Unterschrift zu bestätigen. Die Nachsichtfrist läuft vom Tage des Sichtvermerkes. Weigert sich der Aussteller, die Sicht unter Angabe des Tages zu bestätigen, so ist dies durch einen Protest festzustellen (Artikel 25); die Nachsichtfrist läuft dann vom Tage des Protestes.

Dritter Teil.

Ergänzende Vorschriften.

Erster Abschnitt.

Protest.

Artikel 79.

Jeder Protest muß durch einen Notar, einen Gerichtsbeamten oder einen Postbeamten aufgenommen werden.

Den Postbeamten stehen solche Personen gleich, denen von der Postverwaltung die Aufnahme von Protesten übertragen ist.

Artikel 80.

In dem Protest ist aufzunehmen:

1. der Name dessen, für den protestiert wird, sowie der Name dessen, gegen den protestiert wird;
2. die Angabe, daß derjenige, gegen den protestiert wird, ohne Erfolg zur Vornahme der wechselrechtlichen Leistung aufgefordert worden oder nicht anzutreffen gewesen ist oder daß seine Geschäftsräume oder seine Wohnung sich nicht haben ermitteln lassen;
3. die Angabe des Ortes und des Tages, an dem die Aufforderung geschehen oder ohne Erfolg versucht worden ist.

Verlangt der Bezogene, dem ein Wechsel zur Annahme vorgelegt wird, die nochmalige Vorlegung am nächsten Tage, so ist dies im Proteste zu vermerken.

Der Protest ist von dem Protestbeamten zu unterschreiben und mit dem Amtssiegel oder dem Amtsstempel zu versehen.

Artikel 81.

Der Protest ist auf den Wechsel oder auf ein mit dem Wechsel zu verbindendes Blatt zu setzen.

Er soll unmittelbar hinter den letzten auf der Rückseite des Wechsels befindlichen Vermerk, in Ermangelung eines solchen unmittelbar an einen Rand der Rückseite gesetzt werden.

Wird der Protest auf ein Blatt gesetzt, das mit dem Wechsel verbunden wird, so soll die Verbindungsstelle mit dem Amtssiegel oder dem Amtsstempel versehen werden. Ist dies geschehen, so braucht der Unterschrift des Protestbeamten ein Siegel oder Stempel nicht beigefügt zu werden.

Wird der Protest unter Vorlegung mehrerer Ausfertigungen desselben Wechsels oder unter Vorlegung der Urschrift und einer Abschrift erhoben, so genügt die Beurkundung auf einer der Ausfertigungen oder auf der Urschrift. Auf den anderen Ausfertigungen oder auf der Abschrift ist zu vermerken, auf welche Ausfertigung der Protest gesetzt worden ist oder daß er sich auf der Urschrift befindet. Auf den Vermerk finden die Vorschriften des Abs. 2 und des Abs. 3 Satz 1 entsprechende Anwendung. Der Protestbeamte hat den Vermerk zu unterschreiben.

Artikel 82.

Der Protest, den der Inhaber einer Abschrift nach Artikel 68 Abs. 2 gegen den Verwahrer der Urschrift erheben läßt, ist auf die Abschrift oder auf ein damit zu verbindendes Blatt zu setzen.

Wird Protest erhoben, weil die Annahme auf einen Teil der Wechselsumme beschränkt worden ist, so ist eine Abschrift des Wechsels anzufertigen und der Protest auf diese Abschrift oder auf ein damit zu verbindendes Blatt zu setzen. Die Abschrift hat auch die auf dem Wechsel befindlichen Indossamente und anderen Vermerke zu enthalten.

Die Vorschriften des Artikels 81 Abs. 2 und Abs. 3 finden entsprechende Anwendung.

Artikel 83.

Muß eine wechselrechtliche Leistung von mehreren Personen oder von derselben Person mehrfach verlangt werden, so ist über die mehrfache Aufforderung nur eine Protesturkunde erforderlich.

Artikel 84.

Der Wechsel kann an den Protestbeamten bezahlt werden. Die Befugnis des Protestbeamten zur Annahme der Zahlung kann nicht ausgeschlossen werden.

Artikel 85.

Schreibfehler, Auslassungen und sonstige Mängel der Protesturkunde können bis zur Aushändigung der Urkunde an denjenigen, für den der Protest erhoben worden ist, von dem Protestbeamten berichtigt werden. Die Berichtigung ist als solche unter Beifügung der Unterschrift kenntlich zu machen.

Von dem Protest ist eine beglaubigte Abschrift zurückzubehalten. Über den Inhalt des Wechsels oder der Wechselabschrift ist ein Vermerk aufzunehmen. Der Vermerk hat zu enthalten:

1. den Betrag des Wechsels;
2. die Verfallzeit;
3. den Ort und den Tag der Ausstellung;
4. den Namen des Ausstellers, den Namen dessen, an den oder an dessen Order gezahlt werden soll, und den Namen des Bezogenen;
5. falls eine vom Bezogenen oder bei eigenen Wechseln vom Aussteller verschiedene Person angegeben ist, durch welche die Zahlung bewirkt werden soll, den Namen dieser Person sowie die Namen der etwaigen Notadressen und derjenigen, die den Wechsel zu Ehren angenommen haben.

Die Abschriften und Vermerke sind geordnet aufzubewahren.

Artikel 86.

Proteste sollen in der Zeit von neun Uhr vormittags bis sechs Uhr abends erhoben werden, außerhalb dieser Zeit nur dann, wenn derjenige, gegen den protestiert wird, ausdrücklich einwilligt.

Artikel 87.

Die Vorlegung zur Annahme oder Zahlung, die Protesterhebung, die Abforderung einer Ausfertigung sowie alle sonstigen bei einer bestimmten Person vorzunehmenden Handlungen müssen in deren Geschäftsräumen oder, wenn sich solche nicht ermitteln lassen, in deren Wohnung vorgenommen werden. An einer anderen Stelle, insbesondere an der Börse, kann dies nur mit beiderseitigem Einverständnis geschehen.

Ist in dem Protest vermerkt, daß sich die Geschäftsräume oder die Wohnung nicht haben ermitteln lassen, so ist der Protest nicht deshalb unwirksam, weil die Ermittelung möglich war.

Die Verantwortlichkeit des Protestbeamten, der es unterläßt, geeignete Ermittlungen anzustellen, wird durch die Vorschrift des zweiten Absatzes nicht berührt. Ist eine Nachfrage bei der Polizeibehörde des Ortes ohne Erfolg geblieben, so ist der Protestbeamte zu weiteren Nachforschungen nicht verpflichtet.

Artikel 88.

Eine in den Geschäftsräumen oder in der Wohnung eines Beteiligten vorgenommene Handlung ist auch dann wirksam, wenn an Stelle des Ortes, in welchem die Geschäftsräume oder die Wohnung liegen, ein benachbarter Ort in dem Wechsel angegeben ist. Mit beiderseitigem Einverständnis können auch in anderen Fällen die bei einem Beteiligten vorzunehmenden Handlungen an einem Orte erfolgen, der dem im Wechsel angegebenen Orte benachbart ist.

Welche Orte im Sinne dieser Vorschriften als benachbarte anzusehen sind, bestimmt die Reichsregierung mit Zustimmung des Reichsrats; die Bestimmung ist im Reichsgesetzblatt bekanntzumachen.

Zweiter Abschnitt.

Bereicherung.

Artikel 89.

Ist die wechselmäßige Verbindlichkeit des Ausstellers oder des Annehmers durch Verjährung oder dadurch erloschen, daß eine zur Erhaltung des Wechselrechts notwendige Handlung versäumt worden ist, so bleiben sie dem Inhaber des Wechsels so weit verpflichtet, als sie sich mit dessen Schaden bereichern würden. Der Anspruch auf Herausgabe der Bereicherung verjährt in drei Jahren nach dem Erlöschen der wechselmäßigen Verbindlichkeit.

Gegen die Indossanten, deren wechselmäßige Verbindlichkeit erloschen ist, findet ein solcher Anspruch nicht statt.

Dritter Abschnitt.

Abhanden gekommene Wechsel und Protesturkunden.

Artikel 90.

Ein abhanden gekommener oder vernichteter Wechsel kann im Wege des Aufgebotsverfahrens für kraftlos erklärt werden. Nach Einleitung des Verfahrens kann der Berechtigte von dem Annehmer des gezogenen oder dem Aussteller des eigenen Wechsels bei der Fälligkeit Zahlung fordern, wenn er bis zur Kraftloserklärung Sicherheit leistet.

Eine abhanden gekommene oder vernichtete Protesturkunde kann durch ein Zeugnis über die Protesterhebung ersetzt werden, das von der die beglaubigte Abschrift der Urkunde verwahrenden Stelle zu erteilen ist. In dem Zeugnis muß der Inhalt des Protestes und des gemäß Artikel 85 Abs. 2 aufgenommenen Vermerkes angegeben sein.

Vierter Teil.

Geltungsbereich der Gesetze.

Artikel 91.

Die Fähigkeit einer Person, eine Wechselverbindlichkeit einzugehen, bestimmt sich nach dem Rechte des Landes, dem sie angehört. Erklärt dieses Recht das Recht eines anderen Landes für maßgebend, so ist das letztere Recht anzuwenden.

Wer nach dem im vorstehenden Absatz bezeichneten Rechte nicht wechselfähig ist, wird gleichwohl gültig verpflichtet, wenn die Unterschrift in dem Gebiet eines Landes abgegeben worden ist, nach dessen Recht er wechselfähig wäre. Diese Vorschrift findet keine Anwendung, wenn die Verbindlichkeit von einem Inländer im Ausland übernommen worden ist.

Artikel 92.

Die Form einer Wechselerklärung bestimmt sich nach dem Rechte des Landes, in dessen Gebiete die Erklärung unterschrieben worden ist.

Wenn jedoch eine Wechselerklärung, die nach den Vorschriften des vorstehenden Absatzes ungültig ist, dem Rechte des Landes entspricht, in dessen Gebiet eine spätere Wechselerklärung unterschrieben worden ist, so wird durch Mängel in der Form der ersten Wechselerklärung die Gültigkeit der späteren Wechselerklärung nicht berührt.

Eine Wechselerklärung, die ein Inländer im Ausland abgegeben hat, ist im Inland gegenüber anderen Inländern gültig, wenn die Erklärung den Formerfordernissen des inländischen Rechtes genügt.

Artikel 93.

Die Wirkungen der Verpflichtungserklärungen des Annehmers eines gezogenen Wechsels und des Ausstellers eines eigenen Wechsels bestimmen sich nach dem Rechte des Zahlungsorts.

Die Wirkungen der übrigen Wechselerklärungen bestimmen sich nach dem Rechte des Landes, in dessen Gebiete die Erklärungen unterschrieben worden sind.

Artikel 94.

Die Fristen für die Ausübung der Rückgriffsrechte werden für alle Wechselverpflichteten durch das Recht des Ortes bestimmt, an dem der Wechsel ausgestellt worden ist.

Artikel 95.

Das Recht des Ausstellungsorts bestimmt, ob der Inhaber eines gezogenen Wechsels die seiner Ausstellung zugrundeliegende Forderung erwirbt.

Artikel 96.

Das Recht des Zahlungsorts bestimmt, ob die Annahme eines gezogenen Wechsels auf einen Teil der Summe beschränkt werden kann und ob der Inhaber verpflichtet oder nicht verpflichtet ist, eine Teilzahlung anzunehmen.

Dasselbe gilt für die Zahlung bei einem eigenen Wechsel.

Artikel 97.

Die Form des Protestes und die Fristen für die Protesterhebung sowie die Form der übrigen Handlungen, die zur Ausübung oder Erhaltung der Wechselrechte erforderlich sind, bestimmen sich nach dem Rechte des Landes, in dessen Gebiete der Protest zu erheben oder die Handlung vorzunehmen ist.

Artikel 98.

Das Recht des Zahlungsorts bestimmt die Maßnahmen, die bei Verlust oder Diebstahl eines Wechsels zu ergreifen sind.

C. Entwurf eines Einführungsgesetzes zum Wechselgesetz (Reichstagsdrucksachen V 1930 Nr. 1441).

Der Reichstag hat das folgende Gesetz beschlossen, das mit Zustimmung des Reichsrats hiermit verkündet wird.

Artikel 1.

(1) Die Reichsregierung bestimmt den Zeitpunkt, mit dem das Wechselgesetz in Kraft tritt.

(2) Die Reichsregierung kann für das Inkrafttreten des Ersten bis Dritten Teiles des Wechselgesetzes einen anderen Zeitpunkt bestimmen als für das Inkrafttreten des Vierten Teiles. Sie kann sowohl den Ersten bis Dritten Teil als auch den Vierten Teil als selbständiges Gesetz in Kraft treten lassen, den Vierten Teil unter der Überschrift „Gesetz über den Geltungsbereich der Wechselgesetze" mit eigener Artikelfolge.

(3) Die Vorschriften der Wechselordnung treten mit dem Inkrafttreten der entsprechenden Teile des Wechselgesetzes außer Kraft.

(4) Mit dem Inkrafttreten des Ersten bis Dritten Teiles des Wechselgesetzes treten ferner außer Kraft, soweit sie sich auf Wechsel beziehen,

die Vorschriften des § 1 des Gesetzes über die Ermächtigung des Bundesrats zu wirtschaftlichen Maßnahmen und über die Verlängerung der Fristen des Wechsel- und Scheckrechts im Falle kriegerischer Ereignisse vom 4. August 1914 (Reichsgesetzbl. S. 327) in der Fassung der Verordnung vom 20. Januar 1919 (Reichsgesetzbl. S. 91);

die Vorschriften des § 3 der Verordnung zum Schutze gegen die Folgen der Stillegung von Bankbetrieben vom 19. April 1919 (Reichsgesetzbl. S. 397);

die Verordnung über Goldmark- und Goldmarknotenwechsel und -schecks vom 6. Februar 1924 (Reichsgesetzbl. I S. 50).

(5) Mit dem Inkrafttreten des Ersten bis Dritten Teiles des Wechselgesetzes treten auch die wechselrechtlichen Vorschriften der Landesgesetze außer Kraft.

(6) Für Wechsel, die vor dem Inkrafttreten des Ersten bis Dritten Teils oder des Vierten Teils des Wechselgesetzes ausgestellt sind, bleiben die entsprechenden Vorschriften des bisherigen Rechts maßgebend.

Artikel 2.

(1) Für den Zinssatz beim Rückgriff aus Wechseln, die im Inlande sowohl ausgestellt als auch zahlbar sind, verbleibt es auch nach dem Inkrafttreten des Wechselgesetzes bei den Vorschriften des Gesetzes über die Wechsel- und Scheckzinsen vom 3. Juli 1925 (Reichsgesetzbl. I S. 93).

(2) Die Reichsregierung bestimmt mit Zustimmung des Reichsrats den Zeitpunkt, mit dem die Vorschriften des Abs. 1 und des Gesetzes über die Wechsel- und Scheckzinsen vom 3. Juli 1925 (Reichsgesetzbl. I S. 93), soweit es sich auf Wechsel bezieht, außer Kraft treten.

Artikel 3.

(1) Soweit in Reichsgesetzen oder Landesgesetzen auf Vorschriften der Wechselordnung verwiesen ist, treten an deren Stelle die entsprechenden Vorschriften des Wechselgesetzes.

(2) Die Reichsregierung wird ermächtigt, nähere Vorschriften zu erlassen.

Artikel 4.

Bis zum Erlasse der im Artikel 88 Abs. 2 des Wechselgesetzes vorgesehenen Verordnung sind die in der Dritten Verordnung über benachbarte Orte im Wechsel- und Scheckverkehre vom 7. Dezember 1927 (Reichsgesetzbl. I S. 343) als benachbart bezeichneten Orte als benachbart im Sinne des Wechselgesetzes anzusehen.

Artikel 5.

Soweit sich das Gesetz über die Folgen der Verhinderung wechsel- und scheckrechtlicher Handlungen im Ausland vom 13. April 1914 (Reichsgesetzbl. S. 107) auf Wechsel bezieht, treten an seine Stelle mit dem Inkrafttreten des Ersten bis Dritten Teiles des Wechselgesetzes folgende Vorschriften:

Wird die rechtzeitige Vornahme einer Handlung, die im Ausland zur Ausübung oder Erhaltung der Rechte aus einem Wechsel vorzunehmen ist, durch eine dort erlassene Vorschrift verhindert, so kann die Reichsregierung bestimmen, daß die Rechte ungeachtet der Versäumung bestehen bleiben, sofern die Handlung unverzüglich nach Wegfall des Hindernisses nachgeholt wird. In gleicher Weise kann bestimmt werden, daß bei einer solchen Verhinderung nach einer bestimmten Frist Rückgriff genommen werden kann, ohne daß es der Vornahme der Handlung bedarf.

Artikel 6.

(1) Mit dem Inkrafttreten des Ersten bis Dritten Teiles des Wechselgesetzes treten im Wechselsteuergesetz vom 12. Juli 1930 (Reichsgesetzbl. I S. 219) folgende Änderungen ein:

1. Im § 7 Satz 2 werden die Worte „mangels Zahlung Protest erheben läßt" durch die Worte „mangels Annahme oder mangels Zahlung Protest erheben läßt" ersetzt.
2. Im § 11 Abs. 1 werden die Worte „mangels Zahlung Protest erheben läßt" durch die Worte „mangels Annahme oder mangels Zahlung Protest erheben läßt" ersetzt.
3. Im § 12 Abs. 3 werden die Worte „mangels Zahlung protestiert" durch die Worte „mangels Annahme oder mangels Zahlung protestiert" ersetzt.

(2) Der Reichsminister der Finanzen wird ermächtigt, den Wortlaut des Wechselsteuergesetzes an den Sprachgebrauch des Wechselgesetzes anzupassen und die sich aus der Anpassung ergebende Fassung des Wechselsteuergesetzes unter dem Datum des Tages der Bekanntmachung neu bekanntzumachen.

Druckfehler-Berichtigung.

S. 87 Anmerkung 24 letzte Zeile:
statt „Anm. 4“ richtig: „Anm. 17“.

Nachweis wichtiger Gesetzesausgaben

mit und ohne Erläuterungen, größerer und kleinerer Kommentare, Lehrbücher, Sammelwerke, Entscheidungssammlungen, Zeitschriften

Verlag Walter de Gruyter & Co., Berlin W 10 und Leipzig

Mai 1932

Inhaltsverzeichnis

I. Allgemeines, Sammelwerke.

Handwörterbuch der Rechtswissenschaft (HdR). Unter Mitberatung von Reichsgerichtspräsident Dr. Dr. E. Bumke, Reichsgerichtsrat Dr. L. Busch, Oberreichsanwalt Prof. Dr. Dr. L. Ebermayer, Geh.-Rat Professor Dr. Dr. Fr. Endemann, Geh. Justizrat Professor Dr. Dr. E. Heymann, Senatspräsident am Reichsgericht Dr. O. Strecker, Präsident des Bayerischen Obersten Landesgerichts Staatsrat Dr. K. v. Unzner †, herausgegeben von Dr. jur. **Fritz Stier-Somlo**, o. Professor an der Universität Köln, und Dr. jur. **Alexander Elster**, Berlin. 6 Bände. Lexikon-Oktav. 1926/29.

In Halbleder geb. RM. 304.—

Hierzu erschien Ende 1931 ein Ergänzungsband, der nicht weniger als 228 Stichworte enthält . . . RM. 37.—, in Halbleder geb. RM. 43.—

„Es zeigt sich doch jetzt immer mehr, daß Ihr Handwörterbuch ein ganz großer Wurf war. Wie ich höre, wird es auch in der Praxis in steigendem Maße benutzt."
Professor Dr. Nipperdey, Köln.

Die Reichsgerichtspraxis im deutschen Rechtsleben. Festgabe der juristischen Fakultäten zum 50jährigen Bestehen des Reichsgerichts (1. Oktober 1929), unter Mitwirkung der Professoren Gerhard Anschütz, Heidelberg, Ernst Heymann, Berlin, Theodor Kipp, Berlin, Wilhelm Kisch, München, Alfred Schultze, Leipzig, Heinrich Siber, Leipzig, herausgegeben von Otto Schreiber, weiland Professor in Königsberg i. Pr. Groß-Oktav. 1929.

Geh. RM. 110.—, in Halbfranz geb. RM. 134.—

I. Band: Öffentliches Recht. II. Band: Zivil- und Handelsrecht. III. Band: Zivil- und Handelsrecht (Fortsetzung). IV. Band: Handels- und Wirtschaftsrecht. V. Band: Strafrecht und Strafprozeß. VI. Band: Zivilprozeßrecht.
Die Bände werden einzeln abgegeben.

Mit dieser umfangreichen Festgabe wird eine große, systematisch geordnete Reihe hervorragender Monographien veröffentlicht, die durchweg besonders wichtige und schwierige Fragen aus allen Teilen des Rechts behandeln.

Fünfzig Jahre Reichsgericht am 1. Oktober 1929. Von Dr. **Adolf Lobe**, Senatspräsident am Reichsgericht i. R., M. d. R. unter Mitarbeit von Mitgliedern und Beamten des Reichsgerichts, der Reichsanwaltschaft und der Rechtsanwaltschaft am Reichsgericht. Mit 14 Porträts und 15 Abbildungen. Lexikon-Oktav. VI, 436 Seiten. 1929.

RM. 20.—, in Halbfranz RM. 24.—

Von den beiden Festschriften „Lobe, Fünfzig Jahre Reichsgericht" und der Festgabe der juristischen Fakultäten gibt die vorliegende ein Bild der organisatorischen Gestaltung des Reichsgerichts und seiner Einrichtungen, in deren Schutz sich seine Aufgaben und seine Arbeit gestalten. Ausführlicher Prospekt mit Inhaltsverzeichnis kostenlos.

Bürgerliches Rechtslexikon. (Nach dem Bürgerlichen Gesetzbuch, dem Handelsgesetzbuch und sonstigen Reichs- und Landesgesetzen.) Von **E. Christiani,** weil. Amtsgerichtsrat. Vierte, durchgearbeitete und verbesserte Auflage von Dr. **Alexander Elster,** Rechtsanwalt Dr. **Hugo Hoormann,** Amtsgerichtsrat **Georg Krause,** Lexikon-Oktav. IV, 474 Seiten. 1930 . . Geb. RM. 15.—

„Wir kennen kein zweites Werk, das das gleiche Material in so kurzer, trefflicher und verständlicher Weise enthält und das so brauchbar wäre, wie das hiermit warm empfohlene Buch." Zeitschrift für das gesamte Gebiet der direkten Steuern.

Hedemann, J. W., Einführung in die Rechtswissenschaft. Zweite, erweiterte und umgestaltete Auflage. Oktav XXII, 566 Seiten. 1927. (Lehrbücher und Grundrisse der Rechtswissenschaft Bd. IX.)
RM. 14.—, geb. RM. 16.—

„. . . Das Buch Hedemanns, welches die Aufgabe einer Einführung am reichsten und umfassendsten auffaßt und löst . . ." Juristische Wochenschrift.

Wegner, Arthur, Einführung in die Rechtswissenschaft.
I. Band: Aufbau des Rechtes, geschichtlich und systematisch. Rechtswissenschaftliche Arbeitsweise. Bürgerliches Recht. Handelsrecht. Arbeitsrecht. 144 Seiten. 1931. (Sammlung Göschen Bd. 1047.) . . Geb. RM. 1.80
II. Band: Drei Bücher Öffentliches Recht: Staat, Völkergemeinschaft, Kirche. 140 Seiten. 1931. (Sammlung Göschen Bd. 1048.)
Geb. RM. 1.80

Schröder, Richard, und Künßberg, F., Lehrbuch der deutschen Rechtsgeschichte. Siebente Auflage. Groß-Oktav. Um einen Literatur-Nachtrag vermehrter Abdruck der 6. Aufl. Mit einer Abbildung im Text und einem Bildnis. IV, 1083 Seiten. 1932 . . . . RM. 35.—

Dieses bekannte Lehrbuch hat sich seit langen Jahren bestens bewährt.

Fehr, Hans, Deutsche Rechtsgeschichte. Zweite, verbesserte und ergänzte Auflage. Oktav. 416 Seiten. 1925. (Lehrbücher und Grundrisse der Rechtswissenschaft Bd. X.) . . . . . . RM. 13.—, geb. RM. 14.50

Das Buch gibt eine plastische Darstellung der deutschen Rechtsgeschichte, die eine Anhäufung von Stoff ausdrücklich vermeidet, vielmehr das Schwergewicht auf eine mehr ideengeschichtliche Behandlung des Gegenstandes legt.

Schröder, Richard, und Glitsch, Heinrich, Deutsche Rechtsgeschichte. Zweite Auflage. Neudruck.
I. Bis zum Ende des Mittelalters. 160 Seiten. 1929. (Sammlung Göschen Bd. 621.) . . . . Geb. RM. 1.80
II. Die Neuzeit. 90 Seiten. 1929. (Sammlung Göschen Bd. 664.)
Geb. RM. 1.80

Eine gemeinverständliche kurze Darstellung der deutschen Rechtsgeschichte.

Giese, Friedrich, Preußische Rechtsgeschichte. Übersicht über die Rechtsentwicklung der preußischen Monarchie und ihrer Landesteile. Ein Lehrbuch für Studierende. Groß-Oktav. 256 Seiten. 1920.
RM. 5.—, geb. RM. 6.50

„Das Buch ist nicht ein, sondern das (bisher fehlende) Lehrbuch der preußischen Rechtsgeschichte." Dr. Karl Strupp im „Verwaltungsarchiv".

von Mayr, Robert, Römische Rechtsgeschichte. I. Buch. Die Zeit des Volksrechtes. 1. Hälfte: Das öffentliche Recht. 150 Seiten. 1912. (Sammlung Göschen Bd. 577.) . . . . Geb. RM. 1.80

2. Hälfte: Das Privatrecht. 117 Seiten. 1912. (Sammlung Göschen Bd. 578.) . . . . Geb. RM. 1.80

II. Buch: Die Zeit des Amts- und Verkehrsrechtes. 1. Hälfte: Das öffentliche Recht. 158 Seiten. 1912. (Sammlung Göschen Bd. 645.) Geb. RM. 1.80

2. Hälfte: Das Privatrecht I. 122 Seiten. 1913. (Sammlung Göschen Bd. 646.) . . . . Geb. RM. 1.80

Das Privatrecht II. 150 Seiten. 1913. (Sammlung Göschen Bd. 647.) Geb. RM. 1.80

III. Buch. Die Zeit des Reichs- und Volksrechtes. 111 Seiten. 1913. (Sammlung Göschen Bd. 648.) . . . . Geb. RM. 1.80

IV. Buch. Die Zeit der Orientalisierung des römischen Rechtes. 155 Seiten 1913. (Sammlung Göschen Bd. 697.) . . . . Geb. RM. 1.80

Schott, Richard, **Hilfsbüchlein für die Vorlesungen über Institutionen, Geschichte und Zivilprozeß des römischen Rechts.** Oktav. 42 Seiten. 1931. RM. 1.60

„Ein Büchlein, das sehr brauchbares Material bietet. Kein Lehrbuch, kein Grundriß, sondern eine gut aufgebaute und juristisch klar durchgearbeitete Sammlung von Belegstellen und Quellen zur Erleichterung des Studiums des römischen Rechts. . ." Der Referendar.

Endemann, Friedrich, **Grundriß des römischen Privatrechts.** Oktav. X, 256 und 30 Seiten. 1925. (Lehrbücher und Grundrisse der Rechtswissenschaft Bd. XII.) . . . . RM. 9.—, geb. RM. 10.50

„. . . Die Sprache ist einfach, klar, leicht und verständlich. Anmerkungen, die so oft in anderen Werken stören, sind ganz vermieden. . . So hat Endemann ein nach jeder Richtung hochstehendes Werk geschaffen." Der junge Rechtsgelehrte.

Stammler, Rudolf, **Aufgaben aus dem römischen Recht.** Der „Institutionenübungen für Anfänger" vierte Auflage. Oktav. IV, 92 Seiten. Mit Figuren im Text. 1919 . . . . Geb. RM. 5.—

Zum selbständigen Einarbeiten in das System des römischen Privatrechts.

Stammler, Rudolf, **Lehrbuch der Rechtsphilosophie.** Dritte, vermehrte Auflage. Groß-Oktav. XVI, 396 Seiten. 1928. RM. 13.—, geb. RM. 15.—

„. . . Ein Werk aus einem Gusse, ein herbes Werk von größter wissenschaftlicher Strenge, eine Schule, durch die jeder gehen muß, der mit den rechtsphilosophischen Problemen der Gegenwart ringt." Schweizerische Juristenzeitung.

Stammler, Rudolf, **Rechts- und Staatstheorien der Neuzeit.** Leitsätze zu Vorlesungen. Zweite, vermehrte und verbesserte Auflage. Oktav. IV, 116 Seiten. 1925 . . . . RM. 3.50, geb. RM. 4.50

Ein unentbehrlicher Führer durch die Rechts- und Staatstheorien der Neuzeit.

Stammler, Rudolf, **Wirtschaft und Recht** nach der materialistischen Geschichtsauffassung. Eine sozialphilosophische Untersuchung. Fünfte, durch einen Nachtrag ergänzte Auflage. Oktav. VIII, 704 Seiten. 1924. RM. 14.—, geb. RM. 16.—

„Das Werk Stammlers darf den Ruhm in Anspruch nehmen, unter allen Büchern, die in der letzten Zeit auf dem hier in Betracht kommenden Gebiet erschienen sind, die stärkste Wirkung hervorgebracht zu haben." Historische Zeitschrift.

Friedrichs, Karl, Der Allgemeine Teil des Rechts. Eine Darstellung der gemeinsamen Lehren des öffentlichen und des privaten Rechts. Groß-Oktav. X, 306 Seiten. 1927. . . . . RM. 12.—, geb. RM. 13.50

„Eine solche Arbeit fehlte bisher in der juristischen Literatur, Friedrichs ist wie kein anderer berufen, eine grundlegende Arbeit über dieses Gebiet zu schreiben." Mitteilungen des Preuß. Richtervereins.

Maas, Georg, und Magnus, Julius, Abkürzungsverzeichnis der Rechtssprache. Abkürzungen der Bezeichnungen von Rechtsquellen, Behörden, Entscheidungen usw. des deutschen und österreichischen Rechts. Oktav. IV, 140 Seiten. 1929. . . . . RM. 4.—

„Bis jetzt fehlte eine Zusammenstellung, die in zuverlässiger Weise die gebräuchlichsten Abkürzungen wiedergab. Diese Lücke füllt das neue Buch in glücklicher Weise aus." Der junge Rechtsgelehrte.

II. Bürgerliches Recht

1. Bürgerliches Gesetzbuch

Lehmann, Heinrich, Allgemeiner Teil des Bürgerlichen Gesetzbuches. Dritte, vermehrte und verbesserte Auflage (9. bis 12. Tausend). Oktav. XIV, 439 Seiten. 1928. (Lehrbücher und Grundrisse der Rechtswissenschaft Bd. I.) RM. 12.—, geb. RM. 13.50

„Es liegt ein großer pädagogischer Wert in diesem Buch. Es wird sich unter den Studenten rasch großer Beliebtheit erfreuen." Das Recht.

Leonhard, R., Der Allgemeine Teil des Bürgerlichen Gesetzbuches in seinem Einflusse auf die Fortentwicklung der Rechtswissenschaft. Groß-Oktav. XVI, 537 Seiten. 1900. (Recht des Bürgerlichen Gesetzbuches in Einzeldarstellungen Nr. X.) . . . . RM. 10.—

Die Sammlung „Recht des Bürgerlichen Gesetzbuches" umfaßt systematische Darstellungen des BGB. aus der Feder erster Juristen der Wissenschaft und Praxis.

Oertmann, Paul, Allgemeiner Teil des Bürgerlichen Gesetzbuches.

I. Einleitung. Lehre von den Personen und von den Sachen. Dritte, verbesserte Auflage. 136 Seiten. 1926. (Sammlung Göschen Bd. 477.) Geb. RM. 1.80

II. Erwerb und Verlust, Geltenmachung und Schutz der Rechte. Dritte, verbesserte Auflage. 147 Seiten. 1928. (Sammlung Göschen Bd. 448.) Geb. RM. 1.80

Nach der die Vorgeschichte des BGB. und einzelne für seine Bedeutung und Anwendung wichtige Hauptfragen behandelnden Einleitung bespricht der Verfasser die Lehre von den Personen und von den Sachen. Er verarbeitet den Inhalt der einzelnen Gesetzesparagraphen wissenschaftlich und erörtert dabei auch mehrfach Fragen, die im BGB. selbst nicht geregelt, höchstens gestreift werden.

Plancks Kommentar zum Bürgerlichen Gesetzbuch nebst Einführungsgesetz. Bisher herausgegeben von E. Strohal. Bearbeitet von E. Brodmann, L. Busch, J. Ebbecke, F. Flad, M. Greiff, K. Gunkel, P. Knoke, M. Landois, A. Lobe, Fr. Oegg, H. Siber, O. Strecker, K. von Unzner. Vierte, völlig neubearbeitete Auflage. Lexikon-Oktav. Bisher sind erschienen:

I. Band: Allgemeiner Teil. 606 Seiten. 1913. RM. 15.—, geb. RM. 17.—

II. Band, 1. Hälfte: Recht der Schuldverhältnisse. (Allgemeiner Teil.) 640 Seiten. 1914 . . . . RM. 15.—, geb. RM. 17.—

II. Band, 2. Hälfte: Recht der Schuldverhältnisse. (Besonderer Teil.) 1296 Seiten. 1928 . . . . RM. 49.—, geb. RM. 52.—

III. Band: Sachenrecht. 5. Auflage. 1. Lieferung: Einleitung und §§ 854 bis 902. 321 Seiten. 1931 . . . . RM. 14.—

IV. Band: Familienrecht. 1. Hälfte §§ 1297—1588. 701 Seiten. 1928. RM. 26.—, geb. RM. 28.—

V. Band: Erbrecht. Vierte, völlig neubearbeitete Auflage. Groß-Oktav. XII, 1136 Seiten. 1930 . . . . RM. 51.—, geb. RM. 54.—

„Für jeden Praktiker, der tiefer in den Rechtsstoff eindringen muß, um die zur Entscheidung stehende Frage zu prüfen, ist Plancks Kommentar immer ein zuverlässiger Ratgeber und seine Erläuterung und Meinung von hohem Wert und Gewicht, stets sorgfältiger Beachtung wert."

Zentralblatt für freiwillige Gerichtsbarkeit.

Das Bürgerliche Gesetzbuch mit besonderer Berücksichtigung der Rechtsprechung des Reichsgerichts. Erläutert von Dr. Busch, Erler, Dr. Lobe, Michaelis, Oegg, Sayn, Schliewen und Seyffarth, Reichsgerichtsräten und Senatspräsidenten am Reichsgericht. Siebente, unveränderte Auflage. 5 Bände §§ 1—2385. Lexikon-Oktav. 3182 Seiten. 1928.

In Halbleder geb. RM. 150.—

I. Band: Allgemeiner Teil. Recht der Schuldverhältnisse I. (Allgemeiner Teil.) — II. Band: Recht der Schuldverhältnisse II. (Einzelne Schuldverhältnisse.) — III. Band: Sachenrecht. — IV. Band: Familienrecht. — V. Band: Erbrecht. Alphabetisches Sachverzeichnis.

(Das Werk wird nur komplett abgegeben.)

„Eine neue Auflage dieses für die Praxis wertvollsten Kommentars ist ein Ereignis für die Juristenwelt."

Blätter für die Rechtspflege im Bezirk des Kammergerichts.

Achilles-Greiff, Bürgerliches Gesetzbuch nebst Einführungsgesetz. Mit Einleitung, Anmerkungen und Sachregister. Nach dem Tode des ersten Herausgebers Dr. A. Achilles in Verbindung mit J. Altstötter, Oberamtsrichter in Sonthofen, O. Meyer, Oberlandsgerichtspräsident in Celle, Dr. J. Kieckebusch, Land- und Amtsgerichtsrat in Kassel, Dr. O. Strecker, Senatspräsident am Reichsgericht i. R. in Leipzig, herausgegeben von Dr. M. Greiff, Wirkl. Geh. Oberjustizrat, Oberlandesgerichtspräsident i. R. in Berlin. Dreizehnte, vermehrte und verbesserte Auflage. Mit Erläuterungen der Verordnung über das Erbbaurecht, des Gesetzes über die religiöse Kindererziehung und des Gesetzes für Jugendwohlfahrt. Groß-Oktav. XXIII, 1304 Seiten. 1930. (Guttentagsche Sammlung Deutscher Reichsgesetze Bd. 38/39.) Geb. RM. 24.—, in Halbleder geb. RM. 26.—

„Das ausgezeichnete Buch, das einer weiteren Empfehlung kaum bedarf, wird seine führende Stellung unter den Handausgaben ohne Zweifel behaupten."

Juristische Rundschau.

Bürgerliches Gesetzbuch nebst Einführungsgesetz. Vom 18. August 1896 mit Berücksichtigung der bis zum 1. Januar 1928 ergangenen Abänderungen. Textausgabe mit ausführlichem Sachregister. Sechzehnte Auflage (61. bis 66. Tausend). Taschenformat. 758 Seiten. 1928. (Guttentagsche Sammlung von Textausgaben ohne Anmerkungen mit Sachregister.)

Geb. RM. 2.80

Die vorliegende Ausgabe zeichnet sich durch Vollständigkeit und besondere Ausführlichkeit des Sachregisters aus.

Schulz, F. H., Bürgerliches Gesetzbuch und Einführungsgesetz. Taschenformat. Zweite, unveränderte Auflage. XI, 664 Seiten. 1931. Geb. RM. 5.— (Lehrausgaben Deutscher Gesetze Bd. I.)

Dieser Band bringt auch die Bezeichnung der entsprechenden römisch-rechtlichen bzw. gemeinrechtlichen Institute und verwirklicht damit einen Gedanken, der eigentlich wohl schon vor dreißig Jahren hätte ausgeführt werden sollen.

Lindemann, Otto, Ausführungsgesetz zum Bürgerlichen Gesetzbuche vom 20. September 1899 nebst einem Anhang: Verordnung zur Ausführung des Bürgerlichen Gesetzbuchs vom 16. November 1899. Nach dem Tode des früheren Herausgebers Kammergerichtsrat Dr. P. Siméon, erläutert von Geh. Oberjustizrat Otto Lindemann, Ministerialdirektor im Pr. Justizministerium. Vierte Auflage. Taschenformat. 208 Seiten 1930. (Guttentagsche Sammlung Preußischer Gesetze Bd. 23.) . . . Geb. RM. 5.—

„. . . Der Praxis ist aber mit einer solchen Ausgabe besonders gedient . . . die sich Aufklärung über die Tragweite und die Bedeutung einer Vorschrift des Preuß. AGBGB. verschaffen wollen, finden in Lindemanns Ausführungen einen nie versagenden Führer.“ Der junge Rechtsgelehrte.

Juristischer Anschauungsstoff. Herausgegeben von Helmut Rühl, o. Prof. d. Rechte a. d. Universität Göttingen.

Heft 1:

Rühl, H., Bürgerliches Recht und Arbeitsrecht. Groß-Oktav. VIII, 148 Seiten. 1931. . . . . RM. 4.—

In der Sammlung „Juristischer Anschauungsstoff“ werden für den Gebrauch im akademischen Unterricht Urkunden aus der Rechtspraxis zusammengestellt. So bringt das erste Heft 140 typische Beispiele für fast jedes Rechtsinstitut des BGB. und des Arbeitsrechts (Registereintragungen, Geschäftsbedingungen, Tarifverträge, Satzungen usf.). Die Anordnung folgt dem Gang des Gesetzes. Die gewählten Beispiele sind für die Praxis kennzeichnend. Sie gewähren einen Einblick in das lebendige Recht und zeigen die Abwandlung des Gesetzes durch die Wirtschaft.

Schück, Richard, Zivilrechtspraktikum. Zum Selbststudium und zum Lehrgebrauch. Vierte, vermehrte Auflage. Herausgegeben von Gustav Schreiber. Groß-Oktav. 160 Seiten. 1930 . . . . . Geb. RM. 6.—

Das „Schücksche Zivilrechtspraktikum“ bringt in einem billigen Band über 600 Fälle aus allen fünf Büchern des BGB. und dem Einführungsgesetz. Es hat sich seit seinem Erscheinen durch seine praktische Auswahl überall durchgesetzt und durch drei hohe Auflagen hindurch bewährt. Die vorliegende vierte Auflage weist eine Anzahl Ergänzungen auf, die aber durch die besondere Art ihrer Einordnung den Gebrauch mehrerer Auflagen nebeneinander nicht stören.

von der Mosel, Heinrich, Lösungen zu dem von Kammergerichtsrat Dr. Richard Schück herausgegebenen **Zivilrechtspraktikum.** Nach dem Bürgerlichen Gesetzbuch bearbeitet für Studierende und Referendare. Fünfte Auflage. Groß-Oktav. 227 Seiten. 1931 . . RM. 6.—, kart. RM. 6.50

Die Lösungen behandeln fast alle in dem Praktikum enthaltenen Fälle.

v. Schwerin, Cl., Frhr., Grundzüge des deutschen Privatrechts. Zweite Auflage. Oktav. XII, 342 Seiten. 1928. (Lehrbücher und Grundrisse der Rechtswissenschaft Bd. XIII.) . . RM. 9.50, geb. RM. 11.—

„Was dem Studenten not tut, ist ein kurzgefaßtes Handbuch. . . . Ein ausgezeichnetes Hilfsmittel dieser Art ist das vorliegende Buch.“ Zeitschrift für Rechtspflege in Bayern.

Wegner, Arthur, Jugendrecht. Ein Lehrbuch zur Einführung. Oktav. IV, 219 Seiten. 1929 . . . . RM. 6.—, geb. RM. 7.50

Schuldverhältnisse insbesondere

Hedemann, Justus Wilh., **Schuldrecht des Bürgerlichen Gesetzbuches.** Zweite, vermehrte u. verbesserte Auflage. Oktav. XXIV, 503 Seiten. 1931. (Lehrbücher und Grundrisse der Rechtswissenschaft Bd. II.) RM. 14.50, geb. RM. 16.—

„Die Schrift bietet die beste mir bekannte Einführung in das schwierige Recht der Schuldverhältnisse." Staats- und Selbstverwaltung.

Oertmann, Paul, **Schuldrecht.** (BGB. II.)
I. Allgemeine Lehren. Dritte, verbesserte Auflage. 142 Seiten. 1927. (Sammlung Göschen Bd. 323.) . . . . Geb. RM. 1.80
II. Die einzelnen Schuldverhältnisse. Dritte, verbesserte Auflage. 159 Seiten. 1929. (Sammlung Göschen Bd. 324.) . . . . . Geb. RM. 1.80

„In knapper Form und gemeinverständlicher Ausdrucksweise ist ein vorzüglicher Überblick über den Stoff gegeben." Leipziger Zeitschrift für deutsches Recht.

Meyer, Georg, **Das Recht der Beschlagnahme von Lohn, Gehalt und Diensteinkommen.** Auf Grund des Reichsgesetzes vom 21. Juni 1869, der Verordnung über Lohnpfändung vom 25. Juni 1919 nebst Abänderungen und der Zivilprozeßordnung dargestellt. Siebente, vermehrte Auflage. Taschenformat. 174 Seiten. 1930. (Guttentagsche Sammlung Deutscher Reichsgesetze Bd. 55.) . . . . Geb. RM. 4.50

Meyers Werk über das Lohnbeschlagnahmerecht ist in seiner nunmehr vorliegenden siebenten Auflage durch alles das ergänzt worden, was die Entwicklung der letzten Zeit gebracht hat, so z. B. vor allem die Rechtsprechung des Reichsarbeitsgerichts. Darüber hinaus aber sind dementsprechend mehrere Kapitel umgearbeitet oder überhaupt neugeschrieben worden. Die Frage des Steuervorrechts bei Lohnbeschlagnahmen ist ausführlich behandelt.

Seligsohn, Franz, **Kommentar zum Haftpflichtgesetz.** Zweite Auflage. Groß-Oktav. 360 Seiten. 1930 . . . . RM. 12.—, geb. RM. 13.50

„Das reiche Material hat der Verfasser mit logischer Schärfe und in knapper Form bearbeitet und damit ein mustergültiges Werk geschaffen, das für die meist veralteten Kommentare zum Reichshaftpflichtgesetz einen wertvollen Ersatz bietet." Blätter für Rechtspflege im Bezirk des Kammergerichts.

Krieg, O., **Mietrecht und Wohnungsmangelgesetzgebung** im Reiche, in Preußen und in Berlin, einschließlich Hauszinssteuer, Kostenwesen und Rechtsentscheidungen des Kammergerichts und des Obersten Landesgerichts. Zusammengestellt und mit ausführlichem Schlagwortregister versehen. Vierte Auflage. Taschenformat. XII, 594 Seiten. 1928. (Guttentagsche Sammlung Deutscher Reichsgesetze Bd. 156.) . . . . Geb. RM. 10.—

„Eine solche Ausgabe zu besitzen, ist wertvoll. Diese Ausgabe verdient schon wegen ihrer Vollständigkeit besondere Beachtung. Ein vortreffliches Sachregister ist beigegeben." Juristische Wochenschrift.

Bloch, Arthur, **Pulvermacher,** Ralph, **Wohnungswirtschaft.** (Siehe „Die vierte Notverordnung" Seite 12.)

Stölzle, Hans, **Viehkauf** nach Bürgerlichem Gesetzbuch und ausländischem Recht. Verordnung, betreffend die Hauptmängel und Gewährfristen beim Viehhandel. Von Eugen Fröhner. Sechste, vermehrte und wesentlich verbesserte Auflage. Taschenformat. 699 Seiten. 1926. (Guttentagsche Sammlung Deutscher Reichsgesetze Bd. 50.) . . . . Geb. RM. 15.—

„Das Buch ist Juristen wie Laien als lichtvoller Ratgeber in allen Fragen nur auf das wärmste zu empfehlen." Deutsche Juristen-Zeitung.

Crisolli, Karl-August, Das Reichsgesetz, betreffend die **Abzahlungsgeschäfte** vom 16. Mai 1894. Mit Einleitung, Anmerkungen und Sachregister, unter Mitwirkung von Julius Crisolli. Vierte, völlig umgearbeitete Auflage des Werkes von Hoffmann-Wilke. Taschenformat. 413 Seiten. 1931. (Guttentagsche Sammlung Deutscher Reichsgesetze Bd. 34.) . Geb. RM. 8.—

„Der Vorzug dieses Buches, das schon in seiner Anordnung und in seinem Gesamtaufbau mustergültig ist, liegt ganz besonders darin, daß es alle einschlägigen Fragen kritisch behandelt und zu ihnen erschöpfend Stellung nimmt. Der Verfasser hat die ihm aus der Zeit, den wirtschaftlichen und den weiter entwickelten Rechtsverhältnissen heraus gegebenen Möglichkeiten voll ausgenutzt, er hat zu allen einschlägigen Fragen der Rechtsprechung, die gerade in den letzten Jahren nicht unerheblicher Wandlung unterworfen war, Stellung genommen und auch unter Anführung und Namhaftmachung der entsprechenden Entscheidungen das von ihm benutzte Material voll ausgewertet und der Öffentlichkeit durch dieses Buch zur Verfügung gestellt.“ Die Teilzahlung.

Göppert, H., Gesetz, betreffend die gemeinsamen Rechte der Besitzer von Schuldverschreibungen. Zweite Auflage, bearbeitet von E. Trendelenburg. Taschenformat. 156 Seiten. 1915. (Guttentagsche Sammlung Deutscher Reichsgesetze Bd. 52.) . . . . Geb. RM. 1.50

Kruse, Fr. Vinding, **Das Eigentumsrecht.** Aus dem Dänischen übersetzt von Knud Larsen. Groß-Oktav. XXIII, 881 Seiten. 1931 . Geb. RM. 25.—

„Das gewaltige Werk will eine allgemeine Rechtslehre und überhaupt Gesellschaftslehre unter Ausnützung des geltenden Rechts und der Rechtsgeschichte geben... Die glückliche Verbindung juristischer und ökonomischer Betrachtung, die Fülle des Tatsachenmaterials und Rechtsstoffes lassen das Buch als wertvolle Bereicherung der Literatur gelten...“ Prager juristische Zeitschrift.

Beiträge zum ausländischen und internationalen Privatrecht, herausgegeben vom Institut für ausländisches und internationales Privatrecht.

Heft 1:

Nußbaum, Arthur, **Vertraglicher Schutz gegen Schwankungen des Geldwertes.** Goldklauseln und andere Abreden zur Minderung des Valutarisikos. Groß-Oktav. 95 Seiten. 1928 . . . . RM. 5.—

Heft 2:

Wolff, John, **Die Haftung des Verkäufers einer fremden beweglichen Sache** in den Vereinigten Staaten von Amerika in Vergleichung mit dem deutschen bürgerlichen Recht. Groß-Oktav. 84 Seiten. 1930. . . . . RM. 4.—

Heft 3:

Friedmann, Wolfgang, **Die Bereicherungshaftung** im anglo-amerikanischen Rechtskreis in Vergleichung mit dem deutschen bürgerlichen Recht. Groß-Oktav. 148 Seiten. 1930 . . . . RM. 7.—

Heft 4:

Raiser, Ludwig, **Die Wirkungen der Wechselerklärungen im internationalen Privatrecht.** Groß-Oktav. 124 Seiten. 1931 . . . . . . RM. 9.—

Heft 5:

Rheinstein, Max, **Die Struktur des vertraglichen Schuldverhältnisses im anglo-amerikanischen Recht.** Groß-Oktav. 256 Seiten. 1932 . RM. 17.—

Heft 6:

Keßler, Friedrich, **Die Fahrlässigkeit im nordamerikanischen Deliktsrecht** unter vergleichender Berücksichtigung des englischen und des deutschen Rechts. Groß-Oktav. 187 Seiten. 1932 . . . . RM. 10.—

Sachenrecht insbesondere

Hedemann, Justus Wilh., **Sachenrecht des Bürgerlichen Gesetzbuches.** Oktav. XXXII, 507 Seiten. 1924. (Lehrbücher und Grundrisse der Rechtswissenschaft Bd. III.) . . . . RM. 12.—, geb. RM. 13.50

„Ein trotz seiner Kürze ausgezeichnetes und inhaltreiches Lehrbuch, nicht nur für den Studierenden, sondern auch für ältere Juristen. Die Arbeit ist wissenschaftlich tiefgründig und doch gemeinverständlich geschrieben."
Zeitschrift des Deutschen Notarvereins.

Kretzschmar, F., **Sachenrecht.**
I. Allgemeine Lehren. Besitz und Eigentum. Zweite, verbesserte Auflage. 142 Seiten. 1922. (Sammlung Göschen Bd. 480.) Geb. RM. 1.80
II. Begrenzte Rechte. 144 Seiten. 1923. (Sammlung Göschen Bd. 481.) Geb. RM. 1.80

Diese Bändchen bieten die Grundzüge des Sachenrechts in gedrängter und klarer Form.

Lenzen, Georg, **Das Deutsche Pfandleihrecht.** Kommentar zum preußischen Pfandleihgesetz unter Berücksichtigung der außerpreußischen Gesetze. Oktav. XXVI, 266 Seiten. 1929 . . . . Geb. RM. 20.—

„Diese zusammenfassende Darstellung ist die erste ihrer Art und sehr verdienstlich. Das Buch regt zu allerhand Fragen an." *Juristische Wochenschrift.*

Günther, Hermann, **Erbbaurecht.** Taschenformat. 167 Seiten. 1919. (Guttentagsche Sammlung Deutscher Reichsgesetze Bd. 135.) . . Geb. RM. 2.—

„Günther ist ausführlich, ohne weitschweifig zu sein; ausgezeichnete Vorbemerkungen geben eine vorzügliche Übersicht und wahren den Zusammenhang. Überall ist der bisherige Rechtszustand, der ja für absehbare Zeit seine Bedeutung behält, mit in das Bereich der Betrachtungen gezogen. Der Praxis wird das Werk von hervorragendem Nutzen sein."
Beiträge zur Erläuterung des deutschen Rechts.

Arnheim, Hugo, **Grundbuchordnung.** Kommentar zur Grundbuchordnung für das Deutsche Reich nebst den für Preußen erlassenen Ausführungsbestimmungen. Zweite, völlig neubearbeitete Auflage. Lexikon-Oktav. 959 Seiten. 1913 . . . . RM. 15.—

„Der Band weist außerordentliche Gründlichkeit, Klarheit und Übersichtlichkeit auf. Man kann wohl sagen, daß kaum eine Frage auftauchen wird, die nicht wenigstens berührt wäre; die bisher zutage getretenen Fragen aber sind sämtlich in der eingehendsten Weise erörtert."
Zentralblatt für freiwillige Gerichtsbarkeit.

Fischer, Otto, und **Fischer,** Norbert, **Grundbuchordnung für das Deutsche Reich** nebst den preußischen Ausführungsbestimmungen. Neunte, durchgearbeitete und ergänzte Auflage. Taschenformat. 322 Seiten. 1927. (Guttentagsche Sammlung Deutscher Reichsgesetze Bd. 42.) . . . . . Geb. RM. 5.—

„Eine der vortrefflichen alteingeführten Handausgaben der Guttentagschen Sammlung, bei der schon die Auflagenziffer für die Brauchbarkeit in der Praxis spricht. Nach wie vor ist das Buch ein vortrefflicher Wegweiser und Berater."
Juristische Wochenschrift.

Ricks, Gerhard, **Die Grundbuchpraxis.** Ein Handbuch für den täglichen Gebrauch in Grundbuchsachen. Achte Auflage. Groß-Oktav. XII, 412 Seiten. 1929 . . . . RM. 12.—, geb. RM. 14.—

„Das Buch hat einen Anspruch darauf, in der Praxis geradezu verschlungen zu werden. Es ist aus der täglichen Praxis heraus für die Praxis lebensfrisch und unterhaltend geschrieben." *Mitteilg. a. d. Württemb. Notariats-Praxis.*

Friedlaender, Martin, **Hypothekenbeschaffung für Wohn- und Geschäftshäuser.** Handbuch für die Praxis der Grundstückswirtschaft. Groß-Oktav. VIII, 151 Seiten. 1929 . . . . RM. 6.—, geb. RM. 7.50

„Das Buch gibt einen außerordentlich praktischen Überblick über alle Fragen der Hypothekenbeschaffung. Die anschauliche Art der Zergliederung und die gründliche Darlegung des Statuts sichern dem Buch eine weite Verbreitung."
Deutsche Sparkassen-Zeitung.

Familienrecht, Erbrecht

Lehmann, Heinrich, **Familienrecht** des Bürgerlichen Gesetzbuches einschließlich Jugendfürsorgerecht. Oktav. XII, 352 Seiten. 1926. (Lehrbücher und Grundrisse der Rechtswissenschaft Bd. IV.) . . RM. 11.—, geb. RM. 12.50

„Die Schilderung Lehmanns ist überall anregend und fesselnd. Das Werk kann allen Rechtsstudenten und Referendaren zur Anschaffung dringend empfohlen werden." *Der junge Rechtsgelehrte.*

Titze, Heinrich, **Familienrecht.** (BGB. IV.) 169 Seiten. Neudruck. 1924. (Sammlung Göschen Bd. 305.) . . . . Geb. RM. 1.80

Endemann, Fr., **Erbrecht.** Oktav. XII, 166 Seiten. 1923. (Lehrbücher und Grundrisse der Rechtswissenschaft Bd. V.) . . RM. 3.—, geb. RM. 4.50

„Dieser Leitfaden behandelt den spröden Stoff des schwierigen Erbrechts in meisterhafter, fesselnder Darstellung."
Zeitschrift des Bundes Deutscher Justizamtmänner.

v. Blume, Wilh., **Erbrecht.** (BGB. V.)
I. Einleitung. Die Grundlagen des Erbrechts. 75 Seiten. 1913. (Sammlung Göschen Bd. 659.) . . . . Geb. RM. 1.80
II. Die Nachlaßbeteiligten. Mit 23 Figuren. 131 Seiten. 1913. (Sammlung Göschen Bd. 660.) . . . . Geb. RM. 1.80

Plancks Kommentar zum Bürgerlichen Gesetzbuch nebst Einführungsgesetz. V. Band: Erbrecht. Vierte, völlig neubearbeitete Auflage. Groß-Oktav. XII, 1136 Seiten. 1930 . . . . RM. 51.—, geb. RM. 54.— (Siehe auch Seite 5.)

Riesenfeld, E., **Die Erbenhaftung nach dem Bürgerlichen Gesetzbuch.** Groß-Oktav. 2 Bände. 1916 . . . . RM. 15.—, geb. RM. 18.—

I. Band: Die Grundsätze der Haftung. XII, 461 Seiten.

II. Band: Das Inventar und die Mittel der Haftungsbeschränkung. VIII, 455 Seiten.

„Ein hervorragendes Werk, das in allen Teilen die vollständige Beherrschung des schwierigen Stoffes erkennen läßt und sich dabei durch klare und gemeinverständliche Darstellung auszeichnet." *Sächsisches Archiv für Rechtspflege.*

Aufwertung

Michaelis, Richard, **Das Aufwertungsrecht** nach den Aufwertungsgesetzen und nach allgemeinem bürgerlichen Rechte. Kommentar zu den Gesetzen vom 16. Juli 1925 über die Aufwertung von Hypotheken und anderen Ansprüchen und über die Ablösung öffentlicher Anleihen sowie systematische Darstellung des Aufwertungsrechts außerhalb dieser Gesetze. Zweite, gänzlich umgearbeitete Auflage des Kommentars zur Dritten Steuernotverordnung vom 14. Februar 1924 (Aufwertung). Mit einer Fristentabelle von H. Hoormann. Groß-Oktav. X, 516 Seiten. 1926. Mit Nachtrag 1927. (de Gruyterſche Sammlung Deutſcher Geſetze. Handkommentare.) Geb. RM. 16.—

„Es handelt sich um ein ganz erstklassiges Werk, das sich für jeden Aufwertungsinteressenten als unentbehrlich erweisen wird."
Deutsche Allgemeine Zeitung.

Michaelis, Richard, Die beiden **Aufwertungsnovellen** vom 18. Juli 1930. (**Hypotheken-Fälligkeits- und** Verzinſungsgeſetz; **Grundbuchbereinigungsgeſetz.**) Taſchenformat. VI, 202 Seiten. 1930. (Guttentagſche Sammlung Deutſcher Reichsgeſetze Bd. 178.) . . . . Geb. RM. 4.—

Reichsgerichtsrat Michaelis, der im „Kommentar über das Bürgerliche Gesetzbuch von Reichsgerichtsräten" den Abschnitt „Aufwertung" bearbeitet hat, erläutert in der gleichen autoritativen Art auch die neuen Gesetze, die die Aufwertungsgesetzgebung ändern und abschließen. Die Erläuterung der zuverlässig abgedruckten Gesetzestexte ist übersichtlich und in der Sprache leicht verständlich, wie überhaupt in ihrer ganzen Anlage, nicht zuletzt aber wegen ihres niedrigen Preises, auf die Praxis zugeschnitten.

Berliner, Ludwig, und **Pfaffenberger,** Ernſt, **Aufwertung von Verſicherungsanſprüchen** mit Durchführungsbeſtimmungen.

I. Teil. Oktav. 235 Seiten. 1925. (Guttentagſche Sammlung Deutſcher Reichsgeſetze Bd. 164.) . . . . Geb. RM. 6.50

II. Teil: Sach- und Transportverſicherung; Unfall- und Haftpflichtverſicherung. Oktav. 112 Seiten. 1926. Mit Nachtrag. (Guttentagſche Sammlung Deutſcher Reichsgeſetze Bd. 164 a.) . . . . Geb. RM. 3.50

„Eine ganz ausgezeichnete, wohldurchdachte Darstellung und Erläuterung des gesamten Versicherungswesens, eine unentbehrliche Ergänzung zu jedem Gesamtkommentar über das Aufwertungsgesetz." *Zentralblatt für Handelsrecht.*

2. Handelsrecht

v. **Gierke,** Jul., **Handelsrecht und Schiffahrtsrecht.** Vierte Auflage. Im Druck.

„. . . ein außerordentlich hochstehendes, immer den neuesten Stand der Lehre und der Rechtsprechung widerspiegelndes Lehrbuch des Handelsrechts im weitesten Sinn." *Der junge Rechtsgelehrte.*

Lehmann, K., und **Hoeniger,** H., **Lehrbuch des Handelsrechts.** Dritte Auflage. Erſter Halbband, enthaltend die Lehre vom Handelsſtand und von den Handelsgeſellſchaften. Groß-Oktav. 432 Seiten. 1921. . . . RM. 10.—

Ein großangelegtes Lehrbuch des Handels- und Schiffahrtsrechts.

Lehmann, K., und **Hoeniger,** H., **Deutſches Handelsrecht.**

I. Einleitung. Der Kaufmann und ſeine Hilfsperſonen. Offene Handelsgeſellſchaft, Kommandit- und ſtille Geſellſchaft. 117 Seiten. 1921. (Sammlung Göſchen Bd. 457.) . . . . Geb. RM. 1.80

II. Aktiengeſellſchaften, Geſellſchaften mit beſchränkter Haftung, eingetragene Genoſſenſchaften. Handelsgeſchäft, 126 Seiten. 1924. (Sammlung Göſchen Bd. 458.) . . . . Geb. RM. 1.80

Eine gemeinverständliche Darstellung in gedrängter Form.

Die Vierte Notverordnung. (Vierte Notverordnung des Reichspräſidenten zur Sicherung von Wirtſchaft und Finanzen und zum Schutze des inneren Friedens. Vom 8. XII. 1931.) Erläuterte Textausgabe mit Durchführungsverordnungen, bearbeitet von Rechtsanwalt Dr. A. Bloch, Gerichtsaſſeſſor

Dr. K.-A. Crisolli, Gerichtsassessor Dr. W. Gallas, Rechtsanwalt Th. Heilborn, Rechtsanwalt Dr. A. Hollaender, Direktor im Reichsversicherungsamt Dr. K. Lippmann, Rechtsanwalt Dr. R. Pulvermacher, Amtsgerichtsrat Dr. Th. Rohlfing, herausgegeben von Dr. A. Elster. Taschenformat. (Guttentagsche Sammlung Dtsch. Reichsgesetze, Bd. 180.) **Mit Nachträgen enthaltend die Änderungen bis April 1932** . . . . Geb. RM. 6.—

Diese erläuterte Ausgabe der 4. Notverordnung ist für jeden Staatsbürger von größter Wichtigkeit. Der vielfach nicht ohne weiteres verständliche Text erfordert Erklärungen durch sachkundige Beurteiler aus der Praxis. Diese Erläuterung, die bei den zahlreich zu erwartenden Streitfragen unentbehrlich ist, liegt hier vor. Man wird erstaunt sein, wieviel Wichtiges dieser Schlüssel zum Notrecht bietet. Wohl keine praktische Frage ist übersehen, die Ausdeutung der Bestimmungen ist von größter Klarheit.

Hein, Joh., Die Zusammenhänge zwischen Steuerrecht und Handelsrecht und ihre Entwicklung, untersucht an dem Gewinn und an der Bewertung. Eine bilanzrechtliche und bilanzkritische Darstellung mit praktischen Beispielen. Groß-Oktav. X, 280 Seiten. 1928 . . . . RM. 10.—, geb. RM. 12.—

„Das Buch führt in klarer Gestaltung in die Probleme des Bilanzrechts ein. Eine übersichtliche Gliederung ermöglicht eine schnelle und doch gründliche Einführung. Darüber hinaus stellt das Buch eine wesentliche Förderung für die dringend notwendige wissenschaftliche Behandlung des Steuerbilanzrechts und seiner Zusammenhänge mit den verwandten Rechtsmaterien dar.“
Zeitschrift für Handelsrecht.

Staubs Kommentar zum Handelsgesetzbuch. Zwölfte und dreizehnte Auflage. Bearbeitet von Heinrich Koenige, Albert Pinner, Felix Bondi. Vier Bände und ein Registerband. Groß-Oktav. 4000 Seiten. 1927 . . . . Zusammen RM. 157.—, in Halbleder RM. 183.60
Nachtrag, enthaltend das neue Aktienrecht, siehe Anzeige auf S. 54.

„Der Staubsche Kommentar ist das klassische Hilfswerk zum Deutschen Handelsgesetzbuch und für die Beurteilung der zahlreichen schwierigen Fragen dieses Gesetzes maßgebend geworden; es stellt ein unentbehrliches Mittel zur Erfassung und zur Anwendung des Gesetzes dar.“ Frankfurter Zeitung.

v. Gierke, Jul., Handelsgesetzbuch nebst Wechselordnung und Scheckgesetz. Mit systematischen Paragraphenüberschriften und ausführlichem Sachregister. Oktav. VIII, 295 Seiten. 1931. (Lehrausgaben Deutscher Gesetze Bd. IV.) Geb. RM. 5.—

Wie die früher erschienenen Bände der „Lehrausgaben Deutscher Gesetze“, ist auch Professor von Gierkes „Handelsgesetzbuch“ eine besonders gestaltete Textausgabe. Die Bearbeitung durch einen hervorragenden Rechtslehrer und zweckentsprechende Satzgestaltung geben auch dem neuen Band die Sonderstellung als „Lehrausgabe“, die für den Studenten geschaffen wurde, um ihm die Einarbeitung in den Rechtsstoff zu erleichtern.

Nicht nur dem Lernenden, auch dem Kaufmann, der ohne ermüdende Durcharbeitung des ganzen Gesetzwerkes seine wesentlichen Bestimmungen schnell und sicher kennenlernen und von Fall zu Fall nachlesen will, wird die Lehrausgabe willkommen sein.

Mosse, Albert, und Heymann, Ernst, Handelsgesetzbuch (ohne Seerecht). Mit den ergänzenden Vorschriften des Bürgerlichen Gesetzbuchs und einem Anhang, enthaltend das Einführungsgesetz, das Depotgesetz, die Bestimmungen über Börsentermin- und Differenzgeschäfte u. a. Nebst Erläuterungen. Im Anschluß an die Textausgabe von F. Litthauer. Siebzehnte Auflage. Unter Mitwirkung von Karl-August Crisolli. Oktav. VIII, 693 Seiten. 1926. (Guttentagsche Sammlung Deutscher Reichsgesetze Bd. 4.) Geb. RM. 14.—

Diese Ausgabe wurde durch Nachträge ergänzt.

„Die Litthauer-Mossesche Ausgabe des Handelsgesetzbuches hat bei allen Praktikern seit langem den wohlbegründeten Ruf größter Zuverlässigkeit und übersichtlicher Anordnung, die mit möglichster Knappheit des Ausdrucks gepaart sind. Das Buch ist ein zuverlässiger Führer durch das immer schwieriger werdende Gebiet des Handelsrechts." *Vossische Zeitung.*

Handelsgesetzbuch nebst Einführungsgesetz vom 10. Mai 1897, unter Berücksichtigung der bis 15. Juni 1930 ergangenen Novellen. Textausgabe mit Sachregister. Zwölfte Auflage. 370 Seiten. 1930. (Guttentagsche Sammlung von Textausgaben ohne Anmerkungen mit Sachregister.) Geb. RM. 3.50

Diese Ausgabe wurde durch einen Nachtrag ergänzt.

Baum, G., Das vertragliche Wettbewerbsverbot (Konkurrenzklausel). Nebst Kommentar zum Gesetze vom 10. Juni 1914. Taschenformat. XII, 231 Seiten. 1914. (Guttentagsche Sammlung Deutscher Reichsgesetze Bd. 115.) Geb. RM. 3.—

Gesellschaften

Brodmann, Erich, **Aktienrecht.** Kommentar. Groß-Oktav. XII, 580 Seiten. 1928. (Gewerbe- und Industrie-Kommentar Bd. IV.) RM. 28.—, geb. RM. 30.—

„Mit unvergleichlichem Geschick hat der Verfasser Großartiges geleistet — Brodmann ist Trumpf!" *Zeitschrift für Aktiengesellschaften.*

Brodmann, Erich, **Die Sanierung unseres Aktienwesens.** Groß-Oktav. 46 Seiten. 1931 . . . . RM. 3.—

Entwurf eines Gesetzes über Aktiengesellschaften und Kommanditgesellschaften auf Aktien sowie Entwurf eines Einführungsgesetzes nebst erläuternden Bemerkungen. Veröffentlicht durch das **Reichsjustizministerium.** Lexikon-Oktav. 132 Seiten. 1930 . . . . RM. 3.—

Pinner, Albert, **Aktiennovelle und Bankenaufsicht.** Verordnung vom 19. 9. 1931. Textausgabe mit Einführung in die Aktiennovelle. Taschenformat. 101 Seiten. 1931. (Guttentagsche Sammlung Deutscher Reichsgesetze Bd. 179.) . . . . Geb. RM. 1.80

Das eindringliche und zuverlässige Orientierungsbuch über die Neuregelung des Aktienwesens führt schnell in die wichtigen Hauptfragen ein. Der Herausgeber ist als hervorragender Kenner des Aktienrechts und Mitarbeiter an Staubs berühmtem HGB.-Kommentar der Fachwelt bekannt.

Hachenburg, Max, **Kommentar zum Gesetz, betr. die Gesellschaften mit beschränkter Haftung.** (Früher **Staub-Hachenburg.**) Fünfte Auflage unter Mitarbeit von Fritz Bing und Walter Schmidt. 2 Bände. RM. 43.—, geb. RM. 47.—

I. Band: §§ 1—34. Groß-Oktav. VI, 527 Seiten. 1926.

II. Band: §§ 35—84. Groß-Oktav. II, 452 Seiten. 1927.

„Was Hachenburg in seinen Neubearbeitungen aus diesem Buche gemacht hat, ist erstaunlich. Sein reiches juristisches Wissen, sein überlegener und kritischer Verstand, seine vorzügliche Gestaltungskraft und seine nur wenigen Juristen eigene vielseitige Auslegungskunst haben etwas Großes, Unvergleichliches geschaffen. Man findet selten ein literarisches Werk, in welchem Rechtsgelehrsamkeit und praktisches Können vereint einem Spezialgesetz so zugute kamen wie hier." *Zeitschrift für Aktiengesellschaften.*

Brodmann, Erich, **Gesetz, betr. die Gesellschaften mit beschränkter Haftung.** Kommentar. 2. Auflage. Groß-Oktav. VIII, 304 Seiten. 1930. (Gewerbe- und Industrie-Kommentar Bd. I.) . . . . RM. 16.—, geb. RM. 18.—

„Übersichtliche, klare Anordnung der Erläuterungen, tiefes Eindringen in die Einzelheiten des Gesetzes unter steter Berücksichtigung des Wirtschaftslebens, erschöpfende Wiedergabe der Rechtsprechung, namentlich des Reichsgerichts, sind die besonderen Vorzüge des Werkes, das damit ein unentbehrliches Rüstzeug werden wird.“ Badische Rechtspraxis.

Parisius, Ludolf, und **Crüger,** Hans, **Das Reichsgesetz, betr. die Gesellschaften mit beschränkter Haftung.** Textausgabe mit Anmerkungen und Sachregister. Achtzehnte Auflage, bearbeitet von Adolf Crecelius und Fritz Citron. Taschenformat. 244 Seiten. 1929. (Guttentagsche Sammlung Deutscher Reichsgesetze Bd. 32.) . . . . Geb. RM. 3.50

„Die äußerst sachkundig erläuterte Ausgabe wird von den interessierten Kreisen freudig begrüßt werden. Wir können das Bändchen der bekannten Sammlung bestens empfehlen.“ Badische Wirtschafts-Zeitung.

Starke, Arthur, **Offene Handelsgesellschaften, Kommanditgesellschaften und stille Gesellschaften** von der Errichtung bis zur Auflösung. Nebst Vertrags- und Anmeldeformularen und mit Berücksichtigung des Steuerrechts. Oktav. XIV, 167 Seiten. 1928 . . . . RM. 5.—

Eine systematische Darstellung für Studium und Praxis.

Wechselordnung und Scheckrecht

Staubs Kommentar zur Wechselordnung. Fortgesetzt von J. Stranz und M. Stranz. Zwölfte Auflage, bearbeitet von M. Stranz und Martin Stranz. Groß-Oktav. 432 Seiten. 1929. RM. 16.—, geb. RM. 18.—

„Staub-Stranz ist der Kommentar zur Wechselordnung. Auch die jüngste Auflage des Kommentars gibt einen echten Staub-Stranz. Weiterer Kommentar dazu ist überflüssig.“ Juristische Wochenschrift.

Stranz, J., und **Stranz,** M., **Wechselordnung** in der Fassung der Bekanntmachung vom 3. Juni 1908. Kommentar. Dreizehnte, der Neubearbeitung sechste Auflage. Taschenformat. 419 Seiten. 1930. (Guttentagsche Sammlung Deutscher Reichsgesetze Bd. 5.) . . . Geb. RM. 7.—

Diese Ausgabe enthält nicht etwa nur Hinweise und kurze Erläuterungen, sondern ist ihrer ganzen Anlage nach ein verkürzter Kommentar; außer der Wechselordnung bringt sie auch die bekannten Nebengesetze: sie umfaßt also das gesamte Wechselrecht.

Wechselordnung in der Fassung der Bekanntmachung vom 3. Juni 1908 (RGBl. S. 326ff.). Mit einem Anhang, enthaltend den Wechselprozeß und Nebengesetze. Textausgabe mit Einleitung und Sachregister. Taschenformat. 102 Seiten. 1928. (Guttentagsche Sammlung von Textausgaben ohne Anmerkungen.) . . . . Geb. RM. 1.50

Michaelis, Richard, **Wechselrecht.** Kommentar auf der Grundlage der Deutschen Wechselordnung unter vergleichsweiser Heranziehung der hauptsächlichsten ausländischen Wechselgesetze und des künftigen einheitlichen Wechselrechts. Groß-Oktav. 1932 . . . . Im Druck

Michaelis, Richard, **Scheckgesetz** mit allen einschlägigen Nebengesetzen, den ausländischen Gesetzen und dem Deutschen Postscheckgesetz mit Postscheckordnung. Kommentar. Groß-Oktav. VII, 339 Seiten. 1927. (Gewerbe- und Industrie-Kommentar Bd. II.) . . . . RM. 16.—, geb. RM. 18.—

„Wenn irgendein Buch, so entspricht dieses einem Bedürfnis.“ Berliner Tageblatt.

Der Eigentumsvorbehalt in Wirtschaft und Recht. Herausgegeben von der Industrie- und Handelskammer zu Berlin. Oktav. 280 Seiten. 1931. RM. 4.—, geb. RM. 5.—

„. . . Kurzum in jeder Beziehung eine umfassende Darstellung, das Handbuch des Eigentumsvorbehalts, gleich wertvoll für Wirtschaft, Rechtsprechung und Rechtslehre." Juristische Rundschau.

Schiffahrtsrecht

Schaps, Georg, Das deutsche Seerecht. Kommentar zum vierten Buche des Handelsgesetzbuches (als Ergänzung zu Staub's Kommentar) nebst Erläuterungen zu den seerechtlichen Nebengesetzen. Zweite, vollständig umgearbeitete Auflage herausgegeben von Max Mittelstein † und Julius Sebba.

I. Band. (Handelsgesetzbuch: Viertes Buch.) Groß-Oktav. VIII, 1041 Seiten. 1921 . . . . RM. 25.—, geb. RM. 28.—

II. Band. (Seerechtliche Nebengesetze mit Nachtrag zur Ergänzung des I. Bandes nach dem Stand von 1929.) Bearbeitet von J. Sebba. XVI, 1108 Seiten. 1929 . . . . RM. 52.—, geb. RM. 55.—

„Die alte, auf der Staubschen Kommentierungsmethode beruhende Auflage erfreute sich mit Recht schon großen Ansehens. In diesen bewährten Bahnen leistet die zweite Auflage an Vollständigkeit, Übersichtlichkeit und Genauigkeit das Höchste, was Wissenschaft und Praxis nur wünschen können." Juristische Wochenschrift.

Brandis, Otto, Das deutsche Seerecht (mit Ausschluß des Seeversicherungsrechts.) I. Allgem. Lehren: Personen und Sachen des Seerechts. 130 Seiten. 1908. II. Die einzelnen seerechtlichen Schuldverhältnisse: Verträge des Seerechts und außervertragliche Haftung. 156 Seiten. 1908. (Sammlung Göschen Bd. 386/87.) . . . . Geb. je RM. 1.80

Sebba, J., Das öffentliche Seerecht. Taschenformat. XVII, 597 Seiten. 1932. (Guttentagsche Sammlung Deutscher Reichsgesetze Bd. 19.) Geb. RM. 13.—

In dem vorliegenden Guttentagband bietet der Verfasser — Neubearbeiter des bekannten Kommentars „Schaps, Das deutsche Seerecht" — eine Zusammenstellung der öffentlich-rechtlichen Seegesetze. Die Ausgabe soll in dieser knappen Form zur ersten Orientierung dienen und darüber hinaus aber auch zur Ergänzung des großen Kommentars, soweit dieser durch die Gesetzgebung der letzten Zeit überholt ist.

Damit ist dem Praktiker ein Mittel zur Orientierung über den Bestand des öffentlichen Seerechts, und ein kleines Handbuch für den täglichen Gebrauch gegeben.

Sieveking, Gustav, Das deutsche Seeversicherungsrecht. Kommentar zum zehnten Abschnitt des vierten Buches des Handelsgesetzbuches. Lexikon-Oktav. 218 Seiten. 1912 . . . . RM. 5.—, geb. RM. 6.80

Allgemeine Deutsche Seeversicherungs-Bedingungen. Im Jahre 1919 herausgegeben von den deutschen Seeversicherern nach Beratung mit deutschen Handelskammern und Fachverbänden unter Vorsitz der Handelskammer Hamburg. 21.—23. Tausend. 56 Seiten. 1931 . . . . . RM. 2.—

General Rules of Marine. Insurance 1919 adopted by the German Underwriters. Authorised Translation by Dr. Alfred Sieveking, larger in Hamburg. 64 Seiten. 1920 . . . . RM. 3.—

Materialien zu den Allgemeinen Deutschen Seeversicherungs-Bedingungen. Im Auftrag der vereinigten Handelskammern herausgegeben von Prof. Dr. E. Bruck. Groß-Oktav. 2 Bände. 678 Seiten. 1920 . . RM. 10.—

v. Liebig, Eugen, Die Transportversicherung. Teil I: Die Seeversicherung. Systematische Darstellung des Seeversicherungswesens. Groß-Oktav. VIII, 226 Seiten. 1914 . . . . RM. 5.—

Bene, F., Der Begriff des Versicherungsfalles in der Seeversicherung. (Hamburger Rechtsstudien, herausgegeben von Mitgliedern der Rechts- und Staatswissenschaftlichen Fakultät der Hamburgischen Universität, Heft 1.) Groß-Oktav. 75 Seiten. 1928 . . . . RM. 4.50

Ellan, H. H., Die Bedeutung des Interesses für die Veräußerung der versicherten Sache. (Hamburger Rechtsstudien, herausgegeben von Mitgliedern der Rechts- und Staatswissenschaftlichen Fakultät der Hamburgischen Universität, Heft 2.) Oktav. 58 Seiten. 1928 . . . . RM. 4.—

Makower, H., Gesetze, betreffend die privatrechtlichen Verhältnisse der Binnenschiffahrt und der Flößerei. Nach den Materialien erläutert. Sechste, vermehrte Auflage, bearbeitet von E. Loewe. Taschenformat. 458 Seiten. 1923. (Guttentagsche Sammlung Deutscher Reichsgesetze Bd. 36.)
Geb. RM. 4.—

„Das vorzüglich bearbeitete Buch dürfte mit seinen klaren und verständlichen Erläuterungen für jeden, der in irgendeiner Weise mit der Binnenschiffahrt und der Flößerei zu tun hat, ein nie versagender Ratgeber sein.“ Schiffbau.

Sebba, Jul., Seewasserstraßenordnung. (Polizeiverordnung zur Regelung des Verkehrs auf den deutschen Seewasserstraßen vom 31. März 1927.) Mit Nachtrag, enthaltend die Änderungen vom 31. März 1928 und vom 20. März 1930. Taschenformat. 493 Seiten. 1928. (Guttentagsche Sammlung Deutscher Reichsgesetze Nr. 171.) . . . . Geb. RM. 8.50

Die vorliegende Ausgabe ist für die an dem Gesetz interessierten beiden Fachgruppen, die der Nautiker und der Juristen, von gleich großer Bedeutung. Diese Verbindung zweier Kenntnisgebiete gibt dem vorliegenden Kommentar seine besondere Note und seinen großen Wert.

Genossenschaften

Parisius, Ludolf, Crüger, Hans, Crecelius, Adolf, und Citron, Fritz, Reichsgesetz, betreffend die Erwerbs- und Wirtschaftsgenossenschaften. Kommentar zum praktischen Gebrauch für Juristen und Genossenschaften und ihre Mitglieder. Zwölfte, neubearbeitete Auflage. 1932. Groß-Oktav.
RM. 28.—, geb. RM. 30.—

„Crüger beherrscht wie kein anderer Theorie und Praxis des Genossenschaftswesens, auch nach der wissenschaftlichen Seite hin.“ Juristische Wochenschrift.

Parisius, Ludolf, und Crüger, Hans, Das Reichsgesetz, betreffend die Erwerbs- und Wirtschaftsgenossenschaften. Textausgabe mit Anmerkungen und Sachregister. Zwanzigste, neubearbeitete und erweiterte Auflage von Hans Crüger, Adolf Crecelius und Fritz Citron. Taschenformat. 297 Seiten 1930. (Guttentagsche Sammlung Deutscher Reichsgesetze Bd. 29.) . . . . Geb. RM. 4.—

„In knapper und klarer Form werden alle die gesetzlichen Bestimmungen abgehandelt und alles zum Verständnis unbedingt Erforderliche in den Anmerkungen beigebracht. Das Werk kann nur empfohlen werden.“ Ministerialblatt f. d. Preuß. innere Verwaltung.

Verschiedenes

Schreiber, Otto, Handelsrechtliche Nebengesetze. Taschenformat. VIII, 1002 Seiten. 1926. (Guttentagsche Sammlung Deutscher Reichsgesetze Bd. 162.)
Geb. RM. 14.—

„Die Sammlung ist ein unentbehrliches Hilfsmittel für den Praktiker. Die Zusammenstellung ist sehr zuverlässig; auch das Sachregister von Kleffel verdient volle Anerkennung.“ *Zentralblatt für Handelsrecht.*

Staffel, W., Verordnung gegen Mißbrauch wirtschaftlicher Machtstellungen vom 2. November 1923. Kommentar. Oktav. 108 Seiten. 1927. (Guttentagsche Sammlung Deutscher Reichsgesetze Bd. 167.) . . Geb. RM. 3.50

„Die für das Wirtschaftsrecht so wichtige Kartellverordnung findet hier eine eingehende Kommentierung. Die Erläuterungen werden daher um so unentbehrlicher für die wirtschaftliche Praxis auf diesem Gebiete sein.“ *Industrie- und Handelszeitung.*

Lusensky, F., Gesetz über die Handelskammern. Taschenformat. (Guttentagsche Sammlung Preußischer Gesetze Bd. 21.) Neue Auflage in Vorbereitung.

„Das Buch ist ein vortrefflicher Berater aller derer, die in der Handelskammerorganisation sind, oder zu ihr in Beziehung stehen. Es kann warm empfohlen werden.“ *Zeitschrift für Polizei- und Verwaltungsbeamte.*

Göppert-Seydel, Hypothekenbankgesetz vom 13. Juli 1899 (mit den Änderungen durch die Gesetze vom 14. Juli 1923, vom 26. Januar 1926 und 21. Dezember 1927). Textausgabe mit Einleitung, Anmerkungen und Sachregister. Dritte Auflage, bearbeitet von Dr. **Martin Friedlaender.** Taschenformat. VIII, 202 Seiten. 1929. (Guttentagsche Sammlung Deutscher Reichsgesetze Nr. 51.) . . . . RM. 5.—

„. . . In seiner neuen Gestalt ist der Kommentar eine vollständige, bis ins einzelne gehende, auf den neuesten Stand geführte Bearbeitung und Erläuterung des Gesetzes, die über alle einschlägigen Fragen erschöpfende Auskunft gibt.“ *Berliner Tageblatt.*

Behlert, Heinz, Der Konnossement-Teilschein. Groß-Oktav. 79 Seiten. 1930. (Hamburger Rechtsstudien Heft 5.) . . . . RM. 5.—

Die Schrift löst die Frage, ob ein Konnossement-Teilschein dem Konnossement gleichzusetzen ist, unter Zugrundelegung der Hamburger Verhältnisse und unter Berücksichtigung der Rechtsprechung, der Lehre und des ausländischen Rechtes.

Lion, Robert, Reine Konnossemente gegen Revers. Groß-Oktav. 78 Seiten. 1930. (Hamburger Rechtsstudien Heft 7.) . . . . RM. 5.—

Die Abhandlung beginnt mit einer ausführlichen Darstellung der Entwicklung, Anwendung und Funktion des Konnossementsreverses. Es folgt eine Untersuchung der rechtlichen Probleme, die sich bemüht, die wirtschaftlichen Interessen aller Beteiligten gegeneinander abzuwägen; eine eingehende Übersicht über die Rechtsprechung ist mit ihr verbunden. Den Abschluß bildet eine Darstellung und Würdigung der zahlreichen Reformvorschläge. Wirtschaft und Recht des Auslandes sind in weitestgehendem Umfange berücksichtigt.

Bank und Börse

Koch, R., und Schacht, Hjalmar, Die Reichsgesetzgebung über das Münz- und Notenbankwesen. Textausgabe mit Anmerkungen und Sachregister. Siebente, völlig neubearbeitete Auflage. Taschenformat. XVIII, 617 Seiten. 1925. (Guttentagsche Sammlung Deutscher Reichsgesetze Bd. 26.) Geb. RM. 14.—

„Dieser Kommentar zeichnet sich durch Vollständigkeit und Reichhaltigkeit aus und bietet außerdem in der Einleitung einen vortrefflichen Überblick über die Entwicklung des deutschen Noten- und Geldwesens während der letzten Jahrzehnte.“ *Monatsschrift für Handelsrecht und Bankwesen.*

Nußbaum, Arthur, Bank- und Börsenrecht. Eine Sammlung von Gesetzen und Geschäftsbedingungen. Taschenformat. XII, 622 Seiten. 1927. (Guttentagsche Sammlung Deutscher Reichsgesetze Bd. 169.) . Geb. RM. 11.—

Die vorliegende Sammlung der verstreuten bank- und börsenrechtlichen Vorschriften fehlte bisher in der kaufmännischen und juristischen Bankpraxis ebenso wie im handelsrechtlichen und betriebswirtschaftlichen Unterricht. Ihr Erscheinen wurde daher vielseitig begrüßt. Die Sammlung berücksichtigt auch die dem freien Verkehr entstammenden Rechtsbildungen.

Kommentar zum Börsengesetz. Im Auftrage des Centralverbandes des Deutschen Bank- und Bankiergewerbes (E. V.) bearbeitet von H. Rehm, H. Trumpler, Heinrich Dove, Ernst Neukamp, R. Schmidt-Ernsthausen, James Breit. Mit einem Vorwort von J. Rießer. Lexikon-Oktav. VIII, 464 Seiten. 1909. . . . . . RM. 12,—, geb. RM. 13.50

„Einen so guten Kommentar zum Börsengesetz hat es noch nie gegeben. Wer sich darein vertieft, wird reiche Belehrung daraus schöpfen über das Börsenwesen im allgemeinen und über seine Rechtsübung und Rechtssprechung im besonderen." *Sächsisches Archiv für Rechtspflege.*

Hemptenmacher, Th., Börsengesetz. Dritte Auflage von O. Meyer. Taschenformat. XXIII, 373 Seiten. 1915. (Guttentagsche Sammlung Deutscher Reichsgesetze Bd. 41.) . . . . Geb. RM. 3.50

„Das Bändchen bringt neben einem kurzen Überblick und einem vorteilhaft erweiterten Anhang das Börsengesetz nebst Ausführungsbestimmungen. Alles in allem schließt sich auch dieses Bändchen wieder den übrigen Textausgaben der wegen ihrer unbedingten und erschöpfenden Sachlichkeit bekannten Guttentagschen Sammlung Deutscher Reichsgesetze würdig an." *Bayrische Handelszeitung.*

Lusensky, F., Gesetz, betreffend die Pflichten der Kaufleute bei Aufbewahrung fremder Wertpapiere (Depotgesetz). (Guttentagsche Sammlung Deutscher Reichsgesetze Bd. 40.) . . . . Neue Auflage in Bearbeitung.

„Die beste Bearbeitung des sogenannten Depotgesetzes." *Zeitschrift für Aktiengesellschaften.*

Frohner, G. Aktiensonderdepot und Legitimationsübertragung. (Hamburger Rechtsstudien, herausgegeben von Mitgliedern der Rechts- und Staatswissenschaftlichen Fakultät der Hamburgischen Universität, Heft 3.) Groß-Oktav. VII, 114 Seiten. 1929 . . . . RM. 7.—

Schwerin, Frh. Cl. von, Recht der Wertpapiere (einschließlich Wechsel- und Scheckverkehr). Oktav. X, 234 Seiten. 1924. (Lehrbücher und Grundrisse der Rechtswissenschaft Bd. 7.) . . . . RM. 7.—, geb. RM. 8.50

„Das Buch löst seine Aufgabe, den Studierenden eine Einführung in die Materie des Wertpapierrechts zu geben, ausgezeichnet, vor allem deshalb, weil es eine gute theoretische Fundierung mit einer dem Lehrzweck entsprechenden Darstellung des praktischen Rechts und der Rechtstatsachen verbindet." *Deutsche Juristenzeitung.*

Hollaender, Adolf, Preis- und Zinssenkung. (Siehe „Die vierte Notverordnung" Seite 12.)

Zeitgemäße Bankrechtsfragen, Festgabe der Rechtsabteilung der Disconto-Gesellschaft zum 70. Geburtstage des Herrn Dr. jur. Arthur Salomonsohn. Quart. 126 Seiten. 1929 . . . . . . RM. 8.—, geb. RM. 10.—

„Der Band enthält 8 vorzügliche Aufsätze. Die Verfasser befassen sich mit Problemen, die in der Rechtsabteilung einer Großbank oft zur Debatte stehen und deren endgültige Klärung ein praktisches Bedürfnis ist." *Wirtschaftl. Nachrichten.*

Verhandlungen des VII. allgemeinen deutschen Bankiertages. Köln, 9.—11. September 1928, auf Grund stenographischer Berichte. Groß-Oktav. 436 Seiten. 1928 . . . . RM. 10.—

Bank-Archiv. Zeitschrift für Bank- und Börsenwesen. Begründet von Riesser. Unter Mitwirkung von hervorragenden Fachmännern herausgegeben von Dr. Georg Solmssen. Schriftleitung: Rechtsanwalt Otto Bernstein, geschäftsführendes Vorstandsmitglied des Zentralverbandes des Deutschen Bank- und Bankiergewerbes. Quart. Jährlich 24 Nummern. XXXI. Jahrgang. 1931/32 . . . . Pro Halbjahr RM. 12.—

III. Grenzgebiete des Bürgerlichen Rechts

1. Privat- und Sozialversicherung

Koenige, Heinrich, und **Petersen,** A., **Gesetz über die privaten Versicherungsunternehmungen** vom 12. Mai 1901. Textausgabe mit Anmerkungen und Sachregister. Dritte, umgearbeitete Auflage. Taschenformat. 856 Seiten. 1927. (Guttentagsche Sammlung Deutscher Reichsgesetze Bd. 62.)

Geb. RM. 20.—

„Für Theorie und Praxis der Privatversicherung wird das Werk zu einem unentbehrlichen Hilfsmittel.“ *Deutsche Versicherten-Zeitung.*

Ergänzt durch:

Koenige, Heinrich, **Petersen,** A. und **Wirth,** K., **Gesetz über die Beaufsichtigung der privaten Versicherungsunternehmungen und Bausparkassen** vom 6. Juni 1931. Textausgabe, enthaltend den vollständigen, geltenden Gesetzestext sowie Erläuterungen zu den neuen, auf dem Gesetz vom 30. März 1931 beruhenden Vorschriften. Nachtrag zu Koenige-Petersen, Private Versicherungsunternehmungen, dritte Auflage (Bd. 62 der Sammlung). Taschenformat. 238 Seiten. 1931. (Guttentagsche Sammlung Deutscher Reichsgesetze Bd. 62a.) . . . . Geb. RM. 6.—

Die vorliegende Ausgabe enthält den vollständigen Gesetzestext, nicht nur die geänderten und zugefügten Paragraphen. Sie erläutert jedoch nur die in der Neuschöpfung des Gesetzes geänderten Bestimmungen, während hinsichtlich der unverändert gebliebenen gesetzlichen Vorschriften auf den Kommentar von Koenige-Petersen verwiesen wird.

Bruck, E., **Reichsgesetz über den Versicherungsvertrag** nebst dem zugehörigen Einführungsgesetz vom 30. Mai 1908. Siebente, neubearbeitete Auflage. Taschenformat VIII, 563 Seiten. 1932. (Guttentagsche Sammlung Deutscher Reichsgesetze Bd. 83.) . . . . Geb. RM. 14.—

„Die Vorzüge, welche die früheren Auflagen schon zeigten, die Fülle des Gebotenen, die Beherrschung des Stoffes, die anschauliche und doch knappe Sprache, und dies alles in dem engen Rahmen einer Textausgabe, kleinen Handausgabe mit Anmerkungen, sind auch dieser vierten Auflage in hohem Maße eigen.“
Mitteilungen für die öffentlichen Feuerversicherungs-Anstalten.

Moldenhauer, Paul, **Das Versicherungswesen.**

I. Allgemeine Versicherungslehre. Vierte Auflage. 152 Seiten. 1925. (Sammlung Göschen Bd. 262.) . . . . Geb. RM. 1.80

II. Die einzelnen Versicherungszweige. Zweite Auflage. 130 Seiten. 1923. (Sammlung Göschen Bd. 636.) . . . . Geb. RM. 1.80

„Das Buch ist für jeden, der sich mit dem Versicherungswesen und seinen Zweigen vertraut machen will, ein trefflicher Führer.“ *Versicherungspost.*

Veröffentlichungen des Reichs-Aufsichtsamts für Privatversicherung. Groß-Oktav. 30. Jahrgang. . . . . . Pro Band RM. 40.— bis RM. 50.—

Gesamtregister zu den Veröffentlichungen des Reichs-Aufsichtsamts für Privatversicherung. 1912—1926. 184 Seiten. 1928 . . . . . . RM. 14.—

Versicherungsstatistik für 1902 über die unter Reichsaufsicht stehenden Unternehmungen. Herausgegeben vom Reichsaufsichtsamt für Privatversicherung. Lexikon-Oktav. LXXVII, 384 Seiten. 1905 . . . . RM. 10.—

— für 1903 bis 1917 . . . . Je Jahrgang RM. 10.—

— für 1928 bis 1929 . . . . RM. 24.—

— für 1930 . . . . RM. 13.—

v. Liebig, Eugen, Das deutsche Feuerversicherungswesen. Groß-Oktav. 211 Seiten. 1911 . . . . RM. 5.—

„In einer außerordentlich klaren Darstellung gibt der Verfasser einen geschichtlichen Überblick von den Gilden an bis zum gegenwärtigen Stand der Feuerversicherung in Deutschland. Das Buch ist in so flüssiger, schöner Sprache geschrieben, daß auch der Anfänger und selbst der Laie durch die fesselnde Darstellung leicht einen tiefen Einblick in das Wesen der Feuerversicherung gewinnen wird.“ Archiv für Versicherungswirtschaft.

Weygand, J., Die Grundzüge der Kundenversicherung. (Generalversicherung der Speditions- und Lagergüter.) Mit einer Einleitung über das Interesse als Element der Sachversicherung. Groß-Oktav. 162 Seiten. 1914. RM. 4.—

„Das interessante Werk bietet namentlich für Juristen wertvolle Hinweise zur Rechtsbehandlung der Kundenversicherungsfrage.“
Archiv für Gewerbepolitik und Volkswirtschaft.

Berliner, Ludwig, und Pfaffenberger, Ernst, Aufwertung von Versicherungsansprüchen mit Durchführungsbestimmungen.

I. Teil. Oktav. 235 Seiten. 1926. Mit Nachtrag. (Guttentagsche Sammlung Deutscher Reichsgesetze Bd. 164.) . . . . Geb. RM. 6.50

II. Teil: Sach- und Transportversicherung; Unfall- und Haftpflichtversicherung. Oktav. 112 Seiten. 1926. (Guttentagsche Sammlung Deutscher Reichsgesetze Bd. 164a.) . . . . Geb. RM. 3.50

„Ein bedeutsamer Kommentar, durch den die gesetzlichen Bestimmungen von der juristischen und versicherungstechnischen Seite aus eingehend erläutert werden. In seinem straffen, systematischen Aufbau, der Geschlossenheit der Darstellung muß man das Buch als ein Standardwerk für das gesamte versicherungsrechtliche Aufwertungsgebiet bezeichnen.
Ein unentbehrlicher Ratgeber in allen interessierten Kreisen.“
Versicherungs-Post, Berlin.

Tsirintanis, Alexander, Die Order-Police. Groß-Oktav. 95 Seiten. 1930 (Hamburger Rechtsstudien Heft 6.) . . . . RM. 6.—

Der Verfasser behandelt die Frage, inwieweit das Versicherungsrecht, um den heutigen Verkehrsbedürfnissen zu entsprechen, die Orderklausel und das Indossament verwerten kann. Nach einer Darstellung und kritischen Würdigung der Ergebnisse aus der Anorderstellung des Versicherungsscheins in anderen Ländern, insbesondere in Frankreich, versucht der Verfasser die rechtlichen und wirtschaftlichen Folgen aus der Ausstellung von Order-Polizen darzulegen. In einem besonderen Teil wird die Order-Polize mit anderen, auf denselben wirtschaftlichen Erfolg gerichteten Rechtsinstituten, namentlich der Versicherung für Rechnung wen es angeht, verglichen und die vorhandenen Unterschiede gestreift.

Embden, Helmuth, Versicherung für Rechnung wen es angeht. Groß-Oktav. VIII, 39 Seiten. 1930. (Hamburger Rechtsstudien Heft 8.) RM. 3.—

Im ersten Teil wird der versicherungsrechtliche Interessenbegriff im streng individualistischen Sinne präzisiert. Im Hauptteil versucht dann der Verfasser, die universelle Vertragsform der Versicherung für Rechnung wen es angeht in Einklang mit einer so engen Auffassung des Interessenbegriffs zu bringen.

Lippmann, Karl, **Die Reichsversicherungsordnung** nebst dem Einführungsgesetze, den wichtigsten Ausführungsvorschriften, den ergänzenden Gesetzen und Verordnungen sowie den Verordnungen über das Verfahren. **Nach dem Stande vom 8. Dezember 1931.** Textausgabe mit Anmerkungen, Einleitung (Übersicht über den Inhalt der Reichsversicherungsordnung) und Sachregister. Taschenformat. XVI, 767 Seiten. 1932. (Guttentagsche Sammlung Deutscher Reichsgesetze, Kommentare und erläuterte Textausgaben, Bd. 161.) . . . . Geb. RM. 18.—

Die Ausgabe wird durch Nachträge auf dem laufenden gehalten.

„Das Buch dürfte sich in der Bibliothek eines jeden finden, der sich mit der Reichsversicherungsordnung befaßt. Es gehört zu den praktisch wertvollsten." *Deutsche Allgemeine Zeitung.*

Lippmann, Karl, **Sozialversicherung und Fürsorge.** (Siehe „Die vierte Notverordnung" Seite 12.)

Reuß, Max, und **Hense,** Fritz. **Das Reichsknappschaftsgesetz** vom 1. Juli 1926 nebst Einführungsgesetz. 2. Aufl. Taschenformat. XVI. 640 Seiten. 1926. (Guttentagsche Sammlung Deutscher Reichsgesetze Bd. 155.) Mit Nachtrag 1931. Geb. RM. 12.—

„Die Herausgabe des Gesetzes bedarf keiner besonderen Empfehlung. Das Buch kann allen, die auf dem Gebiete des Knappschaftswesens tätig sind, aufs wärmste empfohlen werden." *Zeitschrift für Bergrecht.*

Angestelltenversicherungsgesetz vom 28. Mai 1924. Zweite Auflage. Taschenformat. 143 Seiten. 1927. Mit Nachtrag. (Guttentagsche Sammlung Deutscher Reichsgesetze. Textausgaben ohne Anmerkungen.) . . Geb. RM. 2.50

Manes, Alfred, **Sozialversicherung.** 7., ergänzte Aufl. 1928. Kl.-Oktav. 139 Seiten. (Sammlung Göschen Bd. 267.) . . . . Geb. RM. 1.80

„Es gibt keine andere Darstellung der geltenden Sozialversicherung, die in solch erfreulicher Kürze und Sachlichkeit durch die annähernd 2400 Paragraphen führt." *Hanseatische Rechts- und Gerichts-Zeitschrift.*

Schmeißer, Herbert, **Das Gesetz über Arbeitsvermittlung und Arbeitslosenversicherung** in der Fassung der Notverordnung vom 1. Dezember 1930. 2 Bände. Taschenformat.

Band I. XVI, 639 Seiten. 1931 . . . . Geb. RM. 15.—

Band II erscheint im Laufe des Jahres 1932.

(Guttentagsche Sammlung Deutscher Reichsgesetze Bd. 165.)

Der auf diesem Gebiet besonders sachkundige Verfasser bringt mit diesem Werk einen Kommentar zum gesamten Arbeitsvermittlungs- und Arbeitslosenrecht, das im Laufe der Jahre umfangreichen Änderungen unterworfen war und so unübersichtlich geworden ist, daß eine straffe, übersichtliche und allgemeinverständliche Kommentierung für den Fach- und Nichtfachmann immer dringlicher wird. Der Verfasser berücksichtigt das gesamte einschlägige Material: Rechtsprechung der Arbeitsgerichte, der Spruchbehörden, der Arbeitslosenversicherung und der Beschluß- und Spruchbehörden der RVO. Die grundsätzlichen Entscheidungen des Spruchsenats für die Arbeitslosenversicherung sind bis Ende Januar 1931 verarbeitet, ferner die Begründung zu den Gesetzentwürfen und die Verhandlungen der gesetzgebenden Körperschaften. — Auch die vielen Ausführungsbestimmungen sind erläutert.

2. Arbeitsrecht

Depène, Hans, **Das Arbeitsgerichtsgesetz.** Taschenformat. (Guttentagsche Sammlung Deutscher Reichsgesetze Bd. 168.) 2. Auflage in Bearbeitung.

Arbeitsrechtliche Spruchsammlung. Beiträge zum Deutschen Handwerksblatt. Pro Quartal RM. 0.90

Entscheidungen des Reichsarbeitsgerichts. Herausgegeben von den Mitgliedern des Reichsarbeitsgerichts. Oktav.

Band I. 1928. Band II. 1928/29. Band III. 1929. Band IV. 1929/30. Band V und VI. 1930. Band VII. 1931. Band VIII. 1931.
Je RM. 6.50, geb. RM. 8.—

Günther, Adolf, und **Schneider,** Richard, **Arbeiterschutz und Arbeitsrecht.** Zweite Auflage. Taschenformat.

I. Teil: **Arbeitszeitschutz.** Das Arbeitszeitnotgesetz und die übrige arbeitszeitrechtliche Gesetzgebung des Reichs seit dem 9. November 1918. 386 Seiten. 1927 . . . . Geb. RM. 7.50

„Der Kommentar umfaßt die gesamte arbeitszeitrechtliche Gesetzgebung von der Staatsumwälzung bis zur Gegenwart." Die Wirtschaftsgenossenschaft.

II. Teil: Gesetz über die **Beschäftigung Schwerbeschädigter** nebst den einschlägigen gesetzlichen Bestimmungen. 404 Seiten. 1928. (Guttentagsche Sammlung Deutscher Reichsgesetze Bd. 138a/138c.) . . Geb. RM. 8.—

„Das Buch stellt nicht nur beim Studium des Gesetzes ein wertvolles Hilfsmittel dar, sondern ist auch für den Handgebrauch des Arbeitsrechtspraktikers unentbehrlich." Berliner Wohlfahrtsblatt.

IV. Teil: **Betriebsstillegungsverordnung.** 240 Seiten. 1929. (Guttentagsche Sammlung Deutscher Reichsgesetze. Bd. 138d.) . . . . Geb. RM. 6.50

Kohlsing, Theodor, **Arbeitsrechtliche Vorschriften.** (Siehe „Die vierte Notverordnung" Seite 12.)

Warneyer, Otto, **Betriebsrätegesetz** vom 4. Februar 1920 nebst der Wahlordnung zum Betriebsrätegesetz, dem Aufsichtsratsgesetz samt Wahlordnung und den Ausführungsverordnungen des Reichs und der Länder. Auf der Grundlage der Güntherschen Textausgabe mit Anmerkungen erläutert unter besonderer Berücksichtigung der Rechtsprechung des Reichsgerichts und des Reichsarbeitsgerichts. Zweite Auflage. Taschenformat. 235 Seiten. 1931. (Guttentagsche Sammlung Deutscher Reichsgesetze Bd. 138b.) . . . . Geb. RM. 5.—

Diese Handausgabe ist ihrer Anlage nach ein verkürzter Kommentar, der die Entwicklung des Gesetzes, der Rechtsprechung — vor allem des Reichsarbeitsgerichts! — und der einschlägigen Literatur bis Ende 1930 berücksichtigt. Die übersichtliche Anordnung sowie die Prägnanz und Leichtigkeit der Sprache ermöglichen allen Interessenten bequemste Auswertung.

v. Ungern-Sternberg, Die Auflösung und Fusion von Berufsvereinen und ihre arbeitsrechtliche Bedeutung. Oktav. IV, 52 Seiten. 1931.
RM. 3.50

Für laufende Tarifverträge ebenso wie für Schlichtungsverfahren haben Auflösung und Fusion von Gewerkschaften bzw. Arbeitgeberverbänden erhebliche Bedeutung. Deshalb lohnt eine zusammenfassende Durchforschung und Darstellung der Materie wohl. An Hand von Literatur und Rechtsprechung werden alle Zweifelsfragen hier geklärt. Die Schrift bringt den Beteiligten wertvolle Unterlagen für die Praxis.

Tilly, Dr. Helmuth Tczerclas von, **Internationales Arbeitsrecht.** Unter besonderer Berücksichtigung der Internationalen Arbeitsorganisation. 120 Seiten. 1924. (Sammlung Göschen Bd. 882.) . . . . Geb. RM. 1.80

Es ist das erste Werk, das in klarer, kurzer und allen leicht verständlicher Weise das gesamte grundlegende Tatsachenmaterial — und zwar nur dieses — auf dem umfassenden Gebiete des internationalen Arbeiterschutzes von dessen ersten Anfängen bis in die neueste Zeit bietet.

3. Gewerberecht

Hiller, Fr., und Luppe, H., Gewerbeordnung für das Deutsche Reich nebst Kinderschutzgesetz und Hausarbeitsgesetz sowie den für das Reich und Preußen erlassenen Ausführungsbestimmungen. Einundzwanzigste, veränderte Auflage. (143. bis 148. Tausend.) Taschenformat. 931 Seiten. 1928. Mit Nachtrag vom 11. 2. 1929. (Guttentagsche Sammlung Deutscher Reichsgesetze Bd. 6.) . . . . Geb. RM. 11.—

„Ein Wort der Empfehlung für dieses Buch zu sagen, erübrigt sich. Hervorgehoben sei, daß diese Auflage alle Vorzüge der früheren Auflagen in sich schließt. Die zahlreichen neuen Gesetze sind erschöpfend berücksichtigt.“
Zeitschrift des Deutschen Notarvereins.

Gewerbeordnung für das Deutsche Reich nebst Gaststättengesetz, Kinderschutzgesetz und Hausarbeitsgesetz. Textausgabe mit Einleitung und Sachregister. Taschenformat. IV, 200 Seiten. 1932. (Gutentagsche Sammlung von Textausgaben ohne Anmerkungen mit Sachregister . . . . . Geb. RM. 3.40

Brassert, H., Allgemeines Berggesetz für die preußischen Staaten mit Kommentar. Zweite Auflage, bearbeitet von Hans Gottschalk. Groß-Oktav. XXIX, 1291 Seiten. 1914. . . . . RM. 27.—, geb. RM. 30.—

Sonnenfeld, Hugo, Die reichsrechtlichen Bestimmungen, betreffend den Handel mit Drogen und Giften. Dritte, veränderte Auflage. Taschenformat. 435 Seiten. 1926. (Guttentagsche Sammlung Deutscher Reichsgesetze Bd. 64.). . . . . Geb. RM. 12.—

„Die Arbeit gehört einem Spezialgebiet an, mit dem nicht jeder Jurist zu tun hat. Wird er einmal genötigt, sich auf dieses Gebiet zu begeben, so ist er um so dankbarer für eine Arbeit, die sofort den Eindruck größter Sachkunde und vollständiger Materialsammlung macht, und deren Führung man sich unbedenklich anvertrauen kann.“ *Vossische Zeitung.*

Friedrichs, Karl, Gaststättengesetz vom 28. April 1930 mit den Durchführungs- und Ausführungsverordnungen des Reichs und Preußens. Taschenformat. VIII, 144 Seiten. 1930. (Guttentagsche Sammlung Deutscher Reichsgesetze, Textausgabe mit Erläuterungen und Sachregister, Band 176.) Geb. RM. 3.50

Das Gaststättengesetz in seiner neuen Fassung mit ausführlichen Erläuterungen. Der Verfasser hat zur vollständigen und zuverlässigen Erläuterung alles herangezogen, was aus der bisherigen Rechtsprechung und den einschlägigen Reichstagsdrucksachen verwertbar ist; die Durch- und Ausführungsverordnungen für das Reich und Preußen sind wörtlich abgedruckt und, soweit notwendig, erläutert.

Lebbin, Georg, Nahrungsmittelgesetze mit Erläuterungen. Zweite, stark vermehrte Auflage in zwei Bänden.

I. Band: Das Lebensmittelgesetz vom 5. Juli 1927 mit Nebengesetzen (Margarine, Fleisch, Milch, Süßstoff, Essigsäure usw.). Erläutert von G. Lebbin und R. Gießner. Taschenformat. XVI, 419 Seiten. 1928. Geb. RM. 8.50

II. Band: Getränkegesetze und Getränkesteuergesetze (Wein, Bier, Branntwein, Mineralwasser). Unter Mitarbeit von Rechtsanwalt Dr. Kniebe. Taschenformat. XII, 400 Seiten. 1926. (Guttentagsche Sammlung Deutscher Reichsgesetze Bd. 54 b.) . . . . Geb. RM. 10.—

„Das Werk ist für unsere Leser und überhaupt die ganze Fachwelt der Getränkeindustrie unentbehrlich, muß doch jedermann mit den einschlägigen Gesetzesbestimmungen sich soweit wie irgend möglich vertraut machen, wenn er nicht in Nachteile geraten will. Die Anschaffung des Buches kann bestens empfohlen werden.“ *Branntweinmonopol.*

Voß, Werner, Die reichs- und landesrechtlichen Bestimmungen auf dem Gebiete des Gesundheitswesens. Taschenformat 608 Seiten. 1929. (Guttentagsche Sammlung Deutscher Reichsgesetze Bd. 172.) . . . Geb. RM. 11.—

„Das Buch wird seiner Aufgabe, fast den gesamten Gesetzesstoff in einem einzigen kleinen Bande in die Hand zu geben, gewiß gerecht und wird sich schnell als unentbehrliches Hilfsmittel für jeden erweisen, der öfter mit dem Gesundheitswesen zu tun hat." *Reichsverwaltungsblatt.*

4. Geistig-gewerblicher Rechtsschutz

Elster, Alexander, **Urheber- und Erfinder-, Warenzeichen- und Wettbewerbsrecht.** (Gewerblicher Rechtsschutz.) Zweite, stark erweiterte und völlig umgearbeitete Auflage. Mit Abdruck der Gesetzestexte. Oktav. XII, 611 Seiten 1928. Mit Nachtrag 1931. (Lehrbücher und Grundrisse der Rechtswissenschaft Bd. VIII.) . . . . RM. 18.—, geb. RM. 19.50

„Seit Kohler und Osterrieth endlich wieder das langentbehrte Lehrbuch. Hier unternimmt ein wahrhaft selbständiger und ideenreicher Kopf den Versuch, eine wirkliche Synthese zu schaffen." *Juristische Rundschau.*

Neuberg, J., **Der internationale gewerbliche Rechtsschutz.** 2. Auflage. 128 Seiten. 1923. (Sammlung Göschen Bd. 271.) . . . . Geb. RM. 1.80

Daude, Paul, **Die Reichsgesetze über das Urheberrecht an Werken der Literatur und der Tonkunst und das Verlagsrecht** vom 19. Juni 1901 in der Fassung des Gesetzes vom 22. Mai 1910 zur Ausführung der revidierten Berner Übereinkunft. Oktav. VIII, 293 Seiten. 1910. . . RM. 6.—

„Der Zusammenhang der erläuterten Gesetze mit dem Strafgesetzbuch, dem Bürgerlichen Gesetzbuch und anderen Gesetzen ist in leichtverständlicher Weise praktisch dargestellt. Es wird vorzügliche Dienste leisten." *Deutsche Literatur-Zeitung.*

Lindemann, O., **Gesetz, betr. das Urheberrecht** an Werken der Literatur und der Tonkunst. Vierte Auflage. Taschenformat. 171 Seiten. 1921. (Guttentagsche Sammlung Deutscher Reichsgesetze Bd. 60.) . Geb. RM. 1.80

„Die Arbeit ist nicht bloß eine Gesetzesausgabe, sondern ein wertvoller Kommentar des Gesetzes. Das Werk sei jedermann auf das beste empfohlen." *Juristische Wochenschrift.*

Fuld, Ludwig, **Gesetz, betr. das Urheberrecht an Werken der bildenden Künste und der Photographie.** Zweite Auflage. Taschenformat. 192 Seiten. 1925. (Guttentagsche Sammlung Deutscher Reichsgesetze Bd. 81.) Geb. RM. 6.—

„Der zwar kleine, aber inhaltreiche und daher sehr beliebte Kommentar von Fuld erscheint in zweiter, völlig neubearbeiteter Auflage. Überall ist dem Stande der heutigen Rechtsprechung und wissenschaftlichen Auffassungen Rechnung getragen. In einem Anhang sind die einschlägigen internationalen Übereinkommen abgedruckt. Alle Interessenten werden mit Freuden die neue Auflage begrüßen." *Danziger Juristische Monatsschrift.*

Reininger, G., **Der Schutz des Urheberrechts im deutschen Rundfunk.** Oktav. 88 Seiten. 1929 . . . . RM. 4.—

„Eine interessante, zeitgemäße, namentlich auch für geistige Neuschöpfer wichtige Studie." *Badische Rechtspraxis.*

Andritzky, Christoph, **Die Rechtsstellung des Drehbuchautors.** Oktav. XI, 80 Seiten. 1931 . . . . RM. 3.50

Andritzky äußert sich zu den Streitfragen um die Urheberschaft am Film. Er trennt scharf zwischen künstlerischer Leistung und künstlerisch-urheberischer Schöpfung und kommt zu der These: Der Filmurheber ist der Urheber des kurbelfertigen Drehbuches. — Die Verhältnisse beim Tonfilm sind, soweit dies möglich erschien, berücksichtigt.

Giesecke, Hans, **Die juristischen Probleme des Bildfunks.** Oktav. 90 Seiten. 1932 . . . . RM. 4.—

Heinitz, Ernst, und **Marwitz**, Bruno, **Das Reichsgesetz über das Verlagsrecht.** Textausgabe mit Einleitung, Anmerkungen und Sachregister. Dritte Auflage. Taschenformat. 136 Seiten. 1922. (Guttentagsche Sammlung Deutscher Reichsgesetze Bd. 61.) . . . . Geb. RM. 1.60

„*Dieser kurze Kommentar ist durch seine knappen, das Wichtige klar vortragenden Darlegungen dazu berufen, eine Lücke auszufüllen, die sich für den Praktiker des Verlagsrechts seit Jahren ergab. Man darf deshalb das Erscheinen dieser neuen Auflage aus der Feder des Spezialisten des Verlagsrechts mit größter Freude begrüßen.*" *Börsenblatt für den Deutschen Buchhandel.*

Elster, A., Das deutsche Urheber- und Verlagsrecht. 128 Seiten. 1923. (Sammlung Göschen Bd. 863.) . . . . Geb. RM. 1.80

„*Erstaunlich ist, wie Elster diese beiden so viel umstrittenen Gesetze auf so engem Raum in vortrefflicher Weise zur Darstellung gebracht hat.*" *Deutscher Journalistenspiegel.*

Heymann, E., Die zeitliche Begrenzung des Urheberrechts. Oktav. 74 Seiten. 1927. (Sitzungsberichte der Preußischen Akademie der Wissenschaften zu Berlin.) . . . . RM. 5.—

Pietzcker, Eduard, Patentgesetz und Gebrauchsmusterschutzgesetz. Kommentar unter Berücksichtigung der vorgeschlagenen und weiter beantragten Abänderungen des Patentgesetzes. Erster Halbband: §§ 1—12 PatG. Groß-Oktav. 427 Seiten. 1929. (Gewerbe- und Industrie-Kommentar Bd. V, 1.) RM. 26.—, geb. RM. 28.—

„*Die überall zutage tretende geistige Leistung macht Pietzckers Kommentar für jeden, der sich mit diesem Rechtsgebiet zu beschäftigen hat, zum unentbehrlichen Rüstzeug.*" *Markenschutz und Wettbewerb.*

Seligsohn, Arnold, Patentgesetz und Gesetz, betr. den Schutz von Gebrauchsmustern. Siebente Auflage. Oktav. 1932 . . . . . . Im Druck.

„*Die Vorzüge des Buches sind bekannt. Klare, leichtfaßliche Sprache, wissenschaftliche Vertiefung, dabei starke Betonung der Praxis, lückenlose Behandlung aller Probleme sind die Vorzüge, die den Seligsohnschen Kommentar zum unentbehrlichen Rüstzeug jedes im gewerblichen Rechtsschutz Tätigen gemacht haben.*" *Mitteilungen vom Verband Deutscher Patentanwälte.*

Lutter, R., Patentgesetz. Nebst Ausführungsbestimmungen, völkerrechtlichen Verträgen und Patentanwaltsgesetz, unter eingehender Berücksichtigung der Rechtsprechung des Reichsgerichts und der Praxis des Reichspatentamts. Neunte Auflage. Taschenformat. XV, 467 Seiten. 1928. (Guttentagsche Sammlung Deutscher Reichsgesetze Bd. 22.) . . . Geb. RM. 10.—

„*Der jetzige Verfasser hat einen völlig neuen Kommentar geschaffen, der in seiner Knappheit und Sparsamkeit dem ursprünglichen Zweck gerecht wird, aber an wissenschaftlicher Durcharbeitung und Gründlichkeit die vorangegangenen Auflagen weit überragt.*" *Gewerblicher Rechtsschutz und Urheberrecht.*

Elster, A., Das deutsche Erfinderrecht. (Patent- und Musterschutzrecht.) 118 Seiten. 1924. (Sammlung Göschen Bd. 891.) . . . . . Geb. RM. 1.80

„*Die Aufgabe, einen Überblick über das deutsche Erfinderrecht zu geben, ist im Rahmen der kurzen Erörterungen mit viel Geschick gelöst. Deshalb wird das Büchlein auch bei allen Gruppen der am Patentrecht interessierten Personen seine Freunde finden.*" *Gewerblicher Rechtsschutz und Urheberrecht.*

Seligsohn, Jul., Geheimnis und Erfindungsbesitz. Groß-Oktav. 147 Seiten. 1921 . . . . RM. 3.—

Elster, Alexander, Gesetz gegen den unlauteren Wettbewerb vom 7. Juni 1909. In der Fassung vom 9. März 1932. Kurzer Kommentar für Praxis und Studium. Neunte, durchgearbeitete und wesentlich ergänzte Auflage der erläuterten Textausgabe von Justizrat Dr. Albert Pinner und Dr. Alexander Elster. Taschenformat. 392 Seiten. 1932. (Guttentagsche Sammlung Deutscher Reichsgesetze Bd. 37.) . . . . . Geb. RM. 7.50

„*Das Buch ist mehr als eine bloße ‚Textausgabe mit Anmerkungen', nämlich ein richtiger Kommentar, und wird in der Praxis ausgezeichnete Dienste tun.*" *Senatspräsident am Reichsgericht Dr. Lobe, Leipzig, i. d. Jurist. Wochenschrift.*

Elster, Alexander, **Zugaben-Verordnung.** (Erster Teil der Verordnung des Reichspräsidenten zum Schutze der Wirtschaft vom 9. März 1932.) Taschenformat. 80 Seiten. 1932. (Guttentagsche Sammlung Deutscher Reichsgesetze Nr. 37a.) . . . . RM. 2.—

„In verblüffend kurzer Zeit nach Erlaß der VO. vom 9. März 1932 ist dieser ausführliche, auf engem Raum zusammengefaßte Kommentar erschienen. Nur ein Schriftsteller, der in Theorie und Praxis die einschlägigen Probleme erkannt hat, vermochte ein so vortreffliches Werk zu verfassen. Daß seine Anschaffung nachdrücklichst zu empfehlen ist, bedarf kaum der Betonung."
Zentralblatt für Handelsrecht.

Wassermann, Martin, **Der unlautere Wettbewerb nach deutschem Recht.** I. Generalklausel, Reklameauswüchse, Ausverkaufswesen, Angestelltenbestechung. 160 Seiten. 1911. II. Kreditschädigung, Firmen- und Namenmißbrauch, Verrat von Geheimnissen, Ausländerschutz. 151 Seiten. 1911. (Sammlung Göschen Bd. 339 u. 535.) . . . . Geb. je RM. 1.80

Wolff, F., und **Crisolli,** K.-A., **Das Recht der Reklame.** Lexikon-Oktav. 424 Seiten. 1929 . . . . RM. 20.—, geb. RM. 22.—

„. . . Mit großer Umsicht ist ein umfänglicher Stoff gesammelt und in gründlicher Arbeit juristisch durchdrungen und dargestellt. Das Buch ist wohl in erster Reihe für Juristen bestimmt, aber auch für wirtschaftliche Kreise und Reklamefachleute wertvoll und jedenfalls für die Beschäftigung mit diesem Sondergebiet ein zuverlässiges Hilfsmittel." *Flad i. d. „Juristischen Rundschau".*

Hagens, Alfred, **Warenzeichenrecht.** Kommentar. Groß-Oktav. VIII, 408 Seiten. 1927. (Gewerbe- und Industrie-Kommentar Bd. III.)
RM. 22.—, geb. RM. 24.—

„Eine ausführliche Darstellung, die zeigt, daß der Verfasser das gesamte Fachschrifttum und die reichhaltige Rechtsprechung restlos beherrscht. Ich habe gefunden, daß nicht ein einziger Fall von Bedeutung fehlt."
Markenschutz und Wettbewerb.

Seligsohn, Arnold, **Gesetz zum Schutz der Warenbezeichnungen.** Dritte Auflage, bearbeitet in Gemeinschaft mit Martin Seligsohn in Berlin. Groß-Oktav. IV, 416 Seiten. 1925. . . . . . RM. 15.—, geb. RM. 16.50

„Der Kommentar zeigt alle Vorzüge des in der Wissenschaft und Praxis des gewerblichen Rechtsschutzes gleich ausgezeichneten Juristen: volle theoretische und praktische Beherrschung des Stoffes, klare Darstellungsgabe, sorgsame Behandlung und treffsicheres Urteil." *Badische Rechtspraxis*

Freund, G. S., **Magnus,** Julius, und **Jüngel,** Friedrich, **Das deutsche Warenzeichenrecht.** Sechste, neubearbeitete Auflage. Teil I: Die internationalen Verträge. VI, 247 Seiten. Mit 4 Tafeln. 1924. (Guttentagsche Sammlung Deutscher Reichsgesetze Bd. 87a.) . . . . Geb. RM. 9.—

„Das ganze Werk mit seiner Fülle von Gesetzen, Verordnungen, Verträgen, Bekanntmachungen bildet eine Quellensammlung für das internationale deutsche Zeichenrecht, ohne die man fortan nicht mehr auskommen kann."
Gewerblicher Rechtsschutz und Urheberrecht.

Teil II. Deutsches Recht. . . . . Im Druck

Born, A., **Reichspreßgesetz** vom 7. Mai 1874 in der jetzt geltenden Fassung nebst den einschlägigen Bestimmungen der Reichsverfassung, des Reichsstrafgesetzbuchs, der Gewerbeordnung usw. Mit Kommentar und Sachregister. Vierte, veränderte Auflage. Taschenformat. 234 Seiten. 1931. (Guttentagsche Sammlung Deutscher Reichsgesetze Bd. 53.) . . Geb. RM. 4.—

Dieser Band bringt eine sehr reichhaltige Kommentierung des Stoffes, die um so wertvoller ist, als den Entscheidungen der Wortlaut der Urteilsbegründungen beigefügt ist. Die einschlägigen Bestimmungen sind aufgeführt, eingehend besprochen und in Beziehung zueinander gebracht worden. Als Nachschlagewerk in Zweifelsfällen wird die nach dem neuesten Stande (Notverordnungen!) bearbeitete 4. Auflage von großem Nutzen sein.

IV. Zivilprozeß

Fischer, Otto, **Lehrbuch des deutschen Zivilprozeß- und Konkursrechts.** Groß-Oktav. XII, 488 Seiten. 1918 . . . . . . RM. 8.—, geb. RM. 10.—

Risch, Wilh., Deutsches Zivilprozeßrecht.

I. Band. Vierte, verbesserte Auflage. 115 Seiten. 1929. (Sammlung Göschen Bd. 428.) . . . . Geb. RM. 1.80

II. Band. Vierte, verbesserte Auflage. 168 Seiten. 1929. (Sammlung Göschen Bd. 429.) . . . . Geb. RM. 1.80

III. Band. Vierte, verbesserte Auflage. 148 Seiten. 1929 (Sammlung Göschen Bd. 430.) . . . . Geb. RM. 1.80

Diese Auflage wird jedem, der sich auf gemeinverständliche Weise über unser geltendes Zivilgerichtswesen unterrichten will, gute Dienste leisten, und kann namentlich den Studierenden des Rechts als Einführung bestens empfohlen werden.

Sydow, R., Busch, L., und Krantz, W., Zivilprozeßordnung und Gerichtsverfassungsgesetz nebst Anhang, enthaltend Entlastungsgesetze und die Notverordnung vom 1. Dezember 1930. Handkommentar unter besonderer Berücksichtigung der Entscheidungen oberster Gerichte. Begonnen von Dr. R. Sydow. Fortgeführt von Dr. L. Busch, Reichsgerichtsrat i. R., demnächst mit Dr. W. Krantz, Landgerichtsdirektor. Neubearbeitete, zwanzigste Auflage. Zwei Bände. Groß-Oktav. VIII, VIII und 1540 Seiten. 1930. (de Gruytersche Sammlung Deutscher Gesetze, Handkommentare.) . . . . Geb. RM. 33.—

Nachtrag, enthaltend die durch den VI. Abschnitt der Dritten Verordnung des Reichspräsidenten vom 6. Oktober 1931 eingetretenen Änderungen und die Fortsetzung der Erläuterungen der ZPO. und des GVG. Groß-Oktav. 94 Seiten. 1932 . . . . RM. 2.50

„Auch innerlich ist der ausgezeichnete Handkommentar von Sydow-Busch-Krantz verändert. Es sind viele veraltete Entscheidungen ausgemerzt und dafür die Erläuterungen durch eingehendere Darlegungen zweckmäßig erweitert worden. An der Grundlage des Buches wurde nichts geändert, die Druckanordnung ist noch übersichtlicher als bisher. So wird das Buch seine alten Freunde behalten und ohne Zweifel viele neue hinzuerwerben.“ Leipziger Zeitschrift für deutsches Recht.

Rosenberg, L., Zivilprozeßgesetzgebung. Taschenformat. 580 Seiten. 1930. (Lehrausgaben Deutscher Gesetze Bd. II.) . . . Geb. RM. 8.—

„Diese neuartige Ausgabe der ZPO. der ‚Lehrausgaben Deutscher Gesetze‘ ist ein Beispiel für die besondere Nützlichkeit einer solchen Ausgabe. Die Besonderheiten dieser handlichen und erschöpfenden Ausgabe der Zivilprozeßgesetzgebung bestehen in der sachlichen Ordnung des umfassenden Stoffes, in der Hervorhebung von besonders Wesentlichem durch Sperrdruck und vor allem aber darin, daß den einzelnen Paragraphen in systematischer Weise Überschriften vorausgeschickt sind, die die hier besonders wichtige Aufgabe erfüllen, den Aufbau des Gesetzes und den Zusammenhang der einzelnen Vorschriften klar erkennen zu lassen.“ Juristische Wochenschrift.

Zivilprozeßordnung mit Gerichtsverfassungsgesetz und Einführungsgesetzen in der Fassung der Bekanntmachung vom 13. Mai 1924 mit den bis 1. April 1929 ergangenen Abänderungen. Textausgabe mit Sachregister. Taschenformat. 440 Seiten. 1929. (Guttentagsche Sammlung von Textausgaben ohne Anmerkungen.) . . . . Geb. RM. 3.50

Die handliche Ausgabe enthält den genannten Gesetzestext mit einem das Zurechtfinden sehr erleichternden Sachregister.

Der neue Entwurf einer Zivilprozeßordnung. Veröffentlicht durch das Reichsjustizministerium. Lexikon-Oktav. 561 Seiten mit 2 Paragraphen-Verzeichnissen. 1931 . . . . RM. 10.—, geb. RM. 12.—

Sydow, R., Busch, L., und Krantz, W., Gerichtsverfassungsgesetz mit Einführungsgesetz. Unter besonderer Berücksichtigung der Entscheidungen des Reichsgerichts. Zehnte Auflage. Taschenformat. 347 Seiten. 1925. (Guttentagsche Sammlung Deutscher Reichsgesetze Bd. 14.) Geb. RM. 6.—

„Das Buch bedarf keiner Empfehlung, es empfiehlt sich selbst durch die Fülle dessen, was es bietet. Gesetzgebung und Rechtsprechung sind bis in die neueste Zeit berücksichtigt." Leipziger Zeitschrift für Deutsches Recht.

Rausnitz, Julius, Gebührenordnung für Notare vom 28. Oktober 1922 (GS. 404) nebst den einschlägigen Vorschriften des Preußischen Gerichtskostengesetzes vom 28. Oktober 1922 (GS. 363), beide in der Fassung der Gesetze vom 12. April 1923 (GS. 107), 18. Dezember 1923 (GS. 556) und der Verordnung vom 28. Juni 1924 (GS. 573). Sechste, umgearbeitete Auflage. Oktav. 158 Seiten. 1925. (Guttentagsche Sammlung Preußischer Gesetze Bd. 4.) . . . . Geb. RM. 7.—

„Der in seiner äußeren Form sehr handlich und gut ausgestaltete Kommentar kann nur auf das wärmste empfohlen werden. Er wird sehr bald ein unentbehrlicher, weil nie versagender Ratgeber werden, der die Berufsarbeit sehr erleichtern wird." Juristische Wochenschrift.

Sydow, R., Busch, L., und Krieg, O., Die Deutsche Gebührenordnung für Rechtsanwälte, das Gesetz, betreffend die Erstattung von Rechtsanwaltsgebühren in Armensachen, und die Preußische Landesgebührenordnung mit Erläuterungen. Auf der Grundlage der Sydow-Busch'schen Textausgabe mit Anmerkungen in dreizehnter Auflage unter Mitaufnahme des Gesetzes über die Erstattung in Armensachen neubearbeitet. Taschenformat 496 Seiten. 1929. (Guttentagsche Sammlung Deutscher Reichsgesetze Bd. 17.)
Geb. RM. 9.—

„Die Erläuterung der Gebührenordnung bietet besonders Wertvolles. Sie steht schon lange unter den Anmerkungsausgaben mit an erster Stelle. Und das mit Recht." Zeitschrift des Bundes Deutscher Justizamtmänner.

Isaac, Martin, Leitfaden für Handelsrichter. Oktav. 132 Seiten. 1932.
RM. 4.—

Der Handelsrichter hat Rechte und Pflichten eines gelehrten Richters, ohne, wie es das Gesetz vorschreibt, geringste juristische Ausbildung. Die sich bei der Tätigkeit ergebenden Schwierigkeiten soll dieses Bändchen klären. Alles, was aus dem Prozeßrecht, vornehmlich aber der Prozeßtechnik von Interesse ist, wird in klarer Briefform dargestellt.

Sydow, R., Busch, L., und Krieg, O., Deutsches Gerichtskostengesetz nebst Gebührenordnung für Gerichtsvollzieher und für Zeugen und Sachverständige in den neuesten Fassungen. Auf der Grundlage der Sydow-Busch'schen Textausgabe mit Anmerkungen neubearbeitet in elfter Auflage. Taschenformat. XI, 433 Seiten. 1928. (Guttentagsche Sammlung Deutscher Reichsgesetze Bd. 15.) . . . . Geb. RM. 7.50

*„Die neue Auflage bietet unter gründlicher Berücksichtigung der gesamten einschlägigen Rechtsprechung eine zeitgemäße, übersichtliche und erschöpfende Erläuterung des Gesetzes. Für den täglichen Gebrauch in der Praxis erscheint diese Textausgabe mit Anmerkungen als unentbehrlich."
Dr. Natter in der „Württembergischen Zeitschrift für Rechtspflege".*

Lindemann, Otto, Preußisches Gerichtskostengesetz (neueste Fassung). Nach dem Tode des früheren Herausgebers P. Siméon erläutert. Achte, völlig umgearbeitete Auflage. Taschenformat. 439 Seiten. 1928. (Guttentagsche Sammlung Preußischer Gesetze Bd. 17.) . . . . Geb. RM. 8.—

„Die achte Auflage dieser bekannten Ausgabe des Preußischen Gerichtskostengesetzes ist entsprechend den bedeutsamen Änderungen der letzten Jahre völlig umgearbeitet. Die gesamte Rechtsprechung wurde eingehend berücksichtigt, so daß hier eine Erläuterung vorliegt, die Zuverlässigkeit und Vollständigkeit in sich verbindet." Mitteilungen des Preußischen Richtervereins.

Freiwillige Gerichtsbarkeit

Jastrow, Hermann, und **Günther,** Hermann, **Die Gesetze des Reiches und Preußens über die freiwillige Gerichtsbarkeit.** Textausgabe mit Einleitung, Anmerkungen und Sachregister. Siebente, vermehrte Auflage. Taschenformat. 548 Seiten. 1928. (Guttentagsche Sammlung Deutscher Reichsgesetze Bd. 46.) . . . . Geb. RM. 9.—

„Die Anmerkungen unterrichten in zuverlässiger Weise über die wichtigste Rechtsprechung des Reichsgerichts und der deutschen Oberlandesgerichte auf dem Gebiete der freiwilligen Gerichtsbarkeit. Ein ausführliches Sachregister erhöht die Brauchbarkeit des bewährten Buches, das auch in der neuen Auflage seinen Zweck auf das beste erfüllen wird." Juristische Wochenschrift.

Die Gesetze des Reiches und Preußens über die freiwillige Gerichtsbarkeit. Textausgabe mit Sachregister. Taschenformat. 168 Seiten. 1930. (Guttentagsche Sammlung von Textausgaben ohne Anmerkungen mit Sachregister.) RM. 3.—

Das Buch enthält in der bekannten Art der Guttentagschen Gesetzesausgaben außer dem „Gesetz über die Angelegenheiten der freiwilligen Gerichtsbarkeit" alle in dieses Gebiet fallenden sonstigen Gesetze, Ausführungsbestimmungen, Abkommen, Verordnungen usw. in absolut zuverlässigem Abdruck und ein das Zurechtfinden sehr erleichterndes Sachregister.

Szkolny, Felix, und **Kober,** Leopold, **Das Notariatrecht,** unter besonderer Berücksichtigung des materiellen Rechts und des Steuer- und Stempelrechts erläutert. Oktav. 236 Seiten. 1926. (Guttentagsche Sammlung Deutscher Reichsgesetze Bd. 163.) . . . . Geb. RM. 8.50

„Die Darlegung des materiellen Rechts, soweit es in der täglichen Anwendung den Notar hauptsächlich beschäftigt. Es wird die Beurkundung einzelner Rechtsgeschäfte und anderer Rechtsvorgänge behandelt. Die Ausführungen verwerten die neueste Lehre und Rechtsprechung eingehend, die Darstellung ist leicht faßlich und klar, einzelne Muster vervollkommnen das anschauliche Bild." Zeitschrift des Deutschen Notarvereins.

Szkolny, Felix, **Die Belehrungspflicht des Notars.** Oktav. 52 Seiten. 1927. RM. 2.—

„Ein trotz seines geringen Umfanges sehr nützliches Buch, für das wir dem Verfasser Dank wissen müssen." Zeitschrift des Deutschen Notarvereins.

Konkursordnung und Zwangsvollstreckung

Jaeger, Ernst, **Kommentar zur Konkursordnung** und den Einführungsgesetzen. Mit einem Anhang, enthaltend das Anfechtungsgesetz, die Vergleichsordnung, Auszüge aus den Kostengesetzen, Ausführungsgesetze und Geschäftsordnungen. Sechste und siebente, neubearbeitete Auflage. Groß-Oktav. Der Umfang des Gesamtwerkes umfaßt etwa 100 Bogen. Die Ausgabe erfolgt in Lieferungen. . . . . Gesamtpreis etwa RM. 80.—

Erster Band: §§ 1—46. XXVIII, 828 Seiten. 1928—1931. RM. 49.—, geb. RM. 54.—

Zweiter Band: Wird im Laufe des Jahres 1932 abgeschlossen vorliegen. (Der Kauf des ersten Bandes verpflichtet zum Bezug des zweiten Bandes.)

„. . . Kurz gesagt: das Buch ist das unübertreffliche Standardwerk, der Kommentar zur Konkursordnung." Deutsche Richterzeitung.

Jaeger, Ernst, **Lehrbuch des Konkursrechts.** Achte, erweiterte Auflage des Grundrisses zur Vorlesung über Konkursrecht. Groß-Oktav. 253 Seiten. 1932. Geb. RM. 15.—

Sydow, R., **Busch**, L., und **Krieg**, O., **Konkursordnung**, Vergleichsordnung und Anfechtungsgesetz mit Erläuterungen. Auf der Grundlage der Sydow-Busch'schen Textausgabe mit Anmerkungen in sechzehnter Auflage. Taschenformat. V, 877 Seiten. 1932. (Guttentagsche Sammlung Deutscher Reichsgesetze Bd. 13.) . . . . Geb. RM. 12.—

„Die Erläuterungsbücher von Sydow-Busch sind als Kommentare mittleren Umfanges seit vielen Jahren in der Juristenwelt rühmlichst bekannt.“
Juristische Rundschau.

Fischer, K., und **Schäfer**, L., **Die Gesetzgebung, betr. die Zwangsvollstreckung in das unbewegliche Vermögen** im Reiche und in Preußen. Bearbeitet von J. Krech und O. Fischer. Zweite Auflage. Lexikon-Oktav. XVI, 728 Seiten. 1910 . . . . RM. 15.—, geb. RM. 18.—

„Unter den zahlreichen Bearbeitungen des Zwangsvollstreckungsgesetzes ist der Kommentar von Fischer und Schäfer wohl der wissenschaftlich bedeutendste. Überall sind die Erläuterungen systematisch, manchmal geradezu lehrbuchartig aufgebaut, die leitenden Gedanken treten trotz der Fülle der behandelten Einzelfragen klar und deutlich hervor.“ *Zeitschrift für Rechtspflege in Bayern.*

Krech, J., und **Fischer**, O., **Die Gesetzgebung, betr. die Zwangsvollstreckung in das unbewegliche Vermögen** im Reiche und in Preußen. Textausgabe mit Einleitung, Anmerkungen und Sachregister. Zehnte Auflage, bearbeitet von O. Fischer. Taschenformat. 266 Seiten. 1929. (Guttentagsche Sammlung Deutscher Reichsgesetze Bd. 43.) . . . . Geb. RM. 5.—

„Einer besonderen Empfehlung dieser handlichen Ausgabe, deren Hauptteil das Gesetz über die Zwangsversteigerung und Zwangsverwaltung bildet, bedarf es nicht. Gesetzgebung, Rechtsprechung und Rechtslehre sind bis zur Gegenwart berücksichtigt.“ *Sächsisches Archiv für Rechtspflege.*

Kretzschmar, F., **Die Zwangsversteigerung und die Zwangsverwaltung**. 110 Seiten. 1911. (Sammlung Göschen Bd. 523.) . . . . . Geb. RM. 1.80

Crisolli, Karl-August, **Maßnahmen auf dem Gebiete der Zwangsvollstreckung**. (Siehe „Die vierte Notverordnung“ Seite 12.)

Hunke, W., **Offenbarungseid und Haft im Zivilprozeß**. Taschenformat. 1930. (Guttentagsche Sammlung Deutscher Reichsgesetze Bd. 177.) . RM. 4.—

Dieser Band bietet eine ganz auf die Praxis zugeschnittene Erläuterung der das Offenbarungseidsverfahren betreffenden Paragraphen der ZPO. und gibt in einem allgemeinen Teil zuverlässig Auskunft über die sich auf diesem Gebiete ergebenden Streit- und Zweifelsfragen. Die Rechtsprechung der höheren Gerichte und die Literatur ist berücksichtigt worden.

V. Strafrecht und Strafprozeß

Strafgesetzbuch

Ebermayer, Ludwig, **Lobe**, Adolf und **Rosenberg**, Werner, **Das Reichsstrafgesetzbuch**, Leipziger Kommentar mit besonderer Berücksichtigung der Rechtsprechung des Reichsgerichts. Vierte, vermehrte und verbesserte Auflage. Lexikon-Oktav. X, 1282 Seiten. 1929.
RM. 56.—, in Halbleder geb. RM. 63.—

„Zusammenfassend wird man sagen müssen, daß der Kommentar nun wohl endgültig an die Spitze der großen Kommentare zum StGB. getreten ist.“
Zeitschrift für Rechtspflege in Bayern.

Kohlrausch, Eduard, **Strafgesetzbuch für das Deutsche Reich mit Nebengesetzen, Anmerkungen und Sachregister.** Früher von Dr. Fr. v. Liszt † u. Dr. E. Delaquis. Dreißigste Auflage. Taschenformat. XII, 520, 48 Seiten. 1932. (Guttentagsche Sammlung Deutscher Reichsgesetze Bd. 2.) Geb. RM. 8.—

Entwurf eines Allgemeinen Deutschen Strafgesetzbuchs nach den Beschlüssen des Deutschen Reichstagsausschusses und den Deutschen und Österreichischen Strafrechtskonferenzen. Ergänzung zu Kohlrausch, Strafgesetzbuch. 29. Auflage. Zweite Ausgabe. Taschenformat. 162 Seiten. 1930. RM. 1.60

Liszt, Fr. v., **Lehrbuch des Deutschen Strafrechts.** Sechsundzwanzigste, vollkommen neubearbeitete Auflage (49.—51. Tausend) von Dr. E. Schmidt, Professor der Rechte in Hamburg. Erster Band: Einleitung und Allgemeiner Teil. Oktav. 496 Seiten. 1932. RM. 13.—, geb. RM. 15.— Zweiter Band. Erscheint im Sommer 1932.

„Das Lisztsche Lehrbuch wird sich auch in dieser neuen Bearbeitung seinen ersten Platz und seinen Weltruf bewahren." Zeitschrift des Deutschen Notarvereins.

Gerland, H. B., Das deutsche Reichsstrafrecht. Oktav. 600 Seiten. 1922. (Lehrbücher und Grundrisse der Rechtswissenschaft Bd. XVI.) RM. 10.—, geb. RM. 11.50

„Durch knappe, geradezu klassische Kürze zeigende Darstellung gelang es Gerland, auf engem Raume eine ungeheure Fülle des Stoffes zu bieten und auf jede Frage Antwort zu geben." Juristische Wochenschrift.

Gerland, H., Der Entwurf 1925. Allgemeiner Teil. Kritische Bemerkungen. Oktav. 96 Seiten. 1925 . . . . RM. 5.—

„Eine außerordentlich interessante Abhandlung. Die Schrift stellt ein fast unentbehrliches Hilfsmittel für jeden dar, der sich mit den einschlägigen Fragen zu beschäftigen hat." Mitteilungen des Preußischen Richtervereins.

Aschrott, P. F., u. Kohlrausch, Ed., Reform des Strafrechts. Kritische Besprechung des Amtlichen Entwurfs eines Allgemeinen Deutschen Strafgesetzbuchs. Auf Veranlassung der Deutschen Landesgruppe der Internationalen Kriminalistischen Vereinigung unter Mitwirkung erster Fachgenossen herausgegeben. Gr.-Oktav. V, 415 S. 1926. . . . . RM. 18.—

„Die gestellte Aufgabe ist glänzend gelöst. Kaum ein Punkt ist übersehen worden, der die Kritik herausfordert. — Niemand, der an der endgültigen Gestaltung unseres Strafrechts Anteil nimmt, darf an dieser Sammelkritik achtlos vorübergehen." Geh. Hofrat Prof. Dr. v. Lilienthal in der „Deutschen Juristen-Zeitung".

Sammlung außerdeutscher Strafgesetzbücher in deutscher Übersetzung. Herausgegeben von den Schriftleitungen der Zeitschrift für die ges. Strafrechtswissenschaft u. d. Mitteilungen der Internationalen Kriminalistischen Vereinigung. Nr. 1—43. 1881—1914 . . . . Preise auf Anfrage.

Nr. 44:

Japanische Strafgesetze. I. Schwurgerichtsordnung vom 18. April 1923 und strafrechtliche Nebengesetze. Übersetzt von Hyoichiro Kusano, Reichsgerichtsrat in Tokio, Tadao Sugiura, Oberlandesgerichtsrat in Sapporo, und Dr. jur. Fritz Bartelt in Berlin.

II. Strafvollzugsgesetz vom 28. März 1908 nebst Ausführungsverordnung vom 16. Juni 1908. Übersetzt von Dr. jur. Toshita Tokiwa, Gerichtsassessor in Tokio, und Dr. jur. Werner Gentz, Justizrat beim Strafvollzugsamt in Kiel. Groß-Oktav. 55 Seiten. 1927 . . . . . RM. 3.—

Nr. 45:

Die Auslieferungsgesetze Norwegens, Schwedens und Finnlands. Mit einer systematischen Darstellung der Grundzüge des nordischen Auslieferungsrechts im Hinblick auf den Erlaß eines deutschen Auslieferungsgesetzes. Von Dr. jur. Ernst Wolgast, Privatdozent in Königsberg i. Pr. Groß-Oktav. VIII, 487 Seiten. 1928 . . . . RM. 20.—

Nr. 46:

Das Türkische Strafgesetzbuch vom 1. März 1926. Gesetz Nr. 765. (Türkisches Gesetzblatt Nr. 320 vom 13. März 1926.) Das Ausführungsgesetz zum Türkischen Strafgesetzbuch vom 26. April 1926. Deutsche Übersetzung von Dr. K. Ziemke. Groß-Oktav. 138 S. 1927 . . . . . . RM. 5.—

Nr. 47:

Entwurf eines griechischen Strafgesetzbuches. Übersetzt und eingeleitet von Demetrius G. Venturas, Rechtsanwalt in Korfu, Griechenland. Groß-Oktav. 123 Seiten. 1928 . . . . RM. 7.—

Nr. 48:

Italienischer Vorentwurf zu einem neuen Strafgesetzbuch. (Progetto di un nuove codice penale.) In deutscher Übersetzung von Dr. K. Bunge, Landgerichtsrat in Berlin. Groß-Oktav. XXXII, 244 Seiten. 1928. RM. 10.—

Nr. 49:

Strafgesetzbuch (Ugolownyj Kodex) **der Russischen Sozialistischen Föderativen Sowjet-Republik** (R.S.F.S.R.) vom 22. November 1926, übersetzt von Dr. Wilhelm Gallas, Gerichtsassessor in Berlin. Groß-Oktav. 68 Seiten. 1930 . . . . RM. 4.—

Lindemann, Otto, **Sammlung der wichtigsten preußischen Strafgesetze.** Zweite Auflage. Taschenformat. 372 Seiten. 1912. (Guttentagsche Sammlung Preußischer Gesetze Bd. 34.) . . . . Geb. RM. 3.50

„Die durch mehrere wichtige Gesetze erweiterte zweite Auflage dieses unentbehrlichen Ergänzungsbandes zu den in Einzelausgaben erschienenen Preußischen Gesetzen ist durch die Wiedergabe der noch geltenden vereinzelten alten Strafvorschriften nebst trefflich unterrichtenden Vorbemerkungen und Erläuterungen besonders wertvoll. Nur mittels einer solchen ausgezeichneten Sammlung ist es möglich, auch die zerstreuten Gebiete des Strafrechts völlig zu beherrschen." *Deutsche Juristen-Zeitung.*

Fraustädter, Werner, **Deutsches Auslieferungsgesetz** vom 23. Dezember 1929 und andere neuere Vorschriften der Rechtshilfe in Strafsachen einschließlich der Auslieferung. Textausgabe mit Einleitung, Erläuterungen und Sachregister. Taschenformat. 143 Seiten. 1930. (Guttentagsche Sammlung Deutscher Reichsgesetze Bd. 86.) . . . . Geb. RM. 4.—

Das Auslieferungsgesetz hat durch die Neufassung vom 23. 12. 1929 eine starke Umgestaltung erfahren, die zur Herausgabe der vorliegenden Neubearbeitung geführt hat. Diese enthält eine ausführliche Erläuterung der neuen Bestimmungen sowie einen Abdruck der wichtigsten Verträge und Vorschriften und ermöglicht einen vollständigen Überblick über den gegenwärtigen Stand des deutschen Auslieferungsrechtes.

Lindemann, Otto, **Polizeiverordnungen in Preußen.** Zweite Auflage. Taschenformat. 189 Seiten. 1912. (Guttentagsche Sammlung Preußischer Gesetze Bd. 36.) . . . . Geb. RM. 2.50

Abhandlungen des Kriminalistischen Instituts an der Universität Berlin. Herausgegeben von Dr. **Franz von Liszt,** o. Professor der Rechte. Sonderverzeichnis kostenlos. Vierte Folge, I. Band.

Heft 1:

Dannenberg, Herbert, **Liberalismus und Strafrecht im 19. Jahrhundert** unter Zugrundelegung der Lehren Karl Georg von Waechters. Oktav. IV, 66 Seiten. 1925 . . . . RM. 3.—

Heft 2:

Tarnowski, Hans, **Die systematische Bedeutung der adäquaten Kausalitätstheorie für den Aufbau des Verbrechensbegriffs.** Oktav. X, 340 Seiten. 1927 . . . . RM. 18.—

Heft 3:

Ehrlich, Lore, **Der Verrat von Betriebsgeheimnissen nach englischem und nordamerikanischem Recht.** Oktav. VIII, 75 Seiten. 1930 . . RM. 4.—

Heft 4:

Kuttner, Stephan, **Die juristische Natur der falschen Beweisaussage.** Ein Beitrag zur Geschichte und Systematik der Eidesdelikte, zugleich zur Frage einer Beschränkung der Strafbarkeit auf erhebliche falsche Aussagen. Oktav. VI, 76 Seiten. 1931 . . . . RM. 6.—

Vierte Folge, II. Band.

Heft 1:

Gallas, Wilhelm, **Kriminalpolitik und Strafrechtssystematik** unter besonderer Berücksichtigung des sowjetrussischen Rechts. Oktav. VIII, 88 Seiten. 1931 . . . . RM. 5.—

Heft 2:

Goldschmidt, Werner, **Das Bewußtsein der Rechtswidrigkeit** entwickelt an der Lehre vom Hausfriedensbruch. Oktav XI, 51 Seiten. 1931. RM. 4.—

Heft 3:

Hoefer, Friedrich, **Bewährungsfrist vor dem Urteil.** Oktav. 90 Seiten. 1931. RM. 4.—

Heindl, Robert, **System und Praxis der Daktyloskopie** und der sonstigen technischen Methoden der Kriminalpolizei. Dritte, **neubearbeitete und vermehrte Auflage.** 900 Abbildungen im Text und 21 Bildertafeln. 780 Seiten. **Groß-Oktav.** 1927 . . . . RM. 36.—, geb. RM. 40.—

„Ein Werk, mit dem wohl für geraume Zeit die Literatur dieses Gebiets ihren krönenden Abschluß gefunden haben dürfte. — Es darf erwartet werden, daß jeder Richter, Rechtsanwalt und Verteidiger sich dieses vorzüglichen Werkes bedient.“ Deutsche Juristenzeitung.

Kleine kriminalistische Bücherei.

Band 1:

Schneickert, Hans, **Die strafrechtlichen Aufgaben der Polizei.** Für den Polizeiunterricht und Polizeipraxis. Taschenformat. 182 Seiten. 1921. RM. 2.—

Band 2:

Philipp, Lothar, **Beobachtungs- und Ermittlungspraxis im Polizei- und Detektivdienst.** Taschenformat. 180 Seiten. 1923 . . . . . RM. 2.—

„Alles in allem: ein Buch, für den Fachmann lesenswert, für den Anfänger ein guter Leitfaden, für den Laien interessant."
Zeitschrift für gerichtliche Schriftvergleichung.

Band 3:

Manteuffel, H. v., **Falschspieler**, Formen und Technik des Spielbetruges, nebst einem Anhange: Der Spielprofessor und sein angeblich sicheres System beim Spiele gegen eine öffentliche Roulettebank. Taschenformat. 90 Seiten. 1923 . . . . RM. 2.—

„Gerade heutzutage, wo die Spielleidenschaft so weite Kreise zieht, ist es von besonderem Reiz, diese klare, flüssige und lehrreiche Darstellung zu verfolgen."

Band 4:

Schneickert, Hans, **Kriminalistische Spurensicherung.** Sammlung dienstlicher Anweisungen und sachverständiger Ratschläge für den Dienstgebrauch und für Polizeischulen. Zweite, vermehrte und verbesserte Auflage. Taschenformat. 96 Seiten. Mit 2 Abbildungen. 1925 . . . . Geb. RM. 3.—

„Alle Einzelheiten werden hervorgehoben und als möglicherweise wichtige Beweismomente in einem vielarmigen System zusammengefaßt. In der Durchführung seiner Aufgabe hat der Verfasser tatsächlich alles berücksichtigt, was für das Beweisverfahren von Bedeutung ist und sein könnte."
Archiv für Kriminologie.

Band 5:

Rehfeld, P., **Gerichtsärztliche Tatbestandsfeststellungen** im Dienste der Polizei. Ein Leitfaden für Polizei- und Kriminalbeamte. Taschenformat. 133 Seiten. 1927 . . . . Geb. RM. 3.50

„Die Bearbeitung gibt eine geschlossene, einheitliche Behandlung des Stoffgebietes durch einen Arzt, wie sie anderweitig in der kriminalistischen Literatur nicht vorhanden ist." *Deutsches Polizeiarchiv.*

Gallas, Wilhelm, **Schutz des inneren Friedens.** (Siehe „Die vierte Notverordnung" Seite 12.)

Strafprozeßordnung

Kohlrausch, Eduard, **Strafprozeßordnung** und Gerichtsverfassungsgesetz. Textausgabe mit Einleitung, Anmerkungen und Nebengesetzen. In Verbindung mit Dr. Hermann Mannheim, Landgerichtsrat und Professor in Berlin, bearbeitet von Dr. Eduard Kohlrausch, Professor der Rechte in Berlin. Zweiundzwanzigste Auflage (101. bis 104. Tausend). Taschenformat. XI, 510 Seiten. 1930. (Guttentagsche Sammlung Deutscher Reichsgesetze Bd. 12.) . . . . RM. 7.50

„Das Buch ist nicht nur für den Praktiker, der sich rasch unterrichten will, sondern auch für den Studierenden, zumal wenn ihm die wirtschaftlichen Verhältnisse die Anschaffung umfangreicher Kommentare nicht ermöglichen, von größtem Wert."
Oberreichsanwalt Dr. Ebermayer in der „Juristischen Wochenschrift".

Feisenberger, Albert, **Strafprozeßordnung und Gerichtsverfassungsgesetz.** Handkommentar. Groß-Oktav. IX, 517 Seiten. 1926. Mit Nachtrag. 1927. (de Gruyter'sche Sammlung Deutscher Gesetze. Handkommentare.)
Geb. RM. 17.—

„Eine glänzende Arbeit, die bald in der Hand jedes Strafrichters und Rechtsanwalts sein wird. Geradezu vorbildlich ist der Handkommentar für den Umfang der Heranziehung der Rechtsprechung. Alles Wesentliche ist berücksichtigt."
Danziger Juristische Monatsschrift.

Beling, E., **Deutsches Reichsstrafprozeßrecht** mit Einschluß des Strafgerichtsverfassungsrechts. Oktav. XIV, 568 Seiten. 1928. (Lehrbücher und Grundrisse der Rechtswissenschaft Bd. XVII.) . RM. 15.—, geb. RM. 16.50

„. . . Der Doppelzweck, den B. verfolgte, ist in hervorragender Weise erfüllt. Es liegt vor uns ein nicht nur für den jungen Juristen wertvolles Lernbuch, sondern auch für den Praktiker ein gehaltvolles Lehrbuch, das mit seinen scharfsinnigen Erörterungen das Verständnis des Prozeßrechts vertieft und neue Anregungen in Fülle gibt."
Leipziger Zeitschrift für deutsches Recht.

Rosenfeld, E. H., **Deutsches Strafprozeßrecht.** 2 Bände. 128 und 148 Seiten. 1926. (Sammlung Göschen Bd. 938/939.) . . . . . . Geb. je RM. 1.80

„Eine wissenschaftlich hochstehende, auf einem knappen Raum zusammengedrängte, klar und originell geschriebene Einführung in den deutschen Strafprozeß."
Schweizer. Zeitschrift für Strafrecht.

Löwe, F., und **Rosenberg**, Werner, **Die Strafprozeßordnung für das Deutsche Reich** vom 22. März 1924 nebst dem Gerichtsverfassungsgesetz. Kommentar. Achtzehnte, neubearbeitete Auflage. Lexikon-Oktav. 1332 Seiten. 1929.
RM. 44.—, in Halbleder geb. RM. 50.—

„Der Löwesche Kommentar hat sich in Wissenschaft und Rechtsprechung eine so hervorragende Stellung erworben, daß er zum unentbehrlichen Ratgeber für Theoretiker und Praktiker geworden ist. Der Kommentar steht nach wie vor an erster Stelle und ist ein Meisterwerk in der Kunst einer klaren, übersichtlichen und erschöpfenden Darstellung dieses außerordentlich spröden Stoffes."
Zeitschrift des deutschen Notarvereins.

Feisenberger, Albert, **Strafprozeßordnung und Gerichtsverfassungsgesetz**, in alter und neuer Fassung synoptisch gegenübergestellt. Mit ausführlichem Sachregister. Taschenformat. 265 Seiten. 1924. Mit Nachtrag. 1927. (Guttentagsche Sammlung Deutscher Reichsgesetze Bd. 158.)
Geb. RM. 4.50

„Die Ausgabe ist für die Praxis auf längere Zeit unentbehrlich. Die synoptische Darstellung erleichtert die Arbeit und schützt vor Gedächtnisfehlern."

Aschrott, P. F., **Die Reform des Strafprozesses.** Kritische Besprechungen der von der Kommission für die Reform des Strafprozesses gemachten Vorschläge. Auf Veranlassung der Internationalen Kriminalistischen Vereinigung, Gruppe Deutsches Reich. Groß-Oktav. XII, 120 und 784 Seiten. 1906 . . . . RM. 12.—

Beiträge zur Reform des Strafprozesses. Herausgegeben von Dr. Franz **Adickes**, Dr. P. F. **Aschrott**, Dr. K. **von Lilienthal**, Dr. Fr. **von Liszt**. 2 Bände. Groß-Oktav.

I. Band, Heft 1—6. 1908 . . . . RM. 9.70
II. Band, Heft 1—5. 1909 . . . . RM. 15.10

Boehringer, Margrit, **Die Eidesreform im Strafprozeß und Strafrecht.** Oktav. 203 Seiten. 1931 . . . . RM. 10.—

In der vorliegenden Arbeit wird versucht, einen möglichst vollständigen Überblick über die Grundfragen und die komplizierten Einzelfragen der Reform des Strafprozesses im Beeidigungsverfahren und dem damit unmittelbar zusammenhängenden Teil der Eidesreform im Strafrecht zu geben.

Hierbei wurde ein wesentlicher Bestandteil der Aufgabe in der Systematisierung dieser meist so unübersichtlich und durcheinanderlaufend behandelten Probleme gesehen und weiter versucht, durch möglichst vollständige Literaturangabe und Behandlung ein sachliches Urteil zu ermöglichen.

Frede, L., u. **Grünhut,** M., **Reform des Strafvollzuges.** Kritische Beiträge zu dem Amtlichen Entwurf eines Strafvollzugsgesetzes. Oktav. VII, 264 Seiten. 1927 . . . . RM. 10.—

Die in dem vorliegenden Buch zusammengefaßten Beiträge üben nicht nur eine Einzelkritik an den Bestimmungen des Entwurfs, sondern dienen zugleich unter dem Gesichtspunkt der gegenwärtigen gesetzgeberischen Aufgabe der wissenschaftlichen Grundlegung des ganzen Strafvollzugsproblems.

VI. Öffentliches Recht

1. Staats- und Völkerrecht

Fischbach, O. G., **Allgemeine Staatslehre.** Zweite Auflage. 136 Seiten. 1928. (Sammlung Göschen Bd. 358.) . . . . Geb. RM. 1.80

„Das Buch darf einer breiten Öffentlichkeit als ausgezeichnete Einführung, den Fachgenossen aber, jung und alt, als Musterbeispiel wissenschaftlichen Bemühens um die denkbar beste Leistung anempfohlen werden, wie man ihm heute nicht allzuhäufig mehr begegnet.“ Reichsverwaltungsblatt.

Fischbach, O. G., **Allgemeines Staatsrecht.**
I. Teil. 139 Seiten. 1923. (Sammlung Göschen Bd. 415.) Geb. RM. 1.80
II. Teil. 151 Seiten. 1923. (Sammlung Göschen Bd. 416.) Geb. RM. 1.80

Diese Bearbeitung bringt nicht bloß einen leicht faßlichen gemeinverständlichen Überblick über alle Zweige des Staatsrechtes, sondern auch in den einzelnen Partien viele gründliche wissenschaftliche Erörterungen der einschlagenden Probleme und kritischen Beleuchtung der verschiedenen Rechtsansichten.

Stier-Somlo, Fritz, **Deutsches Reichs- und Landesstaatsrecht** I. Oktav. XVI, 726 Seiten. 1924. (Lehrbücher und Grundrisse der Rechtswissenschaft Bd. XVIII.) . . . . RM. 16.50, geb. RM. 18.—

„. . . Von den zurzeit vorhandenen größeren Lehrbüchern des Reichsstaatsrechts das geeignetste.“ Juristische Wochenschrift.

Stier-Somlo, Fritz, **Reichsstaatsrecht.** I. Grundbegriffe des Staatsrechts. Verfassungsgeschichte vom Ende des 18. Jahrhunderts bis zur Reichsverfassung vom 11. August 1919. 108 Seiten. 1927. (Sammlung Göschen Bd. 967.) Geb. RM. 1.80

II. Das geltende Reichsstaatsrecht. 114 Seiten. 1927. (Sammlung Göschen Bd. 968.) . . . . Geb. RM. 1.80

Stier-Somlo, Fritz, **Preußisches Staatsrecht.** Zweite Auflage. 136 Seiten. 1927. (Sammlung Göschen Bd. 298.) . . . . Geb. RM. 1.80

„Die drei schmalen Bändchen werden nicht allein als wünschenswertes Orientierungsmittel für den Laien und den angehenden Juristen zu begrüßen sein, sondern auch dem im praktischen Berufsleben stehenden Juristen Anregung und Belehrung bieten.“ Juristische Wochenschrift.

Die Verfassung des Deutschen Reichs vom 11. August 1919 **mit den wichtigsten Nebengesetzen.** Textausgabe mit Einleitung und Sachregister. Dritte Auflage. Taschenformat. 104 Seiten. 1931. (Guttentagsche Sammlung von Textausgaben ohne Anmerkungen mit Sachregister.) . . RM. 1.—

Die handliche Ausgabe enthält den genauen Gesetzestext mit einem das Zurechtfinden sehr erleichternden Sachregister. Soweit der Text nach der Veröffentlichung vom 14. August 1919 Änderungen oder Ergänzungen erfahren hat, ist dies berücksichtigt worden. Die Ausgabe entspricht dem letzten Stand. Anschließend an den Text der Reichsverfassung sind einige besonders wichtige Nebengesetze abgedruckt.

Bühler, Ottmar, **Staatsrechtliche Gesetze** des Reiches und Preußens nebst **Gewerbeordnung und Gaststättengesetz.** Textausgabe mit einführenden Bemerkungen, Paragraphenüberschriften und Sachregister. Taschenformat. XI, 748 Seiten. 1931. (Lehrausgaben Deutscher Gesetze, Bd. 3a.) Geb. RM. 9.—

Arndt, Adolf, **Die Verfassung des Deutschen Reiches.** Dritte Auflage. Taschenformat. 1927. (Guttentagsche Sammlung Deutscher Reichsgesetze Bd. 137.) . . . . RM. 8.—

„Für alle, die sich auf dem schwierigen Gebiet der Reichsverfassung orientieren wollen, liegt hier ein vorzügliches Nachschlagewerk von gediegener Wissenschaftlichkeit vor.“ *Staats- und Selbstverwaltung.*

Stier-Somlo, Fritz, **Kommentar zur Verfassung des Freistaates Preußen.** Groß-Oktav. 319 Seiten. 1921 . . . . Geb. RM. 3.—

„Die Darstellung ist flüssig und knapp und ist als treffliche Orientierung über das neue Verfassungswerk, eine Orientierung, die ihre notwendige Ergänzung in dem vorzüglichen Kommentar Stier-Somlos findet, sehr zu empfehlen.“ *Zeitschrift für öffentliches Recht.*

Arndt, Adolf, **Die Verfassung des Freistaats Preußen** vom 30. November 1920. Mit Einleitung, vollständigem Kommentar, Landeswahlgesetz und Sachregister. Taschenformat. 158 Seiten. 1921. (Guttentagsche Sammlung Preußischer Gesetze Bd. 1.) . . . . Geb. RM. 2.—

„Die Einleitung ist eine vortreffliche staatsrechtliche Abhandlung, die unter Berücksichtigung und Verwertung der einschlägigen Literatur in die Entstehungsgeschichte und in die Bedeutung der Verfassungsurkunde einführt. Der Kommentar wird denjenigen, die sich mit den einzelnen Bestimmungen der Verfassung vertraut machen wollen, ein willkommener Ratgeber sein.“ *Zeitschrift für Polizei- und Verwaltungsbeamte.*

Veröffentlichungen der Vereinigung deutscher Staatsrechtslehrer.

Heft 1: Der deutsche Föderalismus. Oktav. 1924 . . . . RM. 5.—

Heft 2: Der Schutz des öffentlichen Rechts. Oktav. 1925 . . RM. 12.—

Heft 3: Die Gleichheit vor dem Gesetz. Der Einfluß des Steuerrechts auf die Begriffsbildung des öffentlichen Rechts. Oktav. 1927 . . RM. 7.—

Heft 4: Das Recht der freien Meinungsäußerung. — Der Begriff des Gesetzes in der Reichsverfassung. Oktav. 1928 . . . . . RM. 10.—

Heft 5: Wesen und Entwicklung der Staatsgerichtsbarkeit. — Überprüfung von Verwaltungsakten durch die ordentlichen Gerichte. Oktav. 1929. RM. 12.—

Heft 6: Bundesstaatliche und gliedstaatliche Rechtsordnung. Verwaltungsrecht der öffentlichen Anstalt. Berichte von Fritz Fleiner, Josef Lukas, Lutz Richter und Arnold Köttgen. Verhandlungen der Tagung der deutschen Staatsrechtslehrer zu Frankfurt a. M. am 25. und 26. April 1929. Mit einem Auszug aus der Aussprache. Oktav. IV, 166 Seiten. 1929. RM. 9.—

Heft 7: Entwicklung und Reform des Beamtenrechts. — Die Reform des Wahlrechts. Berichte von Hans Gerber, Adolf Merkl, Heinrich Pohl und Gerhard Leibholz. Verhandlungen der Tagung der Deutschen Staatsrechtslehrer zu Halle am 28. und 29. Oktober 1931. Mit einem Auszug aus der Aussprache. Oktav. IV, 212 Seiten. 1932 . . . . RM. 12.—

Sehling, Emil, Kirchenrecht. Zweite Auflage.

I. Teil. Einleitung. Quellen, Verfassung und Verwaltung der katholischen Kirche. Anhang: Die griechisch-orthodoxe Kirche. 119 Seiten. 1922. (Sammlung Göschen Bd. 377.) . . . . Geb. RM. 1.80

II. Teil: Das evangelische Kirchenrecht. Die Stellung des Staates zur Kirche und das Verhältnis der Religionsgesellschaften zueinander. 87 Seiten. 1927. (Sammlung Göschen Bd. 954.) . . . . Geb. RM. 1.80

Edler v. Hoffmann, H., Deutsches Kolonialrecht. 150 Seiten. 1907. (Sammlung Göschen Bd. 318.) . . . . Geb. RM. 1.80

Delius, H., Die Beamtenhaftpflichtgesetze des Reiches und der Länder. Vierte, vermehrte und vollkommen neubearbeitete Auflage. Taschenformat. 384 Seiten. 1929. (Guttentagsche Sammlung Deutscher Reichsgesetze Bd. 94.) Geb. RM. 10.—

„Mit der Neubearbeitung der Deliusschen Beamtenhaftpflichtgesetze, welche den neuesten Stand der Rechtsprechung und Gesetzgebung lückenlos wiedergibt, wird einem dringenden Bedürfnis abgeholfen. Das Buch wird überall mit Freuden begrüßt werden und jedem Ratsuchenden ein zuverlässiger Führer sein."
Juristische Wochenschrift.

Wörterbuch des Völkerrechts und der Diplomatie. Begonnen von Professor Dr. Julius **Hatschek** †. Fortgesetzt und herausgegeben von Dr. **Karl Strupp,** Professor an der Universität Frankfurt a. M., Associé de l'institut de droit international, membre de l'Académie Diplomatique Internationale. Lexikon-Oktav.

Band I: Aachen—Lynchfall. VI, 860 Seiten. 1924.
RM. 35.—, in Halbleder geb. RM. 40.—

Band II: Maas—Utschiali. 779 Seiten. 1925.
RM. 35.—, in Halbleder geb. RM. 40.—

Band III (Schluß): Vasallenstaaten—Zwangsverschickung. Ferner Anhang: Abessinien—Weltgerichtshof; Sachverzeichnis und Mitarbeiterregister. II, 1316 Seiten. 1929 . . . RM. 62.—, in Halbleder geb. RM. 67.—

„Der Vorsprung, den entsprechende Werke in französischem Sprachgewande bisher hatten, ist nunmehr in Deutschland eingeholt. Die Form der alphabetischen Zergliederung des Stoffes ermöglicht eine breitere Behandlung der Einzelfälle, die im internationalen Rechtsleben nicht selten von größerer Bedeutung als vorzeitig aufgestellte Abstraktionen sind." Zeitschrift für Völkerrecht.

Anzilotti, D., Lehrbuch des Völkerrechts. Übersetzt und herausgegeben vom Institut für ausländisches öffentliches Recht und Völkerrecht, Berlin. I. Band. Groß-Oktav. 444 Seiten. 1929 . RM. 19.—, geb. RM. 20.—

Mit der Herausgabe der Übersetzung dieses Lehrbuches des berühmten Völkerrechtlers ist das Institut für ausländisches öffentliches Recht und Völkerrecht einem in Deutschland außerordentlich fühlbaren Bedürfnis entgegengekommen. Das Buch ist nicht schlechthin eine Übersetzung der italienischen Originalausausgabe, sondern berücksichtigt auch die gesamte Rechtsprechung und Literatur der letzten Zeit und stellt somit das zurzeit modernste Lehrbuch des Völkerrechts überhaupt dar.

Niemeyer, Theodor, **Völkerrecht.** 168 Seiten. 1925. (Sammlung Göschen Bd. 865.) . . . . Geb. RM. 1.80

Dieses Bändchen gibt in gedrängter Form eine vollständige Übersicht über das Völkerrecht.

Beiträge zum ausländischen öffentlichen Recht und Völkerrecht. Herausgegeben im Auftrage des Instituts für ausländisches öffentliches Recht und Völkerrecht in Berlin in Gemeinschaft mit Friedrich Glum, Ludwig Kaas, Rudolf Smend, Heinrich Triepel von Viktor **Bruns.** Groß-Oktav.

Eine Sammlung einschlägiger wissenschaftlicher Abhandlungen, Materialsammlungen, Übersetzungen besonders wertvoller ausländischer Werke u. a.

Heft 1:
Triepel, H., Staatsrecht und Politik. Rede beim Antritt des Rektorats der Friedrich-Wilhelms-Universität zu Berlin am 15. Oktober 1926. 40 Seiten. 1927 . . . . RM. 2.—

Heft 2:
Schmitt, Carl, **Volksentscheid und Volksbegehren.** Ein Beitrag zur Auslegung der Weimarer Verfassung und zur Lehre von der unmittelbaren Demokratie. 54 Seiten. 1927 . . . . RM. 2.60

Heft 3:
Heck, K., Der Aufbau des britischen Reiches. (Der Verhandlungsbericht der Reichskonferenz von 1926.) 152 Seiten. 1927 . . . . RM. 6.—

Heft 4:
Heller, H., Die Souveränität. Ein Beitrag zur Theorie des Staats- und Völkerrechts. 177 Seiten. 1927 . . . . RM. 8.50

Heft 5:
Grentrup, Theodor, **Die Missionsfreiheit** nach den Bestimmungen des geltenden Völkerrechts. 112 Seiten. 1928 . . . . RM. 5.50

Heft 6:
Robinson, Jakob, **Das Minoritätenproblem** und seine Literatur. Kritische Einführung in die Quellen und die Literatur der europäischen Nationalitätenfrage der Nachkriegszeit, unter besonderer Berücksichtigung des völkerrechtlichen Minderheitenschutzes.

Allgemeiner Teil. 265 Seiten. 1928 . . . . RM. 9.—

Heft 7:
Bilfinger, Karl, **Der Reichssparkommissar.** 68 Seiten. 1928 . RM. 3.60

Heft 8:
Bumiller, J. M., **Die völkerrechtliche Stellung der fremden Truppen im Saargebiet.** 156 Seiten. 1928 . . . . RM. 9.—

Heft 9:
Das Recht des Ausnahmezustands im Auslande (Frankreich, Belgien, Niederlande, Italien, England, Irland). 296 Seiten. 1928 . RM. 14.—

Heft 10:
Gerland, B., Die Beziehungen zwischen dem Parlament und den Gerichten in England. Eine rechtsvergleichende Studie. 137 Seiten. 1928.
RM. 8.—

Heft 11:
Leibholz, Gerhard, **Zu den Problemen des fascistischen Verfassungsrechts.** Akademische Antrittsvorlesung. 112 Seiten. 1928 . . . . . RM. 5.—

Heft 12:
Glum, Friedrich, **Der deutsche und der französische Reichswirtschaftsrat.** Ein Beitrag zu dem Problem der Repräsentation der Wirtschaft im Staat. 188 Seiten. 1929 . . . . RM. 9.—

Heft 13:
Leibholz, Gerhard, **Das Wesen der Repräsentation** unter besonderer Berücksichtigung des Repräsentativsystems. Ein Beitrag zur allgemeinen Staats- und Verfassungslehre. Groß-Oktav. 214 Seiten. 1929 . . . RM. 14.—

Heft 14:
Schenk, Graf **v. Stauffenberg**, B., **Die Rechtsstellung der russischen Handelsvertretungen.** Oktav. 95 Seiten. 1930 . . . . RM. 6.—

Heft 15:
Hsü Dau-Lin, Die Verfassungswandlung. Oktav. 182 Seiten. 1932. RM. 6.—

Heft 16:
Menzel, Kurt, **Das deutsche Vorkriegsvermögen in Rußland und der deutsche Entschädigungsvorbehalt.** Eine Übersicht, zugleich über die Entschädigungsbemühungen der anderen Staaten. Oktav. IV, 236 Seiten. 1931. RM. 9.—

Heft 17:
Kaufmann, Erich, **Zur Problematik des Volkswillens.** Oktav. 19 Seiten. 1931 . . . . RM. 1.50

Heft 18:
Braunias, Karl, **Das parlamentarische Wahlrecht.** Ein Handbuch über die Bildung der gesetzgebenden Körperschaften in Europa. I. Band: Das Wahlrecht in den einzelnen Staaten. XVIII, 640 Seiten. 1932. RM. 25.—

Kraus, H., **Internationale Schiedssprechung.** Eine Sammlung der für das Deutsche Reich verbindlichen Verträge und Vertragsbestimmungen, die sich auf internationale Gerichtsbarkeit, Schiedsgerichtsbarkeit, sowie Vergleichsverfahren beziehen, nebst den dazugehörigen deutschen Regierungsdenkschriften. Taschenformat. XXXVI, 348 Seiten. 1929. (Guttentagsche Sammlung Deutscher Reichsgesetze Bd. 174.) . . . Geb. RM. 10.—

„Die vorliegende Dokumentensammlung füllt eine Lücke aus, da es bisher schwer war, alle schiedsrichterlichen Verpflichtungen des Deutschen Reiches auf einmal einzusehen.“ *Friedenswarte.*

Strupp, Karl, **Das Werk von Locarno.** Eine völkerrechtlich-politische Studie. Oktav. 180 Seiten. 1926 . . . . RM. 10.—

„Die lückenlose Mitteilung aller für das Verständnis und die Auslegung wichtiger Urkunden macht das aktuelle Buch zu einem außerordentlich wertvollen Mittel der Erkenntnis des Inhalts und der Tragweite dieser grundlegenden Staatsverträge.“ *D. A. Z.*

Sering, Max, **Deutschland unter dem Dawes-Plan.** Entstehung, Rechtsgrundlagen, wirtschaftliche Wirkungen der Reparationslasten. Oktav. VIII, 237 Seiten. 1928 . . . . RM. 10.—

„Nicht nur dem Juristen und Volkswirtschaftler, sondern auch dem Laien verständlich, gibt das Werk einem jeden wertvollen Einblick in Deutschlands wirtschaftspolitische Abhängigkeit, die sich bis in die kleinsten Betriebe hineinzieht, die jedes einzelne Glied des deutschen Volkes betrifft.“ *Prakt. Rundschau.*

2. Verwaltungsrecht

a) Reichsrecht

Bühler, O., Verwaltungsgesetze des Reiches und Preußens. Taschenformat. XI, 682 Seiten. 1930. Mit Nachtrag 1931 . . . . . Geb. RM. 11.—
(Lehrausgaben Deutscher Gesetze Bd. III.)

Außer den preußischen Verwaltungsgesetzen bringt der vorliegende Band als erster auch die immer wichtiger werdenden Verwaltungsgesetze des Reichs. Durch Weglassung aller für den Unterricht überflüssigen Gesetze, Weglassung auch unwichtigerer Bestimmungen in den oft sehr weitschweifigen Verwaltungsgesetzen (wobei aber der Inhalt weggelassener Bestimmungen jeweils kurz angedeutet ist) ist es ermöglicht worden, auch hier einen Band erstehen zu lassen, der nicht schon durch seinen Umfang abschreckt.

Fischbach, O. G., Das Reichsbeamtengesetz vom 31. März 1873 in der Fassung der Bekanntmachung vom 18. Mai 1907 mit allen Abänderungen und Ergänzungen. Taschenformat. 311 Seiten. 1930. (Guttentagsche Sammlung Deutscher Reichsgesetze Bd. 82.) . . . . Geb. RM. 6.—

Die vorliegende Erläuterung des Beamtengesetzes durch den bekannten Staatsrechtlehrer kommt einem besonderen Bedürfnis der Praxis entgegen, die z. Zt. eine den neuesten Fortschritten der Wissenschaft und Rechtsprechung entsprechende Handausgabe sehr entbehrt. Bemerkenswert ist, daß auch verwandte Gesetze und Verordnungen der einheitlichen Erläuterung unterzogen wurden, so daß dieses Buch für die Praxis ein der Sache wie der Erläuterungsart wichtiges Hilfsmittel darstellt.

Blume, E., und Weirauch, W., Die Eisenbahn-Verkehrsordnung vom 16. Mai 1928 mit Allgemeinen Ausführungsbestimmungen sowie dem Internationalen Übereinkommen über den Eisenbahnfrachtverkehr vom 30. Mai 1925 und dem Internationalen Übereinkommen über den Eisenbahn-Personen- und Gepäckverkehr vom 12. Juni 1925. Textausgabe mit Anmerkungen. Vierte Auflage. Taschenformat. X, 482 Seiten. 1928. (Guttentagsche Sammlung Deutscher Reichsgesetze Bd. 91.) . . . . Geb. RM. 9.—

„Ein treffliches Hilfsbuch für alle, die sich mit dem Eisenbahnverkehrsrecht theoretisch und praktisch zu beschäftigen haben. Der Kommentar wird besonders auch den Gerichten und den Anwälten gute Dienste leisten, da die Ausführungsbestimmungen zur Eisenbahnverkehrsordnung, die vollständig abgedruckt werden, sonst nur in den Tarifen veröffentlicht werden, die in den Kreisen der Juristen weniger bekannt sind. Allen, die es angeht, kann daher die Anschaffung der neuen Auflage dringend empfohlen werden.“ Juristische Wochenschrift.

Fischer, D., und Staedler, E., Die deutsche Post- und Telegraphengesetzgebung. Teil I: **Postrecht** (mit Ausschluß des internationalen Rechts). Siebente Auflage. 47*, 586 Seiten. 1929. (Guttentagsche Sammlung Deutscher Reichsgesetze Bd. 7.) . . . . Geb. RM. 15.—

„Die Texte sind mit großer Sorgfalt und mit dem Streben nach einschlägiger Vollständigkeit zusammengestellt. Eine Verbesserung gegenüber den früheren Auflagen bedeutet der der Sammlung neu vorangestellte systematische Abriß des geltenden Postrechts.“ Württembergische Industrie.

Teil II: **Telegraphen- und Fernsprechrecht** (mit Ausschluß des internationalen Rechts). Taschenformat. 495 Seiten. 1930. (Guttentagsche Sammlung Deutscher Reichsgesetze Band 7a.) . . . . RM. 13.—

Wie im ersten Teil, so werden auch hier die Erläuterungen unter die folgenden Gesichtspunkte gestellt: 1. Die wechselseitige juristische und tatsächliche Berührung zwischen den sehr zersplitterten Rechtsquellen. 2. Die rechtsgeschichtlichen Zusammenhänge, die zur kritischen Beurteilung des Gegenstandes unerläßlich sind. 3. Die öffentlich-rechtliche Eigenschaft des gesamten Rechtsstoffes. Rechtsprechung und Literatur sind bis in die letzte Zeit berücksichtigt.

Sebba, Julius, **Seewasserstraßenordnung.** (Polizeiverordnung zur Regelung des **Verkehrs** auf den deutschen Seewasserstraßen vom 31. März 1927.) Taschenformat. 493 Seiten. 1928. (Guttentagsche Sammlung Deutscher Reichsgesetze Bd. 171.) . . . . Geb. RM. 8.50

„. . . Es bedarf hierbei wohl nicht der besonderen Hervorhebung, daß die Kommentierungsmethode des rühmlichst bekannten Neu-Herausgebers von Schaps, Seerecht, auch in dem vorliegenden Werke eine knappe und doch gründliche geworden ist." Verkehrsrechtliche Praxis.

Busse, Rudolf, **Luftrecht einschließlich Luftverkehrsgesetz und Pariser Luftverkehrsabkommen.** Taschenformat. XVIII, 448 Seiten. 1928. (Guttentagsche Sammlung Deutscher Reichsgesetze Bd. 170.) . . Geb. RM. 10.—

Das vorliegende Buch sucht in einem nationalen und internationalen Teil einen klaren Überblick über das gesamte Luftrecht zu geben; der neueste Stand der Rechtsprechung ist hierbei berücksichtigt. Den erläuterten Gesetzesabkommenstexten ist eine systematische Einführung in das gesamte Luftrecht mit seinen vielseitigen Rechtsdisziplinen vorausgeschickt.

Vollmann, Kurt, **Die Straßenverkehrsordnungen** nebst den einschlägigen Nebenbestimmungen. Taschenformat. 312 Seiten. 1929. (Guttentagsche Sammlung Deutscher Reichsgesetze Bd. 175.) . . . . . Geb. RM. 7.—

„Das übersichtliche Werkchen, das uns eine schnelle Information über auftauchende Rechtsfragen auf diesem besonderen Verkehrsgebiete verschafft, kann Polizeibeamten, Gerichten, Anwälten, Fuhrwerksbesitzern, Kraftfahrern und Radfahrern zur Anschaffung empfohlen werden." Verkehrsrechtl. Rundschau.

Holzapfel, W., **Die Siedlungsgesetzgebung** im Reich und in Preußen. 347 Seiten. 1920. (Guttentagsche Sammlung Deutscher Reichsgesetze Bd. 140.) Geb. RM. 3.—

„Die zur Ausführung jener Gesetze bestimmten Behörden und auch die literarische Forschung werden dem Verfasser für seine mühevolle Arbeit Anerkennung zollen." Archiv für öffentliches Recht.

Behrend, Ernst, und **Stranz-Hurwitz,** Helene, **Sammlung von Wohlfahrtsgesetzen** des Deutschen Reichs und Preußens nebst den allgemeinen Wohlfahrtsgesetzen von Sachsen, Thüringen, Hamburg, Mecklenburg-Schwerin und -Strelitz, Oldenburg, Lippe und Lübeck.

Teil I: Taschenformat. 560 Seiten. 1923 . . . . . . Geb. RM. 5.—
Teil II: Nebst Ausführungsgesetzen sämtlicher Länder zum Reichsjugendwohlfahrtsgesetz. Taschenformat. XVI, 551 Seiten. 1925. (Guttentagsche Sammlung Deutscher Reichsgesetze Bd. 152 und 152a.) Geb. RM. 9.—
Teil I und II zus. RM. 12.—

„Die kurzen, alles Wesentliche zusammenfassenden Einleitungen zu den einzelnen Gesetzen sind mit außerordentlicher Sachkunde und Klarheit geschrieben; sie genügen zusammen mit den Literaturangaben völlig für den Praktiker, um die Gesetzestexte richtig handhaben zu können. Das Werk ist für alle in der Wohlfahrtspflege Arbeitenden unentbehrlich und sehr praktisch."
Nachrichtendienst des Deutschen Vereins für öffentliche Fürsorge.

Wegner, Arthur, **Jugendrecht.** Ein Lehrbuch zur Einführung. Oktav. IX, 219 Seiten. 1929 . . . . RM. 6.—, geb. RM. 7.50

Drewes, Paul, und **Sandré,** Emil, **Das Reichsgesetz für Jugendwohlfahrt** vom 9. Juli 1922 und **Jugendgerichtsgesetz** vom 16. Februar 1923 nebst Nebengesetzen. Zweite Auflage. Taschenformat. XVI, 496 Seiten. 1928. (Guttentagsche Sammlung Deutscher Reichsgesetze Bd. 154.) Geb. RM. 11.—

„Eine sehr handliche Gesetzesausgabe. Sie bietet in ausführlichen geschichtlichen und rechtlichen Vorbemerkungen und Einleitungen wertvolles Material zur Einführung in den Willen und Geist beider Gesetze und gibt in knappen, aber ausreichenden Erläuterungsbemerkungen zu den einzelnen Bestimmungen dem Praktiker die erforderlichen Unterlagen zur richtigen Anwendung. Das Werk dürfte sich in der Praxis beliebt machen." Blätter für öffentliche Fürsorge.

Sandré, Emil, **Verordnung über die Fürsorgepflicht.** Vom 14. Februar 1924. Mit Einschluß der für die Durchführung dieser Verordnung in Frage kommenden reichs- und landesgesetzlichen Bestimmungen. Taschenformat. 342 Seiten. 1925. (Guttentagsche Sammlung Deutscher Reichsgesetze Bd. 160.) Geb. RM. 6.—

„Die Zusammenstellung der bis in die jüngste Zeit ergangenen gesetzlichen Bestimmungen, die in Beziehung zur Fürsorgepflichtverordnung stehen, gibt der Sandréschen Arbeit ihre besondere Bedeutung. Die Anmerkungen sind zahlreich und zeichnen sich durch einen feinen, klaren Stil aus. Das Buch ist übersichtlich geordnet und leicht zu handhaben." Schleswig-Holsteinische Wohlfahrtsblätter.

Szczesny, Viktor, **Das Lichtspielgesetz** vom 12. Mai 1920 mit der Ausführungsverordnung. Einleitung, Gebührenordnung und Sachregister. Taschenformat. 106 Seiten. 1920. (Guttentagsche Sammlung Deutscher Reichsgesetze Bd. 147.) . . . . Geb. RM. 1.50

„Das neue Lichtspielgesetz hat hier eine ausführliche Kommentierung gefunden. Das Buch kann bei der gründlichen Behandlung des Stoffes als ein geeignetes Hilfsmittel für die Praxis bezeichnet werden." Preußische Gemeinde-Zeitung.

Wündisch, Ernst, **Das Gesetz über Schußwaffen und Munition** vom 12. April 1928 (RGBl. I S. 143) nebst der Ausführungsverordnung der Reichsregierung vom 13. Juli 1928 (RGBl. I S. 198) und dem Preußischen Erlaß zur Durchführung des Gesetzes vom 7. September 1928 (MBliV. S. 925). Taschenformat. 139 Seiten. 1928. (Guttentagsche Sammlung Deutscher Reichsgesetze Bd. 173.) . . . . Geb. RM. 5.—

Durch das Gesetz über Schußwaffen und Munition vom 12. April 1928 sind auf diesem für die Öffentlichkeit so wichtigen Gebiet neue Rechtsverhältnisse geschaffen worden, für die die Praxis exakte Erläuterungen wünscht. Eine solche Erläuterung stellt das vorliegende Buch dar, das, von einem auf diesem Gebiet besonders erfahrenen Sachkenner bearbeitet, eine absolut zuverlässige Darstellung der neuen Bestimmungen enthält. Außer dem Gesetzestext sind die für die Praxis wichtigen Ausführungsbestimmungen des Reiches und Preußens abgedruckt. Auf Übersichtlichkeit, Leichtverständlichkeit und Vollständigkeit der Erläuterungen, die die Hauptvorzüge der Guttentagschen Sammlung sind, wurde auch bei diesem Gesetze Wert gelegt.

Fraustädter, W., und **Kreutzberger,** M., **Das deutsche Ausländerrecht.** Die Bestimmungen des Reichsrechts und preußischen Landesrechts. Textausgabe mit Erläuterungen und Sachregister. Taschenformat. 396 Seiten. 1927. (Guttentagsche Sammlung Deutscher Reichsgesetze Bd. 166.) Geb. RM. 9.—

„Eine höchst begrüßenswerte Veranstaltung, aus dem Bedürfnis der Praxis hervorgegangen und mit vollendetem Sachverständnis unternommen. Sowohl die Vollständigkeit der mannigfach verstreuten gesetzlichen Bestimmungen als deren Anordnung, Registrierung und Erläuterung durch Ausführungsbestimmungen, Gerichtsentscheidungen, Verwaltungspraxis ist vortrefflich." Niemeyers Zeitschrift für internationales Recht.

Voß, Werner, **Die reichs- und landesrechtlichen Bestimmungen auf dem Gebiete des Gesundheitswesens.** Zusammengestellt und mit Anmerkungen versehen. Taschenformat. 608 Seiten. 1929. (Guttentagsche Sammlung Deutscher Reichsgesetze Bd. 172.) . . . . Geb. RM. 11.—

„Der Band enthält eine Sammlung der Gesetze, Verordnungen und Bestimmungen auf dem Gebiete des Gesundheitswesens, wie sie in dieser Vollständigkeit sonst nicht besteht. Dadurch erst ist ein zuverlässiger und rascher Überblick über die einschlägigen weit verstreuten Bestimmungen gewährleistet.“
Württ. Zeitschr. f. Rechtspflege.

Hippel, W. von, Reichsviehseuchengesetz vom 25. Juni 1909 nebst Ausführungsvorschriften und dem preußischen Ausführungsgesetz. Zweite Auflage. Taschenformat. 486 Seiten. 1913. (Guttentagsche Sammlung Deutscher Reichsgesetze Bd. 103.) . . . . Geb. RM. 4.—

Borberger, L. von, Vogelschutzgesetz vom 30. Mai 1908 nebst den das Flugwild betreffenden Bestimmungen der Preußischen Jagdordnung. Taschenformat. 57 Seiten. 1909. (Guttentagsche Sammlung Deutscher Reichsgesetze Bd. 89.) . . . . Geb. RM. 1.—

b) Landesrecht

Bitter, von, Handwörterbuch der Preußischen Verwaltung. Dritte, vollständig umgearbeitete Auflage. Unter Mitwirkung zahlreicher hoher Reichs- und preußischer Staatsbeamten herausgegeben von Dr. Bill Drews, Staatsminister a. D., Präsident des Pr. Oberverwaltungsgerichts, und Dr. Franz Hoffmann, Wirklicher Geheimer Oberregierungsrat, Berlin. Lexikon-Oktav. 1928 . . . . RM. 120.—, in Halbleder geb. RM. 132.—

Erster Band, 1. Halbband: Abbaugerechtigkeiten—Fleisch- und Viehagenten. 552 Seiten.

2. Halbband: Fleischvergiftung—Kyffhäuserbund. Seite 553 bis 1134 und IX Seiten.

Zweiter Band: Lackfabriken—Zwischenkredit. VII, 1220 Seiten. (Im Verlage der Firmen: Walter de Gruyter & Co., Berlin; Carl Heymanns Verlag, Berlin; Roßberg'sche Verlagsbuchhandlung, Leipzig.)

Das zentrale Werk der Praxis des Verwaltungsrechts.

Reichelt, H., Verwaltungsgesetzbuch für Preußen. Systematische Zusammenstellung der wichtigsten Verwaltungsgesetze und Verordnungen für Praxis und Unterrichtszwecke. Lexikon-Oktav. VII, 1302 Seiten. 1914.
Geb. RM. 7.60

„Das Buch ist sehr wertvoll, dem Praktiker unentbehrlich und leistet demjenigen, der sich auf eine Prüfung vorbereitet, vorzügliche Dienste. Allen Verwaltungsbehörden wird das Buch warm empfohlen.“
Preußische Verwaltungs- und Finanz-Zeitung.

Friedrichs, K., Die Gesetzgebung über die allgemeine Landesverwaltung und Zuständigkeit der Verwaltungs- und Verwaltungsgerichtsbehörden. Dritte, durchgesehene Auflage. Taschenformat. XXIII, 295 Seiten. 1927. (Guttentagsche Sammlung Preußischer Gesetze Bd. 42.) . . . Geb. RM. 5.—

„Der Wert dieser Arbeit liegt darin, daß er eine erschöpfende und klare Übersicht über das tatsächlich geltende Verwaltungsrecht bringt. Das Werk ist ein vorzügliches und nie versagendes Hilfsmittel.“ *Gesetz und Recht.*

Pfafferoth, Carl, Preußische Beamtengesetzgebung. Fünfte Auflage. XIV, 280 Seiten. 1916. (Guttentagsche Sammlung Preußischer Gesetze Bd. 2.)
Geb. RM. 2.40

Dultzig, Eugen von, Das preußische Disziplinargesetz für die nichtrichterlichen Beamten. Taschenformat. XIV, 364 Seiten. 1914. (Guttentagsche Sammlung Preußischer Gesetze Bd. 51.) . . . . Geb. RM. 4.20

„Der Verfasser kennt das Disziplinarrecht aus eigener Tätigkeit und aus langer Erfahrung. Diese hat er zu einem praktischen Nachschlagebuch für alle praktischen Fragen des Disziplinarrechts ausgestaltet. Bei tunlichster Kürze sind doch recht erschöpfende, klare und anschauliche Erläuterungen entstanden, die das Verständnis und die Anwendung des Disziplinarrechts in zweckmäßiger Weise erleichtern. Das Büchlein verdient volle Beachtung."
Zeitschrift für Polizei- und Verwaltungsbeamte.

Hagemann, Rudolf, **Hinterlegungsordnung** vom 21. April 1913. Taschenformat. 175 Seiten. 1914. (Guttentagsche Sammlung Preußischer Gesetze Bd. 53.) . . . . Geb. RM. 2.20

„Das in der vorteilhaft bekannten Guttentagschen Sammlung erschienene Buch darf als ein Hilfsmittel zu dem nicht immer ganz einfachen Verständnis der neuen Hinterlegungsvorschriften bestens empfohlen werden; es ist klar, übersichtlich und ausführlich." Zentralblatt für freiwillige Gerichtsbarkeit.

Aschrott, P. F., **Gesetz über die Fürsorgeerziehung Minderjähriger.** Vom 2. Juli 1900. Nebst Ausführungsanweisungen. Dritte Auflage. Taschenformat. 374 Seiten. 1917. (Guttentagsche Sammlung Preußischer Gesetze Bd. 28.) . . . . Geb. RM. 2.80

„Das Buch gewährt nicht nur einen klaren Einblick in die gegenwärtige Gestaltung der Fürsorgeerziehung in Preußen, sondern es gibt auch über die Zweifelsfragen, welche bei der Auslegung des technisch ziemlich unvollkommenen Fürsorgeerziehungsgesetzes in besonders reicher Fülle auftauchen, durchweg eine erschöpfende und zutreffende Auskunft." Das Recht.

Marcks, A., **Gesetz, betr. die Unterhaltung der öffentlichen Volksschulen.** Taschenformat. 194 Seiten. 1906. (Guttentagsche Sammlung Preußischer Gesetze Bd. 39.) . . . . Geb. RM. 1.80

„Das handliche Büchlein wird, von sachkundiger Seite herrührend und praktisch angelegt, Verwaltungsbeamten, Schulvorständen, Lehrern beim Gebrauch gute Dienste leisten." Schulblatt der Provinz Brandenburg.

Ledermann, W., und **Brühl,** L., **Die Städteordnung für die sechs östlichen Provinzen Preußens.** Zweite Auflage. Taschenformat. 593 Seiten. 1913. (Guttentagsche Sammlung Preußischer Gesetze Bd. 32.) . Geb. RM. 6.—

„Der Kommentar, eine hervorragende Arbeit, ist von der Kritik und der Praxis so einmütig günstig aufgenommen worden, daß er auch in seiner zweiten durch Gesetzgebung, Literatur und Rechtsprechung der letzten zehn Jahre bereicherten Ausgabe keiner weiteren Empfehlung bedarf." Kommunale Praxis.

Wölbling, P., **Bildung der neuen Stadtgemeinde Berlin.** Zweite Auflage. Taschenformat. 114 Seiten. 1920. (Guttentagsche Sammlung Preußischer Gesetze Bd. 59.) . . . . Geb. RM. 1.40

„Die Ebenmäßigkeit mit den Kommentaren anderer Gesetze der Guttentagschen Sammlung erringt der Verfasser durch seine strenge Sachlichkeit. Damit muß seinem Werk die Beachtung bei der Durchführung des Gesetzes und bleibender Wert gesichert erscheinen." Soziale Praxis.

Caro, H., **Gesetz, betr. Austritt aus der Landeskirche,** vom 14. Mai 1873. Taschenformat. 190 Seiten. 1911. (Guttentagsche Sammlung Preußischer Gesetze Bd. 46.) . . . . Geb. RM. 2.40

„Ein sehr praktisches Buch, das in den Anmerkungen zum Wortlaut des Gesetzes eine reiche Fülle von Material bietet für alle möglichen Fragen, die mit Aus- und Übertritt zusammenhängen. Das genau gearbeitete Inhaltsverzeichnis ermöglicht bei gelegentlicher Benutzung ein leichtes Auffinden des Nötigen."
Deutsch-Protestantische Bücherschau.

Meyer, O., **Gesetz betr. die Anlegung und Veränderung von Straßen und Plätzen in Städten und ländlichen Ortschaften.** Taschenformat. 211 Seiten. 1913. (Guttentagsche Sammlung Preußischer Gesetze Bd. 50.) . RM. 3.—

Strauß-Torney, Hugo von, und **Saß,** Carl, früher **Friedrichs,** R., **Gesetz, betr. Anlegung und Veränderung von Straßen und Plätzen** in Städten und ländlichen Ortschaften. (Straßen- und Baufluchtengesetz.) Kommentar. Sechste Auflage. Groß-Oktav. 211 Seiten. 1920. Mit Nachtrag, 1932.
RM. 9.—, geb. RM. 10.50

„Das Werk zeigt eine Reichhaltigkeit und Vollständigkeit, die sonst wenigen Kommentaren eigen ist, und übertrifft hierin noch weit die früheren Auflagen. Besonders erwähnenswert ist die geschickte Anordnung der Erläuterungen und das praktische Inhaltsverzeichnis." Wochenschrift des Architektenvereins zu Berlin.

Saß, Enteignung auf dem Gebiete des Städtebaues nach der dritten Notverordnung Kapitel III (zweite Verordnung des Reichspräsidenten zur Sicherung von Wirtschaft und Finanzen) vom 5. Juni 1931. Nachtrag zum Straßen- und Baufluchtengesetz von v. Strauß und Torney und Saß, 6. Aufl. RM. 1.—

Meyer, O., **Gesetz, betr. Enteignung von Grundeigentum.** Dritte Auflage. Taschenformat. 249 Seiten. 1927 . . . . Geb. RM. 5.50

Heine, H., **Die preußischen Baupolizeigesetze** nebst den sonstigen einschlägigen Reichs- und Landesgesetzen. Taschenformat. 404 Seiten. 1928. (Guttentagsche Sammlung Preußischer Gesetze Bd. 64.) . . . . Geb. RM. 8.—

Diesem Band ist die Aufgabe gestellt, die in erster Linie in Betracht kommenden Gesetze und sonstigen Vorschriften und die im Zusammenhang hiermit entstehenden Rechtsfragen in übersichtlicher Weise zusammenzufassen und zu erörtern. Die Rechtsprechung des Oberverwaltungsgerichts und anderer Gerichte ist hierbei berücksichtigt worden.

Goldschmidt, O., **Gesetze gegen die Verunstaltung landschaftlich hervorragender Gegenden** mit Ausführungsanweisungen. Taschenformat. 152 Seiten. 1912. (Guttentagsche Sammlung Preußischer Gesetze Bd. 49.) Geb. RM. 2.40

„Der Kommentar bietet eine sachgemäße, sorgfältige und erschöpfende Erläuläuterung der einzelnen gesetzlichen Bestimmungen. Er wird als ein durch Vollständigkeit und Zuverlässigkeit ausgezeichnetes Hilfsmittel jedem Freunde des Heimatschutzes ein willkommener Ratgeber sein." Jahrbuch des Heimatschutzes.

Stier-Somlo, Fritz, **Polizeiverwaltungsgesetz** vom 1. Juni 1931 und **Gesetz zur Aufhebung veralteter Polizei- und Strafgesetze** vom 23. Mai 1931. Mit den **Ausführungsbestimmungen** vom 1. Oktober 1931 und einschlägigen Gesetzen. Taschenformat. 447 Seiten. 1932. (Guttentagsche Sammlung Preußischer Gesetze, Nr. 65.) . . . . Geb. RM. 8.50

*„. . . Diese Ausgabe ist bei weitem die beste und umfassendste von allen Kommentierungen des Gesetzes, und wir können sie dringend empfehlen."
Vierteljahrsschrift f. angew. Kriminalistik.*

Wulff, G., und **Herold,** F., **Wassergesetz vom 7. April 1913.** Mit Einleitung, Erläuterungen und Sachregister. Zweite, umgearbeitete Auflage von G. Wulff. Taschenformat. XVI, 665 Seiten. 1928. (Guttentagsche Sammlung Preußischer Gesetze Bd. 52.) . . . . Geb. RM. 12.—

„Gründlichkeit und treffsichere Kürze bilden einen besonderen Vorzug des Werkes." Ministerialblatt f. d. preuß. innere Verwaltung.

Holtgreven, A., und **Wolff,** Th., **Das Wildschadengesetz** vom 11. Juli 1891. Kommentar. Vierte, vermehrte und verbesserte Auflage. Oktav. VIII, 216 Seiten. 1902 . . . . RM. 4.—

„Dieses Werkchen will einerseits die juristisch zweifelhaften Punkte des Wildschadengesetzes wissenschaftlich erörtern und klarstellen und andererseits allen denjenigen, welche bei der Handhabung dieses Gesetzes in irgendeiner Weise, sei es als Private, Beamte, Grundbesitzer oder als Jagdberechtigte, beteiligt sind, ein praktischer Berater sein." Allgemeine Forst- und Jagdzeitung.

Born, A., Das preußische Fischereigesetz vom 11. Mai 1916 in der geltenden Fassung. Taschenformat. 428 Seiten. 1928. (Guttentagsche Sammlung Preußischer Gesetze Nr. 62.) . . . . Geb. RM. 7.50

Die Ausgabe bietet eine bis jetzt fehlende neue Darstellung des Fischereigesetzes, in der vor allem die neue Rechtsprechung eingehend verwertet ist. Außer dem Fischereigesetz, das eine ausführliche Erläuterung gefunden hat, sind die wichtigen Ausführungsverordnungen und im Anhang die einschlägigen Bestimmungen anderer für die Anwendung des Fischereigesetzes in Frage kommenden Gesetze berücksichtigt.

Born, A., Die preußischen Jagdgesetze in ihrer geltenden Fassung. Mit Erläuterungen versehen. Taschenformat. 433 Seiten. 1928. (Guttentagsche Sammlung Preußischer Gesetze Nr. 63.) . . . . Geb. RM. 8.—

„Das Buch kann zur Belehrung und Handgebrauch den Gerichten, Landratsämtern, Gemeinden und Forstbehörden sowie allen jagdlich interessierten Personen warm empfohlen werden." Leipziger Ztsch. f. dtsch. Recht.

Kunze, F., Das Jagdscheingesetz. Zweite Auflage. Taschenformat. 157 Seiten. 1899. (Guttentagsche Sammlung Preußischer Gesetze Bd. 19.) Geb. RM. 2.—

„Die eingehenden Anmerkungen und die im Titel hervorgehobenen Beigaben machen den kleinen Kommentar zu einem vortrefflichen, in der Praxis schwer entbehrlichen Hilfsmittel zur Auslegung des Gesetzes."
Zeitschrift für die gesamte Strafrechtswissenschaft.

Holzapfel, W., Umlegungsordnung. Taschenformat. 144 Seiten. 1921. (Guttentagsche Sammlung Preußischer Gesetze Bd. 60.) . . . . . RM. 1.80

„Holzapfel, der hervorragende Kenner der Auseinandersetzungsgesetze, erläutert die Vorschriften der Umlegungsordnung in seiner scharfsinnigen Art in durchaus erschöpfender Weise und gibt in diesen Erläuterungen ein außerordentlich anschauliches Bild von der Umlegung der Grundstücke. Das Buch ist auch für Laien leicht und gut verständlich und kann jedem, der für die Umlegung Interesse hat, zur Benutzung angelegentlich empfohlen werden."
Preußisches Verwaltungsblatt.

Holzapfel, W., Gesetz über Landeskulturbehörden. Taschenformat. 176 Seiten. 1919. (Guttentagsche Sammlung Preußischer Gesetze Bd. 57.) Geb. RM. 2.—

„Der Titel gibt den Inhalt des Werkchens vollständig an, hinzuzufügen ist aber, daß die Erläuterung, die umfangreich und eingehend ist und der praktischen Handhabung des Gesetzes Schritt für Schritt folgt, aus der Feder eines Mannes herrührt, der durch seine sachliche Qualifikation als gründlicher Kenner der Materie für eine zuverlässige Führung die größte Gewähr bietet. Dankenswert ist die Gründlichkeit der im bescheidenen Rahmen geleisteten Arbeit."
Verwaltungs-Archiv.

Kollenscher, M., Rechtsverhältnisse der Juden in Preußen. Taschenformat. VIII, 199 Seiten. 1910. (Guttentagsche Sammlung Preußischer Gesetze Bd. 45.) . . . . RM. 2.40

„Eine zusammenfassende, erschöpfende Darstellung der in den verschiedenen Quellen zerstreuten zahlreichen Judengesetze und Verordnungen. Jede Synagogengemeinde und jeder, der sich mit jüdischen Angelegenheiten beschäftigt, müßten dieses Buch besitzen." Jüdische Rundschau.

3. Steuerrecht

Nieberl, A., Reichsabgabenordnung vom 13. Dezember 1919 nebst Einführungsverordnung vom 18. Dezember 1919 und Übergangsverordnung vom 11. Oktober 1921. Textausgabe mit Anmerkungen und ausführlichem Sachregister. Zweite, neubearbeitete Auflage. Taschenformat. 1927. (Guttentagsche Sammlung Deutscher Reichsgesetze Bd. 143.)
Mit folgendem Nachtrag geb. RM. 12.—

„Die Darstellung ist leicht verständlich und klar. Das Sachregister ist gründlich bearbeitet. Jedenfalls wird das Buch, das einen mit der praktischen Handhabung der RAbgO. vertrauten Verfasser erkennen läßt, nicht nur den Steuerbeamten, sondern auch dem rechtsuchenden Publikum und seinen Beratern ein willkommener guter Führer auf diesem Gebiet sein." Juristische Wochenschrift.

Nieberl, A., Die Änderungen der Reichsabgabenordnung durch die Verordnung vom 1. Dezember 1930. Taschenformat. 127 Seiten. 1931. RM. 2.—

Heilborn, Theodor, **Sicherung der Haushalte.** (Siehe „Vierte Notverordnung" Seite 12.)

Hollaender, Adolf, **Einkommensteuergesetz und Körperschaftsteuergesetz** nebst den zugehörigen Aus- und Durchführungsbestimmungen, Verordnungen und Erlassen. Taschenformat. XXXIX, 697 Seiten. 1926. Mit Nachtrag 1928. (Guttentagsche Sammlung Deutscher Reichsgesetze Bd. 151.) Geb. RM. 24.—

„Das auf die Bedürfnisse der Praxis abgestellte und ihnen gerecht werdende Buch wird jedem gute Dienste leisten, der sich handelnd oder leitend auf dem äußerst unsicheren, ohne Hilfsmittel überhaupt nicht begehbaren Boden der heutigen Einkommensteuer zurechtfinden muß." Juristische Rundschau.

Pick, Reichsbewertungsgesetz. Textausgabe mit Anmerkungen. In Bearbeitung.

Schachian, Herbert, **Erbschaftsteuergesetz,** Fassung vom 25. Juni 1931, mit Anmerkungen. Fünfte Auflage. Oktav. 77 Seiten. 1931 . . RM. 2.50

„Eine vollständige Darstellung des Erbschaftssteuerrechts und der zugrunde liegenden bürgerlich-rechtlichen Vorschriften des Erbrechts. Als wissenschaftliche und praktische Leistung steht der klar und scharf geschriebene Kommentar in vorderster Reihe unter seinen Rivalen; er ist als Wegweiser besonders zu empfehlen." Juristische Wochenschrift.

Hoffmann, U., Die preußischen Erbschaftsteuergesetze. Taschenformat. 561 Seiten. 1905. (Guttentagsche Sammlung Preußischer Gesetze Bd. 20.) RM. 3.—

Lindemann, Otto, **Umsatzsteuergesetz** (neueste Fassung) mit Ausführungsbestimmungen. Vierte, vermehrte und verbesserte Auflage. Taschenformat. 518 Seiten. 1926. (Guttentagsche Sammlung Deutscher Reichsgesetze Bd. 132.) . . . . Geb. RM. 10.—

„Es handelt sich um einen ausführlichen, gediegenen und klar abgefaßten Kommentar, der den weiteren Vorzug besitzt, auf dem laufenden zu sein. Das Werk kann allen Interessenten nur warm empfohlen werden." Industrie- und Handelszeitung.

Lindemann, Otto, **Grunderwerbsteuergesetz** (neueste Fassung) mit den Ausführungsbestimmungen. Zweite, völlig umgearbeitete Auflage. Taschenformat. 186 Seiten. 1926. Mit Nachtrag 1927. (Guttentagsche Sammlung Deutscher Reichsgesetze Bd. 139.) . . . . Geb. RM. 4.—

„Das Buch wird manchem in den mannigfachen Streitfragen des in der Praxis sehr einschneidenden Gesetzes ein willkommener Ratgeber sein. Die Erläuterungen zeichnen sich durch Klarheit und Gemeinverständlichkeit im besten Sinne aus." Württembergische Industrie.

Hagelberg, E., und **Krämer,** L., **Grunderwerbsteuergesetz** vom 12. September 1919 (RGBl. S. 1617) in der Fassung des Gesetzes vom 11. März 1927 (RGBl. I S. 72) nebst Einleitung, Sachregister und Ausführungsbestimmungen und der einschlägigen Vorschriften des Finanzausgleichs-Steuermilderungsgesetzes und Steuerstrafrechts. Für die Praxis erläutert. Zweite, völlig umgearbeitete und erweiterte Auflage. Groß-Oktav. 355 Seiten. 1928 . . . . Geb. RM. 15.—

„Die verhältnismäßige Kürze ihrer Erläuterungen bei großer Vollständigkeit ist zu rühmen. Das Buch ist nicht nur für den Juristen, sondern auch für den gebildeten Laien, namentlich Grundstücksmakler und Hausbesitzer, von großem, praktischem Wert.“ *Zeitschrift d. Deutsch. Notarvereins.*

Hagelberg, E., und Krämer, L., Wertzuwachssteuerrecht. Kommentar. Groß-Oktav. 256 Seiten. 1929 . . . . RM. 12.—, geb. RM. 13.50

Die Verfasser kommentieren die neue Wertzuwachssteuerordnung für Berlin und die preußische Mustersteuerordnung. Ihr Buch ist ein Leitfaden für die Steuerpflichtigen und ihre Rechtsberater und die mit der Wertzuwachssteuer befaßten Behörden. Es stellt die rechtliche und wirtschaftliche Bedeutung der Bestimmungen klar. Die Rechtsprechung des Preußischen Oberverwaltungsgerichts wurde erschöpfend berücksichtigt. Auch Spezialfragen wie die Aufwertung and das Schwarzkaufwesen wurden behandelt.

Hoepker, Heinrich, **Die Industriebelastungsgesetze** vom 30. August 1924 nebst den Durchführungsbestimmungen zum Gesetz über die Industriebelastung. Taschenformat. XV, 200 Seiten. 1925. Mit Nachträgen. (Guttentagsche Sammlung Deutscher Reichsgesetze Bd. 159.) . . . . . Geb. RM. 4.—

„Die Anmerkungen sind erschöpfend und führen den Leser mit Geschick in die schwierige und neue Materie ein. Rechtsanwälte sowie Kaufleute, für welche die Industriebelastung in Frage kommt, werden das mit einem guten Sachregister ausgestattete Werk mit gleichem Nutzen gebrauchen!“ *Industrie- und Handels-Zeitung.*

von Lympius, W., und von Elbe, K., Das Kommunalabgabengesetz und das Kreis- und Provinzialabgabengesetz. Dargestellt in der Rechtsprechung des Oberverwaltungsgerichts. Groß-Oktav. X, 440 Seiten. 1930.
RM. 22.50, geb. RM. 24.—

„Man muß es als einen besonders glücklichen Gedanken bezeichnen, wenn die Verfasser die gesamte Rechtsprechung des OVG., ja auch die nichtveröffentlichten Entscheidungen auszugsweise in einer Form wiedergegeben haben, die in hohem Grade die Arbeit der Praxis wie auch der Wissenschaft erleichtert. Wenn dieses Werk in hervorragendem Maße geglückt ist, so ist es wohl in erster Linie darauf zurückzuführen, daß beide Verfasser als Mitglieder des OVG. zu den Berufensten in der Abfassung einer solchen Arbeit gehören.“ *Reichsverwaltungsblatt.*

Eiffler, Kurt, Staatliche Verwaltungsgebühren. Gesetz über staatliche Verwaltungsgebühren vom 29. September 1923 nebst Gebührenordnungen und Ausführungsbestimmungen. Taschenformat. 192 Seiten. Mit Nachtrag. 1925. (Guttentagsche Sammlung Preußischer Gesetze Bd. 61.)
Geb. RM. 6.—

„Das Buch ist für alle preußischen staatlichen und kommunalen Behörden unentbehrlich.“ *Deutsches Beamtenarchiv.*

Loeck, P., und Eiffler, K., Preußisches Stempelsteuergesetz mit den gesamten Ausführungsbestimmungen. Unter besonderer Berücksichtigung der Entscheidungen der Verwaltungsbehörden und der Gerichte herausgegeben. Zehnte, neubearbeitete Auflage. Taschenformat. 476 Seiten. 1928. (Guttentagsche Sammlung Preußischer Gesetze Bd. 18.) Geb. RM. 13.—

„Die zahlreichen Auflagen zeugen für die Güte und praktische Brauchbarkeit des Buches, das durch den von Eiffler hinzugefügten Anhang auf den gegenwärtigen Rechtsstand gebracht ist.“ *Finanz-Ministerialblatt.*

Lebbin, Georg, **Nahrungsmittelgesetze** mit Erläuterungen. Zweite, stark vermehrte Auflage in zwei Bänden.

Zweiter Band: **Getränkegesetze und Getränkesteuergesetze** (Wein, Bier, Branntwein, Mineralwasser). Unter Mitarbeit von Rechtsanwalt Dr. Kniebe. Taschenformat. XII, 400 Seiten. 1926. (Guttentagsche Sammlung Deutscher Reichsgesetze Bd. 54 b.) . . . . Geb. RM. 10.—

„Die wichtigsten Gesetze sind eingehend kommentiert und so vollständig ergänzt, daß die Sammlung als unentbehrliches Hilfsmittel, wie es in dieser Art bislang noch fehlte, für den Sachbearbeiter bei Behörden und Verbänden sowohl als auch für den Kaufmann der Branche zu begrüßen ist."
Württembergische Wirtschafts-Zeitschrift.

Wündisch, Friedrich, **Das Tabaksteuergesetz** vom 12. September 1919 nebst den Ausführungsbestimmungen vom 26. Februar 1920. Taschenformat. 286 Seiten. 1920. Mit Nachtrag 1925. (Guttentagsche Sammlung Deutscher Reichsgesetze Bd. 146.) . . . . Geb. RM. 4.—

„Endlich ein Kommentar zum Tabaksteuergesetz! Die Ausgabe kommt den Wünschen der Praxis nach einer erschöpfenden Darstellung des neuen Gesetzes in umfassender Weise entgegen. Das Buch bildet eine ausgezeichnete Informationsquelle für alle Fragen, die in der Praxis vorkommen." Deutsche Tabak-Zeitung.

VII. Entscheidungs-Sammlungen und Zeitschriften

Entscheidungen des Reichsarbeitsgerichts. Herausgegeben von den Mitgliedern des Reichsarbeitsgerichts. Oktav.

Band I. 1928. Band II. 1928/29. Band III. 1929. Band IV. 1929/30. Band V und VI. 1930. Band VII. 1931. Band VIII. 1931.
Je RM. 6.50, geb. RM. 8.—

Entscheidungen des Reichsgerichts. Herausgegeben von den Mitgliedern des Gerichtshofes u. d. Reichsanwaltschaft. Oktav. (2 Sammlungen.)

1. **Entscheidungen in Zivilsachen.** (Werden in Heften im Umfange von etwa 5 bis 6 Bogen sowie in vollständigen Bänden, geheftet und gebunden, ausgegeben. Jährlich 4 Bände.) 1.—135. Band.
Je RM. 6.50, geb. RM. 8.—

Generalregister zum hundertelften bis hundertzwanzigsten Bande der von den Mitgliedern des Gerichtshofes und der Reichsanwaltschaft herausgegebenen **Entscheidungen des Reichsgerichts in Zivilsachen.** Bearbeitet von Hans **Triebel.** Oktav. XXIII, 509 Seiten. 1929.
RM. 15.—, in Halbleder RM. 18.—

Durch die umfassenden Register über je 10 Bände der amtlichen Sammlung von Reichsgerichtsentscheidungen wird das in dieser enthaltene umfängliche reiche Material der praktischen Benutzung erst voll erschlossen. Die Register verarbeiten das Material in 1. einem systematischen Register (mit einer dazugehörigen alphabetischen Übersicht), 2. einem alphabetischen Register, 3. einem Quellenregister, 4. einer chronologischen Übersicht, 5. einer Zusammenstellung der Entscheidungen nach Oberlandesgerichtsbezirken. Damit ist der höchste Grad von Sicherheit und Schnelligkeit für die Benutzung der Entscheidungssammlung erreicht.

2. **Entscheidungen in Strafsachen.** (Werden in Heften im Umfange von 5 bis 6 Bogen sowie in vollständigen Bänden, geheftet und gebunden, ausgegeben, jährlich 1 Band.) 1.—66. Band. Je RM. 6.50, geb. RM. 8.—

Generalregister zum sechsundfünfzigsten bis fünfundsechzigsten Bande der von den Mitgliedern des Reichsgerichts und der Reichsanwaltschaft herausgegebenen **Entscheidungen des Reichsgerichts in Strafrachen.** Bearbeitet von Hans **Gündel.** Oktav. 458 Seiten. 1932 . . . . In Halbleder geb. RM. 16.—

Schiedsgericht für Oberschlesien. Trybunal Rozjemczy dla Górnego Slaska. Amtliche Sammlung von Entscheidungen des Schiedsgerichts für Oberschlesien, veröffentlicht gemäß der Bestimmung des Art. 592 des Genfer Abkommens vom 15. Mai 1922. Zbiór urzędowy orzeczeń Trybunału Rozjemczego dla Górnego Śląska ogłoszony według postanowienia art. 592 Konwencji Genewskiej z dnia 15 maja 1922 r. Oktav. Band I. Tom. I. Nr. 1/4. 129 Seiten. 1929 . . . . Pro Band RM. 12.—

Diese amtliche Sammlung veröffentlicht Entscheidungen des Schiedsgerichts für Oberschlesien, soweit sie von grundsätzlicher Bedeutung sind, in deutscher und polnischer Sprache. Die veröffentlichten Entscheidungen sind insofern für alle Gerichte und Verwaltungsbehörden von besonderer Bedeutung, als sie für sie bindend sind und jede Abweichung dem Schiedsgericht zur Entscheidung vorzulegen ist.

Zeitschrift für die gesamte Strafrechtswissenschaft. Gegründet von Fr. von **Liszt** und A. **Dochow**. Unter ständiger Mitarbeiterschaft hervorragender Fachmänner herausgegeben von Prof. Dr. **K. von Lilienthal**, Prof. Dr. Ed. **Kohlrausch** und Prof. Dr. W. **Gleispach**. Der Jahrgang besteht aus 8—9 Heften. Quart.

Bd. 1—43. 1881—1922. Je RM. 15.—. Bd. 44. 1922. RM. 25.—. Bd. 45. 1924. RM. 21.—. Bd. 46—49. 1925—1929. Je RM. 30.—. Bd. 50. 1929/30. Bd. 51. 1931. Je RM. 36.—. Bd. 52. 1932. RM. 32.—

Juristische Rundschau. Herausgegeben von Otto **Lindemann**, Ministerialdirektor, Geh. Oberjustizrat, Berlin, Dr. Friedrich **Flad**, Senatspräsident beim Reichsgericht, Leipzig, Fritz **Hartung**, Reichsgerichtsrat, Leipzig, und

Höchstrichterliche Rechtsprechung. Herausgegeben von Eugen **Friedrichs**, Senatspräsident, Breslau, Dr. Albert **Feisenberger**, Reichsanwalt, Leipzig. — Erscheint am 1. und 15. jeden Monats.

Jahrgang 1932. . . . Vierteljährlich RM. 7.50, Einzelheft RM. 1.50
Beilage „Höchstrichterliche Rechtsprechung" einzeln vierteljährlich RM. 5.—

Zeitschrift für ausländisches öffentliches Recht und Völkerrecht. Im Auftrage des Instituts für ausländisches öffentliches Recht und Völkerrecht herausgegeben von Dr. Viktor **Bruns**, Professor an der Universität Berlin, Leiter des Instituts. Lexikon-Oktav.

Band I, Teil 1: Abhandlungen. XXVIII, 657 Seiten. 1929. RM. 43.—
Band I, Teil 2: Urkunden. XVI, 858 Seiten. 1929 . . . RM. 54.—
Band II, Teil 1/2: Abhandlungen und Urkunden. 368 Seiten. 1930. RM. 45.—
Band II, Nr. 3/4. 822 Seiten. 1932 . . . . RM. 60.—
Band III, Nr. 1. 404 Seiten. 1932 . . . . RM. 30.—

Der neuen Zeitschrift für ausländisches öffentliches Recht und Völkerrecht ist es als Aufgabe gesetzt, die wichtigsten, die Wissenschaft und die Praxis beschäftigenden Probleme des Völkerrechts und des außerstaatlichen öffentlichen Rechts zu behandeln. Sie wird zu all diesen Fragen eingehend Stellung nehmen und über alle wichtigen Gebiete im In- und Ausland eingehend berichten. Der I. Jahrgang der Zeitschrift wird in zwei Bänden herausgegeben; künftig erfolgt das Erscheinen vierteljährlich.

Zeitschrift für ausländisches und internationales Privatrecht. Herausgegeben in Gemeinschaft mit Ernst **Heymann**, Heinrich **Titze**, Martin **Wolff**, ordentliche Professoren an der Universität Berlin, wissenschaftliche Berater des Instituts, Max **Pagenstecher**, o. Professor an der Universität Hamburg, Franz **Schlegelberger**, Ministerialdirektor im Reichsjustizministerium, Honorarprofessor an der Universität Berlin, von Ernst **Rabel**, o. Professor an der Universität Berlin, Direktor des Instituts. Jährlich 6 Hefte im Umfang von etwa 65 Bogen. Preis des fünften Jahrganges RM. 54.—

Sonderhefte: **Die deutsche Rechtsprechung auf dem Gebiete des internationalen Privatrechts in den Jahren 1926 und 1927.** 1928. RM. 8.—

do. **im Jahre 1928.** 1930 . . . . RM. 11.—
do. **im Jahre 1929.** 1931 . . . . RM. 12.50

Zeitschrift für Bergrecht. Bis zu seinem Tode herausgegeben von dem Wirkl. Geh. Rat, Berghauptmann a. D. Dr. jur. H. Brassert. Redigiert und herausgegeben von den rechtskundigen Ministerialräten der Bergabteilung des Preußischen Ministeriums für Handel und Gewerbe. Jährlich ein Band von mehreren Heften. Die Hefte erscheinen in zwangloser Folge. Jahrgang 72. 1931/32 . . . . RM. 21.—

Zeitschrift für Bergrecht. Register für Jahrgang 37—40 . . . RM. 14.—

Zeitschrift für das gesamte Luftrecht (ZLR.). Herausgegeben von weiland Dr. jur. Otto **Schreiber.** Erscheint in Bänden zu je vier Heften.

Band I. 1926/28 . . . . RM. 50.—, geb. RM. 55.—

Band II, Heft 1 . . . . RM. 10.—

Bank-Archiv. Zeitschrift für Bank- und Börsenwesen. Begründet von **Riesser.** Unter Mitwirkung von hervorragenden Fachmännern herausgegeben von Dr. Georg **Solmssen.** Schriftleitung: Rechtsanwalt Otto **Bernstein,** geschäftsführendes Vorstandsmitglied des Zentralverbandes des Deutschen Bank- und Bankiergewerbes. Quart. Jährlich 24 Nummern. XXXI. Jahrgang. 1931/32 . . . . Pro Halbjahr RM. 12.—

Veröffentlichungen des Reichs-Aufsichtsamts für Privatversicherung. Groß-Oktav. XXX. Jahrgang. Heft 1—4 . . . . RM. 25.50
Jahrgang 1—29 . . . . Preise auf Anfrage.

Die Vierte Notverordnung

(Vierte Verordnung des Reichspräsidenten zur Sicherung von Wirtschaft und Finanzen und zum Schutze des inneren Friedens. Vom 8. Dezember 1931). **Erläuterte Textausgabe** mit Durchführungsverordnungen. Taschenformat. 1932. XVI, 364 Seiten. **Mit Nachträgen, enthaltend die Änderungen bis April 1932.** Geb. RM 6.—
(Guttentagsche Sammlung Deutscher Reichsgesetze Nr. 180)

Inhaltsübersicht:

Einleitung. Von Dr. jur. A. Elster / Preis- und Zinssenkung. Von RA. Dr. A. Hollaender / Wohnungswirtschaft. Von den RAen. am KG. Dr. A. Bloch und Dr. R. Pulvermacher / Maßnahmen auf dem Gebiete der Zwangsvollstreckung. Von Ger.-Ass. Dr. K.-A. Crisolli / Sonstige wirtschaftliche Maßnahmen. Von RA. Th. Heilborn / Sozialversicherung und Fürsorge. Von Dir. im Reichsversicherungsamt Dr. K. Lippmann / Arbeitsrechtliche Vorschriften. Von Amtsgerichtsrat Dr. Th. Rohlfing / Sicherung der Haushalte. Von RA. Th. Heilborn / Schutz des inneren Friedens. Von Ger.-Ass. Dr. W. Gallas / Schlußbestimmung / Sachregister.

Die zum Teil schwerverständlichen Bestimmungen dieser vierten Notverordnung sind von Fachmännern der betreffenden Einzelgebiete erläutert — kurz, aber sorgfältig und selbständig unter Berücksichtigung der besonderen Bedürfnisse für die Praxis. Nicht nur alle Wirtschaftskreise, sondern jeder, den die betreffenden Bestimmungen angehen, muß diese erläuterte Ausgabe besitzen.

Walter de Gruyter & Co., Berlin W 10, Genthiner Str. 38

FSC
www.fsc.org
MIX
Papier | Fördert gute Waldnutzung
FSC® C083411

Kolibri 360 GmbH
Ferdinand-Jühlke-Straße 7
99095 Erfurt, Deutschland
produktsicherheit@kolibri360.de